第五项修炼

学习型组织的艺术与实践

01

[美] 彼得·圣吉（Peter Senge） 著 张成林 译

THE FIFTH DISCIPLINE

The Art & Practice of the Learning Organization

第五项修炼系列典藏版

中信出版集团 | 北京

图书在版编目（CIP）数据

第五项修炼：学习型组织的艺术与实践 /（美）彼得·圣吉著；张成林译 . -- 2 版 . -- 北京 : 中信出版社，2018.2（2025.4 重印）

书名原文：THE FIFTH DISCIPLINE：The Art & Practice of the Learning Organization

ISBN 978-7-5086-6905-2

I. ①第… II. ①彼… ②张… III. ①企业管理—组织管理学 IV. ① F272.9

中国版本图书馆 CIP 数据核字（2016）第 258184 号

第五项修炼——学习型组织的艺术与实践
著者：［美］彼得·圣吉
译者：张成林
出版发行：中信出版集团股份有限公司
（北京市朝阳区东三环北路 27 号嘉铭中心　邮编　100020）
承印者：三河市中晟雅豪印务有限公司

开本：880mm × 1230mm 1/32　印张：15.75　字数：435 千字
版次：2018 年 2 月第 2 版　印次：2025 年 4 月第 29 次印刷
京权图字：01–2009–0848　书号：ISBN 978–7–5086–6905–2
定价：78.00 元

图书策划：中信出版·漫游者
总策划：李穆　策划编辑：鄢林敢
责任编辑：鄢林敢　营销编辑：彭博雅
版权经理：田京京　张琦　装帧设计：赵妍

服务热线：400–600–8099
投稿邮箱：author@citicpub.com

献给戴安

目 录

第三部分
各项核心修炼：建设学习型组织

第五部分
总 结

真正的学习型组织永远在路上

宋志平
中国建材集团有限公司董事长
中国企业改革与发展研究会会长

在诸多阅读过的管理学书籍中，我对彼得·圣吉教授在《第五项修炼》中提出的“学习型组织”情有独钟。在快速变化的市场环境中，在充分竞争的领域，仅仅依靠一两位优秀领导的经验是不够的，仅仅靠少数人学习也是不够的，而是整个团队都要学习。为此，我一直把建立学习型组织作为做企业的一个基本目标，在北京新型建材厂任厂长时，我提出“像办学校一样办企业”；在中国建材集团，我常对大家说的一句话就是“把时间用在学习上，把心思用在工作上”。建设学习型组织正是中国建材集团进入世500强的重要因素。

学习型组织理论并不只是要大家多读几本书，不只是讲学习或者培训什么科目，而是告诉我们如何通过系统的学习和交流互动，使组织更具活力和生命力，达到不断进取、自我更新、整体提高的目的。像企业里举办乒乓球赛等活动，其目的不仅是锻炼身体，更重要的是增加员工互动。美国管理学大师彼得·圣吉在《第五项修炼》中，归纳出学习型组织要进行的5项修炼：建立共同愿景、加强团队学习、实现自我超越、改变心智模式、进行系统思考。

共同愿景可以简单描述为“我们想创造什么”，是组织成员共同的愿望、共同的价值观。杰斯帕·昆德在《企业精神》一书中讲道，“在未来的公司内，只有信奉者生存的空间，却没有彷徨犹豫者立足的余地”。我非常认同这句话。一个企业团队应该是一群拥有共同愿景、对事业有着忠实信仰的人，不信奉企业价值观的人不在此列。共同愿景用共同的事业把大家联在一起，是学习型组织最强大的推动力。中国建材的愿景是建设具有全球竞争力的世界一流企业，打造创新能力、盈利能力、管控能力、国际市场竞争力、品牌知名度、企业美誉度这“6 个世界一流”，这既是我们的战略目标，也是我们的共同愿景，这个愿景极具感召力，已经成为广大干部和员工奋斗与奉献的力量源泉。

团队学习不是团队成员学习成果的简单相加，团队学习必须由成员共同参与、共同完成，是成员互相配合、实现目标的过程。在中国建材集团，每年的 1 月份都是非常繁忙的，这个月是会议月、沟通月、思想月。整个月，我都会奔波于全国各地，参加重要子企业的年会。通过这种面对面的沟通交流、总结反思，整个团队统一了思想，加深了对企业新一年经营思路的理解，为全年工作奠定了思想基础。就这样，原本生产经营的淡季变成了思想交流的旺季。团队内部的交流互动有助于提高组织质量，提高企业效益和价值。在中国建材集团，团队学习沟通是我们众志成城的重要秘诀。

自我超越源于对愿景的追求和对工作创新的追求。在组织中，有愿景的人才有可能去超越，既超越别人也超越自我。自我超越的人是不断学习，追求工作尽善尽美的人。凡事总想做到最好，这样的人才能超越自我，才有爆发力。自我超越之所以能持续实现，除了人的天赋外，根本原因是不断学习和实践，是一个“学习—实践—再学习—再实践—成功”的循环往复的过程。如何成为能够自我超越的人？我曾对年轻人说：要想强大，一要忠诚，忠诚于事业、忠诚于团队；二要勤奋，别人休息、娱乐时，你在工作、读书，只有比别人付出更多，才能比别人强大；三要有激情，甘于奉献，充满活力。我们要有崇高的人生理想和可敬的自我牺牲精神，在一生的奋斗过程中，不断超越自我。

心智模式就是常说的心理定势。改变心智模式就要由直线思维变为发散思维，考虑更多的因素和可能性。企业在制订战略、重组、定价等方面，都存在着心智模式的突破。拿建材行业来说，作为一家央企，我们要做行业排头兵，参与国际竞争，实现这个目标就要跨越企业分散、恶性竞争、集中度低等诸多屏障，以往的发展模式走不通，就必须换一种思路。在成长方式上，采取联合重组模式，而不是建新线，加增量；在盈利模式上，着眼于稳定价格，然后降低成本来取得效益；在竞争模式上，倡导包容性的理性竞合。这些心智模式的突破，引领了行业的思想变革，推动了企业的快速成长和建材市场的健康发展。

系统思考是相对于局部思考而言的，在学习型组织建设里是很难的修炼。进行系统思考要抓住三点：一是从局部思考扩展到全局思考；二是扩大思考范围；三是更新思考方式。在一个系统里，事物之间彼此关联，互相影响，虽然每个局部都是一个增量，但加起来却不一定是增量。所以从局部考虑问题看似正确，但放到系统里不一定对。这就要求企业认真观察环境的变化，系统地研究问题。

团队组织的质量，主要取决于组织不断学习和创新的能力。企业如何立于不败之地？答案就是建立学习型组织。一个好企业必定是一个学习型组织。学习型组织（learning organization）的英文原意并没有“型”或者“类”的含义，而是指“不断学习的组织”，真正的学习型组织并非一劳永逸，而是永远在路上。

解决问题需要回到整体，回归根本

秦朔
资深媒体人

彼得·圣吉被认为是继爱德华兹·戴明、彼德·德鲁克后又一位杰出的管理学大师。孔子说过“七十从心所欲不逾矩”，即达到一种对问题的思考和认知非常自由，同时又不会逾规越矩的境界。彼得·圣吉正是如此。

他在《第五项修炼》开篇提出了一连串问题：空气是突然被污染的吗？水质是突然变坏的吗？为什么在一个组织中，个体智商可能达到120，组织的整体智商却只有62？为什么20世纪70年代财富500强的公司，短短10年后，三分之一都已消失？彼得·圣吉认为，所有这些问题，最终都是“学习”的问题。中国古语“学而时习之”“吾日三省吾身”代表了个人反省学习、不断超越自我的状态，学习型组织则不仅针对个体，还涉及一切组织、企业和国家。

彼得·圣吉非常推崇中国文化，他认为西方人解决问题，大多是用片断式的、静止的、机械的、拼接零件式的方法，而东方“天人合一”的思想则提倡人和世界是一个统一体。所以，《第五项修炼》提出的系统思考模式旨在为人类打开一个新局面，活出生命的意义，让生命生机盎然。彼得·圣吉希望利用系统化方法让组织愿景同个人愿景真正地融为一体。

我在1996年前后初读《第五项修炼》时写过书评，2017年又应《总裁读书会》邀请做了一期节目，重新阅读这本书，发现经过几次修订，内容有了很多变化。之所以有变化，是因为学习型组织不仅是理论，更重要的是实践。彼得·圣吉于1990年在麻省理工学院斯隆管理学院成立了一个组织学习中心，当时就有很多美国知名大型企业在那里学习，包括苹果公司。彼得·圣吉由此积累了丰富的案例，又通过案例反馈到理论中，不断充实，所以就有了后面的迭代作品。

回到开头说到的污染等一连串问题，彼得·圣吉认为，是人与世界的关系出了问题。我们是怎么看待周围的世界的？我们称其为自然资源，其实是把它当成了一个可利用的东西，实际上是把我们和外部环境分割开了。而在中国传统智慧中，两者是不可分割的，即“天人合一”。为什么个人智商很高，组织智商很低？本书称其为“组织智障”，即组织的智能出现了问题，根本原因也是分割。组织里的每个人心中都有很多假设，但没有深度对话，没有通过对话找到共同愿景，所以形不成“一”，而是各怀心事，无法凝聚。

最近几年，全球出现了一些“黑天鹅”事件，目前是一个充满变局和不确定性的环境。现在读《第五项修炼》，对我们有着特别的意义。

为什么彼得·圣吉能写出这样一本书？我认为有两个原因。第一，他是一个跨界型人才。他毕业于斯坦福大学理工专业，善于用系统观点观察一项发明创造，比如最早的商业航空飞机是由5项关键技术构建的，这即是“五项修炼”最初的思考雏形。他一直保持着系统思考，同时又有跨界思维。第二，后来他在斯隆管理学院学习时，发现几乎每一个大型公司的领导者都有应对外部变化的正面案例和反面教训。比如他在书中提到荷兰皇家壳牌公司从1971年就开始运用情景学习方法，来研究应对未来外部形势变化的战略，设定多情景预案，进行预演。其中一个准备就是企业投资和文化的多元化。当时壳牌石油已经在100多个国家和地区开展业务，后来石油输出国组织欧佩克（OPEC）诞生，油价和储量剧烈变化，而壳牌公司却从世界七大石油公司中最弱小者上升到与埃克森（Exxon）并肩称雄的地位，就是因为通过情景学习，进行了多元化投资，分散了风险。

所谓“五项修炼”，第一是自我超越。即我们每个人在组织中是否能为自身的最高愿望而存在，为自己真心向往的生活方式而工作，这是自我超越最重要的方向。彼得·圣吉认为，组织的成长基于个人的成长，而个人的成长基于内心的向往，并经由日常工作去实现。现在很多企业层级问题严重，组织中新的成员、新的声音和不同的意见不能被听见；同时也有一些优秀的公司会创造场景，让组织里最基层的员工感受到他们在组织中的意义。比如顺丰控股在深交所重组更名上市时，邀请了当年送快递被无辜殴打的一名员工去敲钟。创造这一场景的目的其实是让每个人在组织中都能感到被尊重，并得到关怀，每个人被视作完全平等的一员。所以，一定要在组织中创造自我超越的环境：让新的声音能够被听到，让不同的声音能够被听到，让提出不同意见的人能够被包容，让个人能够在组织中释放真实自我。

第二是心智模式，即我们看待世界、看待对方、看待彼此的框架。这个框架是我们看问题的角度，包含了我们的信念、思考方法和立场，并且这个立场与我们以往的经验也是高度关联的。

比如腾讯最早是由 5 个人创办的，创始人马化腾非常清晰地意识到要用一个好的团队来代替一个人的领导，这是腾讯的模式，也体现了马化腾的谦卑和节制。有这样心智模式的公司就容易获得成长。心智模式的不同，也会使整个公司的架构、战略和格局大有不同。所以，一个企业创始人的心智模式决定了这个企业能走多远。在某种意义上，公司的天花板不一定是能力的天花板，但一定是心智模式的天花板；你的能力不一定很强，但是可以通过改造、引进新的人才来提高。

第三是团队学习。很多优秀的公司都会用各种各样的方法进行团队建设，而团队学习离不开共同愿景，这就是第四项修炼。通过团队学习，最终让整个组织找到既能把每个人的努力和奉献包容其中，又能超越个人目标之上的共同愿景。很多公司往往会混淆目标和共同愿景。目标通常是一些短期的考核指标，这会让人觉得公司和我的关系只是围绕着冰冷的 KPI（关键绩效指标）；KPI 当然重要，但我为什么要完成这样的 KPI，这个 KPI 背后有哪些东西是可以激发我内心动力的？对于共同愿景的探讨反而比较少。阿里巴巴在创立之初有三个共同愿景：第一，未来有一天能跻身世界十大网站；第二，“让天下没有难做的生意”，服务小企业；第三，成为一家百年老店。提出这样的共同愿景，核心不是财务数字，它真正的核心是，我要让外部的世界因为我的存在，而有正向的改善，有长久的价值。共同愿景其实是在打造整个组织共同努力的长期激励氛围。

最后的第五项修炼，也是作者认为最重要的一项修炼，就是系统思考。我们今天的世界、环境和组织往往都是割裂的，我们所处的是一个整体，但这个整体往往会被简单化的思维割断，变成了线性、片断、局部的观念。而学习型组织对我们的启发是，要解决一个问题，需要回归本源，找到背后的真正动因，然后从这个动因出发，经由一整套的修炼方法和技巧，一步步解决，系统攻坚、超越前进。

总之，学习型组织的很多观点对于我们如何能够回到整体、回到根本、回到真心有很大的启发。希望这本书能够对我们每个人的工作、生活和学习都有所帮助。

2017 年 12 月

如何打造有超强能力的学习型组织

成甲
《好好学习：个人知识管理精进指南》作者
罗辑思维得到 APP 节目说书人
北京京都风景生态旅游规划设计院常务副院长

《第五项修炼》是一本极其经典的管理学著作，被《金融时报》称为有史以来最伟大的 5 部工商巨著之一，被《哈佛商业评论》称为过去 75 年最具影响力的管理类图书。在这本书中，作者明确提出了“学习型组织”的管理理念，以及如何通过五项修炼来打造一个有超强学习力的学习型组织。

他认为，一个组织能够拥有长期竞争力，关键在于他们有比竞争对手更快、更好的学习力。那何谓学习型组织呢？和通常公司组织培训、学习新业务、新知识不同，学习型组织是指组织中的每个人都充满了学习的热情和能力，并能在合作的过程中不断地互相启发，同时这个组织在创新和试错中又能够不断地自我成长和进化。

要打造学习型组织，需要了解三个问题：

一、关于五项修炼

1. 自我超越。从个人角度而言，自我超越是指要有不断超越自己能力的愿望，有热情和动力去好好学习。从安于现状到自我超越的转变，就是我们要修炼的第一项能力。

2. 心智模式。每个人对世界都有一些固定的想法、观点以及思考问题的方式。人之所以每次采取相同的行动，背后的原因就是因为我们的心智模式没有发生变化。所以，如果你想要精进自己的行为，提升自己的能力，其实真正要改变的是你的心智模式，让自己理解和认识这个世界的方式更合理。

3. 共同愿景。从团队的角度而言，共同愿景指的是组织里的所有人拥有一个共同的目标，能够心往一处使。所以，一个组织要建立学习热情，第一步是让大家达成共识，有共同目标。

这需要花费大量时间去探寻，是一个团队在长期成长过程中至关重要的一环。

4. 团队学习。是指要让团队的每个人都能够亮出自己的心智模式，彼此能够互相交流、互相启发，从而让这个团队快速地学习和进步。

5. 系统思考。这是一种从整体、全局出发的思考方式。它打破了传统那种局部的、简单的、单因果的思考方式。认为这个世界是一个系统，而且是相互联系、彼此影响的。

二、为什么第五项修炼特别重要

1. 不懂系统思考的人，往往会把组织当做一个机器来管理；而懂系统思考的人，则会把组织看作一个生命体来管理。前者倾向于认为一个组织是用来控制的和完成业务目标的。而每个人就像机器上面的一个螺丝钉，只需要做好自己职责范围的事情。比如，部门之间相互扯皮，员工只完成本职工作不思考公司全局，都是基于管理机器的思考模式来处事的。

2. 类似管理机器的思考方式带来的问题，总结起来主要是存在两方面的认知误区：

（1）误区一，简单短视的单因果思维方式，导致被眼前的问题牵着鼻子走。

(2) 误区二，只能从局部视野来看问题，看不到全局的关系。思路决定出路，认知的高度决定行动的效果，系统思考就是帮助我们提升认知水平的重要工具。

三、如何运用第五项修炼

培养人的认知习惯是需要时间的，但如果知道一些训练的方法，就能事半功倍，加速提升认知能力，《第五项修炼》便为我们提供了方法和工具。总结起来，就是“一个方法，两个模型”。

1. 一个方法——找关系

找关系不是指托人找关系，而且我们通常解决问题的习惯是找原因，而系统思考是梳理系统中各个事物之间的关系。比如：把汽车本身看做一个系统，那么在这个系统中，就有汽车速度、油门、刹车这三者之间形成的关系。油门越大速度越快，刹车越紧速度越慢。这个世界上看起来纷繁复杂的各种事情，归根到底只有三种关系：

(1) 正反馈。两件事情的关系是正相关的，A 增加，B 会进一步增加。比如，越踩油门速度越快。

(2) 负反馈。不是说一定起负面的作用，而是指它起着稳定作用。比如，越踩刹车速度越慢。

(3) 延迟。事情 A 发生之后并不立即导致事情 B 发生，而是中间会有一段时间的间隔。比如打开水龙头的热水，可能要十秒钟以后才会出热水，这个过程就有了十秒钟的延迟。反馈的时间决定学习的效果。比如，学生时代“三天一大考两天一小考”的机制，目的就是通过及时反馈从而改进，如果三年一考，成绩肯定大幅下降。

2. 两个模型（系统基本模型）

(1) 增长极限的模型

一件事情如果刚开始运行得很顺利，发展很快，那这种快速地增长一定会导致副作用，会让整个系统慢下来甚至大幅下降。比如，一个优秀的演讲者会有可观的收入，但是也会产生副作用，就是你的应酬会变多，导致没有时间更新新的知识，最后丧失名气。

（2）转移负担的模型

遇到问题的时候，先解决它表面露出来的症状，把难解决的负担转移成容易解决的负担，这其实就是“治标不治本”。转移负担模型是由两个负反馈构成的：一个负反馈就是“治标”，比如用喝醉酒来缓解现在的压力；另一个是“治本”，我承认自己现在做的不好，然后花很长时间努力改变自己。站在系统思考的角度上，你要选择治本的路或标本兼治，但不应该沉溺在治标的暂时缓解压力上，不然未来会带来更大困难。

当然，书中还有更多有用的模型和观点。不过，如果我们从总体来看，《第五项修炼》这本书基本是从两个方面给我们启示：（一）从个人角度出发，需要我们不断超越，校正自己心智模式。（二）从团队角度出发，团队需要共同学习，实现共同愿景。而这一切，都应当建立在第五项修炼——系统思考的基础之上。掌握系统性思考有助于我们更快找到问题的根源，运用“一个方法、两个模型”，坚持修炼，个人和团队的学习力一定大幅上升。

本序改编自：得到 APP“每天听本书”节目内容（感谢作者与得到 APP 授权使用）

自《第五项修炼》中文版出版至今10年间，中国内部发生了很大变化，她在世界上的地位亦然。中国不再以追赶西方作为驱动力——在许多方面，中国已经与西方国家并驾齐驱了。尽管中国是一个巨大而复杂的社会，但中国目前已有约4亿人属于“中产阶层”了，物质生活水平以如此惊人的速度提升，在人类历史上前所未有。

不过，中国的崛起也带来了自身文化的困惑。拥有如此深厚、绵长，历经5 000多年滋养的文化认同感的国家为数甚少。然而，消费主义的理念已经逐步影响了这个社会。许多人担心，这样的社会将会渐渐取代“中央王国”的自我意识，“香蕉”——外黄内白，这个部分中国人会用来自我描述的标签，尖锐地表达了这种担心。鉴于西方生活方式以极为迅疾的速度发展，设想再经过一两代人，中国传统文化或将仅仅是一个局限于书籍、电视剧等大众媒体的浪漫主题，这种情况恐怕不是凭空幻想。这很像当今的美国人还可以观看一些有关“老西部”的电影，但心里清楚，那是一个已经永远逝去的时代。

此类深层文化动荡也可以是生成的机缘。以“我们永远是中国人”或者“我们可以先学习西方，而后再创造我们独特的发展模式”，以及“中国文化是这个世界上至高无上的文化，并将永远如此”等简单假设为基础的文化自满自足已经日渐失去影响，取而代之的是超越迷信，超越过去一百多年来由殖民占领和后来的消费主义塑造成形的种种扭曲观念，进而对更深入领悟中国文化的种种根本的真诚关注。

我自己对于这种觉醒有切身了解。我有幸成为南怀瑾大师的学生历时十年，近年来，我遇到的许多中国人最希望探讨的，就是中国传统文化及其与学习型组织的关系。尽管《第五项修炼》和其他相关书籍显然在西方有其历史成因，但最令我感到神奇的是，这些书籍对于许多中国人来说，已经成为某种门径，开启了他们自己对于管理和领导力的人本认知，开启了他们自己对于不同组织对培育超越效率和利润的福祉做出真正承诺时，存在何种可能的人本认知。

随着中国以一个领导者的身份逐步登上全球舞台，对于中国文化自身认知的种种根本，进行这样的深层探寻尤为重要。中国如何以一个全球政治领导者的角色呈现自己呢？所有现代工业国家的种种政策都存在同样的局限：以牺牲社会与文化方面的各种进步为代价，执迷于 GDP（国内生产总值）增长，以资源为目的压榨欠发达国家的历史，沉迷于在政治上将我们相互隔离的“民族—国家”的人为边界——即便对那些与我们分享共同利益的人们来说也是如此。中国在多大程度上能够从工业时代的地缘政治藩篱中脱身呢？

我相信，我们从中国开始在全球社群如何面对全球气候变化的深层威胁的过程中扮演的角色，已经开始看到了这样的“脱身”。多年来，中国一直在采取行动，加速能源结构调整，尽管外界对此几乎一无所知。自 2009 年启动的历史性碳减排承诺起，中国就已将自身投入了一条激进的道路：终止并最终逆转温室气体排放的灾难性增长。不过，这些承诺最初在西方几乎无人知晓。我对此有所了解，是因为在我做过的一些公开演讲中，我会就此向那些在这个领域中博学多闻的听众们提问，但几乎没有人知道这些在 2009 年已经做出的承诺。在我看来，这是一个有力的证据，由此可见，无论在中国之内或之外，对于中国作为一个全球领导者的积极作用，都还没有做好准备。

随着历史性的《联合国气候变化框架公约》于 2015 年在巴黎签订，情况开始变化了。此时，那些与联合国这项议程有密切关系的人们意识到，地缘政治之风已经变换了方向。他们认识到，如果不是中国已经做出了承诺并持续前行，无论其他国家做了什么，巴黎协定的签订根本不会发生。实际上，当时在巴黎参会的多数人都了解，奥巴马总统做出的承诺不大可能获得国会批准，而这早在特朗普总统 2017 年戏剧性地宣布退出这项协定之前。虽然远不够理想，两个最大温室气体排放国家之一做出了深层变革的承诺，这对于许多国家就是足够的保证：我们在减缓并最终逆转全球气候的不稳定上，正在进入一个全球合作的新时代。

围绕气候变化的全球领导力量转变既具象征意义，又有实际影响作用。实际上，各个国家都被要求优先考虑长期的未来，而非各种短期的经济措施，各个国家也被要求以评价经济健康的同等重要程度，评价自然环境的健康，更要认识到这两者是密切相关的。他们还被要求以全球社群的形态合作努力，因为任何单一国家的行动——包括中国的行动在内，都是远远不够的。他们被要求真诚对待科学，即便这样做会挑战以往那些被奉为神圣的、“一切照常”的信念，比如，只关注 GDP 增长，而忽视社会和环境健康的指标。

这些都是领导力文化的改变，并非仅是其策略或手段的改变；而且我相信，恰恰就是在这个领域，而非其他领域，中国的觉醒可以产生更大的影响。几百年来，西方模式奉行的道德与伦理的完美理想，与“一切照常”的实际做法近乎背道而驰。然而，我相信，中国传统智慧的觉醒与对一种新型全球领导力的前所未有的需求相结合，当可创造出一种新的良性循环。

南怀瑾大师过去几十年的努力，着重于帮助中国领悟儒学传统的精神基础，以及如何将其与道释学问融会一体。他以为，在过去 500 年里，这种领悟大都遗失，但今天迫切需要。比如，他在《原本大学微言》中的全新诠释中指出，《大学》是一部以“领导力形成发展的七证反思空间”（知、止、静、定、安、虑、得）为根基的领导力培育手册。真正的领导力并非来自企图心或是源自地位的威权，而是来自于一个人一生专注培育自己的深入倾听能力：既倾听当下，又倾听若隐若现的生成，以及将自己的注意力从无论是金钱、权力，还是奉承等自我关注或他人的不良影响中释放出来。领导人必须培育孟子所说的“不动心”，以形成明晰的愿景。他们必须有诚信，才能因此而建构服务于更为远大目标的真诚协作。他们必须成为罗伯特·格林里夫所说的“仆人领导”，为一个更大缘起和整体的福祉服务。

超越“一切如常”的领导力需要智慧，并非只需要情感。我相信，如前述例子所示，我们所需要的智慧必须来自于重振全球各地的智慧传统，来自于展示这些智慧与我们今天所处困局的相关、相适。虽然这超出了中国自身的范围，但如果不是中国引领这个进程，我看不出还会有谁有力量引领。

南怀瑾大师在他生前最后一批著述中指出，自黄帝起，教化——教以成化，就是中国文化的根基。能够在今天全球化商业中有效竞争并成长的企业，必须拥抱一种对于学习的真正承诺——通过培育人，去培育一家企业。工作场所的人本价值观不应只是些口号，还必须植根于培育个人、培育包容性团队文化的不息进程之中。相比之下，基于家长式控制的碎片式工作文化的衰败，在政府和社会领域及商业中比比皆是，因为这些组织没有能力持续学习，没有能力适应今天无常变幻的世界。在各个层级上对于学习的这种深层次、全身心的承诺，一直以来就是各种学习型组织的标志特征，恰如持续评估我们共同为更大整体做出贡献的状态是系统思考的核心。

因此，在中国这个转折时刻，《第五项修炼》系列再版，我最大的希望是通过汲取往昔的深层智慧，为应对今天种种罕见难题尽微薄之力。试想一下以张载（1020—1077）在著名的《西铭》中的文字描述的一个全球领导力世界：

“乾称父，坤称母；予兹藐焉，乃混然中处。故天地之塞，吾其体；天地之帅，吾其性。民，吾同胞；物，吾与也”。

彼得·圣吉

2017 年 7 月 28 日

20 世纪 90 年代，《第五项修炼》中文版刚面世时，我们生活在完全不同的世界里。当时中国仍处在工业经济空前快速发展的早期阶段，美国仍然是毫无疑问的世界领袖，而气候变化还只是学术会议上使用的科学术语。

今天，我们已经来到世界历史的转折点：一面是过去 150 年来工业时代主导的经济与社会的变迁，另一面是刚刚萌动兴起、尚未冠名的新时代。新时代的主导变革力量已经不是意识形态，因为它完全出自所有人的需要。工业时代的扩张一直靠对自然资源的不可持续的攫取，并造成对传统生活方式的破坏，但这已经不可能再继续下去了。我们今天在使用一又三分之一个地球的资源，而且，按照目前的过度攫取资源的经济模式和扩张速度，局面还将迅速恶化。建设再生型经济的工作延缓越长，痛苦就会越大。工业增长和物质进步的好处，现在必须与社会福祉的综合需要相协调和平衡：在不断缩小的地球村里，人类间相互和谐相处，并与所有生命系统和谐相处，是我们的一项基本的生活需要。

在这样的历史时刻，我相信《第五项修炼》描述的基本理念和能力开发，比以往任何时候都更重要。对正在崛起的全球领导者，如中国和印度，尤其如此。

一切都要从创新开始。应对当今的各种挑战，我们必须超越反应式解决问题的模式。我们所需要的创新的规模和深度都是前所未有的。我们需要一个全新的能源系统、全新的交通系统和全新的教育系统。我们需要对工业时代“攫取—制造—废弃”的线性生产系统进行重新设计，转而模仿自然的循环生产系统。我们需要全新的农业系统：它能生产出健康的食品并促进农村社区和生态系统的健康。我们需要重新发现自我：作为人，而不是消费者，我们要生活得更好，就必须修炼身心，以加深对相互依赖性的体悟。目前我们还没有支撑这种创新的管理体系。这个时代的管理挑战，就是一个根本的转型：从基于攫取自然和社会资本、专门为私利而进行的创新，转向为滋养社会和生态的健康福祉的创新。

只有通过领导力开发，才能创立新的管理体系。各类组织和许多个人敢为人先的行动就是这种领导力的表现。世界各地的组织机构都在进行艰苦的努力，探索对这种领导力的培育之道。大多数走上领导岗位的人都经历过“适者生存”式的激烈竞争，都学会了如何有效地宣扬自己的观点，都学会了玩弄政治游戏，比如如何取悦老板。以这样的方式训练出来的人，如何能鼓励团队协作？如何能进行系统思考？又如何能为建设更健康的社会发挥必要的想象力？

首先，我们需要一种新的领导力模式，并把它与组织变革联系在一起。在第一版《第五项修炼》中我讲过，必须放弃旧观念，即领导人就是占据权位而自动出现的；必须拥抱领导的“新工作”，即作为设计师、老师和受托人的新工作。掌握这些新领域的工作技能，对占据高级职位的人至关重要。然而，学习型组织的决定性特征，是优秀的领导者广泛分布在组织的各个角落，而不是只处在高位。这个时代的决定性特征也与此类似，当前的危机不能只由处在等级体系高层的总统和总理们单独解决，而必须激发社会各个阶层人群中的集体智慧和才能，以及承诺和投入。简言之，新一代领导者的培养，与学习型组织和学习型社群的开发，是同一枚硬币的两面：把新的领导力和新的组织文化有力地联系在一起的正反馈过程，将给未来的各种社会变革注入强大动力。

其次，我们必须重新挖掘古老文明中仍然保留的、有关领导力开发的传统智慧。儒家传统认为，要成为领导者必须首先学会如何做人："学而优则仕。"[①] 换句话说，理解领导力变革的第一步，就是领悟到我们的领导力必须通过修炼，通过我们大家都参与的修炼，才能实现。在修炼方面中国有各种各样丰富的历史传统，使这些传统具有生机活力的学习实践精神，是未来的变革要求的，必须重新激发。学习系统思考、实践对心智模式的反思，或进行自我超越的修炼，是没有捷径可走的。这些都需要终生的努力。

然而，当前的需要还是有一个重要的不同之处。大多数修炼传统都聚焦在个人身上，而建设真正的学习型文化所要求的修炼，除了个人方面以外，还必须有集体的方面。建设深度汇谈的容量能力（capacity）[②]，即依靠集体智慧也同时生发集体智慧的、真正的共同思考和共同行动，必须在工作团队中培养；从最基层一直到最高层都是如此。同样，建立共同愿景的容量能力也不是个人的技能，它要求大家真正学会相互聆听，并且聆听正在通过我们大家身上发生和成长的东西。我的好朋友木村靖彦（Yasuhiko Kimura）在日本出家之后，曾去印度修学，并有了开悟的经历。他领悟道："这个时代已经不再是个人修炼的时代，而是集体修炼的时代。"这是我们在世界各地学到的经验：要建设学习型组织，除了

---

① 原文"to become a leader, you must first become a human being"，意为："要成为领导者，你必须首先要成为人。"译文内容出自《论语 · 子张》："子夏曰：仕而优则学，学而优则仕。""学"，本是"修学"，是学礼、学做人，是为人之学、做人之学，即儒家修身、立德之"内圣之学"，或"大学"。详见第 15 章"'领导'是什么意思？"一节。—译者注

② capacity 一词有容量、容积、能力等意思。容量能力建设，capacity building，一般译为能力建设。在此它指组织团队在有相对稳定边界和安全感的"容器"（container）之内，进行深度汇谈和各项学习修炼，达成集体凝聚力和开放性的智能生命活力，包含理解力、包容力、行动力和变革力。特别见第 11 章"团队学习的修炼"一节。—译者注

个人以外还必须有团队和更大的网络，来共同对实践和成长进行不断的投入。

回顾过去 20 年的历程，我对国际组织学习学会（SoL）这个全球社群中发生的理论和实践的持续演进，深有感触。这些经历都反映在我即将在中国出版的一系列著作里。继 1990 年《第五项修炼》问世之后，我们于 1994 年出版了《第五项修炼 · 实践篇（上）》，它主要针对在日常管理和领导工作中如何融入学习型组织的实践，以及如何应对其中的实际问题和挑战。5 年以后又出版了实践篇下册，它主要针对保持深层变革势头的过程中会反复出现的挑战，介绍了成功的领导者在应对这些挑战时所使用的策略和方法。2000 年出版的《知行学校》（*Schools That Learn*）描述了教育工作者如何应用这些原理和工具，使学校超越工业时代“组装线”的模式。2004 年出版的《第五项修炼 · 心灵篇》（*Presence*）一书探讨的是比较微妙而又略有不同的问题：为什么在建设学习型组织的工作中都使用同样的基本工具和方法，有些经理人做出了出色的成绩，而另外一些经理人却收获甚微？我们采访了数百名“实践大师”（其中有好几位也给增订版《第五项修炼》中“实践中的反思”部分贡献了内容），还有认知科学家、物理学家和创造过程专家。我们得出的结论是：领导力的本质不在于简单的行动和目标，而在于一种更微妙的身心状态，它使领导者与现实有更深层的连通，能够“感知并促生正在呈现的东西”。最新一本书《必要的革命》，又回到了描述基本工具和核心理念在面对前述“可持续发展”挑战中的应用。

在这个过程中，由于《第五项修炼》在中国的畅销，我有机会了解当代中国，也了解中国传统文化，并开始感知正在那里呈现的未来。

南怀瑾大师讲到，我们正在进入“新认知科学”的时代，必须对人类如何观察世界有新的理解，对观察结果所进一步产生的行为有新的理解。假如我们把世界看成是“自然资源”，我们就会去掠夺。假如我们把世界分成“中国人和外国人”（或美国人和其他国家的人），我们就会以防卫和保护自身利益的心态行事。假如我们把世界看成是外在的“物体”，我们就会去摆布和操控。这里，古代修炼传统、现代科学和管理创新有可能整合。新的认知科学可能把对人类意识的知性理解与修炼身心意识的感性过程结合起来，进而整合科学知识和精神修炼。这会成为东方文化和西方文化的真正的沟通桥梁，而且是通过个人和集体两方面的修炼实践完成的。最终我们需要的不是书籍和科学刊物，也不是冥想静修营，而是影响社会的组织机构平日进行的转化工作。这包括在企业界、教育界、卫生医疗和公共管理领域去创造活的组织，去滋养人的生命，去丰富社区生活乃至自然界的生命。

过去十年间我曾听中国朋友讲，《第五项修炼》的理念与“中国传统的思考方法非常和谐一致”。对我个人来说，这是个很让我欣慰并富有启发性的经历。但在中国，理论和实践之间有一定的差距。因此，核心任务是把中国传统文化对系统世界观和个人修炼的理解，转变为在真实的组织环境中的实践。

为了与中国的组织机构合作，共同创造新的管理体系和培育新的领导力，我的中国同事和合作伙伴新近筹划和创建了索奥中国这个平台，并且为这部《第五项修炼》全新扩充修订版的中文翻译出版发挥了重要作用。全球社会正处于重要历史关口，索奥中国只是建设东西方管理文化沟通桥梁的一小步，目的是推进集体学习修炼和创新的实践。

中国在过去30年里发生了巨变。我认为，今天是中国未来发展的新转折点，中国在未来30年将成为真正系统性的学习型管理体系的共同创造者。这一新的转变无疑将要改变中国，也将改变世界。索奥中国的同事和伙伴致力于为这一转变贡献微薄之力。许多人在大学课堂中学习《第五项修炼》，我感到很高兴，但我们需要在管理企业的日常工作中进行系统思考的实践、自我超越的实践、建立共同愿景的实践、深度汇谈的实践和反思心智模式的实践。这样，我们就不仅在学习如何建设学习型组织，而且学习建设学习型社群和学习型社会。我认为，只有通过这些实践，才能找出培育社会和生态的健康与福祉之路。

彼得·圣吉

2009 年 7 月 20 日，马萨诸塞

第一部分　我们的行动如何才能创造和改变现实

The Fifth Discipline
The Art & Practice
of the Learning Organization

| 第 1 章 |

从个人学习到组织学习的五项修炼

从很小的时候起，我们接受的教育就是如何拆解问题、如何拆分世界。这样做显然会使复杂的任务和课题变得更容易些，但是，我们却在无形中为此付出了巨大代价。我们丧失了对更大的整体的内在领悟能力，再也看不清我们采取的行动所带来的各种后果。而当我们试图“考虑大局”的时候，我们总要在脑子里重新组装那些拆分出来的部件，给它们编组列单。然而，正如物理学家戴维·波姆（David Bohm）所说，这种做法是徒劳无益的——就好比试图通过重新拼起来的碎镜子来观察真实的映像。所以在一段时间之后，我们便干脆完全放弃了对整体的关注。

本书中所描述的工具和理念就是为了破除这种幻象，即认为世界创生于分立的、互不相干的力量的幻象。一旦放弃了这个幻象，就是另外一番天地：我们便能建设“学习型组织”——那里，人们为了创造自己真心渴望的成绩而持续拓展能力；那里，各种开阔的新思想得到培育；那里，集体的热望得到释放；那里，人们不断地学习如何共同学习。

由于世界的联系变得更加紧密，商业活动更加复杂多变，因而工作就必须更加“富有学习性”。在过去，组织中只要有一个像福特、斯隆（Sloan）、沃森（Watson）或盖茨那样的人去学习就够了，一切靠上面的人弄明白，其他人只需要听从“战略大师”的指挥，这种情况已经一去不复返了。真正能在未来获得成功的组织，将是那些发现有效途径去激励人们真心投入，并开发各级人员的学习能力的组织。

学习型组织之所以可能，是因为在内心深处我们都是学习者。婴儿不需要人教就知道怎么学习。实际上，婴儿不需要人教任何东西，他们天生就是好奇的、优秀的学习者——学走路、说话，以及基本独立地照料自己——管好自己的事。学习型组织之所以可能，是因为我们不仅有学习的天性，而且热爱学习。我们大多数人都曾经是某个优秀团队的一员，在团队中大家以不同寻常的方式共同做事 ——彼此间相互信任，取长补短；大家有着共同的目标，它比每个人的个人目标更大；并且团队最终取得了优异的成绩。我曾见过许多有过这种深刻团队经历的人，他们或来自体育界、演艺界，或来自工商界。其中有很多人表示，他们在后来的生活中一直想找回那种经历。这些人曾经经历的正是学习型组织。他们所经历的那些优秀的团队并不是从一开始就出色 ——它是“学会”了如何做出优异的成绩。

甚至可以说，全球范围的工商业社区都在学习如何共同学习，都在变成学习型社区。过去，很多产业都只被一个企业主导，这个企业在行业中占据毫无争议的领袖地位，像 IBM、柯达、富士施乐。但在今天，每个产业中都有数十个优秀的公司，制造业更是如此。中国、马来西亚和巴西的创新者牵动了美国、欧洲和日本的公司；韩国人和印度人反过来又牵动了中国、马来西亚和巴西的公司。意大利、澳大利亚和新加坡的公司完成了引人注目的改进，随后这些企业就产生了世界范围的影响。

工业社会的进化还产生了另一种对建设学习型组织的需求，从某种意义上说这是更深层的需求。大多数物质生活富足的人逐渐改变了对工作的价值取向：从一种丹尼尔·扬克洛维奇（Daniel Yankelovich）所说的“工具主义”工作观，即把工作当作达到目标的手段，到一种更“神圣的”工作观，即寻找工作的“内在”利益。[1]“我们大多数人现在每周只需要工作到周二下午，就能挣到我们的祖父辈每周工作六天才能挣到的钱，”汉诺瓦保险公司（Hanover Insurance）首席执行官奥布赖恩说，“只有当我们把组织机构建设成超越对食物、住房的需要，超越从属关系的组织，建设成符合人们更高志向的组织，管理中的动荡纷扰才会消失。”

此外，现在持这种价值观的人许多都处在领导岗位。我遇到越来越多的组织领导人，尽管还是少数，但他们都感到，由于工作的社会性，作为组织社会活动的工作场所的性质，正经历着一种深刻的演变；而他们则是这种演变的部分参与者。“我们为什么不能在职场做让人满意的工作？”赫尔曼－米勒公司（Herman Miller）前总裁爱德华·西蒙（Edward Simon）曾提出这样的质问。我现在经常能听到这种质疑的声音。联合国前秘书长科菲·安南在创建“全球契约”（Global Compact）项目时，曾邀请世界各地的企业来建设学习型社区，以提高劳动者权益以及社会与环境责任等方面的全球标准。

也许，建设学习型组织的最主要原因是，我们直到现在才开始理解这样的组织所必须具备的各种能力。在很长一段时间里，建设学习型组织的努力就好像在黑暗中摸索，我们只能逐步理解建设这种组织的路径、技巧和各类知识。学习型组织与传统靠权威专制的“控制型组织”的根本区别，就在于它对某几项基本训练功夫的熟练掌握。这就是为什么“学习型组织的各项修炼”至关重要的原因。

从事一项修炼就意味着成为一个终身学习者

1903 年 12 月的一个寒冷而晴朗的早上，北卡罗来纳州基蒂霍克镇的莱特兄弟用一架并不结实的飞行器证实了动力飞行是可能的，并由此发明了飞机。但是，面向普通大众的商业航空服务，直到30多年后才出现。

当一个想法在实验室中被验证为可行的时候，工程师们会说：一个新概念被“发明”了。但概念发明以后，还要在有实用价值的成本范围内，以一定的规模进行可靠的复制，它才能成为一项“创新”。如果那个创新概念足够重要，比如电话、电脑或商用飞机，那它就是一项“基础创新”——它会创造一个新产业，或者改变某个现有的产业。在这个意义上，学习型组织已经被发明了，但还没有成为一项“创新”。

在工程领域，当一个概念从发明向创新转变时，会有很多不同的“构件技术”得到整合。从不同的研究领域分别开发出来的一些构件，逐步成为一个技术集合，它们对各自的成功应用互为关键。而在这个技术集合形成之前，那个概念虽然在实验室可行，但不会达到它在实践中的潜力。[2]

莱特兄弟证明了动力飞行是可能的，但直到1935年麦道公司推出DC–3型飞机，才标志着商业航空时代的开端。DC–3型飞机是首款在经济和空气动力学领域都很成功的机型，而在此前的30年间（孵化基础创新一般需要这么长时间），无数次商业飞行实验都失败了。就像学习型组织早期的实验一样，早期的飞机并不可靠，也没有获得适当规模上的成本效益。

DC–3型飞机第一次把五项关键的构件技术成功地整合在一起。这包括：可变螺距螺旋桨、可伸缩起落架、一种称为“单体壳”的轻型铸造机身、星型气冷发动机和机翼襟翼。DC–3的成功需要五项技术的全部：这意味着五项技术缺一不可——仅有四项还不够。波音公司1934年推出的247型飞机，拥有除机翼襟翼以外的其他四项技术。但波音的工程师们发现，这种没有襟翼的飞机在起飞和降落时很不稳定，为此他们不得不缩小发动机的尺寸。

今天，我认为有五项新的构件技术正在逐步集中到学习型组织创新过程中。虽然是分别开发的，但就像任何技术集合一样，我认为它们中的每一项都将成为其他各项成功运用的关键。每一项技术对于从事真正“学习型”的、能持续开拓能力以实现自己最高理想的组织建设工作，都至关重要。这五项技术是：

系统思考（systems thinking）。当乌云密布、天色昏暗、树叶微微飘卷的时候，我们就知道快要下雨了。我们还知道，一场暴风雨的雨水将会进入数英里之外的地下水系统，而明天的天空又要放晴。这些事件发生在距离相对很远的时空里，但它们都以同一个模式相互关联。每一个事件都对其他事件产生影响，而这种影响通常是隐藏在我们视觉观察之外的。只有通过仔细考虑这个模式的整体，而不仅仅是其中的某个部分，你才能理解暴风雨系统。

商业以及其他人类活动也是一种系统。这些活动也是由一系列相互关联的行动所组成的无形网络编织在一起，但这些活动之间的相互影响，常常需要很多年的时间才能完全显现出来。由于我们自己“身在此山中”，要看清整个系统演变的模式便是难上加难了。因此，我们总是把注意力集中在为系统的各个孤立组成部分拍摄快照上，然后纳闷为什么我们最深层的问题总是得不到解决。系统思考是一个概念框架，一个知识体系，一个在过去 50 年里开发出来的工具系列，它的功能是让各类系统模式全部清晰可见，并且帮助我们认识如何有效地改变这些模式。

虽然这些是新工具，但其背后的基本世界观，却可以很容易地靠直觉来把握：实验表明，年轻的孩子们可以很快学会系统思考。

自我超越（personal mastery）。“超越”（mastery）一词或许带有获取对人或物的支配和控制的含义，但它也可以表达一种特殊的精通和熟练程度，例如一位技术精湛的手艺人对于陶器或编织品的造诣。在自我超越方面修养水平高的人，能够始终如一地为实现他们内心深处最关心的成果而努力，实际上，他们对待自己的生活，就像艺术家对待一件艺术品一样。他们之所以能这么做，是因为他们对自己的终身学习过程有全身心的投入。

自我超越是不断澄清和加深我们的个人愿景的修炼，是持续集中我们的能量、增强我们的毅力，并客观地观察现实的修炼。因而，它是学习型组织的重要基石——或者说是学习型组织的精神基础。一个组织在学习方面的信念和能力，不会超过组织成员在这方面的信念和能力。这项修炼的根基在于东方和西方的精神传统，当然也存在于世俗生活传统中。

但是，很少有组织机构鼓励他们的成员以这种方式成长发展。这样做的结果是令巨大的资源处于未开发状态："刚进公司的时候人人都聪明伶俐，受过良好的教育，精力充沛，浑身充满干劲儿，并渴望做出突出的成绩，"汉诺瓦的奥布赖恩说："而当这些人到30岁时，却只有少数人进入了职场快速发展通道，其余的就在周末'花自己的时间'做自己想做的事了。他们没了信念，也没了使命感，职业生涯开始时的激情也消失了。我们只得到他们很少的精力，至于他们的心灵，我们根本就得不到。"

而且，只有少得令人吃惊的成年人能够严谨地努力实践自我超越的修炼。如果你去问人们对自己的生活有什么追求，大多数成年人经常会首先提到他们不想要的东西，他们会说，"我想让丈母娘（或婆婆）搬出去"，或者"我希望我的腰疼病好起来"。在自我超越的修炼中，我们一开始就要弄清楚，在我们为实现自己最高理想而生活的过程中，哪些是真正重要的东西。

在这里，我最关心的是个人学习与组织学习的关系，以及个人和组织的相互承诺和信念，还有由学习者组成的企业和事业机构所具有的特殊精神风貌。

心智模式（mental models）。心智模式是决定我们对世界的理解方法和行为方式的那些根深蒂固的假设、归纳，甚至是图像、画面或形象。我们通常不能察觉自己的心智模式以及它对自己行为的影响。例如，我们看到某个同事着装优雅，就暗想"她是乡村俱乐部会员"。而如果有人不修边幅，我们可能就感到“他不在乎别人怎么想”。在各种管理工作环境中，什么可以做、什么不可以做的心智模式的坚固程度，丝毫不比这些逊色。许多有关新兴市场，或有关组织机构中对于过时的运作习惯的深刻见解总是得不到实施，原因就在于它们遇到了强有力的、隐蔽的心智模式的抵触。

例如，在 20 世纪 70 年代初，荷兰皇家壳牌公司就理解了隐蔽的心智模式的广泛影响力，他们是做到这一点的第一家大公司。壳牌公司在 70 年代和 80 年代的成功 [从世界七大石油公司中的最弱小者上升到与埃克森（Exxon）并肩称雄]，是在世界石油市场经历前所未有的变化时期 [石油输出国组织（OPEC）诞生，油价和储量剧烈变化，以及后来的苏联解体]。壳牌成功的原因在很大程度上可归结为学习如何显现并挑战经理人的心智模式，并把这作为准备应对变化的修炼。80 年代壳牌公司的集团规划协调人德赫斯曾说过，要适应不断变化的商业环境并实现持续增长，必须依赖“组织机构的学习，即管理团队成员看待本公司、竞争对手和市场的集体心智模式的转变过程。因此，我认为规划就是学习，而公司规划就是组织机构的学习”。[3]

心智模式的修炼要从审视自己开始——学习如何把我们内心的、有关世界的图像展露出来，让它们“浮出水面”，并严格仔细地加以审查。这项修炼还包括“富于学习性”的交流沟通：把好奇地探寻他人（inquiry）与宣扬自己的想法（advocacy）相结合，在有效地表达自己思想的同时，也开放自己的思想，以接受他人的影响。

共同愿景（shared vision）。如果说有一种关于领导力的理念，数千年来一直给予组织机构激励和启迪，那就是要有能力不断地分享我们所追求的未来图景。如果组织中没有全体成员深度分享的共同目标、价值观和使命感，很难想象这个组织能够保持其在某种程度上的伟大称谓。这种使命，对 IBM 来说是“服务”；对宝丽来公司是“即时照相”；对福特汽车公司来说是“公共大众交通工具”；而对苹果公司来说则是

“为（主流以外的）其余人设计的电脑”。[4] 虽然类别和内容相差甚远，但这些组织都无一例外地用共同的身份和命运归属感把人们成功地凝聚在一起。

当真心的愿景建立起来的时候（这不同于大家都熟悉的“愿景声明”），人们都会力行卓越，用心学习，积极上进。这不是因为有人叫他们这么做，而是因为他们想这么做。虽然很多领导者有个人愿景，但他们却从没能把它变为激励组织的共同愿景。很多时候，公司的共同愿景仅仅是围绕某个领导的个人魅力，或者使大家兴奋一时的某种危机。但是，如果可以挑选，大多数人不仅在危机时刻会选择一个高尚的目标，在所有时间里都会如此。我们只是缺少把个人愿景变为共同愿景的修炼——不是“烹饪手册”，而是一系列基本原则和引导性的练习方法。

共同愿景的实际训练涉及分享共同“未来图景”的挖掘技巧，这种共同图景会激发真正的信念、行动意愿和投入参与，而不只是服从。在掌握这项修炼的过程中，领导者会了解到，用硬性指派的方法发布一个愿景，不论他自己认为这个愿景有多么真切，总会导致适得其反的结果。

团队学习（team learning）。一个工作很投入的管理团队，每个成员的智商都在 120 以上，为什么他们的集体智商却只有 63？团队学习的修炼所针对的就是这个奇怪的悖论。我们知道团队是能够学习的。无论是在体育、表演艺术还是科学领域，有时甚至在工商领域，都有集体智慧超过每个成员、协同行动能力开发出色的突出的团队样板。团队真正在学习时，不仅能做出非同寻常的成绩，而且每个成员都能比在其他情况下更迅速地成长。团队学习的修炼要从“深度汇谈”(dialogue)① 开始。

---

① “深度汇谈”对应的英文 dialogue 一词通常译作“对话”。而团队的 dialogue 特指在边界相对稳定和安全的团队集体“容器”里，汇聚和融合各个成员的观点和情感，从而实现有探询、创意和心灵共鸣的深层沟通和集体智慧的过程。本书修订版序言里提到的“跨文明深度对话”也对应 dialogue 一词，但那里和这里的团队修炼的内容虽有关联但又不尽相同，故译作“深度汇谈”。——译者注

深度汇谈是团队成员暂时忘掉假设和成见而进入真正的“共同思考”的过程。希腊文 dia-logos 是指思想在一组人群里的自由流动和沟通，它使集体得以实现个人无法完成的洞悉和领悟。有趣的是，很多“原始”文化保留了深度汇谈的做法，像美洲印第安文化，而现代社会却几乎完全把它丢掉了。现在，深度汇谈的原则和实践方法正在被重新发现并应用在当前的环境中。[深度汇谈和普通的“讨论”（discussion）不一样，讨论一词的词根是“撞击”（percussion）和“震荡”（concussion），实际就是来回碰撞既成想法，就像比赛一样，最终由赢家获得全部荣誉。]

深度汇谈的修炼还需要学习如何辨别团队中那些妨害学习的交往模式。自我防卫的习惯模式常常是团队交往中根深蒂固的障碍。如果没有察觉，这种习惯模式就会妨害学习。而如果有所察觉并且创造性地使它浮出水面，它还能加速学习进程。

团队学习之所以重要，是因为团队，而非个人，才是现代组织的基本学习单位。这才是要动真格的地方。除非团队能够学习，否则组织是不能学习的。

如果学习型组织可以称作某种工程创新，例如飞机或个人电脑，那么它的组成构件就应该称为各种“技术”。而对于人的行为领域的创新，其组成部件则应该是一些修炼（disciplines）[①]。修炼一词，在这里不是指一种“强制秩序”或“惩戒方法”，而是需要研究和熟练掌握，并在实践中加以应用的理论和技巧。修炼（拉丁语 disciplina，即学习之意）是为获取某些技能或能力的培育发展路径。像其他任何一种训练修习一样，不论是弹钢琴还是做电气工程，有些人是有天分的，但任何人通过练习都能达到熟练和精通。

① 这里的“修炼”对应的英文 discipline 一词更确切的译法也许是“训练”和“修习”；另外，它还有“纪律”“处罚”和“课目”或“学科”之意。但本书中还是尽量保持了已经广泛使用的原来的译法（即上海三联书店 1998 年出版的《第五项修炼》中的译法）。——译者注

从事一项修炼就意味着成为一个终身学习者，这个过程永无止境，你要花一辈子的时间来掌握和精通它。你永远不能说，“我们是个学习型组织”，就好比你也不能说，“我是个开悟之人”。你越是学习就越能深切地感受到自己的无知。因此，一个公司不可能是“卓越的”，因为它不可能达到一种永恒的卓越境界；它总是处在学习修炼的实践过程中，要么变得更好，要么变得更差。

组织能够从各种训练中受益，这其实不是全新的概念。毕竟，像财会等管理领域的训练，已经有很长时间的历史了。但五项学习修炼与其他大家更熟悉的管理训练的不同之处在于，它们是关于个人自身的修炼。每一项修炼都涉及我们如何思考、如何交往以及如何相互共同学习。从这个意义上讲，它们更像艺术训练，而不像传统的管理训练。另外，财会当然对“计分”很有用，但不能依靠它来完成组织建设的微妙细致的工作，也不能加强组织的创新和创造能力，更不能吸收消化新的训练科目，以完成战略计划、制定政策和设计组织结构。也许正因为这样，一些伟大的组织常常是转瞬即逝，在鼎盛一时的得意之后，便悄然堕入平庸。

实践一项修炼不是效仿一个样板。管理创新常常被形容为所谓的领袖企业的“最佳实践”。我认为，对最佳实践的标杆管理可以打开人们的眼界，看到什么是可能做到的；但这也可能弊大于利，因为它把注意力引向零碎的模仿抄袭和攀比。丰田公司一位经验丰富的经理在接待了一百多个高管参观团后评论说：“他们总是说，‘哦对了，你们有看板管理系统①，我们也有。你们有质量圈，我们也有。你们的员工填写标准工作说明表，我们也一样。’他们都只看到了那些局部的东西，并进行了模仿。而他们看不到所有的局部整合在一起运行的方式。”我不认为通

① 看板管理系统（Kan-Ban System），指企业为降低原材料或零部件的仓储成本，在需要前期才进货的制度系统。——编者注

过模仿别人能够成就一个伟大的组织，就像任何个人的伟大不能通过试图照抄其他“伟人”来实现一样。

把五项构件技术整合在一起的 DC–3 型飞机起飞之时，就是商务航空工业的诞生之日。DC–3 型飞机不是这个整合过程的终结，恰恰相反，它是一个新兴工业的先行者。与此相似，五项学习修炼的聚合并不意味着学习型组织创建的完成，而仅仅是实验和改进的新浪潮的开始。

第五项修炼：个人看待自己和世界的新方法

把五项修炼（five disciplines）作为一个整体开发是非常重要的。但这也是一项极具挑战性的工作，因为整合这些新工具，比简单地分别应用它们要困难许多，但回报很大。

这就是为什么系统思考成为第五项修炼（fifth discipline）。它是整合其他修炼的修炼，它把其他修炼融入一个条理清晰一致的理论和实践体系。它防止了其他修炼变成分散独立的花招，或最新流行的组织变革时尚。没有系统的观点，就不会想去了解各项修炼之间的关联。通过强化其他各项修炼，第五项修炼不断提醒我们：整体大于局部的组合。

比如，缺乏系统思考的愿景只能描绘关于未来的美好画面，却不能深刻理解从现实走到未来的过程中我们必须熟练把握的各种影响力。近年来许多加入“愿景活动浪潮”的公司后来却发现，仅靠高尚的愿景并不能改变公司的命运。为什么呢？没有系统思考，愿景的种子就落在了贫瘠的土地里。如果非系统性的思考是主流，培育愿景的第一前提条件就没有了，这个条件就是：真心相信我们可以把愿景变成未来的现实。我们也许会说“我们能够实现我们的愿景”（这是大多数美国经理人所处的环境条件催生的信念），但我们默认的现实观总会背弃我们——它把现实看成是由别人创造的一系列条件和状况。

但是，系统思考还需要开发共同愿景、心智模式、团队学习和自我超越的修炼，才能发挥出潜力。开发共同愿景会促进对长期性目标的承诺。心智模式的修炼主要是开放我们的心胸，这是我们发现自己目前看待世界的方法的局限性的必要过程。团队学习能够培育超越个人视角局限，以看清更大图景的集体技能。而自我超越则激发一种个人动机，它让我们持续地学习和理解我们的行动如何影响我们的世界。没有自我超越，人们就会沉浸在一种反应式的心态里（“是别人或其他东西造成了我的问题”），以至认为系统观点是对自己的严重威胁。

最后，系统思考可以使我们理解学习型组织的最微妙之处，即个人看待自己和世界的新方法。学习型组织的核心是心灵的转变：从把自己看成与世界相互分立，转变为与世界相互联系；从把问题看成是由“外部的”其他人或其他因素造成的，转变为认清我们自己的行动如何导致了我们所面对的问题。在学习型组织中，人们不断发现自己如何创造现实，以及自己如何改变现实。就像阿基米德说的：“给我一根足够长的杠杆，我就能用一只手撬动世界。”①

心灵的转变：学习的深层含义

如果你询问人们置身一个伟大的团队的感受如何，那他们最突出的感受一定是这段经历的深刻意义。人们会乐于谈到这种超越个人的、广泛关联的、富于创造力和生成力的过程。对许多人来说，身处真正伟大团队的经历在他们的人生中清晰地凸显出来，堪称最充实圆满的美好岁月。有些人还会在时过境迁后，仍想重温那段精神体验。

在西方文化中描述这样一种学习型组织经历的最准确的词语，却在过去几百年里很少有人使用。我们和各种组织合作的 10 年里，曾

---

① 阿基米德这句话的另一种说法是，“给我一个支点，我就能撬起地球”。本章的标题及此处内容原文与这句话稍有出入。——编者注

使用这一词语，但也经常提醒他们还有我们自己，在公共场合要尽量少用。这个词就是“metanoia”，意思是心灵的转变。这个词有很丰富的历史。对希腊人，它曾意味着根本性的转变或变革，或更直接地指超越心灵（transcendence；“meta”意思是上面或超过，如形而上学“metaphysics”；“noia”来自词根“nous”，指的是心）。在早期基督教 [直觉神秘主义诺斯替（Gnostic）教派] 中，这个词特指对共同分享的直觉和对最高主宰（上帝）的直接感悟的觉醒。这个词可能是施洗约翰等早期基督徒常用的关键词。后来在天主教耶稣圣体教义中，这个词被逐渐翻译成忏悔（repent）。

了解“心灵转变”这个词的含义，就能了解“学习”一词的深层含义，这是因为学习也涉及一种心灵的根本性转变或提升转化。谈论“学习型组织”的问题在于，当代人使用的“学习”一词已经丢掉了它原有的核心含义。如果你和别人说起“学习”或“学习型组织”，大多数人会变得目光呆滞。这些词马上会使人想起被动地坐在教室里听讲、听从吩咐，以及为了取悦老师而尽力避免犯错的情景。实际上，日常使用的学习一词等同于“接受信息”。“没错，所有这些我已经在昨天的培训课上学到了。”然而，接受信息和真正的学习，却只有遥远的间接关联。如果说“我刚刚读了一本关于骑自行车的好书——我已经学会骑车了”，这话就会很好笑。

真正的学习会触及做人的意义这个核心问题。通过学习我们得以再造我们自身；通过学习我们开发自身能力，去做从前不能做的事；通过学习我们重新认识世界，重新认识我们与世界的关联；通过学习我们拓展创新能力，使自己成为生命的成长和生发过程的一部分。在我们每个人的内心，都有对这样的学习过程的深层渴望。正如人类学家爱德华·霍尔（Edward Hall）所说：“人类是杰出的学习型生物。学习的欲望和性欲一样强烈——而且比性欲更早就开始有，持续时间还更长。”[5]

因此，这就是“学习型组织”（learning organization）的基本含义，即持续开发创造未来的能力的组织。① 对这样的组织而言，仅仅维持生存是远远不够的。“生存性学习”(survival learning)，或经常被称为“适应性学习”(adaptive learning)，也很重要——其实也是必需的。但对于学习型组织来说，“适应性学习”必须与“生成性学习”② 相结合。

有少数勇敢的组织建设先锋正在引领道路，但从总体上说，建设学习型组织的工作领域尚未开发。我衷心希望本书能加速推进这项开发工作。

如何实践

本书中的五项主要修炼不是我个人的发明。后面即将具体描述的五项修炼代表了数百人的实验、研究、写作和创造。我多年来所做的工作包括了这些修炼的各个方面，如完善理念、进行合作研究，并向世界各地的组织介绍这些修炼。

我在刚进入麻省理工学院研究生院的时候就确信，人类所面对的大多数问题，都与我们在理解和管理世界各类系统方面的能力低下有关，而且这些系统的复杂性又在不断增加。迄今为止，我的看法仍然没有改变。今天，环境危机、贫富差距不断扩大，还有随之而来的社会政治不稳定、全球持续的军备竞赛、国际贩毒、美国的预算膨胀、贸易赤字及其引发的金融系统的脆弱等问题，所有这些都证明，当今世界的各类问题都日益复杂、相互交织、相互关联。初到麻省理工学院，我就被计算

---

① 学习型组织，英文 learning organization，直译是“学习中的组织”，或“学习实践中的组织”，或“获取（知识和能力）过程中的组织”，这里更是在强调其精神取向和行动能力。由于它并没有特别的“型”或“式”的含意，所以译成“学习型”有很大歧义，还特别影响了这套理论和以往案例在中国的学习和实践（详见“译后记”）。但由于已经成为习惯术语，故仍保留这一译法。——译者注

② 生成性学习，英文 generative learning，增强我们创新能力的学习。——译者注

机领域的先驱、“系统动力学”创始人杰伊·福雷斯特（Jay Forrester）的工作所吸引。杰伊认为，今天许多严峻的公共问题，从城区的衰败到全球生态危机，都是由初衷良好、本想用来解决这些问题的各种政策所引起的。这些问题乃是“实际的系统”，它们诱惑决策者们制定针对表面症状而非深层原因的政策。而这样的政策只能产生短期功效，却带来长期隐忧；这些政策同时还造成一种需求，即必须不断制定更多的表面症状缓解方案。

随着博士研究工作的进行，我开始和到麻省理工学院我们这个小组来学习系统思考的企业领导者见面。这些人很有思想，他们非常清楚各种流行的管理方式的缺陷。与多数学者不同，他们不是脱离现实的知识分子，他们积极参与实际工作，其中许多人正在建设新型的、分散式的、非等级制的组织，这样的组织不仅注重业绩，更注重员工的成长和福祉。有些人还设计了激进的公司哲学理念，把责任和自由作为核心价值观。他们都有一种共同的、对创新的信念和行动能力，而在社会其他部门这些都还十分少见。我后来逐渐认识到，为什么在开放型社会里企业会成为产生创新的场所。原因在于，尽管企业也受到旧有的思想和习惯的束缚，但与公共和教育部门以及多数非营利组织不同，它们有进行实验的自由。此外，企业还有清晰的底线，所以它们所进行的实验是可以接受客观标准检验的，至少原则上是这样。

但是，这些企业家为什么对系统思考感兴趣？组织管理中最大胆的实验，最终一无所获、石沉大海的情况太普遍了。局部自主权所产生的企业决策对整个组织而言往往成了灾难；“团队建设”的练习虽然集中改善了人际关系，然而大家对整个企业系统的理解（心智模式）仍然大相径庭；危机中的企业在获得重生之后，其灵感却随着业绩的改善而丧失殆尽；开始很成功的企业，虽然认真善待顾客和员工，却经常发现自己陷入恶性循环，问题越是尽力解决就越严重。

当我还是学生并随后成为年轻教授的时候，我们都以为系统思考的工具可以给这些公司带来生机。但我后来在和不同的公司的合作过程中逐步认识到，只有系统思考是不够的。我们需要新型的管理实践者，系统思考只有通过他们才能发挥作用。那是 20 世纪 70 年代中期，当时我们对于未来的新型管理实践者会是什么样子，只有一种萌芽概念，并没有形成清晰的理解。1980 年前后，随着在麻省理工学院定期聚会的"CEO（首席执行官）小组"的成立，这个概念便逐步清晰起来。CEO 小组的成员包括汉诺瓦保险公司的奥布赖恩、壳牌公司的德赫斯、米勒公司的爱德华·西蒙，以及模拟器件公司（Analog Devices Inc.，ADI）的雷·斯达塔（Ray Stata）。在后来的十多年时间里，又逐步吸引了苹果公司、福特公司、哈雷－戴维森摩托车公司、飞利浦公司、宝丽来公司以及 TCC 公司（Trammell Crow Company）[①] 加入进来。

在超过 25 年的时间里，我还参与开发和主持了各类领导力研习营（leadership workshops），把我们在麻省理工学院的工作中发展出来的五项修炼理念，介绍给各行各业的人。这些理念在开始时融合了创新伙伴公司（Innovation Associates）在建设共同愿景和自我超越方面的先驱工作。研习营后来通过国际组织学习学会的全球网络一直延续至今。《第五项修炼》英文第一版开始发行时，已经有 4 000 多位经理人参加过这些研习营。实际上，他们正是本书当时的"目标客户"。在这些经历过程中，最初聚焦在企业高管群的工作范围被逐步扩大，很显然，这些有关系统思考、自我超越、心智模式、团队学习和共同愿景的基本训练，对教师、公共管理者和选区领导人、学生以及家长来说都有重要意义。这些人也同样在其各自的环境中处于重要的领导地位，都在各自的"组织"里面对着那些尚未开发的、开创自己未来的潜能。而且他们都感到，要开发这种潜能，首先必须开发他们自身的某种能力，那就是学习能力。

---

① Trammell Crow Company，美国主营货仓和连锁店管理的商业房地产公司。——译者注

因此，本书是献给学习实践者的，特别要献给我们当中对集体学习（collective learning）的艺术和实践感兴趣的人。

本书能够帮助管理者确定具体的实践方法、技巧和训练方式，以便给学习型组织建设的艺术减少一些神秘色彩（尽管它仍然是门艺术）。

本书能够帮助家长们把孩子当作老师，就像孩子们把家长当作老师一样。孩子们能够把学习当作一种生活方式，他们会教给家长很多。

本书能够帮助公民建设更善于学习的社区和社会。本书中的深度对话，讨论了当代组织不善于学习的原因，也讨论了建设学习型组织所需要的条件，它们都揭示了学习实践所需要的一些工具。

第2章

你的组织有学习障碍吗？

很少有大公司的寿命能超过人均寿命的一半。1983年荷兰皇家壳牌公司的一项研究发现，1970年世界《财富》500强名单上的公司，届时已有三分之一销声匿迹了。[1]根据壳牌的估计，大型工业企业的平均寿命小于40年，大概只有人的平均寿命的一半！这项研究后来又被美国EDS（电子数据系统公司）等其他几家公司复制，并成为吉姆·柯林斯（Jim Collins）2001年出版的《从优秀到卓越》①（*Good to Great*）一书的参照点。本书读者将有50%的机会，能够在自己的职业生涯过程中看到自己现在的公司的消亡。

大多数走向消亡的公司，事先都有很多迹象表明它们面临着严重的问题。然而，即使有一些经理人曾经注意到这些问题，它们还是没能引起足够的重视。组织作为整体不能认识到某些危险正在来临，不能理解那些危险可能带来的后果，也没有形成其他替代行动方案。

也许以“适者生存”的法则看来，企业的不断消亡很正常，对社会

① 《从优秀到卓越》一书中文版已由中信出版集团出版。——编者注

也无妨。虽然雇员和业主会很痛苦，但这只不过是经济土壤的更新，生产力资源被重新分配给新的公司和新的文化。但是，这种公司高死亡率如果只是一些深层问题的表面症状呢？被这种深层问题折磨的如果不单是死亡的公司，而是所有的公司呢？进而，有没有可能连最成功的公司也是很差的学习实践者——它们虽然存活下来了，却从未发挥出所有的潜力？有没有可能，与组织将来可能做到的相比，现在所谓的“杰出”实际上只是“平庸”而已？

大多数组织机构的学习实践情况很糟糕，这不是偶然的。组织的设计和管理模式，人们对工作的定义，还有，最要紧的，我们在思想和交往方面（不仅在组织里，还包括在日常生活中）所接受的教育，造成了根本的学习障碍。即使有聪明肯干的人做出最大的努力，这些障碍还是挥之不去。他们往往越是努力解决问题，结果反而越糟糕。所有的组织都在某种程度上遭遇着这类障碍，而学习实践的发生也都是在这样的背景之下。

学习障碍对孩子来说是个悲剧，特别在其没有被发现的时候更是如此。对组织而言，学习障碍同样是悲剧，并且也常常被忽视。消除障碍的第一步，是开始识别以下 7 种学习障碍：

障碍 1 “我就是我的职位”

我们接受的教育历来强调忠于职守这一概念，以至我们会把自己的工作混同于自己的身份。20 世纪 80 年代初，美国一家大型钢铁公司开始关闭工厂时曾宣布，要为被裁员的钢铁厂职工提供培训，以帮助他们找到新工作。然而，培训根本不管用，工人们听天由命地沦为失业者，然后零星做些临时工作。心理学家来到他们中间，想找出问题的原因，结果发现，这些钢铁厂职工遭受了严重的身份认同危机。“我怎么能做别的工作？”工人们说，“我就是个车工。”

当被问到靠什么生活时，大多数工人只描述了每天做的工作，却没有谈到他们曾身处其中的这家大企业的目的。他们大多觉得，自己对身处其中的系统只有很少的或者根本没有任何影响力。他们干自己的工作，花时间做事，还要试图应付自己掌控范围之外的各种影响力。结果，他们总是把自己的责任限定在自己的职位界限之内。

多年前，底特律一家汽车公司的经理们告诉我，他们曾拆分过一辆日本进口汽车，想知道为什么日本人能在某条组装线上，以低廉的成本达到非常出色的精确度和可靠性。结果他们发现，那辆车的发动机缸体上有三处都用了同一种标准的螺栓。每一处螺栓都固定了一个不同种类的部件。而在美国车上，这三处组装需要三种不同的螺栓，也就是说要有三种不同的扳手和三种不同的螺栓存货，这使组装工作速度更慢、成本更高。美国人为什么要用三种不同的螺栓呢？因为底特律的设计公司有三组工程师，每一组只对“他们自己的”部件负责。而日本汽车设计团队只有一个总设计师，整个发动机的组装程序，或许还有更多设计工作，都由这个人负责。而具有讽刺意味的是，每一组美国工程师都认为自己的工作很成功，因为他们的螺栓都一样好用。

当组织中的人们只关注自己的职位时，他们就对所有职位之间因相互关联而产生的结果缺乏责任感。另外，当结果令人失望时，要找出其原因也会很困难。你所能做的就只剩下猜测，“一定有人把事情给搞砸了”。

障碍 2 “对手在外部”

一位朋友曾讲到他给一个参加美国少年棒球联盟（Little League）的男孩当教练的故事。有一次，那个男孩在球场的右侧外野一连三个高飞球都没接住，他甩掉手套走进休息区，愤愤地说：“这个破球场，没人能接住球！”

当发生问题时，我们每个人都有这种倾向：去责怪我们身外的人或事。而有些组织则会把这种倾向提升成命令，说：“你们必须找到问题的外部责任方，这是个原则。”市场部门责怪生产部门：“我们一直不能完成销售指标的原因是产品质量没有竞争力。”生产部门又责怪设计工程部门。设计工程部门再责怪市场部门，说：“如果他们不再干扰我们的设计，让我们真正发挥出设计产品的水平，那我们就能成为业界领袖。”

“对手在外部”这一障碍的症状，其实是“我就是我的职位”观念的副产品，是这种观念导致的结果——观察世界缺乏系统性。当我们只关注自己的职位时，我们就无法看清自己的行动在超越自己职位边界范围的影响。而当我们的行动所产生的影响回过头来伤害到我们自己时，我们会错误地认为这些新问题是外部造成的。就好像被自己的影子追着，我们无法摆脱这些问题的困扰。

“对手在外部”的症状不仅限于组织内部的相互指责。曾经红火一时的人民快线航空公司（People Express Airlines）在最后几年的运营中，曾推出大规模降价、促销及并购边疆航空公司（Frontier Airlines）等一系列举措，试图疯狂反击想象中的对手，即越来越好斗的竞争对手们。然而，这些举措并没有挽回公司日益亏损的局面，也没有解决公司的核心问题，那就是服务质量越来越差，对顾客的唯一吸引力最后就只剩下低价格了。

多年来，一有美国公司的市场份额输给外国公司，人们就会责怪那个国家的低工资，责怪美国的劳工组织和政府管制，或责怪购买别国产品而“背叛我们”的顾客。但是，“对手在外部”几乎从来不是故事的全部，因为“外部”和“内部”通常是在同一个系统里。正是因为这种学习障碍，我们几乎无法从“内部”找到关键的杠杆作用点，来有效解决横跨“内部”与“外部”界限的系统性问题。

障碍 3　主动积极的幻觉

眼下，“主动积极”（proactive）是一种时尚。经理人经常宣示：我们要面对困难的问题，掌控局面。一般来说，这种宣示的意义是指我们应当迎难而上，不要等别人来想办法解决问题，并且要在问题演变成为危机之前把它解决掉。尤其是，主动积极还往往被当作“被动反应”的对症药，而后者是等到局面失控才采取措施。但是，针对外部敌人的攻击性行动，真就是主动积极的同义语吗？

一家曾与我们合作过的地产责任保险公司的管理团队，有一次就钻进了主动积极的死胡同。这个管理团队的领导者是位才华横溢的副总裁，主管公司的索赔业务。他曾准备在一次演讲中宣布，不再接受越来越多的律师提请的庭外和解索赔。公司准备扩大自己的律师团队，这样便能在法庭上完成裁决程序，而不是总接受庭外和解。

这时，我们和公司管理团队成员一起，用更系统的观点来审视了这个提议可能带来的各种影响：有希望胜诉的索赔案比例、败诉案可能耗费的金额、无论胜诉败诉都会产生的每月直接开销和管理费用，以及诉讼过程可能持续的时间等等。有趣的是，这种团队情景推测的结果是，整个成本将会上升。这是因为，考虑到大多数索赔案的初期调查质量，公司可能胜诉的案件带来的收益，不能抵消诉讼总量增加带来的成本上升。那位副总裁最后撕掉了自己的演讲稿。

遗憾的是，主动积极往往只是被动反应的一种伪装掩饰。无论在工商界还是在政界，如果我们只是对“外部的敌人”采取更积极的攻击性战斗，我们还是在被动反应——不管我们怎么称呼它。只有当我们认识到，我们是问题的始作俑者之一，才能达到真正的积极主动。这种主动是我们思考方法的结果，而不是我们情绪状态的产物。

障碍 4　执着于短期事件

有两个孩子在操场上打起来了，你过去劝架。露茜说：“他抢了我的球我才打他的。”汤米说：“她不让我玩她的飞机我才拿她的球的。”

露茜说："他不能玩我的飞机，因为他把螺旋桨弄坏了。"我们是充满智慧的成年人，于是我们说："嘿，孩子们，你们要好好一起玩啊。"但是，我们自己在陷入争执时所说所做的，真和孩子们有什么不同吗？我们都有一种惯性思维，即把生命看成是一系列分立的事件，而且每一个事件都应该有一个显而易见的起因。

组织机构中的交谈都被事件所主导：上个月的销售额、新的预算裁减、上季度的利润、谁得到升迁或被解雇了、竞争对手新推出的产品、我们推迟发布新产品的通知，等等。同时，媒体又在不断强化对短期事件的关注：无论如何，什么事超过两天就不是"新闻"了。强调事件导致了"事件式"的诠释描述："今天道琼斯工业平均指数下降了 16 点"，报纸报道说，"因为昨天发布了第四季度利润走低的预期。"这类诠释也许没有错，但它转移了我们对事件背后长期规律性模式的注意力，干扰了我们对这些长期模式的理解力。

我们对个别事件的执着，其实也是生物进化给我们的程序编码中的一部分。试想你要构思处于生存竞争中的洞穴人，对宇宙的沉思冥想能力将不会是一项优先设计标准。重要的指标会是察觉左侧后方的剑齿虎，并迅速做出反应。好像是对我们的嘲弄，今天我们的组织和社会所面对的主要生存威胁，并不是来自突发事件，而恰恰是来自缓慢渐进的过程：军备竞赛、环境恶化、社会公共学校系统的衰败、公司产品设计或质量（相对于竞争对手）的下滑等等，这些都是缓慢渐进的过程。

如果大家的思想都被短期事件主导，那么一个组织就不可能持续地从事有创意的生成性学习。如果我们只注意个别事件，那最好的结果就是我们能在事件发生之前做出预测，以便做出最佳反应，但这不可能让我们学习如何创造。

障碍5　煮蛙寓言

在企业失败案例的系统研究中我们发现，企业对缓慢积累的生存威胁普遍缺乏应对措施。这种情况相当普遍，导致了“煮蛙寓言”的流行。如果把青蛙放进沸水中，它会立刻跳出，夺路而逃；但如果把青蛙放进室温的水中，也不去惊吓它，它会安然不动。要是把水放在加热器上慢慢加热到21℃ ~27℃，青蛙还是不会动，而且会悠然自得。如果继续加热，青蛙就会变得越来越虚弱，最终再也无法爬出来。虽然没有任何限制青蛙逃生的障碍，它还是待在水里，最终被煮死。为什么会这样呢？原因就是青蛙体内感应生存威胁的感官，只能针对环境中突发的改变，对缓慢渐进的改变却毫无察觉。

美国汽车工业就是一个长期的温水煮蛙案例。20 世纪 60 年代，美国汽车业在北美市场占据主导地位，但情况已经开始发生非常缓慢的变化。可以肯定，底特律三大汽车巨头在 1962 年还没有看到日本汽车会成为他们生存的威胁；当时日本汽车在美国的市场占有率还不到 4%。到 1967 年，日本汽车的占有率达到 10% 时，三大巨头还是没有看到威胁。1974 年日本汽车达到近 15% 的占有率时，他们还是没有任何感觉。直到 80 年代初，三大巨头才开始认真反省自己的运营方法和核心假设；而那时日本汽车已经占据美国汽车市场 21.3% 的市场份额。1990 年，这个数字达到 25%，到 2005 年已接近 40%。[2] 鉴于这几家美国汽车公司的财务状况，这个特别的青蛙能否重新获得力量，从热水中逃脱出来，看来还是个未知数。

学会观察缓慢、渐进的过程，要求我们放慢自己忙乱的脚步，去注意那些细微的，以及戏剧性的变化。假如你坐下来注视前方的那片潮水滩，刚开始看不出多少东西。但如果你花足够长的时间，大约十几分钟，潮水滩会突然在你眼前呈现出生命。其实那个美丽的生物世界一直都在那里，只是它运动速度太缓慢，我们不容易一开始就发现它。问题是我们的心总是被锁在一个固定频率上，好像只能观察到每分钟跳动 78 次的东西，而看不到每分钟跳动 $33^{1}/_{3}$ 次的东西。如果不学会放慢脚步，去察觉那些常常是最具危险性的渐变过程，我们就不能避免煮蛙的命运。

障碍 6　试错法的错觉

最深刻的学习来自直接的经验。的确，我们通过直接的试错法学会吃东西、爬行、走路和交流。试错法是通过做出行动并观察其结果，如果结果不令人满意，就再做出另一个新行动。但是，如果我们行动的结果是不可观察的呢？如果我们行动的主要结果要在很久之后的未来才会显现，或者在我们身处其中的更大系统里相隔很远的地方显现呢？我们每个人都有一个“学习视界”（learning horizon），即我们只能在一定的时空和视力范围之内观察自己的行动效果。当我们行动的结果超越我们的学习视界时，就不可能通过直接经验来学习了。

在这里我们遇到了组织机构的核心学习悖论：我们从经验中学习得最好，但许多最重要的决策所带来的结果恰恰是我们无法直接体验的。许多组织的最重大的决定，会在数年或数十年的时间里、在整个系统范围内产生影响。研发决策首先影响生产和市场领域；对新生产设备和工艺的投资会在十年或更长时间里，影响产品质量和发货可靠性；提拔合适的人担任组织领导，也会在很多年里影响组织的氛围和战略。在诸如此类的决策中，我们很少能有“试错式学习”（trial and error learning）的机会。

如果决策的作用周期超过一两年，就很难看清并从中学习。正如系统思考研究者小德雷珀·考夫曼（Draper Kauffman, Jr.）所指出的，大多数人都有短期记忆的毛病。他写道：“一旦某一领域的求职者出现暂时的过剩情况，大家就都大谈特谈该领域的劳动力超级过剩了，都劝年轻人赶紧转行。几年后，该领域又出现劳动力短缺，招工岗位没人应聘，年轻人又被紧急召回到该领域来——于是又产生了过剩。显然，职业培训开始的最佳时机，就是在人们已经讨论过剩有好几年，而很少有人问津该领域的时候。这样，你就可以刚好在短缺形成的时候完成你的职业培训。”[3]

传统上，组织机构试图通过划分部门来克服广泛的决策影响所带来的困难，并通过建立功能性等级结构使工作易于上手。然而，功能的划分演变为“诸侯割据”，曾为了分工方便而进行的劳动划分，演变为“火炉管道”，切断了各功能部门之间的联系。结果是：对公司最重要的、跨越功能界限的复杂问题的分析，竟然成为一种危险的或者根本无从下手的操练。

障碍 7　管理团队的迷思

兵来将挡。面对这些学习悖论和障碍，放马迎战的自然是“管理团队”—— 一组智慧超群、经验丰富、来自不同职能部门和专业领域的经理人。他们应该一起理清对组织至关重要的、跨部门的复杂问题。那么，对典型的管理团队克服这些学习障碍，我们究竟有多大信心呢?

非常遗憾的是，企业团队常常陷于势力范围之争，常常简单地回避会使个人丢脸的事，常常假装已经在集体策略上统一了思想——以维护表面上的团结一致。为了保持形象，他们努力消除意见不合；避免公开表露严重分歧；集体的决策退化为大家都能接受的妥协，或者干脆是强加在集体名义上的个人观点。如果有分歧，它通常表现为相互指责和意见主张的两极分化，因而无法揭示深层经历的差异和不同的假设，无法使团队整体得到学习提升。

“大多数管理团队会在压力下分崩离析，”哈佛大学长期研究管理团队学习行为的克里斯·阿吉里斯（Chris Argyris）写道，“管理团队在日常问题的处理中可能运作良好。但是，当他们面对可能使他们陷入窘迫和危险境地的复杂问题时，那种‘团队性’似乎就崩溃了。”[4]

阿吉里斯认为，大多数经理人都觉得集体探寻本来就具有威胁性。学校教育告诉我们：永远不能承认我们不知道的答案。而大多数公司还在强化这种训练，奖励善于推销自己观点的人，却忽视对复杂问题的探寻。（还记得上一次你的组织给对公司现行政策提出难题的人——而不是解决某个紧迫问题的人——颁发奖励是什么时候吗？）即使我们感到没有把握，或者根本就不懂，我们还是学会了保护自己，避免由于暴露我们没有把握或无知所带来的痛苦。这一过程正好阻止了新知识的形成，而新知识是可能给我们带来威胁的。这样做的结果，就是阿吉里斯所说的“老练的无能”（skilled incompetence）——团队成员非常擅长躲避学习。

学习障碍与修炼

这些学习障碍长期以来一直伴随着我们。芭芭拉·塔奇曼（Barbara Tuchman）在《愚蠢进行曲》（*The March of Folly*）一书中，描述了一系列具有重大影响、“执行了违背终极自利性”政策的历史事件，从特洛伊的失陷到美国参加越战。[5] 在一个接一个的历史故事中，领导人对自己的政策即将带来的后果全然不知，即使曾事先接到警告，说这些政策会威胁其自身的生存。细读塔奇曼的书，你会在字里行间发现，14 世纪法国瓦卢瓦王朝的国王们，正是遭遇了“我就是我的职位”这一障碍——他们实行货币贬值政策，全然不知他们这样做是在逼迫法国新兴的中产阶级走向暴动。

18 世纪中叶的英国也经历了一个煮蛙案例。在“整整 10 年的时间里”，塔奇曼写道，英国人“与美洲各个殖民地的冲突越来越多，却没有任何英国政府官员派遣代表，更不要提派遣大臣，到大西洋对岸……调查危及与殖民地关系的原因是什么……”[6]到1776年美国独立战争开始时，关系的危局已经无法挽回了。塔奇曼在书中另一处描述了15~16世纪罗马天主教，由红衣主教组成的悲剧式的管理“团队”。对其虔诚态度的要求迫使他们要表现得团结一致。而在背后，他们却相互耍手段（有时甚至是背后行刺）。由此导致了一系列机会主义教皇的上台，而这些教皇对权力的滥用，则直接引发了新教改革运动。

历史学家贾雷德·戴蒙德（Jared Diamond）也描述了类似的由于傲慢与无知而导致整个文明毁灭的故事。从玛雅文化到复活节岛，戴蒙德解释了强大的帝国是如何在相当短的时间里走向灭亡的。和组织的失败一样，这些帝国中大多数人也感到了事情有点儿不对，但他们还是本能地变本加厉地维护，而不是质疑传统的行为方式——自然更没有可能去开发能力，以改革传统的行为方式。[7]

我们今天这个时代的危局并不比从前小，而同样的学习障碍及其所导致的后果，也仍然持续着。我深信，学习型组织的五项修炼，能够成为医治这些学习障碍的对症良药。但是，我们必须更清晰地了解这些学习障碍——因为它们很容易被喧嚣纷扰的日常事物所掩盖。

| 第3章 |

是系统的囚徒，还是我们自己思想的囚徒？

消费生产和分销组织模拟实验：啤酒游戏

为了看清组织在实际运作中的学习障碍，做一项实验会有所帮助——实验是真正组织运作的微缩，在实验中你能够比在实际组织中更清晰地看到，你的决定所带来的各种后果是如何逐一显现的。为此，我们经常邀请大家参加一个叫作“啤酒游戏”的模拟实验。这个实验是麻省理工学院斯隆管理学院在20世纪60年代率先进行的。由于啤酒游戏不是真实情况本身，而只是后者在实验室中的模拟，所以我们能够比在实际组织中，更加明晰地把学习障碍及其起因剥离出来。这个实验揭示了，问题的来源更多在于思考和互动交往的基本方式，而不在于组织结构和政策的具体特征。

啤酒游戏的做法，是让我们参加一种广泛流行却又不被人注意的组织：一种生产和分销体系，它承担了所有工业国家的消费品和商业用品的制造和发货任务。在游戏里，这种体系负责制造和分销单一品牌的啤酒。游戏参与者担任某一职位角色，并根据自己的判断完全自主地做出任何决定。他们的唯一目的，就是尽自己的职能来获取最大利润。[1]

和许多其他游戏一样，每一场啤酒游戏都是一个故事。故事有三个主要角色——零售商、分销商和啤酒厂营销主管。[2] 每个角色都从自己的角度叙述故事的经过。

零售商

把你自己想象成一名零售商。也许你是一家地处城郊路口、灯火通明的 24 小时营业特许加盟连锁店的经理，也许你是地处一条维多利亚时期褐色砂石建筑街道的夫妻杂货店的店主，或者，你也许是偏远高速公路上一家折扣饮料经销点的业主。

不管你的店看上去怎样，也不管你还经销别的什么商品，啤酒是你经销的主要商品之一。你不仅在啤酒上获利，还通过啤酒吸引顾客购买爆米花和薯片等其他商品。你的库存里至少有 12 种不同品牌的啤酒，在你存放商品的里屋还有个账本，上面大致记录着每种品牌的啤酒还有多少库存。

送货卡车每周来店铺一次，每次你都交给司机一份本周订货单，上面有你每周想要的每一种品牌的啤酒数量。卡车司机去完其他地方以后，会把你的订单交给你的啤酒批发商。批发商处理订单以后，就安排适当的出货顺序，然后发货到你的店里。这个过程需要时间，你也已经习惯了平均四个星期的送货延迟时间。换句话说，从你的订单发出到啤酒运到你的店里，一般需要四个星期。

你从未直接和你的啤酒批发商通话，你们之间的沟通就是通过你在订单上打的钩。也许你从未见过你的批发商，你只认识送货的卡车司机。原因很简单：你店里有数百种商品，给你发送各种商品的批发商有几十家。同样，你的啤酒批发商要给十几个城市的数百家零售店发货。你要接待潮水般光顾店铺的顾客，批发商要处理成堆的订单，谁还有空闲聊？你们之间的沟通只凭一个订货数字就足够了。

你店里销售最稳定的啤酒品牌是“情人啤”（Lover’s Beer)。你大概记得这是 300 英里之外一家效率很高的小酿酒厂的产品，但它不是超级流行品牌。其实它根本就不做广告。但和每天早上的送报一样稳定，你每周都会卖出去 4 箱情人啤。当然，顾客都是年轻人——年龄多数在二十几岁，而且喜好快速变化。但不知道为什么，一旦有人开始换买另一种大牌啤酒，比如米勒或百威，就总有一位更年轻的妹妹或弟弟加入情人啤的购买者行列。

为了保证情人啤供应充足，你总是在店里留有 12 箱存货。这就意味着每个星期一啤酒送货卡车来店铺时，你要订 4 箱货。如此一周又一周地循环往复。你现在已经对 4 箱订货量习以为常了，它已经成为你心目中对情人啤销量的难以转变的认知。你订货时根本就不假思索。“啊，对了，”你会像每天祷告那样自动地说，“情人啤，4 箱。”

第 2 周：在没有任何预警的情况下，10 月有一个星期（我们暂且叫第 2 周）情人啤的销量翻了一番，从 4 箱增加到 8 箱。你会觉得那没关系，因为店里还剩 8 箱存货。你并不知道为什么销量会突然上升这么多，也许有人在开派对。但为了补充存货，你把订货量提升到 8 箱。这样你就可以把库存拉回到正常水平。

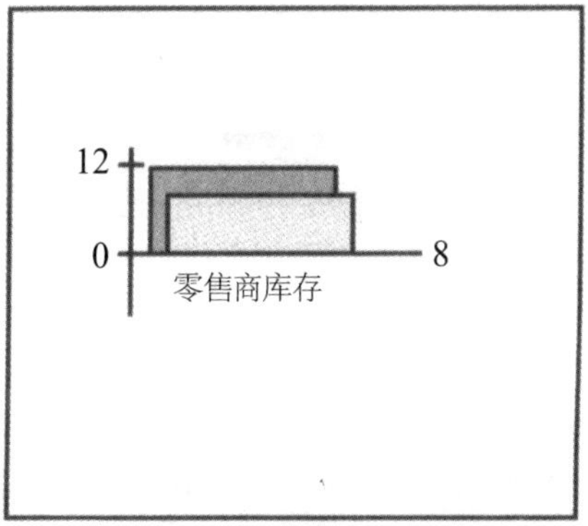

第 2 周

第 3 周：很奇怪，下一周你又卖出 8 箱情人啤。你不免有些纳闷：这不是放春假的时候啊。于是，你开始在繁忙的工作之余考虑出现这种情况的原因。也没有情人啤的促销广告啊，要是有的话，你会收到邮寄来的广告。也许寄来的信件丢了，或者你不经意间扔掉了，也许还有别的什么缘故……但这时有顾客进来了，打断了你的思路。

送货司机进来时，你还是没来得及过多考虑情人啤的事，但你看到送货单上只有 4 箱到货（那是你 4 个星期以前订单的量）。而你现在只有 4 箱库存，那就意味着，除非销量下降，否则这周你会把所有情人啤库存卖光。明智的考虑是，至少订 8 箱货才能保证不脱销。保险起见，订 12 箱——那样还可以重新开始建立库存。

第 4 周：这个星期二，你抽空向来店里买东西的年轻人打听了情人啤的事情。原来大概一个月前，有一支新推出的单曲 MV（音乐短片）在流行的电视频道上播放。演唱的乐队“叛逆偶像”（Iconoclasts）在这首歌的最后一句唱道：“喝完最后一口情人啤，我冲着太阳奔去。”你不知道他们为什么要在歌词里提到情人啤，要是有新的情人啤广告，分销商应该会通知你啊。你想要打电话问问分销商这件事情，正在这时候，一批薯片送来了，关于情人啤的事情又从你脑海中溜走了。

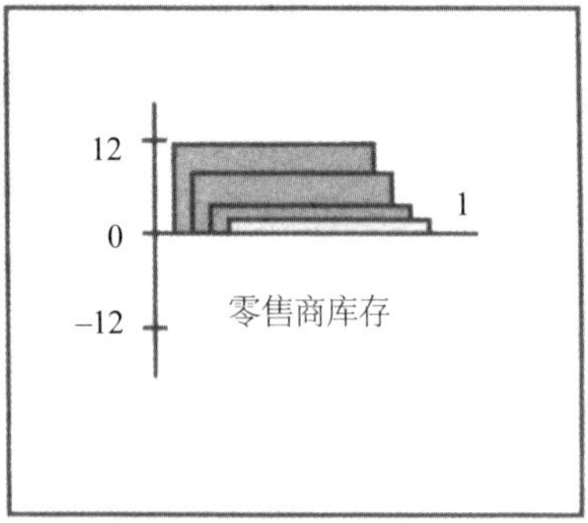

第 4 周

这星期的啤酒送货车来了，但只到了 5 箱情人啤。这下你觉得很懊恼，因为情人啤快要卖光了，现在只剩下一箱存货。而且因为那支 MV，可能会有更多的顾客来买情人啤。你还是觉得应该多订一些，但又不确定具体订多少合适。最后你决定，至少订上 16 箱情人啤，这是底线。

第 5 周：星期一的早上，情人啤已经卖光了。还好，这天又新到了 7 箱情人啤（显然是分销商注意到你订的情人啤数量增加了）。但在周末之前，所有的情人啤又都卖光了，一瓶也没剩下，更别说库存了。你闷闷不乐地盯着空货架。这次最好再订 16 箱，你不想别人说你的店里连热销的啤酒都没有。

第 6 周：和预计的一样，这星期刚一开始，就有顾客来买情人啤。有两位忠实的顾客说要在你这儿订情人啤。"要是情人啤到货了，一定要第一时间通知我们，"他们说，"我们会来买的。"他们给你留了姓名和电话，每人订了一箱情人啤。

这星期只到了 6 箱情人啤。你通知了两位"订货"的顾客，他们来买走了两箱；其余的 4 箱又在周末前卖光了。又有两位顾客给你留了联系方式，说一旦有货就马上联系他们。你开始思考，要是有货的话，这星期还能再卖多少情人啤啊。看来大家已经开始抢购情人啤了：这一带的商店都没货了。情人啤十分畅销，而且越来越火。

你连续两天看着空空的货架，之后你觉得这次至少还得订 16 箱情人啤。你本想再多订些，但想想还是算了。因为你知道之前下的大单子应该快到货了，但什么时候才能到呢？

第 7 周：送货车这次只送来了 5 箱情人啤，这意味着这星期你又得看着空空的货架。在订货的顾客买走情人啤的时候，其他几箱也卖出去了，情人啤在两天之内就脱销了。令人吃惊的是，这星期竟有 5 位顾客订了情人啤。于是这周你又订了 16 箱，并在心里默默地祈祷大订单能快点到货。没有情人啤，薯片的销量也下滑了。

第 8 周：现在，你对情人啤的关注比对店里的其他任何商品都要多。你的神经时刻被它牵动着：情人啤在货架上默不作声，但只要有人一次买走半打，你都会立刻注意到。人们似乎开始谈论情人啤了。你焦急地等着送货车运来你期待的 16 箱情人啤……

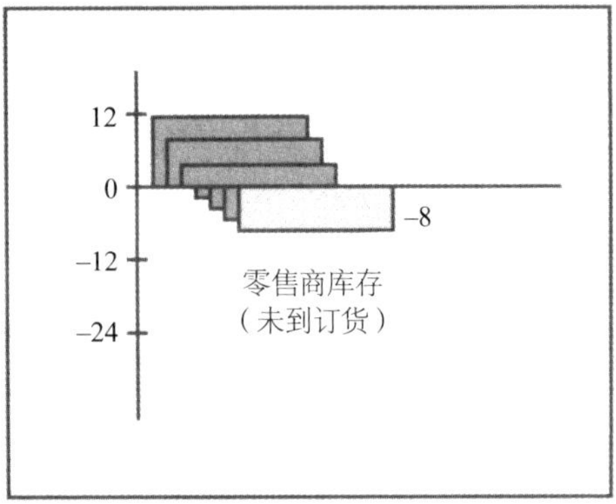

第 8 周

但送货车只送来了 5 箱情人啤。你问道："这算怎么回事？只有 5 箱？""天哪，这事儿我怎么知道！"送货人跟你说，"我猜是订单积压了，你可能要一两周之后才能拿到货。"一两周？通知完订情人啤的顾客，你这星期的情人啤也就全卖光了。整个星期货架上连一瓶情人啤都没有。这会对你的经营信誉产生怎样的影响！

这周你一下子订了 24 箱情人啤——这是原计划的两倍。你开始琢磨，分销商到底想对我做什么？难道他不知道我们这儿的市场有多狂热吗？他脑子里到底在想些什么？真见鬼！

分销商

作为一家批发公司的经理，啤酒就是你的生命。你在办公桌前度过绝大部分时光，那张不锈钢台面的办公桌就在放啤酒的仓库里。仓库里满是堆得高高的啤酒箱，几乎涵盖了所有的著名品牌：米勒、百威、银子弹（Coors）、滚石（Rolling Rock），以及一些进口啤酒，当然了，还有情人啤这样的地方品牌。跟公司有生意往来的地区包括一个大城市，几个小的卫星城市，一些城郊社区，以及更偏远的一些农村地区。你并不是这里唯一的啤酒批发商，但你的公司有着良好的信誉，实力很强。对于有些品牌，你是这一地区唯一的分销商，而情人啤就是其中之一。

通常情况下，你和啤酒厂的订货方式，跟零售商和你的订货方式差不多。每个星期，你都把写着订货数量的表格交给送货人。一般四个星期之后，货会送过来。你不是按箱算货，而是按罗（gross）算。一罗是 12 打，即 144 箱，大概能装满一辆小卡车，因此你按车来计算订货数量。就像固定跟你联系的零售商每周向你订 4 箱啤酒一样，你每星期向啤酒厂订 4 车啤酒，每周都一样。这样的订货数量能够保证在任何时候，你都有 12 车啤酒的存货。

在第 8 周，你和零售商一样沮丧，一样气愤。情人啤的销量一向稳定，但就在几星期前，具体算是在第 4 周，情人啤的订货量突然开始迅速上升。在接下来的那个星期，零售商订的情人啤数量增加得更多了。到第 8 周，大多数商店订情人啤的数量是常规订货量的四倍。

开始时，你能通过仓库里的存货来满足额外的情人啤订单。而且你很有先见之明：你立即察觉到了订单有增加的趋势，并在第一时间向啤酒厂增加了订货数量。第 6 周，你在《啤酒批发新闻》上看到了有关情人啤的摇滚 MV 的报道，于是你进一步增加了订货量——每星期 20 车，虽然这是常规订货量的五倍，但你确实需要这么多啤酒。从零售商的订单上看，情人啤的销量已经到了原来的两倍、三倍，甚至是四倍。

在第 6 周，你的仓库里已经没有情人啤的存货了，你处于地狱般的拖欠订单的境况。从这时候起，你只能尽可能地多批发些情人啤，并给尚未发货的啤酒打欠条，交给零售商。有少数几家较大的连锁店给你打了电话，并得到了你的特殊照顾，但你的情人啤存货是一去不复返了。

不过令你欣慰的是，增加的啤酒订货应该还有一两个星期就到了。

在第 8 周，当你打电话问啤酒厂，是不是可以加快送货速度（并通知啤酒厂你把订单增加到每星期 30 车）的时候，你失望地发现他们刚意识到需求的增加，在两个星期前才开始增加生产量。他们的反应怎么能这么慢?!

现在到了**第 9 周**。你每星期收到的情人啤订单有 20 车，但你还是没有足够多的存货。在上个周末之前，你又向啤酒厂发出了另外 29 车的订货单。员工们收到大量关于情人啤的投诉电话，多到他们要求安装自动答录机来解释情人啤的交货延迟问题。不过你相信，一个月前订的 20 车情人啤这个星期就会送到。

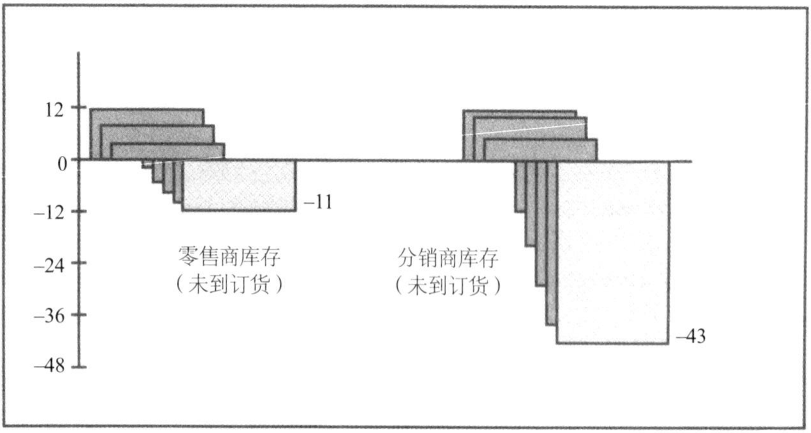

第 9 周

但实际上，你只收到了 6 车情人啤。很明显，啤酒厂仍然不能满足订货需求，增加的产量现在才刚刚开始出货。你给那些较大的连锁店打电话，向他们保证啤酒会在短时间内送到。

第 10 周是令人沮丧的。你期待送来的至少 20 车啤酒根本就没有出现。你猜测大概是因为啤酒厂的生产速度跟不上飙升的需求。送来的啤酒只有 8 车，而且没法联系上啤酒厂，对方的电话一直没人接听——很显然，啤酒厂的人都在生产车间忙着生产啤酒呢。

在这时候，零售商们正在疯狂地销售情人啤。这星期你收到了前所未有的大订单——26 车。当然，订货量增加的原因也可能是你拖延订单，零售店里没有足够的啤酒。不管怎样，你没有足够的情人啤来应付订单。要是因为拿不到货，零售商们转向跟你的竞争对手合作，那该怎么办?

你必须拿到情人啤，于是你向啤酒厂发出了另外 40 车的订单。

在**第 11 周**，你发现自己吃午饭的时间越来越长了，总爱待在离仓库不远的小饭馆里发愣。送来的情人啤只有 12 车，你还是联系不上啤酒厂的任何人。而且你手头上拖欠的订单已经超过了 100 车——之前有 77 车的订单，还有这星期的 28 车。送货延迟造成的部分费用已经得支付了，你真不敢把最坏的预期告诉会计。

到**第 12 周**，事态已经很明显了，情人啤订单量的增长远远超过了你的预期。你懊恼地叹了口气，要是有足够的情人啤，这次能赚多少啊！以后这样的情况一定不能再发生了！啤酒厂怎么能这么干？情人啤的订单怎么会增加得这么快？你的供货速度根本跟不上嘛，真是！于是你又订了 60 车情人啤。

在接下来的 4 个星期，零售商发来的情人啤的订货量还是超出了你的供货能力。实际上，在第 13 周你拖欠的订单数量半点儿也没降下来。

在**第 14 周**和**第 15 周**，啤酒厂终于开始多送来一些情人啤了。与此同时，零售商们的订货量也略微下降了一点儿。你猜可能是因为他们前几个星期稍微多订了些。在这时候，任何能减少你拖欠订单数量的事，都是受欢迎的。

现在到了**第 16 周**，你在几个星期前订的啤酒终于到货了：55 车。这批货在星期一就到了，你到仓库里堆放情人啤的地方看了看。很好，到的情人啤都堆在货架上，数量可以跟那些著名品牌相比了，而且很快就会被送往各个零售店。

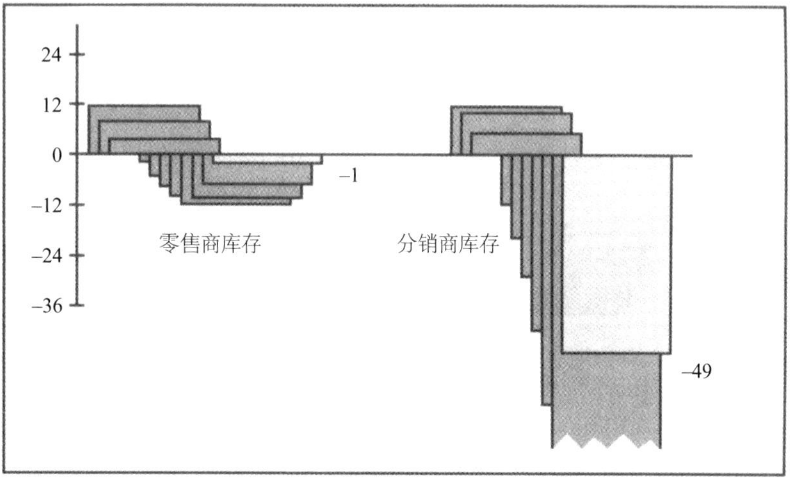

第 14 周

整整一个星期，你满心期望地等着零售商的订单。你甚至会站在记录台旁边，查看每个零售商的新订单。翻过一张又一张表格，你只看到同样的数字：0，0，0，0。这帮人怎么了？4 个星期前还冲我嚷嚷着要啤酒，现在他们却连一瓶都不要了！

突然间，你觉得浑身发冷。这时送货车要出发了，路上会去啤酒厂。你赶紧追上司机，要回订单，划掉原来写好的 24 车，也填了个“0”，并签上了字。

第 17 周：这星期会送来另外 60 车情人啤。而零售商却没有更改订货量，仍然是“0”；你向啤酒厂发出的订单也依然是“0”。仓库里放着 109 车情人啤，你天天用啤酒泡澡也无妨，反正啤酒有的是。

你想着在这个星期，零售商肯定会订更多情人啤，毕竟那支情人啤 MV 还在电视上播着呢。你在脑海里把零售商统统打进了地狱最深处，那里全都是不守信用的人。

但实际上，零售商们又一次送来了写着“0”的情人啤订单。你呢，也向啤酒厂订了“0”车情人啤。但啤酒厂又送了 60 车啤酒过来，你的

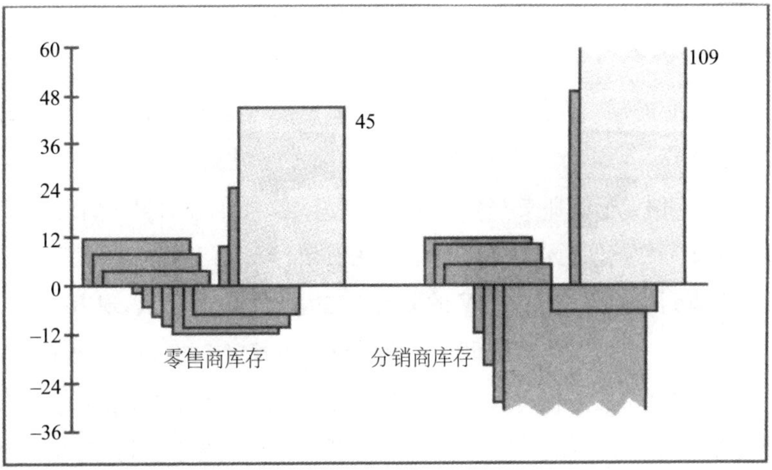

第 17 周

货仓里边又多了 60 车情人啤。啤酒厂为什么还送来这么多啤酒？这什么时候才是个头啊！

啤酒厂

想象一下，你在 4 个月前受聘于这家啤酒厂，负责管理市场和销售业务。情人啤只是啤酒厂的几个主要产品之一。这家不大的啤酒厂以质量闻名，而不是靠营销能力取胜，这正是它雇用你的原因。

你在新岗位上一直干得很好，这是大家有目共睹的。因为早在你上任的第二个月（游戏的第 6 周），订单量就开始猛增。在你入职的第三个月末，订单量从你刚到啤酒厂的每周 4 罗猛涨到了 40 罗，你对此非常满意。你出货了……嗯，这次一共发出了 30 罗啤酒。

这是因为啤酒厂也有未完成的、延迟交付的订单。一瓶啤酒从酿造到装瓶出厂得花两周时间（至少在你的啤酒厂是这样）。当然，啤酒厂的库房里存有够供应几星期的啤酒，但这些存货在第 7 周的时候就都卖出去了。这仅仅是订单开始激增后的两周。接下来这个星期，延期交货的啤酒有 9 罗，还收到了 24 罗的新订单，但实际上你只能供应 21 罗啤酒。在这个时候，你仍然是啤酒厂的英雄。公司经理鼓励每个员工加班加点地工作，还十分热切地约谈相关人士，为修建新工厂做准备。

“叛逆偶像”的那支 MV 给你带来了好运，他们在歌里提到情人啤。早在第 3 周你就知道这支 MV 了，因为有年轻人专门为此给啤酒厂写了信。但直到第 6 周，这支 MV 的影响才在增加的订单量上表现出来。

直到第 14 周，啤酒厂仍然没能处理完延迟交货的订单。要求每批生产 70 罗甚至更多情人啤，对你来说已经是很常规的产量指标了。你开始想，今年应该能拿到一大笔奖金，说不定还能要求拿到 1% 的利润分成，至少在完成延迟交付的订单后可以提出这样的要求。你甚至开始想象自己成为《营销周刊》的封面人物的情景。

在第 16 周的时候，你终于完成了延迟交付的订货。但在接下来的那个星期，你的分销商竟然只订了 19 罗啤酒。在上星期，也就是**第 18 周**，他们连半罗都不要了。在一些订单上，你甚至发现了被划掉的订货记录。

现在是**第 19 周**。你的库房里有 100 罗啤酒。然而，送来的订单又没有要货，订货单上写着：0。与此同时，你之前要求生产的那些啤酒，现在正不断地涌入库房。你忐忑不安地给老板打了电话。“咱们最好暂停生产一到两个星期，”你说，“我们遇到……”你用上了在商学院里学到的词，“……遇到了需求不连续（discontinuity）的情况。”电话那头一片沉寂。“不过我坚信，这只是暂时的。”你补充说。

同样的情况又持续了 4 周：**第 20 周**、**第 21 周**、**第 22 周**和**第 23 周**。渐渐地，需求重新增加的希望越来越渺茫，你的借口也越来越不靠谱。你的解释包括：分销商把我们逼入了绝境；零售商根本没订购足够多的啤酒；媒体和那支摇滚 MV 宣传得过头了，让大家都厌倦了情人啤。说到底，还是要怪那些善变的小青年——他们连半点儿品牌忠诚度都没有，他们怎

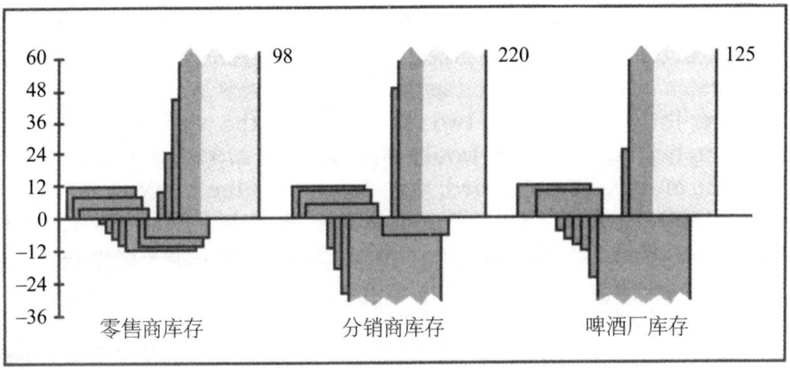

第 21 周

么能在一个月买几百箱啤酒，到下个月却连半箱都不买？

第 24 周：这星期刚开始的时候，你从公司借了辆车开出来，这时已经没人在乎你要去哪里了。你的第一站是分销商的办公室。这是你们第一次见面，而且也只是你们的第二次谈话而已。在这场危机之前，你们几乎没什么可聊的。你们闷闷不乐地打了招呼，然后分销商把你带到了后面的仓库。“我们已经有两个月没有接到你们这个牌子的订单了，”分销商气愤地说，“我觉得自己被要得团团转。看！还有 220 车情人啤压在这儿。”

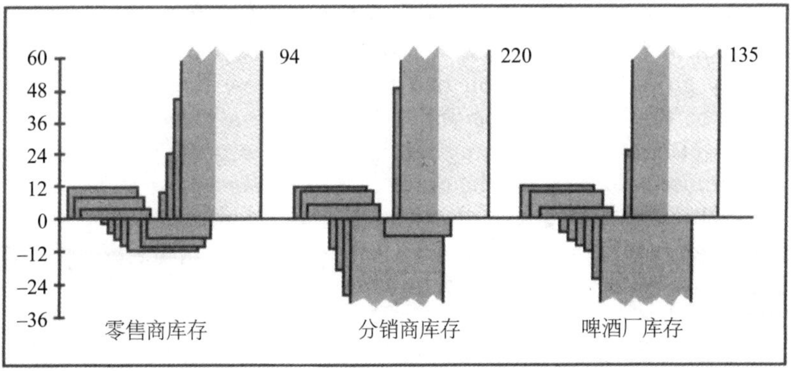

第 24 周

你们俩一致认为，这一切都是因为需求的突增和陡降。这是公众喜好变化无常的又一个例子。如果零售商之前能够把握行情，及时提醒你，这场危机根本就不会发生。

在回家的路上，你开始盘算要怎么写营销战略报告。突然你心中一动，在路过的一家零售店前停了下来。幸运的是，店主人正好在。听完你的自我介绍之后，零售商露出了嘲讽的笑容。留下了一名助理看店，你们俩走进了隔壁的餐厅，要了杯咖啡。

零售商带上了他们店的库存记录本，他把记录本在桌上摊开，说："你不知道，几个月前我真想掐死你。"

"为什么？"你问。

"瞧瞧这个——我们的仓库里积压了93箱情人啤。按现在的销售速度，要6个星期之后才会下新的订单。"

6个星期，你在心里重复了一遍，然后拿出随身带着的计算器。如果这个地区的每个零售商都等6个星期才下新订单，之后每周又只订几箱啤酒，那么至少要一年，堆在分销商那儿的220车啤酒才能卖出那么一点儿。"这简直是个悲剧，"你抱怨道，"你说这是谁造成的——我是说，我们怎样才能避免这样的情况再次发生呢？"

"嗯，这不是我们的错，"零售商喝了口咖啡，"在那支MV刚播出的时候，我们一直是每周卖4箱情人啤。然后在第2周，我们卖了8箱。"

"然后，销量就开始突然增加了，"你说，"但为什么后来它又陡然下降了呢？"

"不不，你没明白，"零售商说，"需求从头到尾都没有剧增过，也没有陡降过。我们第3、第4和第5周都是每周卖8箱啤酒。是因为你们，因为你们没有运来我们要的啤酒，所以我们只好一直下订单，其实只是为了保证店里边有足够的情人啤，好满足顾客的需求。"

"但是我们已经竭尽全力，把啤酒尽快生产出来了呀。"

“那可能是分销商把事情弄砸了，”零售商说，“我一直在考虑要不要换个分销商。不管怎样，我希望你们能搞个优惠券促销什么的，好让我能收回点儿成本。我真想把那 93 箱啤酒卖出去一些。”

接下来你结了账。在回家的路上，你寻思着怎么写辞职信。显然，要是这场危机导致裁员或者工厂倒闭，这都得怪你。就像分销商责备零售商，零售商又责备分销商，他们两方还同时责备你一样。现在辞职的话，至少还能挽回点儿脸面。要是能有什么解释，证明这不是你的错，该有多好；要是能证明你也是受害者，而不是罪魁祸首，该有多好……

啤酒游戏的启示

1. 结构影响行为

在同一结构中，不同的人也会做出性质类似的表现。当问题出现，或绩效不如人意时，我们喜欢找出某人或某事来加以责怪。但是，系统的危机往往是由其自身引起的，而不是由于外力或某些个人的错误。这种情况比我们想象的要更普遍。

2. 人类系统的结构很微妙

我们容易把“结构”看成是外界加在个人之上的各种限制。但是，在复杂的生命系统里的结构，比如人体中的各类“系统”（如心血管系统和神经肌肉系统）的“结构”，是指支配行为模式的基本相互关联。在人类系统中，结构就包括人们如何做决策——即我们依据观点、目标、规则和习惯来指导行动的“操作性政策”（operating policies）。

3. 解决问题的关键杠杆作用往往来自新的思考方式

在人类系统中，人们常常不能发挥杠杆作用的潜力，找不到有效解决问题的关键，因为大家只注意自己的决策，而忽视这些决策如何影响他人。在啤酒游戏里，参与者本来有能力消除老是在发生的极端不稳定的局面，然而，他们没有这么做，因为他们压根儿不明白，造成这种不稳定局面的始作俑者恰恰是他们自己。

工商界崇尚英雄。我们对那些取得了看得见的成果的人，给予了太多的奖励和提拔，但如果出了问题，我们就凭直觉认为，一定有人把事情给搞糟了。

在啤酒游戏中，让大家都陷入了困境的某个罪魁祸首其实并不存在。我们不能怪任何人。拿故事中的三类角色来说，每个人的意图都好得不能再好了：都想服务好自己的顾客，都希望产品能在系统中平稳流通，也都想避免问题的出现。每个角色都对接下来要发生的事情进行了合理的猜测，也都依此做出了决定。这些决定不但有着良好的动机，而且符合逻辑。没有谁是不尽职的人。尽管如此，危机还是发生了——这是系统结构中固有的。

过去 20 年间，啤酒游戏在数以千计的课堂及管理培训班里演练过。来自五大洲的不同年龄、不同国籍、不同文化、不同商业背景的人，都做过这个游戏。有些参与者以前根本没听说过生产分销系统，有些则对此十分熟悉。但不管怎样，每次演练这个游戏，都会引发同样的危机。一开始，是出现无法满足的需求增长，系统在运作过程中积累起大量订单。存货卖光，延迟交货的现象越来越严重。接着，啤酒大量到货，订单却突然减少。在游戏结束的时候，几乎所有参与者都守着卖不出去的大批存货——举例来说，零售商给分销商每周 8 箱、10 箱、12 箱的新增订单，能让啤酒厂新增上百个订单，这种现象屡见不鲜。[3]

如果说，足有数以千计的参与者，他们有迥然不同的背景，却都表现出了同质的行为模式，那么导致这种行为出现的原因一定超出了个人的范畴，它源于游戏结构本身。

有更多的类似啤酒游戏的系统，它们在现实世界的生产分销系统中造成了类似的危机。例如，在 1985 年，个人电脑内存条很便宜，也很容易买到，当年的销量下降了 18%，使美国厂商遭受了 25%~60% 的损失。[4] 但是到 1986 年年底，短缺突然出现了，加剧了恐慌和过度订货的现象。结果，同样的内存条的价格涨了一到三倍。[5] 半导体行业在 1973~1975 年也出现过类似的需求激增与崩溃现象。在整个系统经历了巨大的订单堆积和大量的运货延迟之后，需求崩溃了。这时，任何产品都可能在一夜之间下架。几年内，西门子、西格尼蒂克公司（Signetics）、北方电讯（Northern Telecom）、霍尼韦尔（Honeywell）和斯伦贝谢公司（Schlumberger）都纷纷通过收购不景气的半导体生产商，进入了这个行业。[6]

正如 1989 年 5 月 30 日的《华尔街日报》的报道：“通用、福特、克莱斯勒正在生产远超过实际销量的汽车，经销商积压的库存越来越多……这些汽车公司已经开始闲置工厂并裁减员工，其规模和速度是近年来未曾有过的。”[7] 当时，美国全国的经济正经历着同样的需求激增和存货过度调整，经济学家把背后的原因称为商业周期的“存货加速器”理论。

类似的激增和崩溃循环也一直在各类服务行业中不断上演。比如，在房地产业中，这种循环是臭名昭著的，投机商故意抬高价格，以吸引投资者关注新的开发项目，更是人为地加剧了这种循环。1989 年，马萨诸塞州的公寓开发商保罗 · 奎因（Paul Quinn）曾这样告诉《麦克尼尔 – 李瑞尔新闻时刻》节目：“公司办公室的电话响个不停。‘这该怎么办？’我们说，‘让所有人把 5 000 美元的支票寄来，上面写上他们的名字，然后把这些人列进候补名单吧。’我们接下来发现，很快就有 150 多张支票堆到了桌上。”市场迅速繁荣过后，又马上进入过剩状态。“那是一种缓慢的、越沉越低的感觉。”在某个到处是卖不出去的地产项目的海边小镇，奎因在接受采访时这样说，“现在，是时候为下一个增长周期着手盖房子了。不幸的是，地产行业的人都无暇顾及这个，他们都还忙着处理上一个周期留下的问题。”[8]

实际上，生产分销系统的现实情况往往比啤酒游戏更糟糕。现实中的零售商可能会同时向三四家分销商订货，在收到一家最先发来的货品之后，就取消给其他分销商的订单。啤酒游戏中，没有对生产能力设限。在实际情况中，生产商往往不顾生产能力的限制，满负荷生产，加剧了整个分销系统的恐慌。生产商还会追加投资，扩大生产能力，因为他们相信眼下的需求水平会在将来持续下去。一旦需求崩溃，他们会发现自己陷入了产能过剩的困局。

类似啤酒游戏中的生产分销系统的运作机制，阐释了系统思考的第一条原则：结构模式影响行为。

系统结构影响行为模式

当置身于同一个系统中时，人们无论有多大差别，都倾向于产生相似的行为结果。

系统的观点告诉我们，为了理解重要的问题，我们不能只看到个人失误或者运气不佳，也不能只看到人物和事件，我们必须看到隐藏在事物表面以下的结构模式：它们塑造了人的行为，它们创造的条件使各类事件得以发生。正如德内拉·梅多斯［Donella Meadows，《增长的极限》（*Limits to Growth*）一书作者］所说：

“真正深刻而且不同寻常的洞察力，来自观察系统如何塑造自己的行为方式。”[9]

100 多年前，同样的观点也曾被一位系统思考者表述过。《战争与和平》写到三分之二的内容时，托尔斯泰突然中断了对拿破仑和沙皇战争时期的俄国历史的叙述，转而思考为什么在一般情况下，历史学家总是不能解释历史：

> 在 19 世纪的头 15 年里，出现了一场数千万民众参与的声势浩大的运动。人们抛下自己熟悉的工作，从欧洲的一侧奔向另一侧，相互掠夺、杀戮，经历了凯旋与绝望。他们的整个生活境况发生了转变，生命活动先形成一个加速趋势，后来又减缓衰退下来。是什么原因造成了那样的运动？或者说，什么法则引起它的发生？人类的理智在发问。
>
> 历史学家试图回答这个问题，于是就把几十个人在巴黎城里的一座建筑物中所说的话、所做的事，用一个词来概括——革命。然后告诉我们拿破仑的详细生平，以及某些人对他的喜好或憎恶，还讲到其中一些人对另一些人的影响，最后竟认为这就是当时运动爆发的根源，而且这些就是它的法则。
>
> 但是，人类的理智不仅拒绝相信那种解释，而且断然宣布，那种解释的方法不对……人们个体意志的总和产生了革命，也产生了拿破仑，而且只有那些意志的总和，才能先支撑他们，后来又毁灭他们。
>
> 历史告诉我们：“哪里有战争，哪里就有伟大的军队统帅出现；各个国家中哪里有革命，哪里就有伟人。”人类的理性解释道：“当伟大的军队统帅出现的时候，战争的确出现了，但那不足以证明将军引起了战争，也不足以证明战争的起因出自一个人的行为……”[10]

托尔斯泰认为，要想深入领悟历史，就必须努力理解“历史的规律”背后暗藏的东西，这其实是他用来描述我们现在所说的系统结构模式的同义词：

> 在历史规律的研究中，我们必须彻底变换一下观察的对象：要把那些国王、大臣和将军们忘掉，转而研究引导群众的那些看似特征相同的、微不足道的因素。没人可以确定，沿这条新路走下去，人类对历史规律的了解能达到怎样的深度。但是很显然，只有沿着这个新方向走，才有发现历史规律的可能性。历史学家花了很大力气，去描述国王、大臣和将军们的种种行为。而迄今为止，人类理智用在前述的新研究方向上的精力，还不及历史学家已花费的精力的百万分之一。[11]

这里的“结构”一词，不是指缜密的论述和推理中的“结构”，也不是组织架构图表中的“汇报程序结构”。系统结构是指随着时间的推移而影响行为表现的重要的相互关系。但这种相互关系也不是指人际关系，而是关键变量之间的关系，比如发展中国家的人口、自然资源和食品生产之间的关系，还有高科技公司工程技术人员的产品理念、技术诀窍和管理技巧之间的关系。

在啤酒游戏中，导致原始订单和存货摇摆不定的系统结构，包含了多环节的供应链及其不同层次之间的库存延迟、每个环节中可用信息的有限性，以及影响啤酒订单的个人目标、成本、认知和担心。然而，“系统结构”这个术语并不是指独立于个体之外的结构，理解这一点非常重要。人类系统的结构特性非常微妙，因为我们自己就是结构的一部分，也就是说，我们经常有能力改变自己身处其中的结构。

然而，我们往往察觉不到自己有这种能力。事实上，通常我们根本看不到结构模式的作用。我们反而只会感到，自己被迫以某种方式行事。

在 1973 年，心理学家菲利浦 · 津巴多（Philip Zimbardo）做过一个实验。他在斯坦福大学心理学大楼的地下室建立了一个模拟监狱，令大学生们分别扮演囚犯和狱警的角色。实验开始一段时间后，出现了“囚犯”轻微的反抗和“狱警”的武断行为，后来逐渐升级成为难以控制的造反与虐待，直至“狱警”开始在身体层面虐待“囚犯”。这时，实验主持者感觉到局势很可能要失控，会发生危险。实验最终提前结束了，因为在这个实验进行到第六天时，实验对象开始感到郁闷和压抑，出现失控的哭泣，表现出心理疾病的症状。[12]

我永远不会忘记一个令人不寒而栗的、有关国际政治结构影响力的例证。那是在前苏联出兵阿富汗几个月后，苏联大使馆的一位高级官员在私下会晤时说的事。那位官员口若悬河，一本正经地讲述了关于苏联如何成为在阿富汗建国后第一个承认它的国家的事情。尽管阿富汗内部不和、局势不稳定，苏联是第一个不断给予它帮助的国家。而从 20 世纪 70 年代末开始，由于来自游击队内部派系之争的威胁不断加剧，阿富汗政府请求苏联增加援助。开始时规模不大的援助，逐渐导致了越来越大的需求和越来越广的援助范围。结果，那位官员总结说：“我们除了军事干预以外，已经别无选择了。”

听到这个故事的时候，我不禁想到那些零售商和分销商在啤酒游戏结束时所做的解释：他们除了增加订单以外没有其他办法了。我还想起在 20 世纪 70 年代，美国官员曾试图用类似的方法解释美国是如何陷入越战泥潭的。

结构产生行为模式，究竟是什么意思？怎样才能识别出这些控制性的结构？怎样才能让这些知识帮助我们在复杂的系统里取得成功？

啤酒游戏是用来研究结构如何影响行为的实验。每个角色，无论是零售商、分销商还是啤酒厂，每周都只做一个决定：要订（生产）多少啤酒。零售商是最先大量增加订单的，订货量在第 12 周达到顶峰。这时，因为分销商和啤酒厂的订单积压，零售商期望数量的啤酒都不能按时到货。但是零售商并没有考虑到那些积压，仍然拼命增加订单，不顾一切地要把啤酒弄到手。激增的订单在整个系统中放大，先是波及分销商，然后是啤酒厂。分销商的订购高峰达到每周 40 车，啤酒厂的生产顶峰大概到每周 80 罗。

结果是一种典型的模式：不同环节上订单起伏波动，从零售商到啤酒厂，其强度向产业链“上游”不断放大。换句话说，离消费者终端越远，订单就越多，损失就越大。实际上，几乎所有处在啤酒厂角色的游戏参与者都经历了重大危机：本来每周生产 40 罗、60 罗、100 罗或者更多啤酒，而短短几周后，产量基本上变成了零。[13]

游戏中另一个典型的行为模式，是有关存货和订单积压的。大概在第 5 周的时候，零售商的库存就是零了。他们的订单积压继续增加，直到大约第 12 到第 15 周。类似地，分销商大概从第 7 周开始出现订单积压，直到第 15 到第 18 周。啤酒厂的订单积压从第 9 周开始，直到第 18 到第 20 周。而库存一旦开始积累，就数量巨大（到第 30 周的时候，零售商大概有 40 箱，分销商大概 80 到 120 车，啤酒厂大概是 60 到 80 罗），比想要的多得多。所以每个环节上的人又进入了一个库存订货延迟的循环：开始是存货不足，之后是存货积压。

尽管消费者的需求量保持稳定，但这些订货量过头和存货积压过量的典型模式还是会发生。消费者的实际需求只改变了一次。在第 2 周，消费者的需求加倍了，从每周 4 箱涨到了 8 箱。之后需求量就一直保持在 8 箱，直到游戏结束。

换句话说，在经历了一次性增长之后，消费者的需求在接下来的游戏环节里根本都没变过！当然，除了零售商，其他角色都不知道消费者的需求，就算是零售商也只能每隔一周才能观察到一次需求量的变化，而完全不知道接下来会发生什么。

在啤酒游戏做完之后，我们让扮演了分销商和啤酒厂经理的人画出他们想象中消费者的需求变化图。大部分人都画了一条上下波动的曲线，就像他们的订单量忽上忽下一样。[14] 换句话说，如果游戏中的订单量时涨时落，参与者就会假设这一定是由消费者的需求量忽大忽小造成的。这个有关“外部原因”的假设就是非系统思考的特征。

当问题发生时，我们内心深处都觉得需要去责怪什么人或者什么事。游戏参与者关于消费者需求量的猜想，就揭示了这种倾向。在游戏刚刚结束的时候，很多人都认为罪魁祸首是其他环节的参与者。直到发现不管是谁在哪个岗位上，都会发生同样的问题，他们才会彻底否定这个想法。然后许多人又把目光转向消费者，想寻找替罪羊。他们推断：“消费者的需求一定出现了大起大落。”但是当他们把自己的推断与消费者稳定的需求情况一经对照，这个观点同样被一击毙命。

这给一些游戏参与者习以为常的思维方式带来了毁灭性的冲击。我永远不会忘记，一家货车运输公司的总裁靠在椅子上，睁大眼睛盯着啤酒游戏的图表，在中间休息的时候，他冲到了电话旁。等他回来后我问道：“发生什么事了？”

他解释道：“我们来这儿之前，高管团队刚刚做完三天的运营工作检查。其中一个部门的车队用量极不稳定。看上去似乎很明显，那个部门经理没有能力做好他的工作。于是我们自然去责怪他，就像在刚才的实验里，我们每个人都不自觉地责怪啤酒厂一样。但我突然想到，这可能是系统结构的问题，而非个人的问题。我刚才就是跑出去给我们公司总部打电话，取消了辞退那个人的决定。”

一旦当参与者发现他们不应当再相互责备，也不能责备顾客时，他们就只剩下最后一个可以去责备的目标——系统。有些人说：“这是一个无法管理的系统，问题就在于我们不能相互沟通。”但这个说法也站不住脚。事实上，既然有存货清单、发货延迟，以及不完整信息这些“物质系统”存在，大部分团队的成绩都应该有很大的提升空间。

重新界定你的影响范围：如何改善在啤酒游戏中的表现

要想看到有可能会出现的改进，我们首先来考虑，如果每一个参与者都不去调整货物订单积压，会出现什么样的结果。根据这种“无策略”策略，每一个参与者都只会发出与他接收到的货品等量的订单，这可能是最简单的订货法则。如果分销商收到某零售商 4 箱啤酒的订单，那就从啤酒厂订 4 箱。如果收到了 8 箱的订单，就订 8 箱。根据在游戏中出现的顾客需求模式，你每周为该零售商订货都会是 4 箱（或 4 卡车），直到有一天你接到了该零售商 8 箱的订单，你才开始改成订 8 箱（或 8 卡车）。

如果全部三种角色的参与者都一直坚定不移地执行这个对策，到第 11 周的时候，他们的状态就逐步稳定了。但零售商和分销商都不会得到他们所订的全部货物。在游戏的初始版本中，未到货的订单越积越多，原因是发货时间的延迟。由于参与者没有去纠正积压的订单，这种情况会持续存在，因为“无策略”策略阻止了他们向上游供货商预订比从下游客户收到的实际订货数量多的啤酒，而这种做法正是纠正未到货订单积压所必需的。

“无策略”策略究竟是否成功？也许大部分参与者都会给出否定的答案。毕竟，此策略造成了持续不断的积压；系统里的每一个人，等待进货的时间都过长。毫无疑问，在现实生活中，这样的情况一出现，就等于你在邀请竞争对手前来提供更好、更及时的送货服务。只有垄断市场的生产商和经销商才有可能坚持执行这个策略。[15]

但是这个策略消除了产品订单长期延迟和突然到货的震荡，以及库存的大幅度波动。此外，实行“无策略”策略的团队所耗用的总成本，竟然比参加游戏的四分之三的团队要低！[16] 换句话说，游戏中的大部分参与者，虽然很多人是有经验的经理，却做得比“收多少就订多少”这个简单的订货办法要糟糕。为了去改变“无作为”而产生的失衡，大部分参与者把情况弄得更糟，而且多数时候简直是一塌糊涂。

另外，还有约四分之一的参与团队成绩好于实行“无策略”策略的团队，而约有 10% 取得了很不错的成绩。换句话说，成功是有可能的，但是它需要大部分参与者改变思维方式。这意味着我们必须深挖根源，找到大家对游戏运作情况的通常思考方式（我们后面称其为“心智模式”）与游戏运作的真实情况之间的巨大反差。大部分参与者把他们的工作看成脱离整个系统，而去“管理自己的职位”，但这里需要的恰恰是他们看到自己的职位角色如何与更大的系统互动关联。

考虑一下，如果你就处在其中的某个职位，会有什么感受。你会非常关注库存、成本、积压、订单和交货。进来的订单来自“外部”。作为多数分销商和啤酒厂，你被后期出现的不可思议的无情订单震惊了，这些订单数量本来应该很大，但一周接一周，订单数却又变成了“0，0，0，0”。你的工作就只是根据新订单发出啤酒，基本不去考虑这些发货是否会影响下一轮的订单。同样，你对自己所发出的订单会带来什么影响，也只有模糊的概念，只求自己订的货会在可接受的拖延时间范围内到达。你对系统的理解大概就像下面这张图所描绘的那样。

在这种情况下看此图，如果你需要啤酒，那么你就会理所当然地要下订单。如果啤酒没有按时到货，那你就接着下更多的订单。此时，你

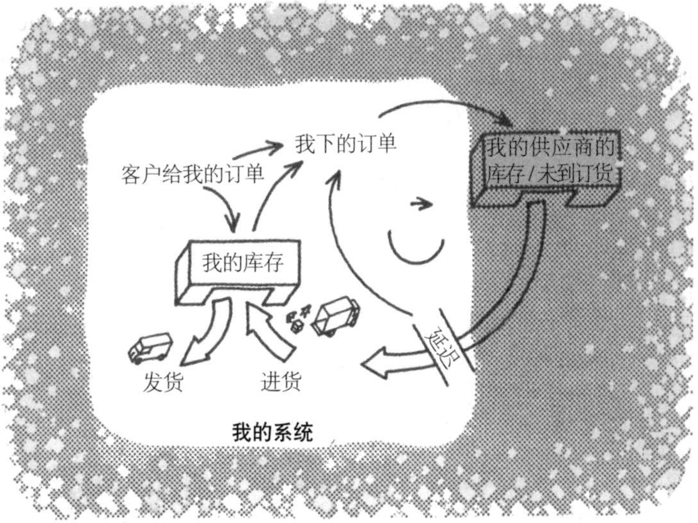

的工作就是管理好自己的职位角色，对来自外界的变化做出反应，考虑进来的订单、到货的啤酒和供货商的拖延等情况。

典型的“管理自己的职位”这一做法的缺陷在于，你看不到自己与他人的订单之间相互作用而产生的影响，这些影响往往被你当作是“外部的”。参与者其实是更大系统中的一部分，而身处其中的多数人都对系统感到迷茫。举个例子，如果他们发出更多的订单，他们可能就扫空了供应商的存货，之后供应商的送货延迟就会越来越严重。那时，如果他们的反应是（像很多人所做的那样）继续发出更多的订单，就形成了一个恶性循环，使整个系统里的问题日趋恶化。

系统中的任何参与者，不管是零售商还是分销商，都有可能在恐慌时触发这个恶性循环。甚至连啤酒厂，也会因为没有生产出足够量的啤酒而造成同样的影响。最终，一个恶性循环会影响到另一个恶性循环，从而造成整个生产分销系统的恐慌。当恐慌的程度逐渐上升时，我曾见过一些游戏参与者会订购实际需求量的 20~50 倍的啤酒，企图纠正存货失衡的实际状况。

要想改善在啤酒游戏里的表现，参与者必须重新认清自己影响的范围。作为一个参与者，你的影响远远超出你的职责范围。你并不只是简单地向真空中下个订单，然后通过以太或炁的变幻法术，就让啤酒送上门来。你的订单影响到供货商的行为，然后他的行为也许又要影响到另一个供货商。反过来，你的成功并不仅仅是由于你的订单，整个系统内每一个人的表现都对你有影响。如果啤酒厂没啤酒了，那么很快，每一个人都没啤酒了。除非整个大系统正常运转，否则你的岗位就会出问题。有趣的是，在啤酒游戏以及其他许多系统里，如果你想要成功，其他人也必须成功。最后，每一个参与者都要有这个系统的观点，因为哪怕只有一个参与者因恐慌而发出大量订单，恐慌情绪也会在系统里蔓延和加剧。

在此游戏中，对参与者有两个关键性的规则提示。

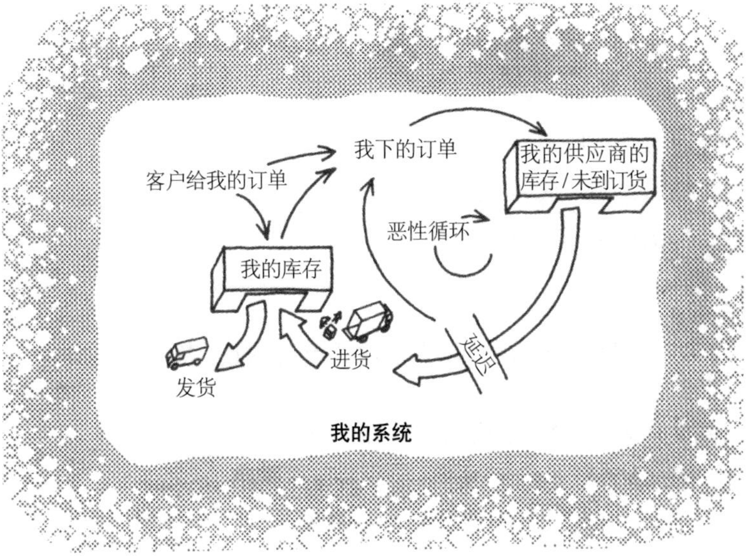

我的系统

第一要记着，你发出的啤酒订单是因为延迟才没有到货。我称之为“吃两片阿司匹林并等待”的规则。如果你头痛并且需要吃阿司匹林的话，你不会每过五分钟就吃一次，直至头不痛为止。你需要耐心等待药物起作用，因为你知道，阿司匹林起作用是要有一段时间的延迟的。而许多游戏参与者却每周都在下订单，直到他们的订单积压消失为止。

第二，不要恐慌。当供应商不能像正常情况那样送来你需要的啤酒时，你再去发出更多的订单就是最糟糕的事情，而很多游戏者正是这么做的。当欠货数量激增，客户着急催货时，你需要克制力来控制想发出更多订单的强烈欲望。如果不克制的话，你和别人将来都会吃苦头。

这些关键的提示总是被多数游戏参与者忘记，因为他们只有当了解了不同岗位的互相影响，才会变得头脑清醒。要清楚“吃两片阿司匹林并等待”这个原则，你必须明白，到货的延迟是供货商对你订货量变化做出反应而产生的，是系统固有的。“不恐慌”这条提示是要求你懂得，恶性循环的产生是由于你追加的订单加剧了送货延迟。

如果游戏参与者都遵守这些规则提示，那能玩出什么样的成绩呢？

超量订货和所有订单积压及库存的波动，是不可能完全消除的。但把这种不稳定局面控制在一个适度的水平，却是有可能的。比如把波动幅度控制在情人啤案例中的一小部分，使总成本降低到“无作为”团队成本的五分之一，或典型团队成本的十分之一，这都是有可能的。换句话说，重大改进是可以实现的。

解决和改进问题取决于我们的思考方式

第 2 章中描述的各种学习障碍在啤酒游戏里都有所体现：

- 由于当事者“变成自己的职位”，他们就难以看到自己的行为对其他职位所造成的影响。
- 因此，当问题出现时，他们很快就相互抱怨，把其他职位上的人当成了“敌人”，甚至消费者也成了“敌人”。
- 当他们变得“主动积极”，并发出更多订单时，事情也变得更糟。
- 过度订货数量逐渐增大，直到无法收场时，他们才意识到自己已经深陷泥潭。
- 大体来说，他们没能从自己的经验中学习，因为他们的行为所导致的最严重的后果，发生在系统中其他环节，他们自己感受不到，但这些后果最终导致更多原来他们相互埋怨的种种问题。[17]
- 这些处于不同职位的“团队”（每个职位角色一般有 2~3 名成员）最终纠缠在内部的相互埋怨中，失去了相互学习各自的体验的机会。[18]

通过观察和对比这些学习障碍及其与应对复杂局面的替代性的、

另类思考方式之间的关联，啤酒游戏会给我们提供深层的启示。大多数参与者对整个游戏的经历深感不满，认为这个经历纯粹是反应式的。但是，很多人最后还是意识到，这种反应式行为源自他们自己狭隘的注意力，即只关注眼前一周接一周发生的事件。大多数人无法承受游戏中的局面：自己的库存严重短缺、接到超大量订单，以及蜂拥而至的啤酒新货。当我们请他们解释自己的决定时，他们一般给出的是典型的“事件解释”：“我在第 11 周下的订单量达到了 40，因为零售商们给我的订货量达到了 36，把我的库存啤酒全提走了。”只要他们继续把焦点放在事件本身，就注定会有这样的反应式的结局。

从系统角度看，对于任何复杂的情况，都有多层面的解释，如下图所示。在某种意义上，所有解释都是“正确的”，但这些解释的用途却各不相同。对事件的解释，比如“谁对谁做了什么”，注定会将持有这种观点的人局限在反应式的心态上。正如前面所讨论的，现代文化中最经常发生的，就是对事件的解释，这也正是“反应式管理”（reactive management）流行的原因。

系统结构

有生成力的（generative）

↓

行为模式

回应式的（responsive）

↓

事件

反应式的（reactive）

“行为模式”描述的是看到长期趋势，并判断里面深藏的含义。比如，在啤酒游戏里，从行为模式角度的解释是：“生产和分销系统本来就受到市场波动的制约，会产生不稳定性，这种情况随着你远离零售商，越靠产业链上游就越严重。所以，啤酒厂迟早要发生严重的危机。”理解了行为模式，会帮助你从短期反应式心态中解脱出来；至少这种理解告诉我们，面对长期变化的趋势，我们是能够做出回应的。[19]

第三层，系统“结构上”的解释最不常见，但却最有力。它把重点放在回答以下问题上：“是什么导致了这样的行为模式？”在啤酒游戏中，结构上的解释必须能够说明，参与者各自下的订单、发的货，以及库存之间如何相互影响，产生了我们观察到的不稳定和放大作用。为此必须考虑到，当系统固有的对新订单延迟送货的情况出现，以及延迟又引起更多订单时，将会造成恶性循环。尽管它不多见，但结构上的解释如果很清楚，并得到广泛理解，那就能起到很大作用。

富兰克林·罗斯福就是具有这种洞察力的杰出领导人。他在 1933 年 3 月 12 日来到电台，通过电波向广大民众解释了为期四天的“银行假日”的缘由。当时气氛很恐慌，罗斯福平静地解释了银行系统在结构上是怎样运作的。他说：“让我说明一下这个简单的事实，当你们把钱存在银行时，银行不是把钱藏在地窖的金库里，而是要以多种形式去投资，投资到信贷公债、抵押贷款上面，换句话说，银行把你们的钱投入工作，使钱运转起来……”他解释了银行必须维持一定的现金储备量，而如果碰到大量挤兑现金的情况，这些储备就会不够用；也解释了银行关门休息四天对于恢复工作很有必要。这样做以后，他激起了民众热情，他们支持了这一极端而又必要的行动。作为公众交流大师，他的声望也随之而起。[20]

结构性的理解之所以如此重要，是因为只有这种理解才能涉及行为背后的原因；也只有在这个水平上，行为模式才可以改变。结构模式可以产生行为，潜在的结构变化可以产生不同的行为模式。从这个意义上来说，结构性的理解是有内在生成力的。而且，既然在人类系统的结构里包括决策者的“操作性政策”，那么，重新设计我们自己的决策机制就是在重新设计系统结构。[21]

对大多数游戏者来说，最深层的洞察力通常来自他们意识到，问题的产生以及改进的希望，这两者都取决于他们的思考方式。以就事论事为主导模式的组织，是不能持续进行生成性学习的。我们需要“结构性”或者系统性思考的概念框架，也就是发现影响行为的结构性原因的能力。仅靠“创造未来”的热情是远远不够的。

随着啤酒游戏的参与者搞清楚影响他们行为的系统结构，他们对于自己改变行为的能力就看得更清楚了，就可以采用适应更大系统的订货策略。与此同时，他们也发现了一点儿永恒智慧，如果借用沃特·凯利（Walt Kelly）很早以前的漫画《波哥》（*Pogo*）里的一句名言，那就是：“我们已经遇见了敌人，那就是我们自己。”

第二部分　第五项修炼：学习型组织如何看待世界的基石

The Fifth Discipline

The Art & Practice

of the Learning Organization

| 第4章 |

第五项修炼的法则[1]

法则1　今天的问题来自昨天的"解决方法"

从前有位地毯商，有一次他无意间发现，他最漂亮的一块地毯的中央鼓起一个包。[2]为了弄平地毯，他就用脚去踩那个包——果然踩平了。但是，地毯上离原来不远的另一处又鼓起来了。于是，他又去踩，包又不见了。过了一小会儿，包又在另一个地方出现了。他垂头丧气地一次又一次地踩踏碾蹭，直到最后他掀起地毯的一角，看见一条蛇摇晃着身体愤怒地爬了出来。

我们经常对问题的起因感到困惑，而这只不过是提醒我们，需要检讨过去处理其他问题时采用的方法。一家有声誉的公司可能发现，这个季度的销售额突然下降了。为什么？原因是上个季度的部分退款折扣计划非常成功，许多顾客选择当时就购买了产品，而没有等到这个季度。或者，新上任的经理下手"解决了"长期库存成本过高的问题——却不承想，销售部门现在要多花20%的时间来应付客户对逾期交货的投诉，还要用全部其他时间去设法说服潜在客户，让他们相信："想要什么产品颜色都行，只要是经典的黑色调即可。”

执法的警察也会看到这条法则在他们所辖领域里的表现：在 30 大街逮捕毒贩子，只不过是使犯罪地点转移到了 40 大街。还有更诡异的案例，近期全城与毒品相关的犯罪率突然上升，竟是联邦政府抓获一起毒品走私案的结果——毒品供应量下降，价格上升，吸毒者为了争夺毒品而增加了犯罪行为。

把问题从系统的一部分转移到另一部分的解决方案，往往不会引起注意，因为，和地毯商的故事不同，这里继承了新问题的人并不是原来那位“解决了”第一个问题的人。

法则 2　你越使劲儿推，系统的反弹力越大

在乔治·奥威尔（George Orwell）的《动物农庄》(*Animal Farm*) 中有一匹名叫“拳击手”的马，它在任何难题面前总是给出同样的回答：“我会更努力地工作。”开始时，这种愿望良好的工作态度激励了大家，但渐渐地，它的勤勉引起了微妙的反弹。它越是努力工作，要做的事就越多。它并不知道，其实经营农庄的猪正在利用所有的动物来获取私利。“拳击手”努力工作的结果，是使其他动物更难以察觉猪的动机。[3] 这种现象在系统思考里有个名称：“补偿反馈”（compensating feedback），即愿望良好的措施介入后引起系统的反应，结果抵消了介入行动所带来的好处。我们都知道遇到补偿反馈时是什么感觉：你越使劲儿推，系统的反弹力越大；你越努力试图改进，似乎越要求你付出更多的努力。

补偿反馈的例子不胜枚举。政府部门的许多愿望良好的行动措施，结果都引起了补偿反馈。20 世纪 60 年代美国政府在许多城市的老旧中心区，推行了大规模的低收入家庭住房建设和改善就业技能培训项目。尽管有政府的慷慨资助，但是到 70 年代，这些城市的情况反而更糟糕

了。为什么呢？原因之一是低收入人群从其他城市以及农村地区，流入享有最好资助计划的城市。结果，新建的住房逐渐变得更加拥挤了，就业培训项目的申请更是人满为患。整个过程使城市税收状况不断恶化，越来越多的市民被困在经济萧条的城区里。

类似的补偿反馈过程，还挫败了对发展中国家的食品和农业援助。营养不良造成的死亡率下降以后，净人口增加了，人口增加又引起更多的营养不良，反而把原来外援食品增加的效益给“补偿掉了”。

类似地，周期性的试图用美元贬值的办法来修正美国对外贸易不平衡的努力，被外国竞争对手的出口商品平行降价措施（对汇率“紧盯美元”的国家，商品价格自动调整）给补偿掉了。一些外国政府镇压本土反政府游击武装的努力，反而给游击武装以更多的合法性，更坚定了他们的信念和各方的支持，结果是更大的反抗力量。

很多公司在某个产品突然失去市场吸引力的时候，会经历这种补偿反馈。他们使劲儿促销——这方法以前不是挺管用的吗？增加广告费、降价，这类措施可能会暂时吸引一些回头客，但也使公司资金外流，所以只是试图走捷径的补偿行为而已。结果，公司服务质量（如送货速度或质量检查）开始下降。从长远看，公司更狂热地促销，反而会失去更多的顾客。

补偿反馈也不仅限于大系统——还有很多个人的例子。比如，戒烟者发现自己体重增加，在自我形象方面损失太大，结果为了减轻压力，又重新开始吸烟。又比如，护子心切的妈妈希望儿子和同学处好关系，于是就不断介入处理各种问题，结果，孩子从未有机会学习如何解决分歧。再比如，热情满怀的新来者非常希望得到别人的喜欢和认可，却未能认真回应别人对自己工作的委婉的批评意见，结果他难以被人接受，反而被称为“难以共事的人”。

不管是采取越来越富于攻击性的介入行动，还是对自然本能采取越来越紧张的压抑行为，这类勉强的努力都会让你疲惫不堪。然而，作为个人和组织，我们不仅常常陷于补偿反馈之中，还经常赞美随之而来的痛苦。当最初的努力不能奏效时，我们就加把劲儿——像“拳击手”那样，坚守努力工作将克服一切障碍这个信条，殊不知我们一直在蒙蔽自己，使自己无法看见，我们自己其实一直在帮助制造障碍。

法则 3　情况变糟之前会先变好

低杠杆效益的措施，如果不是在短期内确实管用，就不会那么有诱惑力。新住房建起来了，失业的人群得到了培训，饥饿的儿童得救了，订货单又回来了，烟戒了，消除了给孩子的压力，并且避免了与新来同事的争执。补偿反馈通常有一段时间“延迟”，即在短期的利益和长期的损害之间的时间间隔。《纽约客》杂志曾经刊登过一幅漫画：一个人坐在椅子上，把压在他左侧的巨大的多米诺骨牌推倒了。“这下我终于可以放松了。”那个人对自己说。当然，他没有看见，骨牌在一个接一个地倒下，骨牌链会从他身后绕一圈，最后从他的右侧砸向他自己。

“先好后糟”是许多管理措施的结果，正是它，使得政治性决策过程往往制造出毫无裨益的反效果。“政治性决策过程”是指在比较各类替代方案本身的价值之外，还考虑了各种其他因素的决策过程——如扩大自己的势力范围，“挣得体面”或者“讨好老板”。在复杂的人类系统中，总有无数种方法来让短期效果很好看。只不过补偿反馈的阴魂，会逐渐兜着圈子回来找上你。

“逐渐”是这里的关键词。比如，多米诺骨牌圈的延迟，就说明为什么系统性问题是那么难以识别。往往是，典型的解决方案能够马上缓解症状，让你感觉良好，你会觉得：现在情况好起来了，甚至问题已经彻底解决了。可能要等两年、三年或四年，老问题才会回来，或者出现新的、更严重的问题。到那时，按现在大多数职场换人的速度，在那个位置上坐着的已经是另外一个人了。

法则 4　选择容易的办法往往会无功而返

这是一个古代苏菲（Sufi）故事的现代版：一个过路人看见一个醉鬼趴在路灯下寻找丢失的房门钥匙，于是就帮他找。找了一会儿才问醉鬼："你在哪里丢的？"醉鬼说，就在房门外丢的。"那你为什么在这儿找？"过路人问。"因为房门外没有光亮。"醉鬼回答道。

我们都对使用熟悉的方法解决问题感到放心，总是坚持我们最了解的办法。有时，钥匙可能恰巧就在路灯下，但更多时候会藏在黑暗的地方。不管怎样，假如解决方法真的能那么轻易地被发现，或对每个人都那么明显，那它可能早就已经被发现了。用熟悉的办法使劲儿努力，再努力，而深层的根本问题并没有改变，或更加恶化，乃是"非系统思考"的可靠指示信号——我们经常把它称为"我们这儿需要更大号锤子"综合征。

法则 5　疗法可能比疾病更糟糕

有时候，容易的或者熟悉的办法不仅没有效果，它还会带来上瘾的危险。比如，酗酒可能从简单的交际性喝酒开始——作为消除自尊心缺乏，或工作压力等问题的一个解决办法。渐渐地，这个疗法变得比原来的疾病还要糟糕，它使人感到自尊心比原来更渺小，工作压力也更大了，同时还带来了其他各种问题。

使用非系统性的解决方法，会带来长期的、更具潜在危害性的后果，那就是对该方法的需求将会越来越大。这就是为什么欠考虑的政府介入措施不仅是无效的，它们还是有"毒瘾的"，也就是说，会引起更大的依赖性，从而削弱当地人民自己解决问题的能力。短期改善引起长期依赖的现象如此普遍，以至在系统思考中有了专门的名称，叫作"转移负担给介入者”（Shifting the burden）①。介入者可能是给城市、食品救济部门或社会福利计划提供资助的联邦政府机构。所有这些都在“帮助”受援系统，只不过使后者比以前更虚弱，需要更多的救助。

如自然资源专家兼作家德内拉·梅多斯所说，要找出一些转移负担给介入者的例子，“会是件容易而又有乐趣，而且有时很恐怖的事”，[4]但例子绝不会仅局限于政府介入者。我们把应用算数知识做简单数学题的负担，转移到对计算器的依赖上。我们拆散了大家庭，把照顾老人的负担转移到疗养院。在城市里，我们把负担从多样性的地方社区，转移到住房项目。冷战把维持和平的责任，从谈判转移到军备竞赛，从而强化了军备及其相关产业。在工商界，我们把负担转移给咨询师或其他“帮手”，使公司依赖他们，而不是培养公司内部的经理人去自己解决问题。介入者的影响力会逐渐得到强化——包括吃进的药品对病人身体的影响，还包括国防预算对经济、对外援机构的规模和范畴，以及对各类组织的“救助机构”经费的影响力。

如梅多斯所说，“转移负担”的模式对长期解决方案的启示是，它必须“加强系统担负自己的负担的能力”。有时这很难，有时又会意外地简单。把人事问题的负担转移给人际关系专业人士去处理的经理人，可能觉得要重新承担这个负担会很艰难，而一旦收回了负担，他会发现，学习如何处理人事关系，主要就是个时间和实践承诺的问题。

法则 6　快即是慢

这又是个老故事：乌龟虽然跑得很慢，却赢了兔子。对大多数美国企业界人士来说，最佳增长率是快、更快、最快。然而，几乎所有自然系统，从生态系统到动物再到人类组织，都有天然固有的最佳成长速

① shifting the burden 旧译为“舍本逐末”，现直译为“转移负担”。——译者注

度。最佳成长速度，比可能的最快成长速度要慢许多。当增长过快时，比如癌症肿瘤，系统自身会自动放慢速度来作为补偿，这个过程可能会给组织的生存带来风险。人民快线航空公司的故事就是个很好的例子，它说明了，为什么从长期来看，更快可能导致更慢，甚至完全停止。

著名生物学家、散文作家刘易斯·托马斯（Lewis Thomas）在观察复杂系统的特征时曾说："面对复杂的社会系统，例如一个城区中心或仓鼠社会，你发现其中有你不满意的地方，而且特别想去修补，但你不能简单地介入其中，贸然展开修补行动，因为那样可能不会有任何帮助。这个认知，是本世纪令人伤心和沮丧的事情之一。"[5]

当经理们开始意识到，这些系统原则是如何阻碍了许多他们最喜欢的介入措施时，他们会感到非常沮丧、心灰意冷。这些系统原则甚至可能成为无所作为的借口——借此不去采取行动，因为可能产生事与愿违的结果，甚至把事情搞得更糟。这倒是一知半解的危险性的经典案例。因为系统观点的真实含义不是无所作为，而是在新的思考方法基础上的新型作为——系统思考不仅更富于挑战性，而且也比通常处理问题的方法更有希望、更有前途。

法则 7　因和果在时空中并不紧密相连

以上所有问题的背后，是复杂人类系统的一个基本特征：因和果在时空中不是紧密相连的。"果"是指问题显现出来的表面症状，如：吸毒、失业、饥饿的儿童、订单减少和利润下降；"因"是指系统中造成那些症状的相互作用。如果能够发现这些相互作用关系，就可能导致有持久改善功效的变革。为什么因果是个问题呢？因为我们大多数人都假设，在大部分时间里，因和果是在时空上紧密连接的。

在小时候的游戏里，问题总是离解决办法不远——至少在我们把游戏局限在同一组玩具内的时候是这样。多年后，作为经理人，我们仍倾向于认为，世界也是按同样的方式运作的。如果生产线出了问题，我们就在生产部门找原因；如果销售达不到目标，我们就认为需要新的销售奖励或促销活动；如果住房不够，我们就盖更多的房子；如果食品缺乏，解决方法一定是供应更多的食品。

正如第三章中玩啤酒游戏的人后来发现的，造成我们困难的根本缘由，不是问题的顽固性或对手的邪恶，而是在于我们自己。现实中复杂系统的特性，与我们思考现实的主流方法之间，存在着根本的差距。消除这种差距的第一步，就是放弃因和果在时空上紧密连接的观念。

法则 8　微小的变革可能产生很大的成果——但最有效的杠杆常常最不易被发现

有人把系统思考称为“新的沉闷科学”，因为它教导人们：最明显的解决方法不管用，它最多也只能带来短期的改善，长期来看则会把事情搞得更糟。然而，故事还有另一面。系统思考还指出：微小的、集中的行动，如果选对地方，有时会带来可观的、可持续的改善。系统思考学者们把这个原则叫作“杠杆作用”（leverage）。

因此，应对困难的问题，常常必须找到“高效杠杆作用”（high leverage）在哪里，即找到最省力，又能产生持久、可观的改进的变革方法。[①]

---

① 杠杆作用是一种比喻，指的是解决问题的关键和有效方法。尽管比喻是机械性的，但系统问题的高杠杆效益的解决方法，一定不是机械和线性的方法，而是涉及微妙和复杂的人际关系，包括组织决策程序、个人情感和习惯等非线性因素。说找到系统问题的杠杆作用点，即是最省力的方法，这也是一种比喻，是相对于不找这种作用点而说的；但这可能很容易引起误解。因为找到这种“作用点”本身可能就是个艰难的学习修炼过程，而且使用这样的作用点往往又涉及改变思维和行为习惯，甚至根本的世界观和人生观，说起来容易，做起来绝非易事。——译者注

唯一的问题是，高杠杆效益变革的路径对系统内的大多数人来说通常是非常不明显的。这些变革对于显而易见的问题症状来说，并非“在时空上紧密连接”。这使生活变得更有意思。

巴克敏斯特·富勒（Buckminster Fuller）对杠杆作用的效益有一个巧妙的说明，也是他对杠杆作用原则的比喻：“小舵板”。小舵板是船上的“舵中舵”，它的尺寸只有船舵的很小一部分，作用是让转舵更容易，也就是让船转向更容易。船越大，小舵板就越重要，因为大量的水流会使船舵很难转动。

小舵板是杠杆作用的绝妙说明，因为它不仅十分有效，还很不起眼。在你对流体力学一无所知的情况下，当你看见一艘大油轮在海上航行，想让油轮左转的话，你会推哪里？你也许会向左推船头。可是，你是否知道要把一艘航速 15 节的油轮，从船头推向左转，需要多大的力量？向左掉头的杠杆作用点，在于把船尾向右推。这当然就是船舵的功能。但是，要让船尾向右，船舵应该向那边转呢？哎呀，当然是向左喽。

看到了吧，船能转向是因为其尾部被“翻转吸吮”着呢。船舵转动时，迎面而来的水流因受到压力而在舵板上产生压力差，压力差使得船尾向转舵方向相反的一侧运动。飞机飞行的原理也完全一样：机翼形成空气流的压力差，使飞机被“吸吮”着向上托起。

小舵板——这个对大船产生巨大效应的、非常小的部件，相对船舵来说也是一样。当它转向某一侧时，就在船舵两侧的水流中产生了很小的压力差，压力差“吸吮着船舵”向需要的方向转动。假如你想让船舵向左转，小舵板应该向哪个方向转呢——自然是向右了。

整个系统——船、船舵、小舵板，通过杠杆作用原理形成绝妙的工程设计组合。然而，如果你不了解流体动力学原理的话，它的功能就不会是显而易见的。

同样，在我们了解人类系统的动力学原理之前，其高杠杆效益的变革作用也不会是显而易见的。

寻找高杠杆效益的变革没有简单的规则可循，但有一些思考方法会使这项工作更有可能完成。起点之一，是学会观察事件背后的结构模式，而不仅是事件本身。在后面描述的系统基本模式中，会揭示高杠杆效益和低杠杆效益的不同的变革情形。

用变革过程的思考方法，而不是定点拍快照的方法，是另一个起点。

法则 9　鱼和熊掌可以兼得——但不是马上

从系统观点来看，有些最棘手的悖论难题实际上完全不是什么难题。它们只不过是由于放弃了“过程”思考方法，而用“拍快照”方法所形成的人为难题。一旦你有意识地考虑事情随着时间的变化过程，它们就会显现出全新的景象。

比如，多年来美国制造业一直认为，必须在低成本和高质量两者之间进行选择。他们心想：“高质量产品，生产成本更高，组装要花更长的时间，需要更昂贵的材料和部件，质量监控成本也更高。”他们没有想到，实际上有许多方法可以让提高质量和降低成本这两个目标并行不悖。他们没有考虑到，工作流程的基础性改进可以排除重复劳动，降低担保成本，增加顾客忠诚度，并减少广告和促销费用。他们更没有想到，如果愿意耐心等待，先集中完成一个目标，最终两个目标都能实现。投入时间和经费开发新技能和新组装方法，包括与提高质量相关的所有责任人员的新参与方式，是一项必要的先期“成本”。投入之后，质量和成本可能在数月之内同时提高。尽管某些成本的节约（如重复劳动的减少）可能很快显现出来，但全部成本节约的效益，可能需要几年时间才能体现。

许多显见的悖论，如集中控制与局部控制、员工满意度与劳动力成本控制、奖励个人成果和体现集体价值等等，这些都是静态思考的产物。它们看上去是“非此即彼”的刚性选择，但那是因为我们处在固定的时空点考虑问题。在下个月我们可能真要做出非此即彼的选择，但真正的杠杆效益就在于，看清如何逐步使两者都得到改进。[6]

法则 10　把大象切成两半得不到两头小象

生命系统具有完整性，其特性依赖于整体。组织机构也一样。要理解大多数最富有挑战性的管理问题，我们必须看清产生问题的整个系统。

另有一个苏菲故事可以说明这个法则。三个盲人碰到一头大象，开始大声争执起来。第一位揪着一只象耳朵说：“这个东西又大又粗糙，像地毯一样宽阔。”第二位抱着象肚子说：“我发现了真正的事实，它是一个直的空管道。”第三位抱着大象的一条前腿说：“它就像根柱子一样坚实有力。”这几位盲人与许多公司负责生产、营销和研发部门的领导者们，有什么不同吗？他们每个人都把公司的问题看得很清楚，但没有人知道他们的部门政策如何与其他部门相互影响。有趣的是，这个苏菲故事结尾说道：“既然这三位的思考方法是如此这般，那么他们绝不可能了解大象。”

看清“整个大象”，不是说每个组织问题都只有通过观察整个组织才能理解。有些问题只能从观察生产、营销和研发等主要功能部门的互动中理解。但也有一些问题，是在某个功能部门之内就可以找到涉及整个系统的关键影响力。还有一些问题，是必须把整个产业的情况都考虑在内才能澄清。有一个重要原则，叫作“系统边界原则”（principle of the system boundary），它告诉我们必须考虑到的互动因素，是对眼下某个具体问题最重要的因素，而不用考虑范围有限的组织边界。

这个原则之所以难以实践，是因为组织的设计方式阻碍着人们去观察重要的互动关系。一种很普遍的设计方式，是严格划分和强化部门界限，如营销、生产和研发的部门界限，这阻碍了跨部门边界的探寻。另一个方法是把问题留给后来人去清理。欧洲许多城市已经消除了很多美国老城区经历的犯罪问题、持续贫困问题以及无助状况，原因是他们强迫自己正视健康的城区所必须保持的平衡问题。他们的方法之一是在城市周围建设大面积的“绿色带”，以防止城市郊区的扩张和城外居住城里工作的通勤人口的增加。相反，美国城市一直在鼓励郊区的持续扩张，使富裕居民的居住地点远离城区中心及其问题环境。（今天的贫困城区，如纽约市哈勒姆区和波士顿的罗克斯伯里区，最初都曾是上等人聚居区。）公司也在做同样的事，即不断并购新公司，并不断把他们认为成熟的公司“收买”进来，但从不对其进行投入。

有时人们真会把大象分成两半。但你不会得到两头小象，你得到的是一团混乱。在这里“混乱”是指一个没有杠杆点可用的复杂的问题局面，杠杆效应存在于互动之中，如果你只看到你拥有的一部分，是不可能观察到互动关联的。

法则 11　不去责怪

我们遇到问题时，总是忍不住要责怪别人：责怪竞争对手、媒体、市场的波动和政府部门等等。但系统思考告诉我们，分立的“他人”并不存在，你和那个被责怪者都是同一个系统的组成部分。疾病的疗法，就在于你和你的“敌人”的关系之中。

| 第 5 章 |

心灵的转变

重新看世界

我们都有一种天性，喜欢完成拼图游戏，喜欢看到整个图像显露出来。一幅人物图像，或一朵花，或一首诗，它的美丽在于其整体的显现。有趣的是，英语里“整体”（whole）一词和“健康”（health）一词，来自同一个词根 [古英语 hal，如在“精神矍铄”（hale and hearty）短语里]。由此看来，今天世界的不健康程度，与我们不能把它看成一个整体的程度直接成正比，也就不奇怪了。

系统思考是观察整体的修炼。它是一个思考框架，用它来观察的是相互作用的关联，而不是各个分立的东西；用它来观察的还有变化的模式，而不是静态的“快照图片”。它是一组普遍原则——是从 20 世纪发展起来的现代物理学、社会科学、工程设计学和管理学等多种学科中逐步提炼出来的。系统思考同时还是一组具体的工具和技术，主要来自两个领域：控制论中的“反馈”概念，和起源于 19 世纪的“伺服机制”（Servo-mechanism）工程理论。过去 30 年里，这些工具已经被广泛应用于公司系统、城市系统、地区性系统、经济系统、政治系统、生态系统，甚至生理系统的研究中。[1] 另外，系统思考还特指一种敏感度（sensibility），用来体悟和辨别赋予生命系统以独特个性的微妙的相互关联。

今天，系统思考比以往任何时候都更重要，因为我们所面对的复杂局面对我们的压力越来越大。也许是有史以来头一次，人类能制造的信息量，远远超过任何个人所能吸收的；人类培育的相互依赖关系，远远超过任何个人所能掌握的；而且，人类能够实现的变化速度，也远远超过任何个人所能跟得上的。有一点可以肯定，那就是复杂性的规模是前所未有的。我们周围到处是“系统性故障”（systemic breakdowns）的例子：全球变暖、气候变化、国际贩毒、美国的贸易和预算赤字等等，这些问题都没有简单的局部成因。类似的情况是，尽管有出类拔萃的个人和创新产品，组织机构还是在发生故障，因为它们无法把各种功能部门和各类杰出人才，集合成一个富有成效的功能整体。

复杂性局面很容易损害自信心和责任心。我们常听到此类托词：“这对我来说太复杂了”，或“这是体制问题，我没办法”。这类无助的感觉，是很多人在进入“相互依存的时代”所经历的，而系统思考就是其对症良药。系统思考是观察复杂局面背后的“结构”的修炼，也是区分高杠杆效益和低杠杆效益变革措施的修炼。也就是说，通过看清整体，我们学会如何培育健康。为此，系统思考提供一种语言，它一开始就帮助我们重构思考方式。

我把系统思考称为第五项修炼，因为它是本书所描述的全部五项修炼理念的基石。全部五项修炼都是关于一种心灵的转变，即从观察局部到观察整体；从把人看成是无助的反应性动物，到把人看成是塑造自己的现实的积极参与者；从对当前的反应，到创造未来。没有系统思考，就没有在实践中整合这些学习修炼的动力和方法。作为第五项修炼，系统思考是学习型组织如何看待世界的基石。

在《第五项修炼》英文第一版中，我对当时需要系统思考的最“令人伤心的例子”进行了分析。这就是美苏军备竞赛——“一场看谁能最快到达没人想去的地方的竞赛”。我曾说过，那场悲剧式的“竞赛”已经“削弱了美国经济，并且压垮了苏联经济”。最后我写道，这种局面只有当对手中的一个决定不再“愿意玩”下去时，才能改变。具有讽刺意味的是，这段话写完不到一年，苏联就解体了，悲剧式的美苏军备竞赛也戛然而止了。然而，今天美国和世界大多数国家，又陷入另一场似乎在抢着到达没人想去的地方的竞赛，即所谓的“反恐战争”。

反恐战争的根源和美苏军备竞赛一样，不在于政治意识形态之争，也不在于具体的军备，而在于双方都共有的一种思考方式。比如，美国的主流社会被如下观念所主导：

恐怖袭击→对美国人的威胁→军事反应的需要

而恐怖分子对自己的处境的看法大体如下：

美国的军事行动→感受美国的侵略性→招募恐怖分子

从美国的角度看，基地组织一类的恐怖组织是侵略者，而美国的军事扩张是应对这种威胁的防御反应。从恐怖分子的角度看，美国在经济和军事上都是侵略者，恐怖分子招募活动的扩大，正是这种看法被广泛接受的证据。[2]

但是，上面的两条直线可以形成一个圆圈。两个对手各自的“线性的”或非系统的观点，相互结合构成一个“系统”，即相互影响、相互作用的一组变量。

反恐战争的系统观揭示出一个相互攻击的恶性循环。美国对从自身角度所看到的“对美国人的威胁”做出了反应，那就是增加军事行动。这又导致“感受美国的侵略性”增加，于是就有更多的“招募恐怖分子”的活动，更多的恐怖活动，和更多的“对美国的威胁”，更多的美军行动，以及更多的“招募恐怖分子”活动，如此等等，循环不止。从双方各自的角度出发，他们都只注重自己的短期目标，都在对感受到的威胁做出反应。但是他们的行为最终对大家都带来逐步升级的危险。这里就和其他许多系统一样，做最显而易见的事，并不会产生显而易见的、希望看到的结果。双方各自费尽精力，却带来对大家都越来越不安全的长期后果。

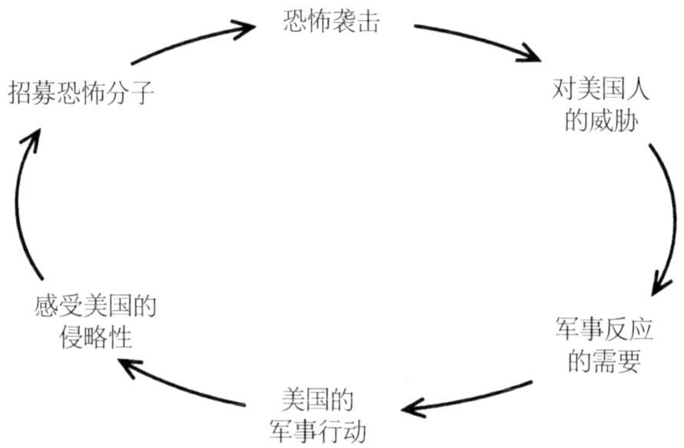

有趣的是，尤其是美国，尽管有大量“系统分析师”在研究恐怖分子的各种武器和资源状况，使用了最先进的信息技术，包括复杂的计算机模拟分析技术，但却不能采取真正的系统观点看问题。[3] 那么，为什么这些本来被认为是处理复杂问题的工具，却没能使我们跳出反恐战争的不合逻辑的怪圈呢？

原因与工商界一样：高度发达的尖端预测工具和商务分析工具，以及精确的战略规划，通常都不能给企业带来管理的突破性进展。这些工具都是用来处理那种有着许多变量的复杂性问题，即“细节复杂性”（detail complexity）问题的。但是，还有另一种复杂性，即“动态复杂性”（dynamic complexity）。这种复杂性出现在因果关系很微妙的地方。那里，介入措施所带来的时空效果并不是显而易见的。通常的预测、规划和分析方法，都不足以处理带有动态复杂性的问题。依据一系列复杂的操作规范来组装一台机器，就是带有细节复杂性的任务，而在折扣零售店使用的库存清单也是。但这些都不是带有动态复杂性的情况。

当同样的行动会带来并不相同的短期和长期效果的时候，动态复杂性就显现了。同样，当一个行动在局部产生一种结果，而在系统的另一部分却产生了截然不同的结果，这也有动态复杂性的作用。当显而易见的措施却产生了并非显而易见的结果，那也是动态复杂性的局面。陀螺仪就是一个动态复杂性的装置：如果向下压它的边缘，它却向左运动；而如果从另一端的边缘向左推，它却向前运动。然而，与企业的复杂动态作用相比，简单的陀螺仪是微不足道的。在企业里，生产某种产品需要许多天时间，推进新的市场营销计划需要许多星期的时间，雇用和培训新员工需要许多个月的工作，开发新产品、培养管理才能和建立质量信誉则需要许多年的工夫——而所有这些过程之间又在不断地相互影响着。

在绝大多数管理工作中，真正的杠杆效益在于理解动态复杂性，而不是细节复杂性。市场增长和产能扩张的平衡就是一个动态问题。对价格、产品（或服务）质量、设计和可获得性（availability）进行有益的混合配置，以赢得稳固有利的市场地位，也是一个动态问题。以可持续的方式改进质量、降低总成本并让消费者满意，还是一个动态问题。

不幸的是，大多数系统分析都集中在细节复杂性问题，而不是动态复杂性问题。有数千变量和复杂细节的模拟分析实际上可能会分散我们的注意力，使我们眼花缭乱，无法看清结构模式和主要的相互关联。令人悲哀的是，对多数人来说，所谓的“系统思考”实际上就是“用复杂性对付复杂性”，就是用越来越“复杂的”（其实应该说“细节的”）解决方案去应对越来越“复杂的”问题。而这与真正的系统思考，实际上是相对立的。

反恐战争从最根本的意义上说，就是动态复杂性问题。对问题的起因和可能的解决方法的洞察，要求看清各种相互关联，比如美国为了达到更大的安全感而采取的措施，和对方所看到的侵略者形象之间的关联。这还要求看清在行动措施和结果之间的延迟，比如美国决定军事干预和恐怖分子招募活动增加这两者之间的延迟。而且还要求不仅仅看清静态的“快照图像”，更要看清变化的模式，比如对抗的持续升级。

看清问题背后的主要相互关联，就能找到可能的解决方法。比如反恐战争，与其他恶性竞争的关系模式一样，最明显的问题是：“反恐战争能否逆向进行，以逐步建立一种安全的循环？”很明显，全球和中东地缘政治系统中有许多其他因素，在影响着前面所看到的简单的恶性竞争关系。但是，任何真实的进展将一定取决于更深层的洞悉，更深入地理解当地的人民自己（包括恐怖主义的支持者和潜在招募对象）如何看待安全问题，以及如何看待他们自己对发展和进步的真心愿望。简单化地从外部强加一种发展观念，特别是被视为对抗中的侵略者所宣扬的发展观，则无法减少对方所感受到的危险。

系统思考修炼的实质是心灵的转变：

- 看清各种相互关联结构，而不是线性的因果链。
- 看清各种变化的过程模式，而不是静态的“快照图像”。

系统思考的实践演练，要从理解简单的“反馈”概念入手：一些行动可以引起相互增强的效果，或相互抵消（平衡）的效果。这会让你逐步学会，如何识别反复出现的某些类型的“结构模式”。军备竞赛是普遍意义上的恶性竞争模式之一，其本质与街道黑帮之间的势力范围之争，与婚姻的解体，或者与公司之间因争夺市场份额而引起的价格战和广告战，没有什么区别。系统思考会逐步形成一种丰富的语言，来描述各种各样的相互关联和变化模式。它最终会通过帮助我们看清事件和细节背后的深层模式，来简化生活。

学习任何一种新语言，开始都会很困难。但随着你掌握了其基本要点，学习会变得更容易。研究表明，许多年轻的孩子都能相当迅速地学会系统思考。[4] 似乎我们都有进行系统思考的潜在技能，只是从未被开发，甚至还被灌输线性思考的正规教育所压抑。希望本书后面的内容能帮助我们重新发现这方面的一些潜在技能，并让存在于我们每个人自身的那个系统思考者“浮出水面”。

观察因果循环 [5]

现实存在是由种种循环所组成的，而我们却只看到直线。这就是妨碍我们成为系统思考者的初始障碍和局限。产生这种支离破碎的思考方法的肇因之一，就是我们所使用的语言。语言塑造了认知观念。我们能看到什么，是由我们有什么样的观察准备所决定的。西方语言的结构都是“主语—动词—宾语”模式，它自然偏向线性观念。[6] 如果我们想看到整个系统范围的相互关联，就需要一种相互关联的语言，一种由形似圆圈的循环所构成的语言。没有这样的语言，我们习惯的看待世界的方法，就总是产生支离破碎的观点和事与愿违的行动措施——就像反恐战争的决策者们一样。这种语言对于处理动态复杂性问题和战略决策问题，尤其当团队、个人和组织都需要看清事件背后造成变化的影响力时，格外重要。

为了理解这种新语言的基本要点，我们来看一个简单的系统：往杯子里灌水。你也许会说：“那太简单了，那不是系统。”但是，再仔细想想看。

从线性思考的观点看，我们说：“我在往杯子里灌水。”多数人心里想的，就是下面的图景：

但实际上，我们在灌水时还在留意着水位的上升，在监视实际水位与我们心中的目标水位之间的差距。当水位上升到目标水位附近时，我们就关小水龙头，放慢水流量，最后杯子满了，就完全关闭水龙头。我们灌水时，实际上有一组由五个变量组成的水位监测系统：目标水位、

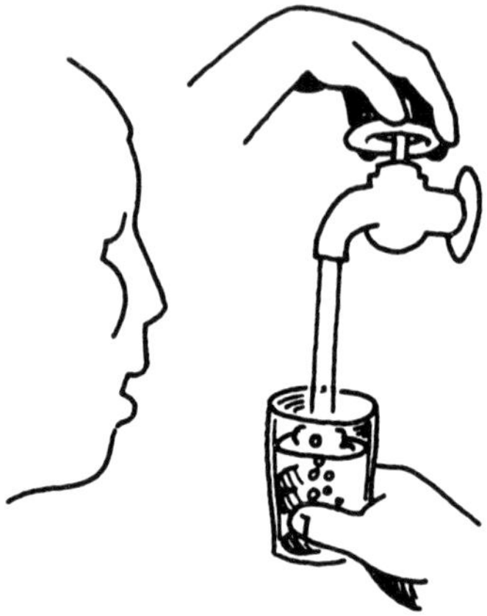

实际水位、两者之间的差距值、水龙头开关的位置，以及水流量。这些变量组成一个因果关系环路或圆圈，叫作“反馈过程”。这个反馈过程持续运行，直到水位达到目标值。

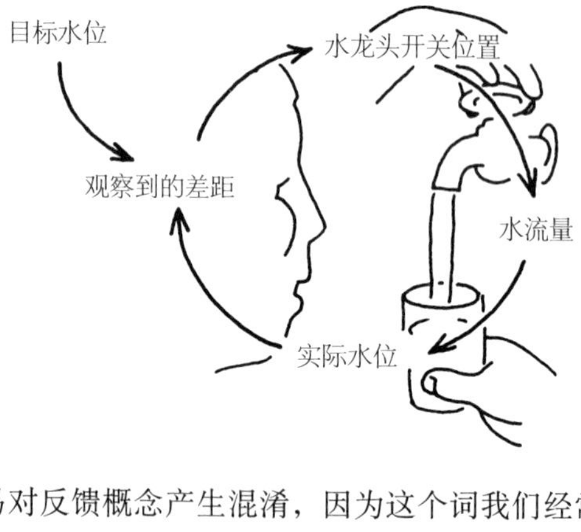

大家容易对反馈概念产生混淆，因为这个词我们经常用在不尽相同的场合，如：针对我们采取的行动措施去收集反馈意见。你可能说：“对酿酒厂的决定，你给我一些反馈吧。你觉得我处理得是否得当？”这里，“正面反馈”是指鼓励赞许的评价，而“负面反馈”就是坏消息了。但是在系统思考里，反馈是范围很宽的概念。它指任何相互的影响作用回路。

系统思考的一个公理就是，每一个影响作用都既是因，也是果。没有只存在于一个方向的作用。

如何看系统图

要想系统地看清现实，关键是要把影响力看作一个圆形回路，而不是直线的单向作用。“线性”思考让我们养成了反应式的思维模式。上述方法是打破这种思维模式的第一步。每一个圆都是一个故事。追溯影响力的循环运动，你会发现某些模式是在不断自我重复，一次接着一次，使局面变好或者变坏。

从某个局面中的任意组成部分，你都可以画出箭头，指出它会影响到的另一个组成部分：

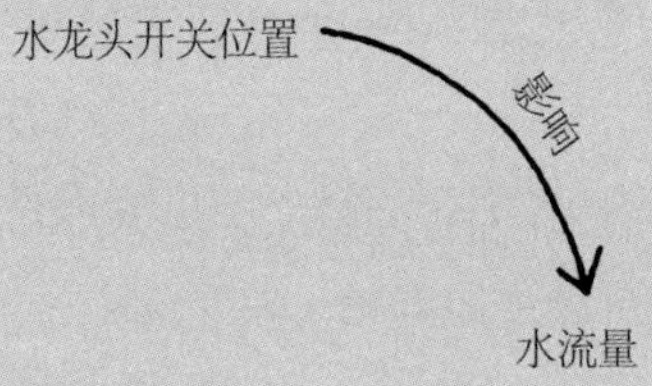

如上图所示，水龙头开关的位置通过箭头指向了水流量。水龙头开关位置的任何改变，都会影响水流量。但是箭头绝不会孤立存在：

我们要把故事看下去，可以从其中任何一个组成部分开始，看着情节按照相应的顺序发展，就像玩具火车沿着铁轨一圈一圈地进行周而复始的旅程。从决策者的行动开始追溯下去是一个不错的选择：

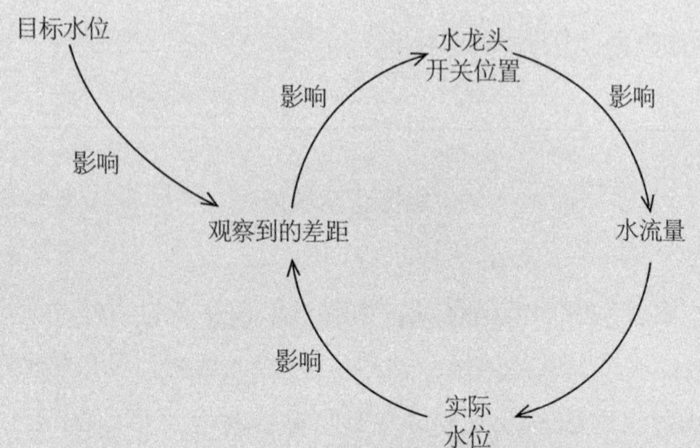

我调整了水龙头开关的位置，这改变了流入杯中的水流量，继而改变了水位。当水位改变的时候，感知到的差距（现有水位与期望水位之间的差距）同样改变。随着差距的变化，我再一次调整水龙头的位置，依此类推。

当解读一个反馈循环图表的时候，最主要的技巧是要能够看明白图表所讲述的故事：图中结构如何创造一种特定的行为模式（或者，在一个复杂结构中，多种行为模式）和此模式可能如何受到影响。在这个例子中，故事是说把水杯灌满，等水逐渐灌满，再慢慢把水龙头关掉。

反馈环路尽管概念简单，但它打破了根深蒂固的观念——比如因果律。在英语的日常用法里，说“我在往杯子里灌水”，就意味着不假思索的单向因果律：“我在引起水位上升”。更准确地说，是“我的手在控制水龙头的出水量”。很显然，这个说法只描述了反馈过程的一半：从水龙头开关的位置，到出水量，再到杯子里的水位。

然而，只说反馈过程的另一半，也一样不错：“杯子里的水位控制着我的手。”

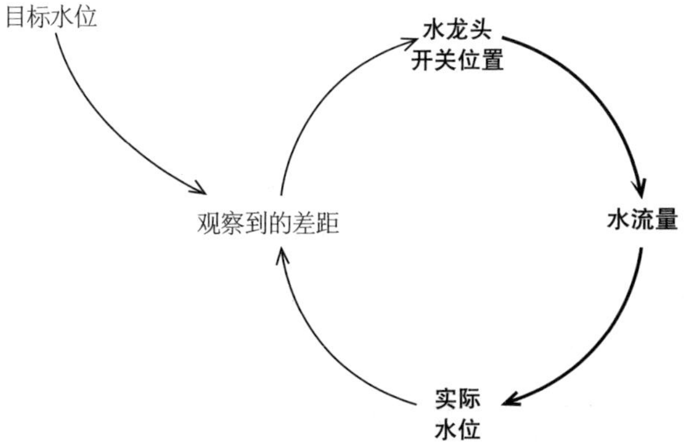

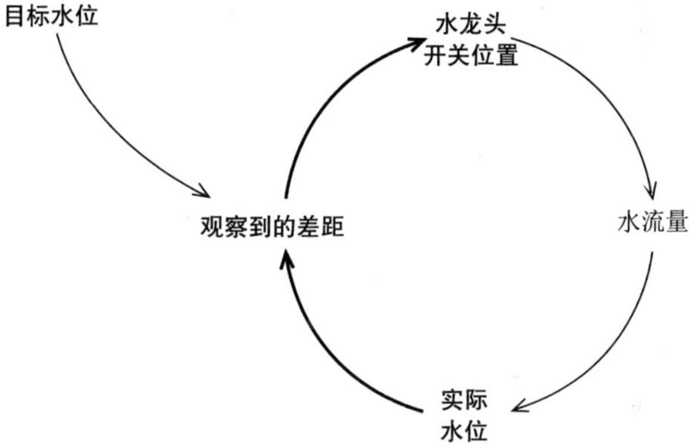

这两个说法都不完整。更完整的因果关系描述是：我想接一杯水的意图，创造了一个系统，它使水在水位低的时候流入杯子里，杯子满了的时候就停止水流。换句话说，有个结构引起了行为，而结构之所以起作用，是由于我的意愿和行动。这个区分很重要，因为只看到个别的行动，而忽略行动背后的结构，结果就会像第 3 章中的啤酒游戏那样。我们在复杂情况下感到无能为力，这是一个根本原因。

实际上，日常英语里的大多数因果判断，都很值得质疑！大多数判断都基于线性观察方式，最好的情形也仅仅是部分准确；它们基本上只偏向于描述互动过程的某一部分，而不是过程的全部。

反馈观点还打破了另一个观念，即人类中心论（anthropocentrism）——就是把我们自己看成活动的中心。简单的说法，比如“我在往杯子里灌水”，描述的就是以人类为活动中心的世界，那里的人类在操作一个无生命的现实存在。从系统观点看，人类是反馈过程的一部分，不能独立于这个过程之外。这从根本上改变了我们的意识。它让我们看到，在不断影响着自己的现实存在的同时，我们也在不断被现实存在所影响。这种意识的转变，也是生态学家们极力提倡的：我们必须把自己看成是自然的一部分，而不能与自然分离。这种意识的转变，还是世界上许多伟大的哲学传统所认可的。比如在《薄伽梵歌》（*Bhagavad Gita*）中的“惩罚”（chastisement）一段，就有这样的话：

> 一切行动只能从自然的特性中产生。而陷入我执（egoism）迷惑中的自我，却认为：“我是行事者。”[7]

另外，反馈的概念还使有关责任的伦理道德问题复杂化。在反恐战争里，谁负有责任？从双方各自的线性观点看，责任很清楚：在对方身上。“是他们的侵略行为迫使我们做出回应。”线性观点总是要找出单一的责任中心。出了问题，要么责怪别人：“是他、她或它干的”；要么内疚自责：“是我干的”。从深层角度看，责怪别人和内疚自责没有什么区别，因为它们都来自线性思考方式。从线性思考出发，我们总是要找出某人或某件事——要负责任的一定是他、她或它，有时甚至是我们自身的隐蔽代理。我儿子四岁时不想吃青菜，就说：“我的肚子不让我吃这个。”我们可能会笑。但这与成年人把责任归于某处，比如“我的神经衰弱症让我不能信任别人”，难道有什么区别吗？

掌握系统思考，我们就会放弃这样的假设，即认为有某个人，或者某个隐蔽代理，要负责任。反馈的观点指出，每个人都要对系统中出现的问题负责。而这并不一定意味着，每个人都能对系统变革产生同样的影响和作用。

但这的确意味着，寻找替罪羊的办法是死路一条——尽管在像美国这样的个人主义文化盛行的国度，这是一种很有诱惑力的消遣游戏。

最后，反馈概念还揭示了我们的语言的局限性。即使是用语言描述很简单的系统，比如往杯子里灌水，也非常笨拙：“当我拿杯子接水时，有一个反馈过程，让我调整水龙头的开关位置，进而控制水流量，以及杯子里的水位。这个过程的目的，是让水位达到我想要的高度。”这就是为什么需要一种新的语言来描述系统。描述拿杯子接水这样简单的系统尚且如此笨拙，可以想象，用日常英语描述组织机构中的各式各样的反馈过程，会有多么艰难。

所有这些改变都需要时间来适应。我们都习惯于用线性语言描述经历，都对描述因果关系和责任义务的简单陈述感到很熟悉、很适宜。这并不是说你必须放弃线性语言，就像你不必放弃英语而去学法语一样。在很多情况下，简单的线性描述就足够了，去寻找反馈过程反倒浪费时间。但是，在面对动态复杂性问题时，情况就不一样了。

正负反馈和延迟：系统思考的积木块

有两种不同类型的反馈过程：正反馈和负反馈。[①] 正反馈（或放大反馈）过程是增长的引擎。只要你处在增长的局面，一定就有正反馈作用。正反馈过程也可以产生加速的衰减：很小的衰减被放大成越来越严

① 由于“正反馈 / 负反馈”在汉语里是大家都熟悉的词汇，所以在这里采用。而需要说明的是，原文此处的术语直译过来其实是“增强反馈”和“平衡反馈”。原文“reinforcing feedback”，旧译“增强反馈”，在英文里比学术名词“positive feedback”，即“正反馈”，更容易被一般人理解，也不易引起歧义，但意思一样。原文“balancing feedback”，旧译“调节反馈”，科学术语一般译作“平衡反馈”，意思是“抵消”或“抑制”性的反馈，在英文里比学术名词“negative feedback”，即“负反馈”，更容易被一般人理解，也不易引起歧义，但意思也一样。——译者注

重的衰减，就像金融恐慌时银行财产的衰减情况一样。

负反馈（稳定反馈）起作用时，就有以目标为导向的表现。如果目标是稳定不动，那么负反馈的作用就像车上的刹车装置。如果目标是保持每小时 60 英里的速度，那么负反馈作用就会让车加速到每小时 60 英里，但不会再高。目标可以是明确的，例如公司的市场份额目标；它也可以是隐性的，比如一个坏习惯，尽管我们声称要改掉，但还是坚持不改。

另外，许多反馈过程都有“延迟”，就是影响作用过程中的间歇和中断，它使作用的结果逐渐才能显现出来。

系统思考语言中的所有观念，都是以这三个元素为基础建立的，就好像英语的句子基本上都是由名词和动词组成的。我们一旦掌握这些积木块，就可以构建系统故事，即下一章中的系统基本模式。

正反馈：发现微小变化是如何增长的

你身处正反馈系统中，也许就是看不见，很小的行动如何被放大，带来很大的结果——或好或坏的结果。而看清这个系统，往往就能让你影响其走向。

比如，经理人经常无法理解他们自己的期望值是如何影响下属的业绩的。如果我看到某人潜力很大，就会给予特殊的关注来开发他的这种潜力。当他成熟了，我就感到自己原来的判断很准确，于是就投入更多的精力来帮助他。反过来，那些被认为是潜力很差的人，就会由于被忽视和遗弃，而陷入懈怠和凋零状态，工作失去活力，而这又在我心中印证了我不重视他们的理由。

心理学家罗伯特·默顿（Robert Merton）是第一位命名这一现象的人，他称之为“自证预言”（self-fulfilling prophecy）。[8] 萧伯纳著名的话剧作品 [后来被改编为《窈窕淑女》（*My Fair Lady*）] 还把这叫作“皮格马利翁效应”（Pygmalion effect）。萧伯纳的这一命名来自希腊和罗马神话中一个叫皮格马利翁的人物，这个人十分强烈地相信他的雕塑作品就是美丽少女，以致雕塑最终得以活现，拥有了生命。

皮格马利翁效应在无数场合都有验证。[9]有一个在学校的例子：一位老师对一个学生的看法，影响了那个学生的表现。珍很害羞，在新学校的头一个学期，成绩特别不好（因为父母总吵架）。于是，她的老师就认为她没有学习热情。第二个学期，老师对她关注更少了，她的成绩仍然很糟，而且更害羞了。结果珍陷入了越来越糟的恶性循环：退缩，成绩差，老师的指责和归类，遭到忽视，进一步的退缩。像这样，学生就被无意中"圈进"对自己能力的自我形象定式：被重视的学生对外展示出的自我形象很高大；而成绩差的、陷入恶性循环的学生，对外展示出的自我形象就很差。

在皮格马利翁效应这样的正反馈过程中，有一点变化就能带来不断的自我增强。不管什么动作，一发生就会被放大，就会在同一方向上产生越来越大的动作。小动作得到滚雪球般的放大，同样的动作越滚越大，就像利滚利。其中，有些正反馈（放大反馈）作用是"恶性循环"：坏的开端导致越来越糟的结果。"汽油危机"是个经典案例。一旦汽油紧缺的消息传播出去，到加油站排队加油的浪潮就被触发了。一旦人们看到加油站排队的场景，就对危机的到来深信不疑了，恐慌和囤积行为就被触发了。很快，即使油箱还剩大半箱油，每个人也都要去加满油，以防加油站没油了。一场暴风雪来临以前，同样的情况也会发生在食品和水上面，因为大家预计会出现电力中断和其他正常供给中断的情况。银行挤兑是另一个例子；而某种股票价格下跌的消息传出去以后，引发恐慌抛售浪潮，又是一个例子。这些都是逐步升级的结构模式：在不想看到的方向上发生一个小动作，就会引起不断加剧的恶性循环。

但是，正反馈并非一定都是坏事。还有良性循环，即在想看到的方向上不断增强的过程。比如，体育锻炼就能带来良性循环：你感觉良好，于是更积极地参加锻炼，于是感觉更好，于是锻炼更积极。反恐战争如果能持续地逆向进行，也会是一个良性循环。新产品的市场培育也是正反馈循环过程。例如，许多新产品都从“口口相传”，开始其市场增长的历程。产品口口相传就能产生滚雪球效应（大众汽车的甲壳虫车型和苹果公司的 iPod 都是如此），满意的顾客告诉别人去购买产品，更多满意的顾客又告诉更多的人。今天的网络设备给分享信息（或歌曲）的行动增加了另一层正反馈机制：一旦有人使用某种网络设备，信息分享就只能通过同类的设备进行。

下面就是口口相传增加销售和满意度的正反馈示意图：

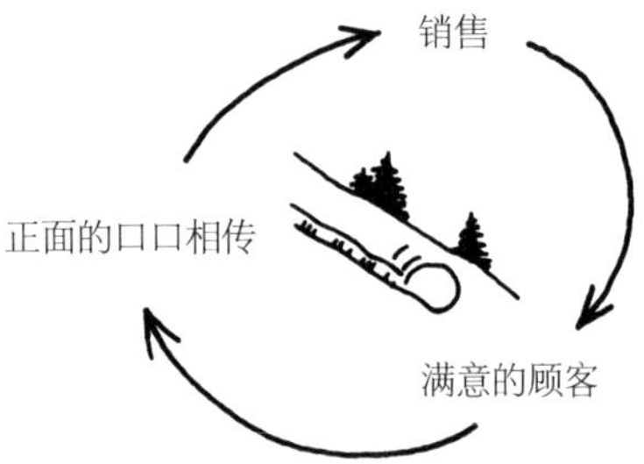

如何看正反馈图

因为消费者谈论你的产品而产生的正反馈销售过程

下图显示了包含滚雪球效应的正反馈过程。同样，你可以随着这个过程，沿着循环走一圈：

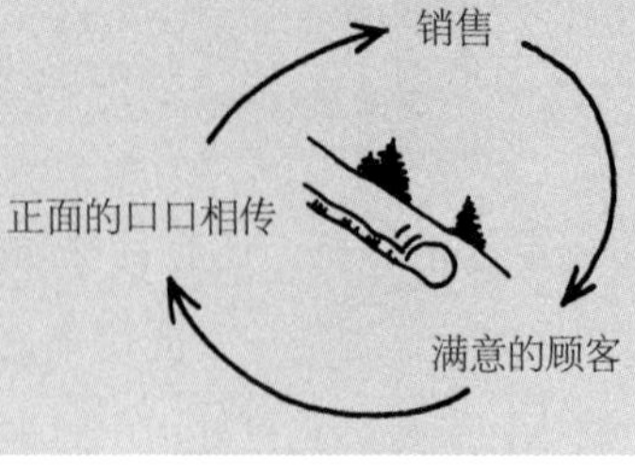

如果产品本身是个好产品，那么其销量越多，满意的顾客也越多。这意味着正面的评价也越多，进而会带来更多的销量，而更多的销量又将带来更广泛的好评，以此类推。反过来说，如果产品有缺陷，那么良性循环就变成了恶性循环：在购买了产品的顾客里，满意的人寥寥无几，也没什么正面评价，这将导致该产品的销量越来越少。

正反馈环路的表现不是加速的增长，就是加速的衰减。比如，过去半个世纪的核军备竞赛，带来加速增长的核武器库。而银行挤兑则带来银行存款的加速衰减。

民间智慧对正反馈的描述有：滚雪球效应、流行效应、良性循环；还有特别场合的说法：富人更富、穷人更穷。在商界我们知道，为了建立对新产品的信心，为了发展一个年轻的组织，“锐势就是一切”。我们也看到了正反馈环路作用发生在错误方向的那些情况。“船沉鼠先逃”就是指，一旦有个别人丧失信心，他们的叛离会引起其他人的叛离，会带来腐蚀大家信心的恶性循环。口口相传也很容易逆向进行，产生市场营销灾难（如被污染的柜台销售药品）。

好消息和坏消息的正反馈环路都有如此大的加速度，以至经常令人吃惊。一首法国学生的韵律诗阐释了这个过程。先是在池塘的角落里，仅有一片睡莲。但睡莲叶的数目每天都翻番，仅需 30 天就能把池塘布满。然而，在头 28 天，甚至都没人注意，没人看一眼。第 29 天，突然有一半池塘被睡莲布满。于是村民们开始焦虑起来，心神不安。但没什么办法了，事已至此，为时已晚。第二天，他们最担心的事出现了：睡莲把池塘全部占满。这就是为什么环境危机很叫人担心，特别是那种处于正反馈模式的危机：一旦发现，就可能为时已晚。物种的消失常常先是缓慢地、渐渐地加速，经过很长时间，然后突然濒临灭绝。公司的消亡也同样如此。

但是，单纯的加速增长或衰减，很少能在自然界持续，因为正反馈作用很少孤立出现。逐渐会有限制因素起作用：增长会缓慢下来，会停止，然后转移方向，甚至逆向返回。即使是睡莲，也会在布满池塘后停止扩张。这种限制因素也是一种负反馈——它是继正反馈之后，系统思考的第二个基本要素。

负反馈：发现稳定因素和抵制的来源

负反馈系统是寻求稳定的系统。如果系统的目标是你所认同的，你会很高兴；如果不是，你就会发现你所有的变革努力都遇到了阻碍——直到你改变目标，或者削弱系统的作用。

自然界特别偏爱负反馈的平衡稳定作用。但人类却经常做出与这些平衡机制相悖的决策，并为此付出代价。例如，经理人在预算紧张的时候通常会减少员工数量，以降低成本；但是他们会逐渐发现，剩余的员工工作压力过大，而且成本也没有降低，因为完不成的工作又得雇用外部人员，或者付加班费来完成。成本降下不来的原因是，系统有自身的工作安排。它有自己隐性的目标，一种未经表述却又非常真实的目标——即预期要完成的工作量。

在负反馈（稳定反馈）系统中，有一种自我调节机制，来保持某种目标或指标。拿杯子接水就是一个负反馈过程，其目标是一杯水。雇用新员工也是一个负反馈过程，目标是某个数目的员工队伍，或某个增长率。开车或骑自行车也是负反馈的例子，目标是驶向某个方向。

负反馈过程无处不在，是所有目标导向的行为表现背后的机制。像人体这样复杂的机体，会有数千个负反馈过程来维持体温、保持平衡、愈合伤痛、调节瞳孔采光量，以及进行危机报警。生物学家会说，所有这些机制都是为了让身体达到“内稳态”(homeostasis)，即在变化的环境中保持其生存所必需的内部条件。负反馈作用让我们在饥饿时进食，困倦时睡眠，寒冷时添加衣服。

和所有负反馈过程一样，关键要素指标，如体温，会逐渐调节到期望值，如下图所示。

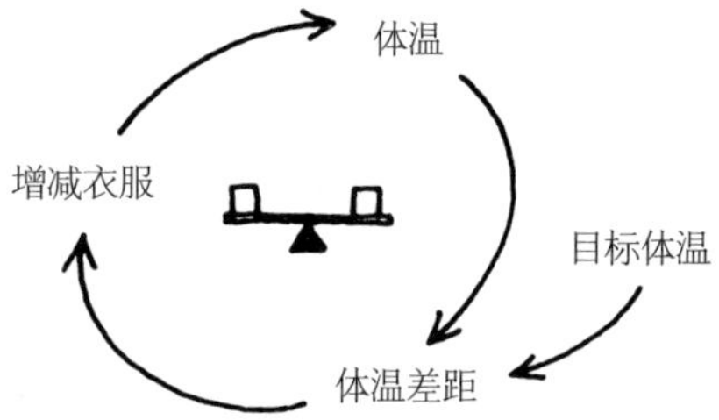

组织机构和社会也像复杂的生物体一样，因为它们也有许多各种各样的负反馈过程。公司里的生产和采购过程，就是根据产品订单的变化来不断调整的；临时的（折扣）和长期的（目录）价格是根据需求变化和竞争对手的价格来调整的；而借贷则要依据现金余额变化和财务需求来调整。

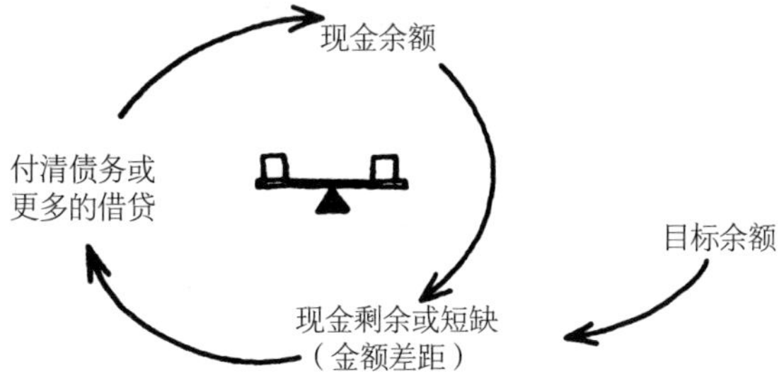

规划工作也能建立起长期负反馈的稳定平衡作用。人力资源规划可以建立长期员工队伍数量增长的目标和技能结构分布，以满足预期的需要。市场调查和研发计划决定新产品开发，以及对人员、技术和重要固定资产的投入，以建立竞争优势。

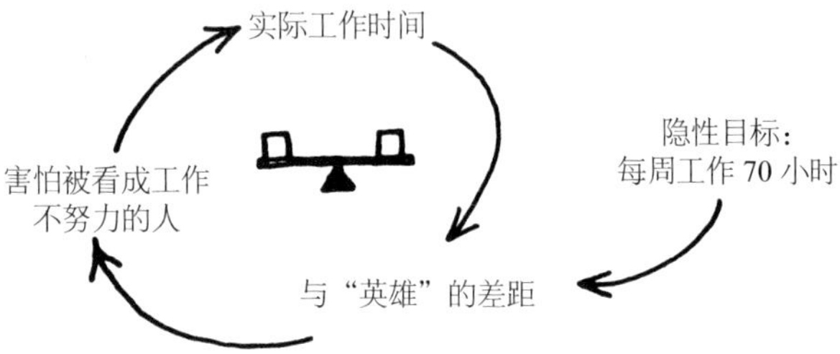

在管理实践中实现负反馈作用的难点在于，目标往往是隐性的，而且根本没有人承认有负反馈作用存在。记得我有位好朋友曾试图在他的快速增长的培训公司里，减轻专业人员的工作疲劳症，结果却徒劳无功。他发放备忘录，缩短工作日，甚至提前关闭办公室，锁上大门，都是为了阻止大家过度工作劳累。但是这些努力都被抵消了：大家不理会备忘录和缩短的工作日，办公室锁门的时候，就把工作带回家做。为什么会这样呢？因为在组织中有一条未成文的标准：真正的英雄，真正关怀事业并在组织中出人头地的人，都是每周工作 70 小时。

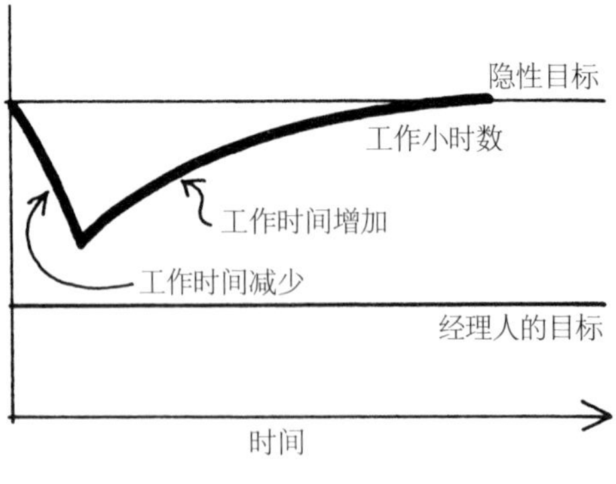

这正是我的朋友自己，以过人的精力和长时间的连续工作建立起来的标准。

要理解生物体的运作，就必须理解其负反馈的平衡过程，包括显性的以及隐性的。我们可能掌握机体的许多部件，包括器官、骨骼、血管等等，但除非我们了解神经肌肉系统是怎样保持平衡的，并了解心血管系统是如何保持血压和含氧量的，否则就仍然无法理解机体的运行功能。[10] 这就是为什么许多试图重新设计社会系统的努力都归于失败的原因。几年前，波士顿两家有出色病房护理传统的医院合并了。新医院很大，有一流的设备，但却失去了老医院各自特有的关爱精神和员工的忠诚。在合并后的医院里，原先存在的检测质量、关注员工需求以及与病人保持友好关系的微妙的负反馈过程，被新的管理结构和程序打破了。

负反馈过程虽然概念简单，但如果不加注意，却能够产生令人惊异、问题严重的表现。

总的来说，负反馈环路比正反馈环路更难于辨认，因为它往往看上去就像什么也没发生一样。没有戏剧性的营销业绩增长和市场工作开支，也没有核武军备或睡莲叶片。即使所有参与方都想要改变，负反馈过程仍旧是维持现状。刘易斯·卡罗尔（Lewis Carroll）书中的红心女王有句话，说出了那种必须“一个劲儿地忙来忙去，事情却原地不动”的感受，而这就意味着，某种负反馈环路作用就在眼下发生着。

如何看负反馈图

调节现金过剩或不足，使之达到平衡的负反馈过程

下面这张图展示了一个负反馈的过程。

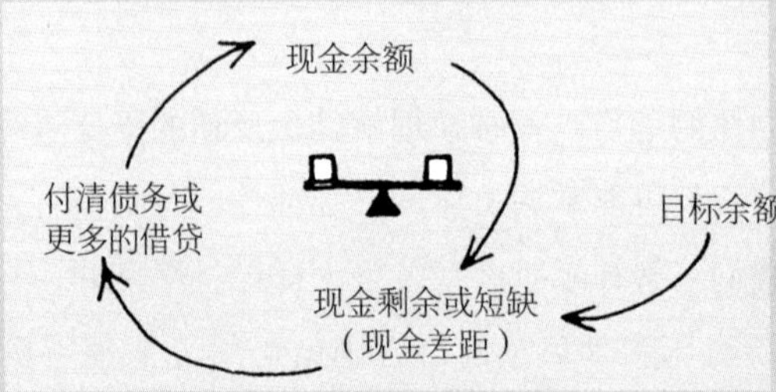

要看清这个过程，从差距入手往往是最容易的。差距指的是期待值和现实存在之间的差异：

在这里，我们手中缺少足够的现金，不能满足我们现金流的需要。（换句话说，我们的期待和实际的现金余额之间存在着差距。）

接着来看为了弥补这个差距所采取的措施：

我们借钱，这使我们的现金余额增加，并使差距缩小了。

图中显示了一个平衡过程的运转，它总是以缩小期待值和现实存在之间的差异为目标。此外，目标值，也就是我们所期望的现金余额，会随着业务量的变化而升降。尽管如此，即使是目标正在变化，平衡过程仍会根据需要值来调整实际的现金余额。

试图进行组织变革的领导者，经常发现他们在不知不觉中陷入了负反馈平衡过程。对他们来说，似乎自己的努力突然遇到了无中生有的阻力。实际上，就像我的朋友在试图减少工作疲惫症时所发现的，阻力是系统维持隐性目标的反应。在这种目标得以明确之前，变革的努力是注定要失败的。只要领导者仍旧被当作榜样，他的工作习惯就依然是公司的标准。他或者改变习惯，或者建立新的、不同的榜样。

什么时候有抵制变革的阻力，什么时候就一定有一种，或多种“隐藏”的负反馈作用。抵制变革的力量并不是变化无常的，也不是神秘的东西。对传统的习惯标准和做事方式的威胁，几乎总是它形成的原因。这些习惯标准往往已经被编织到既有的权力结构关系网之中。这些习惯之所以根深蒂固，是因为控制力和权力的分配已经根深蒂固。与其使劲儿去克服阻力，有领导艺术的领导者，会去分辨阻力的源头，直接聚焦在隐性的习惯标准及其所依赖的权力结构关系上。

延迟：事情会发生的……等时候一到

我们已经看到，系统似乎有自己的主见。这在延迟上反映得最明显。延迟就是在行动和结果之间的间断和空隙。它可以让你行动过火，搞得适得其反；但如果你能够辨认并应对它，它又能给你带来积极的效果。

模拟器件公司前 CEO，马萨诸塞州高科技委员会（Massachusetts High Technology Council）创始人斯达塔，在他发表于《斯隆管理评论》（*Sloan Management Review*）杂志上的一篇经典文章中说：“系统绩效改善工作最有效的杠杆作用点之一，就是把系统的延迟缩减到最小。”斯达塔这里指的，是 20 世纪 80 年代后期美国制造业越来越强烈地意识到，传统的严格控制库房存货的做法，与日本同行减小延迟（使库存过多或过少的现象根本就不发生）的方法相比，根本就是低杠杆效益的方法。这后来发展成“时效竞争”（time based competition）的理念。波士顿咨询公司（BCG）副总裁乔治·斯托克（George Stalk）说：“领先企业在生产、新产品研发、销售和配送等领域的时间管理方法，成为新的竞争优势的最有效来源。”对减小延迟的重要性的认识，还进一步变成“柔性制造”和现在的“精益制造”的基础。[11]

在人类社会系统中，行动和结果之间的延迟无处不在。我们现在的投入，是为了在未来得到回报；我们今天雇用一位员工，要等到几个月以后才能使他完全有效地适应工作；我们把资源投入到新项目中，几年以后才能得出期望的结果。但是，延迟常常不被人理解，进而产生不稳定局面。比如啤酒游戏里的决策者，就错误地判断了延迟，他们觉得自己的订单该到货的时候，延迟却总是让订货无法到来。

当某个变量的作用需要经历时间来影响另一个变量的时候，延迟就出现了，它成为系统语言的第三个基本要素。几乎所有反馈过程都有某种延迟，但却不被人注意，也不被人很好地理解。而这往往导致当事人“做过头”，即在追求期望的目标时走得太远，做过火了。进食和感觉到吃撑之间的延迟，是对许多用餐者的惩罚。我们本应停止继续吞咽的时候，并不觉得很饱，于是就继续吃下去，结果吃得太多。新开发的建设项目从开始到完工之间的延迟，导致房地产市场过热，最终致使一些开发商被淘汰。在啤酒游戏里，下订单和收到订货之间的延迟经常导致过量订货。

未经辨别的延迟，尤其是拖得很久的那种，还可能导致不稳定和失常的故障。比如调节淋浴水温，10 秒钟的延迟就比一两秒的延迟要困难得多。

如何看延迟图

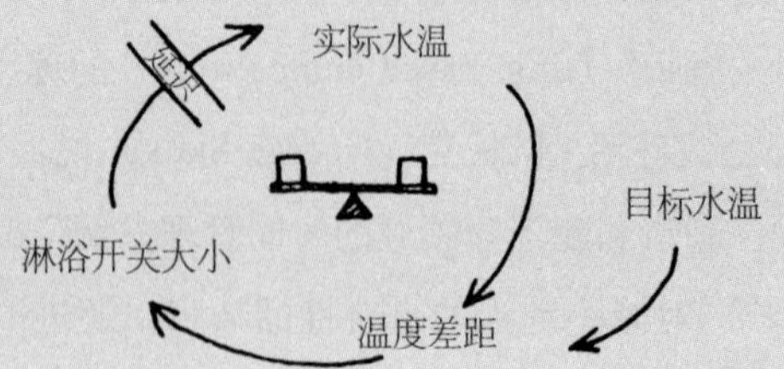

上图描绘的是伴有延迟的负反馈过程：水温变化迟缓的淋浴。

这还是我们之前的“杯子 – 水龙头灌水”反馈图——但是这次，我们用老旧的管道。现在，从你打开水龙头到感觉到水温发生变化，这之间会有很长的延迟，在图中用两条短线的间隙表示。

短线的间隙不会告诉你延迟有多少秒（或是多少年），你只知道延迟长到足以对结果产生影响。

如果沿着带有延迟间隙的箭头走，你在脑海中默想这个故事的时候，会加上“终于”二字。“我转动了水龙头，水流终于改变了”或者“我开始了一个新的建筑工程，房子终于建好了”。在讲述整个流程的时候，你甚至想要抢拍子。

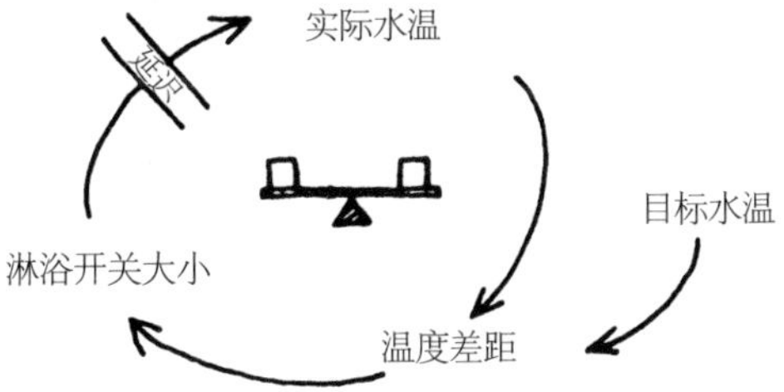

你往加热水方向转动水龙头之后的 10 秒里，水温仍然是凉的。你的行动似乎没有产生任何反应，所以你认为行动无效。于是你继续向加热水的方向转动水龙头。而当热水终于到来时，水温却有 88℃。你被烫得跳起来，赶紧又向加冷水方向转动水龙头。但又发生了延迟，水又变得太凉了。这样一次又一次，反复经过负反馈环路过程。每一次都是对前一轮调整过头的补偿。如下图所示。

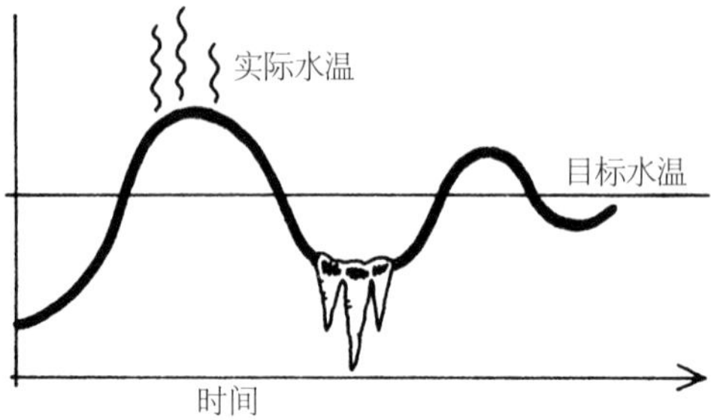

你的动作越是剧烈，即转动水龙头越猛，就需要越长的时间来达到合适的水温。这就是带延迟的负反馈环路的经验和教训：过猛的行动会导致适得其反的结果，它不会帮你迅速实现目标，只会导致不稳定和震荡的情况。

正反馈中的延迟也是同样的问题。比如反恐战争，双方都以为使自己对抗活动扩大、反应行动升级，会给自己带来优势，让自己占据上风。这是由于反应行动结果的延迟。这种延迟可能是几天、几个月，甚至几年，因为聚集力量进行下一轮攻击行动是需要时间的。使这种恶性竞争得以维持下去的原因之一，就是暂时的、自鸣得意的优势地位的感觉。假如双方能够立即对对方的力量聚集活动做出反应，持续聚集活动的动力就消失了。

系统观点总是倾向于长期的视角。这就是为什么延迟和反馈环路会如此重要。短期来看，你往往可以忽视这些东西。它们在眼下似乎微不足道，但长期来看，却会回来找你的麻烦。

正反馈、负反馈和延迟都很简单，作为“系统基本模式”的积木块，它们得以实现自身价值。而系统基本模式，就是我们生活和工作中反复发生的、更复杂的结构模式。

| 第 6 章 |

把系统观点融入实践：掌握系统基本模式

许多年以前，我在缅因州一次早春出游的途中，目睹了一次悲惨的意外事故。我们一行人划独木舟来到一座小水坝，决定推舟上岸，准备搬着独木舟绕过水坝。这时，又有一组游人也到了，其中一位喝过酒的年轻男子，决定驾着他的橡皮筏冲下水坝。后来，橡皮筏越过水坝后就翻了，男子被抛进冰冷的水中。我们没办法够到他，只能惊恐地看着他拼命在水中扑打，试图游出坝底的回流旋涡。挣扎了几分钟后，他就因体温过低而溺死了。他那瘫软的身体立刻被吸进涡流，几秒钟以后，尸体在十码开外的下游浮出水面，那里已没有坝底的大涡流了。他生前拼命做却没做成的事，在他死后数秒之内由水流帮他完成了。而具有讽刺意味的是，他在坝底试图对水流的抗拒，正是致死的原因。他并不知道，当时唯一能挽救他的办法是“反直觉的”。假如当时他不是试图游出旋涡，而是潜进水里，顺着坝底的回流游到下游，他就能活下来。

这个悲惨的事故，与第 3 章的啤酒游戏，以及第 5 章中反恐战争的案例一样，说明了系统观点的精髓。我们是被自己未察觉的结构所困之囚徒。反过来，对自己身处其中的那些结构模式的学习观察过程，能够把我们自己从过去看不见的影响力下解放出来，并最终掌握一种应对和改变这些影响力的能力。

从年轻的系统思考领域提炼出来的最重要、最可能给予我们力量的启示是：某些结构模式是反复发生的。这些“系统基本模式”（systems archetypes）①，或“通用结构”（generic structures），是学习观察我们个人和组织生活中的结构的钥匙。系统基本模式的数量相对较少[1]，这就告诉我们，并非所有的管理问题都是独特的，有经验的经理人凭直觉就能了解这一点。

如果说，正反馈、负反馈和延迟是系统思考的名词和动词，那么系统基本模式就是不断反复出现的基本语句，或简单的故事段落。就像在文学领域，在不同的角色和背景中，会反复出现相同的主题和类似的故事情节，而在大量不同的实际管理情况中，也普遍存在数量相对较少的系统基本模式。

系统基本模式揭示出，在管理问题的复杂性背后，竟有出人意料的简洁和优美。随着我们学会识别更多的基本模式，就可能看清更多应对困难和挑战的杠杆效益作用点，并能向他人解释这样的变革机会。

我们更多地学习和掌握系统基本模式后，就一定能解决一个最令人烦恼的问题，它也是企业经理人和领导者不断努力、试图应对的挑战，即知识的专门化和碎片化（fragmentation）。在很大程度上，系统观点带来的最大希望，就是各个学科领域知识的统一；因为这些基本模式也在生物学、心理学、家庭治疗、经济学、政治学、生态学以及管理学中反复出现。[2]

由于这些基本模式很微妙，所以当它们出现在家庭、生态系统、新闻故事或公司组织的时候，你往往只能感觉到它们，但无法看清它们。有时候它们会使你产生一种直觉，即这个作用模式仿佛以前在哪儿见到

① 旧译“系统基模”。——译者注

过，“又是它”。你会自言自语道。尽管有经验的经理人，已经凭直觉知道许多这种反复出现的故事情节，但他们往往无法用语言解释它们。系统基本模式提供了这种语言，可以把许多通常只是简单的“管理判断”（management judgement）的东西，变为明晰的表述。

掌握系统基本模式，可以让组织把系统观点融入实践。仅仅阐述系统思考，比如只是说“我们要从大局和长远观点考虑”，是不够的；仅仅理解基本的系统原则也是不够的，比如第五项修炼的法则（第 4 章），或者啤酒游戏模拟练习的启示（第 3 章）；仅仅（或许在咨询师的帮助下）看到某个特别问题背后的特殊结构，还是远远不够的：这可能会解决问题，但不会改变原本导致问题产生的思想方法。对学习型组织而言，只有当经理人开始在思考中使用系统基本模式，系统思考才能在平日起作用，才能不断揭示出我们如何创造我们的现实。

系统基本模式的作用，是重新塑造我们的感知力，以使我们更有能力看清结构模式的运作，以及其中的杠杆效益作用点。某个系统基本模式一旦被发现，它就会不断告诉我们高杠杆效益和低杠杆效益的变革作用点。到目前为止，研究人员已经发现约 12 种系统基本模式，本书将对其中 9 种模式的研究和应用做出介绍（附录 2 是对本书介绍的基本模式的总结）。所有这些基本模式，都由系统积木组件构成：正、负反馈过程和延迟。下面是经常出现的两种基本模式，它们是理解其他模式和更复杂情况的跳板。

基本模式 1　增长极限

定义

一个正反馈（放大）过程开始启动，产生一个期望的结果。它创造一个成功增长螺旋，但也在无意之中产生副作用（在负反馈过程中显现的），从而使增长逐渐放缓。

管理原则

不要强行推动增长，要消除限制增长的因素。

在哪里发现它

增长极限的结构，适用于理解所有增长遇到限制的情况。比如，组织在一段时间内发展良好，但随即停止了发展。又比如，工作小组有一阵子进展顺利，但后来却毫无进展了。再比如，个人改进在一段时间颇有成效，然后就停滞下来了。

许多愿望良好而匆匆做出的努力，在情况有所改善之后就会遇到增长极限。农民为了增加产量而施用化肥，直到当地的雨水量不足以灌溉长势过快的农作物；减肥者依照一份突击减肥食谱进行减肥，开始时减掉了几斤体重，但随后就让他没了兴致；为了“解决”突然降临的截止日期的压力，我们可能会超时工作，然而，超常的压力和疲惫渐渐影响了我们的工作效率和质量，反而把加班加点努力的成果给抵消掉了。

为了根除某个坏习惯，比如待人过于苛刻，我们也常常遇到增长极限。开始的努力很奏效：我们批评责怪人的次数减少了，周围的人感到了更多的支持，于是他们表现出良好的情绪，我们也因此颇有感触，也就没有那么多的责怪和批评了。这是一个改善行为、增进感情和进一步改善情况的正反馈螺旋。但是，不知不觉中我们的决心削弱了。或许，我们又发现了别人真正给我们带来最大麻烦的行为，有些小事情不追究也就罢了，但这可是另一回事；或许，我们开始自鸣得意，不再注意我们早就习以为常的、条件反射式的指责行为了。不管什么原因，我们很快又走在了老路上。

在我们的一次研讨会上，一位参会者说：“嗨，那不就像谈恋爱吗！”我小心地问：“为什么？”她回答说：“你看，一开始你们见面，两人花些时间在一起，而且感觉很好。于是，你们花更多时间在一起，感觉也更好了。很快，你们把所有业余时间都用来待在一起。于是你渐渐地更了解对方了。你发现，他并不总是为你开门，也不情愿为你放弃和他的好友们玩保龄球，而且是每隔一个晚上玩一次。他发现你爱嫉妒，或者有坏脾气，或者不整洁，不管是什么，你们开始发现对方的缺点。”她还补充道，随着两人发现对方的毛病，戏剧式的感情增长就突然停止了，甚至还可能倒退——这时你可能觉得，两人的感情还不如刚开始的时候。

结构

每个增长极限的案例中都有一个正反馈（放大）过程，在一段时间里它自己就会产生增长或改进作用。然后它会碰到一个负反馈（稳定）环路，后者开始发挥限制增长的作用，改进速度会因此放缓，甚至完全停止。

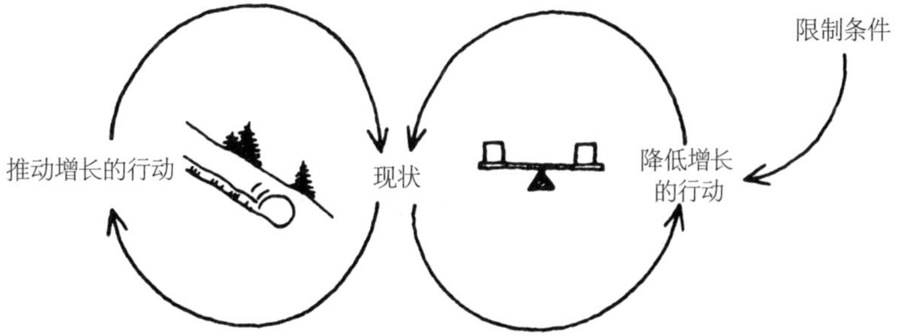

理解和利用结构模式

增长极限的模式在各个层次的组织结构中都发挥着作用。比如高科技公司，它可能由于自身开发新产品的能力而快速成长。随着新产品的增加，收入就会增加，研发经费也会增加，工程技术和研发团队也都在扩大。但后来，这支蓬勃发展的技术团队变得越来越复杂和难以管理。而管理这支团队的负担落到了团队中的高级工程师身上，结果他们就没有那么多时间去做工程技术工作了。这样，由于最有技术经验的工程师的精力被分散到管理工作上了，因此导致产品研发的时间延迟，以及新产品推出的速度下降。[3]

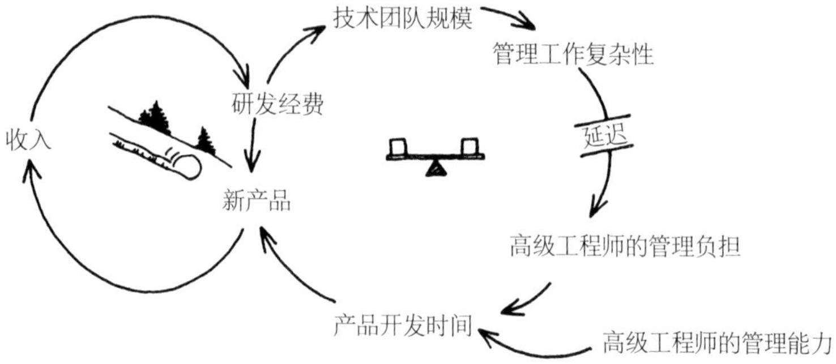

要理解增长极限模式图，首先应当看懂正反馈增长环路，它是最初提供增长势头的结构模式。我们现在就来沿着环路走：记住，增加新产品会产生利润，利润增加会再投入到更多的新产品开发中。然而，到了一定阶段，影响作用会发生变化——比如这里，研发经费增加到一定程度，会逐渐导致研发工作复杂程度太高。结果是，如果不把高级工程师的宝贵时间从产品研发分散到管理上，就无法保证对研发工作实施足够的管理。经过一段时间的延迟（延迟的时间长短依赖于增长率、产品复杂程度和工程师的管理技能），新产品推出的速度就会放缓，从而降低整个企业的增长速度。

另一个增长极限的例子是专业组织，如律师事务所或咨询公司。一开始规模较小的时候它们增长非常快，职业晋升机会也非常多，公司士气高涨，年轻有为的员工激情迸发，并期待在10年内成为合伙人。但是随着公司发展壮大，它的增长速度也放缓了。也许它的利基市场已经开始饱和；也许到了一定规模以后，创始合伙人对保持快速增长再也没什么兴趣了。不管出于什么原因，随着增长放缓，职业升迁的机会就会变少，年轻的专业人员之间的竞争就会更加激烈，从而使整体的士气受

到影响。这种增长极限的结构可以用下图表示：[4]

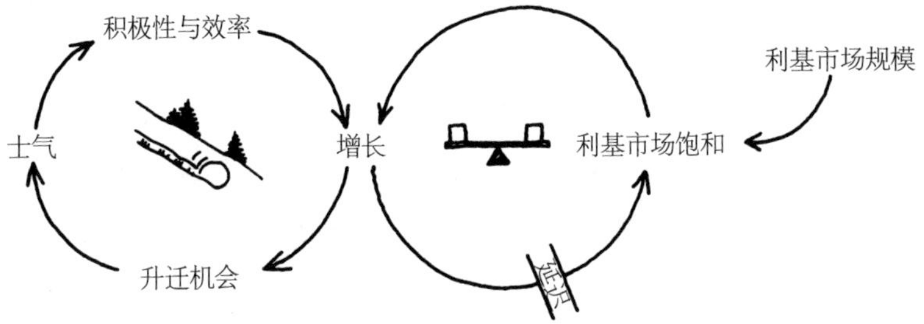

行为模式

在这里的每个结构模式中，限制作用都逐渐变得越来越强大。开始阶段的快速增长，后来却神秘地消失了。高科技公司也许再也不能恢复自己开发突破性新产品的能力，因而也无法再现快速的增长了。

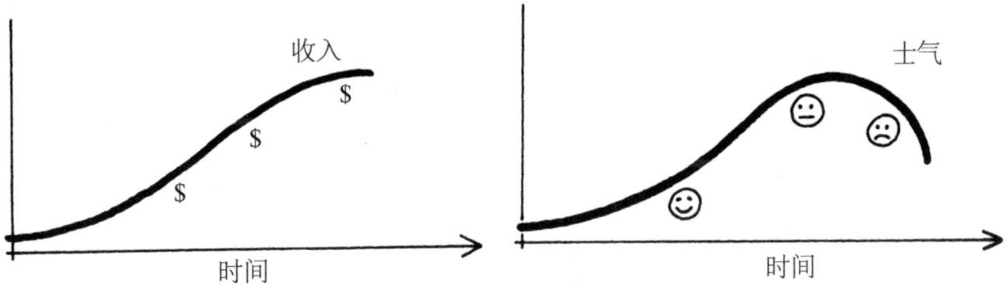

增长率可能逐渐下降到很低的水平，甚至其正反馈环路可能掉头逆转，变成负增长。比如律师事务所或者咨询公司，由于丧失了利基市场的主导地位，公司的士气很快进入实际的下降环路，也就是正反馈作用环路的逆转。

增长极限模式常常让组织变革受阻：开始似乎进展顺利，后来就失去了动力。比如，许多变革措施，尽管开始很成功，但后来却失败了。随着计划好的变革措施的实施，解决问题的成效开始得到提升，对变革的承诺投入也得到加强。但是，变革越是成功，就越可能对有些人产生威胁，于是他们就会开始拆台，去阻止变革的实施。在《第五项修炼·变革篇》实践案例中，[5]我们阐明了几类特别的负反馈作用，它们都会妨碍本来有希望成功的变革行动，比如，控制型经理人，他们感受到新的开放性和坦率心态的威胁。由于测量体系结果的延迟，它首先显示了变革的成本，但需要更长时间才能显示变革带来的收益。两极分化和竞争，发生在主张采用新做事方法的改革派与维护主流文化的保守派之间。另外，部门间分散隔离的管理结构，阻碍着在不同的创新者团队之间建立关系。

负反馈作用的结果之一，就是让希望发生的变革措施的实施在一段时间里很顺利，但随后就进展缓慢，并且往往最终衰落、败北。而变革推动者对结果的失望和反应，又往往让事情变得更糟。他们越是极力试图推进变革，别人越是感到威胁，结果是阻力越来越大。

实施“准时化”(just-in-time) 存货管理和其他“精益”或“柔性”生产系统时，也会遇到类似的互动作用，因为这些系统都依赖供货商和制造商之间的信任关系。最初的生产过程的柔性和成本绩效后来无法持续改善了。这些生产系统的供应商，后来往往会要求成为独家货源，以降低突击供货带来的风险。这对于制造商来说就是个威胁，因为他们习惯于向不同的供货商多头订货，或者通过竞标战让供货商之间相互杀价。这时，制造商对新供货系统的承诺和信心，也会随之动摇。供货商也一样。于是，他们都更有可能通过继续使用过去的多头订货和多家供货的方法，来避免风险，也因此而破坏了准时化系统所要求的相互信任的关系。[6]

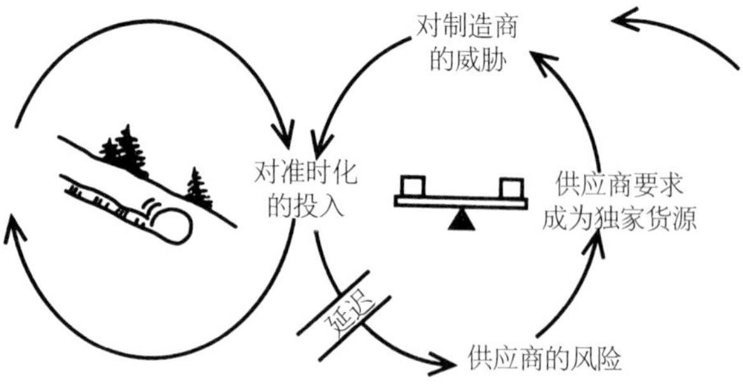

如何找出杠杆作用点

大多数人遇到增长极限情况时，往往试图使劲儿推动增长：假如你无法打破坏习惯，你就倾向于更勤奋地监督自己的行为；假如你的人际关系出现问题，你就会花更多时间或更努力地尝试改善关系；假如是员工不满意，你就不断提拔年轻员工，以便使他们高兴；假如是新产品开发速度降低了，你就启动新的产品开发计划，来弥补那些已经陷入困境的开发计划，或者更使劲儿地推动变革计划。

这种反应是可以理解的。开始阶段，你看到改进，就想继续做下去，因为不管怎样，眼下工作毕竟颇具成效。当改进的速度下降时，你还想再加把劲儿来使之恢复。不幸的是，你越使劲儿推动你所熟悉的杠杆，负反馈作用的阻力就越大，你的努力就越是徒劳无功。有时人们干脆放弃原来的目标，比如，不再试图控制自己责怪别人的倾向，不再追求变革的目标，不再要求精益制造的改进（或者，很可能表面上没有撤销正式计划，但实际上不再继续追求变革计划的成功，因而远远不能把成功变革的潜力挖掘出来）。

但是，处理增长极限的情况还有另一个方法。每个增长极限情况的杠杆作用都在负反馈环路上，而不在正反馈环路。要改变系统的现状，就必须辨别并改变负反馈限制因素的影响。这可能要求你采取自己未曾想到的措施，做出自己未曾考虑过的选择，并完成对奖励和行为规范系统的困难的变革。仅靠减肥食谱也许不可能实现你的减肥目标——你需要加快新陈代谢，这可能要求你做有氧运动。保持爱情与伴侣关系，要求你放弃“完美伴侣”的理想——这种隐性的理想目标妨碍着你们持续改善关系。随着专业服务公司的成熟，继续保持士气和工作效率，就要求一套与以往不同的行为规范和奖励机制：尊重优秀的工作成绩，而不是在等级体制中的地位。这可能还要求平等地分配具有挑战性的工作，而不是偏向“只有合伙人”的资历。企业成长了，要继续保持有效的产品开发，就必须分配好由于越来越复杂的研发组织工作而带来的管理工作负担。为解决这个问题，有些企业采用分散式管理，有些雇用外部专业人员来管理充满创新活力的工程师队伍（不是件容易的事），还有的企业则开发组织内部愿意做管理工作的工程师的管理技能。

如果能成功实现诸如精益制造等领域的变革计划，那么这些计划肯定是属于更大范围的管理变革实践的一部分，而后者一定包括改进员工内部的互动关系，以及与供应商这类的重要外部业务伙伴的关系。成功案例通常特别要求有真正的变革措施，包括重新分配控制权力，以及处理由于放弃单边控制而带来的风险。这往往是改善与关键供应商关系的长期努力的一部分，这也同时能帮助那些供应商提升能力。维持传统单边控制的意图必然带来不信任感，而要克服这种不信任感就必须实施这些变革措施——如果单边控制的意图不改变，即便全世界的精明管理方案加在一起，也不可能克服维持现状的负反馈作用的强大阻力。这就是为什么成功领导了精益制造的老手们总是强调，精益制造是"文化变革"，而不只是技术变革。

增长极限模式还有另一个启示：限制作用总会存在的。一种限制因素被排除或削弱了，增长就又回来了，但新的限制因素还会出现。老练的领导者总是关注着下一组限制因素，努力去理解其性质，思考如何去对付它。对有些情况，比如生物数量的增长，根本的经验教训是：增长自然会逐渐停止。试图排除限制因素以延长增长，实际上可能会适得其反。考虑到正反馈作用可能产生的变化速度（还记得法国睡莲的故事吧），假如想阻止极限的到来，那它到来的时间就可能比我们想象的要快得多。

如何写出你自己的"增长极限"故事

了解某个系统基本模式的最好方法就是结合你自己的情

况将它画出来。越是主动地分析并思索这些基本模式，你就越容易认清它们，并找到杠杆作用点。

大多数人的生活中都有许多增长极限的模式结构，要识别这些结构，最简单的方法就是考察行为模式。事情会不会在一开始越变越好，但之后就神秘地停滞不前？如果遇到这种情况，你可以尝试去分辨构成其正负反馈回路的因素。[7]

首先，辨认出正反馈——什么变得更好了，又是什么行动环节带来了改进？（也许正反馈中还有其他组成因素，但通常这里至少有一种状况在改进，而且肯定有一个行动环节带来了这种改进。）比如，这也许是个组织整体进步的故事：好比就业机会均等的招聘工作。这种招聘工作的次数不断增长，这是行动。这种行动导致状况的改进，即女性与弱势群体在员工中所占的百分比的增加。当管理层中女性所占百分比增长的时候，对这个招聘活动的信心和投入就会增加，这将给管理层中的女性数量带来更进一步的增长。

然而无论怎样，总有一个限制因素存在，它往往是一个隐性目标、一个规范标准，或是一种有限资源。第二步

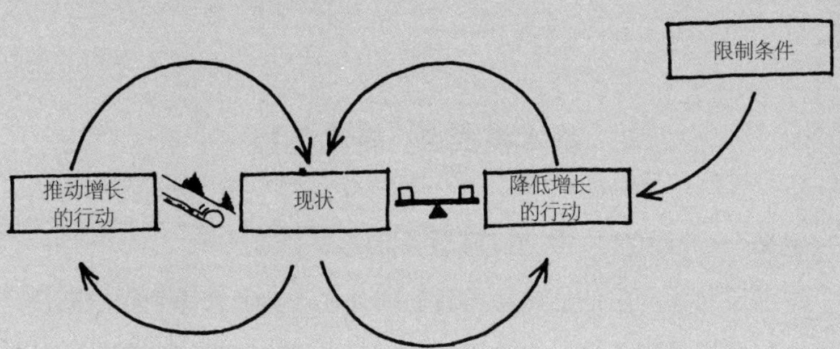

是去认清这个限制性因素和它所带来的负反馈。是哪种“减缓行动”或者阻力开始介入，使情况不再继续改善了呢？在这个例子里，主管中到底有多少女性和弱势群体就算“太多了”？有些经理可能对此有想法，他们心里的那个数字就是限制因素。一旦接近那个门槛，减缓行为，也就是经理们的抵制，就开始了。那些经理不仅会抵制更多机会均等的招聘，他们也很可能会为难那些已经上任的新主管。

一旦你看清了自己的处境，就要开始寻找杠杆作用点。你不能过于用力，因为那样反而会加强阻力。可能更需要的是减弱或者消除限制条件。

为了取得最好的效果，可以在现实生活中测试你的增长极限故事。向其他人说说你的看法。先在现实生活中，实验你有关小规模事件杠杆作用的想法。比如，先找到一个你能够接近的人，你觉得他的头脑中有一个隐性的限额，认为某个数字的女性主管就是“足够多的”。你可以向他发问。（如何有效地发问，见第 9 章“心智模式”中的反思与探询技能部分。）

基本模式 2　转移负担

定义

由深层问题产生的症状急需我们的关注。但大家感到很难解决，也许因为问题还模糊不清，也许因为处理起来代价会太高，所以，就把问题“转移负担”到其他解决方法上，这些解决方法意图良好、容易上手，看上去也非常高效。不幸的是，容易的“解决方法”只减轻了症状，却没有改变深层问题。还由于它显然帮助消除了症状，反而使大家无法注意到，深层问题正在变得越来越严重，整个系统也丧失了本来可能有的处理深层问题的能力。

管理原则

对待症状缓解方法要格外小心谨慎。仅仅针对问题的症状而不触及根本原因的解决方法，最好的情况也只是能带来短期效益。长期来看，问题会重新出现，而要求应用症状缓解措施的压力也增加了；同时，开发“根本解决方法”（fundamental solutions）的能力也因此而萎缩。

在哪里发现它

转移负担的模式在个人生活和组织集体生活中都很普遍。当问题症状变得很严重，强烈要求得到关注时，就会发生转移负担的现象：用简易的应急措施可以至少暂时缓解症状。

来看看我们的工作负担问题。当负担大到我们的能力无法有效完成工作的时候，紧张压力问题就突出了。我们在工作、家庭、社区之间像抛球杂耍一样，穷于应付，疲于奔命。如果工作负担超出我们的能力（我们都有这种情况发生），唯一的根本解决方法就是降低负担。但这会很难——也许会丢掉升迁的机会，以及随之而来的更多的旅行机会；也许这意味着拒绝参加当地学校委员会的工作。这总要求我们必须考虑优先事项，并做出选择。但人们往往反过来，不想放弃要更多的“球”，然后通过喝酒、吸烟，或较好的“放松压力”方法（如运动或冥想）来释放紧张压力。然而，喝酒当然不能真正解决过度工作的问题，只是通过暂时的压力释放来掩饰问题。问题会再回来，而喝酒的需要，即酒瘾也会再回来。在不受干扰的情况下，转移负担的模式会不知不觉地加强影响力，这在当代社会是如此普遍，我们再熟悉不过了。这些都出于逃避现实的“鸵鸟心态”，结果造成对症状缓解措施的越来越大的依赖，最后就如同染上了毒瘾。

许多看似有效的“解决方案”，背后都隐藏着转移负担的模式。这些方案会使你感到很不安：问题似乎并没有得到真正解决。经理人认为应该把工作分派给下属做，然而一旦发现下属有困难，他们还是过分依靠自己的能力直接介入处理问题，以至下属从没有机会获得做好工作的必要经验。面对外国竞争者而丢失市场份额的企业，可能会陷入对关税壁垒保护的依赖，从而丧失独立竞争的能力。无法限制政府开支的第三世界国家，不能根据税收水平量入而出，结果只有通过印发钞票和通货膨胀，来解决政府的财政赤字问题。通货膨胀逐渐成为国民的生活常态，而政府资助也越来越成为必须，长期的赤字状况也因而被认可，成为不可避免的常态政策。转移负担的模式还包括那些“挽救”农民、让农民不必种田的食品救援计划；另外还包括使用暂时消灭害虫的农药——由于它同时破坏了自然界天敌的控制机制，就给未来的害虫泛滥打开了方便之门。

结构

转移负担的模式结构由两个负反馈（稳定作用）环路组成。两个环路都在调整或修正同一个问题的症状。上面的环路代表症状缓解措施，即应急反应措施。它可以迅速缓解症状，但只是暂时的缓解。下面的环路有一个延迟，它代表对问题的更根本的解决方法，其功效需要更长的时间才能显现出来，但远比应急措施有效，而且可能是唯一长期有效的解决方法。

转移负担的模式经常（但不一定总是）还有一个附加的正反馈（放大作用）过程，它来源于症状缓解方法的“副作用”。这时，这个副作用会让根本解决方法更难发挥作用。比如用药物治疗某种健康问题的副作用，如果问题原来就是不健康的生活方式造成的（吸烟、喝酒、不良饮食习惯、缺乏运动等），那么唯一的根本解决方法就是改变生活方式。药物（症状缓解方法）减轻了症状，也同时缓解了改变生活方式这一艰难任务的压力。而且药物也有副作用，会产生更多的健康问题，使人更难以建立健康的生活方式。

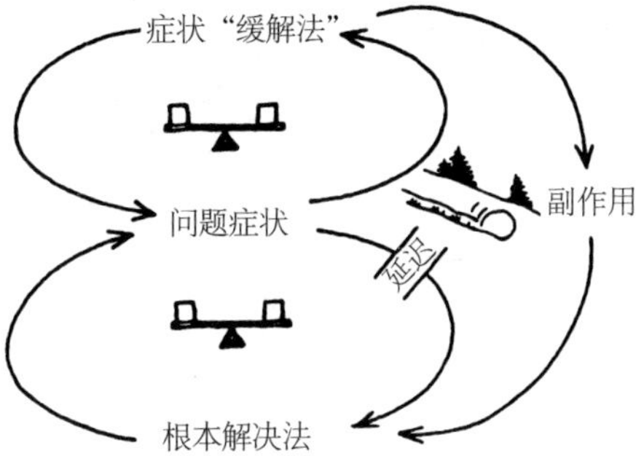

理解和利用结构模式

转移负担的模式揭示了一种流行范围很广的行为表现，即愿望良好的“解决方案”实际上使长期的情况变得更糟。“症状缓解方法”（symptomatic solutions）很有诱惑力：改善会很明显，能缓解处理困难问题的内外压力。但是，问题症状的缓解会削弱大家心目中对寻找更根本的解决方法的需求。没有得到解决的深层问题可能还要严重，而且，症状缓解方法的副作用会使根本解决方法的应用变得更难。人们逐渐越来越多地依赖症状缓解方法，好像它成了唯一可用的方法。没有人做出过明确的决策，但大家已经“转移了负担”，越来越依赖症状缓解措施了。

公司总部管理人员和业务经理之间的交往，就充满这种转移负担的模式。比如，工作繁忙的经理人经常想请进人力资源专家，来处理人事方面的问题。人力资源专家可能会解决问题，但经理人解决其他相关问题的能力就无法得到提升。其他人事问题以后还会出现，那时经理人还会像以前那样依赖人力资源专家。外聘专家曾经成功地解决了这类问题，所以现在就更容易地想到要再聘用专家。"我们又有了一些新困难，所以就又请来这些人事问题专家。他们已经熟悉了我们的人以及我们的情况，所以很有效率。"对人力资源专家的需求越来越大，成本也在上升，而经理人的能力（和威望）却在下降。

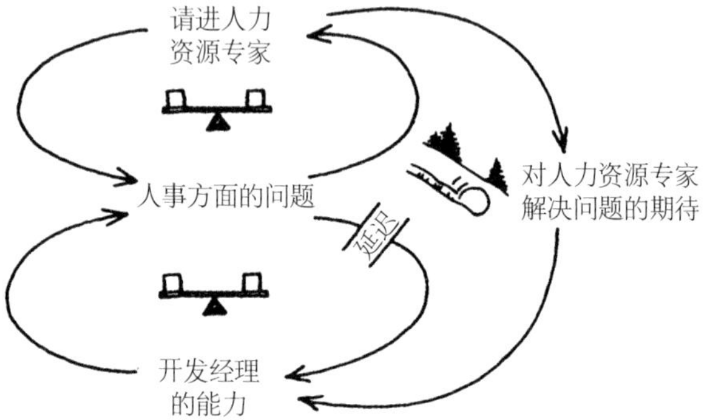

转移负担模式常常伴随着无意识的战略方向的偏移和竞争地位的下降。有一家高科技公司的高管团队曾非常担心由于自己的公司无法推出全新的产品，而慢慢"丧失其优势"。虽然改进现有产品的风险相对较小，但是他们担心这种做法不能鼓励突破创新，反而形成了搞小打小闹的渐进主义文化。由于更安全、更可预测、容易筹划和组织的改进型创新过程已经根深蒂固，于是经理们就开始怀疑，公司是否还有能力进行基础创新。

我在聆听他们的述说时，就想起一家日用消费品生产商的类似的战略方向偏移案例。那个生产商曾越来越依赖广告宣传，而不是新产品开发。他们有许多种产品，每当某种产品销售量下降时，他们就会做新一轮的广告促销活动。公司的广告文化如此根深蒂固，以至最近的三位CEO都是前广告部门的高管，他们还常常亲自撰写广告文案。他们任职期间，公司的主要新产品上市数量就变得少之又少了。

转移负担的一个特例是"目标侵蚀"（eroding goals）；这种情况的案例频繁发生，很令人吃惊。每当我们的目标和现实情况之间存在差距时，总会出现两种压力：改进现实状况和降低目标。而应对这些压力的方式是自我超越修炼的核心，第 8 章中会阐述这个问题。

社会中目标侵蚀的现象时常发生，并总得到大家的默许。比如美国联邦政府“全面就业”目标（即，使失业率保持在可以接受的水平之下）从 20 世纪 60 年代的 4%，到 80 年代初的 6%~7%，而 80 年代初的实际失业率是接近 10%。（换句话说，我们愿意容忍失业率出现 50%~75% 的上升幅度，认为这是“自然的”。）类似的例子还有，60 年代初，如果出现 3%~4% 的通货膨胀率，就会被认为是严重的情况。这的确是 80 年代初以前反通货膨胀政策的胜利。而到了 1992 年，克林顿总统接手白宫时所面对的，已经是美国历史上最大的预算赤字。1993 年的《综合性预算协调法案》帮助削减了赤字，而且到 90 年代末美国政府还有 2 000 亿美元的创纪录的盈余。但到了 2005 年布什政府宣布“反赤字战争”时，赤字又回升了，达到 3 180 亿美元。这种目标侵蚀的模式如下图所示：

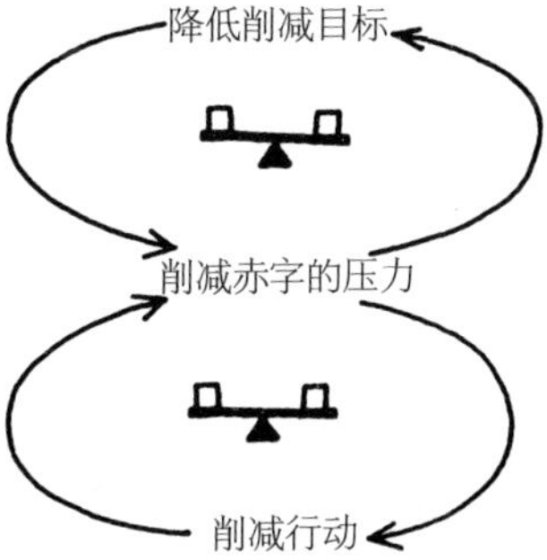

在后面两章我们还会看到，类似的目标侵蚀模式在组织的质量目标、创新目标、员工个人成长目标，以及组织成长目标等方面将发生怎样的作用。

行为模式

不管选择什么样的症状缓解方法，它都会起作用——在某种意义上。比如喝酒能令人感觉缓解压力，至少在一段时间里，它解除了问题的症状，不然就不会有人借酒消愁了。但它也让借酒消愁的人感到，问题似乎已经解决，于是就分散了寻找根本解决方法的精力。然而，根本解决方法是找到控制工作负担的方法，如果不采取坚决的态度，就会导致工作负担逐步加重，因为我们大多数人都不断接到要求我们花时间精力去做的事，根本就超出我们的应付能力。随着工作负担的加重，压力又回来了，借酒消愁的驱动力也回来了。

转移负担模式的隐匿性表现，在于它所促生的正反馈环路，即人们对症状缓解方法的依赖性不断增加。酗酒者逐渐上瘾，形成对酒精的依赖，导致健康状况下降。随着他们的自信心和判断力的下降，他们也越来越无法去解决原来的工作负担问题。为了找出正反馈环路的起因，你可以设想在由两个环路组成的形如阿拉伯数字“8”的闭环上面移动：压力增加，导致酗酒，酗酒会放松压力；压力放松，减少工作的需要也降低了，进而导致更多的工作负担，于是又增加了压力。

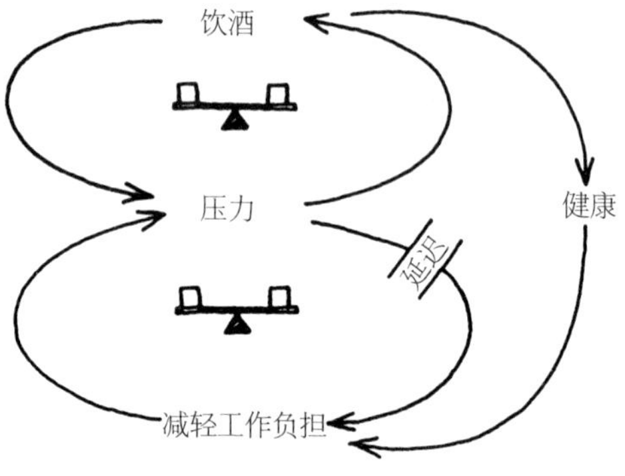

这就是上瘾机制的一般性动态结构模式。实际上，所有的上瘾过程背后都有转移负担的模式，都涉及症状缓解方法，涉及逐步削弱寻找根本解决方法的能力，以及不断增加对症状缓解方法的依赖。这个上瘾的定义，对个人适用，对组织机构和整个社会也同样适用。

转移负担的模式往往伴随着间歇性的危机，即压力症状出现时的危机。而危机往往通过更多的症状缓解措施来得到消除，其症状会暂时消退。但不那么显而易见，往往是一种缓慢、长期的健康状况受到损害的过程：可以是公司财务健康，或者个人身体健康，问题的症状会因此不断加重。不注意健康状况下降，不寻求解决问题的根源，时间拖得越久，就越难以挽回局面。根本解决方法无力回天的时候，症状缓解措施就会愈演愈烈。

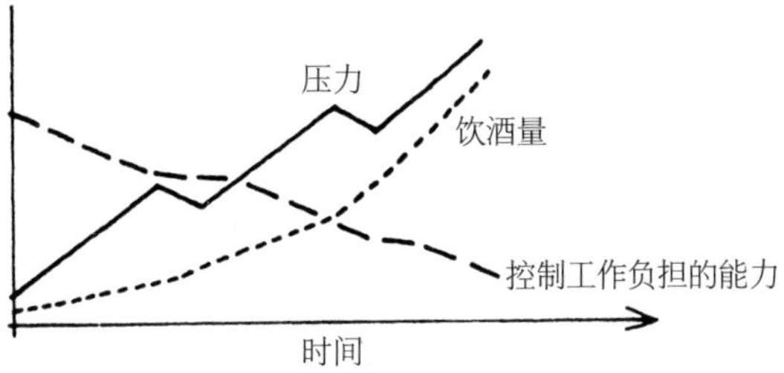

如何找出杠杆效益作用点

要有效应对转移负担的模式，我们必须把强化根本解决方法与弱化症状缓解措施结合起来。组织机构的特点，常常通过其应对转移负担模式的能力（或无能）表现出来。强化根本解决方法要求一种长远观点和共同愿景。如果没有通过新产品创新来实现成功业绩的愿景，压力就会被转移到使用短期的解决方法上，这是无法抗拒的。经理人没有开发“以人为本”技能的愿景，就不会有时间和精力去开发那些技能。政府是靠民众纳税支持的，而一国民众对政府能够并应该发挥什么作用，如果没有共同愿景，就不会有财政收支平衡的长期解决方案。

弱化那些症状缓解措施，就需要当事者情愿说出真相，坦率面对治标方法和“看上去不错”的解决方案。比如经理人可能要承认，大量的广告宣传是可以从竞争对手中暂时夺回一些市场份额，但不会从根本上扩大市场占有率。从政者必须承认，他们提高税收的企图遇到阻力，是由于大家认为政府很腐败。他们如果不用令人信服的方式有效地解决腐败问题，就不可能实现提高税收的愿望，也不可能降低开支。

一些非常成功的戒酒和戒毒方法，可以很好地说明处理转移负担模式的杠杆效益原理。这包括坚持让大家面对上瘾的现实，同时组织互助小组并安排培训，以帮助大家改正和恢复。比如匿名戒酒互助协会（Alcoholics Anonymous，AA），就非常成功地应用有效的同伴互助方法，帮助大家重新激发精神活力，勇敢面对使他们陷入酗酒习惯的那些问题。而不管是什么问题，都要开发一种信心和愿景去解决和克服。他们还强制性地让每个人都承认酗酒这个现实："我染上了酒瘾，并会一辈子这样。"通过这种方法，症状缓解措施就不能再隐蔽进行了。[8]

在商业案例里，越来越依赖人力资源咨询师的经理人，必须更大限度地发展自己的能力，尽管这意味着更大的初期投入。人力资源咨询师必须成为教练和指导，而不是解决问题的人，这样才能帮助经理人发展自己的技能。

症状缓解措施有时也是必需的，比如治疗由酗酒或吸烟引发的疾病。但是，症状缓解措施必须明确界定为缓解症状之法，同时还要与恢复根本解决法的能力和措施相结合，这样才能突破转移负担的作用环路。假如真的把症状缓解措施当作根本解决方法来使用，那么寻找根本解决方法的努力就会终止，继而转移负担的模式就会如约而至。

如何写出你自己的"转移负担"故事

有三个线索可以用来分辨"转移负担"结构有没有出现。第一，从长期看来，问题变得越来越糟糕，虽然它有时也会出现好转的迹象。第二，系统的整体健康状况渐渐变差。第三，会产生逐渐增强的无助感。一开始，人们感到欣喜——我们把问题解决了！但最后却会觉得自己像受害者一样。

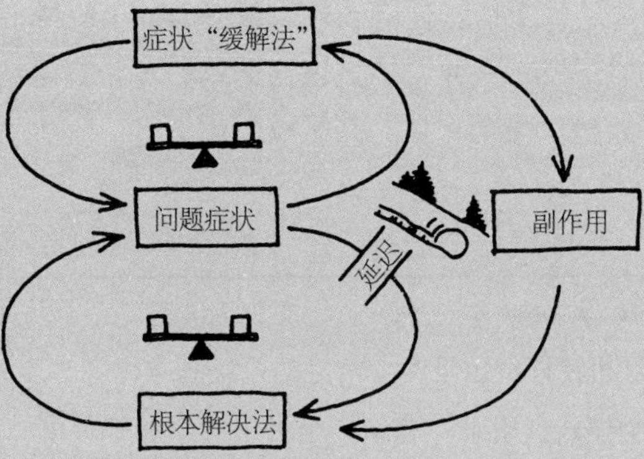

你尤其要分析那些相互依赖的情况，你会感到其中真正的问题、深层的问题，从未被人有效解决过。和以前一样，一旦遇到了这类情况，你要看看能不能找出正负反馈回路的相关组成部分。

首先要找到“问题的症状”，这就是那个需要添加润滑油的“吱吱叫的轮子”，急需你的关注——比如压力，比如下属没有能力解决紧急问题，或是市场份额的下降。由此，你要找到“根本解决方法”（也许不止一个），即可以带来持久改进的一系列措施。然后，再找到一个或几个也许能临时救急的“症状缓解方法”。

其实，“根本解决法”与“症状缓解法”是相对的，最重要的是辨别出问题可以从哪里入手，包括从最根本的到最表面的解决方法。

接下来要找到症状缓解法可能出现的“副作用”。

转移负担模式分析带来的最主要的认识提升来自以下两个方面：（1）区分不同类型的解决方法；（2）看清在多大程度上依赖症状缓解法会导致依赖的不断加重。杠杆作用不是加强了下面的循环，就是减弱了上面的循环，或者两者同时发生。就像增长极限一样，最好先以小规模的行动来测试你的结论——并给测试留出时间，等它产生结果。特别是当你想要增强一种已经萎缩的能力时，所需的时间会更长。

增长极限和转移负担是两个常见的系统基本模式。后面的章节还会介绍其他几个模式（附录 2 总结了全书中的系统基本模式）。掌握这些系统基本模式以后，就可以把它们结合起来去描述更复杂的系统关联。这就好比，基本语句成为段落的一部分，而由简单的情节可以编写更复杂的故事——有着各种各样的主题、人物和更曲折的故事情节。

系统基本模式可以启动掌握系统思考的过程。用这些基本模式，我们就能越来越清楚地把握日常生活中各类因果环路。随着时间的推移，我们自然就能更系统地思考和行动了。

为了阐明系统基本模式在实际中的应用，下一章会介绍增长极限和转移负担模式得到有效运用的方法，用来理解某个有巨大潜力的公司不能成功实现其发展潜力的原因。

第7章

是自我局限，还是自我持续地增长

人们很难去和杠杆作用的原理唱反调。但是对于大多数处于系统中的人来说，实际的系统杠杆作用都不是清晰可见的。因此，我们习惯的非系统思考方式，总是让我们注重低杠杆效益的变革。由于我们看不见自己行为背后的结构模式，于是就把注意力放到问题最紧迫和集中的地方，企图去修补或减轻症状。但这类方法最多只能带来短期改善，长期来看，情况往往更糟。前面提到的增长极限和转移负担等系统基本模式的用处，就是帮助大家，特别是在实际业务的压力和矛盾中，看清行为背后的结构模式，找出杠杆作用点。

下面的例子是我们反复看到的真实的故事，实际上这是从好几个特定的案例中提炼出来，把反复出现的同一类经历拼接起来形成的。[1]

当我们制造自己的“市场局限”时

20 世纪 80 年代中期，一家独特的高科技电子产品公司成立了。公司生产一种新型的高端电脑。得益于专业工程技能和独特的技术，这家名为“神奇科技”（WonderTech）的公司实际上控制了这一利基市场。不仅市场对这家公司的产品的需求很大，而且还有足够多的投资者来保证这家公司的资金充足。

然而，这家公司的开门红业绩却成了昙花一现。公司头三年发展得如火如荼，但这种情况并没能持续下去，业绩逐年下滑，最终公司遭遇破产。

神奇科技公司的最终命运，是开始时所有人根本无法想象的，因为最初发展时期它的业务每年都翻番。第二年中期公司的销售势头很旺盛，订单积压越来越多。甚至在公司不断扩大生产能力的情况下（建设更多的工厂，增加倒班工作的班次，添加更先进的技术设备），还是不能满足不断增长的需求。这导致发货时间出现一些延迟。公司开始的承诺是 8 周到货，延迟出现之后，也曾想努力回到这个承诺标准上。但是公司的高管层却以一种高傲的语气告诉投资者：“我们的电脑如此优秀，一些顾客愿意等上 14 周。我们知道这个延迟是个问题，也正在设法解决，但不管怎样延迟，他们还是很高兴能收到我们的电脑，而且收到货时还是非常喜欢的。”

高管层也知道必须扩大产能。经过 6 个月的研究，在工厂从一班工作制变为两班倒工作制之后，他们又决定举债建设新厂。为了确保增长势头，他们把收入的大部分都直接投入到市场促销工作之中。由于公司只通过直销团队营销产品，这就意味着要雇用和培训更多的营销人员。公司到了第三年，营销团队人数翻了一番。

然而，尽管有这些努力，到第三年年底，公司的销售量却开始下降。到第四年中期，销售量下降到了危机的水平。至此，公司的营销曲线如下图所示。

这时，公司新建的工厂完工了。负责产品制造的副总裁说：“我们雇了这么多人，现在该怎么办？”高管层开始感到恐慌，刚刚花那么多钱建了新厂，不知道该怎么向投资者解释。当时在场的每个人都同时转

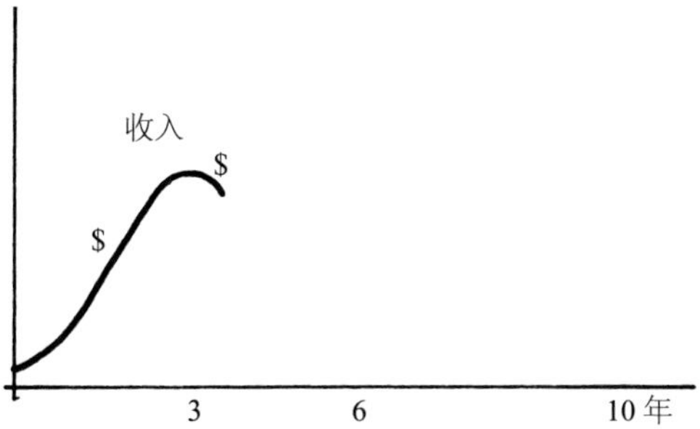

过身来，看着一个人：市场营销副总裁。

市场营销副总裁当时已经是公司的明星人物，这也并不令人吃惊——他的营销团队一直以来的业绩如此辉煌，他曾指望得到进一步升迁。而现在销售量下滑，为扭转这个局面，他面临着很大的压力。所以，他采取了最显而易见的措施：召开一系列强势促销会议，目标只有一个："促销！促销！促销！"他开除了业绩差的营销人员，增加了销售激励措施和额度，发布了特别折扣计划，还制作了新的促销广告，并使用了对公司计算机产品的新的鼓动性描述语言。

而销售量也确实回升了。市场营销副总裁又成为英雄，受到大家欢呼。他成为重生的激励者，在应对危局中担当了重任。神奇科技公司又迎来了喜人的局面，订单迅速回升了。但不久又开始出现订单积压。一年以后，发货时间又开始出现延迟——先是 10 周，后来又到 12 周，最后到了 16 周。于是，增加产能的问题再一次进入公司议事日程。但是，因为有了上一次被动局面的教训，高管层这次就变得很谨慎。不过，建设新厂的动议后来还是得到通过。然而，批准建设新厂的签字墨迹未干，新一轮的销售下滑危机又开始了。这次的下滑十分严重，以致市场营销副总裁被革了职。

以后几年中，一连串的市场营销副总裁轮流上岗，但每次的结果都和以前一样：营销的高增长总是昙花一现，接下来就是低增长或零增长。这个模式正如下图所示。

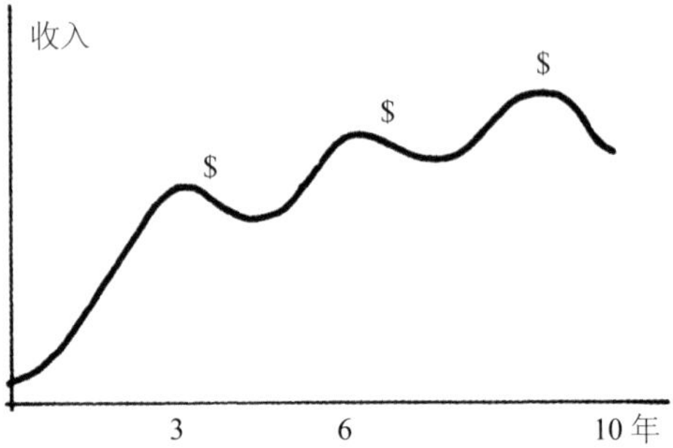

公司虽然进入了缓慢的发展期，但从未能达到其增长潜力。后来，公司高管们开始担心，怕别的公司会开发出竞争产品，于是开始狂热地从事未经深思熟虑的产品改进工作，同时还不断强势促销产品。但公司再也没有达到最初的增长率。原来的“神奇”消失了，公司逐渐走向了消亡。

公司的 CEO 最后一次对他的高管团队说了下面的话：“在目前的条件下，我们做得很不错了。但是，市场需求还是不够。很明显，市场很有限——这只是个细分市场，而我们已经有效地满足了它的需求。”

神奇科技公司的故事没什么新奇的。每十家新建公司中平均要有五家会在五年内消失，有四家会存活到第十年，只有三家会坚持到第十五年。[2] 当一家公司倒闭时，人们总会指出具体的事件，把它解释成失败的“原因”：产品问题、经理人无能、关键人物走掉了、始料不及的激烈竞争，或者市场交易量下滑。但是，导致不可持续增长的深层系统性原因，却往往不被人注意。系统基本模式可以帮助我们理解这类原因，而且在许多情况下，可以帮助制定成功的应对策略。具有讽刺意味的是，神奇科技公司的产品及其市场潜力，本可以支持许多年，而不止两三年的强劲增长。

神奇科技公司的经理们看不到公司业绩走下坡路的原因，这倒不是因为他们缺乏信息来源。他们掌握所有的事实，就是你前面读到的这些。但是，他们看不到这些事实背后所隐含的结构模式。

你作为一个系统思考者，要诊断神奇科技公司的问题，就要找出一些能够暗示某种基本模式的迹象。你会从最明显的业绩表现模式入手：开始的增长是跳跃式的，接着是越来越强劲的上升和膨胀，然后增长变缓，后来完全停止。这个模式就是典型的“增长极限”结构所带来的症状。

有许多可能的增强（放大）作用因素，可以带来神奇科技公司一开始的销售业绩的迅速增长。对产品开发的投入、广告宣传的投入、良好的口碑，所有这些都可能把过去的成功变成未来的成功。而神奇科技故事中特别明显的一个增强因素，就是把利润再投入到增加营销力量之中：销售增加就意味着收入增加，那又可以雇用更多人力，来进一步增加销售。

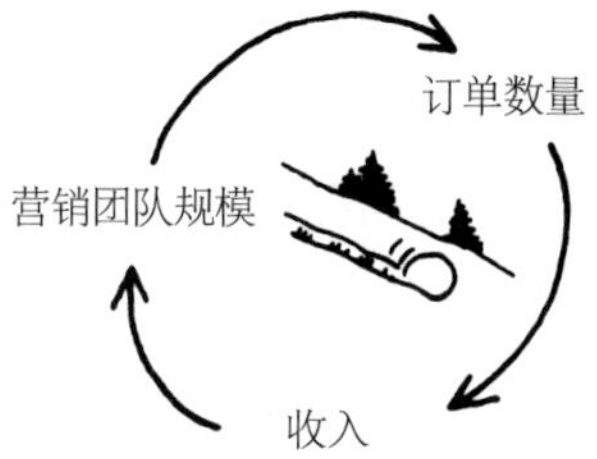

增长极限的结构总会有另一面，那当然就是负反馈 [即平衡（稳定）反馈] 的作用过程：销售增长莫名其妙地放缓了。而销售放缓通常只有以下几种原因：市场饱和、竞争加剧，或者顾客失望。这里，神奇科技电脑的市场需求仍然强劲，也没有什么竞争对手。只有一个因素让顾客失望：交货期太长。订单积压，生产能力不足，交货期就延长了。交货服务质量差的名声散布出去，逐渐使神奇科技营销团队面临更大的销售障碍。增长极限的结构模式正如下图所示：

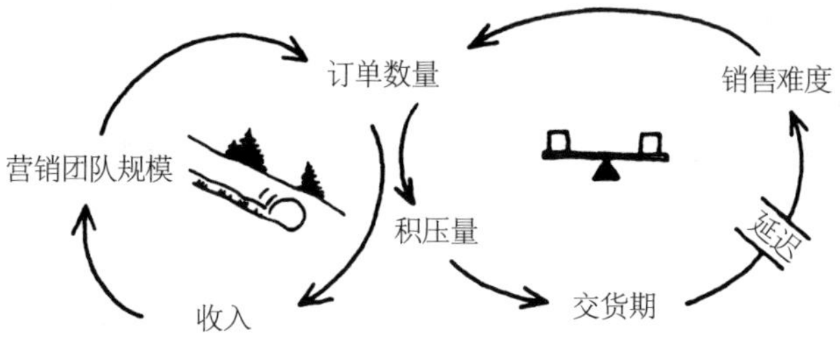

在增长极限的模式中，最糟糕的事就是在正反馈环路上使劲儿推。而这正是神奇科技公司所做的：他们试图通过新的销售激励、市场促销活动和产品的小范围改进，来重新发动“增长引擎”，而这些都没什么杠杆效益可言。在增长极限的模式里，杠杆作用在于负反馈环路。

这个负反馈环路为什么没有人注意到？首先，神奇科技公司的高管层关注的是财务收入，对交货服务并没有真正重视。他们主要跟踪销售情况、利润率、投资回报率和市场占有率。只要这些指标看上去很健康，交货时间问题就不是他们关心的事。而且，交货延迟是在销售增长良好、利润迅速增加的时候发生的，所以大家整体上就没什么可担心的。而当财务状况不好的时候，压力又被转移到增加订单上。然而往往在这时，由于订单减少，交货时间已经缩短了。于是，不管情况好坏，高层对顾客等待电脑到货时间过长的问题，从来就没有给予过关注。

即使他们给予了关注，他们可能也没有认识到交货时间是影响销售的关键因素。在第一次销售危机爆发之前，交货延迟问题已经在一年半多的时间里不断加重，而高管们却产生了更大的错觉，即认为“顾客不在乎交货延迟”。殊不知，这种自满心态很不恰当；顾客的确在乎交货时间，但因为系统自身固有问题造成的延迟，顾客们的忧虑并没有被神奇科技公司管理层清楚地认识到。顾客说：“我们希望 8 周内收到计算机。”营销人员说没问题，结果却到第 9 周，第 10 周，甚至第 12 周还没有到货。再有几个月，负面消息就会不胫而走。由于潜在顾客很多，开始时这种传言的副作用并不大，但后来便会逐渐广为流传。这种在“交货时间延迟”和“营销陷入困难”之间的延迟，可能长达 6 个月，或更长时间。

神奇科技公司的经理人陷入了一种经典的学习障碍之中：无法辨认在时间上距离很远的因果关系。一般来说，如果你等到需求下降之后，才去关心交货时间，那就太晚了。缓慢的交货状态已经在自我校正了——只是临时性的修正。神奇科技公司的交货速度在第三年变得最慢，而那也是公司快速增长的最后一年。在那之后的交货情况，随着销售量的下降而有所改进，但又随着后来销售量的回升而再一次变糟。

在该公司整个 10 年的发展历史中，交货时间延迟问题尽管伴随着阶段性的改进，但总体上是在不断加重。随之而来的是系统整体健康状况的逐步恶化，这表现在增长速度的下降以及利润的减少上。公司有几次利润急剧上升，但在每次业绩下滑阶段又出现大规模亏损。开始的增长期的兴奋，后来变成气馁，最后是绝望。由于原来预想的市场潜力从未实现，大家最后觉得自己是受害者。公司 CEO 私下说，最初的市场预期是个误导。

没有人意识到，神奇科技公司的情况也是经典的转移负担的模式。尽管有间歇的改进，问题的症状（交货速度慢）却日趋严重。企业的整体健康状况也在不断下降，大家的受害感也在不断加重。作为系统思考者，你会首先看出这个关键问题的症状，然后看到症状缓解方法和根本解决方法。在这个案例里，根本解决方法（下图中下方的环路）是扩大产能，以控制交货延迟的情况。要超越神奇科技公司的交货速度标准，就必须增加产能；一旦产能提高了，就会改善交货延迟的状况。但是，

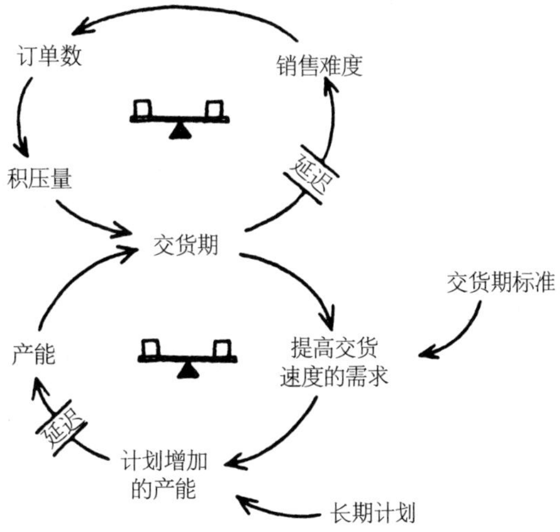

如果这种根本解决方法迟迟得不到应用，负担就会转移到症状缓解方法（图中上方的环路）。由于神奇科技公司的经理们未能通过足够迅速地增加产能来解决交货延迟的问题，潜在顾客不满意，于是就流失掉了，并由此帮助“缓解”了交货延迟的问题。

还有，由于神奇科技公司的高管们基本上忽视了不满意的顾客，症状反应就越来越严重，这就像转移负担的结构模式一样。这一切，都伴随着神奇科技公司交货服务质量差的名声在市场上广泛传播：公司交货延迟越来越严重的每一个时段，流言传播的速度也越来越快。第四年，在产能扩建完成的时候，却由于订单下降而造成闲置，这使神奇科技高管层对增加产能愈加谨慎。这就意味着新增产能的工作需要更长的时间来完成，或者根本就不会完成。公司经理最后同意增加产能的时候，症状引起的反应已经帮助解除了压力，交货延迟情况已经缓解，从而不再有理由增加产能了。于是他们说：“扩建就再等等看吧，确定一下是不是真有需求。”

实际上，这两种应对方法之间还在相互做跑马式竞争。症状反应方法逐渐变得迅速高效，而根本解决方法却越来越迟钝。结果是，“不满意顾客”的反应后来逐渐控制了交货速度，越来越多地承担了缓解任务。

神奇科技公司的命运本来是可以改变的。在转移负担的结构模式中有一个杠杆作用点被忽视了，那就是公司原来的 8 周交货的目标。系统思考者在转移负担的模式中首先要找出的，是根本解决方法受到削弱的原因。在这个案例中，公司有一个交货时间标准，即 8 周，但是很显然，公司高管层只专注财务收入，从来都没有把这个标准放在心上。

三年以后，公司生产部门实际习惯的标准是 10 周交货，但在订单增加时又很难保证这个标准。随着交货延迟问题反复发生，标准不断受到侵害，没有人再关心标准了，高管层尤其如此。

实际上，第二任市场营销副总裁曾把顾客对交货服务不满的意见，定期向高管团队做过汇报。负责生产的副总裁承认他们有时赶不上订单积压的速度，但只是在产能不足的时候才会这样。可是公司最高层领导者却说：“是的，我们知道那是个问题，但我们不能急于做大量投资去扩大产能，除非我们能确定市场需求会持续下去。”他们没有意识到，在他们投资扩大产能之前，市场需求是不会持续下去的。

假如公司坚持原来的 8 周交货的时间标准，大力投资扩建产能以达到这个要求，我们仍不能完全确定会发生什么。但是，基于前面的结构模式（增长极限和转移负担的结合）所做的销售情况模拟表明，假如交货时间标准得到严格执行，公司不得不大力扩建产能，那么就会带来 10 年的快速增长，尽管仍然会有间歇的平缓时段。交货速度会有波动，但不会有持续地延迟增加，交货时间标准会维持在平均 8 周。这样，神奇科技公司就能实现其增长潜力。到第 10 年，销售额会比实际发生的高许多倍。[3]

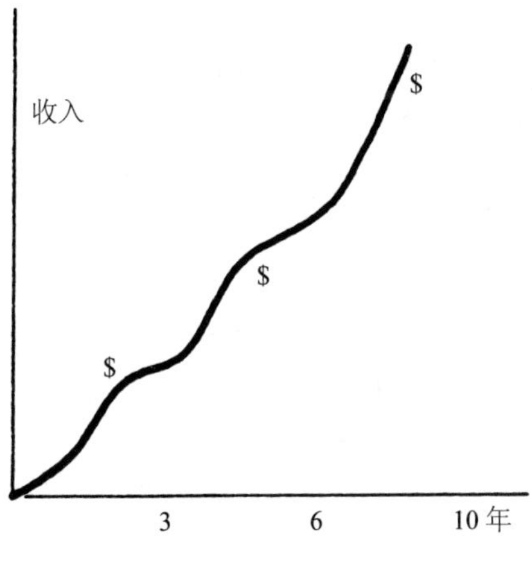

首任市场营销副总裁对这些问题曾有过直觉的把握。他开始时就表明，神奇科技公司对生产能力的评估完全错了。他认为：“我们现在只用已有的订单数量，而不是以潜在的订单数量为标准，来衡量产能。我们的产能本应该以按期交货而可能得到的订单数量为标准。”不幸的是，这位副总裁的观点被认为是销售业绩不佳的借口，而没有得到重视。他没有办法用清晰的理念来解释他的观点，这也使情况变得更无助。假如他当时能应用系统基本模式来阐述他的观点，也许会有更多的人理解他的直觉感受。

神奇科技公司的微妙互动情况，实际上也验证了许多有经验的经理人的直觉：严格把住关键的工作标准至关重要，不管是顺境还是逆境；执行这样的标准必须不惜任何代价。最重要的标准，就是顾客最关心的标准，这通常包括产品质量（设计和制造）、交货时间、服务质量和可靠性、服务人员对顾客的关注和友善态度等。神奇科技公司的系统结构模式是这个管理者直觉认知的明确的理论阐释，它揭示了工作标准受到侵蚀和产能扩大速度缓慢，可以损害整个企业的增长。下面的整个结构模式的图解，来自增长极限和转移负担模式的整合：

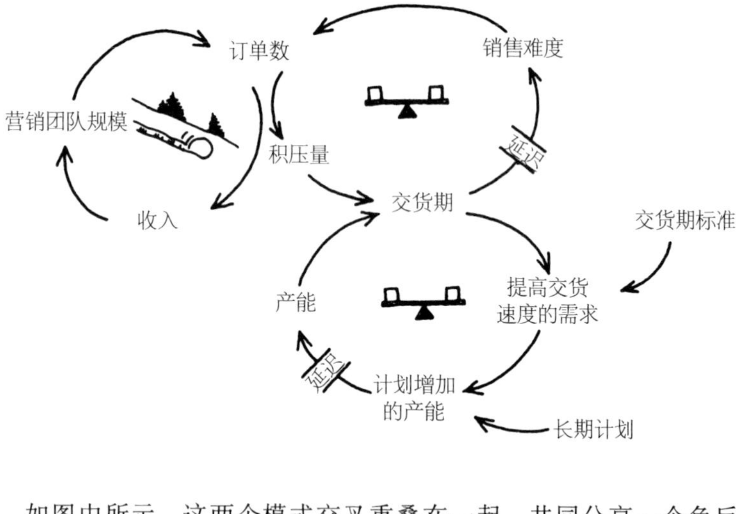

如图中所示，这两个模式交叉重叠在一起，共同分享一个负反馈环路——交货延迟导致顾客不满意和订单数量下降。同样是这个环路还把增加产能的精力分散了（转移负担模式），也导致销售停滞不前（增长极限模式）。顾客不满的环路能否变成主导因素，要看交货延迟增加时公司产能扩大的力度。如果不能保持交货服务标准，那么公司的反应措施就不得力，于是，缩短延迟时间的负担就会转移到不满意的顾客那里，通过他们的订单的减少来缓解。换句话说，公司不知不觉地陷入了自己的增长极限的困局。

既见树木，也见森林

神奇科技公司的系统行为模式结构还解释了许多复杂的情况：公司曾经一度迅速增长，风靡一时，后来却神秘地败落，就像人民快线航空公司，曾一度是美国历史上增长最快的航空公司。这个模式结构实际上是另外一个系统基本模式，叫作“增长与投入不足”（growth and underinvestment），它比前面的两个系统基本模式更复杂一些。一旦有公司由于投资不足而限制了自己的增长，就是这个基本模式在起作用。投入不足就是指能力建设不足，不能满足顾客增长的需求。如果你看到每个人都非常辛苦地工作（公司投入不足的信号），而公司却无法实现其增长潜力，你就碰到了增长与投入不足的作用模式。通常会出现持续的财务危机。这既是投入不足的原因，也是其结果，很有讽刺意味。财务压力使公司很难，或者根本无法进行大力投资，但今天的财务压力又是过去投资不足导致的。仔细检查以后你会发现，质量标准也受到侵蚀，或者明显下降。（这里的质量包括顾客关心的所有方面，如产品质量、服务质量和交货可靠性。）标准受到侵蚀，或者在竞争中无法持续提高，就会导致无法投入能力建设，来满足顾客需求。（“投入”或“投资”在这里指增加或改善物资设备能力、工作流程、组织结构或人员培训等等。）于是不满意的顾客就会离你而去。顾客需求下降，虽然减轻了订单压力的症状，却也消除了大家心目中对增加产能进行投入的需求，同时还减少了投资所需要的资金来源。

这些模式影响整个产业时，比如 20 世纪六七十年代的美国钢铁、汽车、机械设备、家用电器等制造业，结果是无法面对有强大投入政策和高质量标准的外国竞争对手。对于这些制造业市场份额的丧失，人们往往寻找外部因素，却不知源头就在自己，至少部分原因是自己的顾客服务标准的下降、投入不足，以及顾客不满意。而整个衰败过程又很缓慢，因此很难看清局势；同时又经常被“转移负担”的治标措施所掩饰，这包括广告宣传、打折促销、“重组”和关税壁垒保护。

这个模式之所以很难看清，主要有两个原因。首先，这个过程很缓慢。如果这些都在一个月内发生，整个组织和行业就会紧急动员起来，阻止情况恶化。但是，目标是逐渐被侵蚀的，增长是缓慢降低的，这些都在不知不觉中发生了。这个模式就是第 2 章讨论学习障碍问题中提到的煮蛙综合征。青蛙对安全水温的标准，随着情况的恶化，被持续地侵蚀，直到它应对水温不断升高危险的能力完全丧失。

其次，处在这种综合征中的经理人，有很多问题需要他们花费精力处理——而他们又没有能力看清更大的模式和格局。系统思考的艺术就在于看清不断（戏剧性）增加的复杂模式和微妙结构，如神奇科技公司的例子，同时还要面对实际管理工作都必须处理的细节、压力和矛盾问题。实际上，把握作为管理修炼的系统思考的实质，就是看到模式结构，而不只是看到各类个别的事件和各种个别的影响力，并对其做出应急反应。然而，很少有人接受过观察细节复杂性和动态复杂性的训练。今天有多少 CEO 能站出来讲 15 分钟，用有说服力的推理来解释某个重要问题的系统起因，以及处理这个问题的高杠杆效益和低杠杆效益策略呢？

我们都知道那个不能“只见树木，不见森林”的寓言。不幸的是，我们大多数人在往后“退一步站”的时候，仍然只看到许多个别的树木。而且，我们还会挑出一两棵我们认为最看好的树，然后就全神贯注在它们身上，为它们而倾注全部的变革努力。

系统思考的艺术实际上还在于看清细节复杂性背后的、能发生变化和产生变革的结构模式。系统思考不是忽视细节复杂性，而是将复杂的细节组织起来，使它变成一种连贯的经历和故事，使它揭示问题的起因和持久解决问题的方法。像神奇科技公司这样的技术型企业，把握实际情况就要从理解以下细节入手：

生产能力	人力资源	竞争因素
设备最大产能	检修队伍	市场规模
倒班安排	生产人员	细分市场
制造	员工满意度	技术发展趋势
生产进度	招聘	声誉
“生产线节拍”	培训	服务质量
生产工艺	人员流动率	竞争对手服务质量
进货渠道与到货时间	士气	价格
能源成本	生产效率	吸引人才、资本、员工干劲儿
竞争者计划	经验	
检修时间	团队管理	
	岗位轮换	
	员工股权	

当今世界不断增加的复杂性让许多经理人感到，他们缺乏自己需要的信息来进行有效的工作。我感觉，经理人面对的根本“信息问题”不是信息太少，而是太多。我们最需要的是用什么办法知道什么重要，什么不重要；要关注什么变量，不关注什么变量——而且要有办法在团队和集体中发展共识。

掌握像增长与投入不足这样的系统基本模式，是开发“既见树木，又见森林”的能力的第一步：从宏观长远与微观细节这两方面，看清信息的结构模式。只有两者都看清，才能有效地应对复杂性变革的挑战。

掌握系统思考的语言最终还要求掌握其他各项学习修炼。每一项修炼都有重要的原则和工具，让个人、团队和组织有更大的能力去转变用线性方法看待世界的习惯，进而用系统的方法去思考和行动，去观察和改变世界。

第三部分　各项核心修炼：建设学习型组织

The Fifth Discipline
The Art & Practice
of the Learning Organization

| 第 8 章 |

自我超越

学习型组织的精神

只有通过个人学习，组织才能学习。个人学习不能保证组织学习。但是，没有个人学习就不会有组织学习。

一些少数组织的领导人正在认识到，必须从根本上重新思考公司的组织原则，才能实践个人学习的承诺。京都陶瓷公司（Kyocera，精致陶瓷技术和电子产品方面的世界领先企业）创始人、1995 年退休前一直担任公司总裁的稻盛和夫说：

> 无论研发、公司管理，或者任何其他企业活动，活力都来自“人”。而人是有自己的意志、自己的头脑和自己的思维方式的。假如员工们自己没有足够的动机去挑战增长目标和技术开发目标……就根本不会有增长，不会有生产力的提升，也不会有技术进步。[1]

稻盛和夫认为，要挖掘人的潜力，将要求对“潜意识思维”“意志力”和“心的行动……以及服务世界的真诚愿望”有全新的理解。他教导京都陶瓷员工在不断努力追求“完美”时，要遵循公司的座右铭——“敬天爱人”，来内观自省。另一方面，他认为自己作为经理人的首要责任，是“为员工提供物质和精神两方面的福利”。

在世界另一端一个完全不同的行业里，有一家长期享受着成功声誉的公司，那里有另一位建设者——汉诺瓦保险公司前总裁奥布赖恩。他立志于：

> ……建立更符合人性的组织模式。我们传统的等级体制的组织设计，不能服务于人的更高级需求，如自尊和自我实现。只有当组织机构开始满足所有员工的这些需求时，管理的动荡纷扰才有解决的希望。

和稻盛和夫一样，奥布赖恩也主张，经理人必须重新定义自己的工作。他们必须放弃“计划、组织和控制的教条”；他们必须意识到，“对那么多人的生活负责，是件近乎神圣的事”。奥布赖恩认为，经理人的根本任务是“提供适宜的环境条件，让人们过上尽可能充实的生活”。

对发展企业来说，为免于使这些观点听上去过于浪漫，我应该说明一下，京都陶瓷公司在 45 年的时间里，从零开始做到了 90 亿美元的销售额，而且几乎没有贷过款，它的利润率也常常是连日本公司都羡慕的。汉诺瓦保险公司在杰克·亚当 1969 年开始重建工作时，还处于地产责任保险业界的最底层。当时，创建工作是围绕一组有关人的核心价值观和信仰开展的。到 1990 年奥布赖恩退休时，公司利润率排名保持在全行业前 1/4，而且它前 10 年的增长速度比行业整体水平高出 50%。[2]

工商精英奇才亨利·福特曾说过：

> 最小的不可再分的现实，对我来说是有灵性的，它们在等待着被人类精神所用——只要我们伸出手召唤它们进来。可我们总是急急忙忙，神经紧张，手忙脚乱，烦恼重重。我们对结果都没有耐

> 心。我们所需要的……正是这个等待我们使用的无形力量，它是我们灵魂的增强剂……我知道，有精神力量的储藏库存在，但我们人类却愚蠢地切断了与它的联系……我相信，当有一天我们能够掌握足够多的关于力量源泉和精神领域的知识时，那我们就可以自己创造些什么了……
>
> 我坚信，在精神领域方面，先人曾比我们更富有智慧。他们曾经亲身体悟到的事，我们今天只能盲目地当作信仰。[3]

我们用“自我超越”（Personal mastery）一词，来描述个人成长和学习的修炼。自我超越水平高的人，能不断为创造自己真心追求的生命成果而扩展自己的能力。学习型组织的精神，出自组织中的个人对不断学习的追求。

超越和精通

自我超越不局限在能力和技巧方面，尽管它要以能力和技巧为基础。它也不局限在精神的拓展或开放，尽管它也需要精神的成长。它旨在把自己的生命当成一件创造性的艺术作品；并不是以被动反应的观点去生活，而是从主动创造的视角去生活。正如我的老同事罗伯特·弗里茨所说：

> 纵观历史，几乎每种文化中都有艺术、音乐、舞蹈、建筑、诗歌、故事和雕塑。对创造的渴望不为信仰、国籍、宗教、教育背景或时代所局限。这种渴望和冲动我们每个人都有……（它）不局限在艺术界，而是遍布生命的各个角落，从平凡世俗到深奥高雅。[4]

当自我超越成为一项修炼，成为我们生活的组成部分时，它包括了两方面行动。首先，它不断澄清什么对我们是重要的。我们经常花太多时间，应付我们前进道路上的各种问题，以至忘记了，我们原来是为什么来到这条道路上的。结果，关于什么对我们是真正重要的东西，我们却只有一种模糊的，甚至是不准确的认识。

其次，它还包括不断地学习如何更清晰地观察现实。我们都知道，有些人之所以陷在毫无裨益的关系纠葛里不能自拔，是因为他们总装出一切都正常的样子。比如，在我们参加的商务会议上，每个人都说“我们一切都在按计划正常进行”。而认真研究后会发现，情况恰恰相反。在朝着既定目标前进的过程中，了解你现在在哪儿，是件至关重要的事。

把愿景（我们想要的）和清晰的现实图像（我们现在相对于愿景所处的位置）并列在一起，就产生了我们所谓的“创造性张力”，即把两者拉到一起的力量，它是张力寻求释放的自然倾向。自我超越的精义，就是学习如何在我们的生活中，不断生发和保持创造性张力。

在这里，“学习”指的不是获取更多信息，而是拓展实现我们生活中真正渴望的成果的能力。这是终身的生成性学习①。而如果没有各级员工在实践中进行这种学习，就不会有学习型组织。

很遗憾的是，“超越”（mastery）一词，带有对人或物进行支配和控制的含义。但其实它也可以表达一种特殊的精通和熟练。比如，一位技术精湛的手艺人，不是控制陶器或编织品。而手艺人的技巧，会让作坊生产出最好的陶器或编织品。类似的是，自我超越是指在生活的每个方面，包括个人和职业等方面，都有一种特殊的精通和熟练。

有高度自我超越修炼水平的人，都具备几个基本特征。他们的愿景和目标背后，都有一种特别的目的和使命感。对他们来说，愿景是一种召唤，而不仅仅是一个好想法。他们把“现实”看成盟友，而不是敌人；他们学会了如何观察和运用变革的力量，而不是抵制这种力量；他

① “生成性学习”（generative learning），是指生发内在能力的过程；而“创造性学习”（creative learning），常常会包括创造出某种外在的东西或结果，或者指学习过程本身有独特的地方。两者是有微妙差别的。——译者注

们有深入探究的好奇心，致力于不断改进、不断提高观察现实的准确性。他们感到自己与其他人、与生命本身，都有一种沟通。但与此同时，他们不会抹杀自己的特点。他们感到自己好像是更大的创造过程的一部分。他们可以影响这一过程，但不能单独控制它。

有高度自我超越修炼水平的人，总是生活在不断学习的状态中，修炼永无止境。有时候用语言描述，比如“自我超越”这个词，容易引起误解，好像事情必有确定性，黑白分明。但是，自我超越不是你能够拥有的。它是个过程，是一项终身的修炼。自我超越水平高的人，非常了解自己的无知、无能以及需要改进的地方。同时，他们又有深深的自信。这矛盾吗？只有不能理解“行程本身就是回报”的人，才会觉得矛盾。

在汉诺瓦，奥布赖恩曾说过“高级的成熟”，它是指建立和保持深层价值，承诺对目标而不是对个人的投入，开放思想，锻炼自由意志力，并且，不断努力准确洞察现实的图景。他认为，这类人还能够推迟获取满足感，因此他们能想人之所不能想，树立别人所忽视的目标，甚至考虑“他们的决定对未来数代人的影响”。有趣的是，作为对 10 年之后“情商”流行的预示，他指出了现代社会对人的发展所做出的承诺有哪些不足：

> 不管出于什么原因，我们没有像追求对体能和智能开发那样，努力地追求情感开发。这是件非常不幸的事。因为，完整的情感开发，对于挖掘我们的全部潜力来说，是最有效的杠杆。[5]

“我们为什么需要它”

奥布赖恩还说道：“人的全面发展，是我们企业实现卓越目标的基本要素。”人们曾经认为，商业和市场对道德的要求比其他领域要低，而“我们相信，在生命的更高尚美德与经济成就之间，没有根本的非此即彼、权衡取舍的关系。我们相信，我们能够两者兼而有之。实际上，我们认为从长远看，我们越成功地实践生命的更高尚的美德，就会实现越大的经济成就”。

实际上，奥布赖恩给出的，是组织机构对支持自我超越修炼的各种合理性陈述中最普通的一种——尽管别人也许会用其他词汇，来表达自己对人的发展的承诺。自我超越水平高的人，有更郑重的承诺。他们更具有首创精神。他们对工作有更宽广、更深远的责任感。他们的学习速度更快。正因为如此，许多组织都支持推进员工个人成长的实践，因为他们相信，这将会带来组织的成长。

但是，奥布赖恩还阐释了追求自我超越的另一个原因。我们现在认为，这是一个必要的补充：

> 我们鼓励员工追求它的另一个同等重要的原因是，个人幸福是受全面的个人发展所影响的。只在工作之余追求个人充实和完善，而忽视我们在工作中所投入的那部分重要的生命，就等于限制了我们获得幸福和完善人生的机会。[6]

换句话说，为什么我们需要自我超越呢？我们要完善自己的人生，就必须超越自我。组织发展历程中的一个关键转折点，就是有足够多的人都采纳了上述观点，就是对人的福祉的内在承诺。传统的组织用工具理性来支持人的发展——假如大家发展了，那么组织就会更有效。像奥布赖恩这样的领导者又进了一步：“在我们所追求的组织中，人的全面发展与经济的成功同等重要。”

把人的发展看成是实现组织目标的手段，就会很微妙地降低个人与组织之间关系的价值。赫尔曼–米勒公司的退休CEO马克斯·帝普雷（Max de Pree），用“信约”（covenant），而不是传统的“合同”（“诚实的一日工作换取诚实的一日报酬”），来描述组织和个人之间的关系。在帝普雷看来，“合同只是一种关系中的一小部分。一个完整的关系所需要的是信约……信约关系要基于一种共享的承诺——要实践的理念、要解决的问题、要实现的价值、要完成的目标，以及要经历的管理过程……信约关系反映的是和谐的统一、优雅的善意和泰然的自信。它表达了人际关系的神圣性”。[7]

《基督教科学箴言报》的一位记者在日本参观松下公司时发现，“那里有一种近乎宗教的氛围，好像工作本身被认为是一件神圣的事。”京都陶瓷公司的稻盛和夫说，他对自我超越的承诺，就是来自传统日本公司对终身雇用的承诺。“我们的员工生活在一个社区里，不是相互利用，而是互相帮助，以使我们每个人的生活都更加充实和圆满。”

“你知道系统运作良好，”奥布赖恩补充道，“因为你发现，10 年前受雇的人原来没有自信，并用狭隘的目光看待世界和自己的机会，而现在的他或她，是拥有十几个人的部门的负责人，而且能泰然面对责任，能理解复杂的理念，会权衡不同的立场，并且对决策的选择有可靠的推理。其他人会认真听取他或她的意见。他或她也对家庭、公司、产业和社会，怀有更大的抱负。”

当组织真正承诺履行自我超越的责任时，就会有无条件的投入和毫不含糊的勇气。我们需要它，就是因为我们需要它。

抵制的声音

谁会抵制自我超越的好处呢？许多人和组织都会。采取全面发展人的立场，是对传统的雇员和组织机构之间的契约关系的彻底背弃。从某种意义上讲，这是学习型组织对传统企业成规的最激进的背弃。

企业抵制自我超越的追求是有明显理由的。相比之下，自我超越是“软东西”，部分基于诸如直觉和个人愿景这类不可量化的概念。没有人能以小数点后三位数的精度，测量自我超越对生产率和公司底线的贡献。在我们这样的物质主义的文化里，连谈论自我超越的假定都是很困难的。

“为什么会有人要谈这个？”有人会问，“那不是很明显的事吗？我们不是已经知道了吗？”

冷嘲热讽的怀疑态度，是一种让人更加气馁的抵制形式。要克服玩世不恭，就需要了解其缘由。揭开大多数玩世不恭者的面纱，你看到的是受伤的理想主义者——这些人错误地认为，理想的东西就是应该得到的东西。比如，许多对自我超越冷嘲热讽的人都曾经对别人抱有很高的理想和期望。由于别人没有达到他们理想的期望值，他们就失望了，受伤了，并且渐渐变得愤世嫉俗。奥布赖恩曾指出，职业倦怠症不只是工作过度的结果，“有些教师、社会工作者和牧师非常辛苦地工作到了80岁，也从未得过职业倦怠症——那是因为，他们对人性、对我们的潜力和局限性，都有一个准确的看法。他们不会过于浪漫地待人接物，因而也就不会在人们失信的时候，经受那么大的心理压力和痛苦”。

最后，有人担心自我超越会威胁公司已有的良好管理秩序。这种担心是正当的。在思想未统一的组织里放权给员工，可能会适得其反。如果大家没有共同愿景，对企业运营的现实没有共同分享的心智模式，放权只能增加组织的压力、加重组织协调和维持运营方向的管理负担。为什么说，自我超越的修炼仅是学习型组织一系列修炼中的一部分呢？这就是原因。如果组织领导者缺乏建设共同愿景和分享心智模式的能力，不能给下级的局部决策者提供指导，那么，自我超越的组织承诺，就是幼稚和愚蠢的。

自我超越的修炼

要领悟自我超越修炼之道，首先得把它视为必须通过实践产生有用结果的一项修炼，它包括一系列原则和实践方法。像成就艺术大师需要不断练习一样，以下的原则和实践方法，就是不断拓展自我超越修炼的基础工作。

个人愿景

个人愿景出自内心。几年前，一位年轻女子跟我谈起她对地球的愿景，说到了许多关于和平、和谐和以平衡的方式生活在自然之中等美好愿望。虽然这些想法很美好，但她说话时却不带有任何感情色彩，就好像这些是她该要的东西。我问她是否还有别的什么。她停顿一下说："我想在一个绿色的地球上生活。"然后，她就哭了。就我所知，她以前从未说起这些。这些话好像有它们自己的意志一样，脱口而出。尽管如此，这些话所表达的清晰景象，对她还是意味深长的——这或许包括了她之前并不理解的深层含义。

大多数成年人几乎没有什么真正的愿景。我们有目的和目标，但那不是愿景。如果你问一个成年人想要什么，很多人实际说出的是他们不想要什么。他们想要一份更好的工作，也就是说，他们想辞掉现在这份无聊的工作。他们想住在更好的邻里社区，或者不用担心犯罪事件频发，或者不用为孩子完成学业操心。他们想让丈母娘（婆婆）搬回她自己家，或者想使自己的腰疼病好起来。这类"负面愿景"（negative vision）的冗长列举，的确是极为普遍——即使在非常成功的人士当中也是这样。它们是花一辈子时间融入主流、应付社会和解决问题的人生经历的副产品。在我们的研讨班上，有个十几岁的孩子说，"我们不应该叫他们'成人'（grown ups），而应叫他们'弃人'（given ups，放弃了的）"。

缩水的愿景的另一种更微妙的形式，是"注重手段而不注重结果"。比如，许多高管选择"高市场占有率"，作为他们愿景的一部分。但这又为什么呢？"因为我想让我们公司赢利。"而你可能会想，高利润本身不就是一个内在的结果吗，为什么不能成为内在愿景？对有些人来说，这也的确就是内在愿景。但是，还有多得出乎意料的其他领导者，对他们来说，利润只是达到其他更重要的结果的手段。为什么选择高利润率？"因为我想让我们公司保持独立，避免被吞并。"这里提到的每个目标都是合乎情理的，但最后一个，即对我们自己的忠诚，对这些高管来说才最具有内在意义。其余的，都只是实现目标的手段，而手段在特定情况下可能会改变。关注终极内在愿望，而不仅仅注重次要的目标，这种能力是自我超越修炼的一块基石。

真正的愿景，不能离开“志向目标”（purpose）这个概念去孤立地理解。志向目标，指的是个人对为什么活着这个问题的领悟。“人都有志向目标”这个说法，是没有人能证明或证伪的。争论这个问题也不会有什么结果。但作为一个有用的假设（working premise），这个概念很重要。它意味着，幸福感可以最直接地来自与你的志向目标相符的生活。萧伯纳曾生动地表达了这个概念：

> 这是生命中真正的喜悦，你意识到，你在被一个崇高伟大的志向目标所利用……你成为自然之力，而不是头脑发热的、自私的、疾病和怨恨缠身的渺小的呆子，总在那里抱怨这个世界没有全心全意让你幸福。[8]

在有些组织中，同样的原则被描述为“真心的关怀”（genuine caring）。在大家谈论个人志向目标感到不自在的地方，谈论真心的关怀却一点儿没有问题。当人们产生真心的关怀时，自然就有认真投入的承诺和行愿。他们在做自己真正想做的事，于是热情满怀、精力充沛。他们在做自己必须做的事，因此即使面对障碍和挫折，也能坚忍不拔。那是他们自己的工作。

每个人都有过工作顺利流畅的经历，那时你感到工作任务很上手，你使用的方法也简约而得当。比如，有人有了出国的愿景，结果发现自己学习新语言的速度比以前大有提高。因为个人愿景会带来这种效果，所以你会经常注意到你的个人愿景，它是吸引你的那个目标，它使你感到，你所有的努力都是值得的。

但是，愿景和志向目标不同。志向目标类似于一种方向，一个大标题。愿景是特定的目的地，是你渴望的未来图景。志向目标是抽象的、梗概的；愿景则是具体的、明确的。志向目标可以是“提升探索太空的能力”；愿景则是“在 20 世纪 60 年代末，让人类踏上月球”。志向目标可以是“尽力做得最好”，是“优秀”；愿景则是“跑一英里用时四分钟”。

真的可以这么说，在愿景建立之前，什么都不会发生。但同样也可以说，愿景背后如果没有对志向目标的领悟，没有召唤，那愿景也只是个美好的想法——一切都只是“喧哗与骚动，没有任何意义”。

反过来，没有愿景的志向和目标，缺乏对适度规模的把握。“你和我都喜欢网球，喜欢谈论击触地球、打反手球、追接超速底线角球的刺激，以及打制胜球。我们可能谈得很开心，但随后却发现，我在准备当地乡村俱乐部的网球赛，而你却在准备参加温布尔登网球公开赛。我们虽然有共同的热情和爱好，但精通的程度完全不同。在我们确认心中的规模范围之前，也许我们认为我们在沟通，但其实我们并没有沟通。”

从本质上说，愿景是内在固有的，不是相互比较的。你渴望它，是由于其内在的价值，而不是因为它把你带到和别人相互比较的某个位置。相互比较的愿景（relative vision）也许在过渡阶段是合适的，但它很少能带你走向卓越。比较和竞争也没有什么错。competition（竞争）一词的原意是“striving together”（共同奋斗，来自拉丁语 competrere），它是人类迄今为止发明出来的、让每个人都发挥最佳状态的最好模式结构之一。但是，竞争过后，愿景已经（或未能）实现之后，只有你的志向目标才能让你继续前行，让你开发出一个新的愿景。这是对你真正想要的东西、对你的愿景进行不断聚焦和再聚焦的过程。

愿景包括许多方面。有物质方面的，比如想在哪里住，银行里存多少钱。有个人方面的，比如健康、自由和对自己的诚实。有服务方面的，比如助人为乐，或者对某个领域的知识开发做出贡献。所有这些都是我们真正想要的东西的一部分。现代社会总是把我们的注意力引向物质方面，而同时又给我们的物质欲望加上一种罪恶感。西方社会强调我们的个人愿望，比如在某些圈子里，对于身材匀称的崇拜几近盲目的程度——然而，我们却相对很少注意我们服务的愿望。实际上，表达服务和做贡献的愿望，是很容易让人感到天真或可笑的。事情也许如此，但从与数千人交流的经历中，我可以很清楚地看出，个人愿景包括了所有这些层面，还有更多。还有一点也很清楚，即要保持一个与主流社会不同的愿景，是需要勇气的。

为自己的愿景而坚持自己立场的勇气，正是高水平自我超越的特征。或者，用日本人对大师的说法，“当到达无间隙的境界时，一个人的愿景和行动之间，连头发丝都放不进去”。[9]

从某种意义上讲，澄清愿景是自我超越修炼中一个比较容易的方面。对许多人来说，面对现实是更艰难的挑战。

保持必要的张力

人们通常感到，谈论自己的愿景，哪怕是很清晰的愿景，也会有很大的困难。为什么呢？因为我们非常清楚地意识到，我们的愿景和现实之间存在差距。“我想自己开个公司”，但是，“我没有资金”。或者，“我想从事我真心喜欢的职业”，但“我还得挣钱糊口”。这些差距可能会使愿景看似不切实际，或者纯属想象。它们可能会令我们感到气馁，或没有希望。但是，愿景和现实之间的差距，也是一种能量的源泉。假如没有差距，就没有任何追求愿景的行动的必要。其实，这个差距正是创造性能量的源泉。我们把这个差距叫作创造性张力（creative tension）。[10]

假设在你的愿景与现实之间，有一条橡皮带。如果拉伸橡皮带，它就会产生张力，这代表了愿景与现实间的张力。张力寻求做什么呢？只能是减小或释放。要减小张力，可行的方法只有两种：让现实向愿景靠拢，或是让愿景向现实靠拢。能够实现哪种方法，取决于我们是否坚持自己的愿景。

创造性张力的原理，是自我超越的核心原理，它融合了该项修炼的所有要素。然而，人们往往容易对其产生误解，例如“张力”这个词似

乎就暗含了焦虑和压力的含义。但是，创造性张力并不会带来任何特殊的感受。它是一种力量，在我们认识到愿景与现实不一致时，这种力量便会发挥作用。

然而，创造性张力往往会导致与焦虑相关的感受或情绪，例如悲伤、沮丧、绝望、担忧等。这种现象时常发生，以至人们很容易将这些情绪与创造性张力相混淆。人们会认为，创造的过程要完全处于焦虑状态。但是，创造性张力存在时产生的这种“负面”情绪，并非创造性张力本身；认识到这一点是至关重要的。上述这些情绪，就是我们所说的情感张力（emotional tension）。

如果我们没能分辨情感张力和创造性张力，那就相当于预先降低了自己的愿景。愿景没有实现时，如果我们感到极度沮丧，我们可能会有强烈的冲动要舒缓这种沮丧情绪。最直接的舒缓方法就是：降低愿景！“哦，高尔夫球嘛，其实打 75 杆也没那么重要，我打到 80 多就很开心了。”

或者你会说：“其实我并不在乎能不能参加演出。反正我怎么样都是要当音乐老师来挣钱的，我只关注这个就足够了。”缓解情感张力的过程十分隐匿，因为它能在人们并不知觉的情况下进行。愿景是产生创造性张力的一个端点，也是我们任何时候都能完全掌控的一个端点，只要对它进行调整，情感张力总能得到舒缓的。我们厌恶的情绪消失了，因为它产生的根源，即创造性张力，被减弱了。于是，目标离现实近了一大步。从情感张力中解脱十分容易，我们做出的唯一牺牲，却正是我们真正想要的东西，即我们的愿景。

情感张力的作用机制，与第 7 章神奇科技公司中遭遇的目标侵蚀作用机制十分相似。创造性张力和情感张力的相互作用，会产生转移负担的现象，其过程类似于目标侵蚀的作用过程，可以用下图表示：

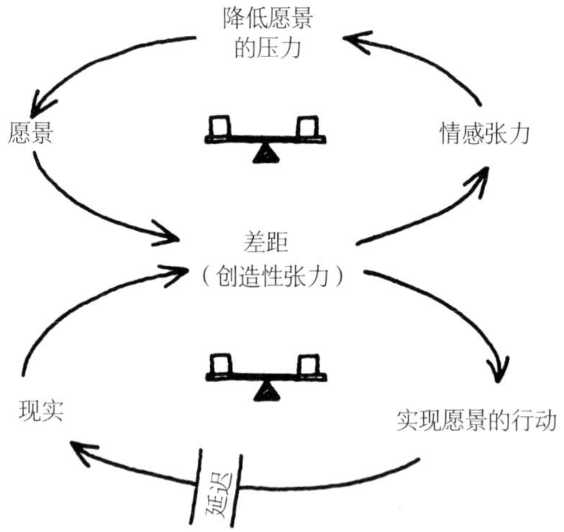

当我们的愿景与现实不一致时，它们之间的差距（创造性张力）可以用两种方法消除。图下方的负反馈过程代表“根本解决法”：努力使现实向愿景靠拢。然而，改变现状是需要时间的。这就产生了图上方的负反馈过程，它包括沮丧和情感张力，属于降低愿景、使其靠近现实的“症状缓解法”。

但是，愿景的一次性降低往往不意味着问题的终结。新的压力迟早会出现，会使现实离（新的、已经降低了的）愿景更远，于是降低愿景的压力又增加了。接着就出现了经典的“转移负担”现象。无法达成目标、产生挫败感、降低愿景、暂时减轻负担、又产生新压力、再降低愿景，这些环节构成了一个微妙的正反馈循环。结果，“负担”就越来越多地被转移到降低愿景上。

在神奇科技公司中，缓解情感张力的方式，是降低那些看似无法达到的关键的送货服务标准。标准的降低极难察觉，因为它是逐渐发生的。每一场危机，都使神奇科技的送货服务标准受到侵蚀，但相对于上一次危机过后的情况，侵蚀还仅又多了一点点。与此类似，个人目标的侵蚀也是在人们不知不觉的情况下发生的。为了能保持我们想要的各种关系，为了能保持我们想要做的工作，为了能生活在我们想要的世界中，我们一点一点地放弃了自己的梦想。

组织对情感张力的承受力不足，就会侵蚀各类目标。每个人都不愿意做坏消息的播报员。于是，最简单的方法就是假装坏消息不存在；或者还能有更好的办法，那就是降低评判标准，重新定义坏消息，使它不再那么糟糕，从而直接宣布胜利。

情感张力的作用机制，在人类活动的各个层面上都广泛存在。它是一种妥协的机制，一种带人走向平庸的机制。正如萨默塞特·毛姆（Somerset Maugham）所说：“只有平庸的人，才总是处于自己的最佳状态。”

当我们无法承受情感张力时，我们就不再坚持目标，而是放任它受到侵蚀。另一方面，当我们理解了创造性张力，并使其通过降低愿景以外的方式起作用时，愿景便成为一股活跃的推动力量。罗伯特·弗里茨（Robert Fritz）说：“愿景是什么并不重要，重要的是愿景能做什么。”真正有创新力的人，能够让理想与现实间的差距发挥作用，从而产生推动变革的能量。

以阿伦·凯（Alan Kay）为例，他是施乐帕罗奥多研究中心（PARC）的主任，这个研究中心从许多方面促成了个人电脑的诞生。事实上，凯的愿景是开发一种与众不同的机器，用他的话说，它叫作“活本”（dynabook），那是一种概念笔记本，能够与使用者进行互动。通过它，孩子们可以测试自己的理解能力，可以玩游戏，还可以将传统书本中静态呈现的内容和思路，按照自己的创意重新排布。但从某种意义上凯可以说是失败了，因为这个“活本”的愿景从未成为现实。然而，这个愿景使电脑行业发生了翻天覆地的改变。施乐帕罗奥多研究中心开发出的机器模型拥有视窗、下拉菜单、鼠标控制、图标显示（使用图像而非文字）等功能。在将近 10 年后，苹果电脑引进了这些功能，并将其商业化。

波士顿凯尔特人篮球队曾创造过 13 年中 11 次获得总冠军的非凡历史，该队当时的传奇中锋比尔·拉塞尔（Bill Russell），有自己给自己评分的习惯。每一场比赛结束之后，他都会给自己在 1 到 100 分之间评分。在他的职业生涯中，他的得分从未超过 65 分。按照现在大多数人受到的教育，如果用他们对目标的看法来评判，拉塞尔是一个悲惨的失败者。这个“可怜的人”打了超过 1 200 场球赛，却从未达到自己定下的标准！然而，正是为达到这个高标准所做出的努力，才使他成为有史以来最优秀的篮球运动员之一。[11]

愿景是什么并不重要，重要的是愿景能做什么。

把握创造性张力，能够改变人们对“失败”的看法。失败其实就是一种不足，它显示了愿景与现实之间的差距。失败是一个学习良机，它能够澄清人们对现实的不当理解，能够揭示某些策略的有效性并不如预期，还能够提升愿景的清晰度。失败，并不意味着我们毫无价值或无能为力。埃德温·兰德（Ed Land）是宝丽来公司的创始人，并在该公司担任了几十年的总裁，他还是“一分钟”照相的发明者。他的墙上有一块字框，上面写着：

> 每一个错误都是重要事件，只是你尚未将它的所有益处变为自己的优势。

把握创造性张力，能够给人们带来毅力和耐心。一次，我们的讨论班上有个日本高管，跟我说起他眼中的日本人和美国人对待时间的态度有何不同。“来日本进行商务谈判的美国商人，往往发现日本人保守慎言、百般推脱，不能马上‘坐下来谈正事’。美国商人带着紧张的、精心计划的五日行程来到日本，他们希望能够立刻开始工作。但事与愿违，日本商人用茶道仪式对他们进行了礼貌的、正式的接待，却并不触及谈判的具体细节。随着时间一天天过去，日本人保持这种慢节奏不变，美国人却受不了了，如同热锅上的蚂蚁一般坐立不安。对于美国人来说，”这位日本高管指出，“时间是敌人；而对日本人来说，时间是盟友。”

我们对抗的是现实状况。如果不是因为对现状心存厌恶，我们想要创造的东西就不会对我们产生如此大的吸引力。套用这个逻辑，我们越是害怕和憎恶现状，就越有“动力”去推动变革。“情况必须要变得足够糟糕，否则人们不会有任何根本的改变。”

上述这种认识会给人带来误解，使人认为根本性的变革必须在生存威胁下，才有可能发生。有的人把这种威胁称作“火坛”（burning platform）。这种危机理论居然能广为流传。然而，这也是对问题的过度简化，十分危险。在研习营和讲演中，我常常会问一个问题：“在座的有多少人认为，组织和个人只有在危机产生的时候，才会进行根本性的改变？”每次总有 75%~90% 的人会举手。接着，我会请大家假想他们已经过上了自己想要的生活：他们所有的渴望都得到了满足，没有任何工作上的问题，没有任何私人的问题，也没有职业上的、人际关系上的和社区层面的问题。然后我会问：“如果你过上了一点儿问题都没有的生活，你想做的第一件事情是什么？”“是变革——去创造一些新的东西。”这是绝大多数人的回答。由此可以看出，人性远比我们通常认定的要复杂。我们既害怕变革，又寻求变革。或者，如一位经验丰富的组织变革咨询师所说：“人们从来不抗拒变化，他们抗拒的是被改变。”

把握创造性张力，还能够使我们面对现实的整个立场发生根本性转变。现实不再是我们的敌人，而成为我们的朋友。对现实的准确而深刻的理解，与清晰的愿景同等重要。不幸的是，我们中的大部分人都习惯于带着成见去看待现实，并把偏见强加于自己的现实观。“我们学会了依靠观念，而不是通过观察，来理解现实，”弗里茨写道，“去假定现状与我们观念中预想的相似，比自己亲眼观察现状要来得方便。”[12]“进行自我超越修炼，首先要做的是对自己的愿景做出承诺，第二个关键就是对真相的承诺；这里面不能有半点臆造。”

对产生创造性张力来说，这两方面都同样至关重要。或者如弗里茨指出的，“真正有创造性的人深知，所有创造都是在一定的约束条件下实现的。没有约束条件就没有创造”。

“结构性冲突”：你无能为力的力量

许多人，甚至是那些很成功的人，都有与自我超越修炼相悖的深层观念，只是他们常常意识不到这一点。要理解我的意思，你不妨试一试下面的实验。大声说出下面这句话：“我能够一点儿不差地根据我的愿望创造我的生活，包括所有方面——工作、家庭、人际关系、社区，以及更大的世界。”注意一下你心里对这句断言的反应，你大脑里面的“小话筒”在说，“这是在跟谁开玩笑呢？”“我才不信呢。”“个人和工作方面，还没问题——可‘社区’和‘更大的世界’，就是瞎扯。”“再说了，我为什么要管‘更大的世界’呢？”以上这些反应，都是深层观念的证据。

弗里茨曾帮助数万人开发创造能力。他的结论是，几乎所有人都持有一种“占主导地位的观念，即认为我们是不能实现愿望的”。这种观念是从哪里来的呢？弗里茨认为，它是成长过程中几乎不可避免的结果：

> 孩童时期我们就学习什么是我们的限制。正确地教给孩子们限制的存在，对他们的生存是必需的。但遗憾的是，这种学习常常被推而广之地一般化了。不断有人教导我们说，我们不能拥有某些东

西，或不能做某些事，所以，我们可能干脆假设我们就是缺乏实现愿望的能力。[13]

有两种相互矛盾的观念，会限制我们创造真心盼望的东西的能力，而我们大多数人，都持有这两种观念之一。比较普遍的一种，是认为自己无能为力——即缺乏创造我们真心盼望的东西的能力。另一种观念，说的是不配和不相称，即我们不配拥有我们真心盼望的。弗里茨断言，他只遇到很少几个似乎没有这两种深层观念的人。这种断定很难得到严格的证明，因为测量深层观念是件很困难的事。但是，如果我们接受这种有用的假设，它还是能说明，阻碍我们实现真心愿望的，乃是强大的系统影响力。

弗里茨用了一个比喻，来形容相互矛盾的深层观念如何在同一个系统里，阻碍我们实现我们的目标。设想在你接近你的目标时，有一条橡皮带，它象征着创造性张力，拉着你接近你所期望的方向。然后，再设想有第二条橡皮带，绑在无能为力和不配的观念上。在第一条橡皮带把你拉向你的目标时，第二条橡皮带却在把你拉回你不能（或不配）达到你的目标的深层观念。这种拉向目标的张力，和拉回到我们深藏的观念的张力之间，形成一个系统，弗里茨把它叫作"结构性冲突"(structural conflict)，因为它是个相互冲突的影响力结构：相对我们的愿望目标，它在把我们拉近的同时，又在拉开。

由此，我们越是接近实现我们的愿景，第二条橡皮带就会越使劲儿地把我们从愿景那里拉回来。我们可能会耗尽我们的能量。我们可能会怀疑，我们是否真想要那个愿景。“完成任务”可能会变得越来越困难。料想不到的障碍出现在我们的道路上。可能别人会令我们失望。尽管我们并不知道那个结构性冲突系统的存在，这些依然都会发生，原因是，它来自我们在很大程度上意识不到的深层观念——实际上，我们的无意识状态反而增加了结构性冲突的影响力。

既然有这种无能为力或不配的观念，结构性冲突就意味着，无论什么时候，只要我们在追求愿景，系统的影响力就会妨碍我们取得成功。但是，有时我们还是会成功；而且，我们中有许多人其实已经很擅长确定和完成目标了，至少在某些生活领域是这样。这说明结构性冲突的影响力是可以克服的。那么，我们怎样克服它呢?

弗里茨发现，应付结构性冲突影响力的一般性策略有三种，它们各有其局限性。[14] 降低愿景是第一种对策。第二种叫“操纵冲突”(conflict manipulation)，即通过制造人为的冲突，来操纵我们自己追求愿景的工作，比如，花更大的精力用于回避我们不想要的东西。不停地担心失败的人，比如一些经理人，擅长鼓动言论，他们会宣传公司目标如果不能实现将会带来多么严重的后果；又如一些靠煽动恐惧情绪来动员力量搞社会运动的人，他们都喜欢使用操纵冲突的策略。令人遗憾的是，大多数社会运动的运作，靠的是操纵冲突或“负面愿景”，注重如何摆脱我们不想要的，而不是关注如何创造我们想要的，这包括：缉毒、反核武器、反核电、反吸烟、反堕胎以及反腐败。

而很多人会问：“如果能帮助我们实现目标，一点儿忧虑或担心又有什么错呢？”追求自我超越的人会回答说：“你真想整天担心失败，惶惶不安地生活吗？”悲剧就是，热衷于操纵冲突的大多数人会认为，他们只有通过始终处于焦虑和恐惧之中，才能有所成就。这些人不会去避免情绪紧张，反而会去美化它。对他们来说，生活是很少有喜悦的。甚至当他们实现了目标时，他们马上就会开始担心，担心有可能得而复失。

弗里茨说的第三种对策，是意志力策略，即简单地用精神兴奋法，去摧毁一切妨碍我们实现目标的障碍。按他的说法，意志力策略背后是一个简单的假设，即通过提高意志力，我们会激发自己的斗志。意志力在非常成功的人士中间表现得十分普遍，以至很多人相信它的特征就是成功本身的特征——狂躁地执着于目标，甘愿付出代价，以及击败任何对手、突破任何障碍的能力。

意志力的问题有很多，但狭隘地关注成功结果的人恐怕很难注意到它们。意志力策略的首要问题，是方法手段缺乏经济性，用系统思考的语言，叫作没有杠杆效益。我们的确达到了目标，但代价巨大。我们可能筋疲力尽，可能会怀疑这样成功是否值得。有讽刺意味的是，执着于意志力的人，可能真会去寻找需要克服的障碍，寻找屠龙之战和需要征服的敌人——以向自己和他人展示自己的高超和神勇。第二个问题，是这种策略常常有严重的、始料不及的后果。尽管工作上很成功，意志力大师也会随之发现自己已有两次失败的婚姻，和自己的孩子关系也很差。不知为什么，在职场很管用的那种顽强的决心和目标导向，在家里并不奏效。

更糟糕的是，和所有应付性策略一样，意志力策略丝毫不会触动深层的结构性冲突的系统问题。特别是深层的无能为力的观念，并没有真正改变。许多成功人士虽然颇有成就，但他们在生活的某些领域，有种难以启齿的深层无能为力感，比如个人和家庭关系，比如进入宁静安详和精神满足境界的能力方面。

在某种程度上，这些应付性策略是不可避免的。它们是深层的、习惯性的东西，不可能一夜之间就得以改变。我们都会有自己喜欢的策略——比如我一直使用意志力策略，这一点我周围的人可以证明。

那么，应对结构性冲突的杠杆作用点，究竟在哪里呢？如果说，结构性冲突来自深层的观念，那么，改变它就只能通过改变那些观念。但是，心理学家们几乎一致认为，像无能为力感、不配感这样的根本观念，是不易改变的。这些观念在我们的成长之初就已经形成。（还记得两岁时就开始听到的那些“不能”和“不许”吗？）对于我们大多数人来说，观念只有通过新经验，即我们进行自我超越修炼的积累过程，才能逐步改变。但是，如果我们因为无能为力的观念而不能完成自我超越修炼，而这些观念又只能在自我超越修炼经验中才能改变，那我们该从何入手，去改变我们生活的深层结构模式呢？

对真相的承诺

我们可以从一个异常简单而又深刻的策略，开始应对结构性冲突——说出真相。

人们常常会觉得，“对真相的承诺”（commitment to the truth）的策略似乎没什么大用处。“我得做什么才能改善我的行为表现呢？”“我怎样才能改变我深层的观念呢？”人们经常要求得到某个处方、某种技巧，或某种摸得着的东西，用来解决结构性冲突的问题。但是，对真相的承诺，实际上远比任何技巧都更有效力。

对真相的承诺不是指追求铭刻于世的真理，即那种绝对的最终判决或终极原因。相反，它指的是，心甘情愿地根除那些令我们限制和欺骗自己、不让自己看到真实情况的习惯。它指的是，不断质疑我们对真实情况为什么会如此的理解。它指的是，不断扩大我们的意识范围，就好像优秀运动员在赛场上，用超常的视野把握全场更大的范围。它还指不断加深我们对眼下各种事件背后的结构模式的理解。特别是对自我超越修炼水平高的人来说，他们要更多地觉察到自己行为背后的结构性冲突。

因此，应对结构性冲突的首要任务是识别它们，包括其运作产生影响时所引起的行为表现。当我们的那些应付性策略正在发生作用时，我们极难识别它们，因为伴随它们而来的常常是紧张和压力。建立内部预警信号会有所帮助。比如，我们发现我们在为自己的问题而责怪某人或某件事：“我之所以放弃是由于没人理解我”；或者，“我这么担心的原因是，我如果完不成任务，就会被解雇”。

比如，在我的个人经历中，在很多年里，大项目一进行到关键时刻，就会有人很让我失望。这样的事情发生时，我仍会闷着头努力推进，努力克服由于别人的失信或无能所带来的困难和障碍。过了很多年我才看到，这是个反复发生的情况，是我自己的意志力策略的特定模式，它的根源在于，我对改变别人总让我失望的情况深感无能为力。没有例外，最后结果是，我感到“我必须一个人都干了”。

看清这个模式以后，我就开始在它再次出现时改变行动方法。我不再像以前那样经常发火了。相反，我在发现它时，会有一种愧疚感——“哦，我的模式又来了。”我更深入地检查了我自己的行动，看到它如何成为这种结果的一部分：不是因为设立无法完成的任务指标，就是因为损害或不支持别的伙伴。进而，我开始努力学习交流技巧，即如何与当事人讨论这些情况，而又不造成防卫反应。第 9 章“心智模式”，会阐释这些技巧。

没有心灵的转变，我就永远不可能学会这些技巧，也不可能把它们应用到实践中去。只要我还把问题看成孤立的事件，我就会认定它们是外部造成的——“他们让我失望了。”一旦我看到，问题是由结构性原因产生的，我便会开始考虑自己能够做什么，而不是“他们都干了什么”。

我们意识不到的结构模式让我们成了囚徒。一旦我们意识到并辨认出它们，它们就不再有那么大的禁锢力了。这对组织和个人都是这样。实际上，现在有了一个全新的领域，叫作结构性家庭疗法。它基于这样的假设，即个人的心理难题，只能通过理解家庭和亲密关系的相互依赖性的结构，才能理清和改善。用戴维 · 坎特（David Kantor）的话说，一旦意识到这些结构，“就可能开始改变结构，从而把人们从以往操控他们行为的神秘力量中解放出来”。[15]

发现运作中的结构模式，是自我超越水平高的人的惯用手段。有时，这些结构模式可能很容易改变；而有时，它们却会像结构性冲突那样，只能逐步改变。因而需要我们创造性地从内部着手处理这些结构，要承认它们的起因，而不要和它们进行对抗。不管怎样，一旦运作中的结构模式被发现，它就成了“现实”的一部分。对真相的承诺力度越大，创造性张力就越大，因为我们对现实有了更真实的观察。在创造性张力的环境下，对真相的承诺，就像愿景一样，变成了创造性和生成性的力量。

这个过程的一个经典案例，出现在狄更斯（Dickens）的《圣诞颂歌》（*A Christmas Carol*）中。一个圣诞夜里，吝啬财主斯克鲁奇通过对三个鬼魂的访问，看到了越来越多他以前拒绝面对的现实。他看到了过去的现实，即他以前的决定如何持续地泯灭了他的同情心，加重了他以自我为中心的心态。他看到了现在的现实，特别是他一直回避的那些，比如小蒂姆的病情。进而，他还看到了他未来可能的现实，即假如他继续他当前的样子，未来将会发生的情况。但他马上惊醒了。他意识到，他并不是这些现实的奴隶。他意识到，他可以选择。他选择了改变。

重要的是，吝啬财主在更清晰地意识到他的现实之前，没有办法选择改变。狄更斯实际上在告诉我们，生活总是给我们看清现实的机会和选择，不管我们可能如何愚昧、如何抱有偏见。而且，如果我们有勇气抓住这种选择的机会，我们就有能力实现自身的根本改变。或者，用经典宗教术语说，我们只有通过修真（truth），才能得至上善（grace）。[①]

真相的力量，越来越接近现实的观察，把感知与观察的镜片擦干净，让人从自我扭曲的现实观中清醒过来——这些，是几乎所有伟大的世界宗教和哲学体系中，一个共同原则的不同表达。佛教徒精进修得“清净观”（pure observation）的境界，以直观实相。印度教徒讲“亲见”

---

① “修真”，“truth”，有“事实”和“真理”的意思；“上善”，这里的“grace”，通常意为“善意、恩泽、优美、魅力”等，也隐含了“慈爱”和“安详”的意思。故用佛教术语或可译为：“只有通过实相，才能得到慈悲与安详”；抑或用儒家术语，则可译为：“只有通过信义，才能达到仁德”；在耶稣的《新约》传统的译法会是：“只有通过真理，才能得到恩典”。——译者注

(witnessing)，即以精神无染着的心态，来观察自己和他人的生命。真相的力量在早期基督教思想里，也同样是核心，然而在过去两千年基督教的实践中，却逐渐失去了其核心地位。实际上，耶稣一词在希伯来语中，即 Yeheshua（耶稣），包括 Jehovah（耶和华）一词的字母，又在中间加入了 shin 一词中的字母。Jehovah 的字母，意思是“那个过去、现在和将来都存在的，如如不动者”。中间加入了 shin 一词，把意思变成了“那个过去、现在和将来都存在的解救 (delivers)”。也许这就是“真相将使你解脱”这句话的起源。①

运用潜意识，就是说你真不必都想明白

自我超越水平高的人有一个很迷人的特点：他们能够以举重若轻和优美安详的风格，完成非常复杂的任务。我们都对花样滑冰冠军或首席芭蕾舞女演员精彩优美的技艺感到惊奇。我们知道，他们都经历了多年勤奋的训练，才掌握了那种技能。但当他们展示自己的技能时竟看似如此轻松和自在，还是让我们不禁要惊叹。

自我超越修炼所隐含的，是另一个维度的心灵活动，即潜意识(subconsciousness)。我们所有人在面对复杂的问题时，都会运用潜意识。自我超越水平高的人有个特点，就是他们在常态意识（normal awareness）和我们所谓的另一个维度的潜意识之间，发展出一种高度的和谐。[16] 对于我们大多数人想当然地偶尔尝试开发的潜意识，他们则是把它当成一种训练，经常在做。

那么，潜意识与组织和管理相关吗？

京都陶瓷的稻盛和夫说：

> 我在集中注意力时……就进入潜意识状态。据说人类都有两

---

① 引自《圣经》，原文为：“The truth shall set you free.”《新约》传统常译为：“真理必定让你自由。”而在此亦可译作：“真乃自在。”——译者注

种状态，即常态意识和潜意识状态，而且当我们处在潜意识状态下时，能力要大 10 倍……

我讨论意识状态时，有人可能会说我发疯了。尽管如此，我还是认为，那里可能有对我们的启示，它可能会揭示决定我们未来的秘密玄机。

汉诺瓦公司的奥布赖恩则认为，建设新型组织的一项核心任务，就是开发从前被人忽视的心灵能力：

世界上最大的未开发处女地，就在我们的两个耳朵之间。我坚信，学习型组织将要开发一系列方法，以专注和培育我们本来就有的、今天却称之为“特异能力”的各种能力。

而所谓的特异能力，实际是如此紧密地与我们的日常生活相联系，以至我们几乎没注意到它们。日常生活中充满着各种复杂的任务，我们都非常有效地处理了，而几乎不用有意识的思想参与。我们来做个实验：请你摸一摸头顶。好，你是怎样做到的？我们大多数人的回答会是：“嗯，我就是想了一下手和头——或者，想象我的手摸着头顶，就这样啊。”但是，从神经生理学的角度看，把手举到头顶是一个非常复杂的任务，它涉及在大脑和手臂之间，来回几十万次的神经信号放电。而这个活动过程的协调，是没有我们的常态意识参与的。类似的，如果你必须要针对走路过程的每个细节进行思考，那你的麻烦就大了。走路、说话、吃饭、穿鞋和骑自行车，都几乎不用意识状态下的注意力参与就完成了——然而，所有这些，实际上都是非常复杂的任务。

我们之所以能够可靠地完成这些任务，就是因为我们的心灵有一种非常出色的处理复杂事物的能力。从某种意义上讲，不管我们把这种能力叫作什么，都没有关系。“潜意识”一词有提示意义，因为它隐含了在我们常态意识之下或之后的功能。也有人把它叫作“无意识”或“自动意识”。不管叫什么，如果没有这个层面的意识活动，就很难解释人类完成任何复杂任务的技能。至少有一点我们有信心肯定，那就是，这些复杂的任务，不是仅靠我们的常态意识和思考方法完成的。

同样重要的一点是，潜意识是我们如何学习的关键。在你生命里的某个阶段，你曾经不能完成诸如走路、说话和吃饭这类“世俗的”任务。而这些任务你每一项都必须学会。婴幼儿第一次用勺子时还找不到嘴——勺子被送到了左肩膀头，然后又到右肩膀头，然后才到腮帮子。只有通过学习，婴幼儿才能逐渐掌握把勺子正确地送到嘴里这项技能。开始时，任何新任务都要求很多有意识的注意力和努力。随着我们“学会了”完成任务的技能，整个活动就从有意识的注意，转到潜意识的控制。

另外一个例子：你在开始学开车时，需要很多有意识的注意力，特别是如果你学开的是手动挡的车。那时，你实际上觉得很难和坐在旁边的人说话。假如旁边的人让你“减速、换低挡、下一个路口右转弯”，你可能当时就放弃了。然而，几个月以后，你不需要，或很少用有意识的注意力，就能完成这些任务，它们都成了可以被“自动”完成的任务。令人惊异的是，你很快就能在交通繁忙的路上，边开车边跟旁边的人说话，而几乎不需要有意识地注意那些需要留心应对的变量，哪怕它们实际上多达数百个。

一开始学钢琴或其他乐器时，我们要从练习音阶起步。然后我们逐步从演奏简单的曲子到演奏复杂的曲子，而对音阶给予的有意识的注意就越来越少了。即使是音乐会上的演奏家，开始演奏不熟悉的曲子时，也要把速度放慢一倍，以便注意到手和脚的位置，注意到韵律和节拍。而当音乐会开始时，演奏家完全不会有意识地关注演奏曲子的过程方法，他的有意识的注意力，都只集中在演奏的审美效果上。

我们大家都通过有意识的训练，获得了大量的技能。一旦学会了，对这些技能的运用就是理所当然的了，或者说是潜意识层面的了。于是，在应用这些技能时，我们甚至根本注意不到。但是，对我们中间的大多数人来说，我们从未认真思考过我们究竟是如何掌握这些技能的，以及我们如何才能不断开发常态意识和潜意识之间的更深层次的协调。而这些对于自我超越的修炼，却是最为重要的。[17]

比如，这就是为什么许多不断进行自我超越修炼的人，会从事某种形式的入静冥想练习（meditation）。无论是沉思祷告（contemplative prayer），还是其他简单的静心方法，只要是经常地入静作冥想练习，就会非常有助于我们更有效地接触潜意识层面。潜意识似乎没有特定的意志。它既不制定自己的目标，也不决定自己的聚焦点。但它特别依赖于方向指导和条件环境——而我们的注意力在哪里，对潜意识却并没有特别的意义。在我们高度紧张活动的常态意识里，潜意识被相互矛盾的思想和情感所淹没。而在相对安静的意识状态下，当我们把意识集中在某个特别重要的事情，或是我们愿景的某个特别的方面时，潜意识就会从分散混乱中解脱出来。

进而，自我超越水平高的人，还用一些特别的方法来集中注意力。如前所述，他们会把注意力集中在自己渴望的成就本身，而不是自己假设的、实现这个成果所需要的“过程”或方法。

把注意力集中在自己渴望的内在成果上，就是一种技能。对我们大多数人来说，这在开始时并不容易，而是需要时间和耐心去开发的。我们大多数人一想到某种重要的个人目标，就几乎马上想到所有使之难以实现的理由——我们要面对的各种挑战，以及我们要克服的各种障碍。想到这些，当然有助于思考实现目标的替代策略和方法，但想到这些同时也是我们缺乏定力和修炼的表现，因为我们对所渴求的成果的注意力，不断被对愿景实现过程的思虑所排挤。我们必须用心学习如何把我们认为实现目标需要做的事，与我们真正想要实现的目标本身区分开来。

有一项很有用的入门练习，可以帮我们学习如何把注意力更准确地集中在渴望获得的成果上。这就是把某个特定的目标或愿景的某个方面单独拿出来。首先，想象这个目标已经完全实现了。然后问自己一个问题：“假如我实现了这个目标，它会给我什么？”人们经常会发现，这个问题的答案会揭示出目标背后的更深层的渴望。比如，某人的目标是，在组织等级体系中升迁到某个职位级别。当她问自己：“升为高级副总裁会带给我什么？”她发现答案是，“同事的尊敬”或者“参与到最富有刺激性的活动中”。尽管她可能还会追求那个职位目标，但她现在又看到了她所渴望的更深层的成果——她开始把这个成果融入自己的愿景，而不管她处在组织等级中的什么位置。（再说，假如她不澄清她真正渴望的“成果”，那么，即使她实现了目标，可能还会发现高管职位仍然令人失望。）

以上技能为什么如此重要呢？原因在于潜意识对于清晰而集中的注意力有敏锐反应。我们在阶段性目标和更本质的内在目标间迷惑不清的时候，潜意识就无法进行优先排序和集中注意力。

做出清晰的选择也是很重要的。只有当选择完成之后，潜意识的能力才能得到充分的发挥。实际上，做出明确选择和把注意力集中在对我们最重要的成果上，可能是我们常态意识最能发挥作用的地方，即最高杠杆效益作用点。

为了开发潜意识协调力（subconscious rapport），对真相的承诺也非常重要，这和测谎仪的基本原理一样。测谎仪的工作原理是，大多数人在说谎时都会产生某种程度的内部压力，进而出现一些可测量的生理反应，如血压、心率和呼吸率变化。所以，对现实的欺骗，不仅会妨碍潜意识了解我们相对于愿景的处境，还会给潜意识输入混乱干扰信息，就好比我们对愿景如何难以实现的“喋喋不休”，会成为对我们的干扰一样。创造性张力的原则认为，潜意识在清晰而集中地聚焦在我们的愿景和现实的时候，才能发挥最大效力。

有效运用潜意识的艺术，包括许多技巧。聚焦潜意识的一个有效方法，是通过观想和想象。比如，世界级游泳运动员发现，通过想象自己的手增大两倍，并且脚上长有蹼，他们就能游得更快。复杂技艺表演的“心中彩排”(mental rehearsal)，已经成为许多领域的专业表演者的常规心理训练。

但是，所有这些方法的真正效果，还是取决于你对“什么最重要”这个问题的理解。没有对这个问题的理解，潜意识的具体练习方法，就很可能成为机械的技巧，即仅仅是一个新的操控方法，能提高你的效率而已。这并不是一个无聊的担忧。几乎所有精神传统都告诫我们，如果没有不断提升自己的真正志向的精进修为，就不能学练增长心灵功能的技巧。

大师们都有潜意识协调力。而开发这种协调力最重要的环节，是一种对我们渴望的成果的真正关怀，也就是一种对值得追求的“正确”目标的深层感受。潜意识似乎尤其能接受符合我们深层志愿和价值的目标。一些精神传统认为，这是由于深层志愿可以直接接触潜意识，或者成为其组成部分。

吉尔伯特·卡普兰（Gilbert Kaplan）在一家一流投资杂志任出版人兼编辑，非常成功，他的故事是一个绝好的例子，说明了真正重要的追求会给一个人带来什么样的成就。1965 年，卡普兰在一次彩排中第一次听到马勒的《第二交响曲》，结果他“无法入睡”。“我又回去听了正式演出，而从音乐厅出来后，我就变了一个人。那是一段漫长的恋爱经历的开始。”尽管没有受过任何正规音乐训练，他却投入了大量时间、精力和个人收入（他雇了一个交响乐团），去学习如何指挥那段交响曲。今天，他指挥的交响乐演出，得到了世界各地评论家的最高赞誉。《纽约时报》把他 1988 年与伦敦交响乐团合作的交响乐录音，评为当年五佳经典录音之一，而纽约马勒协会（New York Mahler Society）会长，则把它称为“杰出的演出录音”。如果仅仅依靠有意识的学习，哪怕是拥有全世界的意志力，也绝不可能达到如此高的艺术水平。它必须要依赖高水平的潜意识协调力，而卡普兰能把这种协调力全部倾注到他的新“恋爱经历”当中。

从许多方面来看，开发高水平潜意识协调力的关键，又回到个人愿景的开发和修炼上。这就是为什么在创造性艺术领域，愿景的概念一直非常重要。毕加索曾说：

> 如果能把作品的各种异化形态，而不是同一幅作品的不同绘画阶段，用照相的方式记录下来，会非常有意思。我们可能会看到意识发现它梦想的结晶过程。但是，真正重要的是要看到，尽管有表现形式的变化，作品图景基本没有变化，原始的愿景几乎保持原样不变。[18]

自我超越与第五项修炼

随着自我超越修炼的深入，我们自身内部会逐渐发生一些变化。而其中有些变化会很微妙，往往不会引起注意。系统的观点，不但有助于澄清自我超越作为一项修炼有其特定结构和组成部分（比如创造性张力、情感张力和结构性冲突），还能揭示出这项修炼有更微妙的一些方面——特别是理性与直觉的结合、不断深入地看清我们与世界的联系、慈悲心，以及对整体的承诺。

理性与直觉的融合

古代伊斯兰教苏菲派有这么一则故事。在森林里有位迷路的瞎子被绊倒了，他在地上摸来摸去，发现自己压在一个瘸子身上。于是，瞎子和瘸子交谈起来，对各自的命运表达了自怜之情。瞎子说：“我在这个林子里迷路不知道有多久了，还是找不到出去的路。”瘸子说：“我在这地上躺了不知道多久了，还是不能起来走出去。”他们坐在地上交谈着，突然间，瘸子叫起来，“有了！你把我背到肩上，我告诉你往哪里走。我们一起就能找到出路。”这个古代故事里的瞎子，原本象征着理性（rationality），而瘸子则象征着直觉（intuition）。无法学会把两者结合起来，我们就无法找到走出森林的路。

直觉被正统管理学界忽视了几十年之后，近来又得到越来越多的关注和承认。现在，有大量研究表明，经验丰富的经理人和领导者，都非常依赖直觉，而不是完全依赖理性的办法分析复杂问题。他们依靠预感，靠识别模式，并且靠直觉的类推和比较，来处理看上去毫不相关的情况。[19] 有些管理学院甚至还开设有关直觉和创造性解决问题的课程。但是，要在我们的组织和我们的社会里重新融合直觉和理性，还有很长的路要走。

自我超越水平高的人，不去刻意地融合理性和直觉。相反，他们达到的是一种自然的融合。这种融合是他们承诺一切力所能及的资源投入所带来的副产品。他们不可能在理性和直觉，或者大脑和心脏之间做选择，就像他们不能选择只用一条腿走路，或者只用一只眼观察世界一样。

双边互补（bilateralism）是高级生物进化背后的设计原则。大自然好像学会了成双成对的设计方法，它不但把重复和多余容纳在内，而且凭借这种重复，实现了其他方法不能达到的能力。两条腿对快速灵活的行动是关键；两只手臂对攀爬、抓举和操控物体是关键；两只眼对立体视觉是关键；而两只耳朵对有距离层次感的听觉是关键。那么，理性和直觉会不会也是从这一设计原则而来？是不是只要它们协调工作，就可以开发出我们的潜在智能呢？

系统思考可能是融合理性和直觉的一把钥匙。线性思考（linear thinking）只注重在时空上紧密相连的因果关系，因而很难去把握直觉。结果是，我们大多数直觉都不符合常识——也就是说，不能用线性逻辑（linear logic）语言去解释。

有经验的经理人，通常都对复杂系统有很多直觉的把握，但是又不能明确解释。直觉告诉他们，因和果并不在时空上紧密连接，一些显而易见的解决方法，实际是弊大于利，而短期应急方案，将会产生长期弊端和问题。但是，他们无法用简单的线性因果语言来解释这些概念。最后，他们只能说："就照这个法子做，肯定管用。"

例如，在目标或标准受到侵蚀时，许多经理人会感到危险正在降临。但是，他们不能充分说明，为什么这种侵蚀会引发过低投入的倾向，而过低投入反过来又加强了这种侵蚀。这还成就了一个自证预言，即市场增长的潜力是无法实现的。再如，经理人可能感到，他们注重看得见摸得着的、很容易测量的绩效指标，却掩盖了深层问题，甚至还可能在加剧这些问题。但是，对于那些绩效指标为什么不合适，他们却没有给出有说服力的解释；他们也不能说明其他替代指标如何就能改进现状。如果能够了解背后的系统结构，那么，这两种直觉把握就都可以解释清楚。

直觉和线性的非系统思考之间的冲突，已经造成一种成见，即理性本身就是和直觉对立的。这种成见明显有误，因为几乎所有伟大的思想家都有一个共同特点，就是理性和直觉的协同。爱因斯坦曾说："我没有用理性思考完成任何发现。"他还曾经描述自己是如何发现相对论原理的：他想象自己乘一束光线在空中疾行。然而，他还能够将自己杰出的直觉把握，转变为简洁的命题，以便用理性来加以验证。

把系统思考作为一种替代语言来掌握，经过一段熟悉和运用之后，经理人就会发现，他们的许多直觉现在可以得到解释了。我们可能逐渐发现，系统思考的主要贡献之一，就是重新融合理性和直觉。

看清我们与世界的联系

我的儿子伊恩六个星期大的时候，似乎还不知道他的手和脚。我猜想，他虽已经意识到了手和脚的存在，但并不能清楚地理解那是他的手脚，也不知道他能够控制其运动。有一天，他被困在一个很糟糕的正反馈环路里。他的左手抓住了自己的耳朵，看上去表情痛苦，右手捶打越来越使劲儿，很是躁动不安。但他越是躁动，就越使劲儿揪耳朵；越是揪耳朵，就越是躁动不安。如果不是我把他的手从耳朵上拿开，哄他安静下来，这个可怜的小家伙就会这样折磨自己好一阵子。

由于不知道他其实可以自己控制自己的手，于是他把他的疼痛不适看作是外力所致。听上去很耳熟吧？伊恩的处境，其实与第 3 章啤酒游戏中的角色没什么两样。啤酒游戏的角色对供货不及时的反应，就是把它当成外力所致。再有，第 5 章里，军备竞赛的参与方对对方增加军备的反应，也是把它看成是由自己无力改变的外力所致。

伊恩的故事让我开始思考个人成长中一个被忽视的方面，即“闭合回路”（closing the loops）：学会不断辨别出，看似外在的作用力其实是与我们自己的行为相联系的。伊恩很快就学会了辨认自己的手和脚，并控制其运动。后来他还学会了如何控制自己的身体姿势——如果躺累了，他就会翻过身来，让背部得到休息。再后来，他还学会辨别体内状态，比如体温；并且意识到，通过调整和热源的距离，比如离妈妈或爸爸的身体远近，可以影响体温。逐渐地，他还意识到，他可以影响妈妈和爸爸的行为和情绪。这个过程的每一个阶段，他都会相应地调整自己的内心对现实图景的理解。随着他更多地把自己的反馈行为也理解为生活条件状况的一部分，这种现实的图景也会不断改变。

然而，对我们大多数人来说，这个闭合回路的过程，在早年某个时候就被中断了。随着我们长大，我们发现的速度降低了，我们越来越少地看到自己的行为和外力之间的联系。我们把自己锁在一种看待世界的方法之中，与小伊恩没什么区别。

幼儿的学习过程，为我们所面对的学习挑战提供了很好的比喻：要不断放开和拓展我们的意识，提高我们的理解力；要越来越多地看到，我们的行为和我们的现实之间的相互依赖关系；要越来越多地看到，我们和周围世界的联系。也许，我们永远不能完全了解我们影响自己现实的各种方式，但是，只要对这种可能性保持开放的心态，就足以帮助我们解放思想。

爱因斯坦曾这样解释学习的挑战：

> （人类）对自己、对自己的思想和感觉的体验，好像是与其余的世界相分离的——这其实是我们意识中的一种光学幻象。这种幻象错觉对我们来说就是一种囚禁，它把我们局限在个人的欲望里，并把我们的感情局限在最近的几个人身上。我们的任务就是把自己从这个囚禁中解放出来，而方法就是通过扩展我们的慈悲心的范围，使之包容所有的生命，包容整个大自然，及其内在之美。

爱因斯坦所描述的，增长与他人连通的体验，是自我超越修炼中一个最为微妙的方面，也是最直接地源于系统观点的一个方面。他的“扩展……慈悲心的范围”则是另一个方面。

慈悲心

观察相互关联的修炼，会逐步改变责怪和内疚的旧心态。从这里开始，我们认识到大家都陷入了结构性的局限：这些结构来自我们的思考方法，也来自我们生活中的社会环境和人际关系。这样的认识，会逐步纠正我们下意识地相互指责的倾向，进而使我们更加深入地领悟和理解我们身处其中的各种影响力。

这不是说，我们大家只是系统的受害者，而系统就是支使我们行为的元凶。相反，系统结构常常来源于我们自身的创造。但是，只有看清那些结构，我们才能很好地了解这里面的含义。对我们大多数人来说，我们身处其中的系统结构是不可见的。我们不是受害者，也不是罪犯，我们是受各种影响力左右的人类，只是还没学会如何理解这些影响力。

我们通常把慈悲心（compassion）看成是一种人们之间关怀的情感状态。然而，慈悲心还需要一定的认识水平做基础。从我个人的经历来看，当人们更多地看到身处其中的系统时，当他们更清晰地了解各种相互影响的压力作用时，就会自然产生更大的慈悲心、同情心和恻隐之情（empathy）。

对整体的承诺

奥布赖恩认为："真正的承诺和行愿，总是针对比我们自己更大的东西。"稻盛和夫讲到，当我们被"服务世界的真诚愿望"所引导时，就会有"我们心的行动"。这种行动"有很大的力量，因而是件非常重要的事"。

自我超越水平高的人都有一个特点，即具备慈悲心和连通感（connectedness），这自然地给他们带来宏大的愿景。而倘若没有这样的愿景，一切潜意识的观想即使涵盖世界，也是深度自私的——它只是一个手段，用来获取我们想要的东西。

当愿景超越私利时，其行愿承诺就会使人具备一种能量，它不是追求狭隘目标时所能得到的。组织机构若能激发这种行愿承诺，也一样会具备这种能量。稻盛和夫说："如果有人做出有价值的发现或发明，而他却说没有感受到精神的力量，我是绝不相信的。"对于承诺追求更大志向目标的人，他这样描绘其心愿："一个被震撼和唤醒的灵魂所发出的呼唤。"

在组织中培养自我超越

我们必须记住，进行任何个人成长的修炼都应该是自愿的选择。不能强迫任何人进行自我超越的修炼，强制手段一定会产生事与愿违的后果。组织机构如果过于咄咄逼人，强行推动大家进行自我超越的修炼，就会遇到很大麻烦。

然而，许多组织却试图这样做，他们开设了个人成长培训的必修课程。不管他们的初衷有多么美好，这类课程十有八九会妨害组织中真正的自我超越行愿的传播。所谓的“必修培训课程”，或者那些让人觉得要想得到升迁就不得不上的“选修”课程，直接违反了自由选择的原则。

有无数这样的案例：过分热心的经理人要求雇员参加个人发展培训，但雇员却认为这与他们的宗教信仰相冲突。有好多次，这种状况最终使组织遭到起诉。[20]

那么，想提倡自我超越修炼的领导者能做什么呢？

他们可以义无反顾、孜孜不倦地创造一种氛围，使自我超越修炼的原则能在日常生活中得到实践。这就意味着，建设一种组织氛围，让大家既能创造愿景又感到安全，让大家把对真相的承诺和探寻逐渐当成规范，让大家期待挑战现状——尤其是挑战现状中人们想回避的、模糊不清的那些方面。

这种组织氛围可以在两个方面加强自我超越的修炼。首先，它会不断强化一种观念，即组织真正重视个人成长。其次，它会提供一种“在岗培训”，并成为自我超越修炼的重要生机和源泉，各人根据自己能力的不同，都能有所收获。和其他任何修炼一样，自我超越的修炼也必须是个持续的过程。而对于投身自我成长修炼的人来说，鼓励和支持的氛围比什么都重要。所以，要承诺进行自我超越修炼的组织，就可以提供这样的氛围，不断鼓励个人愿景，提倡对真相的承诺，并真诚面对这两者之间的差距。

有利于自我超越修炼的许多实践方法，如建立更系统的世界观，学习如何反思“隐性的假设”（tacit assumptions），表达自己的个人愿景并聆听别人的愿景，共同探寻不同人对现实的看法等等，都已嵌入学习型组织建设的各项修炼之中。所以，从很多方面看，组织想推进自我超越修炼，最有利的行动就是协同推进开发全部五项修炼。

领导的核心策略很简单：成为榜样，就是自己承诺并实践自我超越修炼。对自我超越修炼的谈论，可以在一定程度上开启人们的心门，但行动总比语言更有力。为了鼓励别人进行自我超越修炼，你本人的认真实践，比任何其他方法都更有力量。正如麻省理工学院斯隆管理学院的埃德加·沙因（Edgard Schein）教授所说，组织本身就是“强制性系统”(coercive systems)。这一点你要不断提醒自己注意。

第9章

心智模式

最好的想法为什么会失败?

经理人都知道一件事：许多想法虽然很好，却从未能付诸实践。杰出的战略和策略从未能变为行动，对系统的洞悉从未能变为运营政策。先导实验（pilot experiment）证明了新方法确实能改进成绩，也得到了大家的认可和满意，但方法的推广却从未发生。

我们越来越觉得，这类功亏一篑，“眼看到手的东西又没了”，既不是出于意愿不强，也不是由于意志不坚，甚至也与非系统性的理解无关，它来源于心智模式。更确切地说，新观点和知识未能得以实践的原因是，它们与人们内心深处有关世界运行模式的图像发生了冲突，而这些图像则把人们局限在自己习以为常的思考方法和行为方式之中。这就是为什么对不同的心智模式的管理和修炼，包括浮现、观察、测试和改善有关世界运行模式的内心图景，有希望成为学习型组织建设的一项重大突破。

没有人头脑里能装得下一个组织、一个家庭或一个社区，我们头脑里装的是图像、假设和故事。哲学家们讨论心智模式已经有许多个世纪了，至少可以追溯到柏拉图的洞穴寓言。《皇帝的新衣》是个经典故事，但不是关于愚笨之人的，它讲的是被心智模式禁锢的人。那些人心里装着皇帝尊严的图像，因而无法看到一丝不挂的皇帝的真实躯体。

霍华德·加德纳（Howard Gardner）在其著作《心灵的新科学》(*The Mind's New Science*）里，对认知科学的成果做了调查综述。他写道,“对我来说，认知科学的主要成果就是清楚地展示了……心理表征（mental representation）的活跃程度”，心理表征在人类行为的诸多方面都有频繁活动。[1] 我们的“心智模式”不仅决定我们如何理解世界，而且决定我们如何采取行动。哈佛大学的阿吉里斯 40 多年来一直在研究心智模式和组织学习，他认为：“尽管人们不（总是）完全遵照自己口头‘声称的理论’（他们所说的）去行事，但是他们一定会完全遵照自己实际‘实行的理论’（他们的心智模式）去做。”[2]

心智模式可以是简单的一般化概括，比如“人是不值得信赖的”；也可以是复杂的理论，比如我会假设，究竟是什么使我的家庭成员之间有如此这般的关系。但是，要把握心智模式，最重要的是理解其作用的活跃性，即它能决定我们的行动。假如我们认为人是不值得信赖的，我们的行动就会与持相反观点的人大不一样。假如我认为儿子缺乏自信，而女儿又爱挑衅，我就会不断地干预他们之间的交往，总想防止女儿去挫伤儿子的自尊心。

心智模式为什么对我们的行为有如此巨大的影响力呢？部分原因在于它会影响我们的观察。有不同心智模式的两个人去观察同一件事，会给出不同的描述，因为他们看见了不同的细节，并且做了不同的解释。我和你同时走进一个人群拥挤的晚会，我们都得到同样的基本场景感官信息，但是我们会看到不同的面孔。正如心理学家所说，人们的观察是有选择的。一般人是这样，而想象中的“客观的”观察者，比如科学家，其实也没有什么不同。爱因斯坦说过：“我们的理论决定我们去测量什么。”物理学家们曾经做过多年实验，结果与经典物理学相矛盾。

然而，没有人“看见”这些实验的结果。而正是这些结果后来逐渐导致了 20 世纪物理学的革命——量子力学和相对论的诞生。[3]

心智模式塑造我们的感知方法，这一事实对管理学来说也同样重要。有件事我永远不会忘记，那是二十多年前，底特律某汽车企业高管团队第一次访问日本回来后发生的。那时，美国汽车业终于清醒过来，开始认识到日本正在稳步占领这个产业的市场和利润空间——而且并不仅仅由于日本拥有“廉价”劳动力，或者有国内市场的保护，而很有可能是由于日本有独特的管理方法。大家谈话开始不久，底特律的高管们就明显流露出，他们对日本没什么深刻印象。我问他们为什么，其中一位高管说：“他们没给我们看真正的工厂。”我又问他是什么意思，他回答说：“那些厂里都没有库存。我在工厂工作快三十年了，我可以告诉你，那不是真工厂。很明显，那是他们为了接待我们而导演出来的假工厂。”我们今天都知道，那的确是真工厂，是“准时化”生产方式零库存系统的例子。日本经过许多年的努力，在其整个制造业系统中大幅降低了生产过程的配件库存需求。几年后，还是那些美国公司，又开始拼命追赶日本制造业的创新……但是，先前那次访问中，底特律的高管们就是没有看到任何值得他们警觉的迹象。

我们还可以看看底特律三大汽车巨头曾经信奉几十年（许多人认为他们现在仍然信奉）的顾客信条：美国顾客主要关心汽车的款式风格。管理咨询师伊恩·米特罗夫（Ian Mitroff）认为，关于款式风格的这些信条，来自通用汽车公司有关成功是什么的假设，而这些假设曾长期普遍地流行，并且从未被质疑过：[4]

> 通用汽车公司的工作是为了赢利，而不是为了汽车；
> 轿车主要是社会地位的标志，因此，款式风格比质量更重要；
> 美国的汽车市场与世界其他地方没有联系；
> 工人对生产率或产品质量不能产生重大影响；

系统中的个人对产业所需要的理解不过就是各自独立的狭隘知识。

说这些假设的意思并不是要判定通用汽车，或者整个底特律产业界都是错误的。正如米特罗夫所指出的，底特律的汽车产业曾在很多年间得益于这些信条原则。然而，这个产业把那些信条看成“永恒的成功万灵丹，但其实它只在一系列特定的环境条件下……并在一个有限的时间范围内才起作用”。

心智模式的问题不在于其正确或错误——由其定义可知，一切模式都是简化。问题的出现是在心智模式变为隐性的时候，即当它们存在于我们的意识水平之下的时候。底特律的汽车制造商没有说“我们有一个心智模式，即‘人们就关心款式’”，他们只说“人们就关心款式”。由于没有意识到我们的心智模式，所以我们就无法检查它；由于得不到检查，所以这些模式也就无法改变。随着世界的变化，我们的心智模式和现实之间的差距就会逐渐加大，从而导致我们的行动越来越达不到预期的效果。[5]

底特律汽车公司的故事说明，心智模式和现实之间的差距可能成为整个产业的长期问题。从某些方面看，产业链条紧密可能特别容易造成这个问题，因为各个企业都在产业链内部之间相互寻找最佳实践标准。

许多推动系统思考的努力，都因为不能了解心智模式的作用而失败。许多年前，有一个经典的案例研究。美国一家生产工业产品的领先企业（该产业中最大的企业），发现自己的市场份额一直在下降。为了分析这个情况，企业高管找到了麻省理工学院系统动力学专家团队。基于计算机模型分析，专家团队得出了结论：这个企业的问题出自对库存和生产的管理方法。由于产品体积大、价格昂贵、库存费用高，生产部门的经理就尽量压低库存量，而且一旦订单减少，就立即大量减产。结果是尽管他们有充足的生产能力，但交货时间却缓慢又不可靠。实际上，专家团队的模拟计算结果显示，市场业务量下降时的交货速度会比业务量上升时更慢。这个预测与常识相反，但实际情况恰恰就是这样。

那家企业的高层被研究结果折服了，于是他们根据专家团队的建议实行了新的政策。从那天开始，订单下降时他们也保持生产速度，并且努力改进交货工作。在第二年的小规模市场业务下滑期间，由于及时交货，满意的客户又再次购买产品，结果在市场业务量下滑期间，该公司的市场份额反而提高了。这个实验成功了，大家都喜出望外。经理们非常满意，还建立了内部系统研究小组。然而，新政策并没有变成大家的贴心事，也从未能深入人心，公司业绩的改进仅仅成了暂时的现象。在下一个业务量上升期，经理们就不再操心交货服务质量了。四年以后，更严重的经济衰退期来了，这家公司又回到原来的政策上，进行了大幅度减产。

为什么如此成功的实验被中断了？问题出在该公司管理传统中根深蒂固的心智模式。每个生产部门经理都知道，产品如果堆在库房卖不出去，他会被追究责任，那一定会毁掉自己的前程。几代高管都曾宣讲过控制库存的必要性，因而，尽管有那次新实验，老的心智模式仍旧毫发无损。

心智模式根深蒂固的惯性力量，会把最杰出的系统思考智慧淹没。不仅仅是系统思考的提倡者，其他许多提供新管理工具的人也都吃过这类苦头。

但是，如果心智模式会阻碍学习，能够把整个公司乃至整个产业禁锢在过时的习惯做法上，那它为什么不能帮我们加速学习呢？这个简单的问题，逐步推动了心智模式的修炼实践，让心智模式浮出水面，并对它进行检查和挑战，进而改善它。

孵化新的商业世界观

荷兰皇家壳牌公司也许是最先发现心智模式影响力的大公司。尽管这个故事发生在几十年前，在今天却仍然具有指导意义。壳牌公司是一家全球范围内的多元文化企业，它经历了一个渐进的过程来建立内部共识。故事的开始是在石油输出国组织欧佩克成立之初，刚好在世界石油产业开始经历历史性动荡之前。

壳牌从成立伊始就是多元文化组织：1907 年，基于荷兰皇家石油公司和伦敦的壳牌运输与贸易公司之间的“君子协议”，壳牌公司成立了。后来，壳牌的经理人发展出一种他们自己称为“建立共识风格”的管理，尊重不同的文化背景、看法和观点。当公司发展到有 100 多个在世界各地运营的子公司时，子公司的经理人几乎来自 100 多种不同的文化。于是大家发现，要建立共识就得在理解力和行事风格等方面下功夫，以跨越巨大的鸿沟。

1972 年，欧佩克成立前一年，壳牌的情景规划组已经得出结论：壳牌经理们所熟悉的稳定并可预期的世界石油市场将要发生变化，而且这种变化的方式一定会影响公司的战略，乃至全球的地理政治格局。这种影响到今天仍然存在。资深战略规划专家皮埃尔 · 瓦克（Pierre Wack）领导的壳牌团队，通过分析石油生产和消费的长期趋势，认为欧洲、日本和美国正在不断增加对进口石油的依赖，而这些石油又都来自少数几个石油输出国。这些输出国尽管政治背景和文化背景多样，却有重要的共同点。一方面，伊朗、伊拉克、利比亚和委内瑞拉都越来越担心储油量的下降；另一方面，沙特阿拉伯对石油收入进行有效投资的能力也接近了极限。换句话说，大家作为石油生产大国都在提高经济实力，但又都有进行限产的动机。对壳牌规划团队来说，这些动向意味着石油市场供需平稳增长的历史条件会逐渐消失，取代它的将是长期的供应短缺、需求过剩，以及由石油输出国控制的“卖方市场”。壳牌规划团队虽然没有预测到会出现欧佩克这个卡特尔联合体本身，但他们预见了欧佩克组织后来逐步带来的那些变化。然而，为了应对即将到来的根本性变化，他们试图说服壳牌的高管，不幸的是，这种努力却基本上都失败了。

从原则上讲，壳牌“集团规划部”的成员正处在理想的位置，可以洞悉即将到来的变化，并传播和宣讲这一消息。集团规划部是公司的核心规划部门，负责协调世界各地运营子公司的规划工作。当时，集团规划部正在开发情景规划法，并把它作为总结各种未来替代趋势的实际方法加以应用。当时正在出现的世界市场的不连续性，已经开始被壳牌的规划专家们纳入情景规划。然而，他们的听众，即壳牌集团的高管们，却觉得这些未来情景与他们多年的经验不符：他们的经验是可预期的市场增长。所以，公司高管们对这些未来情景规划并没有给予多少关注。

至此，瓦克和他的同事们意识到，他们对自己任务的理解有根本性谬误。十几年以后，他在《哈佛商业评论》上发表了一篇著名的文章，说从那时起，“我们不再把写出报告、描述对未来的观点和资料，看作是我们的任务…… 我们真正的目标是决策者自身的‘小宇宙’……除非我们能影响关键决策者的心智图像，即他们心中关于现实的图景，否则我们的情景规划就只能像对牛弹琴，一点儿影响都没有”。[6] 如果说以前规划专家们认为，他们的任务就是向决策者传达信息，到后来他们才开始清醒地意识到，他们的任务是帮助经理重新思考自己的世界观。于是，集团规划专家们特别在 1973 年 1 月和 2 月做出了一组新的情景规划。这组情景规划迫使集团的经理们具体地意识到，他们所想象的“没有问题的”未来如果要想成真，究竟需要哪些假设成立。情景规划过程揭示了，那些假设若要成立，就像要把神话变为现实一样。

从那时起，集团规划部有了一组新的情景规划，是专门从公司高管现有的心智模式出发精心设计出来的。然后，他们开始帮助高管建立新的心智模式——通过他们的帮助，高管们开始思考该怎样管理新世界。比如，石油勘探可能不得不扩大到他们以前没有涉及的国家，而炼油厂的建设也可能不得不放缓，因为油价会上涨，需求增长会放缓。还有，市场不稳定性的增加会导致各国的不同反应。有自由市场传统的国家会让油价自由上涨，有市场管制政策的国家会维持低油价。因此，高管必须把更大的控制权交给在各地运营的子公司，以便使它们能适应当地的情况。

尽管许多壳牌高管还是持怀疑态度，但他们却不得不严肃对待这些新的情景规划，因为他们开始看到，他们先前的观点是站不住脚的。这种规划演练开始解除高管们被禁锢的心智模式，并开始孵化新的世界观。

1973 年到 1974 年冬季，欧佩克石油禁运突然降临，壳牌公司做出了与其他石油巨头截然不同的反应。他们放缓了对炼油厂的投资步伐，并且设计了能够适应各种原油的炼油厂。他们对市场需求的预期比其他竞争对手都要低，而且事实后来持续证明了壳牌的预期更准确。此外，他们还迅速加大了对欧佩克地区之外的油田的开发。

当竞争对手们靠集团部门来驾驭管理，加强对子公司的集中控制（应对危机的普遍做法）时，壳牌则恰恰相反，他们给予各地运营公司更大的操作空间。

壳牌公司管理层的不同反应，来自他们对现实的不同解释。他们看到自己正进入一个供应短缺、增长放缓和油价波动的新时代。他们对 20 世纪 70 年代会成为动荡的 10 年（瓦克的情景规划称之为“湍流”10 年）有所预见，所以他们的反应是假设动荡会持续下去。壳牌公司发现了管理心智模式所带来的效力。

壳牌公司这些努力的结果是公司财富的显著变化。1970 年，人们认为壳牌公司是七大石油公司中最弱的一个，《福布斯》杂志称之为“七姐妹”中的“丑小丫”。到 1979 年，壳牌可能是他们中的最强者，至少与埃克森公司并驾齐驱。[7] 到 20 世纪 80 年代初，经理人的心智模式浮出水面，成为壳牌规划工作的重要组成部分。1986 年油价突然大跌之前，在协调人阿里 · 德赫斯（Arie de Geus）的领导下，壳牌集团规划部用哈佛商学院的风格提早半年编写了假想案例研究报告，内容是一家石油公司如何应对世界石油市场突然出现的供应过剩。经理们必须对那家公司的决定作评论，而这样的做法就使他们对另一轮现实的突变有了心理准备。两年之后，类似的练习又围绕苏联解体展开，这恰恰是在苏联真正解体前两年进行的。

BP 公司，即前英国石油公司，在过去 15 年间得以迅速成长为全球石油销售额和业务总量排名第二的企业（仅次于埃克森公司），也是得益于一个关键因素：学习开展心智模式修炼。但 BP 公司的做法与壳牌很不一样。BP 没有像壳牌那样，依靠一个核心规划部门来开展修炼，而是积极投身于决策和权力分散化的变革行动中。

到 20 世纪 90 年代末，BP 公司有 150 个地方赢利中心，但公司业务部门经理的权力却要比地方大得多。首席信息官（CIO）和集团副总裁约翰 · 列盖特（John Leggate）说：

“我们都熟悉壳牌用情景规划来挑战心智模式的方法，但他们用于规划核心功能的办法似乎不是我们想采用的。约翰 · 布朗（John Browne，BP1995 年上任的首席执行官）非常热衷建设一种绩效文化，这就意味着有更多的人要承担业绩底线的责任，并且独立完成对问题的思考过程。把业务盈亏的责任放到下面去，这对我们这样高度集成的产业和大公司来说，是件很难的事，但我们逐渐取得了成功。权力很好地分散下去还有另一个风险，就是分立隔离。若真有这样的事情发生，企业要保证其整体都获得学习能力的提升，会变得非常困难。

“我们靠什么避免了这种情况呢？那是我们开发建立的连接各地雇员的各种网络，以及营造能开诚布公地谈论问题、相互挑战思想观点的氛围。于是，不断反思和质疑自己，就成了我们心智模式修炼的基础，尽管我们从未广泛使用‘心智模式’这个词。”

在实践中进行心智模式的修炼

壳牌和 BP 的故事说明，有三个方面的要素，可以帮助开发组织机构显露（surface）和检测心智模式的能力：一是提高个人意识水平和反思技能的工具，二是使心智模式修炼制度化的“基础设施”，三是提倡探寻并挑战我们思考方法的文化氛围。很难说这三方面哪个最重要，其实，它们之间的联系才是最重要的。比如，宣示支持诸如“开放型”等文化规范是一回事，而实践这种文化则要求真正的奉献精神和技能技巧，但经理人通常是缺乏这些素质的。而要开发这些素质，又必须有经常实践的机会，这就需要我们在进行管理的基础设施建设时，把反思实践融入工作环境之中。

克服“等级体系的根本弊病”

首席执行官们常常强调组织文化的发展，这并不奇怪。汉诺瓦保险公司首席执行官奥布赖恩说：“在传统的权威型组织里，大家的信条是管理、组织和控制。在学习型组织里，新的‘信条’将是愿景、价值和心智模式。健康的公司组织将能够开发系统的方法，来把大家凝聚在一起，培育最佳可能的心智模式，以有效应对任何局面。”奥布赖恩认为，文化变革是关于根本的“传统等级体系弊病”及其去病药方的。他曾说：“我们开始的任务，就是发现用什么样的组织和修炼方法才能使工作岗位与人性相吻合。我们逐渐发现了一组核心价值，它们其实就是克服等级体系根本弊病的一组原则。”

这组核心价值中有两项即“开放性”（openness）和“公德心”（merit），促成了汉诺瓦公司开发自己的“管理心智模式”的方法。他们把开放性看成是一剂药方，用来治疗“人们面对面交往中流行绕圈把戏的弊病：早上10点工作会议上对问题的说法，和晚上7点在家里或与朋友喝酒时的说法，从来就不一样”。公德心，即以组织的最高利益为基准的决策，汉诺瓦用它来治疗另一个弊病，即：“以官僚政治角力为基准的决策方法和游戏规则，靠印象决定能否晋级或者能否保住职位。”[8] 开放性和公德心结合起来，就代表一种深层信念，即如果人们开发更大的能力去探察并显露各自看待世界的方法，并对其进行富有成效的探讨，那么，决策过程和游戏规则就可以发生转变。

清晰地阐述这些价值只是第一步。有些人会把价值观声明，误认为就是文化变革。奥布赖恩及其同事们意识到，仅有华丽的辞藻是不够的。他们质问：“假如开放性和公德心那么有用，那为什么做到这些会这么难？”

针对这个问题，奥布赖恩后来拜访了阿吉里斯，后者的著作曾得到汉诺瓦公司经理人经验的印证。阿吉里斯的“行动科学”为检查“我们行动背后的原因”提供了理论和方法。[9]阿吉里斯认为，组织和团队常陷入“习惯性防卫”（defensive routines），从而把心智模式与外界隔绝开来，无法进行反省检查。结果，我们发展出一种“老练的无能”——这是个绝妙的矛盾修饰语，它非常准确地描绘了人们“在学习修炼环境中高度干练地保护自己，以免遭受痛苦和难堪的威胁”的情景。但是，如果不进行学习修炼，我们就会停留在无能状态，无法完成我们真正渴望的成绩。更重要的是，阿吉里斯还开发了一组工具，能够有效地在组织机构里运用，而他本人也成为精通这些工具的使用和培训辅导的专家。

那时，我们邀请阿吉里斯来到我们麻省理工学院的六人研究团队，为我们开了一个研修班，从中我亲身了解了他的情况。尽管表面上是阿吉里斯在做他的方法的学术演讲，但研修班很快就成为非常生动有力的示范，实际进行了行动科学实践者所说的“行动中的反思”（reflection in action）。他让我们每个人都讲一讲与客户、同事或家人的一次冲突。我们不但必须回忆起实际说过的话，而且还要记起我们当时想到但没有说出来的话。当他开始讲解这些“案例”时，我们几乎马上就清楚地意识到，我们每个人自己是如何通过自己的思想助长了冲突的局面。比如，我们都对对方作了过分夸张的一般化概括，并以此为出发点来决定我们怎么说和怎么做。不过，我们都没有说出我们心中的这些一般化概括。我也许在想“乔认为我没有能力”，但有关这一点我从不直接问乔。

于是，我在乔面前就不停地努力表现出值得尊重的样子。或许，我在想“比尔（我的领导）很没有耐性，他喜欢看似迅速实则鲁莽的办事方法”。于是，我就故意向他建议简单化的方法，尽管我并不认为这样的方法能够触及困难问题的根本。

我注意到整个研修小组的精神头儿和“当下意识”水平，就在那短短几分钟内提高了十个等级。这主要不是因为阿吉里斯的个人魅力，而是因为他所使用的精湛技能，让我们每个人都亲自体会并观察到，我们如何陷入麻烦，然后又责怪别人。那天下午的研修让我们看到（有的人是平生头一次），我们自己行为背后微妙的推论模式。如此戏剧性地演示我自己的心智模式，我还从未亲身经历过。而更有趣的是，我能够通过恰当的培训更深入地了解自己的心智模式及其运作模式，这一点十分明确，也令我十分兴奋。

通过与阿吉里斯和他的同事李·鲍曼（Lee Bolman）的合作，奥布赖恩意识到“尽管我们有理念，但真正做到能够对我们都关切的问题进行开放、有效的探讨，我们还需要走很长的路。阿吉里斯在有些案例里揭示了我们都默许的、路人皆知的绕圈把戏。对于开放心态、观察我们自己的思想和少说废话，他有令人难以置信的真正高水平的要求。但他也不是单纯提倡‘把一切都告诉所有的人’——他展示了切入困难问题的技能，让每个人都有学习收获。很明显，如果真想实践我们的核心价值，即开放性和公德心，那阿吉里斯开辟的这个新领域就是非常重要的”。

汉诺瓦公司在之后的数年间，把阿吉里斯的工具和哲学家约翰·贝克特（John Beckett）开发的“机械思考的局限”研习结合在一起。奥布赖恩说：“贝克特揭示了东方文化对基本的道德、伦理和管理问题的看法，如果仔细去想想，是很有道理的。然后，他又展示了西方文化对这些问题的看法，也有道理。但是，这两种文化观点导致了矛盾对立的结论。这就让我们认识到，对复杂问题有不止一种的视角和看法。这个认识，对我们在公司部门之间以及不同思考方法之间消除隔阂，是个极大的帮助。阿吉里斯和贝克特这两种方法的结合，对许多经理人理解心智模式的过程产生了深远的影响。“许多人平生头一次发现，我们所有的看法从来就不是‘真理’，都只是一些假设——我们只是通过我们的心智模式看世界，而心智模式总是不全面的，而且，特别在西方文化里，长期以来它就是非系统性的。”

BP 也经历了一个类似的范围很广的培训过程。在三年时间里，有 5 000 多人参加了他们的“第一层领导者”[①] 四天集中培训项目，内容包括自我超越修炼的基本方法和心智模式修炼。列盖特说：“我们努力把组织学习的理念和工具变成管理实践的根本方法的一部分。”BP 的“定调培训项目”专为炼油厂经理们扩大联系网络而设计，目的是使他们从中能够分享最佳实践，相互帮助，共同学习。它成为公司“第一个大型跨界网络‘容量能力建设’项目，参加的人都理解并能够使用这些工具。而从那以后，类似的入门培训就在整个公司里开展起来了。”

把学习实践制度化

很显然，不管入门培训有多么普及，组织仍必须经常提供后续实践的机会，以便让员工不断提高技能。我见过许多制度化的方法，它们把反思实践和浮现心智模式的工作融入正规的管理工作的“基础设施”中。(第 14 章“战略与策略”详细描述了学习实践的基础设施。)

壳牌公司通过规划过程，把心智模式的修炼制度化。集团规划部协调人德赫斯和他的同事们致力于重新思考战略规划在大公司组织中的作用。他们的结论是，做出完美的战略规划并不重要，更重要的是利用规划过程来让经理们对自己的假设进行反思，从而加速整个学习进程。德

---

① 第一层领导者（First Level Leaders）是指最基层的领导者，如加油站经理和炼油厂班组长。——译者注

赫斯认为，持久的成功依赖于“管理团队的学习过程，即管理团队成员看待本公司、竞争对手和市场的集体心智模式的转变过程。因此，我认为规划就是学习，而公司规划就是组织机构的学习”。

汉诺瓦公司建立了各类“内部董事会”，把高管和地方经理人定期集中在一起，对业务决策过程背后的思考方法进行检查和挑战，进而开阔思路。这样做的目的，就是建立管理实践架构，促进业务部门对重要业务问题的关键假设进行开放性的检查。这种做法同时还可以加强高管之间的交往，使他们就这些问题与各类内部董事会探讨折中方案。

哈雷 – 戴维森公司也进行了管理构架的变革，但他们的方法是从根本上改变高层管理结构，部分原因就是为了把心智模式的修炼纳入管理工作的实践中。哈雷公司的许多经理通过国际组织学习学会研修班学习了组织学习的基本原理。与此同时，他们还建立了“圆圈组织”，把传统高管的角色和活动重新定义为三个相互重叠的圆圈——“创造需求圈”“生产产品圈”以及“服务支持圈”。这些圆圈有意淡化了传统的高层管理等级体系，使许多“老板”变为“圆圈教练”。

哈雷公司前首席执行官里奇·提尔林克（Rich Teerlink）认为：“我们的新结构的各项创新中，最令人兴奋的就是‘圆圈教练’。”典型的圆圈教练相当于传统的分散功能公司中的副总裁，如负责产品开发和生产的副总裁。他们对圆圈教练人选的理解是“具备敏锐的沟通、聆听和影响力技能，各圆圈成员和公司总裁敬重的人”。提尔林克说：“当时我们没有把职位描述写下来，因为我们不想给人留下行话连篇的印象，但我们确实认为，圆圈教练就应该帮助大家把各自的心智模式显露出来。后来，事实证明这一直很有效。”

工具和技能

尽管壳牌、BP、汉诺瓦和哈雷 – 戴维森公司分别使用了差异很大的方法来建设心智模式修炼的能力，它们的工作却都包含两大类的技能开发，即反思技能和探寻技能的开发。反思技能涉及放松思考的过程，它使我们更能意识到我们的心智模式是如何形成的，以及它如何影响我们的行动；探寻技能涉及我们和别人面对面的交往，还特别涉及复杂和冲突问题。下面几点与开发这些技能的工具和方法一起，构成了心智模式修炼的核心内容：

- 正视我们“声称的理论”（我们所说的）与我们实际“实行的理论”（在我们所做的背后所隐含的理论）之间的区别。
- 识别“跳跃性推断”（leaps of abstraction，注意我们如何从观察跳到一般化概括）。
- 暴露“左手栏”（left-hand column，明确说出我们通常不说的话）。
- 探寻与宣扬的平衡（balancing inquiry and advocacy，有效学习协作的技能）。

心智模式的修炼

反思实践

有效地进行心智模式的修炼，虽然在某种程度上是件高度自我和内在的事，但也是非常实际的，也就是说，它与重要业务问题的关键假设的显露密切相关。这件事很重要，因为组织中最关键的心智模式是核心决策者们共同拥有的。如果这些心智模式没有得到检查，它们就会把组织行动限制在过去熟悉和舒适的范围。另外，开发反思和面对面学习交流的技能，不仅是咨询师或顾问们的事，也是经理人自己的事，只有这样才能对实际决策和行动有所影响。

阿吉里斯在麻省理工学院的老同事唐纳德·舍恩（Donald Schon）

研究了反思实践在医学、建筑学和管理学等领域的重要意义。许多专业人员离开研究生院以后很快就停止了学习，而其他的那些终身学习者就成了他所说的“反思实践者”。舍恩认为，在行动中反思自己思考方法的能力，是真正卓越的专业人员的特点：

> 诸如“行动中的思考”“把你的机智用在你自己身上”以及“做中学”等术语，说明我们不仅能够思考自己的行动，而且能够在行动中思考行动……当优秀爵士乐演奏家们一起现场即兴演奏时……他们就在通过交织在一起的参与和贡献，来感觉乐曲的生成和行进方向，他们即时理解乐曲的演进，并根据即时的新理解来调整自己的演奏。[10]

反思实践是心智模式修炼的精髓。对于经理人来说，这既要求业务技能，还要求反思和人际交往的技能。因为经理人本来是很实际的，所以对他们进行“心智模式模拟”或“探寻与宣扬的平衡”等培训时，假如不与当务之急相关联的话，培训通常会受到抵制。或者，它只会教给大家一些“学术性”技巧，却没有实际用处。而另一方面，如果没有反思和在人际交往中学习的技能，学习实践就一定是反应式的，而不是生成性的。在我的经历中，生成性的学习实践要求各个层面的人在外部因素强迫他们改变之前，就能够显露并挑战自己的心智模式。

声称的理论和实行的理论

学习总要逐步围绕实际行动进行。一项基本的反思技能是，通过比照我们说的与我们做的两者之间的差距来提高意识水平。比如，我可能声称某种观点（声称的理论）：人基本上是值得信任的。但我从未借钱给别人，而且护财如命，妒忌他人。显然，我实行的理论、深层的心智模式，与我声称的理论不一致。

声称的理论和实行的理论之间的差距，可能会引起沮丧、失望，甚至玩世不恭的心态，但这种情况其实是可以避免的。差距常常是愿景带来的结果，而不是伪善所致。例如，“相信人”可能真是我愿景的一部分。于是，这方面的愿景与我的行为之间的差距就成为创造性变革的潜力。问题不在于差距本身，而在于像第 8 章“自我超越”中所描述的那样，面对差距却不能说出真相。如果没有觉察和承认我们声称的理论和现实的行为之间的差距，就没有学习收获可言。

因此，面对声称的理论和实行的理论之间的差距，我们要问的第一个问题就是：“我真正重视声称的理论的价值吗？”“那真是我的愿景的一部分吗？”假如我们实际上对声称的理论并不忠诚，那么这个差距就并不是现实和愿景之间的张力，而只是现实和我（或许是因为顾及别人怎么看）表白的观点之间的差距。

由于实行的理论非常难以辨认，你可能需要另一个人——一个有着“冷酷的慈悲心”的伙伴来帮助你。在开发反思技能的过程中，你们就是对方最大的财富。如古语所说，智如目者，不能自见其睫。

跳跃性推断。心念的速度就像闪电那么快。而具有讽刺意味的是，这恰恰降低了我们学习的速度，因为我们立即“跳跃”到了一般化的概括，这个速度之快，让我们无法进行充分的考虑和检验。俗语“天空之城”（castles in the sky），或空中楼阁，其实常常是我们思想状况的恰当描述，只是我们没有意识到。

常态意识不能处理大量具体细节。假如有一百个人的照片摆在面前，大多数人很难记住每张面孔，但却能记住类型——比如高个男人、穿红衣服的女人、亚裔，或者老年人。心理学家乔治·米勒（George Miller）的名言“神秘数字，七加减二”，指的是我们倾向于一次集中注意少数几个分立的变量。[11] 我们的理性思维非常善于从具体细节中形成“抽象”的概念——把许多细节换成简单概念，然后再用这些概念来推理。然而，当我们不能意识到从细节到一般概念的跳跃过程时，抽象概念推理的能力就恰恰限制了我们的学习能力。

比如，你是否听到过类似这样的话："劳拉对人漠不关心。"你是否怀疑过这话的真实性？设想劳拉是个领导或者同事，大家都注意到她有些特别的习惯。她很少说厚道话，很少赞扬别人。别人和她说话时她经常愣神，然后问："你说什么来着？"有时她还打断别人说话。她从不参加单位的晚会。而且在工作检查的时候，她总是含糊其辞地只说两三句话，就把人打发走了。从这些细节中，劳拉的同事们得出结论：她对人漠不关心。这成了大家都知道的事——当然，劳拉除外，她感到自己非常关心别人。

发生在劳拉身上的事，就是她的同事们做了跳跃性推断。他们把许多具体行为换成了一般化的抽象概念——"不关心人"。更要紧的是，他们开始把这个一般概念当成事实。再没有人质疑劳拉究竟是不是关心他人，那已经是既定事实。

当我们从直接观察（具体"数据"），不经过检验就到达一般化概念，就出现了跳跃性推断。跳跃性推断阻碍学习，因为它成了不需要证明的东西，它把假设当成了事实。一旦劳拉的同事们接受她"对人漠不关心"这个事实，就没人会质疑她"不关心人"的行为，而她再做关心人的事，也没人注意到了。她"不关心人"这个一般化的观念，导致大家对她更加漠不关心，这又让她失去了表现自己关心别人的机会。结果，劳拉和她的同事"冻结"在这样一种关系状态中，然而，并没有人真的想要这样一个结局。而且，未经检验的一般化抽象还很容易导致更进一步的一般化抽象："也许劳拉就是那次办公室密谋背后的元凶吧？既然她对人漠不关心，那她就是那种能干出那种事的人……"

劳拉的同事就像我们大多数人一样，没有经过训练，不能区分直接的观察和从观察做出的一般化推断。"事实"，也就是对劳拉的可观察到的数据，是切实存在的，比如在工作检查时花的时间少，或者说话时看别的地方。但是，"劳拉听不进去多少话"却是个一般化抽象，不是事实，"劳拉对人漠不关心"也一样。两者可能基于事实，但还是推断。

因为我们不能区分直接的观察和从观察做出的一般化推断，所以从来想不到要去检查这种推断。结果没有人去问过劳拉，她是否关心什么。如果有人去问，他可能就会发现，劳拉心里还是很关心人的。还可能发现劳拉听力有问题，却没有跟任何人说过，而且主要是由于听力问题，她觉得和人交谈很艰难，由此变得畏缩。

跳跃性推断在业务问题上也同样普遍存在。有许多高管坚信“顾客购买产品只看价格，而根本不看服务质量”。这也不奇怪，顾客的确是不断要求更多折扣，而竞争对手也在不断通过降价促销吸引顾客。新来的市场营销人员建议领导增加改善服务质量的投入，却遭到友善而坚决的回绝。高管领导从未认真检验这项建议，因为他们的跳跃性推断已经成为“事实”——“顾客不在乎服务质量，只在乎价格”，所以他们对服务质量坐视不理。而他们的主要竞争对手，则一步步达到了顾客从未经历过的新的服务质量水平，从而增加了市场占有率。顾客以前没有提出新的服务质量要求，那是因为他们当时不知道，也还没有经历过。

如何辨别跳跃性推断呢？首先，你要问问自己，关于世界的运作方式你有什么信条——商务工作的性质，对人的一般性看法，以及对某些人的看法，要问问自己：“这种一般化观念是基于什么样的‘数据’的？”然后再问自己：“我愿不愿意考虑一种可能性，即这种一般化观念可能是不准确的或误导性的？”要有意识地问自己最后这个重要问题，如果你的回答是否定的，那就没有必要继续了。

而如果你愿意考虑质疑自己的一般性观念，那就要把它和它背后依据的“数据”明确区分开。比如你可能说：“贝利连锁鞋店的采购员保罗·史密斯和其他好几个顾客都跟我说过，如果我们不降价 10%，他们就不买我们的产品。于是我得出结论：我们的顾客不关心服务质量。”这样说完，就意味着你已经把自己的想法都亮出来、把思路理清了，接下来，你和其他人就更有机会考虑其他可能的解释方案，乃至其他替代方案。

只要有可能，就应该直接检验一般性观念。这样做经常能让我们探寻大家相互交往的行为方式背后的原因。这种探寻要求一些技能，后面会讨论到。比如，要是直接面对劳拉，问她“你不关心别人吗？”很可能刺激她的防卫反应。所以，这种交流还是要讲求方法策略的。要承认我们对他人的假设，并引用导致这种假设的数据，这样才能降低防卫反应的可能性。

但是，在意识到跳跃性推断之前，我们还意识不到这种探寻的必要。这就是为什么把反思作为一项修炼实践是十分重要的。而从行动科学里发展出来的第二项技术——“左手栏”，对这项工作的开始和深入，都特别有用。

左手栏。这项技术能非常有效地让我们“看到”，我们的心智模式是如何在特定情况下运行的。它能揭示我们如何通过操控环境来避免面对自己的真实感受和想法，从而进一步阻碍我们改进事与愿违的状况。

左手栏练习可以帮助经理人了解，他们的确存在心智模式，而且这些心智模式很活跃，有时还在管理实践中起到不受欢迎的作用。经理人经过这个练习后，不仅能意识到他们心智模式的作用，而且会看到，更坦率地面对自己的假设有多么重要。

左手栏来自阿吉里斯及其同事们所使用的案例分析方法。开始时，要选择一个你与某个人或某几个人交往的具体情形，而且你感到那个交往方式没有成效——具体地说，交往没有产生明显的相互理解和学习的结果，或者交往已经陷入僵局。你要写出一段对话，按脚本的形式写在纸张的右侧。而在纸张的左侧，你要写出当时对话的同时你心里想的但没有说出来的话。

例如，假设在我的搭档比尔向领导做了重要项目汇报之后，我跟他进行了一段对话。汇报我没有参加，但听说效果不好。

我：汇报怎么样？

比尔：嗯，我不知道。现在说还太早。而且，我们正在实现一项新的突破。

我：那你觉得我们应该做什么？我觉得你提的问题很重要。

比尔：我拿不准。我们还是再等等，看下一步会发生什么。

我：也许你是对的。但我认为我们得做些什么，而不能只是等待。

下面显示的是我的“左手栏”在对话中的情况。

我所想的	我所说的
大家都说汇报很糟糕。	**我：** 汇报怎么样？
他真不知道糟糕的反应吗？还是他不愿意面对现实？	**比尔：** 嗯，我不知道。现在说还太早。而且，我们正在实现一项新的突破。
他真的害怕看到真相。如果他更有信心，他也许能从这次的情况中学到东西。我无法想象这次汇报对我们推进工作带来的灾难性影响。	**我：** 那你觉得我们应该做什么？我觉得你提的问题很重要。 **比尔：** 我拿不准。我们还是等等，看下一步会发生什么。
我得想个法子，在他屁股下面点把火，让他动起来。	**我：** 也许你是对的。但我认为我们得做些什么，而不能只是等待。

左手栏练习总是能够让隐藏的假设成功地浮出水面，并且显示它如何影响行为。在上面的例子中，我对比尔有两个关键性假设：一是他缺乏自信，特别是在面对他的糟糕表现时；二是他缺乏主动精神。两个假设实际上也许都不对，然而两者都出现在我心里的对话中，而且影响了我处理这个情况的方法。我听说他汇报得很糟糕，而我却绕开了这个事实，所以我对他缺乏自信的看法就由此显现出来。我担心，假如我直说了，他可能会丧失他仅有的一点儿自信，也许他会无法面对这个事实。于是，我从侧面问起汇报的事。我对比尔缺乏主动精神的看法，从我们关于下一步做什么的对话中显现出来。不管我如何追问，他都没有回答

出具体的行动方案。我认为这是他懒惰或缺乏首创精神的证据，他在有必要行动的时候，却满足于无所作为。由此我认定，必须制造出压力迫使他行动起来，不然我就要自己单独行事了。

我们的“左手栏”的最重要的意义，是了解我们如何妨害了在冲突中学习的机会。我和比尔没有直截了当地谈论问题，而是绕着问题说话。我们没有达成任何解决问题的方案，谈话结果对下一步的行动毫无推动——实际上，对行动所针对的问题也没有得出明确的说法。

为什么我没有直接告诉他，我认为我们的做法有问题？为什么我没说，我们必须看清把项目工作推向正轨的行动步骤？也许是因为我没有把握能对这些“敏感的”问题进行有效的探讨。就像劳拉的同事们一样，我主观地认定，要是提出这些问题就会引起防卫反应，谈话会起反作用。我担心情况可能会比现在更糟糕。也许我回避问题是出于礼貌的考虑，或者是因为不想挑剔和批评人。不管出于什么原因，谈话结果令人很不满意，而我决定要找出“操纵”比尔的办法，让他被迫做出反应。

类似我和比尔的对话情况的确很困难，也没有唯一“正确的”方法来处理这种情况。但是，看到自己的推理和行动如何让情况变得更糟糕，是有巨大意义的。我一旦更清楚地看到我自己的假设，看到我怎样隐藏了这些假设，我就可能有几个方法来改善交流。这些方法都涉及分享我自己的观点，以及其背后依据的“数据”。比尔可能不接受我的观点和数据，而且这两者可能都是错误的，我们对此也要持开放的态度。(我得到的有关汇报情况的信息毕竟可能有误。）实际上，我的任务就是要改变现状，让我们两人都能从中有学习的收获。这就要求我既得说明自己的观点，又得了解比尔的观点——即阿吉里斯所说的“探寻与宣扬的平衡”的过程。

探寻与宣扬的平衡。大多数经理人都接受了宣扬和鼓吹的训练。实际上，在许多公司里，担任公司经理就意味着要有解决问题的能力——要搞明白需要做什么，然后争取各种可能的支持来把事情做成。个人的成功离不开有说服力的辩论能力和影响他人的能力，探寻的能力因而被漠视，得不到重视和推崇。但是，当经理人被提升到高级岗位时，就要面对更复杂和多样化的局面，超越他们以往的经历。他们突然间需要激发别人的智慧，他们需要学习。这时候，经理人的宣扬鼓吹技能就会起到反效果：它会把人封闭起来，无法相互学习。现在需要的是把宣扬和探寻结合起来，促进学习协作。

如果是两个宣扬型经理人在一起，哪怕他们的观点交流有多么开放和直率，他们通常也很少有学习的收获。也许他们都打心眼里对对方的观点感兴趣，但纯粹的宣扬把对话交流套在另一种构架里：

> 我感谢你的诚实，但我的经验和判断让我得出多少有些不同的结论。我来解释为什么你的建议不成立……

随着双方理性、冷静而又更加有力地宣扬自己的观点，各自的立场就会变得越来越僵硬。没有探寻的宣扬会引发更多的宣扬。实际上，接下来要发生的事可以用一个系统基本模式来描述，叫作“恶性竞争”(escalation)，与军备竞赛的结构相同。

A 辩论得越是起劲儿，B 感受到的威胁就越大。于是，B 也更激烈地辩论起来。然后，A 反过来更激烈地辩论下去。如此反复。经理们常常发现这种恶性竞争简直让人筋疲力尽，于是他们干脆避免公开陈述不同观点，因为“那真是太痛苦了”。

不断加强的宣扬，效果就像滚雪球一样，但还是可以通过问几个问题把雪球停下来。简单的问题，比如“是什么导致你采取这个立场？”以及“你能解释你的观点吗？”（你能提供“数据”或者经验来支持你的观点吗？）这些都能给对话增加探寻和融合的元素。

我们参与辅导的进行学习技能开发的管理团队，在开会时经常要录音。团队有问题的一个标志，是在好几个小时的会议上很少有人提问，或者根本没有人问问题。这听上去好像不可思议，但我就曾看到一个三小时的会议上没有一个人问问题！你不必成为“行为学”专家就能看出，这种会议上没有多少探寻发生。

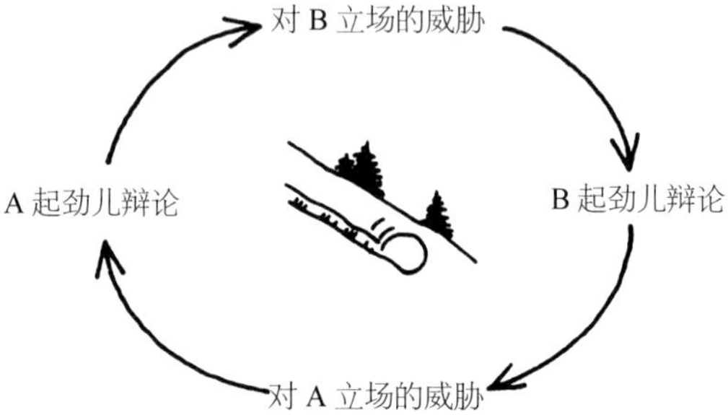

但是，单纯的探寻也是有限的。问问题是打破宣扬螺旋升级的关键，但是，如果团队或者个人没有学会把探寻和宣扬相结合，那学习的能力就是很有限的。单纯的探寻为什么是有限的呢？原因之一是，我们几乎总是有自己的观点，这与我们是否相信自己的观点是唯一正确的无关。因此，仅仅是问许多问题的做法，就可能成为一种回避学习的方式——把我们自己的观点隐藏在不间断的问题高墙的背后。

当经理人把宣扬和探寻的技能结合起来时，通常会最有效地带来学习收获。换句话说，这是一种“相互的探寻”。这个意思就是说，每个人都把观点亮出来，供大家来检查。这会创造一种真正的有脆弱感的氛围。没有人能把自己观点背后的推理隐藏起来——没有人既能鼓吹自己的观点又不受开放的、仔细的审查。例如，当探寻和宣扬达到平衡时，我不仅能探寻别人的观点背后的原因，同时还能把我自己的观点表达出来，揭示我的假设和推理，并邀请别人来探寻。我可能会说：“这就是我的观点，这是我持这种观点的理由。你觉得如何？”

用纯粹宣扬的方式，要达到的目标就是赢得辩论。而宣扬和探寻结合的方式，目标就不再是“赢得辩论”，而是找出最佳的论点。我们如何使用数据，如何揭示抽象观念背后的推理，都能表明这一点。比如，当我们处于单纯的宣扬状态时，我们倾向于有选择地使用数据，只拿出支持我们立场的数据。在解释我们的立场背后的推理时，我们只暴露足够的推理，以便“证明”自己，而回避那些看上去论据很弱的地方。相反，当宣扬和探寻两者都高度活跃时，我们对揭露不连贯的数据和确认数据两者都持开放心态，因为我们愿意发现自己观点中的毛病。就像我们会暴露自己观点背后的推理，并且寻找其缺陷，同时努力去理解别人的推理。

达到探寻和宣扬相结合的理想境界是富于挑战性的。假如你在有高度政治角力的组织里工作，那里并不接受开放的探寻，那你就会遇到特别大的困难。作为一个资深宣扬者，我可以说，要找到使两者更平衡的方法，就需要耐心和坚韧不拔。进展是逐步的。对我来说，第一步是在意见不合时，学习如何探寻别人的观点。我对不同意见的习惯性反应，就是更起劲儿地宣扬我的观点。我这么做通常并不带有怨恨情绪，只是真的认为我已经想得很透彻了，我的观点一定有确实的根据。不幸的是，这种做法的后果经常是催生两极分化的立场，或者是使讨论被迫终止，而我真正希望的伙伴关系的感觉也消失了。现在，对于不同的观点，我经常会请对方多讲讲其观点，或者多解释一下观点是如何形成的。

尽管我们要花毕生精力才能熟练掌握如何平衡探寻和宣扬的技能，在这条道路上获得的回报却是很让人满足的。如今，我很少试图说服别人以证明我的观点，坦白地说，我真的感到生活轻松多了，也更有趣了。每次，通常是在很大的压力下，当我发现我又变回了一个偏执一方的宣扬者，我就会提醒自己注意。经验还反复明确地告诉我，在探寻和宣扬两者兼有的时候，产生创造性成果的可能性会大增。从某种意义上讲，如果双方都是纯粹的宣扬者，结果已经预先确定了。或者 A 胜出，或者 B 胜出，或者，可能性更大的是，双方都坚持自己的观点不变。当探寻和宣扬兼有时，这些局限就消失了。A 和 B 都对探寻自己的观点持开放心态，就会使发现全新的观点成为可能。

在学习掌握如何平衡探寻与宣扬时，以下指南会对你有所帮助：[12]

宣扬自己的观点时：

• 要让你自己的推理明确暴露出来。（例如，说出你是如何得出你的观点的，你所依据的实际“数据”是什么。）

• 鼓励对方提出不同的观点。（即问：“你有相反的事实或数据，或者不同的结论吗？”）

• 主动探寻对方与自己不同的观点。（即“你的观点有哪些？”“你是如何得出这种观点的？”“你考虑的数据是否和我考虑的有所不同？”）

探寻对方观点时：

• 如果你对对方的观点做出一些假设，就要清楚地加以说明，并承认那些是假设。

• 把你的假设所依据的事实或“数据”亮出来。

• 如果你并不真正地对对方的回答感兴趣（即如果你只是想表现出礼貌，或者想揭露对方），就不要问问题。

当你陷入僵局（对方不再对探寻其观点持开放心态）时：

• 询问是什么事实数据或逻辑改变了他们的看法。

• 询问是否有共同设计实验（或其他探寻方法）的可能，以便得到新信息。

当你或对方对表达观点或实验不同的替代想法感到犹豫时：

• 鼓励对方（或你自己）想出是什么导致这种困难和犹豫。（即“在这个情况中，或者你我身上，有什么东西使开放的交流变难了？”）

- 如果双方都想克服障碍，就要一起设计出方法来实现。

这里不是让大家循规蹈矩地照指南去做，这只是用来提醒我们保持探寻和宣扬平衡的精神。指南和任何学习修炼开始时一样，只是你第一辆小自行车上的辅助“训练轮”。它可以帮你开始，感觉一下骑自行车是怎么回事，感受一下探寻和宣扬结合的实践是怎么回事。熟练了以后，你就可以，也应该把它扔掉。但是在你遇到困难的时候，定期回头温习一下也是很好的。

然而，如果你并不是真正好奇和情愿改变你对某件事的心智模式，这个指南就没什么用处了。记住这一点很重要。换句话说，探寻和宣扬的实践意味着情愿暴露你自身思想的局限——情愿证明自己是错误的。你达不到这一点而又要让对方这么做，就既不稳妥，也不安全。

和各种修炼一样，心智模式修炼的进展也需要时间，而且进展的迹象会很微妙，很不明显。记得我曾问哈雷－戴维森公司的总裁杰夫·布鲁斯坦（Jeff Bluestein），在组织学习许多方面的工作投入了好几年以后，“你注意到有什么不同了吗？”他的回答很简单：“我越来越多地听大家讲‘这是我对事情的看法’，而不是‘这就是事情的实际情况’。这听上去没什么大不了的，但前者带动了不同质量的交流。”

协调一致重要吗？

心智模式修炼实践的目的不一定是要寻求观点的协调一致或融合聚焦，了解这一点很重要。许多不同的心智模式可以同时存在，有些还可能不协调、不一致。

所有的心智模式都需要在实际情况中经受推敲和检验。这要求组织从自我超越修炼中得到“对真相的承诺”。它还要求我们理解，我们可能永远没办法知道全部的真相。奥布赖恩说，即使所有的心智模式都经受过推敲，“我们可能还站在不同的立场上，目的是针对一个具体问题，为恰巧直接面对那个问题的人找出了最好的心智模式。其他人只集中精力帮助那个人（或那些人）建立尽可能好的心智模式，从而做出尽可能好的决策”。

尽管目标不是让观点达成一致，但如果这个过程进行得恰当，还是会卓有成效的。如奥布赖恩所说：“假如会议结果是发现大家的立场相差很远，这没什么。假如大家都把立场观点亮出来了，即使你不同意，你也会看到各自的优点，因为大家的观点都经过了仔细的推敲。你可能会说，‘我不同意你的观点，那是从另外的角度考虑的’。与强迫统一意见相比，这样的做法能使大家更好地团结和凝聚在一起。这真让人有点儿惊喜。”通常来说，当大家都觉得自己最聪明，却没有机会展示才智的时候，会产生积怨和愤恨的情绪，而我们这里的做法会消除这种情绪。结果是大家可以和睦相处，因为自己的观点已经亮出来了，虽然实际执行的是另一种方案，但只要学习过程始终是开放的，每个人都以诚实的态度工作，就不会有问题。

奥布赖恩说：“我们没有什么尊贵的、得到加冕的心智模式，我们只是遵循心智模式修炼的原则。假如我们向下面宣布，‘这就是处理23C型摩托车问题的法定心智模式’，我们就会陷入麻烦。”同样，把你喜欢的心智模式强加于人，就如同把你的愿景强加于人，通常会适得其反。嗓门高的人，或者职位高的人，都可能受到自己的诱惑，认为别人都会在一分钟之内接受自己的全部心智模式。即使你的心智模式比别人的好，你的角色也不是给别人灌输你的模式，你应当把自己的模式当靶子举起来请别人考虑。”

不强调意见统一和立场协调一致，这让许多人觉得有点惊奇。但我经常听到出色团队的成员讲述类似奥布赖恩的观点。“我们就是都说出来，然后就知道该怎么做了。”这个简单的信念成了大家团结协作的基石，而协作能力的培育和发展，则要靠“深度汇谈”——它是团队学习修炼的核心。

心智模式与第五项修炼

我认为，如果系统思考没有心智模式修炼作为基础，就好像 DC-3 型飞机只有星型气冷发动机却没有机翼襟翼。正如波音 247 型飞机由于没有机翼襟翼而必须缩小其发动机的尺寸一样，如果系统思考缺乏心智模式的修炼，其效力就会大打折扣。这两项修炼可以很自然地结合，一项暴露隐藏的假设，另一项通过重新安排假设的结构来揭示主要问题的起因。

本章开始时讲过，被禁锢的心智模式会阻碍系统思考能够带来的变革方案。经理人必须学会反思自己现在的心智模式——在占主导地位的假设暴露出来之前，不能指望心智模式会改变，也不能指望系统思考会有什么意义。如果经理人“坚信”自己的世界观就是事实，而不是一系列假设，他们就不愿意挑战自己的世界观。如果他们没有能力探寻自己和别人的思考方法，在实验新思考方法的协作中他们就会受到局限。进一步说，组织中如果没有对心智模式的成形的理解和实践原则，大家就会错误地理解系统思考的意义——把它看成画出详尽的世界“模型”的工具，而不是改进我们心智模式的方法。

系统思考对有效地进行心智模式的修炼也同样重要。现代研究表明，我们大多数心智模式都经常有系统的缺陷。它们忽略关键的反馈关系，错误地判定时间延迟，又常常只注重有形有象或突出明显，但不一定有高杠杆效益的变量。麻省理工学院的约翰 · 史德门（John Sterman）通过实验证明，啤酒游戏的参与者总是误判已经下过的订单的延迟时间。大多数游戏参与者在决策时要么看不见关键的正反馈关系，要么不考虑它，而这种正反馈恰恰在他们的恐慌状态中不断强化（下更大的啤酒订单，结果清空了供货商的库存，导致送货进一步延迟，于是又引起了更大的恐慌）。史德门还在其他各类实验中发现了类似的心智模式缺陷。[13]

理解这些缺陷会帮助我们看清主流心智模式在哪里最薄弱，看清哪里不仅仅需要“浮现”经理人的心智模式，而且需要进一步的修炼工作才能让他们做出有效的决策。

为了加快把心智模式变为管理实践的修炼，我们可以逐步建立供整个组织使用的“通用结构”数据库。这种“通用结构”就是基于第 6 章描述的系统基本模式建立的，但它适用于特定组织内部的具体情况，包括其产品、市场和技术。比如，石油公司的“转移负担”和“增长极限”的具体结构，与保险公司的就会有所不同，但它们相关的系统的基本模式却是一样的。这种结构数据库应该是组织内部系统思考实践的副产品。

整合系统思考和心智模式修炼所带来的最终回报，不仅是改善我们的心智模式（我们思考什么），还能改变我们的思考方法：从以事件为主导的心智模式，到新的心智模式——它能让我们看清长期变化规律，及其产生和发展背后的结构性原因。比如壳牌公司的情景规划，它不仅让经理们看到了即将来临的变化，还帮他们看清了变化的规律，迈出了摆脱纷繁复杂的事件的第一步。

就像“线性思考”主导着今天关键决策过程的大部分心智模式，未来学习型组织的关键决策过程，将基于大家对相互关联和变化规律的共同理解。

|第 10 章|

共同愿景

共同的关怀

也许你还记得电影《斯巴达克斯》(*Spartacus*)，它讲述的是公元前71 年古罗马奴隶角斗士领导的奴隶起义军的故事。[1]起义军曾两次击败罗马军团，但后来被克拉斯将军长期包围攻击，最终还是被征服了。电影中，克拉斯对数千名斯巴达克斯起义军幸存者说："你们曾经一直是奴隶，你们还要再次成为奴隶。但是，罗马军团会大发慈悲，免去你们原本应当受到的刑罚。而你们只需要做一件事，就是把奴隶斯巴达克斯交给我，因为我们不认识他。"

停了很长一段时间，斯巴达克斯 [柯克 · 道格拉斯（Kirk Douglas）饰演] 站起来说："我就是斯巴达克斯。"他身边的另一个奴隶随即也站起来说："不，我是斯巴达克斯。"不到一分钟，所有奴隶起义军战士都站了起来。

不管这个故事是真是假，它揭示了一个深层道理。当每个奴隶站起身来时，就意味着他选择了死亡。然而，他们对斯巴达克斯军队的忠诚，并不是针对斯巴达克斯个人的。这种忠诚是针对斯巴达克斯所激发的共同愿景——即他们可以成为自由人这一理想。这个愿景是如此具有吸引力，以至于没有一个人能忍心放弃它，而重新沦为奴隶。

共同愿景不是理念，甚至不是重要的理念。相反，它是人们内心的愿力，一种由深刻难忘的影响力所产生的愿力。它的起始，的确可能受到理念的激发，但是，一旦它得到进一步发展，比如形成足够的吸引力，征得两人以上的支持，那它就不再是抽象的东西了。这时它成了明确而可触知的东西。大家开始看到它似乎真的存在了。人间几乎再没有什么比共同愿景更有力量的了。

在最简单的层面，共同愿景是对下面问题的回答——“我们想要创造什么？”个人愿景是人们在自己头脑里的图景和画面，而共同愿景则是整个组织中的人们内心的图景。这样的图景让组织有一种共同性，它贯穿整个组织，从而在其各式各样的活动中保持一种连贯性和一致性。

当我和你心中有一幅相似的图景，并且各自都承诺一起将之保持，而不只是个人自己持有，这个图景就成为真正共同的愿景了。当大家拥有真正的共同愿景时，彼此之间就相互沟通了，并且被一种共同的热望和抱负凝聚在一起。个人愿景的力量来自自身对愿景的深度关切，共同愿景的力量则来自一种共同的关切。实际上，我们认为，人们想寻找共同愿景的原因之一，就是期望在重要的事业上找到沟通和共鸣。

对学习型组织而言，共同愿景是至关重要的，因为它是学习实践的焦点，也是其动力来源。适应性学习没有愿景也可以进行，但是，生成性学习则只有在大家为真正关切的事业而努力时，才能发生。实际上，在大家对真正想成就的愿景唤起兴奋和激情之前，生成性学习以及有关扩展创造性能力的所有说辞，就只是个抽象的概念而已，没有什么实际价值。

在今天的企业领导中，“愿景”是个大家都很熟悉的概念。但是，如果认真追究起来，大多数“愿景”是某个人（或某个团体）强加在组织之上的愿景。这种愿景最多只能带来强制性顺从，绝对不能激发奉献和承诺。共同愿景是大家真正承诺投身的愿景，原因是它代表了大家个人的愿景。

共同愿景为什么关系重大？

很难设想没有共同愿景，能够建成美国电话电报公司、福特公司或苹果电脑公司这样的企业。西奥多 · 韦尔（Theodore Vail）的愿景是普及电话服务，历经 50 年后这个愿景才变为现实；亨利 · 福特的愿景是让平民大众，而不只是富人，拥有自己的汽车；史蒂夫 · 乔布斯（Steve Jobs）和史蒂夫 · 沃兹尼亚克（Steve Wozniak），以及苹果公司的其他创始人，看到了电脑对提高人的能力和权益方面所具有的潜力。同样，我们也很难想象，日本小松公司 [Komatsu，在不到 20 年的时间里，从原来只有美国卡特彼勒（Caterpillar）叉车公司三分之一的规模，成长到与之并驾齐驱]、佳能公司 [同样在 20 年左右的时间里，从名不见经传到与美国施乐公司争霸全球复印业市场]，或者本田公司，在没有实现全球成就愿景的指引下，就能如此迅速地发展起来。[2] 其中最重要的是，这些个人的愿景变成了公司各级员工真正的共同愿景——由此凝聚了数千人的能量，并且在背景极其多样的员工中创造了共同的认同感。

许多共同愿景都是外在的，即关注于相对于外部，比如竞争对手，而实现成功的业绩。然而，目标局限在击败对手，总会是暂时的。一旦愿景目标实现了，就会很容易滑向防卫心态——“保住已有的，不要失去我们第一把交椅的位置。”这类防卫性目标，很难激发创造力和创新激情。一个武术大师不会仅仅注重于“击败所有对手”，而是专注于自己“卓越”境界的内在标准。这不是说，愿景不是内在的，就是外在的。两者可以共存。但是，只依赖外在愿景，以击败对手为唯一目的，就会妨碍组织的长期发展。

京都陶瓷的稻盛和夫恳求员工“内省”，以发现自己内心的标准。他认为，公司在追求业内领袖地位时，目标可以是比别人“更好”，也可以是业界“最好”。但是，他的愿景是让京都陶瓷达到“完美”，而不仅仅是“最好”。（请注意，稻盛和夫运用创造性张力原则的方式——“愿景是什么并不重要，重要的是愿景能做什么……”）[3]

共同愿景，特别是有内在深度的愿景，能够激发人们的热望和抱负。由此，工作就成为追求有更大价值的志向目标的过程，而公司组织的产品和服务则具体体现了这种志向目标——帮助提高学习能力的个人电脑，帮助世界各地沟通的通用电话服务，或者提高自由出行交通便利的私家车。这种更大价值的志向目标，还可以在公司组织的精神氛围和文化风格上得到具体体现。赫尔曼－米勒家具公司的前 CEO 帝普雷说，他对公司的愿景是“献给人类精神的礼物”——这不仅限于公司的产品，还包括公司的雇员、组织氛围，以及公司对高效而又有美感的工作环境的更大承诺。[4]

愿景能够振奋精神，焕发生气，扩张激情，从而能够提升组织，使之超越平庸。一位经理说：“不管竞争问题或内部问题有多大，我一走进大楼，就总会感到精神重新振作起来——因为我知道，我们所做的事真正关系重大。”

在公司组织里，共同愿景会改变大家与公司的关系。公司不再是“他们的公司”，而变成“我们的公司”。通过共同愿景，原来互相不信任的人可以走向第一步合作。共同愿景会带来共同的认同感。实际上，公司组织所共享的志向目标、愿景，及其实践的价值观念，构成最基本的组织共同特征。心理学家亚伯拉罕·马斯洛（Abraham Maslow）晚年曾经研究过高效团队，发现其最突出的特征是共同愿景和志向目标。马斯洛曾这样描述他所观察的出色团队：

> 其工作任务不再与个人的自我相分离……相反，团队成员与其

工作任务深度认同，以至其个人自我的界定必须把其工作任务包含在内。[5]

共同愿景很自然地给大家带来勇气，而大家甚至并未意识到这种勇气的分量。勇气就是在追求愿景的过程中敢于承担任何必要的任务。1961 年，肯尼迪把美国航天计划领导者多年形成的愿景清晰地表述出来：在 20 世纪 60 年代末之前实现人类登月。[6] 而这一清晰的表述导致无数勇敢而无畏的行动。60 年代中期，一个现代版的斯巴达克斯的故事在麻省理工学院德雷伯实验室（Draper Laboratory）上演。在航天员搭乘阿波罗号登月的惯性导航和制导系统研制方面，德雷伯实验室是美国宇航局的总承包。项目进行好几年以后，实验室领导者们发现他们最初的设计指标是错误的。这足以成为一件很难堪的事，因为他们已经花掉了几百万美元的经费。但是，他们没有用偷工减料的方法尝试应急方案，而是建议宇航局撤销项目，重新开始。他们这样做风险很大，不仅可能丢掉项目，还可能失去名声。但已经别无选择。他们存在的全部意义都体现在那个简单的愿景中——在 60 年代末之前实现人类登月。为了实现愿景，他们敢于承担任何必须做的事。

20 世纪 80 年代，整个小型计算机产业都追逐在 IBM 的个人电脑路线，而苹果电脑公司则坚持了自己的愿景，即电脑要让人能直观地理解，要让人有独立思考的自由。在这个过程中，苹果公司拒绝了“肯定能成”的机会，即成为“克隆”个人电脑的领先制造商。尽管没有达到各家克隆制造商的销售量，苹果 MAC 电脑不仅适用简易，还使个人电脑的“直观性”和“趣味性”成为优先选项，后来逐步成为所有操作系统在界面显示和使用感觉方面的产业标准。

没有共同愿景就没有学习型组织。没有真心渴望的目标，大家没有奔头，维持现状心态的影响力就会压倒一切。愿景能够帮助建立支配一切的总目标。这种目标的崇高和庄严，会带动新的思考方法和行为方式。共同愿景还像方向舵，当学习实践过程产生偏离、问题和压力时，它会纠正航向。学习实践很艰难，甚至十分痛苦。而我们有了共同愿景，就更有可能敞开心怀，暴露自己的思想方法，放弃深层成见，认识个人和组织的缺点。所有这些磨难，与我们所追求和创造的重要目标和未来相比，就显得微不足道了。如罗伯特·弗里茨所说："在伟大面前，渺小消失了。"而伟大梦想的缺失，将导致小人之道盛行。

共同愿景能够激励大家勇于承担风险，勇于探索和实验。当大家专注于愿景时，常常不知道从何处入手。于是就开始尝试实验、反复探索，一切都是实验，但目标绝无含糊不清。大家都十分清楚为什么作这些实验。没有人要求"得保证这样做能成"。大家都知道没有把握，但还是义无反顾地投入。

共同愿景最终能够拨开管理实践中的一层主要迷雾，它总是阻碍实现系统思考的努力："如何才能培育长期的承诺、奉献和行愿？"

多年来，系统思考专家力图说服经理人：如果不专注于长期目标，就会陷入麻烦。我们就曾极力劝导经理人，许多干预措施会有"先好后糟"的结果，"转移负担"的动机倾向会导致应急性的表面症状处理，如此等等。然而，我们发现很少有人能完成持久的转变，去针对长期目标有持续的承诺和行动。我个人觉得，我们的失败不在于我们说服力不够，或者证据不充分。试图用理性的方法去说服人类采取长远观点，也许根本就行不通。人类要采取长远观点一定是出于其志愿，即人们想这样做，而不是被要求必须这样做。

在人类活动中，每一个有长远观点指导实践的例子，背后都有一个长期愿景在起作用。中世纪大教堂的建造者们花一辈子时间劳作，而劳作成果则要等到未来 100 年以后才能显现。日本人认为，建设一个伟大的组织就像一棵树的成长，需要 25~50 年的时间。家长们努力教育孩子，在人生价值和处世态度方面打好基础，为的是孩子成年以后 20 年的未来。所有这些例子中都有一个愿景，它只能在很长时间以后才能实现。

企业战略规划本应是进行长期思考的堡垒，然而却经常被短期和反应式思考所主导。伦敦商学院的加里·哈默尔（Gary Hamel）和密歇根大学的 C. K. 普拉哈拉德（C. K. Prahalad）是当代战略规划评论家，他们的声音最清晰有力：

> 战略规划工作花了钱，原本是要找到更加有未来导向的方法。然而，如果追问起来，大多数经理人会承认，他们的战略规划更多的是关于今天的问题，而不是明天的机遇。[7]

典型的战略规划只注重对市场机会、公司资源状况、竞争对手的优缺点等做出详尽分析，而忽略了一个关键问题，即如何形成更长期的行动计划——用哈默尔和普拉哈拉德的话说，就是建立“一个值得投入和奉献的目标”。

尽管企业组织学习对愿景方面的工作给予很多关注，愿景还是常常被看成一种神秘的、不可控的力量。有愿景的领导者是让人狂热崇拜的英雄。“如何找到愿景”这个问题的确没有现成的公式和方法，但还是存在建设共同愿景的原则和指南。建立个人愿景正在成为一种修炼，而建设共同愿景的修炼也有了一些实际工具。这项修炼从自我超越修炼的原则和领悟中延伸出来，进入集体志愿和共同的承诺与奉献的世界。

建立共同愿景的修炼

激励个人愿景

共同愿景是从个人愿景中结晶浮现出来的。只有这样，共同愿景才能产生出力量，培育出奉献精神和承诺投入的行愿。汉诺瓦保险公司的奥布赖恩说：“你的愿景不是关于什么对我很重要。能够激励你的唯一愿景，就是你自己的愿景。”这并不是说，大家都只关心自己的个人利益——实际上正相反，个人愿景通常包括家庭方面、组织方面、社区方面，甚至整个世界。那么，奥布赖恩强调的是什么呢？是个人的关怀。它植根于个人的价值、个人关心的事，以及个人的愿望和志向。这就是为什么说，对共同愿景的真正关切来自个人愿景。但很多领导者忘记了这一简单事实，而去要求他们的组织机构，在明早之前拿出一个共同愿景！

要建立共同愿景的组织，就应该不断激励组织成员去开发个人愿景。如果大家没有自己的个人愿景，就只能“报名加入”别人的愿景。结果只有顺从，而不会有奉献和行愿。相反，大家都因为很强的个人志向而走到一起，产生有力的协同效益，以成就“我，或者我们，真心愿望的”未来。

因此，自我超越修炼就是共同愿景开发的基础。这就不仅包括个人愿景，还包括对真相的承诺，以及创造性张力等这些自我超越修炼的特征内容。共同愿景会增加创造性张力，可能大大超出个人舒适习惯的水平。能够“支撑住”这种张力的人，就会对实现崇高愿景有较大的贡献：保持清晰的愿景，同时不断探寻现实。由于亲身经历着这种力量，这些人便能深信自己创造未来的能力。

在激励个人愿景的时候，组织务必小心，不可侵犯个人自由。第8章“自我超越”曾讨论过，没有人能够赠予别人“他的愿景”，也不能强迫别人开发愿景。但是，可以采取正面措施来创造一种氛围，以利于激发个人愿景。最直接的方法，就是有愿景的领导者以这样一种方式和员工沟通和分享，即在分享自身愿景的同时鼓励大家分享各自的愿景。这就是有远见和想象力的领导艺术——也是如何从个人愿景出发建设共同愿景的艺术。

从个人愿景到共同愿景

个人愿景如何整合成共同愿景呢？这里，全息摄影（hologram），即用不同的相干光源相互干涉而形成三维立体图像，是个有用的比喻。

如果把普通照片切成两半，每一半都只有整个图像的一部分。但是把全息相片切开，每一半还都显示整个图像。你不断去切分全息照片，不管切到多小，每一片都仍然显示整体。一组人分享对组织的愿景时也类似，每个人都看到自己心中对组织的最佳图像。每个人分担着对整体的责任，而不只对自己的那部分负责。但是，全息照片被切碎的各个组成"部分"并不完全一样。每一片都从不同的角度展现整体图像，就好像从遮光窗户开出的不同小孔里观察，每一个孔都会从不同的视角看到整体。个人对整体的愿景也与此类似：每个人都从自己的角度，用自己的方法，看更大的共同愿景。

如果再把全息照片的各个切碎部分放到一起，整体的图像不会有根本变化；因为它原本就在每一个碎片里。它只不过变得更加清晰逼真。大家在一起分享共同愿景时，愿景也没有发生根本改变。但它会更有活力、更真实，因为这个心中的未来现实，现在大家真正感到能够实现了。大家有合作伙伴了，有"共同创造者"了，愿景不再由自己单独承担了。以前，在培育个人愿景时，大家可能说这是"我的愿景"。而现在有了共同愿景，它既是"我的愿景"，同时也是"我们的愿景"。

建设共同愿景修炼的第一步就是放弃传统观念，即认为愿景总是从"高层"宣示的，或者从组织的正规计划工作中来的。

在传统等级体制的组织中，没有人会质疑，愿景是从上面发布的。情况往往是，指导公司方向的大局观甚至从不被分享——大家需要知道的就是"出发命令"，执行任务，以实现大局目标。

这种传统的从上至下的愿景，与近年来流行的程序没有多大区别。高管层关起门来写出的愿景宣言（vision statement），还经常有咨询师协助。这种做法可能有助于解决士气低落，或者缺乏战略方向的问题。这个过程有时是以反思为主，有时包括对公司竞争对手、市场情况以及组织优缺点的详尽分析。不管怎样，结果经常都令人失望，原因包括几点。

首先，这种愿景是一次性愿景，是公司战略的一锤子买卖：一次性提出具有指导性的总方向和总体意图。愿景宣言一经完稿印刷，管理层就假设自己现在已经履行了愿景工作的职责。我在创新伙伴公司的一位同事，最近向两位经理人解释我们的团队如何建设愿景。没等他说几句，两位经理人中的一位就打断说："我们已经做过这个了，我们已经写出了愿景宣言。""很有意思，"我的同事问，"那么，你们写了什么？"那位经理人转身问另一位："乔，愿景宣言在哪儿来着？"写出愿景宣言可以成为共同愿景建设的第一步，但是，只有宣言还很难让愿景在组织中产生生机活力。

其次，高管层关起门来写出的愿景宣言，并没有植根于大家的个人愿景。在寻找战略愿景时，个人愿景常常被完全遗忘。或者，这种官方愿景只反映一两个人的个人愿景。各级员工没有机会参与探寻和测试，大家没能理解，也不能"认领"和拥有这种愿景，把它变成自己的东西。结果，这种新的官方愿景也不能激发热情活力和奉献精神——它根本无法鼓舞人心。实际上，有时甚至在写完愿景宣言的高管团队内部，也很少产生激情。

最后，愿景不是解决问题的方案。假如把它看成是解决问题的方案，如士气低落或战略方向不明，那么，"问题"解决以后，愿景的能量也就消失了。愿景建设必须成为领导者日常工作的核心内容，不断进行，永无止境。它实际是全部领导活动的一部分：设计并培育企业所从事事业的"主导理念"（governing ideas）——不仅包括愿景自身，还包括志向目标和核心价值。

有时候，经理人希望，共同愿景能够从公司战略规划过程中来。但是，正如大多数从上至下的愿景过程都会失败一样，大多数战略规划也不能培育真正的愿景。哈默尔和普拉哈拉德认为：

> 创造性的战略思考很少来自年度规划程序。下个年度战略起点，几乎总是今年的战略。改进是逐步累积式的。公司离不开自己

熟悉的领域和范围，即使真正的机遇可能就在别处。佳能公司进入个人复印机业务的推动力，来自海外销售子公司——而不是来自日本本部的规划专家们。[8]

这并不是说，愿景就不能来自高层，愿景恰恰经常来自高层。但是，有时会来自另一些人的个人愿景，而他们并不在权位上。有时候，愿景还会从许多不同层面的人的相互交往中“冒出来”。愿景的源头其实并不重要，它得到分享的过程才是关键。在与整个组织员工的个人愿景相联系和沟通之前，愿景还不是真正的“共同愿景”。

处于领导地位的人必须记住，自己的愿景仅仅只是个人愿景。这一点很重要。仅仅出于领导地位，并不意味着你的个人愿景就能自动成为“组织的愿景”。有时我听见领导们讲“我们的愿景”，就知道他们讲的其实是“我的愿景”。由此，我会想起马克·吐温的话：官方正式场合的“我们”，应该留给“国王以及带寄生虫的人”专用。

想建设共同愿景的领导者，最终还必须不断分享自己的个人愿景，而且还要准备问一个问题，即“你愿意跟随我吗？”这可能是件难事，因为领导已经在全部职业生涯中养成习惯——制定目标然后简单地宣布执行。所以，去寻求支持就会显得很脆弱。

约翰·克里斯特（John Kryster）是一家领先家用产品公司旗下一个大型分公司的总裁，他的愿景是让子公司成为行业优秀企业。这个愿景要求不仅生产出优秀的产品，而且还要以比别人都更有效的方式向“客户”（零售商）供货。他设想了一个独特的世界范围的分销系统，只用以往一半的时间就可以把产品送到客户手上，而成本却只是通常的损耗与重复运货成本的一小部分。他开始和其他经理、生产部门、分销部门和零售商客户谈这件事。大家好像都很热情，但是同时指出，他的许多想法将无法实现，因为与母公司的许多传统政策相矛盾。

克里斯特还特别需要产品分销经理哈丽·苏利文（Harriet Sullivan）

的支持，她在公司的矩阵型组织结构（matrix organization）中虽然与克里斯特平级，但资历多 15 年。克里斯特准备了详细的演示材料，要向她证明新分销概念的价值。然而，克里斯特的每一个数据支持，都遭到苏利文的反驳。演示结束后，克里斯特也觉得怀疑者可能是对的。

然后，克里斯特设计了只在一个局部地域市场测试新分销系统的方法。这样做风险要小，他会得到当地零售连锁店的支持，他们特别热情地接受了这一新概念。但怎么和苏利文说呢？他直觉认为不应该告诉她。不管怎样，他有权自己进行实验，用他自己的分销人员就行了。不过，他又很重视苏利文的经验和判断。

仔细考虑一星期以后，克里斯特又去找了苏利文，争取她的支持。不过，这次他没带演示材料。他就对她说，为什么他认为这个新想法能行，如何借此和客户形成新的合作关系，以及怎样用低风险的方法测试这个想法。令他吃惊的是，那位强硬的分销经理，竟开始帮助他设计实验。“你上周来是要说服我，”哈丽说，“这次，你愿意测试你的想法。我仍然认为你的这个想法是错误的。但我看到你真心在做。所以，谁知道呢，没准儿我们能学到什么。”

那是很多年前的事。今天，克里斯特的创新分销系统，得到母公司大多数部门在全球范围的应用。这个系统显著降低了成本，还成为母公司与零售连锁商更大战略联盟的一部分。

愿景发起于组织的中层，较之发起于上层，其分享和聆听的过程情况基本相同，但可能要花更长时间，特别是如果愿景蕴涵着与整个组织的关联和影响作用。

组织咨询师查理 · 基佛（Charlie Kiefer）说：“尽管愿景能激发热情，但建立共同愿景的过程并不迷人。熟悉共同愿景建设的经理人，都用普通的词汇描述这个过程。‘谈论我们的愿景’只不过变成了日常生活的一部分。大多数艺术家也对艺术创作的过程，没有多大的兴奋。他们只对结果感到兴奋。”用奥布赖恩的话说，“一名有想象力和远见卓识的领导者，不是只作演讲，激励部属。我一天中做的事和其他高管没什么不同。一名有想象力和远见卓识的领导者，就是在保持心中愿景的同时，解决日常的问题”。

真正被分享的愿景，是需要时间才能浮现出来，它是大家个人愿景交流沟通过程中成长出来的副产品。经验表明，真正被分享的愿景，需要不断的沟通，大家不仅要自由表达梦想，还要学会如何聆听对方的梦想。从这种聆听中，新的洞见、新的可能性，才能逐渐浮现出来。

聆听常常比说话表达更难，对意志力超强、凡事都有明确想法的经理人而言，尤其如此。聆听要求有非同寻常的开放心胸，愿意理解各种各样的想法。这不是说必须牺牲我们对“更大事业”的愿景。相反，我们必须允许多种愿景共存，聆听所有个人愿景，以找到超越和整合各种愿景的最佳行动路线。正如一位非常成功的 CEO 所说：“我的工作，从根本上说，就是聆听组织想说什么，然后确保把它明确有力地表达出来。”

愿景的推广：加入、顺从和投入[9]

对当代经理人来说，没有什么话题比奉献和承诺投入更要紧的了。研究表明，多数美国人承认，美国公司员工的奉献和承诺投入水平很低。而另一方面，传说中的外国竞争对手则有很强的奉献精神和承诺投入的员工。这样就刺激美国经理人转向“承诺投入的管理”“高奉献工作系统”以及其他各种方法。然而，在今天的组织机构里，真正的奉献和投入，还是极其罕见的。根据我们的经验，90% 以上被认为是奉献投入的，其实只是顺从。

今天，我们常常听经理人说，要让员工“相信”愿景。我担心，多数情况下这就是一个兜售：我卖，你买。但是“兜售”和“报名加入”有天壤之别。“兜售”一般是指哄骗别人做事，是如果人家掌握全部事实信息，就不会去做的事。相反，“报名加入”，直接意思是“把名字登记在花名册上”，它是个自主选择的过程。而“被兜售”就常常不是自主的选择。

用基佛的话说，“报名加入是通过选择加入某事的过程”。当你不仅报名加入了，并且感到对实现愿景负有全责，那你就“承诺投入”了。我可能彻底被你的愿景吸引，报名加入了，而且，真心希望你的愿景变为现实。然而，那还是你的愿景。如果需要时，我会采取行动，但是，我不会没事就思考下一步要做什么。

例如，人们常常出于真心的愿望，报名加入一项社会事业，比如，纠正一种特定的社会不公。他们每年捐款一次，帮助筹集资金。但是当他们“承诺投入”时，那项“事业”就可以依靠他们了。他们就会为实现愿景去做任何需要做的事。愿景吸纳他们去行动了。有人用“成为资源”来形容承诺投入的人所带来的创造愿景的特殊能量。

当代大多数组织中，很少有报名加入愿景的——承诺投入就更少了。大多数人处在“顺从”的状态。“顺从”，追随，跟着愿景走，让做什么就去做什么。在一定程度上，他们支持愿景。但不会真正报名加入，或承诺投入。

顺从常常会与报名加入和承诺投入相混淆。部分原因是，顺从在如此长的时间里一直是大多数组织中流行的状态。我们已经不知道如何辨认什么是真正的承诺投入了。还有一个原因，即顺从有好几个层次，有些会导致一些行为，与报名加入和承诺投入的情况很像。

对愿景的几种态度

承诺投入（Commitment）：想要、志愿实现愿景；创建任何必要的“法则”（构架）。

报名加入（Enrollment）：想要、志愿在“法则的内在精神”范围内做力所能及的事。

真心顺从（Genuine compliance）：看清了愿景的好处，会做任何分派做的事，而且会多做；遵守“法则的严格字义”，是“好兵”。

形式顺从（Formal compliance）：大体看清了愿景的好处，会做分派做的事，但不会多做；是“还不错的兵”。

勉强顺从（Grudging compliance）：看不清愿景的好处，不过还不想为它丢掉饭碗；分配做的事，不得不做，做得差不多就行了；并且还明确表示：他并不是真心合作。

不顺从（Noncompliance）：看不清愿景的好处，不愿做分派的事；“我不做这个，你不能强迫我做”。

冷漠（Apathy）：既不反对，也不赞成愿景；没兴趣，没干劲儿；“到下班时间了吧？”

现在美国大多数州的高速公路限速，都是每小时 55 英里或 65 英里。真心顺从的人从不超速驾车。形式顺从的人会超速 5~7 英里，因为大多数州不会在这个超速范围开罚单。勉强顺从的人，也会在这个超速范围内开车，但会不停地抱怨。不顺从的人，会把油门踩到底，并想尽办法躲避交警。而真正承诺投入限速的人，即使没有法定限速，他也会在规定的速度之内开车，不会超速。

在大多数组织里，大多数人对组织目标和基本规章，都处在形式顺从或真心顺从的状态。大家跟着“项目”走，诚心实意做出贡献。而处于不顺从或勉强顺从状态的人，通常很明显。他们反对组织目标或规章，其明确的表态方式，要么是通过无所作为，要么（如果是勉强顺从）是通过“恶意服从”：“我会做的，但只为证明这行不通。”他们可能不会公开宣称反对公司的目标，但他们的观点大家还是都知道的（他们内心真正的态度，常常会留在厕所或酒吧里表达）。

这几种不同的顺从状态之间，有很微妙的差异。问题最大的是真心顺从状态，因为它常常与承诺投入或报名加入状态相混淆。典型的“好兵”，真心顺从，情愿做任何分派的事——“我相信开发愿景的人，我会尽一切力量做需要我做的事，以及其他更多的事。”处在真心顺从状态的人，自己也认为是处于承诺投入的状态。实际上他也是承诺投入了，但只是成为“团队的一分子”。

实际上，从工作表现上看，真心顺从的人和报名加入或承诺投入的人，常常是很难区分的。由真心顺从的人组成的组织，在效率和成本绩效方面，会比大多数组织强上万倍。要让大家做的事，不需要重复两遍去吩咐，就完成了。大家反应积极，态度乐观向上，行为举止得当，可能有时有点儿像出苦力的，但也不一定如此。假如高效员工是指主动积极做事，那他们也会有一样的表现。简言之，真心顺从的人会尽一切可能照规则办事，包括正式规章和潜在规则。

然而，顺从和承诺投入还是有巨大差别的。承诺投入的人会带来激情、能量和兴奋，而只有顺从，甚至是真心顺从的态度，是做不到这些的。承诺投入的人，不会循规蹈矩，他会对规矩本身负责。如果规矩妨碍愿景的实现，他会设法改变规矩。一群对共同愿景有真正承诺和投入的人，会产生一股令人敬畏的力量。

普利策奖得主，《新机器的灵魂》（*The Soul of a New Machine*）一书的作者特雷西·基德尔（Tracy Kidder），讲述了数据通用公司（Data General）产品研发团队的故事。一位天资出众的领导者组织了研发团队，要雄心勃勃地开发出一种新型计算机。当时商业环境情况危急，近于危机状态，而研发团队还是在惊人的短时间里拿出了突破性的计算机样品。几年后，我曾访问过书中的团队领导者汤姆·韦斯特（Tom West）及其团队成员，了解到他们的成绩是多么非凡优异。他们告诉我说，在项目的某一个阶段上，曾经有某种关键软件开发的进度滞后好几个月。于是，三名负责工程师一天晚上进了办公室，第二天早上才离开。那天晚上他们所完成的，从任何角度看，都值两三个月的工作量——没有人能解释他们是怎么做到的，但肯定不是顺从心态的结果。

那真心顺从与报名加入和承诺投入之间究竟有什么不同呢？答案很简单，也很有迷惑性。真正加入或投入的人，真心想要一个愿景。而真心顺从的人，只接受一个愿景；也许他们想要，但却是为了别的什么目的——比如，保住工作，或者让领导开心，或者得到晋级。他们不是真想要那个愿景本身，那不是他们自己的愿景（或许，至少他们不知道，那就是他们自己的愿景）。

对愿景的深度分享和高度渴望的投入，也许是个难以实现的目标。一家日常用品公司的执行副总裁，高度渴望把那个很保守的组织变为世界一流的竞争者，方法就是开发对一个新业务愿景的共同承诺投入。然而，经过一年多的努力，大家还是继续听从命令，领导吩咐干什么就干什么。

到此，他开始看到问题的深度。这个组织的员工在整个职业生涯里，从来没有被要求去承诺和投入任何事情。他们职业生涯所经历的，都是要求顺从。结果是，他们只会那样做，那是他们唯一的心智模式。不管他去说什么开发真正的愿景，或者真心投入，都没有关系，因为这些人只能以顺从心态的模式去听。

一开始意识到这一点，这位副总裁马上改变了策略。他问自己："大家可能承诺投入什么呢？"于是，他发起一个"福祉计划"，觉得如果有什么事大家可能承诺投入的话，那一定是他们自己的健康。过了一段时间，有些人这样做了。他们开始意识到，在职场也是有可能真正投入的。于是，大家对愿景的近距离"听力"通道就敞开了。

传统的组织不关心报名加入和承诺投入。命令和控制的等级体系只要求顺从。今天，许多经理人对承诺投入所产生的能量是否可控和可引导，仍然很担心，也很有理由担心。因此，我们会愿意安于顺从，而如果能把状态推向高水平的顺从境界，我们就会心满意足了。

加入和投入指南

招募和报名加入，是个很自然的过程。它既来自你对一个愿景的真正热情，还来自你愿意让其他人有自己的选择。

- **自己先加入**。你自己还没有加入，就没有必要招募别人加入。不然就变成“兜售”，而不是招募报名了。那样的结果可能最好的情况也就是一种肤浅的协议，以及顺从，而更坏的后果是种下日后仇恨的种子。
- **直截了当**。不要夸大利益，或者隐藏问题。愿景描述要尽量简明扼要、直截了当。
- **让对方选择**。你不必去“说服”对方，说愿景有多大利益。你试图说服对方的努力，实际上让人看到操控，反而阻碍对方加入。你越是愿意让对方自由选择，对方越感到自由。对下属这会很难，他们会条件反射般地认为必须跟从。但你还是可以帮助他们留出足够的时间和安全氛围，让他们自己开发对愿景的感受。

有很多时候，经理人需要顺从。经理人可能想要得到报名加入或承诺投入，但不能接受比形式顺从更糟的情况。如果是这样，我建议你坦白地说明：“我知道你们可能不全部同意新方针，但这是管理层目前承诺投入的方向。我需要你们的支持。”公开你对顺从的要求，可以消除虚伪，也会让人更容易做出自己的选择，这可能逐渐包括报名加入。

许多经理人最难于接受的经验教训是，要想让别人加入或投入，你最终没什么可做的。加入和投入必须自由选择。上面的指南，就只是简单列出容易促成报名加入的条件，但不是一定会带来报名加入。承诺投入也是非常个人的事，努力强求的话，最好的情况也只是能得到顺从。

把愿景植根于指导性理念之中

建立共同愿景其实只是更大任务中的一部分。这种更大的任务包括：开发企业的主导理念，企业愿景、志向目标或使命，以及核心价值。与大家日常生活价值观相悖的愿景，不仅不能激发真正的热情，还会引起彻底的玩世不恭。

这些主导理念，要回答三个关键问题："是什么""为什么"和"怎样做"。

- 愿景回答"是什么"——我们追求创造的未来图景。
- 志向目标（或使命）回答"为什么"是组织对以下问题的回答："我们存在是为什么？"伟大的组织有更大的志向目标，超越以往仅仅满足股东和员工的需求。这样的组织会追求把自己变为一个独特的价值源泉，并用一种独特的方法为世界做出贡献。
- 核心价值（core values）回答如下问题："我们怎样做才能符合我们的使命，并从现实一路实现我们的愿景？"公司的价值可能包括：廉正道德、心胸开放、诚实可信、自由、机会平等、精益简洁、公德心、忠贞不渝，等等。这些价值描述公司在追求愿景的过程中，如何进行日常生活和行为。

这三个主导理念作为一个整体，回答"我们相信什么"这一问题。日本松下公司员工朗诵公司信条时，描述了公司的志向目标："认清我们个人的责任，培育进步，促进社会普遍福祉，投身世界文化的进步发展。"当他们齐唱公司的社歌时，他们宣示了公司的愿景："把我们的产品送往世界各地，永无休止，连续不断，就像泉水涌动常流。"而当他们参加内训项目，研讨"公正""和谐与协作""为进步而斗争""礼貌和谦让"以及"感恩"，员工们则在学习公司精心构建的价值观。（实际上松下把这些叫作公司的"精神价值"。）[10]

我深信，人类有真心的需要，成为一个崇高使命的一部分。但是，仅仅用语言描述使命或志向目标是不够的。许多使命宣言读起来好像"做苹果派与为母之道"，既十全十美，又万无一失。人们需要愿景来把志向目标变为具体的、看得见摸得着的东西。我们必须学会给我们将要建设的组织“描绘图画”。志向目标是抽象的，愿景可能是长期的。人们需要“导航之星”，来为日常决策提供指引。但是，核心价值只有变为具体行为时才有意义。比如，开放性是个核心价值，它要求在相互信任和相互支持的总体环境氛围中，开发反思和探寻的技能。

正面愿景和负面愿景

“我们想要什么”与“我们想要避免什么”是不同的问题。这看似明白，但实际上负面愿景可能比正面愿景（positive vision）要更普遍。许多组织只有在遇到生存危机时，才能真正凝聚起来。它们把几乎全部精力都放在避免不想要的东西——被吞并、破产、失业、丢掉市场份额、收入下滑，或者“让竞争对手抢先推出下一个新产品”。在公共管理和领导领域，负面愿景甚至更普遍，当代社会不断受到“反毒品”“反吸烟”“反战”或“反核能”等诸如此类的负面愿景的冲击。

负面愿景的局限性有三点。第一，创新的能量被分散转移，去“防范”我们不想要的东西。第二，负面愿景带来一种微妙但又明确的无能为力的信息：我们大家其实并不真正关心。这种愿景只有在有足够的危险降临时，才能凝聚大家。第三，负面愿景不可避免的是短期的。组织激励只有在危机持续时才有效，一旦危机解除，组织的愿景和精力也就消失了。

激励组织的根本能量来源有两个：恐惧和愿望。恐惧的力量驱使负面愿景。愿望的力量驱动正面愿景。恐惧可以在短期内实现非凡的变革，而愿望则可以持续不断地成为学习和成长的源动力。

创造性张力与对真相的承诺

第 8 章中讲到，释放创新过程能量的关键，不在个人愿景本身，关键在“创造性张力”，即愿景与现实两者之间的张力。最有战斗力的人，能够在“保持”其愿景的同时，持续投入对现实的清醒观察。

这个原则对组织也同样适用。学习型组织的标志不是飘浮于空中的可爱的愿景，而是不折不扣地情愿检查“现实状况”，又有愿景作对照。

比如，20 世纪 60 年代初 IBM 为追求一个大胆的愿景，进行了一系列非同寻常的实验：一个家族系列的计算机，可以把以前所有的计算机全部废掉。《财富》杂志一位专题作者写到，IBM 把“自己的财富、荣誉以及在计算机领域的领导地位”，都压到一个激进的新概念上：用一系列兼容的计算机，来满足最广泛的可能的应用需求，从最复杂的科学应用，到相对简单的商业需要。[11] 福雷斯特曾说，一个伟大的组织的标志，是“坏消息向上传播的速度有多快”。IBM 认识到错误，并从错误中学习的能力，对那个时期是至关重要的。最令人沮丧的错误之一，是早期高端计算机的一个尝试，即 1960 年推出的名为“扩展”（Stretch）的巨型机。1961 年 5 月，在这款机型销售没有几台之后，IBM 的 CEO 汤姆·沃森（Tom Watson）实际上就撤销了这个项目。（沃森把“扩展”的价格从 1 350 万美元几乎拦腰砍下，从而使这一产品的生产变得没有任何经济效益。）对他来说，没有别的选择了：巨型机没有满足客户的需要，它所达到的技术指标从未超过原来承诺的 70%。几天以后，沃森向一个业界小组坦言：“我们在‘扩展’巨型机上最大的错误，是我们登上了本垒，指向中外野看台，挥手击球，却发现不是全垒打，而是强劲平飞球，打到了界外。今后我们对承诺的事，必须要格外小心。”

他们的确格外小心了。很多人从“扩展”巨型机的经历中学到很多东西。在这些人的领导下，IBM 在三年后推出了大型主机 System/360，成为日后十年公司卓越成长的基础平台。

共同愿景与第五项修炼

愿景为何夭亡

许多愿景，尽管具有内在价值，却从未得到生根和推广。有好几个增长极限的模式会起作用，去阻碍新愿景得到发展势头。理解这些模式对持续开发愿景的过程会很有帮助。愿景的传播是因为不断增加的清晰度、热情、沟通和承诺投入，它们会相互加强，成为一种正反馈过程。随着大家交流沟通，愿景变得更清晰。而随着愿景清晰度的增加，大家对愿景带来的利益的热情也会提高。

很快，愿景的传播开始进入一个沟通和兴奋的正反馈。追求愿景的早期成功，提高了大家的热情（这是另一个潜在的正反馈过程，下图没有显示）。

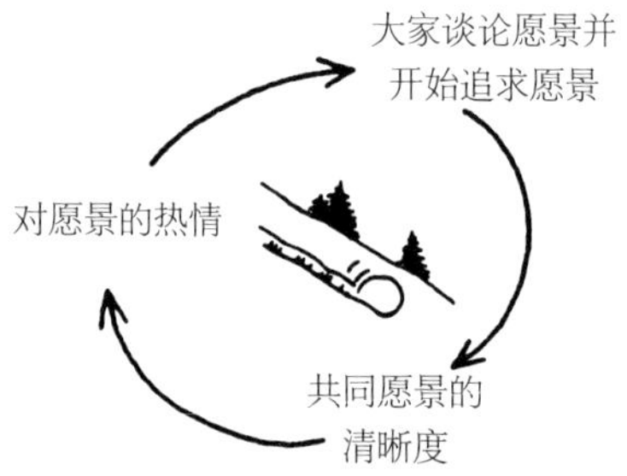

如果正反馈过程能够不受束缚地进行，它能使愿景传播给越来越多的人，并不断提高它的清晰度，增加大家共同的承诺投入。但也存在各种各样的限制因素，其中任何一种都有可能起作用，来减缓这种良性循环的正反馈过程。

随着愿景涉及的人越来越多，不同的观点可能会分散大家的集中关注，并引发无法控制的矛盾。如果发生这种情况，愿景就会夭亡。人们看到的理想的未来各不相同。对于逐渐浮现的共同愿景，不想立刻赞同的人是否必须改变自己的看法？他们是否必须认为，这个共同愿景业已成形，板上钉钉，不再有接受进一步的影响和改变的可能了？他们是否感到，自己的个人愿景根本无关紧要？如果以上这些问题有任何一个的回答为“是”，就会产生一系列愈演愈烈的意见分歧，报名加入的过程也会逐渐停止。

人们对愿景的热情不断提高的正反馈过程，遇到了不断增加的多样化、分歧和限制愿景传播的负反馈过程，形成两者相互作用，这是增长极限模式的经典结构。

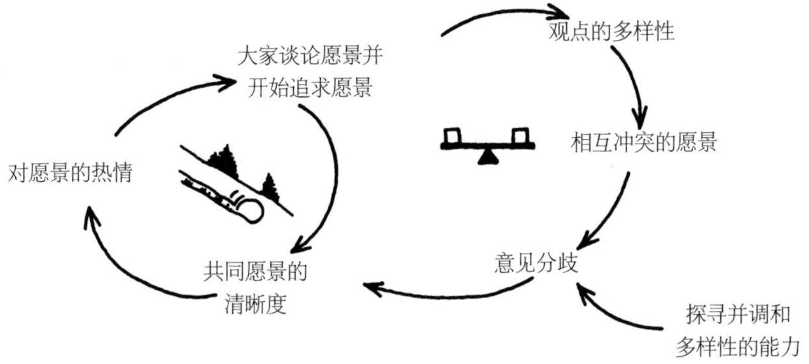

阅读这个负反馈环路图，请从最上端开始，依顺时针顺序：随着热情的高涨，越来越多的人在谈论愿景，结果意见分歧越来越大，最终，人们表述的不同愿景间已存在潜在的矛盾。如果有人不能容许他人表达不同的看法，就会加剧意见的分歧，降低共同愿景的清晰度，限制热情的增长。

在增长极限模式的各种结构中，要发现杠杆作用点，往往要通过理解限制因素、理解引发负反馈作用的隐性目标或规则。在上述例子中，探寻各种不同的愿景并发掘深层次共同愿景的能力（或这种能力的匮乏），就是我们所说的限制因素。愿景的多样性会不断发展，直到它超出组织机构的容量能力，无法“调和”这种多样性了。

要避开这个极限，最重要的是第 9 章“心智模式”中阐释的反思和探寻的技能。形成愿景的过程实际上是一种特殊的探寻过程，它探寻的是大家真正想创造的未来。如果开发愿景的过程变成了彻头彻尾的鼓吹宣扬，那它最多也只能带来顺从，而非承诺投入。

将愿景的形成看作探寻过程，并不意味着人们要舍弃自己的观点。恰恰相反，愿景的开发需要强有力的宣扬。正是那些在宣扬的同时能够探寻他人愿景的人，才使愿景的演进成为可能，并使愿景扩展和超越个人层面成为可能。这正是全息照相的原理。

实现愿景的过程会遇到明显的困难和障碍，大家可能因此失去信心，也可能导致愿景的夭亡。随着愿景的性质越来越清晰，它与现实的差距也越来越明显。大家可能感到气馁和沮丧，产生疑虑和悲观情绪，甚至讥笑挖苦，导致普遍的热情减退。“组织的沮丧情绪”（organizational discouragement）造成的增长极限模式如下图所示。

在这种模式中，限制因素是组织“保持住”创造性张力的能力。这是自我超越的核心原则。所以我们认为，自我超越是发展共同愿景的基石——组织如果不鼓励自我超越，就很难培育对高远愿景的持续的承诺投入。

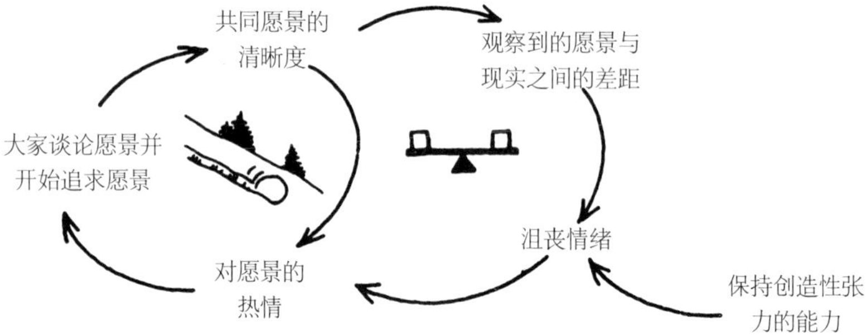

如果人们无法驾驭现实需求，失去对愿景的关注，也会使正在形成的愿景夭亡。在此情况下，限制因素是人们用于关注愿景的时间和精力。

在上述情境中，杠杆作用点必然在于减少用于应付危机和掌控现状的时间和精力，或者将探寻新愿景的人与应对现状的人分开。这很像是一种“臭鼬工厂”战略，即组织中的小团体私下探寻组织内部非主流的新想法。尽管这种做法经常是必要的，但它往往容易形成两个阵营，而且它们最终会两极分化，无法相互支持。

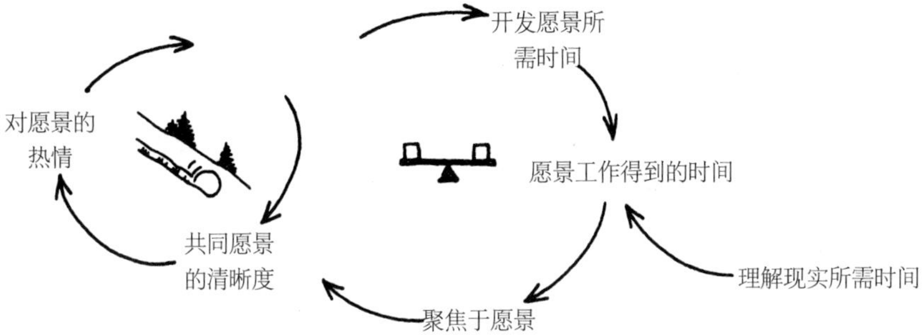

最后，当人们忘掉彼此间的连通性时，愿景也会夭亡。将发展愿景看作众人合力的探寻过程之所以那么重要，这也是原因之一。一旦人们不再询问“我们究竟想创造什么”，一旦大家开始宣扬官方的愿景宣言，组织中正在进行的交流以及从中培养的人际关系都会受到侵蚀。人们渴望建立连通关系，包括与更大的志向目标的联系及与他人的关联，这种渴望是共同愿景最深层的基础之一。连通性十分脆弱，我们一旦不尊重他人，不尊重彼此的观点，就会对它造成损害。于是，我们分化成了内部的人和外部的人，也就是愿景的“真信者”（或“忠实的信徒”）和“非真信者”。如果发生这种情况，为开发愿景而进行的交流，就再也不能激发对愿景的真挚热情了。

导致人们鼓吹劝诱而失去彼此间的连通感的，可能是时间或技能这两个限制因素。如果“登记加入”（sign up）新愿景非常紧急，人们可能根本想不到他们有时间彼此倾听交流。而如果人们没有足够的技能进行这种交流，在分享愿景时无法有效避免鼓吹劝诱、同时又勉励对方反思自己的愿景，那这种情况就尤其容易发生。

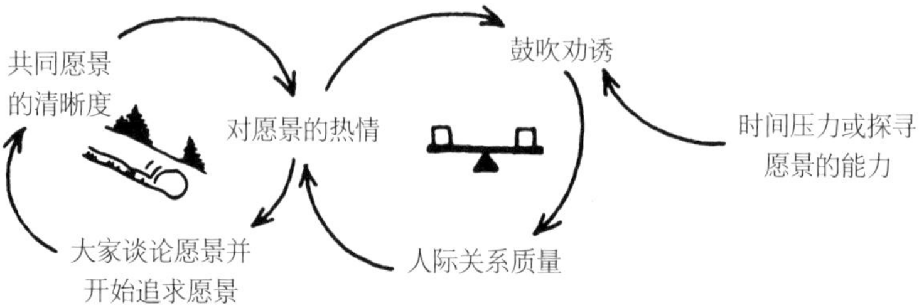

遗漏的协同效益：共同愿景与系统思考

我认为，如果没有系统思考，建设共同愿景的修炼就会缺乏一个关键基础。愿景画出我们想要创造的未来图景。系统思考则揭示我们如何创造了我们的现状。

近年来，许多领导者都赶乘愿景时尚这班车。他们开发了公司愿景和使命宣言，他们努力让大家都报名加入愿景。然而，期望中的绩效和竞争力的提高却往往没有发生，这就让许多人对愿景和建立愿景的修炼产生了不满情绪。糟糕的阶段已经过去了，而新生儿却就要和洗澡水一起被泼出去。

问题不在于共同愿景本身，只要它是精心开发的愿景。问题在于我们对现实的反应倾向。只有在大家深信自己能够塑造未来时，愿景才能成为一种生机勃勃的力量。简单的事实是，大多数经理人没有亲身经历帮助创造现实的过程，因而他们无法看清自己如何能够帮助改变现实。他们认为，问题是由“外部的”或者“系统的”因素制造出来的。

这种态度很难被确实证明，因为在许多组织里，认为“我们不能创造未来”是个危险的看法，所以从未被承认过。有一个很是根深蒂固的观点，即好的经理人和领导者就应该积极主动，掌控自己的未来。如果有人公开质疑组织能否实现它想做的事，那他很快会被贴上“不合作”的标签，成为一个麻烦。

然而，这种“能做”的乐观信念，其实是一种反应式根本观念的外表虚饰。因为主导大多数组织的是线性思考，不是系统思考。事件主导的心态告诉人们，游戏的规则是对变化做出反应，而不是生发变革。事件主导的倾向会逐渐消灭真正的愿景，留下的只是空洞的“愿景宣言”，即那些不能深入人心的美好概念。

但是，随着组织成员开始学会观察现行的政策和行为是如何塑造了大家的现实，就会产生一种新的、更肥沃的愿景生长的土壤。一种新的信心来源出现了，它植根于对塑造现实的各种影响力的深度了解，从那里可以找到影响这些影响力的杠杆。我一直记得我们的研究项目中一家公司的经理，在参加“微世界”计算机模拟强化课程之后的反应。当被问起学习心得时，他回答说：“我发现，我们目前的现实，只是好几个可能的现实中的一个。”

|第 11 章|

团队学习

协同校正的智慧潜力

篮球运动员比尔·拉塞尔在谈到他在波士顿凯尔特人队的经历时说："（我们）是专业球队，和其他领域的专业团队一样，我们的业绩表现既要靠个人的优秀，也要靠我们合作的水平。我们的专长必须是互补的，这个道理没有人需要吃尽苦头才能理解，因为它是个简单明了的事实。我们都在努力寻找更有效的联手方法……在球场外，我们多数人按社会标准说都是古怪的——我们都不是那种与别人混在一起，改变个性去迎合别人胃口的人。"[1]

拉塞尔小心翼翼地解释说，它是一种不同的团队关系，而不是朋友关系，使他的团队表现出众。这种团队关系的经历是他运动生涯中最伟大的时光，超过任何个人的成功："很多时候，凯尔特人队的比赛之热烈，超过身体上，甚至心智上的比赛，它如魔幻般不可思议，很难用语言表达。我可以肯定，在打球时我从未讲过这件事。这种经历出现时，我感到我打球的水平跃升到了新的高度……这种感觉不仅我有，不仅其他凯尔特人队员有，对方的球员也有，甚至裁判也有……在那个时候，各种奇怪的事情都发生了。比赛激烈地进行着，达到白热化，然而我一点儿也感觉不到任何竞争，这本身就是个奇迹……比赛进行得如此迅速，每个假动作、每个穿插和过人都出人意料，然而，这些都不能让我感到惊异。我们那时仿佛处于比赛影片的慢动作放映中。在那段魔力时刻，我几乎可以感觉到下一轮比赛会怎么打，下一次投篮会在什么位置……对我来说，关键是两支球队都必须处于巅峰竞技状态，处于竞争和求胜愿望之中……”

拉塞尔所在的凯尔特人队（13 年中 11 次成为 NBA 总冠军）展示的现象，我们称之为“协同校正”(alignment)，这是指在一组人群中出现一个整体功能的现象。大多数团队中，个人的能量有不同的目标取向，相互交叉甚至矛盾。如果要画出这样的团队，各个成员凑在一起，各有不同程度的“个人影响力”(完成意向成果的能力)，向不同的生活目标和方向使劲儿，就会如下图中所示的情况：[2]

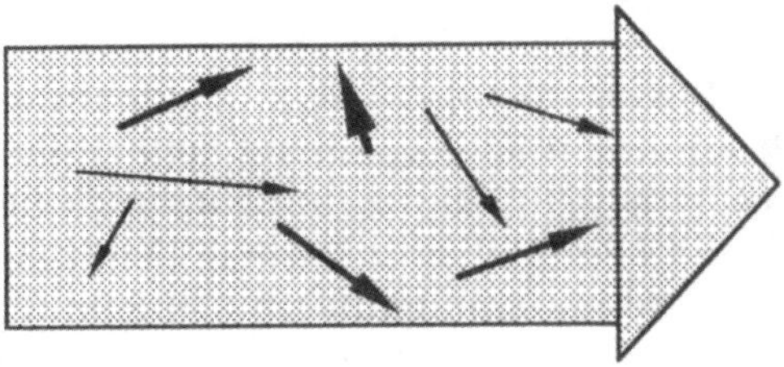

相对缺乏协同校正的团队，其基本特点之一就是浪费精力。团队中的个人可能都非常努力工作，但他们的努力不能有效地转化为团队的绩效成果。相反，如果团队做好了协同校正，就会出现在大家方向上的共同一致，大家的精力和能量也会得到融合与协同，减少了损耗。一种共鸣或协同实际开始出现时，就像激光的“相干”光，而不是灯泡的不相干的散光。在志向目标、共同愿景以及对如何互助互补的理解等方面，都出现协同一致。团队中的个人，并没有为了团队的更大愿景而牺牲个人利益，相反，共同愿景成了他们的个人愿景的延伸和扩展。其实，要在授予个人权力的同时提高整个团队的能力，必要条件就是协同校正。在协同校正水平较低的时候，授予个人权力的做法会加剧混乱局面，使团队的管理更加困难：

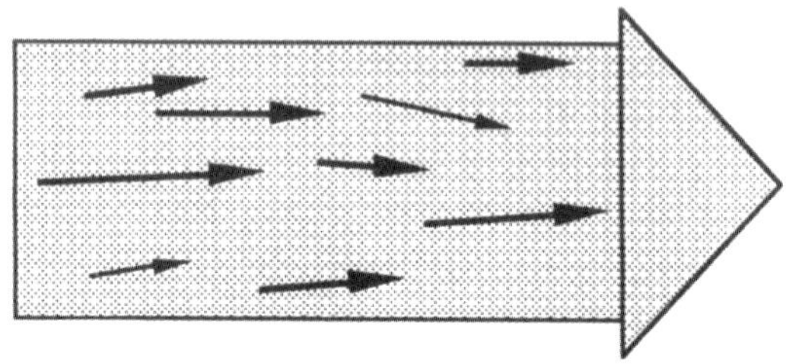

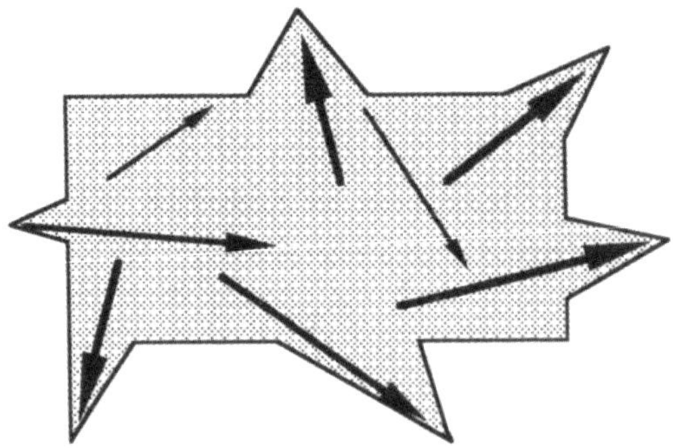

爵士乐演奏家们理解协同校正。他们有一个说法，叫“最精彩的状态”（being in the groove），是演奏小组处于“演奏如一人”的状态。这类经历很难用语言表达——爵士乐演奏家们用近乎音乐的语言来描述：“音乐从你那里流过，而不是从你那里流出。”虽然难以用语言描述，但一点儿也不会影响这些经历的明确性和实在性。我曾和许多经理人交谈，他们参与过的团队曾有过类似这种水平的高超表现。他们会回忆，历时数小时的会议就好像“飞过”似的，记不起“谁说了什么，但知道我们真正达成了共识”，而且“没有投票表决的必要——就是达到了一种境界，我们都知道需要做什么了”。

团队学习是协同校正的过程，是开发团队能力的过程，这种能力会创造团队成员真正想要的成果。团队学习要在开发共同愿景的基础上完成，此外，它还要依赖自我超越的修炼，因为有才能的团队要由有才能的个人组成。但是，仅仅有共同愿景和才能还是不够的。世界上有很多团队，它们都有才华出众的成员，也在一段时间里分享同一个愿景，却在学习实践中落败了。伟大的爵士乐队有天才，还有共同愿景（尽管他们不一定谈论它），但真正的关键是，成员们知道如何一起演奏。

学会团队学习，对当今组织机构来说有着前所未有的重要性。不管是管理团队，还是产品开发团队，还是跨界的特别功能小组，团队——或者用德赫斯的话说，是“为了行动而相互需要的人们”——正在成为组织机构中的关键学习单元。这个原因很简单：几乎所有重要决策，现在都由团队来完成。有时是由团队直接做决策，有时是需要团队把个人决策变成行动。从某种程度上说，个人学习与组织学习是不相干的。个人学习无时不在，但是组织学习却不一定发生。如果团队能够学习，就会成为整个组织中学习实践的微系统。团队学有所得，付诸实践，开发技能，并将其传播到其他个人和团队（虽然并没有人保证一定能传播出去）。团队的成果可以成为样板，为整个组织一起学习建立标准，定下调子。

在组织内部，团队学习有三个关键方面。第一，对复杂问题要有深入的思考和明晰的理解。这里，团队必须学会如何挖掘个人的思想潜力，以超越个人的心智。这说来容易，但组织中有很多强大的影响力会使团队的智能低于个人智能，而不是高于它。这类影响力中，有许多都在团队成员的直接掌控之下。

第二，需要有创新的、协调的行动。体育冠军团队和伟大的爵士乐队是一种比喻，它揭示了自发而协调的行动的特征。出色的团队也会开发出同样的人际关系——一种“操作信任”（operational trust）关系。每个团队成员都保持对其他成员的清晰意识，行动中相互依赖，互助互补。

第三，团队成员对其他团队起作用。例如，高层团队的大多数行动，实际上由其他团队完成。所以，“学习型团队”（learning team）要不断通过广泛传授团队学习的技能和实践方法，来培育其他团队的学习实践。

团队学习是一项集体修炼，尽管它包含个人技能和理解力。因此，如果说作为个人的“我”掌握了团队学习的修炼方法，是毫无意义的，就像说“我掌握了伟大爵士乐队的演奏技能”一样。

团队学习修炼，包括深度汇谈和商讨的（discussion）实践艺术，这是团队交流的两种独特的方法。在深度汇谈中，对复杂和微妙的问题，要有自由的、创造性的探讨，要悬挂或临时忘记自己的观点，相互深度“聆听”。相比之下，在商讨中，不同的观点都摆出来，得到阐述和辩护，同时寻找最佳观点，支撑眼下必须做出的决策。深度汇谈和商讨可以互补，但大多数团队无法区分它们，无法在两者之间进行有意识的转换。

妨害团队进行有效深度汇谈和商讨的强势影响力是存在的，团队学习修炼必须学会如何创造性地面对这些反对力量。这些反对力量的主要表现之一，是阿吉里斯所说的“习惯性防卫”，即保护我们自己和他人不受窘迫威胁的习惯做法。但这些做法同时也妨碍着我们学习。例如，团队成员在面对冲突时经常是“平息”纠纷，或是用毫无遮拦、“成王败寇”和高声混战的方法来“大胆说出”意见——我的同事比尔·艾萨克（Bill Isaacs）把这称作“抽象战争”（abstraction war）。然而，阻碍学习的习惯性防卫同时也蕴涵着很大的促进学习的潜力，前提是要学会如何把它释放出来。第 9 章所讲的探寻和反思技能，可以用于释放这种潜力，以给深度汇谈和商讨聚焦能量。

系统思考尤其容易引起习惯性防卫，因为其核心思想就是自己的行动创造现实。从系统的角度来看，问题来自我们自己的政策和策略，即来自“我们自己”，而不是来自我们无法控制的外力。因此，团队不一定愿意从更系统的观点看待重要问题。我曾遇到不少这种情况，团队认为“我们已经做了系统思考”，宣示了一套系统观点，但并不付诸实践，或是固执地认为"我们没有什么办法，只能去应付这些问题"。这样一来，他们就能成功地回避责任，不用认真探查自己的行动如何引发了自己正在努力应付的问题。与其他分析方法相比，系统思考更要求成熟的团队去开发能力，以深入探寻复杂的、冲突性的问题。

最后，团队学习如同其他所有修炼，需要实习和演练的过程。这正是现代组织团队缺乏的。没有彩排，如何能成就一场伟大的交响乐？没有彩排，如何能成就一场杰出的戏剧表演？不经训练，如何能成就一支体育冠军团队？团队学习的过程，实际上就是从实习演练到实战实践的不断反复的持续过程：演练，实战，再演练，再实战。我们才刚刚开始学习如何创造模拟机会，让管理团队去实习演练。后面是这种做法的一些具体例子。

尽管团队学习很重要，我们对它却还是所知甚微。在我们能够更好地阐释团队学习之前，它一直都会是个神秘的现象。我们无法区分"集体智能"（group intelligence）和"趋同思维"（groupthink），除非我们能发展出某种理论，解释团队在学习时（不是团队中的个人在学习时）所发生的事。相对于"集体智能"，"趋同思维"只是个人在群体压力下的屈服和顺从。在团队共同学习的可靠方法开发出来之前，团队学习都只是偶然发生的事件。这就是为什么说，掌握团队学习的修炼方法是建设学习型组织的关键一步。

团队学习的修炼：让团队智商超过个人智商

深度汇谈与商讨[3]

维尔纳·海森堡[①]的《物理学及其发展》（*Physics and Beyond*）是

① 维尔纳·海森堡（Werner Heisenberg），德国物理学家，量子力学的奠基人之一，他发现了现代物理学著名的"测不准（不定性）原理"（Uncertainty Principle）。——编者注

本非凡的著作。书中论述道："科学植根于交谈，不同人的合作可能最终达成最重要的科学成果。"海森堡回忆了与泡利、爱因斯坦、波尔及其他物理学家的延续了一辈子的交谈。这些伟大人物在 20 世纪上半叶颠覆并重塑了传统的物理学。海森堡说，这些交谈对"我的思想产生了持久的影响"，促生了许多理论，使这些人后来能名扬世界。海森堡的交谈回忆生动具体，富于情感，揭示了"协作学习"（collaborative learning）的巨大潜力——我们在集体中时，比个人单独思考时具有更大的智慧、悟性和洞察力。潜在的团队智商可能比个人智商高出很多。

已故的当代物理学家戴维 · 波姆（David Bohm）曾为刚刚兴起的团队学习修炼做出重要贡献——从海森堡的反思来看，这个现象一点儿都不奇怪。波姆是一位出色的量子理论家，他开发了一套"深度汇谈"的理论和方法，让一组人"对更大的智能流动达到开放状态"。原来，深度汇谈是个非常古老的概念，古代希腊人尊崇它，包括印第安人在内的许多"土著"社会也都熟悉它的实践方法。然而，现代世界已经完全遗忘了它。我们都有过某种深度汇谈的经历——那些特殊的交谈，开始"有了自己的生命"，并把我们带到了事先从未想象或计划过的方向和领域。但这类经历很少发生，它只是情境条件的巧合产物，还不是系统的修炼和实践的结果。

波姆晚期有关深度汇谈理论和实践的著作，独到地融合了两个主要思想流派——这些思想是前文讨论的各项修炼的基础：系统的、整体的自然观，以及我们思想和内心的模式与我们感知和行动之间的互动关联。波姆说："量子理论蕴涵着这样的看法，即宇宙虽然在大尺度上可以近似地描述为可分的、独立存在的组成部分，但它本质上是不可分的整体。这尤其意味着，在量子理论的精度上，观察仪器和观察对象会以不可还原的方式相互作用、相互参与。因而，在这个层次上，感知和行动是不可分的。"

这让我们想到系统思考的某些关键特征，我们会特别注意到，现实的发生经常是我们自己认知指导下的行动所造成的结果。类似的问题也在相对论中出现。波姆于 1965 年出版的《狭义相对论》(*The Special Theory of Relativity*) [4] 开始把系统观点和心智模式更明确地联系在一起。他特别指出，科学的目的不是“知识的积累”(因为所有理论最终都会被证伪)，而是创造“心智图谱”(mental maps)，指导我们形成感知和行动，让我们不断“在自然和意识之间交互参与”。

然而，波姆最突出的贡献，还在于他认为思想“主要是集体现象”，这给团队学习提供了独到的洞见。波姆早期就注意到了一个类比现象，即粒子的集体特性(如“电子海”的系统范围运动)，与我们思考方法的特征很相似。后来，他认为这个类比很重要，可以帮我们揭示普遍的“反效果思考”(counterproductiveness of thought) ——几乎在人生的每个阶段，我们都能看到它。波姆认为：“我们的思考是不连贯的，结果事与愿违，产生了反效果，这是世界上许多问题的根本所在。”但是他认为，由于思考在很大程度上是集体的，我们就不能仅用个人的方法来改进我们的思考：“和电子一样，思考也应该被看成是系统的现象，它来自我们交往和交流的互动方式。”

交谈的类型主要有两种：深度汇谈和商讨。对有能力不断进行生成性学习的团队来说，两者都很重要，但其效力来自两者的协同整合。如果对两者的区别没有清晰的了解，就不可能对它们进行协同整合。

波姆指出，“商讨”(discussion) 一词的词根与“撞击”(percussion) 和“震荡”(concussion) 相同。它就像“打乒乓球一样，我们把球打来打去”。在这样的游戏里，大家共同感兴趣的主题，可能会基于各参与方的多种视角而被分析解剖。这显然很有用。游戏的目的通常是“取胜”，而在这里要取胜，就是要让大家接受你的观点。你可能有时也接受别人的部分观点，但目的只是为了增加自己的观点的说服力。从根本上说，你还是想让你的观点获胜。这样持续把注意力放在赢得胜利上，并不符合协调性和真相优先的原则。波姆认为，我们需要一种不同的沟通模式，即“深度汇谈”模式，来改变这种优先选项。

与商讨一词相对照，“深度汇谈”(dialogue) 一词来自希腊语 dialogos：dia 意为“通过”，logos 意为“词语”，更广义的时候指“意义”。波姆认为，这个词的原意是“意义的通过或流过……是意义在人与人之间的自由流动，从某种意义上说，好比河水在两岸之间的流动”。[5] 在深度汇谈中，一组人可以接触到更大的“意义共享池”(pool of common meaning)，而这个共享池单靠个人是接触不到的。它意味着“由整体来组织各个部分”，而不是试图把各个部分拉到整体中。

深度汇谈的目的是超越每个个人的理解力。“在深度汇谈中，我们不是要赢得一方的胜利，相反，如果做的得当，我们大家都赢得了胜利。”个人在深度汇谈中所获得的洞悉，根本不能单靠个人自己达到。“通过发展共同分享的意义，新的心智开始出现……大家不再处于对立面，也不能说是在相互影响。大家在参与这个意义共享池，它能够自身不断地发展和变化。”

在深度汇谈中，一组人从许多不同的角度来探索复杂、困难的问题。大家都“悬挂”或暂时忘记自己的假设，又可以自由沟通这些假设。这引发了自由的探索，使大家的深层经历和思想都浮出水面，同时又能超越个人的观点。

波姆认为，“深度汇谈的目的，是揭示我们思想的不连贯性”。不连贯性有三种。一是“思想否认自己的参与特性”。二是思想“只在自己运转，就像程序在运行”，而不探索现实。三是思想建立自己的参照标准来解决问题，而这些问题本来是思想自身参与引发的。

以偏见为例来说明。一旦我们开始接受对某个特定人群的成见，这个“思想”就变成代理，会积极主动地“参与”决定我们如何与那个特定人群打交道。而我们打交道的态度又反过来影响了对方的行为。心存偏见的我们，却没看见自己的偏见在决定着我们的“所见”所为。从某种意义上说，假如我们能看见，我们就不会再有偏见了。偏见要起作用，偏见之“想”就必须隐藏在它主人的视野之外。

“思想（在我们面前）表现着（present）（我们）自己，还假装它什么都没有代表（represent）。”我们就像演员，却忘了我们在扮演着角色。我们陷在自己思想的剧院里。[①] 这就是波姆所说的，思想开始变得“不连贯”了。我们开始在剧院里运作，界定问题，采取行动，“解决问题”，而与剧院外面更宏大的现实相脱节了。

深度汇谈的方法，帮我们“看清思想的代表特征和参与特性，（而且）……更敏锐地察觉我们思想的不连贯性，并建立一种安全感，让我们敢于承认自己思想的不连贯性”。在深度汇谈中，我们成为自己思想的观察者。

我们观察到了什么？我们能观察到自己思想的活跃性和积极参与性。比如，在深度汇谈时如果发生冲突，大家很可能意识到紧张气氛，但是，紧张气氛就是从我们的思想中来的。大家会说：“是我们的思想，我们执着自己思想的方式，在发生冲突，并不是我们本身。”一旦大家看清自己思想的参与特性，就会开始把自己和自己的思想区分开来，还会开始对自己的思想采取更有创造性的姿态，从而减少反应式的立场。

在深度汇谈中，大家还会开始看到思想的集体特性。波姆说，“大多数思想有集体性根源，每个人会自己有所加工”，但主要来源是集体性的。“比如语言，就全部是集体性的。”波姆说道，“而没有语言，我们所知道的思想就不存在了。”我们所持的假设大多数来自我们文化所接受的假设之库，我们很少有人学会真正地“自己独立思考”。即使真有人这样做，他也一定会像爱因斯坦所说的那样，“要被误解”。

大家还会开始观察，与自己的“思想”不同的、正在进行中的“思考”过程，以及这种思考的过程与结果的差别。波姆认为，这对纠正我

---

① “剧院”（theater）一词，和“理论”（theory）一词有同样的词根，theoria, 意思是“看”。

们思想的不连贯性是非常重要的。

假如集体思考是正在流动的溪水，“思想”就是漂在水面上的树叶，被冲到了岸边。我们聚集在树叶里，给我们的感觉是处在一些“思想”中。我们误认为这些思想是我们自己的，因为我们没有看到，它们原本来自集体思考之溪流。

而在深度汇谈中，大家开始看到溪水在两岸之间流动。大家开始“参与这个意义共享池，它能够自身不断地发展和变化”。波姆坚信，我们通常的思想过程就好像一张“粗眼网”，只能打捞到溪流里最粗大的物体。在深度汇谈中，“敏感度”得到了开发，超越了我们熟知的东西，包括我们通常所说的思考本身。这种“敏感度”是一张“细眼网”，它能打捞到思考的溪流中的精微含义。波姆认为，这种敏感度是真正的智能之源。

所以，波姆认为，集体学习实践不仅是可能实现的，而且对挖掘人类智能潜力至关重要。“通过深度汇谈，大家能够相互帮助，认识各自思想的不连贯之处，并由此使集体思想（collective thought）① 越来越连贯一致。我们很难给连贯性下一个简单定义，只能说它是一种秩序感、协调性、美感，或者和谐状态。

这里主要不是要去追求某种抽象的连贯一致的理想。相反，这里说的是，要让所有参与者一起，对不连贯性的各种可能的形式开发出一种敏感度。不连贯性可能表现为矛盾和混淆，但它更根本的表现是我们的思想在制造着我们并不真正愿意看到的结果。

波姆认为，深度汇谈有三个必要的基本条件：

(1) 所有参与者都必须“悬挂”自己的假设，就好比把假设“悬挂在我们面前”。

(2) 所有参与者都必须把其他人看成同事，平等相待。

① 这个词来自拉丁语 cohaerere，意思是“黏挂在一起”。

（3）必须有一位“辅导员”（facilitator）来为深度汇谈“护持场境”（holds the context）。

这些基本条件能够减少沟通交流的阻力，帮助“意义的自由流动”（free flow of meaning）贯通对话小组。电路中的电阻会让电流产生热量（耗散的能量），类似地，一组人群通常的操作运行也耗散能量。在深度汇谈中，有一种“冷能量，就像超导一样”。“热点话题”通常难以驾驭，会引起情绪化的争执和躁动的局面，但经过深度汇谈，就变成了可探讨的议题，甚至变成通往深层智慧的途径。

悬挂假设（suspending assumptions）。把自己的假设“悬挂”起来，就是“托住”假设，“就像‘挂在你面前’，对质疑和观察评论保持开放和欢迎姿态”。这不是说放弃和压制自己的假设，不去表达它。不是说持有自己的意见就是“坏事”，也不是说我们应该取缔主观性（subjectivism）。相反，这里的要求就是意识到自己的假设，并把它拿出来接受检查。如果我们总想为自己的观点辩护，就做不到这一点。如果我们意识不到自己的假设，或者意识不到自己的观点只是基于自己的假设而非无可辩驳的事实，那就同样做不到这一点。

波姆认为，一旦有一个人“坚持立场”，摆出决不妥协、“就是得这样”的姿态，就破坏了深度汇谈的流动性。波姆打个比方说，这就如同在“利刃”之上的平衡游戏，如临深渊，因此“我们总想脱离悬挂假设的危险状态……而采取不可谈判的僵硬观点，这样心里才觉得踏实，还会加强为自己的观点辩护的冲动”。

例如，一家很成功的高科技公司的高管团队最近做了一次深度汇谈（详情见后）。大家认为，由于研发部门在公司中的地位较高，公司研发部门与其他部门之间存在一条“鸿沟”。公司 30 年的创新史，是这条鸿沟的根源：好几项重大创新产品，真都是在他们那里开创的，后来也都成为产业标准。产品创新是公司市场声誉的基石。所以，尽管那条鸿沟造成了许多问题，但还是没有人谈论它。大家觉得谈论这个问题，也许会挑战公司长期重视的科技领导力的价值，也会质疑那些富有创新精神的工程师追求自己产品研发愿景的价值。而且，负责研发的二把手也在场。

在讨论悬挂所有假设的条件时，市场营销主管问道："是所有假设吗？"听到肯定的回答后，他看上去一脸疑惑。随着对话深入，他后来承认他有一个假设，即研发部门认为自己是公司的"火炬守护者"，这使他们不愿意看到市场信息对产品开发的可能影响。研发部门经理回应说，他也曾假设其他人都这么看他。而且让大家都吃惊的是，他觉得这种假设限制了研发部门的工作效率和工作能力。他们两个人都分享了各自作为假设的假设，而不是把假设作为确凿事实。后来的深度汇谈开启了一场激动人心的观点勘察，其开诚布公的水平和战略含义的深度，都是前所未有的。

悬挂假设很像基本的反思和探寻技能，包括观察"跳跃性推断"和"探寻抽象推断背后的理由"，如第 9 章"心智模式"中讲述的那样。但在深度汇谈中，悬挂假设必须在集体中进行。托住悬挂的假设，是一项团队修炼。假设可以托起，并与别人的假设进行相互对照，所以它能使团队成员看清自己的假设。波姆指出，悬挂假设是件很难的事，因为"思想本身的特点不断诱惑我们采取'就得是这样'的幻觉观点"。悬挂假设的修炼是这种幻觉观点的对症药。

相互看成同事。只有当一组人能将彼此相互看成平等的同事，共同携手探索深层智慧，澄清思想，才会有深度汇谈。相互看成同事为什么重要呢？因为思想是参与性的。在思考中有意识地把对方看成同事，就会以帮助同事的方式来交流沟通。这听上去可能很简单，但会产生重大深远的影响。

相互看成同事，对建立正面的心态及弥补深度汇谈带来的心理脆弱都非常关键。在深度汇谈中，大家其实会觉得好像在建设什么东西，好像在开发一种深沉的理解力。相互看成同事和朋友，听上去很简单，实际上却非常重要。我们和朋友的交谈，就与和不是朋友的人的交谈不同。有趣的是，随着深度汇谈的深入，团队成员之间，甚至在没有多少共同点的成员之间，会开始发展一种友情。相互看成同事的意愿就是这个过程的必要因素。另外，悬挂假设会产生心理脆弱感。相互看成同事会让大家承认并正视相互的风险，在面对风险时就有了安全感。

同事关系，并不是说你需要同意和分享一样的观点。相互看成同事的真正作用，其实在观点不一致时才能显现出来。如果大家观点都一致，做同事就很容易了。而当观点很不一致时，做同事就难了，但这么做所获得的回报也就大了。选择把对手看成"有不同观点的同事"，能获得的利益是最大的。

波姆曾经怀疑，在组织机构中实践深度汇谈不一定可能，原因就是建立同事关系的条件："等级体系是与深度汇谈对立的，而在组织机构中是很难摆脱等级结构的。"他质疑说："那些身处权位的人真能与下属'坦诚相待'吗？"对组织团队而言，这种质疑有几个方面的含义。第一，每个参与者必须真心想要获得深度汇谈的利益，并把它看得比保持自己的地位和特权更重要。假如有谁已经习惯于因为自己地位最高，所以要让自己的观点获胜，那他在深度汇谈中必须放弃这种特权。假如有谁已经习惯于因为自己地位最低，所以要隐藏自己的观点，那他也必须放弃这种隐蔽观点的安全感。必须消除恐惧，避免武断指责。深度汇谈是很有趣的，它就要求你愿意摆弄、推敲和测试新想法。而一旦大家过于计较"谁说了什么"，或者"可不要说蠢话"，那就不好玩了。

这些必要条件不可轻视。我们见过许多组织团队，如果每个成员事先都清楚对自己的要求，他们就会始终愿意迎接这些要求带来的挑战。我们内心深处都有对深度汇谈的渴望，当深度汇谈聚焦于我们最重视的问题时，这种渴望尤为深切。但这并不意味着我们总可以在组织机构中进行深度汇谈。假如遵循悬挂假设和同事关系的条件没有被所有人接受，深度汇谈就不可能进行。

为深度汇谈“护持场境”的辅导员。没有熟练的辅导员，我们的思想习惯就会不断地把我们从深度汇谈模式拉到商讨模式上。这种情况在团队进行深度汇谈修炼的初始阶段尤其容易发生。我们会认为“我们的思想所表现的就是实实在在的现实，而不是其再现和代表；我们确信自己的观点，并且要让它获胜；我们对公开悬挂自己的假设感到很担忧；我们甚至不能肯定，悬挂‘所有假设’是否会产生心理安全问题”——“不管怎样，有一些假设我必须要坚持，否则就会失去我的身份感和归宿感，不是吗？”

与好的“过程顾问”（process facilitator）一样，深度汇谈过程的辅导员有一些基本的责任，包括帮助大家对过程和结果都始终保持拥有者的态度，即大家对过程中所发生的一切负责任。假如有人开始心怀不满情绪，觉得“某某人”不让我们探讨那件事，那就构成了未悬挂的假设。辅导员还必须继续推进深度汇谈。假如有人开始把对话拉向商讨模式，而商讨实际并不是当下的要求，这就必须辨别清楚，公开指出来，质问对话小组是否还具备继续深度汇谈的条件。辅导员总要非常小心地行事，一方面在对话过程中要提供知识和帮助，另一方面又不能有“专家”或“医生”的心态，因为那样就会把大家的注意力从团队成员自己身上转移开，从而忽视大家的想法和责任。[6]

然而，在深度汇谈中，辅导员要做的还不止这些。他对深度汇谈的理解，会让他仅仅通过参与就能影响对话的进程。比如，有人做了评论时，辅导员可能会说：“但是，反面的情形也可能成立。”除了对对话条件的类似的提醒，辅导员的参与本身就是对深度汇谈的展示。深度汇谈的艺术在于经历意义的流动，在于看到当下需要说出的那一件事。基督教教友派贵格会（Quakers）鼓励其成员，不要简单地说出脑袋里闪出的任何念头，而要只说出自己感到有冲动的想法［说话的冲动和需要，会使自己感到“贵格”（quake），即震动和颤抖］。类似的，辅导员也只说出当下需要说的，不多，不少。这样就会使大家加深对深度汇谈的理解，而且比任何抽象的解释都管用得多。

随着团队对于深度汇谈经验和技能的积累，辅导员的角色就不那么重要了，他可能逐渐变为一个普通的参与者。一旦团队成员开发了自己的技能和理解力，深度汇谈就会从一个“无首”团队中自动呈现出来。在一直实践着深度汇谈修炼的社会文化里，深度汇谈通常是没有指定辅导员的。例如，美洲印第安人部落，曾在很高的水平上实践了深度汇谈，却没有正式的辅导员。萨满（Shamans）和其他智者起到了一定的特殊作用，但团队小组自己就能进入深度汇谈。

深度汇谈和商讨的平衡。在团队学习中，商讨是与深度汇谈互为补充的必要实践。在商讨过程中，不同的观点得到阐释和辩护，这能给整个情况提供有用的分析，就像前文提到的那样。在深度汇谈中，不同的观点也得到阐述，但阐述的目的是发现新观点。一方面，人们在商讨中作决策，在深度汇谈中则要探索复杂问题。团队必须达成协议、做出决策时，需要一定的商讨，基于大家都同意的分析检验，权衡各种替代观点，发现首选观点（这也可能就是原来的观点，也可能是商讨中出现的新观点）。有效的商讨会凝聚意见，形成结论或行动路线。另一方面，深度汇谈是发散性的，它的目的不是寻求意见一致，而是开发对复杂问题的丰富感悟。深度汇谈和商讨都有可能形成新的行动路线图，不同之处在于新的行动往往是商讨的关注重点，但却只是深度汇谈中可能出现的副产品。

学习型团队能够掌握深度汇谈和商讨之间的转换。两者的基本原则不同，目标也不一样。如果不能区分它们，团队往往就会既做不到深度汇谈，也无法进行有效的商讨。

经常定期实践深度汇谈的团队成员，会发展出一种特殊的关系。他们建立了深度的互信，自然渗透到他们的商讨中。他们对各自观点的独到之处都有丰富的了解。而且他们亲身体验到，“柔和地”保持自己的观点能开发他们更深广的理解力。他们掌握了持有某个立场的艺术，而不是“被自己的立场所持有”。为某种观点作辩护是得当的时候，他们会表现出更多的优雅风度，更少的僵硬固执——“取胜”已经不再是他们的优先选项。

此外，深度汇谈的技能在很大程度上与有效商讨的技能完全一致。这些技能就是第 9 章“心智模式”中讨论过的探寻和反思。深度汇谈之所以如此重要，原因之一就是它能建立安全的环境，让这些技能得以精研提升，让团队深度学习实践的探索和发现得以开展。

反思、探寻与深度汇谈。在波姆的思想中，我们看到了与第 9 章中“行动科学”方法的深层共鸣，包括公开自己的观点、接受他人影响的重要性，以及把自己的心智模式与现实本身相混淆的危害性。波姆的观点的独到之处，在于他揭示了在一组人群中可能发生的“新”景象：团队成员能超越行动科学专家指出的无能状态。此外，波姆的深度汇谈是一项团队修炼，不可能仅靠个人完成。

深度汇谈的愿景，包括“更大的意义共享池”这一假设。共享池只能由集体接触到。这个观点乍看上去很激进，但对一些经理人却很有吸引力，他们经过长期的摸索实践，对集体探寻和建立共识过程的微妙之处已是颇有感悟了。

这些经理人在初期阶段就学会了区分两种类型的共识：“向下聚焦”型共识，即从很多个人观点中找出共性，或公分母；和“向上开启”型共识，即寻求超越每个个人观点的更大图景。第一类共识，要从个人观点的“内容”中建立起来——要发现我的观点中哪些内容也能被你和其他人接受。这是我们的“共同点”，我们根据它可以达成一致。

第二类共识，要基于以下的思考：我们每个人都有一个“观点”，它是一种观察现实的方法和视角；每个人的观点都给观察更大范围的现实提供独特的视角；如果我通过你的视角“看出去”，你也通过我的视角“看出去”，那我们就会看到自己一个人无法看见的景象。

如果深度汇谈意味着一个独特的团队学习的愿景，反思和探寻的技能就是实现这一愿景的必要元素。个人愿景会给建立共同愿景打下基础，反思和探寻的技能也会给深度汇谈和商讨打好基础。有了反思和探寻技能的根基，深度汇谈的出现就更有保障，不需要依赖像团队成员之间的感情这样的特定环境因素。

面对"现实"：冲突与习惯性防卫

伟大的团队并不是没有冲突的，这与流行的故事和传说不符。就我所知，不断学习实践的团队最可靠的特征，就是看得见的思想观念冲突。在伟大的团队中，冲突能变成富有成效的创新力。对愿景的关注可能产生冲突，也一定会产生冲突。实际上，"形成愿景"过程的核心，就在于共同愿景从不同的个人愿景中逐渐浮现出来。即使大家分享一个共同愿景，也会对如何实现愿景有许多不同的看法。愿景越是高尚，我们对如何实现愿景就越是不确定。相互冲突的观点能够自由流动，对创造性思考是至关重要的，它对发现新的解决方案也至关重要，因为单凭个人努力无法完成这样的方案。冲突会成为持续的深度汇谈过程的一部分。

与此相对的平庸团队，会有一两种不同的关于冲突的情况，要么是表面上没有冲突，要么就是僵硬的两极分化。在"表面光滑"的团队里，成员们认为，为了维护团队团结，他们必须压制冲突观点——假如每个人都各抒己见，不可调和的差别就会把团队肢解拆散。而在两极分化的团队里，领导"高声讲话"，大家也都清楚各自的立场，但相互冲突的观点根深蒂固，彼此不会妥协和松动。

40 多年来，克里斯·阿吉里斯[①]和他的同事们研究了这样一个困境：

① 克里斯·阿吉里斯（Chris Argyris），美国心理学家，组织心理学与行为科学的先驱，当代管理理论大师，组织学习理论的主要代表之一。——编者注

为什么聪明能干的经理人往往无法在管理团队中进行有效学习？他们发现，伟大团队与平庸团队的区别，在于它们如何面对冲突，如何处理冲突带来的不可避免的习惯性防卫。阿吉里斯说："我们天生的程序化倾向就是启动习惯性防卫，然后用更多的习惯性防卫去掩饰……这种程序化倾向在人生早些年就出现了。"[7]

第 9 章"心智模式"中讲过，习惯性防卫是人们根深蒂固的防卫习惯，在自己思想暴露时用来保护自己，防范随之而来的窘迫和危险。习惯性防卫是保护我们深层假设的外壳，它在防御痛苦的袭击的同时，也妨碍我们去了解痛苦的起因。根据阿吉里斯的研究，习惯性防卫的根源不在于对自己观点的信仰，也不在于对维持社会人际关系的渴望，这与我们一般认为的情况有所不同。阿吉里斯发现，习惯性防卫的根源，在于人们害怕暴露自己观点背后的考虑。阿吉里斯说："习惯性防卫的推理……妨碍我们了解自己推理的有效性。"[8] 对我们大多数人来说，暴露自己的推理过程是危险的，因为我们担心别人会发现其中的谬误。这种想象中的对暴露思想的危险的担心是从小时候就有的，大多数人先后在学校中和职场上不断强化了这种担心——还记得被叫起来以后，没有给出"正确答案"的心理创伤吧？

习惯性防卫种类繁多，随处可见，却通常被人们忽视。我们说"那个想法很有意思"，但其实并不想探讨它。我们有意与对方对峙，压制某个想法，不愿接受或考虑那个想法。我们也可能以帮助某人为由而包庇他，为他抵挡外界的批评，但同时也妨碍了我们深入困难的问题中去。困难的问题一出现，我们就转换话题——表面上假装礼貌、尊敬和"举止"得当。

最近，有一位强势 CEO 向我抱怨说，他的组织里没有"真正的领导人才"。他觉得他的公司里都是些俯首帖耳的顺从之人，没有承诺投入的远见卓识之士。他觉得自己有娴熟的沟通能力，又善于承担风险，所以感到特别失落和烦恼。其实，他畅谈他的愿景时，是如此明晰有力、才气逼人，周围的人都有畏惧三分的胁迫感，所以他的观点很少受到公开的挑战。他可能不认为这种强势是一种防卫策略，但如果认真检讨，他就会看到其效果恰恰如此。

最有效的习惯性防卫，就像这位强势 CEO 那样，是我们看不见的。那位 CEO 表面上希望激励别人表达自己的思想，但他那盛气凌人的作风，一定会阻止别人这样做，从而保护他不被别人挑战。如果用有意识的策略语言来表达，这种防卫心态是显而易见的："通过威逼恫吓，让对方采取防范措施，使他们无法直接面对我的想法。"假如那位 CEO 看到这个对他的策略的赤裸裸的解释，他肯定会矢口否认。只有当事人浑然不知，保持无意识的隐匿状态，才能使这种策略有效运转。

在有些组织中，人们会把认识不完善或不正确看作是一种弱点，甚至是无能。在这类组织中，习惯性防卫会带来更严重的问题。许多组织的经理人都有一种根深蒂固的心智模式，认为经理人必须掌握各种实际情况。如果经理人不知道某个问题的原因，是根本不能原谅的。升到高管层的经理人都深谙此道，总显出"一切皆在我掌握之中"的样子。而那些想向高管位置上爬的人，很早就学会了一副自信无所不知的姿态。

把这种心智模式内化成自然习惯的经理人，会陷入两种困境。有一些人真把这种自信的姿态内化于心，他们简单地相信他们有解决大多数重要问题的方案。而要保护自己的自信，就必须拒绝接触不同的观点，免受外来影响。他们的困境是，要想保持自信就必须维持僵硬的立场。另一种人觉得，人家都认为他应该知道是什么造成了那些严重的问题，但是内心深处的他还知道，解决这些问题会涉及很多不确定因素。他们的困境在于，要保持自信的外表，就必须隐藏自己的无知。不管处于哪种困境，认为自己必须知道答案的经理人都是自挑重负。于是，重压之下会精于习惯性防卫，避免暴露他们决策背后的思考，进而保住高明决策者的光环。

这种防卫心态成为大家接受的组织文化的一部分。阿吉里斯说：

“不管我什么时候问起下面的问题……是什么使得大家在组织中做政治角力游戏？他们都会回答说，那是人性使然，也是组织的特性……我们从事习惯性防卫活动，组织就是个舞台，就是东道主。一旦组织染上这种习惯，它们也会成为习惯性防卫的参与者。”[9]

团队是组织的微系统，习惯性防卫成为组织的特征模式，根植于团队，这一点儿都不奇怪。它会阻碍团队的能量流动，而这种流动本来是可以激发共同愿景的。陷入习惯性防卫活动的团队成员，会感到四面都是陷阱和高墙——它们妨害和阻隔集体学习的实践。

团队习惯性防卫活动可能很微妙难测。要理解这一点，可以考虑ATP产品部的案例。那是一家创新能力很强、权力高度分散的公司最近成立的部门。（公司及其职员在此用假名。）吉姆·泰伯，33岁的部门主管，对自由和地方自治的公司价值观有深层认同。ATP产品开发是基于某项印刷电路板的新技术。泰伯对产品很有信心，他的个性非常热情奔放，天生是大家的啦啦队队长。同时，他的管理团队成员也分享他的热情，每天工作时间很长，对未来充满希望。

他们的努力有很高的回报，订单连续几年快速增长（年增长率为30%~50%），1994年达到了5 000万美元的年销售额。但是在1995年，订单却突然下降，带来了灾难性的后果。[10]两家主要微型机生产商曾对ATP的技术深信不疑，以致把ATP线路板纳入它们新的硬件产品设计中。但是，1995年的微型机产业下滑一出现，这些生产商就停止了新产品线，这导致ATP当年的订单有50%落空。1996年，情况并未好转。泰伯后来被撤了职，留在公司做了一名工程师。

ATP什么地方出了错？他们的热情自信，使管理团队陷入了内部不协调的战略思考。管理团队有激进的增长目标，部分原因是要取悦公司上层，但也是由于他们对产品深信不疑。为了达到目标，营销团队受到很大压力，他们的对策是与几家主要客户建立大量业务关系，对它们产生了严重的依赖。而当其中的一些大客户的业务出现问题时，ATP就遭殃了。

ATP 管理层为什么认可这一营销策略，使自己陷入脆弱的境地？为什么公司总部上层不干预新部门的年轻经理人，让他们扩大客户群的多样性呢？问题的核心是：一系列习惯性防卫活动都深藏于“转移负担”的结构模式中。

如阿吉里斯所述，习惯性防卫是对某种问题的反应。这里，问题是需要学习。这种需要来源于已知与未知而又须知之间的差距。根本“解决方案”就是探寻，以便带来新知识和新行为习惯——这就是学习实践。然而，对学习的需要也是一种危险。个人和团队在面对这种危险的时候，就会有防卫反应。这导致了“症状缓解法”，即习惯性防卫——通过降低对学习的想象的需要，来消除学习差距。

ATP 的所有主要角色，都陷入了自己特别的习惯性防卫活动中。好几位 ATP 经理人都曾表示，他们对过于依赖狭窄的客户群感到担忧。管理团队会议提出这个问题时，大家都认为这是个问题。但没有人针对它做过任何事，因为每个人都太忙了。为了完成挑战性很大的增长目标，ATP 经理们快速扩大了产能，对接受新订单工作产生了巨大压力。于是，他们就管不了订单是从哪里来的了。

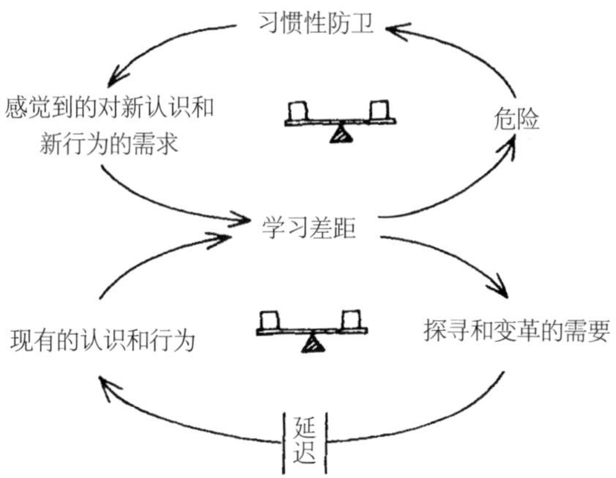

泰伯的上司，公司总部的经理们，也陷入了类似的困境。他们也对过于狭窄的客户群表示了担忧。有些高管私下还对泰伯建立长期增长业绩的能力表示过质疑。但他们也深信公司的价值观理念，不破坏部门主管管理自己业务的权威。他们拿不定主意，不知道究竟该怎样表示自己的担忧才不至于破坏泰伯的领导权威，于是他们只间接地作了评论，或者干脆保持沉默。

另一方面，泰伯自己也有疑问，但又不愿意在会上向领导提出来。他从未当过部门主管，此时正急于证明自己的能力。他深信自己业务的潜力，对 ATP 的经理人同事们也作了真心承诺，不想让他们失望，也不想让上司失望。所以，他从不谈论自己对 ATP 设定的激进增长目标的怀疑和不安。

ATP 管理团队、公司总部和泰伯的矛盾冲突，都在习惯性防卫的外表掩盖下进入了无声无息状态，从未得到解决。而在团队内部，对基本业务战略的不安情绪也屈服于战略目标的压力，消失不见了。泰伯的公司总部的上司们曾想帮助他，但又怕破坏他的领导力。泰伯需要帮助，又不想表现出无能。工作中流于表面的相互支持、同志友情和“我为人人，人人为我”的姿态，掩盖了他们处理冲突矛盾的实际方式，最终导致了每个人都不想看到的结果。

习惯性防卫越是有效，就把深层问题掩盖得越彻底，大家就越无法面对这些问题，问题也就越来越严重。在 ATP，学习的真正需要并没有消失。因为回避了真正的问题（即如何建立更广泛的客户群），管理团队放任这些问题不断恶化。与所有转移负担的模式结构一样，团队越是使用习惯性防卫手段，就越是依赖它。阿吉里斯写道：“这里的悖论是，习惯性防卫在成功防范了眼下的痛苦的同时，也阻止了我们向如何消除引发痛苦局面的肇事者学习。”[11]

如阿吉里斯进一步指出的，习惯性防卫是“自我封闭的”，它能够隐匿自己的存在。这在很大程度上是由整个社会的习惯规范造成的。这个规范认为：我们应该是开放的，防卫的心态很不好。这使得人们不愿承认习惯性防卫，即使他们知道自己处于防卫心态中。假如泰伯的公司总部上司明确讲出他们的策略，那就会是如下的说法："我们在极力避免质疑泰伯的能力，避免面对随之而来的冲突，这样就能维持表面上支持他的姿态。"假如真的宣布这个说法，他们肯定会矢口否认。而如果泰伯说"我极力避免表达我对我们管理方法的质疑，因为我担心这会使我显得软弱无能"，那么他的防卫策略就会失效。但是，没有人讲出这些感受，因为大家都有同样的担心，而这个担心正是促使大家进行习惯性防卫的始作俑者。

如果你无法轻易讲明你的习惯性防卫，那么在哪儿会找到缓解它的杠杆作用呢？在大多数转移负担的模式结构里，都有两个可能的杠杆作用点：(1) 削弱症状缓解法的效果；(2) 强化根本解决法的作用。削弱症状缓解法效果的方法之一，是消除情绪上的危机感，因为那是习惯性防卫反应的始作俑者。假如泰伯在上司们面前承认他有疑问，而对此并没有感到不适，或者假如他的上司们能痛快地提出问题，那么，各方就都不会那么容易就回避 ATP 策略的根本问题。[12] 学会在习惯性防卫出现的时候处理好它，也能削弱症状缓解法的效果。习惯性防卫要想保持其效果，就必须维持不可讨论的状态。只有大家都假装没有任何习惯性防卫，一切都正常，"什么话"都能讲，才能使团队陷于不可自拔的习惯性防卫之中。

但是，如何才能让习惯性防卫可以被讨论呢？这确实是个挑战。试图"纠正"别人的习惯性防卫，结果肯定是适得其反。如果问某人为什么他一直在以防卫心态行事，他的第一反应一定是抗议："我？我没有什么防卫心态！"只把目光聚焦在别人身上，"对峙者"自己就没有对眼下的局面负起任何责任。就像跳舞总要有两个（或更多）人参与，假如我们看到有习惯性防卫现象出现了，我们自己很可能就是其中的一部分。熟练的经理人能学会如何面对习惯性防卫，同时又不至于引发更多的习惯性防卫。

通过暴露自己，探寻自己的防卫心态的起因，就可以做到这一点。可以尝试说出以下的话："我注意到，这份新建议让我感受到威胁，也许你也一样。你能否帮我检查一下，这种不安到底从何而来？"或"我说的话有道理吗？我想，我说话的方法会让人觉得我对此事既封闭又顽固。但我想听听你的意见，这样我就能有更客观的理解。"（显然，重要的是说话的态度和诚意，不是具体细节。）这两段话都承认，说话人有不安的经历，并邀请对方加入一同探寻其起因。

缓解习惯性防卫的技能，基本上就是那些强化"根本解决法"的技能，这在转移负担模式中已经有所体现，即反思和相互探寻的技能。探寻的方法是暴露你自己的假设和推理，公开接受他人影响，同时鼓励别人也这样做，这就是有效探寻眼下问题起因的方法。以此方法探寻，习惯性防卫就不大可能发生作用。[13]

习惯性防卫的确可能对团队非常有害。但另一方面，如果大家真正承诺投入学习实践的话，团队也可以借此开发能力，转化防卫心态。要求很简单，也并不出人意料：我们要有真正想要的愿景，这个愿景既要包含业务成就方面，例如如何一起工作的方法，也要包含对现实的彻底的承诺。从这个意义上说，团队学习修炼和建设共同愿景的修炼，就是一种"姊妹"的关系。它们能自然地成就团队中的创造性张力。

有了真正的共同愿景，习惯性防卫就仅仅是现实的一个方面了。就像"自我超越"章节中讨论的结构性冲突一样，习惯性防卫的效力也来自无意识状态。团队对真相的承诺，给浮现和承认他们自己的防卫心态提供了特殊的动力。习惯性防卫其实可以成为能量的源泉，而不是一种惰性习惯。

习惯性防卫是一个信号，它告诉我们学习实践处于停滞状态。由此，习惯性防卫还令人惊异地变成了建设学习型团队的盟友。大多数人在产生防卫心态时都会意识到它，哪怕他们不能分清这种心态的来源和模式。仔细想想就会发现，学习型团队最有用的技能之一，就是发现大家不是在反思自己的假设，不是在探寻各自的思想，不是在暴露自己的思想，从而鼓励大家深入探寻。我们感觉到自己的防卫心态时，感觉到要回避某个问题、保护某个人或保护我们自己时，这些都是明确的信号，可以帮助我们重新建立学习的氛围。但我们必须学会辨认这些信号，学会如何承认防卫心态，同时又不激发更多的防卫心态。

习惯性防卫可能是那些特别困难和特别重要的问题的信号。通常，防卫心态越重，大家辩护自己的观点时所围绕的问题就越重要。如果能够有效地亮出这些观点，它们就有希望成为大家相互深入了解思想的窗口。当习惯性防卫遇到自我暴露，遇到平衡与提倡的探究时，团队成员就能看到各自更深层的思想。

最后，随着团队成员学会如何面对习惯性防卫，而不是简单地抵制它，他们就开始建立了自信："我们能超越我们的防卫心态。"习惯性防卫能拖住团队成员的后腿，消耗他们的精力，损害他们的精神。而当团队意识到自己已经超越了阻挡学习实践的障碍——许多人认为那些是必然发生的障碍（像阿吉里斯说的，那是"组织的特征"）——的时候，他们就获得了实在的经历。这让他们意识到，对于现实中的许多东西，他们可能都有能力去改变。

中世纪的炼金术，象征着把最普通的东西（铅），转变为最珍贵的东西（金）的这一过程。学习型团队也在实践一种特殊的炼金术，即把原本可能分裂团队的冲突和防卫心态，转化为学习实践。他们的方法就是通过愿景和技能的培育。通过深度汇谈，团队成员得到了实际的经验，直接地感悟了更大智能的影响和作用。这种经验会加强团队成员的愿景，让他们看到团队运作方面的未来潜力。但是，如果团队不能开发看清现实的方法和技能，如果现实还处在隐匿状态，他们的学习能力就还是不可靠的。没有反思和探寻的技能，当习惯性防卫出现时，他们就会走入歧途——他们的学习实践只能依赖环境条件的偶然因素。

学习型团队的特征，不是防卫心态的消失，而是面对防卫心态的不同方法。承诺学习实践的团队，必须既要忠实地承诺说出他们业务的实际情况，又要忠实地承诺叙述团队自身的实际情况，即他们对叙述“外部的”现实和“内部的”现实都有郑重承诺。要更准确地看清现实，还要求我们同时看清我们隐藏现实的策略和计谋。

这种情况发生时，会有相当大的力量和智慧涌现出来。习惯性防卫实际上成了“封存”我们能量的保险柜。经过开封导引，就可以把能量用于集体学习的实践。随着“防卫心态”的开封，智慧和能量得到开启，团队共同的理解力就能得到建设，团队就会朝着大家真心希望创造的未来阔步前进。

缺失的环节：实习演练

团队学习是一种团队技能，这一点尤其需要强调。一组能力很强的人在一起，不一定能组成一支学习型团队，这就像一群才华出众的运动员，不一定能组成一支伟大的运动队一样。

开发团队技能比开发个人技能更加具有挑战性。这就是为什么学习型团队需要“演练场”（practice fields），即一起演练实习的方法，让他们能够开发集体学习的技能。大多数管理团队几乎完全没有实际的实习演练或彩排，这也许就是阻碍它们成为有效学习单元的主要原因。

“实习演练”究竟是什么？唐纳德·舍恩（Donald Schon）在《反思型实践者》（*The Reflective Practitioner*）一书中指出，实习演练的基本原则是在“虚拟世界”里进行实验。虚拟世界是“真实世界的人工再现”，它可能像建筑设计师的画板那样简单：

> 这里，他们能够勾画并用空间效应的语言，探讨他们的设计动议，并留下描绘轮廓，代表场地上建筑的形态。由于草图揭示了以前没有想象到的特性和关系，设计动议就成为实验……（发现了）

建筑形状不适合地面坡度，而且……教室的尺度太小了。[14]

虚拟世界的实质是允许进行自由的实验。在这里，行动的速度可以加快也可以减缓；非常急速发生的现象可以拉长，在很长的时间段里供我们仔细研究；很长期的现象也可以压缩、加速，以便让我们看清特定行为的后果。没有什么变动是不可逆的。在实际工作条件下不可逆转、不可收回、不可重复的行动，在这里可以无数次重复。对环境的改变可以完全恢复原样，或者部分恢复原样。复杂性得到简化，在实际现实中交错叠加的变量，可以拆开处理。

舍恩描述的建筑师和其他行业专业人员在虚拟世界中的操作，与篮球队或交响乐队的演练完全一样。他们改变动作的速度，就像放慢音乐的节奏和慢动作运球。他们提炼出孤立的部分，以简化复杂性，就像分乐段或乐器组演奏和不设对手运球。他们做反向动作，演练在正式场合无法做的事，如反复演奏一个乐段或一个乐器组，再如反复打同一场练习赛。

有趣的是，在商界仅有的几个能够长期连贯学习的团队案例，似乎就是在能够有效运行虚拟世界的地方发生的。例如，现代广告业的实践就是基于创造性团队的理念，以财会主管、艺术总监和广告撰稿人一起组成团队，紧密合作，这一过程常常持续数年。这些广告团队的成员关系非常紧密，他们经常绑在一起集体跳槽，不拆分团队。广告团队的独特之处，就在于他们一起演练，就像篮球队练习一样连贯和激烈。他们对各种想法进行头脑风暴，然后做实验，在故事板或者实物模型上进行测试；最后才做演示——先给代理商高层演示，然后才到客户那里。

团队学习需要这种经常性的演练。然而，管理团队进行演练的机会却基本上都被剥夺了。诚然，他们进行了关于理念的抽象智力辩论，而且许多团队成员也学会了如何掌握各自的理性观念，常常还学得精准过头。但是他们没有像故事脚本或彩排这样的东西。团队工作的主要成果，是针对具体问题做出的决策，这些决策和辩论往往是在很大的时间压力下进行的，每个决定一经做出，就是最后的决定。决策是没有机会实验的。更糟糕的是，人们还没有机会对不同决策方案的智慧水平高低进行有效的评估，也没有机会退一步考虑并以团队的方式反思如何才能让大家一起努力，以得到更好的决策。

学会如何“演练”：深度汇谈

今天，我相信，团队学习的修炼正在酝酿一场突破，其原因是我们已经逐步学会了如何“演练”。开始时，我们要创造特别的“演练场”，发展团队的联合技能（joint skill），让团队智商超过个人智商。我们还可以建立“学习实验室”（learning laboratories）和“微世界”模型，利用电脑支撑的环境，让团队学着面对复杂商业现实中的动态关联。（关于演练场和学习基础设施，在第 14 章和第 15 章有更多讨论。）

深度汇谈会议，能让团队聚集在一起“演练”深度汇谈，开发它所需要的技能。这类会议的基本条件包括：

（1）整个“团队”（为了行动而相互需要的人）一起参加。

（2）解释深度汇谈的基本规则。

（3）实施这些基本规则。如果任何人感觉未能“悬挂”自己的假设，那么团队就要承认它现在做的不是“深度汇谈”，而是“商讨”。

（4）创造氛围，鼓励大家围绕团队的中心工作，提出最困难、最微妙和矛盾冲突的问题。

我们认为，深度汇谈会议应当看作“演练”，因为它的目的就是培养团队技能。同时，这种会议也确实可能带来重要的实际成果。

数据驱动公司（DataQuest Drives）是一家磁盘驱动器和电脑辅助设备的领先制造商，他们最近举行了一次深度汇谈会议。[15] 数据驱动公司的技术创新的市场形象十分成熟。但公司内部除了由研发部门主导外，领导公司成长 30 多年的魅力非凡的创始人，最近又刚刚退休。一年来，新的高管层虽然有些个别的成功业绩，但却面临着重重障碍。公司的新总裁约翰·麦卡锡（John MacCarthy）面临的挑战令人畏惧：继承一位传奇人物的职位，面对前任未曾担忧过的更困难的商业环境（整个市场过度饱和），面对一个由强势人物组成的团队，以及从未形成整体的工作。

在一场喧闹的重组之后不久，麦卡锡的管理团队就受邀聚在一起进行了为期两天的封闭会议，总裁给他们的邀请信如下：

备忘致：______

发信人：约翰·麦卡锡

主题：特别会议

我想你们都知道，我们公司正在加速变革。在最后敲定我们的战略策略和实施计划之前，我需要你们提供意见。我深信我们有机会增进理解，改善实施变革的方法。

这次会议是一系列深度汇谈的首场，目的是帮助我们理清我们实施的关键战略的假设、计划和责任。我们认为，只有通过更大范围的意见反馈，才能实现连贯一致和毫不含糊的执行力，完成我们的变革和计划目标。这两天的会议就是通过思考我们眼下的主要问题，来达成对各自观点的沟通理解。

这次会议与其说是想要做出决策，还不如说是建立一种氛围，来检查我们决策背后的方向思路和假设。

我们还有第二个目的，就是作为平等的同事聚在一起，把所有的角色和职位留在门外。深度汇谈中我们应当是平等的，独立拥有对我们所考虑的问题的扎实理解。

我们把这次会议看作是建立实质性深度汇谈的第一步，以后，这种做法还应持续下去。经验告诉我们，要进入深度汇谈，就必须有实习演练。这次会议中，我们就要开始学习如何进行演练。有几项基本规则能够帮助我们。我们邀请你参与，并请你尽量遵守这些规则。

基本规则建议：

（1）悬挂假设。人们往往采取某个立场，并极力为其辩护，执着其中，其他人则采取相反的立场。这样的结果是两极分化。这次会议里，我们想检查在我们的目标和战略背后的一些假设，而不是去为其辩护。

（2）以同事的态度交往。我们要求每个人都把自己的职位留在门外。这次会议没有任何特别的等级结构，只不过有辅导员来帮助我们保持不跑题。

（3）探寻精神。我们希望大家开始探索自己观点背后的思考，探索自己可能持有的深层假设，以及导致自己观点的依据。因此，问别人问题是适当的，比如“是什么导致你的这种说法或看法？”或者“是什么使你问起这个问题？”

两天时间里，许多以前不公开的话题都公开了，沟通的障碍消除了，裂痕也得到愈合。对这个组织来说，没有什么能比愈合研发部门和市场营销部门之间的裂痕更重要的了。

研发部门主管乔·格劳维勒（Joe Grauweiler），与市场营销经理查理·史麦斯（Charlie Smyth），10 多年间一直保持着敬而远之的友好关系。两人都对公司的成就感到骄傲，都坚信公司对“参与式管理”、相关的人本理念和组织理想的承诺投入。然而，两人陷入了矛盾冲突，集中代表了阻碍公司不断成长的各种影响力。研发被认为是搞艺术、搞设计以及搞创作。市场营销被自己，也被别人看成是“平民百姓”，他们在卑劣的经销商（对数据驱动公司没什么特别的忠诚可言）的肮脏世界里讨价还价、打折兜售，还得面对怒气冲天的顾客。

研发和营销这“两种文化”，在公司的许多冲突里都有所反映。例如，格劳维勒和史麦斯两人都有自己的产品预算。格劳维勒的预算是针对开发新产品的，史麦斯的预算是针对并购小公司的。由史麦斯来认定，哪家小公司的产品能使数据驱动公司的产品线更丰满，更具市场竞争力。联合两个部门的产品整合计划，尚不存在。营销部门觉得自己被迫进行“外侧迂回进攻”，因为他们觉得研发部对顾客的整体需求反应迟钝。而后来他们发现，研发部觉得自己被排除在许多重要的产品决策之外。随着深度汇谈的展开，格劳维勒表达了深层的担心，令许多人感到惊讶，因为大家一直以为研发部特别看重自己的独立性：

格劳维勒： 让我来就产品策略问题谈谈看法，今天提出来，作为一种辩论练习，就像掰手腕游戏那样。我们实际上逐渐形成了一种分叉式的产品策略，只是还没有将其公开明确。我的依据是，我们还没有把公司的全部能力真正整合，还没有理解公司的实际产品生产和购买的决策过程。我们有一个部门，花钱开发某些产品，有一定程度的自信；而另一个部门也同时在花钱开发产品，却采用了不同的观点。“两者不能相会”，对我来说就是很荒唐的。我们应该有单一的总体产品战略，同时支持研发部门和营销部门。在这个战略下面，我们可以做出各种不同的制造和购买决策。

麦卡锡：我觉得这一点我们都基本同意。

格劳维勒：但我觉得，我们表现出来的却是相反的印象。

其他人：没错。

格劳维勒：这比做得不够好还要严重。我们给人的印象是反其道而行之。

史麦斯：我一直在准备回应，我在考虑我们的产品生产和购买为什么是不同的、分立的决策，它的缘由是什么。目前，看上去两者是分立的……依我看，一个是研发驱动的，专注于解决问题。数据驱动的品牌标签……另一方面，公司还没有投入研发的其他产品，我们就通过“购买”获得。我们得到这些产品，没有通过数据驱动的研发……因为那只是对市场需求的反应，不以根本解决问题为驱动力。但是，可以这样说，我们不想亵渎公司研发部门要做的事，玷污它的纯洁性。

菲利普斯（公司的人力资源副总裁）：我觉得，这引起了大家的冲突。

格劳维勒：一点儿没错！问题就在这里。那是一种凭想象的判断，我不能忍受。让你的人来参与研发决策怎么样？不用你来保护我的“纯洁”。

史麦斯：嗯……我对我们的做法的理由，并没感到不合适。可能有更好的方法来做这件事，但我确实觉得，我们曾经做过决策，决定停止对垂直记录磁盘的投入……那只不过就是常规的烂货，是市场上有人要买，但不是创新，没意思……而我们是要把有限的资源和人才投入数据驱动公司的形象建设上，那就是研发、创新、产品导向……所以，我们才去购买那些更平庸陈腐的东西。

菲利普斯：如果我们今天就做些幻想推测，我也可以说说一直让我迷惑不解的事，研发和营销两边都有份。“研发主导的生产企业”是我们一直对公司的描述。这种说法似乎意味着，没有数据驱动投资进行创新研发的其他产品，都不在公司的范围内。不知为什么，我们自己这样安排，结果产生竞争……

麦卡锡： 那是研发主导的一种定义。你知道另一种定义吗？另一种定义说，假如不是针对新产品，公司其他人都不能从事研发工作。

格劳维勒： 这个我也不喜欢。

菲利普斯： 你说中了第二点，因为我还在对自己说……如果就把现在的总体方向的说法拿出来讨论，不管你决定生产还是购买，都必须基于研发的导向，必须是创新的东西……

麦卡锡： 我觉得我们说到要害了。公司过去一直有些自我封闭，对变化不敏感。让我们骄傲的只有出色的产品研发，这造成了巨大的压力。我建议购买一些小公司，以便让我们起步……我认为你（格劳维勒）帮我们看到的矛盾是……一方面，我们应该向顾客提供他们需要的基本产品，不管这些产品是什么；而另一方面，“如果是我们公司研发的产品，就必须有数据驱动的标签”。你说，不必如此。那个（贴什么标签的）问题应当属于营销决策范围，要根据你的市场定位的策略来决定。这很有帮助……因为我们大多数人一直觉得，如果产品不贴数据驱动的标签，我们压根儿就不用去开发它。

哈德利（公司的生产制造副总裁）： 但是，这又等于说，整个公司都是研究型主导，而不仅限于研发部。包括产品创新在内的一些创新想法，可以来自公司其他部分，不必都走研发部门。

格劳维勒： 我同意。但我不知道为什么必须讲明这个。我绝对不是想挑战你的说法，但我觉得这里有个很让人困惑的推理。我感觉自己被迫担负重任，代表公司过去在研发方面的遗产，其实我自己也不认同它。而且我觉得很有讽刺意味的是，我越是拼命推动公司走进新的现实，你越是确信我们应该回归以往的状态！我觉得这是个很奇怪的进退两难的局面。

哈德利： 而反过来，我觉得，对方的感觉也和你一样。

全体： 对。

哈德利： 我们试图推进公司的成长……似乎遇到阻碍，因为，除非由研发部门主导一切，不然我们不能成为一家研发主导的创新型企业。

格劳维勒： 我什么都没说过！……诸位，我是否可以换个角度？我认为，研发主导的生产企业，这个说法是正确的。我坚信，公司的成功一定会部分地……取决于我们产品研发的卓越能力。任何损害这个主导方向的迹象都使我非常害怕，我们必须有过硬的好东西……好服务、好产品。我并没有说用什么方法达到这个目标，也没有说只有唯一一种方法能开发好产品……我们目前没有很一致或很协调的过程方法来达到这个目标，但我认为我们必须要有。

麦卡锡： 那么，另一方面可能会是这种情况——我认为查理（史麦斯）在市场营销（建立数据驱动独家代理商新网络）方面的一些工作和研发部门的工作一样，都是“研发努力”的一部分。

格劳维勒： 我完全同意。

麦卡锡： 但我们还是会遭遇困境，如果某项投资不能立刻带来回报，对公司的强烈指责就会出现。

格劳维勒： 欢迎光临研发部。

史麦斯： 从这里，我想说两点。在我看来，你的工作可以是研发产品，然后交给外面的生产商生产……对我来说，我们已经浪费了不少产品研发的成果，本来我们甚至可以授权给其他公司生产的……我一直觉得，要让研发部开发出产品，就必须给产品贴上数据驱动的标签，这很不切实际。

格劳维勒： 那一直是对我们项目的限制要求……

史麦斯： 还有另一个问题，市场和研发部门之间一直没有深入沟通的渠道，两者越来越分离……如果我们要面对顾客的全部需求……就必须找到一个方法，让公司各个不同的部门都能看清和理解这些需求。

哈德利： 你开始时问，为什么在研发和市场部门之间有矛盾。在生产和财务部门之间也有矛盾…… 对我来说，就两个词——“授权”或“控制”。总体上讲，我们公司非常倾向于“控制”……他们控制那里，不让我进去，我就得到这里自己搞，因为我根本影响不到那里。我认为这是问题的一些根源——这些问题不一定必然发生，但这确实遍及整个公司层面。

这次深度汇谈的结果，对于数据驱动公司来说真是非同寻常。首先，30 多年来公司的市场和研发部门之间的矛盾开始化解。其次，市场部门补充产品线的“外侧迂回进攻”方法可以停用了。研发部门愿意主动参与并购方案的研究，同时还愿意作为协同开发产品的整体计划的一分子，参与产品的开发，将部分产品贴上其他公司的标签销售。神圣不可侵犯的数据驱动标签，不再限于公司自己研发的产品了，而是可以根据“市场的考虑”来使用。研发主管明确宣布，不再沿袭老套的旧研发观念，不再认为只有研发部门肩负创新的责任。在他看来，其他功能部门都是创新的平等伙伴，包括过程创新、对顾客需求的新理解以及企业管理创新。此外，研发主管还表达了心中的“愤懑”，他从没想过自己竟然被强加了一个老套古板的形象。

团队学习与第五项修炼

系统思考的观点和工具都是团队学习实践的中心内容。

波姆对深度汇谈的全部研究都采用了系统的观点。实际上，贯穿波姆整个科学生涯的主线，就是在物理学中不断推进“整体性”（wholeness）观点。当代思想是集体思考溪流中的“污染物”，波姆对它的主要批判，就是其“碎片化”“支离破碎”“拆解部件的思想倾向”。

与此相似，学习型团队应对习惯性防卫的方法，本质上也是系统性的。不把习惯性防卫看成别人的行为，而把它看成大家共同造成的行为，从中发现我们自己在其产生和持续运作中的作用，就帮我们找到了解决问题的杠杆。假如我们只看到“外部的”习惯性防卫，而看不到它其实也隐藏在“内部”，那我们越是努力解决问题就越会加剧习惯性防卫。

系统思考的工具也很重要，因为管理团队的绝大多数主要问题，如战略开发、建立愿景、设计政策和组织构架等，都要面对巨大的复杂性。而且，这种复杂性不是“静止不动”的，每种情况都处于不断变化的状态之中。

管理团队的最大责任，可能就是应对这些复杂多变的现实局面，但使用的又必须是描述简单、静态问题的语言。管理咨询师基佛是这样描述的：“现实是由复杂多样的、同时发生的、相互依存的‘因—果—因’链条关系组成的。通常的语言描述，就是从现实中抽取的、简单的、线性的‘因—果’链条。这在很大程度上解释了为什么经理人总去寻找低杠杆效益的介入措施。”假如问题是产品开发周期太长，我们就招聘更多的工程师，以缩短周期；假如问题是利润率太低，我们就削减成本；而假如问题是市场占有率下降，那我们就降价促销。

我们观察和思考世界的方法简单而直白，所以我们相信简单而直白的解决方案。对简单“修补”方法的狂热追逐由此而生——这个任务占去许多经理人的主要时间和精力。福特公司“阿尔法项目”（Project Alpha）主管约翰·马诺吉安（John Manoogian）说：“‘寻找—修补’的心态带来了没完没了的短期修补措施，问题乍一看似乎不见了，但它会不停地重复出现。于是我们又去找，又去补——‘找—补’专家们可以永不停息地干下去。”

这个问题在背景多样的跨功能团队里，比如管理团队里，会变得更严重。每个团队成员都有自己的心智模式，主要是线性思维模式。每个人的模式关注系统的不同部分，强调不同的因果链条。于是在常规交流中，整个系统的共享图像几乎不可能出现。这样的交流所产生的战略和策略，通常是在模糊不清的假设之上进一步打了折扣的妥协方案——到处自相矛盾，让组织中的其他人根本无法理解，更别谈实施了。这一点都不奇怪吧？团队成员真是很像寓言中摸象的盲人：每个人都从自己的感知里了解了大象的一部分，都认为整体一定会与他所掌握的那部分一样，都觉得自己的理解是正确的。

只有团队发展出描述复杂事物的新语言，才能改进这种情况。今天，唯一通用的商业语言就是财会。但是，财会解决的是细节的复杂性，不是动态复杂性。它提供的是企业财务情况的“快照图片”，而不能描述这种情况的产生过程。今天，有好几个作为商业语言的工具和框架成了传统财会的替代方法，这包括竞争分析、“全面质量”和使用范围小很多的情景规划法——如壳牌公司开发的那种。[16] 但是，它们都不能有效处理动态复杂性，或者可以说，它们根本就无法处理动态复杂性的问题。

系统基本模式有潜力成为一种商业语言的坚实基础，可以用于管理团队有效处理复杂性问题。像 ATP 那样的团队，随着他们掌握基本系统模式，他们的对话交流自然会越来越多地围绕事件背后的结构模式和杠杆作用点，逐渐减少对危机和短期“修补”方案的关注。

如果 ATP 管理团队熟悉系统基本模式的语言，对每月和每季度销售指标的狭窄关注力会产生的后果，就会明确地暴露出来。他们可能尤其会意识到，当他们施加压力推动销售指标的完成时，营销团队就收到了一个明确信号：“到了紧要关头，最好选择风险低的方法，多卖些产品给现有的顾客，不要冒高风险去争取新客户。”这种“转移负担”的做法，不是去做扩大顾客群的工作，而是去扩大对现有客户的销售，进一步使他们增加对少数几个关键客户的依赖。

假如总公司经理们也能看到并探讨这个结构模式，他们就可能更有效地表达对泰伯管理方法的担忧。与其对如何提出自己担忧的问题犹豫不决，担心对泰伯的管理能力表现出挑剔和不支持态度，倒不如把两个反馈过程交代清楚，并探寻如何才能使他们中的每个人都能更放心地确认：扩大客户群的根本解决方法正在得到足够的关注。

当系统基本模式用于讨论复杂和有潜在冲突性的管理问题时，讨论交流一定会“客观化”。对话变成围绕“结构”与系统性运作的影响力展开，而不是围绕个人特点和领导风格。困难的问题可以用新方法提出来，不会带有对管理层无能的讥讽，也不会暗含批评的语气。相反，大家会问，“负担是被转移到对现有客户的销售，还是相反，去扩大客户群？”“我们怎么知道有这种转移存在？”当然，这正是描述复杂性的语言的好处——它使探讨复杂问题更容易，方法更客观，不带情绪色彩。

如果没有共享的语言来处理复杂问题，团队学习实践就要受到局限。如果团队中只有一个人比其他人能用更系统的观点看问题，这个人的洞见一定会被漠视——因为即使没有别的因素，他也会面临日常语言对线性观念的固有偏见。另一方面，团队如果熟练掌握了系统基本模式的语言，会带来极大的好处，而且掌握这种语言的难度，在团队中其实有所降低。如波姆所说，语言是集体性的。学习一种语言，按定义，就是学习用这种语言与别人交流。所以，使用语言是学习语言的最有效方法。这正是团队学习使用系统思考的语言时会产生的效果。

第四部分　实践中的反思

The Fifth Discipline
The Art & Practice
of the Learning Organization

|导　读|

本部分的内容，是对20次访谈中观点的综合整理，受访者都是我非常钦佩的“学习型组织的艺术与实践”的杰出倡导者。他们背景多样，或来自工商业、政府和非政府组织、初等和中等教育领域，或来自社区组织，是我所接触和了解的众多组织学习实践者的代表。多年来，我一直受到他们的激励。

在英文第一版《第五项修炼》本部分的导读里，我用了“原型”（prototypes）这个词来比喻创建学习型组织的历程和阶段。1903年，莱特兄弟在基蒂霍克的飞行试验，标志着飞机的“发明”。从那时起，到1935年DC-3型飞机成为第一架在商业上获得成功的飞机，这30年间曾经出现过无数个“原型”飞机。（又经过20年，专门技术和基础设施的积累才成熟到一个相当的阶段，使得商业航空完成了关键性跨越，变为一个主要产业。）在那篇导读里，我提出了一点看法是，从技术的发明到其实用性“创新”的成功，是寻求不同的技术开发成果的整合过程。只有通过这种整合集中，才能使创新获得成功。到那时，做个交叉比喻，原型就成功“起飞”了。因此，我当时写道，五项修炼可能成为管理创新领域协同整合的基础。

从 1990 年本书的第一版写成至今，虽然有许多事情发生了，但原型这一基本比喻，似乎仍旧适用。除了实验之外，学习实践还是别无他法，没有已知的既定答案，也没有万能的灵丹妙药。仅有对标杆管理和“最佳实践案例”研究，还是不能满足要求——原因是，原型开发过程不只是按照已有的方法进行渐进改良，而是需要彻底的新观念和新实践，以及它们共同创造的新管理方法。幸运的是，现在情况与当时不一样了，现在已经有许多成功的原型，在许多不同的产业和文化背景中脱颖而出了。

工程上的物质原型，通常要在实验室进行测试。而组织原型却必须马上就面对严峻的现实。当今的时代处于在更深的层面相互矛盾的影响力之中，其特征是，在“情况好转”的同时又“变糟”——这使现实更难于驾驭。一方面，15 年前第一版中阐述的基本观点，现在已经获得广泛认可；而另一方面，对大多数实践者来说，组织的环境氛围却更加艰难了。

福特公司战略主管兼首席信息官马弗·亚当斯（Marv Adams）说：“毫无疑问，学习实践和不断的知识创造，已经得到主流管理学的重视。但这不等于说，无论经营状况好坏，大多数公司都始终如一地广泛传播并实际应用它。”英特尔公司全球制造部门原主要负责人戴维·马辛（David Marsing）认为：“尽管许多公司提高了对文化本身，及其业绩方面的功效和作用的理解，而且还特意设计了考虑文化因素的工作程序，但他们的技能水平和娴熟程度还很低。”私营企业界之外的挑战情况，也没有什么不同。牛津乐施会（Oxfam）英国总裁、英国国家医疗保健系统（British National Health Service）原区域主管芭芭拉·斯托金（Barbara Stocking）说，她一直是个“偏重人的发展的经理人”，“帮助别人发展组织是我的意愿所在。但是这些年来我看到，普遍的变革模式是自上而下的目标驱动，而且，在高管层，很少有人关心人或者组织的成长和发展”。

尽管如此，后面的故事告诉我们，在这些复杂的变流交错和碰撞之中，创新者还是找到了引领变革的空间。他们虽然来自截然不同的组织背景，却受到同一个理念的激发，即一定有更人性化、更有效力、最终也更有创造性的共同工作的方式。作为经理人和组织机构，他们尽管还是少数，却代表着一群人数不断增加的、经验丰富的领导骨干，而在世界范围内，他们正在开始改变流行的管理体系。对根深蒂固的假设和习惯的变革事业，还有其他的方式拔锚启航吗?

|第 12 章|

反思型文化的基础

在我们为本书增订版做的访谈中，有一点让我印象最为深刻：1990 年本书中的核心理念，许多在当时都显得很激进，而现在已经以各种方式融入人们观察世界的方法中，融入人们的管理实践中。这些理念，如后面章节中描述的，现在似乎已经被认真从事组织学习的实践者所普遍接受，它们成为未来工作发展的新的基础。

每位访谈对象，都用这样或那样的方式，寻求建立更富有反思氛围的工作环境，以使深度汇谈成为可能，并使观察自己的理所当然的心智模式成为可能。通过人的成长来推进组织的发展，是贯穿每个故事的核心理念。许多人还谈到一种心态的转变，即从“修补部件”，到把组织看作活的生命系统，它本来就具备巨大的、往往未被开发的潜力，去学习、去进化、去治愈自己的疾病并恢复健康。

建立深度交流的反思型文化

通过交流的变革

BP 公司执行副总裁维维安 · 考克斯（Vivienne Cox）说：“BP 公司

常常让人感觉像是一台业绩导向的机器，而我就是被这个机器训练出来的。15 年前刚开始负责一个业务部门的工作时，我很想尝试一些新想法。我和我的同事约翰和吉恩（我们分别负责紧密相关的两个部门以及这两个部门的联合业务）有一个简单的想法：培育更多的跨越组织边界的合作，分享信息和知识，以便做出更好的决策。

“我们也不确定，怎样才能使这种新型组织模式成功运行。但我们后来决定，最好的办法就是让大家一起交流。如果每个人都能更好地了解别人在做什么，我们就能开始看到各种可能性，进而从中呈现出正确的模式构架和设计方案。我们组织了一系列研习营，大多数集中针对我们当时面对的各类问题，以及解决问题的选择方案。这些交流逐渐形成了新观点，考虑了不同的业务组织方法。我非常惊讶地发现，研习营中出现的观点，并不是我开始时想到的观点，而实际上，我自己的观点是错误的。就像这样，简单地把人聚到一起进行交流，就创造出一系列新的可能性，并带来了业务的改进。”

研习营形成的新观点相当复杂，也很难实施，但后来却成为一个大得多的组织构架的源头——如今，考克斯正在领导着这个机构。

“那些对话交流中出现的主题，后来证明都是根本性的，意义深远，而且给 BP 带来了可观的竞争优势。那项工作也给我的职业生涯带来最大的乐趣。我和约翰、吉恩一起，互相激发了勇气，做出了一些不可能各自单独完成的事。我们学到，文化如何才能被改变，而这个是不可能从上层驱动的文化大变革计划中学到的。

“后来在公司的工作中我曾有过不同类型的老板，包括强势的命令控制型老板。这让我得以反思自己在他们那里的经历的差异。我意识到，为业绩目标导向的领导者工作是怎样的感受：那种在交流中才能经历到的真正的生命体验，那种可能性，在这种环境下被剥夺了。换到新岗位，有了更大的自由，我就继续实验，看如何才能让大家一起相互交流。”

考克斯今天是BP公司职位最高的女性。她阐述的观点很简单，但仍然不被主流管理界理解。尽管大家几乎都提倡增进交流，但领导实际项目所要求的那种开放精神，如考克斯那样，却是很少见的，这也部分由于我们对它还所知甚少。

反思型开放

第一版《第五项修炼》的第四部分，讨论了“参与式开放”（participative openness）和“反思型开放”（reflective openness）的区别。参与式开放也可以叫作“表现式开放”（expressive openness），它是指公开谈论自己的观点。这当然是创造更富有学习氛围的工作环境所需要的重要元素。但是，它很不完整，因而很有危险性。作为“参与式管理”（participative management）理念的延伸，参与式开放在20世纪80年代开始流行。有些组织甚至试图建立正式的组织程序，以便进行开放的沟通。但是，这些努力很多都渐渐消失了，原因是这些方法以及它们的组织支持者根本就没有什么效力。[1]1994年，阿吉里斯在《哈佛商业评论》上发表了一篇经典文章，批评了“阻碍学习的优良沟通”。他认为，正规的沟通技巧和方法，如“焦点小组”（focus groups）和“组织调查”（organizational surveys），实际上就是让员工表达自己的想法，又对矛盾问题以及自己在其处理中的角色和作用，不承担任何责任。这些方法失败的原因，是“无法让人反思自己的工作和自己的行为。不鼓励个人的负责态度，也不能暴露深层的、可能带有威胁性或令人窘迫的信息，而只有这些信息，才能激发学习动机，产生真正的变革”。但是，正如阿吉里斯的话所隐含的，要超越参与式开放，可能会很困难，而对寻求保持控制的经理人，尤其如此。

在许多年间，罗杰·萨朗特（Roger Saillant）曾在福特公司应用组织学习方法，成为公司业绩最好的经理人之一。在20世纪八九十年代的大多数时间里，他被调动于不同的生产基地之间，从北爱尔兰、东欧、中国，到墨西哥。他成功地把其中一些，从原来福特公司最差的工厂，转变为最好的生产基地。在另一些地方，他建设了新工厂，成为制造业历史上无可比拟的最优秀的工厂。其中许多直到今天，即他离开 10 年之后，仍然是福特的顶级生产系统。

那么多年里最让萨朗特惊讶的，不是他的成绩，而是他在福特公司的领导们对他所做的事的反应。萨朗特回忆说："我一直以为，只要我遵守公司的核心价值观和业务目标，就可以按照我的个性和风格行事。当然，我的老板们后来也知道，我激励员工的方法与众不同，所以才做出了那些成绩。但他们从不问我，是怎么做出那些成绩的——我是说，从来没有一个人问过。我一直觉得很困惑，因为我觉得，他们应该对这些感兴趣，以便在别的地方重复这些成功的方法。但他们只是对我说，'你去这里干（新地点），因为我们需要你去做这个'，或者，'如果你去，就会不一样'。假如有人开始问，'你究竟怎么做的？'那他们就会回避和我交流。

"我觉得，他们那种表现的原因是，他们大概也知道我是怎么做的，但又不想深究。在一定程度上，对于要面对那种脆弱，他们还没有准备。也许他们感到有点害怕，那样向自己挑战，那样暴露自己，那样人性化，都意味着什么呀。也不知道什么原因，我就能理解，如果能够与自己的内心沟通，就可以毫无畏惧地公开暴露自己。对于领导者，这可能会很令人恐惧。"

参与式开放是不够的，因为它不能激发承诺投入，不能建立共识，而这些又都是产生真正变革所必须的。正如一位满脸不悦的高管所说的："好像这里隐含的假设就是，所有问题的解决方法都是：大家一起分享观点。"问题的核心是，共同学习始于真正的相互聆听，而不只是对谈。而聆听却并不是件容易的事。反思型开放是向内反省，让我们向内和自己交流，以便更多地意识到我们思想中的偏见和局限，以及我们的思想和行为是如何帮助制造了问题和矛盾的。

反思型开放是心智模式修炼的基石。没有人能把一家公司、一个家庭或者一个国家都装到脑袋里。我们的生活经历塑造了丰富的内心假设和情感，而关于这些系统我们就有了（在最好的情况下也仅仅是）一些成形的观点和假说。培育反思型开放，可以让我们自愿地、不断地测试这些观点。反思型开放的特点，是真正的思想解放，那是深层聆听和真正交流的第一步。这说起来简单，做起来不容易——因为，如考克斯和萨朗特这样优秀的实践者所知道的那样，建设反思的环境，要从我们情愿开放自己入手——如萨朗特所说，自己要变成脆弱的、“暴露的”状态。组织环境如果没有深层的承诺投入来帮助人的成长，没有因此而必须创造的诚信和相互依赖的精神氛围，就不可能做到这一点。

人的成长

现在想一想，我觉得五项修炼中最根本的修炼，就是自我超越——创造组织环境，让人获得真正的成长。今天，大多数公司都支持某种人本的哲理，“员工是我们最重要的财富”，他们花不少钱做人力资源开发，主要通过培训。但是，真正投入帮助人的成长，所需要的绝不止这些。许多年来，我一直听考克斯和萨朗特这样的人讲述他们的经历，而他们的故事中的情感内核，始终是一个。虽然来自广泛的生活经历背景，他们却都发展出一种不可动摇的信念，即坚信人的精神的解放和共鸣会产生内在力量。他们都走在一个终生的旅程上：去发现这究竟意味着什么，以及究竟如何去做。

2005 年，马萨诸塞州伍斯特市的一些商界领袖，启动了首场“纪念奥布赖恩系列讲座”。系列讲座的目的，是通过每年一次的商界领袖演讲，来继承和发扬奥布赖恩的遗产。演讲人要代表奥布赖恩的信念，即“增加金融资本的最好方法，是增长人力资本”。首场演讲的企业家是哈雷－戴维森公司前 CEO，国际组织学习学会网络的创始人之一里奇·提尔林克（Rich Teerlink）。他指出："真正承诺投入到人的成长，要靠一种信念的力量。你必须相信自己心里的直觉，即人们需要追求一种有意义的愿景，想要做出贡献，想要对结果承担责任；而且，愿意检查自己行为的缺点，并尽力改正错误，纠正问题。这种信念，控制型经理人是不容易接受的。这也就是为什么关于人的成长，'说的'和'做的'之间会有那么大的差距的原因。"

值得承诺投入的目标

沃尔沃瑞典公司前总裁、宜家北美公司前总裁（以及国际组织学习学会首任常务董事）约兰·卡斯泰德（Goran Carstedt）认为，创造有利于人的成长的环境，要从"值得人们承诺投入的志向目标"开始。卡斯泰德指出，"企业领导者常常要求员工承诺投入组织的目标中。但是，真正的问题是：组织的承诺投入是什么，那值得我花时间吗？"尽管有许多有关组织目标的阐述，有无处不在的愿景声明和价值宣言，但是，如萨朗特指出的，员工对公司的真正承诺还是"有很多尖酸的说法和怀疑态度"。还有很多迷惑和混乱——首先是对公司的目的——按照定义，公司的概念是追求投资回报最大化。许多年前，彼得·德鲁克曾说过："赚钱对公司来说，就像人吸进氧气。如果你吸进得不够，你就得离开这个世界。"换句话说，利润是所有公司企业的业绩要求。但是，那不是个目标。把德鲁克的比喻再延伸一步说，如果公司把利润作为目标，就好比人把呼吸当作生活的目的，那他们真就缺点儿什么了。

具有讽刺意味的是，把企业的目标等同于经济收入底线，这同时还会让企业的财务收入状况走向平庸，交上命中注定的厄运。有无数研究企业长期业绩的案例可以证明这一点。[2] 在今天的世界里，越来越多的人有越来越多的自由，来选择自己的工作单位和工作方式，这样一来，组织主张什么、拥护什么、承诺什么就很有关系了。公司如果没有值得承诺投入的目标，就不能培养承诺投入的精神。它会强迫人们生活在支离破碎的世界里，无法激发热情、想象力、承担风险的勇气、耐心、坚忍不拔的毅力，以及对生命意义和价值的追求，而这些又都是达到长期财务成功的基础。

联合利华公司的布里吉特·坦塔维－蒙索（Brigitte Tantawy-Monsou）说："我就是想让我的个人生活和工作生活，成为同一个生活。"2002年，经历了供应链管理、产品研发和业务卓越管理职业生涯以后，坦塔维－蒙索说，她接触组织学习、自我超越和心智模式修炼，"对我理解我过去的经历很有帮助，因为我总想用科学的方法，总要分析问题。而在这里，我看到了一个新层面，一种'软的'层面。它帮我认识到，可以从社会系统的视角来理解组织和团队，可以用更加全面整合的方法来处理问题"。她发现，系统观点也可以用在她个人身上。"我特别对个人和公司的目标和价值之间的协同校正感兴趣，我个人渴望协同校正，所以，这个新的管理理念，使我引起了共鸣。"

后来，坦塔维－蒙索参加了值得她承诺投入的一些项目，应用组织学习的工具，处理联合利华在可持续发展方面的事务。她甚至还逐渐重新界定了自己的工作岗位，使自己能用全部的时间来做可持续发展方面的工作。"我想在公司内部和外部，都多做点事，多做点真正事关紧要的事，而组织学习的方法，帮助我发展了能力，以产生更多的影响力。这正好和我的职业生涯以及我整个生活的下一阶段巧合。"而如果不是联合利华公司的最高层在好几年之前就开始意识到，环境状况的历史性变化已经威胁着公司的未来，那也不可能发生这些事。作为世界上最大的渔业产品（鱼制食品）的营销商，公司在20世纪90年代就认识到，"如果不进行根本的变革，以实现可持续的渔业，那我们就没有值得投入的渔业产业可言了"，一位公司高管如是说。[3] 今天，除了在联合利华公司内部从事商业可持续发展项目的工作，坦塔维－蒙索还在协调国际组织学习学会欧洲"可持续发展协作组"（SoL Sustainability Consortium），作为总部在美国的学会的可持续发展协作组的延伸。她说："我一直都喜欢工作。但是，这第一次让我感到，我现在在做对我自己个人来说，真正重要的事。"

有转化力的人际关系

坦塔维－蒙索的故事告诉我们，人的成长要从承诺投入真正重要的东西开始。而它的展开，如波士顿社区组织罗卡（西班牙语 Roca，意为"石头"）的人所说，要在"有转化力的人际关系"（transformative relationships）网络中进行。

罗卡的目标是为年轻人建设安全而健康的社区。罗卡所在的马萨诸塞州切尔西镇，距离波士顿金融街不到两英里，但文化上的距离，使它们之间好像隔着一个世界。那里的居民主要是来自拉丁美洲、东南亚以及非洲的移民。罗卡街道工作者团队原主管西罗姆·冯格（Saroeum Phoung）说："当一个移民，就意味着你没有朋友，没有工作，没有标准，也没有在自己社区中的地位。家庭的功能被破坏了——这些移民家庭中的父亲往往不会说英语，所以找不到工作。因为他不能养家，随之而来的多重压力反而容易让他成为施虐者。而第二代移民通常甚至面临更多的困难，因为在他们成长的过程中没有稳定的家庭环境。由于没有改进和进步的希望，他们就没有努力的动力。因此，他们就像我原来那样，参加了黑帮。"

罗卡吸收的对象，就是原来的少年黑帮成员、年轻的父母，还有社区成员。他们到街区里帮助别人，重建社区生活。因此，罗卡成为警察、法庭、学校和许多社会服务机构的中间人。罗卡成立 18 年以来，切尔西镇的犯罪率和暴力事件发生率大幅下降，学生毕业率大幅上升。许多年轻人如果不是因为罗卡，可能就活不到今天，而他们现在都上了社区学院或者四年制大学，找到了工作，生活充实，积极向上。马萨诸塞州政府社会服务部（DSS）主任哈利·斯彭斯（Harry Spence）说："罗卡的成就是令人惊异的。假如我们有 6 个像罗卡这样的组织，我们全州在这方面的工作就会大不一样。”

我花很多时间和罗卡的年轻领导者交往，我在不断地向他们学习，了解他们对如何帮助人成长的深层体悟。我在对一组街道工作者访谈时，图恩·克劳奇图得告诉我：“创造有转化力的人际关系，是我们工作的基础。”“我们接触的年轻人，需要一种人际关系，以帮助他们活下去，”罗卡创始人莫莉·鲍德温（Molly Baldwin）说，“我们的第一任务，就是与他们见面。他们中有许多人从来没有过自己的依靠，以及能始终如一地给予自己全面支持的关系，我们就把他们当作有自己天然个性的人来交往。而我们这样做的时间久了，他们之间也开始相互这样交往了。”

发展这种“面对面相互支持”，罗卡有核心方法和不断进行训练的场所，他们把它叫作“维和圆圈小组”（peacekeeping circles），那是基于美洲印第安人的学习和医疗传统中一种集体反思的方法。奥玛·奥蒂兹说：“在圆圈小组里，我们学会了真正的相互倾听。”

玛丽娜·罗德里格兹讲了一个有代表性的故事：“最近，有一位年轻的女孩怀孕了，她不知道该怎么和妈妈说。她很害怕。这样的情况，往往会造成女孩出走，或者由家里的亲友出来帮忙。但是我们认为，帮助她的最好方法，就是为她建立一个圆圈小组。有位街道工作者和她关系很好，于是就组织了几个人——那女孩和她妈妈都信任的几个人，组成了圆圈小组，我们一起处理了这个问题。相比将问题留给女孩和妈妈自己处理，让她们互相叫喊指责，这样做的结果大不一样。关键是形成交流对话，让妈妈听女孩讲，并能够相互接受对方。这个做法主要是扩大她的圈子，建立她所需要的支撑环境。”

“这又变成了‘合作学习’（cooperative learning），”苏珊·尤尔里奇补充说，“圆圈交流对话就是大家围坐在一起，了解正在发生的事，以及如何应对。你会看到，问题不是哪一个人的问题，而是（每个人的）问题。在圆圈中，大家是平等的，我们都有问题，我们通过互相帮助来学习。”

“我们从纳瓦霍印第安人保留区部落法庭的首席法官那里学会一句

话，”鲍德温插话道，“他说，‘你不能用一个不好的方法达到好的目的。’圆圈小组始终让我们保持相互的连通，每天都帮助我们创造社区氛围，帮助我们一起面对我们必须面对的问题。”[4]

从我做起

对个人成长的承诺投入很重要——这对于身处领导岗位的人，就是最重要的事。鲍德温说：“我总是必须做自我反省的工作。如果我们与警察的意见不一致，我就必须看看，我自己都做了什么，才造成争执不休——许多时候，我真就想到外面去，冲着谁喊，而不愿意保持冷静，去反省自己在当前的矛盾局面中的作用。”

“这些都必须从自我超越开始，”萨朗特说，“从我自己情愿看到自己的缺点和毛病开始，这些缺点和毛病对周围的人来说是如此明显。我绝不可以要求组织中的其他人比我更开放，更愿意学习和改进。”

把组织看成生命系统

现代科学中发展出来的系统观点，背后有两个不同的思想传统。系统的工程理论，提供了实际的工具，如系统基本模式和计算机模拟模型，它们能帮助我们理解复杂的、相互依存的问题。而对生命系统的理解，则会帮助我们感悟团队、组织，以及更大系统的学习与进化的能力。我在写作 1990 年第一版书时，强调的是前一种思想传统，因为，如福特公司的马弗 · 亚当斯所说：“世界上有如此之多的关键问题，都由于领导者不能很好地作系统思考，而得不到解决。”我现在觉得，这两种思想传统结合在一起，才能为推进工作提供所需要的两种东西：工具和领导原则。我这样看是因为这种生命系统的观点，微妙而潜移默化地影响和渗透着几乎所有成功的组织学习实践者的思考。[5]

机器时代的思考方法

德赫斯的著作《长寿公司》(*The Living Company*) 促进了我的思考，加快了我把企业作为生命系统来理解的进程。简单地说，把企业看作是生命系统，就是把它看作是人类社区。这个理念，德赫斯已经通过这样的问题明确提出："我们怎样看待企业——是作为人类社区，还是赚钱的机器？"[6] 虽然每个人都会谴责后者，但我们当代的语言和管理实践，却说明着另一种情况。

实际上，机器的形象语言充斥着管理行话。我们的经理人"运行"(run) 一家公司，这与运行一台机器没什么两样。我们有公司的"拥有者"(owners)，这个词对机器而言十分恰当，但用在人类社区，就有点问题。当然，还有领导者"驾驭变革"(drive change)。对这些形象图景，我常常纳闷，人们是否压根儿就没想过，使用这类语言究竟在说明什么。如果人们想过这个问题，他们也许会住嘴，质疑自己，即使是短暂的一会儿工夫。不管怎样，我们多数人会"驾驭"一辆车，但我们还知道，如果我们试图"驾驭"我们的配偶，或正处在青春期的子女，会发生什么——结果通常事与愿违！有趣的是，我们如此轻易地就倾向于使用这种语言，来描述组织变革的需要。这当然就是德赫斯所指出的：我们都很容易把组织看成是机器，而不是生命系统。

德赫斯理解这两者，即把组织看成机器与看成人类社区之间的区别，这得益于他对一个实际问题的追踪，即"长寿公司都有什么特点？"壳牌公司对公司寿命的著名研究项目（见第 2 章），就是由德赫斯主持的。研究发现，财富 500 强企业的平均寿命小于 40 年；同时，世界范围内约有 20 家公司，寿命达到 200 年以上。研究结果表明，超越历史、国家、文化、产业背景和技术等方面的差别，长寿公司有一些共同特点，即公司更倾向于把自己看成是人类社区，而不是金融财务机构。壳牌公司原始研究报告说，这些公司"对自己是谁，有一种认同感，超越了它们所做的事"，这使它们有能力去进化，去适应，去学习；

而它们的竞争对手就做不到这一点。

生命系统的观点，对于今天全球相互依存和复杂多变的世界，比以往更有相关性——就像世界最大的公司的“秘密”故事所揭示的。尽管收入大约比沃尔玛大 10 倍，市值比通用电气至少大一倍以上，国际信用卡巨头维萨公司，是商业世界中保守秘密最好的公司之一。当然，不是说这家公司的产品没人知道，也不是说它领导的是一个令人迷惑不解的产业。去年，没有几家公司的顾客能达到世界六分之一的人口！然而，过去 10 年间，《商业周刊》、《财富》和《福布斯》等杂志上，发表了超过 1 000 篇关于微软公司的文章，350 多篇关于通用电气公司的文章，但是，只有 35 篇关于维萨的文章。为什么呢？因为维萨看上去根本就不像个典型的跨国企业。它的股票还没有公开买卖①，因为它的股权拥有者是数量超过两万的会员组织。它也没有大型公司总部，因为它只是一个网络，由成员组织管理，有一个组织章程，界定其目标和运营原则，规定其决策权力归属于选举产生的各个董事会。它没有一个典型的、受人关注的 CEO，来决定公司行动策略（并收取天价工资），因为它的策略，实际上是分散的：自治的各个企业所组成的网络，有为数众多的各种不同的策略。

维萨看上去不像其他大公司，运作方式也不一样，原因是，创建它的灵感不是来自机械的形象，这与其他公司不同。在信用卡产业初期，发生了大规模的发行过热和财务崩溃。那时，维萨的创始 CEO 狄伊 · 哈克（Dee Hock）悟到一件事。他清楚地看出，全球金融交易网络当时已经开始出现强劲的发展势头，必须有一种力量来协调整个网络。但是，“设计一家公司去做这件事，超出了理性的力量”。[7] 但他也知道，大自然经常可以做到的，就是这种协调。他想知道，为什么“人类组织机构就不能像热带雨林那样运行？”为什么人类组织不能遵循生物机体的理

① 2008 年 3 月 19 日，维萨股票在纽约证交所上市，而在本书出版时，它尚未上市。——编者注

念和方法模式运行？“假如我们放弃争执，不管究竟应该把新机构设计成什么结构，而以某种遗传密码的模式重新考虑这件事，那又如何？”简言之，维萨的灵感，是要放弃我们“旧的观念与机械论的现实模型”，而去拥抱生命系统的原理，并把它作为组织的基础。后来，哈克甚至为他设想的这种组织形态造了一个新词：“浑序”(chaordic)。因为，自然界中“秩序不断地从看似混沌的状态里呈现出来，然而在管理实践中，我们却总是试图强加秩序，原因就是我们害怕被混沌主导”。

生物学家葛雷格里·贝特森（Gregory Bateson）曾说：“我们今天所有的问题，都来源于我们的思想方式和自然运行方式之间的差距。”[8] 比如，我们的主要组织机构的遗传物质 DNA（脱氧核糖核酸），是基于机器的思考，“所以系统都必须有人控制”。而我们知道，对于健康的生命系统，如人体或湿地，控制是分散的。但我们非常习惯于“必须有人控制”的心态，哈克称之为我们体内的“牛顿式壁橱”，以至无法想象替代方法。不过，只要我们学会观察，这些替代方法就在我们身边，随处可见。

工作是怎么完成的？

喷墨供货组织（ISO）曾是惠普公司最大、利润最高的部门，这种情况持续了 10 年以上。这个部门的信息技术与战略主管安·玛莉·阿兰（Anne Murray Allen）说：

“我们就是想理解工作是怎么完成的。我记不得我是什么时候开始用系统观点看问题的，反正是很久以前了——多少有点天性如此。《第五项修炼》一问世，我就把它吃透了。那时，我已经是深度汇谈的实践者，告诉客户聆听的力量，以及要怎么做才能一起完成出色的成绩，那甚至是在我来惠普之前的事。到了惠普，我开始做战略，特别是 IT 在战略中的作用。后来那自然成为知识管理，那时已经成为一个主要关注点。但是，所有那些‘学到的经验教训’的数据库，诸如此类的东西，对我来说都没有什么高杠杆效益。而有另一种看法，认为知识就在我们身边漂游，我们需要做的只是捕捉它，给它编码、整理，这个看法我也不看好。现在，它已经没有多大市场了，因为许多公司花了很多钱，搞‘知识管理系统’，结果拿不出什么像样的成绩。

“问题的根源在于，不理解知识是什么，它是怎么产生的，怎么在实际条件下运行——因为，知识是社会性的，是指我们知道怎么做，而我们做的时候是相互关联的。工作是怎么完成的？就是这么完成的。知识管理的另一面，就是协作。不能只谈论一面，而不讲另一面。所以，搞知识管理，你就必须面对协作，有各种工具方法来帮助人们协作。今天，我们的工作有许多是关于知识网络的，我们也叫协作网络：大家怎样一起创造价值，并且开辟新的价值来源。这是个相当有机的过程，但还是有理解它的方法，有帮助它成长的方法，而不是阻碍它。”

几年前，阿兰开始和俄勒冈大学的社会网络研究者丹尼斯·萨多（Dennis Sandow），一起合作进行一系列研究。“我们很快学到了两件事：基于其不同的关键技术能力，来辨认不同的社会网络，这是可能的；大家都愿意参与这项研究。丹尼斯的方法的美妙之处，与大多数学者（的方法）不同。他不是去替别人分析，而是教会工程师们，怎样自己来分析自己的网络。”

萨多说：“我真正的目标，是帮助大家反思，看他们自己是怎么做的。对理解自己的工作过程，对向别人解释这些过程，大家自然很感兴趣，特别是要向经理们解释，因为他们总爱搞重组，重新分派大家的工作，而又对这样做的后果没有真正的理解。今天，那些工程师有了一种全新的语言，可以用来和经理们沟通。”[9]

阿兰和萨多的工作，架起了一座新颖的桥梁，它连接着反思的实践，人际关系的重要性，以及把组织机构看作生命系统的领悟。阿兰指出：“我们逐渐从学习中体悟到，通过反思，知识网络就会得到扩展和加强。当我们考虑与谁合作，然后一起反思我们合作的过程，我们就互相接受了对方，相互给予了合法性。”例如，ISO 曾面临一些重要问题，要求对物质化学有新的理解。ISO 当时和两家竞争力很强的售货商合作，开发惠普售货系统的社会网络图。这张网络图不仅澄清了谁了解什么，还帮助建立了信任感和相互依存感："大家觉得受到重视了，他们的忧虑和他们的贡献，都向所有人、以同等清晰的方式展现出来了。几个星期的协作，在早期建立了这种信任和开放心态，使这个网络能够把新喷墨盒的开发时间缩短 16 周。今天，我们有许多这类的案例，而培育对我们各类知识网络的反思能力，其实用价值也逐步得到了认可。"

回顾合作的历程，阿兰和萨多得出如下结论："正如物质科学的哲学理念主导了工业时代，生物科学的哲学理念正在开始主导知识时代。新的理念把知识、人类以及组织机构看作生命系统……（这代表一种转变，从）(1) 注重局部到注重整体；(2) 注重分类到注重整合；(3) 注重个体到注重相互作用和关联；(4) 注重观察者外部的系统，到注重包括观察者在内的系统。"[10]

阿兰和萨多对社会系统的观点，受到智利生物学家哈姆伯图 · 马图拉纳（Humberto Maturana）的影响。马图拉纳是生命系统认知研究的著名先驱者。他认为，智能行动在社会系统中产生，那里，网络的所有成员都互相接受，成为网络的合法参与者。2000 年，ISO 管理层邀请马图拉纳做了第一次研讨会。那次的经历令人难忘，有 100 多位工程师倾听他的讲话，其内容主线是：仁爱就是承认和接受别人为合法的参与者——而且，"情感也能扩展智能"。他的演讲让我想起，我在为德赫斯的书撰写序言时所学到的英语"company"（公司）一词，来自法语 compaigne，意思是分享面包，并与"companion"（同伴）一词同根。有趣的是，在瑞典语最古老的语汇里公司一词，"narings liv"，意思是"滋养生命"。而中国古老的词语"生意"，意思是"生活的意义"，或"生命的愿意"。也许，当我们重新发现作为生命系统的组织机构，我们还会重新发现：作为人在一起工作，有一个真正重要的志向目标，其真正的意义会是什么。

|第 13 章|

学习型文化的推动力

建设学习型文化（learning-oriented cultures）在任何条件下都是一项艰难的工作。需要花许多时间来做——其实，它是个永无止境的征途。它充满风险：要么无法实现真正的文化变革；要么成功实现了变革，但却因此变成想要保持现状的人的一种威胁。建设学习型文化的要求很高，因为学习实践要让我们个人承受很大的压力，而待在舒服的地方总是要容易得多。过去 15 年间，没有任何迹象能让我改变对这些困难挑战的理解。既然这样，什么才能激励人们开始这个征程呢？

似乎有三种相互关联交叉，又互不相同的动机，激励着人们去开启建设学习型组织的艰难工作。有些人想寻找更好的模式来管理和推动变革。有的人则想建立组织整体不断适应变化的能力。所有人似乎又都认为，一定有更好的管理和组织职场工作的方法，既更加实用，也更加人性化。它可以显著改善绩效，并且创造一种工作环境，让我们大家都真正愿意去那里工作。

不同的变革方式

国际金融公司（IFC）是世界银行的一部分，负责对发展中国家的私营企业部门进行投资。IFC 的人力资源副总裁多萝西·滨地－贝利（Dorothy Hamachi-Berry）说："来到世界银行以前，我在一些组织工作时，曾经历过戏剧性的，但你可能说是机械式的变化。往往是新领导一上任，就出现一个‘火坛’，也就是说出现一些强制性原因，让你不得不打烂烧毁所有的东西，然后重新开始。这种方法在我经历过的地方，似乎从来都不管用。1996 年我刚到世行，有一位新领导来了，我们就把几百位高级经理人送到大学进修高级管理开发培训项目。他们都学了同样的变革理论模型，但是，你瞧，什么变化也没发生。那时我就想，有没有不同的模式？我开始意识到，不同的模式必须要从愿望开始，包括我们的客户的愿望。"

那时，世行正在试图解决长期阻碍效率提升的组织问题。比如，原来住在华盛顿的"国家经理人"，被派驻到当地国了。想法是让这些经理人身处第一线，以便了解客户的需求、愿望和目标。同时，世行还建立了专业网络，以便加深全球的基础知识背景，此外，还有一个新的矩阵式组织也被建立起来了。

1989 年，世行的墨西哥团队与人力资源开发团队中负责卫生健康和教育的成员，一起开始了一个学习实践项目（当时滨地－贝利还是世行总部的人力资源副总裁）。她回忆说："我们有一个出色的国家团队，但他们遇到困境，不知道矩阵组织的新业务模式。"两天的基础研习营过后，这个团队花了好几个月的时间，学习深度汇谈、系统思考、自我超越等修炼工具，总体目标是帮助客户理清自己的开发愿望。世行有个老问题，不能跨越内部部门界限，把投资资金送到地方的创新项目手中。"在墨西哥，我们有客户，有国家团队，以及网络，大家以一种新的协作方式一起工作，这在以前很少发生过。大家一起作为团队来开发解决问题的方法，而不是由世行给出一个处方。这样做的结果是开发出一些令人兴奋的项目，比如，用新方法给偏远山区的儿童提供教育和医疗服务。那是个出色的项目样板，它告诉我们，一旦世行员工与客户联合工作，并让客户有能力自己推动项目开发的进程，而不是相反，那将会出现什么结果。很快，我们就收到更多的项目请求。”

大约就在那时，滨地－贝利从世行调到了 IFC，原因是在最高管理层有了一个类似的创新机会。她在墨西哥经验的基础上向前推进。“我们从没有使用像‘学习型组织’这样的术语，也没有谈论《第五项修炼》。因为，那样就会听上去太学术了，那些理念就会失去效力。而我们探讨的是建立和明确愿望，包括我们自己的愿望和我们客户的愿望，还有建设深度汇谈和探寻的能力。”

刚开始时，投资官员们对学习工具没有什么需求。他们就是不用那种方式工作。“我们的投资官员是做交易的。深度汇谈和探寻可不是他们的风格——那就像是给他们拔牙。但 IFC 的 CEO 彼得·沃伊克（Peter Woicke）认识到了这类方法的价值，所以我们就集中与他的管理团队合作。彼得很有耐心，我们花了两年时间，但你逐渐就可以看到效果，从人们如何交往，人们一起能做出什么事，就可以看出来。人们学会了开诚布公，能够公开提出不同意见，能够有意识地浮现冲突，而不是绕圈子。”第一个转折点是沃伊克的好几个直接下属，要求在他们自己的团队进行类似的开发过程。“逐渐地，许多基本的学习演练方法开始在大家的工作过程中出现了。IFC 是世行唯一需要关注经济底线的部门：商业成功与开发效果都同样重要。由于可以跟踪商业影响，这些努力的价值就更容易显现出来。现在，这项工作完全是由需求主导的。我们接到很多请求，是业务线经理们自己提出的容量能力建设的要求。”

沃伊克一年前退休的时候，滨地－贝利和她的同事们又有一次机会，来测试他们的文化变革努力的长期效力。“支持这一方法的 CEO 走了之后会发生什么？我们知道，许多像这样的非常成功的创新，都遭到了取缔，或者虽然成功，但无法推广。但是，这项工作已经影响了政策，引起了战略转变，而我们的业务也在过去六年间翻了一番。[1] 实际上，我们连续三年实现了破纪录的增长率和利润率——在我们的历史上从未这么好过。我认为，我们的成功很大程度上要归功于这么多的业务线经理人，他们体现了愿景的精神，他们吸纳了更多人，建设了学习环境。组织里一旦有一些这样的人，你就会看到一种势头，其他的事就容易多了。

"我们一起共同工作的能力，与客户一起工作的能力，都导致了更好的投资决策，进而导致更成功的业绩，进而更多地影响到可持续发展。这种在商业成功和开发效果之间的协调一致，是我们一贯的目标。回顾起来，很明显，它需要真正的耐心，一种在变革努力中经常缺乏的耐心；它需要情愿以身作则地引领变革，而不是仅仅把大家'送到项目中去'。彼得在世行以外的广泛管理经验，似乎让他确信，探寻能力和真正的愿望至关重要，而他和他的团队又愿意花时间，来开发这样的能力素质。这又与耐心结合在一起，然后大家才能看见实际效果的证据，进而会要求建设他们自己的能力。"

建设适应性组织

它的未来

许多人被吸引到学习型组织工作中来，不仅是要找到一种引领变革的方法，而且还要寻求一种方法来建设组织能力，以便更好地应对不断出现的变化。福特公司的亚当斯就是其中之一。他把后者称为"适应性组织"（adaptive organizations）。

"作为一个首席信息官，你会用一种独特的视角来看企业，即把它看成一个整体，"亚当斯说，"今天，有两个显著的时代特征：我们的组织机构之间有非常高的相互关联度；同时，我们的运营环境既相互依存，又高度不稳定。福特现在有 30 多万 IT 使用者，分别在 20 个基本业务领域，他们通过 2 400 个应用软件相互交往，而这些软件是由 10 个不同的 IT 开发团队的 6 000 名 IT 专业人员开发的，而他们又在与 200 个不同的 IT 销售商合作。所有这些又在急速膨胀，包括各类便携式和嵌入式计算装置的爆炸式增长：现在全世界在使用大约 350 亿个单片机、7.5 亿个智能传感器、15 亿部移动 IT 装置，而且数量还在呈指数式增长。这种高度便捷的通信联系，带来了更大的波动性和非线性效应：变化会突然出现，而不像过去那样可以预料。2000 年以后的四年间，世界范围由于有意的恶性程序造成的财产损失增长了 10 倍，达到 2 000 亿美元以上。

“这样的关联度和波动性意味着，我们必须用与以往截然不同的方式从事管理工作。跟上变化的速度是成功的关键。而用传统的自上而下的控制心态已经不行了，但是也不能没有任何管理组织，变成完全混乱无序的状态。发展适应性生存能力的关键，是不断保持管理组织工作过多和过少之间的适当的平衡。”

亚当斯认为，增加组织机构的适应能力，是组织中 IT 工作的未来。“由于 IT 专业人员的工作直接涉及把企业连接在一起的基础设施，所以他们能够直接影响组织机构整体性运作模式的成败。”虽然这些专业人员的传统工作责任会继续下去，但同时又会出现全新的方法让他们做出贡献，用亚当斯的话说，这就是“帮助大家看清模式，并处理复杂性问题。大家都被各种各样的信息淹没了。光给 IT 系统升级是解决不了问题的。这里需要的是，在无处不在的计算机信息处理的背景下，在实时的系统中，完成系统思考和协作工作”。

亚当斯现在正在培养新一代的 IT 工作团队，他们综合了系统思考和复杂科学，形成了新理念，并应用这些理念与业务部门的经理们共同研究一系列战略、运营和文化变革问题。他们不仅应用系统思考的工具来帮助大家看清系统模式，而且用复杂科学理论中的部分理念来设计战略变革选择框架，比如降低波动性、改变测量方法，及建立新的“互动模式”（interaction patterns）。[2]

例如，福特公司近来面对一项转变传统财务控制系统的艰巨工作，目的是为了遵守美国《萨班斯法案》（*Sarbanes-Oxley mandates*）的最新规定。“《萨班斯法案》规定了公司必须执行的一系列财会监控制度。如果公司不遵守这些新规定，就得不到认证，就会使公司声誉受到影响，增加投资者心中的风险担忧，”亚当斯说，“公司的高级职员也要负个人责任，即对缺乏监控带来的问题负责，所以这是件大事。我们开始以为不可能在一年内拿到认证，因为我们不仅有四十多年历史的各种不同的福特公司监控系统，而且还有来自兼并进来的其他公司的系统，包括捷豹、沃尔沃和路虎汽车。”

亚当斯从不同的业务部门抽调人员组成了工作小组，他们研究了审计数据，结果发现了“脆弱性漏洞模式”（patterns of vulnerabilities）。这些模式又通过系统图表和深度汇谈方法得到进一步澄清。他们用这些方法还特别发现了，IT 系统在产生脆弱性漏洞中的作用。比如，研究小组意识到问题的来源之一，就是财务报告政策有太多的变化和不一致性。所以，他们就设计了一个政策基线，以取代几十年间积累起来的混乱的政策大杂烩。有关如何界定公司财产也有太多的差异，为此研究小组设计了一个新的更简单的分类系统，以及一个新的更简单、聚焦得更好的测评系统。然后，他们培训了“经过认证的专家”，派他们到世界各地检查财产分类的一致性，并分享最佳案例，从而建立了前所未有的互动关系。很快，“我们就有 11 000 名在世界各地的专业人员，都用一种语言辨认和处理所有监控问题，而且在两周之内就把这些问题中的绝大多数界定完毕。大家认清了自己被困其中的系统，并建立了促进系统变革的适当规模的管理结构。看到由此而使整个组织的能量得以释放，真是件令人吃惊的事。”

亚当斯继续说道：“我们对一系列问题都使用了类似的方法。我们在学习如何进行容量能力建设，以使组织在自己的生态系统中的地位能够得到维护，还希望能得到改善。把这种能力建设融入组织文化是需要时日的，但自然已经给我们指出了有效的基本方法，比如：感知或认清模式、概念重组，以及'变异法'(mutation)，即实验和反馈法。系统模型的建立、协作与深度汇谈、寻找过分变化和不一致性的案例，这些都是组织系统中的模拟（analogs）演练。如果能把这些有效地结合起来，就会促进创新。”

一支适应型警队

在过去的数十年中，我欣喜地看到全世界有少数公共部门的机构，也采纳了各种学习工具和理念，以满足自己对持续学习力和适应力的类似需求。其中最坚韧不拔地从事这项工作的，是新加坡警察部队(Singapore Police Force, SPF)。“我们生活在一个快节奏的世界里，越来越被复杂的、充满不确定性的问题搞得应接不暇，”警察总监邱文晖(Khoo Boon Hui)[3]说，“我们最近发现，有很多社区受到大量涌入的新式毒品、非法移民、新型犯罪方式和恐怖主义的威胁，但它们却没有做好应对的准备。我们必须建设看清发展趋势、应对潜在问题的能力，并在它们伤害到我们服务的社区之前，解决这些问题。我坚信，只有组织文化鼓励学习实践，我们才能通过对知识进行管理来建立起这种能力。”

十几年前，新加坡发起了建设“学习型国家”的运动，邱文晖带领的新加坡警队，以及许多其他组织，都加入了这个运动之中。

“当我接管新加坡警察部队时，我察觉到一些令人担忧的趋势。大家往往认为，警察的工作平淡无奇、不够体面，而且缺乏挑战性，不适合新一代的知识工作者。我们无法招到需要的人才。当时，新加坡警察部队是一个命令与控制型组织。要应对快速衍变的违法乱纪行为，就得当机立断，几乎没有时间请示上级，但警官却必须严格遵守标准的工作规程，这也就意味着他们无法应对这些问题。然而，给大家'授权'说起来容易，做起来却很难。于是在1997年，我们启动了一项革新计划，不但通过对业务模式的根本改革，实现了警官工作性质的转变，还通过对组织发展的投入，开始培育互信、开放的组织文化。我们知道，这项革新要耗费大量时间，而且困难重重，所以我们访问了从事这方面工作的一些组织，包括国际组织学习学会在美国的企业会员。”

文化不是凭空产生的，而是慢慢发展起来的——它不断保存和改进有用的东西，舍弃没用的东西。“从20世纪80年代初期开始，我们就成功地制定出了社区治安机制，社区民众也渐渐熟悉了我们的警官，他们不再害怕，而是开始信任我们了。尽管如此，警官们仍然不具备足够的知识和技能，难以发现并解决威胁社区安全的潜在问题。因此，我们扩大了他们的业务范围，让他们发动社区成员来帮助发现并解决当地的安全和治安问题。在警官们的协助下，社区成员在解决自己小区的安全和治安问题时，有了更多的主人翁意识。”

“随着警官工作的知识强度越来越高，他们就开始进行学习型组织要求的技能训练，以便能更好地在社区中开展‘生成性汇谈’(generative dialogue)[①]，并通过系统思考解决问题。为了解决各种长期问题，他们还需要建立起利益相关者网络。”邱文晖解释说，这与在治安机制运行中进行团队合作相吻合，而且二者都是新的概念，都“发挥着集体思考的杠杆作用”。最后，他们还注重各个层面上的领导能力建设，并向警官们反复强调核心价值：“由此，警官们被赋予自行斟酌处理问题的权利，相信他们能够做出与共同愿景协调一致的决定与行动。”

随着警官业务范围的扩大，他们还需要在整个组织中有更强的连通感。“他们需要从新加坡警察部队广博的知识储备中进行学习，包括同事和其他警官的个人经历。我们通过叙述和讲故事的形式，从学习个

① 即生成性深度汇谈，是集体交流沟通的高级境界。它在集体深度聆听和探寻的基础上，生成团队的心灵共鸣和集体创意流动，生发并整合集体能量和智慧，以及团队整体与周围环境的协同力。——译者注

人经历中的隐性知识（tacit knowledge）着手，让参与过重大事件的警官和大家分享自己的经历。”为了鼓励知识的传播，他们还为一线警官建立了特别的经验分享环节，帮助他们学习如何处理困难的情况，如何应对不合作的个人或群体，以及如何进行“行动后反思”（After Action Review, AAR）。这个做法加强了各地方部门的反思实践，同时提高了整个系统的意识水平。这些努力还带来另外一项成果，就是一个电子留言板，警官们可以登录并分享他们对每件事情的看法。“你在这里看到的是警官们真实的感受和想法，没有经过克制和保留，很多人对此感到惊讶。这个留言板最难能可贵的一点，是发帖人的热情。他们在这里找到了安全感，如果有足够的担忧和关切，他们就会将自己的看法、知识和经历坦率地表达出来。”最后，邱文晖和他的团队改变了强调严格的标准作业程序（SOP）的传统。他们“改写了这些标准作业程序，不再强调条例规范，而是重视基本原则，从而帮助大家根据最佳案例的做法，来行使自行斟酌处理问题的权力”。

在应对像国际恐怖主义这样的新挑战中，新加坡警察部队的这些变革尤其重要。“我们自己没有这方面的经验，所以必须和能够增加我们知识储备的组织和个人建立联系，这样的联系越多越好。”现在，新加坡警察部队在与全世界的许多同行合作，学习他们的经验。同时，新加坡警察部队还加入了一个包含学者、宗教方面的专家和社区领导者的网络，这使他们能够从许多不同的视角分析问题。“与处理其他核心问题一样，我们的兴趣点不在被动反应，而在于与社区伙伴密切合作，以诊断出问题的根源。”

“最终真正推动组织变革的是人。我们成功的核心经验，就是建立信任，并关注组织中的人际连通关系。如果连通关系的质量得到提升，思考的质量也就得到了提升。随着团队成员从更多的方面考虑问题，并彼此分享更多的观点，他们行动的质量就得到了提升，最终使我们取得更大的成绩。”事实上，他们的成绩确实振奋人心。新加坡现在的年犯罪率是每10万人800起，这还不到20世纪90年代中期的三分之二，只有日本的三分之一。在新加坡警察部队的努力下，案件侦破率也有了大幅提高，从10年前的32%增加到了现在的60%，而日本在这项指标上的水平是25%。更重要的是，“我们成功地增进了与社区的感情和联系，这靠的是获取他们的信任、合作以及——尊重。”邱文晖指出。现在，新加坡警察部队能招到的受过高等教育的应聘者，已经高于我们通常期待的比例了。

业绩与幸福感是动力来源

邱文晖所列举的事例说明，营造更有意义、更有满足感和成就感的工作氛围，会带来极大的业绩提升，这并非偶然。回顾让团队成员相互沟通、重新思考复杂组织结构问题的过程，考克斯给出的评价是：“这成了我职业生涯中最有乐趣的工作经历。”虽然他们用了不同的表述方式，但我认为几乎所有有经验的组织学习实践者，心中都有类似的追求。比如滨地－贝利也认为：“连通关系的质量在此得到了很大的提升。”

福特公司的亚当斯说：“以前，人们觉得改变系统是不可能的。现在，当发生同样的情况时，人们能感受到更多的创造力和对成就的满足感。”

惠普公司的阿兰说：“‘工作效率’（productivity）是所有事情的关键，它既指个人效率，也指组织效率。我用这个词，并不是说人们必须每天工作12小时而非8小时。我的意思是，人们的工作更有意义了，对业务成果的影响力也大大提高了。”

阿兰的话，让我想起了早期SoL网络中一个很有说服力的故事。在20世纪90年代初期，戴夫·马辛（Dave Marsing）负责建设9号芯片厂（Fab 9），那是英特尔公司生产“486”微型处理器的最先进的工厂。

这项工作极具挑战性，而且压力非常大，在工作期间，马辛的心脏病发作了。幸运的是，他被及时送到了急诊室，心脏也没有受到永久性伤害。但是，当他几周之后重回工作岗位时，他向同事们传递了一个清晰的讯息。

“我希望他们知道，我再也不会像以前那样，像疯子一般无休无止地加班，我会按时下班，回去与家人一起吃饭。我告诉他们周末需要时可以怎样找到我，但只有在紧急情况下才能这么做。我还告诉他们，在按时完成工作的同时，我们会用更多的时间来交流和反思。刚开始的时候，我感觉他们都不相信我是认真的，但渐渐地，他们发现我的确是认真的。

“这次转变有着深远的影响。几年之后当我们设计和开发新的 11 号芯片厂（Fab 11）时，这次转变中创造的文化，深深地影响了我们价值观念和核心理念的形成过程。最后，我们在建设 11 号芯片厂时打破了英特尔公司的所有纪录，我们达到全负荷生产状态的时间，比最乐观的预测快了 9 到 12 个月。我们不但为公司节省下了数以亿计的成本，而且生产出新型芯片，并向客户提供了使用这种芯片的新产品，这些工作都比预计的要提早许多完成，为公司带来了巨大的市场利益。11 号芯片厂至今还是世界上最大的、业绩最好的工厂。

“我清楚地看到，我们不再辛苦地工作，而是更聪明地工作。过去，我们当中时不时就有人被救护车接走，而且大家都已习以为常。当我做出承诺，决定不再这样超负荷工作之后，就给别人创造了做出同样选择的空间。最终结果是，我们都开始采用不同的工作方式，获得的成绩也超过了以往那样长时间、超负荷工作的成果。”

像马辛这样的人所追求的幸福感，显然并非是生活毫无困难，没有任何挑战。实际上，人们越是参与和投入自己的工作中，越是对其有承诺感，就越愿意应对工作中的困难。他们甘愿为了工作冒风险，即便要牺牲掉自己的舒适感也在所不辞。他们宁肯在追求对自己真正重要的目标时遭到失败，也不愿为了避免失败而束缚自己，不愿像罗斯福说的“那些冷漠又懦弱的人，他们既不懂成功，也不懂失败”。

奥布赖恩曾经将幸福感定义为：“总体上觉得你的生活在向正确的方向行进，而且有机会为社会带来一些改变。”我一直认为这属于那种不寻常的追求，我们认可并珍惜这种追求，但无法通过直接的努力去获得成功。你见过依靠工作而得到幸福的人吗？在我的经历里，这样的人有一个共同特点，那就是他们其实并不幸福。另一方面，如果我们能与珍视的朋友一起追求大家最看重的事，就能找到我们想要的所有幸福。从这个意义上说，幸福感其实就是充实生活的副产品。这就是组织学习实践者的动力来源。

|第 14 章|

战略思考与 8 种应用策略

建设学习型组织从来就没有灵丹妙药，这一点是很清楚的。没有处方，没有固定的所谓三部曲，也没有什么七步法。但是，我们还是积累了许多经验，并不断尝试通过新的实践建立新的工作环境，来激励创造性的成果，并且使人享受工作的乐趣。本次增订版中的访谈工作是一次向实践大师们学习的好机会，学习他们最新的实践艺术，学习他们为这种实践而制定的核心战略和策略。本章在一开始综述了战略思考的含义——它的基本目标是什么？应该聚焦在何处？在此之后，我们将描述应用于不同情况的八种战略。

用战略眼光思考和行动

建设学习型组织的战略思考和行动意味着什么？在《第五项修炼·实践篇》中，我和我的同事们建立了一种简单的框架图，它可以帮助大家理解，在建设学习型组织的各个阶段的战略领导力问题。首先，我们的目标是什么？界定学习型文化，并使之牢固生根的根本增长点和创新领域在哪里？如果它出现了，我们怎么辨别？其次，为了创造这样的学习型文化，领导者的注意力应该放在哪里？劲儿往哪里使？怎么做？第一个方面，我们称之为“深层学习环路”(deep learning cycle)。第二方面，我们叫作“战略结构”(strategic architecture)。今天，这个圆环三角图提供了一个总体视角，来理解背景各异的领导者所使用的不同战略。[1]

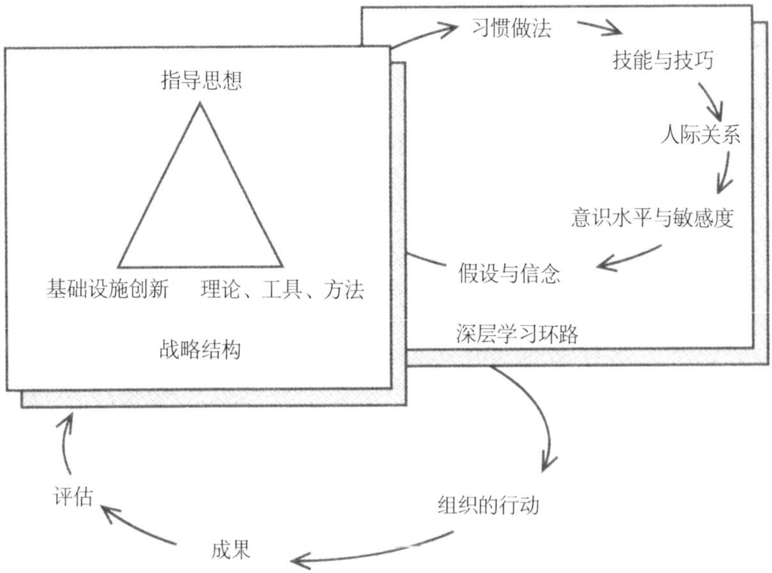

这个框架有好几个组成部分，其主要的划分依据来自我们对学习实践的基本感悟。学习总是有两个层面。第一层面是说，所有学习实践都必须根据实践者做事的能力来评价，即他能做出什么成果，如图中下面的环路所示。但是，如果我只成功地骑了一次自行车，还不能说我已经学会了骑车。在更深的层面上，学习实践是开发一种能力，它让我们能够可靠地反复取得某种成果。就是说不只是骑过一次自行车，而是真正学会骑车，变成“骑车族”——这种能力是从深层学习环路中产生的。

战略结构的重点就是建立支撑这种深层学习所需要的学习环境。[2]

深层学习环路包括五个环节：假设与信念、习惯做法、技巧与能力、关系网络，以及意识水平与敏感度。在建立健康的学习型文化过程中，成熟的领导者要注意这些环节中的每一个。这些环节总是相互影响的。先来看假设和信念（也可以从任何一个环节入手）。[3] 虽然这些理所当然的世界观往往不被当事人察觉，它们却能塑造组织行为习惯，引导大家待人接物，并且还在组织行为习惯的基础上进一步决定大家发展什么样的技能。[4] 例如，如果大家相信真正的聆听非常重要，就会建立像每天工作前“开场破冰”（check-ins）之类的习惯，以鼓励大家对自己聆听方式的反思实践。[5] 而大家的习惯做法和技能提升又会影响到人际关系网络和意识水平的发展。比如深度汇谈实践技能的开发，会让大家更深入地理解相互依存关系，即自己依靠谁、谁又依靠自己，于是就会加强社会关系网络。或者，如果大家熟练掌握系统基本模式等系统语言，就会开始看清原来看不见的相互依存模式。反过来，“眼见为实”——经历又会对我们的信念和假设起到最直接的强化作用。

人们普遍把组织文化简单看成“事情本来就如此”。但没有哪种文化是静止不变的。我们日常待人接物的方法会不断强化某种文化。上面的框架把这些不同的环节连接成一个深层学习环路，同时表达这样一种重要的假设，即所有这些环节可以并且一定会演变（尽管很慢），而且一旦有变化，就会同时在各个环节发生。深层学习环路既可以强化现有文化，又可能加强新生文化。当我们用不同的方式相互交往时，我们也就同时开启了变革所有环节的可能性。

大家自然想知道，从哪里介入才能影响深层学习环路呢？可能有许多种方式，但有连贯性的策略一般包括三个要素：(1) 指导思想；(2) 理论、工具、方法；(3) 基础设施创新。指导思想就是主导性的理念和原则，它界定组织存在的目的、大家追求什么成就，以及组织要如何运行，即志向目标、愿景，以及价值体系。理论、工具和方法是关于具体而明确的工作方式（比如采购程序的系统流程图，或者解释新产品发布为什么像“救火”行动的模拟模型），包括应用这些理论的实际措施，以解决问题、调解分歧和检测进度。工具对于深层学习过程是至关重要的。富勒曾说，“你不能改变人的思考方式”，但可以提供工具，“通过使用工具来导致思考方式的改变”。与其对应的物质结构设施一样，正式的职位角色和管理层级结构等组织基础设施，决定着精神能量和各种资源的流动方式。本章所述的许多重要创新经历，都基于某种新型的学习实践基础设施，基于与这种基础设施相一致的明晰的指导思想和适宜的工具和方法。

这个框架背后的总体概念在社会学里被称为“结构行动理论”（structuration），也叫作“行动化系统”（enacted system）理论。第 3 章介绍了系统思考的核心原则，即结构影响行为，而学会观察事件和行为背后的深层结构，则会逐步提高变革工作的杠杆效益。这种结构是由信念和假设、既成习惯、技能、人际关系网络，以及意识水平和敏感度组成的，而这些就是深层学习环路的各个环节。系统观点的第二个关键要素是，决定着社会系统状态的结构模式来自系统中各成员行动的总和效应。用丘吉尔的话说，我们塑造了结构，结构又塑造了我们。

这种系统结构怎样改变呢？是我们过去的行动塑造了今天的主流结构，假如我们能看清这种结构并开始以不同的方式行动，就会改变它。这个陈述很大，它的可信度在于事实证据，比如本书前面和后面的故事和案例中所描述的事实。但在某种意义上，这也是很直觉的体悟。

城市的街道是一种物质结构，它决定行人和行车的方式。没有街道的地方很难行车。在波士顿最老的城区里，街道布局走向根本就没有任何规则，有玩笑说这都是 17 世纪奶牛的错。20 世纪的街道铺设在过去 200 年间形成的马路上，而后者又是再早 100 年间，由马车夫顺着奶牛习惯的路线赶车轧出来的。我们假设，奶牛无法看到它们的行动路线图，估计它们也没有兴趣看它。然而，人类本可以看清这个路线图的结构，并下结论说：应该有更好的路线方案。但波士顿人的怀旧情结显然阻止了这种做法。

波士顿奶牛和街道的故事挪到组织机构里，就会出现两个问题。需要什么条件才能看清我们所促成的结构模式？我们的行为更像奶牛，还是更像人？像奶牛，就是我们之所以在做我们正在做的，是因为我们一直就在这么做，一直因循守旧，墨守成规。而像人，就是退后一步站，看清深层结构模式，然后选择不同的做法。很显然，这类概念框架都很抽象，在实际中究竟要怎么操作，这只有在具体经验中才能真正理解，任何书本知识都不能代替。尽管如此，以下的八条策略以及案例，还是能帮助我们了解目前这方面的具体情况和实际技能。

策略 1　学习与工作的结合

组织学习计划受阻的最主要原因，恐怕就是学习活动的支离破碎，即把学习任务安排成“附加”的活动，分立于大家的日常工作之外。在许多年里，许多人把“创建学习型组织”的迫切需要，变成新的培训计划，给大家教授心智模式或系统思考的课程。不幸的是，大家的日常工作中却往往很少有机会应用这些工具。即使经理人有这方面的训练，工作环境中也很少有什么因素能激励反思实践，促进深层地思考问题，以及推进建设共同愿景。如果是 CEO 发表讲话，提倡创建学习型组织，从而促成各种学习计划的启动，那么结果甚至更糟糕。大家都有一种固定的心态，认为重大文化变革必须由最上层驱动，因此，直到过了许多年，大家才终于意识到这类讲话一般不会起到很好的作用。大家逐渐意识到，这就像举起一杆大旗，上面写着“流行时尚”，“那个又来了”；或者用 SoL 企业会员哈雷 – 戴维森公司的经理们经过仔细考虑的话说，“又是一个精品计划”（another fine program AFP，这是在比较客气的公司里的说法）。

反思与行动

这方面的主要缺陷，是缺少能帮助大家把学习和工作有效结合起来的基础设施。要做好这一点，就必须首先了解大家工作的实际情况，辨别在哪里、用什么方法，才能让特定的学习工具，如提升反思能力的工具，产生实际的作用和效果。这种基础设施还能帮助身处以下角色的人：他们给业务部门的管理团队，提供持续的质量保证支持。

新墨西哥州英特尔公司组织发展部高级经理艾琳·加洛韦（Ilean Galloway）说："反思之所以在商业界备受责难，是因为我们缺少把反思和行动结合起来的修炼方法。大家说没时间在那儿坐着闲聊，这也对。但是，我们也经常没有时间思考。我生活在高度网络化、相互之间高度关联的工作环境里。在全球性组织中，大家真的就是连轴转，半夜发邮件给地球的另一端的同事，处理各种问题。但我认为，从生理上看，技术发展已经超越了我们人类的能力极限。我不能肯定，通过使用电子邮件、寻呼机和手机，我们能获得多少真正的理解力。这些设备对常规工作问题，的确能带来很方便的沟通，并帮助采取行动。但是，如果面对很复杂的挑战和问题，这些设备反而可能诱惑我们，使我们误以为了解了实际情况。在现实中，复杂的挑战要求使用不同的方法：它必须使我们能够探寻深层的，而且往往是隐蔽的意义，使背后的假设浮出水面，并把整个系统的各个部分联系起来。只有这样，我们才能理解实际情况，才能达成共识，进而采取行动。"

为了阻止批判性思考能力的下降，加洛韦定期把所辖各个团队集中在一起，这经常要花一天或更长的时间。尽管她有时得"强制性地安排大家花时间聚在一块儿，但事后大家总是对这样的机会深表感激"。

她发现，为使这些聚会有价值，就"要在里面安排修炼内容"。"有一位咨询师说，'彼得·圣吉全都搞错了，大家没工夫坐着闲聊。'我并不同意这个说法。我们没工夫做的，是漫无目的地为反思而反思。反思不与行动联系，就使大家觉得这是浪费时间。我的部分工作，就是帮助这些团队开发一种修炼，以看清我们进展到了哪里，并确保大家都能跟上。这样大家就都有充足的精神头来进行反思了。我有一个团队，曾三次到一家家庭式旅店，开整周的会。那个地方有一节列车尾部的餐车，到了关键关口，我们的会就挪到那里开。对他们来说，在那里开会具有象征意义。后来，他们会打电话对我说，'我们得再去餐车里开会了'——他们知道，到了必须做出一些重要思考的时候了。"

加洛韦在英特尔的同事们还了解到，反思并不意味着大家在每件事上都一致。她说："我们的目标是，对我们所说的行动计划，建立起真正的共识和共同的承诺投入。反思意味着我们能听到各种声音，而不是必须满足每个人的需要。这是英特尔公司文化的重要组成部分——我们称之为'不同意，但又承诺投入'。在另一家公司时，我能够承诺投入，但不能告诉团队我不同意那个让团队去实施的行动决策。在英特尔，如果你代表团队参与决策会议，你可以回到团队里说：'瞧，我们团队内部谈过这事，大家知道我有不同的看法。他们听到了我个人的声音，但既然大家已经同意这么做，就必须承诺投入实施这项决策，只不过我们要设立一个检查时间点，看我们的行动到时候是否能够达到预计的效果，如果不能，决策和行动就得重新接受审视。'"

持久学习

行动和反思相结合的文化，能够帮助做出更好的决策，让大家真心承诺投入，也让大家有更多的精神准备。后者意味着，对你所关心的问题，大家可以有一系列更丰富的视角——在今天动荡不安的组织环境里，这就是一个至关重要的能力。但是，意料之外的形势发展所具有的潜在价值，却很少得到挖掘。相反，当形势进展与我们的预想不符时，我们就会马上进入要解决问题的反应式心态，或者，也许会简单地加大力度——而不是放慢脚步，花时间来看清楚，这与预想不一致的事态，是否揭示着有关我们的假设的重要信息。

“正是这种更好的精神准备，才带来了许多长期的回报，”加洛韦说，“不同意但又承诺投入，这种实际修炼的部分原因，就是要建立跟踪决策效果的监察程序。”这包括建立一个明确的时间表，时候一到，加洛韦的团队成员就要回顾关键问题和争论点，并做出评估，看“事情是否像我们预想的那样。或许，我们学到了我们始料未及的东西。不管怎样，原来不同意的人，知道他们提供了有用的视角，来帮助大家进行持续的学习”。

“例如，1999 年，我们有一个厂的管理团队做了情景规划。我们看了各种可能的未来情景，它们与大家通常的预期相差甚远，包括像技术市场出现重大崩溃，还包括出现颠覆性技术而带来的冲击。我们强迫自己考虑如何应对这些局面。那时正是牛市高峰期，我们的产能扩大总跟不上速度。然而，还没等我们把所有情景写下来给每个人看，技术市场就突然开始出现萧条。”由于他们已经想到了这种可能性，英特尔的管理团队就有了很大的优势，如加洛韦所说，他们“能够迅速修正行动方案，这包括一些很难的做法，比如，重新调配资源到更需要的地方去，还有，改变我们的制造战略。我们做出了快速反应，并且对我们的新方向有了一个清晰的图景。这都是由于我们对潜在的各种行动方案早已做过反思的结果”。

“我们对这种反思工作非常重视”，她补充说，“如果你不去花时间、不去投入资源把它做好，那就干脆不如不做。有时要花一年多的时间，才能使大家看到一些深度汇谈的价值。”

加洛韦学会了很好地保留会议记录，她用了“图形引导”（graphic facilitation）以及更传统的记录方法——“什么方法都行，只要能帮助大家看到，自己的声音得到了倾听。有人曾在两年后问我：‘可以看那些会议记录吗？’因为争论的问题又出现了，大家又记起曾经出现过的重要观点。这些都是为了在大家真正需要帮助的时候，给大家提供帮助。你必须要有耐心。”

而且，你还必须把反思变成实际工作方法的一部分。在 SoL 网络中广泛使用的一个简单的方法，就是美国陆军开发的“行动后反思”学习机制。行动后反思，可以用于两天时间的大规模模拟军事演习之后，也可以用于一小时的会议之后。行动后反思的最简单的做法，就是问三个问题：

- 实际发生的情况是什么？
- 我们曾期望发生的是什么？
- 从这两者的差距中我们能学到什么？

像行动后反思这样的简单学习机制，可以用来把行动和反思联系起来，这是关系重大的举措，而管理层的支持氛围，则是必不可少的基本要素。在美国陆军，行动后反思是经过长期的征途磨难以后，才得以生根的。如一位将军所说，陆军经历了“从报告型文化到反思型文化的转变。我们本来都善于给上级打报告，但不一定知道如何从我们的经历中学习”。在工商界，对此也需要同样的管理层承诺和投入。

行动后反思

2003 年 8 月 14 日，底特律能源公司 [DTE Energy，底特律爱迪生公司（Detroit Edison）的母公司] 里灯光突然熄灭。几分钟内，每一个人都意识到，有不同寻常的事情发生了。这次大停电在短时间内覆盖了美国东北部和加拿大南部地区，大约有 5 000 万人受到影响。但对 DTE 而言，这次大停电不仅是一次突发事件，还是一次需要紧急应对、能够提高公司应急响应能力的极端事件。实际上，正是对突发事件的应急响应，界定了公司职责的本质。在大停电发生后的 24 小时内，

DTE 执行了一系列行动后反思（AAR: After Action Review）[6] 措施，来评价公司在此次事件中的表现，包括使用过剩发电容量重启电力、调派人员、与公众沟通，并满足基础设施的基本需求。行动后反思已经成为 DET 在应急响应中的标准操作——尽管已经以最快的速度恢复供电，大家仍然在思考采取的应对措施，思考怎样才能在以后做得更好。即使是在危急之中，首席执行官托尼·厄雷（Tony Earley）说："我看见至少有 5 个人，也可能是 10 个，手里都拿着写有'行动后反思记录'的便签本。在应对危机的过程中，没有任何提示，大家都顺理成章地想到之后会有行动后反思。看到这样的情形真是太棒了。"

DTE 花了几年时间才把行动后反思整合到企业文化中，以下四项具体策略指导了整个过程：

(1) 通过要求和示范进行领导。针对一次性事件以及应急措施的重要性，帮助各级经理认识深度学习和持续修炼；帮助他们进行学习实践，并使学习实践既能够反映他们自己优先考虑的事情，又能够反映他们所面临的挑战。

(2) 把事件看作学习的良机。在组织的上、中、下层，全面发展整个组织的能力，使其认识到日常事件及重大危机都是学习的机会。同时帮助学习小组把过去的事件和现在的事件联系起来，以使过去的经验教训能够帮助改善现在的结果。

(3) 让基层职员体验行动后反思。向各类团队介绍行动后反思的工具，演示如何提供一个适宜的环境，以便在该环境中了解自身优先考虑的事情和面临的挑战。但不要强行命令，也不要力求完美。

(4) 培训作为骨干的辅导员。要培养一批专家，他们既清楚怎么样开展行动后反思，还清楚如何指导团队找到"高收益"的实际应用（即投入的切实回报）。

这四个策略的目的，在于让基层自主推进关键的学习过程。大多数部门和团队都知道需要在哪些方面进行改进。"如果在一个领域中改善你们的表现，能够给整个企业带来显著进步，这个领域是什么？"只需要问这一个简单的问题，就能够指引他们找到最适合自己的学习实践方法。行动后反思的潜力在于让工作团队成为他们自己的学习过程的客户，而且是最先的，也是最好的客户。它与知识管理（knowledge-management）的方法中最著名的"捕获并散播"（capture-and-disseminate）模型形成了鲜明对比。

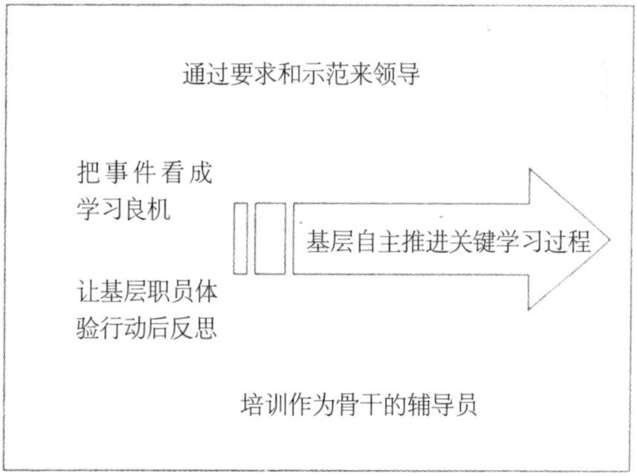

策略 2　从现有条件和人力出发

总之，建设学习型组织的第一核心策略，就是把学习与工作相结合，而活动安排支离破碎的倾向正是这里的主要障碍。当大家认为，没有最高层的支持就什么都无法进行的时候，就会出现与支离破碎的倾向密切相关的问题。人们很容易认为，深层学习的战略构架只和最高管理层有关。但实际上，战略思考对所有各级的领导而言，都是必须的。

“我常常听人说，‘没有高层驱动，我们不能启动变革。’”英特尔的加洛韦说，“如果要等高层去驱动每一个需要的变革，我们就得等很长时间。我得承认，那是我的敏感话题之一。这部分是由于我个人的背景。1986 年我进研究生院时，觉得像是回家一样。我当时就觉得，这种组织学习和变革的工作，就是对我的召唤。但我又听到所有的教授都不断强调‘组织变革必须从高层开始。’那个时候，作为非洲裔美国女性，我知道我无法获得任何组织的领导职位。所以我就花了很长时间冥思苦想，我是否真的相信自己有机会起到某种作用、做出某种贡献。从那以后，有两件事帮了我。一是我开始研究美国的社会变革，如民权运动和女权运动都曾经重新塑造了美国的生活。但这些都不是民选的政府领导启动的，而是草根运动。第二，我碰巧读到美国黑人音乐杂志《黑檀》（*Ebony*）已故出版人约翰·约翰逊（John H. Johnson）的一篇文章。20 世纪 50 年代他试图创办杂志时，白人主流社会说他找不到任何人物去描写：没有非洲裔中产阶级或上层人物，也没有黑人明星。他当时找不到人出资办杂志，但是他说：‘社会有一个紧迫的需求，而追求满足这一需求的卓越行动，将是不可阻挡的。’他最终证明了那些主流社会的话是错误的。我把他的话贴到我的墙上，变成了我的战略格言。”

那些“不可能的事”

加洛韦把这条格言变成许多最优秀的学习计划领导者的指导原则：

聚焦在大家都认为不可能解决的问题上。

“我努力寻找大家的迫切需要，寻找公司组织已经不抱任何希望去解决、大家都学会无可奈何地忍受的问题。我把它们叫作‘不可能的事’。我每年至少处理一件不可能的事，一件会把我吓死的，甚至无法想象怎么入手的事。关键是要开始做，因为一旦开始，大家就会说：‘啊，这很容易嘛。’”

“我知道这类项目不会得到很多支持。但正因为得不到支持，才说明项目选对了。我相信爱因斯坦的话：制造了问题的观念和意识，是不能解决问题的。我开始接触问题时就会问：‘这个问题在提醒我们什么呢？关于这个问题我还能看到什么不同的情况吗？一旦能够做出回答，我就开始吸收别人加入。我开始和一些人交谈，他们会说：‘啊，我有一小时时间，我愿意为你做这件事。’最好我的老板会说：‘如果你想做那件事，可以呀，需要我做什么，就告诉我。’于是事情从这里开始聚集能量。”

“例如，有关处理技术性强的问题，我们去年开始着手降低其平均耗时。许多公司领导都认为不可能显著降低耗时，但我们有位组织发展高级咨询师却看到了‘做不可能的事’的机会。她联合一位高级工程师，向限制快速解决问题的思考方式和结构性原因发出了挑战。他们用快速学习圈（learning circle）小组来测试和反思新方法的应用情况，最后消除了那种认为快速结果就等于质量差的结果的看法。他们取得了非常出色的成果。以前要花数月解决的问题，现在四个星期就够了。

“具有讽刺意味的是，如果我们的努力只停留在组织的上层，有些问题我们根本就不能发现，解决更是无从谈起。但如果你建立起一个团队，大家都相信变革可以从系统中的任何地方开始，那么重大的变革就可能从甚至很微小的种子开始生根、发芽、结果。”

为民所有，为民所选

只有当你能够激发大家的才能和深层愿望时，才可能应对那些“不可能的事”。不可能的事总是可能的，即使在最困难的条件下也不例外——学习实践大师们对此都那样地深信不疑，这永远令我惊叹。

1986 年，福特在墨西哥的奇瓦瓦市新建了首个当时最先进的汽车电子配件厂。萨朗特被任命为首任总经理。公司许多其他同事都不想去那个地方。商业作家安·格雷厄姆（Ann Graham）说：“（福特）总部没什么人相信，在一个发展中国家建厂，能够执行严格的竣工投产时间表，并保持生产质量。”[7]

但是，萨朗特很快发现，当地的人“非常关心自己的社区，却从没有机会去承担这类生产运营的管理责任”。他还发现，传统的权力运作方式使得这个任务变得非常困难。在他到任一年，离投产日期只剩下两个月的时候，一些高级技术人员要把他们自己的人安插到一个关键岗位上。而萨朗特一直在试图通过合作的方式建立一个开放的升迁体系，这就产生了直接的价值观冲突。一位墨西哥经理来跟他汇报这件事的时候，萨朗特“就知道，他并不真指望我采取任何措施。许多年以来，福特的经理们一直被告知，如果自己想和当地的政界领袖们保持融洽的关系，就必须接受这种事情”。

萨朗特却反其道而行之。当那些高级技术人员承认这件事的时候，他要求他们全体辞职。“我不会忘记当时的场景，我站在外面看着他们离去，许多员工也在看着，可能都在想，下面会发生什么事。说真话，我也不知道会发生什么。”他当时还意识到，“这会立刻招来我的老板们的一大堆责难。但是，假如让那些老熟人关系网继续下去，那我们的新的人事政策就会变成一堆废纸，没有任何意义”。

“大约两个月之后，当我们筹备接待迪尔伯恩（Dearborn，福特公司的总部所在地）的人来参加新工厂开张仪式的时候，我就知道，情况已经发生了转变。天气预报说，在安排参观的前一天晚上会有暴风雨。我躺在床上，凌晨两点时听到下雨的声音，雨下得很大。我当时想的，就是那尚未完工的厂房顶棚。最后，我起床到工厂里。进了厂房，里面很黑，但能听到雨水渗入落地的声音，这可不是小漏啊。我开始四处寻找漏雨的位置，发现竟有人在厂里面走动。我到死也不会忘记那一幕，是阿尔菲戈·托雷斯（Alfego Torres）在用为开张典礼准备的大叶植物花盆，对准漏水的地方，接住渗水。我差点儿哭出声来。他原来是小时工，在旧体制下绝没有可能得到提拔，但在我们的新人事系统里，他得到了提拔。我当时就意识到，这个厂里的人和社区，已经发生了转机，出现了新局面。这个厂现在是他们的了。”

第二天，天气放晴，厂里迎接重要来访，一切运行良好，但福特的高管们在刚看到竣工的工厂时还是很吃惊。厂房漆成了墨西哥人喜欢的蓝色和粉色，这是由团队决定的；另外还有许多其他有当地特点的建筑和装饰。（许多东西是类似的工厂里从未有过的，例如，室外家庭活动中心，当地的学校，以及家庭卫生设施。）“这可不是福特的工厂。”一位高管对萨朗特抱怨说，“不对，这是奇瓦瓦的福特工厂。”那位高管补充道。

萨朗特继续说道：“在他们参观的过程中，一位装配线小时工走到我认识多年的公司副总裁身边，要求他熄灭香烟。查理是个烟鬼，他一刻不停地抽烟，我怀疑还从来没人跟他说过，他不能在自己的工厂里抽烟。而这位矮小的墨西哥妇女，面对身高一米九的福特公司高管，请他停止吸烟，不然就得出去。他能怎么办呢？为保持厂区的清洁和健康的工作环境，大家都同意承诺遵守禁止吸烟这一基本规章，而她只是在要求查理做一件我们大家都同意做的事。从那以后，老板们很少再找我麻烦了，其中的原因特别包括：我们提前 6 星期开了工，后来还坐上了世界上同类工厂中的第一把交椅。”1994 年，墨西哥总统向该工厂颁发了最优秀企业奖。[8]

策略 3　学会双向交流的文化能力

像萨朗特和加洛韦那样有连续创新成就的人，似乎有一种心态和技能方面的微妙的特征，这使得他们从来不隔断与更大的组织环境的联系——我们把这叫作“学会双向交流文化能力”。这也许听上去很容易，但许多开始很成功后来却失败的学习计划，实际上都是因为不能很好地考虑更大的环境。SoL 网络头 10 年中间最痛苦的经验教训就是发现，成功案例不一定能带来进一步的成功。我们有过许多局部成功的案例，学习工具在小范围应用时非常有效，却无法在公司更大范围里推广。结果，这些成功往往使创新者陷入麻烦。

奥特可公司下属艾普西龙团队（AutoCo’s Epsilon team）的新产品开发项目，是最详尽地记载了这种情况的案例之一。这是个年度新款车型的开发团队，它把五年开发周期缩短了一年，还返还给公司已经拨出的项目开发延期费用 5 000 万美元，许多观察家把这个成绩称为“公司历史上最顺利的新车型发布”。[9] 然而，项目最后几个月里，公司进行了大改组，该团队的高级领导者没有得到他们想要的理想职位，都提前退休了。当时我们都感到有些意外和震惊，但这个经历也是一次重要的觉醒。

我们后来发现，历史上有很多这类的成功创新，都没能得到推广。比如，阿特·克莱纳（Art Kleiner）在其《异端邪说的时代》（*The Age of Heretics*）一书中，记载了 20 世纪 60 年代中期，最早采用团队式和“过程取向”的制造程序的那批人，最后都被迫离开了公司。他们的工作比这种制造业程序被广泛采用的时间，提早了 20 年。[10] 克莱纳把那些人叫作“公司异类”，他们在创新进程的大构架模式中扮演了关键角色，却经常遭受个人的损失。那种“做更好的捕鼠套”的创新理论认为：“如果我们成功地实现创新，整个世界就会争先恐后地踩出一条通向我们家门口的路”，这无疑是对大型组织的复杂政治关系，及其对创新的反应模式的非常糟糕的误导观念。

但是，这也不是不可避免的宿命。随着我们不断加深对这一问题的理解，我们发现，问题的根源之一，恰恰是创新者自己的激情和热心。[11]

没有这种激情，创新者不会冒着风险去尝试全新的东西，也不会有成功创新所需要的耐心和韧性，更不会吸引其他志同道合的人来分享这种激情。但是，激情同样会给他们带来麻烦。激情会使他们盲目，无视圈子外面的人究竟如何看他们，还使他们无视自己给他人带来的影响。

产生重大业绩飞跃的基础创新，对习惯常规惯例运作的团队和个人，都是一种威胁。尤其当这种创新成就是靠非同寻常的方法实现、别人对这些方法又所知甚少时，它所带来的威胁就更大。而如果提倡这些方法的人，使用神秘的专业术语来描述它，别人就会给他们贴上“狂热崇拜”(cult）的标签。奥特可公司产品开发副总裁说：“我一到他们（艾普西龙团队领导者）那里，他们就跟我说什么‘推断之梯’(ladders of inference)、‘系统思考’这类的话。对我来说，这根本就是丈二和尚，摸不着头脑。”

“他们享受了太多的乐趣，”另一位团队领导者坦率地说，“没有正常人能这么享受工作。”业绩评估是一项复杂的工作，而富有激情的倡导者通常会带有偏见。他们会看到业绩改进的某些方面，却容易漠视工作中的其他方面，于是被玩世不恭或者持怀疑态度的人挑出了毛病。后来，我们把这类问题称为“真信者综合征”(true believers syndrome)。我们意识到，这正是本来很有希望的创新，却常常不能推广的主要原因。

硬币的另一面，就是我们讨论过的第二个策略：“从现有条件入手”，即熟练处理组织内部各种政治力量关系。创新者要建设学习型和开放性文化，他们有时候会感到身处两个世界：一个是自己推动建设的团队或组织的开放性、学习型世界；还有另一个，即在组织机构中占据主流的、更传统的世界。随着我们进一步理解创新者与公司的防卫和免疫系统之间的相互冲突，我们开始看到，要保持创新势头，就要求领导者学会双向交流文化能力，即能够在两个不同的世界之间有效地来回转换，并遵守每个世界的基本运行规则。

秘密的转化

有些创新领导者发现，应对这种局面的策略，就是让创新活动保持在高管层的雷达探测平面之下，低调隐秘地进行。英特尔的马辛，第一次在国际组织学习学会上介绍他在第 11 芯片制造厂实现突破性进展的过程时，用“秘密的转化”（stealth transformation）来描述整个经历。他关注的重点，正是如何在实现组织中工作环境转化的同时，不引起整个公司的注意。他的部分做法是避免使用专门术语，避免采用公司系统中别人不好理解的交谈方式。他说：“我们没有特意隐藏我们做的事，但同时，我们也没有声张。如果别人问起，我们很高兴和他们分享，并尽力向他们解释。”

在我们采访马辛时，他表示，“秘密的转化”现在仍然需要。“话说起来，今天甚至更需要对权力政治保持清醒的理解，这不是因为高管们的权力欲望更大了，而是因为每个人都有更大的财务压力。你需要去创新，但又不能制造危险报警信号。你的策略必须在文化和语言上经过缜密设计。假如我今天再做第 11 芯片厂，我还会用同样的方法。我们当时能够实现比‘市场上最佳’的业绩更好的水平，而像英特尔这样的公司管理层，总是要做这种比较。但是，我会尽量用高层能听懂的语言，来描述我们努力实现的变革。比如，英特尔有非常注重测量的公司文化。假如我再回公司做，我会和领导者一起开发一系列方法，来测量技术的灵活度和应对市场变化的能力，以保持高投资回报率。我会寻找一些方法，来把这些战略思考与建设更具灵活性和流动性的运营环境相互结合起来”。

使用掌权者的语言

与马辛一样，萨朗特也了解到：“你必须使用掌权者的语言。这意味着，必须非常清醒地意识到正式的组织权力分配和使用情况。比如在墨西哥这类地方，我的工作有很大一部分就是把掌权者的语言，即关于数字的语言，与我的属下能理解的、基于深层价值的语言相互联系起来。厂里的人不是对福特高管层的要求漠不关心，但他们不是总能理解并把它和自己关心的问题联系起来。他们有可能理解时，我就简单地告诉他们，如果能够完成高管层对我们的要求，我们就能同时也创造对我们自己关系重大的东西。我努力对高管层保持完全的透明度，并达成明确的协议。他们往往不关心我们如何完成任务，但我希望确保他们不会感到我含糊其辞，或有意隐瞒什么。”

在处理与老板的关系时，萨朗特还遵循一条管理信条：“少许诺，多兑现。”这是有效管理期望值的一个谨慎的策略。“我非常严肃地对待承诺。承诺过的就一定要兑现。但是，在信任感很强、热情高涨的工作环境中，大家很容易做出一些断言和宣称，这让持怀疑态度的人总想努力找到否定它的理由。你必须用等级体系中的主流世界观和语言来阐述目标，然后再帮助大家用自己的语言和方式来理解这种目标。大家往往还想有其他目标，或要求更大的目标弹性与延伸范围，这对工作团队是没有问题的，但最好仅限于团队内部。”

策略 4 建立演练场

创建“演练场”是建设学习型组织的八项策略中的第四项，它经常融入比较成熟的学习型基础设施中。演练场的理念来自以下简单的事实：没有练习的机会，是很难学会新东西的。虽然大家在听到“学习”这个词时，首先想到的往往是教室的场景，但是典型的教室，一般都没有学习实践的精神内涵，也没有演练的内容。教室学习通常是被动的，其主要内容是听讲和思考，而不是做事。对很多人来说，教室的情景能激起强烈的情绪化的记忆：需要躲避错误的心情，和找到“正确答案”的重要性和压力等。而真正的学习过程，恰恰要求尝试新方法，并会犯很多错误。相比传统的教室，演练场或彩排厅提供了非常不一样的环境：大家主动地去做想要做好的事；大家在犯错误，然后停下来，再试；大家谈论怎么做是对的，怎么做是不对的，然后逐步开发更高的技能，以便最后在关系重大的“演出场”上，做出有效的动作并取得出色的演出结果。因此，建立演练场，安排经常性的定期演练，就成为学习型组织开发实践者的一项共同的策略。

露营与等级制

与加洛韦的反思聚会类似，萨朗特也建立了一个用于世界各地的简单的策略：“露营”与“等级制”。他的策略是基于组织心理学家布鲁斯·吉布斯（Bruce Gibbs）的研究。首先，萨朗特想让大家很好地区分正规的管理系统，即管理工作所测量的东西、正式的职务角色和职能责任，以及既定的目标等，与“我们花时间真正地交谈，更深层地了解各自的情况”，这两者之间的差别。他后来把它叫“露营”策略，因为许多人在孩童时期都有去野营的经历；他希望确定一个地方，在那里大家可以“玩耍、放松，但也处理困难的问题，包括情感问题”。和加洛韦一样，萨朗特也发现引入露营的概念是件很棘手的事，因为大家都很忙，而抽出时间“不干工作”了，这在一开始听上去好像没有任何效率。但是，后来“随着大家了解到事情的真相，就看到它是无价之宝了。结果，露营变成了我们的管理方法的一部分”。

例如，萨朗特曾在北爱尔兰有家工厂，深受那个地区的冲突的影响。工厂经理是天主教徒，而大多数员工都是新教徒。“有两个人 10 年没说过话，只是因为有一次在停车场里，其中一个人打断了另一个人讲话。”后来，这里的露营过程成为显露“大家重视的价值的真相，并克服维持冲突的习惯”的方法。对许多人来说，他们真正重视的其实是他们的子女。“我发现，他们想让自己的子女有个好的未来。我就告诉我的上司，说要录用 20 名厂里员工的子女，让他们进入实习计划。尽管工厂还没有完成财务指标，尽管当时福特公司在严格控制员工人数。露营聚会让我确信，作为加深信任感的举动，我们需要这么做。”后来，工厂有了起色，成为一个成功的企业，“原因就是，我们能够拨开所有表面争吵的迷雾，直面真正重要的东西，并且付诸实际行动”。

火墙与旋涡

有些组织把定期的演练和实践，包括在组织设计之中。比如在哈雷－戴维森公司，那里的“管理体系”和“旋涡”(swirl) 之间，是有区分的。前者包括业务目标、正式的职务角色和责任，以及控制机制。而后者则是指不断在整个组织中进行辩论、实验及检测的一系列想法和问题。哈雷－戴维森公司用其特有的语言，把分开这两者的隔断称之为“火墙”(Wall of Fire)。如果某个想法或目标能够成功穿越火墙，那么其价值已经赢得足够多的人的确信，并值得全公司的承诺和投入。

许多可能非常重要的想法，即使有高管的支持，也可能要留在“旋涡”里许多年。哈雷－戴维森的总裁曾主办一次 SoL 可持续发展协作组的会议。他在会上说：“可持续发展现在还不是我们公司的管理目标。”许多参会者是全身心投入到可持续发展事业的人，所以，听到这种言论，他们多少有点震惊。但是，随着他发言的继续，大家很清楚地看出，他是在十分严肃地对待可持续发展的议题。公司战略副总裁是公司“非正式”可持续发展专项任务小组的主席。他们在做许多与可持续发展相关的事：公司的核心业务战略是营销“哈雷体验”，而不只是摩托车（这产生了很大的二手摩托车需求，从而显著延长了他们的产品使用期)；公司在建立一个重要的业务部门，用旧零部件的再制造给二手车提供服务（不让旧部件落入填埋场)；公司还在建设新的节能环保的产品研发中心。

“旋涡”逐渐清晰地自我成长为一项重要业务，一种孵化器。它催生新事物，同时是让经常性的探索和演练合法化的一种方式。

在哈雷－戴维森总裁发言之后，一位进入《财富》500 强前 50 名的公司代表（协作组的长期成员）说：“也许我一直在使用一种错误的策略，总试图让公司的管理层正式拥抱可持续发展。我们是可以建立起一些新目标，以及一些新的测量指标，但是，这很可能只产生一种表面的投入。在大家看清这些问题对企业的未来至关重要之前，也许最好让它们留在“旋涡”里。问题是，目前我们还没有什么办法，对有潜在重要性而又激进的新思想，进行正当的探索。这可能是我们真正的局限。”

演练场有各种不同的形式和大小。从萨朗特的露营聚会，到加洛韦的反思静修营（retreat），再到哈雷－戴维森的组织旋涡，各式各样。也许，我们正处在演练场不断向高级精致化方向迈进的开端，比如福特公司，就正在开发使用一种模拟的微世界[①]方法。我认为，这些进展都是开发未来学习能力的关键环节。

但是，开发过程始于经理人接受“没有演练就没有学习”这一简单原则。没有一个运动队可以不需练习，就直接参加比赛，还能指望获得成功。同样，没有一个剧团或交响乐队，可以只参加演出，而不需要排练——但这恰恰是我们在大多数组织里所企望的。难怪学习实践的发生少得如此可怜——这样的结果一点儿都不奇怪。

策略 5　与核心业务联系起来

对主流组织机构的尊重，能够激励大家学会双向交流文化能力，包括在语言和策略两个方面的能力；还能够帮助大家开发演练场，并且最大限度地缩小与正规管理体系的矛盾与结构冲突。但是，第五项策略要涉及深层的关联，它最终对开发指导思想和意向目标会起到关键作用。激进的新思想和实践方法若要在组织中生根，就必须有肥沃的土壤。要

---

① 微世界（microworld），圣吉的“组织学习实验”实际上是一个简化并压缩了的系统动力模拟实验，他称之为“微世界”。——编者注

找到这种土壤，在开始时并不那么容易。成功的学习实践者要想产生大规模的影响力，就要学会如何与组织的核心业务联系起来，并且是在最深层的个人和集体的身份认同感方面联系起来；还要学会组织最自然的价值创造方式。

起步：发现我们究竟是谁

没有固定的可行方法来把组织的核心身份认同感，与其历史上从未有过的新事物联系起来。但是，开始的方法，是确信这种认同感是存在的，即确信组织不只是为了赚钱而存在，也不只是为了提供现有的产品和服务而存在。这要求一种真正的探索精神，愿意让自己的内心来引导自己；还要求有心理准备，去发现本来固有的，但从未显现出来的东西。

过去十年里，耐克公司发展出一个非常出色的"为环境而设计"的产品设计和管理人员网络。最初有这一想法的是高级研发部主管达茜·魏斯洛（Darcy Winslow），她开始想："这个企业组织的境界水平一定不只限于下一个很酷的小发明"。那时，环境设计师麦克·布朗加（Michael Braungart）和比尔·麦唐诺（Bill McDonough）刚刚设计了耐克的欧洲总部，然后用毒性物质检测方法测量了耐克的产品和生产过程。结果，用魏斯洛的话说，"这真正打开了我的眼界。于是，我就问自己：'我们真正理解我们以及我们这个产业在制造的产品吗？'"她的问题后来导致一个新岗位的设立：可持续业务战略总经理。"可持续发展是当时耐克管理层谈论的话题，但是，那主要是从合规顺从的角度考虑，涉及政策法规以及与生产合作伙伴们共同处理劳工问题。我告诉他们：'我们如果要真正严肃地对待可持续发展问题，就必须从产品创新和制造领域内部入手。我们必须找到削减我们产品的生产和使用所带来的废弃物和毒性物质的办法。消费者是通过我们的产品来直接感受和了解耐克公司的。'[12] 他们说：'很好，去做吧'。于是，我们设立了这个新岗位。"

一般来说，许多到新岗位的人，都要集中关注正在形成的新问题，而且虽然工作责任很大，却没有多少权威。魏斯洛也一样。实际上，没有一个产品开发团队向她报告工作，而她处理的问题，是很大的、没有明确定义的问题，例如，“需要怎么做，才能把可持续发展融入我们公司的业务里面去？”还有，“我们怎么和消费者沟通这个问题？”但是她说，整个可持续发展的理念，“在我内心深处有共鸣，这是很个人的感受。我不用去想、不用去考虑这是否对我很重要，因为我知道‘我们必须这么做’。它成为我工作中最能激发身心能量，也是最具复杂性的挑战之一”。

大约就在那时，她读了马尔科姆·格莱德威尔（Malcolm Gladwell）的《引爆点》（*The Tipping Point*）。“格莱德威尔说，如果你能让 20% 的人都朝着一个方向努力，你就达到了引爆点。所以，我就想，耐克有 2.5 万人，20% 就会是很难达到的人数。”但是，她并不孤单。公司有几位处在不同但又平行的岗位上的女同事，与她一起主持了一个为期两天的会议。会议邀请了耐克 200 位重要的经理人参加，还请来了布朗加和麦唐诺，以及可持续发展领域的其他几位商界领袖和杰出人物，目的就是让可持续发展进入大家的思想意识。

“我看到大家对我们初步工作的反应，觉得深受鼓舞。我又重温了我热爱这个公司的感受。我们和其他大公司一样有各种问题，但我又重新发现了耐克公司是‘谁’。我认识到，我们是一群创新者。这个公司就是搞创新的，而创新就是触动大家的灵魂，而我们都看到了，整个可持续发展领域，给我们提供了尚未为人所知的、前所未有的各种创新机遇。”

要成为变革领袖的人，常常由于无法辨别前进道路上的两个微妙的障碍，而受到限制：他们未能足够地深入自我，发现自己的真正的心灵召唤；同时，他们未能足够地深入组织中，发现它究竟代表什么。如果不能足够地深入自我，我们就只会追随“好理念”，却不能激发自己的激情。如果不能足够地深入组织所代表的内涵，我们会试图把自己的理念“推进”组织中去。

谈论一个组织是“谁”，或者“代表”什么，可能看似奇怪。但如果把组织看成是由人所组成的社区，就不会觉得奇怪了。作为一个社区，组织的形成是由于有足够多的人都关心某件事，都想一起完成它。比如耐克公司，它的创始人都是热爱跑步和运动的人——他们都非常热爱跑步，非常关心给跑步的人制造更好的跑鞋。随着时间的推移，企业演化了，超出了跑步的范围，那就需要深入新的水平，寻找既能够超越，又能够包容初始愿景的核心内涵或内在本质。今天，耐克有 11 条箴言。第一条是“创新是我们的本性”。当魏斯洛能够看清她对可持续发展的激情其实是创新的激情时，她的整个变革策略就发生了转变。

实地研究：辨别组织创造力的源泉

随着“我们是谁”的问题开始得到解决，还会出现下一个问题：新的愿景怎样才能激发组织的创造过程；在组织中，怎样才能以最自然的方式产生新的价值源泉。这是一个从愿景到现实的过程，我们要从中发现，令人信服的新观念怎样才能最自然地带来组织的行动结果。在耐克，这意味着到产品设计师和生产部门的经理中间去。

随着魏斯洛发现了创新对耐克的重要性，她马上意识到“必须到上游，联系我们的设计师和产品部门经理”。耐克有大约 300 名重要的设计师，她问自己：“我应该怎样和我们 20% 最有影响力的设计师沟通呢？”答案就是去逐一拜访他们。

“那是个很有必要的过程。我去敲门，如果感觉有沟通，我就深入交谈。领导者在涌现出来，那些人会自己掌握并实行新理念。在交谈中，领导者自己冒出来了。

“这与其他可持续发展计划非常不同。比如，‘企业（社会）责任’团队有一个指令，说：我们的鞋要完全废除使用聚氯乙烯，实现‘无

PVC'产品。[13] 但是，这项要求等于命令说：'停！你不能那样做了。'对设计师来说，一扇门在他们眼前关上了。而我们是想多开几扇门，我们对他们说：'这么来考虑这件事：从根本上说，有许多尚未被人认识的机遇，可以创造全新的产品，同时还不损害业绩，也不影响运动员。'这要花很多时间，我和他们也不止一次交谈。我必须回去，和他们再谈。但这就像在乱石中发现钻石——他们就在那里，等待着这样的交谈。

"在和大家谈话的时候，我觉得与真正的耐克联系在一起了，包括这个公司的驱动力、自我形象的核心，以及我们成功要素的核心，"魏斯洛继续说道，"和大家交谈得越多，我就越清楚地看到，零废弃物和零毒性是我们自然而然的目标。"尽管耐克还没有"完成攻坚"，把可持续发展融入业务中，并与顾客沟通，但公司还是取得了实质性的进展。"过去五年，我们已经建立了可持续发展长期目标，即'零废弃物、零毒性和 100% 循环利用'（所有生产过程的副产品和产品中的材料，都能够再利用或可降解）。我们已经开发了一些达到这些目标的新产品，像不使用胶和接合剂，产品在使用周期结束后可以拆开，像用编织方法替代切割，这样就不会产生废料。我们还有一系列的有机棉花制品 [耐克帮助建立了有机棉交易所（Organic Cotton Exchange），在世界范围促进有机棉市场的繁荣]，一个给设计师提供材料选择信息的内部可持续材料小组，加上许多回收再利用计划。"最近，"提供可持续产品和实现创新"已经成为公司首要的前三项管理目标之一。魏斯洛指出："越来越多的顾客已经理解我们了。谁知道呢，没准儿这就是我们最大的机遇。仔细想想，耐克真的是能够把可持续发展这件事做得很'酷'的少数几家公司之一。"

策略 6　建设学习型社区

正如魏斯洛所发现的，当我们自己的深层问题和愿望，与组织的内在本质联系在一起的时候，社区就得到了形成和发展。在共同目标和价值的基础上，建立领导者与之协调融合的、新的学习型社区和人际关系网络，这是一项策略，也是一种结果。它绝不仅限于企业组织。

用心与意的交谈

莱斯·麻真户二（Les Omotani）是纽约长岛休利特－伍德米尔教育系统（Hewlett-Woodmere system）的负责人，在此之前，他还曾连续 10 年担任西得梅因（West Des Moines）公立学校系统的负责人。麻真户二说：“‘什么对孩子有益？’——让大家问这个简单的问题能产生巨大的力量，这也许是我们最重大的发现。对这个问题的探索逐步发展成以学习型社区建设为核心的变革战略。”

麻真户二刚到西得梅因时，看到的是“一个很典型的学校系统”。因为城郊开发主要集中在西部，所以这个社区有一部分很富裕。但不同学校之间的成绩差距很大，发展也很不平衡，甚至还有三所“一类学校”（接受州政府资助的低收入地区的学校）。

“新学校一般都建在西部，跟着人口走向建。但我还发现，其实大家关心所有的学校和学生，盼着他们都好。

“有很多人参加我们组织的定期社区对话，不仅是教师、学校管理人员和家长，当地商界人士和政府官员也都来了。渐渐的，我们开始探讨一些问题，包括主流教育界称之为‘不可移动的墙’的问题。为什么一学年只能有 180 天？如果增加 30 天的课，那么很多孩子都会从中受益。我们是不是没有给予老城区的学校以足够的重视？为什么幼儿园只上半天课？我们都知道全天的幼儿园教育对孩子们更好。整个对话进程不是由我推动的。虽然花了一些时间，但通过这些谈话，曾经一直被忽视的问题都自然显露出来了。”

与此同时，麻真户二组织了由教师、管理人员和社区成员组成的各类团队，针对不同想法和问题的细节进行研究。对话与实施两个过程并行，这正是反思和行动的结合，两者相互促进。“后来，我们在社区论坛上引入一些新理念、一些正在形成的新想法，尽管不成熟，但也不用担心。我们说：‘我们为什么不表示出大家相互间有足够的信任？为什么不说出来，其实可以有不同选择？下一所学校不一定非得建在西部，这钱可以花在别的地方。我们没有改善好老学校，假如我们用不同的方法，将会怎样？’”

他们后来确实用新方法做了许多事。有一所“一类学校”和它的生源学校一起成为“雷昂纳德·伯恩斯坦模范学校”。这所学校用的是以艺术为基础的整合式学习（integrated learning）方法。麻真户二说：“强调‘和其他课程一样，音乐和艺术也有根本的重要性’，在这所一类低收入家庭子女最多的学校，这是很有震撼力的，因为美国其他地区的学校都已经削减甚至完全取消了艺术课。”今天，最新的一所小学建在了最老的城区，第二所一类学校也正在全面翻新。而且今年已经是学校系统第六年给所有有需要的学生，提供约 210 天课程的延长学年计划。麻真户二说：“我走以后，这个社区承诺保持我们建立的早期幼教中心所提供的全天幼儿园教育。对我来说，这些理念已经牢固生根，这就是真正的标志。”从整体上看，学校之间的成绩差距已经减小许多了，而且整个系统的学生的成绩都比以前更好了。

“很难向别人解释这些是怎么发生的，”麻真户二说，“并不是某件事导致了这些创新的出现，但那些深度汇谈确实促成了所有事情的发生。全部工作都围绕一个重点：在背景多样的人群中间，开发共同探讨问题的能力，开发大家相互支持的协作网络，并通过这些来激发大家对孩子们的深层关怀。”

“我是日本裔加拿大人，在加拿大艾伯塔省长大，还在夏威夷与我们的族人一起住过很长时间。在这些文化里，如果一个小孩来到一群成人当中，大家总是把话停下来，看孩子需要什么。我搬到美国以后，引起我注意的第一件事就是，大人不怎么理会孩子。我还注意到，这儿的人们总是直接进入谈话。

“但大家其实都一样，同为人类，我们之间并没有很大的差别。只是我们的生活方式里似乎有些东西，使我们远离了人类本性中固有的对孩子的关心。随着社区变成深度汇谈研究者所谓的‘安全的容器’（safe container），我们本性中的关爱心会更多地显现出来，而那里的交谈和思考，也和其他地方有了根本的不同。我们有一句简单的话：‘作为社区的学校，作为学校的社区。’如果你反复说这句话，自然会懂它的意思。大家记住了这句话，并经常说起。”

用“世界咖啡馆”（World Café）的方法，我们可以把大型会议变成真正的深度汇谈。“世界咖啡馆”方法的创始人华妮塔·布朗（Juanita Brown）认为：“社区的成长，要从大家探寻对自己有意义和本质内涵的问题入手。”与魏斯洛一样，麻真户二和他的同事们创造了深层交谈的空间。这件事一旦完成，学习型社区就是自然发生的副产品。重要的一点是，要有意识地创造和维护这种“社会空间”。另外还要认识到，学习型社区的创建是一个自然的过程，不需要控制或操纵——实际上，试图去控制它，会很容易产生事与愿违的结果，这一点同样重要。

策略 7　与“对手”协作

致力于社区发展可能出现的负面问题，就是拉帮结派，甚至是狂热崇拜：当看法基本一致的人聚集在一起的时候，其他人就被排除在外了。因此，第七项策略是要包容多样性，对领导者来说，这要成为一项指导思想和原则，它超越政治正确性（political correctness）的姿态，也超越仅仅从感情出发的境界。

几年前，长期研究生命系统和组织机构的玛格丽特·维特里（Margaret Wheatley），[14] 对当时新出现的“因特网社区”进行了研究。她的评语很令人惊讶：“我越是仔细观察这些社区，就越觉得它们像

‘反社区’。”后来我问她这是什么意思，她说：“在因特网上，下线是没有任何代价的。如果有人感到厌烦，或者兴趣转向其他人的话题，他们就简单地退出了，就这样完事了。结果这些‘社区’都是物以类聚的，每个人的意见基本一致。这使我意识到，只有在我们互相纠缠在一起不能轻易分开时，才可能形成真正的社区。”

与传统的非伙伴沟通

与不同于自己的人结成伙伴，是马萨诸塞州切尔西的社区服务机构罗卡所采用的核心策略。罗卡注重“构筑跨界之桥”，以突破年轻人困于其中的各种体制的藩篱——这些体制无法与年轻人的现实协调一致，也无法满足他们的需求。奥蒂兹说：“一直以来，我们的工作是建立有转化力的人际关系网络，由此，我们可以开始理解社区问题背后的结构模式。这些关系网络从街上的孩子们，包括小混混和不良少年开始，然后逐步包括了其他组织，像警察、法院、学校以及马萨诸塞州政府社会服务部。就这样，我们开始创造了一些特别照顾这些孩子的需要的新体制。”

鲍德温说：“我们曾经给警察局一类的组织造成很大麻烦，因为我们总想保护这些孩子。后来，我发现了非同寻常的东西。当设身处地以不同的视角来看系统时，你会更有责任心。你会开始意识到，偏见和对自己观点的执着，其实是一种自我保护的方法。这还可以帮助别人反观自我，看到自己的偏见。

“有时会有些小奇迹发生。皮特警官曾参加过一次圆圈小组培训。有一位参与者讲了一则海星的故事：一位老人站在海滩上，他周围有退潮后搁浅的数百只海星。老人捡起一只海星，把它扔进大海。有位旁观的人冲他喊：‘那有什么用？不就只是一只海星吗，还有这么多只在搁浅着啊。’老人回应道：‘对那只海星来说就很有用。’”

罗卡工作人员阿尼沙·查布拉尼（Anisha Chablani）接着说：“两天后我在街上遇见一位刑警，他问我：‘你们都给皮特做了什么手脚？他一直在讲什么海星的故事。’这真是不可思议，我真感动死了，皮特警官！这是我有生以来听到的最酷的事。”

跨部门联合

在不同类型的组织之间建立跨界联系，正在成为影响更大系统的核心策略。联合利华管理委员会成员安德烈·凡·赫姆斯特拉（Andre van Heemstra）说：“我们发现，通过合作伙伴来增加观点和视角的多样性，是战略变革的关键杠杆之一。”

最近，联合利华完成了一项与乐施会合作的历史性研究，课题是联合利华在印度尼西亚的脱贫工作。[15] 两个组织都为此冒了很大风险。作为领先的日用消费品跨国公司和企业社会责任的支持者，联合利华在发展中国家实施正面影响的努力，必须要接受严格审查和评估。而作为全球领先的 NGO 组织，乐施会曾公开批评偏袒跨国公司的不公平的国际贸易规则，现在又和跨国公司合作，难免会受到指责。凡·赫姆斯特拉说，“我们这样的大公司一直在努力增加内部的多样性文化，但我们还需要增加外部的多样性关联，这很难。但与乐施会联合，公司就能做许多不能自己单独完成的事。”乐施会的总裁芭芭拉·斯托金也是项目的支持者。“我们都知道跨国公司的问题，但我们必须超越扔砖头和责骂的层次。我们开展活动来提高公众意识，让他们认识真正的问题。但对于超越单个公司行为的问题，这是不够的。只有合作，才能创造系统的解决方案。”

下一阶段的多样性

在网络化程度不断增加的世界里，建设背景更加多样和更为包容的社区，是越来越紧迫的任务。如加洛韦所说：“我看到的最大的变化之一，就是我们现在需要和非常不同于自己的人合作。工作越来越靠建立联系网络的方法完成。因此，与各种不同背景的人合作的能力，比以往任何时候都更为重要。”加洛韦说：“不久以前，人们还主要在‘同类人的小圈子’里工作，大家都在同一个工作小组，都来自同一个地方。但是现在，大家经常从世界各地来到一起，做日常的工作。这是更大的圈子，有些人在许多方面都与我们很不一样。许多组织有各种‘多样性计划’，包括建立通过多样性支持业务发展的实例，协调人力资源方针和政策制定，以及雇用各类背景的员工。这些基础工作完成之后，创建有包容性的工作环境，就变成每一个员工都要面对的真正的挑战。我们必须检查，团队所选进的人都是谁，我们都做了哪些选择和取舍，这些取舍和选择是否真正出自完成工作的需要。假如我对和华人同事一起共事感到不适应，或者反过来，他对我不适应，那么，我们形成的团队网络，可能就排除了很好地解决我们之间的问题的机会。”

加洛韦指出，应对多样性的传统方法，是把人分成三六九等和各种类别。“真正的问题，却是更为个人化的，更关系到人的成长，而这与大多数公司看待多样性的方法不同。它是关于我们理解和欣赏（别人的）思考方法，沟通方式，以及待人接物的行为模式。它是关于人们在一起生活的问题。”

策略 8　开发学习型基础设施

前面的许多例子都说明，学习型基础设施（learning infrastructures）的创新，常常是有效的学习策略的关键因素。当英特尔、福特、DTE 能源公司或耐克公司创造新的，或重新定义旧的管理岗位，来支撑反思实践或系统思考时，它们就创建了学习型基础设施。同样，当经理人建立定期演练场，或投资信息分享技术，以便使工作小组更方便地相互沟通，他们也在建立这样的基础设施。然而，这项工作往往被忽视，也许是由于基础设施的创新，不像阐述新的指导思想那么富有戏剧性，也不像新工具和方法那么具体实在。但是，只阐述新指导思想，而没有配合资源调配，是不合情理的。同样，引进新工具和方法，而没留什么机会去应用，也不会有帮助。

学习型基础设施可以保证学习实践不至于成为偶然发生的事件。一个令人信服的案例是日本质量管理运动的振兴，它揭示了学习型基础设施的重要性。20 世纪 50 年代至 60 年代初，戴明和约瑟夫·朱兰（Joseph Juran）等专家，给高层经理们教授了基本原则（指导思想）。后来，许多人接受了基本工具的训练，如统计过程控制等。但是几年后，有几家公司，如丰田，意识到他们需要让第一线员工接受基本工具的培训，同时，最重要的是重新定义岗位责任，以便使员工掌握分析和改进自己工作流程的权力。如果不改变岗位责任，质量控制就会停留在专家责任的范围，不会成为工人自己的责任，工作和学习也就不会有整合效益。

学习型基础设施的先锋

美国陆军是 SoL 网络的长期战略伙伴。关于学习型基础设施，我们从他们那里学到的最多。在这方面，我还没有发现有哪家公司能与他们的经验和程度相比。

对美国陆军来说，学习型基础设施包括：

- **培训和正规教育：**这包括初级培训机构，如西点军校，还有各级培训机构，一直到最高级的陆军战争学院，那里有上校们在提升到最高将领级别前必修的 12 个月的教学计划。
- **演练：**运用不同的（包括基于电脑和针对身体的）模拟训练方法，并应用行动后反思等工具总结演练过程，从模拟经历中学习。这里包括陆军国家训练中心这类进行大规模、多天模拟演练的机构。
- **研究：**对象是真实的或模拟的作战情况，分析成功的和失败的案例。这包括陆军课程研究中心，其职责是集中经验教训、提升洞察力，设计未来教学和培训，形成新模拟演练以及陆军准则。
- **准则：**即最高的政策方针，它涵盖有关成功作战指挥的核心假设和信念。这是由最高上将领导的作战准则办公室的职责。

从许多方面看，陆军对学习型基础设施的不断投入，都是基于对从经验中学习的坚定信念和追求。陆军参谋长曾连续几年接待 SoL 公司会员的高管们，并由陆军“首席历史学家”担任向导，带领他们参观葛底斯堡（Gettysburg）南北战争战场。有两件事给公司高管们留下了深刻的印象：一是陆军“首席历史学家”这个职位本身的设立；二是担任这个职务的人的级别是将军，而且从职位设置一开始就一直这样。在参观的路上我们才明白，这个陆军军官团队全都深入地了解著名的葛底斯堡战役的细节（普遍认为是南北战争的转折点），并能够很快把那场战役的经验教训与他们眼下面对的挑战联系起来。这并不是学术性的历史研究，而是“口头历史”的极好案例：人们对它的意义有很深的直接感受。军官们都清楚当时哪个人指挥了哪场遭遇战，还知道谁在哪个特定的地点受伤或战死（3 天的战斗中有 6 万人阵亡）。这段历史触及了他们个人，与他们自己作为士兵和军官的经历直接联系在一起，并与个人判断和作战行动错误的代价直接联系在一起——他们感到了学习的紧迫性和必要性。

经历这项参观的大多数公司高管都深刻地感受到，学习实践的要求远不止良好的愿望和几个工具方法。如果要让学习实践产生实际的效果，它就必须与组织运作的机制有深层的耦合。许多人得出这样的结论：对研究过去的组织战略策略、运营变革和领导方法，及其成功与失败的经验教训，他们投入得太少，这几近玩忽职守。他们差不多都是“随着事情的发生去不断修补问题”，很少有严肃的指导原则来帮助各级领导工作。结果，新上任的 CEO 往往都把自己的工作看成是推行全新的战略策略，似乎公司根本没有任何历史，也就不奇怪了。

是否有其他类型的组织，准备严肃对待之？

美国陆军的各种学习型基础设施中，被其他组织采用最多的就是正规教育和培训，但即使是这个，也往往在公司财务压力到来时被迅速裁减。但如果没有其他三种设施，即演练、研究和准则，孤立的培训一般不会产生有的放矢的聚焦作用，更不会变成实际工作中的有效行动。不从管理原则上明确学习型基础设施的关键作用，就不会有根本的改进。也许，学习型基础设施不被广泛重视的真正原因，是大多数经理人仍然只有短期业绩的狭隘视野，不肯为未来的成功而建设容量能力。有一位 CEO 伤心地说："我们有很多作决策的基础设施，却没有一个是为了学习。"

我个人认为，缓慢的觉醒正在发生：比如 DTE 对行动后反思的投入，还有英特尔对加洛韦这样的反思型教练的投入。我觉得，如果说"学习型组织"不会只停留在口号标语的层次，那么这种觉醒过程就是跨越的关键。

一些企业高管，像福特公司的亚当斯，也这么看。这个群体的人数还在不断增加。"总的来说，公司在系统地理解问题方面做得很差，"亚当斯说，"这也很容易理解，大家都有时间的压力，还有管理职责上的条块划分。但相互的依赖性在急剧增加，在开发理解和应对复杂性的能力上取得进展的公司，哪怕只是微小进展，都将会获得真正的竞争优势。我们已经看到许多在这方面得到回报的案例：由于采纳了合理的复杂性系统战略，并看清了系统的模式，从而使本来难于驾驭的公司业务问题，得到了明智而适合的解决。"

亚当斯认为，关键"是在组织中建立这些学习能力"，而不只是零敲碎打的学习活动。"下一代学习型基础设施将利用分布式计算技术、模拟技术以及高级的内部咨询资源。还有很长的路要走，但回报将是丰厚的。"

创造现实而非贴标签

过去几年，我看到人们用许多不同的方式来描述自己创建学习型组织文化的工作，这是件很有趣的事。福特公司的亚当斯讲到构建“适应性企业”。惠普公司的阿兰说的都是“理解工作实际上是怎么完成的，以及协作如何推进了知识网络的演化”。新加坡警察总监邱文晖强调了“在鼓励学习实践的文化中管理知识”的重要性。国际金融公司的滨地－贝利则关注“愿望”和“探寻与深度汇谈的技能”。离开福特以后来到小型燃料电池企业普拉格动力公司（Plug Power）的萨朗特及其同事，谈的是“学习如何成为学习型组织”（这是我最喜欢的表述之一）。麻真户二代表许多人说：“当你有关爱心、去服务，并通过聆听和关注社区里的所有人，包括孩子和老人，来实现领导力时，你不必非给它冠什么名。那里的文化会发生改变，你只需要深入到群众中去，那就是大家需要的。”

当初，在选择“学习型组织”这个词的时候，我和我的同事是很惶恐和担忧的。我们知道这很可能变成一种时尚，而时尚通常只流行一时。[16] 但“学习型组织”这一简单形象的表述，似乎很符合基于以下原则理念的组织建设工作：反思的心态、深层的愿望，以及渴望看清系统性障碍并激励各种系统向大家想要创造的未来演进。

戴明博士晚年宣布，“质量管理”、TQM、QM 等这些词已经没有任何意义了，因为它们的含义已经是“人们想让它们是什么意思就是什么意思”。但他工作的精髓却是连贯一致的，并且在他一生中不断得到发展和演进。

亲眼看到“学习型组织”注定会遭遇的时尚和后时尚阶段的历史进程，我得出一个结论：大家需要开发自己的语言来描述自己的工作目的和意义，要使描述方式符合自己的环境背景，并使之成为自己的战略开发和领导风格的一部分。我们怎样谈论自己的工作，虽然很要紧，但事情的关键还在于我们自己的反思过程、实验经历和开放历程，而不在于我们使用什么词汇。重要的是我们创造的现实，而不是我们给现实贴上的标签。

第15章

领导的新工作

本书第一版第四部分中传播最广的章节，就是以此命名的。[1] 回想起来，我觉得这里面的原因是：大家都知道，要想实现创建学习型组织所要求的那些变革，需要面对巨大的挑战，需要真正的领导力。在那一章的开始，引用了汉诺瓦公司的奥布赖恩的话："我在美国各地和人谈起学习型组织和'精神转变'，反应总是非常积极的。如果这种组织是如此广泛地受人青睐，人们为什么不去创建它呢？我认为，原因正是领导力的问题。人们并没有真正理解，建设这样的组织所需要的那种承诺和行愿。"

在国际组织学习学会2005年度的"高级领导研习营"上，萨朗特（现在普拉格动力公司）和刚刚退休的世界银行东南亚区副总裁西水美惠子（Mieko Nishimizu），都是研习营高级经理人学员的导师。美惠子在世行广受尊敬，这不仅是因为她在许多国家的创新工作，还因为她帮助了年轻领导者成长——有好几位年轻人，现在已经在世行的关键岗位上了。在研习营最后一天，大家都要求有更多的时间，来了解他们两位是如何成长为领导者的。

在美惠子的要求下，我们三人坐在了学员围成的圆圈的中心。他们两人开始探讨塑造他们个人的各种经历。萨朗特讲述了他在墨西哥、北爱尔兰和中国的故事：在那里，一些以前从不讲话的人，后来却成为杰出的领导者。美惠子讲述了她接受经济学教育的背景，以及最后认识和接受贫困存在的现实的艰难经历。

后来，萨朗特突然发问："西水，你什么时候发生了转变？"我感到，在场的许多人并没有听懂他的意思。但是，我就坐在美惠子对面，可以看到她准确地理解了这个问题。她直接望着萨朗特，回答道："是在开罗的时候。那之前有两天时间，我一直在一家豪华酒店里参加世行会议。我想出去走走，于是就到了'死者之城'，那是开罗城郊的坟场，也是无家可归的人的住所。那些人很穷，住在在发展中国家常见的棚屋里。我坐在一位母亲身边，她的小女儿病得很厉害，这不是什么复杂的病，不过是因为拉肚子而引起的脱水。她们在等药来，但其实只要干净的水和一些盐就能帮到她。我观察了小女孩，觉得即使等到药品，可能也不管用了。我问是否可以抱抱孩子，母亲就把孩子递给了我。"讲到这里，美惠子的眼里充满了泪水，在场的人都非常安静。"几分钟以后，她就死了。"说到这儿，她停了下来。过了好一会儿，她补充道："我知道，这不是不可避免的；我知道，那个小女孩不应该死。就在那一刻，我发生了转变。"

"领导"是什么意思？

2 500 多年前，孔子代表的儒家思想认为，要成为领导者必须首先学会如何做人："学而优则仕。"[①]在著名的《大学》里，孔子的弟子阐述了领

---

① 英文"to become a leader, you must first become a human being"，直译是："要成为领导者，你必须首先要成为人。"翻译内容出自《论语·子张》："子夏曰：仕而优则学，学而优则仕。""学"，本是"修学"，是学礼、学做人，是为人之学、做人之学；即儒家修身、立德之"内圣之学"，或"大学"。"修己以安人"（《论语·宪问》），"内圣"而"外王"。"为政以德"（《论语·为政》）；政，即治理；"政者，正也"（《论语·颜渊》），乃王道政治。曾子在《大学》中所述"八目"，即"格物、致知、诚意、正心、修身、齐家、治国、平天下"。这与后来科举制度中"学"的含义，有根本不同。后者不再为立身而学，而是为"仕"而学，为功名利禄而学，故无法安心、安人、安家、安国、安天下。——译者注

导力开发的“七步内证层次”的修养理论。[①] 这些理念在世界各地的智慧传统中也都有类似的说法。其实智慧本身，就是与领导力相关的最古老的理念之一。

不幸的是，今天这种领导力的理念几乎完全消失了。“领导”(leader) 一词，现在主要是指权位，是最高管理层的同义语。比如，大家总说“只有领导驱动，变革才能发生”，或者“我们这里的问题是领导不得力”。不管这些说法是否准确，它们传达的是一种深层的信息。这些说法都指向在高层管理岗位的特定的人，把他们称为“领导”。为什么不直接说“我们的高管层”，或者“我们的执行经理们”？这样意思会清楚很多。当我们把这些人称为领导时，我们加进了更宽泛的信息：只有在等级体系顶层的人，才有能力促成变革；下面的人是不行的。这是一个非常不幸的、根本性的概念混淆。首先，它宣称：所有其他人都不是领导，都无法推动变革。其次，它过于简单化地理解一个很复杂的重要问题：如何理解在不同层次上的、发挥多样性角色的领导者？如何开发领导者的联系网络，以保持深层变革的势头？

许多年前，当意识到这种情况以后，我们开始考虑“领导力生态”问题：一线领导者、内部网络领导者，以及高层执行领导者，如何共同为这种生态圈做出贡献。我检查了国际组织学习学会中各种各样的建设学习型文化的努力，我清楚地看到，尽管作用不同，这三种领导者都至关重要，缺一不可。后来，这种“分散式领导”(distributed leadership) 就作为实践案例篇写进了《第五项修炼 · 变革篇》。该书讲述了在启动和保持深层变革势头的工作中，会反复遇到的十大挑战，以及应对这些挑战的各种领导者之间相互依赖的关系。[2]

一线领导，如英特尔的马辛和在福特的萨朗特，他们是整合各种创

---

① 即曾子《大学》中之“知、止、定、静、安、虑、得”，称为“七证”；见南怀瑾著《原本大学微言》第二篇。——译者注

新实践，并把它们融入日常工作的关键。这包括：测试系统思考工具的有效性，处理各种心智模式问题，深入沟通交流，建立共同愿景并与大家的现实联系起来，以及建立学习和工作相结合的工作环境。没有局部一线领导，不管有多么令人信服的新理念，都不会转变为行动，上层的变革计划背后的意图，也很容易因此受阻。

内部网络领导者是助产士、播种者和联络人，像联合利华的坦塔维－蒙索和英特尔的加洛韦。他们常常和一线领导密切合作，建立本地的自治能力，并整合各种新的实践方法。对于新理念和实践方法在各个小组以及各个组织机构之间的传播，对于各个局部的一线领导者之间的联系，他们都发挥着至关重要的作用。他们建立起更大的网络，推广成功的创新实践经验，传播重要的学习实践知识。

高级执行领导，即组织的高管们，像 BP 的考克斯和在西得梅因学校系统的麻真户二，影响着总体的创新和变革环境。他们的领导力，是通过开发指导思想、志向目标、价值体系，以及整个组织的愿景来实现的。他们不一定是这些思想的唯一来源，因为这些思想可能来自许多不同的地方。但是，他们必须负起责任，确保令人信服的、激励人心的指导思想在自己组织中的持续活力。高级执行领导对处理阻碍创新的结构性问题，比如糟糕的考评和奖励机制，是至关重要的。同时，他们还必须是以身作则的榜样，身体力行那些价值观和热望目标，从而令所有人信服。在许多方面，这种象征旗帜的影响力，是等级体制中的权威对推进变革进程的最重要的作用，却也是最容易被忽视的作用。高级领导者要拥抱一句古老的格言："行胜于言。"在组织中处于最显眼地位的人，尤其要身体力行。

这些不同类型的领导者都互相需要。局部的一线领导需要高管领导去领悟更大系统中阻碍变革的因素，还需要网络领导来防止自己陷入孤军作战，并来帮助自己向其他从事变革的同行学习。网络领导需要一线领导来在实践中测试理念和想法，还需要高管领导来把局部的洞悉变成组织更大范围的指南和标准。高管领导需要一线领导来把战略目标的概念变成执行能力，还需要网络领导来建立学习与变革的更大的网络。

贯穿这些不同类型的组织领导职位，有三种基本的角色，它们概括了所有领导者的工作特征。第一版《第五项修炼》中有这样一段话："根据我们传统的理解，领导者是指引前进方向、做出重要决策，并激励团队斗志的一些特殊人物。这种观点来自个人主义的、非系统性的世界观。领导者就是英雄—— 那些伟大的男人（女人会非常偶然地出现)，在危急时刻'挺身而出'——这种观点在西方尤其普遍。只要这种神话仍然广泛流行，它就会强化对短期事件和英雄式魅力人物的关注，从而忽视系统的影响力和集体学习的作用。传统领导观念的核心，是基于群众无能为力的假设：群众缺乏个人愿景，也不能掌握变革的力量，而这些缺陷就只能由少数伟大的领袖人物来弥补了。

"学习型组织的领导力新理念，则围绕那些更微妙、更重要的任务。在学习型组织中，领导者是设计师，是老师，是受托人。"

今天，我认为这些根本角色的作用，比以往任何时候都更重要。同时我也认识到，这些角色意味着各种艰辛困难和对自我的挑战。

领导即设计师

把组织想象成一艘远洋客轮，你是它的领导，那你的角色是什么？多年来我们问经理人这个问题，得到的最普遍的回答就是"船长"，其他人可能会说"领航员，确定航向的人"，少数人会说"舵手，实际控制航向的人"，或者"在下面添加燃料的司机，提供动力的人"，或者甚至是"社会工作主管，确保每个人都报名、参与并沟通"。虽然这些都是正当的领导角色，但还有一种角色，其重要性在很多方面都高于所有这些角色，却反而很少有人想到。

这个被忽视的领导角色正是客轮的设计师。设计师对客轮的影响作用之深、范围之广，无人能及。如果设计师造了只能向左舷转动的舵，或者需要六个小时才能转向右舷的舵，那船长喊“右转舵 30 度”又有什么用呢？在设计很糟糕的组织里做领导是不会有成效的。

把设计师的角色从工程技术系统延伸到社会系统环境中，是件很棘手和危险的事。作为组织机构中的领导，你不是在设计一个与你自己分立的东西。当我们说你是设计师时，你会很容易把组织机构想象成某种机器，某种需要你重新设计的机器。但是，我们都是系统的参与者，不是置身局外的人，这意味着，你不能像重新设计汽车那样，重新设计一个生命系统。

如果领导者把组织机构理解成生命系统，他就会用不同的方法进行设计。他们认识到，可以创建组织机构的软硬件构造，比如新的考评标准、正式职位和程序、内部网站或新颖的会议方式，但真正重要的是，大家在使用这些硬件、程序或在参加会议时，会发生什么。

反复设计与学习型基础设施

能够把学习和工作有效结合起来的基础设施，不是一蹴而就的。相反，它需要领导者理解和适应开放的反复设计过程，并在这一过程中不断演化。

建立新的基础设施，要从允许实验、愿意尝试的心态开始。2003 年，沙特石油公司的工程技术和运营服务业务部门决定使用“世界咖啡馆”这种激进的新方法，来组织大型业务会议。在此之前的几年里，该部门的领导团队和各种小型工作团队已经开始使用系统思考和相关的学习工具，来改进解决问题的方法，并澄清业务发展战略。但他们还没能有效地影响到整个公司组织。当时的情况，根据高级副总裁萨里姆·阿尔阿伊得（Salim Al-Aydh）的说法，是他们部门的创新开始让“大家感到孤独”：“我们的做法和公司其他部门没有联系。我们大家不合拍，不能让各级各部门理解我们的新想法。”

阿尔阿伊得参加了 2002 年春 SoL 在埃及举办的高级领导研习营，亲眼看到了世界咖啡馆方法的应用，他开始考虑用这种方法来推进大规模的学习实践。由 SoL 网络的老成员华妮塔 · 布朗和戴维 · 艾萨克开发的世界咖啡馆交流模式，是简单有效的大型会议深度汇谈的方法。[3] 开始时大家要围坐在小咖啡桌，聚焦在大家认为意义重大的共同的问题或主题上。在几个小时的时间里，大家加入多个咖啡桌小组的交谈，从而可以了解全体参会人员对问题的看法。阿尔阿伊得说：“咖啡馆的方法对我帮助很大。在研习营上我意识到，这些来自不同背景和不同领域的人，其实面对的是非常相似的问题。通过接触不同的观点，咖啡馆方法帮助我提高了理解力。”

与此同时，沙特石油公司的高管层也在重新考虑在沙特现有经济背景下的公司业务战略。大量的青少年人口正在进入劳动力市场；失业率在 30% 的高位徘徊；人均 GDP 下降（与 20 世纪 70 年代中期相比实际下降了 50%）；依赖石油产业造成的不可持续性。“在我们公司历史上，这是第一次以团队的方式确立战略方向，而深度汇谈开拓了我们的视野。与其他企业一样，我们必须让股东满意。但是，为了发展和繁荣，我们也必须推进地方的经济。我问自己：‘我们怎么与员工交流这些问题，怎么让组织的各级人员都了解这些考虑？’大多数人会告诉你，我们作为组织机构的弱点之一，就在与人沟通这方面。我一直在寻找克服这一缺点的方法，在埃及的研习营真正触发了我的想象力。”

2003 年，阿尔阿伊得和同事一起举办了“咖啡馆’03”研习营，把主管、经理、总经理、执行董事和高管团队聚集在一个房间，总共有 600 人。应用咖啡馆交流模式，他们尝试围绕公司战略为什么需要改变，以及与之相关的重大问题进行沟通。“我们给大家提供了一个共同交谈的机会，共同提出问题，发现和理解各种不同的观点。”

咖啡馆’03 研习营朝着新方向迈出了一步，但也仅仅是第一步。“我们作了会后跟踪调查，以发现这次活动在多大程度上真正影响了大家的思考和行动。尽管结果比通常的交流方法好很多，但我们仍然对沟通的深度不满意。除非你花足够的时间去回答这个问题：‘这对我意味着什么？’否则大家最终还是不能真正理解，这对他们会有什么影响。”

后来，阿尔阿伊得和同事设计了“视界线”（line of sight）系列会议，把不同组织的人聚集在一起，讨论这些问题如何与他们的日常业务活动相互关联。再后，还有“视界明”（clarity of sight）系列研习，那是有 15~25 人参加的小型会议。通过这些活动，阿尔阿伊得亲自与 1 000 多名员工，围绕变革的需要问题进行了交谈。

“这些聚会很有帮助。有一次，我们谈到人均 GDP 将下降到 735 美元，也就是每天 2 美元。大家就问：‘这就是说，如果不改革，我们就会生活在每天 2 美元的水平，对吗？’我回答说‘对’，并解释了我为什么认为这是可能的。‘每天 2 美元’成了我们公司的一句名言。大家开始说：‘如果我们不帮助发展地方经济，如果我们不发展石油以外的产业，如果我们不把外包业务交给地方承包商，并培训、雇用更多的当地员工，那么我们最终要生活在每天 2 美元的水平，我们的孩子会失业，我们会陷入贫困。’”

随着这种质疑和重新思考的势头的增长，咖啡馆的模式也在演变。“随着时间的推移，我们的理解在深化，我们学会了更好地吸引大家参与，以及如何与各利益相关方的思虑和工作实际相联系。我们认识到，内部沟通的改变很棒，但是和公司里周围其他部门的人以及公司外部的人，又该如何沟通呢？”这个问题引发了咖啡馆’04 研习营的举办，聚集公司内部和外部的客户来参加研习。进而还举办了视界线’04 和视界明’04 研修营，由此，沙特阿美公司的人不再只是进行内部沟通。到了咖啡馆’05 研习营的时候，他们把参与者扩大到承包商和服务商，有 1 000 多人同时参加了世界咖啡馆交流，地点也挪到了一个大飞机库里。“我们把咖啡馆交流安排在一月份，以便把问题的探讨和当年的运营计划背景联系起来。在这之前，大多数员工从来没有参与过任何计划工作。但我们认识到，如果我们要共同面对这些重要问题，就必须让大家了解，公司为下一步工作在作什么样的计划。”

新的学习型基础设施只涉及阿尔阿伊得的工程技术和运营服务业务部门，以及相关的业务伙伴网络，但也开始引起其他部门的注意。2004年的调查显示，阿尔阿伊得的业务部门的员工对公司战略及其与自己工作的关联的理解，远远超过其他部门。“我认为，基本情况是，我们的努力奏效了。公司认识到其他业务领域也需要进一步的改善和沟通。现在，咖啡馆模式已经开始在整个公司推广。”

世界咖啡馆是个有用的方法，但也不是灵丹妙药。沙特阿美公司咖啡馆交流的故事所揭示的，有关学习型基础设施“设计师”的角色意味着什么这个问题，其实同样重要。首先，你必须看到，大家对沟通和学习的重要需求，还没有得到满足。然后，你要有勇气和灵感去打破现状，用不同寻常的激进方法来满足这一需求。再后，你要保持开放心态，去严格审视初期的结果，去调整和修正方法，并用耐心和毅力去坚持下去，决不能指望一开始就十全十美。最后，作为设计师的角色，领导者必须愿意让其他人去不断发展基础设施，以适应他们自己的情况，决不能想自己操控这一发展进程。

IT 基础设施

通过反复设计而产生的领导力，也同样会发生在像网站或网络门户这种更流行的沟通基础设施上。在许多年里人们一直假设，这些基础设施会像其技术设计师想象的那样运行。然而，实际上却可能发生相反的情况。例如，第一个“群组软件”发布以后，许多公司都投资购买，希望借此提高内部合作水平。这个意图却往往被内部竞争的既成组织文化完全淹没。我在麻省理工学院的同事万达·奥尔利科斯基（Wanda Orlikowski）发现，在安装了莲花便笺（Lotus Notes）文档数据库管理系统软件的某家咨询公司，几乎没人用它来分享新的客户信息或技术信息，大家仍然只是用它做以前做的事，如收发邮件、安排会议时间表等。[4] 如果我所知道的就能决定我的地位和收入，那么在这样一种文化里，设想某种新的计算机基础设施能使大家开始合作，是很幼稚的想法。新的基础设施更有可能被用来强化现有文化，而不是改变它。

在设计基于 IT 系统的基础设施方面发挥领导力，应该从设计负责实施工作的团队组成开始。惠普公司的阿兰说："我在领导惠普打印机部门 SAP 项目的实施工作时，有 80% 的团队成员来自财务、采购和制造等业务部门。所有的团队成员都在一个场地工作。你看不出谁是从 IT 部门来的，谁是从业务部门来的。我们不是在安装新工具器械，我们在改变工作方式。很多年以后，我回顾了领导惠普内部员工门户网站和知识管理项目的经历，那时我们使用的方法也一样。当时的指导战略，是聚焦在如何让技术来促进公司的员工相互沟通、相互帮助，并帮助建立和扩展跨组织界限的知识网络上。这比技术本身要重要得多。"

建立更加新颖的学习型基础设施，比如微世界，也需要同样的指导思想。当年在写这本书的时候，我曾想象这些模拟学习环境会成为未来的一种关键的学习型基础设施，并大胆地在章节子标题中宣称它们是"学习型组织的技术设施"。尽管这些年来，模拟模型已经更加普遍了，但我对微世界的作用的期望并没有实现。我认为罪魁祸首正是过分强调技术本身（这里就是模拟模型），却忽视耐心的反复设计过程，即真正的学习和变革过程。

福特公司亚当斯团队的高级成员杰里米·塞利格曼（Jeremy Seligman）说："我认为《第五项修炼》里描述的微世界理念太超前了，但计算机技术的广泛使用和不断改进，确实已经开始产生影响。我们看到越来越多的管理飞行模拟器（management flight simulator）和微世界的应用，它们成为业务战略开发和决策工作的有价值的驱动器。一个福特工厂的经理让 1 000 多名员工经历了车间场地和生产过程飞行模拟，使制造程序中各个环节的员工都在事情发生前就看到可能出现的情景和结果，让他们对自己身处其中的整个系统有了更多的理解。

塞利格曼认为："这极大地增加了车间的生产效率，我认为其他工厂也会开展类似的项目。我们还在营销计划工作方面有成功的案例。有一个微世界曾转变了一家很大的地区性企业的领导团队的思考，改变了他们的营销计划、考核指标以及核心战略假设。与马拉松式的会议室讨论相比，这是个很大的进步。因为这种会议室讨论，往往仅局限在有关未来可能性的某些残缺的数据，还有未经缜密构思的某些观点上。

"你必须有耐心，不断寻找针对大家实际需要的切入点和有效参与方式。设计工作的框架和范式在迅速变化。我认为我们会逐步提高和深化理解，并掌握组织机构成功应用微世界的关键要素。"

塞利格曼和亚当斯在实验和改善学习工具方面的不懈努力，来源于一种深层信念，用塞利格曼的话说，那是"关乎企业生死存亡的信念，它在当前竞争激烈的市场条件下，激励着我们去探索如何把这类学习工具，整合到实际工作的环境中"。

指导思想

把设计作为生命系统的一部分来看待，同样适用于更微妙的设计任务，比如"设计"指导思想。奥布赖恩曾说："组织设计被广泛误解成线条和箱子的摆放游戏。其实组织设计的首要任务是设计指导思想，包括：志向目标、愿景，以及大家生活中遵守的核心价值。"虽然高管团队常常会拿出愿景和使命宣言，但还要理解，大家对这些宣言会有各种不同的解释和各式各样的行动反应，因此需要制定各种不同的策略。

这一点在设计指导思想时要记住。会有几种情况发生：第一，你不再为使用正确的词汇而烦恼，而是采用适当的语言来吸引大家参与。长岛学校系统的主管麻真户二说："我们曾经以为，苹果派只有完全烤好了才能拿出来交给社区。而随着教师、管理者和社区成员习惯了一起工作和学习，我们不再害怕给他们展示半生不熟的观点和愿景，因为他们正是和我们一起工作、拿出细节方案的团队。我们已经达到这个阶段了，我们会说，为什么不相信大家，为什么不到社区中间告诉大家：‘现在有不同的选择，我们需要一起决定应该做出什么样的选择和承诺’。”

第二，对指导思想宣言，你要有花更长时间来推敲完善的准备。2001 年，魏斯洛成为耐克女鞋部的领导，那是公司第一个专做女鞋的部门。她和她的管理团队花了一年时间，才形成服务顾客的四条指导原则。[5]“重要的是寻找这样的原则，它能通过我们的承诺来表达我们是谁。理解这些原则的过程和在生活中遵循这些原则的经历，在我们的团队建设中发挥了核心作用。尽管一定会继续演化，这些原则的效用已经持续了四年。即使在我换了另一个岗位之后，大家仍然会看着这些原则说：‘我们眼下的决策有正当的理由吗？’”

第三，正如魏斯洛最后的话所指出的，你要关注指导思想是如何得到应用的。奥布赖恩曾用自己心里的“胡话计”（BS meter）来判断愿景和价值是真的呢，还是仅仅为“感觉良好”的宣言，或者根本就是胡话。“一天忙完之后，你只需要问自己：‘我们的愿景和价值对我今天作的决定有什么影响？’如果没有影响，那么它们就只是些胡话。”从根本上说，前一章讨论的指导思想或主导理念，与仅仅是另一个好主意之间的差别就在于此。2002 年春在 SoL 可持续发展协作组一次会议上，创始成员之一，BP 公司的巴尼 · 巴尔金（Bernie Bulkin）把他刚刚买来的 T 恤衫拿出来给我们看，它背面的四个词是：Respect（尊敬）、Integrity（诚实）、Communications（沟通）、Excellence（卓越），然后他给我们看前面的字：Enron（安然）。

最后这一点揭示了人们对指导思想的最根本的误解。人们可能执迷于寻找正确的词汇。甚至问“这是正确的愿景吗？”——其实这反倒是个错误的问题。执着于选用正确的辞藻可能会带来优美华丽甚至鼓舞人心的愿景宣言，但它对实际的变革作用却很小，甚至毫无功效。另一方面，指导思想领域的巧妙的设计师深知，用我的同事弗里茨的话说，“愿景是什么并不重要，重要的是愿景能做什么”。他们把愿景和其他指导思想看成激发和聚焦能量的工具。他们判断这些思想的出发点是其实际作用和影响，而不是听上去有多么悦耳。而且他们不会忘记，指导思想永远是正在创作进展过程中的艺术作品。

对设计师的承认

尽管领导者的设计工作会带来多方面的广泛影响和成果，但却常常得不到承认——了解这一点很重要。这就是为什么轮船设计者的工作没有被看作是领导工作。好的设计在今天产生的成果，可能是很久以前的有效工作的结果，而今天的工作，则可能在很久的未来才产生效益。好的设计的标志性特征，是不造成危机问题——在“领导是英雄”的组织文化中，这恰恰得不到多少注意。那些想要靠控制、靠名气，或者靠占据行动的中心位置来起领导作用的人会感到，起到静默的领导力作用的设计工作没什么吸引力。萨朗特说：“假如你聚焦在做好小事、步步为营，而不去计较别人因此而得到荣誉和承认，你就可以在组织里的几乎任何岗位上，成就大事。”

精湛的设计，到了登峰造极的程度，可能根本就是无形的了。2500 年前，老子已经精辟地阐述了这一点：

> “太上，下知有之；其次，亲而誉之；其次，畏之；其次，侮之……悠兮，其贵言；功成事遂，百姓皆谓：我自然。”
>
> 这段话的意思就是：太古无名之君，是最好的领导，下面的人只知道他的存在；次一等的领导，大家和他很亲近，赞誉有加；再次一等的，大家都害怕他；最次的，就遭到大家的轻侮、辱骂……最好的领导，活得真是悠然自在，思虑真是宁静致远，却很少发号施令。功业成就，万事遂心如意。而百姓们都说：我们本来

一直就是这样。①

这样的领导风格不是没有回报。这样的领导者会在内心深处得到满足，因为自己所在的组织，能够让大家实现真心关怀的结果。实际上，他们会觉得这种满足感，与更惯常的领导所得到的权力和赞誉相比，要有更加永久的意义。

领导即老师

一个好的老师能让周围的人都得到学习的机会。好老师会创造出学习的氛围，并邀请他人加入进来。相反，差一些的老师则关注教授什么和怎样教授。关于领导者的精神实质，格林里夫有一个极好的形容——“人的栽培者”。20 世纪 20 年代中期到 60 年代中期，与美国电话电报公司和很多有才干的领导者一道工作之后，格林里夫找出了伟大领导者的核心动力，即渴望去服务。他把他们称为“仆人式领导”，其主要特征就是让手下的人都成长。“对仆人式领导最好的检验就是：他们栽培的人真正成长了吗？变得更健康、更聪明、更自由、更有自主性了吗？自己也更有成为仆人式领导者的潜力了吗？”[6]

---

① 原文出自老子《道德经》第十一章。此处的解读是根据英文原文的意思，也是《道德经》原文这一段的一般的现代解释。而另一种解释为：

太上，即“形而上者之谓道”（《易经 · 系传》）；太上忘情，并非无情，而是大慈大悲；有一种下等人，我们认为很笨，其实他有真智慧，早已悟“道”，达到了大慈悲。再次一等人，相信并亲近道，要烧香磕头，赞誉不绝。更次一等的人，也许不信道，但内心无形中却有一个可敬畏的东西。又次一等的人，偏不信道，认为信道是神经病，还以为信道对人格是一种侮辱。“下士闻道，大笑而走之”。（英文此处没有引用的一句是：“信不足焉，有不信焉”。意即：有些人信是信，却不彻底，半信半疑；有些人根本就不信。三六九等，不一而足。）道不藏私，悠然自得，但却很难用语言形容其境界。等你的事功表达出来，久而久之，大家习惯成自然，就说这本来就合于自然之道，没有什么好大惊小怪的。见南怀瑾《老子他说》第十七章。——译者注

发现组织中能力的差异

能够意识到交流和协作这一重要需求未被满足，常常可以促进组织管理设计工作。同样，领导者作为老师的工作，也往往从发现组织中所缺少的重要能力开始。2001 年起，考克斯开始组织沙龙，让 BP 公司的经理们有机会一起思考未来。她说：

“当被提升到公司中更高层位置的时候，我开始意识到对于我们来说，一个核心问题就是集体领导力。在 BP 中有很多个人能力很强的领导者，我们也有一种强调个人问责的文化，常常加剧了员工之间的过度竞争。

“开始，我的想法是召集会议，展开一系列不限定议程的讨论。会议为期一天半，我邀请了二三十人，请他们加入自己喜欢的谈话中。小组的构成非常多样化，他们包括 BP 公司中跨部门的和不同级别的人，有高级的和较为初级的经理，还有刚刚加入这个组织的毕业生。大约有三分之一的人来自 BP 公司以外，第一组的人包括一位校长、一位芭蕾舞演员和一位来自慈善团体的人，也有从事其他行业的人。规则是每人必须至少要认识屋子中的另一个人。

“从某种意义上来讲，我并不在意谈话取得了哪些具体成果，而更在意的是谈话交流本身。我选择了一些很广泛的主题，例如全球化问题、我们的管理问题以及我们在世界上的影响。有一次我们与约翰逊就‘数字专政’（tyranny of numbers）展开了一场讨论，我们在管理业务时，倾向于过分关注能够测量的东西。然而大家都清楚地知道，许多重要的事情是无法度量的。[7] 那是一场极其吸引人的讨论，大家很高兴有机会谈论自己所关心的事情。话题从哪儿开始并不重要，讨论总是会以自己的方式进行下去。

“像这样为培养新能力而做出的努力，其效果是很难度量的。它成功与否的标准之一，就是看有没有人参加。在考克斯的沙龙这个例子里，尽管它与 BP 以业绩为导向的文化有所冲突，但人们仍然坚持参加。

她的一位高管同事告诉我："维维安的会议让我发狂。"但他还是在繁忙的日程中留出时间，尽量来参加。考克斯也不确定会议到底产生了多大的影响，因为这个沙龙缺少了她的召集之后，并没有自己继续下去。"我感到十分沮丧，直到发现这个沙龙的理念其实得到了传播。也许大家认为自己没有像我一样的职权来举行这个沙龙，也可能他们就是不想做。最终我发现有些人已经被这些讨论改变了，他们开始召开会议、组织研习营，或是用新的、不同的方法来探讨问题。

"在创造学习环境、缩小重要能力差距方面，沙龙同样给考克斯上了有价值的一课。这一课在她被提升到更高级的职位上时，显得尤为重要。当你不能直接参与每件事时，怎样领导一家大规模和具有广泛影响力的组织机构？对我来讲，秘诀在于关注少数几个经过深思熟虑的介入措施，并让自己的行为和它们保持一致。例如，当我们召集大家进行战略讨论时，我唯一控制的就是场地氛围和讨论的方向，我觉得这些是真正需要我做的。其他东西我并不控制，而通过参与者的交流互动来把握。"

教师的两难困境

在本书的第一版中，我谈到了一种根本需求，即帮助人们发展更能"给人带来力量的现实观"。在这里，我指的是一种看待现实的方法，它能够加强而不是削弱我们塑造未来的信心。大多数组织中的大多数人都将"现实"看作必须承担的压力、必须应对的危机和必须接受的约束。如果这样看待现实，那么愿景就只是一个虚无缥缈的美梦，或者在最坏的情况下，是一个自我嘲讽的幻象，而不是一个可以抵达的目的地。那么，领导者又怎么能帮助人们将现实视为创造愿景的媒介，而不是束缚的来源？这是"领导作为老师"的核心任务。

一个办法是帮助人们看到问题背后的系统结构和心智模式，而不仅仅是短期的事件。这有助于我们认识塑造现实的影响力，并认识到我们也是其中的一部分，也能对其产生影响（见第 3 章："是系统的囚徒，还是我们自己思想的囚徒？"）。但是，培养系统思考能力需要时间和耐心，致力于这条道路的领导者都处于一个进退两难的境地，所有传授难学的新技能的老师都熟悉这种处境。

"我们已经成功地运用系统思考方法解决了一些很重要的问题，"亚当斯说，"但同时也有些担心，因为我看到了关于完成此事的方法上的一些局限。例如，我们不得不将全球 35 亿美元的 IT 预算减少将近 10 亿美元。我们当中的一个小组画出了 10 张系统思考图，揭示了实现最高杠杆效益的机会，使我们既能削减开支又不削弱能力。我们没有把这些图展示给组织中的所有成员，而是开展了 10 个工作方案，确保介入措施来自那 10 张图给我们的启示。我们成功地削减了 10 亿美元，但我个人觉得很遗憾，因为没有与大家分享那些启示，也没有让更多的人参与系统思考。我们在幕后使用这些技巧，有点像暗箱操作。我觉得如果能看到一幅画面，那就得向大家解释：'这就是为什么我们在这儿介入，而不是在那儿。'"

亚当斯意识到，尽管他的介入措施很成功，但仍然存在两个问题。第一，当时很少有人不得不自己培养看清系统影响力的能力；第二，介

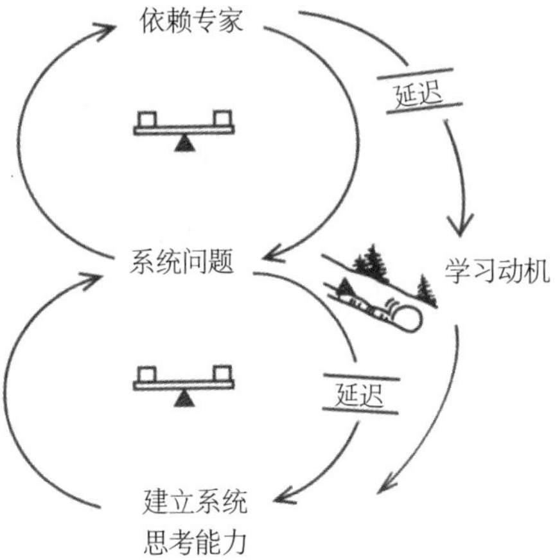

入措施之所以成功，是因为他掌握了进行必要变革的资源。其实在大多数情况下，亚当斯和他那些进行系统思考的同事，更多是充当了解决业务问题的“影响者”，而不是“介入者”。因为不同的人在用新方法看问题的时候，必然会采取不同的行动。他说：“我们需要描绘出图画，让其他人也能够看到它，而如果能帮助他们自己画出图来，那就更好了。”

亚当斯知道，如果这个进退两难的问题得不到处理，那么就会产生“转移负担”这种模式，这时解决重要问题的压力，就会转给能够分析局势并得出深刻见解的专家组。但如果这么做，建立更大的组织能力就变得没有必要了。而且，人们会习惯于由专家来解决问题，并且很容易失去发展自身能力的动力。随着时间的推移，正反馈压力会加强，这导致人们更加依赖专家。问题可能会得到解决，但组织不会变得更聪明。

像大多数转移负担模式一样，成功的反应策略是抓住短期的机会，并以此建立长期能力。将“应对事件的系统思考”和“促进发展的系统思考”联系起来。

先做一个学习者

从惠普公司喷墨供货组织总经理兼副总裁的职位上退休后不久，默顿做出了一个有力的阐述。要想做一个真正的老师，你必须先成为一个学习者。事实上，与他的专业知识一样，老师对于学习的热情也能够启发和激励学生。所以同样的，对组织学习工具和原则有承诺的管理者，必须成为实践者，而不仅仅是宣扬和鼓动者。在很多年里，惠普公司喷墨供货组织都是公司最大并且利润率最高的分支。默顿认为，学习实践是领导力真正的来源。“回首自己在惠普的职业生涯，我周围有很多技术熟练的人，但那些最终成为最有影响力的领导者的，无论是在哪个层级扮演什么角色，他们都是无可争议的、真正的学习者。无论过去有什么成就，在他们的心目中都微不足道。他们一直谨记，人总有需要改进的地方，并且明白‘学习游戏’需要坚持不懈的参与投入，来发现在此时此刻什么是有效的。我很清楚，公司生意兴隆的时候，是因为许多关键岗位上的人都是学习型的员工。如果情况不是这样，我们就会遇到困难。”

很显然，默顿认为领导者必须是学习者，但这个观点的含义需要一段时间才能被人们接受，尤其是对那些投入付出很多的人来说，恰恰是这些投入付出使他们看不到自己对学习的需要。罗卡的鲍德温说：“有 40 个人来参加我们维和圆圈小组开展的第一次培训，他们中有年轻人、警察和感化官、社团的成员，也有些朋友。当会议开场部分进行到一半的时候，我们当中的一些人坐在全组人员围成的一个圆圈中间，开始交谈。不到 3 分钟就全乱套了，人们叫喊着，孩子们咒骂着，所有人都说：‘看到了吧！这永远行不通！’看着会议崩溃是令人痛苦的。但最终我意识到了，我是那么投入和致力于分裂，而不是团结；我离一个矛盾调和者还有很大的距离。我从更深的层次上理解了‘我们和他们的’这种想法是有问题的。我还意识到，我是怎样使这个问题在我个人身上、在组织上，都一直得不到解决。继续坚持：‘我是对的，你是错的！问题是你，而不是我们，因为我们的道德境界更高！’这是我们的问题的主要来源。”[8]

领导即受托人

格林里夫在其《仆人式领导》（*Servant Leadership*）一书中说：“仆人领导首先是仆人……这起始于我们服务他人的自然愿望……然后才是有意识的选择，要立志发挥领导作用。这样的人与没有成为仆人就先成为领导的人截然不同，因为后者也许就是要满足一种不寻常的权力欲，或是要获取物质财富。”[9]

领导者做被领导者的仆人，这个理念可能看似理想化，但我深信这是实用的理念。我曾问过一位海军陆战队上校，为什么仆人式领导的理念在陆战队被广为接受。他说：“战场经历反复告诉我们，当大家的生命处于危险之中时，肯定只追随被大家信任的指挥官。他们认为，只有这样的指挥官才会把大家的福祉放在心上。”

受托责任意识（stewardship）也是围绕某种更大的目标。奥布赖恩曾说：“真正的承诺和行愿所针对的，总比我们自身更大。”在1990年出版的书中我写过“志向目标故事”（purpose story），它似乎是各个层次上的自然领导者的指引。我写到，很不同的人“可以从同样的源头引发自己的灵感……追溯到某个深层经历，某种深层的志向目标和使命感，以及在个人愿景背后的、某种更大的‘运动演进模式’（pattern of becoming）……许多很有能力的经理人，虽然处在领导岗位，却不是这样的领导者，因为他们没有一个大故事……来把他们和某种大事业联系起来……并且来使他们的愿景富于深层意义，并给他们一片更广阔的天地，在那里，个人的梦想和目标，对他们而言只是某种更大的征途上的里程碑和突出事件”。

今天回顾这些话，我看到其中隐藏着两个自相矛盾的悖论。一个是关于确定性和承诺投入；另一个则是关于保持现状与变革。

受托的悖论

知道自己的志向目标的由来，可以很容易产生一种对自己全部人生追求的坚定不移的感觉，这甚至会变成一种封闭状态。反过来，那些缺乏这种人生确定性的领导者，可能会认为他们没有大的志向目标，并因此受到局限。

我现在认为，对自己志向的坚定和明确感，对自己目标的确定无疑，是有危险性的，而且这种危险在今天的世界里常常发生。哲学家埃里克·霍弗（Eric Hoffer）在其著作《狂热分子》（*The True Believer*）中对此有精辟透彻的见解。他提出了以下问题：承诺投入者和狂热信徒，他们之间究竟有什么区别？[10] 他的结论是：“确定性”。狂热信徒确定：他自己是正确的。按照霍弗的定义，不管做什么事，一旦我们确定自己有正确的答案，并依此行事，那我们就是狂热信徒了。此时我们有封闭的一面，用非白即黑的观点看世界。但真正的承诺投入，却总是伴随着一定的质疑心态和不确定性。在这个意义上说，承诺投入是真正的自主性选择，而非强迫性的冲动。

受托责任的第二个悖论，是保持现状与变革。从某种意义上说，领导力总是关于变革的。领导者的工作，无论是个人还是集体，都是要实现新的不同的秩序，并总是聚焦在正欲破土而出的新生事物上。我认为，对于领导者来说，深层志向目标之所以重要，原因之一是它提供了一个精神支柱。领导者在追求新生事物的同时，还要成为某种他们认为需要保持不变的东西的受托人。而他们要保持不变的东西，恰恰又是激励变革的关键所在。这看似自相矛盾。比如，在魏斯洛等人的故事里，你就可以看到这种情况。她想与耐克公司保持创新者的身份进行“心灵对接”和深层认同：在这样做的同时，她释放了变革的能量。国际金融公司的多萝西·贝利，帮助 IFC 的经理们把自己协同和联合各个成功的私营企业的变革愿望，与可持续发展的一贯目标结合起来，也是这种情况。英特尔的马辛发现，他和同事们都真正想保持健康的生活现状，并为此需要变革工作方式，还是这种情况。

智利生物学家马图拉纳认为，进化是“通过保持现状而实现转化”的过程，即自然界会保持一些基本的特性，并由此来释放所有变化的可能性。一个简单的例子是动物世界的“双边对称”（Bilateral symmetry）现象：两只眼睛、两只耳朵、四条腿等。重要的是，在双边对称原则的限制下，发生了如此非凡的多样性进化。变革领导者往往忘记问一个重要而有力量的问题：“我们要寻求保持什么东西？”变革自然会引起我们所有人的担心：担心未知的领域、担心失败、担心在新秩序中不再被人需要。如果我们一味执着地关注需要改变的东西，而忽视我们想要保持的东西，这种担心就会加剧。而如果我们能够明确大家想保持的东西，部分的担心就会消失。如果领导者有意识地应用这一原则，往往会发现大家寻求保持的，是身份的认同和人际关系，比如创新者的身份和减贫伙伴关系，或者大家对各自的身心健康和福祉的相互支持。

雄心的性质和力量

令人伤心的是，这种真正的受托责任感与大家今天看到的、完全不同的领导力现实形成巨大反差：滥用权力所表现出的对受托责任的亵渎。维萨创始人哈克说："我认为当今世界的最大邪恶，就是权力和财富在不断集中到越来越少的人手中。"

关于信息技术如何使权力不断分散，关于"分布在各处，却由通信技术连接在一起的人们，现在能够以从前无法想象的规模，根据从别处传来的信息，做出自己的决定"，今天已经有许多遐想。[11] 然而，分散权力和降低权威的可能性，往往与个人欲望，特别是高级经理人的个人欲望相互冲突。惠普的阿兰说："社会网络的滋养和支持作用，如果发生的话，一般是在业务部门的层次，因为那里的产品和服务更直接地关系到顾客。不幸的是，这些协作网络往往被总部高层的雄心或欲望之网吞噬，这种情况我见得太多了。"

乐施会的斯托金看到了雄心、结果，以及总部办公室传统的男性支配地位之间的关联。"现在有很多研究显示，在竞争和雄心方面，女性的领导方式是不一样的。当高管团队陷入地位和职务之争而不能做出成绩时，其中的女性成员就会站出来说：'坦率地讲，我对这个没兴趣。我有家人要照顾，有后半生要过，我不会花大量的时间和精力来搞这些争斗。'我不知道这是由于大多数女性都有其他责任，还是因为女人有这样的天性。但她们倾向于退出争斗，认为'如果做不成什么事，就不要在这上面浪费时间'。总体来看，处在高位的女性的雄心倾向于聚焦在事情本身上，而不在她们自己的未来或职业生涯。"

斯托金的评论揭示了一个秘密，一个在经理人中鲜为人知的秘密：更为广阔的生活可能会帮助经理人保持一种超脱的视野，成为更好的经理人。几年以前，当考克斯将要晋升到 BP 公司高管职位的时候，她刚刚生下第一个孩子。她对公司的最高经理人说："我只是想告诉你，我生活中最重要的东西不是 BP，而是我的女儿。如果你认为这会与那些新职责发生冲突，那最好不要提拔我。"今天，考克斯回顾起来，认为"虽然工作对我的要求非常高，但我对个人优先选择的明确表态其实帮了我的忙，也许还帮了公司其他人。"

可持续的成果

近来，没有理智和不受约束的个人雄心所引起的商业道德沦丧，使整个商业世界都陷入这些问题的困扰中。可大家却忽视了更重要的问题：不管有没有彻底的管理层不法行为，个人雄心怎么就能损害企业已经取得的成果呢？我认为，像斯托金和考克斯这样的领导者，她们能够实现重大的、长期的成果，并非偶然。它是从集中注意力开始的：当职务权威让经理人花很大精力去维护或扩张势力范围时，会损害大家对自己试图实现的成果或斯托金所说的"事情本身"的注意力。另外，还有时间范围的问题。如果经理人只关注短期的结果，他们往往会不停地介入下属的工作，以保证工作会持续出结果，而且他们的做法也会显得很正当。不管他们是有意还是无意，都会产生转移负担的效果，即对管理层介入的自我增强的依赖性。由此，关注短期结果会成为进一步集中权力的策略和方法。

斯托金说[12]："我在国家卫生局（NHS）工作时对此做过很多反思。我观察经理们为了修补眼前的应急问题，如'等候名单目标'，而无暇顾及其他任何事情。但如果不对系统运作方式作任何根本性变革，你一旦放手，问题又会立刻重新出现。和大家一起弄清如何让系统不断产生更好的结果，这需要花更多时间，可是一旦成功，你就不会失去它。我认为：'这也许会让我花更长一点的时间来达到目标，可一旦达到，我得到的将是更可持续的结果。'我们后来开发了指导原则：如果我们需要介入，比如医院，那么我们的方法是，让那里的人更好地了解以后如何进行自我救助。总的来说，就是改善那里的能力，使我们不用一再介入。

“现在在乐施会，我们有个类似的挑战。在人道主义救援工作中，介入危机并成功救助危机会带来很大的心理回报，会带来荣誉和个人满足感。你也知道这种情况：‘白人男性身穿短裤飞抵现场并解救危机。’现在我们在努力做到，不用再进入某个国家去开展人道主义救助。如果我们把自己的工作做好，我们就帮助了当地人开发足以自救的能力。我觉得在救援界，动机不在个人控制欲的权力，而是一种更微妙的权力感，它从被人需要的感觉中来。不管怎样，其心态和效果是一样的，即对处于权力感中的人有不断增强的需要。”

做自己愿景的受托人

用一位年轻的罗卡街道工作者的话说，受托责任最终是关于“做对整体有利的、正确的事”。这种承诺会带来我们与自己个人愿景的关系的变化。个人愿景不再仅是个人拥有的东西。比如，不能说“这是我的愿景”。相反，我们成为这个愿景的受托人。我们是属于“它的”，就像它属于我们一样。前面提到的萧伯纳的话精辟地表达了这种关系：“你在被一个崇高伟大的志向目标所利用。”

而黎巴嫩诗人卡里·纪伯伦（Kahlil Gibran），则用略有不同的语气、在稍有差异的主题下，写下了具有同样召唤力的表述。在谈到父母和孩子时，纪伯伦表达了那种特殊的、没有占有欲的责任感，这和作为受托人的领导者对自己愿景的感受一样：

> 你的孩子不是你的孩子。
>
> 他们是生命对自身渴望的子女。
>
> 他们通过你来到这里，却不是源自你。

尽管和你同处，他们并不属于你。

你可以给予他们的是你的爱，而不是你的思虑，

因为他们有他们自己的思虑。

你提供的居所可以安其身，却不能安其神，

因为他们的神魂，乃是属于明天的居所，而那，却不是你可以

造访之地，甚至在你的梦里也不可以。你可以试图模仿他们，但是切忌

试图使他们像你。

因为生命不会走回头路，不会止于昨日。你是弓，

从中发出的生命之箭，就是你的孩子。

那射手看到无限的时空之道上有那个印记，于是

他以其神力拉开了你，以使那箭能急速射向遥远的天际。

请你在射箭者的弯弓之臂上得到欣慰。因为，虽然他欢喜疾飞之箭，却也同样欢喜

弯弓不抖，稳如大地。[13]

如何培养这种领导者？

英语中的动词“lead”（领导）来自印欧语系词根 leith，意思是“越过临界点”（cross a threshold），跨越门槛，并且常常与死亡过程要跨越的阴阳界限相关。因此，也就不奇怪为什么出色的领导者，如美惠子和萨朗特，都常常有深层的个人觉醒经历：一部分老的自我死去，而新的自我又诞生了。有意思的是，另一个广泛使用却很少真正被人理解的词“charisma”（领袖魅力），也表达着相关的概念。

形容词“charismatic”（有领袖魅力的）往往指强势而有力的，甚至有催眠力的人物，这种人会要求很多特殊的注意力。不幸的是，人们通常认为，是某种个人特质使那个人很“特殊”，比如外貌奇特、声音浑

厚。但是，我有幸接触到的杰出领导者，即没有身体外表的奇特，也没有强势的个性。他们的特点是思路清晰，有说服力，有很深的承诺和行愿，有不断学习的高度开放的心态。他们并不“拥有答案”，却似乎能够给周围的人一种自信心，即相信共同“学习就可以掌握我们需要的任何东西，就可以成就我们真心渴望的结果”。

实际上，“charism”（恩赐，与魅力 charisma 一词很相近）这一概念来自天主教堂，意思是圣灵给予某人的特别的个人“天赋之礼”。于是，有领袖魅力就是指开发自己的天赋。简言之，我们在什么程度上回归自我，就在什么程度上成为真正有领袖魅力的领导者。这就是真正的领导力开发的秘密。

通过观察这种现象在不同领导者身上的表现，我注意到他们成长过程所开发的目标和方法各式各样。有些开发了理念和沟通技能，另一些努力学会了聆听和欣赏别人的观点；有些用了五项修炼作为开发框架，另一些则使用了其他方法。但是，他们都投入自我开发中，如萨朗特所说，他们要“努力成为一个真正的人”。

尽管工作方法上有差异，但似乎还有一个超越这些差异点的共同点。这个共同点就是创造性张力原理。尽管有各种不同，真正有效的领导者似乎都理解，保持愿景的同时坦诚而深入地研究现实所能产生的力量。我见过的优秀的领导者都理解这个道理，不管他是否有意识地考虑过它。

我们没有通过组织学习工作发明创造性张力原理。其实，过去有许多人都曾经描述过这个原理。马丁·路德·金因组织历史性的反种族隔离示威游行被捕，关押在亚拉巴马州伯明翰市监狱。他在狱中写的信中说：“就像苏格拉底认为，有必要在心中建立一种张力，以便使大家从神话、谎言和半真半假的束缚状态中解放出来……我们也必须……在社会中建立一种张力，以帮助人们从偏见和种族歧视的黑暗中解脱出来。”[14] 金博士以他追求平等之“梦”而闻名于世，而他的领导力，就像在他之前的甘地一样，却深深植根于帮助大家看清现实之中。用他自己的话说，是帮助“把现实戏剧化”。他知道，只要把梦想与现实放在一起，就会产生真正的变革动力。

我发现，“领袖”的标签通常是别人评价时加上去的，这令我很吃惊。真正起领袖作用的人似乎很少这样看自己。他们的注意力一定是集中在要做的事情上，集中在他们身处其中的更大的系统上，集中在与他们共同创造未来的同事身上——而不是集中在他们作为“领袖”的自我的身上。其实，如果不是这样，就可能会出现问题。特别是对处在领导岗位的人，总会有一种危险，用我的长期同事和合著者布莱恩·史密斯（Bryan Smith）的话说，就是自己成为“自己心里的英雄”的危险。

惠普公司有一位员工在学习公司历史时，问创始人之一戴维·帕卡德（David Packard），他的领导力理论是什么。这位员工后来说，帕卡德停顿了好长时间，说了一句简单的话：“我不知道什么领导力理论。那时，我和比尔 [比尔·休利特（Bill Hewlett），另一位创始人] 只是在做我们爱做的事，我们很高兴有人想加入我们。”

|第 16 章|

系统的公民

2002 年秋，世界银行的美惠子受邀回到祖国，在庆祝日本加入战后国际货币体系“布雷顿森林协议”（Bretton Woods Accord）50 周年纪念仪式上发表主题演讲。她在演讲中分享了她的个人经历，她如何最终承认了世界贫穷状态的现实，以及她对全球现状的看法。演讲结束时，她精辟地概括了我们这个时代的辛酸：

> 未来对于我们来说很陌生。它与过去最大的不同点在于：地球本身变成构筑和度量未来的单位。塑造未来的标志性议题，都是全球性的。我们同属一个无法回避的、相互依存的网络：生态系统的相互依存，更具流动性的信息、观念、人力、资本、商品和服务之间的相互依存，以及和平与安全的相互依存。我们确实被绑在了一起，被编织在同一张命运之网中。

建设组织学习能力的推动力，传统上来自寻求更有效的组织变革方法的人们，来自想要建立更具适应性的企业的人们，来自相信增加金融资本需先开发人力和社会资本的人们。但时至今日，随着大家对“同一张命运之网”的觉醒，随着大家意识到我们面对的深刻的社会学习与组织学习实践的挑战，一系列新的外部动力已经开始形成。我认为，今天创建学习型组织的真正潜力，也许将在这两种变革需求的交叉点上展现出来。

所有组织都处在更大的系统之中：产业、社区，以及更大的生命系统。从某种意义上说，如果认为一个公司组织的健康发展，可以脱离它所依赖的产业、社会，以及自然系统的健康发展，那是不合逻辑的。在过去很长的时间里，企业一直把这些更大系统的问题视作理所当然，不予以重视。而现在越来越明显的是，企业作为个体或集体对这些系统产生的影响及其后果将日益严峻。有些影响相当清楚，譬如当制造业企业搬迁造成城镇一半人口失业，或者当发电厂向大气中排放一氧化二氮和二氧化硫。但还有许多影响来自大多数人始终无法洞察到的更大系统的关联。

我在写这段的时候，美国东南湾区海岸带又发生了一场毁灭性的飓风灾害。我和其他人一样在担心那里的人们的安全和福祉，但我还担心我们只关注紧急救援，而不考虑更多：一旦眼前的危机过去，深层的系统问题还会持续存在。飓风灾害中暴露的贫困痼疾的景象让很多人感到震惊。其实，有许多美国人都处于第三世界的生活水平上。飓风袭击最严重的地区，阿肯色州、密西西比州和路易斯安那州，在美国贫困线以下人口比例排名中，分别处在第一、第三和第五位。[1] 而过去几个季度中飓风灾害频率和强度的增加，也不只是不幸运的偶然现象。多年来气候专家一直在警告我们，随着海洋温度的上升，气候不稳定会加剧；他们还特别指出，热带风暴经过这些高温水域时就会吸收更多的能量，增加强度，导致越来越严重的飓风灾害。

我认为，气候变化、贫困顽疾与经济繁荣并立是我们时代的象征，就像因特网和全球市场一样。作为个人和企业组织，我们从来没有考虑，买什么产品、使用什么能源等日常决定，会影响到生活在千万里之外甚至地球另一端的人。这就是全球化对人们的影响，而这对我们所有人而言，的确都是陌生的。我们从来没遇到过目前这种情况——而未来正在密切审视着当下。

看清系统

系统的公民首先需要看清与我们相互影响的系统。就像啤酒游戏的参与者所学到的那样，如果我们困于无法正常运作的系统中，必定会导致挫败感，除非我们能看清更宏观的模式，以及自己在这些模式形成过程中扮演的角色。一旦做到这些，新的选择就显而易见了。

看清系统基本上包括两方面：看清相互依存关系的模式和洞悉未来。看清依存关系模式的能力，可以从系统模式图等工具上得到帮助，但也能得益于故事、图片和歌谣。洞悉未来，则首先需要解读已经显现，却被缺乏系统洞察力的人忽视的征兆。

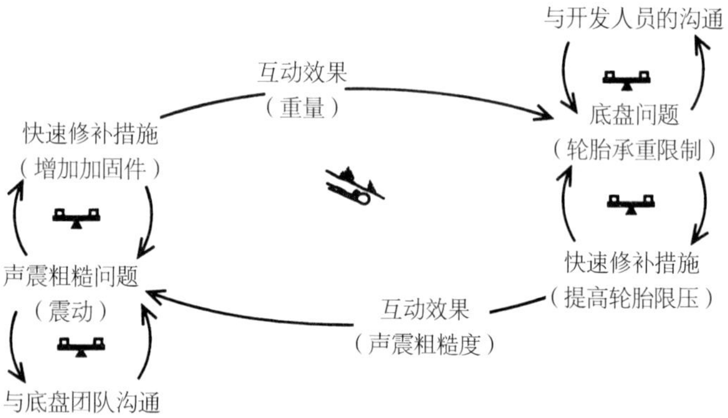

如果能看清我们一直看不见的相互依存的关系模式，我们将走向某种意义上的觉醒，“终于明白我们曾知道，只是一直蒙在鼓里，不明白我们其实曾知道”。几年前，某个大型商品开发团队的两组工程专家设计了下图，用于体现他们如何无意中制造了问题，影响了对方。[2]

当第一组工程师（NVH，噪声—震动—粗糙度）遇到一个与震动相关的问题时，他们选择了应急之道，譬如“增加加固件”，而不是与另一组工程师合作，寻求更综合的解决方案。这个做法的副作用，例如加固件增加的重量，通常会影响到第二组。第二组（负责车辆总重量）也没与第一组 NVH 工程师合作，而仅仅是从别处减掉多余重量，并采用诸如提高指定轮胎压力的应急之道做弥补，以达到安全标准。但是，提升轮胎压力的副作用是声震粗糙度会相应提高，给第一组 NVH 工程师带来了新一轮难题。两组工程师共同考虑这个图后，终于发现了这个困扰他们多年的模式：工期紧张的压力，使他们都不愿花时间寻求综合完善的解决方案，对“应急之道”与权宜之计的依赖逐渐加深。他们坐在那儿摇头无语，预见到了这个模式意味着怎样的未来：彼此间逐步升级的敌意和质量低劣的产品设计。最终，有人这样感叹：“看看我们都对自己做了些什么！”

经验告诉我，当人们真切地认识到自己造成的系统模式，理解到它未来将导致的痛苦的时候，便总能找出方法改变模式。对那些工程师来说，改变模式只需要培养相互之间的信任，更紧密地为实现目标而合作。他们真的做到了。其他几次类似的觉醒经历后，整个大团队得到了激励，终于提前一年完成了重要车型的开发，同时还节省了超过 6 000 万美元的已经分配下来的“逾期预算”。

看清全球气候变化系统

以激励变革的方式观察全球系统，表面看似乎更困难，但我认为基本原理是大同小异的。以下是简单的系统模式图，可以帮助大家看清影响全球气候变化的系统。[3] 和啤酒游戏一样，我们首先要让我们个人意识的范围超越对自己职位的管理。在这个问题上，传统企业和社会一直以来都在关注经济活动，关注在收入、市场需求和投资之间的正反馈过程中所实现的增长。直到最近我们才发现，像二氧化碳这样的温室气体

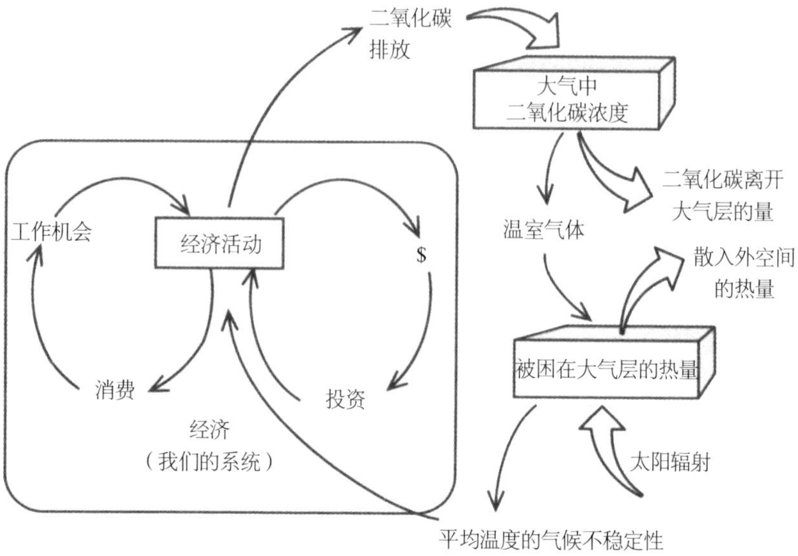

作为经济发展的副产品之一，正源源不断地被排放到大气中。

就像啤酒游戏里零售商和分销商的订单流入供货商的积压订单一样，这些温室气体也汇入大气中原本存储的二氧化碳中（即增加了二氧化碳浓度）。[4] 大气层中的二氧化碳含量增加，使越来越多的热量困在大气层内。由此引发的气温升高对生态系统和经济活动最终会产生什么影响，大部分还是未知数。有些人声称，气候变暖对商业和经济发展有益，但是许多人质疑这种乐观的假设。事实很简单，未来充满了极大的不确定性，包括气候的不稳定、热带疾病的扩散、冰川与极地冰雪融化后注入海洋所造成的影响，以及洋流变化所造成的影响。

近年来，世界各地的人们开始看清整个系统，但关于它对未来几十年有何影响，以及因此是否急需削减二氧化碳排放量，却是众说纷纭。为二氧化碳减排而设计的《京都议定书》，在 1994 年终于得到足够多国家的认可而通过，并在 2003 年正式生效。但是全球最大的二氧化碳排放国——美国（约占全球总排放的 25%）却拒绝加入。少数全球性企业的领导人甚至认为，必须采取更激进的行动。执此意见的全球性企业领导人越来越多，比如 BP 公司的约翰·布朗，就在 1997 年首先从各大石油公司 CEO 行列中站了出来，在斯坦福大学做了历史性的演讲，大胆谈论气候变化的危险。[5] 对于世界上许多人来说，气候变化始终是个令人不安但却很遥远的担忧。就像一位美国朋友最近说的一样："嗯，那大概在 100 多年以后才会成为人类的问题。"

但这些差别极大的看法昭示了一种悲哀，那就是连最初步的系统思考我们都没有能力实施，无法看到当下的事实对未来的影响。上页的图展示了过去 150 年间二氧化碳的排放量和地表平均温度之间的联系。这些地球生态变量与前文系统模式图右下方的变量对应，但它们均处于我们心智模式的边缘，几乎无人关注。[6] 最下面的图展示了年平均气温的轻微增长，还不到 1 摄氏度，加上还有许多短期波动，不太可能引起大规模恐慌。但上面的两张曲线图就非常明确了：过去 150 年来，大气层中的二氧化碳增长了大约 30%（中间的图），化石燃料的燃烧（最上面的图）从零开始大幅度增长。[7]

2004 年，在欧洲的一个可持续发展相关主题的重要商业会议上，我首次展示了这些图。与会人士有 500 多名，他们知识渊博，而且都参与过各类包括应对气候变化在内的可持续发展计划和工作。我很想测试他们对这些图的系统分析能力，于是我问："一个 8 岁的孩子会怎样理解这些情况？他会想知道什么？"我向他们提议，以流进浴缸的水为思考的切入点。他们很快看到，二氧化碳排放就像流进浴缸的水一样，而二氧化碳浓度就像浴缸里的水位。当我问他们，孩子还想知道什么其他信息时，几个与会者意识到，我们的未来同样取决于流出浴缸的水量，也就是二氧化碳离开大气层的速度。认识到这项缺失资料的重要性后，我问他们，有多少人知道二氧化碳离开大气层相对于进入大气层的速度，也就是“碳固存”① 的水平。我震惊地发现，只有大概 10 个人举起了手。在那一刻我明白了，我们陷入麻烦和危机究竟是为什么。在这样高水平的一群人中，竟然只有这么少的人知道，二氧化碳离开大气层的速度还不到它进入速度的一半！[8]

这个数据的重要性逐渐让这群人如梦初醒。就算世界上的每一个国家都能在明天达到《京都议定书》的目标（将全球碳排量稳定在 1990 年的水平），二氧化碳的浓度依然会永远增长下去！全球必须削减 50% 甚至更多的碳排放量，才能保证二氧化碳的浓度不继续增长，[9] 这比任何最为激进的碳减排计划都还要激进得多。[10]

谁也不知道全球气候系统会对二氧化碳浓度的持续性大规模增长做出何种反应。更重要的是，谁也不知道我们这些地球的居民该如何减低碳排放量。我们如果一意孤行，必将自食其果。我们知道，这里面提到的“我们”还包括我们的子孙后代。即使考虑所有的不确定因素，我们也能有把握地说，虽然目前没有看到气候变化的真正影响和严重后果，但我们的后代会看到的——除非我们现在能学会看清我们创造的系统，并改弦更张，向着不同的方向前进。

① 海洋表层中的微生物吸收二氧化碳，当这些微生物死亡时含碳酸盐的微生物残骸便下沉到深海中去；因此海洋仍是最大的碳储存库。但研究发现，因为气候变化，海洋从大气中吸收二氧化碳的能力正在受到侵扰。另外，森林、土壤有机质（SOC）、泥炭地等都能吸收和固存碳。热带森林是最大的陆地碳存储库，每年吸收大约 13 亿吨碳，相当于人类活动引发的碳排放总量的 15%。2009 年 6 月 5 日联合国环境规划署发布的一份报告指出，增加对森林、土壤、泥炭地、海洋和其他关键生态系统的保护、修复和管理，让它们充分发挥捕获和存储碳的作用，可大大削减大气中的温室气体。但目前全世界砍伐热带森林的速度约为每年 14.8 万平方公里，由此缩减的碳固存能力相当于全球温室气体排放量的近五分之一，高于整个交通行业的碳排放。——译者注

人类活动造成的全球碳排放量

（单位：每年 10 亿吨）

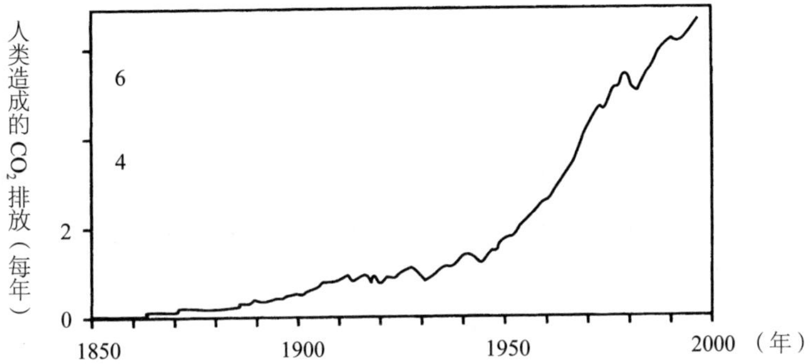

大气中 CO_2 的浓度

（单位：万分之一浓度）

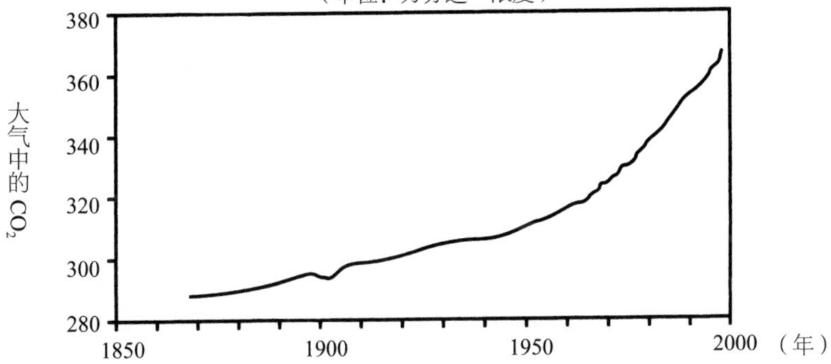

地球表面平均温度

（中间零线是 1961~1990 年间的平均值）

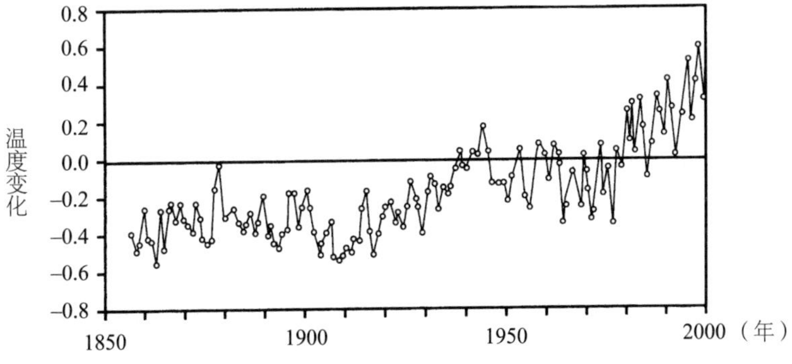

实践系统

如果思考全球性问题，譬如气候变暖，人们很容易迷失方向，感到自己无能为力，甚至感到所有人都无能为力。但全球系统并不只是全球性的，它们也恰恰就近在眼前。

系统世界观的一个秘密便在于此。系统不但远在天边，还近在眼前。我们持有在更大的系统里流行的心智模式，好比我们携带着社会整体性的种子。我们都是全球能源系统、全球食品系统和全球工业化进程的参与者。我们要么按照现在系统运行的模式来思考和行动并加强这个系统，要么做出促进系统变革的思考和行动。塑造我们生活的各种系统本身在不同的层面起作用，因此，我们能在这些不同的层面上开展工作。

然而，这并不意味着任何个人或组织机构能在一夜之间单方面改变这些更大的系统。实际上，根本的法则是谁都不能单方面做到这一点。就算是世界化石燃料消耗量最大的美国和中国，它们的总统和主席也无法左右世界各国目前对化石燃料的依赖。他们也只是更大的系统的参与者，受到的局限通常也比我们想象的要多很多。然而，是人和人所创办的组织机构建立了全球能源系统。它的建立并非基于物理定律，并非板上钉钉不能更改，人类还能创造出新的系统来替代它。

在理解足以造成重要影响的大规模系统性变革问题上，我们都是初学者。但是国际组织学习学会网络中的许多人过去15年的经验表明，这个问题的切入点在于让足够多的个人和组织机构看清现有的系统，看清他们自己在系统运行中扮演的角色。就温室气体问题而言，一些领导者，尤其是一些必须真正进行全球性思考的大型跨国企业和非政府组织的领导者，似乎正在逐步增强这种意识。联合利华公司的安德鲁·凡·赫姆斯特拉（Andre van Heemstra）说："如果我仔细考虑许多机构的经历，可持续发展的意识在一直增长，因为各种形式的系统思考能让我们看到比过去更强的相互依赖性。正是这些相互依赖性让我们得出结论：不顾社会或环境的可持续性而单独考虑商业的可持续性，不但是愚蠢的，而且是鲁莽而不顾后果的行为。”[11]

持有这个见地的当前系统维护者的数量，最终必须达到关键变化临界点，此时我们把这些人的群体称为“战略微系统”。在一个公司里，这个战略微系统可看作是塑造目前系统的个人和团队的一个有代表意义的横截面，比如，汽车工程设计单位的产品开发团队中，有足够多的经理和工程师意识到他们自己制造了妨碍计划实现的障碍。相似的战略微系统可以实现在产业界、在复杂的全球性供应网络，甚至是社会中的变革。有系统思考和相关的学习修炼基础的组织机构，能够促进集体的重新思考和创新工作，并成为更大系统的战略微系统的召集人，以此为实现变革贡献力量。

作为孵化器的企业：新能源系统的种子

> 作为企业，要改变世界，先要改变我们自身。这意味着几乎一切都将改变：我们的产品，我们的工作程序，我们的商业模式，我们的管理领导方法，以及我们与他人相处的方式。我们不可能只做零星的少许变动，就期望实现整体的变革。
>
> ——罗杰·萨朗特，美国普拉格动力公司

富勒曾经喜欢说，我们必须学会利用“能源收入”，也就是来自太阳的稳定能源，来支撑我们的社会，而不是继续依赖我们的“能源资本”，即千百万年前由阳光滋养的、如今深埋地下的生命的残留。创建这样的能源系统来满足现代社会的需求，将需要许多新科技，其中之一当数新一代燃料电池。用氢和氧作为输入端，燃料电池通过电化学反应来发电，副产品只有热和水。多年以来，人们都认为燃料电池是环保能

源系统的重要元素之一，但对于大多数商业应用来说，它还未达到有竞争力的价格和使用可靠性。[12]

萨朗特对这一切了如指掌。他离开了工作30年的福特汽车零部件供应商伟世通公司，成为一家小型燃料电池生产厂商的CEO。这个厂只有大约500名员工（不到他以前管理的员工数量的5%），从来没有盈利过。在网络股崩盘时，这家工厂的股票也从最初的每股150美元跌破10美元，卷走了很多雇员的财产。但是，萨朗特曾经做过4年的化学专业博士后研究，多年来一直在构思着如何过渡到氢经济，也深知这对当今的世界形势有多么重大的潜在影响。他还知道，他在把组织学习和世界顶级生产运营的经验带入一个经常遭遇宣传过度而管理不足的行业。

在普拉格动力公司，萨朗特发现雇员们不光士气低落，而且不了解自己工作的重要性。他们是一家技术公司，所以人们关注的都是燃料电池实际可行的设计和制造的技术问题，从来没有想过有关可持续发展的重大问题，也从没考虑过要创建学习型工作文化。“人们从来没思考过，要如何尝试将我们的科技创新与人际交往的创新联系起来，并与更大的世界（及相关的创新）联系起来。”一位工程师说。不过，领导小组很快成立了，里面不光有高级经理，也有工程师和部门经理。“把学习型组织的原则和可持续发展原则相结合，并以此为基础”，开启了建立全世界最优秀的燃料电池企业的征程。

现在，普拉格动力公司的全体员工设计了一个“我们是谁”的宣言：“普拉格动力公司是一个在共同目标指导下团结热情的社区集体。我们的目标，是达到三重底线：人类社会、地球环境和经济利益。我们的成功，基于三个要素：我们改造能源产业的愿望、我们参与社区的热情以及我们家庭的爱——这三者同等重要。我们通过榜样的力量来实现领导力，并以坚定的决心和义无反顾的精神投入到工作中。”

在萨朗特到来后的5年中，普拉格动力公司在通往成功的道路上行进了一大步。[13]同样重要的是，这家公司将为可持续“垃圾零填埋”的产品设计制定标准，从而进一步塑造刚刚兴起的燃料电池产业。[14]“我们相信我们能证明，设计出可完全再利用的燃料电池不仅在技术上可行，而且在经济上更占优势。”高级技术员约翰·艾尔特①说，“在未来，购买燃料电池产品的顾客应该在电池用完时将其返还，而且生产商也希望他们返还，因为昂贵的产品部件如果作为垃圾填埋掉，就太浪费了。”[15]

在许多人批评美国浪费能源的时候，萨朗特看到了这个国家的巨大领导潜力。“美国只占全世界 5% 的人口，却消耗着世界 25% 的能源，并产生相同比重的温室气体。我们设计和生产产品的方式为全世界制定标准，但我们当下的制造模式却害得我们每人每年要浪费近 454 吨材料，换句话来说，就是每人每天超过一吨。美国在西方文化中举足轻重，西方文化在世界上同样举足轻重。我们能否负责任地运用在世界上的主导和优势地位，将会极大地加快或减慢我们所期待的变化。”

萨朗特在世界各地学到的知识，使他对如何推进变革深有领悟。“通过在墨西哥中北部、北爱尔兰、东欧和亚洲的工作生活，我学到了很多为客之道。我认为，我们必须要学会如何在所有的人际关系、社区交往和在地球的生活环境中做一个更好的客人，我们在精神方面需要成长，去追赶科技发展的脚步。我们有远见，头脑聪慧，并且积极进取。但我们首先只能把自己当作全球系统的一部分，并由此扮演好自己的角色。”

国际组织学习学会研究人员卡特琳·科伊弗（Katrin Kaeufer）曾经研究过许多正在向可持续产品和流程发展的企业。她说：“普拉格是我们所研究过的公司中唯一一个将可持续企业与学习型组织紧密联系起来的公司。当我对职员访谈时，他们说到的‘可持续性’和‘学习成为一个学习型企业’几乎是能够相互转换的。看来大家认为，只有建立起一

---

① 约翰·艾尔特（John Elter）曾获得美国国家科技勋章提名。20 世纪 90 年代后期，他在施乐公司领导著名的“湖”（Lakes）团队，生产出革命性的新复印机技术平台，其产品的 94% 能够再制造，96% 可回收再利用。

个学习型文化，才能建立可持续性企业，并已经内化了这个理念，把它牢牢记在了心中。”

供货网络：系统要看清自身

整合完整的价值链，并使社会、生态和经济系统都保持长期健康活力的创新，将产生最大的影响力。

——达茜·魏斯洛，耐克公司

如今的企业都置身于四通八达、横跨世界的供货网络中。近年来，领导者们着眼于管理供货网络以提高效率、减低成本并获得更灵敏的反应能力。但是，与建立真正在未来能保持可持续性的供货网络相比，这些改变都是微小的。要建立起那样的网络，需要促使整个供货网络里的所有组织共同参与，看清他们创造的更大系统，并对合作运营的方式进行创新。

影响人数最多的全球性供货网络是食品产业。食品生产和分销是世界上最大的产业，拥有超过 10 亿的员工。对于北半球富裕国家的大多数人来说，全球食品产业系统似乎运作良好。毕竟，纽约或者巴黎的顾客可以在深冬时节花 1.5 美元买到一个甜瓜。但富裕的消费者享受的合理价格与充足供给的背后，是全世界贫穷、政治经济不稳定以及当地环境被破坏的罪魁祸首：全球食品产业链系统。

在过去的 50 年间，大豆、玉米、小麦、棉花和土豆等农产品的价格下跌了 60%~80%，产量却增长了 2~10 倍。降价对于富有的消费者来说或许是件好事，可对于世界各地依靠农业收入的家庭来说，却是个悲剧。譬如，现在咖啡的平均售价，大约相当于生产成本的一半。[16] 实际上，如今的全球食品系统提供的食品对富人来说很廉价，对穷人来说却很昂贵。越来越多的跨国企业正逐渐意识到这一点。[17] 联合利华公司欧洲部的市场副总裁克里斯·庞弗雷特（Chris Pomfret）在一个高级广告执行官会议上说："全球食品供应链的安全对于我们企业的未来绝对至关重要。'可持续发展是否有人接受？'这样的问题是错误的。真正的问题在于：'像我们这样的企业，如果没有可持续发展，还能长期维持下去吗？'"[18]

共同看清系统。真正看清全球食品系统的人和主要机构依旧寥寥无几，并且缺乏整合，无法形成变革力量。虽然联合利华公司是世界上数一数二的食品销售商，它能独自完成的工作却非常少。"要为可持续发展的农业做贡献，需要平时不合作的各方共同参与。"凡·赫姆斯特拉说。对于像全球农业这样的系统来说，企业界、政府和非政府组织必须学会如何共同看清系统。

2004 年，联合利华公司、牛津乐施会和超过 30 家跨国食品公司、国际组织和地方的非政府组织、大型基金会，以及荷兰、欧盟和巴西的政府代表共同参与了一项新颖的实验，叫作"可持续食品实验室"(Sustainable Food Lab)。它的目的在于"将可持续食品供应链带入主流"，用全新的程序促进供应链之间的协作学习。[19]

随着可持续食品实验室项目开始发展，我们清晰地认识到，关于现有系统内部的相互依赖性，以及这个系统目前走势的令人伤心的画面，参与者们都深有同感。用他们的话说，他们被"竞次"(race to the bottom）所困，以越来越快的速度奔向没有人愿意看到的未来。三方面互动的正反馈力量促使这个竞赛不断进行：[20]

1. 提高产量和利润，以促进供应量的增长，这导致投资和进一步的产能增加（食品生产商）；

2. 提高供应量以降低价格、增加食品的可获得性，进而促进需求的增长，这使生产商看到更多的市场机会，导致供应进一步增加（食品公司、零售商和消费者）；

3. 价格下降导致产能进一步增加，刺激用来增加效益的投资，以保持农场收入（地方性和更大的食品生产商）。

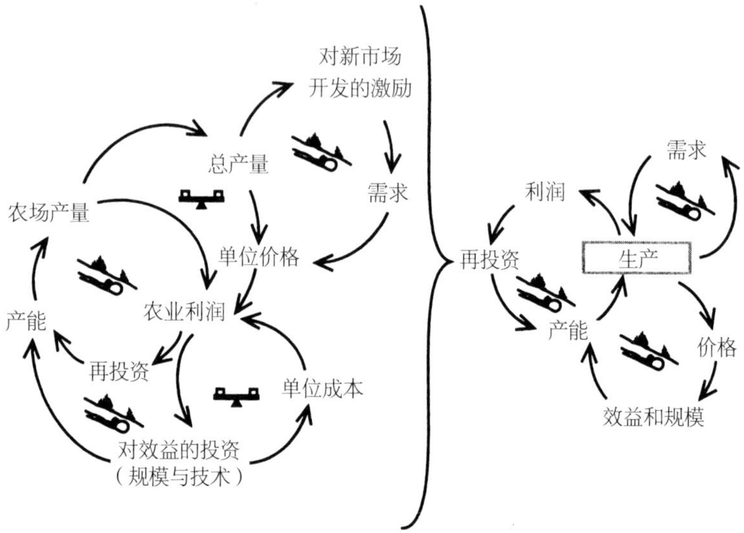

第一和第二方面的力量推动了许多产业的增长，而并不局限于食品业的产能、产量和需求的增长。随着资金丰富、技术先进的大型跨国公司进入市场并占据主导地位，前两种力量被加强了。但食品生产至少有两个新特征，使这些基本经济力量变成了问题。一般来说，随着产量增加、价格下降，商品变成日用品，生产商会寻求低成本生产方式，直到利润下降到使企业失去扩张动机的水平。但是贫穷国家的农民和小型农业公司在面对价格下跌时，经常在零利润甚至亏损的情况下继续增加产量。农民之所以这样做，是因为他们除此之外唯一的选择就是抛弃农田和传统生活方式，迁入城市，去面对更加不确定的未来。他们试图通过使用化肥和杀虫剂等增加效益的生产方式，或是在更多边缘化的土地上耕种，来保证收入水平（第三组正反馈作用）。总之，我们食品系统的现实是，哪怕经济状况不佳，产量依然持续上升，价格也依然持续下降。或者，像可持续食品实验室的成员所说的，“收入提高时，产量会上升；收入下降时，产量仍然上升”。

这关系到食品系统的第二个独特的现实：不能超出环境的可持续性而无限增加产量。农民被逼进了一个只寻求短期产量持续增长的怪圈。这降低了农田的长期生产力，并导致更多盲目保持短期高产出和收入的行为。在过去的 50 年中，过度生产的国际趋势直接使超过 1 200 万平方公里的表层土壤（中国和印度的国土面积总和）遭到破坏。

各种不同的、相互冲突的心智模式在驱动这个系统。可持续发展研究所所长、可持续食品实验室项目的共同负责人哈尔·汉密尔顿说：“全球食品生产系统已经成为无法控制的系统的经典案例。没有人有意做出让系统不可持续的决策。每个人都做出了自己认为最好的决策，但他们都处于同一个严重分立隔离的系统。大多数公司都认为，应用技术来增加生产效率是一切问题的答案。而他们办公室前面的大街上就是决意对抗跨国公司的众多抗议者。抗议者认为，大公司破坏了当地的农业社区和生态环境。而政府则被夹在中间，一方面是公司增加生产的压力，另一方面是农产品价格下降造成农民失去土地、背井离乡以及随之而来的政治不稳定的压力。各个富国政府的应对措施是给他们的农场提供每年 5 000 亿美元的补贴，但穷国的政府就没有这种选择。现在缺乏的就是某种共同思考的方法，让所有这些利益相关方坐在一起，从长计议，找出大家的共同利益。”

可持续食品实验室试图寻找这种共同思考的方法。他们的做法是“感知”(sensing)、“呈现当下”(presencing) 和“实现收获”(realizing)——这是一套特别的方法，能让背景多样的各利益相关方一起，来整合处理复杂问题的不同的学习修炼实践。(见附录 3)

协同感知（co-sensing）要求人们在向外观察的同时进行内视反思。可持续食品实验室的团队在向外观察中应用了系统模式图和其他概念工具，还包括去巴西农村的“学习之旅”，大多数人从未有过对食品系统这部分底层现状的亲身体验。面对这种我们参与造成的系统的现状，大家的心中可能会生发强烈的变革动力，当然前提是要有足够的时间，使这一现状的意义和内涵深入我们习惯的感觉和思考方法中，并催生新的个人和集体的深层愿景。通过从概念上理解系统的影响力，又通过学习之旅，即从更感性的体验上看清系统现状，可持续食品实验室团队成员认识到，“竞次”是场悲剧式竞赛，没有人会成为胜利者。[21]“很明显，整个农业系统都处于病态。”一位公司成员说。

学习之旅结束后两个月，还有一次为期 6 天的静修营，大家花两天两夜时间做了“野外独处”（wilderness solo）训练。这种古老的方法，能让我们温柔地打破习以为常的思维定式，并孵化新的愿景。团队没有强行把每个个人愿景整合成为共同愿景，而是通过建立一些“原型项目”来反映各自占据的独特视角和有影响力的领域。这包括聚焦在特定产业链的项目，也包括与公众沟通整个系统的现状的研究项目，还包括建立食品产业的广泛联盟，以改变那些影响所有农产品交易的现存规则。[22]

建立能改变大系统的共同愿景。要判断这些特定的项目的影响，目前还为时过早。但我相信，它们为其他想要看清并改变大系统的人，提供了四项重要的启示。

首先，由于大多数无法理清的系统问题跨越了地域和组织机构界限，因此，应对系统问题的战略微系统也同样要跨越部门界限，由来自商业界、政府和公民社会的代表组成。要组成这样的来自不同世界的代表团队，让他们捐弃前嫌，不互相扔砖头打斗，而是能共同协作，这本身就是项重大的任务。以可持续食品实验室为例，它最初的合作承诺来自联合利华和牛津乐施会，而光是初始团队的建立，就用了两年多的时间。

其次，团队共同看清系统，需要对思考和感知的多方面的学习历程。当大家超越互相指责，认识到自己也是问题的一部分时，大家就开始看到系统了。全球食品系统的动力来自：（1）以一如往常的态度行事的公司，它们不考虑对农业家庭、农村社区和环境的影响；（2）被持续增加生产的压力弄得快招架不住的农场主；(3) 我们消费者，以最便宜的价格购买食品，却无法想象食品来自何处。

第三个启示是，集体观察的质量及其所生发的共同承诺，取决于大家一起开发的人际关系的质量。大系统的转变不可能出自大多数企业、政府和非政府组织通常的交易型关系。汉密尔顿说："主要变革的最核心要素，应该是跨越常规界限的领导者之间的关系质量。"食品实验室的参与者开发了深层关系、深层信任以及相互尊敬，他们认识到，团队整体的力量既来自他们之间的共同点，也来自他们之间的差别。

最后，创造和培育新系统的活力不在于找出"答案"，而在于在积极参与和相互信任的人际网络中，发展对现行体系的共识，同时培养对创造新体系的承诺投入。"假如说我学到什么了……那就是我们需要同时面对系统中的所有环节，以便成功改变整个系统。"实验室的一位参与者评论道。另一位实验室成员的观点与麻真户二对大型学校体系变革的看法类似："一开始你不必对所有问题都有答案、对所有要做的事都面面俱到。实际上，假如你真有对所有问题的答案，那可能不是最好的答案。"

随着我们开发容量能力、看清更大的全球系统，深层的模式就会显现出来。在麻省理工学院一次全天的国际制造业会议上，一位领先的劳工权利非政府组织代表谈到跨国服装制造企业的问题，恰好与全球食品生产的情况惊人地相似：价格下跌、持续扩张、工人收入状况低于最低生活标准。然后，令我吃惊的是，他不止一次地谈到全球服装制造业"竞次"。离开会场时我就想，可持续食品实验室也许不只对食品行业有用，它能让大家学会改变支配着许多全球供应链的动力源头，而这种动力正把供应链推向没有人愿意去的谷底。

社会：跨界交流

大家都必须共同思考我们想创造的未来，现在就是这样做的时候。如果我们什么都不做，我们的孩子就可能要生活在每天 2 美元的水平上。

——萨里姆·阿尔阿伊得

在相互依存度不断增加的世界里，许多社会却越来越分化隔离、冲突对立，这是很有讽刺意味的。面对复杂问题，人们可能会有很多恐慌心理，而退缩在某种特定的意识形态里，固守某种“真正的”答案，则可能给人带来安全感。但意识形态对每个不同的人群都会有差别，很少有产生共识的机会，所以产生人群之间壁垒森严的隔阂，而且很快会成为一种身份认同，从而使意见分歧不断自我强化。

世界的内在互通性要求所有人类社会重新建立一起交流和共同生活的容量能力，这对中东地区尤为关键。2004 年秋季，沙特石油公司应用自己在深度汇谈，尤其是世界咖啡馆交流方法方面的知识，在哈瓦群岛召开了深度汇谈会议。那是一系列非常会议的首次会议。该公司此前一直在进行内部战略对话，探讨沙特社会面对的核心问题，并开始邀请关键业务伙伴参加对话。在许多方面，哈瓦群岛会议就是这个过程的自然延伸，参会者却大大超出了以前的范围。会议召集方是海湾地区组织学习学会（Gulf SoL），它是由该地区（科威特、迪拜、阿联酋、巴林以及沙特阿拉伯）的二十几家公司组成的 SoL 网络。比起以前的会议，这次的参会者资历更高，包括了许多公司的创始人和领导者、有影响的非政府组织和学校的创始人，以及知名思想家和学者。而且，这次会议的参与者还包括了妇女——对许多参会者来说，这是他们平生第一次参加男女同堂的会议。

与以前的会议一样，这次的深度汇谈一开始还是展示一份有关海湾地区各国经济状况的调查报告。几乎所有各国都有和沙特一样的核心问题：年轻人的失业率很高，失业人数很多，人均 GDP 下跌或没有增长，经济过分依赖石油。这一调查报告激发了两天时间的热烈讨论，内容涉及该地区的传统文化、学校、依赖石油的经济体系，以及变革的可能性。

以我的经验来看，一旦有机会对自己最关心的问题进行真正的讨论，大家几乎都有使不完的精力和深入探索陌生领域的精神和勇气。会议间歇时，身穿传统服饰的阿拉伯绅士们来和我交谈，他们面带各种表情，有的迷惑不解，有的惶惶不安。他们说了类似这样的话："我平生从未和女士谈论过这种话题。"我感到，从某种意义上说，女士们对这种严肃的对话更有准备。在许多海湾国家中，法律禁止女性参与职业活动，但她们组织了各种网络来相互支持及提供咨询指导。和其他被排除在外的群体一样，她们一直在等待着这一天的到来，一旦接到参加活动的邀请，她们非但没有害羞，而且说话情真意切，热烈而有说服力。她们对社会面临的紧迫问题能给出清晰有力的阐述，对变革的可能性也有毫不懈怠的积极态度。

我在聆听中还发现，大家面对的问题具有普遍性。与会者面对的核心问题，与各地的人们面对的一样：如何保持传统中大家最珍视的东西，同时又使传统与时俱进，与现实世界和谐发展？我们怎样对孩子们负责？怎样创造条件，让他们保持真正阿拉伯人的身份，同时又能在全球化的世界中兴旺发达？21 世纪健康的海湾伊斯兰社会应是什么样的？

哈瓦群岛对话 6 个月以后，第二次类似的对话举行了。在写本书这部分内容时，人们已经在安排第三次对话了。好几个实际项目已经形成：沙特年轻人求职培训中心，帮助学生完成从学校到职场的过渡；全国指导网络，把成功的企业领导者和年轻人联系起来；在传统学校系统中鼓励创新的各种教育计划，人们广泛认为它们是至关重要的变革领域。许多年轻领导者参加了对话，其中一位参与者在沙特吉达建立了一所女子学院。与传统大学不同的是，这所学院与沙特企业界密切合作，以确保教育面向社会变革和创新的实际需要。

在哈瓦群岛对话闭幕式上，我也坐在大家围坐的圆圈中。一位年长的女导师聆听了许多沙特参会者表达的这次对话对他们的意义，然后她侧身对我轻声说道："这是历史性的时刻。"我仅仅点了点头——我大体知道她这句话的含义，但同时我也意识到，这一切对她、对圆圈中的其他女士以及其他男士真正意味着什么，其实我只有最肤浅的理解。

她的话让我想到两件事。politics（政治）一词来自希腊语 polis，意思是公民聚会谈论当下问题的地方。哈瓦群岛发生的事，还有可持续食品实验室这样的项目，是这种聚会的重生，各自的差别使大家来到一起，而不是让大家分崩离析。不重新建立这种对话的容量能力，我们就无法想象用什么方法才能有效地改变地球上现有的共同生活方式及其所引发的一系列失衡状态。

我在第二件事中强烈地感到了似曾相识的处境，那是 15 年前发生在南非的事。我的好友和同事亚当·卡汉（Adam Kahane）曾在南非、危地马拉和其他一些地方成功主持公民的对话。[23] 但他曾认为，这在以色列和巴勒斯坦似乎是不可能的，因为"双方仍然坚持原有的做事方式，而且都还没有意识到，不改变各自的思考方法和战略策略，就没有未来的出路"。南非的情况很不同，那里的文化冲突和对立状态在 20 世纪 80 年代中期开始转变。人们开始看到未来，开始意识到一个简单的事实：他们当时的行为方式只能导致没有人愿意看到的结果。社会中发生这种意识的转变时，原来对立的人们，包括被接受和被排除在外的人，就会开始对话——作为有共同命运的公民的对话。他们看到，为了创造不同的未来，大家要相互依赖，于是，推动变革的新的力量源泉就得到了释放。

从某种意义上说，企业是当今世界上全球化程度最高的组织，但这也让企业感到有些窘迫。大的跨国公司，比如 BP、联合利华和沙特石油，也许比大多数国家的政府更全面地了解全球经济、文化和环境的走势。因此，在召集探讨跨越国界、观察更大系统以及应对那些可能被政治党派偏见混淆的深层问题时，这些公司可以扮演至关重要的角色。在促进整体健康方面，在应用具体的探寻方法、系统思考方法、建立共同愿景方法等方面，跨国公司可能是最有效的推动者，因为它们为解决自己的问题已经测试和提炼过这些方法。企业最大的贡献之一，其实就是它们应用这些方法的实践经验。在分散隔离、冲突对立和互不信任的政治氛围中，最好的领导者就是实际体悟到反思对话力量的人，就是从经验中理解到有转化力的人际关系能够解决复杂问题的人。正因为如此，我认为“一如往常”的惯性状况，会在未来数年中发生重大的改变。

面向未来的教育

真正的系统公民大多数在 20 岁以下。今天，越来越多的孩子在成长过程中形成了世界是整体的看法和意识，而从前是没有这种现象的。与他们的前辈相比，他们更多地看到世界范围发生的事，于是自然以不同的方式对待其他文化和民族，并对其未来充满深切的关怀。

几年前我们就开始请孩子和青年人参与 SoL 的深度汇谈，特别是关于教育的未来以及全球系统的问题。我不会忘记，一名 12 岁的女孩对一位 45 岁的高管，以一种不容争辩的语气说：“我们觉得，好像你喝了你的果汁，然后又把我们的也喝了。”

年轻人对未来的担忧，可以转变成培育积极有为的系统公民的基础养料。在这方面，学校是可以发挥关键作用的，只要它们把这作为自己的职责，并把自己当作全球系统的一部分。麻省理工学院工程学院前院长戈登·布朗（Gordon Brown）晚年一直支持在学校中的系统思考教育。他曾说：“当老师就是当先知。我们不是帮助孩子们准备面对我们的世界，而是面对我们几乎无法想象的未来。”不幸的是，世界范围内的学校都被维持旧体系的艰难和困扰所累，而这个旧体系自身又充满了矛盾和压力，根本无法进行创新。结果是，虽然孩子们在成长过程中有了系统公民的直觉冲动，却没有人鼓励和帮助他们向这个方向发展。

这很有讽刺意味，特别是有越来越多的证据证明，孩子们是自然的系统思考者。如果有机会开发他们的天资，他们就能够掌握高度发达的严谨思考的技能，而且速度之快，超出我们的想象。把系统思考融入整个课堂教学的学校，学生和老师共同工作，是学习者和指导顾问的关系，而不是被动的听讲者与无所不知的专家的关系，学生的天资就会得到充分的开发。如果我们能够成功培育以学生为中心的、以系统思考为基础的教育体系，我认为我们就会看到系统公民的成长，如雨后春笋般迅速；也会看清传统的以教师为中心的课堂教学模式，实际上是多么无效。[24]

我还认为，在这一转变中有一个关键，那就是要承认：教育体系所需要的创新是一个更大的任务，它不是教育界单独就能完成的；这种创新之举将需要整个系统的战略微系统。包括工商界人士和学生自己，来共同创造。纽约长岛休利特－伍德米尔区教育系统主管麻真户二说："我发现，启发大家针对建设真正的学习型社区进行新思考，最可靠的方法之一，就是提升学生的声音的分量，发挥学生在我们的对话、规划和决策过程中的作用。比如去年，我们和学生一起办了'健康咖啡馆'，那是关于健康主题的用世界咖啡馆模式的研讨会。50 名学生志愿者成为咖啡桌主持和辅导员，200 名社区成员，包括一些教师，参加了研讨。这里的孩子非常渴望承担这类更负责任的、积极的领导者角色。我还认为，这可能演变为一场全国性运动。我们的学校都瘫痪了。教师和管理人员都极度紧张，拼命要摆脱来自心怀不满的企业领导者和忧心忡忡的家长的压力。而我们都清楚，21 世纪的教育必须根本摆脱 19 世纪和 20 世纪的模式。这就要求创新的空间，而不只是追求成绩的压力。年轻人对此感受最为深切。他们知道自己必须成长为世界的公民。他们需要理解世界所面对的问题。他们想知道如何有效地解决这些问题。不满足这种需求的学校会变得越来越边缘化，越来越没有价值。而且，年轻人都热切期待能参与到其中去。现在真正的问题是：我们也这样期待吗？"

|第 17 章|

未来的前沿

我们站在重新塑造流行管理体系的工作前沿。数百年发展出来的局面，不可能在几年之内逆转。也还没有任何迹象让我们乐观，认为新的就一定会稳步取代旧的东西。根深蒂固的思想方式和行为习惯，决定着企业的运作方式，使经理人感到需要保持控制力；还使投资人感到，必须不惜任何代价保持业务增长；更使整个私营经济系统，经常以成本的“社会化”，包括环境和社会资本的恶化，来实现利润的“私有化”。

尽管如此，变革的巨大压力也在聚集：因特网正在突破传统的信息独占方式，不断网络化的组织不再能够从高层来控制，而对全球工业化模式所带来的代价的认识，也在不断增加。

在前面的章节里，我描述了世界各地各种类型的组织中正在出现的创新故事，重点强调了已经在发生的事，包括学习型文化的基本要素，在企业、学校、社区、政府和非政府组织中得到整合的各种方式和方法。所有这些放在一起来看，我觉得某种全新的东西正在出现，而这在 15 年前（1990 年）本书第一版（英文版）出版时是不可能理解的。

发现并运用自然的模式

多年来，国际组织学习学会网络对学习的常用定义是：学习是一个过程，它会增强个体和集体取得自己真正想要的结果的能力。这个定义有所裨益，因为它强调了常被错误理解的两个关键性学习要素：(1) 学习不是单纯的智力开发、知识积累，而是对有效行动能力的建设；(2) 建设这种能力需要时间，而且通常是大量的时间。我们曾考虑过很多关于学习的不同定义，但没有一种能如此简单有效。因此，两年前偶然读到另一个风格迥异，却更为简单的对学习的定义时，我感到十分惊奇。

这个新定义出自世界著名的会计学家H·托马斯·约翰逊(H. Thomas Johnson)。约翰逊是作业成本法（activity-based costing, ABC）的发明者之一，也是《管理会计兴衰史——相关性的遗失》(*Relevance Lost: The Rise and Fall of Management Accounting*）的合著者，这本书被《哈佛商业评论》评为“过去75年中最具影响力的管理学著作之一”。[1] 尽管作业成本法是被公认的重要发明，约翰逊却认为这仅仅是对绩效管理进行根本反思的第一步，并在接下来的10年间投身于对少数几家全球领先的工业企业的深入研究之中。

丰田是约翰逊研究的企业之一。在《不可测量的利润》(*Profit Beyond Measure*)[2] 这本反传统的书中，约翰逊记录了丰田的成本管理方法，并指出：谨慎地限制经理使用绩效考核指标，是丰田取得卓越的长期成功的原因之一。约翰逊还特别指出，当这些绩效考核指标用于向上级报告的时候，上级经理们会不由自主地用它们来制定量化目标、强行推动变革——戴明把这称为“瞎搅和”。和戴明一样，约翰逊也指出，只有根据对具体生产过程的深刻了解，来设计绩效测试和量化指标，才能实现持续的学习，并取得卓越的业绩。这一点恰恰与许多经理人的看法直接冲突，他们认为制定量化目标和操控结果才是首要任务。也许这就是为什么，丰田的长期绩效几乎无人能敌。[3]

但复杂生命系统的运作方式，正是基于系统局部的感知和行动——实际上，正是通过对生命系统进行研究，约翰逊才理解了丰田的成本管理方法。在森林里没有谁是“负总责”。要是手指被划伤，你的身体会立刻自动释放凝血剂，而不需要等待大脑的指令。任何自然存在的“集中”控制之所以成为可能，正是因为复杂的局部控制网络的存在。我们不知道自己是如何行走的，不过一旦获得了这种“身体知识”(body knowledge)，身体就会直接对有意识的指令做出反应；如果没有这种知识，无论什么中央指令都不起作用。约翰逊认识到丰田的绩效管理方法体现了生命系统的本质：公司经理参与到基层生产技术的持续开发和改进中，并放心地把管理和改进成本绩效的工作交给生产第一线的工人。实际上，丰田对绩效管理的基层化，正是对自然结构模式的发现、理解和表达，也是丰田团队能更好地学习的原因。

对学习的这个简明的定义，揭示了社会系统中大范围的、潜在的根本性变革，从我们一起工作的方式到整个工业系统的性质的变革。例如：正是受到了零废弃物，即“废弃物就是食物”——这一生命系统的卓越法则的启示，普拉格动力公司提出了燃料电池生产“垃圾零填埋”的愿景。自然系统的任何副产品都是另一个自然系统的营养物质。我刚去过中国，在那里国家主席和总理常常谈到的“循环经济”，也是基于同样的自然原理。对所有产品、产品包装和产品生产的全过程进行设计，以实现废弃物的零排放，这体现了工业经济的根本性变革，而希望实现这一愿景的任何国家，都是任重而道远。但是，循环经济的基本概念是十分清晰的，它和工业经济体过去两百多年的发展模式的区别也一样十分明显（见下页图）。[4]

同样是这种学习与自然相和谐的精神，在许多方面指导着可持续食品实验室的工作——这个案例中的和谐是全球范围的。可持续食品实验室的成员清楚地认识到，如果对其赖以生存的社会和生态系统造成系统性损害，经济系统就不可能持续存在。人类的第一个经济系统就是组织

为什么工业产生废弃物

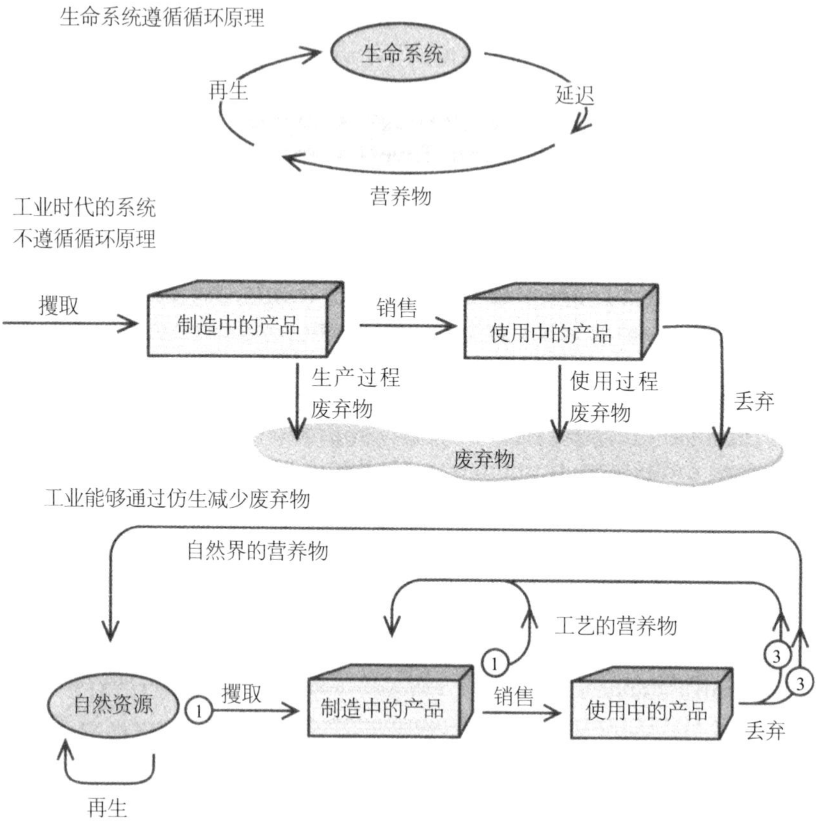

食品生产和分配。因此，食品生产和分配系统也自然应该成为首个重新与社会和生态系统和谐相处的经济系统。

学习实践是发现并运用自然的结构模式，这一精神潜移默化地渗透到了前面几章谈到的所有创新中。当经理们承诺使员工成长，以实现企业的发展，或者承诺把交流作为变革的核心方法时，他们的做法就反映了对人性的深刻理解——我们与生俱来的，希望得到成长并与他人建立联系的愿望。同样，我们需要考虑这种新看法：有自我创造能力的社会网络是组织的自然形式。正如阿兰所说，这就是“工作实际上是怎么完成的”。另外别忘了，使维萨公司彻底进行分权化管理改革的，正是哈克具有启发性的提问：“为什么人类组织机构就不能像热带雨林那样运行？”

约翰逊关于学习的定义使我逐步认识到，我们关于组织学习工作的第一要义其实很简单，就是要建设与自然相一致的管理系统。在这里，自然是指人的本性，以及我们身处其中、对其进行经营建设的更大范围的社会系统和自然系统的本性。还记得我和一位中国姑娘的第一次谈话，我问她为什么《第五项修炼》在中国如此受欢迎，她的回答却让我惊讶。她说：“我们觉得这是一本关于个人成长的书。中国人相信，应该开发人之所以为人的最深层的本性。我们看过太多与这个基本思想相冲突的西方管理学理论。但你的这本书却肯定并加强了这个信念。这给了我们希望，即中国的基本思想，是与建设成功的组织相一致的。”人类学家爱德华·霍尔认为，学习的欲望是“人类最基本的欲望”。什么是学习的驱动力？毫无疑问，这种驱动力是我们每个人与生俱来的天性——不断探索和发现自然的模式，并把它运用于生活的各方面。

新型领导者

我现在相信，在未来的几十年里，大部分最重要的领导人将来自我们意料之外的人群。新的秩序必将由新型的领导者创造。因此，以下现象也就不足为奇了：凡是我们看到新型管理系统开始生根发芽的地方，其领导人不是来自传统的权力中心，而是来自主流经济文化外围的弱势群体——女性、收入低下者和青年。

女性以女性的方式去领导

几十年来，各行业中女性领导者所占的比例持续上升。但第一或第二代身居高位的女性却常常不得不表现得“比男人还要男人”，以证明在男性化标准占主导地位的世界中，她们是真正的领导者。相反的情况则是以“女性”的方式去领导。然而，根据乔伊斯·弗莱彻（Joyce Fletcher）的研究，这么做的女性往往被贴上“不错的团队成员”的标签，或者背上“优美”“花瓶”之类更糟的称呼，这些都是使她们无法升迁的死亡标签。弗莱彻指出，在大部分组织中，如果女性根据自己的天性去领导，她们根本得不到同事的重视，也不可能出现在男性化领导模式的视野范围内。[5]

因此，“女性领导可持续发展”项目就成为 SoL 可持续发展协作组开展过的最有意思的项目之一。[6]这个项目的缘起是我们发现，在这个网络中最有影响力的大部分项目，都是由女性领导者发起的，像耐克的魏斯洛、乐施会的斯托金、联合利华的坦塔维－蒙索、世界银行的贝利和西水美惠子。这种现象让我们思考一个很明显的问题，是“女人的敏感性中的什么东西让她们站出来，推动可持续发展？还是她们的领导方法中有哪些东西，使她们发挥了有效的领导力？”

关于这些问题的答案，有许多可以在前面几章找到。斯托金认为自己是“偏重人的发展的经理人”，认为女性没工夫参与公司的政治和内部斗争，还说到女性的雄心往往不在于个人职位的升迁，而是关于“事情本身”。在研究生院的时候，加洛韦认识到，作为一名黑人女性，她“无法得到任何组织的领导职位”，她从那时起就开始了探索的旅程，去发现作为网络型组织的内部网络领导者的独特力量——她的威信源于知识和正直，而不是职位。

很明显，女性还会被自然地吸引到像可持续发展这类处于大多数企业关注范围边缘的、长期性的问题；而且女性会以合作和发现的态度，而不是以方案和计划的方式，来处理这些问题。例如全球最大的油田技术服务公司，斯伦贝谢公司（Schlumberger）的前高级财务经理之一西蒙·安伯（Simone Amber），现在主持着一个基于网络的教育项目，即斯伦贝谢卓越教育发展（SEED）项目。SEED 有 1 500 名来自斯伦贝谢公司的志愿者，他们为 35 个发展中国家的 20 多万名儿童提供辅导。一个没有正式权力和（最开始）没有经费的女性是如何完成这项事业的？其秘诀在于把公司的核心价值和对公司所依赖的社区的承诺投入联系起来，在于激发了人们想要参与到孩子们的生活中去的愿望。SEED 技术先进的网站令人赞叹（网站可以用全球七种主要语言浏览），但 SEED 优秀的志愿者网络，才是项目成功的关键。[7] 安伯说："公司中有潜在的良好意愿，尚未被开发，尚未发挥光和热。这些善意的激发和显现要靠大家心灵的沟通，从而避免政治角逐和内部斗争。这是我们能够帮助实现的。"

来自低收入群体的领导者

和其他正规组织的领导者一样，无数来自低收入群体的领导者也正在运用同样的学习原理和方法。他们给基层带去愿景，并深度聆听基层群众的心声，这些社区领导者完成了大的组织机构无法完成的事情——催化系统变革的力量。罗卡的塞拉·平托（Sayra Pinto）说："我为大家服务的能力和作为一名领导者的能力，本质上就是来自大家都知道我是他们中的一员，我走过了他们走过的路，承受过他们所承受的恐惧和痛苦，而且我知道他们其实有多么聪明、能干。"

和我交往时间最长的社区领导人，可能要数姆瓦利穆·穆西西（Mwalimu Musheshe）了。带着运用学习原理和实践来推动农村发展的理想，他在 20 世纪 80 年代初发起了乌干达农村发展和培训项目（URDT）。[8] 这个项目在当时乌干达最贫困的地区开展，穆西西和他的同事教给当地人如何建立个人愿景和共同愿景，如何认识使自己停步不前的心智模式，如何通过相互倾听来解决分歧，以及如何把他们的村子看成一个系统。他们把所有这些与具体项目相结合，像挖更好的水井和修建更安全的谷仓。"最重要的是，我们必须帮他们摆脱世代相传的宿命思想。"穆西西说，"无法把握、无法改变未来的态度，实际上是我们最大的障碍。”如今，这个项目集中力量建设的地区，已经成为乌干达最繁荣的乡村。URDT 还开始建设乌干达的第一所女子大学，这样女性也可能成为更大范围的领导者，不再受到缺乏高等教育的限制。

通过开发和培养当地的领导力，像平托和穆西西这样的领导人，帮助当地建立了持久发展的基础，而来自北半球的很多发达国家在国际援助中却忽视了这方面的工作。津巴布韦的库芳达村是发展可持续农业的示范点和学习网络，[9] 其创办人玛丽安娜·克努斯（Marianne Knuth）写道：“发展部门在很大程度上仍然用机械和官僚的方法来解决贫困问题，以及所谓的不发达地区问题。在经济发展的名义下，村庄和社区被迫接受越来越非社区化、非人性化的交往方式；在发展的名义下，社区的问题是得到了解决，但却没有顾及社区的主人翁地位，忽视了社区自己建立发展项目的需求……结果，规模较大的发展项目往往只在短期内解决了问题，几年之后，问题又会重新出现（废弃的井眼，坏掉的厕所，或者是在外来的项目建设者走掉之后，无人负责的社区公用抽水机）。”

有意思的是，克努斯并不认为库芳达村有什么特别。“这是一场日益壮大的世界范围的运动，它包括教育、商业、设计和建筑领域的个人和组织。我们就是其中许多伟大的实验中的一个。”她说，“大家都有共同的追求，都在探索如何才能使我们回归一种滋养和激发生命力的工作方式。”

青年领导力

系统变革所需要的领导力越来越多地来自年轻的一代。谈到领导者，年轻人往往被忽略，但他们才是未来主要的也许是最主要的利益相关者。过去，我们在年轻人身上投入最少，这反倒给他们一种独特的能力，去发现主流的心智模式和组织行为模式中的错误和缺陷，同时给他们一种创新的勇气。当年轻人具备了基本的领导能力和协作学习的技能，他们将成为令人惊叹的变革力量。

克努斯作为一名活动家的时间已经很长了。为了去欧洲学习（她的父亲是丹麦人），她 16 岁就离开了津巴布韦。10 年后，她与人合作创办了青年领导者全球网络——“变革先锋”。用她们的话说，变革先锋致力于“忠于自己，做重要的事，从现在做起，密切联系他人，永远保持好奇心”。在过去的几年里，我认识了许多这样的年轻人，并且深深地被他们打动了：他们沉着冷静，在应对困难时充满想象力，并且取得了令人赞叹的成绩。

最近，我和几位变革先锋网络的成员在瑞典举办的一次关于全球变化的重要会议上见面了。参会人士主要是企业高管、政府高官，以及关于全球事务的各方面专家。在我的请求下，主办方为变革先锋安排了一场专门的会议，让他们谈谈进行大范围组织变革的领导方法——这场对话交流展现了变革先锋和更有经验的领导人之间，一些有意思的不同之处。

“我们知道得很少，所以容易有很多问题要问。”先锋网络发起者之一克莉丝特·斯克尔顿（Christel Scholten）说。斯克尔顿提出并推动了荷兰银行的一个主要的可持续发展项目，现在她负责整个项目的运行。是斯克尔顿锲而不舍地提出问题，才让人们终于看到了她们的重要作用，项目才得以建立。随着谈话的进行，会议上许多经验丰富的经理们开始认识到，过去的知识和成功，反而有可能成为领导变革的绊脚石。有位从业多年的经理发现，不仅过去的知识会误导他的看法，而且“人们往往根据他们自己对我的看法的猜测和期待，来与我交往。结果，我往往下意识地为那些我自己其实并不太在意的观点进行辩护”。与此相反，青年领导者能够保持开放的心态，并且常常通过他们的真心探寻，而不是会起阻碍作用的极力宣扬，来建立起相互理解、共识和承诺投入。

其次，这些青年领导者建立了令人注目的全球性网络。在遇到困难的时候，他们可能会向在孟加拉国、印度、南非、菲律宾或者克罗地亚的伙伴们寻求帮助。通过不断地相互帮助和分享，他们对问题的不同看法兼容并蓄，并且能够动员令人惊叹的资源来推动变革。比如，当为银行的新工作头疼的时候，斯克尔顿从亚洲和欧洲做全球金融工作的先锋伙伴那里得到了鼓励和帮助。

最后，这些年轻人致力于摆脱自己习惯的观点所带来的束缚。几年前，变革先锋的一个小组成立了“虚伪者俱乐部”(The Hypocrites Club)。克努斯说：“俱乐部的活动方式，是无论什么时候大家见面，都进行一场小型的讲故事比赛。每个人都说说自己为了避免冲突，或者为了让事情更顺利些，是如何放弃了自己的信念而选择背叛或者屈服，或者做违心的事情。有时候我讲的是一直压在心头的事，有时候是发生时并没有注意到的事情。但有些故事其实很好笑，而且到了活动要结束时，我们已经尽力证明了每个人都同样有虚伪的时候。这样的夜晚很有意义。”

三个开放

还剩下一个问题。过去 25 年，我看到许多人在许多不同的背景下，应用各种不同的工具和原理，推动愿景开发和志向目标的建立，加深交流和反思层次，以及促进系统思考。可以很清楚地看到，有的人取得了出色的成绩，而另一些人却所获甚微。这是为什么呢？我觉得，问题不在聪明才智，甚至奉献精神的差距。可以肯定，这不是由于在组织机构的岗位或职权方面的差异。但是，“出自什么地方”，即缘起的心态，似乎很有关系。奥布赖恩生前最后一段时间曾认为：“决定介入措施结果的主要因素，是介入者的内心状态。”

我的同事和《体悟当下》一书的合著者奥托·夏莫（Otto Scharmer）认为，意向和方向的转变，需从根本性变革的领导者所必须跨越的三个“门槛”或开放窗口中实现：开放头脑、开放心胸、开放意志。[10]

第一个开放是指看到和听到本来就在我们面前，而我们却一直没能发现的东西。这就是跨越一个开放门槛，去“悬挂”习以为常的假设。第二个开放是指看到本心，开放心扉，看到自己与周围的关联，包括与痛苦、困扰、问题和欢乐的关联。这里，我们超越自己的舒适地带，不再责怪外力或别人把事情搞糟了，而是看到自己在问题局面中所扮演的角色。第三个开放门槛，指的是放弃最后一点，即夏莫所说的“小我”，让自然呈现的东西都通过自身呈现出来。此处，我们连接到“通过我们呈现出来的未来，和我们应该在这里做的事”。越过这个门槛，并不意味着有关我们生命意义的所有问题都立刻得到了解答，而是意味着“我们内心被这一问题激活，它支撑着我们前行”。

我认为，面对当前的深刻挑战，越来越多的各种类型的领导者都开始理解这三个跨越和转变。他们对我们所面对的深刻的挑战，有了新的意识：这个挑战，用福特公司亚当斯的话说，就是在“加速提高的相互依存度，与我们的组织机构所缺乏的系统思考和行动的能力”之间的不断加大的差距。而这一新意识，也在通过特定的经历产生。比如，随着更多的人在从事心智模式的修炼，推动更多探寻式的交流与变革，开放心态的力量就明确显现出来了。BP 公司的考克斯说：“我意识到，当大家不那么倾向于认为自己的观点就是事实的时候，我们就在进入更深层、更有效力的交流对话。大家不再那么烦躁，声音不再那么刺耳；不再对什么东西都那么肯定；并且开始有了幽默感，觉得轻松愉快了。尽管在讨论严肃的议题，我们也不那么一本正经了，我们更爱说笑，更富于探索精神了。那时我就意识到，真正的探寻气氛已经形成了。”

夏莫所说的第二和第三个开放转变，要通过在心智和情感两方面，都看清并连接到我们最深层的愿望。萨里姆·阿尔阿伊得在海湾地区组织学习学会网络中主持的每一场深度汇谈，都从展示孩子的图片、分享自己孙子辈的故事开始。借此方法，就使大家在谈论地区经济前景时，不再仅仅看统计数字，而是想象他们的孩子以及孩子的孩子的未来生活。他说：“没有我们的心胸的开放，就不能严肃地共同探讨我们真正渴望创造的未来，并探讨这样的未来所要求的变革。没有心的开放，就绝不可能采取需要采取的行动。”

这种心胸的开放让我们准备面对自己的脆弱，传统上很少有经理人培养了这种素质。萨朗特在回顾20世纪八九十年代他在福特公司力挽狂澜的出色业绩时说，他的老板们从不问他是怎么完成这些业绩的。他的结论是，在某种程度上，这些老板们也知道，这需要一种承担做人的脆弱性，而这是件很不舒服的事，他们大多数人是没有准备那么暴露自己的。

随着我们跨越第三个开放门槛，我们就愿意放下我们自己的动机和预定的目标，愿意让比自己个人的意志力更大的影响力来塑造自己的意向目标和战略策略。在三个开放中，这一项最难以用抽象的语言描述，但在这个跨越发生时，就变得非常清晰了。

玛丽安娜·克努斯对库芳达村运行模式的反思，漂亮地阐释了这三个开放的整个过程。“我们定期把津巴布韦各地的社区组织者聚集在一起，相互学习，并使他们更明确地意识到可能阻碍自己的无意识的假设(包括继承下来的和文化背景中的)，并使他们了解怎样面对和处理这些假设。但为此我们也必须开放自己，必须意识到我们并没有答案，并不知道他们该怎么做才能实现自己的梦想。”

克努斯认为，通过开放头脑开始产生的力量，会进一步通过“相互连通的魅力”得到增长和扩大。“其实我很容易因感动而流泪，并曾为此感到尴尬。但我现在意识到，这标志着我与某种本质的东西连通了：可能是深层的喜悦、慈悲、忧伤或者灵感。有时这是我自己的感受，它像在告诉我什么；而另一些时候，它是另一个人释放出来的喜悦或痛苦，深深地触动了我。我还意识到，如果我在讲话时因感动而流泪，这也无妨。其实那往往反而会把我正在沟通的对象拉近：我们在另一个层面相遇了，而不只停留在智力层面。我们相遇……在心灵的门槛处，而不只在大脑的门槛处。”

克努斯的第三个开放发生在她从丹麦毕业后，回到津巴布韦，没有明确的计划，只是觉得那是“一个召唤，我必须回去：看究竟怎样才能在世界都认为是贫穷落后又毫无希望的国度里和大陆上，创造或再创造健康兴旺、充满活力的社区。我相信我们每个人来到世上都有某种原因，而如果你能发现这个原因并拥抱它，你的心就会歌唱，你会顺其自然地随着它对你的愿望去生活”。

当处在任何层次、任何环境的领导者经历了这三个开放以后，就不再有什么东西会限制你达到你的潜力和可能了。萨朗特说：“如果你在你的追求中实现了真正的单纯和天真，真正变得微不足道：即你不会试图觉得那是你的东西，或者想被别人承认那是你的成就。我知道这很难做到，但如果你做到了，天赐的礼物也就到了。那礼物可能是影响力、力量、意志力、志向目标感、能量和精力，或各种其他的东西，它们来帮助这个事业成功。当你在心中发现了这些，并与我们都隐约感到存在的东西连通了，达到了那种光明境界，你就得到了最大的礼物。那是奇迹出现的地方。”

回顾自己的历程，克努斯简单地说：“开始是那次会面……我们怎样与人会面决定了其他的一切。我们会面时是否对对方有最好的设想？是否对我们即将接触的人的生命奇迹和非凡经历感到好奇？如果对方是穷人，我们是否准备帮助那个人？

“昨天我又见到库芳达社区组织者之一安娜·马伦达（Anna Marunda）。她 46 岁，是个寡妇，每月有 2 美元已故丈夫的抚恤金，但每季度要给孩子们付 30 美元的学杂费。过去一年，她组织了妇女编织合作社，最近刚开始向当地的妇女传授编织手艺；她自建了堆肥厕所，并在教其他人自建这种厕所；她还在组织艾滋病深度汇谈小组，并为艾滋病患者提供家庭护理服务。我们谈及过去一年她在自己身上发现的神奇的事。她说，‘我了解到我成了我们社区的样板，因为作为寡妇我克服了巨大的困苦和磨难；我了解到我是个坚强的女人，我能够找到内心

的平静；我了解到我是个很好的聆听者，很值得信赖，所以大家都来找我，并邀请我参加各种社区组织。’

“我不知道为什么所有这些事都在发生。但我知道，我们遇到的是安娜的智慧，而不是她的贫穷。”

克努斯在笔记本上写下了简单的评论：“生命是神圣的，而且应该这样与她会面。”她还写道：“我猜想，就简单地放缓脚步，放缓到足够慢，你就会体验到，就会真正欣赏到自己周围的美：晚霞天空的绚丽多彩、奶牛群的温和之美、种子发芽破土而出的奇迹、作为津巴布韦乡土标记的花岗岩巨石落成时的落地生根的感受、与另一个人的喜悦或哀伤深层连通的魅力体验……我每次注意到，并欣赏到这些看似简单的创造行动的神奇，都使我更加确信，生命是无限丰富多彩的、充满着魅力和爱心，而能够保持连通到这种感受的生命，比不能这样做的，就有更加丰富的体验。”[11]

读到萨朗特和克努斯这些话，我不禁深受感动。毫无疑问，我最努力试图表达的就是这种实际的体验，即当我们以这种方式开放自我时所产生的可能性。我见到非常多的奇迹：不可能解决的问题局面，不知为什么迎刃而解了；我见到非常多的人物：他们成长为自己真正的自我，然后就挺身而出去面对下一个难题，并充满轻盈和喜悦。而由于这种经历，他们与内在的自我更近了，他们相互之间更近了，也与生命本身更近了。

有多少人在经历这一历程，就有多少种方式来描述其精神实质：这是与自然、人性和更大的生命系统的特性相一致的管理系统；这是为实现我们的最高愿望而共同工作的方式和方法；这就是我们变成自己想创造的变革本身；或者，借用克努斯的精彩描述：这就是保持连通，与从未曾停止过连通的生命本身保持连通。

第五部分　总　结

The Fifth Discipline
The Art & Practice
of the Learning Organization

|第 18 章|

不可分割的整体

小时候，我总希望长大了能当宇航员。为了做好这方面的准备，我甚至在大学里选修了航空和航天专业。但是后来，我迷上了“系统理论”，开始转而从事一项新的、在地面上的事业。

可是我对太空仍然保有极大的关注，阿波罗号拍摄的第一组地球照片尤其吸引了我。多年前，宇航员拉斯蒂·斯韦卡特（Rusty Schweickart）来参加我们的领导力项目时，我怀着极大的兴趣满心期待，终于有机会与他结识了。

我从拉斯蒂那里知道，许多宇航员返回地面后，都感到很难用语言描述在地球上空环绕飞行的经历和感受。拉斯蒂“挣扎”了 5 年以后（他 1969 年 3 月乘坐阿波罗 9 号绕地试飞了登月舱），才开始找到恰当的语言。

1974 年夏，拉斯蒂应邀来到纽约长岛的林迪斯法恩的精神社群（spiritual community），参加主题为“行星的文化”的集会。他曾想了许多描述自己经历的方法，后来都放弃了。最后他意识到，以个人的经历来描述是行不通的，因为它是大家共同的经历。他认识到，他和其他宇航员共同代表了“人类感官的延伸。我虽然通过自己的眼睛和其他感官感知了这次经历，但那同时也是我们大家共同的眼睛，我们大家共同的感官。我们几个人首先上了太空，首先俯瞰了地球，但那同时也是替整个人类进行的俯瞰。尽管直接经历的只有我们几个人，但我们有责任报告我们的经历”。意识到这一点之后，他决定用简单的语言形容他的经历——就好像你和我，和在场的听众，都随着他在太空旅行一样。[1]

太空飞船每一个半小时绕地球一圈，如此循环反复。宇航员通常会在早晨醒来，根据旅行轨道的位置，你可能会在中东、北非上空醒来。吃早餐时往外看，你在飞经地中海地区，希腊、罗马、北非、西奈半岛，整个那片地区。只看一眼你就会意识到，你看到的是整个人类多少年的历史——那是文明的摇篮。看着窗外的景象，你就想起整个历史，历史的画面随着你的想象力展开。

通过北非以后，你进入印度洋上空，你会看到你头顶上方的印度次大陆，在你经过时一直向下对着你。转到斯里兰卡边上之后，就是缅甸、东南亚，进而到达菲律宾，以及巨大的太平洋上空，它庞大的水体真像个怪物——你无法想象它有多大。最后你到达加州海岸线，找到亲切的洛杉矶、凤凰城、得州艾尔帕索，然后就是休斯敦，那就是我们宇航员的家乡——没错，你找到了阿斯托洛圆顶体育馆。你知道你和它有身份认同，那是执着和眷恋。

再往下经过新奥尔良，然后向下看，南面延伸的就是整个佛罗里达半岛。你在这下面的大气层里曾飞行过数百小时，它们都成了你亲切的回忆。随后你进入大西洋，最后又回到非洲。

那是种身份认同感：你认同休斯敦，然后认同洛杉矶、凤凰城、新奥尔良等地，每个地方都认同。过一会儿你发现自己在认同北非，你期待着它的到来，知道它会来。果然，它来了。你身份认同的整个过程发生了转变，因为你每一个半小时绕地球一圈，你会开始觉得与整个地球发生了认同感。转变就这样发生了。

你往下看着，无法想象自己一次又一次地跨越了多少条边界，可你其实根本看不见它们。你醒来时看到的景象——中东，那里可能有千百人正在相互杀戮，为的就是想象中的某条边界，某条你根本看不见的边界。从你这个角度看到的就是个整体，很美丽的整体。你真希望相互杀戮的每一方都有人在跟你一起看，“从这个角度看，看那里，什么才是真正重要的？”

于是，不久以后，你的朋友，还是原来的邻居，你旁边的人，到了月球。他往回看，发现地球不再是庞然大物，也看不见它美丽的细节了，他只与看起来很小的地球遥遥相对。这时，蓝色明亮的地球成了白色圣诞树的装饰，漆黑的天空变为广袤无垠的宇宙，这种意境的转变和对比，可谓淋漓尽致。

你不由想到它的尺寸，和它的意义，它同时包含了这两个方面。一方面，它微小脆弱，是宇宙中那么小而又珍贵的一点，你可以用大拇指挡住它。而另一方面你意识到，这个小点，这个蓝白色的小东西，就是对你有全部意义的一切：所有的历史和音乐、诗歌和艺术和战争和生死和爱、眼泪、喜悦、游戏，所有一切都在这个小点上，而你却可以用大拇指盖住它。

于是你意识到，那个视角……由于你的转变，从那个角度里看出了新东西。那种（与地球一切的）关系和过去不一样了。你回顾因为照相机出了问题，自己在舱外的活动。并且你有空闲回想发生了什么事。你记起自己瞪着眼睛，盯着眼前走过的情景。因为不在舱内，所以你是在太空中看画面，没有通过窗户看画面；你头上四周像个金鱼缸，但却没有边界。没有条框，也没有界限。

拉斯蒂在遨游太空时发现了系统思考的第一原则。但很少有人能经历到他的发现方式：在直接体验的水平发现，而不是在理性或智力的水平。地球是不可分割的整体，就像我们每一个人都是不可分割的整体一样。自然界（它包括我们）不是由整体中的部分组成的，而是由整体中的整体组成的。所有边界，包括国界，从根本上说都是人为的。具有讽刺意味的是，我们发明了边界，最后却发现自己被困在其中。

而且还有呢，在林迪斯法恩第一次演讲以后数年间，拉斯蒂发现自己经历了一系列个人转变，有了全新的洞察力。他辞去了加州能源委员会委员的职务，开始从事新工作，积极参与有美苏两国航天员参加的联合项目。[2] 他聆听并理解其他人的经历，同时也开始参加与自己的新理解相符的其他各种活动。

学习盖亚假说（Gaia hypothesis），对他产生了特别的影响。该假说认为，地球上所有的生命，即生物圈，本身就是一种生命体。[3] 这个观念植根于许多前工业化社会，如美洲印第安文化。它“深深地打动了我”，拉斯蒂说：“让我体内的科学细胞第一次学到了描述某些太空经历的方法，而此前我连自己描述这种经历都做不到。那时，我体验的地球是我无法描述的。我体验了它的生命力——它整体的生命力。”

领导力研习营结束时，有人即兴发问道：“拉斯蒂，告诉我们，你在上面的感觉怎么样？”他停顿了很长时间，最后说了一句：“感觉好像看到一个婴儿即将诞生。”

新生命正在生发着。它必定关乎所有一切——关乎整体。

五项学习修炼

五项修炼的每一项都可以分成三个不同层次：

- 实践演练（practices）：你做的事
- 原则理念（principles）：指导思想和理念
- 精神实质（essences）：高水平掌握修炼实质的人的身心状态（state of being）

实践演练是修炼者集中时间和精力从事的活动。比如，系统思考需要应用“系统基本模式”来看清和理解复杂局面背后的结构模式。而自我超越修炼则要“澄清个人愿景”和“保持创造性张力”，即在关注愿景的同时，把注意力聚焦到现实情况中，让这两者之间的差距来激发能量，成为实现愿景的动力源泉。心智模式的修炼也需要区分直接经验的“数据”，和我们基于这些数据而形成的一般化概况和抽象。

实践演练是任何修炼中最突出的方面，也是个人和团队开始从事某种修炼时，所主要聚焦的活动。对初学者来说，这些都需要“修炼训导”（discipline），即有意识的、连贯的努力，因为那些实践演练内容还没有成为自然而然的第二天性。在激烈的辩论中，心智模式修炼的初学者必须下大气力，才能辨别出他所做出的假设，并弄清为什么做出了这样的假设。一项修习的初学者的努力，常常会经历时间延迟：只有在辩论之后，才会看清假设，并把它与它所依赖的“数据”和推理过程区分开来。但是，修习演练逐渐会更加“实时化”，更加自动化，更加生动有力。你会发现自己不由自主地想到系统基本模式、即时重新创造（不是重新想起）你的愿景；并且，在面对紧迫问题，假设开始起作用的时候，你就能当即辨认出来。

修炼背后的原则理念也同样重要。原则理念是修炼实践背后的理论。比如，系统思考背后的核心原则理念，就是“结构影响行为”；还有“政策阻力”(policy resistance)，即复杂系统总是倾向于抵制改变其行为的努力。前者意味着，结构模式决定行为和事件，影响现实的能力正是来自对结构模式的清晰观察。而后者则意味着，操控行为的努力，比如愿望良好的在破落城区新建住房的计划，通常只会带来短期改善，而长期看来却往往会出现更多问题。类似的，自我超越修炼的原则理念，包括愿景的力量，还包括“创造性张力”和“情感张力”之间的区别。

修炼背后的原则理念，对初学者和大师都同样重要。对初学者来说，原则理念能帮助理解修炼背后的基本原理，了解修炼实践的意义；对大师来说，原则理念是参照，它能帮助不断完善修炼实践，并向他人解释和描述。

精通任何一项修炼，都需要既提升理解原则理念的水平，又提高实践演练的水平。牢记这一点很重要。只理解了某种原则理念，就认为已经“学会”了那项修炼，这是经常发生的思想诱惑。这就是大家熟悉的陷阱：把理性知识的理解与学习实践的收获相混淆。学习实践总要有知性的理解，同时还要产生新的行为习惯：“想”与“做”并举，知行合一。这就是为什么要区分原则理念和实践演练的原因。两者都至关重要。

第三层次，是修炼的“精神实质”。这是不一样的东西。没有必要刻意把精力集中在寻求某项学习修炼的精神实质上，这就好像不需要刻意去努力体验恋爱、愉悦或者宁静的感受。修炼的精神实质，是个人或团队在高水平精通修炼实践时，所自然出现的身心状态。这很难用语言描述，但对于完全掌握每项修炼的意义和目的，它又是至关重要的。每一项修炼都会以某种非常根本的方式，改变修习实践者的状态。这就是为什么我们把这些修习叫作个人修炼（personal disciplines），这甚至包括那些必须在集体中进行的修习。

比如，系统思考导致越来越多地体验生命的“内在互通性”（interconnectedness），从而能够看见整体，而不仅仅是局部。如果家庭或组织中有问题发生，系统思考大师就自然会看到，问题来自背后的结构模式，而不是个别的失误或恶意所为。类似的，自我超越导致越来越深入地感知本体的“当下存在”（beingness）和当下意识：这既包括我们自己内部的状态，也包括外部状态。自我超越还导致更深的“生成力”（generativeness）体验：体验到自己成为塑造自己生命的创造力的一部分。

在精神实质的层面上，各项修炼开始融合。会有一种共同的敏感性来整合各项修炼，这种敏感性就是在相互依存的世界里，成为学习实践者的灵敏度。然而，各项修炼之间仍然有差别，只是这种差别会越来越微妙。比如，“内在互通性”（系统思考）和“连通感”（connectedness）（自我超越）就是很微妙的区分。前者是关于对事物之间相互联系的意识；后者是指意识到自己是世界的一部分，而不是与之分立的。还有，“意向共通性”（commonality of purpose）（共同愿景）和“协同校正”（alignment）（团队学习）之间，也是一种微妙的差别。前者指对生存意义的“共同取向”（common direction）和“共通理由”，而后者则是大家实际共同工作时的“整体功能作用”（functioning as a whole）。尽管很微妙，这些差别却十分重要。正如品酒大师可以做到的区分不是品酒新手能够做到的；高水平精通各项修炼的个人和团队可以看到的差别，对初学者而言

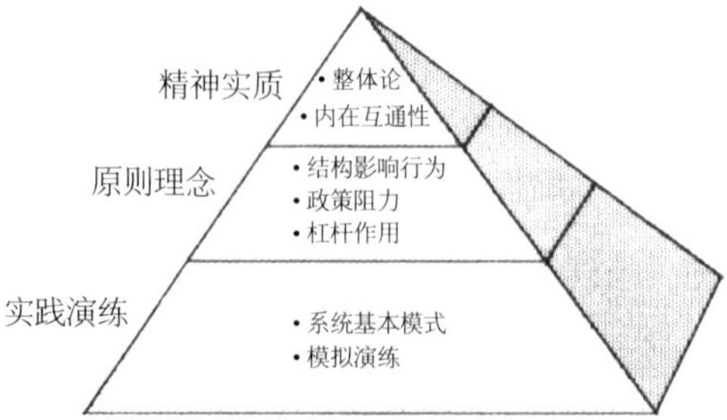

系统思考

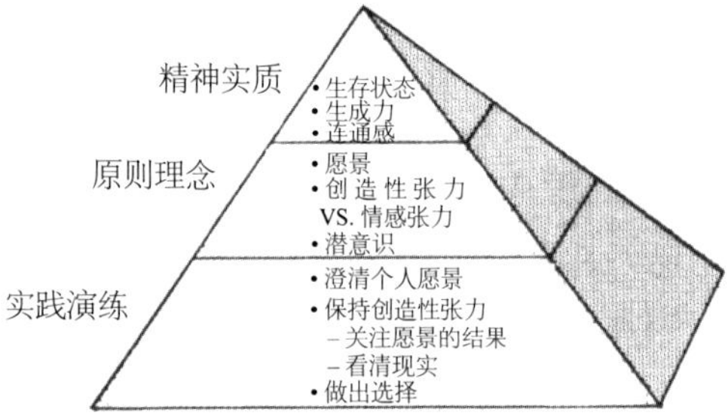

自我超越

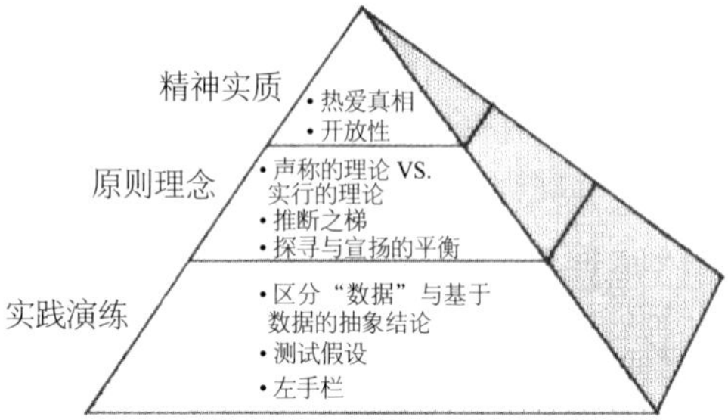

心智模式

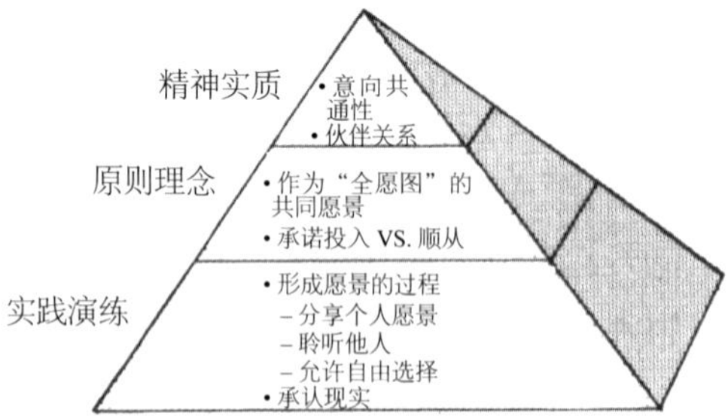

建立共同愿景

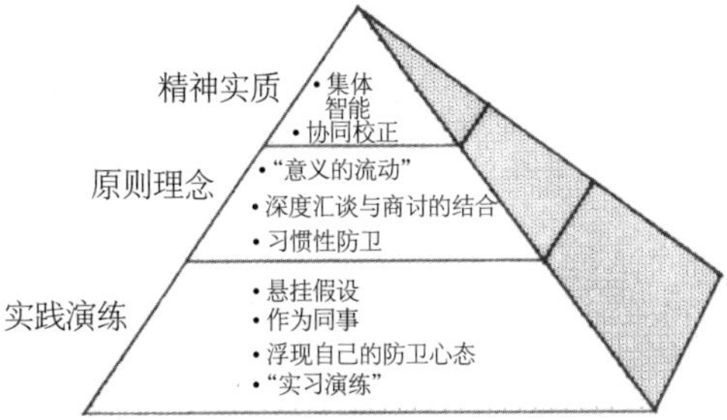

团队学习

则可能模糊不清。

最后，建立共同愿景和团队学习这两项修炼，与其他三项不同。因为这两项是集体性的修炼，其实践演练活动需要由团队共同完成，因此必须由团队集体去理解，而作为身心状态的修炼精神实质，也必须由集体来共同体验。

不可能同时掌握所有各项修炼。每个人都会经历不同的学习阶段。戴安娜·史密斯（Diana Smith）设想了一个分三阶段连续开发新容量能力的模型。这对掌握各项学习修炼的入门方法很有帮助：

新价值观和假设

第三阶段：价值观与操作假设（operating assumptions）

大家可以把反映新的行为价值观和操作假设的规则整合在一起。大家在压力和不确定性来临时能启用这些规则，来帮助自己和别人学习。到了这个阶段，大家已经把规则变成自己的特别模型，并用自己的语言来描述它。

新行为规则

第二阶段：新行为规则（action rules）

在第一阶段认知收获基础上，旧的假设“动摇”了。大家开始用新的假设建立行为规则，并付诸实践，以便观察结果。大家可能还需要依赖新的语言来促成新的行为，在压力之下大家会感到很难把握和实行，或串联整合新规则。

新认知和语言能力

第一阶段：新认知能力

大家看到了新事物，用新语言名词来表达自己。这帮助大家更好地看清自己和他人的假设和行为，以及这两者的后果。但大家往往不能把新的认知和语言能力，转变为有根本差别的新行为。大家可能开始有新行为，但基本规则、假设和价值观却依然如故。

系统基本模式

有延迟的负反馈

结构：

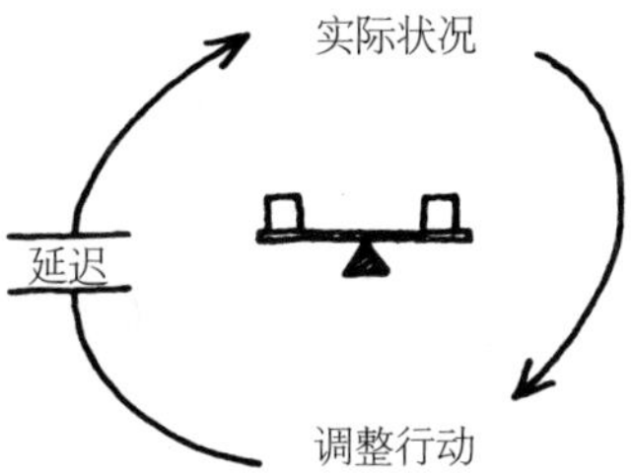

描述：个人、群体或组织为某个目标而行动，并针对反馈过程的延迟做出反应，调整行动。如果意识不到延迟，他们就会做出过多的调整和修正，也（有时）可能由于看不到任何进展而完全放弃行动。

早期症状预警：“我们原来以为很稳妥，但结果做过了头。”（然后可能从相反的方向上再次做过了头。）

管理原则：在迟钝的系统里，富有攻击性的过分行动将导致不稳定。要么保持耐心，要么使系统反应更灵敏。

商业案例： 地产开发商不停地上新项目，直到产生销售疲软——然而那时市场上已经有足够多的其他在建项目，供过于求的结果已成定局。

其他例子： 热水开关反应迟钝的淋浴；生产—分销系统供应过度和短缺的波动（如啤酒游戏）；由于生产周期过长而产生的生产率和在制品库存量的波动；股市突然间暴涨和暴跌。

增长极限

结构：

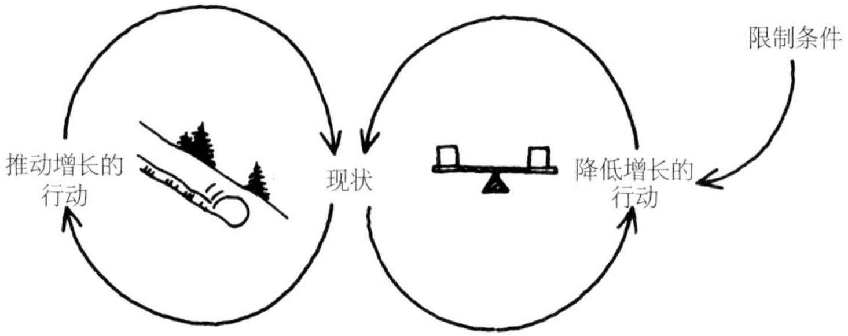

描述： 这是在一段时间内加速增长或扩张的自我增强过程。但之后增长开始放缓（系统内的参与者往往无法理解），并逐渐完全停止，甚至有可能逆转，开始加速崩溃。

早期症状预警： “我们为什么要担心尚未出现的问题呢？我们增长得很快呀。”（稍后，“我们是有些问题，但只要我们按照原来管用的方法做就没事了。”再后，“我们越是使劲儿努力，越是似乎原地不动。”）

管理原则：不要在正反馈（增长）环路上使劲儿推，要设法消除（或削弱）限制因素。

商业案例：公司制订了平等权利计划，得到越来越多的支持和参与，许多合格的来自少数族群或弱势群体的雇员成功进入公司的各种工作团队。但阻力也逐渐开始增加，人们认为这些新员工并没有“挣得”自己的工作职位，这对其他合格的求职者不公平。这些团队被迫接受这些新雇员的压力越大，阻力也越大。

其他例子：学习一种新技能，比如打网球，最初可能进步很快，你的技术水平和自信心都在增长。但随后你天生的自然的能力开始遇到极限，而这只能通过学习新技术来突破，但对这种新技术你开始会觉得“不自然”。

新公司从零开始迅速增长，达到一定规模以后就要求更专业的管理技能和正规的组织；新产品开发团队表现出色，成绩非凡，但它吸纳的新成员，许多并没有协调的工作风格，也没有创始成员的价值观，于是麻烦就来了；城市开发规模直线上升，直到土地资源枯竭，结果使房地产价格飙升；社会运动发展遇到“非信徒”（nonconverts）的不断增加的抵制；由于天敌消失，动物群迅速繁衍，但很快导致其生活地域里食物匮乏，最终由于饥饿而大量死亡。

转移负担

结构：

描述：为纠正问题而使用的短期“缓解方法”，看似立即奏效，但随着这种纠正方法的反复运用，更根本的长期纠正方法就越来越被忽

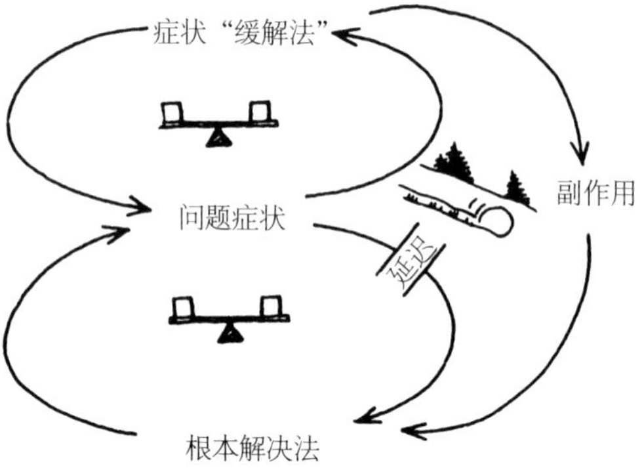

视。最终的结果是开发根本解决方法的能力萎缩或消失，导致对“症状缓解法”的更严重的依赖。

早期症状预警：“你看，这个解决方法一直有效！你说什么，这种做法以后会遇到麻烦？”

管理原则：聚焦在根本解决方法上。假如“症状缓解法”是必要的（因为根本解决法有延迟），那就用它来争取时间，以完善根本解决方法。

商业案例：一项突破性新电路板技术可以用来开发独特的功能，并能在众多新产品应用上带来节约成本的效益。但现有产品的电路板也可以代替它。营销人员可以向理解这项新技术的特殊性能的“特别客户”推销它，并逐步充分利用这些技术来开发完整的新产品线（“根本解决法”），也可以向不关心特殊性能的一般“商品用户”推销只使用现有电路板的产品（“症状缓解法”）。但管理层有季度销售额的压力，因此营销人员就会采取谁要买就卖给谁的方针，而这往往都是一般的商品用户，因为他们人数较多，销售周期的延迟较短。最终这将导致突破性新技术无法发展忠实的客户群体，结果变得和一般产品一样，承受价格和利润空间的压力。

其他例子：不拓宽客户群，而向现有客户推销更多产品（第 11 章中 ATP 案例）。借钱还债，不想做严格的开支预算。不降低工作压力本身，而通过饮酒、吸毒或较好的体育锻炼方法来减轻工作压力。上瘾，包括各种场合和各种形式。

特别案例：转移负担到介入者身上

结构：

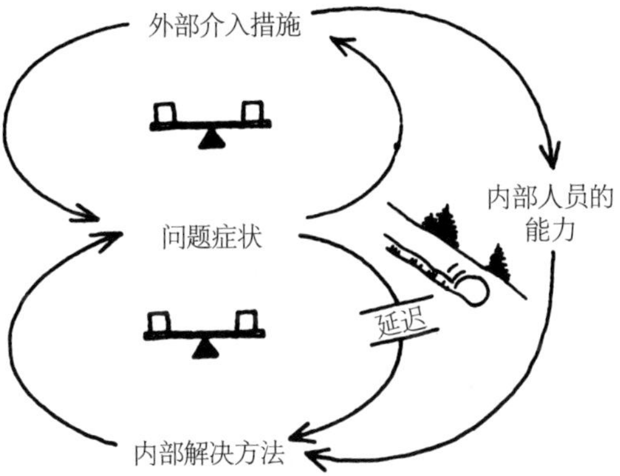

描述：转移负担中非常普遍又非常有危害的情况，是外部“介入者”试图帮助解决问题，这特别值得注意。介入措施是要改善问题的明显的症状，而且非常成功地做到了这一点，以至系统内部的人根本无法学会自己解决问题。

管理原则：“要授人以渔，而非授人以鱼。”要关注“主人的系统”发展自己解决问题的能力。如果需要外来帮助，“帮助者”应当要么严格局限在一次性的介入（而且大家事先都清楚这一点），要么有能力帮助大家开发自己的技能、资源以及基础设施，以便在将来有更大的能力。

商业案例：一家有创新传统的保险公司承诺以下的原则：其独立的地方分支机构只能偶尔寻求总部的帮助。开始时这条原则实行得很好，但后来整个产业出现了危机。面对突然发生的严重损失，地方机构把更有经验的总部专业人员请来重新制定费率结构——这通常需要好几个月的时间来完成。与此同时，地方经理们聚焦在危机管理上。危机过去了，但下一次又碰到利率结构问题时，地方经理们已经失去了自信心。他们又请总部经理们来做“保险”了。这种情况一连在几年内发生，结果是，地方机构再没有人能独立管理利率结构改变的工作。

其他例子：工作依赖外部承包商，而不是培训内部员工。众多的政府援助计划，试图解决紧迫问题，但却养成依赖性，需要不断增加援助：针对单亲家庭的福利计划；住房和就业培训项目，把贫困人群吸引到有最好项目的城市；给发展中国家的粮食援助，降低了死亡率，同时增加了人口；减少个人储蓄、鼓励拆散大家庭的社会保障体系。

目标侵蚀

结构：

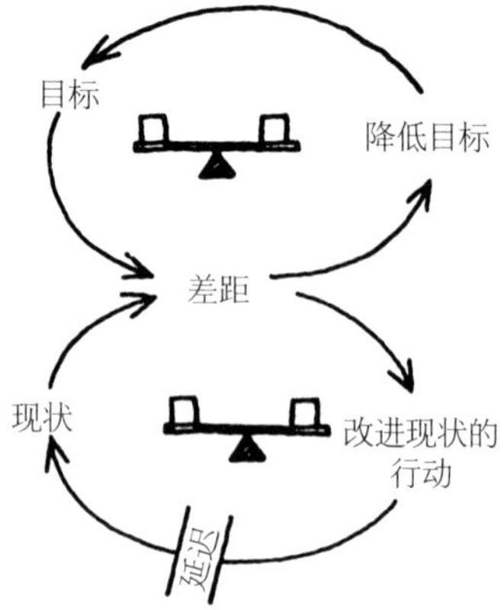

描述：这是转移负担的模式之一，其短期缓解方法使长期的、根本的目标受到侵蚀。

早期症状预警："工作标准现在降低一些也可以，等危机一过再恢复。"

管理原则：保持愿景。

商业案例：虽然产品很棒，而且不断有改进，高科技制造商却在丧失市场份额。但这家注重自己的产品设计"天才"的公司，从未能有效控制生产进度。外来的调查人员发现，其客户对公司交货逾期越来越不满，并正在转向其竞争对手。公司却坚持自己的立场，满足于自己的业绩："我们在答应客户的交货时间内，一直保持了 90% 的成功交货纪录。"于是公司反而去寻找业绩不佳的其他原因。但实际情况是，每次公司交货开始出现延迟的情况，都会把承诺的交货时间加长一些。结果是，客户得到的承诺交货时间一步步变得越来越长了……

其他例子：成功人士降低自己的标准，渐渐失去成功的表现。公司为了降低成本，隐秘地降低质量标准，而不是投入开发新的可以提高质量（而且可能也降低成本）的工作方法，但仍然一路宣称自己不断保持注重质量的传统。政府"全面就业"的目标，或削减联邦赤字的目标，越来越低。控制危险的污染物排放的目标，或保护濒危物种的目标，遭受侵蚀。

恶性竞争

结构[1]：

描述：两个人或者两个组织认为，自己的福祉依赖于建立对对方的

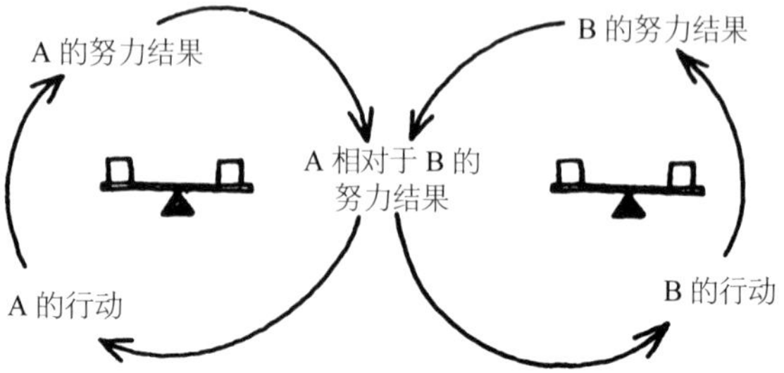

优势。如果一方占据了优势，另一方就觉得受到更大的威胁，于是便更加咄咄逼人地去重建自己的优势，结果又使前者受到更大的威胁，也使前者更咄咄逼人，如此等等。双方往往把自己咄咄逼人的行为看成是对对方的防卫反应，而各自的“防卫”行动导致双方都不愿意看到的恶性循环。

早期症状预警：“如果我们的对手不再咄咄逼人，那我们就可能停止争斗，而去完成其他事情。”

管理原则：寻找“双赢”的方法，让双方都达到自己的目标。在许多情况下，某一方可以单方面逆转这种恶性循环，方法是公开、主动、大胆的“和平”行动，以使对方感到没那么多威胁了。

商业案例：某公司开发了一种婴儿小推车，可以同时坐三个学步年龄的小孩，而且很轻便。这在小孩儿多的家庭群体里立刻成为畅销产品。而几乎在这同时，另一家公司也开发出一种类似的产品。几年后，第一家公司对另一家公司的市场占有率非常嫉妒，决定降价 20%。于是第二家公司的销售受到影响，也决定降价。而第一家公司仍然想继续提升市场占有率，于是进一步降价。第二家公司利润开始受损害，虽然不情愿，但还是又跟进，再次降了价。又过了几年，两家公司的利润都降低到难以为继的程度，三座小推车是否能继续存在，也成了疑问。

其他例子：广告战。越来越依赖律师来解决分歧。黑帮火拼。离婚过程。虚增预算：一些部门虚增预算，其他部门为了争得自己的份额也虚增预算，于是导致大家都进一步做更膨胀的预算。为争宠而对公司领导进行游说战。当然还有军备竞赛和反恐战争。

强者愈强

结构：

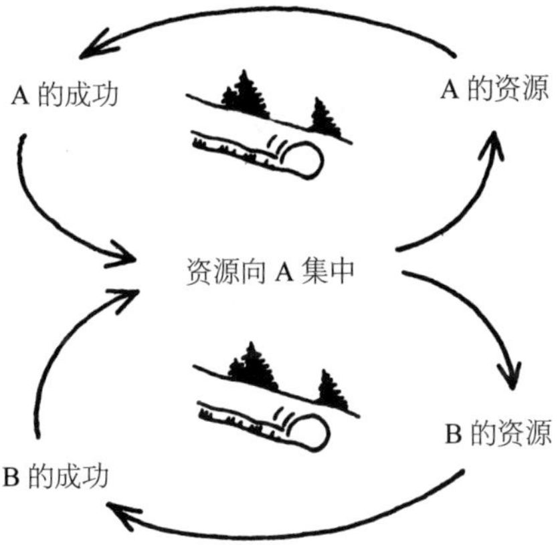

描述：两个活动为有限的支持或资源而竞争。某一方变得更成功，就会获得更多的支持，而另一方就会失去支持。

早期症状预警：相互关联的两个活动、两个团体或个人，有一方开始表现优异，另一方则在挣扎状态中。

管理原则：寻找两者的总目标，以使两者获得平衡的表现。有时候要切断或削弱两者之间的关联，这样就避免它们对同一个有限资源的竞争

(如果两者的关联只是由于偶然的疏忽，却引起对资源的不良竞争，那就需要这样做)。

商业案例：某经理人希望自己的两个亲信都能在公司里得到发展，但由于其中一个生病告假一星期，另一位就得到优惠待遇。前者上班后，经理人由于觉得内疚，于是就躲避前者，结果是后者有更多的机会，感觉受到肯定，工作更成功了，进而得到更多的机会。前者由于心神不定，工作效率也下降了，于是机会就更少了。其实两者开始都有同样的能力。前者最后离开公司。

其他例子：平衡家庭和工作：经常加班过多，影响到家庭关系，于是回家就变成更“痛苦”的事，这又使家庭生活在未来更加被忽视。两种产品在公司里争夺有限的财务和管理上的资源：一个是刚上市就走红的产品，于是得到更多的投资，结果另一个就没有什么投资了，这是一个正反馈过程，对第一个产品是不断增长，对第二个是持续萎缩。害羞的学生一开始上学就遇到问题（也许由于情绪原因，也许因为尚未发现的学习障碍），于是被贴上“笨学生”的标签，结果相比其他有积极表现的同学，他受到的鼓励和关注就越来越少了。

公地悲剧

结构：

描述：个体仅仅根据自身的利益需要来使用有限的公共资源，开始大家都各有所得，后来得到的越来越少，结果促使大家加倍努力获取资源。最后，资源明显损耗、毁坏或完全用光。

早期症状预警：“原来每个人都得到许多资源。现在很紧张了。今

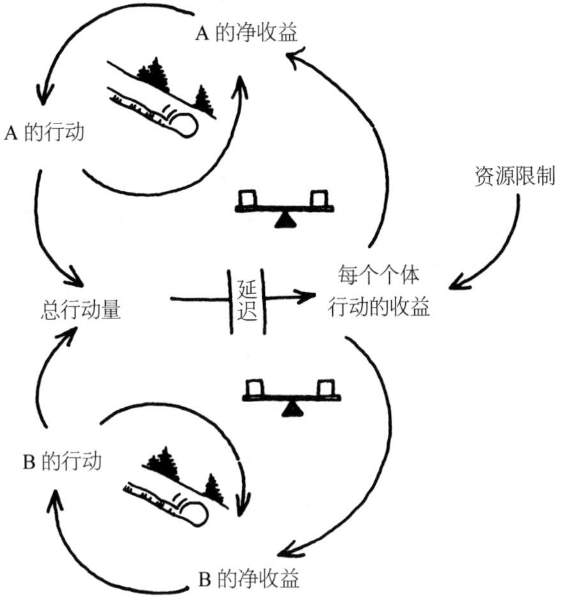

年要想从中赢利，我就必须加倍努力。”

管理原则：要管理“公地”（Commons）①，如要对大家进行教育，建立自律机制和同行约束；或者建立官方法规，不过这最好由参与使用公地的人来共同制定。

商业案例：某公司的好几个部门达成一致，都使用同一家零售机构。开始时每个区域经理都担心，只用一家零售机构可能无法给每个特定的业务领域都提供足够的关注，因而可能会引起销售额下降。于是其中一位咄咄逼人的经理，就让辖下所有客户账户经理都设立高于真正需要的销售额指标，以使零售机构至少提供他们所需要的最低限度的支撑。其他部门的经理人看到这种情况，也决定采取同样的策略来获取更

① commons 是公共用地，如供大家放牧的草场等。1968 年英国人哈丁（Garrett Hardin）首先提出“公地悲剧”理论。——译者注

多的支撑。新零售机构的经理们想照顾好所有这些“顾客”，于是就不断接受各个部门的要求。这导致工作量过大，工作效率下降，人员流失加剧。很快，在这家零售机构工作，已经不比加入法国外籍雇佣兵团[1]好多少了。

其他例子：不同领导合用同一个秘书班子，使秘书们精疲力竭。某公司六个不同部门的销售人员争夺顾客对六种不同产品的兴趣，致使公司客户服务的声誉下降。（这里的“公共资源”是公司顾客服务的良好声誉。）很成功的零售连锁店接到洪水般涌来的各类制造商的促销建议，最后不得不拒绝这些建议，或者提出不给制造商利润空间的合作条款。各个采矿公司都开采同一个矿产地，使资源枯竭。当然还有各种污染问题，如酸雨、臭氧层破坏和“温室效应”。

饮鸩止渴

结构：

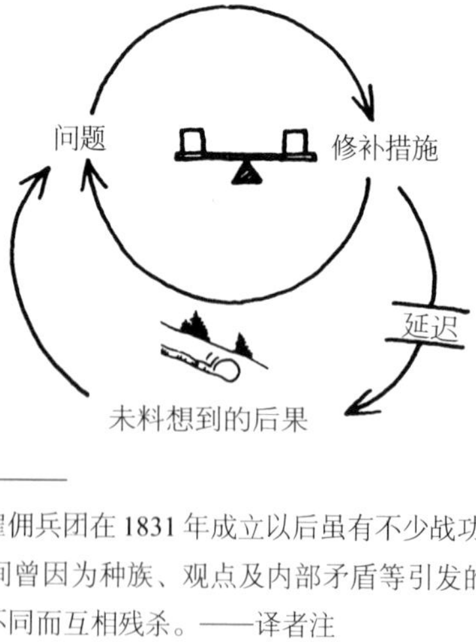

② 法国外籍雇佣兵团在1831年成立以后虽有不少战功，特别如第二次世界大战，但败绩更多。部队间曾因为种族、观点及内部矛盾等引发的争斗屡屡不绝，还曾在叙利亚因效忠的立场不同而互相残杀。——译者注

描述：短期内有效的修补措施带来未知的长期后果，可能造成不断使用更多类似修补措施的需要。

早期症状预警：“这方法以前似乎一直奏效，现在为什么却不管用了？”

管理原则：保持对长期目标的关注。如可能，要避免使用短期“修补措施”，或者只为“争取时间”才使用它，但同时要开发长期解决方法。

商业案例：制造厂商推出一组新的高性能零部件，马上获得巨大的市场成功。但公司 CEO 只关心投资回报最大化，所以决定延期购买昂贵的新生产设备，结果使生产质量受到影响，损害了公司的质量声誉。接下来的一年，客户订单急剧下降，投资回报也加剧萎缩，进而使 CEO 更不愿投资购买新的生产设备。

其他例子：个人和组织通过举债来偿还贷款利息，使将来要偿还更多的利息。为节省开支而减少设备维护频率，结果导致更多故障和更高的维修成本，也使降低成本的压力越来越大。

增长与投入不足

结构：

描述：公司或个人成长遇到极限，但可以通过建设更大的“容量能力”来突破极限，或延缓极限的到来。但对这种建设的投入必须及时充分，并在增长降速之前完成，否则就永远不会完成。人们往往降低关键目标或性能标准，以使投入不足合理化。但这样一来，就会实现一种自证预言：降低的目标导致降低的预期，而这些反过来又被投入不足带来的较差的性能表现所证实。（第 7 章中神奇科技的案例就是这种模式。）

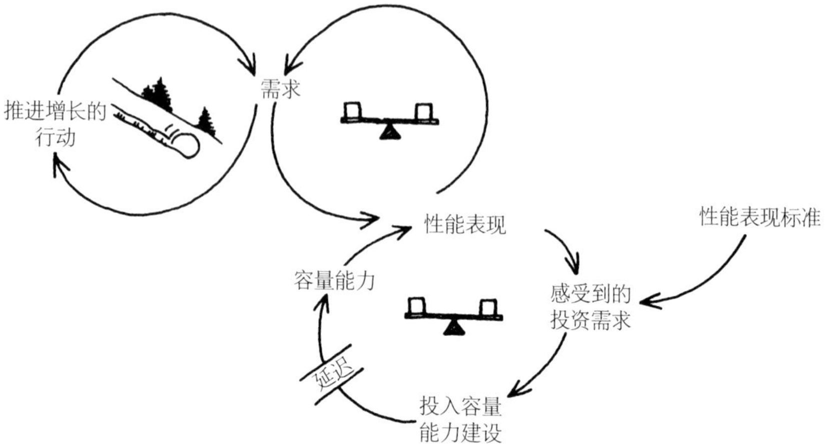

早期症状预警：“你看，我们曾经是最棒的，将来也还会是最棒的，只不过眼下得节省资源，不能过度投资。”

管理原则：假如真有增长的潜力，那一定要在市场需求到来之前建设自身的能力，这是创造市场需求的策略。要保持愿景，特别要关注关键的性能标准，以及目前自身的能力是否能充分适应潜在的市场需求。

商业案例：人民快线航空公司面对市场迅速增长的需求却无法建设自身的服务能力，他们没有投入资源进行培训，或降低增长速度（比如通过适当提高票价），反而试图通过“超增长”来使问题消失掉。结果是服务质量不断下降，竞争愈演愈烈，士气每况愈下。为了应付压力局面，公司的“缓解方法”是继续对服务质量投入过低，直到公司对顾客不再有任何吸引力。

其他例子：公司服务质量或产品质量下滑，却埋怨竞争对手，或抱怨销售部门促销乏力。愿景远大的人，却没有切实估计要实现愿景所必须投入的时间和精力。

U 型过程

U 型过程理论是夏莫、约瑟夫·贾沃斯基（Joseph Jaworski）、亚当·卡汉以及其他许多同事共同开发的设计和引导深层集体学习过程的方法。[1] 实际上，U 型过程可以为五项修炼应用的时序步骤提供一个组织框架（见下页图）。

U 型过程帮助团队协作从事：

1. 感知：通过超越偏见来观察现实，从而深入探寻其心智模式。

2. 呈现当下：以此进入深层连通过程，个人和集体连通志向目标并形成愿景。

3. 实现收获：然后，快速形成原型，以把愿景变为具体的工作模型，从而收集反馈，并进一步修改和调整模型。

虽然五项修炼可以用在 U 型过程的全部三个阶段，但各阶段的侧重有所不同。U 型过程的“下行阶段”，特别涉及悬挂既有的心智模式，通过直接体验系统的实际情况进行集体探寻，并在不同观点之间进行深度汇谈。个人愿景和共同愿景的形成是 U 型过程底部的核心内容。而团队学习和继续进行的对心智模式和愿景的反思活动，则是“上行阶段”的特点。

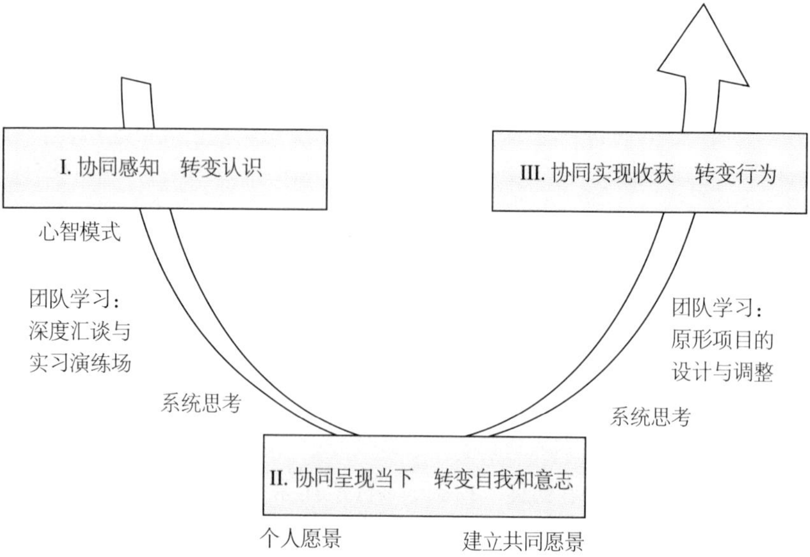

U 型过程与五项修炼

例如，对于可持续食品实验室，感知阶段包括对个人看全球食品系统的方法的反思，还包括在巴西的 5 天学习之旅。这意味着直接接触艰难打拼的农民及其家人，接触农民合作社、跨国公司的食品加工企业、环保主题的非营利组织，还有政府机构。这些经历对来自公司的参与者尤其有震撼力，因为他们以前从未见过“下面的”真实世界。

“拉丁美洲大部分地区的农民，已经不再是地方开发的主体，而变成了扶贫计划的接受者和救济对象。”一位实验室的参与者说。“我们该怎么帮助这些（从传统的农村社区中流亡出来的）前途渺茫的年轻人？”另一位问道。那次的经历之所以有震撼力，还因为它让大家看到，不同的人看到同一个现实，却对现实有不同的理解。在参观过一家小型农民合作社之后，团队成员的观感包括：工作很辛苦、很有政治观点、不可持续、非常可持续、需要现代化、需要时间来成熟、出色的模式。一位实验室团队成员说道：“我感到非常吃惊，我们都看了同一个地方，却看到这么不同的东西……对别人的视角和看法，我的确所知甚少。”

在 U 型过程的底部，有入静和聆听——聆听当下正在呈现的新事物，聆听我们在创造这些新事物的过程中能够扮演的角色。相对五项修炼来说，U 型过程对形成愿景有独到的方法，即在 U 型过程的底部，在广泛感知现实的过程完成之后再进行。首先，这种次序安排保证大家对自己的现实情况有脚踏实地的深入理解，包括看清不同的人对现实的不同看法。其次，把形成愿景的工作植根于一种更远大的志向目标感之中。尽管开始时的愿景对激励整个学习过程可能很重要，但它一定会在感知阶段得到发展，得以深化，并被赋予更重大的意义。这并不是说，大家会从感知和评估现实的活动中“推导出”自己的愿景。正相反，在 U 型过程的底部留出时间进入真正的静默和深层的反思，就会激发真心的关爱，体悟某种呼唤的感召力。从创造性张力的原则来看，连通现实的强烈共鸣，会给我们带来新的选择：真诚倾诉我们真心渴望的东西。

在可持续食品实验室核心团队的 6 天静修营里，30 名成员有机会对学习之旅的经历进行了综合总结，这深化了他们创造新的食品替代系统的志向目标感，还开发了初步的原型计划。两天的野外独处使参与者进入了静默和与自然更直接连通的状态。帮助团队准备野外独处体验的经济学家布赖恩 · 阿瑟（Brian Arthur），在团队从野外返回时与他们作了进一步交流，他注意到团队的精神能量已经改变了，变成“沉静与善良”的状态。从沉静中生发了一种想象力，它带来了以前没有人能想到的原型计划。

U 型过程右侧的上升段也一样包含各项修炼，但团队学习却有着特别的重要性，因为大家在共同探索如何创造复杂系统的新的替代运行方式，既要有可操作性，又要带来根本性的变革。整个收获阶段都用了系统思考、处理心智模式，以及愿景工作的模式，因为之前的感知和呈现当下的过程都在不断地反复。这种情况的发生有两个原因：(1) 原型计划工作中有新加入的人（他们必须经历自己的感知和呈现当下的过程）；

（2）大家通过试图引发变革和不断回顾愿景，又发现了系统现实中的新事实，或者发现原来的愿景已经发生了变化。根据创造性张力的原则，U 型过程上升段中的愿景改变，不是为了减小情感张力而“降低愿景”，而是真切地看到了大家真正想要创造的东西。

所以，实现收获的阶段不只是成功创造了现存系统的替代方案，还是不断深化共识和澄清愿景的过程。有些系统变革的努力会成功，有些则会失败。成功的变革往往以出乎预料的方式发生了，或许走入了始料未及的新的方向。U 型过程上升段的真正意图，也是整个 U 型过程的意图，是在背景多样的大社区里建立容量能力，以看清“现存”并激活新的社会系统，它是复杂的组织机构和跨组织机构网络学习如何学习的过程。可持续食品实验室的主要资助方、美国凯洛格基金会（Kellogg Foundation）农业计划主任欧兰·海斯特曼（Oran Hesterman）说：“这样的过程我真是从没见过。它把背景如此多样的团队带到一个深层连通的地方——团队成员相互之间的人际连通，以及大家与要共同去做的事的连通。”

修订版序言

1. 这张要素清单是由国际组织学习学会（SoL）和哈佛大学教育研究生院“变革领导力小组”（Change Leadership Group）共同组织的企业和教育创新者小组开发的（Booth Sweeney, Senge, Wagner, 2002）。

第 1 章　从个人学习到组织学习的五项修炼

1. Daniel Yankelovich, *New Rules: Searching for Self-fulfillment in a World Turned Upside Down*（New York: Random House）, 1981.

2. 基础创新是在很多不同的技术整合成新集合以后才完成的，这一深刻见解来自我的 MIT（麻省理工学院）同事阿兰·格雷厄姆（Alan Graham）。我对他深表感谢。参见 A.K. Graham, “Software Design: Breaking the Bottleneck,” *IEEE Spectrum*（March 1982）：43-50; 参见 A.K. Graham and P. Senge, “A Long-Wave Hypothesis of Innovation,” *Technological Forecasting and Social Change*（1980）: 283-311。

3. Arie de Geus, “Planning as Learning,” *Harvard Business Review*（March/April 1988）: 70-74.

4. 尽管像英特尔和微软等半导体和软件生产商逐渐占据了电脑产业的金融资产主导地位，但苹果公司却是“用户图形界面”的商业化先驱，并把界面友好、使用方便的电脑带给主流大众。

5. Edward Hall, Beyond Culture（New York: Anchor）, 2007, 207.

第 2 章　你的组织有学习障碍吗？

1. Arie de Geus, “Planning as Learning,” *Harvard Business Review* (March/April 1988): 70-74.

2. 图表来源于美国商务部 (the United States Department of Commerce, U.S..) 文件 Industrial Outlook, in 1962（pp. 58-59), 1970（p. 355）, 1975 (p. 355), 1979 (p. 287), 1981 (p. 320), and 1989 (pp. 34-35), 以及美国国会技术评估办公室，*Technology Assessment, Technology and the American Economic Transition*: *Choices for the Future Washington*: (US. Government Printing Office), 1988 (p. 326)。

3. Draper Kauffman, Jr. *Systems 1: An Introduction to Systems Thinking*（Minneapolis: Future Systems Inc.), 1980 (available through Innovation Associates, P.O. Box 2008, Framingham, MA 01701).

4. Chris Argyris, *Overcoming Organizational Defenses* (New York: Prentice-Hall), 1990.

5. Barbara Tuchman, *The March of Folly: From Troy to Vietnam* (New York: Knopf), 1984.

6. 同上。

7. Jared Diamond, Collapse: How Societies Choose to Fail or Succeed (New York: Penguin), 2004.

第 3 章　是系统的囚徒，还是我们自己思想的囚徒？

1. 对这一互动游戏的说明可以参考 MIT 斯隆管理学院“系统动力小组”，获得地址：Cambridge MA 02139. http://www.systemdynamics.org/Beer.htm。

2. 在实际决策模拟中有四个角色，为了简化已经很复杂的故事描述，其中一个（批发商 distributor）在此省略了。

3. 但是，模拟都是简化。你可能要问，假如改变游戏中某些细节是否会得出不同的结果。我们也有这个疑问，并且多年来常常设法摆弄和修补游戏。有时我们用三个角色，像这里一样，但通常我们用四个角色。我们曾改变对存货过多和订单积压的惩罚标准。有时我们使用计算机模拟来计算结果，而大多数时间我们是在大桌子上，用硬币代表啤酒，从一个方格移到另一个，代表送货。我们曾改变提前告诉大家的零售商要接到的顾客需求量范围。我们也实验了顾客需求的不同模式。这些改变中有的使危机情况更严重一些，有的则使之轻一些，但都没有改变总体的危机状况。

4. 美国国会技术评估办公室：*Technology and the American Economic Transition: Choices for the Future* (Washington: U.S. Government Printing Office), 1988, 324。

5. Steven Burke, "Chip Manufacturers Find a Pot of Gold in DRAM Shortage," *PC Week*, May 31, 1988, 107; Steven Burke and Ken Siegmann, "Memory-Board Prices Surging in the Wake of Growing Chip Shortage," *PC Week*, March 1, 1988, I.

6. J. Rhea "Profits Peak as Semiconductor Sales Boom," *Electronic News* 18: 1 (August 6, 1973); "Boom Times Again for Semiconductors," *Business Weekly*, April 20, 1974, 65-68; "Semiconductors Take a Sudden Plunge," *Business Week*, November 16, 1974, 64-65; F. Pollare, "Inventory Buildup: Semiconductor Distress Sales Emerge," Electronic News 20:45 (February 10, 1975).

7. Joseph B. White and Bradley A. Stertz, "Auto Industry Battens Down for a Slump," *Wall Street Journal*, May 30, 1989, sec. A.

8. "MacNeil-Lehrer Newshour," 是有关啤酒游戏与商业周期的视频文件（与 John Sterman 在麻省理工学院的访谈），aired November 1989, Public Broadcasting System。

9. Donella H. Meadows, "Whole Earth Models and Systems," *Co-Evolution Quarterly* (Summer 1982): 98-108.

10. Leo Tolstoy, *War and Peace* (Constance Garnett translation).

11. 同上。

12. Janice T. Gibson and Mika Haritos-Fatouros, "The Education of a Torturer," *Psychology Today*, November 1986, 50. Also: "The Mind is a Formidable Liar: A Pirandellian Prison," *New York Times Magazine*, April 8, 1973.

13. 类似的放大作用也是实际业务波动的特征，特别在原材料生产领域，波动要比零售和服务业大很多。见 Gottfried Habeler, Prosperity and Depression (London: Alien & Unwin), 1964; Alvin H. Hansen, *Business Cycles and National Income* (New York: Norton), 1951。

14. John Sterman, "Modeling Managerial Behavior: Misperceptions of Feedback in a Dynamic Decisionmaking Experiment," *Management Science*, vol. 35, no. 3 (March 1989): 335.

15. 在计算机模拟中，"无策略"策略会导致零售商更严重的订单积压，因为零售商只能在分销商的积压情况解除以后才能接到完整的送货。这意味着零售商特别容易遭受这个策略的负面影响——正因为如此，在真实世界里，零售商会下比较大的订单。

16. 在模拟游戏中，每个单位（每周）订单积压的成本是 1 美元，每个单位（每周）库存积压的成本是 0.5 美元，把每个角色的成本算出来，再和其他角色的加在一起，就得出整个团队的成本。四个角色游戏 35 周模拟的平均总成本是 2 028 美元，(Sterman, "Modeling Managerial Behavior"),331-39，三个角色游戏 30 周模拟的平均总成本是 1 270 美元。"无作为"策略团队总成本是 825 美元。

17. 游戏参与者有可能从游戏经历中学到很多在真实世界的生产分销系统中无法学到的东西——前提是要反复完成游戏，并能与游戏伙伴协作来共同理解游戏中的决策如何影响了更大的系统。这样，啤酒游戏就成为一种“微世界”。

18. 由于游戏通常的设计没有让各个角色之间进行沟通，所以没有机会观察参与者面对面交流的情况。尽管如此，目前的团队运作模式还是使团队成员因为出现的问题而陷入相互埋怨和争吵中。其他一些决策模拟演练设计，有特别针对团队学习中互动关系的。

19. 观察商业行为模式的普通例子有“趋势分析”（trend analysis），其目的是使公司能够对人口变化趋势或顾客偏爱情况的改变做出反应。

20. William Manchester, *The Glory and the Dream* (Boston: Little, Brown), 1974, 80-81.

21. 游戏的物质结构也可以重新设计，但在游戏开始之后参与者是没有办法这样做的。比如，可以重新设计一套信息系统，使分销商、啤酒厂和零售商都能及时了解零售情况。或者，也可能去掉分销商这个中间环节，让啤酒厂直接给零售商供货。在实际生活中，重新设计物质系统（商品、人员、材料、信息等的实际流动；还有超越个人决策直接控制的奖励系统等其他因素）是一项重要的领导工作。但要成功地实现这种设计，需要领导者有系统的理解，就像要改变参与者个人下订单的方式也需要系统的理解一样。因此，主要的任务是开发系统的理解力，然后，对物质系统的重新设计和运行政策的制定，就都能自然形成了。

第 4 章 第五项修炼的法则

1. 这些法则是从系统研究领域许多学者的工作成果中提炼出来的，包括加里特·哈丁，杰伊·福雷斯特，德内拉·梅多斯，德雷珀·考夫曼，详见参考资料：Garrett Hardin, *Nature and Man's Fate* (New York: New American Library), 1961; Jay Forrester, *Urban Dynamics*, Chapter 6 (Cambridge, Mass.: MIT Press), 1969; Jay Forrester, “The Counterintuitive Behavior of Social Systems,” *Technology Review* (January 1971, pp. 52-68; Donella H. Meadows “Whole Earth Models and Systems,” *Co-Evolution*

Quarterly (Summer 1982): 98-108; Draper Kauffman, Jr., *Systems I: An Introduction to Systems Thinking*, (Minneapolis: Future Systems Inc.), 1980 (available through Innovation Associates, PO. Box 2008, Framingham, MA 01701。

2. This and many other Sufi tales can be found in the books of Idries Shah, eg., *Tales of the Dervishes* (New York: Dutton), 1970, and World Tales（New York: Harcourt Brace Jovanovich）, 1979.

3. George Orwell, *Animal Farm* (New York: Harcourt Brace), 1954.

4. D. H. Meadows, "Whole Earth Models and Systems."

5. Lewis Thomas, *The Medusa and the Snail* (New York: Bantam Books), 1980.

6. Charles Hampden Turner, *Charting The Corporate Mind: Graphic Solutions to Business Conflicts* (New York: Free Press), 1990.

第5章　心灵的转变

1. 有关社会科学中的"控制论"和"伺服机构"理论学派综述，参见 George Richardson, *Feedback Thought in Social Science and Systems Theory* (Philadelphia: University of Pennsylvania Press), 1990.

2. 恐怖分子这个词的使用本身就代表一种立场观点。许多支持"恐怖主义"事业的人认为他们是在为自由而战。我使用这个词是因为它代表了广泛流行的、横跨各种政治立场的观点，这包括大多数中东国家的立场，即针对平民的有组织的袭击，应使用这个词来描述。

3. 美国国防部（DOD）、国家安全局（National Security Agency）和中央情报局（CIA）的自称为"系统分析师"的人，可能比所有其他政府部门都多。其实苏联人是系统理论的先驱者；在过去40年间，苏联数学家在理论方面的贡献也许比所有其他国家都大；部分原因是苏联政府支持了系统研究，因为他们想使用先进的计算机工具来控制国家的经济系统。

4. 参见 Nancy Roberts, "Teaching Dynamic Feedback Systems Thinking: An Elementary View," *Management Science* (April 1978), 836-843; and Nancy Roberts, "Testing the World with Simulations," *Classroom Computer News*, January/February 1983, 28。

5. 系统思考的原则和工具源于许多学科：物理学、工程学、生物学、数学等等。这一章中描述的特定的工具，来自麻省理工学院福雷斯特创立的"系统动力学"。这一节中的内容特别基于梅多斯提出的模型，及其所带来的研究进展。比如：*Industrial Dynamics*（Cambridge, Mass: MIT Press），1961; *Urban Dynamics*（Cambridge, Mass: MIT Press) 1969; and "The Counterintuitive Behavior of Social Systems," Technology Review (January 1971), 52-68. This particular section owes a special debt to Donella Meadows, whose earlier article "Whole Earth Models and Systems," *Co-Evolution Quarterly* (Summer 1982), 98-108 provided the model and the inspiration for its development。

6. 相比之下，"东方语言"，如汉语和日语，并非基于"主语—动词—宾语"这种线性顺序。David Crystal, *The Cambridge Encyclopedia of Language* (New York: Cambridge University Press)，1987。

7. The Bhagavad-Gita, or "The Lord's Song," translated by Annie Besant, reprinted in Robert 0. Ballou, *The Bible of the World*（New York: Viking)，1939.

8. Robert K. Merton, "The Self-Fulfilling Prophecy", in Robert K. Merton, editor, Social Theory and Social Structure (New York: Free Press), 1968.

9. R. Rosenthal, "Teacher Expectation and Pupil Learning" ; and R. D. Strom, editor, *Teachers and the Learning Process* (Englewood Cliffs, N.J.: Prentice-Hall); R. Rosenthal, "The Pygmalion Effect Lives," *Psychology Today*, September 1973.

10. 这并非意味着自由市场的力量就足以实现现代社会需要的平衡和控制——延迟、信息匮乏、不现实的预期以及垄断造成的扭曲，都会降低“自由市场”的效率。

11. 有关精益生产的信息可以从“精益企业”（Lean Enterprise）网站上找到：www.lean.org。

第 6 章　把系统观点融入实践：掌握系统基本模式

1. 下面介绍了两个基本模式；本书使用的总共有八个模式，这大约是专业系统思考学者“脑袋里装的”模式数量的一半。

2. 有关通用结构模式的初步课程建设已经开始了。参见 Mark Paich, “Generic Structures,” in System Dynamics Review, vol. 1, no. 1 (Summer 1985): 126-32; Alan Graham, “Generic Models as a Basis for Computer-Based Case Studies” (Cambridge, Mass.: System Dynamics Group Working Paper D- 3947), 1988; Barry Richmond et al., *An Academic User's Guide to STELLA*, Chapters 8, 9 (Lyme, N.H.: High Performance Systems), 1987. David Kreutzer, “Introduction to Systems Thinking and Computer Simulation,” Lesley College Graduate Course Comp 6100, 1987。

3. 这里的负反馈过程是绕着图的边沿走的：从研发预算，到管理复杂程度的增加，产品开发时间的加长，新产品推出频率的下降，最后又回到研发经费的削减。

4. 就我所知，贝瑞·里奇蒙（Barry Richmond）是分析这个结构的第一人。后来我发现，这个结构模式在管理咨询公司中几乎成了流行病，更不用说学术机构迅速发展以后，变得头重脚轻、大教授比重过高的情况。

5. Peter Senge, Art Kleiner, Charlotte Roberts, George Roth, Rick Ross, Bryan Smith, *The Dance of Change: The Challenges to Sustaining Momentum in Learning Organizations* (New York: Doubleday/Currency), 1999.

6. Facts on File 1990（New York: Facts on File）.

7. 书中引用的“系统基本模式”样板，包括这个，经过了创新伙伴公司的允许。同时也应用在该公司以下的研习营中：*Leadership and Mastery and Business Thinking: A Systems Approach workshops*。

8. 有关匿名戒酒协会的信息，参见：Alcoholics Anonymous, 1976; Living Sober, 1975; *Twelve Steps and Twelve Traditions*, 1953; 由 Alcoholics Anonymous World Services, Inc 出版 ., P.O. Box 459, Grand Central Station, New York, NY 10163。

第 7 章 是自我局限，还是自我持续地增长

1. 下面的模型是根据福雷斯特最早对公司增长的研究而发展出来的。Jay W. Forrester, “Modeling-the Dynamic Processes of Corporate Growth,” IBM Scientific Computing Symposium on Simulation Models and Gaming (December 1964), and 1. W. Forrester, “Market Growth as *Influenced by Capital Investment*,” Industrial Management Review, 1968, 83- 105。

2. David Birch, *Job Creation in America* (New York: The Free Press), 1987, 18.

3. 这张图是通过计算机模拟神奇科技模式中的交往关系画出的，其中的交货时间标准是固定的。为简单起见，模拟中假设了无限的市场潜力，这对神奇科技早年的情况也基本正确。模拟表明，即使有实际的市场潜力限制，只要交货时间标准保持不变，公司的业绩表现也将有巨大的提升。模拟使用的是高绩效系统公司（High Performance Systems）提供的系统思考建立模型和动态模拟软件 STELLA。实际的模拟模型在以下图书中使用：Jay Forrester, 1968, and in P.Senge, “Systems Principles for Leadership,” in Transforming Leadership, J. Adams, editor（Alexandria, Va.: Miles River Press），1984。

第 8 章　自我超越

1. K. Inamori, "The Perfect Company: Goal for Productivity." Speech given at Case Western Reserve University, June 5, 1985.

2. 麦肯锡公司一项题为"历程"（The Journey）的研究报告指出，汉诺瓦公司是 1978 年到 1993 年全部时间里排名都进入地产责任保险业前四分之一的仅有的两家公司之一。这段时间里，共同人寿保险公司（State Mutual）一直持有汉诺瓦公司的多数股票，奥布赖恩的退休是该公司强行操控的结果。

3. Henry Ford, *Detroit News*, February 7,1926.

4. Robert Fritz, *The Path of Least Resistance* (New York: Fawcett-Columbine), 1989.

5. William O'Brien, *Character and the Corporation* (Cambridge, MA: SoL), 2006.

6. 同上。

7. M. dePree, Leadership is an Art (New York: Doubleday), 1989.

8. George Bernard Shaw, *Man and Superman, Preface* (Penguin, 1950).

9. Pierre Wack, "Scenarios: Uncharted Ahead," *Harvard Business Review*（September/October 1985）: 73-89.

10. 这个原理来自弗里茨的研究，他把这叫作"结构性张力"（structural tension）。但在系统思考中"结构"一词有其他含义，所以，为了避免混淆，我们改变了他的用词。

11. Bill Russell and Taylor Branch, *Second Wind: The Memoirs of an Opinionated Man* (New York: Random House), 1979.

12. Fritz's Path of Least Resistance delves into the reasons behind this habit.

13. 同上。

14. 同上。

15. David Kantor and William Lehr, *Inside the Family: Toward a Theory of Family Process* (San Francisco: Jossey-Bass), 1975.

16. "潜意识"这个词有很多人都用过，包括弗洛伊德和荣格；但它在这里所代表的现象与其他人所指的还是有所不同的。

17. 后面的简短讨论中借用了许多精神传统的说法，从基督教修炼教派（developmental Christianity）到禅宗，但尤其借鉴了弗里茨的研究。有关这些传统的参考书有：*Finding Grace at the Center*, editor Thomas Keating et al. (Still River, Mass.: St. Bede Publications), 1978; and Shunryu Suzuki Roshi, Zen Mind, Beginner's Mind.（New York and Tokyo: Weatherhill), 1975。

18. 引自 Fritz, *The Path of Least Resistance*。

19. Weston Agor, *Intuitive Management: Integrating Left and Right Brain Management Skills* (Englewood Cliffs, N.J.: Prentice-Hall), 1984; Henry Mintzberg, "Planning on the Left Side and Managing on the Right," *Harvard Business Review* (July/August 1976): 49-58; Daniel Isenberg, "How Top Managers Think" *Harvard Business Review* (July/August 1976): 49.

20. Karen Cook, "Scenario for a New Age; Can American Industry Find Renewal in Management Theories Born of Counterculture?" *New York Times Magazine*, September 25, 1988; Robert Lindsey, "Gurus Hired to Motivate Workers are Raising Fears of Mind Control," New York Times. April 17, 1987.

第9章　心智模式

1. H. Gardner, *The Mind's New Science* (New York: Basic Books), 1984, 1985.

2. C. Argyris, *Reasoning, Learning and Action: Individual and Organizational* (San Francisco: Jossey-Bass), 1982.

3. Thomas S. Kuhn, *The Structure of Scientific Revolutions* (Chicago: University of Chicago Press), 1962, 1970.

4. Ian Mitroff, *Break-Away Thinking* (New York: John Wiley), 1988.

5. 底特律的例子显示，整个行业都可能形成长期脱离现实的心智模式。从某种意义上说，行业内更容易形成这种问题，因为所有成员都在相互之间寻找最佳实践标准。破解这种执迷状态，最后可能需要有不同心智模式的“系统之外”的人，如外国竞争者。

6. Pierre Wack, “Scenarios: Uncharted Waters Ahead,” *Harvard Business Review* (September/October 1985), 72; and “Scenarios: Shooting the Rapids,” *Harvard Business Review* (November/December 1985), 139.

7. 米尔顿·莫斯科威兹（Milton Moskowitz）在他 1987 年的著作中写道：“中东和北非国家坚持自己控制本国石油资源以后，壳牌公司的地位就上升了，并一直享受一种优势，这使它几乎实现了创始人德特丁（Deterding）的目标：超过埃克森公司成为世界最大的石油公司。” *Milton Moskowitz in The Global Marketplace* (New York: Macmillan), 1987。

8. 除了开放性和公德心以外，汉诺瓦的核心价值还包括“地方性”（localness，即除非绝对必要，任何决策都要在相应的地方级别上完成，而不能由上级完成）和“精益性”（leanness，即不断提高能力，以用更少的资源做出更多、更好的成绩）。

9. C. Argyris and D. Schon, *Organizational Learning: A Theory of Action Perspective* (Reading, Mass.: Addison-Wesley), 1978; C. Argyris, R. Putnam, and D. Smith, *Action Science* (San Francisco: Jossey-Bass), 1985; C. Argyris, *Strategy, Change, and Defensive Routines* (Boston: Pitman), 1985.

10. Donald Schon, *The Reflective Practitioner: How Professionals Think in Action* (New York: Basic Books), 1983.

11. G. A. Miller, “The magical number seven plus or minus two: Some limits on our capacity for processing information,” *Psychological Review,* vol. 63, 1956, 81-97.

12. 非常感谢戴安娜·史密斯（Diana Smith）允许我在此引用这些指南。

13. John Sterman, “Misperceptions of Feedback in Dynamic Decisionmaking,” Cambridge, Mass.: MIT Sloan School of Management Working Paper WP- 1933-87,1987.

第 10 章　共同愿景

1. 有关 Spartacus 的事迹参见 Arthur Koestler’s postscript to his novel The Gladiator, translated by Edith Simon (New York: Macmillan), 1939。

2. 关于公司愿景的这些案例分析来自 G. Hamel and C. K. Prahalad in “Strategic Intent,” *Harvard Business Review*, May-June, 1989。

3. Kazuo Inamori, “The Perfect Company: Goal for Productivity,” speech given at Case Western Reserve University, Cleveland, Ohio, June 5, 1985.

4. Max de Pree, *Leadership is an Art* (New York: Doubleday/Currency). 1989.

5. A. Maslow, *Eupsychian Management* (Homewood, Ill.: Richard Invin and Dorsey Press), 1965.

6. William Manchester, The Glory and the Dream (Boston: Little, Brown and Company), 1974.

7. G. Hamel and C. K. Prahalad, “Strategic Intent.”

8. 同上。

9. 这一节中的观点来自我和创新伙伴公司的许多同事的长谈，特别包括查理·基佛、阿兰·戈捷（Alain Gauthier）、查罗特·罗伯茨（Charlotte Roberts）、李科·罗斯（Rick Ross）和布赖恩·史密斯。

10. M. Moskowitz, *The Global Marketplace* (New York: Macmillan Publishing Company), 1987.

11. “IBM’s $5,000,000,000 Gamble,” *Fortune*, September 1966, and “The Rocky Road to the Marketplace,” *Fortune*, October 1966 (two-part article).

第 11 章　团队学习

1. W. Russell and T. Branch. *Second Wind: Memoirs of an Opinionated Man* (New York: Random House), 1979.

2. 这张图最早出现于基佛与斯特洛（P. Stroh）1984 年的一篇文章。“A New Paradigm for Developing Organizations”，in J. Adams, editor, *Transforming Work*（Alexandria Va.: Miles Riler Press), 1984。

3. 这一节的内容得益于我与艾萨克以及与波姆的交谈。波姆还热情地应允我引用他的许多观点。参见 William Isaacs, Dialogue and the Art of Thinking Together (New York: Currency), 1999。

4. David Bohm, *The Special Theory of Relativity* (New York: W. A. Benjamin), 1965.

5. 这里引用的波姆的观点，出自在剑桥和其他地点举办的、有他亲自参加的“深度汇谈”会议记录。感谢他允许我引用这些观点，还有他著作中的观点。他与 Mark Edwards 同著的书暂定名为 *Thought, the Hidden Challenge to Humanity* (San Francisco: Harper & Row)。 其他被引用的书籍包括 *Wholeness and the implicate Order* (New York: Ark Paperbacks), 1983: with F. D. Peat, Science, Order, and Creativity (New York: Bantam), 1987。

6. 例如可参见 E. Schein, *Process Consultation*, vol. 2 (Reading, Mass.: Addison Wesley), 1987。

7. C. Argyris, *Strategy, Change, and Defensive Routines* (Boston: Pitman), 1985.

8. 同上。

9. 同上。

10. 例如可参见，D. C. Wise and G. C. Lewis, "A Fire Sale in Personal Computers," Business Week, March 25, 1985, 289, and "Rocky Times for Micros," *Marketing Media Decisions*, July 1985。

11. Argyris, *Strategy, Change, and Defensive Routines.*

12. 有趣的是，降低讨论敏感问题的危险性，正是"深度汇谈会议"中发生的现象；对话的基本规则很快就会把对说出"正确"或"错误"观点的疑虑打消。深度汇谈成为团队日常工作的一部分时，团队成员对这种危险性的疑虑通常也会削弱。

13. 创建一种学习的氛围，即我们所说的微世界，会帮助我们减少防卫心态。在这样的氛围中，大家可以公开谈论有关增加公开性的疑虑。大家的疑虑在这种氛围中表达出来时，可以设计微型实验，帮助大家在保留疑虑的同时，一步一步地尝试新的行为方式。

14. Donald Schon, *The Reflective Practitioner: How Professionals Think in Action*（New York: Basic Books），1983.

15. 故事中的名字和特定的细节是假的，但深度汇谈本身以及它所针对的组织问题的背景都是真的。这里引用的对话内容是从实际会议记录中（我们研究"团队学习"时通用的方法）减缩而成的，但并没有经过编辑，因为我想保持对话过程本身的实际风格。感谢艾萨克在我组织这段内容时所提供的帮助。

16. Michael Porter, Competitive Advantage: *Crearing and Sustaining Superior Performance* (New York: Free Press), 1985, and Michael Porter, *Competitive Strategy: Techniques for Analyzing Industries and Competitors* (New York: Free Press), 1980.

第 12 章 反思型文化的基础

1. Chris Argyris, “Good Communication That Blocks Learning,” *Harvard Business Review*, July-August, 1994, 77-85.

2. Jay Bragdon, *Living Asset Management* (Cambridge, Mass.: SoL), 2006 (forthcoming); Jim Collins, *Built to Last* (New York: HarperCollins), 1997.

3. 联合利华召集了其他企业、政府与非政府组织，建立了一个可持续渔业全球认证系统，“海洋受托责任委员会”(Marine Stewardship Council)。另外，联合利华还启动了可持续农业和水资源保护计划，见网站：www.unilever.com。

4. Sayra Pinto, Jasson Guevera, and Molly Baldwin, “Living the Change You Seek: Roca's Core Curriculum for Human Development,” *Reflections, the SoL Journal*, vol. 5, no. 4. For more on Roca, 参见 www.roca.org.

5. 按照这里使用这些词汇的方法，虽然你可以变成“工具的使用者”，但你就是“组织学习的实践者”。

6. Arie de Geus, *The Living Company* (Boston: Harvard Business School Press), 2002.

7. Dee Hock, *One From Many; Visa and the Rise of Chaordic Organizations* (San Francisco: Berrett-Koehler), 2005.

8. Gregory Bateson, *Steps To and Ecology of Mind* (New York: Ballantine), 1972。

9. Anne Murray Allen and Dennis Sandow, “The Nature of Social Collaboration,” *Reflections, the SoL Journa*l, vol. 6, no. 2.

10. Murray Allen and Sandow, op cit., 1.

第 13 章 学习型文化的推动力

1. 例如，IFC 在 2002 年首次发布明确的可持续发展目标，认为要在财务底线之外提升其项目的影响力（包括公司治理、环境和社会可持续性措施等），对业务发展有利。

2. Robert Axelrod and Michael Cohen, *Harnessing Complexity: Organizational Implications of a Scientific Frontier* (New York: Basic Books), 2000.

3. 后面的引语来自邱文晖 2004 年 11 月在亚洲知识管理（Knowledge Management Asia）会议上的讲话，还包括讨论发言。

第 14 章 战略思考与 8 种应用策略

1. 这张图从第一次在英文第一版《第五项修炼》中出现，已经有好几次演化，但基本特征仍保持未变。

2. 三角和圆圈图形象征着显而易见和模糊不清两种状况，即浮在“水面之上”和潜在“水面以下”的两种东西。有经验的组织领导者就像老师一样，他们知道他们不能造成深层学习环路的改变，就像老师不能造成学生学习一样。他们能做的，就是创造一种氛围，在那里学习更有可能发生。这就是战略结构设计的含义。

3. 艾德佳 · 沙因（Edgar Schein）认为，大家觉得理所当然的假设就是最深层的文化。其他层面的文化包括人工制品（衣服、演讲、会议风格等等）和表白的价值（如官方的使命宣言），这些都比深层假设容易改变。参见 Edgar Schein, *The Corporate Culture Survival Guide* (San Francisco: Jossey-Bass). 1999。

4. 深层学习环路上的基本关联是这些环节之间的许多反馈互动的简化。例如，由于习惯做法能提供反复学习某些特定技能的机会，所以能决定技能和技巧的发展，但反过来也成立，以为我们目前的技能决定我们的习惯做法，即我们擅长做什么。

5. 开场破冰是在开会之前使团队每个成员都有机会进行反思并分享自己的思想。参见 Peter Senge et al, *The Dance of Change*: 192。

6. 改编自 Marilyn Darling, David Meador, and Shawn Patterson, "Cultivating a Learning Economy," *Reflections, the SoL Journal*, vol. 5, no. 2。

7. Ann Graham, "The Learning Organization: Managing Knowledge for Business Success," Economist Intelligence Unit, New York, 1996.

8. 同上。

9. George Roth and Art Kleiner, *Car Launch: The Human Side of Managing Change* (New York: Oxford University Press), 1999.

10. Art Kleiner, *The Age of Heretics* (New York: Currency), 1996.

11. Peter Senge, et al, *The Dance of Change: The Challenges to Sustaining Momentum in Learning Organizations* (New York: Doubleday/Currency), 1999.

12. William McDonough and Michael Braungart, *Cradle to Cradle: Remaking the Way We Make Things* (New York: North Point Press), 2002. 有关毒性的研究，更加详细的内容参见 www.greenblue.org, 以及作者的网站 www.mbdc.com。

13. 聚氯乙烯 PVC 在如鞋类产品中，通常被认为是惰性和无害的，但在某些生产过程和焚化过程中会释放有毒气体。

14. Margaret Wheatley 的网站是 www.margaretwheatley.com。她最近的著作是 Finding Our Way (San Francisco: Berrett-Koehler), 2005。参见 *Leadership and the Nell' Science* (San Francisco: Berrett-Koehler), 1999。

15. J. Clay, "Exploring the Links Between International Business and Poverty Reduction," Oxfam GB, Novib, Unilever, and Unilever Indonesia joint research project report, 2005. To download a copy of the report, 参见 http://www.oxfam.org.uk.

16. 在研究系统思考、个人愿景、共同愿景以及心智模式如何与实际工作相结合的头 10 年中，我们并没有使用这个词 Charles kiefer and Peter Senge," Metanoic or ganizations, in J. Adams, Transforming Work (Alexandria, Va: Miles River Press), 1984。

第 15 章　领导的新工作

1. 与此相关的论文“The Leader's New Work.”成为 MIT 的 *Sloan Management Review's* 杂志最佳文章之一。Reprint 3211; Fall 1990, vol. 32, no. 1,7-23。

2. 参 见 Peter Senge, “Leading Learning Organizations: The Bold, the Powerful, and the Invisible,” in Frances Hesselbein, Marshall Goldsmith, and Richard Beckhard, *The Leader of The Future: New Visions. Strategies, and Practices for the Next Era* (San Francisco, CA: Jossey-Bass, Publishers), 1996 and Peter Senge and Katrin Kaeufer, “Communities of Leaders or No Leadership at All,” in Ed. Subir Chuwdhury, *Management in the 21st Century* (London: Financial Times Publishing), 2000。

3. Juanita Brown and David Isaacs, *The World Café* (San Francisco: Berrett-Koehler), 2005.

4.Wanda Orlikowski, “Learning from Notes,” *The Information Society*, 9, 1993, 237-250.

5. 这四项原则是：激励她去努力保持健康和活力；尊敬她人生的各个阶段；与她沟通联系；未来导向的生活和工作。

6.Robert Greenleaf, *Servant Leadership: a Journey into the Nature of Legitimate Power and Greatness* (New York: Paulist Press), 1977, 13.

7. 托马斯·约翰逊（H. Thomas Johnson）是世界闻名的会计理论专家，与人共同发明了作业成本法（activity-based costing ABC），并在 2002 年与人合著《不可测量的利润》（*Profit Beyond Measure*），记载了丰田等公司在业绩管理方面的根本重新：传统制造业的中央控制的成本管理系统，被成本业绩和创新的地方责任所取代。

8. Sayra Pinto, Jaason Guevera, Molly Baldwin, "Living the Change You seek: Roca's Core Curriculum for Human Development," 同上。

9. 参见 Robert Greenleaf, op cit, 13. 另参见 Peter Block, Stewardship (San Francisco: Berrett-Koehler), 1996。

10. Eric Hoffer, *The True Believer* (New York: Harper Perennial), 2002.

11. Malone 认为要实现 IT 的潜力，还必须依靠愿意"培育"（cultivating）人的经理。参见 Thomas Malone, *The Future of' Work: How the New Order of' Business will Shape Your Organization , Your Management Style, and Your Life* (Boston: Harvard Business School Press), 2004, 4。

12. 斯托金作为健康局的地区领导，负责管理 75 家信托公司，每一家公司都有一些医院和社区服务中心，共计大约 180 000 名医务人员和行政管理人员。

13. Kahlil Gibran, *The Prophet* (New York: Knopf), 1923, 15.

14. Martin Luther King, "Letter from a Birmingham Jail." *American Visions*, January/February. 1986, 52-59.

第 16 章　系统的公民

1. 参见 www.usccb.org/cchd/povertyusa/povfacts.shtml。

2. 改编自 George Roth, Art Kleiner, Car Launch (New York: Oxford University Press), 1999。

3. 这张图是基于各种相对简单的系统动力学模型和模拟学习工具，其目的是为非专家的一般人研究气候变化的基本原理以及不断改进对它的理解。参见 John Sterman, Linda Booth Sweeney, "Cloudy Skies: Assessing Public Understanding of Global Warming," *System Dynamics Review*, Wiley and Sons, (18), 207-240, and http://web.mit.edu/jsterman/

www/cloudy_skies.html。

4. 大气中的二氧化碳 CO_2 也由于生物、包括人类的存在而增加——因为他们呼出的是 CO_2。地球的生物总量增加，就会导致 CO_2 总量的增加。

5. John Browne, "Rethinking Corporate Responsibility," *Reflections. the SoL Journal*, vol. I, no. 4, 48-53. Recently Browne has been one of the first corporate advocates for "carbon stabilization," a target that requires dramatic reductions in CO_2 emissions, as shown below.

6. 联合国政府间气候变化专门委员会（IPCC）2001 年报告，"Climate Change 2001: The Scientific Basis. A Summary for Policymakers." 参见：www.ipcc.ch。

7. CO_2 浓度和地表温度数据实际上来自对大气层底部和海洋表层的测量结果。

8. 这个碳固存数据，包括图表，也在联合国的报告中，但并没有和 CO_2 排放数据一起显示。显然，没有人觉得这个数据很重要，必须把它和排放量图表并列。

9. 许多科学家宣称，要稳定大气中的 CO_2 含量，必须减少排放 70% 以上，因为大气中碳浓度已经超出常规很多而使地球的碳固存能力趋于饱和。

10. 一次在欧洲的会议结束时，一位妇女告诉我，她 8 岁的儿子会问她"浴缸有多大？"我把这个问题转告给我的同事史德门，他已经花好几年时间研究人们对气候变化的理解。他建议，从美国航天局对大气层气体含量长期波动的冰核研究中可以找出最好的答案。从那里我发现二氧化碳浓度在 1850 年已经接近大约五万年一次的历史周期的峰值。今天已经高于峰值 30%，那是过去 45 万年的峰值，也就是说我们已经大大高于历史上的"浴缸容量"。

11. 联合利华是世界上最大的日用品公司之一，他们已经把可持续农业、可持续渔业和水资源问题列入战略计划，并在所有这些领域开展内部和外部协作项目。参见 www.unilever.com。

12. 部分原因是这种效率不足的问题，满足燃料电池商业运营的足够量的氢气将主要从化石燃料（主要是天然气）的氢碳化合物中来，这个提取过程也要产生二氧化碳，尽管排放量要比燃烧煤炭或天然气要小很多。要达到其潜力，未来需要效率更高的燃料电池，它只分解水就可以得到氢气，而分解水所用的电能可以从非化石燃料中来（如风能、地热能、太阳能和核能）。在这样的系统中，氢气只不过是能源的"载体"，而不是能源本身，它可以把太阳能储存起来，以便在需要时使用。

13. 萨朗特任 CEO 的 5 年期间，普拉格公司核心产品的单位成本降低了 82%。2005 年对整个行业的研究显示，普拉格动力公司的市场价值份额已从2000年的4%上升到2005年的24%。根据公开的市场信息数据，公司已从行业排名第五位上升到第一位。

14. 普拉格的主要产品是质子交换膜 PEM 燃料电池。这类产品在目前市场上仅有的三种基本燃料电池产品中销量最大。通过广泛分享自己的方法，普拉格希望传播垃圾零填埋的设计原则，以便使整个产业得到提升。他们实际已经影响了该产业的商会，美国燃料电池委员会（U.S. Fuel Cell Council），后者已经采纳了一系列可持续发展的原则。

15. Roger Saillant, 在鲍登学院（Bowdoin College）进行的演讲 on October 5, 2004。

16. "Mugged: Poverty in Your Coffee Cup," *Oxfam International, September* 2002, 参见 from www.maketradefair.org。

17. 即使对便宜丰富的食品的受益者而言，未来的生产也陷入危险之中。1945 年以来，全球可耕作表层土壤破坏已经达到 1 200 万平方公里，是中国和印度的面积总和，而且仍然以每年 10 万平方公里的速度遭到破坏。为生产食物而进行的灌溉使用了人类索取的淡水资源的 70%，其中只有 30%~60% 被再度利用，因而灌溉成为全球淡水资源的最大用户。参见 Jason Clay, "World Agriculture and the Environment: a commodity-by-commodity guide to impacts and practices," Washington, E.C.: Island Press,

2004; Stanley Wood, Kate Sebastian, and Sara J. Scherr, "Pilot Analysis of Global Ecosystems: Agroecosystems (Washington, E.C.: World Resources Institute), 2000。

18. Chris Pomfret, 在 IPA 可持续发展会议上的演讲 , May 2002。

19. 最初参与的企业有美国通用磨坊公司（General Mills），世界最大的养鱼企业荷兰泰高国际集团（Nutreco），巴西跨国食品企业之一萨迪亚（Sadia），世界最大食品分销商美国西斯科公司（Sysco），还有其他15家企业。非政府组织有世界自然基金会、美国大自然保护协会（Nature Conservancy）、牛津乐施会等共 9 家。美国凯洛格基金会是地方可持续农业项目的主要赞助者，不仅提供启动资金，还参与实际项目。参见"The Sustainable Food Laboratory: a multi-stakeholder, multi-continent project to create sustainable food supply chains" at www.glifood.org and www.sustainer.org。

20. 基于对全球农业产品 40 年的系统研究，这个理论由美国可持续发展研究所开发，深度研究见"Commodity System Challenges: Moving Sustainability into the Mainstream of Natural Resource Economics." Sustainability Institute Report, April, 2003。参见 www.sustainer.org。

21. 有人可能认为，真正的赢家是买到便宜产品的消费者，以及赚了钱的投资者：尽管扩张不可持续，但他们在赚不到钱的情况到来之前就会变卖资产并逃脱掉。然而，所有人都会遭受不可持续的食品供应状况，而且对社会和环境状况的破坏也会同样殃及穷人和富人。

22. 最初的原型项目计划包括"构思"（framing，开发使主流社会的价值观与可持续农业相联系的新方法）；"小渔场"（给开发可持续水产业的小渔场主提供进入市场的方便）；"负责任的产品和投资"（改进对投资者和购买方的筛选，以在国际行业范围推动承担更多的社会和环境责任）；"小农场进入市场"（通过市场结构的创新和对基础设施的投资，让拉丁美洲的家庭农场的生计得到改善）；"地区学校和医院食品供应"（建立地区网络，改善对特定机构的食品供应）；"产业链项目"（增加特定产业链生产过程和资金流动的透明化）；以及一个“商业联盟”（推动更可持续方法的一组企业联合起来促进经济的稳定发展）。

23. Adam Kahane, *Solving Tough Problems* (San Francisco: Berrett-Koehler), 2005.

24. 教育领域的系统思考运动已经吸引了数千教育工作者和数百个学校参加。见：www.solonline.org; www.clex.org; www.watersfoundation.org。

第 17 章　未来的前沿

1. H. Thomas Johnson, *Relevance Lost: The Rise and Fall of Management Accounting* (Boston: Harvard Business School Press), 1991.

2. H. Thomas Johnson and Anders Broms, *Profit Beyond Measure* (New York: Free Press), 2000.

3. 丰田公司的市场价值总额已经接近、有时还超过“三巨头”的总和（通用、福特和戴姆勒－克莱斯勒）。

4. Peter Senge and Goren Carstedt, “Innovating Our Way to the Next Industrial Revolution,” *Sloan Management Review*, Winter, 2001. 使用“技术养分”和“生物养分”并循环利用，使之成为流动环路的概念，出自麦唐诺和布朗加的研究。中国工业规划中使用的这类概念的文献汇集见：www.solonline.org。

5. Joyce Fletcher, *Disappearing Acts. Gender, Power, and Relational Practice at Work* (Cambridge, Mass.: MIT Press), 1999.

6. 项目的更多内容，参见 www.solonline.org 有关“Women Leading Sustainability”project，以及 SoL Sustainability Consortium。

7. 有关 SEED 项目的更多内容，参见 www.seed.slb.com. 有关项目背后的教育理念，参见 Seymour Papert, Mindstorm (New York: Basic Books) 1980; also Michael Resnick, “Lifelong Kindergarten” in Ed. David Aspin,

International Handbook of Lifelong Learning (New York: Springer), 2001。

8. 参见 Web site www.urdt.net。

9. 参见 Web site. www.kufunda.org。

10. Peter Senge, C. Otto Scharmer, Joseph Jaworski, Betty Sue Flowers, *Presence: An Exploration of Profound Change in People, Organizations, and Society* (New York: Doubleday/Currency), 2005. 参见 also C. Otto Scharmer, Theory *V* (Cambridge, Mass.: SoL), 2006 (forthcoming)。

11. 一篇基于 Knuth 的经历而写的文章 "Stories from An African Learning Village," *Reflections*，*the SoL Journal*, vol 6. no. 8-10。参见 Web site www.solon-line.org; www.kufunda.org。

第 18 章　不可分割的整体

1. 以下内容经 "Whose Earth," 授权使用，作者为 Russell Schweickart, in *The Next Whole Earth Catalog*, Stewart brand, editor (New York: Point Foundation/Random House), 1980。

2. 最近的成果是一本精美的图书，名为 *The Home Planet*，由 Kevin Kelley 主编，其中包括多幅宇航员与太空飞行员的图片。该书于 1988 年圣诞节首发，是第一本在美国（Reading, Mass.: Addison-Wesley）和苏联同时出版发行的书。

3. 有好几位科学家都提出来这个假设，一本包括理念和数据的很好的入门书是 Jay Lovelock, Gaia: *A New View of Life on Earth* (New York: Oxford University Press), 1979。

附录 2　系统基本模式

1. 系统动力学领域有许多人都对这些基本模式或（他们经常使用的词）"通用结构"的发现和表述做出了贡献；在此我想特别感谢 Jennifer

Kemeny, Michael Goodman, Ernst Diehl, Christian Kampmann, Daniel Kim, Jack Nevison 和 John Sterman。

附录3 U型过程

1. Senge, et al, Presence: *An Exploration of Profound Change in People, Organizations, and Society* (New York: Doubleday/Currency), 2005; Adam Kahane, *Solving Tough Problems* (San Francisco: Berrett-Koehler), 2005; and C. Otto Scharmer, *Theory U* (Cambridge, Mass.: SoL), 2006 (forthcoming).

我们采访了许多有天赋的创建学习型组织的“艺术和实践”大师。很明显，如果没有他们的激励和帮助，没有书中列举的、从他们那里得来的实例和领悟，就绝不会有这次增订版的内容。他们是：

BP公司的维维安·考克斯；福特公司的马弗·亚当斯和杰里米·塞利格曼；惠普公司的安玛莉·阿兰（退休）和格雷格·默顿（Greg Merten，退休）；休利特–伍德米尔学区的莱斯·麻真户二；英特尔公司的艾琳·加洛韦和戴维·马辛（退休）；国际金融公司的多萝西·滨地–贝利；库芳达村的玛丽安娜·克努斯；耐克公司的达茜·魏斯洛，牛津乐施会的芭芭拉·斯托金；美国普拉格动力公司的罗杰·萨朗特；社区组织罗卡的莫莉·鲍德温，奥玛·奥蒂兹，图恩·克劳奇图得，玛丽娜·罗德里格兹（Marina Rodriguez），西罗姆·冯格，阿尼沙·查布拉尼，和苏珊·尤尔里奇；沙特阿拉伯阿美石油公司的萨里姆·阿尔阿伊得；可持续发展研究所的哈尔·哈密尔顿；联合利华公司的安德烈·凡·赫姆斯特拉和布丽奇特·坦塔维–蒙索；以及世界银行的西水美惠子（退休）。

尤其对于在职的经理们来说，被这样一本书引用是个双刃剑。一方面，所有人都有理由为他和他的同事们的成绩而感到自豪。我希望，把他们的话和故事记录在书中，是对他们工作的一种受欢迎的、微小的认可。但是没有一个个人和组织需要被抬到一个显要位置上，被当作成功创新的典范。每当有写作者问我“学习型组织”的例子时，我总是说“没有模范，只有学习者”。每个人都在做艰难的努力，没有人已经“达到”；而且每次向前迈步都会带来向后的倒退，或者至少是出现偏差。所以，我特别感激他们愿意分享自己的故事，只来帮助别人，而非成为所有正确东西的样板。

我还想在此特别感谢我的一些朋友和同事们，是他们的帮助推动了国际组织学习学会（SoL）全球网络的发展。这个“学习型基础设施的创新”被我们当中的很多人当作是支配一切的战略关注点。SoL 作为一个从麻省理工学院组织学习研究中心衍生的自治型网络，它的基本目标在于促进实践者（比如经理人）、咨询师和研究人员之间的合作，进而积累并分享实践经验。所有被采访的人都活跃在这个 SoL 网络中。

另外，我从许多没有被正式采访过的人士的作品中提取了大量灵感。这些人有的在上面提到过，有些还没有；他们包括：约兰 · 卡斯泰德（之前在沃尔沃和宜家工作）；罗伯特 · 汉宁（Robert Hanig）；SoL 常务理事谢丽 · 伊米迪阿多（Sherry Immediato）；卡特琳 · 科伊弗；奥托 · 夏莫；麻省理工的万达 · 奥利考斯基（Wanda Orlikowski）；SoL 可持续发展协作组的乔 · 劳尔（Joe Laur）和莎拉 · 施莱（Sara Schley）；BP 公司的约翰 · 列盖特；丹尼斯 · 萨多；可持续发展研究所的唐 · 塞维尔（Don Seville）；里奇 · 提尔林克（曾在哈雷 – 戴维森公司工作）；尼克 · 赞纽克（Nick Zenuick，曾在福特工作）；SoL 中国的张成林（C.Will Zhang），美达 · 霍斯曼（Mette Husemoen），宋凯（Kai Sung），孟庆俊（Stephen Meng）；当然还有阿里 · 德赫斯。他们中许多人与我合作超过 20 年并且遍布世界各地。和每个人合作都让我感到很愉快。

最后，如果没有这次项目的执行编辑和总协调人妮娜 · 克鲁奇维茨（Nina Kruschwitz）的帮助与合作，我这次的修订工作就根本无法启动。

妮娜和我一起工作了超过 15 年，包括《第五项修炼》系列图书，以及最新的《体悟当下》一书。她的风趣幽默和温和的性格，让频繁的截止日期变成了一个持续的反思（“这里真正需要说的是什么？”）和探索发现的过程（“噢，是那个……”）。谢谢你！

学习型组织不是“学习型组织”

凡所有相，皆是虚妄。若见诸相非相，即见如来。

——《金刚经》

2009年6月16日，作为国际组织学习学会（SoL）网络中新成立的组织索奥中国（SoL China，北京索奥管理咨询有限公司）的董事会主席，彼得·圣吉在北京与中信出版集团签署了战略合作协议，并与30家媒体的记者见了面。SoL网络在30多个国家都有类似维萨公司的分散式、自制、自组织的成员组织。彼得虽然是1997年从麻省理工学院“组织学习研究中心”（Center for Organizational Learning）派生出来的创始SoL的首任主席，但早已不是现任主席。他已过花甲之年，这次破例亲自担任一个SoL网络成员组织的董事会主席，也代表了他对中国情有独钟。

记者问起《第五项修炼》和彼得2008年出版的《必要的革命》（*The Necessary Revolution*，中文版也已由中信出版社出版）之间有何必然联系，他说这两本书其实是一本。《必要的革命》描述了过去十多年应对全球环境与社会危机以及可持续发展挑战所做的跨界协作的案例，及其应用的系统思考方法和实践原则；而《第五项修炼》中阐述的组织学习各项修炼的修习原则和演练方法，则是这种跨界协作项目团队及其成员组织机构的内部容量能力建设的基本功。两本书的出版虽跨越18年时间，却一脉相承，其关联好比普遍理论原则和当下具体实践。仔细想来，这中间的确有很深的道理。

我在麻省理工学院读博士时曾听一位老教授讲起“斯隆学院一位年轻教授”刚刚出了一本书，异常畅销。可我当时处在本书所说的“碎片化”（fragmentation）的学习压力之中，无暇关注邻近大楼里彼得的火爆。10年后我在挪威理工大学（NTNU）新泰富研究院（SINTEF）时，我太太美达·霍斯曼（Mette Husemoen）在SoL欧洲研讨会上结识了彼得，后来还成了他的博士后。记得我们在挪威和彼得第一次见面，他就说中国传统文化中有关人的修养和修身的方法，在西方几乎是完全陌生的，但对现代组织中的自我超越和系统思考修炼意义重大，大有开发的价值和潜力。

2009年5月，我参加了《新智囊》杂志举办的“智囊沙龙”企业责任论坛，会上国资委的周放生先生提到了“贪婪”的问题。很显然，没有自我超越，这样或那样形式的“贪婪”早晚会使组织和个人的“生意”覆灭；不认识个人或个体（组织乃至国家）行为在（全球）“系统问题”中的角色并承担相应的变革责任，也不会有真正的系统思考和协作解决系统问题的方案。但如何才能使长期被忽视的东方数千年经典人本文化底蕴的种子，在由西方现代外向型文化主导的（中外）组织机构中生根发芽并与时俱进呢？如何使有关人的成长、发展和修养提升的可能性，在组织管理、教育界乃至社会中形成广泛认同并付诸开发实践呢？尤其对中国的组织机构而言，这是个严峻而深刻的时代挑战。

前几年我和美达负责协调SoL中国项目和“谊来亚”国际创新领导人进修项目（ELIAS）时，就一直带着这个问题。20世纪80年代，我在清华读书和工作时感受到的“苏俄”式的西方专业分工“碎片化”，在今天虽然有很大改善，但似乎并没有根本性的变革，反倒加上了全球市场化的“贪婪”和浮躁。在各种论坛、培训班、研习班上，我被问及最多的是，到底什么是“学习型”组织？却几乎没有人问，到底什么是“修炼”？或者，什么是组织的修炼？

学习型组织，英文为“learning organization”，直译是“学习中的组织”，或“学习实践中的组织”，或“获取（知识和能力）过程中的组织”；本书，特别是第一章末“心灵的转变”一节，更是强调其精神取向和行动能力。由于它并没有特别的“型”或“式”的含意，所以译成“学习型”有很大歧义，还特别影响了这套理论和以往案例在中国的学习和实践。只是它早已成为习惯用语，恐怕要一直沿用下去。

中国正在进行前所未有的转型——要成为创新型国家，要推动世界和谐，甚至引领全球可持续发展。因此，中国的组织要成为创新型组织，其实正需要突破各种已有的“型”和“式”，并真正培育团队和组织的深层沟通和互动协作，这样才能有强大的“团队”，才能改变“三个和尚没水吃”，都要当“龙头”或“鸡头”的传统习惯。如《必要的革命》一书中揭示的，可持续发展的挑战不能靠简单地使用过去熟悉的方法，靠解决危机中的问题，靠灭火、消除“危”；根本的出路在于创新，在于寻找“机”；而且关键在于跨界协作，即超越传统条块划分、部门或集团利益界限的利益相关方组成的社群协作。靠学习西方 200 年工业化时代的“型”“式”不行了；靠精英个人“才能”“背景”和领袖“魅力”驱动的家长式领导模式来实现企业发展，像中国过去 30 年那样，恐怕也不是未来的根本方法了。

未来几十年的变革需要中国的组织开发“集体领导力”，或曰“团队创造力”。迎接无型无式的跨越式创新时代，我们要获取新的实践发展能力，必须靠有组织的学习来建设“无束缚”的创新机制，这涉及法律、规章与规范环境，以及工作生活的习俗和氛围，即书中所说的“学习型基础设施”。团队学习和集体文化创新，是组织容量能力建设的切入点。在中国建设这种团队精神和创新机制，要面对的传统习惯，包括沿袭“体制”方面的挑战之深，是人类史上空前的：主要古代文明体系中，华夏是唯一连续传承至今未断的，但至少从宋朝开始，有千年积弱，百年救亡，内忧外患，社会组织细胞活力历尽内外创伤。现在要从注重模仿外部“先进”，甚至全盘照抄西方，到自主创新，就变成无型可依，无式可守了。也许我们更要学习的是如何“卸载”，如何改变根深蒂固的思维习惯和行为传统。而这样的深度思想解放和深层学习实践，这样的个人和集体修炼与文化变革，若非大愿心，绝无成功可能。

愿心成就精进的勇气。如书中所讲，在坚定的志向目标指导下，在认清现实的基础上建立清晰的愿景，可以让我们保持创造性张力；但无论对个人或组织而言，真实的愿景都是相对于现实的演进而不断变化的。在现实中，华夏延绵数千年人本文化的底蕴，是中华复兴的深层动力；而千年积弱的传统习惯与全球工业化时代物质消费主义的结合，则成为和谐发展的深层阻力。动力和阻力、危机与机遇并存，有如阴阳一体的变革之舞。可持续发展之道正如《易经》所言：穷则变，变则通，通则久。

这次的翻译任务，包括《必要的革命》等共 6 本彼得的书，是索奥中国正式成立以后的一项基础工作，不培育团队协作是无法完成的。对这项“投资”或投入的决策和领导力来自索奥中国的董事会集体：彼得·圣吉、刘晓红、宋军、车建新、陈肖纯、罗杰·伯顿（Roger Burton），具体工作由李晨晔和我负责。彼得和合著者布莱恩·史密斯，双日出版社的代理博达公司的 Annie 陈，中信出版社的王斌社长、潘岳女士都帮助促成了索奥与中信的战略合作。我们还得到太湖大学堂特聘教授魏承思博士和出版界老前辈董秀玉老师的热心指导，在此深表谢意。

这次全新扩充修订版《第五项修炼》的翻译工作有许多人参加，大家以协作学习的方式进行了部分内容的翻译和全部草稿的阅读修改工作，留下了难忘的记忆。朱蓉参加了第 17 章“发现并运用自然的模式”“新型领导者”和第 3 章“啤酒游戏”等小节的翻译，以及第 1~7 章、第 12~15 章、第 16 章部分、第 17 章部分和附录 1、3 等章节草稿的阅读和修改工作；彭天参加了第 8 章“保持必要的张力”、第 10 章“愿景为何夭亡”、第 13 章“一支适应型警队”和第 3 章“啤酒游戏”等小节的翻译，以及第 8 章、第 9 章、第 11 章、第 18 章、第 16 章部分、第 17 章部分和附录 2 等章节的草稿阅读和修改工作；孙茜参加了第 16 章“看清全球气候变化系统”小节、“我们就是系统，要如是生活”中两个小节和“2006 年英文修订版致谢”中的部分翻译工作，以及 1990 年英文版致谢和 2009 年中文版序言的草稿阅读和修改工作，并帮助完成了作者注的标注工作；冯辛可和王焕参加了第 15 章“领导作为老师”小节的翻译工作，另外冯辛可还参加了第 10 章草稿阅读和修改工作；李楠参加了第 10 章、第 12 章、附录 2 和全书图表文字的草稿阅读和修改工作，并帮助整理了全书二级目录；游弋帮助阅读了全书二级目录和“2006 年英文修订版致谢”，并提出了很好的修改意见；索奥中国行政管理团队的陈红和陈京瑜做了大量组织协调工作，另外，陈红还参与了第 3 章“啤酒游戏”部分内容的翻译和“修订版序言”、第 7 章部分草稿的阅读和修改工作，陈京瑜参与了“2006 年英文修订版致谢”的部分翻译工作；在半年多的时间里，彼得曾多次耐心解释原文中的一些难点和疑点；罗杰也多次帮助澄清原文含义并参加翻译团队的工作；而书中许多重要概念的翻译，是我与同事加伙伴李晨晔共同商讨完成的，还与李晨晔共同辅导了翻译团队。目前这个翻译团队还在增加新鲜血液，在索奥中国今后的出版翻译工作乃至跨界交流协作中，一定能焕发出更大的生机和活力。

张成林

2009 年 8 月 20 日于北京

第五项修炼

终身学习者

02

[美] 彼得・圣吉（Peter Senge）等著 张成林 译

PRESENCE:
An Exploration of Profound Change in People, Organizations, and Society

第五项修炼系列典藏版

中信出版集团 | 北京

图书在版编目（CIP）数据

第五项修炼：终身学习者 /（美）彼得 · 圣吉等著；张成林译. -- 2 版. -- 北京：中信出版社，2018.5（2025.4 重印）

书名原文：PRESENCE: AN EXPLORATION OF PROFOUND CHANGE IN PEOPLE, ORGANIZATIONS, AND SOCIETY

ISBN 978-7-5086-7526-8

Ⅰ. ①第…　Ⅱ. ①彼…　②张…　Ⅲ. ①企业管理—组织管理学　Ⅳ. ①F272.9

中国版本图书馆 CIP 数据核字 (2017) 第 093118 号

第五项修炼：终身学习者
著者：　［美］彼得 · 圣吉　等
译者：　张成林
出版发行：中信出版集团股份有限公司
（北京市朝阳区东三环北路 27 号嘉铭中心　邮编　100020）
承印者：　三河市中晟雅豪印务有限公司

开本：880mm × 1230mm　1/32　　印张：9　　字数：187 千字
版次：2018 年 5 月第 2 版　　印次：2025 年 4 月第 14 次印刷
京权图字：01–2009–2660　　书号：ISBN 978–7–5086–7526–8
定价：65.00 元

图书策划：中信出版 · 漫游者
总策划：　李穆　　策划编辑：鄢林敢
责任编辑：鄢林敢　　营销编辑：彭博雅
版权经理：田京京　张琦　　装帧设计：赵妍

服务热线：400–600–8099
投稿邮箱：author@citicpub.com

谨以此纪念弗朗西斯科·瓦莱拉

（Francisco J. Varela，1946—2001）

第二部分
深入静默

第四部分
直面未来

自《第五项修炼》中文版出版至今10年间，中国内部发生了很大变化，它在世界上的地位亦然。中国不再以追赶西方作为驱动力——在许多方面，中国已经与西方国家并驾齐驱了。尽管中国是一个巨大而复杂的社会，但目前已有约4亿人属于“中产阶层”了，物质生活水平以如此惊人的速度提升，这在人类历史上前所未有。

不过，中国的崛起也带来了自身文化的困惑。拥有如此深厚、绵长，历经5000多年文化滋养的国家为数甚少。然而，消费主义的理念已经逐步影响了这个社会。鉴于西方的生活方式在中国迅速发展，设想再经过一两代人，中国的传统文化或将仅仅是一个局限于书籍、电视剧等大众媒体的浪漫主题。这很像当今的美国人还可以观看一些有关“老西部”的电影，但他们自己心里清楚，那已经是一个永远逝去的时代。

此类深层文化动荡也可以生成新的机缘。以“中国文化是这个世界上至高无上的文化，并将永远如此”这种简单假设为基础的文化自满言论已经日渐失去影响，取而代之的是超越迷信，超越过去由殖民占领和后来的消费主义塑造而成的种种扭曲观念，进而更深入、真诚地关注中国文化的种种根本。

我自己对于这种觉醒有切身体会。我有幸成为南怀瑾大师的学生长达十年，近年来，我遇到的许多中国人最希望探讨的，就是中国传统文化及其与学习型组织的关系。尽管《第五项修炼》系列和其他相关书籍显然在西方有其历史成因，但令我感到神奇的是，这些书籍对于许多中国人来说，已经成为某种门径，开启了他们对于管理和领导力的人本认知，开启了他们对于不同组织针对培育超越效率和利润的福祉做出真正承诺时，存在何种可能的人本认知。

随着中国以领导者的身份逐步登上全球舞台，对于中国文化自身的认知进行这样的深层探寻尤为重要。中国如何以一个全球政治领导者的角色呈现自己呢？所有现代工业国家的种种政策都存在同样的局限：以牺牲社会与文化方面的各种进步为代价，执迷于GDP（国内生产总值）增长，沉迷于那些在政治上将我们相互隔离的“民族—国家”的人为边界——即便对那些与我们分享共同利益的人们来说也是如此。

多年来，中国一直在采取行动，加速能源结构调整，尽管外界对此几乎一无所知。自2009年启动的历史性碳减排承诺起，中国就已将自身投入到一条转型的道路：终止并最终逆转温室气体排放的灾难性增长。不过，这些承诺最初在西方几乎无人知晓。我对此有所了解，是因为在我做过的一些公开演讲中，我会就此向那些在这个领域中博学多闻的听众们提问，但几乎没有人知道中国在2009年已经做出的这些承诺。

随着历史性的《联合国气候变化框架公约》于2015年在巴黎签订，情况开始变化了。此时，那些与联合国这项议程有密切关系的人们意识到，地缘政治之风已经变换了方向。他们认识到，无论其他国家做了什么，如果不是中国已经做出了承诺并持续前行，巴黎协定的签订根本不会发生。实际上，当时多数在巴黎参会的人都认为，奥巴马总统做出的承诺不大可能获得国会批准，而特朗普总统在2017年便戏剧性地宣布退出这项协定。虽然还远不够理想，但两个最大温室气体排放国家之一做出的深层变革承诺对于许多国家来说就是足够的保证：我们在减缓并最终逆转全球气候方面正在进入一个全球合作的新时代。

围绕气候变化的全球领导力量转变既具象征意义，又有实际影响。实际上，各个国家都被要求优先考虑长期的未来，而非各种短期的经济措施，各个国家也被要求以评价经济健康同等重要的程度来评价自然环境的健康，同时要认识到这两者是密切相关的。它们还被要求以全球社群的形态合作努力，因为任何单一国家的行动——包括中国的行动在内，都是远远不够的。它们被要求真诚地对待科学，即便这样做会挑战以往那些被奉为神圣的、“一切照常”的信念，比如，只关注GDP增长，而忽视社会和环境健康的指标。

这些都是领导力文化的改变，并非仅是其策略或手段的改变。而且我相信，恰恰就是在这个领域，而非其他领域，中国的觉醒可以产生更大的影响。几百年来，西方模式奉行的道德与伦理的完美理想，与“一切照常”的实际做法近乎背道而驰。然而，我相信，中国传统智慧的觉醒与对一种新型全球领导力的前所未有的需求相结合，可以创造出一种新的良性循环。

南怀瑾大师过去几十年的努力，着重于帮助中国人领悟儒学传统的精神基础，以及如何将其与其他学问融会贯通。他以为，在过去500年里，这种领悟大都遗失了，但在今天却迫切需要。比如，他在《原本大学微言》中的诠释中指出，《大学》是一部以“领导力形成发展的七证反思空间”（知、止、静、定、安、虑、得）为根基的领导力培育手册。真正的领导力并非来自企图心或是源自地位的威权，而是来自于一个人一生专注培育自己的深入倾听能力：既倾听当下，又倾听若隐若现的未来，以及将自己的注意力从无论是金钱、权力，还是奉承等自我关注或他人的不良影响中释放出来。领导人必须培育孟子所说的“不动心”，继而形成明晰的愿景。他们必须有诚信，才能因此而建构服务于更为远大目标的真诚协作。他们必须成为罗伯特·格林里夫所说的“仆人领导”，为一个更大的整体的福祉服务。

超越“一切如常”的领导力需要智慧，并非只需要情感。我相信，如前述例子所示，我们所需要的智慧必须来自于重振全球各地的智慧传统，来自于展示这些智慧与我们今天所处困局的相关和相适。虽然这一行动超出了中国自身的范围，但如果不是中国引领这个进程，我看不出谁还会有力量引领。

南怀瑾大师在他生前最后一批著述中指出，自黄帝起，教化——教以成化，就是中国文化的根基。能够在今天全球化商业中有效竞争并成长的企业，必须拥抱一种对于学习的真正承诺——通过培育人去培育一家企业。工作场所的人本价值观不应只是口号，还必须植根于培育个人、培育包容性团队文化的不息进程之中。相比之下，基于家长控制的碎片式工作文化的衰败，在政府和社会领域及商业中比比皆是，因为这些组织没有能力持续学习，没有能力适应今天变幻无常的世界。组织中各个层级对于学习的这种深层次、全身心的承诺，一直以来就是各种学习型组织的标志特征，恰如持续评估我们共同为更大整体做出贡献的状态是系统思考的核心。

因此，在中国这个转折的时刻，《第五项修炼》系列再版，我最大的希望是通过汲取往昔的智慧，为应对今天种种罕见难题尽微薄之力。张载（1020—1077）在著名的《西铭》中的文字就描述了一个全球领导力世界：

“乾称父，坤称母；予兹藐焉，乃混然中处。故天地之塞，吾其体；天地之帅，吾其性。民，吾同胞；物，吾与也”。

彼得 · 圣吉

2017 年 7 月 28 日

《第五项修炼》出版后数年间，我们参与这方面工作的人发现，运用这些原理和方法并做出不可思议的成就的少数领导者，与大多数毫无建树的领导者之间有着巨大的差别。这种差别究竟在哪里呢？它似乎与智力无关，也不仅是管理经验或在组织中的职权的问题：许多成就斐然的领导者相对来说并非阅历丰富，往往也远不是等级体系里处在最高位置的人，而许多处在组织高位的人反而成绩平庸。

成就斐然的一位领导者比尔·奥布赖恩（Bill O'Brien），曾先后担任一家几近破产的保险公司的副总裁和CEO（首席执行官），并领导管理团队使整个公司在20年内变成业界领先企业，给了我们非常珍贵的启示和灵感。他说："决定介入结果的主要因素，是介入者的内心状态。"后来他又补充说："我相信大多数人都更愿意在有愿景指引的、基于某种核心价值观的学习型组织中工作，而不愿意在充满政治角力和屈从权威的企业组织里工作。那么，为什么学习型组织这么少见呢？我觉得根本原因是：很少有人真正理解建立这样的组织所需要的那种承诺投入。”

简言之，要成功建立学习型组织，就需要某种领导力，这种领导力对我们理解力的深度和动机的层次都提出了超出常规的要求。本书的写作，来源于我们对阐释这种理解力和深层动机的诉求。

后来，我们写作的动力还来自当今组织和社会普遍面对的越来越令人望而生畏的“系统性变革挑战”。世界各地的人们对全球工业扩张的可持续性问题越来越担忧。全球化给千百万人带来了物质利益，但同时也带来越来越多的副作用：水资源和表层土壤等关键自然资源的枯竭，垃圾、报废物品等废弃物，大气中的温室气体排放，以及食品与用品中毒性物质的大量增加，还有极端贫困和极其富有的人群之间两极分化的不断加剧。全世界50%的主要河流都被严重污染了，其他靠冰川融水形成的许多河流都在迅速萎缩和干涸，世界海洋渔场有70%被过度捕捞，其中一半已经不可能再恢复；全球超过12.5亿人（相当于1850年全世界人口总数）都没有清洁的饮用水——而且世界卫生组织认为这个数字到2020年会达到30亿，而到2030年的时候，印度和中国将会有一半人口用水得不到保障。

世界各地的人们还看到，我们目前的组织和领导力现状都无法应对这些挑战。CEO只关注短期财务业绩，国家元首们只关注GDP（国内生产总值）的增长，而各类政府部门面对深层的系统性问题，也无法超越部门条块划分的现状和碎片化的反应方式。甚至肩负环保和社会正义使命的“社会组织”，也往往无法超越抗议和指责的层次。在相互依赖程度不断增加的时代，各个领域的领导者们却越来越不能超越自己的狭隘目的，转而关注整体的福祉。为了扭转这种局面，在未来的岁月里，各类组织都将需要进行深层的学习实践。

这两个问题，即如何建立真正开放的学习型组织，以及如何应对工业持续增长带来的不可持续性问题，逐渐交融汇合在一起了。我们需要一种新型的领导力模式。我们时代的决定性特征，就是无法只靠等级体系领导力模式来解决一系列系统性挑战问题。这些问题无法靠条块分割的、不善学习的组织去解决。而建设学习型组织、学习型政党和学习型社会，对培养新思想、新习惯、新文化和共同工作的新能力，都是至关重要的。只有这样，我们才能在地球上创造一种不同的生活方式。

今天，究竟是什么在阻碍我们创建学习型组织和学习型社会呢？是什么在阻碍我们建立一个能够造福全体人民的世界呢？是恐惧——它使领导者无法面对真相，即当前所要求的那种深度和广度的变革；是无知——它使我们无法看清自己身处其中的更大系统；是否认心态——它使组织执迷于一个天真幼稚的信条，即它们可以一如既往、永远按旧模式行事；是玩世不恭和愤世嫉俗——它让我们觉得人类没有能力进行真正的系统思考，并拥有宽广的胸怀，对大家共同的未来真正承诺投入。总之，面对当前的深刻挑战，我们需要对人的全面发展和人性的修炼建立起新的信念和行愿。

这个观点并不新奇。各个传统文化都要求领导者进行不断的人性开发和全面发展，尽管它们会使用不同的语言来描述。这是世界各地传统智慧中的共同理念。而这些领导力理念就像传统智慧的其他方面一样，基本被现代工业社会遗忘了。我们不再寻找有智慧的领导者，反而去依靠善于玩弄等级体系权术的领导人。但是，工业时代正在走向终结。我们对领导者的期待和标准现在必须改变了，它必须适应我们正在进入的相互依存时代的要求。

然而，我们虽然可以从古代的领导力修炼理念出发，但却必须找到适合今天而不是2 000年前的系统变革和深层创新的领导力。在今天的全球化时代如何理解心灵和精神修炼？如何以一种新的方式融合科学和灵性？在商业和政府这类实际工作机构中，如何融入人类对生命系统和生命本身的新认识？要让这类变革生根发芽，究竟需要什么样的意识转变？我们怎样学会用今天的方式来考虑和谈论这类深层变革，又不至于使其陷入琐碎和平庸？从某种意义上说，这就是本书的目的。

本书完成以后，曾有一位采访者问我：如何用一句话来解释本书的要义？我不假思索地回答："那就是用现代方式呼唤神圣的介入方法。"

有机会在此欢迎许多中国朋友加入本书内容的结晶历程，并不断引导我和许多朋友的工作，是我的荣幸。你们从世界最伟大的智慧传承中走来，你们的贡献将是决定性的。我对这一点深信不疑。

彼得·圣吉

2010年4月，马萨诸塞州剑桥

引言

Presence:

An Exploration of Profound Change in People, Organizations, and Society

人们常说，树木是从种子中生长出来的。然而，一粒小小的种子究竟如何长成一棵参天大树？种子里并没有树木生长所必需的资源，这些资源无疑是从周围的环境中获得的。但种子的确提供了一项关键的东西，那就是整棵树木成长的起始点。当生长所需要的水和养分被吸收进来时，种子能够组织这一生长的过程。从某种意义上说，种子是使未来树木成长的可能性得以变为现实的元素。

我们四人尽管背景不同，但有一个共同点：我们都曾经历过集体觉醒的非常时刻，经历过由此而产生的大型社会系统的变革。

这种非常时刻之一，就发生在1990年的南非。当时彼得在约翰内斯堡北部山丘地区，与同事共同主持一个为期3天的领导力研习营。那时，举办这类研习营已有15年的历史，但之前还从未在南非举办过。彼得当时有两个同事，一个是南非的黑人，另一个是南非的白人，两人正接受培训，以便在将来能够独立主持这类领导力研习营。学员共有30名，一半是白人企业高管，另一半是黑人社区组织者。他们中的许多人都是冒着风险来参加这次研习营的。

研习营的最后一天，大家听说德克勒克总统即将发表演讲，于是就聚集在电视机旁观看。他们看到的正是促使南非种族隔离制度走向崩溃瓦解的那场著名的演讲。总统在演讲中宣布，所有从前被视为非法的黑人组织从这一刻起都变成了合法组织。安妮·娄斯毕（Anne Loetsebe）是当时在场的一名社区领导人，她完全被演讲吸引住了。当听到总统宣布每个组织的名字时，她立刻眼睛发亮，流露出喜悦的神情：非洲民族会议（ANC）、泛非洲人大会（Pan Africanist Conference）……安妮后来说，当听到每个组织的名称时，她立刻就想到，那些因参加这些组织而被捕入狱的亲人终于能获释回家了。

那场演讲过后，研习营又恢复了既定的日程安排，直到圆满结束。当天下午，作为研习营日程的常规内容，大家观看了马丁·路德·金的《我有一个梦想》的演讲录像。由于这部录像曾一度被南非政府禁止播放，所以许多人此前从未看到过。最后大家做结语发言，即给每个人最后的机会，把想说的话说出来。先发言的4位说到这次研习营对他们的重要意义，以及他们在反思自我和领导力开发方面的学习收获，都说得非常精彩。第5位发言的是一位高个子的非洲企业高管。这位先生在研习营中一直沉默寡言，个人感情从不外露。此时他站起身，面对安妮并看着她说道："我想告诉你，我小时候，大人一直教我把你们看作动物。"说完，他就开始哭泣。安妮双手扶住他，看着他，默默地点了点头。

"我看到这一切，觉得一个巨大的结已经解开了。"彼得说，"我不知道该怎样来描述，就好像打了结的绳子突然间被解开了。我从直觉上感到，过去把那位先生和许多人束缚起来的枷锁已然被打开，他们获得了解放。尽管当时曼德拉仍然被关在罗本岛监狱，自由选举也还是4年以后的事，但从那时起我就坚信，南非必将经历一场深刻、重大和持久的转变。"

许多年来，我们四人有一个共同的愿望，即更好地理解这类转变时刻，包括其背后的驱动力及其释放的变革信号。这类转变究竟是如何得以发生的？我们觉得，我们过去的写作，最多也只是描述了歌词，却基本上把乐谱遗漏了。当代变革理论似乎既没有足够的聚焦，又没有足够的视角，当然这听上去很矛盾。我们以后将要参与的变革，既包含深层的个人转变，又是固有的系统性变革。但是，有转化力的变革所隐含的深层经历，却是现有管理学研究所忽视的，也是对领导力的一般理解中所忽视的。如奥托所说："这是个盲点，它所涉及的并非'是什么'或'如何做'的问题，即不涉及领导做什么事或怎么做事的问题。它涉及'是谁'这个问题：我们是谁？作为个人和集体，我们行动的内在源泉和动力是什么？"

局部和整体

本书所讲的内容，来自我们对整体的属性，以及对整体与局部的关联的理解。我们通常的思维方法总在欺骗我们——它让我们认定整体是由许多局部组成的，就像汽车是由轮子、底盘和传动装置等部件组成的。这种思维认定整体是局部的组合，并依赖局部来发挥有效作用，如果哪个局部受到损坏，就必须将其修复或更换。对于机器来说，这种思维方法是非常合理的，但生命系统就不同了。

与机器不同的是，生命系统，譬如人体或树木，是能够自我创造的。生命系统不只是部件的组合，它处在不断的生长变化中。生命自身及其各个组成部分都在不断地变化。大约200年前，德国作家和科学家歌德就认为，这一事实让我们必须对整体和局部进行与以往完全不同的思考。

对歌德而言，整体是一种动态的活体，它不断地“以具体的表现形式”生成持续变化的现实存在。[1]而局部则是整体的一种表现，它绝不仅是一个组成部件。两者的存在互为条件。整体的存在是通过不断地表现为各个局部来实现的，而局部则是以整体的具体化身形式而存在。

发明家富勒（Buckminster Fuller）总爱举起手向人发问：“这是什么？”别人总是回答说：“一只手。”然而富勒随后却指出，组成手的细胞在不断地死去，又不断地自我再生。看似有真形实质的手，其实是处在不断的变化中的。实际上，手在一年左右的时间里将完全自我再生。因此，如果把一只手，或整个身体，或任何生命系统，看成是“静止不变”的东西，那就大错特错了。“你看到的不是一只手，而是一个‘有结构的整合体’，它代表宇宙创造手的能力。”富勒解释说。

对富勒来说，这个“有结构的整合体”就是每一只独立的手，作为“具体的表现形式”而代表的那个整体性。生物学家鲁珀特·谢尔德雷克（Rupert Sheldrake）把这种隐蔽的组织结构叫作生物体的生成力场。“在自组织系统中，各个层次的复杂关联里都有一种整体性，它依赖于该系统的一种独特的组织力场，或叫形态场。”谢尔德雷克解释说。[2]不仅如此，对于谢尔德雷克来说，生命系统的这种生发力场还会延伸并连接到周围环境中。例如，每个细胞对生物体来说都包含了完全相同的DNA（脱氧核糖核酸）信息，然而细胞在生长成熟过程中却分化成形态各异的组织细胞：眼睛、心脏、肾脏细胞等。这种现象的发生，是因为细胞会根据其周围的环境和条件，以及生物自身整体的健康需求而形成其自身的社会特征。当一个细胞的形态场退化的时候，它对身处其中的更大整体的感知力也会相应退化。当一个细胞完全丧失其社会特征而盲目地、不加分别地进行细胞分裂活动时，它最终将威胁生物整体的生命——这就是我们所知的癌症。

要理解生命系统的局部和整体的关联，其实并不需要我们在微观水平上研究大自然。如果你凝视夜晚的天空，你就可以从自己那一点看到整个天空。然而，你的瞳孔在完全张开时直径也不会超过1厘米。但整个天空的光线肯定以某种方式汇集在你的瞳孔那个很小的空间里。即使你的瞳孔只张开了一半或1/4，结果还是一样。总之，整个夜空的所有光线都呈现在每一个地方，不管是多小的角落。这揭示了全息照相的原理。相干激光束形成的三维全息立体图像也可以“日取一半，万世不竭”，留下的一半，不管多小，永远包含着原始的整体图像。这表明了局部和整体之间恐怕是最神秘的现象，即物理学家亨利·伯涛夫特（Henri Bortoft）所说的：“一物含万物。”[3]

当我们逐步理解自然的整体性时，便会感到惊讶。如伯涛夫特所言：“局部是体悟整体性的地方。”[4]这一见解，正是我们在接受整体是以可更换部件组成的那种机械论世界观时所丢失的。

有生命的组织的出现

对于各类跨国组织及其所共同形成的更大系统而言，理解局部和整体的关联尤为重要。《长寿公司》（*The Living Company*）[5]一书作者、组织学习领域的先驱之一阿里·德赫斯（Arie de Geus）说，20世纪地球上出现了一个新物种——大型组织，特别是全球性跨国公司。这一发展是有历史意义的。在这个世纪之前很少有全球性的组织。而今天，全球性的组织及其所促生的金融、销售、供应和信息等全球性基础设施，都在迅速繁衍，似乎没有任何限制。

这一新物种的扩张，正在影响着地球上几乎所有其他物种的生活。历史上从没有任何个人、部落甚至国家，能够改变全球的气候、消灭数千个物种或改变大气的化学平衡。而这正是今天所发生的事：我们个人的行为，通过日益增长的全球性组织网络的调节和放大作用，引发了这些问题。这个全球网络决定什么样的技术能得到开发，以及如何得到运用。它决定着政治议程，因为各国政府要应对跨国公司、国际贸易和经济发展的优先选项。它改变着社会现实，因为它形成了新的全球经济受益者和非受益者两极分化的世界。它还在宣扬着即时通信、个人主义、财富至上等全球性的文化价值，威胁着传统的家庭、宗教和社会结构。简言之，全球性组织的出现，导致了地球上生命存在条件的剧烈变化。

把全球化和信息革命等有巨大影响力的事件，看成是由一个新物种的行为带来的结果，听上去似乎有点儿奇怪，但这一观点也的确很有力量。与其把影响世界的种种变化归结为少数极有权力的个人和“无面孔”的系统的行为，还不如把它们看作一种生命形式的作用，而且这种生命形式和其他生命一样，具有生长、学习和进化的潜力。但是，在这种潜力得到开发以前，旧的工业时代的组织将继续其盲目的扩张，并对其自身与更大的整体的关联，以及对其生长和扩张所造成的后果，都毫无察觉。

例如，当我们走进中国、印度或巴西任何一座城市的学校，会立即发现其教育的组织形式在西方人看来似乎是理所当然的。学生们被动地坐在教室里，教学的每一步都是由事先拟定的计划决定的。铃声、哨子和程序规章，使得每时、每日、每年的每件事，都像是在一个巨大的组装生产线上那样流动。的确，工业时代学校的设计就是在组装线的启发下做出的，其目标就是以最高效的方式生产统一的、标准化的产品。尽管21世纪对培养有思想、有知识、有同情心的全球公民的需求，与19世纪训练工厂工人的需求有着根本的差别，但工业时代的学校却依然照旧发展，并在很大程度上与今天孩子们成长的现实相脱节。

一个有生命的系统总是不断地自我创造。但至于像全球性组织这类社会系统，怎样才能做到这一点，就要看我们每个个体、集体和社会的认知水平。每所学校自身都既是一个整体，又是一个可以“体悟”更大教育体系的局部场所。学校里的每个成员，包括教师、行政人员、学生，甚至是学生的家长，也都一样。我们每个人都对我们自己做学生的经历有记忆和期待。企业组织及其成员也一样，他们也是体悟现行管理体系的场所。只要我们的思想仍然受到“机器时代”可控制性、可预期性和“越快越好”等思维方式的束缚，我们就会继续创造旧模式的组织，尽管它们和外面的世界已经越来越不和谐了。

总之，全球性组织这一新物种的根本问题，是它们还没有意识到自己是有生命的。只要有一天它们意识到这一点，就能成为体悟整体性的场所，而且能够把握整体的潜力和未来的趋势，超越过去的经历。

关于学习的新思考

在遇到担心和焦虑的情况时，我们中的任何人都可能会回到自己最习惯的行为方式上去。社会和集体的行为也没什么两样。尽管世界的情况已经发生了巨大的变化，但大多数企业、政府机构、学校及其他大型组织，仍旧按照一直以来的习惯重复着同样的组织行为。

这并不是说它们没有学习，而是说它们的学习非常有局限性：学习局限于对周围环境做出最佳的反应，好像自己与周围环境的形成毫不相干。反应性学习局限于“下载”习惯的思维方式，并沿用我们感到舒适的、熟悉的范畴来看待世界。而对那些与自己所了解和相信的不尽相同的说法和做法，我们要持怀疑的态度。我们为自己的利益辩护。在反应性学习中，我们的行动实际上是习惯的重复，并且无疑最终会强化自己原有的心智模式。不管结果如何，我们最终总是“正确的”。往好处说，我们只是把以往做过的再做得更好。我们在自己原有的世界观里寻找安全感，作茧自缚，而与外面的世界更加隔离。

但是，不同于上述模式的学习也是可能的。十多年以前，约瑟夫和奥托开始采访前沿科学家，以及企业与社会型企业的创业者。这些采访（现已有150多份）开始时，他们总要问一个简单的问题：“您在工作中所面对的核心问题是什么？”两类受访者的谈话放在一起，揭示出一种新的学习过程，它可以创造一个不为习惯所主导的新世界。

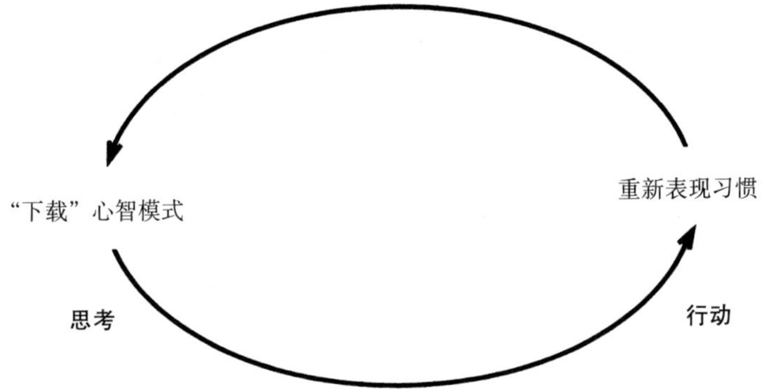

反应性学习

各种学习都包含思考和行动两方面。在反应性学习中，思考是在已有的心智模式下进行的，而行动则是在过去的行为习惯模式下进行的。

所有学习都包含思考和行动两个方面。所有学习都涉及我们如何与世界互动，以及从中能开发什么样的能力。有所不同的是见解的深度，及其所带来的不同的行动原动力。如果见解从未超越事件本身和眼前情况的表面层次，行动就会是反应性的。然而，如果能深入参透更大的整体及其所生成的“现实”，以及我们自己与这个整体的联系，那么我们行动的原动力和有效性就将获得极大改观。

与科学界精英交谈时，我们发现了许多卓越的见解，涉及我们深层参悟的潜力及其对理解力、自我观念和我们在世界上的认同归属感等方面的作用与影响。与企业家交谈时，我们感到他们的观点异常清晰：他们使我们清楚地意识到什么样的行动才能服务于正在生

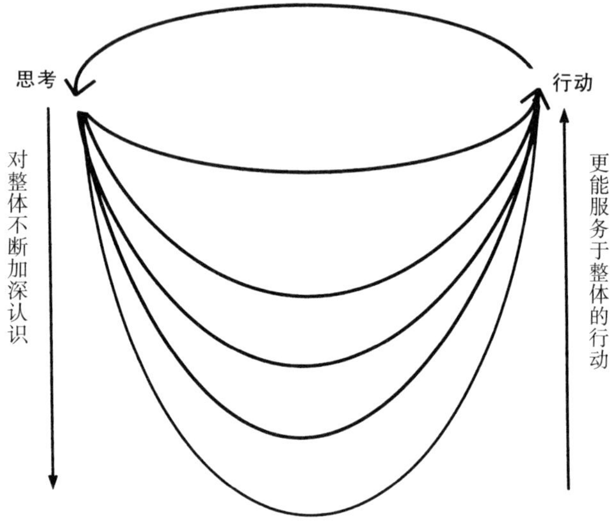

更深层的学习

更深层的学习实践能创造对更大整体的更深层的见解，包括整体的现状及其演进的方向，学习所带来的行动将越来越成为创造未来的过程的一部分。

成的现实，以及怎样让新的灵感和洞悉服务于呈现中的新现实。但我们还发现，这两部分人基本上没有什么交流。而实际上这两部分人所谈论的是同一个过程：通过这个过程，我们可以学会“当下体悟”正在呈现的整体，学会成为萧伯纳所说的那种“自然之力”。

未来之势场

深层学习的关键在于认识到，我们所积极参与的更大的生命整体在本质上不是静止不变的。和所有生命系统一样，它既保持着生存所必需的某些特征，同时又在进化。当我们对这个动态的整体有更深的认识时，我们对正在呈现的现实就更能有所把握了。

脊髓灰质炎疫苗的发明者索尔克（Jonas Salk）曾谈到如何融入不断呈现的宇宙“动力流”并体验其演进，就像“一个活跃的、可以通过我自己的选择来引导的过程”。[6]他认为正是这种能力才使他抛弃了通行的观念，并最终发明了挽救千万人生命的疫苗。我们采访的许多企业家都成功创立了许多公司和其他类型的组织。他们都一致认为，创业者所表现出的能力，是其体察客观情势，并使自己的行动与之相适应、相和谐的功夫水平的展现。正如圣菲研究所（Santa Fe Institute）著名经济学家布赖恩·阿瑟（W. Brian Arthur）所说：“每一项意义深远的创新都要以一种内求的历程为基础：潜入内心更深处，使实证和真知浮出水面。”

这种内求的历程是所有创造力的核心，艺术界、工商界、科学界均如此。很多科学家和发明家，就像艺术家和实业家一样，有看似自相矛盾的境遇：一方面是很强大的自信心，觉得自己的选择和行动事关重大；另一方面是很深的谦卑感，觉得有超越自己的力量在引导自己。恰如米开朗琪罗所说，他们的工作只是“把自己的手从大理石的束缚中解放出来”。他们知道自己的行动是这种成功的关键，但同时他们还知道，手“是想摆脱束缚的”。

各个有生命的组织，能否学会融入超越自身的更大的势场，并导引自身朝着利于全局健康和兴盛的方向努力？这对个人和集体的认知与行动能力方面，又将有何要求？

体悟当下

我们相信，融入未来之势场所必备的核心能力，是体悟当下之力。我们最初以为，体悟当下就是完全清醒地意识到当下的时刻。后来我们开始理解，体悟当下是一种深切的聆听，并对超越自己先入为主之见和以往的习惯思考方式，保持开放的心态。我们开始看到，对旧的认同感和控制欲要“放得下”，这一点很重要。我们还看到萨尔科所说的，选择主动为生命进化服务的重要性。最后，我们还认识到，体悟当下的所有这些方面，其实是引导我们进入一种“拿得起”的境界，即有意识地参与更大的变革之势场。我们一旦“拿得起”，那个势场就会发生改变，塑造客观现状的各种力量就会从重演过去，转向促生正在呈现中的未来。

我们通过采访发现，这些意识境界的转变与几千年来世界各个精神传统所发现的很相像。例如，基督教的各个秘教都把这种转变叫作“恩典”“启示”或“圣灵”。道家理论讲到生命能量“精”可以转化为精微生命力“气”和精神能量“神”。这包括必要的心身安静的过程，佛教叫“止息”，即止息常态的意识流动，并溶化自我和世界的分界线。印度教把这一境界转变叫“整体性”或“同一性”。伊斯兰教的各个秘教，像苏菲派，则把这种转换简单地叫作“开启心灵”。每个宗教的说法不尽相同，但它们都认为这种转换是个人修炼和成熟过程的中心环节。

这个转换尽管十分重要，但就我们所知，各种精神修炼或宗教传统对集体的转换现象，或者对在集体中修炼转换的能力，还很少有论述。然而，我们的许多采访对象都在工作团队中——甚至有几个例子是在整个公司组织中——经历了激动人心的变化。一些理论家还提出了解释这种现象的理论，试图超越个人和集体的二分对立逻辑。

我们最后的结论是：要理解体悟当下、把握产生变革之大势场的可能性，就应从多种角度入手，即从研究生命系统的新兴科学、创造性艺术及组织变革的深层经历等方面入手，还要直接从理解自然的生成和哺育能力入手。几乎所有土著文化都把自然、宇宙或大地母亲当作终极的老师。人类从未像现在这般如此需要重新发现这位老师。

关于本书

我们四人从不同的背景和角度走到一起。基于在组织学习领域的早期工作，彼得集中精力花了25年时间鼓励背景多样的组织一起协作开发容纳力，变成学习型社群，这样才能完成他们无法单独完成的变革。奥托对大型变革的最初体验，是在冷战后期的柏林参加草根行动主义者团体，组织跨越东西欧分界线的关系网络。约瑟夫大半生都是企业家，曾与他人共同创建了一个大型律师事务所，之后又创立了培养“仆人领导者”（servant leaders）的全国网络组织，即美国领导力论坛（American Leadership Forum）。他后来还负责了荷兰壳牌集团的情景规划工作，并从那时起开始与贝蒂·苏合作。贝蒂·苏一生致力于研究故事叙述方式对塑造人们所经历的现实的影响。她是英语文学教授和神话学专家，曾经参与各类节目制作项目，如与约瑟夫·坎贝尔（Joseph Campbell）和比尔·默亚斯（Bill Moyers）合作制作了著名的多集电视节目《神话的力量》（*Power of Myth*），还与壳牌公司情景规划专家合作，完成了未来情景故事的创作，它帮助经理人更清晰地认识自己所面对的现实，引起了广泛的共鸣。

我们在一起分享各自的故事时，觉得在背景多样的组织中，有越来越多的人都经历了类似的深刻的集体转变，也都有类似的疑问。这个感觉部分来自我们对约瑟夫和奥托在2000年秋所做的访谈记录的共同研究和学习。我们后来意识到，这些访谈不仅提供了有效的证据，而且澄清了我们个人的第一手经验，这更重要。奥托一直在开发的、有关“当下体悟”不同层次的感知和变革的理论，[7]在约瑟夫的“感知和促生新现实”研究工作的激励下，[8]开始变得清晰起来。这是后来一系列工作论文和专业文章的灵感来源。[9]但使这个理论清晰起来的更主要的原因，是我们被一系列难以理解的共时性事件所深深吸引，似乎我们也成为某种“想要呈现出来”的未来的一部分。

本书的组织围绕我们共同工作的经历和成果进行阐述。我们四人经常作为书中的角色而出现在小组对话中，分析故事，探索不同的观点，同时把约瑟夫和奥托采访中记录的观点和视角也融合在一起。未经注解的引语都来自那些采访记录。[10]书中论点的展开，大体是按照我们四人的对话历程，以及从这些对话中逐步形成的理论和观点的前后顺序。但尽管我们的对话历时只有一年半，我们四人却又花了两年多时间才写成本书。

书中的前三部分与我们所了解的集体学习的深入过程相对应。

这个过程要从学会观察开始，然后要进一步认识正在呈现的现实，以及我们自身在其中的角色，最后要形成自发服务于变化的整体，并被整体所支撑的实践行动。最后第四部分的讨论，把这种深层学习实践又置于更加综合和一体化的条件下，即在科学研究、精神发展和领导力开发这三方面进行整合性实践。

本书的主旨是阐释一种理论，以及我们理解这个理论所走过的历程。在我们四人对话的过程中，对这个理论的理解逐渐变得更清晰了。这个时候，多数作者，特别是在领导力、组织管理和社会变革领域的作者，往往会选择回避研究过程的混乱不清和不确定状况。他们往往会把所有观点先全盘托出，然后再用逻辑的方法去阐述、演绎、推导并得出结论。我们没有那样做。我们把自己经历的前后顺序基本原封不动地呈现出来了，一部分原因是我们还在继续这一历程；还由于如果不这样做，我们就会假装已经到达了自己尚未到达的理解水平。

我们把故事和理论结合在一起，是想鼓励读者带着好奇和怀疑的心态，带着自身的脆弱性，来加入这个历程。我们没有得出问题的答案。虽经许多努力，混淆和模糊依然存在——当然，这部分原因是我们自己无知，但部分原因可能还由于我们有所领悟的经历，其核心刚好属于永恒的奥秘。

第一部分　学会观察

Presence:

An Exploration of Profound Change in People, Organizations, and Society

| 第1章 |

安魂人类

2000年11月

我们四人围坐在马萨诸塞州剑桥奥托家的书房里。外面下着小雪，窗下摆着一盆鲜艳的圣诞红，墙上贴满了图画，有好几张上面都画着大U字形。房间四周整齐地摆放着书本，还有一台电脑在房间的一角发出轻轻的运转声。

* * *

“奥托说《侏罗纪公园》电影脚本的写作就是在这个房间里完成的。现在我们在这里谈论这些话题，这不禁让我感到很有讽刺意味。”贝蒂·苏说道，“我们现在坐在这间‘恐龙屋’里，讨论现实世界里噩梦般的情境：受到破坏的环境，越来越大的社会贫富差距，生物技术的潜在危险，还有世界各地不断升级的暴力冲突。”

“我们谈论恐龙的方式很有讽刺意味，不是吗？”彼得说道，“如果一个组织反应迟钝，无法调整状态以适应变化，那我们就说它‘很像恐龙’。但大家知道，恐龙在地球上生存的时间，比人类迄今为止的全部历史要长100多倍。未来不管是什么生物取代我们人类，也都会认为反应迟钝的组织‘很像人类——人类很不幸，因为他们没有恐龙那样的适应能力’！”

贝蒂·苏不禁为之一震：“用这种过去时语气谈论人类，很让人害怕。我想我们都知道，我们有毁灭自己的方法，所以我们可能真会那么做。不可想象的事是有可能发生的，但这还是很难去想象。诗人奥登说过：‘我们必须相互友爱，不然就得灭亡。’没有人觉得我们现在已经接近于相互友爱了，但我们也似乎并不愿意考虑不这样做的后果。”

“这正是我们无法改进的原因。”彼得接着说，“上星期我在一个商业与环境保护会议上演讲，住在我20年前就曾住过的会议中心。这个会议中心每年都承办一次高规格的会议，会上还颁发著名的环境可持续发展大奖。你可能会想，那一定是环境友好型习惯和做法的展示场所。但我可以肯定，那里现在每天人均废弃物的产生量比20年前还要多。

“从咖啡到糖，再到洗发液，不管是什么东西，都有单独的包装，最后都会被扔掉。房间的内饰材料并不比20年前更环保：木料不是来自可持续发展的林场，塑料和其他材料都不能回收再利用，所有电器设备都不能回收再制造。我跟他们要一间能打开窗户透气的房间，他们回答说没有，因为所有房间都装了中央空调。空调用电的主要来源无疑是烧煤或其他化石燃料的电厂，这在制冷的同时也在使地球气候变暖。我还看见那种单独包装的小块香皂，它们似乎就是这里整个现状的缩影。

“这些香皂最后会浪费掉90%——都是完全没有必要的浪费。换成液态香皂很容易，这样就可以装在皂液器里使用，几乎没有一点儿浪费。现在还有可生物降解的液态香皂，其中一种是由瑞典斯堪的克酒店参股的某家厂商制造的。斯堪的克能从一家财务状况很差的平庸酒店变成瑞典最成功的连锁酒店，原因之一就是坚持‘可持续酒店客房’的经营理念。所以，人们没有理由认为，力行环保会阻碍商业上的成功——至少在瑞典不会这样。

“结果我就站在那儿，看着那块儿香皂，听着房间里的空调声，越来越气愤。瑞典那家连锁酒店几年内就学会的事，为什么美国的这家会议中心20年都学不会？为什么我们还不厌其烦地在这里召开有关环境友好型商业案例的大会？后来我看到，房间里唯一有环保意识的东西是一张卡片，上面写着：‘为了保护环境，我们不收到您的请求，就不会换洗床单。’饶了我吧！花了20年时间，他们就学会了这个！你不求他们，他们就不换洗你的床单！”

“我们都理解你感受到的那种失望和气馁，”贝蒂·苏说，“至少我理解你。但你是否觉得，我们回避这些问题，是因为我们不想让自己产生灰心丧气的情绪？”

“不完全是。”彼得停顿了一下，继续说道，“我今早打坐时感到很难受，烦躁不安。打坐有时就会这样。我似乎体会到一种非同寻常的恐惧感。就只是一种恐惧感，没有具体的想法或联想。

“除非像今天早晨那样突然出现，否则我还意识不到，这种恐惧感其实可能比我平时愿意感到的要强。我在那家酒店里的愤怒情绪，也来自这种深层的恐惧感。环境危机很久以前就出现了，我们的改变却这么少，而我们其实是有需要也有能力去实现更大变革的。

“假如想要有不同的未来，那我们就必须大大超越这些零敲碎打的做作表演，并开始观察我们身处其中的系统——至于我们有没有能力做到这一点，我心存疑虑。问题不在于你是否要更换床单，而在于你是否该转换生活方式。但这个问题却会触发巨大的恐惧感。我认为这就是我们宁可不去想、不愿去谈论它的原因之一。”

约瑟夫坐直身子：“但这不正是我们坐在这里谈话的原因吗？我们聚在一起，不正是要回答这些根本性的问题吗？比如，我们为什么不变革？要改变这一切，我们究竟需要什么？”

“我们不改变，是因为我们觉得我们都能长生不老。”奥托以无可辩驳的语气说道，“就像少年一样，我们也许有恐惧感，但仍然觉得一定会永远活下去。”

“也许是吧。”约瑟夫摇着头说，“我最近读到一篇文章，在基金会的圈子里广泛流传。作者叫杰克·迈尔斯（Jack Miles），是保罗·盖蒂信托基金（J. Paul Getty Trust）的国际顾问。文章题目叫《地球安魂曲》（*Global Requiem*），[1]它对这个问题做了猜测：我们感到人类可能无法解决这些问题，无法开创可持续的社会，因此人类可能会灭亡。这是对不可想象的可能情景的探究。”

“但那种假想情景，不正是要触发彼得所说的恐惧感吗？”奥托问道，“就像他说的，这类恐惧感通常会让人拒绝承认现实，或感到绝望。”

“但也不一定是这样。”约瑟夫回应道，“我就遇到过许多不同的案例。想象各种不同的未来情景的可能性，甚至是消极负面的情景，实际上却解放了大家的思想。”

“情景设想可以改变人的意识。”贝蒂·苏说，“如果使用得巧妙得当，情景设想能让人真正开始考虑自己原本忽略或否认的未来可能性。关键是不要认为不同的情景设想是不可避免、必将发生的，而是要把它们当成几种现实的可能性。

“当人们真正相信我们可能正在走向毁灭的时候，我们也许就会一起做些事，就像大家意识到自己其实真的会死之后，而从个人角度去做的事一样——我们会忽然之间把自己的生活看得很开、很清晰。”

“如果我们真能共同面对我们人类这个物种的灭亡，坦率地把恐惧的情绪真实表达出来，而不是加以掩饰和回避，也许有些事就会改变。”彼得说道。

“几年以前，在我们的领导力研习班上，有一位在世界银行工作的牙买加人，名叫弗雷德。他讲了一个故事，让大家深受感动。在那之前几年，医生诊断他得了一种绝症，而他到好几位医生那里去复查的结果也都一样。于是他也像其他身患绝症的病人那样，在好几个星期里一直拒绝承认这一现实。后来在朋友们的帮助下，他逐渐开始面对现实——现实就是，他只剩下几个月的时间了。‘然后却发生了不可思议的事。’他跟大家说，‘我完全停止了一切不必要的活动，放弃了所有无关要紧的事。我曾一直想做青少年的教育工作，于是就开始做这方面的项目。我不再和母亲吵架了。我以前对有些事会很恼怒，比如别人开车在前面乱跑、挡我的车道，但现在我不再恼怒了——我没有时间再在这些事上浪费精力了。’

“后来，一位女士走进了弗雷德的生活，她认为弗雷德应该再找不同的专家诊断病情。他们开始了一段美丽的恋爱。弗雷德就又看了不同的医生，并很快接到了医生的电话，说‘我们有不一样的诊断’，即他患了一种可以治疗的少见的病症。故事接下来的进展令我非常难忘。弗雷德说：‘我接到这个电话时，就像孩子一样号啕大哭起来——我害怕我的生活会回到过去的老样子。’

“弗雷德的觉醒靠的是一种情景设想，他的生活转变靠的是震撼和打击。也许对我们所有人都一样。所有在地球上生活的人，都需要这种情景的震动。我们需要的也许就是一种‘安魂的情景设想’。”

随后是一段静默。

“也许，”约瑟夫轻声说道，“说了这么多话，做了这么多事，而真正有效的变革，恐怕只在人心的转变。”

| 第 2 章 |

观察我们的观察

在电影《楚门的世界》(*The Truman Show*)里，演员金·凯瑞(Jim Carey)饰演的楚门，是一名拥有数百万忠实观众的电视长剧的主角。而楚门自己却不知道自己的演员身份，他感受到的只是自己平实的生活。故事的中间部分，记者采访了一手操控楚门生活、俨然扮演上帝的角色、由埃德·哈里斯(Ed Harris)饰演的“导演”。这位导演决定每一周的故事情节，天气是晴还是雨，楚门是否会遇到麻烦，等等。一位记者问导演：“楚门从来都不知道他的生活只不过是一部电视剧，你怎么看这件事？”导演回答道：“我们都会接受我们眼前呈现的现实。”

和楚门一样，我们也认为我们的知觉所呈现的当下，就是直接无误的真实情况：一张桌子、一本书、一句话、一个字。但我们能“看到”的，只是现实存在的很小一部分。[1]一张桌子里，蕴含着工厂和工人、树木、森林、水、土壤，以及云彩和雷雨。其实一本书也包含所有这些。让我们感动的简单的话语和词汇，往往蕴含着整个生命历程，包括学校和老师、一生的疑问和梦想，以及现实中的问题和可能性。哪怕只是短暂的停歇，我们也能初步体会各种活动和经历的人生交响乐，包含过去和现在，都一起呈现在每个当下时刻的意识里。然而在这部人生交响乐里，我们却常常只听到一两个音符，而且往往是我们最熟悉的音符。

把我们的日常意识作为“理所当然”的真实存在，这绝非“仅是哲学的问题”——在考虑我们周围世界的变化时，尤为如此。

20世纪80年代初，美国汽车公司的高管们开始经常到日本考察，想发现日本公司的业绩为什么比美国公司的好。一位底特律高管结束访问后曾与彼得交谈。彼得发现，日本之行并没有给他留下什么关于竞争对手的深刻印象。“他们没有给我们看真正的工厂。”那位高管说。

“为什么你这么说？”彼得问他。

“因为那里没有库存。我这辈子看到的组装工厂太多了，那些日本工厂不是真的，那都是为了对付我们的考察而临时搭台表演的。”

令人难堪的是，这个认知的谬误没过几年就暴露无遗。这些高管们看到的是完全不同的生产系统，即“准时化”(just-in-time)生产系统。他们并没有做好准备，去观察日本同行呈现给他们的东西；他们没有做好准备，去观察没有大堆大堆库存的组装线。[2]他们能看到的，被他们现有的认知所局限。他们没有用新鲜眼光去观察事物的容纳力。

我们很容易展示后见之明，把底特律高管们的“观察”能力问题看成特别案例，而不去深究。其实这种观察问题非常普遍。大多数变革计划最终毫无收获，都不是因为没有崇高的目标、丰富的想象力和宏大的愿景，而是因为人们无法看清自己所面对的现实。与此类似，《财富》500强企业无法在几届管理层更替后存活，并非由于资源匮乏，而是因为他们无法“看清”现实中的威胁，并完成必要的变革。“总是有大量的威胁信号出现，而且也有许多人注意到它，”阿里·德赫斯说，“然而它遇到了组织免疫系统对陌生信号的封杀反应，无法被人们接受。”

悬挂观点的容纳力

要用新鲜的视角观察事物，必须先放下我们习以为常的思考方法和理解方式。认知科学家弗朗西斯科·瓦莱拉（Francisco Varela）认为，要培养这种放下自己习惯的能力，就必须“悬挂观点、摆脱我们习惯的（思考）流程”。瓦莱拉把提高思想意识的首要“动作”称为“悬挂”观点。著名物理学家戴维·波姆（Daivd Bohm）曾指出：“通常情况下是我们的思想在控制着我们，而不是我们在控制自己的思想。”[3]悬挂观点不是要丢弃或摧毁我们现有的观察现实的心智模式——即使我们想这样也做不到。悬挂观点反而要像波姆说的那样，“把假设悬挂在我们面前”。[4]这样做就能让我们注意到，其实我们的思维和心智模式，都是自己心识的作用。一旦我们察觉到自己的思维模式，它就不能那么严密地限制和束缚我们的观察活动了。悬挂观点可让我们“观察我们的观察”。

有时从物理的角度理解悬挂，会比在抽象概念上理解要容易一些。一个很简单的练习是：坐在椅子上双手握住椅子边缘，要用力握紧，这时可以想象：重力消失了，假如你放手，就会飘浮升空，脱离椅子。注意你在紧握椅子边缘时你的身体的感觉：不仅双臂紧绷，肩膀、后背、腹部和颈部也绷着劲儿。现在把手松开，感觉所有部位的肌肉放松的状态。与此类似，我们的思想往往也和身体的肌肉一样绷着劲儿，执着而不放松。悬挂就是要松开紧绷的状态，只注意现在的思绪，好比注意你坐着的椅子。你的思绪可能不会马上消失，但你不再花那么大的精力执着于其中，不再陷于紧绷的状态了。

开始培养这种悬挂能力时，我们几乎马上会遇到"内心的恐惧、指责和唠叨的声音"——迈克尔·瑞（Michael Ray）把这叫作"判决的声音"。瑞是斯坦福商学院人气很高的创造力课程的设计者。[5]他有三个假设：(1) 创造力"对健康、幸福感和所有领域的成就，包括职业生涯的成功，都是必不可少的要素"。(2)"创造力是我们每个人固有的"。(3) 尽管是我们天生固有的，它却"被判决的声音覆盖了"。[6]

瑞接受奥托和约瑟夫采访时，讲述了霍华德·加德纳（Howard Gardner）在哈佛大学的零点计划研究。零点方案研究的是婴儿智力测试方法，也测试了年龄大一些的对象。研究人员发现，几乎所有4岁以下的小孩都有天才水平的智力，包括加德纳所说的多元智力：空间、肢体运动、音乐、人际关系、数理、自省和语言等方面。而到20岁时，在天才水平的就只剩下10%了；过了20岁，天才就只有2%了。[7]

“大家于是问：‘智力都跑到哪里去了？’没到哪里去，只是被判决的声音覆盖了。”瑞解释道，“我们试图做的，就是建立一种环境氛围，让大家击败判决的声音，找回自己深层的创造力。”瑞认为，人们能够持续地激活生活中的创造力，方法就是“关照它”，开发容纳力，悬挂心中限制自己创造力的判决声音（如“这个想法很蠢”“不能这么做”）。

在实践中，要做到悬挂就需要耐心，需要我们主动避免对观察对象强加上自己先入为主的心智模式或思维框架。如果我们能够只观察，不下结论，不去想我们观察到的东西意味着什么，允许自己接受看似无关的、零散的信息，那么我们对观察现实的新鲜的理解，就会逐步呈现出来。例如，经济学家布赖恩·阿瑟和社会学家杰弗里·麦克尼考（Geoffrey McNicoll）曾于1970年在孟加拉国合作，他们花了数月时间观察、收集信息，却“什么都没做”。那时候，西方的经济学家和组织，如世界银行，普遍都在分析像孟加拉国这样的发展中国家的需求，而且它们使用的都是未经认真验证和质疑的传统经济学模型。后来，阿瑟和麦克尼考提出了新的理念，重新解释了阿瑟所说的“整体目标和结构”的运行。他们阐释了家庭成员多、没有土地等情况如何随着时间推移在不断加剧，而国际救援组织标准的“创可贴”（Band-Aid）救急方法，又是如何只起到“支撑现状”的作用。他们的观察是新鲜的，他们的文章帮助这些组织把注意力转到根本的社会经济状况上，而不是执着在标准的经济发展指标上。[8]

一起悬挂观点

判决的声音除了会束缚个人，也同样会扼杀集体的创造力，我们通常称之为“趋同思维”，即持续不断的潜意识的审查，它破坏着团队的真心和正直态度。这种集体的判决声音，会让大家在遇到可讲和不可讲的话、能做和不能做的事，甚至该想和不该想的问题时，受到束缚。它的影响往往只有在事后才变得清晰起来。艾伦·韦伯（Alan Webber）和比尔·泰勒（Bill Taylor）于1995年一起离开了《哈佛商业评论》，并共同创办了《快公司》（*Fast Company*）杂志，对此他们有第一手的经验。

“还清楚地记得我离开《哈佛商业评论》时感到的解脱和自由。”韦伯对约瑟夫和奥托说，“一夜之间我就开始接触全新的人群，交往的基础也完全不一样了：‘你做的事有哪些是有趣的？你是谁？做事情的感觉如何？’我开始用新鲜的眼光看世界。我快速学习着，到了以前不会去的许多地方，见到以前不会见的很多人，就像逃出了一座四面高墙的围城。”

后来证明，韦伯用“新鲜的眼光”看到了其他商业出版者忽略的东西：在不到5年的时间里，《快公司》的发行量就与《财富》旗鼓相当了。

集体的判决声音本身并没有错，至少它不比个人的内心审查和批判声音坏到哪里去。用社会心理学家的术语说，集体天生具有强制性：要有共同的习俗、共同的思考方式和观察方法，这样集体行动才能有效。但和个人的内心审查一样，集体判决的声音如果得不到有意识的检查，也会造成问题。健康与不健康的集体或组织的区别，就在于其成员在多大程度上有意识和能力去承认必须顺从来自集体的压力。提高意识水平，不是要寻找并摧毁我们内心的恐惧和判决的声音，而只需要培养辨别和认识它的能力。

不管是悬挂个人的假设还是集体的假设，说起来都容易，做起来却都很难。对组织来说，挑战最先来源于许多人都经受的“必须保持疯狂节奏”的工作压力。管理层往往不知道怎么停住脚步，也不知道怎么把悬挂观点的方法融入组织共同的日常工作中。但只要大家学会如何停住脚步，并检查自己的假设，就可能实现突破。

麻省理工学院“深度会谈项目”（Dialogue Project）的创始人威廉·艾萨克（William Isaacs）认为，改变工作团队的交谈质量的时机，往往出现于大家意见不一致，需要决定是否坚持自己观点的时候。[9]这时，大多数人都只能看到两种选择：要么为自己的思考方式做辩护，要么回避问题，保持沉默。艾萨克指出了第三种选择，即悬挂自己的观点。要采取这个选择，就要学会如何展示自己的观点，以及进一步探寻自己的观点，但却不是为之辩护。比如，与其沉默不语回避问题，或者与其指出对方观点的谬误，你完全可以说：“我的看法有所不同，我的观点是……我这么看问题的原因是……是什么原因使你有不同的看法？”你的问题形式如何并不重要，重要的是你的诚意。

假如你问这个问题时心不诚，就会起反效果。这样坦诚地悬挂自己的观点，哪怕只有一个人，也往往能够引起集体交谈的转变，减弱集体的判决声音，并让以前无人察觉的新的可能性呈现出来。[10]

建设容器

集体悬挂并探寻既有观点所面临的挑战，还包括职场中普遍存在的缺乏安全感和信任感的状况。许多人都知道缺乏诚信的问题，但诚信并不是靠颁布法令建立的。试图让大家相互信任的努力，往往会令人更加关注现有的缺乏互信的状态，从而产生反效果。

20世纪90年代初，美国钢铁工人联合会13分会（United Steelworkers of America Local 13）会长约翰·科特雷尔（John Cottrell）在密苏里州的堪萨斯城参与建立了一个项目，目的是帮助公司管理团队和工会所选出的领导层共同学习如何一起交流对话。在过去的会议上，这些人曾经相互摔椅子。根据一位工会元老的回忆，他们之间“在两三代人的时间里都从未真正沟通过”。从未经历过公司高管与工会之间糟糕关系的人，无法理解那里的情况会坏到什么程度——真的是一塌糊涂。

9个月内，奇迹发生了。艾萨克和他的麻省理工学院“深度会谈项目”同事分别为双方的团队主持了研讨会，让他们学会了深度会谈的基本方法。然后，两个团队开始了共同研习。经过少数几次共同演练，联合团队就开始展现出了针对难题进行“真正沟通”的能力。后来，工厂里出现了实际的效果：事故率和旷工率大幅降低，生产效率大幅提升。积压的申诉案例的数量也从485起降到了零。工会和公司高管还开始共同着手解决深层系统性问题，而这些问题已经被忽视了几十年。[11]

这段经历对各方参与者个人的影响也同样强烈而深刻。“我平生头一次真正思考问题。”一名工人说。“我第一次倾听我太太的声音。”另一位补充说。这种转变是如何发生的呢?

科特雷尔用“熔化的钢水”的比喻解释了这个问题:“我们使用的能量足以杀死人,而我们行业的核心技术就在于能够承载这些能量。假如我们做不到这一点,就可能要死人。对人来说道理也一样,我们有能力产生足以相互毁灭的能量,问题在于我们是否能承载这些能量,或者说,我们是否会被它毁灭。就像用钢水锅盛装熔化的钢水一样,深度会谈建立了盛装大家的能量的容器,使大家的能量发挥出转化力,而不是破坏力。”[12]

一些有关转化力的最古老的理论,与上文中钢水的比喻有惊人的相似之处。在古代,炼金术士想尽办法把普通金属转化成黄金,因而留下了关于制作容器的大量文献。瑞士精神分析学家荣格则认为,这些文献中的描述除了涉及物质转化过程以外,也同样涉及心理和精神的转化。对古代炼金术士来说,转化过程要求在封闭的透明容器里装有各种元素,这些元素在精心控制的火候条件下,发生相互作用。

转化过程需要承载容器,这也是自然界的法则。和炼金术士的容器类似,蚕茧内部也有个“熔化”过程,把原来的一种东西转变为新的东西。新生命的孕育往往需要特殊的“容器”,因为现有的系统对“另一个”“外来的”“异类”生命,会天然地产生敌意。成年人体内的化学环境通常对胎儿是有毒的,与此类似,组织的主流文化对孕育其中的创新者也往往是不利的。当组织的免疫系统启动时,创新者往往就会感觉孤立无援、受到排挤,或者陷入更糟糕的境况。[13]

我们甚至还会在自己的学习实践中碰到这种情况。学习新东西的时候，我们总会觉得自己既别扭又笨拙，无力胜任，甚至荒唐可笑。过不了多久，我们就会认为掌握新事物并不重要，于是就放弃了。这正是我们自己的心理“免疫系统”在起作用。生命系统对新事物的天然“偏见”，说明悬挂观点可能会很冒险。

采用新视角的勇气

悬挂已有视角的容纳力，对所有重要的科学发现都是必不可少的。探索发现者，比如成功的组织中的创新者，会发觉自己的境遇往往由此变得更艰难了，其原因也在于对悬挂的偏见反应。

布赖恩·阿瑟对社会“网络经济”和“规模正回报”原理的洞见使他名声远扬。他的洞悉源于他对诺贝尔化学奖得主普利高津（Ilya Prigogine）关于“正反馈”的论文的研究。“普利高津阐述了自组织结构在各种场合的生成过程，从白蚁筑巢到语言习惯的形成。”阿瑟解释说，“世界上讲英语的人越多，学英语的优势就越大。所以，有优势的东西总是会得到更多的优势。我意识到，这个道理对经济学也同样重要。”

阿瑟后来发现，小规模事件可能会把经济封闭在不同的结构中。然而这就意味着，我们现在经济的组织模式，比如资本主义或其他模式，并不一定会在各种可能性中自动达到最佳结果。阿瑟的这个想法让他遇到了麻烦。

“当时是里根和撒切尔时代，世界处于冷战之中。这些想法威胁到了200年来建立起的整个资本主义大厦。”阿瑟说，“我的观点是不能再用统计的方法研究经济了。我还讲到，现行经济中的成就，包括我们使用的技术、主导经济的公司、成形的法律和金融体系，并不一定是在所有可能性中最好的选择。市场并非完美无瑕，自由经济也不是十全十美。小规模事件可能累积而变成潮流，最终产生拙劣的常规做法。我发表这种观点时就预感到会有严重的后果，只是当时还不晓得到底有多严重。”

阿瑟犹豫了两年，才最终在1982年把这些想法写成文章，但却找不到愿意发表此文章的地方。直到6年以后，这篇有关规模正回报的文章才在一流经济学杂志上发表。阿瑟在经济学学术生涯的前10年发表了许多文章，并获得了斯坦福大学的教授职位。而在第二个10年中，他却只发表了一篇文章，而且这篇文章“引起的麻烦”最终迫使他离开了斯坦福大学。后来，诺贝尔经济学奖得主肯尼斯·阿罗（Kenneth Arrow）、物理学奖得主默里·盖耳曼（Murray Gell-Mann）与菲利普·安德森（Philip W. Anderson）共同创建了研究非线性系统和复杂理论的著名智库圣菲研究所，[14]阿瑟成了创始人之一。除了上述“麻烦”，阿瑟在多年间经受的误解和冷落，也是他用不同视角观察问题所付出的一部分代价。

悬挂观点的内功

一旦认识到悬挂观点的风险，我们就不仅能理解它所要求的勇气，还会明白它对个人修炼的要求。“个人修炼”是指培养觉察自己思维方式的能力，这包括如“我在这儿，你在那儿”的习惯思维方法，也包括我们察觉不到的、潜移默化的思想习惯。西方、东方和土著传统中有无数冥想和沉思的方法，可以帮助我们安静下来，并逐步建立察觉自己“思想流”的能力。选择何种具体方法关系并不大，重要的是激发我们的意愿，把修身作为自己生活的核心内容。

阿瑟把经济系统看成生成性系统之后，他还开始向一位中国道教的师父学习修炼。当阿瑟感觉自己一些隐藏最深的未经检验的假设突然暴露出来并受到质疑的时候，他就马上开始了修身实践。某次周末研习班结束后，他受邀参加晚宴，师父当时也在场。“我当时就想：‘能和这位道教高人共进晚餐，我得问他点儿问题。’”阿瑟回忆道，“于是我就使劲儿想我到底该问什么问题，因为我有一种强烈的感觉，即如果我能提出一个真正的问题，我就会得到一个真正的解答。”绞尽脑汁以后，他脱口而出问了个直白的问题：“如果全身心投入修炼中，我能得到什么？”

师父放下筷子，看着阿瑟说：“你会多活20~30年，能多工作20~30年，并且最后会成为一名杰出的教授。”

然后他又补充道：“假如这些就是你想要的全部。”

阿瑟被“激怒了、侮辱了、吸引了，受到了精神鞭挞和挑战。我可能得花一辈子去追求他斥为‘假如这些就是你想要的全部’的东西”。阿瑟很快就开始接受这位师父的指导，后来还专门搬到香港，以便能每天和师父在一起。

阿瑟最初和那位道教师父的交谈，揭示了一个道理，即悬挂观点往往以“止”为契机，比如突然被叫起，或在毫无准备的情况下被揪住。晚宴上，老师的话使阿瑟惊愕和震撼。恐惧和不舒服的感受可能会让他放弃那次机会，不去问自己“这些真的是我想要的全部吗”。但是在那个时刻，他惯常的思想流被截断了，因而他辨认出一个新起点，引向后来对他有深刻意义的征途，即获取观察能力的学习之旅。要开启这样的旅途并坚持走下来，就要情愿经历许多这类“深刻的迷茫”的考验时刻，不断打破我们最执着的、最习以为常的看待世界的观点和方法。

整合内功

我们谈论安魂人类情景设想的那天，约瑟夫和奥托在下午很晚的时候，讲述了阿瑟的这段故事。

“你知道吗，令人吃惊的是，阿瑟是第一次把这段故事和盘托出。”约瑟夫说，“在做经济学前沿研究的过程中，他的整个世界观都在发生深刻的转变。然而，其他人还是把阿瑟看成经济学家。和他交流时间长了，我们才了解到，内心的修炼极大地影响了他经济学观点的演进，还特别影响了他对企业领导者必须学会的东西的思考。然而，他的著作中完全没有涉及他的个人经历与专业发展的联系。就连他自己，其实都是最近才开始谈论这件事的。这很有意思，特别是因为他也认为自己和那位道教师父的会面是‘一生中的核心事件’。”

“这个问题可以这样看，”奥托说，“假设正统经济学界对正增长回报这类激进的新观点的容忍度是零，那么它对阿瑟学道的容忍度可能就是负200，会跑到图表外面去。托马斯 · 库恩（Thomas Kuhn）对科学革命的研究报告指出，用较好的新观点和论证去说服旧科学范式的维护者，去转变这些人，是根本行不通的。现实的情况是必须等到旧学者最终退出舞台，新一代更开放的学者取而代之，才会发生转变。

“同样的事不仅发生在阿瑟身上。我们采访的许多科学家都投身到非常严肃的精神修炼当中，并将其看作自己学术活动的组成部分。对我来说，内功和外功的这种联系，是我们采访的重要发现之一。但是，谈论这种联系会让大多数人没有安全感，虽然这些人里面有的已经实现了内外功的某种整合，尽管如此，他们仍然会觉得不安全。”

“我们很容易理解和同情他们的境遇。”贝蒂·苏说，“目前的文化，基本不允许我们谈论精神追求与职业生涯之间的联系。这是个悲剧。它妨碍像阿瑟这样的学者去分享自己的全部智慧，他们经历的创造过程被掩盖和模糊化，后人再也无法接近这些原始的创造性工作了。”

“这是否也揭示了为什么悬挂观点不管对个人还是集体而言，都如此困难？”彼得问道，“当我们真正悬挂起习以为常的世界观时，就会察觉让自己迷茫、困惑和不安的现实，从而引起恐惧和愤怒等情绪，却又无法把这些情绪与新的现实区分开来。我们避免这些情绪的意图有多强，回避悬挂观点的努力就会有多强。对所有人来说，在何种程度上不能探讨这个问题，就决定其会局限到何种程度。我们都知道，团队成员如果说不出自己真正的情感状态，就会限制团队的战略思考，因为情感与认知是紧密联系的。这种情况也适用于更大的范围。”

“彼得，你虽然没明说，但我可以想象，当你讲到那个商业环保会议的时候，你要努力控制自己，才不至于显露出你对整个状况的愤怒情绪。”

“我仿佛无法表达我当时的感受。”彼得表示赞同，“那天晚上演讲的时候，我把自己看到的开发真正可持续商业行为的实际状况，努力用直白的语言做了描述。但我并没有坦率表露我的情绪，甚至连我自己也没有发现我的真实情绪——我只觉得当时很恼火。两天以后我才终于看清，这种恼火来源于深层的恐惧感。”

“但还剩下一个问题。”奥托补充道，“彼得的经历好像并没有赋予他能量。他是直接遇到了大系统的问题，而不是间接进行理论分析。我感觉这个经历并没有改变他对产生变革的可能性的把握，观点悬挂一般也不会改变人们在这方面的能力。在真正悬挂观点的时刻，像彼得经历的那样，大家更容易感到困惑不安，而不会觉得增加了力量。”

“没错，我当时的第一感觉就是我更像个受害者，看不到任何改变系统的方法，觉得完全被困其中。我认为，当人们刚开始认识到系统的问题时，这会成为普遍的感受。”

奥托说：“在我看来，这是因为对更大系统或更大模式作用的察觉，还只是个开端。就好像我们刚被叫醒，对周围发生已久的事还一无所知；在潜意识里，我们可能还很不愿醒来，不愿面对周围的现实。但随后，我们突然看到了这更大的系统模式，于是我们感叹：‘原来如此！’通过悬挂惯常的逻辑分析方法，我们直面系统的现实，但它在此阶段还只是‘外部’问题，是与我们分离的现状。所以我认为，观察我们的观察，还只是个开端。”

| 第3章 |

从整体观察

为获得给人以力量的整体意识，“观察者”和“观察对象”的关系需要发生根本的转变。我们原本习以为常的主客体分离的基本观念，即观察者可以超脱地旁观“外部世界”的观点一旦淡化，取而代之的就是从对象“内部”进行观察的观念。要学会观察，就必须先停止使用我们习惯的假设，并用新鲜的视角看问题，然后才能进一步看清自己与现实中观察对象的联系。

马丁·布伯（Martin Buber）把这个转变形象地描述为从“我与它”到“我与你”的关系。在前一种情况下，我们把所见的一切当作“它”，当作外部客体，是与作为主体的“我”相分离的，不管“它”是桌子还是人，实际上都没有区别，一视同“它”。而在后一种“我与你”的关系里，我们意识里出现的是整体，而且与我们自身有密切的关联。例如：

> 假如我面对的人是我的“你”……不是许多东西里的一个东西，也不是由东西组成的。
>
> 因此，一个人不是与别的“他”或“她”分离的“他”或“她”，不是在世界网络中的某个特定时空点，也不是像一组松散组合的名称或特性那样的被体验和描述的自然存在。而自身作为整体的、没有邻居的他，即是“你”，是充满所有天界空间的你。
>
> 就像乐曲不是由音符组成的，诗歌也并不是由词汇构成的，人像也并不是由线条组成的；但它们又必须被拖曳搬运，于是整体就变成了许多分散的碎片。对我口中的“你”也是如此。我可以说出他头发的颜色，他的言谈举止，或他的君子作风；我必须一次次不停地这样做。但每一次，他都不再是“你”了。[1]

“从整体观察”的关键不仅在于开发我们悬挂假设的能力，更在于发展“再引导”我们意识的能力，即把意识引向我们所看到的现象的背后，引向现象背后的生成和创造过程。

再引导：观察生成过程

奥托到巴黎高等理工学院（Ecole Polytechnique）[2]采访认知科学家瓦莱拉时，瓦莱拉把再引导描述为“将注意力集中于源头而不是客体”。如果说悬挂观点是提高思想意识水平的第一项“基本动作”，那么“再引导”就是第二项。

“悬挂很有趣，许多人悬挂观点时好像什么事都没发生，”瓦莱拉说，“因此，大多数人会说：‘内观反思这一套根本不管用。我内观反思了，可是什么都没发现。’一开始的确什么都没有，因为整个过程的目的，就是在悬挂观点以后，忍耐住什么都没有的状态。‘守住’这个状态是关键，因为悬挂状态就会引发再引导。悬挂会让你看见生成中的事件及其内涵和模式等，然后你就可以再引导你的注意力，在现实中去关注这些生成中的事物，由此才会有新发现。”

将注意力再引导到“源头”，就包括移情作用和同理心，但又不能仅止于此。突破主体与客体之间的界限，不仅会产生深层的连通感，而且会提高对变化的敏感度。原来看似固定不变甚至僵硬不动的东西，也开始显现其动态机制，这是因为我们能感知到现状的生成过程，包括我们自己在这一过程中的作用。这种转变很难抽象解释，但它发生时会非常真实而有震撼力。

丹尼尔·金（Daniel Kim）在麻省理工学院读博士时，花了几年时间参与一个工程项目。他用系统思考、心智模式和其他组织学习工具来改善一个新车型开发团队的成本和时间控制效率。[3]这个五年项目的预算超过10亿美元，有1 000名全职工程师参与，分成十几个专业子项目团队，分别负责产品各个方面的研发工作。其间，由好几个子项目团队组成的一个工作组画出了“因果环路图”，又叫系统图，[4]试图理解是什么东西妨碍了工程师团队一起有效工作，并影响他们在时间进度控制方面达到预期目标。

通过对自己画的系统图进行分析，他们逐步看清了一个模式。

当某个子项目团队遇到棘手的设计问题时，往往要做出选择：要么用快速补救的方法，要么寻找问题的根源。团队往往可以自行采取快速补救方法，而寻找问题的根源则要求不同团队之间的协作。但是，每个人都有很大的时间压力，所以快速补救方法就成了常规方法。不幸的是，这往往给别的团队带来预想不到的副作用。例如，NVH（噪声、振动和声振粗糙度）工程师通过增加结构附件解决振动问题的同时，却给底盘工程师团队带来了新问题，因为后者负责考虑整车的重量问题。底盘工程师对NVH工程师很恼火，于是他们也采用了快速补救方法，即从别的地方减去一些重量，并提高了轮胎的承重压力，以稳定行车状态，解决重量问题。这样做的结果却使NVH工程师更恼火，因为给轮胎增加压力又增加了声振粗糙度。这一切都反映在系统图上了，画图的工作组也包括NVH和底盘工程师团队。

于是，工作组研究了系统图，意识到了这个模式：快速补救方法会带来预料之外的副作用，给别的团队带来了新问题，进而导致更多的快速补救方法和更多的副作用。这种情况在各个子项目团队中无处不在，并使互相反感和互不信任情绪弥漫到整个项目中。大家都觉得被困其中。他们没有时间协作，而不协作又意味着他们会离时间进度控制的目标越来越远。还有一点也很清楚，就是他们的时间压力有很大一部分都来源于彼此间相互带来的重复工作。

“一时间，房间里开始出现一种明显的变化，”金说道，“仿佛他们突然意识到一些东西，这些东西自己过去似乎都已经知道，但又意识不到自己已经知道。所有细节都那么熟悉——这些问题，这些反应，这些在工作环境中凸显的紧张关系。现在，他们都看到了引起这些问题的系统模式。不能去责怪某一个人，问题是大家共同造成的。每个团队都做了自己觉得该做的事，但是没有人看清大家各自的反应造成了什么样的系统问题：糟糕的技术方案不断产生，压力越来越大，产品开发时间也越拖越长。系统问题的后果逐渐清晰起来以后，一位工作组成员感叹道："天哪，看看我们都对自己做了什么！"

这句感叹中有一个关键词——"我们"。在此之前，每个问题都可以责怪他人：他们的团队、他们的老板、时间太紧，等等。一旦"他们"消失，"我们"出现，大家的思想意识和行动能力就发生变化了。这个新车型开发项目中还有许多类似的觉醒时刻。后来，新的组织心态逐渐形成，大家的工作方式也发生了明显变化。最后，他们提前近一年完成了整个开发项目，并返还了公司拨给他们的6 300万美元的超时经费。通过实打实地画出系统图，大家认识到，自己面对的问题的根源原来就是自己。这时候，大家就能开发出新的容纳力，创造出自己真正想要的成绩。

直面真实的整体

从整体观察的案例很少，原因之一是人们对它的理解还很少。如瓦莱拉所说，再引导的能力，即把注意力转到源头上的能力，要以悬挂观点的能力为基础。只有看清了自己理解现实的习惯方法，人们才有可能真正进入新的意识境界。比如前文提到的产品开发项目团队，就曾花好几个月时间练习悬挂并检视团队成员的假设和“心智模式”。参与练习的还有项目高管，其中一位后来说：“练习时，我们必须先不做老板。我们不再认为自己拥有所有问题的答案。”

奥托曾问物理学家亨利·伯涛夫特：要超越悬挂，获得再引导的能力，都需要做什么？伯涛夫特回答说：“必须提高感知水平，达到‘从整体到局部’的发散性宏观知觉。”他解释说，我们的注意力往往聚焦具体的细节，这是天生的倾向。如果要由此转而试图看清“更大的系统”，我们注意的通常是某个局部如何与其他部分互动，进而推断更大的互动模式会是怎么样的。也就是说，我们会用抽象的理性思维，通过局部来断定整体的状况。而由于断定整体状况很困难，我们往往会放弃，回到仅仅关注局部的状态。但是其实还有另一种方法，那就是在局部中理解整体。

伯涛夫特用歌德研究植物的方式阐释了这种方法。“这需要时间。你必须安静下来。你要观察，要用想象力来注意每个细节，比如一片叶子。歌德把这叫作‘精确的感官想象力’。你在观察一片叶子的时候，要在心里尽量准确地建立起这片叶子的形状。你在心里巡视它的整体形状，注意每一个真实的细节，直到叶子变成你心中的图像。你就这样观察第一片叶子，然后另一片，就这样一片片地观察下去。然后，你会突然感知到一种运动，这时候你看到的不是那片单一的叶子，而是动态的运行整体”，即创造出那片叶子的那个植物生命场。

伯涛夫特描述的经历，类似于感知背后的东西突然呈现在前台的情况。观察对象，如一片叶子，存在于前台，而生成那片叶子的动态生命过程则在后台。对我们来说，生命过程通常并不显而易见，尽管如此，客体（叶子）还是从那个生成力场中生长出来了。两者转换角色的时候，生命过程就出现在前台，于是我们就能“从整体观察”了。在意识里把生命过程转换到前台，就是再引导的精髓。

歌德的许多科学研究活动都在植物学领域。无论到哪里，他都会收集各种植物标本。一次到了意大利，他看到自己熟悉的一种植物，叫作款冬。之前他曾在德国中部和北部及阿尔卑斯山地区花了很长时间研究这种植物。歌德的研究方法很独特，主要就只是坐下来观察和沉思，用自己主动的想象力来消化肉眼观察到的和自己心里看到的东西。以前他从未见过这种植物长在海边，还有穗子，有坚韧的叶子和很粗大的根部，与德国的各个品种都很不一样。他对着这种款冬静

> 思，开始“观察到”一种新的生成性整体，他叫它“原生”植物或原始型植物，其他许多种款冬都从它演化而来。于是，他在笔记本上写道：“从自身衍生出许多种的那一种。”[5]

对前面那个产品开发团队来说，在他们静下来到了一定程度，并开始把紧迫的问题和烦恼的“细节”与自己的行为方式联系起来的时候，再引导就发生了；此时，他们还发现了自己的行为如何给其他子项目团队带来问题、烦恼和沮丧。他们在突然之间看到了“整体”，这其实是他们在无意间制造的恶性循环，即自己破坏自己目标的作用力链条环路。

这种再引导发生的时刻既令人震撼，也能即刻给人以力量：如果“我们”是自己的问题的制造者，那我们也能制造不同的局面。这种对现实背后的生成过程的直接洞悉，伯涛夫特称之为“直面真实的整体”。反过来，如果我们试图通过理性来推断更大的系统，那顶多只能得到概念上的理解——或者用伯涛夫特的话说，得到“假冒的整体”。而当我们直面以本来面目出现的真实的整体时，我们就直面着鲜活的生命，就从被动的观察者转变为主动的参与者。概念上的理解是绝不可能实现这种参与的。

从组织内部观察

在组织里实践从“整体”的观察，似乎是件很困难的事。第一个步骤就要学会关注文化，用真正的好奇心来注意我们生活于其中并扮演角色的文化。研究组织文化的著名学者埃德加·沙因（Edgar

Schein）说："要理解一个组织的文化，只需要去参加他们的办公会。"[6]

都是谁在讲话，谁不讲话？谁的话有人听，谁的话没人听？哪些问题得到正面讨论，哪些被忽略，或只得到旁敲侧击和暗示性评语？这些都给组织的实际运作情况提供了有力的线索。而如果我们能注意我们自己的反应，就会使这些线索更加"真实"。沙因认为，认真的观察和反思性参与，要比阅读组织使命或价值宣言更能让我们了解其文化。

我们都会把自己参与其中的文化内化于自己的身心，否则，文化就不复存在了。只有当我们在每时每刻的生活中都体现出某种文化时，它才真正存在。以严谨的方式应用沙因的理论，我们就能在自己工作和生活其中的组织的内部，开发从整体观察事物的容纳力。比如，你参加一场典型的工作会议，并以通常的方式参与讨论，你就可以学习并关注在会上的"外部"动态，以及你的个人思想和情感动态。会议结束时，回顾一下让你投入情感的一件事。发挥你的想象力，花点儿时间在大脑里重放一遍会议经过，包括你那时的思想感受。把这个经过记录下来，或者和同事交流一下，应该会对你有所帮助。[7]

如果你认真这样做几次，你就能增加不少对自己和对组织的理解。你会了解你在什么地方感觉安全，在什么地方感受到威胁。你会看到，在周围发生的事当中，你会在哪些地方遇到冲突，会在哪些地方遇见盟友。你还会看到，在哪里你会注意力不集中，哪里你会全神贯注。随着反复演练，你便有能力更积极地发挥想象力，"观察"你经历的细节。

然后想象一下，你变成了另一位与会者。这样一来，会有哪些类似、哪些不同之处？重复几次，用这个方法从多位与会者的角度去体验。这样更换角色和视角，表面上好像会让你更多地了解其他人，其实你是在用想象力探索你自己经历中的更深层和更微妙的地方。你无法了解别人实际在经历着什么，除非他告诉你。但你会发现你对别人有什么感受，并可以用同理心来体会，组织的习惯和规范是如何在不同人身上表现出来的。

随着你不断用想象力来回顾不同的工作会议，你会开始感受到组织文化鲜活的生命过程。具体形状和背景过程会发生互换，就像歌德研究的植物。原来在背景——这里是组织文化的生命过程——中的东西，会呈现在你意识的前台，会议的具体细节，则会变成这个生命过程的化身和体现。而且，你也开始体会自己在这个过程中的角色，即自己在“组织文化”的形成和运行过程中所发挥的能动作用。如果你严肃地质问：“在维持这些现有的行为模式的时候，我在做什么——我的行为、思想和感情是什么？”你就会看到你在其中以不同方式发挥的作用，也许还会发现几种新的选择，它们可能会让你发挥不同作用。

再引导的内功

再引导注意力、开发从整体观察事物的能力，与学习悬挂观点所要求的内功一样，也和精神修炼密切相关。比如，许多冥想练习都有一个共同的目的，即开发静心的能力，并突破心物二元分离的窠臼。

乔恩·卡巴津恩（Jon Kabat-Zinn）博士是冥想和疼痛缓解研究的先驱之一。[8]他告诉我们，冥想中要“有意识地完善我们集中注意力的能力。最终它可以关注任何事物，只要有益于我们打开眼界、敞开胸怀而立足世界”。在他的著作中，冥想分为两种基本层面。

第一个层面是集中专注力，止于定境。“开始集中意识的时候，”他解释说，“你很快会发现两个基本要素：一是心如猿猴，似有自己的意志，总好说好动，常游走八方。通过培养专注力，你就能减少焦躁不安和反应式的行为。这就是冥想的‘止定’层面。

“然后，如果你把当下开放、无偏无着的意识带入你所专注的地方，静心观照，你就会在自己的意识场中突破事物的表象，开发出更有穿透性的感知力。这就是‘正念’。正念可让你看清以前看不见的关联，但这种观察结果不能靠蛮力获取，只能在静默中自然出现。”这是第二个层面。

卡巴津恩对冥想中的“止定”和“正念”两个层面的区分，正好与“悬挂”和“再引导”之间的区别相对应。正念特别要探索一种可能性，即突破“我们惯常的、严重受背景条件限制的、使主客体分离和物化的观察方法”。卡巴津恩指出，哪怕只是把某种情况看成“问题”，都会导致我们与其分离疏远，阻碍我们“观察其实际、自然的演进过程”。

卡巴津恩著名的疼痛缓解研究，揭示了这种非主观的并非二元觉知的力量。“我们的病人在做简单的正念痛处的练习时，与自己那个疼痛的关系可能会发生戏剧性的变化。这是因为他们敞开心胸包容了它和它的变化，不再把它当作‘疼痛’，而仅仅当作一种感觉，在意识中允许它作为完整的自身而自然地存在，即使它带来强烈的不悦感受……在思想上不陷入对它的执着，不努力试图让它消失。不去试图解决它，往往会使它逐渐淡化、弱化，这个过程有时还相当显著，并且富有戏剧性。

"总之，如果你觉得你有个'外部'问题需要解决掉，但又看不到或不想看到试图解决问题的'你'与实际问题之间可能的关联，那么你可能最终无法准确、完整地观察问题，也会因此在无意中让你把不愿看到的问题维持下去，而不是允许局势自然演化，并且可能自然消失。"

可以说，卡巴津恩的话揭示了再引导过程最重要的结果：当大家开始从生成中的整体观察现实时，就会开始以新的方式行动，并逐步导致问题的"消失"。这样，再引导就超越了"要解决问题"的心态所执着的心物二元论。解决问题的心态往往会强化人们与自己的问题局面的分离状态，所以也经常会发挥维系现状的作用，而不会促成根本转变。解决问题的心态对技术性问题可能很适当，但用到复杂的人类系统问题上就十分可悲、十分不当，因为这些问题往往是从未经检验的假设观念和深层行为习惯中来的。如果大家不去观察自己在这类问题中的角色作用，就很难发生根本的变化。

这也是为什么从集体再引导中产生的巨大变化很难解释清楚，即使在事后也是如此的原因。"我们遇到的重大问题之一，就是很难解释我们的成功。"金所参与的新车型项目的经理如是说，"这看上去是一个无足轻重的问题，但其实不是。我们的老板一直在追问：'你们是怎么解决这些问题的？'而我们只能说：'大家只是换一种方式工作，许多问题就自动消失了。’他们觉得这不可信，所以就倾向于漠视大家的成功经历。几百人就这样轻轻松松突然开始观察到不同的现实，突然开始以有益于整体健康的方式行动了？这对他们来说简直就是荒唐，是胡言乱语。”

而这也正是再引导的悖论。你不练就内功，不学会卡巴津恩所说的“以开放的眼界和心胸”观察现实，深层问题就会持续存在，挥之不去。而一旦你开发了悬挂和再引导的能力，它所引发的转变，却又无法对局外人解释。而且，再引导的能力和悬挂观点一样，也会让人感到威胁。卡巴津恩说，要学会容忍“无知的心”和“心归一处静，无所求、无所知”的状态。这是真正的再引导的内功境界，但却几乎与大多数经理人的训练完全相悖。

| 第 4 章 |

观之以心

2001 年 2 月

两个多月以后，我们四人又在剑桥的枫树街聚会了。我们都知道，约瑟夫刚去过墨西哥的下加利福尼亚半岛，参加了为期两周的野外静修营。但在那里发生了什么，我们却全然不知，也不知道它对我们正在探索的问题会有多重要的意义。我们的问题是：为什么通过观察自己身陷其中的系统，就能给我们力量？我们如何学会从整体观察？

*　　*　　*

“你知道吗，”奥托说，“有时候观察更大的模式，的确会给人深层的连通感和力量感。”

“对，我也见到过这种情况，”彼得回应道，“但这并不常见——我见到的这种情况，都是系统就‘在房间里’的时候发生的。现有系统中的角色人物，比如丹尼尔·金参与的产品开发项目系统的各个子团队，都在场一起参与交流。但是，我们如何把这一原则运用于像环境和贫困这样的问题？我们不可能把整个系统的所有角色都请进一个房间里。这些问题太‘巨大’了，大家一想起来就会感到无能为力。”

“是的，但我不能肯定，这与要召集多少人是否直接相关。”贝蒂·苏说，“我觉得对于观察环境这类系统来说，力量的产生要从负责感知的器官或工具中开始。我们想找出问题的根源，不能仅从外部分析这类系统，必须从内部感知来分析。”

“没错，”约瑟夫应和道，“这是在我们的采访中反复出现的情况。在讨论转向从整体内部观察时，大家会使用‘观之以心’(seeing with the heart) 这类描述。当然每个人使用的语言各有不同，但所有人的描述中出现的各种比喻却惊人的相似。”

奥托点头同意说：“我记得，阿瑟在谈论创新过程中出现的‘内心的觉知’时，指着自己的心说：‘这种内心的觉知是从这里来的。’伯克利认知科学家埃莉诺·罗施（Eleanor Rosch）则谈到过作为独特认知方法来源的‘内心深处的发源地’。

“我认为，美国心脏数理研究所（Institute of HeartMath）所做的研究工作提供了这方面最有力的证明。他们发现人体内有三个主要神经网络，最大的当然是大脑神经网络，但还有另外两个主要神经元簇，即肠道和心包神经元簇。这样看来，‘心知肚明’的直觉把握和‘胸有成竹’的心底了解与熟通，其实都是有生理基础的，而并非仅是打比方。”

“这明显也与所谓的‘永恒的知识’相符合。”彼得说，“在世界各地的文化中，人们想表达某种深切的看法的时候，都会以手抚心。这种把深层的意义和直觉与心联系在一起的做法，无论是在工业社会、农业社会，还是前农业社会都一样。这甚至在一些最古老的语言里也有所反映：古代汉语的‘心’字，就是心脏的象形图画。‘观之以心’很可能远远不只是比方，而恰恰可能是我们从整体观察而实现意识层次拓展的基本形态。”

“我觉得这正是我这次去下加利福尼亚的收获的精髓。”约瑟夫说道，“我必须先学会从心出发去观察，然后才能完成从整体的观察。我以前从没有像这次这么深刻地体悟这个道理。”

“你这次是去参加了约翰·米尔顿（John Milton）的野外静修营吗？”

“是。阿瑟向我推荐了约翰，并邀请我一同参加。我当时知道我必须去，就把其他事都推开，告诉他‘我去’。约翰人很棒。他是位探险家，在阿拉斯加、加拿大和尼泊尔等地大约12处山峰的人类首次登顶是由他完成的。他还是环境学教授，出版了生态和环境保护方面的多部著作。20世纪60年代初期在华盛顿，作为伍德罗·威尔逊中心的研究员，他参与了最早的土地保护法的部分立法工作，成为美国环保运动的发起人之一。”

“我记得你说过，你感觉可能以后会和布赖恩（阿瑟）共事，于是布赖恩就向你介绍了约翰。这次怎么样？那里都发生了什么事？”奥托问道。

“嗯，我一到那里，就和约翰聊了好几个小时，马上就跟他有了一见如故的感觉。他在父母和祖父母的鼓励下，从7岁开始就进行野外独处训练和愿景探寻。他当时告诉父母，他想去登山，以便‘进入真正的教堂’。其后5年，他在家乡新罕布什尔州北部和缅因州每年至少做一次野外独处训练。15岁那年，他在华盛顿州奥林匹克山脉做了第一次长达一个月的野外独处训练。16岁开始，他就到西方人很少涉足的许多偏远地区进行探险。所以他说，从早年开始，他主要的老师就一直是‘野外大自然和伟大的神灵’。

“20世纪50年代，约翰向许多教授传承的老师学习了深入的知识，包括玛雅萨满教、道教、佛教和太极。30年之后，他开始传授这些知识，以便为野外独处训练做准备。这已形成了他所说的‘神圣的通道’的训练。这些通道，比如布赖恩曾经历的和我后来经历的，都是‘深层生态学’训练的一部分，目的是让人们开始体验自然这个向导。

“我把我们四人的对话告诉了约翰，也向他提出了我心中一直在问的核心问题：我们如何才能转变整体？安魂人类的情景设想会成为真的可能吗？如果会，我们怎样做才能最大限度地避免这种未来情景？

“他沉思片刻后说，他确信，政治、法律和经济的方法都达不到足够的深度，仅靠它们，不足以推动我们需要的人类文化的深刻变革，不能在人类相互之间、人与自然之间，建立真正的和谐与平衡。他跟我说，他坚信下一场‘生态世界观’的伟大变革将一定会源自内心，随后他说：‘我相信你在接下来这几天里即将体验的经

历，一定会加深你对这里面深层含义的理解。’

“谈话结束时，我又感受到与布赖恩谈话时同样的内心直觉，即我们会一起共事。

“最终我总共在那里待了14天。其中有7天是在大洋岸边的独处，其余是独处前后在营地里与其他参与者在一起。约翰主持了头4天的准备训练，地点是他为聚会建造的名叫帕拉帕（Palapa）的大棕榈棚屋下，培训是围着一张布满美丽雕刻图案的原木桌进行的。即使在白天最热的时候，凉爽的风也能让大家感到很舒适；晚上气温下降，我们要穿上厚外套，戴上帽子。我们还可以听到从半英里[①]外的大洋传来的轻柔浪涛声。

“我们每天都到帕拉帕棚屋旁边的院子里学练中国古代的气功。在中医理论中，气是所有生命赖以存在的生命之力。约翰说，这些基本的气功练习能帮助大家安静身心，调整气血能量，而且更重要的是，它能让大家身心更开放，感受到在独处过程中呈现的更大的生命灵力。练完气功后，我们就回到原木桌，一直训练到中午。午饭后有一小时左右的时间做练习或午睡，下午则一直进行到七八点，最后由约翰做总结，然后结束。

“我发现我完全被约翰的讲解吸引住了，一字一句地仔细揣摩。他的话是那么有趣，那么有说服力，既新鲜又有似曾相识的深度共鸣，好像很久以前留下的遥远的回忆。我们学会了基本的野外生存技巧，既包括从他自己野外独处和探险经历中总结出的原则和方

---

① 1英里约为1.6千米。——编者注

法，又包括世界各地经典传承提供的智慧，这些都聚焦于开发自己‘内心的本性’和与外部自然的和谐。

“培训的最后一天，在我们野外独处之前，约翰画了张地图，上面描述了大洋沿岸每一处野外地点的地貌特征。我选了离营地最远的一处。野外独处的目的是花时间单独与自然相处，所以约翰让我们留下了一切可能分散我们注意力的东西，包括手表、阅读材料、相机、收音机，甚至还包括日记本。‘你带的东西越少，等待你的发现就越多。’他告诉我们。

“出发前，约翰教给我们一个仪式，是从凯尔特人、美洲印第安人和中国藏族人的各种仪式中，也是从他自己那么多次野外独处的灵感中提炼出来的。仪式经过了特殊的设计，这样我们就可以把它变成自己个人独特的东西。‘对仪式来说，’他告诉我们，‘最重要的东西就是它要出自你心中——它表达你心中自然关爱的真实状态，它源自你整个身心的最深处。’然后，他讲解了‘十一方向仪轨’。十一方向是指四个主方位（东西南北），加四个中间方位（东北、东南、西南、西北），其余三个是上、下和‘无穷向内’。我们顺时针依次面对每一个方向，发出爱和感恩心，并对其布施鼠尾香草、雪松或大米。约翰说，真正的布施是爱本身。布赖恩已经有12次野外独处经历了，他告诉我们，这个仪式‘能量非常大——你与各个方向都建立了关系，它们就会教你一些东西’。

“早早吃完午饭，我们收拾好行装来到小道起点处，接下来，约翰就会让我自己走了。我把收拾好的背包放到车里时，约翰过来把我拉到一旁说：‘约瑟夫，别忘了，一旦你把最深的感恩心奉献给

大自然，她教给你的东西一定会让你大吃一惊。'

"我们的车开了近一个小时，才到了布赖恩的小道，把他放下来。然后我们又向南开了大约10英里，到了一大片无人烟的海岸线，约翰把我放在小道边，留下一星期的饮用水。我背着包走了两个小时，来到我选的地点。我停下来，放下包，坐下来接收眼前的一切。我选的地方是大约在海平面以上50英尺[①]的悬崖。下面就是下加利福尼亚西岸连接着太平洋的精细沙滩。那天，空气湿度非常低，我可以清晰地看到远处一望无际的蓝绿色的深邃大洋。沙滩大约有200码[②]长，南北两侧是大块大块的黑色圆石。我面对大洋，左边是南方，那里的圆石形成一个巨大的悬崖，约150英尺高。北侧的圆石没那么大，高度大约从几英尺到30英尺，实际上已经在海浪的不断冲刷下形成了美丽的岩石花园。

"我决定在俯视沙滩的悬崖上，在一块很像长凳的岩石边架起帐篷。我坐下来，往四周观察了片刻。我处在索诺兰沙漠中，地貌形态是沙子、石头和许多物种，以及各种大小不一的美丽的仙人掌；在仙人掌之间还零星分布着本地的野草和豆科灌木。我身后远处是谢拉得拉拉古纳山脉的山脚，这片7 000英尺高的山脉得名于顶部的大潟湖。凝视着这一切，真是美丽至极。但在我回到小道起点把水带进来，再架好帐篷以后，天色已晚，我也非常疲惫，就没有再四处探察。

"第二天，我侦察了整个海滩，包括两侧的圆石，又回到小道

---

① 1英尺约为0.3米。——编者注

② 1码约为0.9米。——编者注

起点，留下记号，表示我一切正常。回来后，下午晚些时候，我做了我的十一方向仪轨。我在沙滩中央一块露出沙子的平板大石头附近做了记号，然后按约翰的要求，在四个主要方向上走出去108步，定下四处地点，做布施仪轨。

"我开始面向东方布施，那是精神再生和觉醒的方向。我是面向着沙漠和山脉，看着远处巨大的仙人掌和上面深蓝色的天空。在这片空旷美丽的海岸线开始野外独处，真是最有魅力的经历。对我所经历的这一切，我心中充满爱和感恩之情，我跪在地上轻声说道：'谢谢，谢谢，谢谢。'

"接下来我按顺时针顺序，转向我画的沙滩风车的南方；前面就是由房子那么大的圆石组成的峭壁。南方代表生命力、活力和无条件的爱。我对南方布施感恩心，又发生了同样的事。我默默地流着内心深处感激的泪水，说着心里的话。然后又转向代表转化和死亡的西方，面对大海和夕阳；随后是北方，代表永恒智慧和心灵净化。每一个方位都有声音对我直接讲述了我过去生活中的事，包括对我来说重要的人，以及我前面要走的路。

"结束后我坐在这个大风车阵中央的大石板上，看着落日染红的整个天空。两只美丽的鹈鹕从我面前飞过，紧接着又有两头灰色的鲸出现在海岸边不远处。以前我从来没见过鲸。我先是看见它们喷水，然后看到它们像海豚一样在水中滚动。我坐在石头上看着落日，听到耳朵里有声响，感受着身心的极度轻盈状态：我觉得心中的四面围墙已经不见了，我与大自然的界限消失了。我在石板上一直待到天黑，然后才回到帐篷里。

“两天后，按照约翰的要求，我开始辟谷三天，只喝由酸橙汁、枫糖汁和水混合而成的饮料，我感觉这完全满足了身体对能量的需要。我集中精力冥想，探索和体验我面前的一切，觉得自己进入了深度的放松和当下意识状态。

“沙滩的北侧布满了被千百年的海浪雕塑过的黑石——至少有数千块这样的‘石雕’，从巴掌大小到30英尺高，每一块都是一件杰作，都可以进最好的美术馆陈列展出。身处其中就会让你惊叹不已。我在这些石头中间坐下来，看着海水冲刷这些石雕，然后穿过石雕涌到离我几英尺的地方。时间好像过了几个小时。每次海水退下以后，就留下了由各种小水池组成的最复杂的花样图案。每一次的海水涨退都有不同的动态形式，并留下新的花样图案，就像艺术大师创作出来的一样。看着看着，我想起约翰说过的第一项原则：‘一切有形有象的东西都在不断变化着，相互关联着，都处于一种恒常的表象状态，并不断消失而复归本原。’

“要观察和学习的东西真多。我看到水中漂来一根近5英尺长、3英寸[①]粗的圆木棍，可以做一根很好的拐杖。我就用它来帮我探察沙漠和海滩两侧的岩石区。每天日落前，我都做一遍十一方向仪轨，布施我对大自然的深爱和对我所经历的一切的感恩之心。每次她都很快就回应我，从无例外。一次是两条鲸出现了约一小时，然后是鹈鹕和排列成阵的军舰鸟，那是一种很大很美丽的黑白色海鸟。还有一天是三头鲸一起出现了一会儿。另外一天，排成列阵的

① 1英寸约为2.5厘米。——编者注

鹈鹕飞到我眼前，让我激动不已。最壮观的一天是我辟谷的最后一天中午。前一天中午我开始了传统愿景探寻的24小时练习，但从早上开始，天就阴下来，刮起很大的北风，气温骤降。中午我开始做愿景探寻时，风已经非常大了。

“根据约翰的要求，我画了一个直径8英尺的圆圈，并要一直待在里面不出来。我们必须尽量保持清醒，还要尽量不喝饮料。我们还必须尽量保持站立姿势，并练习约翰教我们的一种站立式冥想方法。

“我是在海滩北侧一块大黑石附近的沙地上画的这个圆圈。因为风越刮越大，我就把外套、毯子和睡袋都裹在了身上，以抵御风寒。太阳落下海平线后，风刮得更大了，我后来知道当时的风速有每小时40~50英里。大浪拍打着岸边的石头，激起的细水花喷溅到我身上，整夜都是这样。坦白说，我当时感到很凄惨，我必须竭尽全力站在大风和浪花中，以免被吹到圆圈外。我无法保持深度冥想状态，星星和月亮都不见了，我也无法‘吸收’它们的能量。我能做的只有维持清醒的状态。

“拂晓之前，我开始练习约翰教给我们的气功。我努力集中精力，用大约一个半小时‘超额两遍’完成了气功练习。练功时，我的头脑变得更清醒了，精力也更足了。尽管这样，我却很失望，因为愿景探寻还没有结果，启示并没有降临。我怀疑是不是由于自己没有保持正确的意念，或是做了些什么不对的事，才导致了这个失败的结局。

“早晨很凉，空气却非常清新，天空万里无云，我好像能永远盯着蓝绿色的大洋一直看下去。中午，我终于可以出圆圈了，于是我出去，回到小路起点处的检查点。在回来的路上，我去了一处美丽的巨石绝壁。绝壁下面就是大海，上面却有一个大石雕。绝壁这么高，很难想象海水究竟是怎么能到这上面来，要多少世纪才能冲刷出这个大石雕。

“我走到悬崖边坐下，观赏着这一切。我做了祈祷，感谢上帝和大自然的造化，给我这个机会去体悟当下。我开始冥想时，突然看到左边有两头巨鲸同时在喷水，然后就上演了一幕令人无法相信的场景。我数了一下，它们总共向空中跃起了17次，整个身体像海豚一样腾空弯曲，然后头朝下潜入水中，场面极为壮观。我坐在那里，心跳加速，充满敬畏之情。之后有一段时间的沉寂。但突然之间，从大海深处，好像数千米的深处，巨鲸一跃升空，就像导弹发射一样，全身出水，停留在空中片刻，才落回到水中，却几乎看不见水花翻起。这样总共有三次。

“它们表演完了，我跪在悬崖边，呜咽成声：‘天啊，我们怎么还能伤害这些鲸呢？我们伤害了它们可怎么办呢？如果我们破坏了这片海岸线，那将是多大的罪孽啊！’与此同时，在我的正前方大约100码开外，一头鲸向我喷了4下，然后是寂静。一分钟以后，在我的左侧，又有一头鲸在水面翻转了4次，然后就沉寂无声了。我跪在那里很长时间，感觉好像膝盖跪出了流血的伤口。我觉得心完全打开了，与鲸的心连通了，我们之间再没有阻隔。我在这个强烈的慈悲心状态中停了很长时间，感觉就是在一块圣地，在伟大的教堂里。我当时就知道，我已经发生了永久的转变。

“第二天早晨我结束了辟谷，又花了一整天时间回访我曾常去的地方：我前一天看到巨鲸的悬崖，还有美丽的海边石雕。在下午晚些时候，我回到了海滩，做了最后一次十一方向仪轨布施，为我所学到的一切表达了我最深的爱和感恩。这个过程又给了我很强烈的感受。最后，我坐在我做布施仪轨场地中央的大石板上。鲸没有再出现了，但我的内心在微笑，觉得前一天的经历足以让我终身受用。

“日落前，我来到海滩南侧由巨型圆石构成的悬崖的底部，站在沙子上看一块巨石，思考我怎样才能向家乡的朋友描述它的巨大尺寸和外形。正当我看着它时，我突然感觉到了什么，就往左边看去，只见15英尺外的另一块巨石上，有一头雌性海狮。我吓了一跳，大喊道：‘啊！’可她却没动，只是用温柔的棕色大眼睛静静地看着我。我们待在那里，互相适应着对方的出现，大约有好几分钟。

“然后她开始动起来。我还以为她要走了，但其实不是。她从石头上爬下来，向我爬过来，停在大约8~10英尺远的地方。她把头放在两块石头组成的V字形的空当之间，好像模仿我把下巴放在手杖上面的样子。她把脸在一块石头上蹭蹭，然后又在另一块上蹭蹭。最后打了个大哈欠，然后就坐在那里看着我的眼睛。她的眼睛很美丽，很温和，但同时，我觉得也有很多悲伤。她和我在一起大约有10分钟，然后才缓缓爬向岸边，消失在水中。就在那一刻，整个天空都变成了红色——不仅是西边的天空，而是整个天空，横贯东西。我从未见过这种景色。我站在那里，完全被征服了，有一种整个身心最深处的感动。

“那天夜里，在月光下，我坐在帐篷边的石凳上，回想这几天大自然，特别是鲸和海狮给我的礼物。我想起刚到营地时约翰对我说的话，却感觉好像已经是上辈子的事：‘下一场生态世界观的伟大变革将一定会源自内心；你在接下来这几天里即将体验的经历，一定会加深你对这里面深层含义的理解。’我意识到，大自然已经成为我的老师。她已经帮助我理解了我是谁，以及我真正要做的是什么。

“第二天我走回小路起点，等车来接我回营地。在他们带我回去的路上，我没怎么说话。我还不能用语言描述我的经历，所以就闷着没说。那天晚上，我们又聚集在大原木桌前，分享各自的经历。开始时约翰就说，我们每个人的经历都是从‘深层发源地’生发的学习之旅，它播下的种子可能要几个星期、几个月甚至好几年的时间才能发芽生长。他建议我们回家以后要留出精神和心灵空间，以促进它的生长。

“我们轮流分享了各自的经历。约翰对每一个人的经历都做了反思阐释；就像美洲印第安萨满传统一样，他要解释每个学习者的经历。轮到我时，我却不想说。我还没有把握能把自己的深层经历向大家表达清楚。但我还是开始说话了，说出来的话好像是从另外一个时空来的。那些经历又变得真实起来，而且我感觉对在场的其他人也同样真实。我接收到的礼物，变成了在座的所有其他朋友一起分享的礼物。我讲故事的时候，大家完全沉默着。最后约翰说话了，他说这个经历是通向本原实相的路径。

"'我们的时间一到，本原实相就会显现。'他说道，'这个经历对你就是一个门径，要保持它的新鲜价值与活力。记住，通过这个门径，你可以随时回顾这段经历。时间是个矩阵，而不是线性的东西，你可以通过这个门径去激活过去的经历。'

"几天后，要离开营地回家之前，我又提出了刚到营地时问过约翰的核心问题：安魂人类的情景设想会成真吗？如果会，我们怎样才能最大限度地避免这种未来？我们如何才能转变整体？

"约翰说，我们的问题'从根本上说在于缺乏连通关系，不仅是人们自身之间的连通，还包括人与自然的连通，因为我们陷入了基于异化和分离的还原论意识。我们必须改变这种意识，并建立共生的关联。人类的命运在很大程度上仍然掌握在我们手里。有些事情惯性太大，已经积重难返。但我们还有两个窗口，会对我们有极大的帮助。第一，一种更高级的生态意识正在觉醒，它意识到个人与其他生命，以及我们之间的连通和相互依赖的关系。第二，一种以地球为核心和基础的精神发展正在迅速形成势头。这两个因素给我们提供了窗口，使我们能够避免地球的物质清洗。在这个窗口中，我们必须在精神和心灵上完成深层转化，这包括我们之间，以及我们与地球的关系。

"'如果我们能改变态度，放弃那种认为地球为我们而存在的想法，转而体认我们与其他物种的关系其实是共生于地球的邻居关系，体认我们并不比其他物种更优越、更有特权，那么我认为，我们还能有很长一段繁衍生息的时间。什么都还没固定下来，还没有到板上钉钉的地步。我说的转化工作必须在一定时间内完成，但时

间正在快速消逝。'

"我告诉约翰，我觉得企业是当今世界最有影响力的组织，并且可以在这方面发挥核心作用。他也赞成这个观点，并说：'要避免安魂人类的情景，这个转化必须在企业中完成。'"

约瑟夫停顿一下，说道："我回来以后就一直等着和你们分享这个经历，因为这正是我们所探讨的问题的核心。我知道你们会理解这个经历与学会观察、与学会我们必须完成的变革之间的联系。就像我们几个月前所说的，真正有效的转变只有人心的转变。对我来说，这几乎等同于学会观之以心。"

我们静静地坐在那里，然后贝蒂·苏说道："约瑟夫，我喜欢你的故事，但它让我有点儿忧思和惆怅。我们都必须到下加利福尼亚找像约翰·米尔顿那样的导师，跟他学习仪轨，才能体验你所描述的那种经历吗？"

"我不这么认为。"彼得说，"但这可能取决于我们怎么看约瑟夫的经历。"

"约瑟夫与大自然和鲸的经历，与我们和动物的通常经历完全不同。"贝蒂·苏说，"比如我们到动物园去看动物，也许动物也会注视你，但我们和动物不管是在身体上还是心灵上，很明显处在围墙的两面。这不是简单的围墙栏杆的问题。在我们和其他物种之间有一个巨大的鸿沟，而且在大多数时间里，这条鸿沟甚至还存在于我们和人类社会的其他成员之间。"

"约瑟夫的经历打破了这道屏障，进入了另一种身心状态。"奥托说，"这让他看到，所有发生在这些动物身上的事，也会发生在我们身上。这种新视角，就如同在另一个更大的世界里获得了重生。我觉得，这之所以能够发生，部分原因是约瑟夫能够完全进入当下状态，对世界完全开放，不再把自己局限在自身小小的蚕茧里。他简单而完全地处在当下意识状态中。”

“这种开放意识状态对成年人来说非常罕见。”贝蒂·苏说，“我所知道的其他类似的人群，能有这种状态的只有搞艺术和其他做创造性工作的群体。”

“但你们也知道，我不想给你们留下一个错误印象，让你们觉得那只是关于动物和环境的体验，或者是某种神秘的体验，这种体验当时感觉很好，过后就只是记忆了。”约瑟夫用安静而严肃的语气说，“它让我看到了一些东西，而且就我现在的理解，它的确改变了我的人生，以及我余生要做的事。对于我在很长时间里一直思考的问题，这段经历是一次深刻的印证。它对我们这里讨论的问题也绝对必要。

“那是一种被‘呼唤出来’的体验，被用作工具和手段的感觉。以前我也有过类似的体验，但我在下加利福尼亚发现，阻碍这种体验向更大范围发展的因素，正是我们深刻的隔离感。我在那里体验到，隔离的围墙消失了，而在那之前，我甚至还不知道这些围墙的存在。”

“这些围墙正是我们日常现实中的体制和构造，”奥托说，“这些‘体制构造’在消失之前，要比约瑟夫在下加利福尼亚经历的‘不可思议的奇迹’更真实。”

“我记得在《神话的力量》电视节目的一段采访中，约瑟夫·坎贝尔谈到人们为陌生人甘冒生死风险的原因。”贝蒂·苏补充道，“他说那是由于意识状态突破到一种形而上的体悟状态，即你和另一个人其实是同一个生命的不同表现形式。而在极端的危机中，这一形而上的实相就可能自发呈现。”[1]

“但是约瑟夫，你的经历真正值得注意的地方，是这种‘不二’意识状态的突破，是物种的界限的跨越。”彼得插话道，“你和鲸，以及大自然都融为一体了。”

“是的，但我一直在挣扎，在寻找语言去真实地描述我体验到的连通感。”约瑟夫回答道。

“尽管如此，你的语言仍然让我感动，”彼得说，“你描述你在鲸面前抽泣时，我的眼睛里也含着泪水。你的故事中有种东西，让我感到不可思议的悲哀。我不知道这是从哪里来的。”

奥托举头向上面看去，说道：“那是分离的悲哀，是离别之苦。”

第二部分　深入静默

Presence:
An Exploration of Profound Change in People, Organizations, and Society

| 第5章 |

生成的时刻

2001年4月

在后来的几个月里，我们一直保持着电话联系，有时候一次电话会议能谈上好几个小时。等大家再次到奥托家，已经是春意盎然的季节了。我们谈到了各自在做的项目，虽然这些项目有很大差别，但谈话总是会回到始终萦绕在我们心头的那个问题上。

*　　*　　*

“在壳牌那么多年，我一直在做情景规划工作。这些工作经历总在提醒我：讲故事对帮助人们理解现实的复杂性有重要作用。”贝蒂·苏说，“设想未来情景并构架各种未来情景的故事叙述，正是让组织深入了解各项战略计划背后所隐含的各种假设的方法。如果没有这类修习和演练，我们可能会不加分析地接受单一的理论假设和叙事方式，从而陷入执着。对我来说，这正是当今世界所陷入的大困局：作为在地球上生活的人类，我们用特定的叙事方式或理论模式来解释自己是谁；我们不但接受它，还陷在这些叙述或理论里；但我们内心总有某种东西，想让我们从它的禁锢中解放出来。”

“我完全同意。”约瑟夫说，“我们所认为的人类之间的分离，以及人类与其他物种之间的分离，就好像是我们的现行叙事方式的黏合剂。我们必须找到方法从这个悲剧性的叙述方式中解脱出来。”

“质量管理的先驱戴明博士曾提到过‘一种尚未得知也不可得知的损害’，”彼得解释道，“我们无法得知延续这种二元分离的谎话会使我们付出什么代价。我现在开始认识到，其实我们工作的核心应该是创造出一些方法，来帮助大家在更深层次上连通，即与大家的共同关爱和志向目标感连通。

“前一阵子，我在埃及参观了亚历山大的新图书馆。亚历山大的古图书馆曾经是人类智慧的聚集地和分享地，也是这方面历史成就的有力象征。埃及政府希望新图书馆将重新确立这个志向目标。但没有人确切知道古图书馆是什么样的，所以他们根本没想要复制它。新馆看上去像个巨大的盘子；如果从地中海看过去，它的玻璃和金属外表就像是地平线上升起的太阳。但最让我激动的还是在近处的景象。在建筑正面的水泥墙上，布满了用世界各地本土语言雕刻的各个古代文化中的创世神话故事。贝蒂·苏说得很对，如果我们愿意保留并考虑不同的故事叙述方式，我们就可以从自己的叙事方式和隔离状态中解脱出来。在埃及，大家可以强烈感受到，在追求实现这种自由的过程中，我们都还有很长的路要走。”

“但关于如何超越我们的隔离故事，其实我们知道的并不少，只是自己想不起来，或者没有意识到。”约瑟夫说，“我一直在想，其实我们都见到过团队集体状态发生转变的那些看似不可思议的时刻。从某种意义上讲，这么多年来我们一直在学习如何转变人心，只是未能从新的角度去思考这个问题。

“我们甚至会在很大规模上看到这种情况的发生。你们是否都清楚亚当·卡汉（Adam Kahane）1991年和1992年在南非蒙特佛利（Mont Fleur）的情景设想工作？情景设想团队包括学者、活动家、工会代表及白人社会代表——如公司高管、企业家、经济学家及第一流的产业机构‘南非矿业协会’（Chamber of Mines）的代表，还有来自在1990年前被划定为非法政治组织的代表。在一些最重要的会议中，甚至有当时只有白人才能参加的政党的代表出席：执政的南非国民党（National Party）、右翼的南非保守党（Conservative Party）和自由主义的南非民主党（Democratic Party）。这简直是史无前例的事件。

“实际上，南非的历史性转变正是大家共同创造不同未来的典范。在1985年，有谁能预料到南非在短短10年之后就能完成多种族的民主政体的和平转型，并且没有出现武装冲突和大规模流血事件？”

“嗯，我知道南非在20世纪80年代中期就开始了最早的情景设想演练，”彼得说，“那一次的主办方是在南非很有影响力的大型矿业联合企业‘英美资源集团’（Anglo American Corporation），但几乎没有黑人参与。尽管如此，它还是对解放人们的思想做出了贡献——和我们在此谈论的事类似。我曾经看过1987年前后在南非很流行的电视节目录像，这个节目演示了当时的两种情景设想。一个叫‘低路径’情景，另一个叫‘高路径’情景。‘低路径’情景是设想种族隔离政策得以延续，南非在世界上越来越被孤立。‘高路径’情景是设想种族隔离政策终止，南非融入国际社会。公众对这两种情景设想的讨论，不仅使许多白人开始思考维持现行政策的后果，还加强了一种信念，即国家对自己的未来是有选择空间的。”

约瑟夫点头赞同：“也许部分由于最初那次演练的成功，当德克勒克总统在1990年正式启动结束种族隔离政策程序时，大家对新一轮情景设想工作已经有了心理准备。壳牌资助了这一轮的工作，在我手下工作的亚当还辅导了这个项目。当时的想法是，让参与共同创建第一个多种族政府机构的人员，一起思考各种不同的未来情景。好的情景设想可以让大家提出棘手的问题，同时还能避免在有关未来的政治辩论中常会发生的那种立场僵化和花言巧语的争论。

“工作团队后来提出了4种情景设想，每种都有一个好玩的、没有威胁性的名称。‘鸵鸟’情景是当政的南非白人政府把自己的头埋在沙子里，回避面对现实问题。‘跛脚鸭’情景是新上任的黑人政府的权力被宪法条款严重限制，结果完全没有任何行动能力。‘伊卡洛斯’（Icarus）情景是新政府启动激进的经济改革，增加了土地和企业的国有化程度——而且，就像希腊神话中的伊卡洛斯一样，因为飞到离太阳太近的地方而丧失了‘飞行’能力，把经济系统搞垮了。

“还有一个叫‘红鹤’的情景设想，开始没有人特别喜欢这个情景，因为红鹤起飞速度很慢。但工作团队反思这些不同的情景叙述后得出的最后结论是，‘红鹤’才是唯一可行的路径，因为红鹤们总是一同起飞。

“现在回顾这段经历，可以清楚地看到，当时大家的心是开放的，要不然他们不会聚焦在这个情景上。这是个必须要大家共同前行的情景。假如有一个人在团队中想要说服其他人，想赢得辩论，那么这种观点分享就不可能发生。当然，我不是说可以肯定和确认这些情景设想在多大程度上对南非的变革进程产生了实际的影响。但我相信，这些情景设想对南非新政府得以团结多样化的选民群体，产生了重大的思想影响。

“多年来还有许多其他情景设想练习，却没有产生这么大的影响。我一直在考虑，是什么因素使南非的案例与众不同。”

“我也很好奇，”贝蒂·苏应和道，“情景规划肯定不是新工具，但这个案例却很不一样，即使不是在质上有差异，也一定是在量上有区别。如果我们能更好地了解其中的原因，也许就能对集体共同观之以心的条件有真正的洞悉。我们可能特别会理解团队中发生‘不可思议的魔术’般的转变时，究竟出现了什么情况，还会理解一个团队究竟怎样才能成为催生更大的整体转变的微系统。”

奥托看上去若有所思，他说：“我觉得一个团队在成为生成性的微系统时，一定会与自己真正的志向目标建立深层连通。在几个月前的一次会议上，亚当讲述了一个时间距离更近的公共情景设想项目，也许我们可以从中发现这种情况发生的机理线索。”

“那是什么项目？”约瑟夫问。

“危地马拉。亚当从1998年就开始在那里工作。一组地方企业界人士、政府官员和人权活动家了解了亚当在南非的工作之后，就决定请他帮忙。他们从危地马拉的各个领域中选出了45人，包括政府部长、原游击队和军队指挥官、企业家、大学校长、教会领袖、记者、市长、学生和社群组织者。这些人要组成一个能共同思考和行动的领导小组，启动国家的愿景重建和社会振兴工作。危地马拉经历了36年内战，直到1996年战争才平息。一个只有800万人口的国家，竟然有20多万人在内战中死亡或‘消失’。尽管有官方的和平协议，你还是可以想象危地马拉的社会、政治和经济秩序的混乱程度。

“这个名叫‘危地马拉愿景’（Vision Guatemala）的小组开始勾画未来10年国家发展的一组情景设想。这些情景简单清晰，揭示了国家的某些关键运作机制问题，例如在和平协议里倡导的改革能否持续下去，以及承认危地马拉多样性文化的需要——毕竟，全国有50%的人口是玛雅印第安人。

“小组开始在正式演讲和非正式对话中使用这些情景叙述，并由此让全体国民都参与进来了。这些情景叙述总结了他们对国家中正在呈现的现实的理解，包括他们应该做的是什么，以及他们无法不去做的是什么。过去3年，这个小组似乎已经产生了非常大的影响。作为民选领导者，危地马拉愿景小组的成员在教育、立宪、政府财政改革和许多地方开发项目等方面都发挥了重要作用。他们在数百个各种类型的组织中复制了小组的深度对话过程，并把这项工作列为重新塑造国家社会秩序的战略内容。一位联合国官员在最近的一项研究中指出，危地马拉的情况仍然很艰难，但如果没有危地马拉愿景小组，‘我觉得可能早就发生政变了’。[1]

“但对我来说，亚当的故事里特别有意思的地方是项目早期的一件事。好像每个人都认为，危地马拉愿景项目在全国有影响力的领袖人物中间产生了非同寻常的共同承诺和投入，并建立了相互信任的关系网。但在此之前，他们很多人其实并不认识，有些还是势不两立的对手。在第一次研习营上，亚当用5分钟追溯了这种深层的共同承诺感。当你问到什么东西能促发‘不可思议的魔术’转变时，我就想起这段经历了。

“那次研习营的第二天晚饭后，大家围坐在一起讲述战争年代的个人经历。换句话说，每个人都在情景设想所揭示的动态作用机制上开启了一扇个人的‘窗户’。例如，有一位女企业家是反对违法不受惩罚现象的著名斗士，她讲到有一天她的一个姐妹被军人杀害了，她从一个地方跑到另一个地方，想了解究竟发生了什么事。讲这段故事需要很大的勇气和坦诚：女企业家在事件发生那天询问的第一个军官曾否认所发生的一切，而他恰巧也在研习营里，并且就坐在她的身边。

“第二天上午，谈话开始后不久，头一天晚上没说话的一位男士说想讲讲他的故事。他叫罗纳斯·欧查塔（Ronalth Ochaeta），现在是危地马拉派驻华盛顿的美洲国家组织的大使，当时曾是天主教会人权办公室的行政主管。他的故事是在玛雅乡村看到大屠杀坟地挖掘现场。内战期间发生过许多类似的大屠杀。他当时看到很小的

骨头，于是就问在场的法医，是不是因为骨头碎了。法医回答说：‘不是，这些是被屠杀的孕妇肚子里胎儿的骨头。’

“请注意，要理解这个故事，你需要记住亚当是个非常实际的‘艺术家’。约瑟夫，你最了解亚当。我只能说，他甚至很不愿意谈论诸如‘魔术般的时刻’这类的事。”

“没错，亚当的性格是那样。”约瑟夫回应道。

“亚当接下去讲道，‘罗纳斯讲完以后，房间里一片沉静，大概有5分钟之久。在那段静默的时间里，发生什么事了？一个在场的人后来说，当时房间里有一种精神能量。另一位说，那是一种共鸣。我不觉得自己对这类现象很敏感。但如果你把音量放大，那么甚至愚钝如我的人也就能听到声音了。当时我确定听到了某种东西。’”

奥托停顿一下，继续说道：“亚当说，他坚信危地马拉愿景小组后来的成功可以追溯到那个时刻；他们完成了艰巨的任务，即达成了共鸣的愿景和情景设想，并在以后数年间协调一致地开展了行动。如亚当所说，在那个时刻‘共鸣的志愿和小组的共同承诺开始清晰地呈现在他们面前。那个时候，每个人都清楚了他们为什么在一起，以及必须要一起做什么。就如同我们深入自己的现实并从其内部看清了现实。正是在那个观察中，我们理解了我们是谁，以及我们为什么走到一起。’

“危地马拉的土著人口比例在美洲国家中是最高的。玛雅人的圣典《波波武经》(Popol Vuh) 中有这样一段话：‘我们的想法不是我们创造的。我们只是把我们的志向目标聚集在一起，达成一致。然后我们做出决定。’亚当说，‘这正是在危地马拉愿景小组中发生的事。’”

然后是一段静默——不是完全没有语言表达，而是一种当下理解状态的呈现。

最后彼得开口讲道：“亚当说，需要调大音量，他才能听见。也许我们其他人也没什么不同——我们都得用毕生精力学习‘聆听静默’。印度精神导师克里希那穆提（Krishnamurti）说，这就是真正的沟通很少发生的原因：‘真正的沟通只能在静默中产生。’但在这种静默中，不是只有心灵的解放和‘从内部’的观察，还有其他东西。”

“他们看到了自己的志向目标，就像我在下加利福尼亚半岛时的情形。”约瑟夫说，“在那种特定的静默状态中，你能够听到、看到或者感受到在平时无法感受到的正欲破土而出的新事物。”

“没错，”奥托说，“不过我可能会换个说法。我个人的经历是，在亚当描述的那种场合中，我们所连接到的更大的现实不是处在静态，它是在运化或呈现的过程中，我们也是那种运化过程的一部分。这是一种依赖于我们运化的正在呈现的未来。”

“我们不确定是否真的明白你的意思了，”贝蒂·苏说，“那是种什么样的感受？有什么不同之处？”

“那不是一种被动的东西——我觉得有很大成分是我们的主动参与。就像你和这个正在呈现的未来连接在一起了，或者至少是建立了一种潜在的连接，假如你选择去接受那个潜在可能性的话。”

“我明白你的意思了，但要是有具体例子的话会更有帮助。”彼得说。

“嗯，我第一次的体验是在16岁那年。那天一早我去上学，但等我下午回家时，一切都变了。”

“发生了什么？”彼得问。

“那天中午前后，校长把我叫出教室，让我回家。她没跟我说为什么，但我注意到她的眼睛有点儿红，好像刚哭过。我急忙赶到火车站，往家里打电话却没人接——线路中断了。我完全不知道出了什么事，但有一种不祥的预感。火车有45分钟车程，我下车后没等公交车，就直接打车回家了。那是我第一次坐出租车。

“离家还很远的时候，我就看到前方有大团的黑灰色浓烟不断涌起，通向农场的栗子树大道上站满了邻居、消防队员、警察和伸长脖子围观的人，差不多有好几百人。最后半英里我跳下出租车，朝家里飞奔过去。

“我跑到院子边上，顿时惊呆了。有350年历史的、我家族差不多生活了200多年的、我一直生活在那里的农场大房子已经完全被毁掉了。我们站在那里，眼前一片废墟，完全的废墟，只剩下冒着烟的焦炭。看着这个场景，意识到眼前这一切的真实性，我感觉就像有人把我脚下的大地移走了。这是我出生的地方，是我幼年和少年时代的家。一切都没了，我所有的一切都没了。

“但是随后，当我盯着火苗一直看进去时，火苗好像也进入了我的身心。我觉得时间放缓了。只有在那一刻，我才意识到，我对大火烧掉的东西是多么执着。我的所有经历，所有亲切的记忆，所有紧密的关系，全都化为乌有了。我仍然站在那里看——作为观察者的我，突然间意识到自己还有另外一个层面，以前自己并不知道的层面，在这个层面上，我并不与自己的过去（即已经消失了的世界），联系在一起。

“那一刻，时间似乎完全停止了，我感到意识被拉向身体的上方，开始从上面一个地方看整个场景。我觉得心境在扩大，达到了一种前所未有的清晰意识状态。我意识到，我不是原来认识的那个自己。我的真正的自我，并没有执着于在废墟中被毁灭了的那些物质的东西。我意识到，自己的真我还活着——而且比以往任何时候都更清醒、更有活力、更准确地活在当下。我意识到这么多年来对那些物质的东西的执着，在多大程度上消磨了自己，而自己却还从来都没有意识到。而在那一刻，一切都毁灭了，我突然感到了一种解脱，一种自由：我可以去接触自己的另一个层面，另一个未来导向的层面，它引导我走向自己的未来，一种通过我自己的努力而创造的未来世界。

“第二天，我祖父来了。他当时87岁，一辈子都生活在那个农场。一星期前，他离开农场去医院看病，正在接受治疗。

“他竭尽全力从车里出来，径直走到我父亲仍在清理现场的地方。他甚至没有侧目看一眼自己一辈子生活过的、已被烧成废墟的地方。他直接来到我父亲身边，抓住他的手说：‘昂起头，小伙子，向前看。’

“然后他转回身，直接回到等他的车子里，然后车就开走了。几天后，他静静地去世了。”

奥托讲到这里，眼里充满泪水。

“即使过去了这么多年，这件事中的那些小细节仍然让我感动：祖父从我身边走过，对他自己已经变成废墟的家看都没看一眼，只是竭尽身体最后的力量去转变我父亲对过去的执着，去让他为可能出现的未来而敞开身心。

“那件事引发的一个问题，让我至今仍然耿耿于怀。我需要做些什么，才能连接到另一个层面的时空，那个轻轻拉着我面对我未来可能性的时空？正是这个问题使我在几年前离开德国来到麻省理工学院，也促使我与约瑟夫共事。”

“而且直到此时此刻，问题还在你心中萦绕。”贝蒂·苏静静地陈述道。

| 第 6 章 |

生成中的理解：U型理论

我们继续谈论亚当在危地马拉的经历和奥托的第一段故事。我们逐渐意识到，多年以来我们一直在酝酿的一个理论观点，已经变得越来越清晰了。这个理论观点来源于约瑟夫和奥托好几年来的工作，也来源于我们每个人所经历的“一种依赖于我们运化的、正在呈现的未来”。约瑟夫和奥托那些采访中所呈现出的洞悉，与我们的直接经历结合，揭示出这类非同寻常时刻背后的动态过程。约瑟夫和奥托采访过的许多人都阐释了这个过程的不同侧面，而其中一位，布赖恩·阿瑟，则描绘了一幅整体图像。

一个理论的种子

1999年，阿瑟第一次接受约瑟夫和奥托采访时，谈到需要“感知一种正在呈现的未来”，以便迎接经济管理工作中所面临的日益依赖技术开发的挑战。[1]随着技术开发速度越来越快，经济学家约瑟夫·熊彼特（Joseph Schumpeter）所说的对产品、公司甚至整个产业的“创造性毁灭”[2]也越来越快。阿瑟认为，这会导致不断产生“结构的组建、改装、锁定和衰败”。[3]能够预测或可以重复的东西已经很少了，问题也不能被清晰地界定了。风险会越来越高，游戏规则和其他各参与方的变化也会越来越快。总之，业务运作会越来越不像“重复性的旧制造业的生产车间”，而会越来越像一种“技术赌场”。在这种商业环境下，根据过去的经验和习惯做决策，已经不再是最佳或最明智的选择了。阿瑟指出，像盖茨、乔布斯和山姆·沃尔顿（Sam Walton）那样的商业领袖，之所以能在这种新的商业环境中成功发展起来，是因为他们知道“如何让自己从‘问题’中超脱出来，并避免条件反射式的行为”。他们具备不用旧框架套装新现实的能力。

阿瑟的理解包括了悬挂观点和再引导，但还联系到一种不同的行动方式，即通过一种他称为“不同的觉知”的过程而产生行动的方式。“你要观察、再观察，并让这种观察体验凝聚成某种适当的结晶。从某种意义上讲，这里没有决策要做，”阿瑟说，“要做的事会自然清晰地呈现出来。你不能着急。这在很大程度上依赖于你的心态和个人的整体状态。你所能做的只是根据你对正在呈现的未来的动态愿景，做出适当调整和准备。这里面有完全不同的规则。你必须‘感觉出来’你要做什么。你必须迟疑，必须观察，并学会像冲浪运动员或优秀赛车手那样行动。不能根据演绎推理行动，而要根据内在的感觉，跟随你动态变化的感觉。你甚至没有思考。你已经和实际情况融为一体。

"传统中国和日本的艺术家讲究坐观外景。他们会坐在平台上，花一星期时间观察外景，然后突然开始迅速完成绘画创作。武术也一样：如果你在搏斗中还要思考，则必死无疑。在二三十年的武术训练中，你要把许多可能性都内化于心，然后才能全神贯注于当下发生的情况。"

他还指出科学家中也有类似的现象，"大多数科学家把现有的框架拿过来比照某种新情况"，但"一流科学家会坐下来放松，并从各种角度去观察，然后问，'这里面的实质是什么？'根据我的观察，这些杰出的科学家并不比那些'好的'科学家更聪明，但他们却有另一种能力，结果导致根本的差别。

"认知有许多种。最简单的一种是条件反射式的认知，比如，'对，他们这里有库存问题'。但还有更深层的认知，比如问，'这里真正的问题是什么？'第一种往往是标准的认知，是用常态意识达到的层面。而更深层的认知则要涉及更本质的问题，回报也会更大。与其叫它'认知'，我宁愿叫它深层'觉知'。"

奥托问到如何才能获得这种"觉知"，阿瑟指着自己的心，回答说，"这种内心的觉知是从这里来的"。"我们每个人都以某种方式，自觉或不自觉地体验过这种觉知。"

约瑟夫问道，那些承受很大压力、必须迅速行动的经理人和领导者该怎么办？阿瑟回答说，他讲的那种观察"可能需要数天、数小时，或只需刹那之间完成，比如在武术或体育竞赛中。我要说的是，假如你采取条件反射式的行动，你就会把现成的解决方案套在新情况上。在美国，经理人认为快速决策就是一切。而如果是新情况，放慢速度就是必需的。要放松，要观察，要调整自己，然后再行动。那是从内心的觉知中自然流露出来的快速行动。要有足够的时间放缓脚步，才能真正看清需要做什么。有了新鲜的视角和愿景，才有可能有创新的行动。由此，在集体层面上的整体反应，才可能更迅速，否则，试图匆忙做决策，就无法让大家信服，只会欲速则不达”。

第二种学习实践

危地马拉愿景小组和奥托家失火的故事逐渐帮助我们看清，阿瑟所谈到的其实是包含更活跃的未来因素的“第二种”学习实践活动。从杜威开始，理论家们都认为，我们是从过去的经验中学习，通过行动与反思的循环来引发新的行动。但阿瑟谈论的是一种不同的学习活动，一种从尚未发生的未来中的学习，这种学习通过不断发现自己在成就未来过程中的作用而获得提高。只有在能够对未来起到好的向导作用时，从过去经验中学习才是充分的。但如果有全新的影响力在塑造变化的现实，这却往往可能让我们对根本性的转变毫无察觉。

杜威对学习环路的阐释包括四个阶段：“观察”“发现”“发明”（新行动）和“生产”（那些新行动）。从那以后，许多学者和咨询师就开发了多种杜威式的学习环路模型。尽管这些不同模型使用不同的语言描述，在具体细节上也与杜威的原始模型有所不同，但却都忠实于杜威的原始理念，即：学习的本质特征来自过去的经验——几乎所有有关持续学习的模型都是基于过去的经验的，包括工作团队的经验和更大的组织单元的经验。[4]一般的组织变革模型也一样。例如，“有计划的变革”模型有三个阶段：一是根据谨慎的调查程序采集信息；二是决定想做什么，即做出决策并吸纳决策过程的参与者加入行动；三是完成实施，监测执行过程并随时调整。[5]

但正如亚当所说，大多数变革程序都停留在肤浅的层面，因为它们无法产生深层的理解力和承诺投入，而这些才是在真正的挑战中保持持续变革势头所必需的。如果基本的变革要求只是对新情况做出反应，那么进行计划、决策、监督，并控制后续过程就已经足够了。但是，亚当指出，“如果面对的是非常棘手的问题或两难的局面，如果需要风格迥异的人们在异常复杂的局面中协调一致，如果未来可能会和过去有天壤之别的话，那么就一定会需要一种不同的变革过程”。

在好几年的时间里，约瑟夫一直把这种过程描述为“在新现实呈现之前感知和促生之”。[6]与此同时，奥托则在开发一种描述不同层面的感知和变革的理论，并用字母U的形状来区分感知的不同层面，以及由此产生的不同层次的行动。[7]用阿瑟的话说，这个过程意味着三个主要阶段或元素：第一，“观察、观察、观察”——与世界融为一体；第二，“静修和反思”——让内心的觉知呈现出来；第三，“以自然流露的方式迅速行动”。我们把这些归纳为：感知、呈现当下和实现收获。

感知

这种U形过程中的三个基本层面，是对所有学习过程中发生的活动的延伸。这也是从表面上看它们与标准的“有计划的变革”模型有类似之处的原因。从某种意义上说，肤浅的学习和变革过程是U形过程的简化。比如大多数变革努力都不会沿着“U的下行段”走太远，因为在感知阶段就没有多少深度。采集信息并不意味着悬挂习惯了的观察方式，或再引导我们的注意力去从一个现象或情况的内部来感知正在发生的事。通常情况下，我们很可能会通过采集信息来确认自己现有的假设。[8]如奥托所说，我们会“下载自己的心智模式”，并只看到我们准备好要看到的东西。在某种意义上，我们看到的只是过去，是用我们的心智模式去反照的过去的经历。即使我们能够悬挂原有观点和模式，并用新鲜的视角去观察，也不能保证我们会看清自己与现实存在之间的关联。相反，阿瑟谈到，不要强加原先已有的框架，包括不能悄悄地这样做；然后，要让自己沉浸在现实的情况中，并最终“与现实状况融为一体”。

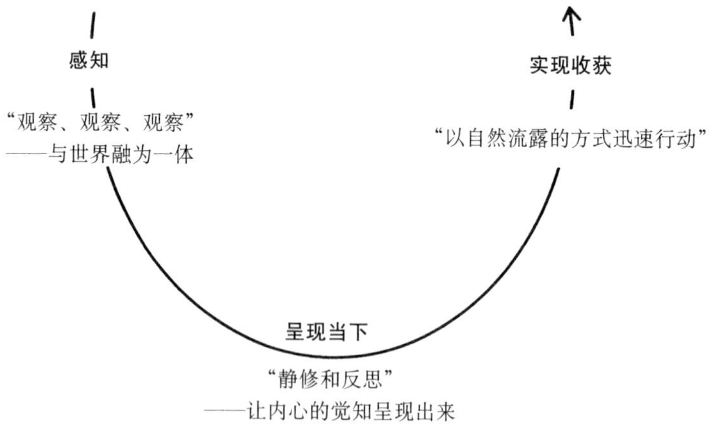

呈现当下

类似地，在“感知”阶段，即U的下行段所达到的深度，会决定之后将出现的情况。标准的变革理论通常以决策为中心，先确定“愿景”，再通过某位有个人魅力的人物，要求大家“投入愿景”并行动。但阿瑟所说的，是对正在呈现的东西达到一种清晰的体认和连通，是与“内心的觉知”的连通。由此，“从某种意义上说，不需要做决策，要做的事会自然清晰地呈现出来”，并且你的成就“依赖于你的心态和个人的整体状态”。相反，理性至上的、微积分式的决策和实施模型，往往不关心决策者的内心状态。

U形底部的状态是“呈现当下”——即从最深层的本源处观察，并成为那个本源的传播媒介。当我们悬挂观点并再引导注意力的时候，感知会开始从整体的动态生命过程中呈现出来。当我们体悟当下时，感知又进一步从连接自我和整体的最高未来可能性中呈现出来。理解体悟当下的真正难点不在于其抽象性，而在于其经历的微妙性。

例如，当奥托站在被烧毁的家前面时，他所有的习惯思维都因震惊而被悬挂起来了，于是他经历了微妙的连续变化。当他意识到所有从前界定自己生活的东西已经全部消失了，他习惯了的认同感就开始发生转换。然而他知道自己还在。于是，“当我盯着火苗一直看进去时，火苗好像也进入了我的身心”。这是再引导——从观察细节到开启想象力，观察火苗和自我的整体的动态生命现象。

当时他觉得自己沉入了静寂的深层体验：“那一刻，时间似乎完全停止了，我感到意识被拉向身体的上方，开始从上面一个地方看整个场景。我觉得心境在扩大，达到了一种前所未有的清晰意识状态。我意识到，我不是原来认识的那个自己。”奥托意识到他并未执着于“在废墟中毁灭了的那些物质的东西”，而且“意识到，自己的真我还活着——而且比以往任何时候都更清醒、更有活力、更准确地活在当下”。

然后，他进一步感到：“在那一刻，一切都毁灭了，我突然感到了一种解脱，一种自由；可以去接触我自己的另一个层面，另一个未来导向的层面，它引导我走向自己的未来，一种通过我自己的努力而创造的未来世界。”

对奥托而言，这就是在那个特殊时刻的体悟当下的经历。其他人可能会有所不同。彼得会说到在演讲中有时会“完全忘我”，“我就是听众，听众就是我。这时我可以肯定，不管出现什么，都恰好是那时需要出现的东西”。反思在罗纳斯·欧查塔讲了胎儿尸骨故事之后所出现的深度沉静，危地马拉愿景小组成员说，那时就像“房间里有一种精神能量”或“一种共鸣体验”，那个体验导致了他们后来的成功。而约瑟夫在下加利福尼亚半岛则感觉到一种“意识状态的提升和一种全景式的觉知”，并且“在我和动物之间的界限消失了，似乎整个世界都消失了。在这种深度的心灵开放状态中，我过去所有的投入执着都放下了。我还发现了自己余生中下一步要做的事”。

实际上，呈现当下是第三种观察。它超越对外部现实的观察，也超越从动态生命过程整体内部的观察。它是从呈现未来整体的源头内部观察，是从未来回眸当下。在这样的时刻，我们感觉到与自己最高的未来可能性和命运走势的连通。我们的意向从出自过去的经历转到发于未来的潜力，如奥托所说，这是一种依赖于我们运化的未来，“从你历史的小我，你的欲望和需要，到你的大我，代表你未来最高可能性的大我”。用约瑟夫的话说，U形的底部，就是你发现“作为仆人和世界所需要的东西的受托人，你究竟是谁？这是阿瑟所说的‘内心的觉知’。一旦你看清需要自己做什么，你就会自发地行动起来”。

我们选择“呈现当下”这个词来描述这个状态，因为它就是关于达到完全当下意识的状态——感知我们周围更大的空间或场景，感知更大的自我，并最终感知正在通过我们来呈现的东西。

实现收获

U的上行段是创造新现实的过程，这与标准的学习模型一样，但这里的行动来源于比理性思维更深层的地方。阿瑟提出的武术类比（“如果你在搏斗中还要思考，则必死无疑”），强调了顺应自然的行动能力的重要性。如一位受访者所说，“这几乎就像自己在看着自己行动。我投入其中，同时还保持超然的意识。一旦发生这种情况，我就知道会出现不可思议的现象”。

不可思议的现象部分来自人们对新事物的感知能力，以及顺应自己感知到的要求而自发行动的能力。与此相反，许多有计划的变革努力都有一种根深蒂固的缺点，即盲目执着于“计划”。[9]不可思议的现象的出现还源于我们的意识疆界的开拓，以及我们的动机的转变。U的下行段要求不强加原有的框架。与此类似，其上行段则要求不强加我们的意志。如约瑟夫所说，“仅仅试图把自己的意志强加到某件事情上，就永远无法看到在更大的目标和动机下运作时所生发的那种力量”。

我们还认识到，从U上行段过来的人不再感到孤独。在他们相互之间，在他们与世界之间都建立了连通感。如奥托所说，与通常的变革努力相比，U型理论描述的变革的不同之处在于“作为观察者和行动者的我们，与自己运作于其中的世界之间的关系的质量”。从本质上说，U型理论提出一个问题：“在世界之中采取行动，而非对世界采取行动，究竟意味着什么？”在标准的变革模型中，变革领导者与他们要改变的东西是分离的。比如，高管们想要“改变他们的组织”，似乎组织与他们自身是分离的。而别人抵制这种有计划的变革时，他们就会感到失望和沮丧，并把这种困难归咎到自己身外。“变革计划”或“发布变革举措”这些词语本身，其实就暗含着要把人的主观意志强加在自己假想的外部现实上面。

而U型理论则提出一种不同的观点，即个人或集体与更大的世界“共同创造”现实的模型。自我与世界是相互连通，不可分割的。自我不仅是对外部现实做出反应，也不是单独创造什么东西；相反，好比树的种子，自我成为新世界变成现实的过程的门户。最终我们不能说“我在做这个”或“我们在做这个”，因为这种经历是不可分割的、整体的意识和行动。对这种敏感而精微的觉知，两千多年前的《薄伽梵歌》中有一段美丽的描述：“一切行动只能从自然的特性中产生。而陷入我执迷惑中的自我，却认为‘我是行事者’。”[10]

| 第7章 |

骆驼过针眼：放得下，拿得起

在古代的耶路撒冷有处叫作“针眼”（the needle）的窄门，驮满货物的骆驼若要通过那里，就必须卸下货物。间接引用这个在当时广为人知的比喻，耶稣说：“富人进天堂比骆驼过针眼还难。”[1]

在U形过程的底部往往也有一个内心的门槛，也需要我们把人生旅途中驮带的包裹卸下来。我们一旦过了这个门槛，就能从正在生成的现实的本源之处来观察，并让它通过我们呈现出来，变成现实。在我们采访的人里，有的叫它“隔膜”，有的叫它“门槛”，还有人甚至把它看成一种生死轮回和阴阳转换：放下，舍得，是轮回中的死亡过程，而体悟到一种不同的自我，则属于再生过程的早期阶段。如果是集体通过这个“门槛”，大家会用许多不同的语言来描述这个经历。有的人谈到异乎寻常的创造力，有的人用无限的能量描述它，还有人用深度会谈来形容它：大家不记得谁说过什么，因为发现和创造的流动似乎把所有人都融为一体了。许多人只是说，不能用理性思维去理解所发生的经历，因为表面上看似完全不可能的事却发生了——比如，骆驼穿过了针眼。

内心的疑惑

1998年，世界最大的两家公司刚刚完成关键运营机构的大规模合并重组。合并前的两家公司原本是竞争对手，现在它们则必须共同面对其他对手。对这次合并能否成功，也有许多理由让人怀疑。它们面临的挑战十分严峻，这使公司总裁决定成立一个由所有关键业务部门经理组成的小组，还邀请了外部参与者约瑟夫和奥托加入。小组的任务是领导力开发过程的设计，目标是让各层面的领导者都能有效提高现有业务的竞争能力，并创造出新的业务领域。

小组一起工作了4个月。然而直到日程安排的最后一次会议的最后一天，领导力开发的设计工作仍然没有完成。按计划，首席学习官和小组组长要在第二天向公司总裁报告设计工作，并提出所需要的实施预算。所以，那天结束之前必须完成设计。当时只剩下3个小时，尽管工作任务很重要，尽管每个人都知道当时需要的就是创造性，但小组还是完全没有任何创造力。如果会议拿不出有说服力的设计，整个项目将会面临失败的结局。

焦虑的情绪在增长，气氛越来越紧张。后来，平时很安静、不怎么爱说话的一位名叫戴维的主要业务部门的副主管，站起身来面对小组成员发言了。他的声音里带着一种激情，也有一种脆弱——很明显，他是鼓足了勇气才站起来发言的。他看着墙上挂着的小组工作总结图表说："在这里，我真的感到自己在挣扎。我觉得我真的理解每个局部和细节，可就是无法从宏观看清全局。”然后他转向奥托，问道：“你能不能帮我？帮我解释一下。如果我们能看清整体，我们就能完成我们所需要的突破。”

奥托没有回答，一方面因为他也没有针对戴维的问题的直接答案，另一方面还因为他不想干扰正在深入的沉静过程。一时间，房间里都安静下来了。小组里没有人曾以这种方式寻求帮助。于是，约瑟夫看着围坐在一起的小组成员说：“知道吗，我觉得小组一直缺乏的，就是从心里倾诉和聆听的意愿。”过了一会儿，另一位成员说：“我觉得如果我们能用戴维刚才那种个人的勇气来引导我们的日常行动，那我们就能完成任何需要的变革。”约瑟夫回忆道，在接下来的一小时里，“房间里的每个人似乎都开始在更深层的源头处讲话”，“这个项目的设计也变得清晰起来，似乎没费什么劲儿，就好像在瞬间完成了刚刚还看似不可能的事情”。

尽管小组里的很多人都不知道该怎么理解那时发生的事，但那个经历的确非常深刻而有震撼力。“好像设计背后的模型一直就在那里摆着，但我们却都陷入各种细节，所以根本看不到它。”一位参与者后来回忆说。另一位说：“那是我所经历的最高效的几小时协同工作时间。”在其后的几个月里，被称为“领导力实验室”的新领导力开发过程，在两个核心业务部门激发了主要的变革行动，并开始显现出令人鼓舞的成果。两年后，这两个部门在业绩测评中都从“最差”提高到“第一”。同样重要的是，戴维和其他人都看到了戴维所说的“由于我们自身达到了这个不同的境界而产生的能量和激动心情。它让我们知道我们需要到哪里——并真的到达那里了”。

舍弃控制欲

要到达那个体悟当下的“不同的境界”，就必须先开发一种“放得下”的容纳力，即放弃我们想象中需要的控制欲。瓦莱拉把“放得下”看作是提高意识水平的第三个“基本动作”，排在悬挂观点和再引导之后。“通常是生活境况逼迫你放下：疾病、危险、失恋——某种极端的力量迫使你做出放下的动作，由它去了。”但他还认为，放得下也是一种可以开发的容纳力。

悬挂观点让我们对自己的思维习惯有更清晰的认识，因为我们能够退后一步看，注意到自己的思维习惯。再引导能开启我们新的意识境界，使我们超越以往割断自己与现实之间联系的习惯性的主客体二分法。但我们很容易陷入对这种新意识境界的执着，也许是因为它很惬意，也许因为它很讨厌，也许因为它很新奇，或者只是因为它感觉很“对路”。不管什么原因，这种执着都会让我们脱离当下。而不断地放下，即能让我们保持当下意识。

开发放得下的容纳力，会让我们对正在生成的现实保持开放，保持佛教和其他冥想传统中所说的“无缚无着”的状态。佛教理论中有两个梵文词汇描述内心的微妙的执着和依附状态：“寻”是微微地“寻找”的杂念，它使我们的注意力执着在我们想要促成的事上面；“伺”是细细地“守候”的妄念，尽管它不是想促使事情的发生，但还是在盼望和执着于某种结果。不管是哪一种执着，都会使我们的心灵出现盲点，或者出现对现实中发生的其他某些方面的抵制情绪。要避免“寻伺”的陷阱，就必须不断保持“放得下”的心态。

当戴维提出坦率而又简明的问题："你能不能帮助我观察整体？"他就已经放下了自己对公司领导力开发项目应该是什么样子的任何期望值。他还放下了对自己在小组里不需要别人帮助的强者形象的任何执着。从某种意义上说，他的话代表了小组全体，并让许多人放下了原来执着的观念。通过放下执着，一种真正全新的局面得以出现。

本原觉知

通过"再引导"，我们开拓了意识疆界，包括最终得到一种对生成中的现实的敏感度。由此，我们得以突破主客体分离的观念，若在此基础上进一步延伸，我们就能达到"放得下"的境界。几千年来，哲学家们一直在探索"放得下"的问题，一些接受采访的人，包括瓦莱拉和加州大学伯克利分校认知心理学教授埃莉诺·罗施，则从现代科学的角度阐释了这种转变。

罗施是研究辨色和色彩分类的著名学者。她揭示了传统的正式和独立的色彩分类概念的局限性，因为世界上根本"不存在孤立的事物"。但是，就在自己的学术生涯达到成功的巅峰时，罗施却开始"情绪低落地四处寻找，并询问自己：'有没有其他方法研究心理学？'"后来这个疑问引导了她对佛教、道教和冥想的研究，并在20年前促使她产生了这样的想法：这些研究可能会"重塑心理学"。

奥托在采访罗施时请她解释自己的观点，即：科学研究要求"智慧的心灵"。罗施回答说，这一要求不仅限于科学家。"企业高管的工作和艺术家的工作没有本质的区别。伟大的艺术家的工作自然源于这种另外的层面，一直就是这样。”这个“另外的层面”是指一种不同的觉知。罗施认为，这种觉知的基础是“内心与外部世界不能分离”的观点，佛教中“没有自我的观念，没有独立存在的自我或客体。他们只是相互依赖的关系”。

但人心与世界一体的佛教理论是与西方思想格格不入的。罗施用了很长时间才开发了谈论这个问题的语言表达能力。最终她得出结论：只说“内心与外部世界不能分离”是不够的。她现在区分两种类型的觉知，即：“分析型觉知”和“本原觉知”。

在“认知科学提供的分析型图景中，世界由分离的客体和事件组成；人的心识则被看作一种决策机器，它必须为了了解世界而孤立并分辨那些客体和事件，还要找出对偶然事件的尽可能简单的预测，然后在记忆中存储并连接这些结果数据，以便形成对世界和自我的连贯一致的，但却是间接的再现和表述，从而通过对这些表述的回忆来完成唯一的价值创造，即：以成功进化的方式进行繁殖和生存活动”。[2]

与此相反，“本原觉知”源于“各种相互连通的整体，而不是孤立的、偶然发生的局部事件；它源于超越时空的直接呈现”，而不是储存的东西的“再现”。“这种觉知是开放性的，不是确定不变的，而觉知活动本身就带有内在的无条件的价值感受，而不是有条件的有用性。”罗施说。从这种觉知引出的行动，是“自发的，而不是决策的结果”，是“富于同情心的，因为它基于比自我更大的整体”。[3]

罗施告诉奥托，所有这些特点：超越时空、直接性、自发性、开放性、无条件的价值感受，以及富于同情心，都是同时发生的。这种同一性，就是“自然的状态”，就是“本源”。[4]

“它就是‘心中之心之中心’。当我们连接到这个本源时，各种东西都越来越归于一条道路——在那里，目标、身体和心灵合为一体，而不是各奔东西。”罗施说。

按照罗施的理论，本原觉知之所以可能，是因为内心与外部世界本来就是同一个场中的不同方面。一旦我们与本源连接了，感知就“从整个场中出现。现代科学中最接近于描述这个现象的语言，我认为就是‘场’的概念。

“试想，所有正在发生的事，都是从这一深层的、有觉知的心底源头随时升起的即时的呈现。藏传佛教讲空性、光明和觉性能力，三者密不可分。从某种意义上说，那种觉性能力实际上就是场自身的觉性，或者说，是这种更大的背景的自我觉知。”

问题在于我们大多数人一生都沉浸在分析型觉知中，主体（“我”）和客体（“它”）处于隔离状态。分析型觉知并没有什么不好。它对许多活动来说都是有用和适当的，比如和机器打交道。但如果它变成唯一的觉知方法，那我们就会到处滥用它。

如果我们用分析型觉知的方法来与生命系统打交道，那就一定会出问题，因为生命场“对自身没有觉知”了。“对自身没有觉知的场，就会塌陷到主客体分离的单一维度的知觉里；这也是我们在世界上来去匆匆的行为模式。”其后果是，我们的行动没有得到整体信息的支持。罗施认为，正是这种与本源连通的匮乏，“或对其无知的状态，使我们陷入了糟糕的困境之中——个人、国家和社会文化都是这样”。

陌生的自我

用罗施的话说，当生命场达到“自觉”时，我们对自己身体的“局部小我”的认同感就消退了，而一种更大、更具生成力的自我的感受就出现了。这不是说个人的意识消失了，也不是说，对局部小我认同的消失，会导致个人责任感的消失。但会有一种“意识中心”的转换。这就是戴维所说的“自身达到这个不同的境界”的转换。

我们采访的人都会用不同的方式来描述这种自我意识的开拓或“去中心化”的经历。瓦莱拉用“虚拟”或“脆弱的自我”来帮助我们“更好地了解作为主体的自我”，更好地体验我们个人的、主观的观点。他认为主体“不是一个稳定、可靠的独立实体”。为了应付不断变化的情况，自我在不断“更新或再造自己……所以说这种虚拟性不仅意味着没有中心自我的存在，还意味着一种不断生成和消亡的‘脆弱的漂流’”。

瓦莱拉解释说，这个过程就好像不断重新塑造你自己，使自己在每一时刻都变得看似更真实。“但你知道，不断变得看似更真实，其实是一个悖论，它意味着变得更虚拟化，并因而更缺乏独立的实在性和确定性。”

他进一步补充说：“有智慧的生活就意味着不断放下自我，并让自我的那种虚拟性或脆弱性显现出来。和一位真正完全掌握这种能力的人在一起，你就会受到感染。和这样的人见面，会引起你的共鸣。你会很放松——这种生命状态有一种轻松愉快的内涵，有那种生命的愉悦。

“修为完美的人会不断地体悟当下……就是常处于事情正在发生的当下时空。但如果有个小我在那里说，‘啊哈，我正在体悟当下呢’，那就显然不能达到这种状态。”

研究20世纪日本著名禅学家西田几多郎（Kitaro Nishida）[5]的学者大桥良芥（Ryosoke Ohashi）曾用“陌生的自我”来描述小我消失后出现的情况：“一种陌生的东西在支撑着我的存在。”东方传统往往把这叫“空无”：“这种空无在支撑着我的存在，以及我的所有关联。”但“在基督教传统的词汇里，这个绝对的陌生的东西也可以说是上帝。上帝与我同在，尽管西田几多郎并没有直接用‘上帝’一词。而那个非常陌生的东西就在我的自我里”。

斯坦福大学的迈克·瑞认为，这种自我感受的转变对创造性至关重要。他坚信，帮助学生开发深层创造力源泉的关键，在于以下两个问题：我的‘大我’是谁，以及我的使命是什么。瑞指出，当我们谈论“大我”时，“就指向更高的自我，也就是自己的神圣本体，最高的未来潜能。而问‘我的使命是什么’，就是在追问生命的志向目标，或自己生存的意义或天命”。

瓦莱拉补充说，去中心化的自我，就会自动转变与他人的关系。“脆弱的自我主体越能疏散开去，同情心就越发广泛……于是就打开了空间，来装下对他人的关爱。在去中心化的状态下，“他人变得更近了。团结友好、同情关爱，以及各种不同的相互关系的品质，都在去中心化里出现了。对我来说，那是宇宙给予我们的伟大礼物。因为我们并非独立的实在，不是私密和以自我为中心的人，我们也就更接近我们的真实自我……（那是）既有你，又有我。不是仅有我，而是一种‘我们整体性’”。

去中心化的自我的诞生，并非没有任何问题。因为常态的局部小我是我们理解自己经历的方法，超越这个小我就会带来深刻的迷失感，而且在发生这种经历的时候，又很难用语言来描述。局部小我会发现很难把握去中心化的、脆弱的自我，并会试图把它降低到自己的标准上。即使有人试图用语言描述，也仍会感到很困难。在最初那次领导力开发项目设计研习营之后很久，戴维对约瑟夫说：“我和许多人谈到在那种不同的状态下的感受，身体上的感觉，耳朵里有声音，意识高度清醒，周围一切似乎都放慢了。别人和你谈话时，你能看到对方心里的想法，大家的谈话好像是一个整体。

“当我和别人描述这些经历时，就会发现对方身体在明显震动，因为他们也回忆起自己的经历，并会说‘没错！我也有过这种经历！’那么他们为什么要回避？因为他们不知道如何描述它，或者因为害怕。这像是那种‘骗人的把戏’，但这又的确是我们的经历。我们只是害怕打开这扇窗户，因为别人可能会说三道四。”

服从于承诺奉献

当局部小我对自己意识的禁锢得到松绑以后，就会有一种瓦莱拉所说的“注意力的质变”，即“从‘追逐’转变到‘由它自然来’或顺其自然的‘拿得起’”。这里，“放弃控制欲”会演变成约瑟夫所说的“服从于承诺奉献”，即从自己的深层志向目标出发的、与整体大局协调的行动基调。

约瑟夫和奥托采访企业家时，请他们描述了自己创造历程中的深层体验，特别是为什么在各种逆境中能够锲而不舍。他们都回答说，自己感到被推动着、不能不继续前行，不可能“不做”。这种回答揭示了与通常意义上的意志力推动有所不同的承诺投入状态。

理解这种穿越针眼的方法之一，就是把它看成是从“感知”开始的、自我与外部世界关系转换的延续。我们从U的左侧开始下行时，会把外部世界看成某种既定的东西，某种“外在”的存在。逐渐地，我们会转变感知方法：到现象背后的生命过程的内部去观察。然后，从U的右侧上行时，我们会经历通过我们自己而呈现的现实世界。在U的左侧，世界先是“外在的”，后来是“外在生成中的”；在U的右侧，世界是“通过我们而生成的”。在左侧下行时，自我是外部世界的旁观者，世界是过去历史的创生物。而在U的右侧，自我变成从中生成未来的活水源头。

在U的底部发生了从一种状态到另一种状态的转变。这是个神秘的现象。这种自我与世界的关系网的倒转，不能简单用语言来表达清楚，而且大家对它也会有不同的经历和感受。这种经历包括像奥托家中失火而导致的一种“释然和自由”的感受；像彼得对“我就是听众，听众就是我”和“某种宝贵的礼物将呈现给我们”的经历；像贝蒂·苏感到出现“早已存在，但仍未创造出来的设计，自己以某种方式也成为其一部分”的经历；以及像约瑟夫的“深层的心灵开放”的经历。

这些都是体悟当下的第三个动作层面经历的例子，即如奥托所说的：当下体悟“正在通过我而生成的现实”。这个陈述中蕴含着正在生成的现实的意愿，并与罗施的另一段陈述相互对应。作为有长期学佛和修道经历的修习者和冥想者，罗施说：“如果你能顺着自己的本性走，当本性动时，你跟着它动，跟着它走足够远，真正放得下一切，那么你会发现，你其实就是那个本命元神，或原始自然……本命元神有知也有行，还有自己的行事方式，其实还有自己的伟大意愿。它是会这样做的，如果你能顺其自然——拿得起的话。”

引用道家本源的概念，罗施说，“这个意识知觉，这个小小的闪光，完全独立于我们所知道的一切重要的事：我们的辉煌成就或碌碌无为，甚至生或死、醒或睡的状态，等等。这个想象的世界其实是从那里放射和展现出来的。这就是事情发生的方式。因而，行动也就变成支持整体的行动了，它包含一切，也成就一切需要做的事”。

从连通“本源”而发出的行动似乎“没有有意识的控制，甚至没有感觉到‘我’在做。它是整体的自发的产物”。而这种行动，用罗施的话说——“可能惊人地有效”。[6]

| 第8章 |

婚礼

2001年5月

接下来几周的时间里，我们一有机会就谈论U形底部的神秘转换经历，特别是在集体中发生的转换。

一天在枫树街会面时，奥托讲起几年来他和同事乌苏拉·维尔斯蒂根（Ursula Versteegen）在德国法兰克福北部美因河地区做的医疗卫生项目。这个地区有30万人口，其医疗卫生服务是在德国政府卫生部监督下由多样化的私营卫生机构提供的。乌苏拉和奥托的合作对象是一个医生网络，他们想通过创新来改进急诊服务质量。和世界各地的卫生行业一样，这个网络也承受着降低成本和提高服务质量的巨大压力，但在这些难题和障碍背后，则是更深层的问题：他们的目标究竟是什么？他们只是“修补病人”吗？还是真正关心人们的身心与情感健康？在今天这个紧张忙碌、充满压力的世界里，这还有可能吗？

* * *

“在项目的第一阶段，我们采访了130多名病人和医生，主要聚焦在医患关系问题上。”奥托回忆说，“然后我们邀请被访者来参加一次周末研讨会，对采访结果进行讨论。研讨会在当地首府的一所历史悠久的学校里举行，参加者接近100人。

“我们把采访结果分成比较容易让医生和病人理解的四个层次。

“第一个层次的医患关系就是简单的交易型关系。如果我是一个需要接受外科治疗的病人，医生就像是一位机械师，修补我的外伤破损处。所以，比如一位受访者说，‘我是带着故障问题来的，那他就必须解除我的故障问题。我的角色是我想要获得帮助，而我的医生的角色是提供这个帮助’。

“第二个层次是一种不同的关系：聚焦点不仅在故障问题，而且还包括它与行为的关系。在这个层次上，医生与病人的关系不一样了，因为我作为病人，必须改变我的行为。比如，医生会给我一个节食方案，或者一个‘能做’和‘不能做’的列单。一位病人问：‘非要有药物治疗吗？’不是，对我来说不是。我希望得到的建议是：这和你的态度关系很大——你必须改变你的行为，必须对自己承担更多的责任。

“在更深的第三个层次上，医生可能会帮助病人反思：为什么病人会有那样的行为？在这个层次上，医生像是教练，帮助病人建立反思的氛围，以检查病人行为背后的观念假设。另一位病人告诉我们，‘如果你不把生命当成礼物，那你就会生病——然后你就会因病被迫进行反思’。许多人都告诉我们，‘是啊，我以前没有意识到生命的重要，只认为它是理所当然的’。

“最后，在几个案例中，我们还看到了第四个层次的关系。开始时我们也不知道该怎么描述这种关系。它好像是关于‘我，作为病人，到底是谁？作为人，我到底有什么独特的地方？’在这个层次上，真正的变化可能是要求放下旧的认同感，并进入新的认同。这个层次的医患关系是相互影响并相互产生脆弱性，双方都会以开放的心态去发现自我。比如，有一位病人说，‘我这个人从来不生病。但后来突然得了癌症。我曾经到哪儿都很活跃，爱和大家娱乐，也努力工作，参加各种工作小组和委员会，并且忽视自己生病的事实。直到56岁我才学会说“不，我得推掉这个活动”。在那以前，我一有机会总是会参加各种活动。我总是能支撑这些忙碌运转。我甚至没有意识到会在健康走下坡路和生病时失去自己的认同感。现在我不再关心我的未来了。对我来说只有今天才是重要的，就是当下、现在’。一位医生说，‘有时候我真感到自己做出了贡献。但这不是在我仅提供处方或修补什么毛病的时候，而是在高质量的对话中，我和病人都看到某种真正新的东西，真正有康复力特质的东西’。

“在那次周末研讨会上，我们把病人分成小组，以讨论这些层次对他们的意义。然后我们给他们一些颜色标签，请他们把红色标签贴在他们个人经历过的现行系统中的医患关系层次，再把绿标签贴在他们想看到的关系层次。投票结果是：95%以上的红标签都在第一和第二层次上，而95%以上的绿标签都在第三和第四层次上。这个结果显现出来时，房间里变得非常沉静。

“我们跟大家说，作为病人和医生，几乎所有人似乎都希望看到一样的情况，即在第三和第四层次上的关系，然而他们集体的行为结果却是第一和第二层次。‘但是，’我们告诉他们，‘系统不是外部的东西——你们就是系统，系统是你们促成的。’

“这时，房间中央有一位先生站起身来。他就是那里的市长。他说他在市政府里也遇到一样的情况。他们做的都是在第一和第二层次上的事，即用反应式的应急方法修补故障，他们无法把政治管理推向第三和第四层次。

“市长坐下以后，一位女士站了起来。她说她是学校里的教师，而那里的情况也完全一样。她说他们所做的都是在第一和第二层次上组织学生学习，‘把死知识灌输到空木桶里’。他们无法激发学生的深层次的觉知，无法开发学生对自己是谁的觉悟意识。在这些深层次上的教育不是把空桶灌满，而应是‘点燃火种’。

“再后来，一位农场主站起来说，农业的情况也是一样。‘我们做的就是把化肥填入土壤，修复我们认为缺乏的土壤养分，以得到我们想要的产量。’他说到整个常规农业的模式和心态，是用工业时代机器输入输出的生产观念对待土壤而产生的结果。‘对土地没有深入的理解，对和土地打交道并提高土壤质量的需要，没有深入的理解。但土地是活的东西：它有自己的生命。’他问道，我们如何才能让人们和土地共同创造我们需要的食物，而这在今天是无法实现的。‘我们不把农场看成是一个有生命的整体，是一个生态体系，而把它看成是第一和第二层次的机器。’他陈述道。

“这就是那天上午整个会议的讨论。一个接一个的发言，逐步形成一种巨大的集体心态的重塑——不仅是对个人，还对整个社群。”

奥托停下来。

“奥托，”彼得说，“你描述会议小组看到那些红绿标签的时候，我几乎能感觉到你故事里下一步会发生的事。我最熟悉的情况就是你所说的房间里的沉静。然后，当大家一个接一个发言时，我几乎能感觉到一种场在形成，它凝聚了每一个人的能量，还有所有的问题，并且逐渐显现了其深层生成力源头的作用。”

“我喜欢你的形容，”奥托回答道，“即在这类场合中，你感觉到有一种场在聚集每个人的能量。那正是罗施所说的‘自我觉知的场’在‘按照自己的自然本性演化’。那个房间里很显然发生了某种转变。很难准确地说究竟是什么，毕竟‘只有’100 人参加了会议，但你能够感觉到有一种更大的系统在当下呈现了。”

彼得点头赞同：“而那个更大的系统其实包含着许多人类历史。这种新觉知的包容性会让人惊异。它远远超越了卫生系统。大家站起来发言的时候，基本上回溯了社会各类系统的历史。大家先谈到卫生系统，那相对近一些，然后就谈及存在时间更为长远的政府和教育系统，最后是历史最悠久的人类发明，即食物生产系统。那种在第一和第二层次运行的根本模式，不仅出现在当前卫生系统的各个层面，而且出现在现代生活方式的大多数领域。在讨论改善特定的医患关系这样非常具体直接的问题时，这种‘事情的整体’竟然魔术般地出现了，这让我感到惊异。这肯定就是歌德所说的：整体‘在局部中当下体悟自身’，并使深层模式通过‘具体的细节’而自动显现出来了。”

“对我来说，这显示出那个社群的聆听深度。”贝蒂·苏说，“我们对特定的系统和我们自己在系统形成中的作用‘看’得越清楚，也就会对这个特定系统与更深层的大系统的对应关系看得越清楚。

“但奥托，这个故事揭示了一个我一直在苦苦思索的问题：在U的底部究竟发生了什么？U的下行段是放缓、进入沉静状态，以便真正去感知或吸纳我们周围发生的事。而U的上行段则都涉及把新的东西变成现实，实现收获和共同创造。很显然，两者之间的重要转换，就以某种方式在U的底部发生了，而我在你的故事里还看不到究竟发生了什么。你进行采访并召集这些医患受访者开会，帮他们每个人感知实际发生的事。他们开始看到了整个系统，即无处不在、根深蒂固的顽疾。他们还开始看到自己在形成这个现有系统中的作用。

“至此，你仍然无法看清‘想要呈现’的未来，而只是现有的整个系统，完全基于过去历史的系统。那么，从某种意义上说，此时大家仍然是在看着过去，对吗？”

“对，是这样。”奥托回答道，“但你的问题让我想起当时发生的其他事情。当时大家都看到了自己在第一和第二层次而不是第三和第四层次上的行为，而且不仅是在医患关系方面，而且在各个领域，于是一位女士坐直身子和在她前面发言的一位医生说，‘我觉得我必须保护我的医生，不让他被这个系统置于死地’。

“你们知道德国医生的心理，他们对解除病人痛苦有很高的志向和抱负，但自己身处其中的系统使他们很难实现这种抱负。他们感到很痛苦，因为自己所做的事和自己的志向相距甚远。而病人也在经受痛苦，因为医生往往提供很差的服务。这位女士在激发那位医生在医患关系方面的崇高志向。那段话简朴真挚，给当时的对话打开了一扇窗户。现在回想起来，我觉得她的话是对整个系统未来的运行模式的窥探。那一刻是那个集体能量场的转换，从揭示整个体系的现行模式，到发现正在呈现的未来可能性。”

“所以说，她或者她的话，就成为正在呈现的全新未来可能性的‘一部分’。”贝蒂·苏说，“换句话说，在U的底部，未来潜在可能性的精要，就在我们当下的相互关系中开始变得真实起来了。”

“对，在U的底部，随着大家当下自发地产生了新的生命状态，你就开始看到想要呈现出来的未来。我们对此都有自己的体验。对我而言，如果我处在一个正在跨越U的底部门槛过程的社群能量场中，我就会感到好像身处一个新世界的降生过程中。这是一种深度沉静的体验，因为我好像是被一种永恒的美所感动着。我的高层大我打开一个深层开放的窗口。从这个深层开放的窗口开始显现出来的东西，启动了‘上行’运动。”

“而此刻所发生的，就使一种新奇性凸显出来了。”贝蒂·苏补充道。

“是的，”奥托回答道，“而且在此时把宏大的志向转变成具体的愿景和行动，其实会相当简单。愿景不一定要十全十美，只要它足以推进工作即可。

“比如，那天晚些时候我们说，‘好了，大家都看到了我们在第一和第二层次上的行为。那我们该做什么才能提升到第三和第四层次？如果没有什么建议，我们就要结束这次会议了’。

“很快，大家就开始提建议，到了下午会议结束时，有好几个小组已经承诺共同开发的工作。他们建立的项目包括一个高度创新的急诊服务系统。在那次周末会议以后的4年时间里，这些项目对该地区的卫生服务发展做出了重大贡献。我最近和一位当地卫生服务机构的高管谈过话，他并没有参加那次周末会议。我问他，为什么许多专家认为很好但却不太可能获得成功的行动建议，最终竟成功了。他说因为有高度投入的核心团队，由100名医生、专业人员和病人组成，他们的意愿的深度和思想质量随着时间推移而放射出穿透力，影响了‘系统中所有决策者的意识状态’。

“当然，在起初那次周末会议上，还无法看清和预见这些，但你是能够感觉到那种宏大的志向和意愿的现场存在的。”奥托补充道，“那次周末会议结束后的第二天，乌苏拉和我，还有医生的核心小组又回到学校的教室去清扫会场。虽然没有人通知，有些头一天参加会议的病人也来帮忙了。就像是一场盛大派对过后的早晨，大家再聚到一起，虽然疲惫却兴高采烈，不管再发生什么都能马上重新投入。

“有了大家的帮助，我们提前完成了清扫。有人端着咖啡杯子在学校门口大树旁边的一张椅子上坐下来，享受明媚的阳光。另一位也拉过一张椅子加入进来。很快，大家就都坐下来了，围成了一个圆圈。有人主动要去厨房拿剩下的东西吃。他们回来时，烧烤架已经准备好了，我们就一起分享了一顿即兴午餐。

“我问身边的一位女士，对前一天的会议有什么看法。她说会议使她很受感动。

“什么使你感动？我问她。

“‘嗯，从某种意义上说，我感觉昨天像是一场婚礼。’她回答说。

“婚礼！我很吃惊。她用非常准确的词汇表达了一种很微妙的体验，而我还一直没想出来如何表达这种体验。那天还真就是一个大行业中的两大分离元素的结合，即在卫生系统中的医生和病人的结合。在某种程度上，会议加强了双方的力量，并为每一方开启了新的可能性。我回身看着那个婚礼场地，一时间感到时空放缓了，好像有一束很大、很温暖的光线照在我们的头上和四周，并把我们连接在一起。那是心与心的连接，也是大脑和大脑的连接。这束缓慢、放松和安静的光线的出现，比任何语言表述都更真实。”

我们一时都安静不动。然后约瑟夫说：“许多接受我们采访的人都描述了类似的经历，这让我很惊讶。也许，经过U形底部的过程就包含着体验生命本身的不可思议之美，以及重新陶醉于这个世界的感受。

“你说话的时候我就在想，U的下行段和底部的体悟当下之间的区别是，在下行时的观察和悬挂观点的过程中，我们的意识状态还局限在当前的场境。而呈现当下则使我们开放并连接到背后更大的能量场，超越了现存，并激发出这种伟大的力量和不可思议之美。”

“但看似矛盾的是，这恰恰要求我们做内观，而有时我们的团队集体并没有准备好去这么做。”奥托说，“U的下行经历并不一定保证你的上行。有的团队碰到了死胡同，无法停止在身外寻觅和观察‘外部’世界。他们必须像约瑟夫说的那样，从高层的自我和远大的志向出发去观察和思考，因为在那里，你总是对‘你是谁’和‘你的使命是什么’保持着清醒的意识。”

“而当你那样去做了，当你发现了你在这里的使命，那自然的力量也会来帮助你。”约瑟夫说，“于是，你完成了U的上行段，许多事情都会发生，帮你实现你的目标，包括你原本不可能期望完成的目标。当你处在这个状态时，不知为什么，你就不再孤单了。我认为这对集体和个人都同样适用。”

“这里会发生所有神秘的、不可思议的事。”贝蒂·苏笑着说道，“当你看清你在这里的使命时，世界会以一种魔术般的方式与你的目标相呼应。就好像你突然发现自己出现在舞台上，而戏剧的脚本也恰好是特地为你而创作的。”

第三部分　成为自然之力

Presence:
An Exploration of Profound Change in People, Organizations, and Society

| 第9章 |

在梦的走廊中

2001年9月

我们再次在枫树街会面是9月初，但那段间隔并没有什么影响。我们在反思夏天的经历时意识到，我们一直在探讨的感知、呈现当下和实现收获——即促成“依赖于我们的未来”，当时也正在我们自身的实际生活中发生着。我们所在的“U的上行段”，正在开始把我们吸引到有非凡能量的地方，让我们遇到意想不到的伙伴，也开始让新动议的种子破土发芽。我们还意识到，实现收获要求不断的感知和体悟当下：随着新伙伴的不断加入，随着周围世界的不断发展，随着我们自己意识的不断演进，U的下行段的核心容纳力就更显得至关重要了。

后来，我们的话题转到了6月底、8月中和8月底的三次会议上。它们虽然是分别筹划的会议，却成为同一个发展演进过程的组成元素。6月，彼得和约瑟夫在马萨诸塞州马波海德（Marblehead）殖民时期的一个捕鲸村，与SoL网络的一组企业组织高管进行了长周末反思对话。6个星期之后，他们两个又在佛蒙特州的斯托镇举办的年度SoL高级领导深度会谈（ECW）研习营上再次会面。暑期末，奥托和约瑟夫在科罗拉多中南部约翰·米尔顿的圣地托拉斯（Sacred Land Trust）与卡汉、阿瑟和其他几位同事一起聚会，进一步澄清了暑期形成的愿景。

* * *

“我们在马波海德聚会是为了评估SoL全球网络的发展情况。”彼得告诉奥托和贝蒂·苏，“许多SoL的创始成员都参加了，包括我和约瑟夫，还有正在其他国家建设学习型社群的新成员。只有一半的参会者之前相互认识，但大家都有建设学习型组织文化的经历，因此有很深的共鸣。这种共鸣强烈到使大家很快就进入了开放的深度会谈，内容不仅涉及他们各自对正在SoL网络中发生的事情的感知，还包括了世界上发生的事。”

“那些开放的深层对话极具震撼力，”约瑟夫应和道，“每个人都直接表达了发自内心的深层的恐惧感。他们讲到‘我们生活在一个史无前例的时代’，在对‘规模大如帝国的公司’及其全球化的抵制气氛中，他们第一次感到了‘恐惧’。开始发言的一位说，‘我们常常谈到全球经济活动的参与者和局外人之间的信息鸿沟。但这只是用来谈论真正的差距的一种委婉方式，这个差距就是在富人和穷人之间不断加深的社会鸿沟’。

“另一位说，他的高管层现在非常担忧，而且‘其实是非常恐惧。世界上的大多数人生活在贫困状态中：世界正在陷入两极分化。如果社会鸿沟不断加深的状况不改变，全球经济就不可能持续发展’。”

“他们都感到我们当前局势中普遍的不可持续性。”彼得接下来说，“我记得有一位说，公司高管们对自己异常危险的处境感到沮丧，他说这就好像是在玩国际象棋的危局，‘每走一步都生死攸关，局势随时有可能急转直下，变成定时炸弹。这种感觉很可怕’。

“还有一位谈到‘华尔街公然的不可持续的要求’，即：所有上市公司都必须不停地以最快可能的速度增长。另一位说，‘我们都知道这不可持续。但如何来重新定义企业的增长，才能使它与自然和生命协调一致？’”

“轮到我开场破冰发言时，”约瑟夫说，“我吃惊地发现自己不自觉地复述了我在下加利福尼亚半岛参加活动结尾时关于世界现状的发言。我说了安魂人类的情景假设，以及它为什么有着重要意义。‘假如我们意识不到我们的困局的严峻性，这就可能成为自证预言。’我跟他们说，‘但如果我们能意识到，那我相信，在我们这一代人的时间里就可能发生根本性的整体变革’。”

“那次开场破冰对话，成为其后两天活动的基调。”彼得接着说，“好几位参会者都说，他们感觉就好像被呼唤而来到马波海德，以开诚布公地说出自己观察到的世界现状。会议结束时，大家决定起草一份联合宣言，以便回去和各自的公司分享自己的担忧。他们想让公司同事看到其他领先跨国公司的同人对世界现状的感受和思考。”

“我在SoL网站上读到了那份宣言。”贝蒂·苏说，“我感到很吃惊，他们竟然能用如此坦诚的方式谈论这些问题。我常常担心，随着恐惧和不信任情绪的增加，积极合作探寻未来的可能性在减小。而至少这些大公司的人还能公开讨论这些复杂问题，这让我深受鼓舞。”

彼得点头说道：“他们能如此清晰地描述这些问题，对目前情况的紧迫性感受如此之强烈，我也感到吃惊。公司的高管都是非常实际、掌握信息很全面的人，当他们把这些问题提到重要位置时，就预示着某种新变化已经在发生了。

“那次会议之后，我已经和许多团队分享了马波海德宣言。[1]几乎每个人都产生了共鸣。宣言文字不是那种出自公司人力资源部或官方圆桌会议的风格，而是一群相互信任的伙伴自内心深处发出的坦诚的声音。也许，让各类领导者之间做到坦诚沟通，其实就是当下最紧迫的需求。

“他们最后写下的宣言包括以下内容：‘这类复杂的、相互依赖的问题对战略环境的影响正在不断增加。然而，这些问题所造成的压力，却正在使领导者们陷入不停的“做事”模式里，很少或根本没有反思和真正思考的时间。我们认为，领导人聚会并真正“共同思考”，真正进行“深度会谈”，这种需求现在比以往任何时候都大。只有通过创造这样的机会，才有希望建立共识并协调创新行动——这些都是世界急需的。’”

马波海德宣言

一组重要问题的议事日程自然形成了，它正在塑造未来，尤其是跨国大公司的未来。

• **社会鸿沟**：相互依赖程度不断增加的全球经济活动的参与者和局外人之间的不断扩大的差距。

全球化85%的利益被15%的人口占有的局面还能持续多久？

• **重新定义增长**：用不断增加物质的利用和废弃来定义增长，与世界的有限性相悖。

在同一个盒子里堆积废弃物还能持续多久？

• **多样性和包容性**：在文化多样性不断增加的组织里，提高包容性就是一项核心竞争力。

“我们”是谁？

• **吸引人才并激发其潜力**：要在“自由职业者”和“志愿者”人才丰富的世界里开发一种承诺投入精神。

我们承诺投入的到底是什么？

• **公司的角色**：传统公司，特别是跨国公司的角色必须拓宽，以与其影响力相匹配。

社会究竟期望我们承担什么样的责任和义务？

• **系统看清自身**：在社会系统中形成协调力和凝聚力的挑战。

我们的前瞻能力在下降，如何才能停止加速向前？

2001年6月

“我觉得，越来越多的人相信，目前的全球化过程存在深层次的弊端。”奥托补充道，“而身处全球性组织并能看清这些弊端的人，仍然只是少数。所以，对这些问题进行共同思考所必须具备的信任和安全环境，仍然很脆弱。”

“的确是这样。在如何思考全球资本主义体系和我们之间如何相处这两方面，商业界的鸿沟已经出现。”贝蒂·苏若有所思地说，“7月底，我和亚当一起主持一个会议，我们对此有很强烈的感受。

“那是一组高管，他们这个团体的同质性比你们在马波海德的要更高一些。其中只有少数人有组织学习和深层变革方面的丰富经历。因而可以说，他们更代表企业界的主流。会议的主题是可持续发展，每个人都是真心聚到一起，也都想合作，但他们在‘共同感知’和开诚布公地探讨核心问题时却遇到了障碍。

“例如，有一天，一家大型跨国公司的董事长在晚饭后谈到了他们公司对可持续发展的承诺投入。随后，我们几个人围坐在一张小桌子旁，听一位很成功的非洲企业家评论说，他完全不能接受那位董事长的说法，因为从他在自己国家里经历到的那家公司的运作模式来看，董事长的说法与事实不符。当我们几个人建议他向全场提出这个问题时，他却说那不行，因为那会带来‘危险’。

“而我觉得，当时最有代表性的一幕，是世界上规模数一数二的大公司的一位董事自发地宣布：他对全球资本主义的现行框架能否适应新现实深表怀疑，‘我深信，必须要进行深层变革’。他说这话时，我几乎能感觉到房间里的一片死寂。没有人知道该如何回应他的话，特别是那些其实不想考虑现行体系的改革方案的人。结果，没有一个人回应他，那个话题也再没人提起了。”

“毫无疑问，我们最需要的就是让身居要职的人有安全感，以完成U的下行过程。”奥托说，“没有完成真正有深度的感知，以及对更高层的大我的开放，就根本不会发生真正的创新行动，这一点儿都不奇怪。每个人都陷入自己的心智模式中，都只根据自己的‘程序’对周围环境采取行动，或者其实只是做出‘反应式动作’。”

“观之以心要求心的开放，”约瑟夫说，“大家在马波海德做到了这一点，但当风险太大时，做到这一点就很难了。”

“人与人之间，以及人与这个世界如何产生真正的连通感，其实就是全部问题的核心。”彼得应和道，“没有这种连通的体验，真正的感知和体悟当下根本就不可能出现。

“我还认为，不能低估场地选址在这里面的重要性。像马波海德这样的地方仅去待一待，就是一种震撼心灵的体验。我们需要重新发现神圣庄严的场地的重要性，那些地方有很多生命能量场，给人以连通感的潜力很大。我们的高级领导深度会谈ECW研习营在佛蒙特州北部一个特殊的地点举行，也正是这个原因。

“研习营实际上是在一片美丽的空地中央的大帐篷里举行的，四周只有山林树木。一次研习营结束时，我和西水美惠子（Mieko Nishimizu）坐在一起。她是世界银行主管南亚事务的副总裁。谈起自己协助组织过的各种有政府首脑、财政部长等高官参加的会议时，她说：‘大家往往责怪此类会议无法产生有想象力的、大胆的行动计划，但只要你看一看会议背后的过程，就能理解为什么会这样了。’然后，她又谈到自己印象深刻的一次特定的会议，于是她看着四周，沉思片刻后说，‘要是我们当时在这样的地方开会就好了’。”

“那正是我们几周前做过的事。”约瑟夫抢先插话道，“多年来，我一直参加卓越管理领导会谈，一直有很震撼的体验。但这一次又有了不寻常的经历，肯定是一种特殊的场。”

“你们佛蒙特的这个场究竟有什么神奇之处？”贝蒂·苏问道。

“嗯，要了解这个，还需要先了解一点儿历史。我认为，历史对理解神圣场所的形成是必要的。”彼得回答道。

“我们的帐篷设在冯·特拉普（von Trapp）家族的空地上，周围是绿山山脉（Green Mountains）。那里有一种特殊的宁静和安详，每个人都马上会感受到。冯·特拉普家族从奥地利逃离纳粹追捕的故事，已经由百老汇音乐剧和电影《音乐之声》的传播而广为人知。但他们在美国的生活却较少有人了解。

“他们于1938年来到美国时，既无家产，又没有财物。于是他们在好几年时间里奔走于美国各地，举办巡回演唱会，逐步有了积蓄才定居下来。在他们到过的所有地方里，他们最喜欢佛蒙特北部地区，因为那里让他们回忆起家乡萨尔茨堡。1943年夏天，他们在小城斯托看房子，却没找到他们能买得起的地方。距离他们回程火车票还剩一天时间时，孩子们决心在离开前找到房子。

“‘我们在旅馆的杂物间——那是我们当时住的地方——搭起一个小礼拜堂。我们连续祈祷了三天三夜。’现在已经90多岁的玛丽亚笑着回忆道，[2]‘我们每个人，总共8个孩子，从3岁到25岁，轮流祈祷，每人一小时。你能相信吗？

"'到了要离开的那天早上，爸爸已经出门准备出发了。可他回来时告诉我们，当地的一位农场主决定要卖掉他的地，于是我们马上就去看地。我们坐车到那里，从车里一出来我就知道，这就是我们未来的家。我们当天就买下了那块地。'

"玛丽亚是个目光炯炯的非凡妇女，她梳着一种在今天的奥地利农村仍然流行的辫子。来美国后，她成了一名传教士，在巴布亚新几内亚度过了30多年时光。我告诉她说，大家都被这个地方的宁静和美丽深深打动。她并没有表示惊讶，只是平静地说，'我们买下这块地时，就为它祝福了。我们把它献给了上帝。这个大家能感受到'。

"她的故事提醒我，自然创造的神圣场所也可以得到人类付出的贡献，比如激动人心的沙特尔大教堂和史前巨石柱，以及简单的乡间田野。"

"对我来说，佛蒙特的研习营有独特的意义，因为我们把神圣场所提供的力量真正发挥出来了。"约瑟夫说，"我在马波海德会议结束时就知道，某种新的东西已经形成。我在下加利福尼亚体验到的紧迫感又一次得到了加强。我并不确切地知道这如何变成行动，但我强烈地觉得那很快就会出现。

"今天开始时，彼得读了几段我们刚才介绍的马波海德会议上的发言记录。那次的交流很快就自然进入探讨大规模应对这类挑战所必需的变革，并连续3天一直保持在这个层面上。最后，在结束那天下午，我们分成小组，讨论我们的下一步行动。

"我揪住了5位参会者：一位大型私募基金的董事、一位国际非政府组织的总裁、两位美国政府大型机构的官员，以及一位世界50强企业的公司总裁，请他们参加我这组。我和他们分享了与阿瑟和米尔顿合作的体会，以及我从下加利福尼亚回来以后所经历的那种看似巧合的共时性事件，以及我所得到的那种帮助与支持。之后，他们也讲了自己类似的非凡经历。那位公司总裁一直是实现公司利润业绩的成功典范，但他发现对自己真正重要的、超越其他一切的东西，跟约翰在下加利福尼亚讲的差不多，即：根本改变我们的相互关系的需要，这不仅包括我们相互之间的关系，还包括我们与自然万物的关系。

“两位政府官员介绍了他们的机构里有2 000名高层领导参加的一次会议，那次会议最终导致他们两位参加这次研习营。那种会议从未在他们的机构里举办过，而且据他们所知，也从未在其他大型政府机构里举行过。他们已经从世界级生物多样性专家威尔森（E. O. Wilson）和彼得·瑞文（Peter Raven）那里听到过地球生命系统的现状，这使他们直接面对了关于现代社会的一个主导性假设的后果。这个假设是：相对人类的欲望和需求来说，其他物种的生命无关紧要。

“后来，诗人玛亚·安杰罗（Maya Angelou）分享了她发现自我和从十几岁时被强奸的经历中康复的历程。那是‘观察整体’和宽恕的力量的例子，令人惊异。她告诉大家，‘我后来不得不看到我自己就是我的强奸犯，他内心的愤恨就同样存在于我的内心’。最后她引用2 000年前一位非洲人的话说，‘我是人，人的一切特性对我都不陌生’。彼得的结语说到，这对于开发人的最深层承诺投入有什么意义。之后，这些高管们都说，这就好像是一次‘巨大的心灵开放的经历’。

“我问他们，如何从这种开放经历中，看到自己在开创不同的未来中的作用。他们说，在自己的组织里已经启动了许多局部的行动计划，但还有很强大的维持现状的势力存在。他们来参加这次佛蒙特研习营，就是想看看，是否可以通过与其他组织合作，来促进更可持续的变革。

“我们都以某种方式承认自己经历到的紧迫感。我们不很清楚细节，但形成了一个思想的结晶。我们深信，需要寻找一种方法，以便在商业、政府和非政府部门的组织里，培养能够共同合作的领导者。没有哪一个部门能够单独应对我们面前主要的挑战问题，而这些部门却还几乎没有能力进行创造性的合作。即使是最具善意的领导者，在面对和处理冲突时也通常会加剧意见分歧的局面。我们感到要做点儿什么，于是就同意在10月11日到纽约聚会，开始筹划行动。”

约瑟夫停下来片刻，又继续说道：“我几乎马上就从佛蒙特的研习营飞到了科罗拉多。布赖恩、约翰和我从下加利福尼亚分手后就没再聚会，而且亚当和奥托也要参加聚会，我特别高兴。”

“又到了一处特殊的场所，”贝蒂·苏笑着说，“我很遗憾不能加入你们的聚会，但我很清晰地记得我第一次到那里的情形。约翰成立土地托拉斯的事办得真棒，这保护了土著印第安人传统中的那些神圣的地方。”[3]

“他说这个地方是他所看到的最大的一处。”奥托补充道，“玛雅人的萨满曾告诉他说，他们的祖先曾经从北美和中美洲各地前往那里聚会。”

“第一天，我们很早就吃了晚饭，并利用那段时间让大家相互认识。”约瑟夫继续说道，“我说了这次聚会的想法，那是下加利福尼亚活动接近尾声时形成的想法。之后我又提及后来发生的事，最后介绍了在佛蒙特的斯托镇跨部门领导力研习营上的极具震撼力的交流和承诺。但那天晚上最令人难忘的事，是奥托分享头一天晚上自己做过的梦。”

“我当时觉得分享那个梦很重要。”奥托说，“我做梦很少能记住，但这个梦感觉很清晰、强烈。醒来时，我就觉得我得到了一个重要信息。我必须搞清楚这是个什么信息。

“在梦里，我和一群人一起走路，似乎我认识其中的一些人。我们是和好几千人一起走，好像是去观看重要体育比赛那样。空气中弥漫着期待的气氛，有一种感觉，是某种异乎寻常的事就要发生了。我们走上楼梯，我不知道在朝哪里走，但大家都在朝某个特定的地方走着。快要到的时候，我身边那位漫不经心地说，‘啊，顺便提一下，你知道你要演讲的’。

“‘你说什么？’我问他，‘什么演讲？给谁讲？’

“走到最后一段台阶，他跟我解释说，聚会是天主教堂的世界大会。教皇刚刚去世，教会的一些年轻领导人请我去演讲，主题是在未来数年如何从根本上重新创造和转化教会组织。他们告诉我，那是个特别的开放机会。

“那一刻我们登上最后的台阶，到达一个讲台，我就站在演讲人的位置上，前面是巨大的体育场，大约有8 000人在场。有意思的是，从那个小小的讲台处，我感觉好像能够直接和场上的每个人私下沟通。我觉得自己和场上的每个人都连成一体了。我认识他们，他们也认识我。

“突然间，好像古典音乐会演奏要开始一样，场上数千人的声音一下子降低了，但并没有人主持会场。全场好像都进入了集体静默等待的状态。我当时知道这是我开始演讲的时候了。但我没开始。有什么东西在阻止我。我并没有真正准备好。我还在等待灵感降临，以便知道该讲什么。而且我还在等有人正式邀请我开讲。不管怎样，只有一位我并不认识的人跟我说过我应该演讲。

“我站在那里犹豫着，并惊讶地发现场上的声音又开始大起来了，好像大家意识到了，‘哼，也许今晚根本就不会有什么演讲’。惊恐之中，我意识到接近我真正志向目标的机会正在消失。那一刻，我看到通向我一生征途所追寻的目的地的大门正在关闭。”

“奥托，你的梦令人非常震撼。”贝蒂·苏说，“我一边听一边想，这对我们四人，甚至对我们更大的集体，也是真实的。”

“在克里斯顿（Crestone）聚会的每个人也是这么想的。”约瑟夫说，“奥托说完那段梦之后，大家全都进入一种深刻的沉静状态。我觉得每个人都感到了这段梦境的震撼力。

“第二天下午晚些时候，我们都围坐在室外，天空突然阴云密布。奥托正在讲我们对U形过程的理解：它应如何成为转变领导者共同工作的方式的基础工程。天开始下细雨，然后雨越来越大，滚雷的声音越来越近。

“大家都躲进附近那间四周敞开的厨房，挤在一起。奥托继续讲‘悬挂’和学会观察，雷声越来越响。等他讲到U形过程的核心，即呈现当下的概念时，闪电开始出现在我们四周。闪电之急，雷声之大，让奥托最终不得不停止讲话，并叹道，‘唉，在U形过程的底部，一切都在于静默’。

“我们都静静地坐在那里，一句话也没有。闪电就在我们四周此起彼伏，好像大自然取代奥托说完了那段话。”

“那雷电确实很激烈，”奥托说，“但很奇怪，它并不让人恐惧，尽管很近。几乎能完全同时听到和看到雷声和电光。”

“就在电闪雷鸣的时候，我注意到约翰在微笑。”约瑟夫继续说道，“雷电结束后，我们继续肩并肩坐在一起，我们知道刚刚发生的是某种神圣而有力的现象。约翰终于开口说话了，他说这是‘一种强调示现和真正的祝福’。我们后来得知，他年轻时曾被雷电击中过，对他的精神觉醒来说，那是一次至关重要的事件。

“那天晚上，约翰的朋友萨拉告诉我们，她下午从附近一处小屋里看到了整个雷电过程，她说第一个闪电就在我们聚会处的正东方的小溪对岸，然后闪电就按顺时针方向一个接一个地出现，总共11个。她提起约翰在下加利福尼亚教授的仪轨，说大地母亲为我们做了‘十一方向布施仪轨’。

“最后一天，我们一起徒步上山，走了很长时间。我们看到里约格兰德（Rio Grande）峡谷横跨100多英里，便立刻意识到约翰所说的话，土著人称为‘梦的走廊’的地方，就是这里。我们来对了地方——这里让我们的梦想结晶，并为实现梦想准备了下一步的行动。”

丨第10章丨

高远之志

并非所有的愿景都一样。有些愿景永远无法跨越“妈妈和苹果派”（寓意为“十全十美”）的状态，只能停留在“好主意”的阶段，不能产生变革的能量。但另一些愿景却能改变世界。150年前，雨果说过：“一种思想若能恰逢其时，就会产生无与伦比的力量。”[①]然而，雨果所说的力量却总是难以捉摸，它往往被一个悖论严密地防护着：没有比愿景更私密的东西了，但是，那些最终展现出实际转化力的愿景，却与我们个人并无直接关联。

这个悖论的解决要从U形过程底部的自我意志的转变开始。这个转变的种子是我们摆脱成见和武断，而对现实所做的更清晰的观察。学会看清我们在自己不喜欢却又总在不断重复的现实的形成过程中所起的作用，我们就会开始和自己的“问题”建立一种不同的

---

① 雨果的话通常的汉译是：“世上有一种东西比所有的军队都更强大，那就是恰逢其时的一种理想。”此处是从这里的英文的直译。——译者注

关系。我们不再是受害者了。当我们继续从感知阶段下行到呈现当下阶段时，我们会对可能的未来产生开放性，并问："那我们想要创造什么呢？"但这里的"我们"是更大的"我们"。真正的呈现当下过程所产生的愿景，其实是从"自我觉知的场"中出现的，它是我们发现塑造自己现实的力量时，对正在呈现中的未来的一种责任感的自然流露。从U形底部出来上行时，我们就能接受这种更深广的意向的指引。

相反，许多愿景从一开始就注定要失败，因为阐述它们的人，有意无意间抱有一种无能为力的心态。如果我们确信是别人塑造了我们的现实，那相信我们能创造不同未来的现实基础又在哪里呢？从U型理论看，大多数建设愿景的努力的问题，就在于他们处于"U形左侧太高的位置上"。这时，大家的愿景与大家对现实的共识和共同责任感相脱节了。假如大家还在把自己的问题"外部化"，那就会形成某种"外在的愿景"，也就等于是应付问题局面的某种变革策略，而并没有看到自己在形成问题局面中的角色作用。只有当大家从塑造自己现实的影响力的内部观察，并看清自己在这些影响力的演进中的作用，愿景才能有力量。其余的都只不过是某种模糊的希望而已。

这也是为什么大多数管理团队做出的愿景都很肤浅的原因。即使这些愿景包含了许多好的思想，也仍然是碎片化意识状态的产物，而且通常是一两个人的想法强加在团队身上。正如约瑟夫所说："当大家相互之间以及与自己的更大的现实之间有了真正的连通，房间里就会有一种不同的感觉。我的经验是，从这种空间里形成的愿景才是可信的。不是说你把一切都完全看清了，而是你感觉到了这种更深广的意向的呈现，你要做的就是围绕它做工作。从某种意义上说，真正的愿景是被发现的，而不是被制造出来的。”

萧伯纳对这种从呈现当下中发生的意志的转变，曾有过生动的描述：“这是生命中真正的喜悦，你在被一个崇高伟大的志向目标所利用，你成为自然之力，而不是狂热的、自私的、疾病和怨恨缠身的渺小的呆子，并总在那里抱怨这个世界没有全心全意让你幸福。”[1]

清晰意向的结晶

真正的愿景来自更深广的意向的清晰结晶，它能聚集从体悟当下中生发的能量和志向目标。我们用“意向的结晶”这个词，是因为考虑到了晶体对光线的聚集或聚焦作用。意向结晶要求我们对更深广的意图开放自己的心态，并用想象力去把从中产生的直觉变成指导行动的具体图像和愿景。我们在采访过程中探讨了这种能力，发现有创新精神的经理人和有做企业家经历的人的说服力特别强。虽然他们中有许多人对U形过程的下行段有直觉的把握，但他们的注意力却在更大程度上聚焦在上行段，即关注把新的想法变为现实。

尼克·汉纳尔（Nick Hanauer）曾经创办了6家非常成功的企业，并多年担任亚马逊网站的董事。约瑟夫和奥托采访他时，他正与一个小组一起“再造”华盛顿州的教育体系。

针对意向在企业家创新经历中的作用这个问题，汉纳尔回答说：“毫无疑问，对某种东西的义无反顾的承诺投入有重大价值。我最喜欢的一句话，好像是玛格丽特·米德（Margaret Mead）说的：‘由承诺投入的公民组成的小团体，是能够改变世界的。对此永远不要怀疑，实情从来也只是如此。’我完全相信这句话。只要有5个人就能做几乎任何事。只有一个人很难，但如果再加四五个人，你就有了奋斗的力量。你会发现，突然之间你有了足够的势头来把几乎任何在可能范围内的、内在的愿景变成现实。我认为，这就是企业家创业的本质内涵，即形成那种激励人心的愿景和动力。”

斯里库玛·拉奥（Srikumar Rao）在许多各类成功企业里有做经理人和咨询师的丰富经验。他被采访时，正担任纽约长岛大学市场营销系主任，也是哥伦比亚大学商学院市场学兼职教授、《福布斯》杂志撰稿编辑。斯里库玛说，他最喜欢讲的课叫“创造力和自我超越”。在课上，他教学生开发、保持并表达自己的真正意向。“如果你能形成并保持足够强烈的意向，它就会变成真实的东西。”斯里库玛说。

但如何开发自己的意向呢？

“你要对自己想做的事，形成绝对清晰的概念。你为什么要做你想做的事？它如何反映了你的价值观？如何与你个性化的生活目标和志向相联系？你想在社会上做出什么成就？要对各种内在的自相矛盾的东西做充分思考，并且，如有可能，要调和这些矛盾。这可能要一个星期，也可能要几十年。这是个不断提炼的过程，反复不断地思考你的意向，但从某种意义上说，这也是你表达意向的方法。表达了这种意向以后，你几乎就不必再做别的什么了。意向表达出来以后，其他就是自然发生的了。你的角色就是保持敏锐的意识状态，耐心地期待，并对一切可能性保持开放心态。”

对此，美国心脏数理研究所的创始合伙人之一约翰·怀特（John White）评论说：“人们往往需要更清晰的思考，才能果断行动和全身心投入。一旦清晰地看到自己内心的意向，他们就能像激光那样聚焦能量——是相干性很强而且有力量的激光光束能量，而不是像白炽灯那样的散光。内心最真挚的承诺投入形成之后，愿景就会更清晰、更深广，对其他人也更有包容性。自我意志力的强势姿态将被能量场的整合性取代，因为你会意识到‘还有别的东西存在’或者‘我不能不做那个’。”

起初，汉纳尔、拉奥和怀特谈论的“义无反顾的承诺投入”“表达你的意向”和“激光束意向”，好像与罗施对我们讲的“融入”有“自己意向的”更大的场，相互矛盾。如何调和“表达意向”与这种“融入”？一个似乎是以自我为中心的过程，而另一个很显然是要超越我们日常的局部自我的观念。

我们在开始研究这些采访记录时就感到困惑，他们各自说的究竟是对意向的完全不同的理解，还是同一个基本过程的不同描述。但随后我们注意到，众多采访中有一个共同点，那就是这种意向有一种特别的品质，它好像有一种不同寻常的来源。

《快公司》杂志共同创始人艾伦·韦伯说，对大多数人解释这种不同的意向来源，是很难的事。起初，当别人问他“你为什么创办《快公司》杂志？”他会给出理性的回答：“‘嗯，你知道，这个杂志有这个或那个特点，而世界上还没有另一家这样的杂志。’但我很快意识到，那些理由其实并非真正的理由。你做某件事的理由，是你无法不做它。很难解释这一点，这听起来很像疯子说的话。”

达茜·温斯洛（Darcy Winslow）现在是耐克女鞋部部长。她对感知和呈现当下在激发深层意向中的作用提出了一种解释。6年前，她是推动耐克公司开发更环保的产品和工艺的小组成员之一，后来他们成立了“可持续商业战略”小组，即促进高级创新单元、设计师、产品主管、工程师和制造业伙伴用不同方法思考问题的特别工作组。很快，他们发现自己在“发掘大家的深层激情”。

“让大家谈论这些从来都不费周折，”温斯洛说，“因为耐克的本质就是创新，而可持续发展完全要依赖创新。”当大家聚焦能量、探讨这对耐克产品会意味着什么，就“激发了惊人的思想和能量”。今天，耐克已经成功建立了制造业社区责任和减少废弃物的业内最高标准，设计了有机棉服装产品线，通过改造橡胶化合物而消除了化学毒性物质，开发了不用溶剂的制造工艺，并在所有产品线上系统推进和大范围使用环保材料，如PVC（聚氯乙烯）替代品。“我们在整合各种设计原则，这需要新的业务模式，比如设计出在使用周期结束后能100%拆解部件的产品，以实现各类部件的还原、回收和再利用。”

当彼得问温斯洛，她对耐克成为可持续产品和工艺的领导者的想法是如何产生的，她回答说：“那很明显。你只需要看看世界的现状和你自己究竟是谁。各个产业都面临巨大的压力，驱使它们向环境友好型转变，并以环境修复型产业为最终目标。如果我们真正静下心来看仔细，就会发现耐克的全部本质就是服务生命，就是最广义的健身和健康。接下来，这个基本的意向和对我们自己是谁的认识，即有高度创新力和竞争力组织文化的企业，就转变成在各个领域里的业务运行方式。一旦我们激发了这个东西，这就是我们真正想做的，而不是我们‘应该’做的，成就耐克之伟大的一切要素就立刻显现出来了。我们还有很长的路要走，最终必须要有整个产业基础设施的转变，这是最大的挑战之一。但我认为，消费者兴趣转变的‘临界点’正在来临，而我们则可以成为触发它的一股力量。”

汉纳尔、韦伯和温斯洛的描述意味着，一些最成功的领导者脱颖而出，也许是出于他们最重要的又最不被人注意的能力，即他们发掘并聚焦更大意向的容纳力。尽管大家有时候不愿意谈论这个，或者根本就不知道该如何谈论这个，但只要他们回想自己的行动历程，就会明确显现出一种不同寻常的动力之源。这种动力之源超越他们预想的计划或狭隘的自我利益，而且往往超越他们过去的经历。

阿瑟曾反复强调，一旦你达到真正“觉知”的境界，就会产生结晶意向的力量。“意向并非某一种强大的动力，而是唯一存在的动力。”阿瑟说。

当我们从这种更大的意向出发而行动时，通常的理性决策模式就会让位于另一种过程：做且仅做显然需要做的事。如罗施所说，行动作为“整体自发生成的副产品”而出现了。

斯坦福大学的迈克·瑞用温德汉姆·希尔音乐公司（Windham Hill Music Company）创始人兼公司总裁威尔·阿克曼（Will Ackerman）的故事解释了这一点。

那时，阿克曼还是个学生。他还剩一门课程时，去找他的教授，那恰好也是他父亲。阿克曼说："我再也念不下去了，我要退学。"

"听上去是个好主意，"他父亲说，"我想我也要退了。"

阿克曼的父亲在儿子退学后真的辞了职。阿克曼从20个朋友那里每人借了5美元，开始做生意。温德汉姆·希尔音乐公司成功之后，阿克曼又创立了其他企业，然后他在新罕布什尔州为他父亲盖了一栋小别墅。据瑞介绍，有一天晚上父子俩坐在凉台的摇椅上谈论威尔的各个企业，威尔说："爸爸，我迷茫了。我现在有这个建筑公司，有这个音乐公司。我该怎么办？"

他父亲回答道："你知道，我一生中从未做过什么决策。"

开始时阿克曼心想："唉，真让人失望。"但随后他意识到，如果你知道什么是正确的，你就不必做决策。你知道该做什么，事情就在那里等着你，那你就去做好了。

种子很小

成为自然之力，并不意味着我们的抱负都必须是"宏大的"。起步时往往要小，有效聚焦能量的初始愿景针对的往往是眼前的问题。重要的是要有一种服务于更大的志向目标的衔接感，而不是阻碍行动的宏大抱负。盲目相信自己只能追求"伟大愿景"，其实是很危险的陷阱。

例如，前面提到的德国卫生项目，其最初的行动计划是由受到鼓舞的参与者小组提出的，他们把自己接受的能量转变为有意义的行动。这些局部的试验本身都不足以使整个卫生系统转变到"第三和第四层次”上，但那却是他们的更大的意向。每一个试验都凝聚了这个更大的意向，促生了变革动力和势头，并最终为进一步的行动提供了信心。这个简单的过程澄清了真正愿景的本质：真正重要的并不是愿景的宏伟壮丽，而是它能成就什么。“愿景是什么并不重要，重要的是愿景能做什么。”在作曲和创造性过程的研究著述方面都成就斐然的罗伯特·弗里茨（Robert Fritz）曾如是说。[2] 换句话说，愿景的唯一有意义的评判标准，就是它所带来的行动和变革。

印度管理学院和哈佛大学肯尼迪政府学院广受尊敬的领导力专家戴巴西什·查特吉（Debashish Chatterjee）曾用一个故事生动地表达了真正愿景的特质。查特吉有一次问特蕾莎修女（Mother Teresa）：是什么使她一生中能做那么多伟大的事。“她先是满脸不解地看着我，就好像在试图理解我说的究竟是什么意思。然后她给出了一个很简单的回答：‘人不能做伟大的事，只能做小事，但要用伟大的爱心去做。’”

弗里茨说，要建立结晶更大意向的容纳力，就必须有每日的演练，要不断面对他所说的“结构性张力”。[3]与大多数“愿景练习”不同，面对结构性张力包括结晶愿景并看清现实，这在日常危机或紧张压力的时段尤其有用。弗里茨认为，紧张压力或真正的困难局面，是开发愿景并把愿景融入生活的“动力源点”。这看似矛盾，但如果我们能开发一种修炼方法，觉察到自己的真正感受，并坦诚面对“现实”，在客观上、情感上和身体上都这样做，我们就能获得这种动力。开发更多的技能来觉察身体和情感的反应，也是演练悬挂观点的有效方法；我们借此就能降低对自己主观的现实判断和编撰逻辑的执着。我们还必须问自己："我（们）究竟想要的是什么？"这听上去好像很简单，但止息自己的情感纠缠、担忧和焦虑，维持足够长时间的平静以重新关注对自己重要的事，是需要下很大功夫的。最后，我们必须选择要干什么，并把它往前推进。尽管在你"重新进入"一种境况时可能不会有任何立竿见影的改变，但你会逐渐看到变化。

"结晶愿景"的意思不是把愿景变成固定僵化的东西。正相反，愿景只有在我们看到并选择它的那一刻才是活的，愿景的真正意义必须植根于我们当下环境的具体情况。从这个意义上讲，结晶是不断进行的过程，不断在此时此地的当下重新形成鲜活的愿景。

近年来，愿景的概念很流行，它的本质内涵却往往被丢掉了。愿景不是高尚的情操或激励人心的话语，而是很实际的工具。用最简单的话说，愿景就是我们想创造的景象。有些愿景很震撼人心，那是由于其来源不同寻常，也由于大家与这个来源的不断的连接能力，而不是由于愿景的情感状态如何。有力量的愿景是深层志向目标感的流露，是其在当下的表达。就像软管喷嘴能使水流形成有力的喷射一样，清晰的愿景能聚焦和引导在体悟当下过程中形成的志向目标和能量。

意向的工作

一旦我们的工作有了更大的意向的指引，它就蕴含了我们是谁，以及我们生活的目的。韦伯在回想创办《快公司》的经历时说："办杂志的工作不只是安排采访，不在于获得奖项，而在于遇到做令人惊异的工作的非凡人物，并争取让他们把自己的故事说出来，刊载在杂志上与其他人分享。

"当我发现自己为小事而烦恼，或担心自己会成为英雄还是狗熊时，我就知道自己被错误的声音干扰了。真正的声音一定都是来自许多年前开始的那段对话，关于什么是真正重要的问题的对话。真正重要的问题是大写的 W：工作或使命（Work），即原本使我们走上这条道路的各种缘由的神奇混合物中所生长出来的工作使命。"

当处于领导岗位的人开始为融入更大志向目标的愿景而服务时，他们的工作内容就会自然地从"自己做出成绩"，转向"鼓励大家成长，并让大家做出成绩"。英特尔的高管戴维·马辛（David Marsing）曾经历几乎致命的心脏病发作。他认为自己领导能力的来源，就是那次心脏病发作而引起的、对志向目标的接触和澄清：

"在急诊室里，他们宣布我临床死亡。幸运的是，后来我被救了回来。躺在急诊室的轮床上，我知道了这一切为什么会发生：心脏病发作的原因就是我以前那种生活方式。我一直知道在英特尔工作压力很大，但我以为我会以某种方式超越它。我是一个运动员，在公司工作很多年了，我很强壮。但我也是个'盲人'，看不见我参与造成的工作环境对大家和对我自己的影响。我躺在轮床上，看清了这一切。我还意识到，在英特尔谋求晋升，对我真不是很重要了。

"在住院期间和随后的几个月里，我发现了我真正的志向，那就是帮助大家意识到自己有更大的潜力，它比我们以往任何时候想象到的还要大。我有意地回到了那个压力很大的环境，但这回是带着不同的理解，并更多地关注自己的冥想和精神修炼。我想要为大家创造一种环境，来帮助大家看到自己真正的全部潜力。我还想保护大家免受大公司在市场压力大时都会做出的典型反应方式的伤害。我的亲身经历告诉我，这类反应方式很不健康。”

回到工作岗位以后，马辛开始用非常不同的方式行事。其中一件事是在每周轮流的工作会议上引入反思和冥想练习。他说：“开始时，大家不知道我是不是认真的。许多人怀疑这是否能持久。但一段时间以后，大家发现这些练习对放缓节奏很有帮助，对提高环境意识和开放心态也都很有帮助。”

这些新演练与马辛的新面貌，催生了英特尔最大的一项成功。马辛是11号芯片厂建设和产能提升时期的总经理。那是英特尔当时最大的半导体芯片厂，也是世界同类设施中最大的。它从开建到满负荷生产的进展速度是创纪录的——25亿美元投资的收回时间从原计划的几年，缩短到仅5个月。

觉醒

如何找到服务整体的路径，而让行动成为罗施所说的“一种整体自发生成的副产品”？这是个古老的困惑。2 500年以前，老子写道：

> 将欲取天下而为之，吾见其不得已。天下神器，不可为也……为学日益，为道日损。损之又损，以至于无为。无为而无不为。

大意是：想要占有天下并有所作为，我看是行不通的。天下是神圣微妙的，不可以勉强作为……做学问的人，每天要增长知识；修道之人，每天要舍弃一些东西；舍之又舍，直到无为的境界；无为才能无所不为。[4]

我们如何才能达到这种“无为而无不为”的境界呢？

对有的人，他们的“觉醒”需要创伤和灾难的经历，如马辛的致命心脏病发作，奥托的家中失火，或牙买加世行官员弗雷德的绝症诊断，只有这样他们才能觉醒，才能找到对自己真正重要的东西，积累起追求它的勇气。但这种觉醒并不在于事件本身，而在于我们自身。为更大的整体服务，其终极要求是自我意志的转变。所有领悟到这个道理，并选择这样做的人，都能实现这个转变。

20多年前，彼得把马丁·布伯的《我和你》（*I and Thou*）中的一段话送给了约瑟夫。两个人都把这段话放在手边，并为其中传递的意志转变和真正自由的信息而感动。

> 自由的人拥有意志力，但没有武断的自我意志……他相信天命，并深信天命需要自己……但不知道天命在哪里。但他知道自己必须全身心投入。事情不会按照他的决定演进，但却只有在他决定了自己愿意得到的东西之后，才会降临。为了自己的高远之志，他必须牺牲掉自己微不足道的、不自由的意志，被物欲和本能控制的意志。高远之志会常随有天命在身的人，而远离被命运捉弄而认命的人。

对布伯而言，获得真正自由的能力来自我们为了“高远之志”

而牺牲“不自由的意志”的行为。我们后来意识到，这个能力正是萧伯纳所说的“成为自然之力”。布伯的话生动地揭示了U形运动的整个过程：

> 于是他不再干预，但同时也不会让事情放任自流。他倾听自己身心内呈现的东西，还倾听世界演变的进程，不是为了取得它的支持，而是为了根据它的意愿而促成其实现。[5]

| 第11章 |

与宇宙的深度对话

丘吉尔曾把领导力形容为“从一个失败走到另一个失败，却从不丧失热情”。有人认为，一旦有了清晰的愿景，剩下的就只有“实施”了。这种天真的想法对创造过程来说比什么都有害。实际上，创造过程的核心，就是从思想观念转化为实际现实的过程。“创造”的字面含义就是“使实际存在”。河流从发源地流到大海，经循的绝不会是简单的直线。同样，创造过程也不是机械的直线运动，而是一种舞蹈过程，是在灵感和试验之间的舞蹈。超个人心理学家克里斯托弗·巴赫（Christopher Bache）曾生动地解释过这个现象。他的反思涉及师生关系：假如老师真正能放得下，并在现实呈现的流动中顺其自然，那会产生什么样的师生互动？

“讲课的时候会碰到这种情况，学生问你一个问题，或者你想找个最恰当的例子来解释某个很难的概念……（当）你的意识流中断时，你思绪的连续线索上就产生了间隙，这就是你的选择空间，也是运用直觉的机遇。本来可预演的课程，此时就可能变为临场发挥而创造出来的生动演练。”在这个空间里，“我在脑后发现一扇小门，它有时会打开，递进一张小纸条，上面有建议，比如一个想法或图像。我发现，如果我愿意冒一定风险，去使用这个礼物，不可思议的事就会发生……

“不可思议的事发生时，隔离我们的墙就暂时消失了……（而）我和学生们的创造力就会超常发挥。运气好的时候，教室里就充满了新想法。有时，我会在课后把黑板上的东西抄下来，那是我们在对话中窥见的对新概念的深层领悟……直接从内心坦诚表达出来的真实性，再经过大脑的娴熟展示，其震撼力即使在学术环境下也不会泯灭。”[1]

巴赫的描述说明，我们往往只有在进入行动中以后，才能学习和把握正在生成的东西。整个过程的关键是在行动中保持开放心态，防止我们因为专注手头工作而在仓促中关上了那扇“小门”。

形成原型

我们采访企业家和创新者时反复出现的一个主题，是迅速形成试验原型或快速周期试验的重要性：它让我们免于陷入冗长的计划工作，让我们不必执着于想清楚“呈现中的整体的真实特性”的企图。其实，正在呈现中的整体的真实性质，只有在具体的试验、临场发挥和原型试点的过程中，才能完全显现。我们最初从直觉上感受到的东西，一旦我们有意识地努力使它们显现，并对由此产生的反馈信息保持开放心态，它们就会以全新的方式清晰和真实起来。

我们采访的所有企业家和社会活动家，都践行了这一原理。

约翰·高（John Kao）是一位成功的企业家、音乐家和创业者。他创立了旧金山“创意工厂”，帮助大公司实现突破性创新。对高来说，形成原型是每个创意设计过程的核心。“形成原型就是把你最好的想法精确地模拟出来，做成模型，以使你有一组共鸣的认知和见地，促进沟通。在涵盖差别很大的学科领域的团队里，这特别重要。你还可以拆开原型，重现这个制作过程，直到得出让你满意的结果。这种结果不是你一开始就能预见的。”[2]

对工程师来说，形成原型是一种用物质（或计算机）模型测试新设计想法的途径。在有生命的社会系统中形成原型，工程师对测试的投入精神也同样重要，但这里面有两个重要差别。首先，在社会系统中形成原型需要更大的开放性和探索性。在工程设计中，像高所说的那样，“你通常是从某种标准规格入手。其次，如果你完全根据标准行事，你就会得到结果，而在这个过程中，所有其他枝节因素往往会被排除。但在社会系统中，设计工作会让你沿着任意枝节探索，只要它跟结果相关”。其次，在有生命的系统里，我们自己就是“原型”！如甘地所说，“我们必须成为我们追求的变革本身”。

从形成愿景和结晶意向，到形成原型，我们又转到具体细节主导的领域里。形成原型不是关于抽象理念或规划的，而是要进入即兴演练和对话的过程。其中的具体细节会激励整体的进化，反之亦然。

从本质上讲，形成原型的过程能连接并协同校正我们的大脑、心灵和双手的智慧，其方法就是在我们想清所有问题并制订出详细计划之前，先聚焦行动。形成原型的宗旨，是在概念完全形成或达到完美之前，就把它投入行动之中。过分关注成功的人往往想放慢脚步，花更多时间重复进行详细的筹划，使行动方案更稳妥。但很可能此时正是需要你行动的时候。在罗伯特·雷德福（Robert Redford）的影片《重返荣耀》（*Bagger Vance*）中，巴格（Bagger）对他的一个有天赋但缺乏自信的学习高尔夫球的学生说："别光想，要去体悟、去感觉。你手上的智慧永远要比你脑子里的智慧更有智慧。"

有效的原型工作，要求人们有保持连通和牢固根基的能力：你得与你最深层的灵感源泉和更大的意志保持连通，同时学会聆听从你的行动中产生的各种反馈。如果你保持开放，周围的环境就会不断告诉你：你需要学什么。你从试验中得到的反馈会为你提供线索，帮助你把刚刚开始形成的东西具体化，并不断塑造成型——只要你学会聆听，并放弃你对一开始"没有搞对"的负面反应情绪。对有高度创新能力的人来说，这是个不言而喻的秘密。美国宝丽来公司（Polaroid）创始人、企业家和发明家爱德温·兰德（Edwin Land）在办公室的墙上挂着一面镜框，上面写着："每一个错误都是重要事件，只是你尚未将它的所有益处变为自己的优势。"

对于已经走过U字底部的团队，形成原型就意味着：要变成更大的场在化现自身时的工具。要以这个原则为指导，创建正在呈现中的整体的生命微系统，以及"成为我们追求的变革本身"。它是"U的上行段"的关键战略。巴赫补充说，当我们与他称为"神圣的心灵”的这种更大的场保持连通时，我们的行动就会成为同步演进的一系列更大模式的一部分，这种现象绝不可能经计划安排来实现，而且在事后也很难解释。

在行动中保持与更大意志的连接，要依靠感知、呈现当下和结晶意向的容纳力。但形成原型的能力实际上不能与这些能力相分离，它只有包括它们并以它们为基础才能生长。形成原型的能力，能够让我们在未来之势场的指引下行动，从而跳出旧有的模式。

创造和调整

人们往往认为，要做一件事，就必须先了解怎么做。如果真是这样，那就不会有创新了。另一种观点是，创造过程其实是学习过程，一开始时可能只有假设或初步设想。弗里茨把这种创造过程的本质归纳为“创造和调整”。[3] 我们只能通过在干中学和做了再调整，才能成就真正的创新。

在整个形成原型的过程中，可能要经过许多小的“U形过程”：感知，行动，产生新意识，修正行动，甚至修改愿景。高把这称为“原型及其重复过程”，阿瑟则叫它“以自然流露的方式迅速行动”。这个创造和调整过程可能需要几小时、几天或几年。

例如，从20世纪90年代中期开始，SoL的一组成员决定建立一个聚焦可持续发展的协作学习社群。尽管当时已经有其他可持续发展团队存在，但没有一个是基于组织学习的原则和工具的。[4] 这个小组认为，转变传统商业模式，把社会环境福祉融入新模式，它所要求的文化和商业变革是巨大的，如果公司组织不共同建设新的学习能力，就不可能有重大进展。这个工作后来演变为SoL可持续发展协作组，但那是在三年时间里经过了多次反复尝试，才最终成立的。在那三年里，曾有过许多先期会议和研习营，但都没有产生持续合作的共同承诺和投入。

“许多公司都以很高的热情参加了这些会议，”组织者莎拉·施莱（Sara Schley）回忆说，“但我们一直无法达成‘启动’协议。”

“大家都对各种可持续发展问题有深切的关怀，这一点很明显。”莎拉的丈夫、组织者乔·劳尔（Joe Laur）补充说，“但他们在自己的组织里，为了突出说清这些问题而经历了无力的挣扎，感到不知所措。”

另一位组织者、哈雷–戴维森公司的提姆·萨维诺（Tim Savino）说得更直接：“我知道这很重要，但我认为对当时的哈雷公司来说，接受‘可持续商业惯例’大体上等同于接受令我们无法认同的价值观。”尽管如此，施莱和劳尔仍然坚持努力，他们放弃了其他工作，专门集中精力创建协作组。

如何才能引起那些组织内部对这个问题的注意呢？经过一段摸索后，小组决定召集一个公司总裁会议。如果他们能把足够数量的最高领导者聚集在一起，让他们说明自己对这个问题重要性的认识，一定可以带动这些组织的承诺投入。可是，会议的结果却令人无比沮丧。尽管如此，它对集体形成原型的工作还是提供了重要启示。

1998年年初，约12名公司总裁和执行副总裁在波士顿聚会，共同参会的还有好几位主要环保组织的领导人。每个人对环境问题的战略意义都看得很重，热情很高，他们的组织也似乎都支持这方面的工作。大家就环境恶化和节能减排创新等问题发表了演讲，其中好几位还拿出了自己组织的环保工作成就的案例，每个人都说得很好，令人印象深刻。

但是，正式演讲结束后，大家开始非正式地谈论是什么原因阻止他们做出更大的成绩时，却把主要原因归咎于不好的政府政策、冷漠的投资者及其他一些外部的因素。所以当话题转入他们能一起做些什么的时候，多数人都聚焦在如何游说联邦政府制定环境友好型政策，如何让投资分析师们认识到在改善环境方面是值得投资的。房间里的能量最后陷入最低谷。“这真是让人大开眼界：那些‘强有力’的人物，在面对真正变革时，却如此无能为力。”劳尔后来感叹说。

第二天，彼得给美国地毯制造商英特飞公司（Interface）的CEO雷·安德森（Ray Anderson）打了电话。安德森当时是克林顿总统的可持续发展委员会的共同主席，他参与组织了那次会议。

“我们两人都认为那次会议失败了，”彼得说，“我们很失望，会议小组没有产生真正的能量，却为妨碍大家做自己认为重要的事的外部因素而相互较劲儿。电话交谈结束时，我们两人觉得我们都不知道需要做什么，但‘不管需要的是什么，肯定不会是我们迄今在做的事’。

“后来的事证明，与雷的那次通话对我非常重要。一方面，我们的确没有拿出什么新想法。但另一方面，我们能够完全坦诚地交流已经发生的事，交流我们自己的感受，这本身似乎就很重要。那种放得下的心态，让我们保持了开放状态。于是，一个月之内，一个完全不同的策略就出台了。”

协作组的组织者们决定，不再邀请公司总裁，而是把有组织学习经验的经理人请到一起。这里面可能包括高管，但也会有一线的经理人、内部咨询师及支撑团队的工作人员。关键就是邀请到有成功完成主要变革的经验，同时又对社会和环境问题有深切关怀的人。“我们决定主要看热情和投入精神，而不是职位。”劳尔后来回忆说，“我们当时没有完全意识到，我们其实自然而然地倾向于选出有‘成为自己追求的变革本身’这种能力的人。”彼得说，“那个1999年1月在马萨诸塞州剑桥聚会的小组，后来成为我们努力创建的更大协作组的一个微系统。”

从那以后数年间，参加进来的公司、政府和非政府组织越来越多。协作组又衍生出许多行动计划，目前正在更大的范围内产生着影响。

“剑桥一月会议”的一个亮点，是约翰·艾尔特（John Elter）分享自己领导的一个施乐公司团队的故事，他的团队开发了施乐第一代完全数字化的复印机。这个团队的技术成就，特别是“零填埋”的愿景，深深激励了大家。零填埋的愿景是在工程设计师团队从野外独处训练营回来后形成的。[5]“如果大自然可以没有任何废弃物，那我们为什么不也这样做呢？”艾尔特的团队向自己提出了这个问题。这个团队后来获得了美国国家技术奖（US National Medal of Technology）提名，他们的创新设计，是探索把复印机零部件精简到仅200个（以前的产品有2 000多个），而且全部用螺钉和夹子固定在一起，以便于拆解：92%的部件可以再制造，96%可以再利用。

尽管这款产品达到或超过了施乐公司的营销目标，公司却陷入财务困境，艾尔特当时也马上要退休，可能会闲置他在设计再制造工艺方面的非凡经验。但今天，他和他团队中最聪明得意的下属，都跟着罗杰·萨朗特（Roger Saillant）加入了协作组的另一个成员单位，即生产燃料电池的新企业——美国普拉格动力公司（Plug Power）。萨朗特以前是福特公司成就最大的高管之一，离开福特后，他担任了普拉格公司的总裁。他们一起把世界级的技术和管理经验带入一个正在挣扎中，但可能对向可再生能源转换至关重要的新产业。正如艾尔特所说："我们的目标是让零填埋成为燃料电池产业的标准。"

聆听反馈

有效地形成原型，要求我们培养一种能力，聆听初步的工作尝试产生的环境反馈。但就像可持续发展协作组的故事所揭示的，这往往不是件容易的事。有时只有在回头看时才知道，初步尝试的努力显然是粗糙的，考虑得也很不周全，而之前看它时却似乎是"最正确的想法"。对于付出很多努力而得到的结果，我们往往容易产生执着。而且，保持开放心态并聆听环境反馈，并不等于要像改正错误那样，对每个批评意见都做出反应。成功的原型工作，要求人们在忽视反馈和过度重视反馈这两种极端之间，找到中间道路。

韦伯在谈到自己办《快公司》杂志的经历时说："形象地讲，我的经历就像半透膜，不断接收信息，有的信息通过，有的被挡回去。关于一个想法是否富有意义，你和环境之间要有个不断对话的过程，不管这个环境是友好的还是充满敌意的，也不管你认为那个想法很完美，还是需要进一步完善。

“如果你对自己的想法保持开放的心态，老天就会帮你。老天往往是非常友好的。所以如果你开放，它就会对你的想法提出改进建议。

“但老天有时也会提出一些馊主意。探索过程的部分工作就是聆听这些想法和建议，并自己做出判断，哪些有益，哪些有害。你不能自我封闭，认为‘这个想法已经在我的大脑里完全考虑成熟了，不能动了；如果不按我想的办法做，那我就完全放弃，不做了’。但是，如果对每一个人都言听计从，你就会疯掉。你必须在吸收进来的能量、想法和调整信息中，老实地倾听和辨别周遭世界在和你说什么。同时，必须保持工作的完整性及个人信念，这个信念就是：最初的想法是坦诚的好想法。”

韦伯的经历在盖璞（Gap）服装店35岁的高管塔拉·普斯里（Tara Poseley）的身上得到了进一步验证。普斯里称自己是“一个连续创新者”，她在过去几年里先后开创了3个新业务部门，每一个都成了公司里最赚钱和增长最快的部门。约瑟夫和奥托把U形模型介绍给她以后，她说她的工作方式是“每天都通过U形过程”。

创立盖璞内衣业务时，普斯里一开始就沉浸在市场信息调研中：该业务的主要企业都有哪些，它们都如何运作。然后，她得出结论：用新方法运作的成功概率很大。于是她做出商业计划，报告给公司高层管理委员会。那是她第一次向高层正式做演示报告，她准备了大量幻灯片。演示几张幻灯片以后，她看看房间里的情况，意识到听众在失去兴趣。于是她当机立断，改变策略，拿出身后衣架上的原型设计，并一边向公司总裁和几位高管解释，一边把样品发给各位高管。会议结束时，公司总裁批准了她的计划。

普斯里告诉我们，那是一次重要的学习经历。“没错，你必须要有个愿景，”她说，“而且同时必须有深层的意向，但你还要擅长进行自我观察，并能够根据实际情况，随时更改行动路线。老天是想帮你，但你必须能观察和聆听才行。”

重新发现志向目标

从结晶意向走到形成原型，是从理念的范畴走向行动的领域。这不仅让正在呈现的东西触手可及，还会最终在更高水平上把在背后激励整个过程的志向目标变得更加清晰。

前面提到的德国医患对话案例，在第一次会议之后就形成了一系列原型开发项目。许多参与者，包括医生格特·施密特（Gert Schmidt）及其同事，会后都想“把我们的系统从第一和第二层次提升到第三和第四层次。为此，我们需要新型工具和程序，让系统中各方用最具体和实际的方式看清整体。我们决定，开发对话平台的原型试验，让不同机构的人聚到一起，围绕设计问题和主题交流。

“我们采取的第一步，就是召集某个卫生辖区的所有主要机构的代表，开了两三次很成功的会议，但却没有任何新成果。于是我们意识到，我们的思想过于拘泥于组织层面了。

“后来，我们换了一种方法。我们先定义出‘实践者’，即每天真正面对问题并能影响决策，或自己能够在子系统中做决策的人。简言之，他们是为了有效地开展行动而相互需要的人。开会时，我们用非常坦诚的方式谈论所有问题，将焦点放在拿出近期解决方案并实施上来。

“这些小组都围绕着特定的主题或问题，有时召集得很迅速。问题解决以后，小组就解散。目前我们有10个这样的小组在运作，它们比以前的小组工作更有成效。”

其中有一个小组的关注点是一项糖尿病研究报告。小组的组成不是按照正式机构或学术领域的专家代表来安排的，而是吸收了在系统中有关键实践者角色的人，如助理医生和糖尿病人。他们的工作产生了一系列策略，其中之一就是要争取农村妇女参与推动、开发和宣传新的生活方式和饮食习惯。“这种非常分散的方法能帮助解决慢性糖尿病人的真正问题。”施密特说，“这不需要更多或更好的药物，而需要所有植根当地的基础设施，让人们增强意识和改变生活方式。”

另一项创新是针对区域急诊服务的。在医院内外工作的农村医生聚集在一个完全整合的自治系统里，只留一个24小时急诊电话号码。病人立刻能接到医生那里，而且当即就能得到医生的处理意见，或者由医生把问题转给最近的值班医生处理，或指派一名医生随救护车出诊。

结果是病人在紧急情况下感到更安全了，因为他们马上就能得到称职医生的关照。如果急救电话交由不称职的职员处理，不仅病人得不到高质量的关照，而且派出的救护车也常常是不必要的。更明智地使用设备齐全而又昂贵的急救车，已经降低了运营成本。而且医生也能得到意想不到的好处：在地区新急诊办公室里坐在“当地的脉搏上”，“你开始对地区整体有了感知”。一位医生说。这又自然把地区的需要反馈上来了，并“已经推动医生、急诊室员工、消防队，以及其他从前单打独斗的各类人员完成了重要的学习实践过程”。

持续的原型设计工作还带来一种发展势头的感觉和自决意识。“我们访问其他地区的同事时就体会到这种差别了，”施密特说，“访问会议上的谈话方式还是我们从前的那种方式。他们谈论的是‘其他人’，比如，可能是‘保险公司的人却要这么想和那么做’。我们已经不再问这种问题了。我们要么直接面对这些人，当面问他们：‘你们在想什么？在怎么做？想要什么？’要么根本就不考虑他们。我们不担心别人可能会想或不想什么。我们集中时间和精力关注自己如何做出最好的变革和贡献。”

“把系统提升到第三和第四层次”，现在大家是这么理解的：帮人们过上更健康的生活，促进专业人员理解系统整体，建立更高的自决意识。其显现的成果既有量化的东西，比如病人的零投诉，也有非常个人的东西。有位医生这样描述他的工作经历：“我们凌晨3点独自在当地的林子里开车，也不再感觉孤单了。”另一位说：“我和病人的关系已经变成了伙伴关系，一起思考问题的关系。我更有能力激发和重塑病人的思考，帮助他们意识到他们真正想要的东西。”还有一位说得很简单：“我重新发现了工作的乐趣。”

怎么解释这些变化呢？奥托问过施密特这个问题，他回答说：“塑造某种东西的经历是力量的源泉。当你对系统和整个地区的运行方式有了更好的理解，认识了很多人，你就会有不同的能力来推动事情的运转。比如，在这之前，如果我不愿意去进行某个艰难的对话，就会无限期地拖延。而现在一旦有这种情况，我会马上就做。因为我们更清晰地看到了整体，我们现在处在不同的境况了，个人沟通的整个网络和关系状态都更加流畅了。”

随着形成原型的活动场在更大的系统中演进，深层志向目标会融入许多方式方法中，并最终显现出来。“想想看，这个东西始于单纯由医生驱动的行动计划，一开始时，很难预测到变革能发展到现在这个深度和广度，”奥托的同事维尔斯蒂根说，“它已经演化成数十个项目，有该地区内数百个机构和个人参与。开始的原型工作经历了有机的形变，出现了一个不断创新的生态园林——现在我们都把它看成理所当然的了。”

保持连通

德国卫生部门工作的例子说明，从呈现当下和结晶意向转换到形成原型，可以产生许多并行的原型试点项目。原型试验工作的推广通常是必要的，但它也会使整体碎片化，甚至带来不必要的竞争。避免这种现象发生的关键就是要在不同的原型项目之间保持连通。如果能做到这一点，那么在一段时间以后，多个原型项目就有可能建立更大的社会网络，达到变革的临界量变点。

保持这种连通并没有唯一“正确”的方法。例如，许多小组可以组成“快速原型工作团队”，然后让这些团队相互当教练。随着各种原型项目工作的进展，建立跨小组的特别团队来协调各方面的工作，就会很有帮助。这样就可以定期召集不同原型项目小组，让他们一起面对面分享各自的成功经验，尤其要分享他们分别面对的挑战，以便加深连通感，并建立互相帮助的方式方法。

把保持连通变成战略优先工作很关键。原型工作产生的能量会吸引许多新的、行动导向的角色进入项目。这些人中的大多数并不了解过去的成功所依赖的学习实践和人际关系建设的历史，也意识不到已经建立的更大社群的环境。如果对各个原型项目组成的社群会成为更大范围变革的真实微系统没有清晰的愿景，那么碎片化的离心力就会积累起来，变得无法抵挡。

共时性：自我觉知的场

也许，结晶意向和形成原型的最重要的方面反而很少有人谈论。当人们与自己的深层意向来源连通时，经常会经历令人惊异的共时性事件。荣格在其经典著作《共时性：非因果连通原理》（*Synchronicity: An Acausal Connecting Principle*）中，把共时性定义为“非偶发性概率因素造成的两件或多件事情的有意义的巧合”。荣格的定义把两个看似矛盾的概念，“巧合”和“非偶发性”，巧妙地放在一起了。[6] 共时性似乎正是把这类矛盾融合在一起的概念：意向性和偶然性，有所计划的行动和不期而至的幸运，因果关系和“非因果性”都被放到了一起。

英特尔的马辛对约瑟夫说："共时性，是对正欲破土而出的事物保持开放的心态。"拉奥所说的"表达意向"对他而言，由于"许多人都感知到，并被吸引到正在呈现的新的可能性上来"而显而易见。而且，他补充说："通常，感知到新的可能性的不止一个人，大家都想帮助推一把，很少有我自己单独发现这种情况的时候。你连宣传都不必操心，因为这种情况的某些特征会与大家产生共鸣，大家都有类似的意向、类似的原则和价值观。大家被吸引进来，然后就会发生不可思议的事。"

共时性虽然不能控制，但它也不是随机的：整个U形过程的一个主要结果，就是让共时性的力量产生更可靠的作用。这首先在于悬挂假设后所产生的开放性，其次是呈现当下产生的"服从于承诺"的状态。苏格兰人喜马拉雅探险队（Scottish Himalayan Expedition）的威廉·H. 默瑞（W. H. Murray）说："在你完全承诺投入的那一刻，老天也会感动。"[7]如果说非常成功的创新者都指望奇迹发生，那是不对的，但他们似乎都默默地接受了奇迹，把它作为过程中几乎不可避免的事。从韦伯的说法中可以看到一点："老天往往是非常友好的。"或者用普斯里的话说，是"老天想帮你"。

也许，我们叫作神奇或共时性的东西，从我们个人的角度看，其实不过是处在自我觉知的场中，以及在整体的指引下行动时，必然会感受到的东西。巴赫由于在课堂上越来越多地感受到这种神奇，就不得不试图理解它。与罗施、谢尔德雷克和接受我们采访的其他人一样，巴赫最后也把它描述为更大的场。"当这些共时性共振现象开始在我的课堂上发生时，我还认为它们是在分离的大脑中发生的特异的超常现象……后来，我才产生更优美的理解，把它们当作整合整个课堂的统一学习场的表现。

“促使我把这些事件看成场的最重要的现象观察……是其中所包含的力量的巨大强度和密度。那么多人的生活受到那么深远的影响，这使我无法用我个人能量的共振概念来理解所发生的事。

“……大约15年前，学生在课后到我这里……（说诸如此类的话）‘你知道，你今天在课堂上举的例子很奇怪，因为那正是这星期在我身上发生的事’……我的学生在我讲课的内容里发现了他们生活中很私密的片段……学生们还开始说，我讲的课经常就像有暗号一样，会回答他们感受到但还没有提出的问题，这很神秘。”他后来还发现，学生相互之间也发生类似的巧合。“有学生说：‘每个季度都好像有新的预料之外的变化和共时性事件发生。我进入了一个深刻影响了我的生活的连通关系和聚会网络。’”[8]

当他发现谢尔德雷克的著述时，他逐步认识到自己的经历并非异常或超自然现象，而是动态生命系统的天然特征。从某种意义上说，他和自己的学生开始关注他们中间发生的微妙现象，学习如何进一步培养这种关注能力，即他所说的“神圣的心灵”和“无疆界的意识：所有经历都在其中发生，它是心灵聚会和融合的场所，是活的基体”。[9]

令人悲伤的是，巴赫写道：“我们的文化没有教我们去识别这个更大的‘心灵场’的存在，更别提它的运行法则了。”比如，“有关心灵的原子模型让教育家们受害匪浅，因为它让我们麻木不仁，体察不到教学经历中的微妙之处……即使是非凡的互动情况，如老师

‘唤醒了学生如饥似渴的学习热情’，也仍然被认为是本质上分离的心灵之间的相互作用”。[10]

对神圣的心灵进行许多年的探索和思考以后，巴赫得出了结论。他认为，把这种场当成“非常态意识”的产物，是一种过于狭隘的看法。能“唤醒个人对日常经历的超觉深层体悟”的精神修炼，是经历这种更大的心灵场的方式之一。但还有第二种方式，那就是团队和小组中的真正的融合，就像在巴赫的课堂上那样。此情此景之下，我们会发现神圣的心灵“就‘藏在’普通的场景里……并在我们每日的集体经历中活灵活现”。[11]

巴赫说，一旦我们发现它，我们就能看到“行动变成了支持整体的行动，能够涵盖一切，成就一切需要成就的东西”。但这种行动当然不仅是“我们的行动”，它还是我们更有意识地与正在呈现中的宇宙进行深度对话的副产品。

| 第12章 |

掌握建设组织的技能

2001年11月

我们四人在秋季再次会面，那也是“9·11”恐怖袭击事件后我们第一次见面。我们都感到“9·11”恐怖袭击事件是“安魂人类情景”背后力量的显现，令人痛心。而它也确认了我们试图理解的深层学习过程的重要性。约瑟夫开始报告10月11日的会议，那次会议进一步推动了从佛蒙特研习营开始的工作。

*　　*　　*

“斯托镇研习营小组在纽约的聚会，距离现在所谓的‘归零地’(Ground Zero，即世贸中心遗址）只有几个街区。到那里去让人感受非常深。我们不禁反思，这个事件在我们的领导力变革的愿景下意味着什么。我们还探讨了它在多大程度上应归咎于宗教狂热分子的‘精神错乱’，而在多大程度上应归咎于其他原因。”

“有一位是这样说的，”奥托补充道，“某个人说的‘宗教狂热分子’就是另一个人心中的‘英雄的牺牲’。尽管‘9·11’恐怖袭击事件可以从许多角度来分析，但我们一致认为，促使我们走到一起的动力比以往任何时候都更紧迫了，这个动力是：需要让背景多样的企业、政府和公众社会的领导者共同开发更可持续的全球化模式。我们花了很多时间谈论这个行动计划可能会采用什么形式，但最后发现，真正重要的其实就是我们大家马上投入工作。”

“我们认为，最初的原型设计过程应该从新一轮的采访和感知入手。”约瑟夫继续说道，“至少‘9·11’恐怖袭击事件让我们意识到，我们必须从背景各异的世界范围的公民那里，体验和认识世界的现状，学会如何进行全球‘感知’，而不是把某个群体的方法强加到其他人身上。几个星期内，对世界7个地区的30个采访工作，由我们一个网络中的成员们开始实施了。采访中出现了两个主题，即当前的全球危机和正在形成的全球意识。

“南非妇女和青年创业者的良师益友、有广泛影响力的企业家温迪·路哈比（Wendy Luhabe）总结了许多人的讲话，她说：‘现在世界上有一场领导力危机。如果你看看在中东或津巴布韦正在发生的事，或者看看安然公司，或美国的竞选，或布什政府在世界上孤立美国的立场，那你就会发现所有这些都有类似的模式：旧的主导势力在与正在新兴的人民的力量斗争。人民在说，“我们不会再继续对世界走向毁灭坐视不管了”。旧势力在阻挠新事物，而新事物正在年轻人和女性身上显现出来。除非我们创造空间让人民参与世界的管理，开创不同的未来，否则我们可能就无法防止现在似乎已经是不可避免的危机后果了。’

“中美洲大学（University of Central America）前校长、尼加拉瓜的神父沙比尔·古鲁斯蒂亚戈（Xabier Gorostiaga）说，后‘9·11’恐怖袭击事件时代不仅带来安全危机，还带来‘深层的文明危机’，也就是我们生活中亲身感受到的危机。‘世界不知在滑向何处。’他说，‘华盛顿共识的民主模式已经加剧了它称为“两类公民”之间的鸿沟。今天，有一类“推动全球化的公民”，还有一类“被全球化的公民”；一类有能力在全球市场上扮演角色的公民，另一类则没有这种能力；一类拥有财富、知识和力量，另一类一样都没有。’”

奥托沿着这个思路继续说道：“我觉得，全球青年网络‘变革先锋’（Pioneers of Change）的成员阿罗克·辛格（Alok Singh）说得很简单到位，他说，‘我们的体系正在崩溃，而且崩溃已经显现出来了：它无法服务于人民。当前的危机不会消失，因为我们只是在处理表面症状’。

“我对德国卫生项目参与者的后续访谈，也揭示了这种崩溃感。尽管很多人对新的急诊救护网络这类试验感到鼓舞，但他们还感到那只是在‘修补一个濒死的系统’。一位受访者说，‘我们现在需要做的，可能就是紧急而有控制地让这个系统崩溃，而不是勉强地维持它’。

“对整个系统的这种‘濒死’感受不仅限于卫生领域，还发生在教育、农业和政府系统。人们说，我们如果继续回避针对所有这些系统的综合改革方案，就不会有任何有效的策略。我当时说，我认为我们现在的系统在10年内就会瘫痪，几乎没有人同意我的意见。许多人说崩溃会来得更快，还有人说那不是未来要发生的事，而是当下已经在发生的事。”

“处在崩溃系统中的参会者还就第二个主题做了铿锵有力的发言，即综合改革方案与新的个人觉醒是不可分的。”约瑟夫补充道，“奥托采访的人当中有一位诺贝尔替代奖（诺贝尔环境奖）‘正确生活方式奖’（Right Livelihood Award）获得者，他是菲律宾全国可持续发展公民社会运动领导人尼卡诺·帕拉斯（Nicanor Perlas）。他说，全球化意味着我们必须‘更深刻地意识到超越所有文化和社会的人类间的深层连通。它还意味着我们每个人都面临一个根本的选择，即要么参与促进生命成长的发展和互动模式，要么参与毁灭生命的模式’。”

“我们问大家，从什么地方能够看到这种新的意识和精神状态正在呈现。”奥托继续说道，“许多人回答，除非我们在地方社区发展的层面观察，否则我们不会发现什么。我们采访的好几位年轻人都参与了发展中国家的社群项目。一位芬兰青年女性说：宏大的世界级的解决方案是不存在的。我们不可能找到适合每个人的普世解决方案，那是‘违反自然的’。

“全球化经济发展的‘华盛顿共识’模式的替代方案还有一个非常好的例子，就是印度古吉拉特邦的全国奶农合作社。这个合作社模式让印度成为世界上最大的牛奶生产国，并给全国数百万奶农提供了生计来源和自立基础。迄今为止，已经成立了10万个合作社，主要由村民选出的理事会管理。‘我们不是做奶制品生意的，’奶制品公司阿穆尔（Amul）的魏亚斯（B. M. Vyas）先生说，‘我们是做社会合作的。生意不是我们的终极目标，它是手段，是建立帮助穷人的公正社会的手段。民主不是参与德里的议会，而是要从草根层面开始，给普通人发展的机会。这种附加值，要比生产英特尔芯片大1 000倍。’

“这新一轮的采访和感知活动，已经影响了我们思考自己目标的方式，并引起了一些微妙的变化。我们应该在跨领域系统变革项目之上，建立地方领导者的全球社群。采访还确认了亚当在那次纽约会议上说的话：女性和青年在推进未来的工作中要扮演至关重要的角色。这是他从事公民社会情景假设工作得到的强烈感受和结论，而这也是企业领导者经常忽视的。”

“我认为这些采访澄清了本项目的第一个主要步骤，使项目落地了，变真实了。”约瑟夫说，“我们需要在采访过的人当中找出一组有意义的跨界横截面，作为不同类型领导者组成的战略微系统，把他们请到一起，比如请他们参加下一次的‘卓越管理领导会谈’，他们要共同研究，一起创立第一组协作项目。除了企业高管和政府官员以外，我们还可以请社群和青年领导者一起参与。”

“这好像正是个好例子。”贝蒂·苏说，“你们的新一轮采访成为形成原型过程的重要演练，从中学到的东西提升了你们的理解力和愿景。我听你们讲的时候就觉得，过去一年来我们研究和应用的容纳力，已经融入并体现在你们的新项目中了。”

“我同意，但这还处于早期阶段。”约瑟夫答道，“我想我们得再经过几轮反复，才能确定最后的模式。”

“但我想，作为一种特殊的学习过程，我们还是可以说出，当团队完成整个U形过程时会发生什么。”彼得说，“和任何学习过程一样，完成U形过程就意味着实现收获，即实现内外两方面的持久变化。外在的变化包括显而易见的成果或结果。对一个组织而言，这还包括新的组织行为规范，或者做事方法和合作方式。比如对这个领导力开发计划来说，就包括了生成包含企业、政府和非政府组织领导者的协作网络，使大家真的能开展合作。

“而内在的变化则会体现在两个层面上。首先，大家学会了一种新的行动能力。从前需要有意识去做的，现在可以毫不费力地、几乎是自动地完成了。我们知道自己学会了走路或骑自行车，或写十四行诗，我们能够可靠地完成这些事。与此类似，组织也可以通过把新领域的能力植入组织的规范和假设框架，而完成新的容纳力的开发。其次，学习实践会创造新的意义范畴，转变我们的意识和理解力，我们会用新方式来看世界。原来看不见的东西，现在能看见了，好比生活在不同的文化里去学习新语言，你会逐渐用新的方式去‘看’那个文化。”

“真正的区别在于，肤浅的学习和改革过程是U形过程的简化或变形版本，”奥托确认道，“它不能使学习者培育悬挂习惯的观察方式的能力，也无法当下‘体悟’未来的可能性，并由此连接到行动的深层动力源泉。这也就是为什么完成U形过程后形成的理解和能力表现，也与典型的学习过程所产生的不一样。集体通过U形过程可以造就全新的组织，或真正改变现有的组织。”

“改变组织的意义和理解力的方式之一，是指导思想的改变。”彼得说，“汉诺瓦保险公司原CEO比尔·奥布赖恩曾说，大多数企业的根本问题是平庸的指导思想。投资回报最大化就是平庸指导思想的例子。平庸的思想无法激励人心。人们无法向自己的后代描述这种思想。这种思想无法创造意义。”

“我觉得，今天谈论崇高的指导思想会让许多人缺乏热情，”贝蒂·苏说，“哪个企业没有一个使命或价值宣言？安然公司有一个企业价值宣言，世界通信公司（WorldCom）、泰科公司（Tyco）及无数公司都有，但它们的行为却与其宣言准则相悖，最终搬起石头砸了自己的脚。这些价值宣言没有一个能有效阻止高管滥用职权。”

“这就是‘好思想’和‘指导思想’之间的区别。”彼得回应道，“思想从好的阶段上升到指导性阶段，就是变成组织治理系统基础的过程，也就是它成为决策力的源泉。只有崇高的价值宣言显然不一定能使人们有能力站出来反对违反这些价值的行为和做法。真正的指导思想必须融入日常规范和行事程序，让人们践行这些组织价值和志向目标。这就意味着，比如建立能够让大家有效监督和挑战高管行为的方法，并使之融入一种既尊重又能不断挑战权威的组织文化。否则，大家这样做就会有个人风险，还不可避免地导致纠正错误行为时的亡羊补牢现象。大多数价值和使命宣言与传统的权威治理结构结合，效果比无用还差：它滋生玩世不恭的情绪，并成为掩盖一如既往的行为方式的烟幕。挖掘能够产生真正意义的指导思想，同时通过培育承诺和行愿把它转化为大家一起处事为人的方式，是一项艰难的工作：它需要我们完成U的下行过程，并且要不止一次地反复完成。”

“而要完成这项工作，就需要建立感知、呈现当下和实现收获的基础设施。”奥托补充道，“这方面的例子还很少，但我知道壳牌的情景规划过程。它使大家共同发现自己对世界的假设观点，是商业界在感知方面的基础设施。就我所知，联合利华的‘学习之旅’，让经理人走出自己熟悉的环境，到自己从不会考虑去的地方，能帮助大家建立相互间的连通感，同时打开自己内在的觉知源泉，实现感知并呈现当下。[1]实现收获的基础设施可能需要支持约翰·高所说的那种快速形成原型项目的工作，关键是在所有三个领域建设基础设施。我认为这非常罕见。”

“我同意。但这并不意味着在实际的组织中感知、呈现当下和实现收获就永远不会发生了，即使这些能力还没有变为成型的日常惯例和行为规范。”约瑟夫补充道，“我们都曾见过各种团队走过U形底部的过程，完成深刻的行为转变。许多团队还能够在多年时间里保持这种状态。”

“比如维萨公司，”彼得说，“我和约瑟夫与维萨的首任CEO狄伊·哈克（Dee Hock）在国际组织学习协会成立过程中曾紧密合作过。很少有人知道，维萨国际公司也许是世界上最大的企业，每年产生的交易额超过3万亿美元，市值接近1万亿美元。然而对许多人来说，维萨甚至不像个企业。它是由2万多个成员组织组成并拥有的自治网络。它的治理章程规定各个董事会的选举产生方法，成员的权利和义务，如何接纳新成员，如何取消不合格的成员。简言之，世界排名领先的企业就像一个自治的民主政体一样运作。

"从我们讨论的内容来看，维萨最打动我的地方是它的诞生经历。那是集体通过U形过程的深刻经历。它创始时正面临20世纪60年代末，信用卡产业发展初期的混乱局面，业界的过度扩张引起了的大规模金融崩溃。在大家对整个产业未来的悲观情绪蔓延之际，狄伊担任了美洲银行成立的高管小组组长，准备深入研究当时的局势。他们研究得越深入，就越发觉得情况糟糕，业界一起建立起来的体系永远无法解决自己内部产生的问题。意识到这一点以后，他们被迫放弃了狄伊所说的'旧观念和对现实的机械式理解模型'，放弃了'银行付款系统的老套行话'，逐步'促成了思想意识的改变……我们不是做信用卡业务的……我们其实是做货币价值交换业务的'。[2]

"那时有个长达一个星期的集中会议，有天晚上他躺在床上睡不着，突然意识到'银行是不可能创造出世界上最好的价值交换体系的，股票公司的等级系统也不可能完成这件事……设计这样的组织本身就超过了理性的能力……然而，躺在那里，（我想起）进化过程常常毫不费力地轻松成就了无数种更加复杂的生物体和生命组织：热带雨林、海洋系统、大气系统、猎豹、鲸、人体、大脑、免疫系统，等等'。[3]

"第二天早上起来，他就问自己，一个组织是否可以按照生物的概念和方法设计，使它能够通过不断的自我组织和自我创造而进化？'要是不再为新组织的结构而争吵，而把它想象成一种基因密码，会如何呢？'[4]

"基因密码于是就变成维萨公司的志向目标和基本原则，变成它的指导思想，也是它的章程中明确的核心治理程序。[5]后来，形成原型项目和成立组织的工作花了4年多时间，但最后维萨国际公司成立了，大体就是它今天的样子。”

“这是实际的U形过程的一个很好的案例。”奥托说，“我觉得狄伊对维萨这类组织的描述词汇，‘浑序’，即混沌中如何形成秩序，是对整个U形过程的生动比喻。”

“没错，”贝蒂·苏说，“我读他的书时，就感到狄伊在这个过程中真是发挥了‘自然之力”的作用：创立维萨就是他的使命。但他的故事还让我想到，我们是否将会发现，原来我们共同的经历其实是让我们理解民主本身的含义。我们的社会宣扬民主理念，也有某种民主机制，比如选举。但总的来说，我们的组织还是很独裁的，往往就像专制小国一样。这件事让我最近想得越来越多，也许我们只是在民主和自治时代的开端。是否可以说，过去200年是一个准备和初始原型形成的阶段？而民主本身其实也只是在其早期发展阶段？”

“对此，我在看到柏林墙倒塌时就有一种预感，”奥托说，“那时的感受是，我们好像在进入一个转折期。第一幕是苏联和东欧共产主义的解体。第二幕就是我们现在看到的：美国式的资本主义和民主体系的局限性已经以痛苦的方式暴露出来了。也许第三幕会是各种全球力量的新集合的兴起。

“如果我们不把民主当作我们继承下来的东西，像祖辈留给我们的衣物那样，而是把它看成一个学习过程，那又会如何呢？这种学习过程还只处于幼稚阶段，迄今只迈出婴儿学步的小动作，而新的原型试验是会到来的。”

“但还有一个严重的问题，那就是现行的原型能否容忍新的原型试验，或者说它会不会包含一种极权主义的东西。”彼得补充道，“还记得吧，贝蒂·苏，在你那次7月会议上，那位勇敢的人提出了质疑：‘全球资本主义的现行框架能否适应新现实？’结果没有人回应。”

“对世界许多新兴国家来说，这的确是个大问题，”贝蒂·苏说，“它们往往感到实在是没有能够替代华盛顿共识的方案。

“也许，我们未来的开放程度将会依赖狄伊故事里的另一个信息，即我们与自然的连通：学会按自然的法则生活，放弃控制的企图。在最危急的时刻，狄伊感悟到了他已经了解的有关生命系统和进化的知识。这是很有意味的。”

“狄伊真正让我有感触的东西，就是他对‘牛顿思维’让人条件反射地相信必须有人控制这种情况，有极为现实的认识。”约瑟夫说，“为什么我们总不断地试图控制别人，并不断防止被人控制呢？一个人去控制另一个人，总是会产生事与愿违的效果。为什么我们认为学校或公司这类大型系统，必须要有人控制呢？狄伊说，那是因为我们把这些系统看成机器，而不是生命。我认为他是正确的。机器思维所产生的组织几乎无法让人们相互之间和谐，并与自然和谐。这一点儿都不奇怪。”

“所以，我们说得很简单。”彼得说，“我们实践民主的容纳力，要从我们与自然的连通中生长。当我们失去这种连通时，孤独、恐惧和控制的需要就会增加，而民主状况就一定会恶化。与自然的深层连通是真正民主思想的灵感源泉，这一点很容易被忽视。也许

100多年前沃尔特·惠特曼（Walt Whitman）提醒我们的正是这一点。我一直记着这段话，现在我终于明白了它的道理：

> 我们经常书写“民主”这个词。然而我想反复强调的是，这个词的本质含义仍然在沉睡之中，还远没有苏醒的迹象……
>
> 依我看，这个伟大词汇的历史还尚未被书写，因为这个历史，至今还没有上演。
>
> 从某种意义上说，这个词是另一个伟大而又平凡的词汇的胞弟：自然——其历史至今也还尚未被书写。[6]

第四部分　直面未来

Presence:
An Exploration of Profound Change in People, Organizations, and Society

| 第 13 章 |

领导力：修身成人

2001 年 12 月

几个星期后，我们四人又见面了。在这之前，我们都在思考第二轮“感知”采访中的谈话内容。

* * *

“我们正面临领导力的危机。这个看法也许并不新奇，但我听到了新的说法。”贝蒂·苏说，“如果我们正处在一个时代的终结，那一定需要一种新型领导力。”

“新现实必定要求对领导力的新思考，从前也发生过这种情况。”彼得说，“关于领导力的最古老的观点之一，是‘权力必须辅以智慧’，这似乎是2 500年前中国和希腊形成大型城邦时代的观点。大型机构有更大的组织力量，它的出现让人们意识到需要应对这种组织力量可能带来的危险。柏拉图与格劳孔（Glaucon）在《理想国》（*Republic*）中有关哲学家国王的对话，与管子及后来的孔子奠定中国领导力思想基础的时代，前后不过100年。我觉得这不是巧合。这两组文化观念在很多方面都惊人地相似，它们都认为需要用道德修养来防止滥用这种新的组织力量。

“我不禁在想，我们今天也处在一个非常类似的时期。全球化正以史无前例的规模重塑各地的社会和文化。然而，那个古老的观念——影响这些组织力量发挥的权威领导者必须投入修炼或道德发展——却已经完全消失了。我怀疑，甚至很少有人考虑过这种修炼方法：如何开发延迟获得满足感的容纳力，观察行为的长期效果的能力，以及进入心灵宁静状态的能力。古代希腊和中国都认为这种修炼要在大师的指导下完成，是要花终生精力努力完成的人生修养功课。”

“但许多人似乎认为这些老观念与今天技术驱动的现实格格不入。”贝蒂·苏说，“我们的领导者更倾向于做技术专家，而不是哲学家。他们关注的只是获得并使用权力、驱动变革、影响他人，并维持一种掌控局面的形象。”

“没错，老观念不那么吃香。”彼得也表示赞同，“过去一两代人的时间里，‘老’这个字眼儿本身已经变成一个轻蔑的词汇，变成破旧和废弃的同义词；而‘新’就自动变成‘改进’和‘优越’的意思。这对描述机器可能完全适用，但用在生命系统上就很不幸了。

“几年前，我们的一个好朋友、领导力领域的知名作家戴巴西什·查特吉[1]在麻省理工学院一次领导力研讨会的开场白中说，‘我的工作的指导思想是，老的往往就是更好的。延续了几千年的思想已经接受了许多检验，这是一项很好的指标，意味着它可能真有些价值。我们现在都固执地偏爱新东西，这往往会误导我们，错把新颖性抬高，凌驾到实质内容之上’。”

“而当我们失去对‘老’的东西的敬重，老年人也被我们忽视了。”约瑟夫说，“智慧被技术专长取代，长岁数也被看成是从年轻有为向年老虚弱状态的一条长长的下坡路。”他皱眉继续说道，“我觉得，这些变化对人类幸福和社会稳定的损害，真是无法估量。”

“古代希腊和中国的这种关联让我感触很深。”奥托说，“在所有采访中，在香港与南怀瑾大师的那一次会面最有趣。尽管是彼得把我介绍给南老师的，但我们还从未谈论过那次采访。我认为，我们现在对U型理论的理解，有许多早已在中国文化中存在了，虽然它的意义在今天已经被人遗忘。尽管在海外还鲜为人知，但在中国，南老师被看作是活着的禅宗大师中最重要的一位。他同时还是一位道学大师和（有人会说‘最’）杰出的儒学大师。他出版了40余部著作，在中国的销售量有数千万册。他还被认为是中医、古诗词、风水和物理结构设计方面最高水平的专家，并且是中国的军事战略专家和原中央国术馆第二期武术冠军。”

奥托终于换了口气。彼得微笑道：“南老师的成就发生在他一人身上，真是不可思议。一位在中国的美国国务院高级官员告诉我，过去中国皇帝的国师是要把所有这些中国传统融于一身的，还说，‘他可能是这个传统中的最后一位了’。”

“我一点儿都不吃惊，”贝蒂·苏笑着说，“我们的现代文化不鼓励那样的发展路线。不过奥托，你是说南老师谈到U型理论了？”

“其实还不止于此。那次我们在一开始就谈论他的一部新著——《原本大学微言》。这本书是对儒家经典《大学》的新阐释。[2]《大学》原文最早是在2 400年前写下的，并从那时起成为中国的主流文化的一部分。我的一位翻译告诉我，‘每个皇帝都尊崇这部著作，因为它论述了如何成为一名领导者’。尽管如此，但大家都在肤浅层次上熟悉它，以至于它的深层含义已被人遗忘。另一位翻译彭嘉恒告诉我，明清科举，特别是在清朝，就是1644年开始的中国古代最后一个朝代，指定了考试要以宋朝朱熹注解的《四书》《五经》为标准，从而禁锢了走科举道路的知识分子的思想。然后南老师补充说，儒家领导力修炼理论的核心是‘假如你想成为领导者，你就必须成为一个真正的人。你必须认识到生命的真正意义，才能成为优秀的领导者。你必须先了解你自身’。”

约瑟夫点头说道：“奥布赖恩曾经讲，‘介入是否成功取决于介入者的内心状态’。这远比变革策略或技巧重要得多。”

“没错，”奥托应和道，“从这个意义上讲，修炼过的自我就是领导者的最佳工具。这个理念是古代中国和印度的传统思想的基石，也是许多本土文化思想的基石。

“这一传统理念被遗忘的原因之一是其困难性：它要求终身的实践体悟。许多曾经指导学习者走过这个修炼历程的具体操作知识，已经被主流现代社会遗弃了。中国社会同样如此，尽管那里还保存着这些古代教诲的部分元素。南老师的新阐释的独到之处，就是解释了《大学》中其实提供了领导力修炼的详细理论。

"'假如你要成为一名伟大的领导者，'南老师说，'你就要进入七证修养：知、止、定、静、安、虑、得。这看似简单的一步，实际上是一个很长很长的过程。'

"彭嘉恒解释说，前两步修养：知、止，正统的解释是知道自己的社会位置，不能逾越职位，越权行事。南老师对《大学》之'知、止'的解释非常不同。他说原本的含义是自觉能知之性与止息思想杂念。

"在场的一位教授说，这对领导者来说很重要，因为如果不达到这个境界，他们就会被各种情绪干扰，如贪、嗔、恐惧、担忧等，因而不能做出'正确的判断'。

"南老师讲了一个古代中国名相的故事。当时中国分为许多小国，这位先生的一个儿子在邻国被俘，即将被斩首。他想派小儿子去营救，大儿子却反对，说'你派弟弟去就是认为我无能，派我去吧'。

"父亲不再坚持了，就派老大去营救狱中的儿子。老大找到邻国的一位宰相求情，为营救兄弟送了很多钱财。那位宰相没有明确说要帮忙。但宰相找到一个机会，说服了君王大赦天下。当然那个孩子获救了。听到这个消息，老大很高兴，心想：'太好了，反正所有犯人都要放了，也不是宰相帮的忙，我看能否把那些钱财要回来。'宰相听说了他的话，二话没说，就还了钱给他。但宰相却跟君王说，可以释放所有犯人，但因为种种原因，某人应该除外。结果那个孩子就被斩首了。

“老大带着兄弟的尸首回国了——他父亲对派老大前往的担忧被证实了。为什么呢？因为老大的成长是伴随着父母辛苦创业的，知道每分钱来之不易，内心习惯了悭吝，不会轻易将财物送人；而小儿子成长于家庭富裕之时，出手很大方，没有这种对钱财的执着。

“‘执着就会妨碍我们的判断能力，阻碍我们的感知。’那位在场的教授告诉我，‘不知道如何‘止息’习惯的执着，就是这个意思。’

“‘在佛教里，’彭嘉恒说，‘思想就像瀑布，你看到瀑布，只能看见水流不断，好像帘子一样。但我们都知道，水流其实是由水滴组成的。思想也一样。我们的心念流动很快，好像瀑布一样。但如果你能知，能止，你就会觉察到：思想也不过是小水珠的样子。’

“‘思想念头，’南老师说，‘就像这样一个个地流过。大多数人看不到两个念头之间的空隙。修得好的人能看到“念头每时每刻都在变，我们总是被自己的思想欺骗”，但大多数人却以为那是真实的。’

“我们一旦看到自己的念头，止就自动发生了。‘你一旦对此能知，你就已经在止了，’彭嘉恒告诉我，‘在能止念之前，不会出现实质性的问题和探索。在止息之前，我们的目标和宗旨不过是我们过去状态的反映，而不是当下的真正需要。’”

约瑟夫坐直身体兴奋地说：“儒家的理论和U形过程的下行段似乎非常相像。通过止息思想杂念来觉知自我和世界状况，这与瓦莱拉的悬挂假设概念，并从习惯的思想流动中解脱出来，非常一致。”

“没错，”奥托回应道，“南老师解释了其他五项修养以后，这种一致性就更清楚了。他做了一个简短的小结：‘你一旦得止，就能进入第三阶段：三摩地，或定境。达到真正的定境，才能得到真正的静默。静而后能安，安而后能虑；这个虑，代表“精思”，就是慧观，是真正的思想，而非通常情况下的妄想；然后才能有所得，取得你想达到的成就，你本应达到的目标。’①

“领导力开发的七证功夫主要有两种行为。第一个是‘进去’，即从常态意识进到一种真正的安静状态，即我们所说的U形底部。第二个动作可以称为‘返回’，即回到常态活动。‘返回’带回一种新觉知，并保持了深层的当下体悟。尽管语言文化不同，这也正是我们一直在努力理解的过程。每个特定阶段的相似之处也是很让

① 《原本大学微言》第二篇“七证的修养功夫”中有如下阐释：……由“知、止”开始，一直到“定、静、安”的程序，是“内明”学养“定”学的功夫层次。所谓“静、安”，是“定”学效果境界的扩充。至于“虑”和“得”，那便是“慧观”智知的成果。“虑”字，原来是做思想的思字解，同时也有转注为忧思的意义。《大学》用“虑”字代表“精思”的意思，是当时的习惯……“想”字，是属于在心理上、头脑里的粗浅现象。叫它“妄想”，甚至叫它“妄心”。至于“思”字，它跟“妄想”不同，它是细致的、宁静的，并不像“妄想”一样，有扰乱自心的作用。譬如我们读过的书，或经过了的事，忽然忘记了，便要拼命去追忆、寻找，这便是“想”的作用。如果记得非常熟悉的书或事情，根本不用费心去找，自然而然，轻轻松松就知道了，这便是“思”的作用……“虑而得”的道理，就如子思著《中庸》所说“不勉而中，不思而得”的境界。等于佛学所说的“慧观”或“观慧”。经过“知、止、定、静、安”的治心修养以后，思虑的慧力开发了，就可得入“明明德”而见道的真正成果……要明白“大学之道”“明明德”的学问成果，必须要知道先从“知、止”开始，逐步渐修，进入“定、静、安、虑”，而得到明悟“明德”，才可以说真的能够接近“大学之道”的大道了！——译者注

人吃惊的。比如，南老师说，当意识进入初禅定境时，就可以看见‘生命的运作过程’。这与我们所说的再引导或再定向集中我们的注意力，观察表面现象背后的生命过程非常相似。”

“所以说，前三步修养，知、止、定，都涉及在更深层次上观察现实，是感知的核心内容，是U的下行段。”约瑟夫说。

“对，”奥托说，“我问是否可以把这三步修养理解为深层观察现实的方法，彭嘉恒回答说，‘这是观察现实的唯一方法’。

“南老师也说到自我意识的转变，我们现在知道这是U形底部的经历。在表面稳定的思想流里面有根深蒂固的习惯思维方式，它决定着我们最基本的经验内容和信念，包括通常的自我观念。我们把自己的自我观念当成真实的东西。但南老师说，‘思想观念不是自我，不是这个人。念头是老在变的’。根据《大学》理论，在我们切断日常的杂念之流，并接触到深层经历以后，就会出现静和安。这时，南老师说，‘你就会抛弃习惯的自我观念了’。”

“那是瓦莱拉描述的发现‘自我的实相’，以及大桥良芥所说的‘陌生的自我’。”约瑟夫确认道。

“对。后来南老师又说，‘我们说“我们”、人，实际上这只是个符号，代表某种东西。最终严格地说，人这个东西是不存在的，不是实存’。”[3]

“这正是大桥良芥所说的‘空无’在‘支撑着我的存在’。”彼得说，“日常意识状态中的自我有这种虚幻的一面，这对西方人来说非常难理解，但它却是东方思想传统的基础。

“我知道佛教的基本概念之一是现象世界的空性。这和物理学对现象世界的理解又联系起来了，即所有现象都在不断地变动流转中，包括我们的身体和物质的自我。我们通过思想把这些东西具象化，在我们的意识里塑造物质性实体的形象，但这个形象是个虚幻的错觉。普遍来说，东方哲学中真正核心的概念就是，在这个现象世界之外还存在另一个维度的现实，那个现实其实更具实相、更永久，而看到那个现实的方法是通过我们控制自己的意念来修炼的。这就是物理学家戴维·波姆花了10年时间与印度哲学家克里希那穆提对话，探索隐性秩序和现象背后的生发力场的理论与印度哲学的比较联系的原因。我认为这也是许多我们采访过的科学家都是各种东方修炼方法的严肃实践者的原因。”

“修习和修炼至关重要。”奥托说，“儒家理论针对的是个人‘修炼’或修养发展的长期实践。南老师说，尽管不要求固定的时间，但‘进入这些修养’是领导力修炼的一个‘很长很长的过程’；用东方的概念讲，这可能是许多世的修炼历程。我们在试图理解U形过程所要求的容纳力究竟是什么。而佛家、道家和许多其他传承都有丰富多样的工具和方法来开发这种容纳力。但如果我们个人对修炼没有承诺和行愿，讨论这些就都无关紧要了。

“尽管当时并没有看到与U形过程的完整关联，我还是问南老师：‘先放慢节奏，反观内照，同时静观世界，直到能够观察和体悟当下正欲呈现的现实。然后再回到世界中来，并带回一种独特的行动和创造能力。这好像和《大学》讲的领导力修炼很一致。这么理解对吗？’

“他确认这一理解符合他的意思，但不是唯一的理解。他说，

‘也许你以后还会发现其他理解方法’。”

“你知道，这很令人惊异。我们追寻一个问题，最终达到智者们先前已经达到的境界，却又‘第一次理解了它’。”贝蒂·苏说，“但我认为还需要指出，尽管在过去，领导力修炼是智慧传承的重要内容，但未来将会有所不同。这一点很重要。未来的领导力不会简单地由个人表现出来，而是需要群体、组织、社区和网络来实现。

“现在，群体进步的障碍之一，就是认为必须要等到有一位领袖出现，一位将未来的道路具体化现于自身的人物。但我觉得，我们在U形过程中学到的，是未来可以在群体内部呈现出来，而不是化现在某个‘英雄’或传统的‘领袖’人物身上。我认为这是走向未来的关键：我们必须培育一种不依赖于非凡人物的新型领导力。”

“我完全赞同。但那对个人修炼又意味着什么呢？”奥托问。

“我认为个人修炼比以往任何时候都更重要了，”贝蒂·苏回应道，“但那要有更多人的参与。而且，这种修炼将在更大的集体中进行。我们需要学习实践能够帮助群体和社会系统开发智慧的修炼方法。”

“这是界定我们这个时代领导力特征的决定要素。”彼得严肃地说，“在由全球性组织网络组成的世界里，我们所面对的问题是等级体制的领导力根本无法有效应对的。这就是我们今天的世界与2 500年前孔夫子和柏拉图领导力理念形成时期的重大区别。

“我们在和大型企业甚至全球性跨国公司的CEO合作时，总是能体会这一点。局外人很容易对他们的影响力过分高估。记得一位先生半开玩笑地说，他曾一直想象着，一旦他最终爬到公司的最高位置，他就可以从自己的办公桌下面发现那些操纵杆，让事情发生。他说他最终坐上了最高位置，但并没有在桌子下面发现任何东西。这种经历让人清醒。我认为这对国家元首也同样适用。等级体系的高层确实有独特的权力，但那往往倾向于破，而非立。CEO 可以在几个星期内破坏多年建立起来的分布在各个角落的知识和信任关系。发动战争的权势远比赢得和平的权势要大。”

“把组织等级体系的高层领导力模型转向更分散与分享式的网络模式，会引起许多变革。”贝蒂·苏说，“要让各类网络有真正的意识来参与协作，许多人都将需要有深层的承诺行愿，来开发服务于正在呈现的现实的容纳力。

“这就是为什么我认为修炼‘成为真正的人’，正是我们时代领导力的首要问题，而且这必须在史无前例的范围展开。这是个非常古老的理念，但可能正是‘全球民主’新时代的关键所在。”

| 第 14 章 |

用内心智慧做科学研究

许多年前，在奥地利维也纳郊外的国际应用系统分析学会上（International Institute for Applied Systems Analysis），一位联合国高级官员在演讲结束时说：“我在世界各地处理过许多不同的问题，我得出的结论是：真正的问题只有一个，即过去100年的技术发展所赋予我们的力量已经超出任何人的想象，但我们的智慧却没有增长。如果在力量和智慧之间的鸿沟不在近期内缩小，那么我们的未来就没有什么希望了。”[1]

如果认为科学和民主一样，应被看成是一个尚未完成的项目，将会如何？如果认为主流的科学观，以及它所带来的不断加速重塑现代社会的技术体系，仅仅是一个早期原型，是很有力量但也有很大局限的原型，又将会如何？而如果正在出现的新科学，由于其内在特性，可能更好地融合知识和智慧，那又将如何？

我们对各个领域领先科学家的采访，以及我们自身的经历，都让我们得出一个结论：U形过程的经历对正在出现的现代科学观的革命，是必不可少的。实际上，U型理论只是这个运动的一种表现。U型理论和新科学革命两者都要基于与牛顿撞球式世界观根本不同的现实观。在牛顿世界观中，变化是通过一个物体撞击另一个物体实现的；撞击力越大，变化越大。电磁场和后来的量子理论改变了孤立粒子的牛顿世界观。与此类似，正在形成的新科学可能改变粒子性的孤立自我观。

连通性是新世界观的决定性特征。连通性是宇宙的组织运行原则，它连接“外部世界”现象与“内部世界”经历，而最终也连接人与人，连通人与世界。哲学家和灵性导师自古就探讨连通性，但由于科学技术在现代社会的角色和作用，有关连通性的科学世界观便会对“整体转变”有广泛而彻底的影响。

这个新的整合型科学，植根于20世纪初物理学中的相对论和量子理论，但也基于物理学、生物学、认知心理学和医学等领域的最新进展。主流西方科学的许多创新者都在为这个新科学的发展做出贡献，但也有西方科学之外的贡献，如非西方医学和本土民族的科学。实际上，在这个阶段，甚至对整合型科学世界观的主要方面也没有多少一致意见，包括其本体论（对现实的基本假设）、认识论（对认知的基本假设）和方法论。

缺乏一致意见是不可避免的：从伽利略、牛顿、开普勒和笛卡尔开创科学范式算起，西方科学花了200多年时间才最终形成，后来又花了100多年才通过技术进步、公共教育和西方科学思想产生管理和领导学，并逐渐渗透到主流社会。

毫无疑问，通过最新的科学革命将会涌现出一种新老科学的综合。牛顿范式没有由于20世纪物理学的兴起而消失，与此类似，许多接受过检验的主流科学观点和方法也会成为未来世界观的一部分。人与社会方面的变革也一样。因为新的科学世界观既是有关“科学”的，又是关于我们自身的。

20年前，约瑟夫在伦敦见到了杰出量子物理学家戴维·波姆。波姆曾是爱因斯坦在普林斯顿时期的同事，并被后者认为是其精神继承人。[2]波姆告诉约瑟夫：“再往前走，最重要的是打破隔离大家的藩篱，这样我们才能变成一个统一的智慧。贝尔定理（Bell's theorem）告诉我们，这才是人类的自然状态，分离又不孤立。现在的任务就是寻找打破藩篱的方法，以使我们回归自然状态。”[3]

与牛顿范式不同，像U形过程这样的理论能把人的发展、意识的提升和组织变革连接起来，可能对新的科学世界观至关重要，也对其影响社会的速度至关重要。创建更富有智慧的人类社会所需要的科学，可能没有二三百年那么多的时间让我们等待了。

科学和艺术——人类文化中这两项最古老的活动——都是专门研究现实的。艺术完全依赖于艺术家的直接体验，它通过探寻画家高更所问的这类问题——“我们从哪里来？我们是什么？我们到哪里去？”——来加深我们的理解力。与此类似，本土科学，即世界各地人民的传统科学，通过培育人们与地球和整个自然界的连通来提高我们对宇宙的理解力。[4]那为什么现代科学却以如此不同的方式发展起来了呢？

波姆指出，最根本的问题就是“碎片化”。这是一种思维方式，

“包括错误的划分：在有紧密联系的地方划出了界限”，把有整体性的东西看成分离的东西。[5]波姆认为，我们世界观中对人与人之间，以及人与自然之间的联系做了人为分离和碎片化，是“世界上社会、政治和环境危机的隐性根源”。[6]

这种碎片化反映在科学学科的僵硬划分上：化学、物理、生物、心理学、天文学、地理学、植物学、生理学、经济学、社会学，等等，这阻碍了跨界的系统理解力。实际上，你在科学学科里越往深处研究，它就会变得越窄。这也影响到现代社会的所有领域，以至于今天所谓的“专家”，仅对一点点东西知道不少。

碎片化的心态还很微妙地体现在传统科学对孤立事物的过分关注上。数百年时间里，物理的“东西”的原型就是原子，很久以来在西方，它一直被认为是自然的最基本的积木块。19世纪中叶，物理学家开始看到原子本身还可以进一步分割——这导致人们认为它是由更小的东西构成的：中子、质子和电子。但这种无限分割为越来越小的东西的观点，最终在20世纪支撑不下去了。物理学家进入了全新的领域：量子能量场、“电子云”，以及对亚原子微观世界的概率概念，而非确定性概念。

总的来说，通过研究孤立的东西来获取知识的信念还在社会科学领域延续着，并且仍然在日常生活中起主导作用。它导致经济学家在解释市场机制时只关注孤立的“理性人”，还导致弗洛伊德对人类行为的“原子构件”解释，即自我、超我和本我，结果使整个心理学领域偏向对个人的研究，而忽略对家庭、工作环境和更大的人际关系网络的研究。[7]甚至在社会科学中的集体现象也往往被当作孤立的东西来研究。比如对工作环境中有效团队的研究，往往聚焦在角色、任务和人际关系特点上面，却忽视了团队有效性对更大组织环境及其互动方式的依赖。[8] 类似的状态也存在于公共事务中。人们把外部“敌人”当作威胁，从而操纵政治冲突，却无法看到把我们与敌人绑在一起的功能紊乱的关系网络。

原子思维决定几乎所有的管理行为。组织业绩由孤立的各个“业务单元”的业绩相加而成。出现困难时，只是解雇某些员工，或者出售某些业务单元，却不考虑造成困难问题的更大的系统，也不考虑这样割裂人际网络对其中蕴含的技术窍门和操作知识的破坏性后果。一家原《财富》100强企业的资深高级工程师在公司突然倒闭后给出一个简单的解释：“重组多搞了一次。最后一次重组后，人际网络崩溃了，大家不知道谁知道什么，不知道怎样才能得到自己所需要的帮助。”

评估

具有讽刺意味的是，驱动科学和社会加剧碎片化的主要因素，正是科学界的最伟大的工具——评估。量化的评估不仅是科学方法的具体工具和无价之宝，也是管理方法的不可或缺的助手；但也很容易被过分扩大，变成对现实的普遍的一般化概括。人们开始相信只有能够评估的东西才是“真实的”。经理人都知道一个假设，一句熟悉的格言：“你不能管理你不能评估的东西”，或者“人们只关注被评估的东西”。

过分依赖评估不仅使现代社会注定只继续观察世界中的“东

西”，而不是关系，还造成大家熟悉的“硬件”（能评估）与“软件”（不能评估）的分别。如果能评估的就是更真实的，你就很容易把软的东西，如人际关系质量和工作的志向目标感，降格到次要地位。这很奇怪，因为软的东西往往是最难做好的，并且是导致成功或失败的重要因素。例如，工程师们都知道，最好的技术方案常常无法实施，或者实施后并不成功的原因，正是缺乏信任和沟通。

问题不在评估本身，而在于可评估和不可评估之间平衡的缺失，在于对量化评估的过度依赖，以至于破坏了判断力和学习力。你会看到，经理人会从高层“驾驭”组织达到量化目标，而不会去努力开发可持续业绩改进所需要的新能力。结果是，用著名的质量管理运动先驱戴明的话说，“靠恐惧气氛管理”在现代组织里普遍流行：从企业被迫完成华尔街的期望指标，到学校被迫改进标准测试的分数。

正如物理学家卡普拉（Fritjof Capra）所指出的：人际关系是不可评估的。有几个著名的管理学者和少数组织似乎也得出了同样的结论。会计学理论家、作业成本法（ABC）的共同发明人托马斯·约翰逊（H. Thomas Johnson）说：“伽利略提出研究‘运动’这个概念，它与运动的物体是相分离的。这是量化思维的开端。”9

把系统的某些方面量化，并与系统整体分离，成为西方科学乃至西方管理学的基石。经理人把建立人为和武断的成本指标或生产指标，并由此驱动改进，看作稀松平常的事。但是，若不从整体中剥离出速度或利润这些评估指标，评估就无法进行。有少数企业已经明白这一点了。比如，丰田的市场资本化程度超过了福特、通用汽车和戴姆勒–克莱斯勒的总和（已经有20年了）。根据约翰逊的分析：丰田公司并没有集中的成本会计体系能让高管驾驭“空洞的（成本）指标”。相反，丰田的成本和财务业绩的出色表现，来源于“使复杂精致的评估方法地方化，让大家提高自己的判断能力并向整体学习，而不是削弱和取代大家的能力”。[10]

不可分割的整体

总之，20世纪物理学的深层启示还远未影响到社会生活。关系要比东西更根本。“生活中的各个层面，”卡普拉写道，“从细胞内部的新陈代谢网络到生态系统的食物网络，再到人类社会的沟通网络，生命系统的组成部分是以网络形式连接的。”[11]社会接受这种观念的速度很慢，这不可避免地延迟了新的替代世界观获得认可的速度，尽管其支持证据在不断增加。另外，自然的“内在关联性”程度可能远比任何人想象的都要大。

20世纪50年代中期，波姆在伦敦大学学院（UCL）的一次演讲中描述了量子理论的含义，还探讨了一个实验设想。这迷住了听众中的一位年轻物理学家，J. S. 贝尔。贝尔后来丰富了这个理论和实验验证方法。[12]该实验和后续实验的结果揭示了物理学中著名的“非局域性”原理，并被称为“20世纪科学中最具震撼力的事件之一”。[13]

波姆的预测是：原子的粒子被分成两部分以后，如果改变其中一部分的偏振状态，那另一部分的偏振状态也会改变，而且是即刻改变，不管两部分之间距离有多远！许多年以后，波姆写道：“这是从量子理论得来的推论，即空间上分离、没有相互作用力联系的事件，其实是相互关联的。关联的方式可以得到展示，却无法用详细的因果论解释。”[14]

贝尔定理和非局域性原理揭示出一种内在关联性，它无法用牛顿世界的基石，即普通的因果概念来解释。今天，科学家们还在进行许多实验研究，探索比原子粒子更为“宏观”水平上的内在相互依赖和关联的程度。

例如，最近一项研究显示，世界各地的随机数发生器（RNG）在2001年9月11日那天都发生了非随机行为。RNG是生成数字的计算机程序，它针对各种研究应用的需要，有随机性的统计标准。它们的屏蔽装置可以隔绝电磁场、通信信号和各种已知的作用力，以保证避免系统偏差。换句话说，这些计算机程序本不应该受到任何外部影响，并且有不间断的定期测试保证它们的状态恒定。对世界各地37台RNG的实时监测数据研究却发现，2001年9月11日那天出现了异常行为。最近发表在《物理学基础快讯》（*Foundations of Physics Letters*）杂志上的研究报告，记录了异常高的平均方差、自关联性（即每个软件连续生成的数字之间的关联度）和这个全球网络中的“节间”关联性（即不同软件之间的关联度）：平均来看，这种观察结果自然出现的概率小于千分之一。另外，这个全球网络每分钟的统计数据显示了与恐怖袭击事件发生时间的吻合：非随机模式从美国东部时间早上5点左右开始出现，峰值在11点左右，异常偏差状态一直持续到当天晚上。文章作者说，这一天发生“超越概率预期的重大偏差”可能有“深刻的理论和实际意义”。他们的结论是，“我们观测到的关联性是由（已知的）环境因素造成的可能性很小”，如果没有反证的例子，“我们就不得不承认以下的可能性：观测到的关联性可能与关注全球性事件的心念的（至今仍无法理解的）某些方面直接相关”。[15]

贝尔定理和RNG这类研究揭示，有一种内在相互依赖性，它是超越“外部”世界的，并能够连接思想、情感和可测量的现象，甚至还可能发生在全球的范围内。[16]波姆把它称为“不可分割的整体”，它对300多年前笛卡尔阐明的西方科学的核心信条提出了挑战。教会曾经关押像伽利略那样的科学家，于是笛卡尔想让科学脱离教会的监管，所以他认为科学应当完全聚焦在“外部”现象，而绝不要涉及研究或思索内部的“精神现象”。尽管科学家们后来逐步与教会恢复了关系，但笛卡尔的内外分离原则却从那时起一直影响着科学的进程。

盲点

著名的曼哈顿项目成员、多年担任麻省理工学院物理系主任的威斯科夫（Victor Weisskopf）曾说起他是如何成为科学家的。“小的时候我祖母弹奏贝多芬的钢琴曲时，我就坐在钢琴下面。尽管那是很久以前的事了，我仍然记得沐浴在音乐中的感觉。那时候我就成了物理学人了。”类似的愉悦和连通感，以及由此产生的好奇心，还使其他许多人成为科学家。不幸的是，笛卡尔对科学家内心状态的排斥，阻碍了大家体验越来越丰富的内在连通感。

“当代科学的盲点，”认知科学家瓦莱拉说，“就是体验。”[17]

在日常生活中，这还意味着我们要照着“天真的现实主义者”的样子过活，把自己的经历当作理所当然的东西，就好像我们的感官是一台照相机，可以记录分离的外部物体。瓦莱拉和马图拉那（Humberto Maturana）认为，天真的现实主义者会觉得“我们看到的就是真实现实”。[18]马图拉那是实验生物学家，（与瓦莱拉一起）创立了圣迭戈认知理论，成为探索知觉的生物基础这方面理论的先驱。对科学家来说，天真的现实主义并没有那么正确，因为科学不能那么依赖感官信息，而要借助复杂的仪器来超越感官。但伟大的科学家的出众之处还不在于其仪器，而在于自己用想象力来检查仪器所带来的意识状态的精妙能力。歌德的整体科学方法的精义也就在于此：修炼观察能力，以通过生命的具体表现形式来看清整个生命现象。据说爱因斯坦曾讲过，“直觉远比智商重要”，而且他“没有用理性思考完成任何发现”。他的“想象实验”很著名，那是他利用自己出色的想象能力而假设的实验。据他说，使他发现相对论的灵感，就是靠想象自己“乘一束光线在空中疾行”而得来的。马图拉那说：“仁爱允许对方成为合法的同伴，是扩展智力的唯一情感。”

大家听到这类故事，如威斯科夫的音乐浴、物理学家波姆的“分离又不孤立”、爱因斯坦的直觉论或生物学家马图拉那的仁爱，很可能会觉得他们只是在大发诗兴，把问题哲学化，因而不予理睬。但这样做却错过了问题的核心要害：对世界和生命的这些看法，是他们作为科学家的理解力的直接反映。对威斯科夫来说，真正的理解力既在头脑里，又在身体和情感中；在现代物理学的夸克、介子和Z–玻色子的奇妙世界里，你必须既靠“思想”，又要靠“感觉”才能理解它。波姆的根本性理论贡献是“自然的整体性”和“显性（或现象）秩序”与更微妙的“隐性秩序”之间的持续互动，在那里，意识、时间和空间都是相互依赖的。对爱因斯坦来说，宇宙似乎是在告诉人类一个包罗万象的真理，即无穷的相互依赖性的真相。马图拉那对知觉的理解基于以下事实：我们不是外部世界的被动的观察者；相反，我们是通过与之互动才理解外部世界的，而我们的情感既可以限制这种互动，又可以丰富它。简言之，这些描述反映出跨越主客体之间认识论鸿沟的科学家们的能力，并直接针对瓦莱拉所说的“盲点”。

生命系统的反身性科学

还有另一个信号预示着整合型世界观正在科学界出现。这种世界观是整合碎片化的各学术领域的新概念框架。“复杂性理论真可以说是各个科学学科的一种运动。”经济学家阿瑟说，“开启复杂性研究的运动需要回答以下问题：各种组成部分是如何形成整体的？复杂理论要研究互动的元素，那么这些元素是如何构成某种模式的？模式如何演进？有些模式永远不会停止，（因为）它们是开放的。这引起了某些负面反应：传统科学不喜欢新颖概念。牛顿定律应该是固定不变的。然而，任何复杂和互动的东西似乎总要演进，并形成新结构。”

整合型科学的目标也许就是理解生命系统。卡普拉提出，对物理学、化学和生物学的各种进展进行综合，可以得出生命系统的三个基本特性：第一，自我创造（自创生）；第二，生成新组织模式，或以不可根据过去经验来预见的方式而进行“自组织”（突现性）；第三，有意识，能与周围环境有效互动（认知性）。[19]卡普拉研究了许多领先科学家，包括马图拉那和瓦莱拉关于自创生和认知性的理论，以及诺贝尔化学奖得主普利高津关于化学反应组织模式生成的突现性自组织理论，并提出了这种综合描述。

生物学家谢尔德雷克关于“形态场”的理论，特别聚焦在生命系统演化的内在潜力。奥托在1999年采访他时，他说“我对这种观点的兴趣，最初始于在剑桥大学对植物生长发育的研究。我当时就对生物学家所说的形态发生或形式的出现过程，提出了各种问题”。谢尔德雷克对单一起始点生成多样性形态的过程尤其感兴趣：“植物怎么从简单的胚芽而发育成有物种特征的形态？它们的花为什么有如此不同的形态？”还原论者对这个问题的回答是：所有形态发生过程都是基因程序决定的。但谢尔德雷克有疑问：如果所有细胞都有同样的基因程序，那为什么它们会发育得这么不一样？这个问题最终让他设想了完全不同的替代理论：生物组织发育形式背后有他所说的“形态场”这种看不见的蓝图作用。对“各种复杂程度各异的自组织系统，有一种依赖于其独特的组织场的整体性。每个自组织系统都是由局部组成的整体，而这些局部自身也是在低一级层面的整体。在每个层面上，形态场都给每个整体赋予其特性，并使其大于其组成部分之和”。

谢尔德雷克认为，生命系统的形态场自身也在进化过程中，他称之为“形态共振”（morphic resonance）。它使每个具体生命系统在更大形态场中扮演角色的同时，还推动其自身的进化。“每个特定的形态场系统，如长颈鹿胚胎，会与从前类似的系统‘调谐’，这里就是与以前发育的长颈鹿调谐。通过这个过程，每个长颈鹿都从物种的集体记忆库吸收信息，并同时贡献信息。”他拿心理学家荣格的“集体无意识”做比喻：对人类来说，“形态场会延伸到大脑以外的周围环境中，与我们的知觉对象连接”，使我们个人和集体都“能通过我们的意向和注意力来影响”更大的世界。

这种观点的逻辑延伸，是把整个宇宙看成生命和生成性系统，从而超越传统科学对“物理”和“生命”学科的划分。波姆的“隐性秩序”是对生成性宇宙整合理论的极为全面的研究尝试之一。1980年在伦敦，波姆告诉约瑟夫说，隐性秩序（或隐秩序）是一种语言，而不是“对现实的描述”。而且，这种语言里“你不能把每个名词都对应到一个东西上”。他解释说，正是这种对应诉求造成了碎片化。比如我们把一个名词贴在我们意识状态的一个方面上，它就立刻在我们的大脑里成为分离和固定的东西了。在隐性秩序的语言里，意义来自“整体……就像音乐，你不能说一个音符有什么意思……（或者）印象派绘画，你退后一步就能看到景象，但画面上的色点与你看到的景象之间没有对应关系”。[20]显性秩序，在波姆的比喻里就是每个音符和色点，在物理现实中显现，但又与隐性秩序和更大整体背景连接，不可分割，也就是与音乐和景象连接，并从其中生成自身。帮助我们理解歌德科学的物理学家亨利·伯涛夫特是波姆从前的学生和同事。他说，理解生命系统需要微妙的观察能力，他称之为“精确的感官想象力”。而这种能力似乎也对理解波姆的隐性秩序很关键。理解波姆理论的一个基本挑战和难点，就是它并不是研究一种叫作“隐性秩序”的外部现实，而是关于我们在显示深层相互依赖关系的世界里，如何生活和观察世界的方法。这就是为什么这个理论，除了其数学描述以外，不能用教导式的描述，即像英语这样以名词、动词等所组成的语句叙述。按照其特性，隐性秩序理论是反身性的：到了某种程度以后，理解这个理论的唯一方法就是个人体验，尤其是在内心安静时的体验。

许多年前的一个隆冬季节，彼得在缅因州北部的一次经历，使他对隐性秩序有了经久不灭的深刻体悟。一天早上，他在一个封冻的湖上滑雪，走进去大约一英里。早上很安静，风景很美，太阳刚刚升起。他坐在小岛岸边的一处岩石上，看掠过湖面上的风刮着雪飘向远处的山坡。

“周围很静，我的心念也很静。过一阵子以后，我觉得必须得努把力才能产生一个念头。又过了一会儿，我不再努力了，就坐在那里待着。突然间，我看到风在雪上吹成的形状，与远处山上的形状一样。我没有想这个念头，我直接看到了。两者完全一样。那一刻，我的时间感受完全变了。一个形状是两三天内形成的，另一个是两三百万年形成的。然而它们却完全一样，都是从同一个隐性秩序或生成性秩序里显现的。那时，我日常的时空感受消失了，通常的置身于自然之外的感受也消失了。”

毫无疑问，许多像隐性秩序和形态场这类“激进的”整合理论，都将会被证明是不完全的，也许甚至是有严重错误的。但它们却显示了在各种不同领域的科学家们是如何严肃认真地思考着，并有可能对我们如何理解系统生命的世界产生革命性的影响。也许更重要的是，这些新理解不能被划归到对“客观”世界的抽象陈述的旧框架中去。理解生成性生命现象的宇宙，只能“从内心”完成，即通过修炼容纳力来理解：世界和我们自身是有内在连通性的整体。开启这个旅程，就将迈向罗施所说的“用内心智慧做科学研究”的境界。

用内心智慧做科学研究

也许，这种科学的决定性特征将是滋养生命。“我选择生物学是因为我喜欢动物，”谢尔德雷克告诉奥托，“但我很快意识到，我学的那种生物学是要杀死每个生物，然后分割解剖之。从那时起我就一直在问：怎样才能发展一种滋养生命的科学呢？”

这样一种科学的本质特性决定，它将是发育和发展性的。物理学家亚瑟·扎伊翁茨（Arthur Zajonc）是研究不同意识层次领域的领先学者。[21]对他来说，整合型科学中“人的发展这个主题是科学研究的基本特征”。[22]人的发展对他来说是广义的，不仅包括目前科学训练的特征方法，即学术发展。比如，观察的能力要从学会如何“留在现象中，并使之成为主要认知来源”，这还要求“按照新模式发展被西方教育方式基本忽视了的身心系统”。扎伊翁茨对光的研究让他发现了歌德的颜色理论和发展性科学观。歌德的描述很精彩：“每个经过冥想沉思的客体都会在我们心身内部开启一个新器官。”[23]换句话说，为了开发滋养生命的科学，我们必须更有生机活力。

但扎伊翁茨、罗施和其他许多人都告诉我们，与其说这是方法问题，还不如说是意向问题。研究本土科学知识的整合型学习中心的组织者之一露丝·冯·萨特布隆（Rose von Thater-Braan）[24]说："本土科学与西方科学之间的许多差别首先表现在意向上。驱动现代西方科学的共同目的是：为了更好地控制和征服自然而理解自然，有人也会说是为了把自然商品化。与此对照，本土科学的'根本意图是发展人，是学习如何与自然和谐相处，以及互相之间如何和谐相处。本土科学家可能会为了生活方便而发明技术，但这相对于人的发展来说总是第二位的'。"[25]

以上谈到的科学家们当中，许多人都对整合型科学需要的新型意向发表了令人震撼的观点。对波姆来说，我们必须要做的是提升和进化我们的意识境界，使之自然更具有整体性，更符合我们与自然的连通性。没有这种意识境界的提升，我们就看不到自己目前的思维方式所造成的影响。波姆经常讲"思想创造了世界，然后却说，'我没做'。"爱因斯坦曾讲过"我们意识中的一种光学幻象"，以及由此造成我们"与其余的世界相分离"的感觉。"我们的任务，"他说，"就是通过扩展我们的慈悲心的范围，使之包容所有的生命，包容整个大自然及其内在之美。"[26]马图拉那的工作具体体现了他承诺投入"一种共生的方式，让仁爱、互敬、坦诚和社会责任从每时每刻的生命过程中自发呈现出来"。[27]他说，通过意识到"我们看到的不是世界的客观存在，而是我们自身的状态"，我们就会提升自己的人性。而一旦忘掉自己的现实观的局限性，我们就会丧失共生的容纳力。马图拉那说，当某人或某个群体声称只有他们的观点才是"真正的事实"时，他们实际上是在"强迫别人服从"。

我们的浮士德交易：转移负担到现代科技

要检查主流科学的动机，就不能不看到用科学知识进行技术创新的需求。科学和技术一起构成了驱动现代世界的正反馈循环发动机。

我们都知道，我们的社会依赖技术的力量。正是这个力量塑造了世界，并且继续塑造着世界。它保证给予我们很大的好处，却也带来前所未有的破坏；它驱动着财富创造和产品研发的经济激励机制，但它也在维持现状，并以很少有人能察觉的方式在阻碍着人的发展。

不管整合型科学有多么令人振奋，如果我们不看是什么力量在驱动我们对现代技术的依赖，以及我们自己在维持这种驱动力中的作用，那么变革仍然不会发生。驱动现代技术进步的动机不仅是对控制力的追求，还出自我们内心的恐惧感：如果离开了技术，我们可能就无法生存。

2001 年秋，“9 · 11”恐怖袭击事件刚过不久，彼得在“行动中的系统思考”（Systems Thinking in Action）年会上演讲时说：“多年萦绕在我心头的一幅图像突然变得清晰起来。那次活动非常出色，来自世界各地的人聚集成一个群体，促生了一种‘耀眼的闪光’，从而触发了灵感。我意识到，我们对现代科技的不断增加的依赖，和我们不断增加的割裂和无能为力感，两者都源于同一个‘转移负担’的机制。”

“转移负担”是一种系统基本模式。它来自减轻问题症状的努力，但使人越来越依赖这种“症状缓解法”。比如，头疼时吃两片阿司匹林似乎很自然，而且可能就是最恰当的方法。但如果头疼的原因是已经超出你能力所及的工作和家庭生活的压力，那又怎么办呢？这时，“成功的”医疗方法实际可能会掩盖深层的问题。而不面对真正的问题，就可能引起更糟糕的后果：继续过度工作，造成更大的压力，直到必须使用效力更强的药物。一段时间以后，你就无法想象能够不靠经常使用药物来支撑你紧张的生活方式。你已经“转移负担”给最初似乎是一次性的应急修补措施，即缓解头疼的药物。如果这个模式得不到改变，你最后就不仅会有过度工作的问题，还会有药物依赖的问题。实际上，当你必须为应付艰难的药物依赖问题而越来越伤脑筋时，原来的过度工作问题还可能被遗忘了。

每当人们面对棘手问题，又能看到“症状缓解”和“根本解决”方法之间的区别，就可能出现转移负担的机制。[28]症状缓解方法是“应急修补”，像阿司匹林，它只处理问题的症状而不涉及深层原因。而根本解决方法，就是像减轻过度工作的负担一样。转移负担机制在各种不同的条件下都可能发生，但总会有相同的系统性模式结构。问题的症状可以通过症状缓解法或根本解决法处理。只有后者才能在处理症状问题的同时，处理背后的原因。在这个简单的系统性结构中，如果我们选择症状缓解法，而且停留在那里，就逐渐形成了转移负担的行为模式。使用症状缓解法，吃两片阿司匹林，缓解了症状，即头疼问题。但这种短期改善却降低了更根本的解决方法——减少工作负担——在我们心中的需求度。根本的原因被忽视了，症状（头疼）会变得更糟糕，而症状缓解法就得加码（使用效力更强的药物），而应对问题的根本原因的能力就会下降。最后，越来越依赖症状缓解法，通常都会带来预料之外的副作用，比如越来越需要面对的身体健康问题。

我们总把上瘾和依赖这类问题看成是私人问题。但转移负担机制显示，这其实是个系统现象，并在许多层面反复出现。人们可以对处方药物、酒或烟形成依赖和上瘾，公司可以对通过削减成本来提高利润形成依赖，政府可以对通过发放彩票提高财政收入形成依赖，而农业生产则可以对使用化肥和农药来提高产量形成依赖。转移负担是现代社会对困难问题进行应急处理的需求所引来的最普遍和最有诱惑毒性的模式。由于其普遍性，它往往不被人注意。个人

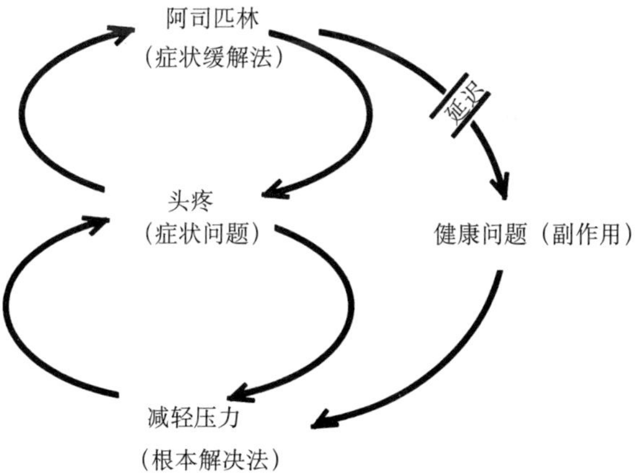

转移负担

处理头疼问题时转移负担到阿司匹林，而不是处理根本问题，即生活压力。

和组织往往看不到自己开发根本解决方法的能力已经深受侵蚀，直到这种依赖及其副作用已经发展到无法挽回的地步，最后导致不可避免的崩溃。

过去200年里，西方文化对还原论科技产生越来越多的依赖，很符合转移负担的机制。其中的各种影响力一起产生了越来越大的技术能力，但却越来越损害了人的发展和智慧能力。彼得在那天上午的会议上给大家画的图，从人的固有动机出发，即：要影响生活、要“改善”条件或以某种方式做自己关心的事。这种“功效愿望”可能是帮助生病的孩子的愿望，可能是解决紧迫问题的愿望，或是寻找安全感的愿望。现代科技就是扩大我们的功效的一种基本途径。但另一种途径是通过整合型（情感、心灵、身体和精神上）成长和智慧提升。这意味着提高我们与自然及我们相互之间的连通感，并学会一种生活方式，它会自然培育我们修炼成人的能力。

这两种途径不是相互排斥的。但转移负担到科技解决方案的事却很容易发生，从而忽视开发我们自己的能力。比如我们往往会因为使用计算器而忘记基本算术方法。我们到各种地方去都依赖汽车，却丧失了走路的乐趣。

我们通过现代医药缓解病症，却不去学习如何自我治疗。为了感觉更安全，我们购买更重的轿车，而不是去学习如何相互了解，共同创造更加安全的环境。我们大多数人对生活中真正有价值的品质的创造能力毫无意识，因为很久以来我们的文化就一直在鼓励转移负担，而不注重这方面的知识。通过提供给我们想象中的力量，现代技术降低了我们感觉中对开发自身能力的需要。一段时期以后，我们所知的一切就只剩下通过技术实现的能力了。

技术本身并没有什么不对：技术进步可以加深我们对宇宙特性的理解，同时丰富我们的生活。但与许多转移负担模式一样，越来越依赖现代技术的危险，是破坏我们对进步的根本源泉的注意力。技术能力和智慧水平之间越来越大的鸿沟，不仅是由于技术进步本身，而且在于它与人的综合发展的互动方式。一段时间以后，这种人的发展需求本身就被完全遗忘了。今天，我们主要用新技术进展

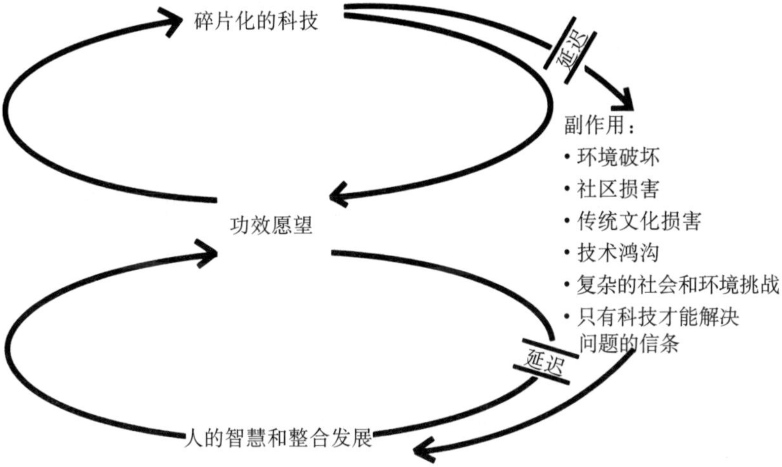

转移负担到科学技术

这张图显示一个通用的系统模式，即转移负担。它已经影响西方社会数百年，并同时以牺牲人的发展为代价，形成越来越依赖科技的社会状态。在转移负担机制中，症状缓解法，比如碎片化的科技，使用越多，开发根本解决方法的能力就越遭到损害，导致对症状缓解法的更大的依赖。今天许多最紧迫的问题，如环境破坏和技术鸿沟，都是这种转移负担过程的长期副作用，而且导致更多的症状问题，进而需要更多的技术反应措施。

来界定进步，而不是用广义的福祉提升来界定进步。所以说，我们的力量和智慧之间越来越大的鸿沟不是出于偶然或不幸的命运，而是出于我们创造的现代社会的基本结构。在我们看清这个结构之前，情况还会变得更糟。

而看清结构也越来越困难了，因为我们依赖碎片化科技的最有破坏力的副作用，就是社会和环境挑战变得越来越复杂了。历史上的人类所面对的是非常不同的社会和环境问题。如果当地的河流被污染了，结果就在那里，所有人都能看得见。人们或者清理污染，或者接受其后果。如果我们与邻居关系不好，冲突就在我们之间。我们的问题不管多严重，都是地域性的，与我们生活的地方有很近的时空距离。

但今天，人们的行为造成的许多社会环境副作用会影响世界的另一端。在世界一端做出的公司决策，会直接影响世界另一端的人们的生活。对国家也一样。比如，我们在美国的生活方式影响着世界各地的人，但我们却很难看清这些影响。当其他国家的人反对或向我们提出挑战时，我们却很难理解他们的行为。在系统思考中，这就是复杂性的具体含义，即因和果在时空上不再相近。随着复杂性的增加，对智慧的要求就增加了，尽管我们的智慧其实是在萎缩。

如果我们真想扭转权力和智慧之间差距扩大的趋势，就有两个基本选择。一是以某种方式停止或限制技术的扩张。有许多人反对技术进步及其在全球经济增长中的应用，他们用的就是这个策略。二是加强我们的根本解决方法的力度，即寻找方法来不断增加对人的发展和智慧提升的需求。最有效的途径就是在两方面都有内在功效的方法。正在出现的整合型科学就有这种潜力：在同一个过程中，既扩展具体的知识，又促进人的发展。认为这种科学能够取代目前的碎片化科学，是过于天真的假设；但可以说，如果没有这种进展，就几乎没有可能扭转转移负担的机制。

也许最重要的是，这场科学革命不仅关乎“科学家们”，而且关乎我们所有人。

新路径

“心与世界不是分离的，”罗施说，“心与世界是同一场境的两个方面……因为经历中的主客观方面作为同一个认知行动的两个不同极点而出现，所以它们在一开始就连在一起了……如果感官实际上不是在觉知世界，而是在参与心与物的世界的整体，那就必须从根本上重新理解感知本身。”

为了把这种对感知的新理解带入日常工作，惠普打印机喷墨供货部总经理格雷格·默顿（Greg Merten）邀请马图拉那举办了一系列为期数天的研讨会。对默顿来说，让很实际的工程师和经理人面对看似神秘的问题，如“认知的生物学”和“仁爱的生物学”，理由非常明显。“历史上惠普的成功，来自由创始人戴维·帕卡德（David Packard）和比尔·休利特（Bill Hewlett）践行的一组关于处世为人方法的指导性价值观，但公司的发展却让我们无法看清如何保持公司高层的价值观。高管培训关注的是学会做业务，而不是学会代表公司有效地与他人相处。我们变得越来越像个‘商业’，而不是人类社群了。一个人类社群围绕理解人性搞活动，有什么奇怪的吗？

“当我说，‘我们看到的不是世界的客观存在，而是我们自身的状态’，我是提出一个永恒的领导力训诫，并符合马图拉那在认知生物学方面的突破性工作进展。我们都倾向于认为自己是客观的观察者，但我们没有一个人是。假如我想看清‘外部’的变化，我必须先要看清‘内心’的变化。

“与许多其他组织一样，惠普面临的核心挑战，是世界中信息流动的方式。为了按照我们企业的路线发展，就需要新的体验信息的方法。马图拉那说‘仁爱是扩展智力的唯一情感’，这就提醒我们，合法性和信任对信息的自由流动，以及信息如何转变成价值，都至关重要。我们将需要更多地用心处世，这意味着我们的品格，以及我们相互之间的关系，对组织的繁荣而言越来越重要。”

看清正在呈现的整体可以从许多地方起步：新的整合型科学的大纲规划，采用不同方式一起工作的需要，或者推进灵性的发展。在香港，南老师说：“20世纪缺乏一种核心文化思想来统一不同的领域，经济、技术、生态、社会、物质、心灵和精神灵性。没有一个伟大的哲学家或思想家能够统一所有这些问题。”整合型思想的衰败导致大家都关注商业和赚钱，并把它们当成默认的共同目标。奥托告诉南老师，他觉得人类文化正处在新的灵性意识提升的前夜。南老师同意，但又说，这可能不会按照大多数人想象的那样发展。它“将与过去的灵性发展路线不同，不管是东方的还是西方的。那会是一种新的灵性发展路径。

“早在20世纪40年代，许多西方人就开始通过小乘佛教、大乘佛教、密宗和冥想来追求灵性解放。但他们都还没有进入核心：人的本性是什么？生命从哪里来？生命是为什么？

“对古代中国的领导者，重要的是发展一种文化来探索这些问题。这些在今天又变得重要起来。但因为过去几百年的发展，未来也会有所不同。现在是重新检验老的理论，并把它与科学结合起来的时候了。不能僵化地理解和相信那些东西”。

我们的被采访者都倾向于主要关注U的上行或下行段，这证实了整合思想的缺失。科学家，如瓦莱拉、罗施和伯涛夫特，探讨了深层观察过程的问题。“行动型的人”，如汉纳尔、韦伯、普斯里和高，则对创造过程的深层问题提出了令人信服的观点。但问题的核心是既要转化我们的观察能力，同时又要转化我们的创造能力。实际上，U型理论提出，南老师讲的核心整合思想，将会来自三种整合能力的开发：第一，新观察能力，使观察者和被观察对象不再分离；第二，新静默能力，使我们真正是谁和正在呈现的现实之间不再分离；第三，新的创造不同现实的能力，它使我们的头脑、心灵和双手的智慧不再分离。或者用奥托的话说，“正在呈现的是科学、灵性和领导力的新综合，它们将成为同一个生存方式的不同方面”。

发明家富勒曾说我们都是科学家。换句话说，我们都有能力开发本原觉知，看清生命的生成过程。今天，科学被置于显要地位，与过去宗教的地位类似。科学家们成为告诉我们事实“真相”的人，我们大多数人都成为他们的知识的被动接受者。

富勒的观点却与此不同。对他来说，科学是“梳理你的经验数据”的。他认为未来就在于修炼我们每个人心中的科学家。如果说科学是尚未完成的项目，那它的下一步就是重新把科学方法的严谨性与直接体验的丰富性连接和整合起来，建立有助于我们相互之间的连通、有助于我们与自己的连通，并有助于我们与世界连通的新科学。

| 第15章 |

体悟当下

2002年1月

我们四人再见面已是隆冬季节。我们围坐在枫树街奥托家的书房里。从第一次聚会算起，仅过了一年多，但在许多方面的感受却好像是已经过了一辈子。

* * *

“过去一年来发生了这么多事，现在回头看我们的第一次聚会，仿佛我们已经生活在不同的世界了。”贝蒂·苏说，“大家都对危机四伏的现状提高了意识，也许对安魂人类的情景假设中的各种问题有所感悟，更容易接受了。但是，自从约瑟夫提出‘如何才能转变整体？’我就一直在想：如果转变整体要求的是多数人从未经历过的大规模深层变革，我们是否已经对此做好了准备？”

“《创造知识的公司》（*The Knowledge-Creating Company*）的合著者之一野中郁次郎（Ikujiro Nonaka）把这称作‘冲突角力的时代’，[1]我不得不同意这个观点。”彼得说，“这是一个思想碰撞的非常时期。一些事情在好转，另一些在恶化，此消彼长。一方面，人们好像都更开放地讨论那些没有简单答案的重大问题，就像马波海德那个群体提出的那类问题；也有更多的大型组织在严肃认真地面对这些问题。另一方面，虽然引发了这些应对反应，大多数问题却在继续恶化，而且好像激起了一股越来越大的、要维持现状的对抗势力。传统的心态和组织优先选项受到了严重威胁，这导致他们为了自身利益而奋力反抗。但仔细想想，这正是划时代变革过程中必然遇到的情况。”

“我总担心，在这种恐惧情绪弥漫的时代，大家会被引诱到一种简单化的叙述。”贝蒂·苏说，“对好人和坏人的简单化描述也许会在短期内减轻我们的焦虑。但我们现在应该避免过分简单化。”

彼得点头同意，他说：“世界各地兴起的宗教激进主义，是维持现状的对抗势力的一部分。有人在最近的一次SoL聚会上说：‘我现在更担心的是未经质疑的答案，而不是未经回答的疑问。’激进主义，无论是宗教上的还是政治上的，都会让我们回避深层问题，以及互相聆听的真正需求。”

“具有讽刺意味的是，由于媒体的全球化运作，实际上所有人都能够同时见证戏剧性的事件。”贝蒂·苏说，“尽管我们都接收了同样的画面，但个人体验却有所不同。许多美国人在‘9·11’恐怖袭击事件，或中东及非洲冲突事件中所看到的，与许多欧洲人、阿拉伯人或亚洲人看到的大不一样。如果有什么可以说的话，这些共同的画面凸显了我们在世界观上的深层差别。我认为人们已经逐渐意识到这些差别了，但这种认识又加剧了我们的焦虑情绪。”

“这就像是生活在割裂的世界里，”奥托说，“而且，野中郁次郎所说的冲突角力除了在公共场合表现出来以外，也会在个人身上体现。一方面，许多人在经历深刻的开放过程。但我们也在经历不断增加的压力、紧张和焦虑。时间进程在加速。与我合作的那些人、组织和我一样，努力试图在加速前进的同时放慢脚步。对反思和深层学习的需求在增长，满足这种需求的压力也在增长。”

“但是这种开放正在发生。值得一提的是，我们最近在危地马拉和南非等地的感知采访和实地项目显示，处在第一世界主流社会边缘地带的人是最开放的。”约瑟夫说。

“有些转变似乎正在发生，”贝蒂·苏说，“但这种转变还很微妙，很脆弱。”

“非常脆弱。”约瑟夫表示赞同，“过去5年来，我们的许多采访对象都谈到了使他们世界观发生改变的深刻的个人经历，但他们告诉我们的故事以前从未和任何人讲过。这种正在发生的开放过程很让人困惑，大家很容易产生孤独感。”

“还记得电影《肖申克的救赎》吗？”彼得问，“故事中有一段内容非常尖锐而深刻。一位老人在狱中生活了一辈子，70岁左右终于获释了。但他无法再过监狱之外的生活了，最后自缢身亡。我认为这段故事对我们所有人都有教益。它提醒我们，放弃过去熟悉的、舒适的环境而去适应新的不同的现实，仍将是很困难的事，尽管在新现实中我们获得了‘自由’，并与我们真正重视的价值吻合。

“我觉得我们的文化中的主导叙事方式就像一个监狱。这个叙事说的是分离：与别人分离，与自然分离，并最终与我们自己分离。在非常时刻，如奥托家中失火或约瑟夫在下加利福尼亚半岛的经历，我们能从这种叙事故事中挣脱出来。我们会用一种直接的方式体会到一个与自身融合、与他人融洽、与自然和生命亲近的一元世界。那很美丽，并让人肃然起敬。它从根本上转变了我们对世界和对我们自身的意识状态。它给我们带来很大的希望和未来可能性，但也带来很大的不确定性。我们突然间发现自己跳出了之前生活了一辈子的叙事方式，也会觉得难以接受。获得自由当然很棒，但同时也很让人恐惧。

“我觉得，从我们的采访中可以看出，现在越来越多的人正在‘越狱’，而许多人，如年轻人和西方的非主流社会人士，从来就没有完全陷入囚禁。”

“整个情况正如柏拉图的洞穴寓言。”奥托说，“假如你一辈子被囚禁在洞穴里，看到的不过是在墙上移动的阴影，突然间获释出洞之后，你只会觉得一片茫然。”

“我从自身经历看，那个寓言不只是个有趣的故事。”彼得说，“我们的文化的主导叙事方式并非自己的身外之物，而是我们自身的一部分，至少肯定是我自身的一部分。有时拉我回到洞穴或囚禁中，回到自己习惯的生活方式的压力，会难以抵挡。

“佛教里有句话，说的是没有比改变自身更难的事，大致意思是习气难断，烦恼难除。暂时的超觉体验，临时超越洞穴和囚禁的状态，是一回事；而这种意识状态的稳定，又是另一回事。这两者有很大不同。而再回到洞穴中也会很痛苦，因为你已经不再适应那里了。你现在知道自己传统的生活方式真是很局限，因此你会感到被困在两个世界之间。你身体里的一部分想要逃离阳光的刺激，回到洞穴，但你同时也越来越不适应洞穴中的生活了。”

“这让我觉得，采访的最重要的意义，可能就是帮助大家看到：自己并不孤独。”贝蒂·苏说。

“大家真心希望能够分享自己的故事，”奥托赞同道，“但同时也常常担心被当作异类。他们也许不知道，许多人都有主流世界观无法解释的更深层的经历。”

“文化历史学家托马斯·贝利（Thomas Berry）说，今天这个时代的主要问题，是我们处在‘叙事故事之间’。”彼得说，“贝利认为，维系西方文化的叙事方式，即还原论科学和救赎型宗教的叙事，正在崩溃之中。它已经明显无法继续解释我们的经历，也无法解释我们所面对的变化过程了。”[2]

“也许在洞穴外面徘徊的人比我们想象的要多，或者至少他们在接近洞口处摸索着。”贝蒂·苏说，“一个文化的主导叙事方式的核心是其主要神话，它决定我们怎样去理解世界。除了还原论科学和救赎型宗教，我们其他的主要神话，如‘英雄’神话，也在崩溃之中。我们不能原地等待，直到有一位伟大的领导者出现并拯救我们。可能许多人仍然希望这样的事会发生，但我认为真相信这种事的人越来越少了。而在过去100年的大部分时间中，我们的经济神话也没有带给我们很好的结果。我觉得大家正在清醒过来，认识到这种经济神话的不完整性。大家在质疑：短期的自我利益是否真能解决我们的问题？”

“这些叙事方式界定了洞穴中的生活，”彼得说，“它们是同一个分离与孤立的故事中的不同线索。但洞穴之外的新故事，还没有足够清晰、足够简明、足够广为人知，所以无法形成新的思想社区。我觉得我们被困在两种叙事方式的夹缝之中了。”

“波姆说，他的隐性秩序理论首先是一种语言，一种共同思考和交流的新方法。”约瑟夫解释道，“也许第一位的需求还不是新故事。在文化中形成新的主导叙事方式需要很长时间。也许我们现在需要的就是一种新语言，它可以让我们连贯一致地思考和探讨这些事。”

“也许我们的U型理论就是在做这个。”贝蒂·苏说，“我们在试图开发一种语言，来帮助大家共同思考和探讨如何让整体发生转变。对当今世界的问题知道得太多容易让人陷入恐惧和否认心态。我们需要的是一种给人希望和可能性的语言，它要以科学界、实业界和社群中的创新者的经历和思想为基础。

“如果人们需要的正是一种语言来思考和探讨不同的处世为人之道，如果U型理论可能提供了这种语言，那么我们目前的进展如何？”

“我觉得其基本理念在过去一年里已经清晰起来了。”彼得说，“U的下行段，转变我们习惯的观察方式，描述了一个清晰的过程，我觉得大家都能理解。类似的，U的上行段，转变我们意识觉知的源泉，对各个领域的企业家和创业者来说肯定也都很熟悉。”

“而罗施、韦伯、瑞、伯涛夫特、拉奥、哈克和瓦莱拉等人的洞悉，为我们提供了更准确的方法来描述两个阶段里所涉及的各种能力和微妙差别。”奥托说。

“我发现，与我们合作的许多人，是在回忆起自己真正忠于自己的承诺投入经历时，才激发了真正的理解力。”约瑟夫说，“一旦他们经历了其后发生的共时性事件，他们就会有一个亟待解决的问题，即如何才能让它更可靠地出现？

“很显然，大家对U型理论有不同的理解。有的人对U的下行和上行段所涉及的独特能力感受很深。另外一些人好像理解了它的整体运行，但对具体的各类能力和不同侧面并不很感兴趣。还有的人对观之以心和对超越自我的开放性，以及支持整体的自发行动，有很多感受。”

“根据我的经验，大家最难理解的地方，”贝蒂·苏说，“就是U的底部：呈现当下。”

“对，如罗施所说，那正是‘心中之心’，”彼得说，“是整个理论的实质，也许也正是我们对‘转变整体’过程的新发现。”

“U形底部的谜团……”贝蒂·苏缓缓地说道，“最终可能无法给出完整的解释。有些东西是超出人类理解力的。而且，试图在分析的道路上走得太远是不明智的，有人也会说，是傲慢和不敬重的。”

“为什么是傲慢和不敬重的？”约瑟夫问。

“它的意思是在‘神灵’面前，在心智能力以外的东西的面前，你不够谦卑。”

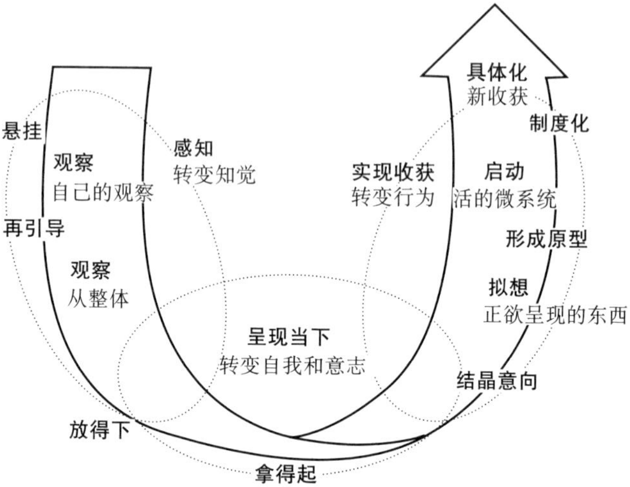

U形过程的7种容纳力

整个U形过程依赖7种核心容纳力及其所产生的行动。每一种能力都是通向下一个行动的门户：悬挂观点的能力使你能够观察自己的观察，而形成原型的能力使你能够启动活的微系统代表。但只有在所有7种能力都得到培育以后，才可能完成整个U形过程。

“也许这就是我们能够达到的程度了。”彼得说，“我同意，试图寻找‘官方正式解释’是不明智的。但我觉得我们各自对呈现当下的体验和理解方式都有微妙的差别。梳理这些差别是有益的。

“我们所说的‘呈现当下’是什么意思？与未来有不同的关联的能力又是什么意思？具体说，约瑟夫和奥托，你们两个经常讲：要意识到‘一个正欲呈现的未来’。这好像意味着未来是有意向性的。大多数人不会立刻理解这种说法。这与你们的经历相符吗？”

“是的，我觉得相符。”约瑟夫答道。

“我的观点有所不同。”奥托说，“对我来说，呈现当下是‘预先感知’并带到体悟范围，也是带到当下时刻。感知的对象是你最高的未来潜力。那不只是某个抽象意义的‘未来’，还是我作为人的最大的未来可能性。”

“那‘正欲呈现’这个词是否意味着意向性呢？”彼得问道，“你怎么看的？是有某种叫作‘未来潜力’的东西在那里‘想要’到当下时刻来吗？”

“是的，”奥托答道，“但那不是外在的东西，而是与我们最高的自我不可分离的现实。瑞称之为你的‘大我’，大写的S[①]。我不是指‘在外部’的分离的未来在向我召唤。把我们的现实看成‘在外部’的东西是二元论的‘主客体’观念。在U形的底部，这类二分法已经消失了。

“关键是你的最高未来可能性，是与你自己的最高志向目标或意向联系在一起的。那是你为你自己、为你的生命建立的意向，也许甚至是在你出生以前建立的。”

“你是说这个意向是在今生之前，在许多世里建立的吗？”彼得问。

“嗯，对我来说这是个合理的问题，”奥托说，“那超越了我的意识经验，但我认为是一个完全合理的假设，可以用来观察事物。我们要知道，可能世界上有一半人是相信转世的。只不过它不属于我们西方的物质主义文化。”

---

① “大我”的英文是Self，首字母为大写的S。——编者注

“换句话说，我们不应该自动拒绝这个观念。”彼得说。

“对，”奥托说，“探索你的这种未来潜力，你不是在寻找别人制定的未来，这一点很重要。它是与开发你自己的真实的大我紧密相连的，即与开发你究竟是谁这个问题直接相关。它是灵活、开放地与你自己对话的过程。然而，它的精髓又与大桥良芥所说的、你自己的最陌生的部分相关联。这就是为什么布伯曾说：‘它需要你，以便能够降生。’我曾体验过这个演进中的未来之势场，就好像它真在那里‘看着我’。那一刻，我感觉到那个凝视，感到世界完全停了下来。之后你就完全变了。”

“没错，但还有个‘它’在里面。”约瑟夫说，“这里我的经历有所不同，奥托。布伯说，‘根据它的意愿而促成其实现’，这意味着，并非有一个、两个或无穷多个可能性等在那里要结成果实。对我来说，那是变成生命本身的工具，以便从某种意义上能够成就生命（或上帝，或随便你用什么称谓）希望我成就的东西。”

“那么约瑟夫，再回到意向性的问题。听上去好像你对生命有其意向性这个理念感到很惬意，”彼得说，“对你来说，布伯的用语‘根据它的意愿’，是恰当的吧？”

“是的。这些年来我越读这句话，越觉得它明确描述了我的经历。对我来说，‘根据它的意愿而促成其实现’意味着将我们自己作为工具，让某种更好的东西出现，保持对我们更大志向目标的开放。

“我相信每个人生下来就有一个使命，或志向目标，而生活的旅途就是去发现它。我读格林里夫（Robert Greenleaf）的《仆人领导力》著作就是这么理解的：仆人领导者的最终目的、终极追求，就是去发现符合其使命的个性品质资源，并发现智慧和力量，用那种方式去服务生命。[3]

“在过去一年里，我们现在称为‘全球领导力计划’（Global Leadership Initiative）的想法每次一出现，我都有非常强烈和集中的感受，即这就是我要做的事。第一次是在下加利福尼亚的交流中出现了对这种可能性的考虑，那是个种子；然后它在马波海德再次浮现；最后这个想法在斯托变得清晰了。我知道这种体验对每个人来说会有所不同，但对我来说，这就是摆在我面前的道路，是未来对我的召唤。我觉得当你知天命的时候，就有一种内心充实和根基深厚的感觉。焦虑消失了，担忧减轻了。即使它很模糊，而且一定会很模糊，但你会觉得‘得去尝试下一步，一定能做成’。结果还真成了。”

“我对你所说的感受也很有共鸣，”奥托说，“然而我不一定会假设，那条道路是由上帝，或别的什么东西设置好的。也许作为人类，我们参与道路开辟过程的程度，远比我们了解的要高。”

“我也理解约瑟夫说的。”贝蒂·苏说，“但我要补充的是：有些人感到迷惑，不能理解‘作为工具，让某种更好的东西出现’这句话，因为它听上去是要把你变为不会思想的工具或奴隶。我觉得必须有承诺和行愿，才会真正形成作为‘工具’的容纳力。按我的想象，这个工具是一个生命的舞者。当你做出这种承诺和行愿时，你的生活就完全改变了。

“在《圣经》里，先知以赛亚说，“我在这里，主！请差遣我’。但如果没有自由选择或自由意志，这个与天命之舞也不可能开始。”

“我理解丧失自主性的恐惧，但那与我的经历完全相反。”约瑟夫说，“布伯说得很漂亮：‘自由和天命互相庄严承诺了，它们的意义连接在一起了。’[4] 当你说的那种承诺出现以后，就会觉得你好像在遵循天命，履行使命。但你也会觉得，你有了前所未有的自由。这是个巨大的悖论。”

“我觉得，那是因为自由有两种：外在自由和内在自由。”彼得说，“外在自由是我们通常说的自由：外部的力量是否在限制我的行动。内在自由很微妙，它是指我们的行为在多大程度上受到我们的习惯的控制。我们可以看上去很自由，因为没有人在控制我们。然而我们的行为却完全被惯性思考方法控制，完全根据对环境的反应行事。

“我认为布伯所说的自由属于后者，是意识的觉醒：我现在可以自由地做任何需要做的事，来完成我的使命，不再被过去的习惯缠身。”

贝蒂·苏点头道：“对我来说，那个动机和意向，那个情愿服从的心态，实际上会造成一种场，它导致呈现当下的体验。但那个呈现当下的时刻是个深刻的悖论。这正是谜团所在：一种开放状态使某种深度和层面的东西呈现出来，但又无法描绘，不可言传。这不仅是另一个空间或能力，而且是某种特别的东西。”

“这是对服务的召唤，但我们大多数人一辈子都否认这种召唤。”约瑟夫说，“这个召唤是让我们投入某种比我们自己更大的事业，并成为我们本应成为的。”

“这让我想起南老师说过的话，”彼得说，“记得他说的儒家《大学》七步修养中的最后一步：‘虑而后能得’，取得你想达到的成就，你本应达到的目标。

“但我还有一个疑虑，不是关于我们描述的理念，而是我们使用的语言。我们谈论的经历对我们自己是非常真实的，也很自然地用符合我们自己文化和传统的方式谈论它。但‘回应对自己的召唤’或‘上帝的意志’这种说法在其他文化中可能难以理解，甚至会表明我们所说的都是西方的概念。那对我来说将是重大损失。比如在佛教中，‘上帝’这个词是很少见的。”

“佛教会使用什么词呢？”约瑟夫问，“也许是‘生命’的召唤？”

“可能要不止于更换词汇。”彼得说，“实际上我觉得我们探讨这个的整个方式，在某种意义上更像是佛教的方式，而不是西方的方式。

“我对佛教理论的理解很有限。但我认为它要从入门的准备工作做起。换句话说，那是一种强调修炼过程的方法。谈论‘上帝召唤的服务’可能存在的问题是，它仍旧是很概念化的：那是我对上帝让我去做什么的‘解释’。真正的区别是‘概念’和‘体验’之间的区别。体验到或证悟到了升华，达到为上帝服务、为生命服务或为宇宙服务，或别的什么词汇的程度。体验到与仅仅信仰这种服务之间是有差别的。

“这也是很不好把握的区别。所以佛教的方法在于严格的修养程序。开始是注意眼下的生活方式，以及我们自己制造的思想禁锢的影响。我们说过，在把握自己的心念之前，在‘安心’之前，我们是无法超越这种自我思想禁锢的。只有‘安心’之后，我们才能对正在呈现的东西开放。

“佛教理论的核心是人存在于相互依赖的秩序中。[5]一个是现象的领域，化身世界，它包括摸得着的东西和触及不到的东西两种现象世界。另一个是无限的、绝对的、超觉的、普适的世界，它超越形色、思想和任何‘东西’，通常叫作‘如是’或‘真如’。人类存在于这两者之间的交叉地带，在旧经文上叫作‘如来藏’。梵文Tathagata，即如来，是释迦族的乔达摩·悉达多，即历史上的佛陀的最早称谓之一。后来它成为‘真如’或绝对真理的同义语了。梵文garbha，即胎藏，意思就是‘子宫’和‘母体’。所以，根据我们的本性，人类就被认为是存在于绝对真如界和现象流转界这两者的阴阳交感互动的母体中。我们不是只处在其中之一，而是处在两者之中，因为如果没有真如界，现象界就不存在，反之亦然。这是佛教非二元世界观的关键所在。两者不可分离，相互渗透。根据佛教理论，大彻大悟之所以可能，正是由于我们既存在于真如界，也存在于现象界。

“因为这个胎藏，这个真如与现象互动的地方，我们所谓的‘体悟当下’才是可能的。我认为佛教可能会说，实现体悟当下的程度，取决于我们个人和集体开发的容纳力，在多大程度上能让我们的意识延伸到这两个领域中去。我们通常习惯于现象界，只注意摸得着、看得见的东西，甚至把我们自己也看成是物质的东西，即我们的身体。但我们天生就有这种更大的容纳力，它是可以修炼出来的。”

“而U形过程的深层学习环路，提供了一种描述这个修炼过程的语言。”贝蒂·苏说。

“对，特别是当U形过程用在很长的时段时。这就是为什么它与南老师解释的儒家领导力开发理论有如此高的吻合度。”彼得说。

“所以说，西方主要宗教所想象的超觉的、外部的上帝，在东方宗教里被看成是内在固有的东西。”奥托说。

“对。”

“真正的核心点应该是，要用很长时间践行研究、冥想及其他各种个人修炼方法。这是建立容纳力、成为服务的‘工具’的基本要素，对吧？”贝蒂·苏问。

“很准确。”彼得说，“这不仅是信仰的问题，或想要成为工具的问题。你必须开发那种容纳力。这就是为什么我说佛教的理念是关于修炼过程的。修炼有三个基本方面，这是必须用功夫的。首先，你必须打坐冥想，或‘修行’，必须有安静内心世界的功课方法。其次，你必须研究学习：经文、公案、律法书、《圣经》等任何能帮助你明白理论的文字。最后，你必须承诺投入服务，佛教称为‘发愿’。修炼是从这三个方面全面推进的。

“佛教强调的修炼已经在主流基督教中消失了，但仍然存在于基督教神秘教派和其他宗教的神秘教派。

“另一个关键点是佛教对理论何时和怎样才有用的看法。佛教会说，你首先要重视修行和服务。直到你真正得到静默，否则这些理念、理论和探讨就只是概念的东西，并且会阻碍你修炼的进程。

“但总有一天你会需要理论知识。当练功打坐产生你不能理解的现象和经历时，你就需要更好的理论知识。不然的话，如果试图用‘世俗的’，或者我们所谓‘物质主义的’思想方法去理解超觉体验，修炼只会出现倒退。”

“这正是我们所说的，我们作为前洞穴囚犯，需要有合适的理论和语言！”贝蒂·苏兴奋地说，“这就是为什么我现在认为，我们在一起合作基本上就是学习如何阐述一个理论，一种理解和沟通的方法。显然，各种精神传承在很早以前就已经提供了这种语言。但我们需要适应当今世界的语言：能够既针对个人，又针对集体，还要超越传统的部落、民族和文化的界限。”

“没错，”彼得赞同道，“但新理论在多大程度上有用，要看是否有足够多的人能够通过自己的体验看到对不同观点的需求，并看到他们在这方面的需求并不是孤立的。所以，采访并分享个人和群体体悟当下的经验，也是很重要的。”

* * *

“我们观察到的一个现象是：许多人的这类经历，完全是在有组织的宗教活动之外发生的，”奥托评论道，“是在社会沟通和社群活动背景中发生的。实际上，人们对灵性的探讨，大都是在私下发生的。他们的灵性经历超出有组织的宗教界限。”

“这一点很重要。”彼得说，“另外，我也注意到：试图在各种宗教之间搞综合的努力都很徒劳，比如搞价值宣言。《联合国人权宣言》很好，文字写得很有分寸，让不同的宗教都能够接受。但我认为它完全没有抓到要害。我认为我们想说的是，这场转变的基础必须是实际经历，而不是概念。这种超越的经历必须在‘日常生活’中发生。”

“这已经在发生了。”约瑟夫说，“和我们几人一样，在我们的社会、社群和组织里，人们在完全服从自己的承诺时，都发现了异乎寻常的力量。”

“这与那些主流机构的崩溃状况相符，人们失去了对这些机构的信心，”贝蒂·苏说，“因为人们不再信任传统的组织的形式和结构，假如有哪个组织想扮演这种经历的保护者的角色，就会引起反弹。因为体悟当下的潜力是固有的、无处不在的，它可以在任何地方出现。没有人，也没有哪个组织，可以要求拥有权。”

奥托点头同意，他说：“思想前卫的艺术家约瑟夫·鲍依斯（Joseph Beuys）说，‘今天，神秘和不可思议的事不再发生在教堂里了，而是发生在大车站里’，发生在日常生活中。”

“因此需要谈论这些经历和这种深层转变过程的语言，需要去掉宗教性，也不是行话和术语。”贝蒂·苏继续说道。

“具体说，我还是觉得‘转变整体’这个词很别扭。我会常常把它想成某种全球规模的有组织的行动。我担心，大家听到这个词时可能就不想干了。再说，究竟谁能在全球舞台上表演呢？巨型跨国公司的CEO，或国家元首和政府首脑，或联合国高级官员，他们有时还可以，但我们大多数人是不行的。明白我的担忧了吧？”

“明白。”彼得说，“有时我也有这样的反应。使用那种词汇，就好像我们把自己划成局外人了。”

“而我们所学到的，从波姆、伯涛夫特、卡巴津恩、罗施等被采访者那里，以及回溯历史一直到歌德，都证明这是错误的。”奥托说，“正在生成的整体是在局部层面体现的，它体现在具体的社区和群体，并最终体现在我们每个人身上。”

“因此，”贝蒂·苏说，“根据你的说法，‘转变整体’这个词尽管听上去像是个综合性的全球议程，但实际上却是相反的意思？”

“这都看你是怎么理解‘整体’一词。我们说的是感知在我们自己内心正在展现的整体性，是在当下的情境里，并产生服务于这个整体性的行动。”奥托说，“另一种整体概念，即‘综合性全球议程’的整体概念，就是引向死胡同的概念，伯涛夫特称之为‘假冒的整体’。”

约瑟夫笑道：“又是一个悖论。服务于正在生成的整体，就意味着关注自己意识里的当下，完全局部性的当下，并服从于这个当下对自己的要求。”

“因此我们有一个新的系统公理，”彼得说，“‘最系统的东西就是最局部的’。我们能影响到的最深层系统，就编织在日常生活中，达到最小的细节。

“理解这一点对我们非常重要。我们每个人都可以改变世界，但只有在我们越来越多地体悟当下的整体性时才有可能。这是波姆所说的‘进化我们的意识境界’，它对理解隐性秩序是必需的。现在我看到，这也是佛教所说的修炼意识的法眼：‘在现象中看清真如'。"

"也只有在我们学会把自己当作比我们更大的生成中的东西的工具时才行，无论我们在哪里行动。"奥托说，"比如作为父母、公民、社群组织者或跨国公司的经理人。

"这让我意识到，我们还没有谈到这些东西的负面作用。"

* * *

"最近在维也纳，我从电视上看到对希特勒的秘书的采访，"奥托说，"真不可思议。她描述了1945年在柏林的最后几个星期的感觉，少数几个人还在执行他们的疯狂计划，即使是在四周都被轰炸，他们很明显要走向毁灭的时刻。

"整个采访中，她一直在说已经记不起自己经历的某些方面了，记不起她的情绪或当时的感受了。当战争越来越接近尾声时，她几乎就像是'自动驾驶'一样。她记不起任何情感，记不起她感知或感觉的能力，更不用说深层的志向或意志。就好像这些都被'深度冷冻'了。

"但在她讲述的过程中有些事情发生了。采访结束时，她的表情完全变了。在说到最后崩溃的那几天时，可以清楚地看到深深印在她脸上的恐惧表情，特别是眼睛四周。她体验到了自己的情感，并随着这种情感的'解冻'，她与那些事件建立了情感联系，这是她当年无法做到的。

"在战后的后半生里，她在不起眼的机构里做了隐姓埋名的志愿者。采访播出第二天她就去世了。之前几天，采访人——一位奥地利著名艺术家——碰巧和她有过最后一次谈话。在那次谈话中她告诉他说，自己终于第一次原谅了自己。[6]

“如果说希特勒是邪恶的典型，那么这个采访对解释邪恶的运作方式提供了有趣的视角：那就是冷冻深层容纳力。那是让你从恶如流的机制。这位受访者花了半个世纪才理解到这一点。”

“这是变成不是你自己的意志的工具的极好案例，”贝蒂·苏说，“那也正是为什么大家谈论变成工具的危险。你可能变成某种机器人，不再处于有生成力的胎藏里，失去人性。”

“我觉得这个故事对我们所有人都很有意义，”约瑟夫说，“奥托刚才讲的正是我们谈论的东西的反面。我们谈的是服务生命，而那则是服务毁灭。”

“我觉得我们现在谈的并不是非常罕见的事，”彼得说，“这个例子非常淋漓尽致，我们都站在‘另一边’，谈论‘他们’，那些人。但我们也在描述大多数组织里的大多数人的生命状态：当我们被利用，作为工具来服务于某种不是生命的目的时，我们就丧失了情感，丧失了感知的能力。我们就机械地完成了动作。这是无时不在发生的事，比如，当公司就是为了赚钱而赚钱时。”

“你们知道，纳粹德国的人民当时认为他们在服务未来，只不过是一种不同的未来。”贝蒂·苏说。

“没错，”彼得说，“而且，就像希特勒的秘书那样，处在这种情况下，我们会用不停推进工作的需要来维护自己的行动：维护现状，完成手头的任务。和她一样，我们会说：‘嗯，这就是眼下必须完成的事。很快就会结束的，然后我们就能做别的事了。’”

“彼得，你这个描述揭示了现代组织中许多人的生命状态特征，这让我感触很深。”约瑟夫说，“对一位高管的一次采访，让我永远不能忘记。我们谈话深入以后，他越来越放得开了，开始谈到他在生活中做过的许多妥协和让步，以便能在公司里‘向上爬’。当时他还并没有想过太多，就好像只有这么做才能成功。他也说了完全一样的话，即他已经完全丧失了感觉和感知的能力。最后他看着我说，‘我真不喜欢我现在这个样子’。”

“所以说，变成工具的负面就是丧失自主性，丧失自己的意志，丧失自己真正做选择的能力。”奥托说。

“对，还有我们的人性，即我们感知和感觉的能力。”贝蒂·苏说。

“但如果我们真正坦诚地说话，这不正是我们所有人在世界上做的事吗？我们都参与推进的所谓‘全球化’，不正是这样吗？”彼得质疑说，“假如你问我们当中的任何人，或者问今天全球社会中的任何公民，是不是真想通过我们的采购决定来毁灭物种？我们会说，‘不是，当然不是！’如果你再问：是不是真想要促成全球变暖和两极冰盖融化，或不让发展中国家的人民得到清洁的饮用水，因为我们从那些不断扩张的软饮料生产企业购买产品，而他们拥有这些水源？我们的回答也会完全一样。但这些正是目前发生的事。我们的采购决定，通过世界范围的组织网络的协调，使我们得到那些商品和服务。就像你那位高管，约瑟夫，我们也必须这么做才能成功。而且我怀疑，如果我们真能看清我们的行为所带来的后果，我们也不会喜欢我们自己现在的样子。

“我怀疑我们与希特勒的秘书究竟有多大区别？我们都在这个巨大的现代全球经济机器的内脏里，被当作工具来服务于它的目的。我们集体创造了这个机器，但却感到个人被困其中。我们已经把那么多的负担转移到这个机器身上，以至于看不见有多少选择余地，尽管不同的选择是存在的，就摆在那里呢。我们已经不再能回到森林里，过原始的田园生活了。所以我们把自己对正在发生的事的感知能力‘深度冷冻’起来，并否认自己的生活方式所带来的更大后果。”

“这又是囚徒的情景，对吧？”贝蒂·苏说。

“没错，”彼得说，“我们生活在洞穴里，并由此让我们的感官迟钝下来。”

“而且我们还破坏了其他人选择不同生活方式的权利。”约瑟夫说。

贝蒂·苏点头同意。彼得又说，“这就是为什么这个成为工具的概念会这么棘手。我们可能对它很兴奋，因为我们知道它的潜力，但它也会引起深层恐惧。在某种程度上，我们知道我们已经被当作工具了，但那不是我们的选择，至少在一定程度上不是。”

“这就是为什么我们需要服务的召唤，修炼的召唤。”奥托说。

“非常正确。”彼得说，“没有别的办法能让我们走出这种困境。我们可能无法一夜之间改变更大的系统，但我们可以承诺投入不断的意识提升和选择能力的开发。这就是为什么个人修炼如此至关重要。它会让你保持敏感性，并‘留在胎藏中’，可以这么说。”

“选择能力是关键，”约瑟夫说，“它与我们的意识水平相关。

“不久前，我和亚当见到了卡罗斯·巴里奥斯（Carlos Barrios），他是当地长老选出的玛雅牧师，学习并传播玛雅文化对世界和谐和统一的愿景的理念。和他会面很不同寻常，就像阿瑟、米尔顿及其他加速我们发现和理解U型理论的人一样。卡罗斯解释说，玛雅人的愿景与玛雅历分不开。我想起米尔顿说过的：玛雅人是真正的‘时间大师’。根据卡罗斯的说法，玛雅历是由不同时间长度的多个循环周期组成的。可能最著名的周期就是‘长夜’周期。在科尔特斯（Cortes）1518年抵达墨西哥，并开始欧洲人对当地民族的殖民化进程之前500年，玛雅人早已确立1518年为长夜周期的起始年。日历上说，这个周期是黑暗时期，世界各地的人民都被物质主义征服，人心会变得冷漠。长夜周期要经过9个52年的周期循环，总共468年。日历还描述了几个不同的短周期，是转换时期。卡罗斯说这些转换周期的最后一个会有‘新生儿出世’，从2001年8月17日起，共13年。在玛雅文化里成年是在13岁生日。卡罗斯说这个周期代表‘创造新世界的机会’，但‘这个新生儿的出生是伴随着巨大的混乱和剧变’。

“听卡罗斯说完这个，我就拿出我的日历本，结果发现8月17日那天，我们6个人在斯托围坐聚会，并承诺投入创立我现在会称作‘全球领导力计划’的工作。卡罗斯说这并不让人吃惊。那一天世界各地的人们都做出了许多有生成力的选择。

“召唤已经清晰了：在这13年里，我们必须竭尽全力创造人际间的平衡和连通。‘我们面对这些问题，’卡罗斯说，‘是因为我们丧失了联系，不仅是我们之间，还有我们与整个自然的联系。我的

志向目标是帮助人类理解：自己正面对毁灭的危险，除非我们能够重归与自然的平衡与和谐。'

"他讲这段话时，我脑海里出现了米尔顿在下加利福尼亚说的话：'人类的命运在很大程度上仍然掌握在我们手里——我们必须在精神和心灵上完成深层转化，这包括我们之间及我们与地球的关系。'这就好像在说，我们必须保持清醒的意识：我们的每一个决定都有正面或反面的影响力。而这些决定就是我们感知和体悟当下的程度的直接反映。

"人们对先知预言持怀疑态度，这很有理由。但我认为，如果运用得明智、恰当，它也可以起到像情景假设那样的作用，比如安魂人类的情景假设。我们也可以把它当作预测，但那样就会失去其效力。它对我们如何看待现实，如何做出选择，具有最大的影响力。世界上的各种影响力都是我们造成的。我从心底知道，如果我们有决心学会观察，那我们就有能力创造不同的影响力。"

* * *

天色已晚。贝蒂·苏问道："如果用一句话来总结我们现在对体悟当下和U型理论的核心内容，该怎么说呢？"

"心灵的深层开放，并带到行动中去。"约瑟夫说。

"一位印第安老师菲尔·莱恩（Phil Lane）说：'你人生中最长的旅途，就是从大脑到心胸的神圣之旅。'

"我大概塞进两句话了。"约瑟夫补充道。

我们都笑了。然后奥托说："对我来说，体悟当下的核心是共同的觉悟，通过与我们的最高未来大我连通，并从那里行动，来觉悟自己究竟是谁，同时利用这个大我作为实现新世界的工具。”

“我觉得，它是创世之火的燃点，它通过我们进入世界。”贝蒂·苏继续说道。

“有人最近问我，怎么向8岁孩子解释所有这些？”彼得说，“我不假思索地回答道，‘我们对自己创造新世界的容纳力，还一无所知’。”

| 尾　声 |

“人类消失后，猩猩就有希望了吗？”

2002 年 4 月

我们最后一次在枫树街会面是在一个美丽的春天的早上。树上的花朵刚刚开始绽放，待在房间里可以清楚地听到街上孩子们嬉戏说笑的声音。谈话慢慢进入了主题。

* * *

“你们知道，还有一个问题萦绕在我心头。”贝蒂·苏说，“还记得我曾催促你们解答‘U的底部’会发生什么，而我们的结论是：会发生某种志向目标感的转化，对吧？这不完全是个人方面的目标，而是像奥托所说的，要对更大的自我和更大的志向目标开放。

“我就怀疑，是不是我们在探索的，其实从某种意义上来说全都是关于志向目标的。假如有越来越多的‘前因徒’被吸引过来，并对更大的志向目标有了更深层次的理解，在他们当中是否会出现一种‘集体的’志向目标感呢？它是否会推动整个U形过程？”

“‘集体的’层面有很多，你是指哪一种层面？”彼得问。

“嗯，所有层面都有可能，从一起工作的团队的志向目标，到整个人类的目标。”

“有可能。但我认为，我们在目前的状态下还很难顾及人类的目标这个问题。

“还记得丹尼尔·奎因（Daniel Quinn）的小说《以实玛利：大猩猩对话录》（*Ishmael*）里面那个主人公和猩猩的对话吧？[1]那本书对我的影响很大。它清晰地揭示了农业革命（奎因称其为‘极权主义农业’）如何开始让我们越来越脱离自然。但故事里有部分情节我一直都没搞懂，这些年来一直萦绕心头。

“小说一开始，主人公回应报纸上的一则广告，好像是‘老师招收学生，报名者必须有拯救世界的意向’。他找到广告上说的地方，一处没有门牌的建筑，然后按照广告的指示，走进了一间黑暗的办公室。眼睛慢慢适应以后，他发现自己坐在一处大玻璃窗格旁边。对面坐的是以实玛利——发广告的大猩猩。

“后来发生的对话，其实是U的下行过程。以实玛利引导主人公学习如何‘观察’一些深层假设观念，也是几乎所有现代社会共享的、认为理所当然的观念。我们都难以察觉这些观念所造成的影响。

“我开始看那本书的时候，觉得一个人和一只大猩猩用心灵感应的方式对话，太假了，太不自然了。”奥托说，“但看到后来，我意识到与另外一个物种进行对话，能够有力地揭示我们自己无法看清的集体性的共同假设。”

“就好像约瑟夫在与鲸和海狮的‘对话’中所‘看清’的东西。”贝蒂·苏说。

“没错，”彼得说，“但在第一幕中有些值得回味的描述。你记得以实玛利背后有什么吗？”

“是一个标牌，挂在墙上。”奥托说，“但我记不起上面写的是什么。”

“上面写着：‘人类消失后，猩猩就有希望了吗？’”

“你觉得那是什么意思？”贝蒂·苏说。

“主人公显然搞不懂，他觉得这似乎是一种禅宗公案，一种字谜。”彼得回答道，“他对这句话的模棱两可表达了困惑和沮丧之后就置之不理了，而且直到小说结尾都再也没提这句话。”

“这个问题是很奇怪。所有迹象都表明，大猩猩在人类消失后，肯定会活得更好。”奥托说，“大猩猩和许多其他物种的生存，现在都受到了人类生活方式的威胁。但这句话却好像暗示相反的含义。”

“没错，”彼得说，“这句话看似不合逻辑，但我觉得它其实是在提出一个问题，而这个问题关系到书中主人公的整个U形下行历程，也许还关系到我们的历程。

“如你所说，我们人类是大猩猩的生存威胁，这一点每个保护大猩猩和其他濒危物种的人都同意。假如人类消失了，大猩猩就不需要人类保护了。那么为什么以实玛利要问，人类消失以后，是否‘大猩猩就有希望’呢？在我们看来，这是毫无意义的问题。而我认为，那才是问题的全部要害。

“以实玛利问了一个根本性的问题：也许大猩猩真的需要人类，但不是为了保护，而是为其他更多的东西？这个问题我们已经不再探讨了。它涉及我们作为一个物种的志向目标，在更大的生命网络中的目标，在宇宙中的目标。我认为我们不讨论这个问题，是因为我们已经不再把自己看成是宇宙的一部分了。我们只看到人类自己的目标：我们想要什么，怎样改进我们的生活。我们对如何可能为生命整体谋福祉不再感兴趣了。这就是为什么像贝蒂·苏问的志向目标这种问题，对我们今天的人类来说，已经毫无意义了。”

“这意味着我们根本就没有更大的志向目标，”约瑟夫说，“我们就是在追求自己的需要的满足，追求自身的利益，按人类自己的方式建设世界。如果我们与人类以外的世界完全隔断了，怎么能有更大的志向目标呢？”

“我们把周围这个有生命的宇宙仅仅看成是供我们攫取和利用的‘自然资源’。”彼得说，“我们甚至把DNA这个生命本身的程序看成可以被我们开采的东西，让它符合我们的需要，而完全不考虑这会对其他物种造成什么影响。”

“环保运动主要关注让我们如何‘不那么坏’，攫取得少一些，破坏得少一些。但人类作为一个物种，如果真有志向目标，那将会怎样呢？如果我们能够做出某种独特的贡献，某种‘给予’和‘布施’，而不是‘攫取’，那又将会怎样呢？”

“从这个意义上讲，安魂人类的情景假设是说我们正处在奎因所说的‘攫取者’行列的终结点。”奥托说，“一个村庄，甚至一个国家攫取得太多而给予得太少是一回事。但现在是整个人类都在全球范围以前所未有的规模和速度进行攫取，这又完全是另一回事了。

“我们在说：如果不重新认识我们为什么生在这里，就不会有全新的发展路径，因为只有那样我们才能真正意识到自己能给予什么。”

“是的，这就要求我们必须用不同的方法思考了：要把我们看成是宇宙的一部分。印第安古老的阿纳萨齐（Anasazi）文明，就像许多本土民族一样，都相信他们必须举行仪式和舞蹈来保持与宇宙的平衡。如果他们忽视了这项义务，不仅是他们，其他无数种生命都会遭受痛苦。也许目前所有这些，都是要重新发现我们今天的、现代世界中的舞蹈应是什么样子的，并发现我们作为舞蹈者，自己究竟是谁。”

“所以，看清我们集体U形下行段的历程，即重新发现我们的志向目标的历程，实际上就揭示了这个深层问题。”贝蒂·苏说，“我们是谁？人类从根本上是与自然分离的，还是不可分离的？我们需要重新认识我们在宇宙中的位置，这样才能看清它都需要我们什么，我们都需要它什么。而且这不仅是理念层面的发现。记得你在下加利福尼亚的悲伤吧，约瑟夫？”

“我永远不会忘记。那就像你失去亲人时的悲伤。但那不是只失去一个亲人，那更像是突然发现自己以前从不知道的家庭，而那个家庭正在经受痛苦。”

“因而，你从那种悲伤中发现了以实玛利的问题所暗示的志向目标。”贝蒂·苏继续说道。

“对。”约瑟夫回答道，“对我来说，这种志向必须与我们今天的受托责任相关，与生命的新可能性相联系，即使我们不知道这种新可能性是什么。”

“也许，这会从全球网络生成的集体智慧中出现。”奥托说，“尼卡诺·帕拉斯（Nicanor Perlas）所说的‘全球化的真正意义’，就是‘提升对所有人类社会之间的深层内在互通性的感知能力’。”

“我认为只要我们开放身心，找到自己的位置，这就是真正的可能性。”贝蒂·苏说。

“而当我们找到自己的位置时，我们会发现‘两个方向’的内在互通性。”彼得说，“约瑟夫，也许你感受到的海狮的痛苦既来自它失去了与我们的关系，也来自我们失去了与它的关系。”

“就好像家庭关系被切断了。”约瑟夫点头说道。

“我觉得这种更大的志向目标，一直都在我们的对话中蕴藏着。”贝蒂·苏说，“当我们体悟到我们为什么在这里时，未来之势场就起作用了。我们必须非常直接地感悟到这一点，就像约瑟夫在下加利福尼亚经历的。而在U形底部扩展的自我，自然会发现更大的志向目标。”

“在那里，我们会有一种经历，即自己既是整体，又是整体的‘一部分’。”奥托说，“这不正是波姆在伦敦和约瑟夫讲的话吗：‘人类的自然状态’，即‘分离又不孤立’。”

“但分离的假设观念如此根深蒂固，我真想不出怎样才能改变它。”彼得说，“我觉得许多人希望‘9·11’告诉我们一件事，即我们中的任何人都能影响到我们所有人。但那次‘提醒’过后发生的事却说明，这同时也会带来巨大的恐惧感，甚至产生与希望完全相反的作用：加强了自我防卫和距离感的意识。”

“恐惧感只能造成分离和割裂。”奥托说，“马图拉那说，‘仁爱是扩展智力的唯一情感’，那是因为仁爱能使我们相通。”

“也许我们需要看到诸如随机数发生器试验这类研究结果，发现我们所参与的场实际上有多微妙、多广泛的影响力。”约瑟夫说。

“而且看到进化也许不会在我们这里停滞不前了。”彼得说。

“在小说接近后半段时，以实玛利讲了一个很搞笑的故事。它在海滩遇见一只水母，并问它是如何来到那里的。水母详细描述了从细菌到单细胞生物，又到更复杂的水生物，直到最后，奎因写道，水母‘由于自豪而变成粉色’，并说：‘最后，水母才终于出现！’”[2]

“呵呵，很好，我们现在知道不能在物种近视病领域搞垄断了。”贝蒂·苏笑着说道。

“尽管听上去很愚蠢，我们的行为的确像是在说：进化已经在我们这里停止了，‘我们是终点站’，我们是地球上40亿年‘大自然项目’的全部意义。如果能意识到这是错误的臆想，就可能引起很多转变。也许我们在这里是让下一阶段的进化成为可能，也许我们的意识将影响下一阶段的进化。”

“这肯定会加剧问题的严重性，使利害关系更明确，并让我们做好行动的准备。”约瑟夫说。

“是的，”彼得同意，并笑着说，“我觉得你说得很对，有些研究可能帮助我们认识和理解一件事：我们是处在一种活的生成力场中，而且我们会影响它，它也一样会影响我们。

“我觉得，假如我们能找到自己的位置，就能发现我们的志向目标。”

引 言

1. 这是根据物理学家和科学哲学家伯涛夫特的观点，参见：Henri Bortoft: *The Wholeness of Nature: Goethe's Way Towards a Science of Conscious Participation in Nature*. Hudson, N.Y.: Lindisfarne Press, 1996。

2. 参见1999年9月23日夏莫（C. O. Scharmer）在伦敦进行的采访“Conversation with Rupert Sheldrake: Morphic Fields”，详见：www.dialogonleadership.org。

3. 参见1999年7月14日夏莫（C. O. Scharmer）在伦敦进行的采访“Conversation with Henri Bortoft: Imagination Becomes an Organ of Perception”，详见：www.dialogonleadership.org。

4. 同上。

5. 参见德赫斯，《长寿公司》（A. P. de Geus, *The Living Company*. Cambridge, Mass.: Harvard Business School Press，1997）.

6. *The New York Times*，June 24 1993，1，9.

7. 参见：C. O. Scharmer, “Theory U: Leading From the Emerging Future,” Habilitation Thesis（2004）,详 见：www.ottoscharmer.com; C. O. Scharmer, *Ästhetik als Kategorie strategischer Führung*（Aesthetics as a Category of Strategic Leadership）; *Der ästhetische Typus von Organisationen*（Stuttgart:Urachhausverlag,1991）; C. O. Scharmer, *Reflexive Modernisierung des Kapitalismus als Revolution von innen:Auf der Suche nach Infrastrukturen einer lernenden Gesellschaft*（Reflective Modernization of Capitalism: Toward Infrastructures of a Learning Society）. Stuttgart: Schäffer-Poeschel, 1996.

8. J. Jaworski, *Synchronicity: The Inner Path of Leadership*. San Francisco: Berrett-Koehler, 1996, p. 181.

9. J. Jaworski and C. O. Scharmer, "Leadership in the Digital Economy: Sensing and Actualizing Emerging Futures". Cambridge, Mass.: Society for Organizational Learning and Beverly, Mass.: Generon Consulting, 2000，详见：www.dialogonleadership.org: C. O. Scharmer, W. B. Arthur, J. Day, J. Jaworski, M. Jung, I. Nonaka, and P. M. Senge, "Illuminating the Blind Spot," 2002，详见：www.dialogonleadership.org。该篇文章的精简版刊登在*Leader to Leader*（Spring 2002）, pp. 11-14; C. O. Scharmer, "Self-Transcending Knowledge: Sensing and Organizing Around Emerging Opportunities," *Journal of Knowledge Management,* 5, no.2（2000）; pp. 137-150; C. O. Scharmer, "Presencing: Learning from the Future as It Emerges," 该篇论文曾经于2000年5月25~26号在芬兰赫尔辛基市赫尔辛基经济学院举办的知识与创新会议（Conference on Knowledge and Innovation, Helsinki School of Economics, Helsinki, Finland, May 25-26, 2000）上提出。详见：www.ottoscharmer.com; C. O. Scharmer, "Organizing Around Not-Yet-Embodied Knowledge," in G.V. Krogh, I. Nonaka, and T. Nishiguchi, eds., *Knowledge Creation: A New Source of Value*. New York: Macmillan, 1999, pp. 36-60; C. O. Scharmer, "Theory U: Leading From the Emerging Future"（与即将出版的新书题目相同的序言）, 2004, 详见：www.ottoscharmer.com; P. Senge and C. O. Scharmer, "Community Action Research," in *Handbook of Action Research,* P. Reason and H. Bradbury. Thousand Oaks, Calif.: Sage Publications, 2001, pp. 238-249; K. Käufer, C. O. Scharmer, and U. Versteegen, "Reinventing the Health Care System from Within: The Case of a Regional Physician Network in Germany," MIT Working Paper WPC 0010. 2003, 详见：www.dialogonleadership.org; U. Versteegen, K. Käufer, and C. O. Scharmer, "The Pentagon of Praxis" in *Reflections: The Sol Journal,* 2, no. 3（2001）: pp. 36-45; K, Käufer, C. O. Scharmer, and U. Versteegen, "Breathing Life into a Dying System" in *Reflections: The Sol*

Journal, 5, no. 3 (2004) : pp. 1-12.

10. 更多关于访谈项目的信息及本书中语录的来源，请参见：www.dialogonleadership.org 及国际组织学习学会的网站：www.solonline.org。

第1章

1. J. Miles, "Global Requiem: The Apocalyptic Moment in Religion, Science, and Art"，宗教思想生活协会"交流与碰撞研讨会"15周年纪念日上的主题致辞，刊登在 *Cross Currents,* 50, no. 3 (Fall 2000) : pp. 294-309；详见：www.crosscurrents.org/milesrequiem.htm。

第2章

1. 该观点和本段其他观点来源于越南一行禅师（Thich Nhat Hanh）的论文，阐述"众生相即"（Interbeing）的概念，Hahn, *The Heart of Understanding*. Berkeley, Calif.: Parallax Press, 1988，我们在此表示感谢。

2. 有关持续生产流动和精益生产中的文化变革的案例，参见：J. Womack, *The Machine That Changed the World.* New York: Scribner, 1990, 以及T. Johnson and A. Broms, *Profit Beyond Measure*. New York: Free Press, 2000。

3. D. Bohm, *Thought as a System*. London: Routledge, 1994; D. Bohm, *On Dialogue*. London: Routledge, 1996.

4. D. Bohm and M. Edwards, *Changing Consciousness: Exploring the Hidden Source of the Social, Political and Environmental Crisis Facing the World*. San Francisco: Harper, 1991, p. 6.

5. M. Ray and R. Myers, *Creativity in Business*. New York: Doubleday/Currency, 1986.

6. 管理我们内心"判决的声音"的问题已经被广泛研究，其中一个领域是写作的创造性阶段。参见：B. Flowers, "Madman, Architect, Carpenter, Judge: Roles and the Writing Process," *Proceedings of the Conference of College Teachers of English*,（Texas）44（Sept. 1979）, pp. 7-10。

7. 有关零点项目的研究和理论的更多信息，参见：H. Gardner, *Frames of Mind*：*The Theory of Multiple Intelligences*. New York: Basic Books, 1993（最早出版于1983年），及 www.pz.harvard.edu。

8. 参见："Conversation with W. Brian Arthur: Coming from Your Inner Self," interview by J. Jaworski and C. O. Scharmer, Xerox Parc, Palo Alto, Calif., April 16, 1999, www.dialogonleadership.org。

9. W. Isaacs, *Dialogue and the Art of Thinking Together*. New York: Doubleday/Currency, 1999, p. 41.

10. 实际的交流总是比这类简单的举例更为复杂。培养在职场中悬挂假设的能力时，可以使用诸如"推断之梯"、情景规划和其他探索假设观念或心智模式的方法，并从中获益。例如，可参见《第五项修炼·实践篇》（P. Senge et al., *The Fifth Discipline Fieldbook*. New York: Doubleday/Currency, 1994），pp. 235-293, 或同上注：Isaacs。

11. 参见："The Cauldron," in Senge, et al., *The Fifth Discipline Fieldbook*, pp. 364-373。

12. 同上；参见：W. Isaacs, *Dialogue and the Art of Thinking Together*. New York: Doubleday/Currency, 1999。

13. 参见《第五项修炼·变革篇》（P. Senge, et al., *The Dance of Change*. New York: Doubleday/Currency, 1999）。

14. 参见：M. Waldrop, *Complexity*. New York: Simon and Schuster, 1992。

第3章

1. M. Buber, *I and Thou*, trans. Ronald Gregor Smith. New York: Scribner Classics, 2000, pp. 23-24.

2. 瓦莱拉是法国国家科学研究中心（National Institute for Scientific Research）的研究总监。

3. 该项目在"学习经历"描述中有详细记载。参见：G. Roth and A. Kleiner, *Car Launch*. New York: Oxford University Press, 2000。

4. 参见《第五项修炼·实践篇》（P. Senge et al., *The Fifth Discipline*

Fieldbook. New York: Doubleday/Currency, 1994）, pp. 84-190。

5. H. Bortoft, *The Wholeness of Nature*, p.264.

6. E. Schein, *Organizational Culture and Leadership*, 2nd ed. San Francisco: Jossey-Bass, 1992; E. Schein, *The Corporate Culture Survival Guide*. San Francisco: Jossey-Bass, 1999.

7. 例如，参见《第五项修炼 · 实践篇》（P. Senge, et al. , *The Fifth Discipline Fieldbook*, pp. 245-252）。

8. 卡巴津恩当时担任马萨诸塞大学（University of Mass.）教授和“冥想、卫生健康和社会生活中的正念禅修研究中心”（Center for Mindfulness in Meditation, Healthcare and Society）主任。他是麻省理工学院神经生物学博士，著作包括：*Wherever You Go, There You Are*. New York: Hyperion, 1994，以及其他许多有关正念的专业和普及作品，备受欢迎。

第4章

1. 坎贝尔引用的是哲学家叔本华（Schopenhauer）的话。

第5章

1. A. Kahane, *Solving Tough Problems: An Open Way of Talking, Listening, and Creating New Realities*. San Francisco: Berrett Koehler, September 2004.

第6章

1. W. B. Arthur, “Increasing Returns and the New World of Business,” *Harvard Business Review*（July-August, 1996）, pp. 100-109.

2. J. Schumpeter, *Capitalism Socialism and Democracy*. New York: Harper, 1975（最早出版于 1946）, pp. 82-85。

3. W. B. Arthur, J. Day, J. Jaworski, M. Jung, I. Nonaka, C. O. Scharmer, and P. Senge, “Illuminating the Blind Spot ,” *Leader to Leader*

(Spring 2002), pp. 11-14.

4. 无论是从个人角度，还是组织的角度，都有从经验中学习的大量文献。我们可以在彼得·圣吉等人编著的《第五项修炼·实践篇》(P. Senge, et al., *The Fifth Discipline Fieldbook*. New York: Doubleday/ Currency, 1994，pp. 59-65) 中找到对标准学习周期的简单概括。其他经典的参考文献还包括全面质量管理的“戴明PDCA循环”(PDCA cycle)。参见：W. F. Deming, *Out of Chaos*. Cambridge, Mass.: MIT Center for Advanced Engineering Studies, 1982, p.88; D. Kolb, *Experiential Learning: Experience as the Source of Learning and Development*. Englewood Cliffs, N. J.: Prentice-Hall, 1984; and E.Schein, *Process Consultation Revisited: Building Helping Relationships*. Reading, Mass.: Addison-Wesley, 1999。

5. 参见：e.g., J. P. Kotter, *Leading Change*. Boston: Harvard Business School Press, 1996, 以及P. C. Nutt, *Managing Planned Change*. New York: Macmillan, 1992。

6. J. Jaworski, *Synchronicity: The Inner Path of Leadership*. San Francisco: Berrett-Koehler, 1996, pp. 176-179, pp.182-185.另参见：J. Jaworski, “Synchronicity and Servant Leadership,” in *Focus on Leadership: Servant-Leadership for the 21st Century*, L. C. Spears and M. Lawrence, eds. New York: John Wiley and Sons, 2002, pp. 287-294; 以及J. Jaworski, “Destiny and the Leader,” in *Insights on Leadership: Service, Stewardship, Spirit and Servant-Leadership*, L. C. Spears, ed. New York: John Wiley and Sons, 1998, pp. 258-287.

7. 参见：C. O. Scharmer, “Presencing: Learning from the Future as It Emerges”，该论文在2000年5月25~26日于芬兰赫尔辛基经济学院(Helsinki School of Economics) 举办的“知识与创新会议”(Conference on Knowledge and Innovation, May 25-26, 2000, Helsinki School of Economics, Helsinki, Finland) 上提出。详见：www.ottoscharmer.com. C. O. Scharmer, “Self-Transcending Knowledge: Sensing and Organizing Around Emerging Opportunities,” *Journal of Knowledge Management,* 5, no. 2 (2001) : 137-150. C. O. Scharmer, W. B. Arthur, J. Day, J. Jaworski, M. Jung, I. Nonaka,

and P. Senge, “Illuminating the Blind Spot: Leadership in the Context of Emerging Worlds”，这是对一个正在进行的研究项目的介绍，详见：www.dialogonleadership.org。另参见夏莫U型理论一书中的全面介绍，*Theory U: Leading from the Emerging Future*（www.ottoscharmer.com）。另参见夏莫关于U型理论基本原则的早期著作：*Reflexive Modernisierung des Kapitalismus als Revolution von innen. Auf der Suche nach Infrastrukturen einer lernenden Gesellschaft*（Reflective Modernization of Capitalism: Toward Infrastructures of a Learning Society）. Stuttgart: Schäffer-Poeschel, 1996。另参见欧洲同事Friedrich Glasl的著作，他提出一个不同但又相关的U形过程：F. Glasl, *The Enterprise of the Future*. Stroud, U. K.: Hawthorn Press, 1997，pp.67-71；以及F. Glas, *Confronting Conflict*. Stroud, U. K.: Hawthorn Press, 1999, pp. 154-156。

U型理论的提出是基于对三个不同方法论的综合：现象学（精确的观察），东西方的冥想演练方法（本原觉知）和快速循环的革新及创造（快速形成原型，建立鲜活样板）。这种综合方法的灵感来源是多种多样的，但是对夏莫和Glasl来说最重要的灵感来源可能是奥地利哲学家Rudolph Steiner（1861—1925）的著作。他将歌德的科学方法与他自己的精神科学“人智学”（Anthroposophy）相结合。参见：R. Steiner, *The Philosophy of Freedom*. London: Rudolf Steiner Press, 1988。

8. 行为学家把这叫作“认知偏差”（cognitive bias）和对过去经验的“固着”（anchoring）。参见：e.g., D. Kahnemand, P. Slovic, and A. Tversky, *Judgement under Uncertainty: Heuristics and Biases*. Cambridge, U. K.: Cambridge University Press, 1982。

9. 著名的组织理论学家卡尔·维克（Karl Weick）在对Mangulch森林消防队的死亡分析中举出一个强有力的事例：在火势出现突然逆转的时候，他们无法“放弃他们的工具”，然后逃离火场。参见：K. Weick, “Prepare Your Organization to Fight Fires,” *Harvard Business Review*（May-June 1996）, pp. 143-148. Henry Mintzberg 在他的紧急情况的有效策略的分析中也提出了类似的观点，参见：H. Mintzberg, “Crafting Strategy,” *Harvard Business Review*（July-August 1987）, pp. 66-75。

10. Annie Besant 翻译的《薄伽梵歌》(The Bhagavad-Gita)，或“The Lord’s Song”，*The Bible of the World*. New York: Viking, 1939， 由R. Ballon出版社重新出版。

第7章

1. Matthew 19: 24.

2. Eleanor Rosch, “Spit Straight Up-Learn Something! Can Tibetan Buddhism Inform the Cognitive Sciences?,” in *Meeting at the Roots: Essays on Tibetan Buddhism and the Natural Sciences*, B. A. Wallace, ed. Berkeley, Calif.: University of California Press。

3. 同上。

4. “Conversation with Eleanor Rosch: Primary Knowing: When Perception Happens from the Whole Field,” interview by C. O. Scharmer, University of California, Berkeley, Department of Psychology, October 15, 1999， 详 见：www.dialogonleadership.org。

5. 西田几多郎是近代第一位将东方传统智慧和西方哲学思想深度结合的日本思想家。参见：K. Nishida, *An Inquiry into the Good* , trans. M. Abe and C. Ives. New Haven, Conn.: Yale University Press, 1990。

6. “Conversation with Eleanor Rosch: Primary Knowing: When Perception Happens from the Whole Field,” interview by C. O. Scharmer, University of California, Berkely, Department of Psychology, October 15, 1999， 详 见：www.dialogonleadership.org。

第9章

1. 全部内容详见：www.solonline.org。

2. 玛丽亚·冯·特普拉是奥地利海军上校巴隆·冯·特普拉与他第一任妻子的女儿之一。在第一任妻子去世之后，父亲最终与孩子们之前的临时保姆再婚，她的名字也叫玛丽亚。巴隆·冯·特普拉的第二任妻子玛丽亚，是《音乐之声》一剧的女主角。

3. 在斯特朗夫妇 (Maurice, Hannah Strong) 和其他几位同事的帮助下，米尔顿建立了圣地托拉斯（Sacred Land Trust）。到目前为止，已成功地保留了大约360英亩土地，从而使这片土地在以后的任何开发中都能得到保护。

第10章

1. G. B. Shaw, "Dedicatory Epistle," *Man and Superman*. New York: Penguin, 1950.

2. 参见：R. Fritz, *The Path of Least Resistance*. New York: Ballantine Books, 1989, 以及R. Fritz, *Your Life as Art*. Newfane, Vt: Newfane Press, 2002。

3. Fritz的"结构性张力"一词在《第五项修炼》中被称作"创造性张力"（参见：e.g., P. Senge, *The Fifth Discipline*）。

4.《道德经》第29章和第48章（Lao Tzu, Tao T. Ching, Gia-Fu Feng）和Jane的英文译本（New York: Vintage Books, 1972, Chapters 29, 48）。

5. M. Buber, *I and Thou*, p. 59.

第11章

1. R. Bache, *Dark Night, Early Dawn*. Albany: State University of New York Press, 2000, pp. 188-189.

2. 参见："Conversation with John Kao, Interview by C. O. Scharmer" in *Reflections: The SoL Journal,* 2, no. 4, 10-20; 另参见www.dialogonleadership.org。

3. 参见：R. Fritz, *Your Life as Art*. Newfane, Vt: Newfane Press, 2002。

4. 众所周知的事例包括世界可持续发展工商委员会（World Business Council for Sustainable Development，www.wbcsd.org），CERES（www.ceres.org）和联合国全球契约组织（the United Nations Global Compact，www.unglobalcompact.org）。

5. 雷克斯案例的详情，参见：M. Hotchkiss, C. Kelley, R. Ott, and J. Elton, "The Lakes Story," *Reflections: The SoL Journal*, 1, no. 4（2000），24-31。

6. J. Jaworski, *Synchronicity*, p. 88.

7. W. H. Murray, *The Scottish Himalayan Expedition*. London: J. M. Dent and Sons, 1951.

8. R. Bache, *Dark Night, Early Dawn*, pp. 189-196.

9. 同上, p. 183。

10. 同上, p. 185。

11. 同上, p. 183。

第12章

1. 参见：P. Mirvis, K. Ayas, G. Roth, *To the Desert and Back: The Story of the Most Dramatic Business Transformation on Record*. New York: Jossey-Bass, 2003。

2. Dee Hock, *Birth of the Chaordic Age*. San Francisco: Barrett-Kohler, 1999, pp. 124-125.

3. 同上, pp. 134-135。

4. 同上。

5. 同上, p. 140。基本原则是：所有参加者具有平等的所有权；参加者享有平等的权利和义务；对所有符合资格的潜在参加者公开；最大限度地分散权力、职责和资源；在每个管理机构中，实现职权的公平分配；新的理念或组织不得以任何形式轻视已有的参加者；最大限度地遵循自愿原则（例如退出协会和共有财产的使用）；应当引导而不应当强制推行变革；应当有无限的可塑性，但同时又有持久性。

6. "Democratic Vistas," *The Portable Walt Whitman*, M. van Doren, ed. New York: Penguin Books, 1979, p. 348.

第13章

1. 参见：D. Chatterjee, *Leading Consciously*. Massachusetts: Butterworth-Heinemann, 1998, 以及 *Light the Fire in Your Heart*. New Delhi: Full Circle, 2002。

2. 参见南怀瑾《原本大学微言》. *A Light Talk on the Original "Great Learning"*, 老古文化出版社，Lao Ku Culture Foundation, 1998。

3. 关于西方人对佛教自我观的阐述，参见：M. Epstein, *Thought Without a Thinker: Psychotherapy from a Buddhist Perspective*. New York: Basic Books, 1995。

第14章

1. Jakob von Uexküll曾做过类似的观察，他断言我们的行为（Wirkwelt）向全球范围扩展的影响不再是与一个相似的感知（merkwelt）扩展相关联，也不再是对感知扩展的反馈。参见：J. Uexküll and G. Kriszat, *Streifzüge durch die Umwelten von Tieren und Menschen*. Frankfurt Main: Fischer Verlag, 1970。

2. D. Peat, *Infinite Potential: The Life and Times of David Bohm*. Reading, Mass.: Addison-Wesley, 1999, p. 1.

3. 参见：J. Jaworski与Bohm的私下会谈，*Synchcronicity*. San Francisco: Berrett-Koehler, 1996, pp. 79-89，以及London, July 28, 1980版。

4. 参见：e.g., G. Cajete, *Native Science: Natural Laws of Interdependence*. Santa Fe, N. M.: Clear Light Publishers, 1999。

5. D. Bohm and M. Edwards, *Changing Consciousness: Exploring the Hidden Source of the Social, Political and Environmental Crisis Facing the World*. San Francisco: Harper, 1991, p. 6.

6. 同上。

7. 例如，系统家庭疗法（systems family therapy）就是由此产生的，它认为最深刻的洞察力和杠杆作用在于理解更广泛的人际关系模式。换言之，如果你想帮助身陷困境的青少年，就需要了解他们和父母之间的关系，以此作为家庭系统的基本元素。参见：D. Kantor and W. Lehr, *In the Family*. San Francisco: Jossey-Bass, 1975。

8. 参见：e.g., D. Ancona, "Bridging the Boundary: External Activity and Performance in Organizational Teams," *Administrative Science Quarterly*（1992, 37）, pp. 634-664。

9. H. T. Johnson and A. Broms, *Profit beyond Measure*. New York: The Free Press, 2000, p. 45.　另见H. T. Johnson, "Reflections of a Recovering Cost

Accountant," SoL Research Forum, January, 1998, www.solonline.org。

10. Johnson and Broms, *Profit Beyond Measure*, pp. 103-110.

11. F. Capra, *The Hidden Connections. Integrating the Biological, Cognitive, and Social Dimensions of Life into a Science of Sustainability*. New York: Doubleday, 2002, pp. xvi-xvii; 另 见F. Capra, *The Turning Point*. New York: Bantam Books, 1982。

12. J. S. Bell, "On the Problem of Hidden Variables in Quantum Mechanics," *Review of Modern Physics*, 38 (1966) : 447-452; J. T. Cushing and E. McMullin, *Philosophical Consequences of Quantum Theory: Reflections on Bell's Theorem*. Notre Dame, Ind.: Notre Dame Prsess, 1989.

13. D. Radin, *The Conscious Universe*. San Francisco: Harper, 1997, p.278.

14. D. Bohm, *Wholeness and the Implicate Order*. London: Ark Paperbacks, 1984, p. 129.

15. R. D. Nelson, D. I. Radin, R. Shoup, P. Bancel, "Correlation of Continuous Random Data with Major World Events," p. 10, http://noosphere.princeto.edu. 另见R. D. Nelson, D. I. Radin, R. Shoup, P. Bancel, "Correlation of Continuous Random Data with Major World Events," *Foundations of Physics Letters,* 15, no. 6 (2000) : 537-550; D. I. Radin, "For Whom the Bell Tolls: A Question of Global Consciousness," *Noetic Sciences Review*, 63 (2003) : 8-13, 44-45; D. I. Radin, "Exploring Relationships Between Random Physical Events and Mass Human Attention: Asking for Whom the Bell Tolls," *Journal of Scientific Exploration*, 16, no. 4 (2002) : 553-548. 在"9 · 11"事件中该观测站网络的可能性概率的总结：实测的网络方差0.003, 实测自身相关系数0.001，实测节间相关系数0.000 2。详情可直接咨询普林斯顿大学机械工程学院的R. D. Nelson。

16. 参见：Jaworski, *Synchronicity*, pp. 79-80, 177-180; 另见L. McTaggart, *The Field: The Quest for the Secret Force of the Universe*. New York: HarperCollins, 2002。

17. H. Maturana and F. Varela, *The Tree of Knowledge*. Boston, Mass.: Shambala Press, 1987.

18. 同上。

19. Capra, *The Hidden Connections*, p. 261.

20. 与David Bohm的私人谈话（London, July 28, 1980）。

21. A. Zajonc, *Catching the Light: The Entwined History of Light and Mind*. New York: Bantam Books, 1993.

22. "Investigating the Space of the Invisible: Conversation with Arthur Zajonc," interview with C. O. Scharmer, Amherst, MA, October, 2003. www.dialogonleadership.org。另见A. Zajonc, *Goethe and the Science of His Time: An Historical Introduction*, in *Goethe's Way of Science: A Phenomenology of Nature*, D. Seamon and A. Zajonc, eds. New York: State University of New York Press, 1988, pp. 15-30。

23. Goethe, 1823, 引自A. Zajonc, *Goethe and the Science of His Time: An Historical Introduction,* in *Goethe's Way of Science: A Phenomenology of Nature*, D. Seamon and A. Zajonc, eds. New York: State University of New York Press, 1988, pp. 27。

24. 美国国家科学基金会（NSF）为规划程序筹集资金，标志着这两种认识论开始出现汇合，NSF也是该中心的一个潜在的资助者。

25. 萨特布隆认为"本土科学"（native science）的概念在主流科学家中存有争议。在私人信函中，她曾将其定义为"世界各地人民收集、发展和拥有的集体知识"。这是从史前开始，当地居民世代口口相传的知识。直到最近，这种知识由于其"原始性"而被人们丢弃。然而事实上，它不断地证明了其本身的精密性与复杂性。随着我们对当前环境危机的严重性不断加深认识，在许多领域里，科学家们正在搜寻和重视这种本土化的知识/科学。

26. 引自《第五项修炼》（P. Senge, *The Fifth Discipline*），p.170，"（人类）对自己、对自己的思想和感觉的体验，好像是与其余的世界相分离的——这其实是我们意识中的一种光学幻象。这种幻象错觉对我们来说就是一种囚禁，它把我们局限在个人的欲望里，并把我们的感情局限在最近的几个人身上。我们的任务就是把自己从这个囚禁中解放出来，而方法就是通过扩展我们的慈悲心的范围，使之包容所有的生命，包容整个大自然，及其内在之美。”

27. 参见：Humberto Maturana, “Metadesign,” www.inteco.cl/articulos/metadesign_parte3.htm。

28. 参见《第五项修炼》（P. Senge，*The Fifth Discipline*）或《第五项修炼·实践篇》（P. Senge, et al., *The Fifth Discipline Fieldbook*），pp. 135–140。

第15章

1. I. Nonaka and H. Takeuchi, *The Knowledge-Creating Company: How Japanese Companies Create the Dynamics of Innovation*. Oxford: Oxford University Press, 1995.

2. T. Berry, *The Dream of the Earth*. San Francisco Sierra Club Books, 1988, p. 123.

3. R. Greenleaf, *The Servant Leader Within: A Transformative Path*. Mahwah, N. J.: Paulist Press, 2003.

4. M. Buber, *I and Thou*, trans. Ronald Gregor Smith. New York: Scribner, 1958.

5. 这个理论是大乘佛教（Mahayana Buddhism）的重点，这个佛教学派来源于印度，在中国、北亚和日本都特别有影响。例如，参见《大乘起信论》[*The Awakening of Faith*（attributed to Asvaghosha）trans. with commentary by Y. S. Hakeda. New York: Columbia University Press, 1967]。

6. 本访谈*The Blind Spot: Hitler's Secretary*可以通过www.amazon.com网站获取带有英语、法语和西班牙语字幕的DVD。

尾　声

1. D. Quinn, *Ishmael*. New York: Bantam/Turner Books, 1992.

2. 同上，p. 56。

我们4个人通过不同的合作方式已经在一起工作了20多年，但是这个项目很特别，因为有其他许多朋友及同僚的共同参与。

本书的特色之一，是接受奥托和约瑟夫采访的150多位顶尖科学家、企业家和社会企业家所做的投入和带来的启示。这些采访往往以一个简单的问题开始：“您工作中的核心问题是什么？”这毫无例外地开启了被采访者的反思和关爱的内心世界。如果我们之中有人曾经怀疑主流世界观正在发生改变，那么与这些杰出人士的对话则重新树立了我们的信念：未来确实可以不同于过去。若不是他们愿意对我们这些简单的问题敞开心扉，我们就不可能写出这本书。

在本项目的初始阶段，来自麦肯锡欧洲公司的迈克尔·荣（Michael Jung）、乔纳森·戴（Jonathan Day）和日本一桥大学（Hitotsubashi Univ.）的野中郁次郎与我们一起分析了这些采访。在本书的主要思想逐渐成形时，其中许多被访者也提供了广泛的帮助，包括罗施、瓦莱拉、比尔·托伯特（Bill Torbert），特别是与我们多次会面，并且对全书内容提出了反馈意见的布莱恩·阿瑟。我们要感谢希格露恩·博伊斯（Sigrun Bouius）、高让·卡斯泰德（Goran Carstedt）、邱文晖（Khoo Boon Hui）、安特·格拉瓦什（Ante Glavas）、谢丽·伊米迪阿多（Sherry Immediato）、赛贾·库尔基（Seija Kulkki）、曼努埃尔·蒙哥（Manuel Manga）、戴安·圣吉（Diane Senge）、乌苏拉·维尔斯蒂根（Ursula Versteegen）、牛津饥荒救济委员会的芭芭拉·斯托金、壳牌公司的戴维·查普曼、BP公司的维维恩·考克斯和惠普公司的安·默里·艾伦（Ann Murray Allen），他们都读过早期手稿并提出了宝贵意见。亚当·卡汉在此期间反复阅读了本书的各种版本，他的工作是这里阐述的思想的另一个实践代表。

我们还要感谢在各地的共同采访者，他们帮助我们完成了在世界各地进行的最后的系列采访：格伦尼弗·吉莱斯皮（Glemmifer Gillespie）和贝丝·扬德诺（Beth Jandernoa，南非和美国），埃琳娜·迭兹·平托（Elena Diez Pinto，危地马拉），塔奇托·诺布雷（Tacito V. Nobre）和法比奥拉·M. 诺布雷（Fabiola M. Nobre，巴西），达山·齐特拉巴努（Darshan Chitrabhanu，印度），杰奎琳·黄（Jacqueline Wong，新加坡）和法比奥·斯格拉格力（Fabio Sgragli，欧洲）。我们要特别感谢苏珊·泰勒（Susan Taylor），她负责安排本书中所需访谈的后勤工作，还整理记录了很多录音带。

约翰·米尔顿一直是我们所有人的灵感和老师。毫无疑问，正因为认识了他，我们才领会到这些理念其实是与古代智慧紧密相关的，即在宇宙生生不息的繁衍过程中，自然与人类是不可分割的。

妮娜·克鲁奇维茨（Nina Kruschwitz）负责手稿并提出了理顺整体结构的建议，这是我们之前没有留意到的。她还帮助我们编辑了本书，并在设计和出版的过程中进行了指导。

本书的对话围绕着我们的系列聚会的精神和顺序，但不是记录我们会面细节的流水账。大部分会面都是在奥托和他的妻子兼伙伴卡特琳·科伊弗（Katrin Kaeufer）博士在马萨诸塞州剑桥的家中进行的。科伊弗成为整个计划中的一个重要思想伙伴，她作为共同研究者，致力于跨界深度对话方面的合作研究，如危地马拉项目和德国卫生项目中提到的网络领导力。

最初采访项目的资金来自麦肯锡。其他资金来自麻省理工学院组织学习基金（MIT Fund for Organizational Learning）、杰纳伦顾问公司（Generon Consulting）、国际组织学习学会和匿名的个人捐赠。

必要的革命

深层学习与可持续创新

03

[美] 彼得·圣吉（Peter Senge） 等著 李晨晔 张成林 译

THE NECESSARY REVOLUTION

How Individuals and Organizations Are Working Together to Create a Sustainable World

第五项修炼系列典藏版

中信出版集团 | 北京

图书在版编目（CIP）数据

必要的革命：深层学习与可持续创新 /（美）彼得·圣吉等著；李晨晔，张成林译. -- 2 版. -- 北京：中信出版社，2018.7（2025.4 重印）

书名原文：The Necessary Revolution: How Individuals and Organizations Are Working Together to Create a Sustainable World

ISBN 978-7-5086-6863-5

I. 必… II. ① 彼… ② 李… ③ 张… III. 企业经济–可持续性发展–研究 IV. F270

中国版本图书馆 CIP 数据核字（2016）第 253831 号

必要的革命：深层学习与可持续创新
著者：［美］彼得·圣吉 等
译者：李晨晔 张成林
出版发行：中信出版集团股份有限公司
（北京市朝阳区东三环北路 27 号嘉铭中心 邮编 100020）
承印者：三河市中晟雅豪印务有限公司

开本：880mm × 1230mm 1/32　　印张：14.25　　字数：370 千字
版次：2018 年 7 月第 2 版　　印次：2025 年 4 月第 14 次印刷
京权图字：01–2009–1310　　书号：ISBN 978–7–5086–6863–5
定价：75.00 元

图书策划：中信出版·漫游者
总策划：李穆　　策划编辑：鄢林敢
责任编辑：鄢林敢　　营销编辑：彭博雅
版权经理：田京京 张琦　　装帧设计：赵妍

服务热线：400–600–8099
投稿邮箱：author@citicpub.com

目 录

第二部分 未来就是现在

第三部分 起步

2017年第五项修炼系列中文版序

自《第五项修炼》中文版出版至今10年间，中国内部发生了很大变化，它在世界上的地位亦然。中国不再以追赶西方作为驱动力——在许多方面，中国已经与西方国家并驾齐驱了。尽管中国是一个巨大而复杂的社会，但目前已有约4亿人属于“中产阶层”了，物质生活水平以如此惊人的速度提升，这在人类历史上前所未有。

不过，中国的崛起也带来了自身文化的困惑。拥有如此深厚、绵长，历经5000多年文化滋养的国家为数甚少。然而，消费主义的理念已经逐步影响了这个社会。鉴于西方的生活方式在中国迅速发展，设想再经过一两代人，中国的传统文化或将仅仅是一个局限于书籍、电视剧等大众媒体的浪漫主题。这很像当今的美国人还可以观看一些有关“老西部”的电影，但他们自己心里清楚，那已经是一个永远逝去的时代。

此类深层文化动荡也可以生成新的机缘。以“中国文化是这个世界上至高无上的文化，并将永远如此”这种简单假设为基础的文化自满言论已经日渐失去影响，取而代之的是超越迷信，超越过去由殖民占领和后来的消费主义塑造而成的种种扭曲观念，进而更深入、真诚地关注中国文化的种种根本。

我自己对于这种觉醒有切身体会。我有幸成为南怀瑾大师的学生长达十年，近年来，我遇到的许多中国人最希望探讨的，就是中国传统文化及其与学习型组织的关系。尽管《第五项修炼》系列和其他相关书籍显然在西方有其历史成因，但令我感到神奇的是，这些书籍对于许多中国人来说，已经成为某种门径，开启了他们对于管理和领导力的人本认知，开启了他们对于不同组织针对培育超越效率和利润的福祉做出真正承诺时，存在何种可能的人本认知。

随着中国以领导者的身份逐步登上全球舞台，对于中国文化自身的认知进行这样的深层探寻尤为重要。中国如何以一个全球政治领导者的角色呈现自己呢？所有现代工业国家的种种政策都存在同样的局限：以牺牲社会与文化方面的各种进步为代价，执迷于GDP（国内生产总值）增长，沉迷于那些在政治上将我们相互隔离的“民族—国家”的人为边界——即便对那些与我们分享共同利益的人们来说也是如此。

多年来，中国一直在采取行动，加速能源结构调整，尽管外界对此几乎一无所知。自2009年启动的历史性碳减排承诺起，中国就已将自身投入到一条转型的道路：终止并最终逆转温室气体排放的灾难性增长。不过，这些承诺最初在西方几乎无人知晓。我对此有所了解，是因为在我做过的一些公开演讲中，我会就此向那些在这个领域中博学多闻的听众们提问，但几乎没有人知道中国在2009年已经做出的这些承诺。

随着历史性的《联合国气候变化框架公约》于2015年在巴黎签订，情况开始变化了。此时，那些与联合国这项议程有密切关系的人们意识到，地缘政治之风已经变换了方向。他们认识到，无论其他国家做了什么，如果不是中国已经做出了承诺并持续前行，巴黎协定的签订根本不会发生。实际上，当时多数在巴黎参会的人都认为，奥巴马总统做出的承诺不大可能获得国会批准，而特朗普总统在2017年便戏剧性地宣布退出这项协定。虽然还远不够理想，但两个最大温室气体排放国家之一做出的深层变革承诺对于许多国家来说就是足够的保证：我们在减缓并最终逆转全球气候方面正在进入一个全球合作的新时代。

围绕气候变化的全球领导力量转变既具象征意义，又有实际影响。实际上，各个国家都被要求优先考虑长期的未来，而非各种短期的经济措施，各个国家也被要求以评价经济健康同等重要的程度来评价自然环境的健康，同时要认识到这两者是密切相关的。它们还被要求以全球社群的形态合作努力，因为任何单一国家的行动——包括中国的行动在内，都是远远不够的。它们被要求真诚地对待科学，即便这样做会挑战以往那些被奉为神圣的、“一切照常”的信念，比如，只关注GDP增长，而忽视社会和环境健康的指标。

这些都是领导力文化的改变，并非仅是其策略或手段的改变。而且我相信，恰恰就是在这个领域，而非其他领域，中国的觉醒可以产生更大的影响。几百年来，西方模式奉行的道德与伦理的完美理想，与“一切照常”的实际做法近乎背道而驰。然而，我相信，中国传统智慧的觉醒与对一种新型全球领导力的前所未有的需求相结合，可以创造出一种新的良性循环。

南怀瑾大师过去几十年的努力，着重于帮助中国人领悟儒学传统的精神基础，以及如何将其与其他学问融会贯通。他以为，在过去500年里，这种领悟大都遗失了，但在今天却迫切需要。比如，他在《原本大学微言》中的诠释中指出，《大学》是一部以“领导力形成发展的七证反思空间”（知、止、静、定、安、虑、得）为根基的领导力培育手册。真正的领导力并非来自企图心或是源自地位的威权，而是来自于一个人一生专注培育自己的深入倾听能力：既倾听当下，又倾听若隐若现的未来，以及将自己的注意力从无论是金钱、权力，还是奉承等自我关注或他人的不良影响中释放出来。领导人必须培育孟子所说的“不动心”，继而形成明晰的愿景。他们必须有诚信，才能因此而建构服务于更为远大目标的真诚协作。他们必须成为罗伯特·格林里夫所说的“仆人领导”，为一个更大的整体的福祉服务。

超越“一切如常”的领导力需要智慧，并非只需要情感。我相信，如前述例子所示，我们所需要的智慧必须来自于重振全球各地的智慧传统，来自于展示这些智慧与我们今天所处困局的相关和相适。虽然这一行动超出了中国自身的范围，但如果不是中国引领这个进程，我看不出谁还会有力量引领。

南怀瑾大师在他生前最后一批著述中指出，自黄帝起，教化——教以成化，就是中国文化的根基。能够在今天全球化商业中有效竞争并成长的企业，必须拥抱一种对于学习的真正承诺——通过培育人去培育一家企业。工作场所的人本价值观不应只是口号，还必须植根于培育个人、培育包容性团队文化的不息进程之中。相比之下，基于家长控制的碎片式工作文化的衰败，在政府和社会领域及商业中比比皆是，因为这些组织没有能力持续学习，没有能力适应今天变幻无常的世界。组织中各个层级对于学习的这种深层次、全身心的承诺，一直以来就是各种学习型组织的标志特征，恰如持续评估我们共同为更大整体做出贡献的状态是系统思考的核心。

因此，在中国这个转折的时刻，《第五项修炼》系列再版，我最大的希望是通过汲取往昔的智慧，为应对今天种种罕见难题尽微薄之力。张载（1020—1077）在著名的《西铭》中的文字就描述了一个全球领导力世界：

“乾称父，坤称母；予兹藐焉，乃混然中处。故天地之塞，吾其体；天地之帅，吾其性。民，吾同胞；物，吾与也”。

彼得·圣吉

2017 年 7 月 28 日

2009年中文版序

中国对21世纪人类文明的影响力无论如何都不能低估。主宰18世纪、19世纪和20世纪发展模式和路径的是西方，但塑造21世纪的发展模式和路径的主要因素将包括中国和印度。然而，这中间却也有着极大的不同。

1700年，全球总人口只有5亿多一点；2000年，全球总人口却已经超过60亿，而今天，这个数字已经超过65亿[①]。1800年，人类社会只占据地球上一小片的土地，此前，人类的全部历史都是如此；而今天的人类生活已经充斥整个地球。1900年，只有为数不多的几家公司在全球范围运作（英国东印度公司、几家处于萌芽状态的全球化石油公司、几家大银行，以及天主教会），而今天，整个世界已经被全球商业网络完全覆盖，塑造这个网络的是数千家涉及食品、石油、制造、交通运输、金融服务等行业的大型跨国企业，其规模和影响力都是历史上前所未有的。在过去，文化总是地方性的、来自历史的积淀；而今天的消费文化却是全球性的，但又是没有历史根基的。虽然结构性贫困（embedded poverty）在历史上一直存在于人类的大多数社会之中，但今天，每天收入不足2美元、正在艰难度日的人数已经超过1950年全球

① 现在全球总人口已超过74亿。——编者注

的总人口。在历史上，自然的丰盈曾经滋养了人类文明在各个地域的繁荣兴盛，而今天的各种全球生态系统都在迅速衰退：水、表层土壤、渔场、森林的枯竭速度都远远大于其再生能力；气候系统也不足以支撑人类的各种生存需求了。

我们面对的问题可以从进化论的角度来简单描述。过去50年间，人类的扩张已经进入一种新的地球“生态位”（niche）。虽然历史上许多人类社会，兴旺发展数百年甚至数千年，比如华夏文明，但这种持续性却一直是地区性的，是人类文明找到了与（相对局部的地理“生态位”中）其他生命系统和谐共生的方式的结果。当人与自然和谐共生，就能持续满足我们对食物、水、能源和废弃物处理的需求，而我们的哲学和宗教也指引着我们，让我们感受和理解自己在更大的生命世界网络关系中的位置。今天，我们正在尝试在整个地球空间中生活，这在人类历史上还是第一次。我们的食品、商品和能源都历经了不远千里，甚至不远万里的长途运输。自然资源在地球的一端被采掘出来，再被运到地球另一端使用。一个地区和社会的废弃物副产品把健康危害带给了其他地区和社会。气候变化意味着，我们作为一个物种已经进入一个新的历史时代。如文化历史学家托马斯·贝利（Thomas Berry）所说：“我们已是地球演进过程本身的一部分。”从各方面看，我们都生活在整个世界里——然而，我们并不具备在这个新的地球生态位上如何持续生存的指导哲学和实际知识。

正是在这样一个世界之中，中国正在崛起成为世界的主要经济和政治力量。这个世界与英国崛起时的世界，以及其后美国崛起时的世界相比，都完全不同了，与数千年到数百年前中国占据主要优势地位的世界相比，也完全不同了。这个世界正陷于深层的、愈演愈烈的生态不平衡和社会不平衡之中。这些不平衡的状态不是中国造成的，而是全球工业快速扩张的副产品。但是，正是在这个世界中，中国，很快还有印度，将在塑造我们大家的未来路径中扮演关键角色。尽管从许多方面看，让最新加入全球工业扩张竞赛的这些国家承担这样的责任并不公平，但从另一些角度看，中国或许恰恰具备了独一无二的资格，来胜任这一角色。

这一切都始于我们的思考方式。工业时代的扩张，既源自又强化了两个基本的思维习惯：拆分碎片化（fragmentation）和对象客体化（objectification）。当我们把世界看成是由分立的物件组成的时候，就形成了拆分碎片的习惯——我们看到椅子，却忘记了森林、树木、雨水和制作椅子的木匠。当我们把自己看成是与外在世界相互分离的，忘记生命现象背后的相互依赖性的时候，就导致了拆分碎片化的习惯。而当我们忘记了自己周围存在的其他生命的时候，就形成了对象客体化的习惯。我们只看到“木材资源”，而看不见森林；我们只看到“水资源”，却看不见有生命的河流系统及其所依赖的整个生态体系；我们只看到“人力资源”，但却忽视了大家一起工作和生活的真实人生。这些都是对象客体化的原因。拆分碎片化和对象客体化带给我们强大的分析和操控能力，却也同时导致了我们今天必须面对的社会和生态失衡状态。不改变导致这些失衡状态的思考方法，就不可能改变这种现实状况。而这些根深蒂固的思维模式“倒转过来”，就要求更深层的理解能力和感悟能力，要求我们除了大脑逻辑思维之外，更要有心灵深处的渴望与向往。

我认为，中国传统文化是由于对和谐的深层领悟，方能历久不衰、延绵数千年。宋儒四大家之一张载（1020—1077 年）在著名的《西铭》的开篇这样写道：

> 乾称父，坤称母。予兹藐焉，乃混然中处。故天地之塞，吾其体；天地之帅，吾其性。

其大意是：天地是父母，渺小的我处于天地之中。充塞于天地之间的气，就是我的身体；天地之志，气之帅，便是我的天性。

张载表达的这种情怀，与美洲印第安或非洲部落的长老或萨满的描述如出一辙，但与工业时代拆分碎片化和对象客体化的神话和信仰却有天壤之别。问题是，这对今天的中国意味着什么？

中国正处在其经济发展史上罕见的转折点——我认为正是这个时点，才使得这场变革成为可能。尽管中国已经是世界最大的制造业中心，并且很快会成为最大的经济体，但它仍然处于工业化发展的早期阶段：能源和交通体系仍未完全建立，仍有 8 亿人口生活在农村。中国有真正的选择空间——它可以像实现工业时代通信基础设施的跨越式发展那样，实现工业时代能源基础设施的跨越式发展。中国的城市可以像洛杉矶和纽约那样产生大量的能源消耗和废弃物，但也可以选择按照“循环经济”的原则设计，使用少得多的能源，并产生零废弃物。中国可以像世界其他地方那样，忽视资源使用量与再生能力的平衡，以盲目开发的方式使用水资源、森林资源和表层土壤，但也可以选择成为生态系统综合管理的领先开拓者。中国可以因循集中式能源供给模式驱动的大规模集中工业化发展模式，也可以选择一种较为分散的模式，在农业、制造业和服务业之间实现一种不同以往的平衡，让人们得以保留和恢复已经被现代城市化运动割断了的与土地和自然的历史联系。调查显示，美国许多中小学在校学生都认为他们的食物来自食品杂货店。按照目前中国的变化速度，这种情况也可能在中国一代人的时间内发生。在所有这些领域里，中国都有真正的选择空间，但这个选择的窗口期不会无限期存在。

未来的中国将以何种面貌呈现？是一夜之间成为工业经济发动机，并迅速成为世界最大消费市场的中国呢？还是在北京奥运会开幕式上以 2008 名击缶而歌的鼓手和 2 136 名太极拳手使世界陶醉的中国？或在北京残奥会开幕式以 320 名聋人姑娘的手语舞蹈使世界感动的中国？

这种变革要求中国在如何管理、如何发挥领导力方面改变心态与模式。例如，用集中式能源思维很难实现分散式能源供应。再如，如果大家仍然把工业时代持续扩张的掠夺式经济模式所带来的社会和环境失衡，看成是“外部性”问题，看作“别人管”的问题，就无法把握创造新的技术、新的商业模式和“再生型社会”的产业发展机遇——这个再生型社会和经济将把生命系统的原则，融入社会经济生活的实践。

50 年后，中国人是用GDP增长来衡量进步，还是用人民的健康福祉的增长来衡量进步？50 年后，我们是去统计新增百万富翁的数量，还是去统计通过创造出先驱企业和先驱技术而塑造了再生型经济的企业家的数量？我们那时会计算中国占世界GDP的比重，还是计算她占世界可再生能源生产的比重？我们会仰慕中国在全球政治角力中的领导地位，还是仰慕她在“不断缩小的地球村”中，创造一种真正的共同生活方式的领导力？

有一点我敢肯定，这一切不仅依赖中国，也还依赖我们所有人。这样的考虑并不仅仅是出于一种哲学上的信念，而是因为作为在过去一年才发展出来的一个出色的实际项目，它正在昭示气候变化带给人类的一份礼物。

开发“减碳之路模拟系统”（C-ROADS，Climate Rapid Overview and Decision Support Simulator——气候快速总览和决策支撑模拟系统）的目的，是以简单的系统思考工具帮助所有人直观地理解基本的气候科学原理。这个模拟软件系统可以根据美国、欧洲、中国、印度、其他东亚国家、拉丁美洲、中东和非洲未来排放模式的设定，即时显示温室气体在大气中的浓度，及其对平均地表气温和海平面上涨情况的影响。例如，按照“一如既往”的发展模式排放，到 2100 年，大气中二氧化碳浓度就会超过 900ppm，比工业时代前二氧化碳的浓度高出三倍。最近，世界主要大国政府达成一致意见，为避免触发科学家所说的人类“无法挽回的气候灾难”，应将大气升温极限（以工业时代前平均气温为基准）保持在“两摄氏度之内”。然而，在“一如既往”的发展模式下，“两摄氏度之内”大气升温极限在2030年就会被突破，到2100年，大气温度会上升5摄氏度，而且还在继续上升——这提醒我们，我们的政治现实和气候现实之间存在巨大的鸿沟。很清楚，“一如既往”的发展模式所引导的未来，不是我们想留给子孙后代的未来。

参加2009年年末在哥本哈根举行的历史性气候谈判的美国和欧洲代表团成员，已经在谈判准备中，开始使用C-ROADS模拟程序。中国清华大学的科学家们正在开发模拟软件的中文版本。美国国务院高级官员和中国的高级专家最近也建议，把模拟软件变成世界所有国家的“共同平台”。麻省理工学院和清华大学已经组成了联合团队，要确保这个共同平台与最新气候变化科学的进展保持一致，并且让它成为公众可以使用的“免费软件”。这意味着，所有国家将首次拥有一个基于可靠气候科学的平台来制定自己的发展战略。这个工具有可能为相互沟通和相互支持建立全新的基础。

尽管“为相互沟通和相互支持建立全新的基础”的说法听上去也许过于理想主义，但我在世界各地都看到这个模拟系统传递出了一个有力而令人惊异的信息。大家首先看到，要避免灾难发生，未来几十年必须大幅度降低排放、大规模减少森林砍伐。但是大家也看到了，在实现这个目标的过程中，我们是如何相互影响、相互依赖。例如，如果欧洲和美国能够在2050年实现80%减排，那么2100年的大气二氧化碳浓度就会从前面的900ppm降低到700ppm，但气温上升4摄氏度，而且还在继续上升。为什么呢？因为在这种情景条件下，中国和印度的增长速度和规模，迅速主导了全球排放。但即使中国和印度转变发展模式，问题仍然没有得到完全解决——在30到50年内，拉丁美洲和非洲经济也将发展到这样的规模，其化石燃料的使用就足以造成气候的灾难性混乱。

当人们陷入对不同情景模式的深入思考，其中的真正含义也就浮现了出来——气候变化是一个典型的全球化问题。没有所有人的参与，这个问题就不可能得到解决；除此之外，别无他法。这就是气候变化的真正礼物。应对气候变化要求大家必须实现高度协作和高度的成熟，其深度和广度都是史无前例的。

国际组织学习学会（SoL）可持续发展协作组是一个由企业和非政府组织（NGO）形成的网络。本书中描述的理念、工具和经验案例均出自这个网络。在这个协作组成立之初的 1999 年，可持续发展问题尚未进入大多数企业和政府议事日程的中心，而是处于边缘地带。今天，这种情况正在迅速发生改变。

为了与中国的组织机构合作，共同创造新的管理体系和培育新领导力，我的中国同事和合作伙伴新近筹划和创建了索奥中国（SoL China）这个平台，并且为本书和《第五项修炼》增订版的中文翻译出版发挥了重要作用。全球社会正处于历史关口，索奥中国的设立只是迈出了建设东西方管理文化沟通桥梁的一小步，目的是推进集体学习修炼和可持续发展未来的创新实践。

但是目前，我们仍然处在初始阶段的起点。真正转变了战略愿景的企业数量仍然很少。2006 年和 2007 年的全球二氧化碳和其他温室气体排放，都超过了联合国政府间气候变化专门委员会（IPCC）的“最坏情况”预期；2008 年（由于全球经济放缓）也只是刚刚低于最坏预期。各国也刚刚开始注意到，食品、水、能源、废弃物和毒性物质，以及结构性贫困等问题，也许不会由于“一如既往”的经济发展而自动消失。

转变工业时代的革命已经开始，其粗略的纲领轮廓也已清晰可见。只关注少数人或自己国家疆界内部的生活提升的时代正在接近尾声。我们现在必须关注所有人。掠夺性经济时代正在走向终结，开创再生型经济的时代正在来临。拆分碎片化和对象客体化的时代正在成为过去，相互依赖、相互尊敬和相互关怀的时代正在降临。这将要求我们都进入最佳状态，要求我们不仅在技术方面，而且在伦理道德方面，发挥想象力和创造力。我们能否想象这样的世界：在那里，人类社会的道德运转，是日常生活的自然副产品；在那里，各类组织机构都能看清自己身处其中的更大系统，都能够相互协作，保证这些系统的健康，也都能够持续发挥想象力，把开创再生型企业、学校和政府组织的工作一步步推向前进。

我认为中国已经开始在这场革命中表现出作为领导者的意愿。在过去两年中，中国政府越来越清晰并具体地阐述了对可持续发展与建设和谐社会的承诺投入。政府和无数公民都在为解决紧迫的社会和环境失衡问题而发挥领导力，勇于开拓进取。中国不仅与各国在温室气体减排方面开展合作，而且还在激励各种创新力和想象力，开创发展模式和超越工业时代的社会进步的新思维。通过学习从自己的智慧传承中汲取越来越多的力量，中国会像许多其他国家一样，真正理解气候变化给开展全球合作带来的终极礼物，并开始依此行事。

当下正是个人、组织和社会进行深层学习实践的最令人兴奋的历史时刻。本书以及《第五项修炼》系列著作若能支持中国企业前行，我将深感荣幸。

彼得·圣吉

2009 年 8 月 27 日于麻省康桥

第一部分　终结点，新起点

The Necessary Revolution:
How Individuals and Organizations Are Working Together to Create a Sustainable World

| 第 1 章 |

未来正在等待我们的选择

今天，去澳大利亚访问的每一个人都会注意到，在那里的所有大城市里，都有鼓励人们节水的巨幅广告牌。人们自然会想到，这是前一段时间这里的干旱带来的结果——从某种意义上讲，也的确如此。虽然这些广告牌是新近才立起来的，但是引发节水广告的旱情却已持续多年，而且毫无减轻的迹象。在澳大利亚各地，水库里的水 10 年来一直在减少，蓄水量目前只剩下大约 1/4。造成这种情形的原因不仅包括降雨量低于正常水平，也包括气温升高，各个权威科学家小组普遍认为这是气候变化的结果。[1] 从 2007 年开始，水的问题就成为澳大利亚国内各方辩论的焦点，一项支持率很高的动议甚至要求彻底取缔澳大利亚大面积种植的柑橘作物。这听上去有点儿极端，但是当水源不足、无法满足需求时，人们就必须做出艰难的选择，即使这意味着在一个约占 GDP 3% 的产业中，牺牲掉一种重要作物。在澳大利亚 2007 年秋季的全国大选中，气候变化是首要议题，这在世界上还是第一次（而普遍认为是最专注于解决这个问题的候选人，最终获胜）。这可能是未来其他国家大选情势的预兆，美国也包括在内。

然而，除了保护水和其他资源之外，举国上下，富于创新精神的澳大利亚人也不失时机，重新思考、重新塑造他们的生活，再造决定人们生活方式的基础设施。他们在全国各地的不同社区里共同工作，寻求可再生能源解决方案，并开始考虑彻底变革能源产业和水业。长期为矿产开采业主导的工商业，也已经在大力提倡，开展可替代能源创新技术方面的投资，包括风能和太阳能等。

在地球另一边，瑞典则正在从其他工业经济体的模式中脱离出来，彻底摆脱对进口石油的依赖和由此带来的对经济安全的威胁。2006 年，在前首相约兰·佩尔松（Goran Persson）领导下成立的一个委员会，制订了一项 15 年计划，旨在到 2020 年把瑞典对化石燃料的使用量减少到零。近几十年，这个国家的公共部门和私营部门的领导者形成了各种卓有成效的协作网络，他们积极推动，把瑞典北部建设成全球第一个“生物能区”（bioregion）。在这里，可持续生产的生物燃料满足全部能源需求。15 年计划这一重大的转变，也是由此而来。

类似的变革，同时也在全球的工商业界产生。面对世界原油市场和产油地区的动荡局面，美国最大和最老牌的公司之一杜邦公司，已经启动了转变的进程，将其产品线的原料从石油基原料转向生物基原料。和世界上许多其他公司一样，杜邦已花了很多年时间降低废弃物排放，包括二氧化碳（CO_2）排放。但是，这家公司现在看到，真正的创新机会在开发全新产品上，在开发完全摆脱对传统的石油和天然气的依赖的产品上。耐克公司的情形也与之相近，耐克已经把自己的“碳足迹”降低了 75% 以上。然而，耐克努力寻找未来真正的创新机会，也宣布了其意向：到 2020 年，所有产品线实现零废弃物、零毒性和百分之百可回收。“我们公司和我们的顾客都关心健康，我们的产品和生产产品的方式就应该体现出这一点，”耐克公司女鞋部前主管达茜·魏斯洛（Darcy

Winslow）说，“但是要做到这一点，我们就必须完全重新思考，思考我们如何设计、生产和分销这些产品，思考在使用寿命终结的时候如何回收这些产品。”

革命有许多种。历史中讲得最多的是政治革命，是一些戏剧性事件，却往往很少能带来持久的、真正的变革：当权者的名单改变了，新的政治哲学流行一时，但多数人民面对的日常现实则没有什么改变。不过，不同情形偶尔也会发生：那是一种对新的可能的集体觉醒，随着时间的推移，一切都会改变，包括人们如何看待周围的世界，人们看重什么价值，社会如何界定进步和发展，社会如何组织，组织机构如何运营，等等。文艺复兴就是这样的转变，工业革命也是这样的转变，而今天世界范围内正在开始发生的变化，也同样如此。

这场新的革命最明显的迹象，是一系列日益加剧的环境和社会危机，或许，这也让人始料未及。

澳大利亚的水问题虽然看似极端，但并非独一无二。美国东南和西南地区，都面临着类似的前景，需要限量供水，甚至可能是永久性地减少水供应。在世界发达国家，食品、水、能源、可预报的天气等等，这些人们曾经习以为常的日常生活的各个方面，似乎都越来越不可靠了。

过去几年中每一个夏天，欧洲大部分地区都遭遇破纪录的高温热浪侵袭，也带来了其他一些反常现象，诸如暴发特大洪水、农作物提前一个月成熟，以及从前只在南半球才出现的、通过蚊子传播的疾病。科学家们认为，这些事件与全球变暖和大气层二氧化碳浓度增加有关。[2]

在美国，社会恐慌也反复出现，起因是从亚洲进口的受污染的食品，也包括由我们自己后院里生长的农作物引发的大肠杆菌超标事件的多次爆发。近来，家长们又接到警告说，大气二氧化碳浓度增加，引起毒性常春藤迅速蔓延（既加速植物生长又增加其毒性）。一场历史性的转变，则发生在能源政治领域。甚至那些在过去力图保护石油燃料经济现状的人们，现在也认识到，美国的能源消费（美国人口占世界5%，却要消耗世界25%的化石燃料）是不可能持续下去的。[3] 我们狂热的消费和“保护产地”的外交政策（protect-the-source foreign policy），已经无法提供通向未来的可靠路径了。正如美国前总统布什所承认的，“美国已经沉溺在石油之中了”。

今天，环境危机成为大多数媒体的头版新闻，但是有一个简单的事实，却更应该引起每个人的思索：世界最富有的前200名富人的个人财富，超过最穷的25亿人的全年收入总和。另一种现象也同样值得考虑，美国人平均每天收入130美元，而世界近一半的人口，每天只有不足2美元用来维持生活。[4] 认为仅仅用经济增长就能解决贫困问题的想法，根本就没有事实依据。而实现雄心勃勃又合情合理的物质发展的要求，正在驱使如中国和印度这样的发展中国家，走向空前增长的化石燃料消费——这提醒我们去考虑一个令人困扰的议题：我们的社会危机和环境危机总是紧密相连的。

然而，真正的问题并不在于这些危机本身，而在于我们的应对之道，后者可能完全不适当，也根本不充分。

无论是水短缺、气候变化还是贫困，如果我们分别去看每一个问题，进而分别处理每个问题，我们想出来的解决方案就会是短期的“应急措施”，往往带有机会主义性质，完全不能解决深层的不平衡问题。美国近来的“玉米乙醇热”就是一个例子。从玉米中生产的乙醇可以用来替代进口石油，玉米基乙醇的生产便由此狂热地增加。乙醇生产工厂的数量迅速扩张（到2008年年底将近200家），为向这些工厂提供生产原料，农民又大量种植玉米。[5] 不仅全球粮价因此而上涨，我们还可以说，用玉米生产乙醇也在降低温室气体排放方面让我们误入歧途。汽车使用玉米乙醇与使用汽油相比，所排放的温室气体量并没有多大差别。随着需求增加、价格上涨，土地使用方式就会发生改变，全球的农民会去砍伐森林和清除草场，以便种植玉米，因此，使用玉米乙醇在最终净效应上，甚至有可能增加了温室气体。[6] 而相对来说更可持续的石油替代品也在开发当中，比如，用森林和农作物废弃物生产的、基于纤维素的生物质燃料。然而，人们寻求应急措施，而不是去创造真正环保的能源系统，这就把大家的注意力吸引到了玉米乙醇上。

幸运的是，越来越多的人开始意识到，日益恶化的各种可持续危机是相互关联的——它们都是更大的全球系统处于失衡态的症状。一旦人们理解了这一点，他们对这些问题的看法就会改变。他们开始看到，当我们在心态上放弃恐惧和反应式行动，非同寻常的重大创新机遇就可能产生。他们开始认识到，我们当前面临的深层问题，并不是因为我们背运，也不是由少数贪心者所为。这些问题都是一种思想方式的产物，而这种思想方式的时代已经过去。

每个时代都会终结——从铁器时代到青铜时代，从文艺复兴到宗教改革；兴盛如罗马等古代帝国，或如大不列颠等现代帝国。从没有一个时代能够永久存在下去，不管其影响力有多么巨大、多么深远。工业时代，塑造了我们几代人的生活方式和世界观的工业时代，也不会例外。

对许多人来说，工业这个词本身似乎相当古怪。这是因为，对于发达国家中的大多数人来说，我们生活的世界似乎是由比特和字节而不是由烟囱和矿井主导的。比如，美国经济的 70% 主要是靠消费者的消费驱动，这些消费者多数处于服务业或从事所谓的“白领”工作。[7] 相对而言，今天没有多少美国人还在工厂工作，在矿井或农场工作的人就更少了。

然而，周围的直接环境也许很容易引起错觉。实际上，在过去的四分之一世纪里，世界的工业活动经历了最为剧烈的、前所未有的增长。全世界汽车保有量从 1950 年的 5 000 万辆左右，增加到 2008 年的约 8 亿辆。现在，全球汽车生产的年均增长率（超过 6%），按百分比计算，至少是人口增长率的 4 倍。[8] 1980 年以来，全球钢的年产量几乎翻了一番。

2007 年，美国的工业生产只增长了 0.5%，但同期中国增长了 13%，越南增长了 17%，印度增长了 10%。[9] 煤的开采量也达到了空前水平。作为客户和消费者，我们通过电脑、个人数码助理（PDA）、轿车和卡车，以及平板电视，与工业生产紧紧捆绑在一起。我们还要依赖能源，才能让它们运转，而超过 70% 的能源来自燃烧化石燃料。过去 150 年来，情况都是如此。当然，工业产品和生产过程的信息密集程度，现在要远远高于从前。然而，从煤气灯到电灯、从大型主机到因特网和个人计算机，过去发生的这些主导技术的变迁，一直是一个重复出现的工业时代的特征，并不是这个时代消亡的信号。

但是，在工业时代这个最后阶段，一些重要的事情已经发生了，使之区别于以往：全球化把国家和地区之间的相互依存度提高到前所未有的水平，同时也引发了史无前例的真正全球化的问题，其中不仅包括环境危机，诸如废弃物总量和毒性水平的增加（常常从一个国家流向另一个国家）以及一系列有限自然资源的持续枯竭，也包括贫富差距的不断扩大，以及像国际恐怖主义这样，针对这些失衡的问题而发、令人警醒的政治反应。正如铁器时代的结束，不是因为我们用光了铁；工业时代的终结，也不会是因为继续工业扩张的机会逐渐消失。工业时代走向终结，是因为个人、公司和政府组织正在逐步认识到，工业时代的副作用是不具有可持续意义的。

时代的终结不是突然发生的。并不是有一天，人人早上醒来都说："这不行，我们得改变。"恰恰相反，在如此巨大的挑战面前，绝大多数人和组织机构都会更加努力，力图保持现状。正如神经科学家所说的，遇到压力大脑会"换低挡"——这是说，我们会转回到我们最习惯的（也是更原始的）行为模式。社会也是如此。

还好，社会并不是铁板一块。很多公司还在抵制对陈旧技术和方法的变革，一些政府仍旧拒绝实施必要的管制，许多个人依然反对改变现有生活方式。但是与此同时，另外一些人在问：未来可能会是怎样？如果像系统思考的先驱、发明家巴克明斯特·富勒（Buckminster Fuller）所说，经济按“我们的能源收入，而不是能源资本”运行，会是一个怎样的经济体？如果按照威廉·麦克多诺（William McDonough）和迈克尔·布朗嘉（Michael Braungart）的阐述，当经济遵循自然系统的法则，“所有废弃物都等于另一系统的食物”时，那又会怎样？如果在经济体中，马歇尔·麦克卢汉（Marshall McLuhan）所设想的“地球村”不只是个动人比喻，而是世界的各组成部分之间相互依存的法则——在那里，追求单边“国家安全”就如同捕风捉影，除非大家全都安全，否则没人安全——那又会如何呢？

终结点也是起点。工业时代极大地改进了公共教育、人权以及物质生活，但同时也摧毁了生态系统，吞噬了繁荣数世纪的传统文化，创造了一种不会太久地持续下去的生活方式。这些相互关联的问题当中，每一个都涉及同样的基本选择：我们是要保护过去的老方式呢，还是去参与开创一个不同的未来？

世界各地的人们和组织机构已经在共同工作，播撒新的生活方式的种子。然而，他们还只是少数。在他们自己的产业里，他们不是主流；通常在他们自己的组织里，他们也完全不是主导。但是，与以往深刻变革时期有所不同，这些种子不需要等待几个世纪才会成熟、扩散，因为在今天这个相互关联的世界里，问题的确是全球性的，变革也一样会是。变革的压力在迅速增加，不同解决方案和多种机会——以及有关什么可行和如何进一步提高的消息——也同样在迅速地传播。

开创可持续的未来

虽然还有各种不确定性，对于开创更为可持续的未来，有三个指导性理念十分突出，是必不可少的基本理念。

1. *不考虑子孙后代未来需要的发展路径不可行*。可持续发展一词广泛用来表达一种需求：以不损害未来的方式，生活在当下。当一个过程是可持续的时候，这个过程就可以反复进行，而不会对环境产生负面影响，也不会给任何一位参与者带来无法承受的代价。固守我们只能满足自己的需要、实现自身目的的想法，无异于将生活于未来的孩子、家庭、社区和企业的价值贴现。企业如果不考虑呈现于今天和未来之间的那些更大的问题，就不要指望在未来竞争中获胜。

2. *组织机构很重要*。今天的世界不是只由多个个人塑造的，而是由企业、政府和非政府机构组成的网络塑造的。这些网络影响着我们生产的产品、吃的食物和使用的能源，也影响着我们如何应对这些系统中出现的问题。不管如何努力，任何一个个人都不可能毁灭一个物种，也不可能使这个星球变暖。但是，这些恰恰是我们通过集体行为正在做的。这是因为我们的个人行为，通过组织机构网络这个媒介，与世界连接了起来。未来岁月中需要产生的变革将会涉及组织机构的根本性改变，无论是从个人的角度还是从集体的角度，否认这一点愚不可及。然而，尽管相互依存度在增加，大多数组织机构却比以往更加沉溺于短期思维、浮躁的状态和机会主义的态度，这有些讽刺意味。我们需要以相互依赖的方式思考、行动，我们更要具备这样的能力。需要与能力之间的差距，是我们今天面对的那些最困难的问题的核心问题。然而，从后面的故事中大家会发现，在企业组织中，在非企业组织中，常常是在合作关系中，缩小这个差距所要求的领导力正逐渐浮现。

3. *所有真正的变革都要从新的思考方法和理解方式出发*。如爱因斯坦所说："如果用我们制造问题时所用的同样的思考方法来解决问题，我们就解决不了问题。"虽然组织机构很重要，但它们的运行方式来自我们如何运作，来自人们的思考和互动。

简言之，为了塑造可持续的未来，我们不仅需要共同工作，也要以与以往不同的方式工作。这就是本书所要描述的主要内容。

在《必要的革命》这本书里，我们将讨论在三个相互关联的领域中我们所面临的挑战：能源和交通、食物和水、废弃物和毒性物质（我们制造和遗弃的东西）；讨论由此产生的不平衡，当太多的资源都集中在太少的人手中的时候，这是必然的结果。

我们将考察这些问题的起因，也会探讨为什么这些问题只是源于一种我们已经习以为常的生活方式的表面症状：这种生活方式虽然创造了伟大的进步，但也产生了越来越大的副作用。假如我们要超越零碎片面的反应模式，创造持久的变革，那么看清楚将众多不同问题联系在一起的深层模式，就是至关重要的。

但是，我们最关心的，还是探索这些问题带来的巨大机遇，探讨商业创业者和社会公益创业者如何挺身而出，从这样的机遇出发，创建蓬勃发展的各种新型企业、新型网络和新型组织机构。

70 多亿人（很快就到 80 亿或 90 亿人）如何才能可持续地共同生活在一起，对这个问题，没有人有最终答案。但终极方案恰恰是我们所不需要的。工业革命没有哪个人曾经计划过，也没有哪个政府部门曾经负责过，更没有哪个企业曾是开路先锋。相反，是无数具有首创精神和富于勇气的行动，创造了决定性的临界量变点，使变革势不可当。工业革命不是计划出来的，而是创新造就的。下一个时代也不会例外。

随机的创意行动聚集在一起，也不会有什么作为，一场革命则会改变社会本身，两者区别的关键在于是否产生了思想方式上的转变。工业时代常常被称为“机器时代”。这是因为，机器的兴起和机器的运行方式，改变了人们的思考方法和工作方式。没用多少时间，人们要像机器那样工作，就成为普遍的期望，流水生产线则成为组织机构效率和标准化的标志。渐渐地，机器思考方式的主导范围远远超出了生产制造。

经济的发展和进步，成为效率和生产率提高的同义词；文化的进步也等同于令人眼花缭乱的新技术开发；而自然界，包括与我们同住地球的其他生物，则被降格为“自然资源”，成为对经济机器的投入。

只有用另一种不同的方式思考，可持续的世界才有可能存在。今天的创新者们把自然界而不是机器，作为他们的灵感来源，他们学习如何观察自己也身处其中的更大的系统，学习如何跨越任何可以想象的边界，推动合作，由此他们展示出另一个未来是如何创造的。观察系统、跨界协作，以及立足创新而非解决问题，这些核心能力成为这场思想方式转变的基石，最终也会成为其工具和方法的基础。

在超过四分之一世纪的时间里，我们先是在麻省理工学院工作，然后是通过国际组织学习学会（Society for Organization Learning，SoL）全球网络，致力于帮助各种类型的组织机构“学习如何学习”。这自然引出了一个问题：“学习是为了什么？”在相当长一段时间里，对这个问题的回答通常是：学习是为了让企业更有能力创新，并且更赚钱；学习是为了使学校能够帮助学生学习；学习是为了让政府组织能够更好地为选民提供服务。然而，过去10年里，我们开始看到一个更大范围的回答：学习是为了塑造一个超越工业时代的、对所有生命都可持续的、欣欣向荣的世界。这也许是人类自古以来最大的学习挑战，要求各类组织机构都发挥出非同寻常的领导力。

这绝不是空中楼阁式的辞藻，也不是学术的理想主义，这实际上是当前组织机构和个人在共同工作中已经体现出的方式。大家在本书中将要遇到的组织和个人，已经开始实践新的管理模式、领导方式和最终的价值创造方式，不仅是为了今天的实际需求，还是为了明天。他们的实践，正在全世界成百上千、各种规模的企业和非企业组织中传播。把这些理念广泛付诸实践尽管没有灵丹妙药，但还是有一些基本原则、实践案例和起步方法的。

变革的起点

在组织与系统的变革工作中，我们学到一点：要想事先发现领导者，非常困难。有时CEO（首席执行官）或者总裁就是领导者，但往往领导者在企业等级体系中并没有明显的权位。他们并不摇旗呐喊，大声疾呼变革，而是富于激情、努力自下至上地改变自己的组织。他们通常是心态开放的务实派，对未来充满关注，但对于应急措施、情感妙方以及对复杂问题的肤浅解答这类东西，持怀疑态度。他们对自己的组织的运作，有来之不易的深刻理解，同时又抱着谦逊的态度，深知仅靠个人努力有很大局限。他们常常不把自己当作领导者，然而时间表明，他们的确是领导者。

我们这本书就是写给这类人的。你可能感到，要想对我们今天面对的巨大挑战有所把控，是件困难的事。但是，你应该会理解这些问题的一些更直接的表现——比如，你的工作场所的空气质量和废弃物，你周围生活环境中的区域性水短缺或水污染问题，以及你的社区里的人们对未来的担忧。你看到了更大的不平衡与不和谐，也感到有进行重大变革的必要。也许，你已经发现，想要看清所有问题是如何相互联系的并不容易，要想确切知道你自己和你的组织能做些什么也很困难。但是，你知道这些问题对你很重要，而且你真心想为解决这些问题做出贡献。

这些描述若对你都适用，欢迎你。我们这本《必要的革命》就是为你而写，而我们最大的愿望，就是它能对你的工作有所帮助。

| 第 2 章 |

我们因何陷入如此困境

成功的代价

我们究竟如何陷入如此境地：支持我们生活方式的资源（比如石油）正消耗殆尽，支持我们生命本身的资源（比如水和空气）也日渐枯竭。为什么许多行业整体陷入危机？比如，当日复一日的过度捕捞使渔业资源几近枯竭，当年复一年的农作物产量提高导致历史上最严重的耕作层土壤破坏时，渔业和农业难道不是陷入了整个行业的危机吗？

我们到底是如何陷入这般境地的？

简单地说，是因为我们的成就。我们的成就超越了任何人最大胆的想象。

在工业革命的第一阶段（1750—1820 年），大规模生产的崛起使英国的人工生产率提高了 100 倍。但是，工业革命不仅改变了我们的工作方式，转变了我们的生活方式，转变了我们看待自己的方式，也转变了我们看待世界的方式。人类从未有过如此之经历。

没多久，流水线等创新的生产方式就在欧洲北部的其他国家普及，也传播到与欧洲相距遥远的美国内陆——在那里，人口爆炸和丰富的自然资源储备使这个前殖民地成为新的工业势力。工业繁荣昌盛，生活水平也随之提升。1820—1890 年，美国的人口一下子从 1 000 万增加到 6 300 万，工业生产率同时提高了 30 倍。结果，这个国家的人均生产率提升了 5 倍，比大洋彼岸的欧洲国家生产率增长还要快。

工业革命在许多方面提高了生活质量，这无可否认。当工业革命在 20 世纪继续扩张，工业国家的人口平均寿命提高了一倍左右，文盲占总人口百分比从 80% 下降到 10% 以下。工业文明的好处超出人们的想象——从私人汽车到 iPod（苹果公司设计和销售的系列便携式多功能数字多媒体播放器），从航空旅行到 eBay（易贝，是一个可供全球民众上网买卖物品的线上拍卖及购物网站），各种产品和服务层出不穷，医学、通信、教育和娱乐的进步也日新月异。工业革命的成就如此斐然，人们大大忽视了这个成功故事的副作用，也就不足为奇了。

工业革命带来的巨大繁荣的负面效应从其发端就开始积累。其中一些很难视而不见。19 世纪，英国的化石燃料燃烧的水平迅速增加，水污染和空气污染也日趋严重。伦敦“雾”的坏名声逐渐为人所知，实际上这是由燃煤产生的粉尘颗粒排放在天空中的堆积。到 19 世纪末，伦敦“雾”导致了一场呼吸系统流行病，这种病原本只发生在煤矿工业区。到 1952 年，伦敦的空气质量变得非常糟糕，有毒空气笼罩这个城市长达 4 天，制造了“大烟霾”，导致 4 000 多人死亡，也迫使政府开始开展多项防止空气污染的立法工作。[1]

其他的副作用则逃过了人们的注意。在英国，截至 19 世纪末，人们看不见的二氧化碳排放从近乎为零猛增到超过 100 万吨。当美国经历 20 世纪的经济奇迹时，烧掉的化石燃料重量也大幅度上升。而到 20 世纪末，美国每年的二氧化碳排放量超过 20 亿吨，相当于每人每年平均

7 吨。

尽管对环境健康的重要性的认知在不断扩大，减少污染的努力也获得了一些成功，但大致总结一下，也足以表明全球的状况正从“糟糕”向“更糟糕”发展。我们下面进行分类讨论。

工业废弃物

• 美国经济每年大约消耗 1 000 亿吨原材料，按重量计算，其中 90% 成为开采和生产过程中的废弃物，摊到每个人身上，大约平均每人每天一吨。[2]

• 固体和液体工业废弃物（比如塑料和石油化工的废料）渗透到地下水中，而在空气中传播的废弃物，通常要在空气中跑上几百到上千英里①，才会混入雨水、土壤和水源。工业废弃物对健康既有直接影响也有间接影响。20 世纪 60 年代以来，哮喘病人数量的大幅度增加就是其直接影响的作用，而食物和水的质量的下降则是其间接影响的例子。[3]

• 像厚厚的飞毯一样的工业废弃物颗粒构成了“亚洲棕云”，据称，仅在印度每年就有 50 万人因此死于呼吸系统疾病。[4]

• 发展中国家未经处理的工业废弃物的 70% 被排入河流、湖泊、海洋和土壤。[5]

消费者和商业废弃物及有毒物质

• 因交通、供热和供电需要燃烧化石燃料，导致全球每年约有 80 亿吨碳以二氧化碳的形式排入大气中，全球生物圈可吸收容量达 50 亿吨。[6]

---

① 1 英里≈ 1.609 3 千米。——编者注

• 全球超过 90% 的电脑、电视、录音录像设备、个人数码助理和其他消费类电子产品最终被废弃在填埋场。每年，全球报废 2 000 万~3 000 万辆汽车。在美国，报废汽车中的 3/4（按重量计）作为废金属回收，但在发展中国家，大部分报废汽车都作为废弃物被丢到填埋场里。[7]

• 包装废弃物在过去 20 年中增长了 4 倍，主要包括纸箱和各种塑料容器及外包装。虽然有一些塑料容器有着很高的回收率（在发达国家，软饮料瓶就是如此），但全球绝大部分的塑料（超过 90%）都成了固体废弃物，在美国，93% 的塑料都去了填埋场。[8]

• 日用品中的有毒物在进入填埋场之前，就已经造成了明显的健康风险。例如，免疫学专家已经发现，癌症等许多疾病的影响范围现在明显扩大了，原因是我们身体中的有毒物质的增加。有毒物质不仅来自食品配料，也来源于产品中的化学品、服装中的染料、儿童玩具中的塑料化合物、电脑屏幕和家用电器。[9]

不可再生资源

• 根据美国政府委托的一项调查，美国石油工业最近的报告称：全球石油和天然气供应将无法满足今后 25 年内日益上升的需求，可能导致油价持续上升（从 2000 年到 2007 年油价已从每桶 25 美元飙升到每桶 100 美元），供应短缺，从经济上，在生产和消费两个方面造成社会不稳定。[10]

• 美国每天消耗约 2 000 万桶石油，大约是全世界消费量的 1/4。中国每天消耗大约 600 万桶石油，日本的消耗量则是每天 500 万桶。美国消耗的石油 80% 依靠进口。[11]

• 其他显著减少的矿产资源还包括锌、铜和铱，这些都是与我们赖以生存的技术创新有关的关键资源，涉及的产品包括手机和电脑。

• 煤的储量相对较大，已探明煤储量按照目前的开采速度还可以持续使用 50~100 年。但煤的问题也很多。煤是美国最大的空气污染源，煤燃烧还大量排出水银等有毒物质，而煤每单位能量（BTU）所产生的二氧化碳是天然气的两倍。煤支撑了美国电力供应的 54%，满足了澳大利亚电力需求的 80%，也满足了中国不断增长的电力需求的 80%。[12]

可再生资源

• **淡水质量**。全球 1/5 以上的人口没有可靠的洁净饮用水源，许多人处于经常性脱水状态。河、湖和地表水等天然水源的质量持续下降。我们用水总量中约 2/3 是农业用水，而化肥和农药则是水的最大污染源。[13]

• **地表土壤**。过去 50 年，过度生产造成了超过 1 000 万平方千米耕作层土壤的破坏，这个面积接近印度和中国两个国家面积的总和。[14]

• **渔业资源**。全球 70% 的鱼类处于经常性的被过度捕捞状态。多种鱼已濒临灭绝，如不采取断然措施，便无法恢复。这不仅影响消费者，捕捞业自身也会受到打击。当沿海地区经济受到破坏，随之而来的失业将向内陆蔓延，失业人口将加入全球数以百万计的、不受人欢迎的流动失业大军。[15]

• **森林资源**。全球森林的 1/3 已经在过去 50 年里消失。森林的消失，特别是热带雨林的消失，影响了众多社区的生活和物种的生存，降低了大气对二氧化碳这种造成气候变化的最主要的温室气体的吸收速度。[16]

资源的持续减少和废弃物排放的不断增加，可以用来解读众多的经济问题，也折射出了环境与社会的一系列失衡状况，同时进一步表明：如果没有重大变革，这些问题还将继续恶化。

第一种失衡与自然的再生能力有关。人类赖以生存的条件是自然的持续资源再生能力和提供“生态服务”的能力。自然为我们的生存提供了洁净的水、可呼吸的空气、肥沃的土壤、花粉的传播和稳定的气候条件。从经济学的角度加以审视，自然的“生态服务”要么是没有“替代品”，要么就是成本极高，基本无法用其他方法生产。[17] 根据联合国的《千年生态评估报告》，从森林到草原再到湿地，全球提供这些服务的各类生态系统中的 1/3 已经处于“显著衰退”状态，还有 1/3 则处于“濒危”状态。从 1990 年至今，全球已经失去了 50% 的湿地。全球 500 条主要河流中的 50% 不是受到严重污染，就是下游地区逐渐干涸。过去 20 年，海洋的酸化（主要是由于吸收了燃烧化石燃料时产生的二氧化碳）已经造成了全球 20% 珊瑚礁的死亡，另有 20% 也处于濒危状态。这些珊瑚礁中的相当一部分是海洋生物的重要产卵区，也保护着海岸区域不受潮水引发的涝灾的困扰。[18]

联合国的《千年生态评估报告》还讨论了另一个重要现象。我们在精神和非物质层面的幸福感受到侵蚀，这与生态系统的衰退和持续增加的污染直接相关，在发达国家如此，在发展中国家也是如此。持续增长的社会压力，今天往往被当作正常现象。在发达国家，我们因焦虑、压力、过劳、怀疑、恐惧和愤怒而惶惶不可终日。借用罗伯特·布南（Robert Putnam）描述社区衰落的名言，美国不是唯一有着“孤独的保龄球客”现象的发达国家，类似的社会压力的迹象在其他国家也此起彼伏，欧洲国家中由于持续增长的非洲移民和穆斯林移民而产生的紧张关系就是一例。

在发展中国家，环境与社会的压力表现则是“硬碰硬”的经济问题。根据世界银行的统计，从 1980 年到 2000 年，全球最底层 25% 的人口的收入占全球总收入的比例从2.5%下降到了1.2%。[19] 今天，全球每年有5 000万人流动到城市寻找生计，通常是由于环境恶化、土地和（前面谈到的）渔业衰退，传统经济难以为继。如此高的人口流动比例远远超过了城市经济可容纳的能力，其结果是，约5亿人处于经常性的失业状况，在非法居住区或贫民窟栖身。[20]

生态系统不断退化，社会和谐的持续脆弱，这些深层次的失衡不可避免地会相互作用、一再强化。穷人总是承担了工业污染和生态系统恶化所带来的大部分问题，负担完全不成比例。全球贫富差距现象持续多年、不断恶化，这也是原因之一。其次，饱受生理、心理和经济压力困扰的人也难以承担引领未来的重任。

这类问题的列举和分析可以没完没了地进行下去，列举得越多也就越令人心力交瘁。然而，分析这些问题并不是要寻求面面俱到，而是去寻找系统的视角——看清所有这些问题背后那些更深层的模式，因为这些问题之间粗略看上去似乎并不相关。

这些例子所要表明的是：曾经为我们带来诸多益处的工业系统正在产生着大量的、危险的副作用，这些副作用正在吞没工业系统提高人们生活水平的能力。我们将面临两种结局：要么我们就当什么问题都没有，继续日复一日、按部就班，听任那些副作用不断积累，直至我们被淹没；要么我们就“退后一步站”，退得足够远，重新思考“我们正在被引向何方”这个问题。请注意，我们这里说的是，首先要做的是“退后一步站”。

无论我们是个人、公司、非营利机构还是政府，在最初认可了刚才讨论过的那些问题的真实存在之后，我们的直觉反应并不是“退后一步站”。而是恰恰相反，它会让我们运用原本制造了这些问题的思想方式去寻求解决这些问题。这其实也不大令人感到意外。因为我们的注意力聚焦在现象上，聚焦在河流污染严重、二氧化碳排放量太高这些症状上，忽视了这些现象的背后制造了这些症状的影响因素。于是，我们就想出各种办法，试图处理这些症状现象——通常要么就是政府出手干涉的某种权宜措施的组合，要么就是“处理坏人”的问责游戏。

聚焦于“治标”历来是最为方便的办法。吃两片阿司匹林对付头痛不失为一种“迅速而有效”的办法。但如果一个人每隔几天就会犯一次严重的头痛，这个毛病就可能有更为深层、持久的原因，比如，过度压力或者是过度工作。在这种情况下，即便有全世界的阿司匹林也帮不上忙。实际上，在这种情况下，阿司匹林还可能把情况搞得更糟，因为阿司匹林在缓解头疼症状的同时，可能会掩盖存在更深问题的迹象。长此以往，“治标”方法对问题之“本”的忽视就会导致症状的加深、变坏，也引起了对更强的“对症”治标方法的需求，比如需要“更强”的药物，而这又是原有模式的继续——继续忽视病痛背后的原因。

在大多数的组织发展情况下，这个现象被称为“转移负担”，常用的手段也包括把对付困难问题的责任转移给“其他人”或者是“专家”。企业老总们用这个办法“解决问题”已有多年，他们请咨询顾问来厘清他们自己持续不断的管理问题，他们雇用安全问题专家来帮他们降低事故发生率。如今，他们聘请环保专家（比如污染控制专家），试图降低一点烟尘的排放量。

我们数十年来持续向专家“转移负担”。其结果是，当我们今天面对水、废弃物和有毒物质、能源和社区健康等问题时，许多人把这些问题当作是“别人的问题”。商业人士往往执着地认为政府管制效率低下，但与此同时，他们中的许多人还是坚定地主张，这些问题应该由政府去着手解决。许多人并不是主动与政府协作，努力寻求解决根本问题的创新方法（见图 2.1 中，下方的环形部分），而是把负担转移给院外游说团体，后者努力奋斗的却是“保持现状”（见图 2.1 中，上方的环形部分）。

当然，政府领导人也有他们自己的一套“治标”的专家班子，像

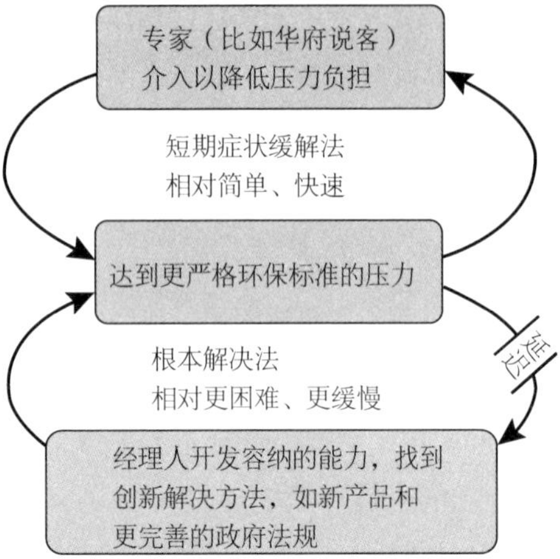

图 2.1　转移负担给“内行”专家

政府中与环境相关的部门，就是政府领导人转移他们的“负担”的地方。这些部门往往与其他政府核心部门（经济政策、外交政策、税务和国土安全等）没什么来往，它们的行动也因此而收效甚微。

但是，时间已经不多了。我们没有多少时间能再把负担转移给他人了，没有多少时间能再以简单化的“治标”的方法去掩盖深层的问题，让深层的问题短期“消失”了。

工业社会的初期，有钱人从工厂和工厂周围废弃的副产品旁边搬走，就可一走了之。其后，我们发现可以把废弃物“扔”到远离人口中心的地方（纽约市每天输出 10 万吨固体废弃物）。[21] 然而，今天的世界是个联系紧密的世界，“眼不见，心不烦”的办法，也快要“不是办法”了。当人口和工业化水平都以几何级数增长，某一个地区产生的废弃物会对另一个地区产生经常性的影响。地球说到底是个有限的系统。远在东半球的某个工业城市排出的烟尘颗粒会对洛杉矶的空气质量产生影响，而后者又会影响纽约人口的哮喘发病率。我们共有的大气、海洋和地表水系统长久以来就维系着我们之间的联系。工业化活动的规模已经发展到今天的程度，区域化行动的影响已经不再仅仅是区域化的了。如今，可利用的垃圾填埋场和有毒废弃物处理场的空间正在迅速缩减，再用短期的、“即时贴”方案解决根本性问题，保证成功的操作空间也以同样的速度变得越来越小了。重新思考、从头设计的机遇，其实就在我们“手边”。

怎样解读“因果环”图

在本书中，读者会遇到类似图 2.1 的“因果环”。“因果环”用来描述一段时间内导致模式变化（或者模式不变化）的相互作用和力量。比如，在“转移负担”的模式下，“达到严格环保标准的压力”这个问题的症状，可以用两种方式应对。一种是短期的“治标”的方式，像雇用院外活动团队；另一种是根本性的解决方式，像开发“环境友好”的产品，或者是主动与政府协作改善环境立法。设想这两种方式是相互竞争、对立的。如果“治标”的方法奏效，达到严格的环保标准的压力就会逐渐消失，采用根本性的解决方式的需求也会下降。但是，这又会导致新的影响力。如果忽视根本性的解决方法，原先问题（“达到严格环保标准的压力”）症状最终还会回来。因为没有真正在应对背后的环保问题上做什么，压力还是会再次逐渐上升。如果当这些压力又需要解决的时候，这家公司还是倾向于采用“治标”的办法应对（由于根本性的解决办法并没有变得更容易，公司也更习惯与院外活动团队合作——这种情况是可能的），那就会引出更多的院外活动。由于这个过程，影响力随着时间逐渐加强，解决问题的“负担”就转移到了越来越依赖院外活动团体。

看整体，观大局

环境和社会危机层出不穷、日复一日，对于我们中的大多数人来说，无论从认识上还是情感上都感到应接不暇，难以应付。难怪一听到又有消息提到气候变化造成了恶性灾害、缺水以及有毒废弃物，许多人干脆选择“关机”。看来，我们需要对付的第一个问题也很简单：我们如何才能把所有这类的坏消息都接收进来，却又不破坏我们的“神经回路”？

“系统思考”一直是我们开展组织学习工作的核心观念之一。但是，“系统思考”这个术语看上去很是吓人，不容易懂，总像是哲学博士一类的知识分子做的工作。其实，“系统思考”不是把复杂的问题搞得更复杂，再去解决。“系统思考”只是要求我们“退后一步站”，看到问题背后的那些模式。这些模式一旦清晰呈现，其实反倒更贴近直觉，更容易把握。

落基山研究院（Rocky Mountain Institute，简写为RMI）是一家开展能源与资源研究及咨询的机构。几年前，我们与那里的研究人员一起工作的时候，开发了一个简单的“系统图解”工具，帮助人们理解我们今天所处的局面。[22] 这个“图解”的核心是 6 个基本概念。

如果你想给一个 10 岁的孩子解释清楚我们所处的困境，这个“图解”可以是个不错的开端。

1. 工业系统，也就是我们制造、购买和使用的东西（从汽车到电视、从建筑到电厂），位于更大的自然系统之中。

2. 自然这个更大的世界，既包括有生命的、可再生的资源，比如森林、农作物、渔业资源等，也包括其他那些从人类的时间角度衡量是不可再生的资源，比如石油和矿产资源。

3. 可再生资源可以无限支撑人类的生存，只要我们的“收割”

速度低于这些资源的再生速度。

4. 不可再生资源依靠采掘获得（这也是为什么矿山、石油生产和其他类似行业被称为采掘业），而且只会逐渐枯竭。由于这类资源无法自行补充，当然迟早有一天会被用完，就像今天正在发生的一样。

现代的社会结构使我们更多地关注工业社会的收益和产出，我们往往要么是看不到，或是不太注意第 5 和第 6 这两个方面。

5. 我们为了生产和使用产品而采掘、获取自然资源，在这个过程中，工业系统也会产生废物，在采掘和获取自然资源的过程中产生废弃物，在制造、使用和最终扔掉产品的过程中也产生废弃物。这些废弃物损害着自然的自我补偿能力。

6. 工业系统还处在另一个更大的系统中，其中有社区、家庭、学校和文化等等。过度生产和废弃物对自然系统造成损害，也在我们的社会中造成焦虑、不平等和精神压力。

下面的图 2.2a 和图 2.2b 描述了这 6 个基本概念。图从工业社会的初期开始，这时候的主要驱动因素是扩大生产和就业，而当工业社会持续到最近 50 年，主要驱动因素则越来越以消费为主，包括了实物产品的消费（手机和 iPod 之类）和服务产品消费（航空旅行和音乐下载之类）。无论是实物产品还是服务产品，都是企业利用资本设备和厂房设施来生产和提供的。

但是，“看到整体”很不容易（见图 2.2c 和图 2.2d）。直到最近，多数政治家、商业人士和媒体只关注那个“系统中的系统”，关注工业经济以及如何持续其扩张。虽然公众对于更大的社会系统和生态系统健康的关注度在持续上升，已经有几十年的时间了，主流人士仍然把这些系统当作“书的封底”，只是蜻蜓点水地提及。只是到了最近几年，大家才看到关于经济、商业和技术的头版文章提及生态系统健康状况的下降，谈到全球经济系统得以运行乃是依赖生态系统。

大家都不太关注这些更大的问题，这完全可以理解。始料未及的副作用不被重视这一现象不仅限于环境问题，实际上，这是我们在帮助企业理解系统思考的过程中，经历的最常见的一种基础模式。例如：企业管理人员常常因削减成本、改善短期利润而获得丰厚的奖励，但是

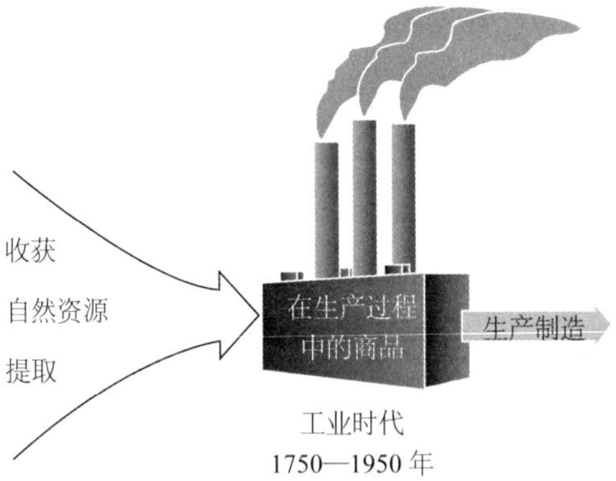

图 2.2a

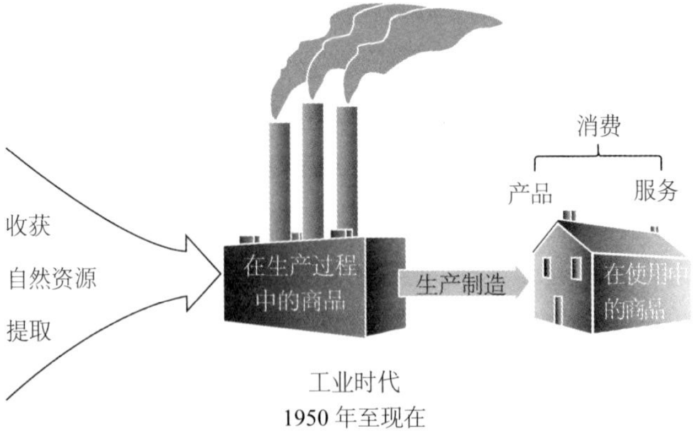

图 2.2b

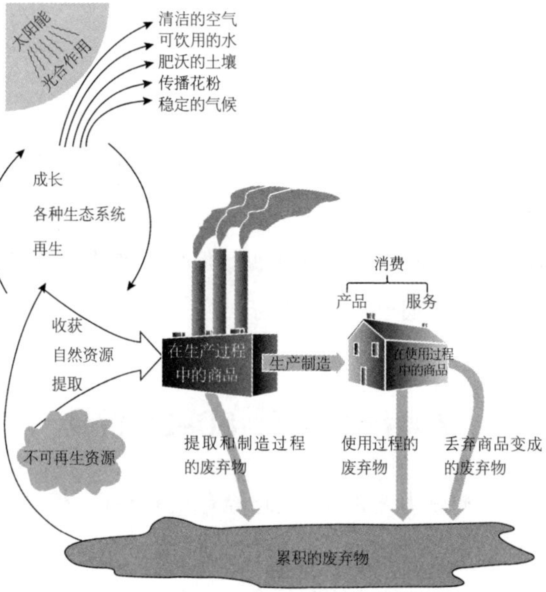
太阳能
光合作用
清洁的空气
可饮用的水
肥沃的土壤
传播花粉
稳定的气候
成长
各种生态系统
再生
消费
产品
服务
收获
自然资源
提取
在生产过程中的商品
生产制造
在使用过程中的商品
不可再生资源
提取和制造过程的废弃物
使用过程的废弃物
丢弃商品变成的废弃物
累积的废弃物

图 2.2c

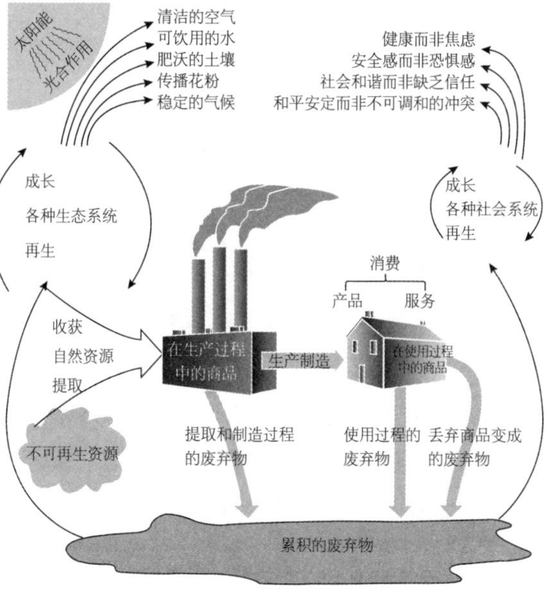
太阳能
光合作用
清洁的空气
可饮用的水
肥沃的土壤
传播花粉
稳定的气候
健康而非焦虑
安全感而非恐惧感
社会和谐而非缺乏信任
和平安定而非不可调和的冲突
成长
各种生态系统
再生
成长
各种社会系统
再生
消费
产品
服务
收获
自然资源
提取
在生产过程中的商品
生产制造
在使用过程中的商品
不可再生资源
提取和制造过程的废弃物
使用过程的废弃物
丢弃商品变成的废弃物
累积的废弃物

图 2.2d

管理人员的谋划产生的副作用，比如，员工士气低落、客户愤愤不满等，往往使得企业在长期支付了更高成本。

换一种说法，我们落到今天这步田地，就是因为我们只见局部、不见整体，只见树木、不见森林。聚焦在即期目标（比如，短期利润）上解决问题，让我们变得技能娴熟，与此同时，我们对更大的系统（公司季报只是其一小部分）却视而不见。但是，这种情形正在发生变化，因为更大的现实，我们已经不能再忽视了。

紧急行动时刻：80–20 挑战

工业时代的问题为人们所了解已经有几十年了，但是，今天却有了很大的不同。今天，已经有了一个越来越无法躲避的明确指令，要求我们清醒起来，开始采用完全不同的方式运作——这就是全球气候变化。

虽然气候变化仅仅是全球工业增长的诸多副作用之一，但是，这个议题有两个突出而独特的方面。首先，气候变化的代价十分巨大，无论是现在还是将来，不管是对富人还是穷人，都是如此。其次，用气候变化的简单明了的数字指标可以说明：我们周围的一切失衡到了什么程度，而要避免灾难，我们又需要以多快的速度、多大的规模进行调整。

尽管科学很少提供绝对确定的结论，但在科学家中间，在一个正在扩大的、有影响力的领导人团队中间，一个共识正在形成：要想避免极端的、可能是无法控制的气候变化，就需要更大的变革，就必须采取更快的行动，其程度和速度都远远超出了我们几年前的想象。从这个意义上看，气候变化反倒像是一种特别的礼物，是一个倒计时的时钟，告诉我们工业时代正在以多快的速度走向终结。

至于说到气候变化的代价，眼下的成本已经很高了，如果我们不能更加迅速地、系统化地应对，气候变化的代价还会变得更大。2007

年，全球最大和最为人尊敬的社会组织之一乐施会（Oxfam）发布了第一份关于向穷人支付气候变化补偿金总成本估算的研究报告。报告对由气候变化引起的疾病、作物歉收和被迫搬迁所带来的损失如何进行补偿进行了评估。报告估算，全球补偿金的总额应在 500 亿美元的水平，同时还指出，补偿金的成本在未来几年将会急剧上升。乐施会开展这项研究的更广泛的目的是建立一种方法，让这些不断增加的成本成为“显性成本”。气候变化对于保险行业的成本，现在已经可以看清了：保险金额在佛罗里达增加了 40%，在马萨诸塞的沿海地区增加了 20%，针对某些石油钻井平台增加了 400%。这些都反映了气候不稳定可能带来的风险。对于像佛罗里达南部这类高危地区的居民和商业，这种高额费率使得“自保险”（即“停付保费，听天由命”）更加划算。受英国政府委托，2006 年发布的《斯特恩报告》（*Stern Report*）由一位前世界银行的经济学家主持开展，这份报告产生了不小的影响。报告的结论是：如果不采取迅速、断然的措施，全球气候变化的成本在未来十年将会达到或超过第二次世界大战的总支出。[23]

与其他全球社会和环境问题有所不同，气候变化从某种意义上说比较简单，因为这个问题的基本方面都可以计量。科学家现在有了大量的证据，可以说明二氧化碳和其他温室气体如何快速在大气中积累，与历史数据对比又会是怎样的结果。

在整个工业时代，大气中的二氧化碳含量都在持续上升。现在大气中二氧化碳的含量水平比 1850 年高了 30% 以上（见图 2.3）。[24] 二氧化碳含量的水平还会持续上升，这是因为全球每年通过燃烧化石燃料，从电厂、建筑物、汽车、卡车、飞机和工厂等排放 80 亿吨（当量）二氧化碳，这个数量是我们能够从大气中去除的、自然生态群可以吸收的（树木、植物和浮游生物）以及海洋可以溶解的二氧化碳总量的两倍以上。[25]

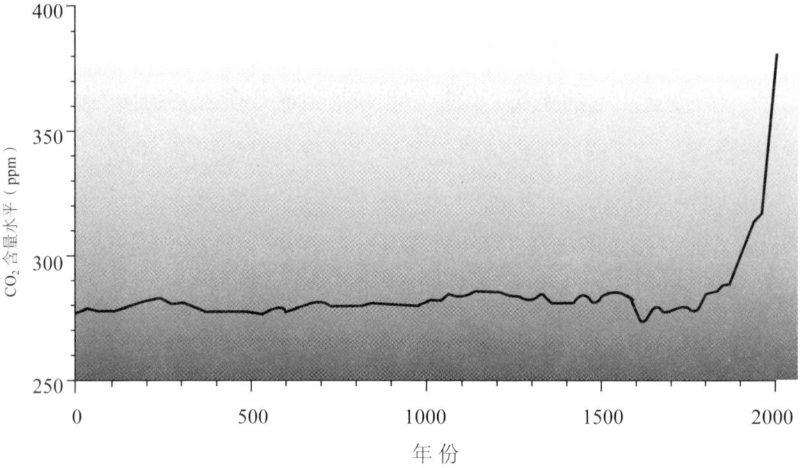

图 2.3

没有人能真正确切地说出来，大气中二氧化碳的含量达到多少就算过多了。但是，有几个基本事实正在开始获得认可，并形成共识。

首先，目前的二氧化碳含量水平，比起过去 65 万年以来任何时间的水平，都高了几乎 1/3，而这 65 万年已覆盖了人类生活的大部分时间。[26] 这段时间里，除去阶段性的冰期，总体气候状况有利于人类生存。

其次，海洋和生态群中的二氧化碳的含量已经远高于历史水平，造成了海洋酸化等问题，也引发了人们的疑问：海洋和生态群这些“洗涤池”究竟还有多少能力继续吸纳二氧化碳？如果海洋和生态群吸纳水平开始下降，更多的二氧化碳就会以更快的速度在大气中集聚，加速全球气候变暖。

再次，二氧化碳对气候和气温发挥全部影响，会有一个较长的时间延迟，科学预测为 30~50 年。也就说，要到 2050 年或者更晚一点，我们才会真正感受到今天的二氧化碳水平造成的全部影响。

二氧化碳浴缸

二氧化碳流入和流出大气层，就像浴缸的原理一样：只要流入量大于流出量，二氧化碳浓度就会上升。许多人，包括许多在重要领导岗位的人，却对这么简单的事实含混不清。他们认为只要二氧化碳排放量不再增长就能解决气候变化的问题。[27]

只要流入量大于流出量，二氧化碳浓度早晚要“溢出”浴缸。这就意味着，如果不把二氧化碳排放降低到其从大气中流出的水平，即达到 60%~80% 的全球减排量，我们就可能会遭遇不可逆转的气候变化。

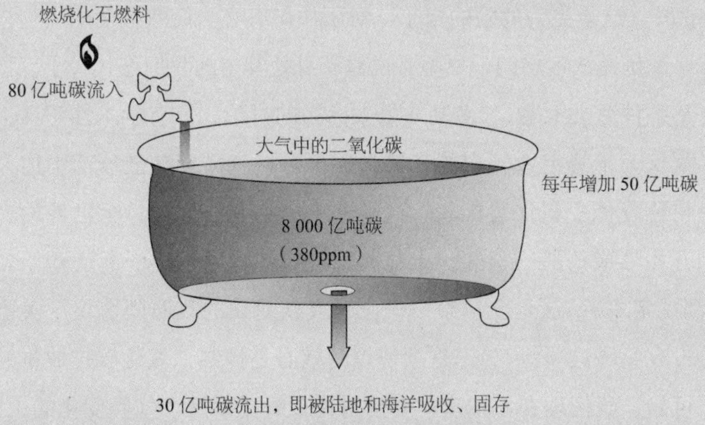

图 2.4 二氧化碳浴缸：二氧化碳年流入和流出量。浴缸水位每年上涨 50 亿吨碳（21 亿吨碳等于 1 个 ppm 的二氧化碳浓度）①

（二氧化碳浴缸动态模拟网址：www.sustainer.org/tools_resources。）

① 大约 3.67 吨二氧化碳中含有 1 吨碳。80 亿吨碳流入量就是约 293.6 亿吨二氧化碳排放。——译者注

最后，不断升高的二氧化碳和其他温室气体水平，在某一时间点会触发“失控”效应。在那种情况下，气候变化本身就会引发进一步的气候变化。比如，北极永冻冰盖的融化将会向大气释放另一种温室气体沼气（甲烷），导致气候变暖的加剧。[28] 这类“引爆点”反馈过程一旦启动，我们影响未来的能力就会大幅度下降。

那么，二氧化碳水平究竟达到多高才是太高了呢？部分科学家认为，现在的二氧化碳水平（约380ppm）已经过高了。另一些科学家则认为，如果二氧化碳水平按目前的速度再持续增长10~20年（达到425ppm左右），则触发不可逆、不可控后果的风险就会大幅度增加。相形之下，如果不采取任何行动，任凭二氧化碳排放继续增长，到21世纪中期，二氧化碳水平就会达到65万年以来最高水平的两倍（约550ppm），这是更为危险的水平。对于任何有心为后辈造福的人们，这种结果都是无法容忍的，更不必说对于身处其中的我们这代人了。[29]

从某种意义上看，“多高才是太高”的讨论，只有学术性意义。因为，仅仅为了稳定大气中的二氧化碳含量，就需要在全球范围内大幅度、快速降低二氧化碳排放。这是个十分重要的道理，全世界的人们刚刚开始形成清醒的认知。十几年前，一些国家走到一起，开始勾画《京都议定书》，这是全球第一份应对气候变化的政府间协议（美国至今还没有签署这项协议）。这项协议的核心是抑制二氧化碳排放量的增加。可是，我们现在才知道：要想对付二氧化碳这个气候变化的主因，让大气中的二氧化碳含量停止上升，实际需要的是显著减少二氧化碳的排放量。要做到这一点，我们的生活和生产方式就要发生脱胎换骨的变化，包括我们使用的能源、我们驾驶的汽车、我们工作和生活于其中的建筑、人和货物在全球运输的方式，还包括那些现在还没有人能想象得到的变革。

气候科学的突破性进展在今后仍然很重要，我们可以借此了解气候变化的具体影响，了解平均气温上升对降雨和干旱模式的可能影响、对暴雨的活动方式和强度的可能影响、对疾病传播的可能影响、对海平面显著升高风险的可能影响。然而，科学能够帮助我们的也只有这些。迟早有一天，再等待下去更多的计算预测就会变得无关紧要，关键是我们如何做出抉择。[30]

现在，全球范围内的一些个人和机构已经开始制定大胆的“挑战性目标”，以志向远大的目标刺激想象力、创造力和勇气，而想象力、创造力和勇气正是我们这个时刻真正需要的。[31] 尽管这些指标的细节不尽相同，其核心信息却基本一致：我们应该在未来 20 年内，把二氧化碳的排放量降低 60%~80%，这样才能稳定住二氧化碳在大气中的含量水平，才能大幅度降低灾难性后果的威胁。[32] 这就是我们所说的 80–20 挑战，工业时代终结的钟声已经敲响。

我们重点关注二氧化碳的排放，就容易理解眼下问题的紧迫性，但我们还是要时时提醒自己：气候变化不是一个孤立的问题。这一点也很重要——由攫取、制造和废弃过程组成的工业系统产生的副产品，在一天天地积累，各种自然资源在一点点地减少，不同的生态系统在一步步地恶化，方方面面的社会压力在一次次强化。自然资源减少本身就会进一步增加二氧化碳排放，全球仅因森林破坏（包括木材的腐烂和燃烧）每年就产生 60 亿吨二氧化碳排放，而美国对中东石油的依赖则驱动着美国的外交政策。气候变化既是全部问题的一部分，也是全部问题组成的整体问题的代表，这一切正预示着工业时代的终结。气候变化只是一块布上的一根线，我们不能只是抽走这一根线，我们需要重新织就这块布。

正因为全球化的副作用相互联系、相互影响，要应对 80–20 挑战，实现在 20 年内降低 80% 二氧化碳排放的目标，全球的主要经济系统都需要变革——食品与水、能源与交通、全球的生产和分配方式都包括在内。我们现代生活中的方方面面，都会受到影响。

从这个角度看，除非我们的思想发生根本性的转变，否则变革就不会发生，正是这些思想造就了工业时代的巨大成功，也带来了工业时代的巨大灾难。

| 第 3 章 |

工业时代泡沫后的生活

我们正处在一个起点，一次长途跋涉的起点。尽管如此，有这样一个简单的概括性比喻，帮助我们理解正在开始经历的这场革命。

要理解这个比喻，你首先必须意识到，我们并不是历史上第一个发现自己已经陷入危机的高度成功的社会。历史上，这样的例子随处可见：人们十足成功地扩张了自己的生活领域，却同时发现自己落入悲惨境地，毫无准备。

普利策奖得主，历史学家贾雷德·戴蒙德（Jared Diamond）详细列举了众多曾经称雄一时的文明［在他的《崩溃》（*Collapse*）一书中］是如何灭亡的，并且往往还是突然灭亡。比如，中美洲的玛雅文明，成就了高度发达的数学、天文学和社会组织结构，当其时代，几乎没有任何其他文明可望其项背。但是，虽然有如此高的成就，玛雅文明在西班牙人到来之前 500 年，仅在一代人的时间里就全部消失了。原因很明显，正是玛雅人世代延续下来的砍伐焚烧式的不可持续农业，使他们成为一场环境崩溃的牺牲品。

玛雅文明的人口增长越快，他们的农业活动毁掉的森林地带就越多，而那又是他们的生存之地。森林的消失反过来造成土壤流失，进而又逐渐破坏了他们的饮用水蓄水库和农业生产能力。没有了食物和水，玛雅的城邦就崩溃了，玛雅人就又重新返回到丛林之中。

高度发达的社会成功毁掉自己的基础资源，戴蒙德描述的玛雅文明和其他文明的历史，都是如此，那么，我们当前的局面就没有希望了吗？[1] 不，还有希望。环境分析领域的创始者之一——世界观察研究所（Worldwatch Institute）的创始人莱斯特·布朗（Lester Brown），在最近一篇文章里讲述了一个民族成功变革的例子。

600 年前，冰岛人意识到，过度放牧对当地固有的高原薄层土壤造成了大规模的破坏。出于唯恐失去高原草场，进而面对经济衰退的初衷，农场主们聚集在了一起，共同确定这片高原草场能够支撑的牧羊的数量，然后在彼此之间分配定额，最终保住了他们的草场。

正如当年冰岛人理解了过度放牧的后果，我们现在也明白，燃烧化石燃料产生的二氧化碳在大气层中的积累所造成的后果。但是，我们与当年的冰岛人不同：他们能够限制自己的牧羊数量，而我们至今仍未能有效地限制我们的二氧化碳排放。

我们在前面讨论过对全球工业化的副作用的认知，但是，要想成功限制排放，仅仅有认知是远远不够的。产生崩溃的真正威胁，更多来自拒绝承认现实，而不是缺乏认知。而正是从这个意义上说，我们在这里要借助历史学家经常使用的一个比喻——泡沫。

我们都熟悉金融泡沫。经济历史学家发明的这个比喻，是帮助理解一个反复出现的令人迷惑的现象：为什么金融业过度扩展和崩溃会不断重复，一再使原本聪明、机灵的人们毁于一旦？

答案是，在扩张期间，实际上有两个平行的现实在发展着，一个在泡沫之内，另一个在泡沫之外。对于生活在其中的人们来说，两个现实同样真实。但是，随着泡沫的扩张，越来越多的人被拖到了泡沫那自我增强的信念和观念里。最终，那些生活在泡沫之内的人如此全神贯注于自我所处的现实，以至无法理解泡沫外面的人的观点和角度。

还记得 20 世纪 90 年代末的网络公司泡沫内外之间所进行的互动吧。那时，泡沫内部的人生活在“新经济”时代，相信自己的规则，而当时的成就也证明了他们自己。最重要的是技术，网页的点击量、网站的“黏性”（人们进入一个网站后停留多长时间），以及看似很酷的反企业形象。新经济的狂热追求者争辩说：利润是个陈旧的经济学名词，利润早晚会来的。而许多投资者也相信了他们——相信到了非常的程度，以至于赢利的旧经济企业常常看到，他们的市场价值相对网络公司在走下坡路，尽管那些IT公司从未赢利或者获利甚微。

然而，在泡沫之外还有一个更大的现实，在这里，利润确实还是很要紧的。最终，这个更大的现实要求人们坚持自己的权利。于是，泡沫破灭了。数量众多的“纸上”百万富翁，还有一些“纸上”亿万富翁，也就此消失了。

正如戴蒙德所揭示的，社会泡沫可以持续数十年甚至数百年。而且，泡沫增长的时间越长，就有越多的人和资源被吸引进去，也有越多的人从中获益，而其信念也就越加深入和牢不可破。

数代人以后的人们，甚至很难想象，在泡沫之外可能还有一种替代生活方式。但是，迟早而已，泡沫内部的生活与外部更大的现实之间的不协调的张力，一定会伺机寻求释放。泡沫不可能永远持续扩张。

我们认为，工业时代就是这样一种扩张已久的泡沫。它的膨胀已经持续几百年了，因而人们很容易假设，它将永远持续下去。但是，泡沫之外还有另一个世界，即生物学家威尔逊（E. O. Wilson）所说的“真实的现实世界”（the real real world）。而且，我们已经开始见证，工业时代走向终结的迹象早已清晰地显现于世了。[2]

“真实的”现实世界

如谚语所说：“万有引力不只是一个好概念，它是个定律。”工业时代的泡沫在好几个方面违背了自然界更大的“万有引力”定律。我们作为一直生活在这个泡沫中的人现在必须认清这一点，才能看到未来的路径。

比如，我们来考虑一下，在工业时代泡沫中我们是如何满足人类基本需求的，这包括能源、食物和水，以及确保我们物质生活安全和福祉的产品和服务（见图 3.1）。

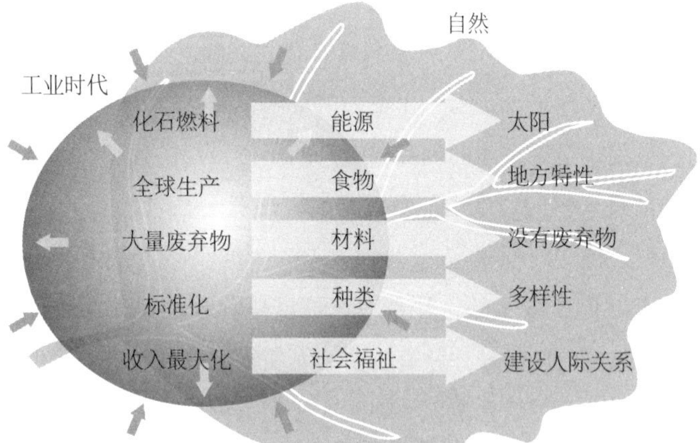

图 3.1

地球上的生命在大约 20 亿年的时间里一直依赖一种能源：太阳能。它是大到森林、草原、海洋生态系统，小到毛虫的能量的同一来源。

相比之下，我们工业时代泡沫中，90% 以上的能源来自化石燃料的燃烧。

类似的，在自然界，大多数食物来自本地（尽管有时种子可能传播很远）。而我们的食物则很少来自本地，它们通过运输来自数千英里之外，而且经常是转基因的，或者通过其他防腐剂来使其经受得住长途运输。

自然界中没有废弃物：一个自然系统的每一个副产品，都是另一个系统的营养品。而在工业时代泡沫里，人类社会却在制造大量的废弃物。

工业时代泡沫的矛盾，还延伸到社会的组织方式及其确定事务轻重缓急的方法。比如，工业时代对效率和标准化的追求，逐渐成为推动同质化的无情力量，从而在摧毁了生物多样性的同时，也摧毁了文化的多样性。今天，世界每个角落的人都在看同样的电视节目，购买同样的商品，并且逐步在信奉同样的消费主义的“美好生活”理想。与这种同质化运动形成鲜明对照的是，我们看到的自然界对多样性和独特性的钟爱：没有任何两棵树、两片叶子、两只蜻蜓、两只北极熊或两个人，是完全相同的。

数千年来，成功存活下来的健康的社会，都培育出了一种归属感和安全感，培养了其对满足基本物质需求的信心，并且给每个人提供了成长和表达他（或她）自身独特才华和志向的机会。对比之下，在工业时代泡沫中，社会福祉经常被降低为物质增长，尤其是GDP的增长。尽管我们被不断地提醒说它有多重要，但是当GDP增长时，我们却很少有人感觉到更安全、更幸福。其实，研究显示，在基本需求得到满足以后，物质舒适程度的增加其实与人们幸福感的关联很小。[3]

包括人类在内的自然界的运作方式，与现代社会的运作方式之间的这些矛盾对立，是不可能无止境地持续下去的。问题不在于工业时代的泡沫是否会破裂，而在于什么时间和以什么方式破裂——请记住戴蒙德的观点，崩溃的来临可能比泡沫内部的人所预想的要快很多。

很久以来，那些指出工业时代问题的人，大多都被归于批评社会的一小撮人，坐了冷板凳；而他们的观点则被归于学术争论一类，远离实际政策和组织战略的正堂。然而，气候变化的紧迫性正在改变这种情况。80–20 挑战要求我们立即改变，改变能源使用的方式和现代生活的方式。

这就又回到了怎么做的问题了。答案其实相对简单，然而绝不容易做到。迄今为止，我们一直在把负担转移给自然界，让自然界去消化我们支离破碎而又短视的“攫取—制造—废弃”的方法所产生的副作用（见图 3.2）。[4]

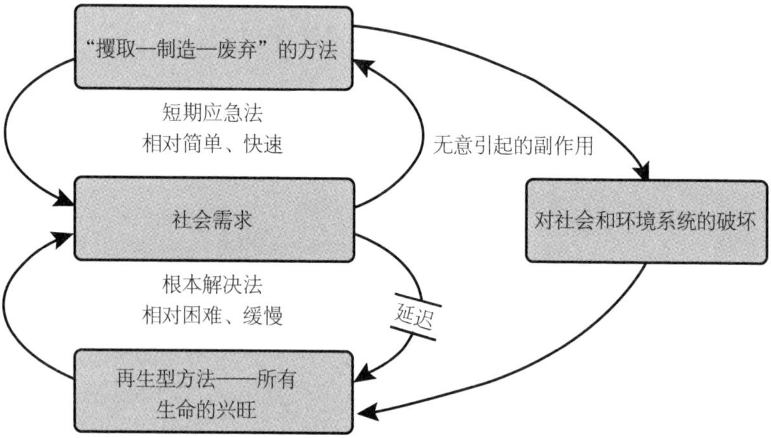

图 3.2

我们要么继续这条路线，也许做一些偶尔的渐进式的调整（这像是在超市提供的纸袋和塑料袋之间做选择）；要么就立即全力投入，建设一个尽可能完全模仿自然界的再生型经济和社会。

选择背后的选择

再生型社会的一项核心原则，就是由生命来创造生命的条件。

当我们要来决定如何处理能源、水以及其他资源等这类重要问题时，我们或者接受这项原则，或者回避龟缩，强调如下事实：我们在这里活的时间会很短。为什么呢？因为我们越是依赖工业时代的旧模式，我们就越是对支持并生成生命的环境条件造成更大的破坏。而我们的可持续性问题变得越严重，投入开发可替代方式就越加困难。这是由于生态系统在承受着越来越大的压力，它越来越要求我们立即采取应急性措施，而应急性措施终将限制我们真正创造未来的能力。

显然，工业时代泡沫是个比喻，但它对观察当前的局势很有用，它能够帮助和引导我们选择前进的路线。工业时代泡沫在我们每天的选择中得以延续——我们买什么，制造什么和怎样制造，以及我们如何互相交往。强行选择那种“攫取—制造—废弃”的经济方式，是基于历史形成的、在现代社会已经根深蒂固的一系列假设、观念和看待世界的方法，比如：

- 能源是无限的，并且是便宜的。
- 总会有足够的地方来接收我们所有的垃圾。
- 人类不可能改变全球环境，比如，不管我们做什么，气候模式都会保持相对稳定。
- 人类是地球上的主要生物，其他物种没有我们重要，而且许多物种根本就是无关紧要的。
- 诸如水和表层土壤等基本资源是无限的，如果出现问题了，市场和新技术将把资金和资源投入进去，以便我们能够继续目前的生活和工作方式。
- 提供生产力和标准化是经济进步的关键。

• 经济增长和GDP增加，“水涨船高”，是解决社会不平等问题的最好方法。

相比之下，工业时代泡沫破灭之后的生活，将会基于我们选择与此前截然不同的观念、假设和指导原则，比如：

• **在变异中做冲浪运动。**[5] 在我们的能源收入允许范围之内生活，依赖诸如太阳能、风能、潮汐能和生物能等可再生能源。

• **零填埋。**从汽车和苹果iPod播放器，到办公建筑和机器工具，所有都是100%的可回收、可再制造，或可降解处理的。

• **我们在向我们的子孙未来举债，而我们必须还债。**我们的首要责任是给我们的孩子、孩子的孩子，以及孩子的孩子的孩子，等等，留下一个健康的全球生物圈环境。

• **我们只是自然的奇迹之一。**我们只是许多重要的物种之一，而且，我们和其他物种之间相互依赖的关系之微妙，我们甚至无法想象。

• **尊重地球提供的服务，这种服务对珍惜它的人是免费的。**健康的生态系统是珍贵的，必须如是看待。

• **拥抱多样性，建设社区。**多样性中的和谐，是健康的生态系统和社会系统的标志。

• **在地球村里，只有一条船，而上面的一个漏洞就会使我们全部沉没。**我们所有人的安全和福祉，依赖于对所有人的尊敬和关怀。如果我们中任何人处于不安全之中，那么我们都处于不安全之中。

最后，一个再生型社会是一个繁荣昌盛的社会。这场革命不是要求放弃，它是关于重新发现我们最珍视的东西。它的意义在于创造更好的生活质量，这是我们的社区、企业、学校和社会的核心价值。因而，它是关于重新建立我们与自己的联系、与他人的联系，以及与其他非人类地球村居民的联系。

20 多年前，小国不丹开始了一个项目：建立国家进步新指标系统，即人们后来看到的国家幸福总量，或GNH（国民幸福指数）体系，包括森林覆盖率、儿童营养水平、教育水平、老年人健康等指标。有趣的是，GNH 指数体系开始使用以后，在世界银行国际开发援助部的绩效指数评估表中，不丹在接受资助的所有国家里一直名列前茅，而世行的指数既包括公共治理，也包括社会和经济指标。

泡沫之后的生活将要求停止“不是—就是”的思考方式。那种认为我们要么得到更高的生活水平，要么得到健康的生态系统，必须从两者中选择其一，而不能两者兼得，这就是工业时代的思考方法的副产品。这不是说，可以假设再生型社会就没有困难的变革问题了，问题还会有，比如，适应更高的能源价格、拥有更少的物质财产，或者对我们给世界造成的影响负担更大的责任。但是，如果假设这就自动构成了一个整体生活质量的倒退，就如同自动假设我们过去的答案就是未来的答案。

进入的方法也是出去的方法

就如同我们过去的思考方式使得我们陷入今天的局面，还是我们今天的思考方式——不同的思考方式，会帮助我们找到出路。我们不能零星片段地、分立地解决社会和环境问题，这样不会有多大前景，最好的情况也只能是提供短期缓解问题。同样，试图维持现状的同时天真地幻想，只要新技术一出现，一切问题就解决了，这种态度也不行。

我们需要提问：“基于更宏观的自然界法则的一种思考方法、生活方式，以及最终的经济体系会是什么样子？还有，我们如何才能一步一个脚印地在我们的组织和社会中创造这样一种生活方式？”

| 第 4 章 |

新思考，新选择

工业时代在全球范围的扩张，吸引着世界上越来越多人的参与，消耗着世界上越来越多的资源，同时，它也造就了史无前例的相互依存。美国市场上的每磅[①]食物在消费者购买之前，平均要“旅行”2 000 英里。而许多日常的商品，从中国制造的耐克鞋到威尔士制造的索尼电视，“旅行”的距离也不会比这个近，甚至会更远。

这一事实之所以重要，有两个原因，一个显而易见，另一个比较微妙。

显而易见的原因是：我们的全球经济是建立在相互依存的基础上的。美国和欧洲的富裕国家依赖全球各地的人们生产日常生活的必需品。反过来，后者也依赖前者，不仅仅是购买他们的产品，还有生产他们所需要的东西。

然而，我们中的许多人并不清楚由此而产生的看不见的成本。我

① 1 磅≈ 0.5 千克。——编者注

们购买产品的选择，影响着距离我们遥远的人群：不仅通过其直接的经济联系，还通过其副作用，比如二氧化碳的排放和自然资源的枯竭。我们目前的远途运输和分销食品以及其他商品的方法，大量消耗着越来越宝贵的燃料，同时也成为温室气体的另一个来源。比如，如果加入运输成本，一杯橘子汁里就包含两杯原油。全球分销系统几乎占目前全部二氧化碳年排放量的 1/10。[1]

当人们逐渐意识到这种相互依存的关系时，最初的反应是困惑，往往还有恐惧。类似高度的相互依存是以前从未存在的。正如世界银行前副行长西水美惠子（Mieko Nishimizu）打的比方，未来就像弩炮一样，正在把我们发射到一个“无法逃避的相互依存”的世界，这是一个像外星世界一样“对我们真正陌生的未来”。

我们写这本书，就是要分享一些人和组织的故事，他们在寻找可持续发展解决方案的过程中，拥抱了这种相互依存关系，而不是让恐惧和担忧困住自己，我们也要分享这些故事所激发的灵感和智慧。经验告诉我们，一旦人们看到并接受这种相互依存关系，他们就能开始寻找长期和全局性的解决方案。无论是重点关注应对气候变化的 80–20 挑战，还是注重应对工业时代的不平衡状态的其他症状，他们都表现出同样的紧迫感，并理解这种紧迫感所带来的可能性。

下面大家要读到的故事里，有些基本模式一再反复出现。

1. 深思熟虑的人们，能比我们其他人更早地看到形成中的问题。

2. 他们开始理解那些问题的严重性。

3. 他们对问题的深切关注，也对创造更好未来的可能性有所感觉，两者结合使得他们用不同的方式，去思考这些问题和这些问题的相互关系。

4. 独到的思考带来不同的行动方法。通过注重长期战略，团体和组织开始把他们身处其中的更大系统考虑在内，而不是简单地解决各种分立的问题。

现在，这样的人可能有数千，甚至数百万，他们都正在寻找创造可持续世界的创新方法。对我们来说，他们的工作本身就最有说服力地表明，一个与工业时代完全不同的未来正在呈现之中，而他们的行动，就是促生这个未来的最佳灵感来源。

他们特别展示出在三个方面的熟练精通，而那也正是我们多年从事组织学习工作的三个核心领域。

首先，他们通过个人和集体的努力，不断学习如何观察他们身处其中的更大的系统——组织机构、各种复杂的供应链、产业、城市或地区。这种观察给他们提供了灵感和视角，塑造了他们的战略和策略。然后，他们开始设计能够促进这个系统健康的产品、基础设施、组织与公共政策，以及商业模式，而不是追求一时有效却常常把整个局面最终搞得更糟的应急性解决方案。

其次，他们理解到跨界协作是决定性的，也就是跨越从前把他们与组织内外的其他人分割开来的各种界限。同时，改变不可持续的系统的工作方式，要与改变我们的工作方式结合起来。这项工作的起点，是在过去缺乏信任感和真正相互关怀的人群中，开始建立这样一种新型人际关系。

最后，随着大家共同工作的进展，他们还开始聚焦在对他们最重要的事情上，而他们的思考也从一种被动反应式的解决问题模式，进化到创造他们真正渴望的未来。由此而来的，是超凡的承诺、想象力、耐心和毅力，这远远高于我们仅仅对问题做出被动反应时所表现出的水平。

这三种能力，即观察系统、跨界协作和创造渴望的未来的能力，必须在组织和个人中间持续地进行开发。因为，组织机构及其所创建的网络，塑造了我们现在的世界的运作方式，而它们也正是实现系统变革的最大希望所在，就像我们在第 1 章中指出的那样。

这些能力必须一起开发。没有创造性的目标取向，人们就很难真正有对长期愿景、目标和渴望的结果的承诺和投入，而且很容易忽视那些观察更大系统和转变人际关系的挑战性工作。没有协作的技巧，人们就无法学习如何开发应对复杂问题的集体的系统智能。而没有能力观察系统以及自身在其中的位置，个人和组织机构自然就无法聚焦于建立共识和更大的共同愿景，而是着力于以所谓的最佳方式处理自己的问题。总之，对创建再生型组织、产业和经济来说，图 4.1 中这只板凳的三条腿都是必需的，缺少任何一条腿，板凳就无法立稳。

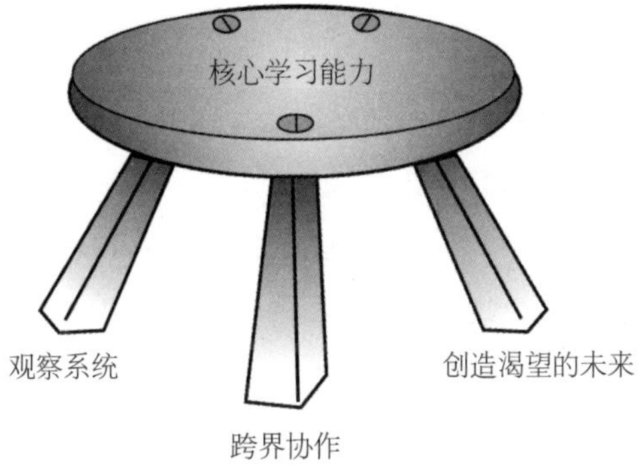

图 4.1　系统变革的学习力

观察系统

世界各组成部分之间的相互依赖性在不断增加。因此，突破管理工作的常规注意力范围以观察企业运行于其中的更大系统，现在比以往任何时候都更重要。不这样做的话，我们的政策和策略就会产生与预期相悖的结果，带来各种副作用，比如不断增加的废弃物和有毒物质。许多再生性资源，如水、表层土壤和鱼类资源等都在走向枯竭，原因也在于此，即企业和社区都追求短期利益最大化，而不去考虑自身消耗资源的速度是否超过了资源再生的速度。

许多公司已经开始理解他们所面临的资源限制。例如，制铝业要消耗大量的水，美国铝业公司（Alcoa，简称美铝公司）在 20 世纪 90 年代中期开始意识到水资源短缺已经在影响其业务发展了。公司研究了未来的相关趋势，意识到情况只会变得越来越糟糕。1997 年公司设立了大胆的目标，即把废水排放量降为零，并据此重新考虑设计工厂运行的基本规则。可口可乐公司面对的水资源问题则更为严峻。历经几年时间努力改善公司生产厂家内部用水的使用效率，可口可乐的高层逐步意识到，各个装瓶厂所在的水源流域的总体健康才是真正重要的。于是可口可乐与世界自然基金会签署了为期五年的合作协议，以实现把抽取的水再“返还自然”的新目标，同时建立独立的认证机制。（本书后面还会讲到美铝和可口可乐的故事。）

扩展管理工作范围并考虑影响未来的限制因素，就意味着挑战现有的思考方式和心智模式。无法开发这种能力的组织在面对不断增加的问题时，就会倾向于使用自己比较能够操控的短期应急措施，这是习惯使然。其实可口可乐在节水方面的工作也是从避免浪费和降低成本起步的，公司首先帮助经理们提高了对这方面工作的重要意义的认识。但短期缓解方法往往成为拖延处理深层问题的借口。例如，许多公司当面对水资源短缺问题时，往往把生产厂迁到那些政府管控不严的国家。他们很快把越来越多的钱都花在政府公关和自我形象的粉饰上面，而背后的根本问题却没有着手解决，并且越来越严重。

扩大管理工作范围并正视深层问题，这项工作进行到一定程度时，人们的眼界就会打开，就会看到全新的机会。美铝公司看到的是无水制铝生产过程的根本性创新，可口可乐公司看到的是成为全球水资源管理的积极推动者。不能超越传统管理工作界限的组织，就无法发现这种机会。

虽然系统思考今天已经得到了人们的广泛宣扬，但许多组织并没有能力去实施系统思考，原因在于还没有对这方面的技能和工具的开发投入。富勒曾说，不要去教人接受一种新的思考方法，只要给他们一个工具，因为人们在使用工具的过程中就会产生新的思考方法。

本书后面部分会介绍许多系统思考的工具。但一开始必须要观察模式结构，即使是简单的观察，如，注意到某个“解决方法”提案中潜在的副作用。例如，公司通过裁减客户服务人员来提高利润率，但潜在的副作用是导致客户不满，进而转向竞争对手公司，这样造成的利润下滑更为严重。潜在副作用的模式，往往是只关注应急措施而忽略深层、更根本解决方法的转移负担模式的一部分。

面对可持续性这类复杂问题，使用“模式语言”来描述和探讨深层结构模式，会很有帮助。比如面对水资源短缺的问题，公司很容易落入转移负担的模式。把工厂迁到水源较丰富的地方，或用水管控较宽松的地方，目前这也许没什么问题，但如果你面对未来，发现水资源总体

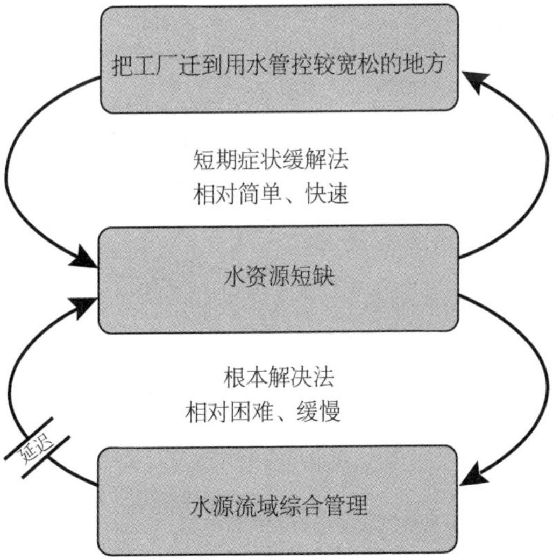

图 4.2　水资源短缺：转移负担的模式

上会越来越短缺，问题就来了。如果你愿意面对未来，你就会考虑更根本的解决方法："让我们和当地社区共同协作，更好地管理水源流域吧。"人们要能看清这个模式，特别是要能看清那些回避更根本的解决方法的应急措施和症状缓解法，这些都意味着问题会再回来，并导致更多的症状缓解法。这是个很有帮助的修炼，它让管理层更深入地考虑各种选择方案。

观察更大的系统以利于做出战略选择，这没有什么不可思议的地方。神奇的魅力会来自大家实际完成的这一工作，并从中真正学会如何共同思考。

跨界协作

世界是由组织机构和组织机构的网络塑造的。因此，作为系统思考者的个人最终并不重要。历史上曾经出现过许多智者，我们这个时代也不会例外。随着工业时代走向终结，应对当今挑战所必需的系统智能是集体性的，必须通过不同层面的人来共同开发，包括组织内外、跨越产业、社区和全球供应链的团队和网络中的各级人员。

正因为认识到了这一点，过去10年在商业界，近来也包括在商业组织和非政府组织之间，各种协作计划在不断增加。例如，世界可持续发展工商委员会（World Business Council for Sustainable Development）已经宣布，自己的企业会员已经代表世界GDP的1/3。谷神创业基金是由投资商、环保组织和公众利益团体组成的全国网络，专门支持公司应对可持续发展挑战。美国商务社会责任国际协会（Business for Social Responsibility，BSR）也面向250家公司成员和其他类型组织提供这类服务。海洋受托责任委员会（Marine Stewardship Council，MSC）是世界自然基金会和联合利华公司（一家经营食品及洗涤用品的超大型跨国公司）共同成立的，目的是为可持续渔业提供认证。其他一些协作针对特定的目标，如绿色电力市场发展集团（Green Power Market Development Group）通过为大客户提供绿色电力保障来推动可再生能源的发展；美国气候行动合作伙伴（United States Climate Action Partnership，USCAP）则致力于推动国家制定更激进的温室气体减排政策。

但是，成功的协作说起来容易，做起来难。在实现创始人目标的过程中，上述许多计划都遇到了困难和障碍。比如海洋受托责任委员会就远未能实现联合利华对世界范围所有主要鱼制品进行认证的目标，此外，相互竞争的认证机构还限制了林业产品认证的有效性和广泛传播。[2] 许多协作计划带来了大量会议和空谈，却没有什么实际行动。一位参与了许多协作计划的老资格高管说："这些圈子实在让人烦恼。大家要么就似乎对什么都意见一致，要么就陷于无法妥协的哲学观点之争。"

问题的部分原因在于我们低估了对背景高度多样化的人群在一起学习时的困难。比如，根据以往这类情况的经验，大家一般很少有真正的共同愿景。往往是某个人或某个群体的愿景被强加在大家身上，有时以隐秘微妙的方式，有时则是通过公开的方式。大家知道需要一起学习，可能需要通过工作小组，或通过复杂的供应链网络，但因为害怕冲突，大家往往避免探讨敏感问题。大家知道相互信任很重要，但没有可靠的方法建立信任关系。大家可能都说要跨界协同工作，可部门和地方割据最后还是各行其道。

这些问题的出现还有一个原因，即大家经常把成功的协作看成是良好愿望的产物，而忽视了必要的技能。我们的经验正相反：协作的容纳能力建设是艰难的工作，人们必须要认识到这一点。它需要时间和高度的承诺投入。不然的话，根深蒂固的坏习惯就会占据上风，比如回避冲突的习惯，或者仅仅为了强调自己过去的观点而进行辩论的习惯。

在当今充满挑战的环境背景下，这些技能对新的协作计划就更为关键。大家往往从差别很大的组织走到一起，又很少有过协作的经历，而且各自带有截然不同的世界观。例如，企业和NGO组织的领导者往往有过相互争斗的历史。而且，当面对各自深切关怀的问题时，在感情上的投入和执着，可能很难让大家保持冷静和开放的心态。

但尽管存在这些困难，各种形式和规模的协作还是在实际推进中。出现这些困难也毫不奇怪，因为今天大家尝试的协作计划，无论从规模范围和复杂程度上都几乎是没有先例的。这么多协作计划的存在和持续推进这一事实本身，就给人以很大的希望。企业之间正在共同应对碳减排、绿色能源以及更综合性的可持续发展战略问题，鱼制品和林业产品正在接受认证，而围绕这类问题的跨界协作的必要性也已经被认可。我们现在需要做的，就是学会把这种协作进行得更好，而且必须尽快学会。

如今，我们再没有回头路可走了。如原联合利华管理委员会成员、可持续食品实验室（Sustainable Food Lab，由包括世界最大的食品公司和非政府组织在内的50多家组织共同成立的联盟，致力于把可持续农业模式变成主流的农业模式）联合创始人安德烈·凡·赫姆斯特拉（Andre van Heemstra）所说："创造可持续农业模式将要求通常不合作的各方一起协作，这的确很难。但让90亿人口① 有可持续的食品供应，需要做出的变革不是某一个部门所能完成的，除了协作我们真没有别的选择了。"

创造：超越反应式解决问题

解决问题是把你不想要的东西去掉。创造是把你想要的东西带入现实。我们认为这里面的微妙而又深刻的区别，对未来是至关重要的。

创造过程的能量是从大家真正向往的梦想和愿景中激发出来的，而这种愿景又与大家对现实的准确而深入的理解相呼应。而反应式地解决

---

① 据联合国预测，世界人口到2050年将突破90亿。——编者注

问题，它的动力来自危机感，通常还有隐蔽的恐惧感，即害怕如果问题得不到解决，将会产生怎样的后果。

这点区别不是黑白分明、非此即彼的两分法。在创造我们真正向往的未来的过程中，一定会出现许多问题，而有效解决问题的技能对处理这些问题就是至关重要的。区别在于理解什么是主要的动机、什么是次要的动机。如果解决问题成为主要的动机，我们就会执着于毛病和问题，总试图回避我们惧怕的后果。而当创新成为主要动机，生命过程就成为实现你真正的梦想的经历，在这个过程中你会解决必然出现的许多实际问题。现实因此不再是敌人——反思和理解各种问题之间的联系，思考它们为什么会出现，思考各种影响力对产生现状的作用，这些其实都是必需的。但积极应对这些影响力，与针对出现的问题而做出被动反应，完全是两码事。

建设可持续的未来意味着完成各种你能想象得到的集体创新。比如，逐步创造新的能源系统、新的建筑和交通系统、新的大幅降低废弃物和有毒物质的方法，而这些都要基于新产品、新工艺流程、新的商务模式、新的管理和领导方法。这要求大家有激情和耐心，要求大家能理解目标的真实、深层的含意，并为此而共同努力，以开放的胸怀接受新思想，包括看上去很陌生、具有威胁性的思想。这还要求大家有勇气去行动，并且在没有所有答案的情况下行动：你不能迷恋舒适的地带，幻想“找出所有答案然后再实施”。创新的过程一定是学习的过程，这就意味着承担风险，以开放和谦虚的心态进入困难的、未知的领域，并且不断发现自己的缺点和弱点。

激发人们和组织机构主动创造未来的潜力，而不是对现在的问题做出被动反应，这要求我们抓住两项基础工作，这也是在组织学习领域中的一贯做法：建立对未来的愿景，加深对现实的理解。

真实的愿景能够产生的力量在世界各地的文化中都有阐述。《圣经》

中的训诫也说："没有愿景的民族将要灭亡。"（Where there is no vision the people perish.）但同样重要的是，有能力对现实的状况进行尽量客观地观察。往往有人虽然理解愿景的重要性，但不想面对现实中的困难和痛楚；有人只看到现实中不好的地方，却无视现实中可以调动的积极因素——这些人都不能正确理解看清现实的意义。

系统地看清现实对创造未来非常重要。不然的话，人们就会被那些对"问题"支离破碎的观点所迷惑，结果往往寻求表面的应急措施。比如面对今天可持续发展领域的危机，世界各地的人都在对不同的方面做出反应，并认为这些是不同的、分离的危机：气候变化、高油价、不断增加的废弃物和有毒物质、不健康的食品、水资源短缺、社会和政治不稳定。对此，人们并没有开展深层次的反思，去发现这些不同的问题之间的内在联系。从这个意义上说，看清系统的能力和创新过程之间有自然的、必要的互补关系，就像图 4.1 中的三条腿板凳所示意的那样。

不管我们用什么语言描述，许多人都会感到，当自己在做真正喜欢做的事的时候，是有一种能量和激情的。那是我们想做的，不是必须做的。从后面描述的每一个案例中你会看到，一些个人、小团体或者更大的组织网络，在用温和而坚定的方法推动这种从被动反应到主动创新的转变。每个案例中，你都会看到人们在培育积极的未来愿景和坦诚面对现实这两者之间，如何进行有效的转换。

有一句古老的谚语说，人类活动的根本动机只有两个：绝望（desperation）和愿望（aspiration）。没有创造的愿望和动机，绝望就乘机流行。然而，也并非一定如此。

工业时代泡沫之后生活的指导性理念和原则，在努力促生新时代的创新者的愿景、承诺和行动中得到彰显。他们的故事和智慧揭示，我们都只有一个基本的选择：或是坐在旁边等待更多的创新者去创造一个不同的未来，或是加入他们的队伍和征程。

第二部分　未来就是现在

The Necessary Revolution:
How Individuals and Organizations Are Working Together to Create a Sustainable World

在第一部分里，我们讨论了工业时代的终结，这将是我们的思想、生活和工作方式的转变，它为我们呈现出非同寻常的巨大机遇：我们将共同创造一个未来，与繁荣昌盛的世界真正和谐的未来。

然而，我们要迈出的第一步是持续探索：我们究竟想创造一个怎样的世界。对本书作者而言，这不是一个理想化的乌托邦，而是我们真实生活的体验和感悟——我们有幸亲自接触到了不起的人物和令人惊叹的项目，从中收获体悟。对这些人物来说，再生型经济就是回应以下这样的简单问题："真正需要的是什么？""我能做什么？"仅此而已。他们的故事会帮助我们所有人记住，超越工业时代泡沫的生活需要变革，而变革将来自无数充满想象力和富于勇气的行动，来自无数迥然不同的环境背景：公司、非政府组织、松散型组织网络和工作小组——在这些社区，新思想和新行动能够生根、发芽、成长，并不断壮大。

在下面几章里，你将会读到：一批地方工商界人士、市政府官员、学生和大型汽车企业，怎样协作，促成一个国家大幅降低了对化石燃料的依赖；在能源消耗足迹最大的单一产业里，一群建筑师、建筑工程公司和业主，如何通过学习实践，超越了传统的势力范围之争，并成就了创新；还有，一家全球性企业和一个全球著名的非政府组织，如何通过合作来呵护我们最珍贵和奇缺的资源——水。

从下面的几个故事中，你将会看到，变革和转化工作如何在最具挑战的环境条件下得以持续发生：引领变革的领导者，既缺乏经验和权威，资源上也捉襟见肘，而经验、权威和资源通常被看作推动这类变革的必要条件。你将要读到的这些人物，没有一个在开始时就拥有所有答案——直到现在，他们也还是没有。但是他们知道，他们不能在角落里袖手旁观，坐等变革的出现。

他们学会了帮助自己，也帮助其他人，观察那些塑造他们的组织和他们的世界的更大系统。他们直面公司和产业的现状，并且质疑它们的发展方向。他们深入探索自己最深层的渴望，希冀创造一个体现那些愿望的未来。在实现共同愿景的过程中，他们逐步融合了所有其他人的方式和方法。他们每个人都意识到：他们必须自己去做——但他们又不能独自去做。

你会看到，这些正在塑造超越工业时代泡沫生活的创新者，有着各种背景，而就像他们的组织机构、产业和经历各不相同一样，他们做事的具体方法也不尽相同。

他们的方法不是“魔术”般的不可思议，他们“日常的魔术”无非是激发他们自己和他人的想象力、智慧、热情和关爱，他们的经历是我们所有人的榜样。

| 第 5 章 |

不可怀疑一个人和一小撮同谋者的作为

在所有工业国家中，瑞典可能是在化石燃料的“断奶”方面走得最远的国家。今天，这个国家只有 30% 的能源靠石油支持，与 1970 年的 77% 相比，这比率下降了许多。（相形之下，美国 85% 的能源依赖化石燃料。）

2007 年，瑞典市场上销售的轿车中有 15% 是以乙醇为动力的，而 2000 年这一比率仅仅是 2%。轿车以从甘蔗或纤维素中提炼的乙醇作为动力，比用汽油作为动力要少排放 85%~90% 的温室气体。随着第二代和第三代乙醇（包括从林业废弃物和其他废弃物中提炼的乙醇，而不是从玉米等粮食作物中提炼的乙醇）的生产、分销和应用的进一步发展，全球由化石燃料产生的温室气体排放将会大幅度下降。现在，瑞典的所有主要汽车制造商都提供乙醇动力的轿车或卡车，其中也包括斯堪尼亚公司（Scania），欧洲最大的大型卡车制造商。

这些统计数字和公告的背后是一个永恒的故事，历史学家称之为“基础创新”（basic innovation）。基础创新是技术和组织的基础变革，它创造新的行业，转变原有行业，并且随着时间的推移重塑社会。基础创新的例子包括：电力、汽车、商业航空、数字计算和最近的互联网。基础创新不只涉及单一的新技术，而是聚合了一系列的新发明、新实践、新分销网络、新业务和新商务模式，它能改变个人和组织的思考方式。

学会生活在工业时代泡沫之外，特别是应对80–20挑战，都需要基础创新能够以前所未有的规模和速度发生。这就是我们下面要讲的故事如此重要的原因之一。但这并不是唯一的原因：通过确切地了解瑞典如何能够引领“没有化石燃料”的未来，我们也可以从内部见证基础创新的历程。

得知瑞典的成就之后，你也许会设想，这种规模的变革是出自政府的大力推动——成千上万的人员、庞大的财政补贴、持续多年的高额投入支持的研发。然而，实际情况是，多年以来根本没有这样的支持，政府方面的没有，其他方面的也没有。恰恰相反，这一切都源于一小批人的承诺投入和行动勇气，他们决心要找到其他那些有着共同愿望的人，于是，无数的地区性网络就这样悄然发展起来了。

许多基础创新在开始的时候，也都如此：似乎是一种分隔、离散的状态。正因为创新所需要的巨大变革根本无法提前预知，所以看上去似乎令人畏惧、无法实现。催化变革的往往是为数不多的一些人，他们既能看到更大的模式演化的可能，又能注重一小步、一小步的增长势头。汽车工业、商业航空运输和个人电脑就是这样创造出来的。虽然，涉足其中的那些人完全无法预先知道他们可能成就什么，但是他们被萧伯纳所说的一种“宏大的目标”拖了进去。20世纪90年代初，瑞典的佩尔·卡斯泰德（Per Carstedt）就是这些人中的一位。

从巴西到瑞典

佩尔·卡斯泰德拥有瑞典北部一家大型福特汽车经销公司，这是桩家族生意，最初由他的父亲创建。佩尔·卡斯泰德在巴西住过几年，1992 年的时候他参加了里约热内卢大会，那是第一次全球环境高峰论坛。从那之后，他发现自己“沉浸”于他所谓的“大局问题”之中，不能自拔。

“我开始大量地、如饥似渴般地读书，没过多久，我就意识到，我们在这条路上不能再继续走下去了，完全不可能了。人类在这个星球上存在了大约 20 万年。最初的 19 万年，我们只是猎人和采集者。后来的 1 万年，我们成了种植者。然后，到了 150 年前，人类人口和活动的数量就发生了不可思议的爆炸性发展，起因就是可以获得廉价的能源。1900 年，地球上的人口大约有 15 亿，到了 1950 年增长到 25 亿，2000 年增加到了 60 亿，现在，已经是 70 亿了。要想理解这么快、这么大的变化带来的影响，几乎不可能。”

其实，不需要拥有博士学位也可以思考这些大系统的问题，佩尔·卡斯泰德就是个活生生的证明。他回到瑞典后开始提问——也是我们中的任何一个人都能提出的问题，只要我们学会不时地“退后一步站”，思考一下那些我们置身其中的更大的现实，思考一下那些主导力量正把我们推向哪里。而在思考这些问题的同时，我们常常会有一种感觉，要改变一家公司、一个行业或者一个国家，我们几乎什么都做不了。正是这种感受，阻碍了我们提出问题。不幸的是，这种宿命的感受会很容易成为“自证预言”。

卡斯泰德看到了这些历史性变革，并发现自己已深陷其中，这驱使他不断提出一些“大局问题”。虽然，对于这些问题会把自己引向哪里，他一点儿头绪也没有。书读得越多、与朋友聊得越多，他就在那些不同的问题之间发现了更多的联系，也更清楚地看到，必要的变革必须以什么样的范围和规模发生。“但是，我问自己，一个人能做点儿什么呢？”

答案还是来了。一家基金会与卡斯泰德联系，请他帮助把乙醇动力汽车推入瑞典市场。“我在巴西就开过乙醇动力汽车。对我来说，这没什么大不了的。但是大家都说，乙醇汽车在瑞典没法推行。天气太冷了，汽车根本没法发动。再说，也没有添加乙醇燃料的地方。这个主意在瑞典没有市场。对此，全欧洲没有一家公司有办法，包括福特在内。”

卡斯泰德到处打听，终于在底特律找到了福特公司的一位经理，他主管着一个称作“弹性燃料”（flexi-fuel）的小项目，负责生产可以使用乙醇、汽油，或乙醇和汽油任意比例混合物作为燃料的轿车。“这位经理的太太恰好曾在瑞典做过交流学生，他也喜欢这个国家。他把我当作潜在的盟友，1995 年他帮助我们买了三辆车。福特公司本身没有这类项目，对我们在做的事情也一无所知。”

卡斯泰德当时觉得，弄几辆车到瑞典就万事大吉了。“大家会看到车跑得挺好，这就会创造出需求，这又会让福特公司增加进口量。但是，我错了。事情完全不是这样。”

当卡斯泰德发现三辆车还不足以“唤醒”市场，他就与福特公司谈判，购买了 300 辆“金牛座”（Taurus）“弹性燃料”轿车。“金牛座”的车身比起瑞典人喜欢的车型要大，但是没有其他选择。这是福特公司仅有的“弹性燃料”轿车，而卡斯泰德则需要达到市场“临界数量”，才能实现他的真正目标——让人们对“欧洲制造的弹性燃料轿车”这个概念感兴趣。

卡斯泰德谈过的所有汽车制造商都表现得犹豫不决，还拿出报告说，市场调查确认这种车根本没有市场。卡斯泰德和他的来自“瑞典乙醇开发基金会”（后来改称“生物酒精燃料基金会”）的同事，没有因此而气馁，而是一个城市一个城市地跑了 4 年，最终形成了一个包括社区、公司和个人在内的联合体，大家共同承诺购买 3 000 辆乙醇动力轿车。[1]

在卡斯泰德的心目中，他“只是在做‘从逻辑上说’应该做的下一步工作”，但是，他也恰恰是在做一个创业者自然会做的事。他没有费工夫和制造商探讨有没有市场，也没有组织更多的市场调查或者学术讨论会，而是安排了一个实地测试。在这个过程中，他也不断地激发其他人参与，主要是地方政府官员。大家一起形成了动力，推动实现他的想法。没过多久，“生物酒精燃料基金会”就开始与几十个组织与个人一起共同工作了。

有车没“油”怎么办?

但是，进口了乙醇动力的汽车，却没有地方加乙醇，这又有什么用呢？“这真是个先有鸡还是先有蛋的问题，”卡斯泰德说，“我们没有车，是因为没有乙醇站；我们没有乙醇站，又是因为没有车。”所以，就像他碰到其他问题的时候一样，“这是因为我们才刚刚开始”。

到卡斯泰德和他的同事们进口了第一批 50 辆福特车的时候，他已经设法说服了两家加油站，安装为汽车添加乙醇的装置，一家在他家所在的奥斯可尔德斯维克地区，另一家在斯德哥尔摩。为了进一步扩大乙醇站的数量，为他们计划进口的成百上千辆车提供服务，卡斯泰德和他的“生物酒精燃料基金会”的同事们开始了一项大规模的“劝说运动”，逐家走访零售商，其后往往还要提供财务安排，并自己安装乙醇泵。

“到了 2002 年，我们在全国就有了 40 家乙醇站。2004 年 6 月，第 100 家乙醇站开业。我记得，前 50 家正式开业的时候我都在场。”卡斯泰德大笑着说。所幸的是，他的出场在这之后就没有必要了。乙醇站的数量在 2005 年翻了一番，在 2006 年又翻了一番，到 2007 年 8 月，达到了 1 000 家，这个数量是瑞典加油站总数的 25%。卡斯泰德说："前 100 家花了 10 年的时间，而现在，我们每 3 个月就增加 100 家。"

在增加乙醇站的同时，卡斯泰德与他的同事们一起，也在开展乙醇供应的研究，了解采购乙醇的不同选择，既包括短期选择，也包括长期选择。20 世纪 90 年代中期，瑞典进口乙醇的批量还不是很大，但对于卡斯泰德开展他的工作来说已经足够了。然而，当需求开始增加，这项业务的价值也随之上升。这时候，负责进口乙醇的公司决定把自己挂牌卖掉。卡斯泰德组织了三家能源公司把这家公司买了下来，防止它落入"黑手"——被那些只想利用价格上升的机会赚钱的人买走。

几年后（但仍然在始于 2006 年的"生物燃料热"之前），他发出了确有先见之明的警告："这项事业的最大风险之一是机会主义。那些追逐短期收益的人，将会利用当前人们对石油依赖的恐惧，也许还会做很多蠢事，最终导致公众对生物燃料的反感和反对。这些人不会考虑生物燃料发展为替代能源系统的组成部分，需要相对长期的投资。"

考虑到这一点，"生物酒精燃料基金会"从 2000 年就开始了一项行动，试图超越目前"唾手可得"的乙醇供应——从谷物中提炼乙醇，转向其他替代方式，比如，从林业废弃物中提取纤维素乙醇（cellulosic ethanol）。这样，既可以不必与粮食供应争抢资源，又可以大幅度降低温室气体排放。

持续不断地思考这幅"拼图"中所有不同的部分，考虑这些部分最终如何"拼"在一起，这一点很重要。这是因为，市场的发展并没有那么快。有许多年，弹性燃料汽车和乙醇站只是受到一小批热心人士的追捧，大多数人对此没什么兴趣。其主要原因是算经济账。1993 年，当卡斯泰德开始积极介入寻求石油替代品的活动的时候，"石油价格只有 20 美元一桶——当你谈到需要摆脱对石油的依赖的时候，人们只是一笑了之"。

“但是，现有市场的条件与我们所做的事业没什么关系。全球气候变化是真正的动力。人们当时之所以不愿意经营乙醇站，不愿意推出弹性燃料汽车，是因为那时候，在大多数人的意识里，全球气候变化这个问题并不存在。我们竭尽全力，为的就是能够达到形成市场推动力的‘临界变化’。”

吸引“大玩家”参与

考虑到经济和政治是这场变革的两股更大的推动力，卡斯泰德认为，让大型汽车制造商参与进来非常关键。但是当时，只要他对制造商谈起此事，总会听到同样的回答：“没有市场、没有基础设施，存在太多的技术问题，更没有资源解决这些问题。”“与我们所做的事相比，那些高级管理人员考虑的是，从比这风险更小的业务机会中，在短期内获得比这更高的回报。”

卡斯泰德没有因此而放弃。他逐渐意识到，问题不在于没有人感兴趣，而是他还没有发现感兴趣的人。“你必须找对人。你不能把事情说成‘这是福特，那是通用，但是没人感兴趣’。公司是由人组成的，如果你能有运气找到那些想法相通的人，就有机会与他们合作，帮助他们——事情就是这样推动的。”

终于，卡斯泰德在萨博公司（Saab）找到了这样的人。让他出乎意料的是，这些人并不是他从前一直在约见的技术专家。

在对汽车公司的无数次拜访中，卡斯泰德见到许多工程师和研究人员。这些专业人员对生物燃料都有深入的了解，其中有一些一直在做解决相关技术问题的工作。但是他们的工作有一种倾向：假定油价、燃料获得方式、政府政策和汽车行业的“沉没成本”这些条件是固定不变、不容置疑的。多数人并没有了解卡斯泰德所看到的市场动态变化。

然而，像卡斯泰德一样对此有所了解的人都知道，越来越多的人在关注气候变化和石油政治的有关信息，也想做些事改变现状。“多数人认为人们只是为了钱做事，”卡斯泰德说，“然而你可以问他们，‘为什么有这么多人做垃圾回收？即便是要在周六把旧杂志和空饮料瓶送到回收中心去，也会做？’显然，赚钱不是这里的原因。”幸好萨博公司负责市场的副总裁理解到了市场上正在开始发生的动态变化。当大家对环保问题的意识不断提升，他看到了新的市场机会。“是他，说服了那批搞技术的人。”

虽然卡斯泰德与比萨博规模大得多的沃尔沃公司有更好的私人关系（他的哥哥在20世纪80年代末和90年代中期曾做过沃尔沃的总裁），他还是和萨博公司的人开始了合作。当时，沃尔沃的轿车部门正在进行与福特公司（卡斯泰德是后者在瑞典的经销商）的并购，这就意味着，他们对任何的其他议题都无暇顾及。相形之下，萨博在被通用并购之后，一直处于尴尬的局面。这一次，萨博市场部门的人发现乙醇汽车将在未来给他们带来差异化的机会。最终，他们想出了一个办法，调出一笔市场推广资金，用于启动一个实验项目——小规模试产乙醇车，测试瑞典市场。

“你就是要和愿意做这事的人去合作。你帮助他们获得成功，他们就会帮助你实现你的目标。你要是能让萨博成功，就不用担心沃尔沃——他们没有其他选择，只有跟上来。”

让大家“触手可及”

然而，从许多方面来说，卡斯泰德最重要的学习机会还没有到来——要等到他走出自己熟悉的领域，走得足够远，这个机会才会出现。在此之前，他一直沿着一条他觉得自然而然的路前行，工作集中精力，也卓有成效。他全部的职业生涯都与汽车相关，他在国外工作的经历让他有机会接触不同的汽车技术。他熟知瑞典市场，对这桩生意了如指掌。更重要的是，他在瑞典汽车行业里认识很多人。在他看来，要在气候变化方面做点儿事，把生物燃料车推进瑞典市场，只不过是理所当然的一步。

但是，最终的结果表明，这也只是第一步。卡斯泰德也知道这还不够，因为交通工具的温室气体排放占不到总温室气体排放量的 1/4。他不停地思索可持续发展的总体挑战，想要更加彻底地解决问题。

机会再次呈现在了他的面前。1997 年，他和同事决定，在瑞典北部的另一个城市开一家新的家庭用车经销店。做出这个决定不久之后，他遇见了建筑师安德斯 · 尼奎斯特（Anders Nyquist）。两人很快就决定一起工作，“建一个全球最为‘环境友好’的汽车经销店”。卡斯泰德说：“我对这种项目没什么了解。但是我知道这种项目的思路。房子要盖得像一个自然系统那样，要采用废水循环之类的技术。”虽然他不了解建筑，但是他知道建筑供热和供电是最大的温室气体来源，这个项目也就因此对他很有吸引力。

这个项目把降低对化石燃料的依赖又向前推进了一步，更让卡斯泰德从尼奎斯特那里体会到一种新的精神。“你知道，在我交谈过的所有人当中，我一眼就能看出来，许多人只是客客气气地应付——但你知道其实他们什么都不会做。而另一类人，你知道他们在两分钟之内就能将你要说的完全听懂，然后你就有了一生的合作伙伴。”他不久就体会到，这样的合作伙伴可以产生意想不到的创新。在这个事件中，建一个“全球最为‘环境友好’的汽车经销店”的概念，逐渐演变成他和尼奎斯特称为“绿区”（Green Zone）的想法——一个集卡斯泰德的汽车经销店、麦当劳餐厅和加油站（自然是汽油和生物燃料都有）的商业区，尽一切可能提高能源效率。他们设计了将不同业务相互连通的系统，比如，餐厅厨房的余热用管道输送到汽车经销店和加油站，用来供热。总体的能源消耗与类似的开发项目相比，降低了 80%。[2]

用集成设计方法把不同的业务配合起来，使一项业务的废弃物或副产品变成另一项业务的资源，让整个系统仿佛森林一样工作，这是一个已为人所知的“工业生态群”的概念。当时，在欧洲已经有了几处集成建筑的样板，最引人注目的一个在丹麦的卡伦德伯格。但是那些都是工业建筑，卡斯泰德和尼奎斯特做的“绿区”是一所“日常”小生意的混合区，可以成为一个样板，燃起其他人的激情。

再次出乎卡斯泰德意料的是，他的小规模实验项目引发的反响超出了他最初的想象。没过多久，全球媒体都开始关注这个项目。从 2000 年到 2006 年，“绿区”引来了 500 多次正式的研究访问。

“一天，一个来自日本的摄制组正在进行拍摄，不经意间，我一下子被一个想法‘击中’。这些人跑了大半个地球来看我们这个小项目，而我一直觉得，这件事不管怎么说都没什么了不起的。毕竟，大多数的技术已经成熟，就在‘手边’，我也觉得这只是很小的一步。但是，我一直忽视了‘让大家触手可及’的重要性。”

“我跟人聊起生物燃料、气候变化，以及系统方法等等，大部分内容对多数人来说都太理论、太抽象了。”而一旦有了具体、实在的东西，“人们就可以‘看到’系统的角度”。

卡斯泰德这时候发现的是一个重要的经验，愿景是如何在更大的范围抓住人心的。当人们不必花太大力气就能够想象另一种未来的时候，多数人是从具体走向抽象，而不是从抽象走向具体。“绿区”激发了人们的想象力，正是因为这个项目小，而且相对简单，做的又是人们能够理解、与日常生活有联系的生意。看到“绿区”如何工作，其他人“凭他们自己，就能开始再向前推进几步”。卡斯泰德解释说，“他们不用我也不用其他人告诉他们要想做好这件事必须要做什么”。

后来，许多人正是这样行事的。而后，他们开始设想整个地区都像“样板小区”那样运作，把“绿区”升级成一个“生物燃料地区”（Biofuel Region）。[3] 卡斯泰德说，这个区域“基本上也是实实在在的，大家‘触手可及’。大家可以来考察，然后说‘我们去过那个地方了’。他们回家之后就可以告诉其他人：‘如果他们做得到，我们也能做得到’”。

渐渐地，形成一个完全不依赖化石燃料的工业区的远景，开始围绕着三个目标呈现出来。

“第一个目标，我们要成为这场变革过程在全球的典范，”卡斯泰德说，“到 2020 年，我们需要生产更多的可再生能源，超过我们的车辆使用的需求，这样，就可以满足其他的能源需求了。”

第二个目标是引导变革的过程，使之支撑工业发展和区域发展。“这方面，政治家们几年前开始关注。我们需要按照不依赖化石燃料的理念，为未来 50 年建设工业基础。”不经意间，卡斯泰德的完整系统观点与就业和商业发展关联起来了，他的经济和政治变革的“更大玩家”开始逐渐参与进来了。

第三个目标是不断开发新的做法，与其他那些有意摆脱化石燃料依赖的地区共享，同时持续拓展创新。“如果全世界都把我们当作一个领先者，我们就必须让大学和其他机构参与进来，不断创造知识。”

今天，有 200 多人受到瑞典北部地区“生物燃料区”这一愿景的吸引，积极参与相关工作，包括学生项目、区域商业、建筑及城镇设计，以及原料开发和乙醇生产的持续推进。比如，2004 年年中，一家旨在从木屑中提炼纤维素乙醇的实验工厂开业。木屑是瑞典庞大的林业大量产生的废弃副产品。第一家从木屑中提炼纤维素乙醇的示范工厂将于 2009 年投产，第二家示范工厂将在 2012 年投产，第三家将在 2014 年投产。“我们要做许多方面的生产流程改善，以便与他人共享，”卡斯泰德说，“新工厂采用的技术，在全球许多地方都可以应用。”

另一点同样重要——企业、政府、设计师和学生都参与到一个深度的、持续进行的对话过程中，形成共同的目标和远景。“我们一直在学习，学了很多，学得也很快，”卡斯泰德说，“关键是要不断地朝前想，想未来 30 年、50 年，同时也持续开发在这个时间框架中可持续的流程、设计和能源供应来源。要将这个世界的温室气体排放降低 80%~90%，我们需要系统变革。这就意味着人们一起工作，创造与现在完全不同的汽车、建筑、能源基础设施，以及许多从未出现过的东西。”

“生物燃料区”这个愿景，不仅迷住了瑞典人，也迷住了全球其他地区的许多人，这倒也不太令人感到意外。现在，卡斯泰德正在帮助协调一个由欧盟出资 2 000 万欧元支持的全球项目，项目涉及的 10 个地区都想跟随瑞典北部的变革脚步。“这项新的行动的目的，是尝试加速知识转移，并加快变革的速度……是试着把火种带到那些城市去，让变革之火继续蔓延下去。”

卡斯泰德的经历也让他想了许多关于未来将会发生的深刻变革。“生物燃料当然不能解决全部问题。我们必须更加精打细算地使用交通工具；我们不能再绕着地球把蔬菜运来运去；不管采用哪种能源方式，我们必须断然采取措施，提高能源效率。如果我们尽最大努力降低能源消耗，却也只能做到 60% 的能源来自可持续资源，那么，我们将来要么被迫忍受更高的能源价格，要么被迫少用能源。”

“我们已经把廉价能源当作一种‘人权’。为保障获取廉价能源的‘自由’，我们不惜付出一切代价，不仅是政治代价，甚至是军事侵略。”我们依赖廉价能源，又全然不理会我们执着于其中所产生的副作用，这就是“泡沫”中生活的特点。“最终决定一切的是态度的转变，是生活方式的转变。我认为，‘生物燃料区’之所以让人感到振奋，正是因为大家不仅看到了新技术，更看到了正在发生的转变。”

| 第 6 章 |

“调整”一个行业

威利·萨顿（Willie Sutton）以抢劫银行而恶名昭著。一次，他被人问起，为什么要抢银行，他的回答言简意赅：“因为钱在那里。”

如果将全球的碳排放比作货币的话，那么能够找到大部分“钞票”的地方，就是我们的办公楼、商业中心、酒店、工厂、公寓建筑和私人住宅。

我们的商业、工业和住宅建筑是今天最大的能源消费地，因此，也成为最大的温室气体贡献者。用来制造建筑行业称为“建成环境”（built environment）的供热、空调和供电，产生了美国温室气体排放的 40%（全球的温室气体排放的近 60%），大约是汽车行业排放的两倍。显然，如果任何人想要创造超越工业时代泡沫生活所需要的能源系统，建筑环境就是一个必须着力的“高效杠杆支点”。

然而，建筑行业的转变挑战巨大、困难重重，超过几乎任何其他行业。这个行业高度分散，不同的竞争利益之间相互争斗，甚至相互猜疑——对于多数行业老手来说，正是这些造就了这个行业的规矩。

“在所有的重要项目中，在业主/开发商、设计师和承包商这主要的三方之间，常常存在着一种相互对立的关系。”鲍勃·博科拜尔（Bob Berkebile），1990年创立的美国建筑师协会（the American Institute of Architects，AIA）环境委员会的创始主席这样说道。比如，开发商“倾向于把建筑的总成本预算定得尽可能低，为的是保证项目利润的最大化。而后，建筑师、工程师和建设公司就会相互竞争，各自争取在确定的预算中获得最大份额”。

所以，最终大家得到的是安装了最廉价的供热和空调系统的建筑，而不是安装了最高效的系统的建筑，而实际上，安装一个价格较高但效率也较高的系统，从长期来说能够为业主省钱（而且对环境也较为有益）。

最终的净结果，往往是一个“次优”的传统设计，既浪费了资源，在运营成本上又比绿色建筑高了2~3倍——这个成本又无限期地转移给了租户。租户有他们自己的目标，诸如舒适度、员工健康、生产力，以及较低的运营成本。但是，他们通常完全不参与建设过程，一旦建筑完工，他们对这些因素（和成本）也没有什么影响力。

戴维·戈特弗里德（David Gottfried）是一个小镇的开发商。多年来，他对这个行业的共识过程感到灰心丧气，因为这一过程似乎是持续地把自己交给“最低标准协议”。他与环境律师迈克尔·伊塔利亚诺（Michael Italiano）都相信，一定会有更好的办法。他们与博科拜尔走到一起，加入了他的美国建筑师协会的环境委员会，形成了一个由有类似想法的人组成的社团。大家的兴趣在于真正应对建筑对环境、健康和福祉以及社区的总体影响。

在所有的具体细节上，他们的故事都与卡斯泰德的故事完全不同，但在核心经验上却产生了共鸣。10年之后，他们成功地建立了美国绿色建筑协会（U.S. Green Building Council，USGBC），形成了今天已经扩展到全美和全球的能源与环境设计先导（Leadership in Energy and

Environmental Design，LEED）认证系统。今天，美国绿色建筑协会及其在印度、中国、巴西和墨西哥等国家的姊妹机构——绿色建筑协会已经成为建筑行业强有力的统一力量。

做到这一点很不容易。这些非凡的变化的发生过程是一个传奇，它讲述了一个小团队的无私奉献和建立网络的技能。开始的时候，他们并没有详细的计划，但有一个强烈的信念：除非大家能够发现实际可行的方法，让所有的核心成员一起进行真正的共同思考，否则什么都不会发生。

把整个系统放到一个房间里

美国绿色建筑协会的第一次会议始于 1993 年，地点在华盛顿市，到场的有十来个人。他们之中的大多数人之前就已经是朋友了，因此所有人在背后都有可能支持他们的关联公司。比如，后来成为创始主席的瑞克·费得利齐（Rick Fedrizzi）就是开利公司（Carrier）的高管，这家公司是供热和空调设备的供应商。虽然这些人的背景各异，但小组成员们发现，他们共有一个简单的核心愿景：转变建筑的开发建设方式。

创始小组的成员们都很清楚，建筑行业的分散和竞争阻碍了变革，于是下决心从一开始就让整个系统的所有代表都参与进来。“这意味着包括地产的业主、财务公司、工程师、建筑师、工程公司和涉及地产的全部生命周期的所有角色，也包括环保组织、政府机构和媒体。”来自英特飞公司（Interface）的吉姆·哈斯菲尔德（Jim Hartzfeld）解释说，他后来成为美国绿色建筑协会主席。“对于一项计划，只要行业中有任何一个关键方觉得有问题，这项计划就一定行不通。它根本就不会发生。除非整个系统都在这个房间里，否则就完全没有机会达成真正的共识。而没有达成共识，发生重大变化的可能性也就很小。这成了我们的第一个基本想法。”事后证明，这正是一个关键环节。

但是，做到这点很不容易。哈斯菲尔德回忆说：“有许多次会议都开得相当难看，有人破口大骂，还互相扔东西。”最初，这个小组把范围限定在大型商业办公建筑。但是，即便是在这个较小的目标范围之内，要想达成共识，也需要改变他们的运作方式。这个小组没有试图解决所有问题，他们发觉需要往复进行多个循环，看清问题、澄清目标、“寻求大家能够达成一致的地方”。哈斯菲尔德说：“‘寻求一致，然后行动’成了我们的口号。我们不想浪费时间，不想在所有无法达成一致的‘大拼图’细节上打来打去，把所有的时间花在争论谁对谁错上。结果，这成了我们学到的最基本的经验。它使得我们以可能取得共识的方面为基础，把事情引导到行动上，然后就是去做事。”

在这个过程的早期，这个小组或许感觉到了需要表达一个绿色建筑的“宏大愿景”的压力，但对行动的偏爱使他们得以避免这类压力。哈斯菲尔德说，考虑到我们当时只是个工作小组这一情况，形成面面俱到的、大家一致同意的愿景“为时过早”。最终结果证明，这个方法十分有益。当越来越多的人参与到这个过程之中，这个方法使得一个“边干边学”的、重视合作的过程成为可能。哈斯菲尔德和其他人这时发现的是建立真正的共同愿景的第一原则：需要时间，并且在这个过程中，参与要比表面上的一致重要得多。

当更多的人加入到这项工作中，这个小组及早发现了可以达成一致意见的一个重要领域：基于市场的力量比法律和政府行为更强大，更能激发创新和真心实意的承诺投入。哈斯菲尔德说：“当人们了解到现在有更好的方法做建筑，而这又是每个人的最大利益，就会产生自发的市场反应——我们意识到，这比用任何管制的办法强制执行更有效力。基于市场变革的观念成为这个小组的第二个核心观念。”

集中“专业经验”：LEED评级系统

即便是大家达成了一致意见，他们目前尚不需要一个“宏大的远景”。美国绿色建筑协会的早期参与者们却还是发现，他们自己也无法解答一些重要的基本问题，哪怕是相当初步的解答。比如，究竟什么是绿色建筑。

哈斯菲尔德说：“有些人描述他们的建筑时会说，‘我的建筑差不多是绿色的’。有的会说，‘我们的建筑特别绿色’。还有的会说，‘我们的建筑是棕色的’。”正是由于这个原因，他们在 1996 年启动的第一个合作项目，就是开发一组初步的客观指标，用来明确一个绿色建筑的关键特征。

在这个过程的最初，另一个指导思想也逐渐形成了。哈斯菲尔德解释说：“从最初开始，我们就把建筑看作一个系统，并且详细描述其中的相互作用、相互影响的特征。”比如，采用可循环材料固然重要，但仅凭采用可循环材料就确定一个建筑是“绿色”还是不够的。“你必须考虑整个系统，土地、地点本身，如何使用水，如何使用能源，里面采用了什么材料，室内空气质量如何，对住户的健康有什么影响，等等。”这个系统性视角变得十分关键，它也与以往尝试降低建筑负面环境影响的角度全然不同。

然而把一个建筑看作一个系统，又需要挖掘与设计、建筑学、工程建设和建筑维护等等方面相关的专业能力。这就需要这个过程的组织者既充满信心，又极为谦逊。哈斯菲尔德说：“我们的贡献不是了解任何一位专家头脑里的知识，而是把散布在整个行业中的专业经验和能力带进这个对话。”

挖掘集体智慧、建立集体拥有感这一目标，逐渐帮助这个团队形成一个团结、坚强、有凝聚力的集体。但这也花了很长时间。在初步的

LEED指标上达成一致，竟然用了4年。然而，随着指标体系逐渐成形，也催化了一个集体学习的过程，每个人都被其强大的力量震慑了。就像佩尔·卡斯泰德的“绿区”，指标体系成了一个具体的东西，虽然还不完美，人们还是可以使用它、触摸它——并通过这样做，留下他们自己的印记。

哈斯菲尔德说：“随着LEED评级系统开始变得逐渐清晰，人们抓住了这个工具。他们会说：‘这里有各种不同的办法让你得分。得分越多，这个建筑就越绿色。’评级系统把绿色这个模模糊糊的概念造就成一系列客观的步骤，这样大家就可以做一些实际的事了。我们从来没有想让评级系统成为绿色建筑的‘终极指南’，但是它帮助人们搞懂了一个既复杂而又不定型的概念。即使对它不完全了解，大家还是可以朝着共同的方向迈步前进。”

与此同时，创始小组的成员们开了无数次的研讨会，进一步细化、完善评级系统。首先，他们就一个基本框架达成一致：评级系统涵盖5个方面——可持续场地（包括水土流失控制、交通和减少污染）、用水效率、能源与大气污染、材料和资源利用，以及室内环境质量（包括室内化学污染水平和温度适宜度）。然后，他们把这个5个方面进一步细化分解，确定哪些人对哪些方面有兴趣。小组工作是自发自愿的，大家都把精力集中在自己最感兴趣、最具专业能力、最愿意投入精力的领域。

哈斯菲尔德回忆说：“即便是讨论逻辑和技术问题，大家也会激情迸发、情绪高昂。”逐渐地，协会成员学会了“深度汇谈”的第一原则：努力控制自己的激情——大家各自表达不同的观点，也表达与之联系的情绪，但同时保持小组是一个整体，也不让任何人因为观念不同而感到遭遇威胁。[1]这样做不仅强调了对每个人的尊重，随着不同的观念逐渐汇合到一起，并且相互影响，大家也逐渐感受到了一种集体的势头和力量。

“大家会从自己拥有的经验和‘能量’方面出发，强烈地表达自己的意见和观点。某一位或许是集毕生精力，研究建筑中空气对人体健康的影响。那么他看待所有的问题，就会从通风和煤气控制的角度出发。”这类讨论把每个人都淹没在了自己所不熟悉的专业领域之中，这当然挑战很大。但是，最终“每个人都从这个经历中受益，每个人的视野都在不断被其他人拓宽。大家最后总会说‘这里面的东西比我原来想到的要多’”。

详细讨论彼此之间的不同，又保持集体不被分裂，这样的容纳能力不是自发产生的，而是经过对团队深度对话的有目的的设计，引导人们之间加深关系而逐渐培养出来的。

博科拜尔说：“每当我们聚到一起，都会花时间让大家互相介绍，说说对于个人来说什么是重要的，谈谈为什么我们要自发自愿地花时间和精力一起来做这件事。这样，当人们的观点出现对立的时候，彼此之间都有个相互理解的基础——大家都非常关注真正的变化。把我们大家联系起来的是一种共同的热望：为了孩子，我们要努力变革。”

哈斯菲尔德说：“在整个过程中，我们都是依照组织学习理论中‘热望’的道理，人们都朝着至关重要的方向调整自己，而不是仅仅出于解决问题的目的。回想起来，一小群人竟然想要转变一个占美国GDP 8%的行业，这的确很疯狂。但是，这正是我们心中所想。”

超越公司的界限

LEED评级系统的初步工作模型一完成，工作小组就用了九个多月的时间，把它拿到几个已经完成的建筑去做测试。但是，即便是在这个初级阶段，一些人已经开始用它来指导设计了。“这对于我们来说，是一个重大发现，”哈斯菲尔德说，“这像是一种不为人知的饥渴状态。许多人都是自己在尝试建造更加环保的建筑，只是他们相互不知道。实际上，他们是在等待，等待有这样一个东西，把他们拉到一起。”

随着LEED认证系统在2000年面世，这个组织也爆发般地成长起来。今天，它已经成为绿色建筑的基石之一。截至2007年年中，全球已有7 500座建筑获得LEED注册认证，而2002年只有635座。2008年开工的绿色建筑的价值预计会突破120亿美元。研究表明，绿色建筑不仅节约能源、降低成本，在绿色建筑中工作还可以改善员工身体健康状况，提高生产率，减少旷工，并提振员工士气。

虽然LEED认证目前仍然是自愿的，但是它正在成为一种行业规范。2006年12月，华盛顿市政府通过了一项法案，要求私营开发商遵从LEED标准。波士顿市政府也采取了类似的行动，针对面积超过4 650平方米的私人建筑，修改了规范。其他州和市也追随其后。

从2000年到2006年，美国绿色建筑协会的会员增长了10倍，达到10 500家机构会员。同时，有38 000位专业人士获得了LEED评级系统认证，数十万人参与到密切合作中，在北美和全球范围内负责设计、建造和监控绿色建筑。今天，绿色建筑协会在41个国家建立了70个分会和其他分支机构。

LEED的指标体系还处在完善的过程中，但是，第一个LEED认证完成的本身就昭示了一个理念及其时代的到来：为建造“更加环保”的建筑，制定一个体现共识、自发自愿的认证系统是可能的，而这个过程本身又可以成为激发创新、社区建设和持续学习的强大动因。

随着LEED项目变得越来越普及，LEED的要求也变得更加严格。然而，满足越来越严的标准要求所需支付的成本，也随着经验和相关专业知识的积累，正在逐步下降。设计和建设符合LEED认证标准的建筑所需的总成本，目前只比传统建筑的总成本高出不到1.8%。能源和其他运营成本则大幅下降，完全可以抵消这些初始投资的增加。

基础创新的浪潮正在转变建筑行业。新技术正在降低，甚至排除化石能源的使用。比如，现在太阳能面板可以集成在墙面、窗玻璃或屋顶材料上，这样建筑的表面就可以发电。地热供暖和制冷系统现在正得到广泛应用，从根本上降低供暖和空调成本。地热系统利用了地球本身的、自然的供热和制冷能力——根据不同的地质气候条件，在地表下方十几英尺①，温度全年保持在 50~55 华氏度②。许多地热系统采用水源泵在地层和建筑之间转移热量，能够在天冷的时候用来为建筑供暖，天热的时候用来降温。

博科拜尔在思索这些变化的趋势时说：“标准还在不断提高。能源利用效率改善的目标已经改变了许多，与传统建筑的能源消耗相比，降低幅度已经从 25% 提高到了 70%。下一代的‘生命（可再生）建筑’正在到来。这样的建筑生产的能源和水超过了自身的消耗，发挥类似树木和森林的作用。这类建筑最快可能会在近三四年内被设计建造出来，有许多设计团队眼下都有这样的想法：要在他们目前进行的项目上达到‘生命建筑’的目标。”例如，采用精心设计的结构，巨量太阳能在多数条件下可以全年被捕捉、贮存和使用。虽然最初的这类可再生结构中的多数将会是大学、私人基金会和政府的示范项目，或许不能在各种不同条件下都符合当前的经济标准，但是，这些建筑可以展示新的可能性。毫无疑问，在创新大潮席卷全球的今天，这些建筑将会把这一类大胆的设想推向更广泛的应用领域。

也许更重要的是，集成设计过程正变得越来越常见。在集成设计的过程中，所有关键各方（开发商、设计师、工程师、承包商、供应商和最终用户）从项目启动之初就一起紧密合作、共同工作，保证达到或

---

① 1 英尺≈0.304 8 米。——编者注

② 50~55 华氏度，即 10~12.8 摄氏度。——编者注

者超过美国绿色建筑协会颁布的LEED标准。不仅如此，过去相互竞争的企业现在正在相互帮助，加速创新的进程。示范项目成为所有的企业都在展示的作品，呈现整个绿色建筑设计社群的成就，而不论究竟是谁建设了这些项目。不同的企业还在一起工作，开发新的设计工具、设计软件和创新技术方案，所有人都能使用，大家也都正在使用。

对于我们来说，美国绿色建筑协会的故事所体现的，是组织学习概念的应用可以超越公司界限，帮助一个行业发生转变。正像博科拜尔、哈斯菲尔德，以及他们的同事们所体悟到的，学习如何共同思考更大的系统，并构建涵盖多种视角的共同愿景，不一定局限于清晰划定的工作小组，也不局限于单一的组织。同样重要的是，美国绿色建筑协会把持续的学习确立为基本规范，大家的热望和日常的实践也因此持续演变——这个能力我们在本书的后几章会进一步讨论。一旦这个过程发生了，创新本身又催生新的创新，真正的学习社区逐步成长，有能力实现以往似乎不可能实现的目标。

今天，美国绿色建筑协会开发的标准正在延伸到越来越多的其他建筑类别，它影响着旧建筑的改造，并让大家重新审视家居建设、商业建筑运营和维护，以及小区配套开发，也重新引起了大家对绿色学校的重视。绿色建筑协会目前提供课程和网上研讨会，召开的会议平均每年吸引1.3万人参加，每一位与会者在会议材料的首页都可以看到这样一段话："要引领建筑行业的变革，我们深知，如何做决策与决策本身同样重要。"

| 第7章 |

非传统联盟：可口可乐与世界自然基金会的可持续水资源合作

2007年6月初，可口可乐公司董事长、首席执行官聂亦德（E. Neville Isdell）在每三年举行一次的联合国全球契约高峰会议上发表演讲。与会者超过千人，既有联合国秘书长，也有全球的媒体。他说，可口可乐公司未来发展的指导原则必须是："我们的经营不能导致从一个水源抽走的水，大于我们补充进去的水。"

在同一时间，聂亦德与竞争对手、雀巢公司（Nestlé）的首席执行官彼得·布拉贝克–拉特玛斯（Peter Brabeck-Letmathe），共同宣布了《首席执行官水资源宣言》，倡议其他公司的首席执行官加入他们的行列，共同应对世界上最为严重的挑战之一——对处于严重紧张状况的水资源，进行责任管理。

对于了解可口可乐的人来说，《水资源宣言》体现出这家全球最大的消费品企业，在把"可持续水资源"作为公司发展核心的漫长路途上，迈出了大大的一步。全球水行动（Global Water Initiative）总监，可口可乐公司的集团水与环境团队成员丹·弗米尔（Dan Vermeer）说：“可口可乐着力于水资源管理已有120年的历史，真正是从公司创建时就开始了。但是过去，水资源管理的重点一直是在运营表现上面，诸如效率、废水处理等等，都是工厂内部的水资源管理。”

装瓶厂的运营用水从哪里获得，如何获得？周边更大社区的总体供水条件是什么情况？对于这类问题，可口可乐公司在以往并不太关注。可口可乐公司环境和水资源副总裁杰夫·西布莱特（Jeff Seabright）说：“是一个真实事件起了‘叫醒电话’的作用，才让我们开始超越工厂的围墙展开思考，并且关注更大的系统。”弗米尔补充道：“如果没有水，你的效率再高也没有用。”

在可口可乐的新承诺背后，是一段持续了多年的觉醒旅程，引领这个旅程的有集团内部的变革推动者，有公司上下从事运营的领导人，也包括其姊妹企业可口可乐装瓶公司的领导人。近来，可口可乐与全球自然保护组织WWF（世界自然基金会）[1]的合作，又为这个旅程注入了新动力。

这是一次不寻常的合作，一方是全球最大的企业之一，另一方则是全球最大的、最有名气的非营利环保活动组织之一。这种合作真正代表了一个重大转变——从某种意义上看，其重要程度不亚于可口可乐对集成水资源综合管理的承诺。

从过去的传统看，主要的环保活动非政府组织更倾向于攻击大型跨国公司，而不是与其合作。但是时代正在转变，为数不多的一些非政府组织正在意识到，如果他们期望产生真正的变化，就必须改变策略。正像世界自然基金会美国分会的首席运营官马西亚·马什（Marcia Marsh）所说：“事实很简单，我们正距离我们的大目标越来越远。虽然我们在提高公众意识和筹集资金方面获得了成功，但是，物种仍然在以历史上前所未有的最快速度消失，生态栖息地还在持续遭到破坏。只靠非政府组织自身的工作，我们根本无法逆转全球变化的浪潮。要想真正做到这一点，我们必须与企业和政府发展新的合作关系，这种合作关系的大规模影响力，才与我们面对的问题相称。”

另一方面，越来越多的主要企业也像可口可乐公司一样做出了相同的决定：让两个领域的专业能力、社会地位，以及联合起来的公众和商业影响力一起发挥作用。这对于应对像水资源这类资源的可持续利用的挑战，也许是至关重要的一步。

殊途同归：应对我们最基本的需要

但是，如果不是先前数年间不断恶化的全球水资源危机促成了两个组织发生深刻的变化，双方的合作关系也不可能形成。

没有食物，人们可以维持几周；没有住所，人们可以挨过数月；没有电子游戏和电视，人们也照样可以生存下去。但是，如果没有水，我们连几天也无法坚持。水资源问题可以说是全球当前最紧迫的问题，为之共同工作的需求也就最关键，在这一点上，没有任何其他领域可以与之相比。在第 2 章中我们谈到，全球有超过 10 亿人缺乏可靠、安全的饮用水供应。

水资源短缺影响广泛，尤其是在那些缺水的地区，比如，印度、非洲和中东的许多地区、东亚，以及美国南部和西部的越来越多的地方。世界水资源委员会（World Commission on Water）由全球水理事会（World Water Council，一个国际性多利益相关方平台）设立，联合国教科文组织、联合国儿童基金会和世界卫生组织作为支持方；这家机构预测，到 2025 年约有 40 亿人，约占全球人口的一半，将会生活在“水供应极度紧张”的地区。

预测报告指出：

水的需求总量加起来，让人非常吃惊。在未来20年中，预计人类的用水将会增加40%，因生产食品满足人口增加的需要还要再增加17%。此外，工业和能源的用水需求也会快速增加。

开创一个负责任的真正综合全面的水资源管理方法，不仅对于许多组织来说是必不可少的，对于未来总体也非常关键。

促使可口可乐逐渐觉醒，将水作为塑造其未来的战略议题的，是一个既有内部变革，也有外部冲击的复杂历程。对于庞大而且成功的组织，情况往往如此。单凭其巨大的规模和遍及全球的触角，可口可乐就一定会与水资源问题发生碰撞。

事情也就是这样发生的。2004~2005年，印度南部的克拉拉邦正经历着一场历时3年的旱灾，许多农民的用水也正逐渐耗尽。就在这期间，可口可乐设在当地的装瓶厂却依旧平稳运营。“人们得出的逻辑结论是，可口可乐正在把他们的水运走，”西布莱特说，“这边，他们在挣扎着勉强度日；那边，可口可乐公司锃亮的红色卡车一辆辆从工厂开出，似乎没有遇到什么明显的阻碍。”实际上，可口可乐的工厂是从地下的深层含水层抽水。从水文学上说，这与多数农民所依赖的地表水没有关系。

“我们忽视了问题的关键，”西布莱特说，“不论我们在技术上是对还是错，我们早就应该意识到我们是用水的一个巨大的象征标志，我们早就应该参与到当地社区之中，帮助他们解决这个问题。”这个事件的余波给可口可乐的声誉造成了很大影响，在许多人眼中，可口可乐因此与水资源短缺联系了起来。西布莱特说：“在许多大学校园里，这是件大事情。”

幸好，在这类事件开始出现的时候，可口可乐公司内部的许多人已经在了解水资源短缺、分析其对公司的潜在影响方面工作一段时间了。

"2002 年我们做了一个项目，是关于淡水资源的未来的，"弗米尔说，"很快，我们和公司里的其他人就开始对这个问题有了理解，诸如，淡水资源状况、含水层枯竭、成本上升的风险和水源竞争的加剧等。显然，这是可持续发展议题中最大的议题之一。"

然而在那个时候，对于多数公司来说，水还不是在战略上要优先考虑的议题。其实，在全球范围内，人们也没有对水太在意；对于企业、政府机构和市民社会等所有方面，水的问题还没有积累到成为一个关键议题的程度。其中，部分原因是因为水是个地方性的局部问题，而不同地方的基本条件又差别很大，即便在印度这样一个有几亿人常年处于脱水状况的国家，也是如此。地方状况又受到许多因素的影响，干旱、洪水、地下水污染、缺乏基础设施等，都是影响因素。

最终，到了 2003 年年底，作为对可持续发展相关议题全面承诺的一个步骤，可口可乐聘请了原先任职于美国救援总署（USAID）的西布莱特，请他就任一个新的职位——环境与水资源副总裁。

"我一到任就四处了解公司的水资源策略，"西布莱特说，"但是我得到的是几本厚厚的报告，每一本都是详尽的分析，反映了不同的难题和危机。这些报告的内容都很丰富，但是也都没什么战略分量，这其实倒也不奇怪。"

为了能够从战略角度看问题，西布莱特、弗米尔以及他们的同事展开了对公司上下 250 多人的访谈，内容涉及他们对水资源议题的看法，他们看到的挑战，以及因水资源问题"与当地社区的摩擦"。

弗米尔说，行动小组跟大家交谈后发现，"我们开始意识到，就这个问题，公司中有许多担心，大家都有说出对解决这个问题的热切愿望。"

他们意识到，运营团队已经参与进来，开始探讨大家真正关心的问题。然而，也就是在这个时候，小组成员也发现自己收集的信息资料对于运营团队没有太大的用处。他们关于水资源风险的观点是自上而下的角度，在地理区域上也比较宽泛，与运营团队面对的地区的现实问题，差距很大。弗米尔后来说："负责具体运营的人回来之后对我们说：'你们跟我说的是东南亚的水资源风险。我管的不是东南亚的工厂，我管的是在泰国兰实的工厂。'我们手里的都是这种背景比较宽泛的信息资料，他们拿去没有什么用。大家需要的是特定地区的、与水资源相关的信息资料，我们当时没有这种信息。"

小组决定对装瓶厂开展一个详细的地区化问卷调查。唯一的问题是，如何让大家参与进来做这件事。他们几乎立刻发现，这个问卷调查触发了猜疑的情绪，一个在多数公司变革行动中常见的基本问题——总部要这么多、这么细的信息的目的究竟是什么？弗米尔说："我们制定了一份有300个问题的问卷，包含各式各样的问题，都是那些以前从来没有问过的。有人看到这个问卷之后对我们说，要是他们能让10%的地区装瓶厂填完这个表格，他们就很有成就感了。"

小组人员与咨询专家和可口可乐公司的其他部门合作，先从通过访谈结交的那些地区运营人员入手，让其中一些人完成了调查。完成对一家工厂的调查要用10个小时，许多问题探究的领域，即便是经验丰富的人员在运营上也不太熟悉。

不过，情况还是渐渐变得明朗起来了。运营人员面对的现实是：如果水是由当地政府提供的，那么就可以认为供应是有保障的。弗米尔补充说："超出当地政府，就完全不透明了——特别是他们是如何得到水的。"这个问题，可口可乐公司内外的多数人以前都没有问过。所以问问题很重要——即使无法指望有谁能够回答所有问题，甚至有经验的运营人员。

另一种现象也变得很明显。虽然许多工厂的经理知道他们所在的更大流域区的问题，"但他们没有可以应对这些问题的框架，也得不到应对这些问题的明确的支持"。然而，当地区运营人员逐渐参与到问卷调查之中后，他们就要弗米尔和他的同事保证，他们参与调查的努力是值得的。“大家说，‘你们看看，我们可是非常辛苦地工作，给你们提供了这些数据。你们可别做总部的官僚’。”

在多数大公司中，地区经理们都有这样的经验，在他们详尽地为集团总部提供了这类具有潜在重要性的信息之后，通常会发生两种不同情况——总部的人要么什么都不做，要么就一路追查问题的根源。第一种情况浪费所有人的时间，第二种情况就更糟了。有人写了一份报告交给首席执行官，报告上说某某分公司存在运营问题。然后，首席执行官就打电话给该分公司的总经理，总经理又打电话给具体负责的技术人员。这时候，技术人员的“标准”回答就是：“我们不知道他们是如何得到他们的结论的。”

为了避免这类担心，总部的水资源团队以每一个事业部的调查结果为基础，为这个部门组织为期两天的研讨会。“这些研讨会真是令人惊叹，”弗米尔说，“因为，大家到一起来，是研究他们自己的信息。所以，这些研讨会是通过他们提供的信息‘落地’的，会前我们做了分析，识别出每一个地点和地理区域的优先的水资源议题。”

人们开始看到这些数据与他们的实际运营风险之间的联系。“当他们开始停止说英语，改用自己的语言，随便什么语言，西班牙语、泰语，相互交谈起来的时候，你就清楚地知道，事情对于他们开始变得实实在在了。他们会突然说，‘我们团队需要讨论一下这个问题。我们解决完问题之后，会回来告诉你们我们的决定’。”

水资源小组在 6 个月的时间里组织了 30 场研讨会：全球 23 家子公司各一场，再加上 7 家关键装瓶厂。研讨会的举办使得广泛参与的“临界点”开始形成，更多的调查结果开始返回来。不久，他们开始在公司的内部网上“发帖”，都是各个不同地区的故事和来自实践的深入观察；他们也公布调查问卷的返回率，比如：哪个区域达到 70% 的问卷返回率，哪个区域只有10%的问卷返回率。他们只是每天更新公布的信息。各事业部开始意识到，他们正在进行的这个过程是与全球其他部门平行开展的。当大家了解到，公司分布在全球的整个系统在同时进行的时候，人们的兴奋点被激发了，“同伴压力”也让彼此更为积极。

最终，在全球875家装瓶厂中，问卷返回率达到了92%。“我们算了算，800多家工厂，每个工厂10个小时，问了许多从来没人问过的问题，这可是一笔相当大的投资呀。”

当参与的规模逐渐扩大的时候，他们也在学习系统变革的另一个要点。“让忙于其他事的人参与进来往往不太容易。我们学会的是，有时候你必须尝试着去解决一个更大的问题，创造一种更大的对话，才能让更多的人参与——比如，如何在很短的时间里，让整个可口可乐系统都参与到有关水资源的讨论中。这样做了之后，本来相互没有机会说话的人之间，就发生了许多新的联系，协同作用的效果也在整个系统中开始出现了。看着这一切悄然发生，真是在体验一种转变。”

这个过程也是形成战略视角的过程，西布莱特知道，这是公司高层所需要的。“一个包含四个方面的战略框架逐渐清晰起来，”西布莱特说，“首先是优秀的运营，因为如果我们浪费水、制造污染，我们就没有合法存在的理由。但是我们也能看到，了解流域状况同样非常关键，与其类似的是社会和社区环境。此外，由于我们是全球品牌，我们有责任在全球的舞台上把应该讲的讲出来。”

这也为扩大与世界自然基金会的关系打下了基础，这个关系已经存在了多年。“这时候，情况就变得很清楚了：我们需要对生态系统和流域议题有全面和系统了解的专业能力。”西布莱特说。

对于世界自然基金会来说，以开放的态度与可口可乐这类跨国公司进行长期合作，明确水资源是共同的全球议题倒不那么重要，重要的是重新思考基金会自己的宗旨和愿景。世界自然基金会负责这项合作的主协调人苏珊娜·阿佩尔（Suzanne Apple）说，虽然在这以前，世界自然基金会一直在接受大型企业相当数量的捐款，“我们一直与捐赠企业保持着传统的‘慈善活动’关系。我们必须转变我们的思想，转向关注‘为什么我们应该一起工作’，‘我们怎样才能一起成就更大的结果，而不是各干各的’”。阿佩尔曾经在家得宝公司（Home Depot）负责可持续森林产品，她补充说：“现有的非政府组织模式是筹集资金的模式，而不是合作的模式。但是，这超出了钱的范围。你必须帮助其他人看到企业有丰富的资源可以利用，比如，人才资源和知识资源。我们可能对各个流域都有透彻的了解，但是我们发现，他们也有一些相当精深的流域分析。他们对于商业决策的掌握要比我们多得多，而商业决策影响力可远不止工厂和厂房。”

阿佩尔也帮助世界自然基金会的工作人员充分意识到，可口可乐这类公司的采购能力具有巨大的潜在影响力。“在全球，可口可乐是蔗糖的主导买家，是铝罐和糖浆的主要买家，是咖啡和玻璃的最大买家之一。这还不包括茶、可可，还有可口可乐购买的许许多多的其他东西。如果我们能够与一家像可口可乐这样的公司合作，把他们的采购转向可持续的来源，就会产生巨大的影响。”

但是，要有效地做到这一点，需要从各方面学习，学习如何看到他们也是其中一分子的、更大的系统。

“看到”更大的商业系统

如果说可口可乐是一个巨人，而世界自然基金会则是一只熊猫，要想找到办法让“巨人”和“熊猫”真的开始跳舞，首先需要双方都正视自己在对方心目中的“形象 ”，然后则需要找到一个跳舞的场地。与世界自然基金会对生态系统的广博知识相比，可口可乐对商业绩效的执着就显得狭隘而缺乏想象力。相应地，可口可乐对运营细节充满激情的追求，则又让世界自然基金会的科学知识看上去是学术化的象牙塔。幸好，世界自然基金会此时已经把价值链确立为下一步工作的战略重点之一，而可口可乐这时正对以更宽的视野关注水资源的议题越来越感兴趣，双方的诉求恰好吻合。

“绝大多数公司对自己在价值链上的‘环境足迹’（environmental footprint）没有什么概念，”世界自然基金会食物系统常驻专家、副总裁詹森·克雷说，“但是，让他们看到他们应该看到的，这倒也不太难。”

克雷说得没错。价值链像黏合剂一样，把迥然不同的各个企业联结在一起，不论这些企业是地方性企业、区域性企业，还是跨国公司。不论对什么企业而言，供应商都很重要，因为后者（“上游企业”）决定了供应的成本、质量和可靠性。同样，“下游企业”处于你的企业和你的最终客户之间，与它们的关系塑造了你的企业在市场上的成功。

由于价值链延伸出去，超越了各个不同企业的边界，也就因此成为一扇窗户，让人们看到一家公司的生态及社会影响，以及其总体的健康状况。以综合评估价值链的健康状况为目标协同工作，就会创造出一个空间。在这里，对于生态、社会和商业的关注汇合到一起。

在合作的第一阶段，这一点对可口可乐就变得十分明了。此时，这家公司已经持续努力了几年时间，在具体的指标上改善装瓶厂的用水效率。“改善指标是真正的挑战性目标，”弗米尔说，“在有些情况下，要求把用水降低 20%~40%，包括我们的产品中含的水，用于清洗和工艺过程中的水，以及工厂厂区内厕所、排污和浇灌等所有用水。但是，那时候，我们关注的范围只在我们工厂的四面墙以内。”

“水足迹”，即总体用水量，包括产品配料中的用水。[2] 把可口可乐改善用水效率的各个目标与“水足迹”相比较，也就等于把这些目标放到了一个新的背景之中。虽然，可口可乐的水足迹的确切数字仍处于探讨之中，也因地区差异而有所不同，但克雷的测算所代表的则是数量级上的转变，是观念上的转变。

这时候，可口可乐正在努力把平均每升可口可乐用水从 3 升多降低到 2.5 升或 2.5 升以下。但是，当克雷观察了整个价值链之后，他的结论是，为生产每升可口可乐而用于种植配料作物的用水就要有 200 升，也许更多，其中主要部分是用于蔗糖的生产。“甘蔗是水消耗最高的作物之一。”克雷说。

克雷的粗略估计是否正确，当时就在可口可乐内部引发了辩论，直至现在依然没有平息（像甘蔗这样的作物，生产过程中的用水量差别很大，具体取决于地理条件和生产方式，比如，是靠雨水还是靠灌溉，等等）。但是，关键点已经很清楚了：从“水足迹”总量的角度出发考虑各个环节成为这家公司思想的试金石，同时也确立了其正处于萌芽阶段的承诺——为集成流域管理而大声疾呼。在那个时候，不了解自己的水足迹的不只是可口可乐，其他公司也完全不了解。不论是个人还是公司，我们之中现在也没有多少会在考虑产品的时候这样想问题，比如：棉质T恤、食品、汽车轮胎，以及由甘蔗制造的乙醇，等等。例如：一杯咖啡的生产需要 140 升水，一加仑牛奶需要 800~1 000 升水。了解一个企业的总用水需求，需要供应商和用户看到自己是一个整合系统中的一部分，了解到这个系统的整体影响需要测评、需要改善。这同时也表明，我们必须展开双臂，拥抱众多合作伙伴的参与，构筑全面水管理的政治意愿，《首席执行官水资源宣言》就是一个范例。

基本的需求已经清楚了：每个区域和城镇必须以真正全面的角度了解和理解流域问题。只有这样才有可能计算清楚，相对于水的补充速度而言，所有用水的主要方向的状况。这是一个大目标，仅凭可口可乐公司和世界自然基金会也难以完成。但是它们可以做的是指出方向：展示如何更加负责地在特定的区域管理水资源，并在当地和全球，为其更全面的承诺而大声疾呼。水毕竟是可再生资源的本源。然而，如果我们没有一张真正的系统地图——不知道用水多少，不知道谁在用水，不知道水的补充速度有多快，我们就没办法管理水资源。我们也许可以这样说，能做到这一点的，目前几乎没有几个政府，或者干脆说没有一家政府。

认识你的邻居

可口可乐公司和世界自然基金会的合作经历了一个变化过程，从基本上纯粹的慈善活动的关系，到 2005 年转变成一种合作更为紧密的伙伴关系，这得益于在生产一线开展的一系列计划研讨会。后来，这些研讨会又迅速引出一些重要的经验，既涉及两个组织中存在的、对继续发展合作关系的各种文化阻力，也涉及如何开始应对和绕过这些障碍。

“我们的第一项工作是找到一种办法，与可口可乐公司的全球影响力有效地联系起来，”阿佩尔说，“我们在全球确定了七个大型流域，它们处于完全不同的地区，但同样至关重要。然后，我们把自然基金会的人和可口可乐的人请到一起，在每一个地区组织了多次会议。我们知道没有办法顾及所有重要的地区，所以就选择了这七个，想看看需要做些什么才能把装瓶厂的人和我们这些研究淡水的人弄到一起，做些大事。”[3]

双方的第一次会议于 2006 年 1 月在东南亚的湄公河地区举办。当会期逐渐临近，阿佩尔却很快发现，她面临着多个挑战。首先，她要让世界自然基金会的同事信服，他们应当去参加这类会议。

“我们的人立刻就认为，去开这个会的目的是从可口可乐拿到钱，然后再去做他们已经计划好了要做的事，”阿佩尔说，“对此我不得不说，‘不完全是这样。你们需要考虑，大家能够一起策划哪些工作，也要考虑如何划定一个工作范围，大家能形成一致的行动意见。这个会不是要可口可乐资助你们现有的计划，研究湄公河某个河口的鲶鱼。’我们的人回答说，‘我们不想和可口可乐当地团队的人打交道，我们只想要他们的钱。’”

“这是个精彩有趣的过程。既要让世界自然基金会的人谈我们计划在湄公河做的项目，又要请可口可乐的人谈这个地区的业务增长。然后，要明确几件我们可以一起做的、符合我们双方的宗旨的事。”

而对于可口可乐的参会人员来说，最初的几次会议也同样是一种文化冲击。在这之前，大多数人除了捐赠之外，完全没有与世界自然基金会这样的国际性非政府组织一起工作的经历。此外，许多人也不清楚，他们究竟可以参与到什么程度，就他们所在地区的状况开展实质性讨论。弗米尔说：“有些事我们本来已经习以为常，比如，在与国际性非政府组织打交道的时候保持透明。在当地公司里，这就不一定是自然而然的事。看到这一点，实在是令人吃惊。”

在危地马拉的一次研讨会上，当谈到与世界自然基金会一起工作，在可持续捕鱼和中美洲珊瑚礁鱼类栖息地保护方面进行合作时，一个装瓶厂的经理因此就有点儿兴奋过度。弗米尔说：“这个经理随口说道，‘我在可口可乐公司做装瓶已经有 25 年了。我告诉你们吧，可口可乐从不鼓励我们与世界自然基金会这类外部公众组织打交道。虽然没有明文规定，但是像我这样的人，总是要问自己，是不是有人注意我了。你知道吗？你得低下头，躲开“雷达”。如果没有新闻报道，就是一个好年头。曝光太多可不是件好事。’”

这位经理又说：“但是，公司现在鼓励我们参与这样的合作了，这可是件新鲜事。现在公司是在告诉我们，去了解你们的邻居、去了解那些非政府组织、去了解当地的社区、去了解他们的问题、去了解紧张点在哪里，理解相关的问题，然后开始解决问题。”他说：“也许对你来说不是这样。但是从我坐的位子上看，我们现在是得到许可了。”

阿佩尔接着说：“当我听到这里时，就感觉合作关系已经走上正确的轨道了。”

“过去几十年以来，世界自然基金会得到了一个深刻的教训：生态栖息地保护和社区保护是同一枚硬币的两面。当人依然处在生存挣扎之中，就不可能为他们所处的环境引路。然而，他们也正是极想去这样做的人。他们的历史和文化与更大的生命系统息息相关。他们通常会感到，自己与故乡土地上的动物、鱼类、植物和树木之间，存在着一种深深的血缘关系。”

“可口可乐装瓶厂的经理们多数来自当地社区，如果他们这样的成功商业人士可以获得‘解放’，围绕着这些问题参与到社区之中，那对于所有人来说都将会是个巨大的共赢结果。”

从真正重要的事情入手

弗米尔介绍说，随着活动的进行，人们释放出了“许多创造性的能量”。但是要使工作落实，“大家应该偏重的是参与和相互了解，而不是试图急于调整各自的目标，力图在短期内达成一致。这就需要耐心。确实有一道鸿沟，隔开了两个组织各自面对的现实，大家需要时间来相互理解，然后搭起相互沟通的桥梁”。

“把商业目标和生物多样性联系起来，对可口可乐的人来说是件困难的事情，这也可以理解。他们说：‘也许我个人确实关心中国的大熊猫或湄公河的鲶鱼，但我不明白为什么我的公司要关心这类事情。’”

像生物多样性这样的话题很容易引起意见的两极分化。对于这个议题，在世界自然基金会这一类组织中工作的人有着强烈的感受，因此就可能会自然而然地把自己的热情强加给别人。但是，正如弗米尔所指出的，“如果你因此而态度僵硬，非要人们关心某个问题，结果就会适得其反。但如果我们首先建立起足够的理解，了解我们为什么关注水，为什么关注水的更新和循环系统，以及为什么生物多样性是我们工作所涉及的流域健康的一部分，那么，我们的合作就有希望”。

“讨论应该自然而然地展开。如果我们有足够的耐心，就会看到不同的思考方式和工作方法相互融合，形成更加有意义的工作构架。这会很有意思。当然，这需要大量建设性的工作。”

世界自然基金会同样需要逐步调整和转变自己的看法。“我们关注的重心在转移，从一开始的物种保护和生物多样性，后来转变为使生物多样性得以持续的、更大范围的背景环境，”阿佩尔说，“我们也同样需要继续对话，只有这样我们才能学会如何完成这个过程。然而，也可能会出现一种危险，我们先是慌了，然后就觉得‘我们没时间让大家达成共识，只能靠自己来完成这项工作了’。”

“这就是为什么说，像中国这样的项目经验，其中的每一点对我们都很有意义，对可口可乐团队的人也是如此。”

阿佩尔所说的中国项目，指的是可口可乐和世界自然基金会为了在长江流域的合作计划而进行的项目启动会。

“长江项目是我们正在开展的大型、标志性流域项目，是我们全球总体计划中的主要组成部分。”[4] 但是，阿佩尔说，她还没有开始仔细安排项目计划，就“听见可口可乐公司里有一个人说，‘中国那边的工作实在太多了，有其他很多事情都需要他们花时间，况且奥运会马上就开始了’，这类的说法还有很多”。可口可乐的水项目高级主管格瑞格·科赫（Greg Koch）安排阿佩尔与赵仲彬（C. B. Chiu）见面。赵仲彬负责可口可乐公司在中国的环境事务，并一直致力于推动可口可乐公司总部和世界自然基金会在长江流域项目上投入更多的精力。

在简短的首次会谈之后，阿佩尔的担心仍然存在。尽管人们看上去很积极，但大家并没有机会去真正了解对方，两个组织从来没有一起工作过，显然在文化上也大不相同。

当世界自然基金会和可口可乐开始筹备启动会的时候，阿佩尔了解到装瓶厂的人不会来参加会议。“这个信息给我的感觉是，可口可乐公司不太想让我们直接跟装瓶厂接触。所以我们花了很大的力气沟通，才把该来的人找到。”

尽管如此，阿佩尔和可口可乐团队的人还是按照最初的计划向前推进。在项目早期，他们曾经决定“这次会议要让大家走出舒适区，不在可口可乐公司办公室，也不在基金会办公室。所以我们决定，我们的小组要去陕西长青自然保护区，去看看我们在长江上游的项目。项目在西安市北部，有 4 小时车程。这样，小组成员每个人都要先飞到北京，再飞到西安，然后再坐 4 个半小时的大巴，到达位于山上的自然保护区。我们将在那里开 3 天会，住在山上的中式‘夏令营’里，那里的住处是各种小木屋，上下水设施在屋外”。

随着项目组的巴士开出西安市，进入郊区，坐在阿佩尔旁边的赵仲彬对她说，他从来没有去过中国的农村。赵仲彬是土生土长的香港人，现在住在上海，已经在可口可乐公司工作了 27 年。他从来没离西安市区这么远，更不用说去自然保护区了。而世界自然基金会已经在保护区工作了多年，帮助当地人用保护生态环境的方式支持自己的生活。这让赵仲彬印象很深，他说：“哇，太不可思议了，这里的人如此关心生态环境，这让我没有想到。”

在接下来的 3 天里，自然保护区当地的居民负责给他们做各式各样的饭菜，食物的原材料都来自保护区。阿佩尔说：“我们去当地人家里，和他们一起吃午饭。这其实是我们开展的家庭旅馆项目，为农民创造收入。这样一来，他们可以靠现有的农田生活，不需要再砍伐森林了。

“有一天，我们拜访了一户住在山脊上的人家，这家人已经在那里生活了四代，我们就在他们家院子里吃午饭。

“在这 3 天里，小组成员开始建立真正的沟通和了解，我们开始理解对方的工作。每个人对保护生态环境和社区的含义都有了全新的认识。大家开始了解水从哪里来，到哪里去，也直接看到了存在的一些挑战。

“最后一天的晚上，先是当地人组织我们唱了一阵卡拉OK，然后仲彬就起身向大家敬酒，他说：‘过去的 48 小时让大家都进一步了解了我们的工作，进一步了解了中国。我希望长江流域项目成为基金会全球流域项目中的领先项目。我希望你们都来上海看看我们的装瓶厂，它也是全中国最大的装瓶厂。这也是个很好的机会，我们可以一起讨论围绕气候变化的所有议题，也可以与你们一起在供应链的碳足迹管理方面开展工作。’”(可口可乐最近加入了世界自然基金会的“减排先锋计划”——为数不多的几家企业以身作则致力于减少碳足迹。)[5]

“一直到会议开始之前，我都很紧张，而仲彬的话则让我感触颇深，我想当时在场的每个人也都跟我一样。最后，我发现，虽然装瓶厂的人应我们（基金会）的邀请参加第一次大会，但可口可乐公司的意见至关重要。他们知道自己的文化，我们却不了解。我们与他们之间首先需要成为一个团队，相互开放，坦诚相见。随着我看到越来越多这样的聚会，我想我学到的最有效的方法是：我们一定要给自己时间，让人们真正走进彼此的生活，让大家都从他人的角度去感受一下，给大家机会敞开思想和心怀。

“仲彬提醒了我们，水资源的问题的确十分重要。生活在生态脆弱的水源地附近的居民也十分重要。尽管我们的生活方式把我们和这里的现实隔离开来，一旦有机会，我们仍然有可能和它重新建立联系。”

随着工作的进一步开展，大家对工作目的的理解也逐渐深入。“我们不必建立一种表面的联系，硬要把可口可乐公司的目标和基金会的目标联系起来，”弗米尔说，“也许，我们只需要看到，双方合作的成功确实要依靠那些相同的东西。我们发现，我们需要说的只不过是：‘看看，我们的目标并不完全一致。但如果我们系统地思考问题，就会发现我们有足够的共识。我们确实有合作的基础。’这是为了我们大家的利益。”

风　险

虽然这样的合作充满希望，但也不是没有风险。

可口可乐与世界自然基金会的合作本身就表明，这家公司承认水资源危机是真实的危机，并且会影响饮料行业。这是要让人们关注一个议题：饮料公司在整个供应链中究竟用了多少水。这个问题，许多人甚至根本就不知道。随着越来越多的人意识到这个问题，大家就会想要知道一个国家的水资源中，各种用途的百分比，对于印度这样的缺水国家尤其如此。虽然饮料公司用水的百分比比较低，这个问题仍然会把可口可乐这样的公司推到聚光灯下，可能会让它们穷于应付。

不仅如此。作为对合作的承诺，可口可乐公司同意，自然基金会了解到的可口可乐现在和未来的水足迹，都能不受干涉地公开报告。在过去两年中，这甚至包括两个组织共同工作，确定可口可乐在改善水效率和总用水量方面的目标。“他们一直在挑战我们，要我们确定难以完成的运营目标。”可口可乐公司负责管理这一合作关系的格瑞格·科赫评价自然基金会时说。达标方面的进步会做公开报道。科赫说：“世界自然基金会要可口可乐对达到指标负责。”[6]

从许多方面来说，世界自然基金会也面临同样大的风险，关乎这个组织在公众中的声誉和可信度，作为一家领先的环保NGO，这是它最大的资产。

媒体与民主中心（Center for Media and Democracy）是“一家非营利、无党派的公众利益组织，通过调查和揭露公关宣传操作的内幕，强化民主参与”。2007 年，这家组织发布了如下内容：

> 世界自然基金会是一家由大公司赞助支持的环保巨人，常常被人指责是“收‘绿票子’（greenback，指美元），帮助向其捐款的大公司‘漂绿’（green-washing）”。这个组织最近有了一个新伙伴。

世界自然基金会和可口可乐公司宣称建立了一种“新型合作关系”，由可口可乐公司支付 2 000 万美元。世界自然基金会在其网站上兜售这个交易。在《纽约时报》上，以一个整版广告宣布这个交易，标题是“这是我们的水滴”，可口可乐公司还把这个说法注册了商标。对于可口可乐公司而言，2 000 万美元的确只是其水桶中的一滴水，与这个组织合作给它带来的公众领域的形象提升相比，这个价格的确很划算。

“我们知道，处理这一合作关系有风险，”世界自然基金会的首席执行官卡特·罗伯茨（Carter Roberts）说，“但是不冒风险，什么变化都不会发生。”

对于西布莱特，这种合作关系的意义，不仅仅是可以得到世界自然基金会的专业能力的支持。“合作关系与雇来的咨询专家的关系不同。基金会的人确实是把我们从通常看事情的角度中拖了出来，他们是真正的思想伙伴。”

这两个组织开始了这一目标高尚，也毫无疑问是危机四伏的冒险旅程。基金会有水资源和可持续供应链方面的专门知识，也有公信力，可口可乐则了解商业系统，拥有庞大的分销系统，有政治影响力和财务资源（当然，良好的水管理带来经济和公关方面的好处，本身就是巨大的激励），集成双方的优势，合作的好处相当可观。有一点很清楚，这个正在萌发的合作关系的成败，有许多人会密切关注——其中也包括这样一批人：他们清楚，这样的合作对于我们共同的未来至关重要。

“我们要么团结一致，要么被绞死”

本杰明·富兰克林上面这句名言在当时的用意是，恳请正在彼此争吵的殖民地居民携起手来，为美国独立而战。但是，这句话也恰如其分地描述了我们今天面临的局面。没有任何一个单一实体可以应对我们面临的种种可持续发展问题，不管是政府（地方政府、州政府、地区性政府，还是国家级政府）、公司，还是非政府组织。没有谁有充足的资源，没有谁对问题有充分的了解，更没有谁具备足够的权威和公信力，能够把变革所需要的、更大系统的人群和组织联结起来。

跨越不同领域开展合作，对于创造性地处理可持续发展的核心问题十分重要，这类问题包括食品、水、替代能源和交通，以及气候变化。企业可以提供市场影响力和财务资源，而非政府组织能够提供的不仅是其公信力，也包括有关更大系统的知识，以及把适当利益相关者聚集到一起的能力。政府则有立法的力量。要想推动真正的进步，这些方面的力量都需要。

因为意识到了这一点，类似的合作正在全球范围内展开。联合利华已经与乐施会开展合作，评估公司对印尼的贫困的影响。联合利华也与雨林联盟（Rainforest Alliance）一起，针对联合利华的立顿茶业务在全球开展工作。美国的零售业巨头好市多（Costco）公司与中美洲当地农业社区的非政府组织合作，建立可持续农业的合作关系。英国石油公司碧辟（BP）与印度的非政府组织合作为电网尚未覆盖的村庄送电、送热。宜家公司与巴西的非政府组织合作，着力于形成某种方法，保证在亚马孙以可持续的方式进行木材砍伐。耐克正与泰国的非政府组织合作，尝试让制衣工人在家工作，而不是流动到城市里去工厂工作。我们会在本书中讨论许多类似的努力。但是重要的是要记住，这些努力都还是襁褓中的婴儿。

正像前面的几个故事所表明的，要真正形成成功合作的能力难度极大。非政府组织与大公司内部到处蔓延着对对方的不信任。在努力与其他领域的组织建立这种合作方面，多数政府基本没有相关经历，而且即便是到了今天，多数政府也没有看到这样的需要。这实在让人感到悲哀。在通常情况下，公司、非政府组织和政府机构都掌握着不同的技术能力，用彼此各异的语言进行沟通，各自与互不相同的利益相关者打交道。这些组织之间目前也没有什么可以让它们走到一起的征兆，除了一点以外，那就是，让它们走到一起是一种急迫的需要。

然而，类似的合作也极为鼓舞人心。“如果你去看美国最受信任的品牌排名，可口可乐排在第二位，世界自然基金会排在第八位；在欧洲，世界自然基金会排在第二位，可口可乐排在第八位，”阿佩尔说，“这两个品牌放到一起可以做些什么呢？如果我们可以做正确的、实质性的工作，并且把精力集中在结果上，我们就有可能一起创造一场以水资源为中心的运动，就有可能把理念传播出去，不仅仅是面对我们的成员和我们自己的消费者，而是更大的范围。”

时间可以证明：只要有真心的意愿学习如何看到更大的系统，学习一起反思习以为常的思维方式和行动方式，这样的合作关系就能成为工业泡沫之后的生活的奠基石。

第三部分　起步

The Necessary Revolution:
How Individuals and Organizations Are Working Together to Create a Sustainable World

在第二部分里，我们介绍了一些这样的人和组织，他们是创造泡沫后生活的引路人。他们的非同寻常之处就在于，他们实际上都相当平常。他们之中有些位高权重，另一些则没有什么权力；有些主要从事商业领域的工作，另一些则是为政府和非政府组织服务。对于组织来说，有的规模很大，有的只是区域性的。其中有些组织已经基础雄厚，而另一些则是为了应对全新的问题，最近才刚刚建立。在这些人中，有些人有技术背景，有些则没有；有些人受过多年正规教育，有些则是获得了“人生教育”。他们有的年长，有的年轻；有的既不老，也不年轻。他们仅仅是普通人，但是他们做出了非同寻常的抉择。

然而，他们确实有办法做事立竿见影。在看清自己的工作范围所处的更大系统方面，他们也是驾轻就熟。他们培育关系，建立有创造力的团队和网络。他们都有着远大的志向，但又不把自己看得太重。他们都具备很高的“组织智商”（organizational intelligence），也有着很高的“情商”和“智商”：这是一种技能组合，它能抓住组织里大家最关心的问题进行沟通，并把大家潜在的集体想象力和能量都激发出来。

“起步”的方法不止一个，多数变革的努力之所以开始，是因为人们看清楚了采取行动的具体原因。在企业里，变革启动之时，也是人们认识到认真对待社会和环境问题本身所带来的机遇和不这样做将会带来风险之时。情况往往是，当人们认识到，即便只是减少废弃物和提高能源效率，也会有可观的短期利益，就会开始变革。然而，这类短期的、被动反应的行动，会让许多公司陷入“我也做了”的低境界层次，只是“变得不那么坏了”，直到它们看到，通过新产品、新工艺流程和新业务模式，可以创造出新的价值来源。

在本书的这一部分中，我们用第 8 章和第 9 章，介绍一种重新思考战略的方法，它超越了限制多数组织发展的、典型的单维度可持续发展观。在第 10 章和第 11 章，我们将展示在实际的环境中，如何通过鼓励人们的参与，让变革令人信服，从而开始实践这种思考方式。在这里我们也开始探讨，制定新的战略会依赖哪些技能，比如，改变战略对话的质量，以及帮助人们澄清他们内心深处的志愿。

所有伟大的旅程都始于足下，也始于提出有意义的问题。如果你正在读这本书，你在某个时刻就可能已经发问：“我还能多做些什么？我怎样才能让我的组织更多地参与其中？”通过以下章节，我们希望能够帮助你提出自己对这些问题的解决方案。

| 第 8 章 |

风险与机遇：可持续发展的商业思维

到目前为止，我们一直都在用超级广角镜来看待可持续发展的问题：我们所有人的行动对整个地球的影响是什么？我们对地球的影响反过来又会如何影响我们自己？我们之所以将本书命名为《必要的革命：深层学习与可持续创新》，是因为这些问题已经不能再回避了。人类社会已经对这个星球造成了许多危害，所以我们需要变革。无所作为已经不再是一种选择。

但是，真正的创新需要改变思维方式。许多商业组织已经意识到了这一点，许多其他类型的组织也认识到了这个道理。其中有些组织，已经在过去多年中，以这个道理为基点展开了行动，本书第二部分所分享的那些故事，就是如此。许多其他组织也正在积极努力，追赶它们的步伐。虽然还有大量企业仍然处于无所作为、无能为力的痛苦与混乱之中，但是每一个行业中都有越来越多的商业机构，正在把可持续发展和社会责任的议题融入自己的未来发展目标。它们已经接受了这样的现实：如果想在未来的动荡中生存下去，进而得到发展，就必须这样做。

新的商业环境

虽然各类不同的组织所面对的创新的基本要求没有什么差异，但是营利性组织或许可以说是今天社会中最具影响力的组织机构。可持续发展正在成为CEO和董事会的首要议题，理解这种现象背后的原因非常关键。第一步或许是最简单的，那就是以全新的眼光去看清整个工业时代的系统。但是，这或许也是最艰难的。回想一下我们在第3章中给大家介绍的图3.1。那张示意图展示了工业时代的工作方式与自然的工作方式的不同。如图8.1所示，现在许多企业高级管理人员，仍然在用工业时代的眼光看待世界。他们看到的最大和最重要的“圈子”就是经济，而社会和环境都是处于经济圈之中的、小得多的区块。

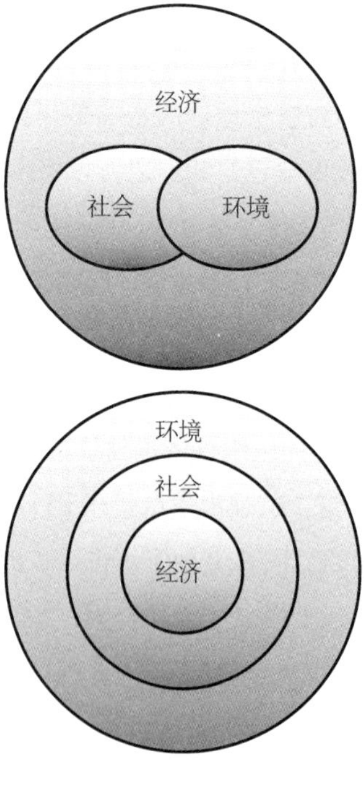

图8.1 “真实的”现实世界

实际上，我们认为，要想开始有效地转变工作重点，把可持续发展融入组织之中，唯一的办法就是重新思考这个“图解”，用新的方法观察世界以及商业在世界中的角色。其中，最大的“圈子”就是环境，人类社会次之；接下来，经济、行业和单一企业依次排列，是越来越小的“圈子”，它们都处于社会和环境之下。英特飞公司首席执行官雷·安德森（Ray Anderson）在引述美国参议员盖洛德·纳尔逊（Gaylord Nelson）的话后，做了这样的表述：企业要清醒过来，需认清一个简单的事实：“经济是自然的全资下属机构，而不是反过来。”同样，没有稳定、活跃的社会秩序，也不会有健康的经济——要了解这一点，只需问问那些在腐败泛滥、缺乏法纪和极度贫困的社会中力图做点儿生意的人，就清楚了。

调整战略重点——谷歌的探索

接近 2007 年年末，谷歌宣布了多项研究计划，其中包括为公司内部的一个研究部门提供资金，决定开发出成本更低的可再生能源。许多行业分析师和金融分析师都认为，谷歌这样做远离了其核心业务的“舒适区”（comfort zone）。乔丹·罗恩是加拿大皇家银行（RBC）资本市场部的一位分析师，过去他曾经公开推荐过谷歌这只高价股。当谷歌在 11 月宣布这个努力方向的时候，罗恩震惊了。他对媒体说：“这帮人到底在搞什么名堂？这让我对谷歌的战略重点感到担心。”[1]

罗恩的话击中了一个重大问题的核心要害：企业今天的战略重点是什么？企业的战略重点是如何根据其在更大的商业世界中所处的位置进行调整的？每季度收入增长的压力来自罗恩这样的分析师们，而企业高层的决策为此所驱动，也已经成为惯例。然而，当战略抉择与全球气候变暖的现实和可持续发展的要求形成对立时，分析师们所关注的重点就必须被重新检验。保持现状显然已经不行了。

其实，谷歌这样做不过是遵循了公司的宗旨（“不做坏事”），同时这也是切合实际的选择。因为谷歌业务的中心是运营海量服务器，能源消耗巨大。公司创始人之一拉里·佩吉（Larry Page）说，如果谷歌的探索成功，“那么全世界就会有机会通过采用可再生能源，满足很大一部分电力的需求，并大幅度降低碳排放”。在许多地方，替代能源对于经济发展是必须的，因为在这些地方，基本上没有能让人们用得起的能源——无论是哪一种能源。谷歌的另一位创始人谢尔盖·布林补充说：“我们期望这也成为我们的优质业务。”[2]

谷歌推进自己的这项事业，并非只是依赖自己的力量单干。这与许多其他有远见的企业类似。正像我们在第2章中所描述的，企业周围更大的、相互交叉的环境由合作伙伴、供应商、客户、股东和竞争对手组成，理解现实世界的各个系统，就包括意识到这个环境对所有这些参与者都有影响。除了投资开展其内部研究外，谷歌还为其他企业、独立实验室和学术机构等提供资助。谷歌很清楚，意想不到的创新与融合对于其努力的最终成功至关重要。一些企业正在与政府或非政府组织合作，而另一些企业则正在建立全球合作关系和联盟。可口可乐与世界自然基金会协作开展水管理，只是其中的一例。通用电气公司、杜邦公司和BP，以及其他一些企业，一直在通过观察其业务对社会和环境的影响，重新思考战略。谷歌充分意识到，自己的目标相当激进，更认识到它需要合作伙伴，共同解决那些远远超越任何一家企业能力范围的难题。

相互依赖的世界中，变革的商业风险

多数人接受了这样一个随处可见、十分清晰的现实：世界已经改变了，现有的全球扩张已经无法维持下去。大家都在寻求答案，也在寻找领袖人物——这些人有解决问题的办法，也有能力向前推进。有头脑的企业领导者已经开始全面地接受挑战，因为越来越多的证据清楚地表明，企业如果在应对可持续发展问题上无所事事、按兵不动，就会面临各种风险——丧失市场份额、失去最聪明能干的员工、严重损害公司的声誉和资本市场估值。

各类公众调查一再确认，企业所有的利益相关者——客户、员工、商业伙伴、供应商和股东——都非常关注企业如何应对与环境健康和社会福祉相关的那些相互交叉的挑战性议题；他们也以此决定，买什么产品、在哪里工作以及如何投资。实际上，作为企业最关键“选民”的客户和员工，正在告诉企业：此事事关重大。更重要的是，他们以此对企业“问责”。比如，“环球扫描”这家广受尊重、经验丰富的公司，最近进行了一项涉及 2.5 万人、覆盖 25 个国家的调查。调查中 69% 的被访者表示，企业在损害环境方面要承担“全部责任”。[3]

由于这个变化，企业的环境和社会行为正在受到来自各个方面的严格监督。在互联网上的无数网站和博客等媒体上，与之相关的信息被广泛传播。即便是那些已经相当努力，力图变革的企业，也无法幸免。比如，耐克过去曾与第三世界国家中的“血汗工厂”和雇用童工有关系，还因此在企业形象上受到影响。今天，一旦出现这类情况更是让企业无处躲藏。

投资人也站到了监督者的前列，因此忽视社会和环境议题会给资本投资带来严重的风险。思考一下这个例子。碳信息披露项目（Carbon Disclosure Project，CDP）是一家调查机构，既收集气候变化带来的商业风险和商业机会方面的信息，也收集全球最大企业排放二氧化碳和其他温室气体的数据。2007 年，这家机构的数据库涵盖了 2 400 家企业，并代表管理着 41 万亿美元资产的 315 家机构投资者发布了一份报告。碳信息披露项目的首席执行官保罗 · 迪克森（Paul Dickinson）说：“投资者越来越多地把良好的碳管理作为一个标志，用来判断公司是否经营良好。”迪克森注意到，在企业的气候变化对策方面，当投资者得到的信息越来越多的时候，“要求企业采取应对措施的压力也就越来越大”。

许多市场上领先的企业，都曾经努力解决这个问题。但是，当投资者与客户一起说话了，明智的企业就会认真倾听。

“作为企业领导者，我的成长经历使我对非政府组织和环保运动抱有完全怀疑的态度，”通用电气公司首席执行官杰弗里·伊梅尔特（Jeffrey Immelt）这样说，“5 年前，我看到了技术，这让我真正感到，可以让这件事成为一个机会，而不是一种妥协。如果我们在可再生能源、环境保护和脱盐上做出正确投资，我们就可以在像往常一样，在赚取利润的同时，又解决社会问题。”

在通用电气公司，是客户启动了变革、推进了变革：当他们向通用电气的不同业务单元表示，能源效率、气候变化等可持续发展问题对他们很重要，通用电气听进去了。2002 年，伊梅尔特看到了成本效率高的新技术所带来的机会，当时原油价格是 25 美元一桶。虽然这个价格与 1999 年 11 美元一桶的价格相比大幅上升了，但是与 2008 年 3 月 110 美元一桶的价格相比，这个上升幅度根本不算什么。然而，伊梅尔特并没有等到灾难性的经济状况发生以后，才启动通用电气的环保行动计划。

“当社会改变想法的时候，你最好处在这个变化的前沿，而不要落到它的后面。而现在的情况是，社会已经改变了它的想法。”伊梅尔特说，“作为首席执行官，我的工作就是走出去，站到它的前列。因为，如果你不站到它的前列，就会被它卷起来，碾到下面。”

金融业急需“掉头”

制造企业规模庞大，排放污染，名声很差。与之相比，银行、金融机构、证券交易等行业素来给人以“清洁”的形象。但是，事实真相是，它们并非“环保天使”，从来都不是。它们就像任何一家制造企业一样，深深卷入了当前的工业时代之中，也面临着同样的风险。有头脑、有见识的消费者正在强烈要求这些行业加快行动、引领变革。

事实上，金融业正为环保运动提供大规模的支持。比如，管理着2 万亿美元资产的花旗集团，宣布启动一项 500 亿美元的“绿色行动计划”，这是迄今为止单个公司承诺的最大金额。这项计划中的 100 亿美元已经到位，另外 100 亿美元的目标是：减小花旗遍布世界各地14 500 多个办公地点所产生的庞大的“碳足迹”。据伦敦出版的《泰晤士报》报道，花旗将在 10 年内陆续投资另外的 300 亿美元，为风能发电、生物燃料、太阳能电池板等生态友好型技术提供资金。花旗集团市场与银行部主席兼首席执行官迈克尔·克莱因（Michael Klein）说：“我们坚信，气候变化是目前世界上企业领导人、投资者和政府共同面对的最重要的问题之一。而这仅仅是开始。”

心怀怨气的批评者可能会说，对于一家资产 2 万亿美元的企业来说，10 年内 500 亿美元的投入，不过是九牛一毛。然而，如果这真的仅仅是为了公关活动“作秀”，也不大可能骗过非政府组织、政府管制机构和环保活动家。因为他们已经认识到，银行在推进环保责任方面扮演着关键的角色。

20 世纪 90 年代，环保活动家针对石油、化工、木材和钢铁等行业的大型企业排污的抗议活动，开始逐渐日常化。此时，大家也开始清楚地意识到，把目标指向那些为这些行业提供资金的机构，是更为有效的对策。他们细查各大银行的借贷明细、发起广泛公众活动，“曝光”那些为危害社会和环境的商业行为提供资金的机构——事实证明，这是一种行之有效的方法。例如，在 2005 年，抗议者身穿危险品防护服来到摩根大通银行的办公地点，让全世界了解，摩根大通正在向印尼的非法砍伐企业和秘鲁的一家采矿企业的侵犯人权行为提供资金。《时代》周刊报道：“仅仅两周之内这家银行就宣布，将会制定政策，促进可持续林业发展，保护土著居民权利，并切断可能被用于非法砍伐的资金。”

“雨林行动网络”（Rainforest Action Network，RAN）全球金融行动的负责人艾丽丝·霍格（Ilyse Hogue）在接受《时代》周刊采访时说：“现代社会迫切需要在生态行为上‘掉头’，私人银行业比其他任何行业更有能力推动这项进程。”[4]

“雨林行动网络”的执行董事迈克尔·布隆（Michael Brune）补充说，这个组织早在10年前就决定“追踪钱的走向”。他们以有影响力的消费者和投资机构为目标，开展市场活动，试图规劝这些企业停止其破坏环境的政策。“雨林行动网络”培训其员工和活动组织者，让他们像CEO一样思考，让他们问自己，什么会促使CEO采取行动。

“比如博伊斯–卡斯科德公司（Boise Cascade）。如果你是这家林产品企业的首席执行官，你所关注的问题是把纸和木材卖到哪里，从哪里得到融资支持，”布隆说道，“所以，要想让博伊斯–卡斯科德公司制定整体环保政策，我们就要先到市场上去找博伊斯–卡斯科德的客户，比如家得宝。我们说服了家得宝。对于那些没有获得认证，未证明是来自管理完善的林场的产品，它们会逐步淘汰。在针对‘博伊斯–卡斯科德’的行动中，我们还走访了400家其他企业。这用了好几年时间。但是，最终在2003年，博伊斯–卡斯科德公司制定了公司层面的环保政策。”[5]当家得宝这样的900亿美元市值的大客户有话要说时，博伊斯这样的57亿美元资产的供应商自然是要小心听着的。

据布隆说，金融机构现在已经领悟到，要从资产负债表角度看待这个问题。“当银行去看一项交易建议书的时候，‘环保责任’成为一项风险因素，”布隆说，“银行还需要审查其他风险，诸如股东诉讼、声誉风险、缺乏保险覆盖等等。从概念上说，我们对银行业所做的努力，与我们对家得宝所做的是一样的。渐渐地，银行业也开始行动，逐步停止为那些推进不可持续项目的公司提供贷款和融资安排。”

尽管类似的“压力战”法已经奏效——许多企业因此而清醒起来，意识到从前一直忽视的风险，但是，在推动真正的创新上，这些行动的效力仅此而已。由于理解了这个问题，很多非政府组织和银行，已经开始形成互惠的“缓和”关系，甚至合作形成网络和同盟。这类同盟之一是 2004 年建立的一个合作伙伴组织，参与者有银行监察组织（Banktrack，一个由社会组织和个人组成的网络，致力于跟踪监督私人金融业的运作）和世界上最大的 30 家私人银行（包括花旗银行、摩根大通银行、美洲银行、荷兰银行、巴克莱银行、汇丰银行、荷兰商业银行等）。正像汇丰银行可持续发展风险管理负责人乔恩·威廉姆斯（Jon Williams）对《时代》周刊所说的：“每个参与者都对实现环境保护和经济发展的平衡感兴趣。我们相信大家都能既做好生意，又做了好事。”

从风险的另一面发现机会

随手翻一翻报纸或者商业杂志，我们就能清楚地感受到，可持续发展的巨浪正冲击着整个企业界。正在做出变革的并非只有金融行业，那些业绩最优秀的企业正在引领变革的进程。比如，处于全球领先地位的投资银行高盛集团，不久前分析了能源、采矿、钢铁、食品、饮料、媒体等六个重要产业部门，研究了这些行业中，哪些是在环保、社会和治理方面政策和策略的执行得到公认的领先企业。高盛发现自 2005 年 8 月以来，这些领先企业的股票价格超出股票市场平均值的 25%，另外，其中 72% 的企业在同一时期内的业绩超过它们的同行企业。

对于企业管理层，这类研究结果会触发董事会向他们提出这样的问题：如果公司重新定位，我们能获得什么样的有形财务收益？如果我们对环保议题做出承诺，能让我们保持盈利，甚至提高我们的利润并提升我们的市场价值吗？

当人们就具体战略问题进行商业合理性探究的时候，最终总要归结到风险和机遇的选择上来。虽然每个企业、各个产业的短期、中期风险各不相同，但忽视可持续发展问题的终极风险却十分清楚：如果我们继续不顾自然的承受能力，向环境排放更多的有毒废弃物，向大气层排放二氧化碳，如果我们继续不顾资源再生能力的限制，任意开发和浪费自然资源，那么，传统意义上的商业终有一日将不复存在。如果鱼类灭绝，何来渔业生产？没有洁净的水，更何谈饮料公司？

今天，我们需要的是用一种全新的思维方法，来思考如何直面这些商业风险，思考如何在这些风险的另一面发现机会。

竞争优势、创新与增长

对于那些有能力看清这个不断变化的世界，以及其中所蕴藏的机会的组织，发展前景似乎充满希望。然而，要大幅度改变一家企业的经营方式，的确非常困难；要讲清楚这个道理，自然一定要有可靠的依据，说明这样的投资有大规模回报的潜力。所幸的是，在当今世界，企业商誉已成为一种有形资产：一个企业在环境和相关社会问题上的声誉，关乎企业的竞争优势。

《无形资产和价值创造》（*Intangible Assets and Value Creation*）一书的作者尤尔根·多姆（Juergen H. Daum）是德国的一位管理顾问。他在书中写道：“在20世纪80年代初，有40%的企业其市场价值超出账面价值；到90年代末，这一比例增至80%。这意味着只有20%的企业的价值是通过财务会计系统反映的。”[6] 因此，企业市值的很大一部分，是基于品牌和声誉，而非所谓的硬资产。然而，影响着企业品牌和声誉的，是一个正在快速成长的外部利益相关者群体，一个从非政府组织到消费者，再到各级政府的群体——他们既有表达能力，也有势力。其结果是，企业品牌争相努力拥抱可持续环境发展的各种概念，其数量前所未有。当然，它们也都是出于“好的”理由。

2007 年 10 月，英国民调机构益普索–莫里（Ipsos–MORI）公司，在全球 15 个主要市场，对 1.7 万名消费者进行了一项调查，调查证实消费者对于“绿色品牌”的评价很高。超过一半的受访者表示，他们更愿意购买在环保方面声誉良好的企业所提供的产品和服务。

在英国，一份由合作银行（Co-operative Bank）于 2005 年委托进行的调查报告表明：“道德消费”总额比前一年增长了 11%，达到 300 亿英镑——高于啤酒和香烟的零售额。环球扫描公司在 2007 年的报告中提到，在美国，“主流行动主义者”群体占总人口比例增长迅速——从 2005 年的 38%，增至 2007 年的 45%。所谓“主流行动主义者”是这样的一类人，他们倾向于从自己对企业的期望出发，用消费行动来“投票”。这个群体一般学历较高、收入也较高，成为“意见领袖”的比例也比较高。[7] 为了尽快融入这个显而易见的成长势头，许多组织正在力推它们在可持续发展方面做的那些“小修小补”，力图使自己在客户和其他利益相关者面前显得很“绿色”。

“我想要有一个转变，而现在仅仅是开始，还只是行动的前奏。”落基山研究所研究总监乔 · 斯维舍（Joel Swisher）在接受《纽约时报》采访时说。落基山研究所成立于 1983 年，是一家颇具影响力的非营利组织，为推动可持续发展进入社会主流，在政策、战略层面以及实用革新方面做出了很大贡献，尤其是在能源和运输行业。虽然相对而言，目前变革的力度还不够大，但斯维舍相信，这些变革都具有积极意义，“这是在向正确的方向走”。

生产“环境友好型产品和服务”，已经与质量和价格一起，成为品牌属性。就像产品质量和产品创新一样，一旦企业品牌在这方面吸引了公众的注意力，企业风险就变得很大，人们的期望也变得很高。

消费者正在通过购买商品表达他们的选择。同样，员工也在根据企业在社会责任方面的声誉做出职业选择。调查表明，如果一家企业理解办公室外面的世界正在发生的变化，员工就愿意为这样的企业工作，年轻员工尤其如此。招聘服务巨头环球怪兽公司（Monster Worldwide）是一家在全球23个国家开展业务的在线就业网站，在其调查中发现：80%的受访者表示他们有兴趣从事对环境有积极影响的工作，92%的受访者表示更乐意为环境友好型企业服务。在前面提到的益普索–莫里公司对全球15个主要市场的调查中也发现，约有80%的受访者表示，更乐意为有“环境道德”的组织工作。

荷兰皇家壳牌集团首席执行官杰隆·范德伟（Jeroen van der Veer）说：“我的看法是，未来的成功企业，是那些能够把企业价值与员工个人价值观融合起来的企业。最好的人才都想做对社会有贡献的工作，都希望在这样的企业工作：他们能认同企业的价值，他们的观点有人重视，他们的行动能起作用。”

然而，追求再生型经济中的领导地位，并不只是为了品牌以及招聘和留住员工。下面讨论的是几个方面的具体收益。

1. 可以大幅度节约支出。所有行业的各种企业，不论是IBM、美铝公司，还是沃尔玛，都通过节能减排节省了大笔费用开支。过去15年间，杜邦公司大力降低温室气体排放和相关能源使用，因此节省了30亿美元，并实现同期业绩增长30%。通用电气工业集团仅将其工厂照明升级为自己生产的高效照明设施，每年就节省了1 280万美元。通用电气通过全公司各部门的努力，降低能源使用，减少温室气体排放，每年可节约能源支出总计7 000万美元。福特汽车公司采用了一项技术，使汽车在经过流水线组装完成时，同时刷三层漆，这就大幅缩短了新车喷漆所需的时间，也不再需要使用高能耗的干燥设备。这一改进使福特公司生产过程中的二氧化碳排放量降低 15%，挥发性有机化合物排放量降低 10%。这一改进还能使油漆工序所需时间缩短 20%。[8]

绿色建筑至少可以减少一半的能源开支，甚至常常可以减少更多。E资本公司（Capital E）的产业金融分析师格瑞格·凯兹（Greg Kats）的说法是，绿色建筑的潮流势不可当。“几年前，做绿色建筑风险很大，而不做绿色建筑的风险却微不足道。”凯兹指出，“目前，鉴于我们已建成 93 亿平方千米的绿色建筑，做绿色建筑的风险已不复存在，而不做绿色建筑，则风险巨大。”

2. 可以获取大幅收益。把 1 吨垃圾埋入垃圾填筑地需花费 100 美元，这一费用开支叠加起来，数目很大。然而，据《快公司》杂志报道：“通用磨坊公司（General Mills）已将其固体废弃物转化为利润。其中案例之一是脆谷乐（Cheerios）的副产品燕麦麸。通用磨坊以前是花钱请第三方进行回收，但后来意识到燕麦麸可以作为燃料使用。如今，顾客竞相购买这种燃料。2006 年，通用磨坊公司对 86% 的固体废弃物进行了回收利用，获得的收入高于处理这些废弃物所需要的开销。”[9]

而且，并非仅仅单个企业从中获益。可持续性产业市场（sustainability marketplace），即那些为应对可持续发展问题而成立的企业，可望获益丰厚。这是因为，当现存的各种组织转向使用再生能源，建造绿色建筑，或是对已有建筑进行“绿色”翻新的时候，都会需要这些企业提供的产品和服务。麦格劳-希尔公司在建筑信息趋势报告中称：2008 年新启动建造的绿色建筑市场价值超过 120 亿美元，而到 2010 年预计增至 600 亿美元。正像格瑞格·凯兹所指出的：用于建造绿色建筑而非传统建筑的附加资本投资率很低（目前已经低于 2%，而且还在进一步降低），其在建筑寿命周期内的投资回报率每年可达 40%。随着能源成本的急速上升，这一回报率还在持续增长。

3. 可以为客户提供竞争优势。随着计算机运算能力的成本逐年下降，为大型计算机和服务器提供动力和制冷的能源成本将超过这些硬件本身的成本，这个时间点也许就在2009年。IBM公司的“大绿色计划”，寻求大幅度降低其数据中心的能源消耗和用户的能源消耗，能为用户节省40%的信息系统成本，进而增加IBM公司的市场占有率。

4. 可持续发展是一个差异点。在进取号租车公司（Enterprise Rent-a-Car）的车队中，每3.8升汽油行驶超过45千米的车辆约有一半（超过33.4万辆。该公司称，这个数量是其最大竞争对手提供的节油型车辆数量的10倍）。目前，进取号租车公司正在数以千计地增加混合燃料和弹性燃料汽车，并对替代燃料的研究进行投资。[10]

5. 可以塑造产业未来。在美国汽车行业采取追赶行动之前的许多年里，宝马和其他欧洲汽车制造商就意识到，“文明的自利”是件好事，有助于企业影响政府的未来产业管制方向（在第15章里我们会详细阐述这个故事）。索尼欧洲公司由于建立了一个有效的回收体系——回收使用寿命终止的电子设备，在欧盟也起了类似的领导作用。BP公司和壳牌公司，在应对气候变化方面处于领导地位，对能源产业政策的发展也产生了类似的影响力。

6. 可以成为优先供应商。好市多公司和其他食品零售商着力于寻找那些符合其质量目标的、长期可靠的供应商。当这些质量目标包括社会、环境方面更高标准的时候，便会引导独特的供求合作关系。世界领先企业都了解，要使它们的供应链保持真正的活力和可持续发展的能力，整个供应链上的所有成员都必须是领导者，都必须大幅度减少它们对环境的影响，并在全球范围内满足社会责任的严格要求。这些企业把这些要求列为与供应商开展业务的条件，并且只接受那些持续表现出领导力的合作者。对于承诺满足这些标准的供应商来说，这一点无疑代表着一个巨大的商机。

7. 可以改变企业形象和品牌。任何产业的企业，无论是小型公司还是像通用电气、壳牌那样的大型跨国企业，通过对环保行动的真正投入，都可以重新塑造其声誉和品牌。比如，针对员工待遇和对地方小企业生存的影响等问题，媒体对零售巨头沃尔玛进行了负面报道。而沃尔玛正在以“绿色行动”（going green）为先导，努力弥补影响。通用电气最初承诺将用于环境友好型“绿色创想”（ecomagination）系列产品的年度研发投入翻一番，达到每年 15 亿美元，并且从宣布之日起，这项投入已经大幅度提高。通用电气也曾计划在 5 年内将“绿色创想”产品收入翻一番，由每年 100 亿美元增至每年 200 亿美元，这个目标也早已实现（这个故事的详细内容见第 9 章）。

从合规顺从到创新挑战

无论是出于什么考虑，越来越多的企业正在行动起来，试图在新的商业现实世界中获益。就像任何一次趋势发生变化的时候一样，所有的“早期实践者”中，总有一些会处于“等等看”的状态，等到大潮涌起才会加入其中。许多人都想知道，谁是在一边说一边做，谁又是只说不做——逃避将可持续发展的实践融入其主要业务的艰巨挑战。事实上，我们觉得，这已经没有什么关系了，因为你总是要开始的。沃尔玛的首席执行官李·斯科特公开承认，以前这家企业的所有环保行动，都只不过是公司洗清负面形象的努力的一部分。然而，一旦企业做出了承诺，客户和员工就会要求它承担责任。如果企业不能兑现，客户和员工就会离它而去，加入那些用行动表现出郑重承诺并向前推进的组织。

一个组织要么像沃尔玛那样被动地改变其业务环境，要么像 IBM 和通用电气那样主动寻求新的机会。图 8.2 展示了融合可持续发展与企业战略目标的 5 个阶段，一个组织总要从其中之一开始起步。

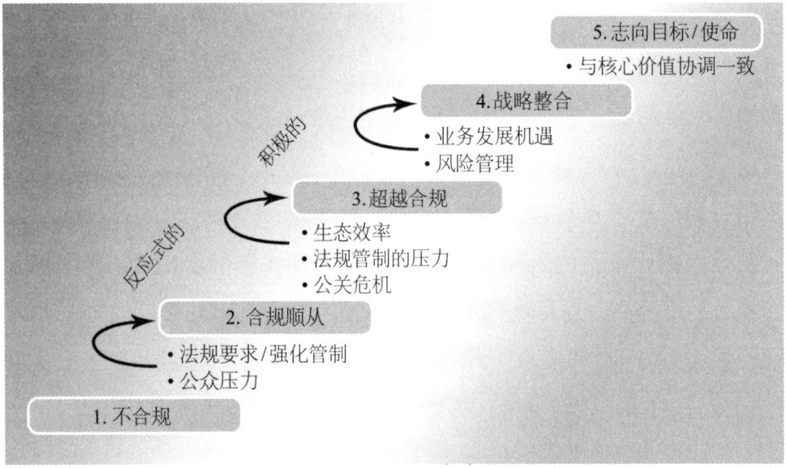

图 8.2　企业可持续发展的 5 个阶段和正在呈现的驱动力 [11]

许多组织处于图中所示的最下端，处于“不合规”阶段，或是“合规顺从”阶段，但问题重重。在这两个阶段的组织，往往会对外在压力做出被动反应——比如，管制机构要求企业在 30 天之内解决大规模非法废气排放的问题，否则就勒令其关闭；或是一个激进的非政府组织，在企业总部周围示威，全球的媒体也站在它的一边。由于这种类型的变革成本高昂，企业高层领导往往会假设企业处于超越“合规”的阶段，但这样变革的成本就更高了。因此，它们不能享受到主动行动带来的收益，其业务无法因采取主动行动而获得大幅度的成本下降。

当人们看到超越“合规”阶段所带来的成本效益，变革的力量就会开始积累，因为第 2 阶段只是满足废气排放、有毒废物和废水方面的基本法律要求。当组织从第 2 阶段发展到第 3 阶段时，人们就会发现，节省的费用和增加的回报远远超过最初的投资。这就会变成一个“自我强化”（self-reinforcing）的雪球，因为初始的节约所进行的再投资，会带来越来越多的收益，其中也包括声誉的改善和品牌价值的提升。

达到第 4 阶段，组织的战略就与可持续发展完全融合在一起，这往往是在企业发现了更大的业务机会的时候。然而，只有当企业主动地将可持续发展的元素与其战略的每一个方面衔接起来，与其核心投资和贯穿组织上下的决策程序融合起来，第 4 阶段才会发生。像沃尔玛、通用电气、美国铝业，以及其他行业的一些领先企业，都已经达到了第 4 阶段。这些企业进步的一个明显标志是其可持续发展的责任状况已经产生了变化。可持续发展已经不再是总监、副总裁的工作，不再主要聚焦在利益相关者的管理和沟通上。现在，可持续发展已经是这些组织的业务部门领导人的责任，是首席执行官、首席技术官、首席财务官和首席运营官的责任（有关这一变化的情形，更多内容请见第六部分第 24 章：为了未来，重新设计）。

在第 4 阶段，可持续发展切入了企业战略与执行的中心业务，对资本和预算分配、供应链、新市场的探索、核心运营和研发都产生直接影响。人们常问的问题是："我们的实验室里有什么东西，怎样才能将其推向市场？"

属于第 5 阶段的著名企业中，许多是由这样的人创立的——他们在大多数企业还在以合规顺从为目标的时候，就看到了可持续发展的挑战带来的机会。他们毫不犹豫地把自己的企业放到了第 5 阶段，而没有经过其他阶段；他们大胆地宣布，自己企业的宗旨或目的，就是为社会做出贡献，并成为可再生型企业。美体小铺（Body Shop）、巴塔哥尼亚（Patagonia）、第七代（Seventh Generation）、赫斯基注塑系统（Husky Injection Molding Systems）等等都是如此。其他一些企业则在意识到它们正在制造的危害之后，立即转变了方向。雷·安德森是英特飞这家生产地毯和瓷砖的公司的创始人兼首席执行官，1994 年夏天，他面向公司的销售团队谈了公司所持有的环保态度的要点。"这其实很简单，"安德森回忆他当时的想法，“我们要符合法律的要求。”然而，作为销售来说，“合规”和“顺从”这种说法显然缺乏想象力，也不具备号召性。于是他开始阅读和思考与环保有关的议题，直到有一天他意识到，“我正在管理一家掠夺地球的企业”。自此，他不再提环保的合规和服从，而是从意识到的问题入手，“只有一种组织机构能够有足够的力量和影响力，来彻底转变这个问题的局面……那就是最初制造了这些问题的组织机构：‘企业、行业、我们这类人——就是我们！’”

他对同事提出了挑战，要求他们确定一个时间表，让英特飞成为一家“恢复归还型企业”(restorative enterprise)，也就是成为一个可持续的运营系统：对生物圈不能产生危害，如果使用的材料不能循环使用或是迅速再生，就不能采用。[12]

越来越多的组织正在向第 5 阶段迈进，其中许多是中小企业。在西方国家，中小企业的定义是员工少于 500 人的企业。这类企业在美国、加拿大和欧洲占企业总数量的 98%。美国活跃地方经济商业联盟(Business Alliance for Local Living Economies，BALLE ）网络，是无数国际中小企业网络之一，把为可持续发展做贡献作为其主要宗旨和目的[有关BALLE和其他以使命为出发点的企业（mission-based business)的内容，请见第 26 章]。

然而，我们认为，随着企业领导人从各自启动新行动计划的经历中获得学习经验，随着他们从员工中得到正面的反馈，企业从第 4 阶段向第 5 阶段的转变也可以成为一个自然转换的过程。企业领导人通过自己的经历发现，如果逐步采取行动，把他们自己的志向目标和使命与员工的核心价值协调起来，就会释放出巨大的能量。

对于上市公司，进入第 5 阶段意味着面临这样的挑战：为了对可再生型社会和环境做出可持续的、正面的贡献，它们应当也必须成为赢利和成功的生意经营者。

当第 4 阶段和第 5 阶段的企业数量达到“临界点”的时候，这些企业的承诺和行动就表明，静态的分类已经没有必要了。主动行动的企业在行业和市场上采取战略行动时，就会引起客户、供应商、投资人和竞争对手的注意。这些领先者提高了客户、公众、非政府组织和政府的期望值，改变了游戏规则。合规和顺从不再意味着满足管制的最低要求，而是意味着要满足不断提高的、所有利益相关方的期望。

当许多组织在第 1 阶段和第 2 阶段开始行动的时候，许多其他组织已经处于第 3 阶段的运行当中了。它们已经接受了这个道理：变化是必须的——无论是为了生存，还是为了可持续运营带来的收益，如降低成本，或者改善企业形象。但是，最重要的“跳跃”在于超越第 3 阶段。一旦企业进入第 4 和第 5 阶段，就不仅是影响企业的未来，更是影响它们运营于其中的更大系统的其他各方的未来。这样的企业看到了它们自己生存和繁荣的机会与其运营环境的健康之间的联系。就像《可持续性的优势》（*The Sustainability Advantage*）和《下一个可持续性浪潮》（*The Next Sustainability Wave*）的作者鲍勃·威拉德（Bob Willard）所观察到的：处于第 4 和第 5 阶段的组织之间的区别，在现阶段不太重要。企业在这两个阶段的行为，其实基本上是一样的。[13] 在这两个阶段，企业都是在跨越一个边界：从仅仅因为风险而被动反应，走向对机遇的认知——这些机遇来自主动创造一个世界，并在这个世界未来的年代中持续繁荣发展。

| 第 9 章 |

定位：既为了未来，也为了现在

虽然大多数商业人士都了解，风险和机会的格局正在急速变化，但是，对于如何从认识发展出下一步行动，许多人还是懵懵懂懂。企业领导人期望了解，如何驾驭可持续发展的大潮驶向未来，同时又保持当前业务的健康和活力。今天，引领各个行业的企业也正是这样做的，因为它们已经认识到企业所面对的新的现实，并以此为方向调整了定位。然而，许多企业领导人也发现，拥抱可持续发展的广泛议题，就会引发冲突、制造混乱、导致“分析瘫痪”（analysis paralysis）和不作为。让形形色色、情绪冲动的外部利益相关者（包括非政府组织、消费者活动分子、社区团体以及政府官员）参与进来，可能会引起企业的挫折感大幅度上升，相关组织之间的不协调也会进一步恶化。

所幸的是，情况并非一定如此。我们不仅有可能在相关利益者之间的巨大鸿沟上架设沟通的桥梁，也可以创造关注点，进而在过程中释放追求进步的巨大能量。当你考虑了现实世界中新的力量，调整商业战略的优先次序（就像Google所做的），你就能从利益相关者出发，为所有的利益相关者创造长期的、可持续的价值。

这样做的起点，是“退后一步站”，从两个维度思考价值创造（你对股东和社会的贡献）。图 9.1 呈现的是“股东价值的四元素”，这张图最初是由斯图尔特·哈特（Stuart Hart）和马克·米尔斯泰因（Mark Milstein）开发的。图的纵轴显示的是时间，反映出一个组织需要在管理当前商业活动的同时，为未来发展技术和市场。[1] 图的横轴显示的是空间，反映出一个企业需要在发展和保护组织的内部能力的同时，从外部融合进新的思维方式和新的知识。这个维度反映出一种紧张局面，即一个组织一方面要在核心运营上保持聚焦，另一方面又要同时维持开放，吸收新鲜的思想，吸收新的、带有破坏性的模式和技术。

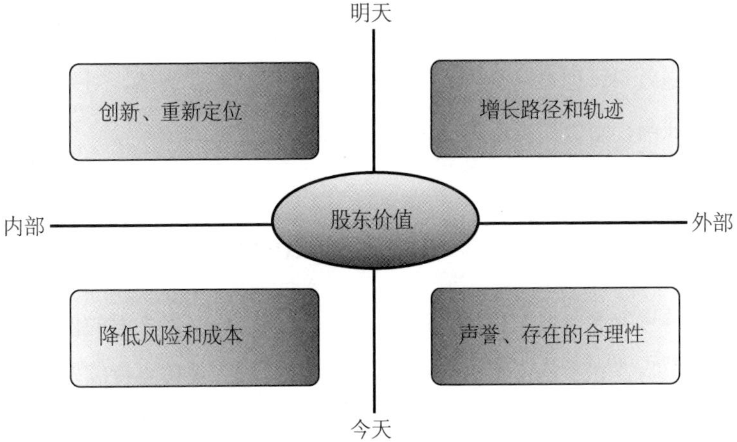

图 9.1　股东价值的四元素

把时间维度和空间维度放到一个平面上，就产生了由 4 个不同区域组成的矩阵，分别是：降低风险、声誉、创新和增长。它们中的每一个对于创造股东价值来说都至关重要。

在 4 个象限所代表的方面做得都好的企业，随着时间的推移，其股东价值得以实现最大化。这是因为，这样的企业更为全面地思考其业务发展，而这一点，又使其能够更加有效地为所有的股东考虑。仅仅注重其中的一个或两个象限的内容，则标志着不良业绩，或者至少也会导致企业在许多其他方面失去机会，不能建立长期的未来价值。比如，柯达公司就没能把握数字技术投入的恰当时机。类似的情况说明了一个道理：企业过度重视今天的业务（到了完全忽视明天的技术和市场的程度），在一段时间内是可以创造财富的，但是当竞争对手以更优质的产品和服务涌入市场的时候，最终会侵蚀股东价值。当然，对当前的过度重视，并不是一个组织面临的唯一陷阱。企业沉迷于明天的业务（到了完全忽视今天的业绩的程度）可能会激动人心而富于挑战，但也会寿命不长。互联网早期许多公司的经历就是明证。更进一步看，对于公司业务的内部环节过分重视（例如，在某一关键产品上投放过多资源）可以强化短期的实施效果，但最终会导致企业对竞争失去觉察。当然，对外部力量的过分强调，则会损害一个组织的执行能力。

创造可持续发展价值

可持续发展与股东价值创造类似，是个多维度、多方面的挑战。然而，就像哈特和米尔斯泰因提到的，大多数经理人看待可持续发展问题的框架，不是“从多个维度看到机会，而是从一个维度感到累赘”（在115页介绍的5个阶段中，管理处于“不合规”或“合规”阶段企业的经理人尤其如此）。哈特和米尔斯泰因首先提出的“可持续发展价值框架”（Sustainable Value Framework）简洁而精致地处理了这个问题（见图9.2）。

“可持续发展价值框架”采用了前面提到的、同样的时间–空间框架，但是在这个框架中，包括了企业当前面对的社会和环境挑战。[2]

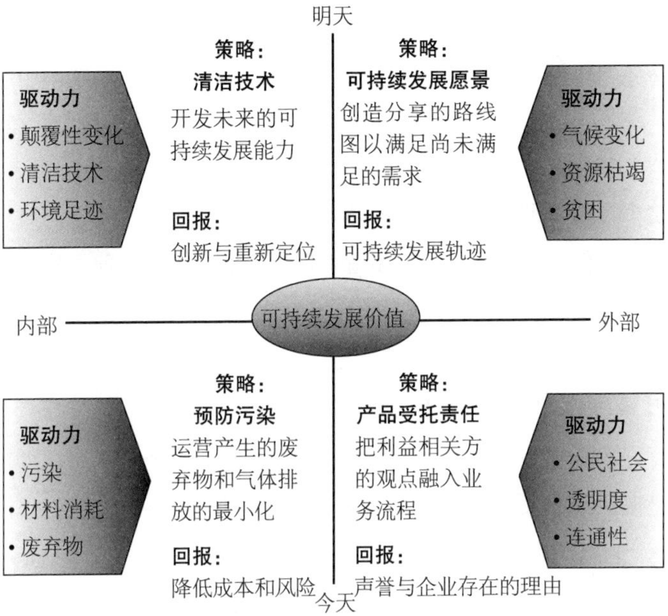

图 9.2 可持续发展价值框架 [3]

这个框架已为不同规模、不同行业的许多企业所采用，也为企业与非企业的领导者的广泛联盟所采用。比如，位于加拿大“化学谷”(Chemical Valley) 中心的安大略省萨尼亚市，把来自政府、企业和社会的各界领导人召集到一起，共同关注和探讨各自领域的现状及未来可能的机会。他们在一起紧张工作了一段时间，使用这个“矩阵框架”，创造了一个实现的共同愿景的计划。他们的共同愿景是演化过渡到一个更加清洁的“混合生物”(bio-hybrid) 经济，用生物质原材料替代传统的石油和天然气原料。

这个框架显示了可持续发展与企业核心职能之间的联系。正像哈特和米尔斯泰因所指出的，许多企业高级管理人看到这个模型之后就意识到，这样的联系以前从来就没有建立过。如果企业的经理人和员工对企业在可持续发展方面的努力感到悲观失望，那往往是由于他们看不到可持续发展与企业目标如何才能联系起来。其结果是，企业做出的努力往往是杂乱无章的，趋向于被动反应，与企业的核心宗旨和业务计划也没有什么联系。

这个框架帮助人们从不同的角度审视自己组织的行动，同时也显示出，大家如何才能共同工作，创造和保持价值，大家如何才能简化战略决策制定的过程。

可持续发展的驱动力

有许多各不相同的力量驱使企业走向可再生经济，然而，可持续发展价值框架帮助我们把它们分为四个宽泛的类别，这就使我们得以更好地了解，可持续发展的实践如何才能与公司的核心战略联系在一起。

第一类力量，或许也是比较明显的力量，与过去两个世纪中逐渐发展的工业化进程及其副作用有关，比如，物料消耗、环境污染以及生产过程中的废弃物。企业可以通过降低与其活动相关的物料消耗和污染，立即创造价值。

第二类力量，与“公民社会利益相关者”（civil society stakeholders）的普及和发展有关。当国家政府的力量随着全球化贸易机制的发展逐渐弱化，非政府组织和其他市民社会团体就进入这个被扯开的权力缝隙，承担起监控（有时是强化）社会和环境的标准的角色。与此同时，这些团体也得益于互联网和信息技术的普及，使它们能够以10年前还无法想象的方式，开展内部交流和沟通。通过互联网连接的联盟，像雨林行动网络、银行监察组织等其他组织一样，正使得政府、公司和其他大型组织越来越难以进行秘密操作。更为重要的是，企业在运营上体现了更高的透明度，对公众的可持续发展实践的意愿有了更快的反应，之后可以看到，品牌形象改善对其“底线”（bottom-line，指净利润）的直接影响。

第三种力量的发展趋势，包括了正在兴起的“破坏性”技术。破坏性技术对现存状况发起了挑战，今天的许多能源和材料密集型行业，都可能因其出现而退出商业舞台。基因技术、纳米技术、信息技术和可再生能源技术，都具备这样的潜在能力：大幅度改变我们的商业活动方式和我们对这个星球的影响。各个行业的公司都要投资未来，除了开发新型的、具备改变游戏规则潜力的技术，其实也没有什么更有效的办法了。

最后，第四种驱动力与一系列全球问题相关，比如，资源耗尽、生态系统恶化、气候变化；不发达世界中的贫困和不平等，以及其他同样宽泛的、发达世界中的可持续发展驱动因素，包括全球安全问题和与其紧密相关的气候、资源消耗和能源供应及安全问题。大规模的社会发展和财富创造，尤其是全球最贫困的 40 亿人群中的社会发展和财富创造，是可持续发展的基本问题。然而，为了避免造成生态系统的彻底毁灭，全球各地的发展必须采取一种全新的方式。但是，对最后一部分驱动因素的应对，不仅对于这个星球的健康非常必要，通过把握各个行业层出不穷的可持续发展机会，企业也同样可以创造价值。其中的一个例子，便是采用一种推动财富创造和分配的方式，满足那些处于全球收入金字塔底部人群的基本需求，包括食品、卫生和健康。

全球可持续发展是一项非常复杂的议题，任何一家公司的行动都不可能完全应对。因此，希望在未来兴旺繁荣的企业，必须要应对所有这四个方面的多种驱动因素。对于不同的组织而言，不但在每一个方面的投资多少的决策不同，而且以什么周期进行投资的决策也不同。使用“可持续发展价值框架”的真正价值之一，就是在这个过程中形成智慧。最终要实现价值创造最大化的目标，就需要一个平衡所有这四个方面的投资组合。

杜邦的转变

杜邦公司是一家拥有206年历史、产值290亿美元的化学工业巨人，其重塑自我的过程深入、广泛，涉及企业的方方面面，无论是什么规模、什么业务范围的公司，在这方面都很难与之相比。这家公司的故事，在企业如何最佳使用可持续价值框架，并把它转化为行动方面，提供了重要经验。

杜邦曾经有过无数产品突破，其中许多是“二战”后经济爆炸式发展与繁荣的象征，比如，尼龙、莱卡、赛璐玢以及特富龙，但是，这家位于特拉华州维尔明顿的公司的创新英名最终还是变了味道。1989年，绿色和平组织的示威者潜入了杜邦公司位于新泽西州深水市的一家工厂，爬上工厂内180英尺高的水塔，并在上面挂了一条大幅标语，宣布杜邦这家开发了氟利昂制冷剂的公司是全球头号污染者。[4]

对这个说法以及类似的一系列说法做出回应，成了新任首席执行官埃德加·伍拉德（Edgar Woolard）的首要工作。他在这次事件之后不久宣布：“未来这家公司的颜色是什么，我不能肯定，但是我可以向你们保证，它的颜色是某种绿色调的。”他表示，未来他的CEO职位的含义是除了首席执行官之外，还要加上“首席环境官”（Chief Environment Officer）。他还发明了一个概念——“企业环保主义”（Corporate Environmentalism），用来表达他的信念：杜邦的环保行动的焦点是公众的信任，而不是法律上的合规。近20年过去了，历经变革的伍拉德表示，事实证明，环保主义“是我在这家公司中见到过的、最有激励作用和凝聚力的行动”。

其实，早在绿色和平组织的公众曝光行动之前，杜邦公司的高级管理人员就已经开始认真反思公司的价值命题（value proposition）了。他们做出的一项战略抉择，启动了一个新的方向，要把杜邦从以石油化工为基础的过去，转向一个新的定位：成为以植物为基础的化学原料和新型环境友好产品的全球领袖。启动这一转变不仅是杜邦的高级管理人员和科学家对未来发展的预想，也是因为他们意识到，公司当时的化学产品和有机聚合产品将会成为大宗商品，随着时间的推移，盈利能力会大幅度下降。今天，杜邦着力于生物技术、化学产品和自然系统，而非合成产品。保罗·塔布（Paul Tabe）最近刚从杜邦公司的健康、安全及环保副总裁的职位上退休，他说："很明显，这是具有转变性的变革。"杜邦的声誉也大幅度改善了。2005 年，《商业周刊》在其"领先绿色企业"名录中，将杜邦公司列为第一位。谷神创业基金作为一家广受尊重的环保监察组织，将杜邦公司在应对气候变化的商业挑战方面所做的贡献，列为全美国第一位和全球第二位。

降低成本和风险：左下方象限

考虑到完成季报指标和满足华尔街期望的压力，许多公司很难放弃聚焦于"此时此地"结果的习惯。

对于杜邦公司，向可持续发展迈出的第一步在于降低风险和成本，这意味着减少废弃物、降低温室气体排放以及节能。像杜邦这样的行业领袖们很快就了解到，如果他们不在今天就表现出对减少环境足迹和降低风险的承诺，可持续发展的努力就会难以为继。也就是说，一家企业获得未来可持续发展行动的可信度的基础，就是降低风险与成本（图 9.2"可持续发展价值框架"的左下方象限）。总而言之，一旦你开始做出对未来的公开声明（在矩阵框架中，位于横轴以上的两个象限），利益相关者们就会公开评论："让我们看到你们今天在做什么！要是我们今天看不到你们的参与和承诺的证明，就不要跟我们谈未来的宏大远景。"

1990 年，杜邦确立了一系列减排的挑战目标，埃德加·伍拉德授权保罗·塔布，要他保证公司上下的所有管理人员都做出达到目标的承诺。到 2004 年，杜邦公司全球致癌物质排放降低超过 90%，全球危险废弃物排放降低超过 40%，全球温室气体排放降低超过 70%，总能耗降低 5%。塔布把这些指标叫作“减少碳足迹的指标”。他说，他们还能计算出，在产量增加 40%，并保持能源支出基本不变的情况下，杜邦节约的费用的具体数值。这个数字令人震惊：30 亿美元。媒体迅速广泛报道了这个数字，并且在有关绿色运动影响的相关报告和讨论中，也都在引用这个数字。“就是这样简单的数字，就可以把道理讲得非常清楚。”塔布如是说。改变原有做法、减少内部碳足迹，风险很低：其回报可以预先计算，获得的又是实实在在的现金，而不是对几个新型绿色产品的乐观销售预测。

这随之成为一个良性的、自我增强的循环。杜邦节省下来的钱，又可以再投资到他们认为最重要的、新的创新方案上。2005 年，杜邦将其成本和风险降低的目标延伸到 2015 年。

- 在 2004 年的基数上，温室气体排放的总量至少再降低 15%。
- 在淡水资源稀缺或紧张的地区的厂区，降低 30% 水消耗。在所有其他产地，保持现有水消耗水平。
- 保证杜邦商务车队和轻卡车辆 100% 采用最先进的节省燃料技术和化石燃料替代技术。
- 将致癌物排放进一步降低 50%。
- 保证 100% 的全球生产基地，都成功完成一次由独立第三方对其环境管理目标和体系进行的认证。

在减少废弃物产生和排放上表现出显著的进步，这对于公司建立外部信任非常必要，但是在公司内部，看到数字指标也有很大作用。节约下来的所有成本，都直接成为公司的利润，增强了竞争力，降低了风险。数字也有增强凝聚、激励参与的作用。有了数字，就不必再说服客户，也不用依赖外部力量。就像塔布所说的:“数字本身就是强有力的激励因素,尤其是对于今天的年轻员工。数字让大家了解自己的公司是在‘正确的方向上做正确的事’。”很显然,当公司从落后追赶变为引领潮流,这一过程对于员工来说很重要。可持续发展和产品创新的努力的基础就在于此,从而把每个人的兴奋和承诺都推上了一个更高的平台。

声誉与企业存在的理由:右下方象限

跨越内部的边界,与包括强力社区团队、非政府组织和管制机构在内的外部利益相关者沟通融合,这对于大多数企业,都是非同寻常的举措。在从前,对于像杜邦这样的一家公司,这种沟通融合往往会意味着自我辩解和激烈冲突。然而,塔布和其他许多人却看到了走出去与这些团队沟通的必要性,其中也包括在过去几十年中,猛烈攻击这家公司的绿色和平组织。

尽管还是有些“不舒服”,但塔布把这项工作定义为“一个非常特殊的学习机会”。他广泛征求意见和建议,既包括确立目标后如何应对减排的挑战的方法,也涉及对公司未来方向的想法。他甚至去找了保罗·吉尔丁(Paul Gilding),绿色和平组织的前执行总监,请其做自己的顾问。他最终把吉尔丁带进了杜邦,会见了首席执行官和其他高级管理人员,探讨可持续发展问题。通过吸引上百位像吉尔丁这样的“外部人”的参与,大家消除了破坏性的冲突,并把关注点就此集中到解决问题上(特别是环境问题),并由此创造了对未来的共享目标,也形成了以追求这些目标的实现为目的的合作。

对于高级管理人员来说,“外部人”真正的参与融合是一个心智净化的经历。倾听那些他们通常不打交道的人的想法,认真对待这些人提供的建议,对于这个过程十分必要。然而,有许多首席执行官正在开始改变他们的想法,并由此看到了另一种完全不同的情境。杜邦首席执行官克莱德·豪利戴（Clad Holiday）就是其中之一。

豪利戴说："从前的观点是，把科学家关到实验室里，去发明一些新的、奇妙的东西，而后再将这些东西推到世界上。现在，这种看法已经让位于从市场出发的方法了。要想让创新成功地推向市场，为社会所接受，就必须基于各种形式的合作，还要持续地与利益相关者对话，包括政府、非政府组织和学术界。科学与创新不能满足人类需求，就无法推动可持续发展。同样，如果设想可持续发展可以脱离科学，也不会获得成功。我们既需要对于可持续发展的承诺，也需要科学上的成就。"

这类革命性新型合作关系的紧迫性，无论怎样强调，都不是夸大其词。就像哈特与米尔斯泰因所指出的："利益相关者的广泛参与融合，是一个必要的源泉，反馈、方向、愿景以及创新的新观念，都从这里产生。"

塔布说："如果你想的是解决社会问题，那就应该包括，帮助全球40亿处于生存边缘的人，满足其对蛋白质和营养物质的需求。商业界对这部分人口根本无从理解，也没有办法了解。然而，许多区域性的非政府组织对此非常熟悉。除非你能有办法接触到这些人群，否则你就没有办法把企业的产品和服务带给他们。"

也就是说，即便是对一家像杜邦这样愿意为可持续发展实践做出承诺的企业，想要取得任何实实在在的进展，就必须与非政府组织合作。由于其名声上的污点，杜邦在达成这种合作上，大都要从零做起。事实表明，最初的确很困难，这是由于开始的时候，双方都带着固有的相互不信任。多数企业高级管理人员坚信：不承担盈亏责任的人，就一定无法理解企业和在企业中工作的人所受到的压力。而在政府和非政府组织工作的人也不相信，做生意的人对于改善环境和应对发展中国家人民的需要方面会有真正的承诺和投入。

尽管如此，企业还是开始意识到，与社会中的思想引导者建立正面的关系，可以产生极大的作用。而要让这些关系能够产生出有实际意义的结果，就必须让非政府组织参与到企业战略的制定过程之中。公众组织的参与，正在开始逐渐为现代跨国企业广泛接受。对于塔布来说，这就是关键。他相信，这种参与直接影响着一个企业的创新能力、重新定位能力和未来发展能力。

创新与重新定位：左上方象限

当一家企业开始展望未来的时候，其关注的重点方向就会发生根本性转变。比如，杜邦就是正在进行“第二次重塑”，重新创造自我。杜邦的第一次重塑，是从最初的炸药制造商转变成一家石油化工企业。由于杜邦选择了有机化学和模拟真实生命的自然系统，这家公司将 21 世纪的着力点放到了生物技术与化学的结合上。从化石燃料转向生物燃料，从化学原料转向更为自然的材料，这些努力都代表了最高层面的转变。杜邦公司现任董事长克莱德·豪利戴把这个过程称作从人工系统转向自然系统，转向自然界工作的方式。更重要的是，杜邦所聚焦的三个“超可持续趋势”（mega sustainability trends），他们认为这将重塑未来市场的方向，包括对可再生能源和材料的需求，对于安全和保障的更高要求，以及增加食品生产的需求。

目前，杜邦制造了太阳能电池板生产必需的 8 种产品，在玉米基生物制品综合炼制（Integrated Corn-Based Bioproducts Refinery）方面也处于领导地位。杜邦与 BP 推出了生化丁醇（Biobutanol），这是一种生物燃料，与乙醇相比在替代汽油方面有很多优势。特卫强（Tyvek）是杜邦的独有产品之一，与楼顶包装材料（AtticWrap）共同使用可以改善建筑的隔热能力，帮助消费者大幅度降低能源成本。索罗那（Sorona），是这家公司新近基于玉米芯中的一种淀粉开发的创新产品。这种材料质地柔软，耐久性好，易于吸收颜色，正被用于制造地毯和生产服装材料。

杜邦目前的一个更为雄心勃勃的目标是，在可以为客户和消费者产生直接的、可计量效益的项目上，把投资增加一倍。在杜邦内部，针对如何模拟自然系统建立其生产过程，正在进行广泛的讨论。比如，杜邦的科学家已经工作了多年，学习用蚕制造茧的过程，尝试生产凯芙拉（kevlar）纤维。

为了创造这一类有抱负的高价值和高毛利率的产品，企业必须与处在图 9.2 中右下方象限的“声誉与企业存在的理由”区中的所有利益相关者合作，包括非政府组织和区域市民领袖，以及其他公司，无论是大公司还是小公司，共同确定不同时间范围的投资计划。

发展路径与轨迹：右上方象限

一家企业的发展轨迹是推动其创造可持续价值的动力，也为其带来在世界上产生重大影响的能力。

正是从这一点出发，企业提出了这样的问题：如何把我们的产品和服务带给世界，并改变我们思考全球社会与环境问题的方式？我们如何才能惠及那些期望改善生活质量、提高生活标准的人们？迄今为止，与可持续发展工作相关的许多成就都是在制造工厂中完成的，但是，随着企业进入新的市场，他们也许会意识到，这些产品具有比它们的生产设施重要得多的影响力。比如，杜邦公司确定并且公布了到 2015 年必须要达到的一系列大胆的目标，这是其更广泛的源于自然的战略的一部分，这些目标包括：

- 在为客户创造能源效率或大幅度降低温室气体排放的产品方面，将相关的年收入至少提高 20 亿美元。
- 将通过不可耗尽资源产生的收入提高近一倍，至少达到 80 亿美元。

惠及低收入人口（每天平均收入低于 4 美元的 40 亿人）的行动，从满足人类基本需求的产品开始。杜邦目前正在快速推出一系列产品和服务，应对工业时代带来的能源、食品、水资源及其他领域的不平衡问题。

这些新型产品对于公司的增长战略至关重要。杜邦最近宣布，提高新产品的收入目标——将过去 5 年中推出产品的销售收入占总销售收入的比例，从过去的 20% 提高到 35%，其中许多具有高增长潜力的新产品都将是基于生物材料的。一些持续注意杜邦进展的外部观察员相当敏锐，他们认为这家企业在达到这些目标之后，也不会停下脚步，这仅仅是开始。杜邦与创新有着历史上的渊源，所以能够如此快速地推出新产品倒也不足为奇。然而，真正让人感到新奇的是杜邦目前选择的路径。当杜邦转向农作物及其他废物流（waste stream）等生物质材料时，就发出了重大变革的信号，标志着这家企业的科学研究的焦点从聚合物转向生物。

塔布和杜邦公司内部其他富有热情的人所做的工作，就像是催化剂，这家公司对可持续发展做出的承诺，显然已经进入了高级管理人员的办公室，也正在改变这家企业的核心。

“可持续发展不是遥远的目标，而是眼前的现实，”豪利戴这样说，“对于杜邦，2015 年就是今天。可持续发展就是我们现在正在工作中的产品和服务。我们 2015 年的目标就是对公司的未来的投资，对我们客户的未来和全球家庭的未来的投资。这些目标也关乎我们这个星球的未来，既是我们今天生活的这个星球，也是我们决心要在明天留给未来的更加美好、更为安全和健康的星球。”可持续发展的驱动力创造出一系列尚未满足的需求，正是在这个描述增长的象限中，像豪利戴这样的领袖可以为满足这些需求确定必要的战略。

把可持续发展作为高毛利战略

对于杜邦和其他许多企业来说，可持续发展模型是一个有用的工具，把可持续发展的众多议题梳理归类到既容易理解也易于行动的不同领域之中。这个工具扩展了可持续发展的概念，超越了传统的环境影响、风险和降低成本的范围。它为企业提供了一种方法，让企业看到，通过将可持续发展作为核心目标（而不只是附加目标）开展价值创造的效益。一家企业选择在越多的象限中构筑战略，就能创造越多的相关利益者价值。可持续发展价值框架对于杜邦是个非常有用的工具，把可持续价值引入了公司战略议题。塔布说："可持续发展已经被接受，成为杜邦的企业宗旨，不仅仅是可持续发展的宗旨，而是杜邦在 21 世纪的企业核心宗旨。"

而最大的挑战是如何为这家企业中的每个部门的人都提供具体的方法，让他们接受这个宗旨。说到底，每个人都能够发现降低废弃物的方法。但是，这样的话可持续发展的挑战要大得多。塔布提出的问题是："你是否能够真正调整自己的产品和服务，让它们更贴近社会的需要？"由于对许许多多的企业来说，这还是一个正在形成的概念，这样的努力仍然被看作是由核心业务之外的一些人开展的非主流行动。但是，一旦意识到了可持续发展与价值创造之间的相互联系，人们就会理解，从长期来看，可持续发展本身就是一项高毛利战略。如果环境和社会产品的产生是以一家企业的财务表现为代价的，那么这家企业就不是在推行一个可持续的商业战略。可持续发展的努力必须要提供附加的财务回报，要做到这一点，就是通过增加市场份额，降低产品成本和改善客户价值。

类似杜邦公司的豪利戴这样睿智的首席执行官们已经做出了努力，保证这项面对未来的工作不会成为所谓企业总部的极端行为。豪利戴指出："我们从来没有忘记，我们是一家商业机构，我们的首要任务是为我们的股东创造价值。可持续发展意味着，通过开发满足市场需要的产品，为我们的股东和社会创造价值——这些产品也有益于环境、健康、安全和世界各地的人们的福祉。许多公司说，对环境有益的也可以对业务有益。我们的观点是，凡是对企业业务有益的必须对环境和世界各地的人民有益，否则企业就不是在走向可持续发展。”

投资未来

像杜邦这样的企业巨人，只是正在为未来投资的组织类型之一。过去几年里，风险投资投向“创新与未来”（图 9.2 中横轴以上的两个象限）成为趋势，使这些领域的投资数量获得了显著的增长。由于风险投资一般是为规模较小、往往处于初创阶段的创业型企业提供融资，人们自然会设想，这样的外部投资与大公司的大规模内部投资相比，没有什么相通之处。然而，风险投资一向被看作是一项重要的引导性指标，指出未来主流资本的流向，往往预示出一个全新的领域或行业的快速增长。最优秀的风险投资家的独特才能之一，就是能够在早期识别出高增长行业，比如，电信、半导体，以及生物技术。正因为如此，人们得知清洁技术风投（Cleantech VC）正在逐渐兴起之后，并不感到吃惊，虽然这个类别在 2001 年之前几乎还不为人所知。

清洁技术风险投资网络（The Cleantech Venture Network）协助推动了这个投资类别的形成和发展，起了催化剂的作用。清洁技术风险投资网络目前是清洁技术集团（Clearntech Group）的一部分，成立于 2001 年，那时候还处于投资“清洁技术”（clean technology）的早期。这个组织的创始人之一尼古拉斯·帕克（Nicholas Parker）在 20 世纪 90 年代有过投资几家环境基金的经验，但是让他担心的是当时大量资金的投向。“我特别不喜欢的是，污染事件在哪里发生得越多，那个行业赚的钱也就越多；被污染的土壤越多，恢复性项目的数量就越多；烧煤的工厂建得越多，烟道里装的除尘器就越多。我不想成为这一切的一部分，我想一步跨过去，越过这一切。”

帕克和他的合作伙伴科斯·拉布一起做出了一个决定，建立一个“创业家与他们的融资伙伴的社区”，大家在这里可以共同学习如何在快速增长的市场中培育企业成长。他们开始先是收集那些当时尚未整理过的数据，比如，数据表明，2002年已经有4%~5%的风险投资流向清洁技术，并且在这些投资中，有许多是由英特尔、可口可乐这类规模庞大、广受尊重的企业完成的。随后，他们就组织大型论坛，把投资人和创业者聚在一起。他们创建了一种会员服务，让人们可以通过网上获得交易信息。他们还把相关信息打包，提供给大型养老基金，说明在这个领域里投资是明智的选择。

从那时起，清洁技术方面的风险投资一直在以每年提高50%的速度增长，这在所有投资类别中是最高的。成长的势头还在持续增加：与2006年同期相比，2007年第四季度投向清洁技术公司的风险投资额增加了一倍。从其微不足道的创立开始，清洁技术集团已经发展成为一家会员组织，在全球拥有8 000个清洁技术投资人会员和9 500家企业和专业服务组织会员；同时，其中还包括一个由1 300名精英会员组成的核心社团，其成员来自风险投资公司、投资银行、政府和大型企业，所管理的资产超过6万亿美元。[5]

从雇佣军到传教士

当前，风险投资领域中最可信、最为成功的一批领袖，把清洁技术称为21世纪的最大投资机会。这些人中有科雷尼尔·珀金斯（Kleiner Perkins）的约翰·多尔（John Doerr），硅谷最为人尊重、最有影响的人物之一，维诺德·科斯拉（Vinod Khosla），太阳微系统（Sun Microsystems）的创始首席执行官，史蒂夫·凯斯，美国在线的创始人之一，以及维珍集团（Virgin Group）的理查德·布兰森（Richard

Branson)。正像帕克所说:“在这里,所有人都有一席之地,无论你是传教士还是雇佣军。出于雇佣军的原因加入的人,最后都成了传教士,因为他们除了接受‘更大问题’的信息,没有别的选择。”

然而,在目前大批流向清洁技术的主流投资资金中,风险投资只占其中的一小部分。许多大型金融机构都在建立数 10 亿美元级别的投资组合,其中包括退休基金中的加利福尼亚州公共雇员养老基金(CalPERS),保险公司中的瑞士再保险公司(Swiss Re)和美国国际集团(AIG),投资银行中的高盛、摩根大通和花旗银行。

同时,小公司与大公司的联系也在逐渐建立。清洁技术风险投资网已经与沃尔玛和微软合作,成立了目标明确的“加速器项目”,鼓励小型企业提出创新的清洁技术方案。然而,参与风险投资的网络,对于几乎所有大型企业来说,打开了一扇通向创新之窗,如果不加入进来,它们也不会有这个机会。许多大企业开始意识到,只靠它们自己创新,是无法从不可持续的桎梏里走出来的。它们需要途径去接触新的技术、不同的业务模式和市场机会。更重要的是,大型企业的参与带到“桌上”的不仅仅是资金,还有许多其他东西,比如,大规模进入市场的通道、物流、一支巨大的车队、一批区域性或全球性的工厂,也可能是它们需要净化和重新设计的炼油厂。

大、小企业可以一起工作,驱动创新

大公司正在主动与小型创业企业一起,探索协同合作。通用电气,这家总资产为 1 730 亿美元的跨国企业集团,就是这方面的例子之一。通用电气能源金融服务子公司,是通用电气的一个资本和金融部门。2008 年年初,这个部门宣布将其 2010 年的可再生能源的投资目标提高 50%,达到 60 亿美元,这比起原先宣布 40 亿美元的投资目标是个重大提速。

值得注意的是，通用电气能源金融服务子公司投资的许多项目中，没有采用通用电气的风力涡轮机，也没有采用它生产的其他设备。一段时间以来，它直接把资金投入到了其他公司的项目，涉及太阳能、填埋厂气体处理、电网效率和锂离子电池。它对形形色色的小型和中型企业的投资，显然正在改善整个可再生能源和清洁技术领域的增长前景。

2008年年初，通用电气的这个业务部门达成了其最高价值的风电交易，交易额高达3亿美元，投资于横跨美国俄勒冈、明尼苏达、伊利诺伊和得克萨斯共4个州的风力发电项目。这也使这个部门跨过了30亿美元投资的门槛。这家公司期望到2010年清洁投资占其能源和水资源投资组合的比例从2006年的约10%，提高到20%~25%。

通用电气投资增长的新思维

除了上述这些对外部成长性公司所做投资之外，通用电气也正在成功地建立一种内部文化。它与尼古拉斯·帕克看到的，在清洁技术创业投资领域中，创业者和投资人之间的那种“活跃的创造性社区”有些重要的相似之处。马克·利特尔（Mark Little），通用电气的全球研发总监，这样描述：“我在这家公司工作了26年，还从来没有过如此令人激动的时刻。我们的创新对这个星球的福祉可能带来的广泛影响，本身就有极大的激励作用——我无法向你描述，这一切对我们的工程师、市场人员、金融服务人员，以及领导团队的士气，是多么大的鼓舞……这些技术发展都是大动作，都很费钱，也意味着要有犯错误的能力和从错误中恢复的能力。能做到这一切的一定不是胆小畏缩的人，而是有耐久力的人。”[6]

他的话引发了一个重要问题，也就是这种耐久力的源泉在哪里，这也涉及通用电气是如何开始走上这条路的。这个问题的答案是，拥抱一种新的投资增长的思维方式。

通用电气的首席执行官杰夫·伊梅尔特，通常要对每个业务部门进行年度战略评估——这些部门正在投资开发的每一个产品如何与市场结合，以及如何在市场中增长和变化。有的时候，这还意味着重新定义市场。从 2003 年起，他注意到一个现象，每一个业务部门都带来一个同样的、正在形成的客户要求：提高效率和降低排放。对于通用电气规模庞大的基础设施业务——比如能源、水、航空和铁路等，是如此，而对于家用电器和照明业务，也是如此——完全没有例外情况。随着燃料价格开始上涨，人们对于替代能源的兴趣也开始增加了。

新的思考方式出现了

洛林·博尔辛格（Lorraine Bolsinger），通用电气负责“绿色畅想”行动的副总裁，如此讲述了变化发生的过程：“杰夫（伊梅尔特）是个追随所有趋势的人，在思考这些问题的重要性上，与常人的看法也不一样。我们当时的首席市场官贝丝·康斯托克（Beth Comstock），也是一位非常锐利的趋势观察者。她做了许多工作，请了许多外部的公司进来，这对于我们是第一次。他们讲了许多超趋势（Mega-trend）的议题：从人口统计和人口趋势的改变，到能源、水资源缺乏，以及超级城市的建设。我们开始以不同的方式思考这些问题，而不只是从《新闻周刊》上读一读有关文章。我们把专家请来跟我们市场部门的人聊，跟我们公司上下负责产品的人聊，跟我们全球负责研发部门的人聊。我们开始重新定义我们的长期战略规划，特别是从资源匮乏的角度考虑。我们对自己说：‘既然我们知道这些趋势正在到来，我们为什么不能把它当作一种战斗号角，让我们公司的同事创造性地思考这个问题，让我们能够把它作为一种激发新产品想法的灵感？’”

为了证实这些内部的重新思考，公司上下的负责人都认识到了倾听的重要性，倾听来自公司周围更大社区的每个部分的声音，以及倾听客户的想法。他们主持了多次为期两天的“梦想会议”，并向客户询问：他们认为自己的行业正走向哪里，他们以及他们的客户在更长远的未来想要什么。考虑到对于这些客户中的许多人，这是关系到未来20年、30年、40年的决策，通用电气的负责人就会对他们提出挑战，请他们设想到2015年以及更远的未来，他们的世界会是怎样的。他们也拜访了政府和非政府组织，询问这些组织如何看待未来的管制和立法的演化，并讨论如何共同开展工作，使得通用电气在创新和增长上的兴趣，与这些组织在减少环境足迹方面的兴趣能够相互协调起来。

博尔辛格指出了一个要点，这是他们在重新思考未来时看到的最强大的力量之一：“我们很早就看到，现在还是这样看，将会产生最大影响力的趋势是新兴市场的经济成长，在于发展中国家的新兴经济体。各种趋势在那些市场中会产生强大的影响力，因为那些市场很大、增长也很快，并且急需解决方案。我们认为把未来技术带到那些地方非常关键。如果不在那里采用未来的技术，就意味着他们会继续购买和使用那些较为陈旧的技术，结果就是继续扩大温室气体排放、能源消耗和环境污染。如果我们不能抢先一步，阻止陈旧、污染技术的延续，那么我们得到更多的就会是我们已有的东西。”

对未来投资的承诺

随着内部重新思考过程与世界各地外部利益相关者的反馈汇合到一起，通用电气启动大胆的“绿色畅想”行动的信心也逐步形成，而构筑这个行动的四个承诺与可持续价值框架的四个象限正好吻合。通用电气的前两个承诺是减少内部的温室气体足迹，同时推动和保持与所有外部利益相关者的主动沟通，对应的是两个“线下”（“左下方”和“右下方”）的象限。通用电气的后两个承诺是创新和公司增长的轨迹，聚焦在两个

“线上”（“左上方”和“右上方”）的象限。

“绿色畅想”在 2005 年 5 月启动，是通用电气的公司平台，目标是“想象和打造创新技术，帮助客户解决最困难的环境问题”。这项行动是基于这样的信念：“财务和环保的绩效可以协同驱动通用电气的增长，同时接受世界上的一些最大的挑战。”目前，这项行动已经进行到了第三年，“绿色畅想”的业务组合已经从 17 种提高能效、环保先进的产品和服务，增加到 60 种以上。通用电气提供的产品和服务包括可再生能源（风能、太阳能、生物质能和地热），高效发电（包括先进的、支持碳捕捉和储存的海水淡化系统），下一代航空发动机和混合动力机车系统、混合动力汽车系统和其他混合动力车辆系统，先进的照明系统，比如，有机发光二极管（OLED），以及用于全球各地的水资源使用、净化和再使用方案。

2007 年，通用电气在清洁技术的研究和开发上投资了 10 亿美元，并且计划在 2010 年前，每年在“绿色畅想”的研发上投资 15 亿美元，这使得这家公司的基础研发投资增加了一倍以上。可持续产品研发是通用电气 2005 年承诺的四个聚焦领域之一，自项目行动开始，这方面的投资总额已经超过了 25 亿美元。

同时，在超越最初确定的增长目标上，通用电气也进展顺利。最初确定的目标是在 2010 年前，将相关收入翻一番，达到 200 亿美元。在 2007 年相关收入已经达到了 140 亿美元。从行动启动到 2008 年第一季度，通用电气获得的订单和承诺急升至 700 亿美元。这家企业持续展示着创新和增长之间的强大自我增强循环，这也是通用电气的企业基因中最为持久的两个方向，保证了其定位既有今天的优势，又面向未来。

| 第 10 章 |

让大家参与进来

在前面的几章里，我们讲了一些故事。这些故事中的许多组织与个人，在推动我们超越工业泡沫的生活方面起到了很重要的作用。在下面的几章里，我们想要做的是帮助读者去关注并创造自己的故事——随着你走进世界并采取行动，你实际上将会书写的故事。每个人在行动的时候，都是从自己的环境和背景出发，因此下面几章，就是要帮助你根据自己独特的情境，安排自己的行动。我们并不认为这里提供的观念、工具和方法，是全面综合、无所不包的，因此我们往往会告诉你有哪些其他资源可以利用，以帮助你在前进的过程中随时学习。[1]

一旦你开始采取下一步行动，无论在什么水平上的行动，你都加入了变革推动者（change agent）的行列，成为全球各地众多富于激情的同事们的伙伴。与他们一样，你知道，有些事一定要做，你也希望投入时间和精力去做。你还知道，推动事情的进展需要资源和人脉，需要保持开放的心态，从不同的理念中提炼方法，并且尽最大可能去获取盟友的支持和能力的拓展。对于必须要完成的事，你也许知道一些，但并不了解全部——怎么可能了解全部呢？你即将要从事的工作恐怕从来没有人完成过，即便有过，也一定不是以完全相同的方法，或者完全相同的环境条件。然而，就像那些在你之前的人一样，随着这个过程的开创，你会发现大部分情节，它们构成了这里的故事，还有你的故事，所有这些同样激动人心。

学习如何超越泡沫中的生活，虽然需要在许多不同层面上的变革——包括在组织机构之内、在组织机构组成的更大的网络之内，以及整个社会的变革，但是，这个过程总会从大家相互之间沟通的内容和方式开始。不幸的是，这往往也成了终结点。以下这个故事选取了一个企业环境背景，反映了在各种组织和集体中经常出现的谈话模式——当人们看到的现实存在着深层的差异，人们就会由于这个差异，自然而然地坚持不同的观点。在一个人看来是显而易见的东西，对另一个人而言却远非如此；在一个团体看来是必须马上完成的紧急任务，对另一个团体来说却是可疑的假定。考虑到这类对话中涉及的巨大不确定性和风险，这个故事所反映的这类沟通崩溃情形唯一让人感到吃惊的是，我们居然仍然把它当作令人吃惊的事，而不是把它当作普遍存在的现象。我们应当培养参与式的对话交流，培养相互理解和共同工作的能力，为此，意在可持续发展的创新者要有充分的准备和熟练的技能。

第一次争论

想象你是一家以供电为主业的企业的首席财务官。公司正在快速扩张成为一家跨国企业，在发展中国家有重要投资。你现在正在参加周一早上召开的管理团队例会。会议的最后一个议题是资本预算，涉及的是公司的发电设施，这些设施是以煤、石油和天然气为燃料的。这本来应该是一次比较简单的例行讨论，但却变成了一场激烈的争论。

特　德（副总裁，主管环境、健康和安全问题）：我认为，今年到了需要彻底重新考虑我们的资本投资方向的时候了。全球的石油和天然气生产正在接近历史峰值，未来5年中将逐渐降低；我对这一点的看法已经越来越明确。这种情况增加了电力供应出现大混乱的风险，同时也推动了原油、天然气、煤、铀和所有其他传统燃料的价格猛涨。我们对此实际上没有什么准备。我们必须把未来投资比重的30%转向可替代能源，从明年就开始；否则，我们就会有很大的风险。

乔安妮（副总裁，主管运营事务）：但是，煤可还有的是呢，况且在石油和天然气勘探上，在煤的清洁燃烧上，技术发展一定会延长这些燃料资源的开采寿命。我们从前就见到过石油和天然气价格上升，但是那并不意味着需求就会消失。这个世界还会依靠化石燃料许多年。再说，石油价格在两年前只是现在价格的一半。在这个行业里，价格波动是不可避免的，也会给冒险赌一把的公司带来毁灭性的灾难……

史　丹（副总裁，主管公共事务，他打断了乔安妮）：但是，即便煤、石油和天然气的供应都很充足，我们还是会在许多市场上，被政府的各种碳排放税费压死。公众要求对气候变化采取行动，现在这方面的压力在全球急剧增长。比如，燃煤电厂的污染正在造成骚乱和广泛的社会不安定。我知道中国正在清洁煤方面做大量的工作，但是这个国家的发展速度太快了，所以我担心这些工作最后不会产生真正的影响。随着国际压力的增加，我不能肯定，是否其他地方还会出现更多不稳定和具有挑战性的局面。

罗伯特（首席执行官）：能源问题从来都和政治有关，而今天的政治非常复杂。当然，政治家们跑来跑去，显得他们似乎是在为应对气候变化做点什么，但是只要再有一次恐怖袭击事件，他们又会转过来尽全力让人们放心，说我们的能源供应非常安全。我们可能会发现新兴的大市场，使用煤制气和替代进口汽油的煤制油。但是，考虑到我们做出承诺并承担责任将是长期性的，我们不能在一个问题上对媒体做出过度反应。在我的职业生涯中，这种事来来去去我见过许多次了。别误会我的意思，我知道气候变化重要，但是从市场方面和政治方面传来的信号，还是说什么的人都有。当人们发现，政府对气候变化的政策是过度反应，而且损害我们的经济和全球竞争力的时候，他们就会更加全面综合地考虑问题，保证我们有更大的选择余地。我同意乔安妮说的——我不相信在我们这一代，真的会把煤、石油和天然气耗尽。我认为，考虑在战略上做重大调整，或许为时过早，应该等到市场上的信号更清晰之后再考虑。

安东尼（副总裁，负责战略事务）：罗伯特，对于你在气候变化、政治和化石燃料供应方面的观点，我表示尊重。但问题是，如果你要是在其中一个问题上错了，或者在两个问题上都错了，那对公司未来可能会产生哪些影响呢？

罗伯特（首席执行官）：我不认为我错了，但是我肯定我下一场会议要迟到了。看来，这些问题值得我们在座的各位继续讨论，但是只能另找时间了。

当其他人站起身来，陆续走出会议室，你回想了一下这次谈话。你问自己："我应该如何有效介入这个过程，才能使整个团队有能力应对我们许多人在这个问题上的不安情绪？”你知道，其他团队成员在会下也表达了类似的担心，但目前还没有一个方法让大家共同表达这些担心。

宣扬主张的危险

我们在前一章中提到，可持续发展极少会成为一家公司发展战略的核心。但这是为什么呢？从管理团队的交谈中，可以发现一些蛛丝马迹。特德和史丹对于具体驱动因素（石油生产达到历史峰值与气候变化）做出了预测，也强烈宣扬了个人主张，说这些具体的驱动因素会给公司的未来带来大问题。这样，他们就确定了谈话的方向。他们试图说服其他所有人，强调这个团队应该按照他们个人的信念，同意下一个巨大的财务赌注，并且要马上采取行动。但是，乔安妮和罗伯特进行辩论的出发点，却是对未来的不同预测。双方都没有询问对方，为什么彼此看到的是全然不同的未来。

在讨论战略的时候，这样的冲突经常会发生。然而，当这些冲突是围绕着可持续发展这类容易让人产生情绪化问题的时候，就会非常有害。那些坚信必须要应对可持续发展问题的人，往往会把他们饱受压抑的能量释放出来，力图直接说服别人，要别人接受他们的观点。他们预测，除非启动重大变革，否则未来的前景将会非常黯淡。他们激烈地宣扬自己在战略选择上的主张——常常是基于自己对未来的假设而下的“大赌注”。他们也许会要求投资新技术、建设新的生产设施、开发环境足迹较小的材料和流程；他们也会要求进入新市场，或者是启动“绿色”市场营销行动，想要强迫获得企业中的其他人，或者行业中的其他企业的承诺。他们的意图是激发迅速的、大规模的变革。但是，他们极少成功。通常，高级领导者反而会把对未来的负面预测放到一边，也会抵制任何大规模变革，并且往往不会为实验探索建议下赌注，哪怕是很小的赌注。更重要的是，激烈宣扬自己主张的人，还失去了一个机会，即与处在关键岗位的领导者进行有意义的交流的机会。

上面这个例子的灵感虽然来自我们在高管团队交流方面的亲身经历，但类似的谈话在各种各样的团队中时常发生——在公司内部、在政府机构内部、在非政府组织等机构的内部，并且也不仅仅发生在高管层面。这个例子中的团队交流陷入了真正的僵局，大家谈到的问题也是真实的，辩论的激烈程度不断升级。就像我们前面谈到的，利益相关者期望他们的组织做正确的事，而不是随便做点儿什么事。但是制定新的战略需要新的谈话方式。与上面这个会议大致类似的会议，估计你从前也参加过——无论是有关气候变化还是其他重大议题；也许你也有同样的经历，也会在离开会场时觉得沮丧。大多数人已经知道（或者他们认为他们知道）在谈话过程中每个人的感受，但他们不知道的是，如何帮助大家转变观点和改变情绪。

解铃

结果是，人们往往“套牢”在某个立场上，难以解脱。有些人扮演“宣扬者”的角色——通过读书看报，了解了气候变化的挑战，他们觉得自己有责任提出问题。他们甚至有一种道德使命感——如果不能让他们的组织转变方向，那对于他们来说就是个人的失败。因此，他们就变成了长期坚持不懈的宣扬者。上面故事中的那家公司恐怕不会是最后一次听到特德对这个题目的议论，他会一而再，再而三地提出这个问题，而且，当他受到的阻力和反对声音越大，他就会越起劲儿地去推广他的观点。

这也不会是公司最后一次听到乔安妮的观点。如果说特德是一个宣扬者，那么主管运营事务的乔安妮就是一个“反对者”，扮演从公司的角度说“不”的角色。像乔安妮这样的人通常是情绪激动的反对者，因为这些人觉得必须保护那些可能受到威胁的东西，比如公司的盈利能力、公司的财务稳定性，甚至是员工的生计。如果乔安妮犹豫退缩，特别是假如首席执行官罗伯特改变了主意，那她可能有理由怀疑：还有谁会关心公司的现有业务。

这类的讨论很容易产生极端对立的局面。“宣扬者”越是尽力推动，反对的力量就越会努力阻拦。有些人就会像负责公共事务的史丹那样，加入某一个阵营之中。随着乔安妮奋力抵抗，特德和史丹就会变得越来越固执，会越来越相信他们是对的。“他们就是搞不懂。”特德和史丹会对自己这样说。同时，作为首席执行官的罗伯特与乔安妮（还包括其他人）也许就会认为，特德和史丹是只关注单一问题的宣扬者，他们已经失去了客观的洞察力，变得很盲目，并且不再关注企业整体的安康。“他们的行为简直就像邪教徒。”首席执行官也许会这样对自己说。而特德和史丹从自己的角度出发，也许会认为整个问题就出在首席执行官那里——“他就是看不清宏观层面的问题。”于是他们认为，自己的任务就是说服反对派。

同时，其他人也会发现自身处于两难的境地，要么就加入大喊大叫的争斗，要么就逃避退出。其实，还有另外一个选择，一个极少发生的选择。如果你再次回过头去审视这个交流过程，就会发现谈话过程中最为关键的部分，也许是负责战略的副总裁安东尼问的那个问题：“如果罗伯特错了的话，对于我们公司未来可能会产生哪些影响呢？”这既不是“宣扬”也不是“反对”，而是一个问真正的问题的例子。这样的提问可能引导大家从新的角度来看问题。因而，这样的动作虽然简单，却给讨论带来了至关重要的平衡。

安东尼提出了问题，首席执行官也表达了意愿，晚些时候再回来讨论，这些都是宝贵的转折点，但通常会被许多人忽视——这些都是机会，开始一个全然不同的对话的机会。你发觉安东尼提出了一个有意义的问题，并不一定要相信，灾难性的气候变化是不可避免的——你只需要相信这些风险是可能存在的，并且与其他人一起去探讨其中意味着什么。同时，你一定要有意愿，去寻求这个过程可能创造出来的不同机会，并且在探索这些机会、追寻企业由此得到繁荣发展的方式的同时，你一定要预先考虑企业在能力方面会有什么样的增长。[参照第 296 页图 18.2“团队四角钻石模型”（Four-Player Model）工具中对富有建设性的集体交谈的讨论。]

建设更富有建设性的共同思考的团队，不是一件可有可无的小事情。企业的所谓“软能力”，比如深度聆听的能力和有意识地转换角度看问题的能力，与“硬的”投资能力和组织战略开发相比，似乎没那么重要。但是，共同的有效工作对于完成困难的目标是必需的。就像我们在本书第二部分中已经看到的，建立有效的团队和更大的领导力群体十分关键，往往还要把其他组织和社区的成员包括进来。个人能影响的范围实在是太小了。但是，如果把参与创建充满激情的团队和群体当作起步，个人就可以推动企业、组织，乃至更大的社区。

那么，此时此地，你究竟如何才能在周围环境中有效发挥作用，如何才能在这项关键工作中帮助组织取得进步呢？

成为倡导者：你的领导作用

在过去 25 年间，那些组织学习领域的主要实践者试图找到并测试对于这类问题的答案，在这个过程中，也形成了适用范围广泛的理念、工具和经验。在这本书的后面几个部分，你将能够看到这些实践者为推进可持续发展而运用这些工具的一些具体方法。

下面的一些建议不仅是提给已经处于领导位置的人，也是提给那些也许正从零开始的人——眼下并不处于权威位置的人，至少在他们设法影响的组织和团体中是如此。这些步骤，公司、非政府组织、政府部门以及社区都可以采取；那些希望跳出目前的工作领域或部门的人（例如，现在在企业中工作，但认为自己5年后会到非政府组织工作的人，或者是已经从政府机构转到私人部门工作的人）也可以这样做。但是所有这些人，不论现在正在做什么、要去哪里，都有一个共同点，都希望看到结果：他们要帮助世界工业系统超越泡沫的限制，并由此建设一个可以持续发展的未来。

在法语中，“animateur”（倡导者）这个词，就是指试图以这样的方式创造系统变革的人。一位倡导者（从animer这个词根看）会为新的思想方法、观察方式以及创造聚焦点和能量的互动方式“带来生命”。不说法语的人或许对这个词不太熟悉，但这个词所表达的恰恰是领导力的核心要素。英语中“inspire”（激发灵感）一词也与领导力有紧密的关系，但是理解这个联系的人却很少。这个词的拉丁语词根是inspirare，有“注入生命”或“吹入生气”的意思。从这个意义出发，领导力就是激发灵感，在一个组织中创造新的生机和活力。

倡导者是创造革命性变革的专业人士，是他们让泡沫之后的生活所需要的思想和行动变成正当和合乎理法的。他们能做到这一点，是因为他们把这样的行动当作自己日常生活的一部分。谈话交流和行动由此变得越来越富有建设性。倡导者处理实际问题，完成实实在在的目标，并反思结果，大家也因此从概念走向行动。这样做能够建立信心和不为自负所困扰的坚定的志向目标。往往只有当人们回过头去看的时候，只有当更大征程的轮廓变得清晰起来的时候，大家才会看到自己的成就产生了多么深远的影响，才会发现自己在这个征途上获得了多少个人成长。

倡导者也要学习如何从他人的角度考虑问题：对于其他人在具体观点和目标上的强烈感受，能够发现并理解其原因。他们不固执己见（也不执着他人的见解）。比如，我们可以考虑一下特德和史丹面对的挑战。在那家电力企业管理团队的谈话中，他们是变革的宣扬者。特德和史丹会很容易带着受挫、不满和决意战斗的心态回应首席执行官罗伯特："就是他在阻碍我们，我们一定要想办法说服他。"这样的感受就可能引导他们投入更大的力量，强硬推行自己的观点，试图让罗伯特改变想法，并且发动公司里其他人也去说服罗伯特。或者，他们也可以放弃对变革的期望，甚至辞职去找新工作——这是典型的"对抗或逃避"(fight-or-flight) 反应，是我们所有人本能中都有的"程序"。

但是如果特德和史丹能够从会议室里其他人的角度考虑问题，特别是从罗伯特和乔安妮的角度考虑问题，并且理解其他人的观点和假设，他们也许就会做出不同的反应。比如，他们也许会了解到，实际上罗伯特的态度的背后是有原因的。不管怎么说，他在这家公司 30 年的职业生涯，称得上是为人楷模。他作为首席执行官的 10 年，是这家企业 80 年历史上最为成功的时期，其中一个原因或许就是他的领导让公司保持了一个稳健的发展路径，而其他领导者却在这段时间做出了过度反应。或许他的成功，来自坚持让这家公司聚焦在一个对未来的最佳预测上，聚焦在"推动公司业务的增长"，同时忽略那些会使大家分散注意力的变量和"背景噪声"。

如果真是这种情况，那么罗伯特在会上所表达的，就与他个人的信念、假设和经验是一致的。构成他的世界观的变量，是他所熟知的，也是让他感到安稳的。对于掌控公司的未来，他有强烈的自信。与他以及这个组织中其他人沟通的方式，不应当是挑战他们的观点，而是发现他们也准备好要问的那些问题。比如安东尼最后问的那个问题：在罗伯特改变自己的观点之后，世界是否产生了变化？他的信心是否依然像从前那样，有着坚实的基础？

这样的探询过程来自一种认识，即没有人能独自把握全局。特德和史丹需要全盘接受这种可能性，他们只是看到了未来可能的很小一部分，而乔安妮和罗伯特也看到了其他一些重要的方面。同时，罗伯特的策略所带来的风险，可能比他意识到的要大得多。真有人能把事情背后的复杂结构解析得更清晰，又能冷静地说明风险和不确定性吗？事实的确如此，而且这种能力的开发是推动进步的重要基础。

随着特德、史丹、首席执行官和其他人学会与他们的团队一起塑造共同的未来，他们真会把生命“吹入”这个组织，激活此前已经枯死的，或至少一直处在沉睡之中的那部分组织细胞。

改善对话质量的步骤

如果你期望从根本上改善组织中的对话质量，可以采取一些步骤。下面就是不同角色的成功倡导者和领导人的经验总结。你可以根据自己的特殊情形，改变使用这些步骤的次序，但是请注意整个演化过程，不要因急躁冒进就跳过一些步骤。

1. 花点儿时间做一下自我反思，确定哪些可持续发展问题对你来说是最核心的问题，并且根据你个人对事情重要性的考虑，对这些问题做一个大致的主次排序。一旦你确定了要采取下面的哪些步骤，告诉你的主管并获得支持。

2. 寻找那些可能关心此类问题的人，并选择几个与你想法类似的人谈一谈。随着初步谈话的进行，继续讨论一下还有哪些人你可以去谈，并把他们添加到你的名单上。

3. 在这些一对一谈话的基础上，筛选并组建一个非正式的团队。这个团队都关心一些共同的问题，对问题有多样化的不同视角，对采取行动也有强烈的意愿。从你的主管和其他经理人或高层管理者那里获得支持，给予你认为做这项工作要花的时间——同时也向他们保证，你将会用你自己的时间来完成部分工作。

4. 把你的非正式团队想象成一个高级“侦察小队”，它的工作是探索问题、启发灵感，为变革制订一个计划建议。你们要努力平衡不同的角度——既考虑现在，又考虑未来；既可以付诸实际行动，也对全局有战略上的把握。

5. 撰写一份提交给管理团队（无论是整个组织，还是你自己的业务单元或部门）的变革提案初稿，同时准备一份建议书，说明管理团队如何全面参与到对话中去。这会帮助你以最富有建设性的方式把你的非正式团队的工作与整个组织联系起来。面向管理团队的汇报会，应该安排在非正式团队第一次会议之后一个月到两个月之间，如果有必要的话，准备时间还可以再长一点，以便把汇报会安排到管理团队的例会周期里。

让你的角色富有成效

这些步骤如何演进下去，取决于你所处的环境，取决于你在其中所起的作用，也取决于你如何与其他人联系。这些领导力作用之间有一一对应的联系，并形成一个互相依赖的网络，对这个局面的理解会帮助你建立和保持一种开放的、有生成力的状态——在这里，不同的人可以用不同的方式去引领，同时又相互补充。在这里，领导者是这样的人，他们“走在前面”，他们承诺对自己和自己的组织做出深度变革。他们以自己的公信力、能力和承诺，自然而然地影响他人。他们也许会有不同的责任范围、不同的头衔和不同的专业领域。以下将要讨论四种领导者，即一线领导者（local line leaders）、内部网络领导者（internal network leaders）、专业职能部门经理（managers of specialist functions）以及高层领导者（executive leaders）。他们的存在，对处理可持续发展问题特别重要，也是处理这一问题的基本要求。

1. 一线领导者。几乎所有获得成功的变革活动，都会有那些富于想象力，也勇于承诺投入的一线领导者活跃其中，比如工厂经理、开发团队负责人，以及销售经理或者地区经理。这些人要对工作结果承担责任，并在本地区范围内拥有足够的权威；他们可以改变做事的方法，也可以重新确定本地行动的优选顺序和轻重缓急。他们的责任范围也许只限于直接向他们报告工作的小团队，也可能负责管理数千人。这样的领导者之所以重要，是因为他们与同事们一起，可以创建、授权并支撑有实际意义的组织管理实验，测试新理念和新方法的实际效果。

2. 内部网络领导者和社区建设者。内部网络建设者可能包括团队成员、咨询人员以及在培训或管理能力开发部门工作的人员，也可能是销售、市场、生产及开发部门的一线人员。内部网络对地方一线领导力起到一种自然制约和平衡的作用，这是由于地方部门的关注点过于狭窄，也更为局部。这些网络领导者的长处在于，他们可以在比较大的组织中“穿针引线”，与那些有着类似想法的人一起培育更广泛的联盟，并且让一线领导者与其他有类似激情的人建立联系，以在创新方面获得指导和帮助。内部网络领导者在组织的非正式社会关系网络中的种种联系，加上他们没有等级制度所赋予的权威，往往使他们的工作能够产生实效。

3. 有能力启动或协调跨组织关键流程的专业职能部门经理。许多职能部门的经理（比如战略部门，环境、健康和安全部门，以及组织开发部门）都有机会在一个较大的企业组织中，把不同领域的人召集到一起，启动以全新的方式思考战略问题的进程。例如：这些经理往往可以影响战略研讨会议和论坛的议程，从而影响高管们考虑未来可能的不同选择，以及每个选择会带来的内在机会和风险。这类由职能部门发起的行动，常常会有年轻的下一代领导者的参与，这对于你的行动计划的长期成功可能会十分关键。

4. 高层领导者。我们勾画了上面三种领导者的作用，但这并不意味着高级管理团队不重要。实际上，高级管理团队的领导力在今天比以往更为必要和关键，这是因为今天的组织要直面的变革，将会产生长期和深远的影响。这些变革要求彻底改变过去的假设和规则，也要求对习以为常的战略策略、组织结构和习惯做法进行重新思考。领导者必须形成提出问题的能力，提出无法轻易找到解答的问题；同时还必须意识到，他们是不能单独完成这一任务的。

自己“买股票”

一个好的开端源自你对周围环境的认识，以及你在其中所扮演的角色。想想看，是哪些问题在困扰你，有哪些东西是你希望改变的？当你问自己，什么对自己重要的时候，哪些事总是不断地浮现？你要把精力放在哪里？反思一下你关注的问题和你的担心，然后想一想它们与你的组织有什么关系？你的关注与你所在组织的关注有什么联结点吗？

如果你对这些问题感到烦恼、失去耐心或者无所适从，就允许自己大声喊叫吧，但要说出真相。把你的烦恼转变成一个粗略的正面诉求，表达你想要的东西——如此形成的一个正式要求，以后可能用得上。比如，由于“我们扔掉的东西数量令人难以置信”而引发的困扰，可以转化为一种愿望：“在两年之内降低 80% 的固体废弃物，并全面实施精益制造流程。”针对那些让你心烦意乱的问题，对你的组织或行业做某种宏观的扫描和诊断工作，寻找它们与组织的问题、目标和紧迫需要之间的关系。根据你目前的探索结果，评估你在这些问题中的作用和关联。你是处在与问题直接相关的一线管理者角色上，还是处于某种支撑角色，或者是咨询顾问角色？

从你现在承担的管理责任来看，你还有多大的空间去继续探索这些问题？假如你上班的时候没有时间，你打算下班后花多少时间做这件事？

随着你对各方面的问题有了更清晰的了解，你的热望也将逐渐增强：你会越来越关注你期望实现的目标，也关注和理解为什么变革是必须的。当你对于自己正在试图创造的东西有了一些大致的想法，就可以看看谁可能成为你的第一步合作者，并考虑要向你的目标迈进，需要采取哪些行动。当然，随着你与别人讨论，所有这些都可能发生变化，所以你要对这种可能性保持开放的心态，并且不要过多地花时间独自思考——否则很容易就会感到问题铺天盖地，完全无从下手。

组建最初的团队

组织发展理论的创始人之一理查德·贝克哈德（Richard Beckhard）曾经说过："一个人尝试改变一个组织，他一定会被'杀死'，不管这个人在组织中处在什么位置。然而，两个人在一起就可以互相安慰，只要三个人就可以成为一个羽翼丰满的密谋同盟。"无论你在一个组织中的职位有多高，影响有多大，要让一个组织内部接受变革的道理，一个人单干极为困难。对于可持续发展这样庞大而又复杂的议题，必须要从团队行动的角度去处理问题。你可以从寻找组织中有类似想法的人开始，他们与你有相同的忧虑，同时也在寻找变革的道理和依据。

比如，如果你工作的部门是市场营销，就可以考虑想办法从研发、运营、财务、生产、销售和战略等方面寻找盟友。还会有哪些人可能在目标和行动上与你兴趣一致？如果你是在客户服务部门工作，你的那些具有前瞻性的客户是否可以成为你的盟友，来帮助你激发老板的兴趣？你是否认识新产品开发部门里与你想法相同的人，而他们也愿意和你的客户讨论尚未满足的需求？

在回应现有客户和寻找新客户之前，你要先看一看，在你的内部推广行动中需要哪些人参与。数十年以来，在宝洁这样市场营销能力领先全球的组织中，新产品团队的领导者一直在展示这种策略的力量。这些企业依靠品牌和产品管理的领导力构筑了成功：他们的产品管理负责人能有效激发和接纳公司内部整个“供应链”的参与，最终使产品创新和上市获得成功——从模糊的产品概念开始，一路再到研发、样品制作、生产、市场测试，直到获得主要市场份额。

如果你是那位在前面提到的会议上不声不响地倾听了全部对话的首席财务官，你也许可以去找特德和安东尼，请他们加入你的计划，因为他们两个都想推动公司采取行动。或许，也可以考虑把负责沟通和公关的副总裁也包括进来。开始，可以考虑与他们每个人都一对一地简单聊一聊，建立初步的共同立场，把你和他们的烦恼与挫折都转化为更大的愿景和目标，并且找出变革的依据和可行性。当然，你的团队也要与高管团队的所有其他成员沟通，请他们也把问题和忧虑都说出来。

也许，你已经在心里列出了一个可能的团队名单。一旦你开始与其他人谈论哪些事对你很重要，你可能就会吸引那些对此真正感到兴奋并能承诺投入的人。他们也许不会因为完全相同的问题而获得灵感，但是，随着你倾听和探询他们的兴趣和思虑，你就会马上开始进入这个系统的更广阔“景象”，而你们都是这个系统的成员。这样的共同探索过程，就会形成大家围绕大胆变革的初步协同校正（alignment）的基础。

要记住，大家开会讨论的时候，不需要对每一件事都形成一致的意见，一个大致的目标、共同的兴趣，或者是相同的挫折与烦恼，常常就足够了。实际上，如果大家开放讨论，意见不一致反倒能激发能量和前进动力。在你的团队成员之间发生的谈话，也许对这个组织来说是第一次。在这些谈话中，一些相当困难但也十分基本的问题，以一种建设性的方式浮出水面。把你的小组想象成一个“容器”（container），非常有帮助。这个“容器”是一个小组，它有意识地给自己这样的定位：发现和应对在这个大系统中难免存在的、尚未缓解的矛盾和紧张关系。如果你的组织将要改变其运作方式，你就一定会遇到不同的意见。

这样的合作伙伴关系开始塑造一种协同领导力，它是继续开展工作的重要基础。尽管团队人员的数量几乎总是会随着时间而增长，吸纳进来的人更加广泛，也涉及更多部门，但是你在最初与一个小圈子的合作伙伴的那些交谈，是关键的第一阶段。这个团队可以作为工作氛围的模型，在其中大家可以提出正在面临的困难问题，而不会被愤怒、嘲笑或者相互冲突的爱好所阻断——这样做不是假装这些强烈的情绪不存在，而是承认并超越它们。

不论这个过程需要花多少时间，你很快就会发现，你与来自各种不同背景和团队的人产生了联系。其中许多人在开始的时候相互之间并不了解，也并不信任。即便你的团队都来自同一个组织或部门，大家在经历和观点上也会存在相当的差异。这个小组的规模可能相当大，因此小组成员之间还需要时间相互了解、相互欣赏，并且他们认识到：大家不仅可以相互依赖，而且为了获得成功，还必须这样。我们在本书中讨论的基本学习能力（理解系统、协同工作和培养个人与组织的热望），是这个过程的关键。

呈现你的热望

如果你和你的团队对于你们在做的事的重要性没有清醒的感悟，那么什么实质性的变革都不会发生，即便你们开始的时候有一个泛泛的高层愿景（high-level vision）。

美国绿色建筑协会创始人的高层愿景是转变建筑行业。而在BP、通用电气、杜邦和美国铝业这些公司中，新尝试的发起者谈的是引领各自的企业，通过新一代变革最终重新界定各自的产业，同时创造一个令人向往的新的未来。

提早留出时间，让团队一起向前展望，跨度最好是未来25年，这样团队就不会被目前的状况束缚住。到那个时候，你们希望实现什么样的成就？你们的可持续发展的子系统将会是什么样子？它是如何与自然系统相互协调的？大家应分享那些引发最初的共同讨论的集体希望。

对于最初的愿景，你要有耐心。你的热望还会变化——实际上，组织学习方面的一些具体的做法，可以帮助这些最初的愿景深化和演进。真正的共同愿景是持续工作的过程。在这个过程中，这些愿景将变得更为坚实有力。同时，一个正反馈的增强过程也开始生根——在创造出更多的愿景的同时，你们在评估现实、采取行动以及反思工作进展方面，也会做得越来越好。在这个循环过程中的每个部分，也一直在持续强化你们这些协作者之间的关系。

除了其他方面的益处之外，表达一个初始的愿景还帮助你们吸引更多的人。就像通用电气负责“绿色畅想”的副总裁洛林·博尔辛格所说的：“为了参加这些议题的工作，大家蜂拥而至。这有两个原因。首先，那些非常聪明的从事技术工作的人，往往倾向于环保主义和可持续发展。对知识的好奇和解决问题的自然冲动，就把他们放到了解决多方面问题（环境、技术、社会和经济）的位置上。这是他们的本性。他们关心这个世界，也看到了长期的相互依存关系。其次，与最先进的技术相关的工作是他们的喜好，他们是自然而然被吸引过来做这种工作的。”

也许，你不可能让系统中每个部分的代表都在一开始就参与进来，但要把这作为最终目标。当你的小组开会讨论的时候，也一起探讨你们还可以邀请哪些人加入进来。谁能帮助你们建立起“影响力链条”(chain of influence)，进而联系到那些你们认为在后期决策中需要参与的人。比如，如果你们意识到，为了继续推进工作，将需要在未来改进工厂和设备状况，那么你就应该请一位有资本预算背景的财务人员加入团队，并让这位新团队成员帮助你们想一想，如何与首席财务官和运营副总裁建立“影响力链条”，因为这两个人在工厂和设备方面的财务支出审批上起着关键作用。你也应该邀请销售部门和市场营销部门的人参与，因为这两个部门可能最先看到新的市场细分机会，创造对新产品的需求，进而把财务、研发和生产方面的人也吸引进来。

继续推进

到了某一个时间点，你的团队会变得比较稳定，团队成员之间也开始建立良好的工作关系。继续磨砺你们的理念，细化你们对实现目标的条件的理解，你们也会自然而然地把关注重点转向寻找有效的方法来与组织中的其他成员沟通。形成你自己的变革依据和道理，这将会是一个持续的平衡过程，既要创造新的理念，又要吸引组织中关键人物的参与，因为他们会让变革真正发生。

| 第 11 章 |

建立你自己的变革依据

在第 9 章，我们介绍了可持续发展的价值矩阵，也用这个矩阵说明了杜邦公司是怎样确定自己未来发展的路径，去超越泡沫时代的生活的。你的团队也可以利用这个矩阵框架，勾画组织的各个议题和各种机会。这个工具可以帮助你们在应对当下紧迫问题的同时，看到新的、潜在的创新路径。

前面曾经解释过，使用这个矩阵还可以帮助我们梳理议题、形成讨论，可以为高级管理团队和公司董事会的决策提供框架支撑，使他们的决策能够保护公司当期的财务价值，及公司未来发展的“可持续性”。说到底，这样的价值创造过程与企业高级领导者利害攸关。如果在试图吸引高层领导者参与时，你的团队主要宣扬环境和社会责任的专门议题，那么这些高层领导者只会把这些看作是未来很狭小的一方面——他们从自己的习惯出发，认为这些议题与公司的核心业务和生存发展关系并不大。他们相信，这类问题应该交由专家解决，因为专家会“把这些问题搞定，让我们不再纠缠其中，这样我们就可以继续搞业务了”。这样的信念反过来又强化了他们对问题的原有看法。

也许你还记得在第9章中，可持续发展价值矩阵引入了四个方面的“驱动力”，也就是与全球可持续发展相关的四种力量。第一个方面的驱动力与污染物的上升、物质消耗的加速和废弃物的增加有关。关注这些处于左下方象限的问题，就意味着，企业如果从今天开始及时应对这些问题，就可以降低成本和风险。处于右下方象限的驱动力，与数量持续增长的公民利益相关者有关。在一个愈加透明的世界中，这些驱动力要求组织对自己的行动承担全部责任。左上方象限聚焦于正在露出端倪的新技术，它们对组织提出了挑战：如何在开发未来可持续发展能力的同时，立足创新和重新定位。右上方象限重点关注的是不断强化的来自全球和本地的压力，既包括像气候变化、资源耗尽，以及贫富差距造成的不平衡等全球性可持续发展问题，也涉及企业如何在应对这些全球化问题的同时抓住机遇、实现增长，并建立可持续发展的愿景。

你的初始团队一旦形成，你们就可以选择在这四个象限中最合适的地方，标明你们共同的忧虑和烦恼是什么，最合适的变革目标是什么。学会如何把不同的行动方案放到这四个象限中，可以帮助你们把可持续发展的实践与公司的目标联系起来。这样做，也可以引导你们在组织中找到适当的合作伙伴，即在这些问题上也涉及相关利益的人。

许多变革都是从左下方象限——降低废弃物排放方面一开始行动并积累势头的。起初，人们常常会因为系统中产生废弃物的数量而感到沮丧和愤怒，于是很想降低能耗和其他排放，比如温室气体。这点可以成为启动变革的理想切入点。废弃物的状况一旦被更多地曝光，许多人就会积极参与到减排活动中，同时也因此降低了生产成本。在这个象限中的行动往往既有实际效果，又有象征意义：实际效果是降低成本和废弃物排放，而象征意义是，这些都是可见的行动，它们发出了一个信号，表明这个组织承诺对降低内部环境足迹负责。大幅度减少能源消耗，不仅降低了温室气体排放，也降低了成本。而降低成本得到的现金回报，又可以用来支付企业对未来的投资。

弗雷德·维尔（Fred Ware）在加拿大著名的零售商哈得孙湾公司（Hudson's Bay Company）工作。2001 年，他大幅度削减废弃物排放的工作悄然启动。他先对公司总部排放的所有废弃物进行了一次审计，目的是让每个人都意识到，所有人总共产生了多少废弃物。[1] 他对当时的局面进行了这样的总结："我们扔这么多东西，这实在让人憎恶。对于社会来说，这种做法是不可持续的。"这么多废弃物显然是很大的浪费，这让他非常痛心。到了 2007 年中期，这家公司总部建筑（有 1 500 人在其中工作，也包括哈得孙湾公司以外的人员）的废弃物回收率达到 96.5%。在最初的过渡阶段，清洁人员把未经分类的垃圾留在了办公室，不予清理，同时留下便条提醒，直到大楼里的每个人都学会如何正确地给垃圾分类，以便回收处理。

一旦减少废弃物的努力开始产生投入回报，这样的行动就成为桥梁，连接到其他领域的变革行动中。人们开始考虑更大范围的可能性，比如更加重视外部利益相关者的需求，以及投资更清洁的技术。例如：哈得孙湾公司目前在多伦多市中心的店铺和办公室的夏季空调，就是利用管道送来的安大略湖水制冷——这是能波公司（EnWave）的建筑业主合作计划的一部分，这个计划在饮用水过滤厂与多伦多市用户之间的管道通路上，"借用"了寒冷湖水的巨大自然制冷能力。

目前，大多数的可持续发展行动计划都处于左下方象限——这些行动都是组织内部行动，关注的也主要是今天的事。而有些组织则已经开始发动相当规模的外部攻势，进入到右下方象限的工作，但是总的模式并没有变化——大多数的行动计划都在"横轴下"，处于下面两个象限，很少有对未来的投资。你工作的更高目标，就是创造平衡全部四个象限内容的选择组合和投资组合。

到了某个时间点，需要考虑你所在的行业或者其他行业中那些受人尊敬的企业正在做什么，考虑一下它们的关注点如何得到扩展，变得更加平衡，这往往会对你有帮助。回想一下杜邦公司，开始它对环境友好的变革之旅是迫不得已的，那时的焦点是大幅度、全面降低碳排放。当时的杜邦及其所在行业的形象，与制造毒性化学品和废弃物联系在一起，所以改变这个形象显然是公司必须要做的。然而，与此同时，杜邦公司也在生物基清洁技术方面进行了大规模投资，并且广泛联系外部利益相关者，倾听他们的反馈、指导建议和对未来的创新想法。这一切反过来又引导杜邦公司发现新的市场重要增长点。

通用电气的高层管理人员以提问题的方式开启上述过程——其各种业务要想在长期获得增长，需要做什么。这一举动与通用电气传统上对增长和创新的重视程度紧密联系起来。他们询问自己当前的和潜在的客户，未来 15 年或更长时间，大家对清洁能源和清洁水有什么设想和要求。由此他们看到，满足这些需求对通用电气来说是重大的增长机会。但是，要想抓住这些机会，通用电气必须对清洁技术做出大胆的投资，并且要做好自己使用这些技术的准备。“你们在自己的工厂使用这些产品吗？”他们发现，如果自己对大多数客户提出的这个问题不能给予肯定的回答，那么在销售高效能电机、照明系统和设备的时候，他们就没有可信度。

大型零售商，特别是英国的大型零售商——像玛莎百货（Marks & Spencer）和乐购（Tesco），意识到其顾客和其他利益相关者，都希望降低与业务相关的所有环境足迹。它们还发现了让顾客也选择这样做的方法和途径，并在食品和其他产品上提供最健康、最负责任的选择。这是两个“横轴上”的战略（分别位于左上方象限和右上方象限）。而这并不仅仅是因为大众消费者对绿色选择感兴趣，现在，从计算机到IT服务，再到工厂里最终要使用的材料和设备，企业客户从供应链上购买产品和服务的时候，都要求有可持续发展的选择。

工具箱

使用可持续发展价值矩阵建立变革的案例

第一步：在墙上挂上一张大纸，或者用一个白板，在上面画一个可持续发展价值矩阵。然后就可以用便条或者其他形式的标签，将你们团队成员认为重要的行动建议，分别贴到矩阵中最适合的象限内。你们可能会注意到，一些议题自然属于一个象限，而其他一些议题则会在初步目标完成之后，链接到另一个象限上。

第二步：这时，反思矩阵的内容，并以它为工具，确定你们想让组织内哪些人员参与进来。虽然你们知道，很多人都想加入左下方象限的讨论，但不要让讨论停在那里。你们可以自然地把注意力延伸出去，从降低公司内部环境足迹，到思考公司的产品和服务对整个生命周期的影响（我们将在第 14 章介绍如何深化这部分内容）。

在这个阶段，你们已经可以比较好地理解右下方象限内的不同利益相关者（包括客户），他们真正想要什么，愿意花钱做什么。这将帮助你们识别和确定在市场营销、市场调研、销售和新产品研发方面，有哪些人员应该包括在你们的团队里，或加入你们的关系网络中。

用类似的方法，考虑未来的清洁技术创新，比如可再生能源、生物基原材料等，这些技术将从根本上改变你们公司的业务经营模式。在工程部门、研发部门或其他部门中正在探索这类选择的人群里，你们可能想要去找哪些人谈一谈？在右上方象限内，设想一下怎样才能让公司经营模式上的这些突破，开启新客户和新市场的商业机会？公司里的哪些人对此最有兴趣，并能成为你们这个团队的成员？

第三步：使用另一种不同颜色的标签，把其他已经在实施中，或正处于讨论之中的行动建议贴到矩阵中。然后，再用第三种颜色的标签，把公司所在行业中的其他领先企业、相关行业的领先企业以及可能在未来与公司业务相关的新行业的领跑企业已经采用的行动，都贴在矩阵内，越多越好。这将帮助你思考更远的未来。

第四步：以各个行业领先企业的情况为参照，关注你们的行动建议和公司内部的其他建议在四个象限内是否平衡。尤其注意“横轴上”与“横轴下”之间建议数量的平衡，即在横线以下那些关注目前业务及其拓展的建议，与在横线以上代表对未来投资的建议之间的数量平衡。

第五步：当所有的行动建议都贴好后，整个团队退后一步，观察一下四个象限，然后问自己：哪些更广泛的力量可以将四个象限内我们自己的建议与行业领先企业的建议连接起来？到目前为止，在做决策和投资决定时，我们对这些互动关系做了哪些假设？我们的假设与行业领先企业的假设有什么不同？他们想的与我们想的，有哪些不同？哪些具体的驱动力能使我们公司向横轴上方移动，从而进入左上和右上两个象限对未来进行投资？这些驱动因素中，哪些会与管理团队中某些个人的兴趣和愿望相联系？

第六步：通过参看其他公司的不同想法，和企业对每个象限驱动因素做出的不同假设，你的团队可以对此做进一步的探索。

把你的努力与团队管理联系起来

你的团队可以成就几件非常重要的事——探索、研究并形成变革的依据，据此你们就有信心去接触具体业务部门或公司总部的管理团队，争取他们的理解和参与。

要知道，就像所有侦察部队一样，你们的成功并不是以探索领域的广度来衡量的。最终的衡量，是看你们与整个社区（你们的“马车队”）能否沟通好，是看大家一起做出了什么选择。虽然你们对未来的领域已经做出了一些探索，可以向社区其他成员报告你们了解的一些情况，但其他人还必须自己发现前进的道路，必须从自己的角度去吸取侦察部队的经验。你们也许想到，要有意识地把侦察部队介绍给在工作中见过的“外部人”，就像保罗·塔布与绿色和平组织做的那样。这些外部人曾给予你们的挑战和灵感，也许同样会传递给整个社区中的其他成员。

在开始接触高管团队的时候，要有意识地从你们这个团队的第一次会议起，回溯介绍你们走过的历程。在积极吸引高管团队参与进来的时候，不要假设你们可以跳过上述那些关键步骤。你们也许能够预料到高管团队中某些人的担心，但一定要创造性地给他们提供表达自己意见的机会。

要帮助高管团队使用可持续价值矩阵，就像你们自己做过的那样，把它作为一种经常使用的基本工具。你可以为这样的会议准备几个“种子”案例，但一定要鼓励其他人也提出案例，不要落入陷阱——把自己的工作当成“最终结果”的展示。

第一个会议的简单目标可以是，针对可能影响高管团队未来战略和投资决策的外部驱动因素，用可持续发展价值矩阵来明确他们的所有假设，包括他们个人和集体的假设。

也许在第二个会议上，有关未来的驱动因素的所有假设都被写在纸上，经过提炼之后，你们要问的第二个问题可能就是："如果这些假设发生变化，我们目前的战略还能够应对吗？"第三个要问的问题则可能是："如果这些假设发生了改变，我们能够创造哪些替代选择方案，以改善我们整体战略组合的强度和弹性？我们又如何对这些方案进行投资？"

你会发现，高管团队的成员会自然而然地被这些问题所吸引，这是因为前面对假设的质询引发了巨大的创造性张力，他们会想要通过进一步共同工作来释放这种张力。一旦你们的高管团队看到，那些在企业或行业运作方面必然发生的变化，可能会使他们目前的战略陷入混乱，他们就会想详细了解，冲击究竟会大到什么程度，以及哪些领域会受到影响。

"我们现在应该做什么，才能在假设一旦变化时，更好地完成准备工作？"前面的探索过程，反过来又创造了处理这个问题的能量。在这之后，你们就可以把高管团队的注意力集中到创新想法上——对于市场、技术以及公众或行业规则与期望等方面的变化，他们将如何应对(在那些易受影响的具体领域了解更多的知识，是做这件事的一个比较容易的办法)。在这里，你也许期望一个更加开放、更加有创造性的过程。首先你要提出尽可能多的想法，然后逐渐把范围缩小到一组初步行动选项上，其中的每一项都要有一位高管团队成员或主管支持。高管支持者往往要承担起与一个新团队共同工作的责任，去细化每一个选择需要采取的行动。他们也要监控与这些选择相关的、不断变化的外部商业驱动因素。

变革的新视野

下面三个章节会进一步描述一些工具和策略，帮助你在前进的道路上取得进步。在这条独特的道路上，你、你的团队和其他参与者正在共同探索前行。从本质上说，这一部分内容是创造深层变革的指导手册。

适用于每个人情况的清晰规则是不存在的，你必须选择自己的道路。这意味着你和你的核心团队将需要不断地质询——“现在对我们重要的是什么？”并且借助解答过程为你们提供的能量和方向，去创造一个超越泡沫时代的、繁荣的未来。

第四部分　观察系统

The Necessary Revolution:
How Individuals and Organizations Are Working Together to Create a Sustainable World

正在创造和构筑明天的再生型经济的人们，都已经以各自不同的方式学会了观察更大的系统，即他们在其中生活和工作的系统。他们的眼光超越了各种事件的表象和肤浅的修补措施，看到了各种更深层的结构和作用力。他们没有让边界（无论是组织的边界，还是文化限制产生的边界）约束自己的思考，在做出战略选择时，他们也考虑自然和社会的限制。他们创造出自我增强的正反馈循环的创新过程——这是模仿自然界增长方式的变革策略。

他们学会观察系统，靠的是开发一种我们大家都具备的潜在智能。人类天生是自然的系统思考者，但是，像其他所有天生的能力一样，这种能力需要我们去了解、开发和修炼。对“观察周围更大系统”的能力建设做出承诺和投入的组织，不仅在组织内部创造了浓烈的学习氛围，也开始成为在更大范围内激发系统智能的积极力量。

| 第12章 |

“公地”的悲剧和机会

2007年11月，政府间气候变化专门委员会（the Intergovernmental Panel on Climate Change，IPCC）发布了第四期，也是该年度的最后一期气候变化报告。报告警告说，如果全球的捕鱼量按照目前的速度继续下去，商业捕渔业所涉及的鱼类将在2050年之前出现全球性种群数量灾难。这份报告透露，目前捕鱼总量比自然界能够以可持续方式生产的总量，超出达250%。同时，被列为全球性“崩溃”（其定义是，当时产出量是历史最高水平的10%）鱼群种类的数量，在过去20年间已经翻了一番，达到30%。被该委员会列入“濒危清单”的鱼类，占商业捕鱼种类的70%。过度捕鱼并非新近出现的问题——加利福尼亚沿海的太平洋沙丁鱼的捕捞量，从1936年的80万吨，降到了1952年的100吨。大西洋西北部乔治海岸曾是全球最为富足、产量最大的捕鱼区，其年捕捞量在1965—1992年期间，下降了95%，从1992年至今，也只恢复了10%。但是，正像政府间气候变化专门委员会的报告中所呈现的，这个问题的范围和规模都已经达到了前所未有的程度。[1]

捕鱼区是可以恢复的。实际上，许多捕鱼区也的确得到了恢复。只要减少渔船数量，把捕捞量限制在可持续的水平，变化的情况往往就会反弹，回到原来的状况。几十年来，人们在阿拉斯加附近海域对鲑鱼和帝王蟹的捕捞，一直采用可持续发展的方式管理，具体方法就是捕捞配额和限制。与此类似，在埃及红海建立水产保护区 5 年后，周边地区的捕捞量就增加了 66%。虽然这些成功的故事只是些例外情况，不过也恰恰证实：需要构筑共同的理解，建立集体的意志，形成有效的基础设施，才能把可持续渔业的做法推广到全球。而这一切，又是多么困难。

为什么这么困难呢？人们是了解过度捕鱼对当地的经济和社区（暂且不论生态系统）的毁灭性影响，但为什么就这样难以防范呢？

借用莎士比亚的表达方式，问题的答案“不在我们的天命星相……而在我们自己”没有看到自己创造的系统。

人们在说到系统这个词的时候，往往想暗示某些处于他们控制范围之外的事情——“这不是我的问题，是系统的问题。”在可持续发展的舞台上，这种情况同样司空见惯。人们谴责企业的贪婪、政府的腐败和投资者的短视，谴责他们创造出的那些系统在耗尽自然资源、毁灭物种、产生贫困和废弃物。这些机构也的确需要改变，但如果每个人都在责难其他人，这些机构恐怕也改变不了。

社会系统（如企业或供应链）和自然系统（如热带雨林）的根本不同，就在于社会系统是人类创造的。如果没有人类生存于其中、活动于其中，没有人类行动使其获得生命，也就根本不会有这些系统。换句话说，系统的工作方式来自我们的工作方式，人们的思想和行为塑造了系统的整体运行方式。

进而，要想理解我们的行动，还必须理解我们的“心智模式”，也就是要理解我们大家心中有关世界的各种图像。我们都有“心智模式”——这种现象没有好坏之分，这是人性。没有哪个人的头脑里能装着整个公司、城市或家庭。我们头脑中的这些世界观往往是分散和支离破碎的，它导致我们创造的各种系统都产生出没人想要的结果。

观察系统并理解我们在这些系统的塑造过程中的作用，如同一枚硬币的两面。从哲学理念上承认这一点相当容易，但要看到实践中发生的这种联系，就困难得多了。我们还是先来更深入地了解一下全球渔业的困境吧。

可以“授人以鱼”，但要当心“授人以渔业”

当科学家想要更好地理解一个复杂现象的时候，他们就会设计实验（experiment）。在实验中，他们会控制一些变量因素，以便能够集中注意力，研究几个关键的因果关系。当系统方法教育家想要帮助人们理解自己的行动如何塑造更大系统的时候，他们也一样：设计模拟实验（simulation experiment）。“海岸捕鱼公司”（Fish Banks Ltd.）就是这样一个模拟实验，它简化了商业环境中的渔业界：这里没有外国竞争者，没有急于获利的投资人，也没有腐败、无能的政府管制者——只有你我这样的、试图做大自己的捕鱼生意的普通人。[2]

“海岸捕鱼公司”模拟实验，看上去有点儿像“大富翁”电脑游戏，只不过内容不是房地产买卖，而是管理捕鱼公司。每一方由 6~8 人组成，每家公司开始都有一小队渔船，一个存有现金的银行账户。每家公司在捕鱼地点和条件方面都可以有一组选择（深海捕鱼或者浅海捕鱼），也都会得到每个捕鱼区的相关信息，比如，鱼群的再生速度有多快。他们既可以购买新渔船，也可以把旧渔船卖掉。每家公司都了解，虽然海洋的潜力巨大，但并非资源无限。每家公司也都有一个简单的目标：通过扩大捕鱼量和降低成本去获取利润。玩这个游戏的时间大约是 1 小时，但模拟的时间跨度是 10 年。

在过去 20 多年中全球范围数以千计的人参与这个游戏，游戏的结果令人深思——几乎每一次游戏的结果都是一样的：很早就过度捕捞，持续过度捕捞，灾难性的过度捕捞，直至最终渔业资源崩溃。即便有些团队在开始时采取了明智和可持续的方法捕鱼，但通常也会屈从于竞争的冲动，因为他们的假设是：必须增加渔船、加大捕鱼量才能赶得上其他团队捕鱼业务的增长。来自公共部门的游戏参与者会过度捕捞，来自私营机构的游戏参与者也会过度捕捞。即便是由环保人士或环境监督人士组成的团队，在游戏中还是会过度捕捞，虽然他们过度捕捞的速度有时会慢得多。曾经美国一个较大州的环保机构的团队做了这个游戏，结果一样是过度捕捞。看来，我们应该对那句古老的格言有所补充：授人以鱼，救一时之需；授人以渔，解一生之需；而授人以渔业，则鱼将尽矣。

生态学者把这种现象称作“公地悲剧”（Tragedy of the Commons），借用了加勒特·哈丁（Garrett Hardin）于 1968 年发表在《科学》（*Science*）杂志上的一篇文章的标题。“公地”（commons）指的是在公共草地上放牧的一个古老习俗，“悲剧”则指的是其后发生的结果。具体情况是这样的：面对公地，每个农民都会有扩张的动机，但如果所有农民都这样做的话，牲畜的总量最终就会超过公地可以承受的限度。如果过度扩张持续下去，到了某一个时点，牲畜共享的公共草地就会消失。

所有社区共享资源，如渔业资源、土地资源、水资源和石油资源等，都无一例外受这个悲剧模式的影响。并且，无论问题牵涉的资源是本地资源（比如水源），还是全球资源（比如大气），结果也没有什么不同，其中的作用模式完全一样。

但崩溃不是不可避免的。不论是在“海岸捕鱼”游戏中，还是在现实生活里，渔业发展尽管存在限制，也还是可以繁荣的。有一次，在哈雷-戴维森（后面简称哈雷）公司组织的一次研习营上，哈雷公司的团队拒绝继续进行这个游戏，除非每一个团队都同意共享各自捕鱼量的信息。哈雷团队的观点是，各自的捕鱼量是个基本信息，对于监控总供应量非常必要。尽管没有人知道年捕鱼总量达到多少就是过高了，但每个团队都可以看到捕鱼总量是否开始下降了。哈雷公司的团队成员还自愿决定，每年向所有其他团队公布，他们当年是否还会扩张船队，虽然游戏并没有要求披露这种信息，而许多其他团队受到这一做法的鼓励，也这样做了。

结果是，哈雷公司参与的这个捕鱼游戏没有崩溃，而且永远不会。这个捕鱼产业对自身实施了管制。更重要的是，每个团队获得的利润和拥有的资产，都高于任何其他游戏中的参与团队。即使是其中获利最少的团队（各个团队之间还有竞争）的收入，也比最终崩溃的游戏中获利最高的团队的收入高。到游戏结束时，开始的鱼群不仅还在，并且还随着渔业生产的提高而扩大了。

为什么哈雷公司参加的这个游戏有如此不同的结果呢？也许这与哈雷的文化有关系。长期以来，哈雷的文化一直注重组织学习、系统思考、团队内部对话和不同团队之间的对话，把这些作为公司的核心业务来实践。[3] 事实上，当这家公司在 20 世纪 80 年代陷入困境的时候，是一群员工通过雇员集体收购的方式，把公司从“濒临灭绝”的边缘挽救了过来。通过共同工作来创造健康的竞争环境，这是大家共享的心智模式。

在哈雷发生的一切，也可以在任何一个地方发生。作为维系公共资源健康的受托人，一开始就要思考你的团队和组织也身处其中的更大的系统，并且意识到大家如果都“一如既往”地照常经营，就很容易形成“人人都是输家”的最终结局。正像哈雷团队成员以他们的冒险行动所证明的，竞争与协同本不是一个“非黑即白”的选择。实际上，英语中的compete（竞争）一词，来自拉丁语competere，其含义是“共同努力”。共享基本信息的做法可以保证所有参与者都知道公共资源的健康状况，而这又是所有参与者的生存所必须依赖的终极条件，同样也是健康的竞争得以存在的基本条件。

“公地悲剧”是可以防范的，做法就是行业的参与者都接受“游戏规则”，这些游戏规则确认了行业运行的基本限制条件。这种限制条件的形式，可以是政府立法，像欧盟的“产品生命周期终结回收”立法（在第 15 章讨论）。但是，全行业的同伴压力和行业基本信息共享（哈雷团队演示的）这两者的共同作用，也可以形成游戏规则。在这个游戏的现实版中，其他好几个行业的领袖企业的经历，也清晰地表明了这一点。比如，联合利华是全球最大的鱼类制品销售公司，曾经对过度捕捞问题十分担忧，于是就主导成立了海洋受托责任委员会（Marine Stewardship Council，MSC），目的是对全球来自可持续捕捞的鱼类产品进行认证。这个行业是否会有足够数量和影响力的关键成员，从资源受托者角度出发共享心智模式，而不是从强化竞争的立场出发耗尽资源，并最终导致“人人都是输家”？时间将证明这一切。

系统思考的冰山

多数“海岸捕鱼”游戏的参与者所犯的错误，与真实生活中各行业的企业是一样的：他们都没有退后一步站，与竞争对手一起更深入地思考，作为一个行业整体，他们所面临的威胁是什么。

更具体地说，他们都无法意识到，是他们的假设使他们陷入了险境。他们所看到的世界，是一个由“我们的渔船”“我们的捕鱼量”“我们的利润”组成的有限世界。当然，他们也关注其他渔业公司，关心它们的渔船、它们的捕鱼量和它们的利润。他们很清楚，捕鱼业的规模最终会有个限度，但是他们把这个限度看作是不太重要的外部信息。

一旦竞争加剧，参与者就会全身心投入其中，力求赶上或超过竞争对手——不管怎么说，他们只是许多竞争者之一，也实在搞不清，对于捕鱼规模的限制，他们有什么应对的办法。

如果有意愿退后一步站，他们就会意识到，找出方法，去尊重捕鱼总量的制约条件才是长期成功的关键。因为一旦这个限制条件被打破，大家的捕鱼量就会逐渐萎缩。而且，如果由于他们相互之间的激烈竞争，导致捕鱼量突破了限制指标，大家也不可能回过头来再一起消除这种破坏所带来的影响。很清楚，某种程度的协作是必须的，也是基本的要求，而且协作开始得越早，对每个参与者就越好。

有关渔业以及其他共同资源的问题一再出现，这不是因为大家运气太坏，也不是由于有少数坏人作恶，而是产生于大家竭尽全力的盲目竞争，使得每个个体参与者都忽视了更大的威胁。如果天真地设想，我们不必从根本上改变这个倾向，就可以得到不同的结果，那就大错特错了。要想在“海岸捕鱼”游戏中获得成功，要想在面对资源限制的某个现实中的行业获得成功，都是非常困难的，因为这需要有能力看到自己也运营于其中的更大现实。有一种方法可以做到这一点，那就是学会如何从四个层面去看待不同的情境。如图 12.1“系统思考的冰山”中所示，这四个层面多数处于“水面之下”，对于“常规”观察者来说是不可见的。但是，如果只关注“可见的”部分，我们就无法了解真正在发生的事，无法理解现实的影响力如何形成，以及如何变化。

在“海岸捕鱼”游戏中获得成就，需要对以下普遍存在的四个因素形成共同理解：事件、模式及趋势、深层的系统结构及其影响力，以及塑造这些结构和影响力的心智模式和假设。

事件。冰山的第一层，可以用一句话来诠释：“刚刚发生了什么？”我们可以把它设想成现实生活中的“六点早新闻”。我们身边的事件非常具体，会吸引我们的注意力——很像突然间出现的巨大声响，让我

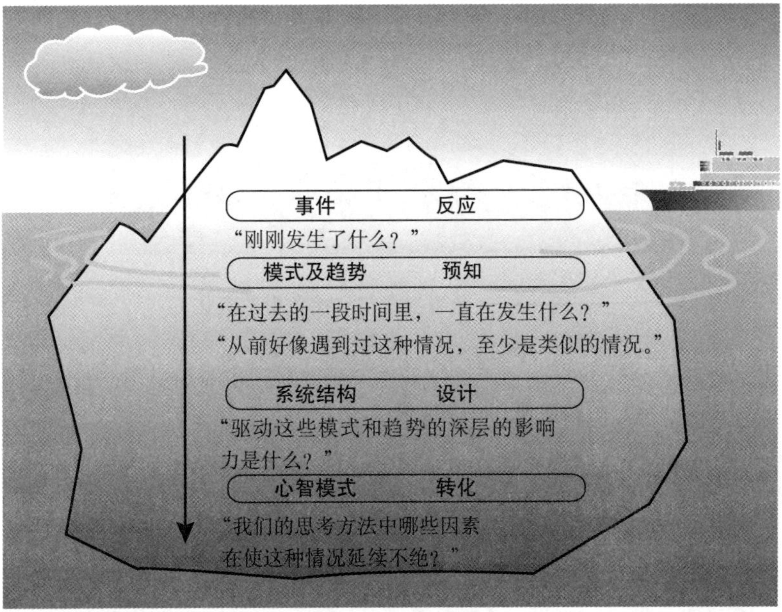

图 12.1 解释现实的不同方法

们立刻丢下手中的一切，赶紧去看一看。但问题是，事件会支配我们的注意力，把我们锁定在此时此地，结果我们就完全忽视了整体局势。在“海岸捕鱼”游戏中，一个事件，可能是捕鱼量的突然下降，也可能是竞争对手买了更多的渔船。但当人们在这个层面上被“锁定”了，他们就只能看到“冰山的一角”，只能随着新情况的出现，做出被动反应，其他什么也做不了。

模式及趋势。“在过去的一段时间里，一直在发生什么？”当我们提出这个问题时，就超越了身边刚刚发生的事件。为回答这个问题，我们需要对系统多一点儿了解，稍稍潜到“水面以下”。图 12.2 显示出在过度捕捞的情况下，“海岸捕鱼”游戏中出现的情况：鱼群的总量在下降，最终不同参与者的捕获量也随之下降。但是，除非参与者

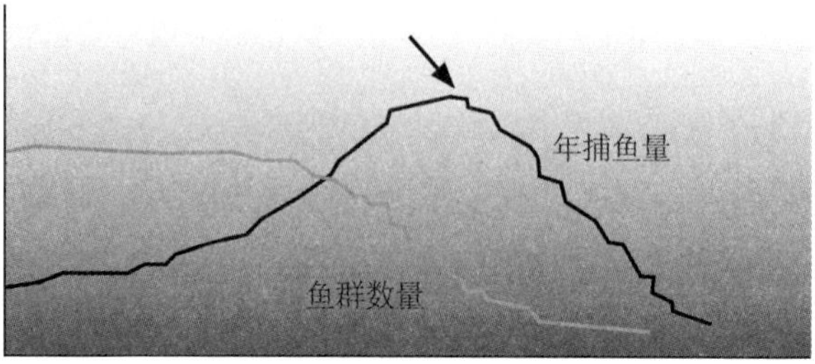

图 12.2　鱼群数量与年捕鱼量的变化

决定与其他团队分享信息，否则谁也不可能看到曲线的变化，他们了解的只是自己的捕鱼量，也许还有少数竞争对手的捕鱼量。

然而，一旦各团队了解年捕鱼总量，他们就可以看到，什么时候捕捞总量开始达到峰值（图 12.2 箭头所指处）。通常，捕捞总量达到峰值的时候，同时发生的事件是利润停止增长或开始下降。而大多数参与者对于利润下降的反应是：为保持收入水平不下降，要加大捕鱼量。但如果他们真的这么做，渔区就会崩溃。如果反过来，即开始减少捕捞，鱼群的规模就会开始恢复。但很少有人这样做，因为他们没有注意到这种模式，也因为他们不了解在这种模式背后产生作用的系统结构。

系统结构或影响力。在这个层面我们要问的问题是："驱动这些模式和趋势的更深层的影响力是什么？它们从何而来？"比如，如果"海岸捕鱼"的参与团队考虑到渔区资源为什么会枯竭，以及如何再生，那他们就可以开始了解更深层的影响力。这里有一个关键的"结构性"问题："什么时候鱼群的规模下降最快？原因是什么？"这个问题的答案是：在捕获量达到最大值的时候。因为就是在这时，捕获量破坏了鱼群的再生能力。也就是说，当渔业公司获得最高收入的时候，渔区正经受着最大的压力。表面上看渔业利润很高，但在表面以下（从系统思考冰山的角度，"表面以下"既是描述，也是比喻），鱼群正在崩溃。

然而，没有多少人会意识到这一点，因为大多数人没有能力考虑水面以下鱼群数量的动态变化。为了完全理解为什么这一点如此重要，回顾一下第 2 章中与大家分享的“二氧化碳浴缸”会有所帮助。在这里，想象鱼群总量就是浴缸里水的总量，而捕鱼总量就是排水总量，鱼群的再生能力是注水总量。渔区鱼群总量下降速度最快的时点，就是捕鱼总量（排水总量）达到最大的时候。[4] 因此，为了避免灾难的发生，捕鱼公司必须在业务增长压力最大的时候，降低各自的捕鱼量。

现在可以看到了吧，如果捕鱼公司对正在发生的情况，及其对自身长期发展的影响没有系统的理解，它就不大会在这个时点减产。当然，崩溃经常发生的原因恰恰就在于此。[5] 但这种理解其实是很直觉的，即便是儿童也能明白这些概念：排水、注水以及浴缸。那为什么在崩溃之前没有人减少捕捞呢？因为这样做与多数参与者的心智模式相冲突。

心智模式。我们的心智模式往往反映在我们的核心信念上，比如，民族主义感情、爱国主义或宗教信仰。“自由市场”的信念，反映出许多商业人士的一个强大的心智模式。“人民自由”也是如此。我们都有心智模式——其中有些为社会所共享，另外一些则为某个社会阶层、政党、行业、特定的公司，甚至家庭内部所共享。但往往不十分清楚的是，我们的思想和行动以及我们周围人的思考方式是如何被这些模式影响甚至主宰。

第一个挑战是识别那些我们可能会抓住不放的假设。由于心智模式往往存在于“水面之下”，并且常常与人们表达出来的“政治正确”观点（“我们都关注捕鱼区的健康”）相冲突，所以心智模式通常是不可见的，人们甚至可能会拒绝承认其存在。就像可持续发展教育家吉米·克劳德（Jaimie Cloud）所发现的，往往孩子们会说出成年人不会说出的话。克劳德调查了几百个参加了“海岸捕鱼”游戏的学生（年龄从 8 岁到十几岁），问他们为什么会那样做，最终使捕鱼区崩溃。下面是一部分回答：

- 外推论者的回答："我们的行为不会影响未来，总会有鱼的。"
- 不惜一切代价也要赢："我们一定要赢，就这么简单。"
- "泰坦尼克综合征"："海面救生艇总归是不够大家分的，所以，如果我们正在沉入海底，那最好还是坐头等舱。"
- 无赖语言："事情就是如此，我们没有办法。"
- 社会陷阱："如果别人都这么干，我要不这么干就是傻子。"
- 最大化个人收益："我的责任是对自己和家人负责。"
- 看不见的手："市场、技术、某个人或某种东西总会有办法把这件事情搞好的。"
- 贪婪："我想要很多，后果是什么，我并不关心。"
- 其他："这只是个游戏嘛。"

看到水面以下现实的更深层面，为什么如此重要呢？因为，根据我们的经历，这往往就是持久变革的关键。当个人或组织只关心"冰山"的可见一角，他们就只能在变革发生时做出被动反应，所以最好的情况也只是被动地渡过危机。这样的个人和组织常常会采用激进的"主动积极"战略，试图去弥补在分析问题上的不足。但以被动反应的心态去实施"积极主动"战略，本身仍旧还是被动反应，两者并没有什么不同。阿基米德曾经夸口说："给我一根足够长的杠杆，我就能撬动世界。"[①]在这里，杠杆就意味着我们愿意深入可见的表面现象背后。有了这个杠杆，我们就能更好地认识和理解那些心智模式、那些人智模式塑造的系统及其影响力，比如公地的悲剧。

① 阿基米德这句话的另一种说法是，"给我一个支点，我就能撬动地球"。——编者注

共享的经济和生态

全球系统造成的挑战，如第 1 章介绍的“三大议题”（食品与水，能源与交通，以及材料、废弃物和有毒物质），犹如大山压顶，让人感到无能为力。但是我们有一个罗盘，可以指导系统思考的旅程。一旦着手实际观察系统，人们就会开始理解那些为人广泛接受的心智模式的谬误，以及可选择的未来可能性。

比如，“海岸捕鱼”游戏展示了一个关键性问题：在经济和环境之间，并不存在终极的取舍——多年以来，许多企业领导者对这个问题一直有误解。从短期来看，忽视自身行为对环境和社会方面造成的副作用，当然可以让企业挣更多的钱。然而，短期的事转瞬即逝。当深层的环境（和社会）限制条件发挥影响的时候，所谓的“三重底线”，即利润、自然资源和人类社区，就会协同互动、相互影响。今天我们看到的许多情况都是如此。经济健康、环境健康和社会健康会紧紧地耦合在一起，不是共同繁荣，就是一起受难。在那些陷入困境的捕鱼区，能够生存下来的捕鱼公司也是每况愈下。鱼群已经耗尽，更大范围的海上生态环境的质量可能已经下降，而当地社区也困难重重，往往陷入崩溃状态。

抱着传统“非赢即输”竞争心态的商业人士，等于蒙住了眼睛，无法看到这样的事实：处理可持续发展问题，其实只有两个长期的选择——要么双赢，要么双输。为了避开双输的前景，我们所有人就必须有能力：(1) 打破既有的心智模式，突破其各种假设强加在我们思想上的界限；(2) 退后一步站，拓宽我们的视野，看到自然资源的更大限制，以及这些限制对于我们公司的业务意味着什么；(3) 在需要的时候，努力在我们各自的行业中，建立一种呵护自然的受托责任道德规范，帮助其他关键参与者意识到，我们大家都在共享一块“公地”——只有知道我们要做些什么才能维持它的“生存”，它才能支撑我们的生存。

| 第 13 章 |

地球号飞船

布克敏斯特·富勒曾经把我们的星球比作一艘在宇宙中飞行的飞船。这艘“地球号飞船”根本没有配说明书。因此他警告说，如果要想生存下去，我们就需要学会如何把这个星球看作一个系统，看作一个整体，并以此为基础呵护这个星球上的所有资源。他在 1963 年的论文中写道:“如果真的是‘想的事情越大，持久力就越大’，那我们就必须问自己，‘我们想的事情究竟能有多大？’”

“想大事”意味着要有意识地退后一步站，扩大自己的认知范围。大多数人都习惯于待在工作和生活中的某种“舒适区”。我们习惯于在自己的小系统的边界以内运作，不去理会我们工作和生活所依赖的那些更大的系统。但是，一旦我们的眼光开始超越那些限制我们思想的心理栅栏，超越我们工作上的日常琐事，延伸到我们自己所处的更大的组织、行业，乃至世界，我们就会开始发现，有些事情亟须我们关注。

近年来飞速发展的互联网就是一个例子。我们许多人每天要花几个小时时间“上网”。2000—2007 年，全球互联网使用量的增长超过

250%。但是，我们中很少有人会考虑，维持全球互联网的通畅运转要消耗多少电能，而这又意味着什么。

据估算，目前支持互联网所需的电能占美国全部用电量的 3%~5%，全球的数字也处在这个比例范围。这包括了我们所有的个人电脑，所有的数据中心和服务器，所有的电子商务，所有的搜索引擎——简而言之，包括了我们在网上共享信息和相互沟通的所有五花八门的形式。虽然这个数字看上去并不是很大，但如果考虑到即便是保守估计，互联网使用量的增长速度也是每隔 4~5 年翻一番，那就要重新想一想了。美国环境保护署 2007 年发布的一项报告指出，服务器和数据中心的能源使用量，从 2000 年到 2006 年增加了一倍，并且到 2011 年一定会再增加一倍。[1] 在此之前，研究人员的计算表明，美国的服务器和数据中心的用电量，已经超过了全美国的电视用电量。[2] 这就意味着，如果以目前的速度增长，在未来 10~15 年，支撑互联网运行的用电量将会超过全球用于家庭照明的用电量。[3]

显然，在有些方面我们必须让步。当下的世界需要尽快转向低碳、非化石燃料能源，而互联网的高速发展就成为一项巨大的挑战。作为互联网的使用者，我们也同样身处这项挑战之中。这种情况，要么把各个国家和民族推向对有限电力供应的激烈竞争之中，要么引导我们对生产电力的方式进行全新的思考。谷歌在可替代能源研究方面做出重大投入，就是因为看到了其业务要么繁荣于其中，要么萎缩于其中的更大系统——也是因为其理解到，不能对这个系统的限制视而不见。而且，谷歌并非孤军奋战。

“如果……那我们该做什么”

拓展思想疆界就可以带来长期的变革，这一点，从美铝公司的例子可以看到。1997年，美铝公司集团环境部的主管派特·阿特金斯（Pat Atkins），召集了一次有30多位经理参加的会议，他们管理着这家公司全球业务的很大部分。在两天的会议里，他们尝试设想未来25年的商业和社会环境将会变成什么样。

他们首先定下了基本规则：在以这种方式思考可能的未来时，无论遇到什么问题，他们都会当作自己公司的问题去解决——不管是有限的资源，还是心怀敌意的利益集团，或是重大气候变化。不能把问题推给政府、社会或其他公司。既不能责怪他人，也不能推卸责任。

定下这个规则之后，这个小组开始对自己提问："如果……那我们该做什么？"

"……假如没有垃圾场呢？"阿特金斯说，当这个小组展望2020年的时候，"我们谈到了垃圾填埋场之类的事。我们对自己说：'如果这个世界还有理智的话，就不该允许我们把东西丢到填埋场里，让子孙后代来解决。所以在谈我们的愿景的时候，这就是我们应该考虑的问题之一。'"

"……如果水资源变得越来越匮乏呢？"水资源问题迅速成为头等重要的议题，因为制造铝本身需要大量的水。甚至在10年之前，水已经开始成为美铝公司的问题，并且公司领导者也知道，问题会越来越糟。"加利福尼亚州拒绝给我们的一个工厂颁发扩建许可证，就是因为厂区用水太多，"阿特金斯说，"他们要我们把这个厂搬迁到其他地方去。这件事告诉我们，在全球范围内，水资源可能成为我们许多工厂发展的限制，其中有许多地方，我们原以为永远不会缺水。"这个小组还设想，对于铬和汞的排放，以及水中可溶物质的富集，公众的认识程度将会持续提高，"很多人现在已经不再信任自来水的质量了"。

"……假如一系列有问题的排放必须减少或完全消除呢？"美铝公司的这个团队认识到，长期以来，排放是这个生意的一部分——二氧化硫、氮氧化物、有机排放和二氧化碳，这些排放都必须要大幅度减少。当他们去想象一个没有这些排放的未来时，发现这在经济上和环境上都有道理，并且在短期和中期也有道理。降低排放可以节省能源，而节能就是省钱。

最后他们得出了两个结论：要证明真正的变革是可能的，就需要行业领导力；围绕着气候变化这类问题制定的策略，是符合商业理念的。据阿特金斯回忆，他们在向公司执行高管委员会报告时是这样讲的：“我们可以这样做，并且保持业务的发展，而且我们会发展得更好。”

美铝公司所做的思考未来 25 年的训练，不仅激发了许多人的思考，还导致了正式目标的建立和重大变革。在生产用水排放方面，他们确定了公司的目标：在铝制造厂的生产过程中达到生产用水的零排放。阿特金斯说：“当时这是个激进的目标，今天仍然是。人们今天听到这个目标，还是会表示怀疑。”水的使用量到 2005 年下降了 17%（与 2000 年的水平相比）。美铝公司最近确定了新目标，到 2010 年把水使用量降低 70%，到 2020 年实现整个生产过程用水零排放。还有其他一些挑战性的“摸高目标”，包括到 2010 年前将温室气体排放降低 25%，到 2005 年前把填埋场废弃物降低 50%。美铝公司提前 7 年，即在 2003 年，达到了其降低温室气体排放的目标。而 2005 年美铝公司达到了填埋场废弃物降低 2/3 的成果——这又让它确定了新的目标：到 2015 年将填埋场固体废弃物在 2000 年的基数上，降低 100%。

美铝公司靠什么成就这一切？靠的是吸引数千人参与。有一种做法是，把大幅度降低用水量的目标拿给公司的运营人员，取得他们的帮助。最终，人们想出各种各样降低用水量的方法，许多都是“小办法”，有几个则是大项目。比如，2005 年在法国圣·克斯梅（Saint Cosme）的工厂安装闭环清洗和冷却回路（同样的水在循环系统中反复使用），达到了降低水消耗和水排放 85% 的成果，在运营成本上每年降低了 4

万美元。

在美铝公司，好想法传播得很快。集团公司的欧洲轧制品公司（European Mill Products，EMP）位于意大利的富西纳。通过安装循环使用生产用水的闭环系统，那里的水消耗降低了95%。公司的一些冶炼厂，比如在澳大利亚西部和牙买加的冶炼厂，已经达到了2020年的目标，即生产用水零排放。

同样重要的是，由于小组成员们设想的是未来，所以他们的基本观点也改变了，从前处于边缘的问题如今变成了公司战略的关键部分。需要特别说明的是，在1997年，气候变化还远不是大多数企业所担心的主要问题。然而，这个团队还是在那时得出了这样的结论：气候变化是桩“好买卖”。阿特金斯说：“如果是最好的情形，我们就是在做一个全球性实验，最后证明这不是个问题。但是，如果出现了最坏的情况，我们也是在做一个全球性实验，这个实验可能会彻底改变这个星球的特征。我们想，我们宁愿犯保守的错误，所以要动起来。”兰迪·奥弗贝（Randy Overbey）当时是美铝原生金属开发集团（Alcoa Primary Metals Development）的总经理，他注意到：“当我们说，‘我们不会再讨论气候变化的科学问题了’，我们就完成了一次重大转折。我们相信，这是一个需要发挥美铝在全球的力量来应对的问题，我们希望能够发挥一些领导作用。”

对重新思考疆界的建议

当你重新考虑思想的疆界时，几乎总会遇到阻力。人们会说：“我们应该坚守我们最了解的领域。”或者就像他们谈论谷歌时所说的：“他们应该聚焦在自己的核心能力上，即保证广告收入。”

如果你试图说服别人，说他们错了，说他们需要重新考虑思想的疆界，那你一定会碰上阻力。没有人喜欢被人说成思想狭隘。更有效的途径反而很简单，就是帮助他们反思自己所做的假设。

罗杰·萨朗特（Roger Saillant）是燃料电池生产商普拉格动力公司（Plug Power Inc.）的首席执行官，还曾是福特公司的高管。几年前，他会见了一家大型飞机发动机生产厂的管理团队。会面之前，别人告诉过他，要避免对温室气体和其他环保问题进行说教。他了解到，这些管理人员此前曾经接待过的几位来访者都谈到了这些问题，但都很不成功。

“这些人都是技术功底深厚、讲究实际的高级管理人员，他们不喜欢听到别人说，他们的业务模式莫名其妙地变成全球变暖问题的一部分。”但是萨朗特在这个挑战面前，并没有退缩。

他一开始是请这些高管谈他们的商业战略。过了一会儿他又问这些高管们，制定战略的关键假设是什么。没过多久，高管们就识别出一个关键的假设，即他们确信，在大多数情况下，全球各地的政府对温室气体排放都采取容忍的态度。“我们做了这样的假设：将来不会有排放税，即便有，航空公司也可以得到豁免。”那些高管说。

“如果最后证明这些假设是错的，那会发生什么情况呢？”萨朗特问道。在这之后，就不需要更多的引导了——这群人展开了一次很长时间的对话，谈到了各种不同的技术选择方案、各种不同的燃料选择、飞机的总体设计等，甚至还谈到了利用他们的技术专长为替代运输模式提供有用的价值。没过多久，他们的谈话就转到了“超越泡沫时代”的航空运输方式，而这正是许多“外部人”曾经试图强迫他们做的。然而，这一次萨朗特请他们做的，是让他们反思现在如何思考，而不是试图强迫他们换一种方式思考。

就像这个故事所表明的，在扩展人们思考的疆界时，“探询”通常要比“宣扬”更有效。当团队看到，他们因为抱着令人质疑的假设而限制自己的工作范围时，他们自然就会开始挑战这些假设，就像美铝公司团队所做的那样。

下面是启动工作的简单方法。找出一个实际问题，它应当是你的组织或小组正在努力解决的问题，然后开始把目前思考方法的疆界明确地表达出来：

• 我们面对的问题的关键性影响因素是什么？

• 现在正在发生什么，有哪些力量可能会塑造未来？

• 谁是系统中的关键人物或者关键决策者（包括那些没有太高权位的人物）？

虽然这个过程听上去简单，但实际上人们很少明确地提出这样的问题。我们界定问题时，往往基于已有的、碎片化的心智模式，它体现的是主观的，或者一时方便的思想疆界。比如，我们会把某个问题人为定义成运营问题、预测问题、营销问题或环保问题。或者，我们预先认定，哪些人是专家，哪些人是决策者，然后以此界定问题。比如，我们会说："这是物流团队的问题"或"这是销售副总的问题"。或者，我们定义问题时，要么只注意可以测量的东西（"这个问题导致上个月销售量下滑"），要么含蓄地表达我们倾向的方案（"问题在于我们还没有实施新的质量管理计划"）。

当你在思考目前重点关注的问题时，要问自己：

• 我们在以什么方式强加主观的思想疆界？

• 为什么我们假设某个人是决策者？是不是因为问题最明显的症状出现在这个人所在的组织之中？

最后，扩展思考的时间范围，像美铝公司展望 2020 年，那是发现自己强加的疆界局限的好办法。扩展时间范围，也会改变空间疆界，即你考虑的系统里有哪些人和事。如果你的时间范围只以月和季度计算，那就很容易忽视更大的系统；如果考虑你的决定对未来几十年的影响，你想问题的角度就改变了。

- 你界定的问题，暗含着什么时间范围？
- 如果把时间范围放大一倍，或延长 10 年、20 年，那又会发生什么改变？
- 选择一个扩展了的时间范围，回头再问一次你开始时的问题，然后观察一下，新的回答如何反映出你开始没注意到的假设疆界。

思想的疆界是无法逃避的。所有思想，并由此推及所有管理实践，都是以各种疆界为基础的——你永远无法去想所有的事。问题不在于我们的思维有边界，而在于我们忘记了这些边界的存在。各类团体忘记了自己做出的假设，随后就把自己“封冻”在理所当然的世界观里。之后，当有了人或事件的压力，要求他们在更大范围思考时，他们就会因尝试考虑过多的选择方案而陷于决策瘫痪，或者让超出他们直接影响范围的各种问题把自己压垮。跨越思想疆界的压力往往使他们灰心丧气，甩手宣布：“我们没有能力处理这么大规模的问题。对于我们来说这个问题太大了，应该是由政府或联合国来处理。”

其结果往往是：大家会退回到自己假设的思想边界，但这又无法适应大家面对的现实问题。出现这种情形时，要做的第一件事就是，帮助大家看到自己主观强加的那些边界，并探询为什么会有那些边界，更好的替代方式会是什么样子。不要试图一蹴而就。帮助大家体会挑战自己假设的思想疆界的感受，随后大家往往会开始主动地定期去做——即使偶尔需要一点儿外部刺激。

1 000 英亩①小岛的原则

让我们回到富勒。他建议要为“地球号飞船”制定一本运营手册。有些个人和组织已经制定出一些原则，可以成为这本运营手册的基础，其中最著名的一些原则［例如：“自然步骤”（The Natural Step）和“自然资本论”（Natural Capitalism）］已经列在本书的附录里。[4]

以下的练习可以帮助你的团队开始思考这本运营手册应该包括的基本原则。许多团队发现，在深入研究其他人对可持续发展原则的观点之前，这个练习是有用的第一步。

在《崩溃》（*Collapse*）一书中，贾雷德·戴蒙德描述了位于南太平洋的一个小岛提科比亚（Tikopia）。小岛的面积大约是 4.66 平方千米（差不多 1 000 英亩），有 1 200 名居民在岛上生活，每平方英里可耕地的人口密度达 800 人。提科比亚岛已经有 3 000 年的历史。

在这个小岛上，“朝海”和“内陆”是常用的参照用语。当地人甚至会指着一个来访者说，他的“内陆”一侧的肩上有一只蚊子。海洋永远呈现在这里的生活中，永远可以听得到；岛屿生活的意识恒常不变，且真实存在。这个区域距其他岛屿都很远，在这个常常受到暴风袭扰的地区，在海上航行是危险的，往往会危及生命。

事实证明，提科比亚人能够生存下来，要归功于他们在环境方面的精深知识和严格管理。为了保证能够持续而多样化地生产食物，他们在开发林业和使用淡水湿地方面，采用了可持续的方法；他们依靠部落禁忌来限制海产品的捕捞，他们也放弃了其他地方采用的“刀耕火种”的农耕方式。此外，几个世纪以来，提科比亚人通过各种各样的方式实行计划生育（他们宣传零人口增长的时间，比西方要早很多）。提科比亚

① 1 英亩≈ 0.004 平方千米。——编者注

人也采用了高度发达的集体决策机制，提科比亚人有一个网络状的权力结构。按照波利尼西亚的标准，这是最不能让人满意的制度。提科比亚人是真正把自己看作整体的人群，通常把自己称作“我们提科比亚人”(Matou nga Tikopia)，这让人回想起美国《宪法》上说的“我们人民”。

就像玩“海岸捕鱼”游戏可以帮助人们重新打造捕鱼业的互动关系一样，想象我们居住在提科比亚这样的小岛上，可以帮助我们把握在富勒的“地球号飞船”上生活的现实。为了成就如此长期的繁荣，岛上的居民必须遵守哪些原则？我们从提科比亚的基本事实——“真相”中可以学到什么？如果你得到授权治理这个小岛，要保证那里的人类社会的永续存在，保证所有人最大程度的健康和富足，你会把哪些原则变成小岛的法律、政策和习惯的基础呢？

〔工具箱〕

创建 1 000 英亩小岛的原则

想象你生活在一个拥有各种动植物栖息地的小岛上，就像提科比亚这样的小岛。再想象你是与你的家人、朋友，以及一个约 1 000 人的社区生活在一起。你不能离开这个岛——至少不能轻易离开，也不能离开很久。岛上充足的日光可以作为可再生能源，但只有有限的原材料和资源，比如，金属、森林、鱼类及野兽、用于食物生产的土地，以及水。所有的物品只能从这个岛上获得，并且所有的废弃物也必须留在岛上，始终、永远地留在岛上。

考虑一下物理学、热力学和生物学的基本原理：物质和能量既不能被创造，也不能被毁灭；物质倾向于从较高浓度区域向较低浓度区域移动，从较高能量状态转向较低能量状态（气体趋向于扩散；雪球会滚下山，但先要推一下）；能量和物质结构的主要生产者是各种绿色细胞，绿色细胞又利用光合作用，把阳光和惰性物质转化为糖和淀粉，并且储存能量、保存生命结构，并维持生命本身。

展开“头脑风暴”，谈谈你们会遵循哪些原则来治理这个小岛。原则应该与政策有所区别，比如，“保护所有水源，并保持其处于原始状态”就是一个原则。基于这个原则的政策，则可能是要求所有的行业重复利用自己的排水。重要的是要找到每个政策所依据的根本原则。

用标签或者书写板，写下你们可以想到的所有原则，并用适当的方法给它们分类组合。你们想到了哪些原则？如果你们遵守这些原则，能够支撑自己繁衍生存吗？如果你们能有机会让几个小组同时做这个练习，就可以相互比较一下各自的结果。其他人关注了哪些原则，而你们却忽视了？如何把你们的原则应用到自己今天身处其中的不同系统之中？

看到增长的极限

当你开始扩展思想疆界的时候，就会开始看到深层的限制，也会看到新的力量在相互作用——比如，石油基原料带来持续提高的成本和风险（杜邦），减少废弃物的需求（美铝公司），以及保护水资源（可口可乐和美铝公司）。这些限制中，有许多一直就存在，只是被我们从前所持的心智模式所掩盖，比如："我们的业务是石油和天然气的生产和营销，不是能源业务，更不是可再生能源业务。"况且，对于我们来说，需要把这些限制考虑进去的那一天，似乎是在遥远的未来。因此我们也就不再理会这些限制了——大多数公司就是这样做的。但是，需要考虑这些限制的日子就是今天，对许多人来说，或许这个日子正在飞快逼近，其速度要比人们改变心智模式的速度快得多。

当你把注意力移向"冰山的下面"，你就是在开发观察深层作用力的本能，就会超越事件和表面的症状，看到深层的模式和影响力。但你这样做的时候，你看到的模式往往不是独一无二的。实际上，正是一些反复出现的心智模式和深层结构，才引发出这些行为模式——这就是为什么我们把这些模式称作"系统基本模式"。[5]开发我们与生俱来的系统智能的起点，就是认识这些作为我们日常生活经历一部分的基本模式——我们往往注意不到它们，因为我们缺乏识别能力，也没有描述它们的语言。

通过展望未来的前景和思考支撑公司业务的那些更大的系统，美铝公司看到水资源是一个限制条件，有可能会逐渐吞食掉公司的未来。如果遇到加州拒绝颁发工厂扩建许可证这样的问题，其他许多公司的对策就会是寻找另外的厂址。然而，美铝公司却从这个事件中发现了正在形成的模式的迹象，并由此探求其更深层的原因。在此之前，美铝公司的业务模式在很大程度上忽视了水资源对其发展的限制，也忽视了未来可能发生的填埋场短缺所带来的限制。但美铝公司能够看到这些限制已经在逐渐逼近，也看到需要现在就把这些限制纳入考虑的范围。

图 13.1 是一种方法，用来描述美铝公司在思考方式和战略制定上的变化。美铝公司运营的业务模式，原来一直是由一个基本的自我增强的正反馈引擎驱动：随着生产能力的扩张，需求也在扩张，这又引领了新一轮的产能扩张（图中位于左侧，用R表示的正反馈循环）。然而，到了某一个时点，美铝公司遭遇了一系列的限制力量，或者说“平衡”力量，在图中以右侧的负反馈B循环显示。新一轮的扩张需要更多的水，这又会引起更多的用水限制，也造成新厂址的确定越来越困难。这个循环反过来又影响了产能的提高。水资源的可获得性，连同公众对水质担忧的不断升级，代表了外部系统的根本性限制——这些限制已经开始驱动这个负反馈平衡过程。

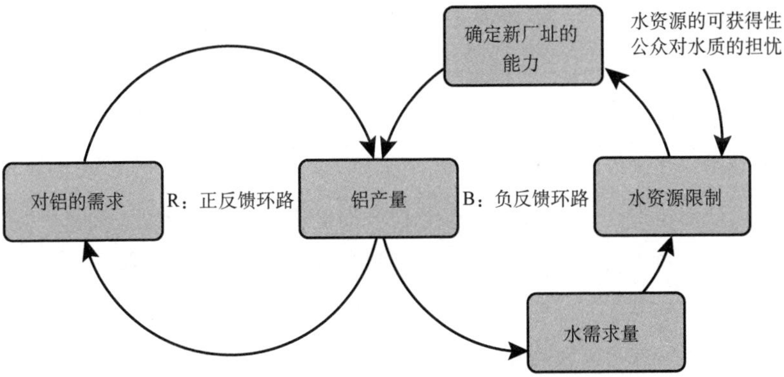

图 13.1　制铝业的增长极限

观察这类系统的影响力，有着重要的战略意义。实际上，类似美铝公司这样的团队，既开发了看到“增长极限”的能力，也同时开发了看清未来的能力。它们不用等到那些正在逼近的影响力显现为紧迫的问题，然后才不得不采取紧急行动。这样，限制因素就可以起到“水晶球”

（crystal ball）的作用。看到水晶球的企业，能够比竞争对手更快地调整和适应，也能够制定远比竞争对手更有效的战略。比如，早期投资中小清洁技术企业开发清洁能源和新材料的投资人，就看到了不同行业对绿色工艺的内在渴望所带来的机会，也看到了公众对可再生能源和绿色产品的强烈需求。通用电气对客户在排放和能源成本上受到的种种限制，也应用了类似的长期视角，并决定把研发投入增加一倍。通用电气能够在早期就做到这些，并使自己从一系列新产品的销售增长中获利。这些新产品包括用在太阳能板上的纳米光电材料和下一代飞机引擎，都是为应对那些限制条件而开发的。

美铝的管理人员因为可以看到更深层的模式，就没有把州政府拒绝厂址申请这件事看作当地政治角斗的结果，或者看作政府在工厂扩建的例行申请过程中的管理不善。他们没有等到这样的“叫停”事件继续发生再采取行动。当看到对水资源和填埋场的深层限制今后也不会取消时，他们就问自己：“如何把这一限制变成我们的优势？”通过设计不需要额外用水的铝厂，通过对用水进行完全循环利用，企业利润可以继续增长，并保持成功业绩。

杜邦也展望了未来：没有等到石油价格达到 100 美元一桶时，才看到高油价和人们对碳排放在气候变化等方面影响越来越强烈的忧虑将影响公司未来的发展，而是早在 20 世纪 90 年代初期，就看到了这些影响力的形成，并开始转向生物基原料，这点几乎领先所有竞争者。

并非所有限制都来自外部力量，有时候限制也是自己制造的。比如，由于假设乘用车必须越来越重，那么大幅度改善汽车燃油经济的机会也越来越小。近几年，甚至连美国汽车制造商都已经意识到，许多消费者希望使用燃油效率更高的车，而满足这样的需求则可以刺激汽车销售。但是，汽车制造商感到，达到更高燃油效率就意味着在汽车原有的某些性能上做出重大牺牲。在这个例子里，图 13.2 中左侧正反馈R增

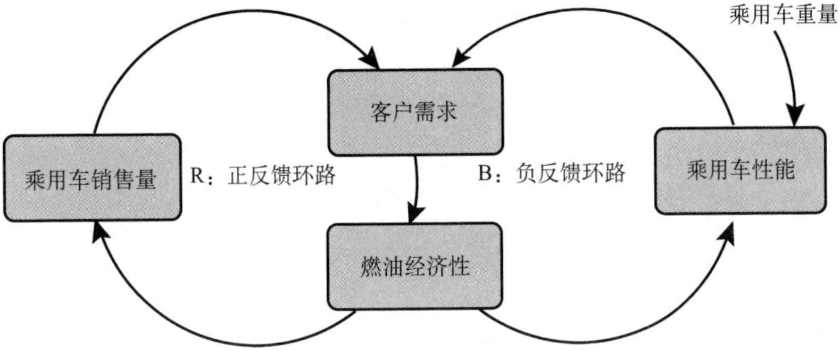

图 13.2　汽车业的增长极限

强环路，显示出消费者对更高燃油效率车型的需求，引发这类车型销售的增加，而客户的满意又能帮助其创造新的需求。在右侧负反馈B环路中，平衡力量来自更高燃油效率（需要较小的发动机）导致性能降低，这反过来又限制了需求。当然，这个系统产生真正作用的条件是，汽车的重量保持不变。

许多年以来，汽车制造商大都没有意识到乘用车重量这个强加的限制，也不愿重新考虑这个问题，因为没有人对乘用车越来越重这个行业惯例提出质疑。过去 20 年间，美国所有车辆的平均重量都大大增加了。轻型卡车的重量增加了 50%，而其他许多乘用车型的重量，特别是小型乘用车的重量，几乎翻了一番。（比如，本田思域车的重量在 1990 年是 1 500 磅，到 2000 年就达到了 2 800 磅。）此外，许多从前开轿车的人，现在开的是SUV（运动型多用途车）、客货两用车以及卡车，这些车型比他们原本应该开的车，要重得多。[6]

有几家公司已经从中清醒过来，意识到事实的真相：汽车重量是一个由制造商自己强加的人为限制。丰田公司和本田公司目前都在规划轻质复合材料制造的轿车；福特公司最近宣布研发并推出一系列铝质汽车，公司的目标是在每英里油耗上达到30%~50%的改善，同时不降低性能。推动这个创新浪潮的关键洞察力，来自对汽车重量这一限制的认识（车越重就越安全，汽车必须用钢铁制造——这是两个未经审查的假设），来自看到克服这种限制的方法。

看到来自深层的限制力量，也使人们看到未来。皮埃尔·瓦克（Pierre Wack）是情景规划的创始人之一，他曾经说："如果喜马拉雅山下的丘陵地带下一个星期的雨，那么一星期之内恒河就要洪水泛滥。"要做出这种具体的预测，必须了解水的深层系统，包括土壤吸收极限、蒸发极限和支流的限制条件。喜马拉雅山下丘陵地带的大量雨水，最终汇入恒河，是因为水没有别的地方可去。

观察系统的修习是一个持续的过程：退一步站，看大局"画面"，领悟问题或局势背后更深层的影响力，看到这些力量可能同时创造的新机会；而后，则要把注意力聚焦在这些机会上。但这个过程中产生的认知洞察力，也就只能做到这些了。最终，我们需要反思驱动我们所属系统的那些心智模式或假设，然后做出选择，确定新的方向。

工具箱

用“增长极限”模式观察组织的深层影响力

确定你的组织目前正在面对的某项关键挑战，可以是在销售、市场覆盖率以及利润方面大幅增长的要求，也可以是你们对世界有更大影响力的愿望——还可以同时是这两者。做这个练习，要建立由多种视角的人组成的小组——比如，把销售、研发、生产、原材料采购和市场等方面的人都包括进去。

1. 确定一个自我增强的正反馈过程，这个过程可以产生增长（图 13.3 中的正反馈R环路）。比如，对某一个特定产品的需求导致销售的增加，进而通过客户之间的“口口相传”或增加产品开发资源的投入，又引发更大的需求。

2. 确定一个起限制（平衡）作用的负反馈过程，它会抵消增长的过程。问自己：(1) 作为我们增长的副作用，出现了哪些限制性力量（比如，确定新厂址的能力，或者汽车性能的降低）？（2）深层的限制是什么（可以是外部的——比如水的可获得性，也可以是自我强加的——比如理想汽车重量的假设）？

3. 与你的团队一起，按照图 13.3 的模型，确定正反馈自我增强过程、负反馈平衡过程，以及你们感受到的深层限制。大家可能对如何做

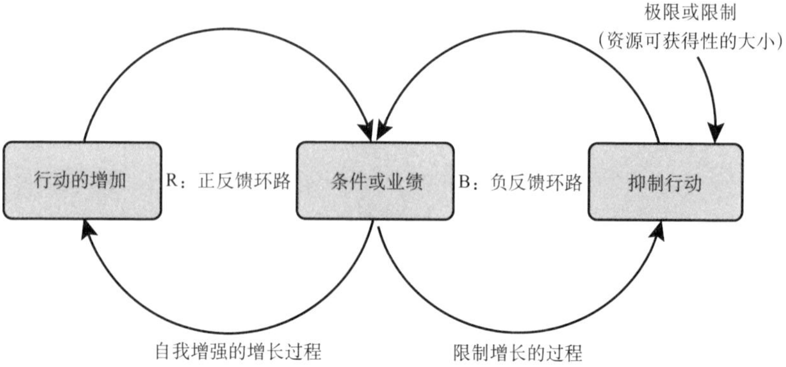

图 13.3　增长极限的模式

有不同意见——这种情况可能引发你们对不同观点背后假设的讨论，并使之富有成果。可以最终讨论确定一个统一的模式图，也可以考虑两个不同的选择方案。唯一的正确答案并不存在，你们的工作目标是：让每个人都参与进来，一起思考这个模式结构的基本元素，并考虑这些影响力如何随着时间变化。

4. 对这些影响力的作用，你的组织通常如何应对？比如，考虑一下，当负反馈平衡过程引发了一个问题事件，那会发生什么——比如像厂址申请没有通过，或者是某个车型燃油效率高但性能差，销售差强人意，你的组织如何反应？大多数公司的反应是，试图加大力度推动正反馈增强过程——比如，在工厂选址工作上加大力度，或者，把更多的资金投入到营销上，把燃料效率的小幅改善也作为重点来宣传推广。

5. 换个角度看，什么是更高效的杠杆作用战略呢——比如制造重量较轻的汽车？要让大家都能追随这样一个战略，哪些事需要首先发生？最有效的杠杆作用通常在于负反馈平衡环路中的限制因素，要针对它去解决问题，而不是在自我增强的正反馈过程上加力。

6. 完成了前 5 个步骤之后，思考以下几个问题：这种思维方式与我们通常的思维方式相比，有什么不同？有什么好处？又有哪些局限？如果我们探讨的那些策略是有用的，并具备潜在的盈利能力，为什么它们并不多见？我们需要做出哪些变革，才能让它们成为我们核心战略的一部分？

| 第 14 章 |

看到我们的选择

在很长一段时间，耐克公司与其直接竞争对手一样，忽视了为它们提供产品的亚洲生产商在劳工方面的行为。耐克公司当时认为这个问题不是自己企业的核心问题，因为自己不是一家制造企业。到 20 世纪 90 年代中期，当几个组织发起了严重损害耐克公司形象的大型运动时，耐克公司才发现事情与原来想的不一样。

在一年之内，耐克完全转变了不闻不问的传统，开始制定更好的劳工政策规范，并采取监督措施，确保制造商合规。今天，在社会和环境行为方面，耐克在其行业中是声誉非常好的企业之一，耐克公司内部的企业责任团队也是全球商业界非常活跃和有影响的团队之一（公司负责企业责任的副总裁直接向首席执行官汇报）。[1] 耐克不但努力改善劳工的工作方法，而且持续开展各种各样的创新：确定了只为耐克供货的专门供应商，这些供应商也承诺投入到可持续发展创新工作中；在泰国和其他国家开发了分散式生产网络，以使工人能留在自己的村里工作，不必每天在上下班路上花很多时间；还推出一系列新型绿色产品，其中有许多我们在本书的后面部分将要讨论。总部可持续发展部门的前负责人莎拉·塞弗恩（Sarah Severn）说："我们意识到将面对一个选择——要么合规顺从，努力避开麻烦，要么就成为这个行业的领导者。"

在 20 世纪 90 年代初，丰田曾面对类似的选择：要么继续做多数汽车公司正在做的事——把未来建立在对内燃机的依赖上；要么就开辟一个不同的方向，承认廉价石油的极限正在逼近，承认温室气体排放的模式和后果是不可持续的。普锐斯汽车采用的是油电混合动力，是集中力量强化创新的产物，也是在一个小型汽油发动机和电动马达组合平台上进行投资的结果。在普锐斯投放市场的前几年，美国汽车业都认为这是个赔钱的买卖，在相当长一段时间也的确如此。但是，普锐斯获得了一部分消费者的青睐，这些消费者一直在等待，希望有人会足够大胆，做出一些全然不同的事情。现在，普锐斯的销量和利润给丰田带来了投资新一代交通工具的能力，包括以电动马达为主和使用燃料电池的车型。

一旦公司看清，就要做出一个简单的选择：要么成为可持续发展的引领者，要么就把那个负担转移给别人。然后，公司就可以进行严肃的投入了。

第 2 章介绍的转移负担模式，可以帮助公司看清这两个选择带来的不同结果。可能你还记得，一组选择是采用短期症状缓解的方法处理问题（如头痛时吃阿司匹林），另一组选择是寻找长期根本解决方法（找到引起头痛的病因）。这里的关键是，选择应急措施而回避根本解决方法会形成一种自我加强的正反馈作用，使你越来越依赖应急措施。

图 14.1 显示出今天众多公司所面临的选择。图中上方的环路代表这样的决策：通过把负担转移到自然界的方式把决策的影响外部化，尽可能少做可持续发展的事情。这种做法你一定熟悉，其结果是一个治标的方案再引出新的治标方案。许多企业试图忽视潜在的极限——不论是

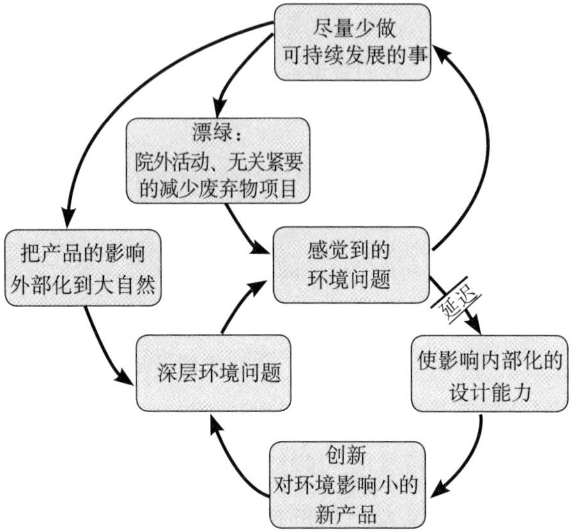

图 14.1　转移负担或创新的选择

哪一种极限，它们认为对水源的损害、温室气体排放，或者增加废弃物都不是自己的问题。为避免给组织的公众形象带来负面影响，企业也常常试图去“漂绿”，或者通过开展公关和院外活动、做些无关紧要的减少废弃物项目，以及对产品做些小修小改（比如推出混合动力的SUV，但其每公里油耗比10年前的轿车还要高）去改善自己的形象。这些企业继续选择在图中上半部分的区域运行，因为它们认为这样会容易些、会少花点儿钱、做起来也快一点儿。但与此同时，问题还在扩大，与不可持续的业务行为相联系的风险也在扩大。

但是，还有另一种选择。在下面的环路，我们创造出根本的解决方法，也就是投资于再生型可持续发展解决方案。在这个“创造环路”(Innovation Loop）中，企业对世界的影响，要由企业自己负责。

正像莎拉·塞弗恩所说，最终，做引领者的这一选择变得至为关键。如果有人坚持认为，把气候变化或类似的大规模破坏归罪于任何一家公司并不公正，这也许有道理。但如图14.2所示，现实情况是许多家企业

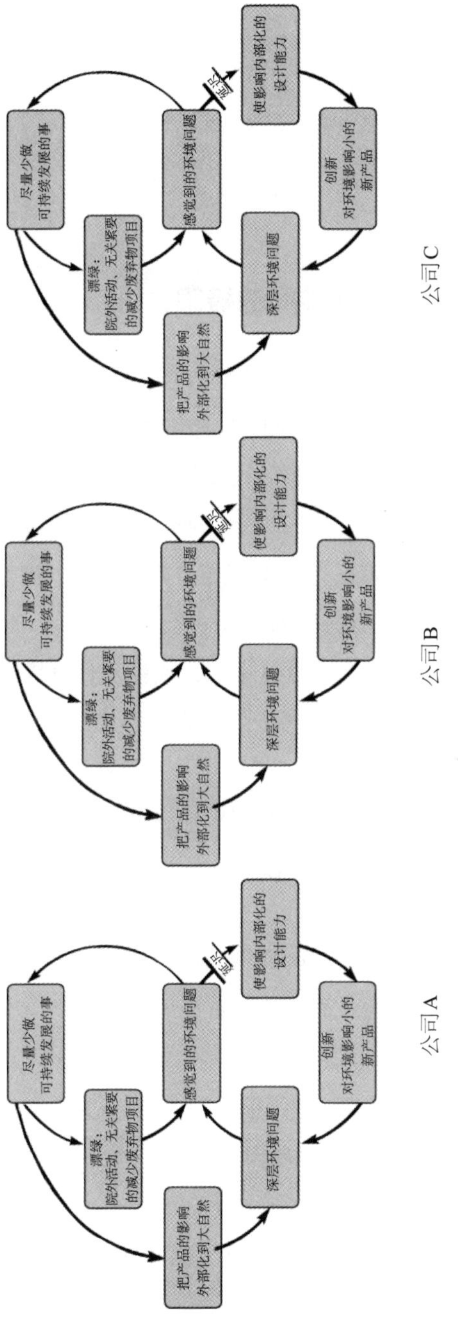

图 14.2　复制“向自然转移负担或创新”：工业公司选择的集体影响

都选择了上面的环路，其叠加效应所造成的恰恰就是这样的累积影响。另一方面，当一个行业中的一家乃至多家公司停止责备其他人或所谓的“系统”，并将其作为问题的一部分承担起责任，它们就会在寻找解决方案的过程中起到关键作用，并影响其他企业去做同样的事。

看到共同的极限

当你问自己，采取哪些措施和方法就能增强自己把握极限的能力，你就会发现行业中的其他人，或者你所在地区的其他人，也在问相同的问题。当丹麦卡伦堡的企业经理们意识到，他们都面临潜在的水资源短缺问题时便共同工作，建造了一个从附近湖里引水到工厂的管道系统，以节省不断减少的地下水资源。他们随后又在工厂之间开发水的再利用系统，从而大幅度降低了工业园区的用水总量。

同样，像前面说到的，许多数据中心、软件及计算机公司已经了解，它们会在不远的未来面对电力供应的限制。事实上，所有技术公司现在都意识到自己是处在能源业务里，其中许多企业正在以此为基础进行规划。虽然还没有多少企业像谷歌那样，在可替代能源方面做出大笔投资，但越来越多的企业认识到自身有很大的“能源足迹”（Energy Footprint），需要延伸自己业务模式的疆界，以解决这个问题。如果现在投资创新，就可以最终在未来获得收益。

这很有道理：计算机行业的特点就是具有前瞻性，这个行业的企业如果不能延伸其疆界、创造新市场并持续创新，就不能生存。多数企业已经拥抱了这个观念：如果找不到办法大幅降低能耗、回收产品并转向可替代能源，竞争对手就会这样做的。

但从长期看，计算机行业中的所有参与者都会撞上一系列共同的极限。这些参与者协同工作，去面对这些共同的极限，就有可能让创新更快、更成功。几十年来，技术公司一直为“行业事实标准”(de facto industry standard) 协议而争来斗去，其中具体涉及通信协议、分组交换协议、局域网连接协议、文档共享协议、网络协议等。但最终它们还是达成了一致，结果所有企业都因此受益。基于这一合作历史，这些公司现在有机会去迎接更艰巨的挑战。

选择公共资源受托人的角色

当我们打破“转移负担”的模式，就会开始关注共享资源的恢复。企业最终会发现，它们面对的许多限制，实际上是来自于与行业其他成员或社会本身共享的“公地”资源。这些企业以各自的努力为基础，再去联合其他组织进行合作，就会有可信度。

卡伦堡工业园中的 11 家企业，起初是为水资源供应的限制寻找解决方案。此后它们又共同工作，把一家公司的废弃物变成另一家企业的“原材料”——在许多情况下，这样做还会产生收入。工业园内以及与当地村镇之间，类似的呵护公共资源的项目有十几个。比如，电厂的废热用来为居民、一家炼油厂和一家制药厂供热。电厂的粉煤灰卖给了几家水泥厂，大幅度降低了水泥生产的原材料消耗和温室气体排放。制药厂胰岛素生产中的多余发酵物，则提供给当地农民用作猪饲料。炼油厂产生的废气，过去是用燃烧的方式处理，现在则提供给发电厂，这样每年可节省大约 3 万吨煤。[2]

许多公司意识到还有一些其他方法可以让自己参与到公地资源的维护。

企业往往从开发整个组织的“内部公地”开始，利用它来减少环境足迹、实现成本节约，以及开发新产品。杜邦公司的起点是建立强有力的内部网络，着力解决大幅度降低能源成本和有毒物质排放的问题；

并在其后整个化学工业开展的“责任关怀”项目（Responsible Care program）中，起到关键的领导作用。BP公司通过在其全球运营组织中推动创新联合，实现了大幅度的减排。BP公司此后又建立了全公司的内部碳交易系统，把它作为学习工具，并用自己的经验为欧盟碳交易系统开发做出了贡献。

美铝公司在相当长一段时间内做了大量投资，开发全球铝回收的技术能力。这是源于这样一个经济现实：铝回收比生产原铝要节省95%的能源，并可以进行多次回收。美铝公司开拓了自己的思想，把关注点放到整个铝行业，并持续挑战自己，以便在建设行业回收规范的全球“公地”方面发挥积极主动的领导作用。

例如，在2008年年初，美铝公司宣布了一个目标：在2015年前，将北美铝行业饮料罐的循环使用率，从目前的52%提高到75%。在普氏铝业座谈会上，美铝集团金属回收部总监格雷格·惠特伯格（Greg Wittbecker）在对行业领袖“呼吁采取行动”的演讲中说：“铝行业（中的各家企业）必须超越企业各自的商业目标，为共同的可持续发展目标一起工作，对此我们必须有紧迫感。这就是要把这个能源宝藏夺回来，在它们被丢到填埋场之前夺回来。”目前美国市场每年消耗150万吨铝质饮料罐，其中约有80万吨得到回收。惠特伯格补充说：美国的回收率从1992年的最高值68%，一直在逐年下降。相形之下，巴西和日本都有很高的回收率，巴西达到近95%，日本达到92%，而全球平均为60%。

惠特伯格提到了北美回收利用率下降的几个原因：回收系统不方便，涂层废物处理技术停滞，以及不适应回收工作的商业目标。所有这些问题也代表了巨大的变革机会。

类似的例子还有欧洲索尼公司。该公司引导创建了一个制造商共同延伸责任的系统，这个系统要求制造商在所有电子产品的生命周期结束后，全部收回这些产品。电子产品欧洲回收平台（European Recycling Platform）使电子行业所有公司集体组织和管理产品回收成为可能，成本节约效益显著。比如，德国包装回收的平均成本从 2000 年的每吨 350 欧元，下降到 2004 年的 80 欧元。同样，奥地利通信产品回收的成本在 2005 年 1 月高达每千克 0.6 欧元，在 2006 年 1 月降低到每千克 0.11 欧元。这方面，索尼公司自己在 2005 年就节约了超过 40 万欧元。

公共资源处于良好的管理状态时，就能使置身其中的企业大幅度节约成本——索尼公司和整个电子行业的成就是典型的例子。节约产生的现金流又可以再投资，推动更大、更广泛的改进——随着新开采的原料变得越来越昂贵，这将带来更多的效益。这也揭示了大多数成功的可持续发展战略的特征，即自我增强或“滚雪球”式的良性正反馈过程。

创造积极变革的“滚雪球效应”

变革的宣扬者往往会落入一个陷阱：为了保持前进的态势，就要在他们的事业中投入越来越多的时间和精力，其结果就像佩尔·卡斯泰德所说的，这些变革的宣扬者很快就“筋疲力尽”了。所幸的是，卡斯泰德通过与真正有承诺的人形成网络，终于发现了让积极的变革为自身提供动力的方法。对于美国绿色建筑协会的创始人来说，一旦 LEED 系统开始成形，情况也是如此。对于那些既看到当下的系统，又看到未来可能出现的系统的创新者，催生自我增强的良性正反馈变革势头，就成为推动可持续发展的共同战略。

马尔科姆·格拉德威尔（Malcolm Gladwell）在他的畅销书《引爆点》（*The Tipping Point*：*How Little Things Can Make a Big Difference*）中说：引爆点是“变革的势头达到了不可阻挡的发展水平……临界量变的时刻……观点、产品、信息和行为等等像病毒一样扩散”。[3]

例如，成功的行动计划改变了不同组织联合对公用资源进行呵护的方式，超越了一次性干预，进入了自我增强的改革轨道，这也成为其突出的差异性特征。把成功行动的收益再投入到公共资源管理的改善工作中，这样就可以保证产生一个良性循环的改进过程：节省的成本成为继续建设公共资源的资金，进一步降低了系统运行的成本（见图 14.3）。

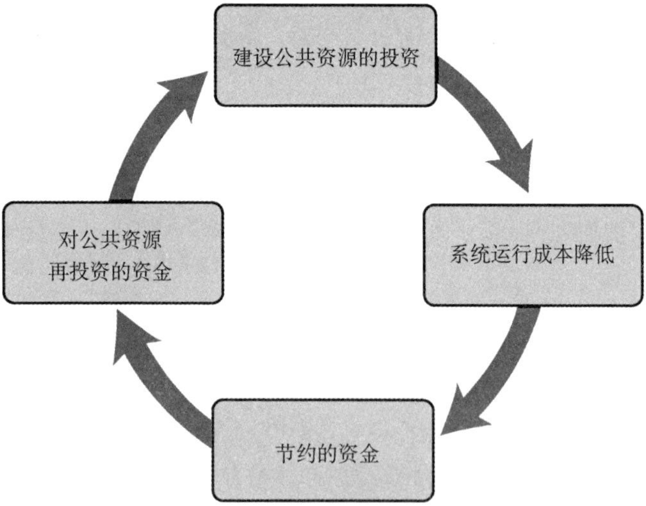

图 14.3　利用节约成本和再投资产生“滚雪球效应”

培养自我增强的“滚雪球效应”，对于成功的可持续发展创新者，是一项基于直觉的策略，因为这是个自然的模式。自然界一向都是如此，其原因是深层的自我增强结构。一个细胞分裂产生了两个细胞，再裂变产生 4 个，再产生 8 个，以此类推。一个稚嫩的初芽从种子中崭露，再吸入更多的水和养分，就会伸展成长。动物进入有丰富食物的新生物区，开始生育繁殖，引发出数量的增长和更多的繁殖。滚雪球效应来自深层的系统结构模式：变化成为自身的输入端，又产生了更多同样的变化——要不了多久，组织就会像滚雪球一样形成自我增强的增长模式。

最初的变化可能是微小的，然而随着时间的推进，就会产生重大的、实质性的变化。也许一家公司开始只是销售一种真正更好、更可持续的产品。在老客户中这个消息被传播出去了，然后就有了新客户；不断增加的收入中的一部分，就可以用来进一步增加投资、改善产品或扩大创新产品的数量——于是形成大家希望得到的可持续业务增长的正反馈环路（见图 14.4）。

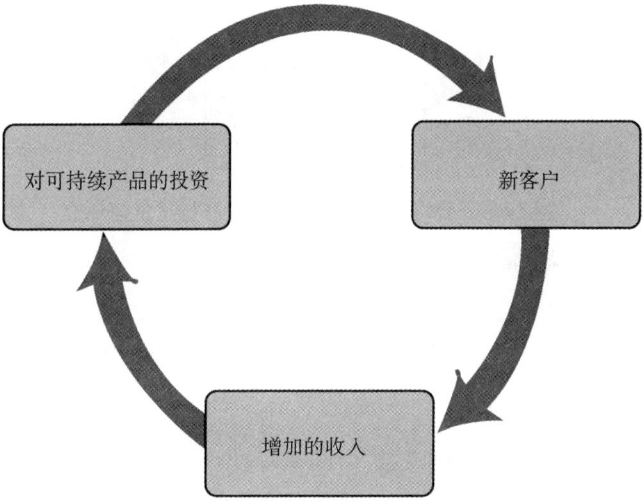

图 14.4　利用自我增强的“滚雪球效应”推动可持续发展

当然，如图 14.5 所示，正反馈增强环路也可以制造负面的滚雪球效应。NGO 组织看到不负责任的公司行为，可以做出反应，从而引发一系列波及范围不断扩大的事件：负面报道和抗议、公司的被动解释，以及更为激烈的来自 NGO 组织的冲击。不管企业对相关问题的观点是什么，如果企业没有能力，或是不愿意认真听取外部批评，并真正从外部批评的角度看待问题，这种情形就很有可能发生。

例如，当可口可乐最初发现由于自己在缺水地区大量用水而受到

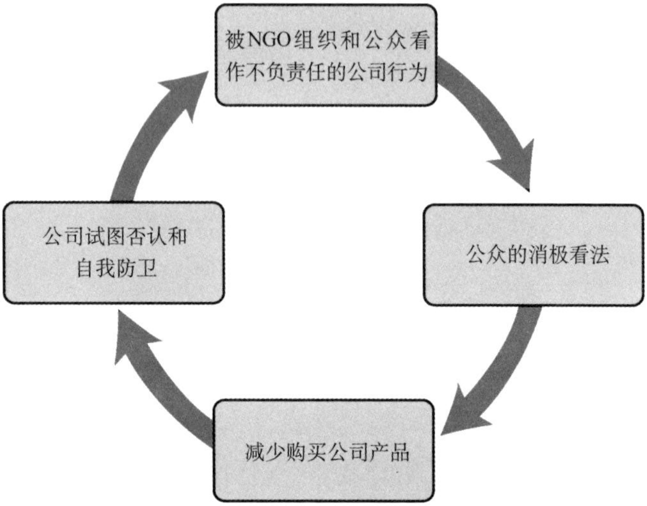

图 14.5 公司行为和公众看法的恶性正反馈环路

批评，它本可以凭借技术分析为自己辩护。比如它可以争辩说，公司在印度南部是从地下的深层水源抽水，而不是从正在枯竭的水源取水。然而可口可乐意识到，从技术分析的角度加以解释其实偏离了问题的症结所在。可口可乐运营的地区处于缺水状况，那么可口可乐就有责任站出来，尝试对问题的解决做出积极贡献。可口可乐采用了这种做法，从而避免了一个恶性的下降螺旋，以及公司律师和环保人士之间旷日持久、不断升级的争论。

通过展示“什么是可能的”，某个行业中一家企业的良性自我增强行动所带来的影响，会改变所有人的游戏规则。当几个组织，或者甚至是一个组织中的几个业务单元，开始改变自己的选择，转向创新和制造可持续的工艺、产品和服务，从而显示“不同的思考方式”时，其效果往往会被放大，其他的组织就会开始加入这个行列。当你能指名道姓地说，某人已经让大家看到了一些可能性和更好的做事方法，那么你的公司、行业和客户群里的其他人都会投入各自的关注。

能源巨头BP集团旗下的替代能源公司曾有过的经历是：只要还在赔钱，那么不管花费多大力气也无法引起集团董事会的注意。董事会倾向于把它们看作是探索性、研发性，甚至是慈善性的事业，认为在可再生能源成为BP业务中的重要部分之前的准备过程中，它们是亏损的。薇薇恩·考克斯（Vivienne Cox）成为BP太阳能业务负责人以后，这一切都开始改变了：她带来了一种管理智慧和系统思考方法的融合，激发人们去创造一种不同以往的合作和承担风险的氛围。2006 年，董事会批准投资 80 亿美元以扩大可替代能源业务。这项投资要求太阳能业务部做出承诺：在 3 年内把公司太阳能业务规模增加 300%。现在他们正在按期执行。虽然与BP的石油和天然气业务相比，其可替代能源业务的利润还很小，但是一旦替代能源被当作一项实实在在的生意，就吸引了大规模资金投向进一步的创新和增长。

如图 14.6 所示，行业中各企业如果能从行业整体战略一部分的角度

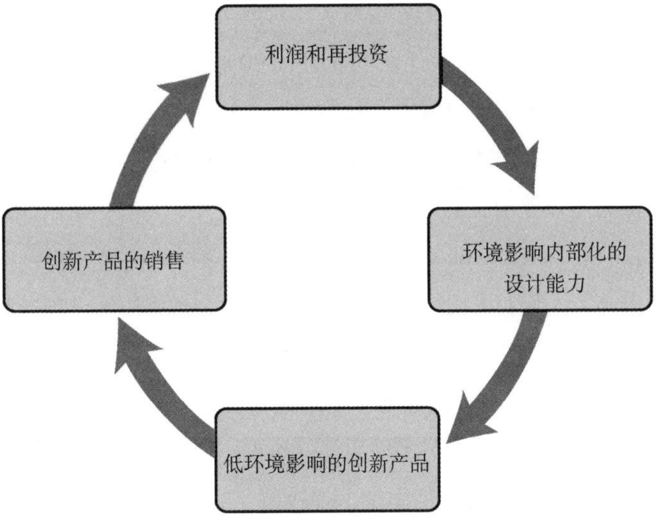

图 14.6　再生型根本解决法的良性正反馈环路

成功地起到领导作用，就可以使其投资成为一个良性的正反馈循环。

对于整个行业来说也是如此。当丰田和本田证实，混合动力车是可以赚钱的，其他公司就开始跟上来了。一些公司模仿或购买了丰田的技术，另一些公司承诺投入开发自己的技术。过去被认为不可能的事，现在被当作必要的事。甚至汽车业“三巨头”，说得好听点儿它们是“落后者”（福特原来计划于2002年或2003年推出混合动力车型，但由于内部管理矛盾而推迟），说得难听点儿就是“搅局者”，现在也在投入巨资开发混合动力、全电动和替代燃料车型，包括使用氢内燃机的车型。

麻省理工学院的约翰·史德门（John Sterman）认为，人们如果看不到这样的良性增强循环，就会继续使自己低估整个可再生能源行业的潜力。“有些人指出，比如太阳能，这项技术目前与煤和石油相比没有竞争力。但是他们看到的只是当今形势的‘快照’。在学习和规模经济的作用下，新技术的成本有快速大幅度下降的趋势。这些都是强大的良性反馈作用。每次增加新的经验，太阳能光伏产品的成本都会下降20%，而这个行业会以高于30%的速度增长。目前美国太阳能累计发电量只是化石燃料1950年到现在累计发电量的0.000 4。但随着成本的下降，需求将会增长，各个企业在成本经验曲线上也就会进一步下移，价格也进一步下降，市场就会随之成长。可再生能源正处在这一过程的起点。”

对太阳能行业增长潜力做出了这样评估的并非只有史德门。德国研究机构富顿咨询（Photon Consulting）做出了这样的预测：“对全球变暖的关注提高了人们对太阳能的需求，这会驱动全球太阳能设备行业的发展——2006年行业年收入是200亿美元，到2010年会增加4倍，达到900亿美元。预计太阳能设备行业的利润增长速度会更快，由于其成本控制在一定水平，其毛利可以增加到近60%。”[4]

美国市场的实际增长证实了上述预测。2007年是太阳能增长破纪录的一年：美国安装了314兆瓦新太阳能发电装置，与2006年相比增

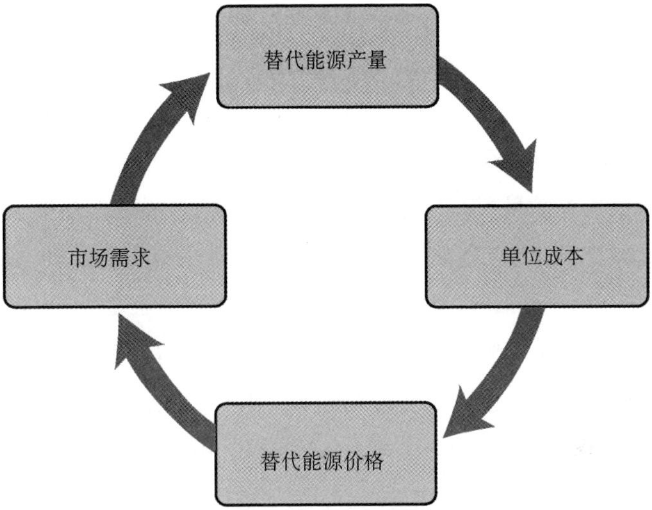

图 14.7　替代能源的良性正反馈环路

加了 125%。根据美国能源信息局的统计资料，太阳能发电占美国发电总量的比例到 2007 年年底仍低于 1%。但是，需求增加、成本下降的螺旋上升趋势正在美国逐渐形成，这种指数级增长的趋势将会继续下去。例如：美国太阳能企业第一太阳能公司（First Solar）的年收入从 2006 年的 1.35 亿美元，猛增到 2007 年的 5.04 亿美元，而同期每千瓦电能的生产成本却降低了 12%。

《华尔街日报》最近报道，在加利福尼亚，大型商业太阳能设备的安装总量“现已超过家庭太阳能设备总量，这一变化扭转了长期的市场模式，并可能成为其他州的引领者。太阳能行业装机设备的大型化会随着大型电站级规模的项目投入运行而变得更加显著”。[5] 正如《经济学家》杂志最近报道的，“太阳能让电力行业感到兴奋的原因是，太阳能是在人们最需要电的时候发电能力最大：炎热的、阳光充足的日子，正好是人们打开空调的时候”。报道也指出了太阳能聚热发电（CSP）系统的优点，这种系统把阳光聚集起来作为能源来生产蒸汽，驱动汽轮机发电。“有些设计以熔融盐的形式将能量储存起来，能够 24 小时供电，而不只是在太阳光照射的时候供电。”[6]

类似的滚雪球效应在风电行业也相当明显。2007 年，美国风电行业的新装机容量是 5 244 兆瓦，使全国的总风力发电能力在一年中增加了 45%，打破了先前的所有纪录，也为整个经济带来了 90 亿美元的投资。[7] 在全球范围内，2007 年的风电新装机发电能力为 20 000 兆瓦，比 2006 年增长了 31%，使全球的风电总装机容量达到了 100 000 兆瓦。[8] 欧洲在风电市场上目前处于领先地位，但其风电也仅占总电力消耗的 3%，其他国家正在快速赶上来，包括美国、中国、印度和巴西。这些例子的关键之处不在于目前的规模，而是增长的速度，以及由成本、价格和数量构成的深层良性的滚雪球效应。

当新业务需求在供应链中传递时，就会产生类似的自我增强螺旋。今天最有影响力的案例莫过于在沃尔玛发生的一切。这家全球最大的零售商在 2008 年宣布其新目标：通过与供应商合作，在 3 年内，使其销售的大部分产品的能源效率提高 25%。自然资源保护委员会（Natural Resources Defense Council）的高级科学家诺亚·霍罗威茨（Hoah Horowitz）说：“当沃尔玛提出要求的时候，供应商就跳起来了……于是在整个供应链产生良性的连锁效应。”随着供应商努力改善其产品，滚雪球效应也就产生了，各式各样的创新就会扩大到其他产品、其他产业和其他客户。

这些例子说明，许多积极的良性引爆点是有可能产生的，恶性引爆点也同样可以得到逆转：企业相互攀比着把环境影响外部化，推向大自然（见图 14.1）。随着越来越多的公司在再生型根本解决法方面进行投资，并且提升交付和实施解决方案的设计能力，这些企业的协同就会创造出新的引爆点和新的滚雪球效应，进而推动整个行业，甚至整个经

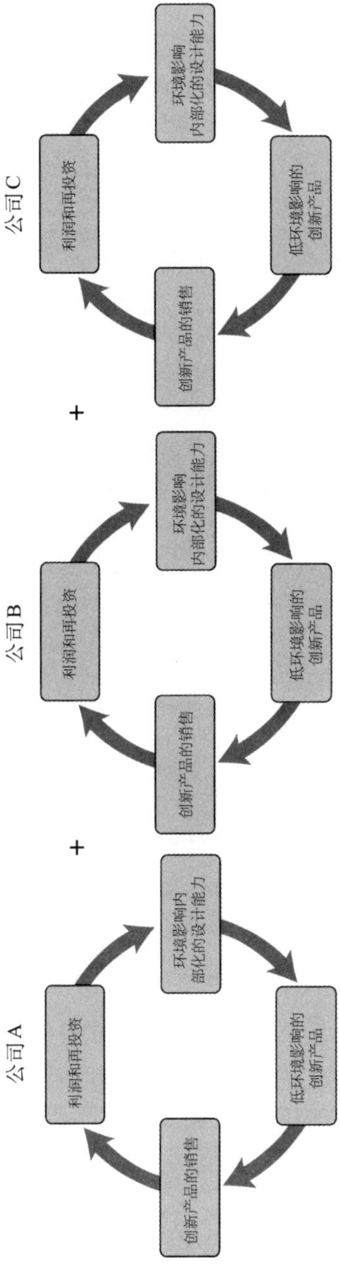

图 14.8 公司投资再生型解决方案良性正反馈环路的联合影响力

济体，完成向企业再生型的转变。

那些有意愿创新并与政府合作提高整个行业标准的组织，对于形成引爆点、引发滚雪球效应、创造指数级增长的积极变革，是必不可少的。而率先行动的企业，比如丰田和本田把混合动力车推向市场的领先行动，自然就获得了对政府和非政府组织的影响力。此时，它们实际上是在和这些组织说："对创造再生型系统的愿景，我们与你们有一致的想法——让我们一起工作，去解决如何实现愿景的问题。"

如果企业没有起到这样的领导作用，政府就只能通过立法来干预，然后企业对此会采取抵制的态度。企业要么是在执行法规的时候没有什么承诺，要么是更差的情况——干脆抵制那些即便是温和的可持续发展行动。这是对资源的悲剧性浪费：本来应该用到创新工作上的钱，却用到了支持防御性的院外活动、公关运动或法律行动，以及反对正在讨论中的法规变革。相形之下，当足够的企业真正起到了领导作用，同时又有足够的公民和政府官员伸出手来共同合作，创新的自我强化循环就有潜力把各方面都吸引进来（企业、公民社团以及政府）成为合作伙伴，去开发更高标准的商业行为规范和管制标准。比如，根据 21 世纪可再生能源政策网络（REN21）最近的报告，"超过 65 个国家现在已经有了加速可再生能源使用的计划，并正在制定富有远见的政策，以达到这些目标。"[9] 这个报告还称："可再生能源领域目前在全球提供了 240 万份工作。"

指出这种良性循环或许显得有些天真，因为我们中的大多数人屡屡目睹政府和企业一贯缺乏领导力和混乱失职的情形，往往形成了愤世嫉俗的情绪，这点应该可以理解。但是，超越工业时代泡沫生活的必要性正在产生严酷的压力：要求创新、要求新的心智模式、要求新的管制政策等。重要的是要记住，当前的主流极少会引领变革。

格拉德威尔的引爆点理念的核心是：一些规模较小的团体接受了

新观念和新行为，并因此产生了长期的影响。我们因此发现一个评估各种不同变革前景的有用工具，其曲线的形状，正好描述了不同的团体在某个新问题上所处的不同状态。

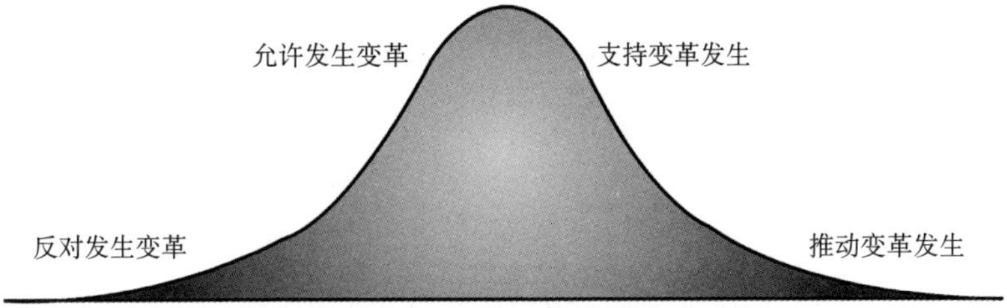

图 14.9　发挥领导力的公司会产生变革“牵引力”

具体地说，对于任何变革，都会有为数不多的一些组织在进行创新，并作为变革的受托人思考和行动。这种“推动变革产生”的领导力可以证明新观念切实可行。而一旦有足够的证据显示新观念的实际可行性，就会激发数量更多的参与者来支持这项变革。虽然第二批参与者可能没有创新灵感去引领第一阶段的变革，但他们可以积极支持变革，并增强变革的基础。

用这样的方式审视领导力，可以帮助我们找出哪些立法变革是可行的，哪些是不可行的。一个行业中至少要有几家公司展示并证实新规则在实践中行得通，否则政治领导者不大会愿意为新管制政策立法。政治家知道，不可行的管制政策可能会带来经济和政治上的损害。结果是，企业如果能展示公用资源受托责任规章政策是可以成功实施的，那就能在建立管制系统的过程中施加直接的影响力（我们将在本书的下一部分再回到这个观点）。

相同的引领行动，也可以让企业在市场上创造强有力的引爆点。全球市场研究组织环球扫描（GlobeScan）的总裁道格·米勒（Doug

Miller）得出了这样的结论："我们为客户所做的具体研究一再确认，无论是绿色产品、绿色电力供应，或者是其他可持续的产品和服务，目前至少会有10%的市场客户会实际花钱购买，以体现他们的支持——他们愿意为产品的可持续特性支付额外的费用。以某位美国客户为例，我们看着他们的'积极绿色消费者'客户群在两年中增加了50%。这对于市场份额和价值创造都有极大影响。市场以这样的速度启动的原因是，在这1/10的市场之外，还有许多人也有类似的想法和行动的意愿——他们只是不想做最先开始的人。但只要前面1/10的人行动了，就达到了引爆点。很快，说不清什么原因，人数就在10%的基础上翻了一番。在任何市场上，达到了20%，后面的速度就会相当快，因为第二批客户群就跟在第一个10%后面。超过了这个20%，各种其他市场力量就会加入进来，就像iPod的市场情形一样，驱动不可逆转的变革。"

那么，在你所处的情境里，要付出什么样的努力才能达到这样的引爆点呢？你和你的组织要做些什么，才能创造出这样的临界点，使不可逆转的滚雪球效应，随着人们不断加入进来而传播到整个系统？你如何才能帮助把看起来很激进的观念引入主流？

大局观："循环经济"

在第2章我们提出，各类可持续发展问题的背后是一个既有的工业系统，它掘取可再生资源的速度超过了这些资源的再生速度，同时产生逐渐破坏自然再生能力的废弃物。在这本书中，我们与大家分享一些组织的故事，描述它们如何发现这样的道理：通过扩大思想疆界，看到资源和废弃物的深层极限，继而发现战略机会。把两者放到一起，就为超越泡沫生活的新工业系统，找到一个简单的框架。

在下面，我们提供了一张替代既有工业系统的总视图——这里，废弃物总量大幅度降低，因为它们通过转化程序变成两种有用的副产品。

“自然养分”是工业产品和工艺过程的副产品，可以进行生物降解，并重新进入自然的可再生资源中。这个类别包括：食品废物混合肥料、用有机纤维制造的布料混合物，以及可再生能源的副产品，比如燃料电池把氢转换为电能过程中产生的水。[10]

“工业养分”（technical nutrients）是麦克·布朗嘉与威廉·麦唐纳在《从摇篮到摇篮》（*Cradle to Cradle*）一书中所使用的词汇。工业养分是指可以被循环利用的，用于制造或使用在其他产品上的材料。[11] 工业养分可以是回收并制成新瓶子的饮料瓶和洗涤液瓶，也可以是重新制造成新零件的汽车零件和复印机零件。工业养分可以是易于安全分拆的计算机，其部件可以重新生产使用，也可以是需要较少电能的超高效灯泡（因此而减少二氧化碳排放），在其生命周期结束后，可以拆解并完全重新利用。工业养分还是制造过程中的副产品，可以用于其他制造过程，例如：在卡伦堡或在佩尔·卡斯泰德的“绿区”的废热和化学副产品，可以变成能源或其他生产过程的原料。

图 14.10 简单易懂。我们发现对所有人——从孩子到资深经理，迅速理解真正可持续经济的原理都是一个极好的途径。在可持续经济之中，我们的工作是逐步减少所有形式的废弃物（固态、液态和气态），直到废弃物为零，并持续发现设计产品和生产过程的新方法，这样就可以使以前的废弃物良性地回归自然系统，或者成为其他工业过程的宝贵原料。

让工业养分和自然养分各自形成独立的循环流动，经济系统就模仿了生命系统的“废弃物等于食物”的原理。这会产生两个关键效益：减少废弃物流及其对社区和自然系统的并行损害，同时减少必须掘取或收获的自然资源的数量。

许多公司很早就着手开发循环经济模式，并已经获得了可观的收

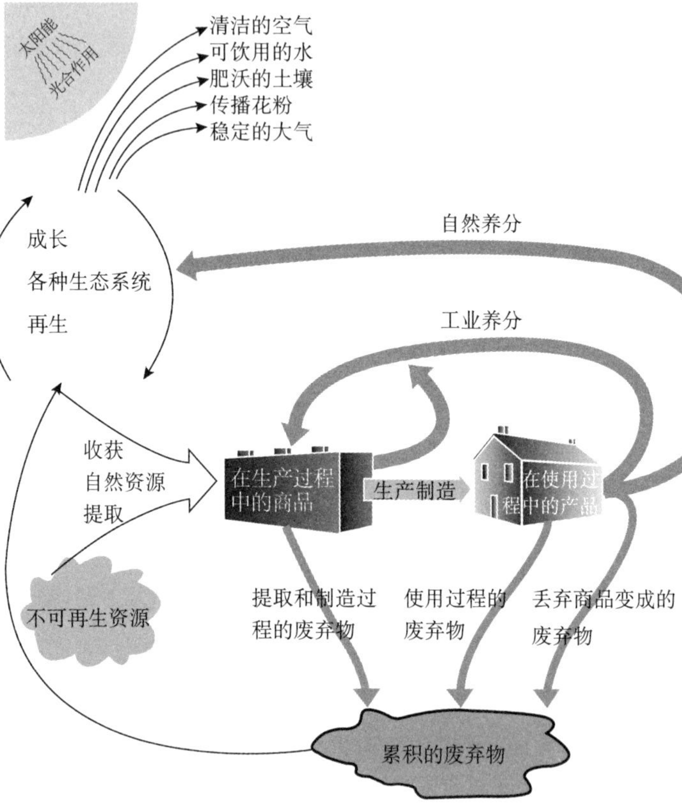

图 14.10

益。施乐公司许多年以来一直在开发可以分拆、供再生产和循环使用的复印机，每年由于使用回收部件而节约成本达 4 亿美元，并将其全部转化为利润。宝马公司和其他汽车公司也同样发现了一个必须收获的经济价值——在汽车生命周期结束时进行回收，并在设计时就考虑整个部件，比如要求仪表盘和车门易于拆卸和再利用。普惠发动机公司（Pratt and Whitney）在飞机发动机再制造上也是这样做的。类似的投资和创新浪潮最近两年也已经开始冲击计算机行业。

关于如何发现循环经济机会的建议

以下几个步骤说明如何开始把循环经济模式作为一个战略思考工具来加以使用。从图 14.10 的左半部分向右半部分依次追踪，选出你的公司所提供的某个产品和服务。沿着“上游”路线向左：你们掘取的资源有哪些？哪些是副产品？你们一直用什么方式处理废弃物？如果你的公司提供的是服务，那么其中包括哪些物质产品，比如移动电话和光纤？在图中从左至右追踪制造这些材料的原料，问问自己它们从哪里来，到哪里去？如果你不知道，想办法找出来。正在考虑未来的企业，比如美铝公司，不会愿意把任何不良产品，即不能被回收和再利用的产品，放到它们的价值链“前端”。

在追踪整个系统中的所有材料和能源流方面，生命周期评估（Life Cycle Assessment，LCA）可能是一个强有力的工具。（这方面的资料参见附录。）然而，必须保证生命周期评估的工作定位是战略性的，以使所有参与进来的人能够在图 14.10 的大局观和具体产品流程的更详细分析之间，反复比较。采用两个角度进行观察，可以保证从高层领导者到一线员工，每个参与者都对整体系统有一个共同的全局总览，并可以根据需要，共同进一步深入细节，对某个具体部分形成更深入的理解。

在再生型循环经济中，目标是零废弃物、可再生能源、可回收材料，以及对流过这个系统的所有材料承担责任。因此，在每一个地点，如果你看到有一个废弃物流，流入图 14.10 下半部分那个较大的废物池，无论其是来自生产、使用或废弃阶段，都要停下来考虑一下。美铝公司以其“零废弃物”目标，去挑战自己对电解铝废槽衬的思考。废槽衬是在生产用来溶解铝的大槽过程中逐渐排出的一种危险废弃物。现在，美铝公司在意大利和西班牙的电解铝厂把这种物质运出去，转化成一种安全的、可供钢铁和水泥行业使用的产品。美铝公司在巴西的冶炼厂和电解铝厂，目前回收所有固体废弃物，并在填埋场“挖掘”固体废弃物。而美铝公司位于全球其他地区的工厂，正在学习和复制这些案例。

图中每一个向下的箭头都代表了一个选择点，在这里你可以选择不把制造过程和产品使用过程中产生的废弃物推给自然界。你可以通过两种相互补充并且彼此交叉的方式去做这件事：重新设计产品或工艺，以及回收再利用废弃物。要记住，在废物流中存在潜在的价值，是先前从未考虑过的价值。考虑一下，这种废弃物是否可以作为你的公司或另外一家公司的原料。会对那些人有什么样的价值？为了计算潜在的净经济效益，可将其潜在价值（减去回收成本）与采掘新资源的成本或从零开始的成本做对比练习。施乐、宝马这类公司多年来就是这样做的。

然后考虑一下，在未来确保这种原材料供应的努力会有什么风险。许多矿产和其他昂贵的原材料正在变得越发稀有，况且目前有许多开采地点都位于那些政治和经济局势动荡的国家。就像可口可乐处理水问题一样，你要超越直接供应商，去看整个价值链。这样做往往会让你看到潜在的供应链破裂和价格波动的巨大风险。这样的风险可以用专业的风险模型进行定量计算，这样的模型会引起董事会的注意，因为董事会成员会看到通过风险估值转换而来的财务表现。这些模型同样可以加以扩展，从处理这类风险创造的各种选择上计算财务价值，并利用这些风险背后存在的机会。

这个“大局观”框架，会引出一些战略性问题，而多数在狭窄疆界之内运行的企业，长期以来一直在回避这些问题。为什么要采掘更多石油去制造塑料容器，而我们有数量巨大的废弃塑料正在等待回收利用？希塔·科曼－卡姆拉（Seetha Coleman-Kammula）博士，从前是石化行业的高管，他说：“企业必须形成一种像石油公司那样的思路——在我们的废弃物流中储存着巨大的潜在价值。90%以上的聚丙烯（这种材料用于日常包装和其他容器，其可回收性和再利用价值很高）都被丢弃了。我们需要开发一种类似地震分析的方法，去发现潜在价值的大型储存库，并探索如何采掘这些价值。”在许多情况下，这意味着重新设计产品，增加回收价值，但重新设计的成本往往并不高（比如所有聚丙烯容器使用同样的颜色，加上热缩塑料包装，用颜色作为品牌标识），“学会如何这样做的企业，将会获得巨大的潜在业务机会”。

材料进入回收和再制造的闭路循环，就可以增加价值，而不会造成损害。你可以识别出那些相关的决策点，在这些点上进行这种投资会为你提供最大的杠杆效益，在你的公司内部或与其他组织合作中都是如此。

这样，循环经济图就成为一种视觉探索工具。如果你在一个特定的废弃物流上打个叉，代表要终结这个废弃物流，这意味着什么？有些人甚至想象在废弃物的外流线上，安装一个阀门来控制——他们想把阀门关上，这样就不会失去重要的价值源。要实现这一点，我们需要做些什么？这样做的效益可能会有哪些？

我们建议，这样的分析不要单独做，否则很容易就会被分析的复杂性压倒。观察系统是一项团队体育活动，大家共同工作时会提出许多新观点和新思路，相互激励、共同进步。这一点很重要，却往往被人忘记。我们看到过许多有良好意愿的经理人开始从事这项工作，后来又被迫放弃，因为他们看不到“推动大象”的办法。据我们所知，没有哪个管理团队或跨功能团队在完成这项分析之后，还没有提出重要的见地和下一步的实际操作步骤的。

创造管理公共资源的公共资源

全球各地的组织和领导者正在意识到，他们要么扩展自己的思维，去适应自己所属的真实系统，要么就人为地收缩他们管理的系统，让系统适应他们的思维。越来越多的组织选择了前者。正像做过联合利华管理委员会成员的安德烈·凡·赫姆斯特拉（他也是可持续食品实验室的共同创始人，下一章要讨论这个组织）所说："可持续发展的意识一直在增长，因为各种形式的系统思考让我们看到比过去更强的相互依赖性。正是这些相互依赖性让我们得出结论：不顾社会或环境的可持续性而单独考虑商业的可持续性，不但是愚蠢的，而且是鲁莽和不顾后果的行为。"

持续提高的意识水平正在引导人们看到，我们必须找出方法来管理基本的公共资源，比如，水和地表土壤、健康的生态系统、热带雨林和稳定的气候。但是，我们要发现一系列方法并实际完成这项任务，还有很长的路要走。管理与呵护这些公共资源的开始，是拥有达到临界数量的受托者：个人、团队，以及看到风险并且有意愿行动的组织。然后，他们必须创建与这个任务相适应的新系统——基于新的心智模式的正式和非正式的规则，以及管理实践规范。

今天我们可以在全球各地看到，许多做法可以更好地管理共享资源，最传统的方式是通过政府管制。但是，虽然政府管制是必要的，但通常不充分——这点在今天尤其如此，因为我们需要激励创新速度和规模的增长，为超越工业时代泡沫而重新创造产品、工艺和业务模式。

另外，如果管制政策没有获得来自公众和企业的广泛支持，实施起来就会困难重重，还可能会被推翻——过去几十年间全球企业的快速拓展进程中，政府提出的许多管制政策最终只落得被推翻的结果。管制政策在过去几年中不断成长的另一种方式，是私营部门形成的各种各样的认证（比如咖啡和巧克力的认证），这类认证策略突出展示了那些被较好管理的共同资源，同时也就含蓄地指出了那些没有得到很好呵护的公共资源。

随着我们思考这些不同的方法所面对的挑战，以及获得的相对成功，我们开始相信，要确保公共资源的健康，可能首先需要开发一个有效的从事管理工作的公共资源。比如美国绿色建筑协会的LEED认证系统，实际上是集合知识、经验和工具的新的共享机构，在设计、建设和运营绿色建筑和绿色社区方面推动持续创新。在这里，建筑的整体系统质量是被管理的“公地”——包括能源使用、水资源使用、废弃物、空气质量等等；而LEED认证系统则是监控这个“公地”的管理型公共资源（management commons）。为什么我们把LEED称作公共资源呢？因为LEED系统的运行和持续改善，与数以千计的设计师、建筑师和建筑商息息相关。实际上，LEED就是一个管理型公共资源。这就是为什么形形色色的专业人士和公司，通过对最佳实践、设计突破和新发现的分享而共同协作，而这些分享又进一步融合到不断提高的LEED标准之中。LEED系统的运行和持续改善，对所有这些人都利害相关。随着绿色建筑住户对建筑能效和运营成本的大幅改善，以及住户工作健康度和生产率大幅提升的口口相传，这个过程现在又像“滚雪球”一样推动市场的进一步发展。这一切又驱动了人们对绿色建筑的更多需求，以及对更严格标准的更多投资。这就是我们所指的：创造管理型公共资源来管理公共资源。

虽然很多人已经意识到关键的公用资源，并正在试图呵护这些资源，但这个水平上的协作和系统创新，看上去并未在其他领域出现。比如，许多在食品行业工作的人也认识到了决定性的环境“公地”（比如渔场、表层土和雨林）和社会“公地”（比如健康的农业社区）。但现在这些认识的结果却是出现各种不同的认证体系，包括公平贸易（Fair Trade）、雨林联盟、林业管理公会（the Forest Stewardship Council）和美国永续森林计划（Sustainable Forestry Initiative）、海洋受托责任委员会（The Marine Stewardship Council，MSC），以及许多其他认证系统。虽然这些体系成功地吸引了公众对关键公共资源的关注，许多体系却因广泛实施工作而疲于奔命，并且随着体系的扩张，它们之间开始相互竞争。一段时间之后，这种混乱局面就开始折磨消费者（“哪一家的认证更有效呢？”）和企业（“哪一家的认证对我们的产品更有意义？”）。从这个意义上说，独立认证机构可能最终会导致自相矛盾的结果，它们的表现恰恰是它们原来寻求纠正的：围绕我们必须共同保护的关键性资源的限制而进行分割行动和过度竞争。第一个好消息是，过去10年间，全世界在启动保护共同资源方面有了长足的进步。第二个好消息是，我们都有许多要学的东西。

如果把独立认证和类似美国绿色建筑协会的系统进行比较，你头脑中就会浮现出几个重要的问题：

- 这个评级系统本身是透明的吗？
- 这个评级系统是不是来自一个协作的过程，由相关行业中有代表性的关键参与者共同完成？
- 这个评级系统是不是通过吸引“临界点”数量的关键私营企业的支持，持续引向更严格的标准？
- 作为持续改善的基础，这种合作关系稳固吗？

实际上，这里的基本区别也许就是，“治标”的症状缓解方法与“治本”的根本解决方案之间的区别。许多认证系统设立的起因，是要解决某个重要问题（例如环境破坏，或是农民没有可维持生计的收入），而不是努力看到更大的系统并界定需要协同管理的公共资源。比如，如果把重点放到前者，每个小团体就会设计体现他们认为有意义的标准系统，而他们又可能最终会试图将这些标准强加到相关行业的企业利益团体身上。然后，另一些人就会推出一个不同系列的标准或工具，竞争就这样开始了。

“一旦企业到了依靠不同的认证机构和生态标签的相互竞争，来保护自己的组织和品牌不受影响的程度，整个过程就可能开始妨碍创新，而不是鼓励创新。”星巴克公司可持续发展总监丹尼斯·马克雷（Dennis

Macray）说。星巴克与保护国际组织（Conservation International）和科学认证体系组织（Scientific Certification Systems，SCS）协作，开发设立了“咖啡与种植农公平规范”（Coffee and Farmer Equity，C.A.F.E.），用来为咖啡种植者评估维护社会和环境公共资源健康的实践。“我认为，已经有足够多的主要组织理解了这个核心问题，并且想要支持呵护社会和环境的基本目标。但是我们正在艰苦努力地寻找为生产商和消费者做这件事的更好方法。”

相形之下，当个体利益与他人利益得到协同时，杠杆作用、机会和真正的亮点才会到来。我们已经记录了在美国和全球其他地方绿色建筑开始发展的方式，而这项运动也已经扩展到了所谓的建筑行业之外。承诺减少温室气体排放的美国城市数量呈指数增长趋势，从 2005 年的少数几个，到了 2008 年年初的 715 个。这些城市正在寻找方法来吸引员工、整个商业供应链，以及城市中的所有企业去降低能耗、扩大可再生能源的使用规模，并减少温室气体排放。类似的努力也正在州与州之间开展，比如，美国东北部 9 个州的“区域温室气体行动”（the Regional Greenhouse Gas Initiative，RGGI），是设计一个区域性“封顶—交易”项目，涉及这个区域内所有电厂的二氧化碳排放。另外，有些州独立确定自己的减排目标。比如，纽约州计划在 2010 年前，把排放在 1990 年水平的基础上降低 10%。此外，在美国城市与全球其他城市之间也在建立协同，比如，通过克林顿气候变化行动（the Clinton Climate Change Initiative）和国际当地政府可持续发展理事会（ICLEI-Local Governments for Sustainability）。后者是一个由 700 多个地方政府、国家和区域组织参加的协会，组织成员都承诺投入可持续发展。

所有这些协同合作的努力都还处于襁褓之中。随着更多的人意识到，“三大全球系统”（能源和交通，食物与水，以及废弃物和有毒物质）

的核心挑战不可能孤立地解决，随着个人和团队在跨界协同中把思考和技能结合起来，这样的协同合作就会扩散开来，并且变得更加成熟。我们只是刚刚开始领会到需要什么水平的协同系统思考，但毫无疑问，这就是真正的撬动未来的杠杆作用点。

第五部分　跨界协作

The Necessary Revolution:
How Individuals and Organizations Are Working Together to Create a Sustainable World

“由深思熟虑、忧患未来的公民组成的小团体，是能够改变世界的。对此永远不要怀疑，事实也的确如此。”玛格丽特·米德（Margaret Mead）如是说。对此，我们还要加上一点：“这还要看它们建立更大网络的能力。”在组织内部，为了变革而建立“临界量变”网络，总是要从小处开始，往往还要维持在不大的规模。然而，有些变革的领导者能证明他们是建立更大协作网络的大师，因为他们理解，如果没有协作，他们将无法成就大业。在更大的系统中引发大规模变革，需要建立类似的网络，把不同的组织，甚至是不同类型的组织联系起来。

这是项艰巨的工作，需要很大的勇气和耐心来面对各种困难问题，而许多人却倾向于假设这些问题不存在，或者假设它们应该由别人来解决。采用系统方法看问题，并把由此产生的观念付诸行动，我们就必须离开存在于思想上和组织中的“舒适区”——这就是人们通常不采取系统方法的原因之一——不幸的是，我们因此把应对可持续发展核心挑战的重大机会给“划走”了。但现在越来越多的人已经发现，系统思考的人性化一面就是协作——这又是很幸运的事。

成功协作所需要的不只是良好的意愿，也需要你增强自己的“聚拢”技能（convening skills），由此你就能把合适的人聚集到一起，举行更开放、更有效的会议。它需要你考虑别人的立场，设身处地地从别人的眼中看待现实，更好地理解是什么在限制他们，也限制你自己，使你们不能建立更开放、更富成果的合作关系。此外，它还需要培养真正共同分享的热望，并需要所有人都能承诺投入。在第五部分，我们会介绍一些工具和实际感悟，帮助你学习这些协作技能——这种容纳能力对创造超越泡沫的生活绝对至关重要。

| 第 15 章 |

协作的紧迫性

今天，如果你在欧洲销售一辆新车，那么作为生产商，你就要负责在汽车使用寿命终结时回收旧车。对电器和电子消费品，例如电视、视频和音乐播放设备、计算机和家用电器设备，也有类似的管制政策。欧盟在 2004 年通过立法确定了影响深远的生产者责任延伸（Extended Producer Responsibility，EPR）制度，一系列指导性原则已经建立起来，其中包括终止使用多种有毒物质的时间表，以及进一步明确禁止在各种产品和生产工艺中使用其他危险化学品。生产者责任延伸制度的指导原则，代表了全球第一个在废弃物和有毒物质方面的综合性政府管制制度——但不会是最后一个。

这类法规改变了制造企业的游戏规则。生产者责任延伸制度的含义是："如果你生产了这个产品，你就要对它永远负责。"这会引导企业以全然不同的方式设计产品，因为企业意识到它们要对产品的整个使用周期负责，并且最终还要将其收回。不仅如此，在当今这个产品全球化的世界中，众多大型企业发现，与其只对在欧盟销售的产品进行除铅除汞的处理，而不处理在其他地区销售的产品，还不如让所有产品都满足最严苛的可持续发展法规，这样反而会节省费用。这就是为什么越来越多像通用电气这样的全球化企业，开始按全球最严格的环境绩效要求来设计产品。通常情况下，欧洲市场决定了这些公司的产品必须达到的标准。

此前的惯例是，各个行业可以有意无意地把废弃物管理的成本转嫁给整个社会，它们同时也把产品和工艺中有毒物质造成的公共健康成本转嫁给了整个社会。像生产者责任延伸制度这样的行动计划，就把从前外部化的成本正式内部化了，使其重新成为产品制造企业自身的责任。比如，由大都市和地区政府负责处理这些产品的日子已经一去不复返了。这个责任现在已经实实在在地落到了制造企业的肩上。

还有一件事可能比法规本身更令人惊奇，那就是在法规出台之后，并没有出现成群结队的律师和院外活动集团去集中力量废止这项法规，或企图降低它的标准。这是为什么呢？你马上将要看到，这是因为欧洲的汽车制造商和政府管制机构曾有过一次非同寻常的经历，在欧盟通过这项法规前 10 年，它们就开始跨越各自的边界进行合作了。

这是在许多年间逐渐发生的深刻变化——围绕一系列有关可持续发展和环保议题，无数协作网络被陆续建立起来。比如，世界可持续发展工商委员会（The World Business Council for Sustainable Development，WBCSD）是一个由 200 家企业的 CEO 领导的联盟，这个组织声称其成员公司代表了全球 1/3 的 GDP 总值。类似的可持续发展工商理事会在其他国家也建立起来，包括美国、中国和澳大利亚。

其他联盟，比如谷神公司和商务社会责任国际协会（Business for Social Responsibility，BSR），为那些理解并愿意应对可持续发展问题的企业提供支持服务。美国活跃地方经济商业联盟（BALLE），这一由 1.5 万家小企业组成的网络拓展得十分迅速，它在美国和加拿大支持地方创立的可持续发展企业。绿色电力市场发展集团通过保证大用户使用“绿色电力”推动了可再生能源的发展，它的成员包括通用电气、联邦快递、IBM、必能宝（Pitney Bowes）和史泰博公司（Staples）。

美国气候行动合作伙伴是一个由 30 多家大型企业和环保组织组成的集团，呼吁联邦政府制定强有力的国家立法，大幅度降低温室气体排放。它的成员公司包括卡特彼勒（Caterpillar）、陶氏（Dow）、杜克能源（Duke Energy）、通用电气、强生、壳牌、力拓和西门子。气候行动合作伙伴发布了一系列原则和建议，强调建立针对气候变化的政策框架的紧迫性。对于这个组织来说，二氧化碳管制政策背后的逻辑是：相关政策会刺激创新方面的投资。这个集团的创始人相信，通过扩大可持续发展推广活动的范围，不仅可以实现全球的愿景，也会让成员企业更容易在建设再生型经济方面处于领先地位。

国际组织学习学会（SoL）及其可持续发展协作组（SoL Sustainability Consortium）提供了这本书中涉及的多个故事和案例，它们与全球的商业和非商业组织合作，致力于针对食品与水、能源、废弃物和有毒物质等核心挑战的系统变革。在全球范围内，这样的跨界合作组织有几百个，每天都会有不同规模、不同领域的联盟诞生。

最终的结果是，进行跨界协作的组织越来越多，因为随着问题的复杂化，人们逐渐发现任何单一组织的能力都是有限的。正如美铝公司原生金属开发部总裁兰迪·奥弗贝所说：“协作是实现规模增长的关键。”

奥弗贝的说法背后，是我们一再见证的两个具体的紧迫需要：一个是在组织中建立变革的临界量变规模，另一个是为使不同组织能够共同完成各自无法独立实现的目标而建立重要的跨组织联系。

类似世界可持续发展工商委员会所做的那些引人注目的工作，已经引发了许多关注。然而，如果没有人先在组织中耐心地建立内部领导力网络，并积极推动那些大胆的新观念（像可口可乐与世界自然基金会合作之前所做的)，那么大规模的合作可能只会带来大量的报告和宣言，却不会有什么真正的组织变革。归根结底，奥弗贝提到的规模需要超越单一组织，需要建立跨组织（而且往往跨行业）的合作才能实现。

生产者责任延伸

欧盟的生产者责任延伸政策的立法故事源于一家企业，它扩展了自己的管理边界，也把“限制”（需要循环回收更多的旧车）变成了“战略机会”（这两个概念，我们在第四部分中曾详细讨论过）。但是在最初做这件事的时候，它完全没有想到旧车回收和再生产上的创新，会最终引发公共与私营部门之间的一次历史性协作。

多年以来，宝马一直在为循环回收工作而努力推进设计方面的知识积累。20 世纪 90 年代初期，宝马想建立一家新的大型回收中心，以大幅度扩展其循环回收工作。公司管理层确信，在德国从几乎所有车型上回收使用过的零配件和材料，既在经济上说得通，也与社会对未来的期望一致。在公司的发源地巴伐利亚建设大型回收中心，还能为 1 500 名工人提供工作机会，这在政治上也有吸引力。

然而，宝马任命的新设施建设负责人霍尔斯特－汉宁·沃尔夫（Horst-Henning Wolf）却很快得出不同结论：管理层的计划在系统上的考虑不够充分。他的团队在详尽分析细节的时候发现，之前的财务分析忽视了一个关键因素，即把所有宝马车运到一个中心设施的总成本。他无法与公司中受人尊敬的工程师达成一致，其中还包括某位力推这项工程的董事会成员。对此他相当不安，但是他坚信，这样一个单一的循环回收中心肯定是不经济的。

他说：“长途运输废弃物完全没有道理。应该只运输有价值的东西，运送拆除后回收的材料。”他认为，最初的建议采用了“过于狭隘的边界——只看到运营回收厂本身的投资和回报”。

沃尔夫提出的备选方案，是建立由多个较小的拆除设施组成的网络，但这个方案有个很大的问题，就是它的成本高于宝马的投资能力。“我们的计划要求我们与其他德国汽车制造商协同做这个项目，而这又大大增加了项目的风险。”经过他的分析，总体成本和收益就清楚了很多，他因而说服老板取消了建设大型回收中心的计划。但老板还是安排他出面，负责说服其他汽车制造商共同建立一个由较小的拆除设施组成的网络。

沃尔夫开始了一次远征。最终，他走得比自己最初设想的要远得多。他拜访了其他德国制造商，比如戴姆勒－奔驰、大众和奥迪，与它们分享了他的合作循环回收愿景。由于公众压力持续增加，许多人都在考虑回收和循环利用。20 世纪 80 年代以来，德国绿党逐渐增强实力，欧盟也曾讨论过生产者责任延伸的概念。欧洲有 4 亿人，他们住在约占美国面积 1/3 的土地上，所以，这里没有什么“离得远远的”空地来弃置旧车这类东西。沃尔夫发现，在这些公司里，与他对立的都是些技术专家，他们先前都说服了相关的管理团队为自己的车型投资建设先进的回收设施。然而，当时并没有人考虑到建设一个囊括多家厂商的更大系统意味着什么。

沃尔夫后来说：“在一次会议上，有位著名的工程学教授用了足足一个小时，详细介绍了他发明的一项非常复杂的回收技术。它拥有许多技术优势，其中有好些我都听不太懂。他讲完之后，我很抱歉地说，我只有一两张幻灯片为他们做介绍。我的介绍归纳了我们集团的总成本分析。我问这位教授，他的成本分析是否包括了回收所有旧车的成本，他说没有。于是，会议在几分钟内就结束了。”

沃尔夫在说服汽车制造业同行，让他们相信合作计划的可行性。与此同时，另一个趋势也变得明显了：当时新形成的欧盟也会推出某种形式的回收法规。汽车制造商们意识到，要建立可执行的法规，最好的机会就在于让全欧洲的汽车厂商与政府官员们共同工作。如果制造商不主动引导，无疑就会让法规强加在自己头上。

他们顺理成章地请沃尔夫和宝马公司帮助他们实现这个目标。始于说服德国同行的一个诉求，就这样演化成了所有欧洲汽车制造商和新上任的欧盟官员之间复杂的协作挑战。

最终，所有商业团体都团结在一个共同的立法目标下："鼓励创新，并为商业组织大幅度转变对废弃物和毒性物质的态度，创造更大的激励。"虽然一些公司可能已经与政府开展了合作，已经在为这个目标努力，但共同工作让他们有了统一的声音，也为企业带来了与最终要遵照执行管制政策的众多制造商交换想法的机会。在全然不同的利益相关者之间形成共同想法，需要一段过程和时间，共同工作完成了这个过程，并得到了参与者的广泛支持。

跨界合作的努力常常失败，这是因为需要参与其中的人（那些同时具备所需技术和管理技能的人）既没有做好准备，也不愿承诺投入必须花费的时间。由宝马及其谈判对手欧盟管制官员组成的小组用了将近 10 年时间，才在 2004 年完成了"车辆寿命结束指导原则"。沃尔夫估算说，在直接介入这项工作的三年中，他花了"近 1/3 的时间与官员打交道"。这是个缓慢的过程，与宝马严格高效的管理流程有天壤之别。

"多数人都有良好的意愿，"沃尔夫说，"最花时间的是持续教育，不断让人们了解关于汽车设计、生产和回收的现实情况。让数以百万计的旧车堆在销售商的场地上，不会是个有吸引力的选择。"但是，欧盟委员会中没有多少人对这类"真实世界"的问题有什么概念。"我们必须不断强调，经济上无法实施的立法，会让所有人都成为输家。"

最终，欧盟的法规在政府目标和商业实际之间提供了可行的妥协。"一直把这件事当作一个系统性挑战的企业，就处于领导地位。比如，它们花了许多年，为拆除和回收而重新设计了车辆。而许多其他制造商，特别是欧洲以外的制造商，就没为即将到来的未来做好准备，也无法从中获得这些利益。”沃尔夫说。

每一个成功的跨界协作案例中，都有许多次失败。在可口可乐与世界自然基金会以及欧洲汽车制造商这样的成功经验背后，发挥深层作用的有强烈的意愿、特殊的耐心和毅力，还有使这些合作关系成为可能的具体协作技能，而这就不那么明显了——对那些用传统的投入产出理性分析问题的管理者来说，尤其如此。

协作说到底是一种关系，而良好关系的成长并不在于投入和产出的理性计算，而是出于真心的关怀和开诚布公地暴露弱点（mutual vulnerability）。建立协作的容纳能力是一项艰苦的工作，它要求人们展示出自己的精彩，特别是当协作涉及不同组织（甚或是较大组织的不同部门）的时候，大家不但有不同的目标，而且基本上没有共同工作的经历——可能反而还会有不信任和相互对抗的历史。我们发现，建立这种能力的关键，具体说来在于三种能力，即聚拢、聆听和培育共同承诺。

| 第 16 章 |

聚拢：把系统放进房间里

只有当数量足够多的、有能力采取行动的人参与，才能引发像可口可乐公司或欧盟与汽车制造商合作所产生的那种大规模变革。这并不是说你只要去找身居高位的管理人员就够了。管理层的领导力固然重要，但它只是领导力复杂拼图的一部分。毫无成果的CEO和管理层会议，我们经历过很多——这类会议在高级政治领导人那里也很常见。处在组织层级结构顶端的人，往往为保持组织的现状进行了太多投入，因而无法在他们的界限之外进行大胆的实验。他们往往离日常现实太远，无法理解各种多元的力量，因此也无法推动真正的变革。

把达到“临界数量”的、有意愿也有能力起领导作用的人聚拢起来，用美国绿色建筑协会的吉姆·哈斯菲尔德的话说就是“把系统放进房间里”，这非常重要。但它的实际含义是什么，又如何才能做到呢？

确定战略微系统

通常来说，让成千上万的人面对面谈话是不太可能的。但反过来，由大系统中角色大体相似的人（例如只有建筑商，只有建筑师，或者只有社区活动家）参与的小型会议一般又只会强化已有的观念。非同寻常的变革需要非同寻常的关系。从某种程度上说，这需要把代表各种观点的各类人物聚到一起，使他们以新的方式相互倾听和表达观点。

在考虑如何进行这项工作时，需要记住：我们无法简单地说清楚“多大程度的多元化才是足够的多元化”，但这方面的指导原则还是有的。先考虑一下你认识的、与组织的健康发展利害相关的各方人士。然后，问自己一个问题——富于传奇色彩的美国女童子军总裁弗朗西斯·赫塞尔拜恩（Frances Hesselbein）提出来的问题：“他们是不是每个人都在屋子里看到了自己？”

像所有其他探索一样，“把系统放进房间里”也是个逐步推进的过程。除了需要极大的耐心和毅力，这个过程也需要洞察力，去判断什么时候需要哪些人参与进来。比如，产品中的毒性物质含量这个问题，就会反映出产品设计、生产和业务模式等方面根深蒂固的观念。如果没有像欧盟的生产者责任延伸这样的外部压力，这类问题看起来就好像无从解决。这就是耐克公司中的一小群人曾经面对的局面。20 世纪 90 年代后期，在阅读了对公司生产的一种新鞋的毒性分析报告之后，他们开始提出一系列难以回答的问题。当时魏斯洛是一个先导研发小组的负责人，她问自己：“我们真的了解我们的公司和整个行业在制造的产品吗？”这是个重要问题，她也就此开始运用自己的想象力去思考这个“我们”。

她发现，虽然有些高级管理人员有兴趣聆听她的问题，但当时的耐克在可持续发展工作方面，还只是局限于对政府管制要求的合规（其中部分原因是，20 世纪 90 年代中期耐克由于其外包制造商的恶劣劳工表现，而受到广泛抨击）。于是她意识到还有更多的事要做。“我知道，这一定与我们的产品有关，因为消费者是通过我们的产品来直接感受和了解耐克公司的。我们必须找到削减我们的产品在生产和使用过程中所带来的废弃物和毒性物质的办法。”

所幸的是，魏斯洛当时刚刚读完马尔科姆·格拉德威尔的《引爆点》，得到了书中理念的指导。比如，她根据书中的观点解释说，在许多情境下“一旦你能让 20% 的人都朝着同一个方向努力，你就达到了引爆点，导致更多朝这个方向的运动变化”。格拉德威尔在书中还谈到了“联系人、专家和推销员”，谈到这些不同的人物在任何变革中都会起到关键作用。“我知道，我们的设计师中有许多是‘专家’，由于有技术知识和创造能力，他们有很大的影响力。”魏斯洛说，“发动 25 000 名耐克员工中的 20%，看起来是件非常难的事。但是，联系和动员 300 位设计师中的 20%，就简单多了。”

考虑到自己也认识公司中许多天生的新理念推销员，魏斯洛和其他几位部门负责人和中层人员就担任了最初联系人的角色。他们组织了一场为期两天、有 200 人参加的会议，其中有产品经理、设计师（许多是独立供应商，而不是员工）、业务合作伙伴和几位高级管理人员。环保运动的著名人士在会上做了发言，其中包括能源专家阿默里·洛文斯（Amory Lovins）和绿色建筑师威廉·麦唐纳。会议的真正目的，是在整个耐克产品系统的各部分关键人物中，组成一个有代表性的微缩群体，他们能够相互交流讨论，形成重新思考耐克产品的“氛围”。

一次聚会固然激动人心，但聚会并不等同于参与。人们回到自己的工作中之后，“氛围”就会渐渐消散，一切往往又归于原状。你是否创造出了你需要的有效“战略微系统”，关键角色是否都准备好了要参与，这些在初期阶段一般都不会很清晰。

所以，在实际过程中，“聚拢”会议一般会变成逐步推进的多次反复过程——思考你试图影响的系统，考虑这个系统中形形色色的关键角色，还要顾及过去极少参与正式决定或官方政策制定，但有重要影响力的圈子里的人，要记得把他们也包括进来。这还涉及理解你的组织的独特价值来源——对耐克来说，这就与产品创新密切相关，所以它的设计师和产品经理才这么重要。

一旦你确定并吸引了战略微系统代表的参与，真正的工作就开始了。就像维尔米尔和他在可口可乐公司的同事所经历的那样，也和魏斯洛所经历的一样，“聚拢”会议最后归于一对一的交谈，而且是历经数月，乃至数年的个人沟通历程。

工具箱

战略微系统成长的指导原则

从各方面看，“战略微系统”的理念都是显而易见的，可以从直觉上加以把握。然而，无论变革的领导者的正式职位是什么，他们往往不能按照严格缜密的程序，去识别和建设这样的工作小组和网络。

以下练习的目的，是帮助你不断追问自己，让你思考有谁已经包括在你的行动计划中，有谁还没有包括进来。至于你是否以及如何吸引新成员参与，会在后面的练习中涉及（参见第 263 页“利益相关者对话访谈”）。但是，这个程序应该能帮你先把该来的人请到房间里。

1. 持续反思你正在试图改变的系统。要明确你的愿景和热望、确定关键业绩改善指标，并由此建立各项目标，这对本步骤很重要。要仔细思考哪些是你面对的关键挑战和系统中的关键角色，哪些是维持现状的主要力量，哪些是可能协助支撑可持续发展创新工作的人。记住第 13 章中有关重新思考疆界的建议。在做这个练习前先回到那个练习，应该会有所帮助。

2. 在这个系统中有哪些主要观点的代表人物，还应当加入你的小组或网络中？为什么之前你没有这样做？是因为你不认识他们，还是因为没有联系渠道？是因为你认为他们不关心甚至会反对你的目标吗？

是因为你认为他们一点儿影响力都没有吗？或者因为他们远在组织边界壁垒以外的其他地方（在不同组织或同一个组织的不同部分）工作？这些问题的目的是帮你反思自己的推理，不是用来做出判断。你也许有很充分的理由不把某些人算在内，或不联系某些人。但是，如果能明确列出这些理由，你就可以去思考甚至挑战这些理由。这样做总是有益的。

3. 哪些重要的意见或角色你还没有发现？人人都有盲点，关键是保持开放的心态去发现盲点。最好能多询问不同的观点，来探寻你可能忽略的重要意见和关键角色。

4. 如果在更大系统中的一些重要角色还不是你目前圈子的成员，那现在是不是与他们联系的合适时机？如果不是现在，什么时候才合适？

5. 你会如何吸引那些目前被排除在外的人参与进来？

6. 建立战略微系统需要持续的组织工作，人们的角色在这个过程中也会发生变化。在你的整个行动计划中，在你的“系统”内部的人会在下面 4 个圈子中变换角色：

- 核心领导小组：对这个行动计划负责的人群。
- 参与圈：积极参与行动计划中的项目或者其他工作的人群（不管这是他们“日常”工作的一部分，还是在他们的正式职责之外）。
- 知情圈：知道这个行动计划的人群。
- 不知情者：不知道这个行动计划的人群。

围绕可能性积蓄动力和锐势

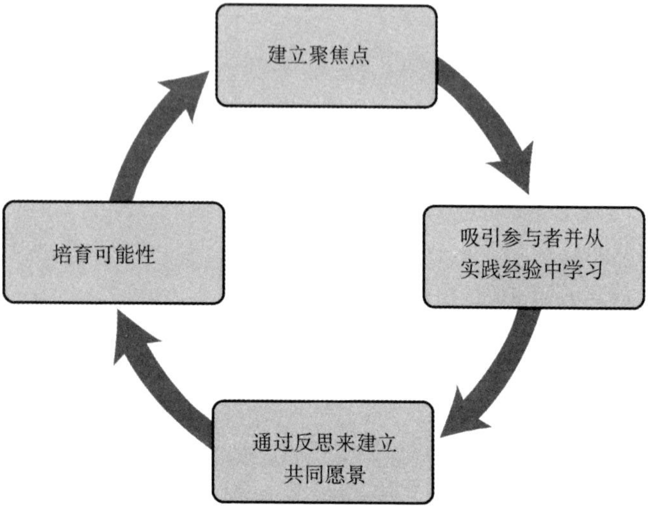

图 16.1　积蓄动力和锐势

人们在反思并谈论对他们至关重要的事时，就会看到新的激动人心的可能性。这样做同样会把其他人也吸引到谈话中——第四部分讨论过这种自我增强的变革过程，这就是其中的典型例子。

“那是个很‘有机’的过程。”魏斯洛说，“我去敲门，如果感觉可以沟通，我就深入交谈。领导者不断涌现，那些人会自己掌握并实行新理念——这很容易就看得出来，在交谈中领导者自己冒出来了。”

这一切听起来很简单。如果仔细观察就会看到，吸引人们去参与探究可能性的方式，与许多管理层发动的变革工作（包括许多可持续发展计划）的方式全然不同。这也正如魏斯洛发现的：“我们的企业（社会）责任团队有一个指令，说：我们的鞋要完全停止使用聚氯乙烯［PVC，因燃烧时排出有毒气体二噁英（Dioxin）而被怀疑为致癌物］，实现‘无

PVC’产品。但是，这项要求等于命令说：‘停！你不能那样做了。’对设计师来说，一扇门在他们面前关上了。而我们是想多开几扇门，我们对他们说，‘这么来考虑这件事：从根本上说，有许多尚未被人认识的机遇，可以创造全新的产品，而且不会影响它的性能和美观’。”

把谈话从人们熟悉的“防止做坏事”，转变为谈论做好事、做激动人心的事，这种情况一般不会轻易发生。多数设计师习惯于根据不断加长的化学品“黑名单”，避免使用某些材料，也习惯于把对环保的关注看成“问题”。“这要花很多时间，我和他们也交谈过不止一次，”魏斯洛解释说，“我必须回去，和他们再谈。但这就像在乱石中发现钻石——他们就在那里，等待着这样的交谈。”

就像魏斯洛的话中所表述的，积蓄动力、建立势头的关键在于培养对某个议题的情感联系，比如从产品中消除废弃物和毒性物质。要开放地讨论哪些事最要紧，不但需要有时间，也需要机会。在企业环境中，太多人迷失于追逐利润和市场份额，而可持续发展的困难议题却从个人的角度深深地触动了大家，成为变革的强力催化剂。这是大家愿意和家人探讨的工作。对于魏斯洛来说，这最终形成了支撑她在耐克的所有努力的基础。

“我看到大家对我们初步工作的反应，觉得深受鼓舞，”谈到第一次会议时她这样说，“我又重温了我热爱这家公司的感受。我们和其他大公司一样有着各种问题，但我又重新发现了耐克公司是‘谁’。我认识到，我们是一群创新者。这家公司就是搞创新的，创新就是激发大家的灵魂，而我们都看到了，整个可持续发展领域给我们提供了尚未为人所知的、前所未有的各种创新机遇……和大家交谈得越多，我就越清楚地看到，‘零废弃物和零毒性’是我们自然而然的目标。”

当魏斯洛能够看到人们对于可持续发展的激情转回到了创新，她的“聚拢”策略就开始聚焦了。她意识到许多人都感受到的一点，她自己是这样形容的："这个生意中一定有比下一个'小发明'更多、更重要的东西。"她说："如何设计一种完全可回收和循环利用的鞋？""如何设计一种完全可降解的汗衫？""怎样能找到一种完全安全的替代品，取代那些有重要功能但危害环境的材料和成分？"——设计师一听到这类设计问题，就会激动不已。通过这样的问题，难题转变为愿景，人们自然就开始考虑各种方法，以在整个组织中创造新的价值来源。

把谈话从问题转向可能性，不仅影响了"聚拢"的过程，也为参与工作的人奠定了真正承诺投入的基础，让他们为共同工作激动不已，就像耐克已经在做的那样。

今天，耐克的三大官方管理目标之一就是"提供可持续的产品和创新"。在这个官方目标背后，是一个数以百计的设计师和产品经理组成的网络，他们与魏斯洛一样，对长远目标有共同的激情，这就是："零废弃物、零毒性和100%循环利用。"所有生产过程中的副产品和材料都可以被回收利用，或者是可降解的。

虽然这家公司在实现零废弃物、零毒性物质的愿景上还有很长的路要走，但许多新产品却正是因这个愿景而成形的——包括不用胶的鞋（这种鞋可以在其生命周期终结时被拆解），以及其他产品，比如编织成的衣服（在编织过程中因没有剪裁材料，所以不会产生废弃物）。耐克公司有一条完整的有机棉制品产品线［耐克参与了有机棉花交易中心（Organic Cotton Exchange）的建设，这一中心旨在把更多的有机棉推向全球市场］，还有一个内部可持续材料小组，帮助设计师了解可选择的材料，也帮助他们了解回收和循环利用的各种行动项目。

然而，从另一方面看，耐克的"聚拢"过程，即确认关键利益相关方和吸引他们参与的过程才刚刚开始。他们正在挖掘创新需要的第二个重要参与方，即客户：帮助顾客了解这些对他们自身而言也至关重要。最近，通过"考虑过"标贴，他们开始了一个全新的教育客户的方法，邀请客户考虑自身购物选择的社会和环境影响。“很显然，越来越多的顾客已经理解，社会和环境议题是相互联系的，因此购物选择会产生深远的影响，”魏斯洛说，“谁知道呢，没准儿这就是我们最大的机遇。仔细想想，耐克真的是能够把可持续发展这件事做得很‘酷’的少数几家公司之一。”

有目的地构建网络

耐克和其他案例表明，建立领导力网络最终必须投入大量的时间，开展一对一谈话或小组谈话，探讨议题，培养参与意识。魏斯洛在耐克月复一月、年复一年地做这件事，可口可乐的维尔米尔也是如此，美国绿色建筑协会的创始人也是如此，清洁技术网络的创始人也同样如此。然而，时间并不能保证效力，有目的地构建网络与发展一般个人关系网是不同的。

相互联系会引来更多的相互联系。像魏斯洛、哈斯菲尔德和卡斯泰德这样的构建网络的领导者，除了能够与具体的个人更深一步交流之外，他们还总会问：“我们还可以和哪些人谈谈这件事？”这是一种简单的方法，现有的共同关注者网络可以由此开始自行发现“自己人”。就像魏斯洛说的，“领导者在涌现……他们自己冒出来”。有目的地建立网络始于一种观察角度：谁是系统中的关键角色，例如耐克的产品经理，或建筑行业的建筑师、设计师、建造商和业主。如果你在这件事上做得顺利，你的观察角度就会逐渐演化，就会看到其他一些最初没能留意到的角色。但是，以上所说的这个过程，只有当你更好地理解了谁是关键角色，这些角色又如何影响你们所属的更大系统时，才会发生。

当你吸引了不同的人参与，大家的反应往往存在差异。虽然从自然的本能出发，你会尝试说服那些对你探索的问题不感兴趣的人，你会过于关注那些你觉得非常重要的某些特殊人物和角色。但通常来说，比较有效的方法是寻找那些似乎能马上理解问题重要性的人。按照魏斯洛的说法，他们是那些你感到可以建立沟通的人、愿意进一步“深谈”的人。卡斯泰德说：“我常常发现，你在几分钟内就可以知道一个人究竟对这个问题有多少关注。”

这并不意味着其他人都不重要。但是，有目的地建立网络，关系到塑造一种对关键问题和重要机会的集体把握，关系到不断再造这种把握。这样的过程会带来惊奇和意外。你常常会发现，一些你从未期望投入关注的人，一些你认为对这些问题没什么兴趣的人会开始参与。部分原因是受他们所尊敬的人的影响，还有部分原因是从前没有人真正询问和倾听过他们的看法。这就是为什么说，学会放下预先的判断和固有的观点很重要。许多最终成为重要合作伙伴的人，会是你以前从不认识的人，或是和你持不同观点的人。

最后我们要说，许多在初期没有表现出兴趣的人，往往在后期会有不同的反应。那时他们会看到，“临界状态”开始围绕他们关注的议题慢慢形成了。哈斯菲尔德说：“我们发现，许多人最初对我们的想法没有表现出明显的兴趣，可到了后来，当他们看到一种真正的势头正在逐步积蓄的时候，我们就不能继续排除他们参加会议了。”

工具箱

利益相关者对话访谈

“聚拢”的基本方法之一是对关键利益相关者（比如你部门之外的意见领袖）进行有目的的访谈。这类访谈通常是一对一进行，或者是在小组中进行。访谈的关键是访谈人的内心状态和价值取向。

与关键利益相关者会面时，人们常常抱着自己的目的（挑明的或隐蔽的目的）：想吸引对方参与他们的行动。然而，这往往会引发令人失望的结果。利益相关者会感到自己面对的是“推销员”，他们要么表现出客气却没有承诺的表面意见一致，要么就完全拒绝。

另一种极端是，访谈人以开放的头脑进入访谈，但除了问许多问题之外什么也没做。这也往往不能激发利益相关者真正的能量潜力，因为访谈人没有提出具体内容让对方参与。此外，这种做法还可能使被访谈人怀疑来访者是否另有所图。

替代方法是明确表达你的忧虑和热望，并且抱着“来学习”的心态，而不是为鼓动或兜售你的观点来进行访谈。试着想象一下，将要与你谈话的人真的可能成为你的老师。如果你真心愿意以这种态度行事，你往往会发现这是个充满力量的“自证预言”。下面是几条有用的建议。

1. 准备。约瑟夫·贾沃斯基（Joseph Jaworski）是这类学习型访谈的先驱。他说，最重要的时间是开始访谈前的一小时。在这段时间里，他会进入一种安静状态。[1] 他不是努力聚焦在具体问题或目标上，而是把他对被访谈者的先入为主的印象、成见、习惯看法等都先清理出去。他的目标很简单，尽最大可能地放松，让头脑保持清净，这样他就可以在访谈时处在“当下”的状态。不管你是否有一小时的自由时间，花点儿时间放松，把担心和已有的观念释放出去，总是有益的。

2. 开场。告诉你的被访谈者为什么你会来，什么对你来说重要，学习什么是你感兴趣的。说话要坦诚、精炼。关于为什么要与此人谈话，你如果有特别考虑并且觉得说出来很适当，那就简明扼要地说出来，但不要夸张，比如，与“您是在这里工作过的人当中非常聪明的一个，每个人都非常尊重您”这类说法相比，“您的观点在组织中广受尊重”这种说法就有效得多。

3. 吸引参与。通常来说，最好是问一两个简单的开放性问题，给被访谈人以机会来反思他的经历和感受。显然，问题的性质取决于情境和你的总体目标。[2] 魏斯洛在对耐克的设计师和产品经理进行访谈时会提到，她和同事了解到了废弃物和毒性物质的问题，并解释为什么她觉得这对耐克很重要。然后，她就会问这样的问题：“关于耐克的设计工作和新产品开发，你认为最重要的是什么？假设我们能做到最好，你认为我们该如何应对这些挑战？”

4. 紧跟话题。要不断跟进谈话中出现的内容和节奏。请记住，英语“converse”（谈话）这个词是从拉丁文convertere来的，意思是“一起转动”。这是对你跟合作伙伴开展真正对话的美妙比喻。[英语中“dialogue”（对话）这个词，也有个类似的有趣来源，它的词源是希腊语dialogos，意思是“意义的流动”。] [3]

5. “从桥上跳下去”。这个比喻来自厄休拉·威尔斯特金（Ursula Versteegen），含义是把阻碍你与被访谈者建立关系的所有东西都释放出去。经过十几年这类访谈实践后，她注意到，有时她会变得不愿意离开自己的“安全地带”，不愿跟着对方的情感状态走。[4]这样一种障碍产生的原因可能因人而异，但一般都涉及与别人保持距离的情绪，比如愤怒、冷漠或悲伤。对这类情感，我们内心的反应大都是不理会它们，转而“回到工作”。我们会对自己说，“我的感情与减少废弃物和可替代能源没有关系”，但就像威尔斯特金所说的，它会与“全身心进入当下”的状态，会与此时此地建立这种人际关系密切相关。

6. 扩展网络。如果你与被访者建立了真正的沟通，也可以看出对方是真正进入状态了（比如，他会说“这次聊得太好了”，并着手安排下一步的日程），你就可以问对方，是否还有其他人也有同样的忧虑，也能对这个努力有所贡献，也应该安排访谈。这种方式会像魏斯洛所说的，有类似想法的人会“自己冒出来”，并组成网络。（一般来说，如果在谈话中你并不能确定对方进入状态，那你问这个问题就不好，因为对方可能会认为这样的要求很唐突，所以不会给你有用的回应。）

7. 结束。工作场合的谈话往往以一种“未完成”的感受结束。如果能花哪怕一点点时间，停下来问一问下面的问题，那就是真正的奢侈了：“你觉得这次谈话有什么用？”或“你觉得下一步需要做什么？”或者“假如我们真的会在这个领域有所建树，你觉得会是哪些成就呢？”

说到底，无论什么样的建议组合，都不可能把利益相关者访谈大师的各种能力全部包括在内。每种情境都是独一无二的，每次访谈也是如此。你的能力会从你愿意拥抱这个“独一无二”的心态中自然显现出来，会从你充满求知欲的状态中自然生长出来。

对整体的责任

当聚会成为表达自己激情和愿景的途径时，大家都会自然而然地为它投入时间和精力。但看似矛盾的是，大家情愿放弃自己珍视的观点和信念，这又恰恰是成功培育超越个人的更大事业的关键。

按定义，聚集战略微系统的代表人士，就是让不同的人走到一起，而大家对问题及其起因和解决方法，都会有不同的看法。结果是，对于某些特定问题为什么会存在，对于谁应该对特定的问题和行为负责，你将看到相互对立的解释，也将听到不同的想法。你会自然而然地倾向于其中的一些，然后发现自己落入“选择站队”的境地。压制自己的观点当然是没有道理的，但是，让自己的观点控制自己，也同样会产生相反的效果。作为“召集人”，你的基本工作是创造安全和开放的环境，让人们可以带着不同的观点参与进来，并逐步建设“托起”和思考这些不同观点的容纳能力——这个问题我们将在下一章进一步探讨。“召集人”工作上的成功，始于他们更大范围的责任感。他们能够避免过于执着某个具体的愿景和观点。

回想欧盟“车辆寿命结束指导原则”的年复一年的谈判过程，回想其中各方需要保持的高度耐心和善意，沃尔夫曾说：“关键是我们在一开始的时候就说明，‘我们要为汽车负责’。在宝马公司我们一直是这个观点，但是我们必须要得到所有汽车公司的认同，然后才能用一个声音与政府沟通。这使欧盟的管制官员团队更愿意与我们共同工作。他们不用强迫我们负责。”

当“召集人”对超越个人愿景的更大系统的健康负责，新的愿景就会显现。回想美国绿色建筑协会的组织者，他们在初创的时候并没有LEED认证系统的想法。他们只知道要“把系统放进房间里”，只知道“要把建筑当作系统来观察”。除此之外，他们的“偏见”是，要建立以自愿为基础的自由市场机制，并鼓励创新。他们也知道这需要一步一步地开发。也就是说，需要“达成协议，马上实施”。只是随着时间的推移，综合评级系统的全新愿景才逐渐浮现，这个评级系统要包括健康建筑的所有主要方面，要能够引领市场化的创新过程，还要持续提升标准。无论是否实现了这个目标，他们作为“召集人”的成功，都来自他们没有“答案”。说到底，与邀请大家共同塑造一个项目相比，吸引别人参与“你的项目”要困难得多。

情愿把更大整体的健康看得比个人目标更要紧，这种观念会随着参与者群体多元化而愈加重要。正如乐施会总裁、全球可持续食品实验室（我们将在下一章介绍这个跨部门联盟）的联合创始人芭芭拉·斯托金所说：“我们就是要面对这个基本事实，如果我们不开始共同工作，这些大系统问题就会继续恶化。然而，这不是件容易的事。比如，在非政府组织圈子里的许多人都不喜欢大企业。但是我们必须决定，什么更重要——是我们过去的政治主张，还是我们希望影响的未来。”

| 第 17 章 |

从他人眼中看现实

全球食品生产和分销系统是最令人生畏的系统。农业是世界上最大的行业，也是各类全球系统中问题最大的一个行业。过度生产及由此导致的关键农业资源的丧失（包括地表土壤），过去 50 年农业价格水平和收入的不断下降，农业社区的持续恶化等，对于这些问题，即便像联合利华这样的大型食品企业，也无法独自左右其背后的驱动力量。[1] 尽管如此，全球可持续食品实验室仍是一个非同寻常的行动计划的一部分。它致力于以更深入地理解全球农产品种植、收获、收购和分销的方式，把来自商业、社会组织和政府的各类角色聚集在一起。这个行动计划很可能变成 21 世纪跨界合作的宝贵提示。

食品实验室的使命是：通过设计、实施和分享在政策和实践方面的创新，把可持续食品系统带入主流市场。[2] 其成员来自四面八方，包括联合利华公司、亨氏公司、通用磨坊公司、星巴克、好市多、蓝山咖啡、家乐福、乐施会、雨林联盟、凯洛格基金会（The Kellogg Foundation）以及盖茨基金会（Bill Melinda Gates Foundation）。在经过近两年的非正式聚会之后，食品实验室在 2004 年开始工作，形成了有 40 位成员的初期核心领导团队。[3] 这个团队的成员来自大型跨国企业、有机农业小企业、全球和本地的非政府组织、工会和合作社，以及政府部门。这些成员在各自的组织中，大都是副总裁或者总监级别的管理人员，大家都承诺在开始的两年中（在其他工作职责之外）专门为这个项目投入 40 个工作日，以便更深入地认识全球各种食品系统，并探讨如何共同工作来改变这些系统。[4]

联合利华欧洲部市场副总裁克里斯·保佛雷德（Chris Pomfret）几年前在一次演讲中表达了需要大家做出这种投入承诺的紧迫性："'可持续发展是否有人接受？'这样的问题是错误的。真正的问题应该是：'像我们这样的企业，如果没有可持续发展，还能长期维持下去吗？'"[5]

食品实验室旨在建立由数量相当大的各类组织形成的多元化团体，并开展持续和深入的协作。从我们的经验看，它在这方面有独到的建树。在我们研究和讨论食品实验室的具体行动之前，对形成这个团体及其使命的各种理念和实际能力做一些反思，会很有帮助。

建设人际关系

必要的变革越是看上去令人生畏，变革领导者的协作技能就越要老练纯熟。这几乎是显而易见的。但试图创造超越工业时代泡沫的新产品、新工艺和新商业模式的人，却还是会过度关注宣扬自己的变革想法，而忽视建立和发展那些成就变革所需要的人际关系。

我们常常发现，鼓动可持续发展的人，大致存在于两个阵营中：一类人认为，变革的道理如此清晰而又紧迫，只要是处于清醒状态的人就应该认同；另一类人则因为看到了现状与所需要的变革之间的巨大鸿沟，而变得灰心丧气、自暴自弃——他们声称，所需的变革永远不会发生，或者直接把维持现状的人勾画成妖魔。在这两者之间，还有一小群人，他们既有追求愿景的激情，也理解为完成愿景必须建设协作网络。

随着时间的推进，那些开发超越泡沫生活所需技能的人就会成为大师——他们不仅能够把所有适当角色都包容进来，也能够在原来缺乏互信的各方之间培育深层的沟通和联系。就像美国绿色建筑协会的创始人所说："一旦你把系统放进房间里，你就一定要让大家停止相互争斗和'摔椅子'。"

对话沟通塑造未来

然而，"摔椅子"事实上还要比"无可救药的礼貌客气"更好一些。许多这类团体都因为被"无可救药的礼貌客气"支配，最终窒息而死。哈佛大学研究员克里斯·阿基里斯（Chris Argyris）把这种"无可救药的礼貌客气"叫作"粉饰"（smooth over）。就像与此对应的另一个概念"直白表达"（speak out）一样，"粉饰"对于各类工作团体，特别是那些试图建立跨界协作的团体来说，也是一种自然反应。在遇到身体上的威胁时，大家会有"对抗或逃避"的直觉反应。与此类似，在团体中大家面对彼此大相径庭的世界观时，往往会感到陷入两难的困局——要么是超常的礼貌客气，要么就只能是辩论。

虽然有表面行为的差异，"粉饰"和"直白表达"的实际结果却很相近。原因是，在更深的层面，这两种方式都产生了"维持现状"的作用。进行"粉饰"的团体通过避开"不安全"的议题，从而得到这个结果；"直白表达"的团体则像一位经理人所描述的："大家都把各自头脑中的想法直白表达出来了，但永远没有任何人改变想法。"

然而，还有其他选择，可以让人际交往不再被过去的经历所支配（见图 17.1）。在第 9 章介绍的可持续发展价值框架中，把注意力集中到未来，对于开发“横轴上”的战略十分关键。与此类似，我们的经验是，“横轴上”的对话交流状态对开发这种战略创新的协作行动也必不可少。否则，如果总想追求个人的动机，最终会导致重大创新的失败。

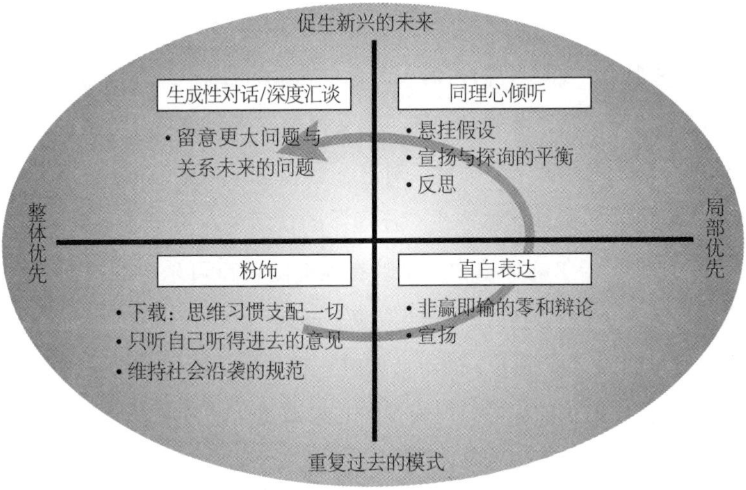

图 17.1　对话交流的四种类型

资料来源：奥托·夏莫（Otto Scharmer）。

当有足够多的人真正相互理解并欣赏对方看世界的不同方式时，“横轴上”的对话交流就开始了。此类对话的第一步“同理心倾听”很容易获得认同，但不容易做到。因为我们全都深陷于自己对现实的理解和观念，常常连其他人实际上在说什么都很难注意到。深入交流的第二步是“生成性对话”或“深度汇谈”，这与普通的商业谈话大有区别。在这个阶段，大家表达的是对自己而言真实的东西，而不必费尽心思去暗示这些“真理”的普适性。大家也同样吸收了别人的“真理”，而不必被迫同意别人的观点。大家实际上会开始产生一种信心，即当表达和倾听开诚布公时，大家是可以深入理解世界或某个特定议题的。真正的

“共同思考”就从这里开始了。

说到底，“同理心倾听”和“生成性对话”都要求大家变得更开放也更“柔弱”，即开诚布公地暴露弱点。它要求人们既开放头脑，又开放心胸。对于持实用主义态度的经理人来说，开放心胸似乎是“软弱”的表现，看上去与应对困难问题的要求相距甚远。然而，就像人都有“思考的头脑”一样，我们相信人还有“思考的心胸”。思考的头脑与理性和逻辑相关，而思考的心胸则与意义相关，与全身心参与相关。这两个特质对系统问题都十分关键。对这一点的理解，就反映在魏斯洛的经历中，反映在她关注能够产生“连通”的谈话上；对于这一点的理解，也反映在维尔米尔的评论中，反映在他追随可口可乐中的“创造性能量”，并培养一种“对参与和相互了解的偏爱”。

归根结底，“横轴上”的对话依赖三种技能：学习如何悬挂各种直接的假设，反思我们先前习以为常的心智模式，以及平衡对自己想法的宣扬和对他人观点的探询。

悬挂假设

我们自然而然地会认为自己的观点是客观的，但没有什么比这更不真实的了。女性看到的情况和男性相差甚多，销售人员和工程师看到的现实也大不相同，中国人和美国人看到的是不同的世界。这里没有好坏之分，这是人的天性。我们不是机器，不会被动地记录分立存在的外部现实。我们是持续与现实互动的生命，并通过这样的互动，构筑我们的知觉和意识。

只要稍稍想一想，大多数人就能体会到，任何人都无法真正看到现实。多数人也可以想象，个人的观点随着时间如何逐步自我强化，从而逐渐形成心智模式，形成未经检验的假设和习惯性的观察方法——比如，我们会对某一类人形成“老套”的成见。

问题不在于这些习惯性心智模式的抽象概念，而在于它对我们日常生活无所不在的影响。就像《韩非子·喻老》中所说：“智如目也，能见百步之外，而不能自见其睫。”要看到自己的眼睛，我们需要一面镜子，我们需要反思。

这就是我们所说的“悬挂假设”——实际就是把假设“托起来，放到你面前”。与其断然声称自己的信念就是真理，实践悬挂假设的人会认识到，自己对情况的观察，实际上只是“自己的观点”。这个微妙的转变带来的是更多的谦卑和倾听他人的能力。在工作团队中，思想僵化往往导致对话和深度汇谈的失败，而悬挂假设则能打破思想僵化，使人们更乐于探寻自己和他人的观点。一位“细节至上”的CEO在进行数年组织学习实践后，曾被问起看到什么变化。他说：“从前，人们总是说‘事情就是如此’；而现在他们说，‘我目前看到的情况是这样的’。”

开展悬挂假设实践的团队常常使用一个叫作“推断之梯”[6]的工具。梯子是个比喻，指的是我们的大脑从可观察的数据（如录像机记录的事件）迅速转向对数据的各种推论的运作方式——各种直接的意义，基于这些意义建立的各种假设、结论，以及这些结论所强化的一般性信念。

当团队或工作小组陷入无效的讨论交谈时，可以肯定地说，这是由于各个成员已经爬到各自的推断之梯（见图 17.2）的上层，下不来了。比如，我们在第 10 章一开始介绍的故事中，陷于困局的管理团队由于对可持续发展投资持不同观点而争论起来。负责环境、健康和安全的副总裁特德认为，公司应该“彻底重新考虑我们制定资本预算的方式”，“将至少 30% 的未来投资调整到再生型技术方面”。此时，不难想见，负责运营的副总裁乔安妮会觉得“这个赌注下得太大了”。根据她头脑中看到的直接“意义”，她甚至还会认为“特德对于这类问题太情绪化了，他好像完全不理会其中巨大的不确定性”，或者她也许会觉得“特德总是背着这个包袱”。因为基于她的观点，特德宣扬可持续发展的原因是，这样做是“政治上正确”的。

根据她得出的结论，她对特德在再生型技术方面的热情表示反对。她指出：“石油价格在两年前只是现在价格的一半……在这个行业里，价格波动是不可避免的。”

这样的陈述反映出乔安妮对于化石燃料价格和再生型技术的假设，

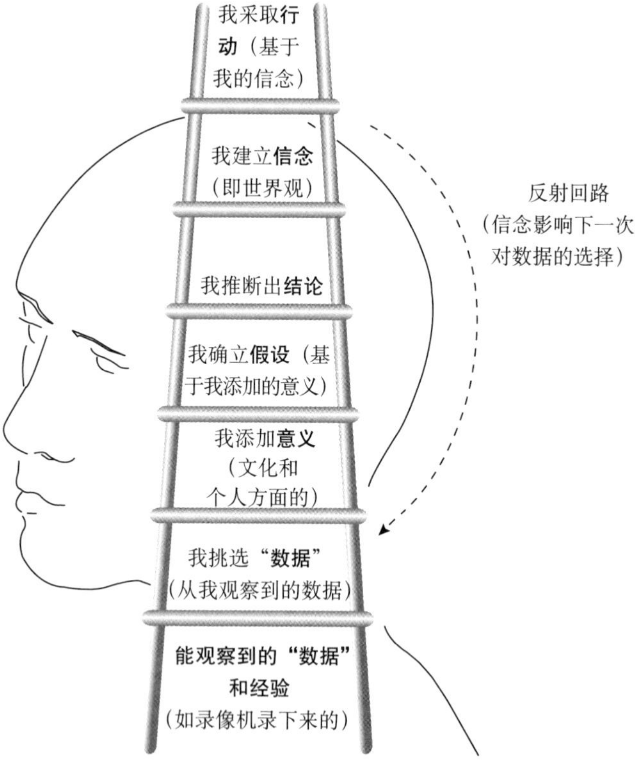

图 17.2　推断之梯

这些假设都是完全可以理解的。问题不在于乔安妮的观点，而在于她的观点产生于她对特德的陈述所做的推论，而对这个推论她并没有做任何“验证”。不同的观点之所以变成深度的内在冲突，而没有成为学习的机会，这就是首要原因。

比如，乔安妮其实可以坦白地说出她对特德建议的不确定性比较担心，询问特德对此有何考虑。这就可能引导团队去探讨不确定性和风险，大家甚至可能还会安排人，对不同选择进行完备的风险分析。相反，她再次断然重申她的核心信念：“这个世界还会依靠化石燃料许多年。”结果这场谈话不了了之，只是强化了团队成员间的旧有分歧。以上便是“直白表达”强化旧思维模式的例子。

悲剧不是出自“直白表达”本身，而是团队中没有人注意到“直白表达”这个现象——没有人意识到，学习的机会曾像火花一样在他们面前闪现，但在瞬间又熄灭了。学习的机会失去了，潜在的战略投资机会也就失去了。

通过悬挂假设，我们能够发现自己正在进行的推理，而后就可以寻求更多的数据，去确认或驳倒自己的推论。对于这个团队辩论的可持续发展复杂议题，问题并不在于其假设是否可以证实或证伪，而在于验证假设的严格训练会强迫我们明确陈述这些假设，让我们知道这些假设并不一定 100% 正确，也为随后学习实践的演进打下基础。相反，如果不能悬挂假设，不能验证假设，那么我们除了使交流互动模式强化各自旧有的立场之外，不会带来别的收获。由此，未经验证的假设不但会破坏真心协作的努力，还会控制组织的行为。

宣扬与探询的平衡

富有成果的对话交流的特点，是既有深度的探询，又有高度的宣扬；双方在表现出激情的同时也表现出好奇，既能坦然分享自己的观点，也随时准备仔细检查这些观点及其背后的假设。双方能预见到各自可能会以不同的方式看问题，也善于学习和领会产生这些不同方式的原因。

具有讽刺意味的是，探询往往被误认为是软弱的表现，是不确定的标志。多数成功人士在管理领域或专业领域达到今天的位置，是因为他们有能力形成自己的观点，并且强势地获得他人的注意甚至赞同。他们通过宣扬和坚持己见而获得的成功，甚至可能因其对目标的投资行为和支持举动而得到进一步强化，或者因有关其工作风格和成绩的文章报道而得到强化。但是，当人们面对真正复杂的、需要挖掘集体智慧的难题时，生硬的宣扬和固执己见只会适得其反。

比如，美国绿色建筑协会的吉姆·哈斯菲尔德曾清楚地表示，制定绿色建筑设计综合评级系统所需的专业知识，并不存在于“任何一个专家的头脑里，而是存在于那些把遍布整个行业的专业知识聚拢在一起的交流谈话之中”。

当协作行动的领导者真正相信，成败取决于能否培养集体智慧，那么帮助大家悬挂假设、平衡宣扬与探询，就成为一切的关键。哈斯菲尔德、鲍勃·博科拜尔以及美国绿色建筑协会的其他创始人，不仅知道必须把不同的既得利益者拉到同一个房间里，还知道必须改变这些人通常的互动交往方式。

他们制定了一个策略：让不同的人不断展示他们在各自领域中的专长。“在自己的兴奋点和经验所在的领域，大家会强烈地宣扬己见。”哈斯菲尔德说。但是，每位专家都只看到了“大象的一部分”，他们不得不暂时把各自对通风、能源效率和循环材料的激情“悬挂起来”，以便能够关注其余的部分。“人们的视野持续地被其他人的视野所扩展。”哈斯菲尔德说。渐渐地，这个过程触发了大家对自己专长之外的领域的好奇心。“大家总会说：‘这里面的东西比我原来想到的要多。’”

与此类似，他们也克服了“跳跃到梯子上面”的倾向，克服了相互之间做强烈的负面推断（更糟的情况下，会引出陈旧的成见，激化分裂情绪）。他们在会议中安排出时间，“让大家谈谈对个人来说什么重要，谈谈为什么我们自发自愿地花时间和精力一起来做这件事。”博科拜尔说。结果，“当人们的观点出现对立时，彼此间都有个相互理解的基础——大家都非常关注真正的变化”。

（帮助组织诊断“粉饰”和“直白表达”的具体模式的另一个工具是团队“四角钻石”——参考第 18 章的工具箱。）

无论是由于“粉饰”还是“直白表达”，当你的组织一筹莫展的时候，进入“横轴上”的状态去开展更有生成性的互动，会显得非常艰巨。但在这时，为可持续发展创新而相互协作的整个背景环境，就可能是至关重要的。由于水、绿色建筑、消除废弃物和毒性物质这类议题确实与大家有关系，所以，在真正相互倾听和激发集体智慧上即使只取得一点点成果，它也有可能迅速扩大。正像有意义的议题能够让人们抱住固有的观点不放一样，一旦意识到“放下”可以引发真正的变革，人们去这样做的意愿，会让最固执己见的愤世嫉俗者也大吃一惊。

“从他人眼中看现实”的实验产生了LEED系统，其真正的启示或许就在于此。哈斯菲尔德（原为英特飞公司的经理，在英特飞公司他初次接触了“推断之梯”和系统思考等组织学习工具）和博科拜尔（一位建筑师）都不会称自己是组织过程专家，但他们两人都理解改善谈话质量的基本法则。结果，他们发掘出了潜在变革的“深层洋流”。这一点在LEED系统真正启动之后更加凸显。LEED系统的启动，创造了一个学习和创新的自我增强循环，并随着新标准的出现而指导绿色建筑的新潮流，并持续至今。哈斯菲尔德说，回顾过去，“那时候很显然普遍存在被压抑的行动欲望——设计、建造更绿色建筑的行动欲望。这样的欲望在等待着某种共同的承载工具的引导，以便把它变成集体的行动”。

在我们的经历中，这并不仅限于LEED系统和绿色建筑，而是整个可持续发展领域的特征。当系统中的个人以开放的心态面对变革时，这类从前看上去不可能被改变的系统，也开始向变革敞开了大门。

开放心胸和头脑：学习之旅

理解了心智模式和生成性对话之后，可持续食品实验室行动（在本章开头介绍的）就从一个大胆的设想快速发展成工作现实了。

从最开始，这个行动的联合主任哈尔·哈密尔顿（Hal Hamilton）和他的同事就面临着挑战：如何让这批工作繁忙、热心承诺投入，又差异巨大的人放慢速度，来共同思考每个人对这些复杂而又充满浓厚感情色彩的问题究竟有哪些实际看法。哈密尔顿说：“大多数食品公司都认为，应用技术来提高生产效率是一切业务问题的答案。而他们办公室前面的大街上就是决意对抗跨国公司的众多抗议者。抗议者认为，大公司导致农民收入下降和过度生产，破坏了当地的农业社区和生态环境。而政府则被夹在中间，一方面是公司扩大生产和降低价格的压力，另一方面是农民失去土地、背井离乡以及随之而来的政治不稳定的压力。我在农业领域工作了30多年，在这个圈子里，大家共同工作的想法，听上去往往像是浪漫的幻想。”

通向更深度层面汇谈的探索之旅，始于对40位实验室团队成员的逐一深入访谈，其后是一次为期一周的容纳能力建设研习营。研习营介绍了系统思考、反思以及共同思考未来等方面的原理和核心工具，其中有许多我们在本书中都做了分享。这些初始步骤帮助大家掌握了集体学习的基本方法。然而，对于大多数成员来说，食品实验室的真正开端，是他们在巴西农村为期一周的“学习之旅”。

学习之旅是为了寻求对某一个或某一组议题的新认识而进行的探索。学习之旅意味着离开熟悉的环境，走出去直接观察系统中你不熟悉的部分。根据你要认识的对象，学习之旅可以是到公司的其他部门，像“影子”一样跟随观察你的同事做你从未做过的工作。复杂议题常常需要团队旅行（有时候是去往其他地区，甚至其他国家），以寻求建立对整个系统或系统某部分的集体认识。但是，我们需要直接观察的系统常常就在附近。关键是走到熟悉的环境之外，而不一定要走多远。这完全取决于你的目标。

我们都直接了解我们所属系统的某些方面，但是对其他方面的了解只是通过书本、文章、报告或数字。如果组织得好，比如像可口可乐与世界自然基金会（WWF）合作赴中国长青自然保护区的考察，学习之旅不仅可以把人们带到他们从未去过的地方，还可以打开他们超越智力的直觉。“去那里”意味着直接到不同于日常的地方，与通常不会交谈的人谈话聊天，看他们如何生活、工作、游戏、抚育子女，以及帮助生病的人。也就是在这样的时刻，我们才会开始实际感受，而不仅是用头脑认识一个较大的系统。特别重要的是，利用直接的体验去考虑与自己的看法大相径庭的观点——持有这些观点的人对我们所属的系统有过不同的经历。

食品实验室在巴西的学习之旅，揭示了这个行业的强大与脆弱两方面的情况。这次旅行包括考察大型甘蔗和大豆农场、食品和酒精大型加工厂、为小型农场服务的合作社、在一小块土地上艰难度日的咖啡和剑麻生产者、面向欧洲市场的创新特色葡萄生产商，以及为安置失去土地的农业劳动者所开垦的小块土地。在最初的食品实验室团队中，许多社区和环境保护活动家是第一次见到跨国企业，而企业成员也看到了乡下农民的生活，其悲惨程度是他们前所未见的。[7]

这个团队一起走过了所有的考察地点，所以他们有很多时间谈论彼此的所见所闻，也能发现在他们的解释和反应之间有多大的差异。比如，对农民合作社的考察引发了一位非政府组织成员的希望："这是让小农户在经济和政治影响力上达到临界点的真正办法。"但是，同样的考察却引发了一位企业团队成员的怀疑："他们看上去太混乱，做不成什么。"另一位企业团队成员后来评论说："至今我仍然感到非常吃惊，我们都看了同一个地方，却看到这么多不同的东西……我对此感到困惑。对别人的视角和看法，我的确所知甚少。"

令许多人吃惊的是，大家发现，为了截然不同的经历和观点而争吵，与"解决食物问题本身"，这两件事同样重要。就像一位来自非政府组织的参与者所说的，这是因为"我们不太可能只做其中一件事，而不做另一件。我们不只是商人或社会工作者，我们是彼此作为个体相互认识和了解的，我们不一定要彼此一致。这是件好事"。

一位参与者说，这个经历"开始穿透表面彬彬有礼的认同"（粉饰）。就像上文讨论过的，在这次考察之前，许多人认为只能用开放性的辩论（直白表达）来取代这种彬彬有礼。但当他们有充分的时间去反思和交谈之后，学习之旅开始让他们看到了第三种可能：既打开心胸又打开头脑的横轴上的交谈。渐渐地，建立在真正的尊重和同理心倾听基础上的关系开始成长了。

奥托·夏莫开发了本章所示的"四种对话"图。他把"横轴上"状态的特点表述为"生成区"，在这里，与把我们拴在过去的"锚"相比，我们对自己真正想要的未来的热望，成为更强大的主导力量。虽然许多协作行动都在争取实现这种对话交流，但都没有取得多少成果，因为人们不能克服夏莫所说的"判决的声音"和"自暴自弃的声音"：前者使人们执着于自己的观点，后者则由于坚信"不可能有真正的变革"，而使内心"冷淡僵硬"。

学习之旅的以下 5 个元素可以帮助你打开眼界，看到比你通常所见的更大的现实。你不需要像食品实验室团队那样，需要走很远才能理解这些要素的作用。

1. 组织一个多元化团队，尽可能使它代表你所处的更大的系统。
2. 确定这个系统中你们需要探索的各个不同方面。
3. “一同蹲点”——整个团队一起去考察。[8]
4. 拿出足够的时间，共同反思和讨论大家的经历。
5. 耐心花时间关注大家在反思中产生的心愿和投入承诺。

无论这些考察旅程涉及的是另一个国家，还是你的供应商办公室，甚至是楼下的另一个部门，最后一项要素都是关键。学习之旅的核心是感知（或对当下的开放意识）。但是，学习之旅的目标并不仅仅是为感知而感知，也不仅仅是进一步加深关键角色间的关系，而是要在人们深切关注的紧迫议题的背景环境中去感知。为了服务于真正的变革，团队成员必须从根本上准备好重新检查自己的各种观点和信念，以及过去的经验证明是正确的各种方法。

【工具箱】

平衡宣扬和探询的程序

今天的可持续发展议题充满政治意味，如果你对这种议题充满激情，那么学习以探询式的谦逊态度去平衡你宣扬的态度，就是非常关键的。学习这种技能或许就是个人（即便是自己单独做事的人）开始从内部改变一个大型组织的最好方法。你不需要依照什么指令、预算或建议书来着手改善这些谈话技能，而且你基本上总会获得回报——关系的加强和声誉的提高。

每当遇到讨论提供的学习机会时（比如在考虑某个难点时，需要团队中的每个人都提供信息和积极参与），你就应该应用这些对话“菜单”。如果需要进一步的工具和建议，请参见《第五项修炼·实践篇》。

1. 改善宣扬技能的程序方法

慢爬“推断之梯”，使你的思考过程清晰透明

做什么	说什么
说出你的假设，描述你是如何做出这些假设的。	“我是这么想的……我是这样推理的……”
解释你的假设。	“我假设……”
把你的推理明晰化。	“我得出这个结论是因为……”

（续）

做什么	说什么
解释你观点的内容：你的建议会影响到谁？他们受到什么影响？为什么？	
举例说明你的建议，即便是用假设的方法或者打比方的方法。	“要清楚地理解我说的意思，就请你想象你是受到影响的客户……”
在你说话的时候，试着在头脑中勾画其他人对你说的话的看法和视角。	
公开测试你的结论和假设。	
鼓励其他人深入探索你的模型、假设和数据。	“你们觉得我刚才说得怎么样？”或“你们觉得我的推理有什么问题？”或“你们有什么补充？”
你的想法遭到质疑时，控制住自己，不要自我辩护。如果你的见解是有价值的，那么测试它当中潜在的问题只会让它变得更强大。	
揭示你的思考有哪些地方不够清楚。这并不会让你显得软弱，却会减弱那些反对意见，同时也让大家愿意改进它。	“有一个地方，我特别需要反馈意见……”
即便宣扬时，也要倾听，也要保持开放的心态，也要鼓励其他人提出不同的观点。	“你是否有不同的看法……”

2. 改善探询技能的程序方法

请对方把思考过程变得更加清晰透明

做什么	说什么
慢慢地领着对方走下“推断之梯”（参考图 17.2，复习梯子上的不同阶梯），发现对方可能有的假设。	“是什么引导你得出这样的结论？” “对此你有什么数据？” “你这样说的理由是什么？”

（续）

做什么	说什么
避免使用挑衅性语言，特别是当面对那些不熟悉这些技能的人时。问问题时，不要采取容易引发自我辩护或"诱导证人"的方式。	不问"你是什么意思？"或"你如何证明？"而要问"你能帮我理解你的这个想法吗？"
让对方说明推理过程。尽最大可能去了解他们为什么会这样说。	"这一点有什么重要性？" "这点与你的其他考虑有什么联系？"
解释你探询的原因，说明你的探询与你的关注、希望和需求之间的关系。	"我问及你的假设，是因为……"
通过询问更大的背景或例子，测试对方所说的内容。	"你的建议会如何影响……"
确定你理解了对方所说的内容。	"这是不是类似于……"
倾听可能出现的新感悟，不要试图推翻对方的见解，也不宣扬你自己的目标。	"你能举个典型的例子吗？" "你说的是……对吗？"

3. 面对你不同意的观点的程序方法

做什么	说什么
探询是什么使对方得出这个观点。	"你是如何得出这个观点的？" "你是否采用了我没有考虑到的事实数据？"
确定你是真正理解了对方的观点。	"按照我的理解，你说的是……"
用开放的态度探讨、倾听并提供你的观点。	"你是否考虑过……"
在大家坦诚、开放地分享替代你的假设的各种建议时，留意倾听可能会出现的更深层的含义。	
说出你的担忧，解释是什么引发了这些忧虑。	"这个观点对我来说很困难，因为我的经验是……"

| 第18章 |

培养共同的承诺投入

试图让人们对可持续发展行动做出承诺，就像试着去“感到幸福”一样——力气用得越大，反而可能越不成功。

如果组织的多元化程度很高，从属关系比较复杂，固有观念相当根深蒂固，那么对于可能形成的协作来说，挑战就更为巨大。传统的培养承诺投入的管理方法，比如绩效管理和激励系统等，在此都没有什么用处。首先，当人们在组织内部或者不同组织之间跨界协作时，通常不会有清楚的权力结构来管理这类激励措施。其次，由于这类协作行动的目标演化往往需要时间，衡量其成功与否会很困难。最后，这些行动所需的承诺投入的深度，远远超过了通常的“胡萝卜加大棒”方法所能培养的深度。

相反，你会发现共同承诺来自两个方面。首先是关注参与，这涉及对你和你的组织都至关重要的事；其次是注重创造机会，以使注意力的聚焦和承诺投入都能自然而然地随着时间逐渐加深。

培养参与意识，发展承诺投入

回想一下美国绿色建筑协会的创始人在合作初期的口号："寻求一致，然后行动。"他们没有被面前的巨大挑战压倒，而是集中精力完成可操作的小规模任务，开发动力，形成势头。就像吉姆·哈斯菲尔德所解释的："我们寻找大家有兴趣解决的具体问题和任务，找到之后我们就说，'开始行动吧。与其在重大问题上各执己见、吵来吵去，倒不如从这些具体工作入手合作，并由此学到更多东西'。"

这种策略方法，或许会被误认为是回避深层问题，然而，只有当这种策略导致大家无限期地忽视重大问题，才是真正的回避心态。相反，我们发现，参与本身就是在培养人际关系。人们通过共同工作而彼此了解，建立共识，哪怕是很有限的共识。进一步看，如果把共同工作与反思和深度汇谈结合起来，就更容易让背景各异的参与者渐渐开始谈论自己心中更大的目标和更深的忧虑。独木舟在水里动起来的时候总是更容易掉头，而当它一动不动的时候，你就需要花很大力气才能让它掉头。

把你的关注和组织的关注联系起来

你激励承诺投入的能力永远不会大于你自己的承诺投入。培育共同承诺的关键在于与你自身的关注相联系，与你所在组织的关注相联系，并逐渐把这两者编织在一起。

所有组织，特别是那些存在了10年以上的组织，本身就具备创造和创新的能力。否则，它们不可能在周围环境不断变化的过程中生存下来。但问题在于这种能力往往会退化，即便最为成功的组织也会失败，尽管它们拥有资源、人才、市场地位和强烈的生存动机。探求超越工业时代泡沫生活所需要的深层创新，为挖掘乃至不断提升这种生成能力提供了超乎寻常的机会——仅从所需变革的深度和广度而论，也是如此。

通过与可持续食品实验室合作，美国的大型食品零售商之一好市多已成为健康食品供应链原创试点的领导者。好市多参加到食品实验室中并非出自其CEO的要求，也不是公司实现食品产业可持续战略的一种手段。正相反，这个故事始于一位妇女，她当时的工作与这家企业的食品业务并没有直接关系。

谢里·弗莱斯（Sheri Flies）对可持续发展产生兴趣的时候，已经在总部法律顾问的职位上工作了 12 年。“我对食品系统有些了解，对食品价格持续下降导致全球农民陷入贫困的悲惨境况也知道一些，但我不是专业人员。我自己会去买公平交易系统的咖啡，而且我一直在想，我一定还可以再多做些什么。”

但是，要找到一个可行的路径，她就必须把自己的关注与公司的关注结合起来。要做到这一点，就需要她去学习一些她已经知道的东西——只是她当时还不了解其实她已经知道了。

对自己的公司究竟代表什么意义还不甚了解的可持续发展提倡者，常常只会试图把自己的观念“硬塞”给组织。他们这样做在最好的情况下也只能产生微小的影响力，却同时面临风险，即疏远许多原本能自己参与进来的人。当弗莱斯在食品实验室成员会议上开始会见其他企业（比如联合利华和蓝山咖啡）的代表并了解各种项目的时候，她可以感受到这些企业与好市多的潜在联系。但是，她不知道如何才能让公司里的其他管理人员也有这种认识：好市多是一家有自己做事方法的公司，如果在当时就提出变革整个供应链，很可能会让人觉得“不靠谱”。

她开始与公司中的其他人进行探讨。出乎她的意料，她发现公司中已经有人在为创造更可持续的食品供应链而认真开展工作了。他们只是没有给自己贴上标签，说自己在开展这方面的工作。最终她找到了给自己的想法定位的合适办法，并使它在公司的管理层中产生了共鸣。

“这花了我好长一段时间，但是我逐渐理解了怎样才能与公司的‘DNA①’联系起来。”弗莱斯说，“我们有与忠实的供应商建立长期关系的传统。从本质上说，我们是一家‘握手成交’的公司。我们很重视关键供应商，把他们看作我们业务的一部分。他们的生意做得好，我们就能做得好。所有这些都植根于我们对客户的质量承诺。据我所知，在整个行业中，只有我们这一家公司在总部政策层面限定了加价幅度。因为如果我们加价过高，就是对我们的会员客户不公平。所以，我们提供质量可靠的产品，并且有真正关怀供应商的天性。

“我能看到，现在只需要扩展这种关怀的边界。我只要帮助经理们了解：今天的可靠供应链，需要超越我们的直接供应商，看到它们的供应商。这就会自然而然地引发不同程度的积极行动，保障农民和农业社区的健康。”

挖掘组织的生成性DNA，能创造出承诺投入和创新所需要的火花。要做到这一点其实没有什么“魔法配方”，但总会涉及那些造就组织的特质——与造就每个人的特质一样。尽管如此，在那些拥有强大的自我认知的企业中，我们一再看到，那些具备开放的头脑、对（系统）整体的健康做出承诺的人，如果同时具备足够的耐心和谦卑，最终会找到方法去建立这样的联系。

一旦他们找到并建立了这样的联系，弗莱斯和耐克公司的魏斯洛这样的领导者就会帮助组织中的许多其他人，重新发现他们所代表的意义。在交出“结果”的日常压力之下，人们很容易忘记，组织实际上是人的社区。组织作为社区能够获得生命，是因为有足够多的人关注某些

① DNA（脱氧核糖核酸）此处将企业视为生命体，DNA即其遗传基因。

事，并共同进行探求。在耐克，一位传奇教练训练出了激情高昂的赛跑运动员，并在制造世界级运动员跑鞋方面取得了重大突破[1]；在星巴克，这些人可以是那些咖啡爱好者；在谷歌，这些人可以是想要塑造互联网世界的远见卓识的技术人员。好市多创始于一批具有丰富零售经验的人，他们真诚地致力于为“会员”顾客提供高质量、低成本的商品。随着时间的推移，各个行业随之演化，新的环境和愿景造就了新的运营方式。但是，就像在其他所有人类社区中一样，“根”很重要，从“根”出发的变革过程，激发出广泛参与并获得成功的潜力要大许多。

为志向和热望的成长创造空间

培养承诺投入是一个难以进行抽象探讨的问题，因为它往往非常个人化。然而，它又完全不是关于我们自己的。这两点看似自相矛盾。

就像一位CEO曾经说过的：“所有的真心承诺都关乎比我们自己更宏大的事物。”

通过观察各种富有才华的领导者，我们得出结论：耐心和对个人自主性的深切尊重，是他们处理共同承诺这个问题的方法，但这并不意味着他们会被动旁观。他们会不知疲倦地把代表关键相关利益的各类参与者聚拢在一起，帮助大家看到各自和对方的现实和热望。他们尊重历史和实际环境，精于“保留空间”，也就是创造氛围让大家安全地反思，并相互开放、坦诚相待。换言之，他们对深层连通会有一种庄重的神圣感。

谢里·弗莱斯在可持续食品实验室工作两年之后，辞去了集团法律顾问的工作，转到了公司负责食品业务的部门。在参与了运营方面的强化培训之后，她开始负责几个试点项目——管理健康价值链方面的新型实践，这些实践都是原型项目的工作。每一个项目都涉及培养新的、规模超越前人想象的协作。

这些项目之一是好市多从危地马拉收购法国青豆。一年之中，她持续开展了“聚拢”工作，也深深沉浸于这个食品产业链第一线的现实之中。随后，她参加了一次非同寻常的工作会议。

2007 年 1 月一个清冷的早晨，在危地马拉的安提瓜一所 400 年前女修道会上重建的小礼堂中，弗莱斯坐参加了一个庄重的仪式。坐在她旁边的是她组织的项目团队，其中包括好市多负责采购的副总裁助理兼货物总经理弗兰克·帕迪利亚（Frank Padilla），好市多的采购商之一戴尔·霍林斯沃思（Dale Hollingsworth），好市多的两位本地采购商，国际热带作物中心（the International Center for Tropical Agriculture，CIAT，这是一个专门从事热带农业社区建设的地区性非政府组织）的主任，库特拉·皮诺斯合作社（Cuatro Pinos Cooperative）的联合创始人兼主任图利奥·加西亚（Tulio Garcia），几位本地的农场主和合作社员工，以及洛杉矶沙拉公司（LA Salad Company，这是一家食品批发公司，也是合作社的客户和好市多的供应商）的总裁。这个活动是为加西亚的儿子胡安·弗朗西斯科（Juan Francisco）举行的弥撒，他在当年早些时候死于一场悲惨的车祸。在此之前，弗莱斯建议，为表达对他的纪念，这个试点项目以他的名字命名。

在仪式进行过程中，弗莱斯回想着在此之前所发生的一切。当她了解到，有了健康的青豆产业链就可以保护当地农业社区的环境健康之后，她就到危地马拉出了几次长差，与国际热带作物中心的马克·伦迪（Mark Lundy）一起工作。他们两人达成了共识，要一起参加一次对这个国家供应链的独立审计，试图了解其中所有资金的流向，以确定在供应链的每一环节上谁增加了价值，并评估其对社会和环境的影响。

这次审计开始把这个系统拼成一幅图画——哪些部分运行正常，哪些部分存在问题。但是，这也提出了一个难题：“审计是为谁做的？”

公司在这种情况下的典型做法，是以这项研究为基础采取“单边”行动，不考虑合作社或者供应链中其他成员可能采取的行动。这一次他们决定，在检讨审计结果的时候，把所有关键参与者都包括进来：本地的农场主（这些农场主还从没见过这么深入野外一线的公司总部人员）和农民合作社的代表。

弗莱斯说：“如果不请所有的人参与进来，就会破坏正在建设的人际连通感。”不仅如此，他们还决定，这个会议不在美国的好市多总部举行，而在危地马拉的农村举行，而且就在玛雅农民当年居住的高地附近举行。他们想为会议的参加者营造与以往截然不同的体验和经历。而后，当加西亚请他们参加为他的儿子举行的弥撒的时候，弗莱斯同意了——她了解并信任自己的合作伙伴，相信他的直觉。

在仪式进行过程中，胡安·弗朗西斯科的家人谈到了他的生活。弗莱斯说：“现场非常感人，对好市多的人来说，是很有冲击力的。这不是一个普通的采购商会议。”随着仪式的进行，他们也明显沉浸到了当时的情感气氛之中。弗莱斯说：“这项工作开展两年以来，我的学习收获之一就是，当我们一起严肃交谈时，神圣事物很重要——祈求指引的简单祷告，长者的祝福，或是每个人在会议开始时都有机会表达内心最深处的愿望。[2]

“当图利奥提到这次家庭弥撒的时候，我们两个都觉得这是让大家了解我们所属的社区和家庭的理想场合。我没有料到的是这个活动对其他人的影响。弗兰克·帕迪利亚在长大成人之后，就再也没有听到过一场用西班牙语做的完整的天主教弥撒。他后来告诉我，这个场景把他带回了自己的家乡和家庭的‘根’。我相信，这对于胡安·弗朗西斯科的家庭也是一次弥合创伤的经历。我从未想到可以用这种方式帮助他们。”

在这场弥撒和家庭聚餐之后，项目团队围坐在一起审阅审计报告。在此之前，每个人都阅读了这份报告。它记录了农民生计的脆弱性，也记录了环境和社会问题，还描述了使这个产业“压力越来越大”的各种影响力。弗莱斯和兰迪提出了三个问题：“你主要希望我们的项目实现什么？这个报告中的哪些内容使你感到吃惊？对于实现这个项目的最高期望，你觉得存在哪些主要障碍？”在此之后的对话中，大家畅所欲言，许多人都听到了自己从未听到过的观点。

第二天上午，这个小组驱车四个小时前往一个偏远的村庄，与农民家庭进行为期两天的探讨。“我们到达高地的时候，天气非常冷，但已经有农民在那里等我们了。”弗莱斯说，“农民们准备了一次介绍，每个家庭都花一段时间和我们坐在一起。家庭中的每个人都会跟我们谈话——孩子、父母和祖父母。对有些人，谈话的内容要翻译两次才能听懂，先从他们的本地语翻译到西班牙语，再从西班牙语翻译成英语。他们领我们去看他们的农田和住所。他们告诉我们，孩子们现在有鞋穿，有更多的衣服穿，还可以去上学，也有更多钱买食物了。这都是因为他们的作物有了一个好市场，他们通过合作社提高了农业生产水平。尽管审计报告里写到了紧张压力和风险，但项目本身在许多方面还是获得了成功，特别是在好市多、洛杉矶沙拉公司和库特拉·皮诺斯合作社的合作方面。”

在访问快要结束的时候，一位农民说：“这是我们第一次经历平等的对话。”另外一位补充说：“我们每个人都在倾听。”

弗莱斯说：“非常有趣的是，当我们第一天提出那些问题的时候，每个人对这个项目的目标都有不同的看法。依我看，这点非常重要。这体现出我们是可以真正以诚相待的，这似乎象征着这个项目背后的全部理念：真正深入观察不同的环境条件和需求，同时又承诺投入让每个人都满意的系统。”

三天之后，好市多的人在离开以前，承诺与库特拉·皮诺斯合作社进行更密切的合作：提供商业建议、协助改善可持续作物的产出，以及开发对农业社区健康更具针对性的通用采购流程。这次会议之后，他们还协助合作社培育了更多的作物品种。所有这些行动都是更大规模的胡安·弗朗西斯科项目的一部分。

回顾这次审阅审计报告会议和好市多此后的工作，弗莱斯描述了后来产生的最大转变："我们的采购商知道了谁在生产这些农作物，他们不再是在'真空环境'中做决策了。这点不仅对于库特拉·皮诺斯合作社是如此，对于其他地区的合作社也是如此。人们后来明白，这就是传授可持续发展的起点——不仅是理念和标准体系，还要了解农民，要确定他们获得了公平的回报。"

比如，他们了解到，洛杉矶沙拉公司与库特拉·皮诺斯合作社合作建立了一个储备基金（双方投入总额是销售额的 10%），让农民总能按时收到付款，而不受气候或者运输问题的影响。"这对于他们来说，可是一件大事。"弗莱斯说，"这个行业里总会有一些你不能控制的事情发生。以前，受影响最大的是农民。"对于好市多的人来说，这也体现出像洛杉矶沙拉公司这样有承诺的"中间商"（大型零售商为了降低成本，常常想要除掉价值链上的这个环节），能以好市多做不到的方式，为这个系统的安全运行贡献力量。

反过来，这个项目也为公司中其他类似的供应链项目提供了信息，后者似乎也在进入自我增强的创新成长。"当我开始做的时候，这真是件小事，"弗莱斯说，"现在，可持续发展在我们公司已经不再是小事了，而是主流。我们的利益相关者会询问这件事。公司里方方面面的人都在询问他们可以做些什么。许多在不同领域工作的人现在都在做项目。"在单一价值链以外，人们还在探索能够帮助整个产业的项目，比如正在美国快速发展的有机乳业。弗莱斯说："人们学会如何看整个系统，学会应当提问哪些问题，学会看到典型的管理政策无意间制造的后果，这些都太重要了。"

从某种意义上说，弗莱斯这种创新者的工作，可以归结为让人们明白：看清系统最终意味着看清彼此。时间会证明，这个微妙的道理会传播多远。说到最后，好市多从事的是商业活动，而商业的思维方式不可避免地会渗透到公司里人们的互动交往中。“虽然这种思维方式在做出合理的商业决策上有实际意义，但是，如果人们对此习以为常，就常常不能把它放到一边，不能真正深入地看清自己，不能更深入地看清更大的系统。”弗莱斯说，“我们也许最终会为错误的系统做出正确的决策。如果不能改变我们的人际交往方式，又如何能指望事情会真正发生改变呢？”

开放头脑，开阔心胸，从超越我们自己的观点和个人目的开始，由此我们才能开始建立连通，才能真正为创造新的系统而工作。但是，还有第三种开放，这就是意志的开放——理解系统思考和跨界协作的人，都一再表现出这个特点。当个体和集体在自己的志向目标或使命方面开放的时候，就是意志的开放。当这些词汇与“健康的食品系统”和“强壮的农业社区”这类应对非常实际的问题的开发计划一起出现，更是不同寻常。然而，就像弗莱斯所说，目前缺乏的往往正是这些。

工具箱

团队四角钻石模型：辨别你的工作团队的现有模式

在与各类团队的多年工作中，我们注意到一些可观察的、影响力强大的行为模式，它们决定了团队实现绩效的能力。戴维 · 坎特（David Kantor）是在团队工作方面应用系统思考的先驱。他发现，在人类的交流互动过程中，有四种个人交谈行为不断反复出现。这四种“交谈行动”或陈述方式，在各种内容的交谈中都会出现。围绕像可持续发展这类题目，常常产生激烈的交谈，而我们发现此时这个模式特别有针对性。

这四种行动方式及其目标如图 18.1 所示。

在一个运作良好的团队中，每一种行动都存在，也都起到有效作用，不同种类的行动之间也相互平衡。实际上，在图 18.2 中所示的“钻石”应该是完备和对称的，没有特别弱的方面，也没有变形。相形之下，如果缺乏一种或两种类型的行动，或它们的力量很弱的时候，“钻石”就崩溃了。

在有建设性的交谈中，宣扬与探询之间有一种平衡，并且讲话的人都会走下“推断之梯”，以开放的心态分享自己的推理或感受，欢迎对方回应，欢迎深入探讨。

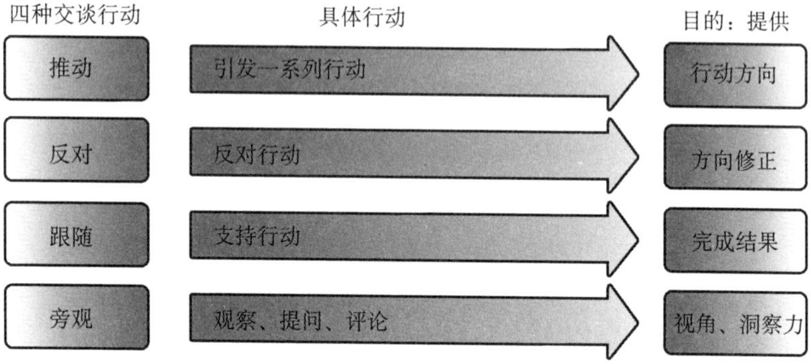

图 18.1　四种行动方式

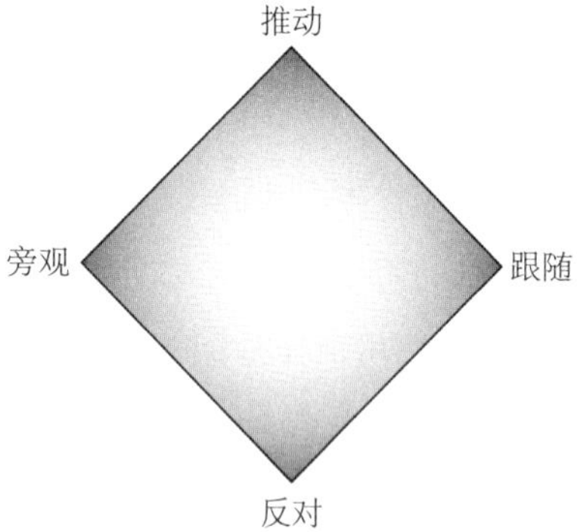

图 18.2　团队四角钻石模型

比如，有效的“推动者”会为团体提出一个立场，或建议一种行动，而他的态度会激励别人发表意见。相形之下，糟糕的“推动者”往往会采取一种“公牛闯进瓷器店”的莽撞方法，试图把自己的观点强加到团队成员身上。

与此类似，有效的“反对者”态度坚定而又尊重他人。他们往往在推动者最初建议的不同方向上提出意见，比如，“我不同意比尔的想法，这是因为……但是，比尔，你看我是不是忽略了什么？”

有效的“跟随者”头脑清晰，往往会把行动建议再向前推进一步，或表示真心的情感支持："我同意这个想法，我建议这样开始行动……"糟糕的跟随者软弱又模棱两可："我猜这对我来说还可以。"（或者，甚至是沉默的同意。）

最后，有效的"旁观者"会观察并做出评论。这些评论提供其他视角，但不提出具体的解决方案。"旁观者"也可能问问题，使大家得以用新的角度看待复杂的问题，比如，"我注意到，我们小组刚才劲头有所下降——我们是不是忽略了什么东西？"无效的观察者的例子，包括冷漠的消沉，大家不愿意说话。他们要么是因为害怕枪打出头鸟，"把脖子伸出去冒险"或"陷入权力斗争"（我们把这类沉默称作"问题的旁观者"），要么就是漠不关心。

如何知道你的团队是否运行良好呢？首先，评估每种行为方式是否都存在，有哪些是不存在的。然后，评估其有效性。总体上看，健康团队的特征是平衡性和流动性。所有四种行动都应该是同时存在的，也都应该被看作是有价值的；同时，每个人都是流动的，有能力扮演不同的角色。

以下是戴维·坎特和史蒂芬·奥博（Stephen Ober）研究确定的，运作良好的团队的一些具体特征。查看这些特征表时，考虑一下你的团队。这些特征中有哪些在你的团队中有持续表现？

运作良好的团队

1. 团队具备所有四种行为能力，它们易于察觉，而且彼此平衡。

2. 团队中的成员具备参与一种以上行为的灵活性。

3. 团队及其成员不会经常陷于重复性的、几乎是固定仪式的互动模式。

4. 团队成员做“有效旁观者”的能力纯熟，可以避免处于“卡壳”的状态。

5. 团队成员有能力做出清晰而非含混不清、模棱两可的陈述。

6. 不能形成决定的时候，团队对此有清晰的认知，并能够确定重要的问题，或者确定推动形成适当决定的下一步行动。

“卡壳”的团队

四角钻石模型特别有助于帮助团队诊断何时处于“卡壳”状态，帮助团队了解如何解除“卡壳”状态。

团队“卡壳”的时候，一些模式会反复出现。即便是健康的学习型团队，有时候也会“卡壳”，意识到四种角色作用中有一种或者多种缺失，或者注意到以下任何一种模式的出现，就能够帮助团队回到正确的轨道上来。

1. 只说“是”的人。一两位有能力的人物出现了，其他人跟随他们的引领，不问问题。

2. 会议枯死。“说”主要由几个人完成，组织中的其他人变成了“问题的旁观者”。

3. 我们在干什么？对于一个问题，没有人提出立场（做出有效提议），因此不清楚前进道路。

4. 辩论协会。大家陷入“推动—反对”的互动机制之中，换句话说，人们卡在彼此的相互争论之中，既不“悬挂”也不改变既定的立场。

团队“卡壳”时怎么办？

我们再回到第 10 章中提到的“卡壳”管理团队的故事，看看“辩论协会”模式是如何形成的。具体说，负责环保、健康和安全的副总裁特德与负责运营的副总裁乔安妮，很快就卡住了，形成了“推动—反对”模式，两个人都没有做出改变这种处境的努力。结果是，团队中的每一个人都站到其中一方。负责公众关系的副总裁史丹支持特德的意见，然而首席执行官罗伯特则站到了乔安妮的一边，并得出了结论：此时没有必要采取任何新的行动。

有人提出动议，另一人反对，以此类推，团队工作逐渐沦为一种行为网球赛。跟随和旁观行为不是不存在，就是无效或无法带来新的视角，也无法停止争论。请注意负责战略的副总裁安东尼，在会议即将结束的时候，他做了旁观者的评论——他说：“如果你要是在其中一个问题上错了，或者在两个问题上都错了，那对公司未来可能会产生哪些影响呢？”但是，这个评论在会议过程中来得太晚，所以看不出是否有效果。

如果你的团队陷入某个重复出现的模式，比如“推动—反对”模式，那会发生什么？团队会不会“卡壳”？其他角色行为会不会消失？你们如何相互支持，并在“卡壳”时带来有效的旁观视角？

以下是一些基本的步骤和人际开发性实践方法，可能让你的团队走出“卡壳”状态，变得更有效。

1. 请每一位成员确定他们最喜欢的角色行为。做这件事有个好方法，就是请每个团队成员都走到房间的一角，这个角落代表了他们最倾向的角色行为，或者代表了他们技能最熟练的角色。

2. 看一看团队的自然分布。是否所有人都是推动者，或所有人都是反对者？团队一般不会处于完美的平衡状态。

3. 问一问自己：“团队表现出来的不平衡倾向，对我们的工作、解决具体问题的方法以及大家是否感到自己的想法得到了认真对待等方面将有什么后果？”

4. 请每一位成员都反思自己想要开发的技能。请大家站起身来，走到代表他们期望开发领域的房间一角，是个有用的方法。

5. 讨论一下，要让每个团队成员都在学习上获得进步，应该做些什么？团队应该如何支持他们？（每个人也可以在平衡宣扬和探询的能力方面下功夫，支持整个学习实践过程。）

6. 最后，作为一个团队要经常对自己的互动方式进行反思，辨别“卡壳”模式，认可自己的进步，并且不断自我完善。

第六部分　从解决问题到创造未来

The Necessary Revolution:
How Individuals and Organizations Are Working Together to Create a Sustainable World

本书开始曾经提到，解决问题与创新是两种完全不同的心态。虽然两种方式都重要，但要实现创造再生型社会所必须经历的巨大变革，就不能仅仅依靠在危机出现后再做出反应。这样的变革需要灵感、热望、想象力、耐心、毅力，也需要谦卑。这样的变革需要愿意做出承诺投入的个人和组织构成的网络——他们不仅要学会如何观察塑造了今天世界的种种系统，还要创造新的替代系统。

在共同创造未来时，大家会以不同的方式工作：会把自己定位于未来而不是过去。吸引大家前行的是自己真正想看到的未来世界。要学习如何激活创新过程的独特能量——创造性张力。当真正的愿景呼应了当前大家坦诚面对的现实，创造性张力就会存在。要学习如何放弃事先想好所有安排的做法，大胆走进具有巨大不确定性的空间。还要领悟到，开发这些容纳能力的先决条件是使自己真正成为自己，即真正整合自己的生活。一位女士曾在小组会上愤怒地说："我讨厌乱七八糟的'帽子'，经理的'帽子'、夫人的'帽子'、妈妈的'帽子'。我只是我，这就是我的生活。我不会根据不同场合，在一个又一个角色之间换来换去。"

引领这些深入变革的组织正在全球逐渐显露头角。这些组织没有停留在"少做坏事"的阶段，它们把可持续发展的各种挑战，转化成有强大吸引力的战略机会，它们在创造真正的新产品、新业务、新能源基础设施，以及新管理实践和新组织架构。但坚持以创新为定位运作，既没有魔术般的神奇，也并不神秘，而只是将工作做到极致。大家都充满激情，人人都做出承诺投入，做无私呵护未来的受托人——尽管这个未来的许多方面他们永远也看不到。

| 第 19 章 |

从生命系统获得灵感的创新

企业必须创新，否则就无法生存。而激发创新灵感来源的这一改变，就是工业时代泡沫过后生活的重要特征。

从被动反应式解决问题的心态转变到积极主动的创造，最终都要围绕如何激发灵感。更具体地说，就是围绕如何把自然作为我们灵感的基本来源。美国绿色建筑协会成员吉姆·哈茨菲尔德说："我们一次又一次地回到这个简单的概念——要像大自然的运作那样去做事。无论从内部还是外部观察建筑物，都要把它当作一个生命系统去看。不断提醒自己这一点，它就会成为一座灯塔，帮助我们在必须经历的航程中穿越巨大的不确定性水域，战胜艰难险阻和矛盾冲突。"

耐克公司的达茜·魏斯洛也有过类似的经历。她曾努力让公司的设计师们对自然系统兴奋起来。在这个过程中，她聘请了珍妮·班娜斯（Janine Benyus）及其同事戴娜·鲍迈斯特（Dayna Baumeister）做咨询师——班娜斯曾在 1997 年出版过一本名为《生物仿生学》（*Biomimicry*）的著作。在书中，她介绍了生物仿生原理。魏斯洛举办了多次为期数日的研习营，第一次就召集了公司内部 20 多个不同职能部门的代表人员参加，包括设计、后勤、运输、人力资源、组织发展和工程部等。魏斯洛说："对于我们所有人来说，珍妮所做的工作已经变成一个经常的提醒——无论设计挑战多么艰难，我们有 35 亿年的大自然实验数据可以利用。"

对于耐克以及斯迪尔科斯公司（Steelcase）、美国绿色建筑协会、第七代公司、英特飞、赫尔曼米勒和福特等其他公司和组织，另外一种灵感则来自建筑师威廉·麦唐纳和化学家麦克·布朗嘉，这就是"从摇篮到摇篮"的设计理念。

当然，在化学和石油化工等现代科学出现之前，对自然的研究曾是不同古老文明社会持续数千年的共同基础。实际上，回归自然，以自然为师，把自然作为企业战略和创新的基石，也不是近几年才有的商业发展思路。比如，20 年前，施乐公司中一个工程师团队在重新思考产品设计时，就对自然这位老师有过令人震惊的、全新的发现。

废弃物零填埋

在世界对"仿生学"或"从摇篮到摇篮的设计"这类概念还茫然无知的时候，施乐公司的一个工程师团队就已经建造了一条非凡的绿色产品生产线。这个振奋人心的概念叫作"雷克斯"（Lakes），后来转变成为全新一代的复印机，于 20 世纪 90 年代后期开始面世。在世纪之交，公司财务状况处于极度紧张的时候，这个雷克斯"文件中心"系列产品在多个市场上销售旺盛，对公司维持支付能力起到了关键作用。此外，这个系列产品的设计创新，还产生 200 多项发明专利，在复印机行业内外引来无数模仿者，并最终获得国家季度设计大奖。"雷克斯"项目组长约翰·艾尔特（John Elter）获得了美国国家技术奖章的提名。

1999 年，当SoL可持续发展协作组的一个小组参观这家DC260 工厂时，他们走进的是一座到处洒满阳光、洋溢着活力的超一流精益生产厂。大家首先注意到的是这个装配厂里的清洁和宁静。每件物品上似乎都有一个标牌，比如每个货柜上都有标签写着供货商的名字，货柜会按照标明的信息返回到发货处。悬挂在头顶上方的是一条大型标语：“为了我们的子孙，实现废弃物零填埋。”只是到了后来，参观者才了解到这个标语背后的故事。[1]

20 世纪 90 年代初期，施乐公司CEO保罗·阿莱尔（Paul Allaire）授权艾尔特，要他通过开发新一代集打印、复印、扫描、发送文件功能于一体，并可与电脑连接的新型数码复印机，将施乐公司带入数字时代。这些全都是因为当时已经出现了可靠的网络、正在兴起的互联网和能够集成所有这些功能的数字体系架构。

艾尔特说：“那是从一张‘白纸’开始的设计，我们从头做起，开发出最合理的功能，创造出全然不同的产品工艺流程。那真算得上是把整个公司拿去赌。”

在艾尔特和同事们的手中有一块空白的画布，用来重新绘制数字时代。他们没有去征询其他人的意见，就决定在整个过程中打破以往的思路，并且从团队的组织方式入手。艾尔特尤其希望他的团队对生态系统有深刻的理解，也能够理解为什么这个产品从一开始就要从环境的角度加以设计。设计的目标是，所有零部件将来都可以重新利用或重新制造。

艾尔特回忆说：“我们知道，要按照我们的目标去做，就必须要用全新的方法思考。因此，我们想从一开始形成这个团队的时候，就能让大家与自己的个人目标建立更深层的连通，与公司的目标建立更深层的连通，并在大家之间建立更深层的连通。”

艾尔特联系了一家叫特玛（Terma）的位于新墨西哥州的小公司［现

在已经改名为“生命系统公司”(Living Systems)]。这家公司开发了一种创新的训练程序，帮助人们建立团队成员之间以及团队与自然之间的深层联系。艾尔特他们决定，让所有团队成员经历这个过程。他们分成几个小组，每组大约12个人，参加包括两天“野外独处”生存训练的课程。训练开始是在新墨西哥州举行的，后来移到纽约州北部的山区，靠近施乐公司在罗切斯特的总部。

“野外独处是最重要的部分。因为我们知道，大家都必须达到一个很深的层次，才可以放下一直以来所熟悉的过去，放下他们自认为懂得的事。”艾尔特解释说，“我认为，当时我们并没有充分理解，对有些人来说这是什么样的深度。很多人以往从未有过像这种独自与大自然相处的经历。虽然活动是绝对安全的，我们也得到了特玛公司员工的很多支持，但这个过程还是让一些人内心有了新的感受。独自站在高高的沙漠上，看到月升日落，看到令人难以置信的新墨西哥的夜空；而后又看到黎明，从一片漆黑到一丝曙光，再到阳光四射洒满天空。对于许多人来说，这都是一种深层的舒张和开放。”

野外独处活动结束后，各个小组集中起来，走回到静修营中心。在这个过程中，有一个小组被有意引导经过一个大型垃圾填埋场。有人建议说，他们应该下去看看垃圾场有什么东西。当他们走下去之后，就发现了一台老式施乐复印机的部分机身。

“很难详细描述当时到底发生了什么，”艾尔特说，“但是，在这个原始的荒野里度过两天之后，这堆废弃物的意义在我们眼前变得清晰起来。我们站在一个大自然从未产生过的景象中。这些人对这种复印机了如指掌：如何设计，如何制造，包含哪些部分，所有部件需要多长时间才能降解——正因为如此，大家才感到震惊。制造一台复印机所使用的金属、塑料、橡胶以及其他上百种不同的化学物质，会一起长久地矗立在这里——时间会比在客户办公室里待的时间长几百倍。我们究竟是在为客户设计产品，还是简单地组装起那些原料几乎都攫取于大自然的零部件，目的仅仅是为了使它们在走向垃圾堆的过程中，先短暂地拜访一位客户？

“工程师的天性就是计算。我想，在那个时刻，许多工程师都在计算——全球每年每家公司会制造成千上万台复印机，每年也有成千上万台复印机被消费者送进垃圾场。这个数字乘以生产厂家的数目，再乘以发生着同样事情的各个工业领域的数目，就是个大数字了。它意味着大堆大堆的垃圾，意味着许许多多的填埋场。

“就在这个时候，有人说，‘我们不能再这么做了’。然后，另一位补充说，‘如果我们制造的产品，都不会再被送到垃圾场，那会怎么样呢？’不需要回应了，大家都知道他是对的。也就在那一刻，我们的愿景产生了——废弃物零填埋。”

“制造一种所有部件都能被重复使用的机器”，这个灵感引发了创造力迸发的大潮。设计工程师们都知道，伟大的创作来自对约束条件的理解。没有一位画家能在一个无穷大的画架上作画，也没有一位雕刻家是在无限延展的原料上雕刻，音乐要用有限的乐器来演奏。约束条件对于创造来说是十分重要的。但是现在，事情有些不一样了。正如艾尔特后来所说的：“这些工程师在他们的生命中第一次感觉到，他们的工作不仅仅受到管理条件的约束，比如单位生产成本，还应该受到大自然的约束。废弃物零填埋的创想就是来自大自然的约束。”

于是，管理人员、工程师和技术人员共 800 多人参与了新型“文件中心 DC260”的创造过程。在这个项目的初始阶段，施乐公司的一位资深人员评论说：“我们需要的当然是一种绿色机器，但是更需要的是‘绿化’公司自身，即创造一个由大脑、心脏、身体和灵魂组成的生态系统。”结果是，这个队伍的“人权法案”（Bill of Rights）包括了“管理从心出发”，而“人、工艺、产品、地球”则成为其指导真言。

经过大约 6 年的开发，施乐公司推出了一系列复印机，改变了整个行业，也改变了公司自身。这些新机器曾经是（现在及日后开发的型号依然是）93% 以上可再制造，97% 可回收。十多年以来，这个系列的复印机一直在无废料排放的工厂中产生。整座工厂里没有边角废料，没有包装，没有一片塑料，甚至没有在生产复印机过程中使用的喝水杯子，没有任何东西被随便扔掉或送到垃圾场去。在废弃物零填埋这个愿景的重要性上，雷克斯小组甚至设法说服了主要供应商，许多供应商都采取了很多类似的措施。

同样令人瞩目的是，雷克斯项目随着时间推移而显现的绩效。时任施乐公司CEO安妮·马尔卡希（Anne Mulcahy）指出，由于零件和组件的再利用和再制造，“我们估计，相当于给 280 多万个零部件赋予新的生命。仅 2006 年一年，我们就相当于从垃圾场中‘回收’了超过 55 338 吨废弃物”。实际上，自 1991 年以来，施乐公司相当于从垃圾场里“回收”了 861 826 吨废弃物。艾尔特估计，这一回收项目每年为公司节约了超过 4 亿美元的制造零件成本。

我们将回过头来讨论，是哪些原则和领悟催生了雷克斯这类项目，也会探讨你如何能拥抱这些原则和领悟。问题不在于复印机本身，而在于有才能的人给再生型经济产品注入生命时产生的现实可能性。能认识到这一点，到此也就足够了。

生命系统的商业模式

驱动了几乎整个工业时代的公司商业模式，基本可以归结为“卖东西”。消费者从购买的汽车、电脑或iPod播放器上得到所需的价值后，会在这些商品的使用寿命终结时把它们扔掉，再以更多的商品来替代。实际上，人们购买一件物品是为了它的临时价值，一旦它没有了价值，也就没有人再想要它了，处置这些商品的任务就落到了消费者身上，而作为整体，最终落在了社会身上。但是在一个循环经济体中，为“生命之后的生命”（life after life）而设计商品，也就意味着设计有同样目标的商业模式。这主要通过创造新的商业模式来实现，尽管可能要借助于政府管制，比如欧盟的车辆寿命终结指导原则，而这种的商业模式的灵感乃源于自然。

约翰·艾尔特 2001 年从美国施乐公司退休后不久，就加入了普拉格动力公司。这是一家在创新燃料电池技术和天然气“再生”（将天然气转化成氢气）领域均处于领先地位的公司。约翰在这家公司做首席技术官，他带来了废弃物零填埋的愿景。事实上，美国燃料协会从那时起就采纳了这项愿景，并把它作为整个行业的目标。

然而，除了技术创新之外，艾尔特也提出了有关商业模式的重要问题。他说：“如果我们不能真正进行产品再制造，那设计可再制造产品就毫无用处。而这又取决于，当消费者不再使用这些产品时，我们是否有简单经济的方法进行回收。”

艾尔特和他在普拉格动力公司的同事的出发点是“永远不卖商品”，而是把产品出租，从而保留了对商品的所有权，并负责在产品的服务寿命终止时回收。其目的不仅仅是产品回收，也是以适当的方式调整生产者和消费者之间的利益，这点不是仅仅靠“卖东西”就能达到的。艾尔特说：“企业过去曾经把自己看作是产品的设计者，并且或多或少忽视了产品卖出后的命运。而企业现在不仅仅是商品的设计者，也负责商品出售以后的持续利用和再利用，这也就意味着，这件‘产品’永远不会离开他们的关注。”这种做法将使公司把关注重点完全放在产品使用过程的价值上，也就是提供给消费者的价值，因为商品是保证要收回来的。艾尔特说：“这更像是你把自己珍视的东西借给朋友，而不是把东西卖给你并不关心的人。”

比如，短暂的服务寿命是目前燃料电池的一个主要局限。艾尔特说，当普拉格动力公司出租而不是出售燃料电池的时候，“服务寿命和可靠性就已经成了我们的问题，而不是消费者的问题。因为如果产品不能再使用，我们就必须回收，更换新的产品——否则，我们就会失去这个客户的业务。这使我们建立了更好的客户关系，同时也促使我们不断改进”。

这也意味着，消费者可以把对减少废弃物的关注，与对燃料电池技术及服务的持续改善的愿望，协调统一起来。这意味着，要像基于愿景的新型企业，如第七代公司那样，超越消费者与生产者之间的交易关系，进而共同减少废弃物，共同改进重要的替代能源产品。

在大多数传统的商业模式中，卖东西比为消费者创造真正的价值更重要。不过，其副作用是，怨气冲天的消费者和废弃物堆积如山的填埋场。实际上，传统的商业模式一方面代表着企业和消费者与更大社区的根本脱节，另一方面，又试图使浪费大量材料和能源的系统永续。

对于重新思考如何同时为消费者、社区和环境创造更多价值的企业，这种脱节意味着巨大的机会。

| 第 20 章 |

释放出每天的神奇

施乐公司的故事是希望的故事，是激发灵感的故事，而不是对现状感到恐惧的故事。它也是恰逢其时的提醒，即“激发灵感”这个词原本是指“吹入生气”。这类故事远远超越了它们所传达的具体经验与思想，为我们对自身的潜能和可能性的感知力“吹入生气”。约翰·艾尔特说:“如果从逻辑层面说，确实无法解释雷克斯团队所实现的成就。原有 2 000 多个零件的产品，被简化到不足 200 个零件的全新平台，用的都是便于拆卸的螺丝和搭扣。要实现这样的变化，只靠解决一大堆技术问题是不行的。”

然而，从另一个方面来看，施乐公司所实现的变革虽然很神奇，但并不神秘。我们还完全不了解自己重新创造世界的能力。但首先我们必须理解，当创新的驱动超越对问题的被动反应时，我们的心态会发生的那种深刻的转变，也要理解这种转变所要求的承诺、技能与开诚布公暴露自己弱点的精神。

正面愿景和负面愿景

杰弗里·霍兰德（Jeffrey Hollander）是大获成功的第七代日用消费品公司的创始人。他在反思时强调："正如俗语所说，到了一定的时候，我们要么行动，要么就闭嘴。因此我们决定，与其展开行动抗议或者试图阻止我们不喜欢的事情，还不如创建一家公司。这家公司要尝试通过直接与顾客协作，改变消费的性质，帮助所有人看清我们在创建更健康的世界方面的潜在影响力。"

霍兰德曾经做过有关社会公平和市场营销的工作，他想要"做这样一种生意：卖的产品越多，对这个星球的影响就越积极。提到个人的影响力，我们中的许多人都会有自暴自弃的心态。我们设计这家公司时的想法非常简单：买日用品也能带给人们希望，因为我们能够让大家看到，大家的行动，哪怕只是选一卷卫生纸，都是有影响力的"。

可悲的是，各种环保和社会公平运动的大部分历史所表现出来的态度，与这种"创造"精神恰好完全对立。试想一下，直到今天，许多有意义的运动都打着"反"的标签——反吸烟、反毒品，反核武器。现在世界各地许多人都在行动，对抗气候变化。人们投入大量的时间和精力，试图通过反对他们不想要的世界，去争取一个更美好的世界。类似的传递负面愿景的事件在公司中也经常上演。上司激励下属改变，方法是给他们制造压力，告诉他们如果不这样做的后果，诸如失去市场占有率、失去工作等。

要避免那些威胁的想法可以成为有效的激励方式，但是只能起到一定的作用。一旦威胁不在了，变革的动力也随即消失。负面愿景使你敌视他人，把他人当成威胁的来源，而不是建立一种共同承担责任的态度，共同面对问题并寻求解决方案。为应对威胁而制定的策略，最终限制了人们的承诺投入、想象力以及持续创新所需要的集体智慧。简言之，恐惧心态束缚想象力。为反抗某些人或事而产生的承诺投入，与为实现真正的关怀而产生的承诺投入是完全不同的。

但是人们会问："我们今天面临的可持续发展问题，难道不是真的很让人绝望吗？社会要觉醒起来，要看到变革的紧迫性，难道不是真的至关重要吗？"对这两个问题的答案都是肯定的。然而，虽然我们都需要让人提醒变革的必要性，但真正产生影响的，是我们如何应对这些信号。创新和解决问题的心态之间的差异，就像两个不同的人：一位是在一次心脏病或中风之后，选择开始不同的生活方式；另一位则生活在持续的恐惧之中，总在担心下一次健康危机的到来。这一切最终都取决于组织的选择能力和容纳能力，取决于组织是否无论在什么情况下，都关注人们真正渴望的愿景，而不是企图逃避的结局。

认为变革总要伴随着绝望与恐惧的观点，已为组织内部和社会的许多人所接受。这个观点传递的是一种细微而深层的局限性信息，即我们无法进行变革是因为我们认为自己真正想要的东西仅是一个愿景。如果绝望理论（desperation theory）真的是正确的，那我们根本就不可能学会走路、讲话、骑自行车，也不可能成为小提琴家或工程师。是我们的愿望，而不是绝望，驱动了这些深层的学习过程；而学习创造再生型社会和经济，也是一样的道理。

创造性张力与情感张力

但是，只有愿景，不管它多么积极，都还是不够的。

过去 30 年间，我们在与不同地位、不同背景的领导者共同工作中发现，取得卓越成就的人都有一个显著的特征，那就是，他们对于解决问题和发挥创造力之间的区别有直觉的理解。这表现在他们激发出来的那种能量和承诺投入精神，表现在他们建立发展势头的耐心和能力，最终也表现在他们帮助别人掌握和运用这种必然发生的创造性张力的能力。这种张力存在于他们对未来的强大愿景和对现实的坦诚反思之间。

马丁·路德·金曾经写道："就像苏格拉底认为，有必要在心中建立一种张力，以使大家从神话、谎言和半真半假的束缚状态中解放出来……我们也必须……在社会中建立一种张力，以帮助人们从偏见和种族歧视的黑暗中解脱出来。"[1] 在这个叙述中，他指出了创造过程的核心原则，也就是我们所提出的"创造性张力"。[2] 马丁·路德·金以其种族平等的梦想而著称于世，但是他并非仅仅坐等愿景的到来。他的许多领导策略都包含了"把现实戏剧化"，也就是以游行、静坐及其他非暴力行动，揭露当时美国社会种族关系的现实状况。马丁·路德·金的愿景之所以有力量，恰恰是因为他有效地展示了他的愿景与现实状况之间有多么大的差距。

马丁·路德·金用词很小心，因为他了解张力（tension）这个词表示焦虑或压力。但创造性张力自身并不产生焦虑或压力，它仅仅是我们真正希望看到的世界图像与今天世界的真实图像之间的差异。想象一下，在你的愿景和现实状况之间有一根橡皮筋，像图 20.1 所示，绷在两手之间的那根橡皮筋。拉开橡皮筋时就产生了张力，代表上端的愿景和下端的现实之间的张力。张力寻求的是什么呢？是释放。只有两种方法可以释放张力：一种是把愿景拉近现实；另一种是，如果愿景保持不变，把现实拉近愿景。

这样，愿景与现实之间的张力就自然而然地创造了变革的动力。只拥有愿景，或者仅仅看到现实，都不会创造这种动力。

领导力的真正艺术不仅来源于创造性张力，还需要了解和运用其天然的伙伴——情感张力。应对恐惧、焦虑、压力、愤怒、伤心、放弃甚至绝望，是领导力无法逃避的一个方面，因为我们在面对愿景与现实的差距时，会自然出现这类情感。考虑到今天人类所面临挑战的巨大规

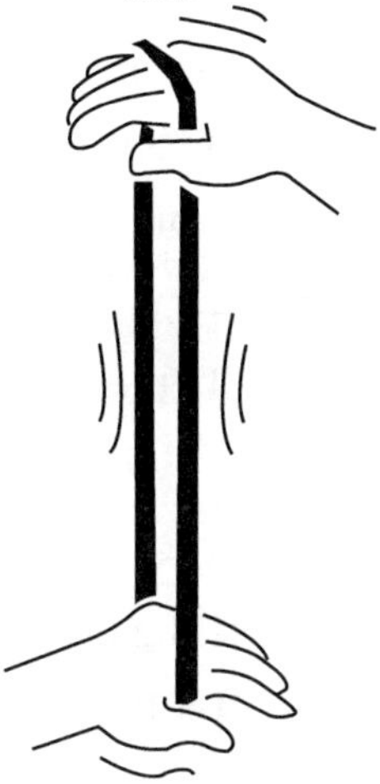

图 20.1

模——食物与水、能源与气候变化、废弃物与毒性物质，以及持续扩大的贫富差距，富有人性的人们就不会感受不到情感张力。

老练的领导者能够通过区分情感张力和创造性张力，避免自己破坏自己的努力。比如，在开发一种具有可持续发展性的创新产品时，我们因迟迟没有进展而感到沮丧和失望，我们也许会非常想摆脱这种感受。有一种立竿见影的方法，就是降低愿景。我们可能会告诉自己："也许这种产品根本没有市场——是时候该放弃这个项目了。"调整创造性张力作用中我们可以控制的一端，也就是愿景，就可以释放我们的情感张力。以降低目标来接近现实，我们就减少了情感张力。但我们付出的代价是放弃了真正想要的东西。与此类似，另一种暂时摆脱这种消极情绪的方法是，假装一切都好，虽然事实并非如此。这就是否认现实的策略，个人、团队、组织乃至社会都常用这个方法。但这种策略虽然获得情感的释放，其代价是同时减少了创造性张力，也降低了真正改变现状的可能性。

相形之下，在应对情感张力的时候，得力的领导者和高效团队会依靠“说出事实真相的策略”。这样，他们就承认了消极情绪也是现实状况的一种表现形式，从而允许他们的内在现实与气候变化和水资源贫乏等外在现实同样“逼真”，并且不断努力说出这两方面的事实真相。如果用这种方式考虑情感张力，焦点自然就会转回到“我们想创造什么”的问题上来。就像现实状况的其他方面一样，情感张力不大会立刻改变，但会随着时间产生变化。

在处理可持续发展问题的时候，把情感张力转化成创造性张力尤其具有挑战性，因为可持续发展问题很自然地会激起人们强烈的情感。况且，学习如何去做，也需要时间和锻炼，需要相当成熟的个人修养。对于在恐惧、愤怒和不信任情绪蔓延的地方成就事业的个人和团队来说，没有什么比具备这种能力更重要的了。当前这些局面本身就已经相当困难了，不需要人们再把自己的恐惧和焦虑加进去，使之成为一种持久的状态。

看到创新的机会，而不是“少做坏事”

正如霍兰德所指出的，围绕社会和环境问题的消极负面愿景和持续增强的情感张力会让许多人变得自暴自弃。似乎我们能做的，最多也往往只是应付看似无法解决的问题。然而，少做坏事、减少损害（如减少二氧化碳排放量，减少污染、减缓使用资源的速度，给予穷人更多的帮助）虽然值得称赞，却仍然不同于努力去创造我们真正追求的东西。

绿色设计师威廉·麦唐纳和麦克·布朗嘉对这两者的区别有个很好的比喻：如果一辆车正在向南开，减速并不会让车朝北开。迟早你要把车头掉转 180 度。尽管减速可能是重要的第一步，却不能确保产生真正需要的变化。坏事你做得再少，也不会让你变成好人。

因此我们提及的众多可持续发展的创新者都强调机会，而不仅去补救过失，这也就不奇怪了。卡斯泰德说，气候变化的“现实一旦被大家所理解，你就必须帮助大家集中注意力……去准确地发现机会，去采取一些行动。如果没能帮助大家看到机会，就无法让个人或组织释放那种能量”。

美国铝业公司的高管们深信，如果他们追求大幅度减少废弃物的目标，就不仅能保持当前业务，还能做得更好，于是这种转变就发生了。杜邦开始看到利用生物基原料的巨大潜力，并在 20 世纪 90 年代——远在短期降低成本的证据出现之前，就开始逐步放弃石油化工领域，于是这样的转变也就发生了。沃尔夫和他的欧盟汽车制造业同行展示了如何在极具挑战的企业与政府的谈判中，有效地利用创造性张力。

历史上，私营部门在面对政府管制时一般采取以下三种方法：勉强顺从，这需要执行部门持续保持压力；真心顺从，即企业认真遵循和接受各项规章制度；承诺投入，就是超越法律要求的范围去鼓励创新。

沃尔夫和欧洲各汽车制造商原本可以把即将落在他们头上的欧盟回收立法当作他们需要应对的麻烦。在这种情况下，他们就会把欧盟官员和机构视为敌人，并雇用院外集团和律师与之斗智斗勇。恰恰相反，他们一起形成了一个共同愿景：汽车回收与再利用是值得推崇的，如果有了良好的制度，就可以创造机遇，加快创新步伐。他们接受了在汽车的使用寿命终结时自愿承担责任的立场，并共同努力考虑汽车回收的实际情况，以完成相关立法；他们还帮助各自政府部门的谈判对手意识到，社会能够从切实可行的系统中获益，并使更具创新力的企业蓬勃发展。与此类似，像区域温室气体行动倡议（Greenhouse Gas Initiative）和美国气候行动合作伙伴（U.S. Climate Action Partnership）这样的联盟，在联邦政府疏于行动时，承担了应对气候变化的领头羊责任，提出了建立“封顶—交易”体系的建议。

放弃所有负面愿景并不容易，况且也不一定非这样做不可。很多成功的宣传倡导组织，其基本任务就是对于有害的工艺或产品穷追猛打，它们的生存依赖于灌输恐惧，乃至妖魔化它们的斗争对象。这类组织中的人既不疯狂也不短视，它们之所以能够存在，往往就是因为现实中确实有问题需要解决，就是因为有强大的力量在维持着消极有害的现状。创造超越工业时代泡沫的生活，需要许多种类的愿景。

重点是要理解，基于负面愿景、情感张力以及“少做坏事”的战略，从根本上不同于正面愿景和创造性张力主导的战略。危险不在于负面愿景的存在，而在于负面愿景成为唯一的引导。

我们要指出的是，负面愿景的作用只能发挥到一定程度，而且，基于负面愿景和情感张力的做法，相比由正面愿景和创造性张力主导的做法，有根本的区别。

协调个人生活和职业生涯

首次访问施乐公司雷克斯项目时，我们看到一家先进的零排放和精益生产工厂，同时还见到了这个团队的许多成员。通过与他们交谈，我们看得很清楚：这些脚踏实地、从实际出发的工程师，对他们“零填埋”的愿景充满激情，且非常投入。许多人提到了这个项目对他们的意义。然而，直到下午晚些时候，我们才感受到他们这种表述的深度。

我们当时挤在一个声音嘈杂、密不通风的会议室里，隔壁就是组装区。主人原本想提供一个更舒适的地方，但我们还是决定选择这间会议室，因为这里是这个团队举行早 7 点“日出会议”的地方。一位年轻女士是雷克斯团队的主设计师之一，她刚刚结束了一个有关这个新产品整体系统设计的技术汇报，正在谈这个过程对她而言如何有意义。就在这时，一个不寻常的问题打断了她。

问题来自一位在福特公司工作的SoL协作组成员，他是经历了许多组织学习项目的老手。他问："我理解这对于你来说是多么大的机会，也理解这对于你是如何激动人心。我本人就是和工程师一起工作的，所以我知道推动技术取得突破性进展对大脑的刺激和兴奋作用。然而，我真正想知道的是，为什么你会做这件事。我的意思是，你的出发点是什么？在这个出发点上你是谁，是什么身份？"

这位女士沉默地望着他，然后当着众多同事和几位上司的面说："我是一个母亲。"

现代工作场所的一个悲剧是，许多人最后都相信，他们不能把自己的全部都带到工作之中，或者，为了成功他们必须成为另外一个人——更聪明的人、更会表达的人、更关注顾客的人。我们控制自己的外表，投入企业的目标，以职业形象行事。久而久之，我们就像在一个布满了镜子的房间里待得太久，以至很容易把自己在镜子里的影像当作真实的自己。诗人戴维·怀特引用了一位AT&T工程师写的一首诗："10年前，我转过了脸……然后这就成了我的人生。"[3]

理解其中奥秘的一种方式：当人们真正发现了自己的愿景，并有机会为实现愿景而投入精力，当他们可以说出真相，并关注自己的愿望而不是"少做坏事"，当他们能够变成真实的自己，那么某些东西就发生了变化。内心的平衡和协调就开始发展，并释放出异乎寻常的能量和创造力——在这以前，由于自我否定、内心冲突以及对现实和自我都缺乏认识，这些问题都消失不见了。人们可以开始把自己和集体的全部投入到事业之中。他们认识到，自己现在就足够好了，同时还认识到，自己还有很长的路要走。当我们的内心与外部协调一致的时候，创造再生型企业的工作，就像普拉格动力公司的萨朗特所说，变得与"努力成长为人"（to become a human being）不可分割了。

太阳底下无新事

就像马丁·路德·金所提到的苏格拉底的话，在理解创造性过程的方式上，没有什么新东西。全球各地的文化都充分领悟到了愿景的重要性，也都重视说出真相，并帮助人们看到真相。比如在西方，我们有《新约》的劝诫："真相将使你解脱。"① 同样的智慧也存在于其他文化之中。马丁·路德·金承认，他的不合作主义策略，是仿效了甘地的非暴力行动方法。而甘地则是极富智慧地汲取了古代印度的精神原则，并把它用到实际的变革策略之中。[4] 甘地也受到了另外一位更早的公民不合作主义的实践者梭罗的影响，而梭罗则是从东方和美洲土著文化的传统智慧中获得了灵感。

创造过程的这种普遍性，对于应对今天的全球可持续发展挑战将是至关重要的。这里"全球"(global) 一词有两个含义：一个是指气候变化、生态恶化和贫困深化的广度。但我们常常忘记的另一个定义是"到处"(everywhere)。从第二个含义说，全球就包含了地方（local)。全球问题无所不在，这些问题就在这里，就在当下，而并非存在于某个遥远的地方。这些问题触及了我们，也是我们的生活和社区的一部分。接受了这一点，我们就会意识到自己与气候变化的"亲近关系"，意识到持续恶化的生态系统对人类的"亲密挑战"，它是让大家走到一起的力量。我们还意识到，如果要创造一个不同的未来，我们的每一个愿景都十分重要。

创造过程是我们人类共同遗产的一部分。在未来的岁月中，接近这种永恒的智慧，是释放我们个人和集体潜力的关键。

---

① 《圣经》中"The truth shall set you free"一句，《新约》传统常译为："真理必定让你自由。"这里译成"真相"是为了和彼得·圣吉的《第五项修炼》中内容一致。参见《第五项修炼》扩充修订版第 8 章《自我超越》中《对真相的承诺》小节。——译者注

| 第 21 章 |

不一定要有全部答案

创新是一个学习过程。在某一个时间点，你的愿景也许已经相当清晰了，但这并不意味着明天就会产生结果。一定不会!

只有通过实现愿景的工作过程，看到哪些做法有效，哪些做法有问题，你才能获得重要的领悟和洞察力。虽然许多人都大体上掌握这个基本理念，但成功的创造者，如企业家一样，都有一个特征，就是在实践中纯熟地把握这个理念。罗伯特 · 弗里茨（Robert Friz）是一位颇有成就的音乐家、作曲家、作家和电影制片人，也是他最先提出了创造性张力和情感张力的差别。我们中的许多人往往刻意忽视自己得到的反馈信息，这正是因为，我们在弗里茨所说的“创造与调整”方面的能力差强人意。

艾伦 · 韦伯是《快公司》（*Fast Company*）杂志的共同创办人，他把这个过程形容为:“在你和环境之间展开一次持续的对话，探讨某个新的想法是否有分量……你创造出的这个想法，是否需要以及如何才能进一步演化。”这并不意味着要不断地变来变去，也不意味着采纳你得到的所有建议。但这却的确意味着韦伯所说的，要保持警惕，注意我们是否封闭了头脑，是否实际上会说："不行，我想出的这个主意已经完全成熟了，如果不按照我想的办法做，那这件事我就根本不做了。"

美国绿色建筑协会的创建者们对于"创造和调整"的理解正是他们在"达成协议，马上行动"的方法中所表达的。建筑行业相互冲突的各利益相关方在早期的共同工作过程，正是借助此法找到了动力，形成了势头。佩尔·卡斯泰德在评估原型项目的价值时，也蕴含着这样的理解。

通过原型项目试点开展真正的学习

演讲、文章、数据，以及展现紧迫性和发展机会的故事，这一切的影响都很有限，无法替代看得见、摸得着、产生实际成果的原型项目。

类似卡斯泰德的"绿色地带"原型项目试点，让人们得以"从干中学"。这也是卡斯泰德的经历。他发现，类似丹麦卡伦堡大型工业园开发的"工业生态"概念，在应用到一个小商业群的时候，必须要做调整。卡斯泰德的小商业群中有一家汽车经销店、一家挪威国家石油公司的能源（汽油和生物燃料）服务站和一个麦当劳餐厅。比如他发现，除了使用余热之外，麦当劳餐厅中使用过的食用油，也可以转化为生物燃料，在隔壁的能源服务站销售。

通过在印度乡村开展试点项目，探索如何分销小型太阳能发电系统，通用电气发现自己需要当地的合作伙伴。这不仅是因为要由当地的工人去安装系统和提供维修管理服务，还因为，如果不同时促进当地就业，这个电气化项目就无法持续下去。村庄一旦通电，村民就会购买制冷设备，增加可以储存和销售的农产品数量。这个额外增加的实际价值，强化了一个积极的正反馈经济循环，并为村民改善生活条件提供了切实可行的方法。

实践中获得的经验和技能，又反过来帮助大家把握“我们能做什么”的可能性。这就是为什么相形之下，许多学术知识都有悲观主义的倾向。学术界的人士，甚至包括一些成就卓著的学者，往往把大量时间花费在讨论问题上，而不是去关注有什么事可以用哪些不同的办法去做。即便有时他们构想出了解决方案，但在概念与实施之间还是有极大的差距。几乎没有人关注该怎样做才能让大家有效协作，并获得成功。比如，多年来学术界在水和表层土壤资源持续短缺的问题上一直在开展研究，但在可口可乐与世界自然基金会合作之前，在建立可持续食品实验室这类行动之前，没有人想到非政府组织和公司竟然可以为解决这些问题而携起手来，共同努力。

有实际成果的原型项目能把各利益相关方和不同专业领域的人组织到一起，形成一个学习型社区。组成“绿色地带”的三个不同行业的企业，有不同的商业模式，吸引不同的客户，也需要不同的管理技能。同时，它们还可以在废弃物和能源工作方面相互学习。美国绿色建筑协会的创始人也同样鼓励协作学习，让利益相互冲突的各方一同工作，开发出无数的原型项目试点，最终这些成果形成了LEED评级系统。

或许最重要的就是，宏大设想的具体呈现，会点燃想象力的火花，这是抽象的争论无法实现的。这是卡斯泰德在“绿色地带”工作中得到的最大收获。最初，他并不认为这个项目有什么了不起，因为它采用的都是现有的、别人已经证明过的技术。但是，人们开始从全球各地跑来看这个项目。“我完全没有领会这里的意义……没有领会‘让人们触手可及’的重要性。”突然间，人们可以想象出“循环经济”真正长什么样子了——“对他们来说这个概念变真实了”。他理解到这一点之后，便和他不断扩展的团队开始考虑一个更大的愿景，即“生态区”原型项目试点。在成熟市场上，这种情况也会发生。比如，人们看到丰田的普锐斯混合动力车时，自然就开始问道，为什么不能让更多的汽车具有这样的功能。

从许多方面来说，可持续发展虽然是新技术的成功实施，但更是对潜在市场需求的发现。也正因为这一点，有实际成果的原型项目至关重要。潜在的需求是客户从未表达过的需求，因为他们没有表达方法，或者还没认真想过。采用标准的市场研究方法，比如焦点小组或问卷调查，也很难甚至不可能分辨出这类潜在的需求。但是，当人们看到新理念实实在在地体现出来，这样的潜在需求就会浮出水面。“对于燃油效率提高35%的车型，你愿意为购买它而支付多少溢价？”这样的问题会让人们进入理性分析的心态，也会让人们做出谨慎的回应（不管怎么说，没有人愿意“答错”，也没有人愿意冒傻气）。但是，当他们看到了一辆吸引他们注意力的轿车时，他们就会做出感性的反应。他们开始相信，就像霍兰德所说的，我们可以采取许多小步骤，向可持续发展迈进。现在有许多人都想加入这个征程。

自从1998年普锐斯混合动力车问世至今，丰田公司这个车型的销售量已达100万辆。丰田公司目前主要关注三个方面的潜在需求，并正与包括本田在内的其他公司一道，进行大规模投资，推动未来汽车业最主要的市场的形成。2007年，这家公司启动了开发配装高性能电池的充电版普锐斯的实验项目。这种车型可以在晚间（电力需求较低时段）充电。不久的将来，电动车或许可以储存足量的富余电能，然后在用电高峰或电价较高的时段，反输到车主的工作场所和住宅。在2007年底特律车展上，丰田公司总经理渡边捷昭承诺，到2010年推出一款主要靠电力驱动的车型，进入公司用车测试序列。这样的公司用车，将为企业和政府在可持续发展问题上起到领导作用又提供一个新的途径：采用对员工和外部利益相关者都有意义的高调行动来测试新产品。在日本，这个车型已经获得了在公路上进行这类测试的许可。

最后，新观念成为现实，就会引起追求更大愿景的热情（参考第

24 章的《工具箱：建立平衡的愿景组合》)。人们会说："我们如果可以做这件事，为什么就不能做那件事呢？"企业看到成功案例时，就会去模仿，或者想表现还可以走得更远——那就更好了。这就是竞争到达最佳状态，也提醒我们，竞争（compete）一词来自拉丁语competere，意思是"共同努力"。正像卡斯泰德所说，如果一家瑞典汽车企业在一个弹性动力车型上获得了成功，"其他所有企业都会跟上来"。它们也的确这样做了。这也就是为什么通用汽车正努力在电动车市场上赶上丰田——这是"不创新，就落后"的又一个例证。

请求帮助

处在重要领导地位的人往往认为，他们一定要有全部答案，处在"下面"位置的人，也会有同样的想法。颇有讽刺意味的是，这恰恰不能挖掘本应出现的集体智慧——身处高位的人在公开请求帮助时所激发出的集体智慧。

美铝公司的一组经理人在 1997 年召开了会议，目的是转变公司应对环境问题的方式。他们意识到，需要把主要责任从环境管理部门的经理（在大多数公司主管环境、健康与安全工作的人）那里转移到工厂经理及其管理线负责人身上，再通过他们转移到组织层级中的所有人身上。

"确定零排放目标时，我们并不知道如何实现这些目标，"阿特金斯说，"如果纽约的工厂给我打电话说：'我究竟要怎么做才能达到生产用水的零排放？'我没法给他们一个'22 步行动'的单子，让他们实现目标；我甚至无法解释如何去说服他们的管理层给他们拨款，让他们做自己想做的事。但是我觉得，如果这个目标是可能实现的，如果他们有停止生产用水排放的真正动机，他们才是最了解生产用水排放的原因和方式的人，他们才最了解怎样做才能有不同的结果。他们可以拿出必要的工具、步骤和流程，做出不同的结果。”

回顾过去，阿特金斯看到，如果让所有人都去思考如何实现废弃物减排，而不是只有区区几名工厂环境专家去想这个问题，就会带来巨大的力量。“你拥有13万名美铝员工，如果每位员工每天都花10分钟想这个问题，接下来要发生的事就会令你大吃一惊。”

1997年对于石油工业也是重要的一年。BP公司当时的首席执行官兼董事长约翰·布朗，在斯坦福大学发表了一次历史性的演讲。在演讲中，他公开表示与其他所有主要石油公司分道扬镳，宣布气候变化的威胁是有足够可信度的，不应该再被忽视，“是必须采取审慎的预防措施的时候了”。他又说，实际上，对大气中温室气体持续增加所带来的威胁，如果人类社会要等待科学家完全形成共识的时候，再想做点儿什么去应对局面，可能就太晚了。这样的说法，今天听上去已经算不上是激进了，但在那个时候，一家石油公司的总裁公开发表这样的观点，却是闻所未闻的——多数石油公司当时甚至不会出席围绕这个主题的公开会议。

公众不大了解的是，布朗实际上真不知道BP公司如何才能实现他在演讲中做出的承诺：在5年之内让BP的排放达到《京都议定书》的要求（把排放控制在20世纪90年代的水平）。CEO代表自己的企业发布这样的公众承诺，并不少见。真正不平常的是，演讲之后不久布朗就写信给公司的350位高管。依照时任BP公司首席科学家巴尼·巴尔金（Bernie Bulkin）的转述，布朗实际上在信中表示：“我已经做了这个承诺，现在我要听听你们的意见。如果我们要这样做，你们的业务单元就要这样做，我需要你们的想法。”

这个请求在公司中引发了各种会议和讨论，都是关于降低二氧化碳排放的。巴尔金描述了这些谈话是如何展开的：“勘探人员说，‘我们打试验井的时候，天然气对我们毫无用处，所以就把它点燃烧掉，而这会白白产生很多不必要的二氧化碳’。然后有人就说，‘我们压根儿不想打这些试验井，太贵了，代价太高了。我们怎么就不能用好地质数据呢？这样就不必打试验井了’。每个人都有自己的想法。结果，到目前为止BP 公司已经通过实施这些建议而节省下了几亿美元。”

请求帮助有两个好处，其中一个比较明显，而另一个则有些微妙。其一，由此产生了很多想法，相当多样，又有深度，变革的动力也同样随之而来。其二，它使人们关注并参与到对他们真正重要的那些变革当中。

1998 年BP公司和阿莫科公司合并后，对两家公司的员工做了一项抽样调查，询问对员工而言什么是最重要的。阿莫科公司的员工往往更多地关注工作是不是稳定，或者其他一些通常的担忧。而绝大多数BP公司员工关注的首要问题是“我们是否能在环境问题方面保持领导地位”。这大大出乎人们的预料。没有人能想到，BP 公司员工会认为这个问题如此重要。

对试点项目的建议

原型项目试点的目标就是要推动变革的势头。如果没有明确的方法来集中精力完成容易实现的具体步骤，人们面对可持续发展的深层挑战和长期目标就会“绷得过紧”，从而产生巨大的情感张力，让个人或组织都难以承受。其实初级的具体成果往往唾手可得，比如减少废弃物，降低水和能源消耗，或者创造某个新产品。但从某种意义上说，这些初级阶段的具体目标完成起来比较容易，还不是这里主要考虑的问题。与任何学习过程一样，创造工业时代泡沫之后的生活，也需要一步一步地实现。

尝试在组织内部形成可持续发展的势头时，你能否在适当的时间选择适当的试点项目，这是决定成功与否的关键因素之一。在这方面，你和你的团队可以参考第三部分中的可持续发展价值框架。

通过分析你们最初阶段的工作处于哪个象限，这个框架对于确定你们团队的工作焦点来说是非常有用的工具。例如，致力于减少废弃物的试点项目处于左下象限（“内部—现在”）。就像我们说过的那样，这种努力可以用来获得进一步的杠杆效应，因为这样的项目向我们展现了实实在在的经济利益。同样，“外部—现在”的试点项目（右下象限）有助于和外部的核心利益相关者开展开放性对话，也可以为潜在的协作打下基础。与许多跨国公司一样，可口可乐在同世界自然基金会建立大规模伙伴关系之前，就参加了各种各样的团体，以便更好地了解世界水资源问题。

这个框架还能帮助你澄清试点项目会为谁服务，及服务的时间跨度，从而帮助你进一步聚焦。这个框架可以帮助你预见，用什么样的必要试点和原型项目，才能让你们的创新在组织内外传播。比如，如果想要与另一象限建立联系，在你工作的进程中就要考虑需要同谁尽早建立合作关系。

很多创新企业试验可持续新产品的做法是，在企业内部邀请对此感兴趣的业务部门和地区分公司（左下象限）。例如，通用电气公司已经在遍布世界各地的分公司内部场所，试验高效电动机、照明、太阳能和净水系统。这样做不仅得到了有关产品性能的有用反馈信息，还获得了不同地区关键市场的需求信息，如印度和中国。如果你有意识地让销售和营销人员参与内部试点项目，他们的一线经验就可以帮助你了解，新产品如何为现有消费者和全新的细分市场创造价值（分别属于左上象限和右上象限）。

在试点和原型项目阶段，让新部门直接同现有或潜在客户群接触并合作，反过来又会成为你和客户的学习良机。通用电气公司负责照明业务的一位高级销售人员说：“在开始从事创新型高效照明系统工作以前，我总是被推给负责采购的人，他们只有一个目标——强迫我一年接一年地降价。现在，我们能够经常和工程师及营销团队进行讨论，讨论的内容也大不一样了。他们对我们的经验非常感兴趣，而我们也会帮助他们从头开始，重新考虑新店如何设计、如何提供照明。”

请非政府组织的成员参与试点和原型项目工作也很有用。对企业有效开发更多可持续发展产品的各种重要问题和领域，他们往往都有自己的知识和经验。假如有一家企业致力于减少当前的产品和工艺所带来的负面影响（右下象限），使产品更加环保，那么非政府组织合作伙伴，就可以在产品反馈、创新观念和新市场开拓方面，成为丰富的信息来源（右上象限）。杜邦、通用电气、BP、联合利华、耐克、宝洁以及一系列大大小小的企业，已经认识到非政府组织参与到自己行动中的重要性。康奈尔大学的“金字塔底学习实验室”（The Base of the Pyramid Learning Laboratory），现在已经成为一个论坛，这些企业在此相互协作，在发展中国家开展试点和原型项目，同时也加快了它们集体学习的进程。

| 第 22 章 |

从摘取“低垂果实”到新的战略

许多公司的可持续发展历程，是从减少废弃物或提高能效开始的，因为这样做有直接的“商业依据”：这是已经支付的成本，所以这方面的改善就会直接转化成利润。但许多公司从来没能超越这个摘取“低垂果实”的阶段，因为它们没有鼓起勇气并发挥想象力，去面对这样一个事实：它们正在用错误的商业模式（产品销售的最大化导致增加浪费而不是可持续性价值），把错误的产品（如耗油量特别高的汽车）销售给错误的客户（富人群体，他们应该考虑减少而不是增加高油耗汽车的消费）。相比之下，只有数量较少的公司在不断提升愿景，重新建立创造性张力。它们拓展新市场、吸引新的利益相关者参与，包括可能的投资者和各种不同的资本来源。然而，这必定要从吸引公司内外的人来参与新的对话开始。

大象与（正在长大的）跳蚤

约翰·布朗在斯坦福的那次演讲以后的 7 年里，BP公司进行了一次重大的品牌重塑，抛弃了以前的“英国石油公司”（British Petroleum Company）的称呼，代之以更简洁的BP，并采用了绿色和黄色的旭日图案——象征“超越石油”（beyond petroleum）。BP生产了一系列更清洁的燃料提供给消费者，实施了各种各样的提高能源效率和减少废弃物排放的措施，结果节省了数亿美元，并大大降低了温室气体排放。除了参与许多应对气候变化的行动计划，BP还放弃了美国主流企业惯用的维持能源现状的政治游说策略，成为第一家在美国设立办公机构，却禁止向各个美国政治行动委员会提供捐款的大型企业。

但是BP 98%以上的利润依然来自其核心业务——石油与天然气，正如当时负责高利润贸易业务的高管薇薇恩·考克斯所说：“BP这个品牌的推广，后来有点儿变味了。”——对公司是否确有决心真正引领可替代能源潮流并形成一定规模表示怀疑的人，就以嘲讽的口吻说，BP是“超越无可奈何”（beyond pathetic）、“超越似是而非”（beyond plausible）。考克斯说：“我们在广告上的投资依然高于面向可再生能源的投资。我们的太阳能业务在过去 30 年中亏损了 5 亿美元，开发风能的行动无非只是又一个项目而已。”

就在此时，公司要考克斯负责可再生能源业务。她在BP的很多不同业务岗位上工作过，有各种成功业绩，这也部分由于，她长期以来一直潜心实践对培育创新十分关键的深度对话交流。[1] 难怪她很快就从BP在世界各地的分公司召集了 150 位负责能源业务的高管，举办了一次题为“领悟全球运营环境”的深度对话。在 2005 年年初举办的这场对话中，战略部门的一位新负责人做了一次发人深省的报告。

与会的高管被直接告知，他们所处的行业目前正处于十字路口，传统的资本密集、技术推动的“大石油公司”的商业模式，虽然已经成功运转了50年，但完全没有机会在下一个50年里继续保持成功。而这在很大程度上是由于日渐高涨的、大幅降低全球二氧化碳排放的呼声和要求所致。虽然报告中没有使用80–20挑战这个说法，但与会高管实际上被告知，这个挑战已经摆在他们眼前。经过两天的对话，许多人对BP这样的能源公司将要面临的各类问题和各种机会，都有了不同以往的感受。

考克斯发现，需要进一步加深和扩展对整个业务的重新思考。于是，几个月后她又举办了一个“战略节”活动。她强调既要邀请替代能源的积极支持者，也要邀请对此持怀疑态度的人。她还给每位参与者都提供了能源行业的事实数据和发展趋势等细节材料，同时也在会议的背景墙上打出了一个简单的观点：未来与过去可能会大不相同。“墙壁上挂的都是电力工业、能源交易以及替代能源行业的图片、数据和图表。”考克斯说，“最终，所有这一切都归结到低碳电力的概念上。”

他们接着形成了一个以低碳电力为核心的商业模式，着重关注四个领域：太阳能、风能、氢能发电（当时正在开展与通用电气公司的合作）和燃气发电。

在随后的几个星期里，BP公司的许多人都开始谈论替代能源。当然，许多替代能源业务都是长期业务，但在短期和中期就有钱可挣，并可用来支持长期的投资。“大家可以看到，在风电项目上，有10%~14%的投资回报率。”虽然这些业务的收入规模与核心石油业务相比微不足道，但它们已经是“真正的业务”了，而不是简单的慈善捐款。

两个月后，考克斯把这个新的商业模式带回给布朗。布朗给她的挑战是“让BP公司的其他高管也谈论这个问题”——这个她做到了。到2005年年底，BP成立了一个新业务部门——“BP可替代能源公司”，并批准在未来10年里投资80亿~100亿美元。[2] 这家公司确实在准备超越摘取“低垂果实”的阶段。

在两年之内，BP可替代能源公司已经成为全球较大的可再生能源企业之一。它是美国占地面积最大的风能公司，目标是到2015年成为世界最大的风电开发商。在印度，它是唯一经营风力发电的外国企业。BP已经把在印度、中国、美国和西班牙的太阳能业务翻了一番，还制订了坚实的计划，承诺在不到3年的时间内把全球太阳能业务增加三倍。两个大型氢发电项目的协作正在进行中，更多的合作也正在开发中。[3] BP在生物燃料研究方面也开展了投资，其中包括一项为期10年的，对世界上第一个专门的生物能源研究实验室进行5亿美元的投资，这个实验室设在加州大学伯克利分校。

这些引人注目的数字背后，是一家态度保守的传统石油企业进入新世界的勇气。而过去，这家企业则是习惯于利用复杂、先进的工程和财务分析工具，在耗资巨大的项目上赌博。尽管机会很令人兴奋，但人们对于如何在超越泡沫的工作中获得成功，仍有更多未知的东西。考克斯有足够的经验，知道到目前为止公司在这方面还只是走了几小步——如果来自核心石油业务的压力迫使可替代能源业务收缩，那么BP放弃发展可替代能源的可能性很大。

至少，BP在这个方向走得越远，相对于石油业务来说，替代能源的世界就会变得越新奇。考克斯现在相信，未来不仅需要与以往不同的投资准则和管理技能，也需要完全不同的商业模式和合作伙伴。石油企业资本高度密集，雇员相对很少，主要是通过成熟的大企业组成小网络[包括各种技术服务提供商、工程和建筑公司，及其下游产业（石油化工和塑料行业的合作伙伴）] 来产生巨大的现金流。

考克斯说，这种新的分散式能源业务与其说像大油田开发，不如说像个“地方集水工程”。因此，其成功可能取决于本地的企业网络和管理协作，类似可口可乐和世界自然基金会在水源区建立的网络。此外，当前的能源使用模式是建立集中式分销渠道（天然气和石油）和国家电网（电力）。但是，有相当大的人群在目前的能源模式下无法获得服务，他们有巨大的需求。毕竟几乎有1/3的世界人口没有连接到集中的电网服务系统，他们也不大可能在不久的将来成为集中电网的用户。

按照考克斯的说法，将新合作伙伴和新市场这两个要素合并起来，就能赋予替代能源一个必要的“社会功能”(social function)。这意味着培育一个由很多人负责运营的行业，而它并非简单地由一家集中式的分销公司来远程操控。

BP已经在向电网覆盖区以外的印度村庄销售一种无污染的生物质颗粒型燃料炉灶（biopellet stove，其目的在于替代贫困村落里不健康的烹饪习惯）。这种炉子采用由印度理工学院最新开发出来的技术，将农作物秸秆压制成颗粒型燃料。除了印度理工学院外，与BP公司合作过的还包括当地的（炉子和燃料）生产商和分销商、小额信贷机构、能为其提供启动资金的慈善基金会，以及村镇分销合作社。在为期一年的市场研究完成后，这项业务就建立起来了，但市场研究并不是由传统的市场调查公司完成的，而是由当地专门从事妇女合作社工作的一家社区发展机构完成的。实际上，BP公司的做法与好市多不谋而合：它扩展了企业自身的边界，远远超越了通常意义上的业务合作伙伴，从而整合了整个价值链，并且在这个过程中改善了贫困村民的生活。

考克斯把这一切都看作是用来创建全新企业和全新商业模式所必需的实验。“没有人知道这些新型能源企业会怎样发展，但我们知道，我们无法只靠自己就学会所有这一切。所以，这就需要非常规的盟友关系。我们必须善于发现新的合作伙伴，并在具体的商业原型项目的实践中共同学习。”

考克斯发现，在一些国家，譬如印度，这种“关系型”管理模式非常奏效。“关系型模式的魅力在于，它就是这些文化传统中的大多数的自然运行方式。”她说，“与其强迫他们服从我们传统的‘指挥—控制’模式，并因此破坏他们价值创造的源头，还不如顺其自然，从而挖掘他们创新的潜能。”她同时也深知，这样的变革在传统的BP管理文化环境中并不容易被接纳。“要想这样工作的话，你必须相当谦卑。你并不知道所有答案。你在为关系的建立和创新的涌现而创造空间，这正是高级管理人员的职责。”但这需要很大的勇气，“在一个通常并非如此运作的更大系统中，尤其如此”。

在为真正的新愿景提供服务的过程中，那些乐于不断学习的人很有可能发现，在替代能源和提供能源的替代型企业这两方面，这个世界跃跃欲试的程度超出了很多人的预期。2007 年，考克斯在印度的一次会议上宣布生物质颗粒型燃料炉灶之前，就做好了“功课”，准备去应对这样的争论：作为发展中国家，印度有权利去发展，所以BP公司不仅不应该再采取“居高临下”的批评态度，还要停止在替代能源问题上的说教。但与她的预期相反，她发现许多印度人决心要想出全新的点子和解决方案以超越西方国家。“这是一桩实实在在的、赢利的生意。但更重要的是，无论在BP公司内部还是外部，‘什么是可能的’这个话题的性质正在转变。”

对积蓄“横轴上”创新动力的建议

为了避免你的组织陷入只能带来短期效益的可持续发展创新行动之中，你需要像薇薇恩 · 考克斯和她在BP公司的同事那样，逐步积累对未来投资的商业合理性论据，并以此去培养一个由有着相同见解的领导者组成的、更宽泛的网络。在这个领域内，原型项目试点的逻辑同样有效，它能够帮助人们创造适当的实际步骤，并让人人都从中学习。如果只是激辩究竟是豁出去大干一场，还是暂不出手，那组织往往会被拖垮，并将一无所成（回想一下第 10 章一开始提到的受困管理团队）。

下面这两个实际演练工具，侧重于对未来进行的内部（左上象限）与外部（右上象限）的投入。回想一下之前我们关注了新产品、新技术、新管理基础设施和能力建设（比如BP在发展中国家为企业创新成长提供机会的内部新关系网和技能）。后者（右上象限）集中在对新市场、新合作伙伴和对外界的新认知上，比如BP公司在开拓新市场的过程中，“走出去”与各个组织和小额贷款提供者进行的合作。

开始，你应该挑选一个你认为既具备验证新可能性的潜质，又可以吸引重要利益相关方参与的具体创新行动。使用第一个模板步骤（第340~342页），主要去关注公司或组织内部可能被你吸引进来的人。你可能发现这个方法好用，当然这主要取决于你的方案的性质。然后，用第二个模板步骤（第363~344页）帮助你扩大关注范围，吸引公司外部的合作者，在公司外部建立变革势头。在积蓄变革动力和势头的过程中，你能逐步清楚地了解如何去协调和融合这么多不同领域的关注点。眼下假定你是从组织内部开始，在内部吸引关键合作者的参与。

不管是探索内部还是外部对未来的投资，对于新技术的采用以及寻求新的市场和伙伴，都不要太过纠缠。过分关注这些，你就会忽视这项投资怎样才能催生实际可行、可操作的业务。

例如，第一个模板开始的步骤会先询问关于你的想法的潜在商业价值，并鼓励你找出持怀疑态度的人——就像考克斯在她的“战略节”上所做的。之后会有各种各样的问题来帮助你识别创新行动里的关键参与者，并判断他们需要哪类帮助，以及他们每个人是如何界定成功的。

第二个模板的重点步骤，则在于识别占主导地位的客户和吸引组织外部的合作者。不管实行哪个模板步骤，都要持续关注项目在经济上是否现实可行。

最近我们问过考克斯，从那么多全新的创新冒险中都学到了什么，她回答说：“我们不缺机会，并且我们已经找到了很多有创业精神的人来探究并开发推动这些初创企业，这些都是在相当混乱的市场环境中进行的。但到了某一个时点，你就需要调整策略了，需要引入规则，把这些企业管理好。而对于创业型人才，‘引入规则’会很困难。如果想培养新的小型企业，使其在更大范围里创造价值，我们和合作伙伴们就需要有能力保持混乱与秩序的平衡。”

要记住，原型项目试点的精神，就是你不必知道全部答案。你现在只不过是在试图“证明概念”，你可以在以后的阶段再扩展关键积极参与方的多样性。巴尼·巴尔金曾谈到先导项目和原型项目试点，在BP公司刚开始涉足低碳能源和替代能源时的作用：“我们正在进行好几项初始阶段的创新行动。当我们获得初步成果时，现在看起来不可能的事情，到那时就将变成可能了。”

工具箱

在你的组织内部发现潜在能量和投入承诺

下面的模板步骤，是从新团队领导者的角度看待原型项目试点的投入。如果你在组织中还不具有启动试点项目的权威，想一想下面的问题，问自己需要做哪些事，才能吸引其他人参与，或者建立一个有这样权威的团队。

• 确定你的创新概念有哪些关键领域，需要在实际操作中验证。特别是公司中持怀疑态度的人提出的那些“不可能”的领域。需要做什么才能证实创新概念的可行性？通过邀请持怀疑态度的人和持反对意见的人来批评你的想法，吸引他们的参加（这是他们无法拒绝的请求，他们一定会接受），但不要指望他们马上就去推进你的想法。

• 然后问自己：“公司中哪些具体的人和团队希望找到办法实现这种创新——证明它的可行性？”

• 谁是公司中有远见的人，他们虽然听到了“不可能”的说法，却仍然迫不及待地要启动变革？他们是在第 14 章的图 14.9 中，处于正态分布曲线中“推动变革发生”一端的人，与怀疑者和反对者相对。

• 以你的核心团队为中心，画一张“联络图”，向外连接到你的公司中可能会涉及的人，用连线表示核心团队成员和这些人之间的个人关系链条。谁可能对你的某一个原型项目试点感兴趣？这个网络可以从其他哪些地方，自然延伸到组织边界之外的人际关系？你能看到连接这些外部参与者的个人关系链条吗？

对于你列出的每个关键人物，都画上方框，在方框上方写下他的姓名，下方写上你让他扮演的角色。比如，某个角色也许是开发出原型项目试点，以证明你的计划中某个“不可能”的方面，实际上是可能的。

预想一下，你该怎样利用这张内部联络图找出不同的方法来支持从事原创活动的人。

• 仔细挑选最初的原型项目团队成员，你的工作就是支持他们。挑选那些对原型项目有完全承诺的人作为关键成员，并保持与他们的沟通，理解他们遇到的挑战。询问自己，你将如何帮助他们，他们又需要什么资源。

• 保持项目与关键组织问题和组织目标之间的联系，这样大家就会认为，你的行动是有意义的，也是及时的。

• 在初期，要避免官僚主义的大型“推广”活动，你的第一个目标是要用原型项目试点表明什么是可能实现的。许多团队在实现目标之前，都有意埋头不声不响地工作。

• 制订多个应急计划，头脑中始终有多个路径，利用这些应急计划，在挫折和失败中快速学习，把从中得到的收益运用到新的战略和策略之中。

• 一面工作一面沟通。主动保持联系，并与所有重要内部利益相关者保持沟通，以使大家产生好奇心。必要的时候请求帮助，并培养承诺投入和支持。

• 不断为变革工作创造阶段性成果，这样可以发展你的试点项目，对规模经济的实现和其他正反馈产生滚雪球效应。

工具箱

在组织外部寻找先导和原型项目试点、市场和相关性

对市场中逐步显现的需求做出预期和反应时，你可以使用这里列出的第二个模板步骤，去关注你的公司或组织范围以外的情况。

- 你的公司里面有哪些关键人物可能最先看到潜在或者逐步显现的市场？（专注市场和未来业务成长的人，往往会比技术人员先看到机会，而技术人员则可能看到种种障碍。）
- 哪些先导客户已经对你的想法产生了兴趣？邀请他们帮助你开发和测试你的原创试点项目，并与你在试点项目中合作。
- 你如何利用客户的参与和兴趣？如何确保至少部分公司高管直接参加与这些客户的沟通？
- 是否有一些具体的地方（或社区），其各方面条件最有利于你进行成功的创新？如何把你的想法与潜在或正在显现的细分市场联系起来？例如在某个特殊市场中，是否有更多人在

决定购买产品时，会考虑到温室气体排放问题？哪些地区的政治环境最适宜你这类项目和观念的发展（比如，该地方的政治家一旦了解，清洁能源技术会创造更多的就业机会和更活跃的经济，就会倾向于支持这样的技术）？在这些地区或市场中，你是否有人际关系网络来保证试点项目的可持续性？如果没有，你是否可以建立，就像美国绿色建筑协会那样建立地方分支机构，以支持LEED系统的地区性原型项目试点？

- 看一看全世界所有地区和市场（无论你的团队在哪个地区），找到你的创新领域里最先进的市场。比如，在美国加利福尼亚和以色列地区，电动车市场的发展比世界上其他地方都快得多。同样，你将会发现干旱地区对节水产品及其原创开发项目的更多支持。在发展已经受到限制和约束的地区（比如，由于空气污染、燃料或水资源的供应和安全问题），市场需求会明显增加，这些需求有可能已经开始推动先导项目，甚至促进了大量细分市场的增长。这样的地区能够为你的团队提供丰富的学习机会。
- 关注公司组织的“DNA”。每个组织机构和社会团体都有自己的骄傲之处、辉煌的成就和实力优势，可以将其作为你的工作基础，使你能够悄然推出有更多增长潜力和高杠杆效益的原型项目。
- 如何围绕你的原型项目建立忠实、活跃的社群？比如，如何才能直接联系正在进行不同新产品开发试点的各家客户，使他们能够直接互动，一起分享经验和教训，并建设自立的互助支持的社群？

制定更全面综合的策略

最终，综合全面的策略将覆盖可持续发展价值框架的所有四个象限，连接内部和外部的努力成果，以及针对当前和面向未来的投资。佩尔·卡斯泰德正在进行的发展生态区域的工作就是一个很好的例子。有趣的是，随着这项开创性工作得到越来越广泛的认同，这个策略正通过一个主要由欧盟资助的项目，从瑞典北部地区向世界其他地区传播开来。欧盟这个项目的目的在于帮助全球 10 个地区探索超越化石燃料发展的模式，其中包括鹿特丹、马德里、中国南阳以及巴西圣保罗。

在瑞典，通过解决图 22.1 中心的前两个问题，佩尔·卡斯泰德和他的同事开始了他们的工作：他们解决了“先有鸡还是先有蛋”的挑战——在增加乙醇燃料车的数量的同时，也增加乙醇补充服务站的数量，而为了保证乙醇补充服务站的可行性，自然要求路上有数目可观的车辆。这实际上代表了汽车制造商在未来的内部投资（新型汽车，从最初的福特到后来的萨博）也会与外部投资有所关联（由各方人士建设的、新的乙醇补充站）。

如图 22.1 显示，属于“左上象限”的（车辆）和“右上象限”的创新举措（分销）的平衡关系与另外的四个子系统联系在一起，这四个系统也需要纳入考虑范围：

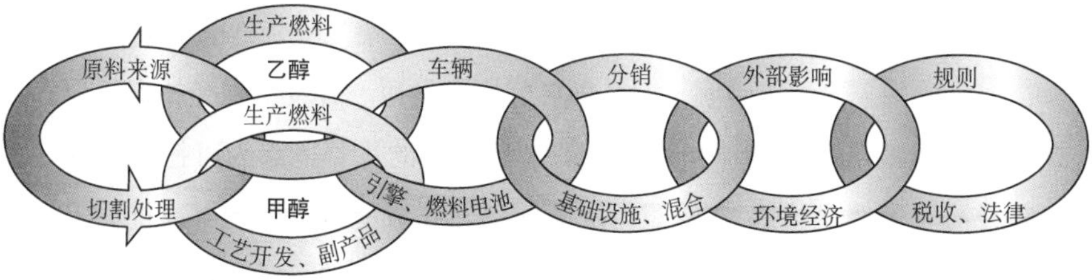

图 22.1　生物区开发

1. 原料来源（制造燃料的材料）。
2. 生产燃料。
3. 燃料对外部环境及经济的影响。
4. 规则。

每一个子系统都能转化成创新、发展和就业的机会。在这方面的例子是，瑞典通过建立世界上最先进的第二代纤维素乙醇生产设施，应对第二个子系统——燃料生产。这个设施利用林业废弃物，而不是将农作物如玉米、甜菜作为生产原料。瑞典也在通过形成合作伙伴关系，应对第三个和第四个子系统（环境和法规）。这些伙伴关系将会清楚地显示出，新的创新举措将要给经济和环境带来的实惠，最终形成创立法律的政治力量，从而可能扩大他们的最初成就。

不幸的是，目前生物燃料方面的很多举措都是追逐眼前利益的机会主义做法。其中许多措施都是快速草率的解决方案，忽视了许多意想不到的副作用。例如，把现有的农作物如玉米用来生产乙醇，这样做不仅忽视了对食品价格产生的负面影响，还忽视了增加净二氧化碳排量的副作用（在某些情况下甚至超过使用常规汽油产生的二氧化碳排放），尤其还忽视了对甘蔗、对水源地的副作用。由于全世界对替代燃料日益强烈的需求，我们需要像卡斯泰德那样的框架来连接现在和未来、沟通内部和外部观点，从而为生物燃料的热潮注入理智。

例如，卡斯泰德目前的一个主要项目在坦桑尼亚。他认为这是一个很好的例子，可以说明，对长期燃料来源的耐心开发、以受托责任为导向的本地企业家精神和对适当的基础设施的投资能够为可持续能源和经济发展奠定基础。“这里有大量能够转化成能源的阳光（通过太阳能和生物质能）。这里的人民与自己的土地、自己的孩子和精神文化之根，有着深层的关联。但是，这里也有很多人试图肆意掠夺这些能源，包括最近有人在进行生物能源生产来赚取短期利润。”在向政府提出建议的时候，卡斯泰德尝试将他们的注意力集中在理解可持续发展原料（如农作物废弃物）和生产能力上面，集中在培养具有促进周边社区全面发展大使命的地方及相关企业上面。但是短期收益的压力铺天盖地，正如他所说的：“把这件事做好，我们只有一次机会。”

| 第23章 |

愿景是什么并不重要，重要的是愿景能做什么

随着组织将创新过程内化，大家对愿景的实际作用的理解，也会发生一个微妙的转变。人们往往沉溺于“把愿景做好”，但完全没有领会愿景的真正意义——它是一种行动的力量，而不光是一组辞藻。愿景是什么并不重要，重要的是愿景能做什么。

零似乎是合适的数字

美铝公司确定生产用水零排放和废弃物零填埋的挑战性目标，实际上是受到了几年前发生的一系列事件的鼓舞。那时，保罗·奥尼尔（Paul O'Neill）作为刚刚成为公司的CEO，正在检讨公司的损失数字。奥尼尔、阿特金斯和其他几位高管相互争辩，损失数字的目标值是否有意义。

阿特金斯回顾说：“从我最初加入公司开始，关于美铝公司安全问题的辩论就一直很激烈。有些人会说：‘是的。你需要确定安全目标，

但是你不能把指标定得太离谱。你不能设定那种在两年之内让事故发生率下降 75% 之类的目标，因为大家根本就不理会这种指标。他们一定会说，这是坐在匹兹堡空调房间里的那群家伙弄出来的事，根本做不成。’另外一些人会辩驳说，如果不确定挑战性的摸高目标，大家就不会努力，就会说美铝公司对一年有 300 人受伤也根本不在乎，因为这个行业的情况本来就是如此。”

奥尼尔掌权之后不久，就改变了这场辩论的方向。阿特金斯回忆起奥尼尔当时说的话：“我的观点是，零是个合适的数字。我们不能计划今年要死 3 个人，就因为我们去年死了 4 个，而今年要有些改善。同样，在美铝公司的工厂里，你们也不应该计划送 1 000 人去医疗中心。所以，目标就是零。零死亡事故，零工时损失，零事故报告。”

虽然这场辩论还是持续了一段时间，但是奥尼尔的立场产生了成果。美铝公司的安全目标多年以来直到今天，一直是：零。自 20 世纪 80 年代末至本书稿截止时，美铝公司的事故率下降到原有水平的 1/15。其事故率水平是全美所有工业企业中最低的，甚至低于被广泛认为是大型企业工业安全“黄金标准”的杜邦公司。[1]

各种不同规模和形态的公司，都确定了一些没有什么真正影响力的公司愿景。经过一段时间之后，这样的愿景通常培养了更多玩世不恭的情绪，而不是承诺奉献的精神。这来源于经理人的根本性误解——他们认为，愿景的任务就是找出一些鼓舞人心的动听辞藻，这样似乎就能起到激励和动员大家的作用。激励他们什么呢？是要他们顺从于经理人想做的事吗？这样的做法很难激发组织中的创造力和承诺投入。

更糟糕的是，愿景宣言的存在往往是为了反击“这个公司没有愿景”的嘲笑挖苦，这样就潜移默化地加强了“解决问题”，而非“创造未来”的心态。另一个与此相关的错误理解是，只应设定我们自己知道能够实现的愿景。但是这样做，就像是看着后视镜开车。当你周围的世界发生变化的时候，这样做既不能振奋人心，也没有特别实际的用处。

评估愿景有一种方法，也是唯一的方法，这就是：把这个愿景已经带来的成效，与如果没有这个愿景现在会是什么样的结果进行比较。

对这个原则的完美诠释，在退役篮球明星比尔·拉塞尔（Bill Russell）写的一本书中有所体现。拉塞尔在退役之前，是波士顿凯尔特人队的队员。这个队获得了历史上最多的职业联赛冠军。他在书中描述说，他设计了一个100分的评分系统，他用这个系统在每一场比赛之后，从10个方面按照从0~10的标准来评价自己。在他14年职业生涯中，他从来没有给过自己100分。在状态最好的那几年里，他的平均得分也只是在95分以下。如果按照大多数人思考愿景的方式进行判断，这个可怜的人是个坠入深渊的失败者——他一生中参加了上千场比赛，却从未实现过自己的愿景。然而，以他和他的队友所成就的辉煌来评判，以他那前所未有的11枚冠军戒指的收藏来评判，他是历史上最伟大的球员。

真正能够产生作用的愿景，既来自头脑，也来自心灵。在美铝公司，人们认识到，无论针对死亡事故，还是针对用水，零都是正确的目标，虽然他们不知道如何实现这个目标，甚至可能达不到这个目标。这样的目标是正确的目标，是因为它们表达了大家真正的渴望和愿望；这样的目标是正确的目标，是因为它们充分挖掘了大家的学习能力，并最终带来其他方法都不能实现的成就。对于未来也是如此。比如，这家企业的目标是：在2025年之前，所有工艺流程，无论是加热水，还是输送空气，或是泵送液体，都要至少达到80%的理论能源利用效率。尽管许多人认为这根本是不可能的，但这依然是其目标。当人们真正理解了“愿景是什么并不重要，重要的是愿景能做什么”时，他们就会如此行事。

肩负使命的企业

彼得·德鲁克（Peter Drucker）曾经说过：“利润对公司来说，就像人吸进氧气。如果你吸进得不够，你就得‘退出’这个世界。”然而不幸的是，多数企业的运行让人觉得仿佛其目的就是呼吸。企业的目的就是实现利润最大化这一观念，是遍布商业世界的最根本的混淆。但一直以来只有少数企业理解这个问题的严重性。今天，创造超越泡沫生活的巨大挑战，正在使更多这样的企业涌现出来。

从某种意义上说，生命系统触发了这些组织的灵感，其产品、工艺、业务模式乃至管理哲学都属于未来，即越来越像自然界其他生命系统那样运行的未来。这样的企业是第 8 章图 8.2 中介绍的可持续发展目标整合第 5 阶段的典型。虽然这些企业在规模上仍无法与已经成形的大企业相比，但其中有一些已经开始产生超过自身规模的影响力。

格雷斯顿面包房（Greyston Bakery）是一家为纽约市多家高级餐厅供应面包的企业。1982 年，伯尼·格拉斯曼（Bernie Glassman）创建这家企业的地点是纽约州扬克斯市（Yonkers）最贫穷的地区，其创建的目的是为当地提供就业机会。今天，这家企业不仅雇用了 100 多名员工，还建立了一个由营利企业和非营利组织组成的网络，包括为无家可归者提供住所和为单身母亲提供公寓。

丁式咖啡（Dean’s Beans）并非一家大型的咖啡焙烧企业，但一定是有着非常清晰使命的企业之一。其创始人丁·赛克恩（Dean Cycon）说：“我们的工作就是提供最好的咖啡，同时帮助与我们合作的全球咖啡种植者兴旺发达。”这家企业销售的每磅咖啡的利润中有一部分会自动返还给供应咖啡的合作社，合作社就可以自己选择将这部分资金作为推动社区经济和社会发展方面的投资。这部分投资包括：在秘鲁的妇女发展项目和森林恢复项目，在尼加拉瓜为 1 600 名触雷致残者提供康复治疗的项目，在危地马拉一个每周有 7 000 名当地咖啡种植者收听的广播节目《咖啡谈话》（*Coffee Talk*），在埃塞俄比亚首次为 3 000 人提供洁净水的水井项目，以及在肯尼亚、巴布亚新几内亚等国家开展的为咖啡种植者进入市场而进行的有机产品认证培训项目。

这些企业不是慈善机构。它们是成功的企业，也是正在成长的企业。格雷斯顿面包房从创立之初的 5 名员工增长到现今的 100 多名员工，最近还迁入一所LEED认证的厂房，而丁氏咖啡的销售额则在过去 10 年中增长了 500%。

然而，从这些企业的所有者的角度看，他们的经营并不是为了营利，他们的营利目的是为社会做出贡献。赛克恩说："我不是因为可持续发展的重要性而觉醒的商人。我开始做生意的原因，就是探求一种特殊的模式——如何为恢复地球的健康，让企业能够也必须发挥可持续的积极推动作用。"在格雷斯顿面包房，他们的说法很简单："我们不是为了做巧克力小方饼而雇用员工，我们是为了雇用员工而做巧克力小方饼。"[2]

这类成长中基于使命的企业，正成为当下行业中具有广泛影响力的重要角色。比如，生产绿色家庭用品和保健产品（可生物降解的家用清洗产品，不采用含氯漂白剂的可循环家用纸制品、纸尿片以及妇女用品）的第七代公司，其产品近年来十分畅销（目前也在美国第二大超市塔吉特、美国全食超市，以及美国其他零售连锁店销售）。连沃尔玛也开始和这家企业接触，一方面是采购其产品，另一方面则是学习它在企业责任方面的创新方法。虽然这家企业与沃尔玛这样的业界巨头相比规模还很小，但是其目前的销售收入已经达到了 1 亿美元，与此同时，它坚持了自己的使命：教育"这一代和未来许多代人"，让他们了解自己对"人类健康和环境健康"的影响力。

购买第七代公司的产品，就像上一堂可持续发展的小班课。包装和容器上是有关日常家用产品包含的毒性物质的信息，有关节水的信息，还有其他信息，比如，如果每个家庭都使用植物基而不是石油基的洗碗液，美国可以节省 8.1 万桶石油。这样的信息都相当有意义且乐观向上，它们强调了个人或家庭健康与环境健康之间的协调。在这里，更重要的信息也很清晰：人人都可以通过日常生活中的选择而做出积极的贡献。

小行动帮助大系统

类似的企业在实践着推动更大系统健康运行的愿景。这可能是本地社区系统（格雷斯顿面包店），也可能是产业供应链系统（丁氏咖啡），或者如第七代公司总结的九项“全球指令”，即霍兰德所说的“全世界未来 50~100 年必须解决的那些问题”，包括改变企业的管理方式，强化自然界的再生能力，以及创造新社会来“推动社会公平”和“提高对不同观点的理解能力”。

这种对更大系统的关注可能听上去脱离日常商业现实，甚至可能因此加剧霍兰德所担心的玩世不恭的态度。为了避免这种状况，第七代公司力图利用其全球指令去评估当下的实践，就像霍兰德所说，“开发观察我们的行动和思考的自觉意识……持续对照检查我们与这些指令的差距。”

比如，这家公司不久前启动了产品环境影响综合评估。霍兰德报告说，他们很快就发现：“我们对这个问题的了解得太少了。”

他们了解生产和运输过程会产生大量二氧化碳，然而当超越生产和运输过程去看产品使用过程（参考第 2 章）的时候，他们发现自己的产品对环境的最大影响是：由于设计要求在热水或温水中使用，从而造成浪费。“我们进行了测算，我们最大的单一负面影响就是给水加温的能源消耗。这使我们非常震惊。”[3]

于是，如何重新制订洗涤产品的配方以使该产品可以在冷水中使用，就成为公司“（产品研发）优先考虑的问题”。这个问题花了近两年的时间。2007 年秋，他们推出了第一条植物基冷水洗涤剂产品线。他们投下的赌注是：新产品会为关注气候变暖的顾客提供一种新的方式来表明“他们的行动，虽然看上去很小……却能做出贡献”。

依靠共同目标网络发展业务

像其他生命系统那样运营的愿景，会引发全然不同的发展战略。有关第七代公司令人吃惊的事实之一是它的规模。尽管这家公司的销售额已经超过 1 亿美元，但它的员工人数却还不到 100 人。即便是最冷漠无情的资本家，也会对这样的销售效率指标印象深刻。

这是如何实现的呢？答案是通过建设“自我延伸的人际开发关系”（Self-Extending Developmental Relationships，SEDR）。格里格·巴尔内姆（Gregor Barnum）在这家企业工作了 5 年，他说：“如果我们想发展这个企业，又不希望它成为另一个笨拙的大型企业，就必须以不同的方式思考我们应该如何做事。我们与关键业务伙伴的关系，远不仅仅是出于业务方便而建立的联姻关系。”

巴尔内姆和公司中的其他人也了解，这是一个更多体现了自然系统运行方式的商业模式——通过建设共生关系（symbiotic relationship）网络而成长。就像巴尔内姆所说，“森林里并没有责任主管”。

但是，这样的战略要获得成功需要一种特殊的承诺投入。“关键是慢慢建立这类人际关系，这样大家就可以真正互相了解，知道对每个人来说究竟什么才是真正重要的。”

霍兰德说：“当你讨论的不是洗手间里手纸的价格，而是大家如何能够一起像合作伙伴那样工作，去发动一些大家想让世界发生的变革，你就会进入一个完全不同的环境氛围，从而看到完全不同的可能性。”

他补充说："对于那些把企业完全当作'交易'的人来说，这相当不合乎文化习惯。但是，一旦人们知道你真正在乎这件事，这就会变成公司的特征和优势。"

通过共同目标网络来发展业务，既可以延伸到客户，又可以延伸到供应商。围绕客户造成的积极影响开展教育活动，是第七代公司商业模式的核心，对于丁氏咖啡和格雷斯顿面包房来说也都是如此。然而，霍兰德和他的同事们想知道，他们能否走得更远，能否超越传统企业与客户之间基于产品销售的交易关系。

他们与绿色和平组织结成了合作伙伴关系，并启动了一项实验。在实验中，他们利用本来可以投放广告（几乎对所有消费品公司而言，广告都是关键的市场营销策略）的资金，为一项名为"改变它"（Change It）的社会和环境实验项目提供财务支持，该活动由 100 名大学生参与，为期 5 天。霍兰德说："这件事的整体想法最后变成如何改变我们与客户的互动方式，如何不仅仅通过人们购买产品进行互动。说到底，促销活动只是激励人们购买更多产品的方式。这难道是我们希望得到的人际关系吗？"

他们从销售自己产品的店铺中撤下了普通的促销材料，代之以为世界发挥积极影响作用的标识，并鼓励客户去寻找在这方面表现积极的大学生。参与这项活动的社区就可以跟踪观察加入进来的年轻人，并利用其经历去推动"与关注这些年轻人所应对的问题的人进行对话"。这里的核心概念是："与年轻的变革领袖联系，可以帮助人们参与到自己的社区中；另外，要创造系统变革，我们需要培养变革推动者，他们将有可能在一生中影响成千上万的人。"

要评估这个项目的更广泛影响还为时过早。然而，这个项目似乎正在引起许多社区的共鸣。那些大学生开展了各种本地项目，包括减少废弃物排放，对环境友好产品的宣传，提高能效，帮助社区了解气候变化，以及新奥尔良森林的恢复，等等。同样重要的是，他们的行动强化了各自社区的参与，发展了深度对话的实践。他们的努力在各自的校园中产生了显著的影响，那些通过购物机会表达价值观的对话引发了激烈的辩论和重大的变化。

该实验项目开展的第二年，200 个项目工作有超过 1 200 人申请。这个项目的最大意外之一，是来自零售商的反应。“要求参与这个实验项目的零售商数量比我们过去送洗衣机争取他们参与促销的时候还多。”霍兰德说。

你今天使用愿景的情况如何？

已故的汉诺瓦保险公司CEO威廉·奥布赖恩（William O’Brien）是我们的导师。他曾说过：“我发现每个人都会下意识地用自己的‘胡话’去判断，愿景是否只是胡编乱造的废话。你最终都会问自己，‘我们的愿景影响了我们的行动吗？’如果答案是否定的，那么愿景就只是空洞的辞藻。”我们所知道的解决这个问题的最好方法，是制造一种聚焦于你日常工作的创造性张力——通过对照你的愿望和抱负，来持续观察今天的现实和问题。

比如，中止广告促销的决定，在第七代公司内部引发了一些担忧，因为促销活动对于许多人，包括销售团队中的许多人来说都利害攸关。“我想，那时候是有点儿吓人……因为我们利用为什么会中止广告促销这个问题来引发更广泛的讨论。”霍兰德说。

在全公司以小组方式举行的对话自然引发出许多问题。然而，当人们深入进去之后，“大家几乎自然而然地开始反思、开始发现其他一些不协调的事情。当每个人开始从一个真正关系重大的使命出发，思考自己的职位和工作（或其他什么）时，就会产生非凡的力量”。

当这个过程逐渐展开的时候，一位负责应付款工作的女士变得情绪沮丧，她说："我实在没看出来这会与我有什么关系。你们知道，我的全部工作就是写支票。我收到一堆发票，然后我就写支票。"

"然而，当我们进入有关社会公平的讨论时，她逐渐了解到，她有权决定某些账单支付的先后次序，她不一定要像习惯的做法那样，按字母顺序支付。她意识到，她可以先支付我们的独立承包商，而后再支付我们的 10 亿级大公司合作伙伴。对于独立承包商，这就会有很大差别。而那家大公司却不会注意到支票是周一、周二，还是周三收到的。当所有层面的人都建立了这样的联系时，巨大的能量就释放了出来。"霍兰德说。

要判断愿景的实际作用，既需要看远期，也要看近期。从某种意义上说，我们未来数年、数十年要实现的目标非常重要。但是，从另外一个意义上说，愿景要么在此时此刻就是活生生的，要么就什么都不是。愿景激发我们的工作（在我们的工作中"吹入生气"），就在此时此地，从最深奥到最世俗的层面。如果想知道我们真正承诺的是什么，只要看看我们此时此刻的周围。这个标准很苛刻，但就像霍兰德所说的，一旦人们学会如此生活，他们就会发现无穷无尽的创造能量之源。

新观念，旧源头

正如人们对创造过程的普遍性理解，新一代使命驱动的企业也是基于非常古老的，甚至远早于工业时代的观念。这并不让人感到意外。

这些企业寻求为生命系统的健康和福祉做出贡献，并把它作为企业基本目标的一部分。这些企业放弃了获利是商业唯一目的的观念，并且把它们与其成员、供应商和客户的关系质量当作是成功的真正标志，这样也就回到了商业的本源。[4] 在最古老的瑞典语中，商业一词是narings liv，意思是“滋养生命”。在中国古代，这个概念是由两个象形字符号来表示，翻译过来的意思是“生活的意义”或“生命的意义”。

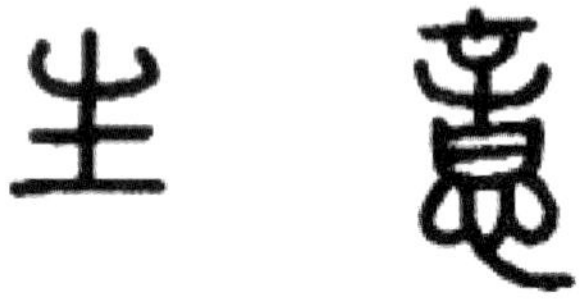

在英语中，company（公司）一词来自拉丁语的com panis，意思是“分享面包”，它与另一个词companion（同伴）是同一个词根。

在20世纪80年代初期，荷兰皇家壳牌石油公司进行了一项名为“长寿公司”的研究，研究涉及全球为数不多的一些生存时间超过200年以上的企业。当这项研究报告最终在1997年公开发表的时候，壳牌前高管阿里·德赫斯（Arie de Geus）把两类企业做了鲜明的对比：一类是那些自认为是“挣钱的机器”的大多数企业，另一类则是那些长寿企业——它们首先把自己当作是一个“人类社区”。

虽然创建再生型社会需要来自各种形态、各种规模的组织机构的领导力和创新，我们认为，正像壳牌公司原报告中所说的，有些企业“对‘自己是谁’的领悟超越了自己在做的事”[5]。这样的企业会发挥特别重要的作用——不仅在学习如何重新思考产品和工艺过程方面，还在学习如何重新思考企业本身（即把企业看作是超越泡沫生活的组织机构）方面。

| 第 24 章 |

为了未来，重新设计

人们通常认为，只有高级管理人员才与重新设计组织的行动有关。他们似乎也是本章最直接相关的受众。尽管如此，各个层级的团队领导者和团队成员还是可以从更好地理解这种重组过程中获益。各种组织如果期望在泡沫时代之后保持活力，就必须经历这样的重组。[1]

如何超越收获唾手可得的“低垂果实”的行动，比如废弃物减排和重复利用效率的提高？当各类组织开始认真考虑这个问题的时候，通常会发现：必须重新思考传统部门条块分割的组织结构。观察更大的外部系统和跨界合作这些方面的技能，最终必须通过创建支撑这种技能的正式管理架构、工作职能和岗位责任，并通过不断深化这些能力才能深入到组织之中。

正像我们在本书中所看到的，可持续发展的紧迫要求正在引发商业与社会环境的更大、更深刻的变化，为了与这些变化协调一致，各种各样的企业正在采用新的核心战略。毫无疑问，这些变化刚刚开始。但已经引发企业进行根本性转变，包括短期和长期目标、绩效期望以及优先事项安排上的转变，也使这些目标和优先事项融入企业的核心业务。同时，这也迫使我们按照新战略的要求来重新设计组织。如图 24.1 所示，当前的组织架构乃是在应对过去的（而不是未来的）需求过程中演化成形的，所以它需要经过变革才能支撑起全面契合可持续发展的新愿景、新战略和新目标。

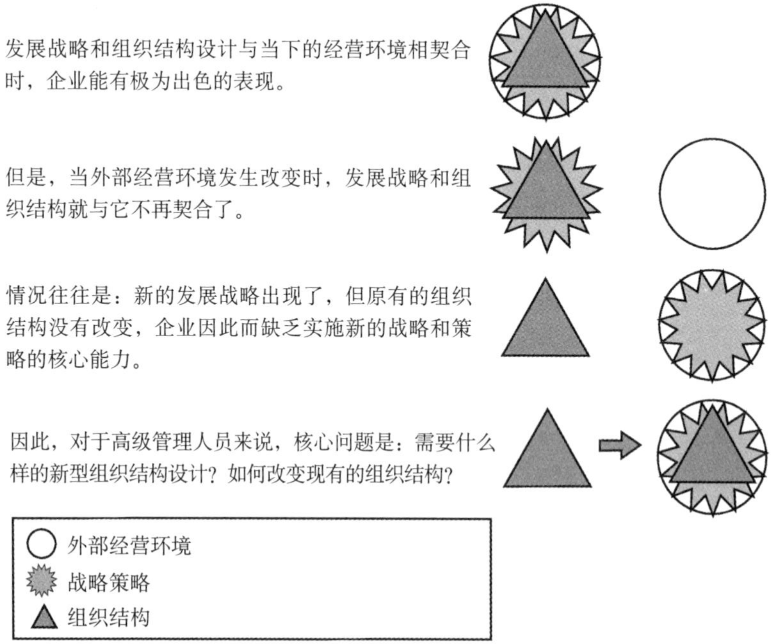

图 24.1　在变化的经营环境中重新协调结构设计与战略策略

与所有的创造过程一样，组织变革的过程也不会一蹴而就，而可能会分别在不同的层面发生——往往会从一个业务单元或分支机构开始，再向其他业务单元和整个企业逐步扩散。

比如，一家跨国能源企业意识到，公司增长极限的主要限制因素在企业的四面围墙之内，是过时的思考方式。公司在许多年前设立的环境、健康与安全（EHS）部门的组织方式，就已经设定并不断强化了这个限制因素。

这家企业曾经期望，在重大环境议题方面的领导力和长期战略的思考会出自环境、健康与安全部门的一批专家。但是，这个部门的专家们没有权力去激发管理线上的经理人参与环境运营绩效的改善，也没有相应的职责、资源和资金渠道去激发创新。这家企业的隐性策略似乎指向了“合规”，但常常不能完全达标。结果是，管制当局收回了该企业的数个运营许可，影响了它的发展计划，对其利润的直接影响超过了 1.5 亿美元。

这家公司的CEO意识到了所有这些问题，于是就启动了企业组织结构的设计和重组工作。首先是在环境领导力方面确定了远远超越“合规”的大胆愿景，包括多项被管制当局和其他外部利益相关者关注的“零排放”目标。

企业的首席运营官成为具体实施这些新环境领导力目标的负责人。一名直接向首席运营官汇报的高级管理人员，则负责开发可以大幅度降低公司环境足迹的创新技术。另一名直接向首席运营官汇报的高级管理人员说：“如果我们没有找到如何在高级运营管理团队和组织结构中落实环境领导力的方法，那么环境领导力的主张很快就会在组织中消失。重组运营管理、重塑创新和技术能力，这些都是我们回应可持续发展战略驱动因素的关键行动。”

这个例子说明，当你开始重新思考和设计组织结构时，要特别小心把负担转移给专家的倾向和风险。不要指望让新成立的“可持续发展部”“企业社会责任部”或换了名字的“环境、健康与安全部（EHS）”，也不要指望其他新增职能部门去完成企业的战略目标。这些部门顶多也只是成为临时的“催化剂”，支持初始项目的发展和形成变革势头。但是，在企业全面进入可持续发展状态的时候，不能指望这些部门承担整个企业运营的责任——那是属于每个人的工作，是以不同的方式整合起来的每个人的工作，是管理线上的责任经理应该尤为关注的工作。

要想避免出现转移负担给新增设部门的问题，就要参照前面提到的最佳企业应对安全问题的方法，去处理可持续发展问题——要确定宏大的目标，哪怕没有人知道如何实现这些目标。而后要明确，是管理线的领导者，而不是职能部门，要负责保证企业在整体上达到这些目标。在管理层和职能部门之间建立牢固的架构关联，应该是可持续发展的长期整合战略，也应该是大家作为集体共同分享的目标和追求。当经理人和职能部门协同一致的时候，他们就不是按照各自的目标工作，而是在不同的责权范围内，为同一个目标去工作。此时的责权设计，就是为了使所有人的努力都能够产生切实的积极影响。

自上而下开始

锁定关键问题、确定公司愿景和启动适当时间框架内的长期战略制定工作，CEO、业务单元总经理和组织中的高层管理人员要承担关键责任——尤其在前进道路仍然不清晰的时候。他们必须理解，自己的责任就是确定并实现愿景。回想一下杜邦的故事，埃德加·伍拉德重新界定了他的CEO头衔，称之为“首席环境官”，这是他发出的众多表明应对环境挑战和机遇已经成为全公司的核心业务问题的信号之一。他让所有人都明白，所有高级管理人员在各自的业务单元中，最好也挂上同样的头衔——不承担直接责任、不创造根本性变革的业务单元，就要面临被售出或关闭的风险。在通用电气，CEO杰夫·伊梅尔特亲自启动了所有业务单元的长期战略扫描工作。在这项工作的早期，他得到了市场营销总监贝丝·康斯托克的积极支持。不久之后，他召集了整个高级业务团队，让所有人了解到，公司的绿色畅想行动（通用电气大胆的新战略计划，目标是应对全球最艰巨的环境问题的挑战，在这方面实现产品创新和增长）将会成为每一个业务单元的核心工作。

在公司内部，从上至下，CEO和管理团队必须提出一系列问题，比如：我们需要做什么才能实现这些新目标？如何执行？这项工作有多复杂？我们需要哪些合作伙伴才能完成这项工作？我们是否有合适的人选去完成这些新工作？BP可替代能源公司的总裁薇薇恩·考克斯就是这样做的，她为所有层级的管理人员确定了一个目标：开发新业务，为发展中国家里那些因远离电网而缺电的用户提供能源。这也是BP公司的一项首要业务。

不知道怎么做？没关系！

如果你是个高级管理人员，你和你的团队并不一定马上要知道怎样实现你们的愿景。关键是，你们不能只在今天所知的范围内构筑目标。如果这样做，就会限制你们抱负的大小和范围。

技术和竞争状况将会快速演进。实现可持续发展，意味着用一切必需的技术、人际网络、伙伴关系和运作程序，开辟创新发展的道路。最终，每个人都要持续创新，但都不会有指导创新的“用户手册”可供参照。

参与组建重新设计工作团队的一位高管在回顾最初工作时说：“当我们的团队提出雄心勃勃的可持续发展目标时，我们的CEO可以说是把它‘硬生生吞下去’的，尽管开始时也在许多地方退缩了。他过早地把自己‘锚定’到了‘如何实现’的问题上。我们发现，大多数高级管理人员都有落入这个陷阱的倾向。”

催化剂的作用

有一种可能的方法是，有意设计出战略性（通常是临时的）催化剂角色，以帮助管理团队开展组织的重新设计工作，在整个组织中吸引大家的参与和关注，并保持聚焦、收集数据、提出建议以及激发管理线向前推进工作。要吸引有可信度的商业管理人员扮演催化剂角色，就像杜邦的CEO吸引了保罗·塔布那样——后者曾经担任过杜邦最大和最成功的业务单元的领导者。同样，通用电气的CEO征询了洛林·博尔辛格的意见，请他去做通用电气的绿色畅想项目的战略催化人，而博尔辛格则是在这家企业航空事业部广受尊敬的领导者。这两家公司的CEO以及塔布、博尔辛格都很清楚，责任需要由业务单元的领导者承担——只有他们才能成为真正的领袖。随着时间的推移，可持续发展较好地融入了企业战略之后，就不应该是某一个人的头衔和职责了。

为自由而设计的结构

简洁高效的组织最有能力激励实现愿景所需要的创造力，无论这个愿景是有关可持续发展的，还是其他方面的。

正如心理学家埃里希·弗洛姆（Erich Fromm）所说，“自由不是结构的缺失，而是一个清晰的结构，它使人们能够在成形的框架中以自主和创造性的方式工作”。

然而，说到底，什么是结构呢？管理人员设计一个责任和权力系统，把战略和业务计划转变成职位角色和管理责任，这个系统的设计就是结构。高效的组织设计目标是保证应有的角色作用在适当的群体和层级上，是保证承担这种角色的人有适当的能力和职能范围，也有适当的资源支撑和引导权威的支持，并在适当的时候完成适当的工作。就像我们在本书中所看到的，可持续发展打破了所有人为的边界。因此，为横向、跨界合作设计机制，与确定适当的纵向职责体系同样重要。

重新思考组织结构是一项富有挑战性又有高杠杆效益的工作；在理解和影响心智模式和深层系统结构与作用力方面，它也是一项必要的工作。这些深层结构和作用力，直接影响人们能够取得的成果。组织取得的成果就是组织设计的结果，不可能比这更多。而大多数组织是为过去而设计的，因而无法在面向未来的战略投入上有所收获。

首先，从骨架入手

从代表组织核心工作的骨架和主流职能开始设计，这些职能通常包括产品设计、开发、提供准备金、生产、营销和销售。正是在这些领域，对于可持续发展的关注才能带来显著的回报和绩效改善。要注意的是，不要力图分隔这些主流领域中清晰、长期的优秀运营战略与可持续发展方面的有意义的进步。比如，承担了日常运营责任的运营管理团队，必须同时直接在团队角色中承担特定的可持续发展职能。

正如通用电气的洛林·博尔辛格所说："不能把我们的绿色畅想战略看作是列车的最后一节守车，也不能看作是主要业务的额外附加。它必须 100% 融入各项主营业务，并由业务主管来领导……你不能等到 2012 年才清醒过来，询问'我们完成指标了吗？'绿色畅想战略必须是业务的核心，它对于企业文化也必须是真实的。我们的 CEO 每个季度都会与全公司每个业务单元的领导者探讨。每个业务单元都有一个发展指标、一个业务指标、一个研发指标和一个温室气体标准，这四个标准与我们在绿色畅想上的四个方面的承诺完全一致。同时，为了保证其协调一致，我们必须有影响力很大的沟通计划。我们不能每年做一个活动，做几个广告，然后说'这就是我们想要做的'。我们必须月复一月地努力，把新的故事带给我们的同事、我们的客户和非政府组织。保证各方参与是一项持续不间断的重大议题。”

其次，聚焦创新

开发新工艺流程、新产品和新服务，也是重新思考和变革的关键领域。长期的研发和创新工作（包括重新设计核心工艺）非常关键，也必须设计到系统中来。通常这意味着主流业务运行方式的改善和变革，而且往往是以项目为导向的，但与主流职能有明确的联系。

在能源公司工作的一位高级管理人员这样描述他们的经历：“我们设计了‘重大项目组’，这样大家就可以从处理短期运营问题中解脱出来，因此获得了十足的马力——这是明智地开展可持续发展项目所必需的。他们现在都热情地支持以全新的方式思考问题。比如，他们正在考虑采用类似‘生命周期分析’的检查方法，使我们能在实际设计、开发和实施这类重大项目时，有更严格的前期管理。‘生命周期分析’的整个想法对我们来说是全新的，因为这是第一次真正要求大家在做出重大设计之前，进行清晰的反思。”

然后，关注职能专家

职能部门专家可以提供及时、高质量的建议，在外部世界仔细搜寻富有挑战性的全球最佳实践，并传递给业务单元的领导者和其他管理人员。他们的精力应该集中于保持和增长人力和物质资源的价值，保持和增长工厂和设备、品牌和商誉的价值。你的人力资源、财务和法律团队，也必须从战略角度参与支撑可持续发展——这个责任不能只落在管理线上的经理人肩上。

当管理人员重新设计组织架构图的时候，重要的是考虑到每个角色在总体设计中的位置，保证每个人的主流工作都与保证质量和可持续发展的总体目标相平衡。如果有一个独立的环境保护部门，就必须有清晰的组织结构，保证这个部门的成员能够为“一线”提供意见建议、先进的理念和反馈信息。也就是说，环境、健康与安全部门应该帮助整个系统提高可持续发展绩效，但不应该为这些指标的实现承担责任。达标任务要由核心业务部门承担。

职责一旦完全落实到主流部门，专家和支持小组就能以全新的互动方式参与一线运营，并可以做出重要贡献。比如，一家矿业公司的运营团队最近成立了一个工程工作组，帮助回收尾矿（多数矿业运营中产生的毒性废弃物的回收保留处）。一旦专家工作组的演示证明了回收工作的初步成功，他们就开始利用获得的实际经验和可信度，提出基本的系统问题：为什么矿业公司的运营上会持续制造尾矿？如何从他们的项目中完全消除尾矿？这样的问题自然又让焦点回到了运营团队，也给他们的工程设计小组提出了新的挑战。

这个例子显示出，把组织的各个部分考虑成一个整体十分重要。说到底，这也就是外部利益相关者看待你的方式，也是他们希望与企业打交道的方式。因此，当他们说“我们不想见你们的环境专家，我们想见CEO、首席运营官或业务单元总裁”时，你也不必吃惊。所以，企业也就必须如此设计：没有任何一个部门可以免责，没有任何一个部门的关键运营结果可以不整合可持续发展原则。如果设计工作不能以系统的方式开展，企业就很容易受到别人的攻击，说它在可持续发展方面“没有把行动整合到一起”，从而难以吸引投资，难以积累社会资本并建立外部利益相关者的信任，也难以完全发挥企业的潜力。但是，应该充满自信地去推动这个过程，因为你了解：艰难的重新设计工作是有价值的，即便整体设计需要时间才能逐步成形，显著的改善还是可能实现的，而且会给每个人呈现一个强壮的组织——他们需要这样的组织来激发自己创造业绩，去超越泡沫时代的生活。[2]

[工具箱]

建立平衡的愿景组合

在丰富和充实对未来的投资时，图 24.2 中所显示的“平衡的愿景组合”框架，是个有价值的工具。你可以用这个框架标出一组愿景，从时间跨度上覆盖从 1 年（V_1）到 15 年（V_{15}），再到 25 年（V_{25}）的未来，或者是更长的时间。

对于许多人来说，这样的长期观点，很难具象地看到。这是高级领导者的关键工作，不能授权其他人做，尽管各部门中有才能的人一定可以帮上忙，比如研发部门、市场营销部门、战略部门和新产品开发部门。

为了建立和管理现实与短期和长期目标之间的创造性张力，愿景组合的开发可以说是不可或缺的。比如，从未来 25 年的愿景开始：如果在那时你的公司会生产真正的再生型产品，并只采用可再生能源，那么实现废弃物的零排放就会是关键的第一步。然而，要平衡这种长期的观点，要吸引其他人参与，并帮助他们引导和发挥自己的能量，你就需要明确未来 1 年、3 年和 5 年的愿景。这样，你对切实可行的选项和原型项目试点的投资，就会使长期愿景变得富有活力，而当你取得进步的时候，最初看上去不可能的事，就成为可能的了。正是 1 年到 5 年的愿

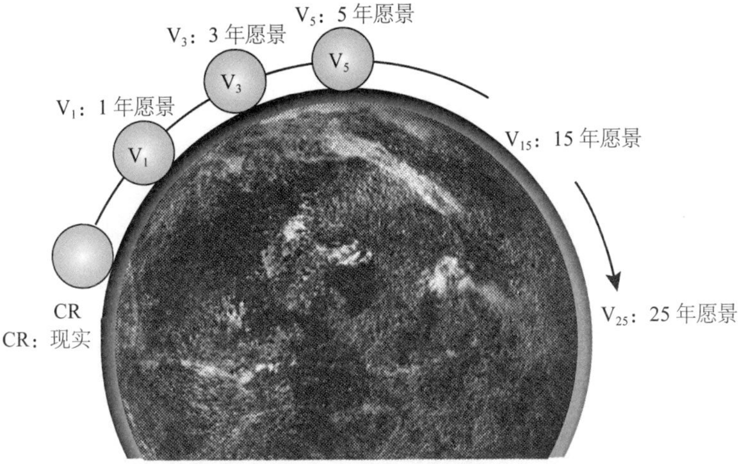

图 24.2　平衡的愿景组合

景直接推动了创新和学习的过程。然而，你也可以利用你的平衡组合，来保证短期决策与长期目标的协调一致。

在“可持续发展价值矩阵”中处于上方的两个象限里，分别创造两个这样的愿景组合：其中“内部—未来”组合用于指导研发和新技术投资，而“外部—未来”组合则用于确定你在进入新市场和建立新合作关系方面的愿望和抱负。

第七部分　未来

The Necessary Revolution:
How Individuals and Organizations Are Working Together to Create a Sustainable World

为了应对工业时代泡沫终结所带来的各种非常挑战，大家很容易陷入忙忙碌碌之中，结果没有时间停下来想一想：当一切都说过、做完之后，究竟都是为了什么？尽管可能无暇反思，未来尚不清晰，但投入这项事业的每个人都已经把自己的生命与这一未来牢牢地联系在一起了。

有一件事我们可以肯定：世界范围内正在发生的变化，相对于即将出现的未来而言，还只是微不足道的开端。80–20 挑战已经明确：刚刚诞生的全球村即将走进第一个生死危机。没有人知道如何在未来 20 年内实现全球碳减排 80% 的目标，但靠一如往常的商业行为中微不足道的改进，肯定不行。

我们几个作者都没有魔法水晶球来预知一切，但在过去几年里，我们见到的许多事令我们感动，让我们惊奇，也给了我们灵感。后面的简短章节描述了这样几个故事，以及它们预示的潜在的未来可能性。

| 第25章 |

公司的未来

波士顿的芬威堂（Faneuil Hall）见证的历史，比美国任何其他建筑都多。那里发生的许多伟大的辩论，曾直接引发了美国建国。2007年11月一个寒冷的早晨，200多名代表聚集在那里，探讨公司的未来。阳光透过高高的窗户射入大厅，仿佛在重演历史的一幕。与200年前类似，我们聚集在一起是要发出挑战：挑战组织机构理所当然的权势——被认为不可动摇的势力和特权，好像过去的神赋王权一样。

参会人来自许多行业，信仰也各不相同：有法学专家、资本市场与公司治理专家、公司战略学者、环保主义者和社会维权者、在职企业领导人，还有退休的企业管理界的“元老”（例如查尔斯·汉迪和阿里·德赫斯）。

我们召开这次会议既不想埋葬也不想颂扬现代公司组织，只是想更好地理解它的演进和目前的健康状况。公司组织曾经是社会诸项组织的基石之一，为什么它的地位能迅速蹿升？曾经需要保护的投资者，为什么现在能如此一手遮天：一位30岁的投资分析师如果不高兴的话，就会让 50 岁的CEO浑身发抖？在鼓吹民主价值的社会里，为什么最有权势的组织机构的运作，反倒落后得像独裁王国？财产的私有化曾是公司宪章赋予的特别待遇，而不是仅靠个人野心争得的权利，我们为什么丧失了这个历史的视角？

这次会议的目的就是引发人们对这些问题的探讨，并由此显示社会各界代表，包括许多企业代表都普遍认同的一点：这些问题的重要性，应当足够引起全社会公众的关注了。它们已经与气候变化问题和贫富差距扩大问题同等重要——如果抛开对现代企业的思考，这两个问题就可能无法解决。

爱尔兰评论家、英国久负盛名的广播评论系列节目主持人、皇家艺术协会前主席汉迪在会上致开幕词。他指出：英国君主制延续近千年，那是因为一代又一代的君主，尽管很不情愿，但都努力适应周围不断变化的社会。抵制变化的一位君主——查理一世，因为拒不妥协而掉了脑袋。

汉迪又把现代公司的演化描述成一系列“无意中带来严重后果的重要概念”：16 世纪英国东印度公司开启了私人股权公司的先河，19 世纪后期美国和英国建立了有限责任公司，而汉迪“最不喜欢的”是第二次世界大战后问世的管理层股票期权制（ESO）。这些都“帮助公司扩大了权力、增加了影响力，也都通过物质进步让社会受益了，而最终又都创造出了无法管控的各种权力的滥用”。

与汉迪一样，德赫斯也曾在壳牌公司任高管。他进一步描述了有限责任公司的历史，也就是汉迪所说的第二个概念。这个概念已经成为现代公司治理的定义。有限责任公司在欧洲和美国的出现是为了应对当时的一个紧迫问题：金融资本的缺乏无法应付商业的迅速增长。同时，不断增加的中产阶级人口又在不断增加积蓄，有潜力成为更便捷的商业投资的来源。立法机构想把持续增加的资本需求与不断增长的潜在资金供应更好地联系起来，方法就是为数百万潜在的小规模私人投资者提供保护（包括破产保护法庭和公司董事对投资人的法律信托责任等机制），并向企业所有者推销有限责任的概念——即使他们的企业倒闭了，他们个人也不对投资者承担责任。随之而来的变革，为股权资本的历史性成长，为现代股票市场的发展，也为20世纪商业的空前繁荣，铺平了道路。

德赫斯继续说：但是今天，商业的资本环境与现代公司形成初期已大不相同了。股权资本的来源绝大多数不是小型投资者，而是巨型投资基金。后者已经不需要当年那样的保护了。19世纪资本短缺的情况已经不复存在，由于全球金融市场的迅速发展，金融工具创新速度加快，现在的金融资本已经空前丰富了。

作为后一种情况的证据，德赫斯提到各类企业市场价值的历史性增长。仅在25年前，公司的平均股市价值也只比其有形资产（资产负债表中的“账面价值”）略高一点儿。而今天上市公司的平均市值，已经高出其资产价值三倍以上。[1] 虽然许多商业分析师认为，企业市值的历史性增加，代表着投资者对诸如公司知识产权等无形财产的重视，但德赫斯认为，没有金融资本的历史性平行增长，就不可能有企业市值大大超出物质财富和生产资本的历史性增长。24小时运转的全球市场、股市电子交易、优化股价随机波动中的电脑软件——这些都在创造一个“金融资本过剩的世界”。

实际效果是，在今天的实体经济之上是一个巨大的赌场，而赌场中的玩家已经越来越直接操控着实体经济的运行。汉迪语气凝重地说：“出钱的人怎么就能比实际创造财富的人更有影响力呢？”

在金融资本如此泛滥的世界里，公司业务的最大输入端被认为是财务投资，这是有争议的。更令人感到奇怪的是，公司成功的唯一标志，竟被认为是财务投资的回报率。对德赫斯而言，这要求对21世纪的商业“游戏规则”实行变革，是与最初促生有限责任公司诞生的变革同样彻底的变革："在自然资本、社会资本和人力资本都受到限制的世界里，仅仅追求金融资本回报的最大化，就是把企业禁锢在遥远的过去的阴影中。"

德赫斯看到，整个商业界必须认清新的学习紧迫性，这与他最早传播组织学习理念的写作主题是一致的。[2]"企业是活的生命系统。与其他生命系统一样，企业也必须不断适应变化的环境，并与之和谐一致。今天的企业，即现代公司，是作为'赚钱的机器'被创造出来和管理经营的，它已经不再与环境和谐一致了。"

"我们需要一次新的波士顿倾茶事件（Boston Tea Party）。"麦吉尔大学的亨利·明茨伯格（Henry Mintzberg）说。时下的企业社会责任浪潮不足以应对"商业和社会之间的深层不平衡"。对大会提出的主要问题——"现代公司是否适应 21 世纪的需要"，他的回答十分明确："是。""但只有一个问题，"他补充道，"但是那样的 21 世纪，不适宜地球上生命的生存。"

明茨伯格继续说，美国的公司模式强调"几乎毫无约束"的股东权利，以及"完全超出其他国家常规的高管薪酬"，这集中体现了这种深层的不平衡，并且，随着这种公司模式的传播，它到处制造着更大的社会风险。

多米尼社会责任投资公司（Domini Social Investments）的首席投资官（CIO）斯蒂夫·莱登伯格（Steve Lydenberg）研究企业责任和投资风险已经有 30 年时间。他的意见代表了各种投资人迅速增加的担心，即当前对短期投资回报的执迷实际上隐藏着各种风险。"过分关注短期利润……使得公司经理人错误地配置资产，从而引起危险的金融市场动荡，从而使社会不得不挪用生产力资源来修复鲁莽的逐利行为对环境和社会造成的损害。"[3]

世界自然基金会的詹森·克雷是研究农业产业供应链的世界级权

威。他从生态系统的角度指出："目前我们正在使用 $1\frac{1}{3}$ 个地球。这种情况在未来几十年还将进一步恶化，以致接下来的调整越来越困难。"

这种看法很容易被大家认定为极端主义，或妄图阻止全球化浪潮的激进的反公司主义。而实际上，明茨伯格是世界上非常受尊敬的公司战略专家之一，汉迪和德赫斯则在世界范围的企业高管中广受尊崇。克雷与许多领先企业合作，帮助其制定农业产业标准和业务规范，他还是可持续食品实验室和可口可乐与自然基金会合作伙伴进程的核心顾问。多米尼是领先的投资公司，有 20 亿美元的资产。其他发言人包括许多公司高管，如波士顿公司（Boston Company）前董事长、公司治理专家鲍勃·蒙克斯（Bob Monks），美国道富集团（State Street Corporation）副董事长杰伊·胡利（Jay Hooley），"三重底线"（triple bottom line）概念的发明人约翰·埃尔金顿（John Elkington），哈佛商学院著名教授罗莎贝斯·莫斯·坎特（Rosabeth Moss Kanter），波士顿学院法学教授、利益相关方公司法改革的领军人物肯特·格林菲尔德（Kent Greenfield），美国劳工联合会–产业工会联合会（AFL-CIO）资深法律顾问达蒙·西尔弗斯（Damon Silvers），美国商务社会责任协会的CEO阿伦·克拉默（Aron Cramer）；还有波士顿独立智库泰勒斯研究所（Tellus Institute）副所长、全球报告倡议（Global Reporting Initiative，GRI）原领导人艾伦·怀特（Allen White）。泰勒斯研究所与国际组织学习学会共同主办了这次会议。

美国活跃地方经济商业联盟创始人、作家戴维·科登（David Korten）是与会者中观点激进的人物之一。他把克雷有关物质膨胀的根本性极限的提示延伸一步，认为我们已经进入"历史性的组织机构变革"时代，我们必须：

- 降低总体消费水平。
- 对生命资本、社会资本和自然资本的再生进行投资，因为这些才是一切真正财富的根本。
- 通过培育文化多样性来加速社会领域的创新、适应和学习实践。
- 把富人的金融资本力量重新分配到穷人手中，实现对滋养地球生命的财富的公平分配。
- 通过对物质资源从有害到有益利用的重新配置，来提高经济效率。

科登把正在来临的时代叫作“金融资本的负面回报”之一，参会的商业人士和投资者们对这个用语自然印象深刻。但在这种煽情词语背后却有一个简单的概念：工业时代的特征是用自然资本和社会资本来生产物质财富和金融资本，现在是反过来的时候了。这意味着必须重新对这些生命系统进行投资，并开发社会标准、公共政策，以及商业规范，以此来确保这种投资运作的成功。回顾第 2 章讲过的简单图像，即工业系统是自然和社会系统的一部分，我们可以看出，投资优先选项的颠倒是建设再生型经济不能回避的一个方面。

芬威堂会议是相互聆听、共同思考的有效平台，其间大家联络了对需要完成的重要工作抱有共同关怀的同事。

会议的第一个目标就是针对公司的权利和责任进行重新思考，并针对这一任务的需要引入公众的声音。但会议结束时，没有一个人认为这样的变革会很容易。会议的远期目标是对关键领域正在推进的工作聚焦“临界量变”能量，这包括公司治理和投资条件的立法变革，重新定义信托责任，以及为商业与社会设定环境与社会系统健康通用指标。[4]

维持现状的力量很强大。但现状中出现的问题也越来越大。如果公司不能开发全然不同的运作方式，建立更系统的运作模式，就很难想象工业时代泡沫之后的生活。

另外一位发言人，耐克公司的达茜·魏斯洛说："我觉得有时公众会忘记，公司的经理人和高管们也是父母，也是公民，也同样会看到大家看到的问题。查尔斯·汉迪和阿里·德赫斯说得对，目前大家对企业的期望值和压力往往让企业无法与世界保持和谐。这不是让企业表现出最好的方面，而是表现出最差的方面。现在每个人都被囚禁在只服务于很少数人的系统里，而且企业内部的人也越来越多地看到了这一点。"

就像以前在这个历史场所的集会所必然发生的那样，许多参会者在会议结束时，都感到某种重要的历程正在形成之中。公司是历史的产物，其设计乃出自人们的心智模式，而非出自物理定律。时机一到，它能够也必然发生转变，而转变的速度也许会比所有人想象的都要快。世界其他地方也在辩论并重新思考公司的问题。[5] 甚至就在芬威堂会议进行时，传来了次贷投资泡沫开始破裂的消息，就好像是对现行体系脆弱性的及时提醒。[6]

最后，这次会议还有一个重要的提醒，即我们仍只处于民主时代的开端。尽管民选政府的理念很古老，东西方和原住民文化中都有其渊源，但民主作为一种主导性的治理体系，却仍然处于襁褓阶段。如汉迪指出的，如果社会的主要组织机构的运作方式与这个理念背道而驰，那么这个社会就肯定尚未在民主的道路上走出多远。如明茨伯格所说，像美国这样的国家，总自认为是民主的典范，并试图把自己的特定模式强加给别人，这实在是对我们都还是学习民主的小学生这一基本事实的扭曲。

这个学习过程的下一步，需要我们面对这样一个问题：企业和社会如何进化才能与更大的生命世界有更多的和谐一致。以探索这样的问题作为学习实践的主线是再合适不过的了。也许很少有人想过，民主理念本身也是受生命系统启发而出现的思想创新。如 100 多年前美国诗人沃尔特 · 惠特曼（Walt Whitman）在他的散文《民主憧憬》（*Democratic Vistas*）中描述的：

> 我们经常书写民主这个词。然而我想反复强调的是，这个词的本质含意仍然在沉睡之中，还远没有苏醒的迹象……
>
> 依我看，这个伟大词汇的历史还尚未书写，因为这个历史，至今还没有上演。
>
> 从某种意义上说，这个词是另外一个伟大而又普通的词汇的胞弟：自然——其历史至今还尚未被书写。

| 第 26 章 |

企业多样性的未来

过去 100 年全球公司的空前发展可能会迷惑我们，让我们无法辨别一个事实，即公司只是许多种形态的企业或事业组织之一，而这些不同形态的企事业组织对推动再生型社会所需的创新与变革至关重要。虽然大型上市公司作为主导的组织形态，是工业时代泡沫的决定性特征，但这已经不大可能延续下去了。一种更健康的组织生态已经出现，并开始成为单一公司形态文化的补充。这种组织生态与更大的生命世界协调一致，更能应对威胁我们生态和社会健康的工业时代的一系列不平衡。本书开始时我们说过，自然特别偏爱多样性，而多样性也正在重新出现，比如各种各样新的有影响的企业形态。我们关注大公司，这也是可以理解的，但我们也因此容易忽视许多新形态的企业。

保罗 · 霍肯（Paul Hawken）是长期研究企业和可持续发展问题的思想领袖。1993 年他出版了具有划时代意义的著作《商业生态学》（*The Ecology of Commerce*），这本书成为早期商业界可持续发展创新者的响亮号角。[1] 霍肯自己就是个成功的企业家，他的话比许多激进主义者更有说服力:"企业在毁掉这个世界,没有更含蓄的方式来表达这个意思了。"霍肯在列举广泛存在的各种追求盲目增长和短期投资回报行为所造成的环境和社会副作用之后指出,企业已经迷失了自己的核心使命,即"通过服务、发明创造和遵守伦理原则来促进人类的总体福祉"。

然而,尽管富于热情和洞察力,霍肯还是在许多年之后才看到,自己周围已经发生的重要转变正影响着商业的未来,并且超越了企业的范畴。他的觉醒来得很简单。他每次演讲完,听众就会走上前来,把自己的名片递给他。他开始有意保留名片,后来达到了数千张。他注意到了名片表现出来的模式特征。名片上的组织名称不是随机的组合,而是聚焦在反复出现的有关界定再生型社会的核心问题上。他们是各行各业的专业人员——教师、律师、企业家、建筑师等,他们"关心着河流和海湾,向客户传播可持续农业知识,在房屋上安装太阳能光伏板,就污染问题做州议员的游说活动,推动改变偏袒公司的贸易政策,推动老城区的绿色改造,对儿童进行环境教育,等等"。[2]

而且,他进一步研究发现,尽管这些组织单个来说都很小,可是加在一起就成为一股推动大规模变革的力量。联合国开发计划署 1999 年的《人类发展报告》(*Human Development Report*)列出了 4.4 万个国际公众社会组织(一般叫作非政府组织,NGO),而 1992 年只有 700 个,1948 年才 40 个。现如今,印度有 100 万~200 万个NGO组织,俄罗斯有 40 万个。[3] 霍肯现在有个网站(naturalcapitalism.org),上面列出 30 万个这类组织,分别来自 195 个国家,分成一些大类别,例如可持续农业、地表生态系统、健康、人权与社会公正、可持续城市、女性等等。霍肯最新出版的书叫作《受祝福的躁动》(*Blessed Unrest*)。他在书中指出,公民社会组织机构的爆炸性增长是"人类有史以来最大的运动……是对危险兆头的直觉的、集体的反应……是一种有机的,甚至是生物性的过程"。[4]

除此之外，正在兴起的还有以使命为出发点的企业，如第七代公司和丁氏咖啡，还有各类组织的网络，从商业网络“清洁技术集团”到全球青年领导力网络，还有背景多样、相互关联的企业网络，这些组织加在一起正在给予人们非常大的希望——不仅可以期待一个更具多样性和更有趣的世界，而且可以期待更有效地检查和平衡工业扩张的副作用。

早在霍肯和其他人发现公民社会运动的广泛发展之前，各个全球性公司就已经发现了这种新生力量的政治影响力。不信可以去问问壳牌、雀巢或耐克，这些公司一如往常的商业运行都曾被NGO组织打断过，尽管这些NGO组织在财力上相对微不足道，但却挥舞着公众意见的大棒。

比如，在绿色和平组织以及其他一些组织的压力之下，壳牌被迫放弃了把一个在挪威海报废的海上钻井平台沉入海底的计划，尽管英国和挪威政府都批准了这个计划。绿色和平组织声称壳牌的计划“不环保”，随即在欧洲各地的壳牌加油站都出现了示威者，电视台转播了绿色和平组织的小摩托艇在巨大的钻井台下面环绕巡逻的画面。于是，壳牌改变了计划，选择把那个叫作布伦特·斯巴（Brent Spar）的钻井台拆除运走，而不是沉入海底。

耐克公司的尴尬困境缘于20世纪90年代初亚洲的外包制造厂商使用童工的事实被多家NGO组织曝光，这使其品牌形象受到的损害一点儿不比壳牌差。雀巢是全球大型日用品公司之一，情况也一样。从20世纪70年代末开始，好几家NGO组织实际上启动了抵制雀巢的运动，他们认为雀巢婴儿奶粉在发展中国家咄咄逼人的市场推销活动，使妈妈们停止了传统的母乳喂养习惯，从而造成婴儿死亡率的攀升。[5] NGO组织还有效地利用了互联网来使公众持续关注抵制雀巢的行动。

这些引人注目的事态发展的结果是，到了新千年的世纪之交，全球性NGO组织，如绿色和平组织、牛津乐施会和大赦国际组织（Amnesty International)，在某些领域已经可以与全球性公司的影响力比肩，而这一点许多政府也无法做到。NGO组织有公信力，善于通过与媒体合作来聚集公众注意力，并组织示威活动，抗议各种危害生态系统健康和损害弱势群体利益的行为。而企业对此是很了解的。

然而，如前所述，阻止你反感的事发生，与创造更美好的东西是两码事。况且，在今天，许多公司管理涉及的范围都在扩大，部分原因是因为，无数NGO组织发挥着监督审查的作用，这已经成为全球许多地方商业环境的特征。这意味着，企业与NGO组织之间的创新伙伴关系，正在成为第二波共同创建新商业体系变革运动的基础。

我们已经看到不少这方面的例子：可口可乐与世界自然基金会针对流域水资源综合管理而开展的合作；好市多公司、乐施会、拉美NGO组织国际热带作物研究中心（CIAT）围绕健康食品产业价值链的合作；第七代公司与绿色和平组织在“青年变革推动者”（change agent）领导力开发项目上的合作。这些例子说明一个重要的问题，即这些伙伴关系正在创造前所未有的系统，而这种新系统不是企业能够单独创造的，即便是可口可乐和好市多这样的大型企业。

这些前所未有的系统许多都将是地方性，而非全球性的。管理好流域水资源，保持健康的生态系统，发展既能够创造就业和经济价值又能兼顾受托责任的有活力的经济，这些都不仅是对全球性公司的挑战，而且是对地方社区的挑战。只要产业价值链是全球性的，对它的管理就必须确保整个价值链上经济、社会和环境的健康。但全球与地方两者之间需要发展新型的和谐共生关系。

这里，企业形态的多样性也很关键，特别是正在涌现的、能够联合许多小型组织机构并放大其影响力的大型网络组织。

比如，美国活跃地方经济商业联盟（BALLE），受到英国经济学家E. F. 舒马赫（E. F. Schumacher）的经典著作《小的是美好的》（*Small Is Beautiful*）的启发，与清洁技术集团网络同期成立。舒马赫认为，可持续的经济必须植根于地方。这种思想很长时间以来一直被奉行实用主义的企业斥为不切实际的浪漫和对全球化浪潮的反对。现在，随着人们认识到可持续发展最终既是全球性的，也是地方性的，舒马赫的理念和企业多样性一样，又重新被大家接受了。

今天，美国活跃地方经济商业联盟已包含各种网络组织，在诸如美国加利福尼亚、马萨诸塞、宾夕法尼亚和加拿大的安大略省和不列颠哥伦比亚省等地，有50多个地方和区域性网络组织。参与其中的美国和加拿大的小企业有15 000多家。

美国活跃地方经济商业联盟的创始人是来自波士顿和费城的两个小企业业主——劳里·马穆尔（Laury Mammel）和朱迪·威克斯（Judy Wicks）。他们的目的是促进当地经济，应对全球化和像沃尔玛、好市多这样的折扣零售商的冲击，不让它们彻底取代和分裂当地的商业社区。威克斯说："为了转变经济，我们需要合作的态度。"威克斯25年以前就在费城开了她的白狗咖啡店（White Dog Café），并一直坚持一个理念，即服务质量与积极参与社会公益活动密切相关，她也因此有一个忠实的客户群体。白狗咖啡店是费城100%购买使用风能发电的第一家企业，也是费城餐饮界首先从当地可持续农场和渔场购买绝大多数供货产品的企业。威克斯说："这样就可以让我的企业成为一种变革的力量。"

威克斯和其他美国活跃地方经济商业联盟的早期会员已经找到数千名持有共同理念的同事。他们在挖掘小企业世界不断增长的联络需求，组织地方小企业分享价值理念和实际操作想法的沟通网络。

例如，可持续联通（Sustainable Connections）是美国活跃地方经济商业联盟网络在华盛顿州设立的行动计划，它帮助当地企业“检查我们从哪里购买产品，怎样使用能源，怎样经营农业和分销食品，如何建设居家建筑，甚至如何界定企业的成功……它指导新一代企业家按照可持续的愿景来设计自己的企业”。为了让当地的创新发挥更大的作用，他们强调对结果的测量：“记录我们做的事，以便让其他人也能从我们的发现中获益。”

美国活跃地方经济商业联盟还有一个特征，这个特征也许会成为工业时代泡沫之后生活的界定特征：多样性和地方性使人们关注人际关系建设。在工业时代泡沫之中，越大就意味着越好，而商业交往总是“交易型的，不是真实的关系”，第七代公司的霍兰德这么说。与此对照，规模小就迫使大家合作并建设网络，以便使许多人共同获得影响力并建立连通感。霍肯指出：“就像细胞群合作建立复杂的生物体一样，规模很小的人类社群合作形成了应对环境和社会问题的运动。”

我们一再发现，可持续发展创新者们都非常愿意花时间建立人际关系，这包括：建立企业与NGO组织之间的新型伙伴关系；建立新型领导力网络，比如在瑞典，在美国绿色建筑协会，以及在耐克和好市多这样的大公司里；还有像BP这样的大公司与发展中国家的小企业发展伙伴关系。这种在人际关系方面的投入，甚至会变成第七代公司商业模式中的关键因素。这家公司虽然在不断发展，但总试图保持小型规模，方法是谨慎地扩展“自我延伸的人际开发关系”网络（Self-extending Developmental Relationships，SEDRs）。

在所有这些例子中，大家都在学习实践如何以人际关系为首要任务来发展“延展型组织”（extended organizations）——一种更像森林，而不是机器的组织。这和大多数狂热的大型组织中占主导地位的行为规范形成了鲜明的对比。

这也是所有网络组织发展的明显特征。尼古拉斯·帕克说：“整个

（风险投资）领域就是要建立人际关系，这也是清洁技术集团如此成功的原因之一。”除了召集会议和协调基本的会员组成结构，快速发展的清洁技术网络社群其实没有人负责管理，其意义就在于建立一系列人际关系，并由此而自动生发创新思想和行动计划。

与此类似，年轻人之所以被吸引到诸如变革先锋（Pioneers of Change）这类网络组织中，也是由于大家可以通过互相帮助而实现创新的简单模式。变革先锋网络在20世纪90年代中期由欧洲的一小群大学生创立，他们的目的，如网站上所述，是“为超越个人的更高目标做出贡献，但……（曾经）感到在个人价值和信仰方面进行妥协的压力”。他们已经在世界范围内培育了一个出色的青年创业者网络。[6]

主要通过网络完成工作，而不依靠权威和等级体系，这让人们改变了权力观，转变了对如何完成工作任务的看法。变革先锋网络成员克莉丝特·斯高尔顿（Christel Scholten）还是全球大银行之一的荷兰银行第一个可持续发展工作组的创始团队成员，那是她大学毕业5年后在私营部门的第一份工作。她认为：“我们的力量来自没有全部答案，也不需要知道全部答案。我们不会下指令说‘这是你必须要做的’。我们与传统体系和组织接触，给他们带来新的视角，以及许多质疑：事情真的一定要依照过去一贯的做法吗？这样的质疑使大家敞开思想。而如果去宣扬必须如何如何，就会引起他们为自己的观点进行辩护。”帕克认为，力量就在网络本身，而并非特定的人物：“我们真正想做的是什么？比方说拥有驾驭硅谷的力量，让它为地球服务。”

霍肯就人际关系的视角，以及我们如何丧失了这个视角，提出了重要的洞悉。他分享了从一位土著族群维权领袖那里得到的教益：“我们损害地球的方式影响着所有人，而我们之间交往的方式，也在我们如何对待地球的方式中显露无遗。”[7]换句话说，随着我们丧失与地球的连通关系，人类也会丧失相互之间的连通关系。

人与人之间的连通关系以及人类与地球的连通关系的重要性，数千年来一直是各种长寿文化的核心理念，包括土著文化和中国古典文化。宋儒四大家之一的张载（1020—1077）在著名的《西铭》开篇中写道：

> 乾称父，坤称母。予兹藐焉，乃混然中处。故天地之塞，吾其体；天地之帅，吾其性。民，吾同胞；物，吾与也。[8]

大意是：天地是父母，渺小的我处于天地之中。充塞于天地之间的气，就是我的身体；天地之志，气之帅，便是我的天性。人类是同一父母所生，都是我的兄弟姐妹，其他万物都是我的朋友和伙伴。

文化历史学家和进化论理论家托马斯·贝利（Thomas Berry）说，进化有三个相互关联的方面。第一方面是多样性的增加。第二、第三方面不那么明显，是内在性和感通性的增加。[9] 内在性的增加是指知觉世界和自我意识的丰富。比如最近的研究表明，一些高级哺乳动物能够把自己在镜子中的反射影像和其他影像区分开来，这意味着以前认为只有人类才有的高水平自我意识，这些动物也有。[10] 对贝利来说，内在性的丰富标志着增加建立相互关系的可能性。他认为："宇宙是主观自我的感通体，而不是客观物件的堆积体。"从这个意义上说，多样性、自我意识和连通性三者都被生命世界的进化力量绑在一起了。

工业时代的特征是等级体系控制的大型组织的增长和流行，而泡沫之后生活的特征可能是企业和非企业组织的多样性，是基于人际关系的文化，而不是基于控制的文化。

控制（control）一词很简单，但有很多不同的意义。机器被操作者控制，生命系统则不一样。森林没有谁在控制。生命系统基于关系网络实现自我控制，如生态系统中各类物种之间的关系，或者家庭中各个成员之间的关系；在这里，没有人在负责"控制"，好像你控制着汽车驾驶，或者像经理人认为的那样，他们控制着工业时代的组织机构。从人际关系的文化出发来建设企业，就是使组织不仅运作得像自然一样，而且也与自然更加和谐，包括与森林、与你、与我的和谐。这也许将成为再生型社会的决定性特征。

第 27 章

领导力的未来

根本性创新很少来自主流，这几乎是永真命题。各行业占据支配地位的公司的在职人员，很少率先开发突破性的新技术或新产品。开创新天地的社会运动不会来自处于权力中心的人。创建再生型社会所需要的领导力也一样，大部分不会来自主流。要到边缘地带去寻找，到对现状的执着程度较低的人群和地方去寻找，到对新事物保持最开放心态的地方去寻找。

边缘地带的定义不仅与种族或经济地位有关，还与对工业时代的心理状态和权力体系的投入程度相关。在组织机构中，这可能就意味着尚未被组织或其市场的规范和心智模式同化的年轻人，也可能意味着女性，因为她们的领导风格与男性有天然的区别，但总体上说还没有机会完全表现出来。在社会上，这意味着新公司的领导力，新型社会企业的领导力，新地区的领导力，很有可能是来自大家都意料不到的地方和人群的领导力。

在未来年月需要完成的变革，要求各种各样的组织和网络都释放出能量。这又要求培养数百万有事业心和聪明能干的各类领导者，而他们中多数不会有明显的权位，他们的努力也不会有上级权威的批准。这并不意味着从职位权威来的领导力就不重要了，只意味着光有它还不够充分。比如像美铝公司的保罗·奥尼尔和派特·阿特金斯，BP公司的布朗和考克斯，第七代公司的杰弗里·霍兰德，都发挥了CEO和高管的重要作用。但他们的作用总是伴随着来自组织中不那么显要位置的领导者所提供的、同样重要的领导力，包括感知正在出现的问题，以及把新理念转变为实际的变革措施。

认为领导力只能来自主流权威职位的看法，完全没有抓住工业时代泡沫的基本含义：我们都通过社会交往而深度融入某种思考方式，深度习惯于某些待人接物的方式和某些工作模式、某种选择优先事项的方法乃至推动变革的思路，而这些都是工业时代的产物。假如我们认为领导力只能来自安卧于工业时代世界观之中的人，那我们的思想就会自相矛盾，并且妨害实际需要的领导力的发生。

还有，在泡沫之外的创新者那里我们会学到很多东西——他们在向我们展示，解决工业时代的主要问题，要通过看清现有系统，并建设多样性领导力网络来共同创造新系统。通过向至今无人质疑的工业时代心智模式发出挑战，他们在展示通向全然不同的未来之路。

这类领导力的例子有很多，下面我们想介绍对我们几位作者触动较大的两个故事。一个来自我们20年来一直在参与的非洲项目。另一个来自中国，时间更近一些，但也是基于那里过去10年组织学习活动的推广和流行的背景。两个故事都涉及重要的变革，是身居权位的领导者基本上无法实现的变革。

工业时代最棘手的问题就是贫富差距，以及促使这一差距仍在不断扩大的各种影响力。不扭转这一趋势，就很难想象超越工业时代泡沫的生活。在沟通越来越方便、人们彼此间的距离越来越小的地球村里，发展机会的差距却在不断扩大。但这种状况已经越来越维持不下去了，原因就是这种不平等所带来的各种问题会很快跨越边界。比如，欧洲和美国都在各自应付分别来自中东、非洲和中美洲无家可归者和穷人的移民潮。

工业时代应对结构性贫困（embedded poverty）的典型方法，就是各种形式的人道主义和政府援助。但总的来说，这些都成为非系统性思考的悲剧。援助最多只能在短期内缓解危机的症状，但会产生典型的转移负担的情况，长期来看只能把局面搞得越来越糟。实际上，富人为帮助穷人而建立的整个救援机构，包括世界银行、国际货币基金组织和相关组织，都是典型的工业时代的组织机构——其管理是工业时代的模式，资金来自工业时代的权力机构，在心智上也被禁锢在工业时代的发展模式里。这些机构不仅没有改变产生贫穷的全球性支配力量（包括深深根植于全球食品系统的、残酷无情地推动着食品价格和农民收入持续下跌的结构性动因），而且几乎从未能激发穷国内部创新和发展的潜力。

幸运的是，过去几十年间涌现出了无数相反的例子：各种激励穷人自身智慧、适应力和领导力，以自助自救为目标的本土发展行动计划。比如，穆罕默德·尤努斯（Muhammad Yunus）获得诺贝尔和平奖，就是因为他证明了，地方机构主要针对女性发放的小额贷款往往能够成为发展的催化剂。他的工作引起了全球范围内目前仍在持续增长壮大的小额信贷运动。与其类似，乌干达农村发展培训计划（Uganda Rural Development and Training Programme，URDT）则被认为是东非成功的农村开发组织之一。过去曾经是最穷国家里最贫穷的一个地区，今天已经成为繁荣的地区。

乌干达农村发展培训计划在 20 世纪 80 年代中期从乌干达西部的基巴莱（Kibaale）地区的几个村落开始启动。计划的发起人没有按照标准的援助计划去提供技术和人道主义帮助，而是聚焦在一个关键的心智模式上。联合创始人姆瓦利穆·穆西西（Mwalimu Musheshe）说："乌干达最大的发展障碍就是宿命论观念，即人们都确信无法塑造自己的未来。所有的外来帮助都无法改变这一点，反而只能加强这种观念。"

从一开始，这项计划就跟随大家的学习欲望而展开。在村里举办的为期三天的领导力研习营聚焦在系统思考（例如，理解不同类型的用水和水井的保护之间相互依存的关系）和自我超越。令人惊异的是，参加研习营的不只是当地的村民，还有赶了好几天路来参加的人。穆西西说："许多来参加的人本以为会议会像以往一样发东西，但我们没有给他们钱，我们坚持了自己的愿景，即不以施舍的方式帮助那里的人，而要开发他们的能力，使他们能够自助。"

很快，当地村落组织的活动就开始聚焦到只用很少的资金就能实施的改进工作上来，并取得了大家亲眼所见的成果，还能靠他们自己来持续做下去。这包括：改善谷物存贮和集水设施，建设养鱼池，保护泉水，打出更好的水井，以及改进农场工作。[1] 与此同时，自我成长和社区建设作为重点工作一直贯穿始终。许多村民还把自己的愿景写在他们的小屋外墙上。

在 10 年时间里，起初几个村落的计划，演变成更大区域的综合发展愿景。后来这一愿景包括了改善道路交通，建立一些小额信贷机构和当地储蓄与贷款业务，新建一些学校，新建一个职业培训机构以开发创业和商贸技能，创立数百个新商店、小企业和生意兴旺的农场，还有东非第一个社区电台。今天这个电台已经拥有 400 万忠实的听众。电台广播提高了当地人民的公众意识和政治觉悟，结果使那里的选举投票率从 2000 年的 45% 提升到 2009 年的 80%。

在自身独特的可持续农业愿景的指导下，乌干达农村发展培训计划建设了一个 35 英亩的有机农场，向农民们展示用什么方法进行土地开垦和农作物培育，才能同时补充土壤养分并节约水资源。现在有许多农民都在生产有机农作物，既在当地销售，又出口别国。在这些年里，基巴莱地区的人口增长了 3 倍多，从 1980 年的 15 万人增长到 2005 年的 47.2 万人。

有了这些成功，乌干达农村发展培训计划逐步开发了新的系统变革战略，比如关注女孩的教育，这就是一个高效杠杆作用点。2000 年他们建立了该地区第一所女子中学。穆西西说，基巴莱的家长们传统上"让他们的儿子上学，假如他们还能付得起学费的话，而女子学校的质量都很差"。但他们相信，如果女孩子发现自己是"变革推动者"，并主动影响未受过教育的家庭成员，那她们接受的教育就会对更大的变革有特别重要的潜在推动作用。

例如，在每学期结束时，学生的父母及祖父母都会到学校参加研习营，学习愿景展望、未来规划、创业精神、创新技能以及筹划家居和农场的改善项目。许多研习营都由学生主持。研习营的一部分内容，是让女生和家里人坐在一起，筹划家庭项目，比如小地块有机农业商业性运作和其他生意。跟踪研究显示，学校用这种"隔代"方法推进教育和发展，让几乎 90% 的女生所在的家庭改善了卫生、营养和收入状况。[2]

穆西西说："女孩子和成年妇女遭受性别不平等待遇的情况正在改变。女孩子现在被看成创造经济价值的人，而不是有一天得花钱嫁出去的碍事的人。"2006 年，农村发展培训计划组织还创办了非洲农村女子大学，这是非洲第一所这类大学。它的目标是让年轻女子成为农村发展项目的创业者和领导者，并成为下一代农村发展培训计划风格的学习型组织的创始人——不仅在乌干达，而且在非洲其他国家。

很难解释乌干达农村发展培训计划为什么能成功，但关键也许就在其创建时的前提和假设。宿命论的反面是对个人具备选择力量的深层信念，该组织的第一项创建原则生动地表达了这一点：“与世界各地人民一样，乌干达人民是自身发展的关键所在——在你做出这种选择之前，没有人能让你发展。”[3] 基于这种信念，农村发展培训计划成功地培育了一种文化，它植根于一种带有非洲特色的集体创业精神。穆西西指出：“所有人都想按照自己的选择来生活。数百年的殖民主义剥削摧毁了许多非洲人的自信心。我们帮助大家重新找到了这种自信心，也重新找到了相互间的连通。”

乌干达农村发展培训计划故事的精神实质是，领导力往往最终意味着让大家觉醒：摆脱宿命论观念，转而树立对自己创造不同的未来的信念。尽管中国在过去 20 年间实现了经济的高速发展，但也陷入了自己的宿命论观念，这种观念源自对一种特定发展模式的深层执念。

廉价能源驱动的、消费主导的工业时代的发展模式使大多数中国人都接受“工业化带来的副作用是不可避免的”这种观念。这些副作用包括资源枯竭、私人财富的集中、生态系统的破坏以及环境污染。大约 10 年前（本书于 2009 年截稿），一位北京的学生曾说：“环境污染是发展必须付出的代价。”而今天，这种认命的观点正在被一种意识的觉醒所取代：他们的未来，以及我们所有人的未来，都依赖于探索发现不同的发展模式。

2007 年 8 月在亚太经济合作组织（APEC）领导人峰会上，中国表明将大力改善能源使用效率，并承诺到 2010 年把全国单位GDP的平均能耗（或每 1 元人民币GDP所消耗的能源）降低 20%。这是个大胆的目标，特别是在那之前的两年里，所有国企几乎都没能完成节能指标。即使在全球被普遍认为有着强势中央政府的中国，系统变革也往往始于边缘地带。今天，中国各地有许多重要的可持续发展领导力开发项目，比如，节能减排和经济绩效学习实验室（Energy Efficiency and Economic Performance Learning Laboratory）。[4] 这个学习实验室项目由中国领先的钢铁企业莱钢集团发起，其他几家中国公司（还有BP和耐克的中国分公司）参与，于 2008 年 1 月成立。该项目旨在应用系统思考和跨组织协作学习的方法，加速能源使用方面的重要变革，并传播专业技能和实际操作方法。

这个项目把组织学习的方法和洛基山研究所（RMI）的“全系统”工业设计工具相结合。洛基山研究所是由阿默里·洛文斯（Amory Lovins）联合创立的备受尊敬的能源咨询机构。这个项目有三个相互交叉的目标：降低现有制造业设施的整体能源足迹，用全新能源标准设计新设施，以及加速这两者向可再生能源的转型。

比如，RMI研究所的关键设计技术之一是“终极用户”（end use）设计法。设计者一开始要问某个过程的终极目标是什么，然后探索如何用最佳的方法实现目标，而不是像标准的方法那样从现有的能源系统出发，然后设法进行改良。如洛文斯所说：“大家关心的是温暖的家和冰镇啤酒，而不是使用了多少个英制单位的热量。”① 作为相关案例，RMI研究所的杰森·丹纳（Jason Denner）解释了工业过程使用的典型电力传输系统，从煤炭发电厂一直到终极用户：制造业工厂里用于抽走高温废气的电泵。整个传输系统一般要损耗 90% 以上的能源。[5] 这个 10∶1 的能源输入输出效率，还意味着终极用户标准的改进会在整个系统产生放大效益：终极用户 1 个单位的能源节约，意味着发电厂 10 个单位的节约。RMI用这个逻辑向许多公司解释：采用改进终极用户能源效率标准的措施（比如用高效电泵、高效冰箱、高效照明，以及减少阻力的粗大直线导管等），就可以在整个系统中产生很大的节能收益。但更好的方法是重新考虑和设计终极用户的需求，这样就能从起点处把需求降

① 一个英制热量单位（BTU）是一磅（lb）的水升高 1 华氏度所需要的热量；1 英热单位每小时 = 0.293 瓦。——译者注

到最低水平。比如设计不需要消耗多少能源的建筑供暖系统，或者在工业过程设计中，使一个程序产生的废热变成另一个程序的能源。

莱钢集团和项目其他参与方的第一步就是应用RMI的工具，降低现有设备的能耗，并跟踪记录具体效果。这项工作是基于莱钢过去已经取得的出色成绩，包括在5年内实现了每吨钢能耗降低25%，在增加产量的同时没有增加耗水量，而每吨钢耗水（3.4吨）已经堪比当时世界最好水平。[6]

不久以后，各家公司将根据RMI全系统设计方法设计出全新的生产设施。根据以往的经验，这可能实现70%~90%的节能效果。中国在快速发展，新的生产设施在不断建设，用能耗低很多的新设备取代老设备，可以取得重大节能效果。这是个巨大的机会。

项目小组还意识到，所有这些还只是能源领域创新的初始阶段。即使是巨大的能效提升，最终也只是争取时间，以便在替代能源方面寻求突破。看看整个系统的能耗，比如生产每磅钢的效率提高50%会很快被钢产量下一次翻番抵消掉。对整个国家也一样。中国的经济在每5年，甚至更的短时间里就能翻一番。这意味着，即使实现能效提升90%，其效果也会在15年左右被抵消掉。在提高能效和经济增长之间的竞赛，后者会由于中国的发展速度而最终胜出。所以，我们除了转向更低碳的能源，已经没有别的出路了。

这也就是为什么协作和知识分享至关重要。组织这个项目的公司推动成立了正式的协作机制和管理机构，指导应用和分享的过程。时任莱钢集团副总经理、首次项目会议的主持人张胜生说："为了公司，也为了国家的未来，我们必须这样做。我们都知道时间紧迫，人类的健康需要像我们这样的公司不仅达到世界能源效率标准，而且还要帮助其他公司加速实现向替代能源的转变。"

张胜生的话无疑是正确的——世界在关注着中国。中国虽然没有发明工业时代，或制造对化石燃料廉价能源的不幸依赖，但却继承了这种思维和技术传统。但正因为如此，中国，还有印度，也处于向下一个时代跨越式发展的最有利地位。中国人掌握了大多数必要的技术知识，他们在降低成本方面有很大的机会：只要在替代技术的生产经验“学习曲线”上向上移动就可以了，因为他们的大多数工业基础设施还尚未建立。而且在许多方面他们都有最大的回报激励，包括国家内部的发展，以及在许多未来关键产业（如替代能源领域）引领全球发展。

领导力最终是让我们创造真正想要的未来，而不是尽最大努力去应对我们认为超出自己控制范围的现实环境。像非洲和中国这些在工业时代相对落后的地方，现在有机会为塑造工业时代泡沫之后的生活发挥关键作用，这也是非常适宜的。这两个地方都适应这样的角色，并且各有其独特的方式。

中国拥有世界古老的文化，并与印度一起保存着巨大的文化资源，包括对人的发展和身心健康的智慧传承。在对矿产资源开采依赖越来越小、对人力资源开发依赖越来越大的世界，挖掘这种深层文化智慧也许会成为未来的关键。在自然资本和社会资本亟待修复的世界，数千年来通过天人和谐的修养来服务人类社会能力的儒家理念，此时有着丰富的现实意义。

非洲当然更加古老。有一种说法，那里是人类最早繁衍的地方，从这个意义上说，我们都是“非洲人”。但我们的家乡却被今天的世界看成现代化发展中完全没有希望的地方，这点非常值得我们大家深思。

在以快速更新技术来驱动的机器时代文化中，“老”这个词最终竟成为贬义词，新机器和新技术被认为当然优于老机器和老技术。但对生命世界，情况就不一样了，我们自然喜欢老树、老林子，当然还有老故事和老人的智慧。

不能珍视过去的社会，就自然会漠视未来。工业时代泡沫之后的生活，只有通过这样一些人的领导力才能实现：他们能够连接过去与未来，他们所拥抱的时间尺度，远远超越了典型的泡沫中的生活。

| 第28章 |

我们未来的关系

工业时代还有一个观念我们尚未检讨。这是个旧观念，它出现在工业革命之前，但又被工业革命所强化，因此它深深根植于我们的世界观之中，我们很难发现它，也无法了解它为什么关系重大。这个观念就是：人类是地球上最重要的物种。

像其他决定工业时代泡沫特征的的观念一样，这个观念也表现在当代社会中，比如保护和拯救濒危物种的斗争。但要真正理解这个观念，你必须注意这种斗争所展现出来的人类中心论的思想，比如保护和拯救濒危物种的原因是我们可能需要它们，或者我们需要通过避免毁灭物种而得到很好的商业机会，或者我们这样做的唯一理由是出于我们的“文明的自利”(enlightened self-interest)。

所有这些都忽略了另一个理由。这个理由对泡沫之后的生活的重要性要远远超过其他原因：重新挖掘我们好奇和敬畏的能力——对生命世界的好奇和敬畏，对地球这个宇宙飞船上同行伙伴的好奇和敬畏——没有这些伙伴，我们就可能无法重新发现自己在大自然中的位置。

在世界各地的古老文化中都有以其他物种的故事来传递对人类有重要教益内涵的表现手法。这种表现手法提醒我们，其他物种是能够给我们教益的。令人悲哀的是，我们现在已经割断了与更大生命世界的联系，也就没有把这些故事当作是对周围智能生命的严肃提醒，反而把它们看作是诸如会讲话的小松鼠之类所表演的迪士尼幻想故事，对它们并不在意。

阿默里 · 洛文斯是不需要这种提醒的人。他是落基山研究所的联合创始人，世界级能源专家之一。洛文斯曾获得无数奖项，[1] 在能源效率、替代能源领域，以及在工厂、建筑、汽车这些工业时代器物的重新设计方面，他都是真正的领袖级人物。[2] 然而，除了好友之外很少有人知道，洛文斯的生活爱好之一是和许多类人猿交朋友。正像他常说的："我喜爱高级灵长类，但并不只限于人类。"

所以，近年来他非常珍爱的项目之一，是为类人猿基金（Great Ape Fund）在美国艾奥瓦州得梅因市建立的倭黑猩猩（以前叫小型类人猿）的新家做设计和施工咨询顾问。[3]

和其他优秀的咨询师一样，他为该项目做的第一件事，就是澄清谁是他的客户。"负责这个项目建设的人都很不错，但他们很快就达成了一致意见，那个新家不是为他们自己盖的。"

非常幸运的是，与他的真正"客户"直接打交道其实很容易，因为研究人员已经开发出一种独特的"图形字"键盘，使倭黑猩猩能够与人交流。500 多个符号键，按下每一个都会有一个英语单词发音。尽管这只限于简单的英语表达，但由于许多倭黑猩猩能理解数千个单词的口语发音，所以还是能够产生丰富的沟通。[4] 如洛文斯所说，因为倭黑猩猩能理解人说的话，所以"它们很容易知道我们是否理解了它们，并在工作中一直帮助我们"。

特别是洛文斯很快发现，那些倭黑猩猩能准确地知道自己想在新家里要些什么。例如，他问它们，想在什么东西上面走路，它们回答说“圆木”。此外，它们还表达了自己偏爱的风格、颜色和质地，并且自己做了一些室内装饰工作。

整个倭黑猩猩项目的意义，到了设计工作快结束时才明确显现出来。在一次视频会议上，一位建筑师对一位工程师说：“那么我们什么时候把图纸拿给猩猩们看？”他并不知道，在会议另一端有一个叫“坎兹”（Kanzi）的、英语熟练的倭黑猩猩。坎兹听到这个问题以后马上在键盘上打出图形字，意思是：“我现在就想看图纸。”

于是大家把图纸，还有建筑场地的录像，都拿过去给倭黑猩猩们看。其中一个打出：“在那个池塘里有龟吗？我想和龟一起玩。”另一个打出：“我想爬那边那些树。”第三个有些迷惑。它听说会盖新房子，但它在照片里没看见建筑材料，而它所知道的房子都是砖头盖的，于是它打出：“需要砖。”

这些事情进展都很顺利。但当有人说房子盖好以后会有更多的倭黑猩猩进驻，那些倭黑猩猩们就又变得异常兴奋。大家问它们为什么？它们的解释是，在看过的录像里，它们最喜欢一部叫《梦幻之地》（*Field of Dreams*）的电影。于是它们突然意识到，自己的新家会像那部电影里描述的一样——“如果你盖好了，他就会来。”只不过这个家迎来的，将是倭黑猩猩。

大多数人听到这个故事都感到非常震惊。但实际上，研究人类和动物沟通的工作已经进行许多年了，类似的故事还有许多。然而，就像泡沫之外许多迹象的信息片段所受到的待遇一样：基本没有多少人会去关注。部分原因是人类中心论的世界观无处不在，压倒一切。但这也许还反映了这样的事实：理解坚持这个旧世界观所需付出的代价，就像理解其他深层观念一样，不仅要求开放头脑，还要求开放心胸。

罗杰·佛茨（Roger Fouts）在其著作《我的猩猩宝贝》（*Next of*

Kin）中，记载了他历经 30 年通过符号语言与黑猩猩沟通的研究工作，也记下了在这个过程中人类和黑猩猩之间建立的非同寻常的关系。其中特别引人注意的是一个叫华秀（Washoe）的黑猩猩，它是黑猩猩群的长者。[5] 华秀不仅掌握了基本美国手语（ASL），而且还逐步把手语传授给它的大家族成员。（佛茨和其他人现在的基本研究方法规定，只使用黑猩猩相互间传授手语的录像，而不用人类来教黑猩猩手语。）

书的结尾处，佛茨描述了研究中心一位名叫凯特的志愿者的故事。开始时凯特“对黑猩猩竟能使用人类语言而感到惊讶不已”。一个夏天，凯特怀孕了。凯特与华秀建立了很好的关系。华秀经常用手语问起她的宝宝。后来凯特不幸流产了，有好几天没到中心工作。她知道华秀曾经两次因流产而失去了宝宝，所以凯特回来上班时就决定把发生的事告诉华秀。

“我的宝宝死了。”凯特用手语告诉华秀。佛茨是这样描述的：“华秀低头看着地面，然后抬头看着凯特的眼睛，用手语说：哭吧！并用手摸着自己眼睛下方的脸颊。”[6]

简·古多尔（Jane Goodall）在给佛茨的书写的序言中指出：“在我研究（坦桑尼亚）冈贝（Gombe）黑猩猩的证据中，最让人迷恋的是它们像人类一样的行为……那种合作关系、那种利他精神、那种情感的表达，如喜悦和悲伤……

“我们意识到，黑猩猩的这些智力和情感与我们人类如此相像，这本身就是比其他一切更有力的证据，让我们认识到，曾经被认为是人类和其他动物之间泾渭分明的界限，现在已经模糊不清了……

“当然人类是独特的，但并不像我们原来想象的那么特殊。我们不是单独站在巅峰上的明星动物，与其他动物之间有一条不可逾越的鸿沟。黑猩猩，特别是当它们学会了人类语言（或倭黑猩猩的键盘输入法）时，就帮助我们从心智上架起一座跨越鸿沟的桥梁。这座桥梁让我们有了一种新的敬畏感，不仅对黑猩猩，而且对所有其他令人惊讶的动物。我们，同为动物的人类，与它们一起分享着这个地球。”

大多数物种以其他物种的个体为食物。而第一个系统性地毁灭整个其他物种的动物，正是我们人类。这样的做法破坏了大自然的一个基本原则，这个原则与零废弃物和依靠能源收入来消费的原则，同样都是根本性的。[7] 如果说泡沫之后的生活真是要回归我们的人性（humanness），那只有消除人类对其他生命的某种分离感和优越感，才可能让人性焕发光芒，让世界繁荣兴旺。这就是坎兹和华秀，以及许多其他故事的主人公带给我们教诲的内涵和心声——如果我们准备好去聆听的话。

美洲大平原印第安人（Plains Indians），比如黑足部落（Blackfoot）和苏族部落（Sioux）成员，他们在讲话时反复使用一个词组，这个词组几乎成了一种颂歌：“我所有的关系。”这并不仅指与两脚直立行走的人的关系，而是指与所有生物的关系。让我们一起期待，每个人都能找到自己的颂歌。再生型社会是关于所有生命的繁荣兴旺的——不仅仅是人类生命。

| 第 29 章 |

我们的未来

泡沫之后的生活不仅关乎我们与地球的关系，不仅关乎我们人类之间以及人类与其他物种之间的关系，还关乎我们与自我的关系，关乎做人的意义。它不仅关乎我们试图创造的那个世界，还关乎我们对自己在那个世界中的作用的深层理解，包括当下和未来的作用。

对此，我们在SoL最近一次领导力研习营上得到了提醒。研习营上我们结识了肯特·比克内尔（Kent Bicknell）。30年前他创建了一所学校，专门帮助年轻人为泡沫之后的生活做准备；他还是亨利·戴维·梭罗（Henry David Thoreau）的终身学生。[1]

比克内尔向我们介绍了梭罗完全不为人知的一本书。“梭罗死的时候，他位于康科德镇的家中存放着那本绝大部分已经印刷出来的书。出版商拒绝按照他的要求排版部分内容，那本书也从未卖出去多少册，也许部分原因是印刷中的错误，但毫无疑问，原因还包括它不寻常的内容。”

梭罗家中存放那么多书究竟是为什么呢？第二天，比克内尔走进研习营，把一本用好几层包裹保护的皮质封面书放到桌上，将事情的原委娓娓道来。

“这是梭罗自己修改的出版商排版错误的几本书之一。据我们所知，就仅有几本而已。”

比克内尔把书放在我们面前，讲述了这本神秘的书背后的一些故事。《在康科德河和梅里马克河上的一星期》（*A Week on the Concord and Merrimack Rivers*）讲述的是亨利·梭罗为纪念他 1842 年去世的兄弟约翰而进行的一次水上旅行的故事。这本书的立意是对他兄弟的一种悠长的颂扬词，但包含了梭罗在河流、湿地、鸟类、野生动物、水陆路旅行中的痛苦经历和对平静的沿途景色的深层内心感受。梭罗的小组从马萨诸塞州康科德镇的家出发，向上游一直到华盛顿山脚下，然后又爬上了这座新英格兰地区最高的山峰。

比克内尔说：“梭罗在讲到华盛顿山时，用了美洲印第安名称来称呼它：阿吉欧口处客（Agiocochook），意思是‘伟大神灵的居所’。这在美国文学上是独一无二的。他写下，‘我们得以攀登到阿吉欧口处客的顶峰’，后面是……（空白）。在这里，他要求出版商留一大段空白。”

“梭罗喜欢各式各样的空白。”比克内尔解释说，“对他来说，空白能表达很丰富的内容。”在瓦尔登湖的小屋里，他花了很多时间沉思和冥想，独处无物的空间和无声的宁静不是一种缺失，而是所有一切在当下的呈现。“在感受宁静的力量，体验思想从外在感官游戏中超脱的过程中，他深信这一点。”

但是，出版商最初的书稿校样中，没有留出梭罗想要的所有空白。于是梭罗就要求他的波士顿出版商，必须按照他的想法去做。但在修改后出版的首印书中他发现，他要求的地方确实加进了一些空白，但在其中一个地方，出版商因不想把其余的书稿全都重新排版，就把下一页的内容删去了三行——而恰恰是关键的三行，是梭罗完成那次旅行时清晰感受到的核心内容。几年以后，书的销售状况很不好，出版商就把已经印刷的 1 000 本书中的 700 本交给了梭罗。于是他就在书上手写上被删去的那三行字。

讲完这段故事，比克内尔打开他带来的书，我们看到梭罗用钢笔写的字——如果他不这样做的话，我们就永远看不到这段内容——揭示整段书稿含意的内容。（手写部分在这里加重了。）

> 夏天我们生活在室外，只有兴奋、冲动和感性知觉，这些都是让人动的；要得到宁静和更长的夜晚，通常必须得等到秋季和**冬季，那时才会有思想的平息。**
>
> **我们觉察到，在沙沙作响的树叶背后，在谷物堆的背后，在显露大串大串葡萄的藤蔓背后，那个空间里有**全新的生命，没有人体验过；并且即使这个地球，也是为了比人类更神秘、更高贵的居民而存在的。

梭罗自己知道“那个空间里有全新的生命”，于是他写下来了。从年轻时开始，他就发现自己“每天都陶醉在”一种“不能描述的、无限大的、令人全身心投入的、神圣的、天堂般的愉悦，一种升华和放大的感觉”，而且这些是与他自身“毫无关联的”。

他还知道，这种愉悦是与深层谦卑感相伴出现的。我们人类生活的行为表现，往往就像生物进化已经在我们这里停止了，似乎人类是生物进化列车线上的最后一站，仿佛地球上的所有生物都在共谋着要向人类这一灵长类进化。就这些，没别的了。然而，这个隐性的观念却又与进化论本身相矛盾，与充满活力的宇宙观相矛盾。宇宙中的进化所表现的，如诗人纪伯伦（Gibran）所说，是“生命对自身的渴望”。

我们是年轻的物种，还不知道自己的位置在哪里。从某种意义上说，我们就像是一个十几岁的孩子，充满热情和精力，但有点儿迷茫。而且，就像孩子一样，我们也发现，原来自己不是宇宙的中心——甚至也不是地球生命的中心。我们只是千百万个物种中的一个而已，我们的优点和荣耀不是来自自负的心态，而在于我们做出的贡献。

系统哲学家乔安娜·梅西（Joanna Macy）说："气候变化把我们放到更大时间尺度的舞台上，因为我们的行为现在已经成为地球长期气候演进过程的一部分。"她还说："许多人还把世界的状况放入自己的身心意识。"这也是把自己放到了更大尺度的空间舞台上。不管准备好了没有，孩子总要长大成人。我们必须坚信，我们面对的问题不管看上去多么令人生畏，其实恰恰就是我们所需要的：它会引导我们去完成这场变革。

"这的确关乎人类发展的下一个层次，"好市多的谢里·弗莱斯说，"如果所有人都能挖掘出自己的最大潜力，我们就能完全解决这些问题。"

弗莱斯用这些简单的话表达了一种精神，这种精神能让不可能的事成为可能。这一点我们深信不疑——实际上，它已经在发挥这样的作用了。

可持续发展原则

自然步骤（The Natural Step）和自然资本论（Natural Capitalism）是两个著名的可持续发展原则。

自然步骤

自然步骤用从下至上的方法，从源头处解决可持续发展问题。这里，可持续发展的定义涵盖四个科学原则，也叫作可持续社会必须具备的四个“条件”。

1. 从地壳中攫取的物质（比如化石基燃料）无法在自然中系统地增长。

2. 人类社会生产的物质（比如氯氟烃CFCs）无法在自然中系统地增长。

3. 自然的生产力和多样性的物质基础，绝不应遭到系统地损坏（比如森林砍伐、表层土壤流失）。

4. 公民满足自身需求的能力不应被周围环境系统地破坏（比如缺乏受教育机会或缺少清洁饮用水）。

这些原则是一组实际的设计标准，可以把辩论转化成有建设性的探讨，并指导社会、环境和经济行为。应用自然步骤的许多团体还发现，从这些系统条件出发建立的可持续发展宗旨，对制定具体目标和推进实际工作，都大有裨益。这些宗旨是：

1. 减少并最终完全停止我们从地壳中攫取越来越多的物质资源，其中包括化石燃料和相关废弃物。

2. 减少并最终完全停止我们在社会中生产的越来越多的合成物质。

3. 减少并最终完全停止由我们造成的自然物质条件的持续退化。

4. 减少并最终完全停止由我们造成的人们满足基本需求能力的衰退。

信息资源

包括 11 个国家在内的自然步骤组织的全球网站：www.naturalstep.org。

好几个设计出色、很有吸引力的在线学习课程，包括不同长度和不同语言的课程，可在以下网站中找到：www.naturalstep.ca/elearning/SBNS_Introduction.htm。

布赖恩·纳特拉斯（Brian Nattrass）和玛丽·阿尔托迈尔（Mary Altomare）合著的《商业自然步骤》（*The Natural Step for Business*，New Society Publishers，1999）是一本指导手册，其中既有对实际工作的指南，也有企业在核心业务中成功应用自然步骤的许多案例。

自然资本论

自然资本是指自然提供的资源和生态系统服务，其经济价值巨大，远远超出全世界的生产总值。自然资本论是四个相互交叉的原则系统，把商业和环境利益交叉重叠在一起。这个方法假设企业可以在满足顾客需求的同时提高利润率，并帮助企业解决环境问题。

这四项原则是：

- 从根本上增加资源利用效率，以降低资源消耗速度、减少污染并增加有价值的工作机会。
- 按照生物基路线创新设计产业模式，完全消除废弃物和毒性物质，以完全的闭合环路不断重复使用材料。
- 创立一种服务型和流动型经济，从出售商品（如灯泡）转向提供服务（如照明），或转向“能出租，则不必出售”的模式。
- 将从这类改进中获得的利润，再投资到自然资本的积累和增长上，这是未来生态系统的服务和兴盛的基础。

信息资源

保罗·霍肯（Paul Hawken）、阿默里·洛文斯（Amory Lovins）和亨特·洛文斯（Hunter Lovins）合著的书《自然资本论》（*Natural Capitalism*，Back Bay Books，2000），及文章：“A RoadMap for Natural Capitalism”（《哈佛商业评论》1999 年 5–6 月号）。或见网站：www.natcap.org。

生命周期评估LCA

生命周期评估（Life Cycle Accessment, 简你LCA）是一个决策工具。它可以把环境负担量化，以评估从摇篮到坟墓，或从摇篮到摇篮（即产品回收再利用，在使用周期结束时得到“再生”，成为新产品）的过程中，产品使用及其生产工艺或服务过程的整个周期对环境的影响。LCA已经完成国际标准化组织（ISO）的标准化工作，并成为一系列相关工具和管理方法（比如生命周期管理）的基础概念。这些工具和方法聚焦在通过设计工作来降低产品系统的负面影响，优化其正面影响——从资源消耗，到产品的制造、使用和使用周期终结后的处理。

各类企业、产业、政府和研究机构越来越多地使用LCA方法来重新设计产品、创造新产品、制定新的服务或租赁策略，并选择新材料和技术。LCA的具体应用包括：识别工艺或产品的改进潜力和突破性进展的可能性，对有同样功能的产品或技术的环境影响进行比较，对新旧技术进行比较。LCA还被用于企业对企业（B2B）市场或企业对消费者（B2C）市场的信息标识［例如，环保产品宣言（Environmental Product Declarations），是企业对企业市场的标识；而像德国绿点计划（Green Dot）的最佳产品印章则是企业对消费者市场的标识］。LCA还经常被用来辨别产品所使用材料（包括金属、能源载体、塑料、生物材料等）的基本环保特征。LCA非常重要的特征之一是能够同时检测产品生命周期中多个阶段的多种环境问题，这使决策者能够明示并权衡各类环境因素（比如，生产工艺改动时在系统一部分减少了废气排放，却在另一部分增加了废水排放）。

生命周期视角的广泛采用以及LCA这类研究所形成的分析报告，对公司评判环境绩效产生了深远的影响。直到最近，进步企业的责任标准还仅仅限于公司内部运行的环保绩效管理（如合规、有环境管理系统、有环境绩效信息整理和报告）。今天的市场和管制机构要求企业不仅管理好内部运营，还要对与自己的原材料、产品和服务相关的产业链上下游的所有资源和环境问题承担管理或受托责任。这种趋势下的一个核心案例是，市场要求披露材料、产品和技术的温室气体（碳）排放足迹的相关信息。为此，许多公司都在使用LCA的研究结果来满足这一市场要求。

信息资源

有意理解自身产品的环境绩效，并重新设计产品的企业组织，可以使用许多种LCA工具、数据库和现有软件的支撑服务。LCA不一定要花许多钱或搞得太复杂。它可以适用于任何组织，包括很小的组织，可以随着时间的推移去增加内容。下面的信息资源会对这个过程有帮助。

威廉·麦唐纳和麦克·布朗嘉的《从摇篮到摇篮》（*Cradle to Cradle*）一书中包括可以激发思考的设计指南，都是基于自然的模式，即一个系统的废弃物是另一个系统的食物。

美国环境保护署（US EPA）网站，提供了LCA概念的介绍材料和教育内容，也为决策者和实践者跟踪LCA领域的进展提供帮助：www.epa.gov/nrmrl/lcaccess/。

欧盟联合研究委员会（European Commission Joint Research Council）的LCA欧洲平台，为欧洲企业和政策制定提供了LCA参考数据和建议方法：http://lca.jrc.ec.europa.eu。

国际标准化组织（ISO），提供了ISO系列标准的信息，包括LCA，ISO14040 系列标准，网址是，www.iso.org/iso/home.htm。

生态效率学习组件（Eco-efficiency Learning Module），由世界可持续发展工商委员会（WBCSD）和“五风国际”（Five Winds International）联合在2006年开发，其中包括LCA的具体学习组件：www.fivewinds.com/uploadedfiles_shared/FinalEcoEfficiencyLearningModule.pdf。

联合国环境规划署（UNEP）和国际环境毒物学和化学学会（SETAC）联合建立的生命周期计划（Life Cycle Initiative），旨在开发和传播实际应用工具，对产品和服务的整个周期中的机会、风险和各种权衡因素进行评估。其网址是：www.uneptie.org/pc/sustain/lcinitiative/home.htm。

注 释

第 1 章　未来正在等待我们的选择

1. 联合国政府间气候变化专门委员会（Intergovernmental Panel on Climate Change, IPCC）2007 年的报告：*Climate Change 2007: Impacts, Assessments,and Vulnerability*(Cambridge: Cambridge University Press,2007)，这是第四份这类报告。“尽管如此，（各种证据）足以证明过去 30 年来人类活动造成的暖化已经对许多物质系统和生物系统产生了明显影响。”

2. Juliet Eilperin, “More Frequent Heat Waves Linked to Global Warming,” *Washington Post*,August 4,2006; Associated Press, “WHO: Mosquito-Borne Fever Could Spread,” *International Herald Tribune*,January 19,2008.

3. Matt Simmons, “Energy Policy: U.S. Needs to Show World the Way,” *Houston Chronicle*,February 25,2008.

4. “With Globalization,Poverty Is Optional,” *The Humanist*,September 1,2001,and U.S. Census Bureau,2007,Current Population Survey,Annual Social and Economic Supplement.

5. 玉米乙醇厂的净排量变化（正或负）与其能源的来源密切相关——主要源于大型锅炉加热谷类胶和蒸馏过程。例如，燃煤厂比燃气厂要多排放一倍的温室气体。参见Alexander E. Farrell,Richard J. Plevin,Brian T. Turner，Andrew D. Jones，Michael O’Hare，Daniel M. Kammen，2006，“Ethanol Can Contribute to Energy and Environmental Goals,” *Science*，Vol. 311. http://rael.berkeley.edu/EBAMM/FarrellEthanolScience012706.pdf。

6. 预计 2016 年玉米乙醇的生产所需的玉米数量，相当于全美 2004 年用于种植谷物的耕地总面积的 43%。这意味着需要有大量土地使用的变化，本应收获的谷物的耕地要转而生产玉米。请见Searchinger et al,2008 “Use of U.S. Croplands for Biofuels Increases Greenhouse Gases Through Emissions from Land-Use Changes,” *Science*, Vol. 319 ；http://www.sciencemag.org/cgi/content/full/319/5867/1238。

7. Report by Group Economics Dept. The Royal Bank of Scotland Group,April 12,2006.

8. Worldwatch Institute,2007,http://www.worldwatch.org/node/5461.

9. The World Factbook,Industrial Production Growth Rates,CIA,February 2007.

第2章 我们因何陷入如此困境

1. David Urbinato, “London's Historic ‘Pea-Soupers,’” *EPA Journal*,Summer 1994,www.epa.gov/history/topics/perspect/london.htm.

2. 如果假设美国人平均体重为150磅，而一个人每天制造的垃圾是其体重的20倍，那么每人每天产生的垃圾则约有1.5吨。Paul Hawken,Amory Lovins,and E. Hunter Lovins,*Natural Capitalism*（Boston: Little,Brown,1999）,8。

3. Millennium Ecosystem Assessment,*Ecosystems and Human Well-being: General Synthesis*（Washington,DC: Island Press,2005）,www.millenniumassessment.org/en/Synthesis.aspx.

4. UNEP, “The Asian Brown Cloud,” Executive Summary,2002,www.scientificjournals.com/sj/espr/Pdf/aId/5339.

5. Millennium Ecosystem Assessment,*Ecosystems and Human Well-being: General Synthesis*.

6. 参照第31页的二氧化碳浴缸图。科学家们还在争论燃烧化石燃料产生的二氧化碳中，有多少能够被植物、海藻和海洋等这些“碳汇”(carbon sinks）所吸收。Peter N. Spotts,“Nature's Carbon ‘Sink’ Smaller than Expected,” *Christian Science Monitor*，May 3,2007。

7. U.S. Geological Survey，Mineral Commodity Summaries，January 2004, http://minerals.er.usgs.gov/minerals/pubs/commodity/iron_&_steel_scrap/festscmcs04.pdf.

8. www.epa.gov/epaoswer/non-hw/muncpl/pubs/06data.pdf.

9. W. R. Orr and J. W. Roberts, “Everyday Exposure to Toxic Pollutants,”

Scientific American,February 1998,90; W. McDonough and M. Braungart,*Cradle to Cradle*（New York: North Point Press,2002).

10. Jad Mouawad, “Big Rise Seen in Demand for Energy,” *New York Times*,July 19,2007.

11. Energy Information Administration,www.eia.doe.gov,and www.energyliteracy.org/compare-oil.html.

12. International Energy Outlook,2007,www.eia.doe.gov/oiaf/ieo/pdf/electricity.pdf; Union of Concerned Scientists,www.ucsusa.org/clean_energy/coalvswind/c01.html.

13. Millennium Ecosystem Assessment,*Ecosystems and Human Well-being: General Synthesis*.

14. 同上。

15. 同 上; Jason DeParle, “A Global Trek to Poor Nations,from Poorer Ones,” *New York Times*,December 27,2007。

16. Millennium Ecosystem Assessment,*Ecosystems and Human Well-being: General Synthesis*.

17. 例如生物圈二号（Biosphere 2），是在 20 世纪 80 年代建造的人工封闭式生态试验系统。可它没能在第一个为期两年的实验任务中为 8 个人提供清洁的空气、水和食物。这个项目耗资约 20 亿美元。

18. Millennium Ecosystem Assessment,*Ecosystems and Human Well-being: General Synthesis*.

19. 类似的收入和财富转移也在发达国家出现了。例如，美国最贫困的 10% 的人口,在过去的 20 年中的收入比重从 3.5% 降至 1% 以下。

20. Mark Kinver, “The Challenges Facing an Urban World,” BBC News,June 15,2006,http://news.bbc.co.uk/2/hi/science/nature/5054052.stm.

21. Annie Correal, “12,000 Tons a Day,and What to Do with It,” *New York Times*,September 18,2007; John Rather, “A Long,Long Haul from the Curb,” *New York Times*,December 4,2005.

22. See Hawken,Lovins,and Lovins,*Natural Capitalism.*

23. Nicholas Stern,*The Economics of Climate Change: The Stern Review*（Cambridge University Press,2007）,Overall financial impact and benefits of early

action; Gordon Brown speech on climate change,WWF,November 19,2007.

24. 二氧化碳浓度是按照百万分率（ppm）来计量的，即一百万体积的大气中所含二氧化碳的体积数，这是用来测量大气中气体浓度的标准方法。2007年二氧化碳的浓度约为380ppm，与之相比，1850年的浓度仅为280ppm。

25. 测量二氧化碳流向时，一般在科学上习惯使用每年当量的碳吨数。经过估算，现今二氧化碳排放中,每年被生物圈和海洋吸收的范围是20亿~30亿吨碳。J. Hansen and M. Sato，PNAS 101，16109,2004; Greenblatt,Princeton.

26. 基于冰芯研究的长期数据资料表明，二氧化碳和大气温度均有周期性变化,比如有周期性的冰期。但二氧化碳从未超过300ppm（与之相比现在为380ppm)。工业化时代来临的时候,全球正处于一段漫长的变暖过程的末尾,1850年二氧化碳升至大约280ppm。

27. John Sterman and Linda Booth Sweeney, "Cloudy Skies: Assessing Public Understanding of Global Warming,"*Reflections: The SoL Journal* 7,3(2007); Linda Booth Sweeney and John Sterman, "Understanding Public Complacency about Climate Change: Adults' Mental Models of Climate Change Violate Conservation of Matter," *Climatic Change Journal*,February 2007,Vol.,80,No. 3-4,213—238.

28. 这些"临界点"的例子包括正在融化的冰盖，导致地球表面的反射率下降以及进一步变暖（阿比多效应）；北极永久冰冻层的解冻致使储存的温室气体被释放，并导致全球进一步变暖；而温度的升高减少了森林覆盖以及碳固存,又进一步使全球变暖加剧。

29. S. Pacala and R. Socolow, "Stabilization Wedges: Solving the Climate Problem for the Next 50 Years with Current Technologies," *Science* 305（2004）：72–969.

30. 例如，在2002年3月11日,时任BP公司董事长兼首席执行官的约翰·布朗爵士在斯坦福大学进行演讲时，解释了为什么他的公司在1997年打破石油公司普遍存在的"沉默"，决定大胆面对气候变化。卓越的科学显然是不能被忽略的。虽然那时科学研究并不完整——科学研究从来都不曾完整过。但科学研究所掌握的证据足以说明长期威胁是存在的,而且我们必须采取措施来避免更大的危机——那种等到事态严峻、为时已晚时才采取严厉措施所带来的更大的危机。

31. 比如，英国可持续发展协会（Sustainable Development Commission, 众多企业与政府的高级官员参与其中）正在为所有的个人交通方式设定减排目标：2010 年降低 30%，2020 年降低 60%。

32. 尽管相对于全球目前的排放量（30 亿~80 亿吨碳）来看，60% 的减少比率可能已经足够了，但我们仍然需要制定 80% 的减排目标。这是由于考虑到一些不确定性因素，譬如碳吸存作用是否能够继续吸收这些多余的二氧化碳，以及中国和印度是否能实现其 60% 的减排目标。

第 3 章　工业时代泡沫后的生活

1. Jared Diamond,*The Third Chimpanzee*（New York: Harper Collins,1992）and Jared Dia mond,*Collapse: How Societies Choose to Fail or Succeed*（New York: Viking,2004).

2. Edward O. Wilson, "The Ecological Footprint," 2000 Kistler Prize Acceptance Speech,Carnegie Foundation,2001,www.policyinnovations.org/ideas/policy_library/data/01373: "在真实的世界里，一切是由市场经济和自然经济来支配的，所有的生命都被关在一个希腊神话英雄卡德摩斯式的斗争环境中。长此以往,这场斗争将会失败，首先是生物圈，其次就是我们自己。"

3. 例 如，Lane，R.E.,*The Loss of Happiness in Market Democracies.* Yale University Press，New Haven,2000; Smil,Vaclav. *Energy at the Crossroads: Global Perspectives and Uncertainties*. Cambridge,MA: The MIT Press,2003; Kasser,Tim. *The High Price of Materialism.* Cambridge,MA: The MIT Press，2002; Max-Neff,M. *Development and Human Needs*. In P. Enkins and M.Max-Neff,*Real-life Economics: Understanding Wealth Creation.* London: Routledge，1992; and Daly,Herman and J. Cobb. *For the Common Good: Redirecting the Economy Toward Community,the Environment and a Sustainable Future.* Boston: The Beacon Press，1989. *Sustainability by Design: A Subversive Strategy for Transforming Our Consumer Culture*（New Haven，CT: Yale University Press,2008）。

4. 在这个转移负担模式的版本中，"攫取—制造—废弃"这项解决方案的副作用，及其对社会和环境系统造成的破坏，都在右侧体现出来。如前所示，这些最终会带来更多的问题，也会刺激产生更多的短期补救措施。

5. 这是我们从美国原住民朋友们那里学来的短语。

第 4 章 新思考，新选择

1. Mark Lynas,Carbon Counter,HarperCollins,2007,quoted in “Big Foot” by Michael Specter,*The New Yorker*,February 25,2008,pp. 44–52.

2. 比如，加拿大标准协会（Canadian Standards Association）、森林受托委员会（Forest Stewardship Council）、森林认证认可计划（Programme for the Endorsement of Forest Certification）和可持续林业倡议计划（Sustainable Forestry Initiative Program），均开发了不同的森林认证体系。

第 5 章 不可怀疑一个人和一小撮同谋者的作为

1. www.baff.info/english/.

2. www.greenzone.nu/index_e.shtml.

3. Lars Christensen,*Formation for Collective Action: The Development of BioFuel Region*,Visanu（Swedish National Programme for Development of Innovation Systems and Clusters）,October 2005,www.biofuelregion.se/english.cfm?open=eng: Case study of Sweden’s BioFuel Region.

第 6 章 “调整”一个行业

1. 关于创造对话的“容器”的更多细节，请参考彼得·圣吉等人的《第五项修炼·实践篇》[Peter Senge et al.,*The Fifth Discipline Fieldbook*（New York: Doubleday,1994）,354ff]。

第 7 章 非传统联盟：可口可乐与世界自然基金会的可持续水资源合作

1. WWF是世界自然基金会（The World Wildlife Fund）的品牌形象。它是由WWF 国际负责协调运转的全球性联合会，总部位于瑞士，其主要组织机构分布在美国、德国、荷兰和英国。总预算金额和品牌认同度等一些迹象表明，WWF可能是世界上最大的非政府组织（NGO）。

2. Chapagain A. K. and A.Y. Hoekstra,Water Footprints of Nationa,Vols.

1 and 2. Unesco-IHE Value in Water research reports series no. 16. http://www.waterfootprint.org?publications.htm; "Hidden Waters," A Briefing,February 2007,Joanne Zygmunt,http:// www.Waterwise.org。

3. 这 7 个主要地区是多瑙河，位于美国西南部和墨西哥之间的格兰德河（the Rio Grande，在墨西哥被称为"the Rio Bravo"），美国东南部的河流和溪流，非洲东部的河流湖泊，流经老挝、越南和柬埔寨的湄公河，中国的长江，中美洲西海岸延线的中美洲珊瑚礁。

4. 研究七大水系是WWF全球计划的一部分，WWF将其作为发展更多的水资源综合管理的试验地区（参见前注 3）。可口可乐公司还参与了在美国东南部的河流和溪流项目。

5. 详见 www.worldwildlife.org/climatesavers/。

6. 在可口可乐公司和WWF的网站上都能了解到当前项目的目标和进程。

第 8 章　风险与机遇：可持续发展的商业思维

1. Ari Levy, "Google Plans to Develop Cheaper Solar,Wind Power," Bloomberg.com,November 27,2007,www.bloomberg.com/apps/news?pid=20601087&sid=a_yeVlId3yug&refer=home.

2. Brad Stone, "Google's Next Frontier," *New York Times*,November 28,2007.

3. GlobeScan: Corporate Social Responsibility Monitor,2007,12.

4. "Taking the Earth Into Account," *Time*,May 2,2005.

5. 同上。

6. Juergen H. Daum,*Intangible Assets and Value Creation*,New York: Wiley,2002.

7. GlobeScan: Corporate Social Responsibility Monitor,2007,33.

8. Mark Borden,Jeff Chu,Charles Fishman,Michael A. Prospero,and Danielle Sacks, "50 Ways to Green Your Business," *Fast Company*,November 2007,www.fastcompany.com/magazine/120/50-ways-to-green-your-business.html.

9. 同上。

10. 同上。

11. 经由Bob Willard的允许后改写自*The Next Sustainability Wave*（Gabriola Island,BC: New Society Publishers,2005）,28。

12. Cornelia Dean,"Executive on a Mission," *New York Times*,May 22,2007.

13. Bob Willard,*The Sustainability Advantage*,（Gabriola Island,BC: New Society Publishers）,2002 and *The Next Sustainability Wave*,（Gabriola Island,BC: New Society Publishers）2005.

第 9 章　定位：既为了未来，也为了现在

1. S. Hart and M. Milstein,"Creating Sustainable Value," *Academy of Management Executive* 17,2（2003）Also see Stuart Hart,*Capitalism at the Crossroads*,（Philadelphia: Wharton School Publishing,2007）.

2. 1999年,Brian Kelly在约克大学（York University）斯古里克商学院（Schulich School of Business）建立了可持续发展企业研究院（Sustainable Enterprise Academy, SEA），其宗旨是帮助企业领导者实现公司可持续性发展的转型。Brian Kelly召集了一个小组的创新思想家开发并实施了一个为期4天的高层领导力项目，着重研究可持续发展中的内在商机。项目还包括，安排已着手将可持续发展融入工作核心的企业领导们做嘉宾发言。Stuart Hart为可持续发展企业研究院提出了可持续发展价值矩阵（the sustainable value matrix），它已成为企业领导者试图在组织内部创造可持续发展价值的重要工具。

3. 经由S. Hart and M. Milstein的允许后改写自"Creating Sustainable Value," *Academy of Management Executive* 17,2 (2003). Also see Stuart Hart,*Capitalism at the Crossroads*（Philadelphia: Wharton School Publishing,2007)。

4. Frank J. Lechner and John Boli,*The Globalization Reader*（Oxford: Blackwell,2000).

5. The Cleantech Group,LLC.

6. 引自Vanity Fair,July 10,2006。

第 10 章　让大家参与进来

1.《第五项修炼·实践篇》（*The Fifth Discipline Fieldbook*,New York:

Doubleday，1994）汇编了各种工具和工作方法，它是我们推荐的拥有详尽资源的工具之一。

第 11 章 建立你自己的变革依据

1. 报导自 *Globe and Mail*，November 15，2007。

第 12 章 “公地”的悲剧和机会

1. 联合国政府间气候变化专门委员会第四次报告“Climate Change 2007,” IPCC Fourth Assessment Report AR4。此综合报告可在http://www.ipcc.ch/press/index.htm下载。同样可参见Millennium Ecosystem Assessment,*Ecosystems and Human Well-being: General Synthesis*（Washington,DC: Is land Press,2005）,www.millenniumassessment.org/en/Synthesis.aspx。

2. “海岸捕鱼公司”（Fish Banks Ltd.）由Dennis Meadows在新罕布什尔大学开发。此游戏可登陆www.unh.edu/ipssr.index.html获得。另一个相似的版本可 在Cloud Institute for Sustainability Education的 网 站www.sustainabilityed.org中获得。如需不用电脑即可使用的简化版本，请见Linda Booth Sweeney and Dennis Meadows,*The Systems Thinking Playbook and Companion DVD*（Waltham,MA: Pegasus Communications,2001）。

3. 该公司还发明了“圆圈结构”（circle structure），三个主管执行的圆圈（executive circles）代替了传统的等级体系：产品制造圈（make product，包括产品研发和制造），产品销售圈（sell product，市场、销售和服务支持），以及负责支持其他两个圆圈的“领导力圈”（leadership circle）。据已退休的CEO里奇·提尔林克（Rich Teerlink）说，这个结构意在“强迫人们必须不断跨界交流”。如要了解更多，请参见Rich Teerlink and L. Ozley，*More than a Motorcycle*（Cambridge，MA: Harvard Business School Press,2000）。

4. 更准确地说，当流出量超过流入量达到最大时，储量下降得最快；渔场储量下降时，其再生率也下降，所以实际上储量下降最快的时候可能就在捕鱼量达到最高值之后不久——这意味着捕鱼公司削减捕鱼量越迟，鱼的数量和再生率就下降得越多，这又使得鱼群再生更加困难。

5. 自由市场的拥护者声称价格上涨的信号足以保护公共用地，但其实是人们对价格的反应，而并非价格本身，才引发了这个效果。在大多数真实情境下，被消耗的公地资源，由于供给减少（或供给的增长速度低于需求的增长速度），价格会开始抬升。但客户对价格上涨的回应在一开始通常会较慢（尤其是当没有合适的替代产品时），而涨价又会让生产者更努力地扩大生产，像“海岸捕鱼公司”游戏里的捕鱼公司那样。到了价格上涨的幅度已使得需求明显减少时，恐怕早就来不及保全渔场了。

第 13 章　地球号飞船

1. EPA,2007,Report to Congress on Server and Data Centre/Energy Efficiency.

2. Energy Information Administration,US DOE,Annual Energy Outlook 2008.

3. 计算依据：如果互联网以每年 16.7% 的速度增长（大约每 4 年翻一番），而发电量每年增长 3.3%（全球经济增长幅度），互联网用电量与经济总耗电量的比值会以每年约 14% 的速度增长，即大约每 5 年翻一番。如果目前互联网用电量占用电总量的 4%，那么在翻 3 番的时间，也就是 15 年之内，大约将达到 32%。

4. 地球宪章（Earth Charter）作为 1992 年联合国环境与发展大会（里约会议, Rio Conference）的成果，是对建立一个公正、可持续世界的原则的宣言。请见 www.earthcharter.org 或 http://en.wikipedia.org/wiki/Earth_Charter。

5. 关于系统基本模式的完整论述，请参见《第五项修炼》增订版（Peter Senge et al., *The Fifth Discipline*, rev. ed., New York: Doubleday, 2006） 和《第五项修炼 · 实践篇》（Peter Senge et al., *The Fifth Discipline Fieldbook*, New York: Doubleday, 1994）；也可登陆 www.pegasuscom.com, 参见 Pegasus Communications 的出版物。

6. SUV、货车和小型载货卡车占美国机动车总量的百分比已由 1987 年的 28% 上升至 2007 年的 50%。不出所料，引擎技术的进步在很大程度上解决的是如何增大动力来拉更重的车，而不是如何节约燃料减少尾气排放——平均马力几乎翻了一倍，而燃油经济性却降低了 9%。U.S. EPA, 2007, Light-Duty Automotive Technology and Fuel Economy Trends: 1975 Through 2007。

第 14 章 看到我们的选择

1. 耐克公司在其社会责任报告中关于行业领先透明度的承诺，导致该公司被列在美国顶级公司的名单中，而且在最新的可持续发展全球报告者（Global Reporters）评比项目中列入世界前 10 位。详情请见：www.greenbiz.com/news/news_third.cfm?NewsID=34235 。

2. www.indigodev.com/Kal.html.

3. Malcolm Gladwell,*The Tipping Point: How Little Things Can Make a Big Difference* (Boston: Little,Brown,2000).

4. Peter Marsh, “Solar Energy Demand Soars,” *Financial Times*,April 4,2007.

5. “Wind,Solar Power Gain Users,” *Wall Street Journal*,January 18,2008.

6. *Economist*,February 23,2008,p.84.

7. “Installed U.S. Wind Power Capacity Surged 46% in 2007,” news release,American Wind Energy Association,January 17,2008.

8. “US,China and Spain Lead World Wind Power Market in 2007,” news release,Global Wind Energy Council Brussels,February 6,2008.

9. “The Renewables 2007 Global Status Report,” Renewable Energy Network for the 21st Century,in collaboration with the Worldwatch Institute.

10. 原则上，要评估这些例子中的废弃副产品,就必须考虑产品整个生命周期的“足迹”，如化石燃料到底是被用于种植粮食作物，还是用于运输纤维物质，或者生产氢气（因此在其生产或使用中会产生二氧化碳）。见附录中关于这种足迹分析的信息资源。

11. William McDonough and Michael Braungart,*Cradle to Cradle* (New York: North Point Press,2002).

第 16 章 聚拢：把系统放进房间里

1. See J. Jaworksi,*Synchronicity*（San Francisco: Berrett-Koehler,1996）; Peter Senge,Joseph Jaworski,C. Otto Scharmer,and Betty Sue Flowers,*Presence*（New York: Double day,2005).

2. 为《体悟当下》(*Presence*) 一书的完成而进行的访谈中有各类科学家和企业家。面对这些人，约瑟夫 · 贾沃斯基和C · 奥托 · 斯格谟往往会问：“你工作中的核心问题是什么？”见网址www.dialogonleadership.org。

3. 已故量子物理学家大卫·波姆所描述的“深度汇谈”，是一种共同探索实现更大的理解力和可能性的交流。见*David Bohm On Dialogue*,（New York：Routledge,1996）, William Isaacs,*Dialogue and the Art of Thinking Together,*（New York：Doubleday,1999）。

4. C. Otto Scharmer,*Theory U*（Cambridge,MA: Society for Organizational Learning,2007）,288.

第17章　从他人眼中看现实

1. 从1950年到2000年，交易量最大的农产品的世界平均价格下跌程度如下：大豆80%，玉米90%，小麦80%，棉花90%，干豆70%，土豆50%。见USDA.Notes，p.395。

2. 参见the Sustainability Institute website,www.sustainer.org。

3. 最先发起召集的小组，即形成中的战略微系统，包括：联合利华的董事会成员安德烈·凡·赫姆斯特拉，英国牛津乐施会总裁芭芭拉·斯托金，凯洛格基金会渔农部主任欧兰·海斯特曼（Oran Hesterman），Generon咨询公司的约瑟夫·贾沃斯基和亚当·卡汉（Adam Kahane），可持续发展研究所（Sustainability Institute）的哈尔·哈密尔顿。其中可持续发展研究所由唐妮拉·米道斯（Donella Meadows）创立，致力于研究全球农业系统,最终成为食品实验室的协调方。

4. 建设系统智能、协作、集体创新能力的整个过程都用U型理论组织，协同内部和外部的变化（见彼得·圣吉等著的《体悟当下》(New York：Doubleday，2005）以及C. Otto Scharmer,*Theory U*（Cambridge,MA: Society for Organizational Learning，2007）。

5. Chris Pomfret,speech at IPA Sustainability Conference,May 2002.

6. 推断之梯源自人类学，该领域的实地研究人员为明确他们对不同文化的解释，而建立了严格的准则，并已成为所有组织学习实践项目的一个基石。详见彼得·圣吉等人编写的《第五项修炼·实践篇》(*The Fifth Discipline Fieldbook*, New York: Doubleday,1994)，242~261页。

7. 实验室团队成员的所有引语都来自此文：Susan Sweitzer,“Sustainable Food

Lab Learning History," www.sustainablefoodlab.org/learning-history。

8. 如果一个团队太大，不能一起完成学习的旅程，可以分为若干小组，并尽可能保持其多样性。食品实验室在巴西学习的旅程就是这样，共分三个小组，每组 10~15 人，两个月之后所有的小组聚集在一起参加了为期 10 天的静修营。

第 18 章 培养共同的承诺投入

1. 比尔·鲍尔曼（Bill Bowerman），俄勒冈大学的田径教练，训练了 31 名奥运健儿，并创立了耐克品牌。

2. 在此期间，弗莱斯已经与波士顿地区先锋青年领导力组织的罗卡一起工作了，并了解到他们的“维和圈”——于是开始把它用到她在危地马拉组织的会议。更多信息见：Kay Pranis,Barry Stuart,and Mark Wedge,*Peacemaking Circles: From Crime to Community*（St. Paul,MN: Living Justice Press,2003）。

第 19 章 从生命系统获得灵感的创新

1. 许多人都曾提出过垃圾零填埋商业经营模式背后的理念，包括最早提出“从摇篮到摇篮”概念的瑞士经济学家瓦尔特·斯塔海尔（Walter Stahel）。详情可以参见：“product of service” in Paul Hawken,Amory Lovins,and E. Hunter Lovins,*Natural Capitalism*,Boston: Little,Brown,1999,and the writings of industrial ecologist John Ehrenfeld。

第 20 章 释放出每天的神奇

1. Martin Luther King,Jr., “Letter from Birmingham Jail,” April,16,1963.

2. 表述这一原则的特殊方法来自罗伯特·弗里茨，他称之为“结构性张力”。见 See Fritz,The Path of Least Resistance（New York: Ballantine,1989）; and *The Path of Least Resistance for Managers*（San Francisco: Berrett-Koehler, 1999）。

3. David Whyte,*The Heart Aroused*（New York: Currency/Doubleday,1994）,p. 231

4. 甘地的著作对此做出了出色的概述，见：Mohandas Gandhi, “*Hind Swaraj," and Other Writings*（Cambridge: Cambridge University Press,1997）。

第 22 章　从摘取“低垂果实”到新的战略

1. 见彼得·圣吉的《第五项修炼》修增订版：Peter Senge,*The Fifth Discipline*,rev. ed.（New York: Doubleday,2006），259~260。

2. 这种资本投资计划包括天然气业务。BP公司不是唯一在替代能源方面拥有可观数量投资的大型石油企业，但它却是较领先的企业之一。

3. 目前，这些电站的氢将从化石燃料中来，包括煤炭、石油、天然气，但计划把产生的90%的二氧化碳吸收并储存于地下。

第 23 章　愿景是什么并不重要，重要的是愿景能做什么

1. 根据美国政府劳工部职业安全及健康管理局（OSHA）的记录，在“二战”后，杜邦公司一直是美国最安全的大公司。

2. 见网址http://www.greystonbakery.com。

3. 虽然企业对产品的全生命周期分析越发频繁，但其频率仍远远低于在公司内部的工作进程中简单地跟踪废弃物的产生（第2章在简单的系统框架中提出的“制造中产生的废弃物”）。其原因是这需要时间和精力成本，而且这一成本不同于自己制造废弃物或消耗能源的相关费用——全生命周期产生的废弃物是别人的代价和成本，所以需要管理者关注更广泛的领域。

4. 许多基于使命的企业都是由社会型企业家创建的，如“阿育王”（www.ashoka.org）那样的组织，已经在支持其他企业解决世界性的一些紧迫问题。

5. 关键性的研究结果在近15年内并没有发表，直到后来出现在阿里·德赫斯的著作《长寿公司》中（*The Living Company*,Boston: Harvard Business School Press,1997）。

第 24 章　为了未来，重新设计

1. 有大量的指导理念、经验和科学可以应用在这个重新设计未来的工作中。一组是“必备的组织”（Requisite Organization）理念中提出的原则、做法和工具，这已被证明是把可持续性带入商务核心的非常适合的设计（由Elliott Jaques和他的合作者在过去30年中发展起来的）。“必备的”（requisite）一词的含义是指“需要的、必要的，或为特定的目标或立场而必不可少的，比如作为工程师的必备技能”。见Elliott Jaques,*The Requisite Organization*,revised

second edition（Arlington,VA: Casson-Hall,1996）。

2. 我们要感谢Sue Simington,她基于自己在重新设计组织和企业的可持续性方面的经验,对这一章做出了贡献。

第 25 章 公司的未来

1. The Economist,October 7th,2006 “A Survey of Talent,” p. 4.

2. 见Arie de Geus, “Planning as Learning,” *Harvard Business Review*, March-April 1988,and Arie de Geus,*The Living Company*（Boston: Harvard Business School Press,1997).

3. 见S. Lydenberg, “Long Term Investing: A Proposal for How to Define and Implement Long-Term Investing,” in *Paper Series on Corporate Design*,Summit on the Future of the Corporation,available from Tellus Institute,www.tellus.org。他在最近几年发表了许多类似的文章,批评企业对管理短期行为的偏执（如M. Tonello, “Revisiting Stock-Market Short-Termism,” Conference Board,2006,42）；同时，他的最近几项研究都赞同，投资者通过长期投资获得利益,是更负责任的管理行为（如Goldman-Sachs“GS SUSTAIN” Global Investment Research,July,2007）。

4. 目前从会议发展出来的工作组包括：共同评级系统,具体是以LEEDS形式的标准为未来的公司评级；股票持有时间长期化的强制规定；实施更负责任的公司治理方法；重写公司法，强制要求进行社会和环境风险评估；发展把社会和环境指标纳入考虑的、替代国内生产总值GDP的新标准。

5. 汉迪成为布莱尔（英国前首相）委托的、为期10年的研究复审公司法项目组成员。但当前,在新首相戈登·布朗政府之下,项目的成果还微不足道。

6. 其中一个与会者是在美国最大的银行任职的高级官员,他不得不提前离开会议,以便处理仍在持续的危机。他后来说,这场危机让他的CEO黯然离职,而且最终导致成千上万的人失业,而其发生则是通过“富有攻击性的各类策略性对抗和永远没人能理解的、以计算机为中介的各种投资决定”。

第 26 章 企业多样性的未来

1. Paul Hawken,*The Ecology of Commerce: A Declaration of Sustainability*

(New York: Harper Business,1994) .

2. Paul Hawken,*Blessed Unrest: How the Largest Movement in the World Came into Being and Why No One Saw It Coming*（New York: Viking,2007）,1.

3. 见John Keane,*Global Civil Society*（Cambridge: Cambridge University Press,2003）。霍普金斯大学的研究人员认为，如果公民社会组织（包括基金会）是一个独立的国家经济体，它将拥有1.2亿美元的支出,排名世界第8位。

4. Hawken,*Ecology of Commerce*,p.3.

5. 据世界卫生组织估计，因为奶粉哺乳使婴儿更容易受到疾病的感染，由此造成的婴儿死亡人数每年有150万。

6. 见www.pioneersofchange.net and also Peter Senge et al.,*The Fifth Discipline*, rev. ed.（New York: Doubleday,2006）,p.76–370。

7. Hawken,*The Ecology of Commerce*,2.

8. Chang Tsai [Zhang Zai], "The Western Inscription," in Wing-tsit Chan,trans. *A Source Book in Chinese Philosophy*（Princeton: Princeton University Press,1963）p.497.

9. T. Berry,*The Dream of the Earth*（San Francisco: Sierra Club,1988）; T. Berry and Brian Swimme,*The Universe Story* (New York: Penguin,1994). See also *The Great Work,* (New York: Bell Tower,1999).

10. Eric Jaffe, "Mirror Image: The First Evidence That Elephants Can Recognize Themselves," www.smithsonian.com,November 7,2006; J. M. Plotnik,F. de Waal,and D. Reiss, "Self-recognition in an Asian Elephant," *Proccedings of the National Academy of Science*,Octo ber 2006,www.pnas.org/cgi/content/abstract/0608062103v1.

第27章　领导力的未来

1. 该项目原本被称为"乌干达食品与和平项目"(Uganda Food and Peace Project)，最初由筹集个人小额捐赠资金建立，大部分资金是由Hans Veltkamp和Silvanna Veltkamp在欧洲和美国地区筹集，用来支付如穆西西这样的一线工作者的工资。

2. 由于学校促进了女童教育的发展,取得了女子教育领域的创新成就，因此在2002年赢得了颇具盛名的"非洲妇女教育学家论坛"(FAWE）奖。

3. 该组织的五项创建原则是：(1）乌干达人民，与世界各地人民一样，是自己发展的关键所在——“在你做出这种选择之前，没有人能让你发展”；(2) 当人们转向创造性行动的心态，而不是反应式行动倾向时，持久的变革是可能的；(3) 拥有共同愿景的民族能够超越由种族差异、宗教差异、政治差异、性别差异和年龄差异带来的传统偏见，通过共同努力实现最重要的目标；(4) 人们拥有与生俱来的智慧与力量，并以此来改变自己的生活质量和社区品质；(5) 培训、教育以及信息共享是实现农村改造的主要决定性因素。

4. 其他还包括中美可持续发展中心（US-China Center for Sustainable develop- ment,http://chinauscen ter.org/initiatives/default.asp）和卡斯泰德的生物燃料项目。

5. 通常情况下，各种各样的损失可能包括：在发电厂 70% 的能量损失——其余能量在电力传输中又损失 8%~10%，在电动机里又损失 10%，电动机驱动泵造成 25% 的损失，泵输送热气的管道节流阀又造成 33% 的损失（其中输送管道组合本身还会再损失 20%）。输入发电厂的每 100 单位的能量，最终只有 9.5 单位实现最终使用，与 90.5 单位的差额就是净损失量。

6. 由于其成就，该公司最近获得了一个学习型组织的全国性荣誉，该公司的组织学习实践在中国企业中的出色地位，得到了官方的认可。

第 28 章 我们未来的关系

1. 包括麦克阿瑟奖（MacArthur Fellowship），海因兹奖（Heinz）、林德博格奖（Lindbergh）、世界技术奖（World Technology）和瑞典“正确生活方式奖”(Right Livelihood, 即环境“诺贝尔替代奖”Alternative Nobel Prize)，蓝色星球奖（Blue Planet)、沃尔沃环境奖、日产奖、制造业的诺贝尔“新乡奖”(Shingo)、米切尔奖（Mitchell)，及奥纳西斯奖（Onassis)。美国《时代》周刊称他是“星球英雄”(Heroes for the Planet）之一，《新闻周刊》称他为“西方世界最具影响力的能源思想家之一。”洛文斯是牛津大学历史上最年轻的导师之一，也是美国科学促进协会（American Association for the Advancement of Science）会员。

2. 见 *Natural Capitalism*,Factor 4（Ernst Ulrich von Weizsäcker,Amory und Hunter Lovins,Earthscan,1998）,*Winning the Oil End Game*（Amory B. Lovins,E. Kyle Datta,Odd-Even Bustnes,and Jonathan G. Koomey,Rocky Mountain Institute,2004)。

3. 见*National Geographic*,March 2008,57.

4. 同上。

5. R. Fouts,*Next of Kin: What Chimpanzees Have Taught Me About Who We Are,*（New York: William Morrow,1997）.

6. 同上书，p.291。

7. 作者Daniel Quinn称这是“有限竞争法则”（“law of limited competition”）；参见*Ishmael*（New York: Bantam,1992）。

第29章　我们的未来

1. The Sant Bani School,www.santbanischool.org.

第五项修炼

知行学校（全2册）上

04

[美] 彼得·圣吉（Peter Senge）等著 李晨晔 译 张成林 审阅

SCHOOLS THAT LEARN

A Fifth Discipline Fieldbook for Educators, Parents, and Everyone Who Cares About Education

第五项修炼系列典藏版

中信出版集团 | 北京

图书在版编目（CIP）数据

第五项修炼．知行学校：全 2 册 /（美）彼得 · 圣吉等著；李晨晔译．-- 北京：中信出版社，2018.7（2025.4 重印）

书名原文：Schools That Learn

ISBN 978-7-5086-7527-5

I. ①第… II. ①彼… ②李… III. ①企业管理—组织管理学 IV. ① F272.9

中国版本图书馆 CIP 数据核字（2017）第 093117 号

第五项修炼：知行学校（全 2 册）

著者：［美］彼得 · 圣吉 等

译者：李晨晔

出版发行：中信出版集团股份有限公司

（北京市朝阳区东三环北路 27 号嘉铭中心 邮编 100020）

承印者：三河市中晟雅豪印务有限公司

开本：880mm × 1230mm 1/32　印张：27.5　字数：700 千字

版次：2018 年 7 月第 1 版　印次：2025 年 4 月第 13 次印刷

京权图字：01–2012–9127　书号：ISBN 978–7–5086–7527–5

定价：138.00 元（上下册）

图书策划：中信出版 · 漫游者

总策划：李穆　策划编辑：鄢林敢

责任编辑：鄢林敢　营销编辑：彭博雅

版权经理：田京京 张琦　装帧设计：赵妍

服务热线：400–600–8099

投稿邮箱：author@citicpub.com

本书是第五项修炼在系统教育领域的实践记录，
写给教育工作者、父母以及每一位关心教育的人

目 录

第一部分 出发

第二部分　课堂

2017年第五项修炼系列中文版序

自《第五项修炼》中文版出版至今10年间，中国内部发生了很大变化，它在世界上的地位亦然。中国不再以追赶西方作为驱动力——在许多方面，中国已经与西方国家并驾齐驱了。尽管中国是一个巨大而复杂的社会，但目前已有约4亿人属于“中产阶层”了，物质生活水平以如此惊人的速度提升，这在人类历史上前所未有。

不过，中国的崛起也带来了自身文化的困惑。拥有如此深厚、绵长，历经5000多年文化滋养的国家为数甚少。然而，消费主义的理念已经逐步影响了这个社会。鉴于西方的生活方式在中国迅速发展，设想再经过一两代人，中国的传统文化或将仅仅是一个局限于书籍、电视剧等大众媒体的浪漫主题。这很像当今的美国人还可以观看一些有关“老西部”的电影，但他们自己心里清楚，那已经是一个永远逝去的时代。

此类深层文化动荡也可以生成新的机缘。以“中国文化是这个世界上至高无上的文化，并将永远如此”这种简单假设为基础的文化自满言论已经日渐失去影响，取而代之的是超越迷信，超越过去由殖民占领和后来的消费主义塑造而成的种种扭曲观念，进而更深入、真诚地关注中国文化的种种根本。

我自己对于这种觉醒有切身体会。我有幸成为南怀瑾大师的学生长达十年，近年来，我遇到的许多中国人最希望探讨的，就是中国传统文化及其与学习型组织的关系。尽管《第五项修炼》系列和其他相关书籍显然在西方有其历史成因，但令我感到神奇的是，这些书籍对于许多中国人来说，已经成为某种门径，开启了他们对于管理和领导力的人本认知，开启了他们对于不同组织针对培育超越效率和利润的福祉做出真正承诺时，存在何种可能的人本认知。

随着中国以领导者的身份逐步登上全球舞台，对于中国文化自身的认知进行这样的深层探寻尤为重要。中国如何以一个全球政治领导者的角色呈现自己呢？所有现代工业国家的种种政策都存在同样的局限：以牺牲社会与文化方面的各种进步为代价，执迷于 GDP（国内生产总值）增长，沉迷于那些在政治上将我们相互隔离的“民族—国家”的人为边界——即便对那些与我们分享共同利益的人们来说也是如此。

多年来，中国一直在采取行动，加速能源结构调整，尽管外界对此几乎一无所知。自 2009 年启动的历史性碳减排承诺起，中国就已将自身投入到一条转型的道路：终止并最终逆转温室气体排放的灾难性增长。不过，这些承诺最初在西方几乎无人知晓。我对此有所了解，是因为在我做过的一些公开演讲中，我会就此向那些在这个领域中博学多闻的听众们提问，但几乎没有人知道中国在 2009 年已经做出的这些承诺。

随着历史性的《联合国气候变化框架公约》于 2015 年在巴黎签订，情况开始变化了。此时，那些与联合国这项议程有密切关系的人们意识到，地缘政治之风已经变换了方向。他们认识到，无论其他国家做了什么，如果不是中国已经做出了承诺并持续前行，巴黎协定的签订根本不会发生。实际上，当时多数在巴黎参会的人都认为，奥巴马总统做出的承诺不大可能获得国会批准，而特朗普总统在 2017 年便戏剧性地宣布退出这项协定。虽然还远不够理想，但两个最大温室气体排放国家之一做出的深层变革承诺对于许多国家来说就是足够的保证：我们在减缓并最终逆转全球气候方面正在进入一个全球合作的新时代。

围绕气候变化的全球领导力量转变既具象征意义，又有实际影响。实际上，各个国家都被要求优先考虑长期的未来，而非各种短期的经济措施，各个国家也被要求以评价经济健康同等重要的程度来评价自然环境的健康，同时要认识到这两者是密切相关的。它们还被要求以全球社群的形态合作努力，因为任何单一国家的行动——包括中国的行动在内，都是远远不够的。它们被要求真诚地对待科学，即便这样做会挑战以往那些被奉为神圣的、“一切照常”的信念，比如，只关注 GDP 增长，而忽视社会和环境健康的指标。

这些都是领导力文化的改变，并非仅是其策略或手段的改变。而且我相信，恰恰就是在这个领域，而非其他领域，中国的觉醒可以产生更大的影响。几百年来，西方模式奉行的道德与伦理的完美理想，与“一切照常”的实际做法近乎背道而驰。然而，我相信，中国传统智慧的觉醒与对一种新型全球领导力的前所未有的需求相结合，可以创造出一种新的良性循环。

南怀瑾大师过去几十年的努力，着重于帮助中国人领悟儒学传统的精神基础，以及如何将其与其他学问融会贯通。他以为，在过去 500 年里，这种领悟大都遗失了，但在今天却迫切需要。比如，他在《原本大学微言》中的诠释中指出，《大学》是一部以“领导力形成发展的七证反思空间”（知、止、静、定、安、虑、得）为根基的领导力培育手册。真正的领导力并非来自企图心或是源自地位的威权，而是来自于一个人一生专注培育自己的深入倾听能力：既倾听当下，又倾听若隐若现的未来，以及将自己的注意力从无论是金钱、权力，还是奉承等自我关注或他人的不良影响中释放出来。领导人必须培育孟子所说的“不动心”，继而形成明晰的愿景。他们必须有诚信，才能因此而建构服务于更为远大目标的真诚协作。他们必须成为罗伯特·格林里夫所说的“仆人领导”，为一个更大的整体的福祉服务。

超越“一切如常”的领导力需要智慧，并非只需要情感。我相信，如前述例子所示，我们所需要的智慧必须来自于重振全球各地的智慧传统，来自于展示这些智慧与我们今天所处困局的相关和相适。虽然这一行动超出了中国自身的范围，但如果不是中国引领这个进程，我看不出谁还会有力量引领。

南怀瑾大师在他生前最后一批著述中指出，自黄帝起，教化——教以成化，就是中国文化的根基。能够在今天全球化商业中有效竞争并成长的企业，必须拥抱一种对于学习的真正承诺——通过培育人去培育一家企业。工作场所的人本价值观不应只是口号，还必须植根于培育个人、培育包容性团队文化的不息进程之中。相比之下，基于家长控制的碎片式工作文化的衰败，在政府和社会领域及商业中比比皆是，因为这些组织没有能力持续学习，没有能力适应今天变幻无常的世界。组织中各个层级对于学习的这种深层次、全身心的承诺，一直以来就是各种学习型组织的标志特征，恰如持续评估我们共同为更大整体做出贡献的状态是系统思考的核心。

因此，在中国这个转折的时刻，《第五项修炼》系列再版，我最大的希望是通过汲取往昔的智慧，为应对今天种种罕见难题尽微薄之力。张载（1020—1077）在著名的《西铭》中的文字就描述了一个全球领导力世界：

“乾称父，坤称母；予兹藐焉，乃混然中处。故天地之塞，吾其体；天地之帅，吾其性。民，吾同胞；物，吾与也”。

彼得·圣吉

2017年7月28日

第一部分　出发

Schools That Learn:

A Fifth Discipline Fieldbook for Educators, Parents, and Everyone Who Cares About Education

第1章

开学指南

1. 难忘的一刻

从前有一个小男孩，聪明又充满求知欲，思考事情有他自己的方式，处理问题也有他自己的步调风格。对于他来说，学校没有多大意义，因为他自己有些别的打算，他也总是在忙着学习新东西。比如说，他每去一个地方，都会收集那里的纪念章。每天上学的时候，他都要在脖子上挂一个不一样的纪念章。

有一天，他的老师说："马修，明天我们大家要一起做一个科学实验，是有关金属的。我想，我们一定可以从你收集的某一个纪念章上，了解到一些有意思的事情。"小男孩迫不及待地把这件事告诉了他父母。于是，全家人在那天就花了大半个晚上反复讨论，第二天究竟应该带哪个纪念章去学校。最后，他挑选了一个镶银边的纪念章，那是他第一次与祖父一起旅行时得到的。第二天一早，他就急急忙忙地赶到学校。晚上回到家之后，他给父母讲了他刚刚学到的科学知识：金属都可以导电，但导电性能不同；因为他的纪念章上有银，导电性能特别强。

现在，这个孩子已经长大成人了，但他仍然记得那一天，记得那天学到的电学知识。他还能回想起自己在那一刻的感受——自己的爱好引起别人真正兴趣时的感受、帮助别人学习的感受，以及被大家看到自己时的感受。他的老师或许已经记不起那堂课的具体情况了，但还记得其他一些类似的情形——有时是和一个学生，有时是和一位导师，有时是和一位家长，有时则是和另外一位老师或者其他什么人，每当他与这些人建立了某种联系，奇妙的变化就发生了。

正在阅读这本书的每一位读者肯定也有过类似的体验——在那一刻，要么是新知识激发了我们的想象力，要么是我们内心深处的心弦被轻轻拨动，一扇扇我们此前从未意识到的心门就此开启。为什么这样的体验会给人带来如此强大的力量呢？或许是因为，这就是人类与生俱来的一种权利：作为生命体，我们来到人间，成为这样一个充满渴望、自然的学习者。"人类对学习的欲望与对性的欲望一样强烈。但是，它出现得更早、更持久。"人类学家爱德华·T. 霍尔（Edward T. Hall）这样说。[①]

从我们出生伊始，学习行动既是深层的个人活动，也是天然的社会活动。它不仅使我们与抽象的知识建立起联系，更让我们相互之间彼此相连。如果不是这样，当老师发现了学生的一些特殊之处时又有什么用呢？在我们的一生当中，随着人生场景的变化，会碰到大大小小的新鲜事物，遇到各种各样的挑战。如果我们为此做好了准备，生

---

① 见《学习的驱动力：爱德华·T. 霍尔访谈录》（*Drive to Learn: An Interview with Edward T. Hall*，Santa Fe Lifestyle 出版，1988 年春），第 12~14 页。

命与学习行动就成为密不可分的了。

如果所有人类社区都以培养这种生命与学习行动之间的联系为己任，使它成为重中之重，那会是怎样的情形呢？生活在那样的世界中的体验，与我们当下的感受可能会有很大的不同。在那里，“学校”、“工作”和“生活”之间，不再有明确的界限。具备一技之长的人——无论是园丁、会计师、科学家还是艺术家，都会有源源不断的成人或者孩子前来拜师学习。每个年龄段的人们都不断地进行新的尝试，从事新的事业；他们坦然面对失败，也欣然接受他人的帮助。青少年会把大部分学习时间用到学校的高墙之外，参与对自己真正有意义的项目（正如霍尔所指出的，“青少年精力充沛，本来就不应该待在学校里”）。孩子们出现在各种场所，他们参加市政会议、企业会议，就像在许多原始部落中那样，重大会议孩子们也都到场。形成内在的社区知行文化，大大减少了那些初期似乎有效、最终却事与愿违的权宜之计。周围的孩子、社区的文化以及人们每日每时的实践都在时刻提醒大家，我们今天付出的所有努力，是为了长远的发展。

或许我们可以这样说：无论今天我们是否已经做好准备，随着社会、经济和技术变革的加速，我们正在进入这样的一个世界。一些持批评意见的人认为，这样一来，学校就变得可有可无了。我们反倒觉得情况恰恰相反。不管我们的世界在技术上变得多么先进，孩子们总得有一些安全空间，开展他们的学习——不管他们有多少平板电脑，也无论他们的智能手机具有多么眼花缭乱的功能。孩子们总需要各种各样的平台作为跳板，带着好奇心去探索大千世界。他们总需要一些场所，来完成从孩提的家庭生活到同事与成年人的大社会的转变。

这就是一个注重学习行动的社会，为什么要将其资源集中投入到对学习者的发展成长过程起主要塑造作用的各种组织之中。这样的组织或许与我们今天的学校相似，但也有可能不同。在这些组织里的所有人，无论男女老少，都会在相互陪伴之下持续发展、成长。这里是持续变革、成长的孵化器。如果我们想要让这个世界进步，那我们就需要知行学校。

2. 何谓知行学校

知行学校随处可见，至少在人们的想象中是这样的。本书的写作灵感源于这个简单的核心理念：各种各样以学习为目标的机构，都可以按照知行组织的思路来设计和运营——包括 2000 年本书的第一版和 2012 年的第二版，都是如此。也就是说，让学校持续充满生机、富有创造力是可以实现的，但是，这并不能凭借法规和命令，也不能依靠规章制度或者强制排名，而是要形成知行导向（learning orientation）。这就意味着要鼓励系统中每一个人都参与其中，表达他们的热望，构建他们的认知，并共同发展他们的能力。过去，人们相互之间或多或少有些不信任、存在戒备心——父母与老师之间，教育工作者与本地企业家之间，学校管理人员与工会成员之间，校园内部和外部之间，学生与成年人之间，大都如此，而在一所知行学校里，所有人都认识到，在每个人的未来与社区的未来之中，大家都有着共同的利益。

时至今日，成百上千所学校中有成千上万人，已经在知行学校的实践方面积累了三十多年的宝贵经验。这些经验中有相当大的一部分，是在其他一些名目下形成的，比如“教学改革”“高效学校”“教育体制更新”“系统思考的课堂教学”等，甚至在“不让一个孩子掉队”的运动中也有所体现。知行学校的实验一直在持续地进行着，对于教育工作者、学校、学习者和社区之间的关系的理解也由此产生，并且在不断地深化。

以往大部分的实践行动，都是以第五项修炼系列丛书中探讨的学习型组织建设的明确的工作任务为基础的。第五项修炼系列丛书的七本书[①]（包括第一版和第二版以及本书）都基于一个简明的核心理念：持续不断地实践五项“知行修炼”，改变人们共同思考和共同行动的方式，就可以创建学习型组织。包括系统思考、自我超越、应对心智模式、建立共同愿景和团队学习的这五项修炼，为那些希望建设更为优秀的组织和社区的人们，提供了巨大的杠杆支撑作用。

杠杆作用[②]

相对投入不大但力量集中的小行动，如果选对支点，有时候会带来可观的、可持续的改善效果。系统思考学者把这个原则叫作“杠杆作用”（leverage）。应对和解决有困难的问题，往往是一个发现“高杠杆作用”（high leverage）的过程。杠杆作用往往来自新的思考方法。对于大多数人来说一些微小的并非显而易见的变化，却很容易对

① 《第五项修炼》系列丛书的其他六本著作《必要的革命：深层学习与可持续创新》、《第五项修炼：学习型组织的艺术与实践》、《第五项修炼：终身学习者》、《第五项修炼·教育篇》、《第五项修炼·实践篇（上）》、《第五项修炼·实践篇（下）》。以上图书中文版均由中信出版集团出版。

② 有关杠杆作用和巴克敏斯特·富勒（Buckminster Fuller）的“小舵板”案例的更多探讨，详见《第五项修炼：学习型组织的艺术与实践》。

人类的系统（比如学校）产生不小的影响，带来很大的变化——这是因为，大多数人都没能完全了解，这个系统为什么会以这样的方式运作。

本书第一版源自我们的一个发现：知行学校的做法引起了教育工作者的共鸣。这是因为，这种做法把两个看似矛盾的目标结合在一起：一个目标是要实现人们内心深处最深切的渴望，另一个目标则是要帮助教育机构，使其获得更优秀的长期教育成绩。其成果自然包括测验分数和其他外部衡量指标方面的显著改善，但更为重要的成果，则是人们在心智上实现了突破。

无论你是一名教师，还是学校管理人员，或者是家长，乃至学生，这本书对你都会有所助益，让你在自己的学校里也能取得同样的成就。这本书包含了 67 位作者写的 170 篇文章，其中包括各种工具与方法、角度各异的故事与反思，以及一系列指导思想、为数不少的练习和其他参考资料的介绍——都是大家在把学习机构演化成为知行组织的过程中应用到的。其中许多文章相当务实，着重帮助教师、学校管理人员或者家长去解决许多具体问题，也有许多文章是深层的反思，目的是帮助大家以前所未有的视角，去观察学校这个世界，并由此以更有效的方式管理、变革学校。我们的本意是，书中的文章既不是“处方”，在应用上也没有限定条件——可以相当方便地应用在各种不同的情境，包括高等教育机构和终身学习领域。在这本书里，我们并没有列出“十大知行学校”，也没有提供典型案例的详细描述——比如一些明星教育家对于如何解决他们面对的所有问题，已全然了解，而我们其他人只要简单效仿就可以了。说到底，没有哪一所学校的经验，可以让其他学校完全照搬。学校各不相同，需要结合自身情况，在学习的理论、工具和方法上形成各具特色的组合。

我们将本书命名为《第五项修炼：知行学校》。然而，将学校或学院作为独立的个体加以改善，并非我们的全部愿景。这是因为学校并非孤立存在的，它们拥有成为其周边社区展开学习的支点的潜力。可持续的社区需要能够持续成长的学校，既是为了社区中的所有孩子，也是为了向社区中所有成年人提供开展学习的机会。在我们看来，与其把知行学校看作一个界限分明、自成一体的场所（因为学校也许并非一定处在一个固定的建筑物或场所之中），不如把知行学校看作一个以学习为宗旨的生命系统——它致力于这样一个理想：所有参与其中的人，无论是个人还是团队，都会不断增强、扩展他们的认知水平和容量能力。

五项修炼内容提要

如果学校一味教导学生服从权威、循规蹈矩，当学生走出校门的时候，就难以应对今天愈加复杂、日渐相互依赖的世界。当前，各行各业的组织都要求人们在行动上更加独立自主，要求人们善于领导和跟随，要求人们在探讨困难问题的时候无须顾忌，要求人们对于支配自己行为并影响自己未来的思维习惯，有更加清晰的认识。

学习型组织的五项修炼是正在进行的研究与实践形成的一系列成果集合，有助于开发上述视角和技能。许多教师和学校管理人员注意到，这些学习型修炼也为应对当今教育机构中的各种困境和压力，提供了各种有效的方法。

五项修炼中的两项修炼，描述如何表达个人与集体的热望(individual and collective aspirations)，以及如何运用个人和集体的热望明确方向。

- **自我超越**（Personal Mastery）：自我超越的修炼实践，是要逐步生成一个清晰的图景，其中有你自己的个人愿景——你一生中最想创造出来的成果，同时也有你对自己现实生活状况的客观评价。这会在内心形成一种张力，如果加以修习，这种张力可以扩展你的才能，使你做出更好的选择，还会让你在既定的目标上取得更为丰硕的成果。
- **共同愿景**（Shared Vision）：这项集体修炼建立一种对共同目标的关注。通过逐步勾画描述力图创造的未来的共享图景，逐步形成实现这个未来图景所需要的种种策略、原则和指导性实践规范，拥有共同目标的人们（比如，老师、学校管理人员和员工）就可以在小组或组织中学习培养一种担当的意识。一所学校或一个社区如果希望终身学习，就需要这样一个共享愿景的过程。

五项修炼中的另外两项修炼，涉及反思性思考（reflective thinking）和生成性对话（generative conversation）。

- **心智模式**（Mental Model）：这项与反思和探询技能有关的修炼，着重于形成对人的态度和视角的认知——既有对自己的认知，也有对周围的人的认知。运用心智模式的修炼还可以帮助你更加清晰、坦诚地评价现实环境。教育领域中的大部分心智模式往往是“不可以讨论”，并深藏在表象之下的，因此，知行学校的关键行动之一就是形成一种能力：让人们能够安全、富有成效地谈论那些令人生畏、让人为难的话题。

- **团队学习**（Team Learning）：这是一项涉及团队互动的修炼。通过运用深度会谈和技巧型商讨等技能，小组的人们在共同思考方面发生了转变，大家共同学习如何调动各自的能量和行动去实现共同的目标，如何形成一种大于个人智力与能力简单叠加之和的集体智力和能力。团队学习能力的培养，在课堂上、在老师与家长之间、在社区成员之间，以及在成功开展学校改革的“先导小组”（pilot groups）中，都可以进行。

最后一项修炼（也就是第一本著作中的“第五项”修炼）是与认知和管理这个世界的复杂现象有关的多方面知识和实践的集合。

- **系统思考**（System Thinking）：在这项修炼中，大家学习如何更好地理解相互依存关系与系统变革，由此能够更有效地应对导致我们行为后果的种种深层影响因素。系统思考修炼的基础是一个持续成长的理论体系，涉及反馈行为与复杂性——导致系统增长或者趋于稳定的各种内在驱动力。诸如因果图、系统基本模式、各类学习实验室和各种系统模拟等工具和技术，都有助于学生对所学的课程形成更为广泛、更加深入的理解。在帮助人们找到撬动最具建设性的变革杠杆作用点方面，系统思考是一种强有力的实践方法。①

一些教育界人士曾对我们说过，这些学习型修炼听上去的确很不错，“但我们如何开始呢？周一早上我们该做什么呢？我们如何才能够

① 本书的第二部分，是“五项修炼”的入门指导。

让员工产生系统认知或者自我超越的意识呢？让学生去尝试这些修炼有价值吗？我们如何才能把这些技能和实践方法结合到现有的课程设置之中，如何才能结合到那些必须应对的变革工作中去呢？我们怎样才能知道我们究竟要创造哪种类型的知行课堂和知行学校呢？我们该如何应对外部的压力呢？”

熟悉学习型修炼的家长也有类似的问题：“对于家庭作业、孩子们之间的冲突这些问题，我们该如何运用这些修炼来处理呢？如何将这些修炼运用到与孩子、与老师们的配合工作中去呢？我们可以在学校与职场之间、在学校与社区其他场所之间，建立什么样的关系呢？”

没有哪一本书可以解答所有这些问题。但是像这样的一本书，可以在你着手解决这些问题的时候，将你引向有效的解决之道。它所提供的种种策略来自各种各样的公立和私立学校、学院和大学，来自人们获得的集体经验。成千上万的人——家长、教师、管理者、专家、政治家，以及学生，正在共同演变成一个世界性的教育界知行组织。那些实践了组织学习的方法和工具、尝试去理解其基础理论的人们通常会发现，他们在变革和影响力上获得了以前未曾意识到的强大杠杆作用，对于推动变革也有了更清晰的认识。幸运的是，我们正在共同面对一项异常困难但又至关重要、极为关键的任务：重塑学校以便满足那些在愈加紧密联系的后工业时代中长大成人的学生的需要。

学校教育的现状

着手写这本书的 15 年间，我们常常听到人们表达这样的看法：美国的学校一天天在落后——工业时代的学校正在无可救药地一步步衰落。这种观点的起源至少可以追溯到 1983 年。当时，美国政府发表了题为“国家危机”的报告。报告称，美国人的受教育水平相当糟糕，这导致他们在全球市场上缺乏竞争力。这份报告中的许多缺乏依据的责难，尽管后来被证明是错误的，但美国学校处于危机之中的这个观点依然非常盛行。近年来，美国人的考试成绩落后于芬兰、新加坡等其他国家学生的各种报告，使这种观点又进一步升温。在其他国家，学校问题也不时引起集体焦虑——大家无力改变现状，同样备感受挫。除了教育工作者们身上的重压之外，许多学生也感到了参与竞争的超常压力，因为大家普遍担心，如果在学校里表现不够优秀，就会被挡在成功生活的大门之外。①

学校如今面临这些压力的缘由，远比许多人意识到的要复杂得多。在 19 世纪工业社会中，整齐划一的教育体制实际上是一种福音：减少了滥用童工现象，也给这个世界带来了机会。到 1950 年，在工业国家中，年满 18 岁的青少年中有一半可以从初中毕业。虽然他们当中许多人的数学能力和阅读技巧仅仅达到了六年级水平，却都找到了相对不错的工作。

考虑到在校人数的总体规模，无论用怎样的客观方法去衡量，现在美国的教育工作者在教授基本技能方面的水平，与三四十年前相比要高很多（世界上其他国家，应该也是如此）。毕竟这些年以来，在学习与教学方面，已经有了更多的了解，由此形成的大部分知识，目前在工业国家已经是教师常规培训内容了。

与此同时，对于教育的要求也在急剧提升。就在本书第一版出版

① 《国家危机：国家卓越教育委员会报告》（*Nation at Risk, National Commission on Excellence Report*，美国教育部发布，1983 年）。戴维·C. 伯利纳（David C. Berliner）与布鲁斯·J. 比德尔（Bruce J. Biddle）所著《制造危机：神话、欺诈与对美国公立学校的抨击》（*The Manufactured Crisis: Myths, Fraud, and the Attack on America's Public Schools*，Basic Books 出版，1996 年）质疑了报告中有关教育危机的假设。

至今的 12 年间，美国和全球其他国家的教育环境，在几个重要方面已经发生了微妙且不可逆转的变化。

- **知识更新速度加快**。在美国和其他许多工业化国家里，可供受教育程度不高的人们选择的工作，在质量和相对数量上都在不断下降。工厂里还是有相当多工作可以做，但只提供给满足了一定要求的人们——掌握计算机基本操作，具备 12 年级阅读水平（为了读懂复杂的、不断更新的设备操作说明），懂得统计学原理（为了进行质量控制），具备基本物理知识，了解一点编程知识，或许还需要会一门外语（以便与巴西、中国等地的业务伙伴进行电子通信）。新兴国家要取得教育方面的成就，也各自面临着前所未有的挑战，特别是这些国家正处于向中产阶层经济转型、向更加民主和更为分权的政府转型的阶段。正因如此，全球各国和各个社区都意识到学校的质量是一个重要因素——在保障社会繁荣、人民富足方面，这或许就是唯一最重要的因素。①
- **全球相互依存**。成功企业和自决意识在全球各地的出现，通常被称作“全球化”，是由电信、社会化媒体以及贸易等波及全球的驱动因素促成的。然而，其最大的影响却是本地化的。世界各地几乎所有本地社区中的人们都感到，他们的命运以一种前所未有的方式与其他人联系起来。这种状况已经影响了所有国家对于学校的看法。

比如，中国政府在 1986 年就推行了九年制义务教育。到 2000 年，

① 有关生产制造业对教育的需求，请参照阿尔温德·考沙尔（Arvind Kaushal）、汤姆·梅厄（Tom Mayor）和帕特丽夏·里德尔（Patricia Riedl）所著《生产制造业该醒醒了》（*Manufacturing's Wake-Up Call*, strategy+business，2011 年秋），以及密歇根大学陶伯全球生产研究所的华莱士·霍普（Wallace Hopp）和罗曼·卡普钦斯基（Roman Kapuscinski）所著《为生产重塑教育》（*Revitalizing Education for Manufacturing*），见网址：www.strategy-business.com/article。

免费小学教育在这个国家已经普及。在许多亚洲国家里，科学和数学的教育受到高度重视，旨在培养出具有专业技术能力的毕业生。然而，在这些国家里，人们却认为创造力正在消亡。我们认识的一位来自中国的博士后，对处在二十岁左右的中国学校毕业生的综合能力进行了研究。总体上看，他们知道如何为正规考试做精心准备，但相对而言，其中没有多少人知道如何完成创造性的跨越，去实现技术创新和突破。

与此同时，在美国，学校系统培养出了相当多的具有创造力的创新者，但人们依然认为，学校无法培养出大量具备基本科学与数学技能的毕业生。当这两种不同文化的学生在工作中发生冲突时，他们就要做出选择：要么共同工作，并将彼此的技能相互融合；要么毁灭性地相互竞争。这些学生生活在一个相互依存的世界之中，他们各自的学校是否帮助他们为此做好了准备，在某种程度上就决定了他们是否能有效做出选择。

- **经济压力和社会不安定因素增加**。在“富人与穷人”构成的经济体中，富人与穷人在生活质量与发展机会方面的鸿沟正在持续扩大，这对于教育机构产生了巨大的影响。当今多样文化的社会和家庭所面临的形形色色、难以预料的前景，同样对教育产生了巨大影响。公众期望学校能够弥补众多社会和经济因素对孩子造成的影响：家庭结构的变化、电视节目与大众文化趋势的迅速变化、无休止的商业化、贫穷（以及随之而来的营养不良和健康状况下降）、暴力、虐待儿童、少女怀孕、毒品泛滥，以及此起彼伏的社会动荡。现今的学校通常要承担的责任包括教育单亲家庭的孩子、心智和身体发育不健全的孩子、极度贫穷与无家可归的孩子以及不会讲主流语言的孩子。

在疲于应付这类要求的同时，学校领导人还不断地把自己的组织推到变革的前沿（像旋风般出现的各种时髦教育方法，也是这种努力的一种体现）。学校还面临着另一种强大的压力：要放缓变革速度，不要太激进；要强化传统教学，保证学生中没有人掉队。最后，在许多国家里，学校在面对这些压力的同时，还要承受由持续的全球金融危机所带来的严重财务压力。

• **技术变化**。当今时代，技术变化直接增加了学校的压力。一些专家轻率地（短视地）预测，公立学校教育将迅速消亡，原因是公立学校无法跟上技术变革的步调，最终将会“力所不及”。然而，这不会发生；恰恰相反，学校正在发生转变。许多二年级以上的学生对于用自己的智能手机和平板电脑登录网站，已经习以为常。对许多学生来说，很多最为关键的学习行动的讨论并不是在课堂上或课间休息时进行的——这样的讨论现在是在网上进行的，时间是晚上 8 点或者 10 点，那些与他们一起讨论的人远在千里之外。

技术也在大幅度改变学生获得知识的途径。1999 年，当我们写作本书的第一版时，苹果公司还没有生产出 iPhone（苹果手机）、iPod（苹果公司音乐播放器）或者 iPad（苹果平板电脑），全球互联网也不过刚刚兴起几年，eChalk 公司①刚刚成立（现在它的技术平台已经在许多学校获得应用），谷歌的搜索引擎基本上不存在，维基和脸书还完全没有踪影。当今，所有年龄段、所有年级的学生，对所有这些以及其他更多的技术已经习以为常，并且将其用作自己的教育工具——尽管有时候效果适得其反。与此同时，教师也相应改变了教学习惯——比如：在网上布置作业、交作业，要求学生相互批改学校的功课，也用搜索引擎去检查是否存在抄袭作弊行为。

所有这些都在为更多的参与式学习创造巨大机会。比如，传统的

① eChalk 成立于 1999 年，是一个 k-12 软件平台，用于管理通信和教学。

印刷版教科书正在被电子版教科书取代，有些电子版的教科书在扉页上标明，这是针对某个具体学校甚至是某个班级的版本，其中还常常包括多媒体内容。如果学生对书上或者教师的讲解不满意，他们可以找到互动练习和教学短片等其他形式的替代内容——通过可汗学院等自我教学服务平台传递给学生。[①] 推特网、脸书等新平台允许独立创作人分享工作，使人们很容易看到信息与各个不同学科之间是如何联系起来的——在这些平台上，数学、科学、社会科学、音乐和人文学科之间的联系一目了然。当今时代，这些学科之间的联系对于理解其中任何一门学科都至关重要。而传统的教学科目分类组织方法（以及相应的考试组织方法）对这些联系往往缺乏恰当的描述。

然而，技术在学校中无处不在的局面引发了各种新的挑战，也强化了那些已经存在的挑战。比如，这会扩大“贫富”差距（有的学生带着自己的电脑上学，而另一些学生则要使用学校的或者共享的电脑），这会令学生和教育工作者陷入信息海洋的混乱和误导之中，现实世界的暴力行为会由于网上暴力而增加，这也会把学习的复杂程度提高到前所未有的程度。

此外，没人清楚，面对技术变革带来的机会和挑战，有多少教育工作者已经做好了准备。正像不断进化的互联网、社会化媒体和移动通信削弱了独裁主义政府维持控制的能力一样，这些技术也使得教育工作者很难控制学生所获得的信息。学生自己正在逐渐明白，所有信息来源，无论是来自学校、老师还是媒体、政府或者他们之间的，都可以质询。学生正在把自己放到脸书或者 YouTube[②] 等网站上，让自己

---

① 在我们编辑本书的第二版过程中，一家提供 12 年制教育的录像和互动练习的非营利机构“可汗学院”（the Khan Academy，见网址 www.khanademy.org）正在获得越来越多的关注。

② 一个可供网民下载观看及分享短文的网站。

更加容易被人关注、联系更为广泛，但也会使自己更容易受到伤害。

• **对教育质量感到失望**。虽然学校被迫承担了并非由学校引发的种种社会问题的责任，但是认为学校仍然没有完成其首要使命的看法，还在持续升温，这种状况本身又促生了一系列新问题。

首先要说的一个基本事实是，对于孩子接受的教育，家长们往往不满意。这本书的6位主要作者都是家长，也都是教育工作者，我们全都有过这样的经历——我们认识的许多人也是如此：由于我们对可供孩子选择的那些公立学校实在灰心丧气，于是只好把孩子送到私立学校去了——至少也相当认真地考虑过这个想法。然而，私立学校也没有好到哪里去。我们的体会是，学校这个系统本身的不足和学习障碍，是为人父母要日复一日面对的挑战。

此外，企业对于招聘来的人员的能力水准相当不满。有关学校没有帮助学生为全球经济做好准备的喋喋不休的说教如此根深蒂固，以至于这成了40多年来学校与企业的恶劣关系的基调。

学生们也觉得心灰意冷，他们在学校花费那么多时间，包括用在社交上的大量时间，大都枯燥无味，纯粹是浪费。要想证明这一点，只需要回想一下你自己上学那些年的感受，或者去看一部有关学校生活的流行电影就可以了。

对于学校系统的管理模式，一些社区也备感沮丧——为数不多的一小群人，往往只因为获得了社区中部分人的支持而当选，组成了学区委员会，这些人几乎可以在顷刻之间、随心所欲地改变学校的方向。

要想有效应对所有这些方面的影响，就需要花费力气改变视角、深入思考，并持续实验。没有谁真的知道，当现在幼儿园中的孩子从大学毕业的时候，世界究竟是怎样的，全球的文明与文化会变成什么样。我们所知道的是那时候的现实状况会完全不同于多数教育工作者和家长在成长过程中所了解的那个世界。正如《第五项修炼·实践篇》的作者查罗特·罗伯茨所说："难道我们真的想让我们记忆中的青少年时代的学校重现吗？难道我们想让变革的潮流停下来，让学校教育成为一潭死水，就因为现在的教育工作者是为了适应现有的学校教育而被塑造成这样的吗？"

由此可见，教育工作者面临着前所未有的种种挑战，但同时他们也面临着不容忽视的巨大机遇：拓展学生的视野、促进创新、将系统思考融入课程，并向外部世界开放自我。令人遗憾的是，在已经付诸实施的各种解决方案中，有许多只不过是权宜之计——并非针对深层的原因，而只是头痛医头、脚痛医脚，设法应对问题的症状，并因此导致许多始料不及的后果。你如果由于一只老鼠钻到了地毯下面而不胜其烦，只不过是用脚去把地毯上鼓起的那个大包踩下去，那老鼠就会跑到地毯下面的另一个地方。

最为流行的一种"权宜之计"，是运用标准测试，跟踪评估结果，并强化教育绩效。这种做法引出了一大批众所周知的"地毯下面跑老鼠"的对策手段，也就是为了提高学校的分数而展开的各种尝试，即使这样做既没有提高学习质量，也没有提高学生能力。为了提高学校的测试分数，一些学校推销帮助学生集中注意力的处方药；有些学校则鼓励成绩不好的学生退学，如此一来这些孩子的成绩就不会被统计到学校的测试分数里了；另一些学校掩盖真实的测验成绩，或者编造测验成绩；还有一些学校则把一部分学生归类为"残疾学生"（并因此获得某些测验的免试）；最为常见的是学校按照"为考试而教学"的原则进行分班，并分别编制课程，为考试进行集中训练和演练。相形之下，以评估考试结果的常用方法衡量——比如，比较不同背景学生的分数，似乎考试有助于缩小"成绩鸿沟"，但事实上，不同背景学生群体之间的差别依然如故（只是各自在总成绩上都有所提高，但他们之间的差距依然悬殊）。这些手段带来的结果，至多是适得其反，有时候甚至是饮鸩止渴。[①]

更加糟糕的是，这类机械式的解决方案常常取代了课堂的创造力，并且破坏了师生关系。学生把大部分课堂时间用来学习如何考试，就会失去获得其他许多技能的机会——他们可能会发现，要想成为一个完整、能干、慷慨，对周围的更大社区做出贡献的人，这些技能非常宝贵。换句话说，正如教育家兼员工发展专家爱德华·乔伊纳所说："他们通过了考试，但在生活上却不及格。"

另一种"权宜之计"，是"择校"的设想：让家长和学生在不增加成本的情况下，有多个不同类型的学校可供选择。这种方案有许多种模式——诸如"磁力"学校、家庭教学、特许学校、学费报销券[②]等，以及允许家长可以在一个城市里申请任何一所学校的各种政策。然而，无论是在哪种模式下，学校之间都会出现争抢生源现象。这其中的每种模式都受到过批评，而对这些方案进行系统性观察，就会发现每种都会引发相当复杂的各类意外情况，以及种种始料不及的后果。比如，学费报销券这种做法的本质，就是把管理学校的责任从公共管理的领

---

① 有关测试和择校的副作用，请见戴安·拉维奇所著《伟大的美国教育系统的生死存亡：测试与选择如何削弱教育的根基》(*The Death and Life of the Great American School System: How Testing and Choice are Undermining Education*, Basic Books 出版，2010 年)。

② 磁力学校（magnet school）：允许设立数学、科学、技术、金融等特殊课程，并可以跨学区招生的公立小学、中学和高中。家庭教学（home schooling）：多个国家法律允许孩子在家接受父母或家庭教师的教育。特许学校（charter school）：公立小学或初中，特许可在一定程度及一定条件下，不按照政府制定的要求进行管理。学费报销券（voucher）：也称 school voucher，政府核发的报销凭证，供上私立学校的孩子报销部分学费。——译者注

域中分离出去——民主社会中的大多数人都对此心存疑虑。在特许学校的模式下，资金往往转移给了一些在管理方面令人质疑的学校。此外，这种模式往往会把一个社区中最好的学生和超出合理比例的教育预算，投入一两个学校里，其他学校则被搁置到一边，自生自灭。

学校管理应该接受更为严格的问责，家长和孩子应该有择校的权利，对于许多人来说，这些原则的重要性，似乎毋庸置疑。然而，以往的经验却表明，一旦投入实际应用，这些原则并不会让原有状况自动得到改善。只有以谨慎、专注的态度开展实施，并注意具体情况的差别，这些解决方案的潜力才能得以发挥。解决我们这个国家的学校面临的各种问题，与应对其他任何复杂问题的情况类似，唯一行得通的可持续的方案，就是逐步形成一种知行导向。这就意味着要认识到，一个以学习为目标的机构，也是可以成为一个学习型组织的，也就是说，不是把学校看作一个孤立的单元，而是看作一系列相互联系的过程和实践，与其周边的社区、其中的课堂和个人的学习体验，天然地联系在一起。这就意味着要培养开放对话和公众参与能力，让各个群体中的各种深层假设和不同视角，都清晰地呈现出来。

恰恰正是在这方面，组织学习的修炼反过来可以帮助我们克服面临的种种挑战——无论是全球化，还是技术变革，乃至经济动荡，并将新的生命活力带给我们的教育系统，帮助我们的孩子做好准备，在一个后工业化时代中枝繁叶茂、茁壮成长。

学　习

在中文里，“学习”（LEARNING）是由两个字表示的。第一个字

“学學”是指研究（study），由两部分组成：上面的部分表示的是“知识的积累”，下面的部分则表示一个孩子站在门口。

第二个字“习習”，是指不断地练习（practice constantly），表示一只鸟正在努力展翅飞离巢穴。这个字的上半部分代表飞翔；下半部分则代表“年纪尚幼”。在古代亚洲人眼里，学习是个持续不断的行动过程，“研究”和“不断地实践”放在一起，表示学习就应该意味着“掌握自我完善的方法”。

——彼得·圣吉

三个层层交错的行为系统

建立良好关系始于认知。贯穿本书内容的主题之一，是要清楚地表达“我看见你了”的含义；也就是认知彼此身份、认识彼此价值的能力，尤其是如果在此之前我们中的一方或双方，是在另一人的视线之外的。“我看见你了”这句话，来自《第五项修炼·实践篇》的开篇语。

在南非纳塔尔（NATAL）北部的部落中，人们见面最常说的问候语是“Sawu bona”，就像英语里的“hello”一样。这个问候语的字面意思是“我看见你了”。如果你是这个部落的成员，就应该回答“SiKhona”，意思是“我在这里”。这段对话的次序至关重要，因为它传达出一条信息：除非你看见我，否则我是不存在的。就好像是在说，当你看见了我的时候，你也使我得以存在了。

这段对话暗含了乌班图（ubuntu）精神的一部分，它代表了生活在非洲撒哈拉以南地区的土著居民普遍具有的一种思维框架。“ubuntu”

这个词来源于祖鲁族（Zulu）的民谣 Umumtu ngumtmtu nagabumtu。这句话字面上的意思是：“一个人之所以是人，是因为其他人的存在。”如果你在这种意识环境的熏陶下长大，那么你之所以具有身份，是因为你被其他人看见——周围的人尊重你，并承认你这个人的存在。①

那么，在创建知行学校的努力过程中，要有谁来参与呢？无论学校是公立还是私立，无论是在农村还是在城市，无论其规模大小，都有三个层层交叉的系统在发生作用，彼此之间相互依存、相互交织、相互影响。这三个系统，就是课堂、学校和社区以各种方式相互作用，有时难以察觉，但却塑造了各个不同层次的人们的选择和需求。在任何培育知行学校的努力之中，只有在这三种层次上都做出变化，变革才能最终产生效果。

知行课堂

课堂是这三个系统的核心——学生和教师都以学习为目的，日复一日集合在这里。父母并非课堂的一部分，因为他们不是这里的成员，不需要每天都出现。然而，他们却似乎是无时无刻不在的。他们的参与对于课堂的正常运行至关重要（对学校也是如此）。因此，课堂的三个首要组成部分构成一个相互影响的循环链条。

- **教师**：教学中的美好时刻，是其他的经历所无法比拟的。这也正是许多老师选择这个职业的原因。查罗特 · 罗伯茨（Charlotte Roberts）回忆她当年做小学一年级老师的时候，教学生们开始识字读书的奇妙经历：“如果你不知道如何识字读书，那么书上的文字就只不过是一页

① 摘自《第五项修炼 · 实践篇》。我们对于“Sawu bona”和乌班图精神的含义的理解来自与路易斯 · 范德梅韦（Louis van der Merwe）以及他的同事詹姆士 · 恩科西（James Nkosi）和安德鲁 · 马里蒂（Andrew Mariti）的谈话。

页乱七八糟的线条。老师要做的事就是帮助学生揭开这些乱七八糟的线条的秘密。不久，这一天就到来了：一个孩子骄傲地走出教室，腋下夹着一本儿童读物——仿佛那就是一份《华尔街日报》。你可以看到她的肢体语言在表达：‘看看我吧！我就要回家去读书了……’读给爸爸妈妈，读给哥哥，读给奶奶，或者读给家里随便哪个亲人。这种感觉太奇妙了。老师们都知道其中的奥妙，也从不会错过这种时刻。”

有三个有关教师的观念，贯穿本书中各个章节。第一，每一所学校都必须重视教师的提升和发展，重视给教师以关爱和保障，并将其作为学校的核心目的之一——这体现了对教师的重要性的认识。第二，教师必须担当起管理全体学生的责任——培养学生之间形成良好关系，培养学生与知识基础之间形成良好关系。教师的受托责任意味着要遵守自己对学校这个知行社区整体的承诺，而不仅仅是对“我的课堂”和“我的学生”的承诺。第三，优秀教师自身就是持续的终身学习者，他们的学科知识和教课技能，在一生之中都在持续演化、进步。

尤其是在过去十年中，许多教师在反思自己的工作方式，在寻求更有创造性的教课思路。如果不这样做的话，他们就会在依照工业化工厂模式设计的课堂上，听任死记硬背的操练摆布，听任命令－控制的种种手段的摆布，而学生学习的收效则每况愈下。我们期望这本书对于那些因此而承担了学习专家角色的教师，有所助益。

• **学生**：学生是唯一能够纵览整体的参与者，他们能够看到层层交错的教育系统的各个方面，然而，他们往往也是对这个系统的设计影响力最弱的人群。从这一点上看，他们（尤其是升入初中和高中的学生）往往就像是处于交通堵塞的车流中的司机。他们感觉到前方发生了拥堵，又看不太清楚；他们挤成一团、竞相试图超越其他车辆；实际上却对问题本身束手无策。

在本书中，我们没有仅仅把学生当成知识的被动接受者，而是将他们看作知识的共同创造者、学校进化的参与者。我们承认，对于应付自我超越、系统思考这类复杂修炼，大多数在校学生的认知和情感能力还处于发展阶段。但是我们也相信，学生能够形成自己的终身学习的愿景，而要做到这一点，他们就必须要成为培养他们自己所有能力及意识的系统的一部分。如果你是一个学生，我们期望你可以更好地理解，如何成为你学习生活的三个系统的正式成员，从课堂到学校，再到社区。

• **家长**：教育体系中有一种苗头不太好的心智模式，那就是认为家长对于参与学校事务不再感兴趣。另一种心智模式是把家长看作各种各样的障碍：他们提出各种各样的要求，把教育工作者的工作弄得愈加麻烦。与此同时，家长也有各自对于教育的负面心智模式。有些家长把学校同自己过去不开心的学习经历联系在一起。另一些家长则可能不愿抽出时间，也没有勇气参与到组织学习行动中去。这样的态度

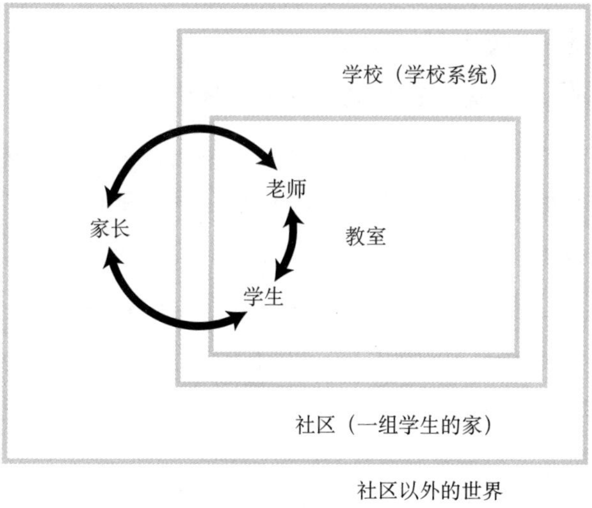

随处可见，结果不必要地影响了孩子的学习生活。

在这本书的写作中，我们强调把父母和教育工作者都作为读者对象，因为我们知道，在建立知行课堂和知行学校的时候，父母和教育工作者这两个因素相互依赖，缺一不可。如果你们是正在阅读本书的父母，我们假定你们是对孩子的学习过程高度关注的合作伙伴。我们希望向你们展示，孩子的成长究竟是如何依赖于系统中所有成年人的成长的，这其中也包括你们自己。

本书第三部分（在“开学指南”和“五项学习修炼入门指南”这两章之后）是有关知行课堂的内容。通过学习的理论、教学实践以及教室里的系统思考等五个方面，我们探讨了把课堂重新塑造成为更持续、更成功，目的也更加明确的协作环境所需要的最新知识。

知行学校

保障课堂的持续存在，需要建设组织的基础设施。在本书中，我们把学校、学校系统以及高等教育系统都看作正式组织。这些组织都有一套等级制度、有一个与之相关的核心群体，也都有一个由学校所在社区选举出来的（或指定的）委员会。当然，不同的社区在组织学校或大学的方式上各有不同，有的学校系统只有一所学校，而有的则拥有数百所学校。然而，这些学校系统的基本使命却完全相同：确保课堂存在下去，并向其服务的所有学生提供最高质量的学习体验。

学校也是一个社会系统（对大多数在此就读的学生来说，是友谊和社会地位的来源之一），是学校员工持续发展成长和培训的资源之一，（在大多数情况下）也是一个有工会组织的工作场所。所有这些都增加了这个系统的复杂程度。最后，一些学校的领导人也明白，学校可以成为一个有效催化变革与创新的发源地——无论是在课堂上，在学校自己的实践方面，还是在周边的社区之中。

因此，我们期望这本书的读者也包括那些主要活跃在学校层面，而不是在课堂上的人们。

- **学监：**从组织机构上来讲，学监这个职位比学校系统中的其他任何人都拥有更多、更大的职权。然而，在美国，一个学区的学监的任职期限一般还不到3年。如果你是一位学监，你发起一个学习行动的第一步，就是弄清哪些权力是自己所拥有的，哪些是自己没有的。作为学校系统的一个执行领导人，学监有能力树立榜样，展示高效的职业行为，也有能力推进知行学校系统的创立。但是学监不能仅凭自己一个人强行下令改革，也不可以自己去直接指挥一项改革措施的推进。我们期望这本书可以为你们提供看问题的视角和工具，从而能够以恰当的步调，在学校系统上上下下点燃变革的火种，并激励大家参与到变革之中。
- **校长、学校领导人及高等教育管理者：**以我们的经验，学校的转变和变革的动力往往首先来自学校的校长、院长和其他管理人员。他们是为教师们提供指导的领导者，是给学校的学习风格定基调的人。作为校长或者学校管理者，你可能会感到左右为难——身处家长、老师、上级管理部门以及政府部门之间，也亲身感受到学生的需要。当你在自己的学校参与到组织学习行动的过程之中时，就变得更是身处“力量交汇”的关键点——不只是教师们的监督者，更是“一个带头的老师和带头的学习者”，是整个学习过程的受托责任人。
- **学区委员会成员、理事会成员以及大学董事会董事：**通常，学区委员会成员和理事会成员被当作监督者、监察官以及政策制定者，而不是对学校系统里的孩子和学生有直接影响的学习者。一个委员会如果自己身体力行，成为实践学习型组织的榜样，其巨大影响就可以让学校系统及其中的成员面貌一新。如果你所在的学区委员会与此类似，我们期望这本书能帮助你们清楚地看到，你们的表现和作为如何限定了学校的发展，而成为这个系统的受托责任人，你们又能为学校的发展带来怎样的前景。

本书的第四部分探讨的是有关知行学校的内容。在这部分，我们关注的是学校变革过程的演进以及学校变革的实践，包括建立一个共同的愿景、形成对现实状况的认知、生成有效的领导力，以及如何展开先导项目，让一个学校系统或大学系统全面参与其中。

知行社区

第三层次，也是迄今为止最复杂的层次，就是社区了。如果更为宽泛地看，社区就是学校及学院运行的学习环境。每一个家长都明白，幼儿、青少年和大学生在学校课堂中的学习，仅仅是他们一周之内所学到的一小部分。其余部分则得益于各式各样的活动与兴趣爱好：其中一些来自媒体（电视、杂志、流行歌曲及网络），还有一些则是从朋友和其他同龄人那里获得的。而所有这些影响反过来又来源于社区所具备的特质——包括本地社区的特点、地区社区的特质以及国际社区的特征。

在本书的第一版中，我们提到了学校－社区关系的重要性，也尝试着提供了一些工具与方法，力图使这个关系更为强健、更加有益。从那时起至今，我们看到了学校－社区关系重要性的更有力的证明。在我们这个相互依存的世界，如果不吸引周边社区的参与、不改变周边的社区特质，谁也不可能创造出一个“知行学校”。同时，只要周边社区不能全面参与，学校的改革也会功亏一篑。

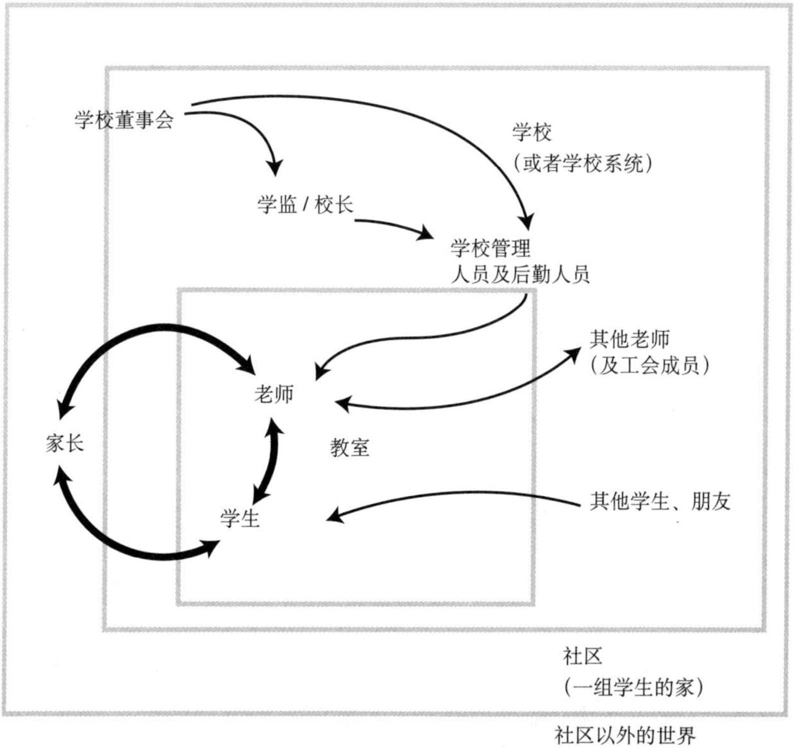

我们也看到，如果没有全体社区的支持，致力于创新的学校领导人会是多么的孤立无援、备感无助。实际上，为《知行学校》第一版提供了文章的那九位学监（包括本书作者之一蒂莫西·卢卡斯），目前没有任何一位还在原来的学区工作了。其中一些人转到了其他学区工作，另一些人则离开学监的岗位，或去高校教书，或去其他教育机构工作。这个统计数字虽说让人灰心和气馁，但并非意味着他们的理念是错误的，也不意味着他们的努力徒劳无功。他们的努力确实取得了引人瞩目的成果。但是，这个统计数字也的确提出了一个观点，学校里的一项组织学习的措施不能只靠领导一个人，无论这位领导多么干练、如何富有魅力，组织学习行动的需求，要与来自各方的领导人组成的社区“接地”。①

今天②，许多社区正在采取行动，重新参与到当地的学校中去——一部分是由于人们感受到经济环境紧张和人口结构变化所带来的压力，从而做出反应，还有部分则是为了应对许多地区孩子数量的逐渐增加。一些从前的做法现在已经变得更为完善和成熟，比如：“服务学习”的概念——由社区成员承担孩子导师的责任。而“社区参与”的理念——建立学校领导人、学生和社区成员之间的共同反思和共同学习的行动，也在引起越来越多的重视。对于一个学校的领导人来说，在转变学校与其高墙之外的社区的关系上，社区人员参与或许是最有效的方法。

在我们写作这本书的时候，处于社区系统中的三个主要人群，往往是我们的主要关注对象。

- **社区成员：**如果你是一个社区成员，那么你就不大会习惯把自己当成一个教育工作者或是学习者。你过去可能从未与学校有过密切的工作联系，然而，社区领导者、企业家、在社区组织中的工作者以及教育工作者都越来越意识到，各自相互独立、孤立运作的模式现在已经行不通了。正因如此，本书中反复出现一个主题，就是学校与社区的相互依存关系，即便是在课堂的层面也不例外。我们期望你们能够从中发现，有各种各样的理念、方法和参考资料，可以用来理解、变革和改善这样的相互依存关系——为了造福社区里的孩子们，也为了社区本身的可持续发展。

---

① 参见由彼得·内格罗尼所著《从“独行侠”到学习带头人》（第 571 页）及莱斯·面谷所著《创建核心学习团队》（第 594 页）。

② 本书英文版写于 2012 年。

• **终身学习者**：长久以来，人们一直在说：学校是学习的场所，而成年后的生活则是认识世界的场所。在本书里，我们考虑以多个方面、从实践角度，去挑战这个说法——一方面是如何使学校本身的环境更有利于促进教师、学校管理人员以及学生的学习活动，另一方面则是社区如何发展成长，以支持各年龄段的人们的学习成长。

• **从事教育工作的专业人员**：各个大学中与师范教育和教育领导力有关院系的学生和教员，是本书的第一版最忠实持久的读者群之一。然而，当人们开始更为严肃、认真地讨论学校的目的的时候，从事教育工作的其他专业人士也逐渐参与了这场对话，其中有教科书的作者和编辑（随着教科书被用来应对标准考试委员会设定的短期要求，随着内容更新速度更快、价格更为低廉的网络资源对教科书的替代，教

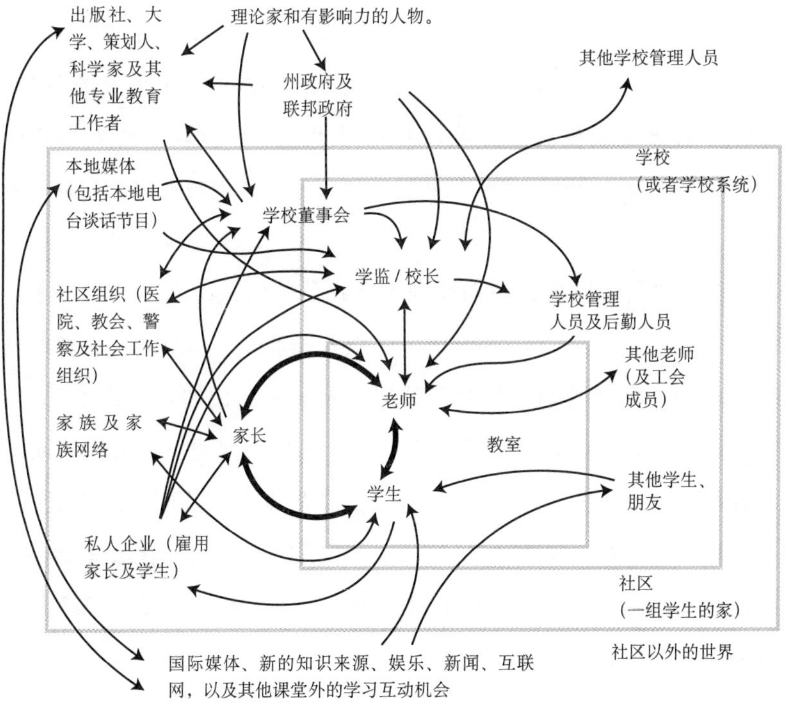

科书的质量和吸引力正在迅速下降），也有类似美国教育考试服务中心这样组织的领导人（对于教学，这些组织有着前所未有的巨大影响力），还有从事学习过程研究的研究人员、作家和理论工作者（受到认知神经学和大脑研究的最新成果的启发，他们正在改变自己的观点和看法）。

社区层面最为显著的特点是它的复杂性。当你去描绘你所在的社区的元素及其周围环境的时候，你会发现结果也许与上面的插图略有不同，但是不管采用什么方式，只要反映实际情况，其复杂程度大致如此。各种影响模式（上图中用细箭头表示）几乎在所有元素之间发生，一些影响直接作用于学校，另一些虽然不那么直接，但总会产生相互作用。如果你的介入仅仅是以改变正式结构（灰色框）的方式来尝试着“修理”这个系统，那么结果肯定是“引起反弹”。实际上，一个有效运行的社区（课堂以及学校也是如此）的内在特征就是这样：社区中的人们已然认识到了那些看不见的影响所构成的网络的存在，在想方设法去强化这些影响，并且对于每一个有联系的人都感到负有责任。当这样的网络一旦破裂，孩子们就会失去呵护，从而迷失方向。

这个典型社区关系图很像一个存在已久的系统思考练习，这个练习叫作“墙”。在这个练习中，组织者要求一个小组的人，指出一个长期的大范围问题中所涉及的所有要素——比如全球饥荒问题、雨林破坏问题、侵犯人权问题或者是经济波动问题。大家逐渐地说出各种要素以及要素之间的相互影响（“人口增长”是一个因素，人口增长加剧了贫困问题）。组织者一一记录下来，最后在墙面那么大的白纸上，画满了各种书写潦草的记号和表示影响的线条。面对这样的复杂场面，很多人感到绝望无助，想要放弃。要“修理”这样一个系统是永远不可能的，尤其因为显然还没有人出来承担这个责任！如果创立知行学校取决于在社区层面培养学习能力，那么只要看一眼这张图所描述的关系，就会感到这简直就是一个不可能解决的问题。

然而，撬动这个系统的杠杆作用还是存在的。识别出那些反复出现的系统行为模式，识别出那些造成这些模式存在的较为简单的相互关系，就可以发现这样的杠杆作用。鼓励开展定期的、有成效的对话会谈，邀请社区里的人们共同设想自己的未来——大家想从彼此之间得到什么，大家想从自己的学校中得到什么，也会产生撬动这个系统的杠杆作用。

在本书的第五部分中，我们会探讨一些已经被证明有效的、能够帮助社区和学校互相学习的技巧和概念性方法，包括激发社区的归属意识，在不同社区领导者之间建立联系，以及为可持续的、社区范围的学习活动提供基础设施。

把各部分拼到一起

由于有了这些不同的组成部分和不同层面，创建知行学校的运动本身就像是一个交叉路口。虽然汇集到一起的人们来自各种不同背景，彼此之间却有一些共同之处。大家对自己所在社区的孩子们都有承诺，也都知道每一个社区的未来就在孩子们身上。大家都明白，学校需要变革——而变革的发生有时是缓慢而渐进的，有时却会是跳跃而突变的。但是，如果没有参与其中的人们的承诺，变革就永远不会发生。学习者只学会那些他们发自内心想要学习的东西。

除非你愿意公开、真诚地同别人探讨，除非你甘冒风险，去触及那些你所在的课堂、学校系统以及社区的“禁忌”，否则你其实根本无法实现学习性组织的目标。然而，如果你已经打开了这本书，你就已经迈出了第一步。我们不能停滞不前，因为事关重大——对于学生也是如此，对于我们所有其他人更是如此。

3. 教育愿景驱动学习行动

组织学习的系统实践比较新颖，况且参与组织学习的人背景各异，所从事的学科不同，目的和方向也有差异；因此我们认为在起步之初就明确阐述学习型组织的核心指导性理念很有必要。也就是说，我们认为，以下这些原则都是不证自明的。

每一个组织都是其组成成员如何思考和互相影响的产物

组织按照其自有的方式运行，其缘由是组织中的人的思维方式不同。各种政策和规定并没有导致今天在课堂上及学校中存在的问题，也无法根除这些问题。这些问题的真正源头是在这个系统各个层面上的成员的心智模式和相互关系，从课堂上的老师和学生，到监管所有学校的国家层面的政治治理机构成员，都包括在其中。如果你想要改善一个学校系统，在着手改变规则之前，应该先去看看这些成员是如何思考和相互影响的。否则，新的政策和规章制度必定会渐渐失效，一段时间以后，组织就会重返原来的状态。[①]

西摩·萨拉森（Seymour Sarason）在写以下这段文字时或许就是想表达类似的思想。他说："事物改变得越多，就会越来越趋于维持原状。"萨拉森认为，除非人们的认知能够超越教育系统中那些表面化

---

① 阐明这个观点的贡献应归于卡尔·韦克（Karl Weick）所著《组织过程的社会心理学》（*The Social Psychology of Organizing*，艾迪生－韦斯利出版公司出版，1969 年）。

的概念，除非人们认识到那些由现有结构、规章制度及权威关系维持的权力、特权和知识背后的深层价值和态度，否则有效的学校改革就无法发生。如果人们思考和相互影响的方式不做出根本改变，如果人们探索新观念的方式不做出根本改变，那么即便把全世界所有的组织重构、时尚做法和策略思路都加起来，也不会产生多少可持续的影响。[①]

改变我们的思考方式意味着不断地调整我们的思想倾向。我们一定要拿出时间，去面对自己的内心世界：逐步认知并且剖析那些所谓不证自明的“真理”，逐步认识并且剖析我们创造知识的方式和我们为自己的生活赋予意义的方式，逐步认识并且剖析那些引导我们在生活中做出选择的热望和期待。但是，我们也必须向外部世界展望，要去探索新的观念及不同以往的思想和互动方式，要与自身之外的不同进程和各种关系建立联系，要明确我们对于组织和周围更大社区的共同愿景。改变我们的互动方式不仅意味着重新设计组织的正式结构，还意味着重新设计人与人之间的关系中难以察觉的互动模式以及系统的其他方面，包括各种知识系统。

在你所在的学校系统里，人们如何思考、如何互相影响呢？大家能够进行有效的交流吗？还是大家宣扬自己观点的方式过于激烈，以至于根本就听不到其他人的声音？对于存在的问题，大家是互相指责，还是能够从系统整体的角度来看待？——大家是否都认识到，所有行动都是互相影响的，因此没有谁应该受到责备？大家都假设自己的视角才是唯一合理的视角，还是能够去探究思考问题的不同角度？对于各自的（和别人的）希求和热望，大家都能够敞开心扉，探讨其中的

---

① 参见西摩·萨拉森所著《教育改革：可预见的失败》(*The Predictable Failure of Educational Reform*，Jossey-Bass 出版，1990 年)。

不同之处和类似之处吗？大家都是抱着一种真诚的意愿，要为自己的未来和社区中孩子们的未来，开展创新和创造活动吗？

学习就是一种联系

“我最困难的工作之一，就是让教师们明白，与他们一起在教室的还有其他人”，一位教育工作者如是说。他的工作是与学前班、中小学及大学教师一起提高他们的教学能力。“太多的老师已经忘记了，他们除了在讲一门课的内容之外，还在教学生。”在许多学校里，知识被当成一个事物来对待——知识是客体，与其他形态的知识和了解知识的人，没有什么联系。教育家保罗·弗莱雷（Paulo Freire）所说的“银行化教育”是这些学校主要的教学与学习模式——教师的工作是把经过编码的知识和支离破碎的信息片段，像硬币及纸币一样“存入”学生的头脑中。[1]

然而，如作家菲杰弗·卡普拉（Fritjof Capra）所说：信息不是一个物体，是不可以被“存入”的。相反，知识无论“是一种数量、一个名称，或者是一个简短的叙述，都是我们从包含各种关系的一个整体网络中抽取出来的。这个网络也就是信息的环境，信息嵌入其中，也由此获得其意义。然而，我们对于各种抽象认识过程已经习以为常了，以至于我们往往相信，意义存在于信息片段自身之中，而不是存在于被抽取的信息的环境之中”。

知识的各个领域并非独立存在，也并非独立于研究知识的人而存在。知识的各个领域形成了一个生命系统，由往往难以察觉的网络和

① 参见保罗·弗莱雷所著《被压迫者的教育学》（*Pedagogy of the Oppressed*，Continuum 出版，1975 年，1995 年）第 52 页。菲杰弗·卡普拉所著《生命之网》（*The Web of Life*，Doubleday 出版，1996 年）第 272 页。

相互依存关系组成。实际上，知识或许是最复杂的生命系统之一。有关知识和认知的本质的思想方法、教师与学习者对于教学的本质的深层信念和价值观以及各种学习环境中相互影响的各种社会作用，全都是这个生命系统的组成部分——也都会对个人和组织的学习产生影响。

此外，所有学习者的个人及社会经验、情感、意愿、倾向、信念、价值观、个人意识、个人目标等，构成了他们各自内心的“脚手架”，学习者以此为基础构建知识。也就是说，如果你在一间教室中学习，你理解了什么由以下多个因素决定，不仅包括内容是什么、如何讲授和由谁来讲授，还包括你如何理解问题、你是谁以及你已经了解了什么。提升对这些因素的认知，就要强化学习的进程。

无论是在教室里，还是在学校及其他组织的专业能力发展项目中，或是在家长教育的课堂以及教师或学校的领导力培训项目里，人们总是只注意学习中的两个因素：讲授的内容是什么？采用什么方式讲授？尤其可悲的是，教育工作者这样做，不仅使自己的工作进行起来愈发困难，也可能使自己的工作愈发低效。帕克·帕尔默（Parker Palmer）说：“一名优秀的教师会让自己要教授的学科内容与学生形成一种息息相通的状态。他们把学生带入了由自己与学生、学生与学生组成的社区。”[①]

学习由愿景所驱动

有太多的组织，包括各种各样的学校，忽视了这个先决条件，然而，如果它们要想获得成功，这或许正是关键所在。愿景为人们的学

① 参见帕克·帕尔默所著《认知与自我认知：教育的精神旅程》（*To Know as We Are Known: Education as a Spiritual Journey*，哈珀出版，1993年）

习和成长提供动力，即便当他们身处逆境时，也是如此。

大多数年幼的孩子学习速度都很快，他们的学习方式是与目的和愿景紧密联系在一起的。他们学习在地上爬，然后再学习走路，是因为他们想要按自己的意愿行动。孩子学习骑自行车，是因为想要和有自行车的朋友一起玩。再过几年，他们学习驾驶汽车，是因为他们想要独立，也想要更大的活动范围。孩子们学会这些技能，还学会了其他更多的技能，他们也学会了投橄榄球、玩视频游戏，都是因为他们想要学习。成年人也是如此。一位 91 岁的非洲裔美国妇女将四个孩子抚养成人，又帮助这些孩子抚养了他们的孩子，她学会了识字阅读，因为这是她坚守一生的愿景。一位大学教师退休后到佛罗里达安家，学着给自己造了一条船，因为他热爱航海。祖父母辈曾被新技术挡在门外，但现在他们买了计算机，学会了上网，因为他们想要和孙子、孙女互发电子邮件。因此，终身学习是人们参与生活、创造自己渴望的未来的基本方式。

然而，当孩子们入学的时候，学校系统展示给他们的新目标——取悦老师、作业得到高分、获得奖励和嘉奖、取得好的名次等等，往往与他们自己的渴求和热望没有什么关系。随着一年年过去，这种情况愈加恶化，因为分数、考试成绩和其他外在激励因素变得越重要，学生与自己愿景的联系也就越渺茫。听听孩子们在告诉我们什么（也包括他们对研究人员说了什么）。学龄前儿童可以明确地说出他们的愿景，“长大了我要做什么”。但是，年龄大一点的孩子却在抱怨，学校的功课与他们的生活现实和未来，都没有什么关系。他们说在学校外面学到的东西要比在学校里学得多，还说实在无法理解，为什么在学校课堂上获得的大多数知识，既没有意思，也不重要。学生们不愿或不能用语言沟通的感受，就常常以捣乱破坏、自暴自弃的行为来表达。①

有人恐怕会担心，在学校里让学生甚至老师实践自己的愿景，就意味着大家可以想做什么就做什么了，就意味着放弃严格管理和降低教育标准。但这实在是大错特错。当管理人员和教师只关注狭隘的、实际的问题——诸如课堂管理、提高出勤率和学生毕业比例、提高考试成绩等，学生们或许就只好在内心中化解那些渐渐熄灭的愿景，生活在过低的期望之中。提高分数、提供安全的学习空间都是合理的目标，但是这些目标都不能替代更大愿景的力量。无论个人愿景还是共同愿景，都是持续改善学校的驱动因素。

4. 如何阅读本书

可以从任何一页开始

本书的设计便于读者随意浏览、翻阅。比如，书中采用前后文相互参照的方式，让你可以从一个标题跳到另一个标题，并指出其中有意义的、值得关注的关联。

让这本书成为你自己的书

在书上做标记，在页边空白处写下书中个人练习的答案。画画、涂鸦、自由想象都可以。记下你尝试过的努力的结果，也记下你准备尝试的想法。久而久之，随着你的实践笔记一点一滴累积起来，它们

① 有关学生抱怨学习没有意义的内容，参见雪莉 · M. 霍德（Shirley M. Hord）和哈维塔 · M. 罗伯逊（Harvetta M. Robertson）所著《倾听学生》（*Listening to Students*，Journal of Staff Development 出版，1999 年夏）第 38~39 页。他们提出，学生特别是高中学生，具有学习和挑战的渴望。这种渴望如果没有通过语言表达出来，就会通过行为来表达。

就会变成有效实践的记录，并在你设计下一步变革行动计划的过程中，成为反思的一种工具。

使用书中的练习和方法

书中的练习和方法创造出来的学习感受，与仅从阅读书中内容产生的感受截然不同。如果你的感觉是“我已经读懂了”，那么就老老实实地问自己，对于这些技能和方法的认识是否已经付诸实践了。如果不是，那么这些看似有用的思路、方法和练习，就要拿去尝试。使用这些练习的教育工作者常常告诉我们，有些内容虽然看上去简单，但在实践中威力却很大。

吸引他人思考变革

各种各样的组织与所有人类团体一样，都是通过谈话交流运转起来的。对于本书所关注的课堂、学校和社区这些组织而言，尤其如此。把书中的各种观点用作和其他人谈话的切入点，这些观点就会产生很大价值。

关注能力，而非答案

我们认为提供具体的工具、方法和实际经验很有价值，但并非是把它们当作可以照搬的药方和菜谱。实际上，如果你要找的仅仅是答案，就可能会感到困惑，因为每位主要作者和文章的撰稿人都有自己的观点，他们之间也常常会有分歧。与此相反，如果你将这本书中（以及其他书中）的实践付诸自己的行动，并且探究其结果的来龙去脉，你和你的学校以及社区就能创造出你们的未来和学习行动之路。

本书涉及的内容板块

本书的内容分为以下几大板块：

• **学习修炼：**是指本书中五种主要方法和实践中的一个或几个。包括自我超越（PM）和共同愿景（SV），是与表达个人与集体的热望有关的修炼；心智模式（MM）和团队学习（TL），是与反思性思考和生成性对话相关的修炼；系统思考（ST），是与认知和管理复杂事物有关的修炼。

• **个人练习：**你个人独自进行的一种练习——用来加深理解、提高能力，明确自己的方向，或者让你恍然大悟。这些练习中也包括那些供学生在课堂上独自进行的练习。

• **团队练习：**共同工作的人进行的团队练习，有时在课堂上进行（由老师或一名同学作组织者），有时在学校或社区的团队中进行（由组织者或团队负责人引导）。记住，课堂练习可以很方便地改为供学校和社区使用的练习（反之亦然）。

• **词汇部分：**帮助我们了解使用的词汇的来源，以及我们现在使用这些词汇的方式。由于在教育等领域中有太多的术语行话被随意使用，明确表达词汇的准确意思非常重要。

• **参考资料：**我们及许多实践者都认为有价值的书、文章、录影带和网站。

• **工具箱：**可以应用到学习修炼中的实用方式和技巧，比如模板和图表。

• **指导思想：**可以作为哲学依据，引发领悟、指明方向的一个（或者多个）原则。

在本书完成的过程中，我们反复阅读本书第一版，教育工作者、父母及其他人认为现在就很有用的理念、练习和工具，是我们关注的重点。许多文章本身是永不过时的，因此我们就全文保留，其他一些文章则做了更新。本书中还有一些文章是全新的，其中包括彼得·圣吉的一篇评论，题为“系统公民”。

我们更新了参考材料和参考书，标注了所有的新版本，其中《第五项修炼》的修订版于2006年出版。我们也加入了对许多新书和新资料的评论。

此外，在新版中我们增添了新工具和新练习，其中有许多是在收到了本书第一版使用者的反馈后，开发和测试的工具和练习。“课堂上的系统思考”的几节做了更新，五项修炼的入门指南做了整体的修订和增补。你们会发现新的故事和文章，体现的是学习型组织建设方面持续进行的最新工作和研究。

然而，我们也要克服过于应景的倾向。本书的第一版沿用了12年，我们希望新版可以在相当长一段时间里都保持其意义和效用。因此，虽然我们提到了脸书等新现象，但我们尽量避免去强化那些可能是昙花一现的现象——比如，2011年由《虎妈战歌》[①]一书触发的有关严格的成功导向的父母教育风格大辩论。虽然许多有关教育的理念都有吸引力，也有价值，我们还是把本书的范围限定在我们认为与本书的核心有直接联系的工作，也就是在学校和教育领域建立学习型组织的实践。

国际组织学习学会

许多教育工作者、社区领袖以及个人在持续进行新的探索，试图把角度不同的研究和实践所产生的思想综合到一起，包括系统思

① 蔡美儿（Amy Chua）著《虎妈战歌》（*Battle Hymn of the Tiger Mother*，Penguin出版，2011年）。

考、知行学校、大规模变革（应用由奥托·夏莫提出的“呈现当下模型”）以及社区成长与学习。“国际组织学习学会”（the Society for Organizational Learning，简写为 SoL）是读者可以跟进这方面工作的一个组织。“国际组织学习学会”成立于 1997 年，是一个由组织和个人组成的国际性社区。SoL 的网站（http://www.solonline.org）上列出了与“SoL 教育伙伴项目”的链接。SoL 同时还与“当下学院”(Presencing Institute）共同支持了一个名为“系统变革学院”的网站（http://keli-yen.ning.com.)。其中包括彼得·圣吉和其他人的博客，并与正在深入实践“系统公民”概念的团队和学校链接。①

——阿特·克莱纳

5. 工业时代的教育系统

彼得·圣吉

我们都是这个时代的产物，反过来，我们做事的方式又再次创造着这个时代。就像一个古老笑话所说：要想知道鱼在说什么很不容易，但你可以肯定，鱼说的绝不是水。对于我们这些生活在“进步”社会的人来说，工业时代在方方面面的影响，在多大程度上塑造了我们看待这个世界的方式，无论怎样高估都不会太过分。在这里，“水”就是源于我们文化的种种假设和习惯运作方式，每当我们试图从根本上重

① 另请参见“系统公民”，第 750 页，“罗卡公司”，第 698 页以及“可持续发展教育”，第 715 页。

新思考、彻底改造我们称为“学校”的这个工业时代的组织机构，“水”就会反过来困住我们。

但是，我们怎样才能“看到”那些已经习以为常的假设呢？让我们先从教育文化的“典型文物”着眼——就像考古学家从典型文物着眼去看一个时代那样。比如，我们可以站到学校的大门外，看着孩子们、青少年们一一迈进校门。注意一下他们走路的方式：弯着腰，背上的书包里装满了书本和作业。小学生的书包一般有 9~18 千克，从这些书包中拎一个出来，感觉一下有多重。当然，这种状况确实正在改变，因为很多学生开始用平板电脑装他们的教科书了。然而，虽然书包的分量轻了一些，但其寓意仍旧沉重——恐怕反而还会加重一些，因为减少了一个学业负担的明显标志，可能随之减少的是对于增加学业负担的限制。沉重的书包是工业时代教育系统的典型文物。

孩子们上中学的入学年龄一般在 10~12 岁之间。在大多数中学里，老师们局限在各自的学科组里，既没有共同工作，也不相互协调各自的日常工作，因而他们对于安排给学生的作业总量往往并不了解。要一个体重 60 磅的孩子背 25 磅的书包，他们会支持吗？大概不会。但是这个问题本身并没有多少意义，因为教师们也无从了解，学校系统作为一个整体，在层层加码之中究竟给学生们增添了多少压力。

加在孩子们身上的沉重负担，父母们也不一定有充分的认识。他们自己还在忙不迭地应对当代西方社会带来的工作重压。我曾听到一些父母们谈到，对于孩子们的课业负担，他们表示赞同：“那是帮助他们做好以后应对现实世界压力的准备。”这个说法也是个比喻——父母们自己背着同样沉重的背包。他们手头上要做的事堆积如山，总是做不完，从早到晚都要回复邮件和短信，许多人感到十分紧张。面对自己无穷无尽的工作压力，父母们自然就会认为，孩子们学习忍受同样的压力是再合理不过的事情。

生活失衡带来了各种后果，才华出众的孩子似乎常常会表现出强烈感受。认知科学家霍华德·加德纳（Howard Gardner）谈到他在 20 世纪 90 年代主持的一项针对高才生的研究时说："我们非常吃惊地发现，许多孩子到了十一二岁的时候就开始谈论'平衡'在他们生活中的重要意义了。这些高才生中有的从事冰上运动，有的从事演艺或者音乐活动，还有一些人热心参与社区服务。他们热爱自己做的事，也喜欢自己参加的活动。但是在他们观察了自己父母的状况之后，就对自己说，'这不是我想要的那种生活'。"①

12 年前本书第一版出版的时候，这些压力是显而易见的。那时候，学校和老师们都不由自主地不断增加作业负担，课堂时间也越来越多地用来为学生准备考试——考试的结果对于预算甚至职位的升迁都可能会产生影响。《纽约时报》教育记者迈克尔·瓦恩里普（Michael Winerip）在 1999 年这样写道："一家学校成功与否，可以有很多方式衡量。"但对于媒体评论人和政治家来说，唯一要紧的方式"就是标准测试方面的表现。如果情况不改变，学生的背包每天晚上大概总要被

① 这段话引自加德纳和彼得·圣吉在 1999 年的一次谈话。这次谈话的其他部分见本书第一版。这里提到的研究（及其他的研究）以"出色工作"为题于 1995 年启动，由霍华德·加德纳（Howard Gardner）、威廉·达蒙（William Damon）和米哈里·契克森米哈赖（Mihaly Csikszentmihalyi）在哈佛大学教育学院研究生院进行。参见他们在线出版的 15 年纪念版——霍华德·加德纳（编辑）：《出色工作，理论与实践》（"出色工作"项目，2010）。www.goodworkproject.org。

塞满——从一年级就开始了，也许还会更早”。[①]

12 年之后，压力反而进一步加剧了——无论是对学生还是对老师和学校都是如此。导致情况恶化的原因，当然是这些年来美国上下要求强制提高标准考试成绩的风气，此外，一些联邦政府项目（包括但不限于“不让一个孩子掉队”项目）只注重学校考试成绩差的种种症状，而不去设法解决（甚至不去考虑一下）各种深层问题也是原因之一。实际上，学校领导人似乎都还没有认识到，他们究竟可以做些什么，才能从深层起因上着手解决自己学校里的各种问题。

这种局面留给备受压力的学生的是两个基本选择：要么应付，要么放弃。他们中越来越多的人选择放弃，随后就被这个系统送进落后生班级——也不必再接受什么人的挑战了。另外一些人则试着去应付，陷入同龄人之间的相互竞争（让家长和老师满意）和真实面对自己的幸福的两难之中，无法自拔。最终的结果是自我动力和参与意识的缺乏，是孩子们潜力的无谓浪费，以及孩子们可能为社会做出的贡献不断减少。

工业时代学校的传承

这种状况究竟从何而来呢？对历史稍做回顾，可以帮我们看清楚来龙去脉。

从许多方面来看，开普勒、笛卡儿、牛顿以及其他 17 世纪科学家痴迷于以钟表作为宇宙模型，是工业时代的起源。约翰尼斯·开普勒（Johannes Kepler）在 1605 年写道，“我的目标是让人们看到，天体这架机器好比是一组钟表的机器，而不是一个神的组织”。历史学家丹尼尔·布尔斯廷（Daniel Boorstin）的研究表明，“笛卡儿（Descartes）以钟表作为

---

① 迈克尔·瓦恩里普（Michael Winerip）的文章：《作业的束缚》。《纽约时报》1999 年 1 月 3 日。

他的原型机器”。阿瑟·凯斯特勒（Arthur Koestler）说，牛顿为上帝赋予了双重身份，“宇宙钟表机器的创始者、负责维护与修理的管理者”。[①②]

如此一来，这些科学家也就自然而然把世界看作由相互分立的元件组成，像一台机器里的不同部件那样，嵌合组装在了一起。这提供了一种令人陶醉的前景：我们最终可以完全理解这个宇宙。原子被看作台球桌上相互碰撞的小球，如果我们可以预测原子的行为，也就可以预测由原子拼装成的更为复杂的物体的行为。一种世界观由此产生，并且成为350年来科学进步的基础：我们一旦分析清楚了其中的各个部分，就可以预测这个世界，也可以控制这个世界——就像控制一台机器一样。就像拉塞尔·阿科夫（Russell Ackoff）所说：“人们相信，宇宙是一台机器，由上帝创造出来去完成其工作。人作为这台机器的一部分，应按上帝的旨意行事……显然，接下来就是人类应该制造机器，去完成人类应该做的工作。”机器这个比喻如此强大，以至于阿科夫要借用历史学家路易斯·芒福德（Lewis Mumford）的说法，把工业时代戏称为“机器时代”。[③]

① 工业化的学校学习模式是毁灭性的，而且我们已经迷失了方向——全球越来越多的家长和教育工作者对此表示认可和担心。近来有多部流行影片出现，成为其标志。参见维姬·艾贝里斯（Vicky Abeles）拍摄的《迷失方向的竞赛》（*The Race to Nowhere,* Reel Link 制片公司，2010，www.racetonowhere.com），以及戴维斯·古根海姆（Davis Guggenheim）拍摄的《等待超人》（*Waiting for Superman*, Paramount Vintage 公司，2010，www.waitingforsuperman.com）。

② 参见丹尼尔·布尔斯廷所著《发现》（*Discovery*，Harry N. Abrams 出版，1983 年，1991 年），第 108~109 页，以及阿瑟·凯斯特勒所著《梦游者》（*Sleepwalkers*，Hutchinson/Penguin 出版，1959 年），第 536 页。

③ 参见拉塞尔·阿科夫所著《创造企业的未来》（*Creating the Corporate Future*，John Wiley and Sons 出版，1981 年），第 6 页，以及路易斯·芒福德所著《技能与人的发展》（*Technics and Human Development*，Harcout Brace Jovanovich 出版，1967 年）。

随着18世纪普鲁士的统治者弗里德里希大帝（Frederick the Great）通过推行标准化、统一规范和操练培训，取得了军事上的胜利，机器时代的思想就变成了组织与管理的基石。管理作家加雷思·摩根（Gareth Morgan）写道，在此之前，军队是由“罪犯、乞丐、外国商人和不情愿的应征士兵”聚拢起来的无法无天的暴徒。现在，他们变成了伟大的机器——部件可更换（经过强化训练的士兵很容易相互替代）、装备标准，而且军规严格。弗里德里希在发明他的各式各样的做法的时候，仔细研究了机器——这并不让人惊奇。摩根写道，他“对于机械人这类自动化玩具相当痴迷，在探索把军队塑造成一个可靠并有效运转的设备的过程中，他引入了许多改革措施，实际上是把士兵转化成了自动机器”。①

在牛顿时代科学进步的启发下，19世纪的工业家们完全效仿弗里德里希大帝的军队，在组织中采用了各种机械结构，比如“指挥链”、“管理线”和“职能”组织，以及“训练与发展”的学习方法。最终，机器型组织在装配流水线上找到了自己原型的完美化身。装配流水线以前所未有的数量生产出统一规格的工业产品，更为可靠、效率也更高。随着科学进步越来越强大的各种新技术逐步展现出来，这些技术又被运用到装配流水线上，引发出以往难以想象的劳动生产率的提高。从1770年到1812年，英国纺织业的劳动生产率增长了120倍。根据商业历史学家小阿尔弗莱德·钱德勒（Alfred Chandler.Jr）的研究，到

① 如需进一步了解弗里德里希大帝及其对于现代组织的影响，参见加雷思·摩根所著《组织的形象》（*Images of Organization*，Sage出版，1969年），第22~25页。弗里德里希的军队与学校之间的联系，在《学习的驱动力：访谈爱德华·T. 霍尔》（*The Drive to Learn: An Interview with Edward T. Hall*，Santa Fe Lifestyle出版，1988年春）第12~14页中也有提及。

1880 年，“生产产品的工人中有五分之四在机械化工厂里工作”。装配流水线也改变了工作的状况：高高在上的老板们精心组织、统一指挥，经过训练、可以互相替换的工人完成精确设计的重复性任务。

19 世纪中期的教育家们新设计的学校，是从他们崇拜的工厂建造者那里照搬过来的，这也就不足为奇了。装配流水线作为蒸蒸日上的工业时代的象征，最终成为塑造工业时代学校系统的原型。事实上，以装配流水线作为模型复制一个完整的组织机构，学校恐怕是现代社会中最严格、最僵化的样板。学校系统就像一条装配流水线，由相互独立的不同阶段组成，孩子们按年龄划分，称为年级（正如流水线将产品按不同的完成阶段分组）。所有人都应当一起从一个阶段转换到另一阶段。每个阶段都有相应的管理者——负责这个阶段的教师。各个班级的 20~40 名学生，每天按既定日程在规定时间内集合到一起，为参加考试进行训练。按照设计，学校上下以完全一样的速度运行——由墙上的挂钟和刻板的日程安排完成控制。每一位老师都明白，为保持这条生产线运转他们必须要完成什么工作，尽管他们基本上影响不到这条生产线的预设速度——那是由各式各样的“老板”们决定的：州政府的要求、学区委员会、管理层以及标准教程。①

虽然今天很少会有人察觉到，装配流水线的概念在现代学校中是

---

① 劳动生产率的数字来自保罗·霍肯（Paul Hawken）、艾默里·洛文斯（Amory Lovins）和亨特尔·洛文斯（Hunter Lovins）所著《自然资本主义：创造下一次工业革命》（*Natural Capitalism Creating the Next Industry Revolution*，Little, Brown and Company 出版，1990 年），第 170 页。他们又引自纳塔莉·麦克弗森（Natalie McPherson）所著《机器与经济增长》（*Machines and Economic Growth*，Greenwood Press 出版，1994 年）。引述钱德勒的内容源自小阿尔弗莱德·钱德勒所著《有形的手：美国企业的管理革命》（*The Visible Hand: The Managerial Revolution in American Business*，Harvard University Press 出版，1977 年），第 245~246 页。

如何的根深蒂固，但是19世纪的作家们却曾经充满敬意地夸赞，学校简直就是机器和工厂的同类。正如历史学家戴维·特亚克（David Tyack）所说："就像18世纪的神学家认为上帝是一个钟表匠，而并无丝毫不敬，寻找新的组织形式的社会工程师在用到'机器''工厂'这类字眼的时候，并没有包含今天才引发出来的那些负面含义。"比如类似标准化这样的机器概念，在统一学校系统的创建过程中就起了相当大的作用。1844年，塞缪尔·格里德利·豪（Samuel Gridley Howe）刚刚当选美国马萨诸塞州教育委员会成员，就推行了一项标准化考试，随后，他利用糟糕的考试成绩，激起了公众对这个地区过于分散的学校的愤怒，最终波士顿市内的各个学校合并为一个全市统一的系统。这种整合方式对整个北美地区乃至全球各地的学校管理，都产生了深远的影响。①

机器时代思考方式带来的是这样一种学校模式：学校与日常生活完全割裂开来、采用专制方式进行管理，而其最高目标就是尽可能地高效生产一件件标准化产品。这种模式与迅速成长的工业时代工厂一样，需要承担重复工作的劳动力，也像弗里德里希大帝的军队一样，需要维持僵化、刻板的控制。

虽然流水线式的学校系统大幅提高了教育的生产率，但同时也制造了很多更为棘手的问题——时至今日，学生、老师和家长依然在其中挣扎。学校在运行中把孩子分成"聪明孩子"和"笨孩子"两类。那些跟不上流水线既定速度的孩子，要么掉队，要么被迫挣扎着努力赶上流水线的步调。他们被贴上了"迟钝"的标签，或者用今天更时髦的术语，归到"学习障碍"一类。学校建立统一的产品规格与流程

① 戴维·特亚克所著《最好的系统：美国城市教育史》（*The One Best System: A History of American Urban Education*，Harvard University Press出版，1974年），第42页。

作为日常规范，并因此而天真地假定，所有的孩子都会以完全一样的方式学习。学校把教育工作者变成了控制人员和监察人员，由此改变了传统的导师－学生关系，并建立了以老师为中心，而不是以学习者为中心的学习方式。激发学生的学习动力成为老师的责任，而不是学习者自己的责任，纪律成了遵守学校老师设立的规定，而不是学生的自我约束机制。考试评估以获得老师的首肯为核心，而不是客观地衡量自己的能力。久而久之，流水线模型悄然将学生默认为产品，而不是学习的创造者——学生是被动接受教育程序塑造的对象，对这个过程本身又全无影响。

然而，流水线式教育系统在今天备受质疑的压力。社会不再认同它生产的产品，其生产力也受到质疑。而这个系统的回应方式，也就是它的唯一回应方式是，一如既往，但加倍努力。作业负担不断加重，标准化测试进一步密集强化。教师的创新空间、教师满足学习者个性需求的空间，都被压缩。最终，学生背的书包越来越重。

神经生理学家们有一个常见说法："处于压力之下，大脑会'降挡减速'。"当我们感到恐惧的时候，就会回归到我们更为习惯的行为方式上去。规模更大的人类系统也不例外。无论是否为其自发行为，教育系统正在以加快流水线运转速度的方式，应对成绩提升的压力。虽然这样做也许会让更多的学生满足毕业条件，但是，我们这些人——学生、老师和家长们，都应该问一问，这样做是否更有效呢？我们是否正在加大力气、加快速度奔向一个越来越失去意义的地方：一个没有人想去的地方呢？

受困的系统

许多人争辩说，随着烟囱高耸的大规模生产世界被数字化世界替代，工业时代早在几十年前就结束了。然而，这种说法是把主导技术的转变与决定工业时代存在的深层价值观和流程的改变，混为一谈了。今天，全球的钢产量达到史无前例的水平，汽车产量、煤的消耗量，也都是如此。主导技术或许可以转变，但是工业时代的心智模式却一如既往，我们的各种组织也依然深陷其中。

以企业为例，它们依然还在试图用工业时代的方法解决 21 世纪的问题。企业在应对绩效和利润压力的同时，减少人员编制、将服务和产品标准化。企业采用自上而下的方式管理员工，而不是培养各个层级员工的参与意识和担当意识。企业对于财务结果尤为看重，但对其社会影响与环境影响却不大重视。这导致了各种各样、程度不同的问题，从有设计缺陷的产品到全球生态系统的恶化，以及全球经济衰退。

然而，作为一个花费相当多时间与教育工作者和企业管理人员打交道的人，我的看法是，与那些在企业工作的同行们相比，教育工作者深陷困境的感受更深，在创新能力上也更为不足。多年以前，我向一群教育工作者提出了一个我经常请企业人士回答的问题："你们是不是认为，只有危机才会让重大变革发生？"在企业人士中，一般会有四分之三的人对这个问题做出肯定的回答而其他一些人就会讲讲他们的不同经历：没有危机，重大变革也还是发生了——是来自激情和想象，是来自各种类型的领导人，他们甘愿承担风险，去做自己认定的事情。而教育工作者对这个问题的反应却截然不同。在我第一次提问的时候，几乎没有人举手回应我的问题。在迷惑之中我又接着问："你们是不是认为即便没有危机，重大创新也会发生？"依然没有人举手。这时候，我完全茫然了，只好继续问："好吧，如果变革不是由于应对危机而产生，没有危机也不会发生，那么还有什么其他的可能吗？"

参会者中一个柔弱的声音回答说："我想我们都认为，重大变革无论在什么情况下都不会发生。"没有在教育机构工作过的人，对于大多数教育工作者无力、无助的感受，通常很难有所体会。

大多数企业界人士认为，缺乏竞争是教育机构不去创新的原因。因为他们承受着不创新即死亡的压力，就认为教育领域中缺少这样的紧迫感。虽然我相信这有一定的道理，但也认为它过于简单化。这种看法似乎意味着，只要是在教育领域引入更多的竞争，就可以万事大吉了。虽然"特许学校"之类的运动的确创造出了更多的选择余地，但没有证据表明，这些运动正在引发任何有影响力的根本性创新。教育领域的作家和领袖迈克尔·富兰（Michael Fullan）指出，在"提高标准"和"缩小鸿沟"方面有许多不错的范例，"但在高阶技能方面，我们成效甚微。然而，要想让学生们能够应对一个日趋相互依存、愈加变化不定的世界，高阶技能方面的创新——比如，批判性思考（critical thinking）、自我管理式学习 (self-directed learning)、沟通以及协作，恰恰是最需要的。"①

即便真正的创新在学校中发生了，也不大能够继续下去、传播开来。高度创新的公立学校不多，但总会存在——它们往往是从儿童发展方面的新观念中受到启发，或者是从学习的理论中得到激励，要么就是对于学校如何才能真正为孩子服务产生了大胆的设想。然而，当少数创新者的任期过后，这些创新一般就持续不下去了。一旦校长、学监，或者为数不多的骨干教师离任，一切又都恢复到以前的常态。

我认为出现这种情况，是因为学校中存在着某些与企业不同的工业时代特征，使持续创新更具挑战性。诸如增加竞争将问题简单化的

① 引述的迈克尔·富兰的话，来自他与彼得·圣吉 2011 年的谈话。

策略，大都会导致令人失望的长期后果，除非我们大家对于这些特征形成了清晰认识。

企业与学校的首要不同，是装配流水线等工业时代理念对于企业组织来说并非与生俱来，虽然企业组织逐步接受了这些理念。企业作为重要的社会组织已有几千年的历史。股份公司作为一种法律实体，其形态可以追溯到中世纪，甚至在其前的古罗马帝国时代。“公司”（company）一词与 companion（同伴）一词同源，至少存在了 1000 年，而 companion（compania 由 com 和 panis 组成）在拉丁文里的字义是分享面包。相形之下，现代学校系统则是新出现的。它源于 17 世纪和 18 世纪农业社区的“一间校舍”，只是随着 19 世纪的城市学校系统的发展，才扩张、延伸到覆盖所有孩子。因此，学校运作的绝大部分假设和实践，都与机器时代的世界观密不可分。[①]

其次，随着自身不断进化，学校系统与其他更大的社会系统紧密地联系在一起，其程度远远地超过了企业。每一个学校都处于本地的学区之内，而学区则受到制定政策和标准的州立教育部门管辖。因此，政治风向的种种变化，使学校饱受冲击，但对企业却基本没有影响（比如，我们今天看到的增加标准化测试的压力）。此外，学校在社区中承担的角色与企业不同，尤其是企业不需要家长作为其管理系统的一部分。企业有投资人和客户，但他们有权关注的事务范围有限。只要企业实现合理的财务回报，投资人基本上会放手让企业自行经营。客户关心产品质量，但一般并不在意企业如何运营（一些例外情况除外）。但父母则不然，他们不仅对孩子学习什么东西有自己的目标，对

① 参见费尔南德·布罗代尔（Fernand Braudel）所著《商业之轮》（*Wheels of Commerce*, University of California Press 出版，1992 年）第 572 页，以及特亚克所著《最好的那个系统》（*The One Best System*）第 37 页。

学习应该如何进行，也有非常明确的想法——这些想法是深深地锚定在他们自己作为学生的经验之中的。

从创新和适应变化的角度去看，这一点可能是教育系统中问题最严重的特征。我们大家曾经是一起去上学的！这就是说，我们全都是工业时代学校的产物。在所有组织中，学校处于人们心智的最“上游”位置。对于我们所有人来说，学校让我们第一次接触到了 W. 爱德华 · 戴明（W. Edwards Deming）博士所说的“占统治地位的管理系统”，对我们影响也最为深远——这是一个由老师掌控的机器世界，学生的行为完全依赖老师的首肯，学习就是在考试中获得 A 的成绩。我们大多数人在一二年级时，就学会了在工业时代组织中生存的技能。我们学会如何取悦老师，日后会同样去试着取悦我们的老板。我们学会了如何避免答错，懂得在知道正确答案的情况下举手，这样的习惯日后塑造成形，就成为工作中的持续不断的避免过失和伸手邀功的行为。我们学会了在感到迷惑的时候如何保持缄默，这就是为什么没有人在正式会议上质疑老板——即便他们讲的话毫无意义。

逐渐认识到工业时代学校在我们每一个人的生命中占据着多么重要的地位，令人深思、发人深省。但这也是动力，尤其是当我们意识到，这个过去 150 年中在全世界传播、扩张的工业时代的教育系统，在未来几十年中注定要发生变革。变革将会发生，但其原因绝非是变革轻而易举。实际上，正像大多数教育工作者所熟知的，几乎没有什么其他组织，在抵制创新和变革上，可与中小学相比。变革将会发生，是因为人类如果想要在我们今天生活的世界中生存繁衍下去，就需要发生根本性的变革。工业持续扩张制造的社会与生态的过度不平衡，已经使其自身难以为继。如果不重塑企业和教育这两个传播工业时代世界观与技能的核心组织，变革就不可能到来。

正如学校一直是生成机器时代思想的组织机构一样，在创造更加面向学习、更具系统智慧的社会的过程中，它也能够成为一个支点。事实上，培养系统思考能力的最佳时机，是在我们年轻的时候，是在对相互依存关系的天生直觉尚未泯灭的时候，是在各种碎片化的学科将我们转变为拆解、分割的还原主义大师之前。发展探询与反思能力的最佳时机，同样是在我们年轻的时候，而不是等到我们被各种组织反复陶冶 30 年，学会了如何向人显示我们的聪明一面之后。令人可悲的是，对我们大多数人来说，学校不是深化我们的自我认知、找到我们人生担当所在的地方。如果学校是这样的一个地方，可以试想一下，它将会对我们产生怎样持久的影响。

除非我们对于工业时代学校背后的核心假设有了更为深入的了解，否则这样的变革就不会发生。这些假设是我们当下学校系统的基因——除非我们对其有所认知和理解，否则它们就会不断施展其“铁腕”手段，扼杀带来根本改变的任何努力。

工业时代有关学习的假设

大多数教育工作者在原则上并不赞同下面要谈到的这些假设——讨论之初就明确这一点很重要。所谓大多数教育工作者，我这里指的是参与学校工作的每个人——学区委员会成员、行政管理人员和教师。家长们往往也并不同意这些假设。然而，学校系统似乎恰恰就体现了这些假设，所有人的行为仿佛也在默认这些假设是正确的——即便大家实际上宁愿采取不同的做法。这正是未经检验而流行的共享心智模式的强大力量，也就是社会科学家克里斯·阿吉里斯（Chris Argyris）所说的“实行中的理论”——它与人们自己赞同的理论与信念往往背道而驰。[①]

① 孩子们都有缺陷，学校可以“修好”他们

多年前一位教育工作者说过的话，我至今难忘：“我们完全不了解，这个孩子在学校遭受了多大伤害。”她说的伤害是什么呢？

我们中间究竟有多少人在学校里得知，自己不会画画？又有多少人记得，老师不许我们跟其他孩子一起唱歌，因为我们荒腔走板？要么就是有人说我们数学不行，或者英语不行？我相信，我们之中没有人逃过被贴上各种标签的经历。虽然我们可能早就不再去回想这些往事了，但在我们的内心之中，我们仍然背着这些评价的包袱——往往还会伴随着种种逃避策略，用来掩盖我们自己的不足。

这些伤害之所以出现，是因为整齐划一、符合规定乃是工业时代的核心价值观之一。如果一条流水线产出的产品种类繁多，又难以预测，就会被看作效率低下。但是，这恰恰是自然界的运行方式：生成无限的多样性。对于标准化产品高度重视是装配流水线思维方式的内在特质，孩子们自然就被看作尚未成形的“原材料”，学校则把“原材料”制作成受过教育的最终产品。在学校以外，人们的学习生活生机勃勃、顺其自然——我们日复一日的生命存在，就是持续参与到学习之中。但在学校里，看待学习的视角就大不相同了。耶鲁大学科默项目的前总监，员工发展专家爱德华·乔伊纳称之为学习的“问题视角”

---

① “实行中的理论”的更多内容，参见彼得·圣吉所著《第五项修炼》，以及阿特·克莱纳所著《异端年代：重建公司管理的激进思想家的历史》（*The Age of Heretics: A History of the Radical Thinkers Who Reinvented Corporate Management*，Jossey Bass出版，2008年）第215页，以及克里斯·阿吉里斯和唐纳德·舍恩（Donald Schön）所著《组织学习：行动视角理论》（*Organizational Learning: A Theory of Action Perspective*，Addison-Wesley出版，1978年）。

或缺陷理论（deficit perspective）——这是教育工作者和家长共有的一种态度：认为学校的工作就是弥补学生们自身的天生缺陷。

教育工作者当然不会到处演讲，宣传“问题视角”，但是由此造成的刺痛，每一位小学生都有深切感受——这种感受自然而然地从对具体事件的判断，转变成对自己的总体评估。孩子在第一次数学测验中得了C或D的时候，很可能会得出这样的结论：不仅他们的答案是错的，而且他们自己也是“错的”。用不了多久，课堂的评估就变成了高于一切的自我评估：“我不好。我有问题。在生活中取得成功所需要的能力，我都不具备。”孩子们的恐惧，被一个管理系统进一步强化——这个系统把单边的权力交给了教育“系统”，决定学生学习什么、如何学习，并且决定谁有权宣布孩子的成功与失败。难怪在大多数孩子的内心中形成了一个简单的结论：“我在这里不受尊重。”

由于问题视角是无法公开讨论的，也就特别有害。孩子感到自己不被尊重，却很难跟成年人讲清楚，而成年人则觉得这很正常，因为他们还是孩子的时候，也体会过同样的不被尊重的感受。当孩子们看到自己的同伴也不被尊重的时候，就更难与他人讨论了。更有甚者，正如克里斯·阿吉里斯所说：“不能讨论本身，也不能被讨论”。这是自闭型文化障碍（self-sealing cultural dysfunctions）的典型标志，当有孩子涉入其中，就最糟糕。孩子明白了一件事：他们不能讨论自己不受尊重这件事本身，也不能被讨论。[①]

父母也有自己的问题视角的体验。当孩子成绩不能达标，他们就

---

① 有关“不可讨论的话题”参见克里斯·阿吉里斯所著《错误的建议与管理陷阱》（*Flawed Advice and the Management Trap*，Oxford University Press 出版，2000 年），以及威廉·R. 努南（William R. Noonan）所著《如何克服工作中的防范行为》（*A Guild to Overcoming Defensive Routines in the Workplace*，Jossey-Bass 出版，2007 年）。

会认为自己为人父母相当差劲。不仅如此，当他们看着自己的孩子为考试成绩挣扎的时候，往往又忆起当年自己在学校里为考试成绩而焦虑的心情。他们对孩子本能的关注与他们自己很久以前就藏在内心之中的创伤交织在一起。每当孩子参加考试、每当他们拿着成绩单回家，许多父母就会重温一次自己在学校里的焦虑。①

问题视角在工业时代之前就有其前身，其中包括某些儿童生而邪恶的宗教观念。然而有趣的是，就在工业时代出现的那段时间里，自欧洲开始，育儿专家们也将问题视角作为育儿学习的核心。德国心理学家爱丽丝·米勒（Alice Miller）发现，许多19世纪的流行育儿书籍都谈到需要“挫败孩子的锐气和任性”，这样他们才会变得顺从。19世纪50年代一位流行作家史瑞伯博士（Dr. Schreber）告诫家长，要将婴儿的尖叫和哭泣当作一场意志的考验，指导家长们使用“严厉的词语，威胁的姿态，或在床上敲击……如果这些都不起作用，则可以使用轻微的肉体惩罚措施”。史瑞伯对那些心存疑虑的父母强调说：“这种方法只需要用几次，而后你永远就是孩子的主人了。”米勒引述了同时代的另一位作家有关在孩子的第一年内“消灭”孩子意愿的种种做法，其中象征机器的控制与秩序的含义表达得更为明了。他给父母的教导是，要“给孩子立规矩”，以植入一种“对秩序的热爱”。这只能通过“相当机械的方法得以实现。每一件事都必须遵守秩序和规则，孩子的吃喝、穿衣、睡觉，乃至其小世界中的所有一切，都要井然有序，绝

① 爱德华·乔伊纳说：“要想要求孩子出类拔萃，我们必须要求自己出类拔萃。”见詹姆士·P. 科默（James P. Comer）、迈克尔·本艾维（Michael Ben-Avie）、诺里斯·M. 海恩斯（Norris M. Haynes）和爱德华·乔伊纳所著《一个一个地教孩子》（*Child by Child*，Columbia Teachers College Press 出版，1999年）第278页。

不能因为孩子的任性或者心血来潮，而做出丝毫改变”。[①]

然而适得其反的是，问题视角转移了发展自我控制能力的重点——从孩子自主地逐渐形成自己的能力，转移到似乎需要成年人的控制和干预——首先是父母，而后就是老师。不是通过让孩子意识到自主选择的后果的方式，去培育孩子的个人责任意识，这实际上就会培养出一种深层的受害感，并使孩子缺乏责任心（事实上，米勒注意到，史瑞伯的儿子就是因为患上了妄想症，而去接受西格蒙德·弗洛伊德的治疗）。

问题视角假定：哪些地方出了问题，就需要修理。在考虑机器的时候，这样的假设是合理的，因为机器本身不能自我修复。但是，这样的假设完全不适于孩子这样的生命系统，因为这些系统是自愿自主地成长和发展的。

② 学习在头脑中进行，而不是在整个身体中进行

哲学家乔治·拉考夫（George Lakoff）和马克·约翰逊（Mark Johnson）写道，“在西方传统中，自主的理性能力被视为人类独有的特征，是区别我们与所有其他动物的根本之处”。占据统治地位的西方理论认为理性是独立于知觉、运动、情感以及身体的其他方面的。但是，这两位作家的研究表明，认知科学（一门系统研究人类和计算机的智力运行的学科）的最新证据对这个前提提出了挑战。新证据显示“人类理性是动物理性的一种形式，与我们的身体以及大脑的特质密不

① 参见爱丽丝·米勒所著《育儿中的隐形虐待及暴力的根源》（*Hidden Cruelty in Child-Rearing and the Roots and Violence*，Noonday Press 出版，1990 年）第 5 页及第 11~12 页。

可分”。[①]

换句话说，人类认知的发展既涉及“心智知识”（mind knowledge），更涉及“身体知识”（body knowledge）。学习与行动是不可分割的。如智利的生物学家和认知科学家亨伯托·马图拉纳（Humberto Maturana）和弗朗西斯科·瓦雷拉（Francisco Varela）所说：“所有的行即是知，所有的知即是行。”在这样的情境之中，知识不仅是在记忆中积累事实和理论的心智仓库，还是利用这些信息采取行动的能力。实际上，那些事实和理论可能并非存储在我们的推理和记忆之中，而确实是存储在我们的身体之中。我们大多数人都知道怎样骑自行车，但没几个人能够理性地解读我们究竟是如何做到的——让骑自行车得以进行的陀螺运动规律。同样，我们都知道如何说话，但我们不可能有意识地了解有关语言的所有规则和结构。即便是像拨电话号码这样的简单动作，同样展示了认知是由整个身体完成的特征：我常常记不住电话号码的数字，但如果我的手指就放在键盘上，就知道该怎么拨号。（这种身体记忆，正在被现代电话上的号码自动存储功能逐步替代，但又产生了新的身体记忆——用手指轻推按键扫过通讯录上的名字，直到发现我需要的那一个。）[②]

然而，虽然学习发生在整个身体之中，传统课堂教学的确基于这样的假设：学习纯粹是智力活动——只要大脑工作就可以了，身体的其他部分可以放在课堂之外。这一点对于那些需要通过运动才能保持

---

① 参见乔治·拉考夫和马克·约翰逊所著《有血有肉的哲学：嵌入的心智及其对西方思想的挑战》（*Philosophy in the Flesh: The Embodied Mind and Its Challenge to Western Thought*，Basic Books 出版，1999 年）第 17 页。

② 参见亨伯托·马图拉纳和弗兰西斯科·瓦里拉所著《知识之树：人类智力的生物学起源》（*The Tree of Knowledge: The Biological Roots of Human Understanding*，Shambhala Publication 出版，1997 年）第 27 页。

注意力和积极参与的孩子，显然相当痛苦——对于这些孩子来说，坐在椅子上一个小时不动，恐怕是一种折磨。由此产生的是一种被动而非主动的学习环境。书本学习和老师讲课至高无上，学生是知识的接收器——所谓知识大多不过是事实数据以及学生必须解答的预先设定好答案的问题。

这种过于强调智力的学习观念，也可以用来说明为什么在传统学校教育中，相比其他科目，更强调数学和语言能力的发展。这是一个悲剧，因为正像霍华德·加德纳等人的研究所揭示的那样，学习包含的是一个智力“频谱”，包括音乐、动觉、空间感、人际关系和情感等诸多方面的能力以及思维的抽象符号推理能力。虽然每个人都会有不同的才能和禀赋倾向，但在我们的个人成长发展过程中，每个人又都具备拥抱智能的整个“频谱”的潜能。我们从事的学习的形态越多，我们的成长也就会越广泛、越深入。

在现代课堂上，整个身体都参与学习的观念一直得不到应有的重视。我永远不会忘记我曾经听过的一个美丽的故事，讲故事的维克托·魏斯科普夫（Victor Weisskopf），是麻省理工学院物理系的退休系主任，举世闻名的制造原子弹的曼哈顿计划的成员。他对自己三四岁的时候，坐在钢琴下面听祖母弹奏巴赫名曲的情景，仍记忆犹新并娓娓道来。他至今还可以感觉到音乐从他身上流淌过去的感受。他说，“我就是在那一刻成了物理学家”。当我们假设学习仅仅在头脑中进行，大部分造就我们成为人的东西，就都被我们否定了。

③ 每个人都是也应该以同样的方式学习

许多年前，在一次孩子们的对话讨论的场合中，我听到一个五年级的男孩子问另一个孩子：“最完美的学校是什么样的呢？”另一个孩子毫不犹豫地回答："一个学生、一个老师。"

对于学校中的许多人来说，感受到每一个孩子都是一个独特的学习者，似乎是一个遥不可及的期待。工业时代的流水线学校把所有学生都当作毫无差别、尚未成形的黏土，需要放到社会需要和课程体系规定的模子里塑造成形。许多老师熟知多元化智能，也相当了解儿童发展的各个阶段，以及不同儿童学习的多样方法。但由于处在各种压力之下，他们很难将其付诸实践。一些教育工作者估计，大部分老师每个学年至少要用一个月的时间教授学生应试技能，期望这样学生就可以达到标准考试成绩的要求。

现在，是我们认真考虑那个五年级孩子愿景的时候了。正像智商类型繁多，人们的学习方式也非常多元化。过去 60 年间，有关儿童发展、学习风格以及学习过程特征的研究，都有了突破性进展。所有这些研究工作都指向同一个方向：要理解、欣赏学习的多样性。有些孩子只有在移动自己身体的时候，才能学习；另一些孩子则需要安静；还有一些孩子需要经常参与各种各样的活动，才会充满活力。有些孩子生性喜爱试验，总在自己鞭策自己；而另一些孩子，则需要外部挑战来帮助自己进步。

虽然不同学习风格的理论在持续发展，相关证据也在不断增多，但是将这些观念付诸实践，却在流水线式的课堂上遭遇了难以逾越的障碍。一名教师，即便再加上一名助教，也无法满足他们面对的学习者的各式各样的需求，到头来便落入没完没了地维持课堂秩序的挣扎之中，难以自拔。他们竭尽所能，力图使同一科目适于不同的学习者，他们抽出时间，与那些心存不满的家长谈话。然而，他们还是陷入了两难之中：一边是僵化的教学流程，另一边则是坐在他们面前的各种不同的人。最终是双方都深感挫败的悲剧：老师要么放弃，要么就在应付中筋疲力尽，为数众多的孩子要么被冷落在一边，要么就被迫用对自己学习潜力造成极大损害的方法去学习。

有一位老师曾经对我说，她的班上有18个孩子，其中15个孩子存在各种不同的“学习问题”。这个说法的真实含义究竟是什么呢？从老师这方面讲，我相信这是挫败感的表达，是悲哀地承认自己不能满足孩子们的全部需要。但是，一个班级里六分之五的孩子都“不正常”，这到底意味着什么？这岂不是也在问，究竟“正常”是如何定义的呢？

与此类似，对于近来为数众多的种种“学习障碍”迅速蔓延的现象，我们又该如何解读呢？在理解孩子们的种种问题上，这类标签真的是一种途径吗？或者它们是一种迹象，显示出流水线的压力持续增加，强迫自然界的多样化适应其自身的需要？在诊断不同种类的“学习障碍症”方面，教育工作者变得越来越老到——难道我们不正是在把老师变成手段日益丰富的“督察”，能够越来越多地检测出不符合这架机器需要的原材料吗？我理解许多教育工作者的初衷是要付出更多的努力，帮助不同类型的孩子采用不同的方式学习。但是，真正需要的帮助难道不是从根本上重新设计工业时代的课堂吗？难道我们不能怀着帮助所有学生的抱负，创造真正以学习者为中心的学校，让老师成为设计师、催化师，而不是注意力的中心和知识的提供源头吗？

问题视角或“缺陷理论”在这里也投下了一抹浓重的阴影，在难以察觉之中引导人们将学习上的差别当作一个需要解决的问题，而不是可喜可贺、需要包容的多样化能力。我们所说的“障碍”，实际上是描述教育过程与个人之间无法匹配的现象。为什么不将“缺陷”的标签贴给教育过程，反而贴到个人的身上呢？

不仅如此，一个人被贴上了“有学习障碍”的标签，对于这个人来说意味着什么呢？这样的标签对这个人一生的自我价值的认识会产生什么样的影响呢？难道我们正在丧失分辨能力，无法区分什么是欣赏我们之间的种种不同，什么又是以“有问题”的眼光看待自己和他人？

各类学习障碍的发现和确定，与治疗这些不尽相同的障碍症的处方药的使用存在着密切联系。比如，没有人知道目前正在服用盐酸哌甲酯（利他林）或类似药物的学生究竟有多少，但是多年以来，这恐怕一直是美国最严重的滥用药物问题。利他林与可卡因和苯丙胺在化学结构上类似，是通常用来治疗儿童“注意力缺陷多动障碍”（Attention Deficit Hyperactivity Disorder, ADHD）的处方药。2007 年，在美国有 540 万 6 岁到 17 岁的孩子曾一度被诊断患有“注意力缺陷多动障碍”；自 1997 年起，这个数字大约每年上升 5%。这些孩子中有相当大一部分正在定期服用利他林。我听许多老师估计，他们的课堂上正在服用这种药物的学生大约为 10%~20%。由于使用利他林已经变得相当平常，许多大学生无论是否遵照医嘱，都在服用。日托幼儿园也往往不顾制药企业的警告，给学龄前儿童（最早从两岁开始）服用利他林，这种做法自 90 年代中期开始就相当普遍了。①②

---

① 这里的统计数据源自 P.N. 帕斯特（P.N. Pastor）和 C.A. 雷本（C.A. Reuben）所著《注意力缺陷多动障碍和学习障碍的诊断：美国，2004–2006》（*Diagnosed Attention Deficit Hyperactivity Disorder and Learning Disability: United States, 2004~2006*，National Center for Health Statistics, U.S. Centers for Disease Control and Prevention 出版，2008 年），http://www.cdc.gov/nchs/data/series/sr_10/Sr10_237.pdf。

② 幼童使用利他林的数据来源包括：约瑟夫 · T. 科伊尔（Joseph T. Coyle）所著《幼童的精神药物使用》（*Psychotropic Drug Use in Very Young Children*，见 Journal of the American Medical Association, vol. 280, no. 8，2000 年 2 月 23 日）第 1059 页，朱莉 · 马格诺 · 齐托（Julie Magno Zito）、丹尼尔 · 塞弗（Daniel J. Safer）、苏姗 · 多斯 · 里斯（Susan dos Reis）、詹姆士 · F. 嘉德纳（James F. Gardner）、迈德 · 博尔斯（Myde Boles）和弗朗西斯 · 林奇（Frances Lynch）所著《学前儿童精神类药物治疗处方的趋势》（*Trends in the Prescribing of Psychotropic Medications to Preschoolers*，Journal of the American Medical Association, vol. 280, no. 8，2000 年 2 月 23 日），第 1025 页。

对于备感受挫的教育工作者、家长，以及成绩不佳的学生们来说，利他林究竟是有些人常常声称的“福音”，还是又一次体现了自然界的多样性与学校追求的顺从与成绩之间的持续冲突呢？在学校里，注意力集中方面有困难的孩子，一般都会被诊断患有“注意力缺陷多动障碍”。通常的情况是，孩子表现出跟不上课堂要求的迹象，教师就会通报家长，说他们的孩子在注意力集中方面有困难，家长随后就会去找医生讨论，利他林的处方也就这样开出来了。

然而，对“注意力缺陷多动障碍”的大量研究表明，它的许多症状或许并非是“障碍症”的特征，反而是高度创造力的特点。我有一位好朋友，是我在麻省理工学院的同事，他的孩子的老师就曾经告诉他说：孩子可能患有 ADHD，应该服用利他林。他和妻子都不大相信，就一起找了些书研究，从中他们发现了一本由两位医学博士合写的书。书的两位作者如果今天去做学生的话，估计都会被诊断为患有“注意力缺陷多动障碍”。我的朋友读过这本书后得出了结论：他自己可能也患有“注意力缺陷多动障碍”。比如，他发现患有注意力缺陷多动障碍的人在“并行工作过程”中，表现优异——能够同时做两件或者更多的事情。这恰恰是这些孩子课堂上常常遇到困难的原因之一：他们被强迫一次只做一件事情。我的同事和妻子最终决定，他们不该让孩子吃药，而是应该让孩子发展自己的天赋，而他们作为家长，则需要找到一种方法，让孩子接受的教育更加符合孩子自己的特性。[①]

这个故事也让我们看到，流水线式学校与孩子的多样化学习方式

---

① 这本书应该是爱德华·哈洛韦尔（Edward Hallowell）和约翰·瑞提（John Ratey）所著《分心：认识与应对注意力缺乏障碍——从童年到成年》（*Driven to Distraction: Recognizing and Coping with Attention Deficit Disorder from Childhood to Adulthood*，Touchstone 出版，1994 年）。

之间，很难有共同之处，这带来了巨大而现实的挑战。人们不禁要问，利他林和其他用于学童的处方药的泛滥，为什么没有激起家长们的愤怒呢？答案是今天的大多数家长大概都没有时间感到愤怒——他们压力重重、不堪重负，可能也需要通过药物来应付自己的焦虑。他们担心自己的孩子在学校里落后，不能考上好的大学。很多家长感到深陷困境、无计可施，很多教师也是如此，他们竭尽全力维持对课堂的控制，虽然教室里坐满了迥然不同的学习者。

最后，这种“所有人都用一种方法”的课堂模式似乎也可以说明，为什么许多学生开始正式上学后没几年，就渐渐失去了在学校中学习的动力。当学生们意识到，在这个环境中自己不在受人青睐之列，最初的兴奋就消退了。他们的表达能力不是最强，思维反应也不够敏捷，在用简单、线性的方式呈现自己的思想上，表现也不出色。或许，对于被迫与同伴以分数相争，他们心存厌恶。无论他们与学校渐行渐远的原因是什么，那些适应了机器时代课堂的学生中没有他们。

我们的流水线思维方式，强迫我们把人类与生俱来的多样性当作异端——因为多样性不适应机器的需要。爱德华·乔伊纳说，“我们这些教过书的人都知道，如果你只是熟悉自己教授的科目，却不能深入了解你要教的孩子的话，你就没有能力传授知识”。

④ 学习的地点是在教室里，而不是在大千世界中

工业时代的学校把教室放在学习过程的中心位置。然而，真正的学习是发生在我们生活的情境之中的，而且每一次新的学习产生的长期影响，都取决于这次学习与我们周围世界的关系。比如在处境艰难的时候，尽管我们可能感到身心痛苦，但却常常产生一些不到此时难以体会的领悟。然而，由于以课堂为中心的学习模式成为主宰，孩子们在生活中体验学习的许多其他场所，比如游乐场、家庭、剧院和运动队以及（对于许多人来说）街头巷尾，全都失去了价值。一个孩子生活中的每一个关系，都承载着一个潜在的学习方向，孩子每做一件事，都可以以学习的心态来完成。然而，以课堂学习的视角来看，这些学习场所基本都不在范围之内。

当然，多数教育工作者对此都有所了解，对于学习的种种环境条件也有所认识。他们知道运动、音乐、艺术和剧场的重要性。但是一旦出现问题，以教室为中心的铁腕手段就会显露出来，占据主导地位。当面临预算压力的时候，艺术课和选修课往往是最先被“拿下”的。如果课堂预算要缩减，教师就有可能失去原有的资料来源，或者被迫在课堂上增加学生。但是，没有一个人想过，干脆不要教室就好了。人们会说：“不行。完全不行！这件事你永远做不到——要不然孩子们到哪里去学习呢？”

即便到了今天这个时代——无论身在何处，人人都可以以越来越低的成本享用连接互联网的计算机和社会化媒体，而且许许多多年轻人的沟通与生活方式就这样塑造成形——传统教室教育的地位不知为什么仍然无人质疑。我并非建议我们大家毫无保留地支持电子媒体——包括互联网、多人游戏和脸书，把它当作万灵药，医治放弃学习的学生们。我只是认为，有必要做这样的探询：如果课堂真正是为学习而设计，并且是众多的学习场所之一，那么这个坐满了孩子和成年人的课堂，将会是什么样子呢？

⑤ 有些孩子聪明，有些孩子愚笨

学校里只有两种孩子：聪明孩子和笨孩子——这恐怕是工业时代学校中影响最深、危害最大的假设了。前面四个假设的叠加影响，在这个假设中也可以看到。在这个假设中，在学校里表现出众的，就是聪明孩子；而表现不突出的，则是笨孩子。

在“聪明孩子和笨孩子”的假设中，有两个截然不同又无法回避的问题：一个是在学校中的成绩表现，而另一个则是人类固有的多样化能力。我们经过多年熏陶，已经习惯以固定类别去思考问题了，因此按照我们的意思给孩子归类，贴上标签，再自然不过了。但是标签会迅速变成“自我实现的预言”(self-fulfilling prophecies)。当老师把一名学生归为能力差的一类，并以此对待这个学生，这个学生就会逐步放弃，成绩确实就一直好不起来了。这就是20世纪40年代由社会学家罗伯特·莫顿（Robert Merton）定义的、著名的“自我实现的预言”现象——在20世纪60年代，又以“皮格马利翁效应”(Pygmalion effect)为人所知。当时，心理学家罗伯特·罗森塔尔（Robert Rosenthal）与小学校长勒诺·雅各布森（Lenore Jacobson）把这个观察应用到了学校里。在雅各布森的学校里进行的一系列研究中，他们发现，老师贴的标签影响了孩子的成绩，而孩子的成绩又反过来强化了贴在他们身上的标签。虽然这个研究已经过去了很久，在今天的“高风险测试”的世界里、在学校和学生面对的提高考试成绩的压力之下，这种相互强化的关系的危害性却丝毫没有降低。①

逆转这个自我实现的恶性循环，是许多帮助“放弃学习者”项目成功的关键。这些项目一般以行动学习原则为基础，帮助学习者与自

---

① 参见罗伯特·莫顿所著《社会理论与社会结构》(*Social Theory and Social Structure*, Free Press 出版, 1968 年)，以及罗伯特·罗森塔尔和勒诺·雅各布森所著《教室中的皮格马利翁效应：教师的期望与学生的智能发展》(*Pygmalion in the Classroom: Teacher Expectation and Pupils' Intellectual Development*，Irvington Publishers 出版，1968 年，1992 年)。

然和社区产生联系。其范例之一，是由美国马萨诸塞州格洛斯特的海洋格洛斯特（Maritime Gloucester，从前的名字是“海洋遗产中心”）管理的高中项目。这家中心鼓励学生们参与动手实验的工作——开展海洋生物实验、建造水轮以及太阳能蒸馏器。对于学生而言，这样的学习方式是真实的，而他们从前的课堂学习却不是。因此，放弃转化成参与，学生们倾向于留在学校，而不是选择辍学，而且他们的学习成绩也在提高。这个项目的目标是让学习具有意义。这家中心的辅导员大卫·布朗（David Brown）说：“孩子们初到这里的时候是封闭的。当项目进行到一半的时候，他们就开始敞开自己的内心了，注意力也开始提升了；他们可以去处理一个实际问题，也可以去解决一个书本上的问题了；可以应用自己的知识学会新的能力，并在此过程中自己解决问题。”①

“聪明孩子和笨孩子”的假设在我们的社会中根深蒂固，以致我们很难想象出这个模式以外还有什么其他模式。然而，替代模式其实就在我们的面前：每一个人与生俱来都具有独特的禀赋。任何一个社区是否可以健康运行，取决于它是否有能力开发每一个人的禀赋。当我们怀抱初生婴儿的时候，看到的不是“聪明孩子”或者“笨孩子”，我们看到的是生命自我创造的奇迹。这种意识的丧失，是我们被迫为现行教育系统付出的最大代价。

---

① 这是格洛斯特开展的替代高中项目“指南针项目”的延伸。更多内容，可参见 http://www.gloucestermaritimecenter。另一个案例是“密尔沃基的城市生态中心”，参见 http://www.urbanecologycenter.org。

工业时代关于学校的假设

在工业时代的学校组织机构中，还存在着另一个系列的深层假设，这些假设与学校本身如何组织有关，也与学校如何看待自己的任务、使命有关。就像与学习有关的那些假设一样，这些假设我们也很难看到，并且它们也常常与人们认同的观念背道而驰。我们认为这些假设理所当然——因为我们生命中相当重要的一部分经历，是在工业时代的学校中获得的，大多数教育工作者更是在那里度过自己生命的大部分时光。不仅如此，我们这些并非从事教育工作的人，一般也是在组织原则大体相同的工业时代的机构中工作。

① 学校由维持控制的专家们来运营

像所有其他的工业时代组织一样，一家工业时代的学校把全部工作分割为多个不同的“职位”。工业时代的管理模型把一个系统分割为一个个片段，创造出各个方面的专家，要求每一个人只做自己那一部分工作，并且假设另外还有其他人去把握整个系统的顺利运行。在学校里，有一个人是校长，另一个是教师，还有一个是学监。我们的假设是，大家共同工作显然必须有这样的分工。我们往往看不到有什么迫切需求，需要在这些人之间建立合作关系、建立团队，或者形成共同的责任感。与此相反，我们假设，如果每个人都把自己的工作做好，学校的事自然就会顺理成章、水到渠成。事实上，今天大概已经不存在比教书更为个人化的职业了——教师各自做自己的工作，相互之间几乎完全孤立。

但是，孩子们体验到的是一个高度碎片化、与团队精神刚好相反的系统。这就像棒球队的队员们决定，他们永远都不把球传出去一样，或者像在一个交响乐团里，每一个人都只想表演独奏一样。俄勒冈州科瓦利斯市（Corvallis）的学监吉姆·福特（Jim Ford）说："在学校系统中你可能要做的最重要也是最具挑战的工作之一，就是把教师、管理人员、家长和孩子们分割开的一堵堵墙，统统拆掉——帮助人们看到学校是一个社区，并且意识到这个社区就是这所学校。"

在这个碎片化的系统中，成年人单方面的权威完全掩盖了学生参与领导工作的声音。事实上，学生参与领导本身（比如，"学生委员会"）就是一个超越了成年人允许范围的、自相矛盾的概念。学生在确定教什么、如何教等问题的时候应该有发言权的观点，在多数学校都是令人生厌的话题。正如极为成功的学监莱斯·面谷所说："如果你去问问孩子，他们马上就会告诉你，哪些东西行得通，哪些东西行不通。"但是，管理学校的成年人的权威，通常是不被质疑的。

一位高中校长说："当我反思我的工作，反思自己作为教育工作者的职业生涯的时候，我意识到，控制对于我一直是高于一切的关注点，控制是我们学校系统里方方面面的核心。"在以保持控制为基础的系统中，教师的工作是控制学生，管理人员的工作是控制教师，学区委员会的工作则是保持对于系统的整体控制。

控制观念本身，并非一定会自动导致功能的失常——所有能够延续生命的系统都演化出了控制能力或者保持平衡的能力。问题在于工业时代的控制概念。一个生命系统是自我控制的，而一个机器则是由其操控者来控制的。无须花太大力气，教师、管理人员和学区委员会就会变成操控者，控制这台叫作学校的机器。

此外，无论是什么样的层级控制系统，即使其中的人相当优秀，也有可能出现滥用权力的现象。许多年前，我认识一位六年级的学生，他被指控在一次多选测试中作弊。他是最近转到这所学校的，他的老师羞辱了他——给他判了 F（不及格），还打电话告诉了家长。孩子崩溃了，他说："××的卷子我都没有看！"但是，老师拒绝相信他，因为他看到了孩子头部的动作。当然，除了这个孩子自己之外，实际上没人知道他究竟看到了什么，只不过可以看到他的脸朝着那个方向。但是，老师坚持他对这个孩子的评价。他在结束与孩子家长会面的时候说："你们看，我认为不应该对孩子心存怨恨，如果他认识到以后不应该这样做，我就不会再责怪他了。"

这位教师显然觉得自己相当大度，甚至是宽宏大量，但是，他从没有质疑过自己观察过程中的主观视角。他自己一个人，而不是那个孩子，拥有定义"作弊"的权力。在他看来，这是他的教师的职责的一部分。

那个孩子如今已经长大成人了，对于他来说，这段经历强化了他对于"谁有真正的控制权"的意识，他深刻地感受到自己不被尊重。直到今天，一想到传统学校和老师，他依然会感到愤愤不平。

这位教师的行为虽然有些极端，却是与装配流水线的控制模型完全一致的，就像产品检测员有权决定生产线上的一个产品是否合格一样，这个教师也有单方面判断一个孩子的行为的权力。

② 碎片化是知识的固有特征

以碎片化的专门知识作为控制的基础，似乎是学校组织的一种合乎逻辑的方式，这是因为另一个工业时代的假设——知识本身就是碎片化的，假设知识是从相互分割的学科中产生的。文学、艺术和人文学科与数学是不相干的学科，数学与生物科学、地球科学也是没有什么关系的，而生物科学、地球科学与历史、地质以及心理学又是不搭界的。这样的碎片化世界的视角，让人们很容易忽视一个事实——生活并不完全是这个样子，生活是作为一个整体呈现在我们面前的，挑战性的问题之所以富于挑战，是因为这些问题有多个相互依存的侧面。你还会碰到纯粹的数学问题吗？你还会遇到纯粹的人际关系问题吗？对于问题你只需要给出技术上的答案，然后大家就会自动按要求去做事，这种情况还存在吗？以学术知识理论碎片化的视角，生活中的各种相互依存关系是不可见的。倘若知识就是如此的碎片化，那么在正规教育系统中人越进步，他的知识面就越窄，也就一点儿都不让人意外了。

与知识碎片化的理论截然相反的是看待现实的系统视角——现实本质是由各种关系组成的，而不是由事物组成的。系统视角看到的是事物之间的相互依存关系，但是，让工业时代的学校认识到这样的相互依存关系，非常困难。恰恰相反，学校实际上是在含蓄地告诉学生：生命中至关重要的就是把一个个狭窄科目的知识积累起来。

“教育工作中最不可救药的就是知识的碎片化。”蒂莫西·卢卡斯如是说，“我们拥有如此丰富的培育生命的材料——文学、数学等，而且都还处在发展中。当孩子们刚刚学习的时候，他们能够意识到这些内容的活力。然而，对于他们中的许多人来说，不知从什么时候开始，这些内容就僵化、死亡了。学校也就成了一潭死水，也许只剩下点点星火。这多么可悲啊，难道还有什么比人类文明产生的知识更激动人心的吗？”

③ 学校传播“真理”

我们的教育系统的基础假设中有一种隐含的理论，哲学家们称之为“朴素实在论”(naive realism)。朴素实在主义者认为“所见即是真实”。我们所有人在一生中的大部分时间里，都是朴素实在主义者——这是由于我们的感官收集到的体验材料以无法抗拒的力量呈现在我们面前。因此，我们也就常常把感知当作了绝对事实——就像那位“看到”学生作弊的老师一样。

我们从感官材料迅速跳到对世界的解释，本身并没有问题，这是人类感知的特征之一。然而，如果我们没有意识到这个过程正在发生，问题就出现了。

在工业时代的传统课堂上，老师讲课仿佛是在传播真理，而不是在传播由社会建构出来的观点或诠释。在历史课上，孩子们学习“发生了什么”，而不是一个为世人所接受的、有关“发生了什么”的故事。孩子们学习科学真理，而不是学习可以用于现实世界的种种模型。他们学会用唯一正确的方法去解决某个具体问题，却没有学会如何接受由不同视角观察同一现象所呈现出的复杂性。这样一来，他们对模糊和冲突的宽容度逐步减退，他们的批判性思维能力也难以得到发展。他们无法看到人类知识的模糊性与偶然性，而是逐渐习惯于经过简化的、“政治正确”的知识碎片，并最终在生活的复杂多变之中，感到无所适从，失去方向。

亨伯托·马图拉纳与弗兰西斯科·瓦里拉研究构建了有关认知生物基础的一个开创性理论——圣地亚哥认知理论（Santiago theory of cognition）。这个理论是综合研究生物学与心理学的结晶，它对人类认知的影响可以用一句话概括：“凡曾经说过的，都是由某个人说的。”没有人可以对现实做出判断性陈述，从生物学上根本就不可能做到。这个事实既没有否定科学与历史的有效性，也没有更多地肯定文学和艺术的有效性。但是，它的确需要我们把科学和历史当作社会现象——是由接受了共同标准和常规的各个社区中的人创造出来的，并因此而推进了一种共享的但还没有完备的认识。圣地亚哥理论意味着，独立于现实世界的人类观察并不存在（这样的哲学观点被称为“唯我论”）。简单说就是，人类无法对现实做出绝对的判断陈述。[①]

但这对学校又有什么意义呢？想想那些在学生时代曾经打动过你的老师。他们之所以打动你，不是因为他们知道某个答案，而恰恰是由于他们并不知道答案是什么。他们的好奇心激发了你的灵感，他们的激情点燃了你的想象力的火种。对于你们可能学到什么，老师们兴奋不已，而你也因此爱戴他们，尊重他们的经验。你知道他们花了许多功夫思考讲课的主题内容，因此对他们的想法产生了浓厚的兴趣，但是，他们并没有以一种绝对肯定的方式给你“答案”。他们告诉你“这是当时发生的事”，实际上是在说，“这是对当时发生的事情的一种看法，是思考的起点”。对于他们来说，你提出问题，是把既定的观念与你自己的理解联系起来的合理途径。实际上，他们也有自己的问题，而正是由于这种共同探寻的状态，最终使你们成为平等的伙伴。

与此相反，朴素实在论完全符合同时也微妙地强化了“问题视角”。朴素实在论建立起高高在上、手中握着答案的专家阶层——老师，由此也就把“问题视角”具象化了。由于老师的答案是毋庸置疑的，教师的知识的高贵与学生的低劣，就这样被制度化地建立起来了。

④ 学习主要是个人活动，竞争加速学习

由于我们认为知识是某种由教师拥有、学生应该去学习的事物，所以我们就把知识看作个人所有，也就常常把学习过程看作相应的个人化过程。然而，这种过于简单化的思维方式相当危险。

---

① 参见亨伯托·马图拉纳和弗兰西斯科·瓦里拉所著《知识之树》第 27 页、第 34 页和第 206 页。

想一想走路这个最基本的动作。学习走路看似是最为典型的个人学习过程。但真的如此吗？想想模仿他人在这个过程中的重要性——模仿父母、兄弟姐妹以及其他孩子。实际上，学习走路的真正含义，是加入由走路的人组成的社区之中，同样，精通自然语言就是把我们引入由说话的人构成的社区之中。当我们以这种方式思考的时候，就会发现学习既是一种社会活动，同时也是一种个人活动。

然而，传统课堂关注的几乎完全是个人角度——个人学习者应当熟练掌握课程内容，个人为了测试自己的理解能力而参与考试，个人通过相互竞争的方式来确定他们学得如何。

我不认为竞争在本质上有什么问题。我是一个喜欢竞争的人，也一直都喜欢竞争性运动。我相信如果条件适当，竞争可以强化学习。但我也认为，我们身边的许多现代社会——比如美国，对竞争与合作之间的健康平衡，已经丧失了领悟力。竞争与合作是可以共存的。实际上，在大多数健康的生命系统中，竞争与合作就是共存的。当不同的动物相互争夺同一个食物的时候，大自然展示的是竞争；而当不同的动物群共同狩猎的时候，当一个物种创造条件，帮助另一个物种生存的时候，大自然展示的就是合作。事实上，随着我们对整个生态系统的生死与存亡有了更为深入的理解，处于进化论核心的个体竞争的全部观念，在今天看来不过是 19 世纪一种充满好奇的但过于简单化的思想。盖亚假说（Gaia Hypothesis）共同提出者之一、微生物学家琳恩·马古利斯（Lynn Margulis）写道："生命体的天性，既是嗜血、竞争和食肉的，也是平和、合作和与世无争的。这个星球上最为成功的生命体（也是数量最大的生命体），是那些学会合作共存的生命体。"比如，植物与菌类，动物和细菌，都是在持续演进的共生条件下生存的。

最终，过度竞争的后果对我们产生的影响，超越了输赢本身。我们在内心接受了这样的认识，竞争在任何组织模式下都是基本元素。在企业中，这种认识导致人们在内部竞争与外部竞争上，花费了基本相同的精力。无论处在怎样的环境，我们都感到自己处在一场无穷无尽但必须胜出的争斗之中——至少要避免输给别人。这个局面对于胜者和败者产生了相同的影响，它在我们各种思维与行动的习惯上打下的印记，塑造了我们一生的行为——社会科学家克里斯·阿吉里斯（Chris Argyris）所说的“防守性习惯动作”（defensive routines）。[①] 阿吉里斯的研究描述了为什么在许多工作情境之中，“聪明人就是学不会”：因为他们投入了巨大的精力，去证明“自己知道”，也用来防止被人看作“不知道”——正好证明了阿尔菲·科恩（Alfie Kohn）的名言“由受奖而受惩”。[②]

毫无疑问，今天的教育工作者担心竞争过度，也重视工作中的协同与合作。团队项目变得越来越普遍，在一些学校里，复杂的科目通常都是由两位老师共同承担——他们可以相互强化不同的角度，也可以与不同的学生有更为紧密的互动。迈克尔·富兰在教育的系统变革方面的工作广为人知，而鼓励不同的学校和学校系统之间的协作，共同改进教育成果，正是他的工作的首要基础。“我们尝试让校长们关注其

---

① 参见克里斯·阿吉里斯所著《教聪明人学习》（*Teaching Smart People How to Learn*，哈佛商业评论，5–6 月刊，1991 年）和《错误的建议与管理陷阱：管理者如何了解自己得到的建议的好坏》（*Flawed Advice and the Management Trap: How Managers Can Know When They're Getting Good Advice and When They're Not*，Oxford University Press 出版，2000 年）。

② 阿尔菲·科恩所著《由受奖而受惩：金牌明星、绩效激励方案、A 类、奖励以及其他贿赂带来的困境》（*Punished by Rewards: The Trouble with Gold Stars, Incentive Plans, A's, Praise, and Other Bribes*，Houghton Mifflin 出版，1999 年）。

他学校的成绩，也试着让学监们关注其他学区的成绩”。富兰如是说。[1]

然而，对于竞争这个议题，教育系统在实际做法上依然处于模棱两可的状态。似乎教育工作者们都没有意识到，竞争已经完完全全地设计到学校的系统中了。许多教师哀叹，“学生们太重视分数了”。但是他们完全忽视了一点——在学校学习的整个过程中，学生们一直都在接受这样的“信号”：分数是他们在学校获得成功的要诀，也是他们上大学的关键。

20 世纪 90 年代初期，在“教育质量管理”问题最初引起我的兴趣的时候，我出席了一个由各州学校管理部门负责人参加的会议。爱德华·戴明（W. Edwards Deming）博士是会议的主题演讲人。他在发言的一开始就说：“我们被竞争出卖了。”随后，他介绍了全球领先企业在培养协作与共享责任方面的经验。当他讲完之后，一位来自某个州的负责人说：“戴明博士，显然你不知道我们教育工作者也很重视协作。今天在美国的许多学校的课堂上，都在采用合作学习的做法。另外，我不认为奖励做得优秀的学校有什么问题。”显然，对这位教育系统的领导人来说，协作对于孩子们很要紧；但对于成年人却是另一回事。对老师、学校行政人员，以及学校之间共同协作、形成共同的知识的观点，他似乎并不太看重。

---

① 参见迈克尔·富兰所著《运动领导力：精通变革秘籍》（*Motion Leadership: The Skinny on Becoming Change Savvy*, School Improvement Network 出版，2009 年）和《所有系统都会消失：整体系统改革的变革要点》（*All Systems Go: The Change Imperative for Whole System Reform*, Corwin Press 出版，2010 年）。

超越工业时代模式

在评估这个关键议题上，上述所有工业时代的假设——无论是有关学习者的还是有关学校的，都汇总到了一起：决定了如何评估学校中的成绩表现，也决定了如何评价不同学校的成绩表现。过去几十年里，公共教育领域中的议题没有哪个像评估这样造成如此严重的分歧和争议：一方面是来自外部的强化问责的压力；另一方面则是教育工作者们的担心，老师和学生都在承受的成绩压力带来的负面作用。

再看看历史的进程应该会有帮助——既可以体会我们究竟为什么会沿着这条路，一路走来，也可以开始想象，如何才能走出一条不同以往的路。这样的路可以支持当下最迫切需要的创新——如果我们想要学校具备帮助学生们面对今天世界的挑战的能力。

从需要展开的创新的角度去看，过去 20 年来的考试运动——包括 90 年代这个运动的第一阶段，以及过去 10 年中的“高风险测试”，呈现出来的似乎是工业时代学校的回光返照。

成绩评估一直就是传统学校中各种目标相互矛盾、对立冲突的源头之一。比如，确定学习目标的能力和有效评估自己进步的能力，是终身学习的基石之一，也是在高等教育阶段获得成功的关键。然而，传统学校依靠的是以教师为中心的评估过程：教师是评估的绝对权威，学生的分数和继续学习的能力，都由他们来决定与控制。无论教师本人经验多么丰富、才华多么出众、用意多么良好，矛盾冲突总会存在。如果一个孩子在学校的主要精力放到取悦老师上，那么老师和学生实际上就是在串通一气，改变了以客观的自我评价为基础的能力发展方向——也是基于对自己进步的判断能力的发展方向。结果是孩子成年之后穷其职业生涯不断讨好别人，而没有去做几件自己真正认为有意义的工作。没有哪一位教育工作者会倡导这样的结果，但是这个强调专业细分、重视管控的系统，就在制造这样的结果。

对外部测试的依赖像一个巨大阴影，笼罩着由于担忧成绩表现而引发的种种改善学校的努力。美国学校的成效在历史上曾让美国人引以为豪，但自20世纪80年代起，类似《国家危机》的各种报告，却引来对此的种种质疑。到20世纪90年代，由于企业对教育带来的美国竞争力下降的关注，一场运动逐渐兴起，其结果是引发了一系列由世界大型企业联合会（Conference Board）和企业圆桌论坛（Business Roundtable）等企业机构主办的重要会议。具有讽刺意味的是，许多讨论转到日渐形成势头的“质量运动”中去寻找答案——虽然质量运动所提出的最为流行的建议，与其本身的基本理念是相互矛盾的。

到20世纪90年代中期，一个植根于美国主流企业圈子的新共识开始形成：从根本上逆转学校衰微状况的方式，就是设定目标，确定衡量方式，并且要求教育工作者对达成目标承担责任。结果衡量以标准测试为形式，并开始采取统一模式进行管理——采用跟踪成绩评估的方式，以小学低年级为起点一直到初中。学校在成绩表现上的差异首次对公众公开，这样就对成绩不佳的学校努力缩小差距方面施加了持续压力。

虽然这种方式以质量的名义发起一直到初中，获得了积极的支持，但是其深层的基本管理哲学，却令许多质量运动的先驱们深恶痛绝。爱德华·戴明被许多人尊为质量运动的思想领袖，但他对于任何一种给人评分、评级的管理模式，都予以嘲笑。他说，标准测试的方法就像是“目标管理”——企业用来跟踪目标的一种方式。在戴明看来，目标管理恰恰是美国生产制造业衰败的主要原因。事实上，我曾经在20世纪90年代在纽约召开的一次由各州教育部门负责人参加的主要会议上，听到过戴明做这方面的阐述。但是，这辆火车已经离开了车站——一个不顾一切地要修理好自己破败的学校的国家，找到了一个答案，并有了一批强有力的支持者。

对于卷入各种学校改革活动的许多企业人士来说，这个问题与他们在企业中面临的问题，没什么两样：有些人绩效优秀，有些人则绩效不良。做企业就必须要把那些绩效不良者，也就是不良教师，从这个系统中清除出去。然而，“评级加淘汰”的系统，在企业中几乎从来就没有产生过什么成效——这个问题人们很容易忽视。事实上，在专业工作的环境中，基本上不存在绩效不良者成堆的现象，真正的问题是，获得良好绩效障碍重重，也十分困难。提高教师质量的做法，恰恰不应该是为了对付绩效不良者，制造一种严酷的气氛，而应当是创造一种有益的环境，让教师能够持续学习、不断成长。

随着布什政府推出“不让一个孩子掉队”的项目，考试运动愈演愈烈。“高风险测验”成为新的常态——如果学生不能通过主课的考试，就不能从高中毕业。没过多久，对于报刊上公布出不同学校和不同学区的考试成绩，大家也习以为常了。在许多情况下，考试成绩的确有所改善，但往往伴随着始料不及的副作用。例如，一项跟踪调查表明，2000年从波士顿的公立学校毕业的初中学生中，有65%选择继续下一步的学业。与1985年只有50%的学生继续学业相比，这是相当不错的提高。然而，到2007年，这些2000年毕业的学生中，只有35%的学生真正完成了其后的学业。其余的人显然只获得了文凭，而对于如何应对继续学业的挑战并没有做好准备。①

在这段最近的历史中，有两方面特别值得关注。首先，改革的动力主要来自企业群体。企业的看法很有政治影响力，自从工业时代初期教育机构开始为工厂的职位培训学生以来，一直都是如此。其次，最引人注目的企业声音，并非来自企业中的创新者，而是来自主流派管理人员的观点。他们认为行得通的管理方式与目标管理的思维框架相当吻合。那些持有不同管理观念的人——这些人要么是更加倾向于支持戴明的质量管理观点，要么是更加倾向于面向学习的公司文化，抑或是支持创新和持续改善——在这场有关学校的讨论中没有多少影响。这场讨论说的是成绩，而不是创新。

我认为现在时机已经成熟，应该让创新的声音加入学校改革讨论中。虽然并没有一种简单的方法，可以归纳另一种新的管理思维框架，但它的出发点是：要专注深入理解管理结果产生的实际过程，要专注深入理解持续创新和改进的实际过程，并着重培养实现这个目标的个人与集体能力。目标管理的观点认为，通过结果衡量和激励措施就可以改进现状；而面向学习的观点则认为，激励措施不可能让人们实现他们没有能力成就的目标。目标管理的观点是纯粹自上而下的；而面向学习的观点则认为，虽然整体目标相当关键，但是去实现这些目标的人必须做出真正的承诺投入，也同样关键。目标管理的观点倾向于关注获得更高分数的快速提高；面向学习的观点则关注可能需要更多

---

① 参见安德鲁·萨姆（Andrew Sum）等所著《迈向终点：大学录取和毕业——对波士顿公立学校 2000 级进行的 7 年跟踪调查》（*Getting to the Finish Line: College Enrollment and Graduation, A Seven-Year Longitudinal Study of the Boston Public Schools Class of 2000*, Center for Labor Market Studies, Northeastern University and Boston Private Industry Council 出版，2000 年），见网址：www.bostonpic.org/sites/default/files/resources/BPS%20college%20graduation%20study.pdf。

时间但也更为持久的深层变革——虽然也重视确定阶段性目标，以便衡量进展、制定策略。

显然我有一种偏见，但是在我看来，这种偏见对于学校变革的现状来说恰如其分。那些认为学校应该像公司那样管理的企业人士，常常忽视了学校本身存在许多与企业完全不同的特征。设想一下，假如一家企业在生产某种产品的过程中，收到了几批会导致产品质量下降的有缺陷的零配件。如果被问起在这种情况下企业可能会做什么，企业人士会回答："显然我们会更换供应商。"但是，对于公立学校来说，这可不是一种选择。当破碎的家庭中的孩子来到我们的学校时，他们往往对于学校学习毫无准备，学习能力也存在差距。难道我们应该把他们送回去吗？[①]

这只是企业与教育的现实状况存在的许多根本差异之一，所有这些差异都指向一个相同的结论：我们需要一个能够应对学校现实状况的管理系统——专注于研究和改善支撑人们学习的各种实际进程，并且能持续培养所有参与者的能力，从而既实现短期的绩效改善，也能开展创新和长期的持续提高。

这并非意味着标准测验等各式各样的工具无关紧要。这些工具可以为教育工作者和学生提供有意义的信息，《但应该用来推动进步，而不是用来进行惩罚。尤其重要的是，这些工具本身并不构成变革战略。

要形成一个真正的变革战略，就需要我们更为清晰地思考，明确我们要为教育确立什么样的目标。只有这样我们才会有坚实的基础，去了解我们正在探寻的成果是什么，评估成果的最好方式是什么，

① 有关供应商的观点来自拉里·库班所著《黑板与底线》(*The Blackboard and the Bottom Line*, Harvard University Press 出版，2004 年)。

以及如何向着这个方向前进。我们需要创新，但是我们为什么要创新呢？

创新的条件

尽管今天还存在着许许多多的困难，但是在学校开展基础创新的条件已经成熟。

首先，前所未有的迹象表明，流水线式的学校的观念和流程正在崩溃。学校面临巨大的压力就是其崩溃症状之一，而另一个症状则是贫富分化日益加剧。越来越多负担得起学费的家庭，选择让孩子到私立学校学习——孩子得以在人数较少的课堂上课，也有机会与其他精英同学为伍，老师们对工作条件也更为满意。另外一些人则选择了家庭学习。根据统计，这是中小学教育中发展最快的教育模式，估计到2010年在美国有200万孩子正在采用这种方式学习，特许学校也为创新提供了一些空间。但是，无论是私立学校、家庭学习，还是特许学校，都不可能成为大多数家庭的选择，越来越多的在公立学校读书的孩子，却与社会的最好机会无缘。日益恶化的社会不公平导致的结果之一，就是日益加剧的社会不安定和骚乱。除此之外我认为，所有工业化国家的人们对于教育的忧虑持续升温，其程度在若干年前几乎无法想象。①

其次，工业化时代学校以往赖以生存的许多社会条件，已经不复

---

① 参见布莱恩·D. 雷所著《2010年，美国两百万家庭学习的学生》(*2.04 Million Homeschool Students in the United States in 2010*, National Home Education Research Institute 出版，2011年1月3日)，见网址：www.nheri.org/HomeschoolPopulationReport2010.html。

存在。人口的变化是原因之一。过去，妇女在劳动力市场上没什么其他机会，学校得以吸引来大部分教师，然而今天的妇女有着更多的职业选择机会。更多的问题是，传统学校所依赖的传统家庭和社区结构也不复存在了。在美国，传统的家庭结构是父母双方中一个人工作，另一个人在家照顾孩子，这种结构作为社会习俗在20世纪60~70年代渐渐瓦解。现今，父母双方都工作或是单亲家庭成为社会的常态。传统的父母—孩子—学校关系分崩离析，使得学校如今不得不更多地承担起照顾孩子的角色。父母与老师之间的谈话往往更多地关注如何减轻父母的焦虑，而不是如何帮助孩子在学业上取得进步。在这个环境中，标准化的学科学习，就更加困难了。

由于通信和传媒技术的发展，学校在提供信息方面的垄断地位被剥夺了——这或许同样具有历史意义。100年前，学生们在家中和学校亦步亦趋地接受教育，对于外面的世界知之甚少。今天，任何一个青少年要想认识世界，至少有着与老师和家长同样多的渠道。此外，社交媒体和移动计算机技术给孩子们提供了学校课堂无法比拟的寓学于乐的机会：这样的学习是由学习者自己掌控的，只要学习者准备好随时都可以开始，而且融入了由志趣相投的同龄人连接起来的网络之中。家庭结构的变化使得这些传媒技术尤其具有影响力，因为它们往往填补了家长的空缺，替代了家长的作用。

第三，即便人们对这些深层变化的征兆视而不见，但最简单的事实就是，劳动力市场上，人们不再寻找“产业工人”了。丹尼尔·平克（Daniel Pink）等作者的研究表明，从工作要求上看，推算型任务（algorithmic tasks，按照预先设定路径工作）正在让位于探索型任务（heuristic tasks，在需要试验和创造性思维的环境中有效工作）。麦肯锡公司2005年的一份报告估计，目前的就业增长中的30%来自推算型工作，而 70% 来自探索型工作。与此类似，2008 年，世界大型企业联合会的首席执行官乔纳森·斯佩克特（Jonathan Spector）在美国众议院拨款委员会（House Appropriations Committee ）做证时说，来自一千多位美国企业高管的调查数据强调，学校需要“创造、创新、批判性思考和解决问题的能力”（上述结果汇总在世界大型企业联合会 2006 年出版的报告《他们真的准备好去工作了吗？》中）。①

麻省理工学院前院长戈登·布朗（Gordon Brown）过去经常说，“要想成为一名老师，你就必须要成为一个预言家——因为你的工作是在帮助人们为 30~50 年后的世界做好准备”。通过以老师为中心的指导方式，以记忆为主的学习方式，以及外部强加的管理手段，继续施行工业时代学校教育的理念，我们就是在为一个正在消逝的世界培养学生。

我相信，我们正在看到对于教育基本目标的新共识的萌发。《他们真的准备好去工作了吗？》等研究显示：为满足全球化的知识型工作要求，需要各种新型的非机器时代技能，比如理解复杂问题、协作以及在模糊和不确定条件下完成任务等高阶能力，以及自我激励和面向

---

① 参见丹尼尔·平克所著《驱动力》（*Drive*，Riverhead Books 出版，2009 年），第 29 页，《互动的新革命》（*The Next Revolution in Interaction*，McKinsey Quarterly 4 出版，2005 年）第 25~26 页；乔纳森·斯佩克特所写《为国会内务、环境和相关部门拨款委员会的有关“艺术在创造与创新中的作用”所作书面听证材料》（*Written Testimony to the House Appropriations Subcommittee on Interior, Environment & Related Agencies Hearing on the* “*Role of the Arts in Creativity and Innovation,*” 2008 年 4 月 1 日）；世界大型企业联合会报告《代表工作家庭、21 世纪技能合作项目和人力资源管理学会的企业声音：他们真的准备好去工作了吗？——看待 21 世纪美国新就业员工的基本技能和应用技能的雇主视角》（*Corporate Voices for Working Families, Partnership for 21st Century Skills, and Society for Human Resource Management, Are They Really Ready to Work? Employers' Perspectives on the Basic Knowledge and Applied Skills of New Entrants to the 21st Century U.S. Workforce*，The Conference Board 出版，2006 年）。

社区。虽然这个共识正在形成之中，但我相信它将会成长、发展，特别是有更多的证据表明我们可以在公立学校实现这些目标。

诚然，转变工业时代学校的挑战的确令人生畏，尤其是考虑到其种种深层假设依然符合大多数人和大多数组织的思维模式。但是，这样的反应漏掉了一个关键问题。这里的挑战不在于搞出一套简单的“修理”措施。事实上，机器时代的“修理”理念本身就是问题的一部分。许多研究学校改革的历史学家，从西摩·萨拉森到戴安·拉维奇再到戴维·特亚克和拉里·库班都发现，正是那些出于良好意愿的“修理”措施，使问题变得更糟。学校系统并非因“崩溃”而“急需修复”，学校是经受重重压力的社会组织，急需进化。①

同样，我们也并不需要答案——从某种意义上说是一张勾画所有学校未来的蓝图，实际上，这正是我们不需要的。恰恰相反，我们需要持续增加、深化对学校面对的深层问题的本质的认知，需要具备开展多个方面、多种思维视角尝试的意愿。研究表明，创造了新产业的基础创新往往涉及多种新技术的组合。比如商业化航空业的诞生，就涉及 19 世纪初期在飞机设计与技术方面的许多创新——从发动机到副翼，20 世纪 40 年代的喷气式发动机和雷达的发展也是其诞生的必要条件。制度的创新与技术创新类似，只有当许多“创新成分”条件具备、汇合到一起，创造出可以支持广泛应用的一系列新的想法和途径时，制度创新通常才会发生。通过本书的学习人们会发现，许多这样的创新已经成熟。

① 参见西摩·萨拉森所著《学校改革中可预见的失败》（*Predictable Failure of School Reform*，Jossey-Bass 出版，1990 年），戴安·拉维奇所著《充满烦恼的改革：1945–1980 年的美国教育》（*The Troubled Crusade: American Education 1945–1980*，Basic Books 出版，1983 年），戴维·特亚克和拉里·库班所著《修修补补的乌托邦：公立学校改革百年》（*Tinkering Toward Utopia: A Century of Public School Reform*，Harvard University Press 出版，1995 年）。

但究竟如何才能引发多种创新的融合，带来新的、整体的深层变革呢？我认为答案存在于一个新的、引领性的比喻之中。就像“机器”这个比喻，把创造工业时代学校的思维模式塑造成形，而对“生命系统”逐渐成形的认知将引导对未来的思考。

学校是一个生命系统

过去一百年间，我们看待周围世界的科学观念正在发生一场革命，也就是“系统革命”。这场革命的特点是对生命系统进行研究与理解，并进而解释纯粹机械观点无法理解的行为。系统革命发端于物理学，进而逐步延伸到生物学领域。工程学，尤其是对于动态反馈系统的理解，也是系统革命的来源之一。目前，这场革命正逐渐渗透到认知科学和社会科学领域。然而，这个革命的过程还处于初始阶段。（虽然系统观念在 1990 年左右便开始萌芽，但是还要经过相当长的时间，科学世界观的根本转变才会对社会产生影响。支持这种世界观的人们已经学会要有耐心。）

那么，这种革命性的“生命系统”观念究竟是什么呢？首先，这种观念主张现实世界的基本特征是关联与关系，而不是物体。以牛顿思想为中心的文化告诉我们，世界是由物质组成的。牛顿所说的原子，就像是微小的台球，相互碰撞，转移能量。然而，过去一百年的科学却告诉我们：各种物质中 99% 是虚空！即便剩下的 1%，也并非质子和原子之类的“非常微小的物质”，而只是实体性质在亚原子空间中表达的某种可能性。

从人的尺度来考虑，我们称之为身体的这个“物体”，实际上远非呈现在我们面前的“物质”。发明家巴克敏斯特·富勒常常会举起他的手问："这是什么？"

几乎所有人都回答说："是一只手。"

他则会说："不是。它是一个'模式化的一体结构'，它是可以产生出许多只手的那种能力，是持续将自己表达为一只手的关系结构。"

富勒想要强调的，是今天的生物学家所说的"生命自创系统"，也就是生命的自我生产的特征。随着旧的细胞死亡，新的细胞诞生，我们的双手持续不断地更新自己。手的细胞全部更新需要几个月，但是我们每天都会得到一个全新的胰腺，整个身体更新则需要几年的时间。从这个角度来说，你的身体并不"拥有"手或者脚，或者是身体的任何一个部分，而只是拥有持续地生产这些部分的能力。对于我们这些习惯于认为"我们就是我们的身体"的人来说，这是一个令人震惊的事实陈述。但是，这就是生命系统的本质。身体更像是一条河流，新的物质不断流过，并且持续地组织起来，就像河的两岸，引导着水从中流过。种子并没有长成一棵棵大树，只不过是组织了一棵棵大树的创造过程。①

在对生命系统的全新的、革命性的认识进程中，一些科学家还认为，生命系统的独有特征，是自发的自我组织（当期的行为和结构不能根据此前的行为和结构进行预测）和自发的认知——给其所处的环境"赋予意义"的能力。虽然关于生命系统的新科学尚处于婴儿阶段，但是我们正在清楚地认识到，我们一直把自己周围的大部分都当作毫无生命的物体——树木、植物，以及像学校这样的社会系统，是因为我们对生命的种种本质特性了解得不够深入。生命系统不是由"物体"

---

① 菲杰弗·卡普拉《生命之网：生命系统的科学认识》（*The Web of Life: A New Scientific Understanding of Living Systems*，Anchor Books 出版，1996 年）以及马古利斯和萨根所著《生命是什么？》。

组成，生命没有“物性”。正相反，“物体”本身是生命系统的结果，是从由种种关系组成的基本现实存在中产生的。

因而，一个生命系统具备创造自我的能力。这就展现出生命系统和机器的一个根本区别：生命系统是自我制造的，而机器是被制造的。

我们以这种方式对生命系统了解得越多，对工业时代的固有心智形态的认识就越明了。生命系统与机器完全不同，生命系统持续生长、持续进化，不断形成各种新的关系，并且具备存在与再创造的内在目标。尽管生命系统在某些方面与机器有些类似——具有重复性行为，对其未来发展也可以施加外部影响，但是生命系统不可预测，也不可以控制。况且，是生命系统创造了机器——从鸟类和其他哺乳动物使用的简单工具，一直到我们拥有的最复杂的技术，都是如此。从某种意义上说，生命系统的视角涵盖了机器的视角，而不是与之对立。当相对论逐步为人们接受的时候，有人说，“爱因斯坦把牛顿的苹果树移植到了一个更大的盆子里了”。描述生命系统时代和机器时代的相对关系，也可以借用这句话。问题不在于机器时代的思维本身，而在于那种透过机器时代的有色眼镜看待一切事物的不良习惯。

生命系统学校的一种愿景

如果基于对生命系统的重要性的认知，而不是按照机器的方式来组织学校，会怎么样呢？实际上，本书的内容就是要探讨这个问题。让我们以一些思考作为开始。

首先，如果学习的内容，被看作一种有生命的、持续变化的存在，而不是一成不变、必须死记硬背的事实，学习过程就会变得生机勃勃。以生物这个科目为例，具有讽刺意味的是，这个研究生命的科目对于大多数学生来说，既毫无生气又枯燥乏味。我在与大儿子聊天的时候曾经吃惊地发现，他在20世纪90年代要学习的高中生物课程的内容，竟然跟我多年前学过的完全一样：诸如细胞壁和细胞核、内质和外质，以及血液细胞和肌肉纤维，等等——大量需要死记硬背的相互完全脱节的知识点。然而，当学习者的起点是了解一个有生命的细胞如何展开功能，怎样自我创造，如何同环境相互作用，从而达到有益于自身持续展开的动态过程的内部平衡，生物学就变成全然不同的另一种学问了。

其次，是不是可以让学习者通过电脑模拟自己去发现这些知识——创造细胞，开展实验，看看这些细胞在不同的环境下如何生存、如何自我调整适应，而不是把这些观念当作科学数据死记硬背。他们接下来就可以探索癌症的自然特征了。从某种程度上来说，癌症不过是一种无法控制的细胞分裂——有丝分裂无法停止。能不能让学生自己在模拟程序中创造出各种不同的条件，使这些细胞周围的组织无法给出正常情况下的限制分裂的信号呢？不知不觉中，学生们发现了细胞的不同生命状态，发现了生命系统的原形。如果请你思考和对比一下机器思维的学习模式和生命系统学习模式，你认为哪一种更吸引人，哪种更富有成效呢？

人文学科的学习也可以完全不同。许多年前，我曾经见过一位女教师，她在位于土桑南部的一个贫困社区的高中里教英国文学。当时，她必须要给一群西班牙裔和美国印第安人裔的孩子讲莎士比亚，而这些孩子只想知道明天是否还有饭吃。工业时代的学习模式把哈姆雷特的故事变成了一个一成不变的东西——必须要记住的一堆人物名字和故事线。然而，在另一所学校教授科学课的她的男朋友，当时正在使用类似模拟细胞工作的计算机仿真模型。因此，她就决定要为哈姆雷特制作一个仿真模型。这个模型要顺着哈姆雷特的愤怒和仇恨的发展路线，让国王和王后对他产生误解，直至导致最终的悲剧结果。

突然间，哈姆雷特复活了。孩子们提出来各种各样的问题，比如："如果波洛尼厄斯没有藏到帘子后面，会发生什么？如果哈姆雷特没有杀死他呢，又会发生什么呢？如果哈姆雷特做了别的什么事，又会发生什么呢？"一张静态的图画变成了一幅活生生的挂毯，上面的人物相互交织在一起——是因为学习者把自己的假设性问题翻译到仿真实验中，与哈姆雷特展开互动，才使得这些人物变得活灵活现、栩栩如生。

我永远不会忘记，在这个故事发生两年之后，我与其中一些孩子坐到了一起，听一名叫拉斐尔的男孩讲他的经历。拉斐尔是一位西班牙裔学生，在他巧遇这位老师的哈姆雷特课之前，一直在考虑是不是要退学。我请他告诉我，那个哈姆雷特计算机仿真模型对他意味着什么。他说："我的头脑'砰'的一下打开了。"他与学校重新建立了联系，他的成绩提高了，所以他就毕业了。他还发现自己爱好音乐，当我们聊到如何才能让自己在音乐上有所成就的时候，他情不自禁地开始与其他的孩子一起画起系统因果图来——用来讨论他的音乐！

显然，把学习的对象看作活生生的经验去学，会有极大的不同。这样一类教育过程是建立在以下基础之上的：

- 学习以学习者为中心，而不是以教师为中心。
- 鼓励多样化，而不是强调一致性——接受各种各样的智力形态和多样化的学习风格。

• 了解一个相互依存、不断变化的世界，而不是死记硬背、努力获得正确答案。

与此类似，如果我们把学校当作一个生命系统而不是各种机器，我们就会：

• 对参与教育过程的所有人“采用的理论”，不断进行反思。

• 持续探索如何将多样化的学术科目融入孩子和成年人的有意义的学习经验中。

• 把学校的参与者——教师、学生和家长，看作一个社区，并且着手将教育与连接朋友、家庭和各种组织机构的社会关系重新融合起来，建设健康的社区。

当我们把一个学校当作一个生命系统，并存在于其中时，我们就会发现这个系统总是在演进。我们通过提出各种问题，参与这个系统的演进。比如，“为什么这个系统是这个样子？为什么有这些规定？这些规定如何帮助我们实现目标，是否妨碍我们实现目标？这个做法的目的是什么？”我们不再勉强接受那些试图安抚我们、让我们无能为力的解释，比如：“那些有权力的人就是这么决定的。”因为我们自己就是系统的一部分，我们自然而然就会进行更为深入的探询，去发现我们自己的假设和习惯行为是如何创造了今天仍在运转的系统。持续的探询成为学生、教师、家长和管理人员的一种生活方式。

前面确定的那些假设可以提供一个起点。目前，这些假设还是框架性的，还不够具体。在不同的情境之下，每一个假设的影响都是不同的。然而，真正重要的是所有相关的人都去思考、一起去探讨——这些假设以及其他假设在自己的学校的具体条件下如何产生作用，也就可以看到自己的创新能量究竟应该集中到哪里。只有这样，生命系统的学校的观念才会真正获得生命。

这个探询过程的目标不是批评，而是学习——为了形成人人参与学习的学校环境。我记得几年前曾经遇见过一个相当有创新力的学校的校长，我问她如何定义自己的工作。她回答说："我的工作是创造一种环境，让老师们得以持续学习。"她认为，那些专注于自己的学习过程的老师，自然就能够为学生创造出一个更好的学习环境。

第三，逐步地让孩子的生活（而不是教室）重新成为他们学习的中心，学校得以重新建立其作为一个社会机构的地位。这样的学校的案例有很多，它们往往吸引周边社区的参与，人们也就因此把自己看作学校的一部分。比如：俄勒冈州的克雷斯韦尔中学（Creswell Middle School）召集月度"孩子日"活动已经有多年。在这个活动举办的日子，学校正式关闭，以便学生、教育工作者和社区成员可以聚拢在一起开展非正式的对话，并共同观察这个自发形成，事实上使得这所学校成为可能的社会网络。

"我的对话小组中有几个人，我当时并不喜欢。"一个学生后来回忆说，"我并不是讨厌他们，但我也不觉得他们和我有什么关系。后来我们就开始聊天，他们分享了自己的观点，我也就听到了他们的想法。现在，每当我在大厅里经过这群人的时候，我就没有理由认为他们讨厌我了。这场对话至少给了学校里每个帮派中的人一个想法：或许这个家伙并没那么不同，所以我们应该给他一点儿尊重。"

当学习过程真正是以学生的生活和学习为中心，"学校"的边界就对更大的社区开放了，教育也因此成为一个社会过程，而不是一个机械过程。在新墨西哥州的一个学校里，学校与社区联系的建立，源自一个简单而又大胆的课程规划的创新。在10年级，学生可以申报他们想从社区中的某个人那里学习的一件事，然后在社区中找到能够教自己的导师，并把这件事并入自己的课堂学习。题目可以是挂毯或者是桌面出版以及烹饪——完全由学生决定（学校也有一个简单的筛选过程，对导师进行评估）。这样做不仅让学生负责自己的学习，而且把学习的地点放到了他们居住的社区，久而久之，一个由成年导师组成、与学校形成紧密联系的网络就逐渐形成了。

从社区中吸引老师和学习者，也可以对学校的内部产生影响。比如，一所学校找到一种别出心裁的方法，帮助四年级学生学习分数（一个常见的问题）。学校让学生们到学校的餐厅里工作几天，当他们必须根据需要调整菜谱配料的成分的时候，分数在突然之间就变得非常实用了——那些年轻的厨师就变成了他们的老师。

另一所学校则邀请了一个名为“水基金”的组织，帮助应对学校不同小帮派之间的暴力行为——这是一个许多学校都比较头疼的问题。这家基金会制作了一段广为流传的录像，片子中表现的是三个六岁的孩子，正在一起讨论一张自己画的系统图，用来理解他们自己为什么会在游乐场上打架。他们围坐在一张图书馆桌周围，讨论“难听话”和“感情受伤”如何相互强化，以及“我们可以干涉这个系统的不同方法”。一个孩子说：“我们试过说‘对不起’，但还是无法解决问题。”然后他就开始描述，如果下一次他们发现自己又掉进了那个“循环的陷阱”，他们可以去尝试的几件事。他们对于另一种不同状态的探求，展现出“生活就是学习”的一个美好案例。在最近的一次会议上，其中一个现在已经七岁的孩子报告说，“我们现在是最好的朋友”。[1]

多年以来，我听到过许多类似的故事，这些故事告诉我们一个重要的教训。我相信，大多数成年人心中有一种深深的渴望，希望与孩子的生活产生更多的联系。成年人从孩子们的生活中分裂出去，是我们的社会迷失方向的原因之一。即使我们本身不是父母，也不是教育工作者，也不能抛开孩子，把他们交给一批职业精英。人类与孩子的生命有着与生俱来的深层联系。对孩子的关爱深深植入我们心中，它是我们的生物学遗产之一。

学校更像是一棵树的生命有机体，而不是一个汽车配件；教育的社会进程更类似于一个社区，而不是一个工厂。这样的重新思考似乎有些理想主义，甚至脱离实际。但是值得注意的是，在我们大部分的集体历史中，学校一直就是这个样子。人类社会教育自己的年轻人已有数万年的历史，远远早于工业时代的学校。丹尼尔·奎因（Daniel Quinn）在他的小说《我的以实玛利》中，这样描述典型的部落教育体系——

“年轻人在十三或者十四岁的时候，就从他们的孩提时代‘毕业’了。到了这个年纪，在自己的社区中以成年人的身份发挥作用所需的一切，他们基本上都已经学会了。事实上，他们学会的东西是如此之多，如果社区中的其他人在一夜之间消失，他们也能轻而易举地生存下去。他们知道如何制作打猎和捕鱼用的工具，他们也知道如何为自己搭建遮风挡雨的住所，知道如何为自己织布裁衣。”他们学会所有这一切，并不需要学校，而只是简单地做了所有孩子都去做的事：他们

① 参见 T. A. 班森（T.A. Benson）所著《一年级学生的解决问题能力》（*First Grade Problem-Solving*，The Waters Foundation 出版，2011 年），见网址：www.watersfoundation.org/index.cfm?fuseaction=whatsnew.website:first-grade problem-solving。

观察社区成员，并且花时间和他们想去学本事的那些人在一起。从部落系统中“毕业”总会经历一个“成年仪式”，在仪式上人们不仅要接受部落传统和习俗的传承，更要学会忍受苦难和自己独立面对挑战。在这个毕业仪式之后，他们受到欢迎，进入成年人的社区，大家也期待他们做出贡献。当我们今天看着高中里的学生奋力挣扎、寻找自己的“社区贡献者”的位置，但却没有这样正式的仪式帮助的时候，我们就应该想起这个成年仪式。①

当然，生活不会倒退，我们也不会回到部落生活中去。但是，任何一个存在了几万年的教育方式还是需要认真对待的——我们要努力去了解它是如何运作的。如果我们仔细观察就会看到，这种方式呈现出几个现在似乎已经熟悉的特征：孩子是持续地学习的，学习是在生活的日复一日的情境中发生的，而且承载着学习的组织是与社会运行融合在一起的。

学习是顺应自然规律的，表现的是所有生命对发展成长的探索。学习也许会被误导，也可能会遇到阻碍，但是谁也无法阻止它的发生。我们时代教育的核心任务，是推进组织机构与实践的进化，使之协助而并非替代自然的学习过程。

谁将引领变革

最后要说一说，为什么学校看起来如此难以改变，而产生变革的最重要的动力来源又可能在哪里。与几乎所有其他当代组织不同的是，

① 有关部落学校学习的描述请见丹尼尔·奎因所著《我的以实玛利》（*My Ishmael*, Bantam 出版，1997 年），第 126 页和第 129 页。有关部落仪式的部分观点来自路易斯·范德梅韦（Louis van der Merwe）的谈话。

工业时代的学校有一个结构性盲点。这个盲点之所以出现，是因为实际上能够反思整个系统的运行状况的唯一的“人”，对这个系统却没有发言权，而且通常也没有权力提供有意义的、可能引导变革的反馈。这个“人”就是学生。

学生是看到全貌的那个人，感受着整个环境：教室里的每一堂课，游乐场上和街道上的挑战，家里的所有焦虑，以及媒体中相互冲突的信息和观点。孩子们知道什么时候作业量太多，什么时候作业量太少；他们也知道什么时候压力过大，什么时候对他们的尊重太少。但是，他们在系统中没有权力，也没有地位，他们的观点不受重视。毕竟，他们只是孩子——处在这个由成年人运作，据说是为了他们的利益的系统之中。

要想看清这一切有多么愚蠢，可以做一个假想——我们要一家公司的员工执行这样的一项规定：在任何情况下都不许和客户说话。这家公司大概不久就会关门大吉了。如果要说有什么区别，那就是压制学生的声音会产生更大的制约。与被动地购买公司产品的客户不同，学生是学校成果的共同制造者，没有学生参与，就没有学习。

我由此开始相信，学生是给学校带来深刻、持久的进化过程的真正希望。他们富于激情，想要让学校生机勃勃。他们与未来联系的方式，成年人完全不具备——从许多方面来说，对于外部更大的世界及其种种挑战，他们有着更多的联系。他们所拥有的想象力和看待事物的方式，还没有经过正规教育过程的改造。更重要的是，他们迫切渴望参与其中，对于自身所处的环境承担更多的责任。

这并非意味着学校的变革所需的一切只是学生领导力，但是也的确意味着，如果没有学生的领导作用，学校变革的希望渺茫。我们这些人已经在这个教育系统中度过了一生。我们就是鱼，生活在工业时代的种种假设汇聚成的池塘里。年轻人更加敏锐地意识到，我们的世界在进化过程中正迅速远离那些假设。更为重要的是，由于年轻人还只是这个系统的“新手”，因此他们自己就能够看出——也能帮我们看清，那些不言而喻的规则和假设。

我们并不需要事先准备好所有答案。但是，我们需要具备作为社区的能力，去安排新思想和新实践的轻重缓急，并把变革坚持下去。我们需要来自所有年龄层、各行各业的领袖，愿意共同走向我们开始想象的那个未来。后工业时代的教育要求人们意识到，在未来的几十年中，人类将会以不同的方式居住在一起——否则他们都不会生活富足，而年轻人对于未来的变化，往往比成年人具有更加深刻、敏锐的洞察力。

第2章

新时代教育者的五项修炼入门

1. 创造组织学习和优质教育的环境

你是这样一位教师吗——总是疲于奔命，忙于应付各种各样出乎意料的问题？或许，你是一名学校的管理人员，但是不是总感到事情做得不尽如人意？如果你是一位家长，当你看到孩子成绩单上的分数的时候，是不是总觉得十分无助？而如果你是个学生，是不是感到学校与你的世界、你的生活以及你的目标，都没有什么联系？

开展学习的修炼可以为这类问题提供一种解答，更重要的是，其解答的方式是你在日常实践中积累的点滴改变。随着你持之以恒地思考自己面对的种种问题，随着你在工作中总能有所不同，你就逐渐建立起了实现自己想要达成的目标的能力。为了使这个过程简单易行，这些学习的修炼包括各种工具和技术：一系列可以自然而然地引发新的能力的指导方法。（巴克敏斯特·富勒过去常讲，如果你想要教会别人用一种新的方式思考，千万不要直接去教他这种思考方式，恰恰相反，要给大家一个工具，使用这样的工具，自然就会引出新的思考方式。)

许多教育工作者对于帮助学生学习的各种工具与技术相当熟悉。授课的技艺通常就是围绕着工具和技术建立起来的，其最初形态就是数以千计的教学规定和教学计划，这些是由任课老师制订出来的，并与他人共享的。本书中学习的修炼是一系列同样有用的工具和技术，它们的开发和不断完善，使人们得以在团队和组织层面展开学习。

如果你感到茫然，不知道该从哪里入手读这本书，就可以从这部分开始。这里没有简单的“秘诀”，因为每个人的需求不尽相同。但是，《知行学校》这本书的所有内容都基于一个共同的基础理念架构，而其起点就是这一部分。在这里我们将列出五项修炼的各种工具及其背后的理论和原则。

深层学习环路

作为教育工作者和关心学校的人，对于学习过程中可能产生的个人影响，我们有着强烈的感受。我们或许还能记起自己生活中的学习体验——学会读书、学会开车、学会演奏一样乐器、学会一种新的运动，以及学会熟练掌握自己从事的工作，等等。实际上，许多人发生的转变——往往还是深层转变，都是由于经历了高强度的学习过程。这并非仅仅因为它会让人感到自豪、快乐，或者是情感上深受触动。这是一个在人们内心中发生而往往又不可见的过程，随着时间的推移，它会让人更容易以新的方式采取行动。

你通常可以通过一个新的工具或者技术，启动这个过程。比如，你可以使用“冰山模型”，或者使用类似“海岸捕鱼”等面向系统思考的模拟程序，对影响学校的某一个问题进行更为细致的观察，比如，一个具体的以大欺小的问题，或者某一个与学习效果有关的问题，也可能是一个与如何管理学校操场边上的树木有关的问题，等等。随着这些工具的不断使用，你就会获得新的技能和能力，比如，对于一个看似并不相干的各种现象之间的因果关系问题，你就能够进行描述和解释。这会影响你的认识和感知：你开始以一种不同以往的方式，看到问题的种种表现。随着时间的推移，随着你越来越公开地探讨这些问题，新的观念和假设都会开始形成。过去看似合理的解决方案不再可行，过去似乎不切实际的想法，却呈现出真实的可能性，这又会进一步帮助你提升自己的技能和能力。

下图中所示的系统，构成了建立学习型组织实践的核心要素。位于底层的右上方的图是“深层学习环路”(deep learning cycle)，是指存在于个人内心、体现在组织文化之中的相互关联的变革能力。当新的技能和能力（比如，进行有成效的谈话的技能，或者是系统思考的技能)、新的认知和感知（比如，意识到我们自己的热望、当下的现状以及各种心智模式）以及新的态度与信念（比如，有关这个世界的价值和假设）构成相互强化的关系，学习就会发生。

“深层学习环路”中发生的变化，影响深远，甚至是不可逆转的，但这样的变化却不容易发生。这就是为什么要有图的左下角所示的“行动区域”——虽则不易持久，但更为具体、实在。通过明确地表达指导思想（并召集会议对其进行讨论)，在基础设施中展开创新，以及经常进行新方法和新技能的实践（以有关构建人的能力的一系列深层理论为基础)，无论哪个层级的团队和领导人都可以采取行动。

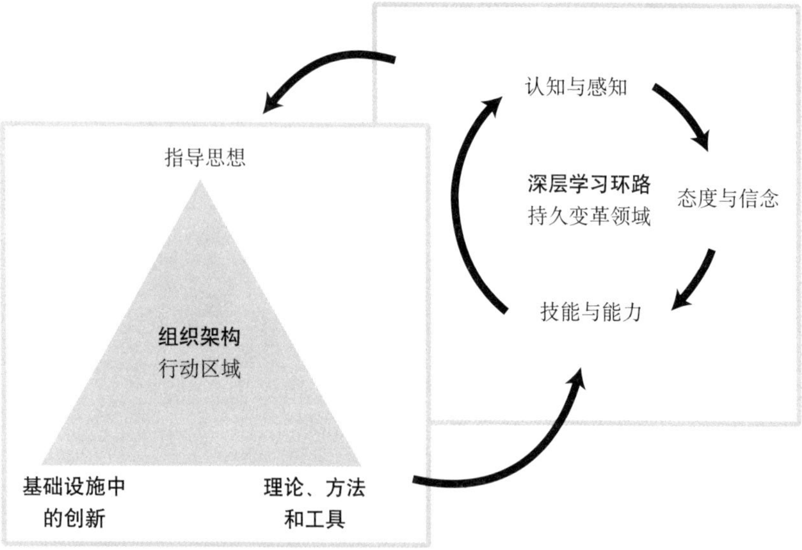

行动的关键注意力是放在下面的三角形上的，但可持续的变革的核心却是处在“环路”之中的。它们彼此持续相互强化——事实上，当其中的每个元素各自增加强度、提高质量的时候，都是在相互强化。（在本书后面的部分中谈到的“系统思考”中，这种关系被称为“正反馈环路”。）

因此，随着你清醒地意识到自己无法单独解决这个复杂问题时，你可能会增加与其他人共同反思的时间，一起探讨那些催生了今天学校现状的深层假设与行为模式。反过来，这些探讨又会进一步让大家更清楚地看到你们集体行为的种种表现。比如，你们也许可以看到：有些人在谈话中持续陷入一种角色，难以自拔——要么就是一再提出他们的反对意见，直到其他人要他们停下来；要么就是突然打断对困难问题的讨论，虽然其他所有人都准备继续谈下去。认知和感知提高到一个新的层级，就会使你发现改善谈话的机会——有时候可能只是一句评论：“我想刚才有人提到的那个观点，我们似乎忽视了……”

这同时也可能会调整你对于人性的看法，或许你心中存着这样一个假设：许多学生（或者是家长、老师以及管理人员）确实不大容易“对付”。因此，在与他们谈话的过程中，你实际上从来就没有听见他们说的话，而是听到了他们在你的内心中触发的反应。但是，当你的认知提升之后，你对于人的态度和信念就会发生改变。现在你可能就会认识到，那些学生并非不好对付，而只是原本有些腼腆，需要有人帮助他们打开自己，另外，也有可能他们觉得自己与学校里的教育工作者没有什么密切的联系。

这些新的态度和信念，反过来又会使你更容易与其他人展开反思谈话，而这又会帮助你形成更深一层的认知，并引出形成新认知的更大机会。“深层学习环路”，也就是在你内心之中的学习环路，会由此形成自己的动力。

当然，启动深层学习环路相当困难，它涉及的思考与互动的基础性新方法的各种技能，需要多年实践才有机会掌握——问一问研习武术或者乐器的人，就可以对此有所了解。我们对于周围的世界形成新的感知和认识，是长期成长和变革的副产品。深层的观念和假设也并非电灯，可以随意开关。

因此，我们需要建设一个共享的环境，而设计这个环境的目标就是要让变革可以毫不费力、自然而然地发生。这与建造学校大楼没有什么不同——是要形成一个促进学习的地方，但我们组建起来的并非是一个具体的建筑，而是在整个系统中促进学习的组织元素。

组织学习的三个元素

我们认为，有三个组织的基本元素，如果加以应用，就可以启动“深层学习环路”。

• **指导思想**：是经过深思熟虑之后，清晰明了地表达出来的深刻主张，为组织变革提供哲学与思想基础（类似美国宪法中体现的自由与法制的观念）。无论是学校还是社区的领导人，明确表述学校未来的发展方向，都会产生巨大的杠杆作用。后面我们还要探讨一些指导思想，学校的领导人可以逐步将其开发出来，激励人们共同行动。

• **基础设施中的创新**：恰如社区或建筑中存在着实体的基础设施（道路、通道、桥梁、人行道以及能源网络等），组织中也存在着业已成形的一系列常规、习惯，在确定组织行为方面有着类似的影响力。这其中有规定明确的信息流转与沟通渠道，包括使权力和问责机构得以建立的决策权和工作汇报机制的安排；也有诸如工作安排、税务政策、工资以及许多根深蒂固的关系和规矩。所有这些都可以通过创新重新设计，用以引发更为有效的学习。比如，改善"服务日"设计，给了教师更大的自主权，以及通过建立专业化的学习社区让教师们从相互指导中获益，这都是基础设施方面的创新。[①]

• **理论、工具和方法**：在有关适应性领导力（adaptive leadership）的著作中，罗纳德·海费茨（Ronald Heifetz）采用了俯视舞池的看台的比喻：我们多数人的大部分时间都花在应付日常的紧急情况或者完成任务的"舞步"之中。但是，海费茨认为，那些最富有才华的领导人，能够（似乎是轻而易举地）从舞步中后退一步，观察其模式和互动关系——仿佛他们是从看台上向下观察似的。我们并非真的要爬到"看台"上去，但是我们通过反

① 见罗纳德·海费茨《领导力：没有简单答案》(*Leadership Without Easy Answers*, Harvard University Press 出版，1994 年)，第 253 页。

复实践可以获得那样的视角——特别是在相互信任的同事的帮助之下，使用探询和其他技巧，把我们的思想推向进一步的深化。而当我们再回到“舞池”的时候，我们退一步思考所花的时间，会使我们更加成功，更加喜爱自己的工作，也使我们不再疲于奔命。[①]

为了帮助人们开发并形成这样的视角，我们所依赖的是以理论为基础的工具和方法。五项学习修炼的可靠性，来自作为其支柱的许多精深研究，包括团队互动关系的研究、系统研究，以及对创造过程的研究。其起源至少可追溯到一百年前。

团队与“三脚凳”

我们中的大多数人，或迟或早都曾有过成为“优秀团队”的成员的经历，它也许与运动有联系，或者与艺术表演有关，也可能是和我们的工作或者学习中的某个场景联系在一起。无论是什么样的环境，我们可能都还记得那种人们之间的信任关系、相互接受的态度以及协同共融的状态，记得我们所实现的成果，但我们常常也会忘记，“优秀团队”在起步时“基本上都不优秀”。在开始的时候，它们通常根本就不是一个团队，而往往只是一群个体，需要花些时间，才能学会像一个团队那样整体工作，就像要获得走路和骑自行车的知识需要时间一样。也就是说，“优秀团队”是处于持续学习状态的组织——由个人组成的小组，随着时间的推移，不断强化他们的能力，创造他们在自己生命中真正渴望的东西。

人们往往把教育看成是个人努力的过程。老师们走进教室，关上

① 有关“深层学习环路”的理念及其与五项学习修炼的关系，在《第五项修炼·实践篇》中有更为详尽的探讨。

门，独自上课，而学生则应该独立自主地展示他们的能力，否则就会被当作“作弊”。然而，在由互联网和社会化媒体驱动的世界里，学生在课堂上经常把自己的手提电脑连接到脸书上。教师的协作在过去40年中也已经成为教育实践的主要趋势，教育这个职业的心智模式早就应该改变了。学习的修炼涉及的是由人组成的团队，大家在教室里、学校中和社区内通过集体行动推进改善，在这种情况下，与人们各自单独行动相比，这个群体更加强大，而不是更为薄弱。

对于个人，尤其是团队来说，五项学习的修炼帮助人们开发技能可以简单分为三个基础类型，我们有时候用一把“凳子的三条腿”来描述它们。

• 表达个人与集体的热望（articulating individual and collective aspirations）：这项能力使你着眼于自己真正关心的方向，也使“你想要”而不是“你需要”成为变革的原因。所有各项学习修炼，都可以帮助你开发和形成这些能力，但自我超越和建立共享愿景两项尤为如此。

• 认知和管理复杂现象（recognizing and managing complexity）：这项能力是有关如何看到更大的系统和系统中相互作用的种种力量——特别是当问题复杂而又混乱的时候，这项能力也包括如何形成描述这些相互依赖关系的公开的、可以反复验证的方式。系统思考的修炼对开发和形成这方面的能力至关重要，与心智模式的修炼共同进行则尤其如此。

- 反思性思考（reflective thinking）和生成性对话（generative conversation）：这项能力涉及通过沉思、探讨和深度会谈，提升对于自己的深层假设和行为模式的认识——既是个人的，也是集体的。开发进行有意义的谈话的能力，可能意味着改变日常谈话的节奏和语调。许多人已经习惯于在听清他人的观点之前，就开始准备自己的回答——与这样的人谈话，就像是在打一种奇怪的网球，每一个人在接到对方的球之前，就“挥臂击球”。相形之下，一场生成性的对话自然地把人们引向对自己的思想（以及其他所有人）的反思。在进行心智模式和团队学习的修炼中，这项技能最容易生成。

这三个方面的能力——表达热望、认知与管理复杂性，以及生成性谈话，如果相互结合起来，就会更具效力。我们的经验表明，精通了其中一种修炼，就会强化其他方面的技能。也正因如此，我们采用了“三脚凳”的形象描述——如果想要获得整体效果，“一个脚”都不能少。

2. 自我超越

一个五岁的男孩子，在上幼儿园的第一天问他的老师：“我什么时候学习读书呀？”

老师有点儿心不在焉地答道（因为有许多事要做）：“哦，要等到明年了，等到上一年级的时候。”

孩子什么都没有说，但是，大概一个小时以后老师才发现，孩子在没人注意的时候，悄悄地溜了出去。他走出了这间教室，一直走回家（幸好他家离幼儿园只有几个街区）。他跑到了大吃一惊的母亲面前说："我明年再去吧，等到他们准备好教我读书的时候。"[①]

这类故事表现出来的，是人们心中的热望与学习之间存在着密切关系。如果不是学习者自身兴趣和好奇的激发，学习就不可能持久地进行下去。

自我超越是一组练习，用来支撑孩子和成年人培养对自己周围的现实状况的清醒意识，同时又保持自己的梦想。梦想与现实的差距造成的张力，是一种强大的力量，可以帮助人们把自己周围的现实推向自己的梦想。

自我超越的练习是针对个人的，一般通过独自反思进行，像所有其他修炼一样，自我超越是终身修炼。你的个人愿景与现实状况随着你的人生的展开而发生变化——长大成人、从学校毕业、建立各种关系、开始建立家庭、找到职业发展方向、买第一套住房、选择生活的地点和方式、创造自己的家庭生活、设计退休生活，等等，所有这一切都涉及选择，也都创造出了新的选择的机会。

学校以及其他组织在这项修炼中起着关键的作用：要创造环境，让人们有时间去反思自己的愿景；要尽最大可能在组织中建立"求真"的承诺；在其他人（包括孩子）应该要什么，以及应该如何看待世界方面，要避免预先确定（显性的或者隐性的）立场。

当教育界人士开始学习五项修炼的时候，往往由于能帮助孩子们实现自我超越而着迷。这或许是因为这个方面的需求极为明显。学

---

① 我们第一次听到这个故事，是从印第安纳大学荣誉教授伦纳德·布雷洛(Leonard Burrello) 那里。

校里到处都是没有目标、认为读书无用的孩子，为了填补由此产生的空虚，学生们问自己："老师要的是什么呢？我怎样才能让老师高兴呢？"年级再高一些的学生还会问："我必须做什么，才能得到我想要的成绩呢？"与此同时，老师们往往放弃了自己对未来的热望，把自己调整到按学校管理层的指令办事的状态。由于学校教育的工业化模型进一步强化了这种倾向，学习的火花很快就熄灭了。但是，如果关注自我超越并潜心努力，这项修炼就可以帮助人们重新点燃学习的热情。

精 通

英语"mastery"（精通）源自梵文词根"mah"，意思是"更加伟大"。在拉丁文和古英语中，这个词的意思是"主宰"（"I am your master"——"我是你的主人"）。然而，在中世纪的法文中，这个词演变出了一个变体——maître，意思是"技艺精湛的人"，也就是一种技能的主宰者。

在"自我超越"这项修炼中的 mastery，是指"技艺精湛"的意思。它不仅指产生结果的能力，而且包含了"精通"产生结果的基本原理的能力。

愿景、现状与承诺

在学校里的大多数环境中，个人热望无法自然流露出来，必须要悉心培养。培养个人的热望——既有自己的也包括别人的，是这项修炼的中心。这项修炼中的许多有价值的概念，都是由作曲家兼教育家罗伯特·弗里茨（Robert Fritz）开发出来并加以规范化的。针对如何为个人生活确定“创造性导向”，他设计了一个由三个阶段组成的过程。

首先，你要清晰表达一个个体的愿景：是一幅十分明了的图景，表达出你希望在自己的生活中创造出来的梦想——“这就是我想要去的地方”，描述得越丰富越好。

第二步，你要把注意力集中到看清当下的现实，包括在你的愿景中远未实现的那部分——“这就是我的当下，这就是我们作为一个组织的当下。”

“我想要去的地方”与“我的当下”之间的差距，自然而然地会产生一种张力——弗里茨称之为“结构性”张力（在《第五项修炼》系列丛书中则称为“创造性”张力）。张力的自然倾向就是寻求释放。这就像有一根橡皮筋，一头是你的愿景，另一头是你当下的现实，橡皮筋被拉开的时候，随着它回到正常状态，它也会把愿景和当下的现实拉到一起。这不是一个纯粹在意识层面发生的过程，但也并非完全是直觉过程，这个过程将意识和直觉融合到了一起。通过培养在自己心中同时保持自己的愿景和当下的现实的能力，你就把自己调整到了从现状走向愿景的状态之中。对于以往可能错失的机会，你现在有所察觉了；你与那些正向同一个方向前进的其他人，形成了伙伴关系；你了解要冷静客观地看待种种挑战，也学会如何寻找更好的方法克服挑战。

为了强化所有这些状态，自我超越的修炼列出了第三个步骤：对于创造出最希望达成的结果，做出自觉的承诺。有些人用“这就是我要采取的行动”来表达这个意思。然而，更为有效的说法是：“这就是我做出的选择。”你也许永远也不可能认识到你的愿景的所有具体细节，但是由于你保持着愿景，就会意识到某种力量。拥有非同凡响的愿景的人们，实现了非同凡响的成就的故事数不胜数，其结果恰恰与他们原来的设想不一样。正如弗里茨所说：“关键不在于愿景是什么，而在于愿景起了什么作用。”①

我们的经验是，当人们相信某一个特定的愿景或者结果是重要的，当他们可以清楚地看到他们必须改变自己的生活才能实现这个结果，同时他们又对实现这个结果做出了承诺时，他们就会真正地感受到难以遏制的驱动力。他们不仅在意识层面也在潜意识层面，接受了自己的愿景，这样就使他们的行为产生了变化。他们对于自己和世界，更有耐心，对于周边发生的一切也更为关注。所有这一切产生了一种可持续的能量和热情，并由此产生了实际的成果，而后，这些成果又反过来使能量和热情进一步提升。其结果是，随着他们持续修炼这种思考方式，他们感到自己的功力日渐强大，自信心日渐提升，最终，创造性张力牵引着他们的人生一直向前。

对于学校中的许多人来说，愿景和现状之间的差异巨大，需要相当一段时间才能消除。同时，愿景与现状之间的张力让人感到陌生（而且有时也令人不快），弗里茨将随之产生的感受称为“情感张力”：你觉得自己毫无价值或者无能为力，无法实现自己最深层的热望。在

---

① 自我超越的创造性张力，用有一根橡皮筋的图来表示。随着你不断推敲自己的愿景，并且逐渐获得对当下现实的更为清晰的认知，这两者之间的张力逐步增加。就像一个橡皮筋要寻求平衡一样，这个系统也会自然收缩，释放这个张力——橡皮筋的一头会向另一头自然运动。如果你能将愿景保持在高位，将张力保持在拉紧状态，即便你的愿景与当下现实之间的差距让你感到危险、感到不舒服，这时候现实也会向你的愿景移动。

这种情况下，你可能会选择通过最方便、最迅速的方式减少差距，从而减轻这些情感，也就是渐渐放弃自己的目标。你没有去寻求实现自己的真正渴望，而是说服自己相信：只能退而求其次，因为永远不可能实现你想要的成果。另一种可能性是，你感到必须要等到一切变得更加糟糕时，你就会强迫自己站起来，走向自己的愿景。还有一种情况是，你决定全凭自己的意志力冲破所有障碍，无论代价有多么大。这些应对策略感觉上是对的，但它们无法以可持续的方式，让你接近自己的梦想。

“情感张力”在组织层面上也会对领导人产生影响。你没有把握住自己学校的完整愿景（“是每一个孩子都学习的地方”），而是换一种稍稍软化似乎更为实际的方式表达（“是让自我激励的孩子可以学习的地方”）。用这种方法，至少不会让你和你的同事冒失败的风险。另一种情况是，你可能决定不采取任何行动，直到情况变得令人无法忍受，因为只有一场危机才能触发变革。也许你会选择朝着“挑战目标”推进，对于这种努力要让你的同事、学生和你自己付出多大代价毫不在乎。

那么，一个人究竟应该如何才能有效地应对“情感张力”呢——不是否认其存在，而是尝试着将它认识得更加清楚，并且理解为什么它会成为现状的一部分。要做到这一点，只有当你愿意生活在持续学习的状态之中，才行得通——你永远无法达到终点，但你时刻了然。就如一句中国俗语所说：旅途即收获。

与孩子们一起培育自我超越

“情感张力”和降低愿景很容易就会对孩子们产生影响，他们也许相信长辈们说的话——他们永远不可能获得他们真正想要的东西。然而，他们与“创造性张力”也很合拍：他们了解如何把自己的注意力集中到实现自己期望的目标上。这也就是为什么帮助孩子学习如何进行自我超越的修炼，对于父母和学校来说，都可能是带给孩子的最有意义的礼物之一。

实际上，如果你经常和孩子打交道，你就总是在进行自我超越的修炼——无论你是否对此有所察觉，你在一天中，成为这些孩子进行自我超越修炼的教练。

这样的教练过程始于你看待孩子们的方式。对于他们的潜力，你是持开放心态吗？你是否看到，无论他们被何种条件所限，无论他们家庭背景如何，也无论他们面临的是什么样的障碍，他们都可以实现自己的梦想呢？你自己是否可以树立一个自我超越的典型呢？你是否可以做出示范——与自己进行那种反思性的谈话，在其中梦想你希望的未来，而后再清楚地看看你周围的世界，最后接受创造自己选择的未来的使命呢？孩子们和学生们看到成年人这样做，很有可能也会学习这样去做。

不幸的是，大多数学校并没有足够的类似案例可以提供。学校领导人倾向于对自己面临的压力做出被动反应，而不是主动走向学校的愿景。学习成绩、以大欺小、预算危机以及暴力活动等，每一个新问题，都必须马上做出反应，基本上没有时间去考虑学校的未来需要什么，更不要说学校中的不同个体需要什么了。

然而，学校在自我超越修炼中起着关键作用：要创造环境，让人们有时间去反思自己的愿景；要尽最大可能在组织中建立“求真”的承诺；对于其他人（包括孩子们）应该要什么，以及应该如何看待世界方面，要避免预先确定（显性的或者隐性的）立场。

比如，被广泛采用的常规教师评估框架的创作者夏洛特·丹尼尔森

(Charlotte Danielson）坚持认为，上级管理人员不应该把一个评估框架当作一个行为检查表，这样就会把评估变成一个“抓到就罚”的过程。也就是说，当组织目标与教师自己的热望不一致的时候，教育工作者应该避免采用评估的方式。上级管理人员的工作，不是抓住那些没有达成预先制定的刻板衡量指标的人。①

上级管理人员可以不做“警察”，而是花时间与老师们探讨愿景、现状与选择：“你希望在这门课中实现什么目标呢？你喜欢要讲的课吗？上一节课进行得如何？你要采取哪些行动，让这堂课在下次上课时有所改善？我是否可以成为你的资源，更好地帮助你实现你的梦想？”

这种方式会产生连锁反应，引发出一连串的决定，并有可能上升到学区层次：老师可以获得哪些发展培训课程？可以参加哪些会议？有些学区通过开发教师可以相互学习“教师教练”项目，来培养这类沟通方式。另一些学区建立读书小组，其中有关梦想的阅读材料是老师们自己发现、确定的。还有一些学校围绕有意义的谈话，重塑其监督流程——让被监督者不再是被甄别的对象，而是把这个过程看作创造希望的未来的另一个机会。

引出个人愿景

这个练习以非正式的形式开始。你先为自己的热望，写下几条想法（你在自己的生活的所有方面希望创造出来的那些事）——无须让其

① 参见夏洛特·丹尼尔森所著《强化职业实践：一个授课的框架》(*Enhancing Professional Practice: A Framework for Teaching*, Association for Supervision and Curriculum Development 出版，2007 年)。

他人看到这些想法。这里没有“最恰当”的表达方式，也不涉及可以衡量的输赢。游戏的状态、创作的状态、兴高采烈的状态，都会帮助你明确自己的热望，想象你回到了童年，那时候你或许问过自己：“我将来想成为什么样的人，想经历什么生活，长大要做什么？”

选一个安静的、可以放松的、私密的地方坐下来，要有舒服的家具，但不要有刺眼的光或是其他让你分心的视觉干扰。给自己留出一段时间来做这个修习——要在你自己不太忙的时候，至少要有一个小时的时间。其间，不要接电话，关掉电脑，还要谢绝访客。

① 愿景的第一轮表达[①]

首先把自己带入反思的心智状态。做几次深呼吸，随着呼气，释放自己所有的紧张情绪，这样你就会感到放松、舒适和心神集中。如果有帮助的话，可以从回忆有意义的图景和记忆开始——你最喜欢的自然景色，你与某位重要人物的会面，一个动物的形象，以及任何一个你感到特别有意义的事情发生的时刻。把眼睛闭上一会儿，试着与那个图景待在一起，然后，睁开眼睛，开始进行下一步。

想象你实现了一生中最想获得的成果。为了这个修习，假设你想要获得任何结果都是可能的——即便现在你全然不知如何去实现。不需要一定直接与教育、学校或者孩子有关，它可以是学会了你希望学习的某个技能，可以是改善了某种不尽如人意的关系，或者是得到了你非常想要得到的某个东西，也可以与你的课堂、你的学校，以及你的社区有直接联系。

① 目的：确定你的个人愿景——你最想要在生命中得到的结果，以及你想要成为的那个人。对于教育工作者、家长、学生，以及任何一个人来说，围绕着你身为教师和学习者的目的，与希望有关的种种深藏在心底的梦想，都可能通过这个修习展示出来。

想象你自己已经完全接受了你的生命中出现了这样的结果，把你想象的经历用笔写下来（或者画图描述出来），语气要好像是这件事正在发生一样。

- 这个情景是什么样子？
- 你对这个情景是什么感受？
- 你会用哪些词语描述这个情景？

你对于这些问题的回答，在某种程度上取决于你在学校这个复杂系统中的角色。如果你是一位家长，你想要的可能是你的孩子毕业时成绩优异，而且是个好人，也可能仅仅是今年可以学会阅读。如果你是一名教师，你想要的可能是编制出一套超棒的课程规划，其中不仅包括智能的培养，也包括运动、音乐、艺术和社会技能的熏陶；但也可能仅仅是上好一堂课，体悟学习的快乐。如果你是管理人员，你可能希望成为这个学区中的佼佼者，但也可能只是担心如何达到州政府的要求。如果你是一位社区成员，你可能会关注如何吸引新的家长进入，这样地产价格就会持续上升。然而，作为一名学生，想要并且学会一个学生想要学会的东西——无论是阅读、高台跳水、组装东西、演奏音乐、交朋友，或者就是做好自己。[①]

所以，在回答这些问题的时候，以你觉得恰当的方式就可以，然后，稍稍停一下，重新考虑一下你的回答。你表达的愿景是不是与你真正想要的足够接近呢？

也许你会觉得这个修习很难做，情感张力可能会以多种形式体现。你可能会担心，你的愿景不太现实，它无法实现，它与别人（家长、

① 这个修习的基础是《第五项修炼·实践篇》中的“描绘个人愿景”，其部分改编自“愿景升级”和“选择的力量”两个练习。

上级或者配偶）所希望的不一致。你可能担心，愿景可能会带来混乱，你害怕会像某些教师那样，做完这个修习之后，辞去教职，做了护林员，或者像某些管理人员那样，发现自己还是想要回去做教师，于是接受降薪的待遇，回到了课堂上。

所有这些担心或许都有道理，但在眼下暂时先把它们放到一边，至少让你有足够的时间，更清楚地认识到自己最深层的希望是什么。这是你在表达自己的愿景，没有任何其他人会听到。这个修习也不会让你失控，只会强化你的认知。然而，我们还是要建议你，在进行这项修习的时候，要确定好自己的界限。如果某个内容让你感到心慌意乱，就不要再关注它。同时，你对某些事感到不安，其本身或许就是可能的学习线索，以后，你也许会回到这件事上——这完全由你自行决定。

② 增添环境、扩展范围

当你表达了你自己的个人愿景的一个元素之后，现在就可以加上其他的内容了。把你对以下问题的回答记下来，还是用当前的语气来描述，仿佛你期望的未来，已经实现了（这样想象起来会容易些）。

- 在你理想的未来之中，你已经成为自己希望成为的那样的人，你会具备哪些品格？
- 你拥有哪些物质条件？描述你理想的生活场景。
- 你在健康、身材、运动，以及其他与自己身体有关的方面，取得了哪些成果呢？
- 你与朋友、家庭、浪漫伴侣及其他人之间，是哪种形态的关系呢？
- 你理想中的专业或者职业环境是什么呢？如果你正在教书，

你是处在什么样的环境之中呢？如果你不在教书，那你在做什么，在哪里做呢？

• 对于教师：在你最期望的未来之中，你是什么样的教师呢？你的学生如何看待你呢？你的努力会产生什么样的影响呢？你对于你的工作、你的学生和你的课程规划有哪些个人目标呢？你与其他教师以及管理人员如何互动呢？

• 对于家长：在你理想的未来之中，你的孩子是如何实现自己的梦想的呢？当你把孩子们送到学校，他们的经历是什么呢？你作为一个家长的角色是什么呢？在维持家境方面，你做得优秀吗？你是一个行为模范吗？你是不是积极观察、指导并且帮助孩子完成作业呢？或者你在其中所起的是哪些其他的作用呢？随着孩子的年龄增长，你做家长的行为风格发生了哪些变化呢？随着他们的成长，你看到了哪些变化呢？

• 对于管理人员：在你最期望的未来，你与其他教育工作者如何互动呢？你如何管理其他教育工作者呢？你所参与的课程规划是什么，其品质如何呢？你协同其他人一起，为这所学校创造出了什么样的风气、氛围和结构呢？你是什么样的领导人，你与什么样的领导人一起工作呢？

• 对于学生：你现在有能力做什么了？你学会什么了？人们如何认识你呢？你要到哪里去呢？你和什么样的人在一起呢？你成了什么样的人呢？

• 对于每一个人：在个人学习、旅行、读书及其他活动中，你在为自己打造什么样的局面呢？你生活在什么样的社区及社会之中呢？在你生活的其他方面，还有哪些内容，代表你最期望的结果呢？

③ 推敲你的愿景

如果你与多数人相似，你描绘出来的图景就会是一种混合状态：既有无我的成分，也有以自我为中心的成分。人们有时会问：如果我想要的是身上挂满钻石，或者是拥有豪华跑车，可以吗？当然可以——如果这些东西是你真正想要的。但是，你需要问一问自己，你是不是真的想要这些东西，还是这些东西代表了某些其他的、更为深层的欲望。这一部分修习的目的，就是做更深层的探询：在这些愿景中，有哪些最接近你最根本的欲望，哪些是你最想要的？

重新审视你的个人愿景清单，对于其中的每一项，问自己下面这两个问题：

- 先问自己，如果你现在就可以拥有这个愿景，你会接受吗？

你的愿景中的一些部分，可能经不起这个问题的推敲。其中另一些虽然可以通过，但需要一定的条件："对，我想要这个，但只是在某种条件之下。"你将会意识到，还有一些则是你真正最想要的。

比如，如果你是一位教师或者家长，你写下的愿景可能是想要拥有自己的学校。但是，如果真的有人给了你一所学校，管理学校所带来的所有责任，会让你的生活变得更加糟糕。在想象自己拥有一所学校之后，你还会想接受吗？也许你会修改一下你的愿望："我想有机会实验新的教学和学习方法，我想处于一种我认为可以与管理人员自在相处的结构之中。"要做到这一点，你就不一定需要自己的学校。

- 然后再问，假设你现在已经拥有了你的愿景，它会给你带来什么呢？

这个问题，让你进入你的愿景中更丰富的图景中去，让你更加清楚地看到你的愿景的深层内涵。比如，你写下来的是想要一辆跑车。为什么你会要一辆跑车呢？它可以让你创造出来什么呢？“我就是想要跑车，”你也许会说，“想要那种自由的感觉。”但是，你为什么需要自由的感觉呢？

这样做的目的并非要贬低你的愿景——想要跑车不是问题，而是要扩展你的愿景。如果自由的感觉对于你的确重要，那么还有哪些其他方式，可以帮助你创造这种感觉呢？而如果自由感觉的重要性在于它会给你带来其他的东西，那么更深一层的动机又是什么呢？

洞察你自己愿景的方方面面，需要花时间。这有点儿像一层层地剥洋葱，其不同之处在于每剥下的一层，都很重要。每进行一层，你都要再次问自己：如果我拥有了这个东西，我会接受吗？而如果我拥有了它，它会给我带来什么呢？

如果与一位彼此信任的伙伴或者教练进行这个修习，就会特别有效。两人轮流引导对方回答这些问题，温和地彼此提醒进一步深入：“如果你可以拥有这个东西，你会接受吗？它会给你带来什么？”我们发现，这个练习往往会引导大家体会到一种相互尊重甚至彼此相亲的感受——这也许是聆听到他人最深层的期望之后的自然而然的副产品吧。[①]

看到当下的现实

自我超越的修炼并不止步于愿景。仔细观察并且清晰地看到当下的现实可能会相当困难，但有许多方法可以用来作为起点。

① 实践证明，本书中的一些内容对于看到当下现实特别有益。比如，《把评估作为学习》《高中游戏规则》《预先存在的不确定性》。

当下的现状包括你生活中的每一个方面，但作为本书的读者，你或许尤其要考虑一下这些方面：你周围的社区的状况；你的学校的情况；你的课堂的环境；这些系统中学习的质量；其中的孩子们的家庭条件和背景特征；目前正在经历的组织变革的程度；人们遇到的种种挑战（或者阻力）以及变革的质量；成绩下滑和退学学生的数量以及解释其现状的可观察的原因；你可以获得的资源；你的感受是孤立的，还是他人也有同感；针对你自己和其他人的指责有多少；你自己的能力以及你作为教师、管理者、家长、学生或者社区成员的担忧；社区对于学校的支持。①

选择的过程

自我超越的修炼要我们做出选择。对于你将要坚持的结果和行动做出选择，是一个意义深远的行动。尤其是当你的选择是真诚的，并且将成为你的自我超越的努力的一部分，这样的选择往往会激励和强化你在其后采取的行动。

你不需要专门修习怎样选择。进行选择的时候，采用任何方式都

① 自我超越的修习来自罗伯特·弗里茨对于创造过程的研究，在其所著《最少阻力之路》（*The Path of Least Resistance*, Fwcett-Columbine 出版，1989 年）一书中有详尽叙述。现代团队动态研究的创始人库尔特·卢因（Kurt Lewin）也描述了创造性张力的概念，参见阿特·克莱纳所著《异端年代》，第 30~32 页。作为这项修炼的其他指导思想则可追溯到古代。管理问题作家菲利普·莫维斯（Philip Mirvis）认为，在这个领域做出过贡献的应当包括卡尔·罗杰斯（Carl Rogers）、琼·皮亚杰（Jean Piaget）、亚伯拉罕·马斯洛（Abraham Maslow）以及米尔顿·埃里克森（Milton Erickson）等心理学家的工作，也应包括管理问题作家弗兰克·巴伦（Frank Barron）、杰伊·奥格尔维（Jay Ogilvy）、罗伯特·奎因（Robert Quinn）、蒂姆·加尔韦（Tim Gallwey）、简·洛文杰（Jane Loevinger）以及威廉·托伯特（William Torbert）的著作。

可以，进行什么样的仪式都没有关系，只要适合你自己就好。你可以面对团队做出选择，也可以面对另一个人，甚至可以是一面镜子。这个过程可以很简单——回去看看你在笔记上写下的那些愿景，认真挑选出已经做好准备的那些愿景；然后，正式地对自己说："我选择……"，并完成这句话。做出了这个选择，愿景就会成为你的一部分，无论这个愿景将把你引向哪里。

即便愿景的内容本身是完全相同的，做出选择也要比说"我想要……"强有力得多。任何一个改变人生的选择——不论是婚姻，还是决定把一个孩子带到人世，或者是一份新工作，以及一个个人愿景的选择，都会引发出一种责任感。你变成了你所选择的愿景的仆人：在实现这个愿景的过程中，你是合作伙伴。

当你自觉做出一个选择，你与你所遇到的各种机遇之间，就会在各个层面上更加协同、配合。你会更加愿意承担风险，对于这些风险也会有更为明确的判断，你则由此而以更加坚定的信念，接近你的愿景。

当你逐渐接近你所选择的愿景——既作为一个个体，也作为学校、社区，或者组织的成员，自我超越的修炼会持续推动你提高对自己的要求。你不断扩展和深化你的愿景，也就在进一步挑战自我。

3. 共同愿景

培养对共同目的的承诺

这是九月里学校开学的第一天，送孩子去幼儿园的几位家长有点儿犹豫不决，不知道该从哪一扇门把自己的孩子领进去。高中生们已经成熟了，他们正在展示自己的新衣服，或者是在炫耀自己暑期打工挣钱买的汽车。一位刚踏上工作岗位的新教师心情紧张地在检查教案，一位资深的管理人员则在想："再过两年，我就可以退休了。"

这个秋季学期有三位新成员加入校区委员会。一位代表某个有宗教背景的社区，另一位则是那些有专业人士背景的父母推举出来的，还有一位则代表了这个地区的传统人群，但他们的子女大多早已离开父母独立生活了。本地商会正在准备赞助一次学校的"开放日"，届时会有上百位家长莅临学校——对于自己的孩子，他们各有各的侧重点，也各有各的目标。

正如我们在自我超越的修炼中所见，所有这些人都有各自的梦想——如果没有，思考一下，也就有了，所有这些人对自己的梦想也都有自己的表达方式。共同愿景的修炼是这样一组工具和技能，其作用是将各式各样的目标、五花八门的叙述，融合、协同起来。在这些梦想之间，其实已经有了一个重要的共同元素：它们都是与某个具体的学校或学区联系在一起的。这些人目前还不了解，在他们之间，还有哪些要点是他们共享的。但是如果参与学校决策的人们缺乏一个共同愿景的指导方针，大家就会在压力之下选择权宜之计和固有做法，结果是谁都得不到自己想要的东西。

在建立共同愿景的过程中，你要引导（或者参与）一个团队共同努力，形成"我们想要共同创造的未来"的图景，还要形成实现愿景过程中最重要的价值观、我们希望在过程中达成的阶段性目标，以及我们期望遵循的原则与采用的指导性做法。这一般会是一个正式过程，在这个过程中，大家要对学校的未来做出承诺，并且要定期召开会议，共同规划出发展的路径。[①]

并非所有的愿景都会产生同样程度的影响。激发出学校系统中深层使命感的那些愿景，在孕育梦想方面具有不同寻常的力量。这类愿景实际上是请大家持续更新他们对学校中的“人”做出的承诺，特别是他们对学生做出的承诺。多数教育工作者在职业生涯之初，对于教书与学习都有坚定的承诺，但随着时间的推移，这种承诺就容易蜕化。一种服从感逐渐代替了承诺——那种做一个合乎规矩的“好兵”的意识，或者是那种看在工资或奖金的分儿上听从指挥调度的感受。服从本身并不是坏习惯，各种组织的运行，取决于多数人的活动要满足各自工作的种种要求。但不要忘记，一个优秀的学校系统（或者任何一个优秀组织）是一个生命系统，人们对于一个共同的愿景投入自己的思考、感情，对于这个共同愿景做出承诺，才使得这个生命系统获得活力和能量。

人们或许会认为，“愿景”只是最高领导人的工作。在学校里，“愿景”的工作通常会落到学监、校长或者是学区委员会的头上；如果是一个课堂，其责任就要由老师来承担。但是仅仅基于权威的愿景是不可持续的。这样的愿景或许可以带领一所学校或者一个学校系统渡过一场危机——“学监要我们携起手来，共同渡过这场预算危机”。但是一旦危机过去，人们之间的凝聚力就溃散了，大家又回到千差万别的希望和梦想之中。大家永远不会认识到，如果他们为自己的学校、课

---

① 玛格丽特·J. 惠特利（Margaret J.Wheatley）写道，“我们要逐步相信，由价值观和愿景构成的一个清晰核心固然简单，但如果通过深度会谈使其保持动态，就可以带来组织秩序”。价值观和愿景为组织提供了“轮廓”，而在这个环境之中，组织的成员必须获得创造的极大自由，参见玛格丽特·J. 惠特利所著《领导力与新科学》（*Leadership and the New Science*，Berrett-Koehler 出版，1992 年，第 147 页）。

堂以及社区创造出一个共享的愿景，可能会取得什么样的成就。

如果一个愿景不具备持久力、不具备可以延续多年的持续演进的生命力，就不能够推动人们持续不断地展开行动—学习—反思的循环，就不是共同愿景。这又进一步要求制定共同愿景的沟通策略——共同愿景有其通过人际接触进行传播的特有方式。学校系统要凭借非正式网络，将多种形态的社区连接起来，也就是人们在其中可以自由自在讨论的沟通渠道，比如：家常晚餐会议、参与式活动以及其他非正式聚会。电邮、互联网电话、脸书以及其他社会化媒体，也可以支撑这样的协同合作。然而，虽然互联网在今天比以往任何其他的沟通工具都更具价值，但是作为社区的成员，在讨论我们真正关注的事情的时候，往往还是需要面对面进行。

共同愿景通常被认为是组织层面上的事，适用于学校或学校系统。然而，在课堂上和社区中，共同愿景也发挥着重要作用。在课堂上分享经历、展开对话，就会营造出一种气氛，让每个学生都关注每个个体的成功，而不是把学习上的成就当作一种“零和游戏”——某个人的成就，就是其他人的失败。共同获奖的愿景可以让一组学生取得比每个人独自学习好得多的成绩——包括其中的传统意义上的“胜者”。与此类似，在建立共同愿景上投入时间和精力的社区，就更有机会从学校和其他机构中获得最大收益，也更有可能超越阻碍进步的纷争和既得利益。

在所有情境下——无论是课堂，还是学校和社区，共同愿景产生最大效果的条件，是要包含自我超越修炼中的创造性张力的三个组成部分：一幅当下现实情况的清晰图画，一个关于预期结果的清晰阐述（“我们希望共同创造”），以及对于如何展开工作所进行的共同选择。

在学校里建立共同愿景

形成共同愿景的各种不同策略应当是逐步发展起来的。作为一个生命系统的外部干预行为，共同愿景的形成过程的各个阶段都要有助于系统中的每一个人的领导力的形成：既包括处在学校等级系统顶层的那些人（他们必须要召集和培育生成性谈话），也要包括所有其他参与者（他们的承诺对于这个愿景的实现起着关键作用）。

第一步首先是客观分析你的起点。每所学校都处在共同愿景形成的五种可能状态中的某一种状态之下，在下图中，这些状态按照发展的不同阶段排列。组织状态越靠近左面，这个组织就越依赖一位强有力的领导人，他要“告诉”每一个人，组织的共同愿景应该是什么；组织的状态越靠近右边，这个组织作为一个整体就必须拥有更强的领导力，以及方向把控和学习的能力；当组织处于所谓“共同创造”的阶段，积极参与和协同的程度就会达到最高，在这种状态下，学监或者校长的角色更多的是“一个强大的过程召集人”，而不再是“那个拥有答案的人”。①

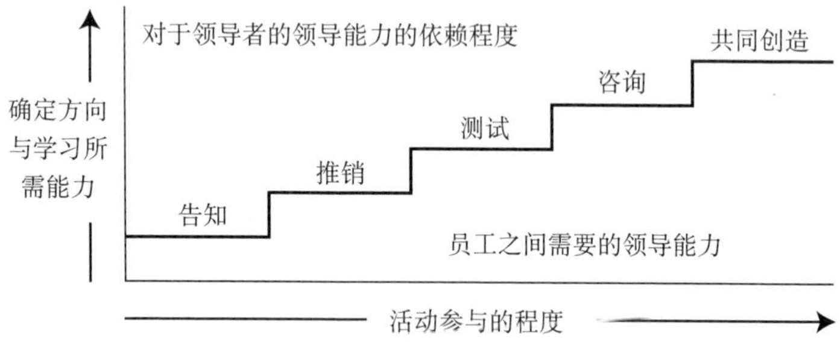

① 这个阶段性描述源自《第五项修炼·实践篇》中的《建立共同愿景》（“Building Shared Vision”）。这个阶段描述图及其中的观点受到罗伯特·坦嫩鲍姆（Robert Tannenbaum）与沃伦·施密特（Warren Schmidt）所著《如何选择领导力模式》（*Harvard Business Review*, 3 月 /4 月刊，1958 年）的影响，里克·罗斯（Rick Ross）也对这篇文章的概念框架有所影响。

第一阶段：“指令”

我们所谓的教育在很大程度上与“指令”（Telling）有关：安排作业的时候不能让人质询，制定日程安排和行为准则的时候不需要其他人参与意见，源源不断的规程把学习简化为指令——“如果你需要获得附加分，请完成第 12、13 和 14 题。”教师得到的指令也大致如此：“如果完成了教学大纲中第 1 到 30 项，你就可以达到大纲要求。”简而言之，“指令”是一种权力驱动的处理方式，在其过程中，指示清楚明白，并且必须执行。

在学校日常环境中，“指令”往往是应付一场危机的恰当办法——在这种情况下，每一个人都认识到做出重大变革是有必要的。如果需要处理的是安全问题，校长要做的应该是发布命令，教师和学生没有投票表决的机会——他们也不应当有这样的期望。如果你是一位校长，要建立一个涉及安全的愿景，最有效的方法是召集一个教职工会议，在会上这样讲：“我们现在面临外部无关人员进入学校的一些问题。我们必须要多锁几道门，而且我要求每一个教师都要到外面值班。我们正在制定佩戴姓名牌的制度，这对我们将是个重大变化，但这也不可避免。每一个人都必须这样做。”

有些学校只对“指令”的方式做出反应，无论在什么情况之下都是如此。学监（或者校长）或许在确定发展方向上做得十分周详，并且相当长时间以来一直如此，于是这个组织中对其进行质疑的意愿和能力，也就逐步衰退了。

在这种情况下，学校的领导人可以举行一次“展望愿景”的会议，在会上阐述有关课程改革或者其他政策变化要采取的行动，并对其做出解释。这位领导人可以要求大家讨论，或者提出其他观点，但如果每一个人都知道，领导人的观点最终还是会压倒一切，这样做就没有太大意义。对于局外人来说，最终形成的愿景似乎得到了每个人的首肯，但是人们大都不会像这位学监那样，对这个愿景做出承诺。一旦出现紧急情况，人们就会退缩，要么就是出现更坏的情况——大家以被动攻击的方式逐渐侵蚀这个愿景。在这之后，人们就会听到这位学监这样讲："我们再一次证明，这个学区的人只会把时间花在抱怨上。他们显然不负责任。从现在起，只能由我告诉他们，我们要做什么了。"与此同时，他的下属则会说："我们对于未来发展方向的意见，这个学校系统显然没有什么兴趣。"

然而，一个通过"指令"下达的愿景，如果执行得力，也还是比完全没有愿景要好。我们多次见到由学监以完全正面的方式自上而下发出信息，清晰而坦率地描述一个愿景和一种对于当下现状的认识。同样，在课堂上总有这样的时候，学生要求或者需要老师为学习活动指出明确的方向，并且安排一系列具体的后续任务。

以下是掌握"指令"模式的一些建议：告知大家的时候，要直接、清楚，并且要保持高度一致。对于你要告诉大家的内容，要进行细致全面的论证。要说出当下现状的真相，即便大家不容易听进去，这样做，你就可以得到来自"创造性张力"的那种拉力。出于同样的理由，你要注意以一个积极的愿景（positive vision）组织你的信息。要这样表达："我们的愿景是要找到一种方法，带领所有学生真正迈向学习"，而不要说："我们的愿景是要避免考试成绩出问题。"在"出于绝望的愿景"（vision by desperation）与"出于渴望的愿景"（vision by aspiration）之间，存在着深刻的差别。最后，不要在愿景中包括太多细节，因为把愿景投入实践中去，或许是让大家将你的愿景变为自己的愿景的唯一机会，他们需要自己把细节装进去。

基于“指令”模式的策略，无论沟通得多好、执行得多好，还是有其局限性。有关语言沟通的研究表明，对于别人告知我们的内容，我们记住的只有 25%，在课堂上，这个比例可能还要更低，更重要的是，每个人所记住的内容是各种不同的 25%。此外，如果信息是通过“指令”传递的愿景，大家恐怕会遵照执行，但不觉得有理由要对这个愿景做出承诺。依赖“指令”与他人沟通的领导人，往往会认为问题在于沟通失效，并因此感到灰心丧气：“我详细说明了我们的发展方向，但是大家似乎就是搞不明白。”

此外，“指令”的方式会训练人们期待更多的“指令”，然后再按照指令行事。即便是仅仅因为教师们心里想的是，基于自己过去的经验，他们的回应无关紧要，在让他们提出自己想法、让他们创新的时候，他们也会退缩。学生们也是如此，他们总能学会为了逃避压力，如何以考试成绩为目标做最少的功课。社区成员也会了解到，他们的想法得不到重视，因此把这些想法（以及他们可以做的其他贡献和精力）拿到其他地方去尝试。一个用“指令”的方式确定愿景的学校系统一直这样做下去的主要原因是，其领导人还不具备采用其他方法的能力，愿景的被动接受者也没有动力去开发自己的能力。此时，对于那些掌握权力的人来说，最有效的方式，是开始沿着这个结构向右移动，让大家多参与一点，就是“推销”(Selling)。

第二阶段：“推销”

在这个阶段，领导人尝试着召集人们参与某种新的做法，设法赢得尽可能多的承诺。在课堂上，你常常可以看到教师使用“推销”的方法，将其作为吸引学生参与的手段：“如果你想要参加‘数学先修课程’(AP Math)，你就要学会这种类型的微积分知识。”也可能是：“这个暑假的课外阅读内容，在你读六年级的时候会对你有一定帮助。”

推销是领导人在权力控制的系统中可以选择的一种非常有效的状态，因为这种做法本身清楚地说明，他们要求人们不仅只是服从，这个系统需要承诺。比如，一位校长或许会对教师们这样说：“我想要你们尝试一个新做法，而且我想你们会看到它是可行的。在课间休息的时候，你们应该站到走廊里，在学生走过的时候要对他们打招呼。”这位校长可能会接着说：“从合同上看，我不能强迫你们这样做，但我注意到，在孩子们看到有老师站在教室门口附近的那些地方，纪律问题和安全问题就少很多。你们知道走廊上的事故很容易干扰上课。这种方式应该可行，我想你们会同意试试。”这样的说法如果设计得好，能够获得一些效果：对那些本不会参加的人或许有吸引力。

精通推销的模式的要点，是对大家做出的反应保持开放的沟通渠道。在你的演讲之后，要安排探讨环节，这样你才能发现究竟有多少人被你说服了。“推销”要想做得好，就不可以进行人为操纵。这是一个召集大家参与进来的过程：把选择跟随愿景行动的机会交给大家。如果人们看到愿景对自己有益，即便是需要做出观念上的飞跃，大家通常还是会加入进来。反过来看，领导人就是要带领人们实现观念上的飞跃。

假如你是一位领导人，那么你把愿景推销出去的能力，取决于你试图传播的人群与你之间的关系。你的推销行为本身就是在含蓄地对大家说：你重视你与他们之间的关系，而且你不会强迫他们去做他们不想做的事。如果真实情况并非如此，那么你就会发现很难推销出去。

让你的信息清晰明了的一个简单做法是：坚持用“我”来叙述（“这是我希望为这个学校提出的愿景”），而不要采用那种官方语气的“我们”（“这是我们这个学校系统采纳的愿景”）。要谈谈这场变革对于你个人的重要性，谈谈你觉得这场变革对于每个人有哪些特别的意义，以及为什么你希望他们对此做出承诺。

对于领导人来说，推销的确是一个强有力的过程，但它也有局限性。在很多情况下，推销的接受者——无论是管理人员，还是教师、学生以及其他人，都想要有人告诉他们，自己会因此得到奖励（至少不会受到惩罚）。对于所有人来说，说出带有“顺从”含义的“同意”，往往似乎是最安全的做法。大家会说：“我可以跟着走”，“我可以试试”。如果推销人希望的是相信人们会参与进来，那么就要接受这样的“同意”——无论看上去是多么半心半意。如果你需要比这更大的承诺才能让这个愿景实现，那可能就需要进入共同愿景路径的下一个阶段：测试（Testing）。

第三阶段：“测试”

在这个阶段，领导人提出愿景，请大家考虑——并非仅仅为了发现大家是否支持这个愿景，而是了解大家参与进来的热情有多高，以及这个愿景中的哪些方面对于他们很重要。探讨的结果在下一步就会用来进行修改和重新设计。测试过程本身就有激励人们参与的作用，由于是要求大家提出自己的观点，他们就更倾向于讨论和考虑提议的愿景。但是，测试必须出于真心，请大家考虑的行为本身就意味着，大家提出的看法会得到重视。这也意味着，如果愿景没有获得支持，就要回去重新修改和考虑。

有经验的老师知道如何利用类似的测试激发学生在课堂上的兴趣。

一位老师可能会这样说：“这个月，我们要讲的是美国地理，以往我们的做法是按各州分别探讨。今年我觉得可以采用些不同的做法——我们可以从区域和河谷入手。你们觉得怎么样，为什么？”

同样，一位负责课程规划的助理学监可能会这样讲：“我们想要改变五年级地理教学的方式。这里有三种推荐的教科书，每一种都配有一个课程计划的示例。你们觉得哪个最好，为什么？”或者，一位学区委员会成员可以这样问一个社区参与小组：“在这几种筹资方法之中，你们觉得哪一种最有效？”要注意，明确要求团队做的是请他们提出对于这些选择的看法，并非提出其他建议。但是，如果在“测试”的过程中出现了其他想法，这个过程的隐含假设是，作为领导人要予以重视。

要想提高反馈探讨的品质，就要提供尽可能多的信息。在介绍不同的选择的时候，要从各个角度加以剖析，尤其是你所看到的困难。测试过程应当明了、客观。不要把测试过程设计成引导大家去选择某个特定方案，还意图让大家觉得是他们自己的想法——大家会一眼看破，而你则失去了了解他们的想法的机会。出于同样的原因，要保护大家的隐私。问卷设计应该允许大家匿名回答，至少做出否定答复不会产生负面影响。几乎可以肯定，在测试过程中，会有意料之外的反应，或者会注意到从未出现的问题——在你继续向前推进的时候，所有这些都会非常有价值。

你会面临“测试”的局限：你发现教师、学生和管理人员都有各式各样的想法与担心，而你提供的选择却又无法一一回应。作为补偿，你可以在测试中增加有关测试本身的问题：“你对于这些问题怎么看？”当人们开始由这类问题出发，更为深入地探讨自己的观点的时候，你就不再处于测试阶段了，而是已经进入了“咨询”

（Consulting）阶段。

第四阶段："咨询"

一些教育工作者和学校系统的领导已经意识到，仅凭自己无法得到所有答案，对于他们而言，"咨询"是首选方式。这些领导人利用这个阶段，邀请课堂、学校和社区的成员参与进来，作为这个系统的咨询顾问。

在这个过程中，你提出的问题是开放的，并不是要求大家对不同的选项提出反馈。在课堂上，可能提出这样的问题："这个月我们要学习的是亚洲，你们大家觉得我们应该把重点放到哪些国家上？"在一个学校系统中，或许是这样的问题："我们正在启动制定一个新的安全管理规定，你们觉得最重要的五个步骤是什么？请你们每位都给一个建议，然后我回去制订一个方案。"

参与这个过程的人员，可以从学校系统的员工延伸到家长、学生、社区成员，甚至可以通过互联网延伸到更大范围。但是管控机制还是存在的：学校系统的领导人（或者是课堂上的老师）要做出最终决定。

要精通"咨询"模式，就要把 10 到 15 个人的一个小组聚到一起，其成员最好有自然的工作联系（比如，类似年级的老师或者经常在一起工作的人）。在一个大系统中，几个团队可以分别与其他组的人讨论，然后再回到第一个小组中去，报告他们的发现（这个过程称之为"层叠"）。要从参与人员中收集匿名书面意见，这样就可以保证听到不希望公开表达意见的人的想法。最后，不要把"指令"模式和"咨询"模式混在一起做。如果你按照自己的思路，把"正确"的愿景告知大家，然后再问："你们对这个愿景有什么想法？"你得到的会是十分无趣的回答。相反，如果你是想要不同的建议保持在合理的范围之内，还是可以确定讨论边界的：“请大家记着，我们提出的愿景要应对我们当下的安全问题，并且我们一点儿也不能增加预算。”

“咨询”模式（与“指令”、“推销”和“测试”等模式类似）的局限性，来自一个隐性的、往往未经质询的假设：这个过程的目标，是为整个学校系统创造出一个愿景。但是经验表明，这是一个错误的假设，这种愿景几乎总是固定在特定的学校或课堂上。然而，当共同愿景打破了这些樊笼，并且把个体的愿景融合成一个相互协调的完整整体的时候，它就会更加强大。这可以通过第五阶段实现。

第五阶段："共同创造"

当人们的工作目标是由他们自己参与创造出来的，而不是为了迎合他人而设定的时候，你可以感受到其中的不同。理解了这一点的学校领导人、教育工作者、学生和管理人员，就已经做好了准备，可以从“共同创造”一个共同愿景的过程中受益。这样的过程让学校系统中的每一个人都进入了创造的状态，其中的每一个个体都对大家想要的未来做出选择。

比如，可以试想一个共同创造出来的课程。老师在白板上写下了一个词：海洋学。然后，教室中的每一个人都走到白板前，写下他们感兴趣的海洋学的议题，并且标出它们之间的相互联系——这些题目之间的联系，就是这堂课的大纲。老师提出问题：“关于海洋，我们已经有了哪些了解？我们过去曾经学习过哪些内容？你们想要学习什么？”学生们写下他们的想法：各种鱼、潜水、打捞沉船、海藻对于全球气候的影响、湾流、帆船、电影《海绵宝宝》的拍摄、潜艇、雅克·格斯特的生活，等等。而后老师又问："我们如何把这些东西组织起来，让我们每一个人都可以学习自己感兴趣的东西，但同时又可以把海洋当作一个整体来学习？"老师和学生一起设计了四个星期的课程安排，列出了需要做的作业，然后分别去完成。他们将会做演示介绍，并且互教互学。他们将会使用计算机和图书馆，访谈有关领域中有见识的人，也许还会到本地的水族馆或者海滩做一次实地考察。他们做的每一件事，都让他们觉得是自己的选择，因为这是基于他们共同的思考和设计。

要想让这样的学校运作起来（而且要满足学校的课程要求，并非仅仅巧合），就需要相当高水平的参与和技能——对于老师和学生来说都是如此。当人们在学校系统或者社区层面共同创造愿景的时候，也需要类似水平的技能。

比如，可以试想一下，在应对一所学校的安全问题的时候，采用共同创造的方式。一位在学校系统中得到大家认可的领导人召开会议，邀请教育工作者、家长、社区成员和学生一起来解决这个问题。解决方案或许还要满足一些原则和要求，比如，解决方案不能超出现有预算，要能够应对目前最受关注的那些问题，还必须要形成实现终极目标的合理预期。然而，这位领导人并没有带着选择方案或者建议来开会。这些都要由这个团队来完成。团队成员认真考虑其中的难题："对于安全，我们已经了解了什么？我们忽略了哪些问题？对于各个不同的利益团体，解决方案应该是什么？"这个过程的最终结果，一般会是一个比任何单独个人去做都更好的方案。

精通共同愿景的共同创造过程，要从个人愿景开始。要让大家有时间思考他们自己真正想要创造的愿景，既包括为自己创造的，也包括为社区创造的。也许你的担心是，这样做会混乱和无序，然而，学校系统中的大多数人都渴望做出贡献，都希望把他们的个人愿景与更大系统的愿景联系起来，同样，要寻求的是协同而不是一致同意。大家要了解，处在人人互相尊重的氛围之中，他们有真正的自由说出心中所想、描述自己的梦想——没有任何限制、妨碍或者报复。学校的管理人员和社区领导人，必须要把自己的恐惧放到一边，不要去想“我们必须在这个愿景上设定限制，否则就会完全失控”。为了尽快找到一个解决方案，人们总想掩盖大家之间的种种差别。要打消这类意图，可以应用富有成效的谈话的修炼（心智模式和团队学习），公开讨论产生相互对立观点的种种假设和解释。①

掌握共同创造的技能需要时间。以往只有“指令”或者“推销”经验的老师及学生，可能会感到准备不足。共同创造有时相当困难（尤其是当学生们在课堂上遇到他们不熟悉的语言的时候），因为这个过程取决于谈话是否有意义，是否深入。这也就是为什么我们往往要大家细心地、慢慢地从“指令”阶段一步一步地坚持进行到“共同创造”阶段。形成共同愿景的过程就是以这样的方式，在课堂上、学校里和社区中，为希望成为领导人的那些人提供了一个成长的途径。

---

① 19世纪50年代和60年代，罗纳德·李皮特（Ronald Lippitt）先与密歇根基督教青年会商讨，后来又去国家培训实验室（National Training Laboratories），开发“选择愿景”（preferred vision）练习，这构成了共同愿景的修习的起源，参见阿特·克莱纳所著《异端年代：重建公司管理的激进思想家们》。查理·基弗（Charlie Kiefer）、布赖恩·史密斯以及创新联盟（Innovation Associates）的其他人开发了我们在这里描述的修习。

建立共同愿景的关键问题

一个由来自佛罗里达各地的学监组成的小组让我们了解了这个修习。他们生动地讲述了自己的学校系统如何应对 2004 年热带风暴给这个州带来的巨大破坏。那时候，学校变成了避难所，大家为这些避难所准备食物，其中有些人自己的家都已经荡然无存了。这个社区渡过了这场灾难的原因之一，是大家可以在一起探讨愿景，并非仅仅是灾后恢复与重建，而是他们对自己的家、对孩子们的全新梦想进行探讨。

a. 对于我们要从这个愿景中创造的成果，我们有清楚的想法吗？

b. 我们是不是正在尽全力去实现这些成果？

c. 我们与本地区以及州等各个层面上的关键利益相关者都形成了协同关系吗？

d. 每一位老师和管理人员都了解自己在创造这个愿景的过程中的角色吗？

e. 学校的现有标准是什么，我们的愿景如何超越这个标准？

f. 学校的文化处于什么状态，如何支撑这个愿景？

g. 在我们的学校系统中，谁“拥有”这个愿景？

h. 我们的愿景是否反映了所有相关利益者的观点，包括内部的和外部的？

i. 我们的愿景是积极主动的，还是被动反应的？

j. 我们为实施这个愿景，带来了哪些资源？①

---

① 这组问题源于里克·德福尔（Rick DeFour）的工作，以及由迪士尼公司研发的用来评估各种紧急情况预备系统有效性的一组问题。

这个框架的应用并不局限于处理危机，它还可以帮助你应对范围很广的不同挑战。比如，如果你们的愿景是要终结校园中以大欺小的现象，就可以提出这样的问题：

a. 你们对于终结以大欺小现象的最终结果是什么样子，形成一个清楚的认识了吗？

b. 你们是否正在尽一切可能邀请每一个人参加，仔细考虑整个过程和成果？

c. 你们的愿景与其他人的愿景协同配合吗（比如，是否与许多州都采用的“反毒教育”项目协同配合）？如果你们所在的学校是一所初中，你们的愿景与高中和小学提出的愿景协同配合吗？

d. 你们是不是把每一个想参加的人，每一个应该加入的人都吸引进来了？教练们加入进来了吗？少年棒球项目的人参与进来了吗？女童子军加入进来了吗？有宗教背景的社区参与进来了吗？

e. 目前可以获得的有关以大欺小的最好的参考材料是什么？你们是否可以去开展这类项目的学校访问？

f. 你们学校的文化是否反映了对于以大欺小现象的新态度？

g. 如果你们制订了一项计划，但团队中有三位离开了，谁来保证这项计划可以继续执行下去？

h. 每当你们聘用了一组新教师之后，这个项目是不是会成为他们入职培训的一部分？你们是否建立了相应的工作流程——当一个孩子持续欺负另一个孩子的时候，你们知道如何去做吗？

i. 你们是仅仅提高了对于以大欺小的惩罚力度，还是已经思考了这个问题背后的真正原因？

j. 在预算上应该如何考虑才能保证这个项目的有效实施？

要注意，这些问题相当具体——既涉及基本方向的把握，也有执行中的具体细节。这是高水平的共享愿景的标志之一：它所表达的是，你们作为一个大系统对于创造做出了承诺，同时它又把“树木”和“树林”都放到了视线之中，为你们的承诺服务。

4. 心智模式

意识到思想的来源

想象一下这样的一个场景：某一天，你所在的学校附近的棒球场正在进行改造（是本地一家建筑公司提供的赞助），工地上的工人碰巧挖到一块砂岩，上面嵌有动物化石。在他们一点点儿地扫清砂岩的表面的时候，孩子们兴奋地围了上来，他们看到的，似乎是一组恐龙的脚印（如右图所示）。

“你们觉得这里发生过什么？”老师问。学生们争先恐后地提出他们的猜想。他们说，这里曾经有过两只恐龙，一只是大脚恐龙，另一只脚稍微小一点儿。大脚恐龙的脚印间隔越来越大，所以它一定是在跑。它也许是在追那只小恐龙，大脚恐龙可能觉得饿了。

工人们又挖出了一些砂岩，所以现在我们看到的就是一幅更加完整的图像了（如下图左所示）。

“它们两个打起来了。”一位同学说。“不对，它们那是正在同一处水源地喝水。”另一位同学讲。

这时，工人们把砂岩的其他部分清理干净了，出现的是下一幅画面（如下图右所示）。

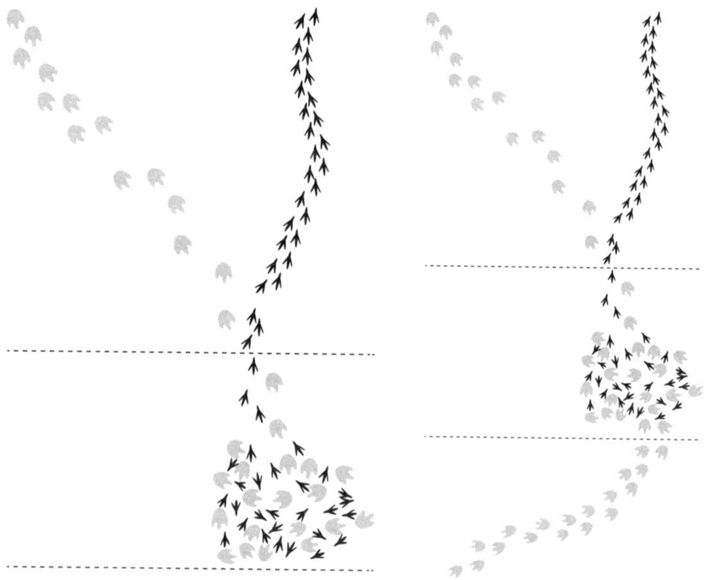

“哎，那只小恐龙怎么了？”一位同学有些悲哀地说。这时候，现场已经引来了各个年级的一大群学生了。中学的学生们的看法是：大恐龙把小恐龙吃了，然后就走了。但一位三年级的同学说：“不对，它们是朋友。小恐龙是骑在大恐龙的背上的。”另一位同学则坚持认为，这是一个在“倒走”的史前动物，正在分娩，也可能是正在求偶。也不一定，也许是较小的动物飞走了，也就活下来了。（“看到它起飞的地方了吗？”）也许是一只翼龙俯冲下来，把它抓走了。一位借读生则建议说，这两个动物从未谋面，小个头的找到了食物之后就飞走了；大个头的 15 分钟之后来了，什么都没有找到，就昂首阔步地走开了。这时候，一位高中生小心翼翼地说：“等等，也许它们之间相距几千年，只是碰巧在同一块石头上留下了脚印。”

找一个印有恐龙脚印的照片或者图画，然后自己和一群孩子一起做一做这个练习：一步一步地打开这张图，就像我们想象中的工人那样。你会发现，各种奇思妙想纷纷呈现出来，而且许多参与的人都确信，自己的解释是正确的。[①]

有时候，我们会用这个练习启动教职工小组会议或者是社区小组的会议。然后，我们就会找一个大家身边的事件或者问题，去展开讨论，比如，纪律问题或者是预算上的不同意见。我们会问，“发生过什么问题？”就像我们在恐龙练习中问的问题一样。每个人再一次暴露出了自己的假设和态度。一位刚刚从其他学区转来一年的老师的心智模式，与一位有着 25 年教龄的资深教师的心智模式完全不同；曾经眼见自己的办公室外三位学监上任又离任的秘书，又有另一种视角；管理员的想法就更不一样了。在餐厅准备午餐的一位女士描述了一件事，而每天穿过自助餐厅来任课的老师则对此有不同看法。然而，由于大家已经就恐龙的故事的不同看法，展开过彼此感到安全的探讨，他们就做好了准备，可以在现实中更为尖锐的问题上，相互倾听各自的看法了。

这个练习的要点，是向大家展示，人类是“解读”的生命体。我

① 恐龙足迹游戏的起源，可以追溯到 20 世纪 60 年代，见于由美国地理协会地球科学课程项目出版的科学课教材《探究地球》(*Investigating the Earth*, Houghton-Miff lin 出版，1967 年)。有趣的是，图中的脚印来自真实的化石足迹——在得克萨斯的岩石中发现的帕罗柯西龙的足迹。参见杰克·哈萨德（Jack Hassard）所著《恐龙足迹游戏：内容还是过程》(*The Dinosaur Footprint Puzzle: A Content or Process Approach*?, http://www.artofteachingscience.org/?p=3081)。

们的行为、态度，都是由我们的心智模式塑造出来的，包括我们心中有关自己、他人、组织机构以及这个世界的所有方方面面的那些图像、假设和故事。①

由于心智模式是隐性的，存在于意识层面之下，也就往往未经测试，也未经检验。对于我们，心智模式通常是不可见的——如果我们不去寻找它们。因此在读到这段内容的时候，你自己可能很容易就做出了对恐龙足迹的解释，但是你不一定注意到，你在阅读的时候不知不觉地“添加到”这段内容上的那些假设，比如：学校无力支付这次场地修整费；整修场地的工人是男性；学生们打棒球（而不是打板球）；所有年级的学生使用同一个操场；动物化石自然而然显示的就是恐龙（而不是史前的哺乳动物或者鸟类）；只有孩子，而不是成人，会想要加入脚印意义的猜测中去。

心智模式的差异可以解释，为什么两个人观察同一个事件，却会做出截然不同的描述：他们注意的是不同的细节。心智模式修炼的核心工作是让那些看不见的假设和态度显现出来，人们就能够因此以尽可能小的防范心理，就他们之间的差别和误解进行探讨。对于那些想要更全面地了解周围的世界、更全面地了解自己学校的人，这个过程至关重要，因为就像一块玻璃会框住我们的视野，也悄悄地扭曲我们的视野那样，我们的心智模式决定了我们能看到什么。在经历任何新的体验的时候，仅仅注意和记住那些强化自己现有心智模式的信息，是大多数人的倾向。

---

① 另参见由奇麻曼达·阿迪契（Chimamanda Adichie）制作的 TedTalk 视频《一个故事的危险》（*The Danger of Single Story*）。邀请小组成员探讨心智模式以及对于不同的人心中的故事与图景不予质询所带来的后果，这个视频都有所助益。见网址：http://www.ted.com/talks/lang/eng/chimamanda_adichie_the_danger_of_a_single_story.html。

虽然初看上去心智模式的修炼似乎是一种智力练习，与现实世界的关系不大，但是在五项修炼中，这项修炼恐怕是最有实际意义的。心智模式与学校中数量众多、似乎无解的问题有关。这是因为未经检验的心智模式，限制了人们的变革能力。学监和学区委员会成员或许心照不宣地认为，要想改善学校的状况，唯一的办法是增加投资，于是，他们就不再考虑其他可能的途径了。一位教师可能假设那些出身贫寒的学生对学校没兴趣，因此就在内心把他们“开除”了。一位学校管理人员可能假设本地教师工会对任何创新都持反对态度，于是他就带着防范的心态去接触工会的人员，尽量不透露相关信息。这又反过来让工会的领导人变得更具防范心态，并且还证实了“管理人员不可信”这个他们一直抱有的观念。学校改革工作的领导者可能在不经意间就做出了假设：对于孩子们的需求，家长其实并不怎么了解。因此，他们在无意之中就疏远了家长团体，自己对其原因却毫无察觉。一位 45 岁却从未获得过高中毕业证的工人，可能会认为孩子的老师们看不起自己，因此从未鼓起勇气到学校参加会议，而老师们则认为他完全不关心。本地社区的成员或许认为，因为学校教师大都是女士，工资就不应该太高，所以就投票否决了增加工资的公投。①

未经检验、深藏于内心的心智模式可能会给孩子带来悲剧性的

---

① 与心智模式相关的修炼来源于“行动科学”（Action Science），行动科学是由理论家、教育家克里斯·阿吉里斯与唐纳德·舍恩开拓的研究领域。他们的工作是基于人类学家格雷戈里·贝特森（Gregory Bateson）提出的“双盲”理论（“Double Blind” Theory），以及语言学家 S. I. 早川（S. I. Hayakawa）进行的语义学研究。参见《第五项修炼》和《第五项修炼·实践篇》。这方面更多的思想来源可参见克里斯·阿吉里斯所著《异端年代》。另见克里斯·阿吉里斯所著《教聪明人学习》（“Teaching Smart People How to Learn”，Harvard Business Review，May–June 1991, reprint #91301），及其所著《组织陷阱：领导力、文化与组织设计》（*Organizational Traps: Leadership, Culture, Organizational Design*，Oxford University Press 出版，2010 年）。

后果。统计数据表明，以大欺小是一种伴随一生的特征：一位在中学中被老师认定有以大欺小倾向的学生，到了成年之后有69%的可能会犯下重罪。然而，是否有这样的可能：由于老师和学校管理人员有这样的心智模式，认为这个孩子存在以大欺小的倾向，并以此对他进行相应处理呢？或者也许有这样的可能：由于这个孩子心中不可见也无法表达的心智模式是，以大欺小是解决问题的最有效手段，但他从来没有遇到过一位导师，可以既安全又令人信服地挑战这个假定。

心智模式的修炼帮助我们看到眼前的“那块玻璃”，并且帮助我们“重新组合”这块玻璃，也就是创造出新的、能够更好地满足我们需要的心智模式。这个修炼中有两类核心技能：一个是反思，另一个是探询。前一个是要放慢我们思考的过程，以便意识到我们如何形成心智模式；后一个则是要展开对话，让我们在其中开放地分享我们的观点，并形成对于相互之间的假设的认识。

对于某些教育工作者来说，探询尤其是一种新技能。在许多组织中——包括在许多学校里，存在着一条不成文的规定：除非已经有了答案，否则大家就不要提问题。心智模式的修炼与此完全相悖。人们在这个修炼的练习中相互提问题，他们是在试图了解自己的和其他人的深层态度与信念。这需要进行反思和对话的修习，才能很好地掌握。这里描述的修习和对话工具经过了许多情境的检验，包括许多学校系统和政府机构——恰恰因为人们从中学到的不仅仅是提出问题，更是如何从回答中学习。

推断之梯

在我们生活的世界里，未经检验的自创观念比比皆是。我们相信这些观念，是因为这些观念来源于各种结论，而这些结论是我们以自己的观察结合我们过去的经验推断出来的。我们实现我们真心渴望的结果的能力，会受到以下这些感受的影响：

- 我们相信的观念就是真理。
- 真理显而易见。
- 我们相信的观念都是以真实数据为基础的。
- 我们选择的数据都是真实数据。

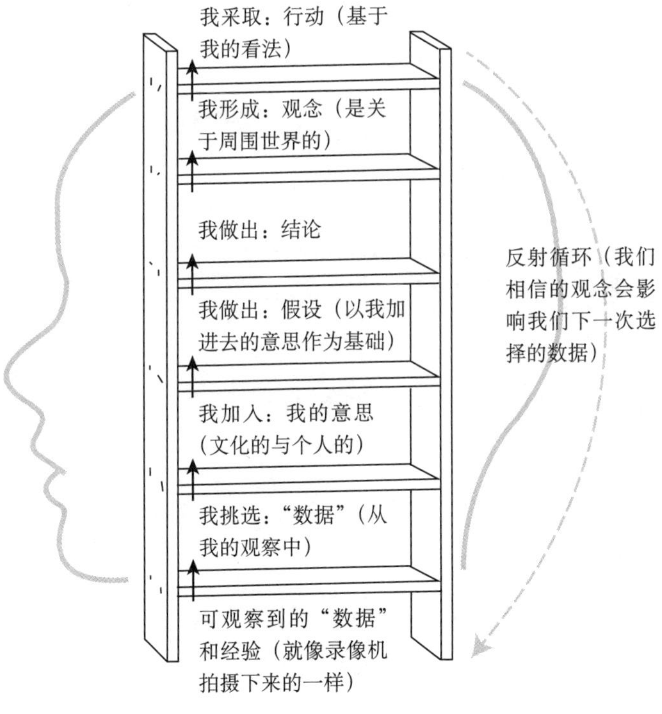

比如，假设我是一名教师，正在一次教师会上介绍一项科学课程规划的修改建议。多丽丝是一位资深教师和系主任，她坐在会议桌的一端，看上去一副无精打采的样子。她把阴沉郁闷的眼光从我的身上移开，用手掩住嘴巴，强忍住一个呵欠。直到我快要结束时，她一个问题都没有问过。然后她突然插话了："我觉得，我们再等一年吧。"在这个学校里，这个说法的意思是："这件事就算了吧。我们进行下面的议题吧。"所有的人都开始翻动手中的材料，把笔记本放到了一边。显然多丽丝认为我不称职——这真让人羞愧，她从来都不喜欢我提出的想法。很明显，多丽丝是一个权欲熏心的家伙。等我走回到我的座位的时候，我已经做出了一个决定：以后我再也不会向任何一个有多丽丝参与的团队提出任何建议。她总是对我搞破坏。在这个学区里与这样一个有地位的人结怨，真是太倒霉了。

就在几分钟（或许更少）的时间之内，我已经爬上一个心智上的"推断之梯"了——这是一种常见的、不断进行抽象概括的心智路径，往往会导致错误的信念。

- 我的起点是可观察到的数据：多丽丝的意见，这是我常常遇到的经历。
- 我选择了多丽丝的行为举止的某些细节：她的目光的移开，并且明显在打呵欠（我没有注意到，在这之前的那一刻，她还在目不转睛地认真听）。
- 我加进了自己对这些细节的解读（多丽丝希望我讲快点儿，马上结束）。
- 我迅速做出对于多丽丝的现状的假设（她厌烦了）。
- 我得出结论：多丽丝基本上认为我不称职。实际上，我现在相信多丽丝（恐怕还有那些我认为与她有关的所有人）都在与我作对。

就这样，我爬到了梯子的顶端。我得出的结论是：我相信的观念是真理，这个真理是显而易见的，这个真理是基于实际数据的。这一切看起来合情合理，也发生得太快了，以至于我自己都没有意识到这个过程的发生。而且，梯子上的每一级都发生在我的心里。其他人能够看到的部分是只有处在梯子底层的、可以直接观察得到的数据。我爬上梯子的其他过程则没人看得到，没人质询，也没人觉得适合讨论，并且非常抽象（在梯子上这样的跳跃常常称作“抽象跳跃”）。

跳到这个推断之梯的顶端，我以前恐怕已经经历过许多次了。我越是坚信多丽丝对我反感，就越会注意她之后的恶意举动。这种现象叫作“反射循环”：我们相信的观念会影响我们下次关注的数据资料。在多丽丝的心里，也有一个对应的反射循环：随着她对我的莫名其妙的行为做出反应，恐怕也在她自己的推断之梯上跳跃了几级，形成了

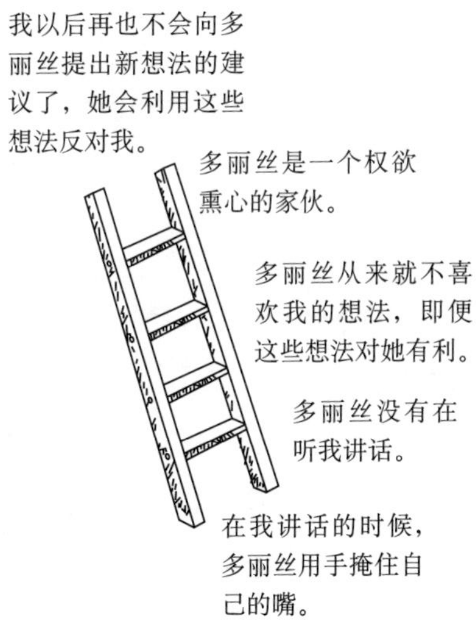

针对我的某些结论。不久之后，不知出于什么原因，我们之间成了相互交恶的敌人。

现在，再想象一下，我是多丽丝，和我在一起的还有三位学校课程计划委员会的成员，而且我们也有这类未经测试的假设和观念。每当我们坐下来开会，应对实际问题的时候，总是充满误解、沟通不畅以及出于软弱的妥协。

多丽丝或许真的对我的介绍感到厌倦，但也可能只是非常想仔细读一下我的报告。她或许是觉得我不称职，但也有可能心里还想着其他的事，或许她是不想让我感到尴尬。但更有可能的是，她推断我认为她不称职。除非我们找到方法验证我们的结论，否则就不可能知道真相。

不幸的是，假设和推理都难以验证。比如，假定我想搞清楚多丽丝是不是真的觉得我不称职。我就要把她拉到一边，然后问她："多丽丝，你是否觉得我是个笨蛋？"即便我可以找到更好的说法提出这个问题，如果她说不是，我会相信吗？如果她的回答是肯定的，我会原谅她吗？

如果不加入自己的意思，如果不得出结论，你实际上无法生活。那样的生活既没有效率，又单调乏味。但是，通过反思和应用推断之梯，你可以改善沟通效果。比如，一旦多丽丝和我都了解推断之梯背后的概念，就拥有了一种安全的方式，阻止谈话进程的负面趋势，并且提出几个问题：

- 导致你得出那个结论的可观察到的数据是什么——任何一个人都会认可其真实性的数据。
- 任何一个人都会赞同这些数据的内涵吗？
- 你可以把你的推理过程演示一下吗？
- 我们是如何从这些数据得出那些抽象假设的呢？

我可以用一种开门见山的方式获得数据："多丽丝，你对这个介绍如何评价？"或者我还可以用表达看法的方式，直接测试我观察到的数据："多丽丝，你一直在沉默。"对此，她可能回答："我一直在记笔记，我觉得这有很大潜力。"

注意，我没有说："多丽丝，我觉得你已经爬到推断之梯上了。你需要采用这些方法才能下来。"这个方法的要点不是要对多丽丝的态度做出诊断，而是要让大家可以看到每一个人的思维过程，看到我们的认识之间存在哪些差别，看到我们之间有哪些共同点。（你也许会说，"我注意到，我正在推断之梯上向上爬，也许我们都是如此。那么这里的数据是什么？"）

在员工发展活动中、在课堂里以及在各种学校和社区会议上，都可以用到这个梯子。比如，在讲课过程中，你可以提出问题："你们究竟听到了什么，让你们得出了这个结论？"而不是让学生之间的争吵进一步升级。

推断之梯常常可以用来解决学区内部以及教育工作者之间那些看似难以调和的分歧。比如，今天的教育工作者和教育领域中的专家持有三种心智模式：

a. 每个学生都是一个个体，如果考虑到每个个体之间的差异，教育就最有效。

b. 学校的责任是为周边每一个人提供教育（“一个孩子都不能落下”）。

c. 学校是高杠杆效应的机构：国家的民主制度、文化和经济的质量，都取决于公立学校的质量。

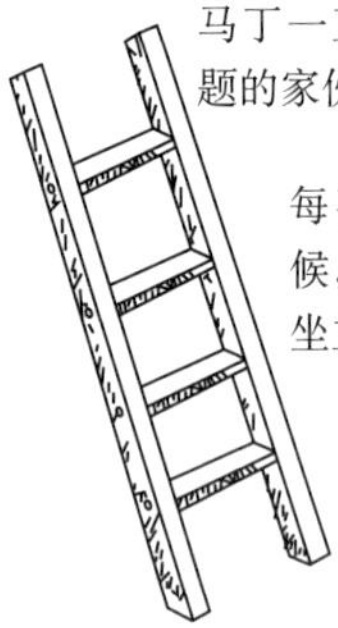

这三个说法本身都很有道理，但是如果未经检验就结合到一起，就会引出难以自圆其说又大相径庭的结论。有关教育的辩论的绝大部分，是与这三个说法有关的推断之梯上的跳跃。如果考虑到个体之间的差异，教育就最有效，因此，所有标准化的“训练和练习”都毫无价值。许多人仍然是文盲或者缺乏应接受的教育，因此是学校出了问题。公立学校的批评者忽视了其对于民主制度的价值，因此，这些人一定有什么阴谋。

这些结论中的任何一个乃至全部都可能正确。这项修习的要点不是揭穿其背后的真相。恰恰相反，这项修习的要点是要公开我们的思想过程，以便我们客观、冷静地对其进行斟酌推敲——往往还要与持有不同意见的其他人一起进行。

宣扬与探询的平衡①

像许多技能一样，让交谈产生更深入的共同体悟的过程，看似简单，但试着做起来的时候并没有那么容易。然而，一点点儿地做些修习，就可以获得不错的效果，而这些修习又可以结合到当下的讨论之中。

这其中的基本技能就是“描述”：在宣扬自己的观念与探寻他人的想法之间，要保持平衡。要把你自己的推断过程摆在大家面前，然后鼓励大家挑战你的推断过程。“这是我的想法，我的推理过程是这样的。你们觉得怎么样？你们觉得其中哪些有道理，哪些没有道理？你们看到了哪些可以改进之处？”这样做的收获，是当大家将多方面的视角结合起来的时候，就会产生更富创造性，更为深刻的认知。

当你对自己意见背后的假设和推理过程做出了解释，探询（了解其他人的意见背后的假设和推理过程）就会变得更有力量。很有可能的是，你通常有自己要表达的观点，而且表达出来相当重要，不过是在这样一种气氛之中：在其他人更多地了解你的观点的同时，你能够对其他人的观点形成更多的了解。你可以把这种形式的“宣扬”，想成是“慢慢地爬上推断之梯”，让大家看到你的思考过程。

---

① 这部分源于理克·罗斯、查罗特·罗伯茨和阿特·克莱纳合著的《兼顾宣扬与探询》，见《第五项修炼·实践篇》。

以下是一些对你可能有帮助的用于交谈的“秘诀”，无论是做教师还是做学生，都要学习这些平衡宣扬和探询的技能。只要有一次交谈提供了修习机会，就要使用这些技能，比如，当一组学生在一起考虑一个有难度的问题，需要团队中的每一个人都提供信息并且积极参与的时候。

改进宣扬的做法	
做什么	说什么
说出你的假设，并且描述假设所依据的数据资料。	“这是我的想法，以及产生这些想法的过程。”
展示你的推理过程。	“我得出这样的结论，是因为……”
解释你的观点的背景。你的建议会影响谁，如何影响，为什么会产生影响？举例说明，即便是假设性的或者是比喻。	“想象一下，你是一位来这个学校上学的学生（或者是这个社区中的一位商业人士，或者一位即将退休的教师，等等），这个建议对你会产生这样的影响。”
在你说话的时候，猜一下其他人对你所说的有什么看法。	
公开测试你的结论和假设。	“我提出这个建议，是因为（你们的观察和数据资料）让我相信（你们的推论）。这是不是一个合理的结论。”
鼓励其他人探讨你的模型、假设和数据资料。	“对于我刚才说的，你们有什么想法？”或者是，“你们觉得我的推理在哪个地方有问题？”
展示出你的推理中最不清晰的部分。这不会让你处于被攻击的地位，反而会化解那些反对你的建议的宣扬者的力量。这也会促使形成改进建议。	“在这方面，你们也许可以帮助我弄清楚……”
即使是在宣扬，也要聆听，要保持开放的态度，要鼓励他人提出不同的观点。	“你们有不同看法吗？”

改进探询的做法 请其他人展示他们的推理过程	
做什么	说什么
温和地帮助大家走下推断之梯，找出他们行动依据的数据资料。	“你根据哪些数据得到了这个判断？”或者简单地问：“是什么让你产生了这个想法？”
要使用温和的语言，尤其是对那些不熟悉这些技能的人。	不要说“你是什么意思？”或者说“你的证据是什么？”而要说“你可以帮我理解一下你的推理吗？”
慢慢让大家说明自己的推理过程。尽可能找出他们的想法的原因。	“这件事为什么重要？”或者是“这件事与你所关心的其他事情是什么样的关系？”
解释你探询的原因，以及你自己的担心、希望和需要与探询之间存在着怎样的关系。	“我在这里询问你的假设，是因为……”

面对你不同意的观点的做法	
做什么	说什么
确认你真正理解了另一个人的观点。	“如果我没有弄错的话，你说的是……”
探讨、倾听，以开放的方式提出你的观点。	问一问“你是不是考虑过……”，而后提出你的担心，并且说明你的担心从何而来。

处理僵局的做法	
做什么	说什么
接受目前的僵局，梳理双方当下的思考。	“我们双方都认为真实的是什么”或者，“我们双方都感到是真实的，但还没有数据支持的是什么？”
寻找可以帮助人们继续前进的信息。	“我们有哪些一致意见，有哪些不同意见？”
问问大家是否有办法一起设计一个实验，或者是探询哪一方可以提供新的信息。	
把每一个人的心智模式，当作更大的“拼图”的一部分。	“我们的出发点是不是完成不同的两组假设？这些假设的来源是什么？”
询问有哪些数据和道理可以改变他们的观点。	“那么，需要什么条件，你们才能考虑其他的选择呢？”
邀请整个小组帮助重新设计这个局面。	“看来我们似乎是陷入了僵局，我担心我们无法形成更好的认识就散会了。你们有什么想法，帮助我们理清我们的思考？”
不要让谈话终止于“保留分歧”。	“我不能理解我们意见分歧的假设。”

宣扬—探询画板①

我们认识一位大学的教师，她（根据她的学生的提议）用海报把这个图复制了下来，挂在她的教室的墙上。于是，在每一堂课的最后几分钟时间里，所有学生都会抬头看看这张图，然后问自己：“我们今天进行得如何？”“我们进行有效的讨论了吗，还是仅仅在坚持与退缩之间徘徊？”

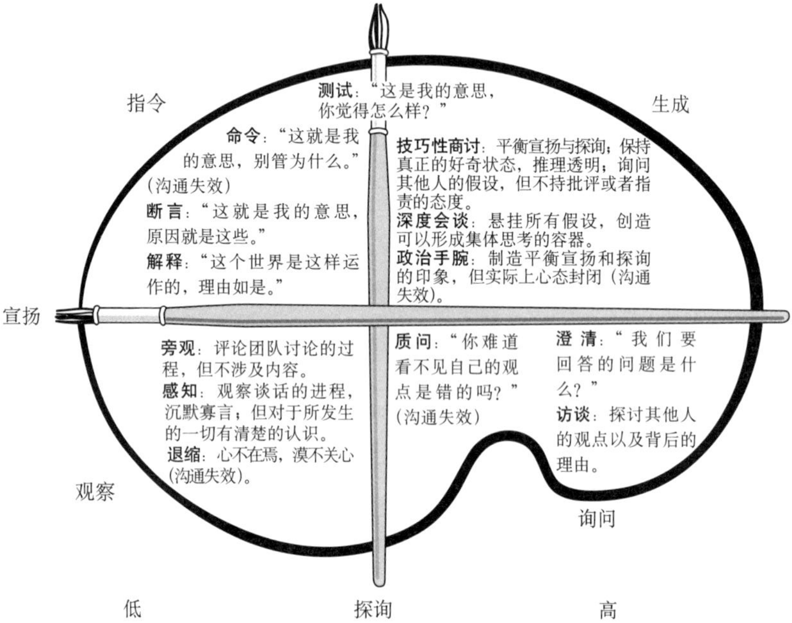

① 查罗特·罗伯茨和理克·罗斯所著《宣扬—探询画板》最早出现于《第五项修炼·实践篇》。这个方法的创始者是朱迪·罗杰斯（Judy Rogers），她是俄亥俄州迈阿密大学的教育领导力教授。

开场白

菲尔·麦克阿瑟　内尔达·康布—麦凯布　阿特·克莱纳

就像演员有不太熟悉自己的台词的时候，或者是一时激动“忘词”的时候，老师和学生也常常遇到希望有人可以求助的时候，希望能像演员一样在拍摄现场说：“帮个忙，告诉我下一段台词。”比如，当讨论漫无边际的时候，当某些人固执己见的时候，或者气氛越来越激烈的时候，你都会有这种感觉。虽然你可以看到问题，但是却不知道如何才能缓和当前的局面。以下是一些台词，无论是在学校内外，都可以用在出现僵局或者是出现其他困难局面的时候。[①]

当出现这样的情况的时候……	你可以这样说……
强烈地表达观点，却没有任何推理和说明。	“你可能是有道理，但是我想更好地理解，为什么你会这样认为呢？”
讨论明显离题。	“我不太清楚这与我们正在讨论的问题有哪些联系，你能讲讲其中的联系吗？”
你怀疑自己的想法是否离题。	“这也许现在关系不大。如果是这样的话，请告诉我，我会再考虑一下。”
同时有几个人宣扬自己的观点。	“我们现在有三种想法（分别进行描述）。我建议分别讨论。”
你觉察到其他人的负面反应。	“在你讲的时候（说明内容），我感到你（说明感受）。如果是这样的话，我想了解我说的哪些话让你产生这样的感受。”
大家都有各自的立场，但是却没有明确自己的关注点。	“我理解这是你的立场。我也想了解你的关注点。你认为你的立场是应对你的关注点的最好方式吗？”
有人做出断言，但其观点却不明确。	“我理解你要说的是（做出解释），我解释得对吗？”
似乎某个定义、说法或者是含有某种意图的说法正在导致僵局。	“但你说的（描述说法），我一般会用这个说法（描述说法）。你的意思是什么？”

② 这部分源自《第五项修炼·实践篇》的《开场白该怎么说》。

引导探询

目的：在心智模式的修炼中，最有价值的是平衡宣扬和探询的能力——在很多情况下，是引领探询的能力。以下是用于交谈的一些"秘诀"，有助于你进行深层的交谈以及开展深度会谈。

自我反思的问题	在实际情况下，可以这样说
在我宣扬某个观点的时候，我是否展示了自己的思考和假设？我是否把自己的推理呈现出来了？（我是不是让大家看着我自己慢慢走上推断之梯？）	"我是这样想的，我是这样得出我的结论的。"
我是否鼓励其他人探讨我的模型和假设？	"对于我刚才讲的，你们怎么看？""你们是否发现我的推理中有什么问题？""有什么东西我忽略了吗？"
我是否倾听，是否持开放心态？	"你们有什么不同观点？""你们会因此受到什么影响？"
面对另一个人的观点的时候，我有没有请他们呈现他们的思维过程，并且没有假设我了解他们会说什么？	"你是不是可以帮我理解一下你的想法？"
我是否温和地帮助其他人走下推断之梯，看到他们的思考所基于的数据？	"是什么引导你这样说？""你能否按照你的推理，再带着我思考一下？"
我是否以开放心态探讨其他人的推理过程，尽最大可能去发现他们为什么会有那些想法？	"这个问题为什么重要？""这个问题与你关心的其他问题有什么联系？""我好像没有明白你的意思。"
我倾听的时候，是否在寻找更大的含义，寻找可以与我的观点融合的那些概念以及更大的背景？	"我询问你的假设，是因为……""你的建议对于……会有什么影响？""这是不是与……类似？""你是不是可以描述一个典型情况……？"
我是否核实了我对他们观点的理解？	"你说的是……，对吗？"
当处于僵局的时候，我是否去寻求有助于我们向前推进的信息？	"我们有哪些一致意见，有哪些不同意见？为什么？"

（续表）

自我反思的问题	在实际情况下，可以这样说
我是否把每一个人的心智模式，当作更大的“拼图”的一部分？	“我们的出发点是不是完全不同的两组假设？”或者是“我们的不同意见的来源是什么？”
我有没有问大家是否有办法一起设计一个实验或者一次探询，一起检验一下我们的假设？	“如果我们一起详细看一看这个问题，或许我们可以消除自己的担忧，或者是确认我们的担忧。”
我是否请大家帮助，重新设计这个情境？	“看来我们似乎正在陷入僵局，我担心我们无法形成更好的认识就散会了。你们有什么想法，可以帮助我们理清我们的思考？”
我是否提出问题，引领大家进入深度会谈和更深层的探讨？	“如果我们退后一步重新看一下，在这次讨论之中，我们大家最关注的是什么？”
我是否愿意受到其他人的影响？我对于新的学习是否持开放心态？	“我想我已经被说服了，但是这有一些我需要理解的……”

左手栏①

目的

对于主导了我们的谈话，并且阻碍我们获得成功的那些隐蔽的假设，形成更清晰的认知，并形成更有效的方式探讨这些假设。

综述

反思一次真实谈话的记录，在未来形成更加有效地进行应对的技能。

第一步：选择一个问题

在学校里展开讨论的过程中，常常会有遇到困难的时候。无论是管理人员会议，还是教师与管理人员之间的讨论；无论是在教育工作者和父

① 这个部分源于理克·罗斯、查罗特·罗伯茨和阿特·克莱纳合著的《兼顾宣扬与探询》。

母之间，还是在学生与其他人之间，或者在社区成员之间。重新回顾这些时刻，认真思考未来在类似情况下如何应对，是很有效的心智模式的学习方式。选择在你过去的一两个月中曾经卷入的一个困难的问题——应该是那种涉及人际关系，我们中的许多人也都试图回避的棘手问题。

第二步：右手栏（说了什么）

现在回想一下，你在上一周经历的、与这个问题有关的最糟糕的会议。

拿出几张纸，在每一张纸的中间画一条竖线（或者是使用文字处理软件上的列表功能，做出双栏表格）。在右手栏中，写下实际发生的对话。对话可能会有几页纸的内容。在完成填写内容之前，将“左手栏”保持空白。

第三步：左手栏（你想的是什么）

现在，在左手栏里，写下你当时所想到的，以及你当时感受到却没有说出来的。

案例一[①]

一位教师（吉姆·普罗克特）遭到一个家长（简）的当面抗议，认为吉姆给她的孩子评的分数不公正。在右手栏里，吉姆写下了他与简上一次的谈话内容。在左手栏里，吉姆回顾了他自己当时的想法。在你读这段文字的过程中，不要忘了简对于这个事件也有自己的记忆，有可能也有她自己的“左手栏”以及她的种种假设和可以用来展开探询的机会。

---

① 这个修习基于克里斯·阿吉里斯与唐纳德·舍恩所研究的“双栏研究法”（two-column research method）。首次介绍这项研究方法，是在他们合著的《实践中的理论》（*Theory in Practice*，Jossey-Bass 出版，1974 年）一书中。这里的一些观点和方法源自罗伯特·帕特曼（Robert Putman）的建议。

我当时的想法……	我们说的……
这是六年级。为什么苏姗自己不来找我?	简：普罗克特先生，你在课上给苏姗的成绩是 C，我觉得这不公平。我认为她做的功课是 A 的水平，我还认为你要求她做的作业太多了。
这学期已经有四位家长质疑我的评分了。这一定是个问题。	我：我是尽量准确地进行评分的，但是她的技能还没有达到 A 的水平。
我不记得上一位老师对苏姗的评价是什么了，但我相信不会有什么不同。	简：她的上一个班的老师可不是这样说的。而且我知道，实际情况是她已经尽了最大努力了。
这可比我预想的时间要长。	我：这不只是一次作业。我可以再看一看，但我认为我不会改变我的判断。她确实还不够努力。
我公平对待所有学生。	简：你肯定你对她公平吗？从前大家都觉得她很有天分。
也许我可以建议一些补救措施。我早就应该注意这个问题了。也许，她在家里的情况有些问题。	我：我没有说我不会帮助她。我会很愿意帮助她，如果她愿意坐下来，做些改进。但她自己为什么不先来找我呢?
这简直就是要挟。我应该在这个情况进一步恶化之前向校长助理报告。但是我不能让她知道我的担心。	简：这样就好。但是我认为，在你修改成绩之前，她是不会来找你的。因为，她觉得这个成绩不公平，而且我也同意。
	我：我考虑一下怎么做吧，我会和你沟通。

第四步：反思，把你的左手栏作为参考

把自己经历过的一个实际案例写下来，就会让你获益匪浅。写好之后把它放到一边，一周之后再去读一读。这个案例就变成了一个经典案例，你可以以此检验自己的思想过程——就像是在看待别人的思想过程一样。

在你的反思中，可以问问自己：

- 我的目的是什么？我希望实现的目标是什么？
- 我实现我的预期目标了吗？
- 我说的哪些话如何导致了这个困难局面？
- 我是因为什么原因，说了那些话？
- 再有类似情况，我怎样才能改变谈话的方式和内容？
- 为什么我没有说出左手栏里的想法？
- 我对于另一个人以及其他人，做了什么假设？
- 这样做有哪些益处？有哪些风险？
- 是什么阻碍我改变自己的行为方式？

在小组讨论中，当你感到愤怒或者沮丧的时候，左手栏是很有价值的资源。如果你把注意力放到你自己的思考上，并认识到令你烦恼的原因，你就可以用这样的话，心平气和地打断会议进程：“我意识到我们有重要的工作要做，但我还是觉得我们没有把注意力放到重要的问题上。让我说说我一直在想但是一直没有说的……”

在其他情况下，杠杆的作用点在于谈话本身。一开始，要把上次的谈话按照你希望的进行方式写下来。你用怎样的方法表达自己的想法，可以使谈话更加富有成效，可以使每一个参与者都获得更好的结果？你说了哪些话，就可以让你看到对方的左手栏呢？

尤其是你可以提出哪些问题，让谈话改变方向呢？你如何在每一个阶段引导探询呢？

比如，当那位家长说：“我知道，实际情况是她已经尽了最大努力了。”你或许可以说：“你看到了哪些情况，让你有这种想法呢？”

作为一种检验，请一位第三方的人看看这个修改过的案例（比如，一位可信的、思想开放的同事）。

你也可以用这样的练习，去预测不久可能发生的谈话：把你自己可能会想的、会说的，以及另一个人可能要说的，还有因此引发你所想的，都写下来。这样做可以帮助你，预先为困难的谈话做好准备，因为你预先意识到了一些心智模式，并对其进行了检验。

放大①

亨利二世国王，12 世纪的英格兰统治者，被人出卖了。在此之前，他曾经安排自己的密友——追求享乐的同伴和军事上的伙伴，副主教托马斯·阿·贝克特担任坎特伯雷主教。亨利的设想是，这样的安排可以让他更好地控制教会。但是新上任的主教突然间变卦，不再效忠国王。他断绝了与国王的来往，放弃了自己的豪华宅邸和华贵服饰；对于亨利要在皇家法院审判神职人员的要求，他也拒绝同意。当几名忠于国王的主教被贝克特逐出教会的时候，他们就跑到了国王那里去抱怨。在 1169 年一天晚上的酒宴上，有人听到国王发牢骚说："当一个吃过我的面包的人（指的是贝克特）羞辱我的时候，举国上下，还有我在餐桌上喂养的那些整天无所事事的仆人之中（指的是他的骑士和侍臣们），竟无一人出来帮我复仇。"

有四位骑士把国王随口说说的烦恼当成了命令。他们悄悄溜出王

① 目的：更好地理解可能引起核心权力层与其他人沟通失误的心智模式，探讨澄清期望的各种方式。这个练习可以以个人反思的方式进行，也可以由 4~5 名教师或管理人员分组进行。我们发现，当教师和管理人员一起探讨的时候，这个练习尤其有益。这部分内容和练习源于阿特·克莱纳所著的《谁更重要：有关权力、特权和成功的核心团队理论》（*Who Really Matters: The Core Group Theory of Power, Privilege and Success*，Doubleday 出版，2003 年，第 74 页）。有关"放大"的描述，源自阿特·克莱纳与查尔斯·汉普登－特纳的谈话。

宫，骑马赶往坎特伯雷，杀死了大主教。这场谋杀显然并非出于国王的本意，但他付出的代价，却几乎是他所珍视的一切：他从前的朋友（他曾经希望与之重归于好，并对其思念甚切）、他与教会的关系（他立即被逐出了教会）、英格兰人民的爱戴（尽管国王曾屈尊亲赴坎特伯雷参拜）、贝克特多年来要求他做出的政治上的让步（现在他不再争辩就准许了），以及他的儿子们对他的尊敬——他们接连不断地向他开战，直到他离世。(那些倒霉的骑士去了哪里呢？——亨利把他们统统送进了监牢。)

组织学方面的理论家查尔斯·汉普登－特纳将这类现象称为“放大”。人们采取行动，是因为他们自认为（或是猜测）某个位高权重的人希望如此。一位校长提到过一个项目，说到他希望有人以后会启动这个项目，尽管他自己对此并非十分在意。然而，三周之后他却发现，有人竟连续三天通宵达旦工作，把这个项目的建议放到了他的桌上。一位学监有一次提到，彼得·圣吉所做的《第五项修炼》影响了她关于学校的思考，于是她就发现这本书出现在了大家的案头上，在各种谈话中也都插入了心智模式、系统思考等术语。

发生这种反应，是因为大家不了解，处于组织顶层的那些人究竟想要什么。而且由于种种原因，他们没有要求或者不敢要求那些人做出澄清。这意味着他们与那些人的沟通，仅限于在会议上收集到的信号，以及偶然获得的信号——这些信号最多也只是代表了领导人实际意图的一部分。人们对于自己需要做出的决定缺乏认识，往往就会求助于猜测——通常会猜错。

依赖猜测会产生什么样的后果呢？有时候，不过是浪费精力和产生结果偏差，有时候却会更糟。如果你班上的一个学生，或者你学校里的一名教师，在孤立无援中试着去做了希望你会喜欢的事，但这实际上又曲解了你的意图；于是，你就做出了反应，即便你的反对表示得非常温和，那个人也不会再主动采取行动了。在你做出反应的时候正在周围的那些人，也会如此。（贝克特事件之后，亨利二世的骑士们，极有可能就是如此，这或许可以解释为什么在其后采取的军事行动中他一再失败的现象。）从这一刻起，大家都会等着你把任务完完全全说清楚，不会有人自愿去做任何事，因为他们对于自己猜测你的需求的能力失去了信心。不久你就会发现，在为你工作的人中，没有人有自主思考的能力。而所有其他人则开始相信，你这个人以自我为中心、武断专横，并且对他人毫不在意。

如果你真的想打破猜测的循环，你就必须降低被放大的信号中的失真程度。政治家、外交官以及精神病学家长期以来都意识到，他们需要对自己随意说出的话非常小心，因为这些话对于他们的听众会产生巨大影响。作为一名教师或者是一位学校领导人，我们也需要如此。这就意味着，要对自己无意中表达的意见有所认识，并更为清晰地将其传达出去，这也是为你希望促成的那种新的行为方式，做出表率。

这个练习可以帮助自己或者一个团队，深入探讨你周围的误解，并且找到一些方法，避免出于良好意愿的人做出可能具有破坏性的努力。

a. 你说的话曾经被“放大”过吗？

（a）你的本意是什么？

（b）你是如何沟通的？

（c）你是如何了解到那些误解的？

（d）产生的后果是什么？

（e）对于那些你在事后才了解到的人们的想法，有哪些你希望知道得更早？

b. 你曾经面临过这样的处境，需要猜测别人想要你做什么吗？

（a）你猜想的领导人的意图是什么？

（b）你看到或者听到的哪些东西，让你做出了这个结论？

(c) 你如何知道这对于那位领导人是否重要？这位领导人做了什么，让你得出了这个结论？

(d) 在这次沟通后，你的行为表现有哪些不同？

(e) 如果可以完全匿名，你想对这位领导人说什么？

c. 在你的学校里，谁的声音最可能被放大，为什么？

d. 可以采用哪些方法，降低发生在放大过程中的“猜测”？

如果你与不同的小组进行了这个修习，就可以比较不同的结果。请每一个小组重点描述在他们的谈话中提出的要点，把这些内容用白板、活动挂图或者投影仪记录下来。回顾其中的要点，请整个团队列出他们在各自的背景下可以采用的方法，并排出优先次序。

5. 团队学习

团队学习修炼的核心，是要经过一段时间之后，让处在一个团队中的人们学会共同思考、共同行动。团队中的每个成员并不一定要有“相同的想法”——事实上，他们不可能有“相同的想法”，也没有道理一定要大家这样去做。但是，如果经常修习，他们可以学会如何同心协力。

学校里的团队活动其实相当丰富。一个课堂就是一个团队，在实现“一起开发能力”这个共同目标上，人们需要互相帮助。这个团队的成员中，其实还包括那些乍看起来并不属于这个团队的人。比如，课堂上使用的核心教材和参考书的作者们，那些让学习成为可能的学校工作人员，那些为课堂提供所需资源和支持的管理人员，以及那些通过自身参与在一定程度上将权威赋予课堂的家长。但是，课堂里的核心团队，还是日复一日来到这里的教师和学生。

当你身处教育系统的学校和社区层面的时候，就会发现团队完成了大部分工作。由社区选举出来、被称为学区委员会的团队制定了各种政策，学区委员会、学监以及高级管理人员组成的又是另一个团队。课程团队、场地团队、员工发展团队，都在为学校的创新确定基调。各种校际团体近来也变得越来越有影响力。比如，全国学监圆桌论坛（National Superintendent's Roundtable）① 一直在推动开展全国范围的学监会议，让大家得以相互交换意见，并在各自的学校系统中建设组织学习能力。这项能力现在已经开始渗透到大家各自的管理团队之中了；在各个不同学校系统的学区委员会之间，也经常开展心智模式等技能的修习。

由于许多学校都有类似的团队讲课、团队建设以及小组互动等方面的经验，所以教育工作者通常认为，他们一直在以某种形式进行着这项修炼。然而，大多数团队建设活动，往往只是一些以提高沟通技能为目的、相互之间没有关联的“训练营”。一旦训练结束，团队返回工作之中，其做法又回到了从前的老办法中去了——往往事与愿违。相反，团队学习是一种定期地改善日常沟通能力的修炼——在教师会议上，在员工发展活动里，以及在课堂本身之中。

团队学习的核心，是经常在一起的一群人习惯性地保持这样的意愿：要像一个生命系统那样去思考和行动。这不只意味着做出一次决策，或者是明确固定的角色，再按分配的任务去执行，而是意味着对于那些必须予以理解和解决的问题，要在相互尊重、从容审慎之中持续探讨。

这项修炼往往又会回到种种核心问题上去：是什么让我们做出选择以教育作为一种职业？又是什么让我们继续下去？对于孩子们和他们的背景，我们根本的看法究竟是什么？我们的学校究竟在哪些方面需要改变，哪些方面要坚持下去？在这其中会有各种各样的看法，团队不必对每一个问题都达成一致。但是在团队成员之间，却必须协同起来。

① 有关全国学监圆桌论坛，请见 www.superintendentsforum.org。

协同

团队学习的基础是“协同”（alignment）——与“同意”截然不同。alignment 源于法语中的 aligner（“放到一条线上”），这个词的含义是：通过所有人相互适应、修正，形成一种共同的认知——对于他们彼此的认知、对于他们目的的认知，以及对于他们现状的认知，把四下散乱的各个元素组织到一起，让他们有如一个整体那样发挥作用。尽管每一个人都保持了各自的独立性，但他们会自然而然地朝着一个共同的方向一起努力。在他们达成共同目标的过程中，不会浪费过多的时间和精力，因为他们彼此之间有着更为深入、全面的了解。虽然在他们之间有可能并非完全一致，但由于他们的相互深知，其中的任何一位都可以就许多题目，代表整个团队发表看法，并不需要事先沟通。

在课堂上，当所有学生都感到自己身处大家共同学习的努力之中，而不仅仅是个人学习，协同就逐渐成形了。在学校或者社区中，当人们具备看到彼此、尊重彼此的能力，具备对于自身所处的现状建立起某种共同的心智模式的能力，协同也就开始了。

学校中的深度会谈①

据我们所知，团队学习最有效的练习是从一种被称为“深度会谈”的谈话方式中形成并发展出来的。威廉·艾萨克是麻省理工学院深度会

① 这一节的内容部分改编自《第五项修炼·实践篇》中的几篇文章，尤其是威廉·艾萨克所写的《深度会谈》以及由威廉·艾萨克与布赖恩·史密斯合著的《设计一场深度会谈》。另见威廉·艾萨克所著的《深度会谈：共同思考的艺术》（*Dialogue:The Art of Thinking Together*，Doubleday 出版，1999 年）。

谈项目和汇理学院的创始人和主任，他将“深度会谈”定义为：一种对于日常经验和我们习以为常的种种现象持续不断地集体探询。深度会谈的目的，是通过为探询建立一个“容器”或者“场”，去打开一片新的空间——在这样的环境之中，人们对于自己经验的背景有了更深的认知，对于思想的过程有了更深的认识，对于创造出这些经验的情感有了更深的认识。

在深度会谈的实践之中，我们不仅关注话语中的词句，也关注单词的间隔；不仅关注一个行动的结果，也关注这个行动的时机；不仅关注大家谈到的内容，还关注他们说话的声音和语调。我们倾听寻求这个“探询场”的意义，而不仅仅是其中的不相关的元素。在深度会谈的进程之中，人们学习如何共同思考，并非是仅仅分析一个共同的问题，或者是创造共同的认识，而是处于一种集体感知的状态。在这种状态之下，思想、情感以及由此引发出来的行动，并非归属于某一个人，而是为其中的所有人共有。

深度会谈是一个有着历史背景的实践。初看起来也许有些陌生，但对于大多数人来说，深度会谈一旦开始，就会觉得这是自然而然的。这也可以说明，为什么虽然存在着许多习惯和制度上的障碍，在现代社会的环境之中，深度会谈还是逐渐活跃、盛行了起来。

在你自己的学校和学区之中，对于重要的议题，耐心培育一系列深度会谈，可以逐步形成一个容器——人们在其中体会到整体至上的感受。你们能够在一个平心静气，鼓励人们提出问题，而不必一下子就跳到答案的空间之中，安全地探讨有争议的议题，比如：工会的规则，或者是课程安排上的歧见，等等。当你们对于各自的思想有了更为深入、透彻的了解，就可以进入到协同行动的模式中去了，而且不必陷入原来的那种武断随意又单调乏味的决策方式之中。你们能以一种协同的方式开始采取行动。在许多情况下，你们更像是树上的一群鸟，以完全顺其自然的秩序从一棵树上一同起飞，并不需要制订一个行动计划，安排每一个人应该做什么。①

对于现代生活的碎片化和孤独感，深度会谈是一剂良药。人们往往习惯于将世界割裂为各种不同的类别，然后就把这些类别当作天经地义的道理，全然忘记这些类别之间存在着动态联系，又总是在不断演化。人们之间的各种争吵——企业人士与教育人士之间、员工与管理层之间、左派与右派之间，以及家庭的不同成员之间，都是这样一种集体催眠状态的症状。要“解决”这些争吵，更多的讨论、更多的辩论，都没有太大用处，而只能通过一种探讨——人们在此汇合，他们的视线穿越了蒙蔽自己的心障。

设计深度会谈

一位技能纯熟的引导者（Facilitator）可以帮助一个小组逐渐演变、进化，看到自己能量的流动，人与人之间的意义也会变得更具体、更加令人信服。由外部人员进行辅导，也有助于保持小组的方向；如果没有人把小组拉回到自己真正的目标上，大家就很容易陷入辩论、争吵和人为操纵的“达成共识”状态。但是，即便没有引导者在场，只要大家遵守一些基本准则，还是能够形成更为深入、更像深度会谈的谈话。

- 以发出邀请开始。对于是否参与其中，人们一定要能进行选择。
- 当假设和信念在过程中出现的时候，要练习悬挂假设与悬挂

---

① 当代“深度会谈”从物理学家戴维·波姆（David Bohm）的工作中获益良多。波姆指出，当思想的根源可以被观察的时候，思想本身就会变得更好。参见戴维·波姆所著的《展示意义》（*Unfolding Meaning*，Foundation House 出版，1995 年）。另见网址：www.david-bohm.net。

信念，这就是说，要从各种不同的角度对它们加以探究，让它们清晰地呈现出来，对它们予以重视，并且了解它们从何而来。“悬挂”（suspend）一词的意思是“挂在面前”。把你的假设“挂在自己面前”，让你自己和其他人方便对它们进行反思，这本身是一种精细入微，而又强大有力的艺术。种种假设应该像悬在一段绳子上那样，挂在屋子中间，人人可见，所有人（包括悬挂自己假设的那个人）都可以质询和探究。

• 每一次深度会谈开始的时候，都以“破冰发言”开场；在结尾时，以“结语发言”作为结束。这意味着要给每一位参与者一个机会，简单说一说自己的思考、感受是什么，以及他们注意到了什么，要强调亲身体验的重要性。当每一个人都知道了他们有说话的机会之后，大家通常就会放松下来。

• 不需要制定正式议程，也不需要详细准备——这些都会妨碍谈话的流畅进行。

• 尽管在就餐过程中开会，可以打破初始的陌生感，但我们不建议这样做，因为餐厅中的服务和就餐本身会分散人们的注意力。

• 小组作为一个整体，要同意至少进行三次座谈，之后再决定是否继续下去。少于三次座读，就不是一个合乎情理的实验了，因为从谈话演进到深度座谈，是要花些时间的。

• 要面对小组围坐的中心讲话，而不要互相交谈。要创造出一个共同意义的“共享池”。如果小组中的两个人开始争论，或者小组的意愿以其他方式被操纵，温和地请大家注意到你置身其外，然后再请大家回到小组期望的方向上去。

当上述技巧成为一系列谈话的一部分的时候，当人们除了与那些对自己至为重要的人建立更深的联系之外并无其他目的的时候，某种有着巨大力量的现象就会产生出来。比如，有一次深度座谈的议题是学校预算中用于特殊教育的资金和精力应该降低多少，参与人包括教师、管理人员、家长、社会工作者和社区拥护者。其中的每一个人都有自己由来已久的态度，其来源包括与残障人士打交道的个人经验，做教师的经历，以及对于州政府的预算和州立法机构的感受。但是，当每个人都发自内心地说出自己想法的时候，每个人也认识到了其他人会有其观点的种种理由。这个问题承载了前所未有的意义，似乎特殊教育的巨大潜力本身，就悬挂在大家面前。什么问题都没有解决，也没有做出任何政策性的决定。但是，自这次深度座谈之后，对这个问题的种种争论似乎烟消云散了，仿佛大家都认识到，他们除了作为一个整体的成员去面对这个问题之外，别无选择。其后，在另外的会议上，人们做出了相关决定。大家都说，他们对于做出的决定都相当高兴，并且说，假如没有那次深度会谈，他们对于其中的利害关系就不会有如此深入的理解。

教育领域中的团队学习

许多优秀教师已经在本能地开展团队学习的修习了。比如，由明尼苏达州大学（University of Minnesota）的戴维·约翰逊（David Johnson）和罗杰·约翰逊（Roger Johnson）研究开发的“合作学习”，就是一个经许多学校应用过的有效团队学习方法。这种团队修习的过程是，由两名或两名以上的学生组成小组，共同完成任务；老师为他们提供工作推进、头脑风暴、总结各自的想法等方面的训练，甚至在会谈中“代表”某个观点，然后再转换角色，使得学生们可以看到自己以前的种种假设悬挂在面前。

团队学习的方法在一些特定的学校结构中有其特殊的价值。比如，在年龄混编的课堂上，大家的共同知识背景可以让学生们获益匪浅。例如，在四年级和五年级学生的共同历史课的一个单元开始时，老师可以提问：“我们对于新世界的探索者已经了解过什么了？”然后再把学生的回答写在黑板上，并标出其关系。五年级的学生也许还记得一年前学到的一些知识点（那是三年级的学生还没有学到的），而一名对于航海船只极有兴趣的四年级学生，或许了解许多其他学生全然不懂的东西。但是，在这个学习环境中，年龄较小的学生身材较小，极有可能感到胆怯，这就需要有人帮助他们认识，每个人都可以做出贡献；而年龄稍长的学生，则需要认识到他们只是被当作整个小组的一部分看待，而不是这个小组的支配者。

团队学习在课堂之外也有用处。比如，在学校的各种委员会里，团队学习可以起到关键作用，尤其是当委员会中有学生代表的时候。员工发展项目也是团队学习的一个天然载体。专业学习社区的广泛应用，使其成为一个重要的练习场所，教师们在这里可以互相学习。你可以通过提出有关核心价值观和核心信念的问题的方式，启动深度会谈——“我们为什么在这里？是什么原因让我们选择教育作为自己的职业？是什么让我们继续在这里工作？”让人意想不到的是，教师们大都从未与一大群同行一起开展过类似的谈话，而这本身就会产生很大的影响。

更大范围的公众讨论，也可以成为深度会谈的背景条件。这样的一个问题启动了一场全校参与的深度座谈：“如果我们能够对我们所期望的教育做出变革，那应该是什么——不是就我们自己的学校而论，而是涉及整个教育领域的环境条件？”当迈阿密大学教育领导力学院的教师和学生提出这个问题的时候，他们以在跨学科的人文科学方面存在着深层的学习需求结束讨论——对于那些拥有权力的人来说尤其如此。

这场座谈发生的背景，是对于这个学院发展方向的各种不同意见的大爆发。参与到这场座谈中的人所持的观点从极端保守派到马克思主义者，五花八门、无所不包。在这个过程中，没有人改变自己的观点，但是他们走到了一起，面对他们共同关注的重大利益：教育领导人这项事业的未来和领导力培养的价值。这场讨论的结果是形成了一个领导力建设的跨学科课程大纲，并最终在这个领域中得到了广泛认可。

启动深度座谈的另一组有价值的问题相当简单："教师如何看待学生？我们作为教育工作者，对于我们学区中的那些孩子，有哪些心智模式？而这些心智模式又是从何而来的？"有些教育工作者在内心中相信，孩子学习的最终责任在学校，尤其是在于学校的领导人，也就是校长。另一些人则明确地认为，家长要承担最终责任。还有些人则认为责任在老师，或者认为责任在学生自己。对于这个问题的深度会谈，可以帮助人们看到，这些南辕北辙的态度是如何对政府政策产生影响的，也可以帮助大家看到他们的这些态度是从何而来的。

绘制团队学习地图的修习

许多团队面临的最大挑战之一，是形成相互理解的环境，思维导图（Mind-mapping）技术，又称概念联系图，对此可能很有帮助。这类练习图把每一个人的不同假设及其相互关系，开放地表达出来——小组成员都可以看到它们，并一起展开讨论。思维导图还可以起到以一种强烈的可视化方式记录小组的思想过程的作用，避免讨论陷入困境。

比如，如果你是一个管理人员，要决定是否开除一名学生，在这种情况下，你就可以把学生的家长，以及相关的老师请来一起开会。

思维导图可以这样开始，写上学生的名字和四个不同的维度：学生的学业表现、发展状况、社会关系网络以及在学校与家里表现的异同。

请在座的每一个人帮忙填上图中的内容。请家长谈谈孩子与兄弟姐妹以及其他孩子的关系。“在周围邻居中，他的玩伴年龄比他大还是小？”请不同的老师描述一下，他们所看到的孩子在不同情境下的情况，比如午餐的时候、课间休息的时候以及上课的时候。

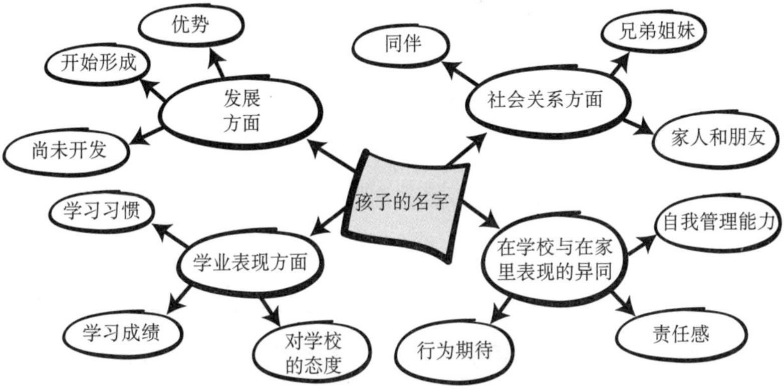

然后，就可以看看这名学生的发展情况了，尤其要看优势，就是罗伯特·布鲁克斯（Robert Brooks）所说的“能力岛屿”，也就是已经初露端倪，但尚未发展出来的才能与品质的潜力。[①] 你或许可以说：“据我了解，你的孩子是在我们年级中年龄最小的男孩子。这对于他会有什么影响？”再考虑一下学业问题：诸如学习习惯、成绩表现以及对学校的态度。“你的孩子喜欢学校吗？他的成绩、分数和学期报告是如何变化的？”

然后，考虑在家与在学校表现的异同。你或许可以问：“如果记录

① 可以参照罗伯特·布鲁克斯和萨姆·戈尔茨坦合著的《培养适应性强的孩子：在你的孩子身上培育优势、希望和乐观》（*Raising Resilient Children: Fostering Strength, Hope and Optimism in Your Child*，McGraw-Hill 出版，2001 年），第 135 页。

下来他在家和在学校中的问题行为，是否有意义？如果要做的话，我们应该怎么做？”在讨论的过程中，把相关的内容贴在图上的适当位置。等到你们完成了所有内容之后，这张图就会显示出孩子存在哪些不足，但并没有责怪任何人——孩子、家长或者是其他人。

思维导图在其他情境之下也有相同的作用。你可以请教师给他们班上的每一个孩子画出类似的图，标出这个学生身上最值得欣赏的几个特征——同时也标出一个（或者两个）他们最希望学生改变的品质。提醒教师一定要把自己加到这个图里，因为教师也是影响学生发展的因素。一旦学生的优势和劣势都确定出来之后，教师对这些特征就会更熟悉，也可以做出更好的反应。在家长会上给家长看这样的图，也很有用，这会让教师更容易与家长沟通他们的假设，并提出感到困难的问题。

教师也可以画出类似的图，跟踪自己的职业发展情况，在与上级领导探讨时很有用。其中可以包括具体细节，比如自己已经参加过的课程，但是可以在更大问题的框架中展开讨论，比如个人的目标及其与学校和社区目标的融合程度。这张图可以每年滚动绘制。

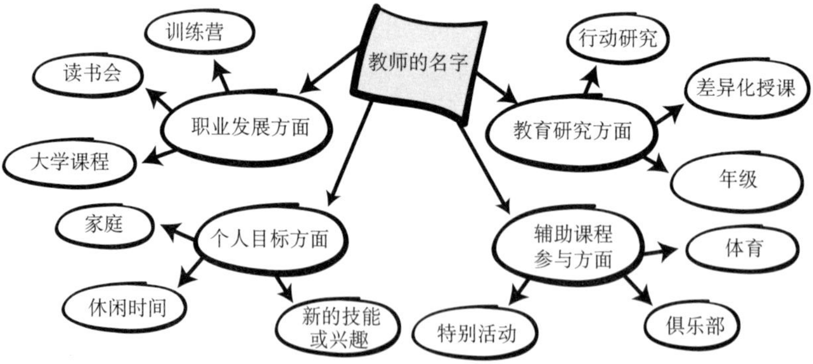

世界咖啡馆①

内尔达·康布-麦凯布

我第一次体验世界咖啡馆是在一次系统思考的会议上。这个过程的设计者朱厄妮塔·布朗为一个大型团队（全体人员有几千人）安排了一系列有挑战性的问题。讨论的主题是：为变革我们的组织和世界建立协同能力。当我走进一家酒店的大宴会厅的时候，迎接我的是几百张小咖啡桌，以及桌上的格子桌布和花束。我一下子就感到这会是一次特别的经历。在随后的两个小时里，许多人在不同的桌上参与讨论，另一些人则一直留在一张桌子上进行讨论；随着每一轮讨论的变化，大家的想法和观察就提升到一个新的层面。当我在两小时之后离开这次讨论的时候，感到与房间里的每一个人都有一种不可思议的联系。我们在房间中走来走去，看着探讨逐渐演化、集体智慧逐步形成，这给了我希望：这样的探讨可以改变世界。

通过朱厄妮塔·布朗发表的书籍、文章和建立的网站，你可以初步了解如何组织世界咖啡馆的谈话。在自己的工作中，我把这个过程应用到各种不同的学校系统里，也用在高等教育机构的教职团队的会议中。世界咖啡馆“参考指导篇”是一本电子书，简要介绍了如何以这种形式开展有意义的谈话的指导原则，包括从问题的开发到会场布置

---

① 朱厄妮塔·布朗（Juanita Brown）和戴维·艾萨克斯（David Isaacs）及世界咖啡馆社区（The World Café Community）所著的《世界咖啡馆：通过有意义的探讨塑造我们的未来》（*The World Café: Shaping Our Futures Through Conversations That Matter*, Berrett-Koehler Publishers 出版，2005 年），《世界咖啡馆：开展有意义的探讨的参考指导篇》（“The World Café: A Resource Guide for Hosting Conversations That Matter”, PDF 版，2009 年 ）。Pegasus Communications 的 网 址：http://www.pegasuscom.com；World Café 的网址：www.theworldcafe.com。

的所有问题。《世界咖啡馆：通过有意义的探讨塑造我们的未来》一书则详细介绍了这个方法，并提供了其理论及哲学背景，以及在不同组织中应用世界咖啡馆的许多案例。我发现这本书对于我自己设计“咖啡馆”讨论十分关键。世界咖啡馆的网站提供了更多的指导和工具，其中许多是免费的。当我每一次完成“咖啡馆”讨论的时候，我都看到了谈话在塑造我们的生命方面不可或缺的作用。

6. 系统思考

许多学校管理人员整日陷于危机处理之中，无法自拔。你如果坐到一位学监的办公室里，听着打进来的电话，就会惊叹不已——当然，也会感到有些奇怪，为什么不干脆把电话线拔掉。每一个事件似乎都需要立即做出反应。一个孩子在学校的操场上受伤了，所以要加派监护人员到操场去。州立法机构正在讨论的一个法案，有可能会削减学校一些项目的收入，所以要安排到州首府去一次。一位家长对孩子的成绩有些担心，因此本周要安排见面。无论是什么问题，学监（或者其他管理人员）的任务就是要以最快速度做出分析判断，并且找到马上就能解决问题的方案。

但是，这些“快修”办法的长期影响很可能弊大于利。不仅如此，对于每个事件立即做出反应，一出现问题就随时解决的习惯，会在学校系统中培养一种“注意力缺乏文化”。人们从一个问题迅速跳到另一个问题，就会逐渐在处理危机上技能纯熟，却忽视了如何寻找途径，防止危机的发生。

系统思考的修炼提供了另一种看待问题和目标的方法——它们不是孤立的事件，而是一些更大的结构中不易觉察并且相互影响的组成部分。了解一个系统就意味着要了解那些相互影响的关系，了解它们如何反复发生、如何随时间推移而演变。一个学区是一个由许多相互关联的成分构成的系统：从校舍设计到人们在学校中工作的习惯与态度，以及由州政府和社区加在学校头上的所有政策和流程，还包括那些难以改变的力量，比如：可用资金情况和学生人数的增减等等。了解了这些因素如何相互作用之后，行动的效力就会大大提高。

系统与系统思考①

一个系统是一个可被感知的整体结果，其组成元素“相互依赖”，这是因为这些元素随着时间的推移持续不断地相互影响。System（系统）一词源于希腊语的动词 sunistanai，原意是“使……站在一起”。正像其原意所说的，系统的特征也包括你自己观察这个系统的视角。系统的实例（除学校系统之外）包括生物有机体（含人体）、大气、疾病、生态空间、工厂、化学反应、政治机构、产业、家庭、团队，以及所有组织。在每一个学区、社区以及课堂之中，都会有多个值得关注的不同系统：学区中的治理流程、具体政策造成的影响、劳工—管理层关系、课程开发、处罚学生的模式，以及管理人员的主要行为等。每一

① “系统思考”这个说法，用在不同的语境之中，表示各种概念。更多这方面的内容，请参见《变革之舞》（*The Dance of Change*，Crown Business 出版，1999 年）中查罗特·罗伯茨所写的《系统思考的五个种类》（“Five Kinds of System Thinking”）。有关开放系统理论，特别是系统动力学方面的认知演化过程的深入探讨，我们还推荐《社会科学和系统理论中的反馈思想》（*Feedback Thought in Social Science and Systems Theory*，University of Pennsylvania Press 出版，1991 年）。有关这方面的历史线索，请参考阿特·克莱纳所著《异端年代》（*The Age of Heretics*，Jossey-Bass 出版，2008 年）。

个孩子的生活都是一个系统。每一个教育实践，也是一个系统。

系统思考的修炼是对系统结构与行为的研究。过去50年以来，逐步形成的一系列的工具和技术使其逐渐丰富、成熟，尤其是自功能强大的计算机问世以来。其中一些工具和技术相当简单，另一些则需要计算机模型（以及相关模型使用培训）。所有这些都不难掌握，然而，随着这些工具和技术的逐步使用，你就能够学会如何识别和应对每天生活中的“非线性”现象，也就是因果关系不以多数人期望的方式发生的那些情境。对于复杂性、相互依存关系、变化和杠杆作用（以最小的成本和努力，获得最大的结果的能力），你也会逐渐形成认知能力。对于自己生活中的预料之外的结果，你会因此获得更多的了解。

系统思考的工具和技术初看似乎并不十分常见，然而，（你将会看到）其中的基本概念还是会在你内心深处产生共鸣。比如，我们发现，多数孩子是天生的系统思考者，对于自然界、他人、情感、思想及其相互之间的种种相互依存关系，感应能力极强。

教育领域中的系统思考

由于教育系统中普遍存在的各种问题的形态特点，系统思考在教育领域中尤其有意义。在《领导力：没有简单答案》[①] 一书中，罗纳德·海费茨将其统称为“适应性”问题，意思是说以纯粹的技术手段或者一对一的反应方式，无法解决这些问题。比如，单一感染是一个

① 参见罗纳德·海费茨《领导力：没有简单答案》(*Leadership Without Easy Answers*, Harvard University Press 出版，1994 年)，第 31 页。

技术性问题，采用抗生素或者其他简单的治疗方法，结合传统医疗技能就足以解决了。但是，对于一个复杂的病症，比如癌症或者糖尿病，所需的就远不止技术方案或者简单治疗手段了。其诊断带有很大的不确定性，诊断结果更多的是一种猜测而不是确定性的结论。同时，为保证治疗过程的进行，患者也必须参与其中，了解治疗过程，并且改变自己的生活习惯。对于海费茨来说，以其复杂性和不确定性，就可以确定这是“适应性”问题。

由于几个方面的原因，教育领域的问题比健康问题更为复杂，也更具不确定性。教育领域问题的时间更长——在许多国家，一个孩子3~4 岁开始接受教育，走出校门的时候可能已经 22 岁了（还可能年龄更大）。其中涉及的知识和专业能力，比起医学领域更加碎片化，也更为分散，虽然如何提升学校效力的基本认识正在形成，但是其共识程度远远不及大部分生物领域。教师、管理人员和家长，分别拥有一部分知识，同时又缺乏其他方面的知识；课程安排以及其他事务的优先次序是在学区之外确定的；然而，从某种意义上说，学生才是其中真正的专家，因为只有学生才能够从头至尾看到整个系统。最后，就像高品质的药物一样，高品质的教育取决于一系列的人生选择，以及学习如何做出这些选择的方法。

因此，系统思考可以为教育领域做出巨大贡献，但其本身不应当作个人修炼去对待，一个人的个人视角不可能全面。不要自己练习，而是要把做出承诺、愿意尝试的人们召集到一起，一起讨论自己所处的共同环境。在思考过程中，应用各种系统工具，描绘出正在产生作用的各种力量，在大家看到的系统基本模式和系统架构中寻找类似之处。同时，也要看到其中的不同之处，因为不同的人对于问题的看法的差别之中，可能存在着了解系统的关键线索。

你的行动是整个系统的一部分，对其表现方式要特别关注。如果你的行为倾向于指责他人——不论是教师、家长、学校、政府、本地社区以及企业，那就要问一问自己，你在系统中处于什么位置，才有可能导致这种状态。还要具体看一看，究竟是你的哪些行为，导致这种状况难以改变。

最后，要试着识别出系统中的杠杆作用点：相对较小的行动可以取得相对较大的成果的地方。然后就可以进行小规模实验，观察结果，并且与同事和其他合作伙伴谈谈你的实验（及其成果）。通过这种方式，你的小组的努力自然就会成为系统的一个组成部分，是对系统进行反馈的一种形式，也是系统得以自我改善的催化剂。

冰山模型①

当“泰坦尼克号”在跨越大西洋的处女航中驶近一座冰山的时候，对这艘船最具威胁的并非是水面之上可见的冰山，而是远在水面之下，那里的形状和结构——实际上也就是冰山的大部分，即便是在白天也难以看到。大多数人都熟悉“冰山一角”这个说法。它的含义是，在表面之下还有更大的部分，我们不易看到或者不易描述出来，也就是说，表面上的各种事件通常只是更大问题的现象而已。

虽然海水黑暗、模糊，但引发变革的真正的杠杆作用点，还是要在表面之下发现。从系统的观点去看，如果只关注一个具体的事件，

---

① 目的：这个活动可以帮助你从应对一个个孤立事件，转变到能够看见时空上也许相差极大的多个事件的相互联系。你的团队不再对事件做出简单反应，或者试图寻找责备的对象，对于你们面对的种种挑战背后的结构和思维方式，大家可以获得更为深入的洞察。这个练习中的反思和探询过程，可以帮助说明系统思考和心智模式的修炼是如何内在地交织在一起的。

也就是关注冰山的一角，就会阻碍你看到学校组织的复杂性。“冰山活动”这个修习，把团队的注意力聚焦到如何理解问题上。虽然最终这个修习往往可以帮助人们找到解决方案，去应对那些他们已经识别出来的问题，但在一开始最好还是把它当作理解问题的一种方法。

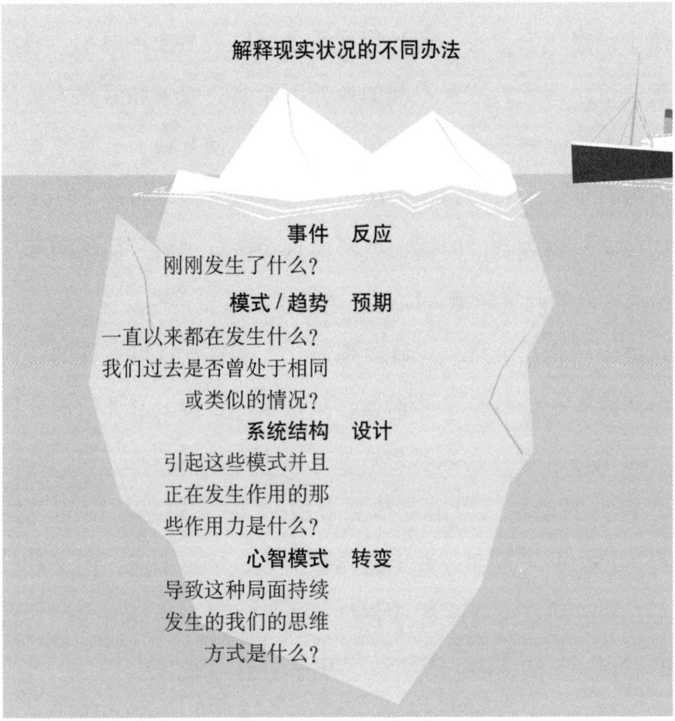

第一步：事件

说出在你的课堂、学校或者是社区中出现的一个关键性的事件或者是一个关键问题。花 15~20 分钟反思这个事件，以及这个事件一直以来都是个问题的原因。你自己和其他人对于这个事件做出了哪些反应？你们是如何尝试解决这个问题的？

比如，前不久州政府的报告表明，十字街公立学区（Crossroads Public School District）前一年的学生毕业率只有78%。虽然这个学区学生的毕业率过去几年一直在下降，但对于这次下降，大家都感到措手不及，尤其是这个州其他学区的学生毕业率都达到了95%或更高的水平。不仅如此，就在几年之前，这家学校似乎还在进步。

这个消息令人沮丧。家长们联系了学区委员会成员们，要求采取行动解决这个问题。背景不同的人相互指责：老师和管理人员认为家长和孩子们根本就不在乎；家长们则愤怒地回复说，教育工作者根本就没有教育他们的孩子；社区成员保持缄默，但发誓在下一次要求他们投票决定运营收费的时候，要考虑这次统计结果；民选的领导人们则开始讨论新的问责制度，以保证这个学区做出迅速反应。

这类反应相当典型，也可以理解。人们往往以反应性的行为对事件做出回应——把每个事件都当作个别事件，按其具体情况分别做出反应。虽然这类反应可以理解，也很常见，但是一般不起太大作用。如果你看到的现象（无论是什么现象），只不过是冰山的一角怎么办？虽然冰山的可见部分看上去体量巨大，来势汹汹，但是其最危险的部分却藏在海面之下。除非你能够设法穿透黑暗的海水，看到支持可见的冰山一角的结构，否则你不可能绕过冰山航行。

那么，冰山一角之下又是什么呢？

第二步：模式和趋势

以两个问题开始：在过去的一段时间里，一直在发生什么？我们此前是否曾经处于同样或者类似的情况？

探讨你们在第一步中描述的事件的相关历史。把相关事件随着时间发生的过程用图表表示出来。你们看到哪些模式正在显现？

在十字街公立学区[①]，管理人员收集了与学生特点和本地人口迁移相关的数据，以及其他似乎与毕业率有关的事件。他们画出来的图大致如下图所示。

系统专家把这种图表叫作行为—时间图。图中表示出的行为，不是人类的行为，而是系统的行为，即关键变量升降的模式。随着这些模式逐步显现出来，大家就可以清楚地看到，其中多数模式以前都曾见过。全新的模式基本不存在。虽然它们看上去并非完全相同，但是它们一定会与两年、五年，甚至于十年前曾经出现过的某些模式有类似之处。

观察行为模式最初可能会让人感到郁闷——这些模式表现的似乎是无法避免的厄运，无论你做了什么，都还是要落入模式之中去。这样的态度背后是“历史将会重演”的假设，但这个假设是错的。现今，影响教育的所有主要驱动因素，从经济状况到政府政策，再到教育的人口趋势，都是无法预测的。因此，虽然各种行为模式呈现出一定趋势，但并不足以支持决策。要想看得更深，你就要思考模式的深层原因——那些将你引入眼下这个局面的、相互关联的种种驱动因素。

---

① “十字街公立学区”是一个虚构的学区，但这里的事件和分析却是基于几个真正的故事。

第三步：系统结构

哪些影响因素造成了你在第二步中描述的行为模式？这些系统元素看起来是如何相互影响的？如果你想要改变这些模式，学校中的哪些基础特征必须转变？

在每一个模式的背后，都有一个系统结构——表面上似乎并无联系但相互作用、相互影响的一组因素，尽管这些因素可能在时空上相距甚远，尽管它们之间的关系也难以辨识。如果加以仔细研究，这些结构就会显露出可以产生最大作用的杠杆作用点。这些作用点并不一定是最高权威的所在之处，它们是长久以来已经根深蒂固的因果关系交织之中最容易受到影响的那些点。

许多这样的系统是随着时间推移、在解决长期问题的习惯做法中逐渐形成的。要重新设计这些系统，就需要深入理解现有的结构和做法。比如：在十字街公立学区毕业率下降的现象背后，或许既有学生来源的多元化程度持续增强的情况，也有在帮助有学习困难的学生方面，未能及时开展员工工作的因素。这个学区以往以教学优秀而闻名，因此许多希望自己的孩子得到最好学习体验的家长就被吸引了过来。许多学校的管理人员依旧认为自己的学校是培养精英的大学预科，并以此作为决策的基点。然而，周围的社区已经成长、变化了，其中许多家长的第一语言并非英语，对于其中的一些教育上的需求，学校毫无准备。

随着经济因素迫使这个学区缩减预算，毕业率下降的问题进一步恶化。其中有一个因素往往被忽视，这就是学校领导的离职率。2000—2005 年在位的校长，曾经开发和推广过一个替代性的晚课项目，要求希望退学的学生必须参加，否则退学申请就不予批准。这个项目既为需要获得高中学历的学生服务，也为成人识字课服务——也像许多项目一样，急需资金支持。尽管如此，这个项目由一位精力充沛、乐于助人并且心地善良的老师主导，为学生提供了一个温暖而又个性化的学习机会。但是，当这位校长退休之后，这个项目也就中断了。随后，这个学区试图把这些学生安排到附近一家替代学校中学习，并且安排了更多的阅读和数学补习课程，然而，其成功率比原有的晚课项目要低得多。

你可以尝试用语言来描述因果关系的模式，但是用图画出来，以箭头表示因果关系，要有效得多。这个现象的因果循环图，最终可能是下图这个样子：

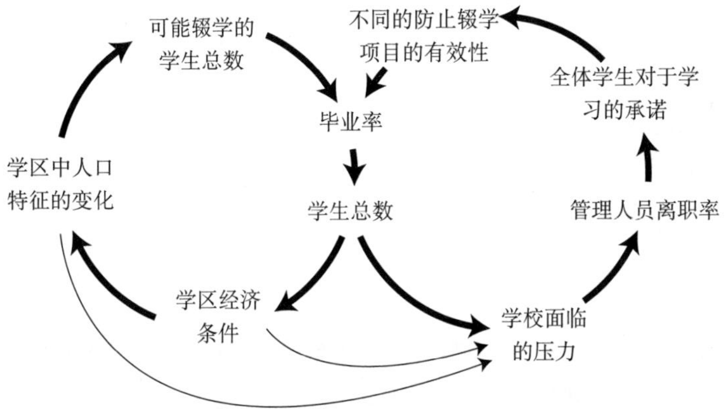

注：这是一个"增长极限"系统基础模型——参考彼得·圣吉所著《第五项修炼》。

注意一下相互关联的影响因素的数量，以及它们如何共同作用导致毕业率的提高和下降。也需要注意到，这个图中没有"纯粹的"起点或终点——所有因素都在影响其他的因素，其自身又受到其他因素的影响。系统就是以这样的方式随着时间的推移而进化的。当学区的毕业率升高的时候，就会影响学校的名声，并（最终）影响社区的经济条件。这些因素，反过来，又影响了学校的工作效力，并且最终决定了毕业率。

在本书中，我们将会用到许多系统思考的工具——包括因果循环图和结构模型，帮助我们梳理，并且清晰地描述出构成系统的相互作用关系的模式。我们也会看到，这些不同的、重复出现的模式，如何引发可以预测的结果，又如何指出方向，让你认识到杠杆作用点可能的所在之处。我们还会让你了解如何开发不同的计算机模型，它们可以帮助你在理解系统上，有更高的准确度，能够关注更多的细节，并在学习和认识上更具潜力。

然而，总要有目前的这个关键步骤，也就是把你们的注意力集中到系统中最重要的种种系统结构上，集中到它们相互影响的方式上。简单地说，就是去寻找影响其他因素的各种因素。

那么，我们要把注意力放在哪里，才能将系统结构看得更清楚呢？

第四步：心智模式

对于你正在试图解决的问题，系统结构可以将对其产生影响的那些相当深层次的、互为因果的种种关系显露出来，但还有一个更深的层次，就是最初引发这些系统关系的心智模式。人们处于系统之中，他们的价值观、态度和信念通常将系统塑造成形。这是因为我们的心智模式，也就是我们有关这个世界的运作方式的种种道理，影响了我们的各种行动，而这些行动又反过来影响了这个系统中各部分的相互作用。

比如，可以考虑一下引发学生退学的心智模式。在这个学区中，大家是不是认为校长必须是一个超级英雄呢？他们是不是感到，如果看到一点儿瑕疵，就标志着他们选错了人呢？他们有没有期望这个校长在政治上八面玲珑，在态度上彬彬有礼，对于许多事却连碰都不肯碰呢？

反过来看，校长对于这个社区又有什么样的心智模式呢？对于教师和教师工会，是什么样的心智模式？对于学生以及多少学生有能力学到毕业，是什么样的心智模式？对于最佳学习模式，对于自己，又是什么样的心智模式呢？许多学校的管理人员是成功人士，也受到过良好的教育，他们学会了宣扬观点的力量，但是在探询上却缺乏技能。他们往往守着这样的心智模式：每当面对冲突，如果他们争论得更富激情，讨论得更加激烈，他们就会“赢”。然而，恰恰是因为这个方式，他们与教师以及家长之间的误解不断重复、循环，并延续下去。

现在，再想一想你画的图中的问题。在系统结构中的每一个因素的背后，都是一组态度和信念，虽然其中一些会引发误解、降低效率，却从未受到过质疑，因为它们是不可见的。你是否能安全地让它们呈现出来、对其进行探询呢？只有把这些信念和假设呈现出来，系统才可能发生改变。

应用冰山模型

这是一个团队练习，可以用来探讨任何重大问题。当你们逐步完成了这四个步骤，你们之间的讨论就会上升到一个新的高度——远离了那些“快修”式解决方案，更加接近于真实了解制造了这个问题的种种态度。在初始阶段，要引导探询：要求大家不要提供解释，而是提出问题。在你们进行后面的三个步骤的时候，都要记住：你们不是在寻找解决方案，而是在生成一种对于局面的更好的理解。从这样的深层理解出发，可持续的解决方案就会逐渐生成出来。

幻影交通堵塞

阿特·克莱纳

你曾有过在一场“幻影交通堵塞”中几乎无法挪动一步的经历吗？

这种交通堵塞，找不到缘由。不是高速公路维护，也不是交通事故阻挡了轿车、卡车组成的车流，甚至没有行驶车道数量的合并减少。然而，突然之间，车流逐渐慢了下来，几近停顿。你和所有其他车一起缓缓爬行，而后，不知由于什么原因，车流又快了起来。

“幻影交通堵塞”是一个系统结构。或许，看上去并非如此，因为其中没有任何正式关系，只是一堆车而已，每一辆似乎都在高速公路上自主行驶。然而，还是有某种东西把这些车连到了一起。很明显，这不是一个随机的关系，因为“幻影交通堵塞”在全球范围内的高速道路上，一再持续地重复发生。

其实原因总是相同的：开车的时候东张西望、紧跟着前车行驶、与前车距离过近。当大家在自己的车和前面的车之间留的空间过小时，一个震荡调整模式就会由此发生。处在最前面的驾车人只要踩一下刹车，稍慢一刻。第二位驾车人就会过度反应，不必要地加重刹车。第三位驾车人就会更重地猛踩刹车。每一辆车都稍稍做出过度反应，也都慢下来得更多一点儿，于是车流最终就停了下来。

像其他许多系统结构一样，“幻影交通堵塞”中的关键相互作用关系，只有当你对于以下这些相关事实进行反思之后，才会变得清晰起来。

• 时间是一个重要因素。一辆车刹车与下一辆车刹车之间的延时，有很大的影响作用。一些系统结构有很多因素（系统专家将其称为“细节复杂性”），但是大多数恶性问题也往往有“动态复杂性”。其性质难以解读、认识，除非你能够看到系统因素如何随时间变化。

• 人们的态度也是系统的一部分。在驾车者对前车跟得不是太近的国家（由于法律规定或者是习惯），往往不会发生“幻影交通堵塞”。

• 一个人通过自己的个人行为，很难解决这个问题。现在，你已经知道“幻影交通堵塞”的原因了，当你在高速公路上行驶的时候，你可以让自己的车与前车保持一定距离。但是，这样往往是其他驾驶者开车插了进来。此外，其他的容量限制，比如：路上的行车道的数量，恐怕也是你的个人能力难以改变的。

• 从直觉出发、让人心安的解决方案（比如，在你急着赶路的时候，紧跟前车），结果会让这个问题更加严重。

• 对于这个问题，很少有人知道多少信息。当你处在堵塞当中的时候，不知道会堵多长时间，也不知道是什么原因。你一直都不知道——直到你驶离现场（或者更像是一个网球，被发球机从另一端发射出去）。

• 最后，这个系统出于本能抗拒我们试图改变的努力。设想一下，如果你急着赶路，却又堵在"幻影交通堵塞"之中。在过去15~20 分钟走走停停的过程中，你也许对造成这个问题的原因十分在意。你可能想到如何去改善这条高速路的设计，也可能想再增加一条行车道，或者是通过立法限制紧跟前车行驶。但是，一旦你离开了这个系统，你大概会把所有这些想法都抛到脑后。

从许多方面看，学校系统就像是"幻影交通堵塞"。问题很多，又相当复杂，对于其原因、结果和持续时间，没有人拥有完整的信息。陷入其中的人——学生们，往往感到无力做出任何有意义的改变。他们只能忍受，只能去想象，或许可以有哪些不同。然而，一旦离开学校，他们就不大会在乎了——除非他们自己成为教师，或者是孩子的父母。即便到了那个时候，他们关注的方式和程度，也还是不一样的。

要真正变革造成了"幻影交通堵塞"的那个系统，并在未来消除这种现象，你会做些什么呢？一个人一定会想要改变许多因素，从高速公路的设计，到法律和政策，以及人们的习惯和价值观。在这里，没有清楚并且简单的答案，况且其中涉及大量行动，需要来自方方面面、背景各不相同的许多人的参与。

“幻影交通堵塞”的动态特征，是车辆与道路之间自然呈现的关系，这本身是一个结构。在任何一个复杂的系统之中，无论是交通堵塞还是学校以及学区，正在起作用的结构的性质，决定了系统之中的人的行为。

学校中的结构

在你的学校里，哪些结构影响最大呢？其中恐怕要包括大家已经习以为常的那些上下级关系，比如小学、中学和高中里的年级，这就是一个结构。不同的学生所处的社会关系也是一个重要的结构。英文和数学有着不同的学术传承，还是一个结构。

另一个结构与许多地区比较缺乏合格的学校领导人有关。反过来，这个结构则是由退休年龄、学校财务预算以及学校管理人员的培训系统等一些其他结构所促成的。

并非所有的结构都是此类正式结构。在学区委员会里，或许有两位成员长期意见不合——他们两位各自在镇上都有很强的背景，谁也没有办法同时与这两位都搞好关系。这也是一种结构。

因为问题而责备人很容易——责备他人难以相处，或者是指责别人的想法有问题。但是，当你看到问题背后的结构之后就会意识到，在这样的结构中，任何一个处在同样地位的人，恐怕都会在巨大压力之下，做出完全相同的事。

有时候，如果你想要改变行为，提高对于正在起作用的结构的认识就足够了。在另外一些情况下，你就必须要获得大家的支持，共同尝试改变这个结构。而在其他一些情况下，你可能认识到，建立新的行为需要形成新的结构——如果你对正在起作用的反馈机制有所认识的话。

系统论基础：反馈的性质[①]

通过由因果关系形成的循环，系统持续向其自身发出信号。系统思考者称之为“反馈”，因为系统产生的结果，往往会在一两个阶段之后，形成“反向输入”，对其自身产生影响。自 20 世纪 50 年代起，以麻省理工学院的杰伊·福里斯特（Jay Forrester）的工作为发端，通过数学模型、计算机模拟以及对现实世界的观察，反馈行为得到了深入研究。到目前为止，已经形成了一系列描述、勾画各种系统的工具，福里斯特称之为“系统动力分析”。

熟知系统动力分析，使你能够掌握一种探讨复杂事件的语言。现在，越来越多的人通晓这种语言，无论是在学校里还是在其他地方。这种语言的语法起点，就是以下这些内容。

存在两种基本的反馈机制。如果你熟知这两种机制，并且了解它们如何既相互独立又相互结合地运转，就会对自己周围的各种不同系统，获得深入的认知。这两种机制中一个是强化过程，一个是平衡过程；一方面加速和保障增长，另一方面则调整和保障平衡。

正反馈过程：当小变化变成大变化

正反馈过程是那种可以引发指数性增长或者衰退的反馈，在自然界和人类事物中都有表现。当一个植物或者一个动物出生之后，就会贪婪地消耗掉其所需的一切：消耗越多，成长也就越快；成长越快，持续消耗也就越多。其成长逐渐加速，越来越快，直到被其他力量所阻，才

① 这一节和下一节的内容，采用了本书第一版中尼娜·库鲁斯维兹（Nina Kruschwitz）、德布拉·莱尼斯（Debra Lyneis）和利斯·斯顿茨（Lees Stuntz）合著的文章《课堂上的系统思考》（“System Thinking in the Classroom”）中的部分内容。

开始慢下来。在所有的正反馈的过程中，小变化会发展成大变革。高出生率导致了更高的出生率，工业增长引发出更大的工业增长。

要想理解指数增长所带来的、往往令人瞠目的种种后果，可以考虑一下银行的定期存款账户。在初期阶段，在一定利率之下，比如年利率 5%，这个账户每次只会增加不多的钱。然而，如果你把利息留在账户中，增长的速度会随着利息的逐步积累而增加。每年存入 1 000 美元，50 年之后（如果年利率 5%）你会得到 231 000 美元；比起你把同样数目的钱放在存钱罐中所得到的总数要高四倍多。这是一个良性循环，虽然要等很长的时间，其价值才会显露出来。

然而，你也有可能会落入恶性循环：不是投资获利，而是卷入到一场债务加速累积的过程之中。起初，你似乎只是在付出一小笔利息，但随着时间的推移，你的负债逐渐加速增长，特别是当利率是 15%，而非 5% 的时候。

不要低估正反馈的爆炸性影响：当存在正反馈过程的时候，线性思维总是会让我们陷入麻烦。比如，学校常常假设，其面临的增加课堂教学空间的需求，是稳定而逐步增长的。但学校会吃惊地发现，当新课桌运到的时候，其需求已经超过了供给。这种状况看上去几乎像是增加出来的教学空间，反而引发学生人数的突然增加，然而，事实上由于学校系统的吸引力的增加，这或许也会发生。

当有人说，“没有办不成的事”，或者“我们一帆风顺”，以及“这是我们一步登天的机会”的时候，你可以打赌这里有一个正反馈过程，其方向是“良性”的，正合言者之意。而当听到别人说，“情况正迅速恶化”，或者“我们坐在大雪橇上飞速下滑”，以及“我们正在快速湮没”的时候，你就会知道，他们落入了另一种循环——恶性循环。

决定正循环如何发展、演化的关键因素，往往在于是否可以获得相关信息。系统专家戴维·克罗伊策（David Kreutzer）指出，支持莫罕达斯·甘地抗议英国统治的人数呈指数倍数持续增加，是因为在与他一同抗议的印度教徒之间存在完善的沟通渠道。他们的非暴力抗议活动为他们提供了一个不断壮大的论坛，使他们得以不断召开会议，策划新的行动。2011 年，由社会化媒体提供的信息通道，创造出了一个影响巨大的反馈环路，在突尼斯、埃及、利比亚和叙利亚引发持续不断的反政府游行。

从定义上说，正反馈是会终止的。无论是良性还是恶性，正循环都不会永远持续下去。在某个时刻、某个地点，它总会撞上某一个障碍。比如，由于空间条件限制，或者由于其他原因，不再有更多的人愿意到此定居，一个学区人口的持续增长最终就会因此达到极限。定期利息的存款账户也会达到一个限度——你迟早要用掉这笔钱，比如用来支付孩子大学教育的费用。有些限制条件可能在我们一生中都不会出现，但可以肯定的是，它们迟早会出现。无限的增长并不存在。

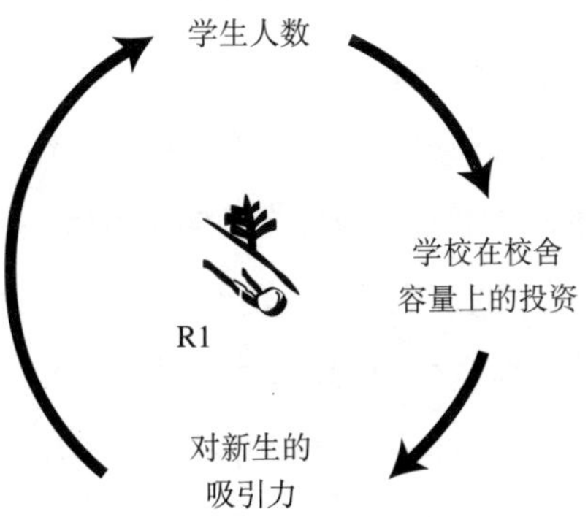

注：在这个因果循环图中央的“雪球”，代表正反馈过程。随着学校为了应对学生人数的增长而扩张校舍容量，其所在社区就变得更加有吸引力，更多家庭就会试图搬到这里居住——结果对于学校扩容的压力就不断增加。在达到某种限制之前，这个学区的扩张会持续加速。

负反馈过程：形成稳定和阻力

负反馈过程保证每一个系统都永远不会大幅度偏离其“自然”运行范围。无论是人类身体的自我平衡趋向，还是一个生态系统中捕食者与被捕食者的平衡，或者是一个公司的“自然”开支，都是如此——你会发现，不管你花多大力气试图调整、改变，它们往往都会返回到原先的状态。

负反馈过程出现的情境，似乎往往存在着自我纠正和自我管理的过程，无论身处其中的参与者是否愿意如此。如果人们谈论的是“坐在过山车上”，或者是“上上下下被甩得像个悠悠球”，那么他们就是陷入了某种负反馈的结构之中了。如果被卡在另一种负反馈结构里，他们则会说：“我们撞到墙了”，或者是“我们无法突破障碍”，以及“这好像是在‘打地鼠’——我们在一个方向上解决这个问题，结果它在另一个地方又冒出来了”。尽管负反馈过程往往带来挫败感，但其固有特征并非一定有害。比如，负反馈过程保证系统中存在某种方式，可以中断恶性循环，使情况不致继续恶化下去。我们的生存依赖于控制地球、气候和我们自己身体的各种各样、为数众多的负反馈过程。负反馈过程通常表现出系统的内在智能，无论系统受到怎样的干扰，都会具有使其向同样的稳定目标持续移动的某种力量。仿佛系统本身“知道”“应该如何运行”，并且动员自身的所有力量，回归到这个状态。

负反馈过程总要绑定在一个靶子之上——一个点或者是一个目标，这个系统各种不同的作用依此自然设定。只要现实状况与负反馈过程的目标不符，随之产生的差距（目标与系统产生的实际结果不同），就会引发让这个系统无法忽视的压力。差距越大，压力也就越大。除非你认识到了这个差距，发现、确定了催生这个差距的目标或者是限制条件，否则你无法理解负反馈过程的行为。

因此，负反馈过程的因果循环图不仅显示出循环过程中的活动，也表明了影响系统的外部“目标”（一般画在一个方框之内）。图中可能也会包括一个可见的、通常会改变系统行为的“延迟”。

教育系统中一个常见的负反馈过程，就是围绕着分级打分的持续紧张状态。每一个人都明白，分级打分存在着严重问题——把对于学生功课的评价简化为数字本身难以做到准确；“分数膨胀”带来的影响，削弱学生的主动性；教师必须要给学生打分，还要以数字跟踪他们的进步，这个过程相当枯燥乏味，等等。每隔一段时间，对于分级打分的不满情绪，就会高涨到大家无法忍受的程度，于是一场变革就开始了。但是，随后系统的负反馈过程就开始发挥作用了。无论是学生还是家长，都需要有人评估他们所做的努力。大学入学和工作申请也都需要分数。于是，人类的相互竞争因素，不管是自然产生的还是由社会培养出来的，也加入了进来，并且发挥影响。在没有分数的真空状态之中，在所有平衡力量的共同反推之下，分级打分变革的努力就会停顿下来。分级打分带来的各种问题又再次回归。如果想要实现任何有实际影响的变革，就必须应对保持这个负反馈循环的那些驱动力。

延时：事情最终才会发生

在正反馈和负反馈过程中，都存在着一些点，在这个局部，一系列的影响需要经过相当长一段时间，才会逐步产生作用。延时之所以会发生，是因为变革通常是一步步展开的。比如，如果某个学校里的中小学学生和高中学生加起来有 300 人，但同时又有 800 名幼儿园的孩子。高中部的管理人员就基本可以确信，他们未来需要聘用更多的教师，还要扩建教学设施。但并非马上就要做——还需要再等 8 年的时间，那一大群孩子才会来到高中部的大门口。

延时会对系统产生巨大作用，往往会强化其他驱动力的影响。这是由于延时有一种微妙的作用——人们通常对此习以为常，往往还会全然忽视其存在，并且一般总是会低估其影响。在正反馈过程中，延时可能会动摇我们的信心，因为成长并未按预期迅速到来。在负反馈过程中，延时会显著改变系统的行为。当人们尚未认知的延时出现的时候，大家的行为倾向是做出急躁、冲动的反应。通常为了得到自己所期望的结果，大家会加倍努力，这往往就会带来不必要的、剧烈的调整。

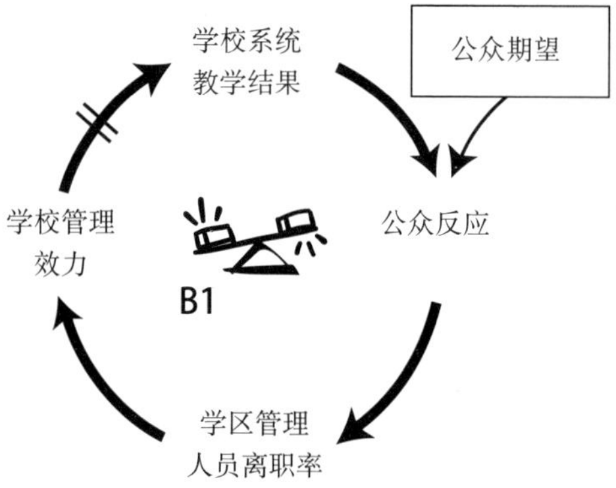

注：这是一个简化了的包含延时的负反馈循环图，代表一个存在管理人员高离职率的系统。这个循环的起点是学校的教学“结果”（学校中孩子的学习和考试成绩）与学区中的家长们的公众期望之间的差距。如果差距过大，公众反应就会引发管理人员的离职或者辞退，导致离职率的提升。这又会进一步改变学校管理的有效程度（往往会变得更差，但总是人们的主观评判），并（在一定的延迟之后）改变学校系统的教学结果。如果把关注点放到开发管理人员的领导力和技能上（通过导师制、培训以及要求他们参与教学），效果会好很多。如果公开探讨公众对于各个学校的期望，也会大幅度降低成本。

当我们试图了解一个系统的时候，发现和确定系统中影响最大的拖延事件，会有很大的帮助。比如，可以试想一下，找到一个新的学校管理人员需要多少时间——这段时间足以让学校系统发生瘫痪。然而，这个过程对于学校成绩表现的影响却可能相当缓慢，因为成绩下滑直至恶化，还需要一段时间。因此，人们感受到的成绩表现的危机，往往发生在新的学校管理人员到位之后。这又可能引起公众的不满——是在新的管理人员的做法还远远没有足够的时间产生任何效果之前。

应用行为—时间图（Using Behavior-Over-Time Diagram）

绘制出系统行为随时间变化的模式图，可以帮助你很快看到，哪些类型的系统过程可能在其中产生作用。分享对于系统现在和过去表现的不同看法，本身就有很强大的力量。通过询问“与这个问题有关的重要的图表有哪些”，会促使你从预先对这个问题的各种假设退后一步，转到以实际数据为立足点。此外，由于许多经典的系统描述（我们在本节中稍后会探讨的“基本模式”）表现出自身特有的行为模式，行为—时间图可以成为极好的诊断工具。行为—时间图有两个轴，X 轴和 Y 轴，其中 X 轴一般用来代表时间；而 Y 轴可以表示任何随时间变化的变量。

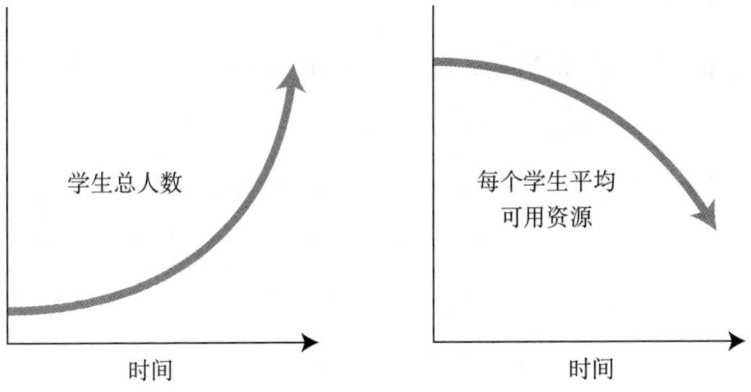

注：正循环，这两个行为—时间图显示出正循环的明显的行为模式。学校学生总人数开始较少，但是随后开始急剧增长；与此同时，每个学生平均可用资源开始下降较慢，之后便急速下跌。这两个图证明，至少有一个正反馈过程正在起作用。

在课堂教学中，行为—时间图可以用在任何一个年级，用来强化任何一门课程的教学，并且不需要任何特殊工具。多数学生都见过这样那样的图表，这类基本知识为引入系统思考技能提供了一个初步基础。行为—时间图可以作为使用更高阶的工具的入门步骤，但也可以单独使用，帮助学生们思考随时间变化的模式。

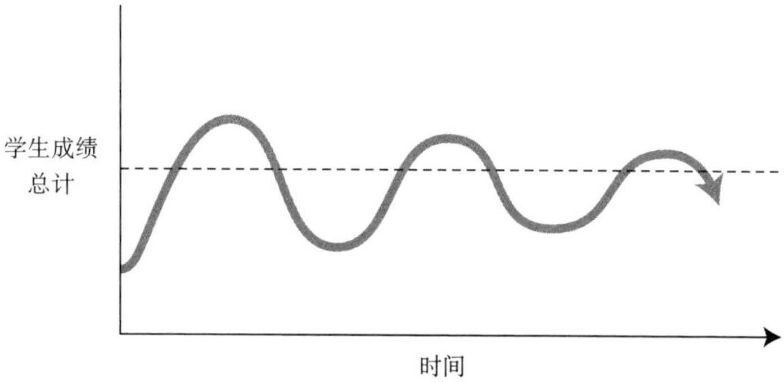

注：这个图代表的是学校中常见的负反馈过程的系统行为，无法提升测试成绩。随着学习成绩的压力逐渐增加，课程与考试的难度都提高了。学生们的考试成绩在第一波中提高了，随着学生和老师对于新系统的逐渐适应，随后又下降了；而后，又再度上升，其幅度随着每一次推进成绩改善的动作而温和波动。这个调整过程持续进行，直到这个学区达到某种成绩期望值的“自然水平”。

比如，在马萨诸塞州的卡莱尔市（Carlisle, Massachusetts），三年级学生参与了一个叫作“猛犸象灭绝游戏”的课上活动——社会研究课中有关冰河时代学习的一部分。学生们通过掷骰子代表猛犸象的出生和死亡，每一轮下来，每个小组的猛犸象群的规模都会减少。虽然所有的图表都显示出了同样的基本下降趋势，但是每一个小组的图表却是不同的——体现出生命系统内在的变异性。

与此类似，在俄勒冈州的波特兰市，在十年级的英语课上，阅读威廉·戈尔丁（William Golding）所著的《蝇王》（*Lord of the Files*）的学生们分成几个小组，绘制出书中不同人物的权力水平如何随着每一章中事件的展开而变化。他们的老师蒂姆·乔伊（Tim Joy）说："学生的任务是描绘出书中人物变化的脉络。他们需要回家完成作业，但是到了第二天他们来上课的时候，我几乎没办法完成课前点名。他们互相展示自己的图表，他们之间的辩论也就就此展开了。即便是在优等班上的最好情况下，我们也从未见过这样的热烈讨论。我要求他们集中到一起，绘制出代表他们共同观点的图表。结果让人喜出望外，因为在因此而增加出来的作业中，他们选择了一个没有达成一致意见的图表，并用一篇短文陈述了各自的观点。当我看到了学生们的反应——他们的参与程度、他们思考和讨论的程度，我就知道这是一个我一直会用下去的工具。"①

使用因果循环图

普通口语和书面语都是线性的。我们一般说一个因素"导致了"另一因素："A 导致 B"，但是，系统是循环的。因素 A 从来都不会导致因素 B，而是 A 与 B 持续地相互影响。用"因果循环图"(causal loop diagram, CLD）可以显示这类相互影响——图中的箭头从一个因素指向另一个因素，然后又有另一个箭头反向指回来。图中间的符

---

① 更多案例和介绍，见吉恩·斯塔梅尔（Gene Stamell）和德布拉·莱尼斯(Debra Lyneis）合著的《日常生活中的行为—时间图》(*Everyday Behavior-Over-Time Graphs*, Creative Learning Exchange 出版，2001 年，http://www.clexchange.org/ftp/documents/x-curricular/CC2001-11EverydayBOTGs)。

参考了盖尔·理查森（Gayle Richardson）和德布拉·莱尼斯合著的文章《行为—时间图入门：四个课程案例》("Getting Started with BOTGs: Four Curriculum Examples")。

号表示所涉及的反馈是哪一种。对于正反馈过程，我们用的是“雪球”，或者是字母 R；对于负反馈过程，我们用的是跷跷板，或者是字母 B。

在课堂上，许多老师采用了因果循环图，并且形成了一种描绘因果关系的直觉感。这种图的用处是可以提供一个快速图示，表现系统中的不同元素如何相互影响。此外，因果循环图还确定了循环的反馈方式：随着一个系统中不同部分之间的相互影响，因成为果，果又变成了因。正因为如此，我们可以这样说：行为—时间图描述了某个系统中“发生了什么”，而因果循环图则在描述变革“为何发生”时，特别有价值。

因果循环图可以用来描述相当精密、复杂的系统，但在开始的时候，还是从简单系统入手为好。在与年纪较小的学生探讨因果循环图的时候，你可能需要“围绕着”循环一遍遍地讲几次，他们才会理解原来的原因如何影响了结果、原来的结果又怎样影响了原因。在有两个以上变量的循环当中，从每一个变量开始，围绕着循环讲，有助于强化每一个箭头都代表了一个因果关系的理念。在一个因果循环图中，由于所有变量都必须能够上升或下降，所以选择正确的语言十分关键。要指导学生选择用名词表示变量，然后讨论每一个因素——说一个变量增长意味着什么，说它下降又意味着什么？

因果循环图最初理解起来可能非常抽象。小学的学生能够理解一个画好了的循环图，并能够做出解释；但恐怕还没有能力自己绘制出一个循环图来。有些老师发现，即便到了六年级，如果得到了某个系统的足够信息，也只有一半的学生，可以正确地画出一个反馈循环图来。但是，这个年纪的学生还是能在已有的因果循环图基础上添加内容，或者进一步完善。

在应用这个工具的过程中，阅读理解变得十分重要。如果你们利用的是报纸、杂志，以及学生自己进行的实验等课外资料，完成一个反馈循环所需要的信息往往不大容易获得。比如，在一个有关美国革命的教学单元中，乔治亚州不伦瑞克市（Brunswick, Georgia）的学生们花了好几个星期阅读材料、相互探讨、看录像片，以及动手实践之后，才在课上画出来一个因果循环图。

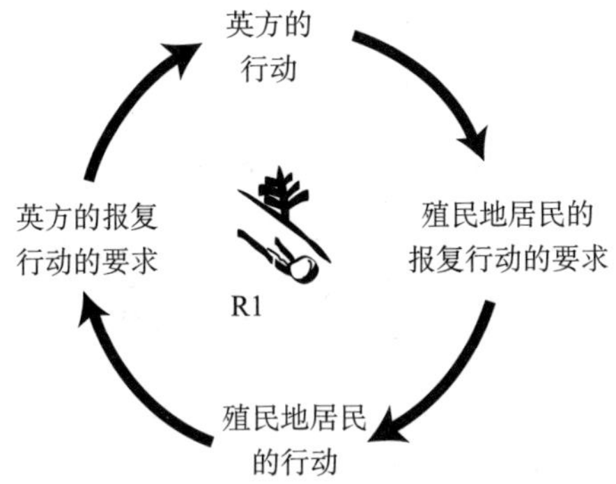

一个中学生组成的小组（乔治亚州不伦瑞克市的 GIST 项目的一部分）研究了美国革命的过程，对各方行动和反应的不断升级在其中所起的作用，有了更深的了解。他们制作了一个因果循环图，显示出殖民地居民对于英国国会通过的法案的愤怒，是怎样刺激英国通过更多限制性法案，而别无其他选择的。

最后要说的是，虽然因果循环图看起来复杂，对于某一个具体事件却仍然是过于简化的描述，因此，不应该把它当作完整的分析。开发因果循环图的初衷是用来做沟通工具，是用一种简单的视觉方式展现系统的基本动态关系。因果循环图是启动讨论的一种不错的方法，但是却不一定能够引导学生深入理解系统。当系统专家希望更具体地把握变化的速度以及一个变化对另一变化的影响时，他们就会采用存量—流量图进行工作。

绘制你自己的循环图

如果你在系统思考方面还是个新手，这些图表可能会令你望而生畏。应付这种局面的最佳方法，是绘制几个与你自己有关的正反馈和负反馈循环图。你不必试图在自己的分析过程中“一次做对”，而是要尝试着去激发自己，以新的、不熟悉的视角思考同样的老问题。

在你自己的学校里（或者其他地方），找出一个正在加速变化的情境。有哪些因素在相互强化？绘制一个循环图。然后，再试着画一个负反馈循环，或者是一个推动平衡的系统。下面是画图过程中的一些指导原则：

• 从一个关键变量开始——要用一个名词，描述据你了解与这个系统有关的某个因素。然后问自己：有哪些其他变量影响这个因素？从反方向推进这个结构。对于每一个因素，问自己：“是什么造成了这个因素的变化，是什么在对它的变化产生影响？”

• 如果你陷入困境、无法推进的时候，那就试试正方向：“当这个变量产生变化的时候，会有什么结果？”“哪些其他因素一定会变化？”

• 用箭头表示出运动的方向。这个循环是顺时针还是逆时针并不要紧，关键是要建立起这个循环方向，这样你自己（以及其他人）就可以很容易地沿着这个方向思考了。

• 如果这个系统趋于加速增长或加速衰退，在图的中央写上 R 或者画一个雪球；如果这个系统朝着一个目标或者向着系统稳定进行调整，在图中央写上 B 或者是画一个跷跷板。

• 图要简明。因素越少越好，每一个因素的标题越简单、越明确越好，目的是可以很容易地将明确的驱动力识别出来。选择“学生人数”“考试成绩”和“公众反应”的说法，而不要用“人口学趋势”“评估矩阵”以及“情绪及反应”等术语。

• 对因素的命名要通用，不要预测变化方向——即便你的预期是它只会朝着一个方向发生变化。比如，如果你的预测是学生人数将大幅增加，使用“学生人数”比“学生人数增幅”要好，因为无论发生什么情况，这个结构都用得上。

• 在图中要至少包括部分受你影响的因素，特别有价值。“用于员工发展投资总额”可能是影响教师离职率的一个因素。如果的确如此，并且如果你负责支配员工发展预算的话，这或许会有助于你识别出系统中的一些杠杆作用点。

• 把这些图表用作探讨的起点。在绘制出一个系统图之后，把它拿给其他人看。向他们一步一步介绍这个描述过程——从一个元素开始，描述出典型的因果递进关系（“公众反应引起学校管理人员离职率的上升，这会引发教学质量的下降，进而导致学生成绩下降和更大的公众反应”）。问一问他们，是否有哪些因素没有考虑进去，以及对于这个过程，他们是否总体上也有同感，然后，请他们画出自己的因果循环图。

系统基本模式

系统基本模式是一些因果循环图，表示的是系统思考中常见的一般模式，也就是在不同的情境之下一再出现的、常见的模式或结构。多年以来，研究人员逐步发现并描述了大约十几种这样的模式，常常用来快速为一个系统问题找到潜在的解决方案。

这些基本模式用在沟通探讨简单结构时十分有价值，但也存在一定风险：因为它们会让人过度自信。杰夫·波塔什（Jeff Potash）是佛蒙特州三一学院华特尔斯系统动力学中心（Waters Center for System Dynamics at Trinity College of Vermont）的助理主任，他警告说，那些预先就想要得到简单答案的人，会一下子抓住一个系统基本模式，甚至来不及提出正确的问题。在重视答案，但不看重提出问题的学校系统中受训多年的学生们，可能容易受到获得“正确答案”的诱惑，在他们的探索中寻求捷径。

然而，即便存在这个问题，在辨识不同情况下显现出的重复性系统模式上——包括学生们自己的生活，系统基本模式还是起到了一目了然的作用。当学生们看到与这些图类似的情况，就会自发地生成与基本结构有关的探讨。一个中学的男生向学校管理人员谈到他与一个教师之间的问题，这时候管理人员就提醒他，要他想想去年学过的“逐步升级”的基本模式。“逐步升级”是有关军备竞赛以及广告大战的一种基本模式，在这种模式下，双方都陷于代价高昂的对抗之中，难以自拔。这个男生意识到，他自己和那位教师持续地你来我往的相互交火，使得两个人越来越不愉快——他们实际上是在储备伤害与误解的“核武器库”。

饮鸩止渴：强压下来的变革

系统基本模式中最常见的是“饮鸩止渴”。简单地说，就是采用一种“快修”的方式去应对一个复杂问题，最终造成了一系列长期后果。在历史记载与文学作品中，这种情况比比皆是。比如，罗密欧与朱丽叶的故事，特洛伊木马的史实，以及美国独立革命和大萧条的过程。这种情况恐怕在你的学校中也有体现。

一位颇有能力也有着良好初衷的校长，启动了一项课程设置改善计划，教师们也参与其中，因为他们别无选择。但校长本人在实施风格上却事无巨细，他似乎总是在对大家说：“我们一定要前进，不管你们是不是喜欢。”从表面上看，大家的努力似乎相当成功，因为有些不错的现象发生了。变化出现了，有时候还蛮快，教师们也承认，他们学到了新东西。但是，因为变革是强压下来的，教师们并没有感到自己是变革的主导人，这些变革也就不是他们自己的变革。因此，这个过程成本高昂。教师们开始以“校长”的意愿衡量教学，他们在准备教案的时候，想的是校长看到是否会喜欢，而不是学生是否需要。随着教师渐渐把自己的门关上，士气就逐步下降，沟通也渐渐失效。具有讽刺意味的是，这类校长本身都是极为优秀的教育工作者，但是，他们作为管理者的强势支配的风格，反而把事情引向了优秀教育的反面。

理解了“饮鸩止渴”的模式，校长也许就可以用不同的方式处理课程设置改革。应对这种模式的方式之一，是提高大家对于意想不到的后果的认识——向大家公开承认“快修”只是减轻问题的第一步（也可能只是为了满足州政府的要求）。而后，由教师设计课程的真正工作马上就可以开展起来了——最理想的是采用团队工作方式，激发教师的创造力和激情。应对这种模式的另一种措施，是降低“快修”方案的强度和力度——以阶段推进的方式开展课程设置改革，大家就可以因此而逐步适应，并且将其变为自己的工作。最后，最有效的课程改革举措，往往全然避开了此类“快修”。改革行动始于对课程设置中存在的问题的公开讨论。可能问题本身与教学内容并无关系，而是与教学方法有关，因此，新的课堂教学方法的培训（诸如在讲课的同时，应用系统模拟器或者团队项目）就会带来更好的效果。

“饮鸩止渴”模型在课程设置改革方面的应用。针对课堂教学的不统一和部分学生学习成绩下降的问题（问题的现象），一位校长（或者是州里的管理机构）启动了一个自上而下的课程设置改革项目。在项目初期，改善效果马上就出现了——老师们按要求上课，成绩差的班级有所提升。但随着时间的推移，出现了意料之外的后果：老师对创新失去了兴趣，可能仅仅是由于他们觉得时间有限。在初期爆发一段改善之后，所有班级的状况又回到了原来的质量水平。随着成就感的衰退，学生的学习成绩进一步下降。

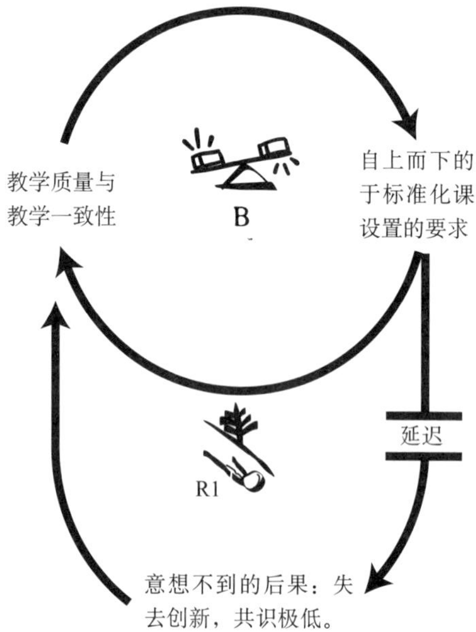

存量—流量图

由于需要用非线性方程描述积累现象和指数性增长，也由于这样的方程过于复杂，只能允许人们做些初级分析，系统动态分析往往就涉及计算机模型和模拟，尤其是在课堂上和学校里。

因果循环图虽然表达了反馈过程（比如正反馈）的普遍结构，但是并没有描述出一个具体情境的特有性质。比如，一个表现学生人数增加的因果循环图，可能显示出校内活动方面的投资会导致更多学生入学。但是，究竟需要多少投资，才能让学校跨过形成吸引力的初始门槛呢？新生进入这个学区的速度究竟有多快，其速度又依赖于哪些因素的影响呢？要想预测（或者是预期）一个系统未来的行为，就必须要更准确地去研究其所处的情境。

存量—流量图的价值就在于此。存量—流量图有助于进行系统研究的学生以清晰的数学方式描述出系统中各部分之间的相互依存关系。因果循环图中的每一个箭头，都可以联系到一个方程上，这样研究者就不仅可以对关系背后的假设进行评价，也可以对一个因素影响另一个因素的确切方式进行评估。对于正反馈过程的计算机模拟，存量—流量图也是必要的进一步工作。

存量—流量图把任何一种情境——哪怕最“定性”、最难衡量的情境，翻译成五种不同的数学单元。

a.“存量”（在图中以长方形表示），表示的是某种量的积累，可以是可衡量的，也可以是不可衡量的。在这个图中，这个量的积累就是这个学区中当年学生的数量，但也可以是员工士气的水平，或者是家长对于学校的满意程度。

b.“流量”，表示的是不同的量流入或流出存量的速度。流量就像是水龙头上的水嘴，控制每小时或者每天流入一个澡盆（一个存量）的水量。流量也是可以变化的——每月的降雨量是控制水库中的水量的一种流量。理解流量的模式是关键，因为它决定了系统中的延迟。

c.“转换器”，表示的是影响流量从一个存量流向另一个存量的速度的各种因素。比如，本学区每年对于新家庭迁入的吸引力，在某种程度上是受学校在接收能力上的投资以及其他因素所支配的。反过来，它又会影响学生进入和离开这个学区的速度。

d.“连接器”，代表了其他三类因素的相互影响关系，在图中以箭头表示。每一个连接器都有一个与其相关的数学公式，比如，这样的公式明确地定义了学校投入随学区中学生人数的增加或减少而变化的方式。

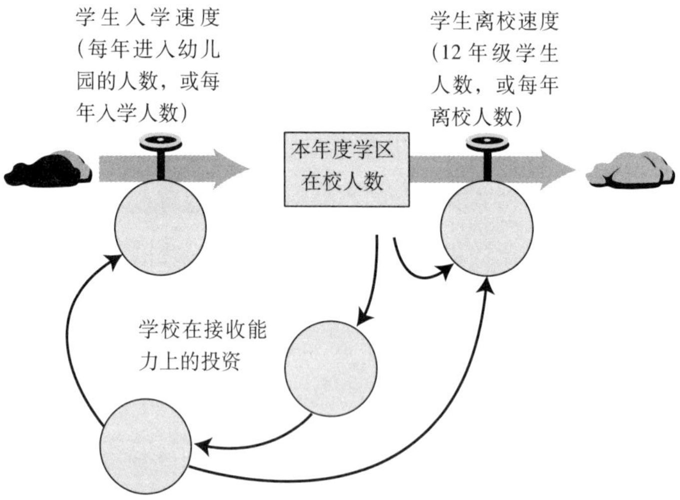

e.“云”，表示的是处于这个系统之外的区域，流量可能来源于这些区域（或者向这些区域的方向流出）。在这个图中，云代表的是这个国家其他地区的学生人数。

这个正反馈图中最明显的“存量”或累计量，是每年学区中的学生数量，它受两个“流量”的影响：学生入学量和学生离校量。这两个流量，反过来又在一定程度上受吸引力（学区中每年新迁入的家庭数），以及这个学区在新的接收能力上的投资的支配。学生人数增加，在接收能力上投资随之上升，后者又导致学生进入这个学区的速度进一步提高。

存量—流量图为当下正在处理的问题建立了一个模型——这个模型可以在计算机上编程，并根据实际情况进行测试，直到你觉得它足够好用为止。存量—流量图既包罗万象，又灵活可调，并且非常具体，因此对于年轻人特别有价值。以流入和流出的方式进行思考，无论对学生还是成年人，都会引发思维方式的根本性改变。

一个由教师组成的小组，在学习存量—流量图的时候所做的功课，是了解为什么一家精神病院的人数持续上升。最后，教授这门课程的系统动力学家说："我们说说看，那些病人到哪里去了？他们是如何离开这家医院的呢？"大家一下子陷入了沉默。事实上，在这个社区中，没有病人可去的地方——没有门诊部，也没有集体家庭园，因此，这个系统没有流出。

为了帮助学生学会看到流入和流出，教师可以就存量如何形成、怎样变化进行提问。哪些量正在积累？是什么因素引发了增长？是什么因素造成了下降？在美国革命的过程中，殖民地居民的愤怒情绪并非不断上升，英国政府采取的某些行动反而引起"愤怒"存量的降低。完成整个过程的学生看到殖民地居民的愤怒并非一直上升，就会想到：其中一定存在着某种减压阀。

存量—流量图可以仅用纸笔绘制，也可以在黑板上画出来。随着问题的提出和讨论的深入，教师可以跟踪进程，在图旁边列出可能影响系统中的流量的各种可能因素。因此，如果你能画出一个定义清晰的存量—流量图，建立一个计算机模型的工作就已经进行一半了。

以存量—流量图认识一个真实世界的问题

存量—流量分析发挥重大作用的领域之一，是我们对于气候变化的认识。温室气体的主要成分二氧化碳（CO_2）的人为排放水平在工业化时代经历了指数性增长。现在，空气中二氧化碳的水平比起过去 50 万年以来的任何时候都要高出 35%，这促使科学家们达成了一个共识：人类活动是未来全球气候向极度危险方向发展的主要影响因素。

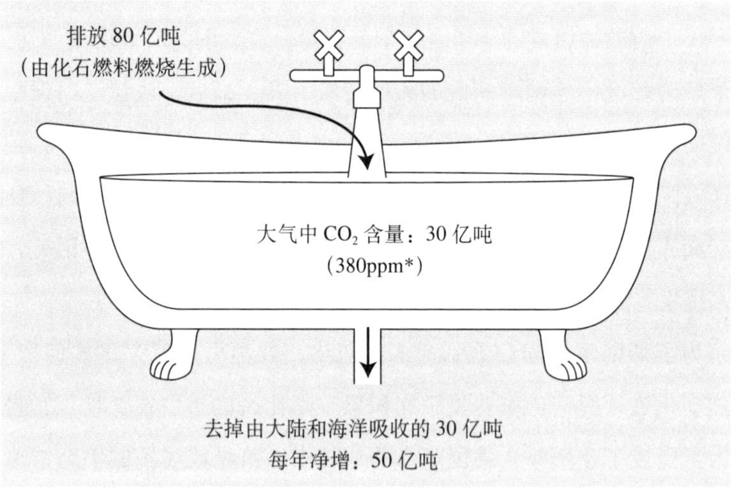

其中最重要的区别，在于二氧化碳的“存量”（目前大气中的含量水平）和每年新的排放量“流量”。许多人分不清楚这个简单的区别，其中相当多的人还处于领导地位——他们认为，按照《京都议定书》的要求，逐步稳定排放“流量”，就足以解决这个问题了。目前全球二氧化碳排放的总“流量”以碳排放量计（以碳当量衡量排放的科学换算）大约为每年 80 亿吨。这是每年从大气中去除的二氧化碳总量（约 30 亿吨）的 2.5 倍以上——由森林、植物及藻类吸收，或者溶解于海洋之中。

这个浴缸代表大气以及二氧化碳（CO_2）每年的排放量和吸收量。没有人确切地知道，这个浴缸在什么时候会装满、水就会溢出，也就是什么时候气候变化会急剧加速，并且不可逆转（一百万分之一 CO_2 含量相当于 21 亿吨碳当量）。

大气中二氧化碳的“流出”和“流入”的差距很像浴缸中的水：只要流入总量大于流出总量，浴缸中的水就会不断增加。到某个时点，浴缸就会装满，水就会溢出。也就是说，二氧化碳的水平将跨越一个门槛值。到那个时候，气候变化的影响就会无法逆转，并对人类和其他物种造成毁灭性影响。没人确切知道，浴缸究竟何时会装满、溢出，但是气候变化的速度（例如，冰川和冰山的融化以及天气波动的增加）已经使科学家和一些企业家形成了一种共识，避免灾难性“溢出”的唯一方式，是迅速减少排放，是其速度要等于或低于未来 20~30 年二氧化碳在大气中去除的速度。要想实现这个目标，全球二氧化碳排放量就要降低 60%~80%。这就是工业化社会所面临的“80/20 挑战”。

模拟与计算机模型

计算机模拟的起点，是完成存量—流量图，并以公式确定出每一个相互影响关系。学生可以操纵模型中的变量，以快速了解系统中的因素如何相互影响。建立模型可以简单到改变某一个变量，并在输出图中观察其变化的影响。但是，计算机模型本身也可以是相当复杂的程序，其中包括在学生运行程序时的“弹出”窗口——提出问题或者要求提供信息。

应用现有的各种计算机模拟程序，了解一个具体系统的动态关系，相当有用。计算机模拟程序让学生们能改变其中的变量，尝试不同的可能情境，对比不同的结果，进而对系统整体形成了更深入的理解，这需要进行大量的课堂讨论。在“每一轮”模拟之前，都应要求学生做出预测——随着他们不断地改变数字，图表结果会如何变化。否则，他们就只是在玩计算机游戏。用图表形式对比实际结果与他们的预测结果，可以引出系统的运行结果为什么与他们的预测不同的问题，以及其他更深入的问题。

并非所有的教师都会将建立模型作为课程要求。了解和熟悉软件，需要时间，况且对一些学区来说，计算机资源也有限。然而，对于那些把建立模型作为课程要求的教师来说，当他们看到孩子们的成果，并从中获得兴奋和满足时，就足以补偿他们学习建立模型时的投入了。

使用软件提出了一个新的有时候无法预测的困难：软件调试。黛安娜·费希尔（Diana Fisher）是一位作家，也是一位在数学课上应用系统思考的先行教育家。有一次，她曾经花了一周半的时间，和一个学生一起试图找出这个学生的计算机模型无法工作的原因。最终他们发现，这个学生在模型中使用的量纲不一致——在一部分中用的是“米”，而在另一部分中用的是“千米”。这是一次宝贵的经验——正像她对同学们解释时所说的，这样的问题出现在哈勃空间望远镜和其他成本高昂的项目之中，曾被新闻媒体报道过多次。

马萨诸塞州哈佛镇（Harvard）的布罗姆菲尔德高中（Bromfield High School）的一个小组的学生，基本上没有 STELLA（一个计算机程序）编程的经验，但想要就他们所在的社区做一个模型。校长建议他们看一看学校年度预算的编制流程。与这个小组一起工作的科学课教师拉里·韦瑟斯（Larry Weathers）发现了一个有关“信任与控制”的通用计算机模型，学生可以对其进行修改，并建立自己的模型。学生们运行并了解了这个程序之后决定，他们需要倾听参与预算过程的所有各方的想法。他们就预算过程中的种种障碍，访谈了学校管理人员和学区委员会的成员。这些学生发现，要想有一个成功的预算制定，过于信任与不信任同样有害。过于信任可能会引发相互勾结，从而又带来不信任；而不信任则标志着无法共同工作，也难以达成妥协。在信任与严格监督之间保持平衡，才会让各方达成共识。

开发这个模型之后，学生小组给他们访谈过的那些人做了演示，并且解释了这个模型是如何运行的。对于这个模型的合理性，那些成年人表示赞同，并对孩子表达了感谢。这一年，学校预算的制定和通过几乎毫不费力，虽然没有人说这要归功于这个模型，但是这些学生还是认为，他们为那些成年人提供了反思预算制定过程的机会，应该对此有所帮助。

飞马传播公司（Pegasus Communications）

丹尼尔·金（Daniel Kim）和科琳·兰农（Colleen Lannon）所著《系统基本模式的应用》（*Applying Systems Archetypes*，1997 年），丹尼尔·金和弗吉尼娅·安德森（Virginia Anderson）所著《系统基本模型基础》（*System Archetype Basics*，1998 年），丹尼尔·金所著《系统思考工具：使用者参考指导》（*Systems Thinking Tools: A User's Reference Guide*，1994 年），弗吉尼娅·安德森和劳伦·约翰逊（Lauren Johnson）所著《系统思考基础》（*Systems Thinking Basics*，1997

年）和《系统思考者》（*The Systems Thinker*），更多内容请见 www.pegasuscom.com。

过去 22 年以来，一系列培训教材逐步开发成形，帮助企业人士通过因果循环图和系统基本模式理解系统思考。这系列教材由一家从事会议和出版的企业“飞马传播公司”策划、编纂，这家企业是在《第五项修炼》出版前后成立的。特别值得一提的是其中的《系统基本模式基础》系列，这是一组写作精心、内容翔实的综合性的系统模式使用者指南。虽然这套书面向的是企业读者，对于试图了解系统结构如何在自己的学校和社区中产生作用的学校管理者和教育工作者，我们还是竭力推荐。我们也推荐他们所做的实时通讯《系统思考者》。所有这些都可以从 www.pegasuscom.com 网站获得。

7. 你是否比温度控制器更聪明？

为什么在学习的知行中反思很重要

内尔达·康布－麦凯布　贾尼斯·达顿

人们的学习是循环性的，在行动与反思之间、在活动与休息之间，自然而然地进行转换。循环周而复始，我们也得以改善我们的工作。我们大多数人或多或少谙熟于此（有时候称为“单循环”学习）：观察我们之前的行动，反思我们的作为；以观察为基础，决定如何改变下一次行动；最后把我们的决定应用到新一轮行动之中　所有这一切都是为了改善我们的行为，或是改善组织的状态。帮助个人和组织提高其能力的最有效的方式之一，就是有意识地、细致深入地了解学习的节奏。不仅要拿出时间去思考，还要拿出时间来在课堂上、学校里和社区中听取不同的观点，展开共同探讨。

这样的学习循环在简单系统中相当有效，但在复杂系统中就不够充分。比如，假设你正在改善的行为与状态，对于你所面临的变革作用不大，也不太合适，该如何处理呢？如果问题并不在于你是否把自己正在做的事做好，而在于你对初始方向的把握，又应该如何行事呢？或许你答案本身就是因为问题是错误的，又应该怎么办呢？

比如，一个西南部地区的学区发现它们依据能力跟踪学生进步的系统问题重重。那些“聪明的孩子”得到了所有“好老师”的指导；那些能力平平或者在平均水平之下的学生，只好跟着其他的老师学习。学区领导人认为，他们为所有学生提供有品质的教育的总体目标在这里打了折扣。然而，跟踪学生的能力又是他们一贯的做法，也是学区委员会的一项政策。因此，他们研究了自己的学生跟踪系统，制定了一个新方案，随后就投入运行了。

最初，学区的领导人对于他们的新项目非常满意。他们把跟踪分析的项目从三项扩展到了五项，要求教师跨越所有能力等级开展工作。事实上，他们认为，自己有了整个州里最好的学生能力跟踪系统。但是，他们为所有学生提供品质教育的目标却依然无法实现。有关哪些学生聪明，哪些学生不聪明的破坏性信息，仍旧是直接而公开地传递给了孩子和家长们，并在社区中传播。这个学区的人们从未曾质疑过能力跟踪系统本身——当试图分别满足“好学生、聪明学生、一般学生和差学生”的需要的时候，可能恰恰对于学生的能力产生了重大影响。这个学区在改善自己的做法上，已经做到了可能的极致，然而他们却始终无法实现自己的目标，就是因为他们从未开展过更深一层的反思：质疑他们自己的规则，或者质疑他们对于应该要做什么的整体认识。[①]

加雷思·摩根（Gareth Morgan）用一个家用温度控制器做例子，说明了简单系统所受到的限制。温度控制器以单循环的方式，监视环境温度与设定温度的差异，并进行调整。然而，应用单循环的温度控制器，无法确定当前的温度对于屋子里的人是否合适。也正因为温度控制器无法质疑已经设定的控制变量，诸如，目标、制度和价值观，或者是设定温度可能产生的后果，它也就无法改变自己的行为，无法学习如何更有效、更加反应敏捷地完成工作。

正像可以根据室内居住者的需要调整温度的温度控制器一样，要对一个系统产生真正有效的影响，就需要第二个学习循环。在与第一个循环链接在一起的第二个循环中，人们对组织的规则进行详细的评估。摩根将这种双循环方法称为“双循环学习”，我们也将其称为“学习如何学习”。

把反思的时间延长，把双循环学习包括进去（或者是思考他们的思考方式），并且认真挑战自己的规则、态度及假设，人们就能理解，他们做出选择的方式（有意识的和下意识的选择）可能也是他们感受挫败的原因之一，或者也是自己组织现状的原因之一。

---

① 这里我们部分采用了《第五项修炼·实践篇》中的“学习之轮”的内容。我们在“学习之轮”的实践内容方面做了一些调整，从我们的角度考虑的是，尽量使之更加适用于学习的情况。此外，这样的挑战，也允许我们扩展“反思”阶段的内容。这部分内容，也参考了克里斯·阿吉里斯与唐纳德·舍恩的研究工作，尤其是舍恩所著的《设计工作室》（*The Design Studio*, International Specialized Books Service 出版，1985 年），以及他在高等教育中的建筑设计工作室教学法作为跨学科高等教育改革与复兴的手段之一等方面开展的研究。他对于“行动中反思”的模糊性、不确定性和创造性的讨论，可以应用于所有年龄段的人。我们对于“行动中反思”的关注受到了约翰·杜威（John Dewey）、保罗·佛莱雷（Paulo Freire）、迈尔斯·霍顿（Myles Horton）以及约翰·古德拉德（John Goodlad）的影响。

由于双循环学习质疑人们习以为常的规则，往往就会引发新的、起初让人无所适从的选择，所以很容易被放弃。摩根与其他人进行的组织行为研究表明，各种组织基本上不会开展双循环学习，事实上，许多组织中的官僚习气反而会阻碍这种学习过程。然而，正是这种反思和自我质疑的能力，帮助组织学会如何学习。

要想在任何一个项目或者事业中做到比温度控制器更加灵敏，就要开发出一个类似下图所示的过程。对于以下每一个阶段都要细心关注，而后才能进入下一个阶段，并且要做好准备，必要时再回过头来，重新开始。

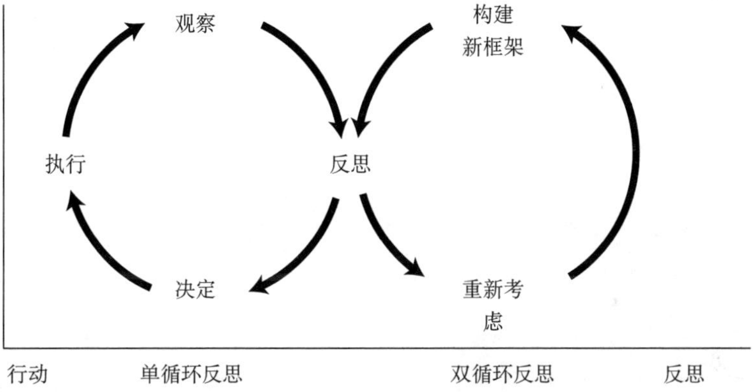

注：有关“双循环学习”的更多内容，参见加雷思·摩根所著《组织的形象》（*Images of Organization*，塞奇出版公司出版，1996 年）第 86~88 页。摩根的概念来源于克里斯·阿吉里斯与唐纳德·舍恩的研究：请参见他们合著的《实践中的理论》（*Theory in Practice*，乔西·贝斯出版社，1974 年）和《学习型组织：一个有关行动的理论》（*Organizational Learning: A Theory of Action Perspective*，艾迪森·维斯理出版社出版，1978 年）。唐纳德·舍恩在其《反思实践者》（*The Reflective Practitioner*，基础读物出版社出版，1983 年）一书中将第二个循环称为“建立新框架”。

观察（Observing）

把注意力集中到你曾经采取过的某个行动上。你可以从一个刚刚完成的项目入手，去了解你的体验。

这种观察称为“行动后反思”（reflection-on-action），动作是回顾过去。这个项目进展如何？你最初的想法是什么？你的哪些假设和态度（哪些心智模式）给你带来了这个结果？

“行动中反思”（reflection-in-action）发生在行动过程中，比如，某些意外情况发生了，对于正在展开的局面或者项目，你需要在还能够对其结果施加影响的时候调整方向。眼下是一个什么局面？为什么这个情况出乎意料？对此你过去是如何考虑的？你现在又是如何考虑的？

“对行动进行反思”则包括了过去、现在和未来。为什么我们会建议采取这个行动？这个决定在过去、现在和将来产生的更广泛和长久的影响是什么？

反思（Reflecting）

考虑观察的各种含义，并从中得出结论。在循环中的这个阶段，通过质询运营现状、质询假设是否合理，就为新想法和可能的新行动打开了大门。双循环反思至少包括两部分，二者共同构成了对于合理性的探询。每一部分都有各自的一组质询问题：

- **重新考虑（Reconsidering）**：这一步骤的起点是，重新思考你的基础假设、结论以及形成结论的推理过程。这是一个自我质询的过程。“这个项目合理吗？谁在其中是赢家，谁又是输家？目前的方式是执行这个项目的正确方式吗？在我们的选择背后，是对于现状的哪些共同认识（心智模式）？如果采用一种新方法，会有怎样的后果？我们正在传播哪些核心价值？我们倡导的那些理论（和价值观）是不是我们‘践行的理论’？”[①]

- **构建新框架（Reframing）：**表达新的、可能的指导思想，并反思这些指导思想是否会增强我们的能力。“我们还能用哪些其他方式开展项目？目前的项目、项目目的和阶段目标都是正确的吗？这些都要由谁来决定呢？哪些条件阻止我们做出有风险的尝试？对于我们期望的未来、我们认为最合理的价值观和行动，我们应该形成哪些意象？我们为什么要做这件事？要达到什么目标？要践行这些意象、价值观和行动，我们必须要做什么？”

对于一些人来说，这种共享的反思会是一种新体验。即便他们对于单独“反思”或与密友共同反思已经习以为常，但他们恐怕还没有在公开场合，围着一张桌子，以如此深度，就如此不确定的问题这样做过。这就是为什么有成效的对话技能（平衡探询与宣扬以及推断之梯）在这里很重要。这些工具有助于人们安全地探讨反思中出现的危险议题。

决定（Deciding）

做出决定。W. 爱德华·戴明用“计划”（Planning）这个词表示这个阶段，但是我们用了“决定”（Deciding），因为这个阶段中包含了选择的元素——“这是我们选择要采用的替代方案，其原因是这样的”。这个阶段假设在座的成员对于整个过程都有一些影响，无论是一个课程、一所学校还是一个社区团队——不是为了让他们表达一下“意见”，而是因为他们参与到决策中既非常必要，也很有价值。基于重新制定的框架，小组成员共同思考他们要采取的下一步行动。“我们要做什么？我们必须邀请哪些人加入进来？基于过去的经验，有哪些事情

---

① 系统思考的工具在这里会有帮助，尤其是“冰山模型”。

可能会发生？我们应该如何规划，才能把这些因素考虑在内？我们的下一步行动会是什么样子？”

执行（Doing）

开展一项任务，尽可能保持一种实验的心态。现在，你要做的就是创造、写作和生成。这可以由团队成员们逐一分别进行，但也需要相互协调进行。用于观察、通过反思构建共享的意义，以及共同做出决定的所有精力，使行动变成了一个有意义的举措。

把循环放到实践中去（Putting the cycle into practice）

当你达到了循环的结束点时，马上又回到了观察阶段，或许需要一次正式的回顾。此事究竟进展如何？

项目时间紧或课程压力大（比如，以标准测试成绩为目标的课程）可能产生影响，引导人们走捷径，缩短循环。当你辛辛苦苦地安排课堂材料的练习时，谁还有时间去“观察”“反思”呢？

但是，前两个阶段（观察与反思）恰恰是整个循环中最关键的部分。如果你在形成共享意义上花了足够的时间，那么对于一个活动为什么重要，以及为什么要去做这个活动，大家就会形成相当清晰的认识。这样的认识程度关系重大，比如，对于一个练习是否费时费力、是否有效，以及是否能够取得更好的效果，都很重要。“双循环”的做法不仅会节省时间，也可以让你经常重温自己的工作。

对现有政策进行双循环反思

以下是用于学生评估的一些双循环反思问题。如果稍加调整，用来反思你自己的学校和组织中的问题，可能会有所助益。

• 在实现自己的目标方面，你们正在做什么（比如，衡量学生的进步）你们为什么要采用现在这个方法？哪些假设驱使你们采用了这个方法？

• 你们现在的行动从教育的角度看有道理吗？

• 你们正在衡量的与你们希望衡量的是一回事吗？

• 现有方法的受益者是谁？谁没有受益？

• 哪些信念、态度和价值观妨碍你们创造其他替代方式？

• 在学生学习方面，你们的抱负是什么？

• 改变你们思考的哪些方面，才能够推进目前做法的转型？①

让五项修炼成为生活的一部分

在课堂上使用这些工具和做法，这只是第一步。系统认知会成为洞察力和能力的终身的来源。逐步熟练掌握心智模式和团队学习的能力，会让你在一生中与他人建立起更强大、更深入的关系。通过自我超越和共同愿景的修炼，明确你自己的热望，可以形成一种面向创造的取向：专注于创造自己的命运，而不是对它做出反应，或者试图对它进行控制。

在本书的其余部分，我们将把这五项修炼运用到不同的环境之中。把这些内容应用到工作之中（以及你生活中的其他部分），就可以逐步形成自己的能力。这反过来也有助于课堂、学校和社区这三个教育系统增强能力、提高水准。

---

① 这些问题引自内尔达·康布—麦凯布所著的《学监实践手册：知行领导人指南》（*The Super intendents Fieldbook: A Guide for Leaders of Learning*）一书。

第二部分　课堂

Schools That Learn:
A Fifth Discipline Fieldbook for Educators, Parents, and Everyone Who Cares About Education

第 3 章
打开优质课堂的大门

1. 设计学习环境

这是新学年开学的第一天。你是一名教师，正准备迎接学生的到来，教室仿佛也在静静的期待中屏住呼吸。白板上还是空空的，没有一丝笔迹（除了上学期不知是谁误用了擦不掉的油性笔，留下了几点痕迹）。你翻了翻手里的工作手册，接下来的几个月，空白页上就要画满圆圈和叉叉了。你和学生将会逐渐熟悉，你甚至会想不起来，曾经有过不认识他们的时候。你在心里又一一核对了一遍自己的“问题清单”：所有需要用的资料我都带来了吗？今年我会迎来什么样的学生？我准备好要对他们的人生产生影响了吗？班里那些领头的学生会是什么样子的？那些努力学习的学生又会是什么样子的？我将会遇到什么样的挑战，谁又会是挑战者呢？你能感受到学生们即将来临，就像是雷电来临的刹那空气的震颤。

另一种雷电来临的感受，来自外部。已经有 6 位家长留言，让你给他们回电话。就在最近，当地报纸将这个地区每一所学校的测验成绩都公布了出来。校长助理参加了一个课程规划会，回来之后满脑子都是新想法。如果能安排出时间的话，你乐于参加新成立的课程规划委员会的工作；但你的工作计划已经制订完成。学区委员会选定了新课本，也重新安排了校车和餐厅的运营时间；另外，为了节省支出，他们要在每个班额外增加 5~6 名学生。

如果你是一位大学的教师，面临的则是另一种压力：授课量超负荷，还要承担管理工作，要指导学生，要参加招聘，没有时间进行创新，也缺乏相应支持，以及“要么发表论文要么消失”的预期。或许，你是数量不断增加的“附加教师”中的一员——受聘教授某门具体课程，几乎没有收入，但有相应的社保和地位。无论你在哪里教书，总会有社会压力和措手不及的学生，另外还要加上一大堆制度规则和限制条件。事事不如人意，大家抱怨重重，以至于教师的困扰成了近年来一种文化上的老生常谈。

尽管如此，经验丰富的老教师们每年都会带着新的活力和激情回到学校，新教师也在不断加入这个行业。让人们以教书为业一直源于一个更深层的理由：教书这件事让人体会到美好，当你看到学生因你高质量的授课获得成功时，欣喜感就会油然而生。人们在课堂上可以体验到，自己的承诺和创造力直接迅速地使学生获得发展，这一点极少有其他工作场所可与之相比。

但是，教师带到课堂上的内在资源——他们的创造力、他们接受的培训、他们的能力以及他们对于教学的热爱，不可能无限地持续下去。那么，如何对课堂进行设计，才能使它不断激发和吸引每个人的学习激情呢？这些问题就是本书的“学习环境”这一部分的核心内容。

教师是学习环境的设计者

所有教师都有过这样的经历——他们退后一步去看自己的教学，然后对自己说："哦，这就是教书的点点滴滴呀。今天感觉很不错。我希望自己能知道这是什么。"如果这是一个话题，与课程设计有关，或者是一次活动，引发了各种讨论，教师们过后或许还有机会复制这次经历。可是他们往往感到，这样的体验似乎永远不会重现。

然而，课堂可以经过设计，来引导大家进入一种"自然流动"的状态。这也是教授反思与探询的价值，也是培养系统理解力的工具，还是投入时间明确关注热望和协同所带来的价值。如果发生在教室中的一切，主要是人们的思考及互动方式的产物，那么改进思考质量与互动质量的方法，就会使课堂教学更为高效。

比如，在纽约市 116 中学四年级的一堂课上，一群所谓的存在阅读障碍的学生组成了一个小组，围成一圈进行讨论。他们并非鹦鹉学舌似的模仿老师，说些自己认为老师喜欢听的话；他们也不是在教室里跑来跑去，根本无法坐下来。他们是在讨论一本书的意义。"通常情况下，我有点儿同意你讲的。"一个男孩对另一位同学说，"但是今天，我不大同意。"一个女孩问另一个同学："你说这个是一个新的阶段，你把它叫作什么呢？"在这所学校的另外一间教室里，一个五岁的幼儿说，她想要在另一个孩子发表观点的基础上"再加点儿意见"。[①]像这种成熟程度的谈话（或者是读写能力）并不是自然发生的，而是

---

① 有关 116 中学的内容来自《构建一个学习型社区——一个公立学区的模型》（*Building a Learning community— A Portrait of a Public School District*），这是由匹兹堡大学学习与发展中心开展"高效学习社区项目"（High Performance Learning Communities Project，Learning and Development Center, University of Pittsburgh, 1998）拍摄的电视纪录片。

经过精心设计和实施新的谈话训练的结果。在正式的促进员工发展的项目中，在课后的非正式会议中，教师们经常聚在一起，为他们将要引入的促成谈话的各种方式制订计划。他们先互教互学，然后再教给学生——如何彼此倾听？如何从阅读材料中总结出“主要观点”？如何在思想上相互补充？南希·贝宗（Nancy Bezzone），教授四年级的老师说：“从九月到十月，进行的完全是以社区为基础的工作。然后，孩子们就能开始无拘无束地谈话，尝试一些冒险行动，并把彼此当作资源。”

课堂设计也可以采取多种其他形式。一位二年级的老师让学生批改自己的作业。为了让三年级的学生自己设计游戏，而不是让成年人替他们设计，一位校长安排了特别的休息时间。一位六年级的学生主持了自己的家长—老师会议，介绍了自己要做的一系列功课，并在白板上用图展示出自己在中学阶段要实现的目标。一位中学的数学教师邀请他的学生们向他提出挑战——如果他们能安排一组具有逻辑关系的数字，他就会去猜一猜下一个数字。每天，这些学生会一直跟着他走到停车场，想要彻底难倒他。另一位老师则在每一门课程开始的时候拿出一天时间，让所有学生一起建立他们的谈话规则。

本书这一部分的不同故事和各种技能，展示了如何通过重新设计教师、学生和家长在课堂上的思考和互动方式，开发新的能力。这些故事和技能涉及课堂上各式各样的内容，代表各类学校。我们依靠多位教育工作者的经验和方案，把这些内容整合到一起。我们尽量让这些内容具体、有益，但也避免“开处方”的做法。我们希望你在接下来的章节中，能够发现一系列有价值的、用来创建知行课堂的工具和方法。

所有的孩子都会学习

在教育领域的不同专业中，“所有孩子都会学习”是一个被广泛认同的原则。这个原则在认知与社会能力的研究中获得了广泛支持：每个孩子、每位青少年以及每个成年人，都具有成就一番事业的潜力，如果每个人所处的条件都支持他学习，每个人的个人能力都被重视。

但是，当这个原则被应用到不同环境中的时候，就不那么完善了。人们往往把这个原则的意思解释成“所有孩子都有自己的价值”。即便是在那些公开宣扬这个指导思想的学校中，教育工作者和家长往往都保持一种隐蔽的心智模式：人的潜力一旦确定，就会固定不变。

这个心智模式所带来的是“赢家和输家”的文化——一些学生被贴上“优等生”的标签，并被重视；另一些学生则被划入“无可救药”“学习障碍”等分类，或者干脆被认为“太笨”。在这样的文化中，成年人不大会投入时间和关注，去改变归入另类的孩子们的状况。这种文化也鼓励学生和教育工作者关注可衡量的、短期的评估和目标，而不是关注课堂与学校的更重要的目的——持续学习并强化学习的能力。

相反，越来越多的证据表明，人类的潜力在任何一个时点，都没有被“锁定”。神经科学一个新的分支“神经可塑性”① 方面的研究表明，人类的大脑是可塑的，在整个生命过程中，都能形成新的神经通路。神经的可塑性好像是由有意识地关注思想和行动的新习惯而引起

① 有关神经可塑性的更多内容，参见由杰弗里 · 施瓦茨（Jeffrey Schwartz）和莎伦 · 贝格利（Sharon Begley）合著《心智与大脑：神经可塑性与心智力量的影响》（*The Mind and the Brain:Neuroplasticity and the Power of Mental Force*，HarperCollins 出版，2002 年）。

的。当学生们在课堂上练习某种具体的学习方式时，日复一日，这个过程就会对课堂上每一个人的大脑结构和功能产生影响，包括教师。

知行课堂不仅包括意识到所有孩子都能学习，还包括意识到学生以多种方式学习，他们的能力并非在出生时就固定了，以及人们可以在任何年龄掌握非同寻常的技能和能力——无论他们具有怎样的背景或者经历。在这样的课堂上，学生们认识到，他们到这里来的目的之一，是要保证每一个人都成功。

在知行课堂上，“授课”并不仅仅等于“传输”或传播信息，这也是其中的一个原因。如果所有的学生都是以不同的方式开展学习活动，那么教师必须设计和创造不同的学习经历，能够让课堂上的每一个人都能发展各种知识、技能和认知，以便适应各自的世界。在知行课堂上，教师可以比较容易地发现一个学习者需要什么。而学习者也逐步形成明确表达自己的需求的方式——有时快、有时慢。教师和学习者走到一起，久而久之，就共同创造出一种缩小他们之间差距的体验。这样的课堂可以采用多种不同形式（在本书的这一部分你将看到），但其中，人人相互尊重，与学习者的目标和需要相关，以及探索发现的精神，却是共同的。

充分表达“所有孩子都能学习”这个原则，需要更深入地认识人类的潜力。接受这个观点，并非意味着对人性的弱点视而不见。孩子们，包括各个年龄阶段的人，都有可能具有破坏性，难以接近。他们也许还没有完全了解自己的潜力；或者对于自己需要发展的耐心与执着，还无法接受、难以适应。应对“麻烦的人”或者“麻烦的事”，是每一个课堂和每一位教师都要面对的关键挑战——对于每一位社区成员也是如此。如果仅仅是使用，却不进行反思，“学习型组织”的工具（或者是技术）就不足以应对这类挑战。这需要我们用毕生精力去追求。

尽管如此，“所有孩子都能学习”和“每个人都具有创造一个新未来的潜力”的理念，在每种人文环境中都是真理，是一切力量的源泉。把这个理念作为指导思想，或许就迈出了创造知行课堂的第一步。记住“所有孩子都能学习”，正是这种希望吸引许多人参与到教育事业中来。

课 堂

英语“class”这个词源自罗马文“classis”，意思是“召集”。它显然是从印欧语系的词根 qel（call）演变而来的，大意是“召集大家准备战斗”。在 16 世纪，以英语为母语的人们开始用这个词来指代一群学生，也许是被召集到一起，在当时的教会学校中学习。在古英语中表达 chamber（堂、房间）这个意思的词是 cofa [现代英语中指海湾（cove）的前身]。在那个时代，“room”指的是“开放的空地”（open space，德语中的 raum，现在还是这个意思），这个词在今天仍然还有这种含义。因此，“classroom”这个词就是指各式各样持续开放的环境，人们被召唤到这里，共同学习他们周围的世界。

2. 创建一个知行课堂[①]

内尔达·康布－麦凯布

当我们开始把注意力转向课堂的时候，我们的第一个念头通常会与授课有关：要教什么？如何教？教哪些学生？由谁来讲授？我们接下来想到的，就会涉及教学成绩：绩效通常是如何衡量的？要采取什么措施，才能让这个年级的所有学生都能够合格毕业，或者让所有学生都能通过这门课的测验？

大家关注这两方面的问题可以理解，但在提高课堂中学生的学习成效上，这是相对低效的做法——至少如果你是一位教师的话，就会如此。你能够起到最大作用的杠杆作用点，在于把课堂设计成一个学习的环境。这个练习可以帮助你创造一个环境，让你的存在、你与周边的关系以及每个人的学习过程，都更加高效，也就是说，这个练习会有助于你开始创造一个知行课堂。

第一步：如果我有一个知行课堂

想象一下：你正在一个知行课堂中教学——如果你拥有完全的自由，并能决定一切，包括决定课程设计，以及决定整个学年中采用的评估方式，然后你自己设计一个课堂。想象一下，身处这样的课堂，然后，问自己：

---

① 目的：帮助教师仔细探询自己的假设，指引他们成为课堂的设计者。

概述：这个练习不是以课堂设计的传统内容开始的，比如课程规划或者时间安排，这个练习的切入点是在你心中描绘出知行课堂的图景。

参与者：由教师独自进行，或者由教师组成的小组共同完成。这个练习可以成为一个有效的起点，帮助教师参与到创建知行课堂的努力之中。

• 在典型的一天中，学生们正在做什么？

• 哪些结构、练习或者行为（我自身的行为和学校的行为）有助于这些学生的成长和成功？

• 教学活动是如何组织的——包括课程、作业以及谈话？是由谁来组织的？由谁来决定何时开始、何时结束？

• 有关学生的学习目标和成绩预期的决定，是由谁来做出的——这些人通常要做出哪些决定？

• 课堂是如何布置的？课堂里有哪些设备和材料？课堂看上去是什么样子的？学生在课堂内外的时间是如何分配的？

• 学生们在课堂上是如何互动的？（他们在解决问题的时候、在一起学习的时候，是否互相参与？他们在学习上如何互相帮助？）

• 他们与我（教师）如何互动？

• 我作为教师，直接向学生传达哪些信息？

• 他们从书籍、杂志、报纸、电视、互联网、游戏以及其他来源中，获取了哪些信息？他们是如何发现这些信息的？在发现和了解这些信息的过程中，他们获得了哪些指导？

• 他们从各种学习体验中，获得了哪些方面的信息（他们获得了什么样的学习体验）？

把你对于这些问题的回答写下来、画下来或者录下来（用录音或者录像设备），以便在下一个阶段可以回过头来使用这些内容。为了让记录更加生动，要采用当下的语气。（采用“学生们在一起工作，解决问题”的说法，而不是“学生们将会一起工作，解决问题”。）记录要具体。尽可能详细表达——图景、可能性，以及你想到的创新点子。不要担心做得“对”还是“错”，或者是否“可行”、是否“现实”以及是否“在政治上是可笑的”。你正在设计的是你自己的知行课堂，在这项练习之后的几个阶段中，你会有充裕的机会进行调整。[①]

第二步：强化定义

现在要将你的想法进一步扩展——考虑一下其他教育工作者和教育方面的作者在设想知行课堂的时候，所做的阐述。从下面这些话中，挑选出符合你心中的图景的表述，把它们加进来，进一步丰富你理想中的课堂的图景。如果你是与一个教师的团队一起做这个练习，那么你或许可以加入你们所有人对于第一步中的问题的回答，这样你就可以在借鉴彼此想法的基础上，进一步扩展你的定义了。

在一个知行课堂上……[②]

- “多种多样的智能得到培养与开发，远远超过‘三会’的要求。孩子们开发出可以让他们获得成功的各方面的能力。”——丹尼尔·戈尔曼（Daniel Goleman）
- “学生们学会解决他们感兴趣的、具有挑战性的问题，并且学习他们需要全面掌握的知识和技能。”——西摩·萨拉森
- “学习者们对于学习目的、学习内容、学习形式和学习速度，享有很大的支配权；此外，学习的程度是否满足要求，也主要由学习者来决定。”——彼得·维尔（Peter Vaill）
- “学生们专注于问题，而不是人为制造出来的、僵化的分类科目。”——内尔·诺丁斯（Nel Noddings）

① 这里部分练习基于《第五项修炼·实践篇》中的“设计一个学习型组织”。

② 如果你有自己喜爱的名人语录，可以帮助其他人设计知行课堂，请加在这些内容之中。

- “学生们并非依照某一种追求卓越的愿景，去复制自己的生活；真正的挑战在于，运用他们的创造性想象，从可获取的所有资源中创造出新事物。”——玛丽·凯瑟琳·贝特森（Mary Catherine Bateson）

- “我们认识到，每一个不恰当的回答在另一种环境下或许就是恰当的。从学生的问题中，会产生出最有创造力的想法与发现。”——埃伦·兰格（Ellen Langer）

- “在学生与教师之中，存在着一种反思心态。他们喜欢一起思考自己行动的种种结果，他们也反复琢磨为什么有的努力有成效，而有的努力却没什么成效。他们不仅在事后反思，也能够以反思的心智框架应对有待解决的问题。”——罗伯特·J. 斯塔拉特（Robert · J. Starratt）在论述唐纳德·舍恩的理论时说。

- “通过持续的深度会谈、学生们的相互合作，形成一个建构共同认知的学习社区。”——托马斯·萨乔万尼（Thomas Sergiovanni）

- “有许多条件似乎可以培养深层学习：承认自己的不足、遇到问题向别人请教、勇于承担风险、具有幽默感、与其他学习者合作、具有同情心、建立模型的重要性，以及具有道德目标。”——罗兰·巴思（Roland Barth）

- “所有学生都被当作有天赋、有才华的学生看待，因为每一个孩子的天赋与才能都是发现、培养出来的，并且得到承认。”——亨利·莱文（Henry Levin）

- “我们必须相互倾听彼此的故事，我们每一个人都是自己生

活的创造者。”——丹尼尔·平克①

---

① 引言摘录的来源

丹尼尔·戈尔曼（Daniel Goleman）所著《情商：为什么比智商还重要》（*Emotional Intelligence: What it Can Matter More than IQ*，第十版，Bantam 出版社，2005），第 37 页。

西摩·萨拉森所著《致认真关心教育的总统》(*Letters to Serious Education President*，Corwin Press 出版，2005 年，第 97 页。

彼得·威尔所著《学习作为存在的方式：在激流世界中的生存策略》（*Learning as a Way of Being: Strategies for Survival in a World of Permanent White Water*，Jossey-Bass 出版，1996 年），第 58 页。

内尔·诺丁斯所著《学校里对关爱的挑战：教育的另一种路径》（*The Challenge to Care in Schools: An Alternative Approach to Education*，第二版，Teachers College Press 出版，2005 年），第 63 页。

玛丽·凯瑟琳·贝特森所著《创作一种生活》（*Composing a Life*，Atlantic Monthly Press 出版，1989 年），第 62 页。

埃伦·兰格所著《心学的力量》（*The Power of Mindful Learning*，Perseus 出版，1997 年），第 135 页。

罗伯特·J. 斯塔拉特所著《学校教育的戏剧：戏剧性的学校教育》（*The drama of Schooling: The Schooling of Drama*，Laylor & Francis 出版，1989 年），第 83 页。

托马斯·萨乔万尼所著《校长：反思实践的视角》，第六版（*The Principalship: A Reflective Perspective*，Allyn & Bacon 出版，2009 年），第 263 页。

罗兰·巴思所著《从内部改善学校：教师、家长和校长都能产生影响》（*Improving Schools from Within: Teachers, Parents and Principals Can Make the Difference*，Jossey-Bass 出版，1991 年），第 44 页。

亨利·莱文所著《加速发展的学校：背景》（*Accelerated Schools: The Background*）以及《加速发展的学校在行动：实践中的经验》（*Accelerated Schools in Action: Lesson from the Field*，Corwin Press 出版，1996 年），第 17 页。

丹尼尔·平克所著《全新的心智：从信息时代走向理念时代》（*A Whole New Mind: Moving from the Information Age to the Conceptual Age*，Riverhead 出版，2005 年），第 115 页。

第三步："它会给我带来什么？"

对于你写下来或者选择的陈述，一一进行认真思考。在你考虑以下这些问题的时候，要关注哪一个问题能引起自己最大的兴趣：

- 其结果会带来哪些益处？
- 它会给学生们带来什么？
- 它会给我带来什么？
- 它与我现在教学的课堂有什么不同？

第四步：选出最重要的五项并进一步推敲

根据你在第三步中进行的细化思考，在知行课堂的特点中，选出你最信服的五项。对于所选的内容是否可行、是否容易实现，以及哪一个更有可能得到学校中其他人的赞扬，都无须担心（在第五步中你会考虑这些担心）。有些内容会让你这样想，"这个想法感觉是对的，但是我绝对不会在这里做"，要试着包括一到两项这样的内容。

为什么一定要五项呢？用来描述一个已经完全实现的知行课堂的图景，这个数量的内容已经足够了，要让你能够在心里记住这些特征，这个数量也不会过多。

以此作为起点，可以把其中的一些抽象条件具体化。比如，或许你写下来的是："课堂环境可以对学生的学习需求做出及时反应。"你想到的课堂环境是什么样子的呢？能举出一个例子吗？某个学生的具体学习需求，是如何满足的呢？这个情况是典型情况吗？你最终写下来的可能是一段话：一个学生只靠默读无法理解书面材料；要完全理解，他就需要大声读出来，并且进行思考，还需要和其他人聊一聊其中的内容。你可能会提供更多、更经常的机会，让学生参与小组或者大组讨论。

第五步："我们如何实现？"

作为一个设计师，你需要做什么，才能实现你的愿景中的每一个部分？你要采用哪些做法？你要发展哪些能力——你自己的能力和你的学生的能力？有哪些政策需要到位，包括课堂的、学校的、社区的以及州政府层面的？

比如，你在设计中提出，需要观摩学校系统中的另一位教师的教学过程——他在教授某个内容方面有特殊专长，而你也希望在这方面获得更好的教学成绩。也许，其中包括让其他教师做你的"教练"，或许，学校可以提供 1~2 周的代课老师的安排，这样教师们就可以通过与更有经验的实践者共同教课，一边工作、一边学习。

第六步："有哪些阻碍？"

对于第五步中提出的每一个想法，存在着哪些阻碍和干扰？仔细考虑你可能会遇到的反对的声音——学生们、他们的家长、其他教师、学校的机构、社区以及州政府。①

然后，再考虑一下可能会出现的内在挑战——这是你做出变革所带来的自然后果。比如，其中可能会包括，实现你的梦想的时间总是不够，得不到你所需要的帮助，对于这些变化是否对学生有利你没有十足把握，或者是更大的学校系统中其他人的反对。当人们的习惯做法和价值观受到威胁的时候，出现各种反对力量是一种自然结果。这样的反对力量可能是从哪里来的？你如何才能在不激化这些反对力量的情况下，实现你的目标？

---

① 在彼得·圣吉、阿特·克莱纳、查罗特·罗伯茨、理查德－罗斯和布赖恩·史密斯合著的《变革之舞：学习型组织持续发展面临的挑战》中，相互对抗的力量以及如何对其进行管理的观念是核心主题。

第七步：“在这种情况下，我就会知道我在进步。”

这本书的其他部分，包含许多策略和方法，可以帮助你实现在练习中确定的目标。然而，在你开始启动之前，还需要进行一个确定你自己的愿景的步骤。你将如何识别你自己的努力取得的进步呢？

再思考一下你在第四步中选择的五个最重要的特征，以及你在第六步中描述的障碍。对于每一个陈述，都提出一个或者多个“指标”。在这里“指标”是一个证据，它发出的信号表示你已经取得了一些进步。有些指标很简单，比如，有更多的学生达到了相应年级的阅读要求；另一些指标就不那么常见了，也更难以衡量，但对于是否产生了真正的变革很有启示。要为“课堂环境能以对学生的学习需求做出及时反应”建立一个指标，可能很简单：你注意到并非由于你的要求，学生们经常把自己的资源带来分享了——一个故事、一张家庭照片或者是与一个具体的课堂学习体验联系在一起的一系列收藏品。

第八步：第一个实验

几乎在所有的学校里，教师们都拥有在自己的课堂上对学习设计进行实验的自由空间。因此，这个练习的最后一步，就是为自己设计一个实验：它对于创建一个知行课堂可能会有成效。

如果你的兴趣点是推动更有成效的谈话，你可以宣布：“我们一起来聊一聊，用什么样的方法可以让大家都参与进来。比如，我们能否一致同意，在我们回应另一个人的观点的时候，大家都说：‘对，并且……’而不说，‘对，但是……’？在很多情况下，当你说‘对，但是……’的时候，虽然看上去像是同意，但实际上是在否定说话人的观点。我们一起来避免这样做。如果我们对于如何互动有更清楚的认识，这或许就会让我们更容易相互倾听，而不只是为了传达我们自己的观点去听别人说话。”

在两周之后，做一次检查讨论。“我们在练习‘探询’吗？‘对，并且……’的规则对我们产生作用了吗？它改变我们的谈话了吗？”根据这个过程的体会，你就可以增加新的指导原则，进一步设计课堂讨论的框架。

教学系统还是学习系统

内尔达·康布—麦凯布

反思练习应该成为教育工作者培训中一个不可或缺的部分。在我的班上，学生经常写下个人反思，而我也会就某些具体问题或关注点，请他们参与深度会谈和反思。近几年以来，我发现向教师和管理人员群体提出以下问题，很有价值：

- 你如何区分一个教学系统和一个学习系统？
- 在课堂上，一个教学系统是什么样子的？
- 在课堂上，一个学习系统是什么样子的？
- 在对结果的期望上，有什么差别？
- 在教学系统中，学生的角色/责任是什么？在一个学习系统中呢？
- 在一个教学系统中，变化如何发生？在一个学习系统中呢？
- 在教学系统中，成功的标志是什么？在一个学习系统中呢？

- 你自己的学校是一个教学系统，还是一个学习系统？[①]

3.“合法、安全，还是你想要学的东西”
创建一个激情课堂

卡罗尔·安·凯纳森（Carol Ann Kenerson）

“当我开始在课堂上使用‘五项修炼’这个概念的时候，究竟是在做什么呢？”教师们有这样的疑问是有道理的。卡罗尔·安·凯纳森在课堂上深入使用了这些修炼，她在本书的英文第一版中为我们提供了这篇入门指南，文中提到的原则经受住了时间的考验。

作为一名在课堂上教课的老师，我使用这五项学习修炼，是为了创造一个环境，培养和激励学生们，也培养和激励我自己。这些修炼给了我一个目标明确、内容清晰的框架，扩展了我已有的教学方法，让课堂更像是一个学习、尊重和创造的空间。我发现对于任何一个课堂，这些修炼都起作用。随着这些修炼逐步成为学生们的习惯，学生们的“成绩”开始提升，会展现出真实的水平，他们也以全新的状态出现在课堂上。这五项修炼是根据课堂要求展开练习的，因此对激发学生的学习兴趣起到了不可估量的作用——而这恰恰是我最关注的。

---

① 目的：这个小组进行的反思，可以总结出有关教学和学习的重要见解，以及对于学生学习的影响。

这个练习来自内尔达·康布－麦凯布、卢文·坎宁安（Luvern Cunningham），詹姆士·哈维（James Harvey）和罗伯特·科夫（Robert Koff）所著《学监实践篇：学习领导人手册》（*The Superintendent's Fieldbook: A Guidebook for Leaders of Learning*，Corwin 出版，2005 年）中的《反思练习：教学系统还是学习系统？》（“Reflection Exercise:A Teaching or a Learning System?”）一文。

我最初的一段教学经历，是在一家公立学校做英文教师，其后我又转到一家寄宿学校教写作课。在这所学校里，大多数学生都有严重的学习障碍，也有情感方面的需要，他们都曾遭受过各种不同形式的虐待和忽视。这里既有男孩，也有女孩，年龄13~18岁，阅读方面的成绩很低。许多人基本上是文盲。

我发现，这些学生在植根于学习的修炼的环境中，就可以很好地成长。深度会谈让他们中的一些人回想起“十二步骤会议”或者是康复小组会，所以就觉得是一个舒服、自然的环境。相反，许多“大学预科班”的学生，只关注学习成绩，而不是学习的过程。这往往会给他们的探索意识笼罩上一层阴影。虽然他们的功课通常相当认真、细心，也很有创造力，但是他们有时候却会满怀焦虑地对我说：“求求您，能否多给我四分，让我保住A的平均成绩？”这让我感到伤心。当学生们说“这真有意思”或者是“尝试这件事，我真的学到了很多”的时候，对于所有参与其中的人，都令人更加愉快，也更加激动人心！

自我超越

自我超越在课堂上的体现，是帮助孩子们解读自己的激情，去探索他们是否相信有些事情是可能的，培养他们深入探究的勇气，但不必判断他们是否正确。一个课堂充满了兴趣、渴望以及才能，我作为教师的目标之一，就是深入了解这些能量。因此，我经常围绕着学生的个人愿景设计一堂课。在一篇具体的文学作品或者是一项研究课题的大背景下，我会要求他们：“请写下两件你可以教会其他人的事，再写下两件你希望了解，却从未尝试过的事。”从他们的回答之中，我会做出一个工作表，然后一起分享和探讨。最终，学生们会选择自己的合作伙伴，创建自己的项目，其中也包括每一个学生对于教与学的渴望。

一个学生说："我在写作和新闻报道方面已经很不错了，但我特别想学习拍照片和自己洗印照片。"另一位学生有照相机，并且希望加强自己的研究技能，于是他们两人就建立起了联系，并共同制作了一份小报，内容与我们正在学习的一部小说中的事件、人物和社会环境直接相关。其他的团队中，有的制作了与一篇美国革命的文章有关的人物访谈录像，有的则根据一部史诗创作出了一首歌曲，还有的安排了一个艺术展览，图解了一个作品的故事线的发展。对于这些项目，我只有一个指导原则：必须安全、合法，而且还是你们想要学习的。

允许你的学生拥有这样的自由，就要求教师对学生充分的信任。然而，我不知道还有什么更好的方法，能够让学生们认识到自身的个人优势，认识到那些能够激发自己的好奇心的事物。学生们做项目汇报的时候，我总是在愉快地享受——在一群学生中承担学习者的角色。

有时候，学生们的演讲、故事和工艺作品看上去似乎不应该出现在学校里，然而，那些主题恰恰就是学生们的生活与恐惧的方方面面。当学生们可以用自己的声音去表达、去创造的时候，其中产生出的洞察力和学习激情是不可估量的。不止一次，当我回到自己的办公室的时候，不由自主地落泪。"出了什么事了？"其他的人会问。"你们肯定不相信课堂上发生了什么！他们创造出来的项目和论文，远远超出我给他们提出的要求。这简直太神奇了！"

渐渐地，我开始认识到了冥想放松的重要意义，不仅仅是在我的生命之中，也是在我的学生的生命之中。拿出时间来冥想、静坐，是把个人超越带到课堂上的一个有效的方法。虽然有许多学生加入这个练习，但这并非我提出的要求。然而，参与的人必须尊重房间中的静默，即使他们想要做其他功课或者是画画、读书。我们会把光线调暗，学生们会闭上眼睛，我则会带着他们做一小段时间的冥想。

在我们一起做过几次冥想之后，这些学生开始要求我让他们在每堂课开始之前放松、冥想五分钟。“要做的东西太多了，我们没有办法集中精力。”他们保证在这之后就会精力充沛地上课。我相信他们了解自己需要什么，就常常会答应他们的要求。我从不后悔。以这样的冥想开始的每一堂课，都充满创造力，也会有丰硕的学习成果。

冥想在有些情况下不太容易，比如，在那家寄宿学校里，有一些学生（他们曾经历过各种虐待）不肯在一种无助的环境中闭上眼睛。所以，我们就会静静地坐一会儿，背景是轻柔的音乐。在所有的情境下，我都会按照学生的需要，调整这个练习——当他们在一个上午参加了两次考试之后，我理解他们需要有一个空间，重新找到自我。

体悟心智模式

推断之梯是另一个在课堂上很有效的工具。在任何一个谈话中，或者任何一门课的课堂上——文学课、历史课或者是科学课和数学课，都可以用得上。在讲约翰·斯坦贝克（John Steinbeck）的《人与鼠》（*Of Mice and Men*）中的第一章的时候，我会问大家：“伦妮在推断之梯跳了哪几级？”或者问“乔治做了哪些假设？”你还可以问，作者持有哪些心智模式？及其与作为读者的孩子们所理解的现实，有什么差异？这个梯子听上去很抽象，但是用在教学上相当容易。孩子们了解这些“抽象跳跃”的存在，但从未有人为他们提供过具体方法，来清晰地表达不同层面的思想。如果某个人在课堂上做出了某个断言，另一位学生就会问："实际上是这样的吗？还是你听说它是这样的呢？"

我发现有多重方法可以介绍和修习这个内容。我或许会请校长到我的教室中来，他会说："我需要和你马上在走廊里聊一聊。"我会有意在一分钟后从走廊回到教室，并且表现出沮丧的样子。然后，我会问学生，他们认为发生了什么。他们每个人都有自己的说法。我会引导他们一步一步地走过推断之梯的结构，并要求他们思考这个事件，然后问自己："对于校长要和我谈谈的理由，为什么我们有如此多的故事？数据究竟是什么呢？"

要想创造出这种环境，教师要全身心地投入。这样做有时候也可能会很辛苦，但从长期看，却能令人更加愉悦、更加鼓舞人心，因为你永远没有机会在教室前面的桌子边上呆坐。久而久之，纪律问题减少了，创造水平大幅上升了，一种相互尊重的气氛在课堂上渐渐扩散开来。

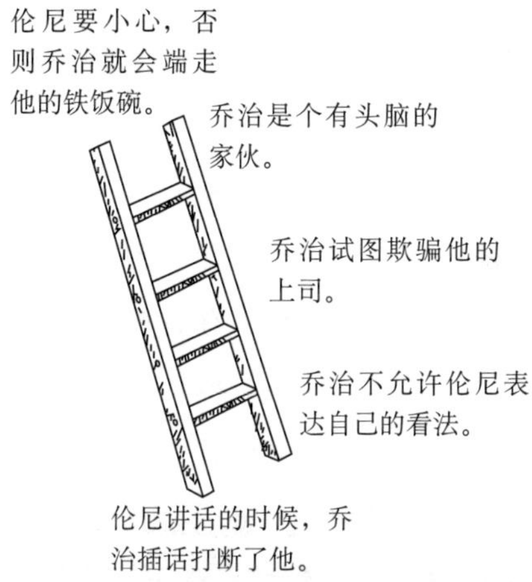

——"一个推断之梯"，摘自约翰·斯坦贝克所著《人与鼠》，第一章。

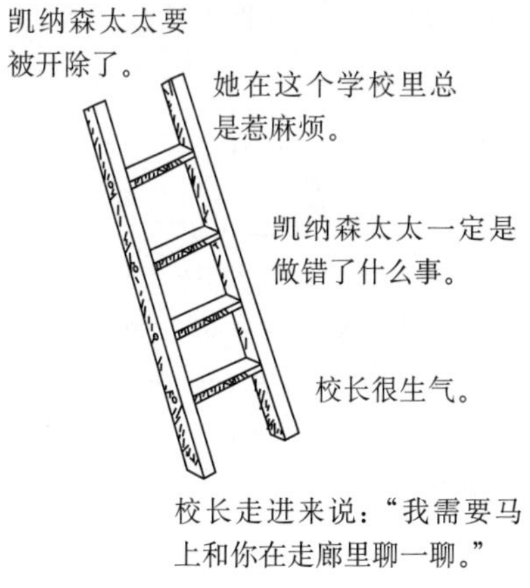

团队学习

我的目标之一，是在课堂上创造一种类似深度会谈的环境。我从来不要求孩子举手提问题，我们会围坐成一个圈，或者是以每个人都觉得舒适的方式坐下来，开展谈话活动。经过一段时间后持续练习之后，学生就能明白，等另一个人表达完他的想法后再加入谈话比较好。引入深度会谈的时候，使用教具可能比较有效，比如，把一个地球仪用作“发言棒”，直到课堂上逐渐形成深度会谈的模式。

由共同研讨公司（Synectics Inc.）的乔治·普林斯（George Prince）开发的“轻视—报复循环（discount revenge cycle）”模型，对于课堂上的深度会谈是一个很有效的方法。我会指出人们相互轻视的许多表现方式——有些微妙，有些明显；有些是肢体表达，有些则是语言表达。比如，有些学生在其他人说话的时候，会小声嘟囔说：“我的天哪，你能相信吗？”或者是翻白眼、打呵欠。[①]

正像普林斯所指出的那样，人们一旦发现自己受到轻视，报复就会随之而来。虽然今天、明天不一定会发生，但是这个循环会持续下去。报复行为又会产生反作用，又会再次引来轻视的行为。在深度会谈中，我努力把这种破坏性的模式公开识别出来，采用的是一种明确的相互尊重方式——当这个模式发生的时候，引起大家注意，帮助学生意识到这样做要付出的代价。这也是教师要参与到深度会谈中的原

① 有关普林斯的工作的更多内容，请见 W. 蒂莫西·韦弗（W. Timothy Weaver）与乔治·普林斯所著《共同研讨：用于教育的潜力》（*Synectics:Its Potential for Education*，Phil Delta Kappan 出版，1990 年 1 月，第 378~379 页），以及 W. 蒂莫西·韦弗所著《当轻视成为阻碍》（*When Discounting Gets in the Way*，Training and Development 出版，1993 年 6 月，第 55~62 页）。另外参见罗伯特·富勒（Robert Fuller）所著《大人物与小人物：超越等级》（*Somebodies and Nobodies: Overcoming the Abuse of Rank*，New Society Publishers 出版，2004 年）。

因之一，不仅是参与到孩子们中间去，也要体现在与孩子们互动的行为中，这是因为教育的最强有力的方式之一，是以身作则——将提出的练习示范给孩子们。教师往往在倾听不同孩子的谈话时，会采用不同的方式。对于一些孩子，教师会给他们机会，让他们在说话过程中进行思考；但对于另一些孩子，教师就会打断他们。修习深度会谈有助于建立、培养我们真心倾听每一个人的能力。

知行课堂的挑战

当然会出现这样的时刻：修习和效法这些修炼让人感觉像是一场斗争，就会倾向于返回到从前的做法和习惯上。然而，我坚信，不断坚持前行，就会获得可观的回报与恩惠。

当你在六月与自己的学生告别的时候，可能会感到有些伤心难过。将会由其他老师来教他们——这些老师可能不会以这样的方式教学，对于你们共同熟练的那些工具和练习恐怕也不了解。有些学生可能还会发现，这些修炼让他们在自己的家庭生活中变得更难应付。我的一个学生在我的英语课上学会了“good”和“well”的区别，晚上回到家之后，他就去纠正自己的父亲，结果挨了一顿揍——父亲惩罚他的原因是，他竟然觉得比自己的父亲能耐还大。听到这个男孩的经历之后，我感到万分羞愧，无论一个学校如何兴旺发达，都要教会学生系统思考及良好的沟通能力，教孩子该如何应对生活中的差异和矛盾，他们究竟如何才能将在学校开展共同学习，与他们的生活融为一体呢？

在我开始教书的时候，我的一个学生问了一个让我无法回答的问题。于是我说：“我不太确定。这样吧，我今天晚上回家研究一下，要不然你也回家去看看。明天我们可以对比一下我们的成果，看看我们是不是能找到答案。”与我同教这门课的另一位老师比我有经验，听了我的话之后，她非常震惊；她说我应该悄悄地去找一下答案，或者当场随便说点儿什么；但绝不能承认自己不知道答案。这是我成为一名教师之后，第一次备受煎熬——我必须捍卫自己承认“自己并不是什么都懂”的权利。“不知道答案”是找到真正的问题解决方案的最好办法。

我知道有一件事一定是真实的，那就是我必须不断修习：我所教即我所行，我所教即是我的生活。在我教的一堂课与我每天生活的修行之间，并没有明确的分界线。我相信，在我所收集的工具、方法和程序中增加这些修炼，并不是在我已经填得满满的课程计划中添加一些必须完成的附加要求，而是增加了一种人生的存在方式——既在课堂上，也在我的生活之中。

教书的勇气：探索教师的内心世界

帕克 · J. 帕尔默（Parker J. Palmer）

“我们教的，是我们自己。”帕克 · J. 帕尔默以这个简单的说法，挑战了我们这些做教育工作的人们，他让我们把思想转向内心，去探索我们“为人师”的一生；让我们重新找回我们大多数人的使命，而不仅仅将其当成一份职业。这本书对每一位读者及阅读小组，都是反思帕尔默观点的有力工具——帕尔默认为：教书和学习处于个人生活与公众生活的危险的交叉点上，优秀教学来自教师个人的正直和自我认知，并非来自方法与技术。

你可以把这本书当作一个自我超越的练习来读。《教书的勇气》帮助你关注自我，关注自己如何完整且全心全意地进行终身学习，使自己可以为自己的专业和学生，承担起更完整的责任。通过更深入的自我了解，你就能够以自己的才能、以更有意义的相互联系，更全面地融入这个世界之中。

——保罗·麦克（Paul Mack）

《教育艾斯米：一名教师入职第一年的日记》

艾斯米·拉吉·科德尔（Esmé Raji Codell）

这本书的作者今天已经是一位图书馆馆长和儿童文学专家了，写这本书的时候，她是一位满腔热情的 24 岁的年轻人，刚刚接受了一份工作——在芝加哥市中心区的一所小学教五年级数学课。《教育艾斯米》实质上是她在第一年教学中毫无保留的日记。当校长向她施压时，她和他大吵了一架；她重新给数学课起名为“猜谜”，于是孩子们就不再感到，自己曾经在学习这门课程时，有过失败的经历；她让孩子们从一个“烦恼筐”中挑出自己的烦恼；她为孩子们在课后安排了一个“讲故事训练营”；她让班上最捣蛋的学生给自己的班级上一天课——她还在全国公共广播电台（National Public Radio）上讲述自己的经历。这里的重点并非是把艾斯米当作教师的典范——许多教师都这样做过。而是在读书的时候，把她当作直白与坦率的化身，自身共鸣的容器，以及在需要的时候，让自己像内心中的艾斯米那样行事。

在两代人之前，贝尔·考夫曼（Bel Kaufman）创作的《桃李满门》（*Up the Down Staircase*）一书做出了同样的贡献，他为这本书写了一篇简介。

——阿特·克莱纳

第 4 章

看见学习的人

自 20 世纪 70 年代中期开始，有关学习方法的研究，取得了显著进步。其结果之一，是让越来越多的人认识到多元智能（multiple intelligence）和多种学习方式的存在，并意识到智能并非一成不变，也不容易衡量。尽管标准测试的分数可能依然被用于学校和学生的排名与评级，但是没有人可以宣称，这些分数至多反映了部分实际能力或潜力。

本章致力于将多种学习方式融于课堂教学实践之中，但其作用却并非仅限于此。目前，对于人们如何学习的认识不断出现，也带来了许多引人注目又相当重要的问题。如果智商测试并不能衡量人的学习能力，那么什么样的评估方式能做到呢？在开发孩子们的能力方面，哪些能力是需要首先开发的呢？对于成年人的能力开发来说，又该如何进行？教师的学习风格对于课堂上的沟通障碍产生了怎样的影响？哪些智能形式是修习学习的各种修炼的先决条件（比如，共同愿景是否需要一种空间可视化的内在能力？）团队与小组之间是否也像个人之间一样，存在智能形态上的差别？这个知识体系对于课程、学习以及社区的设计，会产生哪些不同作用呢？[①]

本章的内容可能不会面面俱到——只是提供了一些我们觉得极具价值又耐人寻味的切入点。最重要的是，尊重每一个学习的人，并给他们以尊严——这是我们的指导原则。你对于学习的心智模式是什么，这样的心智模式与你周围的人有哪些不同？作为一名教师，作为一个学习的人，你具备哪些才能？你的学习能力在哪些方面有所欠缺？你周围的人中有哪些学习的才能？你们如何互相学习？这样的探询，就是这一章的文章、练习及参考材料的用意。

1. 孩子的尊严

蒂莫西·卢卡斯

安娜读三年级。像所有 8 岁的孩子一样，她浑身上下充满活力。这天一早，她蹦蹦跳跳地跑到校车站，和最要好的朋友一路欢笑来到学校。但从她走进校门开始，事情就不对劲了。第一件事，就是她昨晚已经完成的数学作业，不在书包里。当她报告老师，说她找不到数学作业的时候，老师双手叉着腰说："你又忘带作业了？你简直太没条理了。"

① "学习的最新观点"网站，是由威斯康星大学史蒂文森波恩特分校（University of Wisconsin-Stevens Point）制作的，提供了当下有关智能的各种观点的概述，以及这个领域的领导人物的相关链接。这个网站上也提供了如何为你可能遇到的所有学生创设教学环境，来支持和培养学生的学习方面的指导，参见 www.uwsp.edu/education/lwilson/learning/index.htm。

上午晚些时候，安娜的班级去大礼堂参加集会。在回教室的路上，两个女孩把安娜往墙上一推，她绊了一跤，随后就摔倒了。“你简直太没条理了”，两个女孩模仿老师的口吻嘲弄安娜。这时，两个男孩则在一边指指点点，乐不可支。当老师要他们安静下来的时候，他们却瞪着安娜，仿佛他们挨训全都是她的错。回到班里，当其他同学都在讨论数学作业的时候，安娜低下头，盯着自己的手看。坐在她旁边的那个女孩，用所有人都可以听到的声音对她说：“难怪你这么笨。”正在上课的老师决定对此不闻不问，继续上课。午餐的时候，安娜没有吃多少，因为她觉得胃疼。一整天，就这样过去了。坐在回家的校车上，安娜一声不响，闷闷不乐，对自己周围的一切毫无察觉。

有时候，我会在学校的集会上讲安娜的故事。我会先举起一大张白纸，上面写着：“我是有尊严的人。”我请所有学生和老师，把这张纸当作安娜的尊严——是她看到的自己。讲到故事中发生的每一个事件的时候，我都会从白纸上撕下一块，让大家都可以看到，这张纸每次都会变小一点儿，到最后只剩下很小的一部分。我会说：“每一次你们把安娜的尊严拿走一块的时候，她就会相信，自己比实际的安娜少了一点儿。你们能够修复这样的伤害吗？在你们说过了那些话之后，真的还能收回来吗？”

我们都听说过与安娜的经历类似的故事。我们中的大多数人，在受教育的过程中，自己曾经就是那个安娜。如果我们度过了小学，自己的尊严还基本毫发未损的话，那么在青春期、高中、大学，总会有这样的经历在等着我们，突然间落到我们的头上。一名教授这样告诉一位学设计的大学生：“下次再画图的时候，要试试用自己的手。”一位学校管理人员要求一组六年级学生从他们喜欢的课上转走，他说因为“他们不具备掌握这门课的能力”。一位教师轻率地这样说："没人能帮得上你的忙。"在所有这些情况下，以及在不胜枚举的类似情况下，我们都是在被告知，自己没有多大用处。我们或许最终花了一生的时间，都在实现这个预言。对于自尊遭到打击的种种细节，我们在一生的大部分时间里，恐怕都难以忘怀。请孩子们写一写他们被人嘲弄、欺负的经历，你就会收到栩栩如生的各种细节。

学校里以大欺小的现象一直以来都是举国上下所担忧的。近年来，随着网络暴力的盛行以及媒体的跟踪报道，以大欺小的现象引起了人们的高度关注。然而，我们大家却很难听到教育工作者，或者是其他人，对于他们所教的孩子进行公开反思。他们谈论的往往是课程规划、授课方法，有时候也会说说发展阶段或者多种学习方式方面的最新研究。但是，他们要多久才会说一说：每个孩子都很重要，都应该受到尊重呢？他们要多久才会谈一谈：学生对于自己获得他人尊重的感受、学生对于他们自身价值的感受，都与学习紧密相关呢？他们要多久才会以自尊的视角，看待自己面前的孩子们？[①]

---

① 关于以大欺小现象的文献，目前数量繁多，涉及多个层面。我们要对下面所有人的工作表示感谢，保罗·佛莱雷所著《自由教学法》（*Pedagogy of Freedom*，Rowman and Littlefield 出版，1998 年），第 62~64 页；乔纳森·科佐尔（Jonathan Kozol）所著《打击差异》（*Savage Inequalities*，HarperCollins 出版，1991 年）；艾拉·肖尔（Ira Shor）所著《社会变革中的关键教学》（*Critical Teaching of Social Change*，University of Chicago Press 出版，1992 年）；芭芭拉·科洛罗索（Barbara Coloroso）所著《欺凌者、被欺凌者与袖手旁观者》（*The Bully, The Bullied, and the Bystander*，HarperCollins 出版，2003 年）；以及罗莎琳德·怀丝曼（Rosalind Wiseman）所著《蜂王与崇拜者：帮助你的女儿在帮派、流言、男友及其他成年现实中生存》（*Queen Bees and Wannabes:Helping Your Daughter Survive Cliques,Gossip, Boyfriends, and Other Realities of Adolescence*，Crown 出版，2002 年及 2009 年）。

我们这些关心学校的人，都需要退后一步，想想孩子的尊严的含义。许多教育工作者和家长似乎认为这个原则是不言自明的，尤其是在许多学校里提出“彰显自尊”的概念。不幸的是，实际情况并非如此。如果孩子尊严的重要性如此显而易见，那么我们就应该更多地从孩子们自我认知的视角去看待他们。贴到孩子们头上的标签，诸如“危险的”“难对付的”“需要个别对待的”以及“精神有问题的”，就应该比现在少得多。

以孩子的自尊接触他们

意识到这种理念，是在我做科学课教师的第二年。我知道我正在与孩子们接近，但是，我不明白为什么不能接近更多的孩子。我非常幸运，与一位名叫特鲁迪·克里德（Trudy Creede）的女教师在同一座教学楼中教课。特鲁迪是一位杰出的教师和导师。她是一位弱不禁风、上了年纪的妇女。她教授阅读课，采用的方式是摄影；对象是一批 12~14 岁的孩子——大多数老师都会给这些孩子贴上“危险的”或“有问题”的标签。这段经历发生在 20 世纪 70 年代中期，大约是美国教育处于动荡中的年代。我们所在的初中有 1 200 名孩子，而校舍的设计能力只能容纳 600 名学生，因此我们要和另一所同样人满为患的高中共用教室。在这所学校里，学生抽大麻的现象相当普遍，于是当地警察不得不经常造访这所学校。对于有些学生在洗手间里抽烟的现象，学校里都没人知道该如何应对，更别说毒品问题了。

我和其他八九位年轻教师同属一个小团体，大家都有点儿不守常规。当时我们都还没有结婚，有着狂放不羁的劲头，似乎并没有比我们教的孩子好多少。我们留着长发，骑摩托车或自行车上班，往往采用不传统的教学方式与孩子们沟通交流。其他教师有时候就会因此而抱怨。（有一次我带着上科学课的全班同学，到教室外面去收集土壤样本。另一位科学课老师就抱怨说："你不应该带你班上的孩子到教室外面去。我班上的孩子看到窗外你班上的孩子，就会觉得你教的课比我教的更有意思。这不公平！"）

每月一次，特鲁迪都会邀请我们所有人与她和她的丈夫一起吃晚饭。我们会花很长的时间，讨论她在教育"难以教化"的孩子方面取得的成功。特鲁迪引导孩子们进入学习状态，是通过拍照片、在暗室里洗照片、用文字描述照片以及阅读各自照片上的故事等方式来实现的。从她的班上毕业的孩子，通常会在一生的"长跑"中获得成功。"你究竟是怎么做到的？"我总是会这样问她。

"蒂姆，这只和他们的自尊有关系。"她告诉我。她一直都很明白，她的学生处在面对极大挑战的发展阶段，很容易就会回到青春期前的思维方式上去。但是在对待每一个孩子的时候，她都会对自己说："在这个孩子的内心中就有自尊。它已经在那里了，我们不必再花力气把自尊放进去。我们的任务是承认它的存在，并与它相处。"

对于特鲁迪来说，这些孩子不是一个个的"病例"，而是丰富得令人无法想象的生物体，很多事情都在他们身上发生。她天生就可以做到退后一步，把这些孩子当作完美的人看待——看到他们做功课的方式、活动的方式、谈话的方式，看到他们掌握的信息。而且，她也从未失去过对孩子们的敬畏，从未失去过对他们的尊重。正像她对我们解释时所说的：尽管她可能也会想要随随便便地去对待一个孩子，但是她没有这么选择。"我做不到，因为孩子就在那里，那就是一个活生生的人。"

认识到一个孩子的尊严并不困难。比如，当你看到幼儿园的八个孩子手拉手的时候——走在街上，或者是在郊游。然而，同样是这八个孩子，到了九年级之后，在你看来可能就是一个“团伙”，尤其是如果他们的家庭背景“比较糟糕”。每个孩子到了 15 岁的时候，时不时就像是在到处捣乱、惹是生非，对于他们所处的发展阶段来说，这都是自然现象。特鲁迪教导我说，世上没有“好孩子”与“坏孩子”之分，只有“孩子”。这位弱不禁风的女性使她的班级融合为一个整体，是因为她懂得尊严，也懂得把尊严交还给自己的学生。你没法靠讲课教会人们如何这样去做，你必须要身体力行地让他们看到。

施教要维护学生的尊严

我现在仍然会与那个年代结识的一些老师一起聊聊，我们常常会谈到“每个孩子都有尊严”这个理念，也会说到特鲁迪在塑造这个理念、谈论这个理念的时候，采用的不同方式。当我自己逐步变换角色，从校长到学监、再到大学教育工作者的过程中，一直都在坚守这些训诫。那是我的愿景的一部分。如果我坚信孩子们是可爱的、是有能力的，那么我就有责任通过迎接他们当下的自我，去接受他们的自尊。

在我担任新泽西州胡–胡–卡斯学区（Ho-Ho-Kus）的学监的时候，我们的学校一对一面试了所有即将进入托儿所的孩子及其家长。这家学校的董事会对于这项工作的开支提出了质疑，于是，我就给他们讲了这家学校开学那天发生的一件事。当时我正在为给孩子们带回家的气球打气，我们的学习顾问走了过来，对我说：“我今年夏天面试了一个孩子，她特别害怕气球。如果你带着 20 个气球走进幼儿园的教室，这个女孩会被吓坏的。”

如果事先没有进行面试，我们对此就会一无所知，然后这个女孩不知所措，感觉受到威胁，也会在第一天就破坏了所有孩子对学校的印象。但实际发生的情况是，我们的专家在第一天的活动开始之前，就把这个女孩带到一边告诉她，我将会分发气球给孩子们；但是她不用拿个气球回家；而且在这个过程中，如果她愿意，他们可以一起离开教室，到学校里走走。

“这倒没关系，”那个女孩说，“只要我不用带气球回家就行。”在这所学校度过的那段时间里，她一直都明白（其他孩子也了解）我们会尊重她的意愿。

在日常修习中，这其实就是设身处地地对待他人。在我做教师和校长的时候，每当在走廊上遇到学生，都会叫出他们的名字，和他们打招呼。因为我相信，如果你从某个人身边走过（不论是孩子，还是成年人）却不打招呼的话，就是在剥夺他们的部分尊严。我所认识的最优秀的教育工作者，都会花费很大精力，去结识每一个孩子。老师们会在课堂上精心安排活动，让孩子们谈自己的爱好和家庭背景，采用的方式既不会让他们觉得是在被他人评定，也不会觉得是在被人欺负。一旦你对孩子们的认识达到了这种程度，一旦你真正看到了他们在乎什么，你就可以为他们的成长做许多事情。

你可以问问自己：“这样做是会增强孩子们的自尊，还是会剥夺他们的自尊？”并通过这样的质询改进自己的活动与修行。把孩子的尊严作为首要价值观来探讨，就为形成共同愿景提供了一个有效的切入点，使得员工发展项目与共同愿景保持一致。这样做也会对教育工作者相互沟通的方式产生影响——在课堂上、在会议上，也包括在午餐的闲谈之中。通过精心安排，将有关多元智能及多种学习风格的研究融入你的课堂之中，创建一个练习——为课堂上不同的学习风格创建卓有成效的障碍；鼓励学生们接受挑战去超越自己的极限；并且让他们看到，我们意识到了他们的优势与极限。其最终结果是形成一个持续与孩子们沟通的系统——“我们今天将会为你的人生增添价值；明年教你的老师会再给你增添价值，因为我们都了解，你值得我们这样做。”

在我看来，在职业生涯的早期就能接触到给孩子尊严的理念，是幸运的。这个理念一直激励着我，让我从不同类型的学习者及其各自具有优势的研究中持续开展学习，也让我公开赞美这些不同之处，并且鼓励大家以多种方式展开思考和互动。只有那些拥有强烈自尊感的学生，长大之后才会成为能承担风险、能应对失败，也能为保护他人的尊严而有所作为的成年人。

在有些学校里，教师和管理人员对这类问题进行开放式探讨。只要有人做出有关一群孩子的决定的时候，他们就会问自己：我们是否曾经退后一步，看到了这些孩子的优秀之处？我们看到这些孩子的潜质了吗？还是我们已经把这些潜力一笔勾销了呢？每一个孩子的学习不时会迸发出火花，比如，在他们第一次说出一个交通标志的时候，或者是第一次把一个完整的句子说出来的时候。说到底，认识到一个孩子的尊严，就意味着要在此时此刻感受到本能的惊喜：每个孩子身上都有闪光点。你必须学会不把这样的时刻当作理所当然，必须学会以尊重的眼光看待每一个孩子。如果这样的话，“孩子的尊严”的理论就不再单纯是一个理论了，而是你看待这个世界的方式。

霍华德·加德纳与多元智能①

霍华德·加德纳是一位心理学家，他在智能、创造力和领导力方面的研究与写作中，针对什么是培养教学与学习的适当方法，提出了一系列影响深远的问题。虽然他从未直接参与过与组织学习的五项修炼有关的工作，但在多元智能的理论与五项学习修炼之间，有着强烈的共鸣。多元智能的核心是一个处在不断演化之中的、多方面的认知与情感能力模型，其中包括言语–语言智能、逻辑–数理智能、空间智能（艺术方面）、身体–动觉智能、音乐智能、自然观察智能（对于环境的认知与敏感性）、交往–交流智能、内省智能（反思方面）。加德纳认为，人们在面对人生的种种挑战的时候，必须要把每一种形式的智能都调动起来共同应对挑战——从孩提时代开始，在生命的整个过程中一直持续下去。由于每一个人具备的智能组合千差万别，因此在任何一种社会环境之中，人们具备的各自的技能与优势应该形成互补的关系。

与学校有关的最隐蔽也是最普遍，同时又是最具破坏性的心智模式之一，就是把成功等同于最智慧的智能（语言智能与逻辑–数理智能），而忽视所有其他形式智能的价值。加德纳的工作重新定义了这个心智模式。对于智能的这种看法（以及由此产生的对人的价值的看

① 《修炼的心智：超越信息和标准测试，每个孩子都应有的12年级教育》（*The Disciplined Mind: Beyond Facts and Standardized Tests, the K-12 Education That Every Child Deserves*，Penguin 出版，2000年），《未来的五种心智》（Five Minds for the Future，Harvard Business Press 出版，2009年），《多元智能：理论与实践的新境界》（*Multiple Intelligences: New Horizonsin Theory and Practice*，Basic Books 出版，2006年），《真理、美与改革的美德：培养21世纪的美德》（*Truth, Beauty, and Goodness Reframed: Educating for the Virtues in the Twenty-First Century*，Basic Books 出版，2011年），作者：霍华德·加德纳。

法)，给为数众多的孩子造成了破坏性的影响——他们的才能在学校里不被重视，或者根本无人理睬。在成人社会中则导致了那些也许是“精通书本知识”的领导人得到重用，然而，这些人往往缺乏必要的(也是我们期望他们拥有的)身体技能、社会技能、生态技能、反思技能，以及人际交往技能。

加德纳的每一本书，都扩展了他先前的工作，往往还延伸到了新的领域。对于教育工作者来说，《修炼之心》恐怕是最好的入门指南。这本书于2000年出版，其中对加德纳在20世纪90年代从事的学校改革工作涉及较多。加德纳对于培养某个具体项目一直有意回避(没有一所学校叫“加德纳学校”)，但他为各种各样的学习与生命存在方式写出的课程设计与课堂设计，明晰而又令人信服。同时，他对于学校的目的也提出了自己的观点：学校要让学生明白掌握一项专业技能意味着什么——要以科学的、历史的、艺术的、道德的、数学的以及音乐的方式进行思考，即便这些方法乍看起来不符合直觉，或者很难做到。加德纳以三个方面的思想印证他的想法：进化理论(科学)、纳粹大屠杀(历史与道德)以及莫扎特的音乐(艺术)。而后，他将不同的智能如何支撑了这些主题，并引发出更丰富、更加务实的知识集合过程，一一展示了出来。

《多元智能》再版于2006年，详尽阐述了加德纳模型的基础理论，并提供了一个相当实用的总体介绍。《未来的五种心智》由加德纳在2007年出版，这本书将不同的智能综合为更通用的技能，以便人们可以(他认为人们也应该)将其应用到未来50年的各种挑战之中。这些技能实际上也就是加德纳版的学习修炼。它们包括：在一段时间内保持工作，改进技能与认知(修炼改进心智，the disciplined mind)；把多种来源的信息收集、整合到一起(综合统筹心智，the synthesizing mind）；开拓新领域（开拓创造心智，the creating mind）；理解他人（尊重包容心智，the respectful mind）；以及形成对于目标和价值的更深入的理解（责任道德心智，the ethical mind）。《重塑真善美》于 2011 年出版，集中探讨柏拉图三项美德，以及如何在现代社会培养这些美德。

——阿特·克莱纳

罗伯特·J. 斯腾伯格（Robert J. Sternberg）[1]

罗伯特·J. 斯腾伯格是俄克拉荷马州立大学心理与教育学教授（以及教务长），在现代学习理论方面，他具有非同凡响的影响力。他不仅对学校中的各种"学习障碍"的标签提出了挑战，也对学校中只重视"成分性智力"（语言及逻辑—数学能力）的教条惯例提出了质疑。另外两种智能，即创造性智能和实践性智能，不仅对社会十分重要，也对人们的成功会产生决定性影响。在大多数学校中，这些智能鲜有机会得到开发。虽然，斯腾伯格的智能分类与霍华德·加德纳的分类有些不同，但并不相悖。斯腾伯格在认知心理学、创造力和教学领域出版了不少书籍。这里介绍的两本是两个很好的起点。

——贾尼斯·达顿

① 《成功的心智：实践与创造智能是如何决定人生的》（*How Practical and Creative Intelligence Determine Life*，Simon &chuster 出版，1996 年），作者罗伯特·斯腾伯格。《那些被贴上标签的孩子：每一位家长和教师都需要了解的学习障碍》（*Our Labeled Children: What Every Parent and Teacher Needs to Know About Learning Disabilities*，Perseus Books 出版，1999 年），作者：罗伯特·J. 斯腾伯格与埃琳娜·L. 格里戈连科（Elena L. Grigorenko）。

2. 让学习者显现出来

蒂莫西·卢卡斯

目的

与教师或家长合作，帮助学生认识到自己的个人优势，明确自己需要继续开发的领域，并且重视其他人带进课堂的不同优势和技能。

综述

学生们以小组的形式，逐步完成不同智能的图画，也就是他们探讨的不同形式的“聪明”，以及他们自己的“聪明之处”。

参与者

将班级中的学生按照三人一组分组。

资料

每位参与者有一份多元智能的描述图。

环境

可供大组讨论和小组活动的空间。

如果请操场上的一群中小学生选出一支参加比赛的队伍，最有运动才能的人一定最先被选中——每个人都知道那个人是谁。如果让同样一群学生挑选出一个制作科学宣传画的团队，最有艺术天赋的那个人也一定最先被挑出来。如果课程表上有一个地理知识竞赛或者是拼字比赛，有一些人总会成为“首选”。

这是个不错的系统，但只对那些获得首选的人而言是如此。对于常常由此产生的那种翘首以待的感受，我们大多数人都不陌生；心中发虚不知道何时会被选中，被选中之后虽然放心了，但又因为不是最先被选中而感到失望。我们也都了解，被大家最后不得已选来充数，但实际打上了“没什么用处”的标签，是多么尴尬，因为我们自己特有的才能，并不符合今天活动的需要。

“首选”心态在我们身上是如此根深蒂固，似乎牢不可破，但是，这个修习可以帮忙。我曾经让八九岁的孩子做过这个修习，但我发现还是在中学里特别有效——这时的孩子已经十分清楚地意识到了他们之间的相似之处和不同之处。他们也需要学会，如何在保持自己心中的自尊感的同时，应对失望。

第一步：反思技能与能力

请你的学生仔细反思一下小组竞赛和小组项目的过程：“你们想和谁一起进行，最想先选谁？这些决策是怎样做出来的？你们怎么知道，他们这方面的能力很强？”谈谈对这些活动可能有益的其他的技能，也谈谈大多数人总会在某些方面比其他人强。

逐渐展开谈话，探讨为什么不同的人会有不同的才能组合：“人类是如何形成某种技能的呢？是与生俱来的吗？还是他们有更多的机会、更多的经历呢？”（比如，一个人如果地理知识渊博，是天生如此，还是因为他去过很多地方？音乐家是否一定都要跟着一位音乐老师练习和学习？）

第二步：介绍九种智能

这个时候，我一般会做一个关于多元智能的简短讲解：“作为一个团队，我们拥有全面的技能，但是我们中的一些人在某些方面比其他人要强一些。问题并不在于你是否聪明，而在于你在哪方面比较聪明。”然后，我们就一起去看看九种已经确定的人类智能——使用的语言，要让中小学的学生也容易分清其中的差别。

• 如果你写作能力强（言语–语言智能高），那么你在语言、写诗，以及讲故事方面表现出众。

• 如果你逻辑能力强（逻辑–数理智能高），那么你在解决问题、归纳和推理思维方面，在与符号打交道以及识别模式方面，能力较强。

• 如果你图形能力强（空间智能高），那么你就具备图形才能（画图、绘画以及雕塑）和组装才能（你能够掌握事物的工作原理，掌握东西如何拆解和组装）。

• 如果你运动能力强（身体–动觉智能高），你就能够自如地让自己肢体协调地去从事体育运动、参加比赛、跳舞、表演和运动。

• 如果你音乐能力强（音乐智能高），那么你就具有识别声音和节奏的天赋，对于人声、乐器声以及环境中的声音都会很敏感。

• 如果你自然能力强（自然观察智能高），那么你对于周围的环境就具有成熟的意识和感知能力，你可以在植物、动物和自然环境中有效运作。

• 如果你人际交往能力强（交往–交流智能高），那么你就了解如何与他人融洽共事，能够解读他人的心态与意义，并且预知他人下一步会做什么。

• 如果你自我认识能力强（内省智能高），那么你就具备深入认知自我的能力，具备元认知及反思的能力。

• 如果你哲学能力强（存在智能高），那么你与抽象概念打交道就很自在，并且具有深度反思人类存在的意义及其他复杂问题的能力。[①]

第三步：想象那些智能

两三个人组成小组，把对于每一种智能较高的人的描述写下来。他们最喜爱的业余活动是什么？他们在学校里哪门功课最好？他们可能会从事什么职业？他们最适合的度假地点是哪里？历史上的哪个人物表现出了这样的特点？电影或者电视中的哪个人物代表了这种智能？哪首歌的歌词会让人想起这种智能？

第四步：个人反思

通过上述这些讨论之后，整个班级就做好了准备，可以对以下问题进行反思（并写下答案）：

- 你自己最强的三种智能是什么？举出你日常生活中的一个例子，说明你为什么会选这三项？
- 如果有两种智能你希望获得提高，会是哪两种，为什么？
- 你的家人在哪些方面的智能很强？（思考一下他们的职业、爱好以及日常工作。）请举例说明你的思考。
- 为什么一个人不可能在九个智能方面都强？
- 学校（以及这个班级）如何帮助你在九种智能方面获得改进？
- 有时候，如果一个孩子在某个方面能力非常强，比如音乐才能——家长就会把他送到专业学校里，集中培养音乐才能。这些孩

① 这个练习基于通常应用的一组霍华德·加德纳的多元智能的释义，参见《多元智能：理论与实践的新境界》（*Multiple Intelligences: New Horizons in Theory and Practice*，Basic Books 出版，2006 年）。

子在十几岁的时候，就会成为天才演奏家。奥运会的体操运动员也要上特殊的小学。儿童演员则需要有家庭教师指导。对此，你有什么看法？

把这个修习用作其他工作的基础

修习过“让学习者显现出来”的班级，会形成一种语言，大家谈论人与人之间的差异，却不会让任何人感到被人看不起。比如，对于那些似乎与所有人都不大一样的人，你们可以平心静气地探讨。这些人看上去可能存在明显的弱点，甚至许多不足，但是他们有哪些优势呢？你们并非简单地说说：“每一个人都有其优点”，而是开始谈论，这个教室里的每个人，在哪些方面比较强。

如果你是一名教师，这个修习就会帮助你和学生们一起学习，使你更深入地了解他们每个人的学习方式和信息处理方式。这反过来又有助于你为他们有针对性地定制一系列的练习——有些人是强化自己的“优势”智能，而另外一些人则是改进他们的“弱势”智能。

这项修习对各种成年人团队也能带来不同，比如，某个正在设计或者正在实施一项学校变革措施的员工小组。又如，有两位老师，他们不知不觉形成了对同一个孩子的不同看法，而这些看法的基础，是他们感到舒适自在的那些“智能”，但他们自己从未意识到这些不同观点的来源。其中一位老师在人际关系智能方面比较强，或许就会召集一个团队来帮助这个孩子。另一位老师的优势，则是在语言智能方面，可能会通过阅读和写作来帮助这个孩子。谁的做法是“正确”的呢？不一定是最有经验的那位教师，甚至不一定是最了解这个孩子的那位老师。正确的做法，可能会来自在不经意之间“对上”了这个孩子的内在优势的那个老师。

类似的差异，会在家长之间出现，也会在社区里的人们考虑学校问题的时候发生，同样会在组织中的两个员工之间存在。在员工发展训练营里，在学校和社区的会议之中，甚至在家庭成员之间（孩子们把这个练习带回家里，与自己的家长和兄弟姐妹一起试着练习），我们都曾看到过这个练习产生的影响。这个练习总能打开人们的心智、让大家认识到——我们都拥有天赋，但方式不尽相同。除非我们刻意去寻找其间的不同，否则就看不到这些差别。

你的孩子如何聪明[①]

多娜·马尔科娃（Dawna Markova）的基本工作方向，是针对各种大脑活动进行临床研究。我们大家中的一些人，在意识上主要是视觉导向（把注意力主要放到我们看到的东西上）；另一些人，则主要是听觉学习导向（专注于我们听到的东西）；还有一些人，主要是动觉知识导向（通过身体和运动进行学习）。

比如，在我的几个女儿之中，有一个在意识上基本是动觉导向。当她在学校的时候，遵守“坐着不动集中注意力”的要求，就会占据她全部的精力、意志和注意力；因此，她就不会再有多余的精力用到听课上去了。我和她的老师们谈了谈，得到了他们的允许，让她可以在听讲的时候，拿几个小橡皮球在手里捏来捏去（她明白她不能因此而影响班上的其他同学）。真让人惊喜，这几个橡皮球就帮助她坐了下来，也能够更好地听课了；而且，当她可以这样一边听课、一边玩的

① 多娜·马尔科娃著（Conari Press 出版，1992 年）。

时候，对于课上讲的内容的每一点，都记得更清楚了。[1]

《你的孩子如何聪明》是写给家长们的——他们最有动力去思考自己孩子的学习风格。这本书描述了如何激励孩子的意识层、下意识层和无意识层的心智，以帮助他们更好地学习；也讲述了马尔科娃做任课教师的一些个人经历，尤其是她如何在跌到自己的职业生涯的最低点之后，才逐渐领会如何以这本书描述的方式，去倾听孩子们的声音。

——乔治·罗思（George Roth）

《人类动力学：理解人与实现我们的组织潜能的新框架》[2]

席格与霍尔内特识别出了五种主要的人格动力模式，每一种都有其特有的信号和能力，其中包括：心智中心模式、身体－心智模式、身体－情感模式、情感－客观模式和情感－主观模式。每一种不同模式的成员在其互动关系上、在如何完成工作上，都有显著的差别。人格动

① 另参见多娜·马尔科娃有关学习风格的其他著作：《不受限制的学习》（*Learning Unlimited*，1998年），其主题是帮助孩子们做家庭作业；《开放的心智》（*The Open Mind*，1996年），是为成年学习者所写；以及《一项未被利用的智能》（*An Unused Intelligence*，与安迪·伯连纳（Andy Bryner）合著，1996年），这是针对动觉学习者的一本指南。（上述书籍均由Conari Press出版。）

② （*Human Dynamics: A New Framework for Understanding People and Realizing the Potential in Our Organizations*）桑德拉·席格（Sandra Seagal）与戴维·霍尔内特（David Hornet）合著（Pegusus Communication出版，1997年）。

力模式并非别人贴在你脑袋上的标签，属于哪种类型由你自己去确定，但这并不是做选择，你的发现来自你的反思。

——贾尼斯·达顿

4MAT 系统

教育工作者伯尼斯·麦卡锡（Bernice McCarthy）与她的一些同事及学校的老师们一起，开发了一种独创性的方法，用于探索学校中的不同学习风格。这种被称为4MAT的软件价格不高，从他们的网站（www.aboutlearning.com）就可以下载。这里的300个课程案例覆盖了12学年制教育中的每个年级，也包括用于教师培训和个人教学的模块，其中还有可以用于学生、教师和家长的诊断测试。麦卡锡认为存在着四种主要的学习风格，每一种都包括一项左脑元素和一项右脑元素。这样就产生了八种不同的课程类型，每一种都以不同的方式适用于不同学生的优势风格。

——蒂莫西·卢卡斯

让孩子们参与课堂并且学习兴趣高涨的技巧同样适用于成年人。我将麦卡锡的领导力评估工具用来帮助学校团队进行自我评估。由于我们计划将课程和教学实践共同引入教学评估项目，我们试图弄明白，我们带来的多样化优势和技巧。麦卡锡关于介绍4MAT方法的书也包含如何举办一次成功的员工会议的内容。

——美国新泽西州西温莎－普兰斯堡拉高中学监，维多利亚·肯尼维尔（Victoria Kniewel）

3. 超越荒诞
——帮助学生克服残疾和日常生活障碍的“完整系统”方法

特丽 · 奥康纳（Terry O’Connor） 戴尔德丽 · 班厄姆（Deirdre Bangham）

在本书英文版首次出版时，特丽（于 2008 年故去）是位于印第安纳州特雷霍特市的印第安纳州立大学的教学与学习中心主任，戴尔德丽则是费斯蒂纳 · 兰提（http://www.festinalente.ie）的主任，这个机构的前身是位于爱尔兰布雷市的国家特殊骑术训练中心，也是这个故事的主要发生地。从表面上看，这篇文章讲的是残疾儿童暴露出来的教育领域中的挑战，但实际上却关乎所有教师的发展，以及为所有学生创造出更好的学习环境。我们并非建议每个学生都要有一匹马，但是，为残疾学生做些工作，或许可以使每一位教师获益——做一下文章后面的练习肯定会如此。

在一个街区里，发生了一系列严重违法事件，但在这里，人们每天都可以看到尼尔换乘公交车。在一群人中，尼尔很容易被认出来——不是因为他的相貌，而是由于他有些乖张的做派。尼尔宽容大度、心地善良，如果他感受到压力，就会显得焦躁不安。尼尔看上去我行我素，如果他不认识你，就会显得小心谨慎；如果他与你熟悉起来，你马上就会成为他的好朋友。他的词汇量很大，但讲起话来却有些颠三倒四——随心所欲地变换话题。没过多久，就有人把这个“可疑的人”举报给了警方。

警察把尼尔带到了警察局，对他进行了两个小时的盘问。尼尔小心翼翼地与警察们周旋，他不肯直接回答问题，于是警察就认为他是在有意回避问题。他们因此提高了审讯力度，希望能够攻破尼尔的心理防线。就在这时，尼尔提到，他曾经在特殊骑术培训中心（SETC）上过学，于是，其中的一位警察恍然大悟。在这个中心上学的学生，有各种各样的残疾，但他们在那里学会了在本地社区中生活、工作。尼尔很幸运，这位有同情心的警察重新调整了询问的方式；否则这次事件就会威胁到这个年轻人的人生，而他最近刚刚掌握让自己负责任地在社会上生活的一些基本技能。

当我们想到与尼尔类似的那些人的时候，就不免想起了荒诞派戏剧——探索生活在20世纪的人遭遇到的困惑、异化和绝望的戏剧运动。这个戏剧传统中最著名的剧作家之一尤金·约内斯科（Eugene Ionesco），他把自己笔下的各色人物放到不同的对话之中，而这些对话则把这些人物囚禁在由他们未经反省的习惯塑造的、非人性的樊笼里。他的剧作描述的是我们大多数人都感同身受的事实。我们所有人在某些时候都会觉得自己身处不友好的、毫无意义的境遇之中。或许是我们所处的工作环境中的各种规则、条例没有什么道理——那都是几十年前定下来的，没有人想去改变；或者是在我们的工作环境中，没有人以真诚的方式相互交往；当然还要包括，从这样的环境中解脱出去，看来似乎毫无办法。

残疾人的生活，或许就是一场没有结局的荒诞派剧。为他们提供衣食住行的那些机构往往又放大了这种荒诞状态——让他们去做些毫无意义的重复性工作，比如，制作海绵床垫，把他们与其他人隔离开来，也把他们与自己对周围环境的认知隔绝开来。但是，为残疾人设计一个学校，帮助他们学习如何摆脱这种荒诞状态是有可能的。为了这些值得关注、自身又渴望学习的学生，放弃我们现有的盲目教育习惯，我们也可以发现那些关键的方式，把学习的喜悦和力量重新带给所有学生。

走进马术学校

就在不久之前，爱尔兰的多数残疾人培训项目的期望，是学生能够在提供全日照料的机构中度过他们的余生。比如，这类厨师学校的毕业生，会在为残疾人服务的机构里做厨师，也在其中生活。他们接受的教育范围狭窄，只是被训练完成简单的体力工作。他们的学校对于他们在诗歌、社会、运动以及其他超越荒诞的潜能，都不闻不问。

SETC 的目标全然不同：要让学生学会必要的社交、工作和学术技能，使他们能够离开全日照料的机构，在真实世界中生活。在这个学校中学习的 20 多个孩子，年龄在 18~20 岁之间，有各种不同的残障问题——至少那都是让他们被允许进入官方系统的“标签”。但是，SETC 不让这些标签跟着这些孩子进入学校，他们在这里被当作普通人对待——只是经历了各种不同的、阻碍他们学习的限制条件。他们的残疾曾经让他们饱受指责、批评和虐待。他们在自己的家庭、学校和邻里为他们写就的脚本中苦苦挣扎。

这所学校的学习方式，是将孩子看作完整的人，寄希望于学生的成功和潜力，而不去关注他们的缺陷。学生们一进校门就得到尊重和自尊的承诺；对于其中的多数人来说，这是一种全新经历；但他们还要接受努力成功的挑战。如果在某次尝试中失败了，他们不会在压力之下觉得自己是个笨蛋，是次等的人，或者是把这段经历藏在心里——这恐怕在他们的人生中还是第一次。学校对于他们的期望，是与老师们一起进行一次次尝试，直到获得成功。在经历了多年与世隔绝的生活之后，他们开始与自己的人生目的、与学习的愉悦、与成功的自豪，建立起联系。

这也就是马儿在其中所起的作用。这些学生获得的训练是在赛马行业中工作，包括照看马匹、遛马，管理马厩和骑术练习区。教师们首先帮助学生形成与这些动物相互信任和心灵相通的感受，然后再去建立彼此之间的联系。其中的数学、阅读以及其他传统“科目”课程，也是与他们进行的工作所需的技能紧密联系在一起的。

海伦曾绝望地说自己永远也无法学会阅读，但是为了照顾马匹，她需要认识一包饲料上的“燕麦”这个词，也需要区别不同马厩上马的名签。到了晚上，一位教师在忙着刷碗的时候，也许会让海伦到一本有关马的杂志上找点儿东西。老师会说：“我的手全是湿的，翻到第10页，给我讲讲书上怎么说给马梳毛的事儿。”海伦从不把这些事当作是阅读，她只是在帮忙。没过多久，在不知不觉之间，她已经可以轻轻松松地读书了。

在我访问这家学校的时候，这里学生们的学习能力和获得成功的能力让我深受感动——以一种超越他们的残疾的方式。麦基是一个患有自闭症的孩子，被认为严重到不适于从事正常工作。当我第一次遇见她的时候，她不会和人打招呼。如果有人走进马厩里，她就会看着自己的鞋子，拒绝回答问题。三年之后，当一位新讲师来到学校的时候，麦基走上前一步，伸出手来欢迎他。这可是一个非同小可的举动啊！

学习之美

有许多因素会妨碍学习，几乎每位教育工作者都同意这个观点，然而，这些因素通常却难以识别出来。SETC 的老师们创设了一种学习环境，对于一个学习者获得成功所需要的各种复杂需求，都能够做出反应。他们平衡了学习的四个不同维度：知识、情感、身体和精神。

科尔姆知道自己只有两个选择，要么是去这所骑术学校，要么是去福利工厂，而那是他极力想避免的厄运。然而不幸的是，他对于马以及照看马都毫无兴趣，于是他就装出一副感兴趣的样子。他骗过了所有人，被接受入学了。我们后来发现，装模作样是他应对现实的一种策略，而且在一定限度之内，他还蛮在行。但他无法永远装下去。当科尔姆明显无法适应的时候，学校就面临着一个两难选择。建议科尔姆去选择另一个职业，很可能就是罚他去做他极力想避免的流水线的工作。然而，鼓励他继续伪装下去，就会花光他的培训费用，培养他去从事一个并非他想选择的职业。一位员工发现，科尔姆对于一辆老旧的拖拉机有点儿兴趣。当他们把科尔姆的项目围绕着拖拉机、汽车和其他机械重新进行组织之后，就发现是马的那部分内容不对头，而不是科尔姆本人。不久，他就愉快地学会了新的技能，而且从学校毕业，并找到了应用这些技能的工作。

对于自己的学习没有目标的学生，是死气沉沉的学习者。对于任何一位教育工作者来说，真正的挑战在于发现激励与引导学习者的个人愿景，并帮助学习者在愿景和需要发生的学习之间创造联系。其方式之一就是要看到那些重要的“学习时刻”——当学生的神情豁然开朗的时候。唐纳德·阿恩斯坦（Donald Arnstine）把这样的时刻称为“学习之美”（aesthetics of learning）时刻。在 SETC，这样“美的时刻”代表了这家学校成功的关键：它们把看上去似乎并不相干的目的和做法，联系到了一起。

“学习之美”或许是唯一的办法，让人们得以对抗学校的“荒诞戏剧”——它正在持续不断地使学习的快乐与学生和老师，隔离开来、疏远起来，并阻断其联系。学校不需要给每一位学生配备一匹马，但必须要通过提供一种环境，使得学生相信自己与生俱来的价值。各式各样的忽视、各种标签，以及学生们应该超越他们发展能力的种种预期，都会很快地削弱这种信念，并且导致失败。许多教师（以及其他人）在不知不觉中加剧了这些忽视和标签的影响，虽然他们都认同每一个学生都是有价值的抽象目标。

这个问题并非局限于残疾学生。我们都不会忘记学校中的荒诞时刻——教会我们“关闭”自己的才能的时候。当我（特丽）上三年级的时候，班上的老师对大家的歌唱能力做了一次硬性测评。我得知自己应该放弃唱歌，于是我就把这个乐趣放弃了30年，只是到了那个时候，我才决定不去管她的建议，把自己的歌唱了出来。“荒诞教育”的后果是明显的抵触——在孩子心中逐步积累，并渐渐显露出来，通常是在高中阶段。学生们认识到了自己所处境遇的荒诞，但不了解应该如何应对。由于在学校里找不到他们寻求的联系，于是就把目光转向了校外——其方式可能不恰当，也不安全，更不符合他们真正的长期利益。

最终，一个人最严重的厌学症，可能是对继续学习失去兴趣。当学校以荒诞的方式打造学习的时候，即便是最愿意学习的学生，也可能会做出明智的选择——不进行有意义的参与。避免这种局面的唯一方式，就是与学习的乐趣——学习之美，建立联系。

重建与“学习之美”的联系

特丽·奥康纳

目的

培养自己对学生们情感表达的感受能力，使你作为教师拥有更强的能力，尊重他们，帮他们建立自信，并且帮助他们应对学习的种种挑战。

综述

用一系列反思性问题把你自己的“学习时刻”与你的学生们的“学习时刻”联系起来。

① 描述 3~5 个“学习之美”时刻

那是这样的时刻——无论是在学校里，还是在校外：有某种东西触及你的梦想，你因此感受到这种联系的冲击。

你感受到了什么？把它们描述出来——用形容词或者比喻手法。如果你觉得自己受到尊重，或者是觉得自己有价值，描述这种感受，或者在回想中体会这种感受。

与其他人分享你的内心观察，并且将“学习之美”时刻中所发现的特征，用表格的形式列出来，再把这些内容转化成为你课堂中的指导原则。

② 描述 3~5 个学习的“荒诞时刻”

在这样的时刻，你会感到自己被人推进了一个困惑、孤立或者绝望的处境。与第一步类似——你感受到了什么？如果你感到被轻视、感到沮丧或者是愤怒，就在你回想的过程中，描述这种体验。

与其他人分享这些内心的感受，并且将“学习荒诞时刻”中发现的特征，用表格的形式列出来，再把这些内容转化成为你课堂中的警告信号。

③ 你的学生如何与你一起探讨他们的课堂学习？

在课堂上使用你的指导原则和警告信号的列表，观察学生有什么样的感受。他们的课堂学习是充满“学习之美”的时刻吗？有没有学习的“荒诞时刻”？他们是否充满兴趣、是否感到神奇？他们是否受到挑战，是否神情专注？他们是否反应迟钝、无所事事、焦虑不安？

反思一下，是哪些规则、关系、假设或者学习模式，帮助你创造了成功，或者制造了荒诞？

④ 有哪些信号显示学生失去了与学习的联系？

当你看到一些学生陷入荒诞之中已经相当长一段时间了，你看到了什么样的行为？这些学生如何说话、如何行动？你还注意到了什么？

⑤ 你如何帮助他们与真正的学习重建联系？

你如何才能更多地了解他们？什么是他们的热情所在？如何调整课堂内容，才能将他们的学习习惯与那些重要的目的联系起来？

学习障碍

“学习障碍”（learning disabled）这个词一直以来的定义，是缺乏“学习技能”——说话、语言、阅读、拼写、写作以及数学，其来源是孩子受到某种内在因素的影响，而非家庭环境或者学校环境。被打上“学习障碍”的标签（或者类似的说法），往往还是特殊服务或者特殊辅导的先决条件。即便这类服务很有用，接受服务的那个人也往往是在众目睽睽之下，被人从课堂上或者正常学习环境中请出去，而且这种概念将会一直保持下去——这个人有些问题，现在要做的是诊断出问题，并对其进行治疗。

在太多的情况下，“学习障碍”、“注意力缺乏症”（attention-deficit disorder）、“阅读障碍”（dyslexic）以及“非特定学习障碍”（learning disorder not otherwise specified）等标签所代表的，是为应对多元智能和多元学习风格带来的挑战而进行的“快修”——把孩子们装进工业时代学校模具的一种方式。许多孩子在学校里陷于挣扎之中，并非因为他们“有障碍”“有缺陷”或者是“缺乏”什么，而是由于教育方式与他们的学习方式相悖，是因为让他们适合学校的流程没有那么简单方便。这些标签都是学校的办法，或者是社会的办法，用来把这种相悖与学生的缺陷等同起来。真正存在缺陷的是这个系统。

更糟糕的是，“学习障碍”的标签很难将存在真正的大脑损伤或者残疾的学生与仅仅是“能力不同”的学生，区分开来。随着标签而带来的，就是对学生进行治疗，而不是改进环境的“药方”——有医学方面的，也有社会方面的，这样的药方在成本、浪费和风险方面都存在着可怕的潜力。其后果之一，是某些经济阶层和种族的学生普遍被打上这样的标签，这既不准确，也不公平。

有些教育工作者，正在变得更为老练起来：他们更有能力，也更意识到需要为各种各样的学生管理他们的学习。他们有时候会特地在他们的演讲和行动中表明，“学习障碍”的标签并非一个正式判决，而是出于组织本身需要的一种方便，这是一种方式，让一些学生有资格获得某些资助或者服务，而不必被归为智力迟钝、自闭或者受过其他损伤。但是，这类托词的盛行以及人们依旧认为这些标签是某种瑕疵（包括学生们自己）的行为，都显示出，我们还有很长的路要走，才会拥有承认每一个孩子的价值与学习路径的学校——无论他们的学习风格、学习倾向和背景是什么。[①]

4. 从缺陷到天赋，我们一起跳舞

坎迪·贝斯福德（Candee Basford）

人们会给那些不以常规方式学习的人，迅速“打上标签”，并以标签而非直接接触或者关系，推断出种种结论。在这篇文章里，坎迪·贝斯福德——一位艺术家、咨询师和成人教育家，描述了她自己为身患唐氏综合征的女儿凯蒂争取权利的经历。在她女儿一生的大部分时间里，坎迪（后来是凯蒂自己）拒绝接受对于凯蒂的能力和潜能的偏见。这让她们两人持续挑战传统的思维方式和互动方式。这个经历使坎迪成为一名社区活动家，参与了范畴更广的议题——她提出的问题是：“谁有残疾，是这个人还是这个系统？”

登上一辆载着一群五年级孩子的校车去动物园，就像身处一个爆米花机里。学生们一边叫着、闹着，一边随心所欲地在车上散开，跳

① 这个领域的研究者对这个问题有着清醒的认识。由勒妮·布拉德利（Renee Bradley）、路易斯·C. 丹尼尔森（Louis C. Danielson）和丹尼尔·P. 哈勒汗（Daniel P. Hallahan）合著的《学习障碍的确定：对实践进行的研究》（*Identification of Learning Disabilities: Research to Practice*，Psychology Press 出版，2002 年），是美国特殊教育项目办公室组织的一次有关学习障碍的高峰会的会议报告，其中涉及对学习障碍定义的持续辩论的丰富的历史，以及这个定义在实际生活中给许多孩子带来的后果。这个报告给出了这样的定义：“特殊学习障碍（SLD，special learning disabilities）是指由个人内在因素导致的学习与认知的紊乱。SLD 指的是具体的障碍，其含义是这些障碍中的每一种都会对一个相对狭窄的学习和能力表现的结果产生重大影响。”

到自己的座位上。我给我的女儿凯蒂拍了张照片，她和她的几个朋友手拉着手，准备启程，而我也知道她们是多么兴奋。我们住的地方离动物园相当远，因此这对于大多数孩子来说都是一次难得的机会。我与凯蒂和另一个孩子坐在一起。当校车启动的时候，每个人都欢呼起来。

但是，校车停在了高中的门前，随后，一个有轻微发育残疾的特殊教育班的孩子们和他们的老师一起走了出来。车上的欢呼声被抱怨声代替了："哦，不！别是他们呀！"甚至另一位陪伴孩子的家长也抱怨起来。车上所有的孩子都站了起来，走到车子的后半部分，这样就不会和那些孩子坐到一起了。凯蒂也走到了车子的后半部分，尽管她身患唐氏综合征，自己的残疾比起那些要登上校车的孩子们要严重得多。

对于那些孩子，凯蒂的同学们恐怕没有多少了解——除了他们来自一个特殊教育的班级，来自另一个校舍。另一位来陪伴孩子的家长也是如此。我在这一刻意识到，将人们分割开来的不是差异，甚至不是差异的程度（比如残疾的程度）；而是人，通常还是那些拥有权力的人——他们根据自己心目中的标签对孩子们分配了等级。这样的定位造成了，这些人缺乏与其他人以正面的方式沟通的机会。花些时间跟这些人在一起——跟那些不同的人近距离相处，就可以打破这些标签和假设，并且有机会逐渐发展关系。

凯蒂的同学们了解她，是因为她们每天都会和她打交道。她是他们的朋友，也作为他们群体中的一员被接受。他们知道她很不一样，但是他们把她当作这个班级的一员，凯蒂自己也是这样看的。在这个班级的课堂上，孩子学到了比课程表上更多的东西。他们共同学习、相互学习，也相互了解。

从缺陷到天赋

在凯蒂被诊断为唐氏综合征之前，她的未来似乎充满了各种可能。但是在诊断出来之后，她的未来似乎充满黑暗和不确定性。我们不知道应该期待什么，也不了解该做什么。我觉得让我自己抚养这个孩子，基本上不可能。

在凯蒂两岁的时候，那位大专家问我，凯蒂开始学会走路是几岁。我回答说："在她 18 个月的时候，她在十次中能有九次走到十步，而且……"突然间，我停住了。我意识到，我在回答这个问题的时候，就像是一位客观的看护者，甚至还有些冷漠，而完全不像是一位母亲。这个认识让我大吃一惊。

我开始审视我自己的偏见。我意识到我从前的社会生活使得我重视人类的一些特点，包括：智能、成就、成功和金钱。我把这些特点与一个我们叫作"正常"的词联系到了一起。我从前的社会生活导致我相信我自己的孩子是有缺陷的，是不那么正常的，是没有什么价值的。我太爱她了，因此也就不再相信这些了。

我们没有听信那些专家的劝告，让凯蒂去残疾人的专门学校上学，而是选择了社区中的一个学前班。这也是我第一次有机会看到，凯蒂的学习与其他学生是什么样的关系，并且看到，你瞧，他们也能从她身上学到东西。我开始意识到，凯蒂不是一个个体学习者，她在与他人共同学习的时候，就会学到很多。我逐渐开始相信，凯蒂当时的潜力是与人际关系联系在一起的——现在也是如此。

约翰·麦克奈特（John McKnight）说，如果你看到的是缺陷和需求，你就会创造服务，而获得你的服务的人就是系统的客户。但是，如果你改变你的关注点，不再去看人们的问题，而是去看他们的天赋、能力以及他们可以做出的贡献，你就是在创造公民。逐渐认识到这一点，是一个非常重要的转变。[①]

凯蒂进入这所幼儿园，也并非这所学校的意愿。他们不愿意接收她。我希望，有更多的学校领导人可以看到，自己的作为与他们创造的社区之间的关系。学校可以做出选择：他们可以创造公民，也可以创造客户。在创造公民的学校里，社区建设十分重要，学校的目的是建立关系，并且学会如何与他人成为朋友。

智利的生态学家亨伯托·马图拉纳说，爱可以扩展智能，强化创造；并且“当爱的情感存在的时候，愿景也会扩展”。我当然赞同这个观点，我认为，正因为我把注意力放到了对凯蒂的爱上，才让我开始对她的生活有了各种各样的愿景——与那些旨在帮助她这样的人的系统所提出的愿景相比，它们要高远得多。[②]

学会铺床叠被，学会看懂指针式的钟表，学会数零钱，都是那些专家认为的最基本的目标。他们是在为她去一家机构或者是福利工厂做准备，所以他们确定的期望不高。可怕的是，有那么多人认为凯蒂不需要太高的目标，认为她的生活与所有其他人相比将会是不一样的。他们假定凯蒂不会去工作，假定她不会去做所有那些我们其他人想要去做的事情。学习这个世界，学习数学和科学，对她来说不重要。跟她做朋友没有什么意义，因为没有人会这样去看待她。

学习这个世界对于凯蒂非常重要，尽管其他人并不这样认为。让凯蒂有这样的机会，对我来说很重要。一天，我去她的一年级教室看

---

① 约翰·麦克奈特与其他人进行的有关关注天赋而非缺陷研究的更多内容，请参见西北大学的“基于资产的社区发展学院”的网站：www.abcdinstitute.org。

② 例如，可参见亨伯托·马图拉纳与皮勒·邦内尔（Pille Bunnell）合著的《商业生态学：爱如何扩展智能》（*The Biology of Business: Love Expands Intelligence*，1999年，《反思》杂志，*Society for Organizational Learning and the Massachusetts Institute of Technology* 出版，1999 年）。

她，看到孩子们都离开自己的桌子，围成一圈在读书——除了凯蒂。她坐在自己的座位上，桌上有一支铅笔和一张纸。我问老师为什么凯蒂不加入阅读小组。她告诉我，她有一个规矩，所有的孩子都必须会背诵从 A 到 Z 的字母表，一个字母都不能错，之后才能加入阅读小组，否则就要一直坐在自己的座位上。

我知道自己不是教授阅读的专家，但是我认为让凯蒂加入一个阅读小组，会为她带来益处——不管她是否在学习阅读。我知道凯蒂听到这些故事，并且和其他孩子在一起，就会学到一些东西。于是，我去请校长帮忙，凯蒂被允许加入了一个阅读小组。

学习者也是老师

最终，凯蒂的阅读学得相当好，而且还从高中毕业了——尽管现在她在读字母表的时候，还是会有些犹豫。有时候，一想到我们可能还在背诵字母表，就让我感到不寒而栗。我们或许会在学校里花上十年的时间，凯蒂才能学会阅读，才能更多地探索这个世界。

当凯蒂对我说，她想要上大学的时候，我犹豫了，我不知道是否应该同意。说老实话，这么多年为她争取在公立学校学习和参与的权利，我已经有点儿心力交瘁了。我也认为，她只能旁听那些课程。我真的没有去想，她面对巨大的困境已经获得的成就，也没有想要再给她成功的机会。但是凯蒂有她自己的愿景，并且再一次给我上了一课。尽管她的残疾很严重，她还是在我们的社区大学中完成了诸如解剖学、生理学、微生物学和艺术等课程。她的平均成绩是 3.0，她的小学到高中的同学，现在还会来看她。

凯蒂有自己的梦想，有对于未来的愿景。她的愿景帮助我扩展了自己对她的愿景，其中一部分是允许她去尝试我认为不可能的事。她希望得到专科学历，在实验室中做助理；希望结婚，参加一个摇滚乐团；还希望写一本书。

凯蒂以数不清的方式改变了我的思想。现在我仍旧会读各种各样的书，会与全国各地的人交往——他们都在探讨学习，探讨如何融入群体。我推动了家长参加的会议，帮助他们创作与自己孩子的天赋有关的故事和作品，并且探讨在群体中与他人一起学习的意义。我已经了解，当有些人不同寻常的时候，大家就会花很多时间去研究他们出了什么问题，却在了解他们的天赋与可能做出的贡献上，基本上不花时间。事实上，我认为，对于那些打上“正常”或者“优于正常”标签的人，我们也没有花时间去探讨他们的天赋和潜力。

我想，我从未期望凯蒂会成为对我影响最大的老师之一。了解她教会了我，处于不确定的状态意味着什么；也教会了我，对于我曾经相当肯定的那些事，不必那么确定。她教会了我模糊的重要性：不知道这个世界应该如何构造，并且重新学习或者重新思考那些可能性的重要。

我从凯蒂身上学到的，是一个向上的螺旋，而每一个循环都引领我进一步认识了她可以贡献出来的观点和天赋。

最近我问凯蒂，大家可以做些什么帮助她实现自己的梦想，而她回答说：“你可以跳舞呀。”

“如果我跳舞的话，这对于你实现梦想会有什么帮助呢？”我问道。

“这就会告诉我，我也能跳舞。我可以跟着模仿你的动作和舞步。如果你在跳舞，我就可以感受到这些运动。”她回答道。

“好吧。”我说，“我明白你说的了。如果我跳舞，而且我们都跳舞，那么……”

凯蒂说：“我们一起跳舞。”

《我们一起跳舞：有关凯蒂的教育的插图随笔集》[①]

当坎迪·贝斯福德身患唐氏综合征的女儿出生的时候，她的生活就完全改变了。她从未想到，凯蒂会成为她26年发现与转变旅程的最重要的导师之一。这本书是她的绘画集，并配有随笔短文，在这本书中，作者反思了她自己的经历。当我与其他人分享这本书的时候，他们往往会泪眼模糊，但这并非源于悲伤，而是来自心灵的启示和希望。这本书用来在教育工作者、家长和社区成员之间生成对话，是一个很有用的工具——通过提出那些没有简单答案的问题。与其他人在社区中一起工作和学习意味着什么？我们对于残疾人持有哪些偏见？对于那些只是与我们不同的人，我们持有哪些偏见？偏见以哪些方式阻碍人们看到人的各项潜能？

——贾尼斯·达顿

我喜欢母亲创造这本书的方式：用的是水彩画和文字。她很有创造力。她让我看到了彩虹，使我的眼睛充满光明。我的妈妈坎迪是自然的化身。她总是爱她的孩子们，她也爱我。我们一起去参加会议，我们会把字条传来传去。当中的一些内容，就成为这本书中的绘画。我真的很爱我的母亲。她对我一直很支持、很关心；她很温柔，也很有爱心。这本书让我快乐。我希望学习，希望像母亲那样有创造力。我想要写我自己的书，书名就叫《面向未来》。下一次，等着我的书吧。

——凯蒂·贝斯福德

① （*We Dance Together: A Painted Essay About Education with Katie*）坎迪·贝斯福德著（2005年），参见www.wedancetogether.com。

创作一本有关你孩子的天赋的书

坎迪·贝斯福德

在一个坐满残障孩子的父母的房间里，如果你让大家描述一下自己的孩子，往往会得到一张长长的缺陷清单，有视力方面的、听力方面的、行为方面的以及认知方面的。人们在为各种缺陷和延迟发育“贴标签”上花了太多的时间，以至于最终让这些标签占据了主导地位。以这样的方式看待孩子，会导致人们忽视孩子的天赋和潜能。创作一本书是改变这种视角的一种方法，也是记住一个孩子的天赋和能力的良机，还是将他们对于社区的贡献展示出来，然后与其他人分享的一个机会。

这个修习是从一系列研习营活动中发展出来的，这些研习营最初是我为残障孩子的家长举办的，为的是探讨“我的孩子是谁，真是这样吗？”这个问题。随着时间的推移，孩子并没有被打上“障碍”标签的那些家长们也开始加入进来——往往人数还超过了另外那批家长，他们也同样流下了眼泪。可悲的是，人们对于考试的表现、分数以及体育项目的关注太多了，让人感到似乎太多家长没有机会停下来想一想，他们的孩子究竟是谁。

围绕孩子的天赋与贡献创造各种活动，就为建立联系、建设社区带来了可能——无论关注的焦点是孩子，还是房间里的成年人。

第一次研习：开始创作这本书

目的

从关注孩子的缺陷和延迟发育，转向对他们的天赋、能力以及对社区的贡献的赞美以及分享。

环境

一个房间，里面有用来创作这种书的桌子，摆成一圈的椅子，墙上有一定空间，可以把书中要用的插图挂起来分享。

参与者

15 人以内。

时间

两次研习，每次两小时。

材料

白板和白板笔。绘画用的材料，用来剪贴的杂志或者其他出版物，以及个人的照片。各种彩色的装饰工艺用纸。一个三孔塑料活页夹，外边要有一个封套可以插进一个封面。塑料制的页面保护膜，可以插到活页夹里。面巾纸。

第一步：想象

从谈谈社区开始，想象一位从外太空来的外星人在你的后院着陆，要求你带他去你心目中的模范社区。你会带他去哪里，为什么？

然后问一问自己：每一个人选择的那些地方有哪些共同的特点？

你们无疑会发现，每一个故事，实际上都是一个人或者一群人给这位新来的外星人提供了某些东西。探讨一下天赋的概念，有些人天生就具有让其他人快乐的能力，或者是让人感到宾至如归的天赋。思考一下你自己的天赋，以及你正在如何将你的天赋展现出来，强化社群。

第二步：回忆

思考你的孩子的天赋和贡献。她或者他给这个世界带来了什么？这个谈话可以从两个人组成的小组谈话开始，而后再分享给整个大组。

谈话的伙伴互相提问，其中一位讲自己孩子的故事，另一位倾听、鼓励，并且记录下在故事中发现的这个孩子的天赋和优势。

例如，谈话中可以提出这样的问题：你的女儿的微笑是不是一种天赋？你的儿子会不会让人快乐？她是不是对恐龙或者其他科目很了解？他会唱歌吗？

对于残障孩子的家长来说，这未必容易。一位患自闭症孩子的母亲，在研习过程中几乎是自始至终都在流泪。她儿子近来在行为方面的困难，让她想不出他还有什么天赋。但是这个小组中的另一位成员则开始讲述一个小男孩的故事——在游乐场上发生的一件美好的事情。这就触发了一个转变：患自闭症孩子的母亲因此记起了她的儿子的天赋和优势。在回顾这次研修的时候她说，在如何思考自己儿子天赋方面的这次转变，深刻地改变了她的生活，也改变了儿子的生活。

第三步：梦想

现在，和同伴谈谈你的梦想。你最希望自己的孩子未来做的五件事是什么？

然后，把你们的想法与房间里的所有人分享。

请其中的一个人列表记录下大家的愿景和梦想。

问一问大家，有没有让大家感到意外的内容，以及这些意料之外的内容是否扩展了，或者是确认了他们自己的想法。

考虑一下，你如何在你将要创作的作品中，表现这些内容。[①]

---

① 这个修习中的问题，是约翰·麦克奈特在一次有关社区建设的研修营中提出的。有关约翰·麦克奈特的工作以及“基于资产的社区发展学院”，请参见 www.abcdinstitute.org。

第四步：创作

开始为你的孩子具有的天赋的书准备内容。至少要写满一页白纸——这是你在书的最终稿里，可能会用到的或者可能会重新绘制的。使用图像、文字或者两者都用。你可以选择自己画，也可以使用家里的照片或者是出版物中的图片。在描述你的孩子的天赋和梦想时，可以采用散文的形式，可以采用诗的形式，也可以用单词。一定要包含你对自己孩子的梦想和愿景。

有些家长为自己的书做了一个目录。以下是一个例子：

背景简介

与我们一家人见面

杰西卡的爱好

妈妈的建议

我对杰西卡的愿景 ____________________

第二次研习：反思

第五步：分享

在两次研习之间，创作这本书。然后，把你的创造成果与大家分享。不必是完成稿。这就像成长中的孩子，这是正在进行的工作。

请一个人在白板上记录下大家的谈话。

做这本书是什么感受？回想这些故事，是什么感受？有哪些困难和挑战？对于你的孩子和你自己，有哪些意外发现、有什么洞察？有哪些人也参与到创作这本书的过程中来了？在你和其他人分享的时候，发生了什么？你可能会与哪些人一起分享这个作品？

我们互相之间学到了什么？

有关社区我们学到了什么？

第六步：把书带回家

在研习之后，把这本你的孩子的书与你的家人及邻居分享。不要忘了你的孩子现在和未来的老师。

杰西卡的母亲在书的目录页上给孩子的老师写下了下面一段话：

“感谢你花时间更多地了解我的女儿。你将会看到我的女儿和她的同学互动，看到她努力学习新的概念，也会看到她努力的结果。你是她的榜样、她的师长，也是她未来的朋友。随着我们共同努力，帮助这个孩子成为优秀的人，我也期望更多地了解你。”

变奏：关注一个故事

找到一张可以从中引出一个故事的孩子的照片。思考这个故事，思考这个故事发生的时间，然后讲一讲（或者写下来）这个故事反映出的孩子的天赋。

变奏：一个更长的故事的框架

这个框架适用于在更长一段时间中研习的小组。在每一次会面的时候，参与者讨论与他们的孩子有关的天赋，以及他们自己的天赋，然后用图画出来。而后，把这些图画一张张分别贴到墙上的一张大纸的四个边上，表现出真正的社区是由其中的公民的天赋塑造出来的。

这张纸的中心，目前由不同的天赋围绕着，此后会随着这个小组继续会面，填满他们所分享的故事。

《与自闭症相伴 50 年：一位母亲和维权者回顾自闭症患者的个人与社会挑战》①

随着自出版书籍变得愈加容易、成本也更低廉，越来越多的人通过发表自己的回忆录，讲述他们抚养、教育有特殊需求的孩子们的经历。这本书中的故事是我的亲身经历。

一个患有自闭症的孩子在 20 世纪 60 年代长大，由于缺乏相应的诊断、支持和帮助，他的父母一直不放弃。他们坚定地认为，自己的孩子有机会过上正常生活。他们的孩子爱德华也决心独立自主奋斗，不接受其他人贴的标签的限制。他上的是公立学校，起初获得了非常激动人心的成功，但后来随着学区政策的变化，环境变得恶化，那是令人伤心的经历。进入普通班级上课并不能解决所有的问题，因为他备受无情欺凌，所以那里没有他的容身之地。

在这之后，到了 70 年代，他去了几家私立学校。其中一些几乎到了过失犯罪的程度，于是他只好离开，因为他的父母知道他们没有其他选择。但另外一些机构，却是真正的学习型组织，在这些学校里，整个社区似乎都正在形成一种认知——对于这样的极为特殊的教育需要做什么。

对于爱德华来说，最大的挑战还是来自内心。在 70 年代后期，

① （*50 years with Autism: A Mother and Advocate Looks Back on Personal and Social Challenges of an Autistic Disability*）艾琳·斯洛瓦科·克莱纳（Irene Slovak Kleiner）与爱德华·克莱纳（Edward Kleiner）合著（Spyral Publisher 出版，2005 年），参见 www.50yearswithautism.com。

他已经30岁，并且被一家教养院开除，他必须决定他是要为自己的生活负责，还是继续依赖自己的父母。自主自立虽然是他极渴望要做的，但却非常困难，而且他几乎已经失败了。但是，几乎可以肯定，他的生命要比自己的父母更为长久，依赖父母就不是一个选择。

这就是这本书的寓意。在"困难"的孩子还未成年的时候，把他们放到一边，对人总是很有吸引力。但对于每一个孩子来说，都存在着一个类似的"关键时刻"，在这个时刻，他们可以做出选择：是做公民还是做客户，是做一个贡献者，还是成为一个负担。其挑战在于，要年复一年地给他们提供足够的技能和支持，这样他们才能够在时机来临的时候，做出选择。因为，他们不会总是孩子。今天，对于自闭症的孩子，已经有了更多机会，但是他们还是得面对许多年前我的兄弟所面对的那些同样的挑战。

——阿特·克莱纳

《共同教育所有学生：学校领导人如何创建统一的系统》①

处在我们教育系统边缘的学生人数不断增加，我们正在努力满足他们的教育需求，这往往让我感到震惊。这些学生有的在种族、民族或者能力上存在差异，有的在贫困中生活，有的存在语言差异。这些

① （*Educating All Students Together: How School Leaders Create Unified Systems*）伦纳德·C. 布雷洛（Leonard C. Burrello）、卡尔·A. 拉什利（Carl A. Lashley）与伊迪思·E. 贝蒂（Edith E. Beatty）合著（Corwin Press 出版，2000年）。

学生往往会被放到“特殊教育”“替代教育”等系统里，也就是被放到了一个与正常系统“平行”的系统中去。即便有时候他们进入“正常系统”之中，在这些学生经历的学习环境中，通常不具备尊重多元化的特点，对于他们给课堂带来的贡献也不抱期望。

布雷洛、拉什利和贝蒂开发出了逐步向以学习为中心的“统一”系统演化的一个概念框架和流程。他们运用系统方法，主张这个过程必须从直面一个社区的愿景和现状之间的差距开始。这样做才可以形成深度会谈和探询的基础，讨论有关学习的目的、有关这个社区要给自己的孩子什么样的教育。对于试图创造统一系统的教育工作者来说，本书作者提供了涉及组织架构、课程设计、课程实施以及项目评估等方面的指导思想。

——内尔达·康布－麦凯布

5. 你们正在发出什么信号？
——我们对孩子使用的语言蕴含哪些信息？

贾尼斯·达顿　内尔达·康布－麦凯布
蒂莫西·卢卡斯　阿特·克莱纳

亚当是一位聪明而敏感的七年级学生。一天，他的老师把他拉到一边，对他讲：“亚当，你上一次的作业棒极了，我觉得是班上最好的作业。”这天下午，他让父母大吃一惊，因为他一回到家就开始做作业，而且很早就做完了。“今天我太喜欢上学了，”他告诉父母，“每一堂课我都学到了许多东西，而且我不需要你们提醒，自己做完了所有功课。琼斯夫人非常喜欢我的论文。我以前一直不知道学校可以这样有趣。”

不幸的是，对于亚当来说，学校是无趣的。他觉得自己很愚蠢，因为过去 7 年，不止一位老师在与他的沟通互动中表达出了这种看法。当亚当的母亲告诉他的写作老师，她的夸奖产生了多大作用的时候，这位老师说：“非常感谢你让我知道这件事。我知道我自己的个性有点儿莽撞，有时候我太忙了，说话的时候经常不假思索。我一直在寻找一种方式，与亚当建立联系。对于他这次的作文，我为他感到骄傲。我会寻找更多的机会去鼓励他。”

往往人们在身处有权支配他人的地位时，他们所使用的否定他人的语言，也就是指出另一个人有问题、有缺陷，可能会产生比他们自己所意识的要长久得多的影响。许多孩子无法分辨不同的社会情境，但是从老师那里传递出来的负面信息，却全无阻碍、响亮而又清晰地接受了下来，而且还会在心中徘徊多年，比起课堂上教的内容要强烈、逼真许多。“别唱了，亲爱的，只要对对口形就可以了。”一位老师在班级演出的一次排练中这样说，从此之后，这个人在大家聚在一起唱歌的时候，总是默不出声。“你总是最后一个被选中是不是？”一位教练在运动场上或许这样说过，而这个孩子就永远与运动无缘了。老师并非有意伤害孩子，老师可能意识不到自己发出的信息伤害了孩子，意识不到否定这个孩子的方式。但是这样的经历，会在孩子身上留下伤害的印记。

教师也用非语言的方式发出信息，比如，以他们评判作业的方式。在作业上打上一个“大红叉”，发送的是一种审判和谴责的信息。按照分数自高而低地分发作业，或者是让学生们对彼此的作业互相打分，是一种毁灭性的信息。它所表达的是，糟糕的成绩大家都会知道。当我们认识的一位校长告诉一位教师，她这样做是在让自己的学生难堪时，这位教师说："可是我没有时间批改所有这些作业呀。"与她班上学生的尊严相比，她的课堂效率占据了更重要的位置。①

正面信息的作用也会经久不衰。曾经有一位中学副校长对本书作者之一说："只要你想做，你就可以做到。"这个信息一直被牢记在心，在困难的时候成为心中的信念。几年前，鲍勃·格林（Bob Greene）的专栏中也提到过一个类似的故事。一个小男孩，本身并非一个特别出色的学生，一天，他的英语作文上写着一句评语："佳作如是。"这句话改变了他的人生。他一直喜欢写作，但总觉得自己还不够好。这句话相当重要，并非由于它让孩子建立了自信，而是让他突然间看到，事实的确如此——他创造出了佳作。今天，他是一位专业作家。②

有权力地位而又事务繁忙的人——教师、家长、校长、老板以及同事，常常意识不到，他们使用的语言如何影响了自己的思维方式，也意识不到他人会如何解读其中的信息。比如，使用"危险学生"这个说法的老师，实际上是在强化一种观念：是学生自身的缺陷——无

① 记得我上二年级的时候，正在为操场上进行的一次庆祝活动制作一顶遮阳帽，我不小心打翻了油漆。在场的老师猛地拽一下我的手臂说："你从来就不好好听要求！"然后，就让我回到自己的座位上去。第二天，我才被"允许"在教室后面为我的帽子涂漆，而所有其他人则坐在自己的座位上工作，对我发出阵阵窃笑。我恐怕是这次庆祝仪式上，唯一还记得这件事的人。多年后，在我参加自己孩子的班级活动时，又再次体会到了我当时感受到的痛苦。我认识的几乎每一个人，都有过类似的记忆。

——贾尼斯·达顿

② 这位作家是马尔科姆·达尔科夫（Malcolm Dalkoff），鲍勃·格林的《无论好话还是坏话，都会一直产生回响》一文中提到了这个故事（Middletown Ohio Journal,1997 年 5 月 12 日）。

论是个人缺陷、性格缺陷，还是来自本身背景的缺陷，让这些学生处在危险之中。因为这些缺陷不会消失，所以就可以得出推论，这些学生永远都会处在危险之中。相比之下，以“处于危险处境之中”的角度讨论学生的老师，则是在提醒其他人和他们自己：环境是可以改变的。这有助于他们改变责备学生的想法，并且引导他们去寻找应对学生问题的更为根本性的解决方案。[①]

当你这样说……	他们听到的可能会是……	但你也可以这样说，把它变成一个学习的机会……
“你还是不明白。”	“你没有能力搞明白”。	“你有没有试试从这个角度想一想？”
“你又忘做作业了。”	“你没有责任感。”	“我们可以一起想什么办法，帮助你按时交作业？”
“你太慢了。”	“你是个笨蛋。”	“这部分作业，你需要帮忙吗？”
“不对，你错了。”	“你是个笨蛋。”	“你得出这个答案的思路是什么？你怎么知道这个答案是正确的？还有其他角度可以再想想吗？”或者说，“这个答案很棒。但这不是我们现在提出的问题。”
“你很努力，但还是得不了 A。”	“不管你有多努力，你都是个笨蛋。”	“我注意到你正在进步。看到你做了这么多练习，我很高兴。”

那么，我们如何才能使用支持孩子学习的语言，而不是使用妨碍孩子学习的语言呢？首先是“不要伤害”——这是医生执业的基本守则，处在权力或者领导地位的任何一个人，通过借鉴这个守则或许就可以做得很好。哈伊姆·吉诺特（Haim Ginott）提出了有效沟通的指导

① 其中的一些案例经许可采用了“教育中的情商教育”（www.eqi.org/educ.htm）中的相关内容。这是由史蒂夫·海因（Steve Hein）开发的一个有关情商教育的网站。

原则——无论是在家长与孩子之间，还是在教师与学生之间，针对当下的处境进行探讨，而不要针对孩子的性格或者是个性。在上面的表格中，举了一些例子，这些考虑不周的说法都发出了“你有问题”的信号；同时也列出了一些替代说法，它们可以让学生打开更有成效的学习的大门。每一个替代说法都基于一个基本原则：不要就学生本身去做描述，而是要描述对于这个学生的观察，让学生成为想出下一步要做什么的合作伙伴。[①]

学习研究与开发中心

对于那些在学习的特点和改善学习的各种途径方面寻求真知灼见的人，这家研发中心意义非凡。研发中心设在匹兹堡大学，从教育技术到工作场所中的学习以及儿童博物馆等各个方面，都保持着深入、持续的研究。其研究成果借助网站、出版物和其他媒体，对教育工作者、家长和社区成员开放。这些研究成果内容广泛、适用性强，但又与学校的日常活动联系紧密。特别是中心的研究人员注重研究对孩子的学习产生影响的种种因素构成的整个系统，包括家长的生活及工作环境，以及学校里的社交网络。

设在这家中心的机构之一，是学习研究所。这家研究所与教育

① 作为一名教师，我拥有极大的权力，可以决定一个孩子的生活是痛苦还是快乐。我可以成为一个制造痛苦的工具，也可以成为一件鼓舞人心的乐器。我可以让人当众出丑，也可以让人愉悦快乐；我可以制造伤害，也可以排解痛苦。在各种情况下，我的回答都可以决定一场危机是会继续升级，还是会逐步缓解，也可以决定一个孩子是获得启蒙，还是继续蒙昧无知下去。

——哈伊姆·吉诺特（见其所著《教师与孩子》一书，Collier Books 出版，1972 年）

工作者和学校建立了合作伙伴关系，其主要研究方向是基于认知学习原理的专业能力发展和“工作导向”的教育项目开发。研究所主任劳伦·雷斯尼克（Lauren Resnick），以其研究挑战了“以正态分布为参考”的测试成果（即“钟形曲线”风格测试结果，比较学生之间的差异）而广为人知。中心的新标准项目（一个与国家教育与经济中心开展的联合项目），引领了国内的以标准为基础的改革工作。由雷斯尼克和她的同事们确定的九项学习原则是不错的切入点。如果学生要高水平展开学习，就要在这九个方面表现出众，包括：能够清楚地安排工作、有清晰的目标期望、对于成就的认可、公平并可信的评估、对于课程安排的严谨思考、社交能力、自我管理学习，以及学徒式学习的能力。[①]

——内尔达·康布－麦凯布

《情商：为什么情商比智商更重要》[②]

如戈尔曼所说：“情感能力在某些方面起着比家庭因素或者经济因素更重要的作用——任何一个孩子或者青少年如果在被困苦磨折下（比如贫困或虐待），还是不屈不挠，从而渡过困苦，情感能力可能会起到决定性的作用。”与多数流行的心理学书籍不同，这本书有实实在在的内容（其基础是认知科学家和教育研究工作者的工作成果），在书

① 在线学习可从以下两个网站入手，中心的网站（www.lrdc.pitt.edu）和学习研究所的网站（www.instituteforlearning.org.）。

② 丹尼尔·戈尔曼著（Bantam 出版，1995 年）。

的最后一章，对于学校如何培养学生的情商提出了建议。[①]

玛丽·莱克（Mary Leiker）在担任密歇根州肯特伍德学区（Kentwood school district）的学监期间读了这本书，她与学区中的37位学校管理人员和7位学区委员会成员对这本书展开了讨论。他们每月都聚在一起，逐章探讨情商的含义及其潜在影响。莱克说："比如，当学生休学结束回到学校后，我们就开始做出'额外的努力'，和他们讨论他们情感现状的原因——让休学成为一个学习的机会。在我们的家长技能发展项目中，我也把情商教育作为一个出发点。"

——内尔达·康布–麦凯布

① 戈尔曼在其后出版的一些书籍，为我们理解人类的能力扩充了其他角度。《社交智慧：人类关系的新科学》（*Social Intelligence: The New Science of Human Relationships*，Bantam出版，2006年）描述了其他人对于人的心智和身体机能产生影响的各种方式，以及对包括学校在内的社会环境进行设计，以改变在其中的每一个人的生活质量。《生态智慧：了解我们购买的潜在影响如何改变一切》（*Ecological Intelligence: How Knowing the Hidden Impacts of What we Buy Can Change Everything*，Bantam出版，2009年）描述了人类意识与生态可持续性的认知联系。

第5章
实 践

1. 创造过程关键点：结构性张力

罗伯特·弗里茨

自我超越修炼着眼于一个成年人能够反思的一些意义重大的问题：在你的人生中你真正试图创造什么？你当下面对的现实状况是怎样的？还有就是你要选择什么？这项修炼产生的作用方式，既是超越当下经验的，又是实实在在的。每一位有创造意识的人都能辨识出来，但又难以践行，难以用语言来描述。

这项修炼对于成年人是有成效的，但对于孩子们也会起作用吗？我们把这个问题抛给系统阐述了自我超越概念的那个人：罗伯特·弗里茨，他是一位作曲家、电影制作人。在20世纪70~80年代，他形成了有关创造过程的各种理论，在那期间，他参与（与彼得·圣吉和查尔斯·基佛一起）设计了最初的“领导力与超越”课程，这一课程是《第五项修炼》一书的基础内容的一部分。弗里茨提出并阐述了“创造性张力”的概念，这个概念他最初称之为（现在也是如此）“结构性张力”。[①]

教育的意义何在？是为了给年轻人提供适应社会的条件，使他们能够融入社会组织吗？是为了培训劳动力吗？是为了向年轻人展示人生可以提供的更大机会与可能吗？上述这些，都有道理，因此也都是正确答案。但是，这些答案也都遗漏了教育可能具有的最深远的意义：帮助年轻人学习如何去创造他们真正想要的生活。

对于如何创造他们真正想要的东西，为什么教师不教，而学生也不学呢？有几个有趣的原因可以解释。

首先，在创造过程的技能方面，大多数教师都没有接受过这方面的培训。这个题目看上去似乎更多属于诸如乐队和戏剧一类的课外活动，听上去就不像数学、科学或者语言技能那样，是主流教育的核心环节。然而，创造过程是人类文明史上在成就功业方面最富成效的过程。它创造出了所有形式的艺术，以及大部分科学技术；它创造出大众文化、文学和诗歌，也为商业与组织方面的发明和创新提供了动力。大多数教师、家长和学生能够理解这个过程吗？可以讲授这个过程吗？对于这两个问题，都可以给出令人高兴的肯定回答。然而，在开始之前，我们需要换一种方式思考，想一想我们的目标，想一想我们对于现实的理解，想一想我们展开创造的进程，得以实现自己的目标的能力，想一想我们与成功和失败的关系，想一想修炼与动力的本质。

---

① 对于结构性张力的更为深入的阐述，请见罗伯特·弗里茨所著《最小阻力之路》（*The Path of Least Resistance*，Fawcett-Columbine 出版，1989 年）和《管理者的最小阻力之路》（*The Path of Least Resistance for Managers*，Publishers’ Group West 出版，1999 年）。

结构性张力：关键点

创造过程的关键点，是结构性张力。无论我们在何时形成了张力，其自身都会寻求消解。结构性张力的建立，来自差异：以我们所希望的状态（我们的目标、热望以及愿望）对照与这些目标相关的现状。我们可以通过采取行动，让我们的目标和现实逐渐接近，向着解决这种张力的方向前进。张力的最终解决，在于我们实现了自己的目标。迈向我们自己的目标听上去不难，但却需要发展多种技能。

修炼

所有修炼都不是顺其自然发生的。这也就是为什么要称其为“修炼”。如果我们觉得身上有个地方发痒，自然而然地就会去挠挠。我们需要自制力的修炼，才能克制自己不去挠痒。在学习滑雪的时候，学生要站到一个山顶上，远远地望着山下的一个山谷。任何一个新手的天然本能都会是向后倾斜身体。但教练们却说：“向山下倾。”实际情况是，滑雪过程是这样设计的：向下倾就像是踩着滑雪板的刹车，而向后倾斜则像是踩了滑雪板的油门。我们需要修习，才能克服我们的直觉，向下倾斜自己的身体，但这恰恰是滑雪者必须要学会去做的。

在建立创造性张力的过程中，我们需要修炼，才能确定自己希望创造出来的最终结果，才能脱离我们的假设、理论和概念带来的扭曲，客观地看清现状。我们需要修炼，才能真正面对那些充满困惑、失望和挫折的时刻。而要从我们与他人的失败和成功中学习，也需要修炼。

在那些要求很严格的职业中——音乐、电影制作、医学以及运动，有许多都会给从业人员带来极大的身体和心智压力，也把人们置于严苛的竞争环境之中。如果没有建立和保持创造性张力的修炼，就很难达到精通的境界。每每遇到令人不舒适的处境，比如当你面对拒绝时，你就会倾向于放弃。相反，如果你处在基于你真正的愿望的修炼之中，你也许会感到失望，但一定不会放弃。如果一定有什么影响的话，那就是失望会锤炼你，帮助你继续前行。

思考一下我们想要什么

许多用意良好的人都认为，自己已经问过他们的孩子或者学生，他们想要创造什么这个问题了，但是实际上并非如此。他们的问题是一个微妙的“变体”：“在我们为你提供的那些东西里面，你想要什么？”

要仔细看看其中的差别。“你想要创造什么”这个问题，是让一个年轻人去思考自己一生的目标、价值、志向和梦想。而那个“控制性”版本的出发点，则提供了一个可以接受的各种可能的“清单”，然后说：“在所有这些选择中，挑一个吧。”如果那些他们真正想要的目标、梦想没有列在这张清单上，又该如何呢？那么，那些孩子或者学生就要算运气不好了。由此传递给他们的信号是，人生要服从环境条件，所以“你最好学会适应”。这种观念最终会变成一种取向，在我写的第一本书《最小阻力之路》中，我称之为“反应性回应取向”。我描述的是人们陷入了一种人生态度，它似乎在说“把你的志向限定在合理范围之内”。人生还是有另一种取向的，那就是创造取向（或者叫作“自我生成取向”），以这种取向为生，就是让个人的选择成为人生的组织原则。

早在20世纪70年代，当我和我的同事最初一起为成年人讲授创造过程的时候，许多人在回答“你想要什么”这个简单问题的时候，困难重重。他们不是去思考自己究竟想要什么，而是试图去描述他们认为自己应该要什么，或者会使用一些含糊其词的口号，再不就是考虑过程，而不是这个过程要产出什么。

在开始的时候，这种情况让我们迷惑不解，直到那个显而易见的事实昭然若揭：许多人并不知道如何思考他们想要什么。他们一而再、再而三地把这个题目从自己的脑袋里驱赶出去，以至于他们似乎无法思考某些想法，因为他们不知道应该提出什么问题。许多年轻人在有机会尝试追求有意义的目标之前，就已经被人教会放弃自己的梦想了，这些年轻人被认为无法实现自己的抱负。而有悖逻辑的是，这种情况的发生，恰恰是由于我们爱自己的孩子，因此我们不希望他们经受折磨。我们的自然倾向是保护他们、控制他们，让他们免受失望所带来的感情冲突的袭扰。为了保护孩子不受失望的影响，成年人自己在毫无知觉之中充当了审查员——年轻人不仅不能去尝试创造对他们或许有意义的事情，甚至于想想都不可以。

因为我们保护自己的孩子，不让他们有这样的体验，他们就没有机会坚强起来，形成人生最重要的力量。他们永远也不会发展在需要的时候更大努力的修为，他们永远学不到职业精神的圆满境界——在性格形成的时候，在成就任何困难的事业所需的持续学习技能的时候，这种精神至关重要。

从一个问题开始

创造过程的出发点，就是这个看似简单的问题：你想要创造什么？我们可以向我们的年轻人提出这个问题吗？开始的时候，他们不知道如何回答这个问题。他们倾向于说出他们认为成年人想要听的那些东西。但是，如果我们坚持追问下去，他们最终会意识到，我们真的想让他们把自己的答案告诉我们，而不是像过去那样，我们让他们告诉我们的，是我们想要的那些答案。

当我们习惯于明确我们的目标、愿景和志向的时候，我们就是在形成一种真正的技能——如果年轻人想要成为自己生命成长的过程的主人，就需要学会这种技能。当年轻人不明白他们想要在生活中创造什么的时候，他们接受的教育就像是灌输给他们的。当他们确实知道自己想要什么的时候，他们的教育就有了焦点、目的——至少在一定程度上支撑他们去实现长期目标。

明确目标是一个不错的、恰当的起点，但只是起点而已。下一步，对于年轻人和成年人都更为艰巨，那就是准确而客观地描述现状。

只是事实

多数人都学会了歪曲事实，他们这样做，是因为现实中往往包含了他们不喜欢的种种事物。孩子们学会说谎有许多原因。他们说谎，是为了避免批评和惩罚；他们说谎，是因为看到这种做法是社会上可以接受的行为；他们说谎，是因为有时候想要看到现状，而又不被假设、概念、理论、世界观和猜测扭曲，的确很困难。

罗莎琳德和我对于我们的孩子们一直都很诚实，但我们生活中的其他人却并非如此。当我们的女儿夏娃四岁的时候，我们的保姆常常会骗她，比如说：“没有饼干了”——实际上是有饼干的。而我们会告诉夏娃，“还有很多饼干，但是你现在不能吃”。保姆会问夏娃：“今天你想去学校吗？”，假装她似乎有个选择。夏娃其实没得选择，她必须去。因此，我们必须要对夏娃的保姆进行培训，让她学会一件听上去简单，但开始做的时候却相当困难的事：把真相告诉夏娃。

如果我们对我们的年轻人说谎，他们就会学会扭曲现实。他们就会开始曲解现状，不仅对他人如此，更糟糕的是对自己也是如此。如果不能确定现实状态，他们就不能了解自己所面临的处境与目标之间的关系。

学习需要有能力评估我们的行动："这些行动起作用了吗？是不是没有起作用？"我们需要考虑两个关键的数据点：当下的状态和我们希望看到的结果。评估实际局面的能力必须要耐心谨慎地发展，因为当我们看到不喜欢的东西，很容易就会歪曲事实。要想形成这个技能，年轻人一定要能够宽容失望和沮丧，但不要让这些经验阻碍自己。他们并不需要克服这些情感，要学会从容应对，因为当他们学习一个新东西的时候，往往不具备一蹴而就的能力——这时，有可能会感到受伤，并进而将其曲解为一个关乎自我尊严的问题。他们必须能够把自己是谁与自己做的事区分开来。

自尊的陷阱

过去20多年以来逐步流行的一个概念，是这样的一种观点：要想在人生中获得成功，一个人必须要具有高度的自信。事实绝非如此。如果我们去读那些历史上很有成就的人的传记，就会发现，其中大多数人都对自己深怀疑虑，然而他们却依然能够实现自己的梦想，影响整个世界。自信这个问题取决于你创造自己生命中最重要的东西的能力。有以下两个原因可以解释：

- 从哪里着手？在我们创造某个东西的时候，我们通常可以从两个地方着手：从我们自己或者从我们要创造的那个事物着手。这两个不同的着手点所引发出来的可能性，是截然不同的。如果我们把注意力放在自己身上，那么我们努力的成效就变成了我们自身身份的反映，而我们的自身价值也就与我们做得如何联系在了一起。任何一个行动的目的都变成"这代表了我"，而不是"这是否很好地支持我实现目标"。但是在现实世界中，学习往往会导致的情况是，在获得胜任能力之前，把事情做得相当糟糕。如果年轻人把注意力都放在自己的身上，他们如何能够对掌握新技能的笨手笨脚的过程保持宽容呢？如果在此过程中，他们还要同时努力保持自己的自尊和自信，他们又如何能够对于现实状况保持客观与诚实呢？大多数有所成就的人都通过学习而明白，自尊和己见，对于创造他们生命中重要的东西来说，完全无关紧要。“认真对待你做的事，不是你自己”，这是人们经常引用的话。

有些人可能会争辩说，成就任何一件事的意义，就在于完成它之后所获得的满足感。对于闲暇的喜好或者娱乐，当然如此。但是人类努力的事业还有很多其他种类，其意义是比满足感重要得多的某种东西。如果我们是家长，我们可能会带我们的孩子去上舞蹈课、滑冰课、足球课，或者是音乐课，这不是因为我们追求荣耀感，或者是让社区中的其他人觉得，我们是优秀的家长，抑或是希望我们的孩子感谢我们。我们这样做，是因为有一个更好的理由：我们这样做，是因为我们爱他们。其意义是让他们获得成长和幸福，而不是我们自己的成长和幸福，这就是创造过程中共同的方向。采取行动的原因是为了支持我们所关心的结果。

• 产生爱：多数人以为，爱是人类做出的反应。“他们相遇，然后他们坠入爱河。”先有外在环境，然后才有爱。然而，在创造过程中，情况恰恰相反。创造者在被创造的事物存在之前，就产生了对它们的热爱。在影片开始拍摄之前，电影制片人就喜爱上了这部电影；当画布上还是一片空白的时候，画家就爱上了这幅画作；工程尚未破土之时，建筑师就热爱那个建筑。

现在，对于年轻人最常见的抱怨是他们既不在乎，又不投入。从某种程度上来说，的确如此。而这恰恰又是因为，对这些年轻人而言，并没有让他们可以投入足够热爱的东西，让他们为了实现自己的目标，不顾一切地去奋斗，去学习一切需要学习的东西，并且去改变一切需要做出的改变。

但是，如果我们把自己的工作看作是教年轻人产生爱，那么教育可能就承担了一种新的意义。是什么让一个人能够产生足够的爱心，把它创造出来，即便要这样做，总是会大大超越这个人当下的能力？当这个问题得到回答之后，无动于衷、漠不关心和反叛不羁就会转变为投入、关心与合作。产生爱引发出的是高层次的、真正的修炼。它有助于我们学习，即便初看起来要学习的东西既艰巨无比又令人沮丧。它是朝着有利于我们的志向实现的方向去行动的最好理由。

行动的经验

一旦我们明确了想要看到的结果，并且看清现状，下一步自然就是采取行动了。当我们在结构性张力的空间中行动的时候，一个反馈系统就开始起作用。行动中产生的结果，就会得到评估（“这些行动对于我们向目标迈进，起了多大作用？”），这又引起对于未来行动的调整。这个反馈系统会持续工作，直到我们实现自己的目标。让我们一生受益的那些最美妙的学习行动，就是在这样的情况下发生的，因为这种经验是具体的——既是针对我们正在追求的实际目标，又是针对这样一种基本认识：这个人是可以学会他需要学习的东西的。

行动是选择。存在着三种主要的选择类型：根本选择、首要选择和次要选择。根本选择是关乎我们人生中的基本价值观和决心的选择。比如，如果你没有做出成为一个不吸烟的人的根本选择，那么选择采用的任何戒烟措施，恐怕都起不了多大作用。而一旦你做出了这个根本选择，你所选择的几乎所有方法都可以获得成效。年轻人可以做出的一个最根本性的选择，就是在自己的一生中，成为创造的主要力量。做出这种选择，并不意味着他们突然就能创造出自己想创造的任何事物来了，也不意味着世界马上就围绕着他们转了，但是，做出这种选择的确意味着，他们已经准备好为自己的生活承担责任了。

年轻人可以做出选择的另一种类型，是首要选择。首要选择与他们人生中的主要成果有关，包括对于目标、梦想和志向的选择。这往往就是在形成结构性张力过程中生成的那些目标。

一旦完成了首要选择，就必须要做出其他选择，来支撑这个首要选择。往往这类次要选择都是我们不喜欢做的事情，而为了支撑我们的首要选择又需要去做。做出那些次要选择，来支持我们去实现首要选择，年轻人就学会了如何通过管理自己的近期活动，为自己的长期最大利益采取行动。他们也许并不喜欢花大量时间去做功课，但是如果他们做出了自己的首要选择；比如，要成为一个生物物理学家（或者任何一件需要从高中毕业，并进入大学学习的事业），他们就会这样去做了。

发展做出选择的能力需要修习。一个年轻人做出的选择越多，也就越有可能看到自己选择的后果。然而，成年人通常不敢让年轻人去选择自己的道路。

在我自己家里，我们采用了一种称为“约定”的做法，来处理这种情况。这个“约定”是这样的：我们家长的责任是照顾我们的孩子，而孩子的责任是学会照顾自己。随着他们逐渐长大，他们可以自己做出的决定就越来越多。我们大家都知道，如果他们自己可以根据最大利益做出选择，我们家长就会把这些选择逐渐交给他们自己去做。我们的孩子们很快就开始做出自己的选择了——穿什么衣服、什么时候上床睡觉、听什么音乐、如何分配自己的时间，以及他们生活中其他许多方面的选择。我们作为裁判，帮他们判断最大利益是什么，采用的标准也相当明确。有人持续熬夜到很晚，影响自己的长期健康和工作能力，很明显，他还没有具备决定何时上床睡觉的能力。这个“约定”的最后一部分是这样的：在他们还不具备做出自己的决定的能力的领域，我们的责任是教会他们如何做出好的选择，这样他们就可以尽早地自主做出选择了。这个“约定”在我们家里运转良好，因为它相当公平合理。

这个“约定”的基本道理，是理解成年人和孩子的角色。一个孩子开始自己生活的时候，是由成年人照顾的。这个年轻人的责任，则是随着时间的推移，逐步学会如何照顾自己。谁将更有可能在生活中做出好的选择：是一位已经做出过成千上万个选择的年轻人，还是另一位在做出选择上没有多少经验的年轻人呢？当要做出关于性、毒品以及安全问题的决定的时候，我们最好是帮助年轻人做出各式各样的选择，这样他们才会对自己做出的选择的后果有亲身体会。

2. 在课堂上共享愿景

蒂莫西·卢卡斯

开学第一天，老师以提出问题的方式开启了讨论：“你们想让这个课堂成为什么样子？你们希望别人如何对待你们——包括我以及你们彼此之间？当你们在学期末回头看的时候，是什么会让你们说：‘这个班级是最棒的？’”

这位老师这样做，是在引导这些孩子们，让他们主动说出自己想从这个班级中得到什么，以及大致希望从学校中得到什么。可能从没有人问过孩子们这些问题。但如果他们能年复一年地参与到这样的过程中来，随着时间的推移，就可以学会为自己去思考——他们希望学校为他们做什么。他们也就不会把决定学校究竟应该是什么的负担，交给自己周围的成年人了——老师、管理人员、辅导员以及家长。

在开学后第一次课堂上的这个讨论中，孩子会说些什么呢？有些人可能会谈到过去经历的种种烦恼，这是他们从未有机会表达的。“在我们做功课的时候，我不希望有任何其他人走过来，从我的桌子上拿走东西。”或者说：“我希望老师对我要客气一些，我不希望老师们取笑我。”还可能说：“如果我的作业做错了，我不希望老师在班里宣布这件事。我不希望每一个人都知道我的分数。”或许就是说：“我不介意靠近其他人坐，但是我不希望一整年都跟同一个孩子坐在一起，一直都不变。”

以个人修炼的术语来说，这些大都是“负面愿景”（negative vision）——是我们希望避免的那些事的景象。所以，老师或许就该决定，让其中的一些学生再多做一些表达，让他们把他们的态度背后的“正向愿景”（positive vision）展示出来。老师可以这样说：“当你说，你最恨被人取笑的时候，你的意思是说你不希望要什么。但是你能否想到什么事情是你希望发生的。在你最喜欢的班级，或者是你可以想象出来的最好的班级，发生过哪些事情？”如果还需要更多引导，老师则可以说：“你认为，你们需要举手才可以发言吗？我们做数学功课的时候，应该如何呢？那个时候，你希望别人如何对待你？”

不同的学生说出来的东西是不同的，还有些孩子根本不知道说什么。但是，至少有一个信息传递出去了，也被大家接收到了："当我说话的时候，我希望有人倾听。"从此，一个有关课堂的规则和程序的愿景出现了，其内容是所有学生希望如何被人对待，以及他们觉得一个班级应该如何管理。

通过不断提及他们共同创造出来的基本规则，这个愿景就可以在这个学年中持续保持活力。从这里开始，掌控课堂纪律就不再仅仅是老师的事了。如果出现了违反这些规则的情况，每一个人都了解情况是否严重以及如何应对。当一位代课老师报告说，这个班的孩子在课堂上闹个不停时。班级老师就可以用这个愿景去做对比了："好吧，你们所有的人都为这个愿景做出过贡献。那么，昨天这里发生了什么？应该发生的是什么？下一次你们希望如何应对？"自我约束就开始起作用了。

3. 作业这个魔兽

贝蒂·宽茨（Betty Quantz）

在这本书的发展演变过程中，贝蒂·宽茨承担了多重角色。她承担沟通协调的责任，在我们的一些会议中，她则扮演"吹毛求疵的朋友"的角色，她还是其中一位作者的项目合作伙伴。在这期间，她还多次参与了我们的探讨，内容涉及五项修炼，尤其是共同愿景会如何以各种方式影响学生、家长以及教师的沟通互动。她从一位家长和教师的角度，对作业进行了反思——这篇文章写于 1999 年，在新版中进行了修订。她提出的问题是，承诺与顺从是否不仅对学生，而且对每一个人都是一个值得思考的问题。当她的女儿把这篇文章分享给自己的朋友时，这些孩子的反应是：“我们以前不知道，对这件事，有人还注意过——还在乎过！”

作业真是一件让人头疼的事。在我看来，说这句话的人可以是老师，也可以是学生，还可以是家长。想想看，在学校教育中作业占了多大的比重，但每一个人都如此憎恶作业，这实在令人惊奇。除课堂项目之外，我自己的孩子们基本上认为作业枯燥乏味，纯粹是在浪费他们的时间。他们的老师也总在抱怨，自己花了多少时间检查作业，给作业判分。而作为监督完成作业的家长，我不是怒不可遏，就是眼泪汪汪。

如果学生忍受不了作业的折磨，老师也不喜欢作业要求的“记账”工作，而家长们更不喜欢站在自己的孩子背后监督，那么为什么我们还在与这个魔兽斗来斗去呢？

有一年，在一起开会的时候，我问一位教师：“为什么你要给所有的作业判分？”

“这是让他们做作业的唯一办法。”

一幅画面由此在我的脑海中逐渐展开。在学校里，教师要惩罚孩子们，才能让他们完成要做的功课，比如，评一个低分，放学后留下来，不许课间休息。作业给学生带来的打击是双重的：在学校，要面对成绩单的威胁；在家里，要面对被剥夺各种课外活动权利的威胁。

“所以，那些还没有搞懂的孩子，作业成绩就不好？”

“是这样。”她说，“但是，他们有更多的卷子和附加作业可以帮助他们。”

从这位教师的观点来看，更多的功课就会让这些孩子掌握知识。但是我连想都不敢想，在做功课的时候，那些孩子和他们的家长必须要忍受的所有痛苦和困扰。孩子们的学习速度各不相同，而那些要多花些时间才能掌握新概念的学生，就要在作业进行等级评分的时候，因此而受到惩罚。实际上，这些练习和重复作业会强化孩子的种种错误理解，并造成进一步的困扰。对于已经了解那些内容的孩子来说，这些练习开始会具有强化作用，但随之而来的，则是枯燥乏味的感受。

不幸的是，有些人认为，如果一个学生每天晚上要是没有作业，而且是一大堆作业的话，这个学生就没有在学习，而老师也没有尽责。此外，重视标准测试，将其作为评价学校的一种方式，也使作业成为推行模拟测试的一种方式——以便学生们为即将进行的考试做好准备。

作为一名英语教师，我也要面对作业这个魔兽。给重复练习打分，这对于我是一个噩梦。如果我在判分的时候感到枯燥无味，我就会知道，那些学生在做作业的时候，用的是“自动巡航模式”（只是读了，但没有思考）。许多毕业之后上了大学的学生在返校时告诉我，他们在高中里要做的作业，比起大学一年级的时候要多得多。

作为一名教师，我喜欢“少即是多”的观点。我认为，通过减少作业数量、提高作业质量，我们或许可以为学生以及他们如何在学校获得成功，找到关键因素。质量较高的作业，具有以下这些特点：解读、综合，以及对观点与材料进行分析（也就是说，是处于布鲁姆学习目标分类中的较高层级）。完成这个作业需要的思考水平，决定了作业的质量。作业可以帮助学生发展高级思维技能，而不是让他们停止思考，进入呆头呆脑的驾驶状态。①

在我现在任教的都市学校里，有大约 65% 的学生得到了免费午餐；

① 布鲁姆分类是一种有关学习目标的美国分类方法，其初始确立时间可以追溯到 1956 年。当时，由教育工作者组成的一个委员会提出了最初的建议，这个委员会的主席是教育心理学家本杰明 · 布鲁姆（Benjamin Bloom）。

大约三分之一的学生，获得了社会保障残疾补助。我教的“慢班”上的孩子会直截了当地承认，他们被放到这个班上的主要原因之一，就是完不成作业。

我给我的学生们一个选择，去完成一个需要两到三周时间的作业。这类作业一般分成两个类别，一类是口头表达，另一类是写作。对于每一个类别，还有两到三个选择，单独完成或者是合作完成，吸引着各种不同学习风格和学习水平的学生。鼓励创造性。比如，我的高年级学生要读约翰·斯坦倍克的《愤怒的葡萄》，这是国家艺术基金会的一个叫作“大型阅读”的项目的一部分。我如何才能让这些在城市高中里的学生认同斯坦倍克笔下的1939年的人物呢？我将作业（请参见脚注）[①]针对多个方向的兴趣和能力，安排为不同选择，延展了课堂上的讨论，并且大都要借助互联网。幸运的是，我们学校的图书馆在放学之后还会开放（由志愿老师们支持工作，因为图书馆经费减少，图书馆的开放时间也缩短了）。这样，家中没有互联网或者没有计算机的学生（大约占到我们学生总人数的70%），就可以在放学之后，在学校的图书馆里用电脑上网了。在这段时间，他们的家庭作业是阅读原著，并且准备课堂讨论用的材料。

---

① 《愤怒的葡萄》的作业分组

写作类：1. 观看公共电视台播放的《在沙尘暴区生存》系列节目，并说出你的感想。2. 在网上阅读本地新闻，找到我们这个地区有关“没收抵押房产”的文章，并且记录受困家庭的故事。3. 调研20世纪30年代妇女的角色。

口头表达类：1. 关注66号公路，这是移民到加利福尼亚的主要通道。2. 假设你们是调查记者，被指派去报道移民村。给我们讲讲他们的故事。

艺术类：1. 调研某些艺术家的作品，比如，伍迪·格思里（Woody Guthrie）的作品，阐述一下他们现在对于音乐的影响。2. 选择三张由多罗西娅·兰格（Dorothea Lange）拍摄的照片，或者是同时代的其他人拍摄的照片，就照片中的人物或地点介绍你们的研究发现。

在我们讨论的过程中，学生们有时候会发现一些感兴趣的题目，就会建议为他们特别设计作业。我把这些作业看作是与作业这个魔兽斗争的真正胜利。现在，这些孩子正在为积累知识、增进兴趣而寻找方法——这真了不起。做这样的作业，难道不是在改善我们的课堂讨论和课堂学习吗!

更好的作业来源

我常常在网上浏览各种课程计划，看看在作业的选择上有哪些想法，有两个网站是必定要看的。webenglishteacher.org 在课程设计的想法上内容相当丰富。如果你还没访问过那个叫作 thinkfinity.org 的有关课堂的门户网站，那你就错过了世界上最好的头脑风暴的发源地。我不仅看高中的资料，也去看看小学和中学的资料。由于我班上的学生的能力五花八门、各式各样，我常常从小学老师的课程计划中获得不少灵感，并对这些想法进行修改，以满足我的高中学生的需要。

——贝蒂·宽茨

让作业变得有意义

贝蒂·宽茨

目的

分析驱动你布置作业的心智模式，并评估你可以从哪里入手做出改变，提升学生的学习。

拿出一份你的作业安排。用“是”或“否”回答以下问题。一定要诚实！

a. 在学生拿回家的这页纸上，是否清楚地表明了这个作业的目的？要在你发下去的作业的背面，与学生沟通作业的目的。如果每一位教师都做到了这一点，家长们在帮助孩子的时候，就不需要再去猜想：“这个老师在想什么？”

b. 在学生拿回家的这页纸上，是否清楚地表明了以学生为中心的目标？你希望强化学生哪些技能？

c. 这个作业是延展了课堂上的功课，还是重复了课堂上的功课？

d. 在作业安排中，是否体现了多种学习风格和学习兴趣？

e. 在你给这个作业打分的时候，是必须要思考，还是只需要浏览一下，或者可以照搬答案？对于学生的回答，你是感到兴趣盎然，还是沉闷枯燥？

f. 你是只涉及了一种标准，还是让这个作业可以起到双重（或者更多）作用？比如，在有关《愤怒的葡萄》的作业中，覆盖了以知识为基础的目标、口头表达的目标以及写作标准等。

g. 为什么这个作业有意义？这个作业在学生自己、他们过去的经验以及现在的生活之间，提供了什么样的联系？

h. 思考每一次作业安排的质量，并与学生和家长开展有关学习目的的开放式探讨。你是否会倾听你的学生（以及他们的家长）对于这些作业的看法？他们是不是在说：“这种作业我做了（或者是没做）成千上万次了？”或者他们在说：“在我做这份作业的时候，我想起……；我想到……”或者是，“我有一个关于……的问题要问。”这些作业应该，也会引发出来比他们的答案更多的问题。

作业之谜[①]

为什么我们的孩子一直在做一件糟糕的事情？

马尔科姆·格拉德韦尔（Malcolm Gladwell）的著名观点是，要想做到精通，就需要 10 000 个小时的练习。阿尔菲·科恩（Alfie Kohn）对此可能会反驳说，让学生对学习的精神感到麻木，只需要几个小时的强迫练习就够了。这部书详尽论述了这个观点，其中包括大量的研究成果，表明作业并没有帮助学生学习，而是培养了反抗、争论、不情愿的服从，以及基于外部因素的动机。替代方案是：课堂上的练习，并且有同伴的帮助，应该是一个全面参与的环境。

——阿特·克莱纳

4. 把评估作为学习的手段

我们是在评估我们需要学习的东西吗？

贝娜·卡利克（Bena Kallick）

课堂上的评估本身并没有错。精心设计的评估，可以成为学习和认知的手段之一，如果没有评估，学习和认知都要困难得多。贝娜·卡利克住在康涅狄格州，她是耶鲁大学和费尔菲尔德大学的教师，也是一位社区活动者，她还是一家儿童博物馆的创始人之一，一所教师中

① 阿尔菲·科恩著（Da Capo Press 出版，2007 年）

心的创始人之一，同时还是以创新为宗旨的“三州联盟”（在康涅狄格州、新泽西州和纽约州南部地区促进教育改革）的一名咨询师。她参与了几次公司创业，包括“技术路径公司”（Technology Pathways）和“超越成绩公司”（Performance Plus），这两家公司都致力于在学生学习方面，创建与管理教师的相关知识。目前她任职于“教育星球公司”（Eduplanet），这家公司设计了在线学习课程，将专家与教师通过社会化学习融合到一起。在所有这些工作中，她一再发现，自己是在与学习评估这个问题打交道：我们怎样才能知道，一名学生的能力（或是一家学校的能力、某个学校中的一个创新小组的能力）在发展上是否真正获得了支持？我们请她针对那些意识到评估的价值的人，解读这个问题——如果评估以一种培养学习方式，而不是培养技能的方式进行，应该如何展开？

设想一下：你有一个十几岁的孩子，年龄已经到了申请驾驶执照的时候，对此，你有点儿紧张。你开车把他送到了驾照申请处，参加本州驾驶法规的多选笔试。当他咧嘴笑着走出考场告诉你，考得不错时，你很高兴，也放心了。至少，他认识了“停车等候”标志的形状，知道了学校周边地区的速度限制，也了解了需要让行人先行。他证明自己已经掌握了“正式知识”（formal knowledge）：他了解了（或者知道从哪里可以找到）这些学术性的、明确表述的，也是有条理的事实——这是任何一个专家都需要信手拈来的。

但是，你是否已经准备好放手让他驾车呢？恐怕还没有。只是通过笔试还远远不够，你要知道他是否可以运用自己的驾驶知识。他会“侧位停车”吗？在他驶入一个路口的时候，会环视左右吗？他会使用后视镜吗？他是小心驾驶吗？又经过了相当长时间的手握方向盘的训练，他通过了全面的驾驶考试。他自豪地把自己的实习驾驶执照拿回家。他展示了自己的“应用知识”（applied knowledge）：把知识转化为行动的能力——即便是在非正常的情况下。他具备了在各种不同的条件下，达成结果的能力。

你向他表示祝贺，而他马上就想要车钥匙。你现在如何做呢？那些考试本身都还不够——无论是笔试还是路考。两类考试全加起来，不过是表明他知道如何通过考试。在把车钥匙交给他之前，你不可避免地要去想想自己与这个孩子相处的经历。他有责任心吗？他的自我控制能力如何？你是不是还需要设定一些限制——晚上驾驶的限制，车上青少年人数的限制，以及距离家或者是距离学校远近的限制？最终的问题是，你是否对他有足够的了解，知道他的能力如何？比如，对于他处理意外情况的能力——任何一个测试都不能预测的那些事件，你有多少了解？

正式的测试，即便是不错的测试，也不足以真正对学习进行评估。在你的儿子可以单独驾驶你的车之前（至少对我是如此），他必须显示出他具备了“纵向知识”的基本能力：随着时间的推移，能够以引发持续的改善、成效和创新的方式，有效地开展行动。一位学习某个科目的学生，是否能够从学生的状态，演化成为在这个能力上让人信赖、谨慎周到、能干胜任的优秀实践者呢？如果可以的话，在你做出这样的评估之后，或许就可以对其赋予信任。如果你做错了，相信某人具备“纵向知识”能力，而他实际上却不具备，那么你就要面对糟糕的结局：乱七八糟的作业、遗漏的工作、不完整的结果、被破坏的关系，以及可以想见的——一辆撞坏了的汽车。

以学生的学习为目标的评估

在许多学校以及教育机构中，我们都已经采用了依赖单一措施评估学生进步的方法，也就是常规性、标准化，用纸笔完成的测试评估。这些测试，包括大多数州级测试，就像是驾驶执照的笔试：只衡量“正式知识”。更糟糕的是，考试的结果要推迟数月之后才会发布，常常是学生已经升到高一年级之后，想要为进一步学习提供有意义的指导，这实在是太迟了。这些测试结果只显示出一到两个总体综合分数，学生由此获得的自己能力表现的信息非常有限。由于只提供了每一个学生的错题的百分比，这些测试间接地让学生感到，自己的能力不足，而这实际上与我们了解的学习恰恰背道而驰（应该从一个人的工作优势出发，然后转向这个人需要提升的领域）。

以 2011 年而论，目前在评估上的趋势是，我们做出的各种决策大都建立在成本效益好、过程效率高的测试的基础上，而这些测试衡量的，则是学生们对于所学知识的复制水平。但是大多数测试并没有提供足够的信息，让我们了解，一个学生是否确实能够在一个更真实的环境中应用自己的所学知识。因此，当教育工作者的关注焦点，放在帮助学生学会如何提高考试成绩的时候，我们在帮助他们面对“人生的考试”方面，可能会是失败的。我们和学生谈大学教育、做好职业发展准备，但并不真正了解在高等教育和职业发展中，究竟需要什么才会成功。

由美国各州政府在 2010 年启动的“通用核心标准行动”（Common Core Standard Initiative）正在鼓励这方面的作为。这个标准明确表示，学生在学习中需要更高程度的参与投入，需要更大的个人驱动力，并且在成为更加高效的问题解决者的同时，学会如何把各个不同学科的功课融会贯通起来。对于那些已经采用了“通用核心标准”的各州，其挑战在于如何开发出相应的评估方式，为学生提供一个机会，让他们得知自己的学习状态。已经有一些机构联手针对这个问题展开工作，看看是否能够发现通用的评估方式，以便让所有采用“通用核心标准”的州都可以使用。①

然而，教育工作者不需要等待这些评估方式的出台。类似的评估方式可以在本地进行设计。他们需要考虑三个不同角度的学生发展数据：学习的评估、以学习为目的的评估以及将评估本身作为学习。②

- 学习的评估是总结性评估。这种评估提供的数据，与一个学生在某个特定时点的学习表现有关。课程结束前的考试、期中考试、标准州测试，都是总结性评估的例子。
- 以学习为目的的评估是发展性评估。这种评估为教师、家长和学生，提供过程中的信息，其内容是一个学生的表现处于何种状态，其目的是提供更好的指导。在大多数情况下，形成性评估不采用评级的形式，而是采用打分的形式。这是一个关键区别。当你对一篇作文或者一项作业做出评级判断的时候，你为学生提供的反馈，是他们在这个时点做得如何。然而，当你给学生的功课打分的时候，你提供的是反馈、发展建议；是提供一种机会，让学生在向着总结性评估逐渐进步的同时，继续展示自己的学习。

---

① “通用核心标准行动”的网址是 www.corestandards.org。这是由多个机构组成的有关学习评估问题的联盟，其中包括“大学与职业准备评估合作联盟”(Partnership for Assessment of Readiness for College of Careers, 网址：www.parcconline.org）和“智慧均衡评估联盟”(Smarter Balanced Assessment Consortium, 网址：www.k12.wa.us/smarter)。

② 有关学习的评估与以学习为目的的评估之间的区别，参考里克·斯蒂金斯（Rick Stiggins）所著《从形成性评估到以学习为目的的评估》(*From Formative Assessment to Assessment for Learning*，Phi Delta Appan 出版，2005 年 12 月），以及由斯蒂金斯创办的“评估培训研究所”(Assessment Training Institute，网址：www.assessmentinst.com.)。

• 把评估作为学习。这种评估的设计，是让评估本身成为教学。在老师提供反馈的同时，学生也参与如何持续改进。比如，当一个教师采用一种评分标准，显示高质量作文和低质量作文之间的区别时，那些没有写出最高质量作文的学生，获得了重做作业的机会——将从中学到的内容考虑进去，对于原来的作文的细节进行适当但似乎又不太费事的调整。

在评估被当作一个学习事件的系统中，学生可以获得自己的数据。他们十分了解自己的状况，也非常清楚自己需要做出哪些改善，并由此对自己的学习承担起更大的责任。他们以这些数据为根据，确定目标并监控自己的改进。在这样的系统中，他们学会让自己指导，也开始形成更高的自我评价的能力。

以学习为目标的评估质量

目的

帮助教育工作者从以学习为目的的评估角度，重新思考自己的评分、反馈和评价方法。

我们需要以学习为目的而设计的评估，而不是用来进行指责、排名和发证的评估。这反过来要求家长们、教育工作者们和学生们自己，都在对测试与学习的态度上，做出深层转变。有些地方，这样的态度转变已经发生——在那里，我们看到了令人振奋的根本性转变和新能力的成长。下面是让这样的转变成为可能的一些原则和修习。

在进行之前，先反思一下：在你过去的生活中，评估（分数、反馈，或者是评价）确实对你的学习产生作用的一次经历。这样的经历具有什么共同特征？

我在不同的修习营中，多次问过这个问题（事实上，这是一个非常好的问题，可以启发一组教师和管理人员展开深入讨论）。最好的评估，很可能并非发生在学校里。我个人最喜欢的经历发生在一个剧团里。一位大导演特别给我和其他一些演员安排辅导，对我们表演中的一些细微之处给予深入、持续的反馈。

在这些修习营中我们发现，有一些相同的特征多次出现，是大家记住的这些评估的特点。

及时

在当下这个沉溺于即时满足的时代里，及时反馈的重要性尤其显著。如果学生们在测试过去相当长时间之后，才收到对自己功课的反馈，他们恐怕已经在做新的功课了，不会再关注已经完成的功课。无论是标准测试，还是根据课堂表现进行的评估、反馈，时间越近，也就越有意义。当老师们不得不在某一门高中课程中教 120 名学生的时候，及时反馈非常困难。学校的时间安排，需要进行相应的设计，使得老师们可以有固定的时间，与学生们坐下来面对面讨论，对学生进行评估，并对他们的功课给出反馈。

坦诚

评价对于学习者的挑战是，他们要根据自己提供的数据，做出改变。面对这些数据信息，有时相当困难，说到底，如果大家不认真对待这些数据，他们也就不需要做出改变。然而，一次坦诚的评估，往往可以创造出一种认知上的差异状态，或者是非平衡状态，这就会让人们去面对变革的要求。

我知道加利福尼亚的一个学校系统，在推行“更高的学术标准”

的过程中遇到了障碍。他们提高了学习达标的门槛，要求学生迎接这个挑战。考试成绩总体上提高了，但是也有一组学生总是不达标。为了解决这个“最后的遗留问题”，一个小组的老师申请了“改进授课”的项目资助。出资机构问这些老师，为什么需要这笔钱——“大多数学生不是都做得不错吗？哪些学生做得不够好呢？”

最初，这些老师无法回答这个问题。这个问题的答案让他们感到极不舒服，他们也就从来不去讨论，即便到了现在，他们也还是不愿意正视这个问题。这些评估把男性非洲裔美国学生筛选了出来，成为成绩表现最糟糕的单一群体。由于这些教师不得不面对这些数据，于是他们决定，要做一点儿以前从未考虑过的事情——对这些学生进行访谈，了解他们的建议。

结果出乎这些老师的意料，因为这些学生也非常懊恼。他们明白学校希望有更高的标准，而且他们也热切期望达到这些标准，但他们不知道怎样做。这所学校安排功课，一直是将“任务教学”作为基本的假设：如果你把一项挑战性的任务分配给学生，他们自然就会去面对挑战。这些孩子明白自己需要什么，他们希望从较容易的材料读起，他们希望在阅读的过程中有成年人陪伴，他们希望有自己的“阅读讨论”时间。在这段时间里，他们可以讨论自己正在阅读的内容，而且没有那些学习成绩更好的同学给他们带来压力。他们觉得，自己的家长并不理解学校的新要求，而他们又希望家长参与进来，更紧密地与老师配合。他们还希望看到更多成年人的榜样，让他们看到如何在要求高、压力大的工作负担下，找到出路、获得成功。从本质上说，他们希望有人指点迷津，帮他们指出其他学生似乎已经了解的学习途径。

这些学生和老师坐下来，一起重新思考他们要采用的方法。他们首先为那个资助项目撰写建议书，但是这一次他们建议对教育中的长期做法进行变革——如果他们不是出于那些“令人不快”的数据信息而相互学习的话，无论如何也想不到这些变革。

反思

教育工作者往往把“反馈”看作一个循环过程，如下图所示。

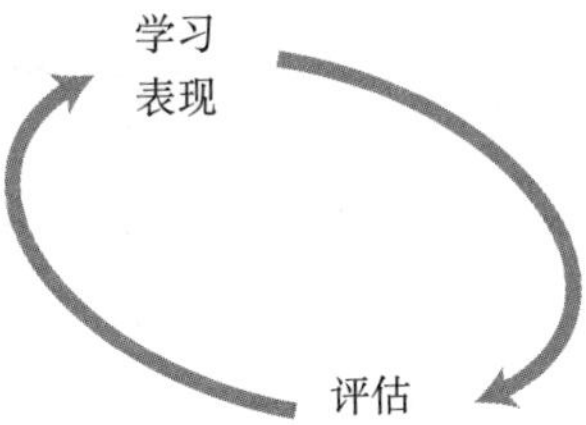

但是，如果把这个过程画成是螺旋上升的进程则更为准确，因为这个过程不会把学习者持续带回到同一个起点。

当我把这样一个螺旋上升的图在一个研习营中展示出来的时候，一位教师说：“我们喜欢这个图，因为它支撑了我们相信的一个道理：‘任何值得去做的事，即便出师不利，也值得去做。’”

我回答说：“这的确不错——但是，什么时候你们会拿出时间，了解自己从出师不利中学到了什么呢？”老师们大都没有安排时间，让自己的学生（或者自己）反思自己的评价。这就意味着，他们都没有机会进行元认知的工作——大家一起退后一步说：“好了，在过去两周里，我们从这门课程里学到了什么？”

每一位教师都可以建立一个系统，让学生们评估自己——同时仍旧满足在教育系统中获得进步的社会要求。但是，每一门课程都需要一个全然不同的设计。教师们可以从思考以下三个主要问题开始：

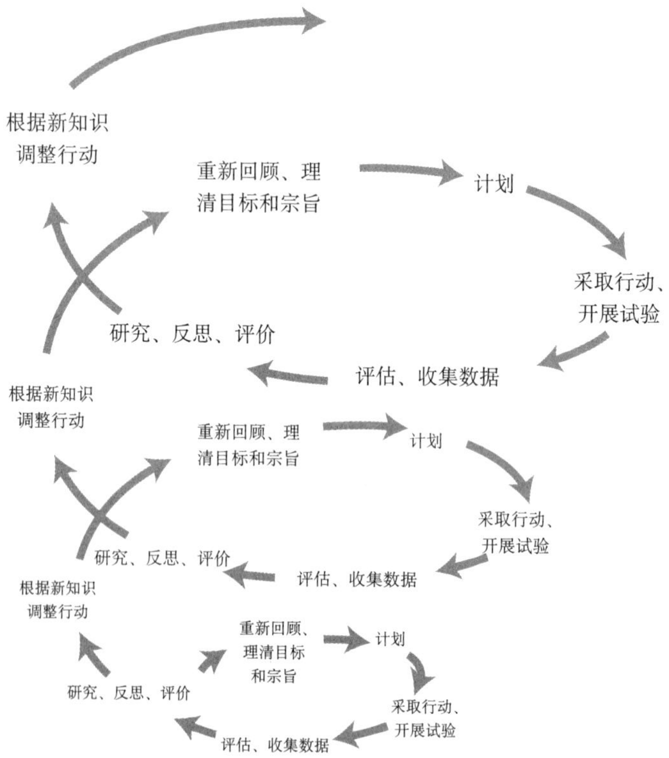

• 自我管理（Self-management）：学生们怎样计划和组织自己的学习？他们如何设定自己的目标，如何确定在学习过程中他们期望达到的阶段目标？

• 自我评价（Self-evaluation）：学生们怎样评价和评判自己的功课？他们如何评判同学的功课，并对视角的差异进行反思？

• 自我适应（Self-adaptation）：学生怎样根据自己获得的反馈调整做功课的方法？他们如何才能为学习做最好的准备？

这样的反思大多是在教师们组织的会议上进行的——与学生一对

一进行，与学生小组共同进行，以及和家长一起进行。确定时间相对容易，比较困难的是要认真关注学生们要说什么，并且在教师设计教案的过程中加以思考。

在此之前，分数是一种以教师的权威为依据的判决。学生们也学会了如何通过取悦教师，获得高分。实际上，教师已经用分数告诉了学生，他们是否在学习。

但是，当学生自己评估自己的时候，分数成了一种评价过程。学生们对于自己的进步，做出自己的判断。最终，这种状态会大幅减轻教师的压力，但是这也需要很大的努力，才能适应。

一个孩子到了 17 岁的时候，就可以承担起责任，并且具备了相关技能，向家长展示自己获得的评价：成绩单、作业以及各种目标。这向每一个人——教师、家长和学生，传递了一个信息：这所学校认为，评估的过程是为了开展学习，而不仅仅是为了问责。

发展了这些技能的学生，也不需要因为一个教师没有公开对他们进行评估而不知所措。比如，你是一位 16 岁的高一学生，在写一篇有关浪漫派诗歌的文章时，大胆表达了一些独创性观点。在发回的作业上只得到了两个评语：一个 B+ 的成绩，以及在页边上标注的“减 12 分”，没有任何其他解释。由于你已经对自己进行评估多年，你可以去问你的老师：“您能告诉我，这 12 分扣在哪里了吗？”如果教师也说不清楚，你仍然有能力自己对这篇文章进行分析，找到扣 12 分的原因——就像你是自己的老师一样。与此同时，你的老师恐怕也会意识到，你不是为了得“A”来找麻烦——你是真心想了解减分的原因。[①]

类似的过程，也可以帮助教师反思自己的教学。在与教师一起工作的时候，我会在三个问题上花很多时间，其中的每一个都是为了展示教师对自己领域不同类型知识的掌握，以及他们对于教学的把握。这个过程也可以被看作一个螺旋上升的过程。首先，教师对自己的授课过程进行计划，其中包括评估学生表现的方式。其次，在实际教学过程完成之后，教师对评估进行研究和反思。比如，教师可能使用了一种评分规则（或者其他的多维度方法），对学生的具体问题进行分析。某个具体分析表明，有一位学生的数学测验答案不准确，是由于推理的一个问题。这种情况就可以引发出教学上的一个新计划，比如，教授某些学生如何“简化问题”，以帮助他们应对自己在推理方面的困难。教师越能够准确地分析出每一个学生的问题，下一次在教学上进行调整的时候，也就越有效。这也就是为什么，在这个“螺旋上升”的过程中，不仅要评估教学，也要对评估本身进行评估——重新考虑正在使用的评分规则和其他评分方法，以及这些方法是否揭示了教师

① 有关评估的资料来源包括：琳达·达林–哈蒙德（Linda Darling-Hammond）、雷·贝凯欧尼（Ray Pecheone）等人（斯坦福大学）所著：《开发一个可进行国际比对，并支持高品质学习的平衡评估系统》（*Developing an Internationally Comparable Balanced Assessment System that Supports High-Quality Learning*，2010 年）；马克·塔克（Marc Tucker）及国家教育及经济中心（National Center on Education and Economy）出版的《一个用于美国的评估系统：为什么不以最优为基础》（*An Assessment System for the United States: Why not Build on the Best*？ 2010 年）；史蒂芬·拉泽（Stephen Lazer）及教育测试中心（Educational Testing Service）出版的《通用标准测试的高阶模型》（*High-Level Model for an Assessment of Common Standards*，2010 年）；以及“无线一代”（Wireless Generation）的拉里·博格（Larry Berger）和匹兹堡大学的林恩·雷斯尼克（Lynn Resnick）所著《美国的一个考试系统》（*An American Examination System*，2010 年）。上述资料都可以从“教育考试服务中心”（Educational Testing Service）的 12 年学制测试与成绩管理中心（Center for K–12 Assessment & Performance Management）的网站获得（网址：www.k12center.org.）。

需要了解的信息。

建设性指导

有时候，我会把各年级的老师召集到一起——从托儿所一直到 12 年级的老师，请他们看一看一大摞小学生的作文：书写潦草、拼法错误、没有区分大小写、忘记用标点符号等问题，比比皆是。许多高中教师立刻就会说："我读不了这种东西。"我请他们不要去注意"缺了什么"（比如，逗号或者空格），而只是去读一读有什么。一般要用三到四轮，他们才能把自己重新训练到可以读懂这些孩子的作文。突然间，他们看到（或者听到）孩子的声音，从这些纸张中流淌出来。他们意识到了这些作文背后的作者。

这对于任何一位教师都是很有价值的练习，它显示了，如何从寻找缺陷的思维框架，转向寻找优势的思维框架。了解了这个道理的教师，在给学生的作文判分的时候，往往会有很大的不同。他们不再用红圈圈一个一个地标出"你没有做'对'的地方"，而是清楚地说明"你做到了什么"，并且把他们评语的重点放到"下一步你要发展的方面"。孩子们会明白其中的信息，因为他们总是不断地在寻求对一个问题的回答："下一步我要做什么？"

此外，接受了这种评分方式的学生，学会了如何谈论他们能做什么，而不是他们不能做什么。在他们老师的帮助之下，他们形成了一系列的"我能"的表达，例如：

"我能轻松地大声阅读。"

"在回答与我正在读的一个故事有关的问题时，我能够做出答复，也能说出细节。"

需要注意的是，每一个"我能做什么"的表述，都涉及相关的标准。因此，学生们不仅是在留心自己能力的发展进程，也是在学习如何达到他们的课堂标准的要求。

聚焦

几年前，在马里兰州的一所高中里，学校的管理人员建议，要求所有学生都穿校服。老师们纷纷表示拥护："那些帽子和吊到腰下面的裤子，实在让人受不了。"而后，他们说出了最关键的理由："有许多证据表明，校服对于校风和考试成绩有很大的影响。"

由于有人要求他们拿出事实根据来，他们就找到了其他学校的评估结果。毫无疑问，凡是校服成为规定的地方，行为表现分数（比如，旷课率）都有所改善。不幸的是，在这其中并没有定性分析信息，因此不清楚这些改善究竟只是来自校服，还是另一个原因：更高的一致性和统一性——校服只是其中的一个现象。

为了证实这一点，我们请他们考虑另一组学校类似的测评——这些学校采用的是阿特·科斯塔（Art Costa）和我在心智习惯方面的研究工作。在这些学校里，行为表现分数的特征是公布于众的，在教师们、孩子们甚至家长的小组中，都可以进行讨论，而且整个学校都一起努力做到这些要求。在这种情况下，行为表现分数有了更大的飞跃，另外学科测验成绩在全州最高。

那些规定必须穿校服的学校，重视的是更好的纪律。而那些关注16个行为特征的学校，则注重于改善学习。他们都获得了自己所衡量的结果。在选择你的评估方式上，要小心谨慎：种瓜得瓜，种豆得豆。

家长的角色

饶有讽刺意味的是，改变评估孩子功课的方式，家长们极力反对。我相信，大多数家长都明白，成绩与考试分数并不直接反映孩子的学习表现。但是，家长们从自己的学校经历出发，已经完全习惯了现有的评分系统，也就因此对分数尤为重视。他们对于自己的孩子与邻居的孩子之间的比较，感到忧心忡忡，也担心如何向上一辈的老人汇报，以及自己的孩子是否能进入一所有竞争力的大学。他们还担心自己的孩子的感受，并且往往试图以分数为中心进行干预。

这样的干预可能会导致相反的结果。如果家长进行干预，老师就会认为，家长只对改善评估结果感兴趣。老师在心里抱怨（“沃尔克太太又来了。我可没时间应付她”），却又要安抚家长（“是的，我理解您的意思”），于是就主要去关注如何对付“问题”家长。在这个过程中，教师对于学生无从了解。学生的功课（以及评估）也毫无起色。而家长在回家的路上会想：“又是如此，什么都没改变。”

在这个过程中，教师可以起到很大的作用——只要先让家长说，而自己做一个真正的倾听者，然后再说明自己的道理。但最有效的方式是让学生主导这场会面。学生不仅要参加，还要主持讨论，并且提出关键问题。当一个学生直接请老师解释，为什么会在一篇作文上扣分，或者是如何在下次作业中改善提升时，这显示出，这个学生真的对学习感兴趣。

最终，家长作为自己孩子的支持者，其所拥有的最强大的工具，是教育孩子向老师提出必要的问题。教师会听得更为耐心谨慎，而学生也学会了长大成人之后最有价值的技能：管理自己的学习。孩子们早已了解，成年人的世界对于他们的学习并不比他们自己了解得更多。教会他们自我管理，使他们能够以此学会更严格地评价自己的功课，能够根据反馈进行调整，并且能够对他们的所作所为负责任，孩子们就创设了一种关心自己努力的质量的环境条件。

对学校进行评估

在学校层面，一个真正有用的评估系统，应该是相当综合与完备的，能够使学校的领导人与家长、教师以及社区成员之间展开坦诚对话：“这是根据各种评估数据分析的我们学校的现状，这是这些数据分析的含义，而这是我们的项目现状。”教育委员会也会变得更成熟，他们会鼓励各个学校确保所进行的评估内容，一定是真正有价值的。

目前，具有这种品质的评估寥寥无几。在大多数学校系统中，在学区层面上，考试成绩不足以产生有效分析，让学校的领导者获得持续改进所需的信息。

此外，学校的成绩会公布在报纸上。这就让家长、地产开发商，以及政治家们得到了一个大致印象（无论是否准确）：这些学校的工作成效如何，以及它们与其附近其他学校的差异。如果学校的分数低，人们很自然地就会认为学校的工作有问题；而当学校的分数高的时候，大家则会认为学校的工作做得不错。根据分数，人们对学校予以指责，或者给予赞赏。教育工作者试图为自己辩解，要求采用“判定性”不那么强的评估形式，或者干脆质疑评估这种想法本身。但是，从定义上看，评估的目的就是判定——“评估”这个词的意思是“确定结果的价值”。我们不需要“更少的”判定，而是需要更多明智的判定。我们需要更及时的判定，以一种可以引领更有效的变化的方式，同时又不会让人们对自己的能力产生反感。

《学习型组织中的评估：转变思维》①

希望应对改善评估挑战的教育工作者——无论涉及的是对自己学生的评估，对教学实践的评估，还是对学校变革行动的评估，恐怕都不会让这本书躺在书架上，落满灰尘。来自不同专业、各个年级的老师，提供了基于自己个人经历的案例，也提供了重新思考传统评估形式的策略方法。不同学校管理人员则分享了他们得到的感悟，以及实用的技术实例。这本书的章节以实践总结的方式呈现，涉及具体的技巧和工具——技能组合、反馈螺旋曲线、学生的自我评估、成绩单的新形式、共同愿景的练习等。有关戴明和圣吉所主张的理论和实践如何用到学校与评估领域中的透彻讨论，则与这些内容交织在一起。虽然这本书在写作时并没有考虑将家长作为读者，但编者为基于五项学习修炼的每一个单元所撰写的导言，内容翔实，也相当有说服力，任何对学校如何成为学习型组织感兴趣的人，都值得一读。

——贾尼斯·达顿

① （*Assessment in the Learning Organization: Shifting the Paradigm*）阿瑟·L.科斯塔（Arthur L. Costa）、贝娜·卡利克著（Association for Supervision and Curriculum Development 出版，1995年）。

《奖励的惩罚：金牌明星、绩效激励方案、A 类、奖励以及其他贿赂的困扰》[①]

我们作为家长和教育工作者所持的、与学习中的激励和评分作用有关的每一个常见假设，本书都以十足的耐心一一做了剖析。科恩的观点十分明确，指出以分数作为真正的激励不仅是糟糕的替代品，而且分数对于真正的学习会起反作用。这似乎与我们的直觉完全相反，这本身就表明了，我们在重新构建自己的思考方式上，要深化到何种程度。在我所在的机构中，不同小组也在质疑，问题究竟是在于"分数膨胀"（grade inflation），还是在于分数本身。科恩明确地区分了评分与评估的不同，同时指出，虽然所有的学习者都需要反馈方能成长，但评分的效果是破坏性的。本书是以一种平易近人的非学术风格写就的。科恩整合了大量的研究成果，用来支持自己的观点，对此我感到十分惊奇。

——托马斯·达顿

5. 教育质量评估与问责

一位学监的视角

史蒂夫·普赖斯（Steve Price）

美国公立学校中持续增加的问责压力，高度重视学生测验成绩，

① （*Punished Rewards: The Trouble With Gold Stars, Incentive Plans, A's, Praise, and Other Bribes*）埃尔菲·科恩著（Houghton Mifflin 出版，1999 年）。

显而易见，绩效较差的学校要面临惩罚性措施，还要面对公众的指责。在所有这些喧嚣与关注之中，我们却看不到有什么结果可以表明，各个学校正在缩小不同学生群体之间的学习成绩差距，或者是学生的学习在总体上获得了提升。普赖斯博士是密苏里州黑兹尔伍德学区的学监，在此之前，他做过俄亥俄州米德尔镇市的学监。对于目前以惩罚性测试为基础的问责措施所带来的意料之外的后果，普赖斯提出了质疑，他也分享了自己在米德尔镇和在黑兹尔伍德学区的时候，在学习评估方面的工作。

2007 年 1 月一个寒冷的早晨，在华盛顿的地铁站里，一位男子在大约 45 分钟的时间里，用一把小提琴演奏了 6 段巴赫的作品。在这段时间里，大约有 2 000 人通过这个地铁站，大多数都是在上班的路上。只有 6 位成年人停下了脚步，但也只是短短的几分钟，他们很快意识到，自己需要赶路。有几个孩子放慢脚步来听音乐，但是无一例外都被他们的家长催着去学校了。到这个短短的音乐会结束的时候，这位男子收到了 32 美元，共有 20 个人在他脚边的帽子里留下了捐款。没有人注意到，演奏是什么时候停下来的，随后音乐声被地铁中嘈杂的人声淹没。没有人鼓掌欢呼，也没有哪个人认出来演奏者。

这一天路过这个地铁站的上班族并不知道，《华盛顿邮报》正在做一个社会实验。演奏小提琴的人是乔舒亚·贝尔（Joshua Bell），全球最伟大的音乐家之一。他演奏的琴，价值 350 万美元。他演奏的音乐是史上创作的最经典的作品。就在两天之前，乔舒亚·贝尔在波士顿的一个剧场里演出时，门票售罄，平均票价是100美元。[①]

《华盛顿邮报》就这些地铁中的旁观者，提出了一系列问题。在教室的日常环境之中，在一个并非恰当的时刻，我们是否会感知到美，也就是学生们的特殊天赋与才干？在意料之外的环境条件之下，我们是否还能将人们的才能识别出来？当我们对学校的教学效果进行评估的时候，这些都是可以提出来的问题。过度倚重定义范围狭窄、以标准为基础的课程体制以及与其相配套的测试，现在已经成为人们“期望的环境”，让教育工作者很难超越这种环境条件识别出人才。对于这个国家各地的成绩表现不佳的那些学校来说，尤其如此。

总之，当我们在内容有限的评估中寻求特殊表现的时候，课堂——这个我们本应期待培养和发现学生才能的地方，反而变成了这种体验发生的“预期之外的环境”或者“不恰当时刻”了。

对于成功的狭义定义

我们来想一想，成绩最糟糕的那些学校中众多教师们的工作环境——这些学校都位于市区之中，周边社区的社会经济条件都不太好，想一想他们如何看待课堂这个世界。为了让他们的学生在标准问责测试中取得好成绩，这些教师承受着巨大压力。课程规划中所包括的，基本上都是要进行测试的标准内容（都来自核心课程的内容，学生在自己的学校生活中可能体验其他丰富机会的重要性递减）。为了保证教学可以覆盖所有内容，讲义往往是逐字逐句准备好的，基本上没有

---

① 吉恩·温加滕（Gene Weingarten）所作“早餐前的珍珠：国内最伟大的音乐家之一是否能够穿透首都上班高峰时的重重迷雾？让我们一试便知”。（“Pearls Before Breakfast: Can one of the nation’s great musicians cut through the fog of a D.C. rush hour? Let’s find out.”《华盛顿邮报》，2007年4月8日。）见网址 http://www.washingtonpost.com/wp-dyn/content/article/2007/04/04/AR2007040401721.html.。

自由发挥的空间，也没有什么激励人心的余地。如果这还不够糟糕的话，学生们还把涉及种族、社会阶层以及语言的种种问题带到了课堂上，让教师们感受到挫败。如此一来，教师便把这些学生们看作是需要“解决”和“治理”的问题，而不是一个个独特的个体——把自己的天赋和才能带到了课堂上。在这种情形下，学生们由于其学习达不到可接受的水平而备受指责，学校系统则形成了“指责受害者”的心智模式。

如果天赋与才能在我们“期望的环境”中既无法显露出来，也得不到开发的话，那么继续采用一个旨在“治疗”和“修理”学生的缺陷模型，就是死路一条。在我们做出承诺要提供帮助的学生社区之中，则要失去丰富多彩的机会与可能。目前学校的教育模式鼓励教师和管理人员界定问题、寻找快速处理方案，并分配责任。我所担心的是，许多课堂上“期望的环境”，使得那些表现最差的学生们的天赋和才干，被埋没了。

如果你相信学校教育的作用，即学生获得考试的高分、在学校里成绩出众，那么这个国家里大多数成绩表现优秀的学校，都是为达到这样的结果而设计的，也会在当下的问责系统中被认为是成功的。然而不幸的是，对于越来越多的学生来说，这个系统并不起作用。就像系统基本模式“强者愈强”中的那样，那些在强制性测验中表现成功的学校，会获得奖励，得到资源；而那些未能成功的学校，则会在资源逐渐减少的局面下不断挣扎。

我在米德尔镇市担任学区学监 7 年，这是一个规模不大的市内学区。我面对的挑战，是俄亥俄州的“高风险评估系统”——一个用来判定我们的学生及我们的学校是否成功的系统。对于我们的学校要对社区负责的必要性，我十分理解，也很赞同。但是与此同时，我也时时看到，学校管理人员和教师经受着极大压力，他们总在担心自己的学校会被归到失败的一类中去。这种压力不可避免地就会导致课程计划内容狭窄，注重强化和教授测试中的内容。课堂测试越来越变成总结性的，而不是生成性的。我感到过于偏重这个方向，我们的教职人员，距离评估学生的真实学习需求越来越远。

每一年，我和我的同事都要按不同的教学内容，把州测试的数据进行拆解、分析，以便确定在我们的课程计划中，哪些领域成效良好，哪些领域还需要更多的关注。我们往往就会设计出快速、方便的解决方案，其形式包括新的数学和阅读项目、短期测试，以及确保让一些学校脱离困境的其他测试。然而，这些快速、简单的解决方案，阻止了我们对自己的组织进行深层的审视——这样一种探究，或许会将我们这些糟糕的结果背后的那些思维方式暴露出来。但与此相反的是，当测试成绩持续让人失望的时候，受到指责的却是那些新的项目，以及负责实施这些项目变革的人员。

同样，为了确定哪些学生需要接受矫正性的支持，我们采用了按照不同学生的背景类别（种族、性别、社会经济条件）分析数据的方法，这又将问题的焦点从学校系统本身转移开来，恰恰落在了我们学校系统中的那些具体学生群体的身上。课堂上采用的那些总结性评估（“小测试版”州测试），进一步强化了这种“指责转移”。教师和学生们基本上不会经历里克·斯蒂金斯所倡导的“以学习为目的的评估”——不以评价为目的的评估，用来提供及时的、为学生的学习创造有价值的支持的信息。

以狭窄的内容定义学生的成功，让许多社区中的课堂失去了生机。教育工作者、社区、家长以及学生们都不得不相信，通过“高风险标准测试”是头等重要的事情，而这样的测试衡量的却只是内容局限的核心标准内容。为了满足在一次年度考试取得好成绩的需要，我们的学生被简单地分门别类，令他们完全不可能相互分享并发现自己的真正天赋和能力。我们的课堂评估系统，反映的是在州测验中取得高分的需求，而我们的教师唾手可得的种类繁多、内容丰富的所有其他评估方式，却无法得以使用。

简而言之，目前我们在问责上主要依赖测试的种种做法，在不经意中逐步强化了一个限制所有学生学习的系统。我并非主张要取消标准测试，而是认为需要通过更加重视那些强化教与学的高品质课堂评估，并做出更大投入，以平衡各种不同要求。正如艾略特·艾斯纳（Elliott Eisner）所阐述的："学校教育的作用，是为了能让学生在生活中表现得更好。学生在学校中所学的东西，在其意义上应当超越学校项目本身的局限。"①

以学习为目的的评估

在当前的高风险测试系统与有效的课堂评估之间寻求平衡，需要投入相当大的资源。帮助教育工作者评价素养（assessment literate）是第一步。对于州政府的高风险问责测试所衡量的狭窄内容之外更广泛的学习目标，我们需要提供开展教学以及衡量的方法。推行一种在课堂上将教学、学习和评估紧密结合到一起的系统十分重要。

在米德尔镇市的学校系统中，我们以里克·斯蒂金斯"以学习为目的的评估"的理念，指导我们的工作。里克帮助我们认识到：

> 以学习为目的的评估，将课堂评估过程及结果转变为一种教学干预方式，其目的是增强学生的学习——而非简单地对学习进

---

① 参见艾略特·艾斯纳所著《说一个学校做得不错，意味着什么？》（*What Does it Mean to Say that a School is Doing Well*，Phil Delta Lappan 出版，2001 年）。

> 行监控。这种方法承认，由学生和他们的老师以团队工作方式做出的教学决定至关重要。以学习为目的的评估的激励，来源于帮助学生们看到自己逐渐取得成功的过程——这种方式是让他们相信：如果不断进行尝试，成功触手可及。[①]

斯蒂金斯表示，我们目前的评估系统，是一个基于奖励和惩罚的系统。在学生们的学校生活中，他们自始至终都在被告知，要努力学习，在考试中获得好成绩。如果你考试考得好，就会得到好分数，如果你得到了好分数，就可以进入好大学，而当你找工作的时候，好事情就会在你身上发生。反之亦然。如果你不努力学习，考试就会有问题，分数就会差。那么你就无法进入好大学，糟糕的事情就会在你身上发生。当我们大多数人闭上自己的眼睛，回想自己上学时候的情景，体会一下我们正面临一次“大考”的感受，在我们心中呈现的一定不是温暖、自信的感觉。我们总会记起自己心中的恐惧，也总会想起如果成绩不佳，那些等待着我们的负面后果。这个奖励、惩罚和恐惧的系统对某些学生有效，但他们中越来越多的人感到十分无助，放弃了尝试。他们不相信成功就在自己眼前。

以学习为目的的评估首先形成“以终为始”的心态：在开始教学之前，要有一个清晰的愿景——在一门课结束的时候，一个年级结束的时候，以及在最终毕业的时候，我们希望自己的学生是什么样子。这幅我们希望看到的学生的画面，应该包括以州政府标准衡量的技能和知识，但也应该考虑到其他许多丰富多彩的目标，我们都认为这些

---

① 参见里克·斯蒂金斯、朱迪思·阿特（Judith Arter）、简·沙皮伊（Jan Chappuis）和史蒂夫·沙皮伊（Steve Chappuis）所著《以学生的学习为目的的课堂评估：把它做对，并运用它》（*Classroom Assessment for Student Learning: Doing It Right—Using It Well*，Pearson Books 出版，2006 年）。

目标在我们成为社会中一个成熟、全面的公民过程中相当重要。要着手进行一个由社区、家长、教职员工和学生参与的协同合作过程，去发现和确定我们希望学生在知识、技能、个性和成绩等方面实现的各种目标。[①]

在这个过程中，让学生成为合作伙伴尤为重要。当学习目标同时以成年人的语言和学生友好的语言共同表述，转变成为学习课程安排地图的时候，学生们就能够清楚地理解，他们要为之承担责任的学习是什么，以及接下来要学习什么？目前，学生们在接受教育的时候，对于自己要学习什么知之甚少、懵懵懂懂，其内容与他们的生活也没有太多关联。

是否有可能采用可以激励学生的评估方式呢——那种让我们的学生对于达成目标信心满满，并且迫不及待地想要参加的评估？是否有可能采用可以为学生澄清学习意义的评估呢？对于这些问题的回答是肯定的，但是这要求我们投入专门的精力和时间，改变当前评估系统背后的思考方式和行为方式。

评价素养的专业人员，首先会确定他们正在开展的评估目的。决定评估目的的是评估结果的使用者及其使用方式。在米德尔镇的学校系统中，我们有三个层面的定义：教学层面、教学领导与支持层面以及政策层面。

在教学层面，评估的使用者包括学生、教师和家长。以学习为目的的评估是与这个层面的使用者紧密联系在一起的。在这个层面上的

---

① 参见里克·斯蒂金斯和简·沙皮伊所著《学生参与的学习评估指南》（*An Introduction to Student-Involved Assessment for Learning*，第六版，Addison Wesley 出版，2011 年）。斯蒂金斯创建了“评估培训研究所”(Assessment Training Institute)，网址是：ati.pearson.com。

评估信息，需要持续获取，并且要衡量个人在指定内容方面的掌握程度。这些评估试图回答的问题，是与下一步的学习有关的，也涉及学生需要帮助的方面。这样的评估用来跟踪个人的成功与个人需求，并且用来评估教学，以及评定成绩。

极为关键的是，这类评估要为学生的学习提供支持——是一张下一步学习进程的地图。一位教师可能会让她的学生对较差、一般和优秀作文的不同案例进行分析，帮助他们了解高水平的作文是什么样的，并形成共同愿景。教师运用这样的练习帮助指导学生的成长，并为学生在不断提高中产生的写作案例，提供非评价（不以分数形式体现的）反馈。随着学生们逐步掌握造成较差与优秀写作之间差别的原因，他们就会将他们对有品质的写作的领悟内化于心。他们把这种领悟应用到自己的写作之中，当他们自己的作文水平较高的时候，就不会再需要别人去告诉他们了。我们发现，学生们很快就成了学习与评估过程的合作伙伴。

在教学领导与支持层面，我们的评估使用者包括学校管理人员、心理学家和课程主任。这个层面的评估信息用来评价项目、评价教师、识别有特殊需要的学生，以及分配各种资源。这些评估数据使我们可以回答有关教学质量与预期结果的问题，也可以回答职业生涯发展的问题，以及有谁需要改进和帮助的问题。我们通过定期的小组评估，获得这类信息。

政策层面的使用者包括学校的学监、学校董事会、教育局、立法部门以及公众。要得到这个层面的信息，需要定期对小组目标达成情况进行评估，评估对象包括学校、校区和州政府的课程计划。这类评估提供公众问责的功能，并试图回答项目与课程计划有效性的问题。

我们致力于发展评价素养专业人员，这些人员清楚地了解他们试图衡量的目标是什么。对于学生在知识、推理、技能、成果和性格等方面需要实现的、不同形式的目标，他们需要知道。只有在这种情况下，这些专业人员才会知道，选择哪一种评估最适合衡量需要达到的目标。这些专业人员明白，需要衡量的目标决定了评估形式的选择：究竟是选择题，还是写作文；是表现性评估，还是个人沟通评估。他们了解如何选择这项评估适合的样本大小，也了解如何将某一项评估中存在的偏差降到最小。

当我离开米德尔镇市学区，去密苏里州的黑兹尔伍德学区就职的时候，我自己在评价素养方面的工作仍在继续。在米德尔镇获得的有关组织变革的经验教训，帮助我在黑兹尔伍德进一步开展这方面的工作。“冰山”和“推断之梯”等系统工具的应用，能帮助教职员工发现并更好地了解我们目前的评估做法背后的心智模式和观念。

去年，一个评价素养指导委员会在我们整个学区多次召开会议，分享了一个不同于以往的有关学生评估的愿景。对于我们学区中现存的、有关评估的种种心智模式（指责受害者、缺陷思维方式以及对于学习的狭窄定义）提出了挑战。会议面向所有愿意更多地了解如何通过评估学生而推进学习的人发出了邀请。超过 250 名教师自愿参加了有关评价素养的各种职业发展活动。随着第一批志愿者在自己的校园中成为这项工作的传播者和支持者，人数有望继续增加。随着评估实践范围的进一步扩大，我们的课堂所反映的就不再仅仅是目前对成功的狭义定义，而是再一次成为一个个“发现的场所”——学生们每天走进课堂带来的，是数不尽的才华与能力。

所有这些可能最初听起来过于庞杂，但是世界各地的教育工作者们每天都在经历这场转变。这为我们的学生提供了希望，提供了一次丰富的、与他们的生命息息相关的教育经历。这个旅程对于从事这项职业的人大有益处，而且往往会重新点燃他们教书育人的激情——这种激情，曾被定义狭窄的课程规划和强制性测试的压力消磨殆尽。我们把这样的努力归功于我们的学生和我们的职业。

评估“评估的目的”

目的

无论是作为教师个人，还是一组教育工作者，这些反思问题可以帮助大家检查自己的课堂上和学校中的评估方式。

- 列出你在学校中和课堂上采用的各种不同的评估方式。说明每一项评估的目的。
- 说明你列出的各项评估中产生的数据的主要应用以及使用者。
- 这项评估结构是如何架构成年人和学生的期望的？
- 哪些评估是以学习为目的的——那些在课堂上为学生的学习提供有效支撑的评估？
- 你对学生的学习有怎样的志向？学生们对于自己的学习有哪些志向？
- 你们现有的评估如何帮助学生实现他们的志向？这些现有的评估是如何阻碍这些志向实现的？
- 为了实现你对学生学习的志向，你需要在课堂上增加哪些评估？要把这些评估与你的教学整合到一起，需要做什么？

• 你的思维方式中必须要做出哪些方面的改变，才能推进现有做法的转变？

6. 智能行为[①]

阿特·科斯塔

在众所周知的、有关智能行为和心智习惯的工作中，阿特·科斯塔将本书中的许多指导思想——多元智能、系统认知的价值，以及学习社区的重要性，融合成一种教师和家长的亲身实践。他提出的“16种行为”，为传统评估提供了一种直接、有效并且意义深远的替代模式。这些行为与学习风格的截然不同之处在于其应用方式——用作判断我们的学生、孩子以及我们的智能发展的标准。在系统思考、团队学习和共同愿景得以修习的情况下，这些行为就会发生作用。科斯塔是加利福尼亚州立大学萨克拉门托分校（California State University in Sacramento）的教育学荣誉教授，也是位于康涅狄格州西港市（Westpoint，Connecticut）的心智习惯研究所（the Institute for Habits of Mind）的主任之一。

当我们教人思考的时候，我们感兴趣的，并非仅仅是他们知道那些答案。当他们不知道答案的时候，我们要密切地观察他们。解决一

---

① 有关智能行为更为深入和详尽的内容，请见阿特·科斯塔和贝娜·卡利克所著《学习与引导心智习惯》（*Learning and Leading with Habits of Mind*，Association for Supervision and Curriculum Development 出版，2009 年），以及《开发心智：一本教你思考的参考书》（*Developing Minds: A Resource Book for Teaching Thinking*，阿特·科斯塔编著，Association for Supervision and Curriculum Development 出版，1991 年）中的《追寻智能生命》（“The Search for Intelligent Life”）。

个未知的、富有挑战性的问题，要求我们投入我们称为“智能”的所有各种能力：战略推理能力、深刻的洞察力、思维上的韧性、创造力以及精湛的技能。

因此，参与到“观察孩子”（Kid-watching）的过程中，是收集学生成长证据的最佳方式。当学生们与真实生活互动的时候、与日常问题打交道的时候——无论是在学校、在家里、在游乐场、独自一人或是和朋友在一起，他们表现出来的就是智能的发展成长。如果你真的想对一个孩子有所了解，不要寄希望于标准测试，而是把这个孩子自然状态中的行动记录下来，把他（她）的趣事以及文字和图画的表达收集起来。

但是，你应该观察什么呢？根据多位研究者对于创造力和智能所做的研究，老师和家长们似乎至少可以观察和记录16种智能成长的关键特征。在那些发展形成自己的思考能力的人们当中——成功的机械师、教师、企业家、销售人员、家长以及各行各业的人们，下列这些特征似乎一再出现。[①]

① 坚持不懈的毅力

当一个问题的答案并非显而易见的时候，学生们常常会在绝望中放弃。他们把试卷团成一团，远远地扔掉。他们说：“我做不出来。这太难了。”或者，他们会随便写下一个答案，只是为了要以最快的速度完成任务。他们缺乏分析这个难题的能力，也不具备形成应对这个问题的策略能力。

---

① 在我所在的大学的系里回顾评分上的做法时，我用3个问题引出这16种行为模式：“这些行为是不是我们希望学生们发展形成的能力呢？我们正在实现这样的能力发展吗？我们的评分系统是在帮助还是在妨碍我们？”——托马斯·达顿，迈阿密大学建筑系教授。

当学生在毅力方面有所成长的时候，他们就会在解决问题中，开始采用不同的策略选择。如果他们发现某个策略不起作用，他们知道如何后退一步、再试试另一个策略，如果需要的话，就从头开始。随着时间的推移，他们形成了系统分析不同问题的种种方法。他们了解如何开始，知道哪些步骤必须要完成，明白哪些数据需要生成或者是收集，以及如何持续推进，又不会失去信心，直到他们对于那个问题有了更多了解。[①]

② 驾驭冲动

通常，学生们会脱口而出最先出现在头脑中的答案。有时候，他们会大声地把答案说出来，或者在对方尚没有充分理解的情况下，就匆匆忙忙说出来。他们可能会一下子就接受别人提出的第一个建议，或者是从自己的第一个想法开始，就着手工作了。但是，随着他们的智能逐步发展成形，他们就学会了如何考虑其他选择，如何权衡几个可能决策的种种后果。也就是在这个时候，我们看到，他们在卷子上的涂改变少了；在开始一项任务之前，要收集许多信息；在说出自己的答案之前，要仔细想想；在开始一项工作之前，一定要自己了解各种不同的方向；为解决一个问题要制定一个策略；也会倾听不同的观点和意见。[②]

---

① 她相当肯定，只要她在威尔伯的问题上思考了足够长的时间，心中总会产生一个想法的——E.B. 怀特（E.B.White）所著《夏洛特的网络》（*Charlotte's Web*，Harper and Row 出版，1952 年）。

② 过了一阵，她的沉默压倒了我的侃侃而谈，就像是纸遮盖住了岩石。于是，我闭上了嘴，虽然那一堆问题还在我的头脑里盘旋。——摘自杰克·甘托斯（Jack Gantos）所著《乔伊·皮哥撒失去控制》（*Joey Pigza Loses Contrl*，Farrar, Straus and Giroux 出版，2000 年）。

③ 带着理解和同情去倾听

某些心理学家认为，倾听他人、同情并理解另一个人的观点，是最高级形式的智能行为之一。倾听行为的标志包括：能够转述另一个人的观点，能够产生同情与共鸣（从他们的口头和身体语言之中，能够觉察出他们的感受或情感状态的点点滴滴），以及能够准确地表达另一个人的概念、情感和问题。让·皮亚杰将这种能力称为“自我超越中心主义”（overcoming egocentrism）。①

这种智能发展不够完善的孩子，会以讥讽、嘲笑和奚落的态度应对其他学生的观点。当他们通过转述，对其他人的想法或感受表示理解的时候，我们就知道，他们的倾听能力正在改善。我们就可以期待学生们说，“让我们来试试谢莉的想法，看看是不是有效果”，或者说，“我们先看看吉娜是如何解决这个问题的，然后我会说说我是怎么解决这个问题的”。

④ 灵活思考

一些学生在思考不同观点方面有些困难。他们对一个问题的解决方案，似乎只有一个。他们的答案似乎也只有一个正确。对于发现答案过程中的质询、挑战，他们不感兴趣，他们更加在意的是，自己的答案是否“正确”。由于他们无法在一段时间内维持一个解决问题的进程，于是就对模糊不清的局面采取逃避的态度。对于确定性的需求，胜过表示怀疑的倾向。他们决心已定，对于与自己的想法相矛盾的任

---

① “哎呀，爷爷！”波尔大叫了起来，“我喜欢你谈历史的方式。”——摘自玛格丽特·亨利（Marguerite Henry）所著《钦科迪格之雾》（*Misty of Chincoteogue*，1947 年）。

何数据或者推理的影响，他们都会采取抗拒的态度。①

随着学生们在思想方法上逐渐变得更灵活，我们就会听到，他们对于其他人的观点或者道理，在加以考虑、进行表达或者转述。他们会提出几种方法来解决问题，并且评价其中的利弊与后果。他们会使用诸如“然而”“从另一个方面看”以及“如果你从另一个角度看的话”等词句。在他们逐渐形成支配自己行为的一套道德原则的同时，也会由于对令人信服的数据、论据以及道理的权衡，改变他们自己的想法。这种能力使得他们更容易通过妥协解决冲突，更容易对他人的观点保持开放态度，也更容易努力达成共识。

⑤ 元认知（思考我们的思维本身）

有些人对自己的思维过程无所察觉。当有人问他们，“你要如何解决这个问题呢？”他们或许会回答说，“我不知道，我还在做”。对于引导他们解决问题的心智步骤，他们无法描述，也不能描述自己下一步要做什么。他们无法把保持在自己头脑中的图像转化成语言。对他们来说，要对自己的思维技能与方法的品质进行计划、反思和评估，相当困难。②

当学生对自己的思维慢慢形成意识的时候，他们就可以描述自己大脑里正在进行的活动；描述自己已经知道了什么、还需要知道什么；

---

① “你看，卡尔文。难道你没有看到，如果你这样（做作业），有多容易。”——摘自马德琳·拉恩格尔（Madeleine L’Engle）所著《时间的皱纹》（*A Wrinkle in Time*，1962 年）。

② “但是，在我散步的时候，我有机会仔细想了想。我平时并不喜欢这样做，因为这让我感到有点儿紧张。我在想，如果我不再仇恨，我父亲会不会在意……”——摘自克里斯·克拉彻（Chris Crutcher）所著《运动短裤》（*Athletic Shortstop*，Greenwillow Books 出版，2002 年）。

说明哪些数据不足，以及他们收集这些数据的计划。在开始解决一个问题之前，他们能够描述他们的行动计划，列出相关步骤，并且说明自己在一系列行动中所处的位置。当回顾过去的时候，他们能够回溯自己在解决一个问题的过程中，曾经走过了哪些路径，走进了哪些死胡同。

我们会听到他们使用类似这样的语言，“我有一个假设……”、“我的理论是……”、“当我对这些不同观点进行比较时”、“从总结的角度看……”和“我的想法背后的假设是……”

⑥力求准确和精确

当学生们上交自己完成的作业时，往往会粗心大意。当有人问他们是否检查了自己的卷子的时候，他们也许会说：“没检查，我已经做完了。”对于反思自己功课的准确及精确程度，或者感受一下取得成就的自豪，他们似乎都毫无兴趣。完成作业的欲望，压倒了追求精湛技艺的兴趣。当他们对于准确性的要求提高的时候，他们就会多花些时间检查自己的试卷和作业。对于精确与清晰，他们也逐渐形成了更高的意识和判断。为了确认自己完成工作的质量，他们会回过头去看看自己所遵循的那些基本规则、采用的那些判别标准——它们是否既实现了这个题目的本意，也满足了其字面要求。①

⑦ 质询与提出问题

区别人类与其他生命体的特征之一，就是我们有意愿和能力去发

① “但是不管索林的烟圈飘到哪里，都还是不够快，逃脱不了甘道夫。‘噗’的一声，他从自己短小的陶制烟斗中送出一个小一点儿的烟圈，正好从索林的烟圈中穿过”——摘自 J.R.R. 托尔金（J.R.R.Tolkien）所著《霍比特人》（*The Hobbit*, 1937 年）。

现要解决的问题。然而，学生们往往会依赖他人为他们提出问题。有时候，他们压制自己提出问题的意愿，是因为害怕暴露自己的无知。随着学生们智能的逐渐发展，就可以观察到一种转变：从老师提出问题转变为学生提出问题。此外，学生提出的问题也会产生变化，变得更具体、更深入。比如，对于其他人的结论和假设，他们会要求提供数据支持："你有哪些证据？"或者"你如何知道这是正确的？"他们也会提出一些更假设性的问题："你认为会发生什么，如果……"，或者是"如果这是对的，那么……"①

我们想让学生识别出他们周围环境的差异与现象，并探询其缘由。"为什么猫会发出咕噜声""鸟可以飞多高？""为什么我的头发长得那么快，但手臂上和腿上的汗毛长得那么慢？""如果我们把咸水鱼放到淡水鱼的鱼缸里，会发生什么？""除了战争，对于国际冲突，还有什么其他的解决办法？"

⑧ 从过去的知识和经历中吸取经验

学生们在开始一项新工作的时候，往往是完全从头做起。当老师带领学生回顾他们如何解决类似问题的时候，学生们往往完全想不起来，就像他们以前从未听说过这个问题似的，这常常让老师们十分郁闷。相反，有思考能力的学生会从过去的经历中学习。他们能够从一次经历之中抽象、提炼出其中的含义，牢牢记在心中，然后应用到下一次的经历之中。当学生们说到"这让我想起……"，或者"这一次的经历就像是我在……"的时候，就可以看到他们在这

① "如何才能走下去，到达那个闪闪发光的宫殿呢？就在她说出这个问题的时候，她也有了答案。她把盒子放下，爬了上去——摘自威廉·斯泰格（William Steig）所著《勇敢的艾琳》(*Brave Irene*，Farrar, Straus and Giroux 出版，1988 年)。

方面能力的成长。类比以及对过去的经验的参照，是他们解释中的一部分。

教学的终极目标，或许就是要让学生们把在学校中学习到的知识，运用到实际生活的各个方面。然而，我们发现，学生或许确实通过了数学能力测试，但是他们在超市里决定应该用 2.39 美元买 6 件东西，还是应该花 2.86 美元买 7 件东西的时候，往往拿不定主意。

当家长和老师们报告说，他们看到学生在家里或者是在其他课堂上运用了他们在学校学到的知识的时候，我们就知道他们在发生转变。比如，一位家长报告说，在一次暑期聚会上，他的女儿邀请自己的朋友就他们喜欢的活动和游戏进行“头脑风暴”（这是她在学校里学习“头脑风暴”之后）。其他类似的情况还有，一位木工课的老师说，一名学生自愿制订了一个计划，在切割木头之前进行准确的测量。这名学生引述了数学课上学到的一句格言：“量两次，裁一次。”[①]

⑨ 创造、创新、原创

所有人都有能力创造出新颖、原创、聪明或有独创性的产品、解决方案与技术——如果这种能力得到了开发。有创造性的人在尝试得到问题解决方案的时候，做法就会与众不同，他们总会从多种角度去考查各个不同的可能选择方案。他们往往会采用类比的方法，把自己放到不同的角色之中；同时从愿景出发，逆向思考，把自己想象成需

---

① 从做饭、喝水，以及舒适性上来说，我其实不需要住在水边。我悲哀地望着那棵高大的铁杉，对自己说了点儿什么之后，就准备离开它了。那一定是（从前我读过的）哪本书里说的：“铁杉通常生长在山间的溪流或泉水周围。”——摘自琼·克雷格黑德·乔治（Jean Craighead George）所著《我这边的山》（*My Side of the Mountain*，Puffin 出版，2000 年）。

要斟酌的对象。有创造性的人愿意承担风险，经常努力去突破自己在认识上的局限。他们具有内在的动力，而不是依靠外部激励。完成一项任务是出于审美意识的挑战，而不是出于物质上的奖励。有创造力的人对于批评持开放态度。他们会把自己的产品展示出来，让其他人品头论足，并从中获得反馈，并努力改善自己的技术。对于保持现状，他们感到无所适从。他们持续奋斗，力求更上一层楼——期望更流畅、更精致、更新奇、更节俭、更简约、更精湛、更完美、更美妙和平衡。①

⑩ 清晰、准确地思考与沟通

有些学生的语言表达自相矛盾、含糊不清，或者是不够准确。他们在谈论物体或者事件的时候，说的是“奇怪”，“挺好”，或者“可以”；他们在称呼物体或者事件的时候，说的是“东西”“垃圾”以及“玩意儿”。他们使用的主语和代词的对象都很模糊（“他们要我做”，“每个人都有一个”），进行比较时缺乏限定条件（“这个汽水好点儿”，“我更喜欢这个”）。

随着学生们的语言表达能力发展得更准确，我们就会听到他们更多地使用描述性表达，去区分不同的特征。他们在描述物体和事件的时候，会用类别来参照：“新月形的”，“像一个蝴蝶领结”。他们会为自己的价值判断，提供标准依据，清楚地说明他们为什么会认为一个产品要比另一个好。他们在谈话中使用完整的句子；他们自发地为支撑自己的观点提供证据；他们会做详细说明，并对于自己使用的说法进行定

① “我们甚至编造了他的经历——他在哪里出生，以及他如何成了一个余兴节目的老板”——摘自金伯莉·威利斯·霍尔特（Kimberly Willis Holt）所著《当镇上来了圣札迦利·比弗》（*When Zachary Beaver Came to Town*，Henry Holt 出版，1999 年）。

义。他们的口头和书面表达，都逐渐变得简洁生动、条理分明。[①]

⑪ 通过所有感官获取数据

信息是通过我们的感官通道进入我们的大脑的。要了解一款红酒，就要品尝；要理解一个角色，就要去扮演；要掌握一款游戏，就要参与其中；要通晓一种舞蹈，就要亲身实践；要明确一个目标，就要去设想。感官通道处于开放、机警、敏锐状态的那些人，要比那些感官状态处于衰落、迟钝和失忆状态的人，会从环境中吸收到更多的信息。[②]

当小孩子们接触、感受、抚摸周围环境中的物体时，我们所看到的，就是他们正在使用这些感官通道。他们把各种各样的东西用自己的嘴表达出来。“给我讲个故事吧”，他们一遍又一遍地要求。他们以同样的热情扮演角色，让自己“成为”他们扮演的物体：一条鱼，或者是一辆平板车，或者是一位父亲。他们请求说：“让我看看。”“我想摸一摸它，让我试一试它，让我拿着它吧。”

随着他们长大逐渐成熟，他们在解决问题中通过运用感官，表现出自己的智能。他们进行观察、收集数据、做实验、操纵控制、追问细节、盘问、预想、角色扮演、举例说明，以及建立模型。他们会使用一系列感官性的词语：“我感觉……”“这让我感受到触动……”“我

---

① “他把鼻子缩成团，总让我想起一只羊羔的鼻子和嘴”——摘自卡罗琳·麦克勒（Carolyn Mackler）所著《地球、我的屁股，及其他又大又圆的东西》（*The Earth, My Butt, and Other Big Round Things*，Candlewick 出版，1999 年）。

② “那些看似锋利、齐腰高的玻璃刀身，触摸起来却很柔软，随着她的走过，在她身后又轻轻弹了回去……河岸很温暖，在高高的青草遮蔽下，几乎是有点儿太温暖了，而沙地闻起来却是干干的”——摘自玛丽·诺顿（Mary Norton）所著《借东西的小人》（*The Borrowers*，Sandpiper 出版，1952 年）。

听到了你的观点……”“这东西让我嘴里有股怪味……”“你看到大概情况了吗……”

⑫ 表现幽默感

微笑与大笑都是人类的独有反应。从生理学角度说，都会造成脉搏速度的降低，引发内啡肽的分泌，并且增加血液中的氧含量，研究表明还能激发高层次思维、释放创造力。有些学生的幽默感不强。他们或许对于闹剧式的视觉幽默开怀大笑，或者以别人为代价而大笑。但是他们却不能欣赏一个故事中的或者对于人类状况的一句评价中的幽默。①

有智能行为的人，具有从原始的、往往是幽默的视角看待局面的能力。他们更加看重幽默感，更会欣赏他人的幽默；也会在不同的情形之中，看到幽默可笑之处。他们努力在周边发现不合情理的可笑之处，也拥有创造性解决问题的人那种异想天开的思维框架特征。

⑬ 带着惊奇和敬畏之心去感应

有些孩子和成年人会回避问题。他们会说，“我从来就做不好猜谜游戏”。在完成必修课之余，他们不去报名参加数学课或参与“有难度的”学术项目。他们觉得思考是一种费力气的事情，在遇到他们视为“要求过高”的局面时，就会退缩。

学生在智能行为方面的发展，不仅表现在他们应用自己的思维技能方面，也表现在他们解决问题的乐趣方面。他们会去寻找需要解决

---

① “我不知道该怎么跟你们说，”罗恩说，“但我觉得他们可能已经注意到，我们闯到古灵阁里去了。”他们三个人一起大笑起来，笑声一旦开始，就停不下来了。——摘自 J.K. 罗琳（J.K. Rowling）所著《哈利 · 波特与死亡圣器》（*Harry Potter and the Deathly Hallows*，Arthur A.Levine Books 出版，2007 年）。

的问题。他们制造出问题，请求别人给他们提出问题，并且以逐渐增强的自主能力去解决问题，不需要成年人的帮助或者干预。诸如："别告诉我答案，我自己能想出来"等说法，表现出来的就是独立能力的增强。这样的学生会成为终身学习者。

这里的关键行为所在，是以一种惊叹和开放的意识，去接触这个世界。我们是否注意到了，孩子们对于一片云的形状变化的反思？他们对于一朵花绽放的着迷？他们对数学规律的简单逻辑的感受？他们对于一个蜘蛛网的几何形状的好奇，对于一只蜂鸟五彩缤纷的翅膀的兴奋？以及他们对于一个化学变化的有序和巧妙的认知，或者是面对一个遥远的星座的沉思？[①]

随着他们升入更高的年级，显示出这种智能行为的孩子们，会从思考中发掘出更大的乐趣。他们遇到的问题会变得越来越复杂，他们的感官会捕捉到更多的节奏、模式、形状、色彩，以及这个宇宙的和谐，他们的好奇心也会随之越来越强烈。他们对于其他人的价值和作用，表现出更大的尊重；他们对于其他的生命形式也显示出更多同情的行为；他们意识到了自己遇到的每个人、每样东西的价值与独特性。惊奇、敬畏心和热情——这些都是高阶思维的基本前提。

⑭ 以相互依存的方式思考

我们都是具有社会性的个体存在。我们聚集成一个个不同的群体，由于发现自己被人倾听，而感到欣慰；我们相互汲取能量，也寻求互

---

① 春天的阳光照亮了这所房子，它是如此美丽，于是谁都想不起来，它还需要刷一层油漆、贴一层新的壁纸。恰恰相反，他们所有人都发现自己在想，这是樱桃树街上最好的房子——摘自 P.L. 特拉弗斯（P.L. Travers）所著《玛丽·波平斯》（*Mary Poppins*，Harcourt Brace 出版，1934 年）。

惠。21 世纪乃至其后的公民最重要的智能行为，恐怕就是在与他人协同思考方面的能力获得进一步提升。解决问题已经变得如此复杂，没有任何人可以独立完成。没有人能够获得需要做出关键决策的所有数据，也没有任何一个人能够像几个人一起那样，仔细考虑多种选择方案。在群体中工作需要具备对观点做出详尽解释的能力，以及检测他人的方案策略的可行性的能力。①

学生们来到学校的时候，不一定了解如何在群体中有效工作。他们或许会表现出竞争力，但也会表现出观点狭隘、以自我为中心、种族优越感，以及对于他人价值情感和态度的指责。合作技能需要教师直接教授，也需要反复练习。倾听，寻求共识，放弃自己的观点去思考他人的想法，同理心，同情心，领导力，了解如何支持团队努力，利他心——所有这些都是聪明的人类行为的标志。

⑮ 承担风险责任

具有智能行为的人似乎有一股无法抑制的冲动，去突破已有的限制。他们待在舒适区感到不自在，他们“生活在自己胜任力的边缘”。他们似乎强迫自己进入那些他们并不知道结局的局面之中。困惑、不确定和失败的更高风险，他们都当作生命中的正常过程接受下来，他们学会了将挫折当作乐趣和挑战，以及对成长的促进。

---

① “就像你在说话那样，把一切都写下来就行了。要包含我们在一起的所有快乐，要有我们做的那些特酷的事。还有我们的探险。”

“但是，凯文，你知道的，我不会写作。”

“那些东西都在你脑子里，麦克斯，每一件事你都能记起来。就讲讲‘无敌小怪物’吧，没什么了不起的。”

——摘自罗德曼·菲尔布里克（Rodman Philbrick）所著《无敌小怪物》（*Freak the Mighty*，Scholastic 出版，1993 年）。

然而，他们也不是任性、冲动地作为。他们所冒的风险是经过修习的。他们从以往的知识中汲取营养，对各种后果反复权衡，在对时机的把控上训练有素。他们了解，并非所有的风险都值得去承担。他们发展形成了一种承担风险的智力能力——一种介于直觉、以往的知识，以及面对新挑战的意识之间的能力。①

风险可以分为两种：一种是风险投资的风险，一种是探险。多数风险投资家在承担风险、受邀投资进入一个新的企业时，总是谨慎从事。他们要看市场前景，要分析最初的想法是否组织阐述得当，也要研究经济上的预测。一旦他们最终决定要冒风险，这是一个经过反复权衡的风险。这就是风险投资方式的风险承担。

探险则带有自发的特征，也需要在此刻承担冒险、抓住机会的意愿。探险者如果基于过去的历史，或者基于他们当下获得的团队支持，知道采取这个行动不会危及生命，或者是自己面对危害有很好的保护，才会冒这个险。以这种方式经历过高风险的人，会形成一种能力：他们会采取更多的行动——往往比他们自己事前以为自己可能要采取的行动要多。

有些学生不愿意承担任何风险。面对游戏、新的学习，以及新的朋友关系，他们都会退缩，这是因为他们对失败的恐惧，远远高

---

① “如果那头熊刚才想要吃你，”他的大脑说，“它早就把你吃了。”这是一件需要掌握的事，而不是一件见到就跑的事。那头熊还在吃浆果。

一个人都没有。

然而，那头熊却似乎是在表示，它不在意与人分享——它刚刚从他身边走开了。

那些浆果味道可真棒啊。

他慢慢走回到那片覆盆子地里，整整一上午都在采摘，虽然他也非常小心。

——摘自加里·保尔森（Gary Paulsen）所著《斧头》（*Hatchet*，Bradbury Press 出版，1987 年）。

于他们对冒险或者探险的体验。他们心中有一个声音在说："如果你尝试了，而你又错了，那就会显得很蠢。"而另一个声音可能也在说："要是你不去尝试，你就永远也不会知道，"于是他们就陷入恐惧与疑惑之中。

如果一个人在风险面前总是退缩，他们就要失去机会。但是，当学生们越来越敢于承担风险，他们就会具备"与众不同"的能力，敢于打破常规，敢于与自己的同伴和老师一起思考新想法，并进行测试。在一个充满创新与不确定性的年代，他们就更有可能成功，因为他们通过反复的体验，学会了如何有效承担风险。

⑯ 持续学习

有智能行为的人处于持续学习的状态。他们的自信与求知欲结合到了一起，使他们得以持续寻找新的、更好的方法。他们总在努力追求完美，总在成长，总在学习，总在自我调整与自我改善。他们把各种问题、不同的局面、各式各样的紧张状况、大大小小的矛盾冲突，以及千差万别的环境条件，都当作学习的重要机会紧紧抓住。

人类的一个不可思议之谜，是当我们面对各种学习机会的时候，往往感到的是恐惧，而不是神秘和惊奇。当我们处在"知道"的状态的时候，要比我们处在学习之中的感觉更好。我们捍卫自己的偏见、信念和知识仓库，而不是欢迎未知、创造和灵感。确定性和封闭状态让我们感到舒适，而怀疑与开放则让我们感到恐惧。[①]

---

① 但是我设想，如果这个世界确实是正确的话，那么人们应该"从尾到头"反过来度过一生，从最后一部分开始做起。大家在开始的时候，无所不知；而到了最后，则是天真无知。

——摘自安吉拉·约翰逊（Angela Johnson）所著《从尾到头》（*First Part Last*，Simon &Schuster 出版，2003 年）。

或许，这就是传统教育所带来的后果之一——在家里和学校里都是如此。从很小的时候开始，学生们就在一个个碎片化、竞争性和反应性的课程计划中忙忙碌碌，他们被反复训练后最终相信，深入学习意味着找到真理，而不是形成卓有成效、深思熟虑的行动的能力。他们所接收的教育，是重视正确答案，而非探询；是知道哪一个选择是正确的，但不是探索不同的选择。

渴望学习、有创造性的学生和成年人，是我们的期望所在。其中也包括了人类对于我们的"无知"的认识，这是我们需要学会的最高级别的思想。其矛盾之处在于，除非你带着谦卑的心态开始，否则你永远在原地踏步；因此，作为第一步，你必须拥有的，是所有学习的终极境界：谦卑求知并且承认，你自身无知，也就不惧怕发现。①

鲁文·福伊尔施泰因与工具强化②

"二战"爆发的时候，认知心理学家鲁文·福伊尔施泰因（Reuven Feuerstein）博士在布加勒斯特开始了他的教育失调儿童的职业生涯。其后，他逃到了巴勒斯坦，他在那里的工作对象是成千上万名纳粹大屠杀的幸存者。在这些孩子的认知形成的过程中，由于受到创伤而严重受阻。福伊尔施泰因开发了一系列的材料与技术，用于帮助和恢复这些孩

① 针对每一种"智能行为"的相应摘录，是由儿童图书馆馆长詹妮·达顿、儿童文学爱好者玛莎·派珀（Martha Piper）以及本书作者之一阿特·克莱纳共同完成的。其中的一些著作，也列入心智习惯研究所出版的儿童图书推荐清单中，这些书都标明了与每一种智能行为的联系。要了解这个清单，请访问心智习惯研究所网站，instituteforhabitsofmind.com，点击"参考资料"后选择"学生用书参考书目"。

② 网站 http://www.icelp.org 上提供了相关书籍和视频。

子的学习过程，也有助于揭示这些孩子的优势，并培养他们欠缺的技能。

福伊尔施泰因“工具强化”（Instrumental Enrichment，IE）项目着眼于元认知——思考你自己的思想，这个项目也为组织和处理知识开发出了策略方法。

工具强化项目的基石之一，是减少冲动。福伊尔施泰因的口号是：“等一等，让我想一想。”等一等——停下来反思，无论你是一名教师，还是一名患有注意缺陷障碍的孩子，或者是某一个被诊断为患有学习障碍的人。IE 的中介式学习在于提高人们对自己的认知模式与认知风格的认知，采用的方法是教授 33 种不同的描述人类思维差异的方法。我个人最喜欢的一个描述是：“我正在经历的是对于现实的偶然把握。”

他的获奖电视纪录片《孩子的心智》讲述了一个饱受贫困、种族主义和战争困扰的孩子们的悲惨故事，以及成年人是如何运用福伊尔施泰因的各种方法帮助这些孩子们的。福伊尔施泰因创立了“学习潜力强化国际中心”（the International Center for the Enhancement of Learning Potential）和位于以色列的哈达萨 -WIZO- 加拿大研究中心（Hadassah-WIZO Canada Research Institute）。

——蒂莫西 · 卢卡斯　贾尼斯 · 达顿

7. 知识与权力：为了社会公平的教育

贾尼斯 · 达顿　内尔达 · 康布 – 麦凯布

一位高中经济学老师站在黑板前面。他语调单一、表情冷漠、毫无激情，以“填空”的方式正在对教室里的学生做演讲。他缓缓地吟诵道，“在 20 世纪 30 年代，共和党控制的众议院，试图减轻……”他停顿了一秒钟。“减轻什么，有谁知道？”因为没有人回答，他就自己填上了这个“空”——“大萧条的影响”。然后他又继续说下去：“通过了……‘什么，有谁知道’——关税法案”。学生们坐在自己的座位上，目光迟钝、百无聊赖、毫无兴趣、昏昏欲睡，或者干脆在打盹。电影《春天不是读书天》（*Ferris Bueller's Day Off*）[①]中的这一幕对于课堂的嘲讽，虽然似乎夸张得有点儿卡通，但它确实触及大家的共同体验，或者共同看法。所有青少年在观看这部电影的时候，都报以开怀大笑，还会说：“这就是真的！”——我们还没有见过例外情况。

可悲的是，我们很多人都很熟悉这种传输模式的教学——无论是在高中还是在大学，是工作中的培训还是社区演讲，或者是会议上的主旨发言；在这些场合，专家“告诉我们”他们以为我们应该知道什么。就像在《春天不是读书天》中的教室里一样，讲者和听者似乎都被麻醉了，感受不到这种体验的痛苦，仿佛教学与学习就像是在牙齿上钻孔那样乐趣无穷。不管你是坐在牙科医院的椅子上还是坐在演讲厅里，这样的经历都把你放到了一个被动角色之中，让某个事件“在你身上完成”——你既无能为力，也毫无参与感。上述电影场景中的幽默，并不仅仅在于引发了一种共同体验，更在于其讽刺意味——与民主有关的一堂课竟然如此让人垂头丧气。

在课堂上和在职业发展培训中，有许多教学实践和教学方法正在远离这种模式，其方式是通过一个对于课题的探询、探索和发现过程，为学习者提供训练辅导。这类实践包含了来自建构主义、协同学习、共同学习、参与式学习以及其他方面的理论与方法，基于这样一种观

① 《春天不是读书天》由约翰·休斯（John Hughes）导演（Paramount 制作发行，1986 年）。由本·斯泰因（Ben Stein）扮演经济学教师。

念：学生们通过与课题的互动，以及通过与包括同伴、教师、推进者和社区成员等其他人的互动，就会对于内容有更深入的理解，掌握得更牢固。

但是，当拥有了这样的知识的时候，你用它来做什么呢？人们接受教育究竟是为了什么呢？为什么是这个内容呢？这个内容与更大的环境条件是什么样的关系呢？这个内容及其分配与权力问题有什么关联？对于某个具体知识内容的最初合理化过程，这样的知识是否有助于提出问题呢？

这就是为什么我们会关注“国民教育”（popular education）和批判教学法（critical pedagogy）的缘由，也是为什么我们会因它们为我们的五项修炼实践带来了力量而深受鼓舞。我们相信，通过彻底转变对学校教育本质的态度与信念，通过彻底转变学习的社会建构，以及通过彻底转变知识形成社会行动的基础一贯方式，这些理论和实践可以帮助人们在自己的组织中，尤其是在学校中，创造出意义深远、经久不衰的变化。

力　量

“power”这个词，有正面也有负面的含义。你可以“启动”（power up）一个发电机的运转，可以拥有实现成就的“力量”（power），或者拥有支配他人的“权力”（power）。某些形式的力量可以准确地加以衡量和控制，诸如放大率、马力、瓦特以及尔格。驱动人类行为的内在力量就不那么容易衡量了，但是具备或缺乏这样的内在力量，却不难察觉。

“power”这个词源于拉丁语中的posse，意思是“有能力”（to be able）；在法语中，它演化出了一个名词pouvoir，意思是“做事情的能力”（ability to do things）。这个词根也带来了“possible”（可能的）和“potent”（潜在的）等字词。“power”并非仅仅与控制或者权威有关，我们可以凭借自己的“力量”（power）去提升我们的能力。

然而，在许多情况下，这个词（及其变体，比如“empower”）已经形成了单向行动的含义。比如，当大多数人提到“我们要赋予员工力量”的时候，其中包含的微妙暗示是：除了他人给予力量之外，接受赋能的人并不具备任何其他力量。而且只有在拥有知识、权威或者控制力的外部代理人赋予其合理性的时候，人类拥有的内在力量才会被认可。在本书中，当我们描述力量的时候，我们试图保持这样的认识：来自外部（个人、团队或者组织）的力量，尤其当其不可察觉、不被认可的时候，往往会阻断人们与来自其内部的潜能之间的联系。

——贾尼斯·达顿

“国民教育”的提法源于20世纪六七十年代拉丁美洲的国民教育运动，其传入北美，得力于这个运动的国际知名的倡导者，已故巴西教育家保罗·弗莱雷的工作。在20世纪后半叶，弗莱雷在全球各地都被尊为最有影响的教育思想家之一，但在北美却鲜为人知。“国民教育”这个提法的本意是“国民的教育”——不是有些人可能会想到的，是大家都“喜爱的”，或者是“公认的”教育。在英国和世界其他地方，国民教育以非正式教育而为人所知，其明确的宗旨是，为受压迫、受迫害的群体创造环境和机会，去提升政治意识、建立社区，并采取行动去改变自己的社会条件。为了所有人的幸福而努力，尊重每一个人的独特价值与尊严、对话、公平和正义，以及民众对于影响自己生活的问题的积极参与，这些都是这个运动的指导原则。①

国民教育将其实践定位于正式的制度化教学与培训之外，也就提供了一种鲜明的对照——正式的制度化教学与培训，通常要求人们在现状面前被同化，或者是调整自我，从而强化了人们无能为力的状态。已故国民教育家，今天的“高地人教育与研究中心”（Highlander Education and Research Center）的创始人之一迈尔斯·霍顿指出：“应该成为什么样的人，而不是现在是什么样的人——这才是高地人的使命。从‘应该’和‘现在’这两个词中，就产生了激励人们去学习和行动的张力。”从很多方面看，这很像大家共同开展五项修炼，分析当下的现实，进行富有成效的谈话以创造理想的未来，但还是有一个关键的不同。教育和教育工作者本质上是政治化的——这一点在国民教育中是不言自明的。霍尔顿的说法是：“不偏不倚的‘中立’根本就不存在，那只是代表了现实系统的一个规范化术语。”②

---

① 当军方在1964年接管巴西政府时，弗莱雷被迫流亡。在其后的专制统治者的眼中，获得权利的国民，即便只是具备读写能力的国民，都是颠覆性的。在1979年颁布大赦之后，弗莱雷才回到巴西。到了1989年，他被任命为圣保罗市的教育部长。1993年，弗莱雷因其成就获诺贝尔和平奖提名。参见玛丽亚·德尔·皮拉尔·欧加迪斯（Maria del Pilar O'Cadiz）、皮亚·林德奎斯特·王（Pia Lindquist Wong）和卡洛斯·阿尔贝托·托里斯（Carlos Alberto Torres）所著《教育与民主：保罗·弗莱雷、社会运动，以及圣保罗的教育改革》（*Education and Democracy: Paulo Freire, Social Movements, and Education Reform in Sao Paulo*，Westview Press 出版，1998年）。

② 有关高地人与国民教育的更多内容，请参见迈尔斯·霍顿、朱迪思·科尔（Judith Kohl）和赫伯特·科尔所著（Herbert Kohl）《自传：长路漫漫》（*The Long Haul:An Autobiography*，Teachers College Press 出版，1997年），本节中介绍的资料，可访问 www.highlandercenter，还可以访问 www.infed.org，参考《非正式教育百科全书》（*The Encyclopedia of Informal Education*）。

教学法与“批判教学法”

“pedagogy”这个词源于希腊语中的paideutike，意思是“教育年轻人的艺术”。（英语中“道德”一词——Ethics，也是由同一个希腊语词根演变而来的，其源头是更古老的希腊语中的paido，意思是“孩子们”）。今天，“pedagogy（教学法）”这个词一般让人想到的，是一个比较狭隘的含义——“老师们做的事”，或者甚至是“教学技能”。然而，教育是一种贯彻一生的体验，教师们不仅出现在教育机构之中，而且以多种形式随处可见。许多成年人，其实承担了教学的角色，即便人们没有把他们称作“教师”。从这个观点看，教学法的定义，包括了塑造人们的认知以及他们的认知方式的实践和过程。这些过程和实践，并非仅存在于学校之中，而是任何一个组织和社会互动中的固有特征。

批判教学法的实践与理论将各种各样的隐藏动机暴露了出来，就是隐藏在知识的社会建构背后的一个课程体系。知识产生并传播出去，总是出于某些具体的目标，在一个组织、社区或学校中，来自权力关系的各种声音是知识产生的主体。学校尤其如此，从来都不是不偏不倚的中立场所，也不是完全自由的空间。学校或许可以自以为超脱内外部的政治冲突而存在，但实际上却从来都是由其周边的政治结构塑造成形的。像所有的其他组织一样，学校在不断的挣扎之中努力探求自身的意义、价值、假设，探索知识的建构与传播（“谁来决定教授什么内容？”）、课堂上的做法实践（“谁来决定如何教授？”），以及教职员工、学生和外部社区的人们之间的人际关系（“谁来决定这件事，由谁来做出决定？”)。批判教学法的放大镜，有助于我们聚焦观察，为什么有些学生和学校获得了成功，而为什么另外一些学生和学校则必须要战胜几乎无法抗拒的各种不利因素，才能奋力获得成功。[①]

批判教学法涉及的领域，有时候也被称为“变革教育法”(transformative pedagogy)，同样是从保罗·弗莱雷的工作中发展出来的，注重的是课堂和学校运营国民教育的那些原则。弗莱雷对于正式教育中的传输式教育法（transmission pedagogy）提出了批评，他称之为“银行存款式概念”(banking concept)，即由各种专家将知识存入处于被动状态的学生的头脑里。学生接受的教育是将这个世界照本接受下来，不要指望能够将其改变。弗莱雷相信，读写能力对于民主至关重要，他认为，孩子与成年学习者“阅读字词”的能力，都是与他们“阅读世界”的能力紧密联系在一起的。

在他的早期工作中，弗莱雷和他的团队成员见到了一些身处贫困、又不识字的村民，并与他们一起展开了有关他们的生活和希望的文化探讨。在这样的对话过程中，一些共同的词汇出现了，变成他们学习

---

① “批判教学法”这个术语的发展形成，得益于一项受到保罗·弗莱雷的文章和教学影响的教育家网络的工作。这个领域中有重要影响力的人物包括彼得·麦克拉伦（Peter McLaren）、亨利·吉鲁（Henry Giroux）、理查德·宽茨（Richard Quantz）、珍妮·布雷迪（Jeanne Brady）、丹尼斯·卡尔森（Dennis Carlson）、艾拉·肖尔、唐纳德·马赛多（Donaldo Macedo）、托马斯·达顿、贝尔·胡克斯（Bell Hooks）以及迈克尔·艾坡（Michael Apple）。有关批判教学法的更多内容，请参考埃勒·肖尔所著《课堂上的弗莱雷》(*Freire for the Classroom*，Boynton/Cook 出版，1987 年)，亨利·吉鲁所著《作为知识分子的教师》(*Teachers as Intellectuals*，Bergin&Garvey 出版，1988 年)，迈克尔·艾坡所著《文化政治与教育》(*Cultural Politics and Education*，Teachers College Press 出版，1996 年)，贝尔·胡克斯所著《教学越界》(*Teaching to Transgress*，Routledge 出版，1994 年)，以及网站：http://www.paulofreire.org（葡萄牙文及英文），也请参考本篇之后的材料评论。

阅读的起点；更重要的是，这些村民开始了解到，他们的生活和生存状态是社会建构的产物，而并非绝对的；他们也开始意识到，他们的沉默不语造成了他们自己无助的社会地位。一旦这些村民认识到自己具有改变他们的世界的力量，他们只用了30个小时，就具备了实用的阅读能力。

20世纪60年代，弗莱雷在巴西全国成人识字运动中获得的成功，影响了全球的扫盲运动。不幸的是，尤其是在北美地区，人们往往在“进口”弗莱雷的方法之后，对其进行“非政治化”的处理，将这些方法降低到仅仅是“技术层面”，而把弗莱雷的理论和原则抛到了脑后。结果不出所料，这些人的努力没有达到他们期望的成果。

读写能力 (literacy)

“literacy”这个词来源于拉丁语的littera，意思是“字母”(letter)。由这个词根，衍生出了literatus——拥有有关字母的知识，这也是“有教养的”(educated)、“有学问的”(learned)等词汇目前的含义。然而，“literacy”这个词今天已被用来描述超越读写能力的一系列技能。阅读与书写毫无疑问是重要的技能，但其他那些技能也同等重要。

正如霍华德·加德纳描述了多种智能，现在越来越多的人谈论多种基础能力(literacy)。讨论与情感、计算机、文化、环境、视觉、财务、功能、音乐、社区和系统有关的基础能力(literacy)是有道理的。每一种基础能力都代表了一种力量：列举以及确定事物和观点，并且有效地进行沟通的力量。从我们的观点来看，这其中的每一种基础能力，都包含了对于符号意义的反思能力，包含了我们对这些符号的情感和行动的反思能力，以及这些符号对于其他人的作用的反思能力。基础能力（literacy）是一种杠杆作用。①②

为五项修炼带来的种种可能

那么，国民教育与批判教学法为五项学习修炼的实践者提供了什么样的价值呢？至少，它们提供了一种认识，即学校无可避免地是一个政治化场所——所有的内容、授课与学习过程，或者决定性的政策，在政治上都不是中立的。更重要的是，它们提供了这样一种认识：五项修炼在政治上也不是中立的。

学校以及其他组织中的人们，常常会创立各种小组，开展深度谈话，探讨他们的宗旨、组织的状态、共享愿景以及目标。然而，他们常常意识不到自己塑造了周边系统的政治与社会力量；也意识不到，自己在许多问题上的沉默无语，导致了与之抗争的各种情况。这就使得他们很难看到自己的行动与不作为之间的相互依存关系，很难看到在哪里才能产生杠杆作用，很难看到自己也是系统创建的一部分。

---

① 罗伯特·摩西（Robert Moses）是一位民权运动的组织者，与高地人有密切联系，他也是“代数项目”（Algebra Project）的创始人。罗伯特·摩西认为，数学基础能力（math literacy）与阅读能力一样，对于行为具有关键的影响作用。更多内容，请见小查尔斯·E. 科布（Charles E. Cobb, Jr.）所著《无理方程：民权运动从密西西比州到代数项目》（*Radical Equations: Civil Rights from Mississippi to the Algebra Project*, Beacon Press 出版，2002 年），并可参见 www.algebra.org。

② “理解基础能力（literacy）的最好方式，是将其看作无数种（沟通）方式和文化胜任力，它们构建、形成了存在于学习者与世界之间的各种各样的关系和体验。”——摘自保罗·弗莱雷与唐纳德·P. 马赛多所著《基础能力：阅读世界以及世界本身》（*Literacy: Reading the Word and the World*, Bergin and Garvey 出版，1987 年），第 10 页。

依据霍尔顿的看法，存在着两种教育。一种教育奴役人们，为现存制度服务；而另一种教育则是解放人们，并且使他们获得决定自己生活的力量，从而使他们因此获得相关知识来改造社会。因此，一些团队经常使用系统思考和愿景的语言，但却疏于认真尝试去确定，并且批评性地质询自己关于塑造他们的制度的政治与社会力量的心智模式——他们自己的心智模式和那些处于权力地位的人们的心智模式，他们最终会强化无知的循环。

国民教育和批判教学法的倡导者们持续地提出问题，激发人们关注课堂上、学校里、社区中以及民主制度本身的力量和目的。虽然这类问题及其讨论可能让人感觉不自在，但真正的学习往往就是如此。

保罗·弗莱雷和迈尔斯·霍顿往往被人贴上革命性人物的标签（就像托马斯·杰弗逊和本杰明·富兰克林所处的那个时代一样）。对于他们来讲，教育本身并非目的，也不仅仅是一种就业的手段。他们把学校看作政治性的场所，要么就是引导人们为了更强大的民主和更美好的未来，进行明智的政治参与；要么就是阻止他们参与进来。弗莱雷和霍尔顿都笃信民主与公平，对于解读民主与公平是如何被权力和政治强化或者削弱的，也从不回避。

弗莱雷曾经说："人性化的教育是这样一条道路，男人和女人由此可以从无到有，自觉意识到他们在这个世界上的存在。在考虑到他们自己的需要，也考虑了他人的需要和梦想的情况下，自觉意识到自己在形成所有这些能力时的行为方式和思想方式。"从我们的角度看，要想为我们的孩子、学习和社区，创造出更加美好的、可持续的未来，首先要为了民主、公平和社会正义，让人们将知识和学习的心智模式带出水面。如果这种做法被人看作制造混乱，甚至是鼓吹革命，那就顺其自然吧。

保罗·弗莱雷与迈尔斯·霍顿①

每当有人问，保罗·弗莱雷或者迈尔斯·霍顿的书，我应当从哪一本开始读呢？我就会说，从两个“读本”开始吧，而后再去读一读他们两位的对话。比如，佛莱雷的作品丰富多产，因此他可以对于自己的学习与沟通展开反思–行动循环，而他的这个读本则提供了关于他的转变的速写。这个读本是弗莱雷最犀利的作品的集合，其中包括：“教育的银行存款概念”（他在其中讨论了传输模型的盛行及其专制主义影响）、与累西腓村民的深度会谈、城市教育的挑战，以及他对于“阅读世界”的探索。如果我在书上所做的笔记可以为读者提供一些指点的话，我最喜欢自己标注的一条：“希望教学法”。

霍尔顿的读本是他的作品集，有他的文章、演讲，对于他创办“高地人民间学校”（Highlander Folk School）产生过影响的那些人和观念的有关访谈，与高地人在劳工与民权运动过程中的成功与挑战有关的访谈，以及与霍尔顿的教育哲学有关的一个很有吸引力的章节。尤其吸引我的，是他在1972年所做的一次题为“为什么不对改革进行改革？”的演讲——内容与五项学习修炼极为相似，以及真正的改革为何需要重新审视这样的观点：“只要做好人，做有善心的人，做处处试图变革的人，我们就会推动进步。”

---

① 《保罗·弗莱雷读本》（*The Paulo Freire Reader*），由安娜·阿罗乔（Ana Maria Araújo Freire）和唐纳多·P. 马赛多（Donaldo P. Macedo）编辑（The Continuum Publishing Company 出版，1998年），《迈尔斯·霍顿读本：社会变革的教育》（*The Myles Horton Reader: Education for Social Change*），由戴尔·雅各布斯（Dale Jacobs）编辑（The University of Tennessee Press 出版，2003年），《我们要走出一条路：教育与社会变革对话集》（*We Make the Road by Walking: Conversations on Education and Social Change*），保罗·弗莱雷与迈尔斯·霍顿著（Temple University Press 出版，1990年）。

虽然在相当长的一段时间里，弗莱雷与霍尔顿对彼此都有所耳闻，在不同的场合也曾有过短暂会面，但他们直到 1987 年才有机会在一起度过一周时间，“把一本书聊出来”，两年后，他们又再次相聚，反思他们之间的会谈。《我们会走出一条路》记录下了这次非凡的对话，引导读者体悟他们在哲学与历史背景上的类似与不同，以及拉丁美洲与美国南部的环境之间的类似与不同。弗莱雷选择在体制内开展工作，而霍尔顿则是在体制外工作。我认为这本书揭示出，他们两人都是不可或缺的。我在那本书的空白处，在他们讨论教育与组织之间的不同的地方，用各种不同颜色的笔做了标注，每次我读到这一段的时候，都会提出更多问题。

——贾尼斯·达顿

《批判教学法：来自真实世界的笔记》[①]

这本书让人呼吸到了新鲜空气，令人振奋。温克从自己身为教师时，去教那些被贴上“危险”“少数族裔”“英语能力受限”或者“有问题”等标签的孩子的经验和探索出发，进行了反思，提供了批判教学法理论与实践的入门指南。她很快开始讨厌这些标签，因为它们把孩子和他们的家庭藏到了背后，限制了他们成长的可能性。

一些关于批判教学法的著作的部分内容相当艰涩难懂。温克写道，

① （*Critical Pedagogy: Notes from the Real World*）琼·温克（Joan Wink）著（Longman 出版，1997 年）。

她对批判教学法的语言头痛不已，然而在与读者交流这种语言在理解和描述她作为教师的工作方面的重要性时，她向读者介绍了这种语言。她用一种让所有内容都易于理解、饶有乐趣的写作方式，讲故事、提供练习与工具、教授理论，并揭示这个理论的历史。

| 第 6 章 |

富有成效的谈话

1. 破冰发言

卡罗尔·凯纳森（Carol Kenerson）

迈卡·菲尔斯坦（Micah Fierstein） 贾尼斯·达顿

目的

在上课开始之前，用一段时间，让学生们有机会共同体悟当下。

参与人

任何一组两个人以上的团队。除了在工作会议和课堂上应用之外，有些人在家里吃晚餐的时候，围着餐桌进行。

时间

每人几分钟（或者更少），在 50 分钟的课堂上，破冰发言在一周的开始和结束的时候进行，会很有益处。

破冰发言有诸多做法，并无一定之规。有些学生会沉默一会儿，关注自己的内心，而后简单地说，“我在这里”。其他人则会说说他们当下的问题或者取得的成功，而另一些人则会对自己的观点做一个简单陈述。这个工作不需要每天都做，但是在周一和周五都进行破冰发言的活动，则会为这一周提供一个稳定的框架。每个人都有机会开口说话。每个人都面对集体发言。胆怯害羞的学生或者不大想说的孩子，不必强迫自己发言，可以说“过”，但他们需要大声表达出来，这样其他人就可以听到他们的声音。

倾听者只要关注其他人所说的话，不必担心要做出任何回答，这样他们就会对每一个人形成一种发自内心的深层认识。如果上课时间有点儿紧张，那么进行一个词的破冰发言只需要几分钟。让大家按照次序，每一个人说一个词：“紫色”“跑步”“篮球”。有些学生希望围坐一圈，按次序说，这样他们就可以知道什么时候会轮到自己。另一些学生则希望破冰发言是每个人受到触动的时候进行——直到大家一一说完。这两种做法都会给房间里的一些人造成压力，但这是个体学习者不同需求和风格的重要标志。

作为教师，你可以用自己的破冰发言启动整个进程——说一说你读过的一本书，或者谈谈你所想到的，为大家提供一个体悟当下的样板。要保证破冰发言绝对安全。课堂上的学生应当了解，比如，他们可以承认说，“我今天起晚了，所以就有点儿匆匆忙忙，现在还有点儿昏沉沉的，所以前五分钟可能会有点儿语无伦次”，而大家应以就事论事的心态去倾听这样的发言。

破冰发言会改变一个集体的状态。一位高中教师通常每堂课都会以破冰发言开始，有一周因为时间太紧张，所以就说：“今天不做破冰发言了。”所有学生都强烈抗议。“我已经等了整整一天了，”一位学生说，“就想说说我正在想的事儿。”

结语发言

如果说“破冰发言”会帮助学生们体悟当下的话，另一种称为“结语发言”的技能，则可以提供一种收尾的感觉。在一个单元结束的时候，让每一个人有机会说一说（如果学生愿意的话）：

- 有哪些地方你觉得特别有意思？
- 哪些内容你希望有更多了解？
- 如果其中有些内容最初让你感到困惑，但最终又想通了，你如何向其他人解释这个过程？
- 有哪些内容，你仍然觉得困惑？

2. 开课第一天[①]

内尔达 · 康布—麦凯布

在一门课程的第一堂课介绍心智模式，可以为整个课程开启一种信任和探询的气氛。甚至在我教授的大学研讨会中，我也有过这样的亲身感受。我的学生把这个内容带回到自己的高中或者中小学课堂上，反馈也取得了同样的效果。我一般在一个学期的第一堂课上开始。首先，我会鼓励学生们探讨一下心智模式的概念、推断之梯、系统思考的冰山模型，以及平衡探询与宣扬的要求。我会解释说，这个课程的结构和阅读材料，是为大家在这个学期的共同讨论提供一个基本范围。我会引用帕克 · J. 帕尔默的话说：“（课堂）的空间，应该既有边界，也

① 参照帕克 · J. 帕尔默所著《教书的勇气：探索一个教师生活的内在境况》(*The Courage to Teach: Exploring the Inner Landscape of a Teacher's Life*，第二版，Jossey-Bass 出版，2007 年)，第 76 页。

充分开放。”

我会强调，如果我们想要共同学习，这个课堂就必须是一个安全的场合，在此可以提出在其他场合难以讨论的问题。在我所在的大学里，就像在大多数教育机构中一样，在表象之下往往存在着诸多对于文化、种族、阶层以及性别等问题的担心。在这个课堂上，这些问题都可以放到桌面上讨论。我会说，学生的角色不是跟教授讨论——就像他们通常做的那样，而是相互讨论。而我的作用，不是为他们提供信息，而是建立一种结构，让我们在其中共同学习。所有的声音在这个课堂上都有价值，而且我也期待从他们身上学到东西。

这样的课堂环境，要求学生选择与以往不同的方向。即便是在研究生院里，学生们还是期望教师讲授知识和信息。如果到课程结束的时候，他们没有学到什么，他们会假定是因为这门课的老师没有很好地把知识输出给他们。因此，在第一堂课的时候，我们就讨论这个问题。这时候，我大致会这样讲：

我们将要建立起我们谈话的某种结构。我期望自己依照这种结构行事，也期望你们如此。我们每一个人都必须要对整个课堂承担责任，去推动和支持一种深层的谈话。

第一，在其他人说的时候，我们要全神贯注地去听。我们并不是仅仅执着于自己的想法，等着轮到我们发言。我们要做的是，倾听其他人试图分享的含义。我们可以在另一个人的点评基础上，形成自己的观点，也可以就点评背后的思考，提出问题。

第二，我们认识到沉默的重要性。对于已经说出来的内容做出反思，需要空间。

第三，任何人都不可以打断别人。我们要让别人把话说完。

第四，我们对于其他人的发言，不做“对”与“错”、“聪明”或

“愚蠢”的评判。

第五，我们禁止使用“对，但是……”这种表达方式——这种表达方式自动地推翻了前一位的发言。相形之下，我们提倡大家采用“对，而且……”这种表达方式——这个说法，肯定了他人的价值，并且做出了进一步的贡献。[①]

当我第一次用这种方式作为一门课开场的时候，直到期末论文——学生们要评论自己在这门课上的学习心得的时候，才体会到这样做的影响力有多大。一位学生写道：“这是第一次有一位教授，设计安排了这样的谈话、讨论的结构。而且，你不只是说一说这个结构本身，而是以身作则地践行。”她接着写道：“你不仅允许我们在讨论中跑题，而且实际上鼓励我们把谈话引到与当天的议题毫无关系的方向上去，对此我非常惊讶。然而，久而久之，我意识到了这种做法的重要性。因为正是通过这样的谈话、讨论，这门课的内容对于我们每一个人才变得丰富起来，变得更有意义。”她总结道：“以我以前的经历，我永远也不可能在自己的教学中允许这种活动发生，因为我不会相信这种学习过程。但是，所有这些都是有意义的，而且这个课程也因此非常有力量。”

学生们尤其要说一说“对，而且……”的技能：大家依旧相互批评各自的观念，但是从他们之间的相互应答可以看到，他们在评论另一个人的观点之前，确实真正倾听了，并认真思考过了。

---

① 在进行这类重新设计之前，教师们做一做“设计一个知行课堂”的练习，会大有帮助。对于他们想要创造的这种互动、多元化的课堂展开想象之后，就会更多地意识到那些有关学生的有用信息。考虑到这种课堂可以发挥自己孩子的长处，家长们也会发现这个练习十分有用。

3. 重建家长会的框架

内尔达 · 康布 – 麦凯布　贾尼斯 · 达顿
蒂莫西 · 卢卡斯　贝蒂 · 宽茨　阿特 · 克莱纳

如果课堂是一个涉及教师、学生和家长的系统，那么教师与家长之间的联系就是系统中的一种弱联系。从上午到下午，沟通都是在教师与学生之间发生的。而到了晚上和周末，则是在学生和家长之间持续进行。但在教师与家长之间，只有每学期一次的沟通交流：成绩单上的一堆字母和数字，或许在页边有一两句书写潦草的评价。这个系统中的重要知识，并没有获得有效分享。

家长会的产生，就是为了改善这种联系，但这种会议也鲜有学习的体验。老师手里拿着一个文件夹，里面的内容是这个孩子的优势和弱点。老师在规定的 15 分钟内，按部就班地读完所有内容，家长只是听着。有时候，家长发泄自己的怒气，这时听着的人就是教师了。到结束的时候，双方对这种会议的心智模式都毫无改变——本应对双方都是一次引人入胜的体验，结果却似乎是一个毫无生气、令人沮丧的仪式。一两年之后，许多家长再也不去参加家长会了，而一些老师也希望不再举办这种会议。

这篇文章不是一个练习，因为任何一个单一的练习都不会解决问题。每一个学生的情况，每一个教师的情况，都全然不同。有些教师每个学期可以为每一个孩子安排半个小时或者更长的时间，而另外一些教师只有几分钟的时间（还必须按这个时间限制进行设计）。这个可能的“菜单”，建立在五项学习修炼的基础上。

a. 自我超越——对于孩子目前的优势和弱点要实事求是，要培养孩子自己的梦想；

b. 心智模式——把各种假设都表达出来：有关课堂上正在进行的过程的假设、有关孩子的发展阶段的假设，以及有关家庭环境的假设；

c. 共同愿景——谈一谈教师、家长和学生的各种目标；

d. 系统思考——根据一个学生一生的整体复杂性，理解学生的学业表现；

e. 团队学习——教师、家长和学生有着共同的目的：让每一个学生在这一年中都能达到最好的学习体验。这个团队中的每一个成员都具备其他人所欠缺的、独特的知识和认识。每一个人都具备在自己的环境中行动的能力：教师是在课堂上，家长是在家里，而学生则是在各种环境之中，而且他们之中谁都没有控制全局的能力。

每一个人都应该对家长会产生影响，而且每一位参与者的观点，包括学生的观点，都应该被看作平等、有效。说到底，团队学习是一个观察每一位团队成员知道什么的过程，这个团队作为一个整体，也因此可以开展更有效的行动——其效力大于每一个成员行动的简单加和。

家长和教育工作者可以提出的问题

即便是在时间极其有限的情况之下，家长或者教育工作者还是可以通过提出问题，对现状达成共识，以便有效地重新建构家长会（或者是家长－管理人员会议）的新框架。教育工作者可以提出下面这样的问题：

- 你在自己的孩子身上看到了哪些优势？
- 你的孩子对于学校有什么评论？

- 有哪些活动——无论是在校内还是在其他地方，最让你的孩子烦恼？
- 有哪些活动会让你的孩子感到兴奋？他平时都玩些什么？
- 给我讲讲你的孩子的朋友和社会关系？在校外你的孩子和谁交往？
- 你的孩子在家里承担哪些责任？
- 你对自己的孩子有哪些目标？
- 你的孩子有哪些目标？
- 你的孩子最喜欢的话题或者活动是什么？
- 你希望我对你的孩子在哪些方面有所了解？

家长可以提出以下这些问题：

- 我的孩子与你和其他成年人有什么样的互动关系？
- 我的孩子与他的同学有什么样的互动关系？
- 在课堂上，有哪些活动吸引我的孩子，哪些活动让我的孩子感到沮丧？
- 我的孩子在自由时间做些什么？
- 有哪些活动会让我的孩子保持较长时间的注意力？
- 我的孩子在团队中表现如何？
- 你让我的孩子和谁组成团队，原因是什么？
- 以你对我的孩子的经验，下一年你会建议哪种课堂结构和教学风格？
- 我的孩子有哪些优势？
- 有哪些方面需要改善？

绘制孩子的现状图

如果时间允许，绘制现状图对于教育工作者、学生和家长，都是一个非常有效的工具——用来确定目标、进行跟踪观察，并记录团队学习的情况，教育工作者、学生和家长都可以作为发起人。家里和学校里可以各保留一份。现状图也可以帮助一组教师，或者是一组教师与管理人员，思考一个有困难的学生未来一生的生活状况。如果问题出现了，或者你们想要为这个学生扩展更多的机会，你们就可以退后一步问问自己："对于这个孩子我们有多少了解？"如果你们能安排出时间，绘制现状图就有助于让家长会变成建立共同愿景的过程。

在一张白纸上，写下这个学生的名字。然后以此为中心，用逐渐展开的圆环的方式，写下你可以想到的、可以代表这个孩子的生活的所有事物。你可以使用上一部分中的"家长的问题"和"教育工作者的问题"，帮助自己生成图上的元素。由于每一个人的思考都在同一个图上展开，他们就可以共同形成自己单独无法形成的深入认识。家长也许会说："过去五年中我们搬了四次家，我的孩子不大善于交朋友。"而教育工作者则可以回应说："你知道，我见过你的孩子坐在座位上，看着身边的活动，就是不参与进去。现在我有点儿明白要去寻找什么了，我觉得我有办法应对这个情况。"

如果家长跳到了"推断之梯"上——对于孩子或者是学校做大而化之的评论，教育工作者则可以说："我们再多聊一聊这个问题，说一说你看到了什么，因为我想准确地在图上记录下来。"家长同样也可以这样做。如果教育工作者说，"她是一个挺棒的孩子，"家长就可以问，"是吗，从哪个方面看呢？在这张图上有哪些方面可以显示她是个'挺棒的孩子'？"

一张现状图显示出，一位四年级的孩子与比她年级低的孩子相当合得来，于是教师就安排她去一个一年级的班级，并且不时教一教那些学生，她在这个过程中，对于自己和自己的能力有了许多了解。

如果现状图是在九月或者十月画出来的，则家长和教育工作者都可以保存一份。随着各种问题在这一年中出现，他们就可以回到这张现状图，重新思考他们对于这个孩子的了解，并添加新的内容。看着现状图随着孩子升入更高年级逐步发展变化，总是一种精彩的体验。

4. “别吃那块比萨……”①

评估课堂体验的练习

布赖恩·史密斯　内尔达·康布—麦凯布

蒂莫西·卢卡斯　阿特·克莱纳　贾尼斯·达顿

有时候，许多学校会将已经升入更高一级学校的校友邀请回校，做演讲嘉宾。“让我们来告诉你们，高中生活是怎么回事吧。”九年级学生对八年级的学生说——后者将会随着前者从初中进入高中。“要是我在几何方面的学习更加完整就好了，因为到了高中的时候特别需要。”一位名叫帕特里克的三年级学生，在和四、五年级的学生会面后回到教室，我们中的一人问他学到了什么。“他们告诉我们说，无论做什么，就是不要吃食堂的比萨。”他说，“因为里面有虫子。”

在学生展开反思并将自己的反思传递给他人方面，评估在学校的体验是最有价值的方法之一，这个过程可以从较低年级就开始。在很

① 目的是以各种方式，让孩子们和学生们评价自己课堂学习的体验，并为其他人进行反思讨论。

多学校里，从托儿所升入小学一年级的最重要的里程碑活动之一，是让托儿所的孩子与一年级的孩子在一起度过一整天——包括午餐时间。一年级的孩子有许多注意事项要告诉自己的“接班人”：“你一定要在自己的午饭袋上弄上带有自己名字的标签。另外，天冷的时候一定不要忘了戴手套，因为他们会让你到户外活动。”

时间胶囊

在每一个学年或者学期结束的时候，学生们可以设计一个“时间胶囊”，里面是为下一届学生提供的建议与观点。这个时间胶囊可以是一封致下一届学弟学妹的信，也可以是一段相互访谈的录像或录音。各种网页可以成为其自然的传播媒体。比较好的执行节奏可以是这样的：在放寒假之前，制作一段录音（录像）；到春天的时候看一看，适当添加些内容；然后提供给秋天入学的学生。

制作这种时间胶囊的学生，不管年龄多么小，都是在表达一种姿态——他们代表的是那些在系统中会跟在他们后面、逐级升到高年级的人。鉴于这个原因，如果你是一名教师，你的参与应该尽可能地少。不赞成人身攻击（包括对你的评论），并且在编辑过程中去掉。要提供建设性评论，但是要控制住自己想要改变其中内容的冲动。这是由孩子们自己做、为了孩子们的练习。

可以提出的问题有：

- 在你开始上课的时候，你有哪些期望？
- 有哪些事情出乎你的意料之外？
- 如果有人在开始的时候对你做了哪些方面的指点，情况就会不同了？
- 哪些方面的学习让你觉得高兴，为什么？

- 有哪些方面你不希望学得那么多，为什么？
- 你在思考事情的时候，与一年之前相比有哪些不同？
- 有哪些东西让你觉得很艰难，你希望当时得到更多的帮助？
- 你下一年想要做什么？

回顾反思

在学期的最后一周的课堂上提出这些问题，可以帮助一个团队反思他们自己的学习能力。

- 我们对其他人的想法是开放的吗？
- 对于那些通常没有表达出来，但又可能会起到改善作用的想法，我们有能力说出来吗？
- 每个人都有机会表达吗？
- 我们朝着共同目标前进了吗？
- 对于不同的学习风格、个人风格以及不同水平的表达能力，我们都采取开放包容的态度了吗？我们努力让那些习惯沉默的人表达自己的想法了吗？
- 对于我们希望的那种行为，我们身体力行了吗？
- 我们是处于“流动”状态吗？我们是否感到谈话随着我们的创造势头，在向前延伸呢？
- 我们是否感到了我们之间的动态协同？对于各自的态度，对于其他人坚持自己态度的原因，以及这些态度对于下一步的影响，我们有所认识吗？即便我们知道我们无法形成一致意见，我们还能一起工作吗？
- 我们的行为是有助于这个团队共同工作，还是在阻碍这个团队共同工作？

- 我们对待他人时，是否尊重他们的人格尊严？
- 我们在反思性学习方面，身体力行了吗？

课堂反思日志

内尔达·康布－麦凯布

在一个课堂上，在帮助老师们认识自己的学习方面，定期开展任何形式的反思评估都是有益的。我在迈阿密大学教育学院主讲的研究生讲座中，我要求学生们持续写反思日志。他们每周上交约 1 000 字，深度思考他们的课堂讨论、写作的论文，以及他们对于这个课程的各种不同反应。这个工作给我带来了很大的阅读量，但我坚持了这个要求，因为它明显改善了学生们的学习质量，也改善了我的学习质量。

起初，每个人都不喜欢这个作业——这是附加在所有其他作业以外的，他们每周要写给我 3~5 页的东西！但到了课程结束的时候，他们都会说，如果没有这个作业，他们就不会学到那么多的东西。到了第三或第四周的时候，他们中的大多数人已经养成了习惯，上课一结束就安排时间写日志——这时候，他们的想法最新鲜；然后，他们会在几天之后，再修改他们写下的内容——这时候，他们有时间让自己的想法成形。这个日志代表了对这个课程的一种承诺：是让他们得以把一次讲座的各种复杂观点，与他们自己的生活再联系起来的一种方式。

作为回报，我保证不会对他们的日志进行批评或是评价，而只是把我的想法加上之后，再退还给他们——同时，我保证这些日志完全是私密的。学生们可以自由地写下一件非常私人的、痛苦的事情，因为他们知道，我是唯一读到这些内容的人。一位年轻非洲裔美国博士表示，组织学习的课程让他非常痛苦。他写道："我想知道，为什么在高中和大学的课程里，都没有鼓励我对学校中的权力与不平等提出问题。为什么所有的学习，不能像这门课一样呢？"

对于即将走上教师工作岗位的学生来说，反思日志是对缺失内容的补充。体验某种对于自己的学习的"元反思"（metareflection），可以让你成为一个对他人更有爱心、更有担当的教师——不仅是在意愿的层面，也是在实践的层面。到了学期结束的时候，这些博士生有时候会告诉我，他们已经做出了一个一生的承诺，要经常写反思日志，因为他们发现，这对于他们了解自己在学习方面的成长，太有帮助了。

布鲁克菲尔德丛书：批评性反思[①]

当我还是系主任的时候，在多位同事极力说服我把自己唯一的一本《成为批评性反思的老师》转让给他们之后，我最终一共为教职工团队买了 15 本。布鲁克菲尔德写作的背景，是他在大学里的经历，也结合了他在成人教育方面的专长。这本书不是以学术语言写就

① 《成为批评性反思的老师》（*Becoming a Critically Reflective Teacher*，Jossey-Bass 出版，1995 年），《批评性理论的力量：解放成年人的学习和教学》（*The Power of Critical Theory: Liberating Adult Learning and Teaching*，Jossey-Bass 出版，2004 年，《优秀教师：论课堂上的技术、信任及反应》（*The Skillful Teacher: On Technique, Trust, and Responsiveness in the Classroom*，Jossey-Bass 出版，2006 年），《批评性思考的教学：帮助学生质询自己假设的工具和方法》（*Teaching for Critical Thinking: Tools and Techniques to Help Students Question Their Assumptions*，Jossey-Bass 出版，2011 年），均由斯蒂芬·D. 布鲁克菲尔德（Stephen D. Brookfield）著。

的——书中充满了幽默的故事。任何一个年级的教师/学习者，不管是哪个领域，都可以通过开展他描述的反思实践，从中学习如何提升自己的教学水平。布鲁克菲尔德认为，教师可以从四个不同的视角看待自己的教学实践：自己的视角、学生的视角、同事的视角以及理论文献的视角。在社会科学方面阅历较浅的人，对于教育理论在帮助他们改善自己的教学上所提供的价值，可能会感到出乎意料。对于批判性反思的教学方式，各个层面的教育机构基本上都不大支持——这一点早就恶名昭著，布鲁克菲尔德则在创造一个更具支撑性的文化方面，提供了一些建议。《批判性理论的力量》在成人教育中应用了同样的原则。《优秀教师》一书，对于大学教育尤其有价值，而《批判性思考的教育》则注重课堂上的质询技巧。

——内尔达·康布-麦凯布

| 第 7 章 |

课堂上的系统思考

如果不是一批教育工作者在过去几十年专心探索，努力将系统思考的多种技能融入小学和初中教育之中，就不会有这本书。这些年来，“课堂上的系统思考”社区（system thinking in the classroom community）已经形成了令人叹为观止的一套理论和方法，将复杂问题解析得清晰透彻，同时也形成了一系列强大的工具。系统思考的工作方法之所以强大，恰恰因为它并非自成一体：这项修炼强化了本书这部分中呈现的所有与学习与教学有关的深刻洞察，而其自身也由于这些洞察得到进一步强化。

有些人起初或许会发现，有关系统思考的这些工具令人望而生畏，但我们在本书中试图以一种可以帮助任何一位教师（以及家长或者学生）开展富有成效的实验的方法，来介绍系统思考的各种工具。同时，我们也避免“只有一种声音”——你可以看到有些作者认为，计算机模拟在提高系统认识上至关重要，但是其他一些人也会像贾尼斯·达顿那样提出质疑：“美洲原住民们在哪里给自己的手提电脑接上电源呢？”

“系统思考很久之前一直存在，”曾在亚利桑那州橘园中学做过校长，也是这个领域的著名开拓者玛丽·希茨（Mary Scheetz）如是说。“这个世界说到底是由各种动态系统构成的。有许许多多不同的方式可以建立系统思考的能力，可以提出那些引发更深入的认知的问题。系统动态计算机模型是我们发现的方法之一，也被证明是一种非常强有力的方式，但我不认为这是唯一的办法。”在本书的这一部分，我们希望这一系列工具明白易懂、引人尝试，让大家不会感到困难重重，而是可以想走多远就走多远。

1. 为了长远目标的系统思考[①]

杰伊·W. 福里斯特（Jay W. Forrester）

麻省理工学院斯隆管理学院的名誉教授杰伊·W. 福里斯特，是系统动力学领域的奠基人，也是系统动力学大部分概念理论、各种映射与建模方法，以及各种基于软件的仿真工具的开发者。20 世纪 50 年代中期，在发明了今天几乎所有的计算机都仍在使用的磁芯存储器之后，他离开计算机设计领域，转向研究一个更为有趣的问题：试图理解复杂系统的行为。自那时起，他一直就是这个领域中几代研究者（包括彼得·圣吉在内）的顾问和导师。他在工业动力学、城市动力学以及全球动力学等领域开展的关键性研究工作，分别在企业战略、城市改造，以及全球人口、资源与环境的相互依存等方面，引发了主导话语权的

---

① 教育系统动力学项目的更多信息，请参见网站 web.mit.edu/sysdyn/sdep.html。该项目行政主任南·勒克斯（Nan Lux）在这篇文章的写作过程中鼎力相助，我们对她深表谢意。这个项目的许多工作内容可以通过“创造性学习交流项目”（Creative Learning Exchang）获得。

显著变化。20 世纪 80 年代，杰伊开始将自己的注意力转到将系统研究带入教育领域。他目前是麻省理工学院的教育系统动力学项目（System Dynamic in Education）的主任，这是由一个学生组成的小组，致力于应用系统动力学的工具和概念，培育"以学生者为中心"的学习。

人们看待自己的生活往往短视——这是一个司空见惯的论断，但并非完全真实。事实上，大多数人都拥有长期个人目标——他们希望自己的子孙未来幸福。然而，他们并不完全了解自己生存于其中的这个系统，因此就会做出各式各样危害那些长期目标的短期决策。比如，他们目前已经把未来许多代人的经济与环境利益置于危险之中了。

在过去的数十年里，我产生了这样的看法：人们可以通过学习打破这种模式。但对大多数人来说，需要在年纪尚幼的时候，就开始接触系统思考的研习。而且，不仅仅需要在概念上谈论各种系统，还需要有时间动手操作工具，也就是他们自己参与开发计算机模拟软件，这些模拟软件使他们得以开展实验，并从实际生活的各种复杂系统中创造出自己的不同模型。

目前在全球范围内，已经有几百家 12 年制学校的学生们，正在运用各种计算机模型研究各式各样的系统。其中至少有十几家学校，正在开展开创性的卓越工作。他们将系统动力学建模应用到了数学、物理、社会研究、历史、经济、生物以及文学领域。在那些比较成功的学校里，系统动力学与基于项目工作的方法结合起来，这就是以学习者为中心的学习。在这样的过程中，教师不再被看作掌管着智慧流动的讲师，甚至是权力人物。教师成为学生们的顾问和教练，而学生们创造出的项目很可能超越了某位教师。由此，一个初中课堂就会变得更像是大学里的一个研究实验室。学生们开展的项目具有现实世界的重要意义，同时他们也要面对为完成这个项目必需的知识挑战。

我们并没有期望大多数学生会坐在一台电脑面前、在建立系统动力学模型中度过自己的一生。那么，系统理论教育的成果究竟应该是什么呢？系统动力学教育的各种目的或许可以归结为三个题目。

（1）了解系统的性质

系统动力学给学生们提供了一种更有效地解释他们周围世界复杂性的方式。它帮助我们抛弃有关这个世界的种种直觉上“显而易见”的心智模式，这些心智模式妨碍多数人开展有效的行动。我们从孩提时代起，逐渐习得这些心智模式——往往来自那些我们最容易理解的经历。一个孩子碰了一下炙热的烤箱，于是在此时此地，那只手就被烫伤了。在几番类似的不幸之后，这个孩子就学会了假设因果与时空是紧密联系在一起的，假设一个问题的缘由一定就在周围，而且一定会发生在征兆出现之前不久。然而，当这个孩子长大成人，面对成年人生活的各种复杂系统的时候，这些过去的教训就会一再让他误入歧途。在大多数系统中，一个可观察到的征兆背后的原因，可能来自于这个系统中完全不同的部分，并且可以追溯到很久之前。由于就在手边，似乎“显而易见”的种种补救措施，可能实际上与那个真正的问题没有什么关联，或者可能会使局面进一步恶化。

我自己亲身经历过这种情况，是在20世纪60年代后期，当时我正在为城市发展进行一项系统模拟。这个模型显示，大多数“显而易见”的（也是受到多数人欢迎的）市政府政策，不是没有起任何作用，就是非常有害——对整个城市和城市中失业的低收入居民都是如此。建设低收入住房，对于多数城市官员来说，似乎是针对住房问题的一个自然而然的解决方案，这会让穷人更容易找到舒适的居所。然而，低收入住房项目却加速了城市的衰落。这些住房占据的土地，原本可以用于那些创造就业的商业项目。这些住房吸引了相对缺乏技能的人群，在低收入工作中相互竞争，所处的地区恰恰又是很难找到这类工作的地方。这项明显出于人道主义建设更多住房的政策，实际上却由于吸引人们进入经济机会持续减少的地区，制造了贫困。①

像这类有关一个复杂系统的因与果的论断，当你在一篇文章中读到的时候，其实没有多少分量。说到底，任何一个人都可以断言一种因果关系的存在。但是，当一个学生与显示出这类行为的各种模型反复打交道之后，当他将现实生活中的各种观察带入这个模型设计对其进行测试之后，当他有机会在实际生活的其他各种系统中观察到同一类行为之后，这种观念就会内化，并成为日常思考的一部分。这个学生就会在处理复杂问题与局面的技能上，变得与众不同。

这些模型本身往往还会揭示出有关实际生活的出人意料的新洞察。在一个周末，我把一个就业培训项目放入一个城市动力学模型中。这是一个“完美的”就业培训项目——它把受训人从“缺乏技能”类别转化为“技术工人”，而且没有增加投入，也就是没有成本。然而，这个完美的模型却造成了失业人数的增加。这个事实出乎我的意料，直到我花了整整一天研究之后，才发现这个模型做了什么：它减少了其他培训项目（因为不再需要这些项目了），增加了技术工人的数量（因此提高了技术工人的失业率），并从其他城市吸引来更多“缺乏技能”的失业工人。我把这次计算机的运行结果拿回去给波士顿的一群政治

① 参见杰伊·福里斯特所著《城市动力学》（*Urban Dynamics*，Pegasus Communications 出版，1969 年）以及劳伦斯·M. 费歇尔所著《非预期后果的先知》（*The Prophet of Unintended Consequences*，strategy+business 出版，2005 年秋，http://www.strategy-business.com/article/05308）。

家和企业管理人员看。他们看着不断增长的失业数据，几分钟默不作声，直到其中的一位打破了沉默：“哦！底特律有这个国家最好的就业培训项目，但失业率也增长最快。”我对这个模型不大肯定，于是向一些从事就业培训的专业人员讨教，问他们是否了解，他们的工作可能会增加失业。我原本期望他们会对这个想法嗤之以鼻，然而，他们却回答说：“一旦出现这种情况，我们就转到其他城市去了。”

在大学和12年制学校里，都会产生新的知识——往往还是由那些在自己专长的领域以外开展研究的人创造出来的。一位麻省理工学院的学生对糖尿病各个方面的胰岛素和葡萄糖的行为表现进行了模拟。他从自己的计算机“病人”那里，获得了一个从未在医学文献中报告过的结果。这个模型是不是出了问题？他把这个结果拿给那些做糖尿病研究的医生们看。他们回答说：“我们曾经有过一个这样的病人，但我们一直认为检测结果存在错误。”在这样的一个过程中，一个新的医学症状得到确认。

（2）发展个人技能

建立系统模型对于清晰度和一致性有着严格的要求，这在一般口头或书面语言的表达中是不需要的。在日常谈话中，人们往往将自己躲藏在模糊不清、有所欠缺，甚至是不合逻辑的叙述背后，比如：“人们的反应取决于其处境。”然而，一位从事系统建模工作的人要想描述这个现象，则必须要具体：是哪些人、是哪些种类的反应，以及不同的外部条件究竟如何引发了哪些具体行动？否则，这个过程就无法翻译转化成为模拟模型中的一个个明确的叙述。

同样重要的是要具备反向翻译转化的能力：即能够把模型建立和

使用过程中产生的各种准确的认知，以清晰的叙述用书面或口头语言表达出来。达到不模棱两可，又表述清晰，需要勇气，也需要技能。但是，通过发展这种能力，学生们就学会提出自己的各种假设，让其他人评判，也学会如何持续改善这些假设。他们逐渐形成了进一步深入思考的判断力，形成了超越眼前局面看得更远的判断力，形成了挑战缺乏根据、没有远见的多数人观念的判断力。在解决问题的过程中，他们在更大的范围里寻找各种不同的可能方案，而非依赖于最初的、直觉上“显而易见”的答案。他们还会敏感地意识到各种相互联系的重要性，这样的相互联系给那些似乎相互孤立又变化无常的事件赋予了意义。

不久之前，我问一位刚从大学毕业的学生，系统动力学研究给他带来了什么。他回答说：“它让我用全然不同的视角去读报纸。”他的这句话的含义是，他看到了不同事件之间的各种关系，他理解了今天的新闻与上周以及去年发生的事件之间的各种关系，他可以从字里行间体会到，有哪些东西一定是这个故事的组成部分，但还没有被报道出来。

（3）塑造符合 21 世纪的未来

有关系统的教育应该让学生们获得自信，相信自己能够塑造自己的未来。贯穿 12 年制教育的系统动力学教学，尤其在认知几代人感到实在无从下手的那些社会问题上，应该让人们感到乐观。通货膨胀、战争、贸易不平衡以及环境破坏，已经持续几个世纪了，对于这些现象的缘由人们所知寥寥。这些问题过于重大，不能交给那些自以为是的专家，公众必须要获得参与到如此重要的讨论中去所必需的洞察力。

即便学生个人在以后的生活中不会去建立各种模型，他们也应该期望，提出经济与社会政策变革建议的那些人，会建立各种系统动态模型，并且这些模型会公布出来，供公众检验。公众要参与其中，就需要了解这样的模型的性质，需要评估系统中的假设，并且游刃有余地要求这些变革的鼓吹者明确自己的假设、为自己的结论做出辩护。

这样的领悟力是逐步形成的。一次，正在拍摄一个有关系统思考教育的电视节目的一位制片人问身边的一位初中的男孩："这些系统思考学习，对于你有什么意义？"那个孩子立刻回答说："我能更好地与妈妈打交道。"当这些学习过系统思考的孩子们开始自己的第一份工作的时候，他们就会获得超乎寻常的预见能力。我们的一位麻省理工学院的毕业生，到能源部去工作，他用一个简单的两级演示模型说明了一个观点。他吃惊地发现，这个模型让他对自己周围的人的思想产生了很大的影响。即便是如此简单的系统思考，往往也会远远超越那些处于重要的政策制定地位的人们的现存思维方式。

最后一点是，系统思考的教学应该影响学生们的个性，强化他们的创新倾向，并纠正社会中将创新人格（innovative personality）转化为权威人格（authoritarian personality）的各种力量。纯粹的权威人格，也就是认为自己处于"不要问为什么，要么去做，要么去死"的那些人，不关心事情发生的理由，也不愿意找出原因。相形之下，创新人格假设事情发生是有原因的，即便这些原因目前还不为人知。此外，寻找这些理由是有价值的，因为如果一个人对此有所了解，那么他很有可能能够对于当下发生的事件，做出变革和改善。[①]

我相信，婴儿生下来就具备创新人格。他们想要探索、想要认识，想要看到事情是如何运转的，也想要看到自己如何掌控周围的环境。但是我们社会中的运作流程，却是阻碍探索、阻碍提出问题。“照我们告诉你的去做”，或者“别提问题了，听我的就行了”，以及“好好学这个东西，对你有好处”——孩子们总是不断地在遭遇这类说法。反复限制创造性倾向的发展，渐渐就迫使人格转向了权威模式。

系统动力学建模的课程安排，通过让学生们对于需要研究的行为形成不同结构与政策的行为，有助于保护和重塑创造性的人生观。一个人要具备创造性，在探询原因、寻求改善的过程中，就要敢于犯错误。计算机模拟的建模是一个反复的试错过程。一个人从中可以学到，进步来自探索、来自从错误中学习。一个具有权威人格的人，惧怕犯错误，也不愿意去尝试未知的事物。而一个具有创造人格的人则认为，错误是通向更深入领悟的一个个阶梯。

从系统思考教学中获益

一个系统思考与系统建模的课程计划本身，并不会自动产生学生需要汲取的更深层的知识。即便是一个运行可靠、精心设计的模型，也不能对建构于其中的假设进行测试。对于这些假设的判断，只能来自其相对的可用性，也就是这个模型所建议的那些行动的最终价值。如果模型的假设与实际效果存在差异，那么学生们应该检查、分析这

---

① 埃弗里特·哈根（Everett Hagen）在其所著《论社会变革理论：经济增长如何开始》（*On The Theory of Social Change: How Economic Growth Begins*，Dorsey Press 出版，1962 年）中描述了创新个性和专制个性，我以其原意在此使用这两个概念。上述引语来自艾尔弗雷德·洛德·坦尼森（Alfred Lord Tennyson）所著史诗《轻骑兵之战歌》（*The Charge of the Light Brigade*，第二节）。

些差异，并将其用于改善心智模式和计算机模型。他们应该将正在学习的内容与家庭、社区和学校中他们已经有所了解的系统联系起来。此外，学校应该尽早脱离那些供学生使用的、事先准备的、千篇一律的模型。相反，学生应该设计自己的模型，检查其中的缺陷，并从模型的改善过程中获得学习。①

其他的“系统思考”方法，诸如介绍各种系统的特征、讨论由系统基本模型产生出来的认知，以及让大家去发现已有的与系统有关的经验，都是有价值的“入门工具”，也是开展进一步学习的动机。但是，这些“系统思考”的内容最多只占到有实用意义的系统思考教育的5%。它们基本上不会改变学生在未来决策中的心智模式。只有专心沉浸在活生生的系统动力模拟的建模过程之中，才会改变心智模式。

最后要说的一点是，未来几十年的最大挑战是如何推进对各种社会系统的认识——就像20世纪对于物理世界的认识所经历的过程一样。这就意味着要学会接受这样一个事实：一个社会系统中的各种相互关系对于人的个体行为有很大影响。更直截了当的说法是，如果人类系统的确是系统的话，那么人类至少部分上是社会与经济机器上的一个齿轮，对于系统的其他部分所带来的、作用于他们身上的种种力量，他们在很大程度上以一种可预见的方式做出反应。虽然这一观点与我们崇尚的“人人可以自由做出个人决定”的幻想大相径庭，但我还是

---

① 我们的课堂已经经历了惊人的转变。我们不仅是在教授内容上超越了必修课程，而且教学速度也加快了（我们在本周就会完成今年的教学计划，在剩下的五周时间里，我们将会增加教学内容）。学生们正在学习的内容也比以往任何时候都更加实用。在我们的课堂上，学生们从被动的接受者转变为主动的学习者。我们的工作也从信息的分发人，转变到为学生尽可能多的学习创设环境的人。我们现在看到的场景是，学生会提前来到班级（甚至是早早就来到学校），在下课铃响了之后也还不走。

认为，系统存在隐含的对自由的限制约束条件，在实际生活中是真实的。重新设计社会和政治系统，可能看似机械、专制。但是，今天所有的政府法律及规章制度系统、企业政策系统及其他社会系统，都是已经被设计过的，通常是被“默认的”，没有人质疑这些设计背后的假设。这些系统是“实验性”地在活生生的人身上、在真实的社区之中，测试出来的，并没有事先对其长期影响做过模拟，也没有进行过小规模实验。在21世纪，我期望无论何地，更好的系统教育都会产生出更好的系统设计。

2. 教学者的系统思考指南①

利斯·斯顿茨和尼娜·克鲁施维茨编纂

本书对于上一版的指南做了更新，其内容代表了这个领域中的一批实践者的集体智慧。利斯·斯顿茨是“创造性学习交流”项目的主任，这个项目是这个领域研究和开发的主要资源之一。尼娜·克鲁施维茨是《第五项修炼·实践篇》项目的主编，也是麻省理工学院的《斯隆管理评论》的主编。她先前在麻省理工学院的组织学习中心的研究工作中，学习掌握了系统思考的工具与技能。

从20世纪80年代起至今，系统思考与系统动力学的应用，在12年制学校的课堂上一直在持续进行。如果你是一名教师，或许对此会感兴趣，但你从哪里入手呢？你需要对这个领域的知识有多少了解，才能在自己的课堂上引入系统思考呢？你到哪里可以寻求帮助呢？对

---

① 对于德布·莱尼斯（Deb Lyneis）、谢里·马林（Sheri Marlin），特雷西·本森（Tracy Benson）和安妮·拉维妮（Anne LaVigne）的帮助和指导，我们深表谢意。

于你的学生、对于他们的反应，你应该有什么样的期望呢？

推进这件事，并不存在唯一的正确方法。进入这个领域的人们，具有各种各样的背景，有着方方面面的经验。你和你的学生运用系统思考，对现有教学内容获得了新的认识，可能就已经满意了；或许你想学会建立你们自己的计算机模型。然而，无论你从哪里开始，也不管你们在这个方向上要走多远，有些你们将遇到的情况，会在你们预料之中。有些活动我们鼓励你们去尝试，有些弯路我们希望你们避免走，而有些资源我们认为你们会觉得有价值。

课堂上为什么要有系统思考？

系统思考是理解（有时候是预测）各种各样复杂、动态的系统相互作用和相互关系的能力——这类系统就在我们周围，而我们自己也置身于其中。有些系统已经存在于课堂学习之中了（人口增长、土地使用、气候和农业生产、革命的起因以及交通流量的不同模式等），也就很容易成为运用系统思考及其工具的对象。

系统地进行思考的能力，既不是全新的，也并不神秘。一位教师在学完一次入门课程之后嘟囔着说："这不过就是常识嘛！"——这说出了许多人的内心反应。从许多方面来看，这的确是真的。系统思考让我们能够看到全局，也看到构成全局的各个微小细节，以及这些部分随着时间的推移相互影响的方式，同时也会将那些人们总能看到但又往往无法解释的行为的各种模式清晰地展示出来。

系统动力学的工具——行为—时间图、因果图、因果循环、计算机模型、计算机模拟以及基本模式，都是有助于我们更有效地理解这些模式和驱动这些模式的系统动力的方法。

有这些工具强化现有课程，学生们可以学到，如何具体描述和量化造成系统成长、稳定的各种影响因素，并进而通过模拟这些影响因素，观察这个系统在不同假设条件下随时间变化的行为。经过反复研习，学生们可以学会如何识别一个系统的各个组成部分，学会分析和了解一个系统的不同部分之间的相互依存关系，这些关系产生的种种条件，以及它们在时间和空间上的作用。不同的工具适用于不同任务，而且像任何事情一样，老师和学生都会倾向于使用某些具体工具。然而，随着我们在课堂上运用这些工具的经验越来越多，我们认识到，这些工具的共同使用，会显著增进学习和理解。

来自新加坡的一个小组访问了俄勒冈州波特兰市塔布曼中学的一个七年级班级。班上的一个女孩在解释自己搭建的模型的一些细节时随口说道："这些工具我时时处处都会用到，比如我在所有课程上都会用到行为—时间图，但说起来，我个人最喜欢的工具还是因果循环图。"对于站在一旁的老师来说，这个女孩的话代表了某种胜利。这种精通的状态，这种自信和拥有感，对于知识工具来说，都是极为罕见的。如果理想的话，对于在学校中获得的所有技能，学生都应该有这种感受，即便是学习代数和造句。然而，学生们这样的拥有感往往被标准教学方法夺走了。运用系统思考教育方法，教师就有机会为学生们提供一系列的工具，这些工具会给他们未来的生活带来优势——无论是在学校里，还是在学校外。

当数学教师黛安娜·费希尔发现了系统思考和计算机建模的时候，她感到自己找到了一生都在寻找的工具。她看到了一种学生可以理解"真实世界的事情"是如何运转的方式。她说："大多数人会被公式搞得头痛。即便是以我具备的培训和数学教学经验，在我看到一个不熟悉的公式时也会对自己说：'天哪，我得坐下来，仔仔细细地分析这个东西里的每个部分。'但是，图形却是展示一个故事的自然方式，就因为它的视觉特点。有些学生具备极为出众的分析能力，我们却还远远没有挖掘。如果我们给他们看 STELLA（系统建模软件）这类工具，我们就会让这些学生飞起来。我们可以对以前从未影响到的学生群体产生影响。”

小学中的系统思考①

石头汤、锅与存量—流量图

一口锅通常用来做汤，但也可以作为一个非常实用的工具，用来教幼儿园的孩子们：造成一个系统里的变化的原因是什么，以及变化是如何用一条倾斜的线来衡量的。在与年幼的孩子们一起使用行为—时间图几年之后，在观察到这些工具的视觉特征是如何帮助孩子们能够清楚地表达自己的思想之后，教师们对于使用存量—流量图的可能性，也感到兴奋不已。

幼儿园老师芭芭拉·卡萨诺瓦（Barbara Casanova）利用一个常见的秋季学期课程，创造出了一个学习机会，向她的学生清楚地展示了存量—流量模式是如何运行的。孩子都熟知的“石头汤”故事讲述了一个聪明的年轻人的民间传说——他通过说服一位老妇人相信他能够用一块石头做出美味的汤来，诱骗这位老妇人为他做了一锅汤。他的确用那块石头做了一锅汤，但那是在老妇人的锅里加上了洋葱、胡萝卜、牛骨、盐、胡椒、麦芽和黄油之后。在芭芭拉的课堂上，学生们要做他们自己的“石头汤”——他们到附近的市场上买了些可口的蔬菜，回到学校之后把这些蔬菜洗净、切好，然后就准备开始做汤了。

① 谢里·马林著，教材由博尔顿初级精英学校的芭芭拉·卡萨诺瓦提供。

这也就是系统思考教学开始的时刻。[①]

学生要根据自己的喜好做出决定，在锅里是放四分之一杯、三分之一杯，还是半杯蔬菜。同时，学生们用图表表示出锅里装的蔬菜的比例。学生们也要做一个纸质的锅，以各种各样的纸片代表汤里加入的蔬菜。对于在这一年中制作“存量和流量图”的学生来说，这个纸质的锅起到的是持续的提醒作用：用图中的长方形代表一种积累。

到锅装满之后，就要开始煮汤了。在一个课堂上，在满满一锅汤正在煮的时候，一位学生敏锐地观察到，有蒸汽从锅里冒了出来，并且蒸汽要作为存量水平的一种变化记录下来。

最后就到了喝汤的时候了，学生们邀请自己的朋友和家长一起来分享他们做的汤。在喝汤的过程中，孩子记录下了汤从锅中盛到杯子里和碗里的次数。他们发现，对于大一点儿的碗，在从锅里向外倒汤的时候，需要倒得急一点儿。由于他们对行为—时间图已经比较熟悉了，学生们就可以在图上画出这个线条的时候，预测它的倾斜度了。他们根据准备汤、烧汤、分汤以及喝汤的整个过程中发生的事情，得出了各种结论。

汤本身并非一个高度复杂的系统。但是，5 岁的孩子能够解释积累，能够使用比例和倾斜度这些术语，并且能够将这些信息用到其他有积累现象的系统中，这就很重要了。更强大的是，在这门课结束相当长一段时间之后，这些托儿所的孩子再次回到这个模型，他们仍然可以准确、清晰地解释这些概念。年幼的孩子们可以并且能够做到深度思考甚至抽象思考。为他们提供视觉工具，保证错误认识可以得到澄清，以便他们也能准确地进行思考。这个锅作为真实案例创造出了一个类

① 安·麦戈文（Ann McGovern）所著《石头汤》（*Stone Soup*，Scholastic Books 出版，1968 年），插图制作温斯洛·平尼·佩尔斯（Winslow Pinney Pels）。

比，其含义是如何帮助学生产生他们最好的思想。[1]

在参观动物园中澄清积累的概念

如果以一个具体的例子精心、细致地说明抽象思维，年幼的孩子就有能力进行抽象思维。于是，幼儿园老师芭芭拉·卡萨诺瓦又进一步强化了孩子们的成功——通过参观动物园的例子，她把存量—流量模型是如何运转的概念教给了他们。

参观动物园是幼儿园孩子们在春天里常做的户外活动。在芭芭拉的课上，学生不仅要学习各种动物的知识，还要研究动物园人流进出的速度如何影响到动物园来的人们的体验。他们仔细观察影响人们进出动物园的各种因素。比如，如果人们感到饿了或者看完了所有的动物感到累了，都会离开动物园，例如，"娃娃需要睡一会儿了。"学生们也发现，诸如有一个新出生的动物等特殊事件，也会影响到动物园来参观的人数。

为了表示人数在动物园中的积累，芭芭拉在她的教室里用胶带做了一个大长方形。学生们则制作了一个讲故事的大笔记本。笔记本上的每一页代表了一天中的一个小时，每一个学生都可以选择某个时间，进入和离开动物园。芭芭拉再用一个大时钟，标出了动物园的开放时间。上午 9 点，4 个人进了动物园。10 点的时候，6 个人进了动物园。11 点，5 个人进了动物园，但是有 3 个人离开。在存量和流量图上，这个记录一直持续到下午 4 点，那时候动物园里就没有游客了。

---

① 在本节以下内容中，书籍的使用，如"石头汤"的案例中所示，以及游戏的使用，都是为学习复杂系统建立基本环境。如果学生有类似的经验或者可以参考的观念，他们能够在体验这个系统的过程中，探究系统的复杂性与相互依赖关系。

通过这堂课建立起来的观点，就是存量是一种积累——在这个案例中，是进入动物园的游客人数的积累。学生们亲身走进、走出那个大长方形，就是在模拟存量的变化速度和存量的累积。在这个动态体验之后，学生们就有能力分析影响进出动物园人流的各种因素了。

在这个动物园游戏中，采取了用身体的动作表达存量的方法，这与幼儿园的课程计划中的一个数学游戏相互印证。这个数学游戏要求学生掷一种特别设计的正方体骰子，各面的数字是 +1，+2，+3，–1，–2，–3。学生们开始的时候，有三个筹码，根据掷出骰子上的数字，他们在一个盒子里添加或者拿走筹码。这个游戏的目的是帮助孩子学习数数，并建立加减法的基础。芭芭拉用人代替筹码，要求她的学生们模拟动物园中发生的故事，同时还写下了相应的公式。由此，她就强化了与一个简单的存量—流量图相关的数学概念。

当这个数学游戏与动物园存量—流量动态游戏搭配到一起应用的时候，学生们就有更大的机会建立其中的各种联系，也因此从两种不同的活动中，获取了更多的意义。这个动物园存量—流量游戏是一个极好的例子——通过运用系统思考工具，学生们在某个活动中需要进行更多的思考，从而强化了现有标准内容的教学。

猛犸象游戏

在有关冰河时代的社会学学习中，作为课程计划的一部分，马萨诸塞州卡莱尔的三年级学生初次接触到了“猛犸象游戏”。学生们掷出骰子，代表猛犸象的出生和死亡。每一轮游戏结束的时候，这个小组的猛犸象群的规模就会下降，他们依此制作出了行为—时间图。随着游戏的进行，猛犸象群中的猛犸象的数量按年度变化被标在图上，一幅图就呈现出来了。帮助学生看到他们的图表中的模式至关重要，类似“有什么在变化？变化正在怎样发生？为什么会发生变化”等问题的提出，有助于引导对话讨论的过程。一条陡直的曲线的含义是猛犸象数量的迅速减少；而一条较为平坦的曲线，则表明猛犸象数量下降的速度比较缓慢。[①]

随后，学生和老师又采用了两种不同的系统思考工具，探讨猛犸象的数量与猛犸象出生和死亡之间的关系。他们运用的第一个工具是“因果循环图”，整个班级在一起讨论不同反馈循环的各种特征。在马萨诸塞州的卡莱尔，也就是开发并详细记录这个猛犸象课程的学校，当教师们看到八九岁的学生对于指数衰减的理解程度之后，都感到大为震惊。这个课程的内容是猛犸象的灭绝——当猛犸象的死亡数量高于出生数量时，猛犸象就会濒临灭绝，一位学生提出了一个问题：如果开始时猛犸象的数目不是 100 只，而是 1 000 只，情况是否会有所不同。大家都不大确定，包括老师在内。有些人认为，如果在开始的时候猛犸象的数量大 10 倍的话，猛犸象的存活时间也会延长 10 倍。而另外一位学生却说：不会是这样的，如果每年在 3 只猛犸象中有 1 只死亡，那么这个猛犸象群还是会在相同的时间内减少一半，也会在相同的时间内灭绝。这个班级用一个简单的 STELLA 模型模拟了这个游戏，结果这个孩子的想法是对的。学生们对于这个游戏，进行了更多的讨论，到了这一段教程结束的时候，大多数学生都理解了“指数衰

① 这个猛犸象游戏以及 10 个其他适用于学生的游戏，请见罗布·奎登（Rob Quaden）、艾伦·托洛茨基（Alan Ticotsky）和德布拉·莱尼斯（Debra Lyneis）所著，内森·沃克（Nathan Walker）做插图的《变化的形状：存量和流量》（*The Shape of Change: Stock and Flow*，Creative Learning Exchange 出版，2009 年）。参见 http://www.clexchange.org/cleproducts/shapeofchange.asp。

减”和半衰期的概念——虽然他们并没有使用这些术语。当老师引入这些术语的时候，班上的学生马上就明白了。

对于老师和学生来说，类似的因果循环图提供的是一个示意图，显示出系统中的不同因素是如何相互影响的。最重要的是，大家认识了循环反馈的过程：当一个系统中的不同因素相互影响的时候，因变成了果，果又变成了因。行为—时间图描述的是系统中“发生了什么”，而因果循环图则说的是“为什么会发生”。许多老师被因果循环图所吸引，并逐渐形成了一种描述因果关系的直觉能力。在为一个复杂影响模式提供一种快速图像方面，这些循环图相当实用。然而，虽然在画因果循环图的时候，可以有许多相互联系、缠绕的循环，但用来描述相当复杂而综合的系统，一般还是画得简单些为好。

接下来一步，卡莱尔中学的老师在这个课堂上应用了一个猛犸象游戏的存量—流量图。与因果循环图相比，存量—流量图的用途要丰富、广泛得多，而又由于其非常具体，对于年轻人群体就尤其有价值。当学生（就此而言，也包括成年人）开始以“流入”和“流出”的角度思考问题的时候，他们的思想就会产生一种深层的变化。学生们可以讨论他们在游戏中提到的实际数量，再把它们与随时间变化的积累和流量等概念联系起来。

画存量—流量图，只需要用纸、铅笔或者黑板。随着问题和对话逐渐演进，老师们可以在图的旁边列表标出可能的输入、输出和影响流速的种种因素。随着存量—流量图逐步形成并且变得复杂起来，把这些内容再拿回来讨论，都会有用。

然而，存量—流量图并不总是单独制作出来的。各种存量—流量图往往是在模拟或者建立一个模型的发展过程中画出来的。实际上，如果你画出了一幅定义清晰的存量—流量图，你就已经完成了计算机建模工作的一半了。在许多课堂上，最终的一步是编程开发一个简单的计算机模型，并且通过运行这个模型，观察图表中的变化的模式——就像是在猛犸象游戏中所做的那样。

——罗布·奎登、艾伦·托洛茨基、德布拉·莱内斯

中学课堂上的系统思考

系统思考在课堂上的重要应用之一，是形成对于我们时代的各种重要议题的认识，以及对于如何应对这些问题的认识。其中有两个议题，一个是我们这个星球的可持续问题，一个则是毁灭性流行病大规模爆发的可能性。以下的两个中学，对这两个问题做出了清楚的回应。

豆子游戏

对于各种限制因素、人与自然系统相互作用产生的各种影响、生物承载能力、短缺与选择之间的关系以及自然资源的分配等问题，大多数社会学、科学和环境教育的课程中都安排了通用的标准单元。参与“华特尔斯基金学校中的系统思考项目”（Waters Foundation’s Systems Thinking in Schools）的谢里尔·道（Cheryl Dow）和特蕾西·本森，设计了一个角色扮演的模拟游戏，帮助学生们体验这些重要的概念。“豆子游戏”所探索的，是随着多代家庭中的每一代人（高祖父母、曾祖父母、祖父母、父母以及孩子们）决定他们需要多少资源才能健康、富裕地生活，经过一段时间后随之产生的各种影响。[①]

这个游戏的结构是，每一代家庭都有一种不同的消费用具（勺子、小杯子或镊子），可以从一个装有全球资源（由花斑豆来代表）的大桶

① 有关“豆子游戏”的更多内容，请见 www.watersfoundation.org。

里，获取和消费资源。由于学生们知道这个游戏中不包括可再生能源，他们也就迅速发现，资源经过一段时间很快就会消耗殆尽。他们也看到心智模式、贪婪以及用具对自然资源的迅速耗尽会产生什么样的影响。通常，不同的家庭成员一开始就会进入竞争状态，试图努力去获得尽可能多的豆子（资源）。在那些拥有可以收集到更多豆子的工具（小杯子）的家庭和明显在工具上受限（镊子）的家庭之间，就产生了一种滑稽的相互憎恨。到这个模拟游戏快结束的时候，年纪最轻的那一代人，就会面对一种可用自然资源耗尽的惊人局面，由此产生出一种强烈的情绪反应，为一场生动活跃的汇报研讨提供了素材。

在这个游戏的汇报研讨阶段，画一幅存量—流量图会有帮助。学生们首先画出他们体验到的那个系统——这是一个没有可再生资源的系统（在图中以黑色表示），然后，他们可以在图上加上一些有助于系统可持续的、可以产生杠杆作用的行动。当这部分结束的时候，学生们了解到自己对于流出（资源的消费）和流入（可再生资源）都会产生影响，并由此产生一种承担责任的感受。这个游戏及其汇报研讨的体验，总会提高学生们的认识，也希望对于他们未来的行动会有所影响。

——特蕾西·本森，华特尔斯基金

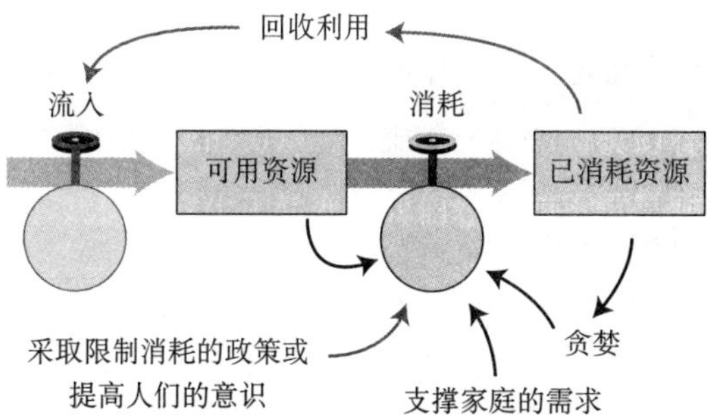

帮助中学生探究流行病是如何传播的

有时候，中学生更关注自己同辈人之间的最新社会新闻，而不是有关疾病传播的最近一节科学课。但是这两个系统的相似程度，实际上却比许多学生所意识到的要大得多。

对于一个谣言是如何迅速传播的，学生们一般相当熟悉。在很短一段时间里，每一个人似乎都听到了那个流言。谢伊·范·罗兹和我一起，帮助她的八年级科学课的学生看到各种疾病，比如，人类免疫缺陷病毒（HIV）是如何以类似的方式传播的。（这个游戏，在健康课上也用过）学生们玩的是一个动觉游戏，在这个游戏中[①]，他们与课堂上的其他学生做几轮握手的动作。在学生们的相互接触中，有些会传播一种想象中的“流行病”，有些则不会。每一轮结束的时候，学生们都会记下他们的感染状态：“健康”或者是“受感染”。起初，只有一个学生有这种假想的疾病，但是经过十几轮之后，所有学生都被感染了。在这之后，学生们把他们的数据整理出来，绘制出随时间变化的总体感染图。这个通常是 S 形的发展模式，显示出流行病是如何从最初缓慢传播，而后随着越来越多的学生患病逐渐加速的。最终，所有人都受到感染，曲线也就变得扁平了。[②]

学生们使用这个图表，在课堂上探讨产生这种增长模式的底层结构。然后，他们搭建一个计算机模型，其中包括这个系统的其他元素（比如，受感染个体的数量、健康个体的数量以及他们之间接触的

---

① 有关如何构建和使用“疾病传染游戏”的更详尽的内容，可以参考《变革的形状》（*The Shape of Change*，参见“猛犸象游戏”）。

② “疾病传染游戏”的基础是霍莉·克拉夫（Holly Cluff）、山姆·德沃尔（Sam DeVore）、威尔·格拉斯－侯赛因（Will Glass-Husain）、安妮·拉维妮（Anne LaVigne）、约翰·斯特曼（John Sterman）、谢伊·范·罗兹（Shea Van Rhoads）以及其他 12 年制的教育工作者和实践者的工作。

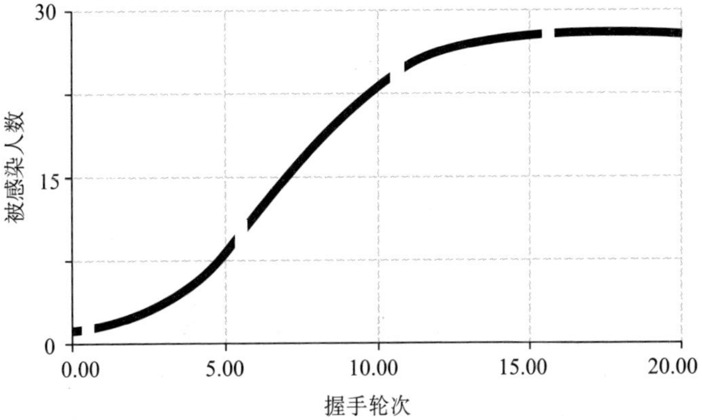

频度)。运行这个简单的模型，就会出现类似他们在游戏中所经历的 S 形模式。在此之后，学生们应用这个模型，对于造成疾病传播以及如何防止传染的各种理论，进行测试。

在对疾病的传染方式有了基本了解之后，学生们就转而探讨一种具体的疾病：人类免疫缺陷病毒，这也是他们的科学课的规定内容。他们运行了一个模拟程序，探讨 HIV 的动态变化，他们采用的是一组国家受到这种疾病的侵袭的数据，比如赞比亚、美国，以及博茨瓦纳。每一个国家都有不同的流行模式，相关因素包括，开始模拟时受感染人群所占的百分比，是否可以接受医学治疗，以及接触这种病毒人数所占的百分比，等等。由于那个最初的假想疾病传染游戏没有包括治愈与死亡的可能性，HIV 传播的模式就与握手游戏中的模式有些不同，随着时间的推移，这种疾病患病人数下降是有可能的。

基于不同国家的模拟条件，对于一段时间内这个疾病对各国的人群可能产生的影响，学生们做出了预测。在运行了模拟程序之后，大家讨论了其对经济、政治和文化方面的种种影响。对于推进人们期望变化的可能杠杆作用点以及政策所产生的潜在长期影响等等方面的难题，他们也开始提出问题并进行探讨。比如："如果所有新的感染都可以通过各种预防方式消除，结果会怎么样呢？"以及"如果没有同时采取预防措施，医学治疗对于延长患者生命和疾病传播速度会产生哪些影响呢？"[①]

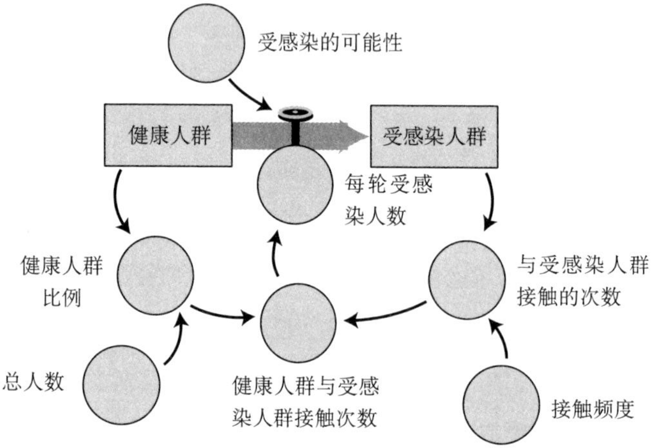

通过发现谣言的传播与HIV的传播之间联系的类似方法，学生们在课堂上还讨论了这种增长模式在各种不同的背景下的情况，其中包括黑死病、新观念与创新的传播，以及时装与流行产品的演化。学生们建立了自己的模型，体验了动觉模拟过程，形成了以存量—流量进行描述的方法，并且探讨了不同的模拟环境。通过这些不同的体验，学生们就能够理解这一类增长模式，并且在各种实际生活的环境中，将其识别出来。对于世界各地及历史上面对（或者面对过）这类难题的那些活生生的人们所受到的一些影响，他们形成了认识。

——安妮·拉维妮，华特尔斯基金会

① 有关"流行病传播游戏"的更多内容，参见威尔·格拉斯–侯赛因所著《系统动力学教学：观察流行病》（*Teaching System Dynamics*：*Looking at Epidemics*, Creative Learning Exchange 出版，1991 年）。这个模型基于约翰·斯特曼创建的双重存量感染模型。参见网站 http://clexchange.org/ftp/documents/Roadmaps/RM5/D-4243-3.pdf。

高中阶段的系统思考

系统思考工具的应用，并不限于数学课和科学课。在十年级的英语课上，阅读威廉·戈尔丁（William Golding）的著作《蝇王》（*Lord of the Files*）的学生们分成小组，绘制出了书中不同人物的权力水平如何随着每一章中事件的展开而发生变化。他们互相比较各自的成果，投入深层问题的讨论之中。由于每一个小组绘制的图表是不同的，因此他们的起点一定是对“现实”特征的一组不同假设。

“我读了一些有关‘行为—时间图’的资料，”学生们的老师蒂姆·乔伊（Tim Joy）说，“但是否能在课堂上运用，我完全没有概念。学生们的任务，是要跟着整本书追踪各个人物的脉络。他们在家里完成作业，等到他们第二天来到课堂的时候，我几乎没有办法完成课前点名。他们互相展示自己的图表，他们之间的辩论也就此展开。即便是在优等班上最好的情况下，我们也从未见过这样的热烈讨论。我要求他们集中到一起，绘制出代表他们共同观点的图表。结果让人喜出望外，因为在由此而额外增加的作业中，他们选择了一个没有达成一致意见的图表，并用一篇短文陈述了各自的观点。当我看到了学生的反应——他们的参与程度、思考和讨论的程度，我就知道这是一个我一直会运用下去的工具。”

随着蒂姆的课继续进行，他就延展到了存量—流量图，最终发展到他自己建立了一个计算机模拟模型，其中包括定义每一种相互关系的各种公式。学生们可以改变模型中的变量，快速了解一个系统中各种因素如何相互作用。

采用现有的模拟模型，去了解一个具体系统的动态关系，很有益处。模拟程序可以让学生们进行“如果……怎样……”的操作——尝试各种不同的可能情境，对比不同结果，从而形成对系统整体的更强认识。有许多模拟程序小学生就可以掌握。猛犸象游戏的模型显示出当出生率和死亡率发生变化时，将会发生什么；或者可以显示出当猎人加入这个场景的时候，会产生什么结果。而掷骰子的“棋子游戏”要花许多天时间才能够展示出来的“几轮”结果，用一台计算机几分钟就可以完成了。

在课堂上应用计算机模拟，需要进行大量的课堂讨论。在每一“轮”模拟运行之前，要求学生预测出在他们改变自己的输入变量时，图表会如何变化，这非常关键。否则，他们就只是在玩一个计算机游戏，没有综合分析，也没有理解和认识。以图表的形式将实际结果与他们的预期进行对比，可以引发出各种有关系统运行为什么与大家先前的预测不同的问题，还可以引发一些更深入的问题。每一个图表都可以讲一个故事。为什么猛犸象不能生存下去？当时是否有足够的食物？是不是猎人的数量增长得过快？

年轻人很快就会喜欢上操作计算机模拟程序，其速度可能会让成年人感到吃惊。由于老师可能还没有习惯在课堂上使用计算机，他们可能会犯花太多时间进行解释的错误。做一个简短的说明，接下来花15~20分钟让学生们自己进行实验，通常情况下就足够了。孩子们已经习惯于视频与计算机游戏，他们恐怕想马上上手试一试这个模型的极限——想要“战胜”或者“摆平”这台计算机。基本上不会有人对运行或者操作模拟程序感到胆怯，其中许多学生还可能想直接从模拟进入到建立自己的模型的阶段。

一旦他们了解到模型是如何建立的，运行过蒂姆·乔伊的《蝇王》的模拟程序的那些高中生，就开始对这个程序提出种种质疑。这个程序不允许他们增加他们在小说中看到的一些关系，其中一些人把模型拿回家，自己进行修改。

蒂姆告诉我们："他们增加了一些存量，然后就发现流量有问题，但也就是在这个时候我发现，即便是一个不太好的模型，也比某些传统的教学工具要好。计算机模型要求他们清楚地表达出自己的思维过程，要求他们清楚地表达出他们提出的问题。"

并非所有的教师在自己的课程计划中都会走到建立模型的阶段。了解和熟悉软件，需要时间，一些学区计算机资源也有限。然而，对于那些把建立模型作为课程要求的教师来说，当他们看到孩子们由此做出的成果，并从中获得兴奋和满足，就足以补偿他们学习建立模型的辛苦付出了。

我们有理由相信努力学习模型，并把它教给孩子，将以意想不到的方式回报。玛莎·莱恩斯（Martha Lynes）是马萨诸塞州诺斯汉普顿的一名退休物理教师，几年前，她开发了一门课程，学生们在这门课上用汽水瓶罐做出了各种各样的火箭。学生们首先初步了解了行为—时间图和存量—流量图，其后初步建立模型的内容。当然，最令人激动的部分，还是建造火箭，并且在学校附近的一片空场上发射的时候。学生们用视频记录了火箭飞行过程，其后他们又用塑料膜盖住录像机的屏幕，画出火箭的飞行路线。学生们组成小组开发模型，用于解释各自火箭的飞行路径，并且在全班同学面前做出说明。

一名参加了她的第一次课的学生毕业后从斯坦福大学给玛莎写信说，他正在上一门物理课，班上许多来自名校的学生都已经在基于微积分的物理方面，花了几年时间了。但是他发现，这些人与他不同，他们缺乏对于那些概念的真正理解，所以考试成绩就不如他好。

几年之后，他又给玛莎写了一封信，这一次他是在一家汽车研究机构做实习生的时候写的。这时他正在开发一个气囊用的真正的计算机模型。他说，这让他想起了那些水火箭的模型。他再次对她的物理课表示了感谢——这些课“遥遥领先于其他高中课程许多年”。从他的信中可以清楚地看到，如果有足够的学生参与了类似的训练，我们就可以期望技术不仅可以愈加先进，而且还会在多元化和人性化方面，更为丰富。

在俄勒冈州波特兰举办的一次学生项目展示会上，一个学习过一些司法科学知识的高年级团队，对于法医确定一具尸体死亡时间的过程产生了兴趣。他们找到了一位法医进行访谈，这位法医还把自己一些原创的论文借给了他们。学生们选择了三个可以给出死亡时间线索的变量：环境温度、体重以及衣服的状态，是干的还是湿的，或者是不见了。他们在把前两个变量进行模型化的时候，没有费多少工夫，但是衣服状态的描述却是个问题。他们如何才能在一个公式中表示所有变量呢？学生们在三个牛奶瓶中灌满98℃的水，然后把一块湿毛巾包在一个瓶子周围，另一个不包毛巾，第三个则包上干毛巾。他们用了几个小时的时间，每过15分钟测量一下每个瓶中的水温，了解了那条变化曲线。

以学习者为中心的学习

系统思考工具的益处之一，是老师一般会让学生配对和分组工作。比如，配对建立STELLA模型的两个学生，就会有一个同伴提出相关问题，并检验他们的思考。一堂数学课上的八年级学生，在应用STELLA软件为一些简单的公式做图表，他们上次使用STELLA软件是在一年之前。结果，课堂上争论的都是这类问题：“如果我们把这个变量值变成5，会是什么结果？”“你是否还记得怎样确定连续变量的量程？”“这与我们在社会研究中的问题是否是同样的问题？”“你为什么要把这个公式以这种方式表达出来——我们是否可以用另一种方式做？”

在这样的环境中共同工作的学生，更有可能对一个问题提出新的质询，而非执着于获得正确答案。虽然他们需要一些指导才能不偏离方向，但质询能够让他们的理解更加深入——超越他们自己或老师的预期。多萝西 · 约翰逊（Dorothy Johnson）课上的学生们在完成有关罗密欧与朱丽叶的课程时，都要写一篇专题论文。其中有一个可选的题目，是要求学生们组成团队工作，对于他们所选择的一个故事，开发出一个存量—流量模型，并建立一个 STELLA 模型。她建议学生们不要搞得太复杂，要简单点儿。多萝西相当肯定地认为，不会有人做这个选择题，但让她大吃一惊的是，每一对学生都选择了为自己的故事建立模型——从简单的童话到《人与鼠》，其中许多人是在放学之后回到课堂上来做的。

威尔 · 科斯特洛（Will Costello）是佛蒙特州的一名教师，他与其他人共同在高中教一门模型建立课。他的科学课上的两名学生，对于美国内战是否有可能避免这个问题，逐渐产生了兴趣。他们判断自己需要在棉花生产方面做些研究，了解种植园增长与土地需求随时间变化的情况。由于在自己学习的图书馆里找不到他们需要的资料，他们就逛到了附近一所大学的农学院。在那里，他们偶然发现了一位曾经对南方棉花生产做过 12 年研究的教授，这位教授帮助他们了解了在建立模型中需要的那些变量。

“你可以想象，这是多么大的自我激励，”科斯特洛说，“高中的孩子一般不会对历史问题着迷，但他们却自己提出了这些他们似乎没有能力提出来的深入观点。他们看到了土壤衰竭（种植棉花的土地在两年中就衰竭了）与南方种植者可以开发的有限耕地供应之间的关系。这些学生通过自己的研究发现，南方发动战争是有经济动因的。在我看来，如果学生们获得了工具和鼓励，他们就可以在我们无法想象的层级上学习和表现”。

搭建学科之间的桥梁

一旦学生们以系统思考的方式理解了一个概念，体验了由参与和好奇心带来的兴致勃勃，就自然而然地会尝试着将系统思考应用到其他情境之中。在一所天主教高中的英文课上阅读了《蝇王》的学生，把他们有关失去纯真的讨论，带到了宗教课上。学生们关于善与恶的热烈讨论，让宗教课老师印象深刻，但他却不熟悉学生们使用的图表和语言，于是，他就去找那位英语老师了解究竟。当他看到孩子们在这之前创作的图表之后，便引导学生们继续开展有关威廉姆·戈尔丁的讨论。“作者相信人的内在本质是恶，这与天主教会的教义不符。”宗教课老师这样说。这个说法本身成了一个跳板，启发了一场有关原罪和救赎的可能含义的深入会谈。

虽然这位宗教课老师之前在各种会议上听说过系统思考和系统动力学工具，但他以前觉得这些都太技术化了，所以一直都在回避。一个学期之后，宗教课部门的老师们，就开始应用这些工具了。现在，几年过去了，低年级的学生在上宗教课的时候，应用了许多系统思考工具。为了响应一位主教将附近的一条河命名为“圣河”的训令，他们也在构建各种计算机模型，评估修建水坝对于鲑鱼群的各种影响。

用无形因素进行系统建模

有时候老师们感到，在为诸如“天真”“快乐”以及“自信”等“软变量”进行数学赋值的时候，实在太困难了。这些概念都无法衡量，他们如何建模呢？然而，为任何一个事物建模都是可能的——从一所学校的管理人员的不信任感，到罗密欧的强烈感情。

你要做的是，为这些变量赋予代表相对量的数字（比如，热情）。STELLA 建模软件的创建者巴里·里士满（Barry Richmond）指出，目前尚不能衡量的许多性质，都可以进行量化。进行量化其实就意味着把一个数值赋予某个事物。如果量化一个“软”变量似乎有难度，比如，量化一种情感或是团队的态度，这或许是因为类似的许多量化过程很容易让人疑惑——除非量化过程是透明的，也就是说，在这些数值背后的假设必须是清晰可见的。比如，你可以建立一个公式，在这个公式中，每一次麦克白（或者他的妻子）感到受辱的时候，麦克白的谋杀能量都增加一倍。但是，你能够为这种关系辩护吗？为什么一定是增加一倍？让谋杀能量增加更多的是什么——受辱，还是野心？要对于如何量化“软”变量做出决定，可能要进行大量的讨论，以及对于“软变量”和系统中的其他变量之间的关系进行严格思考。有些人喜欢把这些变量的量化称为“修辞”值。当你选择了一个数值的时候，你实际上是表明了一种立场，你必须要有能力为其辩护，要说出一个能够让大家尊重这个数值的道理。

你能够改变这个世界吗？

要想处理我们持续增长的复杂世界中的各种问题和挑战，就一定要有工具，这些工具帮助我们——尤其我们的学生，理解和应对其中的复杂性。对于这个目的，系统思考的工具有其独特的适用性。诸如可持续发展、我们的社会系统以及国际系统等问题，都迫切需要应用这些有助于建构意义的工具。

在俄勒冈州波特兰的威尔逊高中里，黛安娜·费希尔教授的系统动力学建模课表明，这些工具可以处理数量众多的各种议题。在最近的一次系统动力学国际大会上，她的四名学生介绍的项目，涉及内容丰富的各种不同议题，例如："汽车制造厂商是否能够应对油—电动混合动力车的持续增长的需求？""在一个稳定的生态系统中引入入侵物种会带来什么样的后果？""我们是如何通过把牛奶从生产商运送给消费者加速全球气候变暖的？"以及"全球气候变暖，我们还有多少时间？"等等。

当学生们有能力对这类问题产生如此富于成效又深入洞察的回应，当这些回应又植根于他们对塑造了现实世界的种种相互关系的理解的时候，这个世界的改变就有了现实的可能性。

创造性学习交流中心[①]

"创造性学习交流"中心（Creative Learning Exchange，简写为CLE）帮助教师们（以及公民们）在12年制学校系统中初步应用系统动力学习工具、系统思考以及以学习者为中心的学习。中心提供的论文材料林林总总、内容丰富——从系统思考的解读，到教程以及课程安排。中心每年都会有四到五期实时通讯，内容是各种故事和激励人心的体会。还会每两年举行一次全国大会，到会发言的人既有身体力行的教师，也有系统动力学领域中的权威人士。最重要的是，在教育工作者面对一种新技术感到有困难的时候，CLE中心的网络为他们提供了一种社区联系，包括电话和邮件支持。

CLE中心提供的最有价值的服务之一，是由教师们创作的可以免费下载的系统思考教学计划——用作教育目的。CLE中心的教材有一

① 在网站 http://www.clexchange.org 上可以直接获得课程。

种"开放式软件"的感受，教师和学生们一起持续开发、持续优化，因此这些教程便处于一种持续进化的状态。其中的课程有："友谊游戏"——描述你的交友技能与你拥有的朋友数量的正反馈关系；"芭比娃娃万岁"游戏——用于中学生学习图表制作和建模技术（学生们通过带自己的娃娃去蹦极进行学习）；"认识萨赫勒的悲剧"，则是一个以非洲萨赫勒地区人道主义援助为内容的模拟软件，显示出援助可能起反作用，最终毁灭文化；而"模拟纯真的终结"则是一个基于《蝇王》一书堕入野蛮过程的模拟软件。

——尼娜·克鲁施维茨、吉姆·卢卡斯[1]

黛安娜·费希尔的数学和建模指南[2]

在波特兰的各个公立中学里教授系统动力学建模5年的经历之后，黛安娜·费希尔写出了《动态系统的模型建立》一书的第一版。在教授高中生如何一步一步地学习建立模型方面，这本书提供了第一手的实践建议以及详细的课程计划。想要进行尝试的成年人或学生，都可以把这本书当作自己的一门自学课程。它可以帮助已经有系统动力学建模经验的教师，为学生安排一门课程——安排在正常教学计划之中，

---

① "创造性学习交流中心"是"滚雪球夏令营"(Camp Snowball）项目的赞助方。"滚雪球夏令营"以系统思考的工具为主题，是每年一次为教育工作者和其他个人（包括学生）举办的参与式大型活动。有关信息请见：http://www.campsnowball.org/。

② 《动态系统的模型建立：第一期课程的经验》(*Modeling Dynamic Systems: Lessons for a First Course*，2005）和《数学课：一种动态方法》(*Lessons in Mathematics: A Dynamic Approach*，2001)，黛安娜·费希尔著（iSee Systems 出版）。

或者是以放学后的俱乐部形式进行安排。

《数学课》介绍了如何将系统动力学的内容融入现有的教学计划。黛安娜常说，她现在如果不涉及系统动力学内容，就教不了数学了，因为系统动力学的内容有助于澄清那些标准数学课程中无法进行教学的概念。

——利斯·斯顿茨（Lees Stuntz）①

灵　感②

这个概念匹配软件使你能够自由自在地进行头脑风暴，并且把你们形成的所有观点和联系都放到一个计算机屏幕的工作空间里。在大屏幕上投射计算机的能力可以强化课堂讨论。针对一个问题或者议题，每个学生依次描述自己的概念理解，所有相关的图像定义就一点点地建立起来了。

任何一个老师都可以通过半个小时的指导或者几个小时的试验，熟悉掌握灵感软件，而孩子们从二年级以上就可以掌握了。这个软件持续升级，最新版本允许使用者很容易地增加自己的图标，并且将图输出到网络上。

——理查德·朗海姆（Richard Langheim），新泽西拉马波学院教育学副教授

① 黛安娜·费希尔有一个自己的网站，上面有许多资料和令人深有感触的学生学习的录像。见 http://www.ccmodelingsystems.com。

② 灵感软件公司（Inspiration Software）出版。

STELLA[1]

STELLA 是一个为教育工作者设计的一个优秀改编版软件，它基于由杰伊·福里斯特开发的最初的系统动力学计算机语言。(另一个类似的软件，iThink 是面向商业决策者的。) 要创建一个 STELLA 模型，你必须要指定存量和流量，还要确定它们之间的相互关系。要保持所有这些内容的明确清晰，很不容易。比如，你不能使一个存量的输入是水，但其输出却是能量。但是，通过不断克服困难，就可以让学生对手中的材料形成更深入的认识。此外，STELLA 软件允许你设计一个接口，使其他人更加容易地测试你的模型——而不必面对模型的底层结构（当然，如果他们想要看到，还是可以找到）。

小学生就可以使用 STELLA 模型，理解存量和流量，但是建立模型应该是在初中阶段。教师需要经过几天的培训，才能学好 STELLA，将其引入课堂。以我个人的经历，到了中学或者更早一些，学生们就能够掌握使用 STELLA 公式建立模型时所需要的数学能力了。使用 STELLA 可以教会他们将语言表达翻译成图表，再转换成数学公式，也可以教会学生在历史、生物、文学以及所有其他领域的主要系统之间相互转换。

要想涉足这些软件，你需要熟悉和掌握，看到某种状况表面下的深层结构的心智训练。这些地图和模拟运行是提出问题的工具，例如："这是怎么回事？这是什么意思？" 你可以通过一个答

① iSee Systems（前"高绩效系统"公司，High Performance Systems）出版，www.iseesystems.com。

案表，解决二加二等于四的问题。一张地图或者一次模拟运行提出的问题是，为什么相加（或者相减）是最合适的计算，相加是如何计算的，以及为什么这个计算重要？

——理查德·朗海姆

3. 环境与参与①

彼得·圣吉

1988 年，第一轮系统思考课程在亚利桑那州图森市的橘园中学开班了。这是科学课老师弗兰克·德雷珀（Frank Draper）策划、鼓动的成果，也得益于玛丽·希茨的支持——当时，她是橘园中学的校长。1991 年，当我和妻子黛安娜一起，首次参观弗兰克的八年级科学课时，我们发现这里明显与众不同。首先，弗兰克并不在课堂上。实际情况是，课堂上根本没有老师。先前有几个学生说在图书馆做的研究有些问题，于是弗兰克就和他们一起去图书馆了（那还是互联网时代之前，是大家要走路去图书馆的时候）。但是，让我们惊诧不已的是，这个课堂并没有陷入混乱状态。恰恰相反，课堂上的 30 多个学生，每两人一组围坐在一台麦金塔电脑面前，全神贯注于他们的讨论之中。

① 这篇短文改编自由乔伊·里士满（Joy Richmond）、利斯·斯顿茨、凯西·里士满（Kathy Richmond）和乔安妮·埃格纳（Joanne Egner）共同编辑的《追踪各种各样的联系：系统思考者的声音》（*Tracing Connections: Voices of Systems Thinkers*, iSee Systems and Creative Learning Exchange 出版，2010 年）一书中的《一个相互依赖的世界的教育》（*Education for an Interdependent World*）一文。《跟踪各种各样的联系》一书的编写，是为了纪念巴里·里士满，他是系统思考的先驱，高绩效系统公司的创始人和总经理，也是 STELLA 软件的设计者和开发人，故于 2002 年。

我们了解到，弗兰克和他的同事马克·斯旺森（Mark Swanson）围绕着一个真正的项目开发出了这个学期的科学课课程：设计一个将要在图森北部开发的州立公园。对于公园和自然保护区管理中出现的各种难以避免的冲突，学生们已经完成了研究，现在他们正在进行的是一项基于 STELLA 软件的模拟。这个模拟可以显示出不同决策带来的各种影响。对于这个公园，他们有一个总体预算。在此之前，他们也以环境质量、经济、娱乐和教育等目标为基础，确定了这家公园的使命。此时，这些学生正在设计的是这家公园的步行系统。在他们设计出某一条道路的建议之后，模拟模型就会计算出相应的环境和经济影响，这又激发了学生们对于权衡不同选择之间利弊的激烈讨论。

我们刚刚在教室的后面站了没几分钟，两个男孩就跑过来一把抓住了我们，“我们需要你们的建议。”乔说道，“比利和我设想的道路不一样。他觉得他想的那条路很棒，因为可以赚好多钱（让登山者可以经过风景最好的地点），但是这条路也会给环境造成很大破坏。我设计的那条路环境破坏要小一些，但是他认为，这条路离印第安人墓地太近，所以会引起抗议。”

这两个男孩用了相当长的一段时间，向我们说明他们那两条不一样的步行道，并让我们看了部分模拟结果。这里没有非此即彼的答案，对此这两个男孩很显然相当了解。这是个有关设计与选择的问题。下课铃响了，表示这堂课结束了。他们相互说再见，在分手前决定放学之后再回到这里，看看他们能不能在某个建议上达成一致，在本周结束的时候与全班同学分享（在这个学期结束的时候，这些学生的建议和分析呈现给了真正的公园规划委员会）。

学生们还学习了各种映射系统的概念工具，以及在与他人交流时怎样表达他们对开发公园计划相互依赖性的理解。今天，诸如行为一时间图、连接环路、因果循环图、存量—流量图，以及系统基本模式这些工具，学校系统都在采用——从幼儿园就开始了。这里的孩子们从很小的时候，就开始受邀观察自己的日常体验，比如：信任是如何建立的、朋友关系又是如何变坏的，或者在改掉一个坏习惯的时候，会发生什么。随着学生们年龄的逐渐增长，他们自然而然地就可以把这些工具运用到更复杂的议题上，并且开始开发自己的模拟模型。这个过程不仅发展了深层内容知识，而且发展了思考技能，让学生们看到全然不同的情景背后，存在着共同的系统动态关系。

“我们的方法是请孩子去思考一种世界观——复杂的、相互依赖的系统的世界观。我们没有采用抽象的学习方式，而是运用了各种模拟模型，直面并深入这个相互依赖的世界——它体现在这个世界的具体生活场景之中，体现在这些系统如何与其他系统联系在一起。”弗兰克·德雷珀如是说。

参与的根基

橘园中学里的州立公园练习中最显而易见的，是学生们的投入和参与。是什么使这些学生如此投入呢？

首先，这里的学生投入全部精力、努力去解决的是现实世界中的问题，而非虚假的课堂练习。他们不仅能够体会到新开发一个州立公园所面临的不同挑战，也可以感受到设计这个公园所来的种种益处。

其次，这些学生是在自主思考。他们明白，面对种种挑战，并不存在单一的正确答案。对于做出不同的决定，将会带来什么样的后果，他们最终需要有更加明了的认识，而且他们还必须要为最后的利弊权衡，提供合理框架。甚至于一个指向正确答案的简单公式，教师也没有提供。恰恰相反，这些学生必须要对一个真实的问题，梳理自己的想法、探索分析不同的建议，最终形成自己的结论。

再次，教师以导师而非讲师的身份开展工作。教师的角色，不是为学生提供一个预定的方法，或者引导学生发现一个预先确定的正确答案。实际上，这些教师也不知道最好的结果是什么——他们与学生一样，是共同的学习者。但是，教师的作用并非就不关键——他们必须要帮助学生，厘清不同情境下各种结果的合理意义。由于先前开展的建立计算机模拟模型的工作，教师们获得了有关这项工作的重要知识，但并没有什么简单答案。随着不同反馈的相互影响逐渐发挥作用，一个复杂的动态模拟模型对于各种变化做出反应的方式，往往出乎开发者的意料。

整个过程，引导教师与学生进入围绕一个复杂问题的相互学习之中。他们必须意识到，自己是在用一个模型进行工作，也正因如此，以其定义而论，他们的观点是不完善的。教师的角色之一，就是要帮助学生描述这个模型基于的所有假设，还要邀请所有学生对这些假设提出批评性评价，并进一步考虑其他替代性假设可能带来的后果——这是科学思考方式的一个关键方面。

巴里·里士满是一位教育家，也是终生致力于学习系统思考的研究者——他设计并开发了模型软件 STELLA。根据他和教育工作者的共同工作，巴里确定了八项系统思考的基本组成部分：

a. 有高度的思考（High-altitude thinking）：获得一种多学科、大视野的视角，而不是拘泥于某一特定研究领域的细枝末节。

b. 系统作为（内在）原因的思考（System-as-cause thinking）：将与所关注的议题或行为最相关的那些因素，区分出来，并且发现这些因素如何相互影响，导致了所观察到的行为。

c. 动态思考（Dynamic thinking）：看到随时间变化的具体行为模式，并且认识到所发生的各种事件并非孤立，而是行为模式的不同部分。

d. 操作性思考（Operational thinking）：理解一个系统的不同部分如何相互影响，形成了这些行为模式。

e. 闭环思考（Closed-loop thinking）：识别出将所有不同的相互影响的部分联系起来的、由多个相互影响的反馈环路（因果关系）组成的网络。

f. 科学思考（Scientific thinking）：将数学模型和模拟实验作为假设予以应用，解释反馈和行为之间的联系。

g. 同理思考（Empathic thinking）：探询当前的假设，并为个人与组织学习进行有效沟通。

h. 类型思考（Generic thinking）：理解某些反馈结构会在各种不同条件和环境下产生出同样的行为。

最后，与合作伙伴一起将学生们带入共同探索。这不仅使他们能够相互了解，而且让他们能够持续直面其他人的各种不同观点和假设。这让学生们在一种自然而然的过程中，看到每一个人如何推理——如何运用过去的经验和假设，形成指导行动的各种结论。当他们从其他人那里领会这个过程之后，就会让自己以更开放的状态，检查自己的推理过程。

当然，人们一直都用这样的过程进行推理论证，但是，我们更容易从别人那里看到这个过程，因为我们的推理进程，对于自己往往是“透明”的，是无法觉察到的。反思（也就是学习如何检查我们自己的假设与推理的过程）对于发展高级技能的重要性，教育工作者大都了解，但至今依然只是一个模模糊糊的教育目标——在传统学校教育中完全被忽视，讲课式教学彻底绕过了反思过程。在教师的权威和正式权力面前，教师们试图引导学生进行反思的努力，很容易就化为乌有——迫于教师的权威和权力，学生们形成了寻找正确答案的既定程序。正如希茨所说，反思需要安全感，而安全感则得益于一种共同探索的环境。从这个意义上看，学生们在反思上互相帮助，本身就是一种强大的方法，远远超越了以教师为中心的教学策略。

例如，我们来看看乔与比利之间的（稍稍风格化的）对话——他们正在设计公园步行系统。

比利："你那个步行道的设想很糟糕，因为这些道路离印第安人墓地太近了。你不应该这样设计。"

乔："谁说的？没有哪项规定说我们不能这样做。这种做法对环境破坏比起你的方案要小很多。"

比利："也是，我的方案的确有问题。但是哪一个方案更糟糕呢？"

乔："我确实没有想到那些墓地。也许，有什么方法可以绕开这些墓地，同时对环境的破坏也小一点？"

比利："也许是，但我也在考虑，我们会少收入多少钱呀，这个公园必须要有足够的收入，才能维持下去。我们一起来试试设计别的路线吧。"

现在，有许多教育工作者都在疾呼，教育领域中要有"系统观点"，但是这个简单的对话，显示出的却是一个相当关键但往往被人忽视的元素。这两个孩子正在讨论，随着时间的推移，对于不同的行动选择，一个系统中的一些具体特征如何展开互动，比如，步行道的不同路线对于游客的登山模式、环境影响，以及公园收入是如何产生影响的。他们退后一步，看到了各种选择如何产生不同影响。他们看到了他们选择的结果，这个系统的不同部分如何相互影响，而他们也因此相应地调整了自己的选择。这就是已故的教育领域先驱巴里·里士满所说的“操作性思考”，是他认为至关重要的八项系统思考技能中的一项。八项技能中的其他技能，在这里也显而易见：这些学生正在学习的，是把变化看作随时间推移而产生的不同行为模式——这个公园步行道的不同设计所带来的各种后果，这就体现了“动态思考”。他们也学会了如何假设——他们在不同的变化中所期望的结果，以及如何运营这个系统的一个正式模型去测试自己的不同期望。因此，他们也就进行了“科学思考”。①

当学生们能够使用互动模型，对各种行动、对系统整体行为产生的影响，进行模拟和分析的时候，“操作性思考”就真正变得活跃起来了。将“操作性思考”与“科学思考”（模型中的假设需要明确表达，并且经过他人的质询）一起运用，即便是年轻的学习者们，也能够在把握严谨性和关联性的复杂过程之中找到乐趣。

这个对话也让人们看到了“合作探询之舞”——共同思考一个复杂问题。通过他们面对的这个设计问题，这两个孩子相互探询对方的思维方式，在这个过程中，他们自己的想法也变得更清晰了。以这样一种方式，协同与反思成为共同学习中不可分割的元素。他们正在互相帮助——没有谁对谁错，两个人都在学习。乔在先前实际上并没有

① 另外可参阅《追踪各种各样的联系：系统思考者的声音》中巴里·里士满所著《系统思考中的思考：八项技能》（*The Thinking in System Thinking*：*Eight Critical Skills*，iSee Systems and Creative Learning Exchange 出版，2010 年）。

想到，那些印第安人的墓地会成为一个限制条件，这不在他设计的假设范围之内。与此类似的是，比利原本也没有注意到，他设计的步行道会破坏环境，因为他关注的是登山者流量和公园收入的最大化。两个人达成的共同结论是，如果他们扩展了各自的假设，或许会产生更好的整体设计。简而言之，在他们对这些想法的共同思考中，这两个孩子对于自己习以为常的假设，都有了更清晰的认识。

当然，这样的互动交流既建立了相互尊重，也基于相互尊重。我们很容易想象出另一种局面，两个男孩只是争论谁对谁错，但从未挑战过自己的推理过程。这也就是为什么像希茨这样的教育工作者认识到，从系统思考工具中获益，与学生们广泛、深入的参与是密不可分的。他们也认识到，这一切又如何进一步依赖于学校的整体环境氛围。正如希茨所说："学习最可能产生的环境，是那种安全、稳定，即便冒险也没什么大不了的地方。"

全球成就鸿沟[①]

"我们的孩子需要的最新生存技能，为什么我们最好的学校也不教——那么我们可以做些什么呢？"

这本书描述了人们在这个大千世界中成长乃至获得成就所必需的七种技能：批判性思维和解决问题的能力、在网络中协同合作并以影

---

① （*The Global Achievement Gap, Why Even Our Best Schools Don't Teach the New Survival Skills Our Children Need—And What We Can Do About It*）托尼·瓦格纳（Tony Wagner）著，Basic Books 出版，2008 年。

响力起领导作用的能力、灵活性和适应性、首创精神和企业家精神、高效的口头和书面沟通能力、获取信息与分析信息的能力，以及好奇心及想象力。瓦格纳随后描述了，为了培养这些技能，学校可以如何演进。特雷西·本森对这本书称赞有加，她注意到，为了让学生们面对21世纪做好准备，许多学校正在开发相关的课程规划和课堂教学模式，在这个过程中都用到了这本书。

——阿特·克莱纳

4. 陷阱与技能

形成一种坚实而富有同情心的系统思考实践须知

迈克尔·古德曼（Michael Goodman）

迈克尔·古德曼是阿瑟·D. 利特尔创新公司（Arthur D. Little/Innovation Associates）中负责系统思考业务的合伙人，他是《第五项修炼·实践篇》项目中最受尊敬的持续贡献者之一。他主持了《第五项修炼·实践篇》的系统思考部分的撰写——至今仍然是组织系统思考修炼的最权威指导材料之一。对于这个领域中的大多数方法工具，从把绘图作为一种沟通工具，到应用复杂的软件模拟，他都了如指掌。他也（在波士顿的莱斯利学院）为从事课堂教学的教师们讲授过系统动力学和系统思考工具，然而，他十分清楚，系统思考的实践也有其陷阱。这一部分的指导原则是为教师们所做的，帮助他们在开发模型和图表过程中避开各种陷阱，并且接触到他们希望接触的学生们（或者同事们）。

识别不同的学习者

就像所有其他事情一样，不同的人在学习系统的时候，有着完全不同的过程。有些人在掌握图表方面要比掌握模型与模拟更顺手，而另一些人对存量和流量有着天然的直觉，但弄不懂因果循环。还有一些人，喜欢用口头方式叙述系统的故事。

然而，往往一个“系统思考”课会要求每个人都以同样的方式接触这个课题，常见的是使用系统动态模型。但是，这要求学生们对数学要有基本的信心。如果对学生们的要求超出了他们的胜任水平，他们就会觉得不知所措，也会因为“听不明白”而觉得自己根本学不会。

有时候，对于教师们来说也是如此。20 世纪 80 代中期，当教育工作者南希·罗伯茨（Nancy Roberts）首次把系统动态模型介绍给从事课堂教学的教师们时，他们只能使用一种类似 Fortran[①] 的名为 DYNAMO[②] 的编程语言。我现在还记得，当我发现这个方法对教师们来说实在太难了的时候，感到（天真幼稚地）的震惊和沮丧。今天，STELLA 学习起来要容易多了，但它仍然是一种编程和模拟工具，正因为如此，以我的观点来看，把这个软件强推给从事课堂教学的教师，还是没有什么道理。

因果环路图与模型相比，就没有那么复杂，这也是我们在这方面进行开发的原因，但是因果环路图也受到一些限制。比如，有些读者抱怨说，在《第五项修炼·实践篇》和《第五项修炼·变革篇》中，系

① Fortran 源自于“公式翻译”（英语：Formula Franslation）的缩写，是一种编程语言。

② DYNAMO 是 Dynamic Model（动态模拟）的混合缩写，它计算一组变量随时间推移的变化结果，从而使人们知道这些变量的演变情况。

统思考的部分太多了，他们因此就“跳过”了那部分。我个人发现，对于某些学习者，比如，图像思维能力不强的人，要让因果循环图产生个人联系，十分不容易，他们也因此感到被排除在外了。对于这组强有力的概念和工具，他们令人遗憾地失去兴趣。

你是不是已经为自己设计了各种不同的应用模式，以及围绕着这些模式的探讨内容，可以接触到各种学习风格的人？你在让学生进入探讨过程中的时候，是通过模型，还是通过图表和思考环路，抑或是通过讲故事呢？如果还没有，你就面临着将你的相当一部分听众排除在外的风险——他们或许永远不会告诉你，他们被排除在外，因为害怕自己显得很蠢。

为了正确的目的，使用正确的工具

有时候，教师们实际上是被人告知：“除非你有过建立一个计算机模拟模型的经历，否则你就没有完全成为一个系统思考者。”然而，这种强加于人的“学习曲线”，引发出来的是反感和恐惧。在我看来，相对于某些特定的目的来说，所有系统思考的形式都是有用的。有些最强大的系统思考者，一生中从来也没有画过一个循环图，或者打开过计算机。

如果你遇到一个棘手的问题，解决方法又不是很清晰，那么类似计算机模型这样严格、用于分析的工具就能派上用场。正如麻省理工学院的教授约翰·斯特曼（John Sterman）所指出的：与计算机模型相比，因果循环图就像是“培训工具”，此外，因果循环图在使人们易于理解问题的同时，也会造成许多误解。小学和中学的教育工作者也往往喜欢采用各种“存量—流量”模型，因为这些模型可以引发孩子们去思考因果循环图中忽略的那些关键区别。

如果有更多的人愿意花时间学习严格的计算机模拟程序，那么我们这个世界的各种各样的决策就会比现在要好很多。但是，这种情况不大可能发生。因此，因果循环图就还有价值，而且往往还可以让人数众多的听众听明白。许多咨询师和培训师，以及那些参与学校变革行动的人们，往往会使用因果循环图，去说明一个以其他任何方式都不可能说明的观点——他们面对的听众对于存量—流量所涉及的学习要求，不会有什么耐心。如果你的目的是要让心智模式显现出来，是要关注冲突，以及解决人们之间的明显差异，那么因果循环图就非常有效。

最后要提到的是，正如杰伊·福斯特所说，对于系统地图和系统模型的判断，不仅要看它们的合理性，还要看它们的可用性洞察力和相关性。我可以用 15 分钟画一个恶性循环图，听众可能是一群孩子，也可能是一群企业高管，我会问："这是一个陷阱。有人落在了里面。他们应该做什么？"由此引发的讨论，与我向大家展示一个我用 5 天时间编程开发的一个模型所引起的讨论相比，同样有价值。你选择的方法，应该取决于你面对的限制条件，取决于你的技术水平，以及你面对的问题的复杂程度和风险程度，取决于你需要引出的解决方案的严格程度，还有你的听众的需求和期望。

注意"任天堂现象"

模拟程序相当诱人，也令人兴奋。输入数据，你会创建一个系统行为随时间变化、看似有条有理的图表。但不幸的是，这个图表并没有告诉你这个模型的假设是否正确，因此，你最终获得的从这个模型中产生出的"解决方案"，可能并没有切中要点，甚至会误导他人。当结果看上去不大对头的时候，每个人都会忍不住要再“运行”一下这个模拟程序——输入其他数据，直到输出正确的行为—时间图。你“成功了”，但你并没有试图去理解或者质疑写到这个模型里的各种假设。如果建立模型、使用模型是在这样的气氛之中进行的，人们就会开始和这个系统“玩电子游戏”，而不是把它用来学习了。

这就是为什么，在学生把手指放到计算机的键盘上之前，最重要的是要有几堂课，让学生们先说说自己的期望，并且用铅笔和纸（或者大家一起在黑板上画出来）描述出这个系统。你创造出来的最重要的事物，不是一个模型，而是一种思考过程，尤其这个过程是集体参与的，大家可以相互挑战其他人的思考过程和假设。

把你的系统工作作为开场白，而不是结束语

系统模型，无论是用计算机还是在纸上制作出来的，往往都会被那些使用或者制作模型的人赋予真相和权威的力量。但是，一个模型只不过代表了一个人（或者一组人）的假设和信念，在某一个时间点编纂成型。如果那些设计模型的人改变了想法，或者有新数据可以输入，这个模型或许就过时了。最优秀的模型制作团队都意识到了这一点，他们知道自己的模型不会永远是完成状态，因为总会有新的信息、新的观点以及新的机会需要学习。这就是为什么在课堂上运用系统思考，需要保持开放，让他人探询和挑战。大多数系统模型的制作者都会告诉你，自己的模型只是探询的第一步——他们欢迎大家对自己模型的结构和公式提出批评。然而，在实际过程中，模型的制作者很容易落入傲慢与执着的陷阱。他们被自己模型中的“真相”冲昏了头脑，而这不过是因为他们经历了这个模型的建立过程。为防止这种现象发

生，模型应该设计成开放的（并且不要用“密码保护”），这样就可以鼓励学生们去看一看模型“下面”是什么，再看一看模型的结构是什么，然后问一问为什么这个模型是以这种方式建立的。

把模型作为测试与实验的起点

从定义上说，所有模型（不论是心智模型，还是计算机模型）都有瑕疵，都是真实世界这个唯一的“完美模型”的各种简化版。因此，当一个模型提出某个方向的行动建议，无论是在组织之中，还是在课堂上，都需要进行测试。这就是科学方法的价值。模型是受到条件限制的、运行之中的假设集合。你可以发现哪些瑕疵呢？关于如何修改那些假设，如何开展未来的测试，以及如何修正这个模型本身，你的测试告诉了你什么呢？

有人担心，那些越来越复杂的模型可以用来为操纵和控制寻找理由。对付这种可能性的手段，是把注意力放到开放学习和实验上。建立模型的学生们会受到挑战，甚至他们自己对于其方式都看不清楚。他们需要时间，才能接受和适应这些挑战，才能找到安全的方式讨论这些挑战，才能学会邀请大家一起探询，并且形成富有成效的谈话。

5. 学会把“不同的点”连起来

在孩子们天然的系统基本能力的基础上，进行培养与发展

琳达·布思·斯威尼（Linda Booth Sweeney）

家长们如何才能通过日常谈话和活动，培养孩子的系统思考能力

呢？教育工作者如何才能创造出一种环境，让孩子们可以看到，带来不同结果的各种模式呢？在这篇文章里，教育工作者兼作家琳达·布思·斯威尼指出，思考不同的系统，就意味着我们把注意力放到我们周围的相互依赖关系上、放到模式和动态互动上，而孩子们对此天然地非常适应。在培养系统的基础能力方面，你依靠的就是这种天然的认知能力，帮助你的孩子推进这种融合思维方式的成长。

镇上的环岛在修路，工程已经进行一年多了，因此造成的结果之一就是整个镇上的人脾气都不大好。一天下午快五点钟的时候，我和我的儿子开车经过这个环岛——周围全是烦躁不安、急着回家的人。大家都很急躁，汽车喇叭声刺耳地响着。那时，我的儿子只有四岁，他指着我们前面乱成一团的车辆说："妈妈，要是每个人都说'我先'，会发生什么呢？"

对于他提出的各种各样的问题，我已经习惯了。一般来说，杰克问的问题要么是与类别有关的（"动物不是人，对吧？"），要么就是与事物运行有关的（"为什么蜜蜂要亲吻花朵？"），也可能会是与事实有关的（"地球中心有多热？"）。但是，这个问题却不同一般：这个问题一定会涉及原因与后果。我斟酌着是否可以和他谈谈个人利益最大化要付出什么成本，在犹豫不决中，反过来问了他一个问题："你认为，如果每个人都说，'我先'，会发生什么呢？"

他把鼻子贴在车窗上，等了一会儿之后说："哦，那就可能会发生好多事故。也许可能还会有大撞车！"

"你能不能想一想，大家都说'我先'的其他情况？"我想到的是加油站的加油枪，Napster（纳普斯特）网站，还有我们社区里人满为患的游泳池。

杰克回答说："你看，你说过，在我们刷牙的时候，不应该让水龙头哗哗流水。因为如果每一个人都这样做，水库的水位就会下降。哦，大概就是这样吧。”

他还是个四岁的孩子，就做出了一项重要观察：那个环岛和水库都是公共资源。就像水、空气、游戏场一样，有些资源是许多人使用的，却没有任何个人对其承担全部责任。不仅如此，提出“要是每个人都说‘我先’，会发生什么呢？”这样的一个问题，让我的儿子对个人决定会对整体产生什么影响，表现出了好奇心。不知不觉中，他已经走到了与公地问题相关的最大的困境之中：每个个体行为从自己的角度看都合乎情理，但是这些行动集合起来，却可能在整体上带来毁灭性后果。①

许多孩子像杰克那样，凭直觉就可以把握系统特征。比如，他们能够看到共同但有限的资源——诸如水、空气、土地、高速路、渔场、能源以及矿产资源，已经负担过度了，或者使用过度了；他们也可以看到每一个人如何体验利益递减。但是他们并非总有很多的机会，将这样的洞察发展成为让他们终身受益的系统意识。家长、教育工作者以及其他成年人，都可以帮助他们学会“把不同的点连起来”：超越表象看到背后，识别出人与人之间、不同地点之间、各种事件之间以及自然本身的相互联系和动态作用，并且开始思考如何利用这些相互联系，去改善他们的世界。

我们的孩子到哪里去学习以这种方式思考呢？你如何培育一个孩

① “能够从各个部分的角度思考整体，反过来又能够从整体的角度思考各个部分，是高阶思考的关键要素之一。”——《科学基本能力的标志：教材改革的一个工具——2061 项目，美国科学发展联合会》(*Benchmarks for Scientific Literacy: A Tool for Curriculum Reform, Project 2061*，*American Association for the Advancement of Science*, Oxford University Press 出版，1993 年）中的第 11 章“共同主题”(Common Themes)。

子对于系统的与生俱来的智能，如何帮助他掌握系统的基础能力呢？对于你的孩子们已经了解的东西——他们面对的世界是相互联系的、动态的，是一个由相互关联、相互作用的各种元素和过程紧密编织在一起的一个网络，并因此而意义丰富，你又如何帮助他们确认呢？这样的洞察又如何成为一种深层的“学习之美”的感受，孩子们以此构筑他们自己的人生呢？

为什么系统基本能力意义重大

今天，我们的孩子成长的世界，是一个石油泄漏、全球变暖、经济崩溃、食品安全、机构不法行为、生物多样化丧失，以及不断升级的冲突等问题充斥新闻头条的世界。他们要想理解这些灾难的意义，就必须要对一系列相互关联的系统（家庭、区域经济以及环境等）的种种因果形成认知。如果理想的话，我们希望我们的孩子经历作家伊迪思·科布（Edith Cobb）称为“知识和意义形成过程中的‘网状路径’（类似于渔网或者网络）”的过程。[①]

掌握基本能力的含义是，在一个具体的领域中具备受过良好教育的认识，比如，外语或者数学的基本能力都是如此。在许多领域中，需要掌握的知识必须是综合的，而且你还要有足够的能力去运用。系统的基本能力所代表的，就是对于各种复杂的相互影响关系的知识水平。这样的基本能力将“概念知识”（有关系统原理和行为的知识）和各种“推理技能”（比如，把各种不同的情境放到更大背景之中的能力、

① 伊迪思·科布所著《孩提时代想象力的生态》（*The Ecology of Imagination in Childhood*, Columbia University Press 出版，1977 年）。

在一个系统中看到各种不同层面视角的能力、追踪复杂的相互影响关系的能力、寻找内生或者是“系统内”影响因素的能力、认识行为随时间变化的能力，以及识别那些存在于各种不同的系统之中的反复出现的模式的能力）结合为一体。

如果没有掌握系统的基本能力，就会有数不胜数的人类行为像是交叉路口堵在一起的一堆汽车：大家都不了解把他们各自联系在一起的模式，也因此很容易引发各种爆炸性、破坏性的结果。在这个相互联系的世界中，越来越多的人有着自己的梦想，从局部、破碎的视角去看，实现这些梦想似乎是不可能的，而系统基本能力则是实现这些梦想的一个先决条件。就像诗人、小说家和散文家温德尔·贝里（Wendell Berry）所说的：“我们似乎在一个假设下已经生活了很久——我们可以安全地与各个部分打交道，同时把整体扔到一边，让它自己照顾自己。但是今天来自世界各地的新闻却表明，我们必须要把四下分散的所有碎片收集到一起，还要琢磨出来它们的归属，然后再把它们放回到一起。这是因为，只有所有这些部分都处于它们在整体中所应归属的地位，它们才可能相互协调一致。”

当孩子们了解了系统，并且逐步表现出掌握了系统基本能力，他们的世界观就会发生变化。在《转变的力量》一书中，斯蒂芬妮·佩斯·马夏尔（Stephanie Pace Marchall）解释说，培养系统基本能力的价值，在于“另一种世界观的力量”。她接着说：“当我们看到、体会到整体性的时候，我们就发生了转变。我们看到的不再是互相割裂、相互无关的自然、人、事件、问题，以及我们自己。”①

其中一个自然而然的结果，是对他人和其他事物更富有同情心。人的这个组成部分，在许多地方可能会受到主流文化的压制，但是通过体验和学习就可以重新挖掘，并且表现出来。当孩子们在寻找自己与其他人、其他地方、其他事件以及其他物种的联系时，他们不会再感到自己是看着其他世界的局外者了。他们现在是“内部人”了，体会到了与“其他”的联系——就像农夫与土地联系在一起、鲑鱼与河流联系在一起。

另一个结果是，孩子们开始把自己看作自然的一部分，而不是存在于自然之外。设想一下，一个 12 岁，住在城市近郊的孩子，看到了两幅有关草地的图画。第一幅画中，草地上野花遍地，看上去有点儿凌乱、随意；而第二幅画中，草地繁茂、郁郁葱葱、工整有序、经过细心打理，显然肥料充足。哪一片草地更美呢？当然，第二幅图景代

① 有关孩子与成年人理解复杂系统能力的研究表明，对于复杂系统动态互动的误读会反复出现，对于受过良好教育的成年人也基本如此。动态决策的研究表明，当成年人面对动态的复杂系统（即包含了多重反馈过程、时延、非线性特征和积累效应的系统）时，他们的表现会带有偏见，也差强人意。可参见：

蒂娜·格罗泽（Tina Grotzer）所著《学会理解在科学上被接受的因果关系形式的解释》[*Learning to Understand Forms of Causality in Scientifically Accepted Explanations*，Studies in Science Education, 39 (2003): 1–74]。

约翰·D. 斯特曼（John D. Sterman）所著《动态决策中的反馈误读》[*Misconceptions of Feedback in Dynamic Decision Making*，Organizational Behavior and Human Decision Processes, 43(3)，1989 年。第 301~335 页]。

约翰·D. 斯特曼和琳达·布思·斯威尼（Linda Booth Sweeney）所著《理解公众对于气候变化的置若罔闻：成年人对于气候变化的心智模式违背了物质守恒定律》[*Understanding Public Complacency About Climate Change: Adults' Mental Models of Climate Change Violate Conservation of Matter*，Climatic Change 80(3-4) 2007 年，第 213~238 页]。

表的是许多社区中人们传统上期望的优美草地的样子，所以许多 12 岁的孩子都会选中这片草地。但是，对于具有较高的系统基础能力的学生来说，那个不大规整的草地或许是首选。因为他们知道，这片草地与周边风景的自然过程相互作用，促进着各种各样的植物和动物的生长，它保持了自己的生态平衡，给周边生态系统增加的废物极少，甚至没有。

相比之下，那个规整有序、有条有理、经过精心打理的草地，只有在对抗自然过程的条件下，才能生存下去。它需要持续的管理，而且它的持续成功会导致各式各样意料之外的负面结果：剪草机排出的温室气体、使用化石燃料制造的化学肥料和处理剂、杀虫剂导致的益虫死亡、草地用品和维护草地所带来的经济成本增加及其给家庭预算带来的压力、由于除去了某些植物造成的其他植物在这个生态系统中过度生长（可能还会造成除虫剂的更多使用）、还有化学品流入当地水域带来的各种未知影响。

随着他们的成长，并且学习了经济、气象、教育、能源、贫困、废弃物、疾病、战争、和平、人口，以及可持续发展，具备系统基本能力的孩子们，就会倾向于把这些问题看成是相互关联的。从系统的角度来看，任何现象都不是孤立存在的：我的气候就是你的气候；对你来说是传染性疾病，对于我来说也是；你面临的食品短缺现象，也是我所经历的。掌握了系统基本能力，人们就不大会将挑战和问题归于某个单一原因了。相反，他们形成了一种习惯：寻找存在于各种不同系统中反复出现的模式，发现相互关联的原因的种种指示生物（他们了解成因常常会留下让人误入歧途的简单印记），并且开展思维实验——预测当一部分或者过程发生变化的时候，一个生命系统的功能将会如何变化。系统思考者认识到，大的行动可能会带来小的后果——反之亦然。他们寻求多元化，因为他们知道生命系统依赖于多样性、复杂性，以及各种丰富的物种，才会保持系统健康和适应能力。他们会去寻找生产和消费的闭环，在这样的闭环中，一个元素产生的废弃物，可能就是另一个元素的"食物"。他们对于"大的总是会好"的假设，提出质疑。①

关注生命系统也会提高人们对于地球（或者生物圈）变化速度的认识，而生物圈变化的速度往往与技术圈的急速、机械的变化速度，形成鲜明的对比。掌握系统基本能力，让人们更容易看到"公地"：我们共享的大自然的馈赠——空气、水、土地、渔场，也包括我们社区的共同努力，这是我们所依赖的，也是我们要对其负责任的。②

学习系统，特别是生命系统，可以帮助孩子们在何为美好、何为和平以及何为必要的认识上，变得更加深入、更富同情心、更为准确，并且更可持续。

改变学习的美感

当我们要求学生们超越对于因果的简单、线性解释的时候，我们就是在要求他们掌握系统的基本能力。然而，美国的大多数成年人，包含大多数行业和政府的负责人，在看待由多重原因、各种结果和意料之外的影响组成的不同系统方面，都没有接受过相关技能的学习。

---

① 温德尔·贝里所著《无知之道及其他文章》（*The Way of Ignorance and Other Essays*，Shoemaker & Hoard 出版，2005 年，第 77 页）。

② 斯蒂芬妮·佩斯·马夏尔所著《变革的力量：给学习与学校教育带来生命的领导力》（*The Power to Transform: Leadership That Brings Learning and Schooling to Life*，Jossey-Bass 出版，2006 年）。

恰恰相反，人们接受的教育，理解一个题目的最好方法就是对其进行分析，或者将其分解成不同的部分。

这里存在着一个非常有趣的机会。当需要开发更强的系统基本能力的时候，大多数成年人都是与他们的孩子一起学习的。这不仅不是孩子学习的障碍，反而会成为这个过程中的主要资产。对于许多学生来说，共同学习（与家长一起，与老师一起，以及与同伴一起）为他们提供了机会，让他们发挥积极作用、形成高阶技能，诸如，批评性思维和发散性思维能力，问题的分析、综合以及解决能力。

当这个世界变得越来越复杂的时候，在许多教室里还在通过划分成各个部分的课程计划，继续分割知识、切分真实世界的问题；科学课是一个课堂，数学是另外一个课堂，英语则是另一个不同的课堂。自然科学方面的课程聚焦于物质世界，社会科学方面的课程关注社会世界，但这两种课程对于这两个世界之间的强烈、持续的相互影响，都没有关注。当我们和孩子们一起讨论像气候变化、恐怖主义以及水的使用这一类问题的时候，我们可以提升他们对于物质和社会世界的认识，把来自历史、生物、文学以及日常报纸的洞察带到一起。最重要的是，通过探讨孩子们已有的体验和观点，我们会形成更丰富的理解。

与菲杰弗·卡普拉（Fritjof Capra）一起开展的探讨，帮助我澄清了有关自然科学和社会科学相互割裂的问题。根据卡普拉的看法，“这种分割要想再持续下去是不可能的，因为对于社会科学家、自然科学家，以及对于每一个人来说，这个新世纪的关键挑战，是如何建立生态上可持续的社区：在设计上，其技术组织和社会组织，也就是其物质结构和社会结构，与自然的可持续生命的内在能力之间，相互毫无冲突”。①

瑞士心理学家让·皮亚杰，在他的最著名的一个实验中，与一位名叫茱莉亚的5岁女孩，进行了这样一场对话。②

皮亚杰：风从哪里来？

茱莉亚：从那个树林来。

皮亚杰：你怎么知道的？

茱莉亚：我看到那些树，正在挥舞手臂。

皮亚杰：这又怎么会带来风呢？

茱莉亚：就这样（在皮亚杰面前挥动她的手）。但树要大一点儿。而且有好多树呢。

皮亚杰：那海洋的风从哪里来呢？

茱莉亚：是从陆地上刮过去的。不是，是从海浪里来的。

关于风是如何形成的，这个孩子有自己的一套理论，皮亚杰对此很感兴趣。受过教育的成年人，大都不会认为茱莉亚的答案是“正确的”。我们会强调空气压力、海洋温度以及太阳的热效应。所有这些都是形成风的原因，然而，说风不是由树木带来的也并非正确。树木在生态温度的调节中起了一定的作用，是形成风这个系统的一部分，海浪也是如此。风在森林中、海洋上和沙漠里并非完全相同，这也是原因之一。作为一个成年人，你可能不想随随便便就赞同孩子的这个观

---

① 参照卡普拉所著《隐藏的连接：可持续生活的科学》（*The Hidden Connections: A Science for Sustainable Living*, Doubleday 出版，2005 年）。

② 西摩·佩珀特（Saymour Pappert）所著《佩珀特论皮亚杰》（*Pappert on Piaget*，Time 杂志特刊“The Century's Greatest Minds”, March 29, 1999 年 3 月 29 日，第 105 页）。

点——风的确是由树林产生的；但也不想告诉孩子说树木并没有起到这个作用，于是就中止这场谈话。这两种方式都可能在不经意之中，打击了一个孩子以综合、系统的观点看待自己所处环境的天然倾向。与之相反，你可以谈谈形成风的各种因素，以及这些因素相互关联的方式，或许还可以一起去找找答案，这样你和这个孩子就可以一起解决这个问题了。

各式各样开发系统基本能力的机会，都是“低垂的果实”，等待我们摘取。越来越多的教育工作者，在把系统思考或者其他同类实践（生态基本知识、分散式思考、生态逻辑以及整体思考等）融入自己的学校和社区方面，正在取得重大进步。但是，不需要等待教育改革的到来，再去培养孩子们的系统基础能力，从他们现在开始培养就好了。

培育系统基础能力的日常方法

有时候，人们会表达这样一种看法：由于系统是以各种非线性的、难以模拟的方式运行的，系统思考就需要经过复杂的系统理论、系统动力学以及基于智能体的建模方面的培训。当然，这些领域的研习会帮助人们超越对于系统的自然和直觉的认知，形成更多的专家级的专业素养。然而，越来越多的研究（包括我自己和 10、11 岁的孩子进行的研究）表明，许多学生可以在直观地“思考系统”——包括自然系统和社会系统，在他们做好研究生阶段的学习准备前，并不需要任何正式培训。年龄 3~4 岁的小孩子，就会表现出理解系统行为的能力，这表明系统思考可能是一个孩子与生俱来的智能，而那些受过分类现象教育的成年人则会去“矫正”这种智能。①

罗伯特·W. 凯茨（Robert W. Kates）和辛迪·卡兹（Cindi Katz）对3~5岁的孩子和他们对于水循环的理解进行了研究（1977年）。这些研究发现，在4岁的孩子中，存在着“某种循环意识”（比如，本地水循环和云—雨循环等），而5岁孩子组则可以描述“更复杂、范围更大的水系统”。②

对于生于奥地利的生物学家路德维希·冯·贝塔朗非（Ludwig von Bertalanffy）的“开放系统”观点，皮亚杰相当熟悉。他注意到了这种天然的系统智能，并且表达了这样的观点：“在孩子身上……有一种自发的信念——每一个事物都是与所有其他事物联系在一起的，而且每一个事物都可以用所有其他事物来解释。”③

当年轻人在地牢探宝游戏中，或者是动物园大亨和模拟城市这些计算机游戏中展开自己的角色扮演的时候，我们就会看到他们表现出这种天然智能。当游戏进行得正酣的时候，孩子们追踪大量的相互依赖关系、管理大量的数据，并且要预估意料之外的后果。在这样的游戏中，他们体现出了自己强大的系统思考能力。

培养孩子身上的系统思考基本能力的机会无处不在，从教室到操场，再到汽车上、图书馆里、餐桌上、浴室里，以及食品店里，等等。

---

① 琳达·布思·斯威尼和约翰·D. 斯特曼所著《思考系统：学生和老师的自然与社会系统概念》（*Thinking About Systems: Student and Teacher Conceptions of Natural and Social Systems*，System Dynamics Review 50周年刊，2007年）。

② 参见罗伯特·W. 凯茨和辛迪·卡茨所著《水循环与儿童的智慧》（*The Hydrologic Cycle and the Wisdom of the Child*，Geographical Review, 67（1977）；51-62。参见http://rwkates.org/pdfs/a1977.01.pdf。

③ 参见让·皮亚杰所著《孩子的语言和思想》（*The Language and Thoughts of the Child*，Humannities Press出版，1959年），第19页。另见路德维希·冯·贝塔朗非所著《普通系统理论：基础、发展与应用》（*General System Theory: Foundations, Development, Applications*，Braziller出版，1968年）。

比如，如果有一个考虑周到的导游，各种户外活动都可以成为了解生态动态系统的相互关系的丰富的课堂活动。对于一个为一只蝴蝶的生命循环而着迷的 7 岁孩子，为什么不鼓励他去探索其他的“生命循环”呢？对于一个迷上了钓鱼的 10 岁孩子，为什么不和他一起探询：草地里的一只蚯蚓不仅会在他下次垂钓时候有用，也可以起到一台翻土机的作用，还可以是一只感到饿了的知更鸟的食物来源呢？①

以这样的方式，我们就可以为孩子们提供直接的、纯粹自然的体验，而他们则可以像农夫和《一根稻草的革命》一书作者福冈正信（Masanobu Fukuoka）所渴望的那样：“可以本能地理解，要与自然进程和谐相处，需要做什么、必须做什么。”②③

以下是一些谈话内容与活动，可以用来帮助年轻人提升系统基础能力：

• 树立榜样——不仅要谈论物体，也要谈论它们之间的关系。不是仅仅说一说“那是一只棕色的母鸡”，而是要说明这只鸡会下

① 生态（Ecology）这个词源于 okologie，其来源是希腊语 oikos，指“房子、住处、居所”，以及词尾 logia 意思是“的研究”，这个词是德国动物学家厄恩斯特·海克尔（Ernst Haeckel, 1834-1919）创造出来的。

② 福冈正信：《一根稻草的革命：自然农业入门》（*The One-Straw Revolution: An introduction to Natural Farming*, Rodale Press 出版，1984 年）。

③ 正如《自然原则：人类的修复与大自然缺失症的终结》（*The Nature Principle: Human Restoration and the End of Nature-Deficit Disorder*）一书作者理查德·卢万（Richard Louv）提醒我们的：亲近自然不仅令人健康，也相当重要——如果我们学会与我们的自然环境可持续共存。美国工程专家、系统理论家、作家、设计师及网格球顶的创始人巴克敏斯特·富勒（Buckminster Fuller）也将自然界看作老师：“我相信人类的持续生存取决于我们是否有意愿，充满感情地去体悟自然界的运行。”参见艾米·埃德蒙森（Amy Admondson）所著《一个更全面的解释：巴克敏斯特·富勒的协同作用的几何结构》（*A Fuller Explanation: The Synergetic Geometry of R. Buckminster Fuller*, Birkhäuser Boston, 1986 年）。

蛋，还会在农民的田里吃虫子。对于孩子看到的因果关系的自然倾向，要给予肯定和鼓励。请孩子描述，他们在汽车、空气、植物以及人们之间看到的联系。

• 使用系统图——揭示反复出现的问题背后的结构性模式。比如，想一想任何一段持续了一段时间的家庭中的争吵。或许，你的儿子不喜欢打扫自己的房间，你要告诉他去打扫自己的房间这件事，你也不喜欢。整整一个星期，你都在提醒他要做这件家务。你的儿子坚持不干。到了周末的时候，你终于发火了。最后，你威胁他一个星期不许看电视，你的儿子妥协了。他给你展示干净的房间的时候，你很高兴。但是，第二天，随着压力减轻，他又慢慢回到自己从前的习惯了。到了一周中旬的时候，你感到火气又上来了，这一次压力更大了。

解决这个难题的方式之一，是你和你的儿子坐在一起，每一个人都画一张简单的图，显示你们各自看到的局面。当你们把两者联系起来的时候，你和你的儿子都会发现，你们陷入了一个封闭的因果循环——一个负反馈循环过程。你的儿子只会在你施加压力之后，才去打扫房间。

看到这个模式之后，你们就会寻找办法，打破这个循环。比如，你们或许会了解到，负反馈过程是一个寻找目标的过程，而打破这种循环的方式之一，就是重新审视、重新设定目标。或许，作为一个家长，你的标准过高——你想要寻找的或许是在《家园》杂志上才可以看到的孩子的卧房，而你儿子的标准则过低。你们是否可以形成一个家长和孩子都认可的“打扫目标”？由于这还不足以克服这个根深蒂固的系统结构，你们是否能够在这个系统上增加一个链接，以保证实现“打扫房间的目标”，比如，计划每周打扫两次。[①]

• 帮助孩子们建立联系：在你们将不同的事件联系到一起的时候，把孩子的注意力从个体事件转移到你看到的相互关联的模式上。比如，你的十几岁的女儿或许会说："妈妈，学校里的有些老师认为，作业做得越多，功课就会越好。但是如果我的作业太多，我就会觉得永远也做不完，然后我就会很不开心。"

随着你们讨论的进行，要鼓励你的女儿去思考："作业负担"不仅是一个单一的现象，还是一个更大模式的一部分。比如，你可以问一问她："在你觉得不开心之后，还会发生什么呢？"

她或许会说："哦，那我就会觉得实在受不了了，也就没办法集中注意力了。然后，我就会想要放弃，而那样的话，我的成绩就会更差。"你可以指出，不开心的感受对于她的能力会产生某种影响。试试头脑风暴的办法。你是不是可以去试试，改变作业与不开心的感觉之间的联系？你可以做哪些尝试呢？

下面是一个中学生充满希望的建议："如果老师给我们布置的作业比较少，或者在周末没有作业，我们就不会在作业上落后了，也不会觉得自己不行了。我们在课堂上就会更专心了，也就会做得更好。"作为家长，你能跟老师或学校聊聊吗？如果这样的沟通

---

① 介绍这类系统方法的好书之一是德雷珀·考夫曼（Draper Kaufman）所著《系统1：系统思考入门》（*System 1: An Introduction to System Thinking*，Pegasus Communications出版，1980年）。这本书帮助许多人理解了，为什么各种平衡力量与强化力量的根本性改变，使得短期变化与长期变化全然不同。"从根本上说，任何变革——无论是多大的变革，如果没有改变那些重要的正反馈和负反馈循环，都会是暂时的。而另一方面——无论多么间接、多么微小的变革，只要影响了那些正向与负向的循环，就会改变这个系统的长期行为。"

不会产生什么效果，有没有其他的方法？你女儿的时间是不是可以和现在安排得不一样？是不是可以有一部分作业在学校里完成，或者在小组里完成——或者其中某些部分可以与你女儿的兴趣联系在一起，这样就会减少她不开心的感觉呢？[①]

• 探讨随时间展开的变化。对于在数日、数月和数年之间发生的短期变化和空间上的变化，进行追踪，并且形成预期。比如，一个孩子可能会注意到，公园或者后院里的一棵倒下的树的缓慢腐朽和状态变化，或者是鸡在放养状态下的一片草地的变化。

你可以和孩子一起，画出简单的曲线图，追踪数周或者数月的变化——任何一件事物都可以，从在学校里的快乐程度到你的储蓄账户里的钱，以及池塘里河狸的数量。一旦你们有了一幅图，就可以看到某个行为的增长、衰落或者循环往复，这时候就可以问一问：哪些相互关联的关系，会造成这些现象呢？

要想让其随时间变化的展示效果更好，就要鼓励孩子们去发现一个“可以坐下来的地方”——他们可以注意观察某个户外现象，定时回去看看有什么变化。树叶颜色发生变化的一棵树、水位上升或者下降的一个水塘以及安装了气压表和温度表的一个地点，都可以作为不错的示例。鼓励他们在这个“可以坐下来的地方”，留下一个小笔记本，这样就可以追踪他们随时间观察的那些变化了。[②]

---

① 这个学生在俄勒冈州波特兰的“光明环境中学”读书。

② “可以坐下来的地方”这个想法，最初是由动物追踪者、作家乔恩·杨（Jon Young）开发出来的。参见乔恩·杨、埃文·麦高恩（Evan Mcgown）和埃伦·哈斯（Ellen Haas）所著《与自然建立联系的土狼指南，适用于所有年龄的孩子及他们的导师》（*Coyote's Guide to Connecting with Nature for Kids of All Ages and their Mentors*, OWlink Media Corporation 出版，2008 年）。

• 识别系统中存在的模式。当一个孩子观察到，人们在环形交叉路口的驾车行为，和他们在刷牙的时候让水在口腔中流动的方式很类似；或者是发现学校里的两个孩子之间不断加深的冲突，与两个国家之间逐步升级的冲突很相似，要和孩子一起比较这两种模式。你们可以自己给这些模式起名字。比如，你们可以把逐步升级的冲突叫作“滚雪球”，于是，当家里孩子们之间的一场争斗即将升级时，你就可以问一问他们：“你们自己是不是正在滚雪球？”

• 从不同的视角观察相同的“系统”。如果在学校里出现了“恃强凌弱”的现象，从恃强者的角度、受害者的角度、老师的角度以及旁观者的角度，都试着去谈一谈。安排一个角色扮演的游戏，由此学生们就可以从不同的角度，演绎出这个局面或者问题了。改变了其中的某些环境，可以产生出哪些新想法和新认识呢，比如：在他们讲故事的时候，他们之间站得有多近？

• 探讨存量和流量的区别。某个事物的积累，比如，树木、鱼类、人群、货物、商誉、金钱等的积累，就是一种存量。存量变化的速度，就是流量。想一想洗衣房里的一堆衣服，哪些因素会影响这堆衣服的“流入”？这堆衣服堆起来的速度有多快？哪些因素会影响这堆衣服的“流出”？

对于存量和流量的混淆，可能会造成最令人费解的动态变化。比如，对于农药 DDT（二氯二苯二氯乙烷）的研究表明，虽然 DDT 在 6 个月之内会从植物或建筑的表面挥发，但在鱼的身体组织中的存留时间却可以达到 50 年。在鱼的体内的 DDT 的存留量是一个存量，其流量非常缓慢。全球气候变化也可以用同样的特征来解释（大气中的二氧化碳的含量是一个存量），而国家债务也是如此（在这种情况下，债务是一个存量，而赤字则是一种流量）。

• 寻找系统中的参与者所带来的影响。比如，对于交通堵塞，可以这样问："我们自己对于促成这个局面起了什么作用呢？"还要找一找间接影响："我们开车对于北极熊的生命有什么影响呢？"这类活动最终会将一个人的注意力从指责转向理解系统的结构。

• 向前看，预先考虑到会有意外的结果出现。请孩子们逐渐接受社会学家伊丽丝·博尔丁（Elise Boulding）所说的"延伸当下"：也就是从当下的50年延伸到未来的200年以及更远的时间观念。比如：一次性尿布需要100~500年才能完成降解。要讨论这样一个基本事实：实际上，没有人确切知道这要花多少时间，因为没有人可以活那么长时间，看到这个过程发生。延伸了当下的感受，对于生命系统尤其合适，这是因为许多生命系统——无论是自然系统还是社会系统，都不会在短时间内完成一个完整的行为循环。比如，如果你只是观察一两天，是无法理解你自己的花园的季节变化的。①

• 谈谈你看到的系统的整体性。这些系统都有其主要组成部分与过程，而这些部分的构成方式很重要。当一个孩子说"妈妈生病的时候，所有事情就乱套了"的时候，或者说"别扔掉那些蜘蛛，它们会吃苍蝇"的时候，你就看到了孩子在这方面的领悟。跟孩子谈谈，如果系统中某个因素不存在了，会发生什么。比如，如果把心脏从身体上拿走，这个部分（也就是心脏）和系统整体（身体）就都不再工作了。一个足球队，或者是一个班级，是否

---

① 博尔丁注意到："……正在创造未来的个人，必须学会在'延伸当下'中生活。以1年、10年甚至25年定义的当下，对于把握重大社会进程来说，都太短了。"引自《替代增长的不同选择：寻找可持续发展的未来》（*Alternatives to Growth：A Search for Sustainable Futures*, Ballingger Publishing 出版，1977年）一书中博尔丁所著《面向创造未来的教育》（"Education for Inventing Future"），第304页。

也是如此呢？这些部分的构成方式也很重要。可以问一个 4 岁的孩子这样一个问题：如果把一头牛切成两半，我们会得到两头牛吗？他们会说："不会！"那么，为什么呢？他们直观地认识到，一头牛同时需要这两个部分才能正常工作。

- 介绍非线性行为的概念。向孩子们说明，结果与行动之间并非总是程度相当的。比如，当一个孩子戏弄另一个孩子的时候，看上去是很小的一件事。但是，一而再，再而三，另外那个孩子可能就会一拳头打过来，有人就会受伤。而在另一种情况下，某一个人可能大声使劲地喊叫，却没有产生什么影响。再找一找其他的案例，其中小变化会带来相当大的影响，或者相当大的变化却根本没有产生影响。交通堵塞、天气变化的模式以及疾病的流行都是非线性现象的例子。

谚语对于思考非线性现象也有用处。请一个年轻人想一想古谚中的那头骆驼，以及把他压倒的那根稻草。这头骆驼的身上，有 1 000 根稻草。其中的每一根稻草都对骆驼产生了一些影响。如果这个骆驼的系统表现出来的是线性行为的话，那么最后一根稻草产生的影响，就应该会和先前的 999 根稻草是一样了。

从认知到行动

在成年人的帮助之下，孩子们有关系统的智能可以得到进一步的发展，进入各种解决问题模型的阶段。这会使得他们在合理信息的基础上展开分析和行动，由于他们注意到了反复出现的模式，也就不会采取过激而又无效的行动，而更有可能认识其中的行为模式。他们可以利用这种认识去校正自己的行动，预先考虑意外结果，从而帮助其他人更加有成效地工作。①

当孩子们具备了系统的基本能力的时候，他们也会帮助自己的父母学习。比如，他们可以谈一谈“公地悖论”，并让大家都看到由每一个人共同承担责任的共享资源中产生出来的那些冲突。

那年和我一起经过环岛的4岁孩子，现在已经13岁，并且身材高大。不久前，他刚刚和自己的哥哥发生了一场不大愉快的“雪球”冲突。我把他们每一个人都拉到一边，想要问问发生了什么。他们讲出来的故事很相似：一句挖苦的话引来另外一个人恶语相向，这就使第一个人再说狠话，另一个再反击回来，结果两个人就大打出手了。这是一个称为“升级”的基本模式。无奈之中，我只好让他们坐下来，画了一张这样的图。

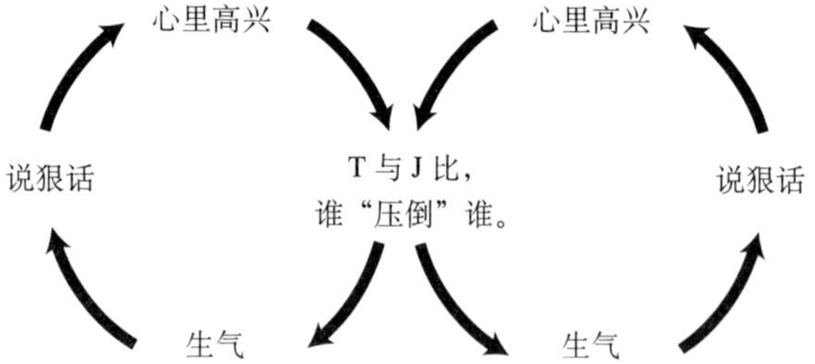

杰克说：“看看，这是数字8躺下来了，是无穷大的意思。这表示会永远进行下去。”

“而且还会越变越坏。”他哥哥说。

---

① 美国工程专家、系统理论家、作家、设计师、发明家及网格球顶的创始人巴克敏斯特·富勒提醒我们：“人类无法行使其未来的权利，并由此在这个星球上普遍地实现可持续的物质成功的首要原因，是99%的人类不了解自然界。”——巴克敏斯特·富勒与E. J. 阿普尔怀特（E.J.Applewhite）艾米·埃德蒙森（Amy Admondson）所著《协同性：探索思维几何结构》（*Synergetics: Exploration in the Geometry of Thinking*，Estate of R. Buckminster Fuller, 1997年），第28页。

随着我们讨论的进行，我们大家一起意识到，两人之间冲突的驱动力，来自每一个人都试图要比另一个人“更酷”，或者是要“压倒”另一个人。一个孩子表现出来的行为越“酷”，另一个人就越想反击。突然间，他们看到自己是这个“系统”的组成部分，而不是置身其外了。他们“明白了”，相互指责并不会解决这个问题。当他们看到自己的行为如何给另一个人的行为火上浇油时（通过一个简单的图），就可以探讨如何打破这个循环了。当我问他们怎样才可以做出不同的行为时，答案变得很简单了。发起的人可以降低强度，反应的人也不要那么强烈。

那个环岛自然早已修好了，路上的车流也恢复正常。在我们家里，我们也以我们自己的方式尝试着解决“公地”问题。虽然我仍然要依赖开车去参加足球训练，但我们会步行去买食品，我们还与邻居分享我们自己的鸡下的蛋。我们谈话的方式，让我们可以更容易把生活中的“点”连接起来。要是每一个人都这样做会怎么样——这是我们家里常说的一句话，用这种方式，我们试着放大我们个人行动的影响，以便想象出更大范围的影响。

每个人生来就具备有关生命系统的天然智慧。只需花一点儿力气，你们可以激励年轻人身上的这种天然智慧，并且提醒他们：他们的世界是相互关联的，是动态的，是一个由相互关联、相互影响的各种元素和过程紧密编织在一起的网络。正是由于这个原因，它既有目的，也有意义。

隐蔽的联系

在一次旅途中，或者是到了任何一个新的地方，请学生们挑选一个目标物体，然后问他们一个问题：“我们可以和这个物体建立多少种联系？”鼓励他们用一支铅笔和纸做笔记，或者是画几个简单的概念图——用文字或者图画描述相互关联关系和因果关系。在一个农场里，这个物体可能是一只鸡、一辆拖拉机或者是一桶牛奶。在一个海滩上，这个物体或许是一张渔网、潮水留下的水坑里的一只蟹，或者是一个贝壳。在城市环境中，这个物体可以是一个水管或者是一台建筑工地上的吊车。如果可能，利用一下本地“资料员”，也就是在他们每天的生活中与这个物体打交道的人，请他们帮助学生们构建自己的故事。

一个农民和一组学生之间的对话是这样展开的：

学生：“哦，你给这只鸡喂食，也会给它水喝。”（学生画了一只鸡、一个农民、食物，以及水）

农夫—教育工作者：“饲料是从哪里来的？”

学生：“你可以去店里买。”

农夫—教育工作者：“我用什么办法去店里。”

学生：“外面的卡车。你的这辆卡车还需要汽油。”

（学生把卡车和汽油加到图上）

另一个学生：“哦，这些鸡下蛋，这个农民会把这些蛋吃了。你们也把这些鸡蛋卖给路边的农场站。”

第三个学生：“而且你们必须要给这些鸡买饲料。”

第四个学生：“还要处理一下鸡粪。”

目的

这个简单的活动，可以培养相互依赖关系的思考。[①]

---

① 琳达·布思·斯威尼与卓姆林农场（波士顿附近的一个奥杜邦景点）共同制作了一个“建立联系的玩具箱”（由卡片和彩色蜡笔组成），帮助孩子们仔细思考农场环境中的生命系统。这个玩具箱可以从 Creative Learning Exchange 获得，见网站 www.clexchange.org。

讲给孩子们的系统故事

琳达·布思·斯威尼

越来越多的儿童读物中，都有正反馈和负反馈方面的极好例子；也有一些读物以其他方式包含了系统原理和基本模式。以下是我个人比较喜欢的几本。①

《如果你给一只老鼠一块饼干》②

这个故事说的是，给了一只饥肠辘辘的小老鼠一块饼干，却带来了意想不到的后果。看上去很简单，是不是？但是，接下来，你知道吗，这只精力充沛的老鼠，就会想要一杯牛奶了。然后它就会要一面镜子，看看自己的胡须上是不是沾上了牛奶。再后来，它还会要一把剪子，修饰一下自己的胡须。在这本可爱的书中，这只老鼠的恶作剧如多米诺骨牌滚滚而来。故事结束的时候，又回到了原点：这只老鼠想再要一块饼干。

这个故事正好可以帮助孩子们练习追踪因果关系的技能，看看一个事件（给这只老鼠一块饼干）如何反馈作用到自己身上。他们是

---

① 琳达·布思·斯威尼出版了两本以系统为主要内容的故事集。一本是《连接到一起的智慧：生命系统的生命故事》（*Connected Wisdom: Living Stories about Living Systems*，SEED 出版，2008 年），另一本是《当一只蝴蝶打喷嚏的时候：通过讲述他们喜爱的故事，帮助孩子探索我们的世界中的相互联系》（*When a Butterfly Sneezes*：*A Guide for Helping Kids Explore Interconnections in Our World Through Favorite Stories*, Pegasus Communications, 2001 年。参见《联系起来的智慧》的书评，第 316 页）。

② （*If You Give A Mouse A Cookie*）劳拉·约菲·努梅罗夫（Laura Joffe Numeroff）著，费利西娅·邦德（Felicia Bond）插图（HarperCollins 出版，1985 年）。

不是还可以想出其他种类的连锁反应事件的情形，最终对自身产生影响？对更大一点儿的孩子，还可以提问：哪些日常行为可能会带来意料之外的后果。（比如，假如城市规划人员在一条拥挤的高速路上，增加了一个车道。这会增加车流量，还是会减少车流量？）

蒂莫西·卢卡斯说："在给小孩子们介绍系统方面，这是我发现的最好的书之一。从这本书开始，就可以问孩子：'你还能想到别的像这样连续发生的事情吗？'请他们画几幅连续的卡通画，表达一下自己的想法，然后把每张纸的结尾处粘到一起，形成一个没有结尾的循环。它从哪里开始呢？在哪里结束呢？我曾经观察过一些老师，他们把这个想法进一步延伸，探讨事件如何组合到一起形成模式的各种形态。其中有些是周期循环的模式。在这样的模式中，你的结束点并不完全是你的起始原点，但你总是会再开始一轮循环。"①

《史尼奇及其他故事》②

在这部瑟斯博士的宝贵读物中，我们看到偏见与排他性驱动力，

① 努梅罗夫有关循环因果关系的观点的书包括：《如果你给一只老鼠一个麦芬》（*If You Give a Mouse a Muffin*, 1999 年），《如果你给一只猪办一次聚会》（*If You Give a Pig a Party*, 2005 年），《如果你带一只老鼠去电影院》（*If You Take a Mouse to the Movies*, 2000 年），《如果你给一只猫一个纸杯蛋糕》（*If You Give a Cat a Cupcake*, 2008 年，以上均由 Harper Collins 出版），以及《如果你给一只狗一个甜麦圈》（*If You Give a Dog a Donut*, Balzer and Bray 出版，2011 年）。

② （*The Sneetches and Other Stories*）特奥多尔·盖泽尔（Theordor Geisel：瑟斯博士—Dr.Seuss）著（Random House 出版，1961 年）。

如何最终导致能源浪费和资源枯竭。肚子上有星星的史尼奇，是一群毛茸茸的绿色动物，它们的肚子中间都有像星星一样的绿色霓虹灯。没有星星的史尼奇，肚子上则没有星星。就像水兵裤、迷你裙、伊佐得衬衫以及汤米希尔费格时装（在不同的时代）让学生们感到超人一等一样，肚子上的绿星星也让那些史尼奇们觉得有资格吹一吹了："我们是海滩上最棒的史尼奇。"终于，有商业头脑的小恶魔，想出了一个赚钱的办法：只要花上一美分，他就可以用自己的特殊机器，为没有星星的史尼奇在肚子上加上星星。突然间，到处都是绿星星了。为了保证自己的独特地位，肚子上有星星的史尼奇又跑到小恶魔那里，用他的"除星机"除去星星。这个循环往复不止，直到所有的人都花光了最后一分钱。最终，史尼奇还是以智慧战胜了小恶魔，也学会了接受他们之间的差异和他们自己。

简而言之，史尼奇们是在"转移负担"。他们没有面对那个更根本，也更困难的解决方法（学会如何接受、拥抱他们之间的差异），而转向了一个简单一些但成本奇高的"快修"方法（给自己身上文上星星）。①

可以向孩子们提出的问题包括：还要发生哪些后果或者是副作用，会让史尼奇更加不容易（或者更加容易）看到自己面临的局面？如果你去访问史尼奇们，你会试着打破这个循环吗？你如何才能做到？

---

① 瑟斯博士有关系统意识的书包括：《老雷斯的故事》（*The Lorax*，Random House 出版，1971 年），《黄油大战》（*The Butter Battle Book*，Random House 出版，1984 年）。

安野的魔法种子[1]

在这个日本民间故事里，一位掌握了魔法的巫师，把两粒神秘的金种子送给了一位名叫杰克的农民。他告诉杰克要吃掉一个，这可以让他整整一年不吃饭，另一颗要种到田里。杰克照他说的做了，一株植物在田里生长起来了，结了两粒种子。第二年，杰克把两粒种子都种到了田里——长出来的那株植物，就结了四粒种子。他吃掉了一粒种子，种下了其余三粒——结果下一年长出了六粒种子。一年一年过去了，他就这样继续下去，吃掉一粒，把其余的都种下去，他收获的种子每年都会翻倍。他结了婚，养育了一个家庭，种了许多年地，经历了一场洪水后，还抢救出了足够的种子，让家里所有人都有的吃，还有种子可以重新种田。

这是一个有关指数增长的故事——在这种增长方式中，翻倍的时间保持不变。但是，没有什么事物可以永远增长，这本书也体现了繁荣与衰败的交替过程。最终，某种限制条件（比如，一场洪水）就会令增长终结，甚至濒于崩溃。如果杰克听了巫师的指示，第二年只种了一粒种子，会怎么样呢？如果洪水从未发生，又会发生什么呢？要花多长时间，整个世界就都会被那些种子覆盖起来了呢？在哪些其他地方，你还看到了这样爆炸式的增长呢？

---

① 安野光雅（Mitsumasa Anno）著（Philomel 出版，1992 年）。

《谁替狼说话？》[1]

《谁替狼说话？》这本书里讲述的故事，是一个8岁的男孩让他的祖父告诉他，为什么他们一家会和狼生活在一起。我们听到的是，这是当这个部落迁徙到狼群的“中心地带”的时候，出现的进退两难局面和意料之外的后果。你认为这个男孩从这个“狼看着火”的故事中，学到了什么呢？为什么你认为这个社群没有听狼兄弟的话呢？这个男孩和他的社群，应该如何在自己的决定中考虑狼群呢？[2]

《联结到一起的智慧：生命系统的生命故事》[3]

琳达·布思·斯威尼从不同文化中选取了民间故事，从中演绎系统思考的基本原理。这些寓言不仅内容动人，还由盖伊·比劳特（Guy Billout）绘制了精美的插图。教育工作者和家长们都会发现，这本书以一种参与感很强的方式，让孩子和其他成年人学习并实践系统思考。

---

① （*Who Speaks for Wolf?*）葆拉·安德伍德（Paula Underwood）著，弗兰克·豪厄尔（Frank Howell）插图（A Tribe of Two 出版，1991 年）。

② 在另一部名为《辫子里的三股线：学习必备工具指南》（*Three Strands in the Braid: A Guide for Enablers of Learning*，A Tribe of Two Press 出版，1994 年）的书中，安德伍德描述了她祖父的“六个解释规则”：对于任何一个可察觉的现象，至少要做出六种可能的合理解释。“也许会有 60 种可能的解释呢。”她的祖父说，“但是如果你做出了六种解释，就可以防止你‘锁定’在第一个可能的解释上，并且把它当作‘真理’。”

③ （*Connected Wisdom: Living Stories About Living Systems*）琳达·布思·斯威尼著 [SEED（Schlumberger Excellence in Education Development）出版，2008 年]。

在每一个故事的结尾，都有一些评论和问题，引导读者对故事中示范的具体系统议题，展开讨论。我自己最喜欢的故事之一是“壁虎的抱怨”，这是一个有关相互依赖关系的巴厘岛民间故事。我们看到壁虎向村长抱怨，说萤火虫使它睡不好觉。在这个以相互联系为内容的故事里，我们遇见了萤火虫、啄木鸟、青蛙、黑甲壳虫、水牛以及雨水。随着故事的展开，其中的每一位都把自己联系到另一个角色身上；最后发现壁虎要依赖雨水，才能有蚊子吃。至此，村长把壁虎叫了进来，命令它停止抱怨，并且与自己的邻居和平相处。像书中的其他故事一样，这个内涵丰富的故事可以启发出无数问题，并且深化你们的理解。

——内尔达·康布－麦凯布

第五项修炼

知行学校（全2册）下

05

[美] 彼得·圣吉（Peter Senge） 等著 李晨晔 译 张成林 审阅

SCHOOLS THAT LEARN

A Fifth Discipline Fieldbook for Educators, Parents, and Everyone Who Cares About Education

第五项修炼系列典藏版

中信出版集团 | 北京

第三部分 学校

第四部分　社区

第三部分　学校

Schools That Learn:

A Fifth Discipline Fieldbook for Educators, Parents, and Everyone Who Cares About Education

| 第 8 章 |

走进学校

1. 创建知行学校

琼是一位有着 25 年教学经验的小学一年级教师，在她所属的那个规模并不很大的校区里，以富于奉献精神、教学效果好而闻名。有一天，一位邻居拉住她，问起学校的事情。这位邻居说道："我觉得现在高中的教师们积极性不够高。我曾经约他们见面，想找到一些方法，提高我的孩子的学习积极性，但最后都不了了之。教师们有的畏首畏尾、三缄其口，有的似乎表现得像是要把我女儿的问题归咎于我们家长，而他们没有帮助我们的责任。我真的不知道接下来该怎么办了。"

几年前，琼自己的孩子在高中阶段也出现过类似问题。于是她说道："我认为问题根源不在教师身上。"琼向那位邻居谈起，几年前自己曾与另外两位教师共同发起了一个重新设计数学课程的项目。仅仅是讲讲这个故事，就让琼又找回了当时那种兴奋的感觉。她的眼睛变得有光彩，说话的时候，挥舞的双手就像是一曲美妙的二重唱。她告诉邻居，当时校长也非常支持，还提出了一些想法，然后又说，他们需要得到学区学监的批准。

说到这里，琼的肩膀垂了下来，眼神也黯淡下来。她回忆道："那位学监说来说去，都是这项计划行不通的理由。他还说自己以前经历过其中出现的所有问题。首先，家长们会抗议，校区委员会也不会赞同，州政府更不会允许。他说自己当然关心学区里学生们的教育，但他只能把注意力放到那些反对呼声上。没有他的支持，我们的计划就泡汤了。"从那以后，琼和她的同事们除了说说教室的门出了问题这类事以外，就再也没有尝试过任何创新。

当然，琼和那位学监从未面对面谈论过这个话题。那位学监早就已经忘记了那次谈话，他遇到的类似情况太多了。他真心地想要提高这个学区的教学质量，也意识到这个学区必须要做出改变。然而，他发现自己一直在与他的那些"合作伙伴"的不良倾向苦斗：州里的立法者们顽固不化，校区委员会则事无巨细样样插手，一部分家长不肯让步，教师工会的领导们常常太过猜疑，而工会在过去也曾多次否决过教学创新的提案。在他的心中，他的工作是同时在许多战线展开一场持久战，也只有他一个人了解整个学区的全部需求。有时他希望得到更多的帮助，但他从未期待也从未祈求过帮助，因为他从心底里认为，没有谁会为他提供帮助。

与此同时，校区委员会感受到来自社区的巨大压力，他们认为这个地区的人不会再为教育多交哪怕一点儿税了。教师工会的领导人、校长、学校员工、本地社区成员、各个年级的教师们，以及学生们自己也都有各自的苦衷。他们的视角全然不同，但他们都在两个方面有一致想法。首先，他们都有相同的目标：要有一个教学效果更佳，同时也更有人文关怀的学校系统——在这个系统中，不会再让学生遭遇琼的邻居的女儿那样的窘境。其次，大家都以为自己是在孤军奋战——即便是像琼在和她的邻居那样彼此交流意见的时候，也没有产生过合作的念头。

然而，如果存在这样的方法，可以让他们一起谈谈——不只是偶尔聊聊天，而是反复探讨，并且以这样的一个假设作为出发点——他们大家都把学校与孩子们的最大利益放在心中，那么，这个学校系统就可能开始转变，从一个由相互制约，但又彼此分离的利益群体组成的复杂组合，变成人们为了大家的共同目标，一起共同学习的实体。

知行学校

英语“School”这个词源自希腊文“Skhole”，意指“闲暇”。它逐渐演化（通过拉丁语“Skola”），便有了“献身于学习或理性辩论的闲暇”的意思。从这里开始，就有了我们今天拥有的这个词的许多含义：教育集会的一个物理空间（比如，一座“学校大楼”—— a school building）、接受教育的过程（比如：上学——schooling）、通用教育经历（比如，“学校的艰苦经历”），以及一个修习了某种看待世界方式的团体（比如，“一个思想学派”）。这个词还有另外一个意思，指一群一起迁徙的鱼，它源于一个不同的词根——德语中“skulo”，是“分开”或“分割”的意思。这其中的含混模糊恰恰符合这个词的内涵。学校是一个物理空间，于是人们常说“上学”。然而，学校并非完全局限于自己的校舍本身。我们在这本书里使用这个词，是指为教育提供场地和机会而创造的正式环境——无论是只有一间校舍的私塾还是普通小学，乃至整个城市学区。同时，这个词也指那些成年人学习的机构——从社区中每次轮换地点的会议场所到社区学院，乃至大规模的大学。人们在使用“school”这个词的时候，越来越多是指社区中的学习环境。因此，“学校”的概念一直在不断演化——也许有一天，它的含义又成为“闲暇”了。

就像大家会在本书的这一部分看到的那样，越来越多的地方正在发生这种深层变革——不仅是政治与实践上的变革，也是学校的互动与思考方式的变革。这从来都不会一蹴而就，但总会收获丰厚。以迄今为止的经验来看，似乎需要遵循以下这几个关键原则，才会获得成功。

• **变革始于忽微，并有机成长**。我们常常听人说起，某个学区试图将一所学校获得成功的项目，迅速“推广”到许多其他学校。然而，组织内的可持续变化与任何生命种群的生物学增长有着相通之处。在自然界中，所有增长都遵循同样的模式：起于忽微、逐步加速，然后渐渐放慢直到“完全的”成年体完成。这种模式一再出现，因为它反映了促进增长的力量与限制成长的各种约束之间的相互作用。

如果学校中的变革也遵循这样的模式呢？那么意在产生变革的人们，首先就要将他们的注意力放到理解他们周边的种种限制性过程上面。他们不会“高高飞翔”在学校工作人员的头上，劝诫他们做出改变。这样做无异于一个园丁站在一棵植物旁边苦苦哀求：“快长大吧！再努力一点儿！”成功的变革推动者，反而会感悟于智利生物学家哈姆伯图·马图拉纳（Humberto Maturana）的陈述：“任何运动自发生伊始，都一直受到抑制。”这些变革推动者们会在急迫感与耐心之间找到一种平衡，由此他们可以从小处着手、选择适当时机加速，并在进入下一个阶段之前，反思每一个新的进展。他们通过细心照料、深思熟虑，而并非劝诫和命令，让创新发生。

• **个人承诺是持续学习的保障。**即便是一位手中握有权力的人，比如，学区主管、校董会主席、校长、学监或立法者等，也不能凭发号施令就让大家积极投身于学校的变革之中。这类发号施令的做法，最多只能令人们依顺变革——对于变革本身全无承诺与担当的感受。随着变革的紧迫感逐渐衰退，人们对变革的关注也慢慢淡化。只有让大家出于自我选择做出承诺与担当，只有让这种学习导向由始至终地贯穿于变革行动（以及学校）之中，人们对变革的关注才会持续下去。

但是，如果不能强迫人们做出承诺，你可以做什么呢？你可以做的恰恰与一位教师能做的那些事完全相同：与学生们一起培养真正的学习。你可以时而规劝一下，时而给一点儿鼓舞，时而以身作则。你的主要影响在于你创造出来一种环境——它鼓励认知与反思，它为人们提供他们想要的工具和训练，它也帮助人们形成他们自己做选择的能力。

• **资金并非最重要的资源。**有充足的资金预算固然重要，但其他一些因素比财务资源更关键。在知行修炼方面成效斐然的那些学校中，有许多都处在低收入社区或者预算不高的学区。将系统思考引入许多学校的华特尔斯基金会，专注于那些有大量需要午餐补贴学生的学校，其中还包括一些已经被列为不可救药的学校，为的就是要证明在各种环境中都可以获得成功。恐怕其中最关键的因素，在于了解如何创造一种人们彼此之间相互信任、高效协作的环境——对于任何创新都是如此。

• **共同学习比其他方法所需时间更少。**那些对学校改革的各种新模式热切期待的管理者和教师们常常会说：“我们就是没时间来做学习型组织这件事。”然而，实际上无论采用什么方法，或许他们都拿不出时间来。正如对于“时间压力”进行了30年研究的麻省理工学院教授洛特·贝林（Lotte Bailyn）所说，“人们感受到‘时间短缺’的问题，往往都是由工作的组织方式造成的”。每天的工作安排过于紧密、缺乏弹性，或者极为政治化的工作环境，都可能带来大量不必要的工作，时间都花在了重复性工作上，花在了修复不必要的错误上，以及处理学校系统中其他部门的同事制造的问题上——他们没有意识到他们正在暗中破坏彼此的努力。共同学习的做法起初可能要多花些时间，但往往会解决这类问题，从长远来看能大幅度减少这种时间上的压力。

- **先导小组是培育变革的孵化器。**一旦对于“所有伟大的事物都源于忽微”明了于心，人们就会自然而然地想到“先导小组”这个概念。这种团体可以小到只有一两名教师，但也可能大到有几百人参与的一次学区行动。它可能来自学区主管和校董会的正式任命，也可能是在几次开放、随意的午餐中形成——其中看不到等级划分，也没有委托授权，但有着以成员们的信誉和承诺为基础的影响力。所有成功的先导小组都有一种不变的偏好，那就是脚踏实地，但又充满好奇。这些小组的成员们已经见识过在一个课堂上、一个社区中获得的成功，并且为之着迷。他们大家都明白无法独自实现自己的所想，于是由着迷进而相互吸引。先导小组正是由这种冲动而渐渐成形的。在许多这样的小组中，人们与来自主流群体的压力隔绝开来，这有助于他们与自己的目标重新建立联系，有助于他们与自己学习的动力重新建立联系，也有助于他们与他们为孩子们承担风险的意愿重新建立联系。

- **共同学习通过多层面的领导力产生。**“学校英雄”的传奇（他们面对种种逆境，力图扭转陷入困境的教学环境）与许多企业中的

“CEO 英雄”传奇类似，通常只会让真正的改革变得更艰巨。这些领导人没有去激励大众参与，而是觉得要依赖为数极少的一些人——他们有能力、有企图心、有愿景、有魅力，也有足够的自傲跨越令常人止步不前的障碍。当这样一位英雄的宏大战略无法落实的时候，人们也就只好固守那些原有的做事习惯了。

相形之下，成功的学校变革需要多个层面的领导角色。正式或者非正式的各种领导人，在课堂、学校以及社区等各个层面，都在为共同学习努力提供各种各样的不同资源。在这其中，就需要一些大胆想象、坚守承诺的本地课堂领导人。他们对具体结果承担责任，他们能够开展自己的行动或者项目，影响一个课堂、一个年级，甚至一个学校。当上上下下所有人都在呵护孩子们、呵护这个系统，并彼此呵护的时候，大家就为变革提供了土壤。

- **挑战是共同学习的一部分。**这正如青春期面临的种种挑战是孩子们成长的自然过程中的一部分一样。虽然“学习型组织”力量强大，也获得了成功和满足感，但它也容易带来失败、引发挫折，并招致人们反对。一些共同学习似乎永远也无法真正启动起来。在其他一些实践案例中，期待得到嘉奖和升迁的创新者反而失去了工作。于是他们另起炉灶，找寻更能包容他们想法的学校系统。即便在已经获得种种成功的情况下，学习导向的文化也会遭受无情的抨击。

但是，坚持下去终会获得回报，只要“守护城池”的是人们对学生自身价值发自内心的欣赏。图桑市的一家学校“转变”的故事就相当强大。由于这所学校在各种标准测试中的表现太过糟糕，根据州法，所有教职员工都必须强制转岗。这所学校里的所有成年人，包括教师、管理人员以及行政人员，全部都被解雇，其中只有 25% 的人员被重新聘用。那位新来的校长（在此之前任职于印第安保留区的一所学校）

是一位外表强悍、讲话直白的女士。她在第一年任期末，反思大家面临的各种挑战时说："每个人都认为你们在白手起家、推倒重来。但其实不是这样，在这个学校里还有重重鬼影。"

有人要她详细描述一下"鬼影"是什么，她就说："虽然他们裁减了所有成年人，但全体孩子依然在这里。这次'转变'相当于证明他们都是失败者。想想看这对于孩子们意味着什么，这就像是对他们一直以来心知肚明的情况做了最终确认——他们垫底了，还是在最最下面，他们毫无机会。"

然而，这里的学生和这所学校都坚持了下来。当年讲了这番话的那位校长，最近举办了一次才艺表演活动。她说："我看过许多中学生的才艺表演活动。人们相当苛刻，如果孩子出现失误，倒彩和嘘声就会扑面而来。"但是在她组织的这次表演中，每当孩子们出现失误时，观众们都会为他们加油、打气。她说："我觉得我们成功了。第一年我只有一个目标，也是唯一的目标，那就是孩子们不是失败者。"

挑战会消耗精力，但也会给你带来自信——它们表明你的工作正在产生效果。没有任何挑战，则表明你还是一无所成。

学校的目的是什么

在一个教育机构中，任何一个有意义的共同学习行动都会引发一个基本问题：我们到学校来的意义究竟是什么？用不了多久，这个学校社群的成员们——家长、教师、行政人员、学生，以及学校职工们就会开始重新思考他们的价值、他们对这个社群的贡献，以及他们自己的身份究竟是什么。需要思考的问题很多，因为人们对于“学校的目的”这个意义深刻、影响巨大的问题，还没有达成共识，相反，倒是有着许许多多的不同见解，每一种见解也都有强烈的拥护者。

- **学校作为人才的供应者，有其经济上的目的：**为雇主们训练具备所需技能的工人。但是，要训练他们为哪个工作场所做好准备呢？难道是 2012 年的工作场所——这时候，幼儿园的孩子们刚要进入小学？还是 2025 年的工作场所——那时候，这些学生恐怕正好从高中毕业？或者是 2030—2040 年间的工作场所——此刻，他们应该开始工作了？也许是 21 世纪 50~70 年代的工作场所——到那时，今天还在幼儿园里的孩子们中的一些人，就要开始担任领导角色了？然而，那个时候的工作场所与 2012 年时相比，将会全然不同，以至于任何直接的训练、准备都可能徒劳无功。
- **学校也与个人的经济成功紧密相连：**通过传授未来参与竞争、胜任工作需要的各种技能，让学生们得以有更好的生活。但是，在引导学生们做出选择上，在规范学校提供的学习内容上，应该以哪些人在竞争力上的看法为准呢？难道是学生们的想法——他们经验不足，恐怕视野有限？也许是教师们的视角——他们所熟悉的是过去的需求，并非未来需要的技能？或者是家长们的观点——他们与自己的孩子过于亲近，也会囿于自己的经历而存在偏颇，这些都会令他们无法看清不同选择的价值？还可以是那些外部专家们的意见——他们的视野可能更宽阔一点儿，但他们对于每个学生的真正情况缺乏乃至毫无洞察？

• 也许学校的目的就是灌输技能和知识这件事本身？如果真是如此，那么是哪些技能和知识呢？难道应该是相对主流的文学、科学和数学？还是应该扩展到至今尚未被充分认识，但在今天的世界里至关重要的那些技能和知识——计算机建模、身体锻炼和健康意识、金融基础或者媒体意识？学校存在的意义应该是让所有人从这些知识中获得启迪，还是将其编纂成专业文献，保证只有一小部分具备资质、获得认证的人，才可以获得执照作为专业人员从业呢？

• 学校也会遵守指令（有时候只是没有意识到而已），将知识划分为各个等级——假设自己的目的是将能力标准化，于是世界上所有人都有了一个知识与技能的共同基础。学习是否也应该寻求差异化——从每个人身上挖掘出独一无二的不同呢？学习是否应该将一些人培育成为精英，并极力为他们提供各种优越机会，让他们服务社会呢？或者学校是否应该尽其资源和精力，像培养权贵后代那样，培养所有社会和经济群体的孩子呢？

• 也许学校就应该主要致力于各种社会与政治目标，像约翰·古德拉德（John Goodlad）所说的那样，“在公正、平等、责任和相互关爱的竞逐中，培养个体自我的本质——《独立宣言》和《宪法》对其有详尽论述”。[①]但是，哪些才是正确的社会和政治目

① 这里引用的约翰·古德拉德的话，摘自其文章《教育与民主：推进这个议程》。Phi Delta Kappan 82(1)(2000)86–89。

古德拉德（他是教育探索研究院的总裁）还认为，公立学校是保护我们民主进程的最恰当的公众参与论坛。参见约翰·古德拉德、罗杰·索德（Roger Soder）和邦尼·麦克丹尼尔（Bonnie McDaniel）所著《教育与培养民主国人》（*Education and the Making of a Democratic People*，Paradigm Publishers 出版，2008 年）。另外请参见这家研究院的网站，www.ieiseattle.org。

标呢？学校是否应该培养出有意识、有良知，并有能力全面参与民主制度的公民呢？学校是否应该有助于缩小能力、地位以及权力上的差别，并因此推进扩大机会、提高社会公平的目标呢？或者学校是否应该像杰米·克劳德（Jaimie Cloud）和彼得·布洛克（Peter Block）建议的那样，推进可持续发展和社区的目标呢？学校是否承载了一个社区对自己未来的投资：让孩子们未来生活得比他们的父母更好——并非仅仅是经济意义上的，更是在他们的生态、人性和社会等方面？

- **也许学校主要是为了不同的个人目标而存在的：**帮助每一个个体成长为学习者，以更加接近他们自己抱负的核心——无论那些抱负究竟是什么。学校是否应该帮助学生培养自我意识，逐步成长为斯坦福大学教授玛丽·巴德·罗（Mary Budd Rowe）所说的“投手”呢——他们不断试图改进自己的比赛状态，而不是成为赌徒，靠机会打比赛，凭运气获得成功？或者学校的目的应该是帮助人们“长大”——养成自我约束的习惯，从容应对艰巨的任务，并且学会控制自己的冲动？

- **或许学校的目的是否应该就是存在于当下——**为了来上学的孩子们，实际上也是为了学校中的所有人？

最后要问一下，有没有一种方法让学校同时实现所有目标、完成所有任务呢，或者教育只是一个“零和游戏”—— 一些人被挑选出来成为赢家，而其余的人由此成为失败者？学校是否应该设计成这样：其成员中的某些人的成功可以强化所有人的成功？还有，无论人们为一家学校选择了什么样的目标，我们（学校领导人和相关利益者们）是否认识到，为什么我们想要实现这些目标呢？

大多数学校系统的领导人都没有以一种清晰、有意义的方式提出过这些问题。然而，在没有明确回答这些问题的情况下，那些掌握了权力的人们就会急忙抓住几个看似最方便、最有利的目标。在各个学校系统里，这意味着学校实际上有“三重目的”：保持机构的运营，尽最大可能在关键指标（比如，标准测试）上获得最多的“合格”成绩，以及满足关键相关利益者们（最有影响的教师、家长、管理人员以及那些有政治关系的人）看到的需求和要点。

大多数学校系统“自上而下”的等级体系（比如，由中央办公室而非学校里的教师和校长，决定预算），强化了寻求权宜之计的倾向。大多数学区的政治化治理架构也会起到同样的作用，很可能在其中结成各种压力集团，结果实现了各种有限的目标，而更大范围的变革不可避免地遭到抵制。如果我们是与学校有关联的成年人——家长、社区领导人，或者是教育工作者，我们就会回想自己对学校的记忆，并以其为模板确定未来学校形态——这是我们自然的人性倾向，但我们清晰思考这个问题的能力也会因此而变得错综复杂起来。

或者，像《第五项修炼·实践篇》的合著者查罗特·罗伯茨（Charlotte Roberts）最近向一些教育工作者提出的问题那样：“我们难道真的想要把自己儿时记忆中的学校重新制造一次吗？我们难道只是因为教育工作者们是按照这个模式锻造出来的，就要阻挡变革的潮流，创造教育的一潭死水吗？”

作为本书的作者，我们想建议一种更根本的愿望：以这样一个系统为目标不断努力——它让孩子们、孩子的家长们、教育工作者们，以及周边的社区，得以从学校获得他们需要的一切。我们全都想要。我们想要为所有学生提供教育的学校，让每一个孩子的内在潜力都发挥出来的学校，在其中育人成为乐趣、学习获得愉悦的学校，让学生轻松通过标准测试的学校，让每一个人克服困难、获得成长的学校，帮助孩子和成年人理解系统的学校，还有在全世界输送出一代有能力、有担当的人的学校——他们为应对我们面临的挑战做好了准备。最后，我们想要在觉知中实现这个目标——以形成我们自己的共同能力和共同认知的方式，共同思考、共同行动。

这个愿望看似不可能实现，或许也的确如此，尤其是当你想到，学校里的大多数问题都无法用“快修”的办法解决时。这个愿望中所包含的内容太复杂，也太深刻。然而，在你逐步探索、尝试本书的这一部分技术、概念和实践的同时，要记得这个强烈的愿景。让我们的目标不受侵蚀、不致削弱非常重要，即便我们是在试图更清晰地看到当下现状的时候。

最后要说的是，我们满怀希望是有理由的。当我们在 2011 年重新修订本书的时候，有这样一个结论：我们有所了解的许多学校都比过去更好了，并且正在变得更优，无论是从客观衡量的角度看，还是（更为重要地）以学校中的人们的热情与承诺担当的角度去看，都是如此。人们更加明白一个好学校要具备什么，也更加清楚如何将一个学习机构转变成为一个在知行中成长的组织。让教育变得更美好的各种努力，正在点燃人们的激情，不仅是针对孩子和学习的激情，更是让学校成为一个人们走到一起来学习的场所的激情。我们从中受到了鼓舞，我们相信许多与学校无法分离的人们——教育工作者、家长和学生们自己，也都有同样的感受。

《芬兰现象，走进全球最令人惊奇的学校系统》[①]

这部电影讲述的是一个围绕着信任构建的学校系统：管理人员信任教师，教师信任学生，学生信任这个学校系统。片中的叙述者哈佛大学技术与创新中心的托尼·瓦格纳（Tony Wagner），以其教育创新研究而享誉全球，他述说了遍布芬兰各地的学校取得的卓著成果。按照人们普遍接受的许多传统衡量标准，这些学校并没有达标。学生的在校时间比其他地方要少20%~30%，上课时间也缩短了。学校里没有标准测试，也没有家庭作业。然而，最终这个国家学生的学习表现好于大多数其他国家的学生——即便有些国家学生的学习负担要重得多。

这一切不是出自偶然，也并非由于芬兰在社会和文化上的同质（这个国家的人口为530万，比科罗拉多州稍大，其中15%的人口为少数族裔，他们中的许多人都使用一种不同于芬兰语的语言）。这个局面的形成，是由于芬兰的领导人做出了一系列决定。而其起点就是教师的聘用与待遇——从最好的大学学生中招收，以受人尊重的专业人员厚待。他们把注意力放到孩子的发展上，并精心管理压力和努力的平衡。虽然这部电影只有60分钟，却不是原声蒙太奇的组合。其中有对教育工作者的大量访谈，也有课堂教学的演示。这样一类电影可以成为一场全球对话的初始——一旦人们看到了工业时代常态下的各种假设，全球各地的学校就能够打破这种常态。

——彼得·圣吉

---

① （*The Finland Phenomenom: Inside the Worlds's Most Surprising School System*）罗伯特·康普顿（Robert Compton）导演（Broken Pencil Production出品，2009年），参见www.2minutes.com。

《伟大的美国学校系统的生死存亡：测试与选择如何削弱教育的根基》①

纽约大学教授黛安娜·拉维奇长期以来一直提倡增加测试和采用特许学校制度。然而，当这些方法并不奏效的例证与日俱增，她渐渐开始确信，以目前的共识为基础，无法完成学校的各项改善。她在这本书中表达了这样的看法：如果这个国家正在逐渐落后于全球化竞争，如果它的经济一团混乱、贫困一再持续，如果美国的孩子们不像其他国家的同龄人那样认真对待自己的学习，有太多人认为学校就应该受到谴责。其原因不是全球化，不是产业空洞化，不是贫困或者我们粗劣的流行文化，也不是弱肉强食的金融操作，而是公立学校，以及学校中的教师和教师工会组织。拉维奇反驳说，指责学校和教师是一种过于简单化的做法。她的结论是，"领导力并不要求我们'一再打击'我们的教师们"。她建议效仿芬兰——在全球教学评价中，这个国家一直在西方国家里名列前茅：要在教师的培养、支持和保留方面进行投资，要建立一个要求严格的全国课程规划，还要大力改善针对孩子和家庭的社会保障项目。

——詹姆斯·哈维（James Harvey）②

---

① （*The Death and Life of the Great American School System: How Testing and Choice are Undermining Education*）黛安娜·拉维奇（Ravitch，Diane）著（Basic Books 出版，2010 年）。

② 詹姆斯·哈维是全国学监圆桌会议（National Superin-tendents Roundtable）的主任，参见网址 www.superintendentsforum.org。

2. 教书育人作为一种道德追求

内尔达 · 康布–麦凯布

一位博士生在困惑之中来见我。当时，他正在完成我们在迈阿密大学开设的教育领导力课程。他说："这个项目已经困扰了我相当长时间了，因为我一直在努力，要做一名优秀教师、一个称职的学校管理人员。但多年之后，我现在发现，我自己是问题的一部分。"他表示，他意识到自己学校里的许多教学实践和组织结构，恰恰为一些学生制造了问题。但他从前很少质疑这些做法，把它们都当作这个系统的既定情况接受下来。他告诉我说："让我愤怒不已的是，在我职业生涯的早期，从来没有人教过我如何提出这样的问题。现在我感到，由于我和其他人都没有提出困难问题，自己也参与到将学校保持现状的共谋之中了。"

所有职业都需要某种形式的反思"质询"，这对于教育工作尤为重要，因为教书育人是一项关乎道德的事业。教书并非仅仅掌握一些技术技能，将知识传授给待哺的学生。它包含着对学生的关爱，也包含着对他们在一个纷繁复杂的民主社会中成长发展担负责任。也就是说，教师们需要思考的，不仅是他们在教书中使用的"方法和手段"，还包括他们教书的"宗旨和目的"。这就让施教者们承担起了一个重大责任，对于在州法律规定学生必须去上学的那些公立学校中教书育人的人们尤其如此。

然而，在大多数教育培训项目中，一般都没有提到道德责任的理念。当一个人走进教育领域的时候，对此也没有探讨。恰恰相反，当教育工作者谈及责任的时候，他们所关注的大都在专业问责的领域——增进学生的知识以及对于相关课程内容的理解，培养学生们为在学术和职场上的成功获取各种高阶技能，设计严谨的课程规划，以及让学生们在挑战中达到更高标准。

将注意力聚焦于这些教学上的技术层面（“手段方法”），就会忽视必须用以引导教师和管理人员工作的那些道德层面的总体原则。比如，一位教师可能在阅读教学上是一位训练有素的专家。对于一个个人的人生来说，没有任何其他教育要求比识字——成为一个读书人，更关键了。然而，也没有任何学术挑战像识字那样复杂。当下围绕着阅读与识字的探讨争论不休、各执己见，无论采用哪种路径，阅读专家们在技术层面都具备丰富的技能（解码流程、整体语言、音素意识、文学本位、编码及拼写、词语理解等）。他们可以从自己的“存货”中随便拿出几种，不经反复推敲，就用来教孩子们。而这就是问题发源之处。如果有些孩子在学习阅读方面有困难，一位阅读专家就可能得出结论，这些孩子就是缺乏阅读能力。无论如何，专家们对这些工具和技术都做过测试了。

在这种情况下，这个阅读专家就面临一个机会：他可以质疑这些技术方法背后的假设，也可以质疑自己提出这个问题的方法。当这位专家从孩子的角度去解读阅读表现不好的状况时，就可以提出道德层面的问题了。那些面临困难的孩子是谁？是否出身贫苦或少数族裔背景的孩子居多呢？教学的重点是否放到了这些孩子带到课堂上的“不足”了呢？种族、文化以及学习风格上的差异是否被看作“不足”了呢？他们具备了哪些重要的技能和知识呢？教学如何与他们带到课堂上的知识与技能结合起来呢？教授这些孩子阅读的首要目的是什么，而由此又意味着应该介绍给他们哪些阅读资料呢？通过反思质询，这位教师就可以有意识地将教书育人的道德层面与自己和学生们的关系、与自己和学生们接触知识的通道的关系，连接到一起了。

在学校里，只有一种价值观是不够的。民主社会中的人们有权期望自己的学校拥有多个指导原则，比如：正义、公平对待、自由、诚实、资源分配公正以及尊重差异。我们作为教育者每天做的决定，都可能对我们呵护下的孩子们产生各种各样的、巨大的道德影响。我们在课堂上如何为不同的孩子分配自己的时间呢？我们的各种分组教学实践，在课堂上、在学校中会产生什么样的影响呢？在课堂的互动中，我们赏识谁、忽视谁，又会鼓励谁、劝阻谁呢？哪些知识点我们选择强化，又有哪些知识点我们选择一带而过呢？我们为哪些班级或者学校安排公认的专家教师呢？

所有这些问题首先都是一个道德问题。由于大多数教师并非以语言而是以教育实践回答这些问题，那么我们在教学方法和学习设计上的选择，也都是道德问题。有些教育实践是有道德的，还有一些则是非道德的。我们课堂上的各种行动，无论是在公立或是私立学校，都有可能为我们关注的孩子培养能力，也有可能剥夺他们的权利。我们如何开展教学的方法，让一些学生获得认可，而其他学生则没有获得认可，我们如何为学生分组、如何为学生打分，以及如何奖励学生，都会令某些学生处于极度危险之中。

此外，目前并没有任何指导手册或者工作清单，可以自动为我们将这些困境梳理清楚，恐怕也不会有——在这个模棱两可的解读处处皆是，我们对自己的各种心智模式又缺乏认知的世界里，是不会有的。只有通过研习、反思和质询，我们这些教育工作者才能理解我们的决定产生的各种影响。如果我们对于自己作为施教者的各种行动的性质及后果，不做出这样的质询的话，那么我们的实践就会继续处于无人质疑的状态。即便是那些已经给某些学生带来了灾难性后果的实践，也会依旧持续下去不被质疑。我们还将相信这些做法是不偏不倚的中立，并且超出了自己的控制范围——这就是学校运行的方式。

学生们因我们的决策可能遭受的痛苦会带来各种负面后果，如果对于那些存在于我们工作中的内在道德责任不加以明确的质询，我们就将自己与应当对这些负面后果承担的个人责任隔绝开来。当越来越多的学生在一个学校系统中无法适应，而我们又是这个系统的一部分的时候，这样的隔绝就会让我们去谴责他人——管理人员、家长、州政府机构、政策制定者、社区，以及“不让一个孩子掉队”立法等，而不是去思考我们自己在其中的作用。相反，拥抱我们的道德责任，就会推动我们质疑自己：“我的想法是如何阻碍孩子们学习的呢?”“是我正在做的哪些事，让孩子们持续处在目前的状况之中了？”不进行艰难的质询，这本书中有关五项修炼的各种概念，只能给学校中的工作带来表面上的变化。知行修炼的应用本身也有一个道德上的维度。探询与对话的设计是否只有利于部分学生，而不利于另外一些学生呢? 在系统模型中构建了哪些假设呢? 在当下现状的探讨中，如果话题过于接近家境或者过于令人伤心，是让谈话继续下去，还是立刻打住呢?

学校的道德修炼

在与教书育人有关的道德责任上，一个人如何才能获得洞察呢? 我发现，在将学校教育作为一种道德追求上，约翰 · 古德拉德的著作有助于这个理念的形成。古德拉德说：“我们创造学校主要考虑的是我们文化的未来福祉，尤其与保护我们的宗教和政治价值有关。随着时间的推移，我们逐步扩大了学校目的涉及的范围，直到覆盖了包括培养有效的公民、家长、工人和个人，目前这些都是我们学区教育乃至国家教育的目标。受过教育的人获得对于真理、美和正义的认知，并以此对自己和我们这个社会的美好和不尽完美做出判断，在培养这样的人方面学校是主要参与者。这就是一种道德责任。”古德拉德阐述的四个道德维度包括[①]：

a. **社会与政治民主的教化**。学校应当在理解宪法系统和代议政府上教化年轻人，对此很少有人会提出挑战——至少在那些民主国家里是如此。但是在许多学校里，民主的学习往往只限于对政府所处的“多数执政”的结构和程序进行描述。然而，社会民主代表一个复杂而又艰巨的理念：一个民主制度下的所有公民和组织都必须坚持那些更宽泛的民主原则——自由、自主、平等、公平和公正，其作用是平衡个人权利与共同利益。我和我的几位同事在多篇文章中曾论证说：“民主既包含了过程，也包含了目标，这两者之间虽然往往相互冲突，但绝不能分离。民主过程也不能用来为非民主的目的开脱，比如，我们不能因为多数人投票赞成，就证明种族与性别歧视正当。虽然对于民主的这种双重参照的检验并非简单易行，也不是界限分明；虽然它常常要求我们在相互矛盾的两个选择中，以民主的名义做出决断；我们还不能设想有任何其他方式处理这种情况。”在社会与政治民主的这些原则上教化年轻人，是我们珍惜的这个公民社会的核心，也是学校对社会承担的道德责任的核心。只有通过对于过程和最终结果的认知，

---

① 古德拉德有关教书育人的四个道德维度的论述，围绕着教育工作者（尤其是教师）培养以及学校复兴，塑造了一种强大的国际语言。此处他的引言源自《我们国家学校的教师们》(*Teachers for Our Nation's Schools*, Jossey–Bass出版，1990年)。

我们才能保护一种民主的生活方式。[①]

b. 接触知识的途径。古德拉德写道，“学校是我们社会中唯一获得了这样具体授权的机构，它要为年轻人与人类谈话的全部主题内容提供一个需要经过修炼的相遇：这是个物理和生物系统的世界，是个评价和信仰系统的世界，是个沟通交流系统的世界，是个构成了全球化村落的社会、政治和经济系统的世界，也是人类自身的世界”。我们社会中的大多数人，都会把确定知识的获取和参与作为教育的主要目标。

然而，教育过程中的一些最不公平的现象，恰恰存在于获取知识方面。古德拉德提醒我们说，“学校推进的教育过程必须远远超越信息的再现。（厄瓜多尔）必须竭力保证，任何一种心态、信仰，以及实践都不能妨碍学生接触所需要的知识”。当学校里的种种做法导致不均衡的知识分配，减少了贫困和少数族裔的学生们获得知识的途径时，这在道德上就是错误的——“无论其中的道理是有关合理的课堂规模、教师的舒适感，还是家长的偏好，或者甚至是教学成果”。

c. 培育式教学。培育式教学是教书育人的艺术与科学的结合，它为所有孩子提供滋养、支持和鼓励，在他们发展的各个阶段促进他们的学习。古德拉德断言，“教学的认识论必须包含这样一种教学法，它要远远超越教学的日常机械过程，它必须要结合教学中可以概括提炼的通用原则、具体科目的教学方法、对有关的普遍人类特质和潜能的敏感性，以及对于同时具有‘引发’与教化含义的充分认识”。一位教师如果不能创建一个反思、参与的课堂，就不简单地是失职行为，而且有违道德——尤其是对于那些不能选择退学的学生。

---

① 引言摘自内尔达·康布-麦凯布、理查德·宽茨、迈克尔·丹特利所著《培养学校管理人员的民主权威》(*Preparing School Administrators for Democratic Authority*, The Urban Review Vol23,1991)。

d. 承担起管理学校的责任。创造满足所有学生需要的高质量学校的责任由谁来承担呢？古德拉德认为，是作为道德呵护者的教师们以及校长们。如果像许多人认为的那样，学校本身是涉及重大复兴的变革中心，实现这个目标的唯一方式，就是教师们也参与进来，创造并持续推进涉及学校各个方面的变革，而不是只在自己的教室里努力做些优化、改善。这种参与意味着，教师们看到了包括所有教室在内的整个学校教育系统的动态变化，并将其作为自己的责任。古德拉德认为，“教师必须成为在学校里进行批判式探询的管理者”。

作为一个管理者，就不仅是在一起说说如何改善学校——它要求反思、研习、创新，以及重新思考，还要始终处于清醒的道德认知的氛围之中。比如最近几年，技术理性派在教育政策制定的圈子里占据了主导地位。他们认为，实用主义的解决方案产生了效果，思想体系的问题可以放到一边；他们还认为，大多数教学方法都是“价值观中性”。要想了解这种思想的广泛影响，只需要去看看浩如烟海的各类相关文章——都是以直接应对“如何修理学校”这个问题的角度开展学习改善的。全美各州都在一门心思地建立各自的标准，通过测试衡量学生的学习成果。教育工作者把全部精力都放到了如何以不同的技术和策略应对政策制定者的要求上，往往就会缩小课程计划的覆盖范围、强化死记硬背的学习。

反对技术理性派的教育工作者可能会争辩说，这种思路的长期效果不佳——这实际上也是技术角度的反对意见。但是，一个管理者反对这种思路，是因为它本身不道德。学生们已经由于目前的系统而处于不利地位，他们完全看不到任何可以通过能力测试或者完成毕业所要求的那些更为严苛的课程的可能。于是，他们大规模地离开了学校系统。贫困学生人数很多的学校和学区很难招聘到合格的教师，教师的岗位空缺难以填补——甚至于根本不可能填补。教育的管理者需要提出这类问题。他们认识到，为了保证学生们在教育成功上获得更好机会，高标准相当重要，但是他们也会坚持根据学校的使命、愿景和能力构成的不同环境，确立各种不尽相同的标准。如果没有一个综合的课程规划，如果这个课程规划不能鼓励学生进行思考和推理，并由合格的教师讲授，理性化的标准就会惩罚那些最需要教育的学生。

古德拉德认为，前两个方面——教化与获取知识，是学校的首要责任，而培育式教学与管理学校这两个领域则需要教师们必须通过个人实践才能出色掌握。作为学校的管理者，教师们要将自己的工作着重放到教书育人的其他三个道德层面上：教化学生适应社会与政治民主的制度，保证所有学生都有接触知识的途径，以及实践培育式教学。

反思的问题

随着你逐渐深入这本书，以及其中的各项修习之中，对于教书育人的各个道德层面提出清晰、明确的问题，就会为直面有关学校和学生的可能性的深层心智模式构建基础。唐纳德 · 舍恩（Donald Schön）在他的著作《反思实践者》[①]中提醒我们，在处理有关不确定性、独特性和价值冲突的种种问题时，我们会受限于自己对技术理性的依赖。教育工作者遭遇的问题往往涉及一些相互冲突的框架与价值观，运用技术知识无法解决。然而，这些模糊领域中的实践恰恰就是专业工作的最核心部分。

---

① 参见唐纳德 · 舍恩所著《反思实践者》(*The Reflective Practitioner*, Basic Books 出版，1984 年)。

- **我如何评判自己的授课，如何评判课堂和学校呢？**我们常常体会到的无能为力的感受，来自我们自己对于组织的假设和看法。我们把各种各样的组织看作自己的生命，而并非由社会关系构成。“学校看上去一直就是这个样子，每一个学校系统中的课堂都以同样的方式运作。”但我们知道，每年都会有些孩子最终学习失败。我们也明白，我们并没有顾及自己课堂上的每一个孩子，但我们也知道其他教师同样没能做到这一点。所以，我们就不必为此而懊悔了，因为我们做了自己能做的，也是人们期望我们做的。

然而，如果你考虑了我们的道德责任，你会采取哪些行动呢？一所学校里的所有教师说，“不是一定要这个样子”。他们决定收集小学里的每一个孩子的详尽历史资料，并进行跟踪。比如，当一个孩子从二年级升入三年级的时候，教师会做出这样的记录：虽然这个孩子通过了升级考试，但还存在一些不足，需要特别留意。这个记录包括对在此之前的测试成绩的所有详尽分析——不仅仅是量化数据，还包括描述信息，指出孩子有哪些长处、哪些不足，以及曾经获得成功的教学策略。这个实践并非是教师们推行的一种技能，而是从他们对学校里所有孩子的集体关注中产生出来的一个流程。现在，这所学校里的孩子不再是简单地升入高一年级，新教师要在最初的几周甚至几个月里，试图弄清楚学生有哪些具体学习能力。

作为教师个体，我们常常不会仔细观察自己所在学校的学生学习的整体状况。“教育信托”（EucationTrust）的总裁凯蒂·海科克（Kati Haycock）说，“我们为不同的学生教授不同的东西”。在学校中教学差异方面，她的非营利机构收集到的数据令人震惊。低收入家庭背景的高中学生进入大学预科班学习的机会较小（只有 28%，而高收入家庭背景的学生则有 65% 的机会）。在贫困学生较多的高中里，常常由不合格的教师授课。在非洲裔美国人的高中毕业生中，完成高等数学和科学课程的人数较少，而比例较高的少数族裔学生的数学和科学课则往往由不合格的教师授课。海科克的数据中有大量的统计分析，也有对高中课堂的很多直接观察。她提到同一所高中学校里的两种英文课之间的差异。其中一个是“提高班”，这里的学生读的是内容复杂的书籍，要对作者的想象力、风格及其他内容写出深度的评价分析。另一个则是“低级班”，这里学生们还在以图画的方式准备读书报告。这个低级班里的学生，没有机会发展自己的写作和思考技能，很少有机会接受初中以及更高等的教育。

引入批判性语言，我们就可以这样提问：“谁从目前的结构中获益？谁因其受到了伤害？这种结构肯定了哪些价值观？”这些问题对高度官僚化，并削弱了所有参与者声音的学校结构提出了挑战。引入这类对学校的批评，让我们得以看见，某些实践是如何被合理化并保持下去的。这也让我们不得不面对那些围绕着特权和权力的不平等分配的道德问题。我们从中开始理解，以具体成绩目标而不是学生的需求定义教学规划，会带来哪些后果。平等与社会公平问题浮出水面。

你可以从这里提到的一些问题开始这个批判过程，也可以从你自己的问题出发。对于目前的评分方法、对学生的纪律要求、学生的跟踪评估、标准化考试、学校的融资水平，以及课外活动的机会，考虑一下其影响是什么，符合谁的利益？

• **我是否致力于改变学校的学习条件？**道德宗旨的关键，是教师们以什么方法，定义他们在学校这个大环境中的角色。在我和其他作者合著这本书的过程中，我们一再回到这样的一个观点上：教师对学生学习的承诺，会在课堂、学校和社区层面展开。这种承诺意味着对政策和实践做法的积极改变，可能令许多学生处于边缘化——无论这样的政策和做法存在于你的课堂上、学校之中，还是更大范围的社区里。

从哪里入手呢？一位高中英文教师转到一所备受推崇、种族多元化的郊区高中工作。这里的所有新生都以100人一组的团队接受教育，并被分配在6个不同的能力等级。在最初几天，这位教师就敏锐地意识到，几乎没有非洲裔美国人被分配到最高班级里，而最低班级里又几乎全部由非洲裔美国人组成。于是她问她的同事们："你们难道不觉得这里面有什么问题吗？"他们的回答是："这个学校一直就是这样运作的。"当她意识到，最好的教师只教那些最聪明的孩子，并且班上的孩子人数较少的时候，就更加郁闷了。她争辩说："从道德和种族上，我们都有责任把最好的教师派给最需要的学生。课堂规模一定要再小一点儿，才能解决个人学习方面的困难。"

经过几年的广泛讨论之后，这家学校重新安排了团队结构，现在所有的教师都为所有能力层级的团队上课了。这位教师发现："大多数团队还是同质化的结构，但我们会持续调整团队安排，精心设计教师与学生的搭配。有些教师表示很失望，认为新的安排对于年龄较大的教师不公平——他们已经获得了为高级班的孩子们授课的权利。但是这个已经超出了我们考虑的范畴，对于我们来说，最重要的是，对于我们自己制造的不平等，我们不再视而不见了。"

对学校中普遍存在的做法不承担个人责任，就有可能让许多日常决策对某些学生造成负面影响。东岸一所大型高中学校的一位学校顾问，描述了两个学生在一学年中期转学时发生的一件事。第一个学生是白人，他由于考试不及格从一所精英预科学校退学，他的测试成绩较低，却被分配到了大学预备班。第二个学生是非洲裔美国人，他平均成绩高、测试分数也高，但被分配到了普通班。当这位学校顾问就不同的分配方式提出质疑的时候，有人告诉她说，这样安排是为了根据学生水平对学生数量进行平均分配，另外，那位白人学生的家长也绝不会同意自己的孩子去普通班上课。

据“教育信托”提供的数据，这种情况并不罕见。虽然以成绩和能力评价存在着诸多的内在问题，但在学生应该进入哪类班级的问题上，这些方法也并非总会用来做出不带偏向的公正决策。

这两所高中里发生的故事，尖锐地捕捉到了今天教师们面对的道德困境。我们要么接受这个现存系统，要么承担起道德责任，积极维护所有学生的利益。

• **我是否要质询学校的教育目的，还是只探讨学校的手段？**彼得·威尔（Peter Vaill）谈到[①]，每一个组织了解、理解自己的“使命故事”，并投身于其中非常重要。这个故事不断地提醒我们，我们要做什么，它对于我们的知行学校有着深远的意义。对于教育工作者来说，投身于这样的“使命故事”代表着一种认真的探

---

① 彼得·威尔的引述源自托马斯·萨乔万尼、约翰·科布里（John Corblly）所著《领导力与组织文化》（*Leadership and Organizational Culture*，University of Illinois Press 出版，1986 年）一书中题为《为高绩效系统勾画目的》（“Purposing of High-Performing Systems”）的文章。尼尔·博茨曼的引述源自其所著的《教育的终结：重新定义学校的价值》一书（*The End of Education: Redefining the Value of School*, Knopf 出版，1995 年）。

询——“为什么学生会在学校里？目的是什么？”尼尔·博茨曼（Neil Postman）以一个有趣的类比来区分手段和目的。博茨曼说：“我们可以让火车准时到达，但如果火车去的不是我们想要去的地方，准时到达又有什么用呢？”在此，我想再加上一句：“除非我们知道火车正在驶向哪里，除非我们非常关心火车会到哪里去，否则准时又有什么用呢？”

• **我是否要开展持续探询？**探询是对于一个人实践的详尽讨论——深思熟虑、反思观照，并富有见地：我为什么以现在的结构组织我的课堂互动？这种方式对学生们有哪些影响？从我的实践中获得了哪些数据，让我相信这就是最好的方法？我需要考虑哪些其他备选方案？我如何让我与同事的共同探询持续下去？探询过程既可以是非正式的，也可以相当正规，但这个过程始终以系统视角展开，并持续不断地进行下去。

肯尼思·斯洛特尼克（Kenneth Sirotnik）去世前，是华盛顿大学的教育领导力团队成员，他提出了一些问题，教育工作者可以用来评价自己探询的深度与范围。这些问题可以为你自己的探询以及你与同事的对话，提供一个起点。

• 在围绕着“你在做什么”和“你可以如何做得更好”进行探询的过程中，组织文化对你的支持达到了什么程度？

• 在改善教书育人的条件、活动和结果的论述和行动方面，你的参与程度有多高？

• 你们之间如同关心（或者应该以关心）学生那样去相互关心的程度有多高？

• 在真正参与至关重要的教学问题上——比如学校为什么教与

学，以及如何学会与这个愿景协同一致，你被赋予的权力有多大？[①]

在《为什么所有黑人孩子都一起坐在食堂里》一书中，贝弗利·塔特姆（Beverly Tatum）就我们的个人道德责任上了精彩一课。在她的一次售书旅行中，一位白人采访者对于种族关系和经济不平等的状况得不到改变，甚至进一步恶化的状况，表示绝望。这位采访者以他自己所处的一个种族混居的社区举例。

塔特姆是这样描述这场交谈的："他说，有这样一个地方，有色人种与白人毗邻而居，但是几乎没有任何有意义的跨种族互动，没有任何对话发生。他抱怨'现在没有我们曾经有过的那种领导人，我们没有我们需要的领导人'。停了一会儿，我问他，'那么，如果你对对话感兴趣，你有没有邀请过谁到你家探讨这些问题呢？你是一位有影响力的人士。你有没有以自己的影响力尝试让事情有所不同呢？'"塔特姆最后以甘地的话作为结尾："（我们需要）成为我们想要见到的变革本身。"[②]

组织的形象[③]

我们并非为学校系统工作，而是在为我们感知到的学校系统工作。约克大学教授加雷思·摩根勾画出了影响人们在不同组织中的行为方式的 7 种心智模式：组织是一个机器、一个生命体、一个大脑、一种文化、一个政治系统、一个心理囚室，是不断的流动与转化，还是一

① 约翰·古德拉德、罗杰·索德、肯尼思·斯洛特尼克著《教育的道德维度》（*The Moral Dimensions of Teaching*, Jossey–Bass 出版，1990 年）。

② 贝弗利·丹尼尔·塔特姆著，《为什么所有的黑人孩子都一起坐在食堂里》（*Why Are All the Black Kids Sitting Together in the Cafeteria*, Basic Books 出版，1999 年）。

③ 加雷思·摩根（Gareth Morgan）著（Saga Publication 出版，1986 年，1997 年）。

种统治。在我讲授组织理论的时候，总是把这本书列为必读本。学生们把这些比喻与自己的生活联系起来，而且不会忘记。随着他们转入真正的学校系统开展工作，他们就会创造、再创造这些比喻。而他们从一个比喻转向另一个比喻的过程中，能力获得成长，将来无论他们在哪一类组织中工作，都将产生更强大的影响力。通过组织的形象成长与思考是一种触及灵魂的工作。

——内尔达·康布–麦凯布

《精通文化：学校领导人手册》《精通文化的领导力：一段始于内心的个人旅程》①

“为什么我们必须还要读更多有关多元化的教科书呢？”一个研究生问道，带着一种几乎是反抗的语调。这是这两本书的作者们描述的“授课时刻”的情景之一。我以另一个问题作答：“为什么你认为书中内容是有关多元化的呢？”然后我们就启动了一场持续一个学期的教与学的探险。

这两本书的主要内容都不是多元化，虽然有关多元化的因素在案例中进行了说明。这两本书旨在帮助现在以及未来的学校领导人，影

① （*Cultural Proficiency: A Manual for School Leaders*）由兰德尔·B. 林赛（Randall B. Lindsay）、基坎扎·努里·罗宾斯（Kikanza Nuri Robins）、雷蒙德·D. 特雷尔（Raymond D. Terrell）著（Corwin Press出版，2003年），（*Culturally Proficient Leadership:A Personal Journey Begins Within*）由雷蒙德·D. 特雷尔、兰德尔·B. 林赛著（Corwin Press出版，2009年）。

响个人与组织变革，并且对那些与我们不同的人做出应答。正像作者们提醒我们的那样，我们在本质上而非表面上都彼此不同。书中的工具之一“文化连续性”传授了一种描述实践和行为的通用语言。我一直都认为，这种通用语言的基础提供了一种超越个人的结构，进而转向对文化传统和文化差异力量的深入理解。

——埃伦 · 布斯切尔

| 第 9 章 |

学校的愿景

1. 给你们的学校一个共享愿景

布赖恩 · 史密斯　蒂莫西 · 卢卡斯

在一所高中里，礼堂中的灯光渐渐变暗，学校交响乐团的演奏也停了下来，这时候，负责周围几家学校的学监走上了舞台。“我们大家的工作都相当努力，”她说，“我们把大家的担心、想法都考虑进去了。这就是我们的成果：我们这个学区今年乃至未来的愿景。”一个巨大的横幅渐渐展开，上边绣着一句口号。口号中的言辞似乎代表了这个社区的不同成员以及教师们的种种思考。学监和一个精心挑选的团队，在一次为期两天的封闭会议中，对文字进行过字斟句酌的推敲。

礼堂中的每一个人都在鼓掌。那位学监一边心存感激地看着在场的众人，一边也在想：“好了，我们共享了我们的愿景。现在，我们要让大家看看，我们可以做什么了。”

但是，通过一个简短的过程，比如，两天的小规模封闭会议和一个两小时的集会，不大可能引发出一个真实的共享愿景，让一个学校，乃至一个学区上上下下所有人表现出自己的承诺和担当。在集会后一年里，你可能就会听到这位学监这样说：“我们再一次证明，大家总在抱怨，他们显然对于再做些什么毫无兴趣。从现在起，我们只能被迫在中心办公室里做所有的决定了。”你可能也会听到教师们、家长们，以及教职员工们讲这样的话：“学区里的那些人显然除了自己的想法，对其他任何事情都不感兴趣。”这两种态度都是由一个事实引发的“症状”：对于形成共享愿景的过程，没有做过深思熟虑、反复考量的策略设计。

现在想象一下这样的一个集会：还是同样的礼堂、一样的听众、完全相同的横幅，也是由同一个交响乐团在演奏。但这一次，舞台上那一个小时代表的是长达一年的细致、密集的对话与谈话并且达到了高潮。观众中的每一个人都至少参加过一次相关讨论，谈他们对这个学区中的孩子们抱有的热切期望。最终产生出的愿景，是这个过程中所呈现的一个创造性合成。它就像一颗有着多个表面的钻石，听众中的每一个人都在上面看得见自己的期望在闪光。

六个月之后，这个过程还在持续。学区里的人们继续以小组和团队的形式会面——有时候利用学校的场地，有时候则在不同成员的家里。每个小组里都有教师、家长、职员、管理人员，以及社区以外的成员，其中许多小组里还有学生。谈话的内容集中在大家可以做些什么，无论是个人，还是团队，将这个愿景再向前推进一步。人们在这时感受到的自豪、能量以及承诺与担当，比起六个月前在礼堂里时更加明显。

这就是一个学校的共享愿景全面的力量：这是一个让每一个人都参与进来，为这个学校系统的未来做出决定、推动发展的过程。这并非意味着记下大家的想法作为“输入选项”，从中做些选取，再把其他的扔掉。它意味着建立一系列论坛，人们在其中共同工作，建立这个学校的未来方向。没有哪个参与者（包括那位学监）得到了与自己想要的方式一模一样的所有成果，但所有人都得到了他们尊重的成果，并能够为其做出承诺和担当。此外，在一个精心设计的过程里，最后做出那些对大家都有意义的选择，都比任何一个个体，包括那位能力强大的学监以及校区委员会，可能想到的都要更好。

总体过程设计

一个好的共享愿景过程的设计包含三个有所区别但相互关联的目的。首先，对于与当前问题和担心有关又被压抑了的那些紧张关系，这个过程做出了回应。当这个系统最终让他们吐露了自己的问题和担心之后，大家无论从个人还是集体角度，都感受到巨大的解脱。其次，一个共享愿景的过程必须是生成性的：人们必须能够谈论他们内心最深处的、对自己孩子与社区的期待与渴望。只有在这种时候，他们才会认识到彼此的激情的来源，也足以产生动力和相互信任。第三，这个过程引发出行动。有了相互之间的支持——包括那些他们过去不信任的人们的支持，人们对一起重新创建这所学校必须具备内在满足感。

实际上，学校本身就是存在于教师、立法者、家长以及社区成员之间的合作伙伴关系，现在，所有这些人都已经在自主行动了。因此，学校中的一次共享愿景的努力，应该以召唤人们到一起来进行思考和行动为起点，以他们已经具备的力量为基础，并以他们认为重要的事物为缘由。

如果你是这样一个过程中的一位领导者，无论是正式领导，还是一个关键参与者，你就要在共享愿景过程启动之前，尽一切可能鼓励自己在个人愿景和超越自我方面做些功课。要公正客观地去看一看，自己作为这个过程的领导者有哪些优势和弱点？你最好的沟通方式是什么？你面临哪些压力，对于这些压力你又做何反应？人们信任你什么，他们基于什么对你产生了这些信任？在这个过程中，你可以安排多少时间？这些时间够用吗？对于这个学校系统中的愿景、目标，以及人们的感受，你是否已经有了一些认知，对于发现那些你尚未了解的东西，你又有多大的好奇心？最重要的是，你自己对这个学校系统的个人愿景是什么？当你开始谈论为这个学校生成一个愿景的时候，人们就会要求你发自内心地去表达——它对你自己的个人意义是什么，以及你要做出的承诺和担当是什么？

这个学年的三幅画面

蒂莫西·卢卡斯

在做这个修习之前，这次讨论的领导者需要预先对一些学生（从相关年级中挑选出来的）进行一次调研：这个学年你想要在学校里学会什么？哪些事物让你感到这个学年过得不错？然后，再对一批教师进行调研：你希望自己的班级在这个学年实现什么目标？在记录纸上记下这些回答，在第一步的过程中，要把这些记录纸藏起来。

第一步：家长们

向家长们询问，他们的期望是什么：你希望你的孩子这个学年在学校里学到什么？你希望自己的孩子有什么样的经历？[①]

第二步：学生们

现在可以把你先前记录下来的孩子们的期望展示出来了。这个时刻可能既有趣，又刺激。它常常会消除家长们的怒气，因为它显示出家长们与孩子们对于学校持有不同的心智模式。

第三步：教师们

现在可以把事前准备好的、有关教师和职员们的心智模式的内容作为第三次的展示内容。你们在这里可以再次看到不同的观点。这些观点来源于教师接受过的培训、他们的学校和学区的结构，以及学区和州政府确立的各种目标。

第四步：建立联系

把三次讨论的结果都展示出来，让大家可以同时看到。随着人们辨识出墙上的三种学习形象，其中的不同点与相近点就会逐渐为大家所感知。勾出其中尽可能多的相近之处，就代表了创造共同目标的起点。

然后，对不同之处加以探讨。是什么让孩子们或者教师们，以如此不同的角度看待一个不错的学年呢？（你或许能在这里提供自己的一些洞察。）

这个讨论小组通常会在自己的清单上添加一些新的内容。如果每一种心智模式对提出这个模式的那些人都是合理的，那么这意味着，家长们的做法可能有哪些不同呢？

---

① 目的：在家长们、孩子们和教育工作者之中，帮助他们启动一个有关共享愿景过程的谈话。

这个修炼中的探讨示例。

家长：

我的孩子：与其他孩子合得来。希望获得关注和认识。喜欢在一个非常好的地方玩。会像住在另一个地区的一个亲戚那样说法语。会数数字，并且开始学算术了。会画画、绘图，玩音乐。正学着喜欢学校。

学生：

我要学习读书了。我要在学校操场上玩了。我要学习跳水了。我可以晚睡了。我学会像姐姐那样写作了。我要有自己的驾驶执照了。我要天天见到我的朋友们了。

教师：

我们安排好了一个不错的教学计划。我们达到了州政府要求的标准，所有孩子都升班了。孩子们社交能力提升了。我们对孩子们逐渐了解，可以确定其特殊需求。我们提供了家长参与的机会。

变奏曲："有关孩子们的真实情况是……"

对于已经经历过先前那些修习的家长们，这个"变奏曲"会更有意思。在我们的学区中，这项修习通常由一位与我们紧密合作的社工主持。她会带来一些卡片，上面打印着这样一句话："有关孩子们的真实情况是……"，每一张上还有一句陈述：

- "他们事事都想要争辩。"
- "他们所理解的比你以为他们理解的要更多。"
- "他们做你所做的，但不做你所说的。"
- "他们是天生的系统思考者。"
- "他们告诉你'是'，即便当时他们的意思是'不是'。"

- “有人看着的时候，他们会做得更好。”
- “他们不知道如何分享。”

在家长们中间随机分发这些卡片，然后说：“这都是一些人描述孩子们的说法。请把你拿到的那张卡片上的内容大声读出来，然后大家随便谈谈你对这些说法怎么看。”

第一个家长大声念道：“他们不喜欢被选出来‘示众’。”然后她会说：“不过，我的孩子可不是这样。他或多或少总是想要登台表演。”但是，另一位家长则说：“这符合我的孩子的情况。”

然后，主持人就会问，这对于学校的需求意味着什么？随着你在屋子里走动，提出问题，谈话就会自然而然地转向家长们的态度——学校呈现的方式应该基于他们自己上学的经历。帮助家长们打破这种思维方式的最好办法，是请他们想一想今天孩子们全然不同的状态。“你在那个时候的时间安排，与你的孩子现在的时间安排一样吗？如果你像我那时候一样的话，你应该有很多时间自己玩，现在的孩子更习惯于组织安排活动”等等。

社区愿景系列会议

蒂莫西 · 卢卡斯　布赖恩 · 史密斯

目的

建立关系，并为学校及其社区的共享愿景的形成过程打开大门。

概述

1~2 天的年度学校社区会议。

参与者

这种大规模的对话可以容纳 80~100 位家长参加，以及一组学校领导人。

环境

一个大型会议室，可以有足够的空间安排各个桌上分别进行讨论。这些讨论的设计来自 20 世纪 90 年代在新泽西州瑞吉伍德的威拉德小学（Willard Elementary School）举行的社区愿景会议。

这类会议需要花费很大的精力做计划和设计，但在家长、学校领导人和社区之间建立关系的价值是巨大的。事先安排座席，让不同背景的人坐到一起。对于孩子还在上幼儿园且对学校尚感陌生的一位家长的邻座，安排一位五年级孩子的家长——他的年龄最大的孩子已经在上大学了，这样每一个人都可以相互学到些东西。孩子年龄大一点儿的父母可以安慰那位孩子年龄尚小的孩子家长，说一切都不会有问题。反过来，孩子年龄较小的父母，则会让孩子年龄较大的家长想起，几年前他们自己家里的情况。

坐在每张桌子上的人一起工作。首先，大家分别介绍自己，然后一一发言，对于他们有关学校和自己孩子的每一个问题、设想和担心展开头脑风暴。他们列出的清单可能每桌都要有 20~30 项内容。下一步，每一桌的成员选出 5 个最关键的设想，将每一个设想写在一张单独的卡片或者大号即时贴上。然后，请他们用另外一组卡片，对这 5 个主要设想回答两个问题：在解决这个问题的过程中学校扮演了什么角色？家长在其中的角色是什么？

经过 45 分钟的讨论，请各桌的团队向全体人员展示他们的想法，要把卡片挂起来，让大家都看到。很快就会发现，有 7~8 个问题会在各桌的呈现中反复出现。把这些问题挑出来，放在整个大的团队中讨论。大家关注的问题可能涉及课程规划、课外活动、社会地位（“我的孩子不断被人找碴儿”）、安全、家庭作业以及教学方法等。一旦这些问题都展示出来之后，就可以寻找这些想法和关注之间的所有联系了——把主题相近或者相互矛盾的卡片放到一起。一个小组的一张卡片上也许写了“增加学生对技术的接触机会”，而另一个小组则写的是“我们的孩子应该是全球公民”。这些想法自然而然会引导出与学校对待社交媒体（比如，脸书）的做法有关的各种问题。如果有几个组提出了相同主题，这项关注的重要性就较高，那么这些卡片就需要加以润色、分类，并加以强调。

现在，整个团队对问题和危机有了彼此的优先考虑。促进者可以引入在各个桌子上都没有提出，但在第一轮讨论中出现的那些问题。在讨论过当下的现状之后，人们一般会有一种结束感。大家不知道下一步是什么，但他们知道，关键问题已经提出来了。他们也准备好说一说这个学校系统的共享愿景了。

这个讨论到目前为止可能已经进行了整整一天，或者整个晚上了。下面，在另一次会议上，请同组成员回来，重新按每桌组成团队（最好是不同的团队），然后请每一桌的成员想象一下：三年之后，他们已经创建出了他们想要的学校系统。请他们一一考虑以下问题，将共享愿景勾画得更加清晰。

描述一下到这个理想学校来上学的孩子们。在一个正常的上学日，会发生哪些事？在教授哪些课程？这些课程是如何授课的？在任何一个具体年龄段，孩子了解什么？教师们具备什么知识？教师与学生之间是什么样的关系？家长们是如何参与的？学校与社区之间是什么样的关系？学校如何处理孩子的学习需求和社会需求？学校如何筹资？毕业生的情况如何？对来到学校的家长们，要提供什么样的期望值，以及哪些信息？学生的学习表现是如何衡量的？

在每一桌上，再进行优先选择。每个小组需要选择 5~10 个最关注的元素——他们在自己的展望中最希望看到的。这些设想应该向全体大组展示，并与其他各组的设想整合到一起。

因为这个活动仍然代表这个过程的中间点，这个大组的成员还不需要在共享愿景中的那些最理想的元素上完全达成一致。然而，大家需要形成这样的感受：他们对于这个学区的最理想的愿望已经被大家听到了（而且，理想的话，是从相互之间听到的）。从这一点出发，你们的目标就是建立协同——把这个愿景形成的过程带到现有的学校团队和委员会中，它们的成员现在就需要把各种新的愿景与他们正在开展的工作结合起来。

优化并实施愿景

蒂莫西 · 卢卡斯

每一所学校都会有一个团队或者是委员会，它由管理人员、教师和家长组成，有时候也有学生参加，团队负责学校总体规划（在有些州里，比如新泽西州，这是法律规定）。在这个过程中，这个“中心愿景团队”就成为一所学校未来的可见的杠杆支点。其成员要对来自前两次修习的讨论内容，详细思考、分析消化，并形成学校的关键战略举措。

以下内容清单可以帮助中心规划团队确保对于这个学校的愿景、当下现状以及战略举措的每一个关键层面，都做了考虑。通常一个委员会需要一年左右的时间考虑这些问题，然后就又到了从起点重新开始的时候了。在这个阶段，愿景本身要保持强大的影响力，让人们回味发自内心的期望，与此同时，对于当下的现状要保持清晰、坦诚的认识。

a. **愿景：**以前面进行的过程为基础，学校的各个相关利益者提倡的学校愿景中有哪些关键维度呢？如果这个愿景实现的话，课程规划、学校系统的设计、课程与选修课的组合，以及所有其他因素是如何整合到一起的？创建一种描述——并非最终文字，而是作为继续探讨的起点。如果所有这些元素都实现了，会让你们得到什么呢？你们也许不能实现你们在此确定的目标，但是你们需要这些目标——帮助你们自己以及其他人，绘制出你们的方向。

b. **当前现状：**学生需要怎样的变化呢？基于人口统计学进行了比较：录取率、出勤率、退学率、学生中的种族背景、性别情况、年级人员分布，以及与去年相比的语言能力情况。在学生的学习方面，目前有哪些流程和项目对于不同组群的学生都达到了最好的效果？具体评估情况随时间有哪些变化？与之前各年同期相比，学生的成绩表现如何变化？总体教学质量随时间有哪些变化？学生、家长和教师们是否把这所学校看作一个学习环境？他们对学校和不同的课堂观察到什么？最后，仔细分析一下教师培训、学校目标、教育哲学，以及学校的气氛。①

c. **战略举措：**我们首先要做哪些事，才能让我们朝愿景又接近一步？员工发展和课程开发如何改善？学校环境如何优化？考虑一下安全、社区

① 这项修习部分来自《学校综合改善效果的数据分析》中维多利亚·伯恩哈特（Victoria Bernhardt）的文章《多管齐下的评估措施》（“Multiple Measures”，Eye on Education公司出版，1998）。

关系、设施、学生的各种需求、停车以及交通状况。家长们在哪里接送孩子才会减少对交通状况的担心呢？有哪些可用的资源？

担责团队

确定了战略举措之后，中心委员会现在就要建立一些“担责团队”，将各项举措转化成各种新项目。这些团队不一定要落实各项政策，而是在学校的一个具体领域中形成一个愿景、建立一些关键的初始目标，并探索、实验如何实现这些目标。

比如，可以建立一个技术委员会，成员包括家长、社区成员、教师、学生，以及校董会的成员，这个小组可以负责监管、检查计算机使用和互联网接入；也可以成立一个学校风气委员会（我们要创造什么样的知识环境呢？我们之间应该如何谈话呢？）；一个评估委员会负责审定评估组合、测试，以及其他形式的学生表现评估；组建各种项目团队。每个团队以每年为周期选定两项可衡量的目标，明确表述团队与正在形成的整个学校愿景的关系，创建试点项目去实现那些目标，评估试点项目，并在年底报告自己的成果（以及对成果的解读）。

反思与优化

经过实践验证的愿景会更加强大，因此要在每年年底召集一次80~200 人参加的大型反思会。反思会的目的是重新考虑并优化学校的愿景，听取当年各个试点项目的报告，以及增加新目标、提出新问题。这个会议与前几个阶段的会议类似，分成三次：一次讨论当下现状（“这个学校系统目前正在发生什么？”），一次探讨愿景（“我们希望在这里创造什么？”），还有一次确定战略举措（“我们选择关注哪些领域？”）。

共享愿景的过程强大，就因为它是持续进行的过程。家长们对于驱动学校的各种力量、对于自己如何参与到学校之中，都形成了更深入的认识。教师对于潜在资源、对于存在于他们的课堂之外的学校内部机会，都拓宽了认识。最重要的是，消极抱怨的文化开始发生转变。过去，人们找到自己的领导，实际上是把自己的担心和抱怨一股脑倾倒出来。现在，他们都自动被邀请到了一个过程当中——大家不仅只看到问题，也看到了他们想要的未来；不仅只是说一说，也要诉诸行动；人们不是渐渐失去动力，而是持续以一种建设性的方式，年复一年地看见自己努力的成果逐渐展开。

找到一个合作伙伴

蒂莫西·卢卡斯　贾尼斯·达顿
内尔达·康布-麦凯布　布赖恩·史密斯

教书可能是最孤独的职业之一。如果你是一位教师，你在大部分工作时间里都与同事、同行不相往来。在许多学校里，如果你希望有时间与其他的教师一起进行创新，就必须自己安排时间。

这就是在学校里建立共享愿景如此困难的原因之一。你的时间表结构可能诱使你自己开始创新，在课堂上做出改变。但一个与周围的世界没有活跃联系的创新课堂是不会持久下去的。我们了解一些有创造力的教师，即便有他们的校长和其他教师默许，他们的创新还是没能持续多长时间。他们无法发明他们所需要的一切，况且也没有人同他们一起发明。他们处于孤立无援的状态。

即便在一个既无时间也无资源实施新项目的教育系统里，找到一位合作伙伴也是一位教育工作者可以做的、获益良多的工作之一。从一位愿意承担风险、做出一点儿新尝试的个人那里产生的能量，需要找到地方去释放——就像电需要地线一样。一个创新者需要有个人聊聊，获得鼓励、交流看法，也需要有人一同成长为一个创新者。合作关系的流动对双方都有益。

将教育工作者以学习为目的聚拢到一起本身并不新颖，许多学校都做过两位教师或者是管理人员的共同学习实验。其中的活动包括团队授课、导师辅导，“关键朋友”（指定某人相互提出建设性批评意见），以及近来的专业人员学习社区。

所有这些合作伙伴活动有哪些共性呢？这些活动中的合作伙伴并非走到一起来，让大家感受更好，而是通过一起发明创造，并实验自己的发明,让彼此提高效率。与找到一位富于同情心的教育工作者同事相比——你可以把自己对员工发展、管理规则的坏情绪，哪怕只是一天上课的辛苦都倾诉出来，这是一种全然不同的互动关系。

寻找合作伙伴似乎是一个明显的举动，但往往并不容易找到这种机会，除非你用心寻找。当你读到这里时，心中可能已经有了一个潜在合作伙伴的目标（也许是另一位教师、管理人员、家长，或者社区成员），如果没有的话，有很多方式可以在一个学校里测试潜在合作者。找到一篇令你有所感触的文章（或者就是本书中的某个章节），把它交给一位曾经与你在一个团队中工作过的人，问问他对这篇文章有什么看法。也可以与学校里或者社区中的某个人开始一个新活动。缓慢温和地开始，毕竟你是在请求某个人，对你作为一个教师和个人的未来成长做出承诺，同时你也是在对那个人做出承诺。你未来的合作伙伴与你之间在专业价值观或观点上可能一致，也许不尽相同，但是他将会做好准备与你一路同行，并相互学习。

2. 重塑教育领导力

以“做一个学校领导人意味着什么”为指导思想，重建大学中的一个学院

内尔达·康布－麦凯布

当我观察不同学区以及大学中不同的院系尝试实现变革时，总会感到，各种组织对于自己的基本目标以及支配自己的一组指导思想，有一个清晰的认识相当重要。在课程规划设计中，教师们往往一开始就去讨论他们需要的具体课程或技能。一段时间过后，他们发现自己从这些具体课程和技能中又回到了他们原有的核心目的。这意味着无论这些项目多么有价值，总是代表着对过去项目的小步微调。然而，最底层、最可持续的变革的起点似乎总是出现在这样的时候：教师和管理人员一起坐下来彼此探询：“我们为什么存在？”“我们想要成就什么？”“我们代表了什么？”“对于教与学，我们相信什么？”

彼得·圣吉说，“每个组织都是在一些清楚、明确的原则支配下运行的——无论这些原则是否源自刻意创造”。这些原则就是所谓的“指导思想”——定义了一个组织代表着什么，以及其成员想要创造什么的那些设想。[1]

指导思想具有哲学思考的深度，但绝非一成不变、一劳永逸。它们并非来自一次谈话、表彰认可或是规划回顾，以及一天的休息。相反，它们从持续长时间的反思与对话中演化出来，并在新项目和新策略的执行中继续演化下去。比起正式的愿景、使命表述，这些指导思想呈现出更多内容，它们从根本上塑造并重塑这个组织的多个共享愿

① 彼得·圣吉的话引自《第五项修炼·实践篇》。

景，与组织的自我认知与核心目标密切相关。

我对于这种演化过程的亲身经历是在 20 世纪 90 年代初期，那段时间，我在俄亥俄州牛津市的迈阿密大学参与了一个后来产生很大影响的重塑过程。这所大学的教育领导力学院（我是这个学院的一名教师，也曾经担任过系主任）对研究生项目进行了重新设计，通过帮助学校负责人学会如何成为领导者，而非职业经理人，产生出了一批具有反思能力、善于变革的学校管理人员，并因此获得了广泛认可。但我们并不是从“重新发明”学校领导力的概念开始着手的，而仅仅是感到我们学校现有的管理教育项目，并没有让个体准备好去适应 12 年制学校中持续变化的复杂环境。我们当时心里很确定，如果我们到处去看看，就会在其他大学里找到一些可圈可点的项目，为我们培养有能力的学校领导人提供一张路线图。

于是，我们就到处去看了看。结果如何呢？其他大学的做法与我们的做法基本没有差别。这个事实并没有让我们释然，这意味着我们不得不自己创建出一种新模式。从这个定位出发，我们将自己“彻底清零”，然后对自己说：“我们从零开始，说说今天的 12 年制学校里正在面对的是什么——学生需要什么，学校的管理者作为有创造力的领导人可以带来什么，以及我们作为师资团队可以提供什么，才能培育学校变革需要的那种领导力。”

在我们系里的 18 位教师中，我们成立了一个由 5 个人组成的核心小组，准备展开密集、持续的会谈。我们从头开始探询：如果我们想要在教育领域中做些事，我们想要改变什么，我们真正相信的是什么？我们选择了一些阅读材料，其作者在领导力和学校方面都有些不同寻常的前卫洞察。这些阅读材料有助于我们的谈话，也推动了我们的思考。我们发现，学校越来越无法满足社会需要，但多数大学对教育管理者的培养是保持现状。学校的未来管理者所获得的知识与技能，在帮助他们转变自己的组织方面毫无意义。对于我们这个系如何培养能够开展变革的学校领导人，我们逐渐形成一个愿景。我们详尽探讨了“重构”学校的议题，其含义并非只是重新制定一些政策，而是挑战这些政策背后的种种基本假设的一种实践。

然而，为了一个并不存在的未来去培养领导人，又无法使他们生存并发展下去，也毫无意义。我们希望，从我们的项目毕业的学生从走上领导岗位的那一刻起，就被视为（并自视）成功的。他们获得的成功，又反过来为他们提供了推动变革所需的杠杆支点——只要他们持续获得所需的支持，持续对自己的种种深层假设展开质询。

对话和巧妙的讨论作为团队学习的工具的价值日益明显。戴维·博姆（David Bohm）曾经提到，我们许多人曾经有过的最接近会谈的状态，是学生宿舍里的深夜聊天——谈话从一个主题转到另一个主题，并没有任何事先说好的目标。随着我们这个核心小组持续见面，我们认识到首先要暂停自己的各种假设和信念，然后再展开有关更大范围设想的深度谈话，而不是试图快速做出决定。

在我们的探讨过程中，我们也定期召开全体教师参加的会议，回应大家的问题，创造共享的意义。在最初阶段，当一些新想法提出来的时候，坐在桌子周围的我们会说，“不错，这是我们的信念”。然而，当我们试图进一步促进大家参与时，我们就发现人们对于同样的词或者说法，在认识上差异很大。在那些早期会议中，会谈是不可能进行的，但在挖掘我们每个人对于自己工作的心智模式上，那些团队的学习工具起到了极宝贵的作用。

我们讨论了领导力的定义，学校在社会中的位置，学校的文化、政治和道德环境，以及作为一种知识、道德和技能实践的学校领导力。我们在这个过程中反反复复，有时还要有外部的促进者的帮助，直到我们形成了一些核心理念和原则，它们有助于达成我们的共享愿景——产生具有变革能力的教育工作者。

有时候，我会和其他大学里的一些不同小组的人聊一聊，听取他们的想法，尝试建立类似的共享愿景。他们无一例外都会问我，形成我们的指导原则用了多长时间。当我说“用了几乎两年时间”时，房间里的气氛立刻就发生了变化。“这在我们那里肯定行不通。”他们说，“我们一定要在未来 6 个月内就搞定这件事。我们的院长要求现在就改变我们的教育项目。”但我不得不告诉他们说，改变一个研究生学位项目的目的，可不是改变一门学术上的课程。在一个学期里一定完不成，因为在这个项目中的所有一切，包括其中的所有人，都必须进行改变。

与我们系以外的人们建立联系，对我们的工作十分关键。丹佛斯基金会（Danforth Foundation）提供的资金让我们与其他一些正在寻求变革的大学形成了全国性的联系。这个全国团队的各个成员对我们工作做出点评，提出了各种加深我们思考的问题。他们的那些强大问题迫使我们更加深入地思考我们的信念——我们的共享愿景。充足的资金支持本身也让我们在时间和资源的压力下，将一个非同寻常的项目一直坚守下来。这种触及灵魂的对话不能仓促进行，让每一个人和每一个视角都必须有机会表达和参与。心智模式必须要显露出来，深层的信念也要清晰表达出来，并且获得大家的理解。

在形成我们自己的核心理念之后，就转而创建新课程规划。我们开始讨论如何将我们想要开发的课程与我们的理念保持一致。在对课程提出建议的时候，我们总会回到那些核心理念。正如加雷思 · 摩根（Gareth Morgan）所说，这些核心理念成为你的工作的参照系：它们起到了“最低关键要求”的作用，让组织中的每一个具体方面得以演化，同时与整体组织的愿景高度一致。它们一直存在，帮助你衡量自己做出决定的价值、重要性和意义——尤其是在混乱嘈杂的时期。[①]

大约 20 年后，这个项目仍然在活跃地吸引着系里全体成员的参与。实际上，这个过程并没有得出最终结果——没有终点。我们经常要回到我们的核心理念，对照当下现状和“老”教师以及新聘任的教师在当下的核心理念。由于教师的流失，这个做法尤其关键。在采用这些核心观念的时候，我们也明白，我们无法用推广的办法让其他人去执行——这意味着我们不得不用我们自己的行为和授课方式去塑造他们。随着新教师的不断加入，这些核心理念持续演化，不断为我们的工作带来重要的新认识。

我们的这个过程是通过团队学习形成一个共享愿景的范例。如果没有团队学习，这个系就不可能将这个新愿景注入项目之中。如果没有团队学习，我们可能会有纸面上看上去很不错的东西，但并不能给这个项目带来任何变化。在我们创造了指导原则和新课程规划之后，我们并没有单打独斗，而是继续开展共同学习。在最初的几年里，许多教师相互为各自的课程把关。我们的教学变得更为强大，因为我们理解学生们从其他课程中带过来的那些想法。我们继续就我们的指导思想，以及它们对课程内容和授课方法产生影响的各种方式展开讨论。

从某种意义上看，我们每个人都通过这个项目的建构，重新设计了自己的生活（我决定加入《第五项修炼 · 教育篇》的创作团队，是同样的承诺的自然结果，因为这个工作并不局限于我自己组织的边界）。从教学方法上看，由于这些原则和信念以及我在发展和执行过程

---

① 参见加雷思 · 摩根所著《组织的形象》（*Images of Organizations*，Saga Pulications，1986 年，1997 年）。

中的体验，我的授课过程与过去大不相同了。我无法想象再像我过去那样执教。在我的心中，对于一位教师团队成员来说，最关键的教学问题并非在讲课与推进互动讨论之间做出选择。真正的关键是你向学生们提出了什么样的议题和问题？你是提出范围狭窄、讲究实用的问题，还是邀请他们思考学校的目的，质疑学校里那些可能让许多学生处于不利地位的做法和结构？如果你做的是后者，并且是在社区的环境中展开的，那么你就为一种教学法打开了大门——它可以将教学育人的知识、道德和技能维度组合在一起。我们喜欢这样想：我们在自己的系里创造出了这种教学方法，并且达到了产生实效的结果，这是因为我们在开始的时候，清晰地确定了自己的目的，表述了我们的指导原则。

面对转型的学校领导们需要的指导原则

迈阿密大学的教育领导力研究生项目的转变，始于发展、形成一些指导原则。形成像“指导原则”这样核心的思想，要花费很多时间、进行多次讨论。任何一个组织都不能省去时间这项投资，因为发展指导原则的动力，部分来自形成过程本身。由于我们对这个过程本身的承诺，我们相信对于任何一个组织来说，只是“输入”他人的指导原则是无法产生真正的承诺的。从他人那里借来的理念和愿景描述，几乎不可能对另外一个创造者团队产生力量。但是，他人的理念可以为我们的旅程提供一个起点，它们可能会是个不错的起点。

整合了我们努力改革的那些指导思想，是长时间谈话与建立共识的结果。但是，虽然我们在工作中反复应用这些原则，这些原则却从没有被正式写下来，直到我们中的一些人开始发表文章，回顾我们的经历。在这些文字中，这些原则以影响我们这个项目方向的宽泛理念的方式呈现出来。

在我们这个项目启动几年后，我们几个人回顾了我们早些时候写下的一些文字，然后将其解读成了一系列书面原则。虽然这些原则深深植根于我们早期的工作之中，在我们系的谈话中大家也都有意识地参与，但我们觉得在这个时候有必要清晰、明确地表达出来。这个过程展示了我们这个项目的心智模式和结构。系里的所有成员，尤其是新进的教师和研究生，需要有机会参与到这些指导原则之中，让它们成为自己的原则。这些原则需要对照我们这个项目的现状进行审视。

我们最初的一些指导原则简要叙述如下。

- 教育领导力领域必须重建，学校变革也因此成为学校的中心任务。我们在自己身边看到的学校，越来越无法满足社会的要求，但多数管理者以往获得的培养经历使他们成为现状的保持者。学校的管理者接受的教育总是说，组织是理性的、近乎机械的结构，以官僚方式运行。我们认为需要发生一种转变，从考虑培训学校管理人员转变为关注培育学校领导人。这个转变要求我们从根本上对学校和权威官方重新展开思考——要认识到学生、教师和管理人员每日挣扎于其中的文化、政治以及种族问题的核心。我们的愿景从学校管理转变为学校变革：从对学校进行管理转变为挑战学校运营现状背后的那些根本假设。
- 公立学校的基本目标，是培养孩子们承担民主社会中各种公民责任。近几年以来，过多的私人和个体利益取代了学校的公民责任。我们看到，学校确实需要对一些个体私人目标承担责任，但我们相信广泛的公民责任必须成为公立学校的核心使命。因此，我们必须重新思考我们的课程规划和工作实践，并保证我们自己将那些公民的社会责任放到中心地位。

• 学校领导人是一种涉及知识、道德和技能的实践。这个原则是我们工作的核心，并塑造了其他原则。我们认为这个原则让一个人从管理视角转向领导力视角。领导力是并非强调成效和效率的一种技术行为，源于多个理论视角的领导力，将我们的注意力引向与我们组织的核心价值和核心目的相关的那些问题。

与此同时，我们觉得教育领域中的每一个人——从大学教授到小学和中学里的教育工作者，都应该成为优秀实践者。由于这个原因，我们的理论课程就都要有实践维度。我们最初讨论的是教育上的“技术”实践，我们意识到“技术”这个词的含义过于狭窄，我们讨论的是教课与读书的各种技能。唐纳德·舍恩在批评职业教育走纯技术路线时，提醒我们，我们实践中的许多领域都与不确定性、独特性和价值冲突有关，都无法仅靠技术理论和知识去解决。根据舍恩的想法，我们必须寻求将纯熟的实践融为一体的能力和技艺。获得这种技能智慧涉及一种“教练的视角”与一种“实践中的学习”。

• 教育实践必须要与批评性反思——在学校的文化、政治和道德的氛围中的反思，形成反馈。我们希望把人们培养成舍恩所说的“反思实践者”——他们反思自己的工作，在自己的实验中以系统方法持续梳理，但又总是处在文化、政治和种族的环境之中。大多数有经验的教师在自己的技能上都具有极丰富的知识，但这些技能并非仅仅从自己的课堂上获得。这些知识来自对自己的工作展开系统的、有见地的反思。比如，根据我们对教学法以及文化政治的理解，如何调整实践，或者是如何惠及某些特定的孩子。与此类似，作为领导者，我们自己也从系统的、有见地的思考中学到东西。比如，反复思考各个团队参与的不同方式，以及将这些方式与组织发展的各种理论联系起来。批评性反思并非仅仅去反思，而是将实践与理论联系到一起的一种反思。

在文化、政治和道德氛围中展开的批评性反思，并非只在我们的项目中教授，还要投入实践。这所大学的总裁曾召开过一次由为数不多的教育工作者参加的会议，在会上他问道："你们在系里进行了哪些谈话？"大多数教师说，他们没说什么——他们只是进行了一次项目回顾，或者是有了一门新的课程，而这是一个正式委员会的活动。然而，从我们系的角度，我可以说，我们开展了经常性的、激烈的，也是反思性的各种谈话，在这样的谈话过程中，我们说"这是我们教书的方式，是我们坚信这种方式的原因"。

• 学校本身就是文化政治汇聚的场所。把学校想成一个个的官僚机构，将围绕着文化展开的政治斗争变得藏而不露了。在最好的情况下，这种方式也是将文化政治安排到了学校组织之外，把它当作对效率的不必要干预。但是文化政治并非仅仅是外部干扰，而是教书育人本身的核心活动。受教育就意味着文化学习。当我们不再把学校想成一个个官僚机构，而是一个个竞技场——不同种族或者文化团体在此力图让自己的文化（并由此将他们自己）通过学校合理化，这个事实就变得愈加清晰。如果一个人想要成为卓有成效的学校领导人，就必须理解文化政治在学校组织中的中心地位。这个关注点让一些人感到不舒服，一些视角也让我们的教师感到自己还没有做好准备。一位即将加入我们团队的准教师说，“在面试之后我发现，我应该以一个学生的身份而不是教师身份，参加你们的项目”。

• 领导力不应该与层级地位等同起来。我们刻意挑战了我们自己有关“作为领导人意味着什么”的心智模式。以我们的观察，大多数学校管理人员的教学项目，是以一系列“最佳实践”的方式，为可能进入管理岗位的个人教授领导力。相反，我们假设领导人可以从组织中的任何岗位产生，而许多被委派到权力岗位上的人并不是领导者。在这个条件下，领导者成为任何一个人的实践品质。教授有成效的领导力，我们就要挑战人们，让他们去思考：他们做了什么？他们创造了什么？而不是告诉他们，我们认为哪些是正确的。我们也把我们的项目开放给期望在教育领域中起到领导作用的各种各样的人——学校管理人员、教师、社会工作者、研究人员，以及其他相关的公民。①

• 多元化不仅是一个有积极意义的好处，也是教育中的一个必要元素。多元化在大学校园中以及 12 年学制学校里，都已经成了一个流行词。多元化往往是一种事后思考，倡导多元化的目的

① 有关教育领导力复兴的建议读物包括：威廉姆 · 福斯特所著《结构和期望：教育管理的新途径》（*Paradigms and Promises: New Approaches to Educational Administration*, Prometheus Books 出版，1986 年），罗纳德 · 海费茨所著《领导力：没有简单答案》（*Leadership Without Easy Answer*, Harvard University Press 出版，1994 年），托马斯 · 穆尔肯、内尔达 · 康布–麦凯布和布鲁斯 · 安德森所著《民主领导力：变化中的管理培训环境》（*Democratic Leadership: The Changing Context of Administration Preparation*，Ablex 出版，1994 年），加雷思 · 摩根所著《组织的形象》（*Images of Organizations*, Saga 出版，1997 年），唐纳德 · 舍恩所著《培养反思实践者》（*Educating the Reflective Practitioner*, Jossey–bass 出版，1987 年，玛格丽特 · 惠特利所著《相互求助：重拾未来希望的简单对话》（*Turning to One Another: Simple Conversations to Restore Hope to the Future*, Berrett–Koehler Publishers 出版，2009 年）。

是实现公平。虽然我们也认为公平是追求多元化的一个极好理由，但我们也认为，由于优秀教育的过程中存在着一些核心原因，多元化必不可少，而非只是有正面影响，或者只是其特点。我们像众所周知的哲学家约翰·杜威那样认识到，所有学习的起点，是当我们发现那些让我们感到舒适的观点已经过时了。我们还像杜威那样认识到，来自多元化人群的多样化观念，是创造多元化学习的必要条件的最佳方式之一。我们决心要培养观念的多元化，并要让那些带来多元化的个人与文化历史的人们参与进来。我们觉得，对于一个富有活力的知识教育来说，这样做绝对有必要。多元化并非只是个流行词或者某种事后思考，我们希望它成为我们这个系的一个核心指导思想。

• 一个研究生项目应该是一个项目，而不是一系列相互之间没有关联的课程。这个原则意味着要有一个强大的核心目标。当我们启动我们的项目重建的时候，我们的一位研讨推进人问我们说："你们想从这个过程中获得什么？"我们毫不犹豫地回答说："我们想让我们的项目有鲜明的个性。当人们提到我们的项目，他们了解我们代表着什么，他们了解我们对于学校变革的承诺，了解我们对于公平和社会平等的承诺。"对于我们来说，这个项目意味着我们的指导思想会在我们的教学过程中、在教师和学生的参与中，始终清晰、明确地呈现出来。

• 教师和学生必须对一个社区做出承诺。对于许多学校来说，社区建设相当困难，因为教师们往往在相互隔离中展开教学，而他们每天的工作又安排得非常紧密，几乎没有什么弹性时间可以用来谈话。在高等教育中，我们各自教授自己的专业课、各自做自己的研究——拥有相当大的自主和学术自由。当人们要作为一个整体为一个项目承担共同责任的时候，当课程相互联系到一起的时候，这种状态就会形成各种各样的障碍。

在学校内部与学校周围建设和发展社区，绝不能只是前提假设，而应该加以培养，并持续支撑。我们对于社区的定义是，人们之间一系列动态的、每一个人都受邀参与的关系。我们尤其明确地不希望人们错误地认为，社区指的是“思维与外表相似”，或者是指“大家一起做每一件事”。对于社区的关注也意味着我们的愿景会持续演化，因为我们需要欢迎新人加入到这个系里来。比如，当我们考虑博士项目的变革的时候，我们明确邀请我们这个社区的新成员加入进来——教师、职员以及研究生，探讨他们对于核心原则的理解和他们希望看到哪些情况发生。

- 虽然我们系主要关注各个层面的教学，教育应该包括比教学更广泛的内容。在日常生活中，人们了解教育与教学之间的差别。成年人一般都不会将教育与自己在学校中的所学混为一谈。实际上，许多人认为学校教育干扰了自己的学习。往往是那些从事教学职业的人们，忘记了这两者的区别。其结果是对学校的各种做法持一种防卫态度，而这些做法可能有益于高效教学，却促进了糟糕的教育。我们认为，让这个区别保持在我们有关学校领导力的谈话的中心，会帮助我们把自己的关注点放到年轻人的教育这个对学校至关重要的议题上。

这些原则的形成和发展，启动了我们转型的进程，它们也与我们一同演化、进步。由于有了这样一些指导原则，我们得以像一个围绕在一些生活理念周围的社区那样，聚焦我们的讨论。随着新成员加入我们的社区，他们也受邀参与、解析这些理念。在讨论中，我们这些经历较久的人能够把这些原则用作一种载体，培养机构的记忆——不是作为一种令人压抑、无法延展的传统，而是有理性、批判式和反思性谈话中的一个焦点。以这样的方式，我们希望这些原则起到鼓励我们自己的项目持续转型的作用。

第 10 章
学校系统现状

1. 预先发生的不确定性
学校系统如何应用情景规划方法为未来的动荡做好准备

阿特 · 克莱纳

像所有机构一样，学校也为猜测未来会发生什么，而持续不断地纠结：入学人数会增加，还是会减少？预算会不会通过？标准化考试的分数是上升，还是下降？州里的各种立法案会变得更加严格，还是更为宽松？任何一个做过预算的人都清楚，实际发生的情况轻而易举地就可以让所有预测变得毫无意义。比如，有多少教育工作者预见到了网络、社交媒体和平板电脑的出现，以及它们对学生阅读、研究和对话产生的极大影响呢？[①]

① 感谢杰伊 · 奥格尔维（Jay Ogilvy ）和内皮尔 · 科林斯（ Napier Collyns）的大力帮助、深刻见解和极大兴趣。

情景规划是一种规划未来的方法，它要求不对任何一个具体预测结果做出承诺和投入。你需要同时构想几种未来可能发生的情况，而非猜测最有可能的一种。所有情况都有可能发生，而每一种情况都会给你某些重要提醒——某个出乎意料的情况有助于看清自己的盲点。作为学校的领导团队，大家拿出一些时间，想象一下自己身处每一种未来的可能情况之中，让自己为做出各种稳健决策做好准备——无论哪一种未来最终发生。

我与许多目前从事情景规划工作的人一样，是从为数不多的几位与主流商业密切相关的人那里学习到这门技艺的。然而，对于规模不大、商业化程度不高的机构，尤其是学校，这些方法特别合适。开展情景规划的修习并不需要很多经费，几乎不需要经过高级训练，虽然其方法严密甚至苛刻，但一位潜心钻研的业余主持者，不用花费太大力气就可以学会（实际上，我的看法是，比起一位经验丰富但不善于倾听的老手来说，一位思想开放、灵活变通，善于倾听人们的声音，并将大家呈现在画板上的意见总结出来的非专业人员更好）。这项修习的目的是要认真对待你们面对的不确定性，明确表达你们的恐惧与希望，认识到在你们了如指掌的事实和一无所知的事实之间，还潜藏着某些重要的东西需要去挖掘。

应该说明的是，这是一项相当耗时的修习。人们往往想把情景规划压缩到半天或在一个周末之内完成，但这样的做法没有给大家足够的时间去深入探讨自己先入为主的成见。在荷兰皇家壳牌石油公司，规划人员通常要花上一年多的时间，才能制定未来的假定方案。在学校里，一个情景规划项目会占用规划团队一个学期甚至更长的时间。在这个过程中，团队成员每隔几个星期就要开一次会，要么就是把这个项目作为为期一周的教师研修会的主要内容。我也见到过这种情况：

规划人员把情景规划压缩成两次一天的会议，中间间隔一个月，但只是在全部由管理人员组成、对于共同工作已经习以为常，并且相互联系紧密的教育工作者团队中才会奏效。

第 1 步：情景问题（半天）

当规划中的各种情景回应人们真正关切的问题时，才会触发真正的学习。因此，在这个关键步骤上你至少要用三个小时。如果讨论的参与者像大多数学校的相关利益者那样多元化，那么清晰地表达出你的关注点并非轻而易举。请大家相互问一问：如果我们只能要求上天告诉我们一个或者两个有关未来的事实，那会是什么呢？

当面对一个不确定的未来时，如果你们"向上天求助的问题"（oracle question）指的是一个涉及时间、能量和资金投入的重大决定，恐怕就更有用处。比如，你们应该如何应对未来 20 年对特殊教育的需求呢？对于这个问题的答案目前尚不可知。那要取决于你们的学校系统在入学人数上的不可预知的变化，对于自闭症与注意缺陷障碍等疾病的持续演进的科学认知，以及受限于经济或上或下波动的预算。你们完全不可能了解你们开展实际运营的所有条件，但无论如何，你们现在不得不做出决定。与此类似的情况是，当你们面对课程规划的各种问题的时候（"我们应该调整数学课的教学内容吗？"），当你们面对预算问题的时候（"我们应扩大中学的规模吗？"），以及当你们面对战略问题的时候（"我们应该如何达到新的考试要求呢？"），你们必须现在就做出承诺——即便你们并不十分清楚每一个决策如何才能成功。如果几年之后再回过头来看，你们当时的选择可能看起来有先见之明，而其他选择似乎注定失败，但此时却完全没有什么办法可以确定。[①]

在现在必须做出决定的相关问题中，挑出你们最关注的一个问题。这项研习会帮助大家看清各种相互作用的驱动因素的不同模式，也会以一种冷静、客观的方式向你们的工作团队呈现出你们面对的每一种选择的种种潜藏的可能后果。

你们还要选定未来的一年，把它作为你们应该回过头去看这个情景的时间。你们现在做出的决定，需要多长时间作为探讨框架？明年的情景过于接近现状，没呈现出多少变化；20 年之后的情景则包含了太多不可预见的可能，难以从中了解到什么。对于学校来说，至少看一看未来 10~15 年的情景，往往会很有价值：这就有足够长的时间看到现在的学生们走进他们人生的下一个阶段。通过设想他们未来所处的世界，你们就可以考虑如何把他们今天需要的东西教授给他们了。

第 2 步：驱动因素（2~3 天）

每一年我们都会受到各种驱动力量的影响，也就是那些在我们周围的外在环境中塑造着我们这个世界的各种因素，我们作为个人无法控制这些因素。这些因素中有一些相对可以预测。从过去 25 年以来，人口学家们已经了解，全球人口在 2010 年将会达到 70 亿（在 2011 年，也的确达到了这个数字）。今天，我们可以清楚地看到，全球中产阶层正在扩大——中国、印度、巴西以及印度尼西亚等新兴经济体中的人们将会比从前更富足。另外一些因素则往往会出现混乱、快速的波动。原油价格会快速涨跌，整个经济也会起伏不定。虽然许多因素

① “向上天求助的问题”一词由皮埃尔 · 瓦克（Pierre Wack）提出，并经凯索姆 · 万 · 德 · 黑伊登（Kees van der Heijden）采用。更多有关皮埃尔 · 瓦克和情景规划的信息，请参见阿特 · 克莱纳的《异端年代》（*The Age of Heretics*，Jossey–Bass 出版，2008 年）第 121 页和第 238 页。

的变化趋势似乎缓慢而确定，它们产生的影响却不十分清晰。互联网的不断演化是一个无法改变的趋势——越来越多的人与越来越多的终端相互连接，“云计算”等在线服务也越来越丰富。这种情况会引导你们地区的孩子与这个世界其他地方以及你们的社区自身建立不断丰富的联系吗？还是这种情况会将他们暴露于恶劣的影响和网络暴力中呢？或者是两者兼有呢？

在教育领域里，相关的驱动力包括数量众多、种类繁杂的因素。医疗方面的改变对学生的兴趣和能力都会产生影响。技术上的变化对教学既是挑战，也是机会。经济状况波动会影响多少家庭迁入或者迁出你们的社区，乃至有多少人需要公众支持？有些看似并不相关的因素，也会对教育产生重大冲击。比如，美国在 20 世纪六七十年代，由于一些从前曾将妇女排除在外的职业与行业接受了她们从业，许多社区中潜在教师的数量就下降了。另一个看似不相干的驱动因素，是全球气候变化日渐扩大的影响——在某些地方，服务性学习和社区参与又重新活跃起来。我们对于这类因素和其他在我们的社区中产生作用的驱动力看得越清楚，我们对于自己未来的理解就会越切合实际。

因此，在这个阶段，我们要列出尽可能多的驱动因素，由一位研讨推动人（或者记录人）写在即时贴上，快速检查一下文字，然后贴到墙上。有些驱动因素一目了然，另一些则需要讨论——反复推敲，直到我们的描述直抵问题核心。某些驱动因素可能与你们这个学校的特定人群存在联系：地产价格呈现什么趋势？社区成员对于学校的态度是什么样的？另外一些则会与全国或者全球的更宽泛的驱动力有关。

许多这类驱动力都会催生反作用力。比如，如果在你们的地区，标准化考试推行将持续下去的话，各种反对力量就会逐渐加强。而这些反对力量就会对“问责制”产生反作用。对于这类相互交叉作用没有做好准备的那些学校，可能会不慎陷入其中。

对于驱动因素的各种探讨，需要在团队中密集、反复进行，其间往往还要安排一些外部研究的讨论。在我主持的研讨中，我们一直遵循有技巧的讨论的各项原则，比如不要打断别人，不要做没有根据的批评，或者说丧气话（例如，“这很蠢”），等等。我们自己对于这些因素的情绪，我们对于其后果的好恶，以及我们认为其成为现实的可能性有多大，等等，也要淡化处理。一些看似不可能但又似是而非的驱动力可能会影响我们所做的一切。比如，许多灾难都以“可能性极小”为由而被忽略，而情景规划的修习，则有可能事先让人们注意到为其做好准备的需求。

在你们探讨每一个驱动因素的时候，要提出三个问题：

a. 这件事是否预先确定就会发生？或者，它的发生并不确定？预先确定的影响力，可以合理进行预测。基于已经存在的认识，我们知道，除非发生不可预见的灾难，9 年之后在任何一个地区将会有多少 10 岁的孩子。根据已经存在的技术研究成果，我们可以假定摩尔定律（一美元成本的计算机能力每 18 个月翻番）将会至少延续 5 年。这意味着到 2020 年，1 000 美元大致可以买到今天的 32 倍的计算机能力。

但总会存在不确定性。9 年后那些 10 岁的孩子会关心什么？2018 年后，摩尔定律是会“撞墙”还是加速？以及孩子们将会如何使用那时候的强大计算机呢——他们是否会完全放弃计算机，转向平板电脑、手机，或者那些还不为人知的设备呢？这类驱动因素，以及教育领域中数量众多的大部分驱动因素，都是不确定的。合格的教师是否会更难发现？“远程教育”是会形成市场，还是会彻底失败？在教区学校实行教育券制的相关法律是否会获得通过？我们不可能知道那些答案，但是对于事件可能向这个或那个方向发展的种种原因，对于它们的发展可能带来的种种后果，我们有可能会有清晰得多、明了得多的认识。

团队中的任何一个成员，都可以对于一项列为“预先确定”的因素做出否决。这个团队必须一致同意，这项预先确定的因素确实是可以预测的。最终，可能只有为数不多的预先确定因素获得了每一个人的认同，但它们相当强大，因为这为情景分析确定了边界。比如，在纽约市附近的一个郊区学区佩勒姆（Pelham）进行的、由校长和管理人员参加的情景规划修习中，我们讨论了周围大学里的教育项目。首先，它们中的大多数在过去几年都发生了变化。目前这些学校输送出来的年轻教师，要比过去更有潜力胜任教学，他们也想要影响学校的管理和课程规划，而非只是需要一份工作和一个可以自己做主的课堂。其次，由于大量移民涌入纽约和年轻孩子们带来的婴儿潮——这两种情况都在发生，这个地区对于教师的需求还会持续增长。这些趋势不一定会永远持续下去，但在未来 3 年或稍长一点儿的时间段内，它们还是预先确定会影响这个地区，影响新任教师和教师工会之间的关系。

b. 与这些驱动因素有关的那些最重要的东西是什么？比如，佩勒姆学区管理人员希望了解学生成绩未来的情况，但随着我们大家讨论对于“成绩”这个词的不同心智模式，我们就认识到，其中有四种不同的驱动力在起作用：

- 外部考试的分数（例如，州里的标准化考试）可能会上下波动，部分取决于一些学校无法控制的因素。
- 衡量进步的分数，比如课堂测试和其他学生认为重要的衡量方式，会上下波动，但与标准考试成绩并无关联。
- 与其他因素相比，“外部生活”，比如获得大学录取通知书、工作起薪、奖学金、奖励以及其他一些重要的成功标志，更能决定这个城镇对于学校系统的看法。

• 内部价值观、认识以及真正的能力——无法衡量，恐怕以任何正式方法都无法发现，可能对学生在生活中获得的最终成功产生的最大影响。

学生学业表现的最重要的方面，一定会与这些驱动因素如何相互配合有关。一所学校保持声誉也取决于这四个因素。

c. 在我们考虑的时间段中，这些因素可能发生什么样的改变呢？一个方法是将那些最重要的驱动因素以“行为—时间图”的方式勾画出来——显示出它们从目前到你们的目标时间点之间可能的起伏变化，有时会大有帮助。另一个方法是，列举出这些因素在未来可能演化的几种不同方式。“在未来 10 年，我们可以接触到的教师人群可能会大得多，也可能会出现一次教师短缺期，因此我们对这两种可能性都要做好准备。”

第 3 步：汇总不同的情景（半天）

到了这个时候，用来开展讨论的房间的墙上，通常都会贴满各种字迹潦草的纸张，描述可能发生的潜在事件，整个团队也会感到一阵焦虑，甚至有点儿发愁：“我们什么也做不出来了。”因此，讨论的汇总、收敛必须要强推。有好几种做法可以达到这个目的，但我最喜欢的方法是组织一场简短的推举。我请大家围着房间走一走，在那些关键的不确定性中，用五角星标出 5 项“最关键”的，尤其是那些看起来最上层的因素——对于多数驱动因素会产生最广泛的影响。当他们做完这一步之后，我再请他们标出个人最关注的 5 项驱动因素。

然后，我们用表格呈现最终结果，从中选出 3~4 个对于多数人来说最重要的因素。在这之后，请大家想象一下这些情况的最极端情况。比如，佩勒姆学区的教育工作者认为“经济波动”是一个关键因素。那么，在我们考虑的时间段内或者 5 年之后，可以想象得到的、最可能发生的经济衰退会是什么情况？有一个讨论小组自愿提出要仔细看一看未来的这个情况。另一个关键驱动因素是各种考试和标准的发展趋势，以及预期内相关的教育领域中的“赢家”和“输家”的持续增长。如果这种趋势被推进到极致，会怎么样呢？那么，我们的主流文化价值就可能发生偏移，它是会趋于更多的社区精神，还是会趋于更大的物质主义和碎片化呢？或者，我们是否会在两者之间摇摆不定呢？在各种可能的情景中，三个重要的情景逐步浮现出来：一个是“持续价值危机”，在其中学校被要求去替代那些在社会中失去了的价值观和认同感；另一个是“学习的文化”，教育工作者们在其中感到，对于“所有孩子都学习”的理念，有着广泛的支持；还有一个是“一场新经济衰退”，在这个情况下教育将被赋予职责，去填补某些由经济失败带来的鸿沟。

在这之后，各个小组在集体讨论的间隙，碰头设想自己的未来。对于随意改变一些细节，不必担心——只要这种改变有道理，对于任何一个将会让你们探讨的未来变成现实的可以想象的因素和细节，做出推断。然后，回答下面几个问题。

- 我们是如何到达这里的？是哪些可能的事件链——由行动和相应的反作用组成，可能会导致这样的未来？像一个历史学家那样思考这个未来——仿佛你们是在回顾，选择一些细节，让你们的故事戏剧化地呈现出来。
- 一个未来的多元化程度会有多大呢？这个未来是否在这个社区的每个部分都产生了不同的影响？是否在每个年龄段都产生了不

同的影响？是否在不同的种族群体中都产生了不同的影响？在这个未来中，谁会是富人，谁又会是穷人？谁需要特别关注？

• 这样一个未来告诉了我们什么？找一找其中有哪些意外。在这样一个未来中，有哪些意想不到的交会点和障碍点，会以似乎并非显而易见的方式出现呢？

• 在那些关键领域中，正在发生什么？用一个重要驱动因素的清单梳理一遍：经济、技术变化、地区发展、学生人数变化，以及政治环境。在这些领域中，有哪些情况一定会发生，才会让这个情景可能成为现实呢？

• 这对于你们的相关利益群体意味着什么？在这样一个未来中做一名教师是什么样的情况呢？做一名管理人员呢？作为家长呢？做一名学生呢？作为校区委员会成员呢？这个未来会有更少还是更多的压力，更少还是更多的成就感，比今天更少控制还是更多控制呢？会有更多还是更少的机会呢？你为什么会让自己的孩子在这样一个未来走进学校呢？

• 你会把这样的未来叫作什么？找一个朗朗上口的名字，理想情况是既精炼上口，又深深打动人心。这就提供了引起共鸣的“抓手”，这个情景的理念也因此就可以进入学校系统的日常词汇之中了。

第 4 步：预演这个情景（1~2 天）

当各个小组回到大团队的时候，每个小组为其他人简要介绍自己描述的未来。我们把这些未来作为一个整体来考虑。这其中有哪些可能合并？比如，那个叫作“持续价值危机”的情景和另一个叫作“赢家与输家”的未来非常类似，所以必须合并——如果其中之一成为现实，另外一个也会成为现实。努力确定 3~4 个最合乎情理的未来，相互之间要完全不同。5 个或者更多就会含混不清。

当你们进行讨论的时候，要注意人们开始讨论他们想要创造的未来的时刻。建立共享愿景相当重要，但是它也会让你们对于外部现实状况的认识变得模糊，因此要记下那些对于希望产生的结果和不同策略的描述，但要放到一边，等到第 5 步的时候再用。

作为一个整体团队，对每一个未来，一一假想那一年已经到来，你们就生活于其中。当前正在发生什么？周围是什么情况？比如，在"一场新经济衰退"的情景中，需要缩减哪些开支？有哪些项目将会削减？对于特殊教育这类项目公众支持会有什么样的改变？再去看看你们给这个未来起的名字——它仍然合适吗？（在这个阶段，我们将"学习文化"改成了"转型文化"，以表现价值观转变不仅在学校里发生了，也在整个美国发生了。）回到第 3 步的问题。对于你们发现的任何有矛盾的地方，提出挑战并予以解决。（比如，在"转型文化"中，要发生哪些情况，才会影响标准化考试？标准化考试是否会完全消失呢？这恐怕不合情理。那么，这些考试如何才能与我们看到的新趋势协同一致呢？）要努力避免一厢情愿的思考方式。如果与今天的普遍情况相比，所有的学前班都为上学做了更好的准备，否则你的未来就"不会发生"，那么你就要找到一个合理的推理，说明为什么这样的变化一定会发生。

第 5 步：策略与结果（半天直至永远）

你们现在已经创造了一种语言，让那些很难看见的洞察得以表述出来。你们或许会问，"在'一场新经济衰退'的情况下，我们目前的建设机会还能继续下去吗？"或者，你们会问，"如果'持续价值危机'

发生了，我们能做好准备吗？”令人遗憾的是，许多情景规划的修习都到此为止了。但是真正的工作——可以产生真正效益的工作，其实刚刚开始。在形成了两三个未来情景之后，以下面的方式考虑当前的情况。

- 如果上述一种未来将会发生，那么目前的哪些政策或者做法，会是危险、短视的呢？你们愿意把“赌注”放到这样的未来吗？
- 你们正在考虑哪些策略，它们具备足够弹性，可以有助于你们为所有的未来情景做好准备，也就是为未来更好的生活打下基础，无论哪种未来情景发生？比如，在佩勒姆校区，与本地企业配合，对员工发展和师徒计划进行整体重新设计，显然在所有三种未来情景中都有所帮助。①
- 要看到令人悲观的各种未来中的一线希望，也要注意到那些让人感到乐观的情景中的不利方面。比如，听到一些教育工作者狂热地探讨“学习文化”，我就在想，“小心你们想要的东西。拿到的时候，恐怕会全然不同”。在一个每个人都推动更多学习、更大成就感的世界里，公立学校可能就不再会有什么独特作用了，在人们心中，公立学校就会变得更没有意义了。在那些未来的情景中，显示出了哪些与你们的直觉恰恰相反的情况呢？
- 有哪些“早期警告”信息，会让你们看到某一个未来正在来临呢？比如，佩勒姆学区的教育工作者探讨要就下一代孩子的价值观问题，成立一个开放论坛——这个社区希望他们的孩子学到

① 有关情景规划的更深入的指南（虽然其中一些案例有些陈旧），请参见彼得·施瓦茨（Peter Schwartz）著《长远的艺术》（*The Art of the Long View*, Doubleday 出版，1991 年）。

什么？如果这个论坛大受欢迎，并且有很多人参加，这就意味着“学习文化”的未来情景很可能出现了。如果这个论坛感觉像是“拔牙般痛苦”，那就表明“持续价值危机”的未来正在来临。

最后，你们要记得开展这项修习的目的：提高你们对于自己面对的现实的认识，以及对于这种现实继续进行下去的种种可能后果的认识。当你们在 10 年甚至 15 年之后回顾今天的时候，你们会为自己正在做出的决定感到欣慰吗——从那个时候，回头再看一看，这个马上就会成为过去的当下。

《我们的孩子们应该有的学校：超越传统课堂与“更严格的标准”》①

当第一次听到阿尔菲·科恩讲话的时候，我似乎有点儿期望他身着狄更斯时代的装束。这是因为他的有关教育的多个著作勾画出来一位充满激情、义愤填膺的人——酷似那些描述了 19 世纪中期童工的悲惨境遇的作者们。然而，他的 20 世纪的衣着丝毫没有降低他为孩子们呼吁的力量。

这本书以研究和清晰的文笔见长，对于采用过度强调成绩、牺牲学习的更严格的标准的取向带来的灾难性问题，做了尽的阐述。科恩认为，那些专家学者极力推崇的大多数道理，恰恰搞错了学习与动机的概念，因此人们越是努力强迫别人学习，就越是在限制他们发展的

① （*The Schools Our Children Deserve: Moving Beyond Traditional Classroom and“Tougher Standards”*），阿尔菲·科恩（Alfie Kohn）著（Houghton Mifflin 出版，1999 年）。

可能。对于那些认为自己对学生学业有答案的那些人，这部书应作为一本必读书。

——贾尼斯·达顿

《某个尺寸的鞋只适合少数人》与《左右为难》[①]

苏珊·奥海宁写道，“教书中最可怕的事情，就是我们这些教师，尤其是小学教师，按照我们自己的模子去教育孩子”。奥海宁具有使官僚系统的荒诞的隐秘核心昭然若揭的天赋。《某个尺寸的鞋只适合少数人》是一本激辩的书，对象是那些“标准化人士”——加利福尼亚（她所在的州）和其他地区的教育官员。《左右为难》讲述的是“非标准孩子们”的故事，他们备受忽视，也受到各种标准化考试的沉重打击；然而，这些孩子实际上却才能卓越、与众不同，在学业上和生活中都相当引人注目。除非我们找到了令他们取得成功的环境，他们中的许多人都会默默无闻。这两本书在言辞犀利、富于同理心和深思熟虑之间挥洒自如、游刃有余，读起来有无穷乐趣。

——阿特·克莱纳[②]

---

① 《某个尺寸的鞋只适合少数人：教育标准的愚笨》（*One Size Fits Few: The Folly of Education Standards*）与《左右为难：非标准的孩子与害人不浅的课程规划》（*Caught in the Middle: Nonstandard Kids and a Killing Curriculum*）均由苏珊·奥海宁（Susan Ohanian）著（Heinemann出版，1999年，2001年）。

② 另参见阿尔菲·科恩著《受过良好教育意味着什么？》（*What Does It Mean to Be Well–Educated*，Beacon Press出版，2004年），以及他的网页www.alfiekohn.org。

2. 一个 19 000 美元的问题

推断之梯的实践

迈卡 · 菲尔斯坦（Micah Fierstein）听到的故事

迈卡 · 菲尔斯坦是阿拉斯加大学安克雷奇分校的一位教育领导力副教授。他写道："我与教师和学校管理人员开展共同学习项目已有 20 多年。每次研习开场，与我共同工作的团队，都会分享他们在自己的工作中运用学习型组织工具的体会。其中最有感染力的是下面这个故事，讲述者是某个城郊学区中的一位课程规划总监。她让我们这个团队认识到，以信息和知识参与、投入一个系统中是可能的，它还会带来影响深远的结果。她告诉我们，这项工作中的关键主题是勇气和信任——向他人学习的信任，以及相信自己可以影响这个系统的勇气。勇气还意味着，愿意将自己放到弱势地位，并敏锐地察觉到其他人处于弱势地位的感受。"

后来发生的所有一切的起点，是一位小学管理人员要我去见见他的管理团队。他们对于新近的数学教学规划有些疑问。对于将要面对什么，我毫无准备。这些教师对学区的愤怒一下子就爆发到我身上了。他们抱怨说，"去年，是阅读课的新规划。后来，又有家长报告州里规定的标准，现在又来了一个数学系列"。我做的第一件事，就是跳到结论部分——这是预先设置好的。他们显然对我不够尊重，事先没有告诉我们这个会议的意图是什么，他们来的目的就是要对我发动攻击。他们也完全不了解，我们付出了多大努力才为这个新课程规划搞到资金。他们害怕变革，在自己的世界里故步自封，还毫无感谢之意。

幸亏我们在这个团队中一直进行学习，我意识到自己在推断之梯上跨了好几级，于是我决定提出自己的假设，并实践一下对话和探询。我决定问几个问题，并且以一个初学者的心态倾听。这些教师表达出了对自己的学生的深切承诺，也由于没有能力像他们希望的那样快地将新课程规划落地，表现出了他们的郁闷。他们烦恼的核心是如何将新教学方式在所有年级同时接轨。对于过去 3 年我们不断要求教师们持续做出变化，我也开始有了更深的了解。州里的标准的新要求、新的家长报告卡、各种课程规划等等，似乎触发着一种无法胜任的感受。这也就难怪他们愤愤不平了。

“你们想让我做什么？”我问道。这个问题似乎让他们猝不及防。他们长出一口气，然后往后一坐。“我们没想让你做什么，”他们说，“只不过想要你听一听。”

回到办公室之后，我反思了自己听到的一切。我对于这些教师的愤怒得出的那些最初结论是不对的。恐怕他们要比我当时以为的更有弹性。在此之前，我从来没有退后一步，看一看我们正在推动变革的数量。对于教师们所做的复杂而又卓越的工作，这个学区从来没有进行过表彰。于是我坐下来，起草了一封致教师们的信，对他们表示感谢，并明确表示他们对于我们的新课程规划措施做出了贡献。

教师工会（在没有告知我的情况下）将我的信发表在了他们的定期简报里。我获得的回应相当有意思。有十几位教师直接与我联系。他们告诉我说，这封信对于他们来说多么有意义，还说很长时间以来，这是第一次有中心管理机构的人表现出在倾听大家的想法。然而，在接下来的一次校长们参加的管理会议上，我被狠狠地批评了一顿，说我是在讨好教师工会。

这是一次令人不愉快的经历。我可以因此而选择退缩，但是为了学生的利益，我想要保证新教学项目的长期成功。我知道，这要依赖那些教师，要依靠他们去利用这个教学规划带来的各种新的学习机会。那些教师提出的问题都很重要——它们来自这些教师日复一日地与这个课程规划、与学生之间的互动。他们还必须要把所有这一切向家长们解释清楚。我感到，我们拥有了一个不可多得的机遇——通过直面、清晰地应对任何创新中都会出现的那些不可避免的问题，缓解他们的挫折感、加强学生们的学习。

我决定给这些教师一次在职培训的机会，以便更好地了解这个项目。聘用代课教师以及其他费用总计 19 000 美元。唯一的问题是，在我的预算中没有这笔费用。我只能找学区的学监申请。

我知道我是在把自己放到一个弱势的位置。这位学监是新到这个学区来的。他也许会认为，我不具备评估这个学区的需求的能力，或者是缺乏预算计划的技能。我还把教师对于学区管理机构怨恨多多这个不能讨论的问题暴露了出来。也就是说，他可能就此推论说，我是一位不称职的管理人员。我正在将自己置于新一轮批评之中——这一次，是来自老板。

在以往申请资金的时候，我从来都不需要仔细说明我的推论背后的那些假设。这一次我知道，如果我不这样做的话，学监就会毫不费力地跳到他自己的推断之梯上。考虑到这一点之后，我决定要跟他一起一步一级地走上推断之梯，展开讨论。

我向他谈起我参加的那次教师会议，以及我观察到的愤怒和挫折感。我也跟他提到对于我写的那封信，我得到的回应。然后，我说："这表明他们关心这件事，而并非冥顽不化。我的假设是，这样的关注来自想要成为成功教师的渴望，来自在他们的课堂上尝试新做法的意愿，但他们对这个项目还有许多问题。我认为，许多课程创新失败的原因，是由于教师的挫败感妨碍了他们对于实施变革承担责任。我相信，我们现在拥有一个不可多得的机遇，通过收集任何一个新项目都会产生的那些不可避免的问题，缓解他们的挫败感。所以，我想申请19 000 美元，进行一次在职培训。"

我心中隐约觉得他不会同意，也对此做好了准备，把自己"出发点高尚，就必须要做"的心态放到一边，以一个新人的心态倾听。我以为自己不得不听他谈谈他的担心，然后设法进行一次有技巧的探讨。当他很快就告诉我，我的解释很有道理，这项计划是个负责任的机会，而且这就是这个学区需要做的事的时候，你们可以想象一下我是多么地喜出望外。

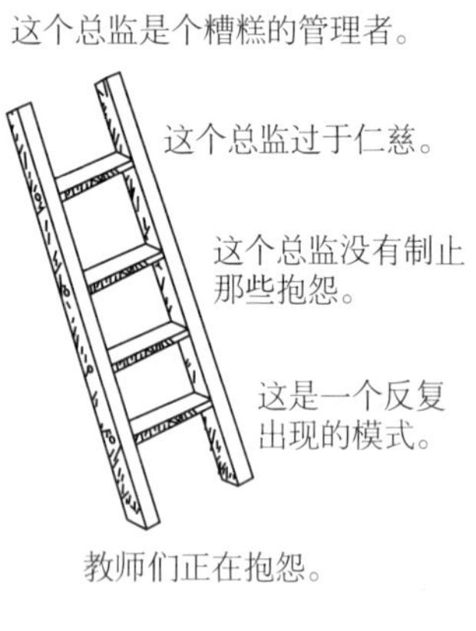

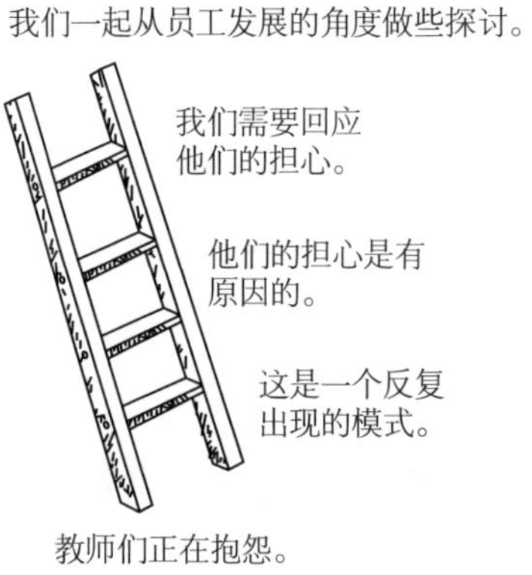

3. 强者愈强

麦克尔 · 古德曼　贾尼斯 · 达顿

每一年，一所学校的管理人员都要下定决心，让所有的孩子都获得同样的成功机会。然而，每一年总会有一些学生——常常是来自低收入居民区的孩子，似乎是被卷入了失败的恶性循环。他们来到学校的时候准备不足，一些教师觉得他们总是闷闷不乐。他们似乎无法融入学校的主流文化，他们说起话来与其他人很不一样，穿着打扮也总不大对头。尽管教育工作者们想要帮助所有孩子学习，但是学校系统本身似乎还是把他们区别为“好孩子”和“问题孩子”。最终，学校系统的有限资源受到来自各方面的巨大压力，比如，人们的时间和精力有限，无法帮助所有的“问题孩子”，于是他们中的许多人就被视而不见。

教师们很自然地就会把自己的兴趣和注意力放到“好孩子”身上。而那些“好孩子”也处在一个循环之中——成功与赞许的良性循环。他们在学生组织的选举中获胜，他们被“保送”进入先修课程，他们考试成绩优秀。人们对他们期望颇高，而他们也会实现这些期望。

在学区之中也会发生同样的现象。有些学校是“差校”，陷入了恶性循环。无论给它们拨了多少资金，或者大家认为它们获得了很多资金，这些学校总是做得更糟。最终学区感到帮助它们实在过于吃力，因此这些学校也就被一带而过了。在一些城市里，如果一家学校的考试成绩没有改善，资金就会从这家学校调出，并重新分配给那些正在改善的学校。或许这些学校并不需要这些资金，但是继续支持“赢家”的诱惑是无法抗拒的。

是什么原因让一个孩子或者一所学校，被归为“赢家”及“输家”这类无法衡量的类别呢？在“强者愈强”这个动态模式中，两个正反馈循环产生了冲突。其中之一的确是一个良性循环，对于某些人来说，情况越来越好。另一个则是一个恶性循环，对于其他人来说，局面越来越糟糕。在开始的时候，这两组人可能能力相当或者同样很有前景。但是处于“良性循环”的这一组人，更快也更明显地表现出了自己获得成功的迹象。一个学生（或者一所学校、一种做法）越早被人认为，与其同辈相比获得了“成功”，就越会获得更多的资源，而分配给其他人的资源就会越少，因此成功的良性循环呈螺旋式上升的速度也就越快。

当那些对工作兢兢业业的教师和管理人员努力在工作与家庭生活之间寻求平衡的时候，就会注意到这个动态循环。如果你晚上要开一个会，很容易就会一直工作到吃晚饭，于是就会面对这样的抱怨：“你为什么又要回去工作呢？”你越是忽视与家人在一起的时间，把更多的时间放到工作上，你的工作时间相形之下就会获得越多回报，你就会倾向于在未来把更多的注意力放到工作上。另一个常见的例子，是家长们中常见“为什么你就不能像玛丽那样”的态度。容易相处的孩子（或者是同事、下级）会获得更多关注，而一个让人烦恼的孩子就会较少获得关注，但这个孩子从根本上更加需要关注，同时他也可能同样具备才能。

这个动态关系也可以用来阐明，教育中的“文化资本”微妙而又无处不在的影响。在许多学校里，尤其是在高年级，处于主导地位的课程安排及其教学过程，都是为了面向上中产阶层、白人、男性、盎格鲁-撒克逊后裔，都是语言/分析类，以及思维和学习的肤浅模式。比如，有研究表明，简明、直接和线性的表达方式，也就是所谓的“男人”表达方式，会引发人们对于较高地位的联想，无论说话的人是女性还是男性。但是许多人，尤其是许多孩子，不用这种方式讲话——特别是如果他们不是来自白人家庭背景，有学习障碍，或者是女性的时候。也就是因为这个原因，他们觉得自己无足轻重。他们越觉得自己无足轻重，他们就越少得到来自学校的赞许、机会和关注（“问题”除外）；他们得到的赞许和机会越少，他们就更觉得自己无足轻重，他们也就越少投入学校的日常生活中去，因此他们就愈加觉得自己无足轻重。①

应对“强者愈强”的策略

只要是那两个正反馈循环连接在一起，“强者愈强”的这个动态关系就会一直持续下去——“良性循环”群体的进步，是以陷入了“恶性循环”的群体为代价的。有没有办法让它们分离呢？难道必须是一个零和游戏，一个“赢家通吃”的游戏吗？要做些什么才能增加资源

① 见德博拉·坦嫩（Deborah Tannen）所著，《你就是不明白：对话中的男人和女人》(*You just don't understand: Men and Women in Conversation*, Ballantine Books 出版，1990 年)。

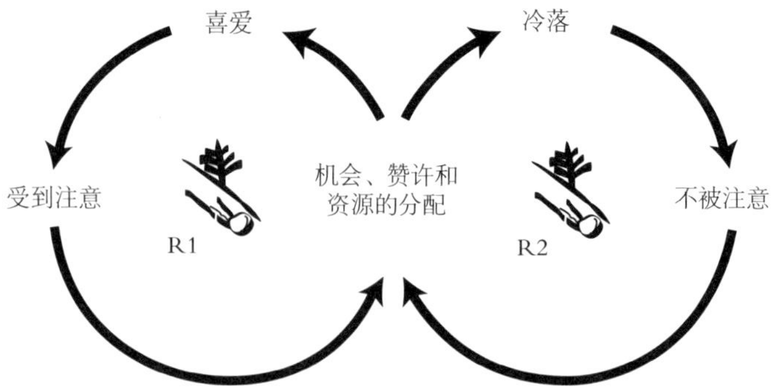

强者愈强动态关系图

注：在这个案例中，“文化资本”的影响显示出两个正反馈循环，相互之间由学校中常见但又有限的资源连接起来（学校中可获得的机会与资源的分配）。图的左面，是一个偏爱那些让人喜欢的孩子的“良性循环过程”，这又让他们得到了更多的注意，因此获得更多机会。但在图的右边，是一个也在发生作用的“恶性循环过程”。由于机会和资源都分配到了其他地方，最终的“净影响”是系统性的不关注。由于没有人去设想这种结果，这个局面就会导致更大的“不被关心”的感受，并最终使系统中的一些人获得越来越少的机会。

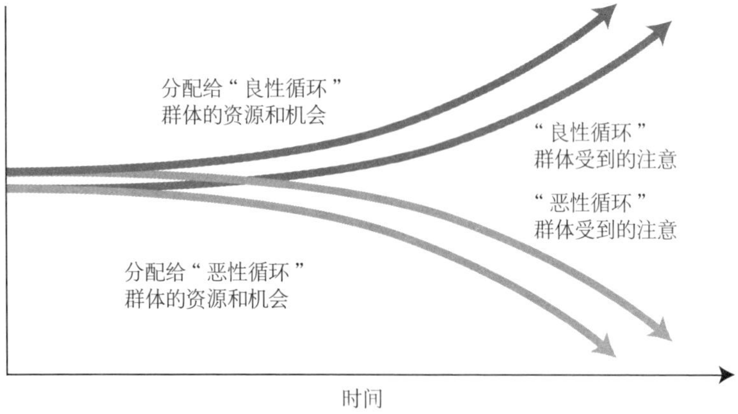

注：“强者愈强”的行为随时间变化的模式，像其他所有正循环模式一样，是一种持续加速趋势。在这个案例中，呈现出四种趋势。对于“良性循环”群体的资源分配不断增加，这个群体受到的注意也在不断增加；同时，流行“恶性循环”群体的资源日渐减少，这个群体受到的注意也逐渐减少。

呢？比如，有没有可能拿出特别安排的时间和注意力，给予那些（无论由于什么原因）从未被看作是“成绩优秀”群体中一部分的那些学生呢？

走出这个困境的另一种办法，是寻求一个包容这两个群体的成功的总体目标。做一次共享愿景的研习可能会显示，由于重视一个群体同时忽视另一个群体的做法，学校的内在目标已经随着时间的推移受到了损害。

你们可能倾向于通过提出新的政策议案，把先前只是处于“良性循环”中的群体才拥有的那些特权，提供给处于“恶性循环”中的群体作为“补偿”，以此迅速地、大幅度地逆转这个循环。但是，这样做可能会让这两个群体彼此排斥，并随着双方争夺稀缺资源的更大优势，形成一种来回波动的模式。当这个系统最终稳定下来的时候，所形成的局面对于处于“恶性循环”中的群体来说，可能比最初的情况还要糟糕。

请仔细看一看这个基本模式背后的心智模式。以那些贴上了成绩优异标签的人（学生和教师）为基点，在你们的学校里，“成功”者的价值观、态度以及特征是什么？这个群体是否代表整体人群？有哪些态度的存在使其他人不被看作成功者？如果你们自己并没有这些态度——如果你们扩展了自己有关成功的理念，那么你们如何运用自己学校的资源，彰显和培育一个更大群体的成功者的潜力呢？

还要重新考虑成功是如何衡量的。正如系统思考作家丹尼尔·金(Daniel Kim) 所说，“我们往往认为，我们相信我们所衡量的，但可能性更大的是，我们所衡量的，是我们相信的”。有哪些可衡量的结果导致这所学校偏爱某些群体，同时忽视另一些群体？对这些衡量标准如何进行变革——同时又可以继续忠实于这个学校追求卓越的总体愿景呢？

不幸的是，有许多人发现自己陷入了这个动态循环的“恶性循环”的那一部分。我们知道有三种策略，可以让这些人逃脱困境。第一个策略是适应，就是采用每一种可能的方法投入“良性循环”之中——无论代价如何。这种策略的实施往往以人们的自我认知和关系为代价，要求自己这样做是一件相当痛苦的事情。第二个策略是“打破规则”：将“恶性循环”群体的某些方面转化为成功路径。比如，当主流文化看不起饶舌和嘻哈音乐的时候，从事这项音乐的音乐家们将它们变成了一种创造性的、成功的音乐流派。这种方法的启动点是，学会认知自己的优势和才能——即便主流系统没有这种认知，并且建立起一个人际网络，以便人们相互帮助，开发和测试自己的才能，最终以自己的标准回到系统中去。第三种方法是提升整个动态系统的认知水平，或许是应用“强者愈强”的基本模式提出问题：“有多少人受到这个模式的影响呢？那么，这个学校系统，作为一个整体，真的想要制造这样的结果吗？”

4. 转移负担

解析学校里种种有害问题的一个系统基本模式

麦克尔·古德曼　贾尼斯·达顿　阿特·克莱纳

“必须要采取点儿行动了，而且要快。”“转移负担”的故事总是始于一个紧急问题的症状，以及对行动的疾呼。“快修”的办法显而易见，并且可以马上着手，它给人以确定性的幻觉，也带来短期效率的激励。但是它将人们的注意力从问题真正的、底层的根源转移开来，最终它本身也无法持续下去。另外一个解决办法更加根本，但它需要更长的时间，具有更大的不确定性，为其形成支持也更困难。当人们在这样的两难局面中挣扎时，总会自然而然地受到“快修”方法的吸引。

“高风险测试”就是一种不断延续也广为人知的“转移负担”模式。到目前为止，其模式已经为人熟知了。学校受到来自联邦法律、州立法机构、当地企业、房地产商以及家长的压力，要通过提高“高风险测验”成绩来“证明”自己有能力履职。但州里的标准完全没有提到，为什么有些学校成绩比其他学校要差，以及如何通过可持续的方式来缩小差距。于是，“快修”就展开了：从 1 月到 3 月，教师们都在为考试上复习课。他们把课堂变成了考试技巧预备班，结果最初的成绩也确实有所提高。“快修”起作用了！

可是，一旦考试结束，几乎所有学生都忘记了他们学习过的内容。那些由于某些原因在考试中感到吃力的学生们发现，他们通过努力变得优秀的渠道更少了。他们看不到继续尝试的理由，不及格率和辍学率随之上升。结果，那些不适应这类考试的学生受到惩罚。这种状况导致学生总体技能水平降低，继而使得总体成绩下滑。随着问题的症状再次出现，便出现了重新再次“快修”的需求——再次将标杆上提，采用更加严苛的标准和考试。

系统中的每一个人都了解这种“快修式”标准化考试的危险，但每一个人都被迫进入这种模式。为什么呢？因为那些根本解决办法需要一开始就投入更多的资金、时间以及对学生的关怀；需要更加深思熟虑和更多的试验，需要更加关注各种学习方法和深入的职业培训。不同利益相关者对于如何解决问题有各种看法，可供考虑的学校设计方案数量众多、相互竞争，甚至相互矛盾。更重要的是，那些更根本的解决方案，产生的效果更慢，况且没人能够确定会产生效果。结果改善之前的“延迟”原本就令人难以忍受，可就在这个时候，邻近学区的学生成绩又提升了20%。

在教育领域，还存在“转移负担”模式的许多其他结构。如果面对学生的纪律问题，你们是采用一个根本性解决方案——那可能会涉及家庭治疗或者采用新的教学方法，还是会“快修”了事？比如，进行药物治疗或者直接开除——那也许在未来会导致更多纪律问题的出现。如果教师们接受的培训不足，你们是会寻求员工发展的某些快速形式，还是会探索一些触及深层的系统——由每一个学校的全体教师、家长和管理人员共同设计？有时候，“快修”的办法也许的确是最恰当的方案——如果学生之间相互构成威胁，那么最好是将他们分开，但是这类“快修”很少从长期效果或者其他深层解决方法的角度予以考虑。比如：

变体1：产生依赖（我们失去解决问题的能力）

随着学校系统中的教育工作者逐渐失去转向根本性解决方法的能力，这个系统在一段时间之后就会“上瘾”——对那些没有真正起到作用甚至不能有效缓解“症状”的方式产生依赖。由于这种依赖给人们应对问题症状的根本能力带来了巨大破坏，它变得比问题本身更加糟糕。当学区将所有的时间和资金都用来帮助学生通过考试的时候，他们往往就要被迫限制其他的服务和项目——辅导、体育、艺术、音乐、特殊教育、营养以及和家长联系等。过不了多久，这些方面的能力随之退化萎缩。当这些学区需要重新回归到这些基础领域时，它们的相关员工、知识以及开展工作的能力都不复存在了。它们对“快修”产生依赖，无法逃脱了。

就像所有的“上瘾”症状一样，这种依赖状况还会导致更严重的困难。当在考试中获得好成绩的压力增大，而学校进行有效教学的能力又被削弱的时候，人们开始觉得为了实现这样的目标，可以不择手段。于是，就可能存在与这个系统博弈的巨大诱惑，比如，以某种方法操纵考试结果。退后一步去找到另一种方法的努力变得愈加难以执行，因为完全没有时间顾及。最终，这种“快修”一点儿也不快，它会吞噬一切。

变体 2：把负担转移给外部干预者（不可缺少的专家）

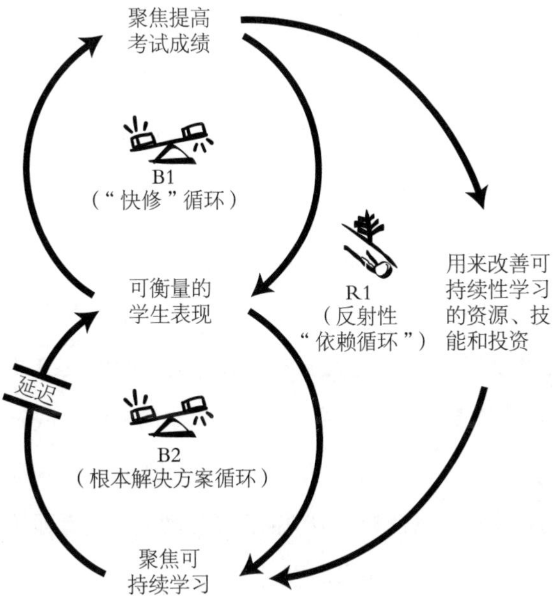

注：这个因果循环图描述了一个“转移负担”结构。面对改善可衡量的学生表现的压力（中间部分），教育工作者面临一种选择。速度较快的“快修”方法（B1）聚焦于提高标准考试成绩。“根本性解决方案”则需要在提高读写和数学能力、课程规划修订、加强营养等许多方面进行深层投资。因为后一种办法更加困难，也更具不确定性，而且还需要更长的时间（注意图中的“延迟”），产生结果就更慢，但这存在根本性收益的更多机会。在图的右边，是一个“依赖”的正循环（R1），它会降低这所学校回归根本性循环的能力，并因此使其更进一步依赖于“快修”。

有时候，当一个外部专家被请来帮助解决一个棘手问题的时候，就会产生一种组织“依赖”。外部“干预者”的角色原本是临时的，但应对这个难题的人们却逐渐对这种干预产生依赖，不再学习如何自己解决问题。如果那个外部专家真的可以解决这个问题的话，这种情况还可以接受。但从长远而论，只有系统内部的人们，才能做出解决这个问题所需的根本转变，并将这种转变持续下去。

这种情况常常发生在诸如阅读教师、特殊教育专家、循规蹈矩的管理人员和学校的心理辅导师等教育专家身上——教师们把越来越多的问题推给他们。如果这些专家没能帮助课堂上的普通教师提升能力，这些教师就会变得能力更低。这是因为每当他们将一个情况特殊的孩子交给专家时，他们也就丧失了与这样的孩子打交道的实践机会。他们会越来越依赖这些专家。

变体 3：逐渐被侵蚀的目标（不可缺少的专家）

在这种“转移负担”的常见形式中，预期成绩与真实成绩情况之间的差距变得如此巨大，于是人们不再努力提高学生成绩（通过根本性的改善措施），而是满足于接受一个较低水平的成绩，从而将压力排除到系统之外。比如：很多学校都有这样一项政策，成绩差的学生被禁止参加课外活动——（例如）即便他们是运动员，或者即便那个课外活动是他们喜欢学校的为数不多的原因之一。

在教育工作者的心中，这不是惩罚，而是代表了一种富于同情心的解决方式。所有令他们分心的事情都必须要屏蔽掉。这名学生要利用一切可用的时间来学习（比如）数学或科学课，而不要把时间浪费到摄影俱乐部、曲棍球或是军乐队的活动上。当你们强制一个人将注意力放在学习上，随着这个人最初接受这样的束缚，往往会产生短期效果，但通常效果不会持久。迟早这个学生会在心中内化这样一个真实信息："我一定有什么问题。"这个学生与学校之间原本就为数不多的联系之一就这样被割裂了。最终结果往往要么是产生对抗，要么是"消极抵抗"式顺从，以及可能导致暴力倾向的一种被排斥和孤立感。

"我本来正在努力成为一个有团队精神的球员，"一位曾经处于这种情况的学生告诉我们，"在冰球队里，我终于找到了在学校里我所热爱的东西，而且我也开始与教师们建立更好的联系。但是，现在成了这个样子，我还有什么要在乎的呢？"

采取更根本性的解决方法，就要详细观察每一位学生的问题背后的各种原因，其方法可能并非显而易见。这个学生可能需要个别指导，或者由于读写障碍、注意力缺陷障碍等问题需要评估。也许适当的方式是让球队中的所有孩子为了球队整体，在提高英语和数学能力方面互相帮助。

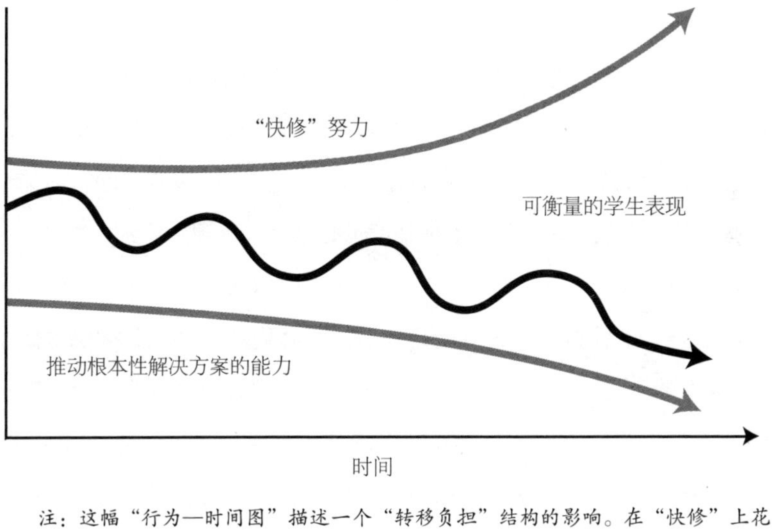

注：这幅"行为—时间图"描述一个"转移负担"结构的影响。在"快修"上花费的努力和时间持续增加。这个问题的症状（可衡量的表现）上下波动——有时候稍有改善，但总体上持续恶化。从长远来看，基础能力由此逐渐下降。

"目标侵蚀"的另一种常见案例，往往发生在一个学区决定将"所有孩子都学习"作为指导原则之后。经过几个月兴致勃勃的努力，人们逐渐看清，要将这个原则转化为实践是多么困难（或者，人们的态度要在其中做出多么大的改变）。由此一来，这个学区的愿望就一步步地在不知不觉中发生着改变，先是变成了"多数学生会获得更好的机会"，而后又成为"我们为就业市场培育更多孩子"，最终则又完全回到了这项行动启动时的那种情况了。

应对"转移负担"情境的策略

如果你们发现自己处在一个"转移负担"的结构之中，或是它的某种变体之中，要先尝试更深入地了解这个局面。你们曾经试图应对的问题表现是什么？哪一种"快修"让你们觉得有吸引力？产生了（或者可能会产生）哪些预料之外的结果，这些结果又会如何影响这个问题的本源或基础原因？

然后，你们的思维就要转变一下了：如果"快修"的通道不可用，你们可能会尝试哪些其他替代方案呢？这些更根本性的措施是如何应对这个问题的呢？你们需要进行哪些投入，要进行多长时间，才能让这些措施产生效果呢？你们如何持续进行这类投入呢？

人们往往倾向于这样假设：自己偏爱的解决方案就是根本性的解决方法——不管这个方案可能是什么。教师们认为某一种解决方案是"根本性的"，家长们则看好另一种方式，管理者们又看到了第三种选择。正是由于这个原因，要在问题的所有相关方参与的各个团队中，详细探讨大家共同面临的局面，并且要"悬挂"自己对于最好解决方案的预判。

当你对长期和短期的解决方案有共同的敏感性时，就要去强化长期解决方案。如果可能的话，对于已经形成的依赖，采用“断然戒除”（cold turkey）的方法——完全采用短期解决方案，看看情况如何。如果你们必须要采用一个“快修”的措施，应对某个问题的症状，也要慎用。要时刻意识到自己的主要目的：这样做是为推进根本解决方案争取时间。有的时候，也存在着这类短期解决方案，它们实际上可以促使你们朝着长期目标前进。比如，某些“应试教学”内容可以设计成为课程计划的一部分，同时为学生学习进行长期投资创造条件。

5. 高中游戏规则

内森 · 达顿（Nathan Dutton） 雷克 · 宽茨（Rick Quantz） 诺兰 · 达顿（Nolan Dutton）

对于许多成年人来说，上高中的孩子看上去似乎对学校不大在乎，但这也许是由于他们的注意力，在同时发生作用的两个类似“高压锅”的系统中耗尽了——一方面是没完没了的各种限制，另一方面则是无穷无尽的百无聊赖。 首先，他们必须在课堂上和考试中持续提高成绩。其次，他们陷入了一场社会博弈游戏。几十年以来的流行书籍、电影和电视节目——从S. E. 辛顿的《局外人》到蒂娜 · 费的《贱女孩》，再到J. K. 罗琳的《哈利 · 波特》以及许许多多的其他作品，都以形形色色的这类博弈游戏作为它们故事线的中心。从这类博弈游戏中获得的伤疤,会在人们身上存留许多年，甚至可能终其一生。但是，几乎没有什么人会像那些身陷其中的孩子们那样看待这个过程。

这篇文章的写作初衷，是我们熟识的几个高中生（这本书的共同作者贾尼斯 · 达顿和记者贝蒂 · 宽茨的儿子们）让我们看了他们制作的一张有关学校生活的博弈大游戏的秘密地图——这些孩子现在都已长大成人。我们相信，在全球的几乎每一所学校里，都可以画出类似的地图（在分类细节上或许有不同形式）。

如果你们经历的高中与我们经历的类似，你们每天就要在学校里度过七个小时。半小时的午餐时间以及在校外其他时间与各种朋友相处这两件事，恐怕会是你们在智力上投入最多的时刻——尽管我们的教师有他们的良好意愿。其余的六个半小时，无论课上还是课下，你都一直忙到发疯——试图谈个恋爱、急着消除有关自己的流言、传播别人的谣言，以及其他所有能让你在高中里继续生存下去的事情。高中博弈游戏根源于成人的各种求偶仪式以及阶层等级的社会化复制。在某种程度上，这个博弈游戏决定了你在学校里的成功——对此几乎没有任何家长、教师和学校管理人员会承认。家长、教师和学校管理人员可能声称，每个学生都有同等的机会，被给予同样的尊重，或者遵守同样的规则；但我们不是，也没有那样做。成年人也许觉得，他们重视的是学业，但其实他们并没有。事实上，这个系统中的所有成年人已经共谋建立了各种潜规则，其日复一日的作为就是一面镜子，反映了他们自己在“真实世界”中展开的博弈游戏。

其实这不是个游戏，至少人们不能像坐下来玩玩大富豪那样，仅凭自己简单选择就能参加这个游戏。大多数人并没有察觉到它的存在，甚至意识不到它在多大程度上影响了他们的选择，控制了他们的行为。对于我们来说，它也一直是无形的，直到一天晚上我们几个一起在一个朋友家过夜。那天，我们聊的是学校里各种不同的团体和帮派。在我们这个小镇上，许多家庭来往密切，我们中的许多人从学前班开始就一起上学——如果不是从日托就在一起的话。这种年龄、背景相同的人组成的小团体，有些多年来一直未变；多数则在初中阶段发生了变化，结果到了高中的时候，有些在三年级曾经是朋友的人，甚至不承认彼此的存在了。到凌晨 3 点左右，出于某种原因，我们决定画一张学校各种社会团体的地图。

我们当时一直在讨论大众媒体勾画出来的中学生，他们说我们组成了一个个小圈子，彼此之间特征迥异、区别清晰。而我们觉得，我们彼此之间的区别并没有那么明显，我们之间的边界也模糊不清，就像连续光谱一样。我们先是把相互对立的兴趣和价值观像指南针上的刻度那样画在图上。我们完全没有考虑社会等级。像大多数中学生那样，对于任何一个不在场的人，我们都不会说什么好话。然而，虽然我们在画图的过程中，可能用了各种说法去描述所有那些圈子，但最后的结果还是用了这些圈子在那个时候习惯给自己贴上的标签——酷哥、黑帮、乡巴佬，以及怪胎。我们知道也许会有人觉得这些名称不合适，但是我们觉得，大家应该有给自己起名字的权利。不同学校的学生，来源不同，可能会在不同象限贴上不同的标签（有些学校可能会在一个象限放上“运动控”，但不会有“乡巴佬”）。

正如地图上的大多数地点都不是正南或者正北方向，学校里的学生也没有纯粹的“酷哥”或者“怪胎”。几乎每一个学生都会符合这个圆圈上的某个位置。多数人都不会聚集在极端的各极（酷哥、黑帮、乡巴佬和怪胎），而是处在它们之间。比如，我们和我们的朋友们，大致属于酷哥–怪胎那个象限，对于与之完全相对的黑帮/乡巴佬，我们所知甚少。还有，我们的地图显然代表了男孩子的视角，一群女孩子画出来的可能是完全不同的安排。但我们猜想，所有学校的情况大致都如此。

没过多久，我们这些年龄、背景相仿的人，就到了一个求知探讨时刻，我们的地图背后的种种含义也迅速变得显而易见。虽然我们原本没有讨论社会等级，但地图上还是显现出了一个社会等级结构。“酷哥”们处在顶端，但也有一个处在底部，由社会阶层激发的“底层阶级”文化。图中那些象限代表的是我们所有人效仿的理念，并不一定是我们的真实个性。许多“酷哥”效仿的是一种与他们自己的生活方式相比，更为丰富的生活方式；而黑帮们则在效仿城市黑人的生活状况，也在效仿贫穷和反抗，尽管他们实际上来自郊区的上中产阶层。至少在我们这个学校里，一个人的实际经济状况与种族，以及这些想象的社会个性毫无关系。

我们在学校里向一些人展示了一下这张地图，比如，在一堂四年级的法语课上，还有就是朋友们来访的时候。许多人对于这张地图大体上都同意，而后他们就让我们为他们在这张地图上安排一个位置。一些人对于我们对他们的归类非常生气，觉得受到了羞辱。我们发现，尤其是酷哥们不承认自己是酷哥。他们会说，“我只是普通人”。但是，如果让其他人指出一个典型的酷哥的时候，那位说自己是个“普通人”的家伙就会成为首选。

酷哥是学校这个博弈游戏中最成功的玩家，但是要和他们讨论这个问题却相当困难。他们在这个游戏中的表现是那样的从容不迫，又经历了那么长时间，以至于他们对于自己的特权和文化资本视而不见——正像更大的人生博弈游戏中那些占据统治地位的圈子一样。

在我们的学校里，这个游戏有一些不成文的规矩——在美国（乃至全球）任何一所公立中学里恐怕都是如此。

规则 1：抵抗是无用的

这场游戏是由这个学校中的所有共享经验构成的。一旦你身处其中，它就是一切。它是生存之道。一旦你找到了属于自己的位置，适应并融入其中的压力便无法抗拒，你的衣着、行为、活动都由你所属的社会圈子决定。你并非因为看上去是那种样子才加入某个圈子的。你看上去是这个样子，是因为你加入了这个圈子。看看发型，你就可以分辨这些孩子属于哪个圈子了，因为他们按照自己圈子的发型理发。如果你在穿着打扮、行为举止上不再“合群”，你的圈子就会做出反应。“你这个蠢货，滚远点儿。”于是，你就要再找另一个圈子混了。这也就是为什么这场游戏要花费这么大精力，因为你不得不遵循的穿着打扮、行为举止的方式，在不断变化。①

我们把这个规则讲给了我们的一位朋友，他听了很不高兴。“我觉得自己像是电影《黑客帝国》里的那些角色，一旦你脱离了那个帝国，并了解了它如何控制你所做的一切，你就再也回不去了。我现在还在玩这个游戏，是因为如果我不玩下去的话，就会感到无所事事。”

这场博弈游戏实际并非科幻小说，但是就像《星际迷航：下一代》中的外星种族博格人那样，这个游戏会尽一切可能将你同化。抵抗倒不一定完全是徒劳的，但如果你真的要抵抗的话，后果会相当严重。

规则 2：如果你想要得分，就必须要玩这个游戏

这个游戏实际上是一种求偶仪式，操控着你的社交生活。如果你选择不参与（或者是被排挤出去了），你就不再是这个学校的社会结构中的一部分了。我们的一位朋友曾经说，“我不想认真地玩这个游

---

① 2000 年，第 97 页上的“博弈游戏”图表首次出现在本书的初版上。我们之所以对于新版中的内容参考不做修订，是因为任何一版的具体参考内容都会过时，而这些具体细节不可能适用所有地方。但在任何一个时点，每个有中学生的学校都可能会有一张与这个“博弈游戏”图相仿的图。

戏，但这也就是为什么我连一个女朋友都没有的原因”。那些没有传统爱情生活的人，比如，许多书呆子、同性恋的孩子，以及那些接受特殊教育的学生，在学校的社交圈里毫无立足之地。他们不在这场游戏之中。

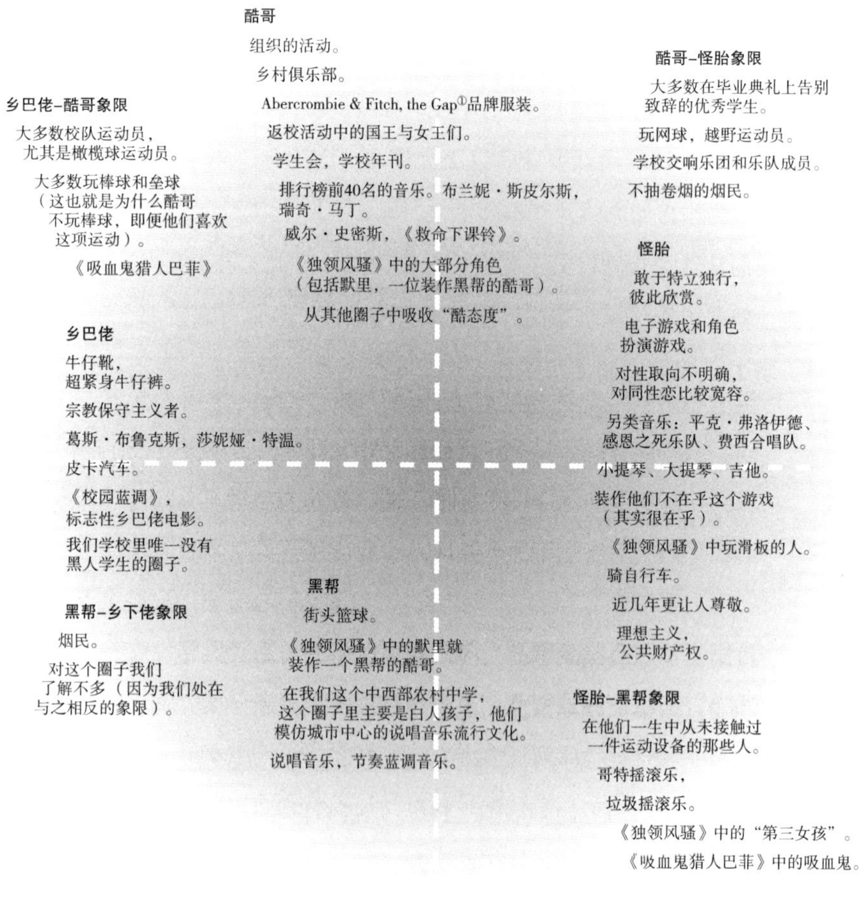

① Abercrombie & Fitch是美国休闲服饰品牌，1892年创立于美国纽约。Gap1969年创立于美国，专注于美式休闲风服饰。

规则 3：你是谁取决于你跟谁混

你在学校里的地位不取决于你穿着打扮的方式、行为举止的方式，或者是你的思考方式，所有这些都是由你在圈子里的地位决定的，而你的地位则是由你所交往的那些人决定的。比如，可能所有人对你都很反感，但你的死党是酷哥乔 · 史密斯，那么大家就会说，“他是个浑蛋，但是他还蛮酷的，他有一群挺酷的朋友”。我们也听到过一些孩子说过类似的话，“我想当个酷哥。但是他们那些人，我一个都不喜欢——所以，我现在就是一个怪胎”。

你是如何与学校中的某类人，而不是另一些人混熟的呢？这部分取决于你是和哪些人一起长大的。最大的转变是在上中学的时候发生的，你一下子置身于来自各个不同小学的孩子们中间，感觉被抛到了半空中。你不再有一个你上课的班级来定义自己的圈子了，于是也就不再有一个显而易见的地方找到自己的位置。你四处寻找，看到了高中里的那些圈子。作为一个高中新生，你开始试着确定自己的身份：其中有“新生怪胎”和“新生乡巴佬”。在九年级的这一年里，你慢慢地找到了自己在学校里的位置。你最终对自己的圈子有很高的忠诚度，即便你并不喜欢这个博弈游戏，因为你是通过选择自己的朋友，或者是他们选择了你，而确定了自己的身份的。有些人被人认为是“准酷哥”，但他们从未真正进入这个圈子，以为“酷哥”们是相互选择、认可的。要想做一个“酷哥”，只是在Abercrombie & Fitch服装店有一个账号是不够的。像进入任何别的圈子一样，这是一种通过贯穿一生的融合、同化，而修习得到的一种行为。你的父母也是属于这个圈子的——虽然对此你可能并不喜欢。

规则 4：智力与能力都不作数

在这个游戏中，完全没有头脑或者学术能力的位置——或者就此而论，任何才能在这里也都没有什么意义。我们学校里的大多数“全美高中荣誉学生会”（National Honor Society，NHS）会员，的确都属于“酷哥”圈子。但这并不表明这些酷哥就更聪明，他们不过是更容易成功而已。在我们这所学校里，要想成为“高中荣誉学生会”的成员，你就必须要提交一份申请，并由一个教师组成的专门小组选定，这个过程产生的结果偏向于“酷哥”们。在学校里，到处都有聪明绝顶、才华出众的人，而那些学术成绩最好的家伙，往往在其他许多方面并不那么机灵。智力能力或许让人更容易适应这个游戏，但是这个游戏本身并不奖励智力能力。事实上，具备批判性思考的能力或许反而会对你不利。

有一些成为“黑帮”的家伙实在太聪明了，学校对他们毫无办法。他们和他们的朋友一起，以成绩垫底作为一种对抗方式。我们认识一位属于“黑帮”的家伙，他参加了全美优秀学生奖学金竞赛的决赛。任何一所大学都会录取他，奖学金也在向他招手，但是他在毕业前却退学了。他不再交家庭作业了，因为他意识到大多数家庭作业的忙忙碌碌毫无意义。有些教师在课堂上为此嘲笑他，于是，他就失去了学习的兴趣。

规则 5：相异者并非相互吸引

无论你属于哪一个圈子，有一点可以肯定：一个人越是靠近那个与你完全相反的圈子，你对这个人的了解就会越少。在我们整个高中生活中，跨越圈子的男女关系，我们连一个都想不出来。（《油脂》这部电影代表的是一个酷哥和一个黑帮之间的浪漫，《风月俏佳人》也是如此。那只是美好的童话。）1999 年，在格伦拜恩高中（学生数量与我们学校类似）发生的校园惨案，可以描述为两个属于怪胎/黑帮圈子的学生，试图攻击与他们完全对立的那个圈子中的敌人——这些人嘲笑他们是“同志”(与之对立的乡巴佬/酷哥圈子，在所有的标签中，最恨，也最怕同性恋)。

我们（这篇文章的作者们）将自己放到了这张图的右上方的象限。我们知道自己并不理解左下方象限中的“黑帮/乡下佬”，他们也不理解我们。我们曾经无意中听到他们说，我们三个人是“酷哥骨干”，而这恰恰说明，他们对我们是多么缺乏了解。许多不一致的社会行为，可以将我们这类“酷哥/怪胎”与最纯正的“酷哥”区别开来。我们熟知“酷哥”的特征，但弄不明白那些可以帮助我们解读“黑帮/乡巴佬”圈子中细微差别的线索。他们看不透我们，正如我们看不透他们。

规则 6：要从别人那里得分

让你在圈子里的地位越来越高的方法，是要在“酷哥”里成为最受欢迎的酷哥，在“乡巴佬”里成为最强大的乡巴佬，在“怪胎”中受到其他怪胎尊敬，等等。这个博弈游戏一年比一年难玩。在我们这个“酷哥-怪胎”圈子里，有些人感受到越来越大的压力，让他们终止与K. 的来往——这位K. 是一个书呆子型的家伙，不属于这个圈子。这种压力或许完全只是我们的想象，但我们对它却有真实的感受。

你可能会感到，如果你滑倒了一次，就可能永远失去自己的地位。大家都有一种无法捉摸的奇怪感受，尤其是在“酷哥”圈子里，除非你打败了什么人，否则你就无法真正出人头地。那些在这个游戏中处于领先位置的家伙，会出手刁难那些取得了更好成绩或者在年级中获得更多认可的人，他们可不愿意分享权力。

规则 7：这个博弈游戏决定了你在学校里可以做到多好

这个博弈游戏对于一个学生的社会生活的各个方面起着决定性的作用，但它也对学术上的成功产生着潜移默化的影响。教师和学校管理人员可能没有意识到这一点，但他们利用这个游戏作为一种指南，在各个方面帮助他们——从成绩到惩戒措施，因为某些学生所在的圈子就对他们偏爱有加，对于他们不再喜欢的圈子的成员，则想方设法开除出学校。当然，你可以试着去问一问这些教师，他们是否有偏见，而他们则会觉得这个想法荒诞无稽。这个游戏对于他们来说，就像是对于所有学生一样，是完全看不到的。事实上，教师和管理人员不仅允许一个学生圈子左右自己的行动，还通过各种学习规定以及与学生的非正式交往，在无意中鼓励和维持着这个博弈游戏。

这所学校的正式权力结构是围绕着酷哥们转的。这些人生来就获得了住大房子、大酒店的契约，学校也就把这样的大房子、大酒店放到他们手中。管理人员在学生圈子中唯独偏爱他们。学生会也是酷哥人气的一场比拼。酷哥的运动项目占据了学校大部分预算和校内活动时间表。教师和管理人员公开表扬的也大都是酷哥，于是每个人都知道他们是谁。在某种程度上，这所学校是以一种让酷哥们出人头地、让其他圈子成员无法抬头的方式存在的。他们还可以逃脱惩罚，因为他们手中掌握了所有“赦免”卡（“Get Out of Jail Free” cards）。正是以这样的方式，学校、教师以及管理人员促成了现有等级/圈子的层级体系。

规则 8：游戏不会结束，没有人是赢家

当我们最初意识到这个博弈游戏的存在的时候，我们把它看作一

种止于高中时代的现象。现在，我们开始认识到，这个游戏永远都没有结束，它只是改变了形式。当许多学生升入高年级之后，他们也看到了这个游戏，并且试图与它保持距离。这也是广为人知的“论资排辈”顽疾的源头之一。但是，这些高年级学生就像我们最初那样，只看到了这个游戏的表象。即便他们或许没有认识到这其中存在着一个博弈游戏，他们也知道，那些令自己如鱼得水的规则将会改变。我们中的两位现在已经进入了大学，我们知道自己的新学校里也有类似的博弈游戏，但到目前为止，我们还不大可能辨别出来。其中的原因之一是，你选择学校的过程，是一个自己选择自己圈子的过程，因此，尽管所有规则一成不变，但生态链却不那么明显了。当我们离开学校，走入创造了我们这一个个“小世界”的“真实世界”的时候，注意到那些与我们不同的人恐怕就更难了。到了那个时候，性别、种族以及阶层的种种规则就会更常见。毕竟，全国的大选也只不过是一场“酷哥”的人气大赛而已。

我们还在继续与人们分享这个地图和这个博弈游戏的规则。我们依稀感到，仿佛从高中毕业越久，这个博弈游戏就越普适，因为成年人有时间回过头去反思自己的经历。那些刚从高中毕业，或者还在学校里挣扎的人，要看清自己的面目就更困难。他们或许会说，“其他学校里真是如此，但我们这里不是”。这其中最具有讽刺意味的是，这个博弈游戏阻碍了学生们进行学习和发挥他们的全部潜能，而那些身处其中的人们应该最先对其做出抵抗，因为在这类规则存在的情况下，没有人会是赢家。

你们学校里的博弈游戏

内尔达·康布-麦凯布　贾尼斯·达顿

目的

探讨可能用来将学生分门别类或者是学校中限制他们潜力发展的那些心智模式，创建一个支持所有学生的更加包容的文化的方法，展开分析。

环境设计

可以进行 4~6 人小组讨论。

时间

1~1.5 个小时。参与者应事先或在研讨会开始的时候，阅读“高中游戏规则”一文。

我们把“高中游戏规则”当作生成小组谈话的一种强大工具，探究学校中对许多学生的学习可能产生损害的各种做法。

第一步：小组中的提问

在小组中，讨论以下问题（大约 45 分钟）：

a. 在你们学校里，年轻人的文化博弈游戏是什么样子的？不同的学生圈子有哪些不同的定位？他们如何看待自己？其他人如何看待他们？

b. 你们对于每一个圈子的看法，可以画出什么样的“推断之梯”？

c. 每一个学生圈子的故事对于学生的学习有哪些潜在影响？

d. 在这个系统中有哪些占主导地位的心智模式？

e. 与你们自己做高中学生的经历相比，有哪些相似之处？它们对于你们的人生产生了哪些影响？（教育工作者往往记得他们自己高中博弈游戏的个人经历。他们的故事显示出那些圈子分类难以消除的影响。)

f. 这个学校中的故事是否与任何一个系统基本模式相似?

g. 确定一些可以改变教室中的互动、参与和沟通活动的杠杆作用点。在这所学校里，你们如何才能听到并确认更多学生的声音呢?

在每一所学校里，难免会有一些学生圈子要比其他学生团体有更好的待遇，更容易获得理解。对这些问题的反思可以帮助教育工作者，更加深入地意识到自己在推行、延续这类做法中所起的作用，并更加深入地意识到如何支持那些不符合这个学校社区理想学生的心智模式的学生。

第二步：大组汇报

邀请每一个小组描述自己对这个学校里的年轻人文化的看法，及其驱动这种文化的心智模式。

第三步：小组探讨下一步行动

在建立一个对所有学生更加包容的文化方面，请每一个小组推敲并梳理总结自己的建议，并简要报告。这些建议可以在此后用来为这个学校社区设计一些具体计划。

团队探讨的其他选择

学校的辅导顾问们可以将“高中游戏规则”这篇文章分别与几个小组的学生分享，帮助他们描述和了解自己学校的社会文化。

教育工作者可以安排一个类似的研讨，分析他们自己的社会系统。比如：不同的教师团组（比如，课程教师或不同年级的教师）是否可以用这个模型描述？哪些人在学校中最受重视，哪些人最不受重视？

学校领导人也可以应用这个模型，分析自己周围更大的系统。校区委员会最重视哪些家长成员或社区成员呢？哪些人最不受重视呢？

6. 青年领袖论坛

乔伊斯 · 比索（Joyce Bisso）

在本书中，我们多次谈到形成共同学习过程的重要性：经历过这种过程的学生们，在他们的学校和社区里的学习中，起到了一种全面的生成性作用。乔伊斯 · 比索博士在本文中描述了这样一个学习过程，是她在纽约州休利特市出任乔治 · W. 休利特高中（George W. Hewlett High School）校长时逐渐形成的。这样的一个学习过程，让学生们获得了在学校与社区两个层面发挥影响，以及创新和参与的机会。[①]

21 世纪前十年的中期，我作为我们这个学区领导团队的成员之一，开始运用组织学习和系统思考的各种工具。这又很快引导我将这些概念和工具，嵌入自己在学校里与教师们共同进行的日常领导工作中。当我看到这些成年人渐渐做出回应时，就意识到这种做法可能为高中生的学习带来潜力。于是，在 2005 年 11 月，莱斯 · 面谷博士和我一起，发起了第一届乔治 · W. 休利特高中青年领袖论坛（Youth Leadership Forum，简写为YLF）。

今年是这个论坛成立第七年。在现任校长汤姆 · 拉索（Tom Russo）的领导下，这个论坛持续发展和深化着我们的青年人对学校系统和社区的承诺。每次论坛的会议上，有 50~100 名学生和十几位成年人参与，目标是让参与者倾听各方的声音，并投入相互尊重、意义丰

---

① 乔伊斯 · 比索博士现任休利特–伍德米尔公立学区的学监，她的前任莱斯 · 面谷现已退休。

富的谈话之中。我们形成了叫作“青年领袖论坛参与规则”的指导原则，我们在多次论坛中都会对这些原则进行讨论，使我们持续关注我们对于倾听、探询和相互尊重的承诺。

“青年领袖论坛”参与规则：

- 领导人倾听。很难做到积极倾听，这需要修炼。
- 探询的含义是提出问题，而不是表达观点和宣扬自己的立场。
- 补充的含义是添砖加瓦，而不是把他人的说明、视角和观点拿走。
- 尊重传递的理念——探讨的核心是观点而不是个性。
- 表现出关心和同理心，让谈话更轻松、更少威胁。领导人可以让人放心安全地表达观点。
- 寻求理解需要耐心、探询、尊重和发自内心的探讨。

在我们设计这个论坛的时候，我们请学校辅导员和教师提名能在最大程度上代表这所高中学生群体多样性的学生。我们需要的不仅是教师们通常培养、认可的那些学生领袖。从候选名单中，我们从每个年级（9~12 年级）挑选了 25 名学生，代表着所有群体类型：学术、体育、俱乐部、种族、语言，以及课外活动兴趣小组。为了论坛的成功，我们需要全校学生主体的一个缩影。①

青年领袖论坛每年举行 4~5 天（时间安排在周五）。研讨的内容围绕着五项修炼和服务型领导力进行。参加论坛的学生和成年人学习探

① 参与青年领袖论坛的成年人是教育工作者，以及学校和学区层面的领导者，他们在支持学生提出的项目、解决问题，以及提供资源帮助学生实现其想法上具备知识，也有决策能力。有时候，这些领导人恰恰就是学生们希望改变的那些规则和结构的始作俑者。

询和宣扬，并有充分的时间一起实践这些技能。他们从个人生活和学校经历中，创作出自己的“推断之梯”故事，描述妨碍自己理解事件状况的各种心智模式。他们利用“冰山”练习，确定改变系统的各种杠杆作用点。他们掌握的有关系统的语言，给予他们更多信心参与其他领域的讨论，比如：可持续发展、本地与全球环境问题、学校文化问题，技术、跨代合作、高中如何进行变革、学生在学校系统与社区中的领导力，以及社区可持续发展。

除了论坛的各种正式会议，学生们还在社区中参与由学生引导的各种项目。他们自己选择项目，收集数据，形成策略，并予以实施。其中的一个项目，是设计和销售可重复使用的袋子，减少由塑料袋产生的废弃物。在另一个项目中，学生们“梦想”自己理想的高中，并直接促成了我们的“笔记本电脑一对一”行动——为这个高中的每一位学生配备一台笔记本电脑。在第三个与康奈尔大学农业合作推广部门合作的项目中，青年领袖论坛在社区的“丰收节”(Harvest Festival)上，发起安排了一个幼苗展台。一位学生说：“我们感受到了作为一个群体对自己的社区产生的影响。我们就是未来，我们能够影响未来。”

每年启动青年领袖论坛的一种强有力的方式，是请学生们参与有关他们自身高中文化与实践的探讨。我们采用了“高中的博弈游戏规则”的练习。在每一个人都阅读《高中游戏规则》之后，有些学生往往会说，“那不代表我们这所高中，我们没有这些圈子——其实什么圈子都没有”。但另外一些人则肯定地说，“我们实际上是有各种圈子的”，并且那些占主导地位的圈子，认为他们的经验就是所有学生的常态。

在某种程度上，许多学生已经感受到了这些差异的存在，但他们还没有在教育和社交上，直面这种差异对于整个学生群体的含义。当他们投入这类谈话之中的时候，第一次开始“看见”一些其他的学生。

一位学生评论说："在青年领袖论坛之前，我都是从他们所在的圈子角度去看待其他人的，但我对于他们的看法是一种成见。而现在我们在青年领袖论坛认识了他们，这些障碍也就被打破了。"①

采用"高中的博弈游戏规则"这个工具是有风险的，因为这有可能会将一些强烈情绪公开分享。参与者必须要培养发展与深度会谈和深思熟虑的探询的有关技能。信任与团队建设都是必要条件。虽然如此，以我们的经验看，这是为学生和成年人开创的最令人信服、最有意义的学习体验。

青年领袖论坛的一个关键元素，是为参与者的相互交流创造最大机会。参与论坛的所有学生都有自己独特的见解和信念，需要有与其他人接触、交流的空间。我们采用了各种谈话设计，例如，拼图讨论（jigsaw discussions）、世界咖啡馆（World Café）、画廊漫步（gallery walks）以及团队项目等，把学生们带出他们的舒适区。学生们也会担任社区对话的主持人，家长们反应良好并出席和参与了论坛。

这些学生告诉我们说，所有这些经历，让他们在课堂上以及晚餐向家人表达自己的观点时，获得了自信。这种新的自信也延伸到他们

① 我们发现，戴维 · 休肯（David Hutchen）的系列学校寓言，用在学习系统思考上非常见效。学生们与这些故事建立起了联系，并将其中的系统思考元素与自己的经历联系到一起。参见《超越狼群：在学习型组织中生存与成长》（*Outlearning the Wolves:Surviving and Thriving in a Learning Organization*，1998 年），《尼安德特人的重重影子：揭示限制我们组织发展的观念》（*Shadows of the Neanderthal: Illuminating the Beliefs That Limit Our Organizations*，1998 年），《学习的困境：有使命的生命，有愿景的领导》（*The Learning Dilemma: Living with Purpose, Leading with Vision*，2000 年），《冰山一角：管理可以左右你的组织成败的那些隐蔽力量》（*The Tip of the Iceberg: Managing the Hidden Forces That Can Make or Break Your Organization*，2001 年），《倾听火山的声音：让我们的心灵向新的可能性开放的谈话》（*Listening to the Volcano: Conversations that Open Our Minds to New Possibilities*，2005 年）。这些文章均可从 Pegasus Communications 获得。另见休肯的网页 www.davidhutchens.com。

与教师的关系中。一位学生说："我很喜欢教师与学生一起学习的感觉。这是我们第一次感受到，我们处于同等的地位——都是在同一张课桌上的学习者。在课堂上，教师的视角决定一切。在青年领袖论坛上，我们的观点同样重要。他们的确在倾听我们的观点，他们让我们感到，我们的观念也是合情合理的。"

从学生们毕业之后为我们提供的反馈中，我们认识到，在帮助他们看到自己在塑造未来的过程中担任着重要角色方面，青年领袖论坛是最重要的途径之一。由于我们对这个做法深有感触，于是在今年就为初中学生也举办了一次青年领袖论坛，学生们反响热烈。我们所在的学校系统，对于在培养年轻人满足未来领导力要求上的这样一个角色，持欢迎态度。我们中的一个学生让我们回想起了我们开展这项工作的原因。"我们看到自己成为国内与国际变革的积极参与者。如果没有人帮助我们思考自己作为领导者的角色，每个人就错失了一次机会。"那些亲身经历了 12 年学制学习的学生们的心声和思想充满着勃勃生机，也是任何变革与改善努力获得成功的必要条件。[①]

"高中博弈游戏"练习的调整版

乔伊斯·比索

目的

那些对于许多学生来说往往无形的东西，博弈游戏的练习有助于

---

① 如果各州和国家层面的决策者们、各个校区委员会、管理人员，以及教师们都真心愿意积极改变我们这个国家的公立教育系统，他们就会主动支持在美国所有高中采用青年领袖论坛这种做法。

将它们显现出来。

材料

针对每一条“游戏规则”设定一种颜色。

高中博弈游戏的八条规则：

抵抗是无用的

如果你想要得分，就必须要玩这个游戏

你是谁取决于你跟谁混

智力与能力都不作数

相异者并非相互吸引

要从别人那里得分

这个博弈游戏决定了你在学校里可以做到多好

游戏不会结束，没有人是赢家

第一步：第一桌

将参与者安排到每桌八人的不同小组中，每一位参与者都被分配一种颜色，每种颜色对应八种游戏规则中的一种。每个人都代表自己的规则，然后小组分别讨论这些规则的意义。

第二步：第二桌

参与者转移到新的桌子上。每一个新的小组都必须具备所有八种颜色及所代表的规则。分享你们对于每一种规则的认识，探讨这些规则是否符合你们学校里的情况，如果符合，探讨规则是如何产生影响的。

确定你们高中的社会团体的名称，描述它们之间的关系。在一张纸上，画出各个象限和它们的名称，再把其他的团体或者团体组合填进去。在一张活动挂图上，把你们小组的关系图画出来，用于展示。

第三步："画廊漫步"

每一个小组留下一个人，作为主人向其他人解释自己小组画的关系图。其他人则逐个观看各组的关系图。

第四步：回到第二桌

在回到各自的小组之后，讨论以下问题：

- 各桌的小组之间有哪些值得注意的相似/不同之处？
- 要在你们的高中里获得成功，该做些什么？
- 是否某些团体受到更多偏爱？

第五步：大组

在大组中，讨论这个问题：不同个体可以或者应该做什么，就可以打破"高中"的团体关系樊笼？

实践的社区

阿特·克莱纳

"学校博弈游戏"并非仅仅存在于学生们与那些电视节目制片人的想象之中。不同的社会团体圈子处处都像组织一样发挥着作用。"实践者社区"理论，是由以艾蒂安·温格（Etienne Wenger）和琼·雷夫（Jean Lave）为首的一批合作研究者发展形成的。这个理论认为，各种组织往往更多以人们的非正式网络，而非通过层级分明的指挥链条，展开其活动；处在非正式网络中的人们日复一日地以数以千计的细微方式，传递着各种各样的信息与价值。在学校里，这些非正式网络，也就是社会圈子，也正是学习发生的主要场所。

温格写道，“学生们去上学，随着他们走到一起，并以他们自己的方式应对这个势力强大的机构的种种安排，以及作为年轻人让人心烦意乱的种种奥秘，各种各样的实践社区就纷纷涌现出来——既有在课堂上的，也有在操场上的；可以是正式形态，也可能是隐而不露。尽管有课程安排、有纪律要求，还有告诫规劝，但对于个人来说，变化最大的学习，其实是与这些实践社区中的成员身份有关的那些学习”。[①]

斯坦福大学语言学与文化人类学教授佩内洛普·埃克特（Penelope Eckert）,将实践社区如何确定高中生的学习范围的方式详细记录了下来。她于 20 世纪 80 年代在底特律的几所高中进行了为期三年的实地研究，最终形成了《运动族与气馁族》（*Jocks and Burnouts*）这本书。她在书中回应了“高中游戏规则”，她写道，学生所处的社会阶层决定了孩子们如何选择朋友，如何开展他们的活动，并最终决定了他们的未来。她研究的“运动族”（与前文中的“学霸”，或者 S. I. 辛顿所著的《外来者》中的“索克斯”相对应）来自中产家庭，气馁族则来自工薪阶层（这些名称与“高中优秀规则”中的标签类似，都来自学生们自己）。那些想要在未来脱离低收入的孩子们，必须要跨过这两个圈子之间的边界。即便他们想要尝试，也还会面临源于自己内心的种种令人畏惧的挑战，以及来自许多教师、管理人员和学生们的让人无法忍受的打击。

“我跟踪调查的那个班上‘最大’的气馁族之一，”埃克特说，“在初中的时候一直是一名啦啦队员。她说，那挺有意思的，然而其他的啦啦队员之间都是朋友，但她自己的朋友没有一个参与这个活动。成为啦啦队员不仅让她疏远了自己的朋友，也令她在与啦啦队员相关的

① 参见艾蒂安·温格著《实践的社区：学习、意义与自我认知》（*Communities of Practice: Learning, Meaning, and Identity*, Cambridge University Press 出版，1998 年）。

那些社会活动中被排斥在外。最终她退出了啦啦队，此后在学校里一直就是个气馁族了。”[①]

埃克特的实地调查显示，一旦气馁族发现他们自身必须要做出很大改变，一般会放弃改变。最令人痛苦的变化，往往是他们要对自己的老朋友（以及新朋友）采取那种不同以往、不动声色的态度。对于朋友和家庭的忠诚是大多数气馁族文化中最强大的文化束缚。他们要在边界的另一边交朋友也不容易。这类变化制造出来的伤疤，会在一个人的一生中挥之不去。即便他们的职业生涯很成功，他们也往往感到自己似乎无所适从。

对于埃克特来说，学校的教师和管理人员，有意无意地牺牲气馁族让运动族出人头地。“没有那么多资源让所有的孩子都参与、从事相同的活动，”她说，“所以，有许多课外活动，比如，参与学生会，是竞争性的，由此形成了在一个班上只占不到5%的等级阶层。这就在学校里制造出了一个等级系统，它让某些孩子获得了机构上的控制权。他们这些人可以决定毕业舞会上跳什么舞，由谁来组织筹款，并且决定跳舞的装饰，等等。”

除非让一个学校里的精英结构及其对于学校的影响浮出水面，否则学校变革的努力就没法完成。那么，那些看到了这种破坏作用的人可以对此做些什么呢？在埃克特的研究中，没有发现任何一家学校逆势而为获得成功，以对待“酷哥族”或“运动族”同样的尊重和细心，对待“气馁族”“黑帮族”或者是“怪胎族”。但是实践社区的研究文

---

① 佩内洛普·埃克特的话摘自一次对她进行的采访。另参见佩内洛普·埃克特著《运动族与气馁族：高中里社会类别与自我认知》（*Jocks and Burnouts: Social Categories and Identity in High School*, Teachers College Press出版，1989年）。她近来的研究成果，参见www.stanford.edu/eckert。

献，以及温格和埃克特等对此做出研究的人们，还是在可能做出改变的措施方面，提出了一些理论观点。

• 为那些有兴趣讨论自己学校“高中游戏规则”的学生们，组织课外讨论会或者对话会。要想在这所学校里取得成功，需要做哪些事？有哪些社会团体圈子比其他圈子受到更多偏爱？就像所有对话一样，不要计划（期待）任何结果。只要讨论这个问题就好，理想情况下要有一位教师/推进师参与，他们可以帮助学生们悬挂他们的各种假设，可能做出一些改变。对于某些学生来说，这可是他们首次探讨他们生活中的那些重要限制因素。

• 组织广泛的课外活动，包括那些为“气馁族”“黑帮族”或者社区中无论哪个被系统忽视的部分特别设计的活动。比如，这些活动可以包括汽修小组，男孩和女孩可以一起修车；也可以包括对“气馁族”的另类戏剧或音乐的支持。埃克特说：“在某一所学校里，我认识了许多关注特殊奥运会的气馁族孩子。因为他们要花很多时间照看年幼的弟妹，就对这个群体非常关注。”

• 聘用“气馁族”教职人员。在可能的情况下，聘用并晋升那些有“气馁族”背景（或者任何在当地没有优势背景）的教师。

• 在学生会建立代表选举制。多数学生会都是由本年级的全体学生选举，或者是由一两个圈子主导的方法确定。当其他学生对此有了真正的关注（比如，当他们想要到校园外吃午饭的时候），他们无法发出自己的声音。但是，如果学生选举代表了他们的社会结构，比如，假如学生可以自行选择参加 30 人为单位的小组，并在每个小组中选出自己的代表，那么学生会就会变成不同学生社区成员会面的正式场所了。

• 考虑采用年级混合班级课堂。“气馁族”的学生往往更加适应人数多、大家庭式的朋友网络，其朋友关系超越了年级的界限。他们更加适应与兄弟姐妹、堂兄弟姐妹，以及不同年龄的邻居在一起。

• 如果学校要推进共享愿景的进程，就要将更大范围的社区与这个共享愿景的进程联系起来。

• 吸引所有人，而并非仅仅精英学生的参与。请教师们参与家访或者社区拜访，也可以使学校重新获得活力。他们常常发现，那些在学校里看上去无精打采、偷懒逃课的孩子，在家里却过着一种充满活力甚至精疲力竭地照顾其他人的生活。一个高中二年级的男孩，可能每天都要先把自己两岁的妹妹送到托儿所去，然后自己才去上学。而另一位初中女孩，可能在课后教堂活动或者社区小组里极为活跃。

书呆子：两个迷路的孩子如何靠互联网走出爱达荷州①

乔恩·卡茨是一位作家，他也为《连线》（*Wired*）、《滚石》（*Rolling Stone*）以及网络杂志Slate撰稿。他讲述的有关两个中学生的故事令人难忘。他们一个叫杰西，另一个叫艾瑞克，都精通技术。在作者的鼓励和不同寻常的信任之下，他们逃离了爱达荷州的一个小镇，去了芝加哥。在我看来，教育工作者们——无论在哪里从事教学，都可以从杰西和艾瑞克这类书呆子学生的生活中，获得深刻的洞察——他们大都自学成才，在学校和社区的边缘过着丰富而又与世隔绝的生活。当

① 乔恩·卡茨（Jon Katz）著（Broadway Books 出版，2000 年）。

我在 2001 年读到这本书的时候，就马上将其介绍给了我的研究生学生。这些看似隐形实则才能卓著的被放逐者，游离在大多数成年人的视线之外，往往鲜有人关注（比如，在他们“侵入”学校的计算机系统的时候）。把这类学生排除在外相当容易，但学校的教学规划无法与网络世界竞争，而他们在那里掌握的钥匙，却可以开启各种更具挑战性的大门。

——内尔达 · 康布–麦凯布

|第11章|

告别“快餐式”教育发展

1. 不再需要“快餐式员工发展”

五项学习修炼作为通向综合学校变革的途径

爱德华 · T. 乔伊纳（Edward T. Joyner）

过去25年来，爱德华 · 乔伊纳在改善员工发展方面，尤其是在城市中心的学区，一直都是一位思想领袖。在20世纪90年代与21世纪初，他在耶鲁大学担任儿童及青少年发展方面的助理教授，他也担任了耶鲁大学学校发展项目（这是以“科莫过程”著称的学校变革方法，方法命名源自其创始人詹姆斯 · 科莫）的执行主任。在建立科莫中心的教师培训项目过程中，乔伊纳持续地将学校教学效果与教师发展学习导向联系到一起。他也曾是一位社区活动者——参与了全美第一家对抗贫困组织“社区进步”机构（Community Progress）的活动，并担任过高中教师和初中校长（康涅狄格州纽黑文市）；目前在康涅狄格州费尔菲尔德市的Sacred Heart大学任教育学副教授。①

有关学校变革的讨论大都是在一种权力–强制的框架中展开。州里的立法机构实际上公开宣布，“这些孩子可以达成目标”。不管这些孩子营养是否充足，居所是否邻里安全，家中是否有父母，医疗方面是否有保障，以及是否生活在一个平和、安宁的环境之中，他们都会被放到那些拥有了这一切的孩子之中加以评判。州政府实际上就像是农业部门在对一位农民说，“今年你要获得高产。我们希望玉米在 45 天里成熟——虽然以前一直要用 60 天，而且还一定是好玉米才行”。他们期望的结果值得称赞，但是这也显示出，他们对于产生这些结果必须自然发生的过程毫无认识。

这就是当下的员工发展的基本环境。往往只是“快餐式员工发展”：外部培训师空降进来，提供数学或者阅读的新教学方法。他们不了解这些员工已经知道了什么，也不知道员工们在教育这个具体社区的年轻人的过程中遇到了哪些挑战，更不清楚这所学校或学区的其他任何方面。他们也不会去努力发现。他们只是提供了他们的新方法，比如数学、阅读。对于教育工作者或者是其中的任何人，都没有安排任何时间去反思、去参与。

其结果是一场大杂烩式的大型表演——讲授者们不倾听参与者的声音，彼此之间也不交流，甚至相互矛盾。讲授的内容或许蛮有煽动力，感觉上也令人信服，但没对学到的技能进行强化，于是参与者紧接着还是回到了他们原先的方法，回归到自己原有的舒适区中。讲授者赶着奔赴下一场培训，因此也就没有任何指导，让受训者可以掌握

① 本文由本书第一版中的文章增编，第一版中的内容是乔伊纳博士在耶鲁大学期间撰写的。我们对詹姆斯 · 科莫的影响力、表率作用以及支持，表示衷心感谢。

培训中呈现的那些技能和知识。除此之外，校长、学区中心的管理人员、家长，以及其他利益相关者往往被排除在外，或者选择不参加这些活动。最糟糕的是，这种打包式经历传递了一个信息，人们没有能力解决自己的问题，他们随之就将学校改善与改革的负担转移给了外部专业人士。

需要满足的三个功能

与之相对的方法，是一种反思性、生成性的员工发展过程，在这样的过程中，培训融合了教育工作者们已经掌握的知识技能，并以他们在当下面对的各种挑战为基础，帮助他们提高能力。目前，我正在与负责纽约州长岛市尤宁达尔学区的威廉·劳埃德（William Lloyd）博士合作，设计一个这样的项目，并将其付诸实践。在这个设计中，各个培训环节的主讲人，都对这个学区的环境进行了研究，并愿意分享他们的知识与技能。教师和管理人员并非依赖外部咨询师，而是通过一个让他们彼此合作又不被挑错和指责的过程，解决他们自己的各种问题。这样的员工发展模式，并非将教育工作者视为个体传递知识，而是试图通过持续不断为他们提供一种相互学习、共同工作的方法，改善整个学校的能力。

在尤宁达尔学区，我们确定了我们这个设计的三条基本原则。

a. 关注学校面对的各种真实挑战。每一个培训环节都要由教育工作者当下试图要解决的各种问题驱动。比如，在这个学区的一个地区，近来有人口组成的变化：新近来到美国的萨尔瓦多的父母们，带着他们的孩子们迁移到这里。忽然之间，这里的小学生中，增加了大量以英语为第二语言的学生。职业发展项目也因此进行了相应调整，以帮助管理人员和教师做出前瞻，预测这种情况对于教学与课程安排，将会产生哪些影响，以及如何调动本地和州里的资源进行协助。

在这个学区的其他地方，语言也是问题。孩子们在讲非洲裔美国人白话英语（也叫黑人英语，ebonics）的环境中长大，学校要帮助他们学习标准语言和批判性思考，为读大学和工作做准备。这不仅是英语课、阅读课以及补习课教师的责任，比如，在科学与健康课上，也涉及大量日常生活中并不常用的重要词汇。科学课的教师们需要接受培训，以提供诸如情境练习和实践等方式，让学生们有可能以标准的、科学的语言轻松阅读、交谈和写作。这成为员工发展的优先选择之一。

b. 培训中与培训后的行动学习。在耶鲁的“科莫过程”中，这被称为“回家做计划”。每一个员工发展设计都应该明确认识到，当没有适当的后续行动时，新技能通常会逐渐衰退。需要事先规划好策略，将实践得来的各种新洞察带回到工作中，反复进行刻意尝试、评估其如何起作用，并相互交流其效果——所有这些都要得到管理人员的积极支持。如果一个新想法不值得管理层注意，从一开始就不值得引入。在每一个培训环节，都要包含“对培训师进行培训”的元素，参与者因此就可以思考，如何将这个新方法应用到自己学校的环境之中，并吸引他人加入。另一种后续行动的形式，是运用数据对新方法是否产生作用，进行定量与定性评估。这样的经验和结果应该进一步对下一轮培训产生影响。

c. 领导力与社区参与。教学不是一个教师独自行动的单向过程。它是嵌入在教师与学生、学校系统的管理人员、家长以及社区领袖的关系之中的。尤宁达尔学区的员工发展设计，就是要在所有这些相关利益者中，孕育出积极学习者。这个设计明确遵循学区研习会（由学区委员会和管理人员参加）确定的优先选择，并选择与之相匹配的外部演讲人。

父母们受邀参加员工发展的这些培训环节，其中安排了充裕的时间，让他们与演讲人，并在彼此之间开展对话与反思。这种形式的员工发展进程流畅、反响热烈。比如，一位儿童发展专家可以受邀与教育工作者们、家长们共同研习——帮助家长们更深入地理解自己的孩子学习与成长的各种方式，使每一个人的理解相互和谐起来。培训过程也包括共同学习的元素，人们分享教师对于自己的学生和教学方法的内隐知识——这些他们一般不会分享，从书本中也无法获取。

员工发展的五项修炼

在员工发展从“快餐”模式转变为一个更为生成性的系统过程中，心智模式、自我超越、团队学习、共同愿景和系统思考这五项学习修炼至关重要。

心智模式

在今天的公立学校中，成千上万的教师在教育贫穷孩子们的时候，无意之中都在以一种“缺陷视角”开展教学。无论是否有意，这些教师都习惯了“正态分布曲线”的心智模式——学生们的学业表现应该符合“钟形分布曲线”，有些学生的表现终归要低于平均水平。无论如何，总有一些人处于顶端的10%，就像有一些人会是最好的2%。我们一般会期望，在这条曲线上富裕家庭孩子们的表现比贫穷家庭孩子们要好，白人出身的孩子的表现比黑人、棕色及红色人种出身的孩子要好。与这个心智模式相关的是那种普遍流行的心理，认为孩子们的大脑是与他们生活的所有其他部分相互分离的，就像我的老朋友和同事杰克·吉勒特（Jack Gillett）所说，孩子们就像是“棍子上的大脑”，要么可教，要么不可教，这取决于这些大脑的先天学术能力，与这个孩子生活的其他部分毫无关系。

这些心智模式都对教育工作者产生了影响，令他们降低了对某些孩子的期望，减少了对这些孩子的积极挑战，也不再去寻找那些或许存在并可能会对这些孩子起作用的杠杆作用点了。对于那些在贫困社区中长大或者来自少数民族背景的教师们来说，这种心智模式具有双重危害，因为这些成年人为自己感到羞耻。比如，一位小学校长告诉我说，根据他们对于这个社区的学习能力的认知，“我们试图让教师要求孩子们每个月学习一个单词”。这种水平极低的内化期望——每年只学 10 个单词，很可能会成为自证预言。

根据认知科学目前的研究成果，更准确的心智模式是把孩子们看作不同的系统，他们的学习受到相互关联的各种因素的影响。比如，阅读能力直接依赖于营养水平、参与程度、父母培养，以及孩子年幼时的身体发育。社会认知（理解并与其他人打交道的能力）、心理-情感发展（气质发展、与年龄相当的成熟度、毅力）、语言能力（以口语和标准形式表达与接收语言的能力），以及道德发展（做出公平和公正的决策的能力）彼此之间都会相互影响。从长期来看，学术表现和良好的公民意识依赖于所有这些能力。太多的教育工作者把时间用来指责孩子、家长、前一个年级的教师们，以及他们自己，但我们却可以把这份能量和注意力用到努力满足孩子们的全面需求和相互支持上。

大自然为我们提供了最好的发展案例。比如，一棵树的成长取决于它在哪里种下。同样，一个孩子的潜能植根于其成长的社会、情感和物理环境，以及培养照顾这个孩子的那些成年人的种种行为做出的榜样。虽然每一个个体都应该有满足基本生活需求的途径，但非物质因素在塑造个体行为方面起了更大的作用。人们有时会假设，如果家长可以提供不错的居住条件、一辆汽车，以及冰箱里的食物，孩子们就会茁壮成长。但我们看到了许多家境贫寒的孩子学业优秀，也见到过许多来自富裕家庭的孩子丧失了发展潜力，从未利用好自己未经努力就获得的那些优势。

我们无法通过逻辑分析或辩论改变这些心智模式，更不用说通过“快餐式员工发展模式”了。我们改变这些心智模式，只能通过与同事、家长以及社区成员开展深度会谈，在这样的交流中我们公开检验我们的各种看法，并审视导致这些观点产生的那些影响因素。

以应对这样的挑战为目标设计的员工发展进程，可以以四个问题展开深度会谈。

a. 我们对于孩子们如何学习的基本看法是什么？对于学业成绩与自然和营养的各种联系，我们了解什么？是什么让我们得出了那些结论，我们可以指出哪些可观察的“数据”？

在一个采用了“科莫过程”的学校——弗吉尼亚州诺福克市的保林公园小学，一位学校管理员对于某些六年级男孩的行为感到担忧，于是他就设法获得校长的批准，组织这些孩子在学校周围开展绿化工作，并支付给他们少许酬金。没过多久，教师们就注意到这些孩子的行为发生了很大变化，他们的成绩提升了。过去他们几乎要被停学，现在他们变成了行为规范的公民。这位管理员没有能力教授他们代数，但可以参与这些孩子的社会与道德发展过程——通过身体力行让大家看到，不论哪一种工作都有其内在的尊严。当这位校长获得我们颁发的一个全国领导力奖的时候，这位管理员与他一起站到了领奖台上。

b. 学生们需要哪些技能与知识，才会在一个技术高度发展又高度多元的社会中持续成功呢？

许多员工发展项目将不同学科割裂开来，目的是要应对标准化考试。阅读改善项目的对象是阅读课的教师们，数学项目的对象是数学教师们。这类项目强化“为考试而教”的模式，同时也倾向于关注各个学科领域中为数不多的成绩优异的学生，对其他学生则降低要求。相形之下，在我们的员工发展项目中，我们将涉及各个年级的所有课程内容作为一个整体看待，努力将我们希望授课的所有科目、我们必须授课的所有科目，以及所有那些可以帮助孩子们进步的科目协同、配合起来。

c. 所有这些内容最好以何种方式传授呢？如果我们想要为教育好孩子们而竭尽所能，那么我们应该做些什么呢？

许多人认为，要想达到高标准，教师只要以同样的方式，更加努力地去教学就好了。但这种观点却是对我们在人才成长方面认识的无知。教书育人是所有职业中最复杂、丰富的工作，因为孩子们来到学校时已经在那么多其他因素的影响之下被塑造成形了。教师的工作必须是去发现、去适应，往往还是去抵消一个孩子在家里和同辈文化中学到的那些东西。这就意味着要采用任何必要的方法，以各种不同的方式与各种不同的孩子打交道。套用马尔科姆 X（Malcolm X）的话，我们要以“任何必要手段”去教育孩子们，只要这些手段合乎法律和道德。

教师们在这方面需要接受培训，仅有良好的愿望是不够的。良好愿望带来的是我在 20 世纪 70 年代常常看到的那类教育：教师们随随便便地说说，这些孩子多么地处于劣势，他们又多么地需要关爱；于是教师们就给了他们轻松的功课去做，让他们没学到什么就毕业了。或许最大的侮辱就是把他们的贫困背景浪漫化，或者试图以模仿他们的表达方式的办法寻求支持。这些“抱有良好愿望”的教师，不是帮助这些孩子在美国主流社会中“杀出一条路”来，而是强化那些让这些低收入家庭的孩子持续贫困、接受不到教育的行为。优秀教师是要帮助孩子们克服那些不公平地加到他们头上的劣势。

d. 员工发展如何才能获得最好的组织支持？我们在学校系统和社区层面需要什么？我们在这方面的思考有哪些不同？在我们结束此次培训以后，要做些什么？

如果进行员工发展培训，但不要求大家回去之后做出规划，或许就没有烦恼了。以我们的经验来看，如果一次培训后 30 天之内，没有什么具体的事发生，就不会有什么事发生了。管理层必须要支持这些行动，而且从这个新方法中获得的经验必须在学区之内教授给其他教师。而只有当所有教师都考虑他们需要从学校系统和社区中得到哪些支持，思考他们打算拿这些支持来做什么的时候，这样的情况才会发生。组织对于人们期望的种种变化的支持，对于有效的员工发展至关重要。

自我超越

高效的员工发展要包括自我超越的核心修习：修习如何既保持个人愿景，又保持对我们面对的当下现实的清醒认识。如果你是一位教师，你自己的个人超越与你课堂上孩子们的自我超越是紧密联系在一起的。如果你限制了自己的热望，你就会在无意之中影响你的学生，令他们对自己有同样的感受。

我在杰克·罗宾逊中学做校长时，有几位六年级学生面临得不到支持的极大危险。他们对于学校没有应有的重视，彼此之间还形成了一种反对知识学习的圈子文化。我与教师、家长和学生分别进行了讨论，形成了一个应对这个问题的策略。我在和这些学生聊的时候说，“听着，你们这些同学必须要更加努力学习。如果你们对某些东西不了解，就必须要提问。你们也必须要做作业”。他们在知识学习上都相当聪明，但他们需要在心理上成熟起来——他们都有许多教师所说的“情绪问题”。况且他们此前还获得过支持，尽管他们不具备条件。

到了这一学年结束之前，我把他们当中相当一部分人拉了回来。他们的家长和教师都同意，我们不应该让不具备条件的孩子升入下一个年级，但我们为了留住这些学生，可以调整时间安排。我们也就因此可以设计一种教学计划，帮助学习表现差的孩子升入高一年级。

当他们九月份回到学校的时候，他们仍然在六年级，他们中有些人表现得更不自信。到了这个时候，许多孩子不再努力了。但我对他们说，“如果你们在第一学期表现好，我们就会在下个学期开始的时候，让你们升入七年级”。

这个群体中的大多数人都回到了他们“被降下来”的那个年级——实际上是做了同年同学的两倍的功课。教师对于这些孩子的看法以及对于自己的看法都发生了改变。他们看到了这个系统中的弹性,如果为了对孩子的发展有利必须要加以利用的话，他们是可以这样做的。

团队学习

在许多人类事业中，关系的质量决定着结果。出于这个原因，员工发展和团队学习应该是同义词。通常，教师受到的教育是进行个体工作，因此员工发展必须帮助他们学会共同工作。而且，这应该是一个持续的过程，要有足够的时间学习新的教学方式，形成团队精神，以及去除以往的习惯。

共同愿景

员工发展的设计可以也应该包括这样的环节，参与者们在其中共同创造自己的学校将会如何演化的远景。我第一次看到共享愿景的力量，是在担任中学校长的时候。我在每一个月都会召开一次我们称为“家庭会”的为时一天的会议——只是为学生们提供一个讲话的地方，每个年级逐次展开，内容涉及任何他们想谈的事情。话题从一个自由社会中的公民精神，到有关种族成见，以及着装标准和男孩是否应该戴耳环。但总会回到他们想要从生活中获得什么、想要从学校获得什么这类问题上。[①]

我们曾经谈论过“酷”和“徒有其表”意味着什么，也探讨过坚持以及弹性是什么含义；我们谈论过在“我们不玩象棋，只玩跳棋”或者“我们不玩弦乐，只跳街舞”这类观念中，你们可能会如何陷入困境。于是，就在这一年的这类会议之中，我们学校里的孩子们尝试着什么都去试试，其中有象棋，也有小提琴，因为现在他们相信，尝试不会被人嘲笑。

教师们同样也会陷入自己的困境。就像孩子们一样，教师们也难以走出自身的困境。他们需要得到社区和学校支持的、深入细致的会谈。员工发展是自然之所在。

---

① 有效的学习行为：

在我们的员工发展工作中，我们运用这些明确的规则，作为教师和学生判断自己的领导力和学习潜力的一种方式。传递给教师们的信息是：你们的行为对于学生们如何学习会产生重大影响。传递给学生们的信息是：你们的行为也会影响教师。对于那些反应积极的学生，教师们会提供更多的帮助；因此与最好的教师做出的承诺投入相比，要求学生们做出相同或更大的承诺投入并不过分。——爱德华·乔伊纳

有效的教学行为（对于“优秀教师”）：适应、计划、建立关系、评估、管理、授课、期待、弹性。

有效的学生行为（对于“积极的学生”）：注意力、合作、任务导向、意愿、表达、积极。

系统思考

在许多学校里，年级之间、学科之间基本上没有什么沟通交流。一个孩子在一学年中获得的经验，与下一年的经验可能毫无关系。这种情况使得学校在面对各种考试的时候尤其脆弱，因为每一个年级的教师都会感到，自己必须“独立作战”，让孩子们为测验做好准备。但是，将所有不同年级间的课程规划协调、配合起来，需要应用系统思考的技能。在学生们处于什么初始水平以及以多快的速度引领他们在成长道路上前行等方面，教师们必须达成一致。各个年级的教师需要将自己看作接力赛运动员，传递接力棒。在年复一年的教学中，随着学生们的变化和州政府要求的调整，教师们需要公开讨论，哪些工作卓然有效，哪些工作不尽如人意，以及他们需要做出的改变。

如果你们具备制订员工发展计划过程中的系统思考能力，那么你们就要重点关注建立协作关系以及变革的结构。你们需要有一个机制和一个推进过程，让人们跨年级、跨学科，以及在一个学校系统中跨学校地探讨，他们想要孩子们如何成长、他们需要什么支持。为了建立一个支持孩子的网络，学校只是其中的一部分，你们也需要让学区委员会和当地政府参与进来，而不是仅仅从他们那里获得指令。

总而言之，员工发展的目标应该是，将对于一个学区的系统认识机制化，成为一个能够持续自我更新的知识组织。教育工作者不需要被迫依赖快餐式员工发展培训。我们能够以农民们利用技术推广合作的同样方式，运用员工发展培训；分享与增长我们的现有知识，一点一滴地引入新信息、新做法，在实践和交流中对其进行校验，我们也就因此可以为一代一代的学生构建我们的能力。

2. 认知研究小组

教师们可以采用的策略

费思·弗劳勒尔（Faith Florer）[①]

过去20年的大量研究，带来了对于学习、智能、动机、情感、注意力等心智过程，以及这些过程的相互作用的新认识。了解了这些过程的教师们就能够理解，学生们如何形成各个不同学术领域、他们的社会世界,以及他们自己的各种知识。这样的认识可以帮助教师们构建更有效的教学技能。

以记忆为例。当人们学习一条新信息时，这条信息存储在他们的长期记忆中。长期记忆以一种联系性方式工作，不同的记忆相互之间联系在一起，当一个记忆被激活的时候，其他所有相联系的记忆也被激活了。鹰的概念与鸟、羽毛、秃顶的概念，以及一个人心中任何与鹰相关的内容，都联系在一起。当有关鹰的记忆被激活的时候，所有与之相关的记忆也都被激活了。情感和动机则为这些联系增加了“效价”——心理上的吸引力。因此，与一个记忆相联系的概念越多，它就越容易从长期记忆中被提取出来。

认知心理学也解释了为什么授课环境如此重要。与我们产生联系的那些概念，导致这种学习材料留存率最高。联想学习的研究表明，每一个学习者，无论是成年人还是孩子，都会以其独特知识和经验为基础，在自己的记忆中形成独特的联想模式。通过与这些模式建立联系，一个人就可以更好地学习。因此，授课内容要以这样的一种方式

① 费思·弗劳勒尔是认知心理学家、学习教练，纽约的莫西学院的教师。我们感谢丹尼尔·沙克（Daniel Schack）为我们提供这篇文章的原文。

讲授给所有学生：将这个信息与他们的经验联系到一起，并产生一个更好的联想网络，以利用我们对于怎样学习的认识。

只是将教学内容与学生们的现有知识和个人经验联系起来是不够的。知识是在突触（神经元之间充满化学物质的各种空间）中创造并存在的。这些突触会受到情感和动机的影响，而情感和动机又会帮助或阻碍记忆。教师们可以学习如何激励学生，以及如何识别和创造一种合适的情感学习环境——既可以延伸学生们的认知，又不会让他们在情感上产生抵触。那些既能解释为什么一个话题与大家相关，又能以多个议题将其与学生们建立联系的教师，只需做出适当的延伸，就会让学生们记忆深刻，并且更容易从记忆中提取出相关信息。

联想学习的其他认知理论揭示了，为什么学生们应该在课堂环境中积极参与，而不是被动接收信息。这些理论显示，为什么教师应该在课堂阅读以外，鼓励学生们寻找与课程相关的更多内容。这些理论还表明，为什么学生之间的互教互学，在增加施教者与学习者对于内容的理解上，是一种十分理想的方式。

许多教师对这些观点已经有所了解——尽管他们对此感兴趣，也有热情，但要让这些认知科学的概念在头脑中生根却十分困难。这是因为几乎没有哪位作者能将这些洞察转化成为有效的教学实践。可以说，任何一本书都不能单独完成这项工作，因为教育工作者的学习也同样受那些认知原则的影响。比如，一种改变教学方式来“促进长期记忆”的方法，只对适用这种方法的那些教师才有意义，也只有在他们自己开发出这种方法的条件下才对他们有意义。只有在这种情况下，他们才能将这些认知科学建议的教学实践新方法，与他们自己的经验联系起来。

这也就是认知科学研究小组的价值——最好由教师们自己组织。

在这样的小组中，专业人员可以共同努力，以实践的方式探索有关学习、记忆、注意力和动机的基础知识，而不是去强调缺乏合理理论基础的技能，参与认知研究小组的教师们可以探讨某一个原则，建议一些方式和方法，在自己的课堂上做尝试，然后再回过头来探讨结果。

可以从以下这些书中的一本入手。每次阅读一个章节，然后会面一次。彼此讨论一下这些问题：这段内容对于你的教学方法有什么意义？采用哪些方法与这一章里的观点更合拍？通过共同设计你们的教学方法，并相互指导，你们自己同样也在参与一个认知过程。

《思考，快与慢》①

《思考，快与慢》是诺贝尔奖获得者丹尼尔·卡尼曼的杰作。它讲述了隐藏在决策背后的两种思维方式——快速、来自直觉、基于习惯，并且或多或少受情感支配的I型思维；较慢、比较有逻辑、控制型的II型思维。这本书描述了作者与阿莫斯·特韦尔斯基（Amos Tversky）的开创性工作，表明个人的思维过程不是逻辑的。比如，当被问到的时候，大多数人都会错误地认为，字母K出现在一个单词开头（比如kite）的可能性要比处在第三个字母位置（比如cake）的可能性高，因为人们更容易想起字母k开头的词。同样，与更容易发生的危险相比（比如，没戴头盔骑车的事故），人们一般会高估各种容易想到的危险的重要性（比如，被陌生人绑架）。这本书涉及了这些认知领域的最有影响的研究成果，帮助人们理解如何以一种逐步深入、引发思考的方式评估与调整两种思维模式。考虑一下在学生们回应多种选择和各种

① 《思考，快与慢》丹尼尔·卡尼曼著，2012年由中信出版社出版。——编者注

简单问题方面，在教师们理解他们对于学生们的下意识反应方面，这本书可以起到多大的帮助作用。

《人：让每个人独一无二背后的科学》[①]

与动物王国相比，人类具有的生物功能及与大脑相关的功能，使人类成为独特的人。在这本书里，当代神经科学家和教师迈克尔·加扎尼加，对于这些功能进行了讨论。他游刃有余地传递出了范围广泛的多种概念，内容包括语言、艺术、意识以及社会交往。他对于这些议题的论述感情丰富、不偏不倚，并且认识深入。这本书为教师们提供了对理解人类心智非常必要的基础概念，又能够帮助他们理解如何为学生们创造出最好的学习环境。

《突触本身》[②]

当代许多有关认知、学习和记忆的研究，都在探索大脑中的各种神经元系统是如何制约与创建我们对这个世界的知觉的，以及我们对

① （*Human: The Science Behind What Makes Us Unique*）迈克尔·加扎尼加（Michael Gazzaniga）著（2008 年由 Harper Collins 出版）。

② （*Synaptic Self*），约瑟夫·勒杜（Joseph LeDoux）著（2002 年由 Penguin 出版）。

于自己的理解。纽约大学神经科学中心的著名神经科学家约瑟夫·勒杜的这部著作，写的就是这个主题。勒杜的研究以各种情感（尤其是恐惧和焦虑），以及情感与思想、行为的关系为中心。如果读者期望了解神经元和突触（神经元之间的空间）是如何制约和创建我们的学习环境、我们的社会交往以及我们自己的，这是一本必读书。这本书还提供了他在纽约大学的个人网站的链接，其中保存了目前和过去的研究材料，以及他的摇滚乐团“杏仁”（以“杏仁核”命名，是大脑中与愤怒和情感有关的区域之一）。这个乐队演出与大脑及大脑失控有关的歌曲，其中一些音乐源于他的研究成果。

《你不是你的大脑：四步法解决方案》①

难道我们都是被自己的神经元回路控制的病人？对于那些被诊断为注意力缺陷或者患有其他精神疾病的学生来说，难道只有药物治疗这一种方法能帮助他们吗？著名神经科学家和加州大学洛杉矶分校的研究员杰弗里·施瓦茨和临床心理医生丽贝卡·格拉丁的回答是“不”。这本书解释了在不借助药物治疗的情况下，专注力如何帮助人们控制各种不良行为。这本书可以帮助读者理解推动替代思维策略（Promoting Alternative Thinking Strategies）等项目背后的原理，以及开发可能的个人项目，以帮助孩子们（和成年人）调整自己的情感与行

① （*You Are Not Your Brain: The 4-Step Solution*）杰弗里·施瓦茨（Jeffrey Schwartz）、丽贝卡·格拉丁（Rebecca Gladding）合著（Avery出版，2011年）。

为，去改善他们的学习和课堂行为。

《身体的智慧：发现人类精神》[①]

我在学习人体生理学课的时候，这本书在哪里呢？这是现存最深入、完整描述身体及其功能的著作，但这本书也有一个精神维度，因为它展示出身体发展是如何影响了我们生命的每一个方面的。设想你是一个幼儿园的孩子，由于某种健康问题影响了听力，但还没有人做出诊断。这对于你的学习会产生什么样的影响呢？你又会对你自己做出什么假设呢？或者考虑一下，如果阅读障碍是遗传性疾病，可以用基因疗法治愈吗？努兰是耶鲁大学的一位外科学教授，他以我们的发育成长过程为背景，描述了身体的各种功能。他从临床的角度清晰地呈现出我们身体的自我与我们在这个世界上的所作所为之间的联系。这是一本极具魅力的书，但如果我是在从事职前教育，这就是一本必读书。

——爱德华 · 乔伊纳

① （*The Wisdom of the Body*：*Discovering the Human Spirit*）舍温 · B. 努兰（Sherwin B. Nuland）著（Knopf出版，1997 年）。

3. 学习教学

协同、反思与探询实习教学经验

南希 · 霍夫曼（Nancy Hoffmann）

20 世纪 90 年代初期，约翰 · 古德拉德将全国上下的注意力投向了学校的一个关键困境：在优秀学校与优秀教师教育项目之间，孰先孰后？除非我们培养出优秀教师，否则我们就不大可能会有好学校；然而，如果在学习期间，接受学习的教师们不在优秀的师范学校中投入大量时间去实践，我们也不可能输送出优秀教师。教育实习不发生变革，可持续的变革不可能在学校里发生。

古德拉德创立了全国教育复兴网络（National Network of Educational Renewal，简写为NNER），从那时起，这家机构便在大学与公立学校之间的伙伴关系中成为一个宝贵而又影响深远的发源地。这个网络建立并培育了新型伙伴关系，以反思、对话和合作协同的经验，利用孩子们与未来教师们的教育机会。这其中的许多伙伴关系在 20 世纪 90 年代中期便已存在，随着公立学校教师们和大学教师们共同工作、强化他们的项目，这些伙伴关系依然在开展实验并持续改善教育。

下面的两篇文章写于 1999 年，但现在仍让人感受到这段基于一个NNER合作伙伴关系（与俄亥俄州的迈阿密大学合作）的反思性教学经验的宝贵价值。第一篇文章由南希 · 霍夫曼写作——她当时作为一名助理教师，在辛辛那提市郊区的马德拉学区与实习教师们一道工作，现在她是俄亥俄州迈阿密大学在终身学习领域的新任教师团队成员。第二篇文章的作者是伯纳德 · 巴迪亚利（Bernard Badiali），时任迈阿密大学的教育领导力项目的主席，现在担任宾夕法尼亚州大学教育领导力教授。

我想，我的教学实习经历，与正在读这本书的其他教育工作者们大致相近。我们中几乎所有人当时都沉浸在一种全力以赴的实习教育体验之中，这是教师学习中最通用的模块，也是公认的、影响教学者们的“最关键经历”。作为实习教师，我们和那些指导我们、富有经验的教师们一起工作，他们逐渐将课堂责任转交给我们这些新手教师。我还清晰地记得，我在教室最后一排座位上耐心坐了几个星期、细心观察并记下了指导教师的每一个动作，焦急地等待着自己上场。我对她既佩服，又尊敬，但时刻都没有忘记这个关系中的权力差异。我的任务非常明确：模仿这位导师，即便这意味着不假思索地复制她的做法。 深入思考具有挑战性的教育问题，或者对于她的教学方法提出问题，都超出了正常要求，况且也没有时间。①

像所有实习教师一样，我的注意力集中表现在自己熟练掌握课堂内容和落实具体方法上，并不关注教师们学习教学的过程，以及如何从他们的实践中构建其意义。教师教育项目往往提供的是“菜谱式”教学方法，学生们在担任实习教师期间必须一一照搬。这个过程不是推崇一种批判性、反思性实践，未来的教师实际上一入门接触的就是这样的现状:人们把教学视为一种非政治化、技术化和程序化的活动。从这个意义上看，学习教学是说教式的，也是等级分明的。有关教学的学习是被动的——是被人塞到手里的东西，而非参与式的、建设性

① 由托马斯 · S. 伯克维茨（Thomas S. Popkewitz）编著的《教师教育的重要研究》（*Critical Studies in Teacher Education*，The Falmer 出版，1987 年，第 298~335 页）中兰登 · 拜尔斯（Landon Beyers）和肯尼思 · 蔡克纳（Kenneth Zeichner）著《文化环境下的教师教育：超越复制》（“Teacher Educatien in Cultural Context: Beyond Reproduction”）。

的，与参与者形成联系。这样的做法将初学教师的身份塑造成为“一个知识的推行者，而不是知识的生产者”。[①]

现在，我作为一名大学实习生导师，参与了马德拉学区与迈阿密大学的合作伙伴项目，旨在改变这些做法。这个合作伙伴项目的指导原则之一，就是教学不是一种静态的、固定的，并且一个人就可以精通的过程，而是一种持续发展的、流动的过程，在我们的职业生涯中展开并演变。在他们学习教学经历之中，我们的实习生们既是知识的接收者，也是知识的生成者。我们安排了各种反思与探询的机会，并将其作为他们经历的主要部分。除了写作有关自己经历的反思文章外，所有实习生在整个学期过程中都要开展一项探询项目（行动研究），探究和质疑自己的实践。他们将他们正在学习的内容内化，对其进行反思、分析，并从中找到意义。

在迈阿密/马德拉实习教学模型中，为每位实习生安排了一名指导教师（或者指导教师团队），在实习过程中，指导教师一直与实习教师在同一课堂上工作。实习教师与指导教师持续开展深度会谈，将引导他们实践的心智模式展示出来。他们的谈话内容包括提出与某个课堂内容有关或者是与学校环境有关的问题，以及与周围更大的社区有关的问题。他们反思自己在学校和大学里的经历是如何塑造自我认知的，也反思了教师是如何通过各种媒体文化建设的方式定义教师的角色和

① 将教师们看作探询者“假定研究——或者说对于你们正在参与的过程进行批判性思考，并非是你们掌握了如何教学之后才做的事情。这是你们为了掌握如何教学要去做的事情”。

摘自N. 阿曼达 · 布兰斯科姆（N. Amanda Branscombe）、迪克西 · 戈斯瓦米（Dixie Goswami）与杰弗里 · 施瓦茨合编的《学生教学，教师学习》（*Students Teach, Teachers Learn*，Baynton/Cook–Heinemann 出版，1992 年，第 293~295 页）一书中，B. 鲍恩的《回应》（*Response*）一文。

形象的。他们对于这些形象提出挑战，并建构与自己的特定环境背后的价值与信念相符的新身份。

我们的合作伙伴工作方法的主要元素之一是团队学习，指导教师与新手教师一起开展研究（探询项目），以便更好地理解自己的实践和自己作为教师的不同角色。这个过程给未来的教师传递了这样一个信息，无论新手还是有经验的教师都在持续学习如何施教。这个过程也强调，将理论与实践联系起来的最好方法之一，是对于教学采用一个自我批评和系统探询的进程。通过这样的探询项目，不仅生成了知识，也强化了实习教师和指导教师之间的个人与专业关系。

向实习教师学习

伯纳德 · 巴迪亚利（Bernard Badiali）

探询项目中最有趣也最令人震撼的案例之一，是由詹 · 瑞德进行的一项研究，1999 年的时候，她是高中英语课的实习教师，与她一起工作的是DJ · 哈蒙德（DJ Hammond），马德拉学区的一位高中教师。詹对于高中生的性别公平问题很感兴趣，具体来说，她关注的是高中女生在课堂上的参与方式。此前，她已经将这个题目作为夏季学期项目的一部分，阅读了大量文献，其中包括《唤醒奥菲利亚》与《女学生们》等著作。年轻女孩是否比年轻男孩更不愿意在课堂上发言呢？如果真的如此，如何帮助她们做出改变呢？

DJ对这个问题也感兴趣，因为她观察到，自己班上的那些头脑聪明、善于表达的女孩，在课堂讨论中却不大愿意发言。实习生詹和拥有 25 年教龄的老手DJ就把这个题目当作她们联合教学的一部分，设计了一个工作计划，从几个不同的高中班级中收集信息。在那个学期里，她们定期对这些女生进行访谈。她们在一批杂志上征询意见，询问这些女孩关于在课堂上发言、表达自己的观点，以及她们的发言时间，与课堂上的男孩们进行比较，有什么看法。

詹与DJ在这项研究中是合作伙伴关系，而非典型的上下级关系。这个探询项目的各项成果影响深远。詹与DJ收集到的数据让她们两人大吃一惊。女孩在谈话与写作中都提到她们在讨论中感到不如别人，她们担心男孩对她们的话有什么看法。詹确认了自己在上一个学期文献阅读中的发现。她和DJ便开始设计行动策略，鼓励自己班上的女孩更积极地参与。她们与参与调研的班级讨论了这个问题。她们两人对于教学、课程规划，以及女孩社交活动的特征，都做了深入而意义深远的谈话。①

在每个学期结束的时候，马德拉学区都会安排一个活动，所有实习生都要用20~30分钟的时间，向教职员工报告他们的发现。詹汇报的对象是约25位马德拉学区的教师、几位迈阿密大学的教授，以及其他学校的来访人员。她在呈现自己的数据时，引用了访谈中的谈话内容、女孩们的文章的抽样样本，以及课堂活动的实际故事。教师们，尤其是那些教授高中女生的教师们，聚精会神地听着她的介绍。这个介绍令人震撼，有时催人泪下。在詹的汇报结束时，马德拉学区的数

① 玛丽·皮弗（Mary Pipher）著《唤醒奥菲利亚》（*Reviving Ophelia*，Grosset/Putnam出版，1994年），佩姬·奥伦思坦（Peggy Orenstein）著《女学生：年轻女性、自尊以及自信的鸿沟》（*Schoolgirls, Yong Women, Self–Esteem, and the Confidence Gap*，Anchor Books/Double Day出版，1995年）。有关男孩子的各种挑战与障碍，另请参见威廉·波拉克（William Pollack）著《真正的男孩：从少年时代的神话中拯救我们的儿子们》（*Real Boys: Rescuing Our Sons from the Myths of Boyhood*，Owl Books出版，1998年）。

学教学负责人站起来说：“就是这样了。我班上的每一个女孩从明天开始都会参与进来，从现在起，我就要找到一个办法让这成为现实。”

当时在座的学校校长后来告诉我说，她对于詹的报告引发的强烈反响感到瞠目结舌。有些教师承认，他们从一个新的角度看到了高中女生。将这类项目公布于众的美妙之处在于，这会引发教师们的讨论。实习生对于自己的发现，享受着某种“政治豁免”。经验丰富的教师们，可以把那当作一个新手在发现教师技艺的进程中进行的表面化调研，但也可以从这些实习生的发现中学到新东西。然而，从他们在这个报告过程中和报告后的提问中可以明显地看到，教师是愿意从那些为他们提供有关学校的可观测数据的实习生那里学习的。实习生们则对于能够为实习了一个学期的学校提供一些反馈，感觉还不错。①

《教育复兴：更好的教师，更好的学校》②

这是一部用于重新设计教师教学的书，也适用于那些关心教育的人士。约翰·古德拉德关注的不是提高阅读成绩，或者是讨论如何开展数学教学，而是教育的目的这个长期问题。人们将会有哪些公民特征？他们如何学习思考？他们如何赚钱谋生，如何看待这个世界，如何了解大家、了解自己，如何追求知识？他们会有什么样的道德感？

① 詹·瑞德后来在 1999 年成为马德拉学区全职语言艺术教师，授课 7 年。她曾担任题为“年轻女性为改变辛辛那提而写作”项目的主任。她现在俄亥俄州达顿市的地区STEM学校中担任语言艺术教师——这个学校的女生人数众多，男女生比例为 1 : 2。

② （*Education Renewal：Better Teachers, Better Schools*）约翰·古德拉德著(Jossey–Bass出版，1994 年)。

古德拉德认为，大多数学校（以及大学的教育系）都失去了这种目标感。他建议创造出多个“教学法中心”，将当地的学校系统与大学紧密联系起来，以重振学校教育。对于“工业时代学校模型”抱有矛盾心态的教育工作者，应该到这本书里去寻求替代方法。

——内尔达·康布–麦凯布

第 12 章
教育领导力

1. 超越“校长做得对”模式的教育领导力

查罗特 · 罗伯茨

虽然查罗特 · 罗伯茨不是这本书的共同作者，但在本书形成过程中，她是一位关键人物。她是组织学习领域的杰出咨询师，《第五项修炼 · 实践篇》与《变革之舞》的共同作者之一。1993 年，她开始帮助丹佛斯基金会定义一个新的公立学校校长领导力模型，自那时起，她一直与教育工作者和学校一起工作。

在一次为期一年的学校管理人员有关组织学习的课程的最后一期课上，一位小学校长向我求助：“我们学校的女教师们要求我做所有决定，并且告诉她们怎样做。她们不想参与我们学校的任何规划工作，也不想做出任何决策。”这是一位年轻的校长，从研究生院毕业不久，他的这个说法让我非常好奇。他刚刚花了 12 个月的时间，学习了如何让自己的团队真正参与的各种方法，难道他真的觉得所有这些都是在浪费时间吗？

几个月之后，另一位小学校长给了我一个我正在寻找的让我不禁“啊哈”的惊喜。她是来自美国中西部的一个学区团队的成员，这个团队同意把自己的经历作为“学习”学习型组织案例的六个团队之一。每个团队都包括教师、校长，以及管理人员，有些团队还安排他们的学监也参与其中。我们一起研究了哈佛大学商学院教授克里斯 · 阿吉里斯的不同理论，这些理论为心智模式修炼提供了必要的基础。阿吉里斯写道：

似乎存在这样一种普遍的人类行为倾向：一个人会按照四项基本价值设计自己的各种行动：

> a. 保持单向控制；
>
> b. 利润最大，将损失降到最低；
>
> c. 压制负面情绪；
>
> d. 尽可能保持“理性”，其含义是：要清晰地定义目标，并且从是否实现这些目标的角度，评估自己的行为。[①]

所有这些价值的目的是要避免难堪或威胁，防止产生无助感或者无能感。

在这篇文章里，阿吉里斯指出，这些价值的净效应，阻碍了一个组织中任何一种富有成效的学习或者变革。我们的谈话气氛活跃、大家都畅所欲言，大家坦诚地说出自己的种种过失，空气中洋溢着一种

① 克里斯 · 阿吉里斯的这段话摘引自《教聪明人如何学习》[*Teaching Smart People How To Learn*，Harvard Business Review（1991 年 5–6 月刊）]。

解脱和自由的气氛。突然，一位名叫贝姬·弗朗（Becky Furlong）的校长大叫了一声，中止了我们的讨论，“等一等，所有这些都是倒退。这四项价值，恰恰就是一个好学监、好校长的衡量标准！”接着，她就带领着这个小组，详细描述了盛行的公立教育的领导力模型。我开始认为，这就是“校长做得对”模型：

a. 优秀领导人始终控制着一切。永远不会让他们看到你心虚、出汗的样子。明确立场并保持这种状态。没有人会为孩子们（或者各种政策、教师以及课程规划）承担责任，只有你会这样做。

b. 优秀领导人在所有对抗中都是“赢家”，无论对方是谁——孩子、家长、教师，管理人员、校董会成员，以及政治人物。总做赢家不大可能，因此能够重新塑造条件将其作为学习、规划和谈判的过程。无论如何，在追求“赢”的过程中，要理性地让对方屈服。另一个成为赢家的策略，是将问题定义为一个需要私下解决的局部情况。通过区分复杂局面，并着手采取具体的、局部的“修理措施”，领导人就可以宣布“获得了成功”。

c. 校长表达出来的负面情绪，显示其失去控制，或许也是无能。如果这个学校存在着负面情绪的基调，这就是校长还没有激发、激励教师团队的一个标志。校长或者学监公开表达愤怒、焦虑以及担心，都是在毒化学校的空气，最终还会影响到孩子们。“如果负面情绪在我的学校里立足，”一位校长说，“就会像在一个老房子里驱除蟑螂那样困难。”

d. 保持理性是受教育的标志之一——就这么简单。一个教育工作者的工作，说到底是开发年轻人的心智。表现得不理性，就是无能的表现。即便是处理类似意外暴力行为这样的情绪化问题，领导人也要把控局面，并迅速找到应对的理性解决方案。

贝姬的描述让我想起了几年前参加过的一个教育管理者博士项目

(我放弃这个项目，是因为我意识到自己还不具备应有的素质，去接受公立学校领导人承受的那种待遇)。在这个项目中，我们被灌输的也是一种潜在的领导力模型：宣扬自己的主张，澄清面临的问题，明确自己的立场，千万不要退缩，要坚强，要理性，要有说服力，要正确。这种“校长做得对”模型本身，就是强加在我们许多公立学校教育工作者身上的一个沉重负担。它直接导致了各种各样的行为，让探询、深度反思以及让人们形成共同目标变得更加困难。

“我的女士们要我做出所有的决定。”现在，我意识到了这位校长一年前说的话背后的原因。他的意思是，“她们避免介入其中，而我要去应对这个学校里的所有冲突”。他的职责——就像他真心信奉的那样，是为自己的员工屏蔽掉所有问题，以便让他们专心教学。但实际上，他所有的领导力方法都围绕着一个目的：在其他人可能着手接触之前，把所有问题直接留给自己（对他来说是一种单向控制形式）。简而言之，“校长做得对”领导力模式，是他采取的行为背后的主要动因。①

由于领导力的风格本身不可讨论，甚至是下意识的，他就无法意识到这种领导力模式在自己学校里施加的影响。他只能看到，他的“女士们”不仅容忍了他的控制，还在要求他的控制。他也不允许自己看到，他的领导力风格带来的任何负面影响，比如，他由于出错而感受到的焦虑，或者由此在教师群体中产生的消极被动和怀疑态度。想象一下他掉入的陷阱。他可以去参加上百个有关组织学习的研讨会，但如果其中内容与“校长做得对”的风格产生冲突的话，他就要被迫将其抛到一边——也许颇感遗憾，但也有一种不得已为之的感受。说到底，难道还有其他的教育领导力模式吗？

---

① 有关单向控制的更多内容，以及帮助人们克服自己适得其反地“主导”谈话倾向的一个练习，参见《变革之舞》，第252~254页。

教育领导力新模型

在丹佛斯基金会的支持下，我与一批学监一同工作，用 5 年时间探索出一种新的公立学校领导力模型。我们着重关注人们在领导时无须控制的四种关键能力。

a. 参与。哈佛大学肯尼迪政府学院教授（也是我们这个项目的导师之一）罗恩 · 海费茨（Ron Heifetz）将领导力定义为调动人们处理各种棘手问题的能力。在我看，这就意味着参与，其中包括两个元素。首先认识一个没有明确定义、没有简单的原因，也没有明显答案的问题或当下局面的能力（罗恩 · 海费茨称其为“适应性问题”，已故系统理论学家罗素 · 阿科夫则称其为“麻烦”）。在面对这样的复杂局面时，就需要召集系统中适当的参与者，推动他们的深度会谈。这就是参与的第二个层面。

海费茨在他的著作《领导力没有简单答案》中，提供了 12 个用于反思的问题，而这些问题本身呈现的就是一个参与过程。其中前面 5 个问题的目的，是退后一步，平心静气地分析、判断这个危机或问题的特征，以及人们对其所持的各种态度：

- 造成这种苦恼（从“麻烦”或者“适应性问题”出发）的原因是什么？
- 这种苦恼表现了哪些内部冲突？
- 这些内部冲突的历史是什么？
- 我和其他人的哪些视角与利益，代表了社区里相互冲突的各个部分？
- 我们在这个组织或者团体中，以什么样的方式反映了这个社区中问题的动态关系？

其后的三个问题，呈现的是这个社区（在案例中，是学校系统）对于矛盾、苦恼以及学习的容忍程度。

• 这个社群对于不平衡的典型反应是什么——对于未来方向的困惑，对于外部存在的威胁，对于角色关系的混乱，对于内部冲突以及打破现有规则的反应？

• 这种困境在过去什么时候似乎达到了极限——社会系统开始产生自我破坏行为，比如内战或者政治暗杀？

• 传统上，高层权力机构采取过哪些行动，可以恢复组织平衡？鉴于我目前的权力，有哪些应对困境的机制目前在我的掌控之内？

最后四个问题有助于发现采取干预措施的着力点：

• 这个社区特有的工作模式与避免工作模式是什么？

• 对于目前适应性挑战的困难和性质以及其包含的各种工作问题，现有的避免工作模式预示了什么？

• 高层权力人士提供了哪些初步想法？

• 这些问题中哪些已经成熟？应对这些成熟问题的可选方案有哪些？使一个还未在人们心中固化的问题成熟起来的可选方案有哪些？

参与并非看起来那么容易。局面的复杂性通常伴随着利益相关者的大量情感。创造一个会谈、推动倾听和表达的安全空间，不是研究生院教授的技能。在缺乏澄清但充满高调情感的环境之中，人们趋于回归到阿吉里斯所说的四项价值中的第一条：获得单向控制和创造暂时的和平。[①]

b. **系统思考**。认识复杂系统的隐藏动力的能力，以及发现杠杆作用点的能力，与参与能力并存。系统思考的前辈大师路德维希·冯·贝塔朗菲（Ludwig von Bertalanffy）曾提出过一个关键问题，“这个局面的边界是什么？”要求人们在面对一个复杂问题采取行动之前开展反思。

这不是一个小问题。如果你们觉得这是个小问题，就向一个团队提出它，看看要花多长时间，人们才能达成共识。这个问题的答案，识别出（或开始识别）需要参与思考和行动的那些人员。贝塔朗菲建议，当团队将自己的思考，从他们确定的边界扩大一层的时候，往往就会产生各种宝贵的洞察。比如，如果一个团队认为，某个情况只是与自己的中学有关系，他们可以从学区这个更大系统的角度，去探究这个问题。也就是说，他们可以考虑学区中的其他学校或其他地方，在多大程度上也是这个问题的一部分。[②]

当问题的边界暂时设定之后，要提出的第二个问题（来自梅

---

① 对于那些试图与其他人一起应对“适应性问题”的人，罗恩·海费茨、马蒂·林斯基（Marty Linsky）和亚历山大·格拉肖（Alexander Glashow）所著的《适应性领导力实践：改变你的组织和时间的工具与策略》（*The Practice of Adaptive Leadership: Tools and Tactics for Changing Your Organization and the World*，Harvard Business Press 出版，2009 年），是一项不可多得的资源。

② 由哈佛大学肯尼迪政府学院开发的一个案例，是学校管理人员需要应用这种判断力的一个令人信服的故事。它讲述了在一所小学发生的一次社区危机的干预过程，参见苏珊·罗斯格兰特（Susan Rosegrant）所著《决定由谁来做：在麦迪逊学区的一所学校里，有关一次同性恋照片展的讨论》（*Deciding Who Decides: The Debate Over a Gay Photo Exhibit in a Madison School,* Harvard Kennedy School of Government, Case Study#1440.0, 1998 年）。

格·惠特利的研究）就是："谁与这个系统有关？"去了解他们的想法。与这个社会系统互动。

比如，邀请一个团队，请大家思考影响这个问题的各种因素，以及这些因素的互动关系。一个有代表性的情景是：州立法机构做出决定，评估每个学校的绩效，这产生了焦虑，焦虑又引发了管理人员的过度监管，过度监管又导致教师们的恐惧，最终促使他们去做两件事。他们可以"为测验而教学"，放弃可教育的时刻与鼓舞人心的接触。他们也可以让那些在测验中预期会得低分的孩子在考试那几天请假在家。于是，学校成绩提升了，立法机构将此归功于自己，而所有学校则继续为考试而博弈。学校的成绩似乎不错，但孩子们却丧失了学业。

一位新学监在这个学区上任后，发现了真实情况。她应该披露被掩盖的事实，将人为的高分成绩暴露于阳光下吗？这个系统的愿景是什么？这个问题是谁造成的？这个系统的边界在哪里？谁属于这种情况，而他们知道自己属于这种情况吗？

c. 引领学习。应对公立教育中的各种复杂问题，激发人们参与的能力与研究系统的能力还不够。引领学习意味着要形成一种"以学习者导向"，而非"以权威为中心"的模式，应对课堂内外的所有问题。

我们大多数人获得的教育是，自己通过现有的教育系统获得了进步，我们也以这种方式体验了"以权威为中心"解决问题的方式。教学以自上而下的权威形式，让孩子们接触各种理论、技术，以及规则，并且要求孩子们通过考试证明自己准确地接收了这些信息。教师们用"打分"的方式评价孩子接收信息的质量。如果某个孩子在一段时间内分数不高，就要去上"补习"课。简而言之，教学是为这个系统中的成年人组织安排的——"校长做得对"的领导力也是以同样的方式，为管理人员的自我形象而组织安排的。

以权威为中心的解决问题方式，在隐匿中产生作用，有时难以察觉。即便在学校墙上的一块牌匾上有这样一句话，“我们以学生为中心”，还是令人生疑。去看看学校的各种规定吧。你会发现，这些规定的目的以学习为代价来强化权威，让成年的教师们感到自己生活得安全又舒适。

那么，“以学习者为中心”的领导力，作为教育领域领导者的一种核心能力，看起来是什么样子呢？你们把学习以及接纳作为学习一部分的不确定性，看作这个系统的文化，或者遗传密码的一部分。教师们仍然在教学，但与他们自学的方式有着千差万别。当孩子不理解一个概念的时候，教师会问自己：“对于目前这种情况，我应该承担什么责任呢？怎样才能让这个学生获得成功？我能说些什么或者做些什么，帮助孩子理解和应用这些概念？这个学生感受到自己的学习了吗？还有谁应该加入这个谈话，这些人知道他们应该加入吗？”

在这样一种文化中，系统中的所有人都被看作学习者，也都担任学习者的角色。貌似“饱学”已经不再重要——拥有几个研究生学位和官方权威作为领导力的主要证明。恰恰相反，领导者们预料到自己和其他人都是不确定的，是处于探询之中的，是要为各种意外做好心理准备的，并且恐怕还要乐于勇敢面对各种未知的事物。领导学习给了校长们和学监们这样去说的自由：“我不知道我们在往哪里去……但我还是愿意和你们一起去仔细探究这种混乱的局面，找到一条前进的路。”

d. 自我认知。这项能力让我回想起，我们在丹佛斯研究小组的谈话中产生的最痛苦也最有价值的几个结论。公立教育中的领导者们来来去去（自愿地或者不情愿地），其速度令人吃惊，我们小组中的学监们也是如此。我们所有人难道忽视了什么吗？有哪些早期预警信号正在显示，学监们都不再符合教育组织的要求了，就要失业了呢?

我们的结论是，领导者们必须要有自我认知。他们必须了解自己对于其他人和这个系统的影响，以及这些影响如何随时间的推移产生变化。或许，领导力模型自他们上任之时起，就已经改变了。聘用了学监的校董会，在2~4年之后，很少还会有完全相同的成员。新任成员们会要求另一种新的领导力模式。而这时学监也要离开了。

自我认知是一种实力定位。发展这种能力，至少要包括两个要素：走出办公室花时间进行自我反思，以及在一段时间内在办公室找到一位个人教练。走出办公室的安排也许是一个提升个人能力的项目，也可以是一位理解公众领导力压力的心理治疗师。个人教练是这样一个人：真正喜欢你，并关爱你的全部。当你在“我还能继续为这个系统提供价值吗？”这个决策中摸索的时候，这位教练要对你的这段旅途做出承诺。

被炒鱿鱼或者被迫提前退休，还是被当地媒体大肆报道之后，这种痛苦十分恐怖。当然，在任何一个领导岗位上，总会有痛苦（和快乐）。了解自己的优势、自己的个人愿景和价值观，以及你自己的“底线”在哪里，就会构筑起你的个人认知的基础，它会帮你打造你的职业生涯，并让你按照自己的方式离开，对于自己对组织的贡献深感满足。

2. 同事伙伴

丹佛斯基金会的学监论坛

在1993年到2003年的10年间，丹佛斯基金会（一家设立在圣路易斯的非营利基金会）会定期召集大约60位学监，探讨他们开展的有关组织学习的工作。“丹佛斯论坛”（我们对其的称呼）正式名称是“美国学监论坛”，它与通常的专业会议全然不同。丹佛斯基金会为学监们提供部分差旅费用，也资助过一些小规模学习活动，但其收获远远超过了资金。参加论坛的学监背景各异——来自城市、郊区和乡村学区，但他们所有人所在的学校至少有一半学生失败的可能性很大。他们所有人也都有着一个共同承诺：让所有孩子都学习。在早期形成这个论坛的议题的时候，与会的学监们就在规划自己的学校复兴策略的过程中，求助于组织学习的各种概念，他们都感到，他们不可能单独来做。他们相互之间需要帮助和支持。

即便是现在，在论坛结束多年之后，那些参与过论坛的人们还会说起，那是一种难忘的经历——对于所有人，都是一个礼物。由此产生的网络今天仍然存在，对于我们这些参与者来说，它依然重要。在我们编辑这本书的第一版时，我把这个团队中的几位成员请到一起，对这个论坛的设计和价值做了一次讨论。我们认为，对于那些正在从全国各地或者在自己学校里寻找同事支持的各地教育工作者同行团体，这里的一些概念影响深远。①

——内尔达 · 康布-麦凯布

让参与者确定议题

林恩 · 贝克威思（Lynn Beckwith）②，密苏里州大学城：这些论坛一直都聚焦于我们作为学监关注的那些问题。我们集中讨论的话题——领导力、公众参与、校长职责、儿童早期教育，以及种族与阶

① 9 位曾经参加过丹佛斯论坛网络的人士一起成立了一个新的网络论坛，叫作全国学监圆桌论，形成了一个影响深远的学监学校团体，主要关注如何设计 21 世纪的学校。参见 www.superintendentsforum.org。

② 林恩 · 贝克威思现任密苏里大学城市教育专业教授。

层，都来自我们提出的问题。

彼得 · 内格罗尼（Peter Negroni）[①]，马萨诸塞州春田市：由于这些论坛的对象是学监，并且是由学监们自主开发的，我们就能保证其内容与我们相关，并在问题一出现时就采取应对措施：培养校长、回应年幼孩子们的需求、培养学区中所有孩子的学业表现，以及吸引公众参与。在这个论坛的发展过程中，对于一些重大学校问题，在它们引起全国注意之前，我们就做出了预判。我们一直有能力在各个分小组中积极应对这些问题，并且随后在更大团队中分享我们的经验。这意味着对于任何一个议题，我们都有 60 个人在努力推进各种策略行动，为各个学校带来更好的领导能力。通过我们自己设计议题，我们把自己和其他人都看作学习者——能够在自己所属学区中持续开展组织学习的学习者。

在参与者之间培育关系

葆拉 · 巴特菲尔德（Paula Butterfield）[②]，蒙大拿州博兹曼市：丹佛斯论坛的成员们，都是致力于在公立教育领域推进持久变革的人。我们建立了深厚的友谊，不仅是在我们这些推进各自行动的人们之间，也是在整个学监的群体之中，还包括与我们一起工作的咨询师和学者们。我还从未见过有任何一个类似的组织或者群体，在这么长的一段时间里，做出持续的努力。在这个过程中，这个关系网络变得比论坛本身要大得多了。

你还记得埃伦 · 伯斯泰因（Ellen Burstyn）和艾伦 · 阿尔达（Alan Alda）出演的电影《明年此时》吗？对于这个团体，我就是那种感觉。

---

① 彼得 · 内格罗尼现在是大学委员会中负责关系发展问题的高级副会长。

② 葆拉 · 巴特菲尔德现已退休。

在这个论坛结束的时候，我自己感到十分恐惧，因为我刚刚认识到，我们创造出的这些关系是多么强大。在学监们参加的其他一些会议上，会议目标似乎是让大家吹嘘所有一切是多么顺利。推进自我吹嘘的会议，不是丹佛斯网络的目标。

彼得 · 内格罗尼：由于有了丹佛斯的经历，我不再感到孤单了。我觉得背后有人支持，觉得自己获得了动力。我感到我们在做正确的事情，因为我们持有相同的观念，在一所学校里，孩子们才是至关重要的。我的动力来自这个网络论坛。建立这种网络关系，对于我来说，意味着汲取他人的能力，去构建自己应对各种问题的动力。这就是在丹佛斯所发生的，这也就是为什么我们在维系我们的关系上如此成功。

林恩 · 贝克威思：我来到这个论坛，是因为我知道自己能从这里获得帮助。在这里我能够学习。在这里我可以分享自己的内在情感，因为我们是兄弟姐妹。极少有人能走过这样一段经历。虽然我们来自彼此差异巨大的学区——有些规模相当大，有些则规模较小，但我知道我们会彼此理解。当我遇到一个难以解决的问题时，这里会有一些人帮助我。比如，在刚担任学监的时候，我在应对一个事事都要插手的学校董事会的问题上遇上了困难，那时我就需要有人帮助我找到一个抵制这种做法的途径，我在这里找到了我需要的帮助。

把洞察和资源带回家

葆拉 · 巴特菲尔德：我一直努力在自己的学区中建立我在丹佛斯发现的那种关系：人们在其中可以公开探讨问题，而不仅仅是进步。我们请来了一些我们通过丹佛斯结识的外部人士，请他们回到我们的学区和我们一道工作：研讨、提出各种问题，发现有益的成果。这对于那些在我们的学区中工作的人影响非常大，也让学校董事会认识到了这个项目的重要性。我想，这也使这个论坛与我们这些学监们的一些其他经历相比大不相同。我们总会去其他地方参加某个会议。但是，与这个群体一道工作的时候，我们有时候就待在家里，大家会到我们这里来。

维恩 · 坎宁安（Vern Cunningham），丹佛斯论坛推进师：有一天，我在华盛顿机场与一位参与丹佛斯论坛的学监不期而遇。他和他的学区中的一位校长在一起。在我们聊天的时候，我提到我相当钦佩这位学监的授课天赋，我是在最近的论坛探讨中见识到的。与他同行的校长对他说："你要是回到学校也这样做就好了。"这让我大吃一惊。我意识到，学监们在全国性活动中的行为表现，与他们在自己学区中的行为表现可能会有很大的差异。这次偶遇之后，这位学监一直积极地与自己的团队一起开展这类活动。

鼓励可能会影响"学校中"的各种变革的大胆尝试

林恩 · 贝克威思：丹佛斯基金会项目产生的影响，会在你的学校系统的整个社区中产生连锁反应。在社区应对教育与孩子的各种问题上，往往会产生系统变化的效果。在我们的"所有孩子的成功"的行动中，早期护理与教育都提高到了一个新水平，不仅在大学城学区，而且在整个社区都如此。我们着重提高所有孩子的就学预备状态，无论他们是在我们学区里、在自己家里，还是在托儿所里。

社区中的一些成员曾一度认为，关注不属于这个学区的孩子，不是学监办公室的职责。衡量我们成功与否的标志，只看我们如何应对12 年制教育中的各种议题和问题。现在这个社区认识到，如果我们早一些着手应对年幼孩子的发展问题和需求，或许就能避免一些以后不得不进行的补救性工作了。其结果是，在早期儿童护理与教育上，目前已经形成了联系所有关键社区成员的基础架构，持续开展这项工作。这项系统变革始于丹佛斯论坛。这个社区曾一度四分五裂，现在已经成为一体了。

葆拉 · 巴特菲尔德： 在博兹曼，“所有孩子的成功”行动对于存在于社区成员间的各种关系，产生了极大的影响。在丹佛斯为我们组织的第一次会议上，我可以将以往从未交谈过或者从未与学区有过密切合作的那些人召集到一起。在此之前，他们中的一些人之间存在着传统的隔阂，其中并无什么充分理由，只是习惯而已。这次会议开始打破这种隔阂。

这个社区的不同力量，让人们开始互相交流，并最终开始共同出资推进项目。大家建立了一个资金申请流程，以保证所有资助拨款都不会在博兹曼收到任何竞争性申请。大家在丹佛斯架构之下组成一个团队共同申请。这是神奇的一步，但来之不易——也不是很快。我们开玩笑说，大家都需要学一学“协同”这个词如何拼写。

实际上，本地丹佛斯指导委员会成员的资格变得一席难求。即便是那些并非直接与早期教育领域相关的人，也希望成为这个团队的成员，因为他们知道，如果有一个人申请了项目资助，整个团队都会支持这个项目。但是，并非只有丹佛斯委员会才拥有社区各个部分的代表。每个人都在不同的委员会里交叉任职。比如，我接受邀请加入了县健康委员会，这个委员会与凯洛格基金会（Kellogg Foundation）共同申请了一个项目资助，并成为一项全国健康行动的一部分。县健康委员会里的那位新任官员，在这个委员会里没有其他管理人员。一个具备管理经验并且了解县健康部门的工作对于孩子们的影响的人，对她有帮助。

或许可以说，我们在彼此的委员会“相互授粉”，既是由于支持，也是源于思考。在蒙大拿这样独立自主意识特别强的一个地方，相互依赖和开发的意识正在逐渐成形。

互相做表率

林恩 · 贝克威思：当来自不同学区的学监在国家层面上聚焦到一起的时候，仅仅从他们的谈话中，你就可以判断，哪些学区的学监已经全身心地投入到变革项目之中了。有些学监对于这类项目明确表示赞许，但自己从未参与。

那些获得了成功的学监们意识到，当你成为自己所在学区的领导团队成员的时候，就必须把自己学监的帽子摘下来。你的说法和想法，并不比所有其他人的说法和想法更加高明，但这并不容易。有时候，当我觉得自己“有答案”的时候，就必须要克制自己，不要“给答案、下命令”，而是让委员会发挥领导作用。

在一次委员会会议上，一位负责社区早期教育的成员告诉大家，“我不是到这里来做贝克威思博士的公共总监或者是让他面子上好看的。他只是这个委员会的一名成员。”我对此心领神会。他的话完全正确。

当然，放下领导人的角色定位，并不是给自己找借口，放弃全身心参与项目的责任。我一直认为，从这个论坛中发展出来的那些工作，不是那种可以授权给其他人的事项。我的责任是出席和完全投入这些会议之中，尽管有时候我的日程很紧张，安排参加这些会议相当困难。在评估这个项目的时候，有些团队成员特别指出，学监出席与参与这些会议，将这个行动提升到了一个新的高度。

内尔达 · 康布–麦凯布：我注意到，许多学监在角色定位上都发生了变化。比如，许多学监改变了自己的领导风格。在罗德岛的普罗维登斯学区，黛安娜 · 拉姆（Diana Lam）参加了一次由校长们参加的研习会，一位与会的校长议论说，他以前从来没见过哪位学监以这种方式参加会议。他说："通常，学监都是走进会场，介绍一下外部专家，等这个人开始讲话的时候，他就离开了。但黛安娜却一直在做记录、提问题，鼓励她的校长们参与其中，努力思考提出的各种想法。"这为我们在这个领导力项目中采用的罗恩 · 海费茨的适应性领导力概念提供了一个典范。海费茨认为，领导力的有效性不仅取决于你如何创建人们共同学习的环境，还要取决于你如何与他们共同学习。

给变革一点儿时间

葆拉 · 巴特菲尔德：丹佛斯论坛的工作有一个关键特征，就是它并不要求马上产生结果——在当下这个即时满足的年代，这是一种激进的做法。这个基金会富于明智的耐心，在变革发生方式上创造出了一个全然不同的视角。我们每个人一直以来通常都在应对其他人那种"我们现在就要"的态度——如果不是在应对我们自己的这种态度的话。由于这个论坛的工作，我改变了这种立场。

林恩 · 贝克威思：对于我们之中的一些人来说，似乎我们一度没有取得什么进展。但是我认为，丹佛斯基金会不要求马上产生结果，显示出它的智慧。这个项目最终开始产生结果，并且达成各项目标。

创造一个可以安全探讨危险的空间

林恩 · 贝克威思：当我在与我的教育董事会开展工作的时候，这个论坛上与种族和等级问题相关的几个会议对我帮助很大。与许多其他社区类似，种族和等级在大学城都是敏感问题。有时候，人们会有这样的感觉：太多问题都是由种族和等级造成的。但是，我记得在一次论坛会议上，一位白人妇女做了一个有关白人特权的介绍。我把她的介绍材料拿回去，跟学校董事会成员进行分享。一位董事会成员要求和我进行一次单独讨论，并且说："林恩，我从来没有这么想过。竟然有白人特权这回事。"

这是一个相当大的突破。对于我关注的问题，不再是那种不屑一顾的回应了："你又来了，贝克威思，你总是在说种族和等级。"

我也在论坛的会议上发现了不同之处。起初，我们对于种族议题三缄其口。老实说，当我听到一些非洲裔美国人充满激情地高声谈论种族问题的时候，我觉得这会让某些白人学监特别反感。于是，我们找到了那些非洲裔美国人学监，让他们在讨论方式上不要再那么激烈。我们跟他们讲，如果我们想要在这些议题展开一场讨论的话——我们的确想要这么做，那他们就不能只是"提出起诉"。他们必须要倾听。

在一次会议上，一位家庭出身贫困的白人学监说，必须要克服的是由等级而非种族，带来的各种问题。这深深打动了我。这位学监的表述为我打开了一个全新的世界。我终于认识到，不管你是什么肤色，如果你在美国是个穷人，你就会遇到问题。

葆拉·巴特菲尔德：那次会议也让我深受震动，因为我在此之前对于这些学监同事的背景是有一些假设成分的。面对有钱人会感受到威胁，因为我是在贫困环境中长大的。在那次会议上，我意识到，我们中的大多数都有类似的背景，不是出身贫苦，就是不够富裕。分享这样一种共同的纽带，强化了我与其他学监们形成的强大关系。

如果我们早些时候就试图处理这些问题的话，如果是在我们彼此如此相知之前，这种讨论就会无法进行下去。但是，我们已经在一起工作相当长一段时间了。我们之间已经形成了相当强大的纽带。一开始的时候，有些窘迫，但我们都了解，我们想要这样做。而且我们明白，如果连我们都不能这样做，在美国还有谁会这样做呢？

往往当有人问我，“你们这群人在做什么”的时候，我会回答，“你知道，在我心里，这是一个心灵团体”。

《学监实践手册：知行领导人指南》[①]

这本书的组织模式与本书类似，内容选自丹佛斯基金会支持的谈话与实验，由工具、修炼方法、一线研究和故事组成的文献汇编而成，对于基层领导人极富价值。它似乎是书面上的同行社群——或许是成为这样的社群的第一步。正如一位学监所说：“我们对于如何取得成功的大部分认识，都来之不易。”

——阿特·克莱纳

《领导力，没有简单答案》[②]

对于罗恩·海费茨来说，各种“适应性挑战”是要求在态度、行为以及价值观方面做出改变的难题。这包括了复杂的社会与政治挑战，比如骚乱和经济危机，造成这些难题的原因不明朗，解决方法也不是显而易见。这其中也包括了学校领导人面临的许多问题。海费茨明确

① （*The Superintendents Fieldbook: A Guide for Leaders of Learning*）内尔达·康布-麦凯、布鲁文·坎宁安、詹姆斯·哈维、罗伯特·卡夫合著（Corwin Press 出版，2005 年）。

② （*Leadership Without Easy Answer*）罗恩·海费茨著（Harvard University Press 出版，1998 年）。

认为，领导人应对“适应性挑战”的方法，不是通过提供权威性答案，而是通过提出那些可以刺激整个社区重新思考自己所有假设的问题。他通过提供各种指导原则、解读那些要求人们做出困难选择的领导人故事（从甘地到罗纳德·里根，再到一个要告知患者家属患者已身患癌症的医生）。这些问题会帮助你们确认适应性挑战、创建讨论问题的环境、紧密关注这些议题（并推断人们为什么会逃避这些问题），并将处理这些问题的工作交还给这些人。[①]

——内尔达·康布-麦凯布

3. 从“独行侠”到学习带头人：一位学监的旅程

“学习型”的学区领导者如何思考自己的个人与职业发展

彼得·内格罗尼

1989年，曾在纽约市公立学校系统中做过校长，也当过学监的彼得·内格罗尼，在距离波士顿大约20千米的马萨诸塞州的春田市（Springfield）接受了一个规模不大、财政上困难重重的学区的学监职务。内格罗尼坚信“所有孩子都能够学习”的理念，他到这里来是为了让这个学区变得与众不同。但是，事情并非如此简单。他不仅要学会建立人际关系、学会处事谦逊，更要学会建立起一种更个人化、更

① 有关产生影响，但又不会被“靠边站”的更多内容，请见罗纳德·A. 海费茨和马蒂·林斯基（Marty Linsky）著《领导力的挑战：在领导的危险中生存》（*Leadership on the line: Staying Alive Through the Dangers of Leading*，Harvard Business Press 出版，2002 年）。

尊重他人的学习导向。本文描述的四个阶段代表了一个发展旅程：那些想要“推进改革”的校长们如果想要让各种改革措施在自己任期结束后还能持续实行下去，就没有谁能绕过这四个阶段。内格罗尼博士在春田市的工作结束后，去了美国大学委员会（College Board），目前担任负责关系发展的高级副总裁。

2001 年，当我从马萨诸塞州春田市的公立学校系统学监岗位上退休的时候，一家全国性的主要报纸把招募我的继任者的广告放错了位置。他们没有按字母把广告放到education（教育）所属的“E”类里面，而是放到了superintendent（学监，但物业管理员也是这个词）所属的“S”类里。结果建筑和物业管理人员的申请滚滚而来，热心申请者们纷纷夸耀自己在管理加热炉、清理建筑以及公寓房收租方面的专业经验。

这件事很好笑，但并不那么有趣。这个错误反映了学校管理中一种令人不安的趋势。过去几十年里，学监和校长们越来越关注教育这个机器和它的结构，越来越关注提高学生测试成绩。与繁杂而往往又被人忽视的教学与学习工作相比，这类议题更容易让公众理解、把握。

在今天的环境下，成功领导团队的活力来自让所有孩子都获得高标准教育的意愿。这样的领导力首先依赖于学区学监自己为大家树立的榜样，这意味着要对学监这个岗位本身做出根本性的改变。如果管理意味着我们要忽视教学和学习，意味着我们把教学这件事交给别人去做，那么我们就无法管理其中的各种系统。如果我们不对教学的核心部分进行探询质疑、仔细考察，基本上让它处于神秘状态的话，我们就无法引领学习。如果我们真正想让所有的孩子都获得高标准的教育，学监就必须重新成为在课堂教学的教师。①

学监的旅程

大多数学监都是从各个教学与管理岗位一步步升迁到这个位置的。他们对于自己要面对的领导角色毫无准备。他们担任教师的经历，到此时通常已成为遥远的记忆，他们的领导能力培训通常是在日常工作的忙碌之间进行的。一个富有成效的学监必须要重新认识，做一个教育工作者意味着什么。

我是从自己的经历中领悟到这一点的。当我成为春田市的一名学监的时候，这个系统急需教育方面的领导力。这里的员工思想保守、与外界隔绝，学区没有全面的教学计划，学校里的年级设置随意杂乱。有些小学是四年级制（K–4），而其他的小学则是六年制（K–6）的。有的学生最多要上四所不同的学校，才能开始高中的学习。

最关键的一点是，这时的春田地区已经从一个主要由白人和黑人组成的社区，快速转变为越来越像一个西班牙裔社群的城市了。许多社会领导者，包括那些学校领导人，都还没有意识到这种变化。地区的高中辍学率是51%，并且没有任何改善的迹象。当我来到这个学区的时候，首要目标是改变这个一潭死水、一成不变的系统。

现在回想起来，我意识到，当时我踏上了一段有时确实会置身于死地的旅程。如果一个人像我那样，头脑里装着那些传统的领导力观念接受这个职位的话，能够维持三年就算是幸运的了。我在这里连续

---

① 这篇文章改编自内尔达·康布–麦凯布、鲁文·坎宁安、詹姆斯·哈维和罗伯特·卡夫编写的《学监实践手册：知行领导人指南》（*The Superintendents Fieldbook: A Guide for Leaders of Learning*, Cowing Press 出版，2005 年）的较早版本中的一篇文章。那篇文章是由本书英文第一版中的一篇文章改写的，文章写作的时候彼得·内格罗尼仍在春田市担任学监。

做了 11 年。我没有中途退出，要归功于一种特殊的好运。当我力图“让变革发生”的时候，也幸运地遭遇了这个社区的挑战，其方式迫使我获得了痛苦但又重要的一些发现。如果我的经历具有典型意义的话，那就是所有获得成功的学监都要经历一个由四个阶段组成的旅程。在这个过程中，他们从“独行侠”转变成为“学习带头人”。

第一阶段：独行侠

许多在一个学区新上任的学监，总想要事事都一展身手。他们往往会带来很多其他系统的经验，但对于新环境却并不熟悉，于是他们通常是孤身一人。即便他们带来了一些彼此相互信任的同事，这些人同样是这个学区里的新手。新学监做事往往会像个独行侠。我知道，那时我就是这个样子。

我以为自己知道，这个系统的问题出在哪里，也假设自己知道如何解决。我做事总是绕过工会和学区委员会，而不是尝试去和它们建立关系。大多数情况下，我都觉得自己遥遥领先于它们。我自己就有能力改变那些局面。而且，我还能按自己的喜好去改变那些局面。

相信我说的话：你还是可以靠独来独往享受一些激动人心的成功的。在最初阶段，我努力开发完成了一套定义清晰的学区标准和测评。我把所有学校都调整成统一的五年制小学（K–5），三年制中学（K–8）和四年制高中（K–12）的结构。除此之外，我承诺要建设一批急需的新学校，并在这个过程中打破了曾经阻碍所有新校建设的政治僵局。我还把春田当作一个具有种族主义倾向的城市，我认为如果我们想要创造出所有孩子都能够学习的各种条件，我们首先要做很多功课。

但是那三年相当残酷。我觉得自己时时刻刻都在遭遇人们的挑战。在各种公众会议上，我狠狠地训斥那些不同意我的想法的学区委员会成员。我会大喊大叫说："好吧。如果你们不同意我的想法，我可以到别的地方去。"我知道自己可能有点儿不计后果，但我就是不知道如何让自己慢下来。

我现在意识到，在这个阶段应该学习三件事。这三件事应该成为任何一位学监的发展路线图的一部分。第一，我必须更有效地描述目标，不仅是我想要实现什么，而且还包括这些目标背后的激励因素。第二，我需要学会如何在真正的会谈中与大家建立联系。我自己那套"公众参与"模式，实际上不过是一种手段，强迫大家接受我已经同意的那些变革。第三，我需要深入种族问题的表面之下去探索，发现其根本原因。这个问题的根源不是种族主义，其根源是缺乏高质量教育选择方案和人们对于未来的焦虑。

一个"独行侠"是无法推行那些必要的变革的。执行变革需要另外一些东西——一个更深层、更强大，让学监本人和每个人都可以依赖的关系网络。

第二阶段：重新考虑各种关系

到了第四年，我开始意识到，我孤身一人是绝对没有能力实现持久变革的。然而，我依然把自己看作春田这个故事的主角，所有其他人都是次要人物。

在两场危机几乎同时袭来之后，我认识到自己不能独行其是。第一个危机与教师合同的谈判有关。我当时仍不明白，关键问题不在于让工会会员认可我，而在于我必须学会认可他们。工会会员投票否决了这份合同时，这一点表现得再清楚不过了。投票以后，他们和我坐到了一起，大家达成了一致意见——否决合同是个信号，表明我们之间完全不来往。

我还需要多关注我和学校委员会的各种关系。我那时已经有了“从组约来的自高自大的新人”的名声。第五年，我又通过重组中心办公室的做法，巩固了这个形象——在重组中，我削减了所有现有岗位，节省了大量开支。不久，就有一位学校委员会候选人在竞选中，以将我逐出学监岗位作为他自己的竞选目标，而且还当选了。这个学校系统中有些人把我看作一个标志，并非象征拯救这个学区的种种解决方案，而是象征所有那些必须彻底铲除的问题。

在这之后不久，我向哈佛大学的罗恩 · 海费茨谈起了在春田遇到的这些困境。他问我，支持这位候选人的那些人会失去什么。他指出，那位吹响胜利号角的候选人拿到了 18 000 张选票。“她代表了哪些人呢？”他问，“一旦你发现了她所代表的是什么，你可能就会发现，你们代表的原则相差无几。”

一开始，我的反应和往常一样：“这是个别有用心的女人。我是对的，她是错的。”然而，当我开始慢慢听进去，我意识到，海费茨给了我一个真正深刻的洞察。我的对手并非与学校为敌，也不是一个种族主义者。她并不反对高分成绩，恰恰相反，她对学生关心至极。她根本不是一个敌人，她所代表的是一种观点，这种观点可以融合为追求卓越的努力。

我开始转变了。我做了一些让家长真正参与的新尝试，努力保证自己可以听到他们的声音，也愿意接受他们的劝告——而不仅仅想让他们感觉不错。在与工会的谈判方式上，我做出了彻底改变。我不再以自己获胜为目标坐到谈判桌上，而是把让工会也能赢作为目标。我和学区委员会打交道的方法也发生了转变。我不再是做半个小时的报告，说我下一步想要做什么，而是开始收集委员会的意见，看看处理问题的最佳途径是什么。

第三阶段：教学教练

我的个人角色自然而然地从上司演变为教练。我开始为其他人的反思和共同行动创造各种机会。这意味着大家要自主尝试各种做法，也意味着要接受不时会发生的失败。我放弃了事必躬亲的管理模式，而是帮助校长、员工和教师发现他们自己的做事方式。

优秀教练通过提出问题提升人们的认知水平。提出问题并创造各种机会的最好地点是课堂，而这里最好的话题，都是围绕教学与学习的核心问题。我进行的调研访问，以及这类访问的状态，会在整个学区传递强烈的信号。我的访问让大家看到，这才是最要紧的事。我的工作是做持续改善的教练。因此，我便开始去课堂调研访问了，并且从未停下来过。到了这个阶段，我每年要去 150 个课堂调研。

这些调研访问变成了学习的体验，与只是做一个持批评态度的旁观者去看看课堂相比，这是一个强度更大的过程。其中最具体的表现形式是“走进去”。在我访问的每一个课堂上，我都会去寻找孩子正在学到一点儿东西的证据。从他们和教师打交道的方式上、他们做的功课中，以及他们与自己的同学互动的方式上，我都可以看到。

有些教师对我的访问反应非常强烈。他们质疑说，我竟然敢走进他们的课堂，打断他们的授课。我总是解释说，这里的关键并非对教师做判断，而是和他们展开讨论，看看如何才能满足学生们的学习需要。

我们鼓励校长在自己的学校里和他们的教师一起做同样的事。为了支持实践、形成模式，在学年的开始，我会和三、四位中心办公室的管理人员一起，在 46 天里访问 46 个课堂，每次访问的时候那所学校的校长都在场。之后，所有这些管理人员和所有这 46 位校长聚在一起总结我们看到了什么。

最初，没有人在我们的会上对任何事情提出批评意见。但是，人们渐渐地具备了这种能力，可以在不压制讨论的状态中，确定议题和改善的方向。校长们也意识到，他们那些谁是好教师、谁不是好教师的假设，是有失偏颇的。我记得一位校长说：“我一直认为那位教师是我的教师队伍里最好的，因为我看到他班上的孩子受纪律处分的不多。”然而，当然是孩子们的学业进步重要，而非教师如何让校长少些烦恼重要。

在这个阶段，我给得克萨斯州的一批学监做了一次展示。他们惊奇地发现，一个拥有 46 个校园、28 000 名学生的学监，竟然可以几乎每天都泡在学校里。然而，我知道让他们相信我的话相当困难。他们问我究竟是如何做到的。我说，我把所有其他的事都授权其他人去做。对我来说，待在学校里更重要。我的员工会告诉打来电话的人：“他去学校调研了，那是他分内的工作。”终于，我不再管理机器了，而是聚焦关注我们的核心事业。

第四阶段：社区教练

一旦你让校长们和教师们持续地进行他们自己之间的深度会谈，让他们真正参与到自己的成长和发展之中，并将管理这架机器的工作授权给其他人去做的时候，你自己该做什么呢？在这个与第三阶段有些重叠的最后阶段，你从课堂教练转变为社区教练。

我们都明白，我们在学校中所做的一切，只是我们的社区对孩子们教育的一部分。2003 年，一个新成立的“风险儿童委员会”证实了我一直以来的想法。要让学生们在学校里获得成功，他们需要这个委员称之为“权威性社区”的支持，也就是尊重学生的同时也获得学生尊重的社区。

尽管我在春田学区进行社区参与的最初努力收效甚微，但它树立了一个先例，建立了一种可以进一步发展的模式。我们继续构建一系列互动沟通活动，以便对这个社区所持的各种教育观念进行细致考查、明确表述，并且在必要的情况下加以改善。我们邀请家长、企业、宗教团体以及社会服务机构参与进来，这样我们大家可以一起确定彼此之间的契约承诺。在我们的课程规划中最可见的这样一个契约承诺，就可以推进我们的共同事业。

在最后这个阶段中，许多学监产生了真正的个人转变。他们从鼓吹者，也就是带着现成答案来传递的专家，转变为深度会谈的召集人，在会谈中，正确答案可能从房间里的任何一个人那里产生。在这个阶段，学监完全终止了对于这个机器的管理，率先垂范为大家创造机会去实验、去创新，并且让自己和学校系统实现自我超越。

我自己还没有完全放下源于我大半生经历的那种观念——对于那些给我汇报的人，我应该告诉他们工作的重点和方向是什么、告诉他们要做什么，而他们应该照着做。你可能也会是这样看的。但是，我自己的经历让我相信，真正的领导力意味着增进机会，来让人们自我思考、自我行动、自我成长和自我发展。这样一个旅程始于个人动机的发现，进而转化为吸引自己的同事乃至更大的社区的参与。如果你想要推进公平的学生学习，这就是一个你必须要去经历的旅程。

4. 没有“废品”孩子

玛丽·莱克（Mary Leiker）

一些城区的人口特征可能会迅速发生变化，特别是在相对富足的家庭（往往是白人）从他们觉得正在没落的社区匆匆离开的时候。在这之后，少数族裔和低收入居民逐步搬迁进来。19 世纪八九十年代以及 20 年代初期，孟菲斯、底特律和新奥尔良等许多城市中属于“第一环城带”或者“内环城带”的近郊区一再发生这类情况。这些城市流失了一半以上的白人人口，随之而来的是那里的学校少数族裔学生占了大多数，教育质量和学生成绩也经历了大幅下降。具有讽刺意味的是，20 年代后期的经济危机过后，出现了一个相反的迁移趋势：为了缩短上下班路程、逃离那些四处是银行没收房产的远郊社区，相对富足的家庭搬回到“内环城带”区域。

当社区在迁徙和经济危机之中发生改变的时候，社区中的学区就要面临许多重大挑战，也会有各种重大机会。20 世纪 90 年代初，密歇根州肯伍德公立学区（Kenwood Public Schools）的学监玛丽 · 莱克和当地的学区委员会意识到，从临近的大急流城（Grand Rapids）涌入的大量学生，正在改变这里传统的白人学区和社区的人口特征。他们没有把持续增加的多元化当作一个问题去关注，而是把它看作一个为所有学生增加各种教育机会的途径。在他们与自己的社区建立的共同愿景中，多元化成为每个人学习的巨大资产。

1991 年，我刚被任命为肯伍德学区学监之后不久，一连串由种族问题触发的标志性事件引导我们去梳理、澄清一个问题：我们想让这个学校社区变成什么样子？在一所高中的走廊里，两名非洲裔美国男生袭击了一名白人男生。那个男生的伤势非常严重，需要生命维持设备才能存活。事件之后的听证会进行了 33 个小时，到场的律师就有 4 位——一位代表那名白人学生，一位代表两名黑人学生，一位代表学监，还有一位代表校区委员会。听证会期间，3K党在当地报纸上大肆招募成员。于是，在整整 33 个小时里，各种不同背景的中年白人坐到校区委员会的后排座位上观看、等待着。这里的非洲裔美国人的社区则心存疑虑地观察着我们，看我们会做什么。看起来我们这个社区似乎真的就要爆发危机了。最终，那两名黑人学生被学校除名，但这并没有让白人社区完全满意，同时又激起了黑人社区的愤怒情绪。

当我在1991年被任命为学监的时候，有9%的学生来自少数族裔，10%的学生被列为危险分子（依据是他们的家庭收入低）。在小学阶段，测试成绩达标率维持在45%。我相信每份抱怨中都存在一分真理，这个学区里一定出事了，我需要深入了解情况。然而，当我开始试图去调查的时候，这个社区中的紧张程度却加剧了。我的家人和我自己都收到了分别来自白人和黑人的死亡威胁。一些非洲裔美国人打着“我们要求公正”的标语到我的办公室示威。由于我的态度不偏不倚，没有一方认为可以指望我。

很快我们就发现，少数族裔的学生没有获得同样的机会。在高中里，少数族裔学生进不了高级班。在每一年的九月和来年三月之间，通常有80~150名学生被学校开除，其中多数是少数族裔的学生。在10年里，只有两位黑人学生被选中进入篮球队。面对我的质疑，人们回答道：“这就是肯伍德，我们就是这样做事的。”①

展开艰难的谈话

在这个紧张时期，全国有色人种协进会（NAACP）和其他一些组织的代表，问我们是否愿意与美国司法部合作。我回答说：“当然可以。”我们需要其他人从不同视角来看一看这种局势，况且我觉得一个正在学习的组织应该没有什么好隐瞒的。无论发现什么都是好事。

在两年的时间里，司法部代表和我每月都会与代表社区里的高中

---

① 16年之后，玛丽·莱克博士在2007年6月从肯伍德学区退休。她在任期内建立的系统方法，在斯科特·帕泽斯基（Scott Palczewski）领导下继续实行了下去。

学生和家长的一个小组见一次面。如果我们要在各种问题上取得进展，就不能急于求成。两年的时间避免了讨论半途夭折，让这个社区有时间展开反思。

我们进行了长时间、艰难的谈话，这种谈话要求我们所有人都放下彼此之间各种根深蒂固的假设。倾听在形成新认识过程中至关重要。司法部规定“禁止媒体报道”，这让我们得以坦诚面对当下的局面。我们意识到，学校员工的许多态度必须转变。我们需要更多少数族裔的教师，数字表明我们在这方面一塌糊涂。我们不得不向认定有些孩子没有能力学习的种种习惯性假设挑战。我们在采购、投标、场地服务、商业区域以及面试流程中建立了各种目标，确保各种团体的代表性。我们承诺对于我们的系统持续进行监控，衡量我们在实现这些新目标方面取得了哪些进步。①

在一个社区里，没有什么比文化上的转变更困难了，因为它动摇的恰恰是特权和安全感的基础。我们在肯伍德遭遇的困境，是罗纳德·海费茨有关适应性议题著述的完美案例。人口结构变化及其带给我们的一切，都不能从学监的角度以技术处理方式对待。学区委员会必须愿意让自己的社区在这个问题上苦苦思考，学监也不能试图把问题掩盖起来，或者为了让人们不受干扰，让问题悄悄消失。你要打破人们心中的平静，为了让他们实现更高水平的学习和领悟，你要让他们参与到可能不愉快的谈话中来。当我面对其他学监时，我能够看到其中许多人对于探讨社区多元化心存疑惧。然而，在你担心、害怕的

① 在学校中打破种族不平等方面的沉默的策略建议，请参见格伦·科林斯（Glenn Singleton）和柯蒂斯·林顿（Curtis Linton）合著《有关种族的无畏谈话：在学校里实现平等指南》（*Courageous Conversations About Race: A Field Guide for Achieving Equity in Schools*, Corwin Press 出版，2006 年）。

时候，你就会试图去解决这个问题，而不是参与到适应性的工作中。如果我们把多元化看作一种优势，而不是某种负担，我们就会庆幸这种多元化的存在。我们可以把它当作一件给我们的学生、学校和社区的礼物。①

逐步提高期望和成绩

在我告别那次种族事件，结束了我们为期两年的激烈讨论的时候，心中留下了许多问题。我们得到的经验和教训是什么？这里面存在什么机会？有什么办法可以让这个学区和这里的学生成绩更高，名声更好呢？学区委员会和我都感到，我们可以向这个国家的其他学区展示，如何创建这样一个学区：它并非仅仅接受差异，而是从它们带来的优势出发，重视这些差异。我们可以成为一个吸引来自方方面面的学生的学区，因为这里的学生们可以获得优质教育。我们需要多元化来保证肯伍德的学生们为全球化社会做好准备。如果学生们是在一个封闭的系统中接受教育的话，他们就会有严重缺陷。②

从那时至今，肯伍德表现出了自己对于多元化的信念。1991 年那场袭击事件发生的时候，少数族裔学生占学生人群的 9%，有 10%是危险分子（根据他们的家庭收入衡量）。在小学里，考试成绩达标率只有 45%。到 2007 年我退休的时候，肯伍德学区 40%的学生是少数族

---

① 我们学校学生的多元化让这里的学校和社区变得更加强大。由于我是理工科出身，我领会到了生物多样性和生命系统中相互连通性的重要性。你拥有的多样性越高，生态系统就越强大。

② 早在特许学校出现之前，我们学区就在谈以客户为中心了。现在就学的选择那么多，家长们不需要费什么力气，就可以让孩子从一所学校退学，送他们到同一条街上或者临近学区的另一所学校里去。我们的学校系统更加多元化，我们在对环境快速变化做出反应方面就越强，在解决问题方面也会更加灵活。

——斯科特·帕泽斯基 肯伍德学区学监（2007 年至今）

裔学生，有 42% 的学生处于危险水平——考试成绩达标率为 89%。在 40% 的少数族裔学生中，非洲裔美国人占 28%，其余的 12% 来自超过 50 个国家的难民和移民。在学生人口特征上发生如此大的变化，学生们的学习成绩有如此大的提升，都远远超出了 90 年代可能做出的任何预测。

我们是如何做到的呢？我们的成功来自一个由学区委员会、学校教职员和我们的社区一起创造的、深藏在人们心底的共同愿景——为了所有学生的公平和优秀。学区委员会的愿景为我们的承诺确立了基本框架内容："肯伍德的公立学校将会是一个教育的冲动、热情与对多样化的领悟比肩而立的地方。我们鼓励每一个人都成为发展未来教育系统的一种力量。"这种话往往说说而已，在我们这里还没有实现。我们每天的工作都是这个愿景的实践。

我们从把多元化看作问题，转变为把多元化看作巨大的资产，在这个过程中，系统思考起到了关键作用。由全美学区委员会协会（National School Boards Association, NSAB）编写的《学区委员会的核心工作》一书从中起到了关键作用。[①]这本书着重探讨了学生的成绩以及为提高学生成绩而开展的社区参与，尤其强调了"没有哪个行动是在孤立之中进行的"。学区委员会必须明白，每个决策都是相互联系的，并且要探索由决策带来的各种反应和意料之外的结果。总共有八个行动领域，但它们并不是界限清晰、独立完成的步骤，而是代表学区委员会在采取行动时需要仔细斟酌的整体。我们工作中最关键的部分，是与我们的社区共同创造一个愿景，其后则是为每一位学生设定

---

① 有关《学区委员会的核心工作》一书的详细信息，请见 www.nsba.org/keywork，或者详见《学区委员会的核心工作》（*The Key Work of School Boards Guidebook*, National School Boards Association 出版，2000 年）。

较高的标准。专业人员以此定位，就可以满足所有学生的各种不同需求，开发必要的课程规划和授课策略。

在愿景引导下取得进步，并达到各种新标准，要求我们每一个人都进行大量学习。于是，我的角色又转向了协助其他人学习。多年以来，我和一些十分优秀的学者、实践家以及研究人员一起工作过，我将学到的东西与大家分享。我定期为委员会成员、中心办公室的管理人员以及校长们提供指导。在肯伍德工作的时候，我们一起购买并共同研究了大约25本书，每个月我都会召开各种会议，推动整个系统的发展。当我谈到管理人员参与时，指的是所有支持管理人员——食品总监、交通总监、场地服务总监。在教育孩子上，每个人都有自己的角色。比如，我对保洁人员说："如果你们在扫地的时候，看见一个孩子遇到了困难，我期望你们放下手里的工作，去照顾那个孩子。一个孩子要比地面干净重要得多。"

NSBA的框架涉及八个行动领域。

- 愿景（对于期望的未来的一个共同表述，往往从学生的成绩开始）。
- 标准（各种教学期望）。
- 评估（衡量教育成果与标准之间差异的工具和流程）。
- 问责（针对上述成果分配职责）。
- 协同（资源、沟通、计划以及项目执行上完全配合）。
- 氛围（成功授课和学习的各种条件）。
- 合作与社区参与（包括教育工作者、家长、企业领导、媒体和其他社团在内的所有的教育利益相关者之间的信任和信心）。
- 持续改善（不断探索和规划改善系统的各种新办法）。

在我们系统推进学校改善的努力之中，我们转变为以数据驱动，关注客户、关注持续改善。这在授课方面表现得尤为明显。由于州里在课程规划上严苛要求，授课内容上基本不存在调整空间，但如何授课就成为真正可以百花齐放的一个机会。我们通过持续监测各方面的学生需求数据，持续寻找在学生的学习上可以起显著作用的教学方法。然而，虽然我们在学生成绩方面正在取得明显进展，我也看到，我们碰到了天花板。

最大的突破来自利用神经可塑性方面的重要研究。我坚信，在帮助存在阅读困难的孩子们突破障碍方面，这是一个不容易发现的关键联系。有许多学生，我们从各个方面看，他们都应该能正常学习，然而，不管我们做什么，他们就是不能流利阅读。他们或许是有阅读障碍的学生、有注意力障碍的学生，也许是听不到语音的学生。两个基于神经可塑性的研究项目为我们提供了关键联系，一个是“快速识字的科学学习”（Scientific Learning’s Fast ForWord）项目，另一个是琳达穆德–贝尔（Lindamood–Bell）小组的研究。有了这两个项目，小学教师们可以识别出阅读困难的孩子正在经历的那些具体问题，并在开发和强化学生的记忆、注意力、进程和顺序等认知技能方面提供直接干预。[①][②]

---

① 有关“快速识字的科学学习”项目，请见www.scilearn.com。有关琳达穆德–贝尔中心，请见www.lindamoodbell.com。

② 请参见杰弗里 · 施瓦茨与丽贝卡 · 格拉丁合著的《你不是你的大脑》（*You Are Not Your Brain*, Penguin出版，2011 年）以及戴维 · 罗克（David Rock）与杰弗里 · 施瓦茨合著的《领导力的神经科学》（*The Neuroscience of Leadership*, strategy+business出版，2006 年春。网址：www.strategy–business.com/artical/ 06207）。

神经可塑性

心理学家唐纳德·赫布（Donald Hebb）在多年以前阐述过神经可塑性的基本原则，可以用一句话加以总结：被同时激活并相互缠绕的各种细胞。神经科学早就发现并有记录证明：当各种细胞被同时激活的时候，它们会相互缠绕在一起，并形成新的神经网络。越来越多的证据表明，与专注力或思维过程的有意觉知和一个人自我神经冲动的流动有关的注意力焦点，可以通过同时激活细胞，来加速这个过程。这一点非常重要，因为这意味着可以通过注意力的强度在脑回路和新形成的神经网络中进行系统变化：这就是那种以有意的方式进行的持续、重复和自觉的思考行为。

——阿特·克莱纳

尽管我们这里少数族裔学生比例与危险学生比例都很高，我们的每一所学校每年都达成了“不让一个孩子落后”的联邦法案和密歇根州政令规定的“每年取得一定年度进步”（adequate yearly progress，AYP）的要求。根据密歇根州对各个学生子群体的规定，达到这些要求是不容易的，因为我们有大量短期学生，以及难民和移民学生。政府对我们的期望是，每年都要缩小各个学生子群体之间的差异，同时在每一个学生子群体之内要有进步——我们对这个目标强烈支持。然而，当新来的学生中有些在一年中读了三四所学校，有些从来没有上过学，还有些从未见过自来水的时候，局面就对我们很不利了。我们是肯特郡中指定的安排难民就读的学区之一，我们接收了来自 50 多个国家的

500 多位学生。然而，我们每年都达到了“年度进步”(AYP) 的要求。①

社区支持的学习

我们每两年进行一次社区问卷调查。当我们面对的多元化是一个问题的时候，大家会告诉我们，他们有种种担心，也有各自关注的问题。现在他们更倾向于认为，肯伍德的优势之一就是多元化。社区成员不再像以往那样，担心随着学生多元化程度提高、危险学生比例增加，学校系统的学习水平会被削弱，因为，随着学习成绩的持续提升，他们看到的是恰恰相反的情况。在 2007 年毕业、有 599 名学生的一个年级，获得了超过 250 万美元的奖学金——总共有 677 种不同的奖学金。

我定期和中学、高中学生的家长们一起工作，协助他们穿过大学录取程序的迷宫。我们想让他们知道，他们的孩子是有选择的，孩子

---

① 玛丽·莱克与肯伍德学区管理人员和校董会成员一起探讨的书籍包括：《第五项修炼》，罗纳德·海费茨所著《领导力，没有简单答案》，丹尼尔·格尔曼所著《情商》，马丁·塞利格曼（Martin Seligman）所著《乐观的孩子》（*The Optimistic Child*, Harper 出版，1996 年），帕特丽夏·赫舍尔（Patricia Herschel）所著《分离的部落》（*A Tribe Apart*, Ballantine 出版，1999 年），鲁比·佩恩（Ruby Payne）所著《了解贫穷的框架》（*A Framework of Understanding Poverty*, 第三版，Aha Process Inc 出版，2003 年），朱迪思·巴德威克（Judith Bardwick）所著《舒适区的危险》（*Danger in the Comfort Zone*, Amacom 出版，1995 年），哈珀·科林斯所著《从优秀到卓越》（*Good to Great*, HarperBusiness 出版，2001 年），哈珀·科林斯所著《从优秀到卓越与公益机构：辅助论文集》（*Good to Great and the Social Sectors: A Monograph to Accompany Good to Great*, HarperCollins 出版，2005 年），诺曼·多伊奇（Norman Doidge）所著《改变自我的大脑》（*A Brain that Changes Itself*, Viking 出版，2007 年），乔治·拉考夫、霍华德·迪安（Howard Dean）和唐·黑曾（Don Hazen）所著《别去想大象的事》（*Don't Think of an Elephant*, Chelsea Green 出版，2004 年）。

玛丽讲述了这些书如何产生影响的故事，请见她写的《正向改变与不断运动》（*Positive Change and Perpetual Motion*, School Administrator，2008 年 4 月）一书。见网址 www.aasa.or/ShchoolAdministratorArticle.aspx ？ id=5730。

上大学的费用是可以找人提供支持的。当他们看到我们对孩子有很高的期望时，他们也会树立较高的期望。当你像我们那样相信，不存在“废品”孩子的时候，教师和管理人员的期望就是“最好的”。

从这个社区对学校强大的财政支持上，可以清楚地显示它对于自己学校的自豪感。人们持续不断地投票支持债券筹资、建设校舍和新址搬迁。大家在 2003 年支持债券筹资的时候，肯伍德的失业率是肯特郡中最高的。当生产制造企业裁员比例高达 50% 的时候，我们这个州备受煎熬。然而，在 2003 年的选举中，我们需要资金扩大我们的学校系统，以保证我们的设施可以满足需求。结果，债券融资 8 550 万美元的提案以 2：1 的结果通过。

得益于巨大的社区支持，我们学校的设施保持在一流水平——从校舍本身到课堂上采用的技术，再到橄榄球场和足球场上的优质人工草坪，以及音乐教室里的高保真音响系统。四年级以上，有 3 000 多名学生参加课后活动。如果有谁买不起橄榄球鞋或者买不起长号，我们会去找人提供支持。我们希望孩子们参与到我们中间，如果他们参与进来，他们就会保持联系并远离麻烦。①

多元化对于我们的重要性，在 2005 年 7 月得到了体现。《急流》杂志在这一期公布了基于 2003~2004 年数据的肯特郡 29 个学区的排名。肯伍德公立学区总分并列第五，但和我们排在一起的那些学校系统，却与我们大相径庭。我们的多元化比例（非白人学生的数量）是 40.1%；排名在我们前面的那些学区的多元化比例是 2.6%~5.8%；

---

① 根据“不让一个孩子掉队”法案的定义，“每年年度进步”（adequate yearly progress, AYP）由各州确定，代表了阅读与数学方面的学习水平目标。该联邦法案要求，达到这些目标的学区和学校方可被认定为“正常运行”，并要求所有学生在 2014 年达到目标。

肯伍德的经济劣势是35.8%，排名在我们前面的那些学区则在4.2%~9.0%。有趣的是，我们的社区和教职员工认为，我们与那些比我们富裕的郊区社区相比，在质量上不相上下。

我们渴望成为正在经历人口特征根本变化的那些其他学区的楷模。我认为，我们现在就是楷模。由于我们对于系统方法的承诺、对于共同学习的承诺，我们战胜了不利局面。我们可以说："看到了吧，随着你们学区风险增加、少数族裔学生比例增加，你们的学区就会分崩离析的想法是错的。那是完全不对的。如果你接受了这种思想，这种情况反而会发生。但是如果你们真的接受了这种想法，就太可耻了。你们这样做是在破坏我们最有价值的资产的未来——那就是我们的孩子。"

来自肯伍德校区委员会的观点

比尔 · 约瑟夫（Bill Joseph），肯伍德校区董事会成员，
1995—2011 年

肯伍德是这个国家在民族和社会经济组成结构上的一个缩影。一直以来，我们的长期愿景是要向大家展示，那些"危险学生"都可以取得成就——无论他们是非洲裔美国人、波斯尼亚人、西班牙人，还是埃塞俄比亚人、亚洲人，或身处贫困和不利地位。在我们变得更加多元化的同时，我们没有退步、下滑，这让我身为非洲裔美国人委员会成员深感自豪。我们不断改善，也在持续获得一种令人人受益的丰富文化。我们的愿景让我们有了关注的焦点——如果你想要有所成就，就必须知道自己渴望成就什么。

同时，你必须要敢于承担风险。肯伍德学区在许多重要的变革上走在了前头，比如，为12年级（K–12）学生提供的基于标准的报告卡(在美国是最早采用报告卡的学区之一)，以及最近开展的基于神经可塑性研究的项目。

专业技能发展一直是委员会成员的主要工作之一。教育工作者往往会忘记，我们自身也需要发展。我们会参加州里组织的学区委员会会议，但是需要学习的东西比这要多得多。由于我们一直以来的学习，我认为我们领先于其他学区委员会的成员。事实上，在州里组织的会上，我们对情况的掌握程度常常令他们大吃一惊。在“不让一个孩子落后”法案立法之前很久，我们就已经对于贫困问题和成绩差异有了相当深刻的了解。

在开展学校转型变革的时候，与市政府的合作关系不可忽视。随着学校系统的发展，整个城市也在发生变化。这里的市长和各个部门行政主管了解这种关系。我们定期召开市级学校会议，市长、部分行政主管、学区委员会成员，以及所有学监都是会议成员。有时候，我们把会议安排在学校里，这样市里的代表就可以到课堂上去考察了。最近，我们在两个周六上午举办了“边走边聊”活动，学校和市政府的负责人一起走访这个社区的几个地区，向当地居民了解他们对我们工作的想法。为了满足学生的各种需求，我们一起合作了为数不少的项目，比如，暑期学校。市政府方面很快表示，由于有了我们这些学校，有更多的企业迁到了肯伍德。他们明白，我们的未来是捆绑在一起的。

一个拥抱多元化的家庭

桑迪 · 塔尔博特（Sandi Talbott），前肯伍德学区委员会成员

由于我既是家长，又是学区委员会成员，所以我对我们这个学校系统的愿景很了解，这也是我们一家留在这个学区的原因之一。我们原本可以在任何一个我们想要居住的社区里生活，因为我们希望成为这个“每个孩子都在学习”的多文化社区的一部分，所以我们选择了这里。我的两个女儿高中毕业后，都感谢我们选择了肯伍德，因为这里没有让她们感到受威胁——她们都相当自信，并从她们自己的经历中获得了同理心。她们学到的许多东西是教不出来的，一定要从生活中体悟而来。

在毕业典礼上看着我们的高年级学生，总会让人惊叹。当你的目光扫过这批学生的时候，他们似乎像是联合国。他们都很成功，相互赞美，也相互拥抱。你知道，这些孩子是会成才的——这里的每个孩子都会学习、都会成功；你也知道，这个学校系统是让这一切在他们身上发生的一个重要因素。有一年，我们的一个学生发言者评论说，这里不存在标签。“我们现在要离开这里了，我们就会被贴上标签了，”她说，“但我们知道自己是谁，因为我们都来自这家学校，来自这个社区。”

肯伍德是个可以提出各种尖锐问题，并直面这些问题的地方，像这样的社区为数极少。我记得，在我刚刚当选委员会成员的时候，我们正在给我们的高中学生发放调查问卷，问卷里涉及一些种族和个人认知的尖锐问题。我当时说，是否该问这类问题，我不是很有把握。坐在桌子对面的一位家长说：“那么，如果我们不问的话，谁又会去

问呢？”

在这里，大家都竭尽全力去工作，这是一场走上坡路的艰巨斗争，而且一直会这样继续下去。有时候，你会听到人们说：“我们现在正处在一个十字路口。”但是，我们总会在那里。这就是我们的归属——提出尖锐问题，并且直面这些可能会彻底击溃我们的东西。在这里，在所有学生的教育和行为上抱有很高期望是行得通的，因为这必须要行得通。此事的成败关乎太多人，况且学生们指望我们帮助他们成为一个个事业成功、人生丰富的成年人。

来自学校厨房的看法

厨师莫·沙马里（Mo Shamali），肯伍德学区膳食服务总监

我的工作不仅是给所有学生提供食物，也是教育他们。我们膳食服务部门了解自己的角色，知道自己所处的位置。我们必须在膳食方面教育所有学生，还要保证为了让他们在课堂上表现出色，他们就要吃得好。饥肠辘辘的学生没办法集中精力。我们尽可能为他们提供可以享受的食物。

所有学生都是我们的挑战，无论来自哪个民族、属于哪个种族，还是信仰何种宗教。我们想让他们了解健康膳食和营养，我们认为，我们的职责之一是创造出对他们以后的选择产生影响的饮食模式。否则，他们就会什么“酷”吃什么，那又导致他们去吃那些对他们无益的食品。

为了对他们的饮食习惯产生影响，我们从小学低年级学生就开始着手。我们设立了沙拉吧，摆上大量新鲜蔬菜和水果。学生们很喜欢。

之后，到他们上初中和高中的时候，他们还会吃这些蔬菜和水果。从前，在这个年纪，没有人吃蔬菜和水果。我们的另一个策略是把食物隐藏起来。炒菜的时候，我们把胡萝卜、芹菜和白菜混到一起。有了一个个好吃的菜，他们就会接受我们在健康膳食上提供的各种选择。我们放弃了牧场沙拉酱，改用淡口味沙拉酱和其他低脂肪选择，这时候他们会问，“为什么沙拉酱的味道不一样了？”一旦他们改变了饮食习惯，他们就不再喜欢脂肪含量高的食品了。

我们不让那些享受免费食品的学生引起别人的注意。我们建立了一个系统，保证包括收银员在内，没有人知道谁吃饭是免费的。做了这个调整之后，有更多符合免费标准的学生开始来吃饭了，因为没人会知道。

我们让家长也参与到孩子们的饮食中来。每个孩子都有一个账号。当孩子们用自己的账号购买食物的时候，所有购买的项目都记录了下来。家长可以上网检索，也可以直接问我们，看看他们吃了什么。还有，如果有些东西家长不想让自己的孩子吃，或者孩子不能吃，屏幕上就会显示出来，这个孩子就不能买这类东西。

当学生和我们在一起的时候，我们教他们做出健康的食品选择；希望他们离开这里之后，还继续坚持这些选择。

来自学校领导人的观点

卡里 · 阿纳玛（Kari Anama），南森林小学校长

肯伍德公立学校系统的愿景，是我见到过的表达最明确的愿景。每个人都要以高标准要求——无论是学生、教师，还是管理人员。我

们做的事持续改善，我们还是以数据驱动的，是以客户为中心的。吸引我来肯伍德的原因就是这个焦点清晰的愿景；我知道，我作为领导人将会接受挑战；我也知道，我会从玛丽·莱克和其他人那里学到很多。

玛丽的言传身教作用非常强大。每个月，她和所有管理人员至少会面一次，重要关注点是我们的学习，而不是管理学校的技术问题。这段时间里，助理校长们负责学校里的管理细节。在我工作过的学区中，肯伍德是唯一把这种会面时间奉为神圣的时间的学区。在我们要发行债券或者进行合同谈判的时候，大家都会比较忙碌，但是这种团队学习的时间从没有用来处理日常工作。

我是在 20 世纪 90 年代后期到南森林小学（Southwood Elementary School）来做校长的，这里的多元化程度十分令人惊奇。学生中非洲裔美国人、西班牙裔人、越南人、白人和其他民族的人所占比例几乎相等（10%~20%）。南森林小学中享受午饭免费或减免费用待遇的学生比例很高，短期临时学生的比例在学区中也是最高之一。由于这个学校的学生成绩差，当时正面临被密歇根州接管的危险。

在此之后的 6 年里，我们在南森林小学逐步取得进步，从不到 20% 的学生通过标准测试，到 99% 的学生通过了数学、科学、阅读和社会研究的标准测试。我们改变了学校的氛围，改变了大家的期望，并转变为一所学习型学校和教职工团队。

在实现这场变革中，我们做的第一件事是改进阅读和写作教学。当时，有许多教师跟我讲，花在阅读上的时间过长，让他们几乎没有时间进入写作阶段了。我们采用了一个全新的阅读项目，叫作“四模块文化素养模型”：这是一个让每个人每天都承担写作教学责任的框架。在这个项目里，孩子们自己选择阅读材料，接受阅读指导、写作，并练习发音。我们的学生变成了更好的思考者。①

最近，我转到肯伍德学区的另一家学校——格兰森林小学任职。这里也有类似的挑战，因此同样的原则也适用。所有教师都坚信，每一个孩子都有能力学习，也一定会学好——无论他们有什么样的背景。没有借口，只有高期望的要求。

从优秀到卓越②

为什么有些企业实现了飞越，有些却没有

我们在肯伍德公立学区取得了显著进步。临近退休的时候，我开始研究一个学校系统如何让新学监接班、如何保持来之不易的与成果有关的各类具体问题。科林斯在他的书中，对那些有能力多年保持事业卓著的企业进行了详尽考察，顶层团队的交接班是关键因素之一。过去几十年以来，这些出类拔萃的企业在现有组织中培育出了领导团队，因此总有人会将卓越传承下去。

虽然科林斯的书针对的是企业，你还是可以把这些理念用到教育领域上来。不幸的是，我并没有看到学监们把交接班当作自己的职责。新学监往往从学校系统之外招聘过来，他们很快就把重点放到如何想办法建立自己的体系上去了。科林斯建议"自己培养"。我把培养接班人当作我的核心职责之一，于是我就要为了可持续发展和学校系统的不断进步，培训各种各样的人。在我交班的时候，我推荐了内部的人

① 了解有关"四模块文化素养"项目，请参见网站www.four-blocks.com。

② 哈珀·科林斯著（Harper Collins，2001）。

接替我的工作以及其他几个关键部门的工作。

——玛丽·莱克

5. 创建核心学习团队

莱斯·面谷

在学校里应用五项修炼，没有哪位学校领导人像面谷博士那样见多识广、经验丰富了。在爱荷华州西德梅因的时候，他与社区和学区（为9 000名学生提供服务）一起，组织形成了一个覆盖整个地区的学习社区。以“学校如何才能更好”这样一个激励人心的共同愿景为中心，把学校和家长小组的领导人，以及当地政府和企业负责人吸引到了一起。2004年，他受聘担任位于纽约的休利特–伍德米尔公立学区（Hewlett–Woodmere Public Schools）学监。他决心在一个高绩效学校系统里，引导包括学生、教师、管理人员、家长和市民的所有个人的共同学习。休利特–伍德米尔学区地处长岛，为大约3 500名学生服务，他们有的来自富裕家庭，另一些则来自那些处于社会经济底层但对自己的孩子期望很高的家庭。这个社区期望也乐于让孩子获得丰富的经验和教育机会，他们对学区99%的毕业率深感自豪。这篇文章让我们有机会初步了解，面谷博士和他的管理团队如何改变他们一起工作的模式。[①]

---

① 这篇文章写于面谷博士2009年退休之前。现任学监乔伊斯·比索博士当时是负责课程规划和教学的助理学监，她继续拓展了这个学区的系统思考工作。比索博士由教育委员会任命，这是经过慎重考虑的一个长期接班人计划的一部分。这个接班人计划的目的是在休利特–伍德米尔学区继续推行学习社区的工作。

常常会有人问我（或者任何一个人）为什么要去做一名学监。在我生命的此刻，我十分清楚自己为什么会在这里。这个工作所从事的是构筑一个学习者组成的社区，他们可以创建为学生提供最大机会的组织结构和组织文化。因此，我作为学监做的最重要的事，首先是要从工作中安排出时间来共同学习，这就是关键所在。如果人们是在做好自己要做的所有其他事之后，再想方设法参加一次讨论的话，他们根本不可能学会新的思考方式、新的做事方式，以及新习惯。

逐渐认识到共同学习的重要性，代表了我做出的根本改变。在我前半部分的管理职业生涯中，我周围的人希望我知道哪里出了问题，希望我提供答案，也希望我做出决定。对于这些期望我应付自如，心里觉得那都是我分内的事。说老实话，由于这方面表现出色，我得到了许多赞许和奖励。但是，领导的角色远不是赢得服从和承诺。许多人做事情，是因为别人告诉他们去做——或许是我，也可能是学区里的其他管理人员。这并不是说，我们让他们做了什么坏事，他们要做的事都有些道理，但归根到底并不是他们自己的事。这就是传统组织的运作方式。①

在我职业生涯的当前阶段，领导意味着和其他人一同学习，意味着服务和关心大家，意味着保证为孩子和成年人尽可能提供最佳的学习环境。我发现，这是一种更强大的领导方式，会带来更可观的成果。学校系统是所有人的工作，是他们学习和创造的成果，因此你无法事先预测它会走向哪里。但无论它走向哪里，都会到达那里，因为我们

① 面谷博士认为，眼下占主导地位的“力争上游”策略，及其强调的标准测试成绩的误用，是一种自上而下的不明智作为。它之所以被人们接受，凭借的是“胡萝卜”（资金）加“大棒”（负面处罚）的策略。他把这看作系统基础模式中“饮鸩止渴”的另一个典型案例。

作为一个团队为之艰苦努力，也坚信这是正确的方向。我们依赖彼此的各种优势和经验，我们凭借大家对这个系统的多重视角，做出更好的决策。

当我走上休利特–伍德米尔公立学区学监岗位时，我认为自己的首要任务，是与管理团队共同建立一个由各种学习者组成的社区。作为核心团队，我们不仅可以做出更好的决策，而且可以为这个学校社区中每个人的学习创造各种各样的条件。我们的学习会在这个系统中产生连锁反应，为教师和学生们展现更多的机会。正像梅格·惠特利（Meg Wheatley）所说的，我们相信“有意义的谈话会改变世界”。然而，一个由各种学习者组成的社区并不会自行形成。它需要深入细致的工作，以创造各种合适的条件，它的成员必须要获得各种新的技能。以我的经验，人们以为自己知道相互之间如何谈话，但实际恰恰相反。在会议上进行互动的传统方式，不会带来深思熟虑、卓有成效的会谈。如果我们想要形成共同的智慧和行动，就需要学习共同参与的新规则。[①]

形成核心团队

当时，这个学区里已经存在一个叫作DLT（district leadership team）的“学区领导团队”，组成这个团队的校长和部分学区管理人定期会面。但是，据几位DLT成员报告说，多年以来，DLT已经成了一种令人却步的两小时会议，会上由大家说一说，提供一点儿信息，这并非谁的错误。会议议程往往有15项或者更多项，发言的人只有很少的时

---

① “相信有意义的谈话会改变世界”这个说法，摘自玛格丽特·惠特利所著《转向彼此：重建对未来的希望的简单谈话》（*Turning to One Another:Simple Conversations to Restore Hope to the Future*, Berrett–Koehler Publisher出版,2002年），第145页。

间说明自己的观点。如果你的发言被安排到了日程最后，那就别管它了，估计要到下一次才会轮到你。这样的会议，几乎不存在什么让个人相互学习的机会。

于是，我们就从扩大DLT入手，组建了我们的核心学习团队。这个团队由 28 人组成，其中包括中心办公室的管理人员、各位校长和助理校长。我们投入了大量资源，帮助他们掌握引导组织学习的各个专项技能。有许多成员说，这是他们第一次感到获得了许可，让他们可以把完整的自我带到我们的互动中来。通过我们进行的活动——哪怕像“签到”这样的预热活动，我们释放出了人们的一种渴望：想要对彼此了解更多、建立更强大的各种关系、能够更加相互信任，并且在更大程度上相互依赖。作为一个团队，我们发现我们之间的互动是有益的，起到了激励和强化的作用。

当我们最初走上这条道路的时候，所有管理人员都无法设想如何坐下来开两小时的会议，更不要说在学习的各种修炼和会谈上花一整天的时间了。这样的话，他们离开自己的办公室和学校的时间就太长了。但是很快，他们就进入想要有更多的时间去相互交流的状态了。当一个学校系统中的领导人是以这样一种方式走到一起的时候，这种情况比较典型：即便他们从前曾经只关注自己的小组、学校或者部门，他们在这时候看到了其中的相互依存关系，同时也把自己的能量带入这个过程。

让系统支撑计划

我从前在爱荷华州任职的时候，大家都把我看成是手里有全盘计划的领导人。根据我对每个团队应该学习什么、如何学习的假设，我勾画出我们的方向和路径。我们建立了一套令人印象深刻的系统方法，也实现了一些重大目标。然而，到了这次的时候，有一点十分清楚：深层学习和变革是会发生的——如果除了我之外，还有组织中的其他人共同来驱动。我们这个核心学习团队对这种方法的成败会起关键作用，因为团队中所有个人与学校系统的方方面面是联系在一起的。由于他们所处的地位，他们都要做出表率，“指导”别人。在休利特-伍德米尔学区，这个核心学习团队要引领整个学习过程。我的心中再也没有其他目标了——除了形成一个有影响的、由支持学生们的学习者组成的社区之外。

在我们的第一次谈话中，大家决定这个核心团队应该持续进行并且融合到我们的实践中去。在一个学年里，我们每个月要安排一天时间共同学习，作为个人，我们每天都要实践我们的学习过程。这个发展和学习过程就在这个学区里进行，而不是在一个外部环境之中，对我们取得成功是非常关键的。我还从未见过哪个组织通过把几个人送出去进行一些特别训练，或者请什么人来讲一两天课，就改变领导习惯的。

典型的员工发展项目都会有具体内容，也有固定时间安排和事先计划好的进程。这次完全不同。我们只是简单地说了，“让我们来一起学习和实践”。我们是以一种持续演化的方式推进的，其中每次学习都决定了下次的安排。当我们探讨和思考领导力的同时，核心团队就直接决定了进一步推进我们的学习的举措。

由负责人力资源的助理学监凯西·安德森（Kathy Anderson）带领的一个规模不大的规划团队，为我们安排第一个学期的活动提出了一项建议。由于我在系统思考方面的工作，以及我经常使用“五项修炼”的语汇，这个小组建议进行五次活动，每一次活动对应一项修炼——尽管我一直鼓励他们不要按照他们认为我想要的东西安排日程。

他们还是说服了我，他们说：如果这五项学习修炼在我的思考中如此关键，那么他们就需要理解它们背后的理论和实践。

虽然我曾经在其他场合，主持过与五项修炼的概念有关的许多活动，但我还是认为，我不能在这个核心团队中既做教师，又做学习者。这是个重大决策。我说服了本书作者之一，也是我以前在丹佛斯基金会的学监论坛的同事内尔达·康布–麦凯布，来做我们的推进师和指导。以一个学习者的身份参加，让我感受到，团队中其他人是如何体验学习的。我认为你们不能理解这样一种体验——除非你们也是在场的参与者。这需要极大的耐心与克制，这样我才不会处于支配地位，其他人也不会出于习惯让我去做指导。有时候，我会坐在那里想："我真想在这个地方说两句。"但我没有那样做。让这个核心团队的成员听见彼此的声音，比听到学监说什么更重要。大多数学监会对自己和别人说，他们善于倾听。其他人的反馈告诉我们，当我们在倾听的时候，做得并不像我们认为的那么好。我把我们的活动当作练习倾听和反思的机会。在这些方面（与我的同事们相比），我做得还不错，但还需要把它们变成持久的习惯。我真的相信，这个核心团队是在把这件事当作"我们的"工作，而不是"我的"工作。

内尔达建议我们不要采用线性的方法，每天只做一项修炼，而是把五项修炼整合集成。我们一开始就用一整天的时间，仔细探讨全部五项学习修炼。然后，我们决定把第二次活动的时间，用来探讨大家一起学习意味着什么，重点关注共同学习和心智模式。在这次活动中，我们学习并练习了本书第一版中的许多工具，包括推断之梯、探询与宣扬，以及学习之轮中的双循环学习，以及这一版的"你是否比温度控制器还聪明"。我们先是了解这些概念，但同样重要的是，我们参与到实践练习中，强迫自己应用这些概念或者技能。通过应用，我们让它们变成了我们自己的能力。

在核心学习团队成员的要求下，内尔达在第三次活动上介绍了系统思考。我们以学区中的实际问题制作了案例，用来说明系统基本模式。这个团队觉得“冰山”的概念非常强大，于是就决定把它作为下一次活动的内容。在第四次活动之前，几个管理人员小组分别做了准备，制作各自具体负责领域中的一个实际问题案例。然后，我们用冰山模型对这些案例进行了分析。每个小组介绍各自的案例和分析，其他人则一边听，一边参与相关问题的讨论。这个活动多方面推进了团队学习。不同的个体对于其他管理人员面临的挑战，有了更好的理解，每个人都获得了针对自己问题的重要反馈，同时大家有机会练习他们的倾听和探询技能。

这种逐步演进的方式成为我们制订学习计划的模式。每一次活动结束后不久，我们都会安排一次电话会议，参会人员有内尔达、凯西以及几位核心团队成员。我们会一起聊聊上次活动的情况，谈谈团队成员在工作中的体验，以及他们在哪些方面需要更多帮助。这种方式的强大能量，来自它自身逐步演进的特性。虽然我们讨论的主要是学习进程，但这些讨论中的内容也很丰富。没人认为这是岗位培训或者职业发展培训，而是把它当作大家一起工作的一种方式。我们相信，我们对于这个系统和我们自己工作的讨论，会把我们引向五项修炼和我们需要的学习流程，这些修炼和流程又会把我们引导到需要讨论的各种话题。当你们创建了一个高效运行的学习者社区，并且强调沟通、会谈、协同和服务型领导的时候，这样的情况就会发生。

我们的这些活动包括形成这个学区的愿景；创建一种全然不同的DLT会议形式和结构；练习各种倾听技能和建设性谈话；运用世界咖啡馆模式（推进更大的团队活动）收集这个学区面临的关键问

题——由核心团队成员自己召集由教师、学生和其他团队参加的大型会议；形成个人愿景；区分罗恩·海费茨所描述的技术性问题和适应性问题；应用系统基本模式讲述我们的故事；以及以五项修炼为基本框架，形成一种决策模式。我们的外部推进师不提出会议议程。她花费大部分时间跟踪我们的状态，衡量我们的进度，倾听我们的谈话，并以此为根据设计每次活动。

我们学到了什么

令人却步的DLT会议转变为一个巨大的学习空间。我们原先每次会议有十几个议题，其中有三四个人发言，其他人只是倾听；现在每次会议只涉及为数不多的几项关键内容，由整个团队控制会议的方向。这是深层变革，大家常常称赞有加。每位DLT成员都不想错过这个会议。我们还在学区网站上创建了一个空间，提供DLT会议的所有信息，我们不再需要占用会议时间读取信息了。我们的会议是用来互动沟通的。

我们的互动沟通发生了显著变化。大家相互之间认真倾听，提出需要澄清的问题，都想要理解对方。会议过程中，几乎所有人都会发言。我们在“进行有意义的谈话”方面的强化练习，让我们有了一种相互支持的语言。有人会说：“我们需要听到每个人的声音，因为我们都不会读心术。”大家简单说说“我们大家坐到一起是有原因的”这样的话，情况就截然不同了。

为了让这项工作融入组织，我们在不同方向上同时展开工作，这与传统变革理论强调的“战略聚焦”恰恰相反。但是，一个学校组织必须无时无刻地意识到自己是一个系统。在一个方向采取的行动，会影响到其他方向，预料之内和意料之外的后果永远并存。核心学习团队意识到了这种复杂性，对于这项工作下一步在学校系统中要在哪里进行，我们没有去做预测和计划，而是采用了持续让新人参与学习型组织工作的做法。

每个团队成员都可以放心地采用不同的方法——有些人在思考和理念方面做出表率，其他人则示范工具和策略的用法。总的来说，当他们回到各自学校的时候，更多的是去倾听。他们不再告诉大家要去做什么了，而是提出更多问题。影响是显而易见的，学校里的员工们都在问："DLT 会议怎么样了？"

对我个人来说，最大的收益是体会到，放弃提供快速解决方案的想法非常重要。我已经学会了这样对大家说："困惑不要紧，这很正常，我们原本的期望就是如此。只要相信这个过程就好了，因为我们会做好的。"我看到一些人最初信心受挫，但坚持了一段时间，然后突然间就明白了。要描述这个过程在团队中产生的能量相当困难。最初，由于成员们担心活动时间太长，我们同意把每次活动限制在 4 小时之内。但是，到了第二次活动的时候，核心团队的成员们说，"时间实在不够，我们需要一整天"。

或许我学到的最重要的经验是，不要将创建一个学习型组织设定为我们的目标，我们的目标是在大家学习如何协同合作的过程中，为他们提供支持。学习社区会从这个工作中逐渐呈现。

对于那些想走这条路的学校领导人来说，你们必须持续关注信任。我不断提醒自己，信任很脆弱，同时我必须意识到，如果我不去实践我们建立起来的那些原则，就会冒着失去周围的人对你的信任的风险。如果我没有倾听他们，没有听到所有成员的声音，我会失去他们的信任。作为一个领导者，除非我自己在沟通中做探询的表率，否则就不能期望其他人也会这样做。一种安全的、相互信任的关系并不意味着我们要在每件事情上完全一致。但是，它的确意味着这是一个安全地带：让我们表达我们之间的不同，并带着这些不同为我们的学校做出更好的决策。

随着工作的进展，我看到了一个转变，那就是罗伯特·弗里茨[①]所说的，从解决问题导向转变为创造导向。做领导的人往往不是未雨绸缪，而是为忙于应对周围的事件而身心憔悴。但是，我们在核心团队里谈的更多的是我们要创造什么，这是一个重要的状态。我们需要有能力对学生们，对教职员工，以及对我们的社区说：这就是我们努力要去实现的未来。当然，我们眼下要应对各种困难条件和问题，但是我们要在救火和处理危机上少花一点儿时间，要把更多的时间放到思考策略、资源和措施上，这样才能创造出我们希望为孩子们创造的未来。

我们的下一项挑战，是更加深入地探讨当下的现实状况，进而确定为缩小差距能够开展的各项工作。这将引导我们进行更深入的自我超越修炼，在我们形成自己的个人职业发展规划的过程中，这项修炼会对我们未来的学习内容产生更强大的影响。

要进行这项工作，学校的领导人必须在时间方面有一个长期视角。这样的根本性转变要想成功实施并且进行下去，一位学监的任期内是完不成的。因此，教育委员会必须支持并批准一项领导人接班计划。我们很幸运，我们的委员会接受了学习社区的概念、目标和愿景，因此他们任命了一位核心团队的关键成员乔伊斯·比索，让这个学习的文化得以持续下去。

---

① 另参见罗伯特·弗里茨著《阻力最小的道路：学习成为你的生活中的创造力量》（*The Path of Least Resistance: Learning to Become the Creative Force in Your Own Life*, Fawcett Columbine 出版，1989 年）。

不再是一个会议，而是一个团队

凯瑟琳 · 安德森，凯文 · 巴杨（Kevin Bayen），
琼 · 布林格-黑格（Joan Birringer-Haig），
乔伊斯 · 比索，约瑟夫 · 德巴尔托洛（Joseph DiBartollo），
杰夫 · 马利斯（Jeff Malis）和彼得 · 韦伯

这次谈话发生在2009年，是在休利特-伍德米尔公立学区的几位核心学习团队和学区领导团队成员之间进行的。凯瑟琳 · 安德森是负责人力资源和学生服务的助理学监；凯文 · 巴杨是音乐总监；琼 · 布林格-黑格是欧格登小学的校长；乔伊斯 · 比索博士现在是新任学监，当时是负责课程规划和教学的助理学监（在此之前，她曾是这个学区的高中校长）；约瑟夫 · 德巴尔托洛是商业主管；杰夫 · 马利斯是健康、体育和运动总监；而彼得 · 韦伯则是负责商业的助理学监。

做这项工作需要什么？

> 让这个学习旅程自我演进，传统的专业开发方式行不通。
>
> 在团队中建立信任，并且持续培养下去。
>
> 在自己的学区里、整个团队一起进行开发和学习，仅派几个人出去学习，无法帮助整个团队。
>
> 学习并共同实践"开展有意义的谈话"的各项技能。
>
> 把学校系统中的各种实际问题当作一个练习场。
>
> 建立这样一种文化：学校的管理人员离开学校一段时间，为了自身的学习和发展，不会出问题。
>
> 通过分享团队采用的反思和探询的方法（心智模式、推断之梯以及其他方法），让学区委员会一同参与这个旅程。

形成一种共同语言

彼得：逐渐积累一种共享语汇的过程，消除了我们团队谈话中的许多误解。也许我们正在正确地使用这种语言，或许没有，但至少我们在做的时候，一直有一种共享的意义。这为我们的谈话提供了捷径。如果我们在一个问题上遇到困难，提到冰山就可以把我们拉回到轨道上。如果有人觉得我们在检讨一个议题的时候还不够深入，他们就会问，我们正在做的是不是单循环分析，还是双循环分析。推断之梯成了缩写，迫使我们更加仔细地去看看那些观察背后起作用的数据和假设。

乔伊斯：当有些人对某些事的反应让人大吃一惊，或者相当极端的时候，我马上就可以看到，他们跳到梯子顶层去了。他们跳过了梯子上的所有横档，没有数据根据就做出了几个假设，然后就跳上去得出种种结论。我现在不再会自己也跳上去做结论了，而是提出一些问题，让这样的人从梯子上走下来，同时了解到一些可能我也忽视了的东西。

琼：上一次预算会上，我对某一位成员的说法反应强烈。当时，莱斯（面谷）正好坐在我对面，他对我的假设提出了一个问题。我完全明白他的意思——我跳到梯子顶层去了。现在我们互动交流的方式，让我们在会上可以更加深思熟虑。我们在说到某些事的时候，以及我们回应其他人的时候，那些词汇和工具让我们感到坦然自如。

彼得：这些语言让我们得以用一种安全的办法，去探究自己的弱点。我知道自己是一个较差的倾听者。在你们的观点还没有讲到一半的时候，我不仅已经形成了我的回答，还形成了初步回答之后的两、三种应对策略。我们中许多人都和这样的同事工作过——他们不仅会跳到梯子顶上，还会反复跳下来。我们的共同语言让我们可以用一种建设性而非破坏性的方式，相互提醒我们自己正在做什么。

琼：我们现在正在做的，是把这些语汇带给与我们一起工作，但又不是DLT团队成员的那些人。凯西已经和秘书团队面对面练习过了，莱斯也和校区委员会做过有关团队学习、探询和宣扬，以及冰山的探讨活动了。虽然正式的培训还不多，但我们在使用这些语汇，也在做出行为示范，因此大家都可以看到。这也许是我们做过的最重要的事。

形成各种关系

凯西：从前，没有空间或时间让我们去建立各种各样的关系。现在，我以一种全然不同的方式了解周围的人。有人在最近的一次会议上说，通过这个过程，她学会了欣赏和尊重领导团队中的每一个成员。我认为，这个总结很到位。

乔：我们彼此信任，领导们也信任我们。这种关系让每一件事都成为可能。一旦我们受邀成为这个过程的一部分，我们就会有一种责任感。让别人告诉我们该做什么，或许会简单些，但是我们已经大大超越了那种思考方式。

杰夫：有了相互信任关系，你就不会觉得，在发言讲话的时候，别人会评判你。我心里知道，在有些人跳到结论之前，有些人会倾听并重视我的观点。

凯西：我们所有人都相信，凭借我们创造出来的各种关系，我们现在做出的决策更好、质量更高了。这在我与其他助理学监的会议中也表现出来了。过去，我认为坐在那些会议上，听其他人说财务和课程规划问题，是在浪费我的时间。现在，当我要做出一个决定的时候，我会在思考过程中问自己，彼得或者乔伊斯会怎么说？如果一个会议被取消了，我们会要求尽快重新安排时间，不会因为多了几个小时的时间可以自由安排，而感到如释重负。我们现在一起做出的决策，在过去单打独斗的情况下，是无论如何也做不出来的。

凯文：由于我们建立的关系，我们用更多的时间去解释我们要做什么，而不是总在维护自己的地盘。我很清楚，我们的团队成员认为音乐、艺术和运动对于发展孩子的能力来说都是不可或缺的。

凯西：当有人告诉我们说，我们正在为学区领导团队“会议”写一份愿景构想的时候，我当时就明白了，我们已经达到了那个恍然大悟的时刻——因为DLT不是一个会议，而是一个团队。

让我们的工作成为一个练习场

凯西：我们正在把组织学习的技能融合进这个学区的日常工作。要想让这些学习持续深入，我们的日常工作必须成为我们的实习场。我们最近在预算方面做的练习，是确定一些可能的削减预算方式，这是一个有趣的实验。我们不清楚大家是否已经做好承担责任的准备，对于影响整个学区的预算做出决策。我们觉得还会像过去那样，大家宁可把这件事交给中心办公室里的我们这些人去做，让我们去承担指责。但这种情况没有发生！彼得 · 韦伯精心组织了一场完美的系统思考的会议——整整进行了一天，是后来许多类似会议的第一次。参会的人们不能孤立地去看自己的学校，而是要一起看整个学区工作的优先次序。

过去，我们也许会说，“每个学校都把自己的预算减少 250 000 美元。你们告诉我们，要在哪些方面削减”。现在大家则在说，“也许我们需要保留一个有遗传学背景的高中科学教师的位置，或者是要把学前班的课堂人数作为重点问题考虑，我愿意减少一点儿我学校的预算做支持”。这是一种全新的思考方式，对于我们来说是一大步。但这也很可怕。一旦你到达了这个高度，就永远回不去了。

乔伊斯：在高中，所有助理校长和我一起应用了我们学过的许多概念。2011 年，我们在一个涉及技术的问题上，产生了相当严重的沟通问题。我们把它看作一个冰山，就把问题解决了！我们仍然要回过头再去看看这个问题，保证冰山不会积累起来。在我们的青年领导力论坛上和一次教职员工会议上，我们都采用了世界咖啡馆的模式，结果从中产生的既有包容性又有延伸性的谈话都令人称奇。

琼：我组织我的学校进行的世界咖啡馆活动的结果，让我兴奋不已。我提醒参会的员工，这将会是一场持续进行的谈话。我们开始看到教师们在他们课堂上采用这个方法了。[①]

乔伊斯：创建青年领导力论坛是我们在高中里做过的最令人兴奋的事之一，在这个论坛上，我们正在给大约 100 个孩子做系统思考培训。通过在每四、五周里召开一些定期会议，他们开始以全新的方式解决各种各样的问题了。我们正在训练他们思考高中以后的世界。这个论坛的成员横跨所有四个年级，覆盖了各个社会经济、种族、民族和利益团体。我们把这看作在培养能力，而且我们期望这会被他们带回到课堂上——并且，陪伴他们一生。

共同对结果担责

彼得：我刚到这里的时候，信息都被隐藏了起来，知识都是权力——无论是与预算有关的，还是涉及其他领域的知识。现在，随着 DLT 的演变发展，知识是一种机会而不是权力了。

---

① 卡伦·奥斯特曼（Karen Osterman）和罗伯特·考特坎普（Robert Kottkamp）合著的《教育工作者的反思实践》（*Reflective Practice for Educators*，第二版，Corwin Press 出版，2004 年）一书，提供了在课堂上和学校里如何应用五项修炼的优秀案例。

凯西：过去，多数决定在DLT会议之前就已经做了。如果我有哪件事需要做决策，我自己就定了，然后再把信息带到DLT会上，告诉大家这个决定是什么，最后问问谁有什么意见。结果，当然就没有人有什么意见。现在，如果我们要在哪件事情上做决定，又不需要团队提出想法的话，我们就会发一个备忘录出来。我们不会浪费大家的时间。如果有什么事放到了DLT的议程上，那将会是一个复杂的问题，需要每一个人做出最佳的权衡。

琼：参加决策的过程，并且理解决策对于整个学区系统的影响，感觉有意义多了。

彼得：看着一群高度进取、以结果为导向的人把自己的判断放到一边，一心一意地踏上了一个前景未知的进程，并且坚持走下去——这一直是一种惊喜的体验。

凯西：我们都感受到资源紧缺的压力，但是现在没有那种“有人故意跟我们过不去”的感觉了。这就是正在我们所有人身上发生的事情。

乔：我们提出了比以往多得多的问题，但并非卷入对抗之中。你能告诉我，为什么我们要做这件事吗？这件事的目的是什么呢？请将这种情况解释给我听。探询的过程让我们把各种问题摆到桌面上，而过去我们会回避这些问题。我们已经从个人角度的种种考虑，转变为对各种系统问题的推敲了。

琼：我认为，反思是这个过程的一个重要部分。我必须要回过头去看看我正在做什么，然后思考我想要成为一个什么样的领导人。这也让我有机会把莱斯当作导师，经常一起聊聊，从他给我的反馈和我们之间的信任关系当中，我学到了很多。现在，我能和他以及其他人，说说我的学校里正在发生什么，聊聊处理问题的各种不同方法。

凯西：事实上，所有DLT成员都谈到，在提出、安排和参加完全可选的与学监的一对一支持谈话方面，他们没有什么顾忌，他们会一起讨论在这次学习和领导活动中个人的努力与成功。

乔伊斯：作为新学监我发现，随着这个团队一些关键成员的更迭，DLT已经完成了成功、有效的转型。对于系统思考的学习和应用，会继续成为我们这个高效领导团队核心技能与核心策略。

教育中的教学演示①

改进教与学的一种网络方法

西北区教育局是一个区域性的机构，为爱荷华州西北部10个县的34个学区提供支持。作为这个机构的行政长官，在过去的四年里，我和一个由学监组成的网络一起，组织了多次教学演示。与医学中的演示活动一样，教学演示的实践试图通过让教育工作者观察和分析教学活动的方式，改进教与学。我发现，这本书和演示过程，为学校教育改进和领导力各项原则提供了一种平衡。演示过程让学校的领导团队有机会与课堂上的工作联系到一起。它不断提醒我们，我们不能只关注教学内容或者只关注教师，或者只关注学生，我们必须把焦点放到教师与学生如何与教学内容互动上。

在爱荷华州，我们通过一个个专业学习社区，把教学演示作为一个文化建设过程。每个月，这个州里的九个地区中三分之一的学监要聚

① 伊丽莎白·希特（Elisabeth City）、理查德·埃尔莫尔（Richard Elmore）、萨拉·福艾曼（Sarah Fiarman）和李·泰特尔（Lee Teitel）合著（Harvard Education Press出版，2009年）。

集到一起到教室里对教学实践进行考察。这里也有组织学习的元素，在主办方学校里，我们选择一个实践中的问题共同探讨，从而帮助他们提升水平。参与者彼此学习，而演示本身也成为一种示范，让大家看到，员工的集体智慧要远比某一位教育工作者的智慧强大得多。

——蒂莫西·格里夫斯（Timothy Grieves），西北区教育局，爱荷华州苏城

6.“你不能这样做！”

把体育当作值得关照的科目

安·玛丽·加洛（Ann Marie Gallo）

有相当多的人离开学校多年之后回忆起“体育”这门课程，都会觉得它令人灰心丧气、野蛮残酷，甚至认为它就是一种折磨。这个问题的要害或许就在于一个简单的事实：体育一直被人们当作一个“垃圾场”，而不是一个学习空间。安·玛丽·加洛博士现任马萨诸塞州萨拉姆州立大学（Salem State College）的体育学副教授。这个故事详细描述了 20 世纪 90 年代，她在莱克辛顿的民兵地区高中（Minuteman High School）担任体育教师时的一段经历。她从看似无关紧要的一个小杠杆点着手，最终推动整个学校成长为一个学习型组织。在你所在的学校里，教师们也能这样做吗？还是他们感到自己过于势单力薄？

那是开学第一个月一个平常的秋日。网球场上，34 名学生正焦灼不安地等着参加正手球练习。这一天，已经有两名学生手里拿着一张

纸来找我，告诉我说他们被安排转到这个班了。作为一名在公立学校里第一年上班的教师，我很感激能有这份工作；但是我也在问自己，一下子应付这么多学生，我的工作是否真的有成效。我不可能对他们进行一对一的指导，我只能把他们放到小组里去练习，也顾不上他们需要有人反馈指导。他们常常还要等到设备、场地空出来了才能练习。他们于是就开始不守规矩，影响了其他的学生。

我在接受教师培训的时候曾经学到过，如果学生数量超过了 24 这个奇妙数字，课堂效果就会大打折扣。不仅如此，圣诞节过后，我走出了设在女更衣室中的我的小办公室，对整个校园考察了一番。我注意到，在科学和英语教学楼里，教师们正在上课的班级都是 18~20 名学生。我认为或许有不少学生缺勤了，但是几个星期之后，我再回去看的时候，发现班级的规模看上去还是那么小。

最后，我终于去找了学校的体育总监，问她为什么我们的课堂上学生要多很多，“我们是个垃圾场”。她头也不抬地回答说。我站在那里，等着她再多给我点儿信息。她看了我一眼说：“这里一直就是这个样子。”

这番话的简单明了让我大吃一惊！显然，我们是一个存在学习障碍的系统，并且已经恶化到一种习以为常的无助状态了。在我离开这位总监的办公室的时候，又有一个学生手里拿着课程调整申请表来找秘书，说：“我需要调体育课的时间。”秘书在表格上签字的时候，根本没去查课程表，看看这门课程是否满员。显然，这种不加区分地接受孩子们来上体育课的流程，已经成为一种下意识的习惯了。我于是又走回到体育总监那里，“如果我们不在那个改课申请上签字，会怎么样呢？要是我们说满员了呢？”

“我们不能那么做，”她回答说，“这会造成太多的问题，况且指导部门也没有地方安排这些学生。”

到了第二年，一个强调针对不同年龄段分别安排课程和以学生为中心的课堂的全新体育课程规划发布了，它引发我兴致勃勃地开始试图了解更多关于这个的问题。每当一个学生试图把自己调进一个大班的时候，我都会打电话告诉进行课程安排的指导教师说，这个班已经满员，不能再进人了。“你不能这样做。”他们回答说。但我依然如故。最终，两方面的挫败感都迅速升级。指导部门的总监报告给了校长。校长决定由体育总监、指导总监、指导部门的人员和我本人一起开一个会。

校长以说明这个问题开场——又是令人吃惊的简单明了：“指导部门没有地方可以安放这些学生，而体育课上安排的学生也过多了。”指导老师们提出了他们的担心，解释了他们在总体计划安排上的条件限制。我们则介绍了新的体育课程规划，谈了教师有效教课的问题、学生的个性化学习体验问题以及安全问题。各方都坚守自己的立场，整个会议进程看起来像一场网球比赛。

最后，我自愿提出充当体育部门和指导部门之间的联络人角色。我建议说，指导老师可以把学生的课程变更申请发给我，我会找一个可以接受他们的上课时间。指导部门的人们心存疑虑，但又没有更好的解决办法，只好同意试一试这个新流程。就我而言，我则完全不了解，这会让我处于一种什么样的局面。在这一年后来的那些时间里，无论我走到哪里，一个被各种课程安排填满的剪贴板和一堆黄色即时贴总会陪伴着我。我继续尝试把体育课的规模限制在 24 名学生以内。每当我走进指导部门的办公室时，所有人马上四散而去——这样他们就不必和我一起讨论如何重新安排学生的上课时间了。

随着时间的推移，我们对于彼此的心智模式开始产生变化。我更多地理解了指导老师们所受的条件约束。他们也逐渐尊重了我们对于小班上课的探索。最后，指导老师们终于在调整学生的上课时间之前，开始打电话给我了。他们会问，“我必须要调一下这个学生的数学课时间，有哪节体育课还可以接受学生吗？”

现在，体育课的平均规模是24名学生。有时候，我们也会超过24这个数字，但每个人都认识到，一节课上安排30名学生是不可接受的。由于我们对于教学的承诺，我们和指导部门也形成了一种影响深远的相辅相成的关系。每当我走进他们的办公室的时候，我都是受欢迎的，会有人和我打招呼。不可否认地说，这里面的确还有些额外工作，而我现在有时候会站到指导部门的立场上，认为体育教师应该再多接受一个学生。每年部门负责人都会问，有没有其他人自愿去做这个协调人的位置，到目前为之，还没有任何其他人愿意承受这份“额外负担”。我现在认为，这种协调人工作应该由大家轮流做，这不是为了减少“负担”，而是为了让每一位教师都了解学校作为一个整体的复杂性。

总的来说，这是我执教生涯中两段最重要的经历之一。另一段经历，是在我的课堂上发生的改变。我的学生们不再浪费时间，等着去学习了。我们有理由认为，将会有更多的人掌握足够的知识，成为高尔夫、网球、游泳、力量训练和其他体育活动的终身参与者。

第四部分　社区

Schools That Learn:

A Fifth Discipline Fieldbook for Educators, Parents, and Everyone Who Cares About Education

|第 13 章|

走进社区

1. 培育知行社区

路易斯安那州圣马丁郡的前学监罗兰·希瓦利埃（Roland Chevalier）讲过一个故事：一天清早，一位小学校长来到学校时发现，一个 6 岁的男孩正坐在台阶上，等着教学楼开门。于是校长就问这个孩子："你等了多长时间了？"孩子回答说，他不知道。他还不知道如何说出钟表上的时间，他还在上幼儿园。他妈妈是一位单身母亲，在一家工厂上早晨 5 点的早班，上班之前，她会调好叫醒儿子去上学的闹钟。那天早上，闹钟响之前他就醒了，却不知道是什么时候；他自己穿上衣服，走到学校，坐在校门口等着大家都来上学。

这家学校对于这个孩子承担的责任范围应该到什么程度？学校在教这个男孩看表上的时间的时候，是不是做到位了呢？学校是否需要帮助那位母亲，找到或者建立一个支持网络，大家可以帮忙叫醒这个孩子，送他去学校呢？这个学校是否应该为所有上班的家长，提供早班幼托服务呢？一个单身母亲为什么要必须做一份早上5点开始的工作——在探讨与之相关的原因中，学校是否需要以某种方式介入呢？或者，这家学校承担的责任，应该是关注未来，也就是这个男孩的将来，而不是满足他眼下的需求。

今天，类似的问题在各地都显得越发重要了，在美国和世界其他地方都是如此。反过来看，这些问题又是一个更深层的问题的现象：人们要让社区成为什么样子？即便在今天这个不同社区都在经历变化的时代——信息技术逐步覆盖全球、家庭形态的多元化、移动式企业组织、城市人口的迁移、政治结构的碎片化，以及每一个人对于终身学习持续增长的兴趣等，对于这个问题的回答，也总是与孩子们的需要紧密联系在一起的。各种各样社区存在的原因——至少是部分原因，一直都是因为孩子们需要这样一个地方长大成人。因此，一个“知行学校”，无论其地点在哪里，也不论其形态如何，都需要在其周围有一个培育学习的社区。

做法可圈可点的社区的例子，数量其实多得出奇。这些社区都以这样或那样的方式，打破了学校和孩子的其他生活之间的藩篱。在这种情况下，社区都以坚定的态度支持学习，而学校也会拥抱自己与社区的关系。社区与学校双方都认识到，学校并非是需要为孩子们负责的唯一组织。

1997年，一个名为“为了孩子的伙伴关系”(Partnership for Children)的本地社区服务联盟，向大堪萨斯城地区提出了一个指导性的建议：开展一项内容为“这是否对孩子们有利”的“第一问题运动”。这个问题包含的前提非常简单：在任何一个企业、政府机构、学校或者个人做出一个决定的时候，都要首先问问自己：这个决定是否对孩子们有利？

"为了孩子的伙伴关系"联盟今天还在，依旧在开展同样的运动。这些年来，与这个联盟相关的讨论和活动（包括每年一次的年度纲领报告）范围已经延伸拓展了，其中包括建立了一个公园、宣传营养健康、为寄养计划提供资金、为课后活动筹资、把各种款项分配给不同的学校，以及各种立法议题。通过提出"对孩子是否有利"这个问题，人们本质上是在问："这样做会不会在我们的生活结构中，增添文明、宽容和培育？"[1]

类似的故事在许多社区中都在发生。在有些城市的学校里，设有家庭资源中心，由当地健康与社会服务机构运营。其指导思想是：一个孩子的学习能力，与孩子家庭的学习能力、与这个家庭可以获得的资源都是密切相关的。其他方面的努力，则把学校和课堂带进了社区，比如，在学校之外设立深度项目，或者是建立"服务学习"的机会——孩子在此可以为了自身利益应用他们的知识。还有一些工作，则是把学习的责任从学校那里剥离出来，交到家长们手里——让他们参与到相互之间的调查之中，并且一起解读调查结果。或者是形成他们自己的场所，让孩子们在严重的贫困与逆境之中得以学习（就像"造雨人"社区小组在佛罗里达州的迈阿密海滩所做的那样）。

相信"所有社区都能学习"是一个起点：由此形成一种或许始于孩子们，将改变人类社会的能力——不是自上而下推进，而是由内向外生长。为知行社区开发形成一个综合指南，或许本身就需要有另一部《第五项修炼 · 实践篇》，才能展开；在此，我们提供了一些相关的理论、工具、方法，以及在社区对孩子们产生影响方面深深打动我们

---

① 有关"这是否对孩子有利"的第一问题运动和倡议这项运动的"为了孩子的伙伴关系"，请见网址www.pfc.org。一些其他地方，包括南卡罗来纳州的罗克希尔（Rock Hill）和田纳西州的孟菲斯也发起了同一个口号的运动。

的各种故事。在本书的这部分章节中，你们将会读到，在俄亥俄州辛辛那提市发生的收回社区中心的经历、在哥伦比亚发生的面对内战的努力抗争，还有许多地方建立的由学生们经营的各种可持续发展企业。

社　区

两个印欧语系的词根（kom意为“每一个人”，moin意思是“交换”）在有文字记载的史前阶段就成为一体，形成了“所有人共享”的意思。这个词演化到拉丁文成为communis，意为“发源地”（比如，由许多人使用的水源）。法文将其转化为communer，词意是“让每一个人都可以得到”。也就是说，社区（Community）一词的原意，并不是一个由边界线划定的地方，而是一个以共享资源为其特征的地方。我们所设想的“知行社区”会延续这个传统。

在本书的这部分，在我们使用社区这个词的时候，指的并不是一个组织中的一群人，比如，在某一所学校里的“学习社区”。一个由不同的人组成的社区是这样一种地方，它植根于自己的生物圈之中，随处都有各种各样的活动、人人都相互尊重。人们都有这样一种认识——这个地方的每一个人彼此之间都相互负责，也相互担当，因为这里所有人的生活都是互相依赖的。

在我们看来，一个知行社区，对于自己的学校会有一种共享的承诺。这个社区是一个容器——它一直在培育、在提供支持，有时候也会提出挑战，但总是充满关爱，包含着自己的学校和孩子们的成长发展。社区中的不同组织都是这个社区的组成部分（比如，本地政府、媒体、警察机构，以及健康机构和企业），更大的机构也是如此，比如，更大的政府机构、学术研究机构、全球化的媒体和企业。所有这些机构对于社区居民和学校之间的相互影响，都会产生作用。而孩子依靠的就是这种相互影响的持续改善——也就是持续学习。

从迄今为止存在于“知行社区”中的经验来看，似乎存在着三个坚实的指导思想——自我认知、相互联系，以及可持续发展。社区的领导者们依靠这三个指导思想，朝着他们共享的未来，正在形成一种共同的学习途径。

自我认知

一个城镇或者城市的边界，或许早已划定，在地图上也正式标明了；然而，对于自己社区的边界，对于它们之间相互承担责任的程度，不同的社区成员却有着不同的态度。居住在一个乡村俱乐部社区里的人们，或许不会明确意识到这样一个事实：就在一条河对岸，或者是一条铁路的另一边，有那么一个活动住房区，那里有 300~400 个孩子，他们要去同样的学校上学，也要使用同样的娱乐设施（或者是要求没有提供娱乐设施的镇政府，为他们提供同样的娱乐设施）。那些上了年纪的人、身体有残疾的人，以及无家可归的人，虽然可能就在这里，但人们却视而不见。不同的居民可能会在自己的周围，选择去划定自己的边界，避免自己和其他人接触，也避免自己对那些人负责。这或许恰恰就是他们对于社区的自我认识的一部分。

但是，就像在大堪萨斯城地区清楚地表现出来的那样，孩子们的需要似乎往往会超越这种与他人隔绝的观点。孩子们并不是待在一个大门紧闭的社区的边界之内，至少在他们开始上学之后，就不是这样了。如果我们都是一个社区中的成员，因为我们选择了彼此就近居住，我们实际上也就达成了一个默认的契约，要让这个社区中的所有孩子获得共同发展。就像我们为医院提供资金，是为了保证我们在医疗健康上相互支持一样，我们为“知行学校”以及孩子们需要的其他资源提供资金和支撑，是为了保证让一个生机勃勃、充满活力的未来存在于当下。

学校在界定一个社区的特征方面所起的作用，比许多人想到的更大，这种作用始于人们选择自己住房的时候。地产公司和房屋租赁代理要回答的第一个问题往往就是：“这里的学校怎么样？”在一些地方（比如，新泽西州），法律规定的学校边界是“门到门”，也就是从孩子的家门一直到校舍里面，保险公司也就因此可以为孩子们上学的校车运送过程提供保险。这就意味着，这家学校的学监的确是在整个社区的范围之内，对孩子们的安全程度负责任。无论法律上如何定义，学校的责任在哪里终止，而社区的责任又从哪里开始，总会存在某些模糊不清的地方。

比如，一些教育工作者居住在其他地方，但对于自己学校中孩子们的需要却熟稔于心，他们在多大程度上属于这个学校周围的社区呢？我们知道有一位初中教师，他已经连续多年放弃每周五晚上的休息时间，陪伴孩子们参加家长－教师协会组织的舞会。后来，他终于提出要求，每次获得几美元的报酬，但他得到的回答却是：“你难道不应该是从自己的爱心出发这样做吗？”他回答说，“我家里还有三个年幼的孩子，而我没有和他们在一起”。教师们常常会自己花钱，去购买学校里缺少的学习用品，或者是礼物和其他物品。那些期望自己学校里的教师做出这种程度的承诺投入的社区，也必须同样对这些教师和教育系统做出承诺投入。

所有这些都是自我认知的根本性问题。我们想要居住的是一个什么样的社区？这个社区现在有哪些特征？简而言之，界定我们的自我认知是为这个社区建立共享愿景的一种修习，学校在这其中是一个活跃而重要的参与者——但并非唯一的参与者。

相互联系

一个社区中的不同成员，获得自己收入的来源不同，工作地点不同（有一些地点还相当远），去的教堂不同，时间安排的要求不同，社会交往也不同。大家要做的事如此千差万别，建立经常联系的需求往往就被忽略了。然而，建立相互联系的能力，恰恰又是在社区中建立一种学习模式的最有效的途径之一。

当一个系统中先前不相往来的参与者之间，建立起一种新的社区联系的时候，就会出现一种平时难得一见的能量和热情。在共同改变这个社区上，一个社会工作者与一位教师之间，一位企业高管和一位课程规划人员之间，或者是一位医院管理人员和一名学生之间，存在着比他们自己分别去做大得多的杠杆作用。

如果一个学校系统，没有在自己的社区中刻意扮演一个主要角色的话——如果学校负责人与其他社区领导人没有形成良好的关系，如果教师们没有把自己看作与社区紧密相连，如果居民们没有把学校当作充满活力的社区贡献者，那么这本身就表明，其建立联系的能力正在逐渐削弱。与之相反，当学校通过学习，看到了影响孩子们生活的其他人的重要性；而其他人也通过学习，看到了学校的重要性、看到了与学校建立联系的重要性，各种各样新的可能就会渐渐呈现出来。帮助贫困的孩子们的支持机构，顷刻之间就与教育工作者们建立联系——不仅仅是与社会服务机构建立联系。在各种各样的社区机构之间，教育体验都在发生——各种各样的博物馆、交响乐团、公共图书馆、童子军、剧院、自然保护机构、公众服务机构、宗教组织、本地执法机构、早教机构以及企业等。各种各样的隔代联系也开始形成，比如，孩子在退休人员那里找到了导师和榜样。社区领导人定期向社区成员介绍学校提供的资源。学校领导者们发现，他们无法仅凭自己的力量完成所有这些……他们也不必自己单独完成它。

随着互联网的落地生根，建立联系的活动在近年来增加了。学校在其所处的社区里，成为一个个信息中心。许多学校里的学生们开始研究和写作社区历史，并且在网上发布。他们采访了各种各样的人——从市长到年龄最大的市民，以及最新搬进这个社区里的那个人，这些历史叙述则把这个城镇与学校更加紧密地联系起来。学校不仅“看到”了这个社区，也帮助这个社区找到了自己的声音。简而言之，建立联系可以强化心智模式和团队学习的修炼，并将这些修炼带到一个更开阔的境界。

可持续发展

可持续发展需要有一种意识——意识到今天采取的行动将产生的长期影响，这与系统思考里的意识十分接近。比如，当教育工作者进行儿童早期教育工作时，就会表现出一种可持续发展中的时间感。“这个孩子刚刚出生？我的天啊，从现在算起再有5~6年他就要上学了。这可没有多长时间啊。”我们认识一位在大城市里任职的学校负责人，他对于系统思考涉入很深。他在自己负责的学校系统中确定了一个目标：提高未成年母亲的孩子出生时的体重。他在自己负责的十所高中里，都设立了福利办公室和卫生室，还确保每所学校周围方圆两个街区以内都有一个食品店，配备了婴儿配方食物和维生素，供怀孕的女孩使用。他认识到，要保证“一所学校里的所有孩子都能够学习”，最高效的方法之一是在儿童的早期营养上进行投资。

社区导向的可持续发展的另一个案例，是一个学区在进行情境分析练习过程中产生出来的。这个学区的成员认为，他们可能很快就必须要建几所新学校了，但是他们不大清楚，应该从什么时候开始。这个州的法律不允许他们为未来需求预留过多资金。在屋子里参加讨论的人中有一位建议，把注意力放到提高他们的沟通技能上，以便让税收征收的法案能比较容易地通过。采用这种做法之后，无论经济上的情况如何，当需要增加预算的时候，这所学校都可以获得它所需要的资金。

这时候，负责财务的助理学监说话了：“我认为，我们不应该这样做。如果我们这个社区的经济状况良好，也想为学校投资，那么我们就能通过税收法案。如果这个社区的经济情况不好，那么我们一样也要节俭。我们的工作不是提高我们的融资能力，而是为孩子们多做点儿事情，并且因此改善我们与社区之间的关系。如果我们真的需要这笔资金，他们是会了解的，也会理解其中的原因。”换句话说，她辩称，与其去想自己的社区是由赞同征税和反对征税的人组成的，不如从假定学校系统与这个社区之间存在高度信任开始，并根据这个想法设计自己的预算筹资活动。

具有可持续发展能力的社区具备长期发展的视角，由此也理解他们与教育之间的相互依存关系。社区成员明白，作为个体每一个孩子的成长发展，都取决于这个孩子所受到的个性化的关注。他们在孩子身上投入时间，因为这正是他们想要做的。

我们认识的一位从事专业工作的母亲，给我们讲了一个故事——在一个宝贵的休息日，她带着自己的两个孩子去当地学校的操场上玩。他们路过秋千的时候，看到了一只受伤的猫。他们一起叫来了查利——学校的管理员，查利正好有一个小农场，对动物也很友善。他捡起了那只猫说："是的，看起来它的腿好像是断了。"随后用一个小纸箱为它做了一个窝。

孩子们的母亲提议，由他们把这只猫送到兽医院去，于是就带着她的两个孩子离开了。这时候她看着查利说："我在做什么呢？现在我最不需要做的，就是再找个乱七八糟的事去做。我们在兽医院里至少要花上半个小时的时间。"

"你刚刚让你的孩子们看到的，"查利说，"恰恰是你希望他们长大成人之后，会成为的那个样子。"

第 14 章
自我认知

1. 评价社区里的强弱关系

蒂莫西 · 卢卡斯　贾尼斯 · 达顿
内尔达 · 康布－麦凯布　布赖恩 · 史密斯

你们正要着手展开创新——在你们的社区里为孩子们尝试一点儿新东西。也许你们想要做的，是对社区中孩子们的未来展开一次持续的讨论。你们想得够大，而且也知道只凭自己做不了。你们会从学校以外邀请谁来参加呢？这个练习可以让你们敞开心胸，面对那些此前从未考虑过的种种可能。

目的

帮助学校领导者们（或者其他社区领导者们）进一步认识自己周围的这个社区以及这个社区可以为孩子们提供的资源。

参与者

一个做好准备要去联系其他人的小组。可以包括教育工作者、家长、政府官员、企业主、神职人员以及非营利机构和服务机构。

时间

两小时或更多，也许通过两个或更多次会议分阶段进行。

第一步：列出你们在社区中的强弱关系

在一个规模不大的小组里进行头脑风暴，聊聊学校周围社区中的人和组织，要借助每一位在场的人的知识。

- 谁代表了你们学校或者组织的“支持社区”？有哪些人你经常会请他们帮忙——定期听取他们的建议、与他们开展合作，以及请他们提供财务支持？社区中有哪些人参与了学校愿景的确定和学校规划的制订？有哪些人是你们希望联系的？
- 你们学校里（或者组织中）的孩子们会从哪些人那里得到支持？这或许会包括那些与学校并无正式或非正式关系，但对孩子们的生活却很重要的人。如果你所在的学校是在美国，而学校里的一个孩子每周会给哥斯达黎加或者菲律宾的爷爷奶奶打电话，聊聊学校的事，这位长辈就是你的社区的一部分。
- 孩子们与哪些人通过短信、电邮或者社交网络进行沟通？
- 这家学校周边的邻居是哪些人？有哪些门店要靠这所学校做生意？谁在法律上对学校周边地区的交通、学生安全以及犯罪负责任？这种责任的实际意义是什么？
- 在学校外面，这个社区的学习是在哪里发生的？从前，如果你在学校里问这个问题，回答可能是：“在农场，或者在家里。”

现在，则有了许许多多的其他地方，其中一些在网络空间里。孩子到哪里去闲逛？是在一个公园里吗？是在一个购物中心里吗？还是在街上？是在俱乐部、青少年中心，或者是在一些宗教组织里？在你的社区里，还有哪些有组织的学生活动——公众活动、私人活动、非营利活动、体育或学术活动、季节性及全年性的活动？学生在每一个活动中学习什么？有哪些与这些活动相关的人，应该被添加到这个名单里？

第二步：扩展社区联系清单

你们的清单难免会遗漏一些重要人物，因为你们现在还不知道他们会是谁。因此，扩展这个清单的第一步，是去想象一下那些目前没有在这里参加讨论的个人和组织。以其知识和经验的丰富程度为基础，从中选取 4~5 个。因此，如果你们的房间里有他们在，他们就会代表学校里相当一部分人。他们会如何回答第一步中的问题呢？他们会列出哪些人呢？

另外，也可以在这个时候选择休会，这样就可以采取单独或者一起面谈的方式，直接请其他人帮助你们扩展这个名单。持续不断地在这个名单上增加名字，一直到你们再次碰头，并且进行到第三步。

第三步：列出优先次序

看一看第一步和第二步的所有联系——既包括个人，也包括团体，有哪 5 个联系对于你们最重要？根据三个不同标准，各自列出三个清单：

a. 根据他们与你们这个团队中任何一位成员共享经验的质量，进行排列。在过去，你们中的某个人与他们的工作关系越紧密，你们现在和他们一起创造一个成功项目的可能性就越大。

b. 根据他们的工作对孩子们的重要程度，进行排列。对于大多数学校来说，一位儿童福利工作者要比一个本地企业的采购部主管更有益处。

c. 根据你们与他们的接近程度，进行排列。如果你们在个人层面与他们相识，或者可以建立起某种个人联系，这就会很有价值——即便你们在过去并没有跟他们一起工作过。

现在，再列出一个由 5~10 个关键社区联系组成的新清单，其中的成员是在所有三个清单中最明显的个人或组织。这个清单就变成了你们的出发点。

第四步："他们从哪里来？"

把自己放到第三步列出的潜在关键社区联系所处的角色之中。他们中的每一位如何看待自己的首要使命或者目的？他们最想要的是什么？是什么让他们觉得最想要？

比如，你得出的结论可能是：本地企业领导人想让你们学校培养有合作能力、具备基本读写技能的员工；市议会则希望市中心地区的"周六夜景"明显减少；某个家长团体觉得这个学区以不公平的方式，单独把他们挑出来；还有某个家庭资源中心需要设施，也需要有人为他们推荐学生。

让你得出这些结论的"可观测数据"是什么？如果你不能确定任何直接的、可观测的原因，那么你是根据什么得出这些结论的？

你可能会发现，对于这一部分的练习，进行角色扮演会有帮助。扮演其中一个角色，比如一位宗教领导人或者一位政府官员，向团队中的所有其他人说明，作为这个人"你的"担心有哪些。角色扮演要适当，要保证你自己相信，如果那些人也在场倾听的话，他们觉得自己的看法得到了公平的对待。

第五步：着手建立关系

在这些社区联系中选出几个，作为初步接触的起始点。对于这些选择，要再问三组问题：

- 你要从他们那里得到什么？你看到了哪些他们对社区和学校做出的已有贡献？
- 他们如何看待你们的学校（如果你们不是一所学校的话，如何看待你们的组织）？他们是否意识到了你们为这个社区提供的资源？他们要从你们那里获得什么——他们是否正在获得他们想要的东西？他们为什么想要这些东西？
- 如果他们可以仔细看一看的话，他们如何看你们的学校或者组织？对于社区为孩子开展的行动，过去你们是如何应对的？你们形成了哪些合作关系？你们取得了哪些成果？从你们与其他人的沟通经历中，你们学习到了什么？

比如，你们可能在你们的学校里建立了一个家庭资源中心。现在，以你们清单中的某个社区联系的视角，再看一看这项工作。他们可能会以完全不同的标准，去判断这个中心的重要性。例如，家长们可以从这个中心借书吗？在这里是否可以获得社会服务机构的信息？对于各种不同家庭可能会需要的有关酗酒、性传播疾病，或者是其他敏感话题的信息，中心是否提供了获取途径？这个房间与学校的其他活动是否是分隔开的？中心是否对残疾人友好？中心在这个城镇所处的位置，是否靠近那些最需要它的人群？同时，这个中心是否让每个人都能使用，是否让所有人——无论贫富，都感到受欢迎？

第六步：展开接触

我们曾经看到过，有人把这个练习用作与社区成员会面的开场。以展示你们准备好的清单开始，并用这些内容展开探询："我们觉得，我们已经把你们的担心记录下来了，但是我们不认为我们做得够准确。对于我们说的这些内容，你们有哪些修改？我们把哪些关键人员排除在外了？"

《共同的火：在一个复杂的世界中过一种有承诺的生活》[①]

论及在社区中的生活，实际上我们只有三种选择：一是无所作为；二是由于参与的复杂性感到灰心丧气、悲观失望乃至放弃；三是做出我们的承诺，让社区变得更加美好。如果你像我一样，就有可能会在这三种选择之间踌躇徘徊——这取决于你的能力水平。而这也就是为什么我喜欢这本书。它通过在各种行业工作的一百多个人的经历，传递出个人愿景与共享愿景的力量——当许多人选择放弃的时候，这些人对自己社区的共同利益，保持着他们的承诺。这本书的作者是教育工作者和研究人员，他们写这本书的出发点是他们的共同担忧：随着这个世界变得越来越复杂，随着从前确定的情况变得越来越模糊，人们将会寻求舒适——他们试图去控制复杂性，而非投身其中。如果你对于在更深的层面探寻自己的承诺感兴趣的话——对共同利益的承诺

① （*commonfire: Leading Lives of Commitment in a Complex World*）劳伦特·A. 帕克斯·达洛（Laurent A. Parks Daloz）、谢里尔·H. 基恩（Cheryl H. Keen）、莎伦·达洛·帕克斯（Sharon Daloz Parks）合著（Beacon Press出版，1996年）。

是如何形成的，当面对灰心和悲观时又该如何保持这样的承诺，这本书列出了几种关键模式。

——贾尼斯·达顿

2.“表达是走出压迫的第一步”

辛辛那提市的皮斯利邻里中心（Peaslee Neighborhood Center）：建立本地教育的草根能力

邦尼·诺伊迈尔（Bonnie Neumeier）

皮斯利邻里中心以前曾经是一所小学，现在它的外墙上画上了一片五颜六色的方块，描绘的是围墙里面的各种项目（其中包括学习辅导、音乐、儿童保育，以及妇女支持）。这面墙为市中心的“莱茵河上”地区提供了缤纷的色彩——这个地区就在俄亥俄州辛辛那提市的中央商业区的北面。

在这座城市里，“莱茵河上”是一个极富争议的地区。在这个街区，中产社区与无家可归的人两极并存，高档商业开发与为贫困居民服务的社区商业相互竞争。这里存在着一个代表企业和市政府利益的联盟，鼓吹的是基于市场的行动计划；这里也有一个贫民运动，抵制企业和市政府联盟，呼吁公平和平等。简而言之，这个社区所代表的，是许多美国城市中心街区的一个典型故事。

皮斯利中心是这个地区草根方面不可或缺的组成部分。自 1984 年成立起，这个中心就成为贫民权利的支持中心，涉及的领域包括社会服务、社区教育、为无家可归的人提供居所、房东和租户关系、宗教，以及低收入住房开发。这里详述的皮斯利中心的历史，显示出一个社区组织，特别是当它与孩子们联系到一起的时候，如何在这些年中变得更加活跃、更包容、更富创造力、更有影响力——自成立之日起，这个中心的口号就一直是“大梦想”。邦尼·诺伊迈尔是一位社区领导人，也是皮斯利中心的创始人之一。他所分享的故事，是一群妇女在试图避免这个地区的一所学校被关闭的时候，形成的强有力的愿景。这个故事让我们看到，领导人是如何在你最意想不到的地方出现的。[①]

1981 年时，皮斯利学校还是我们在辛辛那提拥有的最好的学校之一。皮斯利的学生们学习成绩优秀，而他们考试所得的高分，在城市中心的学校中很难见到。教师们非常投入，对于孩子们面对社会问题也很敏感。他们与家长之间相互配合得也很好，尽最大能力提供支持——包括一个存放了大衣和外套的衣柜，以备孩子们不时之需。这家学校很近便，5~8 岁孩子都可以走路上学。当学区委员会宣布关闭这所学校、让孩子转学的决定时，我们都很愤怒。

当时，这个地区已经在积极行动之中，为生存而拼搏。对于辛辛那提市的大多数地区和当地媒体来说，“莱茵河上”这个名字代表的是一种固有的歧见，其含义是美国城市中心区常见的贫困、无家可归和犯罪。但对于我们，这个名字是对于一个地区的认同：这里有着一个持续扩大的草根运动，人们自我激励、共同工作——为无家可归的人提供居所、创造工作机会、提供药物滥用咨询服务、建立食品与衣物银行，以及组织多方努力修复废弃的建筑，并把它们改造成低收入住房。我们在使用这个名字的时候，满怀自豪。我们不仅仅是彼此相邻

① 有关皮斯利和这个地区的其他社区的更多信息，请见 www.peasleecenter.org。

的一些街道和建筑，我们是一个由贫困的阿巴拉契亚人和有色人种组成的真正的邻里社区；我们有支持网络，我们不会让人忽视我们的存在。而我们的孩子们则十分重要。①

有了过去组织各种草根行动的历史，我们自然就会做出尝试、挽救皮斯利学校。我们屡遭失败，但在任何一个草根运动中，付出的那些努力所产生的副产品，可能与这些运动的初始目标同样重要。这场斗争是由妇女们主导的，而在这个过程中，她们遇见了各种各样的新朋友、发现了不同的支持系统，也找到了成为社区领袖的力量。我们共同建立了一个梦想。紧紧抓住这个梦想，让我们走到今天。我希望，如果我们可以记住、分享这个梦想，这个社区中的人们——特别是那些年轻的女孩们，就能够发现她们自己的优势和承诺。

我们的梦想

当时，根据法院裁定，辛辛那提的许多公立学校要面对学校整合政策。这个地区的许多校舍也的确老旧而破败不堪；但是我们不理解，为什么学区委员会要关闭一家现代化、种族融合，又在学习方面获得高度好评的学校。他们告诉我们说，这个学校“招生不足”。我们觉得，是他们制造了这个问题——他们并没有落实执行确定孩子上学地点的既定政策；他们取消了特殊项目，并把参与这些项目的孩子转移到其他学校里去了。现在，他们反倒要我们为他们的决策承担责任。

---

① 为什么这个地区会叫作“莱茵河上”呢？最初是在 19 世纪中期，移民到正在扩张的辛辛那提市中来工作的德国人定居于此，这个地区地处市中心北面，对面是俄亥俄–伊利运河系统中的一条运河。这个地点及其强烈的德国特征，为它赢得了“莱茵河上”这个名字。大萧条期间，阿巴拉契亚人为了找工作迁移到这里，“二战”之后非洲裔美国人加入了进来。

——邦尼 · 诺伊迈尔

许多家长在他们还是孩子的时候，也是到皮斯利学校来念书的。至少他们曾经到过这个叫作皮斯利的机构。1974 年，学区委员会拆掉了有着百年历史、曾经是皮斯利学校的老校舍，并且保证会建设一所新校舍。现在的学校原本只是配楼。当我们要求与学区委员会见面，请他们听取我们关注的问题时，学校老楼的位置上依然是一块空地。我们的担忧之一是这样一个现实：孩子们将会被转到另一家临近的学校——这个学校的考试成绩在学区中排名最靠后，而要去这个学校上学，这些年幼的孩子要多走许多路，还要横跨一条交通繁忙的四车道马路。我们学校的运行如此优秀，教育工作者和家长们有这样好的关系，我们很不理解，为什么这些人要把它关掉。学区委员会的成员们似乎对此有所了解——因为在那次会议上，他们说会让这所学校继续开办下去。我们以为我们赢了。

这是 1981 年 12 月。到了 1982 年 3 月，委员会的成员们违背了他们的诺言，在我们事先一无所知的情况下，他们投票决定关闭这所学校。我们十分沮丧。我们已经失去了 6 家临近的学校，没有一家有重建计划。一天，两位孩子的母亲，凯瑟琳 · 普鲁登丝（Kathleen Prudence）和艾弗林 · 利里（Everlene Leary），到学校接孩子放学的时候，在操场上聊起这件事，她们说：“不能让他们就这么做了，而我们不提出任何反对意见。”我们三个人一起开了一次会，我们说：“我们可以做点儿什么呢？”皮斯利妇女运动就这样诞生了。

我们开始参加学区委员会的每一次会议，要求委员会重新考虑。我们派发传单、贴标语、挂旗帜，因为有许多人连电话也没有。到市中心开会，我们没有乘坐公交车，而是游行走过去。在这个过程中，我们也逐渐变得更聪明了。我们想要了解，为什么要在这个时候，关闭这所学校。我们搜集了过去 10 年关闭学校的记录，用彩色图钉在这个城市的地图上标示出来。很显然，大多数被关闭的学校都处在贫困区，都是类似我们这样的阿巴拉契亚人和非洲裔美国人地区。我们很不喜欢我们看到的这个局面。

我们也了解到，这不仅是出于教育的原因，而且也是对于土地的争夺。我们的学校东面和南面的地区，正在变为高档社区。那些由于业主不在而荒废破败多年的房子，正在进行整修，准备卖给中上层住户。我们这里的许多家庭，都住在这样的房子里，关闭这些学校——无论是否有意，都会有助于把这些人逐出这个地区。在这种局面之下，为了皮斯利学校所展开的斗争，是更加重大的社区自我认知斗争的一部分，也是为了低收入人群的自主权这个基本人权所进行的斗争的一部分。

加入这场运动中的人数逐渐增多。每一次学区委员会会议上，都会安排一个叫作“倾听公众之声”的时间段。每次会上，我们都会带来新的发言人。委员会成员允许我们发泄自己的怒气，但是，他们并不觉得需要做出回应——甚至于连倾听也不需要。我们试图以歧视贫民、歧视非洲裔美国人与阿巴拉契亚文化的名义，获得一个临时禁止令，让学校可以继续开门。

三位非洲裔美国人母亲和三位阿巴拉契亚母亲，向法院提出了诉讼。在调查听证时，法院说根本不存在歧视阿巴拉契亚贫民这回事。如果我们想要状告委员会成员存在种族歧视，就要与已经在俄亥俄州代顿市提起的一项诉讼合并。我们付不起不服判决所需要的诉讼费，只能撤诉。而到了这个时候，学校已经关闭，孩子们也纷纷转到其他学校去了。

我们输掉了这场战斗，但我们并没有真的失败。我们带着一种新的决心和对于妇女声音的力量的一种新认识，重新振作了起来。这些妇女中有些人以前从未参与过我们的运动。我们对于自己居然可以组织一个规模如此大的草根运动，又惊又喜。我们继续见面，继续相互支持，拒绝放弃对一个社区教育资源的重要性所抱的希望。早些时候，我曾经参与过一个项目，筹资购买过一家慈善活动中心——这是一个为无家可归的人提供住所的房子；之后还参与了为这所房子扩建筹资——目的是为了不断增加的妇女和孩子提供住所。于是我说："嘿，也许我们可以再来一次吧。"

我们开始打电话给支持我们妇女运动的那些朋友们和其他人，为的是筹集一些热心捐款，把学校校舍买下来。我们请人评估了这座校舍的估值。我们到学区委员会会议上，出价 15 000 美元作为评估价 125 000 美元的首付款,并且请求他们给我们一年的时间筹集余下的部分。他们说，不行。这个时候，这个本地学区委员会以 1 美元的价格，把校舍送给开发商和其他机构的情况，已经广为人知了——在我们开价之前和开价之后，他们都是这样做的，但就是不给低收入的妇女们。我们没有放弃，我们用 6 个月的时间游说这个委员会，最后他们终于同意把这个建筑卖给我们。但他们更改了标的，新售价是 240 000 美元。

筹资 240 000 美元，这可是件大事。我觉得他们没想过，我们真的会去筹资。然而，他们低估了大家的决心和能量——他们都强烈地感到，皮斯利是一个有着一百多年历史的教育资源，应该保留在这个社区的手里。于是，我们开始筹资，一次 5 美元、10 美元。我们以 10 美元一块的价格，销售"皮斯利的砖"。我们在社区节日期间卖气球。辛辛那提妇女缪斯协会举办了一次义演音乐会。我们也在自问，以这样的速度，是否真能筹到这笔钱，而在那个时候，我们还没有获得大笔赞助的信誉。

我们的愿景让我们的努力继续下去，这一次又是一位女性起了重大作用。我们把情况向大辛辛那提基金会做了介绍，有一位基金会的女员工帮助我们获得了 25 000 美元的赞助——她似乎是因为自己也是女性才与我们联系的。这次赞助的信誉又帮助我们获得了更多赞助，包括从市政府那里获得了一笔社区开发固定拨款。但这时已经接近年底，我们还差 40 000 美元。我们恳求委员会降低他们的售价。最终，他们同意以 200 000 美元的价格出售这座建筑，但他们要我们支付 9 000 美元，作为他们承担的“维修费”，而这段时间里房子里其实空空如也。由于我们自己还没有成立公司，一家社区发展公司以托管的方式，代替皮斯利妇女组织转让契约。邻居们和志愿者们开始对这座建筑进行清扫、刷油漆、修理和装修。皮斯利又获得了生命。

轮毂

我们走过了很长的一段路，但是那些更大的斗争还在前面等着我们。在筹资的那一年，我们组织了一个开发委员会，负责开展社区调查，并且召开会议确定这个地区究竟需要什么。首先开发出来的是“家庭作业室”(Homework Room)，这后来成为我们历时最久的项目。通过与学校合作，这里提供不同的课程辅导，有基础阅读、写作和数学技能，以及其他课后辅助。我们还提供妇女教育项目、儿童艺术与音乐项目，以及供社区召开会议使用的空间。

为了帮助支付运营费用，保证我们不致关门，我们需要将一部分空间租给其他项目使用，比如，日托服务，这也符合我们的愿景。这些年来，各种不同的组织都租用过这所建筑的空间。具有讽刺意味的是，20 世纪 90 年代初期，辛辛那提公立学校委员会也是我们的租客。他们租用的空间用来开办了一家日托中心，为正在完成学业教育的年轻母亲照看孩子。

但就在我们有声有色地运营到第四年的时候，突然发生了几个出人意料的事件，威胁到皮斯利的生存。由于自身内部原因，我们最大的租户撤租了。更糟糕的是，帮助我们托管房契的那家开发公司，在没有告知我们的情况下，就开始招标出售这座建筑。潜在买家们开始陆续跑进来看办公用房，我们最后只好在我们自己的房子周围游行、抗议，高喊："皮斯利不出售。"

我们无法说服这家开发公司不拆我们的台、停止出售这个建筑。于是，皮斯利妇女项目成立了一家公司——皮斯利街区中心公司，然后去申请法院调解。调解员判决我们胜诉——皮斯利是我们的了：不付分文、干干净净。

我们必须要学会制定和管理预算、开发与管理项目，撰写资助申请，以及协调安排在这里工作的许多志愿者。由于有各种不同的项目，我们每年的预算都在增加，但是我认为，我们把钱花在了该花的地方。当你处在捉襟见肘的情况下，你就学会了如何应对。当然，这相当困难。我们主要依靠来自私人基金会的小额赞助和捐款，然而人们似乎更愿意把钱捐给与无家可归的人相关的问题，而不是资助教育。为孩子们筹资，不应该这样困难。我们运营管理的信念是，如果我们把注意力集中到孩子们的早期教育上，就可以防止其他问题的产生和扩大。

虽然我们一直在扩张、变化，但我们始终保持着参与的特征，保持着以社区为本的特征。2000 年之后的几年，我们扩建了这个场所，增添了日托设施。失去福利又要工作的妇女，急需找到安全、合适的地方，照看自己的孩子。她们需要上课前与下课后的服务，也需要婴儿照看和学前服务。照顾这类孩子们的空间，在全国各地都处于短缺状态。这个中心一直在为无家可归的孩子们提供一席之地，这样孩子的母亲就可以去找工作、找住处，也可以得到支持，让自己的生活走上正轨。拯救皮斯利，并且把它买回来作为一个社区教育资源的梦想，与这个地区的人们的一个更大愿景是联系在一起的。“莱茵河上人民运动”致力捍卫的是一项基本人权——低收入人群的自决权。

我喜欢把这场运动想成一个轮毂，而我们的一个个草根运动就是一根根轮辐，它所代表是一种权利：夜晚头上有个屋顶，可以得到各种服务，并且可以负担自己的住房费用。皮斯利是致力于文化和教育的一根轮辐。皮斯利中心的所有项目，为孩子们提供了学习机会，为妇女们提供了支持；它将帮助我们建设一个更强大、更健康的社区，因为这个社区的力量依靠的是每个人的个体成长；而这只有在强大的社区支持的条件下才会发生。

我们有一句口号：“表达是走出压迫的第一步。”如果你能够表达出你的愤怒何在、你的沮丧何在，无论它是一种毒瘾，是一个有虐待倾向的伴侣，还是被人逐出居所，你最终都会因为说了足够多的话之后，而有了转向行动的能力。如果你可以在自己的个人生活中做到这一点，你也就可以在集体行动中对抗不公正。皮斯利尝试着促进表达，帮助人们以任何一种手段——写作、诗歌、艺术，或者音乐，发出他们自己的声音。

从一开始，妇女支持团体就定期会面，为自己提供了一种团结与力量的感受。这时候，我们就问自己：“为何我们一直在做的，就是个人发展和妇女的自我激励，为什么开始我们不成立一个女孩们的小组，帮助她们发现自己声音的力量呢？”这个小组今天还在继续会面，这是一个空间，大家可以聊聊在城市中心做一个女孩的压力。我们会谈到自我尊严，会谈到如何对毒品和性说“不”。我们会写故事，写诗，我们也会谈她们如何重要。就像那些创立了皮斯利社区中心的妇女一样，这些女孩相互依赖。进步的速度是缓慢的，需要很长时间才能建立自尊。这可不是一朝一夕的事情。

3. 在谈话中恢复公民意识

彼得 · 布洛克（Peter Block）

如果你们的学区或城市当局，对于讨论社区议题、探讨产生变革，不感兴趣，或者无法提供资金支持，怎么办呢？假如他们也进行交流，但只是同样的一小批人每每受到邀请，或者只是这样一批人的意见得到倾听，又该怎么办呢？在这种情况下，你们就需要进行一些截然不同的谈话，在这样的谈话中，领导者不一定是那些处于权威地位的人。彼得 · 布洛克是一位作家、咨询师和俄亥俄州辛辛那提市的公民。在20世纪八九十年代初期，他作为一位活跃的组织发展顾问，写了好几部颇有影响的有关学习的畅销商业著作。而后，他逐渐转到公众和志愿者领域，在这些领域中，他提出那些重要的主题，比如，自我激励、呵护、选择担当以及社区和解，获得了更大的反响。他的目标是把变革带给这个世界——通过共识和联系，而非命令与强权。

在我的第一个20年的职业生涯中，我只跟随钱的脚步——就像银行大盗威利 · 萨顿那样。我在私人机构中工作，因为在那些地方比较容易维持生计。

然而，我在1995年得到了一个机会，与一批城市管理人员共事，我一下子就喜欢上了这个工作。管理市政设施和街道的工作繁杂，社区和市民参与的责任更重大，在这两者之间他们如何平衡；当社区中的所有创伤一股脑地都堆到他们桌上的时候，他们怎样应对，这一切都让我十分着迷。我接受了邀请，去他们城市里做各种会议的推进师。

我觉得自己花了一生时间才弄清楚，在私人商业环境应用过的基本方法，对于那些局面应该会有些用处。

20 世纪 90 年代初期，我在“天鹅绒革命”[①]之后，也为菲律宾政府工作过。与我共同工作过的那些人，冒着生命危险去推翻马科斯，最终变成了管理政府的人。那些新内阁成员的能量和承诺，都令人惊叹。在我做推进师的那些会议上，他们在我分派完工作之前，就已经投入这些工作中去了。这些人代表的是某种比他们自己更大的东西，他们寻求的是把民主带给自己的国家，把经济繁荣带给贫困的人民。和一群真正在乎某种东西的人一起工作的感觉，我在这里体会到了。这与在私人机构中工作的感觉形成了鲜明的对照——在那种环境下，人们所做的承诺只是一个人的职业生涯，只是一个机构的经济繁荣。[②]

在社区工作中，我开始理解以命令方式经营与以选择方式经营之间的区别。我开始寻找那些人们从心底里在乎的工作机会。这样的地方有如学校、消防局，以及社区维权组织。对于市民参与的理念和意义，这些组织愿意去探索。社区工作有强大得多的价值驱动力量，大家到这里来是因为他们在乎，我喜欢这样，现在仍然如此。

---

① 天鹅绒革命是和平过渡的革命，指捷克斯洛伐克于 1989 年底发生的政权变更，即由共产主义制度和平地转为新兴的所谓民主制度。——编者注

② 彼得 · 布洛克有关社区的著作《归属的结构》（*The Structure of Belonging*，Berrett–Koehler 出版，2008 年）的主要关注点，是社区如何从碎片化中产生出来。另请参见约翰 · 麦克奈特（John McKnight）与彼得 · 布洛克合著的《丰裕的社区：唤醒家庭与邻里的力量》（*The Abundant Community: Awakening the Power of Families and Neighborhoods*，Berrett–Koehler 出版，2010 年）。布洛克早期的商业著作包括：《完美咨询》（*Flawless Consulting*，第三版，Jossey–Bass 出版，2010 年），《自我激励的管理者》（*The Empowered Manager*, Jossey–Bass 出版，1987 年），以及《呵护：选择服务而非私利》（*Stewardship: Choosing Service Over Self–Interest*，Berrett–Koehler 出版，1993 年）。

他的出版物和工作网页是 www.designedlearning.com。另外彼得 · 布洛克与约翰 · 麦克奈特还有一个有关社区恢复的共同网页 www.abundantcommunity.com。

在这之后，我就搬到了辛辛那提。我渐渐明白，我的生活应该远离我一直在谈来谈去的所有那些东西。当我住在其他社区里的时候，我总是一个客人。我应该成为一个公民。我自愿加入，宣称自己可以为人所用，也找到了一个新的工作方向——与其他一些公民一起开展谈话，寻求在他们的社区里创造积极变革。

公众讨论与学校

并非任何一个公共部门的探讨都具备创造一个全然不同的未来的力量。比如，解决问题的探讨就不会产生真正的变革，这类探讨只会让局面变得稍好一点儿。真正的变革来自思考社区的方式上的转变，来自社区存在方式上的转变。它来自一种面向创造可能未来的新语言。转型变革要关注的是人们的天赋与才能，而非人们的缺陷；转型变革把选择放到人们的手中，而非等待他人转型。一次健康的公众讨论为其他行动拉开了序幕。重新创建公众讨论的本原状态，将会改变社区的方向。

健康的公众讨论涵盖规模大大小小的探讨，其中也包括和自己探讨，以及在媒体上的探讨。与流行观念恰恰相反，媒体并没有创造，也没有控制公众辩论。媒体只是反映了人们已经选择的讨论。这类讨论依靠的是过度报道恐惧、夸张对立观点，以及用报纸头条渲染报复，是在利用社区的创伤谋取利益。公民们缄默无语，也创造了让媒体从人们的创伤中获利的空间。

一个小组

近年来，我一直在与我自己社区中的一些公民共同工作，推动不同的小团队和各种团体之间的谈话，为的是打破消极被动的现状、改变公众讨论的状态。我们把自己的组织命名为“一个小组”。我们工作的重点是采用直截了当的方法，把那些相互之间没有关系的团体聚集到一起来。这与把想法趋同的人聚在一起的做法完全不同——那种做法不会带来变化。[①]

大多数传统公众讨论的另一个缺陷，是人们总想要说说那些“不在房间里”的人。许多人认为，变革必须从别人那里来，仿佛改变他人就会实现他们自己的目标。这样做不会产生力量，只会将力量消耗殆尽。

我们还认为，健康的民主社区，是随着公民的高度参与成长起来的，重点关注的是各个社区及其公民的天赋和优势。通过引发以共同责任、共同担当为基础的健康的公众探讨，我们力图创造出成就另一种未来的可能。当所有努力的目的都是改变学校时，就很容易忽视一个事实：教育我们的孩子是一个社区的职责。在学校以外展开的教育活动，一点儿也不比学校里面少。如果一个社区不能表现出自己的意愿，以自己的力量、在自己的社区之内，为它的孩子们投资，为他们出场、参与，给予他们关爱，未来又能为这些社区带来什么呢？公立学校本身就是一块试金石，测试社区的力量和承诺，也测试社区关照自己的能力。

在学校这个世界里，有关学校改革的主流公众讨论的源头是一系列观念，以为报酬、激励、竞争、立法、新标准以及措辞强硬的说法，可以强化问责，进而提高学生成绩。以我在私人领域中多年工作的经

① 有关“一个小组”以及这个团队通过各种谈话调解与重建社区的工作，可参见www.asmallgroup.net。这个网站里，也包括了一个针对辛辛那提市的重建与和解的社交网络。这个小组认为罗伯特 · 帕特南（Robert Putnam）和约翰 · 麦克奈特的工作对他们产生了很大的影响。有关他们的工作，可参见以下网站：www.bowlingalone.com和www.adcdinstitute.org。

验，我坚信这些观念实际上只是些神话，并不会带来什么变革。[①]

比如，当企业正在尽快摆脱竞争的时候，为什么反而还要鼓吹竞争？商业领域中的竞争正在消失，已经没有多少选择了。埃克森公司与美孚公司合并，是因为这两家公司的领导人都觉得自己还不够大。我看到埃克森公司总裁里·雷蒙德（Lee Raymond）对此解释说，他们不得不通过合并实现规模经营。如果你已经是全球最大的公司之一，而你依然不觉得自己的公司足够大，那么规模就不是真正的问题。其中另有原因，这个原因就是“帝国”情结。

在学校里，对于成绩表现不佳的问题需要更多的关注，在期望和成绩方面要有更高的透明度，对于这些要求其实并无争议。建立竞争的目的是要把“优胜者”和“失败者”区别开来。然而，为什么一个社区要把任何一个孩子归类为“失败者”，为什么要建立一种架构，在制造“优胜者”的同时，制造更多的“失败者”，这让人十分难以理解。

绩效薪酬在商业机构中从未奏效，为什么却要在学校里推行？没有证据表明，任何一个人的绩效会随着可变工资而提升？事实上，已有的证据表明恰恰相反。为什么我们对自己的教师失去了信任。毋庸置疑，的确存在着糟糕的教师和糟糕的学校管理人员，但是在商业机构和其他组织中，也有糟糕的员工和糟糕的总裁。

如果你们像我一样相信，公共教育是机会、民主和公平教育的基石，那么“竞争更多才好”的观念不仅于事无补，它还是所有公共事务的侵害。

---

① 有关重建社区与彼得·布洛克和约翰·麦克奈特的共同努力的更多信心，可参见www.adundantcommunity.com。

重建社区责任

大多数以公众问题（不仅是学校）为题的主流公众讨论，都要求实行严格的问责制，但是这种讨论本身恰恰缺乏它所要求的特征。问责制是愿意承认，你自己已经投身于创造你希望看到变化的环境条件的过程之中——无论是出于受托还是失职。承担责任意味着你做出的选择是关照整个社区的福祉，而并非只关心社区中你自己的那部分。承诺则意味着要愿意代表公众利益做出保证，不期待获得回报，这样的保证也不以其他人的行动为条件。

当邀请代替了命令、政策和协调，当可能性代替了解决问题，当拥有感和原因代替了解释与否认，当异议和拒绝代替了顺从与空话，当天赋和才能代替了缺陷，健康、强大，促成变革的探讨就会发生。

领导人的角色也发生了转变，公民们成为领导，处在一个正式的领导地位，不再是必需的了。目前的主流传统假设是，领导的任务是确定一个愿景、让其他人参与这个愿景，然后通过衡量和奖励，让大家承担责任。但是，在一个健康的公众讨论中，领导的任务是把大家召集起来，并且创造参与的机会。领导者提出讨论题目、发出邀请，然后为前来参与讨论的人们提供空间。领导者拒绝空话，坚持要求大家做出真正的承诺，他们要求大家说“不”，或者说“过”，而非不做承诺，只是说说而已。领导者帮助大家看到种种怀疑与不同意见，自己对每一个问题也并非都有答案。领导力与公民权的首要任务之一，是把那些处于边缘、为人忽视的天赋才能，带入大家关注的中心。

在公众领域推进各种探讨，要比在私人领域复杂十倍。公众领域中的最大障碍，并不是缺乏领导力、资金、专业技能，或者缺乏好项目，这些东西都相当充裕。社区受到的伤害，来自深深地处于底层的碎片状态，来自社会组织的缺乏。此外，大多数人做志愿者，都只是兼职，每当你召集一个会议的时候，无论你的主张有多么好，还是不知道究竟谁会到场。

当下占据主流地位的公众讨论，没有让我们走到一起，而是把我们拆分、隔离开来。这样的讨论不可能修复社区，因为它培育的是个人权利与个人自由，而不是责任与承诺。通过这类主流公众讨论去解决碎片状态的种种做法，只会产生出更多碎片。这样的讨论使得社区自己阻碍自己——它们越是想试着向前走，这种阻碍力量就越大。建立社区的真正努力，在于持续地创造健康的公众讨论，这种讨论将社会网络构建起来，将与其利益相关的所有人编织到一起。这样的工作进展缓慢，也模糊不清，很难马上产生结果。但这正是会带来重大变化的工作。

不同以往的六个谈话

彼得·布洛克

目的

如果你想要在自己的社区中创造变革，就去开启一次谈话。如果你想要改变谈话的状态，就去改变提出的问题。这六个谈话为解决问题和个人担当建立起一种环境。

有影响力的问题都会触发焦虑。所有那些让我们在乎的事情，都会让我们感到惴惴不安。逃避焦虑的愿望，会偷偷带走我们的勃勃生机。如果问题不够尖锐，就不会有力量。

让好奇替代建议。尝试着去启发，而给人建议是控制他人的做法，建议会阻滞探讨。创造一种环境——当人们谈话的时候，它更有可能给大家带来意外的收获。

以下是我与大家一起使用的那些具体谈话，从中寻求在他们的社区中有更多的参与。我们所有人都希望采取行动，创造一个我们相信的未来。大家提出问题的状态非常重要，它或许可让现有的系统保持现状，也可以把另一个不同的未来，带进这个房间。许多以传统角度提出的问题，对于创造一个不同的未来不会起什么作用。

有影响力的问题都是模糊不清的问题。不要尝试清晰定义这类问题的含义。模糊状态本身可以让每一个人把他们自己的、个人化的含义带到这个房间里。

有影响力的问题都是指向个人的问题。所有激情、承诺和联系，是从每个人最个人化的部分中生长出来的。要为这种个人化创造空间。

探讨一：邀请

变革是通过选择产生的。一次邀请提供了选择参与的可能。它也预先告诉人们，如果他们真的来了，就会对他们提出某些要求——他们要去探索的，是深化自己的学习和承诺的各种方法。

当人们来到这个聚会的时候，再说一说那个邀请，然后把它联系到以下这些问题上：

- 是什么让你接受了这个邀请？
- 如何才能让你在这间屋子里全心全意地体会当下？
- 为了让你来到这里，其他人做出了哪些付出（钱、时间、注意力等等）？

探讨二：可能

这个探讨的框架是一个选择——选择进入未来的一种新的可能，

这区别于从不同利益和解决过去的问题出发而进行的谈判。

用于进行个人反思的几个问题：

• 在你的生活或工作的目前这个阶段，或者是让我们得以聚会的这个项目的目前阶段，你正处在一个什么样的十字路口？

• 你能对未来的可能性做出什么样的陈述，才会具有改变社区、激发自己的力量？

用于集体讨论可能性的几个问题：

• 你们大家希望一起创造什么，才会有所不同？

• 有什么是你们可以共同创造，但你自己不能单独创造的？

探讨三：拥有

这个探讨基于这样的一种态度：我们是我们世界的创造者，也是这个世界的产物。探问我们自己：我们对于现状的形成起了什么作用？

• 你打算让这次经历（或者是项目、以及社区）产生多大价值？

• 你愿意冒多大的风险？

• 你打算参与到何种程度？

• 对于整体的利益，你做出了多大程度的投入？

• 对于你正在抱怨或者希望改变的那件事，你过去的所作所为产生过哪些影响？

探讨四：异议

这个探讨始于给大家提供说“不”的空间。如果我们无法说“不”，那么我们说的“是”就没有意义。每个人都需要这个机会，表达自己的怀疑和保留意见——在这个过程中既不需要证明自己，也不需要马上去解决问题。说“不”，是探讨承诺的开始。

- 你有哪些怀疑和保留意见？
- 有哪些你一直搁置不做的事情，你想说“不”，或者是想拒绝？
- 有哪些事你说过“是”，但你的实际想法并非如此？
- 有没有一个你做过的承诺或者决定，但现在你的想法改变了？
- 对于哪些事情，你不愿意宽恕？
- 你心中有哪些别人都不知道的怨恨？

探讨五：承诺

全心全意地向同伴承诺，自己要为整体的成功做出贡献。这是对于一个更大的目标做出的承诺，而不是为了个人回报。要实现你们心中的未来，或许只需要为数不多的几个人的承诺。

- 你希望做出什么承诺？
- 有哪项衡量标志，对你来说有意义？
- 为了整体的成功，你愿意付出什么代价？
- 要让你保持自己的承诺，其他人要付出什么代价？
- 如果你没有遵守你自己的承诺，你要付出什么代价？

探讨六：才能

每一个练习，都以这个谈话作为结束。

人们不怎么谈论才能。大家常常只是执着于缺陷。与其关注弱点——弱点大多都会消失，不如把注意力放到你们所有人带来的才能上、放到如何利用这些才能上，你们会获得更大的杠杆作用。

对于这个谈话进行的方式，要特别关注。大家围坐成一圈。每一个人依次听到其他人表达对自己的欣赏。接受这些表达的人只需要简单地说："谢谢，我很愿意听到这个评价。"不需要对这些欣赏进行任何反思。要禁止讨论弱点和缺点——即便有人需要这种反馈，否则你将面临降低这次谈话的效果的风险。

- 在这个房间里，你从哪一个人那里，获得了什么才能？向这个人做具体描述。
- 你有哪一项才能，一直没有得到运用？
- 你具有哪些目前还不被人了解的才能？
- 有哪些你心存感激的事，你从未说过？

《走出去、向前走：走进不同社区的一次旅程：敢于在今天生活在未来》[①]

《走出去、向前走》这本书的两位作者，是贝尔卡纳研究院（Berkana）的联席总裁。书中描述的是七项创新的社区建设行动：墨西哥高地上一个村庄里的一所自我组织的大学，那里的学生们制造小型技术设备，比如，自行车动力水泵，并由此形成了本地的激励力量；

① （*Walk Out Walk on: A Leading Journey Into Communities Daring to Live the Future Now*）玛格丽特·惠特利，德博拉·弗里茨（Deborah Frieze）合著（Berrett–Koehler出版，2011年）。

另见阿特·克莱纳所著《思想领导者访谈：梅格·惠特利》（*The Thought Leader Interview: Meg Wheatley*，strategy+bussiness, 2011年冬），参见www.strategy–business.com/article/11406?gk=15f1d，以及新斯科舍的阿里亚研究所（the Alia Institute of Nova Scotia），惠特利与弗里茨在这里与她们写到的几位社区领导一起，教授了《走出去、向前走》中的概念，见www.aliainstitute.org。

一家巴西的研究机构设立了“30 天游戏”，参与者们走到一起，改变那些处于衰败之中的社区里的生存状态；一个津巴布韦村庄在由政治斗争造成的饥荒中，致力于农业自给。在俄亥俄州的哥伦布市，人们组成一个非同寻常的网络，变革医疗保健、教育与社会服务机构，以及在南非、印度和希腊出现的这一类开创性行动。这些行动的组织者们走出了束缚或限制自己的思想方式，惠特利和弗里茨所展示的，是任何一个人都可以这样做——这在某些情形之下，可能意味着要调换工作，但无一例外地都意味着在一个人所处的当下环境中转变视角。

——阿特 · 克莱纳

4. 在全国范围内共享一个愿景

新加坡的“重思考的学校、爱学习的国民”运动

陈荣顺（Tan Soon Yong）

许多人觉得，向一个社区提出一个共享愿景实在过于鲁莽。那么可以从这个角度，看看这个共享愿景的故事：23 000 位教育工作者投入一项运动之中，促成了这个全国性教育系统的演变。五项学习修炼对这个过程产生了相当大的影响，部分是由于丹尼尔 · 金（Daniel Kim）和黛安娜 · 科里（Diane Cory）的参与，他们两位都是卓有声望的组织研究专家和实践者，是他们让我们注意到了这个故事。

新加坡是一个不大的国家，以其独特的历史（一个在 1965 年独立的英国殖民地，而后在富于远见但并非以民主治国的前总理李光耀领

导的政府管理之下，成为一个现代化国家）、金融与航运中心的财富，及其对教育的关注——高度重视考试和死记硬背的练习，而广为人知。在本文中讲述的“重思考的学校、爱学习的国民”（Thinking Schools，Leaning Nation，TSLN）运动之前，从这里的学校毕业的学生，被认为在科学与数学方面技能很强，但在创造性和批判思维能力方面低于他们应该达到的水准。当本书的第一版在2000年出版的时候，这个运动还处于在初始阶段；到了2005年，种种变化的迹象已经显而易见了——学校里的孩子正在承担部分管理工作；大学低年级的学生，正在处理一些重大系统问题（比如，针对这个国家生育率持续降低所产生的人口学影响做出规划）；青年企业家正在制造和销售他们自己的产品（包括一种有益健康的巧克力），或者正在管理自己的企业。

这篇文章写于这个运动的早期阶段，其应用范围超越了新加坡本身。它表明以“知行学校”为目的的大规模努力是可以存在下去的。请思考一下这篇文章中提出的种种问题。如果类似的运动在美国伊利诺伊和得克萨斯、意大利、印度或者巴西启动，会怎么样呢？它可能会进行到什么程度呢？它是否会只是一些宣传方面的动作呢？它是否会像新加坡那样，一波接一波渐次展开，形成覆盖全国、深入学校之中的会谈呢？如果实施执行的品质相当重要，那么与只是推行法令条文、政策、就学券或者标准考试相比，这样一类运动是否会给公立学校带来更深层的长期影响呢？

任何一个国家的教育系统只有好的学校才能让它更好。从1997年开始，新加坡的所有学校，一直朝着一个由它们共同孕育的共享愿景的方向前行。这个凝练为“重思考的学校、爱学习的国民”的愿景的设想是，新加坡每一所学校都成为“重思考的学校”：一个充满批判性、创造性的思维和积极活跃、自我主导的学习的熔炉，在这里师生们持续挑战各种假设、提出各种各样的高质量的问题、不断从过去的错误（自己的和他人的）中学习，并在全球范围考察优秀实践，在本地环境中调整应用。在我们看来，“重思考的学校”为一个有着“爱学习的国民”的国家构筑了基础——这里的人民致力于终身学习，并在一个知识型社会和经济中，获得发展。①

TSLN运动是在一次针对教育的战略回顾中展露雏形的，出自大家对未来的高度关注。我们在当时看到的挑战，并非仅仅要面向未来，帮助我们的孩子跟上未来的步伐；而是要教育、培养他们，使他们得以持续不断地准备迎接未来。我们一开始便召集了一个由一些教育工作者和政策制定者组成的委员会（称为“TSLN委员会”），并应用情境规划的方法，识别出与新加坡相关、将会影响我们的教育需求的种种驱动力量、正在出现的趋势，以及关键不确定因素。比如，未来知识的特征显然是快速变化，知识面会更宽，全球各地通过电子渠道都可以获得，并且更加依赖于各种“全球性”语言，尤其是英语。后来，这个想法促使我们将原有课程内容删减了10%~30%，腾出时间来培养高阶思维技能。

接下来展开的是对最终目标的勾画、描述。大约300位教师和政府官员聚集到一起参与一个主题项目，探讨正在出现的社会与全球趋势，探讨大家所期望的未来新加坡教育的各种成果。通过一次次讨论，

---

① 佘蒋妮（Seah Chiang Nee）所著《新加坡变革中的学校：加速生产重思考的劳动人群》（*Singapore's Changing Schools: Stepping Up Gear to Produce a Thinking Workforce*, Sunday Star, 2005 年 9 月 25 日，在Little Speck博客上转发：www.littlespeck.com/content/education/CTrendsEdu–050926.htm）中列出了这些成果。另可参见比尔·杰克逊（Bill Jackson）的系列博客《新加坡的创造运动》（*The Creativity Initiative in Singapore*, The Daily Riff博客www.thedailyriff.com/articles/thinking–schoolslearning–nation–singapores–educatininitiative–409.php）。

人们的普遍共识浮现出来。这是一个奇妙的悖论：培养我们的年轻人去为一个无法预测、变化迅速的未来做好准备的秘密，竟然是回归到教育的根本出发点，对我们年轻人在道德、认知、身体、社会和美学等各个领域进行全面开发。

各种各样的讨论和头脑风暴，产生了许多想法；这些想法最终归结为8个可以掌控的理想结果；它们既是教育的各个主要阶段目标（小学、中学以及大学预科教育），也是正式教育的最终目标。而后，我们把这个目标清单发给了所有学校中的每一位教师和校长，请他们提出意见和建议。在这个过程中，教育部的领导人员所扮演的角色，是放弃传统的领导姿态，并且承认好想法可以从任何一个人、从任何一个地方产生。我们的工作是凝聚一个愿景，它要表达出我们听到的人们的期望，其形式要适于传播。最初，要想做出这样的表达相当困难，但是随着时间的推移，它逐渐开始凝聚成型——并非像拼图游戏中那样，一块一块地拼到了一起；而更像是各种模模糊糊的不同图像渐渐融合起来，形成一幅幅简单明了、细节清晰的图画。

新加坡总理吴作栋在1997年举办的第七届国际思维大会上，第一次介绍了“重思考的学校、爱学习的国民”这个理念。自那时起至今，我们的教育系统中的所有利益相关者对TSLN持续地进行推敲和重塑。任何一个愿景，如果要想让它在明天有机会实现的话，就必须是一个所有参与其中的人们的愿景。

梯次展开实施

为了实现我们期望达到的目标，TSLN委员会接下来就把注意力转向了调整学校的定位，以及整个教育系统的定位。当时，我们马上就要应对的挑战是识别出运行中存在的各种问题。在第一轮讨论中，一个由实践者组成的评估小组获得授权，到各个学校里广泛收集人们的反馈意见。大约 300 名教师和官员组织成了 30 个项目团队，负责找出阻碍实现我们期望的目标的种种政策和习惯做法。这些项目团队有充分自由提出议题，甚至可以提出解决方案。

这些项目团队提交的报告清楚地显示，新加坡正处在一次重大教育模式转变的起点。解决其中存在的许多问题的方法，在于自觉地将教育从效率驱动转向能力驱动，从以学校为中心转向以学生为中心。但这又意味着什么呢？对这个起初并不成熟，也不完整的概念，人们又进行了许多探讨。

我们在启动第二轮讨论时，明确了一个策略要求，我们称之为："能力驱动的教育"。这包括了两个部分。首先，我们要满足个人学习的需求。不同学生的才能，在范围和水平上都有差异，但是每一个人都应该以自己的才能和能力组合，获得优异的表现。表现优异并非意味着在竞争性排名中领先，而是意味着一个人能做到自己的最好。其次，我们则要在年轻人身上培育国家价值观和社会意识，这会帮助他们形成对国家的承诺，并引导他们将自己的才能积极贡献于社会利益。

在第三轮讨论中，我们把这些内容广泛的政策建议，转化为教育部领导人层面的具体项目和实践，并把它们整合到各个不同部门的流程和计划之中。我们为教育部制订了一个协同计划书，并将其作为一个文件面向所有学校发布，以便在学校层面也可以采取同样的行动。我们建立了监督流程和反馈渠道，保证新的想法和措施，既可以从教育部顺畅地传递到学校，也可以从学校顺畅地传递到教育部。我们认识到这一轮讨论的主要特征是内部沟通。各个学校只会拥抱他们自己相信的想法和做法。TSLN之所以可行，是因为它是作为一个共同愿景逐渐成形的，这个理念与教师们培养年轻人的职业责任感完全一致。让教师们理解我们正在整个教育系统中进行的工作背后的原因和意图，非常关键。我们目前还处在第三轮讨论之中，但初步的反馈结果令人鼓舞。在学校领导人层面，已经形成了高度认同，我们相信，对于TSLN的愿景，在学校中工作的教师们也会做出积极的反响。我们面对的挑战，是如何在学校和教育部之间保持有效的双向沟通。与此同时，在教育部工作的人们（以及在学校工作的一些人），正在思考更远的未来——当我们在一个“好学习的国家”中拥有了一个“爱思想的学校”的完整系统后，还将会面临哪些挑战。

|第 15 章|

建立联系

1. 家长之间的联系

圣马丁郡社区的参与过程

罗兰 · 希瓦利埃[①]

下面介绍的，是一种在实践中屡见成效的应对社区问题的方法。学校领导者可以运用这个方法，帮助一个社区全面开发学习能力。家长们彼此之间进行调查访谈，不过这并不是大家常见的社区调研——这个方法把人们凝聚起来，共同学习。每个社区都各不相同，也都独具特色，社区中的人们需要投入进来，一起设计帮助自己的方法。罗兰 · 希瓦利埃曾是路易斯安那州海湾区（距离新奥尔良大约 160

---

① 罗兰 · 希瓦利埃目前是施莱笛中心（Schlecty Center）的高级研究员 www.schlecky.org.

千米）圣马丁郡学区的学监，我们请他反思一下他在这个社区参与过程中的经验。圣马丁郡（路易斯安那州的县统称郡）属于农村地区（总共有 9 000 名学生），70%的家庭生活在贫困线以下。这个方法帮助这个郡解决了一个早期儿童阅读方面的恶性问题，但它也为这个郡的人们带来了一种他们从未有过的自我认知感，还产生了许许多多其他的显著影响。就像你们会看到的那样，希瓦利埃处在这个过程的中心，一步一步地学习如何引领这个过程，但又不对它进行控制。

大约在 1993 年，我们发现自己的社区存在着一个严重问题：在一些小学里，每年有 30%的学生留级。这个糟糕透顶的记录是一个好消息。这里的坏消息是：许多家长、教师和校长都认为，我们目前的所有做法都没有错——尤其是在应对阅读方面有困难的学生方面；我们开的是“提供一次额外机会”的药方，也就是让他们再读一次二年级或者三年级。他们不知道的是，当孩子们在低年级阶段哪怕只留过一次级，他们从高中毕业的机会就减少了一半。如果让他们留两次级，那还不如就此让他们退学，这样的学生几乎没有人会毕业——在我们这个学区和其他地方都是这样。不同的孩子有不一样的发展、成长方式，用一年升一级的方法衡量所有孩子，是以一种不公平的方法评估他们。有些孩子，在二年级的时候阅读能力的进步比较小，到了三年级就会进入正常状态，而到了四年级就会追赶上来。让阅读能力后发的孩子在二年级结束的时候留级，你是在传递这样一个信息：“我们认为你的能力不够”，而你也割断了他们与同龄人之间的关系。

相反，通过给予他们正确的激励，可以激发他们大幅度的进步。比如，在我们的初中里，我们告诉一些从前被“留下”的孩子们，如果他们可以在一年里完成两年的功课，就可以让他们升入自己原先的年级。他们参加了一个特别激励项目，许多人就此重新回到自己原来的那个年级，这些孩子将会从高中毕业。但是，除非我们能够从这个阅读问题最初发生的地方做出应对，从这个郡里年纪最小的孩子入手，否则我们的方案就不会奏效。①

第一阶段：描述社区特点、召集核心团队

如果你把注意力放到“成事”上面，你就能以很少的钱办大事——这是我多年以来一直遵循的人生哲学。这也是我们愿意在各个方面都去尝试的原因之一。当丹佛斯基金会寻找愿意尝试社区参与过程的地区时，他们知道我们会自愿参加，我们一直是这样做的。丹佛斯基金会给我们提供了一小笔资金、两个咨询师的服务，以及一套方法。在此之前，我们也向家长提出过问题，不过水平很粗浅——只是让他们的孩子带回家一张便条。基本上没有人回应，几乎没有人发表出自内心的看法。对于学校、对于自己的孩子、对于阅读，他们的真正感受是什么，我们并不了解。我们需要发现真相。②

我们做的第一步，是在这个社区中的那些最需要帮助的地区找到志愿者。我们列出了所有曾经留级的孩子的清单——从托儿所一直到八年级，找到了他们的家庭住址，并且在地图上用图钉把它们标示出来。凡是发现图钉集中的地方，我们就去寻找关键志愿者——那些愿意加入我们的核心团队，并对我们做出长期承诺的人。幸运的是，我

---

① 在这部分的页下部分标出的“步骤”，是从苏姗 · 菲利伯（Susan Philliber）和莎伦 · 洛维克 · 爱德华兹（Sharon Lovick Edwards）撰写的材料中改编而成的。她们就是罗兰 · 希瓦利埃在文中提到的那两位咨询师。我们把她们列出的“阶段”与这个故事并列，这样你就可以看到，一种通用的方法是如何转化为这个社区的具体需求的。更多有关社区参与的信息，请参见菲利伯研究所（Philliber Research Associate）的网站 www. philliberreseah.com。

② 第一步：召开初步会议，准确定义“社区”的含义，并为以简单易行的方式进行个人访谈制定策略。

是在这个郡里长大的，对于其中的一些区域了如指掌。

我们从一个由6位志愿者组成的委员会开始——所有人都是核心利益相关者，都有不错的信誉，也都了解这个社区的需求。关键是要保证这些人并非都来自学区管理层。其中有些人，比如，本地“领先早教”（Head Start）的主任和一位日托中心的业主，在传统上都曾被视为我们的竞争对手。（实际上，那位早期教育主任对于这个郡中我所不熟悉的部分相当了解，他的参与对于我们一开始就走上正轨起了关键作用。）两位学区总部核心管理人员（课程设置主任和早期教育主管），对于整个过程不可或缺，他们负责完成实际工作。后来，我们又增添了其他成员，其中有“鲜果布衣”公司的人事总监——这家企业是这个地区最大的雇主，一位来自儿童保护的社会服务机构的人士、几所小学的校长，还有一位则来自警长办公室。这个团队成为我们的指导委员会，由他们组织整个过程。[①]

我们需要这个社区毫无保留地敞开自己的心扉，谈谈他们的需要——这意味着要说说他们自己的缺点和弱点。这就是为什么其中最关键的，要由社区里的人们——而非学校官员或者外部咨询师，来起草我们的调查问卷。我们从社区的所有居民中召集了大约40个人——邀请的方式是口口相传，大家工作了几整天，完成了一个调查问卷。我们把企业领导人、民选官员，以及警察部门的人员，都包括了进来。

我们让他们聚到一个房间里，在一起聊了几个小时。我们向他们提出的问题是：“对于这个社区，你们想了解什么？”两位咨询专家负责会议的推进，记录大家的问题，并一步推敲梳理。他们把最终草案

① 第二步：由社区成员组成的一个委员会进行一次讨论，决定问卷调查的内容和特点，以及招募访谈员的最佳方法。

拿回给我们，以便这 40 个人组成的团队可以批准通过。[①]

这个工作的成果是几页纸上的问题，涉及人们所关注的他们社区和学校中的方方面面。在支持他们的孩子方面，他们有什么样的需求？他们如何看待家庭作业？他们希望自己的孩子有什么样的未来？他们担心在自己的孩子身上会发生什么？他们担心自己的孩子会做什么？我们并没有把内容限定在教育上，我们安排了整整一页纸的问题，内容是他们周围的、街道上的以及整个社区的安全问题。其中有几个问题是由警局提出来的。这最终带来的是社区治安方面的大量创新，其中包括在我们的三所高中里安排了“校区警官”。虽然这时候我们还没有答案，所有这些问题本身已经让我和其他社区领导人大开眼界，其中有许多问题，我们自己想不到也提不出来。[②]

第二阶段：绘制社区地图

在这之后，“问题设计”团队建议组织另一个 50 多人的“前线团队”——他们要接受访谈流程的培训，然后挨门挨户地展开访谈——就像人口调查局从前做过的那样。他们要访谈自己的邻居，或者在自己家里举办咖啡聚会。我们有意没有请教师或者学生做访谈。如果教师掌握着你的孩子的未来，你讲出来的话，就会是你认为他们想听到的东西。你更愿意把自己的真实感受讲给一位邻居听。我们的“家长面对家长”的访谈员中有一些人，从来就没有获得过高中毕业证书。他们中的许多人在一开始的时候还不那么自信，直到我们对他们进行了训练：“你介绍自己的时候，就这样做”等等。警长为训练活动提供了

① 第三步：研究/评估专家根据委员会讨论的结果，起草调查问卷。

② 第四步：社区小组审阅访谈问卷，并对最终稿提出建议。

食品，他自己的参与也越来越多。①

我们还在本地“鲜果布衣”工厂的工资支票夹中，附上了一张调查问卷，这家工厂有 2 000 名员工，我们由此获得了大量回应。由于这些人当中很多人不住在这个郡里，我们因此也收到了他们的意见，问我们什么时候会到他们的学区去做调查。②

最后一点是，我们针对教师和学校管理人员做了另一个平行调查，其中的问题都是同样的主题，这个做法把我们带进了一个危险区。调查结果显示，教师和家长在几个关键问题上意见很不一样。比如，家长们对于自己的孩子所抱的期望，要比他们的教师高很多。许多教师则认为家长们对学校不太在乎，或者是不愿意参与学校的事务。但是，98%~99%的家长们都想要参与，他们觉得自己被关在了门外。③

有一个问题是这样的：“你是否相信，所有的孩子都有能力学习？”大多数家长的回答是肯定的。有 62 位教师的回答是否定的。这对我很有启发，我可不希望我自己孩子所在班级上的教师，不相信所有孩子都有能力学习。这对我们的教职员工发展需求方面提出了种种问题。最让人寒心的部分，是家长们对于教师们的态度有相当正确的理解，他们知道，有许多教师并不指望他们的孩子毕业。在我们的整个规划过程中，我们从未想到过这一点。

第三阶段：让社区参与进来

莎伦 · 爱德华兹和苏姗 · 菲利伯这两位咨询专家，对数据进行了分析，并撰写了一份报告。我们原本是要为“前线团队”举行一场“焦

---

① 第五步：社区小组招募访谈员，并向他们介绍社区参加过程的目标和目的。

② 第六步：研究/评估专家培训访谈员，并管理指导访谈调查工作。

③ 第七步：在调查结束的时候，调查团队进行了一次“焦点小组”会议，讨论他们在调查中听到的各种声音。

点小组”讨论的，但我们最终把它变成了一场庆祝会中的一部分。我们把这个报告发给了他们，因为这是他们的报告。我们还颁发了奖品——给最年轻的访谈员、最年长的访谈员（帕丁太太，一位 70 多岁的女士），以及做过最多访谈的访谈员。然后，我们聊了聊我们发现了什么，以及我们可以做些什么。①

比如，有一个意见说，对于在工厂倒班工作的人，缺乏早上 5 点钟开门的高质量托儿服务。上晚班的人则找不到人帮助他们的孩子做作业。听到这些情况，大家就主动自愿提出了一些解决办法。在政府补贴的一个低收入住宅区，一位“前线团队”成员则开办了一个家庭作业俱乐部。这里所有的孩子放学之后，都去这个房子里的一个公共休息室——大孩子帮助小孩子，家长们则轮流负责监督。在组织方面，学校什么都不用管；从事托儿服务的专业人员，也从来没有想到过可以这样做。所有这些都来自当地居民的自我效能感：他们可以做些有意义的事，可以有所作为。②

我们和社区之间的互动，扩展了我们的注意力和方向。它使我们冷静、深入地去思考，这个社区对我们的期望究竟是什么，我们的任务比我们先前意识到的要复杂得多。在应对阅读问题方面，我们对已经见到成效的项目进行了研究，决定采用约翰·霍普金斯大学的阅读项目“人人成功”，这是因为这个项目是家长们想要的。我们扩大了为孩子们提供的医疗服务，现在我们已经有了 3 所学校卫生所，为我们的 17 所学校中的 16 所提供服务。我们重新考虑了我们提出的家庭中心的概念。一年前，为了应对青少年怀孕的问题，我们计划开办一个

---

① 第八步：研究/评估专家根据访谈问卷，建立了一个计算机数据库；并以调查结果和访谈员的视角，为这个社区撰写了一份报告。

② 第九步：研究/评估专家组织会议，讨论调研数据和报告。

场所，让青少年家长们可以在那里完成他们的学业，可以获得日托服务，还可以学习如何抚养和护理孩子，最终可以通过在这个中心工作偿还费用。我们获得了一笔 65 000 美元的资助，还有一个废弃的建筑，可供我们重新改造，我们已经准备开始启动了，但是我们当地的私人日托中心认为，这个做法是试图从他们手里抢夺客户。这对学区委员会的决策产生了影响，他们投票否决了这个项目。如此一来，我们和私人日托服务提供商之间的沟通就变得频繁起来，我们也和早教项目建立了伙伴关系——建立这个关系的基础，是我们在问卷设计团队中与“领先早教”主任培养出来的新友谊。在家长们的强烈要求下，这个中心在 2000 年春天开业了，并且得到了“领先早教”机构的资助。

社区参与的其他收获远远超出了我们最初的意图。来自低收入住宅区的一个团队经过我们的训练，与这个地区其他城镇和企业签订了开展问卷调查的合同。他们还开办了一个课后辅导项目（tutoring program），利用的是他们自己房子里的一间空闲公寓。在此之前，我们曾经在学校里提供过课后辅导服务，但是没有人去。这个项目是如此成功，结果到头来他们找到我们，请我们提供可以帮助他们的教师，但要继续由他们自己掌控和管理。

根据调查中提出的需求，我们开始为在青少年法庭上被判刑的孩子们的家长开办课程。法官们——其中的一位是我们的调查团队的成员，也开始要求家长们参加这些会议。许多家长在规定时间结束之后继续会面，因为这让他们有了一个支持团队。法官们也决定，把所有青少年犯罪的案子交给一位法官处理，这样他就可以保持一定的判决连续性，也可以长期跟踪这些孩子的进展。这位法官碰巧是在圣马丁郡长大的，在我做校长的时候，曾经是我的学工之一。他来自我们锁定的最糟糕的地区之一，但他现在是一个孩子们都敬佩的正面榜样了。

其他各种不同背景的人在通过这个项目相识或者是重新建立关系之后，相互之间还会继续见面。我们开始在每年的感恩节，为这个地区所有教会的牧师举办跨宗教午餐会。在此之前，他们相互之间从不交流，而现在我们却有天主教牧师和浸礼会教士在同一个房间里进餐。第一年的时候，这个聚会没有什么需要讨论的议题——这只是一次大家见面聊天的机会。到了第二年，我们开始寻找可以一起努力的共同问题，比如，帮助孩子们控制自己的愤怒情绪，或者是劝孩子们不要说粗话。①

在这之后，我就采取了一次冒险行动。我邀请这些牧师每个月到学校来参加一次午餐会。其中的两位有他们自己的教区学校，但他们之中没有一个人之前与公立学校有过任何接触。这样的访问改变了他们对于我们的尝试所抱的看法。他们中有些人曾经听到过一些编造的报告，比如，说我们在学校卫生所发放避孕药和避孕套。现在，我们已经形成了一种关系，我们可以邀请他们来访问，看看我们实际正在做些什么。我们从竞争对手变成了同盟，我们也开始在一些项目上进行合作，包括一些员工发展项目。

让它在你的社区获得成功

在开始的时候，所有这一切对于我来说都非常困难，因为我必须要倾听，而不说话，要一位学监掌握这个技能相当艰巨。我必须学会的，是对各种建议保持开放态度、对各种批评做好准备，因为这个社区并不一定认为我提出的答案就是正确答案。况且，我还必须意识到，我不可能事事亲为。就像日托服务是由“领先早教”成功进行管理一

① 第十步：为让所有相关利益者都参与到会谈中来，社区团队规划宣传进程和策略。

样，有时候我必须学会支持那些由其他人运营管理的项目。

我也重新领会到，与社区其他成员建立密切联系的价值。我和警长形成了牢固的个人关系。去年他接受了一笔资助，用来建立一所青少年拘留机构，他在那里建了一个健身房和一些教室。我们现在已经把各自的努力结合了起来，在这里运营了一个为被学校开除的学生们设立的替代教育项目。他提供场地和两名全职警官，我们则负责提供教师和桌椅。同样，他利用调查中获得的数据，引入了几十万美元的赞助资金用于社区治安——以便更有效地组织警力部署。我们还一起设立一个项目，请一些有木工和建筑方面技能的服刑犯人，在学校放假期间帮助我们维修房屋。这相当于每年 250 000 美元的非现金资助，我们则负责支付看管这些犯人的警官们的报酬。

这一切对于他和我们，都没有多花什么钱，但是社区得益。每一个机构所拥有的只是这个社区需求的一半。他开玩笑说，其他的警长对他多有抱怨："现在他们的学监也要他们提供同样的东西了。"

我们与其他社区和企业领导人也形成了类似的关系。我们之间的各种会议进展顺利，我想是因为我们一起经历了这次社区探询。委员会的成员之一是费伊 · 塔克（Fay Tucker)，鲜果布衣的人事总监。在我们五年前举行的一次社区参与会上，她说："你们知道的，我喜欢这样的会议。这是我一起工作过的第一个确实可以成事的团队。"

2."莱茵河上"实习项目

托马斯 · A. 达顿（Thomas A. Dutton）

托马斯 · 达顿是一位建筑师，也是位于俄亥俄州的迈阿密大学牛津校区的建筑学和室内装饰教授；他参与了辛辛那提市“莱茵河上”地区（邦尼·诺伊迈尔文章《表达是走出压迫的第一步》中描述的那个极富争议的地区）的社会公平运动。他是“莱茵河上”地区的迈阿密大学社区参与中心的创始人和主任，还被授予辛辛那提市社区参与终身教授。

尽管我在俄亥俄州辛辛那提市中心区的“莱茵河上”地区感到相当安逸和自在——这是辛辛那提最古老、最贫困的地区，居民主要是有色人种，因其意大利建筑风格在国家史迹名录中被列为历史遗迹，但是想要动摇晚间新闻和晨报中的媒体观念还是很难。“第 18 街上又发生一起枪击案”可能就是我早上喝咖啡的时候收到的头条新闻。虽然我心里很清楚，媒体报道往往颠倒黑白，但这还是会影响我的心情。[①]

然而，对于那些从外地过来、与我一起造访此地的人们来说，比如，加入我创立的这个项目中的大学生的父母，这个地区的状况触目惊心，与之相比，我自己内心中的任何一丝不安也就微不足道了。这些家长协助自己的子女，搬到这个地处城市中心的实习项目中来的时候，总会努力装作若无其事的样子；但他们脸上的表情却表明，他们在内心中正挣扎着想要否决这个决定。我必须承认，我也有担心的时候，有时候我会无缘无故在凌晨四点突然惊醒。这个项目是一个大实验，对于它会有什么结果，我也并非总是心里有底。

---

① 在 2009 年 6 月，由于这篇文章中所描述的创新，托马斯·达顿获得了“校园契约”(Campus Compact) 颁发的“国家托马斯·欧立希公民参与教学奖”，获奖原因是“对服务学习、参与式学术研究和通过协同参与开展的机构与社区变革做出的杰出贡献”。同样是在 2009 年，他创立的中心获得了“建设挚爱社区伙伴”奖的首奖，颁发机构“莱茵河上社区住宅”是一家致力于中低收入市民住宅的一个非营利住宅开发企业。达顿与《学习的学校》一书的作者之一贾尼斯·达顿结为伉俪。

我涉入“莱茵河上”地区的时间，可以回溯到1981年；那时候，我常常带着建筑系的学生们到这里来；回到学校之后，我会安排他们在工作室里完成假想的城市设计项目。从一开始，我就参与到各种运动之中，目的是消除贫困给这个社区带来的障碍和恶名。随着时间的推移，我就和不同的个人与社区团队一起，逐渐建立起了一个关系和信任的网络。

到了1996年，学校里三名大学生请我主持一项设计实践项目。他们在这个项目中，要为低收入居民的一个住宅单位进行改造设计，还要具体实施。另一位学生则要求与我一道工作，开展一个基于这个地区的设计–建设项目，作为他的毕业论文。就这样，我们可以说是有点儿一发不可收拾了，同时进行着几个项目，都是要设计和恢复适于居住的空间。迈阿密大学地处距离“莱茵河上”50分钟路程的另一个县里。我们要在下午一点的时候把学生们装上汽车，开到那个地区，工作到下午五点再开回来，每周三次。①

20世纪90年代末期，我的学生们又把我朝前推了一步。在这之前，他们花了些时间与那里的孩子和其他居民聊了聊。他们说：“我们正在学习许多有关设计、材料和建筑的知识，但我们想要更深入地了解这个社区。”像所有其他城市中心区一样，“莱茵河上”代表的是贫困、种族骚乱、住宅与工作机会的投资缩水，以及深陷困境的学校等一系列相互影响的问题。需要采用的是一种多学科交叉的工作方法。在迈阿密大学的同事与社区组织者的支持下，我们在“莱茵河上”地区，成立了后来被称作“迈阿密大学社区参与中心”（Miami University Center for Community Engagement in Over–the–Rhine）的机构。它的门

---

① 通过美国建筑师协会的“公民建筑师在行动”播客可以下载达顿的采访录像。见www.aia.org/advocacy/local/AIAB051119。

面设在穿过这个地区的一条主要街道上，2002 年 2 月，我们开业了。

启动这个中心并非易事。在大学里，我们必须要和各个专业的教职人员进行多方面的讨论，对于这个中心的目标和使命的起草也几易其稿；要设法获得学校管理机构与学区委员会的批准，还需要提交各种资助建议书，以便获得启动资金。而这都还是最容易做的部分。我很清楚这个社区的人们会有抵触情绪，他们不喜欢有人从大学里空降到一个中心，把这个地区当作一个实验室，把这里的人当作实验对象。对于周围的大学和学院里的学术研究人员拿他们做研究，他们烦透了；对于要他们从一天忙忙碌碌之中拿出时间，帮助别人推进工作，而又得不到任何回报的行为，他们也早就厌倦了。我知道，他们应该参与到形成这个中心的共同愿景的过程中来——这是他们应得的礼貌和尊重；况且从根本上看，在他们没有邀请我们之前，我们就不应该匆匆进去设立这个中心。我心里也清楚，这个邀请应该包括据说是源自澳大利亚原住民的一个格言的内容——在这个社区也常常可以听到："如果你是来帮助我，那你就是在浪费时间。但是，如果你到这里来的原因，是因为你的自由与我的自由紧紧联系在一起，那么就让我们一起工作吧。"

我们的愿景是为大学生、教师与社区组织之间跨学科、跨文化学习的合作创造出各种实实在在的机会，这样的学习还要与社区中现有的社会运动的目标相互交叉。与那些往往是和市政厅、商会等权势机构形成合作的大学-社区行动不同，我们这个中心是由"莱茵河上人民运动"和其他一些组织参与的，它们正在为争取人权、种族权力与社会公平而斗争。[①]我们的使命是把人和生态需求放到社区发展的首要位

① 有关争取人民权利，其他一些人既没有（或者不愿意）看到，也没有听到的另一个描述，请参见苏斯博士所著《霍顿与无名氏》（*Horton Hears a Who*，Random House 出版，1954 年）。

置，并且对把获利动机作为城市社会政策中压倒一切的决定因素提出了挑战。这也把我们的努力与出于慈善和高尚行为的那些项目区别开来——与这些做法不同的是，我们提出了“为什么要有慈善”这个问题，对学生们的自我意识和观念提出了挑战。

我们也对学生和教师的动机提出了挑战，那样的动机往往会导致那些“为了社区成员而做”或者“因为社区成员去做”的大学项目——而不是与他们共同工作。我们反对“帮助”这个词，因为这个说法往往来自“帮助就是解决问题”的心智模式，假设“莱茵河上”社区的人们需要拯救，“专家们”则拥有所有答案。

根据邦尼·诺伊迈尔的看法，这个地区从我们的合作中获得了收益：“事实证明，这个中心是一个美妙的学习空间。这个空间是为了互动会谈而存在的，在这里，各种不同背景、不同种族和阶层以及持不同观点的人，都可以相互见面并且发现彼此之间的共同之处。这个在葡萄藤街上占据明显位置的地方，向这个社区敞开了大门。如果不是这个中心与我们分享其各种联系与资源，把许多著名人物请到这个地区来的话，我们就不可能见到他们，也不可能与他们进行深度会谈。我们的世界扩大了。”①

所有这些在最初就存在了，但这还不够。那些建筑系的学生还是一周三个下午跑来跑去地开展设计–建设项目。我们的一些大型项目，比如一个有两层楼、四间卧室的公寓，用了好几年才完工。我们十分感激“莱茵河上社区住宅”机构的耐心与信任，这是一家拥有这些住宅单元的非营利住宅组织，但是这里的人们应该获得更多的回报。学

---

① 彼得·布洛克在《社区：归属的结构》（*The Structure of Belonging*，Berrett–Koehler出版，2008年）一书中，将这一章的作者和邦尼·诺伊迈尔都列为学习的楷模，这个中心也被列为一个社区资源。

生们也想要做得更多。我一直想要设立一个为期一学期的实践项目，这是一所社会生活学校，参与项目的学生将会住进这个地区。他们的课程中要包括每周至少 15 个小时与这里的为弱势群体提供服务的社区组织一起工作，也要包括一项跨学科研究的课程，讲授用于分析和理解他们每天居住的社区现状的专业工具。

需要再次强调的是，这并非仅仅考虑要获得学校方面的批准。从获得批准的角度来说，我们必须要开展与迈阿密大学的教师与管理人员之间的对话，创立一个由新开设的课程和现有课程组成、可以同时满足项目需要和毕业要求的教学计划，要确定教授这些课程的各个系的能力，要找到保证项目成功运行的必要筹资机制，还要获得更高一层的管理机构的批准。我们也要再回到这个社区中，请求它们提供更多的时间和更大的承诺投入。我们共同工作，在它们的组织中设立服务和实习的机会，并监督执行；我们邀请各方面的社区成员参与到项目的管理与教学团队之中，并请他们负责学生们的项目启动培训和每周的反思周记写作；我们还做出具体项目安排，让学生们可以自始至终地参与到基于社区的运动中去。

在“莱茵河上”生活和学习

“驻地实习项目”在 2006 年秋季开始了，第一批学生有 12 个人。他们大多数都是白人，来自中上收入家庭，在大城市郊区和小城镇长大。其中有 6 位主修建筑和室内装饰，其他学生则主修心理学、哲学、教育和跨学科专业。学生们主修四门课程：服务学习、美国城市历史、家庭贫困，以及社区参与实习。后几批学生的背景还包括工商管理、人类学、艺术教育、言语病理学、家庭研究与社会工作以及地理与城市规划等专业。

这个项目使我们得以深化四项正在进行的、让大学和社区都受益的行动。

- 设计/建造：通过与“莱茵河上社区住宅”机构合作——这是一家非营利低收入住房开发企业，学生们所在的设计/建造工作室，已经和这里的员工以及最终用户合作了15年，为低收入与中低收入居民重建宜居空间。现在，建筑系的学生们每周可以在这个项目上投入25个小时，项目完成速度马上就提高了。我们已经完成的项目里包括两个单亲家庭的住屋，一个自动洗衣和会议空间，从单卧室公寓到三卧室的五所公寓，一个社会工作者的办公与会议室，以及我们的中心本身。我尤其感到自豪的一个项目叫作“葡萄藤上的威尼斯”，是一家由多米尼加修道院经营的比萨及餐饮店，专门雇用不容易找到工作的人。[①]
- 宣传道具：在这个行动中，师生们与社区艺术家一起，根据他们的请求和指导制作了一批展示装置，用来“鼓动”和“宣传”与这个社区的历史和政治意识有关的观点。自1999年起，我们完成了12个展示装置，7项展示设计。这个项目把艺术制作放到了“人民运动”所表达社会变革的策略里，也就提供了各种各样的机会，让社区居民们与更大范围的公众分享有关他们生活与历史的故事。比如，迈阿密大学和肯塔基大学的学生们开展了口述历史工作，与社区中领导人一起创作了“莱茵河上人民运动大事记”，

---

① 更多有关这个设计/建造项目的信息，请参见http://arts.muohio.edu/otr/。“葡萄藤上的威尼斯”在2006年获得了美国建筑师协会辛辛那提分会的荣誉奖。这个项目由8位建筑师、多家承包商合作完成，其中也包括辛辛那提大学建筑项目的学生。

记录了近 40 年的历史。①

• 社区协助：非建筑学专业的学生们，在社区组织中完成他们的社区参与实习。他们或许在一个收容所里工作，也可能是参与妇女创业活动、早期儿童教育项目，以及租客权利保障组织、医疗所，或者其他为弱势群体提供服务的组织。主修师范专业的学生在当地学校中全职工作。所有学生都要参加各种社区组织的会议、在周末做社区服务，并且每周都要准备晚餐招待来自社区的客人。

• 社区宣传：学生们每周还要用 15 小时帮助那些已经在开展行动的社区组织活动。他们或许是为各种社区活动设计海报、喷涂标语，也可能是帮助制订游行计划、组织社区会议，或者是开展一些请愿行动。有一个学期，社区成员、学生和孩子们一起，在一个临时学校的场地上粉刷出了一块橄榄球场地、一块棒球场地，以及四块正方形的场地，孩子们因此在自己古老的校舍进行整修的时候，可以有地方运动。

指导原则

通过“莱茵河上”实习项目，我们在学生、教师和社区学习上，都有很多领悟。这就让我们能够再三推敲，锤炼出了那些在我们工作中不可或缺的指导原则。

• **批判性社区教学法（Critical Community Pedagogy）**。“莱茵河上”实习项目组织起来的学习过程，探索并发现社区生活交

① 更多有关这个设计/建造项目的信息，请参见http://arts.muohio.edu/cce/engagement.html。

会点和特定群体的社会构造。我们仔细考察了对于再现这个社区的现状起关键作用的各种主流意识形态、不同利益与各种机构。

- **权力与知识（Power and Knowledge）**。社会知识的产生从来都是以某些特定群体的声音为基础，以某些特定目的为目的，并存在于各种权力关系之中。我们识别出了由各种特权与内化的压迫构成的学习障碍的各种形态，由这些学习障碍产生的种种屏障，让公正与公平社区的愿景无法实现。[1]

- **社会生活的学校（The School of Social Life）**。创建社区要求人们与其他人以有意义的方式建立联系，学会认识到自己的片面性，也学会质疑他们对于自己、对于他人的深层假设。

- **创造性探询（Creative Inquire）**。受到皮斯利中心的口号“表达是走出压迫的第一步”的感召，我们主张，当对于压迫的分析将人们束缚起来的时候，表达就成为一种更富创造性、更让人解放的做法。

- **政治曝光（Political Exposure）**。由于我们对压迫者–被压迫者的正反馈关系的系统结构进行研究——尤其是阶级和种族抗争在“莱茵河上”与辛辛那提市如何形成其特有形式，我们就在社区中寻找能够对这些结构与关系采取行动的各种办法。

转变与知识

从一开始我就确信，学生们通过这个实习项目，对“莱茵河上”乃至全国许多城市所面临的问题会获得更深入的认识。然而，我没有

---

① 贾尼斯·达顿的硕士论文《学会放下已有知识：组织学习、大众教育、相互交叉的社区故事、领导力和民主》（2006年），以及她持续进行的参与式行动研究，让我学到了“特权是一种学习障碍”这个概念的力量。

——托马斯·达顿

想到他们会与社区成员建立起紧密的纽带关系；也没有想到，这个经历会让他们产生如此深刻的转变。一位学生告诉我，在第一个学期结束的时候，她在回家的路上不得不把车停到路边，因为她实在控制不住自己的眼泪——这缘于她要离开这个社区和她在这里建立的所有关系，因此而感到忧伤。

学期结束的时候，他们的作业是写一篇报告，根据课程教材的内容反思自己的经历。每一年，我都会为那些充满力量和个性的表白感动不已——当他们认识到城市的官员们、企业组织以及州政府和联邦政府，在应对莱茵河上普遍存在的状况上几乎完全不作为的时候，他们是如何与自己的优越感、恐惧和愤怒做斗争的。他们中有许多人开始用不同以往的视角看待生活。贫困变成了真正的现实。投票变得有意义了。普通人的日常生活对他们的影响，让他们自己也感到惊喜。他们向那些无家可归的人学习、向他们的邻居学习。他们打开了自己的心扉和头脑，同情心、同理心油然而生。他们看到了社区，也认识到社区中的各种强大纽带联系和社区要承担的种种责任。而他们也看清了自己中产阶级偏见的固有思维模式。

就在他们挣扎不已，想要理解自己的各种新关系和新知识时，他们开始发现，在他们拥有的心智模式与他们当下的体验之间，存在着某种不和谐。他们认识到，这种不和谐要求他们打破自己的中产阶级意识，并建立起一种新的意识，让他们能够以各种各样的新方式去体验生活。千万不要误会，经历这样一种改变是一种非常艰难的努力，而这样的变化可能也会产生深远的影响。就像一个学生写道：

"在我踏进'莱茵河上'之前，贫困根本就不存在。带尖桩的栅栏、直通独门独院的小路、2 000 多平方米大的草坪，以及各种各样的购物中心把我与真实世界隔离开来。我以为每个人都拥有在美国生活所需要的资源和钱财。我也坚信每个人都应当有经济发展机会的观念。然而，‘莱茵河上’对于我来说，就像球棒击中了一个苹果。所有那些让我觉得有意义的东西都崩溃了。这个经历让我从一个被动消极、事事相信、头脑狭窄的蠢货，转变为这个腐败（世界）里的一个充满质疑、怒气冲冲、主动积极的参与者。”

另一个在最初几个星期里为确定性而烦恼的学生写道：“来到‘莱茵河上’的时候，我自信地认为自己的种种信念是可以永远存在下去的，这些信念从未遭遇过任何挑战。好在我并非不愿接受改变，我只是不相信这种事会发生……每一天都会发生一些让我深思的事……我现在已经成了一个完全不同的人——是我从来不认为自己需要成为的那种人。现在，真正的挑战是如何回到牛津了。”[①]

许多学生发现，要完成重返校园生活的转变相当困难。他们一再告诉我，他们从来没有在像“莱茵河上”那样友善的地方生活过，也从未体验过一种强烈的社区感。他们看到，那些贫困的人和他们的抗议活动都不是一个问题——像媒体和政治家们宣传的那样，而是一种资产。有一位学生，当她身在‘莱茵河上’的时候，曾经因为思念自己的密友和校园而备受煎熬，但是，当她回到校园之后却发现自己对于社区的惦念更深。她选择在毕业之前住进这个地区，每天乘车去学校。她写道：“（这个实习项目）淹没了我的心智和意识，让我根本无法逃避。我时时刻刻都在思考所有这些问题：中产阶级化、城市生活、城区教育、商业开发、种族间紧张关系、阶级冲突、警察派驻以及社区行动主义等，而最好的一点就是，我想要时时刻刻思考这些问题。这与在迈阿密大学上过的许多课程是不一样的，在那里我合上书

① 有关学生们的反思、访谈和媒体报道请参见这个实习项目的网页上的链接：http://arts.muohio.edu/cce/residency_program.html。

本、走出课堂就好了。在这里，我没办法合上书本，况且我也不想那样做。”

社区成员们也认识到，他们与学生们一起建立的各种关系和共同认识都具有重要意义，并且会时常谈起。作为导师和教师，社区的居民们得以分享他们自己形形色色的历史。在这个过程中，他们往往会经历个人的转变，对自己的经历也会形成更深刻的认识。麦克·罗杰斯（Mike Rogers）曾经做过“莱茵河上社区住宅”机构的职员，他和学生们一起工作了三年，把一间空闲的街面房改建成了一个非营利咖啡店。他说：“这些孩子们一下子就改变了我的生活。他们完全没有想法，他们让我指导他们。”

社区活动家邦尼·诺伊迈尔是这个项目的社区联系人，扮演了社区向导、顾问以及团队教师的角色，他也是学生们每周反思报告的指导人。邦尼说：“这些学生是未来的建筑师、城市规划师、社会工作者、社会活动家、记者、教师、企业家和政治家，他们可以把更深、更远的智慧带给我们这个世界，这样人人平等就不仅是一个梦想，而且有可能成为现实。”在学期结束的时候，她会告诉学生们，“你们现在已经是这个地方的一部分了。当你们离开的时候，你们都会把自己的某些东西留在这里；就像我也知道，你们一定会从这里把我们的某些东西带走一样。”

3.“系统思考的篮球教练”

南希·W. 利佩（Nancy W. Lippe）

南希·W. 利佩是洛斯阿尔托斯社区基金会的项目官员，也是四个孩子的母亲；长期以来一直是女子篮球队的教练，也曾经是美国奥运曲棍球队的队员（1980 年）。她描述了，投身于孩子们之中的社区成员们可以如何运用系统思考，来改善自己的参与——不仅是在各项运动之中，而且在任何一项教练或者导师的活动之中。

每年，我都会在邮件里收到这个队员的名册：我的篮球队上的 10 位正在读五年级或六年级的女孩。其中有几个我相当熟悉，其他几个只知道名字，大多数则完全不认识。在为期八周的赛季之前，我们要进行两次练习，然后会每周练习一次。所以，我们总共有 10 次练习。在这段时间里，我的责任是把篮球这项运动教给她们，还要担当比赛的教练；并且到赛季结束的时候，让每一个女孩都了解和喜欢这项运动，同时自我感觉良好——至少我希望如此。

由于这个球队不是选拔出来的，队员加入这项运动的动机也就千差万别——有时候，投入竞争性比赛的意愿并非动机之一。因此，我越是以整体、系统的视野看待这件事情，我们就会越成功。这些年里，我学习到的是，如果我把注意力放到三件事情上，就可以更好地实现我的目标。

a. 把我们的球队当作一个系统——要退后一步，并且要对所有影响我们的因素保持关注。这些女孩的父母替她们报名打球，而这个球队的比赛成绩却要比这 10 个女孩的个体努力之和大很多。这个球队是由各种相互关系组成的一个网络——是球员之间的网络，也是她们与篮球比赛之间的网络，它本身就是一个系统。

我曾经在不止一项运动中，做过几个女孩的教练，这帮助我理解了球队的动态关系。尽管任意一位球员的核心能力基本上保持稳定，她的技能在不同的球队发挥却会完全不同。每一位球员都同时存在于许多不同的环境之中：学校、家庭以及各种课外活动——譬如篮球。比如，我的球队是全球范围的妇女运动能力发展文化的一个子集，也是我们社区中的基督教青年会的运动项目之一；它是发展社会道德的大环境的一部分，还从属于我还没有意识到的其他“方方面面”。在这些相关系统中发生的任何一个事件，都会对这个球队产生影响。每个赛季，我都会把我的球队当作一个系统，绘制一张系统图。随着我对这个系统中所有变量的认识逐步加深（比如，个体球员的各种不同需求），我就得以更好地预见各种问题，做出结构调整，进而成功实现我们所有的目标。

b. **形成我们的共同愿景和使命**。在赛季开始的时候，我把空白的拼图板发给这些女孩，她们要在上面写下自己在这个赛季里的目标，写下自己的优势，也写下自己的不足。女孩们把拼图板拼到一起，我则把这个拼图装订到镜框里。我们会一起谈谈我们在这个赛季的愿景，并在团队的种种目标上达成一致。这些目标通常会包括：玩得开心、学习篮球并且打篮球，以及成为更好的个人球员和更好的团队成员。在赛季结束的时候，我们所有人会一起欣赏这幅拼图，并且看到每一个球员发生的变化——连她们自己都感到出乎意料。有几位把“带球跑”当作自己做不到的事写下来的人，现在开怀大笑了，因为她们自认为已经成为快速突破专家。我总是会提出把这些拼图还给这些女孩，但她们总是会说：“你不能把它拆开——那是我们这个团队。”

c. **形成一个乐于助人的开放系统，**让这个系统在反馈作用下（正反馈和负反馈）快速成长。我的那些最好的球员都具备快速生理反馈系统——她们的身体和心智协同配合很好、反应也很快。当球队比赛成绩开始偏离我们的目标的时候，我们就会打得特别差（或者出乎意料得好），而后“负反馈”就会让我们回到预期的比赛成绩。这样的反馈，常常以生理信号的形式表现出来——球员失去平衡、投球不中等，也会以埋怨其他球员的形式表现出来。

我们根据球队应对反馈的情况，定期回顾我们的目标。也许是一个先前没有竞争性比赛能力的球队获得了自信，要我训练她们进行更富有竞争压力的比赛，也可能是这支球队需要一种强度低一点的教练方式。这种把注意力放到球队的阶段性任务和目标上的方法，保持了整个球队的通力合作状态，而不是让球队分裂成由不满意的球员组成的一个个小团体。当球员之间发生冲突的时候，回顾我们的目标，可以让我们回想起我们整个球队的目的和环境。

有时候，我会把能量流动与各种关系用图描绘出来，让我自己可以看到我们这个球队系统中的不同部分之间如何互动和相互影响。比如，有一位球员初看起来有些懒散。她一开始就把自己放到弱者的位置上，不愿意承担责任，也不敢尽力让自己做到最好，她还花大量时间在洗手间里弄头发。她的态度和成绩对整个球队造成了影响，由于大家以一种负面的方式对她做出反应，就会使她在球场上受挫，这也就打破了球队的流动状态。于是这当然就会形成一个恶性的正循环。随着其他球员对她的脾气越来越大，她就会退缩、回避，给自己的失误找理由。这又会在她的队友那里引发出更多的负面反应，让她觉得更加难为情，更加害怕风险。很快，她不仅会从自己的队友那里得到负面反馈，更会从自己的身体、自己的头脑，甚至从我这里，也得到负面反馈。我自己必须停下来，打破这个反馈循环。

实际上，这里是有一个普通的正反馈循环在起作用。这个循环在这个球员身上碰巧是一个恶性循环，但它也可能成为一个良性循环——我称之为“自尊循环”（如图R1所示）。个人态度有可能带来更好的成绩表现，这会引发更好的球队成绩，进而从其他人那里带来更好的反应，这反过来又会影响这个球员的个人态度。

那么，我应该从哪里下手进行干预，才能把这个循环从恶性变成良性呢？我不能直接改变她的态度，也不能期望其他的队员装作对她毫不在意，我更不能让团队的成绩“围着她转”。我最大的杠杆作用点是增加一个增强循环（R2）——通过一对一的指导，把注意力直接放到她的个人成绩表现上。我们一起确定了目标和期望，这就会对她的比赛表现产生影响。我以鼓励和建设性的帮助方式，对她的比赛表现做出反应，她反过来也会相应做出反应。[①]

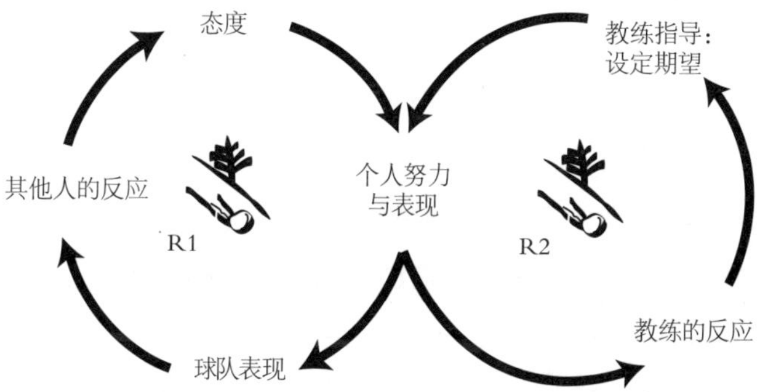

社会学研究专家艾达·霍斯（Ida Hoos）对系统图表与系统图的评论，我铭记于心。她说：它们就像是一件艺术品，我将其创造出来满足我的需求。这些图或许并没有准确地勾画出我的团队，也没有精确描述出我的难对付的队员。但是这些图让我退后一步，寻找那些以其他视角可能想不到的、影响我的球队的因素。不管我画出来的图多么复杂，不管我画了多少个因果循环，我总会把一个复杂的局面简化到某种可以管理的东西。作为一个教练，我只能尽最大努力看到我所能

① 这个系统图根据弗吉尼娅·安德森（Virginia Anderson）和劳伦·约翰逊（Lauren Johnson）所著《系统思考基础：从概念到因果循环》（*System Thinking Basics: From Concepts to Causal Loops*，Pegasus 出版，1997 年）改编。

看到的，同时让我的球员明白，他们并不是一个人，而是一个激动人心、动态变化、相互关联的世界的一部分。

4. 改善商业与教育的伙伴关系

首先，不要伤害

安德烈亚·加博尔（Andrea Gabor）

安德烈亚·加博尔是纽约市立大学（City University of New York）巴鲁克学院（Bruch College）的商业新闻学“布隆伯格教授”，也是 W. 爱德华兹·戴明（W. Edwards Deming）的传记作家（戴明是质量管理与组织学习方面的一位领袖级人物）之一。她出版过多部著作，其中包括《资本主义哲学家：现代商业天才——他们的生活、时代和观念》（*The Capitalist Philosophers: The Geniuses of Mordern Business——Their Lives, Times and Ideas*，Three Rivers Press 出版，2002 年）。她也是“战略与商业”（strategy+business）的特约编辑，她的文章通常涉及商业与教育之间的关系。她在这里讨论的是商业机构涉入教育领域的最优与最差途径。

在一场严重的失业危机中，同时也存在着一个巨大的人才缺口：在全球市场上，从工厂到油田、再到白领工作岗位中，企业正在寻找的是具有科学背景、沟通技能和技术头脑的求职者，这正是许多高中毕业生（甚至一些大学毕业生）不擅长的。这就是为什么商业组织的领导人如此急迫地要求进行学校改革，他们把公立学校看作人才的供应商和未来的孵化器。

大多数这类教育改革——无论是在公立学校、私立学校，还是在各种慈善领域，都基于一套源于传统商业上的习惯做法的核心观念。其中包括学校选择（在学校之间建立起一个竞争市场，包括最新的契约学校的做法）、对学校管理人员进行管理培训、给教师设立激励性薪酬体系以及强化数字技术的使用等。

所有这类改革背后的基本概念，是学校需要“像企业那样”运作，也就是采用高度竞争性的管理风格：设法发现高绩效人员、根除各种形式的浪费、衡量绩效、推行数字化目标、将绩效低下归责于教师工会团体，以及强迫每一个个体每天证明自己的价值。换句话说，他们试图要把一模一样的自上而下、胡萝卜加大棒、服从驱动的管理理念，强加到各种学校头上——即便是在商业企业中，这些管理理念也已经被证明并不那么可靠，并且在许多情况下恰恰适得其反。质量运动的首创者W. 爱德华兹 · 戴明把他们的这种方法称为西方“流行管理系统”，他认为这是大多数商业和经济弊病的源头的看法，也相当一针见血。把这种“命令与控制驱动”（command–and–control–driven）的管理方法转移给学校，对任何人都没有什么帮助。

不仅如此，几乎所有对各种关键改革行动的研究都表明，诸如契约学校行动和教师的绩效薪酬等方法，其结果令人失望，也没有带来改善教育的成果。比如，斯坦福的教育成果研究中心（Center for Research on Education Outcomes）在 2009 年进行的一项调查发现，只有 17% 的契约学校的考试成绩优于传统学校，而其中 37% 的契约学校的考试成绩明显比传统学校差。范德比尔特大学（Vanderbilt University）在 2010 年进行的一项主要研究发现，那些在三年学生成绩改善上获得了 15 000 美元奖金的教师，与没有获得奖金的教师相比，在业绩上并无差异。

黛安娜 · 拉维奇（Diane Ravitch）在《美国学校系统的生死存亡》

中写道："改善教育质量的努力变成了一个会计学方案：先衡量，然后惩罚或者奖励。这个做法在教育工作者中制造的是恐惧和服从，它时常会产生出高分。但是它与教育完全没有什么关系。"

就教育技术而论，基本上见不到有关12年制教育中哪些做法行得通、哪些做法行不通的研究。尽管没有人怀疑，未来几年中技术很有可能会在教育中发挥重要作用，但是对于各种各样的新电子工具究竟如何应用、为何应用的评估，一直以来都因教育技术行业可达5 000亿美元的巨大潜力，一再受到扭曲。许多对于教育改革有浓厚的兴趣的企业——从诸如苹果公司、微软公司、思科公司以及新闻集团，到数不胜数的规模较小的媒体与软件企业，与这里的生意也有利害关系，这也就让人们很难辨别出究竟哪些评估才公平可靠。

所有这一切都很不幸，因为企业领导人可以为教育做出巨大贡献——如果他们能够拿出来的是那些最具协同性、最有创造性的商业思想和行动，而非以恐惧、控制和衡量为手段的管理。这些企业（包括全食公司、HCL公司和Container公司）声称，利润最大化不是它们的核心目标。他们从自己的经验中学到，只要为他们的员工、他们的社区和他们的客户把事情做好，利润自然会滚滚而来。许多教育工作者认识到了这一点，对此也相当欣赏。纽约市教育局副局长沙伊尔·伯莱克-舒兰斯基（Shael Polakow-Suransky）说："如果你尽力去运营的是一个小规模城市这样大的一个系统，你需要各种各样的技能，"他注意到，当这个城市的教育系统几乎完全由教育工作者一手控制的时候，管理状况就是"一塌糊涂"。他补充说，当这个学区在20世纪90年代开始从企业引入人才的时候，最初由于MBA毕业生与教育工作者之间的冲突有些错误的开始，"但我们意识到，我们两方面的人才都需要"。

那么，对于学校改革真心诚意地抱有兴趣的那些商业人士，应该如何应付这样的挑战呢？他们可能起步于，把那些与协同合作、系统导向与改善导向相关的各种管理观念，应用到学校所面临的那些挑战上——这些观念曾经帮助一些企业实现了变革。对于财务上捉襟见肘、承受不了多层管理的学校来说，一个更注重参与的系统是较理想的模式；此外，数字技术已经让管控许多学校系统的那些工作规则变得毫无用处了。一个面向利益相关者的文化同样适用于许多个体教育工作者——在这样的文化环境中，决策是为了组织中各个方面的所有成员的利益做出的，而并非仅仅（为企业）增加股东回报，或者（为学校）提升标准考试成绩；因为使教育工作者获得激励，除金钱之外还有一系列其他因素，其中包括工作保障和做出某种贡献的愿望。最重要的是，把注意力放到包括父母和社区成员在内的利益相关者身上，就会促进教育改革所必需的注重协同合作、面向改善的文化。

在实际操作层面上，这往往意味着为教师和校长们提供新型培训、培育学生和家长都可以参与的创新教育机会，以及在学校和包括潜在的雇主在内的外部世界之间搭建桥梁。

下面这些故事展示的，是可以带来更好的企业-教育合作的一些看法和行动。就像这个领域中总会发生的那样，这些合作也有瑕疵。但是这些故事与许多失败的努力之间的最大区别，就是企业领导人和学校领导人在真正的协作中走到了一起。这些企业所做的不仅仅是捐赠资金和技术，更确切地讲，这些学校和企业展开的是相互之间的学习。

植入领导力培训

2003 年，在纽约市，由企业高管转行当市长的麦克尔·布隆伯格（Michael Bloomberg）与从企业高管和律师转作教育厅长的乔尔·克莱因（Joel Klein）一起创建了纽约市校长领导力学院（New York City Principals Leadership Academy）。这家学院效法的是地处纽约州克罗顿维尔的通用电气公司约翰·F. 韦尔奇领导力中心（John F.Welch Leadership Academy），其初衷是填补这个拥有 1 200 所学校的系统中的合格校长候选人空缺。学院初建时，是一个公众事业与企业的合作机构，有 6 900 万美元预算供机构头三年的运营，资金大部分来自基金会和企业捐款。最初几年，这家学院竭力保持一种恰当的平衡，一边是私营领域的管理意识（比如，把很大精力重点放到招聘具备教育领域以外工作经验的校长候选人），另一边则是全然不同的学校文化。[①]

但第一任CEO小罗伯特·E. 诺林（Robert E. Knowling Jr.）（他从前曾做过企业变革顾问，并在科瓦德电信公司里担任CEO）离任之后，桑德拉·J. 斯泰因（Sandra J. Stein）接任了学院的领导职务，在此之前，她是这个学院的院长。今天，这家学院与纽约市教育局（New York City Department Of Education，NYDOE）签约运营，后者为学院的几乎所有活动提供资金——学院似乎还在企业文化与教育文化之间找到了一种可以持续下去的平衡，部分是由于重视学习的修炼，比如系统思考。

领导力学院的课程计划基本上保持了自 2003 年以来的原貌，主要以一个学校管理的模拟系统为中心的强化培训为主，在每年夏天举办，为期 6 周。这个训练班要求锐意进取的校长们每件事都要去做——从管控一个学校的预算，到为教师们制定职业发展规划。这个模拟软件

① 参见安德烈亚·加博尔所著《公立学校校长领导力原则》（*Leadership Principles for Public School Principals*，strategy+business出版，2005年夏），www.strategy–business.com/article/05207。

还迫使他们面对一些真正的校长们每天都要处理的意外难题，比如，突如其来的预算削减、涉及问题孩子的危机以及怒气冲冲的家长。强化培训之后，在整个学年里都有后续会议，校长们在会议上可以讨论他们在学校里正在经历的问题。

在斯泰因的领导下，这个学院的风气和文化发生了转变，某些传统商业理念也被更加明确的系统导向方法所替代。通用电气的前CEO杰克·韦尔奇不再像早些年前那样到这里来做演讲了，现在这里的讲师们大多都是教育专家。斯泰因引入了“冰山模型”的应用，《知行学校》也成为学院的核心教材。[①]

对数据价值的重视这个主要商业概念之一，也在斯泰因任职期间得到了强化和扩展，列为五项核心领导能力之一。这家学院希望锐意进取的校长们从多个来源获得学生与学习的定性和定量信息，并以改善学生学习表现为目标，思考这些信息的各种内在含义。乔治·福利（George Foley）曾是一位数学教师和学校校长，他在学院中是教授教育数据应用与分析的团队领头人，他常常会敏锐地指出：“只有一个数据”绝对是不充分的。他重点关注帮助校长超越惩罚性方法（根据考试成绩判断学生和学校），进入应用数据识别模式的境界，包括发现问题、亮点和改善的机会。

最近的一个案例是这样的。福利从一家学校收集了全部英文考试成绩，他让大家看到，在 8 位四年级英语教师中，一位教师的出众

---

① 桑德拉·斯泰因在 2011 年因个人原因辞职。目前领导力学院的负责人是艾尔玛·萨多雅（Irma Zardoya），她曾担任位于布朗克斯的纽约第一学区的学监。

2012 年 1 月，领导力学院启动了一项战略规划，内容包括新的问责体系和基于奖金的激励措施，不再强调曾经让这个学院颇具效力的协同学习。如果这项规划控制住了局面，这就会成为一个案例——如果介入其中的合作伙伴们不谨慎从事，来自问责的种种压力就会迫使学习导向的商业—教育合作关系偏离方向。

业绩就可以提升整个学校的成绩。通过仔细观察这位异类教师的做法——她的课程资料、课程计划、会议记录和学生反馈，她的同事们就可以学习如何改善自己的教学。数据是一个“强有力的工具，一种动力”，福利说，“人们在看到数据之后，就会提高自己的工作水平”。以这种方式进行的数据挖掘，也使得改变校长与教师之间的谈话的基调成为可能——这是由于把关注点放到了解决问题上，而不是放到指责教师个人或团队上。[①]

培育技术实验

有许多教育改革者开始把关注点放到教育技术所带来的潜力上，为来自外部的创新技能和创新机会打开课堂的大门。到目前为止，市面上林林总总的教育技术和软件主要针对消费市场和家庭学习市场，不大适合城市中心区的孩子们的需求，也难以运用到公立学校的课堂上。现在，在纽约、路易斯安那和其他地方已经开始进行的一系列实验，试图利用技术来丰富公立学校教育。这些实验中的一部分是在学区与技术公司的合作中培育出来的——比如，与大型计算机网络企业思科系统公司的合作。

在纽约进行的项目名为iZone（代表“创新地带”的意思），它展示出了这类合作关系的希望和困难。这个项目形成于2009年，资金来自本地企业领导人和思科公司，其设想不仅是要帮助各个学校运用最新

---

① 从这个学院的经历中获得的一些关键经验：

• 要保证由教育工作者监督培训的进行，以保持培训的针对性。

• 要在最有针对性的情况下，采用企业人士的指导，比如，在学习应用数据确定问题与改善机会方面。

• 采用同事相互培训、参与式团队活动，以及其他共享观点的方法。

• 通过教师、企业志愿者和学生共同参与项目的方式，把注意力放到结果的实现上。

的计算机技术，更要让它成为一个个温床，培育各种无拘无束、以学习为导向的活动；让学生们、教师们和学校管理人员都受到鼓励，去探索真实世界的技能，并将其与学校的课程融为一体。

这个项目在规划阶段从思科公司 2008 年发布的一份白皮书中获得了启发。这份名为“为 21 世纪培育每一位学习者”的白皮书认为，由于劳动人群处在变化与全球化过程中，多元化的技能与知识获得了高度的重视；其中包括跨文化洞察力、多种语言能力、解决问题的能力、决策能力，以及创造性思考与批判性思考的能力。这家公司和学区的领导人在提到对方时，都互称“思想伙伴”，大家出于对彼此的专业技能的认可而相互尊重。[①]

“思科不是一家教育技术公司，它是一家网络计算机公司。”思科公司的全球运动经理玛丽 · 安妮 · 彼特里洛（Mary Anne Petrillo）解释说，“我们以我们的核心能力帮助各个学区，全面、彻底地考虑它们的流程……并建立它们自己的技术管理能力。”

在iZone项目进行的第一年里，思科提供了数字技术方面的专业培训，也提供了资金。教师们要到位于曼哈顿宾夕法尼亚火车站附近的思科办公楼，参加几轮以各种课堂技术课程的全天培训——其中包括与外部专家召开电话会议、PowerPoint软件的使用，以及视频技术的使用。思科也试图向所有这些学校学习，公司把一批批工程师派遣到学校课堂上，了解教师和学生们如何使用数字技术。

毫无疑问，这其中的确有商业目的；思科当时正在开发一个综合

---

① “为21世纪培育每一位学习者”（*Equipping Every Learner for the 21st Century*），作者达约（思科公司高级事务副总裁），思科公司发布，见 2008 年。http://newsroom.cisco.com/dlls/2008/ekits/Equipping_Every_Learner_for_21st_Century_White_Paper.pdf。

技术门户，面向其他学校系统进行商业销售；其中有不少功能设计是为了让学生、家长和教育工作者更方便地获得课程作业与各种合作学习机会。作为与纽约市教育局合作安排的一部分，思科计划在 2010 年秋季让参与 iZone 项目的那些学校免费使用这个门户。

然而，在 2010 年 8 月，思科的作用一下子降低了；采用的技术也变得非常有限，成为一个只提供现成软件的门户网站。发生这种转变的原因，从未有人完全解释清楚过，纽约市教育局说思科没有按期完成计划。可是参与 iZone 项目的校长和教师们还指望着与思科合作，因此相当失望。就思科而论，这家公司目前仍然是纽约市 iZone 计划的正式支持伙伴。这一类“成长的烦恼”表明，某些复杂的政治、组织和商业问题都可能令企业-教育合作变得相当困难——尤其是这样的合作在一个庞大的学校系统中形成规模的时候。但这也突显了持续对话的必要，对于推动横跨商业和教育领域的各种行动计划的那些领导人来说更是如此。

不久以前，iZone 项目完成了多年以来的第三次重组。这个项目现在是一个分为两个层面的实验，其中 100 多家学校进行的是有限参与——通过纽约市教育局的门户网站选择教育软件。另外有 25 家学校则加入了一项参与程度更高、名为“iZone360”的行动。这项行动目前正分阶段推进一个项目，最终要让每一名学生都有一台笔记本电脑可用，同时以名为“创新教练”的方式，在技术和其他改革理念方面为学校提供建议，并且提供其他支持。

另一个为人所知的思科伙伴合作，被称为“21 世纪学校行动”，这个项目建立于卡特琳娜飓风过后的 2005 年，合作伙伴是路易斯安那州和密西西比州的 8 个学区。在这里，捐赠设备和各种新技术测试，与创新和新型培训的各种机会之间保持平衡。全面参与这个项目的学校系统之一，是路易斯安那州的杰斐逊郡。这是一个拥有 88 所学校、规模不小的城市郊区学校系统，地处新奥尔良近郊，学生们来自不同的收入和种族背景的家庭，许多人住在密西西比河三角洲的低地地区。在飓风与洪水彻底破坏了这个学区中许多学校的校舍之后，思科是提供帮助的第一批企业中的一个。

与纽约市的情况一样，思科公司捐赠了设备，其中包括白板和笔记本电脑（杰斐逊郡政策规定每个学生要有一台笔记本电脑），并免费提供职业发展培训。在这个学区决定聘任一位首席技术官的过程中，思科公司也起了关键作用。儿童与技术中心（Center for Children and Technology）在 2009 年进行的一项调查发现，思科公司与当地学区开展的合作伙伴项目，帮助这个以贫困、黑人和拉丁裔学生为主的学区“启动了一场激动人心的教育变革”。（相形之下，在相邻的新奥尔良市，学校系统大部分被特许学校组织接管了。）①

思科公司坚称，它在商业利益和慈善活动之间保持着一道防火墙。然而，这家企业显然从这个合作伙伴关系中获得了利益。思科公司在这个学区销售了路由器、交换机、视频会议系统，以及其他更多设备。思科公司则争辩说，它与杰斐逊郡的合作伙伴关系代表了一种良性循环——这家公司的企业社会责任项目帮助当地学区明确了优先次序、制定了相关策略并形成了各种专业能力；与此同时，在如何把技术应用到学校方面，这些项目让这家公司产生了新的认识，使其可以开发

① 到目前为止，从这个过程中获得如下经验教训：

• 建立的伙伴关系虽然可以让企业从相关研发中获利，但这个项目中所有部分要对外部人士透明。

• 培养实验，因为并不是总能事先看清那些想法和项目会取得最好效果。

• 对于每一个新技术，都制定深度培训方案，让企业人士与教育工作者共同学习，也相互学习。

出更加有用的产品。

为创新型变革开展合作

最早参与到iZone项目中的学校之一，是位于哈莱姆的“环球技术预科学校”，它是纽约市里的新式中学之一。正巧，这所学校的第一位校长克里斯提娜·拉塞尔（Chrystina Russell）也是“领导力学院”的毕业生。罗素曾是一位特殊教育方面的教师，对于系统思考的概念相当重视，她试图通过与慈善和企业等外部机构合作利用学校的资源。

在学校正式开门之前，罗素开始招聘教师的时候，团队合作就已经是一个明确的目标了。2009年夏天，她召集未来的教职员工定期在她的朋友和同事杰奎琳·普赖斯–哈维（Jacqueline Pryce-Harvey）家里，举行周日早午餐会。普赖斯–哈维是一位资深特殊教育教师，后来成为“全球技术预科”中负责培训的校长助理。普赖斯–哈维是牙买加移民，拥有地理学博士学位，也是一位厨艺大师，曾做过纽约社交名流布鲁克·阿斯特（Brooke Astor）的私人厨师。这些未来的教师们在品尝佳肴的同时，就“全球技术预科”的课程安排、招生方法、新员工招聘标准和在教室中引入技术的策略，展开了头脑风暴。这些早午餐会强化了罗素在后来期望自己的员工们具备的协同性和适应性——她认为这是一家成功学校的关键，也强化了一种不言而喻的认识：大家的教学责任并没有在正式放学时间3：30终止。

罗素培养、发展了一种依赖于校内和校外的伙伴关系的合作文化，但她坚持要求把注意力放到她和她的员工已经确立的核心价值观上，而不是亦步亦趋地追随赞助商们关注的议题。比如，学校里的每一个学生都会收到一个用来做功课的笔记本电脑，这得益于iZone项目和企业捐赠。但罗素和她的员工头脑都很清楚，技术本身不应该变成最终目的，因此，在大多数情况下，软件的作用是强化而不是替代传统教学。此外，与其他一些学校的做法不同，“环球技术预科”在培训上没有聘用外部专家。罗素反倒是决定依赖学校里几位熟悉技术的专家，请他们帮助培训所有员工和学生，这同时也强化了这所学校的合作文化。她还把学校里的一些教师送去参加思科公司在 2009/2010 学年举办的培训班。

除此之外，罗素也加入了“让青少年都有计算机”（Computers for Youth）项目，这个项目免费为贫困家庭提供安装了教育软件的台式计算机以及相关培训，它的目标是教会家长怎样帮助自己的孩子完成学校的功课。她还与一个叫作“市民学校”（Citizen Schools）的非营利课外学习项目展开协作，把“环球技术预科”的上课时间延长到了下午 6 点。学生们在这里得到作业上的帮助和学业上的提高，还可以参加由当地专业人士和企业运作的各种动手实践的学徒项目——其中包括向谷歌派来的工程师学习编程。为了保证参与项目的孩子们得到他们需要的帮助，罗素做出了颇有远见的安排，她指派自己学校里的教师去担任“市民学校”项目的志愿者导师——因为这些志愿者中的大部分人都还在读研究生。所有这些企业和组织形成了一个协同合作的网络，如果它们各行其是，就不可能具有如此强大的力量。

罗素尝试过另一种撬动团队合作和系统思考的方式，是让接受“特殊教育”的孩子融入主流。“环球技术预科”的学生中，有 31%学生经认证确定需要接受特殊教育。罗素把几乎所有这类学生都转到了名为“综合课程教学”（Integrated Co-Teaching，ICT）的班级上，这些班级采用团队教学方式，班上也包括了各种各样的其他学生。大家对此都有一个明确的期望，那就是当这些孩子在八年级毕业时，其中大多数能够到普通班正常学习。

协作在这个努力中所起的作用，在2011年的时候成为引人注目的焦点。这一年，霍斯尼尔·马丁内斯（Josniel Martinez），“环球技术预科”的一位七年级学生，被选中在白宫举行的“数字希望”（Digital Promise）的启动仪式上，为美国教育部长阿恩·邓肯（Arne Duncan）做演讲介绍人。“数字希望”是为促进突破性教育技术的开发而设立的一个全国性中心。这位11岁的多米尼加移民站在演讲台上，面对100多位各界要人，讲述他在刚上六年级的时候成绩一再滑坡，直到学校组织起“整整一支队伍”来帮助他。他解释说，这个团队里包括教他整理技巧的教师们——他们每天检查他书包里的铅笔、作业，以及其他那些在课堂里取得成功必需的东西；“青年计算机”在提供给他的家用电脑里安装了附加软件；还有他的母亲，坚持让他每周三次用教育软件做功课，还要少看电视。他在结尾的时候说：“10年之后，我就要上大学了。或许有一天，邓肯部长还要为我工作呢!”

在较短的一段时间里，“环球技术预科”的协作方式，就产生了令人瞩目的成果。为了自由利用使用计算机的这段时间，很多学生都会提前15分钟到校。在2011年的发展报告中，这个学校得到的评价是A，并在纽约市所有中学的排名中位列前95%。当然，这里还存在着方方面面的挑战：这家学校在英语语言艺术能力（ELA）方面的进步，不如数学方面；在帮助有严重个人或家庭问题的学生方面依然步履维艰。但是，几乎每一位投身于这家学校的各种活动中的人似乎都很喜欢它的方式，在2011年的学习环境调查（Learning Evironment Survey）中，“环球技术预科”在家长、教师和学生满意度方面，得分都超过90%。在最初参与iZone项目的10家学校中，“环球技术预科”也是目前还保持这个项目中的硕果仅存的两家学校之一。[①]

另一个能说明问题的指标，是那些在其他学校被列为“不可救药”却在“环球技术预科”取得成功的学生的人数。这其中也包括一些教师。比如，数学教师戴维·贝兹（David Baez）目前已经被确定为未来的校长人选。他受聘之前就职于布朗克斯区的一家教学状态混乱的学校，一位主管对这位年轻教师的评价是“业绩不良”。但是，某位未来的同事（那时候，普赖斯-哈维在同一家学校担任特殊教育教师）碰巧在这个时候和他同教一个班级，她看到了他的潜力，为他提供了指导，并最终把他带到了“环球技术预科”。现在，一批批的参观者纷纷来到贝兹教的数学课上观摩——他在课堂上把传统教学方法与线上的数学游戏与视频结合到了一起。贝兹还为“环球技术预科”获得了大量捐助。这类相互协同合作、富于创业精神的文化通常是与初创企业联系在一起的，而非学校（或者，就此而论，也非许多大型企业）。这家学校要想持续开办下去，就取决于它在多大程度上，能够更好地继续培养一种协同合作文化——既在学校之内培养，也和外部合作伙伴共同培养。

石油专科学校

在得克萨斯州的休斯敦，公众领域与私人领域的另一个伙伴合作关系正在学校系统与能源行业之间逐渐成形。这家机构的设立，是为

---

① “环球技术预科”的经验的含义：

• 建立非正式聚会的机制，规划创新行动；其中要包括学校领导人、教师以及来自企业的合作者；

• 把注意力放到学校领导人看到的重要问题上；

• 以协作团队的形式，把包括企业和非营利组织在内的多种外部机构整合在一起；

• 培育一种参与式的员工与学生文化，让它与你在自己周围看到的最好的企业文化产生共鸣。

了缓解日趋严重的能源工人短缺。目前，能源行业员工的平均年龄是50岁，而每年从当地的各个学校毕业、具备满足初级岗位基本要求的科学与数学技能的年轻求职者人数却一直在减少。2005年，美国独立生产商协会（Independent Producer Association of America, IPAA）试图通过设立石油专科学校来应对这个问题：这是经过筛选的一批在公立学校中开展的项目，旨在为年轻人提供必要的数学和科学教育，填补油田中初级职位空缺的活动。

到目前为止，IPAA在休斯敦地区的四家公立学校中开设了石油专科课程。这其中包括米尔比高中——这所学校里的学生主要来自贫困家庭和拉丁裔家庭，也包括一所女子学校——女子大学预科学院。这些专科学习提供为能源行业定制的高级就业课程和一些特别项目。教师们需要接受培训，以便协助能源行业的专科要求，在所有课程中定制教学内容。比如，在米尔比高中，在讲授标准的文学课程之外，还要提供“技术英语”的课程，这是为帮助学生注重非虚构文体的阅读和理解而专设的课程。这门课的典型作业，可能是写作一篇有说服力的短文，探讨可再生能源相对于不可再生能源的价值。与其类似的是，代数课程着重教授的是石油行业中的数据分析。

IPAA的教育顾问委员会中包括很多本地的石油、天然气企业人员，这些企业提供资金、实习机会以及来学校演讲的人员。比如，米尔比高中这家IPAA开办的第一所石油专科学校，从壳牌石油公司获得了价值115 000美元的笔记本电脑。哈利佰顿公司则捐赠了价值2 700万美元的地球科学和工程软件，使米尔比高中能够教授这些领域的选修课程。

2011年，米尔比高中的第一批石油专科的学生毕业了。在第一批参加学习的80名学生中，有62名将进入四年制大学学习，几乎所有人都获得了奖学金。大多数没能进入四年制大学的学生，都会去社区大学学习。相形之下，米尔比高中里那些没有参加石油专科的同级学生中，只有 37% 被四年制大学录取，46% 的学生进入社区大学学习。[①]

获得更好的经验

在学校与学区竭力改善 12 年制教育水平的同时，企业与教育机构的合作伙伴关系有可能迅速发展起来。从纽约到得克萨斯以及其他地方，当创新确确实实变成了每个人的任务，就形成了比较成功的案例。就像学校可以从企业那里学习一样，对于教育改革感兴趣的那些企业领导人，最好也从他们想要帮助的学校中学习。他们遇到的种种挑战，以及那些最有成效的解决方法，恐怕都会让他们大吃一惊。

教育工作者与家长必备：媒体基本技能

阿特 · 克莱纳　蒂莫西 · 卢卡斯　布赖恩 · 史密斯　贾尼斯 · 达顿

对孩子们产生影响最大的两个人群——教师和电视节目制作人，相互之间鲜有沟通，或者基本不沟通，这是我们这个时代的教育领域中最具讽刺意味的境况之一。他们说的是不同的语言，对于对方所考虑的要务也一窍不通。以下的这些问题，可以促使你以开放的心态去看各种形态的媒体——电视、电影、报纸杂志、音乐、广告、移动终端、网上游戏、社会化媒体以及互联网上的所有东西，也可以看看在

---

① “石油专科学校”的经验提供了以下这些建议：

- 把企业变革的努力融合到现有课程计划之中，并据此设计招生工作。
- 逐步扩大规模，从几所学校开始，从这些早期启动的学校中学习。

制作人和消费人群的心中，对于这个世界的不同见解。[1]

愿景

a. 我们期望媒体所勾画的教育的形象是什么样的？我们期待在印刷、文字和互联网出版物上看到什么？我们期待在电视和电影上看到什么？我们期待在博客和视频上看到什么——由成年人制作的或者是由孩子们制作的？

b. 在我们教育的孩子们关注的媒体——新闻媒体、小说、电影、电视节目，我们期望这个世界的哪些方面得到反映？

c. 在由孩子们产生出来的媒体中——他们的谈话、视频、照片、博客、微博以及艺术作品，我们希望哪些种类的主题和谈话得到反映？

d. 我们期望对孩子们有哪些保护——针对各种入侵者、网络暴力者、商业利益、陌生人，以及任何人？哪些对于孩子们的保护，应该由家长们提供？哪些应该由学校和社区提供？以及哪些保护，孩子们应该自己学会为自己提供，以及互相提供？

现状

a. 在教室里或者学校里，有哪些现实中的形象（以声音、文字、互动媒体方式，或者是以电影的方式，包括广告和上传视频）孩子们谈得最多？

b. 这些现实中的形象来自哪里？谁制造了这些形象？为什么有人会制造这些形象？（是为了钱？为了某个人出名？为了说服别人？为了表达一种观念或者形象？或者是为了其他哪些原因？）

---

① 目的：在教育工作者、家长、学生和社区成员中，对于媒体的信息、影响和价值，形成更加深入的认识。

c. 制造了这些学校的形象的那些人是怎么想的？对于孩子们，他们是怎么想的？对于生活，他们是怎么想的？

d. 孩子们为什么会喜欢这些形象？这些形象为什么会走红？孩子们以及成年人从中得到了什么？

e. 这些形象有多准确、有多可靠？对于生活中实际发生的情况，这些形象表现得有多好（或者有多糟）？

f. 有哪些可以观察得到的细节（如“推断之梯”中最下面一级所示）让你在这个练习中得出了自己的结论？

交换意见

当你回答完这些问题之后，与其他人的回答进行对比——比如，与你的孩子的回答做对比，或者与自己班级里的孩子的回答做对比。

你们的答案中，哪些是相同的，哪些是不同的？

与媒体探讨

采用脸书、推特和领英，以及网上公众论坛（包括某些由你自己社区中的当地媒体支持的论坛），要比以前与各类记者和作家更加容易进行有成效的探讨，尤其是因为许多本地作家如今是由互联网而为人所知的。比如，如果你对这个练习中前面两个阶段的问题，得到了有趣的回答，你就可以用邮件进行归纳，发给你考虑过的那些媒体的制作人。他们有可能回复，也有可能不回复。但是你会发现，广播和网页制作人对于他们制作的节目的深度批评尤其渴求。通过统计数字和调查，他们可能已经注意到了自己的观众，但他们有可能已经失去了对自己观众的内心感受。因此，他们或许会对于你的提醒不胜感激——尤其是如果你能够让他们看到，你领悟到了他们正在寻求的东西：也就是以某种方式可以准确、有效地与他们试图联系的人们建立关系。

第 16 章
可持续发展教育

1. 造雨者

凯瑟琳 · 布赖尔-劳森（Katharine Briar-Lawson）

凯瑟琳 · 布赖尔-劳森是纽约州立大学奥尔巴尼分校社会福利学院的院长。她与她的同事哈尔 · 劳森一起，逐步在全国构建了一套培育教育复兴的实践。布赖尔-劳森的模式强调相互依存关系，这与那种把学校看作独立机构、把教师看作独自完成全部工作的主流心智模式完全不同。家庭与社区机构是改善学校教育的关键资源，学校则又成为家庭、社会和公共卫生服务人员，以及社区领袖的关键资源。在这个复杂过程中，家庭和孩子实际上变成了关键合作伙伴和共同领导者。

在凯瑟琳亲身参与的所有项目中，“造雨者”（The Rainmakers）恐怕是最出名的了。尽管这里描述的南佛罗里达项目已经停止运作，但它已经在全国成为其他类似项目的典范。凯瑟琳从最初组织这个项目开始就是领导人，这里是她对于这段故事的回顾。

1990 年，由于丹佛斯基金会的介绍，我开始在位于南佛罗里达迈阿密海滩的一所小学里工作，人们都把这所学校看成戴德县（Dade County）最令人头疼的地方，学校周边的街区也很让人头疼。这里 90% 以上的学生吃的是学校提供的免费午餐，要么就是其他廉价午餐。学生家长大多是非法工人（undocumented workers）。这些移民面前是重重障碍，这使他们根本无法与社区里的其他人融为一体。这些居民使用 46 种不同的语言。他们拥挤在一栋废弃的公寓里，他们的房东和城市里的其他市民完全忽视他们的存在。事实上，有些一心想要把迈阿密海滩改造成中层社区的政客和房地产开发商不断威胁他们，说要把他们赶走，但他们别无去处。所有这些都让孩子们感受到巨大压力。他们经常逃学，时常会有“扫街”行动——警察把在街上游荡的孩子一一送回学校。一起虐待儿童致死的悲惨事件引起了媒体关注，他们认为这里毫无希望。①

当时，我们大约有 60 000 美元的工作经费。有了这笔捐款，我们就与一位社会工作者合作，启动一个名为“健康学习者”的项目，协助家长们帮助他们的孩子在学校有更好的表现。起初进展十分缓慢，我们不知道如何才能最好地帮到他们。恰恰在这个时候，爆发了头虱危机，情况非常糟糕，以至于学校一度要停课。一开始，我们采用传统方式应对——试图让白宫下达一项法律豁免，这样教师们就可以给

① 有关贫穷对于教育的影响及其带来的两难困境的更多深入探讨，我们推荐由乔纳森·科泽（Jonathan KoZol）所著《粗暴的不平等》（*Savage Inequalities*，Harper Collins 出版，1991 年），以及乔纳森·科泽所著《瑞秋和她的孩子们：美国的无家可归家庭》（*Rachel and Her Children: Homeless Families in America*，Crown 出版，2006 年）。

学生分发通常必须要处方才能获得的医用防头虱洗发水了。在一个社区联盟的帮助下，我们免费发放了从制药公司获得的洗发水，但是，危机仍在蔓延。

最后还是在我们项目中负责动员家庭参与的一位经验丰富的社会工作者想出了办法。她跑到头虱爆发最集中的地方走访了一些家长，问他们是否可以做我们的顾问。她告诉这些家长，他们才是专家，没有他们的帮助，我们是解决不了这个问题的。

一小群家长应约见面了。他们把自己叫作“虱子克星”（Lice Busters）。他们说问题不是出在豁免权，也不是出在洗发水，而是他们的住处。有些人的家是废弃建筑里只有一间屋子的公寓，地上摆了 18 张床垫，还没有自来水。要想解决这场危机，他们需要吸尘器、洗衣服的零钱、给孩子们理发的剪刀，另外，孩子们还要有做功课的地方。

这和我在全国各地的其他行动中见到的一样，在一些教师和其他提供服务的专业人员眼里，这些家长“深陷重重问题”，但事实证明他们才是真正的专家。他们自己就知道如何解决这个问题，他们也了解阻碍自己孩子学习的各种障碍，可是并没有人去挖掘他们的专业知识。这位负责家庭参与的社会工作者和家长一同着手解决这些基本问题——洗衣服的零钱以及烟熏消毒服务，而不仅仅是洗发水。有哪些孩子接触了这些“造雨者”你可以分辨出来——因为他们理发了。

那时候，他们还不叫“造雨者”，也还没有去探究其中最根本的需求——是各种经济上的压力，让这些家庭不得不待在这样的住处。但显然这些父母不是个例“问题”。对于这所学校和这个社区，他们是宝贵的财富，是一种资源：是一个具有非凡潜能的群体。他们只是缺乏支持，比如一位倡导者，以及提供培训、津贴和职业发展的阶梯。那位社会工作者为这些家长——其中主要是母亲，提供了 40 小时的培训，使她们能成为具备专业能力的社会服务助理、医疗助理、家教助手、教师助理，以及互相支持的资源。她们称自己为“雨妈妈”（Rain Mother），这个说法是“介绍与信息网络”（Referral and Information Network）的缩写。她们都是从南美洲或者中美洲来到美国的，她们喜欢雨的形象，因为雨象征着让现实世界得到洗涤、净化和升华。

“雨妈妈”几乎是立刻就着手开办了一个家庭作业俱乐部，为孩子们提供了一个放学后做功课的地方。那时候就像现在一样，许多学校都抱着“穷人家的孩子缺乏学习动力”的观念不放。但是在人满为患的公寓里，没有自来水，也没法提供学习的地方。家庭作业课堂开放的第一天，我们预计大概会有 20 个孩子过来，结果屋里挤满了孩子，远远超出了校长和所有教师的预期。

对于那些在学校里或者在她们叫作“雨课堂”（RAIN Room）的校办家庭资源中心里工作的母亲，丹佛斯基金会每周提供大约 40 美元的补助，但它的好处远远不止于此。学生们每天都看到自己的父母心怀希望。父母不只是在扮演重要角色，也是在学习如何管理自己家庭支持的社会服务项目。

雨妈妈们接下来着手解决的是缺勤问题。如果一个孩子缺了一天的课，两三位“雨妈妈”就会把当天的家庭作业送到这个孩子家里。这不算是逃学干预，而只是一次邻居拜访。“雨妈妈”会告诉这个孩子，大家都很想念他，她们也在想如何才能帮助他重返校园。她们会对孩子的父母强调，孩子上学真的很重要。因为不上学，孩子接下来会遇到很多麻烦。这项措施立竿见影，一夜之间学校就在整个学区的所有学校中创造了最低的缺勤率。大约就是在这个时候，这些母亲获得了“造雨者”的称号——源自一名为她们的故事撰写系列报道的记者。

接下来这些“造雨者”着手处理的是社区服务问题。起初，我们自以为了解家长和社区需要哪些服务……但我们并没有征询她们的意见。我们把医疗补助和其他社会服务机构带到了这所校办家庭资源中心，可是没有多少人采用这些服务。结果后来发现，这些家长想要的是法律援助和支持小组，应对性和暴力问题。从那之后，她们选择了这些服务，其中的一项主要需求是帮助那些被逐出居所的人找到房子，找来法律援助。

判断“造雨者”的成功

有了“造雨者”和我们一起领导改善工作，我们的注意力就转到了评估方面。在这个几乎没有什么资源的公立学校，学生成绩大幅度提高了，逃学现象也减少了，这些数据也公布于众了。但原因究竟是什么呢？正像常常发生在贫民区中的那样，当居民们获得了权利，并且共同决定他们将要实现哪些目标的时候，总会有旁观者出来对这些结果提出质疑。比如，有些人转弯抹角地说：如果考试成绩提高了，恐怕是有人作弊吧。有些旁观者则在猜想，或许是出于某种原因，有些头脑更好的父母搬到这里来了。一些教师和管理人员将学生成绩的提高归功于科默哲学（Comer Philosophy）和这家学校新近采用的设计(学校发展计划)。还有一些人则认为是与学校有联系的那些服务提供机构的专业干预的成果。

对于某些人来说，将这些成绩归功于这些父母的努力特别困难。但是真实的数据不可否认地摆在那里，让“造雨者”的作用显现无遗。例如，在“功课走访”开始后几个月，缺勤率一下子降到了非常低的程度，所有人都因此认为这个问题已经解决了。这时候，“雨妈妈”就把她们的注意力转移到其他问题上去了。当家访逐渐变少的时候，缺勤率很快又回升了。

好在还有另一所学校，我们可以进行对比。就在 1.6 千米以外，一家企业承诺支持了在另一所公立小学进行的一项广为人知的改革行动。那是一所非常漂亮的学校，教师和学生们热情也很高，投入的经费也远超我们手里的那 60 000 美元。这所新学校里的学生们和“造雨者”学校里的学生们有着相同的家庭背景，但在“造雨者”的学校里取得的成绩至少一样好——如果不是更好的话。

一些教师意识到了这些“造雨者”带来的影响。“当你在课堂上看到一个有问题的孩子时，”一个教师告诉我说，“你看到的只是问题，但是当你参加的会议上有一位‘造雨者’支持者在场的时候，你就可以看到这个孩子身上的压力。于是，我们现在看待这个孩子的方式就改变了。”比如，一个孩子因为母亲是家庭暴力的受害者而彻夜不眠，如果课上的教师和她的“造雨者”敏感地关注到这个孩子的需要，那么这个孩子或许就不需要在课堂上用行动表现出自己的痛苦了。

一个“造雨者”国家

1993 年，在克林顿政府当政 100 天的时候，当时的副总统阿尔·戈尔访问了这所学校，向“造雨者”取得的成就表示尊敬和赞赏。同一年，“造雨者”启动组建了一个非营利组织，这样一来，他们就可以接受捐款，签订合同了。他们当时已经想到要创办一所儿童看护中心，这是属于他们自己的小微企业。他们的愿景还包括，确立一些实践方法和指导原则，让别人可以效仿他们的经验，这就像他们从密苏里州东圣路易斯葛蕾丝山安置房项目等其他自治组织的榜样中学习一样。

比如，他们制定了一个针对虐待贫穷儿童和家长问题的权利法案。他们认为迈阿密海滩的某些机构没有公正地对待这些人。他们的权利法案宣布，一个家庭有征询其他专业意见的权利。比如，每个家庭都有权获得熟悉这个家庭的文化背景的一家服务机构所提供的帮助。各类政府机构和服务提供机构都根据这个权利法案调整了自己的做法，并且接受了培育家庭友好型救助点的使命。

由服务供应商、市长、媒体、教师、管理人员和“造雨者”组成的学校—社区联盟，在迈阿密海滩地区各地持续地解决各类问题。“造雨者”也被大家看作学校和社区里的一支重要力量。在福利改革之后，他们设立了实习制度，那些依靠福利保障生活的人可以通过“造雨者”开始工作，也可以在福利改革的过渡阶段有一定的掌控。他们帮助人们应对飓风灾难、应对被逐出居所带来的困境，以及源于贫穷的各种压力，也帮助人们处理构建家庭友好型学校时遇到的各种问题。①

“造雨者”项目在全国各地得到仿效，至今已有近20年了，我们在今天就能看到，这个项目随着时间的推移给各地家庭带来的影响。我们看到曾经野性十足、暴力倾向严重、进过监狱的孩子，满心欢喜地回到了学校，并且投身于社区服务工作。我们也一再看到，一旦

① 有一部操作指南，内容包括不少练习与各种资料，可以用于开发你自己的“造雨者”风格的实践。请参见凯瑟琳·布赖尔–劳森、哈尔·劳森、鲍比·J. 鲁尼（Bobbie J. Rooney）、维基·汉森（Vicki Hansen）、丽萨·G. 怀特（Lisa G.White）、M. 埃莉斯·拉蒂纳（M. Elise Radina）与卡伦·L. 赫佐格（Karen L. Herzog）所著《从父母参与到父母授权和家庭支撑：学校社区领导人资讯指南》（*From Parent Involvement to Parent Empowerment and Family Support: A Resource Guide for School Community Leaders*，Danforth Foundation and Institute for Education Renewal at Miami University出版，1997年）。另请参考凯瑟琳·布赖尔–劳森，哈尔·劳森，C. 科利尔（C. Collier）和A. 约瑟夫（A. Joseph）所著《学校联系的综合服务：前途光明的开始、经验成果精选以及未来挑战》（*School–linked Comprehensive Services: Promising Beginnings, Selected Lessons Learned, and Future Challenges*，Social Work in Education, Vol 19, 1997年），第136~148页。

“造雨者”的关注停了下来——当这些孩子无法从自己的社区中得到人们的帮助和指导的时候，他们就可能会回到先前的、缺少建设性的生活方式中去，因为抵消他们承担的所有压力的平衡力量不再存在。

培育人们关爱自己的社区，为他们在职业与教育方面搭建获取成功的阶梯，以及放手让他们自己去做——这些“造雨者”的基本技能，在应对美国贫困社区里的一些最严重的顽疾方面取得了成功。我曾经与一些专业服务组织合作，解决毒瘾新生儿的问题，我们组织了大量资源支持家长们的求助和戒毒，但是申请参加的人却寥寥无几。但就在同一个社区，我们培训了一批正在戒除快克可卡因、恢复正常生活的家长们，让他们做专业助手。他们会在凌晨 2 点钟的时候去敲邻居家的门，他们会说：“你和我曾经一起吸毒，我现在已经呈HIV阳性了，我失去了对自己孩子的抚养权，但你还有希望。”从那以后，闻讯而来的人络绎不绝。

“造雨者”项目的毕业生们开辟了属于他们自己的事业。事实上，他们成功的基础与许多专业人士开出的“药方”恰恰相反。当下社区和学校面临的诸多挑战都是由多系统相互作用形成的，并且与贫穷关系紧密。因此，解决问题的方案也相应地必须是多系统的：在经济上和职业上要赋予他们选择权，要以当地居民的专业经验为基础，要由那些社区里土生土长的人做领导。当你把那些家庭和个人当作依赖于你的客户去对待，认为他们毫无希望，责备他们做人失败的时候，你就堵塞了他们的自我救赎之路。而当你看到他们的能力，尊重他们的专长，并为他们在经济上和工作机会上提供支持的时候，你就会得到一种强大的资源，它能够让卓有成效的学习和重要的变革成为现实。

设计一个“造雨者”项目时要提出的问题

凯瑟琳·布赖尔-劳森

a. 在你所在的学区里，在孩子们的需求方面，在他们的课堂学习问题与课堂行为问题的各种原因方面，家长和家庭的主导心智模式是什么?

b. 这样的心智模式是否会阻碍学生在课堂上学习与成功?

c. 教育者必须要改变哪些心智模式，才能获得家长和家庭的支持?

d. 需要在课堂上为教师们建立哪些系统架构，才能让他们得到快速服务，并对急需帮助的学生做出快速反应?

e. 需要制定哪些标准，才能为处境最艰难的孩子们、年轻人和家庭建立和强化高质量的服务？[①]

罗卡公司（Roca Inc.）[②]

真实、信任与转型

罗卡公司是一家在全国得到广泛认可的社区机构，它致力于帮助那些自由散漫的、被剥夺公民权利的年轻人摆脱贫困与暴力。罗卡公司最初创建于马萨诸塞州切尔西市，它基于经过25年锤炼形成的一系列策略方法——针对如何帮助那些“没有任何其他人想与其共事”的人，另一方面则是与工业时代学校截然不同的学习氛围。罗卡公司有

① 目的：教育工作者、家长、市民共同工作为社区工作奠定基础。

② 参见www.rocaine.org。

近百名“青年工人”，其中很多人从前是在街上寻衅滋事的黑帮成员。他们的各种项目覆盖了各种各样的生活技能和专业技能，其中还包含针对那些基本上没有就业能力的年轻人的、综合性早期就业项目。在罗卡公司工作的许多青少年和青年人本来是会蹲监狱的，或者不到 20 岁就会命丧街头；然而，他们却来到了社区，完成了大学四年的课程；找到了工作，已经在经济上独立了。同样重要的是，他们变成了构建健康社区的强有力的贡献力量——切尔西市警察部门和社会服务部门都可以证明这一切。

罗卡方法基于一套有关吸引“高危”年轻人参与和转变的不断演化发展的理论。他们的网站上写道：“当他们通过紧密而积极的关系重新参与进来，他们就能够在生活技能、教育和就业方面获得竞争力，这让他们从有害的生活方式走向经济独立。”为达成这个目标，这个组织坚持三项主要原则：

• 真实：“我们真实、坦然地面对年轻人身边的每一件事，他们生活中的挑战，以及那些尽管艰巨但有可能发生的改变。”

• 信任：“我们承诺通过各种关系建立信任，也承诺要长期保持这些关系。”

• 转变：“我们为年轻人参与生活技能、教育和就业提供机会。更重要的是，无论多么困难，我们都满怀希望。”

最终：“我们所做的一切都是关于对人的爱，我们相信人人平等，人人皆能成功。”

罗卡公司精通系统思考和组织学习的方法，这里的员工在执行总监莫莉 · 鲍德温（Molly Baldwin）的带领下持续不断地推敲、测试他们的方法，这是罗卡与其他组织之间最主要的区别。截至 2010 年，他们每年帮助的14~24岁的年轻人大约有900人。他们网站是一个重要的资源，在上面可以找到他们的理论和方法的见解、数据和证据，它也证实所有人都能学习——包括那些不被社会上大多数人接纳的人。

——彼得·圣吉

2. 公众参与

突破人们在思考与互动时的种种传统方式

埃伦·布斯切尔（Ellen Bueschel）

埃伦·布斯切尔博士在农村、郊区和城市的学区里都做过学监，这样的经历不多见。她目前在俄亥俄州迈阿密大学教育领导力系任教。她在任职于不同学监岗位期间，挤出时间接受研究生教育，并将五项修炼的思想精髓与工具，结合到自己的学校管理工作和大学研究工作之中，产生了深远的影响。埃伦在这里讲述的是她在伊利诺伊州罗克福德组织公众参与的经历。这座人口约为150 000的工业城市，20世纪八九十年代饱受创伤，这一方面是由于制造业工作机会的丧失，另一方面则是由于一场持续几十年、双方针锋相对的废除种族隔离制度的案件。在这次工作中，布斯切尔和其他领导人学会了如何从“告诉这个社区他们已经做了什么决定”，转到通过公众参与重建学校与社区。

在联邦地方法院责令在各个学校中废除种族隔离制度之后的17年中，罗克福德学区（Rockford school district）“一方面公开进行着一些令人发指的种族歧视活动，另一方面又以微妙狡猾的手段进行着另一些活动，以至于把种族歧视提升成了一种艺术形式”，1993 年，当地联邦地方法院法官在一份判决书中这样写道。这份判决书的起因，是一起由家长群体提起的民权诉讼，法官在这份判决书中要求联邦法院对该学区进行监管。要等到 8 年之后，由于一场这个国家里最富争议的废除种族歧视案件之一，法庭才会允许这个学区完全摆脱联邦法院监管。在联邦法院监管的这段时间里，这个学区还要经历一系列最终造成分裂的学区委员会选举；围绕校车、学校停课、学校重开的颠三倒四的政策变化；税率是由地方法官设定，而非选民批准；学区必须支付几百万美元的律师费和法院要求的运营费用；第一位非洲裔美国人学监的合同无法续签，而他的白人继任者则遭到解雇。

你可以想象得出在这个社区中充斥的那种敌意——愤怒、怨恨、伤害，以及种族和阶级偏见。在一些学区委员会会议和社区会议上，参加会议的人出于愤怒跳上桌子互相指责。许多好心人希望这一切马上结束，但是这个结构的问题太大了，实在很难改变。①

尽管联邦法院在 2001 年解除了对这个学区的联邦司法监管，但是和这个判决一起到来的是一个颇为沉重的警告：“在此应毫无疑问的是，如果学区委员会利用从联邦司法监督免除中获得的自由，歧视少数族裔学生，公然违背联邦法律，那它就是将自身投入新一轮严厉的司法诉讼之中。我们相信，在支付了 23 800 万美元之后，学区委员会

① 法官判决书的内容摘自《那些在乎的人》(*People Who Care*, et al. v. Rockford Board of Education, 851F. Supp. 905. N.D. Ill 1993)。有关这个故事的基本概况和时间表，请参加杰夫 · 科尔基（Jeff Kolkey）所著《种族歧视诉讼案长期困扰这个城市和学校》(*Discrimination Lawsuit Haunts City, School*, Rockford Register Star, September 12, 2009)，见 http://www.rrstar.com/news/x1420198361/Discrimination–lawsuit–haunts–cityschools–20–years–later。

已经吸取了教训。”①

2003 年，当我到罗克福德学区担任为期一年的临时学监时，近 30 年来根据法院命令进行的废除种族隔离，已经极大地损害了这个社区达成一致的能力——哪怕只是一些小事。人们相互之间不以礼相待，已经有许多年了。许多人觉得自己没必要去扮演公民的角色，因为学校中的所有问题都不再是社区的问题了，那都属于联邦法院。然而，如果他们不能找到一种办法，下决心对这些学校的未来做出各种决定，那么种族隔离的旧态复萌就真的可能会在天边时隐时现。

但是在那个时候，罗克福德一点儿都不具备应付这些问题的能力。况且，它的各种问题也不仅仅是有关学校的问题了。在旷日持久的废除种族隔离制度时代，罗克福德丧失了自己的制造业基地，而这个社区长久以来的中产蓝领强镇的形象也随之而去。学校和社区共同面临着很多巨大挑战。此时已经到了要把这些问题交还给社区的时候了，也就是交到它们原本的归属。这个城市的人们再也不能“把负担转移到”那个法院头上了——把它当作一个借口，不与自己社区的学校接触。他们不得不自己面对那些艰难的决定了。

作为临时学监，我有一年的时间。我知道我们需要很多、很多的帮助。

挑战自己的假设

当罗克福德学区委员会要我回去担任一年临时学监的时候，我当时正在俄亥俄州迈阿密大学的教育领导力系任教。我对罗克福德的情况相当熟悉，20 世纪 90 年代我在那里做了四年助理学监的工作，也

① 《那些在乎的人》[*People Who Care*, et al. v.Rockford Board of Education, 246 F. 3d 1073 (7th Cir. 2001)]。

曾短期担任过临时学监。学区委员会答应，如果我回到那里工作一年，我还可以继续做我的公共参与研究，并且可以把罗克福德学校社区作为一个实验场。我觉得当时我正在研究、并且正在为学校管理人员授课的有关公共参与的各种方法，或许可以在这个社区中促成积极的会谈。

在罗克福德以外的学校管理职业经历中，我曾经在中西部一个很小的农村学区担任过学监，也在马萨诸塞州的一个城郊学区里担任过助理学监和学监。到了这个时候，我已经深知社区参与对于学校的重要性。罗克福德有 29 000 名学生，比我先前曾经工作过的那些学区都要大得多，也更加都市化。然而，无论在地区特征上有怎样的差异，所有学区和它们的社区都有一个共同特征——它们都是自己社区里所有公民的思想方式和这些人之间相互影响方式的产物。

我在中西部的那个农村学区里第一次担任学监职务的时候，初次亲身经历了这种情况。在我上任一个月之后，学区委员会告诉我，我们要通过最近的一次选举，投票决定是否向纳税人征税 1 490 万美元用于运营。我那时刚刚拿到教育管理学博士学位，在学校也学过教育财务管理的课程，我心里想："这一定是疯了，没人这么干。"我问学区委员会的成员们，他们是否仔细考虑过，这次选举对于那些纳税人意味着什么。他们显然比我更了解社区的情况。他们回答说："如果我们不去试着了解一下的话，也就一无所知。"然而，这意味着一位委员会成员和我在投票之前拜访了社区里的每个家庭。我们跟大家说为什么需要这些钱，还要回答他们的问题。我不仅见到了那个社区中的每一个人，还参加了镇上的每一个活动（为了不违反州投票法的规定，我只能按小时和分钟休假）。在投票日那天，为学校运营征税的提议第一时间就通过了——即便在当时，这也是很少见的。我心里想："专家就到此为止吧。”我从那时就意识到，作为一名学校管理人员，你必须了解你自己的社区。这对我来说是一个重要收获。

几年之后，在我刚到马萨诸塞州的时候，我觉得在这个社区里的四所小学中，至少需要关掉一所，或者还可以关掉两所。说起来，它们都同处于一个12平方千米的人口稠密地区，其中一所学校已有近百年历史了，这一次，还是那位专家（也就是我自己）不知道自己在说什么。在这个社区里，每一所学校的校长认识每一个孩子、每一个家长和每一个家庭。与建议关闭学校恰恰相反，我们提出的是一个大胆的计划——要求参与投票的人只用一次投票批准新建四所学校的资金计划。参与这个计划的建筑师认为这不可能发生，问我们如果收税得不到批准，是否有备选方案。我告诉他说，我们没有备选方案，但这个计划在第一次投票中就会通过，结果也是这样的。这个计划可以通过投票的原因，在于我们倾听了这个社区的声音。拥有四家新学校的愿景是他们的愿景，不是我的，也不是学区委员会的。

有时候，专业知识和技能会让学校领导人对自己社区里的声音充耳不闻。我们通过培训，熟练掌握了公关和营销的技巧。我们撰写报告和新闻稿，准备预算与行动计划，都是为了要把学校的事向公众讲清楚，为了要把驱动运营的领导目标向公众说明白。我们发起宣传攻势，要求增加税收，我们把为我们提供更多资金的想法“销售”给社区成员。但不幸的是，在公众关系和市场推广中，交流只是单向的，其意图是影响公众，控制思想的流动。相形之下，如果采用的是民主的方式，领导者与市民和社区机构的接触与交流就成为关键。由于有了参与，沟通就成为双向循环。这样就营造了这个社区构建自己愿景的能力，也造就了领导者服务公众的能力。

公众参与要求学校在传统运营模式上发生转变。要从依靠专家转向更多自治——这恰恰是这个国家立国的基石，也是公众与公立学校之间契约的基础。公众参与还要求人们改变看待孩子们的视角——从仅仅把他们看作学生，转向把他们看作更大社区的组成部分。真正的公众参与——无论是在学校里还是在其他地方，要求人们制定各种策略，以便让一个社区中各个方面的人都参与到建立共同基础的持续探讨之中。①

学校的公众参与涉及几个问题："我们想要为我们的孩子争取什么？我们如何共同努力，才可以帮助他们成为好学生、好公民？如何才能让学区里的所有学生掌握更多的知识，取得更优异的成绩？"

在罗克福德，我有一年时间启动这样一种进程。幸运的是，镇上有一所高度重视公众参与的文理学院——罗克福德学院。我联系了这个学院的院长，和他一起探讨了我的想法，他马上表示非常愿意加入，后来市长也参与了进来，于是我们三个成了合作伙伴，一起策划一个让社区参与到自己的学校中来的过程。在各种公众场合和不同的讨论之中，我们都会反复强调关注改进公立学校的紧迫性，反复强调关注服务所有学生的需要的紧迫性。我们三个人都有一些公众参与的经验，但我们一致认为，这个吵吵闹闹、反复无常的环境，最终还需要有一个经验老到但与这个社区毫无联系的推进师来把控。由于我一直在使用由丹尼尔·扬克洛维奇（Daniel Yankelovich）开发、"公共议程"（Public Agenda）组织采用的一个达成公众决定的七阶段模型，于是我们就邀请公共议程组织的威尔·弗里德曼（Will Friedman）来帮我们准

① 有关那些在吸引他人参与中可以用到的强有力问题，请参见康布-麦凯布、坎宁安、哈维和克夫所著《学监实践手册：学习领导者指南》（*The Superintendent's Fieldbook: A Guide for Leaders of Learning*, Crown 出版，2005 年，pp. 261,305）。

备我们的公众论坛。[①]

达成公众决定的过程

达成公众决定是这样的一个过程：一个社区对一个议题进行充分讨论，以便为下一步行动达成一种工作共识。扬克洛维奇的七个步骤可以分为三组主要状态：

第一组状态：提升觉悟（CONSCIOUSNESS RAISING）

- 开始觉醒：人们承认问题的存在，但缺乏立即采取行动的紧迫感。
- 更大的紧迫感：人们形成了必须要采取一些行动的冲动，这往往由焦虑触发。

在这两个阶段，媒体与各种传统公关策略都有助于吸引公众关注这些问题。如果问题比较复杂、艰深，那么将这个问题与马上就可以想到的严重关切联系起来会有帮助。（比如，预算与学校安全之间究竟有什么联系？）一定要牢记“要事优先”原则：如果你希望他们关注你心中的要事，你就必须让他们感到，你了解他们心里所想的轻重缓急。

第二组状态：逐步推进

- 努力获得各种解决方案：将心中萦绕的种种担心，转变为开

① “公共议程”是一家超党派的观点研究和公众参与组织——请参见www.publicagenda.org。有关他们的七阶段模型的描述，请见丹尼尔·扬克洛维奇所著《达成公众决定：让民主在一个复杂的世界里运行》（*Coming to Public Judgement: Making Democracy Work in a Complex World*, Syracuse University Press出版，1991年）。

展行动的呼吁。

• 一厢情愿：公众反对权衡与取舍，就表明人们假定自己可以“什么都要”。

• 权衡各种选择：公众完成“选择的工作”，也就是对于应对相关问题的每一种可能方法，都从利弊两个方面进行认真、仔细地考虑。

一定要避免把唯一的解决方案，尤其是你自己青睐的方案，强加给别人。要帮助人们理解不同做法的利弊，这样做才会为形成各种成熟的观点提供机会。事先准备不带偏见、便于使用的问题指南，可以帮助人们高效完成探讨。要与那些能够不带利益偏见，以深入、友好的方式处理相关议题的记者，特别是来自本地媒体的记者，相互合作。

在公众有机会深入展开探讨之前，对于民意调查结果要保持审慎的态度，特别是在“努力获得答案”这个阶段。深入探讨和做出决定是一项艰苦的工作，任何反对和阻力都是这个过程中的自然状况。作为一个领导者，你的任务是要了解这种阻力，并帮助公众渡过难关。有时候，提供一点儿正确的信息就可以帮上忙，在另外一些情况下，则必须敢于面对人们一厢情愿的假设。

在帮助社区中的不同关键群体逐步推进他们的思考方面，社区对话是一种极好的策略方法。[①]

第三组状态：融合与决心

• 理性接受：人们发自内心地认同一个理念。

---

① 这里的部分内容改编自丹尼尔·扬克洛维奇所著《公众观点的七个阶段》(*The Seven Stages of Public Opinion*，见“公共议程”组织网站：www.publicagenda.org/pages/seven–stages–public–opinion)。

- 道德承诺：在经历了充分的时间与深度会谈之后，人们把各种新想法和解决问题的方案融合起来，达到可以采取行动的程度。

当社区解决了它的未来时，不要把最初的接受看作全心全意的承诺。要给大家机会，让他们在设计和执行这些方案的过程中起到积极的作用。这样做可以深化人们的拥有感，也有助于确保成功——因为社区的全部资产都拿来解决这个问题了。

罗克福德的决心

对于我们在罗克福德开展的工作，威尔·弗里德曼建议我们成立两个委员会来指导这个过程。其中之一是指导委员会，负责那些“事关大局”的进程；另一个则是运行委员会，负责处理首次论坛的所有细节问题。这个架构是我们成功的核心。

两个委员会的成员和所有参加论坛的人都是精心选定的，目的是要让这个社区里各个方面的声音都包括进来，同时还要通过设计让代表不同观点的声音都包括进来。我们还特别注意要在种族和阶级方面保持多元化。弗里德曼对论坛的推进者进行了培训，这些人是从教堂和其他社会团体中招募来的。我们尤其留意去找那些过去一般不大参与的人。[①]

这次论坛叫作“我们的学校：一次社区讨论”，它的举办地点是根

---

① 在《学监实践手册》（*The Superintendent's Fieldbook*）里，还可以看到另一个公众参与的案例。请参见书中由琳达·默里（Linda Murray）和托马斯·S. 柏特（Thomas S. Poetter）所著《在圣·何塞发生的谈话》（*Conversation in San Jose*）。

据联邦法院命令建造的一所新学校。对许多参会的人来说，这也是他们第一次来到这家学校，看到自己缴税带来的实际利益。这个社区中一个高中的支持社团提供了野营晚餐。我们要求参会人员讨论四个主题：他们之间的共同点、分歧点、他们心中的疑问与担心，以及可以付诸行动的想法。

这次论坛有几个明确的目的。首先我们要展示的是，不同的社区成员可以就自己的学校展开深思熟虑的公民讨论。我们也要创造机会，让大家可以听到各种新鲜观点。此外，我们要建立某种持续探讨的模式，在模式中要包括那些新加入进来的声音。最后，我们要为学校管理者和选举出来的学区委员会，提供一个与这个社区充分交流的直接、双向沟通渠道。虽然大家对于这种形式的参与并不十分熟悉，但是其结果却令人信服。当一个个小组结束他们谈话的时候，大家已经开始说下次再聚了。虽说挑选他们来参加论坛，就是因为他们各自有不同的观念，但在此之前他们完全没有意识到，他们之间还有那么多的共同点。由于参与了这类谈话，长久存在于不同群体中的某些心智模式开始被打破。①

在接下来的那个学年里，我们又组织了更多的论坛。每次论坛都在不同的地点举办，但是各个论坛的过程和结果都很相近。这些论坛让大家有机会把自己孤立和绝望的感受清楚地表达出来，而论坛的结构又可以让谈话超越絮絮叨叨的抱怨。这又为后面的各个阶段做好了准备。

当地媒体也参与了这些论坛，在改善学校问题的公众沟通中承担

① 罗克福德学院的公民参与工作，是在“简 · 亚当斯公民参与中心”（Jane Addams Center for Civic Engagement）进行的。这个中心以这家学校校友、诺贝尔和平奖获得者简 · 亚当斯命名。请参见 www.rockford.edu/?page=JACCE。

起了一些责任。当地报纸开辟了一个新专栏，接任我的工作的下一届学监在这个专栏里回答了人们提出的各种问题。

但是，其中最重要的成果在于人们发自内心地认识到，开展讨论在建设社区方面相当重要。当参会的人们离开论坛的时候，他们都感到在自己的小组之内和各个小组之间存在大量共识——虽然他们一起来到这里的时候，彼此陌生，代表的是各个不同群体。他们在一个四分五裂的社区里发现了共同基础，也就可以从这些共同点出发，开启重新创造一个共享愿景的长期过程。

以我以往的经验来看，对于理解公众参与的过程，达成公众决定的七步法是一个非常实用的模式。人们很容易就能对不同阶段做出判断，他们也会发现，在某一个特定时点，他们自己以及其他人处于哪个阶段。他们认识到，每一个步骤都不是封闭的，大家不必随时随地都处在相同的阶段。这也有助于让每一个人都意识到，建设社区需要长时间的努力。我与不同学区里的许多教育工作者一起工作过，从中逐渐意识到重建社区是一个重要的项目，即便这往往让人感到像是在建造空中楼阁。其实只要用心发掘，在社区中就总会有重大发现，甚至是在那些看上去四分五裂、完全无法治愈的地方。

《美国家庭：那些有关种族的事》[①]

芭芭拉·沃和斯泰西·卡索罗斯都是白人中产阶层专业人士。她

① （*American Families: Things Racial*）斯泰西·卡索罗斯（Stacy Cusulos）、芭芭拉·沃（Barbara Waugh）合著（2010年，作者通过CreateSpace自行出版），www.thingsracial.com。

们收养了两个黑人孩子，在加利福尼亚北部这个或许是全球最开明、偏见最少的地方的一个繁华的市郊区（Palo Alto，帕洛阿尔托）抚育他们。这变成了一个既有关爱也有悲伤的故事。任何一位读者都可以在两极分化上获得更深入的认识：黑人与白人、有钱的学校与贫困的学校、宽容的人与偏狭的人、受人宠爱的孩子与遭人诽谤的孩子、经济繁荣的地区与危险重重的地区（其中包括“驾车谋杀”的真正危险），“正常的孩子”与有学习障碍的孩子，希望与绝望，再到希望。对于任何一位有心于这个多元化社会的自我疗伤的人来说，这本书是温和安静、让人挥之不去，却又振聋发聩的一声呼唤。这其中的一些伤痛恢复起来惊人地简单，但还有一些恐怕永远不会得到解决——除非通过这本书中描述的那些经历。

——阿特 · 克莱纳

《对于公立学校，存在一个公众吗？》[①]

学校的公众参与实际上并非学校的问题。在形成价值观的公众决定中，这是第一步。学校领导人与社区领导人一起提出问题：社区的生活应该是什么样子的？孩子在这样的社区中处在什么样的位置？我们如何从今天走到那里？正像戴维 · 马修斯注意到的，没有几个教育

① （*Is There a Public for Public Schools*）戴维 · 马修斯（David Mathews）著（Kettering Foundation 出版，1997 年）。

工作者会去承担这个责任。许多教育工作给自己穿上专业技术的外套，令我们无法像社区成员那样参与到社区之中。我们不参加市政会议，我们让其他的人打理其他各种服务。这本书会告诉你另一种全然不同的方法。

——内尔达·康布–麦凯布

《通过再造我们的民主制度，再造公共教育》①

这是凯特林基金会（Kettering Foundation）总经理戴维·马修斯出版的第二部著作。对于存在于公众与他们自己的学校之间的认识鸿沟，这本书做了近距离观察。作者建议的方法，是通过再造民主原则，重建公众态度、重建谈话。

——内尔达·康布–麦凯布

① （Reclaiming Public Education by Reclaiming Our Democracy）戴维·马修斯（David Mathews）著（Kettering Foundation Press 出版，2006 年）。

3. 扩展愿景，面对当下[①]

一个打破僵局的练习

布赖恩 · 史密斯

在社区层面开展工作时往往会引发冲突，而一再升级的冲突会让人觉得难以承受。参与其中的那些人一走了之，心里觉得“我简直没办法跟这些人合作”，但这恰恰是因为大家相互之间缺乏了解。这个练习可以在大家坐下来会面之前，消除这种隔阂，这是由于这个练习帮助每一个小组里的人，对于自己有更完整的了解，也帮助他们对于所有其他小组有更完整的了解。

这个练习的基础是一种叫作“穿梭外交”（shuttle diplomacy）的做法，这是由哈佛谈判项目（Harvard Negotiation Project）开发的方法，我在加拿大宪法的一系列会议中反复运用了这个方法。支持魁北克脱离的群体、支持美洲印第安人脱离的群体以及支持国家统一的群体，彼此之间都不信任。多年以来，他们之间的会面，大都是在遵循正式立法程序、彼此互相对立的情境之中进行的，大家从未透露过他们的真正顾虑。相反，人们都从谈判的立场出发开展工作，要他们放弃自己立场中的每一部分都必须经过一番争斗，因为他们担心自己（以及他们的代表群体）如果不这样，就会让他人占了便宜。这种局面当然

---

① 目的：增强创造性张力，在一个冲突局面中，把它当作一种建设性的力量。

概览：应用“穿梭外交”的方法，让那些塑造出一个僵局的深层渴望和恐惧浮出表面。

参与者：两个（或者更多）相互对立的小组，以及一位（或者两位）“反思型外交官”，他要与每一方都能够私下进行坦诚的沟通。

时间：这个过程可能会需要数月的时间。

就进一步加剧了原本就存在的不信任，并鼓动其中的每一个人进一步巩固自己的立场，直至他们完全忘记了自己的初衷。

学校的领导者们可能发现，自己陷入了类似的处境。“孩子走出校门之后，我们就不再承担责任了。”他们也许会这样说，“绝对不会，我们目前的工作量已经过大了，教师工会也不会让我们这样做。”这是一个立场，但不是一种对未来的渴望，况且它会立即惹得对方采取一种立场作为回应。“你们一定会承担这个责任，否则我们会一直和你们斗争下去。”一旦僵局达到了这个程度，就需要有一个独立调停人来化解这个局面，帮助每一方当局者都看到那些利益攸关的、更深层次的问题，并且创造出一种环境，让人们对未来的种种渴望得以逐渐实现。

第一步：扩展愿景

作为一个中立的“穿梭外交家”，你和每一个群体单独会面。你要进行两个阶段的探询。首先，你要通过把这个愿景表达得更清晰、明确，尽可能增强创造性张力。一个表达得较清晰、明确的愿景，会把大家吸引到一起。你可以就目前的冲突提出问题：“在这个阶段完成的时候，你们希望达成的目标是什么？”

当他们对此做出答复之后，你可以进一步提升这个愿景。“那会很精彩。可是，假定你们已经实现了这个目标，那么它会给你带来什么呢？实现了这个目标，感觉会怎么样呢？”

要持续地把这种“拉伸”进行下去，直至你感觉到，他们说的是自己最在乎的那个真正的愿景。要保持支持的心态：不要挑战、质询他们；也不要问他们，其他小组的人可能会如何看待他们的愿景。要设法看到他们的一系列愿景、目标和结果，尽可能完全充分地表达出来，而且其表达方式让人们感到真实，同时又解释了他们为什么会对这个愿景充满激情。

即便在他们的愿景中，包含了对另一方的仇恨（“我们基本上就是想看到那些人搬出去，即便是采用强制手段——如果我们能这样做的话”），你还是可以把它转化成一种愿景式的立场。假定他们实现了自己的愿景，那么他们就此会获得什么呢？这其中常常会有某种没有清楚地表达出来的、他们试图要保护的事物，或者是觉得另一个小组对他们产生了威胁。你不需要认为那是合理的，或者是有价值的。但是你的确需要了解，它为何存在，以及他们为什么会受制于它。[①]

第二步：面对当下

创造性张力本身就会拉动问题的解决，由于这个原因，只谈愿景是不够的，你们需要对现实有更清醒的认识。这几个小组需要面对的关键现状之一，就是他们自己的立场在多大程度上束缚了他们。所以，还是要本着探究的精神，看看制约因素。

“你们的顾虑是什么呢？有哪些事情让你们无法入睡呢？又是什么让你们感到纠结不已呢？”通过运用宽容、谅解的语言，你就可以让大家感到，探讨那些导致他们采取了某种立场的恐惧和疑虑，本身并不是问题。他们也许会说：“我们其实也不想这样相互僵持，但是，如果我们做出一点儿让步，我们就会陷入这样的麻烦……”

与第一步一样，要花一些时间，引导大家把话讲出来。“对于那样

---

① 哈佛大学的谈判项目形成了既高度有效又有建设能力的一系列工作，更多的信息请参见他们的网站www.pon.harvard.edu/research。我们特别推荐一本由道格拉斯 · 斯通（Douglas Stone）、布鲁斯 · 巴顿（Bruce Patton）和谢莉娅 · 赫恩（Shelia Heen）合著的《高难度谈话》（*Difficult Conversations*, Viking Penguin Putnam出版，1999 年）。教育家和作家吉姆 · 埃弗斯指出：“对那些想要在他们自己之间、他们与学生之间以及他们与自己的社区之间的互动中避免‘指责/宣扬’模式的教师和管理人员来说，这是一个可以帮得上忙的工具。它本身也是为孩子授课的有价值的教材。”

的麻烦，你们的担心是什么呢？这对于你们，为什么会是个问题呢？”在这个过程中，你正在尽量了解，那些驱动着他们行为的、最根本的恐惧。

第三步：合作的基础

一位“穿梭外交官”或许需要许多次会谈，才能获得其他人的信任，得以真正了解那些恐惧和担忧。现在，到了最具挑战性的部分，在不失去任何一方信任的前提下，必须要把各方最深层的问题放到一个公共平台上。这个过程可以这样开始：由那位“外交官”先提出一个子问题——每一方都感受强烈，但有可能达成协议。这个初步阶段的目的是让大家体验一次——在一个人人都很在乎的问题上达成协议。

逐渐地，你和这些团体可以获得那些让他们相互对立、更深层的问题。这个练习基于这样一个假设：在人们对于近来的种种事件感到敌意和愤怒的背后，实际上存在着一种方式，可以为所有小组提供他们最想要的那些东西，又可以避开他们最深层的恐惧。毕竟，所有人都希望结束这个僵局。

4. 要由一个孩子来带动一个村庄成长

可持续发展教育及其对知行学校的意义

杰米 · P. 克劳德（Jaimie P. Cloud）

克劳德可持续发展教育学院（The Cloud Institute of Sustainability Education）成立于 1995 年，旨在通过帮助（从托儿所到 12 年制的各种学校里的）学生们学会如何为可持续的社区发展做出贡献，促进更多社区的健康发展。它的创始人杰米 · P. 克劳德自学院初创就很明确：

要与各种各样的学校一同设计课程和练习，激励年轻人从中思考周围的世界，思考他们与这个世界的关系，思考他们以一种全新的方式影响这个世界的能力。学院的创建基于这样一个假设：同年轻人建立关系的最佳方式，是直接与他们身边的整个社区共同工作——其中包括教育工作者、政府官员、社区成员以及商业机构。克劳德正在撰写一部与本文同名的专著，她在这里介绍了克劳德学院的一些经历，以及她与她的同事们一起学到了什么。①

假设现在的你是一个城市中心区里的一名十年级学生——在这个案例里，这个地方是纽约市布鲁克林区的布尔什维克，但这也可能是许多毒品贩子聚集在中学校园附近的地方。此时，您正在参加一门叫作“创造未来的课程”，它取代了原来叫作“参与政府工作”的课程(坦率地说，那个课程的参与程度从来都不高)。在学习系统思考的过程中，你掌握了一些用来区分表象与根本原因的方法，由此你意识到，毒贩在校园出没仅仅是一个表象。如果您向警方告发毒贩，最好的结果不过就是这些人暂时被清除，但还会有其他人来取代他们。于是，你就开始寻找其中的根本原因。那些进口毒品的犯罪团伙完全在你的影响范围之外。但是，有一个根本原因就在你身边不远：那就是你周边社区对毒品的容忍态度。街角上的那个毒品屋是学校周边毒品交易的老巢，也象征着这个街区的脆弱。因此，你和你的同学们做了一个决定，你们要把这个问题作为课程项目——设法端掉这个老巢。

你们能够走到这一步，虽然让这门课的教师刮目相看，不过他也相当紧张，还怀疑你们的做法是否真的会起作用，但是，你和你的同

① 有关克劳德学院及其工作的更多信息，请参见其网站 www.cloudinstitute.org。这个网站的资料中包括了“可持续发展教育现状核查”。这是一个工具，用来分析不同的学校与社区在为可持续发展的未来开展的共同学习中，进行到什么程度。

学们可不会放弃。于是，你们去拜访了市议会代表。她告诉你们说，有些居民曾试图端掉这个窝点，还有些企业也做过同样的尝试，但他们都没有成功。她说，或许因为有了你们的参与，大家就可以引起媒体和市政府高层领导的关注。果然，两个星期后，这个窝点所在的房子就被端掉了——用推土机夷为平地。政府重罚了房主，而你和其他十年级学生则与市政府一起制订各种计划，要在这个地方修建一座公园。

现在，假设你的身份是佛蒙特州伯灵顿市一个不大的学区里的一名五年级学生。作为科学课的一部分，你们成立了几个研究小组，监测你们学校周围的一组可持续发展指标，其中包括空气质量。你们发现下午三点的时候，接孩子的汽车在校门口排起长队，空气中一氧化碳的浓度就会急剧上升。于是你和同学们发起了一场抵制汽车空挡等待的运动。家长们关注了这个问题，空气污染水平马上就降低了。

也许你是位于西海岸加利福尼亚州的马林日校里的一名四年级学生，你和你的同学正在设法区分你们这个地区的本地物种和入侵物种。你们发现根本找不到有关这个课题的书籍，于是自己撰写并出版了一本书。当地图书馆购买了三本，现在这三本书基本上总是处于借出状态。

你或许是正在参与这类项目的几百个班级里的几千个孩子之一。你依然如以往一样，是一个普通的孩子；你要做功课，要和小伙伴一起玩，也要像以前那样看电视。但是你已经了解，当一个系统不健康的时候——当存在着各种社会问题的时候，当环境遭到破坏的时候，甚至于当经济面临崩溃的时候，你是可以有所作为的，你的参与会产生正面影响。通过一个个项目、一个个行动，你承担起了让世界更加美好的责任。你意识到，人们和生命系统之间是如何相互依存的；你也看到，一个健康和可持续发展的未来是如何成为可能的。这就是可持续发展的教育（我们称之为 EfS）对你产生的影响。

可持续发展教育

从本质上讲，可持续发展意味着人们在自然赐予的条件之内幸福地生活。它指的是我们许多人都向往的那种世界：在那里，人类活动使得环境质量、共同繁荣和社会公平都得到增益，而非受到减损；在那里，大多数人都可以生活优裕，但又不因其生活方式为后辈子孙带来负担。可持续发展的理念承认环境健康、经济健康和社会健康之间的相互依存关系，它们之间会相互促进。最后，可持续发展教育认识到，我们这个时代的各个自然系统相当脆弱，工业社会的种种流行做法正在毁灭或者伤害这些自然系统。我们不仅要停止所有破坏性行为，还必须在我们的生态、经济和社会系统中，将我们所了解的生成更好系统的做法付诸实践——并在这个过程中持续学习。

学校对于可持续发展相当重要，之所以如此，有两点原因。首先，我们现在的教育系统就是这个问题的一部分，而这需要变革。研究环境素养的先驱戴维 · W. 奥尔（David W. Orr）认为，迄今为止工业社会中那些固有的不可持续行为，“并非无知者的作为”，而是由那些受过良好教育的高学历人士催生的结果。诚如奥尔所说，任何一种教育体制，如果一味强调各种理论、抽象的概念、简洁的答案和工作效率，而忽视价值观、觉悟、质疑和明辨善恶，都会让人们走进类似机械式的、不可持续发展的困境。由于目前的主流教育系统是这类思维方式的源头之一，所以就需要一种全然不同的教育。可持续发展教育可以起到这样的作用。①

其次，今天在学校中学习如何思考和行动的那些人，明天就会成为决策者，明天不光只是指“到了他们长大的时候”，也是指字面上的明天。就像前面的案例所展示的，无论是毒品屋，还是抵制汽车空挡等待的运动，或者是入侵物种指南，一旦孩子们开始思考可持续发展，他们立刻就可以做出具有现实意义的巨大贡献。在塑造一个对可持续发展做出承诺的社会的过程中，学校可以成为一片沃土。要想转向健康的、可持续发展的未来，我们就需要依此设计教育制度。

“可持续发展教育运动”始于1987年之后，当时，由联合国倡导的世界环境与发展委员会发表了名为《我们的共同未来》的报告。这个委员会在挪威前首相格罗·哈莱姆·布伦特兰（Gro Harlem Brundtland）的领导下，创造出了“可持续发展”（sustainable development）这个提法，并将它定义为：“满足目前需求，同时又不损害后代满足他们需求的能力。”几年之后，在里约热内卢举行的联合国环境与发展会议上，在那份名为《21世纪议程》深度行动规划报告中，有一章（第36章）专门论述如何“促进教育、公众认知和培训”。

相信这个理念的人们迅速结成了一个网络。我们看到，当下人们习以为常的生态系统、经济系统和社会系统都是不可持续的——它们对自然与人类的生命都是破坏性的。正如《21世纪议程》第36章中明确提出的，在学校里会有真正的杠杆作用：如果教师能引导学生将可持续发展作为一个天然的目标，而学生可以挑选他们自己的项目，并全身心投入其中，那么教育就可以成为解决方案的一部分。

---

① 戴维·W. 奥尔著《地球在心：关于教育、环境，以及人类的未来》（*Earth in Mind: On Education, Environment, and the Human Prospect*，10th Anniversary Edition, Island Press出版，2004年，pp. 7–8）。

我们发现，就个人而言，可持续发展教育会培养一种全新的承诺。因此，我们的目标是在年轻人以及他们的教师和周边的其他成年人中间，形成实现经济繁荣、民主参与、维护社会公平与公正所必需的新知识和新思考方式——并在这个过程中，重新恢复万事万物所依赖的各种生态系统的健康。我们能够传授这样的思维方式，我们也能够学会这种思维方式。我们可以以它作为评估的标准，我们也可以培育出学生们的实践工作，作为这种思维方式存在的证据。

可持续发展教育课堂

EfS 工作中的许多内容，都是以常规课堂活动为基础扩展而成的。我们目前已经确定了至少 40 个紧密相关的学习领域，其中包括生物学与健康科学、地球科学、心理学、历史学、经济学、文化人类学、数学、概率和博弈论、未来研究、数理统计和神经科学。实际上，对我们开展可持续未来教育的能力来说，很难想到会有哪个学科会毫无贡献。我们通过对全球可持续发展教育方面的工作进行评估，开发了围绕九大核心内容领域展开的克劳德学院的EfS 框架（Cloud Institute's EfS Framework）。这些内容既可以嵌入现有课程规划之中，也可以用来激发新的课程设计。①

---

① 克劳德可持续发展教育学院的九大核心内容领域配有一组可衡量的绩效指标。这些领域包括：

文化保护与转型：学生们形成与其他人一起辨识的能力——为了后代繁荣昌盛，哪些需要保护、哪些需要改变。

负责任的本地/全球公民：学生们学习与领导力和参与相关的各种权利、责任和行动。

系统与变革的动态互动：学生们应用系统动态互动与系统思考的各种工具和概念。

可持续发展经济学：学生们学习 21 世纪的经济实践，以及如何在生产和消费的同时，对财务资本、社会资本和自然资本做出贡献的那些方式。(接 326 页)

然而，虽然这些内容之间可能会有重叠，与许多传统课程相比，这种思考方式往往会更具参与性和建设性。我们的教学目的是引发一种思维方式，这是由知识、技能、态度、组织的学习、各种实践行动、教学实践以及在学校与社区之间的实践构成的一个框架，都围绕着服务于可持续未来的目标而运行。

例如，学生可以花时间玩一玩“捕鱼游戏”，并展开讨论。这个游戏基于现实世界捕捞过渡趋势中的经验，用计算机模拟人们制定的不同捕鱼策略，以及他们对共同的海洋资源产生的个体和群体影响。那些在游戏中追逐自己短期利益最大化的参与者，往往会加速这个生态系统的崩溃；只有那些走到一起，共同可持续地管理“公地”的人们，才会实现繁荣。一旦学生们在内心完全接受了这个体验，他们就会在自己的社区中寻找类似的处于危险之中的“公地”：公园绿地、高速道路的交通拥堵、社区项目的公共资金以及许许多多的其他事情。如何才能让这些公共资源得到更有效的管理呢？如何才能让整个系统免于崩溃呢？[①]

（接 325 页）健康公地：对于空气、信任、我们共同的未来、水、图书馆、公众健康、遗产地、地表土和其他共享资源的重要性（以及各种手段），学生们有清醒的认识，也非常重视。

自然法则与生态原则：学生们学习自然界里的各种循环及其背后的可持续发展科学。他们认为：在他们彼此之间，在自己与所有生物和自然系统之间都是相互依存的。

创造与影响未来：学生们设计、执行，并且评估那些在他们的愿景引导下的行动。

多角度学习：学生们了解、尊重自己和其他人的文化和生活体验，并从中撷取精华。

居所感：学生们与自己生活的地方建立起一种联系，认可和尊重这里的社会历史、经济历史、生态历史以及建筑历史之间的相互依赖关系，以及这个地方的持续健康。

① 克劳德学院的“捕鱼游戏”是为 12 年制学校的学生设计的，可以从网上获得，请见网站 www.cloudinstitute.org/curricula–unitscourses。它是根据约翰 · 斯特曼和丹尼斯 · 梅多斯（Dennis Meadows）开发的另一个计算机模拟游戏改编而成（进行了许多修改），后一个游戏可以从麻省理工学院斯隆学院的网站上获得，参见 http://forio.com/simulate/mit/fishbanks/simulation/login.html。

在这些努力的过程中，我们尽量避免直接采用“解决问题的做法”——在许多“实战”课程或者环保课程中，常常使用这种方法。在你可以着手解决一个问题之前，比如，对一个本地排污者进行罚款，或要求他们在排放污水过程中使用过滤装置，你需要学会区分问题的表象和深层的问题。比如，高浓度的排放水平是否意味着系统中存在着一个可以在其他地方得到应用的废物流，或者是这个废物流并非一定要产生？这些课程的学生们要学习的，是在因果关系链条上尽可能溯流而上，找到更深层的原因，进而寻求同时解决多个问题，并尽可能减少新问题出现的那些解决方案。我们从脑科学研究中了解到，反复思考目标和解决方案的愿景，而非沉溺于各种问题和危机，会改变神经流的模式，并能激发更有创造性的、长效的思维方式。①

我们就这些课堂活动的效果进行了调查，截至目前数据显示，学生在成绩和参与程度上都有明显提高。通过EfS课程，那些说“我觉得我可能会成功”的学生的数量持续下降（在一项研究中，从近30%下降到6%）；EfS课程也让那些认为成绩不好是成功障碍的学生的比例降低了（从38%以上降至大约16%）。接受调查的教师还反映，学生们取得更强学科成绩的能力得到了提高。我们还看到，教师和学生具有更高的公民参与意识，更加热爱他们自己居住的地方。课堂的出勤率提升了，学生的健康和营养状况改善了——部分原因在于不断改善的空气质量和人们对健康饮食的更多关注。由于许多课程规划都涉及学生的参与，他们在标准化测试中的成绩通常会得到提升——虽然在他们“考试教学”上花的时间减少了。②

① 作者对于戴维 · 罗克在脑科学方面的这些洞察深表感谢。

② 如需获得有关 12 年制学校的更多案例，请参见：http://www.cloudinstitute.org/model–programs/。

可持续发展的学校

大多数开展可持续发展行动的领导人，一般不会花多少时间去吸引学校系统参与。当被他人问及此事的时候，他们会说，他们觉得学校对于在这个领域里“挑头”做事没有什么兴趣；或者是他们认为学校不会发生改变。然而，实际上，许多教育工作者对于教授和培养可持续发展相当热衷，而我们也已经看到了，当整个学校或者是整个学校系统参与到这个行动之中的时候，产生的巨大影响。

例如，一个在新泽西全州范围开展、名为“可持续发展的泽西”（Sustainable Jersey）的认证项目中，各个社区都组建了“绿色团队”，由来自学区、当地企业、社区组织和政府的人员组成。各个市政当局制订战略计划，并推动促进社区的可持续发展的各种行动。其中一些学区（比较有名的是罗克福德和樱桃山学区），已经正式与各自的市政当局结成联盟，签署了开展可持续发展教育的决议。目前它们正在改善各自的外部生态面貌（physical plant），并且正在与各自的社区建立伙伴关系。这其中还包含了员工发展的内容，每一个人都因此可以获得一种对于可持续发展的共同认识。有专门的课题组负责课程创新：调整课程安排，提供学生和课程效果的评价标准，分析学生的功课、确定学生的进步。[①]

在学校的层面上，有许多各种各样的项目。丹佛绿色学校（Denver Green School）在开展可持续发展教育的第一年里，开辟了自己的花园和小农场。这个学校六年级的一些学生，并没有经过专门培训，却带领美国绿色建筑委员会的75名成年人完成了克劳德学院的捕鱼游戏。

一个涉及全校所有人的可持续发展项目，可以让教师带进教育工

① 有关“可持续发展的泽西”项目的更多内容，请参见：www.sustainablejersey.com。

作时的理想。他们对一个更加美好未来的渴望，可以战胜他们对变革的所有疑虑和担心。随着学校开始取得成效，他们就会受到吸引、投身其中。

外部生态面貌

一些最显著也相当重要的成果，发生在学校的建筑物和土地使用方面。生态意识在任何外部结构形式中都可以得到体现。许多学校通过改善与外部生态面貌相关的流程，来启动可持续发展教育：节约能源，减少废弃物排放，在食堂中采购更多的来自本地农场和园地的食物。他们把花园安排到自己的屋顶上或者场地上。他们重新思考如何使用公交车，以便减少尾气排放。

位于纽约的菲尔德斯顿文理中学（Ethical Culture Fieldston Middle School）是这方面的先行者之一。这里的“绿色院长”霍华德 · 瓦尔德曼（Howard Waldman）曾经公开地说：“这个学校本身就是我们的课程规划。”菲尔德斯顿中学一向非常重视环境问题，尤其是在学校的伦理课程中。但是近年来，学校一直鼓励大家，在改革学校采购和基础设施管理方面，提出自己的想法。学校食堂只提供从公平贸易（Fair Trade）渠道获得的咖啡，大约 85% 的食物是有机食品和采用树荫栽培的食品。学校为每位教师买了可以清洗的咖啡杯，彻底淘汰了纸杯和塑料杯。他们效仿一些大学的做法，在 2011 年取消了食堂的午餐托盘——这样既可以省水，也避免了食品浪费。“在开始之前，有各种各样的灾难性预测，”瓦尔德曼回忆说，“但是实际上什么灾难都没有发生，干净、安全，一切都很好。”他们还在每周一停止供应肉食。

菲尔德斯顿中学的环保俱乐部在学校里开始实施一项堆肥计划，他们和物业经理一起收集杂草和树叶堆肥，他们还打算用厨余垃圾来堆肥。环保俱乐部在肯尼·斯泰尔（Kenny Styer）教师的督促下，开展了一次学校的能源审计——计算在不需要使用的时候关闭电灯和电脑可以节省多少能源。各方面成本节约相加，有可能达到每年325 000美元。每年的9月，他们都会宣布节省了多少能源，让大家越来越清楚地意识到，随手关灯、关电脑带来的潜在收益。让人印象最深的是2008年开放的这所中学大楼，美国绿色建筑委员会（U.S. Green Building Council）为这个建筑颁发了极难获得，认证建筑对环境的正面影响的绿色能源和环境设计先锋奖（LEED）银奖证书。这个教学楼的众多特点之一，是有一个覆盖着当地植物的绿色屋顶——由哥伦比亚大学指导设计。

对基础设施进行改造的魅力，还在于人与人之间的联系。每个动手实验的项目都会吸引人们参加，无论是在绿色屋顶上工作一天，还是在食堂里停止使用托盘。当学校的教学楼和场地变为实实在在、活生生的变革象征的时候，学生、教职员工和家长对于自己做过的（或者不做的）那些事所产生的影响，就有了更深刻的认识。

社区联系

可持续发展教育的重要组成部分之一，是与学校外部的社区建立各种更加明确的联系，这在很大程度是由于可持续发展在学校之外的重要性。当教师和学生提高了认识，并根据各种可持续发展原则采取行动的时候，整个社区就会变得更加健康。也就是说，需要由一个孩子来带动一个村庄成长。

EfS的努力往往会缓解学校与社区之间的紧张关系。他们或许在税收问题上吵来吵去已经有许多年了，可是现在大家由于一个共同的目标走到了一起，而且各方都要起到自己的作用。我们在一些学区（例如，拜拉姆山学区和奥西宁学区），举办了世界咖啡馆活动，在这些活动中，教育工作者和社区成员肩并肩围坐在一起，探讨自己社区的未来和教育应该扮演的角色。这样的情景在此之前从未发生过。那些孩子敏锐地意识到自己是大家的“共同关注”，也就做了每桌讨论的主持推进人。

社区进步也是衡量我们工作进展的重要方法之一。尽管在学校层面上，学习和行为方面的成果显而易见，但只有在社区层面，才会展现出一项可持续发展教育的努力在多大程度上实现了初衷。我们采用了几项可持续发展社区指标：可再生能源的增加、现有能源的节约、废弃物模式、公共资源状态、生态足迹以及孩子们的健康状况。我们开始时为这些指标设定一个基准值，然后观察这些指标随时间产生的变化。

时常会出现这样的情况，人们会对EfS的依据提出质疑。他们会说，可持续发展是一个政治化了的议题，不应该成为教育的一个目标。学生的成绩应该是唯一目标。但是学校的运营总是为了某种结果，即使结果没有明确表述出来。即便学生成绩也是实现其他目的的手段——包括劳动力培养和更负责任的公民群体的培养。一个有成效的可持续教育课程可以让人们明确提出这些问题。人们会有机会提出：“学校究竟为了什么？”或者用另一种说法，“我们正在和下一代一起，试图创造一个怎样的世界呢？”

安娜·拉佩（Anna Lappé）和弗朗西丝·摩尔·拉佩（Frances Moore Lappé）在她们的书《希望的边缘》里，讲述了一个发生在巴西贝洛·奥里臧特市（Belo Horizonte）的故事。在那里，一位名叫阿德里安娜·阿拉尼亚（Adriana Aranha）的市长倡导：让这个城市里的每一个人都可以获得有营养的食物，并以此终结了饥饿问题和大部分贫困问题——这些问题令新兴经济体中的许多城市深受困扰。在结束对这位市长的采访时，两位作者称赞了她的城市取得的举世瞩目的成就。这位几个月后任期将满的市长热泪盈眶地说："我知道这个世界上有那么多地方存在饥饿，"她说，"但让人实在伤心的是，也是我在开始时并不知道的是：这一切竟然那么容易，我们不要花什么力气就可以消灭饥饿。"[①]

这个情形与我们在可持续发展教育中的经历很类似。人们觉得，把学校和社区搞到一起探讨可持续发展问题，恐怕极其困难。然而一旦你开始了，你就把变革学习的体验带给了大家，他们也参与到有意义的对话中来了，然后你们一起在课程规划创新和社区参与方面开始初步设计，所有这些就都变得可行了。很少会有什么阻力。孩子、家长、学校教师和社区成员全都情绪高涨。它强化了学校里美好的一方面：有趣好玩，智力激荡，以各种各样的方式培育滋养学生。这些事情想想可能会很头痛，但是做起来却很有乐趣。

教育工作者可能会感到，他们置身于一个一成不变、抵触变革的系统之中，但是他们所处的地位，恰恰是他们自己社区里的变革催化师。学生可能会觉得，一直到成年之前，所有一切都会送到他们手里，但是他们和我们一起，现在就为我们未来的共同健康和可持续发展承担了重任。我们做的每一件事和我们不做的每一件事，都会对这个世界产生影响。我们需要弄清楚我们独特的贡献是什么，并使之成为现实。

---

① 弗朗西丝·摩尔·拉佩和安娜·拉佩合著《希望的边缘：一个小星球的下一代饮食》（*Hope's Edge: The Next Diet for a Small Planet*, Jeremy Tarcher/Putnam 出版，2002 年，pp.93ff 和 100）。

5. 公地悲剧

迈克尔 · 古德曼　贾尼斯 · 达顿　阿特 · 克莱纳

“公地”是我们所有人共享的场所和事物，我们所有人都要依赖它们生存，我们所有人也都要对它们承担责任。“公地”可以包括公众空间、鱼类及其他海洋野生动物，我们共享的未来、大气、地表土，还有人与人之间的相互信任。有时候，一个“公地”被认为是有限的，因为其再生速度远不及其耗损速度。当这样的情况发生的时候，就是众所周知的“公地悲剧”（Tragedy of the Commons）这个系统基本模式。在这个模式中，各种个体利益在不经意间占据了与整体利益相互冲突的位置。

并非所有公地都会导致悲剧，在管理某种资源时，共享所有权可以是一种强有力的方法。不过，这个系统基本模式所显示的，是当公地的“共有性”处于压力之下时会发生什么。比如，在某些城市的几个街区之内，你或许可以看到，这里有一所公立小学、一所K–3 年制的特许学校、一家早教中心和几个日托中心。所有这些机构，都从同一个“公地”获得资助——在这种情况下，地方预算来自城市政府私人基金会。如果预算本身有限，补充起来也有困难，那么每一个群体如果想拿到自己应得的那份都会有压力。各方都会费尽心机、想方设法，争取让自己的组织抢先拿到资助和政府的合同，而不是考虑如何通过合作寻找节省经费的方法。最终结果是每一方都受到了伤害，久而久之，分配给学前儿童护理的经费就逐渐用完了。其他的例子还有：

- 由各种教育券和特许计划引起的潜在流失资源。这类计划的产生基于这样一个假设：竞争将迫使学校以更加创新、更有效的方式服务他们的客户——当地的学生们。不幸的是，当资源有限并需要共享的时候，那些新建的学校通常不是把精力放在提供更好的服务上，而是专注于从竞争对手那里抢到更多资源（包括那些“高分学生”）。

• 志愿者计划往往在最初一两年成为耀眼的明星，但随着志愿者们在应接不暇中筋疲力尽，也就变得难以为继了。最初，当几个不同的组织，再加上几家当地学校、男孩俱乐部以及基督教青年会都分别来请志愿者参与的时候，他们可能会感到很高兴。但是，当他们要做出少做一点儿决定的时候，就会感到“公地悲剧”的全部力量——每个组织都要求他们“再多做一点儿努力”。

• 社区投资学校的意愿。尤其是在通货膨胀时期，本地房产税上涨的速度跟不上通货膨胀的速度，学校因此就必须建议发新债券和增加税收。这不仅会消耗税收资源，还会耗尽社区对教育机构的信任。

在“强者愈强”的模式中，所有资源最终都落入“赢家的正循环”之中，赢家和输家之间泾渭分明。“公地悲剧”与此不同，最终每一个人都是输家。“公地悲剧”导致的往往是灾难性崩溃——公地有限的自我再生能力遭到破坏或者发生退化。而这正是“公地悲剧”的悲剧之处。当资源消耗超过某个临界点的时候，这些资源就无法补充、再生了。然而，每个群体都为自身的视角所限，每个群体的领导人都看到资源正在减少，他们因此加倍努力去扩大自己的份额。这样做让整个系统承担更大的负担，使得系统崩溃的可能性变得更现实，也更加危险。①

---

① 加勒特·哈丁在其所著《公地的悲剧》（*The Tragedy of the Commons*，科学杂志，1968 年 12 月 13 日）中描述了这个系统基本模式背后的基本概念。

无论是富裕地区，还是贫困地区，过度消耗可能会影响到教育资源的方方面面——小到铅笔，大到员工发展以及最新技术。蒂姆·卢卡斯记得，一位校长曾向他的员工发出请求："伙计们，我要请大家帮个忙。我们的复印机马上就要瘫痪了。我们要等到 7 月，新一年的经费发下来的时候才能买新的。诸位能否悠着点儿，在这之前尽量少用复印机？"第二天，复印机前排起了长队，每个人都想抢在机器瘫痪之前忙完自己的事。两天之后，机器就崩溃了。

应对公地悲剧的策略

公共资源的悲剧提出了一个难以解决的治理挑战，其中的部分原因在于，这个局面往往导致心怀善意的群体之间产生原本不必要的争执。你能在事态发展到危机难以避免之前，预见到其中的动态关系吗？你能找到适当的方法进行干预吗？这里有四种进行干预的方法，可以根据不同的情况进行选择：

a. **协作**：在某些情况下，比如，在许多有相互竞争的机构参与的情况下，个体组织要共同努力，共享资源，而不是相互之间竞争资源。

b. **隔离**：就像复印机预算的故事那样（每个人都知道过一段时间后就会有新复印机），有限的公共资源会被关闭，直到这个资源有时间完成补充。

c. **补充**：有时候通过寻求更多资金，或寻找其他可以用来补充的储备，有可能积极补充有限的公共资源。越早补充，就越容易补充，而这往往意味着，要在其中一些人意识到这个问题之前，就开始补充。

d. **再生**：你可以充分利用关照公共资源的共同愿望，这样资源就不是被逐渐耗尽，而是在持续再造了。例如，你可以在所有机构和学校中，建立一项共同的员工发展计划，这样一来，这个社区中每个人的能力都能得到持续提升。

所有这些策略都取决于能够退一步、看到全局。这样做有时候会意味着要强行做出一个“从全系统出发”的回应：“我们将在未来四周内，对每个人的复印机使用次数实行配额管理。”任何一个个体都难以独自应对公地悲剧，因为每一个个体参与者都难以抵御持续用尽资源的巨大压力。事实上，这样做通常符合他们各自的最大利益。

但是，当你在公地的价值和关照公地的共享责任方面开展教育的时候，你也会引起人们对资源的补充和再生的关注。正像杰米·克劳德指出的那样，“公地悲剧”变成了“共同奋斗的快乐”。假如每一位个体参与者都了解了资源再生的速度，同时给予对方足够的信任，让大家都有时间从整体的角度出发去行动，就有可能创造一种多方获益的生活方式。只要人们不觉得是在冒着被他人利用的风险，他们就会有办法重建资源基地——这只需要让资源基地的再生速度超过消耗速度。而这又可以变成一个不断强化的正循环，它会随着时间的推移加快资源的再生速度。

生态学家杰拉尔德·马滕（Gerald Marten）讲述了类似的一个资源再生的故事，它发生在菲律宾阿波岛的海洋保护区。20 世纪 60 年代中期，在炸药捕鱼、小网捕鱼和氰化物捕鱼等新式的破坏性捕鱼方法引入以后，这个岛上珊瑚礁的生存条件就逐步恶化，处于几近无法恢复的边缘。急于捕鱼的渔民在情急之下继续采取那些破坏性捕鱼方法，虽然他们在那时已经了解，这最终将彻底毁掉他们的生计。然而，到了 1979 年［在海洋生物学家安杰尔·阿尔卡拉（Angel Alcala）的建议和支持下]，渔民自己制定了禁止破坏性捕鱼的各种规则，把这个岛的整个渔场变成了一个有乡村志愿者巡逻的安全区。每网的捕获量大幅度提高了，还不需要航行很远的距离。渔民有了更多时间，可以用来休闲，也可以干其他的事情挣钱——包括珊瑚礁生态系统恢复后兴起

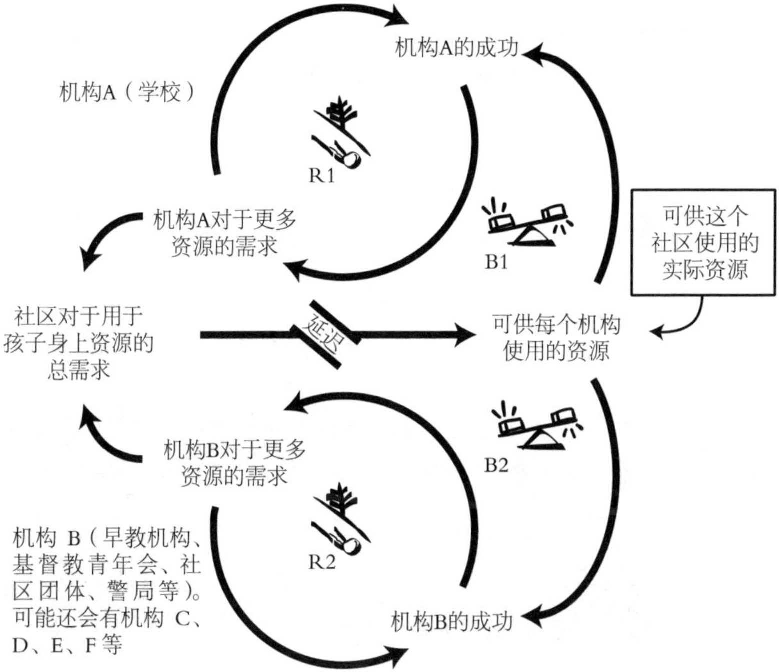

注：这个图显示的是“公地悲剧”的动态关系背后的结构。在长方形里，是这个系统的潜在限制因素：社区中有限的或者是难以补充的资源总和。这种限制可能包括增值、时间、空间、资金、知识，以及可以用于孩子们的志愿者容量能力。这些资源在不同的机构中进行分配，为各个机构的成功提供支持。随着各个机构成功程度的提高，就产生了对于它们服务的更大需求，进而就催生了每个机构对资源的更大需求（以R1和R2表示每一个机构正循环过程）。这个需求给公共资源增加了更多压力（以B1和B2表示其中的负反馈过程）。每一个个体机构越成功，它就会消耗更多的总体可用资源。其中的延迟使得需求逐步积累，许多个体机构对此并未觉察，直到这个过程导致崩溃。

的旅游业。这里还产生了一个有趣的副作用：村民们现在认识到了自身人口的生态影响，开始开展计划生育工作。[①]

在你的社区里，不同的社区团体会不会经常聚到一起，谈论他们所面临的共同问题呢？他们是否会一起确定工作的轻重缓急，使得每一个机构和团体因此可以去做对于社区最重要的事情呢？他们也许不愿意采取相互协同的行动，但他们愿意就此进行讨论吗？如果是这样的话，他们应对公地悲剧的能力可能就会强大很多。

6. 孩子们成为领导者

从哥伦比亚的儿童和平运动中汲取经验

萨拉·卡梅伦（Sara Cameron）

在我们的《第五项修炼·实践篇》中，我们的故事一般都由其中的各位主要人物来讲述。对于这篇最初在2000年发表，但今天仍具现实意义的文章来说，就不可能这样做了。这个故事中的那些主人公当时处境极其危险，根本不能独自讲述自己的故事。他们是一群孩子，年纪在6~18岁之间。他们的人数成千上万，但正是他们，最终改变了自己的国家。

小说家兼记者萨拉·卡梅伦受联合国儿童基金会（the United Nations Childrens’ Fund, UNICEF）的邀请，为由儿童领导的哥伦比亚和平运动编写大事记。这项任务催生出了一部名为《走出战争》的书，

---

① 有关阿波岛的故事的更多内容，请见杰拉尔德·马腾所写《环境引爆点：一个恢复生态安全的新方法》（*Environmental Tipping Points: A New Paradigm for Restoring Ecological Security*, Journal of Policy Studies, Japan, No.20, 2005年7月, p.75~87）一文。

一部由CNN[①]拍摄的纪录片，并且还在继续发挥作用，那就是帮助各国的孩子们讲述与战争、饥饿和健康危机类似的故事——以及他们如何在成年人无法和平相处的地方创造和平、如何在没有成年人帮助的情况下幸免于难。正是由于哥伦比亚的这些孩子们，那些成年人对于自己制造出来的这个系统，有了更清醒地认识——他们也因此改变了这个系统。[②]

大约有40多年的时间，哥伦比亚一直处在各种政敌之间的血腥冲突之中难以自拔。其中的左派，是“哥伦比亚武装革命力量”（Revolutionary Armed Force of Colombia, FARC）——以其名字的西班牙缩写FARC广为人知，也包括从20世纪60年中期就开始以游击战抵抗政府的其他一些组织。这些组织的资金来源，是以绑架、勒索获得的赎金，以及向古柯种植者征税。处于右派一边的，是由一些准军事武装组织（paramilitary groups）组成的一个联盟，他们与贩毒黑帮以及哥伦比亚政府军中某些部队有着密切的关系。这些准军事武装是大多数最严重的侵害人权事件的祸首。在逐村清剿游击队的过程中，被他们杀害、致残和逐出家园的人达几十万之多。

到20世纪90年代后期，这个国家似乎陷入了一场既无法解脱又难以忍受的危机之中。大规模屠杀成为FARC和准军事武装组织们的家常便饭。那些试图调解或者仅仅被怀疑“站错了队”（比如，把食品销售给他们的商人）的成年人，不是被系统消灭，就是被逐出家园。丈

① CNN是美国有线电视新闻网（Cable News Network）的英文缩写。

② 另请参见萨拉·卡梅伦著《走出战争：来自哥伦比亚儿童和平运动前线的真实故事》（*Out of War: True Stories from Front Lines of the Children's Movement for Peace in Colombia*, Scholastic 出版，2001年），还可参见在肯尼亚、斯里兰卡、塞内加尔、苏丹、坦桑尼亚、印度、巴布亚新几内亚、伊拉克以及其他地方发生的有关妇女和儿童领导力的故事，参见www.saracameron.org。

夫在妻子面前被杀，父母在孩子们面前被杀，社区领导人在全村人面前被杀。由于所有这些原因，哥伦比亚就要变成一个基本上没有希望的国家了——多亏了这个国家的孩子们表现出了那种不顾一切、充满爱心、揭露真相的决心。①

从某种意义上说，孩子们是在没有其他选择的情况下，去承担这个角色的。1988—2000 年间，有 850 000 名哥伦比亚儿童被逐出家园。这些失去家园的孩子中有 60% 从学校退学。1999 年，至少有 2 000 名 15 岁以下的孩子，被游击队或者是准军事武装组织征募，其中有些孩子只有 8 岁。仅在 1996 年一年中，就有超过 4 000 名儿童被杀害，这个数字每年都在增加，但是，没有多少人因此受到惩罚。杀人者被逮捕的事情罕有发生。许多孩子生活在失去家庭的恐惧之中。就像一位 15 岁的孩子所说的，“有时候，（那些士兵）只是杀死了你的父亲，但当他们杀死你父亲的时候，他们也杀死了你生命中的一部分”。

许多哥伦比亚的孩子必须接受的一个现实是，面对这个社会中的那些令人难以置信的暴行，成年人不能或者是不会保护他们。他们必须学会为自己负责，对彼此负责，也对自己周围的社区负责。②

---

① 一天，游击队来到我在桑坦德的家，杀死了我的父母。那时候，我只有四岁。幸好，那天我在祖母家里，没有看到那一切的发生，但是我的姐姐们当时就在家里。她们一个五岁、一个六岁，她们什么都看到了。她们永远也不会忘记。

——一位 12 岁的孩子

② 我以一个游戏治疗师的志愿者身份，与那些因战争而被迫离开自己家园的孩子度过了一段时间。其中有些孩子亲眼见到了许多可怕的事情，比如，他们的父亲被折磨虐待，然后被杀死。他们觉得很难理解发生的这些事情。我们一起玩的玩具有卡车、船，还有布娃娃，有时候，要一起玩一会儿，你才能猜到究竟是怎么回事。有些孩子非常害羞，但我会给他们胡萝卜娃娃玩，有时候他们就会把心事告诉胡萝卜娃娃。他们常常说起的，是他们留在家里的山羊、鸡和牛。他们很担心这些动物。

——维尔弗里多（Wilfrido），16 岁

儿童和平运动是在 1996 年组织起来的。在三年之中，这个运动就让这个国家政府在政治上发生了一场转变，这个运动的领导人年纪都在 12 岁以下，他们在 1998 年、1999 年和 2000 年获得了诺贝尔和平奖的提名。在这期间，哥伦比亚的国内战争愈演愈烈，也愈加凶险。只是在 2000 年后的第一个 10 年中，才逐渐耗尽了气力。与此同时，儿童和平运动的经验表明，在任何一个饱受困苦的社区中，孩子们都能够起到重要作用，他们可以成为领导者。

一次儿童运动的产生

靠近巴拿马边界的乌拉巴地区，数十年以来都处在游击队的实际控制之下。他们主导了香蕉工人工会，为毒品和武器非法贸易提供保护。然而，在 20 世纪 90 年代，右翼的准军事武装组织攻打了进来，许多学校变成了军事组织之间的战场——甚至在上课的时候，也会子弹横飞。

1996 年 4 月，国际知名的儿童权利倡导者格拉察 · 梅切尔（Graça Machel，莫桑比克的前教育部部长，1997 年与纳尔逊 · 曼德拉结婚）访问了乌拉巴地区的城市阿帕塔都，为联合国的一份有关武装冲突对儿童影响的报告开展调研。当时的市长召集了一些学生，要他们谈谈自己的经历，没过多久，5 000 名孩子自愿报名参加由教会、红十字会和联合国儿童基金会支持的“反思周”活动。他们写故事、创作诗歌、写信、画画，还制作雕塑，周围社区的学生联合理事会也起草了一份“阿帕塔都孩子们的宣言”。

这份宣言的内容直截了当并催人泪下：“我们向交战的所有各派力量提出请求，让和平回到我们的家园，请他们不要再制造孤儿，让我们可以在街道上自由玩耍，让我们的弟弟和妹妹不再受到伤害……我们提出这些要求，为的是我们的孩子不再遭受我们经历过的苦难。”

事情并没有就此结束。这些学生研究了这个国家的宪法，这部在1991年重新修订的宪法保障人民的广泛权利和民主自由，包括儿童的权利。他们认为这给了他们在当地成立一个“儿童政府”的宪法权利。这些学生给这个地区的各个学校发出通知，没过多久便有200个孩子纷沓而至，赶来参加每周三次在足球场和公园里举办的和平会议。最初局面相当混乱，孩子们在促进和平上可以做什么、不能做什么，大家众说纷纭。①

“要想拥有和平，你就需要解决贫困问题，但孩子们做不了这件事，”当年15岁的运动领导人之一法尔利兹·卡列（Farliz Calle）回忆说，“然而，我们发现了孩子们可以做的其他的事。”他们组织了一系列“和平嘉年华会”，鼓励那些长期处于对立状态的社区中的孩子们一起来参加，因为他们相信，让孩子们玩得开心是帮助实现和平的一个好办法。另一些孩子则与政府和红十字会合作，开展各种牙齿与健康的运动。在这之后，数百名孩子接受了培训，成为游戏治疗顾问，他们接着就去帮助成千上万被暴力逐出家园的孩子们了。②

---

① 本文中描述的各种活动，有时候是孩子们组织的，有时候是成年人和孩子一起组织的。联合国儿童基金会、哥伦比亚国家和平网络（Colombian National Network for Peace，Redepaz）、童子军、红十字会、天主教会、基督教青年会、基督教儿童基金会、全球愿景组织（World Vision）、国际儿童保护组织（Defence of Children International）以及其他组织促成了这些活动。

② 本文中事实资料来源如下：萨拉·卡梅伦所著《孩子们在哥伦比亚的和平调解作用》，（*The Role of Children as Peace Makes in Colombia,* Development，Vol 43,no.1, 2000年3月），豪尔赫·恩里克·罗哈斯·罗德里格斯（Jorge Enrique Rojas Rodriguez）和马尔科·阿尔贝托·罗梅罗·席尔瓦（Marco Alberto Romero Silva）所著“Unpais que huye”（Bogotá, Consultoría para los Derechos Humanos y elDesplazamiento, 1999年），www.codhes.org, 和“¿Que hay detras del maltratoinfantil?”（Bogotá,（接343页）

与此同时，来自全国各地、年龄在 9~15 岁的 27 位孩子，在 1996 年 5 月一起参加了由联合国儿童基金会组织的一个研修营。在同一个房间里参加研修的还有 30 名成年人，他们代表的是不同的和平组织和儿童组织，但是说话的主要是孩子们。他们轮流发言，描述了这个国家的暴力活动在自己的社区里造成的影响。他们中有些人讲述的是，歹徒结伙在街上游逛，在上学的路上恐吓孩子们。许多孩子惊奇地发现，他们自己并非独自承受苦难。在这之前，他们并没有意识到，有这么多孩子生活在这样的暴力活动环境之中。①

在这个研修营里，三个主要认识开始逐渐形成。第一，对于战争对孩子们的影响，多数哥伦比亚人浑然不觉。第二，要让这个信息传播开来，没有什么人比孩子们自己更有效了。第三，他们需要一个更大的平台，接触更广泛、更有影响力的听众。

于是，所有参加研修营的人——包括成年人和孩子，开始规划一次专为孩子设立的选举互动——“和平与权利儿童法案”。孩子们深入参与了选举的组织和计划。在那张五颜六色的选票上，列出了 12 项从哥伦比亚宪法和“儿童权利公约”中归纳总结出来的权利——包括受教育的权利、享有公平公正的权利、获得安全环境的权利、获得和平的权利、言论自由的权利，并且邀请孩子们代表他们自己和他们的社

（接 342 页）Conferencia Episcopal de Colombia, 1999 年），“Defensoría del Pueblo, La niñez y susderechos”，Boletin 1–4 (1996–7)，“En cuatro años, 4.925 secuestrados”，ElEspectador, 1999 年 5 月 5 日，p.6A，格拉察 · 梅切尔所著《武装冲突对儿童的影响》（“Impact of Armed Conflicton Children”，UNICEF, 1996 年）和《一个变化的世界中的孩子们与冲突》（“Children and Conflict in a Changing World”，UNICEF, 2007 年）。见 www.un.org/children/conflict/machel/english/，“Informe sobre el ‘Mandato Nacional de los Niños por la paz,’” Bogotá, UNICEF，1996 年，以及路透社（Reuters）在 1999 年 8 月对于哥伦比亚内战的新闻报道。

区，为他们最想获得的权利投票。这些年轻的组织者设计了儿童权利游戏，在学校里和公众会议上教大家玩这个游戏。他们设计了广告，并自己扮演其中的角色，他们举办记者见面会和村镇会议，公开讨论战争、和平和他们的权利。游击队和准军事武装组织里的人们，也跑来观看这次投票活动，这一天，在事先并没有准备的情况下，在全国范围内有了一次停战。

组织者们原本预想大约会有50万名孩子参加投票。但是在投票日这一天（1996年10月25日），超过270万名孩子涌进了投票站——其中7~18岁孩子大约占总人数的三分之一。在一些投票点里，投票卡被孩子们用光了，他们就把投票内容抄写到餐巾纸上，仍然完成了自己的投票。在波哥大，为了满足投票的需要，只能接连两个周六安排投票。

在孩子们投票之前，哥伦比亚的和平运动弱小而分散。数以千计的人权活动人士不是被暗杀，就是被迫逃到国外。举行一次以和平为内容的全民公投的计划一再推迟，因为举行这样的活动十分困难，也过于危险。现在，孩子们走进了原本是成年人的领地——他们第一次证明，无论是游击队还是准军事武装组织都不具备他们声称的广泛支持。对于这个国家来说，这是一记影响深远的警钟。正如一位人权活动人士对此解释说："直到'儿童法案'出现之前，我们真不了解，孩子们其实已经理解了所有这一切。"①

次年，一个名为"和平、生命与自由公民法案"的联盟（Citizen's

① 我梦想有一天，我早上醒来，我的父亲会去工作，而我不再会为他身处危险或者他会被枪杀而感到恐惧。这是我们大家都在尽力去创造的梦想。如果我被人杀死，至少是为了某些值得去牺牲的东西。为了某个目的去死，总比无谓的死去要好，是不是？

——法尔利兹·卡列

Mandate for Peace, Life, and Liberty）出现在哥伦比亚人面前，要求大家支持孩子们，拒绝战争，超过 1 000 万人宣布支持。结果，和平一下子占据了政治舞台的中心，并成为 1998 年总统选举大战的基础。1998 年 5 月，安德烈斯 · 帕斯特拉纳（Andres Pastrana）赢得了这次选举，然而，屠杀、绑架、暗杀和非正式流亡持续处于历史最高水平。在这种持续暴力的背景之下，儿童和平运动也在不断寻找自己的定位。来自不同机构和地区的大约 25 名孩子组成的一个核心团队，在波哥大组成了儿童理事会。自 1996 年起，来自全国各地的 100~200 名孩子，多次举行儿童代表大会，大家一起探讨儿童权利与和平进程。最后一次代表大会于 1998 年举行，这次会议引发了其他地区的儿童和平理事会的发展和形成。①

从孩子们的希望与梦想中建立一个愿景

"儿童和平运动"的传统之一，就是它的做法展示出，孩子们可以产生全然不同的影响力。这个理念让人们得以打破哥伦比亚的严格阶级界限，走到一起。一位十几岁的富家子弟加入这场运动，是因为他看到了一个相关的电视报道："看看这些孩子正在做的事情，他们可是一无所有。我们正在做什么呢，而我们有这么多东西！"②

"儿童法案"并没有针对任何敌人——无论其内容多么刺激。这是

---

① 这些代表大会的成果正式向政府提交，并且引发出了一个由联合国儿童基金会、童子军以及哥伦比亚和平高级专员维克托 · G. 里卡多（Victor G. Ricardo）合作的全国性和平项目。

——法尔利兹 · 卡列

② 从前，人们完全不关心战争的事——除非自己直接受到了影响。但是，当孩子们说起自己的痛苦和悲伤的时候，我们就会让成年人也感到痛苦，仿佛这就是他们自己的感受。孩子们是新哥伦比亚的种子。我们是停止这场战争的种子。

——一位运动领导人，马亚里（Mayerly），14 岁

一个原则立场，也是一种相当务实的姿态。“我们从来不指责任何一个武装集团，”法尔利兹·卡列说，“如果我们那样做了，我们自己就会变成目标。我们总会谴责那些可怕的事件，但是我们从来不知道谁应该负责。我们就是不知道。”这个策略不仅对孩子个人起到了保护作用，也有助于这场运动保持中立——这对于其生存和发展至关重要。孩子们不加入任何派系，而是为了和平做出努力。

大多数孩子“领会”这个复杂的局面与成年人是截然不同的。孩子们对于政治和经济方面想得不多，却更加关注正义和公平。恐怕也就是由于这个原因，他们对于和平进程的定义相当宽泛——其中包括改善受暴力影响的社区生活质量的任何活动。儿童和平运动宣布，在家里和街上维护和平与在战争中寻求和平一样重要。家庭暴力和邻里暴力毕竟更普遍盛行。虽然每年大约有 6 000 人死于战事，却另外还有 25 000 人则是在家里、街上或者其他犯罪暴力中死于谋杀。

通过联系广泛的各种支持组织网络，数以千计的青年人成为“和平构筑人”，他们与其他孩子携手工作，提倡解决冲突、宽容和消除歧视。超过 10 000 名孩子接受了培训，并去帮助其他的孩子，比如，学会如何避免地雷造成的意外伤害。几百名儿童接受了志愿者顾问的培训，为成千上万失去家庭的孩子提供服务。[①]

---

① 一开始，当我的父亲被人谋杀的时候，我觉得自己正在做的所有与和平有关的那些事都毫无价值，因为这并没有挽救他的生命。但是，我父亲一直要我为和平工作，而我也不想让其他的孩子像我那样，经历失去自己某个深爱的人的噩梦。最终，我父亲的死带给了我更大力量，让我对和平有了更现实的心态。我了解，有时候这个工作会有危险，但是在我父亲还活着的时候，这一切都没能阻止我，现在就更无法阻止我了。

——一位运动领导人，胡安·伊莱亚斯（Juan Elias），他的父亲在 1996 年 7 月被人枪杀这种做法为孩子们提供了一种不同的替代模式——除了参加军事组织或者成为街头黑帮以外。“有时候，我会去参加儿童和平运动组织的研修营，”年仅 13 岁的莱利思（Lelis）说，“那里有从各个地方来的那么多的小孩子。他们看上去很强大，组织和训练得那么好。他们知道自己在做什么。他们很会表达。我想像他们那样加入进去。”

加入这场运动的大约 100 000 名孩子知道，他们终将长大成人。到那时候，哥伦比亚会更需要他们。正像和平活动家安娜·特雷莎·伯纳尔（Ana Teresa Bernal）所指出的那样：“哥伦比亚深陷战争的时间太长了，以至于这里的人们不知道如何在和平中生活。这就是为什么这些孩子做的事情那么重要，特别是当和平来临的时候。”他们拥有的生活经验，是在人们能够想象的最危险的处境中形成的。他们拥有明确表达自己希望的经验、唤起一场全国新运动的经验、相互学习的经验，以及为他们自己的生命负责的经验。所有这些为他们朝着自己国家的共享愿景迈出了第一步。

“我的母亲有时候会告诉我，除了这些和平、权利之类的东西之外，生活里还有许许多多东西，”16 岁的埃莉诺（Eleanor）说，“她觉得我在这些方面花的时间太多了，但我想不出有什么比这更重要的了。”

结语：写于 2011 年

在各种各样的组织中，哥伦比亚儿童继续扮演着倡导和平的积极参与者角色，这些组织中，有许多最初就是儿童和平运动的一部分。然而，儿童和平运动作为过去那样一个统揽全局的全国性组织，今天已经不复存在了。这个运动作为一个协调统一的力量逐渐衰退，有几个原因。[①]

第一，有人担心这个运动对个别儿童做了过多的宣传，并且把他们暴露于危险之中。一些儿童和平领导人收到了恐吓信，其中一些人甚至逃离了哥伦比亚，在美国或者加拿大获得了政治避难。

第二，也有人担心儿童参与的各项道德原则没有得到遵守。参加和平运动的孩子们在各种国际会议上很抢手，也在各类时尚杂志和电视纪录片中频频出现。通常，儿童被选中参加这些活动，而没有使广大的儿童群体对相关议题进行全面讨论，共同确定他们的立场，并自己选举代表去参加。

第三，这个运动并没有清晰的、共同的框架性愿景，而这有时候会让参与者之间的误解进一步加深。比如，对于每个组织之间的相对媒体曝光应该是多少，各种组织会有不同意见。有些组织在国际上获得了更多的公众曝光。

第四，人们之间沟通方式的种种变化也产生了影响。1995 年举行第一次研习营活动时，孩子们要经过长途跋涉，才能从各自所在的村镇和城市走到一起，倾听其他人的经历。一位年幼的参与者，胡安·伊莱亚斯告诉我说，恰恰是在这个会上他才意识到，自己的经历并不是唯一的——哥伦比亚的其他孩子同样饱受折磨。今天，随着社

---

① 每天我都听到人们在打架——丈夫与妻子、父母与孩子，甚至在我自己家里也有暴力。这让我感到很悲伤，有时候也很害怕。我请求我的父亲不要再打架了，但是他仍然和我的母亲争斗不停。但是，他不愿意看到我不快乐。他听说有的孩子正在接受成为“和平构筑人”的培训，就带我去参加了一次会议。加入了这个团体之后，我开心多了。我们谈到如何在彼此之间保持和平，如何与我们的朋友们保持和平，与任何一个愿意倾听的人保持和平。我把这一切告诉了我的父母。他们告诉我说，他们也不想打架，但有时候就是忍不住。

——伊莎贝尔（Isabel），14 岁

交网络的流行，孩子们不必离开自己的社区，就可以相互倾听和学习了。

这个运动依然是有其地位的，不是作为一个组织，而是作为一种承诺——全国上下乃至更多的孩子们，可以为了和平而共同工作。在哥伦比亚，孩子们作为和平积极分子的参与仍然重要——在这个社会里，家庭暴力和街头暴力依然居高不下。就像 1998 年马亚里 · 桑切斯（Mayerly Sanchez）在她的苏瓦查的家里告诉我的那样："从一个孩子心中启动的和平，可以覆盖整个世界。"——但是，只有在它被放大、被倾听之后。

孩子们的社区训练营

萨拉 · 卡梅伦

概述

这个练习基于这样一个观念：成年人要想实现和平，他们首先需要想象和平，而且没有比孩子更好的开始了。

参与者

这个练习对于不同年龄组的人都管用，在混合年龄团队中也是如此。

在哥伦比亚的波哥大、麦德林和卡利等城市，拉斐尔 · 庞博基金会（Rafael Pombo Foundation）在每个工作日都会为几百位贫困孩子举办创作训练营，内容有文学、电视节目、美术和戏剧。除了扩大这些孩子的视野之外，这家机构还与各方面的教师合作，期望哥伦比亚学校大多数课堂上的正式气氛，由此可以有些改变。拉斐尔 · 庞博基金会也在游击队控制区举办训练营，重点关注冲突解决与和平建设。这些训练营是以下这个设计的基础。

首先，要开展一些“预热”活动，让学生们相互之间感到自在，也用来与新的工作与学习方式建立联系。这样的活动可以包括运动和对照活动、信任活动、搭桥活动等。比如，在搭桥活动中，学生们分成小组，用自己的身体努力架设尽可能最坚固的桥梁。然后要求他们做出判断，他们是否可以改善这个桥的设计，并做一些适当的修改。在这之后，请这些学生们谈一谈，他们是如何改变自己原来设计的想法的。当小组里的一位或者两位成员说服其他人改变的时候，有多容易、多困难呢？大家是什么感受呢？最后实现了某些改善吗？最好的工作方式是什么呢？

下一步，请学生们分成 5~6 人一组，构建自己的社区或村镇。需要用来支持这个任务的工具包括纸张、笔、签字笔、纸箱、几卷纸、胶和可以用来制作这个社区里各种建筑模型的废旧材料。学生们还被要求共同工作，对以下的全部或者部分问题做出判断：

a. 讲述这个村镇的历史：它在什么地方？为什么会建立这个村镇？是由谁建立的？最初建立这个村镇的人都是从哪里来的？

b. 给这个村镇起一个名字，并且解释这个村镇的创立者为什么要选择这个名字，他们是如何选择这个名字的？（在这之前，实际上还可以要学生们对现在居住的城镇的名字来源，进行一次讨论。）

c. 列出这个村镇的法律。(其中可以包括国家法，比如：言论自由，以及本地法，比如：循环利用。)

d. 说出这个社区中最重要/让人印象最深的建筑，并且解释它们的意义。

e. 描述这个社区的经济基础：这里的人做些什么工作？生活质量如何？（学生们这时常常会扮演具体的角色，从自己就是这个社区居民的角度，解释当地经济）。

f. 讲述学校学习、宗教、法律系统、公众健康、废物收集以及其他活动是如何开展进行的？

g. 这个社区的未来预示着什么？

h. 也可以要求学生们为自己的村镇制作一个盾形纹徽，并解释他们在其中应用的各种符号的含义和历史意义（盾形纹饰活动，可以作为一个单独的单元）。[①]

大约一个小时之后，各个小组要相互展示他们的村镇或者社区。整个团队要讨论一下，有哪些想法特别有用、特别有趣。这个活动也可以延长一段时间，但孩子们必须快速完成，这个活动常常会增加他们的自发性和乐趣。这个活动也可以反复做，也可以把它安排在特定的时代，让它具备某些地理或政治上的约束条件。

7. 你如何知道自己的组织正在学习？

贾尼斯 · 达顿

目的

评估你的组织的学习进程。

---

① 在拉斐尔 · 庞博举办的一次训练营里，我们一个小组的人建造了一个城镇。我们决定，我们需要一个教堂，不过建哪种教堂呢？我们如何才能选择呢？最后，我们决定要有一个多功能的建筑，任何人都可以在这里崇拜任何一个上帝，而且我们既有女神父，也有男神父。我们说，每个人都有宗教信仰的自由，而且这永远也不应该成为冲突的来源。

——马塞拉（Marcela），17 岁

概述

提出一系列基于组织学习定义的问题。

一个组织正在学习的含义是什么？从实践的角度看，它意味着人们对现状逐渐形成一种清晰、诚实的认识；它是整个组织都可以接触到的，是用来生成新的、人人可以公平接触的知识，并且帮助人们面向自己期望的未来，采取有效的行动。

一个组织正在学习的含义是什么？从实践的角度看，它意味着人们对现状逐渐形成了一种清晰、诚实的认识；它是整个组织都可以接触到的，是用来生成新的、人人可以公平接触的知识，并且帮助人们面向自己期望的未来，采取有效的行动。

在心中勾画出你的团队或者组织：它可以是一个课堂、一个课程规划团队、一个基于特定场地的团队、一组管理人员，或者是你自己的社区——选择哪个团队都可以。对于它提出以下问题——可以是对你自己提出的，也可以是对一个团队整体提出的。

- 这个组织对自己的现状是否有一个清晰、诚实的认识？你的组织对于真相可以忍受到什么程度？你们是自己去寻找数据，还是等着政府、家长或者报纸提出数据要求？在你们的调查中包括了哪些人？在探询和宣扬之间，他们正在寻找平衡吗？对于有可能引起尴尬的数据，你们是否会回避？你们对自己的经验进行检验吗？对于自己心中的假设，你们提出挑战吗？最近以来，你们“杀死”了多少带来坏消息的人？你们是只靠数据，还是会和大家聊一聊，问他们是什么感觉、怎么想以及他们从个人角度对这个组织有什么希望？
- 对于现状的这种认识，在组织上上下下都共享了吗？你们从中有没有创造出也在组织中得到共享的知识？是不是每一个人都从“学习者”的角度，而不是“什么都知道的人”的角度，获得了支持？组织环境是否支持持续学习，还是只支持偶然学习？你们如何处理信息？你们是否从数据中形成共同认识，并构建知识？你们是否只接受支持自己假设的数据，还是你们会问“如果我们从另外一个观点去看这个问题，又会怎么样？”由谁负责建立共同认识？有谁在场？家长是不是可以获得学校的所有数据，员工是否可以获得？你们在进行员工发展吗？这样的发展是在整个组织中进行分享吗？你们是在创造新知识吗？你们的组织显示出从前不具备的能力了吗？这些新知识是如何改变现状的？①

• 知识是不是转化成你们期望的未来的各种行动了？人们能够利用新知识吗？这些新知识有现实意义吗？大家在应用这些知识吗，还是大家正在做的只不过是引用文章和书里的内容，但一直原地不动？你们的策略是什么？你们要采取的优先行动是什么？由谁来参与设计员工发展项目？大家会有多少时间来分享各自的专业实践？你们的能量聚焦在你们期待的未来上了吗，还是你们正在追着完成 100 项不同优先级的工作？你能讲个故事，说明你们如何缩小现实与愿景之间的差距吗？你们能确定一些衡量自己进步的里程碑吗？你的组织是不是表现出从前不具备的能力？

① 对于查罗特 · 罗伯茨帮助我们想到这个联系，我们深表感谢。

坚忍不拔[①]

从20世纪90年代初开始，由于她在社区方面的观点和创新管理实践方面的经验，玛格丽特·惠特利在组织学习与变革的领先开拓者组成的全球网络中，成为一个焦点人物。自2000年代中期开始，惠特利逐渐把自己的关注放到了朋友们、客户们以及商业伙伴们的焦虑上，这种关注因2008年的经济危机进一步加快了速度。即便是组织学习方面极为成熟的领导人，随着商业压力的加大，他们不得不削减他们最富启迪精神的实践。对此，惠特利的回应是《坚忍不拔》这本书，它是逆境面前如何坚守的个人反思。这本书是写给那些将身心投入组织变革（包括教育改革）的人们——他们发现自己的工作由于各种原因变得愈加困难，也正在寻找方法，坚持自己的努力，并保持自己内心的平静。

——阿特·克莱纳

8. 系统公民

面向一个相互依存世界的教育

彼得·圣吉

假如我们把学校看作一个改变社会的载体，会怎样呢？假如我们

① 玛格丽特·惠特利著（Berrett–Koehler出版，2010年）。

把教育看作一个领导力发展的实验室——学生们为了一个健康的未来，在这里掌握要领，促使那些应该在学校内外发生的变化出现，又会如何呢？

这些年来，我多次和不同年龄的人们围坐成一圈，展开深度会谈——常常有些年幼的孩子也在场。在一次这样的聚会中，一位学监（当时在某个全国性学校社团中也是领导人物）坐到了两个 11 岁的孩子对面。这位名叫拉里的学监问这两个孩子，他们是如何看待今天这个世界的。其中的那位 11 岁的女孩毫不犹豫地回答道："我们觉得，你们喝光了自己的果汁，又来喝我们的了。"

几年后，在圣路易斯市的一次大型社区聚会上，也有一个小范围的"破冰"活动，来自不同背景的成年人和孩子们轮流发言，反思他们为什么会来到这里。一名教师说，她对一些可持续发展的问题相当担忧，比如食品和水的供应问题。另一位成年人则提到自己社区中的贫富差距。然后，就轮到一位年龄不大的女孩发言了，她大约 9 岁或 10 岁。她只说了一句话："我想要活下去。"

这类叙述的直截了当，常常会让成年人大惊失色，然而，我们不该感到意外。现在的年轻人正以一种前所未有的方式成长。他们对这个世界的方方面面的领悟，远远超过了他们的前辈。他们了解气候变化，也知道我们无法摆脱对化石燃料的依赖。他们知道贫富差距这个顽症的存在。他们往往与其他国家的朋友们直接交流，并因此了解各种文化在彼此尊重中共存的艰辛努力。他们所听到的大都是负面信息：各种各样的生态崩溃、各种各样的恐怖主义、经济方面的种种焦虑、方方面面的无能领导人，以及一个个不可靠的机构。但是，所有这些负面信息，并没有削弱他们想要做出贡献的深层渴望。

在圣路易斯市，那天活动的晚些时候，有 250 人聚集到一起，听学生们一个个介绍自己的可持续发展项目。那晚在场的人们，一定不会忘记那位名叫安娜丽丝（Annalise）的 12 岁女孩，她讲述的是她和同学们一起，在自己的中学里建造了一台风力发电机。这个项目是从科学课开始的，她们的教师在课堂上说，应该转向不以化石燃料为基础的其他替代能源。安娜丽丝和她的四位同学（她介绍了每一位的名字）下课后便与这位教师聊了聊，问教师她们从个人角度可以做些什么。风力发电机的想法就是在这时候诞生的。她们让各自的家长也参与了进来——其中有工程师、商业人士，还有其他行业的人，帮她们梳理想法，并准备了一份建议书。然后，她们向学校的校长介绍了自己的想法，在那之后，又向当地的市长做了介绍。

“我担心我们给市长做的介绍不够好，”安娜丽丝面对听众回忆说，“当我们介绍自己的想法时，她实际上什么都没说。”尽管如此，她们后来还是被邀请回去，为市长和市政会成员做第二次介绍，而这就是项目的起点。安娜丽丝的讲述总共用了三分钟，她以一张照片作为这个不同寻常的故事的结尾——照片上是目前为这家学校提供能源的那台垂直风力发电机。

在场主要是成年人的听众们全神贯注、鸦雀无声，其中许多人对这些孩子们取得的成果感到震惊。这时，安娜丽丝放下了手中的笔记，眼睛注视着在场的人们，流露出坚定的决心，然后她说：“我们这些孩子常常听人讲，你们这些孩子是未来。我们不同意这种说法。我们没有那么多时间了。我们现在就需要做出变革。我们这些孩子已经准备好了。你们呢？”

我相信，对于他们在其中长大成人的这个世界的方方面面，今天的孩子们不仅有觉知，也为之担忧。并且，有比我们想到的要多得多的人，已经完全做好了投身于其中的准备。当然，要认识到这一点是不可能的，因为他们的参与机会在很大程度上牵涉到我们这些成年人。对于孩子们，成年人实在是太容易形成各种自我强化的心智模式了。“这些孩子对这个世界一点儿都不在乎。他们只关心视频游戏，关心发信息和脸书”。当我们成年人这样认为的时候，我们就不会给孩子们的参与创造空间。当孩子们得不到机会去发挥作用的时候，也就难怪许多人会不闻不问，无动于衷，觉得没有提出问题的地方，也没有人在乎他们要说什么。

但是，我一次又一次看到，当这样的空间被创造出来的时候，像安娜丽丝这样的年轻人就会站出来。我开始相信，现在学校的核心宗旨之一，应该是创造出这样的空间，孩子们会响应。有些人会站出来说话，另一些人会站出来做建设，还有一些人会以身作则，展示出一种更有系统思考意识的生活方式。他们会成为他们自己未来的系统公民——其中许多人已经处于转变过程之中了。因为他们知道，这正是需要他们做的。

系统公民的鸿沟

就像我们在书中其他地方提到的，过去 150 年间在全球广泛推行的工业时代教育系统，在未来几十年中很可能会发生急剧转变。这种转变并非因其容易才会发生。实际上，正像大多数教育工作所熟知的那样，没有哪个机构比中小学更加抗拒变革与创新了。但是，教育领域的根本性变革依然会发生，因为人类社会要想生存与繁荣下去，这是必需的。工业时代这个机器的时代正在终结，不重新思考和重塑当下的教育系统，就不可能完成正在到来的转变。说到底，这个教育系统（与商业系统一起）已经是也还会继续是工业时代世界观和技能集合的主要培养箱之一。

从历史的角度来看，当下这个时代是一个不同趋势深层交织、冲突的时代。一方面，工业化的全球扩展在生活质量方面带来了极大的物质利益和机会。人类历史上第一次，几十亿人们在分享着从前无法想象的物质生活水平，也在分享着长寿期望、民主进程以及正式教育。正因为这些原因，这个世界上的几乎所有社会都在追求工业和物质扩张的目标。

但是，一切如常的持续工业化扩展，也正在引发各种无法想象的危险。人类正在以前所未有的速度毁灭其他物种和生态系统，并以过去从未有过的方式在世界各地和全球范围内改变着自己的生态环境。根据世界自然基金会的测算，支撑今天的全球经济需要$1\frac{1}{3}$个地球的资源。如果中国达到了美国的消费和废弃物排放的水平，我们就需要两个地球。如果印度也加入这个行列之中，我们就需要三个地球。但是，我们只有一个地球，人类继续在我们当前的工业化、物质主义生存方式的“攫取–制造–废弃”的道路上每走一年，为了要在大自然的慷慨赐予的范围之内生存下去，而无法避免的调整也会随之变得更严峻。

从这种紧张关系催生出来的各种挑战，是社会、经济和文化上的挑战，也是生态上的挑战。事实上，所有这些挑战都是相互依存的。国际化的人才流动、移民和商业活动的急剧加速，引发了不同文化之间、不同经济系统之间的冲突；很多人在全球各地为保护自己传统的文化特征而努力抗争，对抗西方消费主义的泛滥；与此同时，工资与机会的竞争导致失业与社会动荡持续蔓延。很多人都有一种清楚的感受：我们（人类）并不十分了解，如何才能与我们社会中释放出来的各种力量共存下去，我们只是刚刚开始尝到由种种意料之外的后果带来的苦头。[1]

一位系统思考的学生，也许可以用一个简单的行为—时间图呈现这个局面，显现出来的是现代社会相互依存的程度，与理解这种相互依存关系的能力之间的鸿沟。

这条持续上升的“相互依存”曲线意味着什么呢？其实很简单。工业化在全球范围内的扩张，已经织就了一个相互依存的网络，这样的网络在过去从来没有存在过。即便是生产商品与服务、种植食物，以及日常生活这类简单活动，也都以前所未有的方式在本地和全球层面相互交织。0.45 公斤食品在到达一个美国消费者手中之前，平均要旅行近 3 200 千米。许多日常用品要经过更长的旅途。我们生活方式的废弃副产品也要进行同样的长途运输。比如，美国以不到全球 5% 的人口，制造了全球 20% 的温室气体，这都是因为我们开的轿车和越野车、我们居住的各种建筑，以及我们的视频游戏、平板电视和网上浏览——所需的电力主要来自燃煤。所有这些排放造成了冰河的缩减、春季径流的减少，并且造成印度北部的几亿人长期处于缺水状态。气候多变、洪水泛滥以及海平面上升，影响着更多的人。过不了多久，同样的说法反过来讲也说得通了：中国与印度急剧增加的温室气体排放让美国黯然失色，并且直接造成了北美地区气候多变与严重的暴风雪。在人类历史上，地球两边的人们做出的各种各样的日常选择，从

① 摘自《面向一个相互依存的世界的教育：培育系统公民》（“Education for an Interdependent World: Developing System Citizens”），彼得 · 圣吉著，刊于由乔伊 · 里士满（Joy Richmond）、利斯 · 斯顿茨（Lees Stuntz）、凯西 · 里士满（Kathy Richmond），以及乔安妮 · 埃格纳（Joanne Egner）共同编辑的《追踪各种各样的联系：系统思考的声音》（*Tracing Connections: Voices of Systems Thinkers*，iSee Systems and Creative Learning Exchange 出版，2010 年）。

未像今天这样交织、纠缠在一起。①

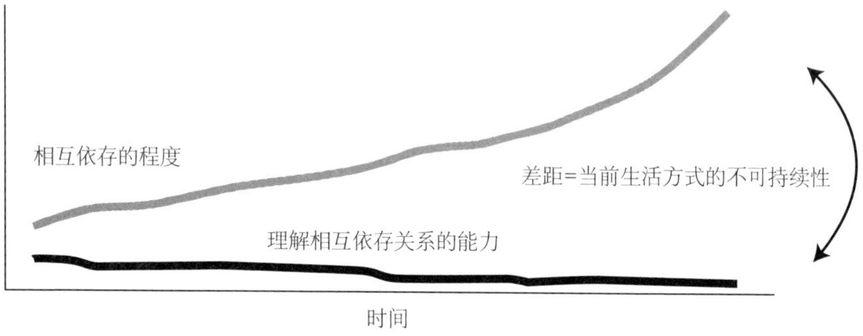

但是，虽然这个相互依存的网络一直在增长，人类理解这种相互依存关系的能力并没有提高。事实上，或许可以说，最近几百年以来这项能力逐渐在衰退。随着人类从部落社会转向农业社会，并在近来转向现代工业社会，我们与更大的生命世界相互连接的感受，也逐渐变得越来越模糊、脆弱。比如，有些美国孩子认为，自己的食品是“从食品店里”来的，美国的大多数孩子和成年人都没有食品季节性的内在概念，因为所有的食品不分季节都可以得到。

随着这个鸿沟的扩大，我们的生活变得越来越不可持续。现在，没有多少成年人理解全球经济，更不用说了解他们购买的产品来自哪里，或者是了解运送这些产品的全球供应链带来的各种社会与环境的副作用了。比如，没有多少人意识到，全球范围的工业化农业扩展的主要动因，是为欧洲和北美中产阶层消费者服务，这每年都会造成数千万农村居民因农民收入降低而离开家园。这是温室气体的一个主要

① 乐施会（Oxfam）在2010年估计，全球贫困人口适应全球气候变化的各项成本（包括农作物歉收、各种热带疾病蔓延，以及在许多发展中国家的景观中越来越成为一个永久性特征的移民营）总计超过500亿美元（参考www.oxfam.org）。预计这个数字在未来几年中会急剧上升。

来源（其中包括在全球各地运输食品所产生的二氧化碳，以及为满足不断增长的肉食品需求而持续扩张的畜牧业所产生的甲烷），持续增长的畜牧业和经济作物也引发了乱砍滥伐现象，并在过去 50 年中造成了数以十亿计的地表土丧失——超过印度和中国的国土面积之和。

从内部看起来，工业时代会永远持续下去，这就像一个金融泡沫，看上去在盈利，实际上来自盲目预计当下的扩张将会无限期延续。但是，工业时代不会永远存在下去。大自然的运行方式与现代社会的运行方式之间的种种冲突，绝对不可能无限期延续下去。就像金融泡沫一样，工业时代这个大泡沫的破灭可能是毁灭性的，甚至会危及整个人类的生存。然而，我们也可能就处在转型的边缘，正在转向一种“超越泡沫的生活”：这是一个再生性的或者说是恢复性的经济与社会；它模仿大自然的进程，在人类重视的物质需求和非物质品质之间，形成一种全然不同的平衡。但是，这种事关未来生存的转变不会自己发生。要实现这种转变，需要在我们使用的能源上、在我们制造与购买的产品以及产生的相关废弃物上、在我们使用的土地上、在人类与其他物种的关系上，以及在个人与组织生活的许许多多的其他方面，都发生真正的变化。[①]

尽管全球化工业社会的颓势有着林林总总的表现，但不着手应对存在于不断增长的相互依存关系与我们认识这种关系的能力之间的这个根本性鸿沟，很难想象会有多大的变化。没有什么技术上的“修理”手段，可以独立解决气候变化问题；也不会在一夜之间就出现一个全

---

① 彼得·圣吉、布赖恩·史密斯（Bryan Smith）、尼娜·库鲁斯维兹（Nina Kruschwitz）、乔·劳尔（Joe Laur）和莎拉·施莱（Sara Schley）在合著的《必要的革命：可持续发展型社会的创建与实践》（Doubleday 出版，2008 年）中详细探讨了工业时代是一个将要破灭的大泡沫的理念。

球性的政府，着手应对不断增长的食品与水的短缺问题；更没有哪个觉醒了的企业社会责任运动，会奇迹般地改变目前占全球统治地位的商业运营模式，让短期利润与对人和地球的长期贡献可以达到平衡。

所有这些变化，以及其他更多变化，都只会随着我们思想方式的变化而发生。现代世界的各种机构之所以以今天的方式运行，是因为我们自己——我们作为管理者与员工、金融家与政府管制机构、消费者与公民的作为。我们如何思考、如何相互作用，塑造了这些机构的各种政策和惯例。如果没有对相互依赖关系的深入理解，这些政策和惯例都不会有任何变化。不仅是那些正式的"领导者们"要形成这样的深入理解，塑造了这些机构的种种期望、规范和日常运作方式的我们所有人也都要形成这样深入的理解。

如果一个教育系统想要服务于社会的真正需求，缩小系统公民的鸿沟就成了这个教育系统的核心要求。培养系统公民，就是培养那些认识到工业时代的各种深层不平衡，并能够积极行动起来的人。从这个角度思考教育系统的宗旨，是一种极为独特的方式。这与主流观念相去甚远。但这正是安娜丽丝以及数以百万计的像她那样的孩子所要求的。正如她说的那样，真正的问题在于："我们准备好了吗？"

一个盲点：教育的目的

尽管听上去有些夸张，但我还是相信，今天学校里的所有孩子们都觉察到了当下这个转变时刻的重要意义。虽然他们的表达方式多种多样，他们都理解一个同样的道理：在今天，唯一重要的公民权利，是所有人的公民权利。他们觉察到，地球各地的人们必须共同努力，才能像巴克敏斯特·富勒（Buckminster Fuller）所说的那样，"创造出一个对于每一个人都有意义的世界”。这也就是为什么，当传统学校教育对将会影响孩子们未来的种种不平衡不做回应的时候，孩子们会表现得无动于衷；而当学校教育对这些不平衡做出应对时，他们则会充满活力。

那么，各种学习的机构如何才能克服自身惰性，认清未来对年轻人的重大利害关系，并帮助他们获得他们最需要的那些技能和视角呢？我们目前要做的并不是重新构建出昨天文化的至善，而是要培育属于明天的相互关联文化。

要实现这个目标，我们必须就 21 世纪教育的范围和内容，以及它与过去的教育如何不同，达成一个有意义的共识。没有清晰的目标，就不会有创新的能量。没有清晰的目标，所有试图“改革”的努力，最终都只会回到那些人们知道如何努力达成的目标，也就是过去的运营目标：数学、科学和读写的基本技能，以及最终的考试成绩提高。这些都相当关键，但并不充分。这些东西建立了我们现代工业世界。要建立未来的各种再生性经济体，只有这些是不够的。

对于目标缺乏一种运营上的共识，是我们今天在教育领域不具备真正的创新生态系统的首要原因。为什么要创新？“在当今世界，我们教育的基本目标是什么？”在我们走到一起，对这个问题做出一个令人信服、基于共识的明确回答之前，为什么创新这个问题就不会有答案。如果我们以深思熟虑的方式、以一种吸引方方面面的关键相关利益者（学生、教师、家长、当地商业机构以及社区领导人）参与的方式，去回应这个问题，这本身就会创造出那个在今天令人痛心地缺失了的关注点。

这个过程不会是速成的，也不会很容易。它需要以尊重学校的内在本地性的方式进行，也需要以一种将学校与它们服务的社区联系起来的方式进行。但也有一些领域，需要更广泛的共识。学生们需要哪些方面的关键技能和知识，才能成为卓有成效的工作者和公民呢？在传统教育的目标下，这些技能是如何形成的呢？在教学和教学法方面，需要哪些基础创新呢？我们如何才能让教书育人这个职业，成为一个吸引最优秀、最有悟性的人才的磁石呢？最后，学校存在的意义是把我们这些成年人已经知道的东西“教给孩子们”吗？还是今天教育的目的，是为每一个人提供一种方法，让大家共同学习创造健康和可持续生活方式所需的能力？

年轻人渴望的是后一种目标。但是多数成年人有意无意假设的是前一种。如果问什么时候应该质疑这种假设的话，那就是现在。150年前，社会需要的是工厂里的工人，所以学校的设计就是为了产出这样的工人。今天不同了，社会需要的是那些有助于创造一个切实可行、可持续发展和繁荣活跃的全球化文明的工程师、企业家、设计师、建筑师、教师、医生和护士、管理人员和工人。这可不是小小的一点儿改变。

教育是本身就具备50年或者更长远视野的唯一社会机构：这个视野就是今天的学生的一生。企业、政府和媒体都不具备这种视野，但教育的自然特征就是如此。这就是为什么对于学校的态度，总是代表着一个社会对于未来的态度——这也是为什么学校应该成为人类所需的根本性长期变革的首要发源地与关键机构。纳尔逊·曼德拉说，“教育是最有力量的武器，你可以用它来改变整个世界”。没有其他任何组织，以同样的方式拥有如此的潜力。

以这种视角看待教育，是有先例可循的——有些还可以追溯到人类历史的早期阶段。不久前在中国进行的几次谈话中，中国著名传统文化大师南怀瑾指出，现代的“教育”这个概念，在中文中直到不久之前都不存在。这个概念是从西方引进过来的。传统中文中与之最接近的概念是“教化”，直译成英文就是“为转化而施教”。这是每一位努力改善社会的人的职责，从普通人一直到皇帝。[①]

比如，被誉为“华夏始祖”之一的黄帝，就把当时有关医学的知识汇集成一部经书，这部书为中国服务了近五千年。他还在天文学、气象学、技术和诗歌等方面教书育人。据说，他担当的基本职责就是为了人民的幸福而传递知识。

以造就全球化的系统公民作为教书育人的目标，就把我们带进了一个不熟悉的领域。对于每一个人都是陌生的。没有一个人知道怎么做。这里没有规定的课程计划，大家不过是在需要展开的学习进程上达成了共识，尤其这还不只是教育工作者们的工作。由来自学校、企业、公众团体（包括社会服务机构、医保机构和其他组织）和当地政府的领导人组成的各种社区开始携手努力，为教育领域的持续创新创造出一种环境之前，学校（特别是由各地政府管理的公立学校）本身就存在的反对变革的力量，还会继续阻碍创新。

这样一来，我们的总体目标就不应该是教育改革，而是对教育的整个过程进行环境的重新建构：其出发点是让孩子们学习如何对自己的学校环境承担更多的责任，并在他们应对复杂的、现实生活中的社区问题的时候，逐步建立起与各种不同的利益相关者之间的联系。学生们不再是别人制订的课程计划的被动接受者，而是在对一个相互依存的世界形成责任感与成效感的过程中，成为一个个活跃的参与

---

① 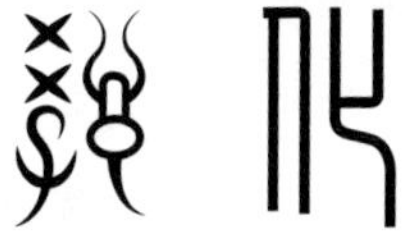

这两个中文字就是“教化”，“为转化而施教”。传统中文中最接近“教育”的概念。

者——这就是通向系统公民的道路的一个起点。

教育的品质

在这篇文章的余下部分中，我想要描述的是，一家培养系统公民的学校可能会具备的一些品质。针对不同地区，具体情况当然会千差万别，但是，那些对培养系统公民已经做出承诺的形形色色的学校的经验表明，大致轮廓已经清楚了。下面这些，是到目前为止我们学到的东西。

一个孩子与成年人一起学习的地方

传统学校是一个成年人试图让孩子们去学习的地方。相形之下，培育系统公民则要求向每一个人学习。教师们邀请大家探询的那些题目，他们自己也尚未精通，因为还没有人在这些题目上成为专家。学生们形成了一些对于他们的教师也具有真正价值的见地。教师们既共同学习，也相互学习。管理人员们创造出一种培养信任、相互影响和共同愿景的环境，并在这个过程中变得更加开放起来，看到自己的行为必须经常做出改变。家长们和社区成员们受到吸引，加入人类社区与自己建立联系的兴奋与能量之中。就像几千年以来发生过的那样，当我们真正重视孩子们、倾听孩子们的时候，他们对于学习和成长的热情就会渗透把我们包裹起来的那些观念。即便是在一所学校这样一个大系统的缩影之中，我们也会发现那句古老中国谚语中的智慧："每一个黄金时代的标志，是孩子们成为社会中最重要的成员，而教育是这个社会中最受尊重的职业。"

尤其对于教师们来说，这意味着开放自己，面向转变教学法、转变课堂教学思路的巨大挑战，并放弃“站好–讲好”（stand and deliver）的既定模式。对于学习者之间形形色色的差异，如何去应对呢？在孩子们学习独立思考、学习为彼此创造反思空间的过程中，怎样支持他们呢？如何应用人的发展的深层知识，把它作为所有教育的支柱呢？如何将一种面向人的发展的取向与不同课程的材料融合起来，以便让它们相互支撑呢？在实现这些变革的过程中，每一个人又如何持续学习、怎样更好地共同工作呢？

一个让人们发现自己声音的地方

系统公民的学校所包含的，首先是一种持续不懈的承诺：对人的成长的承诺，对培育我们每个人内心中与生俱来、与众不同的目标感与责任感的承诺。每一个孩子的愿景，像他们的个性一样，都是独一无二的。每一个孩子都会看到其他人看不到的那些发挥自己作用的途径。采用向每一个人传授一种标准的“系统工具箱”的办法，把系统公民从一条流水线上制造出来，是行不通的。必须通过帮助每一个孩子产生他们自己对一个相互依存的现实世界的独特感受，才能培养出系统公民。

南怀瑾先生说，“人的天性是教育的核心问题。为什么所有婴儿生来就如此不同呢？”对他而言，要想把握我们自己深层的与众不同，就必须要审视婴儿出生时带到这个生命中的、固有的因果品质。如果我们对每个人表现出来的差别视而不见，教师们也许会“成就与育人的本愿恰恰相悖的目标”。西方人还不大习惯思考，但是，对于每一个人都是独一无二的这个理念，我们并不陌生。事实上，它是西方启蒙思想和民主的基石之一——每个人都拥有“生命、自由和追求幸福”的权利，每个人都为自己定义了这些概念的含义。

学校最古老的功能之一，是帮助年轻人找到自己的职业追求，也就是他们自己成为一个受人重视，并自给自足的社会贡献者的那个独特路径。就像“职业”（vocation）这个词在词源学的词根上所指的那样，事业的本质就是发现自己的声音。

Vocation

Vocation这个词的字面意思是“召唤”（calling），它由拉丁文的vocare而来，意思是“呼叫”（to call），后者源于vox，英语中的“voice”（声音）也出于这同一个词根。

还记得安娜丽丝吗——那个在圣路易斯充满自信地介绍风力发电机的女孩？她那种自信、清晰和准确的自我表达，深深吸引了在场的听众们。其中似乎没有一个字是多余的，这与在她之前演讲的那几位成年人形成了鲜明的对照。

只是到了后来，在一次和她父亲的感人谈话中，我才了解到情况并不是一贯如此。她演讲后的茶歇期间，她父亲走了过来，眼中含着热泪。“我简直不能相信。”他说，“你必须要了解，我和安娜丽丝的妈妈一直非常担心她，因为她太害羞了、太安静了。我们一直很发愁。我想她找到了自己的声音。”

从这以后，我一边回顾他讲的话，一边自问：她找到自己的声音了吗，还是我们找到了自己的耳朵？对于年轻人的领导力在食品、能源、水与贫困这些问题上的重要性，只有为数不多的一些教育工作者深信不疑。许多年轻人深陷于各种各样的自证预言之中，这些自证预言从一开始就阻碍了他们表达出这种潜力。此外，许多成年人面对那些我们当下的这个社会的巨大并在持续扩大的种种不平衡现象，采取了听天由命的态度。这些问题之大，远远超出各种各样的解决方案，也就很容易让人认为，什么事都做不成。孩子们没有这种宿命论或是悲观的态度。而他们一旦参与了进来，他们就会一直参与下去。这是他们的未来，而且他们出于本能地认识到，这就是真正的教育——即便是在成年人已经忘记的时候。

高阶技能的孵化器

对于高阶技能，教育工作者有许多框架。我们的经验一再回到以下这些方面：

- 系统思考和理解复杂性
- 反思
- 协作和建立学习的合作伙伴关系
- 沟通与倾听
- 设计思考过程：如何创造最有可能产生我们所期望的那些结果的各种系统
- 自我感受：热望、自我激励、自我控制
- 学习效能感：我们如何才能影响我们关注的那些问题

这些都是一个系统公民需要掌握的思考与相互交流的技能。它们不仅包括对于系统、非线性反馈和杠杆作用的认知，也包括今天被许多学校几乎完全忽视的其他思维与学习技能。从许多方面来看，这些技能与建立学习型组织的“核心能力”并行不悖，在持续为孩子和成年人开发个人与集体的学习能力方面，是获得成功的必要条件。

教育工作者往往会认为，这些技能都是“高阶技能”。但是，在解决各种复杂的现实生活问题的过程中——无论我们在哪个年龄段遇到这些问题，其复杂性与一道复杂的数学题或物理题截然不同，都要涉及这些技能。长久以来，这些技能都被看作研究生教育的范畴，但过去20年来积累的证据表明，如果有了适当的教学方法与整体学习环境，这些技能可以在小学教育中培养，并在中学教育阶段发展到超常的高阶水准——并不是为数不多的精英才能掌握，而是大多数学生都能达到这种水平。

一个反思与合作学习的修习场

培养所有年龄的系统公民的关键领域之一，是反思我们正在学习什么的能力——这往往要“实时进行”。

在最早展开系统思考教学的那些学校里——比如，在位于图森的博顿“磁力”小学（Borton Primary Magnet School），幼儿园里的孩子们通常都会以分享他们自己画的一天学习的“行为—时间”图，作为这一天的结束。那些图表都挂在墙上，孩子们站成一圈，谈一谈他们学习到了什么——一个小时、一个小时地说。当说到他们学到了很多东西的那些小时的时候，他们会站得笔直；当说到那些他们没有学到多少东西的那些小时的时候，他们则会俯下身去，几乎要接近地面。如果学得不多不少，他们就会做出不高不低的姿态。然后，每一个学生都要说一说，在每一个小时里发生了什么，让他们形成当时的经验：当他们刚刚开始一天、精力充沛的时候，当他们累了或者走神的时候，当他们饿了的时候。在这种就事论事的练习中，反思变成了每一个孩子一天上学中的一部分。对于“你今天觉得怎么样”这个问题，不存在正确或错误的回答。不存在一条定义“正确的一天”的标准曲线，每一个人的体验都得到了尊重。

在年龄稍大一点儿的时候，在这些学校里就学的孩子们，就开始从看到他们自己在学校一天里的各种模式，转向探索在他们生活中产生作用的不同系统作用力了。教育创新者们看过最多的视频之一，表现的就是三个一年级的孩子坐在一起，分析一幅他们画出来的正反馈环路图，他们想要理解的是，为什么他们在操场上会打架。

“一开始，我们说了难听的话，”其中一个 6 岁的孩子用手指着他们的循环图说。“后来，就有受伤的感觉，然后就会说更多难听的话。”他说，打架就是在这之后开始的。让看到了这个视频的那些成年人尤其感到吃惊的是，孩子们自发产生的谈话，引发出了“我们可以干预这个系统的各种不同方法”。①

“我们试过说‘对不起’。”另一个也是 6 岁的男孩子说。那好像有点儿用，他接着说，但是，他们判断，还有其他的办法可以试试，也许效果会更好——这是他用自己的说法表示，他明白要到哪里去发现这个系统的杠杆作用点。

以这样简单、平常的方式，学生们学会了如何超越相互指责、如何超越绝望。他们参与到了这场永恒的挑战之中——更加清楚地理解自己的生命，更加清楚地理解，要想在他们在乎的那些事情（比如，在操场上不打架）上取得成就，他们必须要进行的内心探索。他们的好奇心获得了培养，他们的内心责任感逐渐形成。这是系统公民的两个基石。第三个基石也会逐渐形成：那就是学会共同解决各种困难问

① 华特尔斯基金会的网站上有这个视频：www.watersfoundation.org/webed/examples/playground/playground.htm，YouTube上也有这个视频：www.youtube.com/watch?v=OWFDivyk7gI&safety_mode=true&persist_safety_mode=1。

题。一旦他们停止相互指责，一旦他们对于自己打架不再感到愧疚，他们就开始一起努力，去改变一些事物。去年夏天，我遇到了三个孩子中的一个——他现在已经7岁了，我问他情况怎么样，他说，他和另外两位从前的打架对手现在是“最好的朋友”。

有了好奇心，有了期望，再加上就复杂问题进行协作的知识，学生们自然而然就会成熟起来，去应对社区中更大的问题。这里的关键是持续地让学生们的学习聚焦在真实的、与他们确实有关的事物上，还要为他们提供空间去处理那些“有分量”的问题，尤其是那些成年人也不知道如何解决的问题，比如：“怎样才能让我们的学校用上可再生能源？”

成年人同样需要这样的反思与协作的练习。不幸的是，多数教育工作者在日常工作环境中，并没有为他们自己的反思和学习提供空间；大多数校长也没有认识到，自己在创造这种空间中的关键作用。目前只为教师在课堂上的“出场”时间支付薪酬的资金制度，“塞”到暑假期间的职业发展活动，以及那种强调个人胜任力而非团队胜任力的文化氛围，强化了这种不进行反思的习惯。现在流行的推动变革的各种努力，又进一步强化了这一切：当教师的个人胜任力要公开打分的时候，其效果与一个运动队的队员们为了成为明星球员而互相竞争大致相同——球队的成功严重受挫。

超越有关协同合作的老生常谈，并创造出一种持续合作与集体创新的环境，需要时间和发自内心的承诺。“在我作为一个校长试图引领的所有变革之中，最困难的恐怕就是帮助教师们学会成为一个团队。”图森市橙溪中学前校长玛丽·希茨（Mary Scheetz）说——本书中描述的许多系统思考练习都由这所学校首创。希茨自己主持了几次用一整天时间进行的静修，教师们在静修中学习反思和相互倾听，也学习如何建立共同能力，去应对难免会出现的各种冲突（比如，针对某些孩子，教师们的课程计划和方法不尽相同的时候）。希茨说："考虑到大多数学校里普遍存在的专业人员相互隔离的情况，各种协同解决方案的潜力比人们通常意识到的要大得多。"

但是，正像那些创新企业已经学会的，反思与协作需要经常进行，而不能只在做做停停的培训中进行。团队建设必须是持续进行的活动，那些最重大的学习发生的时刻，往往是在应对团队崩溃和危机的过程中出现的。希茨下定决心要创造出这种空间，让这个空间成为这所学校每天日常活动的一部分。她与当时的校长助理特雷西 · 本森（Tracy Benson，后来接替希茨成为校长）一起，最终重新设计了学校的日程安排，以便所有教师每天都安排出 45~60 分钟的时间，相互之间"看看病"。"要到教师们可以实时地实践协同合作的时候，协同合作才会开始产生影响。"本森说，"他们需要知道教师在比利的第一节课上发现了什么，或者是了解到一个在公民课和科学课里整合到一起的系统思考新理念，孩子们的实际反应不错。这就会有助于让教师们感到自己是一个团队。"

对于他们想要创造的那种学校文化，橙溪中学的教师们渐渐地开始形成一个更大的愿景。他们也发现，他们把自己发展成为一个学习社区的持续努力，开始重塑他们之间互动交流的方式。"我们必须以榜样来引导，"数学教师凯利 · 欧康纳（Kelly O'Connor）这样说，"如果我们尊重孩子，彼此之间也相互尊重，所有孩子都会看到。""我们聊的每一个话题，都是建立社区的一个过程，"英文教师杰伊 · 巴韦尔（Jay Barwell）说，"处理我们之间的所有差异，是建立我们共同愿景的关键。”[①]

随着所有这些教师发展成为一个团队，他们对于如何改善学校整体环境的理解也逐渐形成了。最终，他们对于这家学校的愿景归结为一个理念：尊重。以这个理念作为指导原则，他们就能够在他们自己之间、他们与学生之间，创造出信任。

一个培育联系、建立健康社区的实验室

各种各样的学校里教师们彼此不相往来的隔离状态就像镜子一样，可悲地反映出这些学校的状态——它们是一个个处于孤立状态的机构，与它们身处其中的那些更大的社区，相距甚远。这又往往悲剧般地变成了一个自证预言：孤立无援的学校对于它们自己的社区贡献甚微，也就无法吸引社区参与和获得社区支持的潜力。在这种情况下，由学校与社区之间相互依赖所产生的互补利益就不存在了。

一些创新企业开始理解认识相互依存关系的重要性，其结果是它们的各种策略和习惯做法正在发生转变。“如果我反思一下许多组织近来的历程，那么可持续发展的意识就在增强，”联合利华公司（全球最大的消费品公司之一）前管理委员会成员安德烈·冯·黑姆斯特拉(Andre van Heemstra)[②]说。“系统思考正在以不同的形式，让我们看到许许多多从前没有看到过的相互依存关系。”他接着说，“正是这些相互依赖关系让你得出这样的结论，把商业上的可持续发展与社会或者

① 橙溪中学的这段历程以及对于那些学生的长期影响，生动地记录在一段名为“图森的那家学校”的视频里——可以从“创造性学习交流中心”获得，见网站clexchange.org。这段视频记录了这个中学以前的学生和他们15年之后成为青年成人的镜头。

② 安德烈·冯·黑姆斯特拉的话引自彼得·圣吉等著《必要的革命》(*The Necessary Revolution*)。

环境的可持续发展分割开来思考，不只是愚蠢的，而且是完全不计后果的。”①

对于相互依存关系的战略意义的类似觉悟，怎样才能在教育领域中发生呢？其途径之一，或许是逐渐壮大的可持续发展教育运动——许多教育工作者和社区领导人认识到，在帮助我们的社区像超越工业时代泡沫的方向演化中，学校可能是一种大得多的积极力量。对于一些学校，这正在成为新战略举措。比如，俄勒冈州的波特兰学校系统，已经在学区中明确把这一点作为学生、管理者和运营人员的优先工作。

随着这些理念逐步生根成长，我们将会看到，系统公民教育——尤其是各种系统思考工具和协同合作技能，能够为年轻人提供他们需要的智力和发展基础，为他们将要面对种种可持续发展的核心挑战做好准备：包括食品、水、能源、废弃物和有毒物质、持续加大的贫富差距、构建恢复性商业和经济——并且是从现在就开始，从他们身边的社区开始。

不幸的是，被当作可持续发展教育的那些活动，其实往往不过是环境科学课的改编版。在最糟糕的情况下，这种课程成了教师们的额外负担，还为学校增加了成本。学校可以做的比这要多得多。正像杰米·克劳德的工作所展现的那样，可持续发展教学从本质上看，是一种跨越各种界限的实践——跨越各种学科的界限、年龄的界限，学校

① 在过去 10 年中，联合利华公司形成了一系列大胆的 2020 年可持续发展目标，并向人们展示，一个从前故步自封的企业，如何拥抱一个相互依存世界的种种核心挑战，转变成为一个全球领先者。比如，以可持续发展的方式采购所有产品的所有原材料，将 50 万家小农户（small holders）融合进全球供应链，以及在业务成长的同时降低其环境足迹的绝对规模。请参照联合利华的“可持续生活规划”，www.unilever.com。

与外部世界的界限，以及将“书本学习”与实践分割开来的人为设定的界限。①

把学校与周边更大的社区联系起来，从一些简单的事做起。比如，新墨西哥州圣塔菲市的芒特·德尔·索奥特许学校（Monte del Sol charter school）想出了一个简单的启动点：这家学校创新的“社区学习项目”必修课。以下是他们的具体做法。

每位十年级学生可以确定自己想学、社区中也有人会教的一件事。最后成型的项目就会成为这个学生当年的必修课之一。我在芒特·德

---

① 杰米·克劳德识别出了可持续发展教育需要培养的七种主要“心智习惯”——过去十多年以来，克劳德研究院在可持续发展教育方面是一个全国范围的领导机构：

把认识系统作为决策的基本环境条件（Understanding of Systems as the Context for Decision Making）。一个人既看到整个系统，又看到系统的各个部分的能力水平，以及一个个体能够让自己置身于这个系统之中的能力水平。

代际责任感（Intergenerational Responsibility）。一个人为自己的行为对于未来各代人的影响承担责任的能力水平。

对于各种含义与后果的关照与把握（Mindful of and Skillful with Implication and Consequences）。一个人自觉地做出选择、规划行动，以实现积极的系统影响的能力水平。

保护与强化公众利益（Protecting and Enhancing the Commons）。一个人努力协调存在于个人权利与公民关照公共利益的责任之间的种种冲突的能力水平。

认知各种驱动因素及其影响（Awareness of Driving Forces and Their Impacts）。在影响我们生命的所有驱动因素所形成的环境之中，一个人形成认识并可以从战略上负责任地采取行动的能力水平。

承担战略责任（Assumption of Strategic Responsibility）。一个人在观照整个系统的同时，通过设计、计划和开展行动，为自己和他人承担责任的能力水平。

转变模式（Paradigm Shifting）。一个人认识心智模式和结构模式，是因新知识和实践认识的引入随时间变化的指导性结构元素的能力水平。

请见www.cloudinstitute.org以及C. 费德里科、J. 克劳德、J. 伯恩和K. 惠勒合著《从幼儿园到12年级的可持续发展教育》（*Kindergarten through Twelfth-GradeEducation for Sustainability*, The Environmental Law Reporter News and Analysis, 33–2, 2003年2月）。

尔·索奥学校见过几个学生，他们分别学习了木工、咨询以及社区组织。与他们学习了什么知识同样重要的，是他们如何学习。从课堂上解放出来的学生们，重新创造了最古老的教育形式：师徒关系。这种方式不仅将学生们带进了对自己有真正意义的学习，也使许多成年人与学生们建立了联系，让他们成为学校里有意义的贡献者；同时还为学生和成年人共同努力，建立更健康、更可持续的社区铺平了道路。

另一个例子，是一种更加聚焦的做法，由于这种做法十分令人信服，许多教育工作者都在尝试对它进行延伸和复制。中学科学课教师斯科特·比尔（Scott Beall）教六年级和八年级的学生，学习如何开展能源审计，然后联络当地的企业人士，让他们成为孩子们的客户，通过这种做法，他把自己的科学课课堂变成了“为善领导力团队”（DoRight Leadership Corps）。不仅学生们把科学知识应用到实践分析之中，并发展了创业技能，本地企业也开始降低能源足迹（和碳足迹）。在这个过程中，学生们发现了他们可以对自己的社区产生的影响。

这为学生们的学习带来的差异——即便是以传统方式去定义，都是巨大的。“毫无疑问，‘为善’课上的那些孩子，在科学知识上的学习与较为传统科学课上的学生相比一点儿不少。”比尔说。实际上，他们在纽约科学课会考中的成绩往往不低于或者高于较传统的课堂上的学生。“当你的心里有了具体的课程内容，你可以有许多方式设计有意义的、以服务学习为形式的可持续发展项目。”比尔说，“最大的回报是学生们的主动性，以及与课堂练习相比全然不同的对于科学工作的领悟。”得益于比尔的启发，目前有好几个组织学习教育伙伴项目（The Society for Organizational Learning Education Partnership）的学校系统，正在合作开展“孩子们的足迹项目”。

在重新建立学校与社区的联系方面，最能起到杠杆作用的策略之一就是从“看见”已经存在的关系起步。亚利桑那州菲尼克斯市的墨菲学区的所在地是美国最贫穷的地区之一。在最近进行的一项研究中，组织学习学会的研究员丹尼斯·山道（Dennis Sandow）描述了这个社区的成员如何创造了各种相互支持的网络，为需要帮助的人提供食品和衣物，降低了青年暴力活动、家庭暴力事件以及药物滥用现象，还帮助学生们在五年期间取得了学业成绩的提高。山道发现，“学生们和他们的家庭，以及墨菲学区中的整个地区，都从一个协同合作的大规模社会系统中得益；这个系统成员包括但不限于，非营利组织、政府机构、宗教信仰组织，以及商业组织，还有教师、顾问、家长和墨菲学区的毕业生。这个社会系统只有一个宗旨（尽管并没有明确表述）：为墨菲学区的学生、家庭和邻里打造健康和繁荣的环境。”①

山道对于惠普公司等企业进行的类似研究表明，让这些原先处于无形状态之中的协同合作网络显现出来，起到了强化这些组织的作用。“一旦人们开始认可了这些协同合作网络，大家自然而然地就会意识到它们的存在，意识到它们是如何运作的，也意识到了它们的重要性。当这些网络处于不可见的无形状态的时候，就容易被忽视。”山道特别把这些参与式网络在过去 5 年中的逐渐强化与学生的学业成绩联系起来，他认为，“这个大型社会系统正在支撑墨菲学区学生的学业成绩”。

这个学区的学监保罗·莫尔（Paul Mohr）是组织学习学会教育伙伴项目的创始人之一，他如是说：“或许正因为墨菲是一个环境条件相当严酷的地方，如果这里的学校要获得成功，它就一定能成为一个社区建设的中心——这一直以来都很清楚。一旦出现了这种局面，学生们以及成年人获得的收益，就会远远超过教育工作者仅靠自己所能提

① 丹尼斯·山道、弗吉尼娅·派珀（Virginia Piper）合著《墨菲学区的学习型社区》（*School District's Learning Communities*, Charitable Trust research paper, 2006 年）。

供的了。”

更加有意识地把学校和社区联系起来，还会为年轻人的领导力发展提供各种重要的机会。“我们往往大大低估年轻人作为领导人的能力。”新近从纽约长岛市的休利特–伍德米尔学区退休的学监莱斯·面谷这样说。

在过去的几年里，面谷一直在请高中的学生们，为学校举办的各种社区会谈担当推进师。“年轻人认识到，他们可以帮助成年人开展有意义的谈话，探讨如何让社区包括学校更加健康，”面谷说，“成年人则学会了接受年轻人，把他们当作有思想、有承诺的社区成员。这对于每一个人来说，都是大大的双赢。”比如，在最近一次会谈活动中，学生们启动一个叫作“装起来”的项目——在整个社区里推介可以多次使用的购物袋，目标是消除那些最后进入垃圾填满场的大量塑料袋。

所有这些都远远超越了课程规划上的改变，甚至也超越了教学法上的变化，尽管这两个方面的转变都是基础性的转变。这需要的是在学校构想上的一种根本性转变：它是一个学生学习与社区学习的场所，是一个让教育的内容和过程与现实生活环境交织到一起，为年轻人学习、并引领可持续发展社区与社会建设，创造各种各样的机会的场所。在这样的环境之中，教育就不再是成年人要孩子做的一件事。教育成为一种合作学习的过程，目的是为了培养更健康、更加可持续的共同生活方式。

如果对于学校的普遍看法，不是由机构的地理条件限定的，而是由学生生活的地理条件来决定的，会怎么样呢？如果不仅教师是职业教育工作者，而且与一个学生相互交流的所有成年人（以及年龄稍长的年轻人）都是职业教育工作者，又会如何呢？如果我们假定，教育领域的可持续创新的发展水平，取决于我们支持孩子发展成长的共同愿景的本地商业机构、本地社会服务机构、政府组织，以及各个家庭联系起来、形成各种协同网络的水平，会怎么样呢？如果我们意识到，无论教师们有什么缺陷，其实都是从学校周围更大的社区分离出去、成为碎片的典型产物，而实际上许许多多颇具潜能的教师们正等待召唤，去帮助他人，又会如何呢？

一个真正的创新中心

最后，培养系统公民就让学校顺理成章地成为创新中心——尤其是有助于这个社会从工业时代转变出来的那一类创新。

“公众教育领域没有研发（R&D）能力。”托尼·瓦格纳（Tony Wagner），哈佛大学技术与创业中心的第一位创新教育研究员说，“如果每一个学区都指定一所开展研发的学校，会怎么样呢？如果教育领域也像企业那样，能够有机会把预算和时间中类似的比例投入研发活动中，又会如何呢？”

大多数企业人士生活在一个他们必须要创新的环境之中，否则他们的企业就会消亡。他们知道如何管理伴随试验产生的风险，明白如何先在小范围集中测试新理念，而非过早地开展大规模应用；他们也知道如何筹措资金，以及如何评估创新。在可再生能源、物料选择与产品设计（比如，仿生学运动）方面、在消除废弃物的“闭路生产循环”方面（比如，星巴克消除一次性杯子的目标），以及在应对内生性贫困的商业模式方面（比如，联合利华从全球50万个创新“小农户”采购食品产品的目标），那些最具创新能力的企业正越来越多地把自然和与自然和谐相处作为灯塔，引领未来所需要的创新。竞争策略专家迈克尔·波特（Michael Porter）已经注意到，未来的成功企业将会关注与社会创造“共享价值”，与以个体为中心的竞争引领创新的传统思想相比，这是一个巨大的转变。[1]

教育系统公民就是认定，同样的思想转变，迟早一定会在教育领域中出现，并且认定这种转变已经开始发生了。随着那些对教育领域创新做出承诺的人们，进一步认识到经济方面的优先选择所发生的历史性变化，学校转变教育活动的优先选择也就顺理成章了。在这种情况下，有关教育基本目标的那些问题就会成为首要议题。随之而来还会有围绕着具体的目标衡量和流程的各种实际举措，其中首先要考虑的是涉及教育工作者发展的各种流程。就像在所有变革过程中一样，大量工作都会围绕着这样一个实际问题："由谁来引领变革？"在我看来，变革的领导人将会来自各个领域，尤其会从学生们中产生。

系统公民世界中的生活

2010 年，我在亚利桑那州图森与一群学生一起度过了一段时间，他们正在从初中升入高中，他们所在的学区是培养系统思考的那几个学区之一。那时候，这些学生们正在完成他们自己的学年作业，内容是自行选择一个复杂问题，而后展开详尽研究，尝试从各种不同视角去认识这个问题。当时，亚利桑那州刚刚通过了一项法令，要求所有非美国公民随身携带身份证明。实际上，这就意味着西班牙裔人（无论是否是美国公民）会不断被要求出示身份证件。有几位学生选择了这个题目。另一些学生选择的题目，也是公众讨论中颇有争议的问题：比如堕胎权利，以及毒品立法。

我尤其感到吃惊的是，他们大家都看到，他们在自己选择的议题

① 迈克尔 · 波特与马克 · R. 克雷默（Mark R Kramer）合著《创造共享价值》（*Creating Shared Value*，Harvard Business Review, 2011 年 1 月）。

上都有鲜明的个人观点。他们认为，自己知道其中的对错，但是，随着他们的探索逐步深入，他们意识到问题要比最初预想的复杂得多，从个人角度，他们也从个人角度开始质疑自己的观点。有一个孩子说："即便是我极不赞同他们观点的那些人——比如，有关身份证明，他们有些观点还是有道理的。我现在明白这一点了。"有些孩子说，在反复讨论和分析之后，他们对自己原来对于这个问题的看法不那么肯定了；还有一些孩子说，他们还是有强烈的个人意见，但是他们看到，其他的观点也有道理。

在倾听这些探讨的时候，我想到："这就是教育。"对于一个问题，很容易形成一种情绪化的看法。直到你把自己完全放到另一人的现实情况之中，并看到这个系统更多的方方面面，你就能够看到其他的人是如何形成另一种不同观点的了。

当我离开的时候，反复思考着有一次听到纽约市那位充满传奇的校长德博拉·迈耶（Deborah Meier）说过的话："如果孩子们不是在学校里学习民主的话，他们到哪里去学习呢？"那天下午的空气中，有一丝苦乐参半的气氛。很显然，这种开放状态对于一个有效民主制度来说多么关键，但是，在今天以两极分化、愤怒和不信任为主导的主流政治中，这种开放状态又是多么缺乏。没有这种以同理心参与的能力，我们又如何才能以一种不淡化问题的方式，真正理解各种复杂问题呢？在我离开的时候，心中是一个简单的答案：我们没有能力做到，因此我们就做不到。

我们可以再看看那三位正在反思的 6 岁孩子的录像片，他们反思的是他们自己造就的、促成他们在操场上打架的系统。几乎任何人都会认为，他们的思考是典型的高阶思考能力。他们共同反思的是，他们自己的思考和行动如何塑造了自己所处的现实。你实际上可以看到，他们正在解决自己的问题，正在测试自己的假设：如果说“对不起”行不通，他们会尝试其他办法。许多人认为，六岁的孩子不具备做出这种分析的能力。

但是，这种限制性的假设，让我们所有人举步不前，对于成年人和孩子们都是如此。比如，传统的学习发展理论认为，小孩子首先必须掌握诸如阅读、算术等基础技能，等到年龄大一些的时候，再去掌握高阶技能。但是，这些学校里的经验显示出的，是一幅更复杂也更加精彩的画面：这更像一种螺旋式上升的进步。就儿童发展而论，一个 6 岁的孩子与一个 15 岁的孩子处在完全不同的阶段水平上。但是，那些 6 岁的孩子显然掌握了一些复杂、微妙的思维方式。这又会给写作等基本技能带来激励和意义。现在，这位 6 岁的孩子就有了一个有意义的东西去把它写下来，也有了写作的对象——那些和他一起学习的人。这也会对开发语言技能产生影响。

在波顿这一类学校里，“英语是第二语言的学习者”占很大比例，越来越多的证据表明，系统思考有助于加速这些学生的英语学习。由于他们获得了一种图画和图表语言，可以用一种复杂、丰富的方式表达自己的思想，而不需要熟练运用英语的能力，他们的沟通技能和自信心都提高了。而这反过来又加速了他们语言技能的开发，因为他们看到了自己思想的价值。当他们有了有意思的东西可说时，他们就会说出来！

随着这些具体的想法和做法的进一步试验，时间会告诉我们，它们的有效程度。但是，对于我来说，这些初步探索代表了一种在教育领域中或许是根本性变革的理念：通过在生命早期阶段奠定高阶技能的基础，基本技能的掌握会更快也更加深入——而且可以面对越来越多元化的学习者。在基础技能与高级技能之间，并不存在一个僵化的阶梯，控制着某种一成不变的提升。恰恰相反，我们的技能提升像是一条编起来的绳子——我们持续不断深化我们的自我意识和我们与生俱来的联系与思考能力，同时我们也形成了我们的语言和逻辑技能——这是直觉与推理、自我与客体、美感与分析、感性与理性的一个持续编织的过程。

谁知道这条持续不断编织的绳子，还会延伸多远呢？但是，我自己已经看到了太多学生非同寻常的洞察力的例子，它们让我相信，以系统公民为目的的教育会展示出远远超出我们想象的人类能力。它也会表明，工业时代的学校模式实际上是一个多么令人窒息的庞大系统。从小孩子们那里得来的直接经验表明，他们已经准备出发了。世界各地的5岁孩子，都了解什么东西对他们重要。当他们身处各种人类系统的现实之中的时候，他们看到自己的需求和自我意识与他人的需求和自我意识也是编织在一起的。如果他们想要创造对他们来说重要的事情——比如，不打架，他们只能共同努力，并且关注彼此的需求和想法。

培养系统公民的学校，或许会促进教育向一种更加基本的、以人为本的形式回归，对于小孩子、大一点儿的孩子、年轻人，以及成年人，都是这样。这样一来，我们就处在了学习我们这个时代的真正经验的过程之中：建立一个更加可持续的世界就是建立一种更有意义的、更加相互依存的人类世界。就像这些孩子们一再表现给我们的那样，这是一个我们会喜欢在其中生活的世界。

|第 17 章|

结　语

1. 致　谢

《知行学校》这本书从写作到面世，历经了 15 年多的时间，其中经过了两次编纂，有许许多多的人贡献了他们的帮助、指导和鼓励。这本书的起源最初可以归于《第五项修炼 · 实践篇》。里克 · 罗斯（Rick Ross）、乔治 · 罗思（George Roth）和查罗特 · 罗伯茨为这本书贡献了重要支持与大量心血。

原“实践篇”系列主编尼娜 · 库鲁斯维兹（Nina Kruschwitz）督导了本书第一版成书和制作。在第二版成书过程中，她是作者之一，也是课堂上的系统思考那一节的共同策划人之一（与利斯 · 斯顿茨一起）。“实践篇”系列的每一本书都得益于她的专业能力和个人承诺。

埃伦 · 亨丽埃塔（Ellen Henrietta）是本书第二版的编辑、校对和索引编辑，她的工作对本书的品质起到了难以估量的作用，帮助我们遵守了我们的承诺。约翰·海尔（John Hair）设计了书中的许多图画和图标，并为第二版制作了书中的许多图表，在时间急迫的情况下，创造出了精美绝伦的优雅。他的工作的基础是克里斯·韦尔奇（Chris Welch）在20世纪90年代初期最初设计的模式，这个模式经历了时间的检验。乔·斯皮勒（Joe Spieler）是本书的文学经纪人，他从一开始就力推荐本书，也是这本书的合同管理和主题演进的关键联系人。乔茜·福特（Josie Ford）自始至终愉快地承担本书的项目商业经理的职责，让这本书的面世成为可能。录音整理一直是“实践篇”成书的关键，这得益于来自纽约布鲁克林的粉鲨鱼速记公司的莎伦·哈基（Sharon Harkey）。在兰登–双日出版社方面，编辑塔莉娅·克罗恩（Talia Krohn）、罗杰·肖勒（Roger Scholl）和迈克尔·派尔刚（Michael Palgon）为本书提供了建议、批评和支持。

我们还希望因其指导和帮助而致谢的包括：玛格丽特·阿巴克尔（Margaret Arbuckle），沃伦·本尼斯（Warren Bennis），萨拉·卡梅伦，安杰拉·考克斯（Angela Cox），吉姆·埃弗斯（Jim Evers），黛安娜·费希尔，迈克尔·古德曼（Michael Goodman），娜恩·勒克斯（Nan Lux），保罗·麦克（Paul Mack），玛吉·派珀（Maggie Piper），贝蒂·宽茨，刘易斯·罗兹（Lewis Rhodes）以及其他许多人。我们特别要感谢帮助我们撰写了由于篇幅所限未收录在本书之中的一篇有关创新特许学校学院的文章的那些作者：劳拉·哈格皮安（Laura Hagopian），梅利莎·卡佩克斯（Melissa Kapeckas），斯蒂芬妮·凯利（Stephanie Kelly），沃尔特·蓝伯格（Walter Landberg），达林·利德伯格（Darin Leedberg），格雷格·奥彭（Greg Orpen），梅雷亚德·奥彭（Mairead Orpen），以及福利迪·佩雷拉（Freddie Pereyra）。

这本书的完成得益于以下这些组织：组织学习学会（The Society

for Organizational Learning, Cambridge, Massachusetts)，迈阿密大学教育领导力系（The Department of Educational Leadership at Miami University,Oxford, Ohio），全国学监圆桌论坛（The National Superintendents Roundtable, Seattle,Washington），战略+商业杂志（strategy+business, published by Booz & Company, NewYork, NY），创造性学习交流中心（The Creative Learning Exchange, Concord, Massachusetts），以及麻省理工学院斯隆管理学院课堂上的系统思考项目（The Systems Thinking in the Classroom Project at the Sloan School of Management, Massachusetts Institute of Technology, Cambridge）。我们还要感谢所有与我们一起努力过的那些在学校、课堂和社区中有勇气在这个方向上坚持不懈的实践者，从他们身上我们获益良多。虽然我们无法在此一一列举他们的名字，我们也希望对所有那些影响了本书的各种会议和会谈的参与者表达感谢。

创作这样篇幅和内容的书，最终还离不开我们生活中最亲近的那些人的支持和关注。因此，我们尤其要以爱心和感激之心对他们表达谢意，他们是：哈里·麦凯布（Harry McCabe）和帕特里克·麦凯布（Patrick McCabe）；托马斯·达顿、内森·达顿（Nathan Dutton）、诺兰·达顿（Nolan Dutton）、珍妮·达顿（Jennie Dutton）和阿里尔·达顿（Ariel Dutton）；费思·弗劳勒尔（Faith Florer）、弗朗西斯·克莱纳（Frances Kleiner）、伊丽莎白·克莱纳（Elizabeth Kleiner）和康斯坦丝·克莱纳（Constance Kleiner）；艾米丽·卢卡斯（Emily Lucas）和玛吉·卢卡斯（Maggie Lucas）；黛安娜·森奇（Diane Senge）、内森·森奇（Nathan Senge）和伊恩·森奇（Ian Senge）；苏姗·辛明顿（Susan Simington,）、安东尼·史密斯（Anthony Smith）和迈克尔·史密斯（Michael Smith）。

译后记

译稿送出几天后，编辑打来电话，问本书副书名为何译为“知行学校”。其实对于书名怎么译的问题，作者们也很纠结，因为*Schools That Learn*在美国面世时，读者对书名也有疑问：学校本身就是学习的地方，和学习难道还有什么区别吗？这种区别恰恰是作者们的本意，但如果解释明白也颇费口舌。于是，就有了和作者们关于书名的一番讨论。

如果直译成《学习的学校》，由于其中有两个“学”字，原文带来的含义困扰似乎又被强化了。那么，译为《学习型学校》是否可以考虑呢？成林曾经就Learning Organization译为“学习型组织”专门与彼得·圣吉先生有过探讨。圣吉先生认为，Learning在此描述的是组织处在持续学习，乃至不断演化的状态，并非某种可明确定义的类型。

幸好，在《第五项修炼》系列的几部著作中，都对古代中文的“學習”做了细致探讨。在圣吉先生看来，与英文learn相比，古代中文的“學”与“習”更准确地描述了认知过程中的“知”与“行”

之间的循环递进关系，而“知而行”和“行而知”也正是Learning Organization的核心内涵，是“掌握自我完善的方法”。以此为背景，“知行学校”也就顺理成章地成为中文版副书名了。

本书从2010年初夏开始翻译的，当时在亚马逊工作的张伟丽邀请她的朋友孙静和刘艳华一起加入翻译工作中。一年多后，初稿大部分完成。此时，本书作者中负责出版事宜的史密斯先生通报说，原书开始修订，准备在2013年出新版。由于内容改动较大，于是在2013年夏天收到新版后，又开始了第二次翻译。这一次，除张伟丽参与了第16章的翻译外，成林还邀请杨铭洲、丁正洁、中原、张世强、勇春虹、张传玮、李馨雨、桂郎等人，参与了第10~12章的翻译。

无论是对书名的翻译，还是对几年来大家的辛劳，都要有个交代，遂记于此。

李晨晔

2018年仲春